中国近现代稀见史料丛刊【第三辑】

赵尊岳集（壹）

张剑 徐雁平 彭国忠 主编

赵尊岳 著

陈水云 黎晓莲 整理

凤凰出版社

图书在版编目（CIP）数据

赵尊岳集 / 赵尊岳著 ; 陈水云，黎晓莲整理. --
南京 : 凤凰出版社，2016.9
（中国近现代稀见史料丛刊. 第三辑）
ISBN 978-7-5506-2413-9

Ⅰ. ①赵… Ⅱ. ①赵… ②陈… ③黎… Ⅲ. ①赵尊岳（1898-1965）—文集 Ⅳ. ①Z426

中国版本图书馆CIP数据核字(2016)第188319号

书　　名	赵尊岳集
著　　者	赵尊岳 著　陈水云　黎晓莲 整理
责任编辑	王爱荣
出版发行	凤凰出版传媒股份有限公司 凤凰出版社(原江苏古籍出版社) 发行部电话025-83223462
出版社地址	南京市中央路165号,邮编:210009
出版社网址	http://www.fhcbs.com
经　　销	凤凰出版传媒股份有限公司
照　　排	南京凯建图文制作有限公司
印　　刷	苏州市越洋印刷有限公司 苏州市吴中区南官渡路20号,邮编:215104
开　　本	880毫米×1230毫米　1/32
印　　张	54.875
字　　数	1426千字
版　　次	2016年9月第1版　2016年9月第1次印刷
标准书号	ISBN 978-7-5506-2413-9
定　　价	220.00元(全四册) (本书凡印装错误可向承印厂调换,电话:0512-68180638)

袁行霈先生题辞

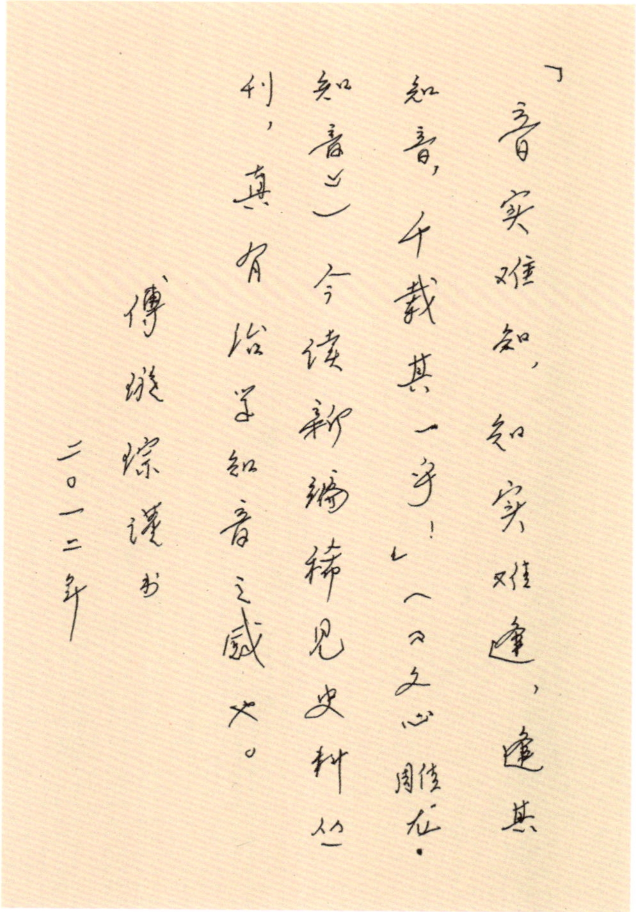

「音实难知，知实难逢，逢其
知音，千载其一乎！」（文心雕龙·
知音）今读新编稀见史料丛
刊，真有治学知音之感矣。
傅璇琮谨书
二〇一二年

傅璇琮先生题辞

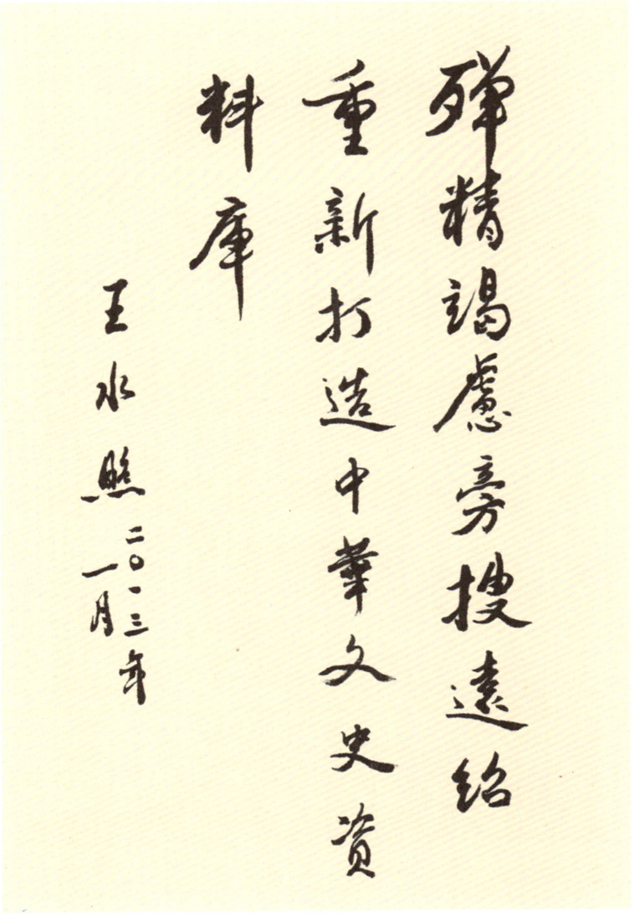

王水照先生题辞

赵尊岳像

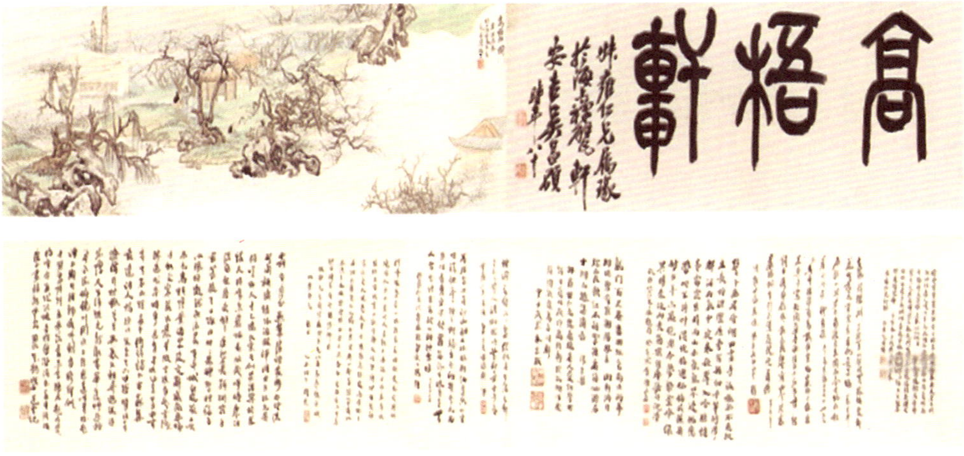

高梧轩图

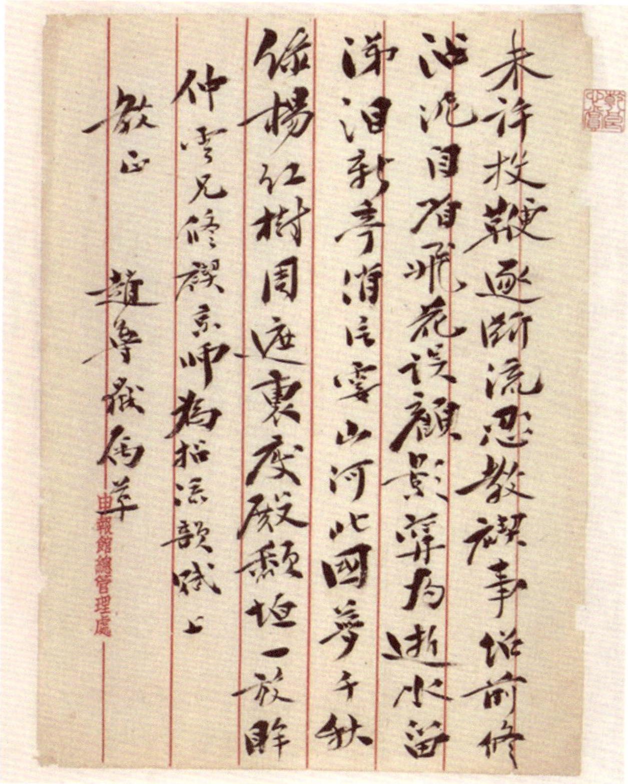

赵尊岳手迹

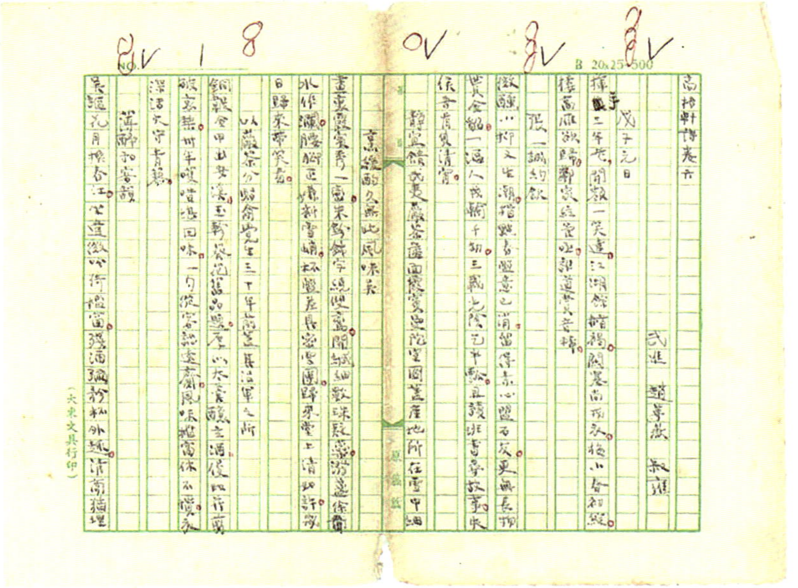

《高梧轩诗》抄本

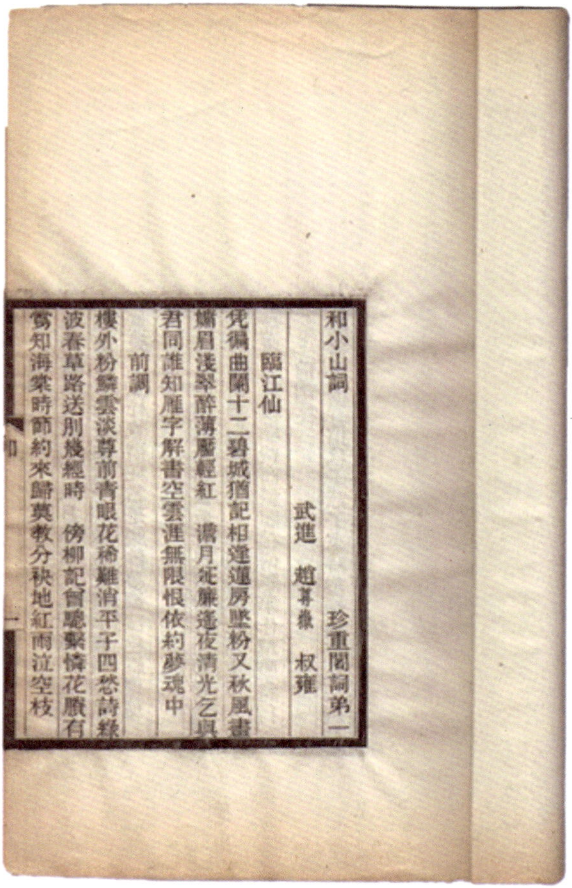
和小山詞　　　　珍重閣詞第一
武進　趙尊嶽　叔雍
臨江仙
凭徧曲闌十二碧城猶記相逢邐房壁粉又秋風畫
嫵眉淺翠醉薄靨輕紅　滿月延簾遙夜清光乞真
君同誰知雁字解書空雲進無限恨依約夢魂中
前調
樓外粉鬟雲淡尊前青眼花稀離消平于四愁詩綠
波春草路送別幾經時　傍柳記曾驄繫倚花曾有
鶯知海棠時節約來歸莫教分袂地紅雨泣空枝

《和小山词》书影

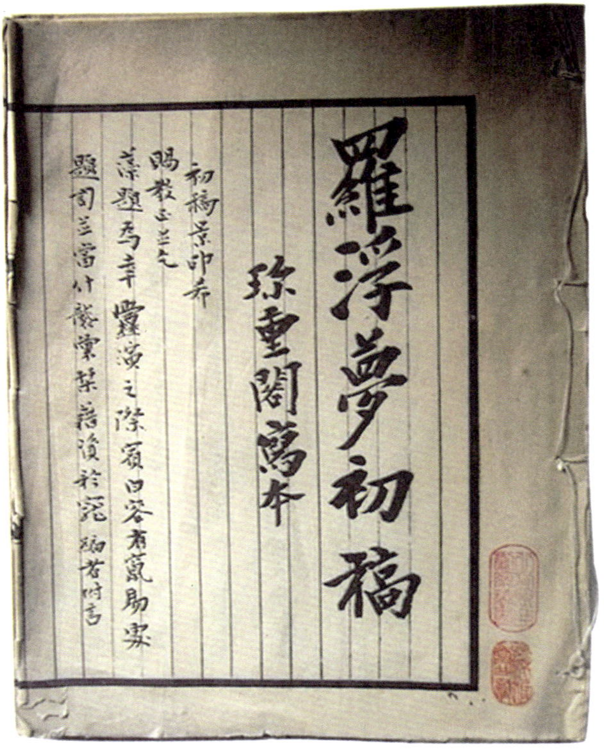

《罗浮梦初稿》书影

《中国近现代稀见史料丛刊》总序

在世界所有的文明中，中华文明也许可说是“唯一从古代存留至今的文明”（罗素《中国问题》）。她绵延不绝、永葆生机的秘诀何在？袁行霈先生做过很好的总结：“和平、和谐、包容、开明、革新、开放，就是回顾中华文明史所得到的主要启示。凡是大体上处于这种状况的时候，文明就繁荣发展，而当与之背离的时候，文明就会减慢发展的速度甚至停滞不前。”（《中华文明的历史启示》，《北京大学学报》2007年第1期）

但我们也要清醒看到，数千年的中华文明带给我们的并不全是积极遗产，其长时段积累而成的生活方式与价值观具有强大的稳定性，使她在应对挑战时所做的必要革新与转变，相比他者往往显得迟缓和沉重。即使是面对佛教这种柔性的文化进入，也是历经数百年之久才使之彻底完成中国化，成为中华文明的一部分；更不用说遭逢“数千年来未有之变局”、“数千年未有之强敌”（李鸿章《筹议海防折》），“数千年未有之巨劫奇变”（陈寅恪《王观堂先生挽词序》）的中国近现代。晚清至今虽历一百六十余年，但是，足以应对当今世界全方位挑战的新型中华文明还没能最终形成，变动和融合仍在进行。1998年6月17日，美国三位前总统（布什、卡特、福特）和二十四位前国务卿、前财政部长、前国防部长、前国家安全顾问致信国会称：“中国注定要在21世纪中成为一个伟大的经济和政治强国。”（徐中约著《中国近代史》上册第六版英文版序，香港中文大学2002年版）即便如此，我们也不能盲目乐观，认为中华文明已经转型成功，相反，中华文明今天面对的挑战更为复杂和严峻。新型的中华文明到底会怎样呈现，又怎样具体表现或作用于政治、经济、文化等层面，人们还在不断探索。这个问题，我们这一代恐怕无法给出答案。但我们坚信，在历史上曾经灿烂辉煌的中华文明必将凤凰浴火，涅槃重生。这既是数千年已经存在的中华文明发展史告诉我们的经验事实，也是所有为中国文化所化之人应有的信念和责任。

不过，对于近现代这一涉及当代中国合法性的重要历史阶段，我们了解得还过于粗线条。她所遗存下来的史料范围广阔，内容复杂，且有数量庞大且富有价值的稀见史料未被发掘和利用，这不仅会影响到我们对这段历史的全面了解和规律性认识，也会影响到今天中国新型文明和现代化建设对它的科学借鉴。有一则印度谚语如是说："骑在树枝上锯树枝的时候，千万不要锯自己骑着的那一根。"那么，就让我们用自己的专业知识与能力，为承载和养育我们的中华文明做一点有益的事情——这是我们编纂这套《中国近现代稀见史料丛刊》的初衷。

书名中的"近现代"，主要指 1840—1949 年这一时段，但上限并非以一标志性的事件一刀切割，可以适当向前延展，然与所指较为宽泛的包含整个清朝的"近代中国"、"晚期中华帝国"又有所区分。将近现代连为一体，并有意淡化起始的界限，是想表达一种历史的整体观。我们观看社会发展变革的波澜，当然要回看波澜如何生，风从何处来；也要看波澜如何扩散，或为涟漪，或为浪涛。个人的生活记录，与大历史相比，更多地显现出生活的连续。变局中的个体，经历的可能是渐变。《丛刊》期望通过整合多种稀见史料，以个体陈述的方式，从生活、文化、风习、人情等多个层面，重现具有连续性的近现代中国社会。

书名中的"稀见"，只是相对而言。因为随着时代与科技的进步，越来越多的珍本秘籍经影印或数字化方式处理后，真身虽仍"稀见"，化身却成为"可见"。但是，高昂的定价、难辨的字迹、未经标点的文本，仍使其处于专业研究的小众阅读状态。况且尚有大量未被影印或数字化的文献，或流传较少，或未被整合，也造成阅读和利用的不便。因此，《丛刊》侧重选择未被纳入电子数据库的文献，尤欢迎整理那些辨识困难、断句费力、裒合不易或是其他具有难度和挑战性的文献，也欢迎整理那些确有价值但被人们习见思维与眼光所遮蔽的文献，在我们看来，这些文献都可属于“稀见”。

书名中的“史料”，不局限于严格意义上的历史学范畴，举凡日记、书信、奏牍、笔记、诗文集、诗话、词话乃至序跋汇编等，只要是某方面能够反映时代政治、经济、文化特色以及人物生平、思想、性情的文献，都在考虑之列。我们的目的，是想以切实的工作，促进处于秘藏、边缘、零散等状态的史料转化为新型的文献，通过一辑、二辑、三辑……这样的累积性整理，自然地呈现出一种规模与气象，与其他已经整理出版的文献相互关联，形成一个丰茂的文献群，从而揭示在宏大的中国近现代叙事背后，还有很多未被打量过的局部、日常与细节；在主流周边或更远处，还有富于变化的细小溪流；甚至在主流中，还有漩涡，在边缘，还有静止之水。近现代中国是大变革、大痛苦的时代，身处变局中的个体接物处事的伸屈、所思所想的起落，藉纸墨得以留存，这是一个时代的个人记录。此中有文学、文化、生活；也时有动乱、战争、革命。我们整理史料，是提供一种俯首细看的方式，或者一种贴近近现代社会和文化的文本。当然，对这些个人印记明显的史料，也要客观地看待其价值，需要与其他史料联系和比照阅读，减少因个人视角、立场或叙述体裁带来的偏差。

知识皆有其价值和魅力，知识分子也应具有价值关怀和理想追求。清人舒位诗云“名士十年无赖贼”(《金谷园故址》)，我们警惕袖手空谈，傲慢指点江山；鲁迅先生诗云“我以我血荐轩辕”(《自题小像》)，我们愿意埋头苦干，逐步趋近理想。我们没有奢望这套《丛刊》产生宏大的效果，只是盼望所做的一切，能融合于前贤时彦所做的贡献之中，共同为中华文明的成功转型，适当“缩短和减轻分娩的痛苦”

(马克思《资本论》第一卷第一版序言)。

《丛刊》的编纂,得到了诸多前辈、时贤和出版社的大力扶植。袁行霈先生、傅璇琮先生、王水照先生题辞勖勉,周勋初先生来信鼓励,凤凰出版社姜小青总编辑赋予信任,刘跃进先生还慷慨同意将其列入"中华文学史史料学会"重大规划项目,学界其他友好也多有不同形式的帮助……这些,都增添了我们做好这套《丛刊》的信心。必须一提的是,《丛刊》原拟主编四人(张剑、张晖、徐雁平、彭国忠),每位主编负责一辑,周而复始,滚动发展,原计划由张晖负责第四辑,但他尚未正式投入工作即于 2013 年 3 月 15 日赍志而殁,令人抱恨终天,我们将以兢兢业业的工作表达对他的怀念。

《丛刊》的基本整理方式为简体横排和标点(鼓励必要的校释),以期更广泛地传播知识、更好地服务社会。希望我们的工作,得到更多朋友的理解和支持。

2013 年 4 月 15 日

目 录

壹

前言…………………………………………………………………… 1

诗词赋

高梧轩诗全集……………………………………………………… 3

珍重阁词集………………………………………………………… 194

和小山词 ………………………………………………………… 194

近知词 …………………………………………………………… 239

炎洲词 …………………………………………………………… 299

集外诗词…………………………………………………………… 319

戏曲小说

罗浮梦初稿………………………………………………………… 331

函髻记传奇………………………………………………………… 346

约智斋拟唐人说部………………………………………………… 356

王姑传……………………………………………………………… 368

壮士余生…………………………………………………………… 374

贰

游纪

欧游述旧…………………………………………………………… 379

东南交通周览会第一线游览日记…… 409
平绥沿线导游志略…… 449
滁州纪游…… 540
金山游记…… 571
焦山记游…… 575
北游心眼…… 580
南天客话…… 587
济南稽旧…… 607
青岛游程…… 619
西巡清话…… 622
褵褷归鹤怆辽东…… 636
杭徽道中…… 645
西莲峰下送残春…… 654
绿杨城郭是扬州…… 670
寸心尘远话萍踪…… 683
车中人语…… 693
余之故乡…… 708
我的故乡…… 725
平生谙尽江湖味…… 727
富春泛棹志…… 748
越溪记游…… 751
苕溪春泛记…… 756
新都旧话…… 765
黄幡绰冢绰山游述…… 774

叁

传记

戴东原传略…… 779
人往风微录…… 781

弁言…… 781
唐绍仪…… 782
张謇 孝若…… 784
熊希龄…… 788
庄蕴宽…… 792
朱祖谋…… 796
屠寄…… 799
郑孝胥…… 804
沈曾植…… 807
严几道…… 811
徐润…… 815
庄蕴宽外传…… 817
张一麐外传…… 822
辜汤生外传…… 827
黄郛别传…… 832
况周颐外传…… 837
《谈梅巧玲》补遗…… 842
纪念故总经理史先生…… 844
追悼蒋叔南先生…… 848
附：蒋叔南像赞 …… 858
国剧大师齐如山…… 859
世界艺人梅兰芳评传…… 875

序跋

《汪先生庚戌蒙难实录》序…… 891
《汪精卫先生年谱》序…… 892
《游尘琐记》序…… 894
《重臣倾国记》译余剩语…… 895
《罗京春梦影》译余剩语…… 897

《大荒归客记》叙…… 900
《玉楼惨语》弁言…… 901
《戏班》序…… 903
《新编戏学汇考》序…… 905
《戏剧脚色名词考》序…… 907
《梅兰芳艺术一斑》序…… 909
《梅兰芳》专辑序…… 911
《梅兰芳游美记》序…… 912
《故都百戏图考》序…… 914
《京剧之变迁》序…… 916
《广川词录》序…… 918
《课花盦词》序…… 920
《青萍词》序…… 922
《纫佩轩诗词草》序…… 923
《珍重阁词集》自序…… 925
《词籍考》序…… 927
《清名家词》题词…… 930
《注坡词》题记…… 931
《宋七家词选》跋…… 932
静宜手抄本李长吉诗集跋…… 933
《中晚唐诗叩弹集》题记…… 934
《止庵遗集》题记…… 935
《蕙风词话》跋…… 936
《蕙风词》跋…… 938
《蓉影词》跋…… 939
《梦窗词》跋…… 941
《南唐二主词汇笺》序…… 942
《惜阴堂明词丛书》叙录…… 944
惜阴堂汇刻明词纪略…… 951

《书舶庸谭》序 …… 957
何琰《琬琰集》序 …… 959
《报坛逸话》弁言 …… 961
《新闻学刊全集》序言 …… 963
《最新实验新闻学》序 …… 965

书信

赵尊岳致邵瑞彭函 …… 969
致龙榆生函 …… 970
报唐圭璋论《百名家词》书 …… 972
附：与赵叔雍论《百名家词》书 …… 973
关于梅博士的问题 …… 976
附：复赵尊岳先生的几句话 …… 982
与关志雄论词书 …… 983
附：关志雄与赵尊岳论词书 …… 987
赵尊岳致章士钊 …… 994
答客惠诗幅笺 …… 995

词话

珍重阁词话 …… 999
珠玉词选评 …… 1046
蕙风词史 …… 1069
词总集考 …… 1100
词总集提要 …… 1118
惜阴堂汇刻明词跋 …… 1193
读词杂记 …… 1284
冒校《云谣集》识疑 …… 1294
读《云谣》杂记 …… 1313
唐人写本曲子 …… 1316

肆

舞乐论

歌词臆说 …… 1321
唱词作曲杂说 …… 1328
读《乐学轨范》札记 …… 1333
《白石旁谱新诠》赘语 …… 1342
玉田生《讴曲旨要》详解 …… 1353
玉田生《讴歌要旨》八首解笺 …… 1363
读《魏氏乐谱》记 …… 1380
敦煌舞谱详解 …… 1396
敦煌舞谱残帙探微 …… 1401

剧评

旧剧新论 …… 1435
告评剧者 …… 1445
书朱素云 …… 1448
梅兰芳渡美记 …… 1452
梅兰芳新剧《太真外传》 …… 1456
梅畹华太真外传造像后语 …… 1457
梅兰芳出洋演剧之讨论 …… 1459
编制剧本之成功 …… 1461
中国戏剧艺术之成功 …… 1467
中国戏剧的优点——音乐效果 …… 1472
中国古代球戏考 …… 1478
南天剧况 …… 1488
梅讯 …… 1490

政论

国耻感言 …… 1535
仕而优则学 …… 1537
国人谈政治之分析观 …… 1545
新闻事业与新闻政策 …… 1547
太平洋会议意见书 …… 1550
中国盐务之鸟瞰 …… 1554
中国今日应尽先经营之铁路 …… 1571
故宫博物院 …… 1591
收回上海租界 …… 1601
建设新上海 …… 1607
上海市民应有的觉悟 …… 1609
新年的梦想 …… 1611
梦想的个人生活 …… 1612
《南洋周刊》创刊号祝辞 …… 1613
在史量才先生追悼会上的演说词 …… 1614
大东亚战争周年感言——发扬东亚民族的力量 …… 1616

其他

日记 …… 1619
编辑室中之忏悔语 …… 1624
威尔逊游英杂记 …… 1627
惜阴堂辛亥革命记 …… 1631
读《说文解字诂林》 …… 1642
诸子学概论提纲 …… 1644
文学词章界之大导师 …… 1665
亚洲两诗人之墨迹 …… 1666
读书与明理 …… 1668

附录

传记资料
记赵叔雍 …… 1673
赵叔雍病逝南洋 …… 1678
记尊重阁主赵尊岳 …… 1680
赵叔雍其人及其他 …… 1688
雏凤清于老凤声 …… 1690
珍重阁词学总目 …… 1696
题高梧轩填词图 …… 1699
评论资料
钱仲联《近百年词坛点将录》 …… 1704
叶恭绰《广箧中词》卷三 …… 1704
陈衍《石遗室诗话》续编卷一 …… 1704
夏敬观《忍古楼词话》 …… 1704
况周颐《蕙风词话》 …… 1705
施议对《当代词综》 …… 1707
冯永军《当代诗坛点将录》 …… 1707
林庚白《孑楼诗词话》 …… 1708
俞大纲《寥音阁诗话》 …… 1709
况周颐《和珠玉词跋》 …… 1710
龙榆生《词总集考稿本题记》 …… 1710
吴格《明词汇刊题跋校记》 …… 1711
孟森《词总籍考序》 …… 1713
孟森《惜阴堂明词丛书序》 …… 1715
陈蕾士《潮州音乐的继往与开来》 …… 1717

后记 …… 1718

前　言

在现代文化史上，有一些文化名人，因为道德或政治的原因，现在已经基本淡出人们的视野，赵尊岳就是这样一位文化名人。在过去的五六十年间，他在人们心目中形象非常模糊，只有在提到汪伪政权、提到陈公博时才会想起他。最近十多年来，随着民国史研究的兴起，随着民国文化研究热的出现，他逐渐清晰地向我们走来。

一

赵尊岳（1898—1965），字叔雍，斋名高梧轩、珍重阁，又笔名镇岳，晚年署名赵泰，江苏武进人。上海南洋公学肄业，历任上海《时事新报》记者、《申报》馆经理秘书、行政院驻北平政务整理委员会参议。抗战时任伪上海市长陈公博的秘书长，再任伪铁道部次长，1944 年接替林柏生出任伪宣传部长，还担任过最高国防委员会秘书长、中央政治委员会委员等。1945 年抗战胜利，他被定为汉奸，关进上海提篮桥监狱。1948 年保释出狱，远走香港，为中华书局海外编译局编辑。1958 年赴狮城，为新加坡马来亚大学国学教授，直到 1965 年病逝。

赵尊岳是“民国诸葛”赵凤昌之子。赵凤昌（1856—1938），字竹君，一字惜阴。自幼失学，在钱庄为学徒，后受人资助，捐得县丞一职，分发广东。“初任粤藩姚觐元记室，旋入署粤督曾国荃幕府”[①]。

---

① 赵尊岳《惜阴堂辛亥革命记》，《近代史资料》第 102 期。

光绪十年(1884)四月,张之洞升任两广总督,赵凤昌遂有缘与之相识。赵氏为人机敏,办事干练,而且记忆力极佳,得到张之洞的特别器重。光绪十五年(1889),张之洞调任湖广总督,赵凤昌以亲信幕僚随往,四年后(1893),张之洞遭大理寺卿徐致祥弹劾。经廷议,张之洞得以免责,倒是赵凤昌受到牵连,被革去职。后在张之洞的照顾下,派往上海,“办理通讯运输诸务”。光绪三十四年(1908),在上海南阳路10号,他建造了一座“惜阴堂”的邸宅,由张謇亲自题写匾额。辛亥革命前后,这里成了革命党人议事之所,张謇、庄蕴宽、唐绍仪、孙中山、黄兴、章炳麟经常出入“惜阴堂”,南北议和之事就是由他一手促成的,他也因此被誉之为“民国诞生之助产婆”。

赵尊岳是赵凤昌的幼子,其上只有两位姐姐,在这样优越的家庭氛围里成长,自然得到父母的无比溺爱,养成狂放不羁的习性。据载,他在上海南洋公学读书期间,曾有戏弄国文老师和法文老师的传闻。自南洋公学肄业后,他的母亲周夫人不愿他随姊赵志道赴美留学,遂拜清末民初四大词人之一的况周颐为师。因缘际会,当时《申报》总经理史量才有难,赵凤昌援手相助,赵尊岳因之被安排进入《申报》馆工作,成为了史量才的经理秘书。1928年初夏,他出任《时事新报》记者,受上海新闻界之委托,前往济南调查“五三惨案”,在前往调查的轮船上居然率性地袒裼裸裎起来。他的这种性格到了最后竟发展到附逆汪伪的地步,他的老友金雄白回忆说:“叔雍于一九四四年冬,继林柏生之后而出任宣传部部长。那时汪氏已病逝日本,公博继任主席,宣传部在汪府中是一个重要的机构,大约经公博与周佛海共同商量而始决定任命的。那时我正在上海主持《平报》社务,有一天晚上,我到佛海上海居尔典路的沪寓,不料高朋满座,陈公博、梅思平、岑心叔、罗君强与叔雍等都在,佛海忽然笑着对我说:‘叔雍将主管各报社而出任宣传部长,你们是老友,你要不要向他表示欢迎道贺之意?’我听到了这一消息,觉得有些突然,而且我以为以词人而担负行政工作也并不相宜,因自恃为故交,我过去拉了他一下袖角,拖他到无人的屋角，轻声的对他说：‘不久将酒阑人散了，你又何苦于此时再来赴席?’叔雍却还是他那一副吊儿郎当的习性，他却笑笑说：‘你比喻得并不当，我是一向坐在桌边在看人家打麻雀，此时八圈已毕，有人兴犹未阑，而有人起身欲去，我作壁上观久矣，三缺一，未免有伤阴骘，何苦败人之兴，就索性入局，以待终场。’他的一生行事，不论巨细，也总是显出他游戏人间的名士行径。”[①]这一游戏人生的态度，为他晚年带来太多的麻烦，抗战胜利后，他的家产被籍没，曾经宾客如云的“惜阴堂”也被政府收走了。他在 1948 年出狱后为了生计，远走香港、新加坡，以教书来糊口，最后客死异乡。

二

赵尊岳少时机敏过人，又经名师指点，才情超出众人。他兴趣非常广泛，无论是古典诗词，还是小说戏剧，无所不能。早年曾在《小说月报》开辟专栏，译介西方小说，有《重臣倾国记》《缇骑外史》《大荒归客记》《罗京春梦影》《玉楼惨语》等，并由商务印书馆结集出版，这些译介的小说，文笔洗练，笔法传神，颇受读者欢迎。受林译小说影响，以文言为主，并仿效唐人之说部，自撰《汝南女》《王姑传》《壮士余生》等，叙写男女情事，笔调哀怨，甚得古法。他还创作有《罗浮梦传奇》和《函髻记传奇》，为四折短剧，前者写唐代官员郑译，因上奏忤旨，被贬岭南，途中巧遇梅仙事，有道家超脱思想；后者言唐代书生欧阳詹与太原妓行云殉情事，尤为动人；这两部剧本，无论是关目的安排，还是形象的塑造与曲词的选择，均表现出赵尊岳过人的才情。

1918 年进入新闻界后，他的才情得到进一步的施展。因为工作的性质，他专门报道了梅兰芳到沪上的两次汇演。他以“梅讯”的方式，采用新闻实录的笔法，详细地报道了梅兰芳在海上的一言一行，也包括海上人士围绕梅兰芳演出开展的一系列活动，如观剧、聚饮、

---

① 高拜石《记尊重阁主赵尊岳》，《古春风楼琐记》，作家出版社 2003 年版。

题词、唱和等。他因之被人戏称为“梅党”，他的“梅讯”也因之被人视之为“梅王起居注”。他对京剧艺术的热爱，使他与梅兰芳结下了深厚的情谊，1961 年梅兰芳在北京辞世，在得知消息的第二天，他用苏东坡赠息轩道士韵写了一首古诗悼念他，诗云：“投老隐炎陬，为欢忆少日。乌衣识风度，壮齿未二十。朝朝会文酒，夜夜巾车出。我甫欲南征，细语别楼隙。凡兹不胜纪，一掷拚今昔。忍哀对遗影，犹似虱歌席。成连嗟入海，风雨徒四壁。”在梅兰芳逝世十二周年时，香港杂志登载其 1962 年所撰《世界艺人梅兰芳评传》用以纪念：“我以前写过不少梅先生的记载，很多是他的身边琐事，爱看的人，说写得很有趣味，不爱的人，便说不谈梅先生的剧艺，只谈他的生活，无聊之至。他们又哪里懂得我的用意，原在列举各种材料，供给人家研究梅先生的修养的用处呢？我敢再说一句，凡是治现代史的人，对于研究对象的重心人物，实在应该这样做去，才有成绩。不要尽凭大人物有些‘违心之论’的演说和开会演说时‘装腔作势’的镜头，来下批评，在他们，那些根本是一部分的业务，正和梅氏的舞台演出一样而已。”①

赵尊岳还热衷旅游，曾在赵君豪主编的《旅行杂志》上发表一系列游记，行踪所及包括辽东、洛阳、西安、太原、济南、青岛、内蒙、西藏、新疆、广州、香港，以及东南地区的江浙名胜——金山、焦山、滁州、扬州、杭州、徽州、越溪、苕溪、富春江，这些游记，不但描写所游之地的自然风光，而且也介绍了当地的人文、风俗、历史。作者叙写游踪，条理清晰；描绘风景，文辞藻丽；介绍风俗人情，饶有兴味；有的有很强的可读性，有的甚至可看作是旅游指南了。赵尊岳的人物传记也写得不错，因为其父是晚清民国的历史要人，他有缘接触许多中国近代史上著名的政治人物，他的《人往风微录》收入了唐绍仪、张謇、郑孝胥、熊希龄、朱祖谋、沈曾植、严复、屠寄、徐润等重要人物的传

---

① 赵尊岳：《世界艺人梅兰芳评传》，香港《大人》杂志第 40 期，1973 年 8 月。

记,《好文章》上也有辜铭鸿、张一麐、况周颐等传记。他们有的是政治人物,有的是文化名人,有的是商界巨贾,赵尊岳常常抓住不同人物的性格和重要的事件描写,多能把传主的精神和事迹传神地表现出来,这也是得益于他曾经翻译和写作小说的丰富经验。

赵尊岳在近代文化史上最值得一提的是他的诗词创作。他本籍为江苏武进,这里是常州词派的发源地,他对张惠言的“意内言外”之说多所推重,称天下之言常州词者莫不奉二张(张惠言、张琦)为大师。他与近代著名的诗人郑孝胥、陈散原,词人朱祖谋、况周颐都有过直接的交往,前者是晚清宋诗派领袖,后者为晚清常州派巨擘,特别是曾师从况周颐的经历,奠定了他在现代词坛的重要地位。“其诗词自同光诸老入,虽不尽出于其乡,然择善而从,拓其先辈之域,亦学者所有事也。”(曾克耑《高梧轩诗序》)他的诗能得宋诗派之真传,笔力雄健,功力深厚,尤重诗法,也有逞才使气的特点。1928 年,他与叶恭绰、冒广生相约出游,过苏州、常熟、镇江、扬州,历九日而归,诗以记之,有《苏虞纪游杂事》35 首,被叶恭绰刻入《吴游片羽》(1928);1945 年被关入提篮桥监狱,他与梁鸿志隔室联吟,作宫体诗十余首,不以为苦,反以为乐;“把一所阴森的监狱描摹成皇宫似的锦簇花团”。[1] 晚岁居港,与饶宗颐、曾克耑唱和,其和东坡韵竟至五十余首。1956 年章士钊南游,与粤港文人唱和,结集为《南游吟草》,他为之经营出版,并撰文介绍章诗。

他的词,因得况周颐之指授,风格上与晚清四大家尤近。据他自言,年至十九,尚不知词,直到与静宜夫人(王季淑)结婚之后,两人以同读《花间集》相娱,渐而步入两宋名家之境。在这一过程中,积以旬月,渐有所作,呈之以父,其父赵凤昌因是而介绍他向朱彊村(祖谋)请益,彊村则以自己不工启迪之道,转而把他介绍给了况蕙风先生。“先后十载,颇有所作。蕙师严为去取之。又语以正变之所由,涂辙

---

① 朱子家《汪政权的开场与收场》,《春秋》杂志社 1962 年版。

之所自。乃至一声一律之微，阳刚阴柔之辨，词人籍履，词籍板本，罔不备举。”[①]他早岁有《和小山词》一卷，词尚清逸，况周颐为之作序，称之为“今之晏小山”。其效梦窗者，亦能得其法乳，“虽不能至，亦能近道”[②]。他曾筑“高梧轩”于西湖，并绘图征题，一时词坛耆宿皆应之，有陈散原、陈方恪之诗，朱祖谋、况周颐之词，还有孙德谦之题记，为风雅之盛举。后期结集有《珍重阁词集》，据其女赵文漪介绍，包括《近知词》《蓝桥词》《南云词》《炎洲词》，但《蓝桥词》《南云词》两集已遗佚，从现已保存下来的由赵文漪整理出版《珍重阁词集》看，它实际上就是《近知词》，是集手稿现存国家图书馆，多咏物、题画、抒情、酬赠之作，反映了作者前后生活境遇之变迁，其词笔亦由小山、清真转而为玉田、花间，更多抒写的是“愁苦之音”。

二十世纪三四十年代，上海、南京两地社事颇为兴盛，如上海的沤社，南京的如社，赵尊岳均是重要成员之一。他的作品不但被收入社集，而且还在当时的重要报刊上发表，如《风雅颂》《词学季刊》《国闻周报》等。他的挚友龙榆生主编《词学季刊》《同声月刊》，他是主要撰稿人之一。通过新近出版的《赵凤昌藏札》知道，当时南北词人与之来往十分密切，他们有交流词作的，也有探讨理论的，这些词人：既有朱祖谋、况周颐、夏敬观、吴梅、杨铁夫等前辈词人，也有张尔田、叶恭绰、邵瑞彭、冒广生、黄公渚、陈匪石、蔡嵩云、夏承焘、唐圭璋、龙榆生等同辈词人，赵尊岳是了解现代词坛之状貌的重要入口。

三

赵尊岳在现代词学史上地位的确立，主要体现在他的词籍整理和词学研究上。

---

① 赵尊岳：《珍重阁词集自序》，载《和小山词　和珠玉词》，上海古籍出版社2004年版，第155页。

② 屈兴国《蕙风词话辑注》，江西人民出版社2000年版，第563页。

从词籍整理看，他的贡献有三。一是对明词文献的整理。他曾遵其师况周颐之嘱，广泛搜罗过去不大注意的明代词学文献，经过积年所得，实得四百余种，最后定稿为 268 种的“明词汇刊”，又称“惜阴堂汇刻明词”，这成为后来饶宗颐编纂《全明词》之重要基础。他还按照四库提要的体例，为每一部词集撰写提要，介绍作者、交待版本、品评作品风格，是民国时期最重要的明词研究成果。二是撰《词总集考》一书。对于历代的词总集的著录考辨，虽有《四库全书总目》《续修四库全书总目》已着先鞭，然而，二书所收数量极为有限，赵氏此书，庞然巨帙，分为十六卷：卷一，唐、五代、宋；卷二，宋；卷三，金、元；卷四，明；卷五至十，清；卷十一，近人；卷十二至十四，汇刻；卷十五，从钞；卷十六，合刻。应该说，当时所见传世词总集，大致俱备。这是从数量而言的，从体例上讲亦多创新，主要是把各家序跋及版本全数列出，以备研究者参考之用。此一提要，先是部分刊载于《中华图书馆协会会刊》，后来，他续有修改，再次发表于《词学季刊》。其实，他这一修改，始终没有停止过，而是不断搜集不断完善，最后成为洋洋数十万言的十六卷本，但一直未能刻印。其后，曾委托龙榆生转至杭州大学文学研究室保存，今已不知其所终也。三是，他还特别注意词学文献的刊刻与传播，先后刊印《梦窗词》《蓉影词》《蕙风词》《蓼园词选》，这四部词集对于赵尊岳来说都有着特殊的意义。《梦窗词》是晚清四大家共校共辑的重要典籍，《蓉影词》是常州词派在嘉庆时期的唱和结集，《蕙风词》则是为宣扬其师况周颐而刊行的，《蓼园词选》在当时已难见刊本，赵尊岳借得况氏藏本，广而布之，从保存文献角度看，厥功至伟。他还刊刻有《惜阴堂丛书》，收有万惟檀《诗余图谱》二卷、夏完淳《夏内史词》一卷、叶小纨《返生香》一卷、万时华《溉园诗余》一卷、陆宏度《任西阁长短句》一卷，这些词籍在清代都是较少流传的。

从词学研究来看，他既有自己的理论主张，也有对词体的专门研究，其贡献表现在五个方面：

（一）对明词作了新的评价。在校刻《明词汇刊》后，赵尊岳撰有《惜阴堂汇刻明词纪略》《惜阴堂明词丛书叙录》二文，对流行词坛三百年的"明词中衰"的偏见提出批评，指出对明词的价值应该进行重新评估。他说：

> 今之治词学者，多为笼统概括之词以评历代，必曰词兆始于陈隋，孳乳于唐代，兴于五季，而盛于南北宋，元承宋后，衰歇于朱明，而复盛于有清。此就大体观之，固无可指摘，然谛辩之，则亦尚有说……有明以三百年之享国，作者实繁有徒，必以衰歇为言，未免沦于武断。……近者校刊诸家，粗有所得，始略举其特色言之。①

他认为明词不可遽然而废，从某些方面讲明词是有其缺点的，比如声律舛谬，混曲入词，词曲不分；更突出的表现是，"明人习于酬酢，好为溢美，宦途升转，必有幛词，申以骈文，贻为致语，系之小令，比诸铭勋，而惟务陈言，徒充滥竽，附之《金荃》之列，允为白璧之玷"。但在赵尊岳看来，也不能因噎废食，以偏概全，将明词彻底抹杀。比如明初的刘基、杨基，晚明的陈子龙、夏完淳、吴易等，"虽不能力事骞举，要不失为大家"②。见解独特。

（二）撰为《蕙风词史》，对况周颐的《蕙风词》作了知人论世的分析。他把况周颐一生创作分为三个阶段，"先生初为词，以颖悟好为侧艳语，遂把臂南宋竹山、梅溪之林。自佑遐（王鹏运）进以重大之说。乃渐就为白石，为美成，以抵于大成"。这是初入词坛受王鹏运点悟的阶段，到癸巳（1893）、甲午（1894）以后，国势愈衰，国是日非，况周颐的词风开始发生变化。"先生感于中东之役，寓意益深，词笔亦益矫健。"这一时期作品名之为《蕙风词》，盖取楚骚"悲蕙风之摇

---

① 赵尊岳：《惜阴堂汇刻明词纪略》，《大公报》，1936 年 8 月 13 日。

② 赵尊岳：《惜阴堂明词丛书叙录》，《词学季刊》第 3 卷第 4 号。

落”也。这是第二阶段，第三阶段是进入辛亥革命之后。“先生辛亥后，幽忧憔悴，于词益工，凄丽回绝。盖故国之思，沧桑之感，一以寓声达之，而又辄以绮丽缘情之笔出之，遂益见其格高而词怆；殿有清一代之声家，开自唐以来之韵令，何止工吟事、集大成而已？”这不但再现了况周颐词风变之化，也展现了他在清末民初动荡之际的心路历程。

（三）撰为《珍重阁词话》，修订为《填词丛话》，建构起自己的词学理论体系。他在其师况周颐《蕙风词话》的基础上，结合自己多年的创作体验，再撰为《珍重阁词话》，后来，他不断深化和发展，在晚年撰成《填词丛话》六卷。正如王国维在《人间词话》开篇提出“境界”说一样，赵尊岳在《填词丛话》开篇提出了“神味”说，指出：“作词首贵神味，次始于理脉。神味足则胡帝胡天，均为名制。唯神来之笔，往往又出之有意无意之间，或较力求神味者，益高一筹。此中消息，最难诠释。”这表明，“神味”是赵尊岳词学思想的核心观念，所谓“神味”乃常日之性灵学问陶铸而成，是创作主体与创作环境相交融而后，达成的一种物我交融、人境合一的状态。它通过理脉字句呈现出来，又超出理脉字句，是一种理脉字句所不能传达的意趣韵味。接着，赵尊岳又提出了“风度”和“气度”的观念。“风度”在古代多用来状写人的仪容气度，是一个人内在品格的外在显现，赵尊岳论词倡导“风度”，是追求一种灵秀自然、气韵流动的美，要求词不仅讲究外在形式上的“摇曳”，还要求内在骨干不流于纤弱轻佻，符合“重、拙、大”之旨。他说：“词最尚风度，摇曳而不失之佻荡。字面音节求其摇曳，骨干立意，则以重、拙、大为归。”他将“风度”比作是词之“体态”，“体态”虽人皆有之，而其美丑程度却不尽相同。他说：“词中风度，大抵以骞举、沈刻、清雄为工，而婉约次之。若但求字面之摇曳，每致真气蔑如，两宋之分，亦正在此。初学者尤切忌引用新颖之字面，求风度不可得，转自伤其词格，至蹈纤滑之大弊。”相对于“风度”，“气度”要求更高，前者重体态，后者指神情，它是一种淡定自然、雍容不迫的美。“气度必雍容和缓，珠光剑气，不足抗其明；红英翠锦，不足喻其艳；玉堂金带，不足方其豪贵；清歌妙舞，不足方其英华。”赵尊岳对“重”“拙”“大”的理解，主要承自其师况周颐，却也有自己的独到发明，如对“重、拙、大”的地位、“重、拙、大”与用字用笔的关系及“重、拙、大”与“厚”的关系等。他认为“重、拙、大”是词之骨干立意最基本的审美原则，只有外在形式的“摇曳”与内在立意的“重、拙、大”相结合之词，才是有“风度”之作。

（四）对晏殊《珠玉词》的选评。赵尊岳晚年在香港、新加坡讲授词学，曾计划选评《宋六十一名家词》，有志未成，忽然下世，仅得《珠玉词》选评三十首。以前，也有学者对花间、清真、东坡、稼轩、梦窗诸家词作诠评的，如浦江清《词的讲解》、陈洵《海绡词说》、俞平伯的《读词偶得》《清真词释》、顾随的《东坡词说》《稼轩词说》，但对晏殊词作诠评，赵尊岳是第一人。他对每一首词的解说，既遵从知人论世的传统原则，也渗入自己的创作体验，颇重词的章法、句法、字法，有时会运用神味、风度、重拙大之说分析解读，与唐圭璋《唐宋词简释》有异曲同工之妙。有时还会上升到对晏殊之词史地位的分析，如说：“五代自韦庄一变飞卿之纤丽，别开境界以来，冯正中再得江山之助，举凡风骚之义，始不复限于兰房斗室间，至晏则更出以跌宕之笔，信乎宋词之日见精进矣。”有时也会涉及到对两宋词史的评价，如谓“北宋词以抒情为主，然非有景物，不足以衬出情绪，故往往情景兼写，惟其时尚少以情景虚实杂糅兼用者，故又辄于前阕写景，后阕写情，至东坡始参以变化，交相为用，然名家如柳耆卿，周美成，虽长调百字，仍复如是，可知一时风会之所趋矣”。

（五）敦煌舞谱和姜夔乐谱的研究。上个世纪初，敦煌遗书特别是《云谣集》的发现，揭开了词学研究的新篇章，王国维、罗振玉、朱祖谋、冒广生、唐圭璋、王重民等学者，在《云谣集》的研究上贡献尤巨。赵尊岳在四十年代《读词杂记》中也谈到《云谣集杂曲子》、唐人写本曲子，五十年代又撰有《读云谣杂记》，交待敦煌曲子发现、流传、整理之经过。然而，他对《云谣集》研究之代表性成果为《冒校云谣集识疑》，对冒校《云谣集》如下五个方面提出质疑：1. 断为北宋写本在柳耆卿后，2. 以增减摊破之法，3. 分别衬字及分遍，4. 审音响辨清词体以考牌名之同异，5. 校字阙疑。不仅如此，他还由研讨敦煌曲谱转而探讨敦煌舞谱，进一步拓展了自己的学术领域。1951 年，他在《香港大学中文学会会刊》发表了《敦煌舞谱详解》，对十三个动作名目作了解释，认为此乃师傅传授学徒而自制的舞谱而已。经过十多年潜心研究，1962 年又在《南洋大学图书馆馆刊》连载发表《敦煌舞谱残帙发微》一文，对舞谱、舞容、队形都作了翔实而可信的考证和分析，并结合现存京戏的锣鼓点进行比较讨论，方法新颖，见解可取。赵尊岳对于词学的研究，有一个由填词而唱词、由词律而制乐的渐进过程，亦即由文学研究转而音乐研究的历程。他专门探讨了朝鲜本官书《乐学轨范》和日本旧钞本《魏氏乐谱》，还注释过《白石旁谱》，笺校过张炎《讴歌要旨》，对唐宋词乐之学多所发明，并能提出新见。最值得一提的是，他对“唱词”问题的研究，撰写过《唱词臆说》《唱词作曲杂说》，提出了歌、词、谱三者不可或缺的观点。“三者失一，非无词之调，即失谱之长短句，亦无可歌之管色矣。”因为词学为声学，亦称倚声之学，唱词的研究当为词学研究之重要义项，他的“唱词”研究与龙榆生的“声调之学”有异曲同工之妙。

四

除诗词歌赋外，赵尊岳还爱好戏剧，创作有《罗浮梦传奇》和《函髻记传奇》，并与当时京沪梨园名角梅兰芳、余叔岩、朱素云多有交谊，过从甚密。不仅如此，他在剧评上也是见解独到，值得关注，先后撰有《旧剧新论》《编制剧本之成功》《中国戏剧与东方文化》《中国戏剧艺术之成功》《中国戏剧优点——音乐效果》《书朱素云》等剧论。其在现代戏剧评论史上的贡献有三：

（一）提出“激发情绪”的剧论

首先，他认为编剧与演剧乃戏剧两大要素，剧本之佳美与演员之天才，缺一不可。然而，无论是编剧还是演剧，“激发情绪”乃第一要务。他在《旧剧新论》中说：“激发情绪，固为戏剧上之惟一要素，然亦正为戏剧上之惟一难题。”凡能激发观众之情绪者，则必然受到大众之欢迎。那到底如何“激发情绪”呢？“治剧艺者，要当辟变化于规则之中，通神明于矩匠之外。发扬剧本之个性，以博观众之强悟”，“编者运其匠心，于关键所在，出以闲暇之笔，以激发观众之情绪，殊足称已”。如此，观众方能被激发情绪，获得精神上的极大共鸣。

其次，关于如何编剧。他认为好的演剧必须有良好之剧本，这样编剧与演剧才会相得益彰。编制剧本，若能与演者体貌相合，则尤其至难，也最为可观。“历观编剧之法，素少完书，不成专学，故编者多以其智力经验以为之。”（《编制剧本之成功》）当然，也有编者虽得良材，但见闻不周，乐律不精，即使文字灿烂，却不适合演剧。盖其心目中未尝有专定指演之人，则角色揣摩，无从假借。所以，一方面编者要研究观众心理，观察社会趋向，揣摩演者声情体貌、举止姿态，发挥其天才艺力；另一方面，演者也须根据演剧之经验，提出建设性意见，两相结合，则有佳作。在赵尊岳看来，演剧、编剧皆佳者莫如《太真外传》，堪为典范。编者胡伯平、齐如山、黄秋岳、李释玑诸人，取此绝妙史迹，博采旁征，穿插贯穿，斐然成章；演剧者梅兰芳世所共赏，无庸溢美，可谓一洗固陋，尽掩前失。

再次，关于如何评剧。他在《告评剧者》中提出了评剧的十三大原则，其中部分论述颇有见地，如：观众要有鉴别能力，不必本其艺事，笼统立言，要当于其艺术造精诣微之处，细为抉择；评剧者要并重其实际和内景，通于剧情，知其所以从而表演之者，即使令人望文生义之处，自己也要了然于胸；还要精通律学，能识善辨，熟知前辈典型、梨园掌故，以箴贬来者；注意新旧并陈，不可拘泥于今古，评者要博闻多识，通晓各地方言土语、风俗人情，他山攻错，尤为可益；还要宣扬国音，通之四海，师法西方先进管理经验，改良国故；评者要有火眼金睛，不媚时俗，推崇后进，引导观者之目光，导入正规，等等。这些，既能为演者、编者之写作表演提供借鉴，又能提升观者的鉴赏能力，确实为经验之谈。

（二）对梅兰芳、齐如山的评价

晚近剧界，人才辈出，为世所交口称誉者，有：王斌芬、温小培、张铭、武小杨、孙瑶琴、孟鸿茂、彭春珊、常春恒、刘玉琴、明海山、周五宝、粉菊花、小兰春、吕美玉，李桂芳、林树森、小孟七、安舒元、潇湘云、王又宸、白牡丹、赵君玉、韩长宝、小三麻子、杜文林、冯志奎、盖大元、崇鹤年、张笑芳、王丽卿，赵月樵、王福连，等等，赵尊岳几乎无不与之熟识相交，并写了一系列剧评，如《书朱素云》等，其中最为其所称道者则非梅兰芳莫属了。

关于梅兰芳，众所周知，赵叔雍号称“梅党健将”。不但在《申报》撰有系列“梅讯”，还对梅兰芳的行踪、表演艺术及历史贡献发表有卓见，如《梅兰芳渡美记》《梅兰芳出洋演剧之讨论》《梅兰芳出洋演剧之标准》《梅兰芳艺术一斑序》《南天剧况》《梅兰芳专辑序》《梅兰芳游美记序》等。特别是在梅兰芳即将出访日本、美国、苏俄等地时，赵尊岳经纬万端，斟酌审定，以极大的篇幅记录其筹备剧务、交通人员、出洋路线、材料准备、风俗调查、剧团管理，以及卫生、预算、交流等一切事物之策划，事无巨细，考虑周详。在他看来，宣扬梅氏之出洋，并非浅薄人士之短见：“捧角”，而是为中国光大剧界之创举，“且其关系国家文化艺术之宣传尤大”，“足以为发扬光大中国戏剧之一人也明矣”，“开一新纪元”，“开一新境界”。一方面宣传东方艺术，一方面采西洋之精华，特别是中国旧剧所短处，如构造、精神、布景、管理等，可择西洋之精华而师之，在场面位置、砌末应用、侍役检场等方面，更有良好的管理经验可以学习，如此力为改良，厚志可嘉。

在《世界艺人梅兰芳评传》中，赵尊岳精辟地分析了梅兰芳在戏剧方面取得巨大成就的原因：天分、学力和修养，特别是对他的修养有精辟的议论。他认为梅兰芳有五大修养:第一,厚道。“他对人家,自然也就发生一种好感,从这好感上,进一步结成友谊以后,那就一天一天的发展下去。所以他的朋友,一年比一年多。他更不分阶级,不分贫富,不问得意或是失意,永远保存着深厚的友情。”第二,对朋友的敬重。虽然他在文学创作上没有下太多的功夫,但却有较高的鉴赏力,在多处赞美民初遗民词人樊增祥、易顺鼎、朱祖谋、况周颐等。第三,重气节。说他与杜月笙夫人同台演戏,并不因为对方权高势大,而折节下膝。甚至在得知角色临时更换时,能义正辞严,卸装拒演,明知得罪闻人而毫不顾忌。第四,做事有恒心。他每天吊嗓子,毫不间断,练太极拳几十年,也是风雨无阻,从不间断。还有,他学画画很早,因为演出的缘故,时有断续。但是,凭自己坚强的意志,战胜了贪懒的习性,终于画成功了。赵尊岳感慨说,这真是意想不到的一件事,可谓“有志者事竟成”。第五,爱护后辈,无微不至。后辈们常去求教他,不需任何条件,有问必告,详细委婉,还随时放下口中的香烟,在客座前教授身段。再有人介绍,只要是前途有希望的人才,他都愿意收为弟子。等等。

在《国剧大师齐如山》中,赵尊岳对齐如山的戏剧贡献做了比较客观的论述,该文首列其十大汗马功劳:从小潜心研究,毕生精力,贡献于剧艺;制定了中国剧艺的最高原则——“无声不歌,无动不舞”,以及各种详细的分类制度;脚踏实地收罗各种道具、脸谱、剧本,和伶界名人接触,殷勤探索,召集同志,创立国剧学会,撰写剧本以及几十部关于中国剧艺的书籍,并凭借个人力量出版流通;培植后进,无微不至,等等。特别是他与梅兰芳的关系,一直为人们所议论,赵尊岳认为齐如山与梅兰芳的合作,是事业、学问上志同道合的朋友,二人最终获得的成功就是将中国戏剧艺术文化发扬光大了。赵尊岳认为齐如山之所以在剧界有如此成就,全部归根于他对戏剧的痴爱。“他喜的是中国戏剧,从此大步跨入了世界舞台,不但可使西洋获得观摩的益处,更可使中国戏剧的优点,流传出去,藉此使世界各剧种,更加进步。惧的是演得不好，不能达出优点，反使西洋看轻中国的戏剧。因此，他独力编绘图案，手写说明，请人翻译英文，前后足足忙了一年半之久，不要说废时失业，真可算用尽心血。”

（三）探讨中国戏剧之文化精神

在《中国戏剧艺术之成功》中，他指出，“文化乃立国之精神、立国之资格”，戏剧为艺术所包括之一，人所共喻，“而其以表演之长，有待于精神物质两方面之策励者，尤足以为文化蜚英之要端”。在他看来，中国戏剧，肇端甚早，源统有自，简册甚明。唐宋以还，曲艺最盛，元明而降，厥体惟繁。无论是剧本之编制，还是服饰之布局，多成窠臼，落入成套，是为“不完全之戏剧”。他认为能够打破此种格局者又非梅兰芳莫属，梅氏“以艺心之长，工戏剧之学”，“造新意，立别格，复古舞，制古装，继绝存废，光大发明”，最终异军突起，一变成法，“以丹青为蓝本而制古装，脱去寻当旧剧之蹊径而别立新剧，又思古代之所以为舞者，而揣摩之、考索之，以成其舞。始谐于律吕，中于歌咏，而后歌舞乃复并备。斐然大观，竭其心力，以幸致成功，迄于今日，非特国人引为同调，即外人亦复相继内向，以其凡稍稍研究中国历史艺术者，征于其服装歌舞之道，而引为足以为代表文化之一端，而后群相就之也”。直到今日，在梅氏之前，西方多不知中国有戏剧，而梅氏之立新派，中国戏剧才开始迈入世界舞台。此说虽有拔高之嫌，却也道出梅兰芳在中西戏剧文化交流与改良中确有不可忽视的作用。

在《中国戏剧的优点——音乐效果》中，赵尊岳还专门探讨了中国戏剧音乐的问题，指出中国传统戏剧用音乐来做补充说明，早已运用得非常巧妙纯熟了。音乐可以使观众在不知不觉中，受到启发，引起思考，有时光听音乐的提示，就能知剧情的发展，明白情节的曲折隐微与细腻，省掉场面上不少时间和说白，所以，音乐的运用，对于编剧来说，至关重要。中国旧戏中音乐的应用，如暗场武戏的运用，三通金鼓，四面雷鸣，风云叱咤的声浪，用音乐表露内心，孩子的哭声，老鼠的声响，鬼叫，等等，这些音乐不光是衬托唱念表演，加重气氛，辅助场面，更可以减少重复唱腔，省去了不少无聊的场面，“中国戏的象征性和一切戏剧完全把他歌舞化而成的”，音乐更是成为戏剧不可或缺、不可剥离的一部分。

五

赵尊岳家资雄厚，曾刊刻过很多图书，但对自己著述的刊刻却是持审慎态度的，生前从未正式出版过文集，他的作品有的是一改再改，直到逝世前还在不断完善。在他生前出版的作品有：

《和小山词》，惜阴堂刻本，1912

《函髻记传奇》，惜阴堂刻本，1919

《苏虞杂游纪事》，收入叶恭绰刻《吴中片羽》，1928

《白石旁谱新诠赘语》四种，收入饶宗颐刊《词乐丛刊》，1958

在他逝世后，由其女儿赵文漪整理出版的作品有：

《高梧轩诗全集》，赵文漪自印本，1965年版

《填词丛话》，新加坡文化印务公司，1973年版

《珍重阁词》，新加坡东艺印务公司，1981年版

而后，海峡两岸的出版社也影印或重新排版过他的部分作品，有：

《高梧轩诗全集》，台湾文海出版社据赵文漪1965年自印本翻印。

《明词汇刊》，上海古籍出版社1992年影印版。

《明词汇刊》，收入《传世藏书》本，海南国际新闻出版中心1996年排印版。

《和小山词·炎洲词》，上海古籍出版社2004年版。

《填词丛话》，收入刘梦芙编《近现代词话丛编》，黄山书社2010年版。

《赵尊岳词学文集》，张再林、郝文达整理，河南文艺出版社2015

年版。

他的作品大量地散见于各种期刊报纸，主要有：《词学季刊》上的《蕙风词史》《词集提要》《惜阴堂汇刻明词提要》，《同声月刊》上的《金荃玉屑》，包括《珍重阁词话》《读词杂记》《读〈乐学轨范〉札记》《古今》上连载的《人往风微录》，《好文章》上连载的人物外传（别传）系列，《旅游月刊》上连载的游记系列，《中华图书馆协会会报》上刊载的《词籍考》等。但也有少量作品，如小说《明月楼》，因年代久远，资料匮乏，难以搜辑。

因为赵尊岳对文稿反复修改，所以，在版本的选择上，需稍作交待。《珍重阁词集》本为赵氏词集总称，但正如赵文漪所说，《蓝桥词》《南云词》已为托付之人所丢失，她在新加坡刊印的《珍重阁词集》，据国家图书馆藏赵尊岳手稿可知，它实际上就是赵尊岳早年定稿的《近知词》。至于《珍重阁词话》，也有《填词丛话》的称谓，但内容上已有较大变动，目前有周国灿新加坡刊本、《词学》刊本和刘梦芙编《近现代词话丛编》本三种。《珍重阁词话》发表较早，现在少见，故用此稿。《明词提要》选用《明词汇刊》本，而不用《词学季刊》本，原因在于《明词汇刊》本为定稿。至于赵文漪在《和小山词跋》里提到的《论清词》一书，著作权不能遽然断定，只好暂阙。

这次整理，在前人已有整理本基础上，主要从各类报章杂志上着手，特别是由赵氏同仁主办的《申报》《词学季刊》《同声月刊》《古今》《好文章》等。1949年以后的文章，则是从他曾经任教学校出版的期刊杂志上搜集，他在新加坡期间曾在《星洲日报》“艺文”和《南洋商报》“商余”等开辟专栏，发表了为数不少谈听戏谈美食的短文，因为报纸量太大，搜集不易，暂付阙如，以俟来日。

另外，需要说明的是，集中收录的诗词文章，写在上个世纪，作者表达的观点，有些我们并不认同，出于学术研究与文献存真之目的，我们只是如实照录。这是需要读者特别注意的。

诗词赋

高梧轩诗全集

曾　序

叔雍既逝之三月，余晤其女文漪于族人所，叩其遗著，则曰：顷方董理，拟为刊布，而以题序属。因告之：若知若州学术之冠绝清代耶？自来学者喜以地名其学，若诗之称“西江”是已，至清而浙之词、闽之诗、桐城之文章、休宁之朴学，率以二三人之精，于是为之倡，人率以地称之，而声称满天下焉。然皆以一地名其学耳，若常之为州，若俪体文，若古文，若词，若今文经学，皆以一州而擅其胜。以一地而名数学者，惟常州为独绝，非他州所敢望。世变以还，学虽稍落，获若翁之殿其后，晚近所希有也。其词自桂派入，其诗词自同光诸老入，虽不尽出于其乡，然择善而从，拓其先辈之域，亦学者所有事也。忆往以诗寄若翁，若翁复书推许，然必推其用心所从入，择术之所从舍，探幽索微，惟严惟谨，于古大家不稍假焉，然后知其用心之苦，择术之精，故其成就卓卓如是，斯岂若翁一人之力而已哉？意者若乡先辈治学之涂辙之不外是也。序以归之，岂仅见若翁造诣之宏深，而其乡先辈教泽之被其后人者，将永永无穷尽也。太岁在旃蒙大荒落。福州曾克耑序。

章孤桐先生前赠诗

梦魂频到海南隈，曾记虞翻去未回。访旧纵非侪鬼物，擘笺畴与角诗才。胸藏大略全无用，兵入奇衺岂易隳。吹剑了知同一吷，沧波虽隔意终回。

苦忆三年不见人，重来仍认履綦新。诗笺懒带寒暄语，海角真成寂寞滨。世变讨源身有胆，旧书刊误笔生春。江湖平昔论心迹，不遇知交肯重陈。

两世交期直到今，白头爱吐少年音。子安序就争先唱，容若词成有内心。老遣才华归浑穆，身经忧患入沉深。相如贱物吾亲见，敢忘南阳旧惜阴。

君提皂帽走辽东，我似羁鹰恋旧笼。往返三年看孟子，迟回四赋比扬雄。未阐异国传高第，频见飞书说困穷。何日一欢相属处，故人杯酒与从容。（甲辰夏）

挽　诗

乾坤曰亙各无成，五十年来过鸟轻。谁料卫宾珍小友（初与君相识，君年十三），化为李白梦平生。遗文在箧愁边读，忆语如钟分外宏。怀旧到君真绝倒，凭风吹泪荡重瀛。

风流儒雅少年郎，江左名家众所望。赵壹故应终揖客，接舆何事忽阳狂。过都一蹶占无咎，入海忘归恨共长。今日纵无缨可濯，泪垂犹自越沧浪。

懒与疏兼老益隤，因君吨挚长痴骙。惠诗不和诗频至，寄简无还简递来。笃厚故人天上见，飘萧词客笛中哀。蕙风亲炙彊村艾，占断江东独步才。

太平山下数朋游，几辈驰驱几辈留。正忆杜陵芦塞北，忽惊淮海古藤秋。人生聚散原如此，吾道东南定有由。怪底中郎才付女，诗成幽愤更余幽。（谓文漪）

高梧轩诗序

余初学诗，固不自审门庭涂辙之所由也。垂髫薙发，方忆从两姊氏相羊家塾间，或循声读唐人绝句。先太夫人晨夕亦辄授以短律，余之诗教盖由此始。忽忽九岁，偶沾痁疾，呻吟痛苦，汗下如雨，乃高诵"海上生明月"一首，先公至以为不祥。迨十一岁就外傅，塾师又教以雅颂，而陈义不高，先后学作十余绝句。先公训之曰："未尝读诗，徒作无益。"旋改治实学，则并此弃去者有年。岁次戊辰，静宜夫人来嫔，压奁多旧椠佳本，诗集尤夥，遂复于青庐读少陵、玉溪、昌谷、东坡、放翁、遗山诸大家，心许神会，薄有所得，所作亦自谓微有意境。既而奔走江海，出入关塞，名师胜侣，时时哄饮，前辈老成，亦辄有为说关键旨趣者。记游托意，赓唱续酬，境以日变，诗亦日多。其后改事填词，废诗又十余载，及理旧弹，师友往往墓有宿草，去故之情，盛衰之感，乃多奔集腕底，而所读日博，所习尚无方，仍不自揣其庭径也。寇乱既炽，中原鼎沸，攘臂事功，掷置不为，倏又五稔。盖平生未尝刻意为诗，所作亦多肆手屏弃，积存箧衍十无三四，即亦不复更加次第，信属覆瓿耳。窃尝思之，诗以娱性灵，写襟抱，寓兴会，寄流连，心有所触，则一及之，日长有暇，间与俯仰，童而习之者，至老或不能尽其奥曲，虽苦吟亦奚为？其有神来之笔，俊思纷如，藻彩络绎，适丁作者之境地际遇，弥觉其工，而后之读者不预其盛，不获其事，更未易即加激赏，持以示人，无乃好事而不智耶？麒麟之楦，匪所夙习，越律自外，亦不足以预温柔敦厚之教。余且并此而两失之存诗，以存岁月之绵历，人事之孳乳，山川草木之云蒸霞蔚，以自适其玄冲淡邈之趣，兼备好征故事者之取资而已。嘻！行年逾六十，于学问无所述作，仅存乱帙，写此浮生，追昔抚今，纵严自汰替，亦徒为行看之资，其犹诗教之罪人耶？

戊戌春仲赵尊岳

高梧轩诗卷一

武进　赵尊岳叔雍

种松山湾

樊迟治园圃，圣门崇所师。陶潜屏冠绶，一邱足栖迟。橐驼论艺植，树德务尚滋。吾爱二三子，千载意若斯。春卉竞芳尽，晨露浣新枝。余寒犹中人，薄暖融流澌。零雨更兼宿，绿意拔郊墀。夙兴沐骀荡，藜枝相扶持。老龙有奇趣，嫩萚亦纷披。吾慕大夫节，树此表所资。荷锄拾篹笈，卓午以为期。倏然出尘表，苍翠盘龙螭。色动意殊喜，户牖荫青姿。归持古人言，来作种松诗。

以高梧名轩，漫题

楼前六株梧，苍翠殊悦目。坐以名吾轩，清风压丛竹。偶然出西郊，运斤卜小筑。官街才十尺，俯仰对邻屋。依违终未已，何必造林麓。

题上海严氏三世耄耋图

载德端文化，清芬席黄耇。箕畴备五福，昌龄著遐寿。景止义行门，奕叶扶童叟。天报有德者，必以昌厥后。德延获高蹈，仲和屏冠绶。子张工翰墨，孝源最谨厚。不图叔季哀，犹见三世耦。沧江潜盛泽，举案每白首。此直轶古人，旷世所希有。丹青会群彦，投篇满江右。维文扬其华，瑰宝逾琼玖。娱亲君家言，行仁用为守。欣忭鼓群伦，愿晋一卮酒。

陈元白居士过谈成唯识论

生灭吾堪了，真如君自知。便将八颂语，摄入五言诗。见道几方物？存心不胜悲！珠林精胜处，此意更谁期？

高孝慤先生挽诗

忠义植大节，东林衍儒风。弥纶布彝宪，举世知所崇。有德昌厥后，含和遂履中。心闲物与适，志静日以充。暇晷习养生，圭荜常充充。尚德树礼法，劬学怡藐躬。考槃足行乐，寤言惟相融。于以疾世变，斯不贪天功。大雅伤沦胥，形役征有终。遗言资自挽，达人安穷通。平生不怀愧，圣学绍正蒙。笃行古君子，一朝悟灵空。孝慤仰私谥，吾徒识渊衷。来书拜潜德，涕泪景岱嵩。

野　行

萧寺推枰起，扶节试野行。沧江泽塔影，山树失斜曛。鸟趁低檐疾，花飞夹岸分。忽然江月上，鱼子弄新纹。

皎镜悬新晓，朱楼卷画帘。露融荷药润，莺啭柏枝先。青玉天千丈，白云山一廛。起衰寻蜡屐，幽赏自吟边。

家有良驷，垂垂老矣，货之意殊不忍，短歌相遗

伏枥垂十载，晨夕不相离。念尔振鬣角，百里相奔驰。百里了平旦，朝露终差池。吁嗟光过隙，逝影伤华丝。当年行蹄迹，强半荆棘枝。日月长在眼，山川无改移。胡为有生者，转不如墟遗？游魂逐天外，仰秣伤余髀。吾既爱忠骨，安忍与裹尸？今日试言别，扬鞭徒呜咿。贻以短歌行，盐车期安时。

春尽日示客

心与琼枝共岁寒，却教相伴又春阑。斜晖处处多情致，不照眉痕照远山。

十载侵寻恨已迟，旧情宛转更谁知？番风无力韶光系，欲遣并刀剪鬓丝。

记得飘帘洒送春，惊鸿顾影自风神。从教万驿千山路，明月圆时忆梦尘。

开到将离恨别离，更堪春雨细如丝！攀条欲问长干柳，一艓春波圣得知？

江次闻歌

一声惜惜盐，飞作楚天雨。水落黯江秋，似催行客去。

李云书属题其兄薇庄遗墨农家图

遗世有孤鹤，羞与鹜为伍。晓起看松�，躬耕治林圃。邻家有老农，诏我明日雨。一椽虽云颓，牵萝亦可补。洒温涤万垢，寒夜惊里鼓。独策藜杖行，丹青吊渔父。

夏夜客座

吴菱越藕最芳鲜，满座清凉不论钱。留得灯檠长伴客，北窗风好倚床眠。

寄曹缥蘅京师

感君稠叠意，驿使问南枝。莫负花时约，弥矜乱后诗。帘波春影瘦，谏草夜深移。此景应相会，同消玉漏迟。

丙丁之际兵祸方亟南北悬榜缉人如儿戏偶见客名赋写

履霜倚剑溯平生，不尽迟春赋北征。见说阑干依踯躅，更留名氏付零丁！文章惜诵知余事，风味清言乞主盟。绝忆绿阴深巷底，瓶笙轻拂夜窗明。

桐江棹歌

推篷镜里看青山，山共舟行弟几湾？只恐云衣重叠外，路回峰转不成环。

山如鬟髻水如罗，罨尽斜晖入画多。愧我画中无好咏，矶头断续听渔歌。

抱溪故有山迎棹，照水惟应石傲人。风静沦漪闻细响，诗成无韵不清新。

北苑眷山夙擅名，卧游灵境惬幽情。晴窗未比蓬窗好，粉本微嫌刻画成。

欲托微波致寸椾，举杯惆怅棹歌前。兴来欲共沙鸥语，为汝留真傍晚烟。

香羹已熟唤鲈鱼，便有银鳞佐野蔬。风味似闻香秫好，舵楼烟直午炊初。

大好岩光照眼明，提壶掠水去无声。橹柔渐入诗人梦，水镜山鬟足一生。

坏塔铃凋前代寺，断崖苔蚀半残碑。幽人省得萧疏意，写入丝阑绝妙词。

玉峰深处彩云归，明月前溪上翠微。夹岸两三渔火外，倚舷未觉露侵衣。

宿雾浓氛郁未开，汉家文物几蒿莱？韩陵片石瑰奇甚，乞与春阴护绿苔。

措笻一百六十丈，荦确危阑石径移。欲问纶竿千尺手，可能与鹤话心期？

晞发余哀未可知，眼中邱壑似年时。西陵尽有闲松柏，得似冬青北面枝？

暖风迟日醉游人，堤上清晖罨暮春。如此溪山属忠义，尽教斫地泣孤臣。

药农兄藏阳贞憨为汪叔明绘梦衲庵图卷征题

钉钉藤缆意无端，料峭空山自在寒。一梦应怜迟十劫，缦昙多事梦中看。

散僧入圣证前身，未了修持忏宿因。尔许诗情兼画意，须知明镜本无尘。

湖上熏风醉客船，桃花柏子共清妍。凭阑解道无言说，一度合毫一惘然。

徐仲可属作曾义夫旌词

末流伤儇挞，礼教泯榛芜。女贞且不谅，何况旌义夫。论者恕遗行，色荒患须臾。破舌古明诏，荼毒甘微躯。托词寄芳草，快意量明珠。谁省高楼间？侧睫怀辛劬！成魔悟见爱，释说端径途。挂帆添片席，巧譬良未殊。青楼临大道，胡姬当酒垆。扶花倚残醉，顷刻聊嬉娱。凡兹笃嘉训，依违多歧趋，窃谓此末节，未当罪狂奴。独是相知者，贵在不相渝。人生有新故，至情同贤愚。忠贞庶竞爽，日月并往徂。愿言永白首，忍此紫夺朱。棹楔褒至节，里巷惊传呼。深思容自返，过者宜踟蹰。省心宁自愧，抗志谁与俱？坐负百年身，更图张青庐。茝兰驰帨佩，尘镜掩金铺。此时追故欢，忐忑徒嗫嚅。丈夫重然诺，转石事区区。胡为敌体恩，寡信加厚诬？只身甘寂寞，单枕清且癯。曾公励末俗，即此世所无。学养不待数，难为君子儒。起衰励浇薄，国士重琏瑚。闲情玷白璧，亦以廉顽儒。允哉昭明言，斯道其不孤。

酬邵次公秋夜寓楼韵

砧杵初迎玉漏长，天风几度拂枯桑。终知蝼蚁归潜垤，忍见星河被夜凉？跋躅花前应自念，高楼云外莫轻忘！兴来更欲亲杯酌，披发扶醒下大荒。

遥答李释戡游静宜园诗

未能作健莫登山，怨共茱萸负醉颜。茗憩清欢传雁字，坐喧哀吹戍江关。吴枫梦熟浓如锦，越黛屏低瘦翦鬟。绕砌秋阴聊自息，争墩无地著身闲。

筵次续得释戡山游诗

十年辜负西山约，画里诗中子细论。寒碧有情酬竞韵，软红无地著争墩。延秋岁月珍行卷，挂孱心期托酒尊。尤喜开缄嘉客座，一卮端自为君温。

北游杂咏

望中未许专邱壑，梦里还应忆旧游。今日翠微山下路，犹堪沉醉送残秋。（丙寅暮秋北游，冯幼伟招饮西山）①

已穷车足日骎骎，抛却前岩意更深。老栝自宜千尺干，衰杨犹系万丝金。（自西山迂道香山）

郭外脂车缓缓行，离宫入眼渐分明。前朝兴废归闲话，花馆汤泉第几楹？（汤山）

绕陌垂扬绿一軿，渐闻清漏唤泠泠。重来欲乞闲缘借，不负新词榜自青。（玉泉山自青榭，卓君庸别业）

寝殿前头石一楹，片云堆雪各珑玲。无多清秘人间世，残劫犹留北宋铭。（颐和园观花石纲故石）

南陌僧房带浅萝，丁香似雪得春多。来迟只合看行脚，共话墙阴绿一莎。（法源寺）

歧路残年意未阑，市楼斗酒贳清欢。相从未易梅花侣，风雪关山耐却寒。（缀玉雪中约酤市楼）

镜槛山眉伫有无，凭西筑阁好携壶。入门题壁先寻字，俊赏无因旧梦疏。（江亭）

猎猎风蒲已半黄，西溪犹及倦时妆。登临渐觉江南意，眼底秋林一草堂。（或谓江亭颇似杭州西溪）

夜灯深巷寻斟酌，几辈词流擅胜场。犹有嘉名供脍炙，莼鲈长合梦江乡。（广和居尝清鱼江豆腐）

---

① 《国闻周报》第五卷第十七期题作《幼伟约游西山》。

寻春南客登临地，丽瞩飞琼罨玉京。老树渐肥鸦渐瘦，冻河车畔听无声。（雪中过御河）

小园自有闲风致，短石新栽映绿漪。写入无声诗更好，瑶华春向镜中窥。（缀玉轩为同人造像）

十年花底听流莺，未尽成连海上情。得傍玉梅修笛谱，一时矜宠厌生平。（为缀玉作曲）

最是晨钟欲动时，一楹别绪泪腰肢。征人短驿无多好，切莫来春问见期。（将别析津）

看花十载寻春约，乱后清游已恨迟。容易弥天风雪里，从容归棹可无诗。（归舟）

西山谒罗瘿公墓

十年梦里时相忆，一觉新来入翠微。斜径循流容款段，短枫舞叶压芳菲。渐惊落日疏僧舍，更著横枝刺客衣。回首题名碑上字，旧游凄绝到岩扉。

释戡昆季同游隆福寺，并至三槐堂观书，旧东市也

冷巷残摊谁管领？策筇蜡屐偶经过。意穷丈室不须远，寒入疏林未易多。绕膝儿童争笑语，翻书贾客计磋砣。尘边更忍看东市，伫听盲翁负鼓歌。[①]

市楼约客来岁南游兼属题卷子

市楼草草沽行厨，握手相看尚故吾。青鬓不辞明镜减，酡颜应付醉花扶。十年尘海收心眼，千里楼台乞画图。客梦鸥盟同一笑，明朝

---

① 原载《国闻周报》第五卷第十九期，题作《隆福寺》。原诗如下：冷巷残摊谁管领，策筇蜡屐几经过。意穷丈室不须往，寒入疏林未易多。哗市儿童矜笑语，翻书贾客计蹉跎。尘边忍更看东市，伫听盲翁负鼓歌。

共发大明湖。

颐和园约客同作

昆明湖上水，嫩碧了无际。万寿山前松，冲云夺晴霁。十年劳心魂，一旦欣投袂。故人情殷勤，选日同作计。脂车出西郊，驿路渐津逮。薄寒良中人，残绿尚凝睇。须臾焕金碧，林樾乍荫蔽。入园遵短径，幽草久未薙。堂前安燕寝，陛额尚旧题。廊深抱清流，矮座足小憩。作健更登山，穿路拾画砌。豁然开藻井，仰见屋鳞俪。众香真胜窟，佛阁亦殊制。栋梁擎天申，穹碑悬顶缀。回眸收全湖，遂觉天意曀。骚骚林木振，刁刁縠纹细。绪风不胜秋，遥动和鹤唳。拂茸下石舫，指岸伴鼓枻。神祠式中流，檀栾犹旧制。长桥偃卧虹，微波拍湖埭。山阴最胜境，永日足迢递。放舸寻清欢，揽古穷胜契。已经付劫火，文物盛难继。败壁剩涅磷，疏岩满箩薜。惟有贞松贞，犹复矫寒岁。凋林愁日晚，征往采隐谜。吟啸拂烟峦，横枝压巾帨。匆匆俱归来，非复人间世。宸游辞铜仙，天地并伤逝。当时聚物力，辟莱共砥砺。长拟乐未央，四海征图币。不意有崩坼，便尔易隆替。一草或一木，及见阳春意。承平倏梦寐，忍感大气沴。吾徒斯何人？来此修祓禊。明镜悟圆觉，吟事亦瘖呓。

曹靖陶分惠徽州雄村故宅所植红豆，盖数百年或实或不实，比岁大实，分贻友好，为相思之券

南国才人泪，东风帝子心。剧怜春乍老，未忍梦如林。湘竹微惭艳，瑶珰意不禁！独拈尊酒畔，记曲付沉吟。

再和幽居秋尽韵

怕闻哀吹乱严更，叶叶西风作战声。宵永似怜天意晦，病余微遣世缘轻。渐惊黄月侵斜槛，犹翦乌丝伫断檠。不尽江关感萧瑟，许教禅悦证心清。

丁卯仲春冒雨赴湖上[①]

宿雨悭晴未易收，小春天气似琼秋。来迟莫负花时约，应共荼蘼绿一楼。

十年日日吴山路，未了关情贯画船。乱后风怀浑似旧，碧漪吹皱丽人天。

未尽人间怨别离，湖头细雨湿春丝。搴衣莫问长亭路，已是垂杨第几枝？

为蕙风簃义女潘雪艳题影，潘工剧事，蜚声海隅

犹记盈盈十五时，天春楼畔梦如丝。明灯特地娇红处，更许葳蕤见一枝。（蕙师尝榜所居曰天春楼）

斫地哀歌已异时，更堪肠断袅晴丝！春人最怯山阳笛，况见檀栾璧月枝。

静夜玩红豆，再寄靖陶

漉尽相思酒一瓯，襟痕梦影几经秋？开奁重见相思子，为汝离离忆旧游。

已渐花风著拣枝，为谁青子比红儿？春人不尽将离意，犹倚阑干琢丽词。

斗艳工愁第几春？故园芳讯罨书尘。梦回未忍天涯路，锦袭芸藏最赚人。

花草虞山已劫灰，绛云清秘付蒿莱。雄村不绝春如缕，惜起横枝付翦裁。（虞山红豆早付荆榛）

---

① 原载《国闻周报》第五卷第十八期，题作《朋从约作湖上之游因循未果至则红雨阑珊矣》。原诗两首共八句如下：宿雨悭晴未易收，小春天气似瑀秋。来迟莫负花风约，犹共荼蘼绿一廛。十年日日吴山路，未了关情贯画船。乱后风怀应似旧，碧漪吹皱丽人天。

南国才名第一流，胜情谁似看云楼？等闲紫凤天吴外，比得红儿好唱酬。（靖陶所居曰看云楼，时方属意女伶新艳秋，捧之甚力）

重过金陵平江府

寂寂重扃外，来迟觉计非。玉容应似旧，金勒更谁归？暖阁犹新月，平林半落晖。不堪寻断梦，珍重数腰围。

释戡校印瘿公梨园掌故，寄赠媵诗索和

忍更巡檐听釜雷，打窗送雨叶成堆。挑灯未尽钧天梦，遗世真怜避地材。一夜莺花收实录，百年薪火伫残灰。泪痕且莫西风浥，引剑无声对镜台。[①]

九日赏菊邀客甘氏非园，座中程子大、冒鹤亭、姚虞琴以杜韵酬唱，继声

胜景应如昨，吟情怯渐非。尚嫌黄菊晚，每伫雁书稀。薄酒能供醉，浮生夙见微。登临谁许共？夕照上缁衣。[②]

和纕蘅江亭独步韵

无复年时草色青，只余吟啸黯新亭。愁边远黛和烟晓，乱后流莺侧耳听。斫地哀歌应当哭，问天沉醉意难醒。从知车马城南客，孤赏

---

① 原载《国闻周报》第五卷第三十八期《采风录》，题作《次和释戡雨窗》。原诗如下：忍更巡檐听釜雷，打窗送雨叶成堆。挑灯未尽钧天梦，遗世谁怜辟地才。一夜莺花收实录，百年薪火伫残灰。泪痕且莫西风挹，引剑无声对镜台。

② 原载《国闻周报》第五卷第四十五期《采风录》，题作《戊辰九日约同人集非园黄菊未秋胜情乍减坐中鹤亭子大虞琴相继以杜韵酬唱续此畣之》。原诗如下：胜景应如旧，吟情怯渐非。尚嫌黄菊晚，犹伫雁书归。薄酒谁堪醉，浮生夙见微。登高犹许共，残炤拂缁衣。

犹堪见性灵。

湖 楼

绿到垂杨絮接天，堤前楼外最芳年。新词自和黄金缕，短酹谁量白玉船？眼底烟峦空写恨，梦中夔蛟不须怜。凭阑瘦尽销魂句，辜负云蓝锦样笺。

苏虞记游杂诗，同游同作者冒鹤亭、叶遐庵，合辑成集[①]

幼舆多事专邱壑，蜡屐归来意最便。欲傲东坡穷眼力，行郊风物足流连。[②]

宿雾催收雨脚轻，悬知新夏恰宜晴。衔泥便觉云山好，初日光风静处行。（临发不为雨阻，卓午便尔放晴）

郊原似沐绣如油，梦落吴趋最胜游。五十三桥能记否，别时心眼石湖秋。（不到吴阊五载，石湖辄系望中）[③]

移家画里蕙风簃，艳说阊门杨柳词。老屋城南应尚在，素云黄鹤最相思。（蕙风师曾移家阊门，又尝指城南老屋为梦窗故宅）[④]

几拂缁尘伫午醒？扶廊呖呖听流莺。欲凭商略山塘路，惜起春阑一寸情。[⑤]

拾磴牵衣翦嫩莎，粉墙背影尚峨峨。三生花草谁能识？只付盲翁负鼓歌。（虎丘货郎娓娓述往迹不置）[⑥]

---

① 此处与叶恭绰《吴游片羽》所收《苏虞杂游纪事》出入较大，兹将原本附录如此。

② 原注有：平生喜读东坡"欲将眼力为彊界"语。

③ 此诗《高梧轩诗全集》本未收，据《苏虞纪游杂事》补入。

④ 原注为：蕙风先生殁前移家吴会，作《望江南词》，有"移家作个画中人"语，又爱指点城南老屋，谓梦窗所夙称。

⑤ 原注有：解骖旅驿，隔院流莺，唤人神往。

⑥ 原注为：（虎阜久就荒芜，偶得货郎，涉语成趣，多吴中雅故）。

径曲修篁拂绿茸，庭隅残记著苔封。飘零同具人天劫，绝忆枫桥半夜钟。（寒山寺钟已非故物，寺亦芜废）[①]

了知一觉征无际，自省三生报有情。六百年来贤劫继，血书入眼最分明。（龙寿山房观元僧继善血书《华严经》）

金阊万户屋鳞鳞，灯火迷春倍有神。赚取危阑凭一角，梦回风雨忆斯人。（就暝登高，君念词人曹辄直）

怡园高致近何如？绿到阶前草不除。入座烟峦添粉本，眼中楼阁最怜渠。（怡园画师顾鹤逸旧为绘高梧轩图，至今徒悬想望）

潋滟晨曦欲上时，芙蕖清绝影娥池。朅来谁会萧疏意？只解山茶觅故枝。（清晓游拙政园赏新荷）[②]

想望灵岩已目前，最怜夺境自缘悭。琴台呼酒词人老，倦客悍悍欲问天。（不及赴灵岩，默契梦窗词，不能去怀）

叠石倪迂夙擅名，三吴风物并倾城。林亭处处宜家好，车笠重来许结盟？（此行遍游名园）

自在飞花结道场，支硎遗刹付荒凉。摩挲犹及轮回柱，一霎浮提几海桑。（旧游支硎，尝推动轮回柱，盖海内仅存者也）[③]

濯缨容易到沧浪，绕阁扶花伫野塘。剔藓自教搜壁记，瓣香历历旧书堂。（沧浪亭观五百名贤像）

铜街车马斗芳菲，骀荡斜阳罨客衣。归路戒幢犹驻景，乱莺杂树未全稀。（西园戒憧寺）[④]

圆月停云上璧枝，暖痕自与夜晴宜。轻衫白衿风吹动，正是扶醒拄杖时。[⑤]

---

① 原注为：（寒山寺钟既娄易，碑并坐仆，盖毁于火）。

② 原注为：（侵晓游拙政园，但赏池荷，将不及更讯山茶）。

③ 原注为：（曩游支刹，推动轮藏，此仅存者）。

④ 原注为：（迂道戒幢寺，西园花石绝胜）。

⑤ 原注为：（夜饮步月，清赏足乐）。

水赭山温唤渡行，片帆能逐去潮轻。闲心尺幅蓬山外，得似孤云岭畔横？（虞山道中）

望里云衣怯画眉，生成重叠照明漪。乱痕只怕风吹去，小伫遥看面面宜。[①]

一径逶迤出郭门，登临初地便桃源。于今魏晋知何世？特与题名子细扪。（桃源涧）[②]

坊表东南衍杏坛，凌夷忍更见秦燔。点班尽废牺尊礼，亘古斯文道不刊。（拜言子墓）[③]

一代兴亡系重臣，两朝恩遇付平民。低回白鸽峰前路，但有樵苏识告身。（瓶庐啬夫周氏出示前明告身）[④]

南国相思树几株？离离蔓草只荒芜。剧怜记曲银屏夜，换尽朱颜发似肤。（过红豆山庄故址）[⑤]

河东潜德掩灵旗，消尽棠梨伫落晖。欲附桑经存郦注，不辞榛棘为牵衣。（河东君墓，邑志不详，将为补记）[⑥]

陂影高低带石梅，城隅夜静怯徘徊。一灯篱落人间世，拚此清宵得几回？（夜宿石桥）[⑦]

笙鹤遥天未可期！难寻金阙伫鸾仪。焚身已舍胡麻饭，多事人间觅炼师。（老君观已废）[⑧]

花木禅房曲径通，梵天生意翠成丛。废兴省识前朝树，劫外无言倚碧翁。（破山寺唐桂宋梅）

---

① 原注为：（初见虞山，揜映云际，别具风致）。

② 原注为：（桃源涧摩抄勒石）。

③ 原注为：（拜言子仲雍墓）。

④ 原注为：（造瓶庐啬夫周氏，出视前明告身）。

⑤ 原注为：（红豆山庄旧址乍忆雅谑）。

⑥ 原注为：（河东君墓，邑志所载不详，特披荆访得，将为补正缺失）。

⑦ 原注为：（夜宿石梅，罢饮归来，几几失路）。

⑧ 原注为：（老君观已废，更不得见塑像）。

珍重琳琅数草除，孤忠岁月跋踌躇。二乔不废宏光历，同是天涯付劫余。（为鹤亭翁题建文三年石刻）[1]

娇红勾乙字参差，翦翦寒宵本事诗。历劫未磨天壤恨，情芳应许费矜持。（观燕园藏竹垞《风怀原稿》）[2]

野寺遥冈最上层，未须文字便传灯。西来面壁如如旨，棒喝原来唤不膺。（三峰寺僧禁语僧）

拂水前头蹑屐登，峰回路转赴崚嶒。濡毫斧擘娴工妙，欲起吴王溯画征。（剑门石作大小斧擘，正知墨井石谷深于熏习）

崭道循溪罨石棋，朱藤悬壁宛游龙。寒泉静里堪盈掬，吹皱无波到楝风。（老石洞）[3]

直与弥陀共一龛，名园濠濮卓伽蓝。渔歌检点仙源记，憔悴江南只自谙。（吾宗湄甫先生园沦为僧舍）[4]

北固峥嵘倚上游，梦中灯火更扬州。可堪投辖河桥日，拚折垂扬送客舟。（维扬之行恨不及继）[5]

胜情手订记游篇，曲送花迎字字妍。赢得留题图画里，浮生珍重五云笺。（鹤亭翁将属客绘图纪盛）

残　醉

渐消残醉怯残更，缬眼瞢腾别有情。疑雨梦轻憎屋漏，破云月艳妒花明。单衾蜡炬迷双影，十载萍蓬负一生。低首红楼前夜好，曲琼初放唤倾城。

---

① 原注为：（为鹤翁题建文三年石刻，此与拙藏宏光二乔墓志同足矜赏）。

② 原注为：（观燕园藏《风怀诗》手稿，勾乙再四，省其情绪，回环隽永）。

③ 原注为：（老石洞上悬朱藤，下荫清涧，日长太古，似不知年，遑论吹皱）。

④ 原注为：（吾宗渭甫先生园再三易主，沦为僧舍，园中有濠濮诸胜，至今不废，先生同为宋燕懿王德昭公后仙源，盖有宋衍派之始）。

⑤ 原注为：（京口维扬之游，恨不及继，河桥惜别，于今拳拳）。

题　画

杨丝得似柳丝柔？挽住春风不自由。芍药阑干轻倚处，一生端不为花羞。

帘栊疑雨缀罗文，向晚残妆理茜裙。直把圆姿替弓月，愿为银汉护双星。

释戡约游金陵寺，贯休所卓锡者，事阻不果行，寄和原韵

江城作客自休休，剩几豪情作胜游？旧锡新蓝随意到，净名清课几生修？衔泥渐觉脂车滑，删草徐通曲径幽。正是弥天烽火动，兴亡谁与诉闲愁？

有辑近人书法为总集者，收余新作跋，谓神似海藏，殊嫌不称，纪以长句

平生手盲人，夙少引缣素。垂髫秉家学，洞庭悭一赋。自分盾鼻间，挥毫作露布。雄心纵言表，尘海足驰骛。摹拟徒玩物，结构斫天趣。壮夫戒雕虫，宁屑封故步？此志亘胸中，每致波磔误。俯仰东坡翁，病嗜与俗迕。海藏所师事，受课颇危惧。史晨修正法，龙门追像塑。唐碑与宋帖，清暇轻一顾。狂草出篆隶，或忽得神悟。假以十年功，字字良金铸。提名比珠玉，返视尚歧路。敛才难就范，衣钵未见付。匆匆悲换世，双目已昏瞀。亲师久见背，残帙饱蟫蠹。或有张余书，辨识泯好恶。愿君节乌丝，勿使蝇著污。更当焚笔砚，晞发谢簪履。

陈肃亮属题写经

传灯自证无边觉，落笔能参上乘禅。想见晴窗花雨里，一炉香定智初圆。

十洲四部溯征轺，轻掷华年付弄潮。梦想远离颠倒际，不如归去结疏寮。（君为船主，又外任使节，素耽禅悦）

茶炉禅榻挹春多，皱面观河鬓亦疏。愁绝众生同一劫，与君相对老维摩。

高梧轩诗卷二

落花和陈弢庵姻丈

蝶使蜂媒总后时，东君到此只成悲。绿杨城郭凭如梦，紫陌阑干度已迟。碎锦缤纷应自惜，沾泥辛苦付谁知？不堪亭角寻思处，更著猧儿覆乱棋。

绝怜雨横更风狂，并遣天涯草不芳。绚海珍丛消片霎，骄云画槛了千场。移根痴拟藏金屋，对景愁犹伫玉觞。未信重开仍故树，一弯逝水一回肠。

饯春不放翠尊空，怕见将离斗晚风。阆苑未容招七七，小名犹复认虫虫。迅同紫凤随云霁，伫彻青峰送曲终。莫漫工颦兼解语，隔林惆怅信天翁。

急劫人天乞少留，尘香应尚恋枝头。窈娘堤畔挤凝睇，少女风前不自由。鬓弹从教空钿股，菱开长日黯妆楼。他生有分宜春苑，培养灵根未肯休。①

陈石遗师属作哲嗣可荆兄挽章

天地一安立，人生几朝暮？摇落讵可期？凉飙薄烟树。沉吟望京国，邈邈伤去故。奉手不成欢，开缄惊驰赴。辄闻丈人言：饮水致沉痼。枕流漱白石，知与俗情忤。求田宁所安？微禄何足顾？令文庶可传，名山供笠屦。和光含清浊，泾渭奈异趣？读律获圣解，魑魅穷鼎铸。已堪家国忧？复愤医术误。集鹏止座隅，拂袖稳杯渡。惟天不爱才，瑰宝毁康瓠。万事皆自失，一境独明悟。惟是感至情，天性笃禀赋。弥留忍须臾，余生但孺慕。持此终古恨，犹及片时语。哀

---

① 原载《国闻周报》第六卷第十四期《采风录》，题作《落花诗和沧趣楼均》。

哉高堂心！封碣为志墓。沾襟余老泪，寂寂故园路。宿草自已矣，行役倦形寓。生者何为情？排苍孰与吁？曝衣楼上月，静夜泣兰露。（君以七夕卒）书灯澹无辉，窗影断蕙炷。遗世削诔草，残箧黯秀句。翠微妥吟魂，临风柬幽愫。

丁卯四月，次公于王城重围中寄示暮春杂感诗，浣诵黯然，为广其旨，赋绝句十九首

未尽余欢强倚阑，将离容易别时看。送春消息浑如许，赢得诗人泪一纨。

眼底西山著意明，倦云生怕幻阴晴。痴龙未了人间事，横雨狂风第几生？

平生一顾惊鸿影，尚许关情太液池。不似永丰坊畔柳，殢晴踠地织金丝。

解舞垂杨罥夕曛，无情眉翠斗罗纹。楼高不似天涯近，瑞脑犹环五色云。

烟外河桥镇日垂，丝丝临水怯风儆。殿春此处无情绪，挤取长条曳别离。

碧城望里最嵯峨，同日霓裳咏凯歌。一自江南花落后，东皇消息近无多。

笑桃文杏满城栽，便著东风次第开。似此珍丛谁爱惜？愿为香土护莓苔。

一艓昆明掠逝波，湖堤秘殿得春多。新来唱彻公无渡，风雨前头缓棹歌。

南陌骄骢最胜游，张泥半著柳花球。凤城觅句前时好，肯为寻春十日留？

通明一夜唤绵蛮，悟入愁春未易删。犹记冷摊残社日，赛歌声里念家山。

凭遍阑干欲唤春，稼轩词笔自能神。兰茎微尚粗能识，尘土蛾眉

更几人？

絮乱花繁入眼频，山眉镜汐照人人。画中许著闲身住，消尽柔寒度尽春。

初试单衣换茜纱，帘梢春小玉钩斜。夜长些子矜持处，犹道余寒勒杏花。

检点珍珠字几行？粉鳞双翼证春盟。尘香软绣明朝事，凤尾犹堪押小名。

残月缘阶上壁枝，夜深春好自相宜。玉柔花致寻常里，未许风怀独付伊。

帘箔愔愔窣地垂，未归人共月如眉。残宵已拌重三过，莫更余春镜槛窥。

乱后年光似掷梭，他生蜂蝶足消磨。宫沟怨字题红叶，影事春明倦玉珂。

转绿回黄自绾春，秾姿应共岁华新。微嫌梦里龙池路，难系金铃记会真。

自在飞花试著檐，沾泥切莫误香严。珠林不许留空相，辜负琼春上画奁。

闽人重修杭州陈忠肃公墓征诗

苍苍临安山，汤汤圣湖水。马鬣五百年，卓然孤臣祀。龙飞数咸淳，纲纪已濒毁。继统绍德祐，成败已尺只。公荷丞相诏，亦忤权憝旨。谠言信不刊，抗疏布遐迩。圣明烛贞介，迁之左御史。瑚琏真重器，军略试臧否。乍闻议纳款，孤愤去朝市。铜仙辞汉宫，所欠惟一死。太康图中兴，海南亦千里。公起任艰巨，责效未遑止。经武励士卒，却降斩贼使。一身终被逮，绝粒意不褫。文章复忠义，满腹敢逼视。平生吾文山，志行实相齿。正气沛两间，大节炳千纪。亡则为国殇，存则为国士。惜哉身后时，不及负孤矢。展转趋漠北，杀敌尽边鄙。长瞑尚振奋，环宇倏荆杞。来此敢轻犯，毅魄辟蝼蚁。皇图迹已陈，棹楔墓垂圮。乡人笃风义，封树荐草芳。丰碑穹且崇，传状相序比。一篇起予衰，式闾荐毛沚。愿以励薄俗，杯斝临风酾。表忠述前朝，雪涕宁自已？

病榻和温太尉柳枝

东风三月柳千条，舞尽阑干斗细腰。当作鞭丝楼下过，征人曾几梦河桥？

一桁青楼大道旁，如珪明月映流黄。娉婷柳妒腰肢细，玉笛吹时总断肠。

绕遍长堤数碧条，落花微飐赤阑桥。凝情镇日供憔悴，惜起余春验舞腰。

半辫垂杨拂玉沟，凭风作絮起新愁。春波得似年时绿，荡尽文鳞罨画楼。

相随弦管度桥西，嫋嫋仙音水拍堤。更著金丝垂舞袖，玉阶低处草萋萋。

庚午泛海北行养疴杂赋

侵舷微觉风兼雨，病起谁堪冷与闲？笑指柳梢沙外路，落霞天尽倚危阑。

瞑目颇疑松振壑，隔窗辄似蛰惊雷。亦知身涉波涛险，为向沧溟砥柱来。

素澜平处天垂幕，绿野遥惊剑吐花。真有蛟龙是神物，弥天四海护行艖。

渐见鳞波淡著行，渐随残照接天明。诗心得似文烟细，洗尽涛声彻夜鸣。

坐了残更倚晓风，曜灵圆月自西东。堂堂碧落知无际，领略晨昏一霎中。

溅雪回澜叠叠寒，轻烟不动似遥峦。诗人万顷前头立，拂袖凌云一笑看。

李斐叔属题十二辰卷子

枢精十二总堂堂，躔序催人遽可伤。检点画中诗外意，蚁封垂了梦千场。

字字停匀角巧思，群贤笔妙擅新词。年来不惯工妃俪，坐尽流光似水时。

过津沽贻什公

豪气弥天历劫来，忍看城郭渐蒿莱！白河明月浑图画，紫电青霜属霸才，一帙芸编疑变雅，千秋心史亦余哀。龙洲我是南归客，许共元戎漉酒杯？

南归寄汤六松

却病归来好敲门，尚余清角乱黄昏。江关九日花疑雾，风雨重城怨亦恩。千里云边怀祖逖，几人眼底辨桓温？疏灯帘箔相从处，莫更红桑子细论。①

江知源翁构屋辽东，以学易名斋征诗，次韵

远疑蜃市近环村，绝忆高人静掩门。历历白山兼黑水，堂堂错节见盘根。孑遗幸有巢堪托，时日云亡道尚存。莫问执舆更谁某？河汾疏易自称尊。②

① 原载《国闻周报》第八卷第一期，题作《南归九日怀人》。

② 原载《国闻周报》第八卷第六期《采风录》，题作《江知源避兵大连构新筑以学易寮诗见示因和原韵却寄》。原诗“历历白山兼黑水”句作“历历白山回黑水”；“孑遗幸有巢堪托”作“孑遗尚说巢堪托”；“河汾疏易自称尊”作“河汾疏易亦师尊”；诗末有注“知源治垦通海垂二十年故以沮溺况之”。

辛未三月，重游秣陵，举目凄异，颇触旧怀

嫣红惹紫黯芳辰，过尽番风数尽春。未易重逢犹一笑，堂前愁绝看花人。

梦里年光似水流，离情重叠荡兰舟。羁人不负蔷薇约，扬子津头趁石尤。

柳作鞭丝絮作球，瑶京梦断已三秋。天涯芳草缘阶绿，恰认眉痕上玉钩。

妆成花妒玉腰肢，绮阁临春绽折枝。一霎三生重见处，秾香浑忆未开时。

罘罳垂檐烛影深，夜来惟剩薄寒侵。妒人双燕营巢处，冷月黄云怨不禁。

辛未四月广州杂赋

怯暑应怜作客人，楼船万里浣征尘。轻衫短袖随宜好，棐几湘帘别样春。

高楼蜜炬夜如何？凉月西壕弄茜波。望里乱云重叠处，故园消息已无多。

绿阴渐渐掩东山，应有幽人自掩关。莫遣龙吟唤风雨，且湔尘虑付潺湲。

先王奋迹辟蛮陬，大长雄豪属汉镏。我愧江南成逐客，浅尝侯鲭赋登楼。

薄暝双照楼招饮镇海酒家

晚霞光景渐参差，红映层城翠上枝。残劫燕归寻故垒，微醺人倦索金卮。山凝浅黛将开里，风起雕轮欲动时。此际自应穷胜赏，十年魂梦慰栖迟。

壬申残腊与药农兄同游歙县道中

锦幛千屏绿似春，残郊浴雪净无尘。谁知走马看山客，却是沧江岁晚人。[①]

题梅氏本事卷

翰墨馨留玉雪痕，戒书密记手亲存。灯前好忆回文字，莫负香瘢一向恩。

花比柔奴媚不如，珠啼玉笑尽输渠。尊前寿客应须记，青鬓华年入世初。

影事凌波遽可哀，平章费尽建安才。无端说兴鄄城赋，未了三生更一回。

暖雾凉云伫碧波，含情并影曳纤罗。他生桂殿稽仙籍，曾见双星誓斧柯。

轻阴酿暖近何如？料理吴绵换夹初。自有回肠酬锦缎，不须双泪换明珠。

浥露芙蓉拥绛池，兰膏影罨倦腰肢。平生英气消磨尽，残梦惺忪欲醉时。

吴敬臣属题梁节庵丈画梅，余甫襁褓，丈即以金刚经劝学篇供晬盘，追忆惘然

梦中冰雪劫余春，掩袂重逢旧喜神。应识平生期许意，心肠铁石各艰辛。

殷勤致语写冰纨，梵荚芸签簇晬盘。阅世恩私酬涕泪，河山消尽墨花寒。

---

① 原载《电周政刊》第四十八期，题作《杭徽道中口占》。原诗为：锦幛千屏绿似春，残郊浴雪净无尘。剧怜走马看山客，却是空江岁晚人。

绰　约

绰约相看恨有余，池塘春水縠纹初。东风忍作无情皱，惊起萍根双鲤鱼。

门巷愔愔最寂寥，偶然相见自魂消。无情风送征帆去，一别萧郎便瘦腰。

曳树残蝉带露啼，玉阶日影渐平西。秋风我未捐团扇，忍见天涯一叶飞。

垂柳垂杨色替金，秋风送绿剩空林。堂堂白日从君去，谁省红闺惜逝心？

冯文凤女画人绘百梅图属题

南枝北国两堪哀！玉笛江城渐绿苔。尽有喜神留粉本，更无消息唤春回。

罗浮旧梦足平生，冰雪空山独有情。吟到玉龙余怨曲，披图满纸断肠声。

郑大让于挽诗

惊雷振蛰海东头，铸鼎还期聚九州。孤愤生平争一息，阴符片解亦千秋。魂归细雨初残夜，梦去浮沤不系舟。凄绝绿樱秾似锦，更无人处对层楼。

癸酉四月宿南海丰泽园颐年堂杂记

丝柳迎晴拂晓风，玉阶金户渐茏葱。雕轮太液池边过，回首祥云叠叠红。

藻井商量第几回？红襟顾影掠波回。春人不尽呢喃意，输与衔花斗草来。

蜗角纷争遽可哀！相从青瑮话残灰。眼前清浅犹蓬海，赚取红桑更一回。

睿藻璇题字字新，官家玉玺认犹真。此来移作衙斋榜，肠断金轮梦里人。（斋榜多题慈禧御笔）

辇路春云梦翠钿，檀栾画里罨疏烟。宫鸦细数金根过，谁是当前最少年？

辜负灵和七度春，罪言秘殿剩酸辛。谁知曲突迁薪客，还作焦头烂额人。

海棠开后梦春阴，劫外犹能证道心。自笑颐年堂上客，褐裘侧局尚侵寻。（庭中海棠极盛，暇辄就奕花下）

临流镇日坐清晖，倒影长松过十围。松自无情随水皱，道人于此解忘机。①

蓬壶胜地榜瀛台，半作茶亭半草莱。廿五年前风雨夜，涵元殿里一低徊。（德宗崩于涵元殿）

本来天地一浮沤，芥子杯中亦泛舟。流水有音谁会得？心如止水不曾流。（流水音为南海胜地）

浮云西北有高楼，卷尽疏帘不放钩。闲看绮疏如墨处，微开斜日碧阴稠。（冯玉祥举师张家口，声威已大动矣）

社稷坛边信步行，药阑炫昼与云平。多情好事寻花客，未许悭悭问姓名。

开到将离数别离，盈旬弥月更何之？缁尘京雒三千丈，裁遍红笺欲觅伊。

---

① 原载《国闻周报》第十卷第四十一期，题作《癸酉北行杂咏》，原诗如下：
蜗角纷争剧可哀，相从青琐话残灰。眼前清浅犹蓬海，赚取红桑更一开。
藻井商量第几回，红襟顾影掠波回。春人不画呢喃意，输与衔花斗草来。
辇路春云梦翠钿，檀乐画里罨疏烟。宫鸦细数金根过，谁信当前最少年。
辜负灵和七度春，罪言秘殿剩酸辛。谁知曲突迁薪者，还作焦头烂额人。
临流镇日坐清晖，倒影长松过十围。松自无情随水皱，道人于此解忘机。

醉中漫书

悟道每从真处入，参禅难得酒醒时。人间尽有鸱夷在，谁奉刘伶作大师？

清梵功德付唐捐，转语机锋信夙缘。青鬓有情明镜里，麹生须不负华年。

挟策长安百事非，心兵才合便忘机。兴来试索春醪饮，一例相思泪满衣。

潋滟金波泛玉卮，浅尝便许别渑淄。宁教辛涩堪寻味，莫学酸甜与俗宜。

却嫌臣朔患长饥，先进盘餐后把卮。量窄偏教桑落满，狂奴于此一支颐。

春明梦断几经秋？屐齿襟痕旧酒楼。惭愧车公犹上客，酡颜只合醉方休。

珍重姮娥照酒杯，夜深清漏渐相催。主人更起浮三雅，正恐团圞负此回。

吾宗遗泽许摩挲，举爵欣为得宝歌。况是平生斯许意，风云筹笔枕雕戈。（酒次俞君出示汉赵充国玉印）

一醉能教荡百愁，沧桑眼底付浮沤。心如旋磨无常向，身似挥戈不转头。

扶头攲枕似弓弯，梦觉轻寒独往还。眼缬小屏风上路，微嫌粉本似家山。

醉里情怀许自知，排闾入地邈无思。看朱成碧寻常事，换骨偷仙是此时。

主客图成泛一觞，凭阑历历伫红桑。他年莫忆今宵事，容易宣南作醉乡。

协和登泰岱寄诗索和(协和即李烈钧)

行行京雒拂缁尘，愁绝欃枪指北辰。闲却邓林夸父手，独携双屐送残春。

子房夙已薄留封，老去韬名榜赤松。黄石素书心法地，岱云深处一支筇。

急劫争持局几移？烂柯忍复话年时！挥毫未尽英雄气，好写凌云七字诗。

泰岱峥嵘辇路纡，凭君踯躅对霜株。剧怜窃号人间世，唤作亡秦五大夫。

甲戌上巳纕蘅集客修禊玄武湖，以兴公兰亭诗分韵，代余拈有字，补寄

晴春记三三，胜集千载后。携榼来湖头，把卮载旨酒。高情溯玄赏，盛事盟诗友。绕堤多绛桃，濒水植细柳。锦霞涨遥天，白云自苍狗。柔绿带浅莎，嫩红薄窗牖。放舟涉中流，微闻清浪浏。扣舷耽吟诵，思古数谁某？兴公赋兰亭，盈卷不去手。俯仰二三子，乐道敦素守。日常同簿书，休沐共岩薮。况兹值令辰，艳阳肯轻负？拈韵寄远人，好我意良厚。羁栖情自切，课无庸责有。徒怜江关客，临风一搔首。

浦滨坐月

草阁扶头听水声，可中圆月傍人明。侵宵暑气随波上，坐久星河扑面行。未了清欢余逝影，半醒残梦诉劳生。不堪街鼓纨纨动，惆怅归来黯斗更。

和纕蘅中秋韵

断无残梦到瑶京，一别三年迹渐生。素月不随流水逝，酒星犹傍画阑明。怕从圆夜寻芳躅，莫更重城拾坠盟。四壁幽蛩应惜起，江关

愁坐庾兰成。①

雁荡纪游留示东道主蒋叔南

拂面垂杨故作阴，沿溪野萼不胜簪。道人著眼光风里，便见天机一片心。

疑云疑絮迷山影，和雨和风落梦边。最是不堪春已半，将愁带怨付疏烟。（雨中看梨花）

临水夭桃乍一枝，无言含笑半开时。空山曲涧教谁见？自惜幽芳学弄姿。

云在山头缓缓行，山随云漾绿微明。餐霞采术知吾事，试唤灵槎渡斗更。

嶙嶙断翠分山影，点点残红著野花。谁识屏庐老居士？百年心事在山家。（蒋叔南构屏庐于山巅）

争墩谢傅传灵谷，专壑君家又蒋山。多事桃源知魏晋，振衣千仞落人间。

梦去华严路更深，明珠万斛泻高岑。恒河皱尽波斯面，恰是先生观瀑心。

平生省识丹青趣，步入丹青更有情。叠叠乱峰争落照，丝丝残雨送归程。

静院能烹玉笋汤，山僧迓客下胡床。前生似我曾经处，重散天花作道场。

锦幛云屏绿似莎，最深深处得春多。野棠梦好无人省，惊起黄鹂

---

① 原载《国闻周报》第九卷第四十一期，题作《次缫蘅和散释中秋燕集诗均》，"酒星犹傍画阑明"原作"酒星犹傍画堂明"，"莫更重城拾坠盟"原作"莫更秾阴拾坠盟"，"江关愁坐庾兰成"原作"江关愁坐笑兰成"。

宛转歌。[1]

逭暑莫干山留题白云山馆

幽人自惜闲中趣，壮骨宁消伏枥心？天半朱霞起楼阁，坐看朝旭换晴阴。

老范胸中有甲兵，半山禅悦负时名。泥犁自有青莲在，底事空山绝顶行？

凭将慧业参无漏，悟彻菩提便有情。法喜相看成寂寞，掩关垂泪话苍生。

乱峰出没矜残照，一水潆洄带素姿。白日堂堂随逝影，更谁解道惜芳时？

专壑平生意不禁！山中岁月自侵寻。凭阑试与酬琴筑，唤起苍龙万壑吟。

岁晚北行

岁晚临歧路，天涯怯病身。重来徒怅惘，随分各酸辛。山阔云垂

---

① 原载《国闻周报》第十一卷第二十二期，题作《雁荡山杂诗》。原诗如下：

锦嶂云屏绿似莎，最深深处得春多。野棠梦好无人见，只听黄鹂宛转歌。（雁山道中）

嶙嶙断翠分山影，点点残红着野花。谁识屏霞老居士，百年心事在山家。（过蒋叔南别业）

拂面垂杨故作阴，沿溪野萼不胜簪。道人着眼光风外，便见天机一片心。（由东岭赴西石梁）

云在山头缓缓行，山随云荡绿微明。餐霞采术知吾事，欲唤灵槎度斗庚。（百子冈看云）

坠，林疏草不春。更堪斜照里，车影逐缁尘。[①]

岁晚关河迥，天涯独客亲。琴书随永昼，风雪自萧辰。药盏甘茶苦，花笺著墨新。寂寥堪杖室，扶梦伫鲈莼。[②]

津浦归途

平畴千里阔，凉月一规圆。自信身为客，遥看水接天。乾坤供转轴，林岫送残年。归意随人急，低徊驿卒前。[③]

春夜遇团城

夜寒如水翦春衣，点点残灯送客归。最爱漪澜堂下路，四更霜月漾清晖。（漪澜堂在北海）

腺疾经年，卒遵医嘱于丁亥初春专程京师协和割治，住院经月，枕次杂赋

剖腹镂肝事可为，天涯一榻命如丝。堂堂春去无多好，怕负丁香似雪时。

余魂似涉中阴界，一息方从历劫回。始信忏情滋味苦，散僧断际念难灰。

寸碧萍云簇远峰，千条霞烛眩飞龙。道人日日楼头坐，初试安禅听晓钟。

---

① 原载《国闻周报》第十二卷第三期《采风录》，题作《津浦道中作不赴燕京盖经年矣》。原诗如下：隔岁幽州梦，残寒病客身。重来徒怅惘，随分各艰辛。山阔云垂堕，林疏草不春。更堪斜照里，车影染缁尘。

② 原载《国闻周报》第二十卷第四期《采风录》，题作《甲戌北行病客感赋》。原诗如下：岁晚临歧路，天涯托病身。琴书随永日，风雪自萧辰。药盏甘茶苦，花笺罨墨新。寂寥堪丈室，扶梦伫鲈莼。

③ 原载《国闻周报》第十二卷第九期，题作《岁暮南归夜循津道中作》，"凉月一规圆"原作"凉月一规悬"，"低徊驿卒前"原作"低回驿使前"。

他生不信有余生，此际垂垂拔宅行。恩怨千般都易释，收京一事未忘情。①

前作凄异，病痊别立新义一反前说，禅宗所谓夺境盖有类于此

粉气花光罨画楼，�篮镜槛自温柔。书生扶病消清福，只解欢娱不解愁。

绮怀删尽更无余，药鼎重衾伴起居。只有病中诗境好，一窗新绿半床书。

老屋愔愔向夕阳，细风扶绿上筠廊。卅年词笔回旋地，梦外轻魂未易忘。

宗藩重色兼绳武，虞海传疑付史官。今日朱楼供病客，只愁重作过墟看。（病院为旧豫王府）

来时晴雪绽南枝，去日杨花扑砚池。辛苦一春花底活，药阑临去转矜持。

---

① 原载《国闻周报》第十二卷第十五期《采风录》，原题作《豫邸养疴经月病榻杂占》，原诗并注八首如下：

剖腹镂肝事可为，天涯一榻命如丝。堂堂春去无多好，怕负丁香似雪时。

余魂渐入中阴界，一息方从利劫回。始识忏情滋味苦，散僧断际念难灰。（断际推忏行为难，内典备群其事）

粉气花光泛画楼，筠篮镜槛自温柔。书生扶病消清福，只解欢娱不解愁。

绮怀删尽更无余，药鼎重衾伴起居。只有病中诗境好，一窗新绿半床书。

来时晴雪绽南枝，去日杨花落砚池。辛苦一春花底活，药阑临去转依依。

老屋愔愔向夕阳，细风扶绿土筠廊。廿年词笔回旋地，梦外轻魂未易忘。（病枕忆家）

夜寒如水翦春衣，点点残灯送客归。绝忆漪澜堂下路，四更霜月旧清晖。（梦游北海）

宗藩重色兼韬略，虞海传疑有断笺。今日朱楼供病客，只愁还作过墟看。（豫王三秀事见《过墟志》）

病起应熊秉三丈邀宿香山双清欢喜园习静留题

原知体国兼经野，余事山林付翦裁。二十年来几緉屐？草堂松桂尽成材。

欢喜园中极乐身，兴来鱼鸟亦相亲。年时废尽调羹手，犹种梅花伫晓春。

眼底春山自卷舒，竟将天地作蘧庐。我来直向云中住，惭愧真灵位业图。

由大觉寺策蹇至管家岭看杏花，新病不支坠驴有作

病起支筇试晓行，管家岭畔伫新晴。疲驴坠客惊诗梦，壤殿邀僧作黍羹。万本秾华和粉茜，一亭寂寞带烟横。从教消息春如海，不负鬘天片霎情。

归途过闽人林氏别业，饶有园林结构，盖金源离宫故趾，且多杏花，小息纵赏，主人出册子征题

腻粉酥云罨画池，离宫桥畔立多时。凝眸乍忆冰绡句，泪洒先朝北狩词。

上巳后十日法源寺看丁香，游人甚盛，静宜同行

宣南唐刹旧知名，雪海香微罨晚晴。梦畔老僧疏款客，新来病客厕倾城。巢松憩欲求田舍，倚月弦初就奕枰。莫忘相看携手处，细风如水和流莺。

高梧轩诗卷三

武进　赵尊岳叔雍

急足西行病起登居庸关

狂风扑地昼惊沙，策杖扶酲就犊车。野老倚城寻剑镞，客游凭雉数桃花。专征随分千秋业，力役何堪百万家？天堑危楼真可接，万山重叠一痕霞。

张家口登赐儿山俯眺旧买卖城

未容辟世尽佯狂，披发真成下大荒。槛外紫云迷塞北，眼中雏杏映残阳。盛时蕃马原为市，乱后明驼忍去乡？负手粘天衰草路，雄关逝水自凄凉。

过大同，冒雨游华严寺，观壁画，归途遇雪

太行不是恒河水，也许闲身皱面来。无壤风轮仍顶刹，有情花雨尚粘苔。丹青历劫晦能显，石火留光去复回。五百威仪瞻具足，雪山坐对念成灰。

大同久胜楼传为明武宗巡幸所及，即院本梅龙镇故趾①

翦取并州十万封，巡边按剑是真龙。小楼密诏传春宴，大漠迷云伫晚烽。见说豹房多宠幸，绝怜彤史误纤秾。承恩正坐盲翁语，为到河湟访旧踪。

---

① 原载《国闻周报》第十二卷第二十三期《采风录》，题作《大同府久胜楼，俗传为明武宗巡幸所至，今院本梅龙镇故址，余买醉其间初不置信，或谓别在堂镇间，姑辟其疑》。

昭君墓

断瓴玉匣已消沉，负土成围过十寻。望里穹庐兼板筑，当前斗柄矗横参。堂堂天使输持节，寂寂芳辰故作阴。我欲重听弦上语，不辞小队共登临。

阴山归绥新城步月，独客苍茫，归途成咏

烟树无风送晚晴，清霜寒月受降城。斗回杓柄连天直，岸碛砂平绝地横。废塔国师留坏影，穷边塞主伫残更。此时胜赏矜幽独，欲唤团圞共北征。

绕道阴山古狼居胥后至乌兰察布盟

敕勒封狼广漠寒，疏村断涧几回盘？流沙涨晚争城起，斥卤弥空似雪残。犹有胡儿矜放牧，更堪毡酪劝加餐？天涯独许轻车过，绝塞雄关掩泪看。[①]

过阴山绝险处，遥听胡乐马头琴，时三月已半，严冰未解

曲坝荒溪一径深，严冰初日两相侵。巉峰合璧自天地，大漠长河无古今。羊角风高依野戍，马头乐动识胡琴。征夫不敢夸筹笔，斜倚雕戈付苦吟。[②]

三月既望抵百灵庙，就宿蒙古包，主人烤牛勃取暖烹羊胛奉客，中宵月色如银，凌晨羽笳遥动气象森严，不知人间之何世矣

惊风广漠走毡车，冻合河冰没径斜。千里云屯循古召，四更霜月

---

① 原载《国闻周报》第十二卷第二十二期（1935），题作《上巳后十日阴山行役》第二首，原诗末注：翰海流沙，因风即至，瞬与土城齐高，斥卤之地则一白无垠。

② 原题作《上巳后十日阴山行役》第一首，原诗末注：胡乐马头琴最盛行。

落清笳。毳庐暖勃能温席，文杏烘春未著花。依旧贺兰山色好，可怜卫霍已无家。[1]

距包头九十里万山中有五当台，宏丽为西蒙三盟诸旗之冠，余襆被来游，见胡僧叠石为鄂博展幡为图腾，均黄教遗制，诗写其实

群峰拱壑树崩嶒，密谛招提最上乘。官道胡僧尊鄂博，风幡断帙展图腾。旧痕野烧经春在，乍废危楼拾级登。游子钉钉亦藤缆，几时教外许传灯？

乌兰察布盟为蒙兀儿治所，晤宗人汇川畅论屯垦边务，感赋一律

山围涧绕绝车尘，细草平沙送暮春。卖塞悔应怜去日，屯田计自出先臣。东风辽海千行泪，西笑轮台万里身。不敢轻吟徒壮语，燕然帐外几逡巡。

京师崇效寺牡丹盛开，乙亥三月偕剑秋兄往观并展玩朴公图卷，剑秋谓赋牡丹难于盛开，惟先瓯北公集中有之，试为继声

青松红杏梦流离，犹剩名花浥露垂。正访精蓝搜旧记，恰如倾国照明漪。霞光绚夺朱颜好，粉气轻蒸婪尾迟。见说含苞输烂漫，东风著意解寻诗。

极乐寺在西郊，以文官花驰誉蓟北，花色凡先后三变，蓓蕾时白色，半开则青莩，怒放又红似赐绯，以状麟台文物之制，寺内凡十余树，蒙密错落，余花时来游，纪以一诗

冷寺残僧彿夕阳，看花重过国花堂。高林密蕊疑酥雨，俪白绯红罨画廊。早惜等闲同印绶，只余掌故话沧桑。鬘天亦有卢生感，岁岁

① 原题作《上巳后十日阴山行役》第三首。

城西抵梦梁。（寺有国花堂）

横海飞京师

齐州九点俯尘埃，真见排空驭气来。自有河山申带砺，却教烟树作舆佁。罘封万井虚芒孱，列宿三清接上台。岂只高寒凭玉宇，今朝碧落许徘徊。

飞车赋游仙诗

瑟瑟天风海不知，扶摇和我步虚词。赤城莫道云边好，好更凌波乍上时。

澄漪细浪粼粼碧，粉絮闲云款款横。望里蓬莱便金阙，青鸾多事控双成。

绣陌香堤自错斜，盈盈衣带水明霞。层霄别有朝元路，不待支机唤斗槎。

真成缝月裁云手，来作餐霞驭气人。惭愧玉皇香案吏，仙都重到认前身。

星辰掠面参差过，海岳逡巡著眼新。闲却鸿都老方士，只余炼魄制精神。①

秋日习静北戴河海滨

水净沙明送暮秋，野云残绿倚层楼。偶从第五桥边去，惊起提壶

① 原载《国闻周报》第十三卷第五十期《采风录》，题作《北行杂咏》。原诗如下：

瑟瑟天风海不知，扶摇渐旺步虚词。赤城莫道云边好，记取凌波乍上时。
绣幕香堤自错斜，盈盈衣带水明霞。层霄别有朝元路，不待支机唤斗槎。
马足车铃剧可哀，征袍翦翦染风埃。无因更著离人泪，迟尔蘋花逐花来。
岁岁寻芳拾翠来，好春天气倦池台。生愁影共斜阳逝，郑重清游更几回。
东君许与旧风标，白奈丁香斗细腰。正似苍颜兼雪鬓，无言袖手赤阑桥。

一径幽。

楼外沧溟作画屏，登楼倦鬓亦星星。无因渐觉林泉好，惜起眠鸥共醉醒。

蓑笠风流傍钓矶，榜人欣载满船归。新来闲却垂纶手，坐看银鳞出水肥。

偃蹇青山解弄晴，故教烟霭带腰横。平生自有凌云志，爱向莲峰绝顶行。

新枝粗已解摩空，振壑翻涛趁晚风。绝爱蝼公珍重章，廿年前与植雏松。（贵阳朱蝼公经营有年，植松无数）

粉云似雪遮堤路，绿树垂阴罨暮潮。明日阴晴浑不管，只延新月共溪桥。

风前岸帻最相宜，浪浅澄波似断溪。一笑拍浮均足乐，楼前看取弄潮儿。

宿　醒

珠箔红楼事已非，重衾斜亸泪沾衣。梦轻不共停云逝，意懒犹嫌中酒迟。依约新莺疑旧苑，朦胧冷篆袅晴晖。无端梅影横窗隙，绝忆瑶阶对玉妃。

旧有探梅之约，怅揽芳菲渐成去故，疏香浅艳未能去怀，赋诗遣兴

微闻绿叶渐成阴，梦畔春蹊未易寻。残雪待融消茜影，落花谁许证禅心？已窥宿燕营巢垒，更拚斜阳掠断岑。无赖壶觞容独醉，红楼更鼓伫统统。

释戡于上巳招禊秣陵，未及赴会，代拈嘤韵，比年计绾春燕市者为多，每殷怀想，情溢于词

笛步初开伫晚晴，春衫乍拂惜余酲。三生太液寻芳躅，一笑流觞拾旧盟。压座江山愁错落，隔船儿女尽咿嘤。板桥尚有闲情绪，听取

啼鹃更几声？[1]

约遐庵同听刘宝全伯牙琴鼓词，时刘年逾七秩矣

已忍亲丝管，何堪见老成？红牙余泪渍，雪鬓写宫声。月旦传佳话，风期励后生。高山流水外，负鼓有余情。

符离集道中

远渚垂云尾，遥岑接太空。断帆迎落日，飞絮趁斜风。岸帻看新绿，荷锄数短鸿。村沽劳父老，犹复伫年丰。

山城循路转，水驿涨沙回。陇亩栖余麦，阴晴滞熟梅。犊车惊重载，堤柳试新栽。一抹斜阳外，苍岩扑面来。

飞絮漫天，卷帘扑坐，余怀枨触，写之以诗

马足车尘剧可哀，征袍翦翦染风埃。无因更著离人泪，点点蘋花逐水来。

坠溷飘茵又一回，也教潋滟泛金杯。残春天气无聊赖，只共禅心半未灰。

渐移明镜羞霜鬓，更遣杨花扑野巾。谁付华年与尘土？不堪重问几分春。

十载东华独往还，酣歌唱彻念家山。萍踪恰自宜飘絮，缀向征衫抵泪斑。

当前切莫讯兰因，随分溪头醮麹尘。看尽金丝千万缕，斜阳影里

---

① 原载《国闻周报》第十三卷第二十七期《采风录》，题作《丙子上巳释戡禊集秣陵未及赴会代拈嘤韵比午馆春燕市每多怀想情溢乎词》，略有出入。原诗如下：

笛步初开伫晓晴，春衫乍拂惜余酲。三生太液寻芳躅，一笑流觞拾旧盟。压座江山终错落，隔船儿女自咿嘤。板桥知有闲情绪，听取啼鹃更几声？

惜余春。

郊游杂咏

薄暖轻寒尽有情，骄阳梅雨伴初程。不辞金勒城西路，检点残春付曙莺。

岁岁寻芳拾翠来，好春天气倦池台。生愁影共斜阳逝，郑重清游更一回。

花畦金粉炫天工，带露初阳挹晓风。为恐筠篱妨醉客，故教移影傍珍丛。

东君许与旧风标，白奈丁香斗柳腰。正似苍颜兼雪鬓，无言袖手赤阑桥。

上巳日台城展禊拈悬字寄缞蘅

梦回春色带余妍，重许湔裙曲水边？信有羲和能驻辔，直教绛叟欲疑年。嫣红未褪雕阑亚，稚绿初舒细柳悬。遥想秣陵风物好，禊堂迟我泛觥船。①

金息侯自津沽寄寿诗征和

玉签宝算计华年，汗简裁青信可传。相见幼安方涉海，夙知夷甫不言钱。平居故国非吾世，惜诵余生只吁天。莫谓筹桑容易换，松贞石介自能全。

丙子冬日急足飞洛阳途次

信有垂天翼，冲云破晓烟。循山窥险堑，当路乍斜川。旧习《伽蓝》记，新娴《鬼谷》篇。二陵风雨急，谁遣制机先？

---

① 原载《民生周刊·艺苑》，题作《丙子闰上巳禊集分韵悬字》，“信有羲和能驻辔”原作“信有羲和为驻辔”，“稚绿初舒细柳悬”原作“稚绿新苏细柳悬”。

丁丑秋日北游

玉貌围城有所思，安危前席更无辞。阴符夙已还黄石，筮短龟长欲问谁？

渐著吴霜点鬓丝，坐消流水阅芳时。铁函拚取沉心史，除却青铜圣得知？

小队长安结驷来，槐根旧梦未全灰。笑他敛手推枰日，活著残棋更一回。

挽陈石遗师

河汾乱世重经师，余事风骚喜说诗。腰脚特邀天爵健，肺肝常濯酒怀悲。自随书局娱清暇，小构园亭寄远思。杨柳阊门曾泛棹，重游残泪渍新词。

挽陈伯严丈

故园孤悬梦外身，早拚余命作逋臣。罪言党锢矜门第，晚节江湖自苦辛。一代楷模崇雅正，千秋文字更嶙峋。从今宣武城西路，老屋斜阳草不春。

丁丑七夕海隅战事待发，正勾当秣陵，兼程迂道嘉兴，赋归夜宿车次

莫从灵鹊叩黄姑，坐越锋车赍虎符。新月穿云浮甲仗，残虫傲夜唱菰蒲。凉生罗袂喧微寂，倦睇秋波醉渐苏。壮志未因霜鬓减，几时冠剑上征途？

翌　晨

辛苦江南梦里过，绪风微动拂银河。曙星错落依山敛，宿鸟咿嘤付柳梭。扫黛邻娃工引镜，抚髀老卒话挥戈。相逢同具兴亡感，且对朝暾一放歌。

相　见

相见经宵露未晞，不期东市换朝衣。遽怜同命悲磨蝎，几更迟书抵佩韦？疑有罪言浮谤狱，怕翻遗稿黯灵旗。苟全未易人间世，从此天阍梦亦稀。

历劫浮沤剩此身，亦知臣朔患长贫。廿年说论珍余墨，经岁寒窗作比邻。薄酒高歌诗笔健，旁妻芳讯素书频。从教一夕成长诀，乱世残生信不辰！

珠海索居示袁君

海国相逢日，天涯共命时。细香浮麝息，软醉粲颦眉。乍见惊相识，多情理旧恩。闻声堪对影，只剩小菱知。

郑海藏丈挽诗

廿载悲天堕，孤鸣振地纲。周旋同复壁，车骑入长杨。群识桓荣贵，谁矜舅犯刚？盟心沉白璧，辽鹤忍还乡？

启沃资寅夕，趋跄侍早朝。弃家拚作客，舍宅托征桡。拓土当佳谥，褒忠赋大招。中原诸父老，掩泪伫灵轺。

至善求真效，修文课治平。薄徭期乐土，买犊劝销兵。讲学昌王道，升坛自主盟。河汾弘教泽，化俗企功成。

颇忆垂髫日，抠衣谒老成。藏山窥述作，负气见生平。每侍花时宴，遂闻大雅声。绿阴犹隔院，凄绝对繁樱。

诲我殷勤意，临池更学诗。史晨传法眼，玉局擅雄姿。笃行崇儒术，心兵秉素持。芳坚拟兰石，奎藻正无私。（丈曾荷兰石芳坚四字之赐）

平旦看天醒，端居合道心。经书成课诵，蔬笋足园林。墨妙千秋擅，闲情一往深。当歌兼对酒，豪气自萧森。

瑶京千里迫，清海十年遥。挟策惭怀刺，拏舟惜去潮。轮囷沥肝胆，离乱问刍荛。忍见露光坏，辰维失斗杓。

父执凋零尽，余生亦鲜民。九京期世好，奕叶勉修名。逝水雄关梦，残营野哭声。音书苦迢递，雪涕若为情！

为谭瓶斋亲家题西涯致仕诗卷

庙堂奕叶系安危，余事山林好护持。想见晴窗宾退日，一泓新绿榜西涯。

堂堂墨妙世无伦，天马行空意自新。家法宗师承北海，流风珂里有传人。

文正文勤四百年，茶陵勋旧绍前贤。萧条异代同时感，并付青箱尺五笺。

丁丑仲冬南行杂赋

竖子朝堂已失机，和亲逐北计全非。无聊勾当南疆事，等似闲鸥傍海飞。

循峰傍壑走轻车，野店疏林处士家。自信行窝安乐好，十年前已种桑麻。（丹桂村访王季文）

面海看山负手人，高楼一桁绝纤尘。遽怜干净无余土，故国斜阳不是春。（遐庵招饮山楼所居）

夜深扑面数流萤，最爱前岩一片青。真似步虚通帝阙，天风珠玉伴娉婷。

士女倾城事俊游，商胡卜驿海前头。夜凉携手凭肩处，斜倚珠帘控玉钩。

好依岩壑辟榛荆，别起楼台照海明。月地云阶浑见惯，胡床老子早忘情。

捐燕遗恨数前朝，寸寸江山夜夜潮。不分弹丸区脱地，留教逋客作团蕉。

吴霜染鬓一丝丝，坐看长安似奕棋。犹识东南有王气，楼船捧檄数归期。

约客夜登旗杆山顶

海市繁灯似雨丝，山城细雾润苔枝。翠禽未了枝头约，奈此清宵薄醉时？

雪藕调冰更一回，葡萄酿进软金杯。微嫌闹市无多好，细语灯昏念已灰。

轻车穿径渐凌空，隔座鬟香殢晚风。心似辘轳情系缆，恰宜断梗对飘蓬。

岩楼一角倚危阑，青镜凝妆独自看。梦到旧游京雒好，夜深乍觉水云寒。

戊寅仲秋渡黄海

无情海水作飞涛，墨掩霓旌翠映袍。入望长空收芥粟，伤心促拍赴檀槽。敢轻沉陆千秋事，自信行棋一著高。急劫残围余片霎，楼船横海不辞劳。

京师雨中过松树胡同

幽斋寂寞似当时，瀹茗呼灯月上时。不信伏尸赢薄俸，只余短漏和残诗。修蛇赴壑人终老，霜鬓论兵恨已迟。试向北邙山下望，嬴颠刘蹶更无词。

昆明湖茗次

九叠屏风映夕阳，一帘山翠殢秋光。俊游人共涵虚碧，好景天教付晚妆。渐著团圞升藻脊，微嫌格磔斗雕梁。胡僧早泯兴亡感，不向残灰数海桑。

过西华门畔社稷坛后柳塘小憩

照影春波已梦痕，残枝犹复曳天阍。铜街车马垂垂尽，镜殿蠨蛸历历存。曾送翠华藏复壁，更堪胡马指长门？深秋无事悲摇落，乱后相逢怨亦恩。

九日客金陵

江城独客挹秋阴，坐对钟山绿一林。梦外微闻残溜急，楼高犹遣绪风侵。车书王会千秋盛，铙吹戎师万马瘖。为问故园花事好，疏篱澹菊费沉吟。

北行宿中南海

雕阑玉砌尚参差，梦醒流光已换时。九陌香尘迷绣毂，一春花事褪颦眉。风吹酒面微赪夜，燕掠文波倦剪枝。剩有吏闲宾退际，灯移漏响费寻思。

飞　京

从容谁信便收京？片霎飞车下九城。雪涕旄麾瞻故园，干云羽葆迓初程。御池不改春波皱，花柳新抽绮绪生。愧我十年霜满鬓，雕兰负手怕论兵。

由南海飞张家口

旧是燕云十六州，巡边按部作勾留。乱峰拱壑迎鸾驭，荒漠残烟矗燧楼。渐喜诸藩崇正朔，便教大长卸兜鍪。平生蜡屐难忘处，西望轮台乍五秋。

金陵河房

十年贯醉旧河房，乱后重经已海桑。映月徒添诗鬓白，掠波犹递画船香。相看索笑无多语，一掬通词只自伤。毕竟梦华成忆录，东京弦管自凄凉。

闲 坐

逝水流光送短时，衙斋薄坐倦支颐。文书散帙随风叠，官柳萧疏带雨垂。著眼旌旗兼露布，惊心铙吹杂侏离。廿年裘马青春好，甘苦平生只自知。

清暇缮整旧诗漫题卷面

吴笺淡墨意深深，感旧裁篇迹可寻。霜鬓孤儿怜去日，故家乔木尚浓阴。自惭斥鹖随云起，频倚危阑伫陆沉。莫负楹书空自哂，隐囊纱帽证初心。

寇祸(日寇侵华时作)

弓刀事业梦难回，坐看长安付劫灰。三载光阴同逝电，千家辛苦怯惊雷。去时花木荣苔径，隔世风怀黯酒杯。筹笔自惭侯鲭客，倚楼忍更揽崔巍?

客中溽暑

苇幕弥天护短床，纷披残帙怯骄阳。炎威绛阙云如火，水厄金茎露似汤。朝议尽教容短褐，闲愁终自搒他乡。披襟最忆南阳路，绿外层楼绕短墙。

重九谢登高之约和致一诗

独居感秋辰，大气濯霜雾。龙山集游屐，嘉会谢不顾。玄黄乍变色，山川僭狐兔。兵气捍乔木，寥泬宛缟素。冶城近户庭，荆棘亦封步。我口既已瘏，诗情更谁吁？篱菊虽新放，一士渐迟暮。

秋夜过文德桥

河房历历认灯痕，酒半酣时梦已温。乱后疏星映疏柳，一丝一点足消魂！

素月铜街滟欲流，画云开处露光浮。春城十万花如海，剩照珠帘第几楼？

倦波流盼尽惺松，云水无情对碧峰。看取画船俱系岸，负他明月晓烟笼。

久客归家漫兴

劫后琴书楚楚闲，寂寥庭院付重关。更无人处寒花秀，若有情时好梦悭。尊酒自酬灯夜悄，年光随递鬓丝斑。起从苌箧收残稿，兴到还将旧句删。

长夜一楼新月小，回廊片霎晚风寒。依墙冻菊花犹蘖，隔岁残尊酒未阑。闲拂小绫欣觅句，微闻老仆劝加餐。平生夙爱孤吟好，更理清诗擘凤团。

岁暮赋归

辛苦归来识岁除，主人似客笑迂疏。初闻花气寻新萼，未具盘餐问旧酤。检点关河余壁画，排当几席位琴书。玉田最识吾卢味，大好襟怀一起予。

负手沿阶得得行，疏花乱萼不知名。微阳初霁生新暖，薄雾徐开逞晚晴。春气已融生意动，冰纹乍泮绿波平。呢喃输汝双栖燕，占稳雕梁最有情。

辛巳春朝秣陵寓中闻晓角凄厉赋之

酿得春阴作薄寒，中宵微觉练衾单。梦回一枕游仙好，戍角初严透画阑。

渐开曙色层云散，半堕银蟾素水明。晓气茏葱花露重，不堪遥听断肠声！[1]

送尽芳菲了却春，江南绣野付烟尘。不知多少深闺泪，换取鸣笳作晓巡？

断岸谯楼拾级登，熏风吹面倚崩嶒。征人偶作刀环梦，哀吹严更自不胜！

无情风送乱红飞，呖呖流莺绕曲堤。禁得柳花悠飏里，年添蹙栗画桥西。

曈昽初日上窗纱，布谷声中杂乱笳。滴尽陌头思妇泪，馌尊谁与共桑麻？

铙曲声声事可哀，征衣战血杂尘埃。曲终应奏公无渡，残骨缘知付劫灰。

车次观秋稼丰收

望里黄云黍作油，山家携馌陇西头。遽怜地老天荒后，幸许珠穰玉粒收。千万哀鸿犹遍野，一行泪墨愧登楼。不堪重检豳风读，父老新来尚说愁。

途次闻哀角盖收队者所奏

溃卒庸能抗直师？哀兵自胜更奚疑。繁笳促拍肠为断，减灶量沙路渐歧。已恐滔天成巨浸，行看拔地树降旗。医无闾外云深处，三箭功成会有期。

游　丝

游丝踠地付轻狂，曳住韶华梦便香。记剪应能参慧解，敢呼小玉认檀郎。

绮怀难识旧时春？梦里银屏认未真。明日相逢尊酒畔，绝怜花

---

① 原载《雅言》卷三，题作《春朝闻角》。

外倚楼人。

释戡约作展重阳集于所居三步两桥

饯秋天气乍晴阴，罨霭溪堂挹远林。轰饮每惭麋粟诏，论诗直欲反骚心。秋怀恰似因愁展，蕊色微嫌集霰侵。换尽流光余怅惘，桥西负手一沉吟！

与圭翁结邻情亲灯火，于其别也为之黯然

帘影灯痕隔院移，粉墙高柳两家宜。辛盘糍盛供嘉客，细语艰危指覆棋。南岳自应尊上将，神州毕竟有男儿。疲驴未许湖头去，跃起龙泉莫后期。

拂晓过垂虹

巨浸稽天事可哀，眼中灯火换楼台。妖蜃贯日迎初霰，虏骑奔云带急枚。一夜新幡欣过市，百年残劫总成灰。道人饱识无生相，目送沧溟去不回。

圭翁重来金陵迓以四韵

不堪王粲赋登楼！掩泪临歧去复留。依旧青山围故郭，随宜绿水和新讴。湖湘子弟兵间老，关塞风云物外愁。刻楮三年徒自笑，西窗夜夜控吴钩。

斋　坐

习静空斋百不知，野花山鸟共清时。无端一著兴亡感，恰似杨花点鬓丝。

习　静

黎花净白明虚室，山槿柔红压画阑。风静香浓犹嫩蕊，始知春信

勒余寒。

莓苔冉冉上墙腰，微遣星红破寂寥。花竟亦如人意倦，亸枝情态胜垂梢。

破晓新烟合绣桪，绕枝鹍鸠话伶俜。梦回有相无生际，微染江南一抹青。

独 酌

萧声渐逐杨花远，软雾轻笼芍药开。未了余情斜照里，绿阴池馆独衔杯。

午憩层阴

不亲曲蘖已微酣，坐向层阴老屋南。浅绛落花吹皱水，初黄新绿曳遥峦。梦回多事惊旋蝶，客去无因且闭龛。静里天机谁与道？倦听梁燕话呢喃。

伏日苦热，乍发狂风，知且雨矣

岫云卷雨未全舒，先遣狂飚扫日车。辟暑正将藏藕孔，借闲暂许蛰蜗庐。悬知蠖屈潜将动，会看河倾急复徐。独惜凭阑人意倦，北窗容膝自观书。

高梧轩诗卷四

武进　赵尊岳叔雍

乙酉严冬幽居和陶《形赠影》

沍冬且藏蛰，鸣蛰会乘时。东君扇青阳，消息庶得之。明镜照花发，嘉辰会及兹。岂不媚芳华？愿与明镜期。云胡高楼上？镇日结相思。幢幢残灯侧，块然伤琏洏。长言答天问，自信还自疑。天心惜茕独，相依更无辞。

影答形

浮生去如云，谋事老更拙。五年倏弹指，回首意欲绝。拯溺有本心，岂复为世悦？一朝婴尘纲，宁后惜离别？独居惟尔我，俯仰共生灭。忍彼冰蘖枯，犹此肺肝热。石砾火自明，海枯泪不竭。持此较国论，吾道讵云劣。

神释

治乱一循环，此理诚久著。死生自安立，寒暖迭更故。谁信有至人？拔宅脱依附。高楼青云间，似与群帝语。井蛙不为卑，阆峰竟何许？但能守谷神，霄壤同可住。谷神专一静。外物岂足数？服食非所工，瑕窍更不具。全真还混沌，尤复泯毁誉。乘虚自悠翔，随云旋来去。既不劳屏营，更何所恐惧？本自无此神，息心摄众虑。

丙戌立春

槛凤篽鸾事可哀！迎春饯腊梦难回。十年锦字机中怨，六等刑章乱后裁。应罪卢龙真卖塞，孰矜李白道怜才？密书何况通灵武？司户伤心坐败来。

国　论

国论千秋托纪纲，行朝五载阅兴亡。范雎迄不为张禄，纪信何曾叛汉王？霸越事吴原有待，入秦存赵莫轻忘。烬余功罪分明在，杜宇东南早断肠。

元　夜

闹蛾灯火事依然，未觉春长怯早眠。容易妻孥入残梦，缤纷哀乐赚中年。两潮斗月争晴夜，一雁无书负好天。切莫重翻荆楚记，东皇消息玉梅边。

无　题

荷衣薙发影踌躇，角枕罗衾梦有无？百首诗篇慈母授，平生才调晚唐输。汗青丛谤爰书泐，头白孤儿泪眼枯。四十九年成一掷，隔窗灯火已模糊。

无　题

连环金兽啮阑干，迢递银虬荐漏盘。绕砌阴移春寂寂，捧汤人至步珊珊。棂疏斜帶三星远，细雨微招一夜寒。知有家山参好梦，今宵珠泪不须弹。

室人有馈

百六光阴第几旬？荒鸡破梦唤人人。细君遗肉怜方朔，髯老寻诗和颍滨。东市乍惊疑狱具，北门渐报羽书频。幽栖得似禅扃好，法喜同教不染尘。

送　春

楼高屈戌锁朝晖，寂寂愁春昼掩扉。尘外莺飞看草长，望中绿暗识红稀。晨酣梦好非关酒，午倦风柔懒卸衣。便欲从今疏颂偈，天涯游子乍思归。

叠　和

花光仿佛恋春晖，小小林亭掩禁扉。石瘦苔青行迹少，林高天迥梦痕稀。无多勺水悭烹茗，乍断晴丝尚著衣。莫遣杜鹃催客去，关河寥落更安归？

再　叠

疏林春尽剩斜晖，缱绻流光尚映扉。梦短珍丛疑欲谢，愁深芳绪故应稀。微听燕语难酬简，遍拂缁尘未浣衣。三径吾庐原只尺，海棠迟我未容归。

三　叠

残红犹解恋余晖，故故移阴上短扉。窥镜烟峦知去远，趁人蜂蝶未全稀。严更箕踞灯迷座，隘苑星疏露逼衣。恰是欲眠眠不得，杜鹃破晓唤人归。

四　叠

墙高未易挹林晖，草嫩犹堪缀禁扉。健妇持门生事减，故人厚禄到书稀。江东寝殿伤铜狄，直北材官尚铁衣。日涉小园徒叹息，千秋功罪竟谁归？

五　叠

余寒翦翦浣遥晖，过雨疏云欲款扉。晓镜渐怜霜鬓瘦，晨炊初辨蜀盐稀。情如中酒矜残梦，困欲生春试夹衣。绿遍楼前芳草路，王孙何事不言归？

六　叠

长街绿树妒芳晖，不遣秾姿荫短扉。斗室独居惟睡好，虚廊晚语渐人稀。莺吭未必输歌席，柳色疑堪斗舞衣。依旧少年心性在，梦痕零落不成归。

七　叠

流莺乳燕弄晨晖，呖呖穿林欲扣扉。梦恨频侵双语细，花犹初放乱香稀。墙依薜荔疑天幕，褥隐芙蓉作地衣。凭槛不堪三月暮，未归人老看春归。

八　叠

柏子桃花共夕晖，心清锁院似禅扉。观河皱面波同逝，踏雪留鸿迹已稀。两戒山河消剑屦，几回社稷困戎衣。定中我更无多语，火宅前头不忍归。

和人送春韵

依前梦稳到江村，虹雨梅风绿一痕。未谢花姿临宝鉴，犹青柳眼换斜门。难争尘土矜残霸，独少壶觞酹断魂。紫陌铜驼人意懒，送春消息更谁论？

一　叠

卓庵拄锡已无村，坠溷飘茵尚有痕。暖雨吹人新白夹，细风梳柳旧朱门。江山只遣供诗料，莺燕相从黯客魂。商略荼蘼留得否？密持芳意与谁论！

两叠夜梦上冢

远连云水近连村，北直塘河荫绿痕。惭愧羲之曾誓墓，飘零张俭困投门。樵斤已失松楸影，山鬼犹惊薜荔魂。剩有羁孤余涕泪，青箱旧业不须论！

三叠薄醉

连宵冻雨似孤村，强著春衫验酒痕。归燕笑人违画省，余花傲槛护柴门。焄蒿陇外伤雄鬼，瘴疠江南黯旅魂。草草杯盘人已老，清歌明月事难论。

四叠偶忆玄武旧游

云迷洲渚水连村，胜赏曾留蜡屐痕。茜藻萦波舟滞客，朱樱落霰树当门。初熏风引江南梦，残血鹃啼塞北魂。几度金陵王气尽，龙蟠虎踞更休论！

五叠答赠荔支

荔子丹黄别有村，珠江梦好已无痕。离离侧挺花穿叶，泛泛初晴水上门。笠屐岭南知有恨，尘沙剑外赋消魂。多君双蒂殷勤赠，江绿蓝红子细论。

和章孤桐

未尝学剑不工画，揽镜青铜笑故吾。六国丸泥谋已左，九州铸鼎计微疏。林亭渐觉随人瘦，鹰隼难堪铩羽初。犹是烽烟三万里，从君欲乞辟尘珠。

移居和客

羲娥纵辔事难详，倏送春晖换燠阳。早拚羁怀甘枳棘，犹存辣性比葭姜。覆巢已分千家哭，画地难为一夜凉。更自云英愁不见，欲从何处乞琼浆？

有　赠

原知卫玠好风神，乔木犹堪荫世臣。论议桓宽先给足，文章庾信最清新。踏歌宛转醇醪厚，归骑郎当蹴踘频。相与平生诚有分，南冠莫共笑劳人。

有　赠

疑狱庸知事可伤，相看欲断已无肠。余生岂竟沉冤海，一梦差同入醉乡。明日州前挝大鼓，几回筹外换红桑？涧阿只拟甘肥遁，李白何曾老夜郎？

丙戌午日得颍川哀耗

一瞑从教万客哀，十年难尽百肠回。江山孰任伤沉陆？肝肺无私爇死灰。复楚不矜犹有罪，沉湘独往更怜才。啼莺驻马阊门路，不许堂前老吏来。

其　二

三年江海共栖迟，幢节精严数举卮。宾退苌弘啼蜀血，词成屈子托湘累。广陵散后弦应绝，上蔡人亡事可知。早分韩彭付俎醢，汉家功业自明时。

追念昔游独居枨触辄系一诗

跃马横戈最少年，归来青鬓惜华颠。腐儒困学承家法，遂客传经补外篇。窃禄遽怜三昧戏，心斋未了半生缘。久疏醇酒为多病，过尽飞花不碍禅。

槐堂残醉染襟痕，老树疏花接苑门。读律师承嫌锻炼，工文家法自高浑。饮鸠端为苍生渴，呕血方知狱吏尊。去日壶觞悭一醉，蕺山心事与谁论？

奕叶交期广雅堂，廿年花底共壶觞。陶朱曾以贫为累，管仲能知富致强。建节两番辜晚岁,密书几度抵南疆?伤心四月城东路,握手临歧送夕阳。

望中宫阙接蓬莱,复壁巾车独往来。与虎谋皮诚不易,骑鲸入海正堪哀。群狙喜怒寻常事,一士安危未易才。凄绝道前街上月,笼纱绝笔忍低徊。

摇落人间万事违,支离楚客独言归。黄垆梦好难寻醉,白袷初春不上衣。卅载功名了残梦,平生心绪拚斜晖。东窗读易知无过,长记相逢昼掩扉。

避兵藕孔嫌多事,不食熊蟠自欠伸。出世轻于舟一叶,归鞍犹共酒三巡。丹黄库本珍初椠,莺燕妆楼负好春。剩有江湖遗集在,夜深掩卷独伤神!

善战真教伏上刑,西流同过小池亭。弟昆海内矜双玉,将士军前殒一星。每念垂杨生左肘,难忘细柳认空营。徐君挂剑吾知愧,薤露歌成宿草青。

长身髯戟识清娱,老树当门认故居。惊座夙推天下士,忧时不废古人书。频烦蓄艾求医国,每见劳薪曳后车。病榻吾能轻一诺,燕云规复莫踟蹰。

满腔热血惟忠愤,历劫冰心掷乱离。自任千钧天下重,人惊一士世间奇。孤怀雪涕频相共,残醉沾襟忍再披!说与泉扃应腹痛,回车无语对临歧。

灯火相亲过小楼,孟尝宾客足风流。相如檄蜀传殊俗,邹衍谈天数九州。谁信余生膏斧锧?夙看华屋当山邱。从今抉目城门望,麋鹿姑苏又几秋?

丙戌九日移居医楼和客韵

坐看落叶认深秋,桓景台荒莫漫由。几见萸囊能辟世?剩携药裹赋登楼。余情江海怜双鬓,断梦邱山负万牛。犹办新诗酬永日,未须风雨写离忧。

赠朱赤子

交亲共晨夕，风义夙期许。叔季乏知音，此意谁可语？
豫让甘漆身，夷门伏剑死。酬恩匪异人，伊古许国士。
生则役羁绁，死则甘棘枳。意气薄云天，贤哉朱赤子！

黄任之粥字疗饥诗以寄志和答四韵

居士观空植胜因，戾痑藜藿自甘贫。盗泉却饮时存戒，椽笔生花意出新。雒社披图成惋叹，鹅溪买绢亦艰辛。砚田写尽兴亡史，白发尊前更几人？

丁布衣后人观萍法曹属题所书甲骨文册子

决狱谁知赦不经？圜扉生意草常青。于公自是多阴德，传世名家受一经。

检点人间几海桑？囚山绝学费商量。班书范志都删尽，直溯高宗伐鬼方。

几日匆匆便赋归，高情原与世相违。买山合往寻花坞，低首平生老布衣。

丙戌十二月初十日新元杂书

元正颁赦书，大辟皆除死。欢声腾禁扉，开户咸倒屣。群生伫德音，雪涕读片纸。云何钩党诛，不若奸与宄？谓彼窃钩者，可议承恩旨！将此比窃国，必欲肆朝市。所争在名位，所恨夺朱紫。胜败既攸归，吾心如止水。宁复恤是非？愿以质良史。

万木欣昭苏，余寒罢风雪。惟此请室间，犹未见萌蘖。匆匆岁华逝，国事付饕餮。喋血或朝市，故好多永诀。不堪念家室，咫尺千里别。破巢几完卵？梦断惟泣血。一饮屡更匜，一饭且数噎。以视吐栉勤，强颜致欢悦。此生幸不废，将复扪吾舌。

小阳舒微阴，黥卒走相问。谓适是元朔，捧手讶景运。吾生诚不辰，功业有定分。已伤伏枥心，骐骥宁振奋？中年患哀乐，学道泯喜愠。回首旧长安，俯仰只日近。尘埃困百斛，方寸敢自紊。延年谢意美，吟啸课清韵。慰我无多言，侍我酒泉郡。

凌虚有高台，台高亘十丈。极目观海色，俯瞰接广壤。独不见家山，烟尘空泱漭。九达惊错织，楼宇自轩晃。熙熙乐晨夕，吾意不暇赏。已坚物外心，不著镜中象。兴来叩碧翁，归路乞晴爽。停云杳霭间，作意伫虚幌。何当共絮语？执手披鹤氅。

舜儿北戍

弥天关塞更何之？一剑龙堆雪满时。莫忘而翁行役地，十年辛苦竖降旗。

楼台寂寞梅初放，天气沉阴柳未黄。篱落前头犹识汝，鬓丝差较去年长。

松花江白天如镜，罗刹城荒铁作麾。制敌别传心法在，汾阳单骑是儿师。

征人寸草恋春晖，拜母堂前尚铁衣。见说巡边能缓辔，解颜犹盼阿翁归。

挽　章

交亲二十年，辙迹共四海。一楼逾百日，荷校坐相待。世人虽惊鄙，反躬曾不悔。巨浪惊天时，砥砫甘坐罪。以此责吾曹，吾意自有在。

君辩教仪秦，君才视管葛。沉机庶上智，阔度亦豁达。惜哉时数奇，丧乱事难遏。强欲致太平，陷阱不自拔。千秋碧血殷，巾泪共一撮。

平生溺歌酒，意气自殊胜。屏山孔雀闲，篇什每酬赠。朅来共晨夕，媚学发佳兴。忽焉白日迈，珠玉断笙磬。坐使秋虫吟，凄其泣清听。

惊闲服上刑，策杖方病起。得诵君遗言，论政直如矢。犹似读君诗，词旨尽流美。神完气自充，谁信杀一士？嗟彼中兴年，坐惜黄钟毁。

露台就曝

崇垣缭露台，台高逾十丈。千金完杰阁，不作文帝想。文帝除肉刑，大德著霄壤。条侯终呕血，厥咎藏甲仗。爰书反地下，此意自怏怏。流辈佐中兴，乃使伍笞榜。争必在势位，罪岂计直枉？盛世亦衔冤，何复覩板荡？天道当有待，遑问事消长？不如安赭衣，曝背自来往。

赠和姊

一别经秋泪眼枯，临分长记费踟蹰。谁知细雨残年里，犹及灵均见女嬃。

五年敢自负东南，扪腹能容百不堪。犹有家人知见厚，庭隅片霎足清谈。

至性何容话苦辛？死生骨肉最情亲。藁街聂政无人识，盼姊来收劫后身。

弱弟相怜影似形，读书长共一灯青。匆匆卅载年光掷，头白何堪话讼庭？

行行绿树南阳路，蒜发相依弄夕晖。为问旧巢新燕子，可还识我旧帘帏？

堂前松栝已成围，老仆黄须盼我归。莫向空王论成败，灵光终不废崔巍。

阿弟新来鬓亦霜，不平遮莫诉干将。泥涂画地无多好，犹挟残书逞夕阳。

相看掩抑问诸甥，总角垂髫尽长成。问世余惭官里去，应知食力胜浮名。

寄举儿(举即文漪)

读书颇自参神解,词课差能法本师。雅学虫鱼曾授汝,扶阑怯步上灯时。

戏彩娱亲事可为,吹花嚼蕊舞僛僛。独怜土室无钟鼓,卧想华堂奏管丝。

鸱鸮毁室万家愁,将母持门又一秋。祝汝杏花风信里,重携残醉上云楼。

无　题

饿吏当庭狱始成,丹心无改世情轻。夷齐周召同邱陇,自信千秋有定评。

已无密勿堪谋国,剩有残年不治生。笑语儿曹应解事,老夫力拙罢心兵。

交亲直分天涯隔,姓氏惊传四海知。习静观空知我事,点睛破壁更何时?

天际真人孰与俦? 性灵文字亦风流。此身长系心犹放,仍作云天汗漫游。

不堪事业付消磨! 雪鬓双钳恨已多。说与余生知几日? 浮沤只作梦中过。

浮生寂寞等禅关,掷眼婆娑更不还。犹剩多情难见屏,隔楼烟雨拥家山。

料量生事最艰难,强遣诗书意自宽。休忆泼茶兼赌字,王孙从此御南冠。

太湖风急当晴日,焦麓烟轻袅客帆。携手清欢成往事,来生同听燕呢喃。

憔悴缁尘轻出世,纵横老泪话遗家。儿曹奉母应知孝,莫更书堂唤阿爷。

梅花怒放春如海，竹叶长青雪剪花。思妇楼头休暗忆，鲤书日日好还家。

孤愤删余不入书，故将好语托双鱼。支离眠食心常足，咤叱风云愿已虚。

藏书被劫愤写长诗

生平聚书不聚宝，铁函锦箧搜奇珍。大如蜀刻逾球璧，小庋巾箱亦万缗。远绍蝌蚪开篆隶，近访殊域兼时新。青毡余泽席世业，后来居上似积薪。丹铅卅载勤戡校，含毫点乙知艰辛。兰荃微尚犹所托，倦眼日与灯火亲。有时冷坊获残椠，恍如衰世觏凤麟。连城充栋不知足，尽谓文字将疗贫。毕竟煮石难为食，撑肠满腹徒吟呻。自分拥此足娱老，夜行炳烛光燐焴。高明薄福天所忌，瞰室有鬼摇青燐。向来谩藏始诲盗，文物遂尔沦荆榛。同遭屯蹇悲雪涕，夺我所好伤我神。□晨捆载付力役，亭午遥听车辚辖。精粗镇库一不辨，惟知争取声狺狺？韦编已绝竞蹮跋，铁挝垂折埋沙尘。丛编罔或顾缺逸，梨枣颠倒压轮囷。遗芸散麝犹在室，委珠弃玉纷郊堙。兹事直同秦火劫，胡然天狼犯句陈？又如逆金辇花石，汴河络绎排艑艄。家书启视乍失色，省读数四行逡巡。生坐官事已寂寞，所望卷帙供陶淳。岂意卷帙亦俱了，一疏文字空吾身。吾身幽处不足惜，抱道终使屈蠖伸。瑶林虽烬道有在，会看赤帝诛暴秦。未须吴兴山鬼哭，寒山还许作主人。

三　年

三年无语报平安，独殢罗衾向夜阑。自省悲欢常有恨，已知魂梦见应难。银屏珠箔能忘妒，湘瑟秦萧不尽欢。历历星榆窗下路，剧怜翠袖恰天寒。

浅 笑

浅笑轻颦付寂寥，梦回不忍忆中宵。背人密誓千寻水，泥我横陈一捻腰。带岸云根瑶草秀，当街风逞玉骢骄。轻抛影事犹心上，再世知能见玉箫？

雪夜读孙吴兵家言

少不习兵书，长不预戎备。悠悠五十载，真复辜壮志。偶然收放心，养晦世共弃。开卷课膑起，却欲出新议。奇正势易夺，胜负无常帅。争长在民心，善者天所忌。澄清诚宿愿，功业岂难致？一旅应已足，一成国之始。观兵逊耀德，纲纪或废坠。斯理惑不详，窃谓非上智。戡乱虽自失，吾意尚姿肆。残灯积雪间，伏枥笑老骥。

读鬼谷子

兴戎不必胜，耀德不必乱。行道贵有术，蓍揲失神算。智哉归谷师！陈义最廉悍。盛治端所趋，王道植基干。内隐逆心意，貌取务果断。揣摩习有余，词令自浩瀚。突出排时流，矜异似傲岸。平生学从政，每每遘患难。亦知疏涵索，斯义未淹贯。劫来困尘俗，古训托咏叹。不嫌日如岁，经画尚寻按。知几庶能神，吾思忽过半。

和 人

积霰层阴怕不晴，春融残雪拂吟情。微嫌日上酣犹足，静看池边绿渐生。挟策孤怀空负手，论交斗室自深盟。蛰龙未了人间事，且起巡檐听漏声。

立春日迁居新舍

残更数尽复无言，月转参横隔断垣。微听荒鸡催客醒，渐看野马逐晨喧。中年久掷无情梦，三径真成不窥园。试检历头寻甲子，惊心春好负花幡。

移居示仲

同楼四十旬，晦朔惨对晤。余罪且不赦，知与物情忤。微禄难为养，哂汝亦党锢。抄连涉瓜蔓，元祐事可数。一室相煦燠，每每得将护。视汝同吾幼，亲好情尽诉。偶然拈吟课，辄复出秀句。长廊短席间，时获共酒脯。

恨天不慭遗，惊闻若翁赴。若翁不世才，山泽避当路。衔杯消永日，弄翰屏世务。金张比门阀，怡悦甘韦布。圜土蒿莱间，墨经疏礼数。哀哉父子情，诀别顷刻误。陈书请手足，酷吏徒牴牾。遂教废白华，留作终身慕。无词致慰唁，忍泪只相顾。

倏复与汝别，移居等流寓。文山兵马司，绿树荫废圃。犹喜倚明窗，幽韵时流吐。此间差足胜，整饬异禁库。读书乐我净，官食无余具。羁栖似作客，尘土未见污。惟念汝殷勤，瘦骨服缟素。愿试进粥糜，勉自抑愁苦。旬日脱樊笼，余哀差可吁。

两家罹禁网，弱女遂失措。草间同窜逐，将母慰惊惧。晨兴馈饘水，灯夜草牒诉。又丁君舅忧，黾勉奉大故。弃家一年半，旧巢换烟树。此日行且归，归视汝妇孺。少却别离情，微共林壑趣。敬止事萱室，厚德绵奕祚。继志慰九京，莫使楹书蠹。狱事待平反，庭尉正审度。斡旋并相责，雁字伫朝暮。

夜梦张孝若

江南江北两书生，少日文章动老成。奇祸何辜甘一瞬，危邦自蹈坐浮名。颓波赴海蛟龙泣，贯索冲霄燕雀惊。得见春衫犹似旧，灯帷许更共诗盟？

送金雄白

世情到此应能识，生事从今莫漫言。迸尽千哀归斗室，相看一笑偶诸髡。堂堂莫负男儿志，了了愁悬春梦痕。偿尽期年恩怨债，会看鸷鸟更翩翻。

高梧轩诗卷五

武进　赵尊岳叔雍

读《明季北略》书后

养寇以自尊，玩敌以自利。寇则使坐大，官乃致高位。亦有好男儿，英发振武备。一生尽忠贞，匡济终不遂。犄角不为用，首尾相捐弃。忽忽二十年，逆势益僭恣。鼎移龙上升，禄厚祸亦致。吁嗟申酉间，椤夹穷途泪。

缙绅何峨峨？士论辩长短。所争伐同异，所摅似悃款。按之实陈腐，未足益胜算。豪情或四海，抱道苦自满。蛮触斗蜗角，天斫国脉断。翦奸固大忠，安命每萧散。狂澜终难遏，急劫不容缓。独惜混贤愚，瓦砾杂圭瓒。

筹边应易为，固圉不容懈。海岱本天险，岂必恃岩砦？庙堂不识人，爱憎使草芥。节帅矜元功，倾轧事益坏。建州出真人，行师豪以迈。收京平剧贼，十载抚两戒。天命疑攸归，青史数成败。谁实启其衷？降臣弄狡狯。

逆珰肆惨酷，士类尽玉碎。泪洒草莽间，民德渐衰背。思陵少倔强，初起功盖代。客魏并诛夷，向用多名辈。奄小不足数，重能纳忠诲。深宫弃太阿，兹事殊自昧。积重苦难返，渐复涉阴晦。哀哉王承恩！就义独慷慨。

静宜常日课书《全唐诗》，倦则负手花前茗吟自遣，习静忘言，阔别三载，此景长在目前，赋四韵寄示

琼窗玉户绝尘侵，爱写唐诗每自寻。草色隔帘遮细字，花时负手玩新阴。杯嫌味淡频添荈，烟趁愁疏一散襟。静里天机知爱好，犹耽佳句付行吟。

静宜馈遗至

别后难为一解颜，眉痕犹喜见弓弯。无多细语平安好，强说幽居自在闲。抚景渐同流水逝，劝君徐趁夕阳还。应怜臣朔长饥相，手负馇筐鬓亦斑。

就家人索诗韵，犹旧藏也，重见劫余，悲喜交，集书之赙背

此亦秦余种树书，芸香锦袭最怜渠。彩鸾细字兼笺释，平水新篇辨疾徐。断句三更邀短梦，长城五字写幽居。变风变雅萧条甚，犹为商声一起予。

夜读张水部诗后记

灯火囚山足自娱，书生积习挟诗俱。从容夙好元长体，雅正能传主客图。此日已成巢幕燕，有人起听夜啼乌。弥天水部空低首，独倚疏棂击唾壶。

裴伯谦戍新疆，探河源，著《河海昆仑录》，文极骏肆，郑韶觉其弟子也，携入禁中以自遣，遂属题句，因赋排律

乘鸾夜醉昆仑月，鸣珂晓踏皋兰雪。穆王去后�珠宫，博望行前闭金镝。遥知御气肇鸿蒙，旋识分维砉漻泬。稽天巨浸约横流，一线初痕长山骨。茫茫獉狉始孳乳，芃芃草莱以萌蘖。万方离垢判沧溟，阅世猿猱构巢窟。宓犠太昊倏代谢，夸父女娲几颠蹶？籀书汗简乱千番，兽迹鸟蹄拱双阙。严冰本自穷阴始，野烧未减益火烈。俗客不许身往窥，羽士何只神飞越？闷兹奇蕴障霓旌，长遣化工封绛节。谪官何幸觅滥觞？狂客竟得瞻巀业。振衣遽小千仞岗，犯海数渡迷津筏。蕞尔生涯只秽琐，夥颐世情遽恍惚。勋名不逮水中沤，功业敢夸驷及舌。浪游我亦继兹盛，梗泛君先去如瞥。穹庐豹尾坐可汗，小队银枪尊典谒。忘情故事忆趋跄，过眼遗文失剞劂。北征劫后只诗存，西笑人间向谁说？怅经文武递赢锱，薄彼汤武罪稷契。成王败寇付

简竹，敛手深居竟缧绁。九流自尔废章句，千夫坐视污膏血。已疏百癖遣离忧，惟有一编供怡悦。云萍历历恣汗漫，影事重重追靰觝。叫开阊阖指杓辰，唤起凤凰舞丹穴。卧游未须偿绢素，颐养差同浮曲蘖。十洲新撰灵异经，六合别传长生诀。缘兹宇宙拓万象，底事衷肠萦寸结？藜床褐衣尽寂寞，掣电惊龙犹诡谲。但期善体逍遥游，斥鷃大鹏同放轶。

郑韶觉翁索赠

莫遣星沉夜未阑，圜扉犹许诉艰难。白头青史尊开国，乌帽黄尘几罢官？谤薏遽投东市狱，采芝行饵大还丹。旧游如梦应能忆，芦子城头一倚阑。

屡问家园海棠芳讯，盖东南之冠

懒披白练伫春阴，未许看花只梦寻。笑泐蛮笺频借问，自怜华发已难任！红楼雨蒨娇融粉，远岫霞明妒泛斟。招客赋诗来岁事，相思故遣一沉吟。

东坡熙宁除夜直都厅诗，读之增仁人之思，试用其韵

老去困吏狱，两载且淹留。所居不见天，所伍多隶囚。汶汶察群生，敢谓世所羞。当年意气盛，国乱乞小休。勾当虽不成，奚恤孺子谋？秉性应自励，毋絜吾道修。

夜读东坡种稚栝诗，遂忆吾家双栝

筑堂四十载，双栝已成阴。直者干云霄，偃者卧坡岑。荫我万花圃，覆我众芳林。后凋识晚节，霜雪所勿侵。东君司阳和，碧玉重抽簪。谡谡每自振，竽籁夺好音。亲人泯天机，结巢来嘉禽。持觞藉芳草，此乐抵兼金。一朝悯离乱，俗情随浅深。世网未获解，拄笏脱巾簪。荣利讵所屑？棘枳安本心。束身委司败，夜起整衣襟。细读坡

翁诗，清韵流萧森。望迷龙鸾姿，倚槛不可寻。苍髯白甲叟，惆怅亦至今。徒然寄怀想，瘖瘵发长吟。

再用东坡醉墨堂韵题西楼帖

十年吏事患辛苦，一定幽累作小休。褐衣犊鼻已云贱，妻子戚鄙空生愁。背尘养性难自已，惊开西楼眼为瘳。玩书乍夺全牛势，琢句疑逐天鸡游。书娴放笔贵适意，诗通齐物工解忧。灿如阆峰出星宿，甘如穷子罗珍羞。和如春花沐时雨，猂如犷兽奔长邱。天吴紫凤纷海若，南金东箭萃扬州。被珠怀玉乐有极，得此将复无他求。麝煤响拓供涵索，放心诡论俱能收。坡翁瓣香八百载，石墨惟此称最优。容吾邯郸窥步伐，寒宵冻指临霜裯。

春暮尝新

生涯随分年光去，蒌尾芦芽殿晚春。更有江鲥佐姜芥，客来辛苦劝尝新。

樱桃艳夺砗磲颗，燕笋尖抽白玉簪。风味老饕浑忘却，喜从尊俎见春深。

乍忆金焦旧游用东坡金山寺韵

二十年前贵介子，好弄扁舟放江海。竹杖芒鞋不辞远，松溪萝径知何在？润州古寺老头陀，深嫌江海狎风波。劝我习静专一壑，塔铃振处天花多。行参犹记曳双屐，映发中流看落日。蓊蓊万绿翳层霞，奇景山围齐眩赤。偶来急雨打头风，遮却云头片时黑。风回雨止寥空明，彩虹倒挂群鸦惊。碧翁幻象谁能识？不信浮云易方物。细着还复是此山，化人天游足警顽。寻幽缒胜其可已，摄心试品中泠水。

学书用东坡墨妙亭韵

巢居深静如邱陵，大千隔院春瞢腾。老怀尚蓄馀健在，梦想猿臂韝双鹰。挽强射中事已渺，霜毫犹许风生棱。八分试与窥程蔡，篆籀直欲承斯冰。手盲自愧五十载，银钩铁画将安凭？此时忽然试薄技，书成展卷徒生憎。譬如珠玑杂珷璸，直以纻葛乱绫缯。门墙翼峙虽入望，堂庑廓落谁许登？已嫌孤陋少契赏，更恨攻错无良朋。闲心寂寂坠眢井，适意丁丁绝缆藤。临池聊以送晚岁，响拓试且就明灯。笼鹅道士莫见怪，泼墨如海徒抚膺。

梨花绝句盖山谷书奉外舅孙莘老者，少游有和作，钱梅溪得之高邮，遂付石墨。韩城师禹门跋谓尝见闽刻三十首，与之大同小异。然山谷少游两集均失载，岂编集时未经收入耶？余顷就梅溪丛刊玩读之，书法犹山谷盛年时笔意，诗更葱蒨饶得五代间柳枝馀韵，春阴浣诵，试和繁声，以消长昼，至用韵微异者，则从山谷

渐看秾阴覆藓阶，一枝玉树倚阑栽。愁春未必愁风雨，故遣梨花斗雪开。

绝忆山城弄璧姿，娇桃秾李敢争奇。东风淡到无人处，顾影前溪月上时。（生平所见梨花，以月夜过金华时为最盛，刻不去怀）

陌上闲看斗草输，比将颜色总难如。原非薄怒佯嗔事，一样啼妆恨有余。

近迷晓月疑无色，轻荡疏棂别有香。素靥纤纤春宛宛，夜深窥我读书堂。（家园一株，淡绝可爱）

春衫花下最相宜，莫放壶觞日影移。料峭红襟浑不去，好衔香藻最高枝。

莫嫌春色只平常，淡逐云间静有香。能几番看风雨外？怕随莺燕换年光。

团团玉藻点云裳，好送幽芳过草堂。絮乱风轻撩倦客，梦中肯自去愁将。

明珠糁雪纻裁花，粉镜前头渐茁芽。莫道踏青裙屐好，凡姿空自笑吴娃。

冷峭银横一树花，北梅差与斗秾华。若教移植燕山路，万水千山尽忆家。

前村好衬酒旗红，杨柳阴中露玉容。一抹遥山衔夕照，微赭素面浣斜风。

午日飓风中感逝

难寻楚客共传杯，逝水东流未肯回！海雨天风迷故国，蛮烟瘴雾锁楼台。已知贾谊终无策，孰谓高阳信不才？萧艾只今盈望眼，莫从荃蕙诉余哀。

家人以新茗见贻，用东坡和蒋夔寄茶韵答之

簿书栗六喜绝缘，科头跣足随所便。只嫌官食不足具，兴来时或罗甘鲜。细君餍我花猪肉，媵以顾渚烹芳泉。凤团龙饼久无分，眼明倏睹轻瓯圆。乳新花箔动微沫，绿沉叶细翳长川。渐同谏果夺至味，颇拟欢伯斗华筵。停汤乍沸初入手，清韵再品将流涎。平生此道吾不尚，旨芳茶苦罕寻研。独居习静自兹始，绳床直欲了穷年。酒香稻熟付瘖痳，旗枪况复当春先？闻之尤物近难致，论斤直逾百万钱。旧携龙井每盈箧，今日慎莫轻腰缠。尚悭中泠水一勺，文磁活火相熬煎。抛残心力偿妙趣，得谓识小犹其贤。解事卢陆去已远，钝根强欲辨媸妍。佳人佳茗试续句，且膏枯吻烦雕镌。

冯若飞致意拳拳，遂忆春明旧游，用东坡寄王晋卿忽忆寒食游北城韵

王城薄禄官事微，征车晚逐香尘飞。炊烟冉冉肯赋归？踌躇每勒金鞍靰。清言四座珠玉琲，诗成漏静露未晞。从容专俎尘一麈，桑海十载去幨帷。灰心忍事梦已稀，游旧谁复念轻肥？知君解事采葑菲，颇忆故人宽带围。朝夕粗粝陈蕨薇，犹出新句歌缁衣。

举女送冰至，口吟三绝句

乘肩小女呼郎罢，净洗银瓶翦玉花。画地不忘温清好，摩挲老眼挹瑶华。

轻衫触热万尘侵，槛卧难教一散襟。知汝别合深意在，欲从铁骨见冰心。

信是千年一老冰，欲将晚节傲凌兢。东园看尽闲桃李，不及松堂月半棱。

用东坡记园中草木十一首韵以记家园花木之盛

日涉五亩园，恍如友俊彦。寂历四十载，华实玩时变。偶然携尊俎，风雨未言倦。兴来一挥毫，清韵落吟卷。世事尽碌碌，吾意常婉婉。倏然遭世网，兹游不得遣。雪涕伤友生，隐恫惜瓜蔓！盈眼萧与艾，非复旧兰畹。课花如簿书，作计未为晚。

先人植双栝，偃盖夙成林。盘桓抚手泽，乔木意殊矜。一枝横半亩，萧散不自任。柏屏相颉颃，谡谡动素襟。下复艺幽菊，老圃娱巾簪。鸡冠红欲滴，闲映秋色深。君子重晚节，斯道谁能兴？滔滔问举世，众醉愧未能。（栝）

高士爱修竹，漪漪足娱老。吾家百十竿，子猷当绝倒。缘墙疏复密，径曲意独造。将以障俗尘，竟夺廊庑巧。初春试觅笋，茁茁露幽耗。一夜风雷生，新筠透丰草。（竹）

六梧干云霄，两株尤耸拔。南荣早荫樾，笔立向天插。围以草绣球，当春正萌蘖。淡紫落蒙茸，绿阴渐婉约。泥金帖地锦，抽条显活泼。犹恐白露零，一叶见摇落。（梧）

蓼花临素水，每贱菰与蒲。秋光异三春，慵接蜂蝶须。茆亭映丹枫，半树老渐枯。此景真静好，恨不濒明湖。缘湖买断岸，想望舒劳劬。何当偿夙愿？先制神楼图。（蓼）

生平爱梅花，冰雪不嫌早。花开傍南斋，足伴幽人老。殷勤阅岁序，铁骨幸未槁。日日冲寒行，饥马似恋皂。敢复希广平，自矜好怀

抱。还且伫翠衣，苔枝梦衣缟。（梅）

海南有琼花，航輂罗前厅。搦篆为绷架，实土加密钉。三伏花盛开，嘉宾遂盈庭。争看顷刻事，幽艳仿竛竮。朝菌不知晦，白发难复青。于此悟代谢，热肠自泠泠。（昙花）

海棠高两丈，芳誉重东南。吾家当花时，杯斝传芳甘。徘徊不忍去，油幕春阴涵。拈诗或一笑，明媚插筠篮。北梅临风瘦，隔院殊难堪。持觞亦相酹，无使对客惭。（海棠）

京华老作客，花寺常优游。剧赏丁香苑，负手玩清幽。故园有双树，移自北道沟。风微好春动，雨劲乱条抽。素华团作絮，丑干瘿如虬。有影信成水，佳句吾欲偷。（丁香）

年时大觉寺，历历犹在目：西堂发高葩，挺秀出林麓。雅素泛微馨，皎洁逾白玉。顾彼十寻姿，夺此一庭绿。以视吾双鸾，郦泉比蕊菊。小园涉成趣，清韵容击筑。亦足娱我情，残梦每心曲。（玉兰）

小山植丛桂，深意谁许知？闲读《招隐》篇，愿言君子悲。疏篱绕衡门，平陆远江湄。亦有十余树，洒落见襟期。清影乱月魄，浮香共荪篱。静参金粟禅，无言更忘机。（桂）

杨公济梅花绝句，东坡两和之，兹再赓赋，以寄余怀

偏从风雪见阳和，一笑南枝意独多。相看溪山重叠处，师雄醉眼奈狂何？

绣幕冰心伫玉台，重重纸帐为君开。尘天不假庸脂粉，自掇猩红点绿苔。

别去重看第几回？黄昏细雨驿前开。天涯得似江南好？长使幽人绕砌来。

不饮长教伴玉尊，檀心的的共晨昏。十年花送佳人老（借东坡句），赢得诗人最断魂。

傲骨矜持第一花，笛声起处压檐斜。许将换月拏云手？移植孤山处士家。

琼枝映月每先开，玉殿无劳羯鼓催。暖雾夜深如解事，盈盈遥送暗香来。

尚许云屏见玉肌，三年苔翠锁空枝。相思泪眼无家客，药店飞龙只自医。

故遣残英帖地飞，朔风妒尽上阳枝。红罗亭子原多事，愁到家亡国破时。

未忘双影绿毛轻，玉槛冰纨照眼明。百六春光容易过，此生留待说无情。

漫忆倾城不忆家，巡檐梦到月初斜。缟衣知有冰霜骨，耐尽清寒尚著花。

示　仲

城南韦杜矜门伐，江左钟王值乱离。莫问冰清向玉润，怜他乐广尚长羁。

当门燕雀静无哗，吏散宾亡似放衙。只有轻裘羊叔子，起居不废夏侯家。

弥天四海识词仙，山抹微云句最妍。一自党人碑刻后，几曾兰畹话尊前？

和曾锡镎

更无心绪拨残灰，煨芋虚堂数旧哀。举世应惭崇九锡，独居谁与共千杯？熊熊烽影迷关堞，寂寂潮声暗海隈。休拟罪言狂杜牧，囚山诗笔自清才。

夏夜行散再和

心同残蜡渐成炭，犹向人间赋《七哀》！不信赌棋直掷墅？忍循曲水忆流杯。风情落漠禅初定，夜气迷离天一隈。隔尽短墙余怅望，海山能几供诗才？

丁亥中秋

每从瓮牖赚清光，不见银蟾照屋梁。三度中秋真落落，百年好景自堂堂。难为双照谁相念？愁剩单情尚许狂。赢得低声歌《水调》，琼楼玉宇只寻常。

举申以粔饵鸡舌见馈

官食难供况酪浆？风来每忆陇头香。阿爷憔悴尘埃里，寒具今朝始再尝。

长街献岁恰迎春，妮子牵衣逐马尘。胡饼夜深风味好，重尝梦忆剧酸辛！

滋味难教与俗宜，平生冰蘗课诸儿。偏将鸡舌殷勤至，枨触清谈纵酒时。

八月十八日潮神诞，犹记与静宜海宁之行

荏苒三年别，低徊百劫身。蛟龙疑世远，风露溯情亲。梦趁蓬溅玉，潮来棹泼银。几番沧海外？闻道尚扬尘。

五十生朝放歌

高旻遽凿混沌窍，炼石娲皇亦长啸。黄鸡白日坐催愁，宝烛银蟾迓残照。堂堂百岁乍过半，寂寂三秋余自笑。未须离乱话艰辛，辄记承平溯英妙。传经总角识家法，草檄寰区穷典要。偶然拔帜树中原，更遣车脂走边徼。清言丽句出雅颂，入破转头擅宫调。岸巾磅礴漉酒肠，蜡屐从容觅诗料。驰心动与前哲合，观政每致多士拗。归来灌园补花竹，旋去间关当虎豹。丈夫何意贱沟渎？壮志宁肯负廊庙？一麾尊俎靖烟尘，万虑枢机安海峤。哀兵幸胜事倏忽，悍将矜功恣嫉媢。中兴父老念小康，移国京畿付大盗。苟利社稷敢自恤？微哂黎元阿俗好。谓甘复楚污缁尘，差胜逃秦老皂帽。风雷午夜误壑松，车

轂頳途陷泥淖。夜郎太白比长流，师鲁渭州忍重到？刑曹捧牍对削瓜，孺子仰面余掷珓。初春柳绿困青眼，冬晚菘根荐寒铫。静娱白驹穿墁壁，乱舞黄尘扬土灶。境幽梦短据蒺藜，神王篇成拟奥窔。抱躬天爵弥可贵，铄口人言会当扫。侧身转觉天地宽，玩世犹耽泉石好。懒挥彩笔写珊瑚，闲伫文梁张玳瑁。俗情淡尽勉拂拭，豪语粗忘尚桀骜。琅玕废圃发新枝，荆棘围城持玉貌。山妻倘发葡萄尊？明镜苍颜斗年少。

九日废酒

霜劲秋涵玉宇高，楼深寒压剑光豪。潺潺逝水循残岸，历历斜阳没断蒿。旧赏园林犹艺菊，余哀篱落废投醪。崔巍未必知人意，且坐西风读楚骚。

往岁十月十日令节，先公必张宴款辛亥参与密勿诸公且传观逊国文献，为一年盛事，余小子亦辄侍末席。晚岁耆彦彫谢，始废其事，屈指盖三十年矣。丁亥节日，追赋其事

明时歌酒每缤纷，拔帜中原记义军。借箸驺虞真徇国，长筹方相伫酬勋。闲开柱下恭王壁，重理周初汲冢文。垂手书绅犹记取，卅年花外日斜曛。

寄乐三弟青州，颇忆乙酉秋夜方共尊俎，翌晨一别不相见者三载矣

凉月团圞共倚楼，银蟾潋滟恰延秋。乍惊兵气侵花萼，不信刑书犯斗牛？行李君应穷赤县，山川吾亦梦青州。欣闻金线泉边住，多系鳞鸿与写忧。

晓　枕

宛转搴裳认不真，低眉画里唤人人。疑从汉水交要甫，几见陈思遣洛神？角枕晓回灯掩泪，霜帘秋迥梦相亲。天涯莫道云山隔，犹遣

铅华着意匀。

寿黄任之七十

豹隐龙骧不计年，儒风象法两忘筌。白头天与英贤健，青史人开社稷先。三论过秦余忍事，千诗入蜀足名篇。东南犹记亲耆旧，老圃秋应晚更研。

孙继之属题秋山红树图

一抹斜阳压短檐，迎风槲叶醉厌厌。赤城绛阙非吾事，只许山光入画帘。

绿天深处旧琅函，石壁龙威手自劖。好景江南应更胜，素云霜叶共巉巉。（孙氏前辈藏书处小绿天）

世味酸咸百不谙，竹炉参术静中甘。更开图画延秋爽，合借云山许卓庵。

和曾锡镎秋兴

素霜乘节序，暵阳已异时。璇玑窥天轴，仲秋其枢机。俯仰五十载，乘除肯见欺？将毋亦类是，渐渐炳烛归。

散发无好绪，商风无好音。结想夫容城，锦帐花森森。年时玩月艳，此日息层阴。拒霜秋有骨，醉舞挥双镡。

半江绕千回，两潮争一水。日日俯东流，此情良不已。浮沤原露电，生灭笑蛭蚁。坳堂比槐根，知是谁家子？

行散把瘦菊，寒蝶傍我飞。绪风倏振袂，冥冥心谓危。蝶岂知我情，瞰我将安归？我心如眢井，不问从所裨。

梦岑三心叔来谈

竹簟移阴就晚灯，豪情大略坐相矜。恶声原与警风雨，胜事从教思犬鹰。犹剩星星沤客梦，难为落落定中僧。三年积毁同销骨，得许人间绝爱憎?

期书不至徒玩前笺自遣而已

一楼寂寂坐灯清,唤起闲情酒半醒。别久每疑书未达,秋深惟有梦催瞑。伶俜珠字从头数,断续鱼更著意听。明日吴笺三百个,好凭征雁再叮咛。

书　至

霜罨窗明夜未凋,残更了了应寒蜩。初醒梦殢阑干悄,久别归迷驿路遥。犹有江云传雁字,生憎菱汐妒鸾翘。相逢来岁知何许?薄醉重寻百渡桥。

橐饘行　吾乡盛餐英衍家书为长诗,余读而善之和答一首

粲粲滋繁花,盈盈玩秀茁。绵绵托茑萝,宛转千万结。颇记缑山夜,玉笙媚明月。亦似桐华凤,清露甘竹实。同牢复同衾,长拟共俦匹。爱河竟易波,尘海偶相失。一朝据蒺藜,寸寸肠欲裂。思君更难任,倦枕只呜咽。磋砣逾经岁,生意已垂绝。何意致双鲤?词旨芳且洁。挑灯读细字,斜照眩梦缬。千言累未已,令我心喜悦。疑真似非真,芗泽差可必。旧情溯绸缪,油壁纵征辙。阆峰蓬莱间,香雾袭裘葛。夜深就罗帏,炬明香不灭。忽尔橐饘来,雁行随阵列。侵晓冒风露,谁与事梳抹。更期冥濛中,得隙瞰禁室。怕遭吏卒呵,俄顷便催发。一去君惘然,双眼我似漆。缅思年时欢,执料有此别?高楼俯仰间,倩影如电瞥。目及心已追,恨身不从逸。云天才尺只,体魄等恕割。覆书聊慰情,言简意絮聒。葆我岁寒姿,勉若松筠节。携手当在迩,阳春会有日。

丁亥大雪日奇热作悯农诗

老农乐岁歌西畴,烹羊庖酒宜小休。天公不许老农乐,故遣衰盾

焕林邱。今年暵热异往岁，赤云长覆海东头。岂怜斯民乏五袴，转埋蝻子纵蜉蝣。严冬阳气不蕴地，象纬失度谁与谋？老幼早委沟壑尽，兵凶更复森刀矛。绳枢桑户寄奢望，汗邪敢祝满沟篓。但冀黍麦盈半亩，差供官税免逋囚。半盂倘获续残命？一息崦嵫足黔娄。初无意兴植异卉，物妖羯鼓将何求？天时人事每相应，京房绝学通明幽。至今更困在缧绁，坐看黎庶相虔刘。依然日饱粥与饭，黄虀白鲙供新笋。贪天无功不自悯，犹怜老农穷荒陬。何当重回羲和驭？笑指南阡北陌、被珠雨粟呼朋俦。

赋诗翌日阴冽转寒饶有雪意再作一首

昨日作诗叩碧翁，胡由寒暵靳神功？老农欲语共谁语？徒以文字申孤忠。天似有听出民听，许调玉烛昌元工。堂初不高廉不远，炊累万物同蝂幪。本非有意坏黍稷，亦伫报赛祈年丰。岂意阳盛阴不杀，阴阳激荡蛊以风。干戈既致戾气沴，四海政乱垂困穷。群生益偷世日变，天难胜欲徒摩空。石米百万何足较？五风十雨应毋同。子偏好事惜民力，吾试回辔催丰隆。彤云渐起西北向，苍龙白虎扬飞蓬。霾沉冻合昼将晦，先洒霰雹迷帘栊。御寒无当百狐腋，兽炉榾炭光熊熊。吟情好似持寸铁，明朝冷透琉璃宫。丹心直复格造物，愿赍黎花千树、神弦一曲酬苍穹。

怀 旧

携手匡庐最上层，山房同礼佛前灯。和亲却敌原经国，区脱开边惜破甑。已了余生工密箓，记邀残客策孤藤。女墙花竹萧森处，怕听啼鹃感不胜？

连日阴霾，静宜生朝饶有雪意，得泛觞遥介眉寿喜赋

朔云竟夕压重檐，遥伫瞳眬上晓帘。细字珍珠知满箧，清光冰玉乍窥奁。卅年离乱随宜老，三载平安强自恹。我已苍颜携白发，犹堪

酒晕为君添。

阛中觅句为君寿，尘外寻诗似子难。千卷乌丝归弱腕，三年珠箔障重阑。垂堂子弟能传业，逭夜佉卢许独看。莫放朱颜愁里过，试浮绿蚁却新寒。

和曾锡镎赋雪

素幕迷天浪泼银，青毡劫尽不嫌贫。楼涵八表凌虚意，坐对残年失路人。塞北淮西师渐老，灞桥梁苑迹成陈。莫嫌万紫千红晚，分付钩萌与报春。

凌兢蚀骨傲清奇，晚赏能无酒一卮？病鹤褵褷犹缓氅，老梅的砾亚疏枝。难为出塞征尘涴，爱看临流解泮迟。我是山中老居士，不辞衾铁尚寻诗。

丁亥除夕

难与酬嘉节，犹能忍岁艰。一灯荧午夜，残酌送朱颜。濯濯花前客，迢迢梦外山。几时许重见？金剑压尘寰。

高梧轩诗卷六

武进　赵尊岳叔雍

戊子元日

挥手三年老，开颜一笑违。江湖余赭褐，关塞尚戎衣。梅小春初绽，楼高雁欲归。邻家弦管亟，谁道赏音稀。

张一诚约饮

微醺小抑又生潮，指点春盘意已消。留得素心盟石友，更无长物贳银貂。一沤人我输千劫，三载光阴乞半瓢。且读班书寻故事，失侯吾肯负清宵？

静宜馈武夷岩茶，箧面霞鬟曼陀室图，盖产地所在，雪中细烹缓酌，久无此风味矣

画里霞宾秀一峦，朱钤锦字绕双鸾。开缄细数珠疑蕊，泼盏徐看水作澜。腰脚正嫌新雪峭，杯盘差具密云团。归来堂上清如许，几日归来带笑看？

以岩茶分贻俞觉生，三十年前盖其治军之所

铜鞮金甲出安溪，玉轸葵花旧品题。厚似太羹酿玄酒，俊如并翦破哀梨。卅年嚄唶堪回味，一勺从容认远赍。风味槛窗休不惯，夜深活火守青藜。

薄醉和客韵

吴讴花月换春江，坐遣微吟倚槛窗。残酒弥矜杯外趣，清商犹理梦余腔。迟归筋力垂垂尽，渐老心兵款款降。一笑便从庄蝶化，不须海客话神泷。

昨朝风雪渐横江，寒尽微留日透窗。瓶粟已空犹贯醉，宫弦垂绝不成腔。几应闰位疑灵武？莫倚残兵戍受降。清思闲扃余自傲，惊涛老去怯飞泷。

不堪横槊话临江！雪意将云压断窗。促席自寻尊有酒，倦歌微度笛无腔。亦知屈蠖难为用，终觉推枰未肯降。负气从君文字饮，相期漱石枕流泷。

静宜来述金鸡消息

金鸡消息满尘寰，恰趁春晴破晓寒。久别真教疑隔世，相逢今始见开颜。未须风雪将行榼，粗具琴尊伴画阑。却恐斯人闲不得，横戈跃马又长安。

袁中郎梅花绝句辄在汝南壁间，见之赋和寄怀

三载幽栖不看花，只余涕泪话辞家。谁知冷月疏棂外，占尽阳春总是他。

弥天四海满兵尘，剩我清寒出世人。相对坐忘空纸帐，梦中犹见好风神。

张一诚手治牛炙汤饼见饷

平生每嗜牛心炙，斗胜京华意自豪。张翰五湖非我愿，莼鲈难与下香醪。

药阑饱憩坐初晴，玉带银丝试早烹。一梦十年人已老，槃盘犹许说春明。

自笑三年饭颗山，齐甘荼苦尽缘悭。矮窗寒具无因试，唤起花光照酒颜。

官阁宾僚更酒徒，相逢不似旧狂奴。破铛折足看侯鲭，欲斗歌楼乞食图。

四　海

四海何人更见收？雁飞不上最高楼。停云一色遥天碧，逝水千回去日遒。难织鲛丝当茧纸，几簪珠字倚吴钩？余生负尽殷勤意，剩对花光照白头。

玉　珰

玉珰真系锦书来，涤尽尘襟万斛哀。别后光阴真草草，劫余气象尚恢恢。苦难断际成追忆，已绾同心莫漫猜。侧雨阑风消去日，绿窗深处待衔杯。

家园玉兰盛开

皎皎花光夺淡晖，扶疏犹迓主人归。林梢雪蒨迷妆面，翠外云涵染素衣。香远缀帘微有韵，幽寻落萼未全稀。诗成莫忘当时好，汲水裁枝露未晞。

海棠不花闻之怅怅

依依淡粉更轻脂，赚我闲情日有诗。长乞春阴知爱惜，微消烛晕话相思。红桑乍老应无色，紫蝶重来莫后时。应与慈恩同掌故，归时松动向西枝。

夜深望月巷歌凄厉不寐再和

清光破晓俯重檐，容易巡阑对月纤。楚竺微闻愁夜永，吴绵谁与殢寒添？流莺窥镜迷珠箔，太白经天误玉钤。能遣万缘心自寂，五更风露觉来恬。

侵晨阁眺三叠

压帽无花出短檐，万家春濯绿痕纤。迟迟车马钟前动，猎猎风帆雨后添。雅趣偶宜归墨戏，小诗犹遣押朱钤。定身一例三千界，转识期能与智恬。

旧与静宜同游金山寺云蓝阁为斋主供养时披袈裟留影，忽忽逾十稔矣，戊子二月二十六日不戒于火，全寺灰烬，传殉僧数人，感叹成咏

耽耽金山盛楼阁，香幢宝盖珠络索。道场倏忽千余年，柏子桃花几开落？当初江水围陂陀，夺境晴空畅寥廓。北固回肩差可接，焦农揽袂如戌削。寺门花草印屐齿，经藏栋梁布丹雘。撰幽百丈登石级，更有精严出林壑。凭高铃语笑风幡，窥穴潮音秘锁钥。机锋学士输玉带，公案祖庭供一谑。我来后此八百载，箮篸犹能驻行脚。锋车直御抵洲渚，野马迷离俯城郭。玉堂手泽焕精神，先佞古芬开锦箔。复次升堂启上座，分派曹溪甘一勺。循廊绕出寺里山，窣堵移阴过檐铎。斋堂采女自窈窕，款以伊蒲屏羹臛。吾兹亦与法喜偕，同笑何曾嗜藜藿？饭余鼓腹学披剃，仪服水田扣朱襮。有相偶为无相留，四大宁为四禅缚？茶烟冉冉丝压鬓，归去明珠悬碧落。十年习染未能忘，岂信胜缘真有托？法王观空贵断际，首戒遗情泥今昨。痴疑生幻幻生惑，苦集灭道证真乐。凡夫每发梦中狂，大乘应知悟为乐。执迷何以破罔象？速命祝融肆炎熇。此火直名三昧火，即灭即度不为虐。诸天龙神列八部，焰起雷奔共惊愕。刹那胡灰压泉底，八面长干坏璎珞。雕甍像设一时捐，阿卯僧只蹈炉橐。世沦末劫入荼毗，了了风轮消镕铄。空桑从此绝心影，留记伽蓝无处著。火中终复见青莲，和合何妨还寂寞？

读书杂忆

康回怒魄窜三危，贰负羁囚厄士师。汗简只因成败论，神尧千古颂明时。

永王史笔不须论！灵武功成自寡恩。憔悴浔阳李学士，夜郎长谪梦金门。

江陵壮语身为蓐，栗里闲情带作衣。同是悲天同悯物，兰陵独惜赏音稀。

叔敖相楚不胜官，投老湖湘仰屋看。能信妇言真有价，负他优孟试衣冠。

乞儿搬碗不辞劳，毁椟余书足自豪。清课小山输倦客，犹堪珍重到霜毛。（晏小山伉俪故事）

蚩尤守藏仆灵旗，坏壁重寻又懒披。多买何如能熟读？景和终不是书痴。

画堂谈笑却秦军，草长烟迷日渐曛。风义独推李师道，私钱赎宅报殊勋。

街西崇让近何始？深巷难容长者车。留得聚头遗扇在，簪花犹识馆甥书。（外舅尝以听水翁书扇见贻）

顽仙端不如才鬼，贞白遗言最耐思。赢得薤歌知漆纬，生天成佛已嫌迟。

东风历历小红楼，我亦雷塘记旧游。只是无心注《孙子》，空教花影控帘钩。

流莺劝酌夕阳前，嘉约先吟瑞鹤仙。鸿庆斋宫无宿处，孤城阑角意茫然。

镜中衰鬓污缁尘，揾涕罗巾对写真。又是重三展禊日，剧怜不及镜中人。

绿窗椒壁旧停车，飞絮炉烟乍不如。犹胜饶州张举子，楼中锁燕正愁予。（事见《玉照新志》）

似奕长安海更桑，封侯曾已熟黄粱。轻车再过邯郸道，梦好何妨第二场？

阿软风怀尚旧裁，壁题终恐涴尘埃。几时重见通州句？绿水红莲一夜开。

龙东残卒不成军，突骑传呼幸策勋。风义独嫌无李穆，坐看逆景肆妖氛。

敬容残客更何人？刘虎争雄事亦陈。劫首正邱惭故吏，断云乾土几逡巡？

钞书晚课自思维，数尽飞车更语谁？犹逊长康八千纸，围城冷月映孤帏。

智略才情两胜人，朝章趋局亦酸辛。戴花更与江郎笔，梦老城南酒几巡？

平生和遍小山词，老吏无言愧少师。莫是余才捐不尽？莲薉长与寄相思。

结客谁知转负冤，独矜俊语赏崔瑗。行厨驺从年年盛，不及淮阴具一餐。

璎珞庄严又一番，布金帖地亦祇园。南朝东海慈云寺，檀越曾随怯夜幡。

会稽一战涨尘烟，锁甲巡城宋子仙。毕竟肩吾工好句，得留残命付吟边。

汉家宫阙已蒿莱，秦狱峥嵘更劫灰。解事只余臣朔在，积忧能识赤虫哀。

弘恭石显早盈庭，系狱邹阳闷德馨。几见平原甘代死？少留绝学绍遗经。

已知猎者工罗织，臣肉为羹岂幸全？语妙不须真负谤，金轮末劫尚亲贤。

当年曾未典春衣，三载东华控玉玑。堪笑今朝真食粥，词心淡尽自亡饥。

更谁持赠夜飞蝉？怕有微霜上镜边。虚幌晓风明月里，西施不值一文看。

傲骨宁教宅易州？青毡终可傲王侯。生涯未许蜘蛛隐，赢得邮亭当画楼。

箭径风高去又还，三生花草惜荆菅。莫从犬窦轻豪杰，霸越功开一拜间。

茂陵衰鬓几消磨？《羽猎》《长杨》付逝波。犹誓仙升桥上路，不乘驷马不重过。

景文绝代风流客，哺餟当年亦可观。不分慅婴憔悴里，娶脯徒与奉盘餐。

沧海横流事可伤！露车叱犊自相羊。年时油壁寻花处，绝倒王尼大道旁。

阿奴十岁不知书，腰鼓频挝下玉除。今日栋梁都折尽，莫寻游钓立榛芜。

渐起轻云怯倚阑，小菱斗月有无间。重教相字回环觅，不怕飞霜点镜斑。

建牙因垒屋千间，蔽芾甘棠渐就删。灵宝终能从谢混，画堂丝竹守东山。

民穷道困野遗贤，空付新诗万口传。常侍爱才殊不易，肯轻放役任筠川。

冒耻弘恩示广覃，赎刑虞夏不嫌贪。侍人真闭三钱府，平仲容教脱左骖。

合传韩非更李聃，帝尧苏峻亦同龛。祖思攘臂龙门笑，此义凭君与细参。

非星璀璨亦非云，斗下光微逗隙曛。应是归耶先卜兆？莫轻象纬验天文。

统一儿从戎三载期以归来赋此速之

陆离剑佩渡西兴，轨革阴符识已能。晓仗溪蛮为属吏，夜窗山鬼作良朋。每嫌书远无由达，笑指坛高孰可登？还是桃林看放马，举家迟汝酒盈升。

骅骝鹰隼是男儿，辍学辞亲举世奇。试引娵隅嗔上客，偶拈仆远学新词。归来万里身犹客，去就三年鬓亦丝。无限阿翁矜惜意，好凭腰鼓话年时。

杭州许藻庭五十索寿诗

故乡真有好湖山，棹楔云开夕照间。人许通侯承世泽，子从党锢识时艰。沧桑眼底开霜鬓，日月壶中总醉颜。一笑南枝春欲绽，呼童行看杖藜边。

戴英甫索赠

星变终磨党籍碑，呼天负手更何为？秋衾铜辇悲辞阙，眢井枯槐尚映帷。且隐棘樊同灭度，莫遗龟筴策安危。囊锥会看相携脱，立马高邱俯九逵。

戊子五月朔日追怀傅乐清，盖其亡忌

吞声搔首恨难宣！不信松楸渐满阡。去日侵晨犹细语，余生惜逝亦残年。乐天官说江南好，道济身先塞北捐。更记临歧书满纸，河阳家训泪沦涟。

追怀颍川

惘惘山川异去时，统统鼓角尚哀思。酬知不屑明功罪，靖难何须问报施。八表蜺旌空竹汗，一坯虹雨剩苔滋。秦淮水戏前朝事，愁与重吟吊屈诗。

无　题

狱成草牒自矜持，天下衔冤诉士师。隔岁平反方有信，毕生谅直更无词。削瓜夙厌咎繇荐，刻木难禁库狄箠。应许少宽归去日，劳君破涕共寻诗。

五月二十七日赋事

芳年胜事犹能记，一度寻春酒一巡。归晚曾看珠有泪，羁晨愁对草如茵。弄姿仙袂飘飘举，照影菱波的的真。结习未能忘掌故，每吟秀句写红巾。

书来悲喜应交集，一寸花笺万叠心。期我好春归共讨，为君藏醞酒同斟。近从燕市窥珠箔，莫殢红楼伫绿阴。相见休嫌惆怅事，只嫌微著鬓霜侵。

陈散原丈归葬杭州不克趋奠，敬赋四韵

乱丝丛笛过西泠，老尽赭颜不厌听。十载兵尘迟旅殡，千秋苔翠瘗花铭。扬葩夙已开宗派，撰杖微能述老成。惭愧秋声入吟腹，灵峰归梦早伶俜。（末二语盖廿载前丈题拙卷中诗句）

意不能尽再赋

城西缺月映扶疏，头白孤吟近直庐。抵死曾为辨奸论，余生不作封禅书。江山秀气供陶铸，天地秋声自卷舒。屈指同光遗老尽，临安寂寞话平居。

子范赋归索和

三年辛苦更谁谙？心影寒光映碧潭。独恨呼天疑不应，旧曾怆地复何堪。明朝重见施行马，他日还期脱左骖。相见倘还寻雅故？虀盐寒具亦弥甘。

夫容初上好秋时，得得吟归鬓未丝。心似枯莲方破药，身犹劳燕待安枝。小红应和吹萧缓，大白休嫌醉月迟？差幸已留微命在，肩吾一笑说工诗。

纫佩秋兰渐被涯，骚心郁郁认同侪。长嫌困兽犹争柙，苦说围城久析骸。议贵吏惟骄仆妾，沾恩令止录椎埋。难逢渔父为商略，且作潜夫强自排。

大雅笙诗得更听，时衰青史厕官伶。藏山差拟三年艾，怀璧同干六等刑。此去匡床蛩振羽，言归华表鹤梳翎。绪风尽有悲秋意，不送杨花漫作萍。

子范更请以前韵作香奁体，平日涵濡于词者较多，涉笔不慎便落词荃，因专事淡语规模致尧，苦不能工也

淡尽春痕只自谙！莓墙西畔旧花潭。牵衣乍别情无奈，中酒微苏梦不堪。来日绿阴应锁径，那回红药几停骖？休言重见他生事，已负金茎一味甘。

宛转终知是别时，斜风片片雨丝丝。三重真啮黄金锁，八犯难交碧玉枝。茶熟香温新炙细，酒阑人散独归迟。红妆莫放啼痕涴，留取罗巾为写诗。

怅望宛央泛水涯，原知同命是同侪。珊珊风度终仙骨，脉脉相思托病骸。临去微波通怅惘，少留英气未沉埋。从头再谱霓裳曲，衮遍黄龙弟几排？

八琅仙乐记同听，调笑挡弦压座伶。相见应难疑曲赦，重逢倘许伫祥刑？红蕤沁雨迷丝鬓，素奈回风散雪翎。楼上旧时芳节好，只嫌春絮已黏萍。

戊子七月初三日盛暑昼晦风雨志异

兼旬苦盛暑，日迫火云蒸。微躯久不耐，中单去青绫。匡床敷尺席，展转就窗棱。贱卒更见忤，伐木删鬅鬙。遂使绿阴歇，蝉亦噤不譍。酷热如酷吏，斯事诚堪憎。道穷命途舛，直似鱼堕罾。临渊难苟脱，犹幸天所矜。天公悯无告，羊角驰鹍鹏。片时六合晦，丰隆掀且腾。急雨如泼墨，迅电如掠鹰。便复降珠玉，一一冰花凝。著壁颇黎碎，扑骨尻脊癧。破槛布满室，晶晶挟寒兢。飞瀑逊跳脱，风洄起浤泂。万籁乍抑塞，黑云弥郊塍。投林断宿鸟，栖砚忽冻蝇。片霎翳宇宙，屋漏随波升。凉生意苏快，蹑屐迁行滕。杂乱忘忧累，拾级行登登。呼啸俯九陌，深谷行为陵。或云是灾异，或谓示劝惩。玄象卜事理，斯术吾犹能。群阴正构扇，独阳树威凌。谁与恤民意？虎视异龙兴。修让且难济，挞伐犹因仍。荡激终至此，侨压榱自崩。莫嫌违节

序,造物信可凭。子政语不妄,京房良足称。更诏二三子,夏虫无疑冰。

夜梦与稼农景周吴氏昆季春明游观

萧条蓟门柳,寂掩松筠庵。曩岁滞京国,邀君尝同探。风轻入怀袖,月朗映遥簪。相与说吟事,雅趣吾能参。亦试洪杯酌,市楼纵清谈。臧否及人物,叠鼓传黄柑。此乐未为乐,更漏倏再三。居家近神武,静院如僧蓝。钉坐器鼎鼎,环堵花毵毵。客来倾茗饮,至味寻幽醰。当轩开画箧,饱味如枯蟫。一时引昆仲,元季诚无惭。此去二十载,别久难复堪?辟乱窜滟滪,零落宦江南。事毁更见录,髡发遂鬑鬖。從兹尧与峻,宁得使同龛?当前已萍絮,顾影消云昙。相望不相及,清兴犹旧耽。今宵喜相见,意厚言尤甘。醒来始相失,梦境方自谙。哀肠蕴涕泪,整衣余幽惔。长忆不容已!行歌且喃喃。

外孙女新令涂鸦函候,情意殷挚,笑题其后

别汝发覆额,今汝且垂髫。屈指已三载,吾意苦寂寥。拳儿出锥母,颇复忆生朝。金陵城北居,锦褓徒呼号。来作外家客,姊妹相招邀。花阴捉蛱蝶,强父致鼓鼗。牙牙渐学语,健步纵以跳。星眸如点漆,笑靥被酒潮。每饭辄见侍,嬲我说童谣。簿书满几案,曾不厌烦呶。一时官里去,正复惧覆巢。念汝亦至笃,怅惘每中宵。楼居知啾嗌,斗室兼廪庖。迷藏无处所,里巷无游敖。却时忆老翁,细字来冰绡。开缄惊且喜,善颂归衡茅。母言翁将返,征车行及郊。歌呼好撰杖,乘肩不胜娇。疏斜才半幅,小名尤堪嘲。蜗涎亦学篆,薤拔连绳胶。夺行乱花叶,控弓弦脱弰。字弱意则挚,数读心陶陶。终当偿此愿,翦伐蓬与蒿。重开东阁门,重佩昆吾刀。并看露头角,茧纸挥霜毫。勿再画蛇蚓,更自工兰苕。卫嫣体最精,茶陵名至高。有时兴未已,列案陈酒肴。酌汝仅一爵,独饮尽悬匏。醉余述往事,怪语惊儿曹。

孙道始治申韩事有所愤，将绘焚律图，余嘉其意先题长句

嬴秦焚诗书，一篑亏九仞。百家诸子外，胡独遗律令？坐便两千载，流毒困百姓。大法因成败，生死出喜愠。猾吏缘为奸，饿卒食膏润。吾徒初不知，今尽烛其隐。孙君有卓识，象魏付一烬。卅年习士师，自誓拔陷井。不更责鬼薪，不复检遗行。闻之色然喜，嘉话播远近。譬诸咸阳炬，片霎除暴政。三章亦多事，绵蕝生悔吝。折衡且剖斗，便尔绝凌竞。无冤即无滥，春台庶足庆。刑措致垂拱，斯举真绝胜。何当永丹青？题篇先命韵。

病中口号

井梧已下一痕秋，未酒难消万斛愁。更遣轻寒添细雨，不堪残绿映层楼。

郭学群伉俪饴以藏肪饴桃赋谢

岁星忽忽历三度，画地为牢竟身入。一瓯一盏红秫饭，坐使老饕困残粒。厚君见惠盛肴馔，道远侵晨逾潦溧。藏肪盈握复绥桃，色动神惊发縢笈。东阳细脍出花猪，西海饴甘夺霞蜜。红如玛瑙冻白玉，黄瑱沆瀣金壶汁。渴来唇吻久枯燥，鼻观先容参远飶。梦回未觉逊当年，百万何曾犹自失？丈夫初不累口腹，生死交情诚足述。异时玉食尚锦衣，携手松醪恣取给。

戊子九日

沉冥斗室送重阳，绝意花光更酒光。风雨隔楼秋渐纵，河山满眼梦能偿。故园见说繁霜满，独客能禁子夜长？屈指登高犹作健，诗成须不负壶觞。

客有谈兵事者，雅无多语，示以四韵

龙堆砂碛遍征铙，眼底中原误斗筲。斧钺李陵原管敢，玄黄武吉

杀殷郊。窥天岁破家悬炭，火隙光微佩掩弰。愧我三年木居士，长筹横海已全抛。

薄 醉

幽居久阙醇醪兴，謳体宁堪刀笔文？玉马早先商器走，铜驼坐待晋宫焚。闲看逝水回残照，忍听遗黎说溃军？百尺危楼休更上，扶阑人意苦微醺。

晚 坐

日斜无语罢明釭，秋动潮声起暮江。何处玉关求马服？当年金板应龙逢。平居冷眼看移国，伏枥雄心误受降。渐听隔墙歌吹沸，念家山又换新腔。

九日和人

东篱瘦只一枝看，摇落三年愿已瘅。地迥蹊疏真独秀，楼高袂薄怯初寒。怀人事阔空耽句，止酒愁深直废餐。何处龙山供啸傲？但余霜气荡回澜。

遥忆金陵梅花山

冰心绿萼一踟躇，难认遗纵过夕墟。封杞成汤寒带砺，存齐乐毅堕钟簴。寒侵松柏迷铜井，天老星辰黯纬车。千载九疑谁揽袂？闲云长自掩樵渔。

题 简

疏绫碎字罨孤灯，楼阁天涯第几层？已了万千年兜率，遽怜五百世摩登。风怀忏尽终难讳，霜鬓蓬时莫漫嗔！便道闻钗为破戒，定中犹自愧枯僧。

传是楼挽词

危言抵掌隔人天，清话犹珍箧锦编。彤矢魏公专九锡，朱弓杜伯誓三年。安刘地下真将反，霸越朝班未幸全。老我颐年堂上客，海棠如雾一凄然。

圜法日怀百万始买得蔬果，细民遂匿货不出，几无自致肴馔，以知大变之当前也，赋寄孤桐

天公胡为肆荼毒？圜法崇朝竟先坏。交关会子贱如泥，坐贬黄金付等杀。细民匿怨不敢申，偶语沙中遭扭械。森罗吏卒列廛市，揾椟无人应趋卖。兼旬空巷罄积储，簿籍斗筲塞庭廨。行庖亦自乏蔬米，梦绕红秔兼绿薤。肉糜温诏出尚方，流布人间只嘉话。直教臣朔苦长饥，尽有侏儒亦羸玠。粗粝日日恶官饭，河鲤烹羊图一快。客来遗我玉粟羹，霜露东园伴姜芥。为官聚敛出上意，草野纷纭何足怪？日中为市辄后时，暮夜赢金逞狡狯。愿输倍蓰易鸡豚，分得园葵不盈篑。闻之雪涕复窃笑，一饱深知系成败。匹夫夙已委沟壑，贞士棘闱同误诖。莫轻藜藿餍甘肥，燕颔虎头余自喟。佛说持斋邀五福，婆娑摄受清净界。平生低首况东坡，更励前生五祖戒。尚嫌舍卫且乞食，碌碌报身困烦惫。不如天供学辟谷，仙露明珠徒沆瀣。

和客赋事

郁郁真思北走胡，出山远志更谁无？十年菲艾堪前席，三载菰芦冷后湖。姚凤已摧淮上垒，荆轲行献督亢图。握奇风角吾能识，为道今宵幕有乌。

二　叠

义浅恩深汉似胡，师终入郢报能无。萧萧风雨迷西塞，猎猎旌旗下北湖。江阔投鞭知可渡，城空残霸已难图。枕回嫠妇如麋泪，忍和寒霜屋上乌。

三　叠

落落平生鄙贾胡，胜情还似旧时无？曚睛背月垂三稔，短梦扬舲尚五湖。弄晚课花真解语，辟尘学佛亦良图。投闲身手知难惯，头白难期质塞乌。

四　叠

劫余不复见商胡，禅智清辉似旧无？十里乱红酣北郭，一泓嫩碧瘦西湖。楼台选巷空陈迹，兵马高家夙异图。莫为芜城重作赋，王孙夜夜泣城乌。

五　叠

从君一剂索柴胡，得已风淫末疾无？寙客山川说京雒，羁心鱼鸟忘江湖。三年独破天魔阵，四壁难寻素女图。荏苒只嫌春去骤，几回苍鬓许重乌。

六　叠

君家羯末与封胡，玉树庭阶一代无。好句啭莺真出谷，闲身种竹每濒湖。晨钞细字云开笈，夜玩回文锦织图。十里软尘深似海，延秋微恨白头乌。

高梧轩诗卷七

武进　赵尊岳叔雍

庚寅南游客仲将家，酒疾遽发去死仅间毫发，留连衽褥五阅月，杂作口号

直同神马御尻轮，蚁绕浮沤忽几巡。我已善行无辙迹，茫茫纵辔入无垠。

儿曹爱我见纯诚，含泪承欢强笑声。更道今朝来北讯，花前珍重话平生。

无生已似德乐止，有恨初非涓蜀梁。造化随缘来复去，心安莫更问吾乡。

涅槃直欲入无余，魂魄沉酣意自舒。不信呼图犹转劫，六尘谢处悟真如。

遗情已渺更无言，绕榻群儿静不喧。坐待离魂顷刻事，中阴好赴土山园。（余家墓地）

颇知继晷难焚烛，归去今宵亦大佳。聚窟忽传膏血剂，无端还我旧形骸。

通德辞门去未还，伶元卧病杜禅关。诸天未必无情思，犹散仙花遣小环。

信陵就国徒醇酒，太白还山只举觞。早识麹生能伐性。浇愁一石肆清狂。

暗室明灯我不欺，照将满腹背时宜。上池未必须临镜，解事朝云早得知。

午日和章孤桐

座隅茶䣽压花秾，郁郁情怀我欲东。不分废樗全世外，枉期蓄艾度天中。三年敛手难忘劫，四海惊心未竟功。挥剑屠龙余勇在，邯郸

重待论穷通。

抑抑愁深抵酒浓，迟迟断灶隐墙东。云开漠野风初动，画罨江亭月可中。妙手解围谁服罪？焦头逐客不矜功。平戎倘向寻余策，跨海投鞭一苇通。

红棉历历游春浓，梦熟惊回玉槛东。画角移宫沧海外，哀师掬指乱流中。泉南孙碣难重证，好大王碑漫勒功。太息三仁应有后，蓬莱消息几时通？

海滨饮座

犹与凭肩唱恼公，扶阑花影压肌丰。好风圆月分明在，忍说相逢是梦中。

海山佳处作勾留，宿愿能偿旧客愁。桑落车螯风味好，冷淘不及小红楼。

牵帏还著水红衫，乍试矜庄敛削篸。玉笑珠啼两寂寞，回眸故故数云帆。

芬女伉俪飞渡重洋赋此

隐隐风雷动九霄，奇肱奇器追魁杓。送余娇女重瀛远，忍我衰颜独客遥！比翼真教夸穆满，兼程何啻倍班超？天骄麟凤人人识，弱水前头好弄潮。

挽潘一山中将姊丈

垂髫送子渡重瀛，十载兜鍪绝艺成。佐命革除真奏凯，留车醮命伫亲迎。半生老作诸侯客，没世难争竖子名。我更南天同玉局，怆怀仲远不胜情。

曩与静宜同游秘魔崖，剔藓寻诗得沧趣翁旧题，此景历历二十稔矣，顷偶读沧趣集复见此诗为之枨触，赋寄静宜共赏之

秘魔崖下坐多时(原句)，龙去松犹翠偃枝。静对青山真入画，饱看红叶好支颐。偻身诘曲寻幽径，苔壁从容觅旧题。携手记从新病后，廿年惭愧别卢师。

静宜来书辄绳王城胜赏苦不获偕赋答

爽气西山尚袭人，真教拄笏作闲身。云帆珠海难寻渡，灯火蜗庐似可亲。九陌风光容独赏，三年滋味待谁申？不须兴废谈身世，屈指花时已怆神。

统儿去广洲就叔氏择业，送之道左勉以摄卫

道旁执手难为别，须戒垂堂善葆身，万里弓刀怜瘁瘵，百年松柏伫轮困。贤昆室毁堪为主，慈母书驰莫厌频。食力习劳应自勉，不忘卷帙沃心神。

举婶两女尽室北归示别

从今只待雁书来，坐看锋车首重回。历历楼台应可意，桀桀夫婿尽清才。病余止酒堪相慰，客到谈瀛莫漫催。一夜乡心真五处，中天月好几低徊。

感　遇

海涯已分难相见，百世真知不负心。尚乞天留微命住，娥眉端不惜黄金。

高楼夜夜梦珠还，国士酬恩百不悭。我已神丹传换骨，相期长葆好容颜。

病起小憩旋湾

未信衰颜五十三，郊行尚许作幽探。北穷碣石南珠海，八表平生早尽谙。

轻鸥看逐海云飞，矰缴难施自忘机。莫羡玄真西塞路，璇湾风物共依依。

浅水湾头

轻诺临歧未易忘，停车皓月照流黄。一年容易如流水，不再凌波照断肠。

一揽青铜渐亦丝，别离滋味几多时？飘灯送酒应如旧，只是寻春已较迟。

花笺方寸不胜情！日诵千回暗恨生。更向鸿都问消息，几时重许奏通明？

仿玉溪体

紫府铢衣绝谒参，玉螭金勒负精蓝。啼妆一别难为浣，廋语他年只自谙。细篆疏香萦画槛，凉宵微雨漉诗龛。绿章还乞临邛奏，仙籍终当署玉函。

庚寅八月五日得统儿噩耗，遣妽往经纪其丧，拉杂赋悼诗，父子缘悭，血和泪忍，凡得十七首

经旬不得书，日日玩旧札。每谓病差愈，强饭甘藜蕨。远道妹适来，伶俜抚秀骨。以欣复以慰，驿电惊一霎。校字不成书，人天顿存殁。不知殁何时？不知病从发？眼明乍相见，来往似恍惚。忍泪遣妹行，为儿封短碣。

粤中急足来，老泪复盈掬。始详病所起，求治意过速。针灸或有失，胃闭气益促。每或怯医药，怜我无余蓄。贫诚能祟人，医到命难续。弥留呼阿姆，弱腕擎季叔。语细不堪辨，万念付一哭。悠悠孝子

心，此恨何能赎？

忆儿侍祖庭，晚灯课儿读。老人恤家嗣，寒夜引共宿。嬉游或逾节，小杖亦责朴。温婉无违词，昆季咸友睦。不幸困比匪，经月苦桎梏。夺命出重围，壮志去南服。三年释甲归，家难倏转烛。天命实不犹，英气差踯躅。（统一弟曾困绑匪窟中，经月始脱，漪注）

读书何用所？急难去乡国。行行越万里，童子真剽疾。飘泊西南间，蛮语具渊识。入生数出死，炮火时在侧。忽焉袭兜鍪，归述尚股栗。卒以致羸瘵，刀圭试医术。回生余数稔，漫游尚南北。谁谓术穷时，客途委墨墨？（弟抗日战时从军数年）

余病际弥留，男女绕病榻。离魂乍返时，好语相酬答。剂和既手致，奔走了尘杂。夜灯报母书，婉转语重沓。色难以为孝，微意至周匝。孱躯日健朗，笑语倾楼阁。何意中阴还，儿却谢簪盍？天道诚难论，人生真朝溘！

踽踽遂独行，林梢上新月。想儿冥茫间，不复见月出。抑或升九天，双丸探金阙？魂兮何所之？吾意不可必。魂兮若有灵，当归侍晨夕。慷慨述南征，生死间毫发。阿翁喜壮语，儿事自英烈。一刹生意泯，对月徒哽咽。

养疴就友生，逃世辟尘俗。辛勤为部署，此事责家督。茵枕与几案，井井手亲触。排日更相就，凭槛共新绿。远信伫乡人，近事话朝局。不信一挥手，从此剩遗躅。父子情至亲，娈顺尤汝属。使我扃愁城，天意亦良酷。

未泣眼已枯，欲哭泪光竭。车沿挥素手，弹指未两月。当时情味恶，气馁怯永别。作诗强自解，轮困喻松柏。岂意岁寒姿，终且困霜雪？世事已落漠，万里弃家室。惟儿近承欢，生意共朝夕。倏焉堂构倾。穷老更安适？

日者忆饮冰，垂肩过广陌。夜灯荧荧明，待我就车驿。颇恐致劳苦，弱骨事将掖。扶阑送转轴，车动犹目逆。亦知侵晨行，旦夕距只尺。犹期旬月间，得复共餔餟。心焉乍自惊，此会良遽迫。孺慕永在迩，孰谓即永诀？

琅琅振车铃，仿佛儿入室。犹似沙田来，道远意怡悦。一椽殊不恶，山水更清绝。微嫌跋涉劳，相晤苦仓卒。老尼颇煦妪，诚是善知识。背尘良自信，禅净夙有得。报身还四大，幡静风亦息。掩袂质南能，容儿几圣域？

雁行五昆季，相爱意最笃。千金不少悋，厚馈致医药，偶然闻损膳，长姊驰急足。弟妹咸殷勤，日日问寒噢。岂意天一方，万里或海渎？汝竟逝不还，折翼困天禄。幽居夜漫漫，露台星熠熠。珍重留影时，联辉画阑曲。

去秋别阿娘，亭午就海舶。恐儿不胜劳，罢饭遣先发。今年别姊妹，征车凌晓月。絮絮致离情，细语抵深夕。季弟亦判袂，习贾作远客。犹见随肩行，抵掌述游历。只身侍病翁，终自去百粤。不忍断众缘，宁复甘窀穸？

抟土始为人，娲皇正七日。儿亡甫来复，丧葬事差毕。桐棺不三寸，草草整衾饰。夙性屏烦缛，吾力亦差竭。手足不及视，浆酒不容醊。闻当一往时，辒辌示安逸。本无愧怍心，来去自解脱。好去黄花冈，死傍要离侧。

两姊尽室还，儿计归北国。奉母居九城，藉少获将息。粤南受一椽，情好最叔侄。相待殷且渥，窃喜有起色。罡风自天来，奇变不可测。料量及属圹，感幸岂易得？旅榇不必归，旅魂其返北。幽明同此心，孝思终不竭！

年年际生朝，鸡豕设酒局。今年犹此日，痛已登鬼录。斋堂荐蘋蘩，歆飨谁可卜？焄蒿气凄厉，花供不盈掬。盂兰张法会，人意聊有托。弱妹苦经营，宗鄗泪夺目。以视儿生时，欢笑挹醽醁。兹情不容溯，千载伤鞠育。

手颤发母书，至性感且泣。含恨谓终生，往事咎无及。颇悔抛儿行，母职或自失。更忆侍阿耶，道远致壶榼。不辞尘土劳，称寿就请室。谁实使破家？清贫不自给。家人期再聚，嘉会总难合。温言只相慰，好景伤永戢。

花落不再开，萍逝不复合。聚散固夙分，吾意终邑邑。念儿正英俊，掷世隐新塔。姊意最凄厉，雪涕每俯嗒。只期梦魂间，旅榇迓萧飒。蜃云起缤纷，峦翠拥周匝。望中携手处，游迹感杂遝。只恨词万千，瞑目靳一答。

寿章行严七十

阴符倘许用吾谋，北燮南谐孰与俦？好事曾携沧海客，胜情终逐赤松游。方瞳丹室陶贞白，秀骨屏风李邺侯。笺启近传商密勿，邠岐景运伫新猷。（二十许时尝与万福华同在上海要击王之春，几于被逮）

道弘治化三千载，身系安危五十年。暇日新诗歌缓缓，良宵清话意便便。莱公无地能旋马，庄子临渊夙忘筌。笑数寒斋侍尊俎，荷衣撰杖亦华颠。（余十三岁得待颜色且因以就教于林畏庐先生）

重过沙田普觉园，盖统一养疴旧寓所常至也

掩泪重过普觉园，伶俜瘦影隐山矾。矮窗一榻长攲枕，修竹千竿尚绕垣。笑语杯盘倾白墮，梵音铃呗送黄昏。回头却步前朝事，了了尘天昼掩门。

寿王十内兄述勤七十

征车崇让廿年前，老屋城东乞一廛。绛节霓旌出沧海，紫薇红蜡映槐天。阶前兰玉人争秀，榅畔诗书手自研。赢得长生丹诀在，持觞犹费杖头钱。

闻歌口号

南内东城旧笛声，重听只恨不分明。仙云隔断山河迥，此是阳关

第几程？

零落梨园老法师，敛魂拱木鹤归迟。今朝谁更传家法，檀板人人倚竹枝？

升平不复见灵官，纵有如音亦废弹。一夜新秋凉似水，霓裳空向月中看。

凭阑侧帽选新歌，检点排当问世科。数到贞元方几日，教坊子弟已无多。

统儿七虞适得粤中寄来墓图感书其后

虞祭何堪滞异乡？无人为汝捧烝尝。披图短碣新题字，检箧残笺旧著行。游子春晖伤永慕，老怀秋雨更难偿。重泉莫忘人间世，雏凤清声许再详。

寄寿静宜

晴旭葱茏上短窗，夜明风起梦峥枞。凌寒已觉春云展，阔别犹思旧侣双。废酒只余诗上寿，怀归每忆雨浮艭。经年心绪明朝事，坐雪斟茶听晓淙。

十二月四日赋落梅

帖地犹存向暖心，逝波终许一相寻。十年珍重归吟幄，百萼斓斑恋绣衾。细雨春残愁半熟，夕阳黄处惜微侵。不堪重就灯前看，宫粉仙云隔晓参。

残年游黄大仙庙或云黄石公也

残年意已垂垂尽，病客身真日日闲。颇见弓刀张汉帜，略思鸡犬赚秦关。镜中相字还应在，箧底孤虚未易删。我爱谷城山下住，不妨澒洞一开颜。

孤桐惠诗追述辛亥改革枉顾纡筹事，清谈移鼎，史迹罕传，景运共和，肇端斗室。倏忽三十余年，知者盖仅，时余方十三岁，攒扙侧席正似昌谷之于昌黎也。日月居诸，东山蔓草，垂涕答之

遽伤蒜发鬓霜侵，四十年来只梦寻。偶语真能迁九鼎，垂堂每戒惜分阴。几时重伫高轩过？此日难为老屋吟！检点廷秋门外事，白头乌识故侯心。（先祖榜屋曰惜阴堂，漪注）

挥毫刻烛记无余，怀旧诗成一起予。下马入门真气象，受经束发正轩渠。侧听房杜商前席，笑指苏张匿后车。莫问大功坊史事，频年衰草没平居。

余方垂髫，先公命以文字就教林师畏庐，孤桐为致之京师，四十年后话旧赋及

文章闽县绍桐城，九百虞初诏后生。投贽不辞千里远，封书微发少年赪。千秋蠹腹搿孤注，易代龙头属老成。得似贞元话遗事，蛮陬涕泪早纵横。

除夕此间花事甚盛，中夜往游

风光自逐岁华新，毂击肩摩不动尘。列炬通明争迓客，张幡摇曳近亲人。千花拥道真开阵，一纸书红便觉春。勾起老怀征掌故，斜街诗鬓感霜筠。

家书道静宜亦白发微添矣

覆额垂肩忆靓妆，鬓云如墨映朝阳。卅年风雨真催老，易代楼台许见偿。羁客已教心似槁，征途谁遣镜添霜？书来不是徒惆怅，八表凭君验海桑。

春　阴

霭霭春阴似合围，秾华著意上帘帏。可堪露湿枝犹颤？恰伫云

开日渐晖。新蝶沉酣疑引醉，癯禅零落事多违。三年无语东墙下，容易华胥肯放归？

静宜久辍吟事，北国来诗饶多雅趣

十年废吟事，一纸惠清诗。想见安巢乐，从知课子时。拈毫香弄篆，逭画茗添卮。忽忆南迁客，临风有所思。

因窗依树罅，揽镜伫层楼。北国终吾土，蛮乡已倦游。晚晴娱薄醉，晨蔌试新羞。一得江南讯，低回去复留。

辛卯六月十五夜寄静宜

共此团圞月，天涯赋北征。三年犹惜别，万里若为情！客老憎丝鬓，宵深数倦更。明朝应见许，珠字慰平生。

蒙学算经校余漫书

交关会子几纷更？剖析毫茫与正名。千载不容争一算，欲将此意诏诸生。

旧从髀算计锱铢，六艺难工数与书。今日枭庐同一掷，更谁消息问盈虚？

测圜镜海两俱忘，弓步难为子细量。望极穷边百万里，莫从地老问天荒。

少年胜赏黄金窟，垂老闲身著作林。岁月侵循吾意尽，不须记簿与重寻。

蒙学职方记校余漫书

十年镜祓青霜鬓，九牧图删黑水河。整顿坤舆儿辈事，老夫梦里早经过。

郡国山川二十秋，风樯阵马好勾留。职方老不能详数，且展丹青作卧游。

萝图历历数藩封，玉诏会经出汉宫。今日讴歌称敌体，输他可汗是英雄。

前朝遗恨数捐燕，北顾河山意惘然！劫后披图称继绝，背人弹泪校陈篇。

过海滨船埠，与静宜录别之所，感吟

三年容易别，了了伫斜晖。海国天如醉，楼船去似飞。凌波犹顾影，回首每沾衣。但乞明朝愿，还乡早迓归。

史咏赓得“一客袖诗还”五字断句，为余写实，足成三律

碧海平如镜，秋云叠似山。三更催渡急，一客袖诗还。秀句尊前发，孤吟乱后删。不堪鸡唱晓，清泪渐栏斑。

相见休疑梦，重逢鬓亦斑。百年随水逝，一客袖诗还。细细挑灯读，徐徐就枕删。此中天籁好，莺语自间关。

白发垂垂长，吟情未尽删。十年磨剑老，一客袖诗还。市渡喧微寂，秋灯夜更闲。好看清绝处，眉月似弓弯。

辛卯九日

一尊无地酬西风，菊瘦萸香只梦中。路迥关河迷楚岫，天靳霜露点吴枫。弹棋局散河东贬，市骨台倾冀北空。海客不须嫌寂寞，犹将诗思托征鸿。

王四彦和内兄年垂八秩，北行浮海视女

善和已斥三千卷，崇让犹矜八秩翁。莽莽征途轻冀北，堂堂遗爱永江东。赪颜不减花前量，秀句还推劫后工。愧我牵帏儿女乐，团圞灯火伫诗筒。

近有藻绘缯彩山川人物之属为服御者，客以为多出西制，余曰

中土旧固有之，云仙杂记关文衍官散骑常侍，尝画九华山水于白绫，半臂著之曰，令吾此身常在云泉之内，其嚆矢也，因亦习御之

深衣易代制随新，佳士风流垫角巾。我便欲为关散侍，九华泉石隐闲身。

壬辰六月望日坐月寄静宜

寂寂清宵月，园圂照书墀。波澄天映海，风动鸟惊枝。南北应无间，山川恨远离。只凭珠似露，遥夜托相思。

壬辰九日咏赓，招俞振飞伉俪作局吟唱，适得海上来书

更无风雨到南疆，坐对岑楼送夕阳。海夺山光波浅赭，秋随人意鬓微霜。漉巾止酒翻戕性，倚槛当歌尚许狂。乍忆江乡儿女乐，蟹肥菊绽异投荒。

李明属题画册

晴云面面压颇黎，绿静红纷翠上枝。背取小窗风乍过，更无人处换罗衣。

生平绝爱净无尘，却扫沉吟只自亲。剥啄将门迎客笑，细斟佳茗是佳人。

花骢会意莫嫌迟，惜别临歧更有词。屈指初三眉月好，休缘醇酒误佳期。

由西环校圃循山下降，微茫隐秀，夜归辄穷幽赏，一日倦余过海观残月，漫书卷背

苑圃牵萝薜，循灯一径斜。衔山余半月，绕树怯惊鸦。翦翦风迎棹，依依梦抵家。乍闻人语哄，遵岸逐轻车。

寿静宜

三载归舟客，千春乐寿人。澄怀能习静，闲坐自安神。善葆容颜好，长看物象新。蛮乡消息远，卅六伫金鳞。

旧和杨公济梅花十绝句，寄兴遥深，忽忽十稔，消息零落，壬辰仲冬重获幽赏，雕痕坠影不异当年，欣再续和

寒云涤尽见清和，春上枝头不在多。许我重教姑射去，问君十载奈情何？

铁骨丰肌倚镜台，灯帘书幌莫轻开。怕教漏泄春消息，浅露雕痕缀粉苔。

风雪山中去复回，袁安洞壑为君开。高眠拥褐寻常事，不信今生不再来。

怯病遂教废酒尊，余情落落最黄昏。从今水驿山楼外，又放南枝慰旅魂。

此是罗浮顶上花，伴君行役夕阳斜。莫嫌积瘴丛蛮地，累石诛茆便可家。

堂堂六扇锦屏开，街鼓微嫌枕畔催。凉月如银真妒我，画梅特上茜窗来。

瘴海三年伫雪肌，强揩泪眼忆南枝。缟衣不入征人梦，病到无情莫漫医。

莫道沾泥带雪飞，巡檐重见最高枝。纷纷细蕊侵诗帐，此是承恩刻骨时。

风过疏棂习习轻，夜窗如水月笼明。横斜帘影玲珑透，笑指钗痕诉旧情。

红罗亭子便为家，不问晨晖罨月斜。十载侵寻香雪海，千春魁首上阳花。

壬辰十二月初二日赋纸帐梅花

疏灯薄雾小红楼，南国天融腊似秋。破梦不嫌鸡舌细，拥衾微泥燕歌柔。十年重见矜青睐，他日相逢尽白头。莫负海山辜宿诺，飘蓬断梗为君留。

癸巳元日日蚀寄静宜京师

纷纷柏绿映椒红，春思回皇入梦中。此日修蛇真赴壑，有人杯酒尚疑弓。花繁匝地怀双阙，阁晦浑天翳九宫。且伫瓶笙倾白墮，羞拈青鬓对霜铜。

俞大纲招饮，座中李栩庵谈命甚神，追及余辄应之曰，求田问舍外无他愿矣，相与绝倒，归途赋此

叆叇春云渐入楼，酒悭茶酽递觞酬。坐宫磨蝎难全命，赴壑修蛇速置邮。不远梯航循北角，莫轻文字会南州。十年夙已卢生醒，问舍从君见许不？

曾履川和余此诗再叠答之

三年海角倚危楼，坐对云山废唱酬。已卜余生憎宿曜，乍惊丽句托诗邮。豪情历历尊前客，急景茫茫岭外州。把臂不堪同北顾，故园松菊尚存不？

高梧轩诗卷八

武进 赵尊岳叔雍

近授诸生美学，绝少传书，因妉女就徐氏女假得两种，盖故人徐森玉女公子也。颇忆曩岁北居搜刻明词，森玉倾箧见假，更惠以影钞陈坐隐和草堂词孤见单传之本，为蕙风师向往而未及一见者。光阴荏苒，二十年前朋簪之乐辄上心眼，为赋其事，怅然久之

长安如奕棋，黑白屡争道。至人置不问，心事自了了。摩挲蠹简中，嫏嬛足娱老。文史素敦尚，兰荃犹宿好。余时尚盛年，雅兴嗜词藻。搜罗尽琼玖，雕椠付梨枣。一帙君见贻，精缮夺瑰宝。坐隐和草堂，世获真赏少。即为传万遍，犹恨蕙风殀。不及盥薇诵，余音听嫋嫋。光阴似迅羽，南北困纷扰。君犹安王城，余已越岭峤。花时每自忆，此老当健娇。禅悦资供养，围座丽缃缥。苦难再相从，借瓻通八表。何期玉雪儿，青箱真克绍。旁窥涉四译，孤椠矜七稿。聚书传翁癖，治学不轻掉。迩来复假我，美学供深造。此学最精微，斯理穷要眇。举世无几家，玄悟能澈晓。嗟余课诸生，聊事谋一饱。遑言教与学，相长共研讨。腹俭空无储，忧心正如捣。得此色然喜，穷阴恍煦噢。重念乃翁殷，旧梦更萦绕。交期延奕世，劲节仰霜篠。何以我废学？从宦困涂潦。须发已种种，孤愤空满抱。长歌辄自咎，抽簪恨不早。

林下行

天吴紫凤纷阊阖，苍狗白云争伏腊。东南谁信有扶余？一客平居屏尘杂。山楼面海枕平莎，山似烟鬟海似罗。地迥不嫌行迹少，廊深自著夕阳多。夕阳照映英思发，生具柔肠兼侠骨。尽将心史掷东风，犹猎奇书坐明月。著姓传开顷刻花，嘉名一石酌流霞。霜林千树红于锦，红到澄江处士家。幼从姆教工诗礼，掌珠最博高堂喜。群季

俊秀尽长才，不栉里中尤进士。更通四裔习离侏，重译旁谙海国图。绝学略窥金锁阵，异文详辨玉麟符。萍泊青州容暂住，披襟浴日工新句。缥缈峰头九点烟，参差阑畔三株树。怀兄慷慨策平戎，濯足蓬壶跨海东。书剑不辞劳万里，旂常长自傲三公。莫轻弱质难为用，江汉师兴共骑从。微官末秩笑闲身，急劫余粮正收宋。事成投效便归来，还我湘裙旧翦裁。旋纳玄纁征聘币，不须红叶当诗媒。槃槃夫婿真华国，玉镜台前似相识。筹边殖货已堪矜，磨盾挥毫还檄贼。移家漠北靖胡尘，博议青庐翰墨亲。塞雁睥睨鹣鹣笑，柳条城外雪如银。赌书泼茗寻常事，唐碑晋帖争罗致。龙威秘笈压名区，宛委仙山超福地。公卿倒屣动京师，征辟连宵羽檄驰。九府通财关大计，三农荐谷重恩施。维时地坼天崩坠，遍野玄黄遭寇骑。行朝一发系中原，正朔崇朝恢汉帜。重披荆棘濯铜驼，涕泪收京奏凯歌。父老骀虞依北阙，欣看洗甲挽银河。密书况已通灵武，钟应铜山期复禹。姽婳端资内助贤，鸿濛胥仗娲皇补。不争不伐不矜功，共勉丹心贯日忠。灯火归来堂上坐，吏闲宾退倚诗筒。孰知祸变生仓卒？幸胜翻教罪曲突。永王奉诏出金陵，死贬庶人遭籍没。太白长流去夜郎，台州司业事堪伤。剧怜独柳毵毵下，一辈衔冤比国殇。东城甲第开酣燕，罗织群阴方构扇。缇骑初临上将惊，槛车乍莅儒生贱。一时菲毕换圭璋，土室尘封夜不光。从此俊臣工锻炼，门开丽景布弹章。仓黄弃室谋宵遁，稚子牵衣同远引。蚩尤典籍仆灵旗，师旷调琴抛玉轸。削瓜无那对皋陶？恩赉斜封竟未邀。囊底文章争象魏，梦中翡翠尚兰苕。危邦乱国难羁迹，荧惑移宫见兵革。南天一角去勾留，兰菊蓬蒿环堵宅。耐闲强记习多闻，修脯时行礼数殷。盖世红妆尊季布，千秋金鉴属宣文。五经腹笥便便积，余韵长歌爱元白。大家再续腐迁书，元凯独传盲左癖。兴来理曲倚晴楼，帝女缘深自解忧。比翼挽车明日事，鬓霜不上德公头。荀陈纵迹同吴楚，我愧交亲共鸡黍。秭归井里谒霜砧，眣首丹青瞻茧楮。复从异域拜彤帏，熟后黄粱有所思。莫惜尊前寻往事，好循林下溯芳仪。

癸巳上巳日禊游浅冰湾分韵得骋字

我生似浮沤，南北苦泛梗。三载迁炎洲，寂寞吊孤影。阳春好韶华，强起揽烟景。不知复上巳，岁月诚可警。拿舟饬行事，命驾越前岭。峰回路几转？沧波出万顷。气骄夺胸臆，晴开见昼永。赤日正杲杲，万卉真蠢蠢。老树疏复斜，重楼高且迥。当户艺兰荪，傍岸系笭箵。一来据胡床，先就索杯茗。少拂缁衣尘，旋进槐芽饼。旷观信有得，瞑想发深省。山光朱乍紫，水态动倏静。不患宇宙宽，片向恣管领。更忆前来时，挟客半酩酊。少年意气盛，穷目极游骋。谁期二十秋？鬓雪已炯炯。马樱高出屋，红棉夙生瘿。婆娑山海间，阅人自凄哽。弥天千古劫，天道本无尽。虱处穷裤中，思之每轻哂。偶欲傲古人，浊虑率洗屏。戒定恨不工，狂歌剩哀郢。

新会唐天如翁废诗十稔，见余《林下行》，喜题两律且属赋和。翁作文论政，坐禅品茗，医学临池，无不精胜，独未见其诗篇，岂真乱后所删耶，依韵酬答

一榻深藏壑，团龙每自煎。戒诗从乱后，负手每花前。忍事心波息，临池笔意圆。随宜三昧海，观照已莹然。

采药寻幽契，诛茆瘴海滨。遗编传性理，野获好敷陈。偶发寰中句，时疏物外身。只惭林下咏，删后复何言？

荔园晓泳归途口号

破晓锋车疾似雷，尘心洗尽白云隈。晨钟初上归鞭动，沧海桑田日一回。

随波遂浪已多年，函盖乾坤亦偶然。截断众流今日事，云门信是祖师禅。

平生谙尽江湖味，老去闲参饮水禅。俯仰一身沧海客，羡鱼每自忘临渊。

万里风雷夙效灵，扶摇泼浪涉南溟。今朝甘作池中物，犹染潜虬

带雨腥。

皱面观河不自胜，遽无坯土卓孤藤。青天云映瓶中水，此义同传教外灯。

海水群飞不计年，红旗狎浪孰争先？何须更唱公无渡，鱼跃珠沉自九渊。

麹尘微动水微波，锦灿霞明黛点螺。近识亲人鱼鸟好，相从泃沫不须多。

浪回起摊千重雪，潮落徐开一脉银。挥手欲从河伯语。燃犀许与照沉沦？

怀沙抱石事酸辛，一曲郢歌笑逐臣。入水不濡方健者，此行直欲傲灵均。

渡江一苇事寻常，望里青山接故乡。莫更中流争击楫，濯缨人合老沧浪。

旧向迷津觅坦途，渚宫沉网取珊瑚。十年前事休重问，又探痴龙颔下珠。

试卜归期未有期，寸心输与弄潮儿。长风沙在长江口，回首烟峦别几时？

历历沙鸥弄远帆，倦游一笑倚前岩。钓矶善说南唐事，心史千秋付铁函。

早掷浮名弃九垓，濠堂长日对潆洄。枕流漱石非吾事，履薄临深更一回。

梅窝示客

一去江南弟五秋，无边风物忆前游。今朝重入征人眼，水软山温著橹柔。

繁花渐已缀残英，许我幽栖逐晚晴。犹遣当春英气在，凌波顾影话平生。

散原丈百岁周祭纪之以诗

千回云气压匡山，百岁声名付等闲。问字荷衣惊鹤发，浮觞酒面夺苍颜。棠梨历历陇头发，椒桂盈盈客里悭。不尽余生成寂寞，天低梦远雨潸潸。

癸巳冬日南疆奇热见梅枝

阳噢侵冬气，单衣伫岭梅。南疆真世外，西笑几颜开？习静徒看灶，扶衰早覆醅。巡檐明日事，先待锦书来。

严冬奇暖观马赛适得家书谓已雪矣

浓氛侵海国，软雾袭林隈。润逼重衾暖，春酣一线来。绿华先解坼，金马试衔枚。北驿传新讯，窗明雪作堆。

甲午仲春京师人士移崇效寺牡丹至社稷坛，花时尤盛开逾恒

五云扶槛侍花王，京国风流夙擅场。亦有吾家姚魏在，十年心眼绕南阳。

武昌刘禺生长文字有奇气，主革命，少游瀛海，娶西妇而绳以礼法，所著《洪宪杂事诗》尤传众口，兹隐化矣，回忆歌酒之盛，挽以四韵

白发江湖奠一尊，楚天引领望经幡。万言匡济难容世，百岁功名总负冤。驯悍威犹加异域，发奸诗早誉江南。归田料量平生事，忘却人间万念喧。

挽郑二

池台花木南阳路，博奕歌呼北海尊。百岁比邻成隔世，一肩万里别中原。白头皂帽难终老，赤胆蒲衣总负恩。涕泪河山三晋远，鹤归谁与共晨昏？

参大士道场归赋长句

浮生百岁困羁旅，况我违俗多龃龉。南强北胜角中原，不问黄粱熟几许？间关出死泛琼海，历劫迁流换寒暑。王尼露车每道旁，尚逊虞生寸椽主。左图右史久屏厌，低首空王乞法乳。此行命驾出郊坰，漱石枕流耽胜趣。道场参启观世音，六时昼夜度厄苦。喃喃绕室随梵呗，洋洋果腹饱桑蒟。坐听和上说开示，静看飞云拥牖户。重翻贝叶诵记萷，颇悟万言惟一语。真如无相亦无我，断际绝爱了了去。此生既复脱业力，出世入世两无取。我心即已超法界，我印即已契佛祖。一时乘愿入泥犁，羽水介湿不胜数。五年天游傲化人，自分道心犹未腐。坐随缘法会重来，暂摄无生容卓尘。

黎壑泉寄甲午除夕诗索和章

窃号臣佗只自娱，千秋逐客竟何殊？江山乍觉春来动，花柳闲从静处苏。今夕年光随物逝，几回诗梦唤君俱？相从瘴海犹相勉，肯作诃林一腐儒？

补介郑韶觉翁八秩腊八生辰

华屋悬知海更桑，千春謦叟信南强。吟笺历历犹酬客，笔阵番番夙擅场。收拾勋名贻燕翼，从容世路忘羊肠。侵晨更进伊蒲粥，苏晋斋前别有香。

浏阳唐将军挽章

上将兜鍪重，中原礼数尊。克家知令子，变法殉殊恩。多士趋行在，三军振国门。乍闻传节绶，挟纩有余温。

佐命开新运，收兵掌集团。花迎铙吹竞，斗压剑铓寒。宿卫矜持节，廷争数免冠。元戎终就第，密记剩金銮。

落落身如寄，休休道渐深。不曾亲阿堵，偏欲散黄金。俸薄多供客，醪稀亦赏心。门难容驷马，花竹自成阴。

老作南疆客，犹萦北雁书。海隅看落日，湖上比骑驴。癖酒身为累，忧时泪不枯。丹旐谁与篆？随葬卜幽居。

唐将军与余结邻三载，辄共觞咏，感旧惜逝，情见于词

层楼楚楚柳东西，翦烛严城注滑稽。剑佩双龙挥斗柄，丹青尺茧出金题。厌兵忍听寒蛩语，负气微伤枥马嘶。犹忆坐更霜月夜，梅花山畔草萋萋。

乙未正月二十四日汪希文修祀事敬赋

宋子存殷祀，周黎述古公。一时纾浩劫，克日奏肤功。弓剑千山渺，敦槃薄海崇。十年诠往迹，犹许诉孤忠。

王会真赝箓，嘉猷秉止戈。兴元终复国。宝佑庆登科。上将三台令，斯民五袴歌。至今余父老，述德颂巍峨。

忝禄加车服，从征视裸将。六街花似锦，四野戟如霜。笑下丝纶诏，欢腾陛楯郎。夜灯焚细字，方略取收藏。

忽忽山川改，迢迢岁月徂。人心思汉泽，野纪广虞初。尚及衣冠盛，难教习气除。吾徒犹好问，经野近何如？

乙未元日姚莘农伉俪招饮屠苏，张大千吴子深父女作画为寿，属余及杨伯平题识

元日杜门多谢客，我复无家更安适？主人好事娱众宾，新酿屠苏盛肴炙。酒酣振袂起致语，乞共清缘存雅泽。座中四顾谁支颐？倏忽风雷出肘腋。延陵拔地写松翠，老干细鳞破天脊。张髯莞尔一挥洒，飞瀑千条界白石。遥看颇得象外意，古媚正出墨狼藉。图成抖擞殊自喜，余子衔杯皆辟易。偶然娇女起检袨，尚信簪花有巾帼。近承家学盥粉赭，时检青箱临胜迹。初生犊子不畏虎，试植筠篁补松隙。麝煤著笔不须多，数叶已能见风骨。婀娜刚健各有致，疏密阴阳矜创获。此如公孙舞剑器，善摄神明入方尺。一时观者尽欢呼，主人屏息

手覆额。翦裁垂定待潢治，余事眉端记年月。唯唯四座竞推许，我亦老擅烟霞癖。手盲纵不谙六法，盛会每复厕裙舄。心惊目怵伫不语，细字何堪肆唐突？扶将酒面就案隅，奋挈毛锥如健鹘。书成尔许不自省，春蚓秋蛇安足责？杨侯别为致吉语，草隶斑斑名藉藉。持兹介寿寿万千，何况题名同莫逆。一觞一咏备掌故，异日相思资玩惜。伴君耄耋逮期颐，岁岁摩挲珍拱璧。更须郑重诏贤郎，榅椁深藏莫轻掷。

乡人王南平出示所藏乾隆题南田画册

写生孰不师徐黄？继起吾宗惟赵昌。由兹寂寞数百载，云溪晚出扬其芳。布衣名姓动京国，笔精墨妙何琅琅？流传独惜多赝鼎，千家癖嗜藏巾箱。偶致隽品比方物，儒臣进御南书房。逊朝文翰盛天府，好事弟一推纯皇。每拈宸藻纪岁月，媵以绝句乐善堂。斯篇尤复三致意，题诗先后森成行。快心纵许会清赏，恶札徒自玷球琅。兴亡忽忽历几劫，筹更沧海移红桑。此本亦更坠海国，藏者怀宝疑迷邦。深缄固镉轻勿出，铁函难与遮光芒。吾衰幸得一平视，摩挲神物心为张。山水静远弥有致，花鸟活泼澹生香。天机动处得清趣，妙手微触相轩昂。平生所见逾百事，屈指此诚冠缣缃。亦知尤物终不晦，镇库欣属吾乡王。

乙未清明不获上冢北望感怅

孤儿别母且卅年，孤儿别父垂廿载。不忘总角抚儿时，颇逞聪明娇作态。少年课书渐涉世，忠孝殷殷尤见诲。如何日月不少假？每念庭闱辄心碎。浮云世事早百变，誓墓空嗟犯众喙。白头穷岛偷一息，敢信遵时资养晦。松楸故国念不置，乔木家园久未逮。一盂麦饭失祭拜，千劫慈恩悭报赛。丰碑历历尚穹窿，飨殿沉沉疑积秽。此身万里越关山，此心百岁不少贷。卜归窃愿安首邱，负土诛茅亲秉耒。先持此意诏儿女，他日陇头荫遗爱。

静宜报书，具述蘋蘩荐享之盛，喜和前韵示之

南天几度桄榔开，屈指轻装乍七载。田园寥落不归去，徒遣梦魂役形态。偶逢令节益凄怅，孤露冈阡感训诲。辄愁木坏更榱崩，复虑瓦全还玉碎。阁中喜报双鲤鱼，斥我悻悻毋置喙。持门卅载凛职守，展敬千秋遵朔晦。蘋蘩馨洁奉上祀，牢飧汙邪容不逮。杂花芳树亚檐低，塍畔陇头俨春赛。扶孙扫径试删篱，引井汲泉时涤秽。得书羁客少安藉，获罪通神许小贷。更乞闲缘天借与，他日躬耕容释耒。麦香风送馌遗时，白发相看矢敬爱。

己丑四月四日泛海南来，迄今适七载，孤旅寂然，漫吟以纪岁日

七年去国难为忆，四月图南梦尚萦。相见儿童惊久别，乍新风物伴余生。酒肠不信枯犹腐，诗笔还期老更成。屈指红棉开又落，几时双燕送归程。

故宫院长马叔平过从夙密，兹溘逝矣，作挽诗示介弟季明

坐领觚棱二十年，黄云紫盖送华颠。客星曾犯璇玑座，秘殿同烹小凤团。

阳春饱看太平花，三月东风浣晚霞。记得留连诗酒好，不知门外是天涯。

图书东壁穷山海，彝鼎西清绝古今。脱略万几专尔雅，羡君青琐送春阴。

北讯惊传信却疑，生平朴学失余师。青藜太乙犹残梦，我为斯人泪满颐。

挽王十述勤内兄

京雒溯风标，惊闻赋《大招》。文章尊内翰，旌节傲天骄。筑室差旋马，邀尊解贯貂。举头疑日近，徒自泣鲛绡。

奕叶承明德，平生戒激随。众钦人落落，自笑印累累。屡却车书

聘，闲吟归去辞。此君真吏隐，应与勒穹碑。

卅年崇让里，灯火绮疏前。假馆难寻梦，投荒欲问天。鳏鱼知寂寞，雏凤识蝉嫣。别久惭书少，千秋更惘然！

乙未伏日口号

朝朝魁芋甘如蜜，夜夜书灯细作花。直似东坡老居士，一时安置在琼厓。

经旬不严青蒲扇，片霎遂融玉碗冰。磅薄无人先四顾，老夫怯暑卸吴绫。

朱樱重叠压檐低，老干槎枒傍水攲。想到西郊风物好，十年清梦一攒眉。

迅雷一震群峰合，骤雨千行万马奔。收拾隐囊去屋底，息机坐看战乾坤。

蜗居何自觅清凉？三伏炎蒸窜异方。应合免官关立德，鸠材重与建书堂。

看猴观渡意便便，倦暑无心作昼眠。人道天官三觉好，罗浮犹伫缟衣仙。

绿天深处几流连，坐晚移阴落照边。不挂寸丝阶下汉，愿持此意答南泉。

诛茆结制信清缘，棐几绳床别有天。我已平生工解脱，卅年不学沩山禅。

寿乔二兄挽章

白眉群季最，青眼万流钦。上药传龙树，春风遍杏林。不期淫末疾，竟尔戢轻衾。遥企神州远，低回恸不禁！

哀乐中年共，流离百事疏。持躬真谨饬，蹈劫殉乘除。抵足湖楼夜，扶头草阁初。卅年踪迹在，泪掩数行书。

羁累宁为罪？图功辄尚勤。缀笺攲短榻，思误送斜曛。绛雪丹无及，唐婆镜不耘。遽惭通聚窟，徒与撷芳芸。

少日矜同气，衰颜惜远离。亢宗推祭酒，甲第庆含饴。病废频通问，闲居偶寄诗。伤神传隐化，风雨为凄其！

礼沈昆三骨灰金涂塔

独携残照对金涂，霭霭焄蒿塞海隅。终负同归盟息壤，剧伤一奠荐生刍。蝶栩周梦人真幻，谷绝陵迁泪亦枯。卅载涛园风物好，清谈雄辩更谁俱？

久不临池，偶检得旧所作字，为之振奋，杂写数诗缀为跋尾

平生风法华，见笔好涂弄。瞬息尽篋纸，手挥目不送。不排亦不勒，画字辄骇众。见者不敢收，收拾覆瓿瓮。百年一转眼，诸事比寤梦。偶然获旧迹，真赝难自讼。龙蛇肆搏击，风尘夙澒洞。大乌出槛车，吾惭王次仲。

贵贱争路隅，倔强事可喜。一则气相凌，一则怒而视。草颠真书圣，于此悟至理。吾尝观世变，万里尽尺只。劫杀已连岁，成败过隙驶。何独无所得？疵累犹满纸，明朝聚柿叶，僧寺试栖止。郑虔终穷人，远谪海隅死。

先公授书法，牙牙方学语。亦尝掣我笔，泼墨误新伫。缘知非官奴，责咎督夏楚。此事关秉性，宁可罪毫楮？由兹疏翰墨，展卷每色沮。生平且强仕，南北不遑处。偷闲再学书，渐始厉锋距。投老无所成，聊事伴尊俎。

夏云幻奇峰，常真得其趣。公孙舞剑器，颠旭获神悟。始知学书者，岂尽重矩度？吾粗通圣解，指臂患不注。涵修力尚薄，涉世纷俗虑。聊能事波磔，还当药沉痼。时复意有余，每惜笔不赴。长负海藏翁，点画烦指喻。

每或恨二王，书不得臣体。景初非狂言，豪气出腕底。敬元与怀琳，赝作致丑诋。世间有真赏，品目初不眯。吾只用吾法，探海识测

蠡。历岁费艰辛，及老徒抚髀。悍然终故态，无术就乞米。明窗棐几前，自珍比甘荠。

千丈八百本，江东散僧寺。结习犹好名，上座殊多事。吾则类季真，兴到始小试。忘机就客席，濡毫出墨戏。走豸与飞虫，颇不嫌造次。更番辄弃去，未许收箧笥。淋漓困一瓯，闲或涉古媚。何来砚务官？程材供器使。

囊颇好龙藏，风骨最娟好。汉隶固温厚，两爨患矫拗。亦尝习坠简，所得出意表。上复追墟契，点画计多少？万灵集腕底，众芳纷胶轕。不如全吾天，戛戛待独造。嘉陵梦江水，结想间达晓。应师夜起庵，晚岁治章草。

东坡所常师，醉翁临十本。渐复抚西楼，骏马陟平阪。舒徐又馨丽，雅士被华衮。未容蓄奢望，自分指臂蹇。曾亦临夏承，结构尚蟠蜿。似悟两者间，举一可三反。自青专绝学，流别识枢楗。何当持此论，相质灯窗晚？

孤桐爱拙书，题品出佳句。谓有晋人风，洒落多逸趣。此真相马者，与世异好恶。牝牡骊黄外，翼北空一顾。泛泛鸿雁行，谁复别鸾鹭？世人重藻饰，真赏在玄悟。审音固应稀，老眼殊不误。知君夙自矜，慎勿轻简素。

时流学瘦金，摧枯似拉朽。骨寒更无肉，于法亦何有？道君天人姿，数运厄阳九。艺事冠古今，孰克继其后？云孙拟一试，见帖辄却走。瞑索更遐思，捉笔如拥帚。终于无所得，徒自伤沮忸。愿以勉世人，幸勿曝其丑。

寿杨翰西八十

相违不信老朱颜？兴到犹将旧句删。已倦效灵安岳渎，未忘有美葺湖山。丹青渲染松筠节，子弟婵嫣玉笋班。笑看中天明月好，几时载酒伴君还？

寿王四彦和内兄八十

风池龙节自传家，老去长安景物赊。入水不濡张浑脱（沉舟幸免于难），诲人无倦就官衙。爱看花竹清和客，聊听池塘鼓吹蛙。何啻散仙腰脚健，东门常种故侯瓜。

东坡与赵郎中相唱酬，郎中辄自慨明年六十矣，东坡作诗调之，此与余有同感，为广其义

明年六十奈君何（元句）？老去郎中辄放歌。幸得东坡差解事，醉吟酬唱与消磨。

客至，述余前监修淞沪海塘事，惘然赋示

好风吹我大堤前，坐压潮头气万千。与水争田非幸事，观河夺境亦期年。麻姑空笑筹添屋，夸父终看日坠渊。遍野桑麻吾愿了，投荒谁复识华颠？

乡人钱湘寿治家庖炊饼见飨，七年不尝此味，为之解颜，杂写口号纪之

家庖炊饼胜珍羞，菘末花猪不点油。莫道牛心前日好，莼鲈万里正难求。

偶安鷇食与鹑居，志意行藏自卷舒。鼎鼐盐梅随手絜，江湖蔬笋带经锄。

端知腹不负将军，诏令兴元四海闻。纵使东南王气尽，有人鼎镬护风云。

膳夫经手录成编，后起随园继昔贤。颜愧和羹无妙手，万羊空负腹便便。（杨晔所著食谱曰《膳夫经手录》）

吾家亦有炼珍堂，慈母亲书食宪章。不获九人传妙技，梦回无语忆南阳。（段文昌事）

逢尧谁谓是痴儿？负鼎承明试论思。拚得庄州十年住，终教默

啜侍彤墀。（和逢尧事）

羊腔下酒正为佳，夷食差同酒渍蜗。莫笑南人轻燕麦，起溲牢九足生涯。

穆满西巡夙饮湩，此行岁岁尽千钟。不如豆酪兼腴隽，唤取吴姬午夜春。

绣衣不许食花猪，唐律森严只饭蔬。我是马周嗜鸡肋，尽他小吏讼苞苴。

平生亦嗜达头鱼，姜桂汤成荐晚蔬。曾欲题诗终敛手，梅欧道尽已无余。

王郎哺啜异当时，海月真教敌荔支。尝遍南疆千百味，黄粱犹乞佐盐醢。

小鲜终自爱江乡，大国侯鲭亦遍尝。投老始能传老学，渐知无味最甘香。

初夏泛长洲访周大志辅，迷道久之始抵新居，述京朝音政故事，将续纂刻剧话也

偶挥尘土入清空，坐对朝暾挹晓风。山色高低随泛舸，客心牢落逐飞蓬。傍村先与寻歧路，压座何劳费一盅？话到开元人意倦，无多霜鬓付明僮。（近方病胃止酒故云）

观杂技团

华蔓不减故园春，乍涌氍毹出化身。帖地莲开真锁骨，凌波莺语自传神。窃惊海角天涯路，犹著荒山茧足人。留得琵琶怀贺老，定场几度落梁尘？

饮中九仙歌用子美均示勺波

勺波宁能泛觥船？盈尊厌厌倦欲眠。独谓醉以乐其天，汗出如沛口流涎。谵语叠出如涌泉，空负何曾费万钱？鲸吞虹吐渍玉川，侧

目失色动诸贤。壮心烈士伤暮年，万一不获全于天。玉山颓然奔雷前。虎头燕颔仆当前，夺境立参荼毗禅，空贻雅故传简编。声名百世人长眠，幸渡孽海具法船。目光岩电出散仙，惊呼一声四座传。裙屐鹘起掖之前，大难遽脱破尘烟。狂奴故态复依然，明朝摄衣趋华筵。

夏日饮姜汁美而赋之

冬日饮汤夏日水，千百年来传妙旨。苦荼荈香出稍晚，坐使熏伐竭膏髓。后人有作更眩惑，佐以盐梅或菊枳。味回遽夺舌本甘，价重徒资利津市。平生好酒不解茶，难辨渑淄判珠苡。南来消渴苦药转，断酒戒茶绝渣滓。偶然发尊得姜汁，乍感通神恣舔哆。水枯聊从解寒毒，醇厚竟能润吻齿。一钟便自起衰孱，双井那能当壁垒？初尝涓涓漱素涧，纵吸潼潼谢玖紫。芳馨稚胜末利溉，倩洁直引惠泉迩。霍然解酲便有余，倏尔湔肠益可喜。炎方倏已患邪湿，只是梅酸差足抵。不如琉璃尽一卮，剩馥犹能斗兰芷。天生隽味属蔬芥，士夫风味屏鹿豕。岂容唐突誉龙团，愿奉花磁侍玉几。

高梧轩诗卷九

武进　赵尊岳叔雍

潘梓彝夙居江南，近返南越，复构岑楼招饮索诗

旧听灵修（何灵修撰《梦痕录》述其往事）说梦痕，乍携笠屐过颐园。红尘自隔幽栖迥，碧海初空万籁喧。易地南强争北胜，平居故国望中原。云烟总是宜诗客，何处繁花不满轩。

丙申十月九日招天笑孤桐两老小饮，回溯光绪廿九年癸卯两老方共事笔砚于上海，文字切磋饮博征逐，无日不相共，乃自后暌隔逾五十年，此夕重逢，赓酬雅谑，为乐不减畴曩，且约互赠诗篇用志嘉会，鲰生以齿幼获主东道，先申喤引

天开云气压重溟，太史从容奏德星。莫道遐荒常落落，试看松菊自亭亭。

煦沫惺惺五十年，优而不见并华颠。何须细数贞元事，一度红桑一惘然！

霜侵北客黄师鬓，雪满南州处士头。各事休明承鼓吹，更欣簪盍会蛮陬。

白袷寻春两少年，坠鞭放子著鞭先。回车凄断稽山土，隽语难忘画阁前。（蔡寉庼当年力绳孤桐仪表，以为美人青睐所及先加，两人至今犹深忆其语）

爪印犹留雪上鸿，黄鸡白日惜匆匆。观河丝鬓当年绿，借酒菱花此际红。（筵次孤桐出五十年前造像示人遍览）

十三走笔赋高轩，垂老天涯忆故园。话到趋庭兼撰杖，孤儿清泪已潺湲。（余十三岁即识孤桐矣）

晴云梦雨琢新辞，乙乙春蚕夜吐丝。心力平生抛亦尽，从公犹恨十年迟。（两公夙治报业，余亦后起追步）

东坡子野每论诗，镇日忘年共一卮。得以湖州风月好？炎州灯火耐人思。

海水群飞岁月淹，扶余那不忆虬髯？汉家终是思园绮，莫负莼羹鲃肺甘。（右任与两老莫逆，以夙好石家鲃肺汤著故赋此）

汝南月旦旧知名，博簺文章抵五更。早识鹿门自来去，尊前未许更寻盟。（松江陈泠亦同辈行，比在海上，连类有怀）

姚莘农东游以玉川堂毛颖见贻，并示以倭客模刻张大千所得敦煌画马，谓为韩幹手笔，遂用东坡题李伯时藏韩画韵留题

龙文虎脊尾委垂，抚鬣泽滑如游丝。少年好事比声色，不耐夜读股刺锥。偶然风生毛欲动，挟策亦辄干云驰。自分平生极此乐，嘶啸岂受鞅与羁？谁信过隙瞬卅载，野马幻出玄黄奇。仰秣伏枥饱更故，终使知雄守其雌。今朝神骏疑返视，海南何缘重见之？张髯兼金致韩画，倭客手锲渍桑皮。吴兴蓬莱矜赏获，清秘不许凡夫知。今而后吾真始信开老眼，支公心印无余师。

再赋前题

大鹏海东双翼垂，扶摇曳尾烟如丝（莘农以飞机行故云）。归来不独致神骏，媵以玉川之毛锥。神骏寂寞千载上，饮陆差胜扬鞭驰。屹然驷卿侍左右，相靡交颈驰鞍羁。缘知任性马自适，义台路寝宁足奇？伯乐多事倪复扼，叔敖不辨雄与雌。凡兹妙悟通至道，韩幹一一乃得之。少陵何为致苛责？谓但画肉遗其皮。吴兴持示有深意，盐车峻阪吾能知。只今展卷敢逼视，犹恐见诃铁面师。

三　赋

双耳批风耸不垂，骥子色润如纯丝。将军身手突健鹘，足踔扣股犹坚锥。归来百战解金甲，论功正复事驱驰。温颜亲为去橛饰。苜蓿饱饲驰衔羁。静如山岳动脱兔，见者啧啧咸称奇。英才俊物天所

纵，长嘶浩气夺霓雌。曹韩相继穷妙态，何幸丹青能传之。世人不察伤至德，烧剔刻雒徒伤皮。庄生一语真破的，盗马罪惟伯乐知。从今一笑释曼筴，昂首天外吾当师。

四 赋

茫茫平野天四垂，古尘蠹简纷蛛丝。髯翁于此获至宝，流布不假毡与锥。谓出李唐韩幹手，心想目追穷飞驰。写动更不若写静，衔枚何似脱尘羁？鹰扬牧野竭汗血，止戈应绳桃林奇。又闻张唐造赝鼎，抚勒扑朔迷雄雌。纵有大力挟以去，风雷随起天妒之。此卷差胜水府旧，千金市骨何论皮？不须好事辨真伪，色授魂与吾自知。世人纷纷妄穿凿，不见曹韩李赵相承师？（张唐伪作韩幹马事，见张文潜《明道杂志》）

日浴寒泉严冬不辍，作诗以快吾意

天时人事真草草，对镜渐渐须发皓。迩来负手百不闻，苜蓿空劳致一饱。杜门将命戒宾客，锻炼犹存元气浩。读书学剑两无成，日涉寒泉试濯澡。蕞尔陋兹汤沐邑，仅事容身潜石璅，壶公无与共酬对，巢父何以陷潢潦？解衣瑟缩若有声，濡首痀瘘先合抱。洋洋浡浡终自得，鲤跃龙骧挹东杲。爬搔剔抉未移时，居士无垢无烦恼。天生傲骨肯自馁，颇喻黄花纷翠葆。赋形不须夸独厚，奇癖黎明矜玩好。功深积岁亦寻常，姑射仙人差近道。友生窃笑徒自苦，室人诟谪忧心捣。群儿无日不烦言，深恐穷阴渍肝脑。凌兢当风辄自哂，纷纷谁识浴德好？日新底与怯寒威？我有纯阳泽枯槁。中原万里踏已半，垂老风帆落岭岛。海桑何啻阅三迁，瘴厉终教付一扫。若非漱石励千秋，安得浮生容再造？十年冰蘖战膏粱，此语平生真绝倒。

和孤桐谢寿

卫公行雨喜重来，坐听春阳破蛰雷。孟获终教遵汉腊，邱迟毕竟是清才。八琅翠管宜高咏，二月红棉正盛开。何事岑楼悭一醉？朱霞长护栋梁材。

不须呵殿出南城，喻蜀相如此远行。藁馆微传宽象魏，岛夷会见贡珠鹦。要荒此役开蓝缕，湘沅重经掇杜蘅。莫道勾当些子事，止戈万户祝长生。

丁酉初夏胃疡初愈漫赋

平生右文天所鄙，封侯食肉差可喜。动如骥足蹈云汉，矫似猕猴擅竿伎。尧肩斗酒尽一霎，春蚓秋蛇倏遍纸。凡兹禀赋忤性命，坐使气化竭肭髓。二竖终入隐膏肓，三彭益复肆奸宄。十年天府受荼毒，一旦脘膈决疮痏。沉沉乍似鲠在喉，滴滴初遗血盈菡。立致桐君征上药，镇日鄂君张绣被。针经甲乙索歧雷，食谱华夷屏糠秕。太牢大武作羹汤，蔗浆崖蜜奉甘旨。薄裁牢九礳刚炭，少著粉干淀清泚。失时饥饱难自省，瞑目醉醒呼不起。客来嗫嚅就角枕，柬到踌躇答床笫。圯桥坐爽黄石约，画槛徒追白云迩。冰壶入抱不胜寒，碟雪点茗聊复尔。浃旬灯火始涉眼，比屋筝琶渐入耳。孱躯款款试扶头，仙骨珊珊犹抚髀。丈夫毕竟载禄食，健者复又幸生理。修途未遽委盐车，临墓终当誓江水。卫武秉烛登大耄，之武缒城亦暮齿。吾顷伏枥了莝豆，不更拄笏累薏苡。功名意气旧如云，衰病襟怀今敝屣。玄黄与病即与闲，春夏读经兼读史。蠲除宿忒屏尊罍，陶赏风光娱杖履。饭蔬饮水亦可人，坐看大千斗红紫。

李弥庵以尊人所批亡女所录虞山旧诗属题，余亦遍涉破山三峰诸胜，且于三峰值禁语僧，事且卅稔，历历心目，比者同客海隅，读之不能无感，为书卷尾

寸楮卅年消百劫，微吟万里尚余哀。老僧禁语吾犹识，弱女临池事已灰。莽莽山川萦故国，戋戋朱麝梦南陔。相看同坠人天泪，穷子思家又一回。

监诸生校试三日戏作

旧读东坡诗，海南赋栖迟。青裙脚不袜，今日诚见之。男子咸髡发，女儿鬟束丝。手持桄榔夹，卷籍以自随。今朝应考秩，中式庶可期。莫谓事力学，干禄遂其私。

孤桐刊《南游吟草》，余为将事经岁告成，索诗为酬，一夕作三十韵来和答

十年去蛮陬，屏迹类穷谷。缮性非所安，幸不物于物。阔别迓高轩，相见膝相促。清尊以侑茗，转语每卓拂。益自笑狂简，平生负谤讟。沧桑几更故？始悟黄粱熟。犹难弃结习，未易即谐俗。知此莫如公，绸缪及堂屋。壮绳意气盛，晚就江潭卜。凡兹语絮絮，夜深逮剪烛。又许拜嘉章，锵金间鸣玉。辄怀鸿爪旧，偶遣貂尾续。因请传万本，玄赏不遑独。旬日颁稿来，鳞秩积盈束。龙蛇校草法，篆籀字循逐。别为缀次第，赗序定纲目。留真欠良工，胥史付过录。三篇惋就绪，勒板聚珍局。由兹宵复旦，雠勘困栗碌。弥恐有散佚，佳句不可赎。风来吹乱帙，先且镭诸椟。经月复经岁，卒以偿所欲。缀韦已垂备，布席更细读。盥手濯薇露，含茹益惊服。索诗偿辛勤，步武谋继躅。槩槩三十韵，深思劳一宿。用以报胼胝，将命幸不辱。亦知汗简精，行必贮天禄。吉人写精华，附传比推毂。嬔美临安陈，大足快心曲。

丁酉严冬，灵修约赴青山试野餐听乐曲，沉阴为之一开，盖久辍郊游，忽已新元改腊，归路驰骤，落照中楼台重叠，尤似西子湖楼外楼头也，为赋两律

故人作计贯清游，便许晴开冻雨收。径曲恰宜安灶井，亭高差已傲培塿。云能驻景依豪竹，海不扬尘度浅流。莫负经营穷八表，夕阳深处更凝眸。

已怨重来隔岁迟，梅花待我放南枝。草青初动阶前屐，窗净犹悬

壁上诗。入画风帆回落照，饤盘虾菜试新炊。依然楼外楼头路，破戒平生酒一卮。

何焯贤兄索诗且约居青山休沐

邵公针左终传世，水部吟梅自可人。万里云天穷溟渤，卅年京国话艰辛。明朝赤县功名遂，近隐青山结构新。莫忘一尊酬永日，对床风雨更相亲。

许颂年挽诗

迢递沧洲外，逍遥瘴海边。高楼春寂寂，梦雨夜溅溅。久病终疏客，焚身不碍禅。心斋谁更共？徒与忆重泉。

莘农设琴会，余所识乡人吴因明、蜀人吴浸阳均操缦入神，因明自蜀归侍母治净业，洵后起之秀也，督作诗记盛，因和唐人司马逸客雅琴篇

吾衰顷已盛，大雅不可寻。十年走南服，屏迹似禅林。偶复二三子，相偕涉遥岑。遥岑无所适，啸傲弥难任。幸得预簪佩，嘉会听鸣琴。清心如漱玉，古趣同吉金。一洗筝琶陋，重谐正始音。操缦因明子，闭门欲傲陈无已。万里相逢海角初，延陵况是同乡里。久羁巴蜀惜风尘，近侍金萱市隐矣。犹存韶濩护云山，不废丹青穷画理。坐忘好事主尊俎（姚以坐忘名斋），大张南荣四座明。熏风乍扇众敛衽，纷开绿绮肃且清。循徽调轸试指法，天籁人籁遂交声。阳春进一解，孰不忻忻者？改弦闰徵出清商，挑得琴心惑新寡。继之问答出渔樵，直似幽栖遁林野。三阕两阕奏未央，钓挑抹点咸成章。韵高太古涵金石，屏弃俗曲宁笙簧。士林才女越流辈，羽客亦存老浸阳。坐驰羲和且转辔，驻景桦烛延昼长。烹麟炰凤夺滋味，玄酒太羹斯足贵。群宾饫德兼饮和，珍重主人今夕意。缤纷花雨坠诸天，潜鱼出听雁惊弦。嗟余乐亦同仰秣，神游绛阙不知年。

过李弥厂絮语，翌日奉诗，依均答之

白驹过隙春如寄，平生讳老老已至。一朝散发弄扁舟，坐弃中原如敝屣。颇嫌空桑有余恋，宾从歌呼入梦寐。炼形缩地效奇肱，驭气排阊遽振臂。差同辽鹤返华表，尤喜山川无异致。烹羊渍藿尽可口，怯病尚容谋薄醉。玉箫檀板水红裙，妖袅阑干开十二。清茗斗室更足乐，谈艺论诗擅余事。图书四壁恣近取，珠玉九天惊远被。风尘海内置无言，鱼龙域外偶作戏。惟君好客耐静听，移榻文窗迷日坠。解颐应不笑溪蛮，徒笑投荒犹煮字。（时有海行之约）

舜儿来书，述读《越缦日记》有“唤起同光百感来”语，足成绝句

唤起同光百感来，儿曹亦解识金台。当年祖父回翔处，重见南城踏马回。

夜饮示客

团雪春融座，围花夜映灯。绿杯消酒酽，玉碗上兰蒸。似识平生意，诚知不足矜。明朝重有约，海市饯诗朋。

夜午初闻漏，杯深再浅尝。西涯虾菜好，南国稻粱香。廋语粗能解，新辞道胜常。海天千万驿，莫更说他乡。

曾履川刊其十一世先集合编征题，用梅泉旧题韵

历劫侵寻书未佚，同时异代珠玑出。蚩尤守藏诚足奇，累叶云礽更罕匹。晋江一脉绍南丰，咳唾清芬自堪挹。主人继志更继盛，惠我从刊胜百镒。夜灯盥手起披襟，漏尽挑灯读不息。重诗益重主人意，直便汗颜徒面壁。惜香陔余亦有生，收族敬宗苦无力。南溟万里望中原，敢识瓣香附瑶席。

夜　行

回眸风细帖池塘，叠叠微波弄麹黄。林樾初阴涵夜气，阑干浩态

戢狂香。新来静觉山川迴，小驻徐惊岁月长。已是髩华霜欲遍，不须重说郁金堂。

和药农兄病起寄京师，病中犹工楷可爱，非所能及

浮生闲处好，佳趣静中求。相望水千驲，长怀绿一楼。簪花终敛手，读画怯扶头。清赏云溪在，松风袭乳瓯。

旧游绝句五十首

罢官且二十年述杭游乍忆苏诗

十去杭州思渺然，希踪二老两堤前。试将清福从头数，我竟休官近廿年。

先妣自营寿兆于孤山，旋格于禁例废去之

板舆笑侍孤山路，泐趾刊碑补矮梅。谁道千秋陵竟谷？玉阶金阙失崔巍。

与药农兄夜归徽歙，兄随地采药，今大隐矣

霜月严冬午夜还，山山重叠昱陵关。卅年屈指如流水，采药无人泪暗潸！

由花坞丁布衣墓后绕灵隐出眠云精舍

精舍眠云出北山，参差花坞路环弯。布衣高致真犹在，夹道乔松五里间。

西溪茭庐寺看芦花樊榭翁故宅姬人月上栗主犹存

荻雪成堆一望中，破祠想著老诗翁。更因月上寻遗躅，栗主斜笼橐网虫。

鸳鸯湖登烟雨楼背诵梅村曲

信看柳雨更桃烟，益觉才人笔调妍。独惜醉中无好句，不容后起胜前贤。

自通州至海门观棉田

真教斥卤变桑麻，一老提封十万家。我自七堤堤上去，饱看明月

照棉花。

通州狼山访骆宾王墓

传檄题门两极工，逃禅未许是英雄。狼山荒草残碑圮，不敌金轮日尚中。

金陵半山寺荆公舍宅

舍宅缘知已后时，蒋山策蹇几寻思？不须酬答东坡老，三亩诛茆十载迟。

游莫愁湖归访瓦舍

三面荷花拥一楼，水西门外屋如舟。南朝风景依稀认，归路淮清访莫愁。

琅琊寺下至让泉醉翁亭

策蹇徐徐上翠微，老僧伴客证禅机。水声山色千秋永，不见仙翁醉里归。

游镇江鹤林寺，杜鹃已尽，施僧五十金补种之

我斥青铜五十千，鹤林胜景足流连。上人头白无多语，只迓来年看杜鹃。

焦山海西庵见梁髯舍书

定慧迎人压水低，茗余拾径上山梯。海西庵子今犹在，物色髯翁短句题。

应云兰阁约游金山寺观东坡玉带

懒因钟鼓散天花，独坐僧寮学结跏。玉带摩挲幽致好，蜀僧真已忘辞家。

北固甘露寺传为大耳郎就婚处，寺前有很石

很石槃陀委草莱，层楹甘露对江开。半欹铁塔残铭字，曾见孙郎不世才。

扬州看芍药归过禅智山

孤负当年金带围，花田舟载小车归。轻风送暖垂杨外，禅智山光映落晖。

扬州富春花局茗酌看花

花局移春五百盆，依廊绕砌足温存。解颐隔座闻传语，鳝背天心酒半温。（扬人治馔精胜，客索鳝必曰鳝背，取其腴，索肴肉必曰天心棒，取其肥瘠适中，索酒必曰不过烫，惧失味也）

扬州登平山堂

有无山色远连天，遗趾欧苏九百年。更向后园寻水脉，谁人解饮在山泉？

莫干山就黄膺白白云山馆茗谈，时已休官咄咄矣

琅玕万绿掩疏篱，指点羊肠问所之？山馆白云迷去路，赋归始信已多时。

敬侍先妣参普陀

五十三参弟几参？潮音山色两浑涵。尘心未到应删尽，方许从师证钵昙。

留台湾一日游

北投行散服琉璜，句漏丹砂一例尝。熏沐从教换仙骨，劝人早系绛纱囊。

绍兴东湖治茗陶氏别业山壁湖阴清丽绝俗

斧擘居然见北宗，翠岩如削俯溶溶。陶家庭馆依回处。石墨苔花间紫茸。

循鉴湖游兰亭

一亭寂寞托山河，禊事容能说永和。今日鉴湖三百曲，茂林修竹已无多。

宜兴罨画溪俗称东西氿

烟水真成罨画溪，持筇更拟涉龙池。买田阳羡非吾事，赢得东坡海外思。

宜兴游善权张公两洞

造物无心自出奇，渊深洞古石悬欹。今朝一踏芒鞋入，忘却卿云烂漫词。

宜兴碧藓庵见梁祝读书处碑记

华山畿又义兴庵，见爱成魔死亦甘。多少世间儿女子，自伤丝尽困春蚕。

温州江心寺有回头泉，谓饮者必重至其地，宋王十朋撰长联尤妙语如珠

渴饮清泉不释怀，江心只是待重来。楹联妙句吾犹记，云散潮消日几回？

广州白云山应陈伯南约，陈方率师有图中原意

郊行不只为看山，灯火迷离指顾间。笑问臣佗无恙否，几时齐奏凯歌还？

荔子湾纵啖鲜荔

艇子徐徐泛碧流，绛霞一片簇芳洲。老饕方识东坡意，到此诚能忘旅愁。

香山唐少川约去共乐园

尝客香山共乐园，题襟捉尘负初皑。朔南一例知君实，笑看群儿上短垣。

浙江平望莺脰湖张子和隐处

尚是唐家识任人，朝廷遣使觅玄真。而今沧海横流外，莺脰何妨万里春。

湖州道场山拜况蕙风师墓

曾向何山谒本师，玉梅风度更谁知？斜阳断陇桑麻外，掩泪低声读旧词。

苏州拙政园怀同游故友冒鹤亭吴董卿

一邱一石尽风流，十亩荷塘满苑秋。秋士尽骑黄鹤去，藤阴空罨屋前头。

正仪访得黄幡绰墓

流落江南剩一碑，白杨飒飒野风吹。商声似谱《凄凉犯》，说到先皇便泪垂。

昆山谒刘龙洲墓

英气犹存一卷词，道人寂寞傍要离。南朝无限兴亡感，斜日疏烟圣得知？

灵岩响屧廊故趾

箭径酸风照眼明，吴宫花草恍三生。琴台麋鹿樵苏后，何处重闻屧响声？

苏州上方山支硎寺转轮藏，宇内所存闻只三处，下即五通祠

阎浮世界如轮转，到此应尊大法王。何意妖神犹窟宅，万家香火拜娘娘。

岁暮登匡庐牯牛岭小息周颠亭

无因腊尾访庐敖，九老烟云作怒涛。闲向周颠亭下望，天池一径没蓬蒿。

南昌百花洲，时滕王阁遭兵火已废

仓黄戎马出南昌，高阁临江剩坏墙。徐向百花洲上过，夜灯如豆映新霜。

武昌黄鹤楼，张文襄劫后重建，题奥略楼

奥略当年著盛名，能平陈宋即干城。遗黎爱说前朝事，日者何期是老兵？（陈宋事谓东南护保）

无锡鼋头渚畔有项王祠

鼋头渚畔有荒祠，金甲依然出阵时。父老锋知崇报赛，项王终是好男儿。

富春登桐君山张睢阳祠

富春江上翠岩峣，斜日轻风压晚潮。采药仙翁吾不见，睢阳祠下一停桡。

省伯姐于石门，以脚划船，去其地水程以九计里

脚划艇子去如飞，曲折斜塘趁落晖。三九水程顷刻到，蒹葭深处却忘归。

八月十九潮生日海宁看弄潮

吴儿双檝犯冯夷，万丈涛如万马驰。砥砫中流吾逊汝，海宁堤上夺红旗。

石门洞刘文成读书处

九都居士旧书堂，山翠林花映瀑廊。谁信功名心事切？天台终不住刘郎。（刘为青田九都人）

雁荡十八潭通海，传为建文奔滇处，其地有迎春桥，亦建文书

逊荒甘作老头陀，间道潜行狎海波。细看迎春桥上字，仓黄著墨正无多。

灵岩寺观老人登天柱峰采药

天柱峰前系独绳，老翁纳气便徐升。初芽石斛仙家药，轻举遥看信足称。

由松木场赴西湖舟人驾舟过岸曰拔坝

殿脚隋宫说汴堤，此行不道是西溪。晚归松木场边去，坐当浮桥压水低。

长洲岛访周大致辅谈曲艺

平沙习习绕渔村，山色葱笼水半温。此地恰宜高士住，读书理曲杜衡门。

夜登山巅与叶梁两客偕行

峰峦突兀树周遮，残夜初程试缆车。秋意中人浑欲醉，凭肩笑看雾中花。

高梧轩诗卷十

武进　赵尊岳叔雍

戊戌腊日南州试笔

平生轻作客，垂老怅无家。十载更千劫，重溟泛一槎。故园书带草，别馆玉梅花。历历悬心目，停云未易遮。

示弥厂希颖

黄能真出羽渊来，地迥天回万劫哀。已拓南溟开气象，微瞻北渚隐风雷。蛮陬寸寸皆金穴，蠹简沉沉剩玉杯。不耐消磨容砥砺，几时羲御却重回？

寇莱公幼作有“到海只十里过山应万重”句，追贬雷，始惊为谶兆。余家旧在南洋路，兹垂老投荒毋亦类是耶，怅作绝句

到海真疑十里遥，莱公诗谶又今朝。图经忍泪行行检，惊指南洋旧路标。

游柔丹苏丹园，苏丹于百年前以数万元售国英人，沦为虞宾累代矣

轻车送我上初程，骤雨重云铸晚晴。卖塞百年嗤大长，迎门双阙剩残兵。溪头灼灼花如绣，树底盈盈日似钲。一例河山消永昼，风光端不负南征。

戊戌除夕

纵非万死已投荒，莫遣三生说故乡。历历冬藏惊夏暍，微微秋气扇春王。蓬门巷底泥金帖，椰实尊前壁玉浆。权作椒盘资献岁，天涯汉腊未全忘。

漫 书

独凭干阑送夕阳，绕堤云覆绿千章。更无人识京华客，短发青衫下太荒。

风情渐老渐衰颓，坐对青山废酒杯。无赖文园消渴甚，只余椰实榨新醅。

风光犹忆别淞江，稚柳疏梅上小窗。一觉十年人万里。乡心英气两难降。

孤桐七九寿诗

龙飞岁躔溯壬子，四十八年一弹指。趋庭束发接光尘，春柳灵和正秀峙。偏工口诛兼笔阵，博浪风雷敢逼视。亦师黄石拜谷城，决基开基冠多士。元献真能识郑公，门馆东床真类似。凡兹声华铭肺腑，直欲抠衣取进止。惟公扬历走南北，不获相从更相俟。下元世会日激荡，黄天屡立苍天死。鲰生遭际滋悔吝，奋臂公为判薏苡。十年差幸奠海岳，千禩粗教宏治理。相逢勾当下蛮陬，当日少年今园绮。喜公德业日鼎泰，视公颜色益润伟。问公鹤算征上寿，耄耋方张无极纪。清思逸兴老不衰，好句贯珠犹累累。东坡生平不善饮，颇召青州侍尊簋。题襟促韵每相及，感旧怀人动移晷。自惭轻别又重溟，薄俸广文困糠粃。槟榔椰水亚岑屋，复阔玄言疏妙旨。间从邸报觅消息，不见嘉名署牍尾。益知至德在无言，默转鸿钧胜弩铠。止戈即此振祥和，泽噢生民播遐迩。神明朗固腰脚健，天德报施应可抵。贞白高阁挹松风，邺侯煨芋隐沅澧。同征仙骨傲方瞳，共佐明时袭因垒。清余拂墨补谏草，暇日临池竞余技。太平山色最宜人，却杖乘肩娱法喜。受廛假馆谓已足，旋马不烦容尺咫。公真闲气出钟灵，我愧大荒伤抚髀。乍瞻星斗曜南极，絮述陈言付驿递。拈髭想见展蛮笺，颔首胡卢破隐几。

己亥八月廿八日寿妯女

老人屈指数生朝，大好秋容八月潮。祝尔前修潮共长，银涛澎湃接青霄。

回头汝竟已中年，比翼团圈敞绮筵。更听江南好消息，春风弟子亦三千。

梦回听骤雨，大似东坡儋耳风光，取和元韵，应知老去蛮村六十二岁与之同符也

岩礁出瀛海，星罗布寰中。或则圆似卵，或则欹如弓。一岛突挺出，曝背龟当空。坡陀绕泥潦，郁莽森无穷。蓬蒿槟榔间，自笑著此翁。日长裸不袜，坐啸谁称雄？汗浃伫快雨，阁晚延清风。方其风雨至，渊鼓应宏钟。破睡不盈瞬，铿訇倏已终。回头望云气，浓扫山成童。渐幻双彩凤，冉冉复翔龙。极此百态变，诗笔难为容。平生狂且傲，于此皈化工。直欲破云上，摄足太清宫。

金马伦山在彭亨州境，高八千尺，其五千尺为平原，暇日往宿寻看瀑布，用东坡海南迴酌亭均记之

穷愁嘎啃人，膏肓尚泉石。偶从尘中来，襆被送驹隙。旧闻群宾言，有山据高脊。鸣泉悬匹练，隐壑深伏蛰。犯险五千尺，此景莫轻掷。飞车金马岭，眩目惊迅雳。瀑瘦不足观，山势亦患窄。清趣别有在，拥火坐寒月。

槟榔屿极乐寺前溪亭坐雨，溪细亭低，乃微似灵隐佳处，用东坡通潮阁韵

灌缨卓锡任逍遥，乱石当亭叠小桥。亦有泠泉泉上意，微嫌吴越不通潮。

棕椰几树压穷村，细雨浓氛足断魂。梦到杏花春二月，斜阳疏影乐游原。

渡海投荒倏已经岁，用东坡示子由均示从学诸生

少年意气出湖湘，垂老书剑掷遐方。蛮烟蜃雨共朝夕，林樾阿答穷微茫。十年辞家万千里，夙已京国遗行藏。诸生亦有姜黎辈，尊酒促膝诉短长。中原明媚话风物，盈箧犹展丹青望。浮沤芥蚁喻良得，海天极目泯兴亡。丈夫率土可投足，壮游何自轻南荒？胡床小坐征往迹，虬髯未必悲殊乡。

东坡题水晶宫鲛绡诗，诡诞恍惚意有所指，则一问尚未达耳，用其元均为下转语，重泉有知以为何如

抱膝南海南，海孰与我大？蝼蚁涉沧溟，面海当下拜。海水大有垠，充类畜灵怪。何如吾心神？方寸足自快。静可穷杳渺，动且决澎湃。古今齐万禩，上下夺三界。所欠只些子，酒朋与诗债。

东坡为馓子媪题绝句，余来此遍尝糗饵，似均不及吾乡两面黄，用韵戏和

浅绿浮黄色色匀，椰浆崖蜜馅含深。细尝终逊红南好，汤饼轻炕两面金。

南人祀三宝太监弥虔，一邱一壑必附会其踪迹，内向之殷如此，因与二三子泛海话及，以东坡得酒示过韵述之

涵光波不动，舟小载愁重。披发弄扁舟，轻风解迎送。戒游具行事，宿昔劳诸仲。馎饦充奚囊，蔗浆掬盈瓮。倚舷指邱壑，每谓三宝洞。功名六百年，神异传种种。余威待扇发，抵掌诏群从。移国在智取，谋政恩威共。飞箝信多术，吾谋或可用。试叩大伯公，计日非呓梦？

初尝土果榴莲用东坡北行赋别韵

经旬添白发，徂岁客南州。不胜萧条感，轻为汗漫游。朋簪疏雅

令，山水见清优。十愆三风外，榴莲尚足留。

槟榔屿极乐寺僧出无线电娱客，用东坡虔州赠慈雪寺长老韵戏之

万里征途容蹀躞，诸天妙乐自清扬。喜瞻初地栴檀相，共沐三乘石火光。我已衣冠劳作客，师还锤板笑逢场。须弥芥子由兹悟，般若门前礼法王。

渡海用东坡韵

舵楼袖手坐深更，分得微凉压夜晴。许卸春衫迎露气，轻挥短梦挹风清。沉沉缺月随云隐，叠叠沧溟掖怒声。自好探骊出新句，不须襆被怨劳生。

吉隆坡登黑风洞用东坡琼州访黎人家韵

此间犹有秀才黎，伴我行行拾级迟。借取乱荆浓一窟，邀凉趁雨夕阳西。

何只霜华鬓已童，衰颜谁识老诗翁？犹堪十丈扶筇上，笑指蛮崖唤黑风。

觅路披荆奈若何？归来诗料不嫌多。绝怜尘莽污颜色，十五盈盈已阿婆。

东坡谢葛延之龟冠有诗，此地俗多不冠为用原韵进一解

百年涉世劳且苦，一旦免冠色然喜。孰通此理作闲汉，入圣便能证不二。穿衣吃饭本多事，龟鹖鵔鸃烦手制。天教笠屐已可人，沐猴何必俨顾视？

惜阴堂旧植昙花十巨盎，盛时同放二十余蕾，辄有客至延赏至再，南来不过见一两枝，地气不同者如此，旧

和东坡园中草木十一章，兹续和其桄榔杖韵

龙战嬴刘一例亡，山川迢递意微茫。客亭秋又三年老，瓦盎春犹片夕香。聚客芳尊迎乍送，飘灯珠箔卸还张。两开他日留佳句，重续园花十一章。

闻雨用东坡琼州本题韵

片云真逐夏峰开，净洗尘天绿一嵬。乍惜南柯随漏逝，漫期北客有书来。堂堂春去才经岁，缓缓花前又几回？犹说轻雷池上动，十年心事未全灰。

余夙有睡癖，南来尤耽午枕，用东坡海南赠息轩道士韵[①]

夜睡初不迟，昼寝犹半日。恶癖不能戒，历历逾六十。偶然破晓起，坐拥晨曦出。金鸡搏玉兔，信似驹过隙。心澄万虑杳，酣痴了今昔。图南诚异人，安敢兴夺席？且先师达摩，穷年面山壁。

己亥九日和东坡惠州九日韵寄弥厂希颖

秋高气应爽，何复聚湿云？穿云觅雁字，贻书且致君。润我青玉管，布我碧罗纹。托兴勉翰墨，挥洒徒涢沄。犹欲缀短句，慰君相思勤。炎威压波礫，纠缪遂难分。起去命巾车，远之野水濆。惘惘若有失，终患雁失群。即此述微尚，见者当欣欣。砚田乏佳趣，何足事耕耘？

同日再和东坡独客韵

自吾作迁客，四海久无家。摄心入斗室，缬眼伤空花。令节夙忘置，辄咎意绪窊，揭从戊戌岁，更泛海南槎。忽忽日趋老，真似赴壑

---

① 原刊序："落南无俚，排日取苏诗和之，写示同好。其和苏赠海南息轩道士一章，先后得酬唱四家八十余首，邮笺往复者半岁，亦一时盛事已。"

蛇。九日只枯坐，抚膺兴咨嗟。窥园无霜菊，盈野无桑麻。更无白衣至，供我酌流霞。隔林对阿答，何以遣有涯？南鸿久不达，空自望神鸦。

偶梦京邑用东坡海南人不作寒食韵

一念能胜万劫灰，经年穷海亦优哉。蜃楼宫阙崇朝见，花市乡关此夜回。不信遥天成独往，且从双穗卜归来。兼程腊鼓催春里，传语寒梅著意开。

一念夺劫用东坡儋州夜梦韵

偶然一念悟如如，不待终卷抛诗书。气似续丝又有余，神游遽返太古初。百体自纵佚以舒，已不知我况知鱼。孰竟使我夺万缘？乍得其全去其偏。不暇计日奚穷年，正如徒跣脱行缠。背尘合觉泯愚贤，摄心入灭信超然。此乐岂易著简编！

闲居用东坡得子由书韵己亥秋分日

绝域重溟外，安心不妄求。抛书长结夏，翻历始惊秋。磨蝎原三命，囊萤赋四愁。一时风雨合，莫莫更休休！

忽忆西湖别馆用东坡过岭忆天竺韵

忽忆江南风物外，圣明湖畔旧吾家。枝涵露萼云开锦，径剪葑泥草似蛇。午枕据梧千日酒，夜灯临槛万丛花。此情梦寐难忘处，信手拈题泪已斜。

习静空斋和东坡白鹤新居韵

南来已觉尘能辟，镇日幽居不掩关。病树渐低朱槛外，新蟾微缀绿阴间。风催溽暑横炎海，雨破沉冥洗远山。三岁此情曾饱领，会当一舸载诗还。

前题次解

迟迟余晷挥千韵，耿耿中宵负一灯。随分旧游归莞蕈，自斸残渴漉壶冰。初嫌白事新来容，静到无言入定僧。京国西湖浑忘却，心斋此夕庶吾曾。

闲居用东坡惠州迁居韵

东坡谪惠州，风物尚晴丽。惜无寸椽屋，用以庇家细。坐便一朝云，溘然从此逝。我今千载后，泛海外小憩。亦殊嫌老屋，沉晦难作计。古榕瘿当户，蔓草乱缘砌。所幸斗室间，萧散免簪髻。孑然至忘我，顾盼似脱蜕。渴则饫雪茗，饥或餍丹荔。欲戢心目间，聊可避末世。不需事梵诵，泯智便断际。独难遣吟怀，讽咏犹聚蚋。

由关丹而文冬而劳勿绕涧上福隆港杂书

锦苞虎箨缀龙章，拔地穿云似剑铓。此景轻贻文与可，鹅溪万丈不嫌长。

绝涧风回万籁鸣，轻车绕壑一程程。看山到此应无恨，绿送红迎第几生？

甘蕉丈叶掩前山，日色西沉促客还。渐见林梢出灯影，群猺知在翠屏间。

山开雾幕五千尺，树拥霜皮二十围。移作阶前清景好，坐茗到晚自忘归。

闲身真岂是潜龙！长有慈云护太空。昫日炎洲非我好，坐期鳞甲鼓春风。

横琴待月小楼前，坐吻鸣泉漱玉溅。谁省岁蕤出空谷，一枝浓挹露华鲜。

娘惹匆匆驭晚睛，锋车逐客作郊行。细风梦雨端详处，轻薄纱笼别有情。（士人呼女子曰娘惹，所衣士装曰纱笼）

青裙不袜小腰支，偏系明珰叠叠垂。自笑南行疏鸩舌，但消眉语不通辞。

福隆山房

荦确穿堂草，精严辟上方。沧波出林樾，宿雾拥山堂。颇悟浮生渺，能抛客思长。此来真兴会，不信在遐荒。

夜坐山房

一灯天半矗，万壑静中开。坐久花涵露，寒凝酒尽杯。蝉鸣赓独咏，月上肯轻回？忘却尘寰事，明年卜再来。

己亥腊日，移居万绿阴中，颇饶清趣，用东坡白鹤新居韵

陋室辟甘榜，杰阁出精丽。丹垩纷栋桷，户牖判巨细。雨来足御湿，风至不轻逝。老夫空桑下，于此获良憩。本是乘槎行，权作归田计。官道围巷陌，杂花出沼砌。浮云荫万绿，宛若黛簪髻。闲居玩气象，意境倏解蜕。抚掌展卷帙，得意擘甘荔。谓此一廛中，真足以遗世。吾生久虱处，泯塞天人际。从今慎誓戒，欲避蚊蚋聚。

再用东坡新居韵

树高已参天，日色淡无影。炎荒苦蒸溽，何意辟清境？得此颇自矜，俗念可绝屏。不妨计终老，琴书娱昼永。区区囊底智，不复思脱颖。浮生纵百年，俯仰悟俄顷。

新居速客来游用东坡贫家净地一首韵寄弥厂履川

播迁三易岁，僦居南海头。新楹殊爱好，精舍足自修。更亦悬高榻，佳士曷少留？同来扩望眼，良时莫轻媮。意气砺金石，流别严薰莸。乞君命梯航，启犊勿深廋。

东坡迁居之夕闻邻儿诵书欣然有作，余舍后海南吴生子弟夜诵精勤且来问字用元均赋之

置身入林樾，破静只鸣禽。禽声千百啭，亦作侏儒音。谛辨良不讳，明诵有青衿。方其得佳趣，更调忽长吟。夜分尚不寐，瓮窗开墙南(此韵不知东坡何以用南字，未加僭易，姑仍之)。玄思通要眇，杂书猎古今。风竹相酬答，月落俄横参。悠然真有人，学浅意良深。对之殊自愧，苦茗一再斟。蛮陬聆大雅，何似雍门琴?

李栩厂隔岁始得咸阳获孙讯征诗次答

佳音异域不嫌迟，诗札从容遣我知。陇右麟振钟地望，歧阳雪霁识天时。于菟涂麝征雄俊，萝卜生儿好护持。他日梁松床下拜，乌衣弟子慰乌私。

庚子消夏绝句

摊书便住华胥国，蹑屐真穷括地图。梦去中原刑白马，醒来南海采明珠。

过隙骄阳信白驹，移阴茂树动成图。老夫天骥犹能控，狂草千言墨未枯。

林梢绿动疑云逝，阶下红殷识雨过。习见江山参造化，不伤萍泊足消磨。

万重阴合绿周遭，坐听风狂作晚涛。枯吻十年忘止酒，又斟冰液酿葡萄。

坐看圆月上层霄，海拥山围百样骄。似此海山谁管领?兴来我欲戏兰苕。

十洲三岛问兴居，细字蛮笺叠叠书。儿女征途千万驿，何当老子上篮舆?

占取椰林五亩园，欣欣花术绕辽垣。平生马足车尘外，不意残年尚过番(闽语谓南渡曰过番)。

平泉不住住朱崖，亡国端由党议乖。此去朱崖犹万里，赤坎远笑聒群蛙。

夜深灯火弄新凉，试检残编就竹床。心法丹书浑置却，虞初徒与述遐荒。

觅句何须更闭门，花村猿鸟避惊喧。偶然咄咄书空语，坐答清晖一向恩。

南蛮竹枝二十调

庙貌群尊大伯公，百年不忘草莱功。堂堂华胄开南服，文物犹沿上国风。（当地祀南客，先辈曰大伯公，街头巷尾在在有之，足见其不忘本也）

竟教土地合唐番，万国车书共一元。设教中朝真远虑，只鸡斗酒抚群藩。（当地祀土地神多作唐番土地，浅人或以为不学不典，实诚出智者混一之远谋，张同化之盛德，行见囊括三界于积渐之中可必耳）

花冠绣服佩珠弢，箫鼓传歌出涧桥。如足齐人作赘婿，伴郎三两挟衣包。（番俗就婚，女家期月始返，新郎盛装佩剑，步赴女家，伴郎则随后挟衣包以从，鼓吹亦甚盛）

双双脂粉坐床沿，客涌蜂衙斗室前。只露欢容无片语，含羞不出主嘉筵。（新人并施脂粉，据床受贺，宾客围绕，迄设宴亦不出作主人）

今朝屈指是斋朝，碌碌肠鸣肯忍饥。解事帘遮窗下座，相看一笑尽相知。（大食散斋期，终日一餐，番人均不能耐，坊肆遂持悬帘窗次，使街人不得窥见，以便就食，入则盈坑满谷，均逃斋之人，相视一笑，逾期坊肆亦撤帘矣）

椰林百尺海东头，旬月累累告有秋。远见长绳缘树上，从容撷取召猕猴。（土人蓄猴上树取果）

少妇颦眉访降头，喃喃私祷乞神庥。新来微觉郎心变，向索花枝插小楼。（降头治巫术尤善通男女情好，门庭云集多弃妇，姣女出资丐行术，贻花枝，使阴置男女楼前门外，谓可偿所欲，或温旧情，颇有验者）

不衫不袜只纱笼，却手翻腰逞舞容。真似浪迎兼水送，髻云松处露华浓。（土舞曰浪迎，亦复曼妙多姿，夜间男女多就林下通情好）

蛮歌凄怨不胜情，娘惹歌时更自惊。惊见檐前郎侧目，陬隅挥手第三声。（蛮歌多幽怨，其俗夫斥妻去三言，则妇即大归无异辞，俗又可纳四妻，因之怨妇盈野，即所歌亦极哀怨幽眇之致）

南乡真足供流连，珍果嘉名敢试鲜。我是老饕甘异味，从容玉碟食榴莲。（土果味厚重，非旅人所堪，或以见难，余从容食之，主人曰是可以流连于兹为侨人矣）

高脚长寮树影深，一回负手一沉吟！终朝坐伙飧饔废，近摘甘蕉当点心。（土人奇懒，终日偃卧高足椰寮中，旁植果木，饥则随手撷食，不欲一举足也）

酬唱涛声大海东，惊蝉夜噪月明中。香车胜赏长堤上，我亦追随去吃风。（当地称郊游曰吃风，夜车循堤观海，蝉鸣月朗，别有奇景，非中原所轻有）

截竹焚枝煮泮当，蓼盐细点便充肠。林间镇日扶头睡，数汝黄粱一梦长。（土人携土米曰泮当者，截竹为管纳入，至林间焚草熟之，旋出所携盐花，掬涧水和食，食已复睡，不愿少任力役）

椰黄箬绿解新苞，煎饼微糁波律胶。入市侵晨作负贩，每留残梦在眉梢。（土妇家制饼饴，侵晨入市售之，亦尚可口）

笑说开斋作盛筵，沙爹东束醮浓鲜。贵刁最爱南闽好，爆竹声中不夜天。（土俗重开斋佳节，即食煎牛肉羊肉条，曰沙爹，佐以闽中米粉面线，为美味，又必张灯放爆竹，率效中朝礼数矣）

街头一片大牌档，风送珍羞百和香。三五围枱三五客，夜深清露渐沾裳。（街头就食，深夜不辍）

渠渠夏屋掩林阴，茜绛裁帘日影深。十载重洋收外妾，离宫望幸

碎芳心。(柔佛苏丹纳英女为妾,特建英式夏屋贮之,终于不寿,屋在至今供人游览)

诸生访古入丛林,天地神祇恐见侵。延得神巫先戒道,五丁方许凿山深。(大学生入林访古,先延神巫祭禳)

鬼瞰宁必是高明?爨舍中宵眚影生。保氏未能驱厉祟,神巫伏卵拜长庚。(学校夜有鬼扰,于是番人校长召巫埋七卵于一复下围绕讽《可兰经》,如是数日,竟不树有声息)

天风夜夜卷狂潮,急雨时时带怒飚。为作桐屏三两丈,高悬疑是布帆遥。(东海岸土人结桐为巨屏,树之屋前,以避风灾,为所仅见)

许云楠治东南舆地政教之学甚精,必著柔远之功,诗以勉之

抛书我困刑天舞,涉足君循括地图。谈笑东南归掌握,声名吴越重涟湖。闲耽风雅称诗客,暂拥皋比学腐儒。他日殊勋收异域,应知柔远出潜夫。

饶宗颐和前和苏诗韵再赋答之二和

著书辄穷年,焚膏以继日。真复天下士,问一可知十。短章偶遣兴,喷吻珠玉出。同和东坡老,南海共尘隙。萧条八百载,清趣纵非昔。犹有桄榔园,繁枝荫片席。速君再题笺,待我张素壁。

行翁复南来勾当寄绝句七首

海角袄祠见蓐收,倾官歌舞会将休。鸣条不待行雷雨,微服诚能压万驺。

好将度岭作生涯,社燕秋鸿处处家。想见缒城烛之武,十年前出白门斜。

欣看法喜就南辕,收劫残棋坐晚暄。莫笑髩丝搔日短,尚余一发系中原。

雨后高楼夕照前,微熏岚气斗茶烟。会心握管沉吟处,点定飞箝

第几篇？

归心乍已随双鲤，快举期能挽万牛。不许神山顷刻到，南滇夜夜梦岑楼。

三载投荒兴早悭，蓬蒿环堵辟诸蛮。足音纵自千寻隔，空谷初闻也破颜。

柔远应先制远谋，雄藩坐大亦堪忧。他年祠禄从公返，抵掌能详瞻部州。

三和前韵寄宗颐及坐忘斋主人姚莘农

炎荒苦郁蒸，废书辄累日。为学亏九仞，一篑不及十。酬诗消永晷，再四乘兴出。正如接短兵，深恐踏瑕隙。此乐不易致，高会溯畴昔。开尊翠微间，挥麈坐忘席。三年劳梦寐，呓语剩疥壁。

四和幽居

斥鷃笑鹍鹏，谁谓有今日？水程倏九万，世虑屏百十。收真学返视，闭户不轻出。乱书积案头，杂花当庭隙。楚楚亦可观，清课等曩昔。扶头或命酒，拄肋每侧席。了了杯中蛇，弓影知挂壁。

五和夜读

蛮居集百忧，困学苦无日。读书忝士林，合一未推十。犹从囊简中，力抉新义出。直似雠古人，必欲抵其隙。翁老未遽衰，倔强更胜昔。青灯差自对，深夜据簟席。晚云已出岫，余辉尚映壁。

余好飞行儿子来书问何日更事汗漫

匆匆拥席已三年，坐厄青林瘴海间。细字不妨清乱简，小诗随分付新镌。文园谕蜀无长檄，通德传经只断篇。烟水迷离人意倦，几时重许作飞仙？

陈育崧治史劬学，家藏回纥文珍甆，每以茶果饷客，余胥甘之

疏花庭院四时春，叠架图经乙部珍。浮海远犹存旧注，休官草与乞闲身。盘铭回纥翻诛字，山果榴莲荐翠珉。记取君家共晨夕，龙团细擘落香尘。

六和前韵书事数章

只身窜南荒，密箐蔽天日。简书断猿鸟，世事九忘十。直同返太古，惟见獉狉出。唇朱肤似漆，隐约度林隙。双丸奔且驰，且暮亘今昔。未必无魑魅，夜灯来窥席。窥我青林中，萧然徒四壁。

七　和

龙蛇战玄黄，往事如昨日。石开金亦焦，举首日有十。从容老夷父，攘臂邓林出。勇沉智更深，终获乘一隙。惜哉补天手，痞还忘夙昔。弃掷南海南，扬帆著片席。莫道沉虞渊，辉旭复动壁。

八　和

老去不任事，吟啸送佳日。兴来挥百篇，存稿不逮十。思误信足乐，转唤佳句出。凝神释万虑，驹影付过隙。澒洞倏三载，俯仰渺今昔。有时忘寝馈，夜坐不帖席。百废仅剩此，文字拄腹壁。

九　和

真同粥饭僧，一日复一日。南船北马间，寒暑历数十。未能屏文字，脱手弹丸出。所好贵舒徐，所病在纤隙。每试欲涤荡，积习终似昔。幸处蛮荒间，遁世可避席。柴荆设常关，跂脉任缘壁。（蜥蜴也，见《东方外传》）

十和寄宗颐

开缄自开颜，裁答不盈日。隔海恣唱酬，叠韵倏过十。坡翁纵笑

我，倡举实翁出。经营擅意匠，毫发绝间隙。和淘客儋耳，今亦犹视昔。胡为千载下，不许夺此席？鏖诗比鏖兵，膝行笑观壁。

十一和

投书掠海隅，匆匆逾旬日。报章无多语，一纸可当十。珠玉涌新制，妙解每笑出。精严更朗奕，百抵不得隙。阔别如觌面，气类岂异昔？回环供咏讽，痺废起衽席。从今须敛手，降幡出诗壁。

庚子十月六日，夜梦与统儿斗车水滨，醒为泫然，十年生死之别矣

碧海盈盈正好春，绕堤胜手斗雕轮。笑如可掬穿花竹，健尚多姿识凤麟。万里久疏泉下土，十年初见梦中身。此情衰鬓能禁得？老泪无多湿枕茵。

南藩十月为雨季，冥漠中得灵修寄示行严翁答潘曾西湖两诗，次均答之以坚来岁之约

湿云潺雨压前山，羁旅何时获赐环？地迥獠夷多侧目，书来珠玉一开颜。早知甑破无劳顾，近卜丹成渐耐闲。惟有圣湖难夺境，襟痕犹著酒烂斑。

前题

乍习幽凄试忘年，榕瘿栀老任年年。图疏九局心垂竭，书剩三余手自编。大隐欣承翁矍铄，上元期共月团圆。相携好入何郎座，有酒如渑吸百川。

十二和前韵答履川和作初至

久不获新诗，相念累月日。独居无可语，课佛惟合十。一朝黄鹄至，秀句溢函出。清光蕉栀间，仿佛入帘隙。此乐弥不易，缟纻缅宿昔。论文或聚讼，把酒辄促席。转眼恍三载，夜灯废东壁。

十三和答履川行赋归矣

饯岁迓东皇，屈指即来日。骀荡东风间，韶光乐九十。此行自相见，命驾且同出。优游二三子，啜茗夜窗隙。高论不入时，清思不减昔。或为狂夫言，或忝经生席。兴来再琢句，碧纱待笼壁。

十四和卜归

三日不能去，五日或七日？窃自比冥顽，展限不盈十。从兹北遵海，凭陆始复出。果腹餍膏腴，肆口抵衅隙。平生尚快意，跛扈老似昔。昌黎驱鳄归，鳄正欲避席。蛟龙本同性，孰愿痗藻壁？

十五和束装

今朝谋适越，至则以昨日。鲰生每思归，心绪乱百十。方悟惠施言，湛湛至理出。神驰先行役，何只越驹隙？夺人不夺境，宇宙付一昔。岂必待天吴，扶摇送帆席。庶亦师异人，凝想就素壁。（唐人说部，思家切者，得觏异人指壁间山水画，缘以得归与家人相见，他日返询家人，果梦晤之）

十六和新岁除夕奇热守岁，盖庚子十一月十四日

圆月灿除夜，炎威扇元日。客自中原来，奇景一抵十。亦闻爆竹声，隐隐林际出。惊啼儿掩耳，憨笑奴窥隙。宁非瀛海外，躔度误今昔。守岁强不寐，蚊蚋起争席。不如发新毫，泥金试挥壁。

飞港晤静宜，阔然十载矣

碧海千寻送我归，青鸾双翼控云飞。殊乡异域身终客，残腊凋年事久非。劫梦依稀容细絮，诗情宛转待重挥。只嫌明日阳关路，又见征尘浣素衣。

高梧轩诗卷十一

武进　赵尊岳叔雍

南迁杂咏十截句

宣公南窜，屏绝人事，狗窦度食，兴元之功又谁忆之耶

宣公草诏窜南宾，再造兴元迹已陈。狗窦朝朝度饮食，萧条万里百年身。（《容斋随笔》）

李平泉之功贬死出党祸而已

一品题篇志会昌，赞皇功业冠中唐。谁知风月平泉好，输与南方草木香？

卢多逊、朱崖之贬殡天庆观道士练惟一夜听鬼诗

南斗微茫北斗明，孤魂犹爱读书声。此情直自堪移咏，风树萧萧近五更。（《渑水燕谈》）

非莱公檀渊之盟，何以致真宗天书之觊，卒以废死

泪竹斑斑说相公，柘枝不再倚东风。檀渊功罪分明在，赢得天书下碧空。（《渑水燕谈》）

晋公当政日，自谓功名或如刘参谋一梦，已而果然

刘参谋醒已多时，不道当筵致谶词。我亦孑身成逐客，忍挥春梦绾游丝。（《渑水燕谈》）

道士刘遁以泛海诗示丁晋公终于海外相见为语谶

真同跨鹤游沧海，刘遁何时许再逢？证取仙游亭上语，海云深处一张蓬。（《名贤诗话》）

东坡谢表有“魑魅逢迎于海上”句，又有六无帖

差胜漫崖说六无，此行更到海南隅。逢迎魑魅犹能制，料理琴书足自娱。

洪驹父南窜诗“关山不隔还乡梦，风月犹随过海身”

还乡梦不隔关山，吟到中宵泪点斑。夺境绝怜洪驹父，寸心飞越海云间。

少游南迁桂州遇下弟士子题壁有名为累子还忧句

南来点缀佳山水，强慰秦城谪少游。更去秦城千驿远，有人编管到穷陬。（《曲洧旧闻》）

中朝禁东坡诗赏八十万，所传益广，不知者以为不韵

过海争传海外诗，不知不韵更奚疑？累人或致八十万，许待偿逋相见时。（《曲洧旧闻》）

续旧游绝句三十首

洛阳礼白马寺竺法兰摩腾塔

墙阴僧冢草如烟，方塔垂危亦道边。转眼二千年上事，坏空成住一流连。

过洛阳不见对门女儿仅药店壁树有桓侯枪孔

对门灯火夙无存，却见空窿出树根。人道桓侯当日勇，飞龙药店梦难温。

潼关过风陵渡

风后遗书识握奇，三千年事渐迷离。至今邱陇无遗迹，正恐长河岸亦移。

逾虎牢函谷入陕为温侯立业处，昌谷有诗

虎牢函谷路千重，一线丸泥信可封。想见美人旗下舞，将军神武

亦雍容。

归化看高宗御甲，蒙语称寺为招，转青冢

青冢归来扑面尘，大昭合掌拜金身。神獒世守连环甲，谁信匆匆二百春？

过贺兰山入蒙旗，途中多杨氏焦氏古迹

征车远陟贺兰山，冰壑陂陀九折艰。偶见残基认祠宇，杨焦遗烈镇诸蛮。

过灵石不及一宿，寻李郎故趾，不意虬髯真入海矣

李郎一妹近如何？未许从容绕郭过。今日虬髯真入海，傥承漉酒意良多。

循同蒲路入太原饮清和元三百年旧肆

当年使酒博狂名，单骑冲寒赋北征。曾作清和元座客，一杯一石伴倾城。

过太行山甫在兵劫倥偬之际

此生幸识太行山，三晋岩疆片刻还。足庇风霜掠云树，眼中楼阁付榛菅。

大同瞻金建华严上下两寺

丹楹翚草出金源，上下华严绕短垣。夺境难忘轻破戒，定中犹自望中原。

大同游云岗窟

武川涸水绕山堂，亿万金身涌道场。到此浑疑登极乐，一回海印一生光。

洛阳游龙门窟购碑拓，盖木板伪制携窟欺人者，可笑

香山寺对龙门窟，沟堑沮洳是涸伊。买得残碑十三品，不知板字刻门楣。

京师数游香山，熊秉老尝款余养疴欢喜园，即双清别墅，前梦感泉上

老成谢事惜余春，独乐园中自在身。更许孱躯同一乐，双清扫径迓清尘。

由大觉寺玉兰院发大公看杏花归洪山口

大公归骑过洪山，古刹留连一向间。百尺玉兰西院雪，正堪相对半酡颜。

再寻南海丰泽园颐年堂衙斋

疏狂不再好论兵，忍事天涯已老成。自笑颐年堂上客，海棠花下屡寻盟。

汤山宿行宫浴温泉

溪堂老屋早荒凉，犹喷温泉倚石床。旧是天家游幸处，寒鸦日日送斜阳。

去无量大人胡同，每忆缀玉轩，其石笋余旧赠也(梅兰芳旧宅)

裙屐朝朝缀玉轩，主人相对或忘言。闲翻四梦寻声谱，玉笋枝前独负暄。

江亭望西山

江亭凭槛挹山眉，林外斜阳抹浅脂。清趣有谁能更识？临风无语一支颐。

独游西郊极乐寺看文官花

西郊破寺一徊徘，花好无人便独来。忍说乾嘉全盛日，国花堂上日传杯。

法源寺看丁香

白云如雪压春阴，古刹城南一散襟。颇欲细寻碑字读，剧嫌苔蚀土花侵。

游厂甸书肆

百宝千坊照眼迷，都人元夜踏春泥。偷闲背向书丛坐，缃帙芸签玩旧题。

明南内梨园玉熙为今北海书藏故趾

书楼东壁自巍崇，寝馈传钞兴不穷。夜静微闻丝竹动，移情疑在玉熙宫。

松花江畔食白鱼返奉天晤张汉卿

松花江上纵轻舟，一日清欢记胜游。余味河鲂能细述，高墙白了少年头。

济南访金线泉漱玉古迹

明湖垂柳细如丝，骀荡东风著意吹。合有佳人赏清景，易安居士琢新词。

自青岛九水望劳山上清宫不及一谒炼师传法

宸居紫府许逡巡，面海三清迥绝尘。归去应惭传道法，穿墙徒博额嶙峋。

中秋青岛归航恽功甫王汉伦放歌赏月

屈指应过二十年，中秋黄海月常圆。歌声早逐行云逝，霜鬓天涯不再玄。

大同德胜楼传为武宗幸凤姐处

不待风流说豹房，希承恩泽事难详。只今德胜搂头座，犹见擎盘小窅娘。

大同逾河游曹公庙，庙祝设妆阁，谓曹富侍女公子处

武川涉足过溪流，家设当前出矮楼。点缀深闺犹楚楚，缘知庙祝善科头。

京师十刹海有西涯名胜，虾菜亭其一也，至今犹有酒肆

当湖六扇画屏开，雪藕冰丝次第来。懒向西涯参净业，且将虾莱佐衔杯。

香港携客登山

峰峦夹起树周遮，残夜初程上缆车。秋意中人浑似醉，凭肩笑看雾中花。

续南迁咏十绝句

辛丑仲春冯列山御车迓观哥打丁宜瀑布

浮生北马更南船，老去成连亦爽然。难得旧游坚旧约，饯春迓客

作清缘。

巾车向晓出郊原，夹道葱笼橡子园。微听潺湲趋断壑，已知不远是仙源。

畔道差同世道歧，回车问路且寻碑。纵非父老阴陵遇，却听高人唱凤兮。

崖阴凉气袭征裾，才隔红尘百尺余。已证背尘能合觉，不殊初地出迷途。

急流三涧拓溪塘，别有渟泓蓄上方。容易逢源难觅路，千秋荆棘总披倡。

衔峰啮石水如罗，溅玉锵金影似梭。攀磴欲穷桥外径，遽怜济胜已无多。

匹练原知挂九天，丛林密箐乱云烟。溪蛮不解溪山好，筑阁通潮趁雨眠。

曾向龙湫踏月回，又教垂老揽崔巍。新来止水心如镜，莫问横流遍九垓。

卅年霸气消尘劫，万里沧溟驻客程。纵我余生甘寂寞，濠梁犹爱听涛声。

多君小隐罢心兵，尊酒天涯各老成。泉底织绡今更悟，出山泉浊在山清。

十七和辛丑上巳雷雨交作

阴云倏迷天，瘴雨不见日。佳辰卜修禊，此愿九失十。既鲜宾客至，懒逐巾车出。徒自疏棂间，沉沉窥榕隙。楼台虽错落，江山非故昔。简书杂几案，芜秽夺茵席。一切置勿问，假寐且倚壁。

十八和同日作

奋飞困炎荒，愿言思往日。劳节最缤纷，壮岁溯三十。京华作禊事，俊侣连镳出。南城上江亭，西山压眉隙。清言共娓娓，歌韵斗昔昔。流霞渐西驰，桦烛继饮席。兴来挥素毫，飞白上粉壁。

十九和日作

苍天胡梦梦？置历忘禊日。岁序逡巡间，行春只九十。竟使聚阴气，幻作沉雷出。继之风更雨，怒电犯帘隙。穷陬非中原，游观异今昔。羸粮行赋归，家徒安四壁。

二十和从林炼师书英习静

余气泊浮生，宁复有几日？惜能洞此理，千百不及十。但须辟老病，毋使三尸出。林子工导引，餐霞通窍隙。不吝结有缘，武当绍往昔。今兹课习静，当榻光布席。黄芽养我真，精铁卫我壁。

二十一和行观天法结趺纳气

习静开初基，趺坐废永日。服气学观天，调息必六十。缘替似有觉，暖雾缕缕出。尻轮御神马，差欲越檐隙。冲举岂易事，守玄方一息。吾衰顷日甚，深恐困衽席。试发天池水，先与润腹壁。

二十二和，李弥厂客岁沉疴，屡往存视，今必健起，寄诗问之

春色上层楼，晴暖好风日。计君早健复，新诗又几十。或亦命鹿车，郊甸对挽出。归来瀹清茗，子弟共灯隙。此乐吾不任，独客异今昔。怯晦废读书，悭饮每逃席。相思积深痗，赓韵撼坚壁。

二十三和同寄弥厂

别君当元正，对榻话竟日。阳春去如驷，迅夺驽驾十。上庠当返事，逐瞑泛舟出。木棉赏乔柯，杜鹃揽山隙。清景夙同嗜，转眼嗟异昔。蛮荒百无赖，只乞梦安席。梦去旧旗亭，命酒数画壁。

二十四和寄曾履川曾和至三十四首

久别喜重见，情亲正冬日。饯岁无多言，出诗过三十。异题同合韵，神理各有出。岂容踵后尘，鼓勇再乘隙。惜哉穷海人，衰钝不似昔。沉思缀断句，苦语许接席。诗成即覆瓿，无待累圬壁。

和姊函述惜阴堂双栝移植碧萝公园怅然移时

突兀楼居终世弃，婆娑双栝幸天留。老夫万里难寻梦，犹为乡书一纸愁。

二十五和偷儿夜至无所得挟烟草糖饵以行作此讽之

巾车具胜游，休沐废长日。归来已就暝，酉戌会交十。竟有嘉客来，枉事胠箧出。去也开洞扉，来则越窗隙。恨无藏可谩，怀宝迥异昔。黄标散早尽，青毡徒拥席。何足餐斯人？贻笑愧四壁。

二十六和同日作

泛舟涉重溟，落南逾千日。心力已百困，所愿不偿十。猗与梁上君，冉冉尚夜出。矫捷似飞燕，觅垒就檐隙。身手惜虚试，应怨时异昔。果饴不足饱，皋比空据席。劝君勉窃国，何取学走壁。

二十七和同日作

劳人困谋生，营营夜继日。窃钩亦绝技，十发可中十。惟此失神算，直同负手出。烟丝复饴糒，宁足充肠隙？必坐误虚声，阅世忘今昔。须知素封者，谁复僭讲席？当时应破颜，四顾仰空壁。

辛丑五月仲举伉俪复游日本

平生几度梦瀛州，风引神帆去不留。江户绣堤堤上立，阿翁羡汝又东游。

琵琶湖可似西湖？暝色山光斗有无。得意试赓初日句，递酬橹唱出菰蒲。（上虞罗予经女所著《初日楼词》有侍父东游[临江仙]结句:兴来我欲告山灵,吾乡西子貌,视汝更娉婷。为彊村、蕙风诸词老所激赏）

十丈朱楼劫后开,故家乔木半尘埃。回车应向西京去,铜狄摩挲更一回。

好景休夸富士山,月明积雪照尘寰。炎荒早断清凉意,得信应疑醉呓间。

此游真挽鹿车行,况式嘉宾赋《鹿鸣》。人道奈良风物好,呦呦谁识燕歌声?

卅年神往不如归,不动堂开拥翠微。今日庐江无小吏,负他孔雀一双飞。（日说部不如归哀艳如《孔雀东南飞》本事）

裁红翦绿要相宜,韵事兰闺角巧思。清暇何妨学花道,胆瓶归插两三枝。

花冠云髻步摇偏,皱石疏泉纸屋前。开卷残唐周昉画,莫轻文物一千年。

一觞一咏尽多情,杯浅壶深细细倾。我亦曾听三味线,曲中哀乐旧分明。

十洲天外双飞翼,千尺峰前一角楼。开落红桑知见惯,麻姑犹待海添筹。

二十八和得柳存仁书知弥厂阁中复病辛勤可念寄慰

乍传柳毅书,法喜病有日。刀圭困医楼,和剂且逾十。君辄就病榻,舟车晨夕出。课士已多累,煦噢觅暇隙。相依谐白首,伉俪笃似昔。贞义信可念,勿药祝前席。恨我如秦嘉,酬诗徒挂壁。

二十九和弥厂病起自署余翁此沈寐老旧署也

奉书欣复苏,阙报愧月日。否极泰自来,生一终成十。余翁署嘉名,疑自寐叟出。学养天人间,相去正无隙。沉沉海日楼,谈艺侍夙昔。茗墨泼几砚，书吏委地席。片向或无言，枯坐对面壁。

三十和寄举东京

扶桑喜濯足，沧海伫浴日。此愿不易偿，投老望七十。知汝复远游，兴会亦杰出。抽笺写短句，示汝倥偬隙。白云旧相知，青山不改昔。促尊甘鳞介，就树设幕席。此景诚可乐，寄图张我壁。

三十一和李弥厂诗来，述妇病新愈，且改斋榜为余堂，余请改榜益堂

已辍病妇吟，额手庆永日。急劫逾四旬，鹤算更几十？余堂署新榜，愚意别有出。以云衡椿菌，修短同寸隙。以云乐岁时，优游必胜昔。何取度余生，应尚奋前席。请改题益堂，增筹塞海壁。

三十二和有怀益堂风致

益堂据岑楼，十载似一日。螺梯迂且晦，拾级且数十。忽然开洞扉，恍自塔顶出。骄阳绚光彩，万象度穴隙。散仙好生涯，雅尚不减昔。喃喃韵上口，历历蓍布席。夺境不夺人，背尘同面壁。

三十三和，弥厂书述益堂犯家讳，将取东坡儋耳诗"胸中有佳意，海瘴不能腓"语改署佳堂，又谓九龙塘营构垂成，即用题榜，喜答

锦鳞三十六，往返仅旬日。报我以佳章，许亦垂三十。周旋文字间，呼之端欲出。千里如对语，无异午窗隙。高斋何椝椝，夏屋同忆昔。今来收南服，山隩蹙片席。积习两未忘，商量题楹壁。

三十四和前题

佳士有佳致，堂成行有日。佳堂胜余益，精义一赅十。何只辄心许，直掬肝肺出。吾方客囚山，湿雾困山隙。不腓正自解，归志负宿昔。望君如神仙，九龙绕几席。会当渡沧海，捧贽叩斋壁。

三十五和前题

楼东款春阳，荣南曝冬日。秋容鬯老圃，异卉盈百十。足迹未及至，辙梦已轻出。想见一癯翁，拥书满椟隙。吾犹营神楼，构计日异昔。十年苦无成，徒遣缬生席。胡卢每自笑，虚造真向壁。

三十六和谢却弥厂属书堂篆请属曾履川书之

生平不工书，手盲溯少日。论书纵有作，纠愆一误十。岂容轻示人，坐使喷饭出。敢敬谢不敏，爱我许逃隙。四海曾侯官，矫健犹似昔。愿仍以相属，濡染拓前席。必能振大纛，气象焕轩壁。

三十七和履川书来狂草巨幅自谓废诗如没字碑答之

落南百无奈，长夏苦曝日。鲜获故人书，经月不及十。侵晨走伻至，巨帙夺函出。春蛇复秋蚓，缘案似觅隙。谛谛纵数字，缟纻情逾昔。岂同没字碑，字大正盈席。小儒骇失声，恍对岣嵝壁。

三十八和前题

或则似秋霜，或则似夏日。君书真凌厉，草法穷百十。山川纠缪间，龙蛇蜿蜒出。浅学如鲰生，辛苦窥蠡隙。君真好事者，临池尤胜昔。偶然挥一笺，幅纸丈二席。不吝付潢治，风雨会撼壁。

三十九和答宗颐寄二十章

仰天望征鸿，屈指计月日。诗来溢长卷，和作且六十。陆离缤纷间，真有俊语出。醰丝味有味，竟夕就灯隙。眼眊手欲断，吾衰更逊昔。强试答短章，展转同石席。诗成先自哂，坠鼓下悬壁。（其声不通不通然）

四十和，李释戡大隐逾两月始得实耗，晼华亦即世，笃念香山旧游，潸然有作

丈夫重旧游，老辄念往日。更堪追琐细，涌现倏百十。最忆命疲驴，山馆同晚出。梅边试吹笛，浮尘落梁隙。此景已入梦，安得再致昔？江城亦五月，仙云坠瑶席。万劫付九天，雪涕只面壁。

四十一和悼梅晼华

投老隐蛮陬，为欢忆少日。乌衣识风度，壮齿未二十。朝朝会文酒，夜夜巾车出。方我欲图南，细语别楼隙。凡兹不胜记，一掷判今昔。忍哀对遗影，犹似虱歌席。成连嗟入海，风雨动四壁。

辛丑生朝写掌故自遣

临风独客画堂东，倦爇兰熏晋一中。朱葎静穿云外绿，紫丛初放槛前红。山屏径曲无书达，海驿程遥乞梦通。残迹钓矶传掌故，筹桑开落又匆匆。

四十二和闻曾希颖习画寄示

使酒兴有余，拈韵赊永日。才情抒不尽，意气一抵十。毫端风雨动，腕底烟云出。阎浮诸世界，竟忽现螺隙。乐山更乐水，仁智宁异昔？南疆老画师，谁得与争席？想见落纸时，松涛扑斋壁。

四十三和前题

画水可五日，画石且十日。经营意匠间，化境千百十。不闻扣华严，楼阁弹指出。吾殊苦钝根，岂足窥涯隙。文酒溯缟纻，南北阔今昔。声闻犹相思，书堂梦接席。画成速示我，幅锦恢素壁。

四十四和辛丑双十节文史馆属撰家乘，作《惜阴堂辛亥革命记》八千言，跋记

通变极千禩，得失争片日。革除五十秋，至今庆双十。吾家惜阴堂，人物几辈出。阿翁笑拈须，问鼎批窍隙。功成身隐退，掷世伤一昔。逝者长已矣，生者冀袥席。辄劳征往事，为凿鲁殿壁。

再仿韩翰林体赋希颖习画贻之

经营泉石遣晴阴，一片扶疏画槛深。酒酽不妨人未倦，天遥微惜梦难寻。坐收霸气归毫素，小戢清才网碎金。九牧当前横海色，不应徒具五湖心。

四十五和寄馔脯祝和姐寿

阔别历年所，简札滞月日。屈指征上寿，积算且八十。炎荒乏嘉贶，吉语愧空出。祝姐占百龄，良驷永驻隙。媵以干馔脯，此味不逊昔。庶可助桃觞，聊足登俎席。分甘贻诸孙，慎勿扃厨壁。

广前星马竹枝词二十解

早收瞻部入萝图，望祭山川就海隅。荜路承庥应报飨，同安南海两名区。（中朝旧制，定于福建同安望祭马来亚岳神，于广东南海望祭婆罗州岳神，具见邑志祀典门。盖流人辟此山林，方奠厥宅，吾徒繁衍，或出阴佑之功。报飨固属其宜，且具括地收藩之志。先之以神祇覆载之诚，亦从政者所应知也）

五百年前事远征，艨艟泛海下番城。一邱一壑题名在，勋业应堪励后生。（三宝遗迹，不问真伪，随地有之。创建者或以雄风所被，足以激劝后人而为之耶。）

榜题行邸小花园，阅尽沧桑倚短垣。引咎敦槃轻礼数，不堪回首话征辕。（庚子之役，德国公使遭难。迨事定，清庭遣醇亲王赴德谢罪。途出新如坡，英人以庚子之怨不加礼遇，遂寓东陵李清渊宅，用

为行辕，至今犹在。当日行邸榜额，犹悬壁间，见者为之悚然。）

触目惊心过市楼，擘窠书店署星州。黄公垆畔犹能记，牢落诗人酒一瓯。（日军南袭时，郁达夫方留星洲，旋去印尼，被祸在星。多有文酒之会，尝应人请作榜书，其星州书店招额迄今犹悬闹市。）

玄黄龙战更何堪？检证囚俘事事谙。噩梦重寻垂廿载，有人雪涕话昭南。（日军南袭易岛名曰昭南，国人每以检证，遭囚杀至数万人。曾讯之友好，为述往事，不禁泫然。）

海南子弟信多能，卢陆风流更足矜。闲向街头瞻榜额，琼华琼美与琼兴。（海南人于此经营茶肆者，遍于坊港，且必以琼字为招额。）

盛典元戎序雁行，干旌列队尽雄兵。不期互礼军宾际，奏出桑间濮上声。（马来亚立国制国歌，主政者举民间恋歌当之，郑卫靡靡之音耳。）

不爱江山爱美人，青宫明镜乍生尘。承华事略应增补，椒殿难容釆女身。（柔佛王子以娶倡女，夺其青宫储贰之选。）

好逑远赋海西头，得意春风入画楼。底事崇朝伤脱辐？真惭夫婿是通侯。（马来亚苏丹子有娶英女归国者，不数日即遣之大归，闻者骇然）

莫轻湘女最多情，曳柳残蝉又一声。倘许开边承化雨，汗青他日比文成。（湖湘歌姬柳声老嫔，马来人官内政次长者，颇冀其勉策潜移默化之功，似唐文成公主之远适西藏也。）

旧名争识牛车水，胜地今开不夜天。百尺楼头众香国，春花秋月自年年。（牛车水潴洳之地，经缮数十年，崇楼巨厦日多，瓦子烟花冠绝南部。）

慢捻轻擂抹复挑，灯窗燕寝拥兰苕。寸丝不挂南泉汉，也竟投荒入绮寮。（摭骨女以摄摩戒体为业，颇足使人神旺。寸丝不挂南泉汉，禅家宗门语，假用之。）

俨然眉语欲通辞，扑朔深宵出没时。不意捉将官里去，低头方肯认男儿。（布其街马来男倡，盛装脂粉以迓客。）

彼美西方乍许逢，春闺红杏漏芳踪。缘知不尽刀镮梦，余事巫山十二峰。（西方军眷有出墙者，屡见获遣归。）

歌呼饮博作生涯，公馆连翩似列衙。广座当窗辜海色，持筹含笑两头家。（俱票部以公馆称多集乞纳街，亦有在东海滨者。客有拥厚资，至无人与博者，仅两人对博争胜，或曰陈高两雄也。）

倾资渡海礼天方，诵拜斋功守五常。博得街头人赞佩，从今白帽任徜徉。（马来人之礼天方者，归御白帽，见者咸敬视之。）

漫将绿柳榜行厨，风味韩江竟不殊。已罢诗人游地狱，不辞投笔作屠沽。（潮人署黛丁者，忽辍文字役改治酒肆，曰绿柳，其业甚盛。黛丁，意大利诗人，以游地狱诗享大名，领袖文坛。）

扶头几日染沉疴，上药难将末疾瘥。空检灵枢疏辨症，马来亚女近何多？（近多病迷瞀委顿者，医不能治，且不知病名。昨年应征美女郎赴美国，登岸即病，不得预盛会，延名手诊之，均非所悉，因即以马来亚女为此奇症之病名。余友好颇有得病者，听其弥月自愈。）

扃鐍原为大盗藏，庄生此语不荒唐。新来多事堪相证，夹万朝朝委道旁。（此间群盗如毛，至盗铁箱破扉而去，括资即委之道旁，事已数见。夹万，粤人谓铁箱，以见《胠箧篇》之非寓言。）

萍梗生涯泛海来，故乡消息梦成灰。吾家亦有唐山嫂，雁字天边盼早回。（流人谋生海外，多不挈眷属，留之家园，粤人称为唐山嫂。余来此且三年，屦邀室人一游，坚不肯顾，只通问耳。）

桂军文雁门解组粥画南游来晤投诗和答，语次颇生抚髀之感

不轻秦政为存韩，旧亦西行效说难。孤诣半生羁绝域，群飞无计戢狂澜。灰心霜鬓惊初见，刻骨花笺待细看。羡尔学书兼学剑，丹青余事踞诗坛。

弥厂营新居九龙塘，榜曰佳堂，来书犹

绳故园蔷薇品类之美之盛，驰诗申贺

盥薇和露写新诗，梦里蕃春剪旧枝。百亩娇盈花似海，十眉选侍鬓初丝。佳堂近辟龙塘路，胥宇重营燕垒时。省道韶光妍更暖，侍张帆席酹金卮。

岁暮且再去吉隆坡看乌结先赋

望里斜阳一抹金，岁阑倚槛自沉吟。沙边水际人归晚，绿老红稠鸟语深。闲卜灵棋迟远信，漫倾云液泛清斟。安排明日寻芳去，南陌脂车乞半阴。

四十六和沈燕谋久阔来函祝春厘兼及叠韵事，即用此均答三首，时辛丑残腊矣

阙然无音书，瞬已积岁日。倏尔剖锦鳞，残腊逾二十。春厘致吉语，细字更旁出。呵呵问和章，眼窄召讥隙。曾饶推宿将，豪气不减昔。余遂困重围，周旋乞逃席。何当更自振，涂抹遍屋壁。

四十七和颇忆春尊之乐倏又易岁矣

春宵共杯酌，恍惚尚昨日。转眼且易岁，白发添几十。瘴海苦淹留，困翼不得出。桃符徒自换，泥金焕户隙。即此当学道，观世泯今昔。犹冀温旧梦，濠堂再展席。凭君话桑麻，乘兴命油壁。

四十八和怀通州旧游示燕谋

碌碌避蛮荒，堂堂看白日。作诗无好语，叠韵困数十。弹指岁云暮，蝉噪林间出。此景诚足奇，岂许蠡窥隙。解衣据胡床，飞想辄往昔。吕四驰单车，有斐安重席。旧游尚有诗，触处事题壁。

高梧轩诗卷十二

武进　赵尊岳叔雍

辛丑岁暮小除夕驱车赴吉隆坡觏险，幸而毫发无伤，遂独留度元日，返星记此

一灯羁旅百无因，属客脂车试绝尘。天意有心惩覆辙，春光故我趁元辰。屠苏晓酌形随影，彩胜宵萦暂亦亲。为道此游真奇险，南荒重掷岁华新。

壬寅元日寄举妽舜口号，舜病癌于上海，两姐亟往照料，非常人所能也

一阳春好运乘新，善保新痊劫后身。眼底无穷家国事，从容付汝作传人。

九死终能逭一生，吾家阴德启前程。朝朝稽首医王佛，祝汝重开酒满斟。

六合何如手足亲？飙轮顷刻绝风尘。书堂伫盼佳音到，愧煞天涯白发人。

四十九和记覆车

建岁维辛丑，驰车小除日。客自瀛海来，壮齿甫三十。飞扬奋意气，奇祸遂遽出。哄然触桥柱，纳轮入柱隙。未尝仇智伯，惊起何似昔？踧踖度元辰，偃蹇就宾席。属杯征礼祥，七星方聚壁。

五十和，壬寅元日七星联珠，为宋孝宗淳熙十三年丙午八月乙亥即阳历一一八六年九月十一日后所未见，目为祥异，而印度日者以为凶征，举国禳解，翼日海宇宴然如故，作此解嘲

纪历当壬寅，春王书元日。七曜告齐元，盛事百传十。梵天有日

者,乃主灾异出。中土传前修,饱学探蠡隙。谓必是祥征,盛世不异昔。老夫掷治乱,无意争一席。游心赏物华,玩图且对壁。

五十一和前题元日适日食七星之庆为东南人士所不及见

旧读纬象志,好事说历日。吾衰弃有年,得一夙忘十。从教废绝学,万事听天出。身毒七曜经,同亦委楹隙。忽忽届兹辰,颇欲证今昔。觅书已无存,倦眼徒倚席。坐看换乾度,光彩晦奎壁。

壬寅新岁漫书

东南本是中华分,(韩翰林句,诚为今日之南洋咏之,遂借作喤引。)莫怨穷荒际水涯。雾瘴朝朝悬蜃吻,神荼面面出獠牙。少存正朔行边徼,略惜浮生付海艖。笑语渐闻邻客集,隔离灯影逗槎枒。

新春看花

春城真去探花回,寂寞三年梦未灰。细语临歧坚后约,开眉扫径认重来。天方曙瘴疑初雨,酒傍梅疏更一杯。莫遣芳辰轻负了,镜边钗燕看璀瑰。

五十二和壬寅人日

花前且雁后,转眼已人日。枯坐负韶光,往往逾九十。蛮荒不可居,蛰伏遂少出。秉笔就几案,坐俟日度隙。清欢聊自娱,索笑违往昔。红炉烹藏酝,绿树幕燕席。赏心诚难忘,奈此同复壁?

旧制纪游绝句数十首,闲居寻索犹不能尽,补成十截

流丹飞阁认残基,笳鼓声中渡水湄。一夜好风轻负却,兔葵燕麦剩凄其!(戊辰岁暮,江南兵事方亟。余于役章贡,由牛行镇渡河,入南昌访滕王阁,了不可得。问之土人,则江畔残基而已。)

琉璃亭下抚残碑,独立苍茫有所思!逃俗原为避弓檄,周颠于此

信知几。(戊辰隆冬上牯牛岭,访游周仙碑亭,洪武御制石刻犹存。)

空余残穴荫疏枝,莫误江南剔断碑。赢得榜村人尽识,问宅雷李更谁知?(昆山真仪镇,十里外有绰墓村,盖黄幡绰葬地,曾往访之。残穴前短碑题名,仅较雷海青、李龟年略留名字而已。)

安乐窝濒独乐园,土歌击壤尚喧喧。杜鹃桥上惊心数,作相南人第几番?(渡洛水过邵村,土人谓安乐窝、独乐园均在此,至今犹邵姓居之,顷建大桥,俯仰杜鹃声里,不能无感。)

太平山上乱离人,权拾茅头赏好春。远望苏门许长啸,唤来风雨信能神。(马来太平山,晴日可远望苏门答腊,余尝就宾馆游宴,乍来风雨景物奇变,亦一异境,下为太平湖,涟漪可爱。)

断崖片石留残字,高踞雄关李凤碑。我欲登封征往事,宏文琬琰属伊谁?(余过居庸关口,见李凤姐墓,尝征人修建,众意佥同。而事随年废,深恐陵迁谷变,此绝代佳人终归沦没,无可考也。)

我生一日后潮神,亲赏潮头出海滨。不信乘潮终去国,从兹报赛废良辰。(潮生曰八月十八日,余生日后之一日,曩辄于是日去海宁观潮。裙屐毕集,争看银涛当海排山而来,兹久废矣。)

六扇潼关铁瓮坚,班师竞拥相公先。庸知玩寇终贻患,待整金瓯二十年。(余尝往视,潼关城作圆形,仍极坚固。)

桐江春水暖于烟,处士祠堂尚水边。直去东西台上望,钓痕泪影两茫然!(登严滩二台,东为钓台,西为谢皋羽痛哭处,均沦墓草矣。)

丹荔丛中卓一庵,蓝江风味逊芳甘。来时正值香初绽,不负诗人到岭南。(余以五月赴粤,游荔子湾,饱啖畅游,自谓乐比东坡。)

静宜新居九龙滨海气象道赋示

远山丛绿九龙开,近海凉风四牖来。把膝当前吟斗室,东南气象自崔巍。

鲤鱼门正对新居,云起龙翔日卷舒。不只诗情供领略,诗中有画更谁如?

履川叠均长古七诗见示，为述往事和答

吾衰久废歌古风，浮生蛾虱真裈中。沧溟碧落纵无外，鲁连虬髯谁为雄？积年孑身窜荒服，日长苦对云峰红。蛮陬岂比羽渊出，为能为罴为黄熊？忆昔半江剪淞水，委蛇宾退食自公。逍遥三径信可乐，浓阴合暝遮郊空。当阶百盎移稚菊，接天双秀图园松。亦曾壮举出关徼，从容瀚海超崆峒。河冰径失雪拥岸，锋车冻合毡为幪。终见天骄敛身手，遥尊可汗戢兵戎。诚当长啸沽一醉，左倚利剑右旌弓。兴来何忽涉天姥，赤城万仞扣碧翁。乘流丽水下吴越，小蛮针线雨濛濛。雨中武林访遗迹，六和高塔龙翔宫。流连旬月不轻发，杂记细字详城东。穿岩绝壑度章贡，拔地初见五老峰。晓行雾宿豹同隐，白云苍狗摩心胸。继兹有游迫京雒，上林花鸟景阳钟。盈庭肉食何足数？一语破的惊瞶蒙。颐年堂前踏清月，森严壁垒方千重。惜哉哥舒终败走，坐俟妖异征白虹。中原万井弃不顾，雪涕父老悲耕农。振衣南粤去岭峤，旧游梦里惊重逢。与子十载别颜色，断梗何意寻飞蓬？重逢意气盛似昔，流光独恨头垂童。商量文字聚饮笑，自诃每谓百足虫。今兹背土更远适，琴筑差幸遥相通。出兹七诗叠旧韵，《七发》《七启》俱文宗。灯窗展卷诵往复，瓣香铸佛矜雕龙。试为述往赓雅令，长庆合集传无穷。

潮阳萧遥天通剧事任讲授，别三年矣，来星数枉过不及，晤寄四韵，旧尝同局行博，故诗末及之

候而不见尽踟蹰，搔首三年海一隅。绿绮应添新乐令，绛堂益肆旧规模。当门花木无童仆，望眼江山入画图。莫怨剡溪空泛棹，明朝重约牧猪奴。

西域旧制罽宾毳织蕃王帐饮歌舞图，方广逾寻丈，将卒俳倡，胡天胡帝，不可方物。余落南五载，仅乃得见，因用履川寄示古风三十均易制徘律咏之。蛮夷大长间一恃强每萌异志，而卒无所成，则汉家

德业千古隆盛有以遏止之也。南夷近亦蠢蠢思动，咏此不无讽辞。排律近鲜作者，斯咏窃欲追步中唐，苦无成就，惟吾履川有以正之耳

东南堂角郁金风，初展蕃图进一中。曙破烽烟迷扑朔，纱裁裙褶乱雌雄。舒衫泽送沉檀郁，把扇殷同靭革红。歌毕念奴才换羽，舞疑婕妤衍当熊。哢喉入破偷车子，促节循声试恼公。张角渐移徐渐下，参商长夜隔长空。挑红琴斫头施马（蕃人多用马头琴），贴地儿工坐偃松。问族当年钟突厥，卜基此地接崆峒。渴斟马乳为潼饮，倦卸驼毳作帡幪。微遣腥风侵上国，最教霸气压诸戎。蕃王域外专戈壁，鹘子天遥肆大弓。瑶琭拥肩男共妇，鬑鬛连鬓壮犹翁。晴添锦幛春潜动，黛剪灵旂宿解濛。簇列房星夸禁埒，排吹芦管绕行宫。常娴教战轻奔北，未必开疆不欲东。穆满雄图曾万里，可汗蓄意越千峰。铁衣结束鹰鞲臂，锁甲郎当镜抵胸。草檄清宵划蠹简，坐更拂晓警霜钟。霜钟处处相和应，雪月山山合冥蒙。忽奉传班倾四野，乍胆队舞又三重。娇娥递合围成阵，仗勒腾骧气夺虹。压寨扬矛咸贵介，引渠荷棘杂氓农。谁知前夕营头别，犹许今朝帐底逢。羞诉心期谐竹马，密怜眉语慰萍蓬。此行耀武花门虏，此际开颜厘面童。西笑诚宜戡鸟鼠，南征讵不化沙虫？山川斗柄浑如昔，星宿河源信可通。终惜谬期崧效祝，岂容逆取海朝宗。中原济济仍多士，宝祚年年驭六龙。寄语天骄应戢羽，丹青收拾梦余穷。

得如山大隐之耗，旬日始奉遗书，益增涕泪，题诗志挽寄哲嗣乙哥瑛哥

验封滴滴墨痕新，雪涕天涯已古人。著作平生戡伪体，多能一艺重斯文。旧游深巷投门客，细字潜声去国身。知更谁能昌绝学，不堪沧海几扬尘！

大召风云万里遮，贺兰驰驿记同车。盘铃不废搜天宝，人地差能共永嘉。乍读新篇通鞣鞨，旧题小序付麻沙。定文见属吾何让，遗稿应求向秀家。（余同游贺兰，君在绥远小市购得盘铃乐具。）

城东寂寞负初暄，就晚从容缀玉轩。孤诣别裁千古事，著书迥胜一家言。从兹声教开瀛海，最忆清芬侍后昆。藕孔避兵昨日事，相望隔海忍招魂。（日寇盛时，君杜门七年不出以避乱。）

冯列山载车同游波德申海滨留一晚，归途记十绝句，距观瀑已易岁矣，岁纪壬寅三月初十日

清游忽忽隔年逢，瘴海童山又一重。解我羁愁长落漠，共君逸兴好从容。

不听潮音已十年，膏肓泉石负华颠。落迦光景粗能记，法雨宵参最上禅。

坐痺五百里锋车，诘曲寻途出市墟。最是麻坡风味好，盘餐飧午获鲳鱼。

依违官道叩柴扃，投辖欣然占一椇。卧看东南云气上，潜蛟真欲舞沧溟。

疏疏篱落映斜阳，淡淡云霞透月光。深浅林阴徐掩抑，有无山色半迷藏。

银波涤出露华寒，轻送群鸥上浅滩。不待因风微作势，已教镜面起回澜。

腰脚新来不自由，几回砥柱试中流？弄潮终已非吾事，鸢跕徒师马少游。

云中一点是苏门，遥想三军渐入屯。虞芮朝周终让畔，槐根蜗角更无论。（印尼备战适甚亟。）

阵雨催归雪喷珠，游人逐队笑相呼。迟行独爱看空外，要摄江山入版图。

中宵弦管夜纷陈，灯火迷离酒十巡。辜负一庭良夜永，月华如水露如银。

海南林生徐典约游双林寺，拈珓兆吉，兼有同游金马之约

暇日从君一散襟，偶参胜迹谒双林。承盘杯珓知神意，卜午钟鱼隔院深。入海泥牛终望返，藏舟金马待重寻。辞家穷子峒蛮客，禁得天涯百感侵！

钱山君寄诗索和

万里犹能掬肺肝，无多四韵话辛酸。久羁异域垂垂老，许作吾乡处处安。海国林深多瘴疠，中原地迥梦高寒。传经料理儿曹事，三绝韦编午枕看。（王定国姬语东坡云云。）

弥厂来诗，谓其友夜归得阁中解半臂御寒，此伉俪之至情也，为进一解调之

尚书红杏敞前厅，官烛双行削汗青。寒到中宵辞半臂，输君举案沐温馨。

人道清辉玉臂寒，君嫌瑟缩夹衣单。千秋莫漫轻齐赘，一石臣心自最欢。

十年八表终孤旅，一日三秋只梦归。差幸四时都是夏，蛮陬不待九张机。（算博士体。）

送尤生光敏就学香江

移檄官书待削青，西南夷好作藩屏。老夫薄具文翁识，遣子鸿都受七经。

颇有才人集海隅，南金东箭溢明珠。珊蝴入网休轻放，博取多师气自腴。

挥手临歧道已东，好凭册府鬯宗风。出吾头地寻常事，拔帜登坛第一功。

三年渐已涉津途，韩柳名家足自娱。更有麟经诸子在，达材成德试涵濡。

客腊辛丑十二月二十七夜梦不知何征，欲记一诗，久始得句，且半岁矣

朱鸟窗前许再衔？通明缓降递瑶函。七襄贝锦承前席，万里鲸歧压去帆。未忘同心贻玉佩，更商新样剪春衫。碧桃信有重开日？日坐红云倚翠岩。

蒋抱一自耶加达来访友，索诗赋此酬之用其元均

天风海雨见襟期，老负声名乍得知。废酒张颠犹作草，狂吟贺监自生姿。论交不少怀归客，镇库偏多感旧词。更出吴笺三百个，投门排日索新诗。

李西浪自香江归来，置酒醉客，分贻名楮记谢

甫从珠海卸归装，旅雁翩翩又著行。彩笔新题收腕底，花卮旧酝出家藏。锦江茧楮番番艳，闽芥龙团细细香。我爱平生鸡黍约，不辞投辖一千场。

再以前韵送蒋抱一

瀛寰浪迹卅年期，腰脚峥嵘不自知。日课黄庭娱晚景，晓从霜鬓见英姿。久同林下疏寮客，尚爱花间小晏词。为问蒋山老居士，海天归棹可无诗？

九日置觞约客为蒋抱一饯别，翌晨飞返耶加达矣

亦知小别即归来，祖帐犹为发旧醅。展翼垂云沧海阔，招人丛桂小山开。压装此去多新句，作草从今进别裁。不许茱萸闲负却，明年重九更相陪。

壬寅重九约客是日晴爽逾恒

殊乡独客罢登临，夕照回澜入望深。余几虫沙催剧劫？无多风

雨托骚心！怀归计菊应初放，怯病因人试浅斟。携得萸囊无处去，待听街鼓夜沉沉。

重九觞座回忆中秋夜胡浪漫作赏月胜会占此示之

从容重九溯中秋，坐对珠灯缀市楼。月纵因人有圆缺，花尤傲晚见深幽。清言不废矜才气，嘉侣依然事拍浮。何日龙山同揽胜，浩歌万里托归舟？

壬寅九月常凯上人供斋索和

同自家山得得来，泥牛入海郁风雷。花移蝶至千人石，雪北香南一剪梅。偶和坡仙惭秀句，夙怜岛佛是诗才。供斋今更耽禅悦，灌顶醍醐胜旧醅。

李西浪诗赠蒋抱一和作

何事匆匆便赋归？相沟相沫正相依。十旬胜侣真乘兴，百岁佳辰不浪违。灯火崇楼消北顾，鹍鹏奋翼总南飞。锦鳞卅六凭传语，莫遣红笺小字稀。

西浪约游小九华报恩寺，常凯师再供清斋，客有携酒至者，为占绝句答西浪

莫问当年拜九华，早嫌穷子已无家。庄严法海真方奥，许又今朝现镜花。

游屐长干旧报恩，难寻废井与颓垣。几时移锡南瞻部，火宅同开不二门？

一壑沉吟送夕阳，坡陀山道似羊肠。林梢初见琳宫现，便濯尘襟礼法王。

面海看山最上层，碧天月胜九莲灯。山河大地于中现，老却蒲团一个僧。

胜侣寻诗又一回，中庭良夜与徘徊。拈花不辨花名种，些子禅心未尽灰。

五福持斋夙自谙，诛茆卓拂恨无庵。胜缘增上随功德，少忏平生七不堪。

清斋料理玉东西，缬眼慵看孤鹜飞。恰似渊明出莲社，虎溪溪畔拾清辉。（此下和西浪元均。）

清能比圣浊如贤，苏晋风流信有然。不待倾杯浑欲醉，中人山色压吟肩。

莳花辟磴盖茆头，弹指华严十度秋。历历苍山终远拱，沉沉碧海尚横流。

转经几辈是潜夫？迹远情疏格义粗。惭愧人天随喜到，顿开香积奉清厨。

□□扫澈一轮明，坐到中宵第几更？花渐欲暝人薄醉，澄怀端自抑心兵。

真有桃源亦足奇，南船北马更何之？此行不只寻幽赏，尚擘云笺试觅诗。

壬寅十月十四日太阴历九月十六日舜儿病殁津沽五虞斋日作悼诗

瘤疾必致命，天意胡太酷？遽夺吾子去，经岁困沉笃。缅忆十年前：撄肺丧家督。龙蛇遘厄运，乃又肆荼毒。连摧兰与蕙，直断我嗣续。老怀何以堪？斗室夜踯躅。

十年不相见，方喜展骥足。北国每来书，辞字温如玉。间亦记掌故，祖德能述录。衰宗庆强衎，官事困繁促。留影寄海南，英爽裹头朴。犹留几案间，灯下忍凝瞩。

客岁报撄疾，痞痛审不起。手足情最深，犯境往慰视。聊延残喘在，一岁差后死。终惊露电影，流光去如驶。伯姊又远适，料量备衾梓。归来衔哀讯，空洒泪盈眦。

阿母爱少子，闻病且北去。促装未成行，天夺何太遽？弥留不及见，含恨谁可语？孑然遗娇女，幼不解伤楚。老人当责学，姨氏善教处。魂兮或归来？莫作身后虑。

沧海复关山，儿病不及视。慰汝笃仁孝，好语强喻指。亦知终无济，挥泪每盈纸。又为致精诚，日课依释氏。闻儿尝自证，头陀落尘纪。人天许感通？缘尽爱不止。

随葬北仓园，相隔六千里。魂魄不相依，謦咳不相抵。儿亡逾兼旬，望眼尚迤逦。一旦得噩耗，坚信又疑似。岂谓父子恩，果此旦夕止？犹期有来生，再至奉甘旨。

胡浪漫寄诗却和

梦余呼酒酹长庚，枕倦抛书废纵横。万里凝眸伤去国，几回负手厌言兵？壶觞来日当高会，弦管邻家出细声。未许风怀消遽尽，犹邀残客踏歌行。

和钱山一律

山灵敢怨我来迟？蠡瘴穷荒际水涯。九死大苏曾不悔，三生小杜旧难知。沉沉蚁穴封侯了，寂寂诃林课易疲。屈指剪淞来岁事，饯春堂畔赋将离。

题陈一峰初曦楼图卷

破暝倚高阁，凝眸若有神。晴晖开两戒，丽景乍三春。待拥卿云出，犹余残日亲。诗人寻秀句，负手几逡巡？

弥厂招饮座次，马武仲出示中唐大中二年李楚望(郢)手写诗卷见示，又海藏楼七十生日谢寿诗墨，弥厂用海藏原均作两首，余亦奉和，弥厂失妻，余丧子，俱遭不幸，诗中及之

迅羽速万里，诚不类远行。故人属高会，灯火夜通明。酒酣玩诗札，一老矢坚贞。更获睹瑰宝，唐人写秋声。文字信有灵，片楮传令名。

交期溯奕叶，避世同南行。相隔犹万里，月色迷空明。何况遘丧祸，斗室各自贞。微吟纵有作，满纸断肠声。吁嗟天地邈，忘情且忘名。

何焯贤属为雷基磐题所著莘园诗草

少年绿鬓擅风骚，万里遐思托素毫。更剩书灯余味好，白云亲舍念劬劳。

和答钱山

阴移椰影不嫌迟，坐憩团蕉水一涯。日日看云山亦老，花花压槛蝶初知。偶然呼酒悭微醉，几度抛书惜渐疲？破寂恰宜惊驲使，风尘斗韵笑支离。

弥厂与余同岁，癸卯初春方北归觞我新居，甫匝月而怛化，遗诗六句在襟怀间，益增同声之恸，遗命茶毗知金粟证前身矣，闻耗雪涕，追和其移居人字韵悼之，又尝以杜鹃诗属酬，因并及之

同宫磨羯更无人，灯火华堂迹尚新。辟世围城愁玉貌，断吟怀袖剩珠尘。犹迎水驿归来客，乍舍风轮坏劫身。寂寞九龙山翠外，杜鹃花底孰酬春？

余少帆以所和刘孝绰均诗见示属和，盖记弥厂与余朋尊间事，弥翁大隐，阅之喟叹不已，答赋

佯狂走万里，草莱未尽辟。穷子偶思归，展翼海天碧。翰藻惊少有，胜侣犹宿昔。故人更殷勤，酬接共几席。匆匆返瘴乡，余梦溉醇醪。何期鼓风轮，夺境只旦夕？成连去不还，余韵冷金石。

和孤桐癸卯上巳诗

孽龙瘴海狎波来，冷眼云帆百叠开。修禊壶觞徒念往，登楼筋力

未全衰。何当露布传荒服？坐振戎衣待异才。事了升仙桥上返，江亭重访好楼台。

孤桐激赏前诗，答句有“倏从邱壑见夔龙，论事堂堂迥不同”语，庶同兴髀肉之感，复和一首

瞻部终教驻六龙，炎荒朔雪九垓同。先声吐谷方归款，后至防风莫自雄。此际官山兼赋海，十年人力夺天工。颓皤许与藏蠡管，卜日题襟咏太空！

怀亡友

天风海雨自东来，折戟沉沙锁已开。鹃泣蜀人知祚废，龙漦夏后识时衰。不妨夹谷归吾土，竟罪防风忌异才。回首成尘青史事，殒星莫更数三台。

黄伯权久役中国银行，谢事客星加坡八十双寿

京华五十年前客，斗柄南移驻寿星。坐见曾怀行会子，夙知张特树仪型。赏音瓦舍尊同泛，课易书堂草自青。更喜婵嫣征黻佩，白头对语祝遐龄。

丁卯七月盛暑口号自娱

谢事厌闻天下事，罪言未尽一家言。闭门长日亲花鸟，此地真成独乐园。

怯暑偏教谪海南，藤床纸扇胜幽探。凭将声乐娱清睡，持国风情久未谙。（韩持国逭署使歌鬟缓歌促睡。）

玉局招人来说鬼，定林策蹇去寻幽。此间无客无山水，片席随宜只卧游。

太平山亦小平山，海气穿林晓入关。独少荷花传饮客，始知毕竟在南蛮。（六一在扬州平山堂事。）

提鱼往过圣俞家，前辈风流信足夸。今日正无人斫鲙，街头空遇送鲥车。（以无人治餐，故虽见中原鲥鱼亦不买。）

焚香端不为熏衣，清献宗风久式微。钗钏声闻同破戒，禅心终逐彩云飞。（宗贤清献公好焚香。）

听歌已罢尚填词，料理泉蔬强命卮。呈艺后先伤独客，九泉元献亦吾师。（晏珠玉事。）

白快近来逢素发，吾乡敏叔信诗人。开奁霜雪盈双鬓，转觉斯言尚失真。（宋张景修，吾常人，字敏叔，工俗诗，借用首句。）

生平不惯作真书，春蚓秋蛇自卷舒。差比祁公行判牍，鲁鱼辨认付钞胥。（杜祁公事。）

中书君老不中书，茧纸番番掷屋除。偏有潮阳好事客，赚人烛下几行疏。（潮阳蔡石门求书，作小轴付之。）

婶女生日寄口号祝之，东坡称次女为小二娘，见致吴婿函，殊雅，今因袭用之

继我生朝再举觞，遥瞻海上乐康彊。凭将口号殷勤祝，寄与吾家小二娘。

三和钱山韵亦自见矍铄之致

坐并提封莫更迟，扶摇六载隐瀛涯。陬隅番语粗能解，仆远蛮餐已习知。猺洞鳄溪宁自却，盐车驽马敢言疲。明朝传檄勾当了，再奉金卮诉别离。

癸卯静宜寿日赋寄

看山面海据崇楼，俯仰年华又一秋。终日沉吟闲把卷，书从清福几生修。

闻倓虚和尚示寂感事

疏影扶溪夜别时，月明如水浣胭脂。橹声渐逐年光散，任取霜风入鬓丝。

老僧已化殿基存，许再清宵一扣门？残劫空华消逝尽，只余衰病负深恩。

风情筋力两消沉，碧酝双巡便不禁。斜揭绣帘花径去，泥人犹胜少年心。

八十八翁陈半丁绘菊扇贻陈一峰，行严题二绝句为报一峰刊夏午贻遗书之劳，故行严以查莲波与厉太鸿事拟之入诗。余与半丁别四十年，相闻相思而已，顷焯贤述一峰意属咏赞之。初曦，一峰斋榜也

风城别久付寻思，二老风流海内知。旧共春衫趋小市，新开寿菊迓初曦。传书差继查楼盛，雅咏犹当栗里师。何日莼羹偿宿愿，落英同乞泛琼卮？（查楼即京师广德楼，查氏旧业，所悬梅村“大千春色聚眉头”长联，见于著录，夙为春明掌故。）

雄白记往事兼述不佞少年心性，戏题截句示之

碧海青天卅七年，艳奴踪迹渺如烟。扶衰犹剩鸡笼罩，念说当时尚惘然。

焯贤以前半丁画菊诗示潘伯鹰索得和章再邀同作，即和潘韵，伯鹰惓惓春明风物，情见于词

老去追欢废贝多，空桑万里似重过。聚头著墨珍秋士，负手题诗感逝波。霜节弥坚矜野菊，绢痕浅研濯溪鹅。书灯芸箧相辉映，待引醇醪满叵罗。

高梧轩诗卷十三

武进　赵尊岳叔雍

吴子深遍游南藩返港将以近作画幅来赋寄

诸蕃职贡待君图，足迹应教遍海隅。方驭神风引水击，又莳上药泽菀枯。丹青点缀传千里，烟树清娱乍五湖。旧梦无端重省记，蛮陬月夜两狂奴。

用友人前诗韵赋闲情四韵

闲情别后渐无多，曲径沉沉几度过。向午好花开似醉，夜深圆月淡犹波。莫夸金屋曾栖凤，纵写黄庭未换鹅。百绪千端难自已，仍拈斑竹剪轻罗。

行严八十四岁复作南游诗以迓之

方瞳白皙发鬅鬙，得得千山一担簦。父老中原尊洛社，大夫稷下侍兰陵。遐荒蛮貊初通款，残朔荆舒正待惩。余事阴符囊底智，更期出手拂霜棱。

兰泉《湖海诗传》谓随园更招仕女之能诗画者十三人，绘为教授之图，燕钗蝉鬓，傍柳随花，问业于前，而子才白鬓红舄流眄旁观，悠然自得云。余授经南服，簪花请益何止十倍于斯，独愧尚未制行看耳

燕钗蝉鬓日随花，流眄旁观亦自夸。尚惜云烟无粉本，空辜红舄老生涯。

孤桐一夕制四律见贻次和代答柬

报书日日守山隈，苦铸危辞急足来。欲待南疆征佚史，未遑北国接群才。寰中一帜雄争长，甸外诸蕃载必隳。房杜不轻当世用，汾阴

志业几追回！

漫耦溪蛮作远人，团蕉历碌梦犹新。仲翔真待青蝇集，湘子谁寻瘴海滨？筹竹夙知千劫换，桃符惊见七年春。此情破涕难为笑，穷子思家不待陈。

大荒料理古来今，空谷愁教伫足音。毕竟诗邮通肺腑，更从题识托身心。革除共仰千秋永，康济同浮一盏深。玷璧无端劳史削，斋宾试叩惜分阴。（先父书屋榜惜分阴斋。）

倚楼频和大江东，俯视林皋毒雾笼。丁卯浣花徒剩稿，甲辰占岁若为雄。猨啼箐峡凄尤厉，鬼趣囚山出不穷。一枕翩然京洛好，几时狐狢换轻容？

港中嘉集，行严首唱七古，远道寄示和，答之

负鳌独面沧溟住，鹤唳猨啼闻已罕。读诗真似梦钧天，描刻嘉筵称铢两。团圞宾主可十人，脍鱼炙胾荐猩唇。清谈笑语间杂作，更拈秀句压南滨。洞溪魑魅攫人久，此乐从容非我有。洛钟但许应铜山，差慰闻声一袖手。谋篇骨秀调更高，情深句促薄风骚。饮中八仙不足道，徒状醉态嗤同曹。山径陂陀涉岑楼，地僻盛夏如凉秋。苦茶朱李相继出，胜侣应同投辖留。长绳系日必可以，得预追陪尤自喜。及瓜屈指方翻历，酒香先透鼻观矣。

焯贤以海外梁祝平宣教师回忆录属题漫书廿八字

夙传域外有尊师，名理精渊海岳姿。颇欲因君寻格义，先从丛稿觅新诗。

病榻甲辰八月十四日入院作

夜气高初散，腥潮静可闻。窗云疑絮积，林露缀苔茵。差了平生愿，犹为独客人。真图逃剧劫，神马御尻轮。

医楼与同安傅无闷对室，傅七十二高龄，割治肠癌亦渐告愈，旧为京师大学马通伯高弟，素以能饮名。过从间余辄谓有酒德而酒量不及，此遭各施刀圭，均酒病也

支床拥枕各无言，毒雾骄阳日满轩。已悔豪情矜酒圣，幸蠲残渴解文园。伯伦一锸犹多事，贞白层楼且避喧。病起相从应笑忆，涤肠钛胃对屏垣。

纵使相逢诉断肠，终逃九死客蛮荒。褰裳每自惭皮服，削迹应教别醉乡。忍见空尊甘废置，尚余残酿待珍藏。来年正朔南颁日，犹欲相从举一觞。（医楼以马来服供御，故诗中及之。）

甲辰仲秋养疴口号

已教万事不关心，镇日胡床坐绿阴。犹有幽花能伴我，红蕉绕砌一丛深。

咫尺沙堤碾画轮，夕阳红处黯生尘。倏教细雨轻雷动，不碍扶头倚枕身。

明窗十二纵双眸，绰约圆蟾上树头。眼底清光特皎洁，方知今夕是中秋。

结束纤腰自往来，青裙不袜踏莓苔。簪花獠女饶风致，知是长街赶集回。

抛卷沉吟坐晚晴，彩霞穿透绿云明。一回轻梦都吹散，微觉凉风拂面生。

浑忘此日是生朝，消领清娱坐寂寥。不待临流知面皱，吴山许我再观潮？

绿衣人至递蛮书，阿女天涯问起居。细字密行徐写就，海东珍重答双鱼。

行严题何焯贤园居行看四韵酬之

旧闻鞭石不成桥，今待阳乌拂袖招。万里中原供作客，一枝老父

漫营巢。沉沉君据岑楼上，瑟瑟吾安罣井拗。水击三千弥异所，几回酬简和风谣？

甲辰岁暮倦游庠校，改应星洲约治旧业，书示友生

传习河汾兴已阑，门墙房杜尽弹冠。余生市井听辕议，逐客无因事谏官。

移家检得箧稿补录，当是病起戏笔，时寓吾庐

支离病榻已经旬，难证金刚不坏身。差喜神游众香国，天花法乳护浓春。

何焯兄以中原给水香港喜赋属和

不闻骤雨不惊雷，轻遣哀黎脱祲菑。致力远胜罗刹使，虚从云外月边来。（俄适又放太空人，飘浮太空，为探月先容使者，故及之。）

激雪长堤挟浪翻，五丁一夕蚀江痕。苍生甘泽三年望，终信中原是峡源。

胡浪漫且卜筑金马仑有作次韵

丈夫何取积籯金？经野诛茆足快心。自有浮云供意匠，便开绣谷作园林。期君一栋依山筑，许我明朝策杖寻。难得炎荒寒夜醉，推衾笙磬证同音。

再　和

朋簪啸乐抵兼金，更觅幽居话素心。录曲绕屏疏粉黛，透迤叠巘压云林。月泉酬句应堪继，颍水遗风傥可寻？千万买邻吾不吝，寒蛩隔院和商音。

希颖寄四绝句，感逝怀人，读之怅触不能自已，次答代缄

哀时词赋不曾休，岁共鹃花作唱酬。今日只余残客在，一帘灯火映离愁。（曩岁留港，鹃花盛日，辄与弥厂希颖咏赏不辍，比者弥逝，希别，此事遂成绝响。）

剪绿裁红负品题，词人辜负玉东西。一从钵腹刳肠后，无复清思咏画溪。（胃疾戒饮，艰于构思，每瞻妙绘，不克再咏，为之怅然。）

酾酒东南事渺茫，无多消息报殊方。图经汗简浑抛掷，道是龙威不许藏。（近去上庠废书累月。）

酒痕浣尽旧青衫，一舸支离落海南。十万蛮花花似锦，蓟门春柳正初毵。（苦忆蓟门。）

绝　笔

病魔斗药事何如？细苦千辛备一茹！夜拥重衾犹觳觫，晨看疏雨待朝苏。危时掷命寻常事，垂老珍生是至愚。大好头颅吾付汝，此中颇有未完书。

跋

乙巳仲夏得先父手谕云患黄疸病住星洲中央医院，并诫切勿似去年胃疾时飞往探视，因黄疸非险症，医言二十日即可出院等。但字迹怯弱几不能辨，料病情匪浅，即洽办去星证件。不数日，先父挚友施寅佐先生函电叠至，促漪就道。迨七月三日上午始得证件，当日午后成行，傍晚抵星，始悉先父已于当日丑时仙去。远隔重洋，既未能侍疾，又未及一面，呜呼痛哉！既卜葬于星洲蔡厝港。漪在遗箧中检得《高梧轩诗全集》及《珍重阁词全集》，《高梧轩诗》至第十三未终卷而止，最后《绝笔》乃先父自知不起，拟捐眼睛、头颅赠医院，所作于易箦前犹以苍生为念，先父真仁人矣！诗词稿俱经亲自检订，有注明刻时删去，似预知不能及身付梓者然。先父初学词于临桂况蕙风先生，

当时所作，得小山之神髓，方饮水之华贵，环境相同也。后则颇经忧患，尤当垂暮之年，连遭丧明之痛，以中流之砥柱作海外之东坡，故所作诗颇多语谶及衰飒之句，读之泫然。每忆南阳路西楼夜课，恍如昨日。于今手泽虽存，人天顿隔，重违父意，未正首邱，卜葬南荒，魂兮寂寞，不孝之罪，漪复何辞！兹校订竣事，克日付梓，谨志数语，用致哀思。乙巳季秋儿文漪敬跋。

珍重阁词集

和小山词

序

癸亥五月，叔雍《和小山词》成，属为审定，并缀数言卷端。夫陶写之事，言涂辙则已拘，而神明所通，必身世得其似。在昔临淄公子，天才黄绢，地望乌衣，涪皤属以人英，伊阳赏其鬼语。莲鸿蘋云而外，孰托知音；高堂洛神之流，庶几合作。其瑰磊权奇如彼，檠姗勃窣如此，虽历年垂八百，而解人无二三。岂不以神韵之间，性情之地，非针芥之有合，宁骖靳之可期？解道湖山晚翠，旧数斜川；消受藕叶香风，谁为处度？叔雍琼思内湛，玮执旁流。得《惜香》之缠绵，方《饮水》之华贵。起雏凤于丹穴，雝喈犹是元音；茁瑶草于阆风，沆瀣无非仙露。用能吹花嚼蕊，缝月裁云。步讵学于邯郸，韵或险于竞病。岂补亡之闳旨，换羽何用新声；征聊复之遗编，吟商尚存旧谱。绿嬴屏底，写周柳之情怀；朱雀桥边，识王谢之风度。同声相应，有自来矣。彼西麓继周，梦弼赓范，迂公《花间》之续，坐隐《草堂》之余，以古方今，何遽多让。此日移情海上，见触目之琳琅；当年连句城南，愧在前之珠玉。（曩寓都门，与张子苾、王半唐连句和《珠玉词》，近叔雍授梓覆锲。）蕙风词隐况周颐书于沪滨赁庑之天春楼。

和小山词目录(汲古阁本)

临江仙 八调
蝶恋花 十五调
鹧鸪天 十九调
生查子 十三调
南乡子 七调
清平乐 十八调
玉楼春 二十一调
减字木兰花 三调
洞仙歌
菩萨蛮 九调
阮郎归 五调
浣溪沙 二十调
六幺令 三调
更漏子 六调
御街行 二调
浪淘沙 四调
诉衷情 八调
碧牡丹
望仙楼
行香子
点绛唇 五调
少年游 五调
虞美人 九调
采桑子 二十六调
踏莎行 四调

留春令　三调
清商怨
长相思
醉落魄　四调
西江月　二调
武陵春　三调
解佩令
泛清波摘遍
归田乐
河满子　二调
于飞乐
愁倚阑令　三调
破阵子
好女儿　二调
两同心
满庭芳
风入松　二调
秋蕊香　二调
思远人
凤孤飞
庆春时　二调
喜团圆
忆闷令
梁州令
燕归来

和小山词

武进　赵尊岳叔雍

临江仙

凭遍曲阑十二，碧城犹记相逢。莲房坠粉又秋风。画嫞眉浅翠，醉薄靥轻红。　　澹月疏帘遥夜，清光乞与君同。谁知雁字解书空。云涯无限恨，依约梦魂中。

前调

楼外粉鳞云淡，尊前青眼花稀。难消平子四愁诗。绿波春草路，送别几经时。　　傍柳记曾骢系，怜花剩有莺知。海棠时节约来归。莫教分袂地，红雨泣空枝。

前调

翠罨楼台芳意，红消风月深情。天涯芳草黯征程。闻歌谁画壁，送客此旗亭。　　绿蚁泛时须满，黄鹂啼到无声。三生杜牧惜狂名。楚腰余梦忆，凄绝绿杨城。

前调

一桁湘帘尘远，午莺啼破春长。旧游难得梦横塘。梦回寻不得，惆怅蕙炉香。　　却道海棠依旧，东风未算荒唐。翦红裁绿费商量。题花传彩笔，作草剩斜行。

前调

院落重帘春悄，秋千燕子来时。倦怀无奈杜鹃啼。陌头杨柳色，雨后海棠枝。　　也拌东风沉醉，难消佳日芳菲。天涯唱彻阮郎归。仙源何处是，空有乱红飞。

前　调

金鸭销残心字，晓莺不放愁眠。初暾红到绣帘前。低徊春草梦，妍暖杏花天。　　有约寻芳拾翠，拍浮酒欲论船。嫣红姹紫不胜怜。韶华无限好，莫待绿阴圆。

前　调

酒半麝熏浓暖，梦回罗幕低垂。别离还记暮春时。游蜂黏絮落，香燕蘸泥飞。　　楼上杏花斜月，只今病怯单衣。吴云天末最相思。锦书谁付托，极目雁南归。

前　调

尘世沧桑凭几易，故山鱼鸟总相亲。倚楼闲自岸纶巾。莺花成昨梦，丘壑属高人。　　酩酊直须千日酒，光阴莫负百年身。双丸随分去来频。兰荃芳未歇，珍重和阳春。

蝶恋花

已过清明寒不尽。帘外东风，花落红成阵。柳惯三眠无那困。荼蘼管领经春恨。　　去雁来鸿难借问。底事云边，不肯传芳信。春色三分眉一寸。蓬山更远天涯近。

前　调

云外高楼愁伫望。瑟瑟天风，摇曳哀蝉唱。雪藕沉瓜犹可饷。帘筛淡日微生浪。　　秋气凉于潮暗涨。却忆浓香，丝柳随檐向。一脉露华生海上。眉峰不减春愁样。

前　调

黄菊东篱开已遍。载酒携萸，俊约山亭宴。凉沁玉纤捐画扇。横塘一碧澄如练。　　翠袖新孀妆半面。玉立亭亭，玳瑁筵前见。

留月驻云歌宛转。塞鸿无计将清怨。

前 调

玉色珠光琼引驾。天与姮娥，占断清秋夜。似镜如眉都入画。翠楼珍重银钩挂。　　一晌花阴高复下。竹露纵琤，如共人清话。为道秋阴须乞借。海棠和泪匀妆罢。

前 调

银烛兰灯星月晚。对酒当歌，莫问情深浅。蝶殢蜂迷芳草远。泪痕长共襟尘满。　　一自青鸾消息断。总觉年时，衣带香罗短。划地落英飞絮乱。绿醪拌得春衫换。

前 调

罨画屏深罗扇小。望极星河，乞与机丝巧。梧叶半庭金井悄。穿针暗卜同心好。　　梦欲重寻须睡早。到得天涯，应是云蓝少。苦恨啼螿啼不了。月明错认西窗晓。

前 调

春梦如丝谁与记。春尽丝残，寻梦何容易。迟日茜窗酣午睡。余寒犹怯桃笙翠。　　柳影谁教摹雁字。得似人人，知否人中意？长日消磨无好计。思深望远垂清泪。

前 调

风约吴帆江上去。江远帆收，惆怅无寻处。任是难寻寻亦许。凭阑禁得廉纤雨。　　雨过云横千万缕。一缕痴云，一缕相思绪。尽意相思须不误。灵犀一寸蓬山路。

前 调

钗凤镜鸾都妩媚。两点春山，新样眉妆试。珠玉璁珑纨绮腻。浅颦深笑宜人意。　　何止醇醪输此味。问讯云英，可是璚浆比？锦绣别无天与地。众芳容易闲情寄。

前 调

水活银塘帘影动。听尽啼鹃，犹怯余寒重。新绿抽条如丱鬘。光阴未到桐花冻。　　钿阁筝尘慵拨凤。生怕黄昏，眉月生西弄。芳约一春谁与共。花风回首都如梦。

前 调

双燕倦飞犹掠浦。偷觑凌波，碧玉盈盈女。亸鬓低鬟无一语。白蘋红蓼谁为主？　　手把芙蓉迟赠与。极目青萍，几度飘红雨。烟路迢迢知几许？绛愁凝药情怀苦。

前 调

容易西风凋碧树。败叶疏阴，依约长亭路。金缕怨深投锦杼。银湾得似销魂处。　　宝鸭熏炉烟缕缕。萦损回文，那识相思苦。熨帖罗衣无好绪。唾绒窗外多风露。

前 调

唱彻骊歌留不住。后约难期，得似今番遇。梦雨悭晴天欲莫。红襟故故双飞去。　　犹是东风花满路。无复瑶尊，花底传情愫。从此一春芳草渡。总然烟冷云沉处。

前 调

最忆来时芳草路。杨柳楼前，金勒曾相遇。双燕见人携手处。重寻底为东风误。　　憔悴自怜腰束素。梦里盟言，梦里都无据。

打叠愁心千万缕。付它锦瑟萦弦柱。

前 调

月浦云归人未散。万一纤阿，为证同心愿。谁似冰轮常得见。教人不怨云涯远。　　十二阑干都倚遍。等是无书，一任鸿来晚。望极疏林生别怨。星河络角西风满。

鹧鸪天

醉倚花枝进一钟。绕枝蜂蝶见残红。春宵梦咽金壶漏，子夜歌翻玉笛风。　　愁易别，自初逢。碧云心事故人同。可能分付梁间燕，不尽回环锦字中。

前 调

明月西楼春未残。珠帘十里似长干。梨花晕雨娟娟静，燕子衔香款款还。　　轻不度，莫教闲。番风容易换朱颜。谁堪更忆寻芳约，昨夜罗衣特地寒。

前 调

浅画遥山入黛眉。谢娘妆镜影娥池。金炉沉水销难尽，绣幕芙蓉暖尚垂。　　春宛宛，意迟迟。踏青天气最宜诗。钿车旧驻垂杨外，开到荼蘼未可期。

前 调

梦雨西窗忆旧游。芰荷香里采菱舟。篷窗短笛青溪月，罗幕疏灯碧瓦楼。　　随岸转，抱村流。清尊闲引不知愁。鸳鸯总在花间宿，荻雪蘋风满浦秋。

前　调

绛蜡烧残未肯归。醉余襟袖任淋漓。凭阑伫月初三夜，侧帽闻歌弟几回。　　雕玉佩，缕金衣。紫鸾消息碧云西。小窗虚幌堪惆怅，稳睡红襟圣得知。

前　调

韵笛琼姿月下传。倚阑风度恰如仙。梦回心字烧残后，肠断腰围未减前。　　怜倩影，惜韶年。此情须问有情天。屏山只赤天涯路，分付姮娥各自圆。

前　调

霜重前村乌桕红。女儿浦口记曾逢。推篷醉倚尊前月，解佩清回袖底风。　　秋易感，思何穷！婵娟千里与谁同。遥山一抹修眉绿，依约巫云十二峰。

前　调

尚怯余寒未减衣。梦余心绪倦莺知。云山长结相思恨，更展天涯锦字诗。　　花作障，玉为墀。娇红鞶绿艳阳时。春人回首春如梦，春色年年在柳枝。

前　调

雾箔云屏袅篆香。当筵又作少年狂。闲招红袖酬芳节，未许蓝桥隐夕阳。　　山宛转，水苍茫。问渠争得似情长。推尊却凭阑干立，指点云涯数雁行。

前　调

亸袖回灯弄紫箫。醉余风度太娇娆。小怜唱彻秦娥忆，一曲尊前晕粉销。　　春水皱，莫云迢。柳枝犹学女儿腰。花笺不浣东风怨，莫更寻春万里桥。

前　调

晕酒娇红上粉腮。小颦眉叶未全开。箫声倦撅玲珑玉，罗幕斜钩伫月来。　　添凤饼，卸鸾钗。闲思芳约旧池台。风光才过收灯节，已是愁春弟几回。

前　调

画罨浓阴一径微。最深深处鹧鸪啼。无端枨触春人怨，唤起双双燕燕飞。　　消暮景，惜芳时。天涯薄幸几时归。楼前垂柳千千缕，欲系嘶骢未可期。

前　调

花絮伶俜满院飞。黄昏无奈鹧鸪啼。声声似说相思苦，毕竟相思付阿谁？　　春向晚，暖犹微。倚阑人怯翠罗衣。番风早是难消遣，何况天涯有秭归。

前　调

树色千门罨翠同。朝元宫里景阳钟。紫霞杯滟金茎露，青璅花扶玉槛风。　　仙仗拥，朵云红。九天珂韵佩丁东。御街骢马归来晚，满袖香烟不放空。

前　调

最是凝颦欲语时。此情能得几人知。但留钗钿皆传恨，遍拍阑干孰与期？　　芳宛宛，意迟迟。梦残无地著寻思。韶光憔悴还堪否？只恐新蟾亦敛眉。

前 调

侣是鸳鸯性是莲。夕阳清怨共谁传。微波消息能通语，明镜涟漪远接天。　　香梦悄，浪纹圆。舣舡侥幸柳为缘。山鬟不妒新妆束，夜夜吴歌入管弦。

前 调

欲诉年时宛转心。离歌按谱不成音。参差竹较情长短，潋滟杯含意浅深。　　愁伫雁，怯闻砧。阑干也自倦凭临。斜阳未省人惆怅，来照屏间孔雀金。

前 调

粉倩夫渠逗晓凉。翠深眉岫衬朝阳。呢喃乳燕依烟树，夭矫朱藤引露床。　　闲展卷，漫焚香。如年佳日梦余长。沉瓜浮李清无奈，更劝芳醪进一觞。

前 调

无语斜晖送暮春。晚晴犹说最宜人。半黄杨柳牵情绪，未雪梨花作梦云。　　寒尚峭，暖微醺。青回草色似罗裙。高唐十二峰何许？云便无心也忆君。

生 查 子

春红咽杜鹃，晚翠迷骢马。说似不如归，璧月檀栾夜。　　燕子最多情，争忍辞王谢。应念倚阑人，望极斜阳下。

前 调

有恨枝上花，无定风前柳。花柳恰撩人，可奈分携后。　　芳池水自春，底事干卿皱。道是不干卿，还更浓于酒。

前 调

垂杨千万丝，比似愁多少。杜宇一声声，催得啼莺老。　深意拂云蓝，寄与君知道。明镜玉芙蓉，长保朱颜好。

前 调

翠袖倚荪桡，花路迷烟浦。得似彩鸳栖，已忍莲心苦。　眼底惜微波，欲托浑无语。波外远山青，画出颦眉否？

前 调

微红泛脸波，薄醉融涡晕。萦损玉炉烟，兰麝催人困。　衔花燕未归，帘幕黄昏近。暝色度疏钟，故故传幽恨。

前 调

文鸳不解愁，秋信惊团扇。障扇脱红衣，蚤被文鸳见。　露重月偏明，来照啼妆面。望极楚云深，只赤凌波怨。

前 调

横塘并蒂花，花底双鸳住。香梦莫频惊，越女摇船去。　娇云罨麝波，回首相思路。载得月明归，记省鸳栖处。

前 调

罨翠画帘深，临水高楼住。倒影俛遥山，忆别伤南浦。　凭阑伫夕阳，高处凉于雨。清怨入云罗，呜咽春鸿语。

前 调

卍文阑巧回，心字香频袅。玉笛落谁家？幽趣人知少。　辛苦盼团圞，嫞向姮娥道。兰夜恰初三，妒煞纤眉好。

前　调

日斜山额黄，草暗裙腰绿。无语凭阑干，倦倚湘江曲。　　柳丝情短长，怪底三眠足。燕燕不知愁，夜夜双双宿。

前　调

春纤注玉徽，的的弦中意。未解别离难，却道寻春易。　　芳约旧湔裙，记拾溪头翠。皱水作潆洄，得似关心事。

前　调

金风玉露时，画意诗情足。素月浣清光，掩映帘波绿。　　吹残紫玉箫，不尽相思曲。苦恨梦中逢，一例分携促。

前　调

云山千万重，消息凭谁问。风伫杏鬟香，雨忆梨涡润。　　能得梦中来，便拟天涯近。夜夜卜灯花，何止双鱼信。

南乡子

官渡狎春潮。芳草堤边小画桥。系得吴娃双桨住，娇娆。解意新莺织露条。　　芳信近花朝。水市饧香入洞箫。无那绿波将别恨，云迢。容易相逢梦亦遥。

前　调

吹到杏花风。薄困人如宿酒中。蛱蝶柳花悠飏里，初逢。浅约宫眉笑靥浓。　　幽恨璅窗茸。劳恰西飞燕又东。两地相思谁与寄？应同。愁煞雕阑一角红。

前　调

小别恰成悲。忍折长亭弱柳枝。㦤好月圆花正发，相期。闻早归来莫漫迟。　　禁得几相思？颠到由来为远离。容易梦寻莺又唤，醒时。画里屏山学翠眉。

前　调

欲拾坠欢难！强把秦筝取次弹。一桁湘帘闲卷处，花残。翠袖香痕十二阑。　　生怕锦衾寒，拨火浓熏费麝檀。明月可知人意倦？宵阑。却照银屏画阁间。

前　调

苦恨蕙炉香。篆烟萦袅绣鸳鸯。绣倦香销愁极目，银床。月转庭梧影渐长。　　仙袂露华凉。玉清应怨镤瑶房。如此凉天如此夜！能忘。怪底人间铁石肠。

前　调

芳约总成虚。梦醒还怜抱影孤。薄似云罗浑未信，难期。念取韶华豆蔻初。　　临水托双鱼。珍重离情子细书。别后玉容长想望，谁如？消得文园病渴无？

前　调

浅黛映纤眉。杨柳阴中玉笛吹。赚取多情双燕子，斜飞。衔得香泥未肯归。　　妍暖踏青期。促绣闺中圣得知。年少谁家金勒马，来迟。紫陌尘香月上时。

清 平 乐

行行且住。莫向天涯去。吹尽柳绵芳草路。总是旧经行处。望中水碧山青。长亭树色无情。珍重玉珰缄札，防它去雁难凭。

前　调

池塘梦草。容易春来了。不恨绿窗春睡少。念取啼莺娇小。东风倦倚筝琶。峭寒犹怯纹纱。惆怅佳人翠袖,凄其公子清华。

前　调

花娇钿小。心绪知多少。春梦如烟萦碧草。锦瑟华年愁老。红笺自和新词。绿窗莫问归期。归在荼蘼开后,诗成燕子来时。

前　调

金猊篆小。日映云屏早。昨夜东风春未老。薄暖轻寒都好。小窗罗幕低垂。雕梁燕子来迟。心事天涯芳草,眉痕花底新词。

前　调

愁春不尽。望断双鱼信。飞絮落花欺翠鬓。最是春酲初醒。浮云西北高楼。珠帘得似扬州。可奈黄昏细雨,峭寒都在琼钩。

前　调

画廊回处。燕子双飞去。细草如茵花满路。迢递年时芳绪。远山犹妒眉开。钿车万一重来。莫遣玉龙吹彻,吴侬最惜残梅。

前　调

翠漪微皱。佳约湔裙后。花底持觞回彩袖。殢酒情怀依旧。归来杨柳梢头。杜鹃说与春愁。那更东风无赖,落红飞入层楼。

前　调

瑶阶斗草。响屟人来早。香径落英慵不扫。恰似春光未老。酬春写遍笺长。余情更付壶觞。消得海棠沉醉,红阑一角斜阳。

前　调

绿颦红怨。著意光风转。别后思量谁得见。一日绕花千遍。银钩锦字分明。赪鳞苍雁难凭。只有梁间燕子，见人无那深情。

前　调

梦中芳意。雨滴空阶碎。坐拥罗衾思往事。苦恨韶光如寄。愁听邻院丝桐。雨余残月朦胧。依约两潮声里，低徊五十弦中。

前　调

银河乍转。梦里春宵宴。按舞羽衣疑月殿。摇曳玉阶柳线。碧城十二凄迷。罗衾不耐单栖。画里屏山只赤，琼霄何处丹梯？

前　调

踏青人去。折柳和轻絮。柳外啼鹃啼不住。曾是钿车行处。残阳淡入烟昏。藏鸦不见斜门。裘马五陵年少，风流也黯吟魂。

前　调

金尊彩袖。频献鹅黄酒。不数天魔狂妒柳。妙舞紫云长寿。珠喉玉指冰弦。红羞翠掩灯前。绰约杏花半吐，清辉明月初圆。

前　调

梦余人醒。小立凭阑定。疏雨横塘烟外影。红蓼白蘋初静。云鸿万里南征。家山何处归程？早是琼箫吹彻，不成河满声声。

前　调

夫容开遍。芳景随流转。斜月半规秋一片。写出湖山清怨。柳丝萦系堤边。而今可似当年？何处数声羌笛，有人重上吴船。

前 调

梦回还记。梦里欢娱事。浓到郁金春酒味。未抵芳心密意。上阶斜月侵寻。篆香暗袭兰襟。依约小蘋风度，画屏银烛宵深。

前 调

嘶骢倦去。紫陌寻春路。百六韶光闲里度。怕见将离开处。相思极目云端。眉痕澹冶春山。回首旧游何许？梦魂昨夜阑干。

前 调

兰因莫问。拌得相思分。总为旧游萦旧恨。人远却教日近。年时绮席金钟。而今水复山重。长是愔愔庭院，花开犹似初逢。

玉楼春

日高深院愁春莫。倦绿成阴新网户。流莺惊醒玉楼人，独倚画阑吹柳絮。　　梦中为雨为云处。醒了却教巫峡去。无情柳絮逐东风，飞过年时携手路。

前 调

帘波拂晓屏山莫。眉叶乍舒寒约住。总然寒尽不成欢，愁满落花芳草路。　　路歧毕竟曾相遇。相遇谁教轻别去。垂杨也为系斑骓，绿到天涯肠断处。

前 调

红牙旧曲传香素。金谱新腔移雁柱。醉余好梦几回圆，赚得芳春无处去。　　花枝长好春长住。底事春风欺弱絮。春风无力鬓云低，弹彻伊州羞自觑。

前 调

飞红作雨香成阵。苦恨将离消息近。当归何事不归来，欲向柳梢眉月问。　　柳梢盼断人无信。眉月那知心上恨。灯花鹊喜更无凭，只是韶光容易尽。

前 调

春深花下传觞宴。拨尽新笃倾别怨。片风丝雨短长亭，梦草铺茵晴未遍。　　明朝得似今朝健。也羡沙鸥无聚散。莫辞襟袖更淋浪，消领玉奴深意劝。

前 调

杏钿昼暖琉璃静。百啭黄鹂枝上听。东风吹彻绣帘深，怪底愁春犹未醒。　　宫眉浅画窥妆镜。柳叶菱花红翠影。画眉休画远山眉，山远归期难与定。

前 调

轻云阁雨时光好。杨柳眠迟花信早。青春明镜彩鸾娇，碧月雕梁新燕小。　　桂堂东畔多幽草。苦恨凤鞋纤印少。朅来愁病两侵寻，总被多情风月笑。

前 调

一声羌笛离亭晚。吹彻东风回柳眼。相催无奈马嘶频，临别且教尊酒满。　　音书易断情无断。珍重天涯寒共暖。天涯寒暖总凄凉，写遍长笺犹恨短。

前 调

杜鹃啼彻春难住。芳草织成春去路。残寒萧瑟掩斜门，丝雨廉纤沾舞絮。　　春长无奈归期误。说与东风真负负。东风只解飏残红，红到杜鹃啼彻处。

前 调

珠喉掩抑筝尘里。得似君歌能有几？轻翻翠袂遏行云，乍破银瓶倾碧水。　　拨弦转轴轮纤指。不尽弦中深浅意。风流纵得博人怜，锦瑟华年须惜起。

前 调

秋容净似春醒醒。月到花阴花罨镜。镜奁长对影娥池，潋碧风微眉语静。　　流萤飞去蘼芜径。芳树倦雅栖未定。此时情景恰宜诗，诗兴揭来能几剩。

前 调

粉娘妆面芙蓉似。端合小蘡题小字。宵深无奈画屏寒，梦浅却消银烛泪。　　尊前最忆年时事。弦上难论无限意。蛮笺十样寄深情，情重去鸿禁得未？

前 调

啼莺似唤钿车住。莫向长亭芳草路。香轮轧轧碾珠尘，最是人间肠断处。　　柳眉浅画遥山妒。柳絮情多黏绣户。斑骓也莫怯征程，懊恨阳关催别去。

前 调

宿醒初醒饮临镜。风峭微松云雨鬓。小园新绿渐成阴，深院落红如有信。　　花风数尽情无尽。瘦损为谁嫞自问。玉箫吹彻别离声，犹有画帘工罨恨。

前　调

消磨长日无长计。凭遍回廊花满地。篆烟萦绕茜窗纱，缕缕似传心上意。　　伤心本事皆前事。灌溉愁根除有泪。不须弹泪向东风，此恨问天天亦醉。

前　调

高楼不似吴云近。消息楼头何处问？珠吭可是旧时莺，还向刺桐花里认。　　人人芳约难凭信。日日番风吹别恨。番风送得锦书来，蚤是侬愁消领尽。

前　调

流莺啼处金丝软。春似画图新渲染。泥香消得燕衔忙，花弹恰如人醉浅。　　楼台夕照闻歌管。拾翠归来浑未晚。晚风无绪不知愁，款款兰衾慵自展。

前　调

红绡换曲谁论价？醉倒歌楼明月夜。烧残龙脑梦常温，倚立风帏人似画。　　含情顾影菱花下。绿映鬟云妆堕马。娇颦忽逗倦眉尖，似忆宵深灯畔话。

前　调

娇莺弱柳能歌舞。柳外骢嘶知几度。不成歌舞不关情，底事花时轻别去？　　游丝袅遍墙东路。只是风流难约住。风流天付与疏狂，冶叶倡条知甚处？

前　调

琼英妒煞朱颜嫫。巧绾绿云新掠鬓。香罗省识瘦腰围，手把花枝慵对镜。　　玉郎别后无音信。去燕来鸿难借问。千红万紫织浓春,得似回文诗里恨。

前调

一枝香玉梅初绽。卍字沉熏烟未散。锦翻新样被池鸳,花卜归期灯足雁。　　寒消三九宜芳盏。可奈清尊愁倚惯。总然拌醉得瞢腾,梦里为欢终有恨。

减字木兰花

征帆目送。从此一春无好梦。驻马谁家。划地东风是处花。
黄昏易过。吹彻玉笙愁入破。有恨难忘。那更楼高近夕阳。

前调

嘶骢曾住。花外系人心眼处。落尽红英。风雨声中昨夜情。
归期未稳。数尽番风余别恨。一自春前。琴为慵弹只惯眠。

前调

红芳满路。最忆年时行乐处。不分东风。花信更番荏苒中。
愁来欲遍。比似行春腰脚健。薄暖轻凉。天气浑如意短长。

洞仙歌

芳菲满眼,锦织长干道。莫负芳期被春笑。伫缃桃、露重丝柳风微,香尘起,玉勒雕鞍不少。　　眉山分黛绿,绣闼璚奁,绰约韶容更谁好? 舃凤蹴,袖鸾拖,锦瑟华年,须不让、琪花瑶草。怪廿四花风太匆匆,误旧垒红襟,者回迟到。

菩萨蛮

低徊南浦垂杨路。绿阴前度分携处。再见若无缘。月华休更圆。　　心随流水去。泪作黄昏雨。泪雨尚多情。月圆愁煞人。

前 调

愔愔画阁双双燕。柳昏花暝常相见。相见隔帘波。隔帘春几多？　帘波风约住。莫放韶光去。日暮碧云天。相思年复年。

前 调

尊回听彻娇莺语。狂花俊煞天魔舞。锦罽画堂西。绿椒新壁泥。　人愁春易老。春似人长好。香雾湿菭衣。绿肥红未稀。

前 调

瓶花弄色三分吐。笼莺学舌无多语。窗影度迟迟。绿杨春几枝？　屏山幽梦浅。不似吴云远。云外有高楼。相思楼上头。

前 调

华琚瑶碧香罗雪。雕阑倚遍桐阴月。辛苦伫归人。璇玑图未成。　幽怀何处在？钿约长留待。一角小楼红。度箫无奈风。

前 调

春寒浅浅荼蘼雪。玉奴妆镜羞明月。月也妒春容。画阑回脸红。　春城喧笛鼓。何处无歌舞。舞罢怯余寒。为谁腰带宽。

前 调

东风款梦屏山曲。天涯望极蘼芜绿。尽意托鹍弦。难将心绪传。　小红春唱慢。筝柱移银雁。占断艳阳时。流云歌外低。

前 调

阑深影贮梨花白。番风不送归来客。容易得相逢。绣帏香梦中。　鱼笺疏远信。怕说归期近。却忆别离时。斜门眉月低。

前 调

一春长是思量苦。思量博得人知否？灰不尽相思。除非金鸭知。　春深肠断处。花落春归路。已是绿阴时。好春侬负伊。

阮郎归

柳昏花暝雨廉纤。烟颦怯翠奁。闷人天气暖寒兼。炉香慵自添。　风乍峭，日长厌。春魂荡绣帘。帘深犹拟伫新蟾。斜红恋画檐。

前 调

花蹊春服织蝉纱。轻红衬浅霞。余寒犹妒鬓边雅。残阳不肯斜。　占好景，惜芳华。番风数惯差。楝花开后更无花。萧条燕子家。

前 调

兰房妆罢晚晴初。风流谁得如？凝颦慵展寄来书。八行无那疏。　怜梦远，惜吟孤。春云自卷舒。那堪云散约长虚。约虚何似无。

前 调

一秋心事冷吴霜。月移更漏长。带围宽尽沈东阳。无愁可有乡。　山黛绿，钿花黄。相思不尽狂。狂余却忆旧凄凉。萦回寸寸肠。

前 调

春城长忆旧歌钟。花前琥珀浓。碧阑干外露华浓。灯痕晕靥红。　翻舞曲，展颦容。柔情薄醉中。醉余欢事几时重。频番廿四风。

浣 溪 沙

缟袂扶将醉倚梅。幺禽啼彻梦频催。梦回犹自恋深杯。　拗铁为枝新样巧，镌琼作骨化工才。月移疏影上窗来。

前　调

晓翠屏山六扇开。璚云依约护芳梅。梦中花路似肠回。　疏影暗香翻艳曲，吟笺赋笔费清才。红罗亭畔约重来。

前　调

十二阑干似碧城。千条弱柳解将迎。殢人烟景况晴明。　绣幂鸳鸯偏弄色，玉笼鹦鹉自呼名。凭谁诉与此时情。

前　调

十里妍风试玉鞭。画楼西畔驻香鞯。绿阴佳处夕阳天。　细草织茵缠锦道，落花霏雪缀琼筵。游春须不羡游仙。

前　调

懊恨当楼一抹山。为谁空翠约轻寒？杜鹃声里日长闲。　芳约总随幽梦远，倦云莫误锦书还。半灰心字惜香残。

前　调

为爱春晴不掩关。碧桃门巷柳阴闲。惜花长自怕花残。　画阁峭寒鹦未睡，绣帘深下燕初还。四条弦子诉愁难。

前　调

酒不消愁懒更沽。东君怪底费工夫？花如渲染柳如梳。　门映笑桃前度护，梁栖海燕旧时庐。年芳得似梦痕无？

前　调

芳树移阴昼渐长。游蜂未减一春狂。玉珰消息误檀郎。　秦月总虚箫风约，楚风不度袖罗香。残寒依约早秋凉。

前　调

无雨无花也闭门。梦余寻遍梦中痕。声声杜宇忆王孙。　往事金炉消翠缕，新愁罗幕冒黄昏。天涯芳草黯吟魂。

前　调

暖入莺吭醉眼醒。梦回犹凭枕檀听。小屏山作雨余青。　娇靥杏花窥画阁，香巢乳燕认池亭。清明过也足春情。

前　调

翠罨凉阴晚放舟。莲娃妆面怕花羞。便将秋泛作春游。　只有鸳鸯无别恨，肯教鸥鹭占清流。小红桥下碧矶头。

前　调

笃耨慵烧镇日闲。钿钗残梦落花间。屏山犹学旧烟鬟。　倚袖暗惊寒料峭，映帘生怕月环弯。柳丝难系坠时欢。

前　调

百蝶能消六幅裙。梦魂辛苦唤真真。镜屏前度恨犹新。　怨极只拌金谷酒，情多谁似玉楼人。好花开处不芳春。

前　调

帘幕风微莫雨收。夕阳西下碧云留。一声长笛十分秋。　金鸭无温罗袖薄，最先凉是最高楼。辞巢双燕有离愁。

前 调

不信高楼百尺危。凤箫端合倚云吹。断肠空有梦魂飞。 月浅可能知别怨,灯昏暂许诉心期。金风玉露似年时。

前 调

开到将离蝶恋香。远山禁得几愁藏。生憎小玉劝持觞。 银雁费声筝柱短,彩鸾延伫眼波长。峭风吹絮缀钗梁。

前 调

特地明妆俊似仙。杏花天气月初弦。脸红眉翠映琼筵。 禁得暗香萦舞罢,可无幽恨殢尊前。莲花婀娜赚人怜。

前 调

记浣红薇序玉台。纹窗网户旧曾来。一弯眉月似秦淮。 宝瑟清弦离恨谱,轻罗小扇合欢裁。错疑飞梦到天台。

前 调

酒罢华灯未肯收。绪风珠露暗凝秋。笛声惊起夜眠鸥。 欲托微波增怅望,惯吟佳句怯新愁。碧云深处是朱楼。

前 调

沉醉东风第几回。清歌宛宛亦仙才。好春珍重碧桃开。 月乍笼云疑暂别,柳将飞絮约重来。余情得似最深杯。

六 幺 令

柳眠花亸,绿意暗芳阁。画屏远山眉蹙,巧向晚妆学。已忍残寒料峭,那更愁边觉。带宽围匝。琵琶曲怨,苦忆檀痕旧谁掐。 别恨凭谁诉与,影问惟形答。怕见华月团圞,绣幕耽银押。兰夜茗茗玉漏，底事流光霎？泪珠销蜡。青鸾无信，几盼佳期误张角。

前 调

柳条初展，阑畔晚风息。日迟暖熏芳草，草辫玉阶碧。叶样眉妆巧缀，扫黛安檀的。暂来歌席。遏云一曲，绛蜡烧残赋狂客。　银汉西流月上，絮絮鳞云拆。别后孤负闲庭，夜合花堪摘。比似阳关更苦，怕听宁歌笛。梦余岑寂。欢悰逝水，总付明朝醉时忆。

前 调

宝钿琼佩，晚镜靓妆束。回眸桃靥红晕，越恁娇娆足。烟约湘裙浅翠，步步香风逐。鬓轻蛾绿。尊前小立，为唱韩娥驻云曲。　一晌低鬟辫袅，软语偎红烛。生怕莲漏匆匆，晓梦流莺促。珍重云屏半折，曾是欹香玉。旧欢重续。麝熏褥绣，看取金鸳也双宿。

更漏子

暖烟稠，芳草遍。帘卷绿阴深院。莺款语，燕慵飞。还疑春未归。　短长愁，深浅意。都付一年花事。才薄暖，似新凉。销香昼渐长。

前 调

海棠眠，蝴蝶醉。帘外落英划地。偷晕浅，学颦轻。如眉杨柳青。　鸟惊心，花溅泪。争识个侬芳意。催暗绿，妒残红。疏棂料峭风。

前 调

碧阴圆，娇燕小。画阁不堪重到。愁暂遣，泪初晴。啼鹃声复声。　恨时多，欢事少。梦肯留人长好。莺柱涩，雁书迟。相逢知几时？

前　调

梦寻难，人去远。帘为恨春迟卷。梨雨后，杏花慵。半庭香雪浓。　　靥红残，鬟翠重。依约梦中相送。催暝色，入离愁。相思云外楼。

前　调

血啼鹃，丝织柳。愁绝问伊知否。传笑语，逗娇颦。梦中无限春。　　恨如烟，身似客。忍说有花须折。狂杜牧，瘦东阳。萦回百结肠。

前　调

意中人，笺上字。消受别离滋味。如梦里，忆年时。柔肠说与知。　　絮风愁，花月怨。何日玉台重见？情不尽，恨难禁。烧残红烛心。

御街行

琼枝倚立凝香露。如怨韶光暮。晓莺惊觉玉楼人，一抹翠阴笼树。镜奁愁照，绣帷慵卷，苦忆关情处。　　柔丝不系东风住。一霎成歧路。映花门巷梦魂中，恰似玉骢轻去。清明过却，将离开遍，惆怅佳期误。

前　调

新萍总是风中絮。迢递横塘路。画船回首碧云西，约略茜纱朱户。一奁明镜，数声柔橹，又过长亭树。　　流云不作无情去。却作留人雨。绿波总是接天涯，春色几分能驻。骊歌易阕，鸾肠禁续，掩袂伤离处。

浪淘沙

丝柳拂银塘。摇曳烟光。梦魂依约旧潇湘。莺语似含清瑟怨，空诉残阳。　　波路九回肠。山作眉妆。罗衣犹惹去年香。苦恨东风花落后，一例能狂。

前　调

飞燕蹴香红。小立芳丛。韶华锦样去年同。只有芳心慵不展，寸碧春空。　　相见几时重。犹记初逢。隔花烟语小窗中。百计无聊从别后，孤负番风。

前　调

容易梦游仙。锦瑟冰弦。沉香亭北醉青莲。冉冉香云腾宝鸭，璧月琼筵。　　一晌换华年。醒眼愁边。啼莺犹似劝觥舡。打叠新欢成旧恨，楝子风前。

前　调

画阁绮筵张。有恨须忘。窥人小燕在雕梁。记取春秾花弹处，纤手传觞。　　余事付荒唐。消得回肠。晚来云淡露华凉。月到圆时人意好，端的思量。

诉衷情

珍珠手卷暗香来。帘外几枝梅。镜奁春意先暖，含萼未全开。扶缟袂，下瑶台。费诗才。那堪愁里，莫惜花前，吟绕千回。

前　调

春青翦叶妒妆眉。风流些子儿。折花慵理双袖，芳意总相宜。闲体态，倦腰肢。自寻思。杏花藏笑，杨柳含颦，得似心期。

前 调

柳塘波绿漾残红。此景别时同。别愁长是千里，无赖又东风。花艳艳，月胧胧。旧情浓。那堪回首，梦怯啼莺，望极征鸿。

前 调

蘋风荻雪作深秋。极目水东头。寒云弄影天末，年事逐云流。波宛宛，梦悠悠。合成愁。玉容安否？筝尘画阁，笛语高楼。

前 调

红灯翠袖映娇娆。微酲晕粉消。珠歌一串尘簌，歌外驻云遥。萦洛浦，度湘皋。梦迢迢。芳时弹指，满目青山，何处蓝桥？

前 调

金鸳绣蹙藕丝裙。浓香草眼熏。花蹊步拾兰翠，楼阁未黄昏。纤屐齿，印苔痕。怯心魂。娉婷自惜，红粉青娥，见说如云。

前 调

软风摇漾郁金裙。香罗更麝熏。双鸾浅移娇步，犹自惜苔纹。搴带草，撷书芸。最思君。匆匆芳节，脉脉幽怀，付与行云。

前 调

暖风迟日敞琼筵。彩袖拨湘弦。飞花掠鬓回袖，芳物媚韶年。香雾重，紫霞鲜。艳阳天。扶酲归去，花碍罗衣，柳拂丝鞭。

碧牡丹

字密题团扇。花弹娇新燕。梦里春秾，不道惊回春远。十二回阑，罥绿阴将遍。萧条斜日深院。　恨无限。倦倚芳阁晚。心期岁华同换。欲寄相思，字问去程长短。未必婵娟，千里知人愿。凝情空伫归雁。

望仙楼

峭寒霜叶又辞柯，有恨如人离拆。此际多愁多感，明月宁知得？片云伫到天涯，清露滴残秋色。已拌云山遥隔。空系人思忆。

行香子

漾碧流红。烟路匆匆。舣兰桡、前度曾同。玉箫声里，惆怅惊鸿。几伫行云，吟落月，倚东风。　画帘深下，茸窗静掩，费低徊、情味何穷。天涯芳草，庭院梧桐。也宿妆残，罗袖薄，翠眉空。

点绛唇

双燕来时，落红门巷浑如旧。最怜人瘦。忍折风前柳。　锦瑟无端，谁共心魂守？分携后。梦痕消酒。和泪盈双袖。

前调

兰夜华灯，麝薰一缕肠千折。自从离别。此际真愁绝。　花近窗前，云掩窗前月。圆还缺。落花时节。旧恨凭谁说。

前调

花落花开，妒花风里春如寄。不成芳意。倦倚屏山翠。　偶忆年时，罗袖沾新泪。愁无计。为谁拌醉。醉也和愁睡。

前调

春近阑干，淡黄杨柳抽新缕。旧情何许。莫放游丝去。　极目南云，迢递钿车路。留难住。片风丝雨。苦忆伤离处。

前 调

开到将离，谢娘池馆春先老。玉骢芳草。烟景无多好。　　杜宇声中，忍见春归了。云涯渺。贮愁多少？珍重眉痕小。

少年游

茜纱窗外，微云丝雨，春意逗芳红。飞来燕子，关情底事，软语诉东风。　　星期月约，年年虚度，容易梦中逢。游丝千缕，横波一霎，何似莫匆匆。

前 调

螺鬟高耸，蝉钗倦亸，眉叶翠初匀。帘波浅约，屏风轻叠，赪脸晕娇颦。　　蓦然相见，惺忪薄困，依约画中人。别后情怀，梦余滋味，惆怅隔年春。

前 调

秋阴院落，恻寒天气，帘下乍相逢。人家深巷，兽镮微动，丝雨寂寥中。　　横波无那，凝情欲伫，珍重意千重。遍写乌丝，谁传鱼素？除是梦魂同。

前 调

碧梧清夜，桃笙荐爽，楼上月华明。阑干倚遍，微云弄影，枨触别离情。　　锦书难寄，罗衣空换，孤负雁南征。别时能得几叮咛，无数短长亭。

前 调

平沙岸曲，垂虹桥下，双桨划清流。云山未改，烟波无恙，不似去年秋。　　去年今日，茜窗深话，低控玉帘钩。只今衰柳夕阳楼，谁与诉新愁？

虞美人

垂杨织遍吹笙路。绿意新帘户。隔帘依约玉娟娟。最忆年时红袖捧金船。　　攀条惜别年年惯。几度斜阳晚。晚风双燕入帘时。尽意呢喃如话旧相思。

前　调

梦醒人远销魂地。玉倦钩斜坠。玉钩随意挂闲愁。一任柳绵飞雪上层楼。　　楼高望极伤情怨。云袅春空遍。落霞犹是旧时红。只是别来心眼不相同。

前　调

秋河似泻银瓶水。遥夜阑干倚。绿章乞与展星期。为问填桥灵鹊忍轻归。　　银云漏处蟾钩在。月转花阴改。云涯有恨托鹍弦。生怕一声河满到尊前。

前　调

篆烟销尽沉馡缕。愁坐清无语。宫罗软绣曲屏风。移向花间应解护香红。　　红英落尽春无信。莺燕归期近。伊行能得共归无。看取缃桃瘦损要人扶。

前　调

春风飘拂长亭路。又送兰船去。归来临镜怯颦眉。从此一春长是别伊时。　　无心更惜春光好。春去凭迟早。梦中欢会醒分飞。却见画帘娇燕一双归。

前　调

花秾柳亸韶容好。不信春将老。珠帘斜搭玉阑干。何事落红飞不到屏山。　　啼鹃为说春犹在。只是芳期改。芳期那得是归期。

此际万千心绪一颦眉。

前 调

双鸿未有归来信。已是秋风近。夫容容易绕池开。冷艳相看能得几人来。　　夜凉珠露如清泪。廖泬成霜意。玉阑凭瘦玉楼人。便是远山眉翠亦含颦。

前 调

玉珰缄札珍珠字。不尽心中事。若教双鲤肯来时。便似番风有信怕花迟。　　花新不似情依旧。此恨年年有。一回花褪一春阑。帘卷绿阴如画妒眉山。

前 调

红牙按拍翻新乐。巧向韩娥学。绕梁依宛遏云深。才信当筵一曲直千金。　　歌残金缕花时怨。消得回肠断。天涯难得是知音。越恁称人心处系人心。

采 桑 子

当筵彩袖殷勤甚，态冶情闲。舞罢歌阑。不负宵深玉漏残。门前金勒休催去，蜡泪初干。料峭微寒。酒晕霞生子细看。

前 调

东风珍重吴侬意，帘外芳梅。筵上深杯。忍付昭华玉笛吹。新筜拨尽翻成怨，锦字慵裁。甚日重来。见说文无取次开。

前 调

梦中依约凌波影，佩结瑶珍。香裛梨云。残月啼雅苦唤人。梦魂悠飏如轻絮，一晌前尘。便抵飘茵。咽尽铜壶悄恨春。

前 调

落花巧缀泥金幕，料峭东风。社燕匆匆。飞向邻家院落中。杏梢犹怯余寒重，无语芳红。自惜妖嫞。写入猩屏那得同。

前 调

玉钩银蒜春阴羃，深院微风。梦语惺忪。幻作柔云漾碧空。垂杨画罨秋千索，惹翠萦红。芳意千重。扶上仙裙更不同。

前 调

红窗燕子呢喃语，似说归期。却忆年时。未到将离已别离。凭渠锦字殷勤寄，纵赋新诗。不尽相思。惆怅杨花满院飞。

前 调

机中长恨鱼中素，倦拨炉香。愁倚眉妆。袖薄天寒掩泪行。游春总是愁春处，弱腕丝缰。恨缕垂杨。翠驿红亭路更长。

前 调

侧风趓日杨花乱，孤负芳期。燕子楼西。那得残红更上枝。玉笼鹦鹉惟忺睡，燕子来迟。诉与伊谁？心事低颦强笑时。

前 调

等闲过也芳菲节，小院红稀。镇日相思。凄绝遥山翠罨时。凝情怕说当年事，后约难知。昨梦都非。纵有花笺得到伊。

前 调

夜遥桦烛消红泪，罨鬓颦眉。翠袖双垂。舞倦歌阑月上迟。笼纱嘶马催归急，欲语期期。最耐人思。握手相看半晌时。

前调

银钩画箔闲朱阁，篆袅香浓。渐入空濛。偶逐游丝缱绻同。云翘拥髻霞生脸，猩色屏风。看取嫣红。莫道佳期是梦中。

前调

桃根双楫分蘋叶，明月团圆。人劝金舡。醉去和衣一晌眠。夜凉诗思清于水，写遍花笺。却忆当年。艳曲江南听采莲。

前调

双鱼不寄归来信，底事迟留？负了扁舟。玉露殷勤浣素秋。闹红双桨年时约，赌酒藏钩。旧梦新愁。都付离人唱石州。

前调

茜窗闲煞丹青笔，画稿慵临。薄怯罗襟。秋入屏帷问浅深。渐深秋似春犹浅，最是而今。孤负春心。残梦都随断续砧。

前调

宵来赢得凉如水，青琐朱楼。玉腻香柔。月影偎人故故留。诗成绿蚁倾须满，漏箭银虬。疏幌萤流。倚笛谁家各自愁。

前调

秋千院落蔷薇架，花絮匆匆。帘幕重重。总在鹃啼蝶梦中。等闲佳景蹉跎了，容易相逢。瘦损西风。一日三秋两地同。

前调

嘶骢门巷寻芳陌，雏凤知名。人月双清。霓曲人间第一声。无端唱彻阳关叠，云散离情。水咽长亭。莺语春来未忍听。

前　调

年时玉简酬芳约，靥杏脂匀。眉柳烟颦。彩笔安排记会真。浮云西北堪回首，酒涴衫春。歌涩筝尘。楼上花枝莫笑人。

前　调

厌厌三月长如醉，怨宇啼春。斜照含颦。花信匆匆记不真。枨枨帘幕深深院，红剩香尘。绿作浓云。柳外楼高望远人。

前　调

西风消息啼螀急，一夜新凉。底费商量。玉漏争如绮恨长。素娥宛宛移花影，影绕回廊。香袭茸窗。香影缠绵欲断肠。

前　调

小红亭外垂丝柳，烟景依稀。送别斜溪。掠鬓东风絮乱飞。踏青拾翠嬉游处，香霭霏微。行乐年时。草眼晴熏袭画衣。

前　调

斜风淡日帘垂地，酒黯离襟。旧谱慵寻。闲煞红囊绿绮琴。雨余花落知多少，最是关心。不道而今。泪与残红较浅深。

前　调

别来无计消长日，晚岫匀螺。秋水凝波。一抹斜晖恨许多。试倾新酿欢娱减，莫更闻歌。往事蹉跎。纤月笼云蹙怨蛾。

前　调

宿酲初解琼钩上，晓色帘栊。人意新慵。网户朝暾罨镜红。镜奁双凤多情甚，总与春逢。丽日妍风。宛宛行云在碧空。

前调

秋心不放愁心展，一曲尊前。唤起闲眠。露浥凉蟾分外圆。听歌看舞游情懒，写遍红笺。弹彻冰弦。别恨难凭雁与传。

前调

回阑那角珠帘影，蜂蝶殷勤。柳绽黄金。昨梦如烟记未真。是真是梦浑难问，低草迷春。高柳窥邻。满目韶华苦赚人。

踏莎行

风絮飘残，烟丝低尽。愔愔院落寻芳信。小颦窥镜去年时，不堪重向啼莺问。　　锦字情长，碧云天近。蓬山只在灵犀寸。西楼昨夜月胧明，欢尘坠处凭谁认。

前调

檐马喧晴，林鸦绕暝。无情寒暖浑无定。因风起絮作牵萦，游丝肯为相思静。　　去日华笺，年时粉镜。高楼何处传归信？回环心字玉炉熏，倦余惆怅还成醒。

前调

暝霭如愁，年涯似水。绿芜不尽相思地。倚栏生怕见遥岑，向人犹学眉痕翠。　　何计酬春？无聊拌醉。醉余苦忆欢娱事。欢娱能几醉还醒，攲斜泪墨吴笺字。

前调

岙远云开，橹柔波重。扁舟容与双凫共。水蔌花外有轻寒，斜阳罨画钟初动。　　千里婵娟，双飞彩凤。无情一碧天如梦。梦中犹记去时情，褰裾南浦花前送。

留春令

绿阴楼外，夕阳多处，旧痕烟水。听彻啼莺落花深，忆前度、欢娱事。　　十二阑干能几倚。更笙歌邻里。如许韶华不成欢，只怀远、凝清泪。

前　调

絮阶虫咽，打窗叶响，满庭霜意。欲摘金英附瑶华，道人瘦、花相似。　　暂遣闲愁须拚醉。念楚腰纤细。锦瑟华年恁匆匆，最惜起、花时事。

前　调

夜长衾冷，月移帘悄，炉熏烬半。更忍银灯照窗纱，傍镜影、愁中看。　　往事魂销尊酒畔。是鲛绡偷换。千里从教共婵娟，也寸寸、回肠断。

清商怨

愁深春水较浅。负花风妍暖。送别轻时，天涯魂梦远。　　垂杨翠缕漫翦。付杜宇、一枝春晚。盼煞归期，离亭长更短。（家刻起调作六字，汲古作七字。弟五字作□。）

长相思

长相思。长相思。欲寄相思未可期。雁来知几时？　　长相思。长相思。满目韶华付与谁。缄愁只自知。

醉落魄

晚塘新月。玉箫声里晶奁彻。鸥鹭于人知款切。却笑人人，长是长亭别。　　长亭去日花如雪。惆怅容易芳菲歇。垂杨翠缕禁攀折。缕织成愁，欲解浑无说。

前 调

月圆还缺。云涯怅望音书绝。愁边荏苒芳菲节。千里相思，一寸灵犀结。　　兔走乌飞无暂歇。华年弦柱伤心彻。素娥忍见多情别。碧海青天，心事和谁说。

前 调

天寒袖薄。一春中酒情怀恶。辛苦梦痕何处着？切莫惊回，更与啼莺约。　　钿金衾铁都成错。怜花心事怜花落。落花犹得浮君酌。看取花浮，拌醉君休却。

前 调

从今更莫。从今莫怨东风恶。东风尽意催花着。不分春人，几误花前约。　　芳期一晌成今昨。酬春只办觥筹错。倚阑极目春云薄。极目云涯，多少春闲却。

西江月

绣幕低垂院静，金炉悄拨香残。流莺劝我惜春闲。可奈扶头意懒。　　柳色能将远恨，梨云惯作轻寒。游丝欲罥落花难。燕子归来太晚。

前 调

玳瑁梁间燕乳，沉香槛外莺稀。新桐初引拂墙枝。杨柳三眠似醉。　　池水暗浮花涨，屏山静掩春归。绿阴如梦忆人时。消损春魂剩几。

武陵春

卷起珍珠钩起恨，新月素光流。不尽遥天不尽秋。更不尽离愁。
金钗钿合虚前约，魂梦误欢游。重系斑骓翠陌头。不似旧扬州。

前　调

浅醉人扶花绰约，蜂蝶恋芳丛。花信频番春更浓。瑶翚泛东风。　拚它醉懒如云态，云不驻春空。花下何时一醉同。春在小庭中。

前　调

别后愁长心字短，宝鸭蕙烟销。画阁愔愔人去遥。魂梦逐轻桡。　瑶珰不付新来雁，目断碧云遥。莫更寻春弟几桥。双袖泪红绡。

解 佩 令

夕阳难系，春光老去。绿阴中、芳阁愁无绪。紫蝶黄蜂，也解惜、脂香铅素。更何论、茜窗儿女。　　文无开遍，荼蘼满院。忍重寻、玉骢嘶处。录曲阑干，恁禁得、疏烟丝雨。付鹍弦、替人深诉。

泛清波摘遍

眉青隐岫，额雪窥帘，犹记那时风韵好。解人春意，绰约枝头放花草。宁知道。银笺恨字，玉笛离声，一霎雨情云梦了。侧帽轻衫，杜牧而今俊游少。　　去尘渺。千里沧波接天，一抹冷烟黏草。过尽征帆都非，倚楼昏晓。伫鸿杳。辛苦问讯断云，玉珰甚时能到。几许闲愁都付，醉和衣倒。

归 田 乐

倦把番风数。万缕已、忍新愁绪。赚得莺声吐。更离梦忽断，芳景难住。荏苒去。　　愁凭屏山成独语。亸袖余寒春念否。画帘残照，燕子凄凉语。梦余尚道得、旧分携处。绿暗长亭怨花絮。

河 满 子

锦瑟长闲玉柱，绣帘懒上琼钩。乍寒轻暖春正好，年时记省欢游。柳叶才胜约指，花枝解恋搔头。　　是处韶华如梦，者回芳约都休。系情可奈游丝软，倚阑多少闲愁。得似画图依旧，云山尽意当楼。

前 调

蹙黛谁知深意，横波自惜容光。背人私系双绣带，花时懒去寻香。锁梦遥怜巫峡，流愁欲付潇湘。　　绵邈一春望眼，萦回九曲柔肠。碧云容易斜阳暮，遥山也倦眉妆。那更残红簌簌，桃花苦忆连昌。

于 飞 乐

映额窥帘，海棠依约红腮。春阴画罨楼台。雾笼香，风泥醉，软绣屏开。仙人萼绿，妒玉容、着意修梅。　　絮果难论，茗华如梦，三生月地云阶。蕊珠宫，青鸟使，无限情怀。天花伫久，东风里、万一飞来。

愁倚阑令

春波绿，照惊鸿。贮愁浓。杨柳不知人瘦损，系东风。　　开遍小白长红。情如水、泄泄溶溶。孤负芳时人去也，梦魂中。

前 调

长干道，啭春莺。景晴明。一霎啼鹃风雨里，短长亭。　　丽赋遥忆兰成。韶光好、艳锦新绫。鹃唤春归莺劝住，总关情。

前 调

如眉月，罨轻寒。怯更残。数点流萤秋影瘦，落屏山。　　依旧昨夜阑干。杨丝弱、不系金鞍。小叠蛮笺书恨字，付谁看。

破阵子

月到团圞十五，花如佳丽三千。得似阿依娇俊否？看取将歌未舞前。妆梅妒脸莲。　　有约云涯青鸟，相思被底红绵。占断韶光能几日，懊恨无端锦瑟弦。春光泄绮年。

好女儿

皱碧夻池。丝雨晴时。听藏花、坐柳娇莺语，似殷勤说道，踏青天气，妍暖香泥。　　只是归来惆怅，者烟景、耐寻思。伫黄昏、院宇霏香雪，几凝颦不语，空教添了，懊恼心期。

前调

解佩殷勤。芳约酬春。记前番、笑并璚窗影，恰花阴深静、麝熏妍暖，著个人人。　　不道经年憔悴，坐虚阁、恨常新。倦黄莺、掠过墙东路。也空劳问讯，题红深巷，罨翠良辰。

两同心

试探芳信，便梦仙源。茜霞影、齐飞孤鹜，翠茵路、净拭纤尘。东风里、皱水浮花，新绿当门。　　此际浪漫开尊。跌宕心魂。酹红紫、直须千万，殢莺燕、莫负朝昏。醉眠也，惨绿春衫，宜称苔痕。

满庭芳

帘押轻寒，庭柯暝霭，倦余幽恨千重。碧桃深处，多事是相逢。苦忆情芳婉娩，帊罗题字画楼东。蓦回首，神光一瞥，影倩失惊鸿。

兰成憔悴损，恨随芳草，泪咽丝桐。更帘卷黄花，省识西风。送尽来鸿去雁，天涯路、云水屏中。销魂处，回阑一角，残照驻斜红。

风入松

翠萝筛影覆莓墙。又送斜阳。绿窗倦绣纤眉敛，蕙炉烬、百和余香。天末锦书无据，眼中铅泪潜行。　　冰弦玉指拨伊凉。不尽衷肠。绿阴红雨寻常事，只花间、芳约难忘。误我情深款款，付它春去堂堂。

前　调

梦中疑是梦中逢。直恁春秾。觉来苦忆长亭道，近柳阴、别话匆匆。杜宇啼时有泪，斑骓嘶过无踪。　　缃桃犹作旧时红。锦字难通。香罗什袭惊鸿影，寓芳心、深意重重。得似影形赠答，天涯珍重应同。

秋蕊香

巩锦回文织就。消遣日长时候。梁间燕子天教偶。付与浓春如酒。　　春衫隔岁新成旧。自分手。光阴难道非长久。怪底归期空有。

前　调

一碧长干芳草。印遍凤鞋纤小。逢花见柳都成恼。今岁春归偏早。　　衷情诉与春鸿道。怕书少。有书争似无书好。盼得书来春老。

思远人

芳树长亭啼宇怨，南浦送行客。江郎丽赋，绿波春草，离恨恁消得。　　泪珠恨起罗襟滴。渍砚待和墨。只不尽别怀，未成缄札，遥山黯眉色。

凤孤飞

巷陌夕阳如画，故故骄骢缓。叶底繁英正满。蝶解趁、轻寒暖。柳线游丝长更短。春深处、谢娘池馆。屈指番风花未晚。付壶觞笙管。

庆春时

柳绵黏幌，苔茵平砌，览景情移。番风过也，云涯怅望，金勒不成归。　　重楼春恨，孤负蝶约莺期。蛮笺倦写，清琴罢抚，谁见忆人时。

前　调

蘋香水国，花腴霜信，景候初寒。珠帘十里，红楼一角，烟月忆长干。　　当筵歌舞，罗袖莫惜弓弯。蓉清菊瘦，秋容罨画，须作好春看。

喜团圆

侧寒薄暖，春风都在，垂柳垂杨。生憎凤子凭渠占，断花蕊嫣香。前尘昨梦，珠帘绣幕，曲院深房。蓬山万里，如云别绪，似水回肠。

忆闷令

两点眉山春浅浅。倚菱花妆晚。含情手卷珍珠，伫月来云敛。但愿长相见，恁离多谁愿？画楼外、过尽征鸿，和梦魂飞远。

梁州令

梦里长相忆。那日金猊香缕。醒来可奈麝熏残，湘帘窣地愔愔处。　　游丝辛苦牵离绪。不解留春住。春芳恰似萍絮。啼鹃唤取匆匆去。

燕归来

移桂棹，度蘋风。波绿夕阳红。沦漪罨画月溶溶。人在镜奁中。前日事。回环字。笺上愁痕得似。不如双燕占春浓。常向画堂东。

（据上海古籍出版社 2004 年版）

近知词

黄公渚序

客游沪渎之二年，获晤赵子叔雍于临桂况蕙风先生座上。蕙风骚坛领袖，人伦模楷，倚声乐府，独唱元音，树帜词林，嘉惠后学。高尘之赏，爰在叔雍，疏酌清音，益倡语业，暇出斯篇，諈诿命序。托体高骞，寄思要绍。圭臬于骚雅，杼柚乎悲愉。姑射澡雪，幻此婷姿。雷威鼓琴，淡无嘈响。服姑蓄之草，香可悦魂；御骈罗之衣，光能骇世。溢目致欢，抗手无辈。夫心声攸寄，贵有性情。胎息所区，必明雅郑。要氤氲于素蕴，明得失于寸心。以述景者表里空灵，以言情者曲窔殚尽。元解之宰，盱衡于古人。独运匠之，挥斥乎六合。意内言外，斯为美耳。君家世方雅，春秋绮富，怡情铅椠，屏绝声华。到门尽长者之车，置驿悉高流之侣。造公差之座，有书千卷；读子敬之文，其才一石。既晤攸之穷达之旨，弥适仲郢名教之娱。莺辰索句，博循陔之欢；鲽砚渲豪，索中闺而和。夕帘籀月，高树答响；风笛寻羽，凉籁泻春。闲居之乐，足备人伦；传歌之词，无忝作者。为之三复，悠然意远。凉月窥户，花僛僛以竞舞；微风在树，叶蛰蛰而泫凉。夐乎雅唱，丽矣难能；其曰近知，犹谦志也。昔君里张茗柯先生，载凭经席，兼总词林，迦叶文宗，遂操选政。篇章艳于当时，流派衍于江左，幽赏代绵，灵契有赖。玩春华而有思，启秋实于未振。异日者子长绝业，副在名山；耆卿乐章，传歌井水。缳橐群雅，提唱风骚，吾当为君勉焉而已。（况蕙风曰：才逸词赡，举体华美，置诸玉芝堂集中，当无以辨。）

上卷

念奴娇·湖上有卜筑之谋,属顾鹤益图之,题此解为息壤

卜居何日,指幻舆一壑,倪迂尺幅。难得有情天寸碧,大好湖山相属。老柳垂堤,高梧夹道,画罨愚公谷。水云深处,卧游如此清福。

还记暂泊游踪,单衣双桨,云净天如玉。莺燕近人知地胜,常伴花阴行宿。料得明年,梨桃有馆,想望酬心目。松风一枕,梦回时听飞瀑。

一萼红·秋泛西溪,小憩茭芦庵,谒樊榭翁故宅

暝烟空。带寒鸦三两,云意淡遥峰。丝钓风微,桩移水浅,倦橹空诉游踪。颓垣一角,今古意聊落付支公。老柳无阴,夕阳如梦,消领疏钟。　　无复乌丝红袖,剩清商邻笛,憔悴吴侬。风纸题残,翠奁尘掩,眉月依旧帘栊。甚寒芦能禁秋恨,恨韶华一向怨霜鸿。依约红绡凄怨,萦损垂虹。

虞美人

东风暖拂垂杨路。新燕枝头语。语多惆怅不堪闻。容易梦余消遣近黄昏。　　小园红雨知深浅。病怯单衣晚。荷钱难买去时春。苦恨平池一碧涨痕新。

前调·病起

兰衾消得春如醉。几拌厌厌睡。醒来特地怯轻寒。孤负桐阴佳处小阑干。　　天花能已维摩病。圆觉参宗镜。著身花是有情禅。花若无情底事镜长圆。

天香·赋阑干

月淡阴移，花浓锦匝，长廊几驻香屧。笛语分明，袖尘依约。最忆客年寒食。千山万驿，凭不到天涯消息。无那蓬山，近画帘一重更隔。　　晴丝未消恨织。袅东风尚怜寒恻。伫录曲依黯，卍文凄碧。眽断碧城十二，剩一角斜红破春寂。点检清愁，空消按拍。

珍珠帘·锡山春泛示浣孙

阑风侧雨凭僝僽，几春工著意，搓酥滴粉。山远曲屏深，罨蕙炉香烬。倩影缃桃帘外立，悄妒煞如花人近。消损。只自惜深情，倦探芳讯。　　一例紫姹红嫣，到愁春心眼，别饶风韵。薄暖更轻寒，怯杏衫微褪。杨柳未须飞尽絮，早省识娇莺情性。莫问。费锦瑟移弦，宝奁窥鬓。

八声甘州

到宵深生怕说临歧。花阴最相思。渐铜龙催彻，玉骢嘶倦，凉月横枝。露似珍珠和泪，滴损缕金衣。回首画帘隙，灯影迷离。　　点检韶年惨绿，几评歌按拍，看舞衔卮。算惊鸿片霎，曾照影娥池。只东阳未妨消瘦，悄玉扃珍重燕环姿。消魂处，垂杨千缕，更袅晴丝。

瑞鹤仙·春雨

送春花未恶。恁玉悴红嫣，飘零芳讯。愁丝堕娇困。罨低迷蛾绿，暗侵斜鬓。残寒阵阵。料燕子归来有恨。恨华年弦柱匆匆，消减者回金粉。　　无准。系骢巷陌，倚笛阑干，梦凭谁问。炉烟费尽。惜试酒，楚衣润。算悭晴泪眼，珍珠痕凝，人也如花瘦损。近垂杨生怕啼莺，替人破闷。

减字浣溪沙

彔曲屏山妒画眉。颦眉无语恨伊谁。不须山外已天涯。　　梦雨沾花花似梦，丝风吹鬓鬓如丝。一春风雨忆琼枝。

又

能几华年伫月圆。登临消得泪潺湲。凄迷兰絮错因缘。　　日暮碧云虚锦字，夜深红蜡惜金船。袖尘花影在阑干。

又

才隔帘栊首重回。月奁犹傍麝云开。琪花琼树在蓬莱。　　翠袖暮寒长倚竹，鸾笺香字旧吟梅。多才何况是清才。

又

霜重蛾华夜夜寒。啼螀声里倚阑干。秋花犹自惜朱颜。　　襟上酒痕全淡薄，箧中金缕半悲欢。不成消遣此时难。

又

月去云归梦不成。本来如梦已难凭。见人消瘦翠衾轻。　　弃掷良宵同赌墅，直须酣酒破愁城。征鸿盼断一程程。

曲游春·为去非题顾五云临本西园雅集图

彩笔东风里，作红遮绿映，无限春色。俊侣词仙，数文章锦绣，膏肓泉石。浅藉苔茵碧。共觞咏花前瑶席。拂生绡想望承平，容易者回裙屐。　　最忆。年时京国。算青眼垂杨，风度曾识。几换沧桑，早襟痕帽影，总成陈迹。魂梦难消得。更啼宇声声怨极。怕有半幅闲愁，古尘暗挹。

燕山亭·园中杏梅

池阁轻红，篱落暗香，花事谁论风信。绡叠艳冰，锦碎明霞，翻宜绮窗新鬓。滴粉搓酥，浑未改寒枝标韵。无准。乍蓬苑移根，伴人栖稳。　　莫负春雨江南，倩解意幺禽，替传芳讯。云倚态浓，玉照神清，都萦梦魂方寸。驴背珍情，教占取曲江游俊。愁损。寒尚峭缟衣人困。

高阳台·周氏今觉庵新得石刻美人，招客宴赏，为赋此解

质艳镌琼，肌香晕雪，阿谁风度婵媛。写翠传红，妆成特地芳妍。兰房花气萦心篆，恁多情相对忘言。展屏风，十样眉图，消领吟笺。

情天缺憾凭谁补，几娉婷顾影，怕见春残。分付青铜，盈盈长驻苕颜。搓酥滴粉元多事，更何因刻画秾纤。费消凝，宝饰珠装，月地人天。

玉楼春

新腔金谱翻歌舞。倦倚鸾笙移雁柱。扶酲休去倚阑干，特地香浓花满树。　　寸心可奈天涯去。已忍蓬山隔烟雾。不须携手共黄昏，拚得韶华无掷处。

又

梦魂惯识兰皋路。梦醒金猊消篆缕。隔帘月妒夜乌栖，绕砌寒惊秋蟀语。　　眼前兰夕仍三五。分付浓愁与谁语。银河总在画桥西，不照年时携手处。

又

啼莺劝得春风软。一片飞花浮玉盏。扶阑弱柳妒腰纤，罨画遥山分黛浅。　　消愁见说愁应断。怪底愁丝理还乱。钗钿约是去年时，记省绿阴阴满院。

又

兰房宝鸭笼香浅。明镜移花分媚脸。杏衫犹怯倦时妆，掩映凝

姿春畹晚。　　镜奁禁得消魂惯。得似檀奴梦中见。梦中著意了轻狂，莫遣茜云便吹散。

国香慢·曩寒岁戊午梅畹华君奏技沪滨，蕙风师屡有所作，今复重来，赋此为喤引

倦倚书帏。任南枝绕遍，总负春归。华年暗惊弦柱，何况天涯，瘦损东风词笔，问谁似何逊年时。鸾云伫消息，一霎尊前，对影凝姿。　　海珠明有定，费星沉雨过，多少相思。似闻幺凤，说与珍重芳期。一曲紫云回也，办髯公百幅乌丝。罗浮更寻梦，倘许师雄，同醉琼卮。

望江南

东风里，憔悴未归人。红雨半天迷粉絮，绿阴一桁殢斜曛。庭院易黄昏。　　凝情望，消得草如茵。蝶恋早拚枝上瘦，鹃啼不到梦中春。回首黯香尘。

又

山自绿，临镜倦眉妆。消领柔春何处是，淡烟丝柳意微茫。无那付斜阳。　　弹锦瑟，谁与诉回肠。絮果兰因劳梦想，绿肥红瘦只寻常。多事怨韶光。

南浦·蕙师属赋前题

芳讯展春城，乍柳阴东风暗里初度。珍重付幺弦，晴丝袅吹静一庭花絮。香南雪北，慧心谁解吟金缕。闲愁款语。凭曲按红牙，舞萦钿柱。　　仙云隐约蓬壶，看心字留痕，还添麝炷。记取者番游，天涯路重认粉郎眉妩。疏烟淡月，碧桃欲遣成娇妒。殢人倦绪。消百幅乌丝，醉时狂杜。

疏影·题香南雅集图卷

杏钿送暖。又系晴倦柳，轻拂琼管。小别经时，红豆相思，怀人暗写幽怨。罗浮翠羽年时梦，算此日瑶台重见。试傍花说与殷勤，宝鸭更萦香篆。　　消遣闲愁几许，赋情为底事，箫谱慵按。索笑风前，缀玉吟边，认取眉痕山远。华鬘咫尺参金粟，早悟澈一尊非浅。甚素娥也恋琼春，不放影移花转。

清平乐·再题香南卷子

莺嗔燕妒。斜日波云路。一笑匆匆心暗许。回首缤纷花雨。

安排凤管鸾笺。消魂碧海青天。梦里不成相忆，春风珍重幺弦。

又

帘波依汝。莫放春归去。唱澈吴云天尺五。认取旧时钿柱。

少年鹳鸲心情。护花乞与金铃。梦到红罗亭子，归来斜月残檠。

兰陵王

望春寂。芳草长堤伫立。清明近花事几番，欲挽东风问消息。年时旧蜡屐。消得。吟边最忆。斜阳外鞚柳怨烟，千百垂丝误莺织。

闲愁付渔笛。奈碧落玄都，重到萧瑟。笙歌水绘成陈迹。凭月冷芳阁，藓侵瑶槛，青衫茸帽梦里客。倦何逊吟笔。　　香国。恣游历。看暖蝶晴蜂，飞近窗槅。啼鹃也解春须惜。劝莫放琼斝，暂停金勒。归来扶醉，罨画里，淡暮色。

八宝妆·琼斟薇露，填词索笑

香沁红薇，碧甃天水，贮满蕊珠仙露。端合瑶房珍赏惬，妙气非花非雾。楼头临镜晚妆，檀粉初匀，娇春桃靥红含雨。莫更凤绡溅湿，茱萸寒不。　　因忆琐绿窗前，辟尘槛典，旧盟芳意依汝。殢私语口脂欲滴，误熏麝夫容微度。想为报琼瑶办取，浣笺题遍相思句。

□竟体芳兰，金猊不费沉馪缕。

减字浣溪沙

谁道伤离不断魂。凉蟾疏雨坐黄昏。梨花还掩去时门。　　怨曲近翻新水令，暗香遥忆故山云。留连无计只逡巡。

又

花雨缤纷惹鬓丝。月明脆管出帘时。十分清不受人知。　　芍药艳扶箫凤立，鹍鸡舞压镜鸾低。不成春去不芳期。

又

掩泪临歧抵死难。细风扶梦到长安。杜鹃声里凭阑干。　　贴地纤腰偷入破，殢人娇语伴尊前。而今消息各人天。

又

翠罨蓬山第几重。云涯怅望蕊珠宫。舞腰仙佩玉葱笼。　　河满一声花外别，婵娟千里梦中逢。高楼清角夕阳红。

又

钿毂珠尘事已非。一春花事怕将离。翠眉颊促马频嘶。　　芳阁旧题敧醉墨，小巢新燕卸芹泥。绿阴如梦忆人时。

寿星明·寿何诗孙丈八十

会启耆英，寿比韩公，一年而强。记青绫绛蜡回翔省闼，芰衣兰佩，啸傲沧江。陶令义熙书甲子，试看取东篱晚节香。屏锦艳，映官梅疏秀，盘梓坚苍。（丈署盘梓山房。）　　未老春风词笔，忆香南俊约，跌宕壶觞。道画中吟思，云山共远，（丈于香南雅集作云山远思图。）壶中仙箓，日月方长。有鹤南飞新制曲，付按拍嘉荣夙擅场。珠履集，祝八千椿岁，喜溢华堂。

扫花游·为吴石潜题西泠印社孤山观乐楼，余九至湖上，辄流连其间不置

众山一览，俯十丈平堤，两湖烟淼。眼前画稿。似越溪粉黛，淡浓都好。一角斜晖，掩映疏篱秀蓧。惬怀抱。数丝柳系骢，前度曾到。　　凭阑人意悄。伫鹤憩松颠，蟾窥林杪。断无尘到。只樵歌度暝，醉眠惊觉。极目人寰，领取登临一笑。恣吟啸。卓诗龛会须闻早。

徵招·梦中有以卮酒见惠者，为诵《玉梅后词》那时语答之，醒来追忆，不复成欢矣

游丝肯绾梨云影，纹窗碧痕如水。约略抚香尘，罨斜红疏翠。花扶人念否，应珍重、鬘天情味。浅酌重温，旧欢惊见，碧城十二。
憔悴小红楼，琼箫咏、雪涯那人知未。已拌锁瑶房，省相逢非易。玉梅词漫倚。凭消领、凤帏香细。更心事、未卜他生，剩倦怀慵理。

少年游

番风薄暖更轻寒。做弄一春残。嫩约鹅黄，浅颦蛾绿，无那倦时欢。　　定巢燕子知何许，昨梦已阑珊。扶柳雕阑，笑桃深巷，寂寞掩屏山。

江南好·西湖邀静宜同作

江南好，金粉媚韶年。镜阁怯寒兼怯暖。帘栊如水复如烟。丝柳未胜绵。

附王静宜同作

江南好，画舫载娇娆。风里落花红入桨，雨余春水绿平桥。金粉尚南朝。

江南好，人在木兰船。柳拂一溪如画罨，花为四壁藉书眠。箫鼓夕阳天。

江南好，霞绮夕阳西。槛竹无风宜鹤梦，庭花如绣有莺啼。香篆袅金猊。

江南好，清唱采菱船。蓦地春莺花外啭，殢人吴语软如绵。何必谱湘弦。

江南好，梅雨细于丝。望极平芜成一碧，远山浓黛学修眉。天气试罗衣。

江南好，开到碧桃花。咏絮帘栊催茜雪，迎帆亭子衬朝霞。风日恁清华。

渡江云·龙华三月间桃花盛开，嬉春士女一时称盛。长期游倦，几误芳期。余将有行，风雨声中，已告阑珊矣

番风知剩几，无凭芳约，孤负一年春。画帘休卷尽，满目韶华，可奈倦吟身。明霞十里，料香泥、碾遍雕轮。阑槛曲，无多红雨，犹自点苔茵。　　斜门。东风依旧，纵有啼莺，说玄都□认。恰总被、无情风雨，换了晨昏。有花便是天台路，倚玉骢、昨梦成尘。花知否，堪他特地消魂。

风流子·答缀玉京师来书，似非手笔

南楼碧月瘦，伤离意、禁得几行书。省妙格簪花，非耶疑是，遥情伫雁，有胜如无。茜窗畔，烛花红缱绻，香篆翠萦纡。持底报琼，且歌得宝，付之袭锦，难舍观珠。　　壶觞香南集，琳琅更触目，乞与新图。长日水容烟影，摇漾吾庐。（香南三集均在余家。）待重寻俊约，碧阑十二，花风廿四，憔悴相如。萦损画屏山色，昨梦踟躇。

好事近·蕙风师曾号玉梅词人，旧藏《倚声集》，缪艺风丈假观未还。丈归道山，遗籍散落坊肆，是者适在其中。余展

转得之，蕙师谓贤于入他人手多矣，赋此志快

珍重旧金荃，曾见玉梅风度。无那移阴院落，怅飘零谁主。多情脉望作清缘，来伴锦芸住。从此奇珍什袭，秘鸳鸯绣谱。

烛影摇红

一鉴横塘，远山依约眉痕浅。暮霞红敛峭寒边，丝柳能青眼。蜡屐春来几换。舣兰桡、赤阑跨岸。夕阳低尽，箫鼓声残，鹭凫游倦。

柔绿迷莎，絮飞花落增凄怨。江淹禁得黯消魂，何况湖山晚。前度掠波燕燕。恰重来、低回葱茜。暝摇钟语，烟湿楼阴，旧怀无限。

祝英台近

麝熏残，鹃语咽，春向别时晚。槛曲尘香，旧倚杏衫茜。剧怜杨柳梢头，黄昏月上，剩依约、眉痕深浅。　　诉愁遍。遥夜漏箭银虬，灯花记同翦。认取钿盟，犹有画梁燕。不分一角红楼，一重帘幕，是今日、蓬山千万。

月下笛·题江憬吾丈赠张丽人二乔墓志拓本

石以文贞，花侔质丽，艳尘千古。披苍藓遥忆三城旧眉妩。窥奁璧月成双影，早慧业、人天澈悟。尽梅坳春寂，（二乔葬白云山小梅坳。）能消铁石，广平一赋。　　芳绪。莲香句。更彩笔镌苕，百花深护。（二乔诗名《莲香集》，墓名“百花塚”。）棠梨怨，杜鹃犹作吴语。（二乔善吴语。）白云已分红桑后，算那日、埋香有土。抚断碣、义熙年，栗里闲情几许。（题弘光年，盖具遗臣故国之思者。）

西江月

翡翠帘间蝶醉，沉香槛外鹭稀。绿阴得似未开时。庭院静愔愔地。　　池水暗随花涨，屏山忍放春归。惺忪娇困入颦眉。消损春魂剩几。

忆旧游·炎夏想见西湖荷蕖盛开，一舸移凉，绿阴如梦，偶拈此解，聊志倦怀

记轻舟泛处，画罨汀州，春遍菰芦。一夜熏风换，展芰荷十里，艳冶西湖。锦屏簇红飞翠，波暖醉鹭鸶。怅漫掷清尊，慵抛蜡屐，几负莼鲈。　　琴书。暗凝伫。问密叶巢莺，还似前无。未觉吟边恨，奈垂杨千缕，摇曳诗庐。橹柔最宜箫鼓，昨梦费踟蹰。尽荡冷波心，招邀旧月倾玉壶。

南浦·赋得月晓风清欲坠时

帘幕一重重，印碧空、凉阴荡魄如洗。危立影湘妃，含情处、不尽迷离烟水。香慵绣户，付谁幽梦寻鸳被。玉颜惜起。凭青镜涟漪，忍教憔悴。　　低徊欲托微波，恁暮暮朝朝，人天尺只。乞与借春幡，空濛外、容易粉云吹碎。琼楼玉宇，望中犹有高寒地。宿酲醒未。禁柳外疏钟，暗惊秋思。

思佳客

落日铜街滟曲尘。柳阴如画轧香轮。三生杜牧青楼梦，一向萧郎陌路人。　　风欲醉，暝疑颦。为谁长日不芳春。那回拾得红巾处，分付蘼芜展翠茵。

双双燕·记梦，依梦窗九十六字体

和霞艳雪，垂杨外，窥帘翠阴葱茜。妍红隐笑，梨晕玉台妆畔。遮莫双鸾见惯。也妒煞、檀奴心眼。无端片霎温存，几费兰情娇盼。　　樱绽。香罗半掩。珍重意难传，不辞千遍。屏山那角，未抵翠蓬天远。如此秾春婉娩。可知有、人天离怨。深下绣帏，怪底隔花莺唤。

五彩结同心·赋纫衣

同心千结，五彩双绞，芳情点检春衫。珍重檀痕，料量云锦，深阁

似见开奁。银屏尽罨沉熏碧，玉钩畔、刀尺谁拈。相思路、蓬山万里，梦寻只许依谙。　　已凉未寒天气，念阴晴未准，著意清酣。明月知形影，堪肠断、何只一握葱纤。吴绵如雪禁春早，卜杨枝、绿到瑶簪。归来更、茸窗坐暖，回灯倦数虬签。

曲江秋

秋塘驻笛。乍西风蘋末，冷烟斜日。文簟光疏，遥山翠罨，记年时陈迹。舴艋载行客。湖堤树，青青否。侧帽吟边，香消韵减，杜郎词笔。　　寂历。奁溪悴碧。堕清怨、天涯只尺。阑干新倦眼，沧江人远，画里浑难识。菡萏露香消，跳珠莫更花梢滴。怕归去、鸳鸯梦寒，一夜绛愁凝菂。

八声甘州·蕙师为徐积余丈题所藏临安砖塔藏经[1]

淡斜阳无语暝烟深，雀离失崔巍。（雷峰城圮，藏经始传于世。）审拈花妙谛，檀熏业净，总付蒿莱。诸法本无空相，生灭不须哀。贝叶灵文在，翠浣苍苔。　　我亦湖山旧主，等蹉跎贤劫，八百年来。伣澄溪晴碧，明镜早无台。尽能消、琅函宝轴，算眼中、一字一琼瑰。兴亡感、问金涂塔，几许沉薶。

山亭宴·举杯邀菊，无可登陟，秋士多悲，聊供沉醉而已

望中不着林峦好，近黄昏、阑干慵倚。绕砌淡秋阴，算黄菊、知人况味。梦清随分到天涯，也梦里、登临无地。一径翠微深，见说在、屏山底。　　雁来惯作愁人字。更云涯、数声嘹唳。惜起岁寒心，问摇落、余情剩几。持觞聊复看茱萸，对空外、断霞明水。极目四天低，作

---

① 原载《野语杂志》第一期，题作《八声甘州·前题》。“前题”为况周颐之《八声甘州·题雷峰塔藏经》。

料峭、新寒意。①

思佳客

有恨青鸾说与谁。妆慵长是见颦眉。银云妒煞明河影，剩有婵娟照别离。　　歌宛转，舞倭迟。回灯添酒更催诗。坠欢如梦无寻处，怪底珠帘似旧垂。

又

切莫红楼问旧游。麝云低尽月深幽。银屏仿佛相思字，可忆浓熏共短篝。　　清梦杳，去程遒。消磨长昼剩长愁。西风最是无情物，断不成春又送秋。

又

倦柳萧疏不忍看。丝丝都付夕阳边。须知叶尽秋无尽，更倚西风一展颜。　　将缱绻，耐高寒。恍然万里不蓬山。谁知摇落堪悲绝，孤负凭阑伫月圆。

又

转绿回黄换却春。眼前疏柳系斜曛。西风故故侵罗幕，似妒钿蝉护鬓云。　　消绮恨，索娇嗔。为怜红叶怨香尘。更无人会寒蛩语，拂槛清霜误泪痕。

垂杨

花深草浅。羃一庭细雨，柳萦春晚。睍睆枝头，殢人芳绪娇莺转。飞红不度莓墙畔。倩谁寄、愁心天远。剩无言、低诉相思，早庾

---

① 原载《国闻周报》第五卷第四十四期，题作《山亭宴·九日》，“近黄昏阑干慵倚”原作“近黄昏画阑慵倚”。

肠千断。　　携手年时池馆。记相对远山，最怜葱茜。恨满银屏，梦云回首知何限。番风欲尽谁为伴。更谁见、绕花千转。重帘不为留香，慵自卷。

琴调相思引

暂许相逢亦可怜。绿阴如梦夕阳天。画堂深处，著意付缠绵。临镜眉妆消怨缬，舞帘花影拂华弦。回肠似水，分付玉炉烟。

点绛唇

灯火楼台，良宵总付将残漏。玉鹅金兽。隔院春寒否。　　寄语檀郎，莫折青青柳。腰肢瘦。杜鹃啼后。最是愁时候。

又

拜月妆成，隔花风拂帘阴碎。兰闺泥醉。依约三姝媚。　　若个轻狂，消得人憔悴。钿盟在。他生何世。看取银河水。

琵琶仙·小檀栾室藏王渊雅夫妇合书赤壁前后赋卷子，款署乾隆甲子上元日书于京师楞伽山房属题

仙馆楞伽，溯风雅、省识鸥波标格。随分京雒缁尘，西山自寒碧。迎节鼓、天街纵赏，较珍重、茜窗迟日。笔妙银钩，笺分锦制，清事堪忆。　　记当日、一舸眉山，只尊酒商量玉台侧。何似粲花双管，证蟾圆良夕。凭翰墨、因缘缔结，几生福慧修得。阅遍开落红桑，古芬须惜。

瑶华慢·董觇庵属题所藏郑恒崔夫人合祔墓志

石华晕墨，笺碧栖尘，黯棠梨香土。灵鹣夙梦，残照里、凄断遥山眉妩。会真吟事，等传恨、空中知否。底拂弦、唱彻双声，点璧遗憾千古。　　误人可奈清铜，莫工画蛾眉，须有人妒。蒲东烟月，知画里、

梦蝶惊鸿何许。翠珉珍重，省旧拍、清商无据。罨暮云、玉骨青山，费天涯凝伫。

拜星月慢·翘芝园忆坐

暝霭生愁，夕阳无语，暗省一襟兰气。话茗廊深，挹疏林凉吹。玉骢远，懒问、谁家绣户姝丽。绿静不闻鸣佩。著我倦吟身，坐云阶月地。　　忆年时、玉简酬芳字。银屏曲、小立还成倚。不分一向韶华，便云涯千里。伫姮娥、极目微云里。雪如梦、梦也堪憔悴。向此际、旧影林亭，忍伶俜前事。

霜叶飞·瘿公属赋玉霜簃

素秋消领。幽栖意，芜烟慵扫三径。婵娟青女驻飞鸾，环珮临风整。擅法曲、人间绝胜。雕梁不放香尘凝。伫月下瑶台，绣幕卷、春妍却在，笑桃文杏。　　说似旧曲丝阑，新腔金谱，缀玉珍重提命。个侬冰雪净聪明，声入芳心领。者绝艳惊才谁并。仙山姑射凝妆倩。且伴他、琼枝秀，吟到霜腴，愿为明镜。

清平乐·瘿公属再继声前调

霜清逾艳。粉试芙蓉面。柳眼于人青未减。此际多情多感。
秋山瘦更生姿。秋云淡更相思。秋水伊人玉雪，秋声都付新词。

又

黄花开又。可可东篱秀。正是重阳佳节后。容易相逢卮酒。
夕张珍重佳期。秋心诉与骚词。绝世珠歌翠舞，个侬玉骨冰姿。

又

蓉清菊瘦。风景萸觞后。蓦地玉山光照酒。却见灵和春柳。
高梧谁慰幽栖。芳梅近惜分携。大好秋容罨画，可无门外斑骓。

又

愿为翠羽。梦逐南枝去。风度萼华应念取。清燕叨陪俊侣。玲珑碧藕心肠。娉婷玉笋班行。一席香南分占，宝灯传出明妆。

又

露华金井。最忆王孙（蟋蟀。）影。玉拨金笼亲手整。促织声中漏永。　　开天影事曾谙。半闲风味谁耽。凉夜水纹衫子，吟情赚煞陈髯。（主人爱斗蟋蟀。水纹衫子捕秋虫，陈髯为云郎作。）

又

棋消昼永。玉鸭添香饼。日转花梢云弄影。韵事霜簃绝胜。何妨劫急偏迟。沉吟几费琼思。桑海付他柯烂，尽教吹皱春池。

又

吴笺小研。清课茸窗下。早擅簪花时誉也。犹是卫恒未嫁。摩挲晋石唐碑。安排象管乌丝。我愧瘦金家法，拈毫特地矜持。

又

缟衣仙侣。相约瑶京住。豆记银屏光订误。那许周郎轻顾。坐风缀玉轩窗。妍秾桃李门墙。按谱九宫南北，真成旧学商量。

又

新腔甫试。婉转成娟媚。乍破银屏倾碧水。簌簌梁尘飞坠。遥空几驻行云。妙香兰麝微闻。最是啭喉入破，隔花怕有莺嗔。

又

诗篇甲乙。湖海萧骚客。金谱丝阑新按拍。节鼓花前协律。最怜秋士平生。者般玉艳霜清。乡国招郎才调，护花甘作金铃。

又

家丞秋实。艳是才人笔。比玉生香霜有色。学得琼芳高格。兰茎不尽余情。风怀总付秦筝。说似狂奴心性，尊前最惜娉婷。

又

师雄陈迹。几向罗浮觅。别有梦中春笑赤。相见似曾相识。珠喉掩抑丝簧。绣罗渲染新妆。群玉山头伫立，灵修回首前芳。

水龙吟·题史益珊喻庵图

幕天席地随宜，幼舆邱壑殊多事。商量去住，图书四壁，云山万里。芥纳为缘，茆留有约，个中高致。付倪迂墨妙，经营意匠，无言处、成心会。　　何必买山真隐，莽尘涯、一椽堪寄。茜窗清课，银钩铁画，芝英花蕊。胸次悠然，梅林月影，濠梁鱼戏。伴茶烟禅榻，唯应弥勒，证参同契。

霜花腴·赋鸾绦

茜云钿阁，织海绢，同心绾结鸾丝。金缕知寒，玉纤量瘦，新来影事都非。翠颦镜窥。伫合欢连理何时。问嘉名合是绸缪，傥教束素更相思。　　持赠沈郎珍重，怕西风一例，暗减腰围。兰麝犹温，琼瑶谁会，情芳几费矜持。暖痕浣脂。尽胜他珠佩湘湄。笑春工，柳线还搓，殢人无限垂。

定风波

花意撩人怨不胜。流莺乳燕恰无情。啼彻一声春去也。生怕。梦魂无计惜娉婷。　　芳节燕兰虚俊约，狂奴歌酒负平生。付与相思教管领。消损。缃桃一树认倾城。

又

明月高楼第几回。红牙按拍亦堪悲。犹有几人知此意。心事。等闲分付与颦眉。　　箫风总教吹遍彻，镜鸾争得驻芳菲。容易光阴消醁酒。孤负。落花时节缕金衣。

又

弦上谁论恨浅深。曲中珍重意千金。早是工愁天付与。休诉。华年锦瑟太侵寻。　　蜡炬有心辉画阁，麝熏无力袅瑶簪。毕竟误人缘底事。须记。屏山画里亦遥岑。

摸鱼子

带斜阳、绣阡芳草，惊看一阵红雨。番风几换阑干曲。早是绿阴深处。莺燕语。怕吐梦依稀，说与天涯路。筝尘雁柱。尽憔悴韩娥，清商未彻，满目已飞絮。　　游丝误。萦损闲愁几许。啼鹃不共春住。春归何处无花落，茵溷总然黄土。花莫妒。恁斓锦年华，转眼成今古。离肠最苦。问香冷金猊，未灰心字，得似九回否。

金浮图·徐积余丈属题所藏钱忠懿王造金涂塔图卷

钟鱼咽。天花片霎。故国山河，旧家文物。灿金涂、宝相牟迦叶。四万八千，遍转法轮如月。可奈境缘生灭。波澄窣堵，随分红桑阅。　　庄严设。传灯幸接。供养卓庵，自耽禅悦。感前尘金凤愁遭掣。（忠懿王词云云。）阿耨无边，都付梦中昙钵。问讯两山香雪。茶烟丈室，相对说清绝。

苏幕遮·送客之汉皋

雪沙堤，烟草渡。疏柳黄昏，底送蒲帆去。执手临歧无好语。珍重菱花，乞与春妍住。　　轴帘风，敧枕雨。问讯痴云，还肯相随否。征雁一行天尺五。小别山前，满目相思路。

瑞龙吟·放舟秦淮，自桃叶渡至复成桥，月明风细，雨桁珠帘，盖不胜古情至枨触也

秦淮水。凝伫一片明漪，荡云忺醉。平芜绿入空濛，倦虹画罨，繁星冷缀。　　橹声细。犹有隔船箫鼓，渐移兰吹。尊前惯见繁华，笛阑钿阁，临春媚妩。　　回首江山如梦，向来金粉，销磨姝丽。千缕万丝垂杨，春去难系。凝情一向，约略年时事。知多少、长干客话，冶城春禊。总逐流波逝。夕阳巷陌，归来燕子。曾识伤心地。招素魄，多情荪桡同倚。丽谯听彻，宿乌惊起。

朝中措·乌衣桥

铜街华毂碾香尘。虹影逐行云。可奈玉骢嘶断，夕阳芳草无春。

红襟梦怯，瑶筝曲怨，何处侯门。分付画阑依旧，年年自浣潮痕。

水龙吟·登清凉山绝顶，访翠微亭遗趾①

白门烟水凄迷，登临更说前朝事。夕阳低尽，翠微高处，倦怀如此。婉娩愁人，残寒粘鬓，斜阳侵袂。是年时铁锁，望中依约，雄关屹、流波逝。　　见说卓庵无地。甚烟痕、低迷空翠。碧云消黯，乱鸦惊醒，暮潮声里。三月芳菲，十年枨触，浓春罗绮。付消凝一向，江山满目，费新亭泪。

玉女摇仙佩·为青丝惜别赋

钿钗绾凤，宝髻盘蛇，想见临妆风度。染黛添云，衔犀拟月，倦挽几番凝伫。莫更商眉妩。起柔杨春睡，防他娇妒。尚记省，茸窗画烛，说与花时，最惜金缕。含情问青鸾，委地鬖光，生怜几许。　　禁

---

① 原载《野语杂志》第四期，题作《水龙吟》（薄游秣陵，登清凉山最高处，访翠微亭遗址，怅然赋此），“婉娩愁人”原作“婉婉愁春”，“费新亭泪”原作“拉新亭泪”。

得绿阴院静，翠驿程遥，蓦地天涯轻去。料峭番风，云鸦无力，欲系韶光难住。泪眼看依汝。恁并刀、不翦沧天离绪。漫珍重、琴玕绣段，梦中鬟鬓容烟雾。黯谁语。潘郎未改素丝否。

思嘉客·元日

彩胜宜春照酒卮。翠蓂舒荚学新眉。东风管领芳菲节，来拂花笺第一词。　　香碧篆，将红蕤。绮窗晴旭故迟迟。一弦一柱千金意，说与多情锦瑟知。

小重山

已忍春灯倦酒卮。玉笙吹梦觉，又相思。殷勤换得几晴丝。青青柳，辛苦去年枝。　　应怨早梅迟。番风知几信，未成归。屏山绿不到天涯。蘼芜路，烟景太芳菲。

满庭芳

砌冷红蔫，帘深暗绿，杜鹃身世伶俜。玉箫吹彻，曾几话平生。珍重纤眉两叶，垂杨柳、各自青青。春消息，荼蘼未到，芳草便无情。

云屏。昨夜梦，鸾拈带缓，鸳倚衾轻。指双穗灯花，乞与深盟。苦恨啾嘈翠羽，才一向、花外参横。蓬山路，缄愁万里，珠泪湿瑶筝。

江城子

柔杨罨画舞傲傲。玉骢嘶。话临歧。有酒难量、深浅况相思。脈断粉云天尺五，书雁杳，楚江湄。　　梦魂犹自怯分携。画楼西。夕阳低。待得重逢，说与别离时。怪底菱花无赖甚，强索笑，黯颦眉。

薄幸

纹纱烟媚。正小语、轻将别意。忍说与、春潮流梦，去去别程千里。便屏山、从此天涯，猊熏莫遣灰心字。算锦瑟华年，玉台芳约，不分都成抛弃。　　重念省、凭肩处，夜月艳、珍珠斜坠。缠绵剩付托，沧波东注，蓬山翠湿谁边泪。可堪憔悴。恁分携片霎，人天此恨天知未。珠明有定，分付鸾绦好系。

新荷叶·本意

日淡烟疏，清和得似韶光。幽路花天，画阑凝伫红芗。黛韈初展，窥镜奁、一抹横塘。谁传绿意，橹柔依约潇湘。　　珍重情芳。亭亭青盖扶将。碧玉苕年，凌波自惜容妆。风裳水佩，罨翠阴、恰近垂杨。田田无数，何时梦稳鸳鸯。

九张机

一张机。兰闺浣露织相思。春衣难遣春工恨，纤云弄巧，明霞掬艳，弱线乍添时。

又

二张机。天涯苦忆别人时。河桥目送征帆远，春阳踏遍，情芳知否，无语理芳菲。

又

三张机。丝丝缕缕是相思。金盘点检同功茧，枝交蒂并，叶当花对，新样与时宜。

又

四张机。鸳鸯不解惜分飞。玉笙吹彻双声子，芳心可可，金梭轧轧，锦字织璇玑。

又

五张机。芙蓉绣出一枝枝。晓风杨柳休相妒，晶帘卷处，玉容妆罢，宝鉴恰凝姿。

又

六张机。鹣鹣著意傍奁池。红芗睡稳花阑亚，此情怜惜，愿为灵石，机为个侬支。

又

七张机。停梭伫杼意迟迟。峭寒故故侵罗幕，麝篝熏透，虬签听彻，情绪夜灯知。

又

八张机。为谁辛苦自寻思。闲拈玉尺量难准，吴绫幅窄，自郎别后，容易减腰围。

又

九张机。声声唧唧夜何其。华年锦瑟催弦柱，吴绵薄暖，齐纨轻冷，商略到春衣。

中卷

武进　赵尊岳叔雍

鹧鸪天·凌寒晓发湖上

已分临歧去住难。辟尘犹学旧青山。多情早被花骢笑，孤负妍春恻恻寒。　梅乍暖，菊犹残。袖痕霜影在阑干。梦余乞与婵娟月，著我吟边一展颜。

水调歌头·桐江春泛

暝霭四山碧，残日照沙明。恻寒轻暖天气，著我镜中行。约略大痴粉本，随分纫舆邱壑，此际足平生。青笠绿簑外，闲共旧鸥盟。钓游处，消涕泪，惜崚嶒。素云黄鹤，危阑烟柳莫登临。回首青山如梦，难得疏钟如话，似带倦时情。缓缓送归棹，坐待月华升。

花犯·周梅泉今觉盦樱花盛开，谯集

茜云边，移春万里，盈盈话芳信。玉容酣困。几翠袖娇扶，罗袂微褪。梦痕未浣愁重认。轻烟和淡粉。伫望里、佩环仙路，斜簪满香鬓。　　花时俊约最怜渠，新词倚片玉，平添风韵。尊俎畔，明妆映、酒红生晕。回香雪、海天画罨，明日怕、啼鹃催瘦损。且唤取、绣屏桦烛，蓬山知远近。

绮寮怨·邵次公书来，属赋玲珑撷芳图

锦簇娇云深处，采香春袅婷。伫尽罨、浅碧苔茵，花扶起、约略妆成。斜阳谁教妩媚，低鬓影、翠晚凝倦晴。怕素娥、俊煞容光，雕栊畔，袖薄曾几凭。　　此际梦寻钿盟。蓬山只赤，檀奴苦忆平生。料量倾城。合端正、认丹青。无端风城寒尽，花解语，最盈盈。风吹鬓醒。真真万千唤，谁与听。

惜黄花慢·秋深人独，残菊掩映，聊酹一卮

渐整攲冠。伫翠沁罘罳，寒殢阑干。路长天迥，云低画罨，帘深梦杳，蕙烬炉烟。强支吟袖黄花瘦，更消领、金盏花前。问者番。落英划地，秋士谁餐。　　东篱已分年年。负夕阳雁外，薄酒萸边。淡妆何似，映灯太浅，浓愁付与，量带频宽。莫辞摇落西风后，伴空谷、珍重纫兰。倚双鸾。殷勤料理清欢。

木兰花慢·题郑叔问山水立幅

伫瑶天一碧，凭此意，付焦桐。和珠玉尊前，烟霞世外，逸响琤琮。樵风。地偏心远，撰深幽涧壑径斜通。彷佛词仙欲下，素云黄鹤

初逢。　　苔封。草绿暗蒙茸。烟景画图中。记清课山塘，鸥闲枉渚，雁外遥峰。帘栊。夕阳低尽，问软红何地著吟筇。看取嶙峋瘦碧，（叔问有《瘦碧词》。）如闻换羽移宫。

减字浣溪沙·酬次公《玉楼春》

特地裁诗锦作笺。梦魂辛苦赋游仙。玉清身世不胜怜。　　描黛画奁低麝月，悭晴炷鼎费沉烟。浓春须不负年年。

又

占断琼芳第一俦。凤城佳处合句留。无聊情味最高楼。　　倚玉屏间题锦字，画眉奁畔润香篝。欢娱梦里亦含愁。

又

点检残宵泪蜡痕。未灰心字剩温存。三生一霎伫黄昏。　　宝镜鸾回无并影，罗衾麝度尚微熏。不堪愁坐理书芸。

又

皱尽沦漪作黛眉。一泓秋碧影娥池。遥山切莫妒相思。　　盟钿风柔曾惹袖，度箫云倦一衔卮。不成消遣最芳时。

又

万一春风染鬓丝。青青得似绿杨枝。花天蜜意底禁持。　　苍雁情多应有信，金猊篆袅最相思。月明吹彻玉参差。

角招·吴门多泉石之胜，拙政园水木明瑟，尤足流连，惜渐就芜废，空庭虚阁，掩映清流乱石间。余秋中来游，残阳疏柳，相对楚楚，弥用怆然。为和白石自度曲

采香径。通幽处，烟箩渐远人境。意行消昼永。叠石皴云，无限

深靓。哀杨翠冷。剩狎水眠鸥都醒。捹得红芗落尽。凭虚阁晚晴初，尽闲愁消领。　　谁省。浩歌度暝。疏阴罨画，怅触情中景。百年文物盛。几辈豪英，者游觞咏。澄漪似镜。肯强起、花枝相映。一霎秋心自警。更休去、倚琼箫，添凄哽。

三姝媚·山塘薄游，追忆感赋

清晖图画里。伫晴秋山塘，凉阴如水。蜡屐来时，渐冷枫试舞，倦雪初堕。醉容扶花，拈秀句、无多才思。坏塔残铃，随分斜阳，望中兴废。　　吴苑年时环珮。剩刬地胭脂，拂岩萝薜。莫问阑干，只春痕依约，袖罗寒翠。石磴摩挲，陈迹在、荒苔残字。梦断魂销，江山金粉，凭谁惜起。

秋霁·李萼楼别业在吴阊城南醋库巷，招客登临，为赋此解

泉石登临，揽胜景城南，寄兴秋绿。绣缀霞楹，锦围山嶂，淡浓扇窗横幅。自栽松菊。雅怀净洗尘千斛。问涧瀑。松籁、为谁移枕和琴筑。　　烟翠日晚，望里沧浪，便如醇醪，多事巾漉。说心期、吴城合住，吾庐人境占清福。待插槿篱编竹屋。画罨空外，消得水镜山鬟，啸歌晨夕，素心薖轴。

柳枝

点检离襟酒著斑。旧攀条处梦关山。河桥烟水无情碧，白袷经春各自寒。

又

雨横风狂恨不禁。龙池摇曳万丝金。荼蘼已隔天涯路，不分青楼有梦寻。

又

揉碎闲情作絮飞。绿阴天气鹧鸪啼。直教飘拂随金勒，不向红窗伴舞衣。

又

薄劣东风太任情。吹绵软絮上帘旌。多生不管人离别，莫问邮亭第几程。

又

也曾罨画斗新妆。夹岸青丝踠地长。不尽春人伤别意，更教烟树接微茫。

又

愿为红杏伴春姿。倚立娇云倦不支。珍重杜鹃枝上泪，声声惜起别离时。

又

蝶僝蜂僽惹晴丝。人去春寒只自知。说与娇莺解侬意，为郎留取最新枝。

又

去年春好记相期。今日春归底怨迟。最是玉骢嘶断后，销魂辛苦赚新词。

又

舞影阑干罥碧溪。风情宛宛更依依。一篙春水天涯远，恰似无情送别离。

又

少女风前舞细腰。窈娘堤畔踠长条。情芳系得青春住，多事鞾烟怨寂寥。

疏影·吴湖帆属题所藏宋刻《梅花喜神谱》，为闺中奁物

琼雕玉缀。认蠹痕茧纸，绝世清秘。月地云阶，玉骨冰肌，抽毫不尽芳意。参差影落南枝瘦，早付与、老岩吟事。（宋伯器诗语。）算离魂、清极难招，索笑画中身世。　　占取浓春几许，寿阳旧按谱，十样眉翠。莫翦冰绡，更忆宣和，怨曲燕山亭子。茗华梓绣成今古，剩赵管、墨缘能似。付倦吟、故国王孙，一霎情凄丽。

长亭怨慢·次公词来，怀想弥殷，依调赋答①

甚容易、离肠轻诉。暝色高楼，翦灯谁絮。点检清欢，料量幽梦，惜羁羽。两潮声里，花落后、多风雨。何况更雏莺，早啼彻、天涯芳序。　　驿路。认垂杨罨画，开遍锦屏洲渚。鸳鸯识我，只销酒、玉容何许。倘镜槛、旧约能寻，肯零落、江关词赋。尽侧帽凭阑，难遣伤春情绪。

洞仙歌·蕙风先生移寓金阊，却寄

艨波只尺，罨山塘如画。望里愔愔曲阑亚。伫芸签、点检麝炷温存，相并处，应有嫣红满架。　　江南词赋旧，随分移家，占取长春好台榭。未必画非真（蕙风词中语），踠地垂杨，似前度玉骢游冶。更古欢、纫兰接皋桥，傲秋鬓吴霜，锦笺频砑。

---

① 原载《铁路协会会报》，题作《长亭怨慢》（次公词来，怀想甚深，依调赋答）。

莺啼序·红芳倦晚，结想难胜，托意行吟，聊申幽愫

凉蝉乍惊倦枕，黯年时绮绪。闹红晚柔橹凌波，酒消随分归去。度轻暝、娇云罨画，林阴宛宛蘅皋路。隔花深，谁最多情，玉容知否。

明镜奁漪，绛浅翠婉，感芳期迅羽。尽柳枝、犹系斑骓，怨曲吹断金缕。话春愁、红襟旧垒，几消受、落花风雨。更何堪、昨梦重寻，旧移尊处。　　衣香脸色，粉怨珠啼，画中自媚妩。甚侧帽、汝南心事，箧稿珍重，解佩谁要，伫琴慵抚。寒蝉照彻，征鸿过尽，玉珰缄札无消息，戛帘钩、万一西风妒。秋心暗警，凭渠碧藕玲珑，误人可奈弦柱。

窥妆影事，记曲闲情，剩去尘凝伫。漫省忆、无边香色，似水年华，鬓影低回，棹歌容与。微波脉断，遥山眉样，入时深浅莫更问，早红衣、零落鸳鸯浦。凭阑点检相思，风纸题残，坠欢慵絮。

花心动

梨梦寒边，拂阑干、垂杨已抽金缕。蝶粉晒黄，鹃血啼红，并作一春辛苦。玉容生怕菱花瘦，莫更斗、远山眉妩。系骢倦，花深路曲，昔游曾误。　　点检兰骚怨楚。销炷鼎猊熏，炙簧莺语。寸碧暮云，万种闲愁，付与薄醪能否。旧垂帘处尘香减，便玉致、花嫣谁主。伫娥月、黄昏慰情暂许。

最高楼

清尊畔，著意惜娉婷。相对黯兰檠。绮愁啼宇难消泪，芳期恋蝶若为情。夜深沉，寒料峭，梦零星。　　宽带眼、暗惊腰瘦损。孤镜约、最怜眉浅晕。思往事，更无凭。猊炉已忍余香烬，凤杯聊自浊醪倾。片时欢，无限恨，付盈盈。

玲珑玉·次公索赋玲珑词

愁损韶光，倚明媚、萼绿新妆。天涯怨别，鬓丝几换吴霜。碧玉阑干十二，堕云英尘世，须为裴航。思量。云屏娇、回首梦长。

点检乌丝趁拍，倚兰茗珠玉，名字端相。镜约三生，道相思、刻骨寻常。归鸿瑶珰难托，便真个、蓬山不度，已忍情芳。拊清怨，伫焦桐、娥月淡黄。

玲珑四犯

客里倦怀，愁边芳序，欢娱随分深浅。玉台珍重意，瘦损寻香伴。浓熏夜深妒暖。更无端、露华凄泫。罨恨帘疏，殢晴弦润，和梦付肠断。　　西山尚、回青眼。凭修眉一抹，凝翠奴怨。玉容应似旧，认取菱花畔。鬘天见说兰因在，便休负、月明庭院。迟娩婉。碧云共、画帘俱远。

蓦山溪

翠苔铺绣，著意侵书馆。梅雨润琴丝，近画槛、斜阳零乱。碧云惆怅，尊酒旧高阳，花似锦，日如年，愁个眉山远。　　垂杨千缕，已忍黄金换。婉娩惜芳期，问绿到、天涯谁绾。抛书倦枕，飞梦驻瑶京，歌舞地，禊觞边，事往堪肠断。

鹧鸪天·湖帆属题赵令穰水村图临本

寒渐天涯带落晖。西风荻雪欲成堆。故园乔木无多好，却傍闲鸥宿钓矶。　　心事杳，梦云低。仙源粉本浅深宜。情怀不尽人人字，诗笔无声圣得知。

蝶恋花·和六一词

丝雨弄晴寒尚峭。燕子呢喃，说与春迟早。依约含苞娇杏小。红情已妒新妆巧。　　才玩赪鳞浮碧藻。尺素难传，翻被多情恼。见说春光晴最好。无端惆怅啼莺晓。

又

廉纤雨作消寒阵。百宝阑前，已茁兰芽嫩。殢酒花扶人易困。脸霞渐渐红生晕。　　弦柱华年催转瞬。付与瞢腾，无复前方寸。醉眼天涯迷远近。番风输与相思信。

又

玉梅犹似年时绽。娥月多情，来傍花阴转。粉蕊琼枝齐照眼。妍风划地香云乱。　　倦理秦筝银甲缓。愁到而今，一任花深浅。梦里不知魂欲断。红裳翠羽分明见。

又

一抹粉云生碧栋。拂槛风柔，想见帘波动。慵理残妆鬟翠重。不成春睡和衣拥。　　罗胜合欢钗弹凤。商略眉图，犹记菱花共。迟日茜窗残月弄。流光消得年时梦。

又

斜控珠帘风荡漾。燕燕衔泥，辛苦频来往。著意纤纤金缕放。腰肢似汝堪惆怅。　　倦拂云屏翻翠浪。一角屏山，花路空相向。看取游丝萦画幌。愁痕恰到眉梢上。

又

帘外斜阳低碧树。帘底炉熏，销尽沉馥缕。缕缕丝丝萦雁柱。东风恰向天涯去。　　分付残花帘坠絮。休向池塘，点点和烟雨。皱尽文漪谁共语。杜鹃啼到花深处。

又

彷佛青溪邀笛步。满目烟芜，空袅晴丝暮。大好韶光留客住。更从何处寻春去。　　云外片帆轻不度。已忍年时，携手临歧语。

问讯垂杨无意绪。年年绿遍啼莺处。

又

玉树交柯栖乳燕。尽意呢喃，钩起情撩乱。山远眉长人不见。梨云梦冷闲庭院。　　镇日思量千百遍。已拌春深，瘦损如花面。倦倚阑干多别怨。音书也似回肠断。

又

燕燕留春春未许。九十韶光，能几番风数。拾翠归来惆怅处。将离开到长亭路。　　寂寞空庭烟景暮。花卜归期，花肯留人住。写遍吴笺无好语。柳绵更被风吹去。

又

记得青墩牵画舫。春水情深，芳约横塘上。风暖日斜翻翠浪。乱红著意随双桨。　　巧啭莺吭回踏唱。剪绿裁红，花柳纷相向。玉斝莫辞斟碧酿。此情休待成惆怅。

又

画槛临春杨柳畔。倚立凝情，弹袖双金钏。隐约眉颦呈粉面。谁知此际情深浅。　　开到荼蘼春又晚。绣线琴丝，算是茸窗伴。梦里蓬山知近远。柔情似水浑无岸。

又

翠罨菱花花叠浪。接叶交柯，弄影妆台上。更帖花钿迟一向。眉痕欲斗山鬟样。　　道是缃桃犹未放。强起临鸾，著意生惆怅。得似玉奁春荡漾。婵娟千里曾相望。

又

向晓帘栊寒未歇。宝鸭浓熏，消得情深切。残角疏砧都听彻。梦回苦忆年时别。　玉漏三商肠百结。拌醉和衣，随分孤芬节。万绪千愁谁与说。照人犹有西楼月。

又

柳拂横塘金缕细。划地蘼芜，春已无边际。写入屏山图画里。妍秾得似人中意。　载榼归来扶浅醉。蝶趁蜂随，珍重余情味。倒尽金尊君莫悔。有花无酒真憔悴。

又

绿袖翾翩回绮宴。画烛摇红，映掩新妆面。粉簌行云珠一串。媚香飞越流霞盏。　何事新声生别怨。纵赋同心，聚了还愁散。寒到被池惊梦惯。也须怜惜人肠断。

又

偻指花风知别久。检点腰围，非复年时旧。记得长亭斟别酒。一春已拌思君瘦。　碧映帘栊新舞柳。深浅情怀，随分年年有。泪墨千行携满袖。回环不尽书成后。

又

软绣大堤春满目。堤上游丝，舞絮纷相逐。俊侣联镳催辘辘。朱轮碾地蘼芜绿。　未许骢嘶归太促。宛款啼莺，花外商量足。十里芳郊程断续。高楼唱彻吴娘曲。

又

泉曲回阑朱字亚。阑外遥山，掩映斜阳下。飞羽传觞犹未罢。新蟾已向林梢挂。　眼底韶光难暂舍。烟景清和，远近都宜画。

莫遣柳绵飞尽也。东风门巷乌衣谢。

又

燕燕衔泥芳径去。尽意蹁跹,不管春迟暮。辛苦天涯芳草路。绿梅已换缃桃树。　　藻井呢喃千万语。伫尽斜阳,有识人愁否。苦恨香泥粘弱絮。絮飞前度经行处。

又

晴日帘栊风细细。嚼玉吹香,更惜红英坠。香篆茶声撩午睡。醒来闲倚鸳鸯被。　　契阔情怀经几岁。鱼雁无凭,多事征邮违。莫道相思无可寄。襟痕看取伤离泪。

又

杏雨新晴春婉娩。柳外高楼,楼外花深浅。又是蔷薇香一院。如何春在人难见。　　云影迷离花影乱。极目遥天,不到江南岸。廿四番风容易换。天涯付与骢嘶断。

又

乍暖还寒春意早。载榼寻芳,香径啼莺小。万一流光轻负了。少年能否年年少。　　不解酬春应自笑。飞絮飞花,犹有晴丝绕。未必蓬山无梦到。逢花且拌新茑倒。

三姝媚

花期容易换。倩琼枝娉婷,驻春明粲。笑里传觞,有旧家公子,赏心游宴。拍按红牙,袅一曲、珠歌宛转。此际消魂,云殢雕梁,麝温银管。　　消受芙蓉妙面。共香雾帘栊,妍风亭院。点检乌丝,更杜郎薄幸,负他莺燕。漫倚柔条,须博取、珍丛青眼。著意罗衣初试,苔痕翠浅。

绮罗香·水仙

水佩烟疏，冰簪梦阔，望极湘皋仙路。绰约凌波，玉映国香新谱。熏翠被、遥夜知寒，窥黄额、夕阳无数。凭娉婷、月下风前，素娥临镜莫相妒。　　倾城标韵绝世，矾弟梅兄记省，涪皤诗句。对影瑶姬，珍重茜窗风雨。伫明珰、几挹清尘，翦深灯、共论幽愫。向芳时、培养灵根，愿为文石否。

思佳客·梦中得曲琼句，为足成之

笃耨烧残夜渐深。流苏掩映月三更。梦魂已拌红芗稳，却为惊回放曲琼。　　消绮恨，负深盟。蓬山万里一程程。釭花早似双红豆，不分今宵最有情。

绛都春·李释戡属题校补罗瘿公遗著《菊部丛谈》

残笺蠹简。剩几许绮怀，春痕天远。藻韵琼窗，笛里家山分明见。缥缃情味金荃艳。须不负、承平丝管。最疏狂处，浮名换尽，翠坊幽怨。　　无限。絮萍梦杳，更谁忍记曲，画屏葱茜。弟子渭城，朝士贞元襟尘黯。斜阳莫惜相逢晚。便葵麦、旗亭青遍。断肠分付幺弦，曲中细按。

南浦·题药农兄去非草堂所藏春水居图卷，用玉田原韵

奁镜俛澄漪，拂生绡，想见绿窗晴晓。须不负年芳，东风暖、一径残英慵扫。碧堤天远，棹歌清绝鸣榔小。酬遍流莺吟断续，都付箧中诗草。　　幽栖高致谁如，数信美溪山，遐盟未了。笺纸浣桃花，封题处、为问几生修到。承平事渺。古尘空罨余情悄。玉轴芸香珍重处，拚取梦余春少。

梦横塘·丙寅九日得蕙风师闺中归椋道场山讯

轴帘霜紧，划石烟疏，望中生怕秋色。老柳斜阳，向院落、层阴如

织。雁际云遥,桑边鬓减,不辞轻掷。恁琼钩静掩,绿绮长闲,金井外、无消息。　　清魂楚些难招,剩黄花素水,为酹寒碧。点检西风,行吟路、旧游应识。似深浅、修眉画里,残碣空山忍谁忆。寸蜡消磨,天涯憔悴,凭阑愁绝。

遥天奉翠华引·湖帆属题所藏董美人墓志

碧笺疏艳尘。掩瑶华、晕墨犹春。珠襦影畔,年时谁比腰身。柳阴阴几许,伫凤楼、花暖玉精神。妒彻寒鸦,昭阳殿里星辰。　　青山片霎,换楚宫、金剑翠珉("翠"字韵从《词律》)。窥帘旧时,蛾月秋老麒麟。落尽棠梨雨,便断瓴、残字付奇珍。幽赏毡椎,消摩挲、梦冷猊熏。

减字浣溪沙·又韩属题蕙风师《修梅清课》手稿遗墨

迢递人天第几回。小屏诗梦付残灰。一生心事付吟梅。　　断札不堪歌泪墨,新词忍与泛金罍。兰荃风味共低回。

又

丽唱清平廿一章。当筵谁更少年狂。宝骢嘶陌细尘香。　　何处啼春寻怨宇,几曾系柳更斜阳。素云黄鹤费商量。

减字木兰花·金陶陶女士属题所绘海燕图轴

盘空振翮。海天无情天一碧。约略巉岩。得似钗梁藻井前。

投林倦矣。睥睨西风应作计。写入丹青。息溟图南意不胜。

踏莎行·陈淮生属题手制集古刻印扇叶

鼎足螭盘,钗头凤衍。劫残文物惊心眼。旧家俊赏数承平,吟边刻画开芸简。　　小字泥金,轻红芝茜。效珍珊网簪毫遍。聚头怀袖更相思,古尘应共芳风软。

龙山会·卓君庸营精舍玉泉山下，榜曰自青榭。属赋

绕郭延秋晚。一骑寻幽，俊赏矜池馆。西风应未惯。疏帘外、媆扫黛痕深浅。许著倦吟身，早客梦、无端识遍。尽消凝、乌丝秀句，玉泉金戋。　　宜春绚海年年，翠葆红缨，几度共离苑。韶光长在眼。五云驻、得拟蓬壶葱茜。莫遣赌棋疏，伴劫外、沧桑轻换。待与拂萝穿径，寸心尘远。

南浦·将去燕台，赋此留别

风雪渐关河，问岁华，匆匆底事归去。策马向斜阳，烟芜外、高柳送人无绪。仙蓬满眼，梦魂欲乞云边住。好春未许。空检点征途，雁程催度。　　西山畹晚留痕，尚一抹修眉，窥帘凝伫。作计贳清欢，丹青笔、从此小屏风路。愁宽带眼，断无佳句偿幽趣。自惊倦羽。消日暮城南，缁衣尘土。[1]

宴清都·北游经月，不忍言归，再作此调

吹鬓寻残醉。嘶骢路，梦回云倦如水。笙歌巷陌，疏帘浅映，粉墙题字。无言暗理诗思。忍向晚、别离气味。乍素娥、轻照酡颜，淋浪犹染襟袂。　　新来已怯宫商，梅边谱笛，随分凝睇。遥峰画罨，澄漪镜映，乱怀幽致。年华屈指非计。望征骑、楼头迢递。更锦书、归雁无凭，天涯惜起。

减字木兰花·曹靖陶属赋，赠凝绿馆新艳秋

尊前红烛。拈豆银屏娴记曲。惜起梁尘。梦里瑶京似客身。
小名凝绿。艳比秋花人妒玉。断续骊歌。子野情多可奈何。

---

① 原载《国闻周报》第四卷第五十期，原题注：（残寒滞迹如海，藏身弥月，淹留不能无感，濒行为山庭之移檄，兼以示诸词客，徇仲坚命也。）

蓦山溪·沽上书来,却寄

攀条杨柳,辛苦天涯绾。青眼到渠侬,早瘦损、腰肢一半。华襟清泪,伫尽月团圞,金凿落,绣芙蓉,未抵寻常见。　　韶光似寄,已分蓬山远。深巷笑桃开,怕红雨、秾春都遍。赪鳞凤纸,能几附瑶华,琴剑路,梦云边,此际堪肠断。

木兰花慢·叶遐庵属题梦忆图卷

证鬘天尘劫,凭影事、唤春还。认茂树明漪,小菱镜槛,换尽韶年。西山。最怜眉绿,映斜阳得似旧时妍。未了金钗钿盒,怯残落叶哀蝉。　　婵媛。清泪咽湘纨。零落到人间。算历历红桑,峨峨绛阙,乱后重观。癯仙。有情天老,便金茎谁复惜移盘。一夜秋容憔悴,带愁拚共围宽。

湘春夜月·蜡屐虞山,过红豆山庄遗阡,烈日中访得河东君墓,鹤亭翁俛仰素水,谓有曾见惊鸿之感,归跋图卷,有句云:照水想衣香,知于此弥殷拳矣。用循其旨赋之

傍垂杨,橹柔渐过横塘。见说十里㕍漪,曾几照浓妆。惜起艳尘凄婉,便酹杯空阔,迹往寻芳。恁径迷浅棘,苔循蹙绣,都付微茫。　　文贞石介,弦愁珮缺,赢得端相。最忆年时,凭唤取、一楼葱茜,纤斗眉长。金铃拚尽,更护花、谁伫骄阳。忏慧业,算人天劫换,诗情画意,消领缣缃。

清平乐·林植斋属题雅歌集二十年纪念册子

胜情如许。觞屐凭箫鼓。瘦尽廿年风更雨。乱后微闻玉树。　　五云梦阔蓬瀛。千山脉断瑶京。藻艳新披缃帙,典型犹数嘉荣。

减字浣溪沙 ①

马上墙头未易酬。倾城容易一凝眸。柳花风里倦帘钩。　皓腕不胜金斗重，瑶房肯为玉清留。新来王粲怕登楼。

又

尊俎婆娑更一回。晴云璧月泻金罍。重城钟鼓莫相催。　掠鬓妆眉消半缬，沉香心字未全灰。欢娱赢得几低回。

又

三面疏棂掩绛绡。一襟华月度春宵。绿阴佳处凭楼高。　消息恋花元蛱蝶，端相窥镜伫兰苕。悭人软语待明朝。

又

蜜炬西楼映画钿。琼宵挤得驻婵媛。隔花蛾月最晴妍。　肌雪似融春麝暖，脸波微遣酒梨添。惺忪言语胜幺弦。

又

梦窄春宽夜渐深。流苏向晓薄寒侵。一回肠断一同心。　红

---

① 此词与原作出入较大，原载《国闻周报》第六卷第二十八期，《减字浣溪沙》如下：

马上墙头未易酬，倾城容易一凝眸，柳花风里倦帘钩。　皓腕不胜金斗重，瑶房肯为玉清留，新来王粲怕登楼。

三面疏棂掩绛绡，一襟华月度春宵，绿阴佳处凭廔高。　消息恋花元蛱蝶，端相窥镜纻兰苕，悭人软语待明朝。

叶对花当事若何，绮寮恩怨付蝽蛾，沉思一晌足销磨。　早是柳黄飞尽絮，生憎云薄不成罗，沾泥卒苦对菱波。

水驿春回未有期，梦中不合种相思，屏山花路夜灯迷。　絮阁玉炉悭篆缕，绕堤金勒误游丝，风笙消息总参差。

雨画屏应不落，游丝罥户怕成阴。眉低醽醁不成斟。

又

惜起青铜揽鬓丝。有情风上玉花枝。红襟春好画帘垂。　盟钿婵媛酬解珮，横波宛转抵通词。檀奴须不负当时。

又

露晓天街湿似酥。朝霞鲜夺脸边朱。宝车频上泥人扶。　一桁绿阴低畹晚，平生清气爱凋疏。片时消领费踟蹰。

又

叶对花当事若何。绮寮恩怨付蠑蛾。沉思一向足消磨。　早是柳黄飞尽絮，生憎云薄不成罗。沾泥辛苦对菱波。

又

芳草天涯绿一痕。楼高消尽未归魂。路迴无计忆王孙。　见说蒲帆张十幅，雪沙堤畔忍黄昏。好春切莫与重论。

归国谣·和飞卿

琱玉。静押垂帘春簌簌。绛纱波荡银粟。一天侵晚绿。　梦回泪凝桦烛。枕机欢意促。共谁重理箫曲。漏深嫌断续。

又

娇脸。彩秀象奁分琰艳。背人眉角微敛。面霞红缬染。　曼吟小唇先掩。更频拈瑶簟。烛花交映春靥。数残更几点。

女冠子·和韦庄

记得七七。阆苑蕙风晴日。绽枝时。斗艳花融脸，分娇柳妒眉。

绝怜春畹晚，偏拟蝶追随。香入罗裙褶，瘦腰知。

又

梦里酒半。倩影依稀频见。泥人时。樱熟朱沾吻，山遥黛约眉。乍醒知有泪，别去恨无依。听残更漏滴，一寻思。

采桑子·和阳春

一春未解桐花冻，寒殢吴绵。惆怅吟边。倚尽阑干落照悬。秾春须不教轻负，芳草连天。拚醉花前。今日为君泛玉船。

又

风前嫩箨抽新竹，料量畦丁。看取春生。翠葆红缨渐长成。闲寻诗思重来处，怕倚猩屏。□□□□。惊起黄鹂恰一声。

临江仙·和阳春

布帆烟树隋堤路，望中一片云深。几回搔首雁书沉。别离千万缕，空遣柳摇金。　　绿波荡尽文纱影，催醒还怯鸣禽。天涯惜起倚阑心。梦余残照，空翠湿衣襟。

又

雾裾瑶縠催琼驾，胜他玉骨珊珊。清秋风露不知寒。多情眉子月，歧路照长干。　　七襄锦字成虚约，愁怀难托天孙。凝情无绪对痴云。凉柯如水，柔绿梦灯昏。

又

娇姿慵起临鸾镜，芙蓉浅映澄漪。绕楼犹著柳丝垂。窥人无限意，青眼最芳时。　　禊春记取当年事，花前携榼听鹂。至今惟梦可寻追。微风吹面，重复引离思。

虞美人·和后主

荼蘼一架才开了。便觉春光少。游丝几度袅东风。更逐残英飞舞小庭中。　　雏莺乳燕寻常在。转烛年华改。声声啼不断离愁。绿绮窗前惊醒梦如流。

又

湘弦润湿苔侵绿。春雨相连续。玉阑孤倚悄无言。看尽浮花浪蕊送华年。　　回头挂壁银筝在。手涩调新解。无声过泛最情深。为问满怀幽怨可能任。

望江南·和后主

端正好，时节恰秾春。箫鼓隔堤催画鹢，镜漪落照罨芳尘。犹有未归人。

又

端正好，风露下新秋。脸色荷花相逞艳，轻拂垂柳看行舟。脉脉水西楼。

又

无限恨，消领绣帏中。轻梦已随兰麝散，五更和泪咽铜龙。侵晓怯微风。

又

伤往事，人倦独支颐。坐久重楼都入望，画阑犹倚玉箫吹。将信更还疑。

汉宫春·赋九字

绣谱消寒，伫鹅黄嫩绿，珍重春风。连环玉纤能解，斗巧天工。

蟠龙宝帐，算人人、妒煞青铜。凉夜永、调梭怯漏，锦机柔似吴侬。

谁貌婵娟如画，剩沉湘骚辩，吁阏排空。回阑隔花比瘦，嘉节初逢。浔阳昨夜，又江枫、脉脉流红。偏一向，残更惊梦，上阳影事重重。

月下笛·王城归客，追缅夙游，怅然有作[①]

绕遍阑干，千红万紫，旧经行处。斜阳外，杜宇声声唤归去。无多影事随流水，问断梗、飘蓬几误。尽芳时消受，眉痕片霎，绮怀谁诉。　　凝伫。重来路。怕径冷苔荒，蝶愁蜂妒。天涯倦絮，那回犹罥朱户。莫教辜负从头约，只横雨狂风易阻。茧纸涩，雁书沉，难寄离愁万缕。

点绛唇

大好秋容，天香满院承丹旭。十年薖轴。一笑蕉中鹿。　　几度潮生，看遍陵成谷。添筹屋。清光同沐。把盏斟醽醁。

下卷

金缕曲·为王瑶卿供奉题所藏罗瘿公手书诗卷[②]

藻艳披缃帙。几摩挲、茸窗倦晚，梦痕如织。憔悴年时高阳侣，凄断人天只尺。凭茧纸、乌丝留得。多少危阑登临意，只龙香、凤尾差堪识。千古恨，剩邻笛。　　九天吹管悲寒食。尽飘零、霓裳断序，翠灯华陌。老去定场花时泪，分付红牙彩笔。更侧帽、行吟何日。兜率海山应相念，念嘉荣、犹挟王门瑟。笙鹤外，暮天碧。

---

① 原载《国闻周报》第十二卷第六期，题作《月下笛·留别燕京》，“绕遍阑干”原作“绕遍回廊”，“飘蓬”作“飘茵”，“蝶愁”作“蝶憨”。

② 原载《电政周刊》第二十五期。

醉翁操·坐飞车，御长风，泠然善也。词人前未有赋此者

乘风。瑶宫。相逢。尽从容。能通。凌霄羽翰如翮鸿。敻然星斗罗胸。疑阆蓬。下王绝尘踪。只步虚有声太空。　　指南肇造，遥忆姬公。左徒去后，玉虬谁骖九重。窥炳灵于圆穹。吐华于长虹。高寒吾愿从。排阊呼鸿龙。蹑足幻云峰。更持卮酒邀碧翁。

大圣乐·四月十七夜俞五振飞雅集惜阴堂，强余继声，因学《长生殿·小宴》折“天淡云闲”四字，殊不能工

芳约扶花，梦云凝碧，画楼深处。更隔帘轻簌梁尘，醉薄夜遥，清课乍翻新谱。记曲九宫银屏畔，问谁省、春莺弦上语。余寒侧，度依约凤箫，伶俜金缕。　　妆浓镜边自觑。早一片、黄昏花欲妒。费帊罗消泪，篝香愁坐，闲情多许。彩笔倦题清商怨，剩百折回肠堪诉与。鸾笙倚，许著我、瑶台仙侣。

解连环·此调多以入声协律，偶易去上声，并多余韵

倦怀谁理。渐金猊篆冷，壁灯孤倚。数漏尽、伫尽明蟾，恨繁籁疏林，教人无寐。点检闲愁，忍都付、蠹痕残字。忆铜街唤马，玉指调笙，早拚轻弃。　　韶光也知似寄。黯花风廿四，荃艳情味。念只念、芳草侵阶，便绿向天涯，几时千里。漫解红囊，剩悄向、琴边凝睇。甚啼鹃、唤春去后，夜寒如水。

清平乐·吴兴金西厓属题刻竹揭本

芳风怀袖。汗简宜仓籀。密字贯珠花纂绣。得似苕华深秀。程材晚翠便娟。娱情寸碧檀栾。总在元规尘外，铁书为报平安。

满江红·敬题约园忠义专祠录

棹楔排空，试遐想、年时奇烈。城危甚、敌师腹背，贼氛眉睫。毁室鸱鸮畴可忍，逐流鲸鳄吾宁屑。百年身、商略只须臾，争存殁。

山河感，丹青涅。笳鼓恨，宫商咽。有常山舌在，侍中血热。乔木故家余涕泪，红桑倦眼矜文物。肃瓣香、灵驭若来歆，芳徽揭。

减字浣溪沙

水驿春回未有期。梦中不合种相思。屏山花路夜灯迷。　　絮阁玉炉悭篆缕，绕堤金勒误游丝。风笙消息总参差。

又

付与明眸皓齿人。琅玕绣段十分春。柔花风骨玉精神。　　椒壁香泥纷录曲，桂堂残烛黯星辰。那回魂梦最清新。

又

寸碧遥岑瞉断肠。梦回夜夜越横塘。赭鳞苍雁莫相忘。　　点检华笺裁锦样，珠花朵朵字双双。未须腰瘦怨萧郎。

青玉案·题吴湖帆潘静淑伉俪临赵承旨管夫人竹石卷

琅玕绿透潇湘暮。更一片，云遮住。故国心情谁可语。清泉文石，小庭朱户。凭识春归路。　　仙源历劫湖山主。怕拂残笺和泪雨。不分玉台纷绮绪。背人奁镜，试开芳谱。照眼明沧趣。

金缕曲·李释堪寄示与许守白用稼轩韵唱酬词来，继赋[1]

点检清秋节。伫银潢、素风荐簟，露华吹发。笑指曝衣南楼阮，眼底只争穷豁。应省识、出时人杰。挥麈寻常公家事，逞科头、跣足逃余热。蛮触斗，付一撇。　　闲拈霜竹层云裂。曲中心、文章锦绣，世情冰雪。袖手功名消尘土，莫问金瓯圆缺。只旧事、新词能说。

---

① 原载《国闻周报》第六卷第三十五期，题作《金缕曲》（七夕次韵和散释效稼轩体）。

无那春明余残梦，又红牙、拍处幺弦绝。唱金缕，最凄咽。

减字浣溪沙·题刻竹梅枝

瑶想华因第几天。画眉最著有情禅。青铜影底赚婵媛。　　佳致镂冰工韵胜，慧心拗铁见芳坚。江南春好又经年。

踏莎行·离乡五载，归滞信宿，别途感赋①

目极平芜，天低四野。春山珍重君归也。任君一顾一回头，眉痕淡尽难消画。　　垂柳啼莺，垂杨系马。思家穷子闲春社。东风历历黯车尘，不堪搔首斜阳下。

满庭芳·冒雨泛苕溪，桃花零落已甚，为赋此解

悴碧迷云，碎红织雨，倦云料量春归。未阑心事，生怕倚斜晖。最是刘郎初到，翠鬟湿、便敛山眉。仙源路，墙头马上，无分忆芳菲。

单衣初放舸，熏迟绣陌，縠皱文漪。对满目溪山，许我酌瑶妃。京雒风流绝代，西楼外、恐有人知。暮烟起，啼鹃捹瘦，莫更问花期。②

琵琶仙·泛碧浪湖，赴道场山，敬谒蕙风师墓，小舟容与中，和白石自度腔

碧浪晴桡，破山影、皱縠菰浦新叶。惊起浮玉矶头，鱼罾缆相绝。人自静、纹波细语，和柔橹、未归鹍鸩。秀句飘零，词场寂寞，游旧堪

---

①　原载《国闻周报》第七卷第十八期，题作《踏莎行》（离乡五稔归滞信宿匆匆别去车程感作）。

②　原载《国闻周报》第七卷第十六期，题作《满庭芳》（冒雨苕溪桃花零落怅然感赋），“悴碧迷云”原作“憔碧迷香”，“单衣初放舸”原作“单衣初试舸”，“文漪”原作“明漪”，“恐有人知”原作“应有人知”，并有注（白石《鹧鸪天》苕溪书所见语），“莫更问花期”原作“切莫数花期”。

说。　　映山遍、谁采薇红，荐杯水、寒泉数芳节。无赖楝花风信，早飘残榆荚。休更道、重来城郭，忍更问、古调白雪。日暮分席鸥波，梦魂轻别。

洞仙歌

层阴怅结，倚阑干秋遍。静里黄花伫青眼。任西风、一霎摇落秾姿，疏雨外、尽把残英检点。　　开尊愁岁晚。带眼频移，已分天涯付消黯。惜起旧春人，梦里高城，便紫陌、玄都轻换。甚远岫、横云向人飞，又触拨、无聊望遥归雁。

思嘉客·沤社周湘舲词长属题林琴南师西溪图，将以归之西溪词人祠，祠在茭芦庵，即樊榭故宅。湘舲好事，为辟室以祠词人者。壬戌赴杭州，曾迂道往游，蘋风荻雪犹在心目间也

逝水飞蓬忆旧游。素云黄鹤若为俦。十年梦断茭芦寺，荻雪蘋风故作秋。　　鸥倦旅，酒新篘。夕阳低处试凝眸。江湖满地催归去，写入丹青恨未休。

踏莎行·题缪艺风姻丈垂虹感旧图

水驿程遥，松陵梦迓。西风初起人归乍。古欢芳意忆兰荃，吟情倦语纷姚冶。　　琢玉铺笺，盟鸥结社。潮音此际堪图写。词仙高致更谁如，相思千载星桥夜。

鹧鸪天·柝津归途，示双侃向仲坚[①]

抵死催人禁漏清。夜残星斗已三更。明朝容易金鞍去，芳草天涯又一程。　　归梦促，别情深。临歧无泪只吞声。落花许向春边住，画里流莺子细听。

---

① 此二首《国闻周报》第十二卷第八期原题作《思嘉客》(燕京临别)。

又

细草黄尘饯腊残。香醪玉黍倚留筵。何堪惜别三分逝，纵许重来一惘然。　　清禁月，御炉烟。梦回天上又人间。不辞身作堂前燕，岁岁南云自往还。

采桑子·津浦道中

已教客漏消长夜，更叠清愁。明月当头。云外珠帘十二楼。　无端转烛催人起，枨触前游。一晌凝眸。回首寒沙带远流。

八声甘州·陆丹林属题红树室图[①]

更平生何处足流连，老子自婆娑。对危崖一角，斜阳片霎，古木千柯。画里残山剩水，也学醉颜酡。试著吟身住，尽意消磨。　　我亦林泉结契，怅诛茆空约，斫地徒歌。展瑶签宝轴，归梦绕烟萝。便遥峰为秋萧瑟，挹霜红曼睩敛修蛾。怎寄与，天涯芳信，目断横波。

渡江云·题溪桥忆旧图

壶天春好处，画图能说，罨霭旧江乡。药阑凭未遍，斗韵分茶，极目黯潇湘。乌丝茧纸，最清景、付与平章。遮暝色，绿波金缕，隔岸听鸣榔。　　凄凉。尘回贤劫，翠勒贞琅，怎桃源胜赏。孤负了、潘丝微雪，沈带初长。红兰素手相携处，乍一角三径都荒。消蠹简，依稀锦瑟情芳。

减字浣溪沙·题林子有切庵填词图

罨画茸窗带晚晴。水温山赭足平生。更拈红豆写吴绫。　　消

---

① 原题作《八声甘州》(题陆丹林红树室图)，“何处”原作“何地”，“绕烟萝”原作“袅烟萝”，“便遥峰”原作“便山眉”，“目断横波”原作“脉断横波”。载《国闻周报》第十一卷第二十九期、《国画月刊》第一卷第二期。

受哀弦参变徵，流连短杖拄青藤。梦回容易浊醪倾。

点绛唇·残秋坐缀玉轩漫吟

庭院疏阴，东篱黄菊知人意。秋深也未。残醉谙滋味。　珍重苕华，惜起双鸳翠。新来事。客愁无计。掉掷如流水。

台城路·鹤亭翁约泛金陵后湖

碧湾深处寻幽径，凉阴乍移芳树。溆古苔荒，桩移水窄，残梦欲飞还住。圆蟾最苦。对如此江山，啸游俦侣。伫想明珰，景阳宫阙旧风度。　阑干十二倚遍，遥钟穿浅黛，帘外儿女。未了清欢，渐催更漏，载得诗情归去。襟怀自许。认霞叶云荷，玉筝翠羽。点检韶华，后盟应记取。

念奴娇·熊秉三丈六十自寿，属赋和韵

采香径里，伫凉云罨画，行吟高士。击碎唾壶容自适，天问曷其能已。龙战玄黄，鸥商红翠，心目谁堪此。钟彝照映，抚时亦等闲耳。　还自位业真灵，贞松介石，一舸娱烟水。乐道澄怀腰脚建，随分酒旗花市。物外田园，曲中醽醁，风月平章事。旧情为问，石湖栖隐犹是。

鹧鸪天·汤尔和属题六松图卷，时北方兵警正亟

一片斜阳落浅芜。青山故国两模糊。耕烟无计栽瑶草，傲雪余情酹玉壶。　涛翠涨，影虬拏。六龙偃蹇似诗癯。贞心謦叟堪招隐，漱石凌云托画图。

又

茧纸斑斑带泪痕。风涛谡谡也声吞。盘根甫里疑无地，放叶思翁总露根。　吟北渚，唱西昆。冬青短引共消魂。欲教唤起云龙

动，酬取丹霄翠崿思。

一萼红·春色初妍，苔枝一瞥，寄声萼绿，遥酬相思

软晴天。伫花蹊芳信，辛苦乍经年。琢玉凝酥，笼云夺絮，魂断容易吟边。梦蛾绿、柔春似海，望眼处、凭问缟衣仙。缀凤初心，调莺弱呓，依宛生妍。　　零落江南江北，倚苔枝断岸，和雨疑烟。生怕成阴，还疑荐果，愁对无限关山。供憔悴、黄昏素约，醮波痕、晕月不成圆。未了贞心片霎，长笛楼前。

八声甘州·由大同陟武州，至云岗寺[①]

问尘天贤劫几消磨，瑶想证花因。伫山堂水殿，林渊锦障(《水经注》语)，断壁侵寻。拓跋龙盘虎踞，转眼过千春。剩此韩陵在，空碧嶙峋。　　数我伶娉瘦骨，也清斋课佛，随分闲身。更云裳只履，杯渡溯迷津。旧招提依稀重到，只留题坏壁了无痕。拈花笑，琼岩宝相，一抹斜曛。

翠楼吟·己亥暮春病起，熊秉三丈招寓香山欢喜园，即在梦感泉半山双清别墅右侧

叠石巢松，裁云倚杏，层楼积翠深处。梵宫宜旧隐，恰词客闲缘来住。华年媚妩。正好景琼春，明珠仙露。天尺五。海箫清籁，倦弦慵谱。　　惜起玄赏幽情，尽芳时消领，药阑筠谱。一瓯新乳沸，悄无语林泉千古。缁衣尘土。付褪绿题襟，斜红吹雨。纷如许。掩关人境，落花飞絮。

---

① 原载《国闻周报》第十二卷第三十五期，题作《八声甘州》(由大同涉水至武州观云岗造象石窟)。

探春慢·京师西郊寿安山，在碧云寺后山深处，旧有马武寨，金章宗看花台，明孙氏退谷诸胜。周养安近治园林其间，导泉叠石，植杏数百本，燦若流霞，又豢二鹤，幽致可掬，花时招赏，赋此留题草堂[①]

崖断镌幽，涧疏漱玉。春归林壑深处。鹤印苔痕，粉衔石缺，花径微闻鸟语。秾李夭桃艳，总输与、北梅风度。赏心尘外烟霞，小园庾信能赋。　　应念平居故国，消片霎青山，玉树无主。寒蝶传烽，祟榼驰宴，更著旧家庭宇。谁占巢枝稳，剩野老、荷衣重补。俊约明朝，众芳容荐尊俎。

玉烛新·独游浦滨，举目凄异，战后非复年时光景矣

吴淞衣带水。伫寒月笼沙，绪风侵袂。采莲棹远，谁来尚记取当年环珮。琼雪碎翦，映万点、星球光缀。轻梦冷，一眽平芜，几堪离思无寐。　　河桥记取分携，溯拨叶调莺，藏钩翦翠。俊游滋味。鬘天算、独傲玉梅风致。流光易逝。剩皓魄偿人清泪。更望里、隔岸楼台，笙歌吹沸。

垂杨

钿扉静扣，亚淡阴画里，一痕天远。水驿初程，棹轻谁问情深浅。垂杨瘦尽黄金线。系不住、离人心眼。渺江楼、烟外屏山，罨兽炉香篆。　　扶梦春花翦翦。溯红紫年芳，别时庭院。妒煞双鸾，玉尊消领新妆面。柔柯赚取韶光贱。恁片霎、秾华轻换。伫文波、肯向西流，帆影转。

---

① 原载《国闻周报》第十二卷第三十四期《采风录》，原题注：京师西郊寿安山，旧有马武寨、金章宗看花台、孙氏退谷诸胜。周养庵近营缮别业，约作胜赏，正值杏花盛开，赋此留题。

八声甘州·丙子九日遐庵湖帆子青伯明诸君约登高灵岩山，且写图记胜，为和梦窗韵题识之

拚多情落帽向空山，华发渐星星。况萧辰俊侣，联镳绣陌，行散层城。望里越溪如箭，愁溯剑痕腥。一舸兴亡感，消领涛声。　剩有巉岩片席，问凭琴呼酒，谁醉谁醒。恁秋容寂历，随分付丹青。屧光寒西风摇落，伫云边眉翠罨遥汀。斜阳外，井梧霜柏，惜取承平。

清平乐·湖帆写松竹两帧见赠，客索松去，赋此题记

苍龙偃盖。空翠浓如海。咫尺风雷邀夕霭。息息人天清籁。
可中素楮青螺。分来庭角岩阿。宜作两家春好，柔条输与乔柯。

女冠子·释戡四月十七日生日索词，余谓当用韦词为寿

四月十七。茂苑好风晴日。乍芳时。寿客桃钉座，持觞柳介眉。
牙旗崇地望，吟啸拟天随。问取功名事，玉笙知。

三部乐·丁丑元日去金陵勾当，适值大雪

篱角疏灯，映驿路短程，旅怀愁绝。玉镂琼朗，千顷清晖疑月。信幽梦、同逐锋车，缀敝貂畹晚，午夜催发。画堂簇燕，孤负金醅荷叶。　《阳春》几人解和，总沾泥逝水，有情难说。凭锦笺琢句，东华晞发。好江山、片时换睫。悭坼蕊、梅闲伫切。白战未息，伴朔凛、徒自萦结。

虞美人·丁丑七夕为李后主千年忌日，词客有征词祀之者，鹤亭翁约同作。即用后主词韵

梦回谁记江南事。静拥罗衾睡。劫余灵鹊忍笺天。望断银河星海一千年。　钟山日日愁风雨。犹道凭阑苦。人间惆怅落花词。忏尽回肠应不悔当时。

南浦

薄暝晚晴初，悄画阑，沉馥宝鸭微炷。新绿浣文漪，游丝细、轻荡曲尘如雾。瑶筝锦瑟，断肠谁解吟商谱。梦寻燕语。空消领韶华，唤春归去。　　匆匆转烛天涯，乍芸省簪毫，玉墀挥麈。谏草换浮名，菱花好、赢得鬓霜千缕。铜驼紫陌，旧题莫问关情处。殢人倦绪。拚翦取吴江，惺忪依汝。

祝英台近·谭瓶斋五十，索词，作此戏寿之

纷绡轻，霞珮颤，芳意自凝伫。一捻腰肢，纤影怕飞去。故教海燕衔钗，云鸦锁鬓，把镜槛、仙姿留住。　　玉卮举。记取人醉花扶，东风袅弦柱。珍重华年，春好肯轻度。恰宜螺黛亲描，猩红细染，替廿四茗光作主。

凤箫吟·女词人吕碧城移家西洋，不废吟事，积稿付刊，索题

海西云。仙蓬翠罨，游丝系住斜曛。寄庐人境好，话愁新燕，几倦掠余春。梦回贤劫换，恁无端、飘泊闲身。算迅羽浮沤，镜华夙证尘因。　　缤纷。宝奁脂绚，绣帏花匝，分付眉颦。卧游非故土，画楼天只尺，寸寸伤神。锦笺拈秀句，赋遥情、应念鲈莼。奈徙倚，伫尽香南雪北，珍重书芸。

贺新郎·湖帆德宫静淑夫人工画，填词尝作此调，以绿遍池塘草起句。湖帆既悼亡，和征同作

绿遍池塘草。伫蘋溪、文波容与，倦怀秋渺。一抹痴云遮望眼，云外斜阳古道。忍付与、吟笺赋稿。不尽伤离兼惜逝，博个侬、木石柔肠绕。唱金缕，赏心少。　　鬓霜渐点青铜照。算几番、功名尘土，等闲负了。劫后沧桑堪再问，凄绝影形相吊。到今日更无诗料。只办残山供粉本，总新愁、旧恨慵难扫。歌当哭，遮莫笑。

虞美人·庚辰初夏和双照楼

绿阴画罨微凉处。谈笑容挥羽。故园消息问如何。生怕春归花事、已无多。　　清泉石榻温茶火。梦外思量我。不教心绪掷江流。会看重开霸业、旧皇州。

满江红·金陵独客,双照楼属和新作

画里疏阴,殢细雨、眉痕百结。恁梦断、三巴猿泪,一春鹃血。人境不如词境好,酒肠渐比愁肠窄。拚河山、如此又新亭,情酣热。　　沉铁锁,江流赤。嘶石马,苔花碧。忍寻坊问曲,青衫遍湿。几日不来金缕暗,何年重见乌头白。剩腰肢、还试绾秋光,风犹力。

高阳台·秦淮夜泛,和龙榆生韵

麝水溅灯,蕊香浮鸭,迷离粉面脂谐。夜未央时,晴云照彻清淮。影娥欲斗眉痕瘦,共遥山检点情怀。漫相猜。露凉轻去,艇浅初来。　　回眸桁阁珠帘放,伫樱桃绽子,豆蔻凝胎。狂煞司勋,愁他玉骨清骸。平生最爱秋宵好,问芙蓉知为谁开。莫轻排。年时梦软,压枕横钗。

满江红·庚辰中秋和双照楼韵

素宇流辉,乍大地、河山生色。傍短榻、扶头病起,画帘慵揭。火劫遽怜尘外世,风轮自转天边月。便宵深、玉镜似金瓯,愁他缺。　　桂影黯,潮声咽。成连曲,湘灵瑟。剩词人心事,只余瘦骨。战蚁鸣蜩纷毁誉,明珠仙露原高洁。倚斧柯、望断旧琼楼,长庚白。

霜花腴·庚辰九日,雨途过里门,用梦窗韵

湿云就暝,凭小窗,多情犹恋茸冠。乌桕初丹,烟峦渐隐,吹醒酒面应难。带团自宽。梦白衣携手花前。数程程短驿疏林,霜波圆处怯新寒。　　遥听戍楼谯角,和闺吟野哭,似动哀弦。谁信萸开,犹

怜菊瘦，商声并付瑶笺。倦斟玉船。映画屏明镜娟娟。怎游情唤起乡愁，郭门斜倚看。

鹧鸪天·庚辰十一月朔日仿遗山宫体八首

啼鴂西川未忍闻。劫余残梦付残春。玉窗绰约迷沉水，金殿葱茏唱遏云。　　凭断梗，殢斜曛。繁弦似诉最怜君。无情一往千秋恨，元朔龙蛇叹不辰。

又

坠絮无端滞翠苔。骄花紫陌伫重开。十年驹隙随波逝，九锡蓬瀛赉使来。　　愁对酒，忍倾杯。钿盟镜约几低回。信能挽得银河转，皂帽黄尘亦可哀。

又

匼匝珠帘绕禁楼。遥听桴鼓间清讴。孽龙渡海催前奏，天马腾空驻上游。　　开玉镜，敛吴钩。啼妆粉靥学风流。真灵位业神仙侣，不分虞宾比列侯。

又

锦字回文子细看。玉愁花笑怎为欢。凤凰闲里排宵宴，宁远楼前问早安。　　笺泪墨，玺书丹。许凭带砺誓河山。都俞别有伤心在，强和嵩呼一展颜。

又

凭遍危阑一角红。便愁风雨葬吴宫。三生花草蓬山外，满地江湖落照中。　　藁馆启，苇航通。金缯乞与护珍丛。云笺纵抵关山近，不信瑶珰系断鸿。

又

谁道筹添海可桑。仙家随分话兴亡。沉灰入地难回劫，弱水中流不载航。　　金屈戌，玉钗梁。梦回峨冠试明妆。花开记取韶光好，驻景犹难觅上方。

又

贝阙珠宫弟几层。玉堂雅致见天真。灯前绣佛清堪供，画里疏梅淡亦春。　　词宛转，步逡巡。遍翻芸笈校灵文。葳蕤好写东皇帖，切莫沾泥误锦茵。

又

燕寝香凝酒未干。绮疏春殿伫团圞。赚他比翼通鹣鹣，负我重衾梦触蛮。　　消誓海，说盟山。不知是玦尚为环。环连玦绝他生事，斜倚熏笼掩袂看。

高阳台・辛巳酬春

春酿花浓，阑低云絮，小楼不怕寒侵。灯穗新花，铜街惊起疏砧。合欢酒酽真堪醉，醴脂融、绮绪难禁。绣帘深。回尽柔波，宽尽华襟。

相思不惜相逢乍，认初盟钿约，微度琴心。莫负他生，千言并付沉吟。还君双泪明珠好，惜惺惺、翘翠斜簪。倚罗衾。细食鸡舌，慢啮林檎。

千秋岁・铙曲

冲霄大纛。铙吹声相逐。展长弰，拭飞镞。阵营严楚汉，宿将推颇牧。今犹是，天家细柳军容肃。　　露布书盈幅。旨酒倾盈斛。悬印绶，驰车毂。干城国士选，率土奇勋录。提劲旅，风云会看回沉陆。

扫花游·梦窗西湖寒食一词，余所酷嗜，曩者十发西泠，辄取资讽咏，揭来尘蝟百集，踪迹遂疏，雁荡主人帅抗约作讨青，亦以事谢，车尘怅惘，赋此调寄怀，即用原韵

艳阳炫碧，拂璧岫初云，曲波新雾。梦回向午。几楼台照眼，乱丝萦路。乳燕流莺，唤起韶光媚妩。倚金缕。正雏绿嫩黄，花外低语。

桩浅船系处。认岸隐青帘，旧曾游处。好春易妒。尚罗襟昨日，酒恨犹汙。纵许重来，怕已苍烟满树。四山暮。曳钟声、逞潮归去。

思嘉客·晚过虎邱而无锡而家园，信拈清课

已拌残曛恋故枝。漫随流水送芳时。青山掠影浑疑醉，白鹭亲人为底痴。　　眉妒月，柳如丝。旧情历历彩云知。塔痕渐隐铃声远，听到无声别有思。

又

绿树阴浓匝地闲。故园环水复环山。云边夺雨生新霁，塔畔鸣铃唤暮寒。　　愁蜡屐，过乡关。劫余父老尽潸然。生平誓墓情何及，饮恨孤儿梦里还。[①]

南乡子·李释堪夫人绘所居桥西草堂图属题[②]

吟馆罨鬅鬙。太液桥南坐雨曾。重到桥西芳节好，声声。载酒江南听晓莺。　　山黛比眉青。墨妙琳琅入画屏。劫后韶光应似

---

① 此首《同声月刊》第一卷第八期原题作《鹧鸪天》（车过里门，行吟怅结），“绿树阴浓匝地闲”原作“绿树秾阴匝地闲”，“劫余父老尽潸然”原作“白头父老共潸然”。

② 《同声月刊》第一卷第八期原题作《南乡子》（李散释夫人桥西草堂图征题，曩在北都，辄就游宴，因述旧怀），“载酒江南听晓莺”原作“载酒桥西听乳莺”。

旧,登临。折戟沉沙认秣陵。

思佳客

犹认临歧俏眼波。酒阑风细伫清歌。朝霞妒颊宵疑曙,远岫争眉黛点螺。　　诗梦远,别情多。神光离合奈愁何。大罗天上金堂畔,莫问兰因几世修。

前调·挽伶工贾璧云

月映弓弯响屧轻。珠喉呖呖斗流莺。大千春色眉头聚,谁似人间贾翰卿。　　余雪涕,话倾城。鬓丝白尽米嘉荣。十年我亦伶俜甚,凝碧重来别有情。[①]

前调·寿傅浣叔七十

信是壶中岁月长。随身蜡屐伴书囊。北梅环堵闲中趣,东阁披芸静里香。　　会真率,韵铿锵。南飞鹤奏近重阳。黄花老圃看高致,铁笛寻声进一觞。

水调歌头·癸未中秋,醉中用东坡韵

无地酬佳节,明月尚中天。梦外珠宫贝阙,历劫总齐年。自有乾坤清气,耐我独居深念,衾薄渐宵寒。放眼岑楼下,广厦万千间。　　长啸罢,浩歌敛,倦将眠。酒半酣时耳热,多事缺和圆。莫问为环为玦,消得是桑是海,樗散且能全。一笑林樾动,帘影逗娟娟。

---

① 原载《同声月刊》第一卷第八期,题作《鹧鸪天》(歌者贾碧云挽词,不聆鬘弄,盖三十年矣),"月映弓弯响屧轻"原作"屧样弓弓映月明","珠喉呖呖斗流莺"原作"珠喉呖呖斗歌莺","凝碧重来别有情"原作"凝碧低徊别有情"。词尾小注:贾字翰卿,长于跻剧,故词中及之。

台城路·九日北极阁登高

断篱残甓斜阳外，归鸦背人无语。戺冷尘封，溪澄镜映，一片秋容如许。招携俊侣。认故国山河，旧家庭宇。莫漫登临，就荒三径待谁赋。　　白衣犹共置酒，浩歌清兴发，狂笛慵谱。落叶惊秋，题糕坐茗，眽断蓬壶尺五。愔愔岸树。罨宫井胭脂，那时眉妩。寂历台城，绿凋云外路。①

思嘉客·何之硕属题江南春图

一抹晴丝绕径栽。三生花草罨楼台。江南梦好酬珠玉，曾见倪迂旧稿来。　　吟海壑，怅风埃。几时重与系春回。念家山破消新曲，粉本留真亦可哀。

被花恼·甲申六月泛舟玄武湖

粼粼嫩绿映鹅黄，芳思几萦残照。苇岸花舟放轻棹。凫鹥狎暖，云衣怯晚，划破湖阴草。光景换，物华新，剧怜青鬓凌波老。　　回首莽天涯，蝶浪沉山黛烟渺。鸣镳初勒，铙鼓频惊，霸业千秋杳。负汝南心绪斗红裳，伫娥月、梢头镜心皎。忍细数，旧事南朝宫漏悄。

跋

先祖讳凤昌，字竹君，原籍江苏武进。幼失怙，因避洪杨乱，随先曾祖妣走粤垣。蚤岁游张香帅幕，深受器重。辛亥革命前移家歇浦，从南通张謇营实业，并襄助辛亥革命。一九一二年初之孙袁南北和谈，即假先祖沪寓惜阴堂举行。

---

① 原载《国艺》第三卷第五、六合期，题作《台城路》（九日释戡约集萸觞同登北极阁邀赋此解），“溪澄镜映”原作“漪澄镜映”，“认故国山河”原作“认故国江山”。

先祖妣周太夫人在一八九八中秋后四日得先父。先父讳尊岳，字叔雍，毕业于沪南洋公学。后因堂上不忍其随姊氏赴美游学，遂从临桂况蕙风先生学填词。弱冠即有《和小山词》传世，为诸词坛前辈所激赏，并入上海申报馆主笔政。

先母讳季淑，字静宜，乃清末清流闽侯王仁湛先生之第五女，亦擅音律。自嫔先父，篇什唱和，而南阳路之红楼一角，因尚存南渡前济南金线巷之流风余韵也。惜频年迁徙，致先母遗稿及其早岁在沪付印之《悼珍妃绝句》一百首，竟无一幸存，思之痛心。

先父出入新闻、政治、教育三界，与缀玉轩主人及双照楼主人最为莫逆。一九五〇年移家香港，一九五八年膺新加坡大学聘，主讲国学，故港星两地之新知旧雨及门墙桃李均甚众。生平最慕东坡居士，居恒引异自况，惜昊天不悯，夺其二子，以致借酒浇愁，竟于一九六五初夏逝于酒疾，伤哉！

《高梧轩诗集》于一九六六在港印就后，文漪又迭遭丧变，并于一九七一年移民加拿大，于是将《珍重阁词集》搁置多年，而中心藏之，何日忘之。今幸蒙周国灿、周文全、高芝荣三君子慨允相助，于星洲付印，为人子者，实不知何以为报，借此以表谢忱。

辛酉春儿文漪敬书于加拿大之温哥华

（据《珍重阁词集》，东艺印务公司 1981 年印本）

炎洲词[1]

落南逾十载，旋且有星洲之行，去国日远，词境日非，遂复少作，积成一卷，署曰《炎洲词》，聊志倦游之情而已。

一

霜叶飞·丁酉重九，孤桐来书，备致君坦殷勤之思，不相见且三十稔矣

素秋天气，开襟抱，朝来丝雨初霁。翠痕依约点沧波，正动人清思。惜独客、殊方万里，龙山游屐难为计。只坐愁凭槛，试缅伫、黄花浊酒，白衣难致。　　知道慰省羁迟，征鸿南下，带得离绪盈纸。便从蛮海念京华，溯卅年情事。算水榭回廊迤逦，仍教嘉约邀裙髻。却遍插、茱萸后，拈韵分题，有谁驰寄？

清平乐·黄荫普南归以花笺见贻

缤纷蝉翼，壮我缃敛色。社燕秋鸿南自北，无语已传消息。窗前漫草玄经，尊边再续诗盟。灯畔重拈细字，梦回犹殢深情。

紫萸香慢·元姚云文创此调，音节顿挫，平易凄楚，俨为变雅之遗。丁酉九日，取读数过，颇忆昔年灵岩登高之盛。忽忽卅年，不能无感，依调寄情抒余怀

旧愁新、山川犹昔，晓窗霁日朦胧。敞芳郊秋甸，遍游屐，策吟筇。望彻苍烟云外，拥崖疏泉瘦，一派茏葱。更兴亡、几许栈屟漫遗踪。似胜境、卅年再逢。　　从容。记伴吴侬，携破帽，挟诗筒。对

---

[1] 《炎洲词》载《星岛日报》，按：缺《星岛日报》十、十六两期

灵岩寺老，琴台叶碎，长啸西风。晚归不禁霜冷，石家肆，剪新菘。映真珠、小槽初泻，别栽黄菊，扶槛倾醉千钟。回首梦中。

二

霓裳中序第一·渡海去长洲，访周大致辅，谈梨园雅故，用白石韵

沧波尽目极，断岸天涯谁去得？浑拟借帆着力。趁朝雾渐稀，晨晖初索，晴光一隙，涉瀛堧来访幽客。花深处，隔帘径曲，乍已透春色。　　岑寂。远山苍壁。映素浪粼粼如织。渔村更无辙迹。野店挑帘，乱藓盈陌，试谈玄屏息。管底事流红坠碧？开天旧，兴亡无限，拚付水商侧。

八声甘州·药农兄移新居，易号了翁，来书坚剪烛之约，用玉田韵赋寄

倚东城庭院数黄花，开落浅还深？想新来癯叟，旧游词客，不怕霜零。一样画阑朱槛，一样少年心。惟有归来燕，初误浓阴。　　了了那回湖上，记泛舟侧帽，移榻联吟。恁暂教轻别，千里万重云。许几时、再寻芳躅？展茧丝、先赋好山林。安排就、锦鞯风帽，华发从君。

唐多令·药农兄函述易号了翁之微，尚词以广之

新筑卜城东。朝阳(京门东)坐晚风。好襟怀、领略晴空。历历眼前都识尽，黄菊槛，露兰丛。　　华发已成翁。生涯药裹中。尚丹青、收拾从容。试署了翁心事了，千里外、与相同。

八声甘州·乡人吴因明工操缦，又参公案，炼丹药，学诗论画，间关南游，以所作《雁落寒湖图》征题

渺天涯许复着闲身？惊寒俛重湖。对遥山霜紧，平林雨细，荏苒相呼。惜起衡阳春侣，短梦系菰芦。幽致谁堪托？泼墨成图。

此去药炉梵筴，送渔歌牧笛，消领清娱。对一庭秋气，立赏独蘧庐。尽相思、人人写得，便倚楼、何必问蛮陬？金徽字、谱新腔好，且付诗瘤。

三

水龙吟·苏联以人造卫星载犬升太空，史所未有，赋纪其事

素娥青女年年，叫开阊阖惊初见。云居帝所，碧天沧海，一痕涌现。不是欃枪，却携斗柄，流光如练。数唐尧十日，文殊七曜，居诸外、真非幻？　　休道罡风吹尽，底天工、待人驱遣？雌霓划破，玉虬安驾，涵虚奔电。何况今朝，飞仙信有，淮南鸡犬。称平生意气，干霄拔宅，运璇玑转。

摸鱼儿·粤尼九姑专图谶，能按谱道人三生事。余往询三世，赫然人也，赋此解颐

最无端、此生何世？茫茫尘海如寄。话头提出新公案，参透也嫌多事。拈敕记。漫却似、风轮随分逢场戏。不由窃喜。尚检点三生，未沦阿鼻，好与作归计。　　诸天里，化涅曾无二致，前修遮莫疑忌？濠梁未必鱼非乐，漆吏早明兹理。今老矣。算省识，玉几金剑难昌济。豪情似水。且待我他年，安排松竹，信步返初地。

祝英台近·秋旅搜箧，得故衣，怅然

掠秋痕，扶烛影，残夜伴针线。唾碧裁红，刻意试寒暖。不期万劫蹉跎，百年辛苦，送流水、时光一眴。　　尽肠断。历历金锁葳蕤，开奁隐犹现。偏是仙蓬，咫尺隔天远。那回谁信寻常？凌波人去，竟忘约、他生重见。

八声甘州·前作卫星词，意犹未尽，近且有以火箭

射月之说，日本且已预售月地，诚盛举已，再赋

问甘公石氏近何如？星经待重编。怎辰居拱斗，长庚乱辙，别着双丸？玉女投壶贯耳，矢算未频添。底事东皇老，电笑开颜？　莫悔曾偷灵药，卜明朝士女，争斗婵娟。湿斜飞露脚，鸡犬出人间。信广成、碧游三闯，便避秦、堪作武陵源。应容我、着先鞭去，问舍求田。

夜飞鹊·饶固庵新笺彊村论词《望江南》词见示，即以彊村《怀寄人境庐》韵题之

冰绡唤残客，轻梦初回。依约撰杖衔杯。花阴月午画阑悄，拈髭倦睫微开。望里流光如矢，恁百年多病，万里登台。风轮玉笥，换炎洲、一霎蒿莱。　收拾天机余锦，秋士信多情，吟啸苍崖。好事虫鱼寂历，细拈珠麝，良夜低徊。草堂秀野，怕衣冠、夙误尘埃。只褵褷白羽，丁东玉漏，惜起愁来。

四

西江月·贻刻书人张姓，其人茹素好饮

半世枣梨儒雅，平生钻椠风流。菜根自是胜珍羞。滋味士林消受。　南国从容瞻部，东方突兀神州。莫嫌老去见花羞。且引长春斗酒。

水龙吟·戊戌岁暮，初至星洲，郊行避雨山家，欣然有问舍之思，寄希颖

南溟千顷涛澜，举头颇见鱼龙迓。艟艨破雾，旌旗炫日，畦町盈野。侍我开颜，因君觅句，玉鞍初卸。正山芭深处，红桑灿烂，应休问、开还谢？　云树重重似画。瞬银河、九天争泻。山容绛沐，溪流绿涨，平添姚冶。梦破雏莺，倦回新茗，地宜结夏。许诛茆三径，篱边槛外，补蔷薇架？

烛影摇红·己亥元宵

玉笑花嫣，帘栊隔岁分明事。依然皓月十分圆，换了春灯市。已付絮云吹逝，问人间、匆匆何世？剩我疏狂，万里烟波，三生清泪。
分付琅玕，今宵好与裁笺纸。纵教霜鬓不成欢，殢满襟诗思。午夜更筹屈指。瑶阶屧步疑犹是？梦回谁道，风竹鸣珂，闹蛾溅蕊？

高阳台·庚子元日独客漫书

暖酿云腴，晖澄溪浅，浓阴一片周遮。节令长春，嫣红篱落人家。夜深爆竹千门动，算初惊、换了芳华。抚霜丝，几许频添？无限情赊！
屠苏久自悭朝饮，便泥金帖子，懒榜檐牙。柏叶椒花，何当冷淡生涯？程程水驲江南好，付楼前、数尽浮楂。伫王孙，早卜归期，重醉流霞。

解语花·墙阴丛花逞丽，悠然独赏，倚此

红镌绣葆，绿漱芳堤，消受光风丽。一丛深处，朝霞罨、曳荡画帘如水。文纱影里。遮莫数、含苞犹几？芳节换、搔首频惊，为问花知未？　　海岳春回万里。伫江南旧曲，玉炫琼绮。剧怜孤倚。鲸波外、漠漠瘴荒无际。清欢惜起。烦愁损、箧天情味。任乳莺、啼彻新声，香暖人微醉。

五

瑞鹤仙·虞美人盛开，颇似吾家旧种

倚阑相尔汝。卜近日、心情个侬何许？回眸乞春住，又东皇信息，乍惊迟暮。天涯倦旅。伴名花、真工解语。悄蓬瀛清浅，前头拈起，蕊珠闲数。　　分付。新黄嫩绿，绰约宜晴，茜葱深护。蛮烟瘴雾。风更雨，莫轻妒。傥江南异日，疏泉文石，还我银屏院宇。便珍丛绕遍，三生再吟秀句。

东风第一枝·雏燕营巢，潮酣云弹，亦新春胜事，庚子正月廿八日

叠鼓飏春，喧蛩饯岁，蛮陬雨犹云殢。懒凭曲槛寻芳，未信亚枝试垒？羁怀百结，并忘却、缤纷诗思。怎片向、乳燕投帘，一般玉柔花致。　　瑶佩曳、梦惊语细。金缕损、影涵脂腻。剧怜海角相逢，许共天涯此际？愔愔情味，拚付与、青衫红泪。待谛认、绿荫朱门，几日玉骢重系？

忆旧游

渺千寻碧海，万叠明霞，百丈瑶宫。紫府深深处，算天台路迥，有梦曾通。那回彩鸾飞控，缑岭最高峰。记满引琼浆，浅尝苑果，笑倚东风。　　从容。驻杯渡，正异日重来，待讨芳踪。不分鬘天外，便从教永逝，目断征鸿。笙寒佩冷消息，何处月明中？剩瘦损今宵，云阶画屧才许逢。

眉妩·鹤亭翁于己亥七夕徂化，悼之以词，正有花外草窗之感

忍翻阶红叶，逝水青萍，凄切逗虫语。似诉承平事，东□□，渔舟星火同住。笑吟漫赋。拂茧丝、曾斗新句。酒醒外，月落参横后，渡头剪金缕。　　不分匆匆轻负。早千寻瘴海，难递鱼素。远驲寻消息，沧江晚、书丛知著残蠹。几时解组？剩猿鸣、故山无主。只盈箧秋词，留得旧家掌故。

淡黄柳·晚晴

微云酿暖，略似江南北。短梦频惊春万斛。忍忆年时镜槛，清供梅枝亚金屋。　　怨吟曲。无声奈人独。麦光砑、泪痕漉。偬相思不许倾横幅。骤雨初晴，箭波轻逝，空负华灯似粟。

六

青玉案 旺雨

薄寒轻暝相宜处。绿半障、红深护。瑟瑟潇潇听骤雨。频传玉漏,漫拈金谱。犹自耽新句。　　溪流涨急浮官渡。怕嘉约,明朝误。轻揭帘栊窥几度?莺声乍动,子规无语,不碍前山去。

苏幕遮·新治盆栽月夜独赏有作

缀新红,分嫩紫。掩映屏山,惜起年时事。良夜月明清似水。庭院更迟,强醉□诗思。　　怎今宵?裁故纸。倚槛徘徊,晕墨难题字。灯影花光迷客袂,剩□邻家,一曲相思子。

蓦山溪

满庭浓绿。掩映双银烛。负手几行吟?更长啸、阑干六曲。故园春老,昨梦已成尘,世外境,劫余身,侥幸饶清福。　　鬓霜赚尽,遮莫寻歌哭。秀句已无多,待今夜、重题松菊。蛮陬万里,难遗好情怀,风瑟瑟,月沉沉,漏永消人独。

七

定风波·拟白石

柳陌桃蹊未易寻。梦回霜鬓已骎骎。万水千山行更远。肠断。朱楼一桁换晴阴。　　眉月几余清泪赚?菱花拍着暗尘侵。莫道人间离别久。终有。天吴紫凤证盟深。

前　调

别久春归两不胜。海天梦雨湿疏棂。只待消愁拌剧醉。无寐。

漏长苦更对青灯。　　颦笑盘龙应似旧，音书孤雁竟无凭。相见几时休更问？空剩。夜涛寂寞撼愁城。

高阳台·午枕方酣，花帘影艳，延赏至再，赋此

蒂绊迎暄，枝纠炫井，脂光误引游烽。六扇窗低，碧纱髣髴春浓。细呵蕊子痕痕掐，缓须臾涨腻流红。侍灵犀，轻点檀心，缬眼惺忪。　无端镜槛留仙迹，算不曾辜负，廿四番风。映带双鸾，坡陀细草蒙茸。偏教解语无多语，两三声、佩响玲珑。待来宵、蜜炬高烧，绣幕重逢。

凤凰台上忆吹箫·王月圆居士属赋题意

圆月铜街，暖风绮陌，小楼偷剪银灯。待篆萦心字，帐甍罗纹。轻度茗香脂浅，颦笑缓、乍启朱唇。星眸漾，咿嘤龙竹，宛转金茎。　频频。指葱扶玉，应不数昭华，唤出新声。渐彩鸾飞控，天纵疏翎。临镜娇憨无那，抛一霎、花唾琼英。从今更，休言薄情，验取红巾。

八

满庭芳·参梦窗于淮海疏密之间，庶亦别开词境

雁阵裁天，虫喧警晚，玉蕊轻卸银钩。悭晴丝雨，隔院唤飕飕。初剪金荷向晚，浓氛逼润压香篝。谁消领，轻寒薄暖，人独倚朱楼。　前游如梦里，萲宜花笑，鸾妒眉修。尽滴碎芭蕉，不解离愁。忽忽谁怜十载？肠断处、仙袂难留。天涯路，烟波万里，空自泛茗瓯。

二郎神·用徐干臣韵，贻朱蕴华居士。析津之别，盖三十年矣

白河夜色，浣素魄、画帘如影。记兽炭微薰，兰煎徐度，宵来银屏怯冷。不分蓬壶三山远，待熨帖、文园多病。还懊恼强排，欢娱初遣，蒂开双镜。　　谁省？马蹄雁字，前尘消凝。数屈指从头，天涯千劫，轻换人间醉醒。纵许相逢，再回义驭，难挽逝波光景。徒怅望，槛外云低雾湿，鹭闲帆静。

九

国香慢·南中百卉杂陈，有移根他植者，念之弥切。辛丑四月廿五日，将去吉隆坡看乌结先夕，赋此

漉粉融脂。伴十香镜槛，钿阁生姿。南天去年初见，见未多时。泛海移根去也，倚蛾月、空惹相思。一痕怕零落，梦外尊前，轻负腰肢。　　那回犹记，送铜街度暝，风软如丝。七香车里，眉语无待矜持。款款花当叶对，喜明朝、应再拈枝。香篝画帘下，潋滟兰汤，婉娩金卮。

高阳台·赋室中冷气机

水殿初回，兰房乍启，相逢三伏生秋。不待封姨，寒生肌粟飕飕。冰丝雪藕浑闲却，便置身、姑射山头。误须臾，拥褐袁安，假寐黔娄。

从今高会宜长继，更无劳九九，屈指凝眸。垂柳亭前，春风迟上帘钩。栽桃嫁杏都余事，尽耐看、梅萼频抽。怎消凝？缓噪鸣机，浓压香篝。

十一

清平乐·画舫

眼波横处，欲挽东流住。偏自横塘西向去，三十六峰无主。

夜晴花底流莺，骊歌掩抑瑶觥。强识欢娱片霎，一窗灯火通明。

蝶恋花

抛却平生词笔瘦。不信天涯，犹染香盈袖？春好一枝今见又，风

裁林下黄昏后。　　山色罗浮终似旧，惜起啾嘈，唤醒师雄酒。纸帐铜瓶谁与候？独吟怨曲人知否？

前调·再和前韵

宿雾悭晴心字瘦，梦里寻诗，泼墨犹襟袖。历乱啼乌今夕又，唤回月落参横后。　　莫忆中州庭院旧，万里蓬瀛，难泛兰陵酒。细语徒惊虫应候，溪蛮能解余怀否？

前调·三和前韵

宽尽东阳腰带瘦，水驲相逢，自笑龙钟袖。拾翠流觞何日又？楼高烟锁春前后。　　寄语莲蘋诸故旧，红豆枝头，倦客难销酒。遮莫离离催节候，问犹省识相思否？

前调·四和前韵

新月初三弓样瘦，香径徘徊，零雾沾罗袖。转毂十年尘海又，难忘那日花阴后。　　芍药阑珊亭子旧，倘许重来，同进香橙酒？江上夜凉风起候，羁人眼底怀归否？

十二

前调·五和前韵

惊见绿肥红渐瘦，摘取山矾，几朵盈怀袖。竦竦潇潇微雨又，阑干倚遍清明后。　　无限流光应似旧，婪尾酬春，独酌谁将酒？消息不须探气候，枝头旺得鸣鸠否？

前调·六和前韵

顾影涟漪金缕瘦，一抹鹅黄，映带轻衫袖。镜汐分明春枕又，信它万里分携后。　　虹雨梅风终忆旧，点染铜铺，草色浓于酒。最是杜鹃呼雨候，问渠耐得幽栖否？

前调·七和前韵，壬寅午日

彩缕分丝萦臂瘦，浴罢兰香，披拂当风袖。大道朱楼谁许又？窥人象隔银屏后。　　艾虎钗符新更旧，老我花阴，忍俊容禁酒。湘簟轻拈初暑候，聚头得许年年否？

前调·八和前韵

照影纤纤奁镜瘦，不若当时，宛转舒长袖。料量三生相见又，今宵烛跋星沉后。　　玄鬓霜华春服旧，只剩吟边，梦里才呼酒。却恨啼鸦催醒候，声声似问重逢否？

前调·客来茗谈山左旧事。九和前韵

天若有情天亦瘦，长日孤云，掩映浮邱袖。风指蓬山东向又，相逢下九初三后。　　燕语呢喃凭话旧，一晌书堂，煮茗聊当酒。四面浓阴移物候，泉边柳絮依然否？

前调·十和前韵

写不成书疑腕瘦，黛浅毫轻，空染冰绡袖。回首人人天际又，归心暗逐南鸿后。　　点缀湖山应胜旧，负尽缁尘，那日邯郸酒。一别疏慵同道候，狂奴故态犹存否？（“懒如道旁候子”，前人谚语有入词者）

十三

前调·十一和前均

研水渟泓拳石瘦，缕缕炉熏，笃缛香萦袖。清绝江南帘幕又，粉笺初展屏灯后。　　好句千番容忘旧，钿约寻春，几泛葡萄酒？月上

西楼休独候，梦轻觅得伊行否？

前调　十二和前均怡保郊游补题

铁嶂嶙峋山骨瘦，暝色浮空，翠色涵衣袖。金阙玉阶疑到又，红桑几度开残后。　笠屐生涯尘海旧，待祓清愁，下马先寻酒。屈指初三应坐候，娟娟新月邀人否？

前调　十三和前均

彩笔空题诗思瘦，小叠云蓝，珠字珍怀袖。自袭芸香谁见又？瑶函深锁龙威后。　道尽天涯踪迹旧，絮乱丝繁，处处都宜酒。今夕传杯休再候，芳堤紫陌重来否？

金缕曲·答和李西浪见投酒座之作

街鼓沉沉夜。溯投荒、十年万里，病疏杯斝。多少雕虫平生事，莫问云谣典雅。更几许、珍珠抛洒？月色依稀池台旧，梦难消、罗帐灯昏下。银汉鹊，风檐马。　此时真道怀归也。纵开奁、华笺百个，乱愁能写。特地葡萄酤佳客，何况座无弱者？信南陌、捄田容稼。从此玉山□颓倒，再毋劳、望眼蛛尘挂。留掌故，付清话。

望　海　潮

灯遥山浅，林疏红瘦，黄昏渐不分明。云外画楼，春边梦雨，匆匆许又平生！仙屧蹑飞琼，挹绣帘案□，霞佩轻盈。宝鸭前头，玉叶珠粲酒重倾。　无端负了深盟。数劫余桑海，天远蓬瀛。□鬓少年，菱波俊侣，鸾笺彩笔无凭。消息隔重城。算落莫断梗，同付飘零。休扑杨花，阻人归驿万千程。

十四

蝶恋花

六扇颇梨晴透树，片霎斜阳，才送花时雨。赚取红襟轻到处。等闲休放春光去。　　料理清欢无客阻，独惜帘深，却少沉馢护。茗畔愔愔愁欲诉，垂杨自作天魔舞。

前调　西滨园记游

一桁阑干遮碧树，刁刁松涛，不是风和雨。满目江山春好处，梦魂约略西湖去。　官道黄昏成间阻，画毂香尘，差许流苏护。碧海心情低敢诉，婆娑空见尊前舞。

前　调

月洗潮痕痕透树，心似潮来，乍忆西湖雨。望里楼高灯上处，画□容与苏堤去。　　越地吴天千里阻，剩有同心，松柏西陵护。惜起秋声如怨诉，落花莫更回风舞。

踏莎行・再赋西滨园

露浣春衫，涛酣梦雨。乾坤清气谁为主？林梢月上渐团圞，窥人终遣临歧去。　　醉不成欢，别休道苦。平芜占断天涯路。天涯能几唤轻盈？他生莫被今宵误。

十五

前调・再和前均

乱絮游丝，轻烟细雨。荼蘼开后春无主。朱阑十二不留人，枉教碾地香车去。　　小字情深，么弦调苦。词成总忆阳关路。叠将方寸付伊行，雁归犹恐云罗误。

前调·三和前均

素水回潮，疏烟酿雨。寂寥庭院无人主。相思一树树前头，夜乌赢得双飞去。　　琴剑伶俜，萍蓬辛苦。相逢容易天涯路。拚他沉醉对圆蟾，年芳莫遣良宵误。

前调·四和前均

芍药迟春，蔷薇卧雨。空庭付与嫣红主。掌心剩有素心人，背灯觅句浮觞去。　　蜃市缤纷，层峰清苦。草迷堤畔王孙路。王孙别后早归来，再来休放佳期误。

前调　五和前均

径曲穿花，云边过雨。醉余缬眼浑无主。风柔乍送踏歌来，灯繁不放游人去。　　更箭催沉，夜乌啼苦。临歧认取东西路。要伊明日好重寻，绿阴池馆休教误。

十七

木兰花慢

趁一轮皓月，邀俊侣，唤新凉。任画毂轻驰，弓蛾淡扫，玉醴初尝。行行。紫薇翠柏，渐宵深带露压莓墙。曲岸回潮宛转，移灯细语端相。　　难忘。了了旧时光。怎道是寻常？听逝水闲云，颓垣断羽，莫再思量。双双。锦笺凤管，且西园烟景付清商。检点他生影事，遽堪此夕清狂。

前调·继声

自西园别后，曾几度，不思量？算点检花风，叮咛月约，断尽回肠。书堂。看朱似碧，尚浓阴星火缀斜行。娓娓瑶华屑玉，泠泠清籁吟窗。　　兰房。许度口脂芗。再与问檀郎。道泪已垂枯，欢应娇纵，莫负韶光。残妆。为君褪尽，待芙蓉尺幅护鸳鸯，海气宵侵更鼓，星河曙拂纹窗。

鹧鸪天

风细游丝故故斜。新泉料理碾新茶。十年篆鼎悭沉缕，六扇芸窗飏落花。　　清课足，旧情赊。赌书远近隔天涯。定磁更好生颜色，佳茗佳人梦当家。

前　调

一片冰心付与伊。十分清不受人知。旋熏香泽侵花气，细褭文丝上翠帏。　　新折萼，浅匀脂。瓶笙从此伴南枝。壶天信是神仙窟，何必蓝桥问玉卮？

十八

祝英台近·壬寅七夕

碧波堤，红药架，历历送秋晚。银浦流云，淡掠远峰茜。剧怜今夕西园，□□□□，竟孤负、蓬瀛清浅。　　问天遍。底事乌鹊无情，桥填又轻断？输与春韶，许见画堂燕。更教数尽机丝，曝衣楼畔，比愁绪、盈千盈万！

满庭芳

树老窥檐，花狂拥户，小楼自惜伶俜。一池吹绉，春水恰初生。镜底平分春色，认遥峰眉妩同青。云边路，天涯咫尺，犹恐枉留情。

银屏。遮浅醉，思随茶杳，梦逐香轻。乞轻寒帘外，莫与寒盟。伫尽昆仑信息，耐朝朝、极目沧瀛？无聊赖，千帆过也，拂柱试弹筝。

十九

前　调

万绿喧晴，孤光炫碧，疏簃独客伶俜。十年恩眷，负尽太狂生。北雁南鸿底事？剩而今双鬓难青。瓶尊畔，苔枝一萼，于此尚钟情。

猩屏。春思杳，问花不语，比絮疑轻。付花繁絮乱，几度前盟？历劫瑶天未了，况层云、迴隔重瀛。参横候，巡檐索笑，倚醉待调筝。

清平乐·游仙词

颇忆蕙风师谓：“作词于哀、感、顽、艳中最难至者，厥一顽字，古人遂鲜有用之者。”师咏梅《清平乐》二十一章，独逞其妙，然卒以为不可存，于自定词中删去之。咏梅词余尝别刊以行，旋西泠印社吴石潜复合师咏梅他作，木刻修梅清课印百册，见者不多，雅艺遂废。后之人求得“顽”字诀者，更且绝响。余亲炙师言，四十年后试勉为之，然亦辄自恐其不可存也。信词笔之不易顽耶？抑顽词之不能得词之正也。他日愿有人起而研讨之。壬寅七月二十一日灯下并记

殷勤记取，昨夜兰房语。倘有相遗相忘处，灯底香罗作据。猩红珍重残妆，角花点染温香。中有泪痕一掬，不堪持赠伊行。

前　调

人间地狱，异穴悭同榖。海外仙云遮录曲，不吝无情天各。凄迷树色潮声，从容酒冽茶清。惊起回眸一顾，栖鸦啼到三更。

二十

前　调

银灯乍烬，写出丹青影。可可芳心莹似镜，省识天缘有定。

一春海碧沙明，片言燕妒莺嗔。莫道几回负尽、终教证取双盟。

凝妆无语，脉脉娴风度。不待当筵相尔汝，趁取雕轮轻去。
夜深明月同归，珠帘照彻清晖。不怕愁人梦短，却嫌细雨花飞。

鱼更卜夜，知道人归也。唤取金铃传密话，两地月明窗下。
横波难遣离忧，轻颦犹勒余情。留待明朝相见，酒边再诉平生。

前盟几度？此语多风措。底事飞花非堕絮，坐遣一春轻误？
珍珠久废长门，葡萄重发清尊。容易夜窗作伴，梅花与镇诗魂。

清才丽句，字字伤心语。毕竟兰荃邀薄誉，触拨琴心一缕。
吴樯代马侵寻，从来未获知音。不意蓬莱清浅，仙云堕影宵深。

瑶华叠叠，和遍泥金帖。吹气如兰香作屑，红豆三分刻骨。
微波真可通词，灵犀消息丝丝。笑说平生负气、怜才独少相知。

清才八斗，未抵人间有。留枕宓妃终不负，隽语初三下九。
归来堂上优游，赌书几泼茶瓯。此是个侬结习，待看日上帘钩。

瑶华品第，碌碌无余子。不待他生今日始，委质金闺待字。
论文醉挹茸窗，含情笑倚鸾床。悍妒兼工妇德，河东薄吼何妨。

兰馨玉洁，着意花钿帖。对镜无言红上颊，孤负清扬眉睫。
花前滤茗焚香，单栖惯耐凄凉。拚得今宵掷与，重寻蛱蝶双双。

金杯浅递，未饮先沉醉。密语深怜轻掩泪，忘却胡麻滋味。
夙嫌生不逢时，红闺负尽腰肢。此际莫言娇纵，云鬟卸却花枝。

罗襟斜扣，团雪轻容漏。月透春痕灯透牖？嫞映三眠杨柳。
回眸细息咿嘤，凭肩软语忪惺。索得珠啼玉哭，任他鬟乱钗横。

人间何世？天意诚狡狯。相见今番缘底事？恨不年光倒驶。
贻君文石封泥，还君珠泪双垂。钤入小窗横幅，永教珍重南枝。

二十一

又

金砂入眼，此事谁能遣？不许东风与方便，分去春光一点。

平生铁石心肠，频年禁得冰霜。偶放南枝向暖，傲它文杏娇棠。

吴宫教阵，料敌料尤敏。心法素书差读尽，妙悟知几索隐。眼波才动能猜，词锋小敛还开。以守为攻道破，低头婉娴长才。

一声羌笛，何以消长日？吹落江城春寂寂，难忍别离片刻。云天万里冥濛，许传心事倥偬。弟一归来闻早，莫教数尽征鸿。

又

亲宣令甲，四座闻之怯。谁敢三章轻约法，醮命莫迟盟歃。上山彩尽蘼芜，下泉怨煞狂且。不分银潢深处，填桥迓得黄姑。

才华盖世，文思通余艺。何况横波兼皓齿，别有一番风味。凉初夕照流光，灯昏新月窥窗。博取人天片霎，温柔不住何乡。

又

玉清巧笑，宁许人知道。倘泄春光被花恼，顿着蜂酣蝶闹。行行画槛朱楼，莫当鹦鹉前头。不惜叮咛再四，生防女伴回眸。

二十二

浣溪沙·壬寅九月十六夜作

蝶僽蜂潺两不胜，窗窥户罥几逡巡？游丝缕缕太关情。　昨日寻盟盟碧海，他年有梦梦倾城。相思树下数残灯。

前　调

鹃血斑斑点玉簪，帕罗封泪剩哀吟。纵无风雨亦春深。　万劫沾泥终不悔，千秋密誓待重寻。昨宵圆月照街心。

前　调

说去应难住亦难，夜深风露袭衣单。一帘明月并肩看。　细字泪珠溅纸茧，琼奁黛墨伴钗鸾。三生证取耐清寒。

前　调

真把闲愁付与伊，空巢心事许天知。隔帘怕见乱花飞。　　密意已酬盟翠钿，佳辰莫道缓金卮。占他横幅是南枝。

菩萨蛮·病榻不寐

秋宵一雨清如洗，轻衾微觉生寒气。皓月透窗明，怀归梦不成！

鸡声初破晓，云罨疏林杪。坐起看遥山，残灯映镜鬟。

前　调

盈盈花雾侵帘轴，筠蓝渐遣开金菽。夕照泛疏棂，雏蜂趱落英。

几回人倦倚，独对苍茫际。叫破一声声，长空归雁鸣。

*《炎洲词》一九六九年六月十一日开始在香港《星岛日报》刊载，共分二十二期刊出。现词中序号即为当初刊载序号，缺号待补。

跋

圣人制《易经》，阐明大千世界，万物消长，皆有定数。国运盛衰，人生祸福之外，即个人之著作，不论臧否，其能广为流传，或湮没无闻，一切亦均有定数，非人力所能操纵也。征诸先父除以诗词饮誉儒林外，其他著作等身，如今只有部分印行面世，非定数而何？

先父昔自乩台降谕，首句“赵氏不幸，迭遭丧乱”。兹简叙此八字以说明为何家运与著作之关联之切之深也。

先父于一九六五年在星加坡跨鹤西归，值先母在港患病，文漪犹偷暇将遗作《高梧轩诗集》印就。不料次年先母驾返瑶池，又次年幼妹赵芬为恶夫所累，在乌拉圭离奇丧命。随后先夫谭德患绝症，延至一九七一年弃世。旋文漪因故匆促离港，其后十余年间仆仆于中、美、加三国，居无定所，囊无余资，遑论印行先父遗著？于是将《珍重阁词集》遗稿分上下两部，上部寄存星洲先父高足周国灿先生处（一九八一年托周君在星洲出版），下部寄存香港关志雄先生处。后关君函告所寄存之《珍重阁词集》已全部遗失。相隔万里，徒唤奈何而已。

至先父在星加坡大学任教时著有《论清词》一集，由另一教授持去付印，但出版后著者赫然为该教授之名。当一九六五年文漪赴星奔丧时，先父友好辈均促文漪向该教授问罪，但当时苫块昏迷，何暇及此。或缘先父毕生仁厚，不愿置同事于无地乎？

一九七一年托金新宇教授捐赠香港大学图书馆之《和小山词》乃先父第一部印行词集之孤本，因保管得宜，此次能顺利付印，得兼完先父宿愿。将文漪之《和珠玉词》附于骥尾，虽瑜瑕不齐，亦父女亲情也。

回忆先父尽毕生精力编纂之《明词汇刊》，虽历尽沧桑，湮没多年，终藉国内诸大家之力，得以于一九九一年由上海古籍出版社印就发行。此举非特令明代数百先贤之著作得以传世不朽，即先父在天之灵，亦必展颜微笑，乐观其成。凡此种种，岂非定数耶？

癸未三月儿文漪于加拿大之温哥华

（据上海古籍出版社 2004 年排印本，
又据香港中文大学图书馆藏《星岛日报》补辑）

集外诗词

和纕蘅移居诗

佳气蓬莱绛阙东，劫余桑海自壶中。青红栏槛徐相亚，金碧屏山望不同。吹剑浮云知蔽日，盟骚倦翮尚摩空。终怜胜赏行吟外，晞发扶酲倚碧翁。

（《国闻周报》第 6 卷第 29 期《采风录》）

丙子九日灵岩登高，渐得纕蘅甲秀楼诗，因纪游踪，次韵奉酬一律

石阁扶莎一径临，琴台呼酒试沉吟。客如篱菊同疏密，情比明漪问浅深。片霎山河轻掷眼，三生花草了无心。不堪斜日催将去，更遣浮云故作阴。

（《国闻周报》第 14 卷第 8 期《采风录》）

酬释戡九日过自青榭韵

随分霜枫故作妍，尚凭篱菊荐寒泉。屐寻胜侣酬佳日，梦断流光换去年。抉目重城应雪憾，争墩一笑更谁专。怕从秋色征无赖，历历斜阳怅逝川。

（《国闻周报》第 6 卷第 2 期《采风录》）

次纕蘅和散释中秋燕集诗均

断无残梦到瑶京，一别三年迹渐生。素月不随流水逝，酒星犹傍

画堂明。怕从圆夜寻芳躅，莫更秾阴拾坠盟。四壁幽蛩应惜起，江关愁坐笑兰成。

（《国闻周报》第 9 卷第 41 期《采风录》）

和缞蘅癸酉元日均

卧隐真成避世人，澥隅短烛迓琼春。筹疏徂岁终怜拙，腹俭逋诗亦患贫。犹犯金吾行彩选，自斟银乳伫嘉宾。椒红柏绿东风里，许我怀天作幸民。

（《国闻周报》第 10 卷第 9 期《采风录》）

用哲维韵挽瑟君

泪雨花前蝶恋香，临风欲断已无肠。平生湖海称公子，弹指烟峦怯异乡。词卷残题消一晌，蚁封垂了梦千场。期君莫惜蘙黄土，沼越城头抉目望。

（《国闻周报》第 6 卷第 20 期《采风录》）

寥士偕同人九日北极阁登高，为拈颓韵索诗，分韵得余字

危楼拾磴渐凌虚，樵牧初归草不除。文字缘情感寥泬，霜风拂被自趦趄。已拌哀乐抛尘外，忍识河山付劫余。瘦尽黄花倾尽酒，夕阳无语送征车。

（《国艺》第 3 卷 5、6 合期）

学校竹枝辞十首

灶神校长先生鼠，满面杨梅上教坛。新式游民习艺所，靠天吃饭不嫌难。

暗潮最烈是教书，党派分来半打余。亿万人心学商纣，成城众志一言虚。

捻酸是是学生能，舌战唇枪何日停。推究原由谁执咎，都为一二

太娉婷。

依然体制仿王庠，千羽旄毛舞两厢。可恨关西活孔子，尽将祭品入私囊。

问姓查二同里家，问名汤铭太聱牙。居然一枚金牙齿，鼓舞群□千万家。

三千烦恼最留神，便宜广生凡士林。一到房虚星昴巳，还持优待问明明。

日期将考先宣布，同党人人设埠头。五口通商嫌不足，拆穿枱板出奇谋。

报张一到大家观，余兴谈乘我独占。齐向腰间袴下纳，管他公物与私权。

膳堂声浪最新鲜，海水风潮食粥前。注目盘中不得瞬，回头一顾碗朝天。

教师竭力将书讲，学子沉沉出课堂。不说医生即小便，真正一枕入黄粱。

（原载《余兴》1915年第7期）

挽罗瘿公

西风沉醉不辞归，忍送诗人葬翠微。弹指楼台终换劫，百年心事却成非。余生惜诵贻文字，前席闻歌减带围。赢得贞珉心史在，苍烟隔世带斜晖。

玉京涕泪传消息，海渎晨昏卜死生。犹是传疑翻素札，竟教忏诺负诗盟（客年以高梧图卷属题，值君病中，谓北归强健，必当为之，宿诺逋矣，悲何可言）。欹灯梦罨尊前影，坐茗风怀觉后情。堪信人天成掌故，西州明月证残更。

（《申报》1924年10月5日，第18537号）

罗京春梦影曲

平芜芳草黏天碧，烟霭湖光钓裙屐。矧有青山隐画楼，偏多春色留香陌。楼依山脚影坡斜，崛起英雄异故家。只为当时伤鼎革，始移壮志付浮槎。大夫德迈年寖长，北海悠游持素鳖。乳婴解语学呢喃，童稚团沙蒙鞠养。厮磨耳鬓瞬经年，异地山河客里迁。玉牒忽登新死鬼，金枝空泣故冈阡。英雄无那抛家走，身困舆台杂屠狗。有朝草野促潜龙，博得故邦印如斗。偏持异说放新声，集客登坛造帝京。方面弹章畏盟主，教宗豪暴慑明卿。缇骑奉诏收捕虏，瞥眼花枝横素羽。灵犀忆得少年春，燕叱莺嗔止卤簿。熏天意气也回肠，半面娥媚巧样妆。不假桁杨求壮士，好凭芗泽济强梁。花枝晏语春明夜，油壁轻车促台榭。吴侬软语几温存，笑脸啼痕都蕴藉。蕴藉缘关杨柳枝，鸳鸯池畔水如丝。罡风吹落秦楼月，行卜他年惆怅辞。女郎更博丹青妙，能凿云根穷色笑。偶展刀笔刻通侯，竟索青棱光四照。宵来歌管舞幺弦，平叔丰标落照边。自此风光添细腻，年华征逐太香妍。英雄蓦地横长剑，哭罢恩情恨骄僭。劳兵黩武困苍生，战血青磷共深堑。凭陵十万羽林军，一片铙歌照夕曛。赫赫官家威镇日，满城崩角痛俱焚。壮怀激越随流水，誓与群伦共生死。忍辱间关解战袍，风沙刁斗宵深起。楼头思妇藁砧悲，怆伤故剑遽违离。披将墨经来仙院，忍记来生堕泪碑。戎王掌教垂金阙，道貌凌霄换俗骨。已辟垂髫故旧情，只今花露全消歇。闻说女郎重负忧，漫陈天地事悠悠。枉劳岁月千寻梦，取次心田一古邱。自是郎君蒙宿眚，空门应愧心随影。曷不当庭对簿流，山僧犹敢冀仁幸。吁嗟劲节凛清宵，困顿胭脂约瘦腰。既奉温纶承沛泽，应无飞絮逐轻飚。庸知壮士图成就，满拟蒲帆张甲胄。举足方期履国门，爰书已夺囚封堠。奋身格械得遁逃，狙杀仇家污锦袍。不计女贞心楝苦，转争利口语忉慅。侦骑四出行逢取，弱息含娇半吞吐。不乐良人重负刑，便承纤指诛豺虎。可怜壮士梦魂中，独指天苍斥藐躬。为托生涯还宿忏，也投教主说圆通。空王忽悔毗罗旨，一纸传书陷良士。私循宿隧谒修罗，洗垢飞花还我是。敢云大智拟文殊，影事浮埃妙解输。千叶莲花原并蒂，十万禅那竟登阁。还参欢喜因缘果，锦瑟佳人半袅娜。尽依病榻困春蚕，终佩明珰悬晕弹。法天花雨本多情，孽海重圆白首盟。幸免乱离伤泼焰，不须金粉怨流莺。自古繁华成转眼，嘶风石马悲秋残。枉向东风挽恨涛，争看蔓草笼残简。英雄儿女拥春深，已卜青萍续断衾。老我抛书吟燕子，也携倦枕听秋砧。

（见《罗京春梦影》卷首，商务印书馆 1919 年版）

安公子·拟屯田

午倦征帆倚。梦回惊省愁滋味。骤雨疏风江驿外，况程程迢递。黯镜槛、山重水复疑无际。消嫩寒、雁阵横空缀。绕翠屏前路，一望平添离思。　　吴楚天遥指。浪泊霞尾穷千里。密誓音书却盼断，负乌丝笺纸。溯祖帐、红巾洒遍临歧泪。堪旧痕，检点珍珠字。只暮霭微茫，橹柔共人憔悴。

（《国闻周报》第 8 卷第 45 期《采风录》）

虞美人·题纕蘅借槐庐图

绿云深处城南路。乞得闲缘住。尚留葱茜认前朝。几见经师退直话春曹。　　莫嫌老圃秋容澹。消领诗情惯。一楼残照窥屏风。应着西山眉黛有无中。

（《国闻周报》第 7 卷第 41 期《采风录》）

念奴娇·青岛暝宿听潮

秋容平远，恰危阑依尽，涛声山色。故垒萧萧，余照里、衰柳不堪重织。岸曲樯移，帆遥画罨，天外凝残一。大堤堤上，更何人记陈迹。

瀛壖见说能通，浮槎一叶，便是天涯客。去去长安千里路，莫问明朝消息。欲唤山灵，从容载酒，为我虚前席。渐愁灯烬，倦怀空付吟笔。

（《国闻周报》第 7 卷第 45 期《采风录》）

万年欢·畹华三十寿词

饤座绥桃，浮觞郦菊，瓣香遥祝芳辰。玉露金风清节，绛算俱新。按拍琅玡旧谱，回鸾凤、几簌珠尘。阳春近，曲丽长生，旧家仙尉璘玢。　　南天彩云几驻，敞幔亭尊俎，雅奏曾闻。换岁茱萸插鬓，览物怀人。快值厘延宝篆，屏舒锦宴举红茵。婵娟共，拭目清辉，佩纕玲重兰纫。

（《申报》1923年11月1日，第18206号）

春风袅娜·题倚虹《人间地狱》说部，兼和介子

溯华严弹指，一笑人天。楼阁现，采云端。恁东风诉与，他生憔悴，雏莺啼彻，此日绵蛮。梦午消尘，笺长醉墨，得拟风轮知几年。最是钗声拚惜（平）取，隔墙犹自伫婵媛。　　见说沾泥逐絮，余香影畔，帘钩静、忍约轻寒。遮遥黛，共春残。消凝总在，芳物愁边。心字慵烧，绿阴深处，袖罗软绣，红药阑前。分娇明镜，算珍丛将息，声闻悟彻，转智成圆。

（《申报》1924年6月27日，第18437号）

点绛唇·丁酉（1957年）寒食日，为碧漪夫人题

红艳纷披，兰闺渲染天工好。玉楼春晓。入望疑蓬岛。　　彩笔千秋，麝墨和龙脑。徐熙稿。晴窗罩讨。留取倾城貌。

（据雅昌拍卖网《管领群芳·楷书四言诗》立轴）

金缕曲·汀鹭道兄获藏饮水、弹指书扇

弹指即专寄汉槎两词，饮水读之感泣，请于傅相□尔生还者也。风义骚坛，允推树？余于词瓣香小山，尝率和所作。饮水固有清之小山，而斯举尤为词人吐气。为用饮水寄弹指为汉槎作归计调韵。

检点湘筠泪，认相思、蠹尘茧楮，人间何世。落日长河冰雪窖，许

著鲰生才慧。使万物、形骸蓬累。千劫以期然诺重，怕蛾眉、谣诼成狂吠。惺惺惜，君知矣。　　投荒自昔多伤悴，更谁堪、词清调苦，离愁煎碎。感遇兰荃佳公子，振臂斡旋生死。付箧衍、殷勤明意。字字珍珠和泪墨，真千秋、吾党风流事。唱金缕，请倾耳。

（据孙逊藏《顾贞观纳兰性德书扇合册》）

劫后英雄赋

六梧子读《英雄传》终，慨西方之人杰，念古族之遗勋，思烬灰之余黑，痛元勋之不存，思恢复以乏术，更何足以图生？嗣主则昏慵天赋，异族则奇律频仍。匹马横刀，胜老之英威犹在；雕弓绣韝，英雄之本色不克。则有埃梵珂者，身披重甲，溃入疆场，较守陵之贱卒，斗勇士之精良，振将亡之绝响，烛方灭之灯光，损脑们之锐气，抑约翰之凶横。英雄无家而有国，壮士亦刃以亦枪。绕场一匝，神威耀发；勒马五数，采色飞扬。刀光瞥兮如电，矛头迅兮若霜；尘埃动兮胜负泯，大纛兴兮鼓铿锵。万口春雷齐喝采，陵卒败倒英雄强。胜负方判，乃受上赏。戴披锦之花盥，渊明簪菊；获美人之青睐，手锡壶浆。选花后于华曼苑里，择少姝于廿四桥旁。时则壮士多情，女儿好武，围场首座，画栋锦厢。或对之以微哂，或色赧而他傍；或掩面而却选，或挥帕以扬芳。顾壮士之戈不是指，姣娥失望泪盈眶。方俯仰之一时，忽壮士之辔停，挑花冠于末座，吻纤指之芳芬，听鼓乐之竞作，闻嘈杂之万声，咸称鲁温娜之被选，撒克逊之荣名。胜朝遗老，张目而嘻；昏王嗣主，停杯称奇。闻监场之兽角，知日月之不留。天既晦而复曙，客方散以复来。作末场之步战，振次日之神威。于是再战再搏，复搏复胜，胜者勒马绕场走，负者堕马若猊猴。一则皎然不可犯，一则锦绣满尘埃。二者之象既两异，乃得不使观者之人欢呼哉？乃正女位，授花盥，掌声起，乐始吹。方英雄之去甲，匃血溢而奔颓，幸犹太之贱女，假骖乘以载归，施麻姑之仙药，挽一息之可留。而埃梵珂者，非他子，即胜朝遗老之残宗。前以仗义为父逐，圣陵守护建奇功，此番复战复能胜，遗老尚居鞺鼓中。不知一别十年悔痛交加之儿子，已树英名百世守陵护教之奇功。是时既入犹太宅，废然卧病仅二日，获丽人之将护，排已往之劳愁，思回家以朝父，勿中途以淹留，遇仇家之劫勒，居黑堡之楼头。而是时乃父适同遇，亦囚堡中难排愁。幸而天锡猪奴，忠义秉性，救主人之淹忽，赦一己之声名。约同巢之旧侣，效乞师于秦庭，虽乏蔡威之血泪，亦同申胥之忠诚。幸获大师，前来攻战，蜗牛首敌，道人后盾，汪霸易服而遗老出，大将得资而犹太之遗民生。惟是守陵贱卒，肆欲纵淫，思妻犹太之女，不慑教门之分。而女者命薄如花，贞坚若柏，宁毁躯壳，不偶伧属，临危楼以自守，等绿珠之超卓。天假其缘，命如丝续。堡中人拯，父子相属。而犹太之女，矫如游龙。施恩壮士，不道寸功；高飞远引，天际流虹。面别壮士，心怀英雄，视乔木兮故里，益泣下以沾襟，顾神龙之一瞬，遽不知其所行。愤怀割爱，悲泣填膺，不欲以一身之累坠，深壮士之痴情，忽他翔以去国，远引而离英。然壮士之勇盖当世，撒族遗厦未能兴，劫后英雄，仅资稗史；胜朝遗老，见录文人。念前时之威德，独怆然以伤神；诏来者之年少，勿为鹬蚌之相争。司各德者笔其事，林先生者译其文。若叔雍者，宁比登楼之王粲，雅非才尽之江郎，潘岳之文彩不敢企，李华之吊古何足望，徒窃江淹之有恨，盗开府之金陵。为之歌曰：

英人遗种且将继，劫后英雄骨碌出。不作诗文无益行，长枪利刃多武力。惜哉英雄已劫后，长风破浪谁与归。仰望前徽心欲死，且留青史使人愁。

（《余兴》1915 年第 8 期）

绿珠赋·贺子湘槎为徐碧云次金谷本事成杂剧，请为赋之

洛阳似锦花满城，红霞降雪纷琼英。春风度鸟鸟千转，采香拾翠赊盈盈。金谷从来盛源燕，茜醉晴低窈娇面。远山学作画眉妆，垂柳交萦芳草荐。镜食光而分睦，阑亚花以伫晚，弹垂鬟于剪燕，穷丽思于云蓝。倚倦珊瑚之树，闲敲玳瑁之簪。则有通侯崇阅，贵僭金张，

美人揽袂，艳夺施嫱，教成歌舞，熏以芬芳。逞节鼓，浮羽觞，未吟以乍敛，将咽而复扬。款兰襟，当满月，泛夜滴，比文鸳。迟声媚字，要思移商，晷影苦短，凫胫可长。燔桂焦以束柱，分瑶播于悬光。引俊侣而藻韵，宜长夜之未央。何晨昏以易逝，叹洪钧之不常。山邱华屋，递为凄怆，帘开回宿燕，香冷残金篆。虚堂坐晚，风微天远。笙裂云和之雅，曲怨紫箫之管。青溪竞其寇轨，红桑植以凌乱。犹御朝衣，已逡巡于东市。尚添芗泽，矜婉娩于内苑。惑小怜之娥眉，伤镜汐于玉容。敛兰翘之舒英，翳芳径之旧踪。柔丝犹柈池前树，眉月谁窥子夜宫。骢感主而嘶□，梦惊欢以落枕。碎连环以为玦，怯相思之被锦。卜钉娼，别烷脂，酌龙辉，分夜饮。乍吞恨于锋镝，更食凄于风露。耀金流黄之台，拂剑幽花之路。驰披甲于中闺，追临歧于故步。春山靡芜伤故夫，夏闲荷渠泣明珠，秋风起兮金徽绝，冬闺瑟兮水沉枯。郎心属兮矢要枭，妾肠断兮何踟蹰。高楼九天瞩泉壤，为郎今日捐微躯。朱尘琼珮或可结，玉清绰约仙蓬居。曲廊愔愔，茂鞠维深，海水不流，闻者沾襟。至掇慧心于坠绪，属丽词于长吟。敷茧楮，谱缕金。车子通其玄，嘉荣传其词。比碧玉而无瑕，伫云屏以有思。感皇都之粹□，事缀玉之本师。明灯熠烁，锦罽参差。袖回雪而增重，唇约韵而歌迟。拟仪态于纨质，皱晕绿于春池。钗簪花以翦翦，柳抽叶而僛僛。茸绣张天，微云舒尽。帘栊跪地，斜风度鹂。人竞悲愉于一晌，情移颦笑乎年时。惨兰荃之瘗芳，吊亭台之废基。崇楼摧艳，朗月不圆。丹梯赏玉，清泪如泉。满堂失色，顾兹便娟。春秋代谢迹已陈，楼前无复接歌人。玉躞金题歆翠墨，明眸皓齿属斜曛。如事谁家子，协律拈珠字。一笑托芳菲，写怨幺弦里。瞿俞日暮纷红旌，桁桁珠灯不胜情。惜起清欢移宝柱，剧怜哀吹嗛芳辰。

（《申报》1925 年 9 月 30 日，第 18889 号）

戏曲小说

罗浮梦初稿

珍重阁写本

初稿景印，希赐教正，并乞

藻题为幸，爨演之际，宾白容有窜易处，题词并当什袭汇刊，籍资矜宠。编者附言。

丙寅八月中浣，夜漏四鼓，珍重写记撰曲写定，漫书卷耑

瑶台有影皆晴雪，月地无香不好春。傥许师雄拌共醉，不辞岭表踏黄尘。

水边亭下几经过，艳雪疏香入梦多。诗里丰裁标绿萼，眼中亭子望红罗。

低首平生白石翁，翠禽双宿句能工。兴来欲索寻檐笑，更谱新词换小红。

点拍清歌意最豪，华鬘日绕不醉劳。咏梅欢夺纫兰席，从此灯窗废楚骚。

一笑人间万事非，天春楼畔泪沾衣。他生应记尊前约，随分兰荃浣露薇。（曩与蕙师约合制新剧，率率不果，言念堪悲。）

检点红牙拂锦茵，镌琼拗铁梦中春。苔枝珍重相逢处，只合香南署喜神。

罗浮梦杂剧本事

唐柳宗元《龙城录》:隋开皇中,赵师雄遣罗浮。一日,天寒日暮,在醉醒间,因憩仆车于松林间酒肆,旁舍见一女人,淡妆素服,出迓师雄。时已昏黑,残雪未销,月色微明,师雄喜之,与之语。但觉芳香袭人,语言极清丽,因与之扣酒家门,得数杯相与共饮。少顷,有一绿衣童子来,笑歌戏舞,亦是可观。师雄醉寐,但觉风寒相袭。久之,东方已白,师雄起视,乃在大梅花树下,上有翠羽,啾嘈相顾,月落参横,但惆怅而已。

《隋书·高祖本纪》:十一年春正月丁酉,以平陈所得古器多为妖变,悉命毁之。

《隋书·郑译列传》:郑译字正义,颇有学识,兼知钟律,更修七始之义,凡八篇。奏之,迁内史上大夫,进封沛国公,邑五千户。译自以被疏,阴呼道士章醮,其婢奏译,厌蛊左道。译又与母别居,为宪司所劾。下诏曰:宜赐以《孝经》,令其熟读。译性轻险,不亲职务,而赃货狼藉。

罗浮梦杂剧场次

沛国公还朝校律吕　仁寿宫古器弄妖魔
赵参军婉讽托微言　郑府相愤怀陈谮奏
临光殿奉旨遣参军　迎宾馆束装别府主
罗浮仙临水理容妆　绿衣童陇头揽胜景
牢落胸襟天涯远道　飘零书剑岭表征轺
教禽遁仙子学翱翔　幻酒家孤村增点缀
日暮天寒薄暝疑醉　淡妆素服欲近还疑
兰言霏雪荡涤离思　芳气袭人几拌侥幸
青帘竹里脉脉光风　碧玉尊前朦朦冷月

问家世渊源陈爵里　试歌舞绰约际人天
坐寒林奚奴惊好梦　通使命仙子散天花
翠羽啾嘈暗香浮动　红裳掩敛疏影横斜

罗浮梦杂剧(珍重阁制曲)

第一场　(砌末可不用)

(四甲士家员郑译同上)(四甲士下)(郑引)凤阁鸾楼日月新,眼前五代扫烟云,大隋启运开新历,幸喜犹能享太平。(白)老夫姓郑,名译,字正义,大隋驾前为臣,官拜上柱国沛国公之职。素蒙圣上十分恩厚,只是近年因事被疏,自俺心中不伏,在府中打醮祈福,又被丫鬟们挟嫌参奏,降罪下来,到是求荣反辱。又因俺不与太夫人同住一处,被宪司知道,提了一本,说俺不孝。圣上又赐俺《孝经》一部,命去熟读一番。呀,圣上呀,圣上!难道不知清官难断家务事么?这且不提,是俺性好音律,每日总要校定旧谱,这几时心里烦闷,久已抛弃,幸喜今日闲暇无事,不免攻书一回来。(家员应介)(郑白)今日老爷用心攻书,一概人等不许进见,退下去罢。(家员下)(郑唱)郑正义在朝中官居府相,恨奴才题本奏,太是无良。到今日回衙来,愁痕暂放。校大吕,定黄钟,消遣一场。走向前,展书卷,凝神细想。(郑起,近书案介)(家员急上介)(员白)大事不好了。(郑唱)呀,急忙忙到书房,何事惊慌?(郑白)方才不曾分付与尔不许进见,有何事故,大惊小怪?(员白)出出出……(郑白)出什么?(员白)出了妖怪。(郑白)那里出了妖怪?(员白)适才仁寿宫的库丁来报,说库里出了妖怪。(郑白)是什么妖怪?(员白)老奴也不晓得。(郑白)快传库丁进见说明,便是耍兴,此事就重责与尔。(家员下,引库丁同上)(丁白)库丁叩见相爷。(郑白)罢了,仁寿宫出了什么妖怪?(丁白)是小的今天巡查宝藏库,听见里面响动非常,小的忙进探视,只见墙上挂的古琴、古瑟都自己声响起来,两口宝剑对面的飞舞,茶杯、茶碗在桌上乱翻乱动,橱里的玉盘也边作人头模样,骇死小的也。(郑白)有这等事?(丁白)还敢欺哄相爷不成?(郑白)好,待老夫亲去查勘便是。尔且退下。(库丁下)(郑白)家员快配鞍马,老夫到仁寿宫宝藏库去者。(家员应介下)(郑白)咳,有道是福无双至,祸不单行。这两日,老夫心中正多烦闷,这么库里又闹起怪来,正是一生做了亏心事,白日敲门也吃惊。(郑下)

第二场 (内砌末布宝藏库,刀剑飞舞,琴瑟齐鸣,茶杯茶盘往来几上,橱中盘皿,倏变人形【外加隔幕】)

(库丁急上)(白)妖怪可了不得,琴也会弹,杯也会飞,刀也会舞,橱里的盘子也会变人,可了不得!(丁急走介)(念)杯儿这边飞,笛儿那边吹,琴儿这边□,鼓儿那边擂,人头那么大,鬼头那么黑,来此已是宝藏库,我一个人是不敢进去的了。且等大人到来,他福大量大,也许可以镇镇妖怪。(四甲士、家员、郑译同上)(四甲士下)(库丁跪接介)(郑白)来此已是宝藏库,有什么妖怪?(丁白)大人请到内库一看。(揭开隔幕)(丁白)大人,尔请看罢。(郑惊视介)(白)呀,何方妖魔,在此弄鬼?(丁白)我那儿知道何方妖魔呢?(郑白)妖魔到是利害。(丁白)劲儿可真不小呢!(郑白)且住,我府里的赵参军,他博学多闻,必定知晓这是什么缘故,不免请他来此一看来。(家员应介)(郑白)快快过府,请赵参军到来。(家员下)(郑就坐介)(丁白)大人,尔请看呀!(念)看这边的宝刀多光明,那边的茶杯多卿伶,这边的琴声多好听,那边的人头多怕人。(郑白)胡说!还不与我退下。(库丁应介)(背躬白)哈哈,大人的福大量不大,妖怪也是不怕他。(库丁下)(家员、赵师雄同上)(赵引)忽听府相传,急急到门前。(见郑介)(赵白)大人传到,有何分付?(郑白)参军,尔看这宝藏库内,妖魔吵闹,是何缘故?还是应在皇家,还是应在老夫身上?(赵四望介)(白)大人容禀。(唱)列国纷争动干戈,隋皇即位整山河。至今百姓遭殃祸,妖魔不请起风波。此是陈宫旧宝货,隔江玉树梦清歌。最好当今修省过,冤魂自散算什么?(郑白)如此说来,是应在当今身上,不与老夫相干，哈哈。（赵白）大人之言差矣。（唱）大人休要言来错，主忧臣劳理不磨。平心静气自改过，感格天心召祥和。（郑怒介）（白）难道老夫也有什么差错不成？（赵白）大人自己之事小心一二就是，何必子细动问。（郑白）难道丫鬟们参奏打醮，就是老夫的不是么？（赵白）小人之言何足深信，到是圣上赐大人的《孝经》也真该读熟一番。（郑白）呀，呸，是尔在老夫府中相待不薄，如今因妖魔变异，特地召尔前来，尔不与老夫拿个主意，反加讥笑，是何道理？（赵白）某久在府中，夙承大人青眼看待，如今见有这等怪异之言，特劝大人上保皇家，下循孝道，正是君子爱人以德之理。大人这么反要错怪起来？（郑白）尔且不要花言巧语冒犯老夫，如今老夫心中烦闷，也不来与尔辨理，快快退去么。（赵下）（郑白）且住，方才参军之言关系甚大，不免先去临光殿奏本，再作计较。呀，赵师雄呀，赵师雄，我也不能饶尔，来临光殿去者。（家员应介）（员召四甲士上，与郑同下）

第三场　砌末不用

（四宫监内侍上）（郑持笏上）（跪白）臣郑译见驾，吾皇万岁（内白）平身。（郑起白）万岁。（内白）上殿有何本奏？（郑白）仁寿宫宝藏库中忽见妖异，琴瑟自响，刀剑纷飞，不知主何朕兆，特来请旨。（内白）这多是陈宫旧物，想是冤鬼所凭，传旨下去，一概毁灭，也就是了。（郑白）领旨。启禀万岁，臣府内参军赵师雄眼见妖异，借端毁谤，该当何罪？（内白）文人之辈，从宽发往广南，退班。（郑白）领旨。（四甲士、家员上，与郑同下）（宫监内侍同下）

第四场　砌末可不用

（赵师雄、书僮同上）（赵引）忠心劝府主，赤胆保朝廷。（白）俺赵师雄，沛国公府中参军是也，久参机要，府相也十分重视。只是昨日仁寿宫出了妖异，传俺前去，是俺好言相劝，府相不听也就罢了，反道俺是讥笑与他，眼见此地是难以存身，须要另图去处者，书僮伺候者。

(僮应介)(家员上,扣门,书僮应门,家员入见介)(白)启禀参军,昨日圣旨下来,说参军借端妖异,毁谤朝廷,即刻发往广南,我家府相保本不许,不便相留,特命老奴前来奉禀。(赵白)好,就烦回报府相,说既有圣旨下来,某自即刻启程,皇命急迫也,不过去告辞了。(员下)(赵白)书僮,尔听见没有,是圣旨下来,将俺发往广南,快快收拾行李,我自即刻登程去者。(僮白)老爷,尔即刻登程吗?听说广南远得很呀!(赵白)广南虽远,到是风景甚好,我们主仆一路游玩,也不枉辛苦一程。(僮白)那里蛮烟瘴气的,有什么好风景?(赵白)尔晓得老爷是最爱梅花,这一路之上,山清水秀,不必细讲,就是大庾岭罗浮山的梅花,一望几百里也,就彀好的了。(僮白)得了,这梅花,吃又吃不得,喝又喝不得,有什么彀好不彀好!(赵白)奴才!尔那里知道梅花的好处呀!(僮白)好处?我看有好处也是尔们念书人的顽意儿,到是累着我跟尔千山万水的胡跑。(赵白)休要多言,快去收拾罢。(童下)(赵唱)富贵功名都是假,一生爱的是梅花。恰是如今圣旨下,发往广南也不差。(赵下)

第五场　砌末布梅花,旁杂以松竹、山水、茆舍、溪流景

(四仙女,罗浮仙同上)(引)眼见他桃李纷纷,蜂狂蝶懒,管领阳春还自让南枝独占。(诗)腊尾春前几枝,风霜雨露总无私。万花何苦争先后,明月前身未可知。(白)吾乃梅花喜神罗浮仙子是也,自从那年小谪瑶台,来到这广南地面,双成侍因吾性好梅花,就命管领罗浮。尔看这水边林下,随意烟霞,雪外霜前,一般娇艳,所住的无非是竹篱茆舍,纸帐铜瓶,所交的无非是野雀闲云、美人高士,到也落得个幽娴贞静,这且不言。今日是绿衣仙童约定同来玩耍,少时就要到来,不免先去凌波照影理鬓一回来。侍女们,俺要到水边理妆,且自退下。(四仙女下)(梅唱)才离了瑶台蕊珠殿,搴裳顾影到水边,整琼钗、理玉佩,空山谁见,怕只怕江南客驿使花前。(排身段唱)见池水照横枝,心中暗想,点额花钿认宫妆,说甚么冷云摇曳前溪上,一样有锦天绣地好排场，画一个鲍老眉儿秋山新样，敷一个孩儿面春甕浮香，舞玉妃凌素水，翩翩自赏，旧时月色，他还照我这铁石的心肠，倦倚旧枝情荡漾，又谁问那关山千里，庭院昏黄，抱幽芳，管清寒，俺子细思量，描绿萼，整红裳，休要漏泄了春光。（理妆时，绿衣仙童上偷视，梅惊见介）（白）呀，绿衣仙子，尔这么这般时分已经到了。（绿白）今日不是约定姐姐同去玩耍吗？（梅白）这么称呼姐姐，实不敢当，因仙子要来，所以在此理妆一会。（绿白）像仙姑模样，小仙忝附金兰已经万幸，那有个客气之理，当得的。（梅白）当真当得的吗？如此，就斗胆叫一声绿衣贤弟。（绿白）呀，姐姐，小弟在此。（梅笑介）（白）如此，我们先到陇头去走走好么？（绿白）小仙常在枝头，这陇头的风景到烦指点指点。（同走场介）（梅指竹林白）仙子请看那竹梢疏处，三两横枝，雪压霜欺，芳菲自好。（绿白）姐姐，这素肌玉骨，真令人笑煞那等闲红紫也。（同走场，指茆舍清溪，梅白）仙子，尔看这芳舍疏篱，小溪如练，攵清玉丽，自惜幽香。（绿白）姐姐，这般潇洒天然，风流绝俗，难怪人家要临风三嗅，绕树千回呢！（梅笑介）（白）呸！（同走场，指梅花多处，梅白）仙子再看这红绡碎翦，点缀凝酥，春信南枝，冲寒独秀。（绿白）姐姐，水村山驿，俊格高标，真正俊煞人也。（梅白）吓，仙子，我方才指点了不少，是尔枝头的光景，也请说些俺领略领略。（绿白）姐姐，要问枝头的光景么？（唱）说起枝头也相像，小仙言来听端详。只多凌云羽毛爽，逍遥翠珮更明珰；有时天空多开朗，有时花底长为香；赛似酣蜂戏蝶样，最高枝上是吾乡。（梅白）尔多了双翅，便来夸口不成？（绿唱）非是小仙夸口讲，巢枝竹屋胜明窗。一朝千里好来往，又似玳瑁郁金梁。（梅唱）听说枝头多胜赏，不由小仙想翱翔。当年禽遁多遗忘，就烦仙子教一场。（绿白）姐姐，当年也学过禽遁吗？（梅白）小仙修炼千年，也曾学过五行遁甲，到是这禽遁有些儿生疏了。（绿白）如此，待小弟教导与尔，须要念过真言，唵嚰叭咪唎吽。（梅从学身段下）（丑扮鸟形上）（白）这可像了。（绿白）禽遁到像，这么忘了尔本来的面目呢，快些重变！（丑念真言下，梅鸟冠上）

(白)这总像了。(绿白)这却像了,到是羽毛还要变过,吓,姐姐,小仙教会了禽遁,却是什么相谢?(梅白)我们还说什么相谢不成,不过请仙子多饮几杯而已。(绿白)多承仙姑的美意,到是此地,那里有个酒家呢?(梅想介)(白)哎,我们不是都会五行遁甲,就自己变座酒家,岂不是好?(绿白)好极了,此地荒湾野水,添个酒家,更多一个点缀。(梅白)是吓,倘有高人雅士路过此间,还可把盏几杯。(绿白)如此就变化起来,姐姐,尔随我来也。(同下)

第六场　砌末可不用

(赵内唱)披星戴月走千里。(赵坐车书僮同上)(赵唱)不由我赵师雄别恨依依,都只为进良言心存忠义,又谁知惹祸根,梦断芳菲。一路上莽天涯,江山眼底,幸喜有玉梅花解渴调饥。抬头看雪消时,月光照地,浇愁事,须找个竹外青旗。(白)书僮,看这天寒日暮,路远人遥,快去找个酒家歇息一会。(僮白)老爷,尔方才在前村喝了不少,尔看脸上还红着,这么又要找酒家呢?(赵白)尔老爷心绪不好,休要多问,快去找来。(僮白)看这荒山野地,那里有什么酒家,天又直黑下来,月亮都上来了,还不快快赶路去。(赵白)尔休要贪懒,待老爷下车亲自去找。(赵下车介)(僮白)尔刚才多喝了几杯,天又不早了,可要当心些儿。(赵白)这却不妨,就是找不着酒家,这罗浮山一片的梅花,我也要赏玩一番,不能错过。(僮白)梅花这么好,那么好,前天在大庾岭也是这一套,这么今儿可又来了。(赵白)尔跟随多年,这么还不晓得梅花的好处,好蠢才也。(僮白)我可真不知道,还请尔说上一遍。(赵白)尔且听了。(唱)素艳容装谁堪比,清寒心性本相宜,说什么玉堂金屋里,也一样占幽香流水清溪。(僮白)原来有这些好处,难怪尔天天念着呢。我说尔要看花,就快去快来,酒可别喝了。天色不早,赶路要紧,打不着店可不是顽儿的。(赵白)呸,这看花须要细心玩赏,那能匆匆忙忙,那厢有个松林,尔等且去歇息就是。(僮白)是,可是尔快去快来吓。(僮、车夫推车同下)(赵四望介)

(唱)日暮天寒到广南,飘零书剑更谁堪。前山梅花盈千万,且去赏玩走一番。(细望前山白)前面梅花林里青旗招展,到像有个酒家模样。(唱)青旗竹外风招展,好似有坐小茅庵。高人林下襟怀深,爱他清极不知寒。(白)越看越像是座酒家,待我快快走去。(赵下)

第七场　内砌末布景,一面酒家,壁悬字画,中置桌椅;一面梅花,中间有松林,中间短篱柴门二扇【外加隔幕】

(绿衣仙起半霸上)(白)俺绿衣么凤大仙是也。在这罗浮山最高枝上,倒挂巢居,每日里吟风弄月,到也逍遥自在。是今日去到陇头,约得梅花仙姑同观风景,又说定在此变化一座酒家,与仙姑同饮。天色已晚,就此作起法来。(唱)绿衣仙子住罗浮,逍遥自在筑巢居。赛阿阁,岭上梅开。比闲云和野雀,风流不改。笑世间嫌冷淡,可有人来?引清尊,伴佳人,酒旗村舍待打点,山前后先扫蒿莱。这边厢变化个花篱矮矮,那边厢用不着广厦崇阶。挂起了字和画,清新可爱。桌椅儿一件件,子细安排。霎时间,念真言,分明都在。(念唵嚒叭咪唎吽介)(揭开隔幕)(唱)准备着等候那裙布荆钗。(白)酒家现已变成,远远望见仙姑来也。(梅上引)笑傲寄烟霞,自是名高酒易赊。(绿白)姐姐来了?(梅白)来了,这酒家变化的甚好,待我进去看来。(梅入篱门介)(白)仙子灵心妙手,真是难得。(梅四望介)(白)这是还缺少两件紧要的物件哪!(绿白)是那两件?(梅白)杯盘酒器。(绿白)这到忘怀了,待我就变化起来。(梅白)待我来罢。(绿白)有烦了。(梅念真言作法,桌上忽现酒壶杯盘介)(绿白)姐姐的变化却也不错。(梅四望至篱门介)(白)这外面又少两样。(绿白)又是那两样?(梅白)门口的青帘,酒家的招纸。(绿白)不错,多烦姐姐细心,就请一变罢。(梅白)闪开了。(梅念真言,篱上忽现招纸、青旗介)(绿白)这可像了,有人路过,谁不要沽饮几杯。(梅四望介)(白)且慢,还有一样呢。(绿白)太啰唣了。(梅白)不是吓,倘是有人沽饮,谁做酒保吓?(绿白)这个……(梅白)这个少不得烦尔了。(绿白)

好，小仙就权变酒保也，不要紧，到是小仙也有一事相烦。(梅白)是什么？(绿白)这当炉之侍女？(梅白)呸，是那一个配我与他当炉？闲话少说，我们且先畅饮一回罢。(同就坐，绿斟酒奉梅介)(绿唱)新醅美酒多奉敬，消闲岁月好怡情。长祝梅花多清俊，交辉雪月好精神。(梅唱)谢绿衣，举玉杯，浅斟劝饮，荐山果，胜似那金鼎调羹，看世间那个肯浮名换尽。(内有人声介)(梅唱)耳边厢忽听见咏叹之声。(梅白)尔听见外面的人声吗？(绿白)听是听见，管他作甚？(梅白)想有高人雅士到此，待我看看就来。(绿白)尔快去快来，不要耽误了我们的清兴。(梅白)是，倘有客人到此，尔可不要忘了变酒保吓。(绿白)我晓得，这是我不出去的。(梅、绿同出门，绿入门下)(梅回望介)(念)疏影修来第几生，暗香真到十分清。冬心自誓空山里，总是人间第一春。(赵师雄上，四望介)(白)这里的梅花真是不少，看那月色微明，残雪未消，凝辉交映，可越发的好看了。(赵唱)一路行来贪胜赏，不辞清瘦到山岗。酒家难得荒村上。(赵惊见梅介)(唱)那里来的女娘行？(赵白)我想这寐荒寒，那里来的女子？莫非是花妖木魅？待我走了。且慢，此地那里来的妖怪吓，我定要上前问个明白吓。娘行这厢有礼了！(梅白)还礼。(赵白)动问娘行是那里来的，因何到此荒山野处吓？(梅白)此地难道相公来得，俺就来不得么？(赵白)眼见此地四野无人，娘行又在那里存身呢？(梅指篱门白)相公请看，俺是住在这里的。(赵白)娘行住在这里就不怕孤另不成？(梅白)俺住在此间，享尽人间的清福，看来比红尘扰攘胜似千倍，又说什么孤另？到是相公来此也不怕么？(赵白)俺到此地原是专为看花，水边林下正好独赏独寻，何言孤另二字？(梅白)相公也爱梅花？那到与俺同好了。(赵白)俺平生爱梅成性，今日路过罗浮，特地前来子细赏玩，要不是，早往前村打店去了。(梅白)是吓，我想世间万紫千红，一时绚烂，都不过借点春风丽日，顷刻繁华，只有这梅花管领群芳，欠霜耐冷，但论他的品性，就是花中第一了。(赵白)听娘行之言，真是梅花的知己，实在论起颜色、精神也无一不好。(梅笑白）我也爱梅花，映竹幽妍，临风娟倩，芳苞先暖，渐退云衣，粉缀凝酥，化工装点。（赵白）娘行这几句话真是为梅花写照的了。（赵四嗅介）（梅白）这算什么？（赵白）尔看此地暗香浮动，早成了一片香雪海，俺此刻忽然闻见暗香袭人，故特地的临风三嗅呢。（梅白）相公，可不要玷辱了梅花吓！（赵白）这个不敢。（梅白）相公既要寻梅，可容俺同往前溪走走。（赵白）方才正从前溪到此，心想小饮几杯，娘行可肯同去？（梅白）相公既有雅兴，自当奉陪，我们一同扣门去者。（同扣门，酒保出开门，梅与酒保微笑示意介）（保白）客官可是饮酒的吗？（赵白）正是。（保白）请到里面。（同入座，酒保递酒上，一笑退下，梅以酒敬赵，赵饮介）（赵白）清谈了半日，却没有请教娘行尊姓。（梅白）这我到要先问相公。（赵白）问我么？（唱）当年相府多侥幸，因谗得谤赵参军。赤胆忠心有谁省，功名早已付浮云。（梅白）原来是赵参军到此，失敬了。（赵白）不敢。（梅白）相公高人雅士，因谗得谤，区区小事，何必挂怀？（赵白）这仁寿宫中宝藏库内出了妖孽，大是不祥，何云小事？（梅笑介）（白）提起妖孽，这算什么？黄钟毁弃，瓦釜自要雷鸣，以后杨花凋落，玉李盛开，事正多着呢！（赵白）什么杨花玉李？（梅白）相公去问扬州蕃厘观的琼花仙子，他便知道，此时不必多言，好在日后自有应验呢。（赵背躬白）听这女子之言，有些仙气，我到要问个明白吓。娘行问了半日，俺自也要请教一回。（梅白）问我么？（梅唱）瑶台回首梦前因，雪花照影一层层。莫笑丰神太娟静，生成风骨傲琼英。（赵白）娘行之言，俺实在不懂得，俺自要请教家世吓？（梅白）我家世么？[我本是旧族清门里，朔开吴岭传兴汉，但自南昌仙尉以后，世守高风，多在邓尉、孤山、罗浮、大庾一带，分支极隐。][我是久居梅里，自汉朝梅福之后，支派甚多，这邓尉、孤山、罗浮、大庾一带，多有居住，俺这一支就住在罗浮的了。]（校理者按，原文是两列小字并成一列）（赵白）如此说来，娘行也莫非姓梅么？（梅微笑不语介）（梅白）谁说我不姓梅吓？（赵白）巧极了，俺一生爱的梅花，如今又遇见娘行姓梅的，就以梅花仙子称呼，这么样？（梅白）尔管他什么仙凡,既是有缘,就多饮一回便了。(绿由内探视,梅尊酒,赵举杯介)(赵白)适才听仙子所言,杨花凋零、玉李盛开,想是天下将乱,事到其间,俺却这么处呢?(梅白)相公问他则甚?只要此心清洁,那管他世乱纷纭。即如俺凝妆妩媚,则万象皆春,弄影清寒,尔孤芳在抱,任他漫天风雪,还不是自保高华。(赵白)妙吓!好一个漫天风雪,自保高华。(梅白)所以俺梦绕寒山,不识司香之尉,低回岁月,也随分雨露之私,虽是这样的孤介清高也,一般的别饶风韵,我还劝相公闲中立品,淡处逢时,对酒当花,多饮几杯的好吓。绿衣童,快来同饮吓!(梅连奉酒,赵连饮,有醉意,绿上)(赵白)这是什么人?(梅白)这是俺同在一处的。(赵醉吐介)(绿白)看他模样,到有些儿醉意,方才仙子到是与他说些什么?(梅白)我看他名心未减,雅兴尤浓,不免将言语点化一番。(绿白)这也是仙子的美意。(赵醒介)(白)这位是谁?(绿白)我是□梅花仙。(梅以目示意介)(绿白)我是□梅家贤姐,来同劝相公多饮几杯的。(赵白)好,好,我们大家同饮。(同饮介)(绿白)这般饮酒,冷清清的吓,姐姐,我们何妨歌舞一回,同助清兴。(赵白)再好没有,这是有劳了。(梅白)如此,尔就先舞起来,可不要做羊公之鹤呀!(绿起舞唱)绿衣仙宿□枝,风流逸兴,弱羽回翔意难禁。文翰护惜香名盛,算一算梅花伴侣,到底修得拚今生桐花,么凤休错认,我这里是年年岁岁,长是管满春,人天绰约多侥幸,尔看那婆娑舞袖,玎珰翠佩,好不称人心?云阶月地休多问,回头再看看那半醒半醉的赵参军。(赵带醉白)舞得好,可不知此舞何名?(梅白)这是鹳鹆舞的一类,正好对着雪面参军呀!(绿白)姐姐,休要取笑他人,自己又为何不舞?(梅离座凝思介)(白)可是那一种舞好?(赵白)现有杯盘在此,何妨就作盘舞?(梅白)妙吓,盘舞就是世宁舞,曲终奏雅,本来应作此舞。(梅舞念)片月黄昏照几番,酒边酩酊斓银盘。红裳缟袂横斜畔,感前丰容好自看。(赵倏醉倏醒,观舞白)如此妙舞,俺一生未曾得见,恍似身入瑶宫,眼看春在梅梢,祥和光透,烦忧尽释,真要神游华胥国了。(赵醉眠,由椅仆地介)(二仙相视，舞罢望赵介）（绿白）他到睡着了。（梅白）睡着了，我们管他则甚？游戏已足，大家亦可以回去了。（绿白）我回到枝头，尔可学禽遁同去。（梅白）好，我也同到枝头，可是这酒家呢？（绿白）待我将他变去，尔我捻起咒来。（同作法）（下隔幕）（同下）（赵尚沉睡地下）

第八场　砌末（揭开隔幕）梅花万株，上有疏星残月一角，松林并有红白绿梅数珠，赵即偃卧树下，童、车夫并卧松林下，委车路侧。

（内鸡鸣，僮闻声欠伸起介）（白）哙，这是那一会事？这打店打在那儿？店里怪冷的。（内鸡又鸣，僮白）天色不早了。（僮四望松林介）（白）我说怪冷的，这儿是松林，地下四面旷野，都是风雪，没有冻死便就是运气了。（僮望车夫，以足踢之，车夫醒介）（僮白）还不起来，尔拉车可把我门拉上这儿来么？（车夫起望介）（白）这是那里？连老爷也看不见了。（赵卧地冷战介）（僮白）我知道尔拉上那儿去的。（僮、车夫同想介）（僮白）我到想起来了，老爷昨天晚上要去看花饮酒，这一去就没有来，丢了我们在这里遭凉受冻，可是老爷也没有地方去乐意。（车夫白）这到那里去了？（僮白）尔拉车的可不知道坐车的人么？快快去寻找要紧。（僮、车夫分找，行至赵侧，绊跌，赵惊醒起立四望介）（白）吓，这可怪了，好冷吓！（僮白）尔看老爷也在这儿，西北风呢！（赵白）这真怪也！（僮白）在这儿受冻可真怪也。（赵自白）我昨宵记得与一淡妆女子、绿衣僮儿在那里饮酒歌舞，这么到是睡在此地。（僮白）这里荒寒天地，除了老爷，尔可还有第二个女子、僮儿来吗？（赵白）我分明记得在一酒家，饮酒歌舞，残醉未消，怎说没有？（僮白）尔可放清楚些，瞧，此地可找得出个酒家来？（赵白）呀，如此说来，我莫非是做梦？（僮白）可不是，尔受了一夜冻，还有个好梦做做，累着我门连梦也捞不着一个做呢！（赵白）我还是不信，偏要寻找一回。（梅、绿鸟装同排身段上）（梅念）片月黄昏照几番，酒边酩酊斓银盘。红裳缟袂横斜畔，感前丰容好自看。（赵白）僮儿，尔不听见有人在此念诗？我昨宵听见的就是这个，相去未远，快快找来。

(僮白)这那儿去找？莫说念诗，就是唱戏也没有听见。(赵白)快去找来！(僮、车夫应声同下)(梅、绿走场排身段)(赵沉吟惊望介)(白)这却怪了，分明听见的，就是昨夜的歌声，这么又没有看见一个人影呀！是了，想是仙子、仙僮点化于我，不免先自祝祷一番，正是清宵一夕话，千载有缘人，倘是仙子、仙僮在此，望再昭示一番，以祛疑惑。(赵跪拜，梅、绿相视而笑介)(绿唱)昨夜殷勤通使命，何心苦为证仙盟。相逢林下红妆靓，举杯怎肯辞中圣！(赵听介)(白)吓，这不说的是昨宵一会么？(梅排身段唱)看琼枝，斗横斜，月明炤影。转眼事，又已经，月落参横。晚烟浓，青山远，白云成阵。灯前舞，醉时心，如梦如尘。(赵惊视介)(白)这明明是仙子点化的言语了吓！仙子，俺赵师雄何幸有此遭际，只是仙凡路隔，后会难期，又何以慰我的离怀呢？(赵唱)我一生爱梅花幽芳秉性，算有缘得遇见缟袂仙人，想起来大罗天前因有定，赵师雄怕也是慧业愁根。(梅望笑介)(绿白)姐姐，看这赵师雄言辞恳切，又是爱梅成性，何不就以梅花相赠，也不枉他一番相遇之情。(梅点首白)如此，仙子尔我同捡疏花相赠者。(梅、绿同排身段，舞时摘花撒花，赵以衣接花介)(梅唱)惆怅临歧无以赠，赠与梅花表深心。前路莫愁风雪横，衣香鬓影好自伴吟身。(赵白)哈哈，看这琼英万点，胜似天降明珠，我这里是稽首拜领厚惠了。(绿指梅示意介)(梅白)书生饶舌，不用管他，我们也到别处去游玩罢。正是：(绿念)在天愿为比翼鸟。(梅念)不知原是此花身。(梅、绿同笑，走场下)(僮、车夫同上，赵怅望，拾花片把玩介)(僮白)我们找了半日，连影子也没有看见一个，现在还自赶路要紧。(赵白)且慢，我还不走，要在这里守候仙子。(僮白)得了，昨夜尔做了一场梦，累我们冻了一夜，今天是再冻不起了，快走快走。(车夫整车，赵怅望介)(唱)一夕情怀百劫长，梅花万点压奚囊，香南情思无多让，惆怅征车驻道旁。(同下)

罗浮梦杂剧谱序

第一场上　郑译（净）家员（末）库丁（丑）四甲士（末）

郑译唱一段自叙为主

第二场上　郑译（净）家员（末）库丁（丑）四甲士（末）赵师雄（生）库丁宾白　赵师雄白唱　并重

第三场上　郑译（净）家员（末）四甲士（末）四宫监（末）内侍（末）

过场

第四场上　赵师雄（生）书僮（丑）家员（末）

赵师雄唱并书僮宾白为主

第五场上 罗浮仙（旦）绿衣僮（生）鸟形（丑）四侍女（末）

罗浮仙、绿衣僮唱白身段并重

第六场上　赵师雄（生）书僮（丑）车夫（末）

赵师雄唱一段为主

第七场上　绿衣仙（生）罗浮仙（旦）酒保（丑）赵师雄（生）

此为最重一场，歌舞宾白并重

第八场上　书僮（丑）车夫（末）赵师雄（生）罗浮仙（旦）绿衣僮（生）

此亦并重，有散花身段，唱白并重

曩者余习治声家言，每读元人杂剧，未尝不立意欲特过之，折衷宫律，而此世苦无所施，则降作乱弹，又患无佳题可以落墨。年来缔交缀玉轩，环顾同人多制佳曲，技益痒，兴益神，因刺《龙城录》吾宗雅，故纬以开皇中事，将以贴之微，特聊偿宿愿，亦益以重吾宗于缀玉慇勤之雅。发篋理思，词不加读，累日而成。以示人，人多善之。或申以新意，则又点定如干。初稿始脱，前后可旬日耳。露凉星晚，残漏未消，秉炬达旦，此情可挹。缀玉行以重阳左右买棹南来，预期岭上梅开之际，红牙翠管得相与抑扬，顾而拍之，庶偿移写之劳。百世以降，或有以实甫、汉卿相嬟孅者，则非余夙怀也。丙寅潮生日，武进赵叔雍识。

函髻记传奇

函髻记　盟鸥榭著

太原官妓申氏姐妹，长曰行云，次曰止云。时人为之语曰“太原二云”。行云无双，行云慧丽自喜，精通文翰，兼擅歌舞，才气高伉，旁若无人。止云温柔畹媚，爱尚风雅。当时游士重止云而惮行云，然行云之名尤躁。自贞元八年，陆贽为主司，进士登第者有韩愈、李观、欧阳詹、李绛、崔群、王涯、冯宿、庾承宣等，皆天下之选，时称龙虎榜。所至倾动，人士索辞翰者，阈入阛拥。行云常觅取诸进士诗文看之，品第高下，对客评论以为笑乐。

一日大将军晏京师贵客，遍召乐籍。闻有名进士在座，欣然盛装而往。坐客数十人，中有南士，容仪秀丽，谈吐隽妙，举座倾倒。行云询于旁人，曰是泉州进士，不能举其名。行云叹曰：“此欧阳行周也，我读其诗文多矣。此人真当世奇士，我愿识之。”俄而觥爵交错，丝管杂陈。诸妓以次奏艺，序及行云，揽衣而起，立于筵前，抗声曼歌，众目惊视，歌词之意，横挑欧阳，神情流注，逸恣艳态，殆非人世所见。行周属目倾耳，久之，谓将军曰：“此其申行云也耶？异乎，佳人何为属意于我哉？”歌既阕，欧阳生乃移坐而前，顾行云而语曰：“深悉微意，然申君何自而知鄙人？”行云对曰：“妾得《怀忠赋》《栈道铭》《曲江池记》，读之年余，略皆上口，与君岂不深耶？”欧阳骇异，以广坐不能久语，遂怅然而罢。翌日，行云以书乞欧阳过其所居，已则艳饰以待之。欧阳既至，行云殚其色艺，佐以清言，精彩风韵，夐绝无匹。欧阳素不饮，为之举觞者数四，遂定情焉。太原士绅素慕行云者，嫉其高其标致，而独屈媚于欧阳也。或诱以厚赀，或胁以危势，欲取行云，而行云迄不为动，乃皆叹诧，反共伏其用情之专一。

欧阳生羁游数月，将之京师。行云不乐，欧阳譬解之，乃请同行。欧阳不忍拂其意，因与约曰："以一年为期，必遣迎子。"行云乃为择日饯之于城西山亭。先期检视行箧，自衣襦书册以及丛稿杂玩，手自缝纫修补装订，悉加题记，至期偕往言别。欧阳生之友至者十数人。行云举觞遍酌坐客，已乃中坐。首论造化之无心，岁月之易逝；次述情爱之为害，人生之可哀；末陈德行之不朽，功名之宜立。激昂滂沛，词旨凄艳，四坐皆为心动，无能与之对者。虽欧阳生平日亦未尝见其神采之殊绝至于此也，喟然曰："愧为男子，知君不尽。"行云即席赋诗以送其行，词旨凄断，众不能慰。行云乃引杯自责曰："吾未尝醉，今日非醉不归矣。"连进巨觞，霞生于颊。

车马始远，绝而复苏，既归，卧病月馀，得欧阳生途中寄诗，又闻应博学宏词不售。语止云曰："使行周闻我久病，其情更甚于宏词被驳耳。"即强起出游，自是病间辄出，每霜风泬漻，或阴雨萧瑟，必肩舆至饯别之所，徬徨吟眺，抵暮乃去。年余，病益不支，揽镜惊曰："行云憔悴至此乎？吾负行周矣。"召止云谓曰："玉雪之肌骨，花月之神情，转盼皆尘土耳。独发为难朽，可留之以见行周。"遂临镜细挽，作坠马髻，巧梳密掠，光可以鉴，审谛久之，曰："此毫发无憾耶。"复唤婢曰："为我取镂金箱来。"箱至，以新绢铺垫平贴，袖中徐出剪刀，止云泣而阻之，行云曰："妹勿惜我，他日尚可见我髻也。"乃以右手掩面，左手揣摸发际，啮齿下剪，欻然髻落。行云亦晕绝矣。炊许复醒，曰："吾心未死，尚能为诗。妹可以纸笔授我。"止云不忍忤，铺纸于几，扶坐床侧，行云取笔仰面曰："行周遣人来时，可以此箱与之。"已乃摇首曰："恐杀行周，奈何？"下笔书云："自从别后减容光，半是思郎半恨郎。"伏于止云之肩，喘息稍定，微笑曰："行周志气甚强，宜可禁当此语。"持笔欲下，腕颤不已，颜渥赭如火，久之，面色渐白，力自禁龂。复书曰："欲识旧时云髻样，为奴开取缕金箱。"掷笔仰倒，止云急掖之,气已绝矣。

行云卒十余日,有叩门者曰:“四门助教欧阳君遣奴平安来迎申娘。”止云哭而出曰:“欧阳行周杀吾姐,何处复有申娘?”乃取镂金箱付之曰:“早来月馀尚可见也。”欧阳生四试于吏部,始授国子监四门助教,僦屋甫定,则曰:“行云必责我负约。”平安既去,常自惊悸,一夕梦小车至门,报曰:“申娘来。”喜而趋出,视车中人,果行云也。含笑不言,亦不下车。欧阳生讶问其故,以手反指而已。忽然警悟,恶其不祥。日斜,平安倏入,捧箱进之。欧阳生曰:“申娘来乎?”曰:“殁矣。”生色骤变,僵坐良久,乃呼平安,讯其颠末。平安以止云之言对,取箱启之,云髻俨然。生持髻一恸,形神顿改,复得诗笺,字迹欹斜,仅而能辨,谛视卒读。叹曰:“行云杀我。”遂不复言。友人李翱、崔群、徐晦、孟简等奔走视疾,开譬万端,责以大义。欧阳生乃曰:“诸君见责,吾皆知之。詹以哀情驰突,径伤吾脏,不可复活。内负二亲,外负良友,无可言者,虽有千秋之业,未尝一生之愿,此为恨耳。”诸友朋迭共守视,医药并进,旬日益剧。顾李翱、徐晦曰:“诸君事业方长,吾与李元宾先入九原,命亦薄矣。平生以文字为业,而不克假我数年,充其所至,此天道之酷乎?他日当劳诸君春秋见思,若死而有知,其为哀伤,岂后于生存者耶?”自为家书谢其父母曰:“詹罪大,戕贼二亲之爱子,使不能生归以见二亲。命虽前定,设詹少不读书,死于家庭,其为二亲之子,当多获十余年。今则已矣。”又与妻徐氏书曰:“吾不宜死,亦其自取也,以此负君。儿长,能代吾奉养之事,稍宽吾罪耳。然穷年奔走万里之外,与死果异耶?从此长诀,幸以生离自解。”复与止云书曰:“吾终不以一己声名之故,而使行云殉我之情谊湮没无称于世。吾友孟几道已许我为诗以传行云矣。吾所寄诗,可藏之以为证。吾所以报若姊者止此。”是夕遂卒。止云葬行云于城西山亭之侧。

行云遗诗数十篇,好事者编而传之。既闻欧阳之丧,有太原友人范季亮,就山亭为位以哭,止云素服往吊。晋人奇其事,或为小说以导之,于时言情感者必曰申欧。孟简为古诗一篇,甚咎行周,乃行周之心也。宋人邵博游太原，偶过申家妓寮，闻尚宝藏欧阳詹墨迹手卷，求出观之，即《途中寄太原所思》一诗，又《与行云书》一通。其书云："城西别时，不意行云神伤至此，吾于斯晨，岂不能携手同车，拥子而西耶？特以倜傥非常之举所伤实多，吾之与子，虽负绝俗之意，乃至情爱之间，何殊于形气之流辈哉？幸保颜色以规永好。日月更易，制思为难，行云其勉之。"笔意沉着，大类率更，博赏叹不已，记于所著《闻见录》中。

函髻记传奇

盟鸥榭本事，高梧轩编次

第一折 闺情

(旦饰申行云上)(引)烂漫春归，梨花遥黛对斜晖。(诗)桃根桃叶总相怜，人语伤心画阁前。十丈缠头红似锦，絮飞春减不成年。(白)奴家申行云是也，与妹子止云不幸坠入风尘，同居曲院，只是奴爱静怕嚣，见了那些王孙公子，着实有些可恼。闲暇无事，只取本诗书随意消遣。前次有人送来这科新进士的文章，我想这科陆贽陆大老爷的主司，一时门下都是有名之辈，人称龙虎榜。奴尤爱的就是欧阳行周的《曲江池记》《怀忠赋》。看今日闲暇无事，不免再取出来，观看一番便了。(唱)申行云，卷绣帘，罗波轻翦。对晴日，桃杏风，隐约花间。画梁间，新燕归，输他青眼。怎奈我，身如梦，长日恹恹。(旦饰申止云上)(引)檀板金樽恼相思，愁损红轮。(行云止云相见)(行白)妹子你来了，你看这篇《曲江池记》，做的真正瑰奇秀丽，可算当今的才子也。(止笑白)姐姐你这么镇天的看这篇书，我倒要去请这位才子来与姐姐相见。(行笑白)呸，你打那里来的？(止白)方在大将军府里来的，大将军还说……(行白) 这么样？(止白) 我倒想起来了，要跟姐姐贺喜。(行白)我有什么喜？(止白)不是呀，明早大将军请众位新进士过府饮宴，我想这位做《曲江池记》的欧阳君岂不是位新进士？你们二人明日就可相见，岂不是喜？（行白）真有此事？（止白）那个来哄姐姐。（行白）如此，我们明早同去，今日天气不早，还要到王府上去走走，我们更衣去罢。（二人同起）（行念诗）正是鬓堕低梳髻，连娟细扫眉。（止接）芳年摇落尽，憔悴百花时。（同下）

第二折　盛晏

（须生小生同上）（小生饰欧阳同上）（引）鼓动禁城开，人从天上回。凤衔金榜出，平地一声雷。（白）韩愈、李观、李绛、欧阳詹（就坐）（韩白）今日大将军请我们过府饮晏，须得早去。（众白）如此大家同行。（同下）（净饰大将军带家员上）（引）斧钺威严重，侯门杀气高。（白）呀，今日我请众位大人酒晏可曾齐备？（外白）俱已齐备。（内传）（外白）众位大人到。（净白）有请。（四人同上相见）（就坐）（净白）未知众位驾到，未曾远迎，当面恕罪。（众白）来得卤莽，将军海涵。（净白）岂敢！今日特请众位大人赴宴，一来庆贺众位，二来赏花。家员，将酒摆下。（众白）来此就要叨扰。（设席）（就坐）（净白）女乐可曾召齐。（外白）俱已来了。（净白）唤他们上来！（外应）（四旦角行云止云同上）（分立唱小曲各一支）（唱时行云私指欧阳白）这位是谁？（旦白）这是欧阳詹！（行白）就是他么？（行目注欧阳）（行云起舞）（唱）红粉面，金雀钗，暂时相见。知我意，感君怜，此情问天。香作穗，蜡成粘，新愁无限。山枕腻，锦屏寒，更漏慵残（行舞罢立欧阳侧）（生骇白）呀，大将军，这就是申行云么？他这么属意起鄙人来了？（行笑）（生推行白）呀，申娘方才歌舞之时，属意鄙人，感之不尽。到是申娘从那里知是鄙人的。（行白）奴在家读了你的《曲江记》，已是烂熟的了，怎么不认得你？（生白）这倒奇了！（众笑）（乐妓下）（众白）天色不早，我等要告辞了。（客下）（大将军下）

第三折　惜别

（生饰欧阳上）（唱）燕双飞，莺百啭，香柔新锁。东风荡，黛眉愁，闲日蹉跎。留不住，千行泪，轻沾罗幕。清淮月，照秦淮，今古同愁。（白）小生欧阳詹，自前日大将军那里得见申娘，与我十分有情，真叫我别后相思，回肠千转。偏是我一二日内要到长安，不能多晤，真正愁损人也。（唱）彩莺书，人不在，佳期空负。枕函欹，香烬落，分外相思。（韩李同上）（相见）（生白）未知二兄驾到，恕未远迎。（韩白）岂敢，吾兄为何神色不安？（生拭目介）（白）我倒没有什么。（李白）我到晓得了，想必为申娘之事。我想行云是个有情之人，既然留意吾兄，终必圆成好梦。（末上下书介）（白）此地可是欧阳府上？（生出）（末白）我打申娘那里来的，申娘有书信送与欧阳老爷。（生白）知道了，拿来我看！（生入白）二兄言之有理，申娘有书来也。（生阅书）（唱）相见时，凭纤手，暗抛红豆。在人前，不便道，心事如何？碧罗衣，空负却，鸳鸯双绣。叫愁人，损朱颜，消瘦腰围。（生出白）书已见过，我早晚就去。（末下）（韩李白）我们告退。（生白）二位同去走走何妨？（李笑白）这却不便。（同下）（生白）云娘有书信来约我，我就此走一遭也。（生下）（行云上）（引）罗帏将舞扇，燕语送雕梁。（白）奴申行云前日见了欧阳生，十分思慕。今日差人前去约他，不知他可得来也。（生上）（末上开门）（生入）（末退）（行迎生坐）（生白）前日一见青眼频加，今日又承见召，感杀人也。（行白）岂敢！奴烟花贱质，实是钦仰先生的文彩风流，故此请来一叙。（生白）真是不敢，云娘纵然身陷平康，可知古人说的莲出污泥而不染吗？只是小生一二日又有长安之行，不能久侍，怅恨万般。（行白）又要到长安去么？（生白）正是。（旦白）咳，方幸相识又要相离，怎不叫人伤心。奴敬备水酒一杯，请先生同饮。（共起就案，案陈酒具）（生白）小生不能多饮，如何是好？（行白）先生说那里话，多少领奴这情意罢。（举酒）（行唱）春草青，到长门，玉阶露冷。月宵明，紫箫声，帘外啼鹦。愁与恨，梦难成，红妆私恨。思君切，绕阶行，罗幌尘生。（生唱）两行泪，多少意，香闺红粉。柳花飞，蛱蝶舞，愿赋同心。（行唱）相见稀，喜相见，相思还远。荔枝红，蜻蜓软，花露重寒。（生唱）恨南浦，忆鸳衾，遥将烟雁。礼月兔，问天心，何日重圆？（旦唱）斟过了新丰酒一樽，看看这蜡泪暗销凝。画堂偏照眉山冷，好将鬓影对离情。（外雨介）怪这梧桐窗外影，声声点点到天明。帘陇乍倚，把梦魂惊醒。长安征路驿千程，相思暂时还相忍。好比妾心与郎心，炉香款款，把芳心熏尽，可怜终是散帘旌。（生白）咳，云娘一往情深，叫小生如何当得。（行白）你能长记得奴家，就感你的恩德了。（生白）云娘说那里话来，小生浪迹萍踪，此番准以一年为期，遣人迎你。（行白）欧阳你可不要忘了呢！（生白）怎敢忘怀？（行白）好，奴这就是你的人了。（生吐）（外鸡鸣介）（生白）天色不早，我们安息了罢。（起唱）深夜归来长酩酊，天外鸿声枕上闻。（同下）

第四折　长亭

（韩李李同上）（白）今日欧阳兄赴京之期，申娘约着长亭践行。我们同去作陪，就此去也。（同下）

（行云止云同上）（行白）今日与欧阳君践行，并请三位作陪，怎么还不见到来。（三人同欧阳上）（就坐）（设宴）（生白）小生蓬梗浮萍，怎敢劳娘子饯行，众位作陪？（众白）欧阳兄此番一举成名，我等理当恭饯。（行白）奴家今日有一句言语，想在三位大人前领教。（众白）申娘请讲。（行白）奴以烟花之贱，幸得托身欧阳君，三位是晓得的了。（众白）这原是件好姻缘。（行白）大人说那里话来，奴想天地混茫，乾坤初判，自无至有，以至于今日。人事万变，风月如常，就是这长亭一带垂杨流水千古如斯，到是此中来往之人，就几年成了一世。就是奴与欧阳订为婚姻，众位说是姻缘，依奴看起来，造化无心，也不过是流光石火适逢其会耳。佛说，山河四大皆幻想而成，山河都是假的，人到是个真的么？天上浮云明月，地下流水浮萍，究竟月到天心是那里？风流水面是何时？再反躬一省，自己又是个谁呢？（众悲）（行白）再看这光阴易老，今日的垂杨绿柳，就是秋天的败梗残枝，转眼回头，岂不成了个梦境。就是今日长亭饯行，自古及今，何止几千百次，试问这亭儿，他还记得么？为人偏偏在这电光石火之中，还要讲些情爱，说起来都是空的，做起来都是真的。弄到真时还是假，究竟值得些什么。所以奴想人要真正超脱，固然是好，要是不然，还是立德立行有些好处。为人要连这一点都没有，岂不是与虫沙同尽，使后来的人，连你的影子都找不到吗？（众悲伤）（行白）今日请三位来此，奴本不该放肆，总请大人们包涵。到是今日饯行的事，奴是要拼个尽醉方休，也请众位多饮两杯。（行连饮）（众饮）（行白）止云妹妹，烦你取文房来，我要做首诗，送送欧阳，诸位不要见笑。（止取文房至）（行写读）钿鼓香车过柳堤，桦烟分处马频嘶。花满驿亭山影断，为他沉醉不成泥。（行醉）（内传备马）（屡唤不应）（众下）（欧阳下）（行醒白）妹妹，他们都去了么？（止白）去了。（行白）欧阳呢？（止白）他已去得远了。（行泣望唱）恨金勒，绿杨边，等闲无语。仗东风，送郎行，别恨何如？（同下）

第五折　幽赏

（欧阳同家员上）我欧阳行周自从到了长安，一试不第。只想起我那申娘，不知思念小生到什么样儿。今日得暇，不免修书寄候便了。（修书）（召家员寄书）（同下）

（行云病态同止云上）（引）那堪新怅望，终忆旧欢娱。（行白）妹妹，欧阳去了几日了？（止白）一月有余。（行白）你看我病到这般模样，他连个字儿都没有回来。（止白）信到有，只是今朝才到。（行白）为甚不拿来我看？（止白）早上看见姐姐昏沉，所以不敢拿来。（行白）看了信我的病就好了。（止云取信）（行读信）（白）他到真正多情，只怕我倒对他不起了。（止白）姐姐好生养病，他自来接你也。（行白）你怎么晓得我的苦处呀！今天我想到长亭走走，就烦妹子相陪。（止白）今日阴雨沉沉，明日去罢。（行白）咳，我既要去，你何苦来拗我。（起同行路）（行唱）揽镜无言泪暗流，一庭疏雨滋春愁。（止唱）可怜花下伤离别，魂断沾襟轸离忧。（止白）这就是长亭了。（行白）

咳，妹子你看人去楼空，好一派荒凉景象，怎么叫我不伤心也。（止白）这长亭是来往的地方，有去也有来的。（行白）你可记得饯别之时，何等热闹。今日都是冷冷清清，好不叫人忧愁呢，妹子你看这——（作势指画檐唱）燕巢空，枝儿断，画堂春暮。塔铃语，残花露，静雨悠悠。（止白）这燕子飞去飞来，原无一定。姐姐何必多忧呢？（行作势指栏杆白）妹子你看这（唱）翠屏闲，珠箔垂，雨笼池馆。绿烟沉，垂蜡露，重拾前欢。（止白）这长亭原不是长有人的，故尔屏闲珠冷。（行作势指远山白）妹子你看这——（唱）柳风轻，杏雨愁，屏山清冷。香雾薄，玉枝低，临镜销魂。（止白）这花外烟雨也是有的，姐姐你宽怀些罢。（行作势指近水白）妹子你看这——（唱）汀草绿，岸花红，波声偷咽。频底住，鸳鸯影，春水连天。（止白）这一池春水干你什么事呢？（行白）妹子啊！（唱）郡庭寂寞落花轻，岁华如箭总堪惊。凭将当日欢娱地，点点春愁恨不平。（同下）

第六折　函髻

（生同家员上）（白）小生欧阳詹，此番上京应试四次，方授国子监助教，布署初竟，想起我那申娘，昨日忽得一梦，颇为不祥。今不免遣人去迎接他来。家员。（白）有。（生白）命你到太原去接申娘者。（家员下）（生唱）春残日，莺娇懒，满庭花片。争不教，想思人，泪洒吟边。（下）（行云上）（引）金锁重门静，银筝镇日闲。（白）奴申行云自欧阳去后，一病至今，眼见腊尾年头，又是一番光景，这两日益发的不支了。（临镜惊白）啊，云娘，你怎么病到这般模样。欧阳生啊，欧阳生啊，我真对你不起了。（悲呼止云）（止上）（白）姐姐唤我？（行白）你看我还像当年的申行云么？（止白）也不过憔悴一些。（行白）啊，妹子你晓得什么，我想美人黄土，玉雪般肌骨，花月般精神，转眼都成尘土。到是这——（捋发悲白）头发可以长久去见我那欧阳。（二云泣）（行挽髻）（唱）翘股重，翠云飞，万般情宠，镜檀偏，蕙兰心，我为谁容？卷画帘，理残妆，伤心双凤。云鬓腻，粉香寒，狼藉残红。金燕软，银疏欹，前缘成梦。举并翦，断青丝，万古情空。（行白）烦妹子取我那缕金箱来。（止含悲进箱）（行铺箱内）（出剪）（止大哭）（行白）妹妹你不要可惜，他日还好见我这髻儿。（行翦发）（髻落）（晕倒）（止呼行）（行醒）（白）我虽晕倒，心还未死，快取纸笔过来。（止取文房）（行写诗白）自从别后减容光，半是思郎半恨郎。欲识旧时云髻样，为奴开取缕金箱。（掷笔）（吐血）（止扶上床）（行死）（止哭）（下）。

盟鸥榭主人作《函髻记》，情挚而事戚。往日读之，未尝不废书太息终日也。会冬间，梅畹华有南通之行。孝若相见，邀渡江观剧，恨不能去，则闲中谱《函髻记》为传奇以贻孝若，使畹华搬演之。贵在叙事平简，不越剧场之科次而已。以云摛词敷藻，则樊山丈正有《玉婴点将》《盘龙剑》诸作，遑敢引语。何当畹华渡江，使演之春申江上，博盟鸥丈一粲耳。己未十一月中澣，高梧附记。

约智斋拟唐人说部

汝南女

汝南女字梅君，著籍滃洲，其先盖河洛间人，累传始南迁。父尚，事货殖，越重洋，渔盐之利，惟所独擅。生子女三，梅君其季也。邑有义塾，饰古刹为黉堂，尚遣就学，二子好弄，梅独颖悟，辄冠其曹。尚晚岁纳旁妻，勿理所业。妇氏陈，则屏居姨氏之家，挟梅与俱。梅特明艳，方十四五时，奇花初胎，朝霞散采，挟书籯糒，往返陇亩间，群稚多就篱落，絮絮款语。皋比亦谬致期许，将为进身之梯。梅不解事，徒以矜才，鸣其得意。于是议婚者云集，豪族陇西，显宦遍海内，欲以幼子就婚。尚以梅右母别居，谋即遣嫁，而梅见谗昆季，一勿之顾。会芦子城去滃洲，衣带隔水，旦夕可航，蕃市贾胡，四向云集，涨金迷碧，论者比于波斯之海市。梅侧闻胜概，遂请于尚，谓："村学无可津逮，研精首贵励志，芦城庠序，甲于海国，仅逊西京。怀兄微多嗜好，难事远游，倘以弱女，走侍慈闱，兼求问学，他日得一技之专，亦吾家锡天膺之福。"尚素愦愦，恶其言，斥勿之许。梅又诉之阿母，陈媪韪其言，定计且行，遂谒尚索行资。尚从旁妻言，持千缗，遣之去。陈去，小室且得主中馈，于势益张，故陷而促其行也。陈媪得资，遂挟女附海舶。涛澜千叠，素云一帆，烟霭迷空，曈昽涨旭，梅以弱女，背离乡国，扶舷惆怅，至于雪涕。翌晨，舟次芦城，以妗氏之介，谒一戚串，客其家。或谓刀圭之术，惟西胡独精，苟得其技，足以名世，梅纳其说，遂师一夷医，彼以海客鳏夫，来投中夏，初非良士，尤利梅色。每接款语，心醉神陶，明灯斗室，便来促膝，且多馈贻，冀惑梅意，梅颇许其诚。陈媪则乍来阛阓，迥异乡居，枭卢纵夜，酩酊继日，邻里歆其多资，宵小于以启迹。梅或归承颜色，初不易博萱室之欢。又觇所携，已丧其半，自省非计，戚然大悲，有时亦决绝留夷人家，欲以暌离，少资几谏，媪沉湎盘龙，殊不挂意。夷医窥见隐哀，屡托诡词，怜其身世，终为持挟，得遂非礼。梅事后寻思，自惭衾影，付之茵溷，既无谐于百年，终暌异于万里，而铸错已成，徒呼荷荷！此夷既畅所欲，喋渎日繁，梅本不之顾，转以生厌，渐亦乘闲，浮舸将去。言别之际，索一倩影，谓："天国海涯，斯别或且千古，愿得展对，如接神交。"梅亦靳之。于是西胡既行，梅亦辍学，而同室习技，有数共几研，向谋图逞者，至是遂合力贡媚，日造梅所，甘言蜜语，纷至沓进。又引之赴廛集，为致：粉霞之帔，方空之纱，龙涎之香，火宛之布，下逮葡萄名酿，吐绶锦鸡，凡可博美人一粲者，无不辇而进之。时海隅盛行波斯胡旋舞，士女踏歌连足，应节赴弦，挽手凭肩，目成心许，夷人倡之于前，辟广厦，设帷灯，列蛾眉，隐现于靡曼之间，挑招于酣戆之际，中朝名阀，观之心醉，辄为效颦，多致丽姝，铿锵以赴，比之上河祓禊，盛况倍蓰。群从至是亦劝梅习之，梅修夜无俚，既不得承爱于膝前，遂以遨翔消晷刻，秉兹慧质，若获天授，不旬日，其术大进，周旋于红缨翠盖之林，光彩盈庭，明珠无色矣。海国习尚靡侈，每作夜游，拂曙未已，同游林生，白皙宛好，善柔事妇人，卒获奉身，与梅缱绻；梅渐更世故，谋得寄托，亦微申其私情，合欢累日，竟尔忘返，林父恚而侦之，得其迹，略禁以归，为之别婚名闺，梅亦无计，徒为抑郁，肝膈为之勿舒，因造大梁邹大夫，求已其疾。邹以医术名，驷马连枚，座客常满，独罕嘉耦，自接梅，惊其容采，加意怜存，剂和之属，一一手奉，并时过庐，为按方药，一日或三四至，深夜非俟成睡，不忍言归，梅感其稠叠，竟以委身。大夫税宅敦仁里，邻其医所，用为外府以款梅；又为饬置奁事，斗室雅洁，布署楚楚，梅奉媪居而安之，大夫日数至，即有寸晷，亦必过省，少释其行役之劳；同牢三月，无欢勿共，梅以为可托之终身，则促其涓吉成礼；大夫固有荆室，奉亲乡邑，亦间至芦城，遂不敢越礼以取咎，则仅唯诺，谋缓时日。而矢爱之忱，未尝少释，遂厚其赠给以慰之。更三阅月，礼数犹虚，梅不可奈，淹淹复病。会大夫有同学子彭生，方就庠序，暇或与大夫同来，生方十九岁，仪像娴整，见人腼觍，如好女子，私欲昵梅，将吐复茹，眉宇之际，神思飞越；梅询而得之，以为久更世习者，难共岁寒之盟，初罥尘丝者，正入英年之选，况以弱质，屡败贞坚，小劫千春，仅当于调笑，及时行乐，何吝乎形骸，遂示意预许幽约。始而琼树瑶林，轻车单舸，继则茜窗钿阁，嘘暖量寒。尝一日，梅以奉母礼佛，去海南。海南为大士感应所屈，伽沙三尺，潮音半楼，阴携生俱，结契道场，生与梅誓，盟之以死，更必结缡，世世生生，喜果人天，善缘梵界；并贻以雕翠之饰，用示表记，谓："苟毋相轻，永系皓腕。"梅亲受之曰："他日愿以为殉，弗忍一日，去此奇珍。"自是而还，更略形迹。生出庠舍，立造梅居，大夫觉而异焉；藉隙廉侦，终得其实，排闼直入，人影连衾，交履在地，生大惭却退，梅翼之以出，大夫直言抵梅，梅抗不相下，于是大夫曰："经年幻泡，至此俱醒，别矣汝南，无更相见。"梅亦含愤竟去；临别斥大夫曰："始愿相从，永共枕穴，不图衍约，误我芳时。彭生实惬余心，何忝君事？铩羽分翮，此正其时矣！"方梅欲行，陈媪初不之直，而梅卒加反诟，母氏无可置词，襆被同出，觅宅迁北门金张里。时梅资耗殆绝，彭生之来，解颜为欢，渐识其状，单寒学子，亦莫能振之也。金张里邻女霍氏，性非孤介，口多便给，尝从蚁媒鄂君六娘，阴以淫行自给，弥足存活。比见梅至，视为奇货，为介六娘，与款曲。六娘遂引诸少年，与共游宴。少年事猎艳，求得匹配，六娘故昂其需索，谓："待字之花，殊非蜂蝶可幸致。"梅亦廉得其情，自度良家，何致沦诸薮泽，前所遘引，虽丧厥躬，犹出心许，此则市利，无逮恩义，外此又罕良策，足以自存。归面严亲，必遭诃谴，贻笑昆列，腾谤众邻，展转思维，漏永怯睡。晨鸡甫唱，动平旦之情，玉影移枝，写啼红之泪，终以万物炊累，何独躯干！生不能托于专爱，便当聘其英华，藉此权奇，间资游戏，莫待秋风倏起，见招团扇之捐，且教春艳乘时，先尽摽梅之致，因为首肯，以报六娘。最后得谐者一人，其人若申天爵，喜不自胜。梅与之约，旬日相见，移时即行，月奉百贯。如是者数面。忽泥其来，斥为宵小，此人至不知开罪之由，因六娘以讯之，则曰："吾非豕之就屠，榷之待务，今虽抑居此中，所希冀者两端。一掬心见示，对以血诚，乡愚鄙夫，在所不却；一凛奉吾言，无少见背，喜怒百态，惟实自主，少获人生颐指之乐；百贯以市吾身，万缗不能夺志，余降辱之余，安能更汩此心，佯欢以应檿竖耶。"六娘无以难之，饰词谢客，别为之妁。于是飞天将军张伟；国戚平成，海贾胡立人，绾毂胡技士，陆续至共寝处；梅或少假颜色，或默无一言；而张平以伟男子工行媚道，特别垂存，约过所居之金张里。胡技士且偕游京雒，瞻中山王陵，游孙氏园，并影造像，等之伉俪。时梅差足自了，芳意拳挚，犹属彭生，生亦排日来会，梅阴为部署，勿使相值。即邹大夫亦屡造其居，求赓旧梦，梅性刚果，不复之许，相见徒及寒暵；大夫自负夙好，亦终无所成也。其年，吴藩世子，奉严命有事海疆，整饬之暇，左右或以声色来侍，世子视之蔑如。右丞钱超密启曰："凡姿俗陋，宁邀嘉睇，但当得其巷陌，斯有可观，若意有属，愿以裙钗所知者进。"世子闻之，命即召致，鄂君因以美姬盛饰俱至，世子试其艺，微为动容，未有所注，而超问六娘，曷不与梅君来？六娘笑曰："梅君负令名，新又有属，雕阴神艳，非辇金帛，不易致；世子若不加礼，媪亦且汗颜无地。"世子曰："安有神艳而不属意华胄者耶？愿一接之。"六娘唯唯，世子遂单骑就鄂君，梅适来会，相见移晷，都无片语。梅惊世子俊采，世子亦惑梅丰裁，两情若契，秋水欲流。六娘知事谐，敛扉以退，时为文明二十一年五月二十六日。海隅风物，渐涉亢热。梅曳玄裾，衷深衣，兰肌晕雪，荑指销红，鬓发如云，素脐切玉，喘息则细吐真香，笑语则微波春樕，溢荡思于秀骨，摄冶魄于明眉，片晌而私语凭肩，迴眸以扶酲选梦。世子素习，清标简贵，不善夸语，梅亦酣醉，但挹秾香。须臾，进白请推爱枉顾所居，世子颔之，厚馈以别，六娘含笑，送至门外。

世子于是以长史俱，翌日往谒梅，小楼深巷，地不盈弓，应扉阿鬟。莫知宾礼。梅方浴起，操缦而歌，遽闻客至，掩袂逢迓，渐恧特甚，世子脉脉无语，不敢偭越，而陈媪来殷勤致语，世子尊之为姨辈，与及家常，媪亦晋接，惟恐失客意。世子得间，语梅曰："碧桃花下，乍拟千秋，兜率天前，便如隔世，日昨胜会，叨侍仙娥，得毋斥小生之唐突？幸鉴恕之！"梅嫣然一笑，神宇流畅，神韵飞越，似有所动，酬其深恩，世子为之忐忑，小坐便行，乍前复却。梅则推襟私语，约以重来。世子步归朱邸，若有所失，期会薄书，意俱勿属；天色就暝，即赴别饭，召梅与会。梅固尤物，别逞恣态，意象高华，尤胜于容装以外，益复解事，言必有中，文彩斐亹，述其身世，侃侃无隐，世子益怜而惑之。如是浃旬，世子忽拜朝命，将游百粤，有所句当，计程而行，挥巾言别，海隅空外，彩妒霞明，月落潮生，烂兮星上，初萦别绪，言念婵娟，日草花笺，寄声珍重，情不可敛，则进而誓之贝阙曰："幸值休明，得与汝南，一共色笑，相见伊迩，情绪万千，暌异云泥，望悬南北；虽今生离合，未敢遽言，而再世因缘，期在必卜。幽明之际，实鉴鄙怀，人天相通，宜存丹悰。谨以盟书，布诸水府，明神所烛，不渝此心。"世子盖知梅意或不能专，将后约以期玉清之再世也。约时梅周旋诸生间，动定如昔。迨匝月，世子自海南归来，解维深夜，出诸艨艟，先赴别馆，走伻相约，梅竟不至。展转衽席，无以自宁，迄于卓午，忽然莅止，神光焕发，一如别时；喜极欲涕，责以后期。梅自承使来，适出预盛会，归已寅夜，未敢相扰，亦不详省，约自伊谁，惧遭狂且，或致凌暴。世子密爱深怜，转词而慰之，并出象贝龙须之属，申其嬿婉。自兹同留别馆，凡三日夕，始覆朝。命梅坚约世子，过从宜繁。少申别绪，世子亦遂无日不扣幽栖。曾一日，询得梅赴他约，归加切讯，梅涴澜自白，痛加惩改。曰："公子果加见爱，何敢以自污者污人，此中委曲，请勿复问。"世子以爱之弥笃，亦遂释然，余情不宣，衷腑俱热。岁日将迈，胡帝胡天。世子又尝语梅："知卿多情，亦复解事，世多荡子，侧媚令说，自分不如，情独见钟，宁非异数？请毕其词。"梅则含涕答之曰："绪出望系，身世自怜，坠比智泥，情高云岳，心期千劫，合诸浊流，游戏化城，无惭薄幸。窃悬准鹄，征逐尘凡，自信能以容色。夺人所爱，足鸣豪诞，不为非乐。次则谨身之流，未历世故，赤心见剖，事我以诚，不薄其愿。更有殷勤见侍，听余挥斥，鞭挞无忤，纵多伪态，亦快我私，聊共宴游，列之朋录。再则初逢花底，遂策轻镳，一度随缘，便加诀绝，为风为絮，邂逅水萍，余初无存心，亦不能涉之契好。若公子者，相从累月，推解俱诚，阴获私衷，遽以身许；胜因所种，日月为光，涪溉所加，槁灰重热，初非裘马之盛，名器之重，能使弱女，回其已断之肠，续其垂离之筈也。”因请许字专房，期有归宿，世子未有以应。如是者经岁，封胡扰我岩邑，天下震动，朝旨又以世子监军，戒期出关，无许轻逗，世子黯然，引梅言别谓：“此行奇险，能否更面？不可预期，弥年之欢，行摧旦夕，他日得有嫔托，风宵星夜，一荷深思，泉路无知，亦当感浃。”梅闻之呜咽，殊不可仰。嗫廉曰：“公子有事疆场，必操胜著，余间得京讯，痛兹陆沉，廉顽以兴，荣膺绶节，不敢效儿女子故态，乱人意绪，请奉陋影，以伴旌旄，抽暇相见，便通神契。”言次出造像，仪态卓绝，扶阑立于中山王陵之次，并留题曰：“王功业彪炳，百世如生，丈夫子为国争强，庶不负凭阑者仰止之心眼。”书未已，粉泪交睫。世子素性刚果，亦为扼腕，挥剑赠之曰：“此平生所习御，相随廿载，迄未去身，斩水不流，挥斤可垩，今以留别，供卿拭玩，斩芰之盛，窃欲比之，睹物怀人，无间户国。”言次别去，归府署，屏当上道；军次临榆，以片纸抵梅，梅又以造像报之；像在海滨，拍浮之余，披襟为乐，世子如得瑰宝，袭之衣底。初，世子获交于梅，梅芳意有加，渐疏故旧，平成以貂婵之贵，延陵以行贾之富，并为摈去，世子一一知之。梅曰：“兹数子者，曩亦承余颜色，资余膏沐；但见君子，便恶凡近，不图衎衎之余，何独为公子所颠倒？”惟所眷彭生，间来临莅，梅亦不讳其事，曰：“此子礼余如天神，贞我如冰玉，守信行义，背之不祥。当荷见容，完此私愿。”世子笑而存之。世子之行，彭生又偕赴海南，故造像于揭渡之际；又尝预盛会，偶患不继；世子远征，无由周给，则掉臂为踏歌娘，出入舞榭，缠头甚富，而朋交亦杂。既坐枢府易人，内移庙算，外更宿将，世子知事未可为，整旅南归；复与梅合，苦道别后短长。梅闻战讯，心有余悸，又持以定力，谓“恨不櫜鞬从侍，同奏凯功”。时夷势益张，别以奇兵出芦城，楼船夜发，矢石晨集，创夷遍地，及于市廛。媪辟地先行，梅孑身至不敢交睫；世子既多经画，复日往慰视，宵分始去；而炮火之来，祸迫咫尺，虐焰所被，鲜获幸存。遂驱市人，列伍为阵，欲以杀贼，转为贼败。彭生亦慷慨在行间，梅先知之，殷忧益切。蒲淞之役，殉者逾千夫，遂不更获音讯。梅哭之至哀，语世子曰：“余广交而情一，经岁以还，归于平淡。公子渐移余爱，而私衷仍佑彭生，欲论昏媾；今为国殇，翦幡无地，妾命之薄，夫复何言！愿以微躯，托之公子。”世子闻之，同为于邑，然以地望攸异，上公严督，伉俪庄敬，佯为承许，阴实抑之。梅廉得其情，不无耿耿，亦怀贰志；然以世子情种，弥不忍遽背去也。梅性刚柔两绝，与人善，妩媚承志，惟恐不获人欢；一旦决绝，反颜勿顾。或逆其意，负气啜泣，抵死不留余地，终其身亦不更面之。自奉间约，独好华妆，衣裾艳异，逾于豪族，以为金缕霞帔，惟美始彰，被之貌躬，庶以无愧。复好阿附，爱人誉其丽质，儇佶者遂缘以进身。暇日不爱读书，授以章句，每每弃置，而慧心所运，弥极神思，说部过目，便能成诵。处世既久，悲乐多方，造诣高朗，理致玄洁，不谈阿堵，又恨浊世，诋为火并。凡此故态，狂比于狷，世人或不之善，转为世子，引与同调。一日，世子寿诞，礼筵纷错，府庭盛集，独以轻车就梅，持鳌尊酒，梅勉为薄醉，秀态娇发，不可自抑。语世子曰：“余固有家，轻抛以去，浮沤上下，风露支离，瞻念前修，绝无归宿。今兹容鬓未衰，幸沐恩谊，他年伛偻垂老，何以图存？微闻海外，乌托神邦，食力谋生，户能结足。一逾年岁，即有所养，引领北望，心实向之。”世子曰：“卿何多思，以殚远虑，天缘有定，无事忮求。象服山河，从容申候，即谓愚身，难僭敌体，亦必屏挡，以供余年，神楼天外，宁可引喻。”梅曰：“公子言当，殊泐盛情；惟是朱门碧瓦，华胄簪缨，偶荷枉顾，已辱宠幸；而寸心所衷，颇图慰藉，白首相共，未卜其人。偶屈颠沛，形影凄绝。畴昔感寒痁疾，剂和之事，属之雏鬟，午夜烦冤，无以自解，孤灯面壁，痛不欲生，即于是时，绝尘乘化，夫谁知之！公子稠叠，何以见教？”世子闻此，悲慨无言，引栝曰：“天壤遥瞻，卿毋败兴，鳏生蓄意，苦难自申，以扣苍苍，留觇来日。即卿涉迹台榭，讳而勿言，余亦夙知，正深隐恫；何以此说？遂相煎迫。”梅曰：“公子厚我，属以骸殖，流连图存，必蒙众谤，忍之再四，宜予曲原。”世子曰：“余未能画一久谋，更不敢空言见阻，爱我罪我，伏伫玉裁。”立次，嘤嘤啜泣如小儿女；世子生平，不以颓丧示人，于此独不能忍。梅转为破涕曰：“今日嵩辰，宜图良会，慎勿苛责，滋其罪戾。”世子始尽兴以归。后得玭霞石，饬良工琢之为环，以上之梅曰：“曩见珍饰，知为彭生之贻，莫敢或夺；比以微物，代证同心，当荷哂存，同随戒体。”梅欣然约之素指，并以南金旧制者，还献世子曰：“或云夷俗，交贽为姻，以乱夏制，宁无不可？愿郎守此，无去诸怀，物疏意笃，用当进御，南天冀北，如妾随侍。”世子郑重受受，语梅曰：“重卿见爱，贱子诚何以副之？”在梅初意，冀托终身，世子未能仰如其意，同唤奈何而已。藩郡长史，尝见梅挟书生，中宵同行，以白世子。世子诘梅，梅白其枉，且曰：“三年以降，谬期婉娈，贪欢片霎，幸获恩泽，亦不遑计及来兹；侧身面客，同于冶倡，情非素甘，用以将母；子亦恕我，何独苛求。至谓葑菲中姿，略胜凡艳，久谋奉属，未荷收录，招邀来集，固拒维艰；恕托云罗，身同絮泊，人间无地，容此赘疣，金阙有灵，许为上签，仍复督过，行谊之谁属，情爱之谓何？”公子见状，弥致不忍，悻悻而退，心知后期白首，空负芳言，前度红襟，虚传佳耗；惟是平生游幸，虽眷好殷繁，而此际寻思，实情魂凄丽。初拟百凡无恤，列之后堂，走俗抗尘，乐此余岁；既以朝命所被，轩胄攸加，耸动观听，腾诽府庭，决难自处。又图舍去，以就缁剃，留长恨之生，韬和光之迹；回环数四，寸晷难安。长史谰得其情，为之语曰：“缘尽则散，物理所同，天不吝恩，重冀良会，此际俶扰，非可谋诸桑中；而彼美宵征，亦难敛之就范，情爱所伏，尤愆相集。公子若图之当初，末僚当进缮鸳牒，比则转石之迹，已襮其端倪，向日之葵，少驰于畴曩。克情赴理，正昔贤之所难，顺天乘时，斯离之为两美。度以臆测，阛阓之下，能复几时，花谢琼春，扇捐秋叶，若留不尽之余思，图他年之晚盖，则梅之拜惠，宁有涯涘？公之令名，无伤纤芥。眷之既笃，柝合何殊，少觇其后，斯为上策。”世子计无所出，勉如其言，而踟蹰不遑，终于寝疾。时则群医进御，莫知措手，起之衽席，少有欢颜，上公亦引以为虑，从长史请，将移世子，养疴北国。于是世子将行，张谳崇轩，约梅对饮。梅偕婢子，珊珊而来。世子语之曰：“近遭拂逆，所事特繁，过从略缺；忽撄痼疾，将接幽途，北征写忧，如何斯已，此行久暂，匪可预期，万一奄忽，宁非永割？微闻有人，属意之子，倘亦吉士，善相其人，执手于兹，以俟瞑目。”梅知所私已露，雅不欲言；仰望世子，容色槁厉，亦为怛恻，乱以他语，勉事绸缪，破晓始别。翌日，世子将戒征途，意良不释；仍趋金张里。梅忽涕泣，尽白其事曰：“非余寡情，背于公子，实缘愁老，窃为自谋；舞榭群痴，日日望余颜色，余知其伪，屏之不遑；独有一人，积岁以来，日夕见侍，未有二志，余故泥之，亦不见弃。公子北去，来破岑寂，持躬不谨，窃惧遗羞；以君见爱，更惧意外，欲言复茹，频累月日，私心如捣，神情摧抑。不图昨者，少罄衷肠，图为宵会，因告以姻娅罹疾，宜往存省，其人唯诺以退；今晨又至，余方出行，逗引小婢，遂按其实，反唇丑诋，使难自容，遭逢不辰，遂致决绝。余心痗结，莫可名宣；公子爱我，当恕既往，情事了了，敢以披沥，或加诛锄，或连宿好，意绪如麻，并候指迪。”世子得讯，初意属梅，屏去此人，使圆宿梦，芥蒂都释，则前事可忘，而来局难持，且伊于胡底。长史之说，亘诸胸膈，义欲之争，交于俄顷；纵乃决策，勉抑情私，自远嫌瑕，以语梅曰：“碎此獠尸，何足泄忿，必加戮芟，反掌间事。惟卿多情，冀盟白首，舍此之去，更将谁图，窃谓其人臧否，必荷月旦，若不足语，宜早窜逐；今既后时，奚用亟迫。海隅多眚，招之则损，或为反噬，宁卿之福？余矢膜顶，竭以忠诚，所阙失者，假之名分，留为后图，卿所不许，转引蜂蝶，僝僽宜然。厉鬼在身，膏肓莫去，行乞药石，后晤有期，挥泪天涯，招魂塞北，单寒翠袖，自爱自怜！”言未遽已，婆娑清泪，夺眶拥袂，终于别去。濒行，贶以朱提三千，便资给赡。梅展转无计，而此伧又至，饵以甘言，梅知世子暂无留法，亦委屈就之，终多隔阂；于是药炉茗盏，非复镜底丰标矣。世子既北行，得良医，进汤药，又辅之以青囊攻剽之术，瘳疾少已；医者窥其隐，辄导以泯闻断际之方，世子格于忠诰，誓斩魔丝；而不得梅况，亦颇惦忆。梅与此人，居不相安；其人固佥壬，利其容色，尤且歆其资斧，不畅所欲，乱而弃之。梅转念世子，襟宇恢宏，柔情缠迫，更长夜静，一笺驰介曰：“公子之行，所以疗疾，未获躬侍，怅惘五中；地绝云山，心悬衽席，禔躬康复，式符臆度。窃以凡陋，深荷厚注，旧情萦罥，时难去怀；向者远行，锦书络绎，少事熏沐，以答平安；今兹阙然，都无只字，令人不奈，终夜无欢，公子解人，宁以前事，弃置如遗，不复存念。羁零如妾，怨艾兴言，更复何词？以酎知己。新造一象，顾影清癯，欲以奉寄，不审崇鉴，曾否爱玩？犹如往日，未敢冒昧，先布腹心。斜行作草，怜而鉴之！”世子得讯大不忍，又受医戒，未许遽行，则答之曰：“宿疾渐已，见问拳拳，卿未忘情，余岂寡义？潭第休祉，应中鄙怀。玉照如临，盥手晤对；惟遵医嘱，移地山居，鳞鸿莫由，缄珰均断，兼月而后，庶可重面。芳姿在迩，延伫成劳。”梅得之，以世子暂不南返，则约长史，款以酒食，与商至计。长史初不欲世子重绻情丝，则塞以游词；梅不获已，重入舞榭；因以接一尤生，尤非端人，治涿州皮影，小慧侧媚，见怜妇流，乍见梅，艳其盛饰，遂相往返。梅饱更世变，举目都非，以为只身人海，几同寄虱，每有所爱，均不克谐；乖戾相乘，五张六角，所恃花貌，颠倒众生；则转而疾世，拚付飘零，不致心于长策，但取快于刹那。尤以伪来，亦以伪对，尤乃说梅，税驾别宅，愿任辎重，梅亦无所拒，则自金张迁新国里，而静安坊，粗共岁月。世子病起，适奉诏出塞，抚循诸部落，遂以毡车越大漠，渡贺兰；胡骑千群，饶歌三叠，清宵残召，流连其间；虽旧情不删，而雄姿活发，温柔之致，少减前兹矣。游踪既遍，部署来归，士夫重其贤劳，流连高会，旬日不释。追之芦城，忽遽亦未暇招梅，而梅又尝与尤忤，自邸钞知世子还旆南旋，以为若见注者，归必告语；今既疏我，实伤素心。又不愿径以赴愬，则就长史讯之，长史以白世子，取进止。世子瞻回旧迹，影事成尘，试往申谒；珠楼钿阁，无改年时，玉艳霜清，益伤故剑，矜持之态，比纵哭为难堪，怨抑之深，视缠绵为更酷。陈设壶浆，宁甘于下咽，积以欢笑，无解于酸鼻；日影西斜，蹑屐而退，珍重后会，徒以为词。此后竟屡会，会必深谈，谈多尽臆，世子因从讯近况，梅始则游移，渐吐蕴结，曰："此子臧否为难，而情犹贞固；至于互倾衷曲，宁似阿兄，意绪背驰，自所不免。贱妾处境至逆，而酣歌如恒；尚欲以意气，争胜人前。必有一日，挥之户外。"世子哂曰："诚如卿言，何以先驱鲰生，人事代谢，一至于斯！"梅曰："公子有家室之好，等威之尊；余则迢递岁华，亦伤去故，抚时感事，妄图苟安。前者屡有陈乞，未蒙慰许；北胡南越，何独责于丈夫，东鲽西鹣，愿以期诸来日。"世子曰："尚能与吾梅君相守瓶笙间耶?"梅曰："公子请少抑旧情，余亦乘时推化；若不迁异，好合可期。世缘多幻，历贤劫而坚，人事无常，为造物所弄。"世子曰："蟾圆七度，等之浮沤，驹隙千秋，期于一逝。高唐洛浦，徒怜骚些之资，坝岸邯郸，终是销魂之路；卿得自处，余则坎坷。所冀无食带砺之前言，守昭明之旧诺；以卿傲习，宁惯依人，惟是不才，庶堪备配。将离扶槛，最怯春残，夜合有情，以供泪眼；得卿掬诚之语，当开复合之机，表之昊天，仅兹片语。"梅闻世子，吐属凄婉，留去两难，勉作欢颜，握手鞠跽，世子亦纵之，翩然以逝。迨其既行，世子悲慨有加，游踪四出，欲涤旧痕，望眼大千，难消倩影，惆怅之余，转自策励，镇日勤于政事。然每晤长史，又未尝不为之欷嘘；虽有歌酒之乐，朋从之会，而云阶月地，视同狴犴，青女素娥，等诸嚼蜡。梅君亦岁月不居，仍难自遣，每于侘傺之际，作缥渺之思；一念世子，为之神往。告其母氏，谓："平生未尝循理以抑情，遂致游骑无定；兹虽比冀花前，寸心仍同茹蘖。倘得再谐公子，于闺闼之内，博言笑之欢，实视角逐红尘，泊浮尘劫者，奚啻万倍!"陈媪亦然其说，属以勿忘世子，谓："世子肫挚，终当胜于常流。"因之梅亦间以伻使，走晋戟门，世子亦为之酬笺勿辍。更一岁，尤绝裾行，世子雄镇方面，得梅书，更不胜离苦之情，立商长史，为置馆舍，别款美人；且以白媪。媪同为欣然，谓："弱女之有托，实公子所矜全。"量珠之夕，长史走贺，曰："离合无常宪，参商可同轨，强求则勿逮，力取则横轶。愚夫之见，早征良果，以为经此小劫，情爱靡甘，胜于当日之夺诸人手。"世子就少房告梅君曰："长史之言，宜复不谬。"而梅君闻此，梨颊笼云，掩耳却走曰："公子仁人，却扇之日，当事欢娱，不宜见迫，使妾无地以自容也。"

（《旅行杂志》第10卷第1期）

王姑传

一夕，林屋山头，月明如水，仙韶竞响，似有仙官启请，星娥待罪，应小谪与列宿同缘。其日平江王氏诞一女，王叟务农，畜田差足自给，被灾中落，乃获掌珠，女特明艳，为邻妇所乘，入宵人手，展转至安教坊。长安人物熙阜，金门平康诸里第，烟花渊薮，拾鞭坠履，往往彻晓。女至时年甫三五，明眸皓齿，无或逾兹，觞客遂满。所居青黛馆，就利渠堤柳，以覆幽栖别阁三重，尘涤不到，间录酒事，则华堂重叠，云绡四匝，银烛儆儆，万花飞舞，相匹艳也。王姑留二载，无所属意，名日噪，来行博者，多酬给房老，图以身进，积资十万缗，房老事姑如钱神，听命不少忤。时榆林总镇汤公玉麒，方平寇祸，述职来都，膺显秩，赐宅通贵里。公返镇，子晋士留守，宾从如云，放情声色，尤致意焉。晋士贵盛，虎头燕颔，椎鲁不解情绪，姑本疏艺事，以从文苑诸郎游，少通雅恉，遂却其人。媪利贿货，期改姑意，如是夙四，至于汍澜，媪曰："小娘名动长安，何患无相知者？异日侍玉郎，相圣朝，山河象服，指顾间事，独媪于役累载，亦不一措手，使少分缠绵，俾他年一椁附身耶？"姑无语。媪曰："汤公方镇绝域，闻李生言，晋士被覃恩，授参将，旬日且远戍，与娘子期，不过晨夕，即娘子盛名，慕者云会，终亦无玷于圭璧，曷不利事居积，意有所注，挥袂可行？"姑为勉从，遂谐角枕，背弹珠泪，隐敛红绵，获五万缗，与媪共之，然辄苦其嚣渎。座上客叶生逆姑意，以好语相温存，欲私于姑，姑勿遽承。浴兰节集，招之水榭，恳款再四，姑久困红尘，无多青眼，露凉蛩晚，偶得傍生，弥为解颜，因曰："晋士困我，子宁勿知，必相厚者，期以得当，明日国恤，晋士侍值宿，趋斋殿，庶倾残晷，一诉相思，外此更鲜余时。慰君眷注，弱絮因风，稀花逝水，本无廉励之忧，用致抱贞之节，特亦不欲过事狼藉，自策离忧，知者素心应所矜许。”叶生大致礼异，敬爱益笃，归来展转，若有所失。次日，躬赴钿约，欢娱之极，纵以清泪，握手斯情，未容自已。更旬日，晋士拜命北征，生骖乘同行，辇金为别，具道珍重。姑终落落，一伤所合，一惜长别，不期太息。晋生既行，群客无所惮，益谋盛会，并谓姑已长成人，人欲幸共花月。陈见微开藩三陇，兼领狄道使，瓜代入朝，相见尤得信，宿馆中，绳姑媚洁，月余所蓄垂罄，襆被竟去。韩茀为宿将韩光介弟，绾天山驿使，来京师，钟赏弥笃，留连半岁，凡奇技方器，咸远道致罗，以结姑欢。时姑芳誉鼎盛，中朝勋贵，退食无不集青黛馆，或假为坛坫，缀吟咏事。闻尚书省平章胡公怀贤，胡寒俭，久困场屋，垂老通贵，庸行微名，窃叨人爵，亦来驻驷马，姑勿之善，媪以贵人，事之谨。午夜酒俦退去，即以臧获示意，姑素荏弱，接人无愠色，久习阛阓气，贤益潜移，每有阿好，盈盈曲诉，非其偶者，默然并勿置峻词。于是媪得左右之，姑无多语，自视形骸如赘疣耳。凌晨，胡公掀髯笑起，掷十千，属记室致媪，记室以不中礼，别益十千，媪愤极，又无敢忤，姑则斥媪，谓既自菲薄，乃不足寿，媪庶两失之，媪惭谢，胡公旋亦勿来，坊肆已传遍矣。江淮驲道幕府孙不疑北行，爱姑勿释，媪歆其资，姑亦不却，虽无白首之盟，差共镜槛之乐，南归相别，祖帐黯然。其翌年，上皇宾天，卢龙节度奉策佐新命，以冢宰摄政，坐是朝官，多所更易，貂蝉辈行，一变殊俗，姑辄苦之。叶生乃移檄长安，与姑话旧，廉俸所得，率斥之黛馆。姑吴人，不习边悍，于叶生独加涵容，生固有室，举二子，自去节镇，恣为狭邪，官事少了，促膝斗室，朋从谒者，亦多就馆论大计。媪视姑意有所属，亦自以敛厚资，足了残岁，讽姑事生曰：“叶某今兹良士，未易多觏，姑为一粲。”次日，生忽捧札度辽水，遂留其地，羽书络绎，旬月莫达。姑体态日慵损，媪进令词，亦莫之解。群宾以叶生骤贵，且与姑善，莫敢肆至，益患寥落。媪曰：“叶生当不负娘子，娘子独不能间关奔赴耶？老生愿以余骸相属，圆此好事。”姑省其诚，聊一解颜，竟屏当上道。边地苦寒，草衰雪上，沙碛万里，征车两轮，遥天一白，窅不可极。姑转适清寒之致，既涉辽，幸得生友钱毅将护，展转至哈兰，以人通生，生笑纳之。迨论昏媾，生咨嗟曰：“丈夫子方有事贺兰，不遑家室贫舍，青毡世守，始涉戎行，升斗所获，甘旨犹疏，投荒之行，赐环何地。诚复相爱，乞假岁时，少树功名，便谋好合。至娘子轻山河之带砺，戒霜雪于道涂，但以藐躬，至忘险阻，载之汗简，可喻世人，以论风象。今亦无两，坚贞永勒，脏腑为摧，白首之盟，敢忘异日？”姑亦无奈，盘桓浃旬，紫塞黄烟，无可将息，戢羽遂返长安。自姑归来，庭灿复炽，椒壁新泥，姑厚生盟，辄为减妆，知者益加敬礼。叶生从征天山，迁道高句丽，将发以书抵姑，两年国难平，当饰青庐俟之，姑为少慰。綦月后，越国公子来应朝觐，公子衍派天潢，世承鱼绶褐裘，冠带像容雅重。国公开府泉，唐民多怀德，地望优崇，公子动止中礼，文彩焕扬，贤尹髦士相继入侍，驰名廊庙，遂以庆圣节，特荷宣召，将群置翰林，俾掌纶綍，国公慎持盈戒，则表谢之。公子留京师，偕书记，走章台，乍及青黛，即召姑，姑为睖眙，似惊相识并震。公子德器茂实，敛袂以从。公子望姑，修秾中度，流媚入骨，星眸点漆，欲笑微抑，却袖凝睇，若不自胜，为之神魂俱夺。其夕，载姑同归宾贤里，欲申缱绻，姑腼颜曰：“伏荷明爱，匪所克承，某以贱质，自惭秽浊，非贞之躬，胡当良睇，乞恕其愚，愿托婢役。”公子曰：“平生数十年，未获一见如姑者，得假天合，南辙北驰，佳期非易，慎毋蹉失，卿以不才，地望或异，私心窃想，六合浮沤，同兹尘土，何有于崇卑？举目时流，人绳华贵，胁肩谄笑，余固鄙之。夫灵淑所泄，乾坤钟毓，蓓蕾坠溷，同期珍惜，惟姑全之耳。”姑却谢不遑，请曰：“曩觏叶生，私期兜牒，窃欲相俟，乞赦痴情，倘属清谈，愿谐永夕。”公子曰：“卿自拔青莲，脱诸火宅，守所笃许，媲美嘉行，惟是形质所接，无愧性灵，托迹风尘，生所夙谅，奈何云阶月地，吝兹衾枕，不令少发余情，天幸叶生以子相属，某虽笃爱，莫之或夺。”姑意言发，当遭谴责，既接肫诚，弥生眷恋，曰：“非不欲副公子愿望，来日尚遥，宜勿煎迫。”公子一笑，释之曰：“惟明日取芳旨茗谈。”破晓，送姑归里，媪侧席起，迓意姑之薄公子逾叶生也，姑亦不自持，怅惘竟日，花影乍上，公子复来，拥衾相对，微有所悟。黄昏钟动，共归宾贤。雪肌金缕，玉影璧纹，情好未可拟喻。更筹三唱，晓梦初圆，惺松间，公子问：“何似姑微，申兰咳报以嫣鞶？”曰：“差觉胜也。”及旦，报以明珠十琲，琫瑔双环霞饰四十端，玛瑙二十枚，别媵金帛，致房媪，姑强起言谢，犹恋浓欢。自是坐无公子不欢，夕阳散绮，晨晖敛云，商昂中天，素娥掩景，多同驾聚琼英诸名园。藏鸦年少，侧目相视，比之神仙。三阅月，国公召归，公子设盛筵祖帐，姑涕泣不可仰。公子曰：“不才此行，江表千里，云山万重，虽共团圆，难通寝寐，窃怀善颂，长葆容颜，溯接清仪，弥殷倾契。虽肌髓之爱，依依沦浃，灵府所钟，独不敢授，蜂媒蝶使，多妒好春，坠絮流萍，终懔积习。余笃严训，无可相容，卿有归宿，庶酬私愿，狭邪之行，誓今永屏。凉风皓月，长忆今宵，以谢知己。”姑哽咽无可置答，鱼唱未阕，马尘已起。扶归却病，至于三秋。于是公子已归，归亦卧病，会国公以事更宿将泛地，俶扰病榻，辄掌机要，焦思益劳，间中每及王姑，又未尝不思，羸几于疗，迨少已，尽堂上命，重扣都门，国公勒勿之许。公子因赴石湖，暇瞩山川，丹云约素，冷黛拟眉，邻舟洞箫，悠起有致，特寄伤感。寓姑越绢一笺，曰：“世变无常，藐躬牢落，海尚可田，初志勿渝。比来解缆，林屋遥挹莫厘，湖水无波，山灵若俟。清娱之致，差拟聚英雄旷所，几一涤尘疴，同斯朝夕，怅隔云天，羽翮无凭，盟言未食，侵循万里，末由造次，玉容安否，犹系即怀，佳节顿辜，将谁轻诉？方空轻容，以称法身，如丝丝相缚也。”姑得书，泪縻如绠，勿省所报，则勉作短刺，但数十字报平安，欹斜脱落。公子读之，以为璇玑所不及，珍诸怀袖。维时叶生已调参禁营，益排日过从，觏姑病，为戚戚然，事侍惟谨，饮食药和，辄为躬进，不履官舍。瞬逾旬日，偏裨诸将患之，谋诸参军赵亮，亮曰：“吾深诇移情之微，兹尚依恋，殊复愦愦，抵之以实，当便爽然。”翌日，幸睹节钺，即私请曰：“仰公颜色，倏复五稔，亚父细柳，妇稚所知，行边列宿，维蒙泽佑。自今内调，德业益崇，禁御森严，责职匪细，道路传语，独嬖妇人。夫情爱所钟，无间形气，分厕卑列，奚足置词，特闻王姑别有眷注，南越公子来移，旧情一见，经月每荐，茵枕于今，拳拳至复卧疾。公欲得名姝谐幽赏，何必路柳自娱，墙花同撷，谓托良好，职蒙私恩，有类子弟，敢褛愚忱，伏候斧锧。”生唯唯，其日亦自克抑，屏迹黛楼，竟不接姑颜色。夜长展转，至于无寐，连漏未终，决然曰：“情魂所安，尽其在我，何须公子，重以知诺，稠叠无比，芳怡匪席，宜无不卷，亮固厚我，不获我心，禄秩可敝屣，余生可沦灭耶？”匆匆络马奔利堤，竟排姑、闼姑，宵深怯汗，图索杯茗，朦胧间，生持水至，甘之如崖蜜，俯弄轻裯。又公子所贻，凝情莫知所恃。生以亮语白姑，谓无所恤，终当谐宿愿，姑不能拒。于是裨将亦息浮议。姑病未已，医者劝习静，屏笙沸歌流之声，图移居，无当意处。生为假城西别业，清华明瑟，花鸟都春，以细辈相迓，生亦辄投止。逾月，公子书至，戒虞侯梗勿与通，姑涵养天趣，扶醒鈂槛，拾屧苔阶，意兴渐高，颜色姣复。生日又数至，至必移晷，虽复无语，相对忘餐。姑格其诚，怀旧日炽，如是经岁，公子久不得姑讯，寓书亦莫达，以为缘法勿假，徒爇香瘢，皇都千里，终违明镜。生则媛姑日笃，不言昏媾，习同家室，秩满外迁，三足副使，亦一携姑行。驻平江府驷，会吴世子诞日，节镇投贺，千里云集。公子奉国公命，赍殊礼，同客驷庭，先一日，世子张大酺，阖座宾从，八百余众，公子为上客，不知座有叶生，行人秦仲连尝守越，与公子稔，微闻姑事。是日预宴，为之呫然，于是公子见仲连，具道别后事，起居上公，礼意恳挚，公子居驷庭，殊无聊赖，召作夜谈。仲连屏当奉命，翦烛共话，或及吴超艳迹，公子嗤之曰：“慎勿复言，裘马已换，青春意兴，早归寂灭，长斯以往，日励丹忱，夜挹皓魄，但冀有所树立，功名所不计，遑及燕婉。”仲连益足恭曰：“公子诚信人，凉风皓月，长忆今宵，影事春明，盟言犹昔。”公子呀然，为一展颐，坚讯其实。仲连谓：“公子贵介，华声所被，畴孰不知？因具道都城事，且曰缘法未尽，公子终当晤姑，远则银汉，近即江墙，叶生携姑来就副使,寓西厢,公子宁不知耶?”公子曰:“穿瘉窥墙,岂复吾事?天意所属,容假之缘。鲰生不敢妄接非礼,然一睹芳容,少慰饥渴,了于誓墓之前,比诸生天以后。从兹篓鸾囚凤,骏报监车,各发其分,月不再圆,花宁重背。飐蓬逝梗,庶重合于沧溟,素魄孤魂,伫遥情于再世。”仲连诺诺,诘旦公子,故持矜重,游目已及西厢,强自克抑,终不获已。须臾,声咳微闻,朱帘半启,粉香若溢,绮梦重春,折枝乍绽,玉身忽涌,俨然王姑。颀颀凭轼,视前加尝,骤接公子,各有所中,齿唇穷注,移时不瞬,羞云上颊,遂展微颦。公子不知所语,旧情萦绕,一一升诸脑海,隔窗展槛,天迩人遥。少一沈顿,帘衣已下,莺吭燕语,徒绕雕梁,金篆银筝,微温画袖。如是者炊许,公子见钱毅疾越槛,因复扬声,毅噭应。朱帘复动,姑又外向,见公子痴立,弥似不忍,报以一笑,唇吻宛转,欲语复茹,公子拭双目沈吟示意,姑亦睇视,泪已凝眶,知礼防所际,情爱所征,两难相克。公子亦泫然,卒于无语,毅绕道来,挹公子肩,公子愕然,为语相见事,毅无以应,毅去,公子仍伫立。不少瞬,姑又揭帘流盼,忽有所触,頫仰之间,神迹均杳,公子以虞侯进白世子来谒,强颜礼客,而意终不属。世子退,公子蹀躞无计,卒然大悟,曰:“得姑一面,此愿已偿,容有后期,玉清再世,留此虽经岁不获,安不如行也。努力排遣,犹获余年,兰膏自煎,终同嚼蜡,但冀姑获,其所偕老,可期浮生,憔悴夙已自甘留惭,怀想正报眷顾,充余情力,宁不能夺,成人之美,夫复何靳,不如行也。”计差决,即召虞位怀刺别世子,戒行李,促轻舟,亭午振棹,归藩服。姑犹頫凝,抚冀得一,当少慰前情,不知丈夫子远泛太湖,拔剑断流,矫情忏慧,此生此世,甘唤奈何,不图更与相见矣。

(《旅行杂志》第6卷第4期)

壮士余生

一日为初秋之候，骄阳乍敛，木叶微赭，山樊野花，迎风欲颤，秋虫渐声。而山初不高，山泉一道，下合小河，草仍敷绿，一望无际，群牧放牛，饮于水次。昏鸦以次飞集于山趺之大树，树干经雷辟其半，而枝头之叶尚葱绿可爱。山腰一径，宛宛直趣河濡，河上一桥，支二木为柱，左侧欹倾，行者莫敢纵步。而此万寂之中，竟有壮士，偃卧草间，傍置一枪，枪制古矣。初非来福名厂所制，直前膛纳药之旧式，大类博物院中，窜取而出者。衣着亦陈旧，恰称枪之主人。肩章缕解，颓坠勿整，当胸之钮，既脱其一，革鞓亦断。近膝之靴，为干泥胶附，不加刷治，而国家之徽章，磁片亦半损。此壮士神宇，似含郁伊，然犹抗爽，虽敝衣无复怆态，隆准广颡，不类军人；虽髯鬓鬑鬑，久不薙削，而髭作猬磔，威仪愈增。质言之，此人苟易军服者，当为外交长官耳。壮士仰瞭斜曛，已幻红紫，奇云层叠，直薄崦嵫，山背人家，炊烟亦徐升空际，壮士仍无语。出军持受水狂饮，佐以干糇，终莫果其腹。已而樵歌四彻，群樵肩薪过其侧，争目壮士，似悯其困。而群樵中有年鬓最老者屡目之，忽失声曰：“吾少主人乃在此耶，吾不病盲，胡乃不识？”壮士愕顾，既乃忆此老樵之容，则亦哽咽不能语。老樵请曰：“少主人沦落至此，团焦非远，可以少具杯酌。”壮士诺之，荷枪起往。渐近荜门，而风腊之香，已因风迓客。壮士笑曰：“吾旧人似小封矣。”门启，一中年妇人，出而应客，则樵媪也，悉为旧主人，趋承益恭。壮士置囊门次，植古枪于其旁，似为之卫。盘餐已具，多山肴，且佐以果实。壮士既饱，而天亦曛黑，老樵曰：“奴子村居，视日光为起息，殊无灯烛，兹少主人来，请假之邻家。”壮士曰：“军人野宿，恒恃月为灯耳，乃畏黑乎？”灯具，老樵请陈所遇，壮士曰：“语长当以明日告尔，吾倦欲眠矣。”老樵就地陈草荐曰：“赤贫莫具茵席，郎主当见宥也。”壮士曰：“余百战余生，宁羡温暖？”老樵尚思觅语以消长夜，逡巡间，壮士鼾声作矣。迟明樵起，壮士已渺，案上留笺曰：“吾亲爱之老奴，尔少主人于兹世为畸零人矣。方尔就佣吾家，忆否邻家有一少年，又一妙龄女郎，日夕过从为乐，余亦醉其殊色，顾学堂中诸年少，亦争媚女郎。群雄恋雌，女郎乃迷离无所决择。吾与邻家少年阴约，同入联队，以五载归，听女自择，既不损朋友之交，亦足定其平生之香福。于是投身尺籍，累与敌战，创重几死，幸得上校。而五年之期，瞬息已届，乞假旋里，乃一抵里门，则女郎嫁矣。此同行之人，实逃伍潜归，与女郎结婚，寒盟背信，吾怒数其罪，与之角力，尔方谓少主人绿鬓朱颜，又安知其孔武有力？此少年竟受巨创，女家愬之警署，将捕余。余逃而糇竭枪坏，至不可行猎，馁困且踣，得尔拯我，感且不朽，再世或为奴以报尔矣。今当续治前业，一枪一马，杀人屠城耳，国家多故，吾即以余生许国。壮士无家而有国，于理衷也。晨来不顾相见，恐言不成声，故以笔代舌，吾此时已抵队中，复前职矣。尔若念我，速赴西南十一联队，当予校弁，苏行樵之劳，可与老妻决之。军队遄发，迟即无及。暇时为问老主人无恙。”下署“尔亲爱之人，无家庭者”。樵家读罢，老泪被颊矣。

（《小说月报》1918 年第 9 卷第 5 期）

中国近现代稀见史料丛刊【第三辑】

张剑 徐雁平 彭国忠 主编

赵尊岳集（贰）

赵尊岳 著

陈水云 黎晓莲 整理

凤凰出版社

游

纪

欧游述旧

上

五十年前中国人心目中之西洋

中外海通，历时已久，约略述之，可分为八种时期。汉唐以来，述职称贡，重译以朝，此一时期也。明季南淮仁利玛窦等来治律吕天算之学，中国虽不重其治道，而尚其学术，此又一时期也。荷兰葡萄牙之属，就粤经商，至于道光，遵我政教而谋我利权，此又一时期也。鸦片之战，中英失和，卒至败衄，于是知西国之未可漠视，虽鄙其政教而已慑其声威，此又一时期也。洪羊之役，戈登来佐军事，借材异国，大著成效，此又一时期也。传教之士，日来日多，中西互市，亦日以繁盛，同治年间，遂有派公使派学生之举，是已以平等之仪式，怀柔远人，此又一时期也。光绪中叶，人言改革尚新政，一切多取式于西洋，此又一时期也。逊清末叶，以至今兹，中国已涉于国际之林，亦以智识学问之日进，而折冲尊俎，周旋坛坫，已与各国相进退，不复更有前此尊攘之观念，横亘于心目，此盖又一时期也。

国人越海图远，史不绝书，至于南洋群岛，多为我先人之所经营，辟榛斩棘，班班可考，惟载籍容有不能尽详者，若前述之八大时期，则每一时期中咸有传书，足以代表该一时期间中国对于西洋之观察。道咸以前，诸书以越世较远，所述或不尽相吻合，且所述西洋之政教风俗，亦多与现兹相去过远，非治史学考古之人，或不乐卒读其书，故今所举者，以距今五十年前之著作，用示标准焉。

且也五十年来，西洋之物质文明，其进步固一日而千里，然政教风俗，至今尚未盛变。虽复移步而换形，然无当于今古之别，故今兹举五十年以前，盖使读者得以目前之所知所识，举相援证，或因微而见著，或叹其智识之未充，而以为夏虫之不可以语冰乎。

至我国之对西洋，以历史上之沿革判之，固可分为八种时期，然简言之以为归纳，亦可谓为仅有二大时期，一则前此物质信使，虽相往还，然辄以天朝自居，贬西洋于化外；一则即今兹平等相互之原则，以奉盟于敦盘之际。然此二大时期之转移，亦即五十年前，故今之举五十年前之观察谈，亦正以使读者知在此过渡时期之鸟瞰也。

所谓过渡时期者，盖物质上已倾倒西洋，极其能事，欲资借鉴，以攻错于他山，在精神上则一方仍不能脱去我国固有传统之观念，礼教政俗，在在以西洋为可骇可怪，在事实上以起居习尚之不同，而辄不能不生其歧异之观念。所谓歧异之观念，要别之亦可分为两端，盖于物质则步趋惟恐或后，于风俗则又趑趄，终相疑怯，然以倾倒西洋物质之过度，又激起一班人攘夷之思矣。

五十年前，国内通西洋文字者，固不多覯，其派遣使臣，不过就国内知名循吏，使持节域外，官书载籍，备尽政闻，而私人纪述，则殊不多，有之，多出诸随节之士，然通西洋文字者，仍复不多，盖其时或主效法或主攘夷为两派。国人昧于国际之观念，多数人尚目治西学者为汉奸，大臣学者，薄此不为，而治此者遂或勿精国学，徒资舌人之需而已。仅我先人之赴南洋群岛者，能率以所经历者笔而传之其人，则有裨于舆地历史之学者，何可胜言耶。

夫以五十年前，作游纪作政教风俗观察谈者，其人初非能通西洋之文字，亦更不谙西洋社会之组织，又不知西洋之历史，以形成此种社会之组织，故但得就耳闻目击者以立言，且其立言之本，又正以尚在过渡时期，故不能不以中国式之目光，为评定之张本。盖现今西洋化已差满于中国，而当时之立言者，固尚欲以中国化化西洋，列举同异，以为是非之论。殆至今日，事过情迁，相习毋异，当日是非之迹象已泯，而回顾其时代，以诵其陈言，亦正足见其时观感之所系属，既足为外交史之一助，亦可以研究心理之嬗变于五十年间。以后视今，亦犹今之视昔，则现兹吾侪论列所及者，再过五十年，俾后人读之，或亦将加以赞叹，如今日读前人之著作否耶，容质之其人。

五十年前，游记论事之书涉及西洋者，不克备举（愚搜罗甚多，当陆续综核而列举之，俾爱治此道者，有所问津），大抵记事实及方舆者居多，论政体及治道者较少，陈风俗及起居者更罕。盖游踪所至，排日掇录，事实考察，各具其详，故著者较夥。政体治道，尚有西洋之载籍可按，但须细心研读，故为之者略少。若风俗起居，则须随时体会，既未有专籍之可稽，又不能执途人而穷诘，故著者绝少。然觇政教者，必自风俗始，故余今所摭陈者，亦先其风俗起居之一篇，略加按语，读者试览下文，有不为之辗然而解颐乎？

（钱塘袁祖志所撰《涉洋管见》之一章）

今之规时世以立说者，鲜不抑中土而崇泰西（按，此为当时一部分人之心理），几欲事事取法，不惜舍己从人，抑知事有足取者，有不足取者，有极足法者，亦有极不足法者。其较胜中土之事，人尽能知，姑不具论，（按，作者不免有尊攘之见，又痛心于一班洋迷者流，故特为立异之论）特举其远不逮中土者，以彰优劣，以考得失焉。以天时论，中土四时咸备，气候均调，泰西则寒暑不时，冬夏乱序。（按，此真过激之论，令人可发一噱）有自古迄今，霜雪不降之地，亦即有常年积雪不消之处，有雨水极多，或日日淋漓，或时雨时止之处，亦即有雨水不降，或三年一雨，五年一雨，或十数年一雨之地。（按，寒热带之气候，以之引咎西洋，可哂）其地大率不毛，有入冬多雾之处，或觌面彼此不睹，行则扬声，以防相撞，止则不得其门，往往误扣柴扉，故英人有避雾之举，亦犹夏日避暑者然。（按，此指英伦言）至历数虽亦考求，计日而不计月，以致月之盈亏，毫无定准。（按，此指阳历言）以地理论，中土江海拱环，湖山秀丽，泰西则越海数重，凭洋万派，或偏在一州之地，而绝少人踪，或空距万里之区，而大烦人力。（按，此指非洲与美洲言）或壤地偏小，强敌比邻；（按，此指巴尔干半岛言）或属地迢遥，越国鄙远；（按，此指英法之属地言）安宁难期久远，争战实属堪虞。以人事论，中土重伦常，尚仁义，泰西则子不养父，臣玩其君，妻贵于夫，三纲沦矣。因夫妇之道不修，故婚姻之礼垂废，女年二十有一，便纵其任意择夫，尽有屡择方配之人。（按，初闻自由结婚之说者，宜其有此解说，然亦陋矣）不以先奸后娶为耻，青年碧玉，到处求雄，皓首孤孀，尽堪招偶，风俗之坏，一至于此。较之墨子不入之朝歌，曾子回车之胜母，殆又甚焉。此三大端也，若以字纸拭粪秽，以上巾拭下体，犹其小者。其他以言乎礼乐，则天子之居，与齐民等，不过规模略大，而无森严堂陛之象，君主之容，与君后之象，一任市肆悬以待沽，民间作为玩具，尊卑之分泯矣。（按，以我国数千年严于天泽者，骤观之自觉其不伦）八音但有金丝革木，而无石竹匏土，律吕之调难矣。以言乎服御，则除土耳其一国，被服离奇外，其余各国相同，毫无分别，卑尊一式，贵贱难分。夏无纱葛之适体，冬鲜裘絮之章身，但有车马之劳，而无篮舆之适。妇女裙长七尺，徒扫垢尘。（按，当时西俗如此）帐围高悬一丈，难拒蚊蚋。（按，西帐诚复如此）以言乎饮食，则无分冬夏，均啜冷水凉醪，不解烹炮，但识牛脂羊肋，传飧无几，徒劳器具之繁，式食庶其，不胜仆从之瘁，羹汤绝少，珍错全无。以言乎政治，则暴征苛敛，亘古罕闻，竟有按照物价所值，如数输纳。（按，此指奢侈者言）查得偷漏，则递加十倍百倍，以示惩罚。或有地税，或有丁税，或有身税，（按，此并指殖民地之税则）或有屋税，或有招牌税，取之不厌，民何以堪？又复尊尚异教，任其横行，（按，此指耶教言，殊不知教士在其本国，并无横行之余地，此亦感于当时教案之烦，激而出此论也）竭民脂膏，启造礼拜堂，以有用之钱，置之无用之地。至律不载惩奸之条，（按，西律何尝不载）尤为可笑。此外倒置失宜者，图圄之反为天堂也，（按，西人狱政之良，乃转为所议，奇矣）居大不易者，食用之贵如珍宝也，五伦不修而五谷不备也，百药不详，（按，作者何尝能详西药）而百草无香也，（按此说尤奇且陋）由此类推，更仆难数。惟上下一心，戎卒百练，器械精良，道路整洁，自属差强人意。（按，此正可资师法处，乃仅云差强人意，不免违心之论）以余所取，别有二端，一则朝廷不用极刑，深合古圣王不忍之心；一则民间绝少殴詈之事，所谓孔子家儿不知怒，曾子家儿不知骂者，邈矣此风，不期于海外遇之也。（按，此亦未必尽然）

泰西风俗，与中土较之，有从同者，有略异者，相去数万里之遥，原不足怪，乃竟有大相反背者，约略举之。如中土尚左，泰西尚右；中土男贵于女，泰西则女重于男；中土男子可纳妾媵，泰西则女子可以改适，而男子不得兼妻妾，君主亦然；中土男女婚嫁，悉听父母之命，媒妁之言，泰西则自二十一岁为始，男女自主之；中土重门洞开，四窗八达，泰西则自户必闭，有门必掩；（按，此指居宅之门）中土每值坐飧，必宽礼服为适意，泰西则必整礼服，乃可入餐；中土服劳奉养，妾妇之道，泰西则执役指挥，夫男听命；中土男正位乎外，女正位乎内，内言不出于阃，故妇女以谨守户庭为美德，泰西则妇女专务出游，裙钗遍于街市，夫男不得禁其出户；中土男女授受不亲，泰西则男女握手为敬；中土以唇吻相承为狎谍，泰西则以口吻偎亲为敬礼；中土以字纸为最重，劝人敬惜，泰西以字纸为最轻，用拭大便；中土戒饮凉水，以防泄泻，泰西务饮凉水，以为除热；中土酒必温饮，泰西则皆冷饮；中土进食，肴馔居前，羹汤居后，泰西则先之以汤，继之以馔；中土贵山珍海错而贱鱼肉，泰西则崇尚鱼肉，而不用珍错；中土戒食耕牛，泰西则专食其肉，以马代耕；中土妇女，衣必蔽体，最耻袒露，泰西妇女则上露胸臂，下袭一裳；中土男女，不同枷椸，泰西则澡厕相共;中土醴面之器,不以濯足,泰西则同兹一器;中土食则不言,多言为人所笑,泰西食时必言,不言则疑为有疾;中土銮舆不轻出宫,出必警跸,泰西则君民服御不分,时时轻车入市;中土讼师,例有明禁,泰西则状师极尊,讼必索费,明目张胆,权几于官;中土囹圄极苦,坐卧不安,泰西则狱犴极佳,胜于家室;中土非有重罪,不得戮尸,泰西则因病致死,多付解剖;中土身无长物,乃为乞丐,泰西则必持一物,乃以乞钱;(**按,即燃自来火刷鞋等**)中土年少者不蓄须髯,必壮盛乃不剃除,泰西则少年即留须髯,至壮盛乃反芟剃;(**按,老者不须,亦西国一种风气**)中土妇女无须髯,泰西则妇女恒鬑鬑满面;中土以整冠为敬,脱帽为不恭,泰西以脱帽为敬,整冠为不恭;中土人以手代算,屈指计数,泰西则以伸指计数;中土以刀削物,其刃必向外,泰西之削物,其刃必向内;中土主人宴客,礼居末座,泰西则主居首位,待客反次之,其他以次而降;中土主人宴客,主妇深居避面,不与客晤,泰西则主人宴客,必主妇出陪,且须挟上客之手,把臂入席,及离席时亦然;中土主客相晤,未序寒暄,先扣姓氏籍里,泰西则尽管交谈,不通姓氏,或因话谈契合,乃互以名刺相易;中土师教尚严,威以夏楚,泰西则专尚宽,师弟不啻友朋,从无疾言遽色;(**按,中土师道,又何独不然,夏楚亦仅为蒙稚而设,即德国早年亦未废体罚也**)中土少年子弟,最忌嬉游,泰西则令其征逐,放学之期甚宽;中土层楼,以极上为尊,泰西则以极高为贱,凡四五层以上者,皆婢仆所居;中土妇女之发,取其光泽纯熟,色则重黑,泰西则取其卷曲,取其披蔽,色则尚黄;中土妇女指爪以尖长为贵,泰西则务剪取其指甲,以如椎为佳;中土凶礼乃尚白,吉礼则尚红;泰西则吉礼反尚白,而凶礼专尚黑;中土既餐,乃拭手面,泰西则未餐先拭手面;中土以元色为贱服,为素服,泰西则以玄色为贵服,为吉服;中土妇人被人平视品论,以为耻辱,泰西则不妨审视端详,以为荣幸;中土朝廷,务以薄赋轻征为贵,泰西则不以为嫌;(**按,此其不习西洋邦计者之论）中土殷实之户，库藏务侈丰盈，泰西则富厚人家，银钱尽寄他所；中土妇女以袒裸为嫌，男子则否，泰西则男子以袒裸为嫌，妇女则否；由此类推，何可胜数，所最可骇者，中土父慈子孝，谊笃天伦，泰西则父不恤其子，子不养其父，既冠而往，视同路人；中土女慕贞洁，妇重节操，泰西防婣未具。噫嘻！风俗之相反，至于如此，其极亦乌足以图存也耶！

凡上所言，除有不尽然者外，事实正属相同，然老子有言："名可名，非常名，道可道，非常道。"西洋之道，因与中土之道不同，然亦自有其道在，秉其道以图其自存，又何尝不可以存。以今视昔，读者之观念不同，自无复相歧相仇，至于如此，不待识者而知之矣。

然而作者虽鄙薄当时西洋之政教，如是其力然，于西洋之事功，又未尝不加以崇拜，则所谓过渡时代之观察，于物质则步趋惟恐或后，于礼俗则趦趄终相疑怯之说也，今举作者所述苏彝士河一节，以证之可知矣。

苏彝士河，亦名苏爱斯，亦名新开河，地当亚细亚阿非利加相联属处，属埃及国。法人勒色布斯创凿为河以通舟楫，谓自亚细亚至欧罗巴，可省水程二万余里，此二万余里中即轮舟捷速，亦须历二十余日，乃可由彼达此。既有此河，不过两日之期，风涛可免，石炭可省，厥功实无纪极。闻其经费之浩大，虽中有两湖（一为延莫萨湖，一为盐湖），因势利导，然已耗金钱数百余万矣。又闻当河之未开也，滨河一带，往往十余年不得一雨，河成后，雨水稍多，惟河道甚狭，仅容一舟，有来舟相遇时，须于宽处暂停以让，故闻英国现有另为浚治之议。河水深三丈，虽极重之舟，亦可行驶，惟河中定章，不得任意趱行，务当缓缓展轮，以免水势激荡，致损河岸，故虽三百余里，必两日乃得出口。至其修捞河道之工，则固常年不能间断，惟恐淤浅至碍。按此河之工役，为法人首创，以其地属埃及，遂乃两国共主之，继以英人大助经费，遂又三国共主之。今则取道此河者，每吨货须纳洋银二元，每客亦纳二元，以助经费。其款隐加于船货价中，是收利之溥，又未可限量，然则观于此河，固不得不服其谋深虑远，有志竟成焉。

新开河成而钵碎驿兴，缘舟楫往来，必须停泊于此故也。其地本属沙漠，既无草木，遂无居人。今则日易状而月改观，百货云屯，俨成市肆，舟中所需石炭之属，屯积陆岸，为数尤不可胜计。海次煤舟罗列成行，盖去此南则须抵亚丁，北则须抵意大利之拏波利，方有码头。迢迢九千余里，中恃此作接济，视为要隘焉。夫以沙漠无人烟之境，不数年间，竟聚集人民至万余之多，虽曰利之所在，人争趋之，然不有人力，地利何有，故履其地者，莫不唏嘘慨叹，而归美于凿河者之厥功殊伟云。

其所述苏彝士河，虽非专门学者，不能详其工程，然于其事功之有益，则推倒备至，亦不以化外相菲薄，然此犹但就事功言之也。今试再举其所述鱼业博览会一节，足知于西洋劝工惠商之道，亦殊点首称是焉。

光绪九年，即耶稣降生一千八百八十三年夏五月，英国举行赛鱼大会，罗致中外国江湖河海所产之鱼及一切鱼具，萃于一区，纵其人民及他国之人民，旷观博览，以资考究，觉当年鲁桓公矢鱼于棠，陈鱼而观，断无此盛，诚创举也。会所纵横约数十亩，建屋高深宏敞，迤逦联属。一国之物，区分一处，各从其国，张悬旗帜，逐物标名，秩然不紊，来观者先于门外各输银元二角五分，掣给寸纸，持行无阻。其中之鱼，巨如吞舟，小如针芥，罔不咸备。凡宜蓄养者，或作沟池，或设盆盎，或以琉璃如墙壁，注水其中，分别种类，排列蓄之，任其所以游泳。俾人平视，水能自注自泻，去浊益清，洵称奇制。其不宜蓄养者，或涂以药物，俾其不馁不腐，巨则矗立俎上，细则悬挂屏间，抑或浸以药水，置于琉璃器中，鳞甲俱全，与生者无异。又或剔去鳞肉，仅存骨殖，必全必合，令人审察。又或去其鳞骨，置为干腊，置器分售，令人品尝。更以土若蜡抟，肖各种形质，杂列其中，真伪莫辨，乃复描绘为图若影，张诸壁间檐下，穷形尽相，不失纤毫。非惟鱼也，从其类而推之，如鼋如鳖，如蛇如虾，如蟹如蛤如螺。一类可数十种，或数百种，极之数千种，纷纭复杂，目为之眩，即以鱼为食之鸟若兽，千百其群，多有不识名者，亦莫不罗列其中，并肖其食鱼之状焉。渔具则网罟之属，不知凡几，钓竿之属，不知凡几，罾断之属，不知凡几，叉索之属，不知凡几。盖一国且不止千百其式，合之数十国，自未可以缕指数，况又推及于雨笠烟簑之属，巨筏小艇之俦，一一具陈，何堪限量，在观者以为美矣备矣，蔑以加矣，而当事者犹以为未也。则又取夫湖海巨浸捕鱼之状，河港细流取鱼之形，或范以泥，或图以纸，务极其能事以形容之，而渔翁渔妇老妻稚子之状貌，又毕现矣。噫！以鱼而论，天壤间一微物耳，以渔而论，人事中一末业耳，然充其类至于如此之盛。设取寰宇一巨物与夫人生一大业，以业聚而矜张之，更不知其若何美观，若何资益焉。闻是会也，当事者颇获其利，且以半载为期，而今甫三阅月，是其会事方兴未艾，正不仅利万民之观瞻，资学者之考究而已也。惟中土之产与具，仅集潮阳一郡者，非惟他省未备，即粤省亦皆不备，西人且以为其中大有可取，余则深惜无足动观云。

至于舟车之利，有轮船，有火车，国人初得获乘，自惊为事功之最巨者，袁氏亦有纪载及之。

自拏波利之至巴利，计程四千五百余里，行才五日之期，有朝发而夕至者，有朝发而不及夕至者。沿途往往洞穿山腹而过，如长蛇之蜿蜒入窟者，一日之间，历十数洞，或数十洞不等，有深至三十里者。时或仰视，山顶铁道横空，俨同蜀栈，御者曰：此峨峨者,吾行将履焉。未几俯视山腰,车轨依稀,如坠涧底,御者又曰:彼迢迢者,吾车仍将度焉。乃悟此车盘旋于万山中,倏致人于青云之上,倏至人于沉渊之下,而人坐于车中,不自知焉。至涧断处,两山相去,或数丈,或数十丈,则以铁桥联属之。车行其上,如万马奔腾,疾趋而过。斯时俯首下方,万仞深潭,令人不寒而栗。及径绝处,乃凿石以通之,其始凿也,山之腹,若干人,山之背,若干人,同日工作,计日而成,何日何时,当两相遇,独能克期先以示人。及其竣事,不差毫厘,其测算之精也如此。噫嘻!吾不异夫山径之奇险,与夫车道之曲折,独异夫若而人者,任事之力何其锐,而计事之期又何其审。抑闻当小道未开,火车未行时,此数千里中,人踪绝少,地亦荒芜不治。今则禾黍盈畴,桑麻遍野,村居屋舍,络绎不绝,而人民之循此车道,以图食者,盖又不可胜计。然则工虽费,用虽繁,而获益之处,固茫茫然其无津涯,亦绵绵兮其无穷期。彼拘守绳墨不期远大者,正未可同年而语耳。

观于纪鱼业会及铁路之二文,则知作者,虽墨于我国之礼教,而其向往西洋物质之文明,正复情见乎词,且又颂其人任事之锐,计事之审,取资师法,意在言表。则由论礼俗之文章言之,作者固似患其迂拘,而论以事功之文章言之,作者正亦惟新孟晋,此正足以代表过渡时代之思潮者矣。

(《旅行杂志》1931 年第 5 卷第 5 期)

中

前文所纪,为袁氏私家之撰述,曰《涉洋管见》,盖详于观察,好以己意相品第者也。袁氏西游,在光绪八九年间,实则派遣公使,海通弛禁,远在同光之间矣。最初持节为郭嵩涛,嵩涛字芸仙,湖南湘乡人,明白持正,论事有远器,识大体,其传略已尽详之,治史者可按索,不劳赘陈也。郭氏所著有《使西纪程》,则以皇华行人之官,所言又视袁氏为胜,且时在光绪二年,又视袁氏为早。兹特掇其一二,以为欧胜述旧之资料,且足略见当日外交仪节之概况焉。

> 光绪二年十月二十日,过广东境,汕头、揭石数百里间,山势绵亘相属。有英国铁甲兵船尾追而至,船主云:"水师提督赖德船也"。我船升旗,来船见亦升旗,我船随下旗,来船渐趋而近,并行相距可十余丈。来船之人皆升桅,舟中作乐,我船复升旗,来船横掠船首而过,我船停轮候之,遂扬帆驶去。因讯船主:"升旗何也?"曰:"所以告也。""彼亦升旗何也?"曰:"报也,犹云公使在船,谨已知矣。""下旗何也?"曰:"既告则可以下矣。""彼船人升桅而立,何也?"曰:"示敬也,犹之列队也,升桅而后,可以示远乐,所以作军乐也,以为列队之节也。""掠船首而过何也?"曰:"趋而迎也,停轮者,以示让也。"彬彬然见礼让之行焉,足知彼土富强之基之非苟然也。

以上纪公使乘船之礼节,而结论以礼让之行,为彼邦富强之本。至对于英人之灭印度,不必尽借兵戎之力,而商战亦足以为开疆拓土之资,则又三致意焉,有文纪之。

> 十一月初四日,晨刻过船,船务监督放船来迎,炮台申炮十五,所以待头等公使也。至按察使寓处,总督派中军来此迎候,并陪游近地佛寺及按察司狱。抵一寺,问其寺名,曰:"瓦路喀拉马。"问其何义,曰:"谓此沙地僧人建寺耳。"至此行游半日,不见一中国人矣。土司指示一楼房曰:"此故王宫也,近已鬻之商人。"问:"王宫何为出鬻?"曰:"以贫故耳。""何以与民居错杂?"曰:"英官管辖此地,其王无权,寄寓而已。"问:"其王安在?"曰:"不知所往。"西洋之开辟藩部,意在坐收其利,一切以智力经营,囊括席卷,而不必覆人之宗,以灭其国,故无专以兵力取者,此实前古未有之局也。

又涉于海事船务，亦历纪其事，而旌其能曰：

西洋各国，有商部大臣，有船政学馆，学既成，商部试之，得高等乃令充当船主，其次分司各职事，皆有等第，以次列试之，或至再三。造船之家，无敢私请船主，凡船出海，商部大臣视其所载之货，所坐之人，不至逾量否，逾则禁制之，违者罚。凡造船商部大臣亦视其工程坚固与所用之木材良楛何如，必皆如式而后定其行海年限，或十年，或二十年，不如式者，禁不得行，违者罚。所募水手，所带食米必足数，以船身丈尺，定人数多寡，不如数者，禁不得行。海人日给粮食，皆有定式，否则罚。船主出海，则船人赏罚，皆假以行，一切听命，而日记其所行于册，其有辨争，商部大臣据其所记处分之。西洋以行商为制国之本，其经理商政，整齐严肃，条理秩然，即在中国往来船主，皆能举其职，所以能致富强，非无本也。

按，此则郭氏于西洋富强之道，靡不率心留意，而能知经营商业，为富强之本。在五十年前，已复言之成理，则真所谓留意经世，灼有见地者矣。独惜其时中朝士大夫尚狃于积习，而昧于斯道，或至诋諆鄙夷郭氏认为汉奸者，比比有之，则亦知积重之难返，而其时国运之未易言富言强矣，可胜慨哉。

又歆言西人之上下一心者，如所纪毕尔林岛事。

十一月十三日午正，行七百九十二里，在赤道北十一度二十六分，其地当属阿拉伯，马格里言："红海外英国属岛名苏克得拉，距亚丁一千五百里，计程距此二百余里，海道广阔，不能望见。"又言入红海三百五十四里，有岛曰毕尔林，法使有至亚丁者，言其国人寻得此岛，犹荒土也。方谋据其地开垦，亚丁以闻于孟买总督，驰檄所部将，领兵十余，夤夜至其地树旗，逾两日，法使见英国旗帜，废然而返，英人谋国之利，上下一心，宜其沛然以兴也。

郭侍郎之西行也，同行者为副使番禺刘锡鸿及黎莼斋庶昌，德在初明，凤夔九仪，洋员马清臣格里（按是时外臣多为加号，实西例所无，积习相沿，久而未废，如日本阪西将军之字远候，美国尚贤堂教李佳白之字启东等，现兹渐少矣。马格里其姓氏，而清臣其字也），刘鹤伯孚翊，张听帆斯栒，姚彦嘉岳望，及武弁七人。侍郎既有使西之作，副使亦有英轺纪程，今其书不易物色矣。刘纪偏重事实，虽于邦计大端，亦多论列，然今所采择，则以述欧游之旧，多取其事实焉。

以下为刘副使第一日抵岸之日记：

> 初七夜，舟出比士吉儿东，申正，遥见红灯闪烁，则卫拉司之西南界地名斯大达盘者也，距骚士庵墩二十里，天大雾，迷于所往，船遂搁浅，倒退十数里，乃利于行。所过处水静波平，澄明一碧，与两岸画楼相掩映，风景有若湖荡，午初有自伦敦来者，告以馆舍既定，毗鲁领事官计罗穆与本地税务司亦来见。未初抵骚士庵墩，计自直布罗陀至此三千四百五十三里，船未泊定，官绅士女，接踵而来，看中国使者，申正登岸，乘六马大车，行约数里间，将马脱去，衔火车前进，电驰风驰，仅及一时，已竟二百七十余里。既至伦敦，换马车赴波儿克伦伯里斯第四十五号房屋，即金登干代赁之舍馆也。业主系苏格兰人伯爵，月租金钱一百十二镑，房三层。卸车时已戌刻矣，告假回籍之天津税务司屠迈伦来，款接移时，乃晚膳。

按中国之通西事，最初由于海关，既则综其事于总理各国事务衙门，而一切多尚借材于关员，赫德其最也，故使臣持节海外，茫然不知，先多以海关人员为计议其事焉。

其纪伦敦之市衢，有简要之词云：

> 伦敦街道，两旁白石平垫，通男女往来，中则砂土碎石筑成，车马所经也，道之广者可七八车并驰，狭者亦可四五车，皆洁净无少垢秽。民居官署，规模不甚悬异，结构类皆四层，并入地者

计之则五(各屋皆有地室,以储煤),白石为墙为柱,铸铁为护栅为阑干,环于门外,其内糊壁以花饰,铺地以细毡,嵌窗以玻璃,估市则临街大玻璃槅,货物咸鉴澈于外,惟教堂银行客居电局医院,制度独闳,每游骋道上观之,左右房舍,峻洁华整,数百街如一式,问其房价,动须数十万,可以知其富足矣。数街辄有广囿一区,荫以杂树,有池沼而无庭台楼榭,沿路置长铁几,以便游者憩息,地由官家建置,百姓男女均往焉,盖以其人所居层楼叠阁,无呼吸通天处(居民估肆,皆无空院),虑以气郁生疾疫,故特辟此囿,俾民人闲暇散步舒怀,以畅其气,重育民也。每夜九点钟前,市肆犹烘闹,男女络绎途间,路灯皆煤气为之。

其纪递国书之仪节,亦甚详备云:

二十四日,外部来信,订期明日两钟三刻于白金罕宫递国书,副使可以同见。盖其国君已自阿思本矣,白金罕华言卜静也。戌初,正使遣德明、马格里往见威妥玛,讯问进见礼节,答以不知。廿五日早又往讯内务大臣席木尔,亦含糊以对,盖将以试我也。要之《星轺指掌》,载有三鞠躬明文,志刚、孙家谷、崇厚三星使前经行之各国,亦一律无可增减者,使其明言无他,岂不更见诚直。白金罕宫白石为城门,亦巍然宫阙也。门外绕以铁栅,门内大院落,宽广约数百步,楼阁延亘两旁,过此为园囿,约里许为内宫门。是日两钟一刻,正使与余同往,至内宫门下车,德明、马格里相随,守门军官,顶盔被金花红短衣者前导入,升阶三重,至一堂,金绣眩目,其外部总理大臣德尔秘,掌玺大臣坚尔戡士,内务大臣席木尔,及威妥玛、禧在明、优雅芝咸在焉。钟三刻,堂之前玻璃槅扇开,德尔秘等三人先入,少顷复出,导使臣入,下阶一重,循回阑,至一小室。国主黑衣裙,披盖顶白花线织通巾,当户立。其公主曰皮阿太里姒者,侍于后,余人皆旁侍。使臣入户鞠躬,国主亦鞠躬,凡三鞠躬,至其前,德明授国书于正使,正使两手敬捧之，宣读其所撰词毕，马格里复以英语诵之，亦毕。正使递书，国主受之，转授德尔秘，谓使臣曰："两公远来通好，以后当永和睦。"咸答曰："是。"又问："中国大皇帝安好?"答曰："大皇帝安。"又言："既受大皇帝书，必有覆书，交两公带回。"曰："是。"遂鞠躬退，威妥玛送出，又至一大堂以坐，观其所陈玩器乃归。国主即威廉第四之兄女维多利亚，在位三十九年，今年五十八岁，面肥泽，有严毅气。西人以黑为素服，今服黑为其故夫博雅那持终身服也。博雅那者，日耳曼沙河堡侯之子，死已十余年，国主筑台于囿，铸金像之位于台，与宫相对。台下凿石，为诸名臣，环台四隅立四石，凿肖四大洲人畜，大皆等身，日前尝往观焉(按，是时英为女主维多利亚)。

雅片之害，厥以英国为策源，其时已有与英商禁雅片之事，特未能率就范围耳，折冲尊俎，屡见当时使节之函电，其时朝廷少有新气象，议禁甚力，虽未能著成效，然进行固迄未已也，刘记有一节云：

同年生桂皓庭孝廉，以同乡唐德峻诸公呈请禁烟状及英人牧师丹拏所刻禁烟论，函寄请到英后酌办，匆匆尚未暇筹及。岁除日，牛津掌教李格来谒，谈及雅片事，谓英国号称仁义，此则不仁不义，故绅士共立一会，欲除其害，使者可于上议院侃侃陈说，请断雅片根源，勿少畏怯，国人必协力相助等语。李格游吾粤三十余年，能为粤语，兹以英文翻译四子书及《诗》《书》两经已成，思以变易其俗，未审能无误否。禁雅片事，闻会绅业已集众，撰为说帖，公举首领，约期到寓面商办理。

蜡人馆欧洲盛行之，一方固以提倡美术之创造，一方亦正以使国人坚敌忾之心，寓观摩之意。在逊清末叶，教科书中时有将薛福成巴黎观油画一文采入课本者，童时常习诵其书，然所载多普法战役之事，而绝少及于东亚之情况。不图英伦蜡人院乃有我林文忠公像之建置，足知英国对于鸦片战役之注意矣，兹录其游记中之一节云：

光绪三年正月元旦，东向恭拜圣牌行三跪九叩首礼，午后与正使及参赞各员观于蜡人馆，入门右首，则林文忠公则徐像也。馆凡三层，前两层摹其历代贤王及列国名人，后一层为罪人像，皆酷肖，混诸生人中，不可辨别。文忠前有小案，摊书一卷，为禁雅片条约，上华文，下英文。夫文忠办禁烟事，几窘英人，然而彼固重之者，为其忠正勇毅，不以苟且图息肩也，可谓知所敬矣。（下略）

又其时英国报纸，殊已发达，星轺所至，摄影随之，其纪报纸事有云：

伦敦新闻纸，将正使与余状貌书刻传示，而缀议论于其后，如中国所谓跋文者然。十二日，马格里以华言译之，其文扬诩正使学问履历，甚至谓余学虽优，不如正使，故文翰不足以入词林，而武略则独擅，胆气尤大，亦肯办事，在中国曾充大统领，与捻匪战，治军严整，为贼所畏，且亦曾与英军对仗。今其来使，英人不惟不以此恨之，益深敬之。前到摩儿大岛，总督与之欢饮，惜该督未知其为畴昔之敌人耳，如知之，礼必倍加，为其能尽厥职也。今两使者出门，百姓夹道欢呼，男摘冠，女摇巾以为礼，可知英人一意敬爱贤能，不分疆界。

又其时已有派遣陆军赴西洋实习者矣，有记云：

直督李相遣游击卞长胜、守备王得胜、军功朱耀采赴德国斯邦达地方军营学习兵法洋语，以其国武弁李迈协向导之，卞长胜等寄言到营后，被其人凌虐，因令德明往查。

二十八、三十两日，英国主再接见于白金罕宫。如前仪，其文武初觐见者，至前屈一膝，国主握其手，臣则俯而嗅其手，有以劳绩赏宝星者，侍臣拔剑进，国主授焉，倚诸肩。德明之于役德国也，查明卞长胜官高自大，不甘受洋人约束，又与先赴斯邦达陆营学习之守备袁雨春、军功查连标、刘芳圃、杨德明等四人不相能，故李迈协恶之，并王德胜、朱耀采均逐往博鸿厂学习木工、铁工、绘图、照相之事。德明知所学非遣者意，而陆营又不能复入，遂与总兵巴兰达商改令学习水师，巴兰达嘱其往见兵部尚书戛美开、水师总管石多士面议，既允约，遂回英禀请核行。二月初一日到伦敦，据称曾在斯邦达营看查连标等操演，系先练脚步体力及跳墙登山缘木等技，次练击刺法，两人各披戴铁铠甲，举矛相刺，以杨德明所学为最优。

夫中国之有陆军留学生，始于光绪元二年（按此书系光绪三年事，已到德有年余矣），其后日盛一日。渐而中国亦有改革陆军新制之议，远绍德国，近学日本，萧规曹随，惟恐失之，至今已逾五十年。然其成效，初不能措国家于富强之境，不过为国家损饷糈之资。言之慨然，则李合肥当日之派遣留德学生，固不得不谓之善因，而不料乃卒成兹恶果也。又据其所纪留学者不过数人，然已不免于妄自尊大，党同伐异。夫留学者原以借鉴于他山，而其时所选拔者，又必为出类拔萃之人，乃仍不能免于此，以视日本之留学欧洲者，又为何如。即至今日，世已沧桑，而留学者或仍有不免袭五十年前之故智者，其勉旃哉。

至其述英国之风俗，虽多溢美之词，自有传信之处，足为我国之针砭，大书特书，其用心可为甚至矣，为移录其一节云：

到伦敦两月，细察其政俗，惟父子之亲，男女之别，多未之讲，此外则无闲官，无游民，无上下隔阂之情，无残暴不仁之政，无虚文相应之事，宰相而下，各署皆总办一人，帮办四人，司事数人不等。每日自早至晚，皆勤其职，庶僚固奔走维烦，即国相曹长，亦五官并用，有应接不暇之状，是谓无闲官。士农工商，各出心计，以惮力于所业，贫而无业者驱之以就苦工，通国无赌馆烟寮，暇则赛船赛马赌拳赌跳，以寓练兵之意，是谓无游民。各举议院绅一二人，随时以民情达之官，远商于外者，于伦敦立总商会，亦以院绅主之，为上下枢纽，民之所欲，官或不以为便，则据事理相驳，必至众情胥洽，方见施行，是谓无隔阂之情。制治最怒无殊死刑，亦不事鞭扑，犯罪者率监禁之，牛马之类，并戒棰楚，孤穷废疾与异方难民，皆处以养济院，国君时遣人查验其寝食，每数里即有广厦，为病人调摄之所，亦由国君派医临视之。凡构兵惟阵前相杀，死者勿问，戳囚俘伤百姓，并加严禁，是谓无残暴不仁之政。有职役则终其事而不惰，有约令则守其法而不谕，欺诳失信，等诸大辱，事之是非利害，务极推求，以期明晰，不肯少有含混，辞受取与，亦径情直行，不假为殷勤，不姑作谦让，男女尽人皆然，成为风俗，是谓无虚文相应之事。两月来拜客赴会，出门时多，街市往来，从未闻有人语喧嚣，与未见有形状愁苦者。观其自直布罗陀以东，如摩儿大，如印度、如亚丁，如锡兰、槟榔屿、新加坡、香港，如澳大利亚沿海数万里，往来冲要，可以泊舟，可以成市者，皆纂取其口岸而布置之。（下略）

其纪维多利亚后之生日，亦西洋旧掌故也。云：

四月十二日为维多利亚生辰，西历之五月二十三也。英例于每年五月二十日起至三十日止，各衙署皆不治事，百官休沐乡园，国主因其生辰，在停差期内，故改于六月初二日为觞祝之期，然官民仍有相庆者。伦敦东南三十余里，有水晶宫，博雅那所筑馆舍也，穹窿广厦，上罩玻璃，琢石为人，森立道左，花间树外，铸铁肖澳大利亚洲野人形，张弓矢，持矛戈，若斗若猎，其人面色赭黑，散发裸体，或钉板于唇，挺出二寸许，如中国之船唇者，然亦有贯木于耳，如耳牌者然。别一所效埃及屋壁之制，绘刻人物，粗陋殊甚。其余数十楹，遍悬洋画，皆宏丽而不免于俗，惟蓄鱼养花处为可观耳，今废为贸易场矣。是夜为烟火之戏，有博乐佩芝者，邀请临观烟火，制造之巧，非中国所及。其最巧者，气球燃放地上，徐升空中，散为数十巨星，光分五色。又于水池施放火蛇，飞腾数丈，互相往还，其旁喷水筒十余，水泉滚起，如百道飞瀑，与火焰相间。又为其国主像，眉目耳鼻，冠缝衣褶，皆以火光呈之。又为温则宫，千门万户，规模巍焕，火光中遥见层阶环槛，大木扶疏，青碧之色，葱菁若活，其奇观也。

其时中国正用客卿，记载中有涉及客卿之事，亦探本之论也。云：

凡洋人效力于中国者，皆不得复为其本国之官（按，此或当时定制），然两国有兵事，必召回其人，同盟诸国，亦各召回其人，故税务司、舰炮局诸监督，惟恐中外失欢（据云必能自强，乃可不失欢，徒然俯就，则事日多且日难），致被闲废，以他途之谋生不易也，问其人何以不装改剃发，永隶华籍，则曰："中国不以此相命，何颜自改也！食中国俸不能昧良而废职，然未获觐见，终不以为其官。华人见我洋装，则群噪而逐曰：'打鬼子'。而本国则又视为外人，切齿怨之。故莫如我辈难也。"查英国官制，各自为一途，不相搀越，其外差者，翻译官仕至总领事而止（原注：威妥马由翻译任公使，系属破格，为向来所无）。参赞随员，仕至公使而止，撤归惟给半俸，终身闲居，有他国使命，或重遣之，断不予以内地执役，不惟曾仕各国者为然。

欧洲酒害之烈，不亚于我国之烟祸，自昔已然，于今为烈，其纪载云：

英法禁酒，而酒之销售日多。伦敦之东，有啤酒大厂，每年出六十万桶以上，皆销诸伦敦，无他出者。初七日，禧在明请往观之，据酿家云，伦敦似此酒局凡四家，较小者尚众，以是知英人之酒癖为深也。啤酒以炒麦及恰士为之（原注恰士木名，本土所植），其味颇苦，能充养血气，官中病酒，禁之不行，特令为此听人沽饮，以默寓转移之术，而其人乃遂狼吞鲸吸，益自迷于醉乡，往往浥注盈筒，一吸罄之，日非数瓶，不足尽兴。而奸侩复以盐矾阴投其中，使之愈饮愈渴，愈渴愈沽，于是以杯中物弃其世业，夺其衣食者比比矣。耶稣礼拜日，例须闭门静坐，而叩酒肆之关者，乃常百十成群，不可拒阻，以致临阵决战，两军相持，病渴兵丁，犹若须臾之难忍，此则不可谓非大害矣。

其纪英国郊外之古迹，有足怡悦者，曰：

敦非利士(按在爱尔兰境)亦市镇也，有五百年前礼拜堂遗迹，土墉卑陋，地仅四楹，西南二十一里，有故侯希厘士宅，高城深濠，状若炮垒，其内堂皇壮阔，并设监牢，英人以他衅故勒兵攻破之，徙侯他往。

二十四日，偕三人访古，沿途山水胜绝，见有小舟，牵缆而立者，其状无异中国回车。观于诗人白恩士之墓，今建屋坟上，石刻其扶犁像于中央，如庙貌焉，外为各家丛葬处，丰碑林立焉。

(《旅行杂志》1931年第5卷第6期)

下

凡上所述，多为英国事，而其时征轺处士，车辙所历，固已遍及全欧。初不限于任何国家也，即其时美国亦已有使节，至光绪十五六年，崔国英任美使，则并开办使馆于秘鲁、日斯巴尼亚矣。美国之事，容别具于篇，兹述旧游，但以欧洲为准。今特摭取游历笔记之涉欧洲事者详之，惜笔记著者，其人已不可考，残篇断简，徒为后人吊古兴嗟之资而已。

作者尝由美渡大西洋至英，复由英至俄，再由俄而德，而法而比，而荷兰、瑞士、西班牙、葡萄牙，出葡萄牙由大西洋往东至意大利，然后更至巴尔干全部各国，及土耳其、希腊，以至于犹太，又转之埃及，渡红海，以至亚拉伯，过巴比仑故城，再循海道，由印度洋回国。盖可谓极壮游之能事者矣！兹录取其所记精要之处于后。

从德国乘轮车往西六百里,至法京巴黎,其城推为天下第二。长约十四里,阔约十里,人民百余万,陆军三十万。市街到处棋布星罗,皆黑衣红袴,持杖鹄立,又有看街之兵,逡巡无间,车声辚辚,行人如蚁,皆安静无哗。房舍则壮丽莫比,城内有园林数处,花木芬芳,又有旷地甚大,大树间生,诚避暑之胜地也。鸟兽之奇异者,更仆难数。海中鳞介之属,均用玻璃房分类畜养,内贮藻荇,均为海产。介虫之奇者,亦数十种,房二三十间,分养之,由人傍观,纤芥洞悉,真奇观也。行宫楼屋高大,数百间绘昔年与各国战阵图迹,神景逼真。又游生灵苑,中藏奇石数千种。又一所贮各国人骨,又有异状如一身两头之属者甚多。值国诞之日,街上皆立大旗,通衢设玻璃灯数百万盏,游人填塞,车行为难,宫前大街长数里,陈百戏,夜放焰火,奇妙无比。人民习知礼仪,雅称善俗,性好客,乐歌舞,服饰随时变换。英美诸国衣样,多所法焉。

按,巴黎繁华甲天下,不自今始,游记所涉,不过梗概,而大致已具,使人接想欧西之俗尚,思过半矣。下述由法至比事:

出法国乘轮车东北约行六百余里,至比利时国都城。街市整丽,楼阁高峻,方五万里,户口四十万,从天主教,初民甚聪明,善绘画。今则不然,性好勤,工纺绩,京城名白鲁塞,建于塞内河滨。宫室巍峨,楼宇高耸,城中遍栽林木,修筑乐园,俾民人得遨游,领山水之趣。有大市镇一,地方繁盛,百货喧阗。又有恩活毕城,亦著名。昔城中有二颖士,善绘画,至今尚有遗作花木在礼拜堂塔之四壁,塔高四十丈。至人之形状、衣服、饮食,皆同荷兰,因其与荷兰合国也。其国地势多平坦,惟南界有冈陵,气候和煦,土地膏腴,多草场,便牧畜。河港纵横,人民来往,通行舟楫,出产亦与荷兰相同。

由比利时东北行三百里至荷兰,是国方四万三千里,户口三百万。地势卑隘,夷坦无山,洲渚港道,纵横交贯,西北地近大海,海潮甚多。居民多筑崖岸,修治河道,水中立桩砌石,架以巨木,上立楼阁六七层,雕阑曲槛,靡不美丽。沿河种树,留路二三丈,以便车马之往来,两岸楼阁倒影江中,周三十里,街衢百道,无不皆然。河宽狭不等,皆有桥梁,大小舟船,处处皆通,宛以河道为街衢也。河之宽处,舸舰迷津,商贾辐辏,寓楼临水,四面楼台,如入仙境。都城在国之南鄙,街衢洁净,民情直朴,操作艰辛,食用俭约。无游民盗贼,有洁癖,屋庐窗牖,时加洗涤,不留秽迹。俗喜丝烟,种烟草者至多,随处皆有牧场,庶草蕃芜,便于牧牛,所制乳饼极佳焉。

夫以比、荷之较法,其奢俭之习,已迥不相侔如此。而作者能觇民情,洞风俗,载之简编。一读比、荷两节,便知其农国之风尚,在五十年已往,初未能治西洋文字,但按所见以书之,而无丝毫不当之处,亦足觇作者观察之精至矣。此下为其至瑞士语。

在荷兰国时,闻瑞士国之清景,甲于欧土。于是乘轮车东南行至其地,则万山叠峙,野谷绵亘,气候迥异,山岭严寒,平原温和,山谷炎热,溪涧交流。远客来游者,不可胜数,为欧洲之中原。居民不一,北近日耳曼,务纺织,西近法兰西,精制造,南近意大利,尚游牧。心性诚实,饮食节俭,乐于故土,不愿他迁,胆大力健,临阵不惧,宽量性如,行旅客商,相待甚殷,奉耶稣天主教。其国之牛,最多乳汁,取乳之妇,以桶盛汁,一次便满。四周皆陆地,无海口,以此商船兵舶,均所未备,山名亚尔白司,为洲内极高之山。有峻岭,名仙宾,高约七百丈,贸迁之客,渡岭者络绎不绝,山下暑热熏蒸,山上则冰雪交凝,终年不化。道上行人,每苦寒瘴,忽觉迷倦,恹恹路隅。俄而六出纷飞,多为雪葬,或半途遇雪,拥路不前,僵卧坑窟。仁者尝建义庄于中路,畜巨犬以救之,每二犬作一队,一背毡衫,一悬酒食,令其于山路上随嗅随行，觉雪里有人，能爬挖出之，蹲守其侧。俟人醒后，饮酒穿衣，引归义庄。人若冻死，犬即奔报其主，有一犬曾活二十二人，人捐金铸镮以钳其项，镌字以志其功云。

夫以前之纪瑞士者，多详其湖山之美，而忽于民情政俗，兹篇则述民情风俗于前，纪游亦择其特异者而言之。山水清佳，无劳挥写，此盖通于史法者乎？下为由西班牙至葡萄牙之纪程。

由西班牙往西至葡萄牙，即大西洋国，通国方十二万里，户口共三百五十万，土地偏小，四面皆山，平坦之地绝少，河皆发源于西班牙。由此入海，气候互异，西北温和，东南炎热，田多沃壤，惜少耕者，然五谷百果，岁必大丰，民俗与西班牙相类。初国人多敏悟，善经营。尝驾巨舟，遍行列国，或相攻战，或相贸易，后被西班牙人入虐其国，贸易之事，十去其五，今虽自立，而与列国通商，仍觉未盛，民之制盐及葡萄酒者甚多。京城跨山临水，楼台叠起，学署书库、天文台、军功厂，靡不峻丽，郊外港通海口，泊舟最便，转输极盛，周市皆炮台，捍卫甚严。（下略）

作者盖详于国情者矣。下此由西至意大利，略载其语。

意大利长二千五百里，广北千余里，南数十里，合海岛计之，共四十万里，户口二千三百万。为古国，成周时势尤强大，既而分为二国，屡相侵扰，不可问矣。其地滨海，气候互异，北方严冷，中央炎酷，南则温和。田土肥沃，五谷丰稔，花果芬芳，幽谷深岩，名园嘉囿，游客无数，西北有高山一带，与法分界，往来深苦不便。拿破仑第一带军过此，阻雪苦之，后意与法商量，定丈尺，对面用机器开挖。初开时，每日仅一尺半，嗣后日开三尺，又于山顶作火车，盘旋峻岭，费时甚久。迨隧道开通，计二十四里，二十分钟，火车已可穿过矣。

隧道之东，有城曰“毕撒”。街衢华丽，万厦云连，丹青镌刻，极为精细。石虽坚硬，而雕成花木鸟兽，悉能毕肖其形。富家巨室，柱石皆刊刻花鸟，室中四壁，图画纷披，城内礼拜堂，倍极崇宏。近处有一斜塔，高十三丈，自下望之，如欲倾倒。登其上而俯瞰之，颠仆之势，更觉可骇，因上层斜出于地十五尺也，然数百年来，依然坚固，人皆奇之。近有格致之士，细究其造法之巧，乃以三类石合成之。下层乃至坚之石，中层少松，上层则以最轻之石砌成，故虽攲而重心仍不出于底外，亦见造者之苦心矣。

意大利为古国，尤为擅美术雕刻之国，其记雕刻之一节云：

在福罗伦司曾晤一人，名普而司，在彼开设照相及琢石人之店，其人技艺最精，能以泥土塑像，形容毕肖，如天津之张泥人，而其才则犹胜一筹，能以白石琢成始祖亚当妻夏娃之像，独出心裁，相妇女之四肢五官，如有一端可取者，则仿其形而塑之，如是将数美之五官，聚于一身，则此夏娃之像。真成绝色佳人，遗世而独立矣，其价最贵。博物院在河之两岸，内藏油画及琢像甚多，院有一钟楼，形带八角，下铺花石，四周俱刻精细之花鸟，中有最贵之绘画，有一古神名美神之形，又一磨刀者之形，二人斗力之形，美女跳舞之形，俱古名手所制。又有丹青名家拉斐尔所绘耶稣像，至今亦无出其右者。

其游罗马教堂及大戏园遗迹，均有纪载，关于考订建筑者甚详，云：

圣彼得堂在罗马城中偏北，古时为演武场，规模如一十字架。前石柱成半圆形，东西长六百十三尺半，南北长四百四十八尺，高四百有五尺，中有祭坛，上复宝盖，圆顶方形，装修精致，高九十三尺。石雕擎柱四条，高二百三十二尺，顶有重楼高耸，大圆盖覆之，宽十九丈，高大为天下殿堂之魁。修葺之费，按年约银二万五千两。右边有一铜像，天主教人附会其说，以为彼得，遗像之足，高与人齐，教中人过此，先以巾拂拭其拇指，而后接之以吻，以为有福，致像之足址，半为人所拭去，殊堪捧腹。

出堂后，至一处，曰哥罗迈，古之大戏园也。在城正中，周约三十余亩，筑立围墙，仿佛鸡卵，大半埋地下，高十六丈，直径长六十丈，门共八十有一。每门宽一丈四尺，深十余丈，墙外望之，高冲霄汉。墙内视之，斜级重叠，可坐人十万七千有奇。今只存石座三级，余迹而外，门内更有一重围墙，高一丈八尺，恐兽斗时逸出也。中皆空地，长三十丈，宽十八丈，地铺沙泥，其戏皆相斗之事，或兽相斗，或人相斗，或人兽交斗，死伤并无抵命之说。

其纪火山亦甚详备，云：

自都林起行，往南火车约七百里，至那不尔司。城宇高大，殿阙巍峨，面海背山，风景佳胜。海岸曲似弯弓，合抱海水若半壁然，中有小岛数处，飞楼玉立，杰阁云连，交映于潮汐之间。郭外一带平壤，阡陌连绵，稼穑丰茂，地势渐远渐高，渐与山接。万峰环绕，内多幽壑古洞。离城二十里，有火山，名苏未由。山顶常吐烟焰，或炎石空坠，或飞灰遍地，或火浆迸流如水，所至草木尽为焦灼。余到之日，火焰尚未大发，得以畅观。至明日而火势大作，轰声振地，火浆四流，余已行二百余里矣，闻被灾者正复不少，夜间遥望，不啻如巨烛插于天空也。近山有古城遗迹二，一名里格兰，一曰邦贝。以当一千八百年前，火山发焰，竟将二城灰埋覆没，人民城郭，渺焉无存。至二百年前，土人掘出，垣堞依然，更从而根寻，则鳞鳞屋宇，触铲皆是。闻之国主，乃大兴工作，开土搜覆，乃得一切城池故址及街市巷道房屋，悉皆石筑，室中器具，一一如故。壁悬淫亵图画，亦一一若新，都无损坏，僵尸或坐，或立，或偃卧，或俯伏，或有抱子欲出，或有负囊欲逃，触之骨肉皆成灰烬，只成空模。有博物之士，乃以石膏融入空模，俟冷将外面之模敲去，成一完好之石人焉。呜呼，当二城繁盛时，人民备极富饶，风俗备极淫荡，乃一旦变生不测，胥被长埋，可不哀哉？那城百物庶富，人民四十万，虽不时地震，祸患频仍，而人皆无肯远避者，以田土肥沃故也。

作者游意后，复回瑞士，游雪山，其胜景一一形之楮墨，美不胜收，略举之，云：

自黑居格那礼拜堂上山，约行八点钟之久，路无食物，饥甚，导者告余曰："山半有寓所在，可食也。"比至，则牛肉面饼之类皆无，只有酪浆，聊充饥渴。余与友人各饮一大瓯，腹为之鼓，下至赛俺司乡，时已薄暮，仰见明月映于山巅，积雪上晃如银山，赛俺司地形似极低，然较诸海面尚高五千尺。是夕在彼止宿，诘旦六点钟上罗石大山，峭壁参天，匍伏而登，路甚险峻，足为之疲。仰望云遮峰顶，雪满山腰，兼之风狂似吼，不能久待，寻一小洞，以便食果点，又顷绕至山后。俯视谷中，一片荒野，形如沙漠，皆山上飘下之细小石子也。下山时，逢夫妇二人，遇雨，衣履尽湿，是谷有冰块从山卸下，一日止行一寸。好事者于石上画之，不差累黍，屋舍俱以石叠成，远观惟数堆乱石而已。人皆强壮，儿童面目皆姣好，作红黄色，细草纷披，与山巅白雪相映，天然五彩矣。

自此而土耳其，而希腊，而犹太，其纪耶路撒冷事，为诸家所不及，云：

耶路撒冷京城，周七里，其形方，城垣似中土，有五门，北二门，东西南各一，户口约二万四千，通英语者约五百人。近有自各国归来者，约四千人。余自北门入，又名大马邑门，因此可通大马邑城也。既至城中，寓意大利人所开之梅升客栈内，诘旦升屋面，东方赤明，有细雨数阵，旋止。西南有郇山，乃大卫王所居者，南有耶稣殿故址，现为回回堂矣。堂中有古屋一所，东有山谷，再东约半里，即橄榄山。西约百余里，即地中海。时鸟声四起，旭日渐升，山尖屋顶，照耀通明，俯视城内，街衢毕见。亚拉伯人之售卖货物者甚众。下楼早膳毕，往南至冈三丁母所建之礼拜堂一游。堂有三座，一居山顶，云是耶稣被钉之处；一居山之中央石洞内，外十字架堂，云于此寻得十字架，内点常明灯四十四盏；一居山麓，圆顶，有石柱十六，四围无窗，光自屋顶而进。中藏耶稣之石坟，长阔皆六尺，坟有石门，方一尺五寸，云是天使坐于此石而传语马利亚者。旁有石台，云是安放救主尸体者。其北相离有石方四丈，云是天使指示马利亚者。此堂内有二路可通至上二堂，云使徒彼得曾于此处痛哭者。其郇山上之回回堂，据云大卫王坟墓亦在内，外人不许观看。城内街道狭隘，路中皆石子，高下不齐，往来俱用骡马，现亦有筑好之马路矣。闻法国人欲在彼筑一铁路，其电线现已设立。后至东门，其路名苦路，因耶稣循此路至被钉之处。近城门有院落，相传是波拉多堂，近处有一古墙，高五丈，长约十五丈，乃被毁之古城也。犹太人每男女老幼，悉来此哀恸呼吁，又以口吻接其墙，志不忘旧苦也。城之中有一池，名希西家，乃古王希西家所凿者，四周砌之以石焉。伯利恒为犹太各城之最热闹者，居民约有数千，然无一真犹太人，以世代屡变迁也。近处殿阙巍峨，云是耶稣降生之处。往而观之，有天主教人看守，堂中神父，和霭可亲，携手至堂内，极高大华美，乃罗马王冈三丁之母所建，左右白石柱两行，雕镂精工，堂基下即耶稣降生处。乃爇烛由隧道相率而下，见一堂装饰华丽，中悬明灯数十盏，扎成一球，金银为之，乃各国帝王相助，点时通明如白昼。由堂转折至尽处，有一室，旁点常明灯十六盏，下有银板，形如西人所画之星，上镌字，其文曰“耶稣基督降生是处”。对面一石槽，云“耶稣所寝者”。又一室，古乃仇龙所居，起居物件，依旧陈设。观毕，由旧道而上，以银钱数枚酬其劳。出殿至大卫井，取水而饮，途遇阿拉伯商人一队，或骑马，或乘驼，俱手提长矛，防盗贼也。

自犹太游历后，绕旱道自大马邑至埃及。埃及亦古国也，并纪其事，云：

自亚力山大坐火车至加义罗城，同车者有美国教师，又有土耳其、阿拉伯、希腊、埃及诸人，车行甚缓，于路见乡间小屋，四壁涂以灰沙，屋面覆以芳草，较中国为尤贫。途中有叫卖食物者，有煮熟鸡卵、面饼、甘蔗、白菜者。至京雇马车以载行李已，乃步行入城，抵寓为三点钟。计自亚力山大至此，共三百九十里，计费七小时。京城周约三十里，垣墉高厚，城门之石，俱雕镂花纹。城内街衢弯而狭，皆泥涂，无铺以石者，故人马往来，常见尘土飞扬。城中房屋高四五层，造法甚奇，层层突出，而最上一层，与对街之楼，近可牵手。其下层皆店面，甚狭小，方不过一丈，所买货物，率皆烟袋鞋袜等项，大店皆所未有。国人首戴红色毡帽，尖其顶，上缀蓝穗一条以为饰，亦有以白布缠头者，俱身穿大袖长衣，足无袜，靸红色尖头皮履，发长面黄，睛黑须少，剃头修面，与中国人相等，其衣袖长过于手，见尊长则以手缩入袖中为礼，往来手携长烟袋。妇女亦穿长衣，自腰至足，有杀缝，亦有锦袱缠腰至背后缚结者，外罩短夹袄，或用丝袖，或绣花纹，大抵皆富贵家也。首以色绢包之，后拖数辫，辫梢缀以金钱宝石等。最奇者，妇女出外，必以一巾遮面，只露两目，防人观看，其巾长至脚。已嫁者用黑绸，未嫁者用白绸，另有狭长之纱罩于外面，袒胸赤足，亦有全身俱赤，而只遮其面者，一若不自知羞耻焉！风俗之不同也如是。

其游金字塔古冢云：

次日，寓主命人导余游古冢，又名方塔，离城约三十里。导者以双马车安置食物，于九点钟起程，经尼罗河，过一古王宫，殿极高大华美，乃埃及全盛时所建者。路甚高燥，两旁棕树不少，田内种有麦苗，清芬可爱，牛、驼、骡均茁壮可爱。时天气甚清，遥望三塔高耸，不啻海上三山。又过低平地，约一小时，至一小山，弃车登山至塔前，俱有阶级可登，基阔顶锐，至大者高四十五丈，底方六十六亩，顶方一丈五尺，所用石块，大者长三十丈，阔十五丈，厚四丈。深明算学之人，以此塔之石，长一丈厚一尺五寸者积算，以英国计之，可铺满三个英国，以法国计之，可铺满全法，即此可见此塔之石，大而且多矣。考古者谓此为埃及第四朝古法王所建，王大有权势，曾役十万人，于十年内，从亚拉伯、埃提亚伯等处运石至此，又加人工二十年，方成此大功。常有欧、美二洲人登塔顶升旗宴饮为乐，土人及亚拉伯人之贫苦者，咸来求乞。余初登时，有亚拉伯二人来相扶，余持有力，一跃而登，升至三分之二，即足软筋疲，仍倚二人而至绝顶。旷观远景，与山顶无异，乃以洋二枚酬之。后入一洞，至塔中，深三丈四尺，阔二丈七尺，内藏石板，旁立一碑，上镌人物花卉，皆隐字迹，现为英法二国博士考出其中意义矣。相传昔有人欲于塔之北面凿通以观内景，人皆谓其决不能成，枉费开凿，乃事有凑巧，适中其本来之门，一凿即开，人皆谓为天缘所致。相离不远，有石像一头，面作女形，身体系一狮，自首至胸，高六丈六尺，头之四周围，约十丈，口阔二丈，鼻长四丈，前足高五丈，前爪下累一小庙，不知其命意之所在。又有各种古棺，先以香料衅其尸，又以麻布绕尸而漆之，再以厚纸三四层漆裹其外，嵌以珠宝，施以五彩，纳入或木或石之棺内。其棺雕镂精工，上刻人形。近有人于古墓中掘得香尸，虽经数千年仍不坏，面犹可辨，现英美各国欲师其法，未知能得当否耳。

一日又至一处，凿山为庙，导者爇火而入，两旁立石像数尊，状类金刚，高大过之，头戴广帽，两手交叉，持物作捧心状，身上镌有花纹，自首至足，约高六丈，门内亦有石像，类皆三千年前所凿也。复至一处，有一大庙，较罗马圣彼得堂大二倍，较英国保罗堂大五倍，只存其中，除俱毁圮矣。其屋广三十四丈，宽十七丈，排列石柱，共一百三十六根，高六七丈，围圆三丈六尺。院内有高塔二座，东西对立，乃整石所成，上雕刻人物花鸟，颜色至今未退，古人所作之工，于埃及为最，中西各国，无能出其右者。

由此而渡红海，以至亚拉伯，过波斯，抵孟买，循印度以溯诸印度洋南洋，均首途东归，不更著于此。然读者尝鼎一脔，已知西方之习尚古迹，大概如此矣。

综之五十年前，中国人心目中之西洋，已略具于此。本文所述，其上篇多涉及其风俗，论原其立异之处而观之。迨世风丕变，交通一繁，昔之骇怪不可名状者，今乃夷然相习而无忤，此由变而至于常之道也。中篇详政治及英国之建置，则习俗虽不相同，然西方之政治外交，大率未多移易，则觇古以方今，亦可于存其掌故之中，略得当年梯航之迹，并可以激励后来之彦，庶三致意于兹焉。下篇多述各国游记，作者不尽详于游踪，而并及其国家之概况，人民之现状，原书裒然，卷帙较繁，未能率为迻录，节取一二，就中所谓耶路撒冷及加义罗等处，至今尚复相同。已游者读之，可永其回味之资，未游者读之，可当作南针之效，此盖常而不变之道也。

（《旅行杂志》1931 年第 5 卷第 7 期）

东南交通周览会第一线游览日记

上

东南五省公路，以杭州为起点，四通苏、皖、赣、闽，业已告成，于是有五省交通周览会之盛举。周览会定于本年十月开幕，同人则应浙江建设厅之邀，于四月初，分线先行周览，撰制游记，俾为开会时周览之参考。余游程在第一线，即就所游览者，撰日记焉。今先撮要于左，俾游者得其概况：

第一日　由杭州至金华，再至永康宿。

第二日　由永康游方岩，而至缙云宿。

第三日　由缙云游仙都，而至丽水宿。

第四日　由丽水游洞溪寺，南明山，三岩寺，仍在丽水宿。

第五日　由丽水至云和而赤峰，仍回在丽水宿。

第六日　由丽水游石门洞，而至青田宿。

第七日　由青田至永嘉宿。

第八日　由永嘉至白溪宿。

第九日　由白溪至雁荡山宿。

第十日　游雁荡山，夜宿。

第十一日　游雁荡山，夜宿。

第十二日　游雁荡山，夜宿。

第十三日　游雁荡山，夜宿。

第十四日　由雁荡至大荆，宿。

第十五日　由大荆至海门，上船宿。

第十六日　船上宿。

第十七日　到上海。

就中分别言之，公路工程，以缙丽、丽云、云龙为最艰且巨（此指本线而言，其他杭徽、仙霞亦有此等工程）。风景名胜，以雁荡山为最。地方繁富，杭州而外，以永嘉为最。此下分日为记，读者于中，可以得尽其名胜、风俗、公路工程之崖略矣。

第一日　三月三十日

先是同人于三月二十八日，由沪赴杭。第一三四线，均于廿九日出发，本线则以同人有事，少留一日，于二十八日出发。本线游侣，凡蒋叔南，赵药农，李孟博，徐季荪，赵慕儒，潘博山，王季迁，吴诗初，陈子青，及余十人。导游者为丽水县邱县长定侯，沿途荷其照料周至，附志于此，以伸谢谊！

七时三十分，由杭州西湖饭店出发，十分钟而至江边三廊庙。

八时，以义渡过钱塘江，风帆水色，虽片时亦正足乐，同游者欣欣有喜色。凡半小时而至西兴，行十分钟到杭江车站。

九时，杭江开车，是日为休沐日，中西士女，赴此游览者云集，杭江为添挂车辆，其副局长谢文龙同行。杭江设备猛进，因陋就简，无足为讳。闻谢言，今且陆续改进，俾得推广业务，跂予望之！（自江干车站至西兴，凡六公里。）

九时四十分，车过湘湖，其西为湘湖山，风景已有胜于前。时当仲春，新绿蔚然，而遍地菜花，一望如黄锦毡，尤快心目。湘湖多出莼菜，凡杭州托言西湖莼菜者，均自此辇运而去。十分钟，穿入萧山城中，于是夹轨均山，乱峰重叠矣。

十时十五分，车抵白鹿塘。遥峰近水，阡亩纵横。峰则湘湖山之起伏，而水为孔湖。濒车有孔湖庙，祀湖神，由来已旧。山多桃林，绛花怒放，红云弥望，殊为大观。（由江干至此廿三公里）更十五分钟至临浦，其地为萧山最富饶者，故市集甚盛。中国银行且置大仓库于此，以为调剂农村之需，农商称便。其地更多咸鱼，销行最远，车停之地名石屋桥，过此即为江堤，堤工坚固，盖此堤所以卫萧山全县者，脱不幸而倒灌，全城且被淹没也。（至此廿九公里）其左为大汤湖，湖与江堤相连，中置茅山闸，司启闭以节水。汤湖即浙先辈汤蛰仙先生冢，余自总角，即识汤先生，乃者忽忽卅年，墓木垂拱，过此自有式闾之思。更五分钟而过浦阳江，江面甚大，车行如船，夹桥洋洋乎为大观矣。

十时四十五分，抵尖山站，以其地有山，形甚尖，故以名也。夹岸均水，车行堤上，似曩者由绍兴陆行至禹陵之路。浙为水乡，所以农田至沃。（至此卅七公里）更过转入山中，迨豁然开朗，已抵直埠，逾一小时矣。（至此五十公里）更十五分钟而抵白门，夹车有山，左远而右近，两山间均田亩也。

十二时，抵诸暨。附近山畔，均李花，银光炫白，绵亘十余里。树大可以合抱，李花之次，即为桃花，绛云如幕，红白斗艳，赏花之乐，无逾此矣。遥望诸暨城内有塔，塔立水中，已经颓废。而古意盎然，似示人以劫火，几经兴亡，屡见者也。（至此七十一公里）更过又为湖次，湖水大，已阑入田间，望阡路如长堤，树均半在水中，绿叶扶疏，大如轮囷，即浮水面，殊为奇观。而沿山梨花，又复绵延十余里，一白如雪，而经日光映曜，便成奇彩，益复可观。其地入山渐深，蜿蜒围绕，而或孤峰上耸，且或青嶂周遭，双狮峰益见胜致，渐又至牌头站。（至此八十九公里）

一点零五分，抵安华站，其旁有仓库甚巨，知其为农产集中之所，更二十分钟抵郑家坞，两旁之山，遂为黑石，大似海底礁石，其山间有可以俯视之处，成一穴形。穴中有龙王庙，雕塑甚工。一过山次，又有大石块，支拄山下，摇摇似欲飞舞。过此复为一破庙，栋宇仅存，见者辄为发思古之情绪。车至此，遂附石壁而行，渐见险峻，遥望远山，翼然双拱，中有村落，屋舍俨然。

二时，抵苏溪，山旁黑石，益为奇观。山下小庙已久废矣。两旁见往来者乘被笼，其法以一长方盘盛人，而于盘上置架，以绳供肩舆之需，如内地馈遗之台盒，其制甚怪，同人或初见者，莫不啧啧称异。（到此一百十六公里）更半小时而至义乌，其地商业较盛，临站即有商行，建筑宏伟。其旁即有水潭，而桃花傍潭，令人深汪伦千尺之思。而村舍错落，旁多小溪，辄有绛桃一二株，临流弄妆，幽蒨无匹。（到此一百廿八公里）更五分钟而至义亭，站旁有豆行，过五里即见白马殿。盖宋南渡时，高宗所御白马，弥著灵应，故乡人多以俎豆奉之，遍村皆是也。车入田间，一碧无际，禾苗怒发，咸有生气。遥望已可见金华诸山，隐约云际，雄奇秀蔚，若隐若现矣。

三时五十分，到义乌，有教堂甚大。（至此一百五十七公里）更十分钟而至塘雅。更行二十分钟，已见金华城垣。而城中高塔，更高悬天半。又有钟楼，则学校所在。余坐车厢，引首外瞩，大似将抵金陵之风物。

四时三十分，到金华，城垣甚固，俗称铜金华、铁衢县，足以知之，（至此一百八十四公里）遂下车，改坐人力车，穿行城中，先入迎恩门，其西门也。城内商业繁盛，民物丰阜，客栈有四五家。其地以火腿、烧饼驰名，同人争相购尝，以干菜制者味最隽永，城中烧饼肆亦极多，余等就其较大者购之。更行过县署，附近街市，有张镇区布告于通衢者，鸣锣召人往观，此则木铎徇道之遗风矣。再转而过金华亭街，又折而过公安局门外，公安局设于玄坛庙，甚雄伟。更过王府前街，犹有当年会试之馆舍在焉，曰托塘会馆。其右为桐君庙，浙省多祀之，桐君山所由名也。渐过赤松门而出城，盖为东门，濒城即为金华大江。城负江筑郭，一水迂回，于此观之，益见秀伟。对江曰桃花坞，有桃花数千株，时正盛开，远望已极如荼如火之美。于是以舟渡河，为上桥街，行半里而至公路之车站。此路由金华以通武义、永康，故曰金武永公路。车均雪法兰式，日有客车，分班往来。

五时五十分，坐公路车赴永康。由金华至永康，凡四十七公里。沿途有六站，车路甚好，且不过岭，无峻坂也。惟循山而行，特于曲折较多耳。路旁有高王庙，龙王庙，白马庙。

七时零五分到永康，步行一里许，先至公路局休息。旋又步行不半里而投宿其士绅王秋坡家。王君营巨厦，植名花，屋宇在山次，拾级而上数十步，短垣翼然。盆栽尤美。主人即治酒食相飨。县长亦来会略谈，过十时半，解衾入睡。

永康为金华府处，有县治而无城。盖金华八县如东阳等，均无城也。浙沿海诸县之有城，所以防倭寇也。不图至今，犹有此患，为之奈何。

第二日　三月三十一日

七时，起邀同人往早餐。昨夜至永康后，有雨，今日放晴，真可谓天公知我欲山行矣。餐毕，即以肩舆出城，屡涉溪流，水声琤琮，大似瀑布，尘嚣中人，得资洗耳，其乐何如。遂又过桥而行田畴中，此间以溪流湍急，故桥柱咸突出作尖锐形，以分水力，亦特制也。过十里，村中桃花甚茂，雏松亦多，足资游赏。而胡公庙遍于四乡，更五里，至金山村小息。其地出糙米糖，谓为名产，亦一试之，村有文兴庙，制作亦精，与前村之福龙庙相仿佛。

九时三十分，过三镇，一曰下大路，一曰百集，一曰西市口。其地为前明应氏所族居，至今犹应氏之裔孙为多，盖同治间敏斋方伯、民元季中省长均其云礽也。孝友应公祠，已有兵驻其间，而节烈、乐善好施诸坊表，尤多属之应氏，其地更多应氏祠宇，俗名十里应，以附近十里，均应姓也。转过西市，则为南市，镇极饶富，公安分局、常平老仓均设于此。再前又入田间行，遥望公婆山，一峰似两人喁喁对语，故以为名。再进为射松门街，则多程氏，无论何肆，均程氏所设。由皖迁浙，历世弥久而弥昌，其家宗祠亦多，今多改作旅舍，以及饭馆。外客一至，高据饱餐，其乐何似。

十一时，抵岩下街，即至程氏宗祠小息。遥望方岩，石多露骨，崚嶒高耸，不似江浙之秀丽，而别为猷劲矣。桂林山水，或亦类似。方岩计有五峰并峙，于程祠但望见两峰而已。其地村舍多三楼，则木料甚廉，故村人不惜工力以为之也。方岩祀胡公，浙人群崇祀之，每岁春秋，远道进香者，约以三百万计，故程祠逆旅，营业亦颇发达。蒋叔南君谓三十年前，旅舍供一客二舆夫之膳宿，每膳九簋，佐以黄酒、白酒各一壶，甫三百文，近不定价格，而宿者所赏，势不能少；生活日高，于此觇之矣。永康乡人，赖方岩以存活甚多，比如杭人之于西湖也。

胡公，名则，字子正，永康人，宋端拱二年进士，官至兵部郎中，随军西征，先后八典藩郡，七按钱谷，活大辟者九人，去虎患，恤番舶，奏免衢、永丁钱，功德在民，年七十七殁，葬杭州，而永康人祀之弥虔，有遗集行世，盖宋名宦也。殁后，又屡显灵异，卫护乡里，故绍兴中，遂锡以爵，进至公位，又加圣惠永佑之谥。

十二时，饭于程祠。先游寿山之五峰书院，取道阡亩间，越篱落，过溪渡，见溪中突出一石，土人谓之龟头，亦合于形家之说者。渐渐入山，山道四合，窥天如井，其地土人谓之羊角天，以望天穴如羊角也。再行历五峰，曰固厚，曰瀑布，曰桃花，曰覆釜，曰鸡鸣，循山而行，即万松高植，飕飕作涛声。正在山环间，有一平地，导者谓中国旅行社将建屋于此，以息游人。告成之日，余其终老是乡乎！再前山石作斧擘形，均为方胜，前有瀑布，羊肠一径，有大石洞，中为寿山寺，亦曰胡公家庙，支木为之，不施椽瓦。岩上有朱晦翁所书“兜率崖”三字。再前行在崖次而濒临瀑布，凡行者必激及衣袂，余侪一不之顾，径前逾瀑布，而至山隙一穴。穴前有屋，即五峰书院，以朱晦翁、吕东莱、陈龙川所讲学，而应石门为建之者，故院左复有丽泽祠、学易斋诸胜。书院适当山之阙口，又有瀑布一条在其左，大可五六围，不注崖底，水花飞沫，直至院前。而四周均山，林木秀蔚，来者真有辟尘之想，亦了不能知人间世之烦嚣也。

二时，由五峰书院出赴方岩。计离县治五十里，高二百丈，周六里。将至岩下，路愈峻曲，缓缓上升，有二大石当路，一左一右，而一鼓一钟，竟复神似。过此更上抵头山门，即在方岩半山矣。就近观之，亦益见其四面壁立，如一城，故以方岩名也。往来仅此一道，在山之南，其径至山腰而绝，则叠石为磴，凡数十丈而八九转，始得小息，谓之百步竣。其间有二亭：一曰修路亭，一曰步云亭，额题“名山活佛”四字。再上架石为栈道，曰飞桥，将至顶，两石对峙，其上有屋曰透顶，俗呼为峰门，自岩下仰望，危不可陟，跻天门俯视，又下临无地，深感其为奇险矣。

二时三十分，由峰门入履平地，山径平衍，约数百亩。又有池，面池有庙，曰赫云寺，胡公之所读书也，即为胡公庙，并庙有广慈寺，久而圮，后人重建，即迁胡公像于寺中，位于大雄宝殿之前。寺后为屏风阁，高数仞，下有洞深四丈许，广倍之，即洞为阁，曰屏风阁，俗呼后殿。殿后有井，深不可测，曰研井。阁东又有雨石，并起百余丈，中仅一线，曰千人坑，即宋时胡公显灵以阻方腊，坠死于此者，遂数千人。更上西向百步许，下有幽谷，泉流琤琮，濒泉旧有听泉楼，今已废，坏基残瓦，游者多为凭吊。楼西旧有读书堂，胡公之所居，今亦废而遗趾犹存。再由以循山行二里许，岩壁峭立，壁上有裂纹如眼睛，土人谓之眼睛撑，覆岩之下有小洞，口径如碗大，深仅三寸。洞中泉出如乳，终年不竭。土人多用以治目疾。更前半里，岩洞深广约一丈，洞口有石，突出似鼓，故曰金鼓洞，游者或入洞，以手捶胸，辄闻鼓声，其地望寿山之五峰，如在眉睫也。折至寺殿，以右门入，行百步，拾级而上，则为玉皇楼。更行二里许，为石龛，历代僧人所厝，土人谓之石猪阑。余游方岩，遍行全山，见有商肆甚多，均供游客所需者，亦多程姓，因以知聚族之流泽远久也。后山高处，一览无余，群峰奔赴，兼雄奇秀伟之长。畅游而下，仍循故道，下山则山口有罗汉洞，女尼居之，洞虽不深，亦多幽致，即所谓石鼓寮也。

附录　黄绾游永康山水记

从剡入永康，与石门子游寿岩，行见五峰相亚，意即寿岩。石门子曰：此俗呼为翁婆岩者，请为易之。其崭然而出者，曰天柱，其覆而左者，曰石钟，其踞而右者，曰维摩台，又左曰石甑，又右曰蟾蜍。行度一舍，沿溪折入，见大石插空，嵬屼不可仰视，群木森茂，杂然其间。又行从木杪见楼阁在石壁中，梯石而升，弛担而休。倚槛见东南一峰突起，曰鸡鸣，少进一峰，竦出而覆，曰覆釜。覆釜之西一峰尤杰，曰桃花。北一峰稍低，水时时下滴，曰瀑布。瀑布左连大石壁下，梯石望之，高阔数百丈，若晴霞烂然，曰固厚。壁下皆洞，其一即所居楼阁，谓之寿岩。时日欲晡，谷中有云气笼木，翳然苍碧，日穿木叶入照洞中，光景甚佳。西上涂垩，仅存烟痕荏苒，皆宋元人书，辄观诗及岁月姓名。陈龙川、朱晦翁、吕子约尝同游，乃龙川亲书。其上又有"兜率台"三字，亦云晦翁亲书。石门子设酒茗阁上，饭罢西行，又一洞，中置观音像，旁设大士像十八。洞口有四楹，楹间有粉壁，屡经涂治，新故数层，见题诗画竹，皆剥落不全。惟胡产恭诗，及铁木普花耳会兵识字无恙，洞广而邃可居。又西有石峡，飞泉直下，上有龙穴，祈祷辄应。同游林典卿、周凤鸣、应抑之、周德纯罗坐其中，周晋明、周仲器后至。石门子欲即此建丽泽祠，日落归僧庐宿焉。明日去方岩山，山口见一峰昂首北立，曰天马。下有村坞，石穴中有居民，垣竹茨牖，俨若太古。逾涧南行，溪石窈窕，上有一屏，名青玉。循青玉右行，至一冈，坐望方岩如方城。向夕，余霞隐映，路从削壁升石阶八九转，未至。见崖端中开一门，既登，如行雉堞楼捞间，忽而青山蜿蜒，中藏寺宇如平野，不知为方岩绝顶。世传有胡侍郎，则尝读书其中，殁遂为神。宋徽宗时，睦贼方腊寇永康，乡民皆避于此。贼顾绝涧缘大藤将至，赤蛇啮藤中断，贼皆坠死。涧两石并起百余丈，中仅一线，名千人坑，贼乃缘间道登，据夜梦神人骑白马饮泉，明日泉涸，贼惧遂降，皆谓胡公灵异，其民至今崇信。寺后有石洞可坐，又阴崖巅绝，有小石洞，为胡公读书堂，日已暮，乃下。复至寿岩，拥蒲然灯，又十余宿，霜风盈急，木叶尽赤，诸友渐去。应天监、赵孟立、徐子实相继复来，论有得山中小生程梓、周玲、孙桐皆奋有志，他日去石鼓寮，程舜敷载酒于路，邀坐，其叔父池亭。天欲暮促行，四五里至山口，风雨至，崖松黝黑，白烟横飞，窅然不知所入。遂过灵岩洞，在山上，南北通明，可容千余人。由洞后石岭登入，黄叶萧萧，客皆凄然倦，即洞中草铺烧地炉环坐，夜久乃卧。明日天晴出洞南，仰视洞上，苍峰矗立，崖端相枯死，小树缀石，若藤蔓下垂，掩映屋瓦，丹碧可爱。稍西一门下出崖半栈石为道，曰飞桥，下望陂田，自成村落，东门有井，深可百丈。僧云：昔有龙飞去，复由后岭下。沿溪望北山崖石，数松林郁郁皆可游，不暇顾。再至石鼓寮，翠壁参差，入谷中，小洞邃寂，即晦翁之屋，吕东莱读书处也。西南见瀑布下注，其下有潭，泓深澄黛，斑鱼数尾，游扬自得，闻人声即逝。石门、舜敷、鸣列坐石上皆喜，呼童携酒共酌，久之不忍去。又云：东莱尝买田四十亩，今属方岩寺，故籍犹存可考。既出，佥谓当记以俟来者。

三时四十五分，由方岩下至云岩，凡十里。既至，岩高百余丈，峭壁拔地。岩之南面，东西横列，紫翠班烂。缘岩架石梁，曲折而升，有石洞，前后豁通，轩敞如厦，又似今之山行火车洞也。宽三丈，深二十丈，其尤奇者，洞上下左右，皆平石，无斧凿痕，真神功矣。过石洞为福善寺，豁然开朗矣。寺有三殿，后堂祀少师应梦明，傍有石碑，泐吴康甫逃禅事。吴康甫名廷康，桐城人，来宰永康，渐即逃禅于此，道光廿七年，死亦葬兹山，像已披薙作僧人矣。由前殿至后殿，复有石穴，四无天光，而广袤数十步，暗谷涓涓。盖此山多洞，瘦骨崚嶒，随处皆可布置。前殿即临石穴以为之，地藏殿又临山高踞，而后堂亦正即石为坛，飞檐外出，以为一阁者也。地藏殿前之石穴，大致略似璎珞岩。具体而微，石间满布石子，参差错综，其一块较大者圆形，土人谓为月魄，每月望必放光明，则无自佐证矣。

四时十五分，由灵岩下，遵赴处州之大道而行。松树既多，菜花遍地，风来多有陇亩之香。徐徐上道，真同清府，不类凡间。前多溪流，时时濯足而过，田家景物，时时见之。老叟扶杖，村童驱牛，一一都有天趣，令尘嚣中人，生其歆羡。渐过大桥，桥头有庙，庙曰通灵，以祀桥神者。过桥为当渡村，循山濒流，迂回过九里村，沿途多见人家宗祠，且有为一人特设者。又过神庙，在半山上，绝似徽州府之城隍庙，气势甚佳，惜匆匆未由登临纵览耳。其前为殿前街，再绝涧而过，涧上有石桥，长二三丈，肩舆过桥，至石柱镇。

方岩、灵岩，为浙中名胜，又著灵异，故各府县均有来此崇祀者，今略述其道里之所四出：(一)天台至岩下，取道双坑、西岩、冈金川而来，计一百七十五华里。(二)由台州至岩下，取道仙居、盘滩、壶镇、羊溪背、下部而来，计二百五十华里。(三)由温州至岩下，计温至丽水为水程。(公路即通，无须舟行矣)由丽水取道银场、商青、金坑、缙云、桂溪、麻车店、俞溪、灵岩而来，计程四百七十华里。(四)由衢州至岩下，取道王关山、龙游、长道店、兰溪、石硖、金华、横店、永康县治丁前、相琴而来，计程四百十里。(五)由诸暨至岩下，取道排头、红庙、八里桥、苏溪、七里寺、东阳、下时、葛府、全川而来，计程二百卅五里，余等取道，即永康县治而来也。

六时二十分，至石柱，其前即为公路之长桥，长八十公尺，即于其地上汽车。以石柱濒公路，而余等行程，由方岩折回永康，正不如由方岩至石柱之较近也。公路自永康至缙云凡三十七公里。石柱起行，尚复不及此数。

七时十分，到缙云，车行四十分，以傍晚未易浏览沿途风景，即步行至县党部住宿。县长来谈，其地民贫地瘠，惟所辖乌镇，较为绾毂营商之所经耳。

第三日　四月一日

七时，乘肩舆出发，行半里许，即循缙云江岸而行，水势甚大，激湍有声。城乡间亦无城垣，仅凭一山水间筑一门楼，谓之东门，上题

"城东锁钥"四字而已。沿途均农村团蕉，田家之乐，亦复怡怡如也。

八时，行十里，至一凉亭小息。亭额曰"南山揽秀"，其前为姑妇岩。土人神话，谓此妇适姑，而高于姑，雷神因为斫去其首级。今遥望两峰，一矮者身首俱全，而高者仅存肩背，此亦异闻也已。此山又名母子山，因别有峰似母子也。此时仍沿江而行，江面益宽，中有木排往还，而农家利用急流，则装风车于水次，以资舂碓。其地上均系沙质，一雨之后，甫晴即干，殊无泥泞之苦。

十时，更前行，仍在江次，越桥而渡江，滩河见底，水清石碎，中多涨沙。江旁诸山，均作黝黑色，成大斧擘形，论者谓为此北派之笔也。其地曰"小赤壁"，壁峻百仞，广半里，下有茂林，堪资憩息。曩宋人尝放舟于此，并题石曰"小赤壁"，此为仙都，渐入胜处矣。

仙都为五云山水之最胜，盖道经所谓二十九洞天，而山则括苍之支脉也。括苍踞缙云六十里许，山脉之来，时起时伏，至仙都而蔚为大观，窈然深秀，周回二百余里，传为黄帝驾火龙上升处，而人迹罕至，游者多不知之，弥可惜也。山有百景，杭州王西灈君一一探其胜，而系之以诗。余与同人，得按图探胜，而余又辄至人迹罕至之处，以实王君之言，殊复快事。所幸继轨有人，来共兹玄赏，庶不负天地造物，斯为幸耳！

过小赤壁，即为仙榜岩，盖石壁横亘而相连也。其石红白相间，纹理井然，丝毫不紊，故以仙榜名之，峭立千仞。

赤壁下水，亦缙云江也，名之曰练溪。按志源出大盆山，至仙都则名炼金溪。水中有石，与独峰之根，连成一片，其平如砥。两岸相望极阔，而水深仅尺许，斯足异矣。更过则为好溪，其水原名恶溪，自李太白游天台过括苍，爱其山水之奇绝，故名之曰好溪。旧记又称溪多水怪，自段成式行善政，怪迹遂绝云，王诰诗有"春明瀑涨桃花雨，秋净潭游玳瑁鱼"之说，信为写生，一字不易。

仙榜岩次，有水如环，其对面群峰，有大横石一，斜挺于外，似一船尾，垂垂欲泛，为赵侯航，盖后汉乌伤侯赵炳于此，故以名之。其旁有剖瓜石，俗传或谓宋宗室赵炳尝来游焉，姑存其两说。

赵侯航下有黄龙洞，匆匆未及涉览，而土人谓有胜境。记王西灑诗有云："玉简不投云雾净，丹房虚壁断炉间。双丸日月个中老，一掬江湖象外环。"亦庶足以尽其胜也。其西为天堂洞，在玉虚宫后山之顶。内有二泉，一清一浊，名日月泉。玉虚观即在山顶，盖唐天宝间敕封仙都，建黄帝祠宇，宋时又改名为玉虚，元虞道园有观记，今垂废矣。再过为马鞍山，山之前后凡三十六洞，今已无人能穷之，而祈雨最应，昔周法师有遗迹在焉。其遥对隔江者为玉甑岩，以形似而得名，王诗云："青莲著雨凝酥滑，石笋龙烟带缕昏。"为写其真，信非溢美。玉甑岩西为猪心岩，一名大组岩，而雨蓑岩在其下，均有佳趣。再西则为月镜岩，盖以双峰凑合，其相连之处，有一圆隙，仰望正如月形，故曰月镜。

月镜峰下即独峰书院，为朱晦庵所曾至，而其山即名晦翁岩，人地并传。按史朱持常平节过缙云，以候朝旨，爱其山水，似武夷佳处，因居焉。后嘉定中，郡人叶嗣昌为建书院于此，明时谓之为仙都草堂，今则改为小学校，依然弦诵，流风未沫。

书院之西，有巨石陷水中，为青莲石，石上旧有亭，已废，今已重建之。青莲石前，即有一洞，洞次有水，深三四尺，谓之半壁池。明万历、崇祯时人石刻最多。由此而上，更蛇行七八十级，忽尔开朗，面对诸峰，如在襟袖间，而上有岩石覆之，成一洞府，曰读书洞，即晦翁读书处也。其洞甚大，两两相连，中有石柱，自为鼎峙，而二洞并立，其门成作正圆形，奇矣。洞已高踞岩上，干燥异常，近柱则盈盈下滴，土人谓为石油，可以燃烛，内有朱晦翁书"初旸谷"三字，甚大。读书洞右所毗连者为"旸谷洞"，三窍重叠如层楼，以东向先受日光，故曰"旸谷"，题名亦多。于两洞之右，别有石级，循而上升，则为倪翁洞，其事迹不可考，或云有倪姓官而隐于此耳。摩崖刻李阳冰书"倪翁洞"三字，屡摩屡刻，已非其旧，洞亦甚大。就洞外观，鼎湖峰适为正对，似一高柱，四壁石刻均满，宋绍兴、嘉定者为多，明人则有樊太史等题名，其石仍作黝黑色，嶙峋盘错，别辟奇境。于洞中外望，对面溪流田舍，远则群峰罗列，鼎湖高峙，清奇雄丽，不似人间，同人盘桓久之，余则更探其高处，至不能再上而止。初旸、倪翁，既相连属，而山势外俯，西向陂坨，似可下者，故余试探之，惜未得其径曲，仍循故道下山也。

既下，则以肩舆前进，绕水田间前行，直至鼎湖峰下。其峰为一大石笋，高二百丈，据称顶上有湖，产莲花，为黄帝飞升之处，则无自考证矣。其峰孤峭，后枕步虚山，而不相连，叠嶂倚空，群峰掩映，盖唐刘真隐此，时闻步虚之声，故以名山。峰前为溪涧，水广三四尺，余均沙滩，沙石荦确，步至水边，可以尽峰之胜。附峰尚有石笋多支，崖壁苍翠，谓之斗岩，则不逮其高矣。步虚山上有隐真洞，为刘真隐处。洞纡回而三层，榛荆已满，未由攀升，怅望而已！又有金龙洞，相距正复不远，山麓又有仙水洞，距鼎峰湖半里，有村舍，地名石笋，盖土人以石笋名鼎湖峰也。后稷庙即在村外，栋宇俨然。鼎湖峰产石斛，土人悬绳而觅之，售得善价，而书带草更丛生石隙，望之殊有画意。山石黑白互间，纹理显别，如泼墨而成者，别饶奇趣，盖自城至此，二十七里矣。

十一时三十分，饭于独峰书院，再检仙都山志观之，知好景之未及游者尚夥，略举于此：跨虎丛，拍板洞，英鹉石，朝天峰，璇坡洞，青云洞，小桃源，铁壁崖，小东山，仙掌岩，甘泉洞，紫芝坞，钓鱼矶，铁门峡，赤岩，火龙墩，马迹潭，衔珠岩，仙芝岩，苍龙岩，云英谷，余者不可胜记矣。

十二时十五分，回至车站，仍取道东门而入也。至站，邑绅樊震初君以县志相赠，何啻百朋。

一时五十五分，就车站登车，出缙云南门，过大桥，制作甚古，或平之为汽车道。过桥，即为狮子头山，凿峰而过，工程殊大。

二时五十分，车过老虎头，山道益险峻，盖开山之工，即炸药已费二十五万元矣。渐过大庭庙，双峰合抱，中有碧溪。车道循溪而行，夹岸翠滴，迂回曲折乃胜七里泷者，何啻万倍。又过大瀑布桥，悬崖匹练，殊为异观，车行其下，水溅珠滚。

三时三十五分，车抵杉树坑，一转而至牛厄滩。过溪有大桥，建筑之费逾万元，工程可知，而其地为尤险，车道既仄，随峰转路，苟不慎者，赴涧底矣。

四时五十分，车出峰路。即为平坦，直驶至丽水县。缙丽路计长四十二公里，工程费一百万零五千元。县长邱君督造，沿途述施工艰险之状，闻者有余悸焉。

五时十分，抵县即见县城，俗谓处州十县九无城，但有丽水半条城，所以丽水旧为处州府，故置雉堞，而又濒山为之，故半城为已足。车至北门，少停，即直驶入县政府。

六时，投宿邑绅郑宝琳家，郑君为燧昌火柴公司经理，火柴厂即在其所，为丽水之大工业也。

七时，饭于郑君家，并就其园中游览。夏屋渠渠，厅事五六重，养赣兰、建兰，花当叶对，获此幽赏，同人咸欣然有喜色矣。入暮即睡，梦中犹以车尘栗六，过山涉溪也。

第四日　四月二日

七时，起治晨餐。即由郑宅，登城楼观长途汽车公司。公司利用城楼，建夏屋，其制巧矣。由城四望，西为三岩，北为白云，东则洞溪，南为南明，一一入目。

八时，坐汽车出城，行至城东溪次，以舟渡河，十分钟即抵彼岸。导者谓其地名水东，行且筑桥，以便车行。迨彼岸即洞溪，为一水岛，岛面积甚大，农舍数十家，地曰古村，略似沙面之于广州也。岛上有山，拾级登陟，即为洞溪寺，盖玉成观为道教，中祀吕祖，别殿分祀群仙，后殿为蓬莱方丈，雕塑八仙，承以云架，制作新颖，为他处所罕见。又一殿为五福堂，则祀南极寿星，群真环拱，传神阿堵，盖出名手所制。又一殿外祀大士，而文武二帝，亦别有塑像。正殿之后，为龙虎炼丹泉，谓仙人所曾至也。小园出方竹，扪之果然。须臾出寺，周览全岛，周约二三里，花木茂茁，紫荆尤盛。榕树有荫樾数亩者，诚为树老不知年矣。面对溪流，即缙云江之下流也。其地清凉高敻，可以避暑，倘再加整治，斯且益臻美备矣。

九时三十分，仍取原道，逆水而归。过渡坐汽车，至溪口，约二十分钟，此为南通南明山之路也。至瓯江口，以桥尚未成，即以汽车置木排上，渡河，其制甚简，而亦甚巧。江口峰峦重叠，大似杭州之十龙九斩头，临江一石，重叠似二人抱负，土人名之曰“和尚背尼姑”，斯亦奇矣！既渡瓯江，仍坐车，保卫团尚为地方筑路，此省工而又寓工于兵，法良意美。迨车停，则易轿，甫五里地耳。南明山虽不高，而层峦耸翠，大有峨然独立之势。舆上四五百级，松杉夹道，一绿宜人，数转而至仁寿禅院，其前即一大石梁，斜亘半山，题识都遍。最旧有宋元祐年间者，而明嘉靖时人，为刻青天白日四榜书，不图为今日之谶。渐入门至弥陀殿，而正殿，其旁有厅事，额曰“梦坡亭”，以此间曾有住持，梦觏苏玉局也。

南明山水木清华，草木蓊茂，开山在唐代，实为古刹。宋时又有高僧驻锡，而名亦愈著。此山亦括苍之支脉，凡寺宇泉石，均载《括苍金石志》中。而殿前四巨字，作“南明洞天”，又有葛仙翁书“灵禁”二字，谢康乐书所作诗，李北海楷书，名迹殆遍。大殿之旁有二井，一深而一浅，相距数尺，不同如此，亦足怪者。殿后为葛仙翁炼丹井，细水一泓，萝丝袅绕，小院一角，幽蒨可喜。更进为大士殿，地藏殿，殿外有米南宫书“南明山”三字。殿后右向，遂为一洞，不深，通其两端，洞前石刻“石等寿”三字，隶书，由来亦旧矣。洞一面为山，一面为石梁，斜曳而上，其前有宋绍兴四年大水，居民避此之石刻。洞中约行六七十步，遂尔开朗，拾级斩荆，更百余步而为爽气亭，濒阑一望，全城在目矣。俯仰久之，循道而下。更于半山间，南向至钟楼，楼外又一石梁，直达大殿，蜿蜒如蛇，亦为奇观。钟本旧制，夙著灵异，近已废矣，少少摩挲，即至梦坡亭小息。

十二时三十分，离南明山，仍回原路。约十一里许，渡瓯江，坐汽车，而西至三岩寺，道途所经，原隰田野，心畅情怡。

一时三十分，至三岩寺，其门前为空地，大树合抱，婆娑倒影，知其凌逼风霜，殊有岁年矣。树前为山门，入即四金刚殿，更入为正殿，正殿之右为客室僧寮，明洁可喜。是日邱县长以县境有苗人，特约来午餐，俾同人得一晤之。是地之苗为畲人（音柴）其字之取义，则为番人之入境者也，由来已旧，种族繁殖，现境内约三千余人，不与汉通，亦不与汉忤，自成风尚，隐居岩壑，力田自给，男妇老幼，咸作百年前妆束，傀异可观。其与汉人较习熟者，亦间有往还，此即县长具柬请其来饭者也。同人欣然，为合摄一影。余等注视后，即绕道至正殿之后，便对三岩，大致似人家花园中之泉石，惟此则岩穴幽邃，而占地无多耳。三岩寺作墙范其左右，于是三岩妙境，尽在环中。三岩高十余丈，上有飞瀑，宽至五尺许，溅珠流沫，终年不涸。瀑前山下，正中即为观音洞，三面抱山，前面开朗，内可设三四席，不为小矣。观音洞旧名白雪洞，以前临瀑布而名之。迨既建寺，设大士像，斯易洞名。洞之左别为一洞，曰清虚洞，形如半月，又似浮螺，盘旋以入清虚洞左，别有蝙蝠洞，洞门不大，而洞内宽广，以其昏黑，游者多勿敢深入，伏日纳凉，实为最胜之地。观音洞左，即为晨曦洞，内有丹井，传为仙人炼丹处，水作红色，迨掬起观之，则又一泓如碧，此其所以为灵异也。晨曦洞上，别有小洞曰石叶岭，合之为五洞。瀑在正中，名珠瀑，琤琮有声，下承以巨石，为水冲激，亘古以还，未尝摩泐也。石上摩崖题刻，几已遍之，李阳冰书"雨崖"二字，尤赫然在目。同人即饭于瀑前亭中。清气入袖，流玉当前，生平治餐，此为最胜之所矣。

四时，餐毕城归，中途值雨。即小息。俟两小时后雨霁，始至大街，购土物，亦无所得，聊资观光而已。

七时，归饭，同人或治丹青，余为撰小诗以记其事。

第五日 四月三日

七时，起游城内秦淮海祠，余治词学，瓣香淮海者独深，此其谪宦之所，有祠宇，在城南万象山，日昨以阻雨不及行，兹晨间以人力车往，至山趺，拾级而上，荒草、蔓草，已无当日之盛。万象山不高，而在城内，故邑人辟之为公园，然不及整治，尚有待于来者也。祠宇以深扃未及进谒，就窗棂窥之，一室中祀神龛而已。山上有亭，悬楹帖曰“淡烟疏雨，白日青天”，不知其取义所在，聊聊俯仰，即以原车归。

八时，以汽车至云和，公路凡六十公里，费至三十三万四千余元，足征其设施之不易，车仍至瓯江，以竹排渡至对岸。

九时，由对岸发，十五分钟而至沙溪，更十五分钟而至南山，更十五分钟而至大港头。其地为瓯江上游，水道所经，凡云和、松阳、丽水之所萃集，故村镇饶富，市街系庶。濒江有亭，飞翚栋画，翼然有楼，榜曰“双荫亭”，登楼可以望远。镇有普昌制板厂，所制均为燧昌公司之火柴盒，成绩绝佳，获利亦厚。

十时十五分，离大港头前进，十五分钟而至规溪，更十分钟而过石头。一过石头，登山绕道，上下重叠，如陟三层楼，一车在上，一车在下，就上车俯视下车，适见车顶，相距一线，升降相异者如此，同人之未陟山道，咸轼车以观之。

十一时，到孝顺站，遂过木垟。其地有私立林场，植山松，更十分钟而至局村，此为龙泉、云和交界处。有路通闽，殊属险峻。军事时期，所建炮台，犹有遗址可寻，局村至云和，仅六公里，转眼即到。

十一时五十分，停车步行至云和县署，仅半里，云和亦瘠地，无城垣也。赵县长治餐款同人，为述其地瘠而民贫，人民仅九千许，田赋旧制六千两而已。此地为丽水所分治，故无雉堞，民多植松制炭，无有家，且水性奇寒，非经煮熟，不能服食。即有就河沐浴者，亦必致疾，而全邑畲人占十分之四，政令亦不易设行，教育更难于普及，当渐以谋之耳。

一时四十分，餐毕取道云龙路，行十分钟，即入山，山高而峻，车道盘旋其间，视丽云为更峻，远过杭徽路之老竹林矣。土人谓之为“盘山”，其地曰“临海洋岭”，高出水平一千五百公尺，车道上下，凡六层，始至于山顶。

二时四十分，至山之最高处，其地双峰环峙，下为民田，高下转仄，一一入目。以其两山环抱，形如葫芦，即谓之为“葫芦谷”。云和至此，仅十八公里有半。更前为赤石，山势益峻，为兵家所必争。更前四十公里，即抵龙泉，惜雨后道路为水所冲蚀，山石又随雨而下，梗塞不能更前，于是下车，步武葫芦口前，又扣畲民之居，盘桓一小时而返。

三时十分，原车抵回，经三小时许而回丽水。

七时夜餐，餐毕即入睡，道途行役，劳人易酣睡，殊有味乎其为梦乡也。

第六日　四月四日

七时，以人力车经大街赴南门码头，南门一名大水门，城楼俨然，且有戏台，用资酬神之需。码头即在门外，预赁之三蓬船，已泊瓯江。同行者十一人，分乘三船，自丽水至青田，约百余华里，顺水而下，至速时五小时，即可达矣。

七时三十分，由瓯江行过老虎头，上有废塔，大致如七里泷前所见者。诗情画意，盎溢可喜。更进则为塔山湾，工人就山炸石，以辟公路，盖公路之由丽水至青田者，即循瓯江而行，与水道相并衡也。就山凿石，先用铁钻钻山成小孔，然后实以炸药，哄然一声，山石纷裂，即砥而平之，以为道路。钻遇坚石，三钻已秃，则别装磨钻之机于山头，且钻且磨，而钻力则以空气紧缩器，递空气以凿之，其力倍大，每人每日约凿洞一百尺，每洞深十尺，始可纳炸药，俟数洞并成，炸药齐纳，引以火线，半山废矣。引火之法，现尚以药线，未用电气，尚非尽善，工人间有受伤者也。

一时十分，舟行七十里，再转再折而至石门洞，尚未至青田县城也。即于洞前，舍舟登陆，其地层峦叠翠，气象峥嵘，一水潆洄，群峰缭绕，不仅风物之美，即以形家言之，亦自有可取之处。遵陆登岸，即见二山夹峙，如两门然，始知石门之说，为不虚也。二山一似旗，作方形，一似鼓，作圆形，真所谓旗鼓相当者矣。二山之中，曲径甚窄，殆抵山内，则又豁然开朗，似在井中，盖平地百余亩，四山围绕，仅在山峰中观天耳。山中平地，中为灵佑寺，曲阶深院，宛委有致。寺基较高，则以此间时有水灾，惧遭淹没也。至寺小坐，望旗、鼓二山，翼然欲动，而二山间又远见笔架山，三叉凹凸，信同笔架，小息即由寺转道更进。数十步而抵刘文成祠，此其曩日读书处，故邑人立祠以为纪念也。旧祠已蓝，此则十年前黄道尹为重修者，祠屋三楹，前有小院落，楹联题刻，均已满遍，祠中塑刘像，朱衣端坐，惟不知其所本。上悬巨额曰“策士无双”，题者盖忘文成之经术，而徒以俪之于术数家流，此熟读《烧饼歌》之遗毒，诚可谓谑而虐矣。再后即为大瀑布，三面均山，苍黑如铁壁，水悬其中，较永康三岩诸瀑为大，高近五十丈，分道而下，承之以池，池中有巨石，即当瀑尾，于是分瀑为双流，以导之于池，池近瀑处，深至无底，水作深蓝也，而近岸者则甚深，可以见底，亦异事已。三面石障，左右均有小洞穴，可以伫息，游人笠屐其间，静观极悟，真同世外，惟洞中题刻已遍，瑜不掩瑕，为俗人所累，令人不快耳。

邑人见告，谓此瀑之源，远在山上，离瀑约二十五里，见有流水，过此则为伏流，不得见矣。离瀑七八里之山巅，有水激而成溪，其地名头坎，至二十五里外之真源，则为天门岭，尤为高峻，瀑布之来，即在山上有山，层层而下，激为急流，不暇择壤，以注于山下，此天门岭即为石门山上之山也。其水终年不涸，即二三月不雨，亦尚有之，停泓之势，可以想见。至石门诸山，均甚秀耸，鼓山尤雄壮，不易攀登，仅一小道，供樵斤耳。然山隙间有长松，已数十年，为风鸟所媒，又蛮石间苔藓满布，清趣古情，均可怡悦，旗山之矮松尤多，石块崚嶒，风骨豁露。

二时，饭于灵佑寺，即刘文成读书处。文成，九都人，离石门百余里，其地曰南山，俗称九都也，谚称“九都九条岭，条条透天顶”，足知其高峻。而南田山顶，有田数百亩，刘氏即家于此，在高山上之平原也。南田之山背，望之如一“王”字，故刘氏出为王佐之才，父老相传，其说新异而可喜，至今刘氏子姓蕃昌，仍居其间，有为约略述南田之胜概者，曰此七十二福地之一也。先登鹤口岭，舍舟登岸曰“岭根”，峻险仄径，约十里而至会峰寺，再登岭头，高似入云矣。岭头有双峰，雄拔千仞，皆青石无寸土，类铁骑，故曰“铁骑峰”。逾峰下坦行十余里至武阳村，即刘氏故里，再进十里至石圃山，为南田之中，其段有山如帐，周数十里，故曰“石圃”，为南田最巨之山。山顶诸石，奇形怪状，不可方物，名九珠岩，又有平坛数十方丈，刻古文奇字，已剥蚀，不知何代所劖刻。其与石圃山图高者，为亢五峰，登临一望，群山均在眼底，峰峭数十仞，名狮子头，其下石洞广数十丈，俗称鬼洞，亢五峰东有横山，山上巨石三，高廿余丈，作品字形，谓之三叠石，中有空洞，可容数十人。亢五峰下有石坛数方丈，俗称仙人所憩息，谓之仙谈岩。而华益山、金鸡山在亢五峰麓，势极雄壮，为之屏蔽，形状奇特。南田全境之水，汇于篁村，落于峭壁，以入于飞云江，石壁高数百丈，即为大瀑布俗呼为际，即百丈际也。天绅下垂，随风曳线，荡漾空际，非雾非烟，阴阳变幻，莫可穷诘，余闻其胜，极拟往游，惜不克兴，为之怅然，容当再探其胜也。

二时五十分，再游东洞，石门洞内以灵佑寺为界分东段二洞，有池水、泉石、阡亩之胜。少少涉历，仍返舟，赴青田。由石门至青田，凡七十里，其水为大溪，盖瓯江数流而之名，由青至丽为大溪，通松阳者为小溪，通温州者为智溪，合之为瓯江也。舟中县长来谈，青田面积不多，而山为多，故民患贫乞，计廿四万余，正粮仅一万五千元耳。人民少有积储，即去而之他，以青田无可为业也。又青田石驰名海外，然老坑已尽，近均新坑，已少逊。欲得老坑者，当于骨董肆中求之矣。言次以石章见贻，殊可感也。

七时，抵青田，投宿学校，县长招宴，即于校中。深夜忽大雨滂沌，纸窗低椽间，别有风味，席次值公路局人员容君，为述此间山石极坚，硬度至百分之六或百分之八，且有铁质，故施工弥觉困难。其尤难者，每一公尺，需费至四百元，由青至永嘉者，尚属平坦，由青田至丽水，须凿山而行。云和至龙泉，虽崎岖，而石性较软，自龙泉以上，即大费工力矣。泰顺在万山中，不易建造，因里程不多而约估需二百万元，始足敷用。以全省公路言之，最速将至本年底，始可竣工。现已造成者，五千余里，而公路局每月需费八十余万元，以供修路建筑及办公之用也。

(《旅行杂志》1934 年第 8 卷第 7 期)

下

第七日　四月五日

七时起，在校中盘桓，并瞻视县中街市，遂至城外，试登城楼，为自治办公之所，布置亦尚整齐。或告我此后青田车路，即在城基上行，省费多多，亦创举也。渐下舟，由智溪而下水，瓯江水急而浅，水底有滩，舟行其上，水声激湍，似在桂林矣。

十时三十分，舟抵温溪，行三十华里矣。即于温溪换乘轮船，自垟湾以转入瓯江，即于船中午餐。瓯江本广，沙鸟风帆，一一在目，弥为心旷。

三时，已至永嘉境内。同人议先游江心寺，盖在永嘉江中，为一孤屿，似焦山之在镇江，沙面之在广州也。遥望两塔，翼然对峙，然已废矣。屿后为龟山、蛇山，为之屏障，气象峥嵘。同人登岸，先瞻谒文信国祠。中祀文山，旁附以明礼部尚书顾瑞屏之位。庙甫新修，轮奂均美，四壁石刻均遍，其尤著者，为阮元、杨炳、谢启昆所书。中悬巨额曰“万折必中”，盖顺治间永嘉知县杨绳武行书。又有宋文信国石刻像，乾隆间秦瀛为之长跋。正殿侧即为江心寺，濒江而建，气势巍峨，沿水缭以短垣，并置石塔。入为正门，门内一重为韦陀殿，更入为正殿，额曰“圆通殿”，内榜曰“镇定中川”。前为院落，严整方洁，其西为卓忠贞公神祠，盖殉于明建文革除之役，祀之以彰忠节者也。浙江学政雷鋐于光绪七年上额曰“忠炳几先”。两壁均历代重修碑记，祠西为廊，通廊之别一端，为一小院，院有灵寿泉，凡掷物泉中者，浮沉数四，而不遽下，故邑人名之曰“廉泉”。又俗称凡人至此而饮泉水者，必且重游一次，试之每验，故又名之曰“回头泉”；而同人以此地清敻绝俗，咸思再游，则各尽一杯焉。

泉外为偏殿，供三世如来，额“清辉”二字，则宋高宗御书。盖建炎南渡，高宗曾与信国，同来此寺，徇僧请而书之。楹前院落，别有石刻二字，与此同，而仪征方鼎锐为之跋。据云：“董香光尝称思陵于书法最深，此其手迹也。”又谓高宗避兀术，泛海至温州，驻跸州站，二字想即此时所书。时二帝方北狩，而帝犹为此，其好整以暇者乎？原本为“清辉浴光”四字，寺僧为刻木榜于孤屿龙翔兴庆寺中，戴鳌峰广文复为之勒石，而“浴光”二字已废。其外为石刻兰花一方，则周斗山作，其地曰“去来斋”，盖取象教之义而得之。其右为方丈室，有宋陈抟书“寿”字石刻。其外则为寺外，寺外濒江处，有合抱二树，扶疏可观，倒影凌波，不知其若干年矣。寺外有碑亭曰“谢公亭”，盖志灵运永嘉守之去思也。吴兴林道尹铁尊莅永时，重为勒像建亭以纪之。谢公亭西，有小垣，垣内祠宇一所，盖为浙绅徐班侯设也。徐祠后为小山，一石碑题“前永嘉太守觉山像”，足以见其遗泽之悠长矣。

谢亭之次，又为明温州郡守陆公古松祠。祠中有塑像，庙貌肃然，其两旁二像，一为其曾孙永嘉知县陆衷虚，一为其曾孙平阳知县陆衷抑，均有德政，故合祀之于一祠，题额曰“陟庭萦慕”。联曰：“遗爱难忘一太守，后昆垂裕两曾孙。”亦甚典重。畅游至此，江心寺之胜，庶几尽穷之。遂以原舟至江岸。永嘉为府治，而人物代起，商业骈著，市衢整洁，杭州、宁波以次，浙江其以此为通市矣。

六时，抵永嘉，投宿新同华栈。此间客寓亦整洁，似吾苏、常诸处，足资旅途之乐矣。县长约晚餐，并为道仙岩瀑布之胜，高数十丈，为永嘉、瑞安交界处，为永之南向，而白水漈则在江北岸，为宋叶公读书处，瀑布亦佳，虽视仙岩为小，而亦有奇景。同人相与神往，为惜游程已定，不及更为蜡屐也。

永嘉以海肆，习俗奢靡，妇人好为浓妆，而人物韶秀，学者辈出。山川毓秀，殊属不虚之言。民风淳朴，近兹初无匪患，而人工奇廉，故本地所产者，价亦至贱，蜜柑为最胜品，每元廉时数十斤。皮箱之奇大无比者，仅十元八元。青田石章，每方元许至数角而已。且民多巧思，能治工艺，故青田石行销遍于欧洲，而其他小工业，亦多有可观者。

八时三十分，薄游市街归息。

第八日　四月六日

八时起，以人力车往游公园，公园即城垣之次，辟而治之者也。永嘉东南，有二小山，西曰资福，东曰积谷，二山之间，缭以雉堞，即为城垣。迨民十五年，邱定侯来任县长，集款五万元，去其垣，即于两山间隙地数百亩，植以卉木，以为公园，林亭楚楚，花木宜人，曲槛长桥，俨然南垣所叠成者矣。资福山下有大舍，可容千人，以备集会之需。而积谷山下，则有二巨石，翼然对峙，微通一径，则名之为“小石门洞”。入洞别尔开朗，为一小园，花木扶疏，极多清趣。园门题“东山书院”四字，园中有屋数楹，中祀晋郭璞。屋旁由山径，至于山趺，别有小楼三层，其下即为山坎。楼为永嘉词人祠，设五位，一永嘉词人，二游宦词人，三流寓词人，四闺阁词人，五方外词人，秩然有序。余窃思一百年后，必厕诸流寓之列。来享此邦烟火，宁非怪事。楼中楹帖至多，均集词中语，有极隽极妙者。更上一层，则为憩息之室，悬额曰“此地宜有词仙”，盖《白石词》中语，摘书于此，适合分际。楼三面临空为窗，可以四望，因山依树，辟此杰构，真足以位置兰畹、金荃诸君子矣。楼建已逾十年，盖亦林道尹所为，林为况蕙风先生弟子，作词精而且多，其已行者曰《半樱词》，故提倡词流，不遗余力也。

出词人祠，遂复绕至积谷山后，别有高处。拾级而登，半山有坛，一大树卧其上，已枯死，而虬龙屈曲，犹有生气。坛上本为飞霞观，今亦毁，碑记犹俨然在目。半山岩石上，有“谢客岩”三字，作小篆书。据县志谓为谢灵运所手书，未知信否？其旁有元人韩奕题名。下山，逾公园中，有戚继光纪念碑志，所以励抗日之将士也。公园假山，亦甚敏妙，而园外一路，即为谢祠路，足见遗爱之深。渐登资福山，盘旋以升，山不高，而气势雄壮，瞬息已登其巅，有延寿寺，盖尼庵也。入而品茗，老尼二三人，据杵捣衣，中悬巨钟，题“华盖山容成庵置”，盖此山占地甚广，名“华盖”。资福仅一角而已，容成即延寿之旧也。过延寿寺，循山转折，而至资福寺，门临大道，缭以短垣，山屏护拥，全城在望，逗留其间，颇足自雄。再至寺后，为最高处，有亭一，占地甚巨，曰“大观亭”，然不甚高，则以此间多海风，易受摧折也。

既下资福山，以人力车至瓯海关监督公署，至其厨庖之次，有败屋，屋下一泉，谓为王羲之墨池，有“墨池”二字石跋。跋者谓此本为王所自书，已久佚，米元章为补书之，又佚去，兹则黄天谋于乾隆五十年所书矣。渐至署东，观诗人祠，则曩者监督冒鹤亭所置也。平屋五楹，中立位曰“永嘉历代诗人之位”，壁泐二石，均冒氏所纪。前为广场，今祠宇已为警察教练所之用。余赴祠时，正殿即为警士考试之时。人人构思而属笔，余以为警士而知诗，必以“月明无犬吠花村”为佳句矣。更前别一院落，前有小池，竹石丛立，弥多清趣。池上石刻楹帖，曰“把酒长看剑，焚香夜读书”，款署“王羲之”。夫晋代安得有楹联，此盖后人集王字而成者，即署其款记，亦复不思之甚矣。晤署员陈仲陶君，出视所撰《墨池考》，裒然巨帙，不更赘。关署为旧镇衙，而诗人祠前，更为名园，故虽荆榛，仍有雅处，似乱头粗服之一例倾城也。

十一时，至县公署，观所搜藏之本邑出品，农工咸备，庶绩蔚然。少坐再以人力车赴图书馆，其地为孙仲容先生居，舍宅为书藏者。仲容先生学问经术，人所共知，不复具书。其地在永嘉西门，附郭之居，缭以一水，面挹西山，晴爽之气，摸人眉宇。入门，花所井然，泉石无恙，亭台结构，无一不佳，门内有“籀园”二字，为南通张季子书。更入一室，则谭组庵榜其室，则曰“籀庵”。中设仲容先生像，两壁悬国史本传及章太炎所为别传，述其学问甚详。更内为治事之所，中祀黄仲韬先生位，仲韬先生与余父至契，而诸子尤辄往还，累代交亲，至此得谒其位，亦快事已！楼屋五楹，上以藏书，惜乏善本耳。冒鹤亭所集永嘉诗人丛刻，板存此间，同人欣为各购一部。仲容先生为瑞安人，永嘉别有故宅，旅舍善本尚多，惜嗣人赴瑞安，未得扣阍，一为摩挲也。

十二时，应许专员约，在意大利饭馆午餐。设此饭馆者，为本地人，曾在欧洲。遂娶意大利女子归，以西庖飨客，设肆濒街，而永嘉人初不嗜此味，遂以折阅，比则属之他人，改营中菜，甚丰腆。

二时半，赴码头，乘乐清县保卫团所备之乐安巡舰行，计程由永嘉至白溪，可二百华里，其所经过，为海州，五牛，馆头，七里，黄华，翁坪，歧头，万桥，石马，蒲歧，华秋，鹑头，以至白溪。若至乐清县城内而坐班船者，则由馆头，换小船行九十里可达。以乐清城内至雁荡山，凡七十里，不如径赴白溪之为便。盖通雁山之路凡三：一自白溪行，一自大荆行，而一自芙蓉村行也。

四时三十分，海舶微觉风浪。其初行也，甫十余里，而见磐石堆，此即乐清九条城之第一城矣。所以防倭，于今未戢，为之奈何！城已残破，而负山面海，颇为峥嵘，所负之山曰白石山，下即镇市，为磐石村，两炮台犹置土炮，用为拱卫焉。其对面为之孤岛，名曰单崑，双崑，则以其形势山数而定之也。白石山亦有风景，足资游赏，惜无暇及之耳。遥望对海，即玉环县，旧为厅治，屋舍俨然，弥复整洁。其上之山作方形者，颇似方岩，盖行三十里而已至馆头矣。其海面多沙船，桅高插天，船首作龙形，以魇海神，制作已古，而涉历风涛，亦弥有坚力。由温以至沪，时时作海岸线(Coast Line)行也。

五时十五分，过歧头洋。其沿岸有歧山，上有平坦处，建西式房舍，旧为西人避暑处，今已舍之，垂垂废矣。其别一面即玉环诸峰，矗立海上，似三神山，更十五分钟而至乐清湾。由湾至邑市，仅十里，渐即饭于船上，多海味，亦别有风趣也。

九时二十五分，沿海停。其濒海为盐场，船不得近，别以舢板渡至岸次，岸有长堤，深入海内，两旁均池晒之区，类沮洳，行者偶一不慎，且入池，则支节而行，前后呼应，行十五分钟始至荒岸，知此非白溪镇，而为附山之一小镇也。再行十余里，抵宅前村，即投宿阮石泉家。阮为蒋叔南知好，故同人一拥而至其家。屋宇闳敞，为一村冠。同人均分宿诸室。深夜主人出西米粥以供客，香甘可口，似在上海华懋饭店八楼矣。两点半入睡。

第九日　四月七日

八时，由宅前村赁轿上雁山，自宅前至灵岩，仅十二里，为最近之路。行十五分钟，而至白溪街，(距宅前凡五里)其地之山为狮子峰，亦可登陟，则下舆登山，望见群峰拱立，知为雁山矣。喜不绝心，笑形于口。其地山石，亦黑白相间，微类仙都。诸山均作斜陂形，而雁山独突兀众前，层层高起，有时悬崖削立，知其与群山之不同矣。

九时十分，到章师岙，此为将至雁山之山门，其地已有浅流，与人绝流而过。过此为塘头，峰峦之胜，一一入目，盖渐渐已经响铃头矣。遥望睡猴峰，其势可掬。高处则为将军峰，铠甲俨然，再进为大钟石，形似寺钟，而钟顶一石似伏龟，惟妙惟肖，望之令人失笑。迨抵其地，下舆步行，扪山而上，先是一小洞，更进为一溪水，琤琮如珠，时回头一顾，四壁俱山，已入深嶂重峦之里，其境为匪夷所思。则再进为龙游洞，洞中有屋，叔南尊人所建读书处。洞前正对三折瀑，自上方而下，凡三折，余等所见，则仅二折而已，下承以池。瀑之下也，委宛有致，又与石门所见为不同，盖虽不大，而别有幽致，不易言宣也。再进过猴头峰，龙头峰，以至于蓼花嶂下之净名寺。蓼花嶂为一削壁，上有花纹似绘蓼，故以名之。净名寺当前一路，宛转以入于大殿，殿后即为嶂壁，临嶂有洞，为塑五百罗汉，而署之曰散花庵。就庵以入，别过石穴，其深处题曰“蓼花深处”。再转以至于净名寺之偏殿，雅洁可喜。同人治茗其间，治茗所在曰“挂锡阁”，有梁茝林中丞携儿往游之题名。净名寺所以为净名居士设，居士有神通，佛所深敬，辄卧于家，故洞中塑居士睡像，设位曰“三界万灵十方真宰之位”。蓼花嶂上为金鼎峰，其旁为蝙蝠岩、青莲岩诸胜，均亦象形而名之。再进为铁城峰。途中遥望参差峰、龙头峰、游丝嶂、玉杵峰，俨然可掬。于是至于水帘洞，洞虽不广，而窈然意远，而维摩洞亦正相去不远。内有屋，已废矣。前行遂至于鸡龙峡，正在维摩峰前，再上为餐霞洞，逾此可见犀牛望月峰，以至五老峰。自净名寺后，曲径崎岖，跨岩越峡，肩舆所不能至。同人至者，仗济胜之具耳。至五老峰，同人始折回净名寺。方其过水帘洞也，上有飞瀑，自铁城嶂而下，破空飞舞，势如玉烟，故土人即名之曰“白玉烟”。其前复有梅桩岩，则一石嶙峋瘦怪，似梅桩之为木化石也。鸡龙峡前，有一石植立，土人则名之曰“一枝香”。凡此游程，均至胜之景也。

十一时三十分，由净名以肩舆赴灵岩寺，先过吉星桥，可以望见睡猴峰之神似。于是过响岩门、安坐岩，以至于灵岩。方抵山门，已见天柱峰矗然直立，寺外有老衲拜佛岩、木鱼峰，而寺后为锦屏嶂，益见幽胜。同人先议今夜宿此，则入寺小憩，分陈襆被，然后午餐，餐后余与同人复出游灵岩诸胜。先见双鸾峰，其下一石为美女梳妆，更右为象鼻峰、隐龙嶂，而卷图峰、卓笔峰，亦在此可见。隐龙嶂次即小龙湫，凡三百尺，草密林深，泉清石秀，几疑仙国，非复人间。于是同人就此摄影。更向右行，即为插龙峰，而独秀一峰，均在眼底。插龙峰头有藏珠谷，则以二石相间，中含一石，如圆珠也。再过则为龙鼻洞，洞高数百尺，拾级而上，中有佛像，清水一泓，少息于此，更行而前，为安禅谷，以至于屏霞嶂前。入屏霞庐小息，即蒋叔南先生别墅也。矮楼三椽，清雅宜人，入此者必不有红尘之想。楹贴匾额，多出名手，而楼上先生复自书诗幅，张之素壁，增辉不少。再进而上登天窗洞，其地径狭而峭，其最高处至无石级，登临洞次，则知此洞之在最高峰头，且有四穴，可以通光，故洞内甚明亮，惟颇深，无由下洞一观也。天窗洞前路次，有摩崖大字，初不甚精，更外则为小旗、展旗二峰，由以上望最高之金乌、玉兔二峰，别饶奇趣。而龙王、霞嶂二洞，亦在其旁，惜时晏不及更尽兴一游耳。

五时，归灵岩寺休息。叔南以本地所产之柚子见饷，颇甘，问之，知土名为炮，全山仅一树有之，年实数百枚，价亦一元仅得四枚，为名产而又罕见之物也。夜饭后沐浴入睡，合眼即鼾声大作矣。

第十日　四月八日

八时，早起治餐，即以肩舆出灵岩寺，沿途见五子峰，观音峰，小剪刀峰。直行西向，遂度马鞍岭而至大龙湫，自出发至此，已过一小时矣。莲台岩、鹰嘴岩、玉屏峰、紫霞嶂诸胜，亦均历历在目。迨至大龙湫时，先过睡鹿峰，既过大剪刀峰、一篷峰，而至于瀑布之下。其地四壁高山，如围铁障，群峰均高四五百尺，而龙湫瀑下，逾五百尺，下入深潭，旁临浅谷，细草蒙茸，岩崖削壁，一望无际。而四山宙合之中，平地一方，适足资游人之啸傲。蒋君叔南复构三椽于瀑次，谓之观瀑轩，面瀑有窗，真能洗尽凡心者矣。龙湫之上，为龙湫背，自别路亦可登陟，观瀑布之荡激而下，惟费时较多，遂轻轻舍去，亦弥足怅然已。

十时三十分，留连片刻，即转道华严岭，而过东岭。东岭美不可言，群峰来赴，咸有名目，未暇列举，亦姑听之。时西望一高峰，突兀云半者，即雁湖也。雁湖无官路，肩舆所不能上，余亦懒于步行，舍之而过。再经仰天猫峰，前向以由上垟村至上马石村。

十二时，就上马石村胡仲信家午餐。胡君为叔南至契，且极好客，行旅所过，每以此小憩者也。主人殷勤料量，有田产，故能款宾，家屋尤井井，榼帖几满。余与同人，醉饱之余，益用为乐。

二时二十分，由上马石村赴梯云谷，仅二里耳，行不及十分钟，即到。先见石表峰，迂回以上山，披榛斩棘，仅乃得通。先过一石穴，两端可通，似火车之隧道。再进始为一谷，乱流叠石，雅静无匹，其地四围均山，就山穴以下窥，则平原畴绿，均在足底，知此山之不为低也。更前即为梯云瀑，水流琤琮，虽视龙湫为小，然亦足以怡情。且龙湫四壁均铁山黑石，此则前为溪谷，清溪微流，野花石径，又别有园林之风趣。且龙湫一白而下，无有渟泓，此则分为上下二层，且瀑布一道而下，至半山则分为二股，其入涧之处，乃分作四股，益臻清丽。

三时四十分，下梯云谷，前赴西石梁洞。浙省名山，多有石梁，天台为最胜，而雁荡诸梁，亦均可观。行十里，费二十余分钟，始抵其地。本来峰峦回合，至此乃一峰如嶂，微凹作环抱形，而瀑布即自此环中下注，高与小龙湫相等，约二百余尺，砉渤而下，气势亦极雄奇。瀑布之左，半山有洞，甚广，其上为一石梁，横亘似托住此山，不令覆没其洞者。洞中遂有楼屋五楹，为尼庵，老尼居之，不问尘世以外事矣。拾级而上，小息其地。更登楼为正殿，供如来，经卷陈诸案头。其上即石梁，无自攀登，然观其结构之奇，亦颇参造化之妙。所惜者梁在瀑西，屋于洞内，就屋却无自见瀑，徒闻琤琮之声，间有风吹瀑到此，如微雨而已。洞后有小穴，可通至石梁之上，独无路径，同人有贾勇者，蛇行以登，亦至险矣。

五时，由西石梁回，途中过含珠峰，两峰相间，中有片石混圆，真成衔珠之势。再过宝冠寺址，红岩洞外，而至于梅雨潭。潭在高山中，清流乱石，大致与梯云相等，而葱蒨过之。门前似梯云，而内则愈转愈深，愈高愈上，属攀藤草，亦屡踬泥途。其最上者有石级数百，循之以上，抵一洞名“明阳洞”，近前者微作斜陂，而上覆如圆穹，泉流滴滴，草润如茵焉。少留已天晚，即遵道而行，过芙蓉峰、诵经岩，以至于能仁寺。

七时三十分，至能仁寺宿，距梅雨潭凡十余里，均山道，故舆行至缓也。此寺为十八罗汉中之第五罗汉诺讵那尊者所开山，创于东晋，盛极于宋,屋宇甚宏,有楼舍,可容客百人。其山门之外,别有广场,正修缮大殿也。寺外为燕尾瀑,不甚高而颇宽,其入溪之处,分作两股,故以燕尾名之。余侪来时,天已黑,而燕尾琤琮,望之犹得其仿佛。既至,觅舍治衾枕,晚餐后即睡。今日攀援至高,亦甚矣其惫矣。

第十一日　四月九日

七时三十分起,早餐后,出能仁寺,重观燕尾瀑。又至寺左观铁镬,盖有宋元祐七年,有僧千人过堂,因制巨镬重一万七千斤,现已弃之田间,虽有破裂,而全镬犹存,欹置外向,中立十人,犹复空空如也。内布施檀越之姓名,亦历历可数,已详《金石志》中,不更赘举。能仁寺之东,有目莲救母峰,笔架峰,呼猿峰。燕尾瀑上为千佛岩,远望云中最高一峰,即百冈尖,为雁荡之祖峰最高者。惜未由跻攀,徒于云霞郁蔚中一望而已。其西为将军岩,千佛岩之右,又为对人峰,绕寺有溪水,为斤竹涧,直通于海者也。循水往视,一转折而至铁坝头,因水来有坝,故以铁名,其地杂花野竹,别具风光,不似雁荡全山之廉悍,而多疏秀之气。其地旧有行春桥,已废,而山趺犹刻"行春桥"三字,传为明建文太子所书,则以成祖革除之役,建文颠沛南迁,曾披剃于此间也。由能仁寺至斤竹涧,凡三里许。斤竹涧计有十八潭,均著盛名,为风景绝胜之地。披荆斩棘,扪石攀崖,有时涉水,则以舆夫挟持而过,有时陟山,则以竹杖策支以行,仅至第五六滩,而行者已疲惫不堪。按其程途,先至半月潭,而至经竹峡,以至锵金潭,漱玉潭,更进过十八潭,则为大海。旅行者虽奇苦,然幽蒨冲雅之乐,则为雁山所独有,而游雁山者,又多未曾一至,故足以傲视霞客,不仅平睨近数十年来之游雁山者也。

九时,以原道回能仁寺,早餐。餐后由燕尾瀑,霞映潭,以过龙天岭,马鞍岭,而至上灵岩村,下灵岩村。其地经行,亦真极美极胜,肩舆缓缓而行,乘者垂垂欲倦,真有庄生化蝶之概,不仅逞游观之乐而已。进抵下灵岩村,即陟上龙王洞,凡十五里,其地艰险高峻,殊不易行，同人有下舆而步行者，心旌摇摇矣。循级以升，随路而转，至于洞前，有龙王庙，遂憩息其间。庙前花木繁荣，令人欢跃。庙塑三像，为三龙王，曩者春秋二祀，用为报飨，知其必著灵异，功德在于生民也。洞虽不大，位置楚楚，颇足宜人！

十一时三十分，自龙王洞上仰天窝，蒋叔南君别墅，今日治餐相约，亟亟来赴，其地益险峻，仅有一路可通。乘轿而上，足几视首为高，知其陡然直上之势矣。再过两峰，相盘旋间，有一豁处，置一尺阔之木板其上，架于两峰，以通行旅，下临无地，上视极高，怯者至此，几有心胆俱裂之势。蒋君则谓傍晚去板，则安然酣卧，无论何人，不得飞渡至此矣。迨抵别墅，花竹萧森，池水一泓，可供游泳，平屋三间，别具庖湢，其角上山势微高，则建一碉楼于上，设小穴外通，以便防御。又蒋君以山路迂回，上下不便，则备一号筒，凡有所需，大呼于山巅，村人必伫足以俟，则蒋于山上就筒中告以所欲购者，须臾即可致之，此亦奇巧之法矣。就仰天窝四望，后为云霞嶂，而听诗叟峰与双鲤峰，亦约略可见，俯视则灵岩、天柱，均置之襟袖间，斯为奇观。

二时五十分，下仰天窝，取道东北，先过龙王洞，渐至罗浮洞，再过朝天鱼峰，而峰下复有三洞，均轩豁呈露。其有一洞，远望之如三星者曰“三星洞”。再过一洞，石壁上有梅花形，则曰“梅花洞”。再至一处，洞宇较大，内有石子堆砌为尼庵，则为霞嶂洞。霞嶂洞前，旧有一学院，已改为僧寺而又废矣。洞中寂无人烟，神貌尚完整，塑道家像，洞上为高峰，曰“雪花峰”。及前又过净名寺之山门，而过绣阁峰、连云峰、双笋峰，以远望灵峰寺。再过遂至观音洞，洞在二峭壁间，一线见天，为屋九层，随山以高，大殿在第九层上，更下为客堂，可容数十客。再下为膳堂以至休憩之室，于此凭阑一望，则锦鸡峰、蜡烛峰、香炉峰、玉笋峰、犀牛峰均在前席，又于洞侧望两山之边，有一人形之石，斜睨逼似者，土人则谓之曰“本洞土地”。盘桓半小时，遵道而下，再东北行，不半里而至北斗洞，亦在半山，拾级以上，屋宇半在洞外，半在洞内。其在洞内者，即无檐顶，而明堂中半为青天，半为石拱，即雨时，亦仅一半有雨，其在洞内之半者无雨，亦妙事已。殿宇在洞内，凡四层，依岩崖以筑成之。其下为厅事，上则为客房，题曰“海会”，更上为集贤阁，其第四层曰“三宝宫”，则祀神之所在也，所祀玉皇大帝、北斗星君诸神。其在洞外与岩相衡宇者，则为客房，布置勉为整洁，然建筑不甚佳，而同人宿此者，或患其潮湿。

七时半，即于寺内晚餐。乐清县长驰来为主人。晚饭后，道士出笺纸求书楹帖，为作十余联，笔墨既非习用者，辄患不文，徒唤奈何而已。渐即入睡。

第十二日　四月十日

八时起，大雨如注，余志在游览，雨非所畏，因怂恿同人携雨具外出。以肩舆行，先过戏狮峰，再过孔雀岩，而至将军洞。此洞视观音洞为大，而视北斗洞略小，介于两山之间，洞中复窥其洞后二峰削立，中露一线微光，即此微光中，视壁间一石突出，如将军之介胄者，故即以为洞名。然非知此者引导而观之，且不可得，甚矣夫旅行之有要于案内也。洞内复分二层，其下为客室，上祀神像，中为如来佛，其偏西之一龛，则祀圣母。屋宇初不整洁，而洞中凌杂无次，干草乱石，几已满布，急待整治矣。

九时十五分，舆至南院口，其地层峦叠巘，一排五山并峙，成五圆拱形，土人谓之“五马回槽”，以其似马尻也。两马尻间，微有凹凸，有小瀑布外注而下，其上复有二尖石，土人谓为“仙人叠瑞峰”。入峰之地曰“石楼”，一进石楼，诸景呈露，此盖灵峰之至胜也。再行七里而至古竹洞，拾级以上，峰路依回，愈上愈高，五马回槽，在其足底矣。将至洞口，远望有飞瀑一道，美至不可名状。转折迂徐，下泻谷间，为九龙瀑，盖以折九阪而始下也。及最高处，一转而至于洞口山门，此为道家崇祀，屋亦依山结构，屏洞而施，中为二楹，上祀玉皇，前为小院，缭以短垣，楼上则为客房，亦可容五六人。玉皇案次，并祀本洞一道士，名王云山者，年甫二十余。云山从道于此，前年大旱，阖境求雨，云山自坠于大龙湫中，用以求雨，瞬息甘霖溥遍。六日后，尸亦浮起，面目如生，见者知其已为尸解，因祀之于此，以匹玉皇，亦郡人报德之诚也。

十二时三十分，即在古竹洞午饭。饭后肩舆折而南向，行一里许，至于南碧霄洞，亦祀道教。屋三椽建于洞中，面对骆驼峰，双拱翼然，对峰为一小室，可以奉客，洞在正中，于登梯之际，见壁上有唐开元题名，此为雁山题名之最古者矣。旋出洞下山，而雨势益巨，遂归北斗洞。其将至也，于灵峰驲亭之下，复见有云板洞，因驻舆往视，过果盒桥，至于洞口。洞不大，内有村屋，农人资之以避风雨，少视即行，遂归舍栉沐。计自趱程十日，至此始偷半日之闲，以为撰述游记绘画之余暇也。

八时，即于洞中道院晚餐。餐毕渐睡。

第十三日　四月十一日

七时起，即束装治早餐，而离北斗洞，渐过谢公岭，道途坦整，行旅至便，讯之，则叔南介弟所修也，为之纫佩不已。行三十分钟而至北石梁洞，洞外大书深刻“石虹洞”三字，则以此梁正如虹霓之在天半也。于此望迎客僧峰，得其神似。迨拾级入洞，则中为佛堂，堂前隙地，石梁即横亘其间，一端通石壁，一端着地，作半拱形，正如虹现。此洞似欹斜，门有大石枝之。洞中屋舍俨然，外向者有短廊，客房亦尚洁，叔南谓曾居此习静，余无此缘，乃不能从焉。

九时半，舆行十里，经避水岭，循上湖，过溪前村，乃至卓屿。其地有小学校，假以小息。学校设仇氏宗祠内，教授学生，亦多仇氏，盖宗塾也。小息后自学校行，而过华台村，以至于南阁村。南阁为明天顺间礼部尚书吴纶家，纶贵谥恭毅，墓即在村外，翁仲俨然，时雨势益猛，遂驻舆小息，俟雨小再行。瞬至上水关，而踏屏峰，而横游之仙游洞，而会仙洞。雨大则云盛，云昏而迷山，山腰以上，青葱微露，山腰如束玉带，而其下又急雨奔驰，此景真不易多得，为可观也。

十二时，过黑石山，以其山色绝黑，盖中蕴铁质也，渐至硃头镇，距仇氏学校约二十里，同人遂止于其村人叶姓家，治午餐。叶姓为一老农，谨愿而薄事田产，故屋宇较广，且有楼，以备同人之投宿，无怀、葛天之民，信有其致乐之道，非世外人所易知之也。餐后，遂乘舆过岭，其上均为黑石，盖有铁质。行约二里许，风篁成韵，翠滴欲流，非复黑山之童而嶙峋矣。瞬息遂至散水岩，远远犹望见仙杖、会仙二峰，仙岩洞距此不远，惜时促不及往视耳。散水潭、两崖均为黑石，作半拱形，山石多荦确，正于两崖凹处，飞瀑奔流。其前为一池，池旁又一小洞，可以攀荆辟棘，而赴洞观瀑，益得其飞舞之趣。水作深绿色，潭则甚大，似较大龙湫潭为尤巨，潭中复有数石立峙，石壁则多书带草，生夹缝中，石壁上有斜裂处，以泄水于潭中。盘桓片刻，遂更行二里，至狮子峰，拾级以登，上有石洞，顾不甚大。其地山形，有如太极图者，有如狮子戏球者，故即名洞曰“狮子洞”。在光绪间，曾有杨姓者至此，结尼庵曰“观音庵”以居，迨庚子年，更有来扩治之者，登临一观，山水之胜，尽于此矣。洞上后有一小峰，如狮口之衔球，洞中且有清泉，无由攀跻，殊以为恨。其名狮子者，盖谓大狮小狮似父子耳。土人之名，亦殊异矣。登狮峰时，先观滴水岩之小瀑布，即在正面，瀑亦非细，特此间瀑多，遂复不以为意。远望则观音岩之龙瀑，浩瀚无匹，隔山望之，历历可见，于雨山中悬匹练，远视亦至美，盖上下均石，一罅而下，斯为别境耳。山足之下，有土法炼铁厂，即以本山之铁砂冶之。凡巨炉二：一炼原料，一炼成为铁。既下山，遂转道赴龙溜瀑布，绕登山顶，见半山上复有一山，水从半山而下泻，阙口处适有天然大石阑当之，故水势益复促急，长流下注，飞白四溅矣。少息，更以肩舆登此半山，路极峻险，舆人为之却步，则由石壁扪攀以行，润石斜陂，不能著足，终至其水穷之处，则为湖南潭。又一瀑布，盖此为山上之山，瀑亦瀑上之瀑也。本来瀑布，非叠山重泉，不能奔越而下。龙溜之佳，正以湖南潭瀑之大耳。此为水尽之处，两壁均山，而自湖南潭至于龙溜，水成一溪，行石崖中，亦复汹涌可观。龙溜之顶，适有平地，已有为摩崖者，邱县长以为请，余归，遂复书四尺巨书“龙溜”二字，以疥其石。湖南潭瀑，不高而甚广，下有深潭，石尤奇，而且绝巨。其潭或谓深至数十丈，四向均围以山嶂，虽不大而甚雄峻，其前别有一巨石，故瀑布至此，分为溪流以下注于龙溜。湖南潭上，别有源头，无从问津，仅为怅望。自湖南潭更上，即可步行至雁湖，同人无此勇气，余亦随众而下。

四时五十分，肩舆至塞里潭瀑布，较大龙湫为宽，而无其高，计之约二十余丈，大龙湫则五十丈外也。因其地之偏远，遂不甚知名，游客亦绝少往观者，实则其胜景不亚于龙湫。此遭承叔南先生同行，得其指引，遂获一行，瞻此秘胜，殊足称快。渐归砩头，途见仙人掌峰、仙人斗嘴峰诸胜。

六时，仍至叶姓家。晚餐后，即投宿其楼上。村舍别有风味，为尘嚣中人所不及知。语云菜根滋味，士大夫不可不尝，于此有之矣。半夜忽大雨如注，屋漏而雨侵客面，亦正凉沁心脾，不必谓为行旅之苦也。

第十四日　四月十二日

八时三十分，起治餐。按原议，今日游显胜门、石佛洞、飞湫瀑诸胜，顾以昨宵大雨，水没溪流，竟不可渡，仅能留俟后期，而赋归欤，于是遂行。仍取原道，以直趋大荆，迨行半小时，过南阁，水深已没踝，肩舆不能渡，遂由舆夫抱客而涉溪。溪中石滑如拳，亦复惴惴，幸无陨越，为可喜也。

九时二十分，过下马垟溪，有长桥，过之而抵龙皮插溪，以竹筏渡人，并渡舆，分数次而过，回翔中流，亦至有兴会，为同行者前此所未经之奇景。渐行渐远，已不可见雁山矣。舆中默省六日来清游之福，天假以缘，至此别去，虽泉石无情，亦颇为之黯然也。更十五分钟而抵干岭，濒江峙立，拾级以登，缘以铁索，上有深刻“伏龙岭”三字，则为前所未有，而叔南先生之介弟为平治斫施者。

十时二十分，过干岭下，循道至大荆镇，即投宿叔南家。巨宅五楹，有楼，布置楚楚。叔南固好客，则多设衾衽以款嘉宾，同人至其家，初无不便。而所藏法书名画，尤多涉雁山事者，叔南可谓敬其乡而乐其山者矣。门有康南海书额，广院可停肩舆数十事，更进斯为屋宇，其楼上特为整洁之一室，即所起居之所，地布茵席，书案陈笔墨文具者，叔南即以款予，感幸无似。即就以午餐，仰食其间矣。

一时五十分，以肩舆往观石门潭之胜，盖溪流至此甚宽，而适有两山当溪如门，水势至此，遂益湍急也。按记，二山本为一山，绝溪以过，至元三年，石奔山坼，始分为二，遂有此潭。舆登山顶，俯视溪流，作深绿色，弥畅心目。盘桓久之，即于镇上观市阛风物。流连缓步，约一小时而归蒋宅，叔南先生以巨楮属书，余因手盲，未能工此，重以雅意，遂奋笔直书，得楹帖四十馀，屏十馀，以应荆人之嗜痂者。又为邱县长书“龙溜”二字，广高三尺许，以寿之石，亦徒见其劣耳。

七时，应本地商会招饮于会所。会所在镇上一小山之巅，有室供游息之所，登高四望，远可及于石门潭。畅饮始归寝。

第十五日　四月十三日

六时即起，以今日须长征，展转至海门登轮舶也。草治盘餐，而雨势益大，然而行程已定，亦不更留，则冒雨而行，一切行李，则购草席数十方，各为之覆。部署初定，即起程行，循村路以至大溪，行三十分钟而抵寨头，陟一小山，名隘门岭，其地双峰将合，秀丽可观。再行三十里，始至大溪，则温陵县所属，同人不少停留，直至码头，则黄椒公司已以太平轮备驶。黄椒者，自黄岩至海门之轮，海门有此古名也。

九时三十分，舟发，夹岸均镇市，繁庶可观。其地江右属温陵，而江左属黄岩，行十里，过古潘郎桥，余升舟顶四观，犹见狮峰，隐约云底，似同其惜别之心，有所不忍于之者。右则东岳庙，轮奂尤美，而市集亦最盛。

十一时，舟仍前进，将至泽国，望乐清县之方岩，别多古趣。水程共行三十里，而抵泽国。泽国已有公路通海门，少假以时，便可直通雁山，无劳舟车之仆仆矣。

十二时零五分，泽国下舟，换坐汽车，相距不过百步，便利异常，由此至海门凡二十六公里。公司属诸商办，成绩甚佳，办理车务者，亦颇能尽职，于整洁二字，特加致意。车行十分钟，而至潞桥，曩日公路仅通潞桥，则需舟行至此外换车矣。其地民房村舍甚多，而建筑坚固，颇似碉堡，问之车守，则谓此间匪风炽，故家家咸设此防耳。潞桥为黄岩县属，其民本以强悍著称者。

一时三十分，抵海门，下车步行，经市街以达于轮埠。先以行李，置之船中，而复出治餐，船公司中知同人至，则设宴相款于四如春，味亦隽美。此地所产之橘实金柑，为最美者，同人各购而携去，盈筐累累。有一水果肆，竟为同人购之一空。餐毕，观其市街，而后登船。舟山轮为航行此路之最整洁，同人分乘其大餐间，合得三室，互相毗连，料量益便。

五时五十分，舟行出海，余往来行役，多就火车，自三年前粤行以来，未尝乘舟，重理故梦，乐乃不翅。晚餐后，与同人闲谈而睡。

第十六日　四月十四日

八时，舟至定海，知其半日后始行，则咸下船，小事游览。海滨有东岳庙，伟丽无匹，则先往游览。少顷，复前行，知定海之水产学校，为全国所驰名者，则往参观，扣诸校门，得谒其校长。校长殷殷向导，于是先观其陈列之室，鱼种之多，形式之奇，为人匪夷所思者，乃多至不可胜数。外此水族如车鳌，大可触舟，同穴偕老，以双虾而蛰于腔肠动物之内，飞鱼则双翅俨然。均为未尝经见者，大为可乐。巡行至二小时之久，又观学校中所设之冷气库，贝壳制钮工场，始兴辞而去。

十二时，饭于邑绅孙君家，为叔南至友，故同人咸得附骥以传餐也。海门所产鱼翅，虽不及小吕宋，而实为国货，畴昔在沪购此，价殊奇昂，此间每斤仅合三四元，同人则咸负载以归，累累如入鲍鱼之肆矣。

二时，游成仁祠，所以祀明末殉国之诸臣也。在明末季，鲁王监国于此，清兵来，势不能敌，死者至万余人，而王妃大臣，亦多殉者。王妃投宫井，大臣后均葬于北门外普慈峰，盖清兵既杀诸臣，合而葬之为义冢也。迨康熙间，勒封胜国殉难诸臣，于是勒冢石曰“同归域”，而建舍三楹于冢前，名曰“成仁祠”，以张肯堂为首祀，从者何啻千百人，忠魂所集，聊得所庇矣。然祭扫久阙，渐就荒芜，邑人之私淑诸忠者，不过年为会祭，亦无力以复兴崇祀也。光复以后，胡虏既歼，于是浙绅咸议重新堂构，而迁成仁祠于旧镇台署，镇署固即鲁王监国所居，名之曰“行宫”者也。复为重修山墓，奕奕有生气矣。维时署址为官地，改建私祠，非经政府之允许不可，于是浙人于省议会中，一再提出，幸获通过，即今之成仁祠也。祠前大空地，后人辟之以为公园，造一亭，名之曰“雪谷”，则以张肯堂旧尝构此，今虽非其遗址，而聊以存思古之幽情。更植花卉，建屋宇，于是裙屐咸集，寓游艺于表忠之间，其所以策勉者大矣。同人至公园，先至一矮屋，则民众教育馆也。于是绕道至后殿，则栋宇翼然，中为正殿，所祀以张肯堂为之首，而李向中、郑遵俭、董志宁、江用楫，诸臣配之，计牌位数十事。合文武诸臣大小裨将，凡殉国者咸与焉。祠中楹帖甚多，而南通张季直殿撰所制为之最，曰：“遗恨类崖山，岛客同归，麦饭冬青随社祭。行朝书监国，党人犹幻，桃花燕子愧忠魂。”正殿之旁，为左右庑，东祀诸臣，以张煌言为之首，从祀亦数十位。西祀殉难士民，以娄文焕为之首，从祀黄希范、洪复侨，凡五十三位。正殿之后，则为后殿，中祀鲁王元妃陈氏，而配之以贵嫔张氏，阳王妃杜氏，均同死者也。张氏为鄞人，别具传记，不更赘其史事。其右别一殿，则祀殉节妇女，以张名振母范氏为之首，配以其妻马氏，其弟妇某氏，其妾某氏，而李向中、吴钟峦之妻妾，均列祀中，合之得五十四位，瞻仰至此，为之肃然。其右则为燕息之室，后殿之右，缭以短垣，垣外有小园，园中一井，即鲁王宫井，诸妃嫔于之以死者，可与张丽华之燕脂井，遥遥对峙，惟后主则庸愦纵恣，宜亡其国，而此则遭时不造，遂致偕亡，益为可恸矣。井前有一碑，为光复后邑人孙尔瓒所立，大书“舟山宫井”四字，系曰：此明鲁王元妃陈氏殉难处也。义阳王妃林氏，宫娥张氏从焉。锦衣卫太监王相，内臣刘朝共祔其旁，阮骏立碑致祭，清兵再下舟山，碑被仆。事迹详县志及全榭《山宫井记》中不赘。兹成仁祠既复故宫，为补立之，同人至此，揽翠华之遗迹，瞻荒砌之凄清，亦同为悲愤不已。畅游半日，始归舟，而孙君以成仁祠征文启见示，因授而详之，其启事尤隽雅华茂，得骈体之正宗，因为节录其词，以实吾文。

昔者留城改构，伫想莱师，东莱余灵，永言人戚。……矧鬼雄可作，照灼于方闻；年祀未沫，崇隆乎人记。苍头特起，江东之卒八千，携手同归，田横之徒五百。焚山烬玉，猨鹤不归，蹈海褰裳，杜鹃欲泣。际兹陵谷之变，益深坊树之思。……时则诸田疏属，矢守孤城，有夏遗臣，竞收余烬。申徒狄之非世，屠羊说之从亡。……冤禽并命，则碧血万家，生魄随君，则赤嫖四照。邑皆王蠋，士尽彭修；此尤牧樵知哀，懦顽共奋者矣。方鲁王以青社之胤，应丹穴之求，位未正于龙楼，地已蹙于蜗角（正位句笔力少逊为小疵），铜丸内溃，灵宝之师大崩，玉蕊频呼，关中之漕莫继。……洎乎会稽不保，甬东自迁，恃鱼鳖之浮桥，与蛙黾而同穴。行宫草市，闲道麻鞋。……秦庭夜哭，汉节星驰。弭棹蜻蜓之洲，乞灵龙象之藏。……既而蚩尤作雾，兀求乘潮，鹞子沉艘，螺头失险；虽琅玡露次，吕嘉西行，而泥马之渡未归，纸鸢之援莫至。五兵咸尽，难摧突厥之锋，七覆相循，无补晋师之败。辛卯九月，城陷，诸先烈或登陴授命，或阖户投缳，或前一尺而死绥，或率九宗而饮刃，清渊偕赴，地同周氏之汪，净土仅存，城是王黑之冢。加以灵妃把玦，阿监攀弓，无道清降表之羞，匪张让沉河之迫，比之成都解甲，花蕊自谢于深宫，青城搜刀，犊车相从于铁骑，其为义烈，奚啻霄渊！呜呼，剪鹑首而赐秦，钧天已醉，戒鸾车而问楚，灵琐难留。……故宜睢阳双庙，常思临涣之生平，子陵孤台，永志延平之恸哭。（以子陵匹睢阳微嫌较弱）顾自地墟东越，冢上北邙，金丝之壁既更，蕉荔之堂莫展，参军收骨，徒沉岘首之碑，大令请祠，仅等泰坛之祭。以同堂之亵越，兼丛社之卑隘，讯此遗黎，夙思改作。……北府之兵既解，西山之节逾隆，爰就故言，式新杰构。妥忠魂于金板，表端操于珠邱，云旗风马，尚仿像于朝仪，筑鬻焚椒，庶激扬夫士气。改建已定，告成有日，罗睺之剑，既骈列于前楹，舒姑弦歌，亦旁罗于配殿。城郭犹是，俎豆维馨。……窃以为日月易迈而志节不磨，金石可镌而文字尤永，诵彦叔之启事，辄思骠骑之灵，读皋羽之遗编，益重文山之死。湘君北渚，哀挽擘于离骚，乐府汾阴，望拜肃于协律。……废齐纲之方弘，迟夏声之大振。所冀杜陵奋笔，赓武侯祠屋之诗，石笥摅词，继逊国名臣之赞。

四时，舟发，至穿山小驻。同人知穿山以馄饨驰名，即登岸试食，始返舟休息。入夜，涛声荡梦，即入黑甜矣。

第十七日　四月十五日

三时，到上海，时同人于暝茫中，握手而别。此行几至兼旬，朋从文酒之乐，至此而各以散归，亦弥为黯然也！归述笔记如右。

（《旅行杂志》1934 年第 8 卷第 8 期）

平绥沿线导游志略

上

一、游历发凡

游事概言

人生少好游观，壮习汗漫，此固不易之理，然而寒暑纷乘，人事孳乳，自少壮以及于老废。其能事游观者，竭毕世之力，亦止数十春秋。约而言之，可析为三期：于求学治事之余，抽暇揽胜，此为第一期。求学治事，与游历相需以行，此第二期。若更进于三期，则已寓学问事功于游历之际，举足登程，无一不有所学，即无一不足资为用，此盖极游历之能事，而亦为善取其长者矣。尝试言之，洙泗弦歌之余，春服初成，浴沂舞雩，啸咏以归，夫子之道，所以诏其弟子者，盖为第一期。至太史公所谓读万卷书，行万里路，陟太华，浮湖湘，以恣其心胸，长其学养者，斯为第二期。乃若亭林先生之遍游禹域，以为事登陟者，当先有经国体野之心，卒于纪要方舆，郡国利病，一一笔之于书，则是学问之出于游历，为第三期者，彰彰甚著。矧于今日，科学昌明，举凡一切文物风土之探讨，乃至地质土宜林泉动植诸端，几无一不赖于实地之研讨，亦即无一不赖于游历，盖不仅供啸咏之资，长浩然之气而已矣。

余之游历观

余南人也，长养于海上，自幼而壮，耳所接，目所见，廛市之喧嚣，在人视为锦绣万花之谷者，而余则徒滋厌诟，亦遂益以发余浩汗之思，于是求学之余，即事蜡屐，治事之隙，从事长征，而要亦不能逃于前述之三期。溯忆初上征途，但安游乐，多在苏杭，海宁之涛澜，广陵之烟月，一一收入眼底，置之襟袖，归途追省，乐至无艺，然此则第一期舞雩浴沂之遗也。迨及涉世，佣书问业，四方闻问，交至沓来，于是少感见闻之不足，亦知游历之足资证引也，则北赴滨江，南走粤海，上泛江汉，一方理其所业，一方亦用为自娱，而长白山之葱郁，匡庐之幽胜，亦遂得畅为领略，恣事涉历，而余之治事，亦遂不更封于故步，此则相需之殷，已涉于第二期。更者进而言生产，言建设，微觇政事，渐察簿书之无济于实用，则知游历之有裨于学识，遂益缒幽凿险，风尘三丈，视同香云之叆叇，短径盈尺，等诸大道之康庄。客年浮沤江浙，足迹所经，几四十县，归而略识稼穑之艰难，亦少知齐民之要术，自揣菲薄，大胜畴昔。今岁则又以西北沃野万里，亟待董理，言开发者，日有所闻，而微生一粟，初未尝投足沧海。旋更得读瑞士学者斯文赫定博士长征诸作，以为异邦人士，犹能不畏险阻，寝馈其间，余又何敢后人，不为一试。因之决意先循平绥线，涉其崖略，天假以缘，得偿斯愿，亦知后之来者，当什百倍于今兹，而余得先探其胜，则又引为至乐之事，此盖撰述游程之微意，欲与世人所共恣欣赏者也。

游事之标准

言游涉者，必先言导游之具，利其器者善其事，此不易之理也。今言准备，凡有二端：一为生活之所资，一言学业之所需。夫吾人日处都会，任所需求，挥手即至，而游历则异是，如一纸一笔之微，村镇间或不易致也，一伞一履之微，山林中即无自来也。再至于塞北穷荒，深山大薮，则水火亦辄非易有，故言旅行者，宜视其所之而预为之备，多则道途辇运，至属艰费，少又患其不足。准备之际，当以极经济而极所需者为先，此则在生活上之惯习，人各有好，未易强同，要当特加之意，未可忽焉者也。至学业之所需，亦同于是，涉足都会，当地之舆图，无不可得，至乡里则有待于探讯矣。若山薮之间，林壑敻绝，人烟尚少，何自得之，则不能不事前挟以俱行，否且终无可得。若更进而言科学上之仪器，不必刻意求风雨表、高下衡度器，即寒暑表、计算尺之微，在都会触目皆是者，至此亦万不获见。故治学问者之旅行，尤当视其所学，预为之戒，否则亦终于看花走马，不能有所幸得，此学问上之所需，更宜再三致意者也。

旅行纪载

旅行之纪载，所以传经行之所得，而笔之于书者也。游涉登临，人所共知，而所以为学业上之探讨者，其揆不一。有治地质者，有治人文者，有言农商者，有言风土者，专家所著，条举目张，蔚为宏篇，所具法度，无待赘陈，至于日常游记，虽多泛言山水，乃至野老渔樵之闲话，可惊可泣之遗闻，均为大好之资料。然作者学必有所专，则游记必偏重于其所学，有所偏重，则又必多所忽略。详略之际，本难断言，然窃以为纪载旅行，一则用以启迪来者，一则用以备供考订，无论其所专诣如何，而有断不可忽者在。作者处今之世，浮烟涨墨，仅可供为行文快意之资，万不能即视为定价收名之作。凡所谓不可忽者，愿为指陈，与好游者一商榷焉。

甲、经行之里程

旧作游记，多不计里，然宇内名山大川，连绵横亘，往往周遭千里，若但言方位，忽程里，则后之来者，将曷所投止乎？

乙、经行之时间

凡事预则立，矧在江表山林之际，寸晷尺璧之需，游记言时间，则来者有所遵循，或按之而兼程以行，从容以赴，均可一一计画；否则跋涉之间，萍踪浪迹，又安所得知，此为作者自资考证及来者有所指南计，均不得轻加疏忽者也。

丙、交通之方法

我国地大物博，山水程遥，因地制宜，舟车各异，在筚路蓝缕者，缒幽凿险，已感不易，既知之而不笔之于书，宁不自暴其功力。矧在作者著墨止有数行，而后来者之拜赐，何止金针法乳，故居今日而撰述游记，应详其交通之途径（自何城何邑取何道至何城何邑，涉何水至何山何林），乃至交通之器具（由某处乘火车至某处，转舟水行至某处，换肩舆至某处），以公之于世人。

丁、村镇名之不可忽略

尝读前人游记，言某处山水者，即述其佳胜，或概括言之，自某郡某邑入山而已。不知入山之途孔多，捷径不过一二，内地方言各异，探讯维艰，所最关重要，足供识途者，不在郡邑，而在村镇。往往到达一地，一境之内，村镇数十，举其概要，无济于事，若一知村镇之名，则野老田夫，俱能示以津途，不致迂回绕道矣。

戊、各地之概况

游屐所经，不论其为城乡山水，既加笔记，要当各述其概况，举凡地势之高下，天时之寒燠，民风之淳浇，物产土商之聚散，宗教之派别，虽不能详，万不能置之不言，庶后来者得循之而益求精深，或觇之而知所兴废。此中含蕴者至广，未易胪陈，要视作者之见闻为定耳。

己、当地之沿革

中国数千年来，陵谷变迁，郡邑兴废，比比皆是，读史者固乐道之，而乡邑志乘，亦多详载无遗。本来史学舆地，两者不可偏废，今既涉足期间，要当识其大者，知成周之际，所隶何州，秦汉而还，改归何郡。人文史事，于以交证，则事半而功倍，亦且足资旅行考古之乐也。

庚、当地之金石艺文

金石纪载，一寺碑，一桥记之微，亦可以订证史事，觇风观俗。至于艺文，固多泛陈光景之作，然先贤之所凭眺，陵谷所或流迁，建置之有兴废，大而国史，小而图经，所不易遍检详陈者，往往于题咏之中，获睹其事，即或模山范水之词，日常所不经意者，迨一朝侧席其间，坐对真赏，静致清娱，亦足益发思古之幽悰，倍增流连之乐趣。是以纪游者，如有所得，即宜兼采，未容忽诸。

辛、野老田夫之稗语

我国以宗族主义立国，一椽之庇，世守所在，歌哭于斯，故游屐所经，至于穷乡僻壤，订古搜奇，无书可致者，往往田夫老农，一语道破。其说固多鄙倍幽渺之词，不足率以取信，然一言之中，往往亦足以启发而有余，亦有在纪游者视为无足轻重之词，而读游记治某种专学者，觇之而大裨于实用，省其躬行实勘之劳，俾益事半功倍之利。故游踪所及，田野所闻，要当度其当否，量为采用，不可以其不学而尽删之也。

壬、写景主于纪实

游记多言山水之胜概，然所记亦贵于翔实，若言山，当计其高度如干尺，即不然，亦当谓约历山径若干级，不得以连峰插云为尽其美也。言水者，当志其湖流之广袤深浅，即不然，亦当约言绕行如干时，水深没篙顶，不得以涛澜溯湃为穷其景也。又山石有色泽之分，在写景者多述一二语，而治地质学者，或即可循以研讨之先路，水道志经过之迂回，而言水利者，即足资为濬修之借镜，凡此固不足遽语于体国经野，然读其书者，裨益多多矣。

癸、当地之观察

游人客子，于其经行之所，既撰游记，无论为专写景物，或兼述人事，要必有其观感。本来欲于旅中求得学问，舍科学之研寻外，即在于人文地文观察，游者千百，撰述汗牛，必有精义，足裨治道。两山当阳，孔道如矢，人或徒志游屐之危，而有心者以为此便攻守。黄沙千里，长流一曲，人徒赏其雄奇，有心者又或以为当务垦牧。此在游记，固非尽人而能言，然有所见闻，则必有所兴起，笔之于书，以备致用，又宁非孤怀微尚之知所寄托乎？

二、平绥路史略

敷设缘起

平绥铁路，实合前此分段兴修之京张、张绥、绥包而言之，名为平绥，实已超越绥远，而至包头，惟仍沿用其旧名而已。初在光绪二十九年，全国举行新政之说，甚嚣尘上，而维时京奉铁路，已经筑成，有利可图，因之有商人李明和，呈路矿总局请承修京张铁路。盖其时路政方兴，国定干线之说，固尚无规定，即官办、商办，亦均未有准绳也。然李氏终以无可著手而止，然官方因之亦益憬然于北京、张家口间之关系重要，遂于光绪三十一年四月，定行官办，由京奉路(即今北宁路)余利项下拨付工本。董其事者，为陈昭常总办及詹天佑会办而兼总工程司。至三十三年八月，工程即将告竣，陈氏他往，詹即继任总办，遂呈请展至绥远。迨宣统元年七月，奏准办理，是时本路已略有盈余，足征业务之发达，因即拨为展修之需，其不足之数，仍由京奉提拨。当时主张展筑，本有二说：一由张库大道，直通库伦；一由张口经大同而抵绥远，筹划再四，终于定筑张绥一线。然库伦直至外蒙，毗连俄国，其重要实不亚于绥包，惜当时人力财力，均不足以并举，否则张库早通，外蒙亦必不致有背叛民国，拥号称尊之举，可以断言，此则路政关系国防，为最足惋惜之一事也。宣统元年九月，议定兴工，中以政治更张，民国肇建，每作每辍；直至民国九年一月，始通至平地泉；十年五月一日，全线始行通车。既以由绥远而包头，为程不过百余公里，且该地可由黄河水利，上溯宁夏，关系于运输者甚大，因之复有展修包头之议；由交通部及路局测勘兴工，全路至民十二年一月二日竣工，随即通车，此平绥敷设经过之大略也。再由包头，西溯宁夏，或自平地泉，北达滂江，均属路务之重且要者；是以民十四年二月，由部局派员测勘，冀再展筑。计由包至宁者，并已利用兵工，筑成至五原一段之路基，当时且以着手开工，而后来政治嬗变，遂又延搁，至今开发西北之说，为举国人民所提倡，逆计观成，当不在远。倘此路更成，则西北之运输，固已与腹地相通，其为便利，何可胜言。所愿有志之士，急起而图之耳！

路线约况

平绥路现所经过者，绵亘燕、晋、察、绥四省，经过十九县（宛平，昌平，延庆，怀来，涿鹿，宣化，万全，怀安，天镇，阳高，大同，怀仁，丰镇，集宁，凉城，武川，归绥，萨县，包头），实则察绥各县，多为内蒙盟旗所改设者，故此路实兼为内蒙最重要之交通干路。今约略述其里程如下：

（里程）由丰台至张家口凡二百〇一公里；由张家口至丰镇二百二十七公里；由丰镇至平地泉计八十二公里；由平地泉至绥远一百五十八公里；由绥远至包头一百四十八公里；合之为八百十六公里。合北平环城支路及宣化、大同两支路计之合二十公里，总为八百八十六公里。

（方位）干路自丰台而历北平之前门、西直门，迤西北以抵张家口；复折西南向（因北向即为赴库伦之大道，南向始至赴内蒙绥包者），以抵大同；由大同又转而北向以至平地泉，此则为全路最高之处，惟其险峻不逮南口远甚耳！由平地泉又由西而微南，以抵于绥远；再由西偏北，以抵于包头。自丰台抵包头，凡南北五易其方位，始达于包头，盖定议勘工之际，不知费若干之苦心矣。

（地势）全路大势，由东南以入于西北，渐入高原。其行于平原者，约占十之七八；行入山岳间者，约十之二三。全路坡度，为百三十分之一。惟南口岔道，岗岭重叠，峭壁参天，最为险峻。原测居庸关一段，度越关沟；初拟建大桥，傍山直上；然行车之危险，且不可胜言；终经詹天佑氏之测勘，开壁山洞，先后四处；共长一千七百二十七公尺。路线绕山腰以行，蛇曲半径，有小至一百九十公尺；而坡度有在三十公尺内，竟高至一公尺者；掘山凿崖，或至三十公尺，筑堤亦如之，其工程之险峻，可以想见。而青龙桥方面，以V字形调车，尤为不得已中之方法。然全路建筑，率以国人，董理其事，初无外人，实为我国路政建筑史上最光荣之一页。而现兹以萨县附近一带，夏季有时为山洪所漫灭，即青龙桥之险处，目下货运增多，亦感不便，故又有改修之计画，正在进行，倘一旦得成，则全线交通，必更多便利矣。至于高原方面，以十八台为最高，海拔超过五千公尺；次则阳高附近之聚乐堡，亦四千公尺；迤西萨包等处，则近四千公尺云。

（运输）我国西北部，物产富饶，人所共喻；然以交通不便，运输维艰，故发达亦因而迟缓；自此路一通，遂得地利之胜，大为开发之源，如输出之杂粮、胡麻、菜子、面粉、皮毛、牲畜、煤鹹、药材，输入之杂货、盐、铁、布、茶、烟、煤、油家用品，均其最著者也。开路之初，人民不知交通工具之便利，运输尚少起色；民国以后，万商云集，最近局务改良，尽力扶植工商事业，遂以益形旺盛，月有增加。至沿途经过各城邑，多为曩者汉唐以来内外交通攻战之地，故古迹名胜，随地有之。向来国人，不事游历，所仅得见于古人之诗歌篇什者，至今均可一一亲至而躬践之，故游客亦特繁盛。最近路局，业务孟晋，于游客方面，亦极为注意，即如北平、大同间，以云岗之胜迹，每星期均有来回专车，无不客满，可以知之。循兹而往，其客货运之发达，可以断言，无俟赘陈矣。

三、沿线游程

导言

平绥路以丰台为起点，经过北平市区，而至旧京兆之宛平县以至昌平县，此为该路发轫之始基。倘言游览，欲探全线之胜，自应以丰台为言。然今之探胜于平绥路者，多自北平西直门起，因北平为人文汇萃之区，北宁平汉各线之焦点，故不得以北平，专为列入平绥游程也。且北平附近，如环城各门，以及西黄村之通西山八大处，清华园之通清华、朗润、颐和诸园，清河之通明景帝陵，沙河之通妙峰山、汤泉山，平绥均有车站，交通便利；然今之由北平游历上列各地者，以今之交通工具，日益发达，多乘车马，由马路径往遨游，而不必定取径于该路，故兹亦不为列入；而以昌平南口之十三陵，为本路导游之起点。至本路各站，因汉唐以来，战守各殊，古迹比比，几于无论任何小站，均足为学者订古之需，文人流连之地；然汶汶一身，遍游全线，亦复势有所难；故本篇纪游，即以余所身历之尤认为有历史、政治、文化、农工者为限，未容虚构，以实吾词；后之来游者，一方为余纠谬订误，一方为余补阙拾遗，何日能以全线所经过，躬至实践，而合纪游诸篇，为一专集，俾于蜡屐之间，尽稽古之意，则尤余所欣伫厥成者也。为书缘起，以代初基，分述于右。

余此行承平绥路局沈局长之厚谊，惠款有加，且得平绥局秘书谭篆青先生、考古兼国剧名家齐如山先生，金融家贺雪航先生，乃至谭、齐两先生之公子辈同车以行。诸君多夙好，学问渊博，西北情况，述之如数家珍，良足为余此行之导师。公子辈青年求学，长于摄影，复能任劳，途中得其臂助者不少；回忆前者鲰生求学，酣嬉之事，趋之恐后，而足迹不离乎苏杭，平原大漠，更未尝一涉遐想者，真复令人愧死。沿途复承各界友好以及路局各段段长之照拂，均应致其谢意。在沈局长刻意局务之余，更欲多致国人，前往省觉；故客年尝约北方学术界诸名宿，纵游全路，归而分有所记；辑为丛书，以为隍引；余则浪迹江湖，近所深嗜，退而撰述，自信言之不文，且建构宗教，为游西陲者所必加研讨，余复绝少潜心；迨归途至燕京，举所不知者，又质之朱桂莘先生，承其详为指示，始得悟入；凡此名师益友之所言，均为短简斛行之资料，未容掠美，先具于斯；其有疏漏，则余记诵之不精，或初稿所未备，余又敢自承其谬，而有待于此后之证订者也。

游程第一

昌平　南口　十三陵　居庸关　青龙桥

史　略

北平在河北省之北部，本《禹贡》幽、冀两州之域；周代为燕召公封国，秦时为上谷郡地，汉唐时迄为幽州，惟隋代尝改为涿郡耳。宋时为燕山府，辽时称燕京，始为都会。金代为中都，元世祖迁城于中都旧址之北，改为大都。明初则为燕王藩邸。永乐间，拓建今城，称为北京，置顺天府及大兴、宛平二县。前清入关，一因其旧。民国改顺天为京兆区。至国民政府成立，迁都南京，遂改为北平市。平绥路由此而西北行，越旧大兴境以至于昌平。其地在汉晋为军都、昌平二县地，北魏置东燕州，仍治昌平县。隋后，废郡置县。后唐迁治曹州，未几，又迁于白浮屠村。金元皆为县，明景泰间，改昌平为州治，前清因之。民国复为县治。再前为延庆县，延庆于汉、晋、魏时，均名居庸县，唐以后置儒州，名搢山县，元为龙庆州，明隆庆初改今名。再前怀来县，在秦、汉、晋均为沮阳县，亦上谷治地。北齐、周、隋为怀仁县，唐为妫川郡，辽为可汗州。金废州为县，宋时改今名，元沿之。明设卫，而清复之为县治，此平绥河北境内沿路史略之大概也。

游　程

由北平西直门，凡行五公里许而过清华园，即今清华大学所在，又五公里许而至清河，其地有明景帝陵寝。按史，明景泰七年营寿陵，八年，上皇自北还复辟，废帝，薨于西宫，以亲王礼葬此。迨成化十一年，始复上尊谥曰“景帝”，所以不与葬于十三陵也。且明代诸王公主，凡夭殇者，亦多葬此。而清河之源出玉泉山以入榆河者，汇流于此，因以名县。上有石桥，工作坚固，逾此十公里而至沙河。明永乐中，尝建行宫于此，为谒陵驻跸之地。嘉靖十九年，又筑城环之，曰巩华城，今城废即为沙河之镇城。而沙河至此，有南北二流，明正统间，分建二大桥于两河，至今称为巨观。更行九公里为昌平县，即十三陵所在，而百泉之泉源，以至翠屏山下之九穴泉名“九龙池”者，均可纵游。再九公里至南口，有龙虎台、驻跸山、狄梁公祠诸古迹。而十三陵本在昌平境，以火车来游者，由南口为更便，故为游者所必经，凡至十三陵者，必取道于此。再前为居庸关，地势险峻，居高临下，今城为洪武间徐达所建。又上谷八里有小城曰“上关”，合之南北二口，即昔人所谓“居庸险塞，为关四重”者是也。其地有云台、仙枕石、李凤姐墓诸古迹。云台传为元武宗时建为太后祝福者，塑像极多，祟基数丈；仙枕则巨石在深涧中，为明代出征班师奏捷时所泐刻；李凤为武宗于大同所纳妃，随驾至此，殁于关外，即葬其处，土人谓为“白塚”。再前三堡则崖石洞口，有镂刻极精之石佛，魁梧奇岸。惟此间不停车，过客多于车中一觇其胜。更前即青龙桥，由南口至此，行十八公里矣。为平绥施工最难之一段，亦即詹天佑君苦心设计之 V 字转折，为西人所赞许者。游客至此，多于调车之际，下站徘徊，以志景慕。由此十一公里至康庄，则路渐平坦，其地有奇泉寺，传为辽太后之养鹅池；而佛峪口汤泉观相去不远，景物尤胜。更十一公里而至怀来，则有螺山及酿泉井。其地擅林泉之雅，为北郊所罕见。再行十五公里而至土木，则有显忠祠，足供凭吊。再七公里至沙城，则有祷雨辄应之老龙潭。再八公里许而至新保安，则有明沈忠愍公之表忠祠，以及世传黄帝会诸侯合符于此之釜山。更十五公里至下花园，则蚩尤涿鹿之故城，俨然可考。而鸡鸣山尤擅一邑之胜，时有不远千里，以事登陟者。再十公里至辛庄，十四公里而至宣化，则镇国府、威远楼、镇虏台诸遗迹，赫赫均在，可为吊古者摩挲之资，由此更前以迄于张家口矣。

南　口

晨八时，平绥车以西直门发轫，濒窗外望，一瞬已抵清华站。可以望见清华园及燕京大学之水塔,位置于山明水媚之间。颐和园佛香阁,亦在云中眼底,遥黛可掬。再过即清河,远山隐约,足以醉人。而由北平至汤山之汽车道,亦即在路轨之次,夹道榆柳成荫,葱翠可挹,此盖由平至密云之交通大道,故往来车马亦络绎不绝。再前为沙河,即前清北路同知厅所驻,为燕北重镇,河流不广,近见村落,小桥颓庙,位置篱落之次,绝似江南风景。又得远瞩巩华城,想见前明仪仗千官之盛。妙峰山则隐约于云外,云随山静,静息以观,真乃日长似小年矣。沙河之两大铁桥,均可望见。而村落中大车往返,童稚围坐,笑语声喧,疲骡上道,摇尾于泥途村径。老人策鞭,趺坐车厢,正与数百年前,同其闲适;乃同人则乘火车,风驰云卷,其间相去,不可以道里计,而合之于一刹那间,亦快举也。车行一小时,即抵昌平。望见天寿山,群峰如拱,气象峥嵘。为忆朱氏,起于淮上,力征天下,竟臻治平。而成祖能见其大,移鼎燕云,用以控制北地,斯立数百年之国祚。于今沧桑屡易,国号共和,此前代帝王之陵寝,虽仅足为吊古者之瞻徊,而论勋策略,实亦不可以等闲视之。虽降至崇祯帝,煤山殉国,犹得分抔土于长陵之左也。此地亦产菸草,与关东种、易州种相同。北方人士,颇多嗜之者,故产量亦佳,负贩运载,亦土著谋生之一利。时距车轨少远,已见山峰,拔地连天,排闼直来,盖塞外大青山,由包头迤逦而东,迄于山海关,此其支脉,陡起绝地者也。土人以其产狼,又谓之狼山。车行至此,遂已抵南口站。将至站前,青杨高峙,北方本多松柏、榆柳,而松柏有时,树色较暗,白杨亦辄多萧萧之致。惟此青杨,则终岁如滴翠,最足为山村之点缀。及抵站,同人下车纵览。其地所产水果,若柿若梨,均为名产,柿大如瓜,甜而无核,经冬不坏,盛行于平津市上;至梨则佳种曰“红宵梨”,结实不大,绿皮中微露红色,甫经采取,未必可口,而历久益甘。故次年在正二月间,最为人所赏嗜,沿站市贩,无不手一筐以求售。南口有旅馆,布置甚佳,足以投宿。其地无可流连,惟游十三陵者,则取径于此,较昌平为便。故来南口者,多为作十三陵之游,旅馆、驴轿均便,倘能逗留一宵，时间较裕，游览益周。否则以早车行，九时二十分至南口，薄进飧食，乘轿至陵，即于当日晚车，亦能回平。故休沐假期，结伴而来者，更复云集。旅馆为平绥路所经营，其于驴轿，咸有定价。且一切由旅馆经纪之，游人如欲携茗或面包就陵飡野者，旅馆亦可代办，诚为便利之尤。凡作北方之行者，不可不一至其地也。

十三陵

由南口至十三陵，往返约五十里许。位置所在，群峰拱壑，为太行山之干脉，峰峦极挺秀。中为平原，河流横贯，周广数十里。环山凡十口，其正南即甬道所在，石坊丰碑，华表翁仲，排列长至数里，均以白石镂刻，精胜异常。诸陵咸有享殿，而成祖之长陵，为最宏伟。游人至此，限于时间，亦多仅游览长陵，足以概其余矣。长陵享殿，朱垣黄阁，松柏参天，正在中峰之阳。前为祾恩门，门内为殿，殿长约二十丈，宽至十丈，凡九间三十六楹，楹均楠木大柱，几于两人，始得合抱。殿后北上，即为宝城，其墓穴之所在也。由隧道上登，周围约二里许，气势万千，较之南京孝陵，不可同日而语。诸陵前为总神路，又为门，门有牌楼，楼南为红门，门内为拂尘殿，殿外为石碑坊。各陵宝城正前为明楼，楼前为石几筵，又前为祾恩殿，门外为圣碛碑亭；为神库，为神厨，为宰牲亭，现者各殿，多陈旧，亟待修葺。而长陵独巍然，似创业者之精神，依然尚在。至诸陵序次：则中为成祖帝后，曰长陵；其西为仁宗帝后，曰献陵；献陵东为宣宗帝后，曰景陵；景陵西为英宗帝及二后，曰裕陵；裕陵西为宪宗帝及二后，曰茂陵；茂陵西为孝宗帝后，曰泰陵，泰陵西南为武宗帝后，曰康陵；景陵东为世宗帝及二后，曰永陵；康陵西南为穆宗帝及二后，曰昭陵；昭陵北为神宗帝及二后，曰定陵；裕陵东南为光宗及二后，曰庆陵；永陵东为熹宗，曰德陵。至崇祯之思陵，则在西口外。殉国司礼监太监王承恩同缢煤山者，亦附葬于此。至建陵之始，则为太宗永乐七年。初遍相山谷，久不得吉壤，礼部尚书赵贡，始以江西青乌术家廖均卿至昌平，得基于此。其地土名“东黄土山”,因立陵,遂改称为“天寿山”,相沿至今。终清之世,祭享不绝。

居庸关

车自南口开行,地势耸峻,遂换车头,陆续上阪,而其山势,亦愈迫愈近;断垣废堞,随地可见,则内边长城之歧支也。车过东园,山道益窄,长城即在山巅,举目可接。一瞬即至居庸,关在山下,有路上通,可由之上行,以观全山之形势;冈峦起伏,云海霞蒸,乃至探李凤墓,拓仙枕碑,访云台古迹,均足使人徘徊而不忍言去。惟此地无轿,故即游居庸,亦以自南口径赁肩舆,较之由此步履之为便也。车行过此,即入山洞。沿轨左有土路,大车往返,自北平至此,与车并行,则向来之通京大道,为关内惟一之交通要径。时已春残,平市相去仅六十余公里,丁香海棠,已在怒放,而此间杏萼,犹未全舒。回忆昔人“马后桃花马前雪”之说,信非虚语。而旅游之能为旧说疏证,盖为不虚此行者矣。山石苍黑,仅有浅苔,无树木,而野花浅枝,闲在车道之侧,亦似畏寒瑟缩,不敢恣放者。此地在长城外边之内,内边之外,名曰“关沟”。亦以山水冲激,在重峦叠嶂间,故往往为小流断涧,琤琮有声,亦使过客,别生雅趣。土路之右,均板屋,或为人家,或为村店,在车道未通以前,此店为来往者所必投,贸易亦佳,近则垂垂废矣。村中亦有剧台,是日适有报赛者,村人围观,弥以为乐。更前断溪大石上有摩崖“雄镇燕关”四大字,更前小山之上,有一石刻人像,或指为杨六郎之造像,则未必可信。傍崖雕佛像,事极寻常,而幽冀以宋辽相持者甚久,故村人于一事一物,一神一像,必托之于杨家将中之人物,不足据为典要也。更前即抵青龙桥,止于站旁,迎面当前,即为峭壁。盖车路至此,且折坂而下,正即驰名建筑之V字轨交叉处也。

青龙桥

站台有詹天佑君铜像,所以崇其造路之功迹。站旁即有驴轿待赁，定价无许争议，游客称便。下车就轿，循山道以登长城，一转而至八达岭。其关口榜题“居庸分镇”四字，迨至半岭，由长城之一亭堠，循梯步行，迨至其巅，即为长城之驰道。依山高下，或平坦，或台级，有多至数百级者；而每三十六丈，必置亭堠，以供烽燧之需。亭堠亦必有梯级可下，又由旁门可通山路，此则古代行军之法，所以便于兵士之升陟者也。一登其巅，风来习习，万山皆在足底。而断垣残壁，缭绕曲折，萦回漫衍，天空日熠，峰顶云横，直足使人发思古之幽情，追心于数千载以上，快心悦目，无逾于兹！而久处城市之人，能一涤烦襟，揽兹伟景，其为振奋，更不待言。同人流连久久，仍以原道回站。车即开行，经西拨子而至康庄，一涉康庄，即为坦途。渐过怀来，乡人耕田扶犁者云集。渐至土木堡，山脉蜿蜒，冈阡断起，山足虽有村舍，而沙遮尘掩，石断云连，已渐有塞外之风光，而榆树尤为茁茂。乡人为之语曰：“沿路榆槐，一寸成材。”盖榆木固可供用，而榆根尚可和蒿梁为榆皮面，以供馔食，绝无所弃也。车过沙城，永定河已在眼底，此间名产为煮酒，沿站售者甚多，酒洌而甘，游客亦每嗜之，多就沽焉。再过为新保安，其地产薠最肥，盖晋北种之所移植，而稻田菜圃，比比皆是。前站为下花园，杏花百余本，斗艳争姿，枝干甚老，未省为辽金时所遗否耳？此地产煤，随处皆有土窑，盖鸡鸣山之附近也。煤矿公司，规模尚好，以高架铁轨运煤，工事似甚发达。再过鸡鸣桥，在洋河之上，前即辛庄，逾此而至于宜化。

游程第二

张家口　赐儿山　元宝山　买卖城　朝阳洞

张家口向为北边重镇，盖自明清以来，不仅有军事商业上之关系，而于殖边驭藩，尤为数百年来视为枢纽之要地。其地在长城外边，逾边即为塞外。往日中国本部与外蒙库伦之交通，端以斯口为互市之大路，而由晋绥至北平者，亦多假道于此。故张口之商务，本亦极为繁庶，民国以来，初改察哈尔为特别区，十六年后，改为行省，与中国本部，一体为治。而省治即设于此，为万全县，故近兹张口状况，初不视曩日为逊色。惟外蒙既经叛背，商业交通，亦未恢复，故互市贸易，则大受其影响，然国人之对于蒙疆北地，未能忘情，且进怀恢复之志者，则当自身往实践为谋恢复之张本，而一时之未能涉足唐努乌梁海、科布多、阿尔泰者，亦当最近至张口一行，以略觇塞外之习尚风光于万一。且即置政治商业不言，徒为游观之计，张口亦殊足使人一顾，扩雄情于万里之外，寘瀚海于襟袖之间。所愿后来者，望风兴起，勿图以一登青龙桥，即自命为已探长城之天堑可也。

史　略

张口初属直隶之万全县，为关内外分疆之所，关外即蒙古境矣。自有察哈尔设立，遂划入察境省治。按张口在汉为代郡北塞，后汉为乌恒鲜卑校尉之治所，北魏以来，隶柔远、怀荒二镇。辽时属归化州，为乙室部所居；金时设柔远镇，渐改抚州。元为高原县，后升为兴隆地，为上下两都之通衢。明于宣德四年，筑张家口堡，即今之下堡。万历四十一年，复筑来远堡，即今之上堡。开马市以与蒙古通贸易。清于光绪廿八年，中俄条约中自辟商埠。而平绥路告成后，车站旁复有新辟之市街，东隔清水河，有桥可通，为上下堡往来之孔道，连接外边长城。边口凡二：一曰大境门，一曰小境门，均咽喉锁钥之重地。

游　程

平绥路之由北平至张口者，日有特快车、快车，及区间车，故交通至属便利。距北平二百公里，车行约七小时许可达。自过宣化，即涉张口。宣化本为明代北顾要塞，经营至盛，武宗且亲巡出塞，于宣府设行在，名镇国府，遗址犹在，气势峥嵘，足供游览者勃然生镇远之思。过宣化八公里而至支路之水磨，有恒山寺、石峰观音诸洞之胜。再十四公里而至沙岭，亦名断云岭，足资远眺。更八公里而至宁远，九公里即至张口。张口贸易蕃庶，市衢宽广，电火照耀，旅邸峥嵘，初不似穷边绝塞也。其最大之旅舍曰“华元”，即在站次，而人力车至多，且亦迅洁，与平津者无异。今自张口而四通村镇，并有长途汽车，然在市内游观者，初不需此，车站建筑，亦极宏丽，站外即为怀安大街、福寿大街，商市甚盛。有戏园二，一秦腔，一京腔。市场一，曰“怡安市场”，视北平东安、西单诸商场，具体而略微。至市上之售卖口蘑者，鳞次栉比，列廛尤众。盖蒙古来口蘑，均由此而转运关内。此地价格亦特廉，每斤最佳者不过四元，故游客至此，多购之携归。又药材肆之售参茸，口蘑肆之兼售葡萄干，均为北方名产。葡萄干出晋北，绿色无核，胜于舶来品，价之最昂者，每斤不及一元，大可挈归，以为梨栗之需。又次则洋货铺面极多，举凡电灯文具，照相留声机之属，无不毕具。而此间烟禁未严，土膏店亦间有存者，榜曰“售卖国货”，想政府迟早，必有统筹禁止之策，指日可待。又制毡亦为此间名产，实亦不昂。本来我国地大物博，无处无精产，特以运销不良，遂不能遍及全国，亟待提倡耳。市内面积不广，可资游览者，赐儿山，元宝山，朝阳洞，及买卖旧城数处，兹分述之。穷一日之力，赁一人力车，费一元许，即可尽得其胜也。

赐儿山

由车站以人力车行，过清水河桥，桥为新式建筑，颇雄伟，过此即为东关街，街市颇盛，民居亦有高其闬闳者。再过为西关街，即多土屋，皮货庄亦多，发售口货，以德源兴号为最巨。清真寺亦多，足征此互市之地，蒙人喇嘛以外，回缠亦多也。远望已见横山，宽而不高，绵亘不绝。山上有破屋数处，错落山凹间。盖清时蒙人每年进贡兽类，用充上方治庖者，多于此山熏炙以进，故此屋宇，均为若辈投宿治庖之处，此亦言考古者以不可不知。车行之路，已甚修平，而所过关沟，均极雄伟，此关沟即属长城之外边。出关即为塞外（长城本有数道，历代修葺，重叠围环，要之分为里外二边，此其最外之一道），地渐高陟，登临一望，山虽不巨，而四面环抱，张口市镇，正在山中平坦之处，炊烟万井，气势饶庶。及乎赐儿山足，别有汽车道，正在兴修，可达寺前。山足以上，路极平，不必撰杖，迤逦易登。循山至寺，先见省产陈列馆（时正在陈列，不数日即可公开展览），廊庑四绕，为一新式之建筑。又上为一三面亭，题“教穑亭”额，即于一面绘后稷像于墙前，似人为巨伟，以黄色涂眉宇间，及于面部，大髭满颔。手持嘉禾一株，首加草冠，身表老农之衣，足御蓝布鞋，旁题“教民稼穑的后稷”七字，不知何所本而致此。更上十余级，别为一亭，制与稼穑相等，而无悬额，壁间平绘伏羲、神农、周公三像。伏羲居中，虬髯赤身，腰披树叶，以为文身之具，头双尖如双峰之驼，双手捧八卦盘；神农像在左，则虬髯紫色，手持药草而赤足不履；周公厥像最肥硕，似大腹贾，头御平天冠，朱袍虎头靴，手中执圭，面有须五绺，含笑似作迎人之状。此我国先民之历史，所以绘而资后人之景仰者也。更上即寺门，门外有戏台一，额曰“山水怡情”。其旁别有小庙一，以祀五圣者，门帖曰“秦穆公敕封五道，汉高祖恩赐将军”，而书楹帖者，误祖为租，令人发噱！寺门不大，题“云泉寺”横额。计由车站至此，仅六里许，故游客以人力车者，半小时许，即可到达，弥复称便。

迨进庙门，殿虽不大，而布置疏落，殊有逸趣。惟访碑所得，其最远者，不过嘉庆间物，殊不足以餍人欲。小殿三间，绘金刚像两壁，更进为别一拱门，门嵌周大烈石刻楹联，文曰：“故里春残，来看张西山万壑；京华酒醒，听云泉磬数声。”跋曰：“丁巳秋复辟事定，浙中兵事将起，欲归不得，自念衰庸，与时无补。出监张家口税务，税署在张西赐儿山下，暇辄登临，憩云泉寺中，撰书此联，以寄一时踪迹，戊午八月，湘潭周大烈识。”盖近人之雅善操觚者也。入门左有真武殿，雕塑精严，以九龙为椽饰，及于藻井梁柱，工细特甚，大似大内之雨花阁。更进为一园，园中有柳，偃蹇土池边，不止合抱；其一枝已枯毁，塞砖瓦其中，而别一巨干，绿荫扶疏，生意盎然，斯足为异。讯之寺僧，谓此已数百年之神物矣。柳在中庭，庭北即正殿，而其东为一小石窦，天生如阜，初不高。窦中有二泉，相距咫尺，然一则探手微温，一则坚冰不溶，冬夏皆如此，信为异事。窦上土阜，即阜为亭，依山结廊，循石通径，仅十余级，已至亭上。而所凿石级，各绕以阑，每阑隔为柱头，柱头上琢石为花果鸟兽之形，虽不工而别具奇趣，以视芦沟桥之一百四十柱，柱各一狮者，固不可同日而语。然于边城，见此奇工，亦复可喜。山石起伏，自兹而上，虽不遒而凿石者因势陂陀，建阁立舍，备具林泉之趣。禅房花木，已届三月，嫩绿成阴，足备游客之登临休息。外此别有药王殿，福婴佑儿诸殿，报飨匾额，已满悬无隙地。山石间有刻诗一首，为光绪间谪戍之安维峻所作，安氏当时以反义和团，问戍赴口外，直声震天下，而侠士大刀王五，以素不相识之人，治装为助，又匹马以护其行，为蓟北健儿所盛传之故实。贴传至今，啧啧称美者。诗曰："为览云泉胜，山中我亦哦。石湫传怪久，洞府赐儿多。老树森阴壑，屏风束大河。得闲三载戍，长剑倚天磨。"跋曰："和志伯愚都护诗。光绪乙未春，陪志都护游，陇南安维峻和而志之。"原诗不可觅得，殊复怅怅。逾此更由曲径而上，则为三圣、太清、老君、灵霄诸殿，均有塑像，依回绕山石以登陟，结构不大，弥能以雅胜多。就中尤以灵霄为最高，两壁且有壁画。更一殿为忠义祠，以祀关圣者，中祀像作冕旒状，四壁绣关公事谊各图，均据《三国志演义》而为之，如草船借箭、水战庞德等，画手尚旧，然已剥落不堪。绕出山半，则有一洞，洞不大，略似平西之秘魔崖，中祀送子观音，依山面作门棂，以当殿屋，或即赐儿山之所祖。其地亦适当二水洞之上，有此水洞寒温之异，更有山穴送子之像，宜其山以赐儿传矣。山游至此已毕，均在寺中，则仍至中庭。就庭左小亭，治茗少息，水即中庭之泉源，自水洞而出，亦芳洁可口。游览既毕，遂下仍以人力车行。

元宝山

元宝山在大境门外，地为西沟，以山形之微似银锭，故以名山。山上无所有，到此纵观其形势，不值登览，然大境门则雄关扼险，虽处今日，五族一家，汉蒙已无所分其畛域，而前代商业政治之历史，转可于此觇之，为治学者所不宜忽诸也。由赐儿山下，经市衢，过省府民厅前，即可至大境门。途中有大牌楼，一面书“皇极清夷”四字，一面书“边关重镇”四字，盖清季所立。其地市衢尚整好，商肆亦繁盛，招额多兼用汉、蒙、满文。而以此地为马市，故兽医亦沿途可见。迨至大境门，有兵士荷枪为守卫，门外即二郎庙，现为公安局所用以抱关者。关门至宏伟，出关即为山沟，水流潺潺，出诸峡间，潺潺有声。而非山洪暴发之时，水势本不猛。村人往来市集于此，一如市衢。此地名坝西街，盖即通库伦之大道。盖自明入清，中外之藩篱至严，即在清代，蒙古已经内附，而清廷之限制蒙人，亦极严酷；蒙人除王公国师请领凭照以外，不许一人私越入关，而一切互市，即立买卖城于关口。蒙人驱牛马牲畜皮货，至于其地，汉人亦携茶砖杂货以及什用之品，与为交易。抱布贸丝，几于不假货币，以物易物，盖古人日中为市之风，所仅存者矣。是以关外西沟，旅肆林立，均以供蒙人之旅食携货求售者。汉人之来者既多，亦复麇集于是，而此地之商肆，遂以大盛。且此为通外蒙库伦捷径之所由，较之杀虎古北，近便十倍。故客商均云集于此，此则对蒙古之说也。更言对俄国者，中俄陆路通商，由库伦以至北平，已数百年。北平旧于王府井大街有内馆，安定门外有外馆，所以转输而内运者，所出亦仅此一途。故张口盖为绾毂之区，而所谓运输之道，可以并七车前进，亦为大道之定式。今之游览大境门西沟者，虽不及见蒙俄交易之盛，然熙来攘往，毂击肩摩，屋宇鳞比之迹象，犹有存者，足供研寻，以为治学之助也。

离大境门五里许，有一巨石，孤立河中，河旁有村，曰“孤石儿村”，石刻“孤石儿路”数字，无年代可考。惟地名不类汉语，所称路，必为元时所刻。又附近石壁，有康熙十八年重修碑记一通，惜其字迹漫灭，无从深考。石颇大，为一完整之巨块，兀立山涛中，气极雄伟，游人如得余时，并可一观其胜。

买卖旧城

张口为蒙俄之买卖城，互市于此，所谓上下铺者，即指此而言。大境门之内，别有来远堡之上铺，土人谓之“圈子里”者，其建筑又别有不同。圈子即指城圈而言，以别其所居之为蒙人也。建于明代，传之清朝，其地中为一广场，场外四周，均建楼屋，栋宇重重。南北两端，其一为大庙，适依邱陵之高处，俗称四台庙；南端则为一大戏台，为商肆会馆中人集资所建，于此宅居庙庵以外，别有土城围绕之，即所谓“圈子”是也。土城有门，上题“永顺门”，逆计当时，庙为蒙人之信仰而设，楼居廛市，均供蒙商，广场中即为交易有无之地。父老相传，蒙人不许越境一步，犯者置诸重典，即所携粮食不足，由城内购置，亦仅以篮篋，由城缒下而致之；汉人除互市者外，亦不许与蒙商相交通，此其限制之严，摈斥之深，畏而远之之意，可以想见。迄于今日，合五族以建国家，共肩兴亡之责，非独一扫数千年来宗藩之积陋，为国家之光荣，亦且为蒙人，申其郁勃之气，使跻于平等。游客至此，揣侔以观，盖不待言而自明矣。

朝阳洞

洞在地藏寺，即官道之旁，为一短峰之下。循级而上，不过十余步，入门即为正殿，中祀千手千眼观世音。四壁彩绘十方幽冥事迹。新而尚精，北方殿宇，无不有壁画，特新旧精粗之不同，有待辨赏而已。殿后别有一殿，即在洞内，而雕梁画栋，间以云彩，上于隙处，通光朗列，前加拱门，骤入视之，几不知其为已入洞中。中祀地藏皇菩萨，旁列十殿阎君，均有塑像。洞深约三四丈，广二丈许，藻井屋角，率以雕塑之云海璎珞为饰，且绕柱均雕漆龙形，绕柱拏蟠，跃跃作势，生动异常。虽占地不大，却极华美。洞中一门之隔，而寒威乍凛。同人以三月中旬来游，似与洞外殿中，气温有夏秋之别。洞外正殿旁，则有偏殿三间，以祀仓圣，中又为孚佑帝君殿，殿外更有便屋数椽，本可供游人之遨翔者，近则邑中用为积谷治事之所。偏殿前界有卉木，而无乔柯。正殿外广院间两旁有碑亭,合庋五碑,多已漶灭。考其年代,远至于康熙,近迄于嘉道,足知此寺之旧,已经毁灭,重修以后,未必为旧观矣。

客之来张口事游览者,山水城市之胜,可供蜡屐,大率尽于上述。于是同人亦重上征车,发轫前进。平绥路之由平而张,本为北行,以至于关口。然由张前进,则又折而西南。至丰镇始出关,故车行却转而南向。夹轨初为土陂,行十七公里而至孔家庄。沿路多白杨,然多作红色,则以此间土燥水干,天寒而不宜于茁茂,故多作嫩红之色,为南中所罕有。其地有碧天洞之楼阁,野狐岭之峻拔,更十六公里而至郭磊庄。有鱼儿山、洗马林诸名区,前进则为洋河三汇之燕尾河。远望白腰山,如衣之有绶带,盖已至柴沟堡矣。玉皇阁亦为堡内胜地,越此行二十公里许而至西湾堡,土地肥美,村墟四集,屯田之利,自不在小。土著均以板筑土屋,土性坚软,初无渗漏之虞。而龙洞、慈化二寺,为此间明代之伟构。更行十六公里以至永嘉堡,亦明代筹边所设之重镇。玉泉山高十余丈,有瀑布,见称于人。更十八公里以至天镇,则已由察哈尔,而入于山西境内。天镇之盘山,古松最为驰名,而城内慈云寺,为庚子时光绪帝西狩所曾驻跸。自唐以来,号为巨刹。更进十四公里至罗文皂。十五公里至阳高县。有西岩、云门诸山,积雪经夏不融,其地势高寒特甚,故风力亦特大。更十五公里至王官人屯,十四公里以至聚乐堡,十二公里至周人庄,十六公里至大同。则同张间之途程,已经行讫,作者于此,将别述大同事矣。

游程第三

大同　华严上下寺　善化寺　曹公庙

大同为西北交通孔道,又适将为平绥路之中站;且南至太原,可由汽车以入雁门关,同蒲铁路,已经分段告成,一旦畅通,则更为晋省南北绾毂之所在。其地物产既丰,古迹又多,要均于历史及艺术上,胥有莫大之价值。是以言实业及治考古者,莫不接踵前往。且云岗石窟,驰誉世界,又为吾国美术上之国宝,欲往游览,舍此莫由;故大同且因云岗而盛传于人口。惟是游踪所及,或多假道以赴云岗,而不及于大同,实则多作半日之勾用,留以瞻览北疆之胜迹,为游客计,莫便于兹。大同城郭不大,其可周览者,或一行而尽。然就订古考艺事言之,则华严上下寺、善化寺以及曹公庙,均足使人流连忘返。此在往游者之各探其胜耳,兹详述之,用导先路。

史　略

大同自古为北地重镇,春秋时为戎狄所居,战国时分属赵、秦,为云中、为代郡。汉为雁门郡,平城县。魏时隶新县。北魏属代郡,而道武帝宅都其间。迄孝文迁洛阳,前后将及百年,维时营宫室,建宗庙,立社稷,且于云岗凿石窟,故于佛教艺事之东渐,实大有关系。是后在唐为云州,置大同军节度使。石晋时,沦入契丹。辽金时均为西京大同府,元时则为大同路。明清改府治,民国后废府为大同县,现兹城郭,为明洪武五年徐达任武职时,因旧土城而改建者。周凡十二里,迨明景泰间,又增筑此小城,凡六里;天顺间,筑东南两小城,各周五里,于是城外四周,均有外郭,若女城。现者攻守之势既异,战术亦与古不同,而城隍遂失于修缮,然在揽胜者观之,则固不失其为古趣,益足令人黯然神往矣。

游　程

大同车站有人力车,随地赁坐,价初不昂,论时计值,每日约一元,亦与平津相同。车站左右,多货栈仓库。盖晋北粮食煤矿,胥由是而转运吐纳也。须臾,车入北城,曰“玄冬门”。入城,路基甚广,但土路经雨,弥患崎岖,外人所经营之首善医院,巍楼高峙,院即在内城之左。内城则有城楼,亦经战事而颓毁逾恒,前有横额,曰“云中锁钥”,城内民居,尚称蕃富,栋檐或有雕刻龙彩者。此间官署,以今之骑兵司令部为最巨，盖昔之总兵衙门，为明初徐达所营缮。同人往谒其主者，因得纵观。门广宇宽，有巨石狮四对，制作奇古。濒墙有高亭二，分据左右，用备瞭望，广场中亦有左右二碑亭，为清嘉庆四年所立；一为明代历任之镇总题名，一为清代之总兵题名。均足为存古之大好资料。出署由大街而至钟楼，破败特甚，古趣盎然。此近城之中区，为贸迁最盛之地，因以游华严上下寺、善化寺（别详下节），为之流连者经时。然后至四牌楼，四牌楼在城之正中，临此一望，四城均在眼底。其东曰“和阳街”，西曰“清远街”，南曰“武定街”，北曰“永泰街”。然后由东门而往观明制之九龙壁，盖明藩封之照壁，高近五丈，宽将二十丈，上嵌九龙，蟠曲生动，均以琉璃瓦为之，栋檐拱柱，率为瓦制，约与北平、北海所有者相同。壁前立木栅以卫之，游者就栅内窥，所以资保护也。街市中新建筑，则以山西之省银行为最伟。此间城楼城垛，飞檐平矮四注，翅角翼然，虽极颓废，愈形其古，研治建筑史者，无不认为足供探讨。城内酒食肆数处，有为山东馆，亦有本地风味者，最驰盛誉，即为久胜楼，相传即明代之梅龙镇酒楼，武宗巡幸，于此值李凤者。又或谓梅龙镇实在丰镇，则无自寻其沿革矣。同人往游，薄酌于此。入门为一大院落，四面均客座，其正屋有楼座，拾级可上，朴拙异常，屋矮而深，楼亦浅晦，此则前明建筑民房之遗制使然也。城外可游览者，西则云岗，东则曹公祠，分述于次，备省览焉。

华严寺

此寺在城之西南隅，自辽金以来，号为巨刹。至明代始析为上下二寺，殿屋结构，纯属金源，下寺斗栱梁柱，犹存唐代之遗风，而其壁藏天宫，胥系海内孤品。海会殿亦为辽制，外观简洁，而纯净逾常，细考之，见华严及善化寺，均有辽金建筑，弥足珍异。而上寺之画壁，更为海内所罕见，直足使游者至此，惊喜交集也。

华严寺正殿凡九间，《辽史》称建于清宁八年（西历一〇六二年），实则先于清宁，已有此寺，辽特为之增建。其或云自唐代修建，则徒存此说，无由以事实考订矣（详见梁思成君之《大同古建筑调查报告》）。嗣是而还，大同为辽宋争战之地，乍兴乍废，直至宋败，辽有其地，信佛益坚；一岁中至饭僧三十六万人，一日祝发至三千人，可以知之。迨辽末，西京陷金，重罹兵劫，寺亦多化灰烬。就寺中碑记观之，犹可知其崖略。后金熙宗时，始又重修，补建教藏，元时又一度兴修，明清仅略整葺，嗣此而愈益式微，以迄于今，此其大概也。

寺中以正殿为最伟，题"薄伽教藏"，薄伽为世尊梵名。殿为辽建，在中国为旧传木构建筑物之第六位，可以知其珍贵。寺址今已缩小，迥非昔比。下寺入门，为一院落，其前已改建学校，供弦诵之需，而正殿在正中平台之上，高十余级，全体作凸字形，左右为钟鼓亭，又有灯炉旛竿诸品，均为后制。殿则阔五间，深八架椽，中设砖台，以供佛像。其前两翼特出，平面似凹字形，沿壁为壁藏，而天宫楼阁，则飞越于窗上。所有斗栱檐柱，多可取订于宋李明仲之《营造法式》，亦有因而变通者。而壁藏之脊，垂脊角脊，均以直线为之，垂兽角兽，张吻衔脊，姿态奇古，决非明清之所为。殿内有彩画，或写连续之花纹，或为飞仙之人物，原为旧制，而屡经修葺，渐失其真。佛像在中台三间，各置如来像一躯，四隅分列金刚，如来前杂置大小佛像，或结跏趺，或蹲足，或立，或合掌，或扬手，姿态不一，其有合掌微笑露齿者，尤为罕觏。诸像除补立少数外，有三十一躯均辽时所立，衣具璎珠，身仰微鼓，亦有袒胸细腰，长裙飘带，手足位置，适如其分，极合投影之能事。雅丽超绝者，一见即知为受西方艺术之影响至深。而像上之帽式，有如王冠，有似汉官翅帽之旧，有如毗卢，有如耀星，光怪陆离之际，极蕃衍流利之能事。即佛像之莲座，亦有飘绶，映拂其间。世尊像之背光，左右外缘，亦饰以飞仙，而外侧之火焰，内侧之网目花纹，均存古致，火焰更柔和雅蒨，使人览之，有翛然之思，视明以后者，迥不相侔矣。

壁藏沿四壁而设置，下层为台基，外绕重台钩阑，上则横直以排列经匣，其上覆以斗栱腰檐，复于平座上设天宫楼阁，有角楼行廊等建置，缭以钩阑。此天宫楼阁，即现存之神龛，而殿后窗上，悬天宫楼阁，以圜桥使与左右两壁相衔接，极玲珑美丽之胜。盖纯乎其为辽时建筑之雏型，可与宋时《营造法式》，相互参证者也。

海会殿亦辽时所建，面阔东西五间，其阔间、深间之比例，与薄伽教藏相近似。门内有香炉，后为砖台，左右两翼，突出如凹字形。此台外，沿左右墙，复各有砖台一列，以奉佛像。中央砖台上，前部各列金刚一躯，左右次间者，趺坐台上，而无塑壁，只于像后设背光。至两墙砖台，各设罗汉九像，面貌衣饰，均不得与教藏所奉者相并论，必为明以后所补塑。殿内有二碑，均明人制作，初于考订，无大关系，存而不论。

大雄宝殿，在今之上寺，或谓仍为辽建，实则兵燹之后，当为金时所复建。殿基甚大，前有月台，设石级二十，级尽有坊，顶为梯级形，两侧左右，为钟鼓亭；坊后为香炉经幢，八角形，按之亦辽物。殿极大，而光线不充，中五间，筑砖台，供世尊五像及胁持诸像。左右台二列，多置罗汉十尊，而沿墙复列二十三台，各庋座像，墙上则为壁画，三面均满，世尊胁持，多似薄伽者，神采眉目，璎珞背光，别饶古致。罗汉之衣帽飘带，栩栩欲活，至旁侍者则仰身作势，又如出土之陶俑，短衣窄裤，手势灵妙，意态柔和，饶有西域之风味。即甲胄之士，亦与常制不同，盖雕塑艺事，已力趋写实之一流，故衣皱带纹，虽在小处，不少苟且。女侍像则赤足者为多，亦有头插梳篦，胸抱稚孩者，大都胸微挺起，帽如后冠，盖不徒以庄严取胜，而兼以艺术求工矣。

壁画固非原来之旧，而必有旧本可循，固虽非名手之遗泽，已为国内所罕见，颇足供游览者之瞻谒，以在殿内，彩色如新，且下端署塑工董安之名，则出新修补绘者之手。全壁三面，分为如干区，所绘均释伽应化事迹，华严法海诸图，所绘极细，各分间架，山水林木，掩映生辉。有极巨之坐像，背光火焰，斜行侧出者；有一区而分为如干小图，间以云彩图案者；亦有一区而绘小佛像数十百尊者；设色配景，多以山水亭阁，位置得宜，错落有致。每像上均有背光，光外复有云彩，内再间以佛像，其观世音一区，趺坐海波中，一胡床置之波上，龙女前跪，而波涛汹涌之间，莲瓣上各坐佛像。其大像之背光，多至数层，青红互间，杂以金色，恢诡至不可逼视。亦有分断为连环形者，侧出斜飞如散发形者，亦有止画圆光，而光下不画佛像者。约言之，此虽不敢断为旧制，然人天供养，出于丹青，流传中土，此固极不易见，无论为释教之善信，乃至游子所经过，凡来斯一观，均足生其赞叹，未容等闲忽之。游大同者，慎勿以浮光掠影视之可也。

善化寺

寺在城南，俗名南寺。初建于后唐，毁于辽，重修于金太宗。其重修之碑记，犹在寺中，足资订证。明代亦屡事修葺，至清康熙间，寺僧又于兵燹后再度重修，而乾隆以后，日就零落。前本有壁画六十余间，今仅大雄宝殿内，尚余一部，余则均不可考。此寺榛荆互塞，燕雀巢梁，在考古者以建筑于辽金，加以重视，若徒事游览者，则必望而却步，故今亦仅涉其崖略而已。

寺内初为金刚殿，次经东西配殿、三圣殿，而至于大雄宝殿，殿在台上，作长方形，前附月台，惟不似华严寺基之崇伟。台设二十级，级顶为牌坊三间，左右各六角亭一，以庋钟鼓，盖明时所建。殿阔七间，深阔为三与五之比度。殿外脊吻，以屡经修葺，均为清制。殿内设平棋藻井，外檐彩画，剥落至无可循览。而拱头尚有如意头，或绘写生华，藻井有龙凤莲华，均为明制。殿内设砖台，台上每间中央，各列世尊像，下承莲座，上饰莲瓣、火珠、柿蒂、狮首等，制法雄健，狮首张口蹲足，应为辽物。而佛像姿态凝端，衣纹流丽，左右胁侍立像，权衡失度，确属辽型。循东西壁，复有砖台，置佛像各十二尊，即护法二十四诸天像，其姿态不一，而东壁之六手观音，最为完美。至殿内画壁，则碑称为康熙时所绘，亦极艺事之大观，殿内可言者，如斯而已。殿外旧有文殊、普贤阁，文殊阁毁，仅存普贤，虽极颓坏，少存辽制。普贤像虽屡经重装，犹存古趣，其侍立之像，亦与正殿者相仿佛，应出同时。三圣殿规制甚古，内供佛像，中为世尊，左右为菩萨，如来侧尚有胁侍二尊，而佛台前部，又微突出，供如来小像及胁侍，墙背则供韦陀，殿角供关帝。外此东西朵殿及配殿，非寺之主部，不复更赘。

曹公庙

车出城东门，门楼尚翼然，出城即为河神庙，逾庙循阡亩间行，车可直至河滨，盖为玉河之支流小汊，玉河本出塞外之葫芦海，以入长城，经武周川南入桑干河者。支流本有土基一桥，乡人之僦居桥次者，乃拆断之，以利人之涉河者，可由背水而过，藉博微资，此其不顾公德，弥堪痛恨。然涉河之人，衣羊皮裈，能负行人，往来于寒水冰流之际，处之弥安，其能力亦殊不弱。在昔纣王刖涉水之胫，自属苛暴，倘遇斯辈，则双胫危矣。一笑！背河者每人约酬以二三十枚，乡人更无需此数，然背河者穷晨夕之力，亦庶可致温饱。逾河为一小平原，行不半里，即见一小阜，阜上庙宇翼然，此实北斗阁，惟乡人以曹福为习知之人，附祀于此，故转以曹公庙传耳。

庙前平地上，别有一观，虽非元明旧构，而层楹翼然，台基甚高，下通以门，基上筑屋三间，缭以短垣，中拱似凸字形，中屋亦微拱，檐角翘起，屋平广，位置山林之间，弥多逸趣。门题“玄都观”。此在道家，以观为习静之所，源于古之京观，以占地高而言之，所谓“大人化京观，小人化虫沙”，亦即其义，于三代成周之际，本为治政刑人之所，期于共见而共闻，后来乃几以专属于道家之建筑。然道家之建观，后又庋之平地，有观之名，无观之实（如玄妙观等，以广伟为重，而不以临高为主），此犹古之遗意，是可嘉也。

观前为一墓，甚巨。碑题“光禄大夫都督任公”，惜无年月名氏可考，而屃赑甚伟，自系清代之巨卿武职。玄都观次，即北斗阁。阁前有戏台，栋宇彩绘尚新，盖乡人用以报赛，至今不衰。至北斗阁，占地既广，凭临小阜，愈进愈高，气势亦佳。由下至上，凡数十级，门外缭以短垣，门内即小殿，塑四像：二牵狮，一降龙，一伏虎，制作出于近人之手，一览便知，然尚不失为精整之品。门前题“北极灵宫”额，别于正殿榜方额“北极玄天”四字，所以祀北斗星君者也。正殿在一平基之上，左右各有碑记，一为明代嘉靖，二为清代康熙、嘉庆、咸丰，均纪兴筑之役，原有钟鼓亭，飞檐四注，制度古朴，今钟存而鼓废，则移碑于废亭之中。

正殿甚伟，中塑北斗星君像，像座砖制，上为飞檐二层，顶设藻井，斗栱细密精致，尤为近制中之佳品。北斗像手提一剑，身披玄袍，帝有侍立而持旗伞者，又有捧印而手文书者。像后为大绣屏，绣牡丹花，初非旧制，神龛前置大香炉，炉外向作乾、离、巽三卦，炉侧置大铁花瓶一对，左右分立，高与人齐。沿墙亦设砖台，左右各六座，座有塑像，凡温、马、朱、火元帅，邓天君、毕元帅，以及刘、赵、庞、水元帅，辛、张天君，合十二像。北斗像高朗凝重，意亦端静，元帅诸像，则制作似少逊。

正殿之后，别有一殿，规模略逊，题“三天坐殿”，为明万历时人之篆书。正中祀真武大帝，在神龛中，沿墙别有左右三砖台，台亦各有塑像。壁有壁画，面南左右，分绘真武二像，跣足玄袍，至东西向各分为横十一格，高五格，栋桷间别增二格，合之左右，都一百二十二格。每格咸绘真武应化事迹，且均加题识，志其行谊，色彩笔意，均非良工所为，徒存画壁之制度而已。三天坐殿之后，基址益高，左右环抱，循基为级，拾级三十余磴，以至其上，别为一殿。殿较矮陋，仍祀真武，像玄色便服，跣足，抱手加膝上，亦无冠冕，供张之具，亦甚简陋。殿后即为一三层之高阁，阁小而耸，窗小梯窄，如碉堡形，循梯可上，此阁不过方三丈许，一梯以外，下层别无长物。土人谓此为南天门走雪曹小姐之妆阁，则謏言不足考也。其最上层祀玉皇大帝，中有小龛，龛列神位。中为玉皇，左右尚有他位，均道教诸神。四壁各有窗一，其小如窦，与建筑绝不相称，无足言者。亦有壁画，出之俗工之手，凡涉历华严寺者，已叹观止，不必更加经眼矣。

由此仍以原道，出正殿，至广院间，东西庑均各有小殿三间，其东为三室，中祀财神，塑像不大，亦与常见之款制相等。其右即曹公像，所祀为南天门走雪之义仆曹福，像白须，冠巨冠，张口露齿，作微笑之态。旁有二像，一衷曲者持九莲杖，一青面者半跪献帛，以夹侍之。后有壁画均记曹福掖持女公子渡险走雪，乃至成神诸事迹，均出说部，附会传闻，形之丹青，上下凡八幅，像后壁上，有衣蓝袍之大像，有背光，八仙伛偻，作起迓之状。其左为观音殿，亦为画壁，多紫竹林等应化事迹，亦分区格而画之。盖晋北祠殿，莫不尚画壁，故无论精粗美恶，必有此以为点缀，而新制者终不若旧制之精，则亦无可讳言者也。其西三室，正在衡宇，则合之为一室，榜题"土府至尊"殿，即土地祠。中砖台上塑一老者执圭冠冕而坐，又置鲁班祖师之神位牌，横额曰"尊居九垒"，两侧有二小像，奉金帛以献之。后壁画花为屏幔，两旁又画飞龙潜跃之态，逆臆当时，必更合祀龙神于此，今龙神之位，已不可见，而所画犹未破壁飞去。道教本多神教，老子、韩非同传，本不足为异也。

游览既毕，仍以背河者背负而涉水以过，循河以人力车行田间。村道不广，仅可通行，至玉河旁，有铁牛一，立台上，台不高，牛已破损，而角杈腹健，形象弥复古拙。盖明代所建，牛腹有字，可以证之，土人则姑神其说，谓此牛甚多逸去，止存其一，实则以牛镇水，卒也为水冲刷而去，事极寻常，初不必纬之以神话也。循河更行，绕北郭之东门，门有明万历重修碑记，嵌之壁间，行约三里许，仍归车站，访数百年寺院之宏基，尽片日间游观之能事，亦足使软红十丈中来者，游心聘目，叹为得未曾有之胜也。（未完）

（《旅行杂志》1935 年第 9 卷第 8 期）

中

游程第四

云岗 石窟 建构

云岗石刻，为北魏时所雕建，距今已一千五百年。不仅为东方文物艺术所罕觏，亦且得谓为宇宙间之奇观。是以世界订古之士，无不远万里逾梯航以来游，而考订之书，欧洲、日本，胥有专著。返视宗邦，舍正史上片段之纪载，以及《水经注》外，仅散见一二家之游记，殊可惋叹！最近学者辈出，考据艺术之学，亦咸今胜于古，因之云岗亦遂受人之重视，襆被往观，日繁有徒。余弱而好弄，断瓴残甓，视同圭璋；况此名区，久为神往，得探其胜，实偿平生之大愿。特述游程，略兼管测之所及，用为导游之需。邦人君子，其速兴起，一为瞻谒，不敏愿更拥篲以为先驱矣。

史 略

云岗在武州山，距大同西三十里，所营石窟，为北魏拓跋氏遗制，盖千五百年于兹矣。云岗为旧堡，名以堡传，本属左云县，民国最近，始以之划入大同；而取道往游，亦以大同为便，故今不更赘左云之名矣。

初，魏太安初，有师子国胡僧五人，奉佛像至京师，谓所历各国，诸王均请其摹容造像。又沙勒国僧赴京师致佛钵及画像真迹，盖僧昙曜尝以复法之次年（按，魏太武皇帝尊道屏释，焚毁寺塔，至七年后，因病又信佛法。又二年，“兴安元年”，帝崩，子文成即位，更兴佛教。时为西历四百五十二年，于是昙曜适来，余僧亦至，均事佛至笃。所谓复法之次年，实即兴安二年。），至京师，帝事以师礼。于是奏帝于京城西武州山凿山石壁，开五窟，各建一佛像。高者七十尺，次六十尺。又皇兴中构三级石塔，大小均石制，高至十丈。（上文见《魏书·释老志》）按之则知云岗石窟之经营创建，实始于是时，而所谓五窟，就近人梁思成君所考订者言之，即为今兹西部之五窟。盖以此五窟之平面方面观之，互相联属，自成一统系。而其像容，又最富于异国之情绪，与他洞不同。洞内刻小龛小佛，而不及于应化事迹；且塔与装饰之花纹，与他洞亦不同，种种订证，认为就中开凿最早者也。（西部于上列五洞外，尚有无数龛洞，以刻法言之，较后于中部之偏东四洞，而又较早于中部之偏东诸洞。此所举之五洞，即现存之五主要洞窟。）

至中部主要有九洞，或谓其第一洞为孝文帝建造以纪念其父献文帝者，时代仅亚于西五洞，则文献难于考订，仅可传疑待订而已。偏东诸洞，仍富于异国之情绪，偏西者则渐涉流美，近于龙门伊窟所刻，已为后建，盖无疑义。惟偏东者又有太和铭字，则观成或较在后耳。

东部主要者凡四洞，而尤奇者为未竣工之第三洞，传为昙曜之译经楼，规模之大，为各洞之最。且此洞各部在洞顶崖上，并凿塔相对，塔后又有小洞一行列，均为他洞所未有。或谓是时孝文帝已在龙门，别建百窟；或谓系隋时所刊，其说均无佐证，未足据为信史也。

游　程

自大同至云岗凡三十里，中修车路，而夷险不一。往游者可乘汽车或人力车，乃至乘骑。汽车时间自省，人力车则较平易，而乘骑较省。余所经行，则以人力车，途程所历，可得而言也。汽车往返十余元，可坐十余人，人力车约一元半，乘骑亦等是。

早九时，同人以人力车离车站，入大同城之北部外城，而入内城。北城外远山重叠，横云带巘，侵晨远望，清气迴绝。车站旁多粮食，行以至旅店，有专供喇嘛住宿者，且特标巨书于壁间曰“喇嘛留宿”，以事招徕。渐车入内城，所经城楼，已经兵事而垂垂毁矣。渐又出西门，门前即土路，路基甚广；两旁疏树布阴，绿林遮地，北方见此，殊非易易。地势则渐远而渐崇，车路陂度，则高低不一，惟尚堪车行耳。道旁村舍错落，多以板筑，范木为型，实土其中，土干去板，坚固无匹。路中所见之关帝、龙王庙，规模虽在，颓败异常。村中亦有筑土堡以防匪患者，路政失于修理，有时康庄可行，有时又泥泞差池；然其土性，含沙较多，故骤雨之后，亦一晌便干。况气候奇寒，晴亢经岁，土著多披裘，不加缘饰，已为蒙人所同化。其地多野鸽，遍野弥望，翱翔为乐，载运则多驴骡，负儎不绝，则多近地土矿之煤产也。沿山濒河，即武州河，河不广，而水流甚激。山湍下流，汇纳山谷，潫濡淜湃。车道循山河以行，自城凡行二十里，而至观音堂。堂依山面河，筑阁较高，前有戏楼，楼前有三龙碑一，视城内之九龙碑，具体少微，而制式均古，必为同时之工物。碑为蓝地，龙作黄色，蟠拏作势，下有水纹，中一较小。旁柱檐栱，均出釉制，尚属完好。惟顶脊久经风雨，微遭剥蚀，尚无损于观瞻。过此山河，又多循断崖以行。崖边有大书深刻之佛字，不知出何人手笔。虽不工，然极壮丽。河身亦多浅旱，水来则挟黄沙而俱下，山旁多土窑，其村舍建筑，多作圆拱形，均石制，所以省木料也。山外亦有烽燧遗台，想见当时北防之重要，再前循山，须越河两渡，水小时，车仍可行，若山洪暴发时，则停止数日；然山洪势散，亦不能久涨长流。逾河时或以牲口大车，更为安稳。越河即见武州山，石窟即在半山。山作环抱形，多为斧劈巨纹，足征风化之裂，又辄经水患，一望可知。及至山趺，已及见半山均多空穴，亦为像窟。其中空者，或遭盗窃，或为风蚀，惟濒山者穴均不大，望之不过四五尺许，此必当时私人石作之所为，而非巨窟经营之一部。及抵正窟，则巍然佛殿，五层巨制，炳曜目前，楼阁屡现，华严弹指矣。庙为顺治八年总督佟养量所建，范石窟于庙内，因窟之高度，施栋布宇；因之主要诸窟，为寺所蔽，或为人所诟病。然因之窟佛，得免于风化盗窃之弊，亦未始非佳事矣。庙气概万千，而废坏特甚，连绵数殿，有已就倾圮者；有将倾圮而不可以登者，亦有断砖残瓦之仅存者；然游人至此，志在观窟像，而不在殿宇，故亦无加之意者。寺旁为今之山西骑兵司令赵承绶（字荫甫）之别业，筑于高陂之上，与庙相平而相连，凡平屋七八间，参以西制。明窗净几，前有花圃，布置楚楚，雅人韵致，实为擐甲攻坚中不可多得之才。且赵君公其屋于游人，委其事于僧祝，客有至者，均可就而茗坐投宿，是其不私所有，更为难能者矣。石窟之在寺旁主要者，东中西约分三部，均在山半，联属相衔，不过二里许。游客约略搜奇，历二小时可以尽之，合之人力车程，往返约五小时，一日殊颇充裕。若云考订研精，自非旦夕之力所可几，则可就寺僧，假馆赵氏，以穷奇而治学也。

石　窟

石窟之位置，由东徂西，为一大排列，均在山趺。其各石窟之造像，大约每一窟有主要之像，而窟旁上下四周，又无不有大小佛像。乃至应化事迹，藻井雕饰，瑰奇怪诡，不可言状。而就中较大较为整齐之诸窟，像身多敷以土垩，辉以金碧，虽光彩曜目，而观者摩挲考古，转或患其失真。至未经修饰者，虽甚剥落，然容饰未加修垩，反而逼真，可供学者之研讨。此盖在游者之因意为匠，见仁见智，初不足以强一其心理者矣。

溯中国之有刻石造像，由来已古。汉代迄今，流传不绝。然以汉代所作之古劲一派，与六朝所作之生动柔和一派，相互较量，即知由前而后，意匠不同。其间衍遭之迹，固非一二语一二处所可定测，然前后之间，云岗必足以为承先启后之钮，可以断言。以云岗刻石中，所发见之非中国旧有款式者，比比皆是。且有明袭西汉、希腊之古典宗派者，有渗以印度之佛教美术派者，不难鉴别而得之。即持以与五十年后之龙门造像相比拟，亦正有其不同之处，故谓之为承先启后，实非虚假之词也。

云岗石窟，其窟制西部五洞，平面或椭圆，或扁圆，亦各不相同。

像身之容貌衣褶，显有中印度之流派。至中部诸窟，则前面多为长方形，而后则仍各为形体，初不一律，此足为雕刻技作中渐进之明征。而东部诸窟，则刻成较后，其佛像之背光火焰，极其和柔，与西部之古拙者，殊不相类。即胁侍菩萨之头饰，亦极繁复，花纹亦柔圆而下开隋唐之先绪。至西部偏西诸窟，以至中部偏西诸窟，及于崖壁外之大龛，其年代均较在后。盖云岗工程，前后历年至久，始获告成。故其刻工之与年俱变，亦属事理所可能。今兹躬行实勘，游者于欣赏艺术以外，更可深之以学力，以确定其渊源，是于吾国之艺术历史，必可多所发明，企以俟之。

石窟制作，始于佛教，源于印度，无待闲言。然其平面较为复杂，且窟内多有柱廊佛塔，与吾国所刻，又所不同。（我国石窟，新疆、敦煌，均其较古者。）云岗中部，辄为前后二室，以方形与长方者为多，当属敦煌之遗派。惟西部之椭圆扁圆，何以独异于此，则昙曜开窟之初，又必为径传印度之款制可知矣。

建　构

石窟款制，约如上述，若再就内部各部，缕析言之，则窟内有实质石柱之塔，四周雕佛像，以追模印度之支提塔者（敦煌亦有之）；又有以石柱雕成楼阁式之塔形，檐柱斗栱，无一不具，而再浮雕佛像于门栱之中者。且塔之上层，面阔与高度，递上递减，使外观稳洽，此实为中国构造木塔之款式，今云岗用之，足以兼证当时木塔之遗制，是其于我国建筑史上之创获，又可多一事证，宁非至重且要者乎。（魏时木塔盛行，《魏书》屡有纪载。）且塔之构建，款式本多，诸窟浮雕各塔中，有上方下圆，相轮五重者，三层平面方形者，五层及七层者，就中除圆顶一种以外，几均为中国楼阁式。夫塔源于印度，而楼阁则为中国之建筑，递上递减，亦中国楼阁之款制。今塔既因佛教而移植于中国，然其款制，乃又与中国固有之楼阁，合而为一，此实足为中国与印度建筑离合之明证。在其初期，端赖云岗以传世，大足为研精斯道者之考订者也。

至于诸窟佛像浮雕，多先刻一宫殿拱门，而以佛龛置诸拱中。又则浅刻应化事迹，纬以建筑之檐柱。其浅刻花鸟，诡奇异致，虽无当于建筑上之制度，而其艺术之超凡入圣，直有令人仰睹诸天威仪之感，而雕刻柱面，下丰上杀，辄多遍刻花纹或满琢佛龛者；亦有承以台座，绕以莲瓣及忍冬花叶者；斗栱有刻兽头相对者，其为渊源希腊、印度诸旧式，绝无闲言。惟屋顶为四注之式，椽多筒瓦。屋脊用鸱尾为两端，角脊以凤凰为雕饰，或加火焰，犹留汉石刻之遗风。而佛龛拱门，有内缘作龙形，外缘作宝珠形者，则为印度式。有为五边拱者，而拱面分格以雕飞天及璎珞垂幔者，则是参中外之制度于合一，又其明证。阑有万字式者，为六朝以来所常见。藻井或分格，或不分，且多依窟式以分之，初不求其整齐一律。所雕者，多莲花及飞仙；或参用，或互用，飞仙多因形立异，谲奇活泼，手中多持有法器、乐器。约言之，有为湿褶衣裳而露其双趺者，则为印度式。有短衣长裙，裙绕足复张，飘展四散者，则与汉刻之鱼尾托云，显为同制。至其最精最美者，屈膝前进，裙裾生动，回翔翱集，望之欲去；而衣带云彩，于无意有意之间，又似有图案之可循，则必为晚出愈精之品，盖冶中印之艺技，于盈尺之间，一窟之内，多至不可胜数。宜为来游者所欢喜赞叹，而穷年累月，不易竟其研讨之功者也。

雕饰花纹，用为模式者，多足证其来自希腊，经由波斯以东来。盖云岗之前，为吾国旧传所未有，而云岗之后，又成为中国所习见。承先启后，适于其时，更足为学者精研东西建筑沟通之史料。其尤著者，如回环之忍冬草，每环成组，环中再镂以花纹。夫佛教之莲瓣，即源于希腊之忍冬，久有定论。惟在中国，释教日昌，莲瓣模雕，随地可见，而此椎轮大辂之忍冬，转就湮灭，其少少遗存者，仅此云岗，宜为后人所珍视。外此璎珞花绳诸式，均为间接传入之希腊旧制。兽形固中国旧有鸱首饕餮之遗风，而刻法却参以西洋之风度；且自此而还，即为中国艺术所应用，在此北魏之际，竟得其嬗衍之阶段，宁非大可重视者乎。

佛像有大至数丈者，小不及尺者，满坑满谷，无由胜计。其中部各窟，多经丹垩，饰以金彩，其石工制作，遂不易尽窥其真迹。而东西诸窟，金彩已残，真身毕睹，然除数像以外，又多患风化，仅留残影，未易谛观。约而言之，其较为严整者，多有印度气息，在在示人以摹刻之精工，而不敢谓为超脱。有较生动者，则于威仪之中，仍能显其翛然尘表，神彩欲流，使人一望而羡慕不已；则是超凡之致，萃于雕锼之工，化境之神，穷于斗室之内，其为精到神胜，非瞻谒者莫由尽其真。而秃管零缣，更无由张其美，斯则留待游览者之躬亲目省者矣。

结　言

云岗石窟之玲异，散见上述。要言之，游客之为释教来者，睹此威仪，必生恭敬欢喜之心；为学艺来者，于此可以得无数之美术建筑史证。即徒事纵观者，置一身于一千五百年前，而得摩挲观览，其可以发思古之幽情，饫真灵之胜赏者，又岂寻常行役之可企及。是以瀛海士女，无不排日往观，平绥路局，为发扬古迹起见，每星期更有游览之专车，自北平径驶大同，往返不及三日。饮食车马，均为戒饬，实尽导游之能事，可为纫佩。抑更有进者，吾国治金石之学，旧好言文字，而略艺事，故云岗之名，以文字罕传，遂不及于伊阙。实则论时代，论雕式，无不视伊阙为古丽。惟阅时既久，风水为灾，纵之以盗窃，不免凌夷，所愿言学术，负保守之责者，更进谋整治之方。先修平其道路，再全之于风化。（今西人有特制之油膏，涂于石身，可免侵蚀。）而附近之民居，有当使其移徙者；窟前之寺宇，有当急谋修筑者；亦一一克期举措。则此蔚然之国宝，必可长留于天地之间，又岂仅供游子之览省摩挲而已哉。

游程第五

归绥　召庙　无量寺　崇福寺　延寿寺　五塔寺　青冢

绥远离北平六百六十八公里，为中国本部与内蒙接攘之要区，亦为内蒙由游牧而转入垦牧之镃基。其于商务农事，关系之重要，不可胜言。盖稽古以还，中国与蒙古，多以长城为界限，天险之不足，则以人力之长城辅之，其对邻疆之闭关政策，实非上著，无俟讳言。后虽屡得屡失，亦无一劳永逸之可言。明清以来，贸易较盛，而限制之道，出于常轨，此岂足使远人，慕义望化。所幸清代，合蒙古于板图，而中外之界限以泯，然其防娴之道，初未少废，内外蒙有识之士，于今类能道其详也。民国肇造，五族一家，共和政体之下，以平等立制度，而数千年来所衔恨切齿于所谓外族者，至今乃荡涤瑕秽，一廓而空之，宁非盛事。自兹以往，更言农事，言建设，而有志者复荷耰锄以务农，实收河套百害中之一利。更进而规划为特别区，以提挈政务。迨民十六年，国府成立，几经研讨，复改特区为行省，而一切政治，遂更易推行。然内蒙之组织，如盟旗制度之相因存留者，亦于以未废，因知政治与事实之相互兼顾，有不可畸轻畸重者在也。最近主席傅宜生氏，来守是邦，一切建设，既极孟晋，而治安尤佳。人民得安其生，得乐其业，以视曩昔，日有加胜。故流亡渐集，廛市益盛，因知一手一足之烈，其能恪共厥职者，乃至于如此，行见绥远之前途，为未可限量。国人竞言开发西北，首重得人，余足迹初履兹土，敢以观听所及者，先为喤引，再详游事。

史　略

绥远城属归绥县，即今绥远省治也。归绥于汉属云中郡，后魏之际，且尝建都于此，号盛乐城，隋时置定襄郡。唐置单于都护府。五代后，入于辽，置丰州天德军，属西京道。元为大同路，明宣德间，筑玉林、云州诸城，既又为蒙古所据，明人称曰“谙达”，驻牧建城，即今之土默特旗也。旋谙达来附，封之为顺义王，因名其城曰“归化”，俗名“旧城”，亦曰“三娘子城”，蒙古名为“库库和屯”。迨清康熙西征，内蒙诸部，均来倾附，因以贝勒岳脱驻其地，又置都统协领诸官以统之。雍正元年，又设文官同知缺。乾隆元年，别建绥远城于归化之左，俗称“新城”，合称之即为“归绥”。六年，置绥远道。民国后，改将军为都统，称特区，又规划各县治，而政事日有起色，民十六后，改区为省，政体与内地同之矣。此间地属高原，距海面三千二百余尺，是以空气较燥，通常四月解冻，夏间凉爽，八九月最为温和，十月后遂感寒冷而一日间早晚之气候，凉燠亦异，则大陆气温之通例，然无妨于游侣者也。

游　程

自大同西北行，凡十三公里至孤山。其所以名之者，以平野孤峙，不接他山，一峰独起，故又曰“神山”。向时边城贸易，亦多聚于此，今交通便利，盛况转减矣。更行七公里而至堡子湾，旧为大同边关，为晋察分界之处。其地有祁皇墓、方山之胜，所谓祁皇，盖为北魏皇后祁氏。方山亦北魏高祖所经营之寿宫。现尚有遗迹可寻。又站东十九沟村，泉水洋溢，极便农田，桃杏满山，春时绚为异境，非塞外所可见。更前十五公里为丰镇，则歧王山、得胜口诸胜在焉。唐代乾符间，李克用奔安史之乱，即尝次军于此，而得胜口别有狼烟台遗迹，所以守关者。乱槛颓梁，犹能登陟，思古之趣，油然而生。至灵岩寺则在镇之东北麓，循九十九级以至山巅，负山面水，高临云外，诸山送青，一楼迓紫，真令远客萧闲，有天际真人之想，为游览者所不可不至也。更行十六公里而新安庄，八公里而永王庄，十二公里而红沙坝，十四公里而官村。凡此均土寒地瘠，民贫产少，故几无农商之可言；惟官村有古冢及旱海，为内地人士所罕觏。旱海周逾百里，深仅二三尺，水由陂下，积为浅淤，含盐质。海傍为鄂博山，足资凭眺，为北国之雄观。更前二十公里而至苏集，十二公里而至平地泉。其地于民国初年，开办商埠，渐设集宁县。盖此间为内外蒙之孔道，可以东达多伦，北通滂江，西至归绥，掌握枢钮，惟斯为便。故当时又有平滂铁路之计划，将图由滂江发轫，以直赴库伦，与张库线为犄角之势。荏苒岁月，居俟无及，外蒙发难，终至不可收拾，未始非人谋之不臧也。更前进十五公里至三岔口，十二公里至八苏木，地势愈趋而愈高，则气候亦愈行而愈寒。再十二公里抵十八台站，则为平绥经行中最高之地。盖高出海面且五千二百英尺，而与北平较，高五千英尺，宜其凛冽严寒，狂风不息，霜欺雪集，终岁无休时，虽盛夏亦往往如此。因之游客于此，多不下车，而村民农牧之徒，亦极少见，荒寒寥阔，徒见其气象之清肃而已。进十四公里而至马盖图。十三公里而至卓资山，七公里而至义丰村，七公里而至福生庄，地势已少偏南，气候亦较融暖。其地依山凿石，有广室数楹，为喇嘛寺，俗称佛爷洞，以驻锡者之尊为佛爷也。洞虽不巨，梵呗无辍，蒙藏僧侣，潜修其间，已足窥见黄教流泽之所遗。惟依山部署，尚无藏式之建构，足壮观瞻耳。更前进十五公里至三道营。其地有虎伏山，以山多虎患，故用之为名。层峦叠嶂，势殊险狞，登者绝少，仅供当地之樵苏。更行十三公里至旗下营，其地仅平顶山，足资娱赏。然入夏则繁花烂锦，届秋则枯黄砂碛，惟以气地温和，故农产甚茂；而药材之如黄芪、防风诸品，尤为佳产。更十八公里至陶卜齐，十六公里至白塔，均多农事，弥望阡渠。其地在康熙西征时，曾经驻跸，然亦无遗迹之易考；但辽时所建之白塔，则仍巍然于云中，高二十余丈，凡七层，周三十六步，塔基之崇，于可想见。且建筑精丽，雕刻斗栱之属，视北平之天宁寺，更为整严。凡言建筑，言古迹者，不可不一往临存之。自白塔至归绥，凡十七公里，炊烟万井，道路修平，土堞层楼，即为省府之治所矣。

召 庙

绥远之行，市衢采风以外，所足流连者，莫过于诸召，“召”蒙语为庙宇，亦读曰“昭”，若内蒙“伊克昭盟”，译之即为“大庙盟”也。绥远以地连内蒙，黄教特盛，故召庙亦多。更为西藏式，不似北平雍和宫之以雍正青宫所改建，虽奉喇嘛，已非藏式之旧。（关于藏式建筑，及西藏黄教，另详次章。）兹述绥游，故先举召庙，以标斯节，再涉市衢之盛，合为一章云。

车至站次，即近归化。归化为旧城，有人力车，洁净迅速，与平津所有者相同，价亦略等，一日约一元。以人力车入归化城，地大路宽，修整如砥，夹道榆柳，高至寻丈，令人生江南春树之思。下车就道，一转折间，已见比国人所经营之医院，闳壮无匹，殊为此间新式建筑之冠。再行则绥远之毛织工厂，已在目前，占地甚广，机声隆隆。讯之当地人士，知此为公家招商家所办，现方开机，将图推进，目前产量不多，而成绩绝佳。本来西北为天蕴之宝藏，但求济之以科学，深之以人力，必可收百什之利，俯拾即是也。更前为一跑马场，有地数百亩，平坦广袤，适如其用。盖锻炼身心，无过于骑术；而西北健儿，尤以产马之名区，视骑射为故常。是以此场之设，可供比赛，亦可供习骑，法良意美，初非博奕之可比。场次夏屋巍巍，为省立图书馆。落成未久，尚待布置，而百城之胜，已可比拟而得之；与赛马场为邻，正合前人春夏读书，秋冬射猎之谊。图书馆街前，有九一八纪念堂，亦新式建构，堂广，座可容千余人，足为本地集会之用，经之营之，已将竣工。更前即为绥新公路之发轫站，绥新运输，仅此一线，时通时续，已经多载。最近幸获通车，利赖者多矣。此路计长五里许，为归化与绥远新旧二城之通道，故土名“新城马路”，由此一转，而入于归化旧城。旧城仅一北门，南门已废，此地亦如张家口之为买卖互市城，与蒙人交易者，故商业向称繁盛。旧城之街市，欣欣向荣，西式楼屋，以及旧京建筑，触目皆是。饭庄亦佳，余所治餐之麦香村，即其特著者。现兹省府，更锐意整顿，开辟展拓，因之广衢连达，气象益佳。绥远商场在无量寺外，列廛无数，百物咸备，大致如北平之东安市场，胜于张口者多多。九边第一泉，为此间水源所在，即在寺前。相传康熙西征之际，驻跸于斯，马渴无所得饮，奔此而泉水大涌，全军赖以存活。故康熙御题“九边第一泉”以嘉之，今泉上覆以瓦亭，祀以龙王，即康熙以来所馨香不废者。城内取水，均集于斯，无论天候之晴雨，水终不竭，因之居人，亦益神其说。余征车过此，亦为流连，一往觇之焉。

无量寺

寺在大招街，周约数里，珠林梵宇，错落掩映。蒙语曰“伊克召”，“伊克”训“大”，即大寺也。盛时有喇嘛千余人居之，近亦数百人。然四周房屋，已多赁之贾人，故庙宇仅大殿、偏殿等数重而已。其建筑已为西藏式，然此等建制，由藏入蒙，更由蒙古而至绥远，移步换形，其轮廓已微异于纯藏建筑之五当召等；而正殿部署，门楣轮奂，则兼采汉藏，可得而言。盖纯藏式多用直方形，而此则雕栱流丹，飞甍萃碧，所用之木材，略多于砖垩，此其一望而知为参错藏汉者矣。入寺展省，正院甚大，即为正殿，殿甚高伟，惟门首以上起重檐，故不见其轩朗。殿门则作凹字式，门列巨柱，前置巨香炉。大门朱髹，上雕梵文，书用金字，以示威戒。重檐翼然，同于小楼，范以阑槛，更施窗隔。屋顶则用釉瓦，飞檐外向，中置相轮为法器。两旁屋脊，均同于内地之寺宇，置龙吻蹲鸱，为之缘饰，无藏式之可言。门楣奂彩，率用朱漆，斗栱虽简，而每行均梵书经典，置之梁上。大殿凡二重，日常深扃，以喇嘛一人司启闭，余此行得请于治事者，启而观之。外殿直通屋顶，故特伟，略如雍和宫之立佛大殿，惟仅有四角，得沐余光，晦暗万状。外殿凡设三座，中座较大，以便主持诵经之所需。座上咸饰以璎珞，宝幡长丈余，绣佛像，自栋及地，笼之座间，飘拂悬悬，似香云之叆叇，诡丽间别有天地。地下铺锦氍毹，多黄蓝二色者；又庋毡垫于氍毹之上，均整方形，以供喇嘛之起坐，此则由蒙古包中席地之风尚而来也。法器如干种，多乐器，厕列殿中，喇嘛诵经，即用此器。大殿之后，即为后殿，视大殿为略小，而晦黑过之。中有立像三，祀三世如来，金身灌佛，初非黄教梵天之偶像，盖同于印度式者。佛像前亦作大木龛，龛柱饰以抱龙，飞舞生动，镂金焕朱，意匠甚精，制亦朴茂。两旁复有护法胁侍诸神像，壁间亦有壁画，均教义佛像。其塑法微杂以西来之风度，知此盖由印而藏，由藏而展转入于蒙绥，已略杂以藏式，非纯印度之艺事矣。（此即详辨于云岗游程，不更赘。）佛像前中供六角大油灯一事，用为长明之需，又置曼陀及油果、茶、米杂供诸品，均为藏制。更前别一小案，则庋金光明镜三，曼陀以象宇宙人天，而明镜则示佛义。后殿之外，即为僧舍。殿背无海山诸装饰，惟一小梯，可以上行。梯窄黑，由之而至重檐之内，拾级登楼，豁然开朗，则已至檐外，即于屋顶。上为平底，如近制之水泥，四周短垣，覆以釉瓦，角为龙形，与金饰锡利相辉映，往往间以梵文，即藏字之一体。绥远地高广，气清寒，登斯楼者，俯视城阁，别有凌云之思，令人心魂俱爽，何止回向之一念而已。

此寺建筑，渊源有自，然于时代言之，初非甚古。且几经修葺，幸获完整，一切仅当以康熙断代为言，归绥来附，源于有明。而康熙西征之行，慑之以威，怀之以德，遂益坚其内向。康熙亦更多兴筑，以奉大法，此其维系人心，折衷于政教之际，为大有心人也。

蒙古犬高大悍猛，非同常种，班禅国师驻锡时，曾携数头以数人伺之，旁人不得近也。国师西迈，寺中犹存一二，日縶而饲之，系诸别院，同人震于神獒之名，欲往一观，而守者不之许。谓少不慎，即遭横噬，于是废然始返。临行，犒导者以一元，欢喜赞叹。亦见蒙人男妇之前往瞻谒者，络绎而来，盖此召正殿，非时不启，今见重扉洞开，均来虔礼矣。

崇福寺

寺在小召街，蒙古语谓小召曰“把甲召”，亦归绥之名寺也，寺拓于清康熙间，为康熙出征获胜班师之后，驻跸所修。盖康熙西征，得力于内蒙各盟旗者不少，故辄为建召，以收蒙人之心。崇福虽曰“小召”，而规模亦甚伟丽，大致与无量寺之大召相等。正殿前门楣，镂木藻井，精整逾恒，工妍无匹，足见当时物阜财丰，非后兹所可及。又正殿前有碑亭二，分峙左右，为康熙出征准噶尔之纪功碑，用汉、番、满、蒙四体文书之。皇皇巨制，书刻均精。大意绳其远征之武功，而归之于修庙，亦犹无量寺之所由兴也。庙中正殿，布置壮严，然亦残败特甚。其所供祀者，亦同于大召，不更絮述。质言之，黄教体制，自有其宗风，此虽不及百灵庙、五当召之气势，然初至边城者观之，亦已十得七八，可资启发矣。

此召庋有康熙出征时所习用之甲胄，计战盔、锁子连环甲，及战裙、战靴。甲甚细，以锁子为之，为兵刃所不易及。战裙则黑色，悬以钢片，靴绿皮所制，上用之品，体制为特崇。同人属主者取出谛观之，伟逾恒人所习御。知康熙体干之修，膂力之盛，盖甲制奇重，非负重者不能荷而戴之也。旧时战术，以冲锋陷阵为长，摧枯拉朽为得，故重勇力，宜康熙之以此制胜。若在今日，军器已非矛矢，衷甲亦难避敌，时异事异，观于此而且益信。微闻人言，有来客瞻视至此，为假用之，以摄一影，亦足尽聊以自娱之乐矣。

延寿寺

循小召西数百步，即延寿寺。蒙语谓之“锡拉图召”，壮丽无匹，盖光绪十三年被火重建者也。门有巨坊，题“阴山古刹”四字，为雍正甲辰王某所书，作草字，凌云飞舞，极有古趣。因知此寺之立，必在前明，但未稽载籍，莫由正订其兴建之确时耳。正殿体制，一如大召小召，殿前左右，亦有二碑亭，同为康熙御制碑文，四体书，分庋二亭，亦四十二年间征准噶尔回銮时所立，述三十五年锡拉图呼图克图奏请重修事。正殿甚广，中悬巨额曰“能仁显化”，殿凡二重，益见其高朗，前殿为主持卓锡之区，后殿则塑五佛像于中龛。左右壁又各立像十，幽冥肋侍，一一可辨。而像均印度流传中土之款制，与黄教诸殿所祀者不同。壁上有彩画精而不工，盖光绪重建时所补。立像之后，别有经橱，绕墙位置，内庋藏经全部一百〇八部藏文经典，向日流传于内蒙察绥者，为数不少，然以典守不职，部署为难，更有不肖者之盗卖，有力者之豪取，因之即喇嘛寺中，求得全部，已不可得。向知热河有之，而现亦不可追诘，今绥远之藏有全部，无丝毫缺失者，要仅此完帙，宜其珍护非常，不肯轻于出示也。屋顶外向，中为大相轮，两端有金饰宝幢，幢旁复有金饰之舍利伏兽二，分置于相轮之左右，则黄教之遗制，而土人谓此即锡拉之转音，则讹言不足信。盖藏建喇嘛寺往往有之，不仅于此。余循正殿而后殿，布置亦如大小召，继仍就原道，下楼别绕至西院，即为其偏殿。另一院落，在大殿之右，为平室五大间，院落亦广，前有院门，可以与正殿相离合，则其住持呼图克图燕居之所也。入门瞻谒，中三间为正室，部署井然，仍置矮座锦垫，及法器二三事。呼图克图率喇嘛三数人，诵经其间，壁悬佛像及哈哒如干方，所绘多黄教之威仪。东壁立一小龛，祀佛像，前置供品，别有插纸花于瓶者，此纸花亦藏制，中有经文，大抵如江浙念佛之宝塔点心经纸，所以示其虔诚者也。东向一室，有高坑，及巨案，所以款远客，惠嘉宾者。坑置黄绒呢垫，乃至氍毹之属。案陈果饵，同人少息于此，喇嘛为进茗，而呼图克图诵经不绝，往即观之，所诵为《法华经》，藏文横书，极工整，而边题汉字曰“法华经”。又记其几卷几页，均出手写，乌丝为阑，白宣为楮，藏文印刷者极罕，虽经典亦多出传钞，其存于寺中者，宜为精本。诵经以藏音，应以鼓节，大致如雍和宫中所闻。此呼图克图，既已受封，自亦转世，故僧俗亦均尊之为活佛矣。西向小室，亦供佛，陈设视后殿所见，具体而微。然壁悬山水巨幅，及缂丝哈哒甚精，引导者谓班禅国师来时，即居于此。时陈设更华，国师行，主事者屏而藏之，今所日用者，犹非极品焉。

卓尔齐召

此召在锡拉图之东南，车行不及一里，已至其地。院基较小，残败之余，令人观之无欢。召亦康熙时建，盖达尔班卓尔齐以一人之力经营之，至嘉庆间，呼必尔罕，驻锡其间，即为主持。遂奏请设札萨克一员，常驻于此，为管理诸寺之领首，至今沿而不废，然其寺已式微矣。

五塔召

在市街之东，蒙语谓之为“塔布斯普尔罕召”。前殿视大小召为小，建造年月，未易详考，特乾隆间尝为重修耳。五塔合为一崇基，在后殿之后，为一砖基。前有蒙汉榜书，其汉字之额，题“金刚座舍利宝塔”，入门分屋为中、左、右三室，室均不广，且甚晦暗。中座设佛像，率以砖造，初不用木，亦无梁栋，盖以砖作拱形，承塔为基者也。左右二小室，有小窦，仅通微光，各置小梯。拾级缓登，盘旋而上，凡二十余级，以至基面，五塔赫然，均位置于平顶之前。中一略大，四面者略小，大者方广丈许，均实心，内庋舍利，则不可见。其式一如藏制，亦大略似北海所有，特较小耳。塔下有小基，塔作胡芦半截形，顶上又置相轮，复于轮上为幢顶。相轮铁制，塔基则为石刻，中座崇高亦丈许，分为七层，每层均有飞檐翚角斗栱。艺极精巧，以彩釉瓦为面，至塔基之四向等方面上，中塔分七层，四隅者分五层。每层均精刻佛像，且按其地位匀列，以定像刻之多少。最上一层五像，二层六像，三层七像，四层五像较巨，六层九像，七层则为三大像。像基横列，则别雕三像，其南向者中为赤足双趺圆范像一，左右为立像垂鼻形像二，像身并有宝瓶，雕镂极细致。各层佛像之外，均以云彩缭绕之，亦间有不刻佛像，而雕大相轮者。雕二佛像相向者，二飞马者，二狮形者，形制不一，均古朴可喜，文质均茂。而四周琢石为莲瓣，以承座基，浅刻尤倩雅绝伦。至四角较小之四塔，第一层三像，二层四像，三层五像，四层六像，五层则中为一像。两旁有胁侍二像立侍之，佛顶均作圆光。每像间凿小柱雕花以为区画，像上别有梵文细书一排。其佛像之较大者，则间以璎珞云彩，盘回曲折。第五层下，亦承以莲座，座上亦刻梵经，按其雕法，为由于印度之款制，而不挟以西方希腊、波斯之风度。其年代亦不能在朱明以上，然雕琢之精整，像容之端凝，有非后来俗手，所可几及者。且数百年来，一无损坏，尤足珍贵。藏制召与塔连，绥远多召，独少塔，此则以塔著，宜游客至此之珍重瞻回而不忍言去矣。

青 冢

绥远附近，可资游览之处，如沙溪，怿园，要为人所共知。然终不如汉昭君之青冢，令人闻之而神往也。其地在城南廿余里，以黑水城南，地多白草，终年枯槁，而此冢独青，故以为名。实则冢多青黑礁石，石隙生草，多不能掩石之青褐色，故以“青冢”为名，未必冢草独青。文人故作狡狯，用神昭君之说，积习使然。且包头亦别有一青冢，至今无定说以断其真伪，则从而青冢之可耳。冢为大高阜，已似一小山，高十余丈，阔广数十亩，今有汽车道，可由车站或城中，径赴其处。汽车行约半小时可达，人力车则须二小时许，土路平直，过黑水河，已建桥梁，盖此路为绥远南向交通所必经，不仅以达青冢而止也。途中村落无多，放牧者来往田间，络绎不绝。将至冢前，已惊土阜之高岸，车行直可抵冢前而止，除碑记外，一无建筑。惟地上碎砖釉瓦，俯拾可得，因知旧有台殿，已仅剩瓴壁，外此且无可踪迹矣。阜高而陂，浅径凭陵，村童稚子，一跃即上，且有东西两路，直登冢顶。顶上亦更无建构，惟作大平顶而不锐，斯其所以异于山阜者也。墓前列八碑，自左而右，第一为马福祥所题，前作擘窠隶书，后为之记。谓清初张文端（鹏翮）使俄时，著《行程录》有云：“归化城南青冢，高二十丈，阔数十亩。冢前石虎双列，白石狮子，仅存其一。制作精工，必为中国所制以赐明妃者。又地有绿琉璃瓦，委沙砾中，是其享殿之遗，今来守土，因为重立碑记云云。”盖民国时马曾任绥远镇守使所树也。第二碑题“汉明妃冢”四大字，旁又有满洲文，题“镇守绥远城将军，兼管右卫归化城土默特官兵提督宣大三镇绿营官兵归化城副都统统辖土默特蒙古管理绥远官兵宗室祥康，分巡归绥兵备道兼旗民蒙古事务富珠礼，兼署归化城统制清水河通判齐里屯诺尔布合立”。按其碑阴，则为道光十一年立，且有满人升寅之题诗，陋劣可发一噱。其起首云："乾坤毓秀无遐迩，半出簪缨半床第；才貌岂足定闺贤，总视大节知臧否。"其谬妄已可概见，兹不具录。第三碑为李培基任绥远职时所题，前书"昭君青冢"四字，后题一诗，无可采掇。第四碑前为题字，款则"道光十三年署理分巡归绥兵备道大同府知府长白珠澜"，碑阴题"绥远城粮饷理事同知阿克敦布立"。第五碑为吉鸿昌所题之"懦夫愧色"四隶书。第六碑为军人李廷玉之题诗。第七碑为满人耆英题诗，草书。跋云"与爱堂侍郎同观立"。第八碑前为雁门冯曦之植树记，阴为李厚基及当时同官僚从之题名。流览至此，曜灵西斜，驰车而返，乃不能不追思于二千年前胡笳马上之神情也。

游程第六

乌兰察布盟　蒙古自治政委会　百灵庙

乌兰察布盟，为西蒙游牧三盟之一，去北平几及千里。东界察哈尔，西界外蒙之三音诺颜部，南界伊克昭盟，北界外蒙之土谢图汗部；东南界归绥县境，东北界锡林郭洛盟，盖由归绥以北至库伦，西至新疆者所必由之径。且其地饶有水草之利，与戈壁不同，故农垦日丰，辟地日广，实为西北之沃野。大阴山当其南部，河套之利，由伊克昭盟而至五原临河一带，所谓百利一害者，独伊乌二盟得之。是以国内之言开发西北者，最早厥为经营内蒙，移植放垦，事在前清光绪间，清廷以贻谷董其事，然贻既不能善体蒙情，又不能实事求是，因之被谴问罪。迨夫民国肇造，合五族为一家，又改绥远为特别区，既改省治，开垦设县，日有进步。然盟旗之制度，仍复存在，县治之近归绥及平绥路者，多已从事垦植。而较远偏于各旗者，依然其为盟治，且依然其为游牧。夫由游牧而改放垦，但为地力所许可，自不妨逐步推行，俾得尽利。然国家之牧政，关系于民生军事者亦甚大，势难偏废，自必谋统筹之道，而后可以两全，久居中原本部者，往往知垦胜于牧，然一至盟旗，少觇游牧之情况，又必不肯即尽舍牧而言垦，此其中必先确定计划，按步推施，务使汉蒙人民，交受其益，然后可以于国家有利无害。余之此行，足迹北向，仅至百灵庙，因不敢谓为即知蒙事。然道途观感之所及，与夫耳熟所已详者，述之以告久居本部之人，俾人人得略识其崖略，用为研讨之初步，不其可耶？为述旅程于次。

史 略

乌兰察布盟凡分四部六旗，东北为四子部落旗，西南为喀尔喀右翼旗，又西为茂明安旗，又西南为乌喇特前、中、后三旗。全盟土地，北界瀚海，南迄大阴山，为一东西向之椭圆形。河流较多，宜垦宜牧，且多矿苗。四子部落，在汉为雁门郡及定襄郡北境，晋为拓跋地，唐属振武军，辽属丰州，金属西京，元属大同路，明代入于蒙古，盖元太祖弟哈巴萨尔之十五世孙昆季二人，同游牧于呼仑贝尔，又传而为弟兄四人同牧之所，故合之曰“四子部落”。清代开基，以纳降编为四王子旗，又以从征有功，授鄂木布氏为札萨克（即管理旗务者）驻乌兰额尔济坡，以此旗两有乌兰察布湖，故即因以名其盟焉。茂明安部之史略，同于四王子旗，惟在汉属五原而不属雁门，其世裔则为元太祖之第十四世孙锡喇奇塔特氏，有子三人。其长子多尔济，号“布颜图汗”，子车根承位，号所部曰“茂明安”。清天聪七年时，车根降清，编之为旗，其子遂受封为札萨克，世袭罔替。乌喇特部在秦为九原郡，汉初更之为五原，渐废郡名，后魏置怀设镇，唐为中西两受降城地，辽为云内州，金仍之。元属大同路，明时为蒙古所据，盖元太祖弟哈巴图哈萨尔之十五世孙，曰“布尔海”者，游牧于呼伦贝尔，号所部曰“乌喇特”，以长幼子及孙曾分领其众，故有中、前、后三旗之分，亦于天聪七年降清。顺治五年，从征五年有功，封各旗长镇国公、辅国公，故三旗亦俗称曰“中公旗，东公旗，西公旗”。喀尔喀旗右翼（因左翼在喜峰口外，不在一地，故不具载。）为元太祖十五世孙达延车臣汗之后裔，初，达延居外蒙之杭爱山，有子七人，号“喀尔喀七旗”。嗣后族繁而衍为东、中、西三路，立三汗以掌之。康熙三年，以同族仇杀，遂移左翼于喜峰口外，其右翼则为格将森札札赉尔之第三子，再传而为外蒙土谢图汗之祖。其后嗣有于顺治五年降清者，遂编为此旗，相沿至今，迄以未替。合之即为乌兰察布盟，盟长云栋旺楚克王，亦即内蒙自治政务委员会之委员长，于内蒙关系至巨之中心人物也。

游　程

同人游程，初至绥远，得见全境民物之殷填，诸召之古迹，感叹为得未曾有，乃进而思观光于内蒙盟族。绥省傅主席，殷殷见厚，又承以军用汽车相假，于是即定翌日早行。计由绥至乌盟，自以百灵庙为中心。且蒙古自治政务委员会，即在庙左，又为内蒙自治发号施令之所在，因之余决策即至百灵庙，盖黄教威仪，及政情民俗，自不难于此行，得其一二也。同人咸以为然，即备行装，亦知北地苦寒，则咸挟重衾，厚其衣履。又恐道中不易得食息之所，则少携糗糒，车少人众，更不敢多挟不急之物以自累，则去取之间，又无不慎重将事。亦知自归绥至百灵庙，计程三百七十余里，车行且八小时，则相戒昧爽而兴，侵晨即发。迨夫翌晨，车来，同行者并有全国经济委员会勘路工程司陈君，尝作蒙行，能为先导，可获南针，中心尤慰。八时廿五分，即登车发轫，先由归绥之北门，渡河而前，水流不深，浅揭即渡，军车过之，如履平地。迨一出北门，黄埃四合，浓阴障天，盖已塞外之风光，迥异于城内之晚晴高树矣。军车所行者，为北通之官道，察其辙迹，可并行七大车，此盖驲道旧制。凡七车并行者为大道，次五车，次三车，以至于一车。以行车之多少，分道路之广窄，七车大道，所以由归绥而内蒙以迄于外蒙之正道也。且行且远，村落渐稀，阡亩如故，而马群已时时来往。牧人一鞭在手，驱之牧之，别成异境，游牧生活，已见其端倪。大阴山本在归绥北境，连绵横亘，望之如在目前，而实则相距二十余里，且地势由卑而崇。行不十五分钟，回头望城市，已在足底。大阴山以分南北者，其北多为盟旗草地，南则农垦之区，然远望则山固不高，将届山趺，乃益形其峻屼，似无隙路之可通。斯则游子行程，所最感兴会者，于无路处觅路，此乐所谓“花明柳暗，将于山穷水复处求之也”。（北方人谚语云：“看山跑断马。”盖以山在目前，似可一蹴而至，乃乘骑登山，虽穷马力，亦未易即至，余于大阴山，弥具此感。）迨行二十余里，至一村，居民庶茂，且有油酒什物，以至大车旅宿之小肆。则其为坝口村，盖大阴山为绝大之分水岭，小路以通山之南北者为坝道，此则曰“蜈蚣坝”，以状其蜿蜒之势。其在入山之口者，村曰“坝口村”，所以便行旅，宜其较有生气，且多设肆招徕旅人者也。由坝口村再前上坝，仍近十里。坝依山绕谷，迂回盘旋而上，有循大道之旧者，有新来所补筑者，以大石为基，短石为阑，范于山坳间。路随峰转，水送溪流，激湍不深，而路弥窄陡。然以余所经行，若杭徽路之老竹林，永丽路之丽水诸车道，则又似此为险峻。惟道广而夷，故徐徐行来，似无此险，若计其高度，则视此何啻倍蓰。坝因山转，岩崖外之溪流，俗名“坝滩”，水初不深，挟泥沙以俱至。自坝下至坝顶，约高十五华里，均依水凌山，绕道周折。盖山势自西而东，崚嶒无可攀渡，惟循水经行，始得此道，因而辟治，用以通车骑，舍此且无他途也。迨抵坝身，复有村曰“坝底村”，板筑仅三五家，然有村庙，有戏台，车行至此，小息上道，逾山上坂，涉坝而上，按之已行一小时，盖九时卅五分矣。迨上山道，两峰嶕峣，陂度较陡，地均细石，间以砂砾，弯曲磐陀，下临绝壑，山石作灰白色，与云天相掩映，微露噍杀之气。而诸峰突峙中，又有作红砂石色者，与青白相映带，同在咫尺间，别具异致。车道尚广，半山亦有平夷之处，迨至十时四十五分，始至山巅。盖已上山行十五里矣。荷锸诸工，平夷道路，三三五五，不绝于途。远望一峰，石脊上有碑穹然，土人谓为“焦赞墓”。窃意宋辽之际，杨氏战迹，多在晋北，何以焦赞，独远陟大阴山，葬于此间？亦或土人传疑之说，或有景仰其人，而为之立碑封祀者，则不可得而详之。同行者有研治国剧之学者，初欲停车越岭，一觇究竟，终以道艰时废而止，须臾登最高处，曰“顶庙”，凡居民数十户。视山下诸村为贫瘠，然稚子环门，萧然环堵，天壤之间，团蕉之内，亦初不改其欣欣之乐也。下望坝涧，广约五尺，层冰未融，时盖阳历四月中旬，为余南中人见之，颇足致异，足见夏虫之不可以与语也。车行时初无风过，然砂土已随尘扬起，空气中少感干燥，且似杂以骆驼之气息，此于未尝先至塞北者，固不能知。然在老于行役，及久治史家言，熟悉西北情况者言之，则此气息弥颇不恶；壮夫之志，应在四方，马勃如香，穹庐在望，为江南人士所不可多获之机缘，似宜更加珍视，不可忽诸者也。犹忆畴昔旅燕市，偶过西直门，见驼铃列队，徐徐而行，已为神往，今得于此间，以驼为旅行之良伴，不其更可引为欣慰乎？须臾，车行已过阴山，至其北部，山色益苍黑，石亦陡起，似于地广天宽之中，树雄奇挺怪之势，苍凉悲壮，不待言喻。且北向都无新枝，已成蛮石，远望得见列树，且复诧为奇观。气候不同，物随土异，在一瞬间事，亦云奇矣。将下坝道，右壁有吉鸿昌摩崖四大字，曰“化险为夷”，盖当时吉氏驻军此间，曾以兵工督路，路乃以成，车行较便，故为纪岁月，勒石书之。坝身至此为止，车遂由崇山而下，下坝即为溪河，在两峰之间。汽车即就河面而行，盖河身本不深，终岁厚冰，至夏日亦仅阳面之受日者，溶解一半，其阴面者依然凝冻，故车行河面，亦可谓之行于半冰半水半泥半砂之上。又河身本为山溪，水向不巨，然偶有山洪冲激之时，则乱石碎片，亦辄由高而就下，沉淀于砂泥之中，荦确在所不免。质言之，此路虽已通行汽车，然坝下实无车路，不过驰骤于平原、山道、溪涧之间耳。冰河山涧，延亘十余里，汽车有时就岸濒山，有时直揭浅水，远望大车，蹒跚行于河中，程途自缓；而平稳异常，款款之情，仍如数百年前之风度。大车上童稚二人，一老翁为御，童稚衣红紫之色，小发垂辫，神采奕奕，一见即知为蒙古民族，享天真之趣，于活泼之中。更进为一小村，即在山谷之下，冰河之旁，民舍十余，老幼环集，且有兵士三五人，亦在村舍。就而讯之，盖有维持治安及监修路工之二职。村舍均土屋，半似汉式之板筑，半又似蒙式固定之土包，盖交通孔道，为蒙汉二族所往来，宜其建筑之亦难折衷而无定制矣。屋后短垣，围空地以饲骆驼，屋外即已出冰河之范围，大阴山至此已完。其地曰“红山口”，口外即为草地，而山谷断峰之间，满布草屑，则游牧多年，积草为风吹而渐渐扬簸以遍布者也。红山口有居民百余家，范土为居，连村聚族，自成部落，以事农牧，草地一望无垠，远处微见浅山映带，恰似横云，车行地上，绝尘至速。晌午十二时，见一土城，车就城而止，则武川县城，为车行休息治膳之所。溯自归绥至庙，三百七十余里，行至此将百里，费四小时，则以绝岩渡壑，历时较多，而此后之二百七十余里，所费亦仅四小时。可知道途之艰夷，有关于行旅者綦重且要。武川城不广，仅一街，四面范以土墙，有南北二门，门首驻兵，车至略加问讯，即放入城中。城内县署学校商店，均在此街，而旅肆之兼治餐者，以义盛源为最，同人即饭于此间。蔬肴鱼肉，无不咸备，盖自归绥，輂运而来，以供过客，营业至佳，座常客满，同人薄治杯酌，果腹少息。于一时四十五分，重上征途，则草地砂碛，穷极望中。浅草如茵，横沙绝野，天地之大，覆载所容，至此乃具瞻其辽阔，使人胸膈，于以顿舒。草地间有牧者，驱牲放草，坐以偃息，似入画图。而野牛黄羊之属，驰骤奔腾，不受羁勒，尤有野趣。更前有土墙，中为营屋，知为保商团之总部。保商团者，蒙绥保卫行旅之团兵，所以护货拒匪，成绩斑斑，实惠加于商人者也。过一小河，即见蒙古包三五，错落岸滨，游牧之民，逐水草以居，于此可见。更前浅陂之上，为一召，建制不大，而气象峥嵘，据称班禅国师赴蒙时，亦尝驻锡。召之附近，又有村落，自此更一百八十里，细草扶轮，夕阳映骑，至五时四十五分，而百灵庙赫然在望矣。

蒙政会

百灵庙建筑雄伟，于山陂浅绕之中，夏屋连云，殊为丽景。方其将至也，有蒙兵二人，以枪就车，略事讯问，即尔放行。庙旁为大村落，亦有旅市油酒果铺之属，同人下车，即往浏览。亦以车行八小时，下车徐步，少少舒散也。庙前村次，有蒙古包十余，即蒙古地方自治政务委员会所在，方离绥时，承宜生傅主席厚意，电此间乞为招待，因即投止。政会招待处赵汇川先生，殷勤致词，延入包内。蒙古包之构制，圆顶上窄而下丰，高约盈丈许，而四周则杀至六尺许。周围以毡呢为之，顶露隙以透天光，且用资炉烟之外泄，至其顶之有红色如意形为花纹者，则其体制为较崇，所以别于常人。如政委会有二十余包，参差间列，惟云王德王数包有之也。包前悬木揭，作汉蒙两体文字，曰“委员长室”，曰“秘书长室”，曰“秘书室”，曰“第某科科长室”，曰“保安处”，曰“教育处”，曰“电报处”，各以名制，不相淆紊。同人所投宿之包，则常日用为招待及会期用以开会者也。其情况足为矜式，因缕述之。包有门，门甚低，凡两重。外为半空之花门，可以外望；内则朱漆小双扉，可以严蔽。门上并镂金彩，入门即为毡席，布之地上。包形绝圆，咸列厚毡，毡上更置小毡若干方，供坐息。惟入门之客，无需卸履耳。蒙人起居饮食，均在包中，而此则供招待，不治烹膳，故特清洁。包正中置铁炉一，此烧煤，有烟突，由顶外向。至常包则置火盆以烧驼粪(驼粪晒干或结块，烧之绝无恶臭。)四向之坐毡，均绕炉陈列。毡前各有小案，高一尺许，似琴桌。其南向正中，则置一坑，坑高与案齐，盖特座也。坑有坑几，如北方家庭所习用者，上悬德王秘书长相片，英俊奕奕。至座毡之与幕墙，相隔亦各六七尺，可供偃卧。包内支木柱，外系绳索，大似马戏场之客座。盖蒙地多飓风，风大则建筑不能过高，故包以幕制，寻丈为止。又蒙人多逐水草以游牧，为迁徙便利计，故木柱绳支，迁时一手一足之力，去杙拔绳，一二小时，即可束而载之。又蒙古多用骆驼，包以毡制，故尽一驼之力，即可负之而趋。其所以为构制之定则者，正即合于其地之便利，势所必然也。入夜用烛，制以驼牛之油，亦间有用煤油灯者，则不恒见。辇载而来，求之非易，值自倍昂。同人至此，已六时，天将就暝，不及遍观，则入包进茗。与赵君汇川，畅谈蒙事，其关于政委会者，要以增进蒙人之福利，巩固国家之边防为主，语重心长，不及备纪。当别为文以尽之，至关于人文建制之尤有兴会者，今略记问答，用存其真，以助游侣之一得。

问:先生蒙人,赵为汉姓,敢请述其渊源。

答:赵为族姓,世居迤东之呼伦贝尔,叶叶相承,数百年矣。

(按,赵氏于徽钦北狩之际,宗支随辇北行,人数极多,渐即聚族此地,此赵君建姓之始。至随高宗南渡者,又蕃衍于江浙间,亦即吾宗著谱之渊源,同为仙源之衍派,玉牒之支脉。盖其与余为同宗,天涯相见,宜其倍觉情亲矣。)

问:先生汉学湛深,而尊名应用蒙汉文字,敢询其由。

答:蒙古本名,为赵那苏图,其义盖吉祥之词,迨至就学北平,因题汉名,曰“福海”,字“汇川”。至所学,则在北平学校及国外所求得。

(按,赵君系北平高等警官学校毕业,又尝赴国外游学,为高才生。宜其学养兼富,迥不犹人。)

问:蒙政会何以设立于此间?

答:蒙古地宇辽阔,合内外蒙言之,几似中国之本部合数省而一之。即仅以内蒙论,百灵庙犹为最适中之区,以各盟旗交通之适中便利,故立会于此。

问:百灵庙之历史,可得其详乎?

答:百灵庙之兴建,在清康熙间,方其征准噶尔班师时,屯军于此。据称某夕,康熙已就睡,忽闻有妇人弹琴之音,出诸山谷。次日,遍求之,而不可获,因于山谷间,获一泉穴,又康熙纵览此间形势,四面山谷,合圆而中有旷野,绕山又有河流,循山成一弧形,其由西而东者,水东流,至由东而西者,水亦西流;前为女儿山,后为小姑山,盘旋衔接,按形家言之,为龙头龙尾形,故康熙惑于形家之言,特于此兴建筑以斫其王气。此虽神话,而父老相传者如此,亦足见清代帝王家天下之心,与秦始皇之凿金陵相同矣。迨庙成,则迎大喇嘛居之。庙工极伟,历传勿衰,直至民国三年间,张敬舆(绍曾)与外蒙古作战时,庙遂遭毁,战后重修,殿宇一新,而已逊昔日之物力矣。

问:此间之垦务如何?

答：此地一带，多为草地，而非戈壁，故尚宜于耕植。然草地上积砂亦多，则均自北向戈壁，经风飞扬而来者。代远年深，愈积愈多，且深入于地底，故虽有河流，无解沙厄。草地长草，亦不过寸许而止。地因肥沃，而垦者则务须加意，故农人之耕地也，必俟天热炎夏之中，其时飓风较小，砂不南侵，则可垦地而插秧于阡陌之间。如非其时，垦不及耨，方翻土而风砂又至，则前功且已尽弃，遑论其他。至于土质之肥，自以河套为第一，但有水流所及之处，无不年有三熟。乌盟距河较远，又在大阴山之北，已较逊色。然以国人务农者之勤于开发，亦多化瘠土为沃壤。惟鄙人窃有进者，国家牧政，亦为当务之急，若尽化游牧为农垦，亦不免收桑榆而失东隅之弊。故如何调酌于垦牧二者之间，且使蒙汉得亘永相安，共同迈进，则中央与守土者之责职，亦蒙民所极欲欣伫其成者。溯自前清光绪以来，言开垦者，实繁有徒，至今成绩，亦殊不恶，发扬光大，端赖诸君子之提创指导了。

问：内蒙盟旗之组织，愿闻梗概。

答：内蒙各盟，自元代以来，多为元系之宗支，衍派袭爵。惟清代则有时略予增并，盖原有各盟，其势力较强者，或不为清廷所喜，则分之以孤其势。又有从征有功者，亦非升任，不足以旌其功，故盟旗间有变更。至盟下设旗，则为清代之体制，盖八旗制度，源于满洲，今用之蒙古，分一盟为左、右、中、前、后诸旗，亦以外示崇蒙，与满洲同其制度；而阴实化整为零，亦以孤其势也。

（按，清室之于蒙古，所以箝制之者甚深，无论军事政治，使蒙人难于改进，藉以安其反侧之思，蒙古有识之士，类能道之。（略见本文附载之《蒙古政教略》）即如百灵庙为乌兰察布盟，而旧日西蒙，仅锡林郭洛盟与伊克昭盟，此盟即由两盟中划地以建立，事在康熙征准噶尔后，班师以进奖有功者也，举此可例其余。）

问：此间之商况如何？

答：蒙古为游牧生活，故商业除大批驼运至甘新以外，绝少廛肆。至人民必需之品，则多于庙会，举行互市，亦有自内地携布匹什物来求售者。庙会几于时时有之，而百灵庙则以六月廿五日所举行者为最大。四方辇运而来者，络绎于途，要均家用之品，足资日常之需者。

问：蒙文蒙语，易于学习否？

答：蒙文蒙语，均以字母为主，自元以来，渊源均见于著录。（别详本文附载之《蒙古政教略》）而蒙文书籍，则流传不多。且书多聚于北平之清宫，间有散在廛肆者，至蒙人研习，多资于父老之传习，以及手钞本，此亦教育未即普及之一端也。

问：旧知成吉思汗祭陵盛典，可得而闻乎？

答：蒙古至今之各盟，多为成吉思汗之宗支，而蒙人对之，尤深敬仰。故每年于其纪念日，各盟各旗，无有不齐集陵前，致其敬礼者。陵在伊克昭盟鄂尔多斯旗，其封葬所在，至今人莫得而知之。惟平屋数间，陈列其生前之甲胄、马鞍、枪械，于纪念之日，供来者之瞻敬而已。至所谓纪念日，系夏历三月廿八，初非其生卒之日，而为其出师之日。据传大汗屡次出师，均未获胜，按之则神师所为指定，胥属黄道，大汗为之大怒，又遇出兵，特自选以黑道日戒师首途，此行竟获大捷，所向无前，以成大业。因之告其子若孙曰："后世欲纪念余者，即以斯日为纪念日可耳。"迨大汗殁于六盘山，正即在黄河套中。其地为鄂尔多斯之左翼中旗，应即为今处，惟蒙人向例，不封不树。而大汗以毕世之勋威，即世以后，传疑自多，因之有谓秘其陵寝者，又有谓建陵之际，尽杀其役夫者，固均不足为信史也。

（按，伊克昭盟之名，汉译伊克为大，召为庙，即大庙之意义。而所谓大庙，即指成吉思汗之陵寝而言之，顾名思义，应知其无所谓秘闻。惟我国之治史学者，向凭传臆，绝少躬亲，故多存其疑词。迨六十年前，西人之游蒙古者，遂以获见，既而元史、舆地诸学者，若桃源张蔚西，武进屠敬山诸先生，先后前往，于是旧闻秽说，一扫而空之矣。）

同人与赵君谈，所闻之卓然可纪者，略具于此，于是治餐，初意其为蒙制也，而赵君以内地之饮馔见饷，讯之则近兹交通便利，蒙古亦多得绥远北运之蔬菜，故所食初不仅于酪浆毡肉矣，为之大快。饭后少息，已逾亥正，即宿于毡上，炉火熊熊，尘沙万里，一轮皓月，三度清笳，此景此情，诚非软红中人，所易得而领略，为之魂梦俱清。迄于翌晨，七时许，同人有先起者，往观包外所悬之寒暑计，则为寒下十度，应知深宵中或尚不及此，时为夏历三月十五，气温如此，亦为平生所罕经，应附著之。

百灵庙

百灵庙，一作白灵庙，又或作贝勒庙，汉文则曰"广福寺"。占地周约四里许，在塔儿珲河之西（河东为商场），此河即环山回折者。山有九道，形家谓为"九龙口"。庙正在山环平地，屋不甚崇，而面积广，气势伟，朝旭凌空，照耀胥宇，益呈异彩，庙有正殿数重，更围绕殿外，有喇嘛住房二百余，均喇嘛之私产。而庙中各殿宇，合之可为一大庙，四中庙，十小庙，则本旗之公产也。沿庙四周，有白塔十一座，规制亦大，几与北海琼岛所筑者相等。惟在平地，而位置错落，置诸万山之中，尤形壮丽。住房二百余，绕殿分列，规制井然；四壁直立，虽不高而弥整饬，正似今日所谓之"立体规范"也。殿中多立图腾（即幡竿之高者），图腾以金葫芦顶为标，以绣幡为旗，而殿屋之上，复多于檐端脊顶，立金镶缨羽宝幢之属，于是金光灿烂，遍于山谷间，愈形其焕发之致，使人望见，胸襟雄伟，不待赘陈矣。

百灵庙之建筑，多平顶，墙为垂直平方式，已同藏制。然多用木料，及于殿上亦仍有布瓦，而屋脊立幢幡者。屋外多垩红色，则已为由藏入汉之变风，非真正藏式，然其款制，固已迥异于北平之雍和宫及绥远之大召小召矣。黎明起，匆匆晨飧，即至庙省视，甫及庙前，已见殿宇宏开之盛，大殿在正中，左右有二偏殿翼之，均缭以红色之短垣，垣内有小枝，上插纸花，缤纷高出墙外。盖蒙民对于天生神物，多所崇祀，即一树之微（蒙地因树少而特以见珍），亦复如此。有疾病，有所讯，辄往祷祀，愈即悬纸花为报飨，积之多则缤纷如碎饰，亦似内地之因树为神，悬灵字绸额于树梢也。又山陂上多聚石为堆，亦多插纸花其间，此石堆即为鄂博，盖所以表后土之尊，奉之如神者。每一山之主峰，必有大鄂博，聚石块而立之以幡竿，则此后行道之人，来必叩谒，且或上纸花以飨之。即或非主峰，而在山陂之缘，官道之旁，亦必有人，立石为鄂博，盖立此者以为一人之力，不足以修造庙宇，则立此于先，用表致敬之义，而庙侧为尤多。庙前别有小殿二，甬道之前，则置巨炉燎香，时在清晨，已有男妇，至此顶礼。按例妇人不得居于庙周十五里以内，故其至庙顶礼也，必朝来而晚归，往返行六十里外，而来者不绝，足见其诚敬。（近兹内地之来游者，各界咸备，于是内地女界，始得通融而宿于政委会或附近客寓，少变旧制矣。）方入大门，正殿之外，为一大空院，四周绕以长廊，作四合式。廊端有小室，亦有空庑，庑作半阑，阑上置皮制如鼓，如旧式大角灯者数十事，循阑排列，漆作殷红色。其外向有小木柱横列，以供人之推动，亦为黄教法器，盖推轮即等于诵经，亦修持功德之一，故辄见有蒙民专来推转者，初不出声以诵经也。空院中则设图腾二竿，高二三丈，上为金顶，顶下置绸制之旛旗，式狭而长，由竿顶直下，至于离地二三尺许，当风悬悬。蒙民或持旗尾，小立徐行，或即凝神目注，观风之吹旛，亦并为功德，等而次之，即望见此旛，已同习诵，按之正为立塔之义，同源异流也。

大殿当前，仅二三级，即登堂基，远视初不甚高。其南向正面，仍凹入为轩形，前列排柱，巡檐瓦椽之下，间以绣缘，如家庭所用之帐幔。镂花错采，以五色绸为之，高尺许，其制于南中，为绝未前见。而当风拂扬，亦极有异趣，凹处上作平顶，即于排柱之次，有小梯可以上登，为一阁，足资远眺。细按之，不足谓为殿宇有两层，而仅得谓为重檐之外，留此地以建小阁而已。殿瓦为彩釉所制，飞檐直脊，脊顶中作相轮宝瓶等花饰，而四角斜檐，内地殿宇之多置龙头鸱尾者，此则或立宝幢，或立羽竿，涂以金漆，镂以梵文，似镜似矛，不一其致，则纯然其为藏式之遗矣。入殿为经堂，深广而晦黑，则仅推南向及重檐间，可得微光耳。殿门朱漆，上列大兽环，殿门常扃，非特客不启，蒙民之来顶礼膜拜者，不得入殿。即于殿门外跪拜起立，以首抵环，抚摩而敬礼之，用示诚肃。沿门四周，乃至椽角，均作细字之梵书，及梵式之图案画。殿内则为诸喇嘛诵经之所，自殿门至于北向抵壁之处，率以长毡为地衣，行行比列。毡前置矮案，巨栋合抱，咸作朱红色。四壁均有彩画，画佛像，精而不超，则近时所为，无足语于雅道，但存其饩羊而已。藏寺最前殿多为诵经堂，堂中必设正座，以奉大喇嘛呼图克图，即俗所称之佛爷者。而佛殿转在经堂之后，人或多以为异，实则因黄教以呼图克图为能转世，即是活佛，故活佛之起居，必据大殿之正，各黄教寺宇，固无不如此也。然非活佛及呼图克图专至讲经时，则闭而勿用，他僧亦不敢擅用之。有时亦有喇嘛数人，习静诵经，则席毡而勿据正座。惟诵经必用法器。钲鼓齐鸣，以赴节焉。诵经堂后，隔之以门，门辟即为后殿，视正殿为小。而奉像之所，明洁过于前者。南向设佛龛，龛有两层，后为三世如来像，前为宗喀巴像。如来像虽衣褶风度，不同印式，然亦不作梵天诡异之相；宗喀巴像则俨然高僧，戴毗卢帽，金身赫然。如来像左右有胁侍立像，宗喀巴像则趺坐，视如来像为小，而端正且又过之。胁侍立像之左右，别有青面像二，则梵天之遗式，所以护法，如内地寺中之有哼哈二将及金刚神，故特作勇猛强悍之态，龛制作尚精，亦雕为栋檐诸式，似一屋宇。至东西两壁，则别列小龛无数，每龛一像，均作金身，趺坐其间，盖似内地寺院之有五百罗汉也。龛前置大供桌，上陈金花（纸制黏金）两大瓶，油果数盘，上悬大灯，燃油为长明灯。大桌前复一小案，则置一曼陀其上，曼陀为锡制，以示乾坤幽冥之十方十界。圆外空中，并于空处置黍米等以实之。此殿亦有四柱，每柱咸雕盘龙为饰，壁上空处，则悬影绘之佛像，亦有黄绸蓝绸之哈哒巨幅，盖蒙民礼佛，多以此为敬，亦犹关内人民，往往绣一神袍，加诸像身，为报赛敬礼之资。佛像多出于山西代州人所绘，按黄教威仪，绘梵天诸像，以及三世如来观音等像，颇涉奇趣。彩笔工细，年销蒙地数千幅，咸得厚酬，故代州人以为世业。各庙中亦无不具数百幅者，而新旧不一，款制亦异，各有所本，亦似各不相袭。余于黄教，粗窥大义，末由一一为之订证，良用怅然。此殿之后，别有一殿，则为喇嘛常日所习用者，与设像之殿，相去数十步，中通以廊。其殿门外亦作凹字形，如正殿之制，惟体制少杀，双扉亦朱色，巨书梵文。门启，则数十喇嘛，正就地据小案进晨餐，每人牛乳一器，酪油一器，炒米一大碗，中座略高，大喇嘛据其上，所进诸品，亦与众同之。食前亦诵经，如常仪。百灵庙之正殿，三重略如上述，而此外别有偏殿及梵天所传之黄教各殿，乃至呼图克图及大喇嘛等宴息之所，夏屋重重，不可胜述，时亦未易遍谒之也。

绕庙均喇嘛之所居，鳞次栉比，数十百所，其款式大致相同。余入内观之，则每宅有门，各不相同。门内为一小院，院中正屋三间，均外向。其中间为供佛之所，东则坑室，以备卧息，坑沿窗倚墙，可住二人，空其中，以便笼火而取暖。西向则堆置什物，兼供起坐，布置亦有楚楚者，亦有不甚整洁者。大门之次，并有东西二小室，一室似门房，兼庋燃料；一室则厨房，为治餐之处，所谓治餐，亦仅庖廚之外，少置黍米油果其中，为糗糒耳。喇嘛在此，每人一室，亦有合二人为一室者。晨兴入庙，即于庙中三餐，餐后除诵经外，绝少操作。（其掌理事务之人，自各有职务。）至暮即归来就卧，故不得谓之为家，而仅得谓之为宿舍而已。喇嘛有年事极幼者，甫近十岁，已随众修持。盖蒙人信教极笃，家有二子，则舍其一于寺中，亦以地瘠难得以养，入寺则寺中为之供张，庶可少省。故喇嘛之数，每庙辄以千百计，而游牧之人，转以渐形其少矣。然喇嘛虽多，终日琅琅诵经，亦多有和声以赴，而不通蒙藏文字者，此则宗教末流之弊，各地皆然，固未可以独责诸蒙古者也。

循览既毕，行至庙外，于白塔之次，见有巨炉。本焚香者也。而乱纸满之，随意得其写经数纸，已用西纸钢笔，亦有黄楮而用石印者。在昔敦煌古窟，所发见者，为六朝前物，自为考古鉴赏名家所珍秘，而余乃于此间，得最新钢笔之写经，其乐乃亦不减于伯希和氏之获敦煌石窟，因携归什袭而藏之。

蒙古男妇之别綦严，守旧之风弥笃。各盟旗王公札萨克家人之福晋，常日深居，不甚外出，而人民之家族妇女，则又与男子操作相等，非但劳力，足为敌体；即面目衣饰，亦复不易遽辨。盖操作于平原广漠之间，历时较多，淋炙则自然枯槁，而宽袍博袖，椎发为辫，男女又相从同，故益不易分别。惟有时妇女，于发上披一红绸，庶几一见可知，若非此者，必加谛视，然后可以知之。此又旅行蒙古者所不可不知，而又极不易知者也。

同人在庙内外，历两小时有半，于是即上归程。以九时登车，仍遵来时之原路，于十二时五十分抵武川。小息传餐，二时十五分，再行上道，六时归抵绥站。计由绥至庙，前后甫四十六小时。而得至此名区，谒此大召，旷观天地，俯察方舆，亦殊足以自豪，有志之士，曷不起而著鞭，毋令同人，专美于前也。（未完）

（《旅行杂志》1935 年第 9 卷第 9 期）

下

游程第七

萨县　包头垦牧　磴口　转龙藏　五当召

由绥远而西行，将至包头，必取径于萨拉齐。萨拉齐本粮产所生积，为西北种植之名区。而黄河之水利，河套所受之裨益，萨县一带，独能沾溉有加；是以言西北之农垦生产者，不必尽指萨拉齐，而萨拉齐实为其中心。盖黄河自高而下，奔腾澎湃，至此一转一折之间，始有停泓之势。西北地质本厚，所难者即无水利，河水倘可资利用，则农产自因而茂旺，势所必然也。中原地大物博，数十年来，以农业为立国之基。乃迄于今日，辄有粮匮之虞；初非粮匮也，种植之不能尽地力，与夫交通之不能利运输，有以致之也。开发西北，产量增加，又益以目前平绥运输事务之日益孟晋，则必有畅行之一日。必使畅行，而后中国可以言粮足。是以有志之士，近多作西北之行，将欲有以观其地利者，愚非言种植之人，亦不能尽省交通事业之奥蕴，独是斯行之后，望见阡亩纵横，农作盛旺，而不能不欣然以喜。窃愿推此谊以劝来者，于游览云岗，涉足归绥之余，偷一日之闲，至此盘桓，必有因而奋起其经营之志者，馨香祝之矣。

史 略

萨拉齐于汉属云中郡，盖西部都尉之治所也。前汉并置咸阳、犊和二县，隶诸云中郡。其所辖境，更及于五原郡之固阳东部。迨后汉末，沦废入胡；北魏时，为怀朔镇之南境；肃宗时，为置广宁郡，以石门、中川二县属之。隋开皇四年，置油云县，隶于云州。二十年，又东徙云州治所于大利，县城遂废，归入金河，隶于云州。唐调露初年，置云中守，筑城于单于府之西北二百七十里，即今县治所在。辽于其西，置代北云朔招讨司，初改为云内州，设柔服县。建开远军节度，迄开泰八年，又置宁人县，属于西京道。金时仍为节镇，并改宁人县为镇治。皇统元年，置裕民县，于境东，寻废。大定十九年，复改置云川县，隶西京路。元初，省云川。至元四年，又省州治，隶大同路为下州。明代复得其地。清因之而设同知镇之。光绪十年，改为抚民同知厅。二十九年，析县西之大佘太别立五原厅。民元设县治，以迄于今兹焉。

游 程

平绥车以晨间出发，行逾十八公里而至台阁牧站。站旁南望，黄河如砥，已类似大漠，而不同于草地，亦为南人所罕觏。因之农事亦闲，再行十六公里而至毕克齐站。道旁于砂碛之前，即见草地繁殖，树木葱茏，一望而知为宜农之所。车道自归绥迤西，少折而南，轨基似较高。其于北面之阴山也，尤似密迩。一轨之隔，南为良田，北为砂碛，间以草地，初无一树，情势悬殊，并呈眼底。其地有广化寺，在阴山五素沟，距站约十五里。建筑宏伟，有前后二寺。前四重而二层，层各七楹，吹斯巴大喇嘛居之。循石级以至寺，百余级而升其殿宇，盖在半山陂洞之前也。喇嘛数百人，终日礼诵。阴山少树木，而此间独松柏茂密，则以附近有水源在，否则亦无自建寺而集数百人以传餐矣。更行十四公里而至察素齐，其地因西河槽之所经，集民为市，市街较广，商务亦较繁。民居千余家，且其地大沟、东沟，产煤极富。居民以土法开采，每日合得十余万斤，足以外输。是以虽在僻乡，尚多贸易。更行十七公里而至陶思浩，亦以老虎沟之煤，以及大湖中之鲤鱼，足以维持当地之生活。更行十七公里而至麦达召，其地有寿灵寺及辽时萧太后之遗冢。寺结构甚巨，佛殿数重，咸有壁画，且谓旧藏有辽时萧太后所用之兵器，今已遗落，不可得睹。所谓遗冢者，即在殿侧土丘一堆，亦有谓为疑冢者，状似浮屠，无由确订。再前十八公里，遂抵萨拉齐，此间农事，有足资于游历者矣。

垦 牧

车抵萨拉齐，土城似堡，古趣盎然。站旁有轿车驴骡备赁。（轿车即短辕之犊车，为北方所习用者，车身平直，上有布蓬，前有辕，辕前为轭，二牛驾之以行，车厢可平坐二人，亦可一二人坐辕前，谓之跨辕。）县城围十余里，城楼翼然，其东曰“泰来门”。城中建筑，以关帝庙及城隍庙为最伟，盖来此多系河北人之营垦者。房屋建筑，大抵与河北省内地相似；且商人之与蒙民交易者，除指定之买卖城外，此亦其一，故商人较多，渐渐落藉为土著。即关帝、城隍庙，亦多为商力所合建，现兹民居虽繁，而空地仍多，足敷垦牧大量之需。以此间农事丰产，每种必余，谷贱间有伤农之岁，而农人亦多合家尽力，少雇佃工，竭其能力，每家所垦者，不过数十亩至于百亩。因之余地犹多，足备外来投资者之开辟。至耕植于斯者，以物力之廉，每月得一元，每年得十二元，即可卒岁，闻者每以为异。实按之，莜荞每元可购七十斤，一人食之，足资两月之需，是每月供馔，半元为已足，更半元为衣为住，庶可应付，初非虚语。故家给人足之说，难于都市，而转易于村邑求之。且此间教育甚佳，全县之小学，至百余所。天主教之势力，积渐以来，亦兼事拓殖。且造教堂，置电机，故僻乡城村，多有用电灯者，则自教堂发电者也。

至于经营垦牧之组织，亦有一二公司，而以华北实业公司为巨擘。离站六里，为其总公司所在处。自筑土墙，建制犹沿旧堡之式。轿车乘骑，均可直达其处。入门，沿墙均平屋，其左为治事办公之室，更入为同人职员之宿舍，乃至牧厩工舍，鸡埘豚栖，以至畜骆驼饲马之所，无不具备。沿墙则设更道，（更道即在平屋顶上，可以通行，用资瞭望，兼事守卫者。）四角则设箭垛，（箭垛即角楼，所以居高临下，凡城郭无不有之者。）墙边则置枪炮眼，以便外放。且公司雇用巡士，给以武器，故游匪散勇，一不之惧，而后可以言畜牧，言生产。此行承经理李君，一一导观，仰见其经营之苦心，培殖之得宜，而后知西北农事之尚可有为也。公司所有耕地，有在附近者，有在民生七渠者，多赁工自耕之。亦有径放租于农夫，俾其耕植而收其粮者。民情既淳，天时亦佳，丰获自在意中。惟所虑者，农夫虽以十足之岁成，然粮多而交通较远，则价贱而外售为艰。故供食则有余，言利则不足。水利之好，或无补于谷价之廉，此其最有关系于民生，应为言开发者所当特加之意也。附近草地亦佳，故畜牧亦茂。自公司至于村民，多蓄骆驼、牛、马、羊之属；或操作，或剪毛，毛多外运，至张垣转津沽以销行及于海外。近对畜种，亦每加改良，愈益演进。信能匪踪告绝，民获生息，则事业之宏开，自在意中，可为参观者告慰无疑也。

磴　口

车过萨拉齐十四公里许，而至公积阪，盖蒙语“屋宇”之译音也。其地产硝盐，及煤炭，又石灰沟出石灰。煤窑数十家，多以土法开采外运，亦能少获盈余。再前十五公里而至磴口，车未抵站，已见山间之沙尔沁召，朱楼天半，气势壮伟。蒙地极少树木，而阴山至此，独多矮松，岩溪之中，间以青翠，青翠之杪，矗以层楼，信为异境，足资胜赏。至林木之间，隐然见有大道，即通外蒙之路，以备客商行旅者也。车道以南，则黄河已在眼底，巨浸滔天，远桅历历，不知置身于平原之表，而似江海之滨。夫黄河自上流而来，挟弥天之势，至此曲折，始可少蓄其势。河流距站仅一千二百英尺，而磴口之南海子村，即为水驿。有舟舫可以上溯五原宁夏，下通托克托城者，故以水利言之，磴口实占其要著。民生渠总闸，亦建于此间，离站不远，可以步行纵观。所惜河流时有漫溢改道之事，即如民生闸成后，河亦小改其道，急流横湍，迤南而行，遂使此闸，末由率如初意，能尽其宣泄之功，而黄河之水势，大小亦每岁不同。近如干年，其势较小，灌溉之利，土著或谓已不如前。是以竟此渠工，实大足资研讨，非片言所易折，留俟专家可耳。同人下车，少少一览，遂更进赴包头，迨抵包头，则平绥路之车道，已为终点，而沿途所见之大青山，亦至此戛然以止。四望似均浅陂平原，无复崚嶒屏障之势矣。

包　头

由磴口至包头十五公里，计平绥全程，至此已八百十六公里矣。车站新建，雄伟异常。站前为马路，可通汽车，而人力车与平津相等，在站迓客，每日约银币一元。由马路以入城，长五里。城内建筑，犹是旧制，盖自咸丰以后，内地来者渐多，始集而居此，依山筑城，其位置在山腰与平原之间。凡东、西、南三门，惟以街市多系河沟，故夏秋山洪暴发之际，往往不免于漫溢。房舍亦间虞荡柝，故其建筑，不主高宏，而主坚实。且多斜檐半出者，则以风势北来，非此且易遭吹损耳。建筑在西北诸郡，独推精胜。旅舍曰“包头大饭店”者，设备尤佳，传餐亦美。内地食品，往往可以致之，为穷乡绝塞之间，所未易逆臆者。盖此间饶有水利，黄河即在其南，是以菜蔬鱼鳖，不可胜食，转与江南之水乡风味相等，不似在胡沙千丈之间也。城内工商交通事业，均极发达。汽车之通五原而宁夏者，日必有之。外此粮庄药材，以至毡织事业，无不熙往攘来，蔚成都会之风，至可供游览者，近城有转龙藏，较远有五当召。至城内公共教育馆所藏之郭大将军戟，则清康熙间物，徒足以供鉴古者之一度摩挲而已。

转龙藏

出包头东门数十步，半山有寺，曰“龙泉寺”，即转龙藏所在。寺占地不广，而清胜宜人。寺前有水池，冽可见底，终年不涸。绕寺即石阑，阑前置石琢龙头三，水自龙口下注，无间冬夏，足供居民之需；因之包头饮料，几皆取给于是，以车来载水者，亦络绎不绝于途，盖取之无尽，用之不竭，正与清风明月，同其为无尽藏也。寺门在半山，登陟亦仅十余步。前有横额，书“小南海”三字。更进为一牌楼，外向题“银床玉槛”，内向题“环带金墉”各四字。牌楼虽晚近所建，而斗栱檐均简朴，与内地者款式少异。檐为平出之势，尤少经见。入门为一院落，院内为正殿，而殿外有轩，轩立四柱，以支四角，不似普通庙宇也。斗栱亦简，近于古制。内祀神像，中为观音，雕饰不精，无可言者。庙后小径，可通山巅；山本不崇，行三百步，已至其顶。有废炮台一，则西北边防军驻屯时所建，今已颓废。然一览则金城在望，四顾无余，黄河襟带于其前。客家错杂如鳞比，雄伟清奇之致，兼而有之，大足以畅人之心目。城内屋宇，民舍则土制为多，斜顶平檐，檐梢多以砖琢花为缘饰，上覆以瓦。包头附郭，足资浏览，惟此名区，故来游者亦众。迨万家灯火，则取径归城。步行城区，见旅舍无数，而多以省藉相标，如河南留人店，晋北留人店等，用示区别，此间回教盛行，藏教亦多，故商市招贴，多于汉字外，兼及回、藏、蒙文，而所售哈哒法器以及回教清真饭亦多。离城十五里外，即为黄河，亦有村落，曰“南海子”。汽车行阡亩间，并可往观，惟渔家及牛皮船，傍岸林立。黄河则汪洋无际，与天一色，无足流恋也。河道本通宁夏，舟船可达，然水有深浅之不一，而逆流上行，更感困难。暑中水畅，可行汽船，若令舟子操舵艄，则往往须半月始到宁夏。自车路畅通，少有舍近就远者矣。城内织毡之厂十余家，制作均精。其售价以若干线为标准，佳者一百六十线乃至二百线，每方尺价约一元五至二元。款式图绘，均臻上选，购者亦多。其染色纺织之工场，虽规模不大，要多井井布置，与平津间者相同，勿更赘陈矣。

五当召

五当召离包头九十里，汽车可直达，此为内蒙最伟之黄寺，来者不可不往观之。盖其制建，率用纯藏式，游者可以持与拉萨等量齐衡也。汽车来回，匆匆一览，有五小时为已足。若欲少加流连，兼以订古，则穷镇日之力，始足畅观。雇车于城内车行，随时可得，往返约三十五元，为大客车，可载客十余人。惟该处无食品，逗留过午，应略备饼饵，斯亦要著也。

晨起七时三刻，以汽车出东门行，取道河沟。河身宽广，不过半里，夹岸均土山，并不高崇。河底尚坦平，间有砂砾，初不为患。而土山重叠，有如削壁者，有小径仅可容单车者，树木灌生，隐现于壑中。河沟强半已干为河床，其有水者，亦为浅冰，汽车碾冰而过，绝无险状。土山之次，仍有煤窑，土法开采，骆驼载运，不绝于途中。逾土山则为草地，与乌兰察布盟地相近似。闻之当地人云，河终年常涸，即山洪之来，亦仅三五日，暴发阻车，而山洪分流较易，一过数日，即可交通，仍无阻碍矣。砂石随路有之，多寡不一，则山洪来时，挟泥沙以俱下。草地亦见有羊群之在放青者，一蒙媪司之。渐行二十里外，土山后更见石山，作大斧擘皱纹，盖一望而知为多年冲刷所成者。山势相互环抱，或开或闭，忽近忽远，环抱间则河床草地，参错比列，罫界井然。如是行一小时许，至于河身之尽处，亦即回峰之合处。忽见碧嶂当空，松枝高出，与先行之旷野，气势迥异，则已将至五当召矣。再一转眼，碧嶂之后，房屋翼然，即为寺宇，正在山隙。盖其地势高迥，已为三面环山，而寺适据其主峰之下，于前又有重峦叠嶂，为之屏翼。故山穷水复之中，一刹那而见夏屋崇基，更令游客，为之惊心。省其不仅尽风物之奥衍，亦且占地势之要津，与防务盖大有关系者焉。

此寺由来已久，而康熙时亲征准噶尔回部，乘胜班师，驻驾其地，又尝一为重葺，因之轮奂更伟。征战之事，详见史家言，不更具述。惟是愚臆所侧，康熙之征回部也，先必结好蒙古，而蒙人亦颇深内附。因之跸道所经，辄多修建藏寺，此其以宗教佐政治之推行，彰彰甚明，史传屡见蒙盟之从征有功，因叨爵禄者，班班皆是。则知当日康熙固尝以蒙攻回，而回据新疆北路，蒙在其东，则联蒙以固西防，亦为必然之事实。即如五当召，建兹杰构，拓此宏基，喇嘛至数千人之多，则其建寺之初意，亦必有连于军政。盖回部远在万里以外，一时制胜，反侧堪虞，则以防御之事，属诸蒙古。因庙僧为兵士，部勒得当，防守有方，宁非上策。故尔因地之宜，据此山坳，背不至于受敌，腹又得所屏嶂，计出万全，实占胜著。迄于今日，五族一家，蒙回同此国家，征战已成陈迹。而游客来此，于蹑屐访碑之外，更试一穷其形势，则二百年前之战史，已隐约出没于山水之间，再进征其掌故，必可思过半矣。

十一时至五当召，已见殿屋，错落纷披。由半山至于平地，大殿中峙，最形高胜；前后数层，或大或小，跃出云外。图腾凡四柱，均在门前广场间，视百灵庙为尤伟。殿宇作朱红色，而四旁僧舍，则咸作白垩。屋系四方形，正周垂直，小窗无数，望之于整洁中，别具风格，此即纯乎其为西藏式，不同内地之建制者。而自山趺，以至半山，七八十所，上下参列，正似在海面远望香港。盖其建筑，颇近西洋，且似海滨逭暑，山足避寒之精舍。盖因其屋不甚高，而平顶直线，上有烟突，旁出轩楹，小窗罨映，鳞比栉次也。召前山侧，石堆为都博，亦甚高崇。上插纸花，几已遍布，均为蒙民报赛之所具。同人至此，下车即有喇嘛，前来导游，由偏院以至于正殿，盛意可感。今吾笔，亦随此喇嘛之跬步，而徐徐书其所见矣。

下车先至休息之室，即此纷错平顶白垩之僧舍。此等建筑，外表甚整洁，而其内乃湫隘晦黑。盖屋本不大，划之为数小室，每室又三面均坑，仅一小窗，以通光风，宜其不足。坑上置氈毡，俱作龙凤黄五彩形。正中则有坑桌，上供梵书，为一大木牌，髹朱漆而作金字于其中。既入坐，喇嘛即进茗果。茗中多酪味，则以喇嘛辈平日甘此如饴，积久而蔚成此味。至客室之次，即为喇嘛之卧室。每室约广一丈，长七尺许，坑亦倚墙三面，以供三人之睡所。上有一窗，其小与客室相同，每屋约三四间，即于甬道中，设炉治膳作茗，合之为庖室。其所食多油米牛酪，因之触鼻均乳酸之味。至其所自备者，则为干酪饼，与汉制大抵仿佛，盖亦自包头饼饵铺所购致，以供嘉宾者也。治餐亦有时作饭食，一大锅即庋于甬道之右，积骆粪煤块，以备炊爨。至喇嘛衣衫，内多为棉制之背心，长及于膝，有背胸而无双臂，多作紫红等色。外则加以宽袍，再不足者，则以絮衣实诸背心之外，更且温暖。此地有祁寒而无盛暑，故避寒甚于却暑，终年如此，无多更易。至喇嘛多只能作蒙语，其通汉语者，舍支宾外不过数人，而此数人，亦仅能会意，未容畅谈。是以问以宗教生活诸端，往往不能竟其词令。寺内现有喇嘛，仅四五百人，大逊往昔。以亭克呼图克图掌寺事，亦所谓转世之佛爷也。惟其年高，又不愿轻出，似退院之僧。则一切寺院事，多责之于所谓三少爷者。其人精明强干，治事有方，颇得寺僧之信仰，有欲往谒者，喇嘛多愿转介，而三少爷亦辄亲自延宾畅话云。

方同人至寺参谒之时，亦常见妇人来行敬礼，因讯之喇嘛，据称此亦圣地，循庙十五里以内，妇人不得支帐居宿。因之来进香者，必且晨来午退，此间妇人衣着与蒙妆相同，耳悬大银环，面目黛黑，衣紫袍，系腰带，足御绿皮靴，则与男子相同。其入庙也，虔敬无匹，有跪于门首而五体膜拜及地者；有入庙顶礼者，有即在殿门之外，抚门环以资祈福者。至其入庙之顶礼者，更必肃必恭，以跪以拜。且拜起之后，多于香案之角，碰额以示其诚敬，然后却退外出者。余此行所见，络绎而来者已十余人，为之前记于此。

由僧舍以入于正殿，甫数十步。正殿位置较高，然十余级已至殿基。见一喇嘛,立殿角拍手不休,掌声殷然,盖所以召集喇嘛之为午课也。殿门有立额,题“广觉寺”,分书汉、清、蒙、藏四体文,合之于额上。其殿仍作凹字形,前有广场,场基为石台,缭以矮阑。中设石座,喇嘛辄即于石台上诵经,以大喇嘛领之。殿外立朱红大柱,作正方形。门亦红漆,殿不甚高,然有重檐,因之仍可升诸楼阁。殿内较明畅,则以其构造之法,殿之前部有平台,可以通光线,故不似绥远诸召之晦黑。殿中布置,仍以毡条为地毹,中设大讲座,用备呼图克图之需。左向则为金装之宗喀巴像,朗润祥和。四壁均作壁画,所画均佛像,结跏趺坐,金色有背光,间以云彩、璎珞、法器,佛像所绘,其帽制用藏式,而非印度式,不似宗喀巴之以僧帽(俗称元宝帽)也。佛身所披袈裟,多画飘绶,披拂四散,饶有逸趣。正与云岗石刻,有略略相似者。又虽为坐像,而不承以莲座,亦不见其双趺,但隐约云彩间,垂二飘绶于外而已。又壁角有绘猴王像,谛视之,俨然为俗传西游演义之悟空偷桃图。藏教渊源梵天,本属多神,此亦必有所本,不能以意为之者也。殿顶缕栋翼为数层,不立斗栱,正如西洋建筑之于上隅划线,漆均金色,刻花纹为极细之梵书方胜,均有普录法度之可循。至转角之处,则栱承其椽,又壁隅栋顶,多悬绸绫,或红或黄,以及水红诸色,当作檐帏,高不过尺许。缤纷陆离,以为之缘,至藻饰于屋顶者,多正方形之云龙团鹤,与内地宫殿之制,差相近似。

由此出而西向,邻殿殿门,视正殿具体而略简。门亦作朱红色,惟其上绘倒悬之人像,散发垂手,两足翘然,至于楣际,漆作白色,为状绝奇。又于楣次绘佛画,作骷髅形,喇嘛即谓之为哈哒,实则藏教之一像,初非祈福报赛之哈哒也。入殿,南向有数像,其中坐为一千手千眼三头像,狞怖异常,下承莲座,为红黑色杂绣所成。像后亦有背光,作火焰陆难之势。像凡三头,头上加头,以次递小,最上则御地藏毗卢帽。两侧又饰以长角翅,奇诡不可方物,其像似作猛兽形,张口而獠牙分露,两目之间,后有一目,略如习见之王灵官。其千手中,各持法器,有似乐器者,有似法物者,亦有持一人头者,亦有手一锁钥者。讯之喇嘛，则云此是佛像，而不能举其所由。（参阅下章《西藏宗教建筑略记》）亦有谓即为如来佛者，莫衷一是。此像之次，复一黑色诡异之像，张口伸舌，帽檐雕塑人头为缘饰，其上复为一小金顶，项间亦遍悬人头，全身甲胄，黑色。其旁则一蓝面金身者，亦悬人头，衣制不可尽举。手中有持钢叉者，有持枪若刃者，有持伞者，各不相同。盖藏教本属多神，而中国所习见之《封神》《西游》诸说部之神怪，亦多出自彼间，故其像饰，亦至诡戾。且其所祀之神佛，亦多出于梵天，而不源于印度，故藏寺各殿，像随神异，非专研其学者，不能一一为之鉴别，述其渊源也。诸像前设巨案，均陈供品，为糖果、饼饵及祈献之纸花，股香水碗，各式咸备。案前别一小案，则中置一铃，又有大香炉，旁置二洋磁瓶，则为孔雀羽毛，炉前立一铜镜，物为新制，有汉藏两式文。汉文曰"福如东海"，又一大铜盘，平列向上，内置米，即曼陀者是。

此殿建筑，虽属立体，而垂直线由上迄下，微微外向，前作平顶。顶隅又有楼，其两端则树立金戟，上饰羽毛，类于军器。此盖西藏军政，均统于宗教，故一切宗教威仪，均兼军政之表现也。又其楼顶，别有复阁，又如重檐，仅及平顶之中半，故自前仰观，不易得见。而拾级登楼，则一转已至平顶之上，可以纵览。亦有分为三层者，则中一层最低，仅在大佛像胸项之间，可以内窥，正如云岗大殿之楼廊。而上一层则较崇，深隐于平顶之上，其绕佛项之楼廊，（佛像大，故由平顶以径至崇基，所谓楼廊者，或止前半有之，或有全绕佛像者，而阁楼重檐，则辄在佛像之后。）多围以短垣，俾可即而内观至其殿角，由下斜上，亦多于斜栋镂花纹藻饰，方圆相间，烂若繁星，古朴有致，大类今日西式房屋之所谓"线脚"者。窗外则多缘以一粗黑之边线，望之如巨框，亦颇美观焉。

广觉寺之正殿，于诸殿中为最伟，其殿中布置，已详于前，不更觋缕。至二层则前为广檐外向，内即重檐，重檐中亦立朱红之巨柱，外向者四。柱上饰以雕彩，而横栋上，于立柱处即作梵文，其上又别有列椽，椽上始为上檐。而所漆之色，上檐列椽与广檐，分作绿、黄、青三色，部署设宜，盖见其轮奂之美。至广檐之下，大柱之上，仍列排椽，书金色梵字，整齐严净，悠然为之意远。重檐之内，其南向者，并有壁画，仍作诡异之佛像。中一倒悬者，与偏殿殿门所绘者，弥相近似。至重檐绕佛像，前后适成正方形，外向建构，略如旧制之复阁。镂金错采，红檐青椽，而其内向之四隅，则漆金黑二色。夫以纯金纯黑，与朱彩晖映于尺寸之间，其为别趣，有不可以言语所方物者。至后隐之楼阁，适在重檐之后，其高正与重檐相同，而广则迴倍于前。南向适当佛身之后，有廊宇而不设窗棂，轩豁四露。三面均垩壁，壁上亦各有彩绘，所绘均本寺之风光景物，池沼园囿，山水木石。虽非名手，极为工整。至画中人物，则有趺坐堂皇之大喇嘛，有行围射猎之清兵，有闲居高坐之大将，有千官鹄立之威仪，画虽不精，然极工细。盖所以耀声光于绝域，奋神威于边疆，以图慑伏强藩者。按图于院落殿宇之外，有大围墙，沿山溯河，气势雄峻，而今兹则邈不可见，足见沧桑之多故矣。在兹重檐之上，别有矮屋二层，所以通于平顶者。类于升陟之过道，亦不得不谓之为屋也。

至正殿南向之门，实为正门，游者由广觉寺榜题之门行，则为其东门，而正门视东门为尤宏敞。门据崇基，凹字形，于前列有八角之大柱四。柱内为轩，轩中始为殿门，兽头巨环，垩以金漆。缘门框则绘以花藻及细书梵字。门次东西二墙上，则彩绘四天王，威勇神诡。背后咸以火焰作佛光，而四天王外，复绘十方世界图。图作圆形，一神环抱此圆形，似魔似神，适以两手两足，合绕如弧，而圆形即当其中。圆形内画分若干格，每格分绘帝王、武将、文人，以至羽族、鳞毛、化生之属。又厕以水火熠熠之状，所以示十方世界，无不在此圆像之中。而环抱之神，又必为司命之神可知也。十方世界之衡宇，则绘楼阁图，栋屋无数，重叠辐凑，而不作人像。度其用意，必以示优婆世界之无量建构。南向正壁，至此分折而东西向，东西各有小室，所以置梯级，俾于以登轩，而上至平顶者。小室左右，又各有彩绘，中作大背光形，下承莲座，而座上光中，初非佛像。一为大令箭一，一为大字梵文一，各以花纹绕之，宛曲围绕。轩顶划为藻井，井格中多书梵文，以及龙鸟诸彩绘，而殿门上阀阅之处，则易阀阅外小兽头，雕琢峥屷，又别有诡丽之小神像，排列其间。由轩外向，则为崇基，基前铺石为台，循阶下台，即至平地草场，立图腾巨幡之处。台下阶前，则立庑设栅，内置皮制转轮四，形如八角悬灯，下有小扶手，可以持而推之，所以供转经者之需。附近居民，乃至不远数十里而来致敬礼者。入殿之前，多先推此绕转，以当念佛，亦藏教之制度也。距正殿阶下，约百步，有一树园。缭以短垣，有门可通。入门则乱花杂树，错落有致，如内地之果园。园中无殿阁，但一亭。亭三面为槛，一则为壁，壁前设基座，座上塑三像，均喇嘛装。以背抵壁，半在壁内，半则外向，亦颇罕见。像作金装，披金色尖顶风帽，合手作施法之状，趺坐于莲花上。像容纯正平直，风范俨然，非诡非怪，盖必此寺前活佛示寂以后，追塑于此，正似南中佛寺之有祖师堂，故一切已脱梵天之制。亭虽不大，而为汉式建筑，有椽有栋，均施彩漆。朱碧相间，其承尘则为白绸，而不用泥刷之平顶，斯为少异于常制耳。

正殿邻殿之旁，均为僧舍，已如上述。循山升降，陂陀诘曲，而人行之道，则依陂缘草，铺沙砌石，平稳异常，初不艰于步履。遥望半山高处，亦多有亭阁诸构，掩映林樾间，但不伟岸，仅以点缀景物之需。而正殿之后，半山高处，正在山屏之中，则别有一殿。俯临正殿，正抚其脊。此殿虽不及正殿之崇宏，然其体制，则与正殿相同。殿前亦有平台，南向亦为轩楹，轩前为正门，两侧为耳房，以升诸平顶之上。殿中南向，为一大像，金容如满月，披黄风帽，趺坐莲台，此当即本寺开基之第一代呼图克图，亦即本寺之所谓活佛者也。像身极大，故仍有重檐四绕之。上覆以黄绸宝幢，后塑背光为屏蔽，金容肃整，朗润穆静。檐上悬佛像彩画无数，东西向则为大橱，橱分三十格，每格内均供金身小佛像，容貌都与正坐者相同。而每格均有小门，门上多覆以玻璃。大活佛前有供桌，上置大曼陀，以及茶果炒米之属。此殿虽亦陈旧，而重檐外无转楼，无浮廊，故光线由重檐直至殿上，似较绥远诸召为明朗。至由耳房拾级，以至重檐，则杂陈法器什物。又数小龛，傍四壁以供佛像，无足观也。

此寺殿舍，外壁以石块建筑，用石灰黏之，外再白垩，而痕迹俨然。亦有再用小石子布壁间而后垩白者，亦有垩作浅黄之色者。至平顶则南向多设相轮，其相轮之制，各殿亦不一式。约略述之，有如铜钟，上作葫芦顶而下承莲瓣者；有作圆形之相轮而外绕花纹者；有于相轮之左右，树二金塑神像，相去不远，而各手一金练以示系此相轮者；有于相轮之旁，作二金幢者；有相轮不作圆轮形而为一大花篮花叶离披，缤纷威蕤者；有于花篮两侧蹲金兽相对峙匍伏者；有相轮中不作辐格，书一梵字，而两金狮据其左右者。各具意象，未易尽穷。至檐角则多植金幢及羽戟为饰，亦有戟上不饰羽缨，而立三叉形，下垂铁环，因风震荡，以代铃铎者。有于檐次作横列之亚字形，书之椽头者，凡此雕饰，初非内地寺宇之可得见，亦非印度寺院之制。盖由梵天之豨豝教，而又参以印度之佛教，教义既博而杂，则其建构亦遂因之凌紊，非专治其教义者，且徒惊其神异，而末由名之，理固有然也。

亭午之际，正喇嘛聚诵经文之时。是日天气清朗，喇嘛三队，群集于平台之上，都一百卅二人。陆续集合，分为三组，每组均席地围坐，作大圆形。中有领组者，坐于南向小石基之上，领组者发声，则众和音以随之，喃喃如在雍和宫中，惟未用法器大钹等乐耳。诵经中亦有作恩恩吁吁等长声者，亦有时停诵而鼓掌者，亦有于鼓掌后群作呼噪之声者，亦有时起立徐行，分三组为四组，环绕步越者，此种藏教之威仪，初未详加研讨，故不能尽其指要。诸喇嘛中年岁不一，有五十许以上，乃至十四五龄之童子，披一紫衫，中坐组长则威仪凛然。诵经约一小时，侍者即为分别进食，牛酪茶米诸品，各一碗。食后再诵，又一小时，始分散各归。此其午课，为同人所适逢其会，而得躬预其状者也。同人遍游此寺，自十一时抵寺，省览周详，而余尤致意其建构及佛像，无殿不往，亦无处不笔之于书。至下午四时，始约略竣事，归而撰此，犹并不能详尽。若专研宗教之名家，乃或精于建筑之工师，往参其地，必更有创获，什百倍于余之走马看花者，敢以俟之且更愿得读所著，用为此文纠缪补遗之资，用为切磋砥砺之导矣。

纪载第一

蒙古政教略纪

窃夫今之言开发西北者，震耳欲聋，其所谓西北者，当指陕甘以及察绥宁新诸省以至蒙古、青海而言之。余斯行所及，但在察绥内蒙，故不敢侈言青、新、甘、陕事。然就察绥言之，则久已改制行省，一切政务，首与内地相同，已详前章，无俟更赘。至内蒙固依然其为游牧之生活，可以开发者甚多。然事贵因地而举，因人以成，今于纪游之际，愿陈其地文、人文之略，以为昌言开发西北者之津逮。

幅　员

内蒙游牧，在河北省之西北，计六盟二十四部。曰哲里木盟，曰卓索图盟，曰昭乌达盟，曰锡林郭勒盟，曰乌兰察布盟，曰伊克昭盟，部繁不备举。更有旗群十二，称内札萨克，面积约三十二万四千方里。迤东曰“东四盟”，迤西曰“西二盟”，东四盟以濒热河，有随东三省以俱陷者，故内蒙西盟之关系重大，更不待言。

山　川

蒙古山脉，均自中亚细亚而来，阿尔泰一干，入外蒙为唐努乌梁海、杭爱、肯特诸山。昆仑一干，入内蒙为祁连、阿拉善、阴山以至于兴安岭。高峰绝壑，几同天堑，今之平绥路，自张口至包头，盖无时不见此山也。河流自以黄河为最大，先自青海、蒙古入甘肃，又从宁夏出长城，经鄂尔多斯旗，至白塔东，分而为二。又一支为萨哈齐克，均沿山南行，至乌喇特部，后合而东流，又别纳支流，而至于包头，又东而至归化，再入长城，此即河套，地最膏沃，足宜垦牧之名区也。外此湖泊亦多，鱼禽盐碱，出产亦富。

气　候

蒙古为沙漠，平均高出四千尺。外蒙多沙漠，内蒙则多草地，故气候严寒，而早晚不一，日中或热至八九十度，日落后，即盛夏亦可降至十度。盖日光、山脉、沙漠，胥有关系也。

种　族

稽古以来，种族均为匈奴。自元代入主中夏，又退处戈壁，略有可考，要分为五：一喀尔喀种，多为元代后裔，居于内蒙；二额鲁持种，居于青海及科布多者为多；三乌梁海种，即唐努乌梁海之土著；四唐古忒种，即西藏人；五突厥种，即回回族，内蒙人口约八十万，有与满汉各族杂居者约二十万。

历　史

蒙古居中国之北部，民性强悍，物力维艰。得其领袖，辄为汉族之边患。若成周以来，所谓狎狁、匈奴、单于、胡、柔然、突厥、回纥等，均指此而言。直至元代，入主中夏，置上都等路于漠南，和林中书省于漠北，分封宗支，而蒙古始与中国本部合一，元败退以后，则又拓其势力，西征几及于全欧。迨有清入关，又有其版图，直至民国肇建，合五大民族，以组中华民国。而从此复为一家，更无所谓藩属敌国，此亦仅开千古之局者也。

世　系

蒙古之成大勋，立大业，始自元世祖成吉思汗，故言世系即自之而起。元族本居于敖嫩河及克鲁河间，凡二族：一尼伦族有二十姓，一多儿勒斯族有十六姓，其先或谓为“西藏大汗”，为丞相所逐，遂至蒙地，累传而至成吉思汗。

语　文

蒙古本无文字，多用畏兀语，即回文也。元代盛时，尝封王子于土耳其、罗马，遂挟其文字以归。至世祖时，又由藏僧怕克巴取藏文改为蒙文，以字母合拼音，谓之托忒字。沿用至今，而语言犹因地变音，未能统一。

阶　级

蒙古人约分三类：一王公台吉之为贵人，言其袭爵或有官职者也；一僧人，以蒙人笃信宗教，故喇嘛最多，而自成一特殊阶级；一奴隶，即王公之厮养贱牧，为主人之私产，至“平民”字样，于蒙文中不易得确切之词。往者记中华民国成立之际，条教布告，译为蒙文，直译为“中华汉人国”，竟有悖于五族共和之制，忧时之士，窃焉以为不可。又汪衮甫公使则谓曩蒙人译“中华民国”为“中华奴才国”，则尤可哂者。盖蒙古文字本简单，复无平民一级，宜其难于词令也。

礼　俗

蒙人以笃信宗教，故见面时均递哈哒，以示尊敬。又屈于清代之礼节，故相见多请安。婚姻则杂宗教以及尚武之遗意，先供佛，后馈牛羊。人死则多卜天葬，以尸供鸟食，此与苗族有相同者。盖均原始生活时代梵天教之遗也。衣服多元制，以水少不能尚洁。而刀匕火石，随身携带，亦犹上古之遗风。食则牛羊肉，牛羊乳酪。住则毡包毳庐，所以便于取携。用为游牧，娱乐则骑马、摔角、狩猎，亦地利之所限耳。

农　商

蒙古虽地宇辽阔，而交通则全持台站，现可通行汽车，驰骤草漠，便利多矣。天产甚富，金银铜铁咸具，而尚弃利于地，农业则近始言开垦，亦多汉族往为之，蒙人只知牧畜而已。商亦多汉人，以晋北、河北人经营者为多，贸迁有无，向者每获大利，近以外蒙背叛，牧事凋残，亦复大不如前矣。

教　育

蒙人尚武功，言牧畜，而不及于文治。且游牧逐水草以居，更难施教，故无所谓教育也。清代惧其反侧，除王公外，禁与汉通，又不许其学习中国文字，以闭塞为固边之计。数百年来，学识益退。清时仅京城有咸安宫三学，以授蒙藏人汉学，何云普及。近自民国以来，始特提创蒙人之教育，优予待遇，然亦止限于少数而已，有志之士，其速图之。

宗　教

蒙人笃信宗教，故本节所纪较详，其所奉者，为西藏教之黄教，盖西藏本有豨叭教，为梵天之遗，绝对之多神教，犹是图腾之旧。迨唐元宗时，藏王以人至印度求法，归而参佛法陀罗尼于其间，以成新西藏之密教，而即今日之喇嘛教。传至元代，世祖欲借信仰以安奠民心，故又力加提倡。会是时喇嘛教放姿无度（即红教），而圣僧宗喀巴氏出，以改良为己任，立黄教，守戒律，而人民之信仰益深。世祖亦奉之为国师，于是红教之势力寖衰，今蒙古所行，均黄教也。宗喀巴氏卒于明永乐间，其授受之详，亦有可言者。

宗喀巴氏，既立黄教，又受元代之尊崇，遂合政教为一。其云喇嘛者，喇训上，嘛训无，其意犹云无上也。宗氏之死，传之于二大弟子：一曰达赖喇嘛，一曰班禅呼图克图，（呼图克图略次于喇嘛，相沿至康熙十二年，始晋班禅为额尔德尼，与达赖相等。）分治前后藏政教各务。俗称活佛，而以普通黄教僧侣曰喇嘛者，实尊施之而已。维时蒙人虽信黄教，然蒙古未有喇嘛之降生，直至阿巴岱汗之请，大慈迈达里呼图克图，始降生于外蒙，而为哲布尊丹巴呼图克图。初，顺治七年，有土谢汗部图格根者，两次入藏，从达赖受佛法，达赖始赐之以呼图克图之称。此为外蒙之第一世呼图克图。（呼图克图，即能转世之喇嘛高僧。）故外蒙亦政教合一，与西藏同。至内蒙之有呼图克图，则起于康熙卅年，康熙亲赴多伦诺尔，迎达赖第五代之大弟子章嘉来内蒙，建汇忠寺以居之，是为内蒙有章嘉呼图克图之始。此则或由于康熙之雄谋大略，窥见蒙人之信仰，而特有以羁縻之者。故内蒙政教，即不合一，政归清廷，教归章嘉，势力远不相侔矣。

蒙古之呼图克图，其初转世生于蒙古，蒙人利其地位，于弥留之际，多所劫夺，每酿祸端。且有未至死后之转生，而立一生于呼图克图之生前者，谓之化生，则争端更多。传至第七代时，清廷有鉴于此，遂用金瓶掣签之法。凡喇嘛示寂，在其死后所生之小儿中，凭托神话，举出十二人，谓为转世。渐渐减至三人，则以三人之名，置之金瓶之中。于西藏寺中，抽签举定，认为活佛之转世，追定名后，即授以经典，辅导教治。至十六岁，正式任之为呼图克图，（按西藏达赖、班禅，亦均用此制）使回蒙古，而蒙人以转世降生，不在蒙地，而远在西藏，间致不满焉。

呼图克图之在蒙古，其宗教上之地位，本最优越，无可僭称者。然清廷一以其势力之寖强，一以蒙民之尊礼，则又思分其势力，于是除内蒙章嘉、外蒙哲布尊丹巴以外，别予一种职衔之呼图克图，以宠僧人之效忠于国家者。而别加封号于其上，如敏珠呼图克图，察汗达尔汗呼图克图之类，而宗教之名誉，遂日以广。蒙人之信仰，亦日以分，延至民国，仍所不废，此中盖关系于政治者，甚大且切也。

至于呼图克图中，自以哲布尊丹巴及章嘉为最高，其次则为受职者职任者，均以喇嘛而获呼图克图之封号，且一获此封，便可转世。迨后愈封愈多，内蒙已有数十人，而蒙人以笃信之故，亦均目之为佛爷，因之蒙古每大庙，必有一佛爷之驻锡矣。次之则为诺门罕，为堪布，为绰尔济，均僧侣之高位任事者也。

蒙人治游牧，居无定所，然以信仰之尊，及清廷扶植之力，故对黄教，极加钦崇。雍正时，并以京师所居之潜邸，改建雍和宫，以示好于黄教。又以山西之五台山，目为圣地，招内蒙章嘉，卓锡其间，用坚其内向之诚，而于蒙古，则又觅善地，建大庙宇以崇呼图克图。故蒙古人民，率为游牧，而其寺宇，则宏丽逾恒，位置于黄河白草之间，气势峥嵘。惟蒙古素无建筑，而黄教又来自西藏，故一切建筑，均为藏式。间以清廷入关，与蒙古交通频繁之影响，故亦微有参以中国式之建筑者。关于此节，为研讨建筑之专资，不及备举。但于后叙躬游百灵庙及五当召记中，撮其崖略而已。

行　政

蒙古行政之组织，要可分为盟或部。盟有盟长，副盟长以治之。盟下有旗，亦有特别旗之不隶于盟者，则有札萨克以治之。盟长札萨克，多王公世爵，而佐治之者，则为台吉，旗下有佐，设佐领，佐领下有催领，上有章京，以任官守。又有地广不宜设盟旗者，分设群以专供游牧。此其行政组织之大概也。王公多元代子裔，世世袭封，清廷民国，相继因之。现约分六种：一亲王，一郡王，一贝勒，一贝子，一镇国公，一辅国公，则清制之旧。王公亦有闲散无职者，坐仰禄糈而已。盟长不力，得以中央之力更易之，而别任闲散王公，以为之继。

原夫盟旗之设，均为清廷之制度。在清代以前，蒙古本为部落，至元世祖始振挈而一统之。元亡，又复其旧，惟元裔子孙，多得爵地而已。迨清廷定鼎，始设此制，一便管理，一示与满旗同等，用示怀柔。而外蒙仍有少数沿部之名者，每盟三年一集会，宣示政务，盟长之设，本属任贤，不必尽为王公，而日久积重，遂多为王公所世袭，盟长札萨克各有府第，以便治公，而盟旗亦时有改变情事，如今之乌兰察布盟，即康熙时由伊克昭盟及锡林郭勒盟所分出者，一以旌其有功，一以孤其势力也。

蒙人男子成丁，即纳丁口税于盟旗，服兵役者则免之。蒙兵又强悍，善马术，故清廷始终畏之，而加以怀柔。如蒙人之不许越境入关，三年造丁册之毋许遗漏，会盟时之派员监视，征战时之调用兵丁，均于积极消极之中，示其防娴之策。又辄分大部为小旗，以孤其势力，宠以武职世衔，以坚其内向。又分设都统以相钤制，综以理藩院，以资监督。盖驾驭之道，无往而不尽其极。近至民国以后，五族一家，同为主人，此事始废，蒙人之卓具智识者，亦自知之，无庸更赘也。

外蒙背叛

外蒙地远，非清廷所易控制，向主怀柔，粗能相安。宣统末叶，驻库伦大臣三多，办事操切，而俄人劫持活佛，因之遂起变端，逐三多，自号独立国。迨事成之际，活佛又见逐于青年党，并封号而且不易维持。民初之际，复思内向，顾已无及。中俄之间，为蒙事而屡多折冲，陈箓、徐又铮，先后欲以口舌武力，制胜其间，卒以内国未能奠定，功败垂成。迨俄国革命，苏俄修好于我，加拉罕与我明订之民十三条约，信书旦旦，申明外蒙为中国领土之一部，尊重中国之主权。而是时国内又酣于内战，无人负收边之责，俄亦遂仍加以阴助，事发至今，几于不可收拾。数百万方里之领土，资为外人所利用，宁非痛心之尤！国人今日日言开发西北，倘能舍眉睫之陕甘，而兼以雄睨外蒙，使其设法，翻然来归，则其功在国家，曷可胜言耶，企而伫之。

内蒙自治

自日人并吞东省，手造所谓伪满国以来，又因得热河而侵及内蒙之东部，于是内蒙六盟，亦遂残缺不全，蒙古有志之士，奭焉忧之。锡林郭勒盟副盟长德木楚克旺，遂于民国廿二年十月在乌兰察布盟，召集各盟旗代表，开会以主张高度自治。在德王之意，自治即所以自卫，实为当今自强之要图。惟蒙古地较贫瘠，人民文化低落，亦无庸讳言，故一蹴而就，几事非易与。且蒙古王公，内向已久，年高硕望者，向又不好指陈时政，因之硕望，遂不免较奢。迨夫中央令派黄绍雄、赵戴文亲赴百灵庙，与诸王公开诚披沥而后，因之有蒙古地方自治政务委员会之设置，以乌兰察布盟盟长云端旺楚克任委员长，锡林郭勒盟副盟长索诺木拉布坦、伊克昭盟长沙克都札尔布为副委员长，德木楚克旺为秘书长，并各盟旗官长，闲散王公，以及中央委员等共二十四人，合组委员会，而事即大定。云、索、沙、德四王，均并世之贤豪，富有毅力。从此百废待举，庶政以兴，捍卫边疆，固不仅蒙民之福利而已也。

纪载第二

西藏政教建筑摭言

草昧之世，鸿荒初辟，榛榛丕丕，无所谓教化，更不足语于宗教政治也。迨后生民较多，聚居图存，原始之民族，由草昧而入于图腾纪，则一切均已在草创之中。所谓宗教也，所谓政治也，乃至建筑也，三者均相因而生，相互而立。凡欲研治西藏之宗教建筑者；当自此以溯其源，语焉不详，节次以存其梗概，具于下文。

鸿濛初纪，水流溢泛，原始民族，虽愚下而其求生存则一也。求生存当先得生存之所，则必先据高原，然后可以得食而获栖止。又其于生存所必需，端赖水火二者，盖先渔猎而后言耕牧，言渔必求之水，言猎必先焚草辟莱，即至于耕牧矣。亦必得水而后可以言耕植，得火而后可以言伐山，是以初民之性，有所崇祀，必自水火始。此即后世蛮荒拜水拜火之教，传自图腾之纪者，所由昉始。引而申之，又为初民见其所以为神异者，即从而崇祀之所自兴也。

高原之地，日拓日广，人民生齿，日增日繁，于是初民渐渐聚族同居，而攘夺之事，于以兴起。盖供者有限，而求者孳多，自非攘夺，不克图存,因攘夺而自然及于攻杀,亦即非攻杀无以自存也。既事攻杀,则崇胜斥败之风,以及兼并吞略之风,均为事实所演进,于是人民之信仰,信仰胜者,欲集中人民之信仰者,亦必兼并人民之信仰。兼并云者,并存之而为之领袖也。维时图腾之纪,各信其所信,上自水火,下及生物,迨崇胜之际,则所信者已由生物水火而转及于不可知之神道。其所为神道,既于攻杀之中求常胜,则必为诡异之状,立战胜之名,各是其是,以资号召。而事兼并者,战力既伟,智力亦佳,则更广宗教之力,集各是其是之诸神道。而后立一更伟之神,以率此诸神,存诸神所以坚各部落之个信,立大神以隐然自居于首领,并存不悖,而贯以自尊之意义,此多神教之所由兴,而多神教在多神之中,又必有一大神以为之渠魁之所由起。此盖自图腾纪而转入于部落时代之梵天信仰,所必由之津逮,惟其以尚武而崇胜也。神道之容像,多伟岸犷悍,乃至饰以骷髅,佩以兵器,惟其诸神之外,别有大神也。梵天教宗中,又必立一特伟之神,统于诸神之上,此亦即藏教诸神之孳甲,流传讫今,在所不废之百神诡异,渊源有自矣。中国造字,多有意义,其云梵天之梵字,意指燧古,梵者或云就焚字而假借之,明乎梵天纪时之犹以火焚山伐草,用图竞存,所以示其为初民之生活。至后此专指为西方佛教,则于义隘矣。

部落以相争而竞存,则必有攻有守,于斯时也,则自进治攻守之具。至其所以言攻守,最要厥维两者,一择有水草之地,可以供食;一择高原之地,可以远瞭。高原之不足,则更进而谋其上者,于是即造碉堡。碉堡之制,可得而述焉,堡凡数层,由下而上,由丰而杀,所以避风灾也。下层广,以畜牛马,以设风车,所以事畜牧,兼便汲水也。(碉堡实兼民用及军用,故多在有泉水之处,此中演进,又不知其若干年矣。)上层则为祀神之所,亦以为同族集议之所,守户居宿之所。其最上一层,则专为攻战上防守之用,兼为有事时召集同族之便。此碉堡之所以有小窗穴,便外窥而可深藏,又为后来烽燧之始。夫自部落至今,历年久远,而全世界之建筑,实均自此以出,不能轶于例外。今西藏之寺曰“召”。召者，碉也。其建筑为垂直立体式，其内可以供居宿，其平顶可以供望远，其窗穴小可以外窥，而深隐，则古代碉堡之迹象，贻传迄今之较易迹识者也。

建筑随人群之进步，而款制日异，而雕镂日繁，藻饰日盛。于是希腊拉丁，各因其地，各因其才，别立规格，非复如藏寺之可由以见碉堡之渊源矣。至印度之塔，则犹其晚出者，夫中国“塔”字，从答加土旁。答者，象形而兼会意之字，以口代储品，上则以所为人形以蔽之，合而为答字，假借以为问答之答。按其造字之始，非专为对问之词也。且印度佛教，初至中华，现所存者，以洛阳白马寺为最早，而其塔则作正方形。所以作正方形者，从井而起，盖初民以降，最重水，汲井得水，始能图存。于是一切以井为准则，即造掩蔽储品，兼以远瞭、居宿之碉堡及塔，亦无不为正方形。迨后演进而为六角形，为八角形，广其基础，锐其高层，仍可为祀神、瞭望、居宿、防守之用，则建塔之能事始毕，而其所以致用实同。迨后佛教遂以之专为宗教上之建筑，其与召之同源于碉堡者，莫非一理，彰彰甚明。至于喇嘛寺之塔作亚形者，亦是别有所自，按之盖出于渔者之笭箵。夫初民智识简，而又不足以胜工事，故但得所居左右之竹木，编为笭箵，笭箵亦象形而兼会意之字。竹示其原料，令示其款制，初民用之以捕鱼，用之以储物，乃至死后用之以敛尸，屈曲而委之，正如今之以大盒提携什物者，一举而数善兼备。藏教之创获最早，而进化较迟，故至今其所为塔，犹存笭制之遗，正如召之与碉，去古虽远，渊源尚在。至此外民族，积如干年之心力，制作日精，其所以去于古者亦日远，转不易见其嬗衍之迹矣。

夫在我国，于古有立社之说。所谓社，亦即招致部落初民生活演进之一节。若有人焉，为部落之长，雄才杰出，则物色得高原之地，先立一石以为设社之初基。其所以择高原者，俾易为人所共见，而又可以避水也。迨选基既定，则其部落乃至附近之居民，多来会于此，或辇运山石，或出其储材，或徒助以劳力，乃至委以珍器。（南京长干寺之建也，倾城士女，无不投珍宝其间，以资祈福，亦犹古时合力立社之遗意。）亦如今于田间陇畔，乡人之建一土地神祠，而近郊农夫，咸来助足成之。即未有神祠之设，而乡人惊一石一树之神奇，将欲建构村庙，力有未逮，则先悬一有求必应之神幔，于此树此石，以示之先河。后来之人，或即因而建庙，或不建庙，而即于以求祀。复悬若干报飨之文字于其旁者，在古代立社之意，首事者既以为议事之所，复用为合部祀神之需，立石为标，群从至而辇石运材，亦即今藏教鄂博之初基。最先至者立石以示有神，后至者投石以神其神，惟于古政教不分，力征则兼任政教之领袖，故社以人事而兼神祀。迨后政教既分，则鄂博遂专为宗教上威仪之一节，而不更及政事。以迄于今兹，即图腾宝幡之设，亦正如悬帜树巅，用以集中部民。及乎后此，仅书经文，用代礼诵，则同乎其为政教分离以后，沦为宗教所专用而已。

初民生活，有存于洪水初降之高原，（中亚细亚，地势较高，聚族最先。）而建筑发轫之始，亦自即在此高原之上。乃至碉堡之所由兴，繁衍四向，向西为埃及之金字塔，东为中国之京观，南为印度之寺宇，亦均自此以起，其拓殖之迹，有可于方位上求得之者。试观夫地势以言之，聚族而居，中亚细亚之占地有限，则不得不力图四出，拓殖谋生。而洪水渐降，则可占之地，亦日以多。其东向者则渐至亚洲而为中国民族之初祖，故中国之建筑，多重东向。而又承拜火部落民族之后，火为离德，厥位于南，则又重南向。其西南之一脉，则渐至欧洲，或赴印度，是以印度佛教，多重西向，而立西方乐土之说。至于中国京观之筑，固与碉堡为同源，然有云“大人为京观，小人为虫沙”者，则率初民移植时代，旅行经验之谈也。京之为言，训大也，古时为爬虫时代，蔓衍于水陆，与人争地，则名之曰“鲸鱼”，以示其为巨鱼。而其时地域，多在高原，洪水初退，尘沙万丈，即如今兹之沙漠。一日有飓风挟沙石以俱来，则鲸必失水而死。迨风退沙散，则埋鲸之处，且蔚然为一大邱，于是引申其字，谓之曰“京”，亦且足为“京观”二字假借之初训。（观者用以瞭远，大邱之上，占势既高，因而营建，自可四望，故谓之观。)至“大人为京观”者,以言大队行役之人,猝遇飓风,全队覆没,则亦如鲸之失水被埋,聚辎重骸骨而为大邱,为一京观也。“小人为虫沙”者,则小队或一二人之长征,为风沙所埋死,正与虫之埋沙相同,故曰为“虫沙”也。明乎此者,始知中国京观之所由筑,实出于初民高原之碉堡,而京观二字之所由训,即所以述上古初民时代行役之不幸。至于以京观为立政令,祀神明之所,则渊源者,更不待言而自知矣。

夫初民部落之有碉堡,事攻守,为世界建筑之莩甲,无俟更言。然最初之碉堡,势不能兼容当地率数之居民,而居民亦自不能永永其为风栖露宿。则私家建筑,自与碉堡,相辅而起,其形制之可以碉象而求之于今日者,亦端为今蒙藏游牧所居之包。包制实亦同于碉堡,惟小仅足蔽一家之数口,轻便足以随时携置,因游牧而四迁。盖其时初民生活,已渐渐进化,且于狩猎之外,亦渐涉于畜牧之途,故包亦可谓之为具体而微之活动碉堡。试观夫包之立,在先于中必有长竿,即碉堡立标帜以号召居民之遗意,无窗隙则所以防外来之侵袭,中置火盘,则为奉祀飨神之所,而兼足以治庖炙。迨后包之构建,益趋便进,故今之蒙藏诸包,有不立柱于中者,有以毡皮为幕者,然其大体,则依然犹是,无改于昔时。即于政教分离之后,庙宇为宗教所专,而藏式各召,立图腾以为柱,设石块于中以供大喇嘛之所用,他人毋许亵渎之者,亦均其遗带之班班可考者矣。(五当召即有石座。)

建筑之道,晚出而愈精,且又有教义、气候、地势、材料之关系,故由原始民族时代,进而为各部落之所建,则其款制,亦且各别而不同。即如藏教,以曼陀为法器之珍品,曼陀上有内外二线,中线以内,示宗教政治上之惟吾为尊。中线外则十方世界,所以示各种宗教乃至部落之为我兼并而臣服者。故其建召之制,亦即本此教象。占地阔大,垣落重重,内为殿宇,外为僧居,再外始为毳幕,为游牧者之所栖集,此其建筑衍进之有关于教义者也。至藏中承中亚细亚之山脉,继洪水冰块纪之余,又多大风,且大陆气候,中午奇热,气压亦低,故其建筑，宜乎广而不宜高耸，宜晦黑而不宜光亮，此则有关于气候者也。至于人民生活，惟水是需，故建召必近泉源，而又以避风之故，多择山谷，庶可久支而不敝，因之诸召多于殿前，设崇基平台。其喇嘛所居之教在庙旁者，屋不大而循陂错落，又多环山以筑之，（五当召即其一例。）此则有关于地势者也。至材料之关系，更为重要。土石于山谷之间，俯拾可得，且板筑炼灰，较木工金工为简易，故藏寺建筑，多以土石砖瓦为之，而所用之木材，不过窗棂梁柱，且亦有并此而不用者。（如五塔寺及喇嘛塔，往往以实心砖瓦为之，用砖作圆栱，而不施梁柱，归绥之五塔寺，即其一例。）即用木材矣，然施于窗棂之细工，非其所长，故建造较陋，而窗框多仍以砖垩为范。即其施于梁柱者，以森林之故，虽不难致，而亦不施细工，故梁柱特伟，初少藻饰。至埃及、巴比仑，则富有艺术之天才，故其建筑，则转而精于雕刻，此其关于材料，不言自明。即舍寺宇而言民居，宗教与政治，于原始图腾以至民族社会之际，莫不先有公共之建筑，而后始及于私人。私人之建筑，其所同风于寺院，以及所受气候、材料等关系者不待言，此亦今日中西民屋建筑异流之要因。（如庙宇为方形，则民居虽小，亦多方形。正殿居寺院之中心，为最要部分，则东方式之厅堂，亦复如此，可见一班。）即至今日，立体式之新建筑，高至数十层，而立体式即为藏式之孳乳，高耸又出于碉堡之遗，变本而加厉。由此循省，则大千世界，无论中外古今，建筑为何种款式，均可得其同源之征象。且如再进一步言之，则建筑之一部分，有自印度而输入中国者焉。（寺塔等。）有由埃及、巴比仑而输入印度者焉。（装金及雕刻细工。）有波斯、埃及之西洋派径至中国而别于印度所来者焉。（云岗石窟，即有此类藻饰。）又有自中国而回输于西藏者焉。（藏召之用中国龙凤藻井。）凡此不胜枚举，有志之士，亦足以条举而缕分之者也。

若夫专言宗教，则其演进遭化，阶段亦至显然。燧古之初，惊其神异而不能明其理，或从而畏敬之者，即加以信仰。所谓拜火拜水之所由，亦即图腾纪时之宗教萌芽时代也。迨后则民智较优，而设想各异，凡其思想之所及，即从而神之，从而信仰之，不假深思，凌乱覆杂。如其时之重攻守，则立武士之神。（今兹藏教所祀，多作纠纠勇猛之像者。）惊生殖之力，则立生殖之神。（今藏教所祀之欢喜佛。）游牧之始，初得耕牛之力，则立牛神。（今藏教所祀牛首之像。）又合此三者，而为牛首人身之武装欢喜佛。凡此诡异之状，实出于个别部落之理想，于是恢诡杈奇，纯至不可方物。梵天时代承图腾纪之后，其宗教演进之情势，盖为如此。迄于今兹，所以存其统绪而尚可追溯其形象者，惟藏教为仅有之，此研治藏教者所不可不先探梵天之源也。

世界之有宗教，释、道、耶、回，乃至于吾中国之儒学，细加研索，实亦无不出于梵天之遗。中国最初，有混沌、饕餮、穷奇诸名号，传说稽古，无可确证。而殷商以来，相习用之，至用为藻饰器物之需；铸一钟鼎，制一餐具，无不以兽头为饰，兽头即衍自混沌、饕餮也。（后来建筑，屋脊尚有鸱首兽头之饰，亦源于此。）此类名号之所由创建，正亦初民心理之各就所思而神之者，宁非合于梵天宗教思想乎。儒学集成于孔子，孔子问礼于老聃，老聃所掌者柱下史，亦即夏商之遗制。孔子既就询之，且又沿其损革而为之说，散见群经，历历可考。夏商人权与神权，多相淆杂，则孔子之所得于老子者，实即此学统，更无疑义。惟孔子之学，重教育而轻宗教，重性理而略制度，化人于人伦日用之间，而不作鬼怪奇诞之说，故亦更不立宗教之名。然其所承，固出于梵天之遗也。佛教由释迦牟尼佛创之，而印度实先有婆罗门教，婆罗门为多神教，直接梵天。释迦氏一廓而清之，惟佛是崇，正如耶稣教之代天主而兴，似为一神矣。然仍立无量数之佛号，乃至韦陀、金刚、阎罗及护法诸神，依然不脱梵天诡异之体制。惟以佛统诸神，以一尊统群祀而已。道教则本主清净无为，独修潜炼。然自汉张道陵以来，已立神祇之名，为多神之教，迨元代邱真人处机西游而后，所受于西藏、印度之梵天遗制，熏而陶之者日深，则其所立之神道，亦日以繁衍，不可胜数，其经典则亦多窜取佛教之轮廓，从而增损之，于是益超于梵天多神之途。试检《封神传》《西游记》两说部，均为元代以后之撰述，其所涉道教诸神，多有与藏教所流传者相同，可以知其相互之迹矣。外此即至今日云贵之苗獞，亦各有所信仰，而所祀有大神，有小神，难于遍考，要亦均为梵天之遗。至于西方，自以巴比仑、埃及为文化最早之区，然其直接之于梵天之拜火、拜生殖诸端，固在流传，而即人首狮身之金字塔大神，亦何尝不与中国之饕餮、穷奇，为梵天所同衍。即天主教树立偶像，设造天造地之奇谈，像有飞天者，有裸身者，而统之于天主圣母，则仍自梵天以一尊而统多神之所出。迨其后耶稣教起，更革天主教之制度，不立偶像，然仍不废其造天、造地、亚当、夏娃之遗言，正如中国孔子之于夏商，因革增损其名物，略而不谈。而其学术思想上之系统，固明明出于夏商之遗，依然其同为梵天一脉。即晚出之回教，摩罕谟德为一神教矣，然所言者仍有死而复生之托词。凡兹神话之自来，即为梵天宗教之遗绪。至西藏则以地近高原，本与中亚细亚相接壤，而民智较逊，故步自封，故所遗传于宗教上之威仪、名号、像塑，尚处处留其梵天之本迹，而绝少进化。牛首人身之武士，光怪陆离之神像，乃至欢喜佛等等，一因旧贯。惟是唐代贞观间，藏王又遣使至北印度求法，归而又参以印度之佛教，于是为西藏立正式之豨叭教，亦即今日藏密之渊泉。夫立如来佛为教中初祖，即不废多神，则是政教合流之际，雄主以兼并争长自况也。尊如来而不废梵天之旧，光怪陆离之诸神，则是民之所好好之，不欲遽为更张，以失人民向有之信仰也。迨元季明初，圣僧宗喀巴氏出，复因旧制而立黄教，正即如乘天主教之疲而有改立之耶稣会，起而代之。然宗喀巴氏亦知率废旧章，必为人民所不悦服，亦仅可因势以为利导。于是严僧侣之制，广教义之深，只能因革其间，而未容改弦易辙。然豨叭之习惯，已少加纠正，未始非进化之一征。其最显而易见者，莫如班禅、达赖之二大弟子，统绪相承，以免本教道统之相互侵杀。后来立宗喀巴氏像于诸寺，像饰金身，圆姿满月，不更为诡怪之态，以绝世而骇俗，庶几少进于文明矣。至于宗教之以金为庄严之饰，盖亦有故。本来中亚细亚高原，为文明导源之地，一切政治、宗教、建筑、器用，由之以兴。分而四衍，次之即为埃及，埃及之文化，发达于早世纪时，亦固人之所共知。埃及濒尼罗河，尼罗河产金，因之埃及神祀乃至器用之属，多以金制。迨后交通频繁，东西人民之智识，相互共进，于是埃及金饰之制，又流入于印度。印度佛教，正在廓扫婆罗门之诡异，遂专以金色表示佛教之璀璨庄严，统于一尊。其后西藏求法于印度，佛教又流传至于中土，而金色几专以指示佛教。迄于今日，然佛教固仍未能尽废护法诸神之异容怪态，以独异于梵天派之婆罗门之陋习也。

西藏宗教，既直承梵天，而又参以印度之佛教，迨西藏并于中国，（唐代即有公主，下嫁藏王，清代西藏更列入版图无论矣。）又转而受中国之熏习。（如雍和宫为藏教，然又祀关圣，谓其为护法神。）故藏教中所包括者，至为繁富。而宗喀巴氏以还，创立密乘，更见其精深博大，此则非凡夫浅人如不才者，所得而缕述之。所幸今兹交通便利，藏地大师，辄来内地传法，而吾国人士之潜心于此者亦日多，有志研讨者，可得问津之所。余兹篇所述，则不过追溯其渊源，初非细研其教义，乞读者恕其疏陋，少宽时日，当别举所知，用为诸君子陈之耳。

（《旅行杂志》1935年第9卷第10期）

滁州纪游

上

（1）《醉翁亭记》疏证

（2）《丰乐亭记》疏证

（3）游程志略

余日者以事赴金陵，逗留四日，值《新闻报》驻京记者俞新吾先生，约作滁游，先生盖滁人也。翌晨发轫，同游者《新闻报》吴律师树人，杨柏台千里。尽一日之力，涉猎醉翁、丰乐二亭，及琅玡之胜。回忆儿时所诵习欧阳太守之文，所临摹东坡太守之字，刻不去心，今乃继武二贤，流连其间，可谓三十年而始一偿其愿，亦快事矣！归途将有所述，以平生累作游记，将一易新裁，遂先取太守二记为疏证，而山水之胜，一一收罗，名贤题咏，每得必录。将以方郦道元之注《桑经》，亦辄为读者所称道，余固不敏，从事于此，至游程为往者之导引，则另志其略，以丽于篇末云。

醉翁亭记

疏　醉翁亭在城西南七里，琅玡山后。宋僧智仙为欧阳文忠公建。自此而降，兴废不一。光绪七年，全椒薛慰农观察时雨，又兴复之，即今所存也。前为门二重，院二，自院而东为亭二，后为二贤堂。

祀欧、苏两文忠；后人又加王元之而为三。旁有门，上题“渐入佳境”四字。宋宣化中，郡守唐恪建“同醉亭”于此。明嘉泰中，林嵘以此四字易名，今亭已废。自院而西为六一泉，明卢洪夏引水凿池九曲，可以流觞，建“意在亭”于其上。泉之北为明太仆冯若愚祠。东厢为宝宋斋，苏文忠书亭记碑在焉。西厢有楼，嘉靖间赵犹建，后沈思孝改为“解醒阁”，今仍其名。泉之西为方池，乃泉上源，凿石为窦，引涧水入涧，即让泉也。池中有亭，为“古见梅亭”，明邵梅墩侍御建。再入一院，为梅瑞堂。前有石阑，植梅三株。旧有欧公手植者，已萎废，盖后人又为补种者矣。出亭门逾桥而西，有翼然亭，其东山麓，又有揽芳亭已废。

证 **杨士奇重建醉翁亭记**

永乐庚子冬，被召赴北京。过滁登琅玡山，问醉翁亭，但见寒芜荒趾，惟“醉翁亭”、“二贤堂”六字，隐隐岩石间。叹曰：“此邦先贤之迹，弃不治如此，其政可知。”去后六年，太仆寺卿天台赵君出俸倡僚及滁人复作醉翁亭，而刻公所为记置亭中。亭后作堂，祀公及王元之，又疏六一泉，加石甃焉。

陈循寻醉翁亭记

余数人自丰山下，驰六七里而止。弃马登山，未十数步，而获少平。杨曰：“此即亭遗趾也。”广仅容亭，瓦砾犹存，四面而观皆山，环欲无路。亭所负山之石壁，刻“醉翁亭”三篆字，其大如斗，傍去丈许，又刻“二贤堂”三隶字，大视篆书半之，皆无书人名氏，意亭既废，后人刻之，以志其处，或非当时书也。所谓二贤者，未考图记，意其一谓醉翁，其一必继翁，莫知谓谁，或曰王元之、张文定、曾文昭、张天亮皆尝为滁守者，岂其一在此耶？

薛时雨重建醉翁亭记

时雨，滁人，言滁惄焉伤之！拙宦退耕，莫慰其修复之志，盱眙吴勤惠公，时任蜀帅，方将移家，为滁寓公，遂以书干之，慨乎同心。使相曾文正，学欧公之学者也，题名首倡，于是鄂帅李公喆弟节相继之，皖大府英果敏公，今浙、闽制府何小宋方伯，皖人督师刘省三军门以下，各分俸畀时雨，乐观厥成，顾斯亭旧观，未尽还也。时雨养疴石城讲院，蓄此耿耿，又七年矣，今年复布书问当路巨公，得裕寿山中丞、卢艺圃方伯、胡履平廉访，提挈群贤，再畀兼金，时雨缮完之志，至是而始遂。

环滁皆山也

疏　滁在皖北，距长江不远，其地多山，均琅琊之干支也。盖六安山脉，共分三干，北干至凤阳之明陵，南干入仓山和州，沿大江而东，中干则自庐州东山口，经东横山迤逦入境，为五尖山。后分三支，一支北行入盱眙，一支南行入全椒。其东行一支，经皇甫山。而东南为花山，为毛狗山，又东为庙山，为孤山，为龙皤山，又北为皇越岭，为尖山，为磨陀岭，岭即琅玡山之巅，众山环抱，盘旋曲折，于山之阴仅通一径，蛇行一二里，几于无路。拾级而登，始睹寺门。其琳宫梵宇，隐伏山际，犹不能尽览也，茂林深树，拔地参天，景地清幽，实为绝胜。

证　戴金诗：梯崖踞山中览群山，谁比羡湘娥十二鬟，要识醉翁真意思，在于山色有无间。

又：抱城山色几回环，粉蝶遥遥碧玉间。山下出泉泉几种，松风深处听潺湲。

其西南诸峰

疏　椤栳山在回马岭南，丫头山在椤栳山之南，玩珠峰在琅玡山南，丰山在滁城南三里。

证　欧阳修诗：南山一尺雪，雪尽山苍然。涧谷深自暖，梅花应已繁。……

石椽诗：西峰最高处，登眺兴偏佳。好鸟鸣云际，晴霞栖洞崖。……

林泾诗：……兹来领骑曹，日见西山爽。上客喜过临，信宿停征鞅。……

薛冈诗：……遥瞩郡西南，岧峣一峰矗。疑是琅玡山，回溪带纡麓。

林壑尤美

疏 西南诸峰，有桃花洞、怀仙洞、归云洞、雪鸿洞、重熙洞、放云洞、熙阳洞、秋山洞、石上松、琅玡水、涵泉、大历泉、灵芝井、华岩井、庶子泉、逊泉、濯缨泉、白龙泉、净手泉、观音泉、蒙泉、醴泉、琥珀泉、抱朴泉、怪石溪、琅玡溪、白玉洼、山寨、龙蟠禅寺、虎踞禅寺、龙华寺、复兴庵、清流关诸胜。今兹或存或废，按之林壑尤美，西南诸峰，均琅玡之附近名区也。

证 明宋廉游记：……过平皋约三里，所望丰山，盘亘雄伟，出琅玡诸峰上。……山下有幽谷，地形低洼，四面皆山。其中有紫薇泉，宋欧阳公所发，泉上余步，即丰乐亭。……至山椒，即醒心亭。由亭曲转而西入天宁寺。……山东南有柏子潭，潭在深谷底。……庙侧有时若亭。……复西行约三里许，所有泉泻出于两山之间，分流而下曰"让泉"。……傍岸有亭"渐入佳境"，今亦废。……沿溪而过薛老桥，入醉翁亭，久废。……历石径一里许，至回马岭。……岭之东有醴泉，又其东南有椤栳山。山之南有桃花洞，又南有丫头山。山之下有熙阳洞。……宋熙宁初，僧崇定获佛舍利六百，垒石为四十九塔于道隅，累累如贯珠。……峰回路转，九锁而至开化禅院，院在琅玡山最深处。……憩六一泉，泉之南有白龙泉。……童行堂下有明月溪。……又少南有华岩池，由明月而上，入归云洞。……过石屏路，俯窥大历井，沿山腰，陟磨陀岭，望大江如练。……有琅玡洞，洞广两室，中有一穴，深不可测。……庶子泉，惧日夕，复不暇往焉。……引泉以为溪，左右建上下坊，作禅室。……

望之蔚然而深秀者

疏 余作滁游，以车出南门，有小路可通丰山，循大道以至琅玡。远望群峰，蔚然深秀，而最美者，莫如过醉翁亭，以至琅玡之一路，盖琅玡胜幽，更远胜于回马、梼栳诸峰也。

[证] 曾巩诗：……远闻山中泉，隐若冰谷摧。初谁爱苍翠，排空结楼台。……

储巏诗：……何人留妙语，环滁皆好山。我行揽秀色，远见琅玡颜。

陈琏诗：……峨峨琅玡山，拔地几千丈。金碧灿晴峦，芙蓉开叠嶂。

石禄诗：……林壑春姿媚，壶觞乐事皆。风流钦往哲，仰止属吾侪。

吴遵诗：……路觅云根入，泉分石髓来。竹风清梵径，花雨暗楼台。……

郑大同诗：……梦入琅玡三十年，比来揽秀历诸天。……

詹沂诗：……滁山深秀说琅玡，殿阁参差竹树遮。……

琅玡也

[疏] 琅玡山脉，已详前疏。至琅玡之胜迹，尤美不胜收。其最巨者为琅玡山寺，又曰"开化禅寺"。唐大历中，刺史李幼卿与僧法琛建，赐号"宝应"。周显中废，王著重建。宋乾德二年，郡守胡琉令僧德嵩重建，太平兴国三年，改开化寺，藏御书。元末兵燹，废为邱墟。明洪武六年，僧绍宁与无为禅师得其故趾。十六年，开设僧正司。清道光间，皓清重修，规模较大，其后又废。清末，僧达修始重修之，增葺益广，以迄于今。按琅玡山名胜，多在山畔，已详前疏。今但举其在琅玡本山者，前有古道，由醉翁亭通至山趺，登山曰"回北门"，其内为头山门、天王殿，以迄开化寺。寺有藏经楼、念佛楼、悟经台、拜经台诸胜。而无梁殿为尤早，盖东晋琅玡王所驻跸之所。殿供玉皇大帝，犹有古钟，为东晋遗物。外此已废者，有妙相堂（今改明月观）、了了堂、云水堂、醾醾轩、天后宫诸处。而今存者有明月观、云路、石屏路、法华池、白龙池、明月池、清风亭、三友亭、揽秀亭、自卑亭、德云

亭、望日亭、梅亭、磨陀岭路、准提庵、泗州庙、矾山寺、二琅山、祈福寺诸胜，均游人所可涉历者，不及备书。

琅玡山盖以东晋琅玡王得名，晋元帝居琅玡邸，其为镇东也。尝游息于是，遗迹犹存，崔祐甫《宝应寺碑》有云："东晋元帝，初为琅玡王，嗣以逃难浮江，回翔于此。"至唐大历，始建开化寺，山之得名，盖由于此，于唐有李阳冰篆石，至今犹可考也。

证　韦应物诗：……上陟岩殿憩，暮看云壑平。又……花香天界事，松竹人间别。殿分岚岭明，磴临悬壑绝。……

马欹诗：……白藏跻琅玡，琅玡峻且玄。崎岖石径斜，轻袂一何偏。忽忽临绝巘，邈如升云烟。

曾巩泉石篆诗：……阳冰绝艺天下称，琅玡石篆新有名。留泉涯俗未暇顾，一口贵重由先生。……

欧阳修诗：……寒岩飞流落青苔，旁斫石篆何奇哉，其人已死骨已朽，此字不灭留山隈。……

文徵明诗：……得闲不到山中乐，应枉天公与清福。到滁不到琅玡山，归去何凭作公牍。我于此地虽屡游，绝境十难穷五六。……

裴骞诗：……翘首琅玡寺，清幽回出群。……

章焕诗：……暝入琅玡径，花源路欲迷。仙台何处是，烟火隔林西。……

王守仁诗：……草堂寄傲琅玡间，溪鹿岩僧且共闲。……

茅坤诗：……路入琅玡峰几千，一行石壑一行泉。……

山行六七里

疏　由滁南门以行至醉翁亭可七里，甫出城，循大道而行，至转折处，有榜书曰"醉翁亭路"，取道过皖北林区，即入山，夹峰沿溪，已至亭次，实按之，山行仅二里，而野行则共七里，凡出城则曰山行也，将入山至亭则七里，入山则十里矣。

证　王吉诗：……午夜千溪分水月，清秋十里韵松风。……此合成数言之。而自亭登琅玡山，可三里，亦适符十里之数。

夏崇文联句：……别君更是别山难，十里琅玡驻马看。……

李维则诗：……石磴斜穿一径深，盘回十里薜萝音。……

詹沂诗：……十里琅玡一径通，僧家遥在白云中。……

渐闻水声潺潺，而泻出于两峰之间者

疏 将至醉翁亭前，即见溪流，而将入山时，又已闻水声之潺潺，回首四顾，正入两峰之间，乃知欧公之写景状物，正复一点不苟，非徒为令词也。其水自琅玡溪而来，或伏流，或出山，清冽无比，欧公饮之而甘，信不诬矣。

证 欧阳修诗：……琅玡谷口泉，分流漾山翠。使君爱清泉，每来泉上醉。……

又……但爱亭下水，来从乱峰间。声如自空落，泻向两檐前。流入岩下溪，幽泉助涓涓。响不乱人语，其清非管弦。……

胡松诗：……鸣泉响回渚，幽鸟啼空谷。……

邵梦麟诗：……泉声流澌澌，汉宫侈太液。……

潘运皞诗：……泉流泠沃觞怀冽，鸟语喧嗔客咏稀。……

张钧元诗：……春初柳色看犹浅，雨后泉声听更清。……

让泉也

疏 今让泉即在醉翁亭前，去谷口水声潺潺处，几二里矣。范以石阑，拾级而下，水极清甘，石窟有巨字，书“让泉”，为康熙甲子王赐奎所书，由让泉登亭，可五十步耳。其地亦在两峰间，一经依稀，背亭带溪，真复胜景。

证 欧阳修诗：……把酒终日听泉声，有时醉倒枕溪石，青山白云为枕屏。

虞集诗：……地为翁来出让泉。……

萧瑄诗：……闲把军持贮让泉，寻僧问句到梅边。……

郑邦相诗：……让泉历落堪重饮，梅径萧疏可再逢。……

程敏政诗：……林壑分明自一寰，让泉声出两峰间。……

张鹏翮诗：……影照让泉流夜月，香浮曲水点霞杯。……

峰回路转

疏 自滁南门行，五里以后，即路随峰转，溪在峰前，临谷澌澌，随山曲折。惟过醉翁亭而至琅玡寺，则转折愈多，所谓九锁以至开化是也。兹欧阳以亭所在，为在路回峰转之间，则按之亭址，非琅玡之九锁可知。游者或谓今亭已非昔址，旧亭在九锁转峰，则计以道里，殊复不合，今亭址固旧处也。

证 王世贞诗：……峰回路转亭翼然。……

张鹏翮诗：……峰回路转苍烟合，鸟语花香落日催。……

韦应物诗：……经制随岩转，缭绕岂定方。……

刘节诗：……径盘岩麓折，寺倚石门开。……

吴遵诗：……回峦千林合，高阁万峰开。……

成宪诗：……径折全疑尽，峰回忽复通。……

钱文爵诗：……石磴萦纡路转赊，披云曲曲到琅玡。……

有亭翼然临于泉上者，醉翁亭也

疏 今亭去泉仅数十武，知其翼然临于泉上也。亭空四面，飞檐外敞，临于万山中，故曰“翼然”。迨后此重修，代有增益，浚池葺室，不仅一亭，而翼然之势，反不可见，遐想当时，仅此一亭，必更臻雅洁矣。

证 欧阳修诗：……借问结庐何，使君游息地。……

又……恨君不见醉翁客，不见翁醉山亭间……

祝世穆诗：醉翁亭前淡落晖，白云黄叶满山飞。……

王世贞诗：……孤亭面面欲青葱，坐语翛然万庐空。……

张鹏翮诗：……泉冷山空亭翼然，客至寒林乱鸦噪。……

张钧元诗：……野店人人偿酒债，山亭岁岁结诗盟。……

作之者谁？山之僧智仙也

疏 琅玡山由开元寺主持之，而开元寺僧，维时为智仙，醉翁亭趾，犹在琅玡山趺，故欧阳太守即属智仙经营之，及于今兹，醉翁亭犹为开元寺僧达修所兼理，一仍宋之遗风焉。

证 开元寺为唐法琛禅师所开山，继之者为慧觉、广照禅师，均禅宗，而其法嗣为汾阳昭禅师，苏州超信海印禅师，洪州泐潭晓月禅师，越州姜山方禅师。福州白鹿山显端禅师，滁州琅玡山智仙禅师，泉州凉峰洞渊禅师，真州真如院方禅师，宣州兴教院坦禅师，江州归宗可禅师，秀州长水子璿禅师，琅玡方锐禅师，均见于《五灯会元考》者。

《五灯会元考》：滁州琅玡山智仙禅师，僧问如何是琅玡境，师曰："松因有限潇疏老，花为无情取次开。"曰如何是境中人，师曰："发长僧貌丑。"问如何是和尚为人，师曰："眼前三尺雪，莫便是也无。"师曰："脑后一枝花。"

案：开元等向为禅宗，今榜曰"开化律寺"，不知何自改为律乘也。

名之者谁？太守自谓也

疏 太守欧阳自谓，欧阳于宋庆历初作滁守，即属智仙为亭，而自名之，欧阳本传见《宋史》，不具书。

证 欧阳修诗："……醉翁吟，以我名，我初闻之喜且惊。……

又……醉翁每来喜登临，醉倒石上遗其簪。……

又……坐思千岩万壑醉眠处，写君三尺膝上横。……

王世贞诗：……作亭者谁僧智仙，后有醉翁醉流连。……

郑邦相诗：……潦倒当年号醉翁，从心皓发许谁同。……

张鹏翮诗：……但得醉翁山外客，低徊今昔总相宜。……

太守与客来饮于此

疏 欧阳修任太守，与滁人士相率来饮，故云。

证 欧阳修《醉翁吟》：……坐中醉客谁最贤，杜彬琵琶皮作弦。自从彬死世莫传，玉练锁声入黄泉。死生聚散日零落，耳冷心社翁索莫。……

案：同游者虽不可尽考，而此则其一也。又客多滁人，故其赠沈遵诗有云：滁人思我虽未忘，见我今应不能识。

虞集诗：……宾客相随乐意同，前引朱皤随白发，花开山谷几春风。……

饮少辄醉

疏 欧阳公饮少辄醉，故以自言，然其所作诸诗，述醉而未及于量之多寡也。

证 余国榰诗：……青山能觅醉，逸兴不开春。……

张鹏翮诗：……疏影夜横僧寺槛，暗香春满醉翁杯。……

而年又最高，故自号曰“醉翁”也。

疏 欧阳自释醉翁之名，一何以为醉，一胡为而翁，然欧阳之年固不高，惟以从游者多滁之少年，故翁独高耳。

证 欧阳修诗：四十未为老，醉翁偶题篇。醉中遗万物，岂复记吾年。……

又……我昔被谪居滁山，名虽为翁实少年。……

又赠沈遵诗：……我时四十犹强力，自号醉翁聊戏客，迩来忧患十年间，鬓发未老嗟先白。……

虞集诗：……醉翁四十漫称翁。……

醉翁之意不在酒，在乎山水之间也

疏 欧阳公固不能饮，少饮辄醉，而又赏其山水之美，始作亭以为游息之所，故曰“在山水之间”。

证 欧阳修诗：……借问醉者何，使君闲适意。……

又……翁欢不待丝与竹，把酒终日听泉声。有时醉倒枕溪石，青山白云为枕屏。

潘运皞诗:……须信醉翁翁未醉,山人曾遇醉翁归。……

山水之乐,得之心而寓之酒也

疏 游观之乐,非酒莫能尽其观,虽不能饮,亦将衔杯以致其乐,故曰“得之心而寓之酒”。

证 欧阳修诗:……野鸟窥我醉,溪云留我眠。……

又……花间百鸟唤不觉,日落山风吹自醒。

胡松诗:……应接良不遑,真复谐心目。兹游旷数期,远眠遵遐陆。

郑邦相诗:……云到洞门依野鹤,雪留古石傍孤骢。……

胥庭清诗:……枫色满林山欲醉,泉声过槛自同流。支离石径孤亭晚,冷落梅花一地秋。

张钧元诗:……小队郊坰并辔行,穿林越涧马蹄轻。……

若夫日出而林霏开,云归而岩穴暝

疏 琅玡山色之美,匪可言喻,醉翁亭前,一一得见其胜,想夫清晨日出,其奇丽必有可观;至就晚归云,别有胜致,今乃憩卧亭次,一一观之,欧阳信能乐天者矣。

证 胡松诗:……澄霄散余霞,疏林出修竹。……徘徊日云宴,山气何葱郁。……

王世贞诗:……樵径渐移浅照外,商歌忽入暗泉中。……

韦应物诗:……昏旭穷陟降,幽显尽披阅。……

杨之亨诗:……东风递微和,树杪明初旭。

孟津诗:……翠岫烟笼盖,高松露滴瓢。云归岩穴暝,僧在暮山樵。……

吴遵诗:……天清暑雨霁,日出岩扉开。……

诸寅文诗:……即起阴犹合,经林霏渐开。……

晦明变化者，山间之朝暮也

疏 山间朝暮，景色各异，盖随天气之阴晴而变化，况琅玡绝高，峰环重叠，则晦明之际，更自不同矣。

证 韦应物诗：……高秋天景远，始见山水清。……

储巏诗：……林嘤送寂历，野渌明潺湲。……

陈琏诗：……梅阁倚霄汉，丹碧炫岩峦。……

又……云霞纷卷舒，泉石在相映。……

又……坤灵毓神秀，景态日万状。……

马歖诗：……远岫吐华态，悬崖泻明泉。……西风振落木，古云翳高阮。……

章焕诗：……白云隐玉京，仿佛见帝乡。……而北有高山，五色如茫砀。……

野芳发而幽香，佳木秀而繁阴

疏 琅玡深幽，多卉木，长松参天，野花遍地，不可名状。由醉翁亭望琅玡山，取道回马岭，九锁而行，野芳馥郁，信如欧记所云。

证 成宪诗：……云树烟萝一径深，振衣直上碧山岑。……

刘秉仁诗：……何处笙簧绝顶闻，远山空翠自缤纷。……

又…… 松声万壑渺云涛，漫从虚谷寻仙侣，时有飞花点客袍。……

张舜臣诗：……三杯酒尽陶陶醉，来往幽崖觅菊花。……

又……山亭幽寂入林深，日杳尘芬万木阴。……

卢祥诗：……幽谷春回到小亭，亭前喜有蕙兰馨。……

曾巩诗：……野草山花夹乱流，桥边旌旆影幽幽。……

风霜高洁，水落而石出者，山间之四时也

疏 山间景物，以四时而各异。前云野芳发、佳木秀，则春夏之际，此言风霜高洁，水落石出，则又秋冬之际，合之而以喻山间之四时。

证 欧阳修赠沈遵诗：……有如风轻日暖好鸟语，夜静山响春泉鸣。

吴国封诗：……为问亭梅报数花，昨宵风雪逗春赊。……

韦应物诗：……白雪埋大壑，阴崖滴夜泉。……

潘运皞诗：……林烟晓酿千山雨，若瀑宵添众壑风。……

又……洞门月偃千秋桂，石壁风蟠百尺萝。……

林嵊诗：……石冷霜棱著衣角，天低桂子落杯中。……

又……一亭霁日云头出，万顷光风掌上来。……

蒋焞诗：……霜横芦荻垂垂白，日映芙蓉冉冉红。……

朝而往，暮而归，四时之景不同，而乐亦无穷也

疏 亭在万山中，无可投宿，故曰“朝往暮归”，至四时之景色各异，则人之观感，亦复为之不同，而各臻其趣，各极其胜，故曰“亦无穷也”。

证 韦应物诗：……鸣驺响幽涧，前旌辉崇冈。（春景）……

又……适从郡邑喧，又兹三伏热。山中清景多，石罅寒泉洁。（夏景）……

又……苍茫寒色起，迢递晚钟鸣。（秋景）……

欧阳修诗：……南山一尺雪，雪尽山苍然。（冬景）……

储巏诗：……萧萧云日冷，更觉春山间。（春景）……

陈琏诗：鹤归幽林逋，鱼跃寒潭响。（秋景）……

王守仁诗：……风雨蔽旷野，百鸟冻不翻。（冬景）……

屠隆诗：……是时日向晡，残阳在绝顶。（夏景）……

至于负者歌于途，行者休于树，前者呼，后者应，伛偻提携，往来而不绝者，滁人游也

疏 此述滁人往游之盛，曲意形容，以见滁人之乐，流传至今，滁人亦辄携馌以往，即俞新吾兄招余往游，亦辄见乡人之流连而忘返也。

证 欧阳修诗:……日暮使君归,野老纷纷至。……

又……行歌招野叟,共步青林间。……

周圻诗:……松杉夹道绿森森,古寺尤欣结客寻。……

庄昶诗:……百千万境客四座,三十六岩吾一泉。……

王守仁诗:……隔溪岩犬迎人吠,饮涧飞猱啄树腾。……

石玺诗:……古今色相留僧偈,岩壑烟霞属野人。……

临溪而流,溪深而鱼肥,酿泉为酒,泉香而酒冽,山肴野蔌,杂然而前陈者,太守宴也

疏 欧阳公于此宴滁人,即以野蔬山肴谯客,山肴甚美,即以山泉所制之酒亦极甘,而溪流之鱼尤肥,故记中及之。

证 欧阳修诗:……所以屡携酒,远步就潺湲。……

胡松诗:……野蔌既云旨,浊酒亦可漉。……

王世贞诗:……觥筹交错开宾筵,杂陈肴蔌酌让泉。……

冯之图诗:……蓝舆忝窃滁阳乐,未是酕醄学醉欧。……

张鹏翮诗:……自昔庐陵留胜迹,于今丝管乐衔杯。……

又……酌泉酬翁兼酬梅,访梅原为访翁来。……

宴酣之乐,非丝非竹,射者中,弈者胜,觥筹交错,坐起而喧哗者,众宾欢也

疏 欧阳公初不爱丝竹,故宴会间仅以射弈为乐。射者,投壶也;弈者,围棋也。以喧哗喻众宾之欢,斯为入情近理之笔。

证 欧阳修诗:……岂不美丝竹,丝竹不胜繁。……

李开芳诗:……泉泻烹山茗,云来上客衣。……

沈霁诗:……情深不饮仙乡醉。……

严时泰诗:……茶铛泉沸客初到,松径月明僧独还。……

苍颜白发,颓乎其间者,太守醉也

疏 太守饮少辄醉,虽年四十,而苍颜白发,故以为言。此盖喻其与民之为共乐，颓乎其间，足见生无事之时，享太平之清福，欧阳谪宦于滁，而文字之雍容如此，足为百世师法矣。

证 欧阳修诗：……野鸟窥我醉，溪云留我眠。……

又……翁醒而往兮醉而归，朝暮醉兮无有四时。……

祝世禄诗：……亭中何日不醉客，客来客去无留迹。……

陈夔诗：……凭阑送目云俱远，把酒怀君菊正开。……

石星诗：……酒味尚浮晴社腊，泉声已报隔年春。……

已而夕阳在山，人影散乱，太守归而宾客从也

疏 醉翁亭距城七里许，山道披榛，晚则不便，故傍晚，欧阳与宾客，携袂而归矣。

证 胡松诗：……徘徊日云晏，山气何葱郁。振衣蹑前冈，举武离尘隩。……

王世贞诗：……人影散乱夕阳颠，古往今来知几年。……

潘运皞诗：……须信醉翁翁未醉，山人曾遇醉翁归。……

沈霁诗：……兴尽相忘太守还。……

赵汝廉诗：……抚景乘春须尽醉，疏林寂寂已沉烟。……

树林阴翳，鸣声上下，游人去而禽鸟乐也

疏 客饮亭中，喧哓谈笑，乃至飞鸟不敢栖其故枝，迨游人散而鸟归其林，鸣声上下，以相和咏，斯其所以为乐也。

证 欧阳修诗：……但留山鸟啼，与伴松间吹。……

又……鸟鸣乐其林，兽出游其蹊。……

虞集诗：……数声啼鸟送樵烟。……

萧琯诗：……我醉我醒随鸟乐，自贫自僻抱云眠。……

然而禽鸟知山林之乐，而不知人之乐；人知从太守游而乐，而不知太守之乐其乐也

疏 此从庄子“子非鱼，安知鱼之乐”，“子非我，安知我之不知鱼之乐”化出，实则欧阳方遭遣谪，初并不以官滁为乐，但其忠爱之心，随时而发，故尚以乐自鸣。人或以太守之谪宦为非乐，而不知其尚有真乐，以山禽麋鹿为有情，故欧阳以此自明也。东坡“琼楼玉宇”之词，虽恋阙情殷，然视此安谪守命，以为自乐，则似又间一筹矣。

证 欧阳修诗：……国恩未报惭禄厚，世事多虞嗟力薄。颜摧鬓改真一翁，心以忧醉安知乐。……

又……爱之欲忘返，但苦世俗牵。……

又……嗟我无德于其人兮，有情于山禽与野麋。……

张鹏翮诗：……坡翁水月翁山林，真赏千秋呼欲起。……

杨之亨诗：……抚兹百物新，爰悼四时促。人生贵自适，何事成拘束。……

刘元镇诗：……登临得奇观，爽然豁怀抱。……

石应岳诗：……官闲身不系，机息思何穷。……

醉能同其乐，醒能述以文者，太守也

疏 此欧阳公自美之词，谓醉能与民同乐，《丰乐亭记》所谓刺史之事也。醒能述以文，则欧阳固以文自负者，故并提而渐以归结于太守，文思秩然，斯为名作。

证 曾巩诗：……所怀虽未写，所适在欢咍。……

张钧元诗：……乐民之乐思贤守，八百年来无此情。……

张鹏翮诗：……心赏忝随冰雪后。……

萧琯诗：……风流太守惭山简。……

虞集诗：……郡曾纸贵传欧本。……

王世贞诗：……一从文字勒石坚，至今草木争光妍。……

张鹏翮诗：……翁灵在天文烛地，翁象在滁老梅侍。……

太守谓谁？庐陵欧阳修也

疏 此文以作者自点出为结，亦别开蹊径之作也。

证　详前醉翁句。

（本篇完，本文未完）

（《旅行杂志》1934年第8卷第5期）

下

《丰乐亭记》疏证

丰乐亭记

疏　丰乐亭在滁城西一里，丰山北麓。谷中山势，一面高峰，三面竹岭，回抱泉上，旧有佳木一二十株，乃天生好景也。欧阳太守遂引泉为石池，作亭其上，号“丰乐亭”。又于州东五里许，移冯延鲁家二怪石于亭侧，又获广陵韩公所遗之细芍药十株，其他花木，不可胜记。山下有小径，穿入竹林中，豁然路尽，遂得幽谷泉，其泉屡兴屡废，考金鹤书《募修序》云：旧制亭面北，进门即亭，皮苏书亭记。及吴道子画观音像碑于中，三进大厅三楹，最后危楼一座，名曰“保丰”。内祀历代仕滁名宦，楼前左为棠舍，右为芥舟，各三楹。芥舟之后，道士之房，香积之厨在焉。出亭北上，一为汉寿亭侯古庙，一为三茅祖师行宫。南则王阳明祠，又南三皇古殿，皆依山作势。道光甲辰，郡守李公艺圃，捐廉修葺，经乱全废。同治乙丑，廖新建置厅寺。光绪七年，薛时雨重修，仍为屋四重，次为亭苏书记，及尹梦璧十二景碑在焉。最后厅三间，光绪二十二年供欧阳文忠、王文成位于中以为祠。东西厢各三间，住持居之。亭之东十余步，有幽谷，下有紫薇泉，泉旧有亭，已圮。东山有醒心亭，亦欧阳公建，曾子固为记。又有大观、来远、金声、壮怀等亭，皆废。

证　薛时雨《重修丰乐亭记》：滁之有醉翁、丰乐二亭，如人之有眉目；剔眉矐目，而其人不全，时雨既醵资成醉翁亭矣。木石少聚，乃得并修丰乐，以还旧观，欧阳公记曰："滁于五代干戈之际，用武之地也。"去公千年，虽以胜国之初建义于滁，而战争封割之烈，不至如咸丰戊己之间，公所谓"划削销磨"者，则又幸而十数年中，获际廓清之期，尔者天网不漏，遗慭化为鲸鲵，滁之遗老，得亲见之，抑亦先号后笑，夫而后歌舞太平，岂五代之民，所敢望哉！岁数不登，滁之陇亩，多芜不治。上年，百姓达于长官，长官达于行省，以中稔告，天人之际，固有其应征也。与山之耸然无恙耶，谷之窈窕无恙耶，泉之滃然无恙耶！而亭乃翼然于其间，苏长公以西湖为杭之眉目，亟于浚治；时雨亦以二亭为滁之眉目，而勤于保复，继自今滁人游乐，岁物丰成，以德威颂，大府以休养有司，时雨亦无事之时，幸生之一民，愿托文字以直上而达下焉。落成之日，为圣清光绪九年岁五月既望也。

修既治滁之明年

疏　宋庆历六年，欧阳谪宦守滁，其明年则庆历七年也。

证　庆历七年，欧阳有《与梅圣俞书》："去年夏中……问之有一土泉。"因述建亭事，其岁日之可考者如此。

饮滁水而甘

疏　滁水清冽，故欧阳饮之而甘，盖自琅玡溪流出也。

杨大勋诗：……我来掬得香泉水，一洗尘容注晋铭。

林嘌诗：……一溪寒光夹乱石，酌之可以濯尘劳。……

郑林叔诗：……一自文人知味来，让泉香洌春常满。

张舜臣诗：……碧溪流水入山深，多少游人惬素心。……

又……一溪山畔静波平……酌泉想像古人情。

韦应物诗：……攀林一栖止，饮水得清凉。物累诚可遣，疲氓终未忘。……

王守仁诗：……山空响流泉，路僻迷深树。……

刘节诗：……寒泉分细礀，霜叶扫荒台。……

尹瑾诗：……池滴金鉴澈，泉漱玉冰融。……

祝镇诗：……石喷玉泉曲涧通。……

沈霁诗：……野树小红春淡淡，石溪新绿水潺潺。……

问诸滁人，得于州南之百步

疏　欧阳公饮滁州而不知其所来，以为滁守，故讯诸父老，盖欧阳仕宦，辄与其地人士相还往，正如苏东坡之守黄州，鸡豚作饮，日与父老共之，名贤治迹，若合符契，于此信然。至州南百步，则以距南城较近，今由大道行，计二里许，或当时别有间道可通耳。古人计里，每不确，百步特言其近，非适符百步也。

证　欧阳修诗：……嘉我二三友，偶同邱壑情。……

按二三友，其滁人之知有泉，而相与导游者乎。

其上则丰山，耸然而特立；下则幽谷，窈然而深藏，中有清泉，滃然而仰出。俯仰左右，顾而乐之

疏　滁城以南，连峰无际，而俱不高，近城最迩，即为丰山。丰山犹为群峰中之最高者，故曰"耸然而特立"。至泉源所在，则又为群峰之中，适为谷内，苍莽滴翠间，有此清泉，殊为胜景，而泉在峰间谷底，故曰"下则幽谷，窈然而深藏"也。泉头甚大，水流滃出，故曰"仰出"，言水之势也。

证　欧阳修诗：一径入蒙密，已闻流水声。行穿翠篠尽，忽见青山横。山势抱幽谷，谷泉含石泓。旁生嘉树林，上有好鸟鸣。鸟语谷中静，树凉泉饮清。……

又：经年花开满幽谷，花开不暇把一卮。人生此事尚难必，况欲功名书鼎彝。……

詹仰庇诗：十载空严恋薜萝。……

于是疏泉凿石，辟地以为亭，而与滁人往游其间

疏　幽谷虽有泉，滃然仰出，然水飞溅沫，不可以近；欧阳公则以天力疏浚之，围范之，于是而可游，则与滁人同乐其间。

证 欧阳修诗：春深淡淡日辉辉，草惹行襟絮柳衣。行到亭西逢太守，蓝舆酩酊插花归。

又：绿树交加山鸟啼，晴风荡漾落花飞。鸟歌花舞太守醉，明日酒醒春已归。

又：……环流席高荫，置酒当峥嵘。是时新雨余，日落山更明。……

又：……人生行乐在勉强，有酒莫负琉璃钟。主人勿笑花与汝，嗟尔自是花前翁。

又：……清香嫩蕊含不吐，日日怪我来何迟。无情草木不解语，向我有意偏依依。……

詹仰庇诗：……琴尊不耐春相逼，杖履惟应月一过。……

崔尔进诗：草草杯盘款霓旌，剧谈握手眺初晴。……

滁于五代干戈之际，用武之地也。昔太祖皇帝，尝以周师破李景兵十五万于清流山下，生擒其将皇甫晖、姚凤于滁东门之外，遂以平滁。修尝考其山川，按其图记，升高以望清流之关，欲求晖、凤就擒之所，而故老皆无在者。盖天下之平久矣

疏 清流关地极险要，在州西二十五里，南唐驻兵以御北师者，今中军帐基犹存，其详载正史，不更备举。所谓北师，即柴周，时宋艺祖方率师以攻，终擒其将皇甫晖、姚凤者也。

证 陈琏《清流关》诗：清流山高横碧落，崖石稜稽犹铁削。忆自南唐始开凿，据守形势真险恶。殿前检点有雄略，麾兵飞渡孰敢格。晖凤东门就擒缚，乃知恃险古所薄。当年意气归萧索，惟有青山宛如昨。圣朝德教溢六合，文恬武熙颂声作。四方无虞闲警柝，关吏何劳守鱼钥。我常登临驻椎辂，呼酒悠然引孤酌。怀古时时发大噱，万里天风起廖廓。

又朱彝尊《清流关》诗：清流关厜㕒，设险古来尚。细路缘秋毫，石角竦殊状。舍我一两车，拄此九节杖。初行井臼中，俄出松果上。回睇众山卑，连峰走颓浪。入关少礓砾，客意始萧放。平冈响枫叶，断壁偃花当。南滁水未销，西涧水新涨。眺远怀昔人，儒衣谒戎帐。君臣既深契，一言判兴丧。偏师越死地，于此蹶上将。遗迹虽已湮，过者心所向。山高而水清，独立但惆怅。

又李廷仪《过清流关》诗：石径盘纡步屡停，南唐废垒野花馨。雨余涧落双流碧，云际山排万叠青。古寺逢僧评旧拓，午钟送响度幽亭。升平转爱岩疆好，天与村人列画屏。

尹梦璧《清流瑞雪》诗：岭控江淮高刺天，雪中形胜与云连。鳞飞霄漠龙犹战，步滑关山马不前。乱压长松成盖偃，半凝奔瀑化泉悬。道傍快听山翁语，飞尽遗蝗定有年。

又《清流关增建关圈并修路碑记》：……一旦抵滁境，朝发珠龙镇，遥见一峰插天，缥缈云际，讯之乃清流之山也。至麓仰观，不知高几许，扳附而上，纡回曲折，经几憩息，始蹑其顶；关势虽屹然雄峙，而颓圮堕落，迥非旧矣。其内则有关圣殿，名贤多所题撰，数武而上，又有包孝肃公祠，一将一相，乃文乃武，展拜之余，令人不胜景仰。伫立间，瞻望金陵，仅仅咫尺，人见长江之险，指为龙蟠虎踞之翼，不知此之削壁要冲，尤天地钟造之一大藩屏，乃徒见树绿山青，了无重门击柝遗意，岂非承平久而玩习致然欤！假令当五代时，已干戈用武地，其气象且不知当如何也。……

自唐失其政，海内分裂，豪杰并起而争，所在为敌国者，何可胜数！及宋受天命，圣人出而四海一。向之凭持险阻，刬削消磨，百年之间，漠然徒见山高而水清。欲问其事，而遗老尽矣

疏　此盖欧阳公感于往事而言，五代之际，唐政不纲，所有各路节度使，均互相矜伐，以资拓地。于是天下大乱，盖篡窃者多，各使均相耀兵，故曰不可胜数也。迨宋太祖出而削平诸国，斩杀芟遗，于是天下定于一。计欧阳公之宦滁，去宋开国，已逾百年，战事早熄，则山高水长，自不能更获其遗迹，即樵夫野老，亦已易代，无可问讯矣。

证 潘光祖诗：山水之间问醉翁，回卿名并庐陵崇。开亭迟我谈时事，坐石依君溯古风。水以清冷尘可濯，山缘深秀望无穷。滁民千载酣丰乐，休养安闲世世同。

文徵明《游琅琊》诗：……人不常闲景难复，……帝迹流为梵王屋，三四年来更不堪，小亭亦圮居城陆，惟余石上文千首，一半崩磨不能读。

今滁介江、淮之间，舟车商贾、四方宾客之所不至，民生不见外事，而安于畎亩衣食，以乐生送死。而孰知上之功德，休养生息，涵煦于百年之深也

疏 滁为僻邑于宋南北行役，则趋运河或大道以行，故滁非必经之所，而为商贾及四方行役之所不至。即以今言之，津浦铁路，虽经滁州，而投足游览者，仍复少数。欧阳公时虽谪宦，而君国之心，无时或忘，故述圣德，以视民间，归美之极，足征其儒行，谪宦而无尤怨之心也。

证 欧阳修诗：造化无情不择物，春色亦到深山中。山桃溪杏少意绪，自趁时节开春风。……

明王守仁诗：……匡时已无术，希圣徒有慕。

明章焕诗：……艰难数五业，拮据何匡襄。念卒滹沱河，乃见淮泗旁。旌旗在眼中，铁马犹嘶扬。风雨栉沐余，帝迹满旧疆。神灵在原庙，千秋奉蒸尝。……

石禄诗：……风流钦往哲，仰止属吾侪。……

王鹤诗：……寻真参佛老，忘世话渔樵。代谢悲今古，遨游彻暮朝。……

诸寅文诗：……绝顶元君殿，荒邱帝子台。祈灵荐兰杜，几度怅莓苔。……

修之来此，乐其地僻而事简，又爱其俗之安闲。既得斯泉于山谷之间，乃日与滁人仰而望山，俯而听泉，掇幽芳而荫乔木，风霜冰雪，

刻露清秀，四时之景无不可爱。

疏　滁人民教淳厚，故俗亦安闲，故欧阳公未守是邦，足与滁人俯仰看山以听泉，而又感于滁邑之无不可爱也。

证　欧阳修诗：红树青山日欲斜，长郊草色绿无涯。游人不管春将老，来往庭前踏落花。

又：……一树绯桃独后发，意若待我留芳菲。清香嫩蕊含不吐，日日怪我来何迟。无情草木不解语，向我有意偏依依。……

又幸其民乐其岁物之丰成，而喜与余游也。因为本其山川，道其风俗之美，使民知所以安此丰年之乐者，幸生无事之时也

疏　此为欧阳公俯仰今昔，而道当时治世之盛。此文前后呼应，先道清流关于战争，呼起下文；迨百年后天下大治，民安物阜，以相衬托。此行文之妙，非特道游者所宜三致意，即行文者亦当细以觇之。

证　冯太昌诗：入春数日始登山，流水鸣禽意自闲。……

詹仰庇诗：十载空岩恋薜萝，幽亭状似故山阿。……

崔尔进诗：……多君六一风流在，郢曲铿锵旷代情。

刘兴秀诗：……百亩稻粱叩帝泽，明时歌舞拜皇醪。……

杨大勋诗：错落庭台压翠屏，欧苏文字共垂青。……

夫宣上恩德，以与民共乐，刺史之事也。遂书以名其亭焉

疏　此为作亭记之所由，亦文家画龙点睛法也。始终抱定宣上恩德之心，此为欧文本恉，至今始点出作结。

证　詹仰庇诗：……飞花落叶俱陈迹，惆怅怀人意若何。

杨大勋诗：……古碣虽残犹有字，苍松欲老已成形。……

游程小志

余之游滁也，尽一日之欢，偕二三知己，可谓穷赏心之乐事者矣。

其游程可以公表，俾来者得奉为圭臬，则山川生色，必有继起者。

余为山水胜地计，为读者休养身心计，勿宜秘而不宣也。

余以八时渡江，（此时虽已有通车轮渡，实非必要）购票为小洋一角，迨既至浦口，则津浦票车之北驶者，已靠站矣。此车于十时许开，故九时渡江，在车休息，尽足从容，且至滁价，头等仅二元余，二三等仅一元许，可谓奇廉。

十一时半，车抵滁站即下车，就月台前觅洋车。此地洋车不多，然亦有四五十辆，足供驰驱。且车站必有车在，易于觅雇也。雇车包定一日，不过一元，多至一元二角，迨既登车，即可直拉至醉翁亭。由城往亭，仅六里，且道路甚好，虽有较窄之处，然车行亦甚平坦。由站到亭，不及一小时，故尽可到亭午餐，无庸在城内，多所逗留也。

既上洋车，行不数十步，而入城之北门，初非闹市也。濒河寻桥，以出西门，西门内有耶稣堂及教会学校，最为雄伟。教会于内地之势力，可为大矣。及一出西门，即为坦途，亦江北省道之一节，故甚广阔。如是者行半里，即有此路碑示醉翁亭路，即趋此道。更二里，至林场，可以小息。盖此为江北之林区，有小山，辟地千亩，植树甚多，且建夏屋，为治事之所。余得熟人介绍，故可往小坐。而小山之半有亭，登高尤可畅观全山，益为胜地，惜未及登临，弥为怅怅矣。

迨由林场，西南而行，沿路当为林地，因沿场尚有铁丝网为栅栏也。更半里，即渐入山，路亦较窄，坡而向上。瞬息间，已入林樾，渐闻水声潺潺，至是同人乃朗诵《醉翁亭记》，以为欧公妙手写生，初无虚语。忆自儿时读此，已逾两纪，今得实践，心且一爽，而儿时就塾之情景，亦于此以一再回漩于脑海，亦佳趣也。

更前双峰益且合抱，小石亦渐荦确，于此中辟一洋车道，尤足引人入胜。时则四山沓合，或起或伏，当前水流成溪，淲淲不息，益见澹雅。于是再行里许，万山中有较为平旷之地，有屋宇翼然，则已抵醉翁亭矣。

亭凭北向南，在山趺下。其地适为平旷之区，前有小溪，架一桥，由桥以达于亭屋。盖宋时仅一亭，后此代有增益，今已屋宇重重。亭仅在院东，不似四面空灵之亭子，而为一三面敞亮之厅事矣。院外为短垣，有一小门楼，楼下“醉翁亭”三字为薛时雨书。门上榜朱纸曰：“太守风清，江左依然迎谢傅；先生来晚，山中久已卧袁安。”进内为一小院，由院而西，为冯公祠，盖明代余姚冯明父先生曾任邑守，后官太仆卿刑曹，出守襄阳。方其任邑时，曾剿巨匪，故滁民德之，为立祠于此也。厅中祀冯公神位，冯公祠东，复过院落，遂至醉翁亭。其地势较高，拾十余级而至平地，已成一厅事，非复亭矣。中额为陈士绶所书，盖同治癸酉，薛时雨重建时所立也。厅中楹联甚多，而瑕瑜互见，不足写存，其前后为一小院落，隔以短墙，墙与醉翁亭大门并行。出墙即非院落，而院中石刻诗文几遍，均嵌壁间，其较佳者为文翔凤、叶向育、杨时乔等。又明天启六年苏茂相一诗，尤为隽雅，云：

为政风流乐最丰，每将公事了庭中。花香鸟语还依旧，太守何人似醉翁。

又万历三年贾光有重修记，万历十三年江惟大有游记，万历十四年沈思孝《解醒阁记》，嘉靖辛酉年罗复怀有《皆春亭记》。冯明父先生德政碑，则为崇祯十三年张懋爵所撰，李绳勋所书，又有大书“酒国长春”四字，其他更不可胜忆。要之《解醒阁记》最巨，凡四石，箝之壁间，而苏诗最敏妙云。

由亭折而西向，为宝宋阁，即置苏书亭记者也。其西为一木栅门，作圆形如月洞，一面题“宝宋阁”三字，一面题“有亭翼然”四字，盖阁与亭通，由斯可往。其内两壁即嵌巨石，为苏书原记，已近漫灭，字之存者，十可二三，且字形多痴肥，必为覆本。元祐党人之役，此因无能幸免，理所至明。至此后是书又有覆刻，则不能得其详矣。

苏书凡四石，置于墙之两面，各二石，皆相倚也。再试谛辨，其第一石，中部已泐，而末行较为完好。第二石泐处亦在中段，然四石中最为完整。第三石在壁阴，所存者但左上角诸字。第四石中段以下，均湮灭无从省读。第四石尾有小字题名曰：□□州卫□□陈□刻石，又一行则为翁覃溪之题名。至四石之旁，复有壁记，东西各一，其一为明弘治中尹梦璧重浚让泉诗，其一则光绪七年薛时雨重建记也。

冯祠南向而西为曲水流觞，其地层叠以下，最下者引之为池。凡九曲，势若明沟，而中有一亭，为桥以通于前院，环庭皆水，水即流觞，可资眺饮者也。亭名“意在亭”，亦有匾额，谓意在山水之间也。

在曲水流觞之南，有古梅亭，以志当日欧阳公植梅于此也。欧梅已不存，后有补植者，亭额为陈麟瑞书。亭外又有断碑，题“花中巢许”，以赏梅花之芳洁，款署“顺治纪元李嵩阳题”。亭外仅数尺地，即缭以短垣。其前则为一月洞门，拾级而下，迎面壁上，嵌刻石，为尹梦璧书之“寒流疏影”四字。又香山王锡魁书之“翠积清香”四字，其外则为影香亭，薛时雨所书额也。其地四面环水，正对群峰，实为全景之最胜，小坐游憩，真可以濯缨静息，拔人于尘俗之表者焉。

古梅亭外，别有览余台，其下为三面空灵之一室，室外有梯，绕级而升，则为平台，高亦仅三十尺耳。台上中心筑一亭，台沿为矮阑，据亭可以眺远。对面即峰峦叠沓，高致可掬，中有额题“枕漱其间”四字。而室外壁间则有冯王诸氏之勒石及冯祠、醉翁亭祭田记。

合醉翁亭全局而言之，占地二三十亩，层台杰阁，耸出其间，已非当日欧公一亭之旧，盖后人踵事增华者多矣。林园之胜，颇不让人，而依山俯流，尤足临赏。其门帖为旧撰者，曰“翁去八百年，醉乡犹在；去山六七里，有亭不孤”，虽属牵强，亦多逸趣。

在亭门外，即一小溪，架以木桥，过桥循溪，行三十步，即溪旁有一泉，谓为让泉。方广约四尺许，俯视尚清，拾级可至；范以石阑，有大书“让泉”二字，为康熙甲子王赐奎所书。泉尚清洌，掬而饮之，初不减于欧公年时之胜概。

在亭址之中，即亭筑楼，题“薛楼”，则薛时雨所自建，以为游宴之所者也。按位置上阜之端，拾级二三十武而上，辟屋三楹，中悬薛像，神采奕然，别有邑人题记，志其兴复之功，流泽广远，亦足思矣。

又薛楼右为怡亭，在短垣外，倚山趺以为小楼，亦拾级数十武，始得上陟，壁泐石记，盖滁人痘医张氏出资所经营者。怡亭旧有其亭，已久废矣。张氏为兴复之，邑人黄谷诒有碑记详其事，嵌之壁间，亭址绝胜，居高临下，俯视古梅亭，正在足底，惟其高也。望对山为益美，葱蒨满目，苍翠可掬，其下复有平屋五椽，以备游客之所憩息。正在怡亭下，亦复松竹交互，至怡亭之后，即登山之径，有石刻题“云路”二字。更上则荆榛塞路，而颇有遗迹可寻，用知前此山头，必更有所建树。勉力以赴，更上百余步，循山一转，果得一碑，仆蔓草中，题“六壬亭”，而亭不之见，遂信余言之必中，而盛衰之感，亦于是以可征矣。

同人在醉翁亭，循览一小时许，即饭于亭中，其冯公正殿，即为治餐之所。盖有庖者，税屋而居，以供馔也。俞君厚我，别自城中致盛设，既醉且饱，始离亭而去。仍坐原车，以赴琅玡山，循道西南，至于山趺，路渐高，而景亦加美，四山松涛之响，入耳清凉，其左一小山，上露笋石，约略如姑苏之万笏朝天也。入山更深，登一岭，循陂以上，岭头有门，为回北门，即用为凉亭。其外向者，篆文作“蔚然深秀”四字，盖摭取欧记原文。所谓琅玡古道，门次有石塔一，不高，未审为何人所建。其门之别一面，则楷书“峰回路转”四字，为琅玡寺僧所书。此间旧有门，寺僧依样葫芦，亦足以发思古之幽情已。

如是更下岭，而峰益回，路益转，迎车以行者山也。一转而别为一境界，更转而更为一境界，如是者至于五六次。至于高处，为车所不能至，则下车，徘徊其间，已深感中途之奇趣。盖琅玡之美，在山道已臻其极，正不必登而眺之也。车止，扶筇以上，亦殊不高，即为寺，寺规模宏大，栋宇翼然，门题“敕建开化律寺”。入门一转，即为大殿，前有头山门，在天王殿左侧，旧有净手泉，殿后为放生池，更进而为二天门、三天门焉。大雄宝殿后为藏经楼，后为五楹，厢楼六楹，高四丈八尺，深二丈六尺，前有月洞门，由之以入，升级，登楼，楼正中为小佛龛，旁为经橱，惜所藏不多耳，此为张敬尧所募建，轮奂犹新。其右侧为念佛楼，通以回廊，亦幽爽可喜。殿畔为灵官殿，建宇五楹，而无梁殿为尤古，面对三天门，相传东晋琅玡王驻跸于此所建，实亦无从深考也。中祀玉皇，古钟一架，为东晋遗物。殿系圆拱式，大致与南京灵谷后者相同；盖旧以造桥之法造屋，而实合于科学之方式者也。

殿后又为地藏殿五楹，观音殿五楹，韦驮殿六楹。观音殿侧，又有库房三楹，大寮十楹，至上客堂三楹，钟板堂九楹，斋堂五楹，均为杰阁，布置楚楚，按之寮房即宋代之四老堂遗趾也。地藏殿侧，有濯缨泉，水甚清洌，泉头活泼，近所建者为明月观。其地按之寺东，昔为妙相堂，古藏金刚塔处，至旧构之已废，而卓然可传者。琴台下有悟经台，碑记尚存，石上松左有拜经台，北宋摩崖，于今不废。清风亭侧，有洗笔台、无梁殿，古有大士阁。正殿外有御书阁，所以藏御藻者。归云洞西有了了堂，无梁殿左有云水堂、地藏殿，东有招隐堂，宦迹烟霞堂，而南天门侧有碧霞元君殿，谓之天后宫焉。

琅玡建置，约具于斯。以言风物，胜者不可数计。纵览遍观，非一日所可了，兹特略举梗概以资导游。爱蜡屐者，可寻图选胜，各任其时之所限，力之所及，以尽其观。

琅玡山后有琅玡洞，阔两室许，深不可测，宋绍圣时即有题名。榜栳山南有桃花洞，琅玡山东有怀仙洞、清风亭，次有归云洞，寺外藏经楼后有雪鸿洞，明万历间宋大斗读《易》之所。龙蟠山北有重熙洞，前为一岩，深广一丈，右入为洞，山上有旷览亭，为景绝胜，惜不易至，游人罕有知之者耳。寺右又有放云洞，丫头山下有熙阳洞，摩陀岭下有秋山洞，凡此均琅玡之名景也。

其尤奇者，福云洞南有石上松，均产在悬崖片石之上，故以名之。而大历井（了了堂侧）、灵芝井（尝产灵芝）、华严井（三天门外）水并甘洌，庶子泉尤称清美。盖唐代李伯卿所发。而李阳冰为之篆记，为世所宝者也。又其侧有濯缨泉，正殿侧有白龙泉，头山门外有净手泉，三天门下有观音泉，摩陀岭下有蒙泉，回马岭东，旧尚有醴泉，今已涸废，而琥珀、抱朴二泉，琅玡溪水，亦久为游客所称道，游者大可徐行觅源，以谋胜赏也。

开化寺外，琅琊尚有龙蟠寺，古名寿圣寺，规模与开化相仿，明萧崇业、宋濂均有游记。山门外即灵芝井，水源滮滮，惜今寺又荒废，游者亦不往寻矣。又虎距寺亦久废，而寺在山巅，登斯亭者，可于南滁山水之胜，一览无余。其峰次有东西二洞，深不见底，亦无人敢往探之。而重熙洞亦在山趺，山后三里许有龙华寺，占地亦佳。山西三里许，有复兴庵、摩陀洞在其东。更前则为清流关，可以北通凤阳，旧有关山寺，又相去无几，有岳庙、准提庵、泗州庙、砚山寺、二琅山、祈福寺，诸寺以准提、祈福、砚山为较宏伟，砚山之制尤复近古。

琅琊诸亭，各极其妙。就以看山，逸兴遄飞，目不暇接。约略举之，无梁殿侧有清风亭，濯缨泉侧有三友亭，泉上有翠微亭，悟经台侧有洗心亭，山路回北门则有自卑亭，偃月洞左有德云亭，归云洞前有望日亭，山左尖有东峰亭，天后宫外有合峰亭，雪鸿洞上有梅亭，至已废者若春亭、揽秀亭、瑞鹿亭、晓光亭、茶仙亭、寂乐亭、班春亭、日观亭、望月亭，为数尤夥。今兹摩挲断瓦，物色其遗址，而为之兴复，则游者二三子所祷企以求之者矣。

登山之路，愈深愈幽，愈密愈茂，藏经楼左侧有云路，以达无梁殿者，疏林掩映，行来如入画图，又由石上松至琴台之石屏路，由以下俯，超尘入定，顿觉豁然开朗，如禅门之拈花，便尔大悟也。又摩陀岭路，为明代所建，均整石所铺，坦坦荡荡，支杖其间，随峰引水，亦所谓极人间清娱之乐者已。

山中有池，池水均极清，法华池在净手泉侧，白龙池在三天门下，明月池即在正殿前，放生池在头天门后，统军池在头天门东，大致如此。而僧塔亦错落山次，归云洞西有广照塔，其侧有千佛塔，头天门东有舍利塔，至日观亭之晓光塔，则已废，而最近者为清道光时之皓清塔。

开化寺正殿后有石刻吴道子画观音像，不知何以存于此间，又大殿后有金刚塔碑，则优婆居士所业建以资福利者也。琅琊之美，至不胜收，即上所举者，但其山水之名，建置之事，而其光景，则非笔翰所能尽道；古人游记，何啻百十，以余亲往一游，而知欧公一文外，初无能尽其胜概者。盖滁山固高，而殊不峻，有南方名秀之气，而又略得北方之雄风，不似三吴，全以柔媚致胜。琅玡寺地位既佳，而其赴之也，必绕林樾，绝山涧，路以峰转，桥寻水渡，非一览无余者可比。小而言之，似人家之园林，大而言之，如五岳之分岐。赏心极目，莫或逾斯，且也欧公之文，苏公之书，光耀千古，童而习之，故梦重温，其尤足以使人潜然回想，有不能已于言之情绪，想来游者亦同具斯感，无疑义也。

滁人风俗厚善，欧公之守滁，为二亭记，已详其情事；乃者历久不昧，滁人之厚愿，犹夫千百年之前也。其地所产，以菊名，为入药圣之品，亦分二种，其佳者供服饵，次者为枕函耳，来游是土者，辄购致以归，外此鱼亦肥美，惜无从携之而归。余之游琅玡也，既得溪水之甘、蔌肴之美，乃俞君更以菊花惠赠，发里流馨，令人住郦泉之想，斯则厚我者为何如，固不能不于此并致其谢忱也。抑俞君有言，凡友好之游滁者，咸愿为前路之导，其表扬胜迹，开怀桑梓，更非常人所可及，合为志之。

琅玡之游既遍，亦一赏香积所储，已逾三时，即下山，寺僧送至门次，仍以原车，就原路回，风景佳，则不嫌其重游也。更过醉翁亭门外，为之依恋者不已。此后率遵故道，至将见滁邑南门之左，别有间道，在阡亩间，可通丰乐亭，则转折以行，亭距南门四里，半山半田，车行历碌，忽而绕山，忽而循流，忽又行田间，山后多墓址，累累荒冢，如入北邙，入山愈深，道亦愈窄，至两山间，有一泉，石阑榜“紫薇泉”三字，亦北宋旧迹，见于志乘，为欧公所深赏者。就泉次以登山，下车拾级，行百余武，见败屋，则丰乐亭已赫然在望。门榜三字，亦薛时雨所书，入门为一散厅，有碑亭，外刻文翔凤一诗于石，中为明嘉靖六年陈侯德政碑，未暇深按其事，更进则为一厅，两端可通内外院，而两旁附壁所在，则置欧公记石，围以木栅，颇似珍护，原石已泐，此盖重镌者，而亦已翠墨斑蚀，不可卒读。末题重刻小字一行，而其后一方，背刻吴道子《观音像》，谓是神物，久在此间者，碑记之外，嵌之壁间者，有《让泉图》记十二方，一画一诗，错落相间，为尹梦壁与文翔凤所作；更进为院落，又为一厅事，院落四周，多旧石刻，其著者如万历庚申周汝登《赠滁州别驾卢君》诗，王世贞《陈体乾太仆邀饮醉翁亭》诗，崇祯戊辰崔尔进《过滁阳崔老先生招饮》诗，又乾隆、道光、光绪各重修碑记，厅事中悬横额"涵古有年"四字，未易尽其义也。逾越厅事，为一四合房，两旁位置管亭厮役，堆积农具，颇嫌凌杂，其傍厅诸壁，亦刻明清人诗篇，中堂悬巨额，曰"保丰堂"，额下为神龛，制作颇佳，惜亦灰没尘封，蛛丝作网矣。中祀神位，谛而视之，妙不可言，盖附神道、名儒、名宦于一龛者矣，正中为轩辕大帝位，次则欧阳公，更次滁州知州周德梁，更次滁州太守廖琴舟，前有香案，亦久无掬瓣香者，厅外即垣，无他景物，以与醉翁亭阁之胜，庶不可同日而语，然简古纯朴之风，山水清寂之区，得此而为之点缀，幽情思古，亦正足供世外人之徘徊欣赏者焉。游览既遍，遂遵故道，以入城而至车站，甫五时一刻耳。

津浦复有票车由滁于六时开浦口，是时同人集车站候车至，及抵浦口，仅复七时，呼船渡江，饭于下关，入城不及九时，穷此一日之欢，追情千载以上，其乐真匪可言喻。持以语人，亦莫不欣欣有喜色，欲相追赏，故摭其事，以告爱旅游者，逗留金陵，曷不尽一日之力，耗五元之资，为此胜游耶！企以俟之。

（《旅行杂志》1934 年第 8 卷第 6 期）

金山游记

“千古江山，英雄无觅，孙仲谋处。”回读稼轩此词，勃然生色，溢于行间，即心仪北固、金山之风物，欲往穷览。荏苒岁年，未尽余暑，魂梦兼萦，昨始成约，一酾山灵，为述游踪，来导夫先路，容亦不可以已耶。

自沪达镇，舟车兼便，长江航行，三公司船，间日有之，然终不如火车之日可数通，尤似便给。自沪发轫，约六小时许抵镇，下车得人力车，即可投宿逆旅，其濒江者曰“大观楼”，转折可达者曰“万全”，虽不尽整洁，要谋旦夕之一椽足矣。

金山寺相去数里之遥，以轿以车，均可直达。盖琳宫闳丽，实囊括及于全门，俗所谓“金山寺里山，焦山山里寺”者也。前此金山，在镇江府城西北扬子江中，既而涨沙相连，遂至附郭，其可游之处，虽古趣斑然，然殊不整洁，徒令人有凭吊之感，约略述之。

妙高峰为山之最高处，可望焦山海门，历历在目，一称金鳌峰。龙井在山西麓，亦称中泠。龙洞在金鳌岭下，俗称蟒洞。头陀岩在山西北，白衣洞在山北七峰阁下，飞云洞在山西慈寿塔下。日照岩即朝阳洞壁，朝阳洞即日照岩下，珠洞一称龙洞，在朝阳洞左，妙空岩在朝阳洞右，金玉岩即山东石壁，照耀特目。盘陀石在善财石旁，善财石在金山东水中，信矶在善财石右。石牌山一名巧石，在金山西水中，笔架峰在石牌山前，龙眼石在石牌山西，今不存矣。龙池在山西北，龙门在山西北笔架峰后，石牌山前，中泠在石牌山东，大致如此。

金山寺旧名江天寺，大殿之前，先有天王殿，大殿之后，复有毗卢阁。其后面东者为祖师殿，一名西方殿，而伽蓝、文殊，又各有专殿。伽蓝殿后为妙高台，一称晒经台，其右即为司禄阁，今称半山厅，又有观音殿、夕照亭诸胜。

金山塔即慈寿塔，在山巅之北，旧有二塔，宋时废其一，既又俱废，至明始复建其一，即今所在。塔次旧有吞海亭、空碧亭、留云亭，乾隆御书"江天一览"四字，或云高江村书于蒙中以进，泐巨石亭中者，即留云也。财神殿继又改为灵观阁，而三官、真武、关神勇诸殿阁，或存或废。至水陆堂于殿后为建筑最雄胜者，梁宝志禅师，常建醮于此，明僧又募吴明珽绘六十五宝轴以裹之。此外万寿阁、龙五庙、饶益楼、瓜步江神祠、第一泉亭，均饶有胜致，顾洪羊以后，历劫几磨，兴复之后，势亦难与曩者媲美，读《扬溥重修工程》一记，足以觇之，兼资考古，为特附存。

金山江天寺楼阁，宏丽为长江第一名胜，咸丰癸丑，毁于兵，十余年未能修复。同治丙寅，湘乡、合肥两爵相（曾国藩、李鸿章）后先筹议，因淮商之请，按引捐资，为兴复旧观之举，迄今戊辰春，积有成数，方议估计兴作，适观察世香薛公来督瓜栈，大府属总其成。（中略）于是陟其巅，芟其芜，积之邱如，捐之浏如，鸠工庀材，考极相方，先就山之西面，大启楼观，栋宇前后，一切形制，悉备故趾。间有因时增损，大殿前拜台卑隘，旧甃以砖，兹为加高三尺，易以石，增其式廊，足壮观瞻。自山门棹楔，至后山碑亭，高下七级，殿宇楼阁，回廊曲榭，沿江僚垣，石峰壮固，悉复前规，共糜银二万九千七百两有奇，土木轨砖丹漆金粉各材物居十之六。（中略）经始于同治八年五月，落成于十年六月。（下略）

游金山者，必欲尝中泠泉，以为天下善水，顾求之而能得者渺矣。今兹之中泠泉，范石为阑，蓄水如潴，不可向迩。土人或以是供客，不能饮也，或汲便河中之水，或以为在扬子江心，必沉桶江底，然后得之，亦均几希而忽焉。同治间薛书常至，始谛辩之，迹得其渊源，然今又不可遽矣。必薛时问寺僧以中泠，寺僧莫对，一沙弥告以石牌山段南，尚有泉在，因往迹之，遂见大小错落，如屋如席，高出水面者，或数寸。沙弥又言每子午时，泉且更溢，因试烹之，甘洌异常，重于江水者一钱，又取巨瓯相试，则投制钱八十，水尚不溢，易以江水，不三十而溢，因以此为中泠，然间者试往搜求，又成陈迹，为之怃然。

金山藏东坡玉带，以镇山门，为佛印得来者，播之艺菀传为美谈。今在大殿右，因有玉鉴堂，中以供养玉带者，至带置巨盒，光泽逾恒，然旧玉已零落，寺僧别以新玉为配，盒端刻前人题跋殆遍。

金山存周鼎，久为游者所乐于摩挲，现置偏殿，间有拓本，可向寺僧得之。鼎准工部尺径一尺四寸半，腹深九寸八分，饱处周四尺七寸，口周四尺一寸七分，足外长七寸，内长五寸七分，边飞外者厚九分，照鼎下厚三分半，是鼎身亦厚三分，古色班烂，殊瑰宝也。

新建之大彻堂，即古晓堂，在韦驮殿后，而观澜、永思两堂，又翼然足增古趣。盖游金山者，自殿后迂回以至塔顶，左降旋为今之法海洞，右降旋而至大彻堂，气象别新，葱蒨一碧，且低瞰山门，殿脊列列，琳宫琅宇，为增奇丽。

由金山以至中泠，出山门，缓步徐行，过便河桥东向，行夹树中，疏密有致，侧望金山，离雀突峙，云霭盎然，盖虽跨便河，而实复在江天一寺范围之内。今于中以石阑筑泉，凭临为便殿，上祀前镇江知府王殿撰可庄先生，盖当时循吏，故邑人留为甘棠之思，然亦冷烟残蝎，阒然无闻。其嗣人近又以陈伯潜所书樊樊山之碑记泐石，惟尚未刊壁，倚廊循诵，全词茂美，书法劲媚，真石华矣。

郭璞之墓，向在金山，今已沦入扬子，不甚可考矣，就王叔承游记，尚得考其厓略。王文于游金山，能盗穷意外之致，物内之情，特掇存之。

（上略）自京口渡江而西，数里及山，由修廓左折入寺。廊壁嵌古今碑题数十百，虚敞临江，寺中观中泠泉亭，而井之水，经品为天下第一云。又左右三四折数百步，至吞海亭，又上盼留云亭，亭立绝顶，所谓妙高峰也。东顾海门，南继吴越，上游北襟淮扬，长江自岷夔湘蠡，涌天西来，下山足，两岸商舟万计，樯立如林，江山奇胜，飘然神爽。下峰而南至江天阁，悬空俯江，大可憩望，辄倚阑觞咏。可二时许，见月出江上，辄徙酌寺门，面石牌山地饮，山即郭璞墓，酾酒吊之，则暮潮与明月，作白如大云垂天，江寒逼人，不知为夏。又渔舟明灭波际，如画工写意家，素缣飞洒水墨也。山有日照岩、头陀岩、朝阳洞、龙池，会暮夜不及游。水有善财石，亦曰鹘山，外状证之，盖两肖也，月下扪张清河诗碑，指识其字，识者谓张后无诗，或又诵杜少陵"吴楚东南圻，乾坤日夜浮"之句云。

金山于象教旧为禅宗，然戒律甚深，故大江以南，持诵功德者，多往就之。其各堂供张，兹皆优美，用是擅越日众，布施者不可胜计，历年并有指田者，富甲一邑。其长老颇以梵呗树净业，为远近所争礼。盖自晋宝志禅师以还，由青原而临济，宗风弈叶，足以永之。

翼日游北固，北固在金山之东，水陆均可遵道，或即赁小红船往，半日价仅三四元，可容六七人，优游江心，至以为乐。水程解缆，拾级以登，循陂至寺门，长廊迤逦，引而径上，颇似颐和园排云殿之两廊，特建置芜劣，不足匹俪。廊端石刻盈丈，巨书曰"第一江山"，光棱势饱，奕然有生气。于廊端门次，外转即乱陂，上有赤乌三年建铁塔，塔原七级，已存者三，且倾欹矣，游人到此，都小息摩挲。于塔前别辟羊肠小径，可至武圣庙，庙不大，特径曲陂陁，一望田畴绿野，循江阡亩，为畅观耳。仍循廊上，至于正屋，已极荒凉，而杰阁峥嵘，尚存伟略。曩之殿宇，既改为长江水师祠，出诸曾、彭诸将，今并此亦废，但有榛棘盈庭，然迤逦而南，尚于山头辟小园，叠石莳花，以亭当之，颇多逸趣。殿庑相循，背有夹室，今则售茶，啬夫村客，相继来就，摭拾荒唐。更循之后园，则正凭江佳处，今亦建亭榭，蛴蛸亦遍，有小楼叠室，则新制者，亦垂废矣。旷瞻大江，雄丽罕俦，焦山山影，浮沉天半，瓜洲星火，约略相望，而凌岸之致，庶几骞峰，以视金陵鸡鸣寺上豁蒙楼，间有似处，然一则但望后湖雉堞，以视此之挹江饮醁者，真不可同日以语之矣。

（《旅行杂志》1929 年第 3 卷第 3 期）

焦山记游

曩记金山游事，越宿遂渡焦山，兼揽众胜，客于万全楼。迤逦行半里许，即抵江岸，随时有红船可雇，价亦不昂，日计不过数元。集客较多，并可向轮船公司，赁一火轮，以日计，约三十元，则益不患跋涉之劳矣。江行以半小时可达，红船则橹摇衡诸人力，期以一小时也。

焦山庙宇，以定慧为最宏丽，梵舍亦精，特不尽面江，至此外碧山庵等，均面江辟楼，可以休憩。游人都于其地治午餐，但有蔬食，盖焦山无菜市，匆促不及治殽核。若先于镇江饭馆，约庖人携菜，同舟前往，则随地皆可治餐，亦不必茹素，惟定慧戒律严，则所不许，此外诸庵，本供游人行旅信宿，便利多矣。

焦山在镇江府城东北，大江中与金山对峙，汉处士焦光，隐居于此，因以得名，前于汉则名谯山也。其胜处都在峰峦，其东段二峰为尤胜，故称双峰，高四十七丈，全山周三里半，双峰之背，则有别峰，下有善财石，山巅盘礴处，则为焦仙岭，双峰之南又为狮子岩，或云即前人所记之海云岩。又有烧丹井，即东冷泉，亦即焦光遗迹，今没于江，不可考矣。山西有心经石，西南有浮玉岩，与石屏相对，其下又为虾蟆石，而石屏下复有醉石，山麓又有铜鼓石，山之西南半麓又有三诏洞，相传为焦光隐处，以三诏不起，用得此名。曩有祈梦者，辄往就之，今寺僧已以处士像，移之焦公祠，别立石像于洞中为祀。洞上有翠微石，洞下有音石，盖空穴来风，激之辄成异声，洞左有栈道岩，可遥睇，无由攀登矣。山之西畔，有观音岩，一称观音崖，崖侧为钻舟洞，久废，岩右又有罗汉岩，岩右又为瘗鹤岩，即刻瘗鹤铭处，其铭奔坠之地，在山西南江中，则为霹雳石，又名雷轰石。而其东北则为系缆石，石侧为钓鱼台石。岩下旧为石室，今无由迹之。山西北隅为碧桃湾，人迹罕至。东北为青玉坞，今筑路通于后山。又有善财石、角觝石，以形得名。双峰阁西崖穴侧为独卧岩，其东涨沙上生苇柳者曰"柳淤"，至山之余支分涉江中者，为松寥山，山水名字，历历可数者，几尽备矣。

焦山建置，其最宏胜者，在昔莫如行宫。倚参天之峭壁，俯万里之长江，枕后山曰"狮子岩"，外罗京口诸峰，象山适当其前，左圌山而右北固，雄秀独绝。其地旧为宋之海云堂，宋人尝泐书"天开胜境"，盖即今香林庵，后惟日久已失修就圮，游者感于翠华之临莅，亦辄为怃然。今之建置，则以定慧寺为最，盖古名普济寺，创自东汉，屡传奕叶，至康熙间始诏赐今名。山门在寺前，亦奇伟，天王殿前则有人胜坊，其阴刻"汉隐士焦先生三诏坊"九字，天王殿次为御碑亭，进为大雄宝殿，而祖师殿、藏经阁均鳞比翼次。阁前又有晒经台、御书楼、方丈华严楼、海云楼等，方丈内则为石肯堂、浮玉山房（今改为藏书楼，下为仰止轩）诸胜。

定慧寺右仰止轩前有焦公祠，祀焦光。天王殿西为海西庵，旧名"汉隐庵"，亦晚近梁节庵先生读书处，盖曩之潮音阁旧址也，祠右有御书瘗鹤铭亭。

关神勇殿即旧集凤台址，在观音崖侧，其地旧有观音阁，亦久废矣。镇寺塔为元时捐建，今亦但存废址，海云堂在大雄殿左，旧址亦废。

玉峰庵、友竹庵、碧山庵、海云庵均在山之东麓，濒江小构，阑影帘波，与潮声树籁，相通款曲，今之来游者，以为最胜，辄复流连。其东又为文昌阁，则垂败矣。

海云庵内有水陆阁、宝墨亭、石壁庵，庵内又有宛在堂、秋屏阁、香林庵诸胜。华严阁右为三官殿，自然庵在真武殿右，黄叶楼在自然庵北，松寥阁在自然庵西，亦多雅趣，浭阳尚书端陶斋曩尝居此，今几榻犹存，寺僧每一道及，犹为欷念。其室中并立小铜像一，旁即照片，影里残痕，仿佛可认。

松寥阁西为东庵，又水晶庵，即旧之一笑、双桂二轩也。内有晓青堂、月波楼诸胜，今亦芜秽。海若庵、木犀轩、留声阁、月波台均为焦山胜处，而杨忠愍公仰止轩，旧在水晶庵久废者，阮文达公芸台亦为移置汉隐庵，还石山房则在海西庵西。海西庵为文达创《江苏诗征》处，因有诗征阁，焦公祠内，则有焦山书藏，松寥阁前复有饮江楼，定慧寺东为印心石屋，焦公祠右为佛香楼、枕江阁，东峰顶又有吸江楼。综兹诸构，棋布星罗，或在江滨，或登麓顶，萦纡苍趣，均足供游览者蜡屐循思，流连忘返者也。

焦山藏器有周鼎一，鼎大逾斗，古色陆离。鼎内有铭，高一尺三寸二分，足六寸一分，腹径一尺五寸八分，深八寸二分，口径一尺四寸五分，耳高三寸，阔四寸二分，文计九十三字，凡十行，纵广四寸三分，九字者六行，十字者四行，蚀其一。自明徐渤清、顾炎武、程燧、汪琬等均有考释，翁方纲、王昶诸金石记载，订证尤详审。其拓片今可购致，殊不为昂，游人摩挲三代以上之重器，多怀袭拓本以归者。

定陶鼎为西汉物，以汉尺计之，高七寸三分，身高四寸二分，盖高一寸六分，盖上三环，各高一寸二分，两耳高二寸二分，三足各高二寸，铜质，五色斑驳，腹有棱纯素。盖上有隶书十五字，小字四，器书铭大字十七，小字十六，识其容重，学者于此，可考汉量。

铜鼓一高二尺，径三尺，今藏方丈，盖道光间延州张井所捐，盖伏波鼓，多出粤西者，无款识，今在两粤，时易得见，然幸致之，于值昂矣。

此外铁炉、铜钟、铜磬、铁瓶，多明时制器。

《瘗鹤铭》为焦山藏志，传诵最著者，旧有宋释如玉辨证、明大石山人顾元庆考二书，清山阳张弨文、长沙陈鹏年、长沙汪士鋐，又历为订证，或以为王羲之书，或以为陶宏景书，或以为唐王瓒、顾况书，至今聚讼，迄莫能定。原石即陈鹏年出之江中者，今在定慧寺大殿左壁，特建一亭，锲之壁间，用资垂宝。其原铭怪石崚嶒，大于半间屋，其间砥平，四方如席，字累累成行，纵横正等。现存之石，凡七十七字，又不全者九字，其无字处以空石补之，至其衍绪考证，见诸题咏，则自有宋以来，咸诧为瑰宝，见专集考订者屡屡矣。

焦山古来毡椎题字者殊多，苔痕壁藓间，往往见擘窠巨迹，溯而志之，不尽可详，沧桑屡易，亦不尽可考，约举数则，为好古者道之：重刻泰山二十九字残石，重刻东海庙碑残字，唐石佛座刻，宋理宗御书罗汉岩，宋苏洞、陈朴、刘龟年、米芾、陆务观等题名，宋经幢庵记诸石墨，明人题名尤夥，要多在浮玉岩，重刻兰亭禊帖等，清则程康庄、吴伟业、高士奇、笪重光、梁同书等游诗题跋，阮元、洪亮吉、刘墉等文记，及钩刻宋贤苏轼以次诸跋，均三希妙选。游人于寺中可购拓片全份，以资摩挲，藏过半矣。

焦山之胜，浮玉苍翠，点缀江中，近而即之，披榛得路，旧游可数，吹梦人间，举为往者道，亦为未往者强作解人耳。自然庵对象山，山影承席，江风拂衣，最为胜处。其东松寥山房，复为松寥阁，曲榭旁达，疏寮相通，澄寂之趣，尤足引人。定慧寺则虹栋高申，烟房互出，门次濒江旷地，尤擅雄胜，游者于此取道，夕阳欲没，明霞在空，回光倒影，江流杂沓，孤帆容与，老鱼江豚，相与跳浪，极浩渺于千顷，尤复峭怆，令人低徊欲绝，若假禅房，为竟夕之勾留。（按，自然庵、松寥阁、碧山庵等，均可留宿，但须自安衾枕而已。）则天水尽白，云烟不兴，一笛呼秋，凉如雨泻；半江皱月，静有风生，人语潮声，互相呼应；酒醺未释，渔火星明，高阁夜阑，松涛一枕，非复人间世矣。

由焦公祠而西，曲磴盘旋，危崖斗耸，旁生石楠芳芷之属，亏蔽大江，清翠叠接，似若藩墉，令人忘其险峻。至三诏洞，则在半崖间，再上为雷轰石，即往时瘗鹤铭所在，倾崖临虚，流湍奔激，履舄之下，直走涛音。再循碧桃湾以上，路益窄，山益峻，迂回盘曲，更数折而至别峰庵，翠嶂横穿，丹梯直透，巧合无缝，云开有声，与老僧索一瓯清茗，虚烟在榻，下瞰江心，离绝千尺，凉气飘泊，浮生若波，再上为焦仙岭。

焦仙岭岧峣表峻，远势毕奴，左峙圌山，右倚北固，扬州之塔，瓜洲之楼，人烟冥浮，草树澄映，风鸢水鸟，矫翅而游。上有一亭，由亭而下，取道从西南行，石级鳞差，登降夷衍，杂花被径，多不知名。经观音岩，岩上有阁，藤蒲有契，钟磬时闻，慈云幢幡，修竹历落，可捐烦浊，信涉清凉矣。

赋焦山诗者，自梁以还，实繁其徒，唐李宋苏，尤为巨擘，兹写记明王世贞两绝句，为游子发其芳绪，亦真能穷焦山之妙者也。

春风鼓柁大江行，烟树中流鹫岭明。西望山川雄割据，东来天地定纵横。鹤巢应识华亭路，龙卧殊深处士情。我欲醉眠江上石，好令双耳洗涛声。

一上春山眼自醒，海门东望去冥冥。断鳌谁为分三足，驱石犹疑到五丁。隔坞花深侵夜白，高城柳暗带江青。相看尚有风波色，何日沧洲是客星。

（《旅行杂志》1929 年第 3 卷第 5 期）

北游心眼

余性好漫游，具兼济胜，春秋伏腊，闲得暇晷，即引筇他去，膏肓泉石，不自审其痼疾也。乍浮海北溯，越齐鲁以之于燕市，辙迹所经，均为小驻，虽比者烽堠不息，驲递多废，然以日计程，若不中闲，由沪至北京，径行者亦三日可达，未为地迥，而北国民习淳至，山川伟丽，亦有足观者焉。

三日行程，可得言也。第一日由沪买棹赴青岛，越宿可达，即以翌夕乘胶济车，则第三日晨间已至济南，即时换津浦特快，即晚十时至前门车站，为抵京矣。如是宵旰戒途，应致意者二事：一勿多携行李，盖行李税繁，役力不便；二换车于济南，为时不过二十分钟，宜屏当勿延，延则一日之期，付诸虚掷，行人旅客，不可不察也。

由沪至青，以日船大连公司之三舰为佳，而大连丸尤胜，次榊丸，次天津丸。票价亦少有等差，大连丸设备最华，舱位最适，其一端上为客座，下为食堂，布置精绝，不令人有海国之感。巨梯上下，中有海道测程器，上绘地图，中则航线，线上有木制小舟，随时移动，即知本船所在地点，旁列计里表，已行若干，尚差若干，一览可知，其特制也。向例于晨间八点离沪，行二十八小时，至次日正午，已达青岛。惟天津丸速率较缓，或因雾阻，或因戒严，间越二宿，客已烦言啧啧矣。

船发上海，一出三夹水，片帆无际，心目均旷，洋面如漆黄色，入夜间遇有浪，顾不如南洋之巨。迨将抵胶州湾，水色已绿，碧漪浅浪，畅人胸襟。而两山翼然，灯塔遥峙，于雄壮之中，别饶英气，正如簪花美眷，笑拂吴钩，若梦浮命。得此旷景，殊足神往，颇冀尘嚣中人，来此共相祓拭耳。

舟止胶澳，略有检查。吾侪无干大计之人，初亦不格于功令。而船将傍埠，即有旅肆应客者来，日人之大和馆，及青岛大饭店，事客尤周。行旅仅须检交箱笼若干件，其人即出印就之纸条，系诸镊背，百不失一，行者即可无所戒顾，径以单车投止。通行者洋车汽车，汽车视上海为廉，北京为昂。约十分钟即抵青岛大饭店，适面巨海，遥矗孤岛，上植灯塔，濒岸均巨石礁屿，浪花冲激，溅沫如龙涎，汹涌之状，尤供酣适。大饭店濒海旅舍，分两种，其一室十二元，其一室八元，均备汤湢，设暖气管，西人携妇稚以习静者，比屋而居，饭店建筑，略似汉口之德明也。

青岛街市整洁，论者谓我国收回之后，已逊前兹，然以余臆测，尚不得谓之颓败。全市位于岛上，山脉崎岖，街衢从而高下，然波度甚佳，殊无危险之弊。或有上下过甚者，则别于街心设巨梯以导之，人行至便，御车则须迂行矣。

青岛本地，可供游览者，公园、海水浴场、旧炮台、海滨。公园植樱花至茂，然非其时，即不足观；蓄异兽，亦多狺狺于铁网中。若以汽车至劳山者，道上可一小时，峰回路转，庶尽游览之能事。汽车止于柳树台，下有爬山虎可升，上山别有汽车道，然但宜于小车，今肆中所未备也。迨抵柳树台，则夹山环道，均巨柏高柳，青葱可爱，间有德国人之建筑，已经颓废，仅剩败垣。又有客肆，德人曩用为避暑之资，今但供人茗座，屋亦失修矣。

劳山者，面海而立，所谓胜景及上清三宫，均倚峰面海，如小李将军之图画，金碧仙山。故以车至柳树台，犹不及望见，若以舆往，（爬山虎）经日可达，故蓄意谒瑶阶者，当以小舟，自濒岸驶至劳山山脚。然行人又苦于赁舟破浪，去者不多，间至柳树台，即以自慰，亦犹登匡庐者，正面在建康，而游人就间道，自莲花峰登牯岭，亦未足即尽匡庐之胜，必欲致之，当更陟五老峰、白鹿书院等处耳。

勾留青岛，有一日为已足。饮馔之地，山东馆素享盛誉，闹市排列,不必求其座位之宽雅也。西餐以德人治庖为佳,而青岛牛肉,尤甘丽,其最佳者曰 Flossel 福禄塞,餐费每人一元五角至二元。簋碟不多,珍弥可口。至于 Madarin 者,布置悉仿殿阙,藻绘山棁,设座售江南点心及酒饭亦佳,特少昂耳。

由青而济,火车每日晨夜两班,夜车为特别快,乘之一宿即抵济南。并有卧铺,卧车仿日本制,大室上下,各容八人,日设椅案,夜即治寝,衾枕均整洁,以绿幔为床帏。自大饭店至车站,徒行不过十分钟,以九点半发轫,次晨六时,即至济站。途中所过,山谷溪流,并臻其胜,月明遥夜,足抒幽致,更穷心赏,为乐不翅矣。

济南名胜,若大明湖鹊华山,半日勾留,未为不美,而趵突泉则闹市中,百戏杂陈,殊厌嚣喧。大明湖在城隅,半为芦荡,舟行之途至窄,尚为近日所力辟者。以洋车至湖头,即有小艇俟赁,半日约值一元。浮瓜沉李,先至铁公祠、曾南丰祠,老树槎枒,古墙掩抑,极牢落之思致。继至北极阁,崇阶古殿,旷观及于鹊华。再至王渔洋秋柳园旧址,残照西风,萧然可念。有图书馆者,亦曩日园林所改建,治泉叠石,结构尚佳,然以方之吴中拙政云林,瞠乎后矣。

济南车站之侧,即铁路饭店,可容寐帏,其次津浦宾馆,夏屋渠渠,而不免弦管。其至静者为德人所经营之石泰岩,Stein 路视宾馆为更近,衾枕一为西式。九时后即无杂客,并有汤匾供沐浴。西菜为德人监制,殊肴佳,就食者至众,不仅旅客也。此肆比邻百武,更一日金之金水馆,亦不恶,特肴核较逊。

济南至北京之通车,即前此所驰名之蓝钢车 Blue Express 也。因战事之故,所余已无多辆,然尚足敷一二次之驶行,已为不易。内容于整洁上,勉求注意,严冬亦幸维持固有之暖气管。时间者亦以此次特快为最注意,除格于偶然发生之问题外,相差尚不过久,晨间九时发轫,夜七时抵津,十一时原车至京。途中所过德州、沧州等处,乡落阡亩,井井可观。将抵天津,一过西站,旅舍接客,亦蜂涌而至,其最著者,西人所设若利顺德 Astor House、皇宫 Palace,华人所设者国民饭店、熙来饭店、息游别墅，均其巨擘。西人所设者，利顺德为尤昂，然国人或不耐习静，则国民饭店，位置法界，颇足投止，微厌其嚣，息游、熙来为并佳。至日人所设，则大和馆为最擅盛名焉。

津沽为北方商业之口岸，租界颇类于上海、汉口，特规模较小耳。游息之处，舍歌台舞榭，多在跳舞场，因天津人士，于跳舞之热诚，甚为踊跃，各客肆多附设舞场。茶肆若最驰名之基士林 Kisslin 及正昌等，亦均有之。此外电影园亦发达，座客常满。浴池布置，亦较江南为胜，青园华在法界，高楼三层，电梯碌碌，驰盛誉焉。饭庄新式者为大华、福禄寿、福禄林、松亭；老式者若松行楼，在三不管附近，莲记在法界，均堪臻上选。特园林舍各租界之公园，华界但一李公祠，亦一览可以尽其胜耳。

由津入京，火车可三小时许，一抵东车站，即在正阳楼下。驱车入都，气象为之顿异，盖历史上数百年文物所集中，毕竟自有其气度在也。京师游览之处，多不胜述，有属于宫殿，有属于野行，有属于游宴，浩如烟海，姑约述之。

清宫自开放以来，每星期三、六、日得售券游览，而别之为东、中、西三路，适供一周之需。神武门前，巨额书“故宫博物院”五字，令人有荆驼之想。售票时间，自下午一时至四时半。匆匆一顾，宜费二时，各宫宇无不开放，特内室闭门，但于窗棂前得穷起居之胜。曩日心理，以为天家禁地，乃以平民得肆情观览，是至幸事，而世变不常，劫火堪虞，有闻风兴起者，添冀其早日往一行也。

三殿及文华、武英，均可供半日之游览，票价各异，并购约人需三元。文华、武英，一陈书画，一陈古玩，穷极工丽，不愧数百年来庋藏。三殿广庭石陛，气宇绝宽，特殿庭光线不充，御座犹存，范绳为界，四周以巨橱陈列诸品，如入骨董肆中。而自东华门至三殿，辇道如砥，覆以绿阴，红墙染院，弥殷古怀。拾石级，登广陛，望眼所穷，琉璃壁瓦，亦自有足资矜赏者。保和殿旁，更有土耳其式浴池一屋，即当年回部香妃赐浴之所，仅于星期日开放，亦可游耳。

禁城南面，即天安门，现不通行，门楼即历史博物馆，所藏多矢碑志档案多等，具足为鉴古之需，惟时时有整理等事，停止售票。其西即中央公园，为旧社稷坛。开放以来，游人如织。古柏参天，比列井井，牡丹丁香，并为茂林，坛前五色土，隐约可辨，环以长廊，附以廛肆，无叫嚣之习，适休沐之余。京师人士，或早或晚，鲜不至者，允为盛集矣。

中央公园以西通于南海，即新华门。行人于门前望见巨墙，难穷其胜，而墙后即瀛台，环水中立，雅适自然，循导以行，院落重叠，均为治事之需，未易轻入。南海之北，为中海，巨浸柳堤，颇多点缀，于今亦未公开。更北即金鳌玉栋，巨桥以北为北海，诸胜景所集，而现为公园，游者不亚于中央。入门即团城，中奉玉佛，城次即天桥。（天桥牌香烟标本所由出）逾桥至白塔下，白塔者高据阜巅，说者谓辽萧后治妆处。盘纡可上，其半有藏书楼，偶一登临，已撷全景。阜上林屋稠密，假山石道，未亚苏州之云林，而气象为雄厚。濒湖即漪澜堂，为游人最盛处，更过为三希堂，法帖碑石，均存壁间。过湖以小艇，至五龙亭，小西天，观九龙碑，雕刻精丽，如出鬼工，梵宇庄严，于中影现。再至今董事会在地，别饶幽构，北游者所不可不至也。

城南天、地坛，均在外城。天坛圆式，其制弥古，相去不远，即地坛，古柏之佳，无逾兹者。有豳风殿，座亦闲雅，郊行者多小憩焉。城之西南为陶然亭，稻田四野，黄云在眼，登亭穷望，一角西山，似有江南风致，然以郊行过远，游者不盛矣。悯忠寺即法源寺，亦在南郊，为唐贞观征朝鲜时所建。中有悯忠台，或谓台下即瘗忠骨。寺制甚大，植丁香至夥，花时觞咏者云集，殊名迹也。南郊少远，更有龙爪槐之胜，不惮于行者，不可不一观之。

北城国子监、雍和宫，相距匪遥，周宣石鼓，犹有存者，足供摩挲，辟雍讲学之所，圜桥泮水，遗制俨然。雍和宫东配殿供欢喜佛，正殿有七丈巨佛，而纬丝法物，穷极奢丽，悬之壁间，令人想见黄教之盛。特殿阙失修，荒鞠垂遍，倘勿葺治，必终颓废，此时往游，尚有少得，后时之悔,万不免也。

郊行之乐无过于西山、汤山、玉泉、香山之胜。西山饭店,即在山麓,起居饮馔,均极精美。上陟八大处,一日难穷其胜。脱于寺院中小驻,庶几尽欢,而自山趺望高处,塔声铃语,已足清欢。由西山绕道至香山,汽车亦甚便捷,夹道松杉,郁养成趣。及抵静宜园门首,老括(南中驰名之白皮松)参天,冷枫红舞,跨驴舆肩,各随人意,行溪嶝间,抵香云旅馆,即当日行宫所在地。巨壁钩勒佛像,至今无恙,而沿途豪象别业,慈幼院建筑,俯于即是,小驻一二日,俗氛尽释矣。

玉泉山塔,倒影夕阳,计程视香山为近,曩亦禁地,现开放为公园,并有旅馆。园林之胜,则卓氏自青榭,山树最佳,疏密得趣,泉水琤琮,尤多韵致,视无锡之惠泉为更胜。山次有酿玉泉为汽水者,弥见风行,可以夺舶来之席,余耽品茗,至此尝之,殊不亚于虎跑。而自香山循道至此,别饶明媚,益见萧疏,尤可乐也。

颐和园循玉泉以至于海甸,即得达之。所谓万寿山,初出于人力,即移昆明湖之土以为之者乎?园本旧址,衰废有时,至西太后始力加葺治,以奉宸游。入门一仿殿阙之制,铜鹤晨鼇,为园中治事之所,绕堂后即至湖滨,可以长廊,沿湖作合抱形,为松杉所蔽,藻绘青红,一望如穹道。至于山趺,拾级可登,高至数百步,迂回以至佛香阁,庶造峰极,后有众香国,为藏经之所,已少陟者。两峰上下,中有石穴可通,谓之转轮藏,形其曲折也。迤西下铜亭,全湖在目,更下又循长廊,渐至石船,亦复伟丽。荡舟至湖心,陟龙王庙,过石桥,铜牛遥伏,未易废兴,再折至小阜,桃梅成林,说者谓有兽窟。至万寿山后,一涧可通,劫灰所余,栋梁间具,即苏州街之遗迹,此则最惬清觉矣。转出至戏台,入谐趣园,天府富丽,一一可穷矣。而园中旅馆亦佳,足资小住也。

汤山在城北,汽车可达,其旅馆设备尚雅洁,引泉为浴池,凡旅舍咸附之。亦有专供汤沐者,池甚广,上张明镜,覆以磁砖,较南汤山为胜。隆冬而炎气熏迫,足以疗疾。旅舍之北,为人家别业,环流倚山,各极其胜，亦少少废败，非复盛时。汤山无高峰，掇石引池，庶似园林耳。

京师可游之地不止此，而可供赏心者，或不止游览，若后门之西涯积水潭、十刹海，亦足凭眺。余征人鲜暇，梦余春明，不可胜数，聊掇一二，示之其人。颇欲有志者，乘此三春，陶然花下，丁香、牡丹、紫薇、海棠，必含笑相迓，可以预期，而余亦尚愿为执鞭者也。天下之乐，无过旅行，今日戒途，尚不患苦，及早图之，欲为读者告耳。

（《旅行杂志》1928 年第 2 卷春游特刊号）

南天客话

余性习汗漫，于兹十年，阵马风樯，深尝此味，北逾河朔，远及滨江，西望武昌，东望夏口，此外凡匡庐山阴，名山秀水，以及青岛、大连之雄奇丽胜，胥曾一挂游屐，劳人草草，不惯者或以为苦，而余则乐之不疲。诵姜白石“南去北来何事，荡湘云楚水，极目伤心”之句，未尝不呀然自笑。然余体质少弱，医者进药，未易奏效，特一旦携行箧，涉长途，又无不爽然而愈，足知性相近者，为相善也，顾空桑三宿，便自生恋，余于经历所及，又无不视为第二故乡，魂梦飞越，挂碍之障，无可移易。然真能遍天下而三宿，则摄世界于眼底，亦于事为豪举，于愿为不虚矣，述此为纪行之楔子。

北行西去，屡志游踪，改辙南辕，用实客话。余南行之始，计决才定，次日即行，余常备行装，箱箧甚简，内储盥洗诸具，及照相、电灯、文具之属，永永不移，欲行者但置常衣数袭，于事已了，朋辈辄为谓此固以兵法部勒者也。余寄迹海隅，勉有恒业，然有六小时之余暇，即可屏当上道。盖料量所事凡二小时，（内整理案牍一小时，与人谈话一小时。）朋辈接洽凡二小时，（或电话或亲往，总择其于到达地可以介绍及有关系者，预计每行三四处，须亲往，每处留十五分钟，车上费时二十分，余四十分钟，使用电话，绰有余暇矣。）购置半小时，（凡视所缺者，车至先施公司一行，率已齐备。）整装半小时，与家人谈话半小时，更车行赴站半小时。六小时者，鼓棹待发，乍聆之似过甚其词，谛审之亦人所易行，特为附陈，俾读者资取法也。

余此行之前一日，即以中国旅行社代定舱位，物色其最近出帆之船，知翌日为法邮宝岛斯，余即决计附之。朋辈或以为不如皇后船之佳，然余惯于行役，深山穷谷，襆被行，得此艨艟，于愿已慰。初不暇计及其他，盖余既不怯又晕，无特别需要之点，故无择舟之必要。特以南洋航线，间有盗患，故以邮船为较稳妥也。至或谓此船均以法人、安南人侍役，虽英语亦不了了，患者多苦使唤不灵。余笑曰：船中所呼唤者，于事甚少，无求于侍役，何劳于通词，至食单尽列法文，虽不甚解，然亦辄见而会通其意，且有红酒可饮，不名一文，尤沾溉泽，胡为靳之。

以金价之昂，汇率日高，船价遂视上年倍蓰。余初以法邮二等舱亦不恶，宜可少节省，乃旅行社同人，见爱甚深，必以头等相属，余亦深韪其言，遂购头等票，凡八镑，值一百八十八元，余以供两日三夜之膳宿，昂矣。旅行社又为余特告公司，令独占一室，此至属便利之事，理合陈谢，为之附书。

翌日十时，余遂携行箧二事，登船，船舶招商中栈，十一时解缆。余拾级而上，送客者云集，中外男妇，握手纷呶。余从旁静观，以为心理学研究上之一助，见送客者莫不有笑容，而笑容之中，又多杂以辛楚之态，强颜为欢，以慰远客，自抑离忧，以伤远别，情有兼至，物无二容，寓悲于欢，笑啼杂沓，则成一不可思议、不可方物之神情。且国人伉俪，其情之表显也较笃，少年燕尔，则其情为尤笃，至中年以上，久客几家，男妇聚谈，遂不过家常之事，少涉婉娈之私，迨高年则情况又同于少年矣。西人以商立国，重在对外发展，天性已然，积习至久，故送客者乐过于悲，且抱腰接吻，均不避人，恣意为之，无恤于公众，故别离之苦，转有所抒。若我国则数千年为农业国，鹿车偕隐，携馌相从，是其美德，遗传性上，绝少旅行，于今风会虽开，环境所迫，作客者日多，而心理不易少变。又公共场所，彼此矜持，毋敢以私爱夺礼防，相对泣然，羞云上颊，无可发于外，则愈蕴酿于中，因之弥难克抑，顾又不能不饰为镇静，矫情言欢，而颜色又立异。余老于旅役，每每在人丛中，观此以消遣余晷，深得其情，读者于余发明此节之后，再至船埠，留意观之，必有所得，归而拍案叫绝也。

迨定时一到，钲声大鸣，送客者亟于下船，作客者加意将护，一纷接间，彼此乃不暇及于惜别之态。软梯一抽，船梢微动，卖艺之小儿，屈伸肢体，张布索钱，而送客、作客者，无语相看之容态，益渐行渐远，渐涉模糊矣。西人叫号拍手，犹可声声相应，国人高度不及西人，又性多静怯，不敢濒河而立，退伫后方，凭舷注觅，颇未易得。有时但见西人群立，背后较低之隙处，忽有素巾荡漾，知必有高楼思妇，望远伤情者。迨全船离岸，船上与岸上之手巾，互相飞越，喧呶不堪，已不辨谁某之送谁某，但知送客之人，来送作客之人而已。至是埠头汽车，衔接以行，或先或后，各归其家，作客者登舵楼，犹得见送客者跃入车厢，回头顾盼之态，而送客者已不之知，是又作客者送送客者也，互为宾主。天下事物，大都可作如是观矣。

船既驶行，上海之形形色色，崇楼杰阁，去眼日遥，托迹尘嚣者，一方固惑于物质之文明，一方亦窒于自然之天趣。今者巨舟重载，应有尽有，物质享用，毫无缺陷，而天遥海阔，云莽波苍，一一奔袭于眼帘。其尤妙者，隔绝尘嚣，无论负如何重要责任之人，以至委天听命，自乐其乐之人，皆为水天所阻，享受同等静态之生活。又离去常日晤及之人，以别结同舟共济之新友，彼此互通姓名、述职业，有本属葭莩者，有从无关系者，有位分悬殊者，有志趣相同者，均于谈讯之中，造次可得。其同气类者，自此便成好友，即异趣者，亦复相对寒暄，至于下船告别为止，意气之争，人情之歧，因同舟关系，几于尽泯，虽属陌路，意谊转亲。读《滕王阁序》“萍水相逢，尽是他乡之客”，为之神往不已。然于此亦正可觇人本因群而生，惟其在陆地，为群过大，支配不均，因有兵刃之惨，若船中则群谊之真，勃然发现，无所争则自然相洽。治社会学者，其于此进一解，当可图发扬群治，消弭战祸之道乎！

此船载重万余吨，建造已有十五年，每时行十四海里，船中有粤人二十余，宁波人八十余，均为火夫杂役，设备虽尚未尽善，然已足供乘客之尽兴而有余。约略言之：头等舱凡餐厅一，以云母石饰四壁，盖英美盛行之式，占地绝巨，可容百人就餐；音乐室一，雕刻天使爱神诸像，以拟意大利式，中置钢琴，并有乐队位，每晚均有乐工奏技，案头置报纸杂志，备客浏览；烟室一，均朱漆巨柱，雕梁藻井，颇似中国殿庭，实则出于日本，盖所雕塑之图案画，为日本制也；头等舱数十室，室二床，平铺，盥栉之具咸备；浴室则有公共者数间。船凡五层，其最下者饭厅，次二等卧室，次头等卧室，上则音乐厅及烟室，更上为舱面。占全船之中部，二等别有饭厅，亦华亦雅，其烟室率以藤竹为墙壁，尤饶别趣。中部外为起重绞盘诸机，并有隙地，以供行者，更二端，一为三等，每室四铺，饭厅颇宽大。一为四等，濒于舱底，虽设备较简，然整洁有余。中部设巨梯，自音乐厅降至饭厅，直望可达，拟之夏屋，不似海舶。船中又有医生室、电报室、邮信室，各治所责。藏书则于甬道中置巨橱，多法文名著，每日启闭有定时，赁书收薄价，就阅者亦不少，西人旅次，每以一卷自随，不似国人之非偃卧，即聚众行博，此其盛衰之消息也。

船行出吴淞，遵道南向，过洋面，远望荒岛错落，其高者建灯塔，有断桅焉，浮出水面，令人观之，愕然而惧，不知此中失事，曾有几人，暗礁逆流，牺牲非少，当时一片哀号之声，云天万里，又孰拯之。其中必有父盼其子，妻盼其夫，卒于一电传来，葬身海国，至无首丘之望，难归先轸之元者。瞑目一思，世变倏忽，人祸纷乘，惟大无畏者，始不之恤，否则格于“行船走马三分险”之成语，必无人愿出行一步，前仆后继之精神，又谁愿乐为者乎！惟有无畏之心，始副无疆之业，失事者百不当一，国人固不宜望而却步也。

船中三餐一茶点，晨起杯茗水果，进麦粥鸡卵之属，中午小食不具羹，殽核尚丰。饭后饮茗于烟室，以便客之吸烟也，四时午茶，具蛋糕面包，七时晚餐，盛设有加。音乐则四时至六时、九时至十一时，乐工三人，节奏于厅次。或以为物质文明，享用过于奢侈，实则欧洲各国，地小人多，非向外图存，不足以谋国家人民之发展。向外必须行旅，则厚惠行旅，精缮舟车，佐以艺事，以娱远人，使人人视旅行胜于家居，然后动其远适之念。谓之奢华，特皮相之语，实则国家之运用政策，正有苦心，渐涉华靡，转以妄本，渊源所自，非知者不能道矣。

此舟南行，由香港而新加坡，而印度洋，以达于马赛。余以港行为止，故当先研究香港事况。舟中客座，遍陈各地名胜之书，听客取阅，余即先读香港一种，书寥寥十余页，印刷精美，照相均备，实具指南津逮之功，文字则英法合璧，一以示其国人，一以英为商业惯语，以示大众，于意甚深。全书于港中位置，商业情况，游览地点，率为注明，且附略图一纸，可以知其道里，(港中到者极多，无庸移译)旅行得此，事半功倍。隙地尽载广告，窃思广告载于报纸，及树之路旁，固易为人所见，然忙人过此，往往不及注目，即读报亦仅能得其大意而已。惟在海行之际，百无可为，无聊已极，行箧有限，小说无多，其势非翻阅此等宣传品不可。其时心不旁骛，借以消时，于是一字一珠，深映脑海，其效力之宏，不言自喻。若系初次新往者，本于其地之商肆，绝不了了，毫无成见，则到达之后，苟有所需，自必联想及于甫经记忆之文字，而广告乃大售矣。

同舟国人无多，同舱尤仅三人，三人为一行，而余一人为一行，聚案共食，客或属余点菜，余亦不习法文，但以英语讯之侍者，重译告客，决其需否，因之更相习熟。杂谈阛阓闲事，余虽有恒业，而不离于商，谈商固其分也，客所业非所知，但论汇兑金价，国外工商业诸大端而已。余近方病胃，每食必进药水，客有病胃者，以一方见示，谓用角皂(旧药店中均有之，价绝廉)一钱研细成末，冲入高粱酒，饮之不一二次，便可全愈，所费数十文，足以解除疾厄，诚属幸甚。容到岸当即试之，如灵效者，必更举所知，以经验告之读者，为万一备用之方，客谓原方似出自上海中国书店所印行之单方大全。

至西客男女亦仅二十余人，以二十余人，虱此巨舟，殊嫌其少。二十余人者，亦不同国籍，向无往来，因同舟始互通款曲者。甲板甚宽，旅客镇日卧藤床，始则相视微笑，既而通问起居，终于携手跳舞，此西洋交际之一定程序，不必问其陆栖水栖，天不变道亦不变者也。

余无个事，凭阑伫月，亦更体察此二十余人，以为消遣。则英籍者持重有余，长日不苟言笑，晨起除见女客问安外，非人先进语，初不置答，手书籍一卷，衔烟斗自娱，夜入饭厅，仍易夜饭之衣，沐发甚洁，其严冷傲岸之态，一望而知为盎格鲁撒克逊之遗胤。法人者在此法船之上，自同乡土，随处笑乐，每每携小椅就坐女客之侧，嘘长问短，或指天外海鸥、云头朗月为谈话之资料。其年少者，渐渐熟习，已取女客殷红之绸冠，加诸脑顶，女客目逆而笑之，活泼泼地。更有俄人贾客，凝炼自持，不甚杂众客笑言，知蕴结者深矣。船主衣制服，金线四道，襟袖整洁，年约五十许，须发鬑鬑，面色红紫并灿，示人老于海行之态。每就食独据一案，见客入厅，微笑相迓，口中喃喃致敬，亦不尽其词。总之，寓欢迎于肃穆之中，以自尊其身分而已。饭后群集烟室，船主亦来，仍据独案，燃雪茄，理纸牌，人有就讯之者，出扼要至简之语以答之，而目不旁注，身不起立，迨纸牌三弄，半小时一过，起立便行。餐堂卧室之侍者，并亦法人，多便给，衣服亦整洁，然眉宇间一望知供役使，非上流人士，治事之时间一过，咸挟小说，趺坐梯次，以候传宣，西人教育普及，于此可觇其成效。

沪港间凡海程八百英里许，快船四十三小时可达，此则须六十余小时，计多宿一夜，急于治事者，晷刻不得自安，恨不一飞即到。余则于旅行之中，兼事养疴，私计长此逗留，于计亦得，且万虑尽屏，无事可为，鼓腹酣嬉，真治疗之上策。船于六日十一时开，七日凌晨过温州洋，微有风患，特无所畏。七日夜过台湾峡，峡中素以恶浪惊风著名，同行者谈虎亦复色变，而余则绝无所觉。事后讯之船主，谓风向东行，已奔日本，吾舟初不之值也。八日渐经汕头洋面，时者海天相接之间，辄见一线沙痕，知距岸为不远，渔舟集于云边，亦多望其篷杆，更有张帆远出，逼近大船者，危篷断索，习险如夷。西人望见，啧啧称异，亦知冒险之事，初不后之，黄祸之说，容亦其因微见著之一端乎。

八日夜抵港口，因已深夜，毋得验关，遂停泊一宵，遥看灯火，近伫平波，与在青岛港前，略得比拟，至大沽口外，无此点缀矣。翌日清晨入港，即泊九龙码头，接客者陆续上船，即以行李交去，与客下船。行百步，抵渡口，九龙香港，相距仅衣带水，然港渡自清晨至深夜，每十分钟必有一次往返，不论载客多少，风雨无阻，利赖甚多。船尤雅洁，分二等，上者洋一角，次五分，于渡口建小门，范以铜阑，入者给资一角，无庸船票，转身即入，便利无比。濒江设两栅，各有门，一便登陆，一便下船，船到先启登陆之门，俟客散，即启下船之门，鱼贯而入，绝无嚣杂凌竞诸弊。一等客列座舱面，二等客在下层，侧席以坐，泛诸中流，十分钟已抵港，循道而出，极便利之能事。一出渡门，车马云集，街道不广，而整洁有余。香港地价昂，亩值数十万金，建置无不高插云霄六七层，鳞次鲫比，睹之亦令人无欢。余投宿思豪酒店，即在渡前，无烦车载。凡六层，余占其五层一角，室甚大，大致如上海沧州青岛大饭店等。征尘少卸，即出门访友，兼事游览矣。

香港闹市有干路三，曰上环，曰中环，曰下环。车马盘旋而上，马路多如桥形，则断石辟莱，根诸地势也。下环濒海，夏屋尤多，中环则洋行以及商店之属，上环较清闲，更上多人家。车路可至山巅，盘旋直上，惟洋车则以下、中两环为止，余路仅通汽车矣，其不乘汽车者，有山舆，大致如杭州山轿，稍稍简陋，然胜于西山、香山之兜舆，乘者亦复不少。先施、永安、大新、昭信诸百货公司，占地尤广，营业亦盛，然视上海所设，尤患不及，则筚路蓝缕之初基也。大新、昭信，上海无分号，凡此百货公司，又均附旅馆及屋顶花园。粤人谓屋顶花园曰“天台”，游客常满，气候炎蒸，不耐家居，相率登高披襟，理有然者。

饮食宴游之处曰“石塘”，崇楼六七层，为室百余，建筑费值百万，以设一餐肆，其魄力之雄厚可惊。凡此餐肆，如金陵万国之类，其翘楚也。电梯络绎，分置广室，有坑以供吸烟，有方桌以供摴蒲，粤例宴客，多以摴蒲为余兴。餐肆中无不具备，烟属官卖，吸之亦无干涉之嫌，故多乐就之者。餐值每席自一二百元至四五十元，烹饪绝美，鱼翅鲍鱼无论矣，即信丰鸡视北平之烧鸭尤肥美，绝非上海粤肆所制，可比拟于万一。餐室布置尤宏丽，四壁以影花之玻璃相屏翼，中庋雕花之巨镜，错以金碧，刻壁屏为折枝，电灯灿烂。又必有联额之属，文字尽不雅纯，隍治颇为工丽。又粤人重品茗，客到即问所需何茗，而茗价以楼厅为定，室巨则昂，室小则贱，亦用直接比例税之原则也。

大餐馆之外，沿街溢市，复有无数小餐馆，兼售茶点，座客常满，人人各啜其茗，小童以巨盘盛点食，循行案隅，好之者随意取一碟，但二三事值数十文，而每肆有点食数十种，时时循行，择好所之，殊不能尽。近兹沪上北四川路诸粤茶店，已多具此格矣，酒饭亦备，多以小碗盛之，谓为半卖零卖。凡名肴如鲍鱼鲜菇之属，胥以供客，每簋取价洋数角，老饕亦辄甘之，费资不多，尽尝诸味，贫富之阶级，悬殊迥绝。百元之筵席，与此数角一簋之菜，但多少有别，而精粗异同，亦使细民减贡高之心，弭阶级之别，殊为善政，港中此等茶室，无地无之，共有百家，亦无日不满座也。

港中旅肆分中、西两肆，西式者以香港饭店为最上，一切如上海之礼查，思豪次之，则华人集资创举者也，此外尚有三四家。中式以皇后、东亚为最上，宴游通夕，好喧嚣者，乐之不疲，而乐习静者，则又避之甚远；更次则如上海洋泾浜、泰安、天发诸栈？多贾客所居，缙绅先生，或勿乐道。至交通之具，凡汽车、洋车、电车及上山绞车、山轿五种，汽车沿途揽坐，取价不昂，然包以计时，亦不菲矣；电车均高架二层，上为头等，下为二等，遍行于下环，绕道甚多，惟不上山耳；洋车、山轿，相递登山，乘者亦多。至上环以上，葱翠可喜，金碧错落，略似牯岭，而繁盛过之，多居家，林园小小，风趣绝佳，推窗观海，直望九龙，如世外神仙矣。

由港赴省，遵陆坐火车，三小时许可达，头等价四元，遵水坐火轮，制如沪通大达，而较广适，每日二班，约十小时即径抵长堤。早班八时开，夜班十时开，头等票价八元。余以夜行，渡口即在东亚旅馆门次，前列栅栏，有人搜检行箧，尚不患苛碎，抵船一宿，次晨七时即到长堤。平稳无艺，省垣繁庶，非其他城市所可及，远远即已见夏屋七八层，鳞比星罗，大新公司尤伟胜。船抵岸，余即至新亚酒店，亦省垣最佳之旅肆，且禁烟禁娼，别开生面，旅居求酣睡，于此最得。余畏嚣少眠之人也，惟静是求，奚肯他适，听管弦争逐乎？新亚凡高楼七层，其第七层最胜，已患人满，余得小室于第五层，亦颇安之，惟西向，日光炎炎，殊不可奈，濒窗外列芦幕，内设竹帘，无足为御。少息半时，即四出访友，略事采风焉。

省垣市政，为办尽善，庶其孅美西洋，街中汽车洋车，络绎不绝，肩摩之盛，罕与俦比，公共汽车，驰驱逵道，几于无远勿届，惟新客初临，患迷路径，未易搭坐，辄取汽车洋车而已。市场尽崇楼，四五层率为常事，地价昂过上海，故非高筑不足以尽其利，甚至斗室才十方尺，亦筑六楼，危阑欲坠，望之弥以为怪。又非大厦不设电梯，耸梯入云，凭轼以上，少行即气夺，稼轩“不知筋力衰多少，但觉新来懒上楼”之句，疑为南粤咏之耶？省垣之广，仅亚南北二京。市廛面积辽阔，自西徂东，尽为商肆，富力惊人，惜余不习此间市况，无由探索其详耳。

沿珠江者曰“长堤”，东西一贯，迤逦以行，直达沙面，沙面为租界多领署，为外人集居之所，亦有旅舍，驻客尤多。城中则王道坦平，均柏油路，整洁异常，商肆中以饮食为多，大者客房数十，小者散坐售点心，各极其妙。若就茶肆以治餐，为价尤廉，与港中仿佛，省垣人爱啜茗，镇日沽饮，夜则有歌伶清唱，粤讴不易获解，乐器益复喧嚣，然词句雅丽，远过皮簧。名士招子容所编者为多，特杂有方言之字，未尽能识，然亦有类似官音，并不难通者。至外县则各有方音，无由津逮矣，兹略述一二，以为谈助，如“美”曰“靓”，“幼”曰“仔”，“洗浴”曰“冲凉”，“冰”曰“雪”，“行囊”曰“篋”。乍聆人似少异，谛辨之乃知出于行文，视吴越间多有声无字者，程度殊胜，南越王教泽之广，于此益见之。

粤中天热，居人多不长衣，赤足亦普通人所常有。往往黑考绸之裤，加一白短衫，衫制绝长，手一鹅毛扇，或油纸扇，来往市衢，谓之“街坊装”。初来似不惯此，迨一步武通衢，人人如此，自视转以为异，为道旁所注目，天下以习为常，固其然也。

粤垣开埠最早，互市之始有十三行者，即与洋商交易之所，见诸纪载，耳熟能详矣，今十三行街，即其故址，而遗迹犹有存者。国华银行所赁即其一，洋房高大，凡三层，中作圆形，上设阑干，其形甚奇，以讯赁客，方知为当时公卖之所，似交易所，故须圆制，俾商客得群集以觏也。西关外向极富饶，旧宅尤多，大抵门设巨栅，横排木棍，异常坚实，非客至不启，院落不广，上亦设巨栅，并加铁网，则以向来粤中盗风最炽，谓之“打单”，非严设不足为卫，近市内盗风虽息，遗制犹然。门内有大灯笼，高二三尺，悬之棂间，作“巨”字某府，字大如斗，布满灯上，似汉印之满白，不易辨识。进即客座，中室上供神龛，金花灿烂，灰尘满布，亦有作红漆巨牌上书一“神”字绝大者，此外则祖先神位，此谓家堂神。旁亦客舍，置酸枝巨椅数事，亦或间以西制之沙发，玻璃窗红绿杂间，上烧“百宝瓶”“汉砖”等文。更进一重为卧室，亦有楼，多晦黑，此旧家遗制也，若新法则一仿西制，无容赘述矣。

省垣居舍，除旧式外，无极闳丽者，即以退思园言之，为粤垣要人游息之所，然简陋特甚。其初本为广九铁路之同人俱乐部，既而粤省府月出二百金赁之，以为谈话交换之所，斗室数椽，大门不能通车马，汽车仅达后门，由泡扂而入，草地亦不及十亩，惟林木尚蓊郁耳。其曰“葵园”者，则濒长堤，为陈君产，屋亦甚简，前有小草地，旁一水门汀网球场，近亦有达人寄寓其间，准诸平民化之说，相距不远，亦佳征矣。

珠江之南曰“河南”，其地亦繁盛，仅亚于广州，然市政尚未及举，故街市较隘，而烟赌诸馆，则以税源关系，尚未能绝。粤人好博，赌馆虽不设于市内，然市内兑换肆，无不代售山铺票等，招纸大书“穿云连捷”等字，非个中人莫能尽其义。至开标月有十次，报纸均载其奖数，头奖至三五万元，票价则二元至一角、二角均有之，中的期易，初不之知，作者亦不愿示人以此，故略而勿书。至币制则杂凌乱，港纸最通行，(即香港汇丰、渣打等钞票)上海中国银行票亦适用，余则广东中央银行票，每以政治关系，而有申缩。其本位则曰“毫洋”，即双银角，银角种类甚多，以最新为最通行，少患陈旧，即为商贩小民所拒绝，或因而折扣之，以获什一之利，兑换者必逐一省视，亦有色泽新而伪滥者，尤不易察，作客者不审其究竟，辄复受愚，亦无及矣。本位兑换券有广东市银行钞票，与毫洋同价，然但有十元、五元而无一元者，故无论何人，来往市衢，必携银角无数，颇患累赘，又多私制，计无如何。至铜元则与沪用者相等，每角换十七枚，以毫洋较沪洋亦低，因之贸利者，时时偷运铜元，海关检察甚严，恐未易绝。港纸计值最高，中国银行券次之，每日列市价，悬小牌以计数，而购售地方公债现货，亦多即兑换铺为之，是较沪渎之兑换铺营业为广矣。

游览之处，广州最胜者曰“白云山”，在城之西北郊，虽不甚高，无多树木，然极幽蒨，惟人工除汽车道外，尚未就绪，布置略少，仅尽天然之胜耳。余应友人之招，以汽车往，行几一小时，始抵黄婆洞，沿途峰峦回转，溪涧交流，渐陟峰巅，益穷清兴。驰道新成，为黄沙所筑，虽稍逊于香港之柏油路，然在国人自办之公路，此已上乘矣。及抵洞址，四山已划为中山大学农科林场，盖此山所缺惟树，急宜栽培，故以大学司其责耳。大学于山谷中建小楼三楹，主任即寓楼上，可谓享尽清福者，楼前有水，一泓如镜，足供游泳，水次有竹屋，插槿编篱，以供游客更衣之用。更上就羊肠小道，至山腰，翼然一亭，围之以松，极恬静之乐。其最高者曰“摩星崖”，则似浙杭之南高峰，然无建筑，即使攀援而上，亦复索然。山阳庙宇最多，其尤著灵异者曰“观音殿”“郑仙庙”等，每至季春，膜拜者云集，时至今日，亦旧礼绵蕝之遗矣。由白云山可望石井，人烟稠密，亦盛市也。

（《旅行杂志》1931 年第 5 卷第 8 期）

观音山位置，即在城之北隅，以车马利便，游者甚多，实则除五层楼外，几尽废旧观，易新制矣。五层楼建于明代，曰“镇海楼”，屡有增修，民国龙济光据城之役，毁弃殆尽，近始复其旧制，一一尽如前式，涂以朱漆，惟用铁筋洋灰建筑，差垂永久，承斯役者，以为视前人之改黄鹤楼为洋房，意境相去远矣。现五层均作博物馆，陈列天然及人造标本甚众，特尚不完全，亟须广辑，以资游人之观摩。其陂下为新建图书馆，虽较北海杰构，不逮什一，然丹楹碧瓦，亦颇足发思古之幽情，惜一切书籍，尚未购置，但夏屋耳。其次为粤秀酒家，住置山腰，屋顶可以瞭远，品茗治餐，两尽其乐，余留连永日，殊有翛然出尘之致。五层楼前，为中山纪念牌，一规西制，高逾十寻，中有电梯，可升降，尚未完工。其前为纪念堂，广袤可容六七千人，俾为群众集合之所，亦以中国殿庭之制度为之。崇拜英雄，固亦民族性之美德，然因崇拜之结果，必致起而学步，则每每一将功成，万骨皆朽，英雄伟略，其牺牲之代价可观。余固主平和乐天伦者，深冀世界依自然之原则以进化，不愿有非常人建非常功业，而重苦常人，此恉不审读者以为何如，然余则必一吐始快，以质之世人矣。观音山之北，沃野宜稼，麦陇中有北园，亦为餐馆，茅舍清流，掩映成趣，来客甚多，则以公共汽车，瞬息可达，不似白云山之远征半日。近有倡议改观音山全部为公园者，模型已具，仅俟增修，拭目期成，祷祝以之。

城中之可资游览者，厥曰“荔子湾”，其地有河道，可远通珠江，盖南越王昌华宫故址，于今遗迹，已无一存，断瓦残砖，掘发亦尽。余尝得孔氏岳雪楼所藏宫当拓本一纸，珍同拱璧，今乃得亲履其地，亦云幸矣。荔湾水患淤浅，且荔树多已残伐，无复存者，仅荔香园后圃，有数十株。今年以雨水较多，亦复华而不实，且荔香园亦濒圮废，亟待修治矣。湾中游舟麇集，争呼渡客，大似当时秦淮一角之余风。其艇子之最大者，曰“紫洞艇”，行厨售食，于价较昂，营业近颇减色。次者则为客舟，每小时但费小洋数角，即可荡桨其间。更次则售水果、烟卷、饼饵之人，以小舟虱于群舟间，喧嚣图售。更有售鱼生粥者，亦并锅灶之属，庋之舟中，随人容与。其地之鱼生粥，颇负时誉，然蝇多水秽，非土著不宜轻尝也。夹岸均临时以竹木所编成之矮屋，以售茗售餐，一望十余家，循溪诘曲，望之如在南洋群岛间，夜设电灯，供人摴蒲，乐此者谓为清凉世界，已复振奋不疲。其地售荔子者尤多，然多自他处运来，绝少本地所产，按君谟《荔子谱》，所载种类，今多无可按索。粤中以挂绿为最珍，然远在增城，且阖邑仅一株，县令围以短墙，使人守值，以惧攀折，即粤人亦多未尝之。其普通种之最优者，曰“糯米糍”，言核细如糯米也，曰“桂尾”，曰“黑叶”，咸以品分，糯米糍较晚出，黑叶殊不甚佳，然现值每斤亦可四五角，不得谓之廉矣。

广州濒珠江大堤之中，有隙地突起水上曰“海珠”，小有结构，谓之公园，汤觉顿、程璧光所被难处也。然其地不足一游，但就西堤诸逆旅，凭阑观之，一目已尽，中有铜像巍然，则程璧光之遗影。近兹主办市政者，复以计填土，使由江滨迳联海珠，可分售其地于商人，博重利以别谋建设，亦一策也。广州市政，为国人自办之冠，筹款不甚苛，而用款绝巨，所资挹注之惟一方法，即填江滨，筑地以售商人，官获其利，即以所得为修路之费。此两便之道，不役民而能永其功者。即以最近设施言之，自来水厂之增建，添水池千万加伦，以最新之美国法为之，不久可以观成。其市政之所用，亦多恃地价，可资例证矣。

黄花岗在东山道中，建筑雄伟，谛视三月二十九日之事，凛凛犹有生气。其近处即朱执信葬地，亦复雄伟。执信学校，亦在其次，以中国式建筑，占地绝广，校风亦佳，粤人子弟，多就读焉。东山新路复有建模范村者，仿上海营业公司诸制，规划住宅，以西法构造，不过一二亩，人多乐僦居之。至地价，则未辟路前，不过值四十金，自路成，官价定八十，而民售逾二百金，获利倍蓰，故民间往往有请求造路，自愿让地之举，盖所让不过盈丈而地价所增，或至数倍，人民明于此节，亦见程度之日高矣。

黄埔离广州不远，现兹汽车路，亦得直达，惟较荒凉，常人或有所怯步，去者多以汽船。其地气魄雄胜，建置巨伟，我武维扬，宜为创业者之大本营矣。匆匆一览，走马看花，无可抒举，略而不论。

广州有英法两租界区，在沙面，即在大堤之端。其建制设备，一规租界体制，各国领事洋行，多集于其间。然中国与各国前办之外交，丧师失地，无容自讳，然虽失败，必有一条文契约，用资证明，即九十九年为永租之变相，亦终复有一年限在也。独沙面之为租界，绝无成案可查，相沿至今。绾折冲者遍翻档案，亦仅得间接之证据，非有租借之规定也。其地仅四百余亩，西人至今尚岁纳租费，以制钱折合，岁仅数百元，然从未逾期，盖彼知租借之立足点，原不充分，万一少有迁延，必致得不偿失。其前有短级，拾之以登，则以沙面地势较高，且当时用此为界路，今则粤中车马满城，独沙面不通车马，行人仅可拾级步趋，中外相同。淫雨之际，坐车者至阶而止，冒雨以行，即各国外交官，亦或以为苦矣。其界路即沙基，前兹惨案，哄动一时，万口争传者也。沙基之前曰“陈塘”，多茶坊酒肆，金迷纸醉，又似香港之石塘矣。

城内最盛之处，旧名“双门底”，其地前有铜壶滴漏之器，几经兵火，今已移置，无迹可寻矣。现兹以财政厅在其地，故人即以“财厅前”称之，毂击肩摩，不亚于西堤，驰路九逵，亦不亚于西堤。西堤新辟，于事较易，今乃得改造数百年来之旧制，使与新建者相等，则粤人之毅力，有足佩者已。其地多各种商店，亦有传之弈叶者，于今门巷虽非，市廛依旧，倘使华鹤归来，亦且有不能辨识之感，而书肆尤林立，若商务民智，均鲫比于斯焉。

沿西堤之最高建筑，莫过大新公司，其客栈曰“亚洲”，规模视上海东亚、大东，尤形壮胜。百货公司，柜面陈设，有作飞翚雕梯，翼然而峙者，共八层。后有坦途，盘于曲折，直登天台，曩时可乘黄包车，扶摇直上，亦奇观已。天台之上，复设假山，盘旋涧谷，流水潺湲，登者固不知高据云霄也。其最上一塔，立于其上，天风泱泱，不特如展刘松年《金阊万户图》，即河南全境，亦均历历在目，诵东坡“欲将眼力为疆界”之语，庶其雄长百粤，又奚止万户侯而已哉！迨晚列炬灿然，如万点明星，悬耀空际，长桥卧波之盛，又非海上所可比拟矣。

息影省垣，几及旬日，然后定计赴澳门一行，其船于每日下午四时启碇，即在西堤，历四五小时可抵澳。舟价头等六元六角，有专室供卧憩，甚舒适。其以四时行者，盖澳门以行乐为主，利于游客，可征逐于深夜，说者或谓囊家且厚酬公司，使其以下午行也。舟既动，渐渐出虎门，虎门为粤海要隘，山势伟壮，信属险要，其地设司令部。然李鸿章督粤之际，以舟赴广州，过虎门，尝坐于航楼，述形家之言曰："山势佳，特虎头回顾，初不前向，此洪氏太平战役之所以不克告成也。"其时粤中某公同在，则启请曰："傅相何不以炸药，炸此回顾之虎头，则远望如向前矣。"鸿章曰："君又欲谋叛耶？"相与一笑，屈指至今，此语垂三十年。傅相墓木已拱，而其人尚健在，颐养乡园，即以辛亥之役，亦多资擘画，以克定中原，世变如斯，幸而言中，人事沧桑之局，可胜慨耶。

舟过虎门，遂遵海以行，一览水天相接，间见荒岛礁石而已。迨十时许，远远望见灯火，则已泊于澳埠矣。澳门地小，盛况亦亚于香港九龙，夜深仅行博之阛市，灯火熠烁。其地客栈夥，最优者为西人所立之丽伐里亚，次则中央旅社。余投止中央，一室七元，甚宽广，苦不整洁。坐少定，即谋采讯风俗，以讯侍者，曰此间楼上即濠兴娱乐场，百戏咸备，无俟他求也。初，余过坊市，历历见荣生公司、某某公司等招贴，且榜巨额于门次，曰"楼上银牌"，更译西文曰"干白林好司"(Gam bling House)。盖好博之心理，中外佥同，主政者既以奖进征税为政策，宜其满院满谷矣。又山票铺亦林立，悬榜书开奖日期、银数，加以密围，耸人观听。余方至栈，盥洗未遑，已有人持票入门求售，正如南京之古玩商，而雅俗异趣矣。迨得侍役语，即以电梯上升，其五楼为饭庄，款式略同于商港，而各厅之名，历以民国以来元首枢相之字名之，有项城厅、东海厅、黄陂厅，以及秩庸厅、少川厅、亮畴厅等，此在中国，尚创见也。其六楼为行博之所，赌局咸具，番摊及骰子，聚人最夥。余以一元，随意入局，幸有所获，卒载五元而归。作客天涯，不知摴蒲之乐如余者，乃在海南千里外，得幸进，亦诚始料所不及矣。更七层为跳舞厅，布置不精，男女杂沓，多西人醉酒，无一上流人，遂望望然去之，归室就榻寝焉。

翌晨，不过五时许，窗外濒街，人声喧集，便尔惊醒。凭轼以观，盖其间为菜肆，且有人立广场中变戏法，童稚毕集，因而盛闹也。余不耐久观，因索杯茗，且雇汽车赴香山，车行即在旅市衡宇，来回半日，计澳银十六元，澳银固与港纸等价。余即择一车，鼓轮而进，先环全澳一周，循海依山，亦颇足资怡旷，晓风习习，更解宿酲。迨出澳门，即有中国公路局之设立，每车缴路费二元，更过则税关，知余无所挟带，一视便行，初不苛扰，放车前进。依山辟道，并有长途汽车，来往梭织，长途车自石岐至澳门，行一时许，仅费一元，营业甚佳，亦国人新兴事业之一。余尝历长途车路如莫干山至杭州，绍兴至江头，青岛至劳山等，风景自以莫干山为佳，而气势雄伟，路政美善，则此为之魁。沿途过村落无数，黄童白叟，怡然相得，世外桃源，别有天地。车行四十分钟，过一木桥，转眼遂见大海，则唐家湾已。唐家湾知者不多，实为近代外交史上惟一可资纪念之地点，盖第一次英人运烟土来华，即于此登陆，既而华洋之纠纷以起，英人又率兵上陆，居民奔避于山后之龙潭，时在道光初年，中国浸淫于烟祸，将及百年，而此为其第一次入口之所。凡过客览于涛澜之汹涌，应知所以怵目而憾心者矣。车循唐家湾行十余分钟，大致如在青岛海滨，惟两旁均阡陌，未兴市政，窃意此湾告成，可泊轮舟，供商运，则必足以夺香港之利不俟言，特待人起而行之耳。再一绕越，逾阡亩，即抵香山路治，遂造共乐园。

共乐园为邑人之公园，占小山，近三百亩，为唐氏经营于民国初元，而近方竣工者也。门次有联曰："百年树人，十年树木，智者乐水，仁者乐山。"书者字迹娟雅。入门，循小陂行，均荔树，去年盛实，邑人随意所食而甘之，今年以雨患，不及百一。更上又一陂，被以草地，有架以敷鸟萝，更进疏篱为门，傍住宅，则主人所居，其屋为平房，一广厦，后有三室，及执役泡庖，因陋就简，如斯而已。然其地添构已三次，初仅窄室三间耳，玫瑰、蔷薇之属，沿阶斗艳。其西有细沙路，可陟小山，半山有亭，登眺甚远，更一角为观海楼，西舍三楹，亦有僦居者。观海楼有天台，望唐家湾海面，沙鸥鱼艇，历历可数，心旷神怡，目不暇接矣。山后荆榛，未及尽删，容以时日，当可续敷刊之业，余谓极其能事,必可媲美北平之香山。顾亭林谓,无经国体野之心,不足以穷游观之胜,庶于此以觇之。

勾留半日,仍以原车返澳,抵站不过下午二点三刻,知四时有赴港之船,即购舱位,价四元,其制一同于省澳,盖同一公司所属也。自澳至港,三小时许,即可得达。余品茗治餐于其间,且得偃睡半小时,尤为幸得,盖旅程所涉,百病都消,惟失眠尚未脱体,每日疲累,仍难交睫,得片晌午睡,功胜参苓矣。七时,至港,仍泊于原所。余投止大东一宿,濒海喧嚣,次晨遂移大道酒店,占广室日仅八元,惟盥洗室不具,差为缺憾。上午忽患暴雨,无可消遣,则遍购报纸阅之。

香港现为英治,一切均行英律,言论绝对主张自由,其于中国政情,尤不妄加是非,故报纸亦多,华文者近二十种。其为营业关系者十之五六,其为政治关系者十之三四,而此十之三四,又各有同异,各别其论调,不似苏俄与意大利之剥夺民意,强人从同。则立宪制度下之人民自由权,虽托庇异域,尚能充分为之可知。余固不谙政理,亦不好高谈政治,然有遇而随感,亦人情之所同焉。

香港弹丸之地,商业发达,迥出意料之外,或谓视沙茶反英之役前,已为退化,则余未曾先至,无可比较也。绾金融者,厥惟银行,以觇银行之发达,知商业之概况矣。港中外国银行固多,中国所设者亦多有分行,约概之可分三类:一外国银行,一粤人所办之银行,一中国其他银行之分行。至贸易亦可分三类:一国际汇兑,一商业押汇,一地产及股票押款。大致以营汇兑者获利为优,然亦殊不易易,非长袖不能善舞,非经验充足,思想敏捷,不足以致胜于俄顷。至地产、押汇,则获利较稳,而发展亦少废时日也。

小报亦盛行于粤中,大都可分政治与社会二种。谈政治者曰《探海灯》,曰《胡椒》,所纪事实,多人所不尽知者,要亦翔实,而其谈言微中,尤足为言政者攻错之资,直言无讳,益其特色。《胡椒》虽精采少逊,亦复可观,办理其事者,必为有心人矣。社会小报,以纪多饮食宴乐征逐之事,仅当年王紫诠之《香海琐话》等观而已,措词多失雅驯,以迎合中流以下之心理，未足为训。盖粤人读者，消息外兼重附刊，往往大报亦有以附刊载之首叶，以资掀动者，中多长篇小说，敷陈故事，每用粤中方言，外人虽不之知，而妇稚类能取读，亦足为销数之一助。本来报纸应各部分兼收并采，俾雅俗得以共赏，余以外行述此，请为业报者进一解可乎。

港中为东西南洋海道所必经，故来往旅客至多，若通济隆运通公司等，均有支号。国人自办旅行社，亦在皇后大道中，占高楼一角，即在大道饭店对门。余来往多就购票，招待周至，服务勤慎，有足多者，扣其营业，日有进展，他年得占斯业之首席，固在意中，企予望之。

香港占地不广，且为岛峰，然英人经营之毅力，与市政之成绩，斐然可观。无路不通，即极远僻之处，亦多为柏油路，盘旋曲折，以至峰顶。汽车可以畅行而无阻，其最高之处，亦有旅店曰“碧克”(Peak Hotel)，少少陈旧。即旅店之后，有绳绞电车，每十分钟上下山一次，车价三角，升降便利，乘客甚多，此盖欧洲所恒有，而东方所罕见者也。闻每票由保险公司抽费一分，倘有失事，每客偿保险费三万元，然开办至今，迄未少有意外。西人管理之宜，机械之妙，于此见之。其较低而最幽蒨之处曰“浅水湾”(Repulse Bay)，亦有旅店，精美整洁，位于两峰之间，前临绿波，一望无垠，洵为壮观，休沐暇日，辄有游客，至此啜茗，以拾清欢。其下即海水浴场，沙滩虽不及北戴河之佳胜，然浴波者亦多，茅舍井井，位于滩上，为更衣之所，今已满布，不易更得矣。香港游泳之区四五处，此其最胜也。又乐谷(Happy Valley)在港东，有跑马广场，四围多居家，葱蒨可喜。坚尼地城(Kenedy City)在港西，俗名香港仔，粤语以小为仔，即小香港也。在香港未开埠前，渔人麇集于此，荜路蓝缕，实肇造之权舆，香港之初祖也。至今渔舟晚渡，犹复甚盛，而先民经营之迹，乃夷为他邦所有，能无慨然。

更一日，余赴九龙。九龙即在香港对岸，以渡海电船往，最为便利。一下轮埠，公共汽车，环集市口，无远勿届，余获乘至土瓜环，几二十里，才一角小洋。九龙本亦荒岛，自西人力加建设，已日臻进步，路政交通，尤足使人折服，现兹移寓九龙者已日多。盖盈盈衣带，渡海既同平地，而生活程度较低，市外空气较好，有由然也。九龙最远之处，可通汽车，已将百里，其地有海水浴场，亦颇优好，且国人有鸠资辟地以建新村者，土木缮役，工事日盛，发达可期。至旧有之九龙城，介于山腰，雉堞依然，遗迹可寻，居者亦众。至城外道次，有篱舍曰“吴连记”，售水饺，绝负盛名。港人贵介，往往乘电船汽车，不辞跋涉，来尝其味者。价亦绝廉，碗仅一角，余因友人邀往一试，亦殊朵颐芬芳焉。

避嚣之人，习居九龙，九龙亦有旅店三四，均西式，其尤佳者曰“半岛饭店”（Penisula Hotel），建置宏美，为东亚所仅见，价亦较昂，最廉者不供膳亦每日十元，昂者日廿五元，特静极足供鼾睡，亦有乐就之者。此外则视半岛为廉，居者亦多，夜市在油麻地，亦饮食征逐之处。近兹盛况，谓已减色，未及往观，莫穷其胜也。

九龙虽为荒岛，特有赵宋之遗迹。盖南渡以后，迄于端宗，国势日迫，寇祸频仍，不得已而端宗（帝昺）有浮海蒙尘之役。自浙而闽，以迄九龙，六鳌无灵，风雨乍至，端宗不获已，觅登陆避雨之处，今见九龙有巨石三数，叠架成隙，可以避息，即同往登陟，处巨石间。既而金元兵浮海又来，始舍此更南，以至崖山，丞相白鹇，同殉国难。千载之下，英爽若凭，此其过程中之一节，辄不为人所知者也。中国四千年之历史、文学、教化，无过赵宋，乃独以权奸误国，遂失其祚，一治一乱之道，有非理解足以穷者，要当归之于劫运而已。现兹巨石依然，王孙几同陌路，仙源一脉，何日再兴，会伫风雷，振奋以相待乎！巨石之外，围以缭垣，前有牌楼，土人谓之“宋王台”。西人于存古之道，亦足尚已，山路陂陀，直达石次，游人凭吊，络绎不绝，亦足见泽溉之深长。特石旁但有题字，未见名人劖刻，余匆猝间毡椎不备，亦但徘徊不忍去，而终于一去，并倩同游者饬人来为摄一景，以资矜秘，不久当可得之，以揭诸读者。

留港兼日，买舟遂行，以日邮秩父丸归来，秩父丸凡二万二千余吨，仅亚于日本皇后、加拿大皇后，且新船至负时誉者也。日邮新造三舰，一浅间，一龙田，一秩父，同为姐妹船。亦有人谓自列国取缔军备后，构造战舰，人多侧目，故日人特造邮船，万一国家有事，一转移间，便可效力重洋，其实况则非所知矣。船价头等美金四十元，曩合国币八十元，今则几二百元，汇率之昂，有如此者。然船位绝佳，其A字甲板上？烟室、起坐、书楼、音乐、电影台，儿童游戏室，无一不配置精美，饭厅在卧室下，亦复精绝，座前设乐台，以供侍餐时奉乐之用，殽核腼盛。最上船顶，则为日本式客座，及日本席房，脱鞋匍伏，别饶风趣，游泳池位于最下层，其旁为健身房，中有电马、自行车、孙唐绳、击球、哑铃、棍棒诸械，按时启闭，分别男妇长幼，相与共乐。此外附设者，银行、医生、男女理发及三越分肆，于A字甲板，陈列日本产品，和服、烟盒、领带、木屐之属，标价求售，客之好新炫异者，亦多购一二品以为纪念。其商业之组织，可谓无微不至者矣。电影室隔日必放映一次，头等客并不收费，演有声片，具体而微，不甚了了，然客中消遣，亦正佳事；二等在头等之下，别有餐堂、烟室，虽华贵少逊，而整洁有余，欧州人之附此海舶者，亦咸啧啧赞美，足知日人之毅力为可惊，而其雄心亦可想见矣。舟行四十八小时，由港可以抵沪，惟此因遇雾停轮六小时，不及乘潮入吴淞，因之又迁延数小时，合计几六十小时。迨万家灯火，乍接眼帘，故里重归，游客之兴已阑，而余亦暂搁笔砚，为读者作一小小结束矣。

（《旅行杂志》1931年第5卷第9期）

济南稽旧

余行役南北，所过名山大川，都会郡邑，辄爱抽暇，纵情游览，兼事稽古，不辞尘鞅之劳也。间有述作，写示朋辈，朋辈亦多歆羡，襆被往游，导兹先路，余何愧焉。津浦路以济南为绾毂，胶济又其终端，五年以来，或自津浦，或迂道胶澳，留济者前后七八次，亦尝泛大明，登鹊华矣。纪载之作，多所浏览，夜灯无事，就逆旅灯窗间汇次成编，亦好游者所不废也，先述沿革，次详名胜。

济南唐虞夏商为青、兖二州之域，春秋齐、鲁、谭、祝、周诸国地，战国时并入于齐，秦罢封建为齐郡、东郡地，汉为齐国地，后汉为济南，此济南之名所由始也。三国属魏为济南郡，晋因之，南北朝为齐郡，始治历城，隋因之，唐为齐州，五代宋俱因之，金为济南府，元为济南路，明改济南路为济南府，领州四，县二十六。清初因之，雍正二年，分泰安、武定、滨三州为直隶州，以长清、新泰、莱芜属泰安，以乐陵、阳信、海丰属武定，以利津、沾化、蒲台属滨州；八年又分禹城、平原、陵邑、陵四县属高唐直隶州；十二年升泰安、武定为府，以滨州并所属隶武定，又割济南之青城、商河二县以益之，以肥城易泰安之长清，仍隶于府，又撤高唐归东昌府属，而以禹城、平原、陵邑、陵四县还属济南。今领州一，县十五，南有泰山，北有渤海，东接临淄之饶，西阻济河之限，众泉竞出，民物康阜，为山左诸郡之冠。

历城附郭，以舜耕历山得名，一名千佛山，《通志》云："在历山之阴。"春秋战国谓之历下，又谓之平陵，函历诸山导其前，鹊华群峰抱其后，明湖荡漾，真古齐名区，东藩首邑也。

济南山脉有二，其自西而东者，以泰山为主，自东而西者，以长白为主。所属近山者七县，长清、历城连泰山而分其支麓，邹平、长山则近长白山，章邱分连二山，淄川专分长白，新城承泰山支麓之委而分其余。按泰山本属济南，自升泰安为府，泰山始不在疆域之中，今府属与泰安分界之山，起长清，中历城，迄章邱，其起讫皆以长城岭，是主峰虽在泰安，而支派已及济郡矣。

历山在历城县南五里，一名舜耕山，古有舜祠，隋开皇间，因石作形，镌成佛相，故又名"千佛山"。建寺于上，春秋佳日，裙屐往游，山径甚平，颇可安步，间有乘笋舆者。相传历山顶为城东南最高之地，山在人家灶觚下，旧郡城历山门内，有街名"历山顶"，则非其地矣。

大佛山在城东十里，一名"佛慧山"，上有文笔峰，中为开元寺，在昔名贤多读书其中。西为罗家寺，山之阳为圉马场，其巅先有塔，盖明万历间所建。

华不注山在城东北十五里，意言此山孤秀如花跗之注于水也，《左传》晋却克及齐顷公战于鞍，齐师败绩，晋师逐之，三周华不注山。山系孤峰，四顾无偶，青崖翠发，望同点黛，山前道院中有石刻太白诗篇。

峼山在城北十五里泺口镇，其山无峰，望之如翠屏，俗传每岁七八月间，鸟鹊翔集满山。山下有钟鼓二石，樵子、牧儿争往击之，声闻数里。旧有人云，扁鹊尝炼丹药于此也。

玉函山在城南二十里，泰山之北麓也。《酉阳杂俎》云："齐郡函山有鸟名王母使者，汉武登此山，得玉函一枚，帝下山，玉函化白鸟飞去。"世传山上有王母药，白鸟守之，因号函山，有九十九谷又名"卧佛山"，上有碧霞殿，南有蕊珠泉，东北有花山，谷中有风洞。

匡山在城西北十二里，山形如筐，唐李白读书于此。相近有药山，上有九峰并列，其下有洞，上有蜘蛛石，下有虾蟆石，山产阳起石，《本草》谓此山无积雪，草木长青。

鲍山在城东三十里，山下有古城，鲍叔牙食邑也。明李沧溟白雪楼故趾，在前山，其南有莲花谷。

马鞍山在城西南四里，形如马鞍，上有王母庙，上巳日为蟠桃会，士女云集，又名“会仙山”。其西南十里有卧狼山，其上一穴，产五色文石，光明可鉴，又名“宝石山”，中有马武寨，盖马武未遇时，盘据此山，旗墩石堡，遗迹犹存。

龙洞山在城南三十里，又名锦屏山，山如重甗。西洞透深里许，秉炬可入，东洞在绝壁上，其中有泉，深不可测。有翠屏岩、独秀峰、三秀峰，峰侧龙祠，祷雨极验，峭壁撑云，危峰堕水，游人到此，莫不称奇。

黄山在城西南六十里，桀戟排连，周如城郭，延绵十余里。《通志》谓为泰山之西址，岱阴诸峪之水，奔流至此山西，汇为池，虽盈不溢，伏流地中，至城西忽见为趵突泉。

长城岭在岱阴，即齐之钜防，《历城新志》云：泰山之后为长城岭，春秋齐鲁之界，西起平阴，东尽于海，历城之山，皆分于此岭。南水皆南流，北皆北流，故又名分流山。郡境内岭嶂最多，不能具载。

大明湖在城内西北隅，发源于泺城五龙潭侧，合濯缨、珍珠诸泉及城中各水，汇为巨浸，占郡城三之一。秋荷方盛，红绿如绣，香国湖光，浩渺烟水，鼓棹其中，有吴儿洲渚之想，然近则荒废日甚，苇汀沙溆，已塞舟途，当年胜概，百不逮一矣。

濯缨湖在抚署内，本名灰泉，汇珍珠、散水、濯缨、硃砂、刘氏、溪亭诸泉而成此，周广数亩，由百花、鹊华二桥入大明湖。

峼山湖在府城北十五里，《旧志》云：泺水旧并大明湖，北流绕峼华，汇而为湖。今则莽然田壤，无复烟波，盖自伪齐刘豫自城北导之东行，流为小清河，湖水遂竭。

郡中向有七十二泉之目，散见城乡，其最著者曰“趵突泉”，在城西里许。《旧志》云：泺水之源也。一名“瀑流”，春秋桓公二十八年，公会齐侯于泺，即此。岱阴之水，伏流至城西南，发为此泉，三窟突起，雪涛数尺，声如涌雷，冬夏如一。次则金线泉，在趵突泉东北，石甃方池，泉源乱发，澄澈见底，南北有金线一道，隐浮水面。次则柳絮泉，在金线泉东南，泉沫纷繁，如絮飞舞。在城河者南之东曰“黑虎泉”；南之西曰“马跑泉”；在城内者曰“珍珠泉”，在抚署内平地涌泉，错落如珠；其西为“濯缨泉”，为“灰泉”；曰“芙蓉泉”，在郡庠前芙蓉街西铺面后，泉池围方约十丈。余曰“孝感泉”，在西门内太平寺，齐音谓为元孝子刘琮故宅，孝子事母，艰于得水，泉忽涌出，故曰“孝感”，后人因以名其泉云。其余诸泉，皆不能与此埒，且有不可考者，郡志亦仅附其名，不得具载。

舜井在府城舜庙东庑旁，即舜泉也，澄浤甘洌，深不可测，或谓下有潜蛟，则传闻之词，不足据也。《水经注》谓南山有舜祠，祠下有大穴，谓之舜井，盖茅山禹井之比云。舜田在历山下，相传舜耕于历山，即此。

钓鱼台在黑虎泉，前面悬崖高峭，可资远望，俗传太公垂钓处，一在渴马崖。

闻韶馆在府城内钟鼓，旧有吴道子画孔子像，城北又有闻韶台，《县志》云：“大明湖南又有闻韶驲。”今均失考。

闵子祠有二，一在城东门内，一在东门外五里，盖先贤墓道所在，有苏东坡碑记。

讲学堂在闵子书院，创于元至正间，至明季邑人刘富平始更今名，现亦不存。

大明寺在大明湖上，寺东北两面侧湖水成净池，池上有客亭，左右楸桐，负日俯仰，目对鱼鸟，水木明瑟，真胜境也。

明湖左右有望湖亭、望湖楼，皆宋李师古建；又有天心水面亭，亭之后有超然楼；又有水西亭、云波亭、涟漪阁诸胜。湖堤多植垂杨，掩映有致，渔洋山人《秋柳诗》，即咏于此。今者亭台或废，而秋柳园犹存，游客类能指称也。

历下亭在大明湖西，面山背湖，实为胜地，杜浣花有《陪李北海宴历下亭》诗，清李兴祖重建更名“古历亭”，李渐开府是邦，又于亭之西偏为轩宇三间，颜曰“蔚蓝”，又治亭曰“水境”。何子贞撰长联，集禊帖字，至今悬之。御碑亭柱门额书“杜白海右此亭古”，亦何所书，以杜句考之，则知此亭并不始于唐，或即《水经注》所谓“池上客亭”耶？现遂芜而茶座犹盛。

铁公祠在明湖西北隅，祀明铁忠定公铉，忠定殉建文之难，死事最惨。初永乐北犯，兵下齐州，忠定守是邦，坚城拒战，力尽被执，骂声不绝。永乐大怒，剥肤去舌，终不为屈，寻以大镬煎沸油，屈忠定身，使之北向，其时已死，忽旋转有声，左右番役，多为油沫所湔，有致死者，其英灵不灭如此。祠建于国初，其搠相系得之于梦中，建祠本末，具详碑记，现嵌祠壁。祠中室数楹，并祀清巡抚佛伦。地势甚幽，回廊复道，风景绝佳，背负城隅，千佛诸峰，掩映在目，江右刘金门先生撰联云：“四面荷花三面柳，满城山色半城湖。”铁梅庵书，可称双绝，又有阮文达唱和诗刻石在祠右。

汇泉寺在湖之东南，三面临水，其东有堤，不五十步即已达岸。寺正殿供佛相，其东偏为关庙，再东则公输子祠，其西有精舍，为薜荔馆故址。夏日都人士多于此觞咏，然近多颓废，且张宗昌督鲁时，自建生祠，即于湖滨，未成已废，亦见沧桑之异趣已。

北极阁在城北，垣上面临大明湖，北倚城，南瞰山，伟然大观，正中对钟楼，可谓两峰并峙。

北渚亭在大明湖西，宋曾南丰建，元遗山《济南行记》曰，凡北渚亭所见西北孤峰五，曰：匡山、粟山、药山、鹊山、华不注山。大明湖由北水门出与济合，弥漫无际，遥望诸山，如在水中，盖历下绝胜之处今已废，或谓即今之北极阁。

小淇园亦在湖上，明司农赵世卿建，内有问山亭、冷香亭，今只存瓦砾，又王氏所筑丛桂堂，今亦不可复识。

一竿亭在大明湖西偏，刘富平有诗。

问山亭在一竿亭左，明王象春建，《郡志》云，即白雪楼故址，不可考。

晏公台在府城北门内，大明湖上，祀水神，晏公名戌存，明封平浪侯，久废，道光间，曾重建之。

曾文定祠向在千佛山，半崖祀南丰先生，有元至统间碑记，今移祀晏公台侧。

三公祠在大明湖南岸，祀明许忠节公逵明，薛文清公瑄，王文成公守仁，全湖在望，风景绝佳。

吕祖祠在西门外趵突泉上，月台之外，甃以石阑，凭阑小憩，为观泉胜处。

水月寺在城东北隅，门前有池，广约数亩，去市少远，竹篱花圃，清致良多，现亦芜废。

鹊华桥在城西北，其南有芙蓉池，池上有芙蓉亭，水甚清澄，广数十亩，秋日花开，红云一片。驾小艇，就花前清坐，殊饶幽致。

烟雨亭在鹊华桥西，其临水者曰“濯锦亭”，北向湖心，见华山如笔，苍翠逼人。去此亭四五步，华岫便隐去不可复见，明湖、华山得两见者，城中无二地也。

槛泉亭在府城西南，即今之趵突泉也。《禹城志》云：东坡与李公择会济南刘诏家，写枯木一枝，题名“槛泉亭”。

观澜亭在趵突泉上，明天顺间建，邢子原改为涌轮亭所，《水经注》“水涌如轮”句，复又改为涌雪。康熙东巡，曾驻于此，御书“激湍”二字，今已刻石，亦屡沕屡建矣。

百花堤在府城南，曾南丰有诗。又有百花汀、百花洲、百花台诸胜，今多不存。

一览亭在千佛山石岩下，额曰“尘飞不到”，初建佛寺，颓败后，因山腰隙地移旧亭而新之。携筇到此，坐翠微中，可以涤洗尘襟，凭阑一览，满目烟景，诸村历落，均历历在目前矣。

历山堂、泺源堂在府城西南，历山之阴，泺水之上，或云在趵突泉上，北曰历山，南曰泺源，曾南丰建齐州时，建此以款客者。

深柳读书堂在金线泉，亦名“来云馆”，后取曾子固诗句，改冰绡堂，县志谓在趵突泉东北，明进士谷继宗旧建，近亦难于搜访。

使君林在府城北，《酉阳杂俎》云：历城北有使君林，魏正始中，郑公悫于三伏之际，每率宾僚避暑于此。取大莲叶置砚格上，盛酒三升，以簪刺叶，令与柄通，屈茎上轮囷如象鼻，传吸之，名曰“碧筒杯”。历下人学之，言酒味杂莲气，香冷胜于水。

房家园池在府城内东北隅，为北齐博陵君豹之山池，其中杂树森竦，泉石崇邃，祓禊胜地，今不可得矣。

通乐园在趵突泉西，明大学士殷文庄士儋别业，《县志》云：在芙蓉泉西，又名“川上精舍”，均文庄建，今废，园石移置趵突泉上。又有六戒堂、如斯堂，亦文庄建，均不可迹。

鲍山白雪楼，在府城东鲍山前，明李沧溟建，西眺华不注，东揖鲍山，尝自谓他无所溷吾目也。其时城中湖上碧霞宫之侧，亦筑一白雪楼，许殿卿赋诗所谓“湖上楼”是也。今惟趵突泉东偏有白雪楼，相传为沧溟先生读书处，其后裔嗜花，小有花圃，亦颇不俗。

钟楼向在提学道，南有钟楼寺，明成化年建，后遂圈入学署内。楼凡三层，中悬巨钟，谓上有仙凭，人不敢上，上必有奇祸；或误鸣钟，则城中必遭巨祸。今则科学大昌，臆说尽破，即钟楼之钟，亦不知何许，更胡有于仙凡之别哉？

严更楼在藩署东，旧名“谯楼”，后更今名，前有铜壶滴漏，久毁矣。

郡庠中有崇制阁，宏丽尊巍，屹然大观，登者俯瞰鹊桥，旁览明湖，一收烟雨之胜。棂星门外有中规中矩二亭，方圆异制。又有飞跃亭，绕以玉带河及芙蓉泉，其水迤逶北流，转而东，复入明湖，沈华东任济南府时，就池浚其渠，名曰“梯云溪”，近亦淤塞矣。

铁牛在府学门左，《通志》云：平地涌出一铁牛，掘之愈深，牛亦随深而隐，填之则仍出土面，人因谓之“铁牛山”，实则传闻之异，无足据也。

环碧亭在旧明伦堂后，明代尝改为敬一亭，其西有瀛洲亭之胜，早废。

天齐庙即岳庙，在南门岳庙街，殿阁庄严，院落宏敞，春初旧时多于此设市会。

五龙潭即黑龙潭，在西门外，上有神祠，祀龙神，宋元相沿于此祈雨，其东岸下有鲛人馆，下瞰深潭，阴雨鱼龙出没，时发光怪。明崇祯间重修之，今夷为蔓草荒垣矣，渔洋尝有诗纪之。

明德藩故宫，居今城中占三之一，规模宏敞，园亭之胜，甲于全省。白云楼在濯缨湖南珍珠泉上，后亦规入藩府，就旧址起亭，名白云亭。《池北偶谈》云：济南德藩故宫，面南山，负百花洲，宫中泉眼以数十计，皆澄泓见底，石子如樗蒲。顺治间周有德抚鲁，即改为抚署，又移青州衡藩木石以构之，益宏丽矣。

泺源书院在抚院西明都指挥署旧址，广厦数百间，自书院制度，亦已改为他用。

前贤弟宅，散岁城乡，岁月既多，渐就倾废，其犹可辨指者，约略记之，以资考古者之甄采。

唐秦叔宝宅在西关沙苑，子孙世以冶铁为业，世称铸铁秦家。

宋张侍郎掞宅，在五舍人庄南。

宁稼轩宅，在郡城，不知何处。

李易安宅，在泺源门外柳絮泉上，田山疆有《柳絮泉访李易安故居》诗。

周公谨宅在历山下，式云华不注之阳。

元张文忠养浩宅在城内西南隅，内有七聘堂，则以七聘不起，后人因名其堂云。

明刘富平宅在西开柴市。

李沧溟宅在柴市路南。

许殿卿宅在布政司街路东。

村落以终车村为最古，在城南九十里。砚溪村，不知何处，以赵松雪得名，王阮亭有诗《水村》。许邦才庄在北门外，云庄在府城西北十里，元张文忠别业中，有云锦池、雪香林、挂月峰、待凤石、遂闲堂、处士庵，及绰然、拙逸、乐全、九皋、半仙五亭，均有记。又有翠阴亭，数百年来，亦屡经沿革矣。

市肆前以四隅头为最喧闹，果蔬异味，陈列甚多，凡时物之自省外及南省新来者，各铺皆用红签书“新到某物”，标于其上，精饮馔者过之，必购归。间有市人携出，踵门求售者，谓之“报新价”，过寻常者数倍。

书铺在大小布政司街，以工西堂、同林堂为最久。

南纸铺不下十余家，以艺林堂为最，在抚院前；次则有容堂，在布政司小街。

古董门多在厚宰门，以室名斋为最，鼎彝之外，间以古书，惟书画则佳者最少。

衣庄以百顺为最，在西门大街，余皆在芙蓉街。

靴帽铺在芙蓉巷，以同祥义为最，次则大成号。

洋广货铺为在芙蓉街，以裕聚为最，裕昌次之。

药铺散见于各街，以益寿堂为最，在布政司大街，次则东育生堂，在抚院西。

自商埠开辟以后，轮轨交驰，多在商埠地，崇楼杰构，宾馆饮馔，又多比列以居，以视前此盛衰，不无小异矣。

济南士好经术，乡绅家莫不课读，即农夫胥役，亦知延师教子。学馆如云，名里相望，曾南丰尝云“齐为文学之国”，又有谓“齐鲁文学皆天性”，信然。

缙绅之家，曩均不权子母，以夺民利，其有竞刀锥以兼贫寡者，皆羞称之，故虽贫居亦辄罕与士道往来，请托夤缘，绝少径见，其守分可知。

历下之民，向乐输将，不俟催科，自然云集，南中抗粮、包漕诸恶习，此皆无之。乡民力田者多，贫者樵采佣工，间为贸易，然不远出，东三府则有远去其乡者。

地宜桑麻，民好畜积，殷实之户，十居六七。

郡民向畏官长，故不健讼，妇女尤甚，即有官事牵及，辄百计求免。

乡妇最勤于纺绩，七八龄女子，即优为之。男子冬月无事，负喧抱儿，使妇不旷职，故布帛之利，不减吴中。

郡有湖山之胜，距东南数省，亦复不远，凡宦游于此者，每多侨寓不归，遂入其籍。俗谚有“惯发客籍”之说，亦非无因。人既杂居，风气遂兼南北，闾阎比户，衡宇相望，富庶景象，积久为然也。

齐俗旧婚礼本不亲迎，惟莱属之诸城，则非亲迎不可，及期男家用处女二人，俟彩舆登堂，艳装先出，一执粉盂，一执脂盒，在新人面上摩擦作势，谓之添胭粉，则他处风俗所未有，或亦旧谚所传桃花煞之遗耶?

新人入门后，凡贺客登堂者，皆不令见。入夜母送其子入房，亲友概不得入，故无南省闹房恶习。惟后此习俗渐改，民国以后，新礼一行，此均废止矣。

齐俗俭朴，生日从无肆筵受贺之礼。凡登仕板者，在他乡亦间举行，回籍后从无收受礼物，亲友亦无登堂拜祝者，则犹邹鲁之旧也。

丧服旧以东省为近古，省垣尚有用墨绖者。惟谋生于外者，多不能不少从杀，惟三年之内，无不白鞋。东三府及沂州等郡，竟服白三年，期服亦服白期年，冠履一色，此风他省人无不讶其太重，而不知古风之仅存也。

元旦用面作角子，齐俗用素馅者多，省垣谓之“水包子”，市肆售卖者谓之“扁食”，亦谓之“水饽饽”，东府谓之“馉饳”。此则不独东省为然，北数省均盛行之。

小米用水浸透，磨推如糊，用釜摊之，其薄如纸，干而则脆者谓之“煎饼”。此则通省皆食之，惟武定、曹州较少，省垣亦有售此者。麦秋时，以新麦所制谓之“麦子煎饼”；乡间贫家用高粱制成者，谓之“红煎饼”；沂属一带，夏间晨制而晚摊，味带酸者，谓之“酸煎饼”，此则仅行于沂属者。

二月二日炒黄豆加以糖与小儿食，谓之“吃蝎子爪”。农家于是日用白灰作一大圈于院中，谓之“打囤”，见于《齐民要术》，盖由来者旧矣。

清明日妇女忌作针黹，闻东府盛行秋千之戏，是日皆艳装结队出游打秋千，谓之“踏青”，近兹此风亦式微矣。

六月六日炒白面，用糖拌食，谓之“吃炒面”，夏日用小米炒而食之，谓之“炒谷米饭”，城乡皆通行之。

中秋节作家宴者少，铺户中各出一人，互相邀请，然绝无人来，请毕，闭户畅饮，达旦方散，谓之“圆月”。

果品以曹州木瓜、石榴为最，曹州并产耿饼、柿霜，《香祖笔记》载曹郡种木瓜者，必植铁根海棠于旁，结实方茂，石榴有大如中碗者，子实符三十六之数，谓之“罡榴”，最不易得；次则临清桃，桃大而有红嘴，肥城桃小而白；次则青州梨，皮青而粗，肉白而细，直不减当年之哀家矣；乐陵枣亦佳，武郡本产枣，而以乐陵无核枣为最，滨州等处有以枣煮粥者，市间所卖皆制作熏枣，可以经久。此数品者，皆产他郡而盛行于省垣，故贩者甚众，价亦不昂。郡属所产以苹果为最佳，次则文官果，仿佛新栗而外无刺，味如莲实，久著盛名，他郡间亦有之，不若诸城之奎栗，近有仿京市以糖炒者。赵氏《陔余丛考》言汴京李姓以糖炒栗驰名天下，金灭宋室，携往燕京，此都下有炒栗之始，风气乃及于山左。次则山楂，近山处皆有之，然不若青州黄山楂之美，而胶州之葡萄尤美。

瓜品以西瓜为大宗，西瓜以曹州为最。大瓜性喜沙土，曹郡土性松浮，故瓜甲他郡，然距省远，且质重艰于负贩，故不能到济南。其鬻于此者，皆产东平，谓之“州瓜”，境内亦间有产之者，然不若州瓜之佳。

花木皆来自他郡，以日照之栀子，曹州之牡丹为最，土产仅大明湖之荷花，兰、橘、桂、梅、木梨等品皆来自南省。花局旧以趵突泉、白雪楼为最宽敞，中有精室，可以假座燕客。地主李姓，系明李沧溟之后。海棠近亦多，竹最少，则土不宜也。凡卖花者，无不兼卖笼鸟，鹦鹉不常见，见则价必昂，值兼数金矣。

东省方言，略近都门，音则少重，略记数则之异于他处者，称父曰“爹”，嫡母曰“妈”，庶母曰“娘”。（外府称嫡母曰“娘”，庶母曰“妈”，适异。）夫妇间，男称女为“家里”，此称最古，见于《玉台新咏》，称男曰“外头”，谓物之不佳及事之不成者曰“不济”，谓有息之钱曰“取钱”，无息之钱曰“借钱”，此均古语，沿用至今者。形体之名，大略相同，惟咽喉作嗓子，东三府谓之“吞子”，读作去声，乡俗以辰时为东南向，巳时为已饭时，此沿古十时之称而未改者，谓昨日曰“夜儿”，前日曰“前儿”，与北数省略同。

（《旅行杂志》1931 年第 5 卷第 12 期）

青岛游程

逭暑之区，南中有人尽共知者，若匡庐，若莫干山，若青岛，均足以荡涤尘襟，而愚辄右青岛，其故可得而言也。（一）避暑不特求到达地点之安适，且当求途中之便利。盖炎天固以避暑为得，而旅途之经程，有更患溽暑者。（二）求凉爽之地，首在有高山，然过于艰僻，则交通终不便利，以吾侪未得买山而隐者，安能尽舍繁俗；次在有大海，则海风习习，足生凉波。（三）盛夏最要者沐浴，山溪涧壑，濯缨足乐，然苟得海水浴者，不特浴之能事为已尽，且足进而锻炼体魄。（四）吾侪久处都市，辄有所需，瞬息可致。移家外适，虽足以辇致日用之品，然每患其不周。避暑闲居，本为求全之事，则交通市集，并求其适中。合此四者，青岛其最得所宜乎？

由沪而青，航程一宵可达，约自三十四小时至二十八小时间。大连汽船公司诸船，设备至周，行程绝稳。其自上午九时启碇者，次日午刻，已可抵岸，间有在午刻启碇者，则天津丸比较吨位略小，或至两宿，否则亦一宵可达。设备以大连丸为最，榊丸次之，天津丸又次之，然沐浴饮馔，均能尽如人意。至不欲与人杂居，则三船均有专备之头等室，取资虽较昂，然有私人浴室及私人起座，尤为便适。外此太古怡和之北洋班，亦多有绕道青岛者，虽速率较迟，然暑中旅行，得此为弥乐矣。

青岛处胶州湾中，地势雄胜，舟入胶州湾，水作蔚蓝，不似外海海面之淀浊，已令人顾而乐之。远峰遥峙，山环合抱，雄健中饶有清气，劳山临海，绀宇琳垣，分上下二宫，地势特高，气候自不患炎溽。而由青岛以汽车往，二小时已可抵山背。虽不能径涉三宫，然抑树台之胜，凉爽宜人，其面海者，大堤修径，客肆凭临，镇日海水击礁，浪花起伏，溅沫弄珠，使人有海天之想，足以振翮盘空，一涤遐想矣。

青岛全市，位于石岛，冈峦起伏，地势非平，然得德国人积年之经营，辟莽戒途，坦道如砥。街市整洁，多作柏油路，汽车驰骋，时时如沪上之桥面，上下波度，而绝无奇险。其市街高下过差者，则迂道盘旋以平之，而别立巨梯，以利行人，图得闲道，拾级可登。市面绝无凌乱之弊，其最繁盛者曰"山东街"，百货之市，阛阓如云，应有毕集。特日人商店尚多，此则日本于欧战之后，继起致力。现者一切管理行政，虽已收回，而其经营犹多，则国人于商业之道，亦容思过半乎。

饮馔之地，有俄、德人创设之饭馆，治西餐均复佳制，青岛之牛肉，固著盛名。德肆曰福禄色(Flossel)者，烹调尤佳，俄肆多售冷食，法肆玛西玛(Maxim)及俄旅店多附设跳舞场，不似上海之凌杂，而音乐亦佳。中餐则以曼德林(Mandarin)为最，栋宇一规北京殿庭遗制，山节藻棁，售价虽略昂，川菜则至和味。此外有旧式之饭庄酒肆，则本地人所设，济南庖丁，本驰盛誉，所制面饭，亦多可口。至饮料则本地所制之生熟啤酒，为最名产也。

客寓之最闳大者曰"青岛大旅馆"(Grand Hotel)，面海而峙，占地至广，内容布置，大致如汉口之德明饭店，而整洁过之。面海诸室，各附浴室，取价日十二元，其东屋制较陈者，日八元。楼下饭厅甚敞大，其先日人继德人而经营，自我国收回地权，日人仍承租营业，年缴地捐，改为公司制，股东并有他国人矣。客肆之下，即临大道，道旁有我国收回纪念碑亭，亭外即大海，中有孤岛，上峙灯塔，一火荧然。其北即浮桥，为德人初设以卸粮运者，今亦久废不用，改为公渡码头矣。溯此路北行，不过两里，即至胶济车站，循海抚岸，景物至美。其南即德总督署旧趾，居高临下，地尤雄峻，今为青岛市政机关。更南则至海水浴场，总青岛客肆，此最轩丽，外则日人之金水馆，及华人自设青岛旅馆等等，均足供行李之需焉。

海水浴为消夏第一乐事，虽吾人之不善泅泳者，多不敢一试，半固于天赋之或怯，半亦由于设备之未周也。青岛浴场，设备绝佳，其濒海处，适多浅沙，因成涨滩。滩上木屋林立，均为私人所设建，以便临时更衣之需者，来客亦可赁得其一，价殊非昂。试游泳者，初涉沙滩，渐入水面，深不过膝，迤逦以往。善游者可以纵试，无所惮，不善者小试而即已，决无危险，然其有益于体力，受海水日光之熏沐，则自一也。西人避暑，多来斯间，一至落照间，金鳞射水，人尽拍浮。国人士女，间有往者，特不为多，欲争尺寸之功，以试身手之技，甚愿漱石枕流，多此激励者耳。

德人旧制之炮台，依然在目，炮位虽废不复用，犹可想见雄风，以视旅顺炮台，（自大连乘汽车，数小时即可达到）固似规模之不及，然亦见德人于远东经营之盛心。此即在公园相距不远之地，游人多到此一观，摩挲之余，殊有铜狄之感。其旧总督府，在滨海之内街，建于半山之上。山本不高，一建夏屋，巍丽异常，就中布置，于严闲中寓整肃之意，德人之积习使然，现用作胶澳公署，为市政事业之中枢，分科办事，纲举始得目张也。

青岛之逭暑，要其妙著，在空气之澄鲜，波光之潋滟，不必定穷登山临水之致，即在大旅馆中，辟一斗室，休沐旬日，晨起随意闲行街市间，纤尘不染，饱饫天光。或驾汽车，取道劳山，沿途尽绿阴掩抑，一小时许，息足山趺，步行支杖，随时赋归。盖其地之整洁闲适，实足以使去者留连忘返，未去者为之神往也。

（《旅行杂志》1928 年第 2 卷第 2 期）

西巡清话

——河洛访古记

一、楔子

岁暮天寒，残年歧路，余乃有西巡之举，劳人草草，初无好状，足以示之同文。惟生爱清游，不以事阻，夙成惯例。于是南北于役，无论冰天炎海之中，铁马金戈之际，一抽暇晷，便具胜情，此行亦复如是。盖有事遄征，于万冗之中，谋几微之乐，正惟山水清幽之致，与此苍茫吊古之情耳。

旅游之作，不涉事功，余所以西巡者，初无赘述之理。兹则但纪游踪，示人先路而已。余以某日晨就欧亚航空机由沪赴郑，飞机余所习乘，年有数度。友人笑，锡余以嘉名曰“两足飞仙”，盖以同具方趾，如傅双翼也。是日天朗气清，高空之际，不寒而肃，琼楼玉宇，顾盼之间。过宁后有乘客同登，即径赴郑州。以十时三十分离沪，十时半即已到达。友人陈君，躬以汽车，迓我机场，盛情可感。余曩者由南而北，郑州仅所经行，未曾逗留。此时询以交通状况，则知城内弥有进步，惟汽车仅三辆，供客者只此一乘，以稀见珍，亦足重已。

郑州无可游览，余屏当所事，栖止于中国旅行社之招待所，即在车站之次，整洁闲适，每日所值不昂，视其他闹市红尘中者，不可同日而语。余又以人力车，穷一小时之力，闲行街市，见其繁盛，略同津汉。而所销售者，尚多外货，且知营业初不佳，为之怃然。既至浴室，布置井然，且得磁盆，供濯缨之需，旅次以为大乐。晚饭即于陈君许，河鲤山菌,视厚德福之豫菜,盖远过之。

由郑西行,本有新钢车可以直达,但自客腊十二以后,钢车仅止于洛阳。余正欲赴洛,即定乘是车,车由徐开,过郑适在午夜,余特属旅行社役,届时力唤,而先入睡乡。此车去秋甫运路应用,其设备之美,有过于万国卧车。而盥栉之室与夫卧铺位置,多与美国车同。至一切材料,及于潢治,均臻上选。余于午夜登车,友人以水果见惠,尤所感渺。登车入睡,一枕蘧然,六时即到洛站。路局杨段长迓余居其私宅,异地情亲,重可感已。

洛阳本为汴洛路之终点,故车务设备甚周,沿站有住宅,以供在事者之居家。盖在北邙山下,其建筑占地不多,平屋五六间,部署得宜,适合家庭之用。缅想民廿一年,淞沪"一·二八"之役,国府仓猝移都,卜宅洛阳。所谓各院部会者,即分设于此若干宅内,幸而事过情迁,仍足供路方之用,然以蕞尔之庐舍,乃曾为国家之中枢,则后来者或不置信,思之思之,沧桑之感,其何以已耶!

余嗜清游,又好访古。清游者以山水为寄情,必答杭之西湖,浙之雁荡,皖之黄山,而后可尽其游兴。至访古者,(余略事考订,初不专精,故不敢谬托于考古之列,徒以访古自名。)则虽黄土一邱,浊流三尺,但为前人之所寄迹,均足为后人摩挲凭吊之资。余至洛阳,亦夙知背邙面洛、伊洛瀍涧之说,无当于景物,然其足以为凭吊追寻之迹者,则又俯拾即是。盖我国文化,自西徂东,三代以来,即以此为综合发祥之地。他固不论,而河出图、洛出书者,即在孟津,此为最先发明之文化,纵其真伪,付诸传疑,而史家立言,已逾数千年,凡我国人,对此文化渊源之权舆所在,又应如何兴感?故余此行以访古自课,而不必以揽景为怀。因之随处皆有流连之乐,若衡诸景物,则山川递改,游客必且怅然自失,此为旅行学中之两大分野,若者宜揽胜,若者宜访古,为不可不先自决定者也。

余逗留洛阳者数日,治事以外,即备征骑,然余以未尝前至也,则先罣讨其形势,及历史,用增吊古之兴会。(若专言览胜者,本可舍此不谈。)今亦掇要陈之,用为喤引。

洛阳河山控戴,形势之胜,非易言陈。盖其地左据成皋,前向崧高,后介大河,以今之治地文者言之,则是河山缭绕之中,为一平原盆地。古人谓崤函有帝王之宅,河洛为王者之里,凡一度临存者,当信其非为溢美之词乎?至于其地之为九朝都会,则尤少治史学者所共知。今言其载藉之最久者,则夏后初都阳城,去洛百里。成汤迁亳,相距仅五十里。周武定鼎郏鄏,成王之立周公,营洛邑。至平王东迁以下,廿三王均都洛阳。自汉以后,屡屡建都,更无论已。惟其中国民族之由黄河流域以发展也,故洛阳不特为建都之所,而亦即为文化之祖祢。河图洛书,前已一述,不复絮陈。东周以降,王室衰微,而典章制度,犹存王制。孔子尚入周问礼乐,可以征之。光武中兴,炎汉复都洛阳,兰台石室,东观白虎,均为学术之中心,均洛京也。明帝时佛法东来,白马寺为此土伽蓝之肇始,亦在洛也。元魏之际,迄于隋唐,佛法大盛,仅亚吾儒,多在洛中。宋时以洛为西京,而道学特起,二程即居于伊洛之间,儒臣名士,多在其地。自宋以后,异族入主,洛阳失其文化、政治之位置,而中国之政治,遂陷于纷更,学术亦但有因袭,绝少创获,是洛阳与中国盛衰所系,其重要有如此者。国人缅今追昔,请勿以邙山如垤,洛流如泥,而渺视乃祖乃宗统绪相承之名都胜邑,更必躬往一览,则其情绪,必且勃然而兴。愿证吾言,请即就道。

洛阳山川,详之纪载,旅役匆匆,未暇先订。但举其所及见者,则邙山绵亘四百余里,连跨三县。按之有三十三山,距城仅五里许,望之仅二百尺,实一土岭,亦绝无树木。古代纪载之形胜,以雨水之冲刷,川岳之换形,未易重睹。今者以冲刷过多,多成沟通,又以两崖土壁削立,特复腴厚,乡民遂因之以辟梯田,挖居穴矣。北邙向为墓地,因之古冢累累,有可考者,有不可考者,英雄美人,同斯一貉而已。邙山之前为周山,一曰“秦山”,以周灵王葬地故名。伊阙山一曰“钟山”,距洛阳卅里。其东曰“香山”,其西曰“龙门”,神禹所凿,斤斧宛然，谓之“伊阙”，（司马光则谓禹特治之，非凿而辟之也。）万安、黄华诸山，咸相缭绕，不暇细举。水则洛河距城南二里，源出陕西，至洛邑始会于伊水，盖从西来注之。伊水则在县南十五里，瀍、涧亦均先役合流。谷水则自流道壅塞，不能追美前代矣。综伊洛之流域，地皆甘美，宜于移啬，见诸诗咏，多不胜详。最古者要为《五子之歌》，是其景物之胜，足以使人君游豫，而灭厥德也。至神话所传，则洛有灵神，洛伯与河伯斗，见于《竹书纪年》，洛妃为宓牺之女，夫死殉水，则见于子建甄城之赋。而此外野史琐闻之述及神异者，又不一而足。要之山川灵秀之所钟毓，岂不可容此祥灵乎？其说无征，固不必置辩，为此杀风景之举也。

考据略陈，遂言游览。洛邑无地无古圣先贤之所贻留者。今但举余所经行述之，不敢侈陈也。

二、访古

周公庙

周公为肇建洛阳之元圣，庙食于洛，固其宜矣。庙在城西关外，传为唐贞观时所建，历经明清，均有修葺。前殿为周公像，衮衣绣裳，赤舄焕如，两庑配祀名宦，旁折而入，为定鼎堂。别有一像，而辅以召公、毕公、伯禽、君陈四人，戟门角门，四周缭绕，长垣五十余丈，门前为文昌阁，制度宏伟。廿一年国府建行都时，又修葺之。辟为社会教育馆，两楹嵌以新出土之唐墓志数百方。最后有小院，雅洁宜人，古槐一株，形如虬龙。外为明尚书吕维祺殉国处，览者于此，缅想成周政化之盛，盖敻乎其勿可及已。

孔子问礼处

洛东关有旧县学，原在城内。明万历间移建东关，即宋法禅寺故址，今已毁废。大道旁竖碑屹然，缭以砖壁，曰“孔子入周问礼乐处”。其北铜驼巷，西有祠，祠老子，额曰“瀍东老子故宅”，现设小学于内。

游客以人力车往，不一小时，足以流览而有余，觇此二圣之遗迹矣。按铜驼街即晋索靖指驼兴叹曰“会见汝在荆棘中”者耳。

夹马营

夹马营旧址，即迩问礼处数百武。传为五代时之夹马营，墙根下有碑题“夹马营”三字。其北为明代所建之护国寺，宋太祖方岳降时，赤光绕室，异香经宿，因之里人以为火光，群来奔救，固无火也。延至今日，凡以讯洛人火烧街者，咸知其事，亦证有宋流泽之远矣。

上清宫

此即唐时之元元观，在邙山上，距洛七八里，据山之巅，宋司马光即有游眺之作，知其由来者旧矣。金元庙废，明代始重修之，清代又屡经兴筑，又或曰旧制为铁瓦琉璃，则不可得见矣。殿祀老子像，古柏数枝，率均南向。或谓老子尝炼修于此，殿北有翠云洞，井水甘洌，洞上为平台，登之为玉皇阁。遥望伊洛，盘旋如线，众山环绕，胜概独绝。唐代笃信道教，且以李氏附于宗谊，故上徽号曰“元元皇帝”也。旧尚有中清、下清两宫，均废。

龙门伊阙

龙门离洛阳廿五里，两山对峙，崖石壁立。伊水历其间，北流。西山曰龙门，东山曰香山。别有流泉，自山隙瀌瀌外流，温凉异候，芬芳甘洁，至其石佛龛，为中国美术史上久负盛名者，亦即在东西二山。(香山甚少，龙门特多。)按石佛建龛，始于元魏景明之际。世宗诏仿大同云岗例，为高祖及文昭太后，建窟二所。初建时，窟顶去地过高，费功浩大，渐始奏移平地，迨永平中，复为世宗造一所。前后营建二十四年，用工八十万二千三百六十有六，足知其浩大艰巨。盖元魏女主，崇信浮图，而唐代武后所建亦夥。前后多年，历更朝代，此事不懈。其间上自帝后，下及庶人，无不建窟凿像。因之龙门石壁，高下大洞小龛，不可胜计。有全身者，有半身者，有如来像，有大士像，巨者至数十丈，小者不过盈寸，而坐卧侍立，神态各异，莫不栩栩欲生。至就像以考其年代，则在前者较为古朴，亦间有西方之色彩，(此盖源于元魏先建云岗石窟时，有西来之佛教雕塑家所传入，迨流入中土者渐久，于是一切又偏重于东方之风格，如游龙门者，更至云岗一行，便足互证。）所惜千余年来，日有毁损，迄至于今，几于有穴皆空，无佛不损。甚至斧斤之迹，使大士成半面之状，则盗窃者固罪不容诛，而典守者亦责自有在，云岗石质风化较易，地处僻远，盗窃较难。故虽已所存无几，而尚多完躯，则以尚有寺院为之庇护。至此间则寺宇早废，照料无人，除就中最大数躯外，几于无一不受催损。此在佛身之慈舍为怀，虽饲虎在所不恤者，固不吝法身以供盗粮。然就文化艺术之目光衡之，则益伤民德之下，惟利是图。而访古者数千里外间关来赴，于此更起怆感之思矣。

龙门诸窟，于先本均有寺院。大抵兵劫之余，早已毁失。现者或空无所有，或仅存间架。然来游者要均以原名名之。其最著者，如泉穴前之石楼，斋祓堂上之宾阳洞，（即唐之龙门三龛。）穹如覆釜，方圆若客堂，各有巨像，四壁尤遍镌小佛像，不亚云岗。过此则为锣鼓洞，盖因山穴之旧以筑成者也。更前为八仙洞，千佛洞；而千佛洞四壁所雕，尤视三龛为整密，惜亦尽被斤斫。更进则前五佛洞，莲花洞，以至于龙门。此盖一峡道，就道可以登山，荆榛塞途，惜无人敢于贾勇者耳。更前则奉先寺，为武后所造，在山高处。中佛八丈五尺，左右金刚胁侍，无不岸然。人立像前，仅及靴尖。而一佛之腿踝最巨，游者多来试抱，绝少合围者，因之光泽朗然。又为药方洞，则多旧药方，字迹漫灭。老君洞字多于佛，世上盛门之龙门二十品，多出其间。匠人方挟毡椎，置梯级，以拓墨。余购全之，值数角而已。至洛阳市中，则多另备木刻，翻拓欺人，转索价至一圆，信乎采购之宜就产地也。最前为八节滩，已濒断岸。对岸即香山寺，为乐天所修建兴居，舍而为寺者。康乾南巡，曾经驻跸。而目下颓废不堪，勉忆当时九老唱酬之盛，早如天上。溯乐天居此，先后十八年，故集中香山之作独夥。即身后亦葬于此，墓制犹在，孤冢一坯。诗人显宦，正所谓“名山料理，也算古人愚”矣。香山别有诸洞窟，宏伟不及龙门，余以时促，未容省览，匆匆赋归。

关　林

关林为关公葬地，距洛城十五里，为赴龙门所必经者。盖关侯被害于麦城，传首至洛，曹操以王侯礼葬之。今祠则明代所建。祠制宏伟，前后三殿，殿各五间，均塑像，朱颜美髯，威仪整肃。而偏殿本有卧像，置机括于地下，一经转动，卧像即由床下上升。惟近以机括已坏，故像身亦另移偏殿。殿宇本已凌夷，客秋刘峙主汴，集款兴修，因之焕然一新。殿后为冢，缭以周垣，荫以古柏。垣前为亭，亭前有牌坊，外题“音容宛在”，内题“英烈千古”。碑题“忠义神武灵佑仁武威显关圣大帝林”。（殿前神灯书“协天大帝副玉皇”，称谓之怪，于此为极。玉皇亦有正副耶？）旁联曰“神游上苑乘仙鹤，骨在天中隐睡龙”，亦在可解不可解之间，盖康熙时吴徽所撰也。殿前有空地石桥，旁立碑石，多系历代题刻。其最可怪者，则关侯之乩笔草书楹联，刻石曰：“香袅余烟思汉鼎，花开三月想桃园。”其文之陋，其字为楷，岂关侯九天之上，由汉迄今，尚学制楹联，临楷法乎。刊之贞石，厚诬先烈矣！

平泉别墅

唐代李德裕之平泉别墅，园林名胜，久驰盛誉，所自撰之《平泉记》，所述尤详，历代传人，多加题咏。其地盖在龙门镇西梁家屯，屯中有平泉寺，村人即指为园之遗址而已，不可穷诘，徒供凭吊追思而已。

午桥庄　绿野堂

唐代裴晋公之午桥庄，与宋代张齐贤之绿野堂，均为洛邑园林之胜，今洛南十五里，犹有此二村名，而问诸洛人，咸云无可考见。姑存其目，以示世之访古同好云。

独乐园

宋代司马文正，相业文章，敻绝千古。其园居在洛，视诸公所营者最小，而亦饶有花木之扶疏，在洛城南十里，近则有村以“独乐”名，盖其遗址。然园圃之胜，则无可睹矣。

安乐窝 天津桥

邵康节先生之故居，即在洛河南里许，今且成为村名矣。村民亦多邵姓。实则宋室南迁以来，地已易主，渐又改建九贤祠。至清顺治间，始重建邵祠。祠中并立邵像，左设九贤祠，右设书院。祠宇不大，而碑记甚多。庭植牡丹、芍药之属，花时盛开。至祠中并藏有先生手泽。得人介绍，并可获观。世泽绵延，先贤堂庑，为过洛者所不可不一至瞻仰者。洛河上即有桥，今为车马所通行者，为后建之便桥。正在兴筑而未完工者，为一新式桥。至有废址立河中，仅存一孔者，即宋时之天津桥。世事日非，杜鹃啼亟。凡涉此者，胥有同情乎？

白马寺

白马寺在城东廿五里，汽车可以直达，其地盖汉明帝时梦见金身，遣使天竺，遂与圣僧竺法兰、摩腾载经俱归，还洛至此，即址建寺，盖中国第一寺也。寺成于永平十一年，为民国前一千八百四十四年。前有方塔，制度甚古，本可登眺，越世久远，实而不虚，仅供瞻礼。塔在小阜上，前立元明以来修葺诸碑，而铃铎相轮，犹存旧制，与后世之徒事藻采者，不可同日而语。寺之建筑，在汉代本依天竺旧式，且置经藏画图。迄于元魏，藏经犹存，且发异光。其后隐显不一，唐武则天属薛怀义主之，秽德彰闻。迄宋淳化间，又为兴建，轮奂具美。此后金元明清，多有修葺，因陋就简，无足赘陈。民国以来，荒芜特甚。最近林子超、戴季陶诸善信，醵资重修。缭以周垣，庙貌一新，而不甚恢宏，经台在大殿之后，僧寮在大殿之旁，经台略高，循阶而上，静室三间，以供檀越。老僧一人，待客茶话而已。两圣僧墓，即在殿前。筑成平墓，亦无碑碣。总之，规模尚在，而栋桷俱非。惟在此千顷平原之中，有此数千年前东来第一之兰若，斯足令人循览低徊，发其清省耳！

汉魏太学遗址

太学在洛城开阳门南，前有蔡邕石经，近已移置河洛图书馆。按之城址，盖在今城以东卅五里。现兹出土之零甓残经，犹时时见之也。凡游洛者，当至城中，一觇石经。至太学遗址，残垅一邱，殊无足观，可以省兹足力也。

金谷园

金谷园于晋时为石崇之园，豪富无双，绿珠堕楼，卒以身殉，历代题咏至夥。今距洛五里，有金谷园村，实非其地。盖按之实在洛城东北也。今者遗址无存，久不可考，徒使旅客，梦兹嘉名而已！

洛神庙

庙在城东关南石堰头。年代久远，越世重修。或曰曹子建即宿于此，以作《甄城赋》者，未易深考。要之，灵水浚源，疑有主者，云鬟雾鬓，形诸翰墨，深致雅人，固不必遽断其有无。今者涉洛，睹兹流水，已足怡情，亦不必更瞻庙貌也。

凡上所举，一二日之经行，已略穷洛城之胜迹。惟此奕世之名都，帝王所埋骨。必欲按图索骥，如伽蓝之作记，名园之具书，则虽穷年累月，亦不可尽。且时会沧桑，亦且终不可得耳。游踪至此，汔可小休。遵夫前道，以去潼关。

三、潼关

潼关为豫、晋、陕三省之交界，前枕黄河，后凭骊脉，气象雄伟，城垣坚峻。余是日以六时快车离洛，黎明三时，遂至潼关，宗人迓我车次，宿其馆舍，视旅店如泥犁矣，宗人掌路事，所居即在站旁，前后二十余宅，成一院落，宅各数室，亦有园圃，杂植花木，余小息隐几，迨八时许，即以人力车上道入城。城极垣墉之胜，巨榜作“潼关”二字，盖为月城。车由月城以入，城上有楼，废败仅存间架。而城中道路，平广整洁。分东西南北四大街。其东大街多什货之肆。南大街则为粮食花行。屋宇亦佳，并有戏园演陕梆子，茆茨土阶而已。戏园即在邮电局之衡宇。余往一观，时陕事未定，征夫络绎，邮局伫人，至无可插足。各以竹询，为报平安。而拆字之流，亦遂遍设书案于街头巷角，为人缮信，博取微资，营业亦极拥挤，此则所不常经见者也。大街有中国旅行社，附设旅馆，清洁为潼关之最，住人已满，余以访客，亦一过从焉。

潼关古迹之可游览者，一为相传马超刺曹操误中之树穴。此树大已数人合围，在大街中复兴药材行中，枪穴亦已数尺，盖树老不知年，枪穴亦随之孳长，无论其传信之何如，要为得值一观，而此药材行中，遂至终日门庭如市，大率均往观此树穴者。又杨震故宅，杨在汉时，暮夜却金，人称关西夫子，其遗址犹可考知，惜往访者少矣。又距潼十余里之渡口，有关公祠宇，其正殿悬匾“忠烈春秋”数字，人往观者，辄见其匾额之字，倏为阳文而外突，倏为阴文而内凹，无间晴雨，每数分钟必改易一次。或云流光返映，或云特著神异，未敢定论。游潼之人，以人力车，废数小时，以一觇此匾者，实繁有徒焉。

潼关盖山城也，山为骊山支脉，地势平峻，陂陀而上。然非石山，因之多由农夫辟为梯田，然又无树木，远望之如土阜耳。城门缘山以达于平地，缭绕因依，大有长城之风格。而此潼邑，遂在半山半城之间，余曾拾径上登，至半山间，眺望全邑，平畴田舍，历历在目，气象万千，而此城卧山面河，益臻雄胜之概。尝忆客春出张家口，登赐儿山，视万全如盆地，又在包头，就高处下瞰黄河，同具此概，披襟当风，虽在残腊，固不觉其寒冽也。

四、同蒲路

余自潼入晋，即取道于风陵渡，俾由同蒲路，至太原。风陵渡在潼关对岸，而潼关渡口，即在北关城外之数十武。濒河初无设备，大船杂载，牲畜、行李、旅客咸集舟中。濒河有阁，额曰“望河亭”。阁下辟室，纳费四十枚，购一竹签为票，即可登舟。而脚夫亦间为客携取行李，索值甚微。其地望对岸风陵渡口，同蒲路车，已在站次。余亦循例纳资登舟，则见河中别立铁桥之基，计期更有半年，当可告成，无劳涉水矣。舟甚大，非满六十人，不予启楫，如欲索专舟者，须纳六十人之费，计六元，始可通行。而是时登舟者络绎，遂放乎中流，黄河此渡甚狭，然以严冬中有冰块，绕越以行，费时较久，须半小时，否则十分钟可矣。舟至中流，望见潼关缭垣，及渡头高阁，翼然有致，而黄河两岸，均以受水冲刷，成为叠摺之纹。而河身虽不广，滔滔如带，夹岸平原，已是大陆河床之风格，非同扬子江之中流，欸乃容与者矣，黄河北岸极浅，且多涨沙，故舟停水中，别有牛车，揽载登岸，人纳钞币一角，即驾之至岸，亦或有以脚夫背负而行者。不十分钟，遂至车站。

车站建构，适用而不尚华庞，秩序井然。盖同蒲路以一省之力，造路已成七百公里，虽属窄轨，仅耗资一千四百余万，其成本之撙节，管理之有方，实可与南中浙赣初期，先役媲美，而现兹局长，但月支薪二百元，则更属难能可贵。浙路以在东南，交口称誉，此则南中人士，知者尚少，言建设者，实应往乘一观，亦知国家之内，锐意经营，固未尝无人也。

同蒲路由风陵渡达于大同，现者通车至原平。由原平北向，过雁门关，以至大同者，正在力役之际，今秋庶可告成矣。车为窄轨，机车亦小号者，多为德制。自风陵渡至太原，五百余公里，行二十四小时，殊属迟缓，然三等车仅售八元七角五分，亦可谓奇廉。内地人士，对时间，初不若交通冲繁地点之珍惜，但得价廉，有车可坐，胜于栗六数日之夹窝，以及代价奇昂之公路汽车，斯已欣慰，正不必定尚华侈，得有丝绒锦荐之国际列车，方称旅行之舒适也。全程车每日二班，一迟一速，迟者每站必停，但以货车，设座载客。速者则挂三等车四节，饭车一节，并行李、邮件、车守混合车一节，据称头、二等车，今秋亦可启用。余则羁旅生涯，已成习惯，支颐曲肱，蝶梦随来，但求车座之暖洁，无待于茵帐之敷陈。视此盖为已足矣。

登车就座，座为双排式，车较小而管理得宜，光线充足，帘幕楚楚，车端设两炉于踏板之下，随时加煤，通管车内，用为暖气，亦颇和煦，盖在六十七度以上矣。来客初不甚多，以渡口为交通之道，本少居民也。须臾，车遂启轮，盘旋登山，两山壁立，削成土壁，迂徊以前，别有奇趣。同车有晋省学生之假期返省者，仅十余龄，而神采奕然，答对流利，只身间关，于金戈甲马之中，手一行箧，不可谓非模范之小国民也。由渡口过韩阳、永济等站，迄夜半十一时至解县，二时至闻喜，来客渐多，余已入梦，恍惚中闻人语声喧，亦不之顾。天明过临汾，饥肠辘辘，遂治餐车中，饭面俱备，有鸡肉、猪肉、鸡卵、白菜各品，任意选餐，弥复可口，价每簋二角，殊不为昂。七时过赵城，八时过洪洞。此则玉堂春之香巢，为世所艳传者也。夙知洪洞县犹有明代案牍，存诸县署。苟得好事者，为之影印，用广其传，宁非胜事，企予俟之。下午一时二十分至介休，则为巨邑，渐过祁县。四时抵太谷，则晋省票商之所荟萃。城邑殷实，郊阡犁然，五时至榆次，亦晋南繁庶之区。更进而北营以抵太原矣。

五、太原

太原将至，已望见夏屋渠渠，灯光闪闪。同车者谓此乃所营卷烟厂及其他工业场所，盖山西厉行自给自足之政策，而一切趋向于公营。故太原之建设，乃蒸蒸而日上也。车抵城根，警吏来谈，约略告之，亦无多言。遂赁车投宿城内正大饭店。车抵城门，又有警吏来，告以所业，颔首而退，礼貌甚至。山西内政，名闻全国，盖一向未受兵革，故能孟晋有加也。沿街商市民宅，莫不宏伟璚丽，而西北城一带，更为住宅区域，整齐严洁，警士精神甚好，服装亦整饬，皮帽革大衣，伫立街头，咸称厥职。而市集集中之处，市容亦佳，人民生活优裕，所费不多，殊为乐土矣。

太原多集合市场，同于燕市之东安、西单，若此者凡二三所，前有总门，内为鳞次接比之平屋，百货咸备。而书报玩具之贩摊，亦充塞其间，并有酒食之肆，大鼓书场。余尝就食其本地之菜饭，矮屋一椽，面饭并备，所谓杏花村之汾酒，芬烈扑鼻，价不为昂。偶引侍役，与谈商况,亦颇得窥见其梗要。而太原之治安,实维系于警务之认真,每家每号,咸备登记册,居留丁口,异动生死,均有呈报。因之奸宄无以藏身,盗贼遂以匿迹。又保甲制度,推行最先,里闾集合,一呼即至。政令传播,速于置邮。至所售日用物品,虽出诸本地者不少,而外货亦尚充斥。主省政者,既主刻励自给,应为更进一步之设施也。

太原有土货商场,巨厦三层,气象巍然。中辟各部,同于海上之三公司。凡所制者,均属省产,而尤多公营事业之出品,自毛毡、丝布,至于香水、饼干,无一不备,盖省有西北实业公司之组织,下设各厂,咸有出品,物属精良可用也,又省发兑换货物券,即以省库及省业为担保而发行者,亦所以实现阎氏理想经济之一端,现者发行不少,人民亦能乐用,等于钞券,惟不能兑取现币,只可付之流通。倘其事业发展,省库日有余裕,而为出超之省份,则此券实足以减少省内富源之流出。惟若常为出超,则揆其实际,要亦成为一种信用之纸币。为省民计,但求能享长治久安之斯乐足尚矣。

余,饕餮之徒也,友人邀余饭于清和元,此饭庄者,设立已百有余年,为清真馆。其烹羊别有风味,胜于燕市之西来顺、正阳楼。而以炒羊肝,及锅烧肉为尤美,余饶有党家癖,又于初至之地,得遇久别之友,其为欣慰,莫可言宣。因尽醉数杯,盘飧数具。深愿负责,为之介绍,好游旅者,迂道太原,无待他求,即至此一餐,亦正未为不值。餐后知省府已以钟楼改为省产陈列馆,即往省览,乃值整理时期,废然而返,归途又至鞋子巷,物色书画肆,冀有所得。此巷均南纸潢治铺,凡十余家,乃迄无所获。售书多海上之一折七扣本,为之怃然,既又别至商场,内为古董商,玉石磁器,未见精品,匆匆过客,与无渊源,宜其怀宝而不以见示矣。

留宿之晚,会值省垣有夜间空炸之格习,警钟一鸣,万户俱寂,余就楼头月下,观街市上逻者迅至,部署井井,警戒出动,秩序俨然,乍而空机来袭,红绿灯炫耀天空,轧轧而过,是时演习已数度,居民多有知识,能守纪律,则得力于警士及保甲之预为条告者居多,前后凡半小时而毕事。友人次日见告，谓政治军事方面，均已夙有部署。如何迁避，如何抗争，乃至人民之庇护，卫生之设施，有条不紊，盖山西于此时，已成为北门之锁钥。而主政者，更且应付之决心。故秣马厉兵，储为一时之用者，匪伊朝夕。余适于此际，得瞻斯盛，击鼓其镗，壮怀亦厉。就浴入睡，神思两奋矣。

次日，余定以飞机赴北平，即定座位。飞机定于十二时由太原起飞，二时即抵南苑。公司主任黄君，亦寓此间，盛意殷拳，以车相迓。迨出城，即见夏屋数重，洪炉巨架，则省立之炼钢工厂，正在装设中也。机场距城约十里许，汽车瞬息而达，迨抵场，则无线电见告，谓途中因气候而误时，且三时至此。余遂留站室，盘桓久之。主任复治面餐见饫，弥足感纫。而余亦就讯其飞航事务，黄君久在西陲，兰州迪化，胥经驻迹。余则以好游之身，悭西北之役，验其所述，足广见闻，迨三时一届，航机来莅，就之以行。瞬息飞渡太行，下望仅同邱垤。不二小时，已及南苑。欣对国门，亟于投止，平生浪迹，又多一度之风尘。而西巡所述，亦容止于此矣。

（《旅行杂志》1937 年第 11 卷第 3 期）

褵褷归鹤怆辽东

君王莫听捐燕议　一寸山河一寸金

自九月十八日兵强占东省以后，时日不居，逾两旬矣。我土地之失丧，权利之凌夷，人民之流散，业产之侵夺，自不必言。国人恃其热血，同声抗日，天不亡华，容或有豸。此则谋国者所应共赴，而全国人士，尤赖同心一德，以鞭策于后，致果于前者也。余以倦病之身，无可贡述，特空桑三宿，不能无恋，华表归来，更多人民城郭之感，用摭旧影，附以琐言，亦使读者观此大好河山，益不甘于沦丧，少作敌忾之忱可乎？

余匆次北行，时已易岁，且格于琐六，未暇安居，道途经程，往返不过旬日。以余劳生江海，樯马早视为燕寝，固不患其苦也。犹记北行之日，自沪首途，其时尚乘日船榊丸以行，此船已陈旧，数月之后，别易新船。日人谋我夺我之心，自罪无可逭，而其自强自策之力，实足惊人。余今固不欲作颓丧之词，以自相淬励，然亦愿国人知其足以攘外者，必先自安内始也。

余行同人甚多，初不患寂寞，其非素习者，亦有多人，海天一色中，长征短话，均似在另一境界，雍睦无间。余窃观舟中侣伴，其治事较殷者，亦尚屏当案牍。于波痕上下之际，容与作书，虽字迹欹斜，而心绪不乱。持筹握算之力，足以控制怒涛剧浪而有余，其定力弥复可嘉。少年流辈，伏案展花笺，且书且笑，一闻人声，便顾左右，实则客室中来往蹀躞，亦未尝有人加意及之，而矍然自觉，惧为人窥见者，则必书示情侣，或伉俪致慰之词。其有彳亍甲板，穷望云天，历久不息，示沐阳光空气之乐者，其人非卫生家，即少于旅行，偶睹天地之广袤，便欣然色喜，废寝忘餐。余以老于行役之人，凡此种情况，均一一过来，则随众取进止，或吸淡巴菇，或就榻假寐。盖劳生者虽旅行万里，亦不敢谓为非劳。然而在此可以小休之时，敛想凝神，虽片刻亦有千秋之乐，则余体会所得，自视为最足消闲之法，读者容亦引为同调乎？

舟过青岛，不过半日，余五度而不及赴劳山，此行亦复虚度，思之歉然，以非本文所涉，故此半日之流连，亦不措记矣。迨更一日下午，舟抵大连，入港已见港岸修筑之雄伟，为全国所未有。码头分二层，望之翼然。及舟泊码头，甲板上者即平步趋码头，中为甬道，广可数码，甬道中有若干小亭，为兑换、购烟、售报之所，其两旁为治事室。迨越甬道，巨阶作拱形，缓步而下，即临通衢。至船一傍岸，客舍及司旅行事业者，纷至沓来，而秩序不少乱。其为日人所经营者，如南满会社、大连汽船会社、国际观光局等；欧美人所设，亦有通济隆等。独国人仅一中国旅行社，勉为国人争存于硕果。以我版图之内，虽旅行之业，亦复寡不敌众，思之思之，何以为怀！

我国旅行，凡异地新来者，一至埠头，最苦即为挑夫走卒所包围，行李什物，未容位置，瞬息之间，便虞散失。大连则旅馆役人，各持红纸条，上刊旅馆名字，一俟行客属以转运，即出红条，扣于箧衍之上，移置一隅，初无凌轧争取失乱之弊。此至简易行之法，而他埠未易见之，（青岛日人所设旅馆，亦用此法。）何其忽耶！及履街路，则举目都非，几有身入异域之感。盖一切市政规画设备，均已日本化。大连本租借地，乃日人不惜为长治久安之计，其雄心早不可问，而国人一方既滞于折冲，一方又疏于防范，坐听主客易势，其谁之咎欤？

大连勾留半日，困于酬酢，即夕乘南满车行。南满车精整洁净，虽二等亦庶及胶济之头等，其头等更伟丽矣！车行不差累黍，食堂有西餐、日餐，而日人性俭，约赴食堂者，寥寥无几，多就小站购便当食之。便当即纸盒冷饭，不过酱菜一二片，以佐餐而已。南满因铁路而有附属地，因附属地而有驻军，于是一村一站，均为日人足迹之所及，雄心之所施，且无一不挟日本化以俱来。或人之国，首在移易人之风俗，以致影响于其心理。日人之治南满路，盖不仅以物质建设相凌侵，实并其心理风俗，而图潜移默化之矣。国人可不自警惕乎哉！

南满车于次晨七时到奉，前十五分钟过皇姑屯，即张雨亭上将被炸之处，时移岁易，已不复得有些许之朕兆。倦鸦欲起，红日如油，若不知当日当时有此暴行也者。东三省处特殊之地位，介日俄两大之间，张雨亭坐镇十一余年，苦心筹擘，惟每以国内政治之影响应付为艰，而生前或尚有为国人所未能深悉，因滋误会者，独至最后为日人狙击，爱国之忱，遂大白于天下。再一躬出榆关，观其敷绩之盛，建置之功，十余年来，不必以疾言厉也。沾打倒帝国主义之标语，而节缩紧约，开源节流，建筑诸大干铁道，努力与日人分镳并辔，且已直夺其席而上之，其沉着切实，视空言爱国救国者，又岂可同日而语！迨大功垂成，身为国殇，日本虽自以为得计，然国际间之论调，播为秽谈。内国间之责难，终于倒阁，田中义一亦终伏天诛。倏忽坐毙，谓其得足以偿失，余固未敢信也。

辽沈为满州发祥之地，秉长白山之气脉，人民强悍而廉励，赋有绝佳之民族性，其天时虽苦严寒，实益足资锻炼。清代定名盛京，崇以陪都，二百余年，多事蔽塞。迨光绪末造，亦知地大物博，渊薮无穷，始行新政，一切规模，少少具备，而清社已屋，盛衰之际，难言之矣。民国以来，军政人才，层起迭出，优秀之士，负笈流海，归而投命，于以气象一新。日俄两国，相与犄角，应付匪易，而尊俎之间，迄复不为鱼肉，犹得以余时余力，荜路蓝缕，以谋经营，其进步之速，视全国任何省份为佳。余久居沪渎，高堂大厦，九逵通衢，本为租界上之建设，涉足大连，又同异域，及抵沈，始少少自慰，谓犹得见宗邦郅治之少有规模。北行同客，静心领会，宜同具斯感也。

沈阳繁盛之区，一为南满附属地，即日租界，一为自辟之商埠地，与之相抗衡。日界位置井井，同于汉口、天津之租界；商埠地则林木葱郁，道路亦佳，路以经纬一二三四名，大致如济南及天津、河北等区。客寓除日本大和馆等外，亦多在商埠，凌格、凯宁，其尤著者。余投宿凌格，似一西式之住宅，门通汽车入内，东为餐室，西为厅事，登楼即宿舍，前有五室，后楼十室，部署井井，院前为影戏场，其后为汽车间，一切冷热水及卫生设备均有之。治餐亦佳，盖三省餐多用俄法，冷食最丰，亦余所独嗜也。其前室有八角窗，作拱形，可以瞭远，尤幽蒨可爱。

商埠地商业最繁盛，略一涉足，即知此为生产建设地域，而非奢侈销耗地域。盖连廛比舍，多为汽车机械行家，而饮食绸缎铺，不及十中之一，足知三省之省会，注力于工作建设，而不如其他阛市之尽为茶楼酒肆，供人餔啜而已。又空地多在兴筑，以三省工商业之事务日繁，需人至众，多非土著，问舍维艰，故建筑之事，应时特盛，而问诸地方人士，亦谓生活固不过高。然赁屋殊非易易，此则人才集中之反应，至官舍及达人所居，转少崇楼杰阁，亦一好现象也。

辽沈之政治中心，厥惟司令长官张汉卿氏。张藉先人之德泽，又曾出身行伍，能谙世情，故每国家多难之秋，辄能从容应付，指挥若定，其才智殊不可及。世人习于夸大之词，以为张氏自奉之盛，莫与比伦，余尝一履其所居，始证所言之不确焉。

司令长官公署为旧氏衙门，屋宇不甚高，堂庑井然，一同于各省会之任何署所也。其东有门可通张氏私宅，洋楼二层半，建筑弥复沉旧。盖当时东省商人集资建赠者，其时一切设备，均未精美，故以今日建筑之目光观之，转形其陋。屋前有花圃，不过二三亩，杂栽群卉，规地为小圃，范以文草。屋前有假山，不过数石，无邱壑之势，但用为屏蔽而已。假山中一穴，不高，上有额字，镌于石曰“天理人心”，张雨亭所手书也。屋不甚崇，登阶五六级，即至甬道，列架壁前，备来客置衣帽，才五六步，即入横甬道，今之所谓穿堂也。其极东一室较大，为会客室，桌椅虽西制，亦甚陈旧。椅后有巨虎二型，狰狞作势，人或即名之为“老虎厅”。中置圆案、沙发之属，错落位置，壁间悬绘事，多摹旧仿古之作。其次亦一会客室，置中式椅案，壁间悬画，隙处作小穴形，四周承以木板，中置珐琅鼎彝数事，多其生辰僚属士民所公赠者。更一为小小治事之室，余未涉目也。其西为巨梯，即可登楼，梯次北向有室三楹，为亲信、秘书等所居，亦有床设茵衽，曩张雨亭亦辄宿其间，今则为休息之所。穿堂背为一巨室，作长方形，张氏宴集，多于是室举行，可设五六席，其中亦简整不华。围绕穿堂，则半壁范以磁砖，此殊创制，盖西式房屋，或作壁衣，磁砖不过为庖湢所用，初不施于燕息之所，其建造者之未详西式可知。楼上列舍即张氏寝室，以此相例，可概其余矣。

北陵别墅为张氏郊外所居，屋小而精美，构造大抵仿于西洋人别墅制度也。园址甚广，可数百亩，松柏参天，视北平中央公园为尤巨，老干槎枒，苍翠欲滴，松风徐来，天籁飒洒，一履其地，信忘尘俗矣。距北陵约三里，初众议欲开辟阡亩，将尽取陵外隙地潢治之。张氏以古松胜迹，尽加芟夷，殊可惋惜，因以私力经营为别墅，亦以保存为职志者。园外四周，范以铁丝网，禁人侵入，而园内余地甚广，尚植蔬果，以老农司之，敝车辇载，彳亍松阴，其景清绝。园内辟广道，至于舍前，拾级而登，屋凡四室，其大者合三室而一之，一端为会客之所，两室治西餐，列长案可坐三十人。别一小室中，置书案书架，以备治事所必需，至为精整。楼梯盘旋而上，二层有卧室二、浴室一，凡新式卫生设备咸有之，茵褥均西式，雅丽可喜。其后即广场，一望绿云，葱郁无际。楼下巨室之后，亦有平台供憩息，张氏休沐之余，辄至此小息，其所谓官舍私邸者，如斯而已。

北陵为逊清陵寝，一切规制，率由典章，而占地不巨，视十三陵等相去霄壤。开国时清庙茅屋之遗，于此觇之。自北陵别墅徒步可往，万松夹道，及于拱门，四围红墙，于四角翼然有楼。拱门两旁，拾级可登，循楼迂道，亦可直至墓地曰“宝鼎”者是也。入门直趋斋殿，两庑为偏殿，环抱得势。殿前并有小亭，藻井华丽；殿中朱案殷然，祀位犹昔；殿后有小甬道，至地宫之前，封之以门，上列斗拱其中，即悬棺之所。门两侧为砖墙以范土，墓顶正中植一树，偃蹇无生气。比者北陵已辟为公园，其治事之所，即在西庑偏殿，有巨册备游人题记，主者以此相请，余亦勉为题名。

东陵在城东数十里而遥，盖几于东北隅矣，马路直达，然不甚平坦，出城驰道上时，见军士往返，则讲武堂生员也。讲武堂规模甚大，屋宇亦宏敞，粉垣一白，位置村舍田陌间。过讲武堂，更绕阡逾陌而行，始抵东陵，远远望见小阜如山，其气魄视北陵为雄伟，然宫舍芜秽，则远逊北陵。盖距城远，游人惮于行役，且萑苻多，或者因而怯步，既未有设备，又不能吸收游资，用佐整理，宜其减色也。入门夹道松柏，亦复奇古。两旁均小贩，售水果、饽饽之属，亦有人力车，于此候乘客。然来者既少，营业自减，车夫亦徒仰天鼓腹，以消晷刻而已。山道既毕，遂抵拱门，建制一同北陵，而大则倍之，且北陵无山，东陵则适在山上，居高临下，位置尤胜绝。松柏无斧斤之苦，其临门一株，偃蹇特绝，繁枝欲折，苍翠同流，婆娑之趣，别饶古拙。余与友人临存抚摩，几不忍去。拾级登正殿、飨殿以至两庑，虽残砖剩瓦，亦发幽情，偶一回念，当时曼殊部落之盛，诚有令人不堪回首者。围墙亦作朱色，纡延山顶，围绕至广，下山别有支径，披榛拔棘，仅乃得之。计汽车自商埠来东陵，约一小时许，盘桓二小时，更返城内，计以下午一时归，亦暮色苍茫，万家灯火矣。

城内东门，旧皇宫在焉，屋宇不宏，今已开放为博物院矣。凡屋四重，别有偏庑，今已率辟而为陈列室。就中珍品至夥，大抵均关于历史文化上，有莫大之关系，如太祖之锁子甲，康熙间之铜板地图模型，以至章奏折封之属。其最内一重为寝殿，外有巨锅，以煮羊吃白肉者。满洲祭堂子，典礼特隆，此其为祭祀之遗，亦所以觇风俗者。内殿帷席依然，陈于敞炕之上，来者多一觇之。至其西为文溯阁，即藏《四库全书》之所。文溯规模甚大，略似北海之庆霄楼。《四库全书》顺序列于楼上，布置井然，咸有黄书衣朱丝，乌字钞写，虽不甚工，而字朗行疏，古泽可爱，凡数十巨架，其下假为通志局用。余北行时，金息侯(梁)主其事,导观甚详,且知通志之修,已具端倪。今者《四库全书》已为日人捆载以去,实为庚子辇走《永乐大典》后之大劫。世界方竞言文治缩军,致力于文化事业,而兹乃出以横掠,斯则奇耻大辱之尤,日人诚可谓行所无忌者矣。按海内所藏,北海图书馆为热河之一部,犹存全帙。杭州文澜阁即丧失于咸丰太平军之役,经丁氏陆续钞补,近始告蒇,然非其旧矣。奉天犹最初之精本,倏然渡海,可以伤夫。皇宫之东,别有十亭,鳞次鲫比,盖亦满洲旧建者也。中无所有,而十亭搜萃于一庭之内,亦复奇观,游客过此,亦多为驻足焉。

辽沈新事业之巨伟者,若城内及城外之无线电台。城外者尤宏峻,可与欧美直接通报,开中国无线电直接外达之先河。城内总台,外作宫阙形,亦以最新科学之方法布置,此交通之无上利客也。兵工厂占地数十里,位于东郊,各设专厂,参观者非穷旬日之力,不易遍得之。其对门即职员宿舍,均官建,凡数百楹,已有人满之患。迫击炮厂在城北,设备精良,自和局观成,已将一部分改建为民生工厂,先造水汀汽炉,北方人士多乐用之。既则改制汽车,已有成效,第一批所出货数十辆,并具成绩,且有二辆已辇运上海,陈列于路市展览会。浩劫之后,不知作何状况,诚凄绝也。

由沈北行至哈尔滨,仍取道南满车以至长春,盖长春为中东与南满换车之所。余以下午一时行,抵长春已近六时。长春绾东三省南北之通要,商业繁盛,其近火车之所,谓附属地者,几已同于租界,由日人擘画经营,道路亦至坦整,惟可通汽车之地不广,一转即了。饮食之肆,崇楼翼然,余以就即夕中东夜车行,未能久待,但应人约于酒楼一觇社会习尚。餐后又以汽车绕市一周,初不料今兹亦然,浩劫之中,已化玉帛为干戈也。

中东车整洁舒畅,其卧车尤安适,惟执役尽属俄人,服务是路,来往中国十余年,而不谙中语,虽极简单者,亦不能领解,以手势取譬索茶烟,弥可笑也。本来火车之行程愈远者,其设备亦愈周,盖所以便利行旅,使不惮劳,以慰远客。中东车由欧而亚,行程十余日,宜其华美稳适矣。卧车之车厢高大，令人不患蜷伏之苦，甬道亦广，于窗下置活动楼，于壁际可以随意取座。犹忆是夕月色甚朗，余濒窗久坐，几于忘倦，诚足尽旅行中之清福矣。

余勾留三省，为日无几，而重要地邑，多辄一留，以本文所述，但摭其大者言之，不暇腼偻也。总之东三省面产之大，过于中国濒海之七行省，天产之丰，所发者尚未尽万一之利。气候之佳，十余年未患旱谬，土宜之厚，一年可以再熟、三熟。移民之来自关内者，何止百十万人，领荒自垦，凿土以居，不数年者，便有余羡，于是再领荒，再赁工，勤于潢治，往往遂为小康之家。至森林之饶富，水力之充足，民情之纯朴，物力之廉贱，几无一不足使人歆羡。而日人之处心积虑，以谋我者，又何独不因此而来？所恨国人经营之力，有所未周，蛮触之争，无时或间，遂至横决，一旦不可收拾，于今亡羊补牢，已非至计，而折冲结局，能幸还者何如？能仅保者何如？更尚在未可逆臆之列。此则全国人士当一心一德以赴之，慎勿使此一寸山河一寸金者，沦为异域，斯则作者微尚所在，欲以至诚贡于读者之前也。

（附录）东三省土地辽阔，人民稀少，出产丰盈，开发之道，首在交通。厥惟铁路，日本以南满为干路，俄以中东路为干路，以利行其野心政策。我国则睡狮已久，安于聋聩，直至民国成立，主东政者始加致意，于是亦广建铁路，并且包围南满，用孤其势，苦心孤诣，有足尚者。而日人以东省铁路日繁，交通日便，野心所在，多受箝制，于是益促起励行其所谓大陆政策者，以致急不暇择，不惜背蔑信义，而有九月十八日之暴举。然国人徒知东省铁路事业之发达，犹多有不及尽详者，爰率为调查，列表于后，国人其毋坠前修，勉自淬厉乎哉！存亡所系，愿与读者共勉之。

中东铁路	中俄合办	西北起满州里	东南迄绥芬河	光绪廿六年完成	一七二六公里
中东支路	中俄合办	北起哈尔滨	南迄长春		一四九英里
南满铁路	日本	北起长春	南迄大连	宣统三年完成	八五〇公里
四洮铁路	中国	西北起洮南	东南迄四平街	民国十二年完成	三一二公里
开海铁路	中国	西起开原	东迄海龙	民国十六年完成	一二〇英里
长洮铁路	中国	西起洮南	东迄长春		一八〇英里
洮热铁路	中国	北起洮南	南迄承德	未竣工	四七〇英里
吉海铁路	中国	北起吉林	南迄海龙		一一〇英里
洮昂铁路	中国	北起昂昂溪	南迄洮南	民国十五年完成	二二四公里
吉长铁路	中国	东起吉林	西迄长春	民国元年完成	一二七公里
吉敦铁路	中国	东起敦化	西迄吉林	民国十七年完成	二一〇公里
洮索铁路	中国	西北起索伦	东南迄洮安	未竣工	一四〇公里
齐克铁路	中国	东北起克山	西南迄齐齐哈尔	未竣工	二〇四公里
呼海铁路	中国	北起海伦	南迄呼兰	民国十七年完成	二一二公里
北宁铁路	中国	北起沈阳	西南入关至北平	光绪卅三年完成	八四二公里

（《旅行杂志》1931 年第 5 卷第 11 期）

杭徽道中

锦嶂山屏绿似春，残郊濯雪净无尘。
剧怜走马看山客，却是空江岁晚人。

此余杭徽公路道上口占一绝也。溯余因事赴杭，羁留数日，残雪未消，景色清异。余遂谋之吾兄，将作徽行，则以杭徽道初成，侧闻其美，亟欲待探。余游踪亦屡作郊行矣，即以公路计之，由北平以赴密云，由澳门以赴香山，由钱塘以赴绍兴，由南京以赴杭州，均卓卓可言者。然密云路崎岖不平，澳门则濒海而行，但有水色，不见山光。钱塘至绍兴，南京至杭州，虽循山而行，而濒麓以过，初不能入山一见奇峰怪石，于意犹未餍也。山行余所夙好，恨不入蜀，一仰蜀江水碧蜀山清之大略，机缘未熟，留以有待，则闻人言，杭徽道有神似蜀行者，则不论沧江岁晚，积雪仌澌，亦且勇迈直前，不少沮抑矣。

余既定徽行，则事前一一为之计画。余熟于行旅，夙知所必要之诸端，一车程，二食宿，三旅费，四游览，五站里，迨调查之结果，则胪列而表详之。

车　程

公路有长途汽车，由临安出发，其直达徽州者，日可一班。自上午十时由临安开，一时二十五分抵子才，即出浙境，逾昱陵关而赴徽州。抵徽在下午四时，中途逗留者，仅於潜、昌化、三阳坑三处，虽为时甚短，而沿途无游览之余晷，又不能直达屯溪。因屯徽为商辟路，非同浙皖间之可以直达也。若改座区间车，则先由临安而昱陵关，上午八时卅分及九时五十分均有车，沿途每地必停，且于十一时卅五分及十二时五十五分抵子才，子才即昱陵关所在之镇名也。既此而往徽州，则徽站区间自下午二时十分开，亦遇站必停，至四时五十分抵徽州，计固良得，而逢站必停，又嫌不便。至中途停滞于於潜、昌化，则旅舍湫隘，复难容身。思维展转，始决定赁汽车一辆，独行赴徽屯。即商之友人丁伯勋君。丁君为泰华药房经理，与余至契，且久在杭州，深知其情事者也。丁君为赁车一辆，价可七十元，按例赴徽汽车，往返二三日，春仲必须百元，此际残冬，亦当八十。惟重以丁君之言，始减削十元，可七十元，约定次晨出发，车夫亦来，往徽十余次，途中情况，耳熟能详，正可人意也。

食　宿

食宿二端，于旅途至有关系。余知车行八小时，途中虽可停车进餐，正恐非所习惯，因为置糇粮饼饵。又以热水瓶盛水而行。第一日可宿屯溪。屯溪有小上海之名，应尚可住。次日即可宿于徽州，或谓徽州旅店不佳，亦所不顾，因复襆被而行，但得七尺，便足横陈，无所谓也。旅途不能刻意求便，亦不能不相当求安，得此计画，一切均不成问题。又知徽、屯、休宁，所流通者，但有中国银行纸币，因易得若干以行，此亦要著，为游旅所不可不知，否则殊形不便也。

旅　费

约略计之，得百余元为已足。盖汽车值七十元，迨在屯徽，均极廉便，虽有旅费，无所用之也。因以百二十元行，且预为购土宜之计，多一二十元，亦复已足。

游　览

游览以车途为第一，盖徽屯风景，远不如昱陵关之雄胜也。至徽州有问政山、小南海之胜。屯溪有仙人洞之胜。而由徽赴黄山，数十里亦已至焉。黄山为南中第一胜处，有三十六景，穷岩绝壑，虽匝月亦不能尽。得其崖略，亦须十余日。余以琐冗剧集，无此清暇，亦遂不作此想，俟之来春而已。若问政、南海，相距匪遥，必且一往，以偿斯愿。

里　站

由杭而徽，自临安至徽州（即歙县），凡三十三站。其在浙境者二十，而皖境十三。曰临安，曰玲珑，曰雅坞，曰化龙，曰横塘，曰藻溪，曰对石，曰於潜，曰方圆，曰太阳，曰芦岭，曰昌化，曰白牛，曰汤家湾，曰新溪坑，曰株柳，曰颊口，曰白果，曰岭下，曰子才，此即昱陵关，为浙皖交界。过此即皖境，曰振钩，曰老竹铺，曰叶村，曰三阳坑，曰杞梓里，曰齐武，曰苏村，曰霞坑，曰郑坑店，曰北岸，曰留村，曰五里牌，而后至徽州府焉。由徽至屯，所过者曰严市，曰篁墩，曰汉市，而后抵屯。更可由屯以至休宁，则非余游踪所至，亦不更详之矣。自临安至徽州，凡二百十三公里，由徽而屯则十八公里，而由杭州至临安，其途程亦略等于徽之至屯焉。

准备既齐，次晨即以车发轫。离西湖饭店，正八时五十分，同行者余兄药农，及随从曹秀峰，三人合车，车夫则二人，盖长途非二人不济事也。车加汽油十二加仑，又携十五加仑，机油加一听，又携二听，而糇粮襆被，亦附之以行。辎重累累，似已甚拥挤，不患寒冽矣。药农治药学，著述宏富，每行必谋采药，此次以皖未前至，亦复欣然色喜。汽轮一动，余车已出钱塘门，而松木场矣。

松木场在葛岭之背，积雪皑皑，尤复照眼甚明。更见保俶塔，一尖插云，愈远愈小，亦有佳趣。更转赴留下之途，经一桥，以道路湾环，遂遍立交通标帜，日速力不得过三十五公里。路随峰转，已见北高峰之财神殿，一点隐现于林表，西湖后山，峰峦重叠，盖天目之余支，已甚足觐。公路两旁，植树已竟，苗条当风，可卜他年之蔚为巨章。工人随地修路，挟却残雪，亦甚辛勤，为能任其事者也。

九时，车抵秦亭山，荒冢累累，一瞬而至佛慧禅寺。万山之间，丹黄错落，古朴可爱，时已就山道，夹径双峰矣。路旁间有凉亭，以供游息，古人里社之制，于此可以见之。又过郁佳园，为一巨冢，林木千章，必臻其为望族。又五分钟，至东岳站，此为道家祀字，余畴年曾往游览，见碧霞元君，庙貌俨然，今日重过，乃不及更作逗留。其地竹林修茂，山土作红色，征其肥裕，宜耕宜植。且村舍完美，人民务农，亦知略有羡畜。杭州本为富饶之区，附郭山民，得此亦差足自给矣。

九时十五分抵留下，先过萧山陈氏墓，制作精美。迨既至留下镇即为长途汽车必经之地，公司所在门首，军警对旅客，一一加以检查，盖既畏宵小之遁迹，又有携带禁品偷运出境之虞也。留下为南宋建都时所遗，盖区区孑遗，免于迁徙，仅十八家，故曰“留下”。出之纶音，遗泽所在，足资纪念已。一逾留下之木栅，即为直路，荡荡坦坦，交通标志书汽车速率为三十五英里，足知其途径之宽直，迨一转入山口，即为新村，稻田弥望，连阡盈亩。而天目山之余脉，乍起乍伏，见之已令尘市之人，为之意远。盖自杭州抵此，已六十公里矣。乍一转折，迎面即有小山，绕峰而行。途次为三官殿，林杪屋瓦隐现，斗栱翼然，制作绝美。逾此又为山道，沿陂而行，路畔以巨索为阑，防车下陨，村舍鳞次，雅趣可掬。迨车行至距杭二十六公里处，即为总站。两旁植巨木，其一标曰“由此往余姚”，即游东西天目所出也。一曰由此往临安，即余车所取道。循径而行，溪流㶁㶁，两山不高，屏其左右，种松柏已满，知浙人之努力于造林矣。更一转折，迎面复有小山，极秀美之致，山水有灵，于此致赏，则距杭州三十二公里之所在。更一公里，有楼在半山中，山在屋前，正俛临之，其景幽雅，或高士所居乎？由此绕山路至于平原，即为跳头站，巨竹参天，产笋之区也。时有小学生结队而行，循路以过，活泼之气，溢于眉宇，望之令人快感，知国命所托，端在教育，百年树人，此其权舆矣。

十时车至亭子站，时前山渐高，望之烟雾横亘其腰峰，正如展古人画轴,步步入胜。山在雾端,屋在山脊,虽不甚伟,而雅逸异常,村农所居,胜于海上者万倍。山陂濒溪,林木奇秀,乾坤清气,庶几在此。一转折间,双峰当道,交通标志,绘两山以警途人。余车蜿蜒而入山,真有曲径通幽之致。迨四十一公里处,路又随山而绕,乍出平原,阡亩纵横,心目为之一爽。遥望远山,卓一废塔,不知建自何年,风雨驳蚀,亦已甚矣。其山四野多田,而山峰复四合于外,令人迷其道途,真如桃花源,不知有汉无论魏晋者。其山巅植树亦多,题横额曰"中山林",所以归美而纪念之也。将抵临安,有庙宇甚伟,未暇参谒,为之怃然!

十时二十分,车至临安,小憩片刻,车人就临安站缴路费三元,此为出赁之车,故有此例,所以集为养路之资也。缴费一次,可以往来一次,自则每次仅一元五角,初不谓昂,迨付费讫,车复开行。逾十五分钟,而抵玲珑站,远眺山巅,孤松一株,高出云际,绿枝虬干,经雪不衰,此大类北派董巨之笔,不似生于南服者也。时已行至距杭州六十公里处,入山渐深,屋宇错落,村民所居,兼朴雅之胜。而四山抱合,竟如锦屏,余于是口占一绝句,题诸游记之先。药农兄尚为订定数字,吟哦之乐,于万山中获之,益见胜情。更七公里,而四山环抱愈密,回头不见来时路,拟之杭州九溪十八涧,庶其近之。而杭郡山犹逊此挺秀,此盖雅坞站也。

十时五十五分,抵化龙站,站在山峡,值事者彬彬有礼,少停即行。直过横塘,一水缭绕,景色清绝,山行之中,多得清旷之气,由夹径而入于平原,益感其清雄之致,似读苏辛词,不仅旷远而已。更十分钟而至藻溪,距杭州已七十五公里,农居益多,山民兼樵农之利,宅户井然,郊原如绣,虽严冬亦无枯槁之气,足证其土力之厚,而治获之勤矣。

十一时十五分,车过对石站,更十分钟而抵於潜,此县治也。县治在山峡,踞城约里许,遥望之多矮屋,倚山为城,环其四周,因站大道,得以通城。其东悬旅馆之帜,殊不整洁,於潜产术,名驰宇宙,而野生者尤难得。忆昔慈禧太后患病求药，谕杭抚而转饬於潜邑令求之，不可得，无已，觅犬为全导，凡犬遗矢所在，即往掘之，仅得少许，盖野术气厚，犬闻之即通其腑气而遗也。药农兄本为采药而来，至此遍讯站人，导购野术，迄不可得，废然复行。一过於潜站，长流横亘，上架木桥，制作闲雅，循流抱岸，以过方圆站而至太阳站焉。

十一时三十五分，车抵太阳站，万山耸峙，松柏尤多。山巅小楼，俨然云外，山景亦清美绝俗。更十分钟而抵芦岭站，山势渐若削成，屋宇亦夥，此盖大镇集所在。一转间车逾小山，山曰"节关岭"，车道辟山为途，沿其低处而成之，此盖公路上所逾第一岭，宜书之以示后之游人也。

十一时五十五分，车抵昌化，停片刻。昌化县城亦依山筑之，似较於潜为雄富。昌化故产石，鸡血尤佳，老坑所出，兼金不可得，新坑则不适于用，药农兄固好文玩，力求得之，停车以讯站人，会有一湘人应声称有人求售，可以购致。于是余随从之行，入城，首见客栈，不足留。又见一律师家，门悬对联曰："有冤均可诉，抱屈立能伸。"此盖以所业求榜，其为讼棍无疑。司法一界，律师遇此等人，应亦无可施其技矣。更一转折而至此湘人之家，门榜曰"龙虎公司"，怪其名，讯之，则曰："盖炼锑矿者，湘本产锑，此人必熟手，而来浙经营者，据称附近有三矿，质良利售，尚不恶云。"再讯其石章，则曰："友人外出，姑少俟之。"余等不耐，约以归途来购而退。站旁即大成殿，建筑宏伟，羹墙在望，于此见之矣。再一上车，至一百十六公里处，车道沿徽州江而行，浅水一泓，长流细石，小船云集。或谓由舟行赴徽，须三四日，水浅甚至七日之久，今数小时可达，斯物质文明之大惠于人者厚矣。

徽州江濒山绕转，车在山水间，真有奇趣。峰口有神宇甚宏，前有神戏台，其制亦古，垩漆甚新。再过则余氏宗祠，亦甚宏伟。迨抵一百十八公里，双峰两峙，车道蜿蜒，渐渐登陟。而山峰之侧，即为溪流，左望则翠嶂千重，右临则清波千尺，斯真蜀道之一瞥已。其地之一端，有站曰"汤家湾"，至二百十二公里处，景尤奇绝。循陂而转，汽车不得疾行，重峰叠嶂，屡转不已，而入山益深。偶一回顾，便复无路，盖在万山中合沓周遭矣。间有茅屋，临水一家，雅人深致，无怀葛天之遗也。迨抵新溪坑，遥望岭下，气物益佳，祠宇坟墓，错落可指。一瞬又过株柳站，复循溪入山而行矣。

十二时四十五分，过颊口站，徐行上山，愈行愈高。循溪则浅石粼粼，照水可见；对山则烟鬟叠叠，顾影傲人。山次间有林木，林木间复有小庙，点缀于此天然图画间。曩日读鲍照《登大雷岸与妹书》，未尝不为神往，今庶其得窥厓略矣。更五分，由白果而抵岭下庄，人民富庶，篱舍整洁，双峰夹峙。旁有五圣庵，其地距杭州一百四十二公里，山腰有云，白如玉带，山脚田畴，绿如锦绣。车一转入山，登驰而前，青嶂环合，绕峰而行，几成弧形，屡转不已，探胜益深，盖已将至浙皖交界处。迨出峰口，已至子才站，其地房舍甚多，而路益高迴，盖上山以行，步步升陟也。至一百四十八公里处，即上昱陵关，为省界。远望两山间，正筑门以相隔，缮治未已，力役甚殷，回视则山下阡亩纵横，良田农舍，登高以观，为乐无艺。迨抵一百五十二公里处，则已及关门，为最高处。行者至此，屡转以赴，俨然栈道矣。

一时二十分，三转而下昱陵关，即为皖境。逾十五公里，始至平地。万山耸翠，回首犹可见之。更二十分，抵振钧站，此为皖省第一站。车复入山，其第二站曰“老竹铺”，则在山口，更五分钟，抵叶村，复十五分钟而至三阳坑，距昱陵关十三公里。由此以上径山，为皖路最高者，视昱陵关益为险峻。且山势绵连，自此须十八公里，至霞坑站始已。

二时零五分，车陟径山，俗名为“老竹林”，车路渐狭，不能并轨。入山时须先问站人，有无来车，斯可就道。前后凡过杞梓、齐武、苏村三站，自高望下，山道迂绕，逾峰头五六，俯临无地。其由高以就下也，山道俨然，转折三层，羊肠一径，由上而下，望之令人心悸。脂车缓缓，汽车呜呜，山脚即为杞梓，至此始少慰藉。同行者以为逾险而来，过此山势下趋，以至齐武，已半小时之久，途中冈峦起伏，亦复乍登而乍降也。

二时四十五分，车抵霞坑，其前有大士庙，轮奂为美。更二十分而抵北岸，则徽州江之北岸，距徽为近也。由杭至此，凡二百十三公里，更前即为留村。沿途民物甚盛，房舍多楼居，祠宇亦崇焕无匹。留村且有小客寓，扬帜临风焉。更五分钟抵五里牌站，逾乳娘山以行，已濒徽州，市集甚大，自霞坑至此，亦已一小时，望见徽州城堞，在山畔，绕山附郭，似长城之在青龙桥口，盖徽之东门也。

三时三十五分，抵徽东门，余意先赴屯溪，则转道赴屯。过东门之长桥，桥制广袤，中有亭，其端题“长天一勺”。汽车即逾桥而过，为休徽公路，盖皖商所办，别有公共汽车来往，不与杭徽相连也。余车又付路捐二元，即以原车趋屯，十分钟即抵一站。讯之知由徽而屯凡七站。严市篁墩，其最大者。时道途平坦，峰峦往复，夕曛掩映，风竹翛然，长途劳顿，为之一解。由篁墩以至屯溪，行约半小时即至屯镇。

四时三十分，车至屯溪，止于市口。下车先见巨木牌，书曰“红丸犯枪毙处”，望之凛然！以讯途人，谓所毙者已十余人。此间可吸雅片，而从此不敢售吸红丸矣。红丸之流毒，自更胜于雅片不待言。由牌前通衢入镇，投寓第一旅社，为此间最高贵者，营业亦颇不振。上房价八角，次者六角，匆匆一息，即至市衢游览，药农兄并购祁门术桔梗等甚夥，盖所谓真正药材也。古玩书画铺二家，殊无精品，少少留连，即至海阳楼一餐，此为屯镇最佳之餐馆，价亦不昂，肴味亦寻常，耗二元余。再至南街，见中国银行，正营新屋，此间为茶叶所集中，中国银行营业，亦正不恶。又一戏园，锣鼓喧阗，座价十五铜元，余等投门而退，未入览也。屯镇习尚，于皖南为奢侈，且闻有娼八家，则不得其详矣。晚归就宿，以行长道，亦至酣适也。

翌日八时起，煮鸡卵充饥，即行上道。由屯而徽州，一小时即达。止于北门，入大街，少少浏览，知闹市在十峰街，即往观之。市廛林立，而无繁嚣之状。余就胡开文购墨，每锭一元二角，已为旧品。市人并谓自有洋烟杂用，遂无佳墨，为可怅也。余因入其工场，见工人三五辈，糅墨如泥团，以刀铡之，而入于模型者，制造者严冬袒裼亦不患寒，而肌肤黝黑，墨班已满，其人可谓有墨缘者矣！出就午餐，知胜云楼为较佳，试之亦无异味。餐后因就肆购书画，贾人以王觉斯、赵㧑叔卷轴进，均属赝鼎。书肆亦无珍籍，余得《六壬课占》一部，值一元。药农兄得乡先辈所撰《本草述钩元》一部，价六元。舍此以外，均《大题文府》《四书味根录》，不足取矣。客栈之较佳者为迎宾馆，老媪司门，导余等入览，每室值二角，亦尚整洁，得此殊以为慰矣。

下午二时许，余等就市人所言，知黄山去此五十里，登临匝月而不能尽，则置之不言。以讯其近者，谓附郭有问政山、小南海之胜，因往探之。赁轿上山，每乘一元二角。出徽州府城门，即为歙县城。更逾一门，始至山巅。翠竹遍林坳间，殊有莫干山、三桥埠之胜概。行三里许，息于洪氏之庐。洪氏名彬彩，盖以茶叶起家，因治山居以自娱息者也。门外照壁翼然，其下置盆景二十，梅椿松木，无不佳绝，药农兄拟购之而不果。入其家，洪氏适赴青岛，其家人治茗相俟，执礼甚恭，茗水均佳绝。其庐殊高大，书画亦多，张之壁间，不似山林中所有也。徽制人家于大厅中，开天窗以受阳光，亦不加玻璃，而四缘设漏管，雨至，其厅事必被水无疑，不知何以如此，以讯洪宅，亦云其为旧制而已。更半小时，欲就舆赴小南海，谓相距二十里，庙在水中，景物佳胜，惟道远不克至，则废然以返。回城甫四时，车人见告，谓夜行绝胜，或不留此者，即可上道。余韪其言，立时出北门上车，展轮而逝，回首雉堞烟鬟，一一在望，重来不知何日，则爪痕鸿雪，亦复为之感怅不置焉！

车以四时发，仍循故道。而夜色苍茫间，行万山中，尤极人间未有之清景。斜月衔山，暮云倚树，前无来者，后无归路，四山之顶，独往独来，其令人兴遗世独立之思，如是者。至夜半一时，始抵杭州。过留下，木栅已闭，力商巡人，为破例启之，始得投宿于杭州。湖上微风，映以寒月，萧瑟使人无欢，而余等自远道而归，睹之亦欣欣然为有喜色。小进盘餐，酣睡至晓。杭徽之游，为已探其胜，而尚未穷其山水之窟，将以俟之来年也。因作游记，用志其事，并为他年重到之券。

（《旅行杂志》1934 年第 8 卷第 3 期）

西莲峰下送残春

北戴河旅行片段

余性畏嚣，兼复怯暑，而以劳人草草，就海上行役之繁，遂至日共嚣尘，无由摆脱。则十年以来，决计一临盛夏，即谋旅游，用资习静；牯岭青岛，乃至莫干山普陀，几于无不一再流连，襟痕波影，相与萦洄矣。

然而宇宙间事，宁能尽如人意；往往有预定之局，百事戒饬，而临事忽有更张者，客岁本预计僦屋莫干山矣，因事而僦屋之说终于罢议；渐以北游，则将赴檀柘戒坛，亦已以人告之住持，将行而复辍；迨于荏苒数月，而所愿未偿；则无论如何，必图一自遣之策。最后至今年始得抽暇，作北戴河之行；北戴河风物朗丽，水净沙明，一别几年，时萦梦寐，得此机缘，重履旧地，如故人之相见，有不嫣然为之解颜一笑者乎？是不可以不纪。

溯余游踪四出，初无定址，或以与所事有连，或徒骋个人游观之乐，北而幽燕大漠，南而海南百粤。十年以来，尘土星霜，自视为无上之乐境。其最足低徊脑海者，莫过于北戴河之前游，盖在民十八年，有事关外，逗留兼旬，泛松花江，登东陵北陵；所事垂了，则以北宁路遵陆归来，道出榆关，留半小时，以人力车匆匆至关楼，一觇山海争雄之胜势，再前则又拓半日之余，以支路至北戴河；在同福旅馆，作午餐；又信步海滨者半小时，初未暇一扣柴荆，参谒朋侪；亦更不及策蹇赁轿，谋作东西两峰之游；下午即以车由唐而津；若自上界之仙都，重坠于人间之地狱。惟即此半日之力，已自信余所赏心惬意，实系于此蕞尔之海滨；虽建置无多，而心闲地远，有胜于其他逭暑之名区者倍蓰。何意世变无常，“九·一八”以来，风云变色，曩时车辙之所经，却为征战陵夷之所在；荏苒数载，虽收边之事，尚未易言，而寸土之完，犹欣如昔；则蜡屐所重经，正如旧梦之复拾。其为悲为喜之概，有未易以言语形容者矣。

此遭于役北平，期会劳形，琐冗猬集。偶与友人谈及，为选胜之计，众议纷纭；而北宁某君告我：“曷不为北戴河之游？”余私意尚以北戴河为逭暑之名区，或尚不宜于残春，其人则曰：“北戴河风物之佳，气候之美，用以祛热，固臻上选；然白袷春衫之际，海滨晴砂净水，其风物且更为明媚而幽胜；且气候亦不患寒凛，吾子志在习静，此行必能饱领清娱，自参掩关却扫之乐；决不重诬，以累征人，可自信也。”余则进而讯其起居设备，因知畴昔凡市廛宴饮之戒饬，均供避暑之所需，由夏经秋，不其生捐扇之忧，减供张之备，遑论斯时。友人则曰：“近兹北戴河改由北宁路主干经营，旅舍膳宿，均为整年营业，初不如夏令之趁集，一哄而散。且更以交通机关之关系，辇运益形便利，则饮食且益为精鲜；即以旅舍言之，北宁路所创设之宾馆，即足款游客而有余，林木池亭之美，翦伐藻饰之勤，更有逾于前兹者。子好游涉，时时发为臧否月旦之言，窃亦欲引之为增重也。”余为许可，决计遂行。

方余行前，则访亲旧，冀得一二游伴，共消永昼；而亲旧朋从，适均不暇，余兴会则初不因而少减。羁人海客，习为故常，单舸轻衾，视同朱邸。廿年积习，往来于平沙广漠之间，尚且引为奇趣；何况地偏尘远，一洗尘嚣之乐耶？于是遂以只身就道，先就旅行社购车票，北宁车有达天津者；有达榆关者；有径达辽宁者。余定计欲重坐此直达辽宁之车，则定以夜车行，此为特快车，七时许自前门发轫，次日六时，即至北戴河。而支道之赴海滨者，即于站台相衔接，殊属便利；且有直通海滨，无须换车之劳者，益为欣然。因购来回票，于晚膳后即行登车，偃然就睡。北宁在吾国路政界中，开办最早，成绩最优，出其余利，以经营平绥，子母相生，此其权舆之始。余旧乘通车，情景犹萦诸脑海；此番重到，怅然于怀，则先赴二三等车，略觇国人交通之状况。迨一睡既醒，天色已明，红日一轮，升诸林表，且鼻观已感清空之气，不似在都会之中，精神为之一振，此则郊外旅行之第一乐趣，为最足惬心者也。车既傍站，已在海滨，海滨为支线终点，车站用地不广，仅供拨调列车之需，大致似平绥路之V字调拨站；然车站布置雅尚，粉垩朗洁，车站门首，植花为小圃，已略似沪杭路之杭州站。海滨本属避暑之区，处处宜以优美为主，经之营之者，盖得其道矣。站旁人力车，沿路俟客，路警为之维持，秩序井然。余即赁车赴铁路宾馆，亦冀读余游记者，随车辙之所经，共余投止于逆旅，不其可耶？请先述北戴河之崖略。

北戴河海滨，属临榆县治，在县城段南距七十里，而车站距北平则为七百九十三里，又由站以至海滨，凡四十三里。若舍车道，而由站以直至海滨，仅十二里，策蹇亦半日即可到达。北戴河别名戴家河，按诸县志，为明时海运屯粮之地，属抚宁县境。和寨东西田水，合流以入于海口，中与狮子河会至南戴河之北，以经由莲峰山之南，盖戴家河实为深河之下流也。（临榆县治，乃自抚宁县分割设置者，故志载如此，即今戴家河之西岸，亦尚为抚宁县境，可以知之。）

临榆，唐属幽州，虞属营州，商属孤竹国，周属之燕，迨秦以其地为辽西郡，置十四县，而临榆之名，所由肇始。汉时为骊成县，魏晋间又尝一改为卢龙，武德二年始置抚宁县，天宝以后，为藩镇所据，五代契丹取平州属之，唐庄宗又败契丹而收之，辽为新安镇，元隶永平路，至元间又并之入昌黎，此后屡为分合，明初为魏国公徐达采邑，永乐间，迁县而设卫，至清乾隆，又割抚宁以分置临榆县焉。

海滨倚山面海，平畴深谷，隔绝尘境。在昔来游者罕，因之其地亦不为人所著称。迨逊清光绪十九年，京奉开工，西籍工程师，勘路来此，见其潮平沙软，正足为浴场；则起约中西人士，共来购地，著手营构，而教士则尤闻风以起；于是此区区之地，遂为举国渐所知名。

而光绪廿四年，因开平运煤之故，得秦皇岛不冻港，于是有开秦岛为商埠之定案。秦皇岛距海滨计四十余里，而就中二十里间，金山嘴迤西一带，已有西人寄居避暑；则自不能列入商埠之内，因又划定戴河以东，至金山嘴，沿海内向三里，以及东北至秦皇岛对面，为各国人士避暑地，准中外人民杂居之；于是海滨之游览区计画，遂以定案。而西人之卜筑者更多，中经庚子之乱，多遭毁灭；迨乱后重加修葺，教士则多在东山之横石岭一带，渐推进及于金沙嘴鸽子窝，此外商人以及海关等机关则聚于河东寨以及西山附近之一带，其中要以德人为尤多；欧战事起，德人返国，于是西山区域之业产，多改售于国人；而各国使节，近年亦相继在林泉胜处，建筑居宅；因之兴置益繁，而弹丸之地，几为暑间外交界人士集合之综汇矣。

海滨杂居之约既定，外人皆得永租其地，投主管领事注册；在先教会本有在内地置产之权，于是光绪廿四年有石岭会之组织，以监理会名义，购地转赁于会友。其会章注重于公益及卫生事项，乃至风景区域之规画，冬季房屋之看守，凡有住宅者先纳入会费，再以房屋之估价，公决年费，按大小为标准；而以车站之东至刘庄为石岭会之区域，修理道路，运送秽物，成绩粗具，而发展为难。所幸民国七年七月，贵阳朱桂莘先生，避暑其间，既感开发之不宜从缓，更鉴于主权之日就旁落，于是号召当地避暑人士，创办地方自治，立公益会，以谋地方建设。八年六月，得内务部之批准，并行指定德国所交还之兵营地，以供建筑会所之用。于是陆续修筑道路，设置医院，建设林场，培植苗圃，乃至限制莲峰山之私人买卖，辟治山地为公园，建设沿海浴场，而银行邮电交通机关，以及饮食廛市，亦均日盛一日。最后自治会，遂取得全区之行政管理权，于临榆县组织之下，别成系统；而西人向所越俎代庖之市政事务，亦遂改隶于该会之下。该会于市政事务，孟晋推行，西人亦翕然称誉，于今无间；自去年为始，又由自治会委任北宁路局经营之，此地为车道所经行，而局方于此，益加注意，弥臻美备。余尝谓中国旧有“天下名山僧占多”之成语，乃近数十年，海通以来,西洋教士之势力,有远过于僧人者;于是若牯岭,若莫干山,若福州之苍前山,几于无一不为教士筚路经营而加以盘据;直至最近数年,世界不景气之潮流,蔓延东亚,始少少还政于我,微加敛迹,独此北戴河,虽由西人经始于前,而莫为之后,虽美勿彰;民八而还,即完全为国人自立之机关所管理,而其成绩乃至财力人力,无一不驾西人管理之时代而上之;来游此土者,鉴于国人自力之表现,则凡耳所闻之涛声,目所见之松影,盖无一而不足以激发其爱国之情绪;前徽在迩,继起需人,厚望所属,有不能已于言者矣。

市政经营,百端待举,兹再撮要言之。首贵治安之维持,则先言警察;在海滨开埠之初,西人佣华人看守屋宇,谓之"更房",德兵撤退之时,曾有建议仿上海等处之设立工部局者。我国以主权关系,力辟其说,遂即自立警察局所,分为三区,以车站为中区,东西两山为东西两区,设马步巡士,统之以局长;避暑期内,则别由天津派保安队,以为协助之需,而警政亦同时受自治会之指挥。是以号令既能统一,措施遂以更新,相沿至今,游览者见岗位之精神,即足征道不拾遗之影像矣。舍公安而言道路,则海滨山径,本甚丛杂,平时输运,多以骡车,偶遇天雨,泥泞沮洳,自在意中;因之民七公益会成立以后,即以西法修路,先平陂土,再铺石块,始加沙面,则坚固受水,历久不敝;又以大车驴马之损坏路面也,则于沙路之外,别增土道,相辅而行;沙路土道之间,则栽以矮树,用为藩篱,一碧鬖鬖,望之令人心目俱畅。且遍树表记,指明人畜分行之道路,一望即可以了然,于是路面既获保全,而景物愈臻幽胜;由东而西,已成者五六十里,其附属之桥梁涵洞,凡五十四座,多用石筑,亦有以凝灰铁筋为之者,而尤尚雅整,使有山居之风度;海滩路则障以石堤,俾得坚固。石岭一隅,向者乡人售地,逼近海滩,则界趾辄云至海;自自治会成立而后,即先规定海滨为公有,不能属诸私人;而于规画路线之时,出入于林樾之间,绕折于岩垣之次,有至不便利者,则更与业主商定,拆除让地,以就其规定;中西业主,亦鉴于办事者之矢诚矢恳,亦遂允为协助,自行拆修,此其急公之心，亦足以为景行之示。惟西经路通于海滩，尚少直径，则间有假道于他人之院落者；逆臆假以年所，化私为公，别立官道，亦当指顾可期，初非难事。至于海滨之建筑，则自以负山面海为特胜，我国旧氏建筑，多为平房，宜于都市，而未必合于登临；是以来此构缮者，多取西式，大抵踞地较高，深廊四注，小楼翼然，用以面海；而花木之部署，林亭之修撰，则各争其胜，各相其宜，有未可以一律概之者。全区自民国七年以后，自治会成立以来，岁有增建；迄于最近，凡五百二十余所，而七年来所新建者，计二百七十三所，则知国人之致意于逭暑，乃至繁荣其地址者，不可不谓热诚矣。

北戴河海滨，虽以避暑之一隅，然因夏季来客之麇集，当地住户之日增，于是工商业亦渐臻繁盛；银行则中国银行、上海银行，均设有分行，可通储汇；商业则夏季百货云集，负贩亦多；而山东府绸与花边以供西妇装饰之小肆，亦日以兴起，外此米粮油酒杂货食品，几于无一不备；木厂亦来设分厂，备营造包工；而下逮洗衣房靴鞋照相理发诸业，亦颇为发达；书肆之售小说及文房用品者，亦多赁庑以为之。至本地则编蒲之业，为农余所特长，帽筐箱篋，无一非编蒲缉柳而成之，为旅行者所必备，销行甚广。外此则砖石垩土，以及渔盐之利，均为乡人所独擅。农产则多旱作物，高粱玉蜀黍为最多，亦间产马铃薯及落花生，本地小米亦佳，而产量不多，未足以供游客之需要。最近又有种植水果及蔬菜者，成绩均优，盖其土含沙砾，适于滋生，但能加意经营，自有利润之收入。畜牧除家畜外，小山兔亦多；而近之畜牛羊者亦夥，西人爱饮山羊乳，谓其功效，不减于牛乳。而养蜂亦为新兴事业之一，本地所产纯蜜，颇为游客所见重。至公益会于公园中，辟鹿囿，以取鹿茸，常日为山林之点缀，使人见其芊芊之态，食野之苹，悠然意远，尤为难能而可贵。造林事业，最宜于山地，惟向者居民，多贪近利，妄施斧斤；自治会则专指定东山为林场，所植以松为最多，此外槲榆槐椿山枣梨柳，亦均陆续添植，蔚然成林；六七年来，已有数十万株之多，而德国槐树，滋生既易，荫樾亦繁，更为海隅路滨所习见。至私人园囿，多植卉木，异种奇葩，亦日增日广；春夏之交，偶一临存，贴地成阴，俨然可得江山锦绣之美，迥非数十年前童山拳石之可以比伦者矣。

方余引笔述此北戴河掌故之际，亦正余以人力车由车站而至旅馆之时，倦眼初回，前尘可挹，今当更引读者，同相上道，放眼于此园林锦藻之中。人力车徐徐而行，晨曦当空，翠幕张道，清空之气，扑人眉宇；由车站下一转折即至西经路，盖通西山之干道也。两旁疏篱矮筑，与朱楼夏屋，争相辉映，而无一不具庭囿之美，亦无一不具闲雅之乐；斯令吾人，于抗尘走俗之余，一接山灵，为之深滋其愧恧者，勒移北山，稚圭于此而有感，良为爽然可念者矣。车行道中，两旁间有蹇人榜驴以待贾，驴亦静立无声，衔枚以俟，蹇人则戴蒲笠，三三五五，畅谈日来之营业，乃至旅客家居之状况；若云某宅之少君，骑术至佳，某宅之女公子，控鞭如矢；亦有及于庖丁老圃之情事者；则侪辈本属土著，间道家常，虽生活较属困难，驰驱用以卒岁，而常年涵濡于此山光水色之中，亦已变化其气质，使有雅概，不似便便大腹逐利之人，见面令作三日之恶也。余本无心，听此道途野人之言，亦足以少破幽寂，而有时山鸟一鸣，更使人情还太古，颇忆儿时读美人华盛顿欧文氏名著，有所谓睡谷者，此间庶其近之矣。

人力车循西经路而行，一转折间，已见海滨，波如镜面，风挟南薰，晴爽一碧，远望无际；余老于行后而又惯事海行者也，每睹浪花之纹，即感无疆之乐，朋侪或畏涛澜之险，或言舟居之苦者，余向词而辟之，以为海若张目；然近兹二年，足迹多在腹地，今骤然重见波痕，其欣慰固有不可言状者。曩杨升庵有小词曰“塘水初成似玉容”，立意固臻清胜。然以余意度之，犹嫌其小，若曰“海水似玉容”，不其更佳耶？傍海为浅滩，潮退沙明，其静洁幽娴之趣，直足使人色授而魂与；余乃于此际，摄心欣赏，不使少少孤负；而轮影一飞，渐又改道以遵陆赴旅舍，于是复为之一顾再顾，似不胜其依恋之情者，亦足谓为好事而痴绝者矣。

自车站至北宁宾馆，仅数里，行十分钟已至馆门。馆为章氏别业，夏屋层楼，门前有花圃，屋右为球场，余及门而止。提携行箧，拾级循阶；而阶前正有矮树，范土为圆型，缘以春花，碎若烂霞；余则先徘徊于花坛之次，以俟馆役之来迓。计时甫晨间七句钟，甫涉残春，馆役乃不虞有此背尘之客，于时来莅，则咸欣然相导。余先至其廊座，小憩啜茗，又遍察其结构，屋为四方形，两面均有深廊，足以观海而却日；两廊相连之处，别有一楹，则司事者之所居；楼下凡五六室，合为正方，而中为梯级所在，类于甬道。其外向者凡两大间，一以供传餐，一以供茗座；其后即为宾室，各丽以泡湢浴室，布置莫不楚楚。而此屋之四周，均为园林，绕以花圃；故虽在后室，亦能同挹清芬，共赏静趣也。两室均有先我而至者，则改登楼舍，其外向者亦二大室，视楼下益为精整，余生平无奢习，而旅行必得佳居，以求舒适，则夙昔如此，不能少移，虽掷重金，亦不之吝；尝忆作客九龙，住半岛以及浅水湾，日费数十金，视之蔑如，今舒适相同，而定价每日不及十番，则以余之经验言之，固不得谓之为昂也。楼舍凡两床，盥栉所需，莫不俱备；外向有廊，以绿纱为幔，用辟蚊蚋；纱幔之内，别以浅黄色绸幕，笼之棂间，海波荡碧，掩映帘波之次，其幻眩之态，有胜过于平眺侧观者，万万倍也。

余楼居既定，即治晨餐，晨餐极美，虽鸡卵牛乳之属，咸至清洁。且传餐无定趾，余即据廊庑深处，于万绿微风之际，徐徐品茗。天籁竽竽，瓶笙的的，一生能博几度之清闲，享如许之清福，可不为之郑重而将事者欤？传膳之后，蜡屐出行，信步所适，即赴东莲峰山；山为本地之中心，高于潮平者四百尺，一路均软沙碎石，足资循省，而夹道翠阴，当前峦色，固不必有幽奇灵秀之独钟，而已足使人，怡情于山水之际。山下即为公园；其右便是鹿囿，范铁丝为篱落，鹿二三十头；凭流倚树，闲适恬静，其乐信可愧红尘名利场中之恶客矣。临囿小立，玩其芳洁之志，始悟与鹿豕游之足以转移性习，先贤之说，为不虚也。更前则已近半山，地势由平而高，适在平原之上；有一茶肆，编茅插槿，以售中西飧食，西人妇稚，已群集其间；余亦据其一案，案顶覆之以松株，已作虬拏之势。小坐进茗，远听涛声，近聆泉响，直不知人间之何世矣。须臾更自茶肆之后，折而上行，登山无康庄，然亦不患其荦确；散步闲行，无心出岫，至腰峰适得盘陀平据之大石，并立纵观，已得全部之大势；大海前横，极目无际，西望昌黎诸山，蜿蜒起伏，平冈棋列，峭壁斜侵；而秦皇岛则在烟波缥渺之中，山势联缀，故又有以联峰名山者。又其山峰远视，似一莲蓬，谓之为"莲峰"，而今所伫立者，亦实即为莲心之一菂；藕孔避兵，翠绡拂雨，为乐为苦，正不必言；而即此片霎之光阴，用会千秋之玄赏，不其即为吾人最乐之境界，更何必旁通外骛，以自淆于鸡虫得失之场。由山陂当此，行甫一小时，再进而上，至于峰顶，天宇益宏，气象益澄清而静肃；虽非千仞之冈，亦足振衣而有余矣。渐就故道，徐徐下山，一筇一笠，翛然物外，以直通于海滨；至则椿浅痕深，潮微水赭；虽滔天之巨浪，即在目前，而旎旖之风光，无殊湖水；因知人心但能背尘，海若亦为效顺。距海不远，有田氏别庄，今设客肆；则复往小坐，其地占六十亩许，屋不高，凡二层半，前有深廊，中供憩坐，两旁耳房以及楼上列舍，均供客居；屋虽较旧，更得静趣，宜西人之挈眷同来者，多喜僦居以避嚣也。更前由孔道以至大门，花圃草地，位置井井，园中并有泉眼，有岩石；比三径少荒，而清兴无改，闻主人有斥去之说，可谓极天下至忍之事矣。款段出门，循海归舍，浴室多编茅立于滨海，精美或不及青岛，而雅趣实有过之。渐过公益会，因入观之，占地甚广，平屋数楹，中为议事之室，两旁前后，则治案牍；壁间悬朱蠖公书联，气势壮伟，笔意挺秀，以之位置于泉石之间，益发其清雄之致。又有壁记，记自治及公益组织之由来，乃至侨居者捐款之数额，莫为之后，虽美勿彰，所以望于来兹矣。议事室四壁列本地名产，及植物标本，均足表彰自治之成绩；治事者数人，迓入厅事，为道本地经营之事，又惠我以地图影片之属，情亲可感；余历涉名邦，与太守邑尊道家常事，辄多隔阂，因知人民之所以自治者，实高出于官守；所惜自逊清提倡自治以来，能见诸实行，而收其效益者，不可多觏，而此即其明证之一也。公益会旁，复有医院，亦往浏览，整洁有条，天假病夫，养疴于此，亦庶足以媲美于维摩丈室之乐。会所前后，均为第宅，而延陵吴氏者，为尤伟峻，前临大海，后枕平冈，曲阁四通，层楹叠起，大有楼观沧海日之胜概。天下观人于微，见其营构，往往即足知其心胸，则贤主人之胜气豪情，固已可征之于此栋梁规画之中矣。

归舍治膳，膳后午睡，此鲰主之结习，为万忙之中所不废，而况于山居。海滨为逭暑之区，亦专以供人之休憩，故有戒律，定自午刻至三时前，不许奏乐喧哗，此则尤惬平生之大愿。余一枕化蝶，栩栩欲飞，方其半醒，涛痕已越墙穿幕，引入胜地，山灵来俟，其岂信然？结束更出，仍以步行，由舍左以至山下之公园，公园占地绝广，晨间仅取登临之一径；此则至于松林，亦由陂地，以届半山；万株龙盘，一桥蝬屈，流泉泠泠，天风竽竽，虽不能与黄山白岳等量齐观，而亦足使仙阙金都重疑人世。桥外有亭，亭次设坐，瞑目神会，可以睥睨大千，消愁乌有。更前窅远之区，别露朱门，则新建之一寺；寺前有嘉靖旧钟，范围不广，殿庑井然；中为正殿，设观自在菩萨塑像，东西两楹，一为客座，一藏图书，客座中多悬诗篇，名章俊语，络绎来会。藏书室虽庋存不丰，而琳琅插架，经史梵筴诸部，择要咸备，唐宋人诗集，可备浏览，且潢治卷帙，亦极精美，非蝬公之力，未易致此。倘得假一榻之地，弥勒同龛，青灯寂照，其为戒定，且视毕生禅诵之力为多；此念一动，终当应赴，佛说缘法，敢拈此以盟之息壤。寺有守者一人，瀹茗以进，即山泉所供；和以苦荈，味永而隽；移时，循别径以行，由蝬公生圹宅第之前，以至大道；蝬公爱山水，尤爱海滨，维护之力，既所独擅，而生死之际，亦且不忍言去，为营兆穴，远过于扬州之禅智山光矣。

晚归旅邸，适此间执事者来，遂与长谈，多及海滨兴建之事。执事者以干才绾毂政，于路务推行，不遗余力；即对北戴河事，亦持以毅力，期其孟晋。余则语之曰："铁路为国家命脉之所系，而更为资源吐纳之所关；于今对于一切事务，侧重于统计之管理；故铁路方面，亦正应于车务外，同时注意于附属事业。试观历邦，名胜游览等事业，鲜有不由铁路经营者，而日本所经营之南满铁路，几于一切工商企业，无不政从之出。即论名胜，如阳冈子之温泉，布置部署，亦胥出其手。盖交通本属开发地方之先轫，而得此有计画之联络，一切经营建置，与夫招揽游客，均易收事半功倍之效。今自治会既以北戴河事，委诸北宁路，此亦可谓为中国铁路之有附属地，与畴昔沪杭路之管理莫干山者相同，窃愿左右发挥委任统治之特权，以为兴发资源之一助也。”闻者殊引余言为同调，且谓：“在今日形势言之，北戴河不特谓为游览之名区，且直可称之为国防之重镇。而以其土著之宜，气候之美，人民之淳朴，生活之低廉言之，几为北方独一无二之桃源；现所应行加意者，一为推行乡村之职业教育，一为设法栽植果卉以厚其出产；信能生产与教育同流并进，则此地直足谓之为仙乡。非同凡域矣。”余复申鄙见以告之，谓：“中国名区至夥，而开创管理，多属西人；直至近年，庐山莫干山，始渐渐移归国人自管。独此北戴河，则自自治会成立以来，纯粹为国人所经营，初未丝毫有外力之侵入。而外人以管理之佳，亦深守法律，绝无越轨情事。可知事由人为，与其徒滋舌辩，奔走呼号，正不如埋头苦干之能使人易于就范也。”谈讯差了，即登楼就寝。海涛以外，初无杂声，使人尘心涤尽，万虑都沉。余则循向习，手一卷以引之，至于黑甜之乡。翌晨天甫黎明，鸟声出谷，破人好梦，余亦即起。盥洗后闲步旅园，凡一小时，始进早飧。更定本日出游之计，先赴西莲峰山。

西山之距东山，约七里许，人力车驴马，均可到达。西山崚嶒瘦骨，别具形态，与东山之蒙茸秀绿者不同，而亦别饶其幽趣。余即以人力车行，循大路，而至于支路；其踞大路较远者，则第宅较少，阡陌渐多，一望无垠；而东山矗立，如老僧之坐禅入定，与海天相参谒者。迨车行将抵河流，即为村落，三五稚子，跳踉门次，亦有养蜂畜兔之家，磨秕筛糠之业，占地不广，而获利足以自给者。迨抵一寺，则已在西山之足下矣。寺为如来寺，盖各乡分业，由来已古，有乾隆、道光两碑记可考；而铁钟一具，尚为明嘉靖间所鼓铸。此庙旧址颇广，近较凌夷，仅余院落，在正殿之前，旧有之古木苍翠，枫颜红滴者，亦均为不肖所盗卖，事至可恨。正殿供铜佛十二尊，光绪十九年某夕，寺僧忽闻犬吠盈庭，亟起应门，寂然不见一人；而翌日殿中乃复得大铜佛一尊，村人诧为神奇，因而醵资演剧，以记胜缘。迨民国后，又由里人重加整葺，结构虽小，古趣犹存。入庙瞻谒，小驻移时，即步登山麓；已望见戴河，萦绕入海，如一衣带。登山一巨石平顶，方平可坐十人。旁有摩崖石刻之韦陀像，大逾寻丈，相传以为唐时古迹，则不可尽考。其旁有双石峭立，中仅一线，仅可容身，土人谓为“对语石”，盖以其形似而名之，或又谓为剑峡者也。南面迤西，巨石攲立，俨然有致，是谓莲石；或云以一人一手之力，可以推挽，摇摇欲坠；而多人合力试之，则转不能动，试之果然。物理力点支点之间，其巧至于如此。山后有一小洞，可以猱行而下，洞甚深邃，渐入渐低，伛偻可行，未易至底；或云此为海眼，可以通海，则无人穷其究竟，无从加以推度之词。东山本不甚高，攀援可登其顶，上与天接，下与海齐，放眼宙合，气势极整。迨下山又转而至其北面，行距海滨约十里者，则为骆驼石；其石尤耸奇窈秀，惜已为斧斤之所加，致有劖伤之迹，少改旧观；其南即为通天洞，上下贯澈，游人多往来其间，以穷其胜，余亦未能勉俗，为一经行之。

东山之游粗了，复归旅舍午餐，餐后就睡，一如昨日，迨起则易道定趋金山嘴鹰角一途，正与东山对径者也。亦以人力车，循大道遵海滨而行；先过车站，即为刘庄等市集之区，民居既盛，贸易亦繁，饮食零玩之肆，鳞次栉比，凡里许。更前又为私人居宅，则多教会中之西人，其屋无西山区之华整，亦无西山区之得倚山屏以抗海岸，形势为挺秀；则以海岸至此，已折为外股，所谓金山嘴者是也。其地突出海面，上有灯塔，用作航海夜行之南针；下则巉壁悬崖，石门穹然，相传谓之“南天门”。近有游客，大书“石涛”二字于壁间；巨石上洪涛激浪，飞白四溅，不待风生，已见济腾溯湃之势。一登其巅，则震撼隆隆，足以快心而畅目。金山嘴最西一峰，于势较高之处，则为西人所设之教堂。迤东则为海神庙，名曰“高峰庙”，土人则以“娘娘庙”称之，盖所祀为天后也。此庙自明代肇建，屡经风雨，而碑记犹存；最旧者为明万历间白瑜所撰，最近者即光绪三十二年杨锦安所撰，多记捐资人姓名资额。沿海诸区，凡渔市所集者，莫不恪敬天后，为之立庙；自闽粤而至北洋，比比皆是，此庙亦多渔业中人，为之布施，香火尚盛。其旁别有三皇庙，则规模较小，无足数矣。游览一周，更自金山嘴，绕面官道，直径东行，更数里而至鹰角。此地为海滨范围之极东，亦濒海；而有怪峰特峙，以形取名者也。石骨嶙峋，孤起如削，地则较高；惟地势少形沮洳，缘石亦有草径，可以援登。至其巅际，当海而立，一望惟遥见秦皇岛之隐约云中；外此则水与天齐，云平浪耸而已。山下别有一径，通至海濡，西人妇稚，多由之以就海浴。余平生见孤峰挺秀者，自以小孤山为第一，而镇江之北固次之；今此鹰嘴，视小孤北固，仅具体而微，等诸舆儓之列；然以大海例长江，则长江又形其渺小，是以此间之气概，实不亚于诸区；而余得从容其间，揽胜蜡屐，正又自信其平生之奇福，得与山水为有缘者矣。

北戴河之足资游涉者，按地言之，此其大较。然来游于此者，初不必选胜于岩壑之间，以一奇峰一峭壁为张目也。盖来此多尘沙扑面之人，于此谋得休憩，携孺人稚子以俱至，冀得一旬半月之余闲。故其日常之生活，除静憩偃卧之外，要均以悠闲之态度出之，试为列举，第其甲乙。

【游泳】 游泳为健身之捷径，而海浴更为游泳之上选。盖海水富于臭氯气，浴之能增皮肤之蒸发，利血液之循环，爽健精神，增加胃纳；而一切神经衰弱、皮肤病、腺病乃至贫血、拘挛、慢性呼吸器官病，几无一不可以海浴为佐治之需。惟浴罢之后，宜得良砂土以供曝日之需，其或埋全体于砂碛之中，则以砂土含有阳光之余热，足以助长体温也。北戴河海滨线计长约二十里，无地不可以入浴；至其中一二处有石礁及虫豸或无良好之砂碛者，亦止于一隅。是以一届晚凉，中西老幼，尽集于是，以从事于拍浮。有善泅泳者则逐浪于海中，其次亦使水著肩背，徐行以赴。而春秋佳日，阳光余热为海水所吸收，温度尤辄视伏暑为相宜。故海滨浴场，非至严冬，辄多就浴者，无间其为夏为秋也。就浴之室，私人多支苇舍，以供更衣及浴后淋洗之需；而浴衣则以厚制之毛织品为宜，因入水不濡，出浴不虞风寒之侵袭；此衣即在海滨市集，随地可得，而西山第三四桥间之公共浴场，并备出赁之衣，以供临时之用，更称便利矣。

【网球】　网球于球戏之中，用力较省，黄口二毛，胥易着手；然求其精到，则殊非易事，所谓易学而难精者是也。西人于暑中，废垒球、足球以戏网球，多本消遣之意，而未必即怀角胜之心；是以夕阳流天，人影在地，时见祖孙父女，携球拍以共赴球场；即国人之好事运动者，亦多麇集于丝网绿阴之下。迨其击球既罢，或入浴，或品茗，或以皮酒，或甘牛乳，其乐怡然矣。海滨除私家球场外，旅舍多有公共附设之球场，行客招邀，一呼入局，心在胜负之外，意驰林泉之间；用以会胜友，晤新知，可逭暑之乐事，为游客所赏心者也。

【策骑】　北戴河自治会，禁例綦严，代步除乘骑以及人力车外，不许通行汽车，用以维持秩序。二十年来，兹例不废，因之游览者以时间关系，多用人力车，而避暑者则好事策骑。驴约二百头，分站街口，且有定价，妇孺尤乐赁之；头一苇笠，挟一纸盖，从容于软堤沙路，视策蹇西山八大处之荦确者，为尤胜绝。其通行之途程，多赴对语石及骆驼石等处，野原平畴之间，饶有灞桥湖上之乐，清趣可知。亦有自蓄名马，以供驰骤者，特为数不多耳。

【行猎】　海滨习见之沙禽，如燕、雀、鸦、鹊、海鸥、鹁鸪，成阵独飞，上下空际，初不甚多，因之海滨有禁猎之约；然自戴河至秦皇岛间，鸿雁、鸬鹚、竹鸡、野凫，隐现苇荡沙碛间，多至不可胜数。于是好猎者，多取资于是；为程不远，所获甚丰，以之试枪力，充庖厨，无一不佳。因之一至秋间八九月，人人荷枪，结队外出，归计所得，野趣泱然；视购之市集者，其乐不可同日语矣。

【垂钓】 濒海临河，皆堪垂钓，若求巨鳞，则当打桨于海水深处以求之。而金山嘴相近之独石，东西花石等区，均为垂钓之胜地。而戴河以外，附近合流之洋河及清水河，亦多有可得。至垂钓之具，则长竿宜于高掷，短竿利用旋轮，钓丝宜选其柔且韧者；颜色深浅，视海水为转移，庶使鱼类，不易趋避。香饵则或以天然之草虫蚯蚓，或以人造之甲虫及小鱼模型，而打桨出游，垂纶船尾，乘潮进退，益为便利。立秋以后，鱼来更多，日光出入之际，鱼队逐水而来，应手可得。此凉秋行乐，有胜于炎威中者。鱼类亦多，而鲈为尤胜，细鳞巨口，初不减于松江所产。且人造之饵，他鱼多怯而不前，鲈独争前相赴，故得鲈视他鱼为较易。人来习静，心学收纶，此中况味，正不足为外人道之耳。

【观日】 凌晨而起，五鼓披衣，可御夹衫；手筇携灯，以至峰顶，天甫辨色，即见烟迷雾涨之中，红光奕奕，飞舞天空，波涛相激；如万道金蛇，穿天腾海；然后一轮旭日，若火球之跃起于冶炉，缬眼成彩，即所谓海天浴日之奇景也。迨日轮愈升则愈小，天亦趋明，云开雾散，大千毕现，此固非吾人所得常见者。来游之际，宁可忽诸。

【延月】 月色宜人，自非戴河之所能专美；但海滨延月，于曜灵西匿之际，见皓魄之初哉以生；映绿波为银涛，罨乾坤为玉阙，夜色益深；月珪益洁，万籁俱寂，一轮独明，天与海齐，云随水涨，万千姿态，未易以笔墨相形容；遑论尘间，宁有斯境？至在莲峰观音寺前，松声谡谡，经堂沉沉，迥异软红，亦如仙境；幽人高致，发之咏歌，思妇无眠，低回倦枕；其情其事，要均足以可传者矣。

余此行留滞，初无几日；而于戴河之胜，一一领略，未容少忽，所以弥前兹之缺憾，亦以彰胜迹于来兹也。戴河可纪可述之事，非寸楮所能尽，余亦不必以秃管一一描绘。窃意留俟探幽之士，自往临存，所得必更亲切。纪事成篇，再录一时名彦之佳作，用为本文之煞尾，亦即导来游诸公之喤引；水穷云起，意具于斯。

许俊人《以莲峰公园兴工上朱桂莘诗》：

莲峰山下有奇景，石似莲花百亩开。岭涧松阴垂露冷，海天月色看潮来。已披沙砾成蹊径，又起园林辟草莱。富贵繁华皆短景，独兹美德不摧残。

徐菊人《题莲花石》：

海上涛头几万重，白云晴日见高松。莲花世界神仙窟，孤鹤一声过碧峰。

汉武秦皇一霎过，海山无恙世云何。中原自有长城在，云壑风林独寤歌。

颜韵伯《谢蝬公招游海滨》：

夜听潮声晓看云，山容海气杳难分。鹁鸪惊醒幽人梦，唤雨呼晴枕上闻。

大海回澜天地开，截然孤岛傲蓬莱。晚凉浴罢休调马，游女骑驴得得来。

熊秉三《重游观音寺》：

三年重到观音寺，绕寺同探涧上源。松柏远依双话石，楼台环抱几家村。烟笼帆影迷天际，岸激潮声警梦魂。山海风云今未测，此门松菊常犹存。

王逸塘《消夏杂诗》：

世事乘除未可知，夕阳人影共迟迟。年来髀肉生如许，赁得村驴当马骑。

万松深处隐精蓝，绿坞红桥衬远岚。漫道不如归去好，蓟南风景胜江南。

（《旅行杂志》1936 年第 10 卷第 7 期）

绿杨城郭是扬州

余之好游，为朋辈所习知；浪迹南北，亦既垂垂廿载矣。独未经至扬州，虽镇江金、焦之胜，一再试探，而望隔江灯火微明之处，益为余平生魂梦缭绕之区。天假以缘，余乃有事于扬州，初拟托词不往，渐以得至一新地，以慰夙昔怀想之忱者，又乌可不行，则决计襆被以随矣。

余于出发之日，以四时零五分之平沪通车行，此车有卧车而又奇速，故为赴宁镇所最适宜者。余以此车行，会邻室即至友某君，尤极谈宴之乐。维时天渐暑热，则相对饮冰，亦以浇此胸中之块磊也。渐行渐远，以至于姑苏，又有登车者，则北方友人，车中即述北方流离琐尾之惨，闻之令人无欢。迨九时半，车抵镇江，余即下而应友人之约，宿于云台山。

镇江濒江，其地多林壑之美，著名之金焦、南焦，固无论矣，即云台、横山诸景，亦多胜致。云台即在公园范围以内，往来尤便。公园占地甚大，层层上升，其最高处即先烈赵伯先先生祠，盖邑绅冷御秋诸公所兴建也。公园布置优美，气象峥嵘，花木扶疏，而祠在云台山，由园门升陟，拾级而登，约四百余步，以达其巅，故游者亦殊不拥挤，非瓣香至诚者，不之扰也。祠前为藏书楼，夏屋渠渠，甫告落成，正移书其间。邑人李、丁、吴三君，实始终其役，各斥巨资，以惠来学，敬乡之心，殊足使人钦纫无已！藏书楼后，较高之处，不过数尺，别立平屋，仅四间，庖湢咸具，藻饰至雅，而亦至精者，即三君所经营，属之于藏书楼，又间或自来憩息之所居也。三间为一列，其前有一大间，供客座，三间之左右二楹为卧室，衾枕咸备，书案文房，亦咸置列，位置井井，知经营之者，殊为周详矣。此行吴君招我投宿，九时半车至，即径来是间，循山扶阑，以至其地，先就屋外阳台小坐。遥望焦山峙大江中，微火如荧，而北固峥嵘，虽深夜犹头角显露。即金山之浮图，亦隐现云中，至镇邑则无一不在此山足下，灯火通明，正似展刘松年之金阊万户图，历历可数也。其南即火车所来处，铁轨宛然，蜿蜒如长蛇之一线，以入于山穴，而苍茫之外，犹似可以拟想横山之位置也。山既高则甚凉，车尘碌碌间，汗流浃背，至此乃隐隐有秋意，而万木萧瑟，天籁迭响，竽竽之声，真使人心脾俱沁。坐久之，与主者同涉藏书楼，造次一观，又俯览全园中，略得其泉石之胜。公园本繁嚣之所，茶楼酒肆，充斥其间，而此屋乃在绝高处，为游人所不至，则又绝静。时早尚闻笑语之声，风送以来，时晚则松涛而外，无他凡响，真令人有翛然尘外之想矣。是夜至十二时后，始行就寝，与主人对榻而眠，至平明始矍然以醒，似蝶之乃仍为庄周也。栩栩生意，于此觇之矣！

次晨晨兴，主人即就园中茶肆，取点心至，小笼包子，精馔也，益以园蔬之蚕豆，美乃无艺。须臾，始下山，步行至渡江之所，渡江之轮舶极多，有转道仙女庙者，有径至淮城者，有更至邵伯者，不可胜数。而由镇以扬，则以邑绅陆小波君所主办之镇扬长途汽车公司为最佳。公司且与火车办联运，凡客之由扬启程赴沪者，其行李固可在沪站交付，即客运亦至佳。由扬至镇，即有公共汽车，连运至火车站，以乘火车，故旅客莫不称便。且自镇而扬，仅舟车资一元，其舟埠在江边万全楼前。余因往购票，轮船往来江中，计每日十余次。最早者晨兴六时，即已启碇，余行在九时四十分，已为第二三班矣。船制尚新，亦能维持整洁，楼上为优等，楼下则为头二等，然票价一律一元，则船座亦不分等次，惟就优等舱，则侍者进茗，宜加薄犒而已。舟发由镇江而东北行，望焦山，望北固，清晰无比，约二十五分钟而至江北，其地即有公共汽车，载客赴扬州。站旁又有小包车，可供客需。江北地势倾陷，时时崩泻，以入于江，故此地无建夏屋者，即公司车站，亦因陋就简以为之,惧地坍也。乘客甚多,公共汽车二辆,伫候甚久,余则赁一小包车行,于原票外,别加四元。包车行甚舒适,路长三十余里,为公司所建,阔度亦庶敷用,而路面甚佳,夹路亦间植高柳,倒影垂柯,景物胜绝,迨行一刻钟许,即抵扬站。下车入站,即为渡河之处,亦即扬州之护城河也。车站至渡口,约百余步,渡口又建一亭,俾旅客之憩息,亭作古制,窃欲比于北海之五龙,而具体特微,仅阑槛青红,略得旧格而已。渡舟往来不绝,每人索铜元二枚,其有贫者,则不必取多。继渡至城门,仅五分钟,盖衣带一水而已。既登彼岸,即为扬之南门,入门,以包车行,约二里许,即抵左卫街。扬邑以左卫街与辕门街为最繁华之区,大抵商市多在辕门,而号家银行则在左卫,余所宿即左卫街之一号家,故即径至其处也。

余所投宿左卫街之号家,计地二亩许,屋八进,又三进,合之为十一进,间以甬道,款制多如北平之府邸,讯之则购价仅八千元耳。同人分居各进,已甚宽畅,其最后者则为游宴之所,凡一大间,灯火烂然,四壁亦至整洁,垩漆方新,而其右一室,则以供客者,为余所栖止之处。余小座。与号中同人畅谈,知扬邑市面,亦日以萎靡,盖扬州为咸贾集居之所,近日制度渐变,民商两无所利,于是其地遂日就萧条。故家大宅,多付租售,而尚难得其主者,即商肆骈蕃,亦徒虚张门面而已,无利可图也。少许,即就号中午餐,餐至丰腆,价亦不昂,扬人本好治餐,款客益相殷拳。然讯之职员,知号中所用庖丁,月仅十元,且每日以三元为菜米之需,真不得谓之昂也。内地生活程度,较上海相差之比例,亦庶于此觇之矣!

餐后即备游览,然余以其地未经前至,故即携各种方志阅之,乘此以为餐罢之休息,弥觉舒适。兹并酌录一二,更为读此文者,得较为精详之考证,不其可耶!

午餐既罢,遂尔出游。先以人力车出北门,扬地屋宇整洁,道路秩然。约十分钟,已出城,濒城一河,即通虹桥者也。城外浅绿连茵,淡烟迷树,清和之景,令人一见,即生山林之思。城门一桥,车过桥则至绿杨村，其地为一花圃，治园艺者以为恒产，地适濒河，殊多胜致，因之主人范篱落治茆舍，用为茶叙之所，游者遂亦麇集，生涯弥复不恶。余初至是间，睹其清疏之概，因而追忆及于年前粤行，至观音山下之北园，若复相拟，而北园无水，此则临河，益觉清漪顾影，乱绿傲之之益为幽胜也。村距城仅百武，高柳垂阴，老鱼吹浪，缅怀“绿扬城郭是扬州”之说，益觉信而有征，悠然意往。既抵村，即就亭中小坐，奇花流馨，翠阴叠浪，品茗于此，殊有清缘。少选，更至其莳花之室，则培植至宜，珍护弥至，亦为大观。扬地治花，素有盛名，为江南所不及，驰誉已千百年，弈叶相承，箕裘永绍，雅人韵事，未尝少废，殊幸事也。其所植芍药金橘，尤多佳品，惜不能辇而致之，余圃中亦有芍药，适丁花时，不及往视，亦令人生故园之思。至于品茗，亦诸色咸备，余素有斯癖，得其佳种，亦足疗渴，而佐茗则尤扬州名产，若干丝笼包之属，虽时患肥腻，而亦别饶佳味。余息于此间者几半小时，时舟子已云集，男女俱备，争绕座客。此地瘦西湖，向有船娘，至今不废，而其船式亦佳，计凡二种：一小者似西湖游艇，而置三藤榻于中，合船尾船首，可坐五六人，轻便易行。一大者较小者大至一倍半，上盖铁皮，以御雨日，四周有木阑干，而置藤榻四五，并列船中，更有方案，以供茶食之需。船价相去无几，因赁其小者，为更便于趱程也。迨既赁定，遂尔登船，且携茗以从，舟遂前进。先过绿杨村北，沿城垣以行，一至转角丁园，则转而北向，气势较伟，湖面较宽，疏竹短篱，田畴望里，乡村之乐，莫或逾兹矣。少前为一桥，建筑甚伟，即虹桥为渔洋山人冶春之所。桥畔仅有一亭，占地不大，四壁俱空，想山人修禊之时，必更有屋宇，以款宾客。至今二百年，乃芜废至无踪影，亦见世事之沧桑矣！虹桥彼岸，尽为高柳，而东则曲沼文溪，桑麻盈野，瘦西湖盖有类于山阴之鉴湖，为一河形，特具体而微耳。篙起波流，舟以缓进，瞬息见有林屋之美，知为徐园，所以祀徐宝山者也。正门濒河，虽设常关，循流转折，以至于小金山前，别有一门，拾级而入，右有广厅，堂构弥宏，以供憩息品茗之所。特所悬楹帖，绝少佳作，为园林减色耳。其前有紫藤，扶以豆架，珠缨翠葆，花多而艳。犹记曩日至姑苏，游拙政园，先观文衡山所植之藤，阴被满院，庶与之仿佛矣。藤前有药阑花圃，叠湖石为假山，尚复不恶。绕山而为又一厅了，布置亦楚楚，更进为亭，绕亭而至于飨殿，中设神位，上悬巨额，为黎宋卿任总统时所颁给，楹帖亦然。宝山本为枭匪，性乃伉直，渐弃匪而投诚，历任武职，驻于扬州，地方乃独得其荫庇，于是死后，扬人士合斥四万金以建此园，为之纪念，所谓报享之谊也。方洪杨肆虐之际，有罗思举以积窃，而任至提督，手自行文，注销所犯各案。同僚或有讥之者，罗曰："余作贼尚作官，奈诸公作官仍作贼耳。"卒为名宦。宝山其与后先辉映者矣！更前为一小池，通以小桥。大门之前，为一亭，其门即先所过而常关者也。余品茗于西厅，巨榻足供小憩。时忽大雨，即避雨其间，雨不少止，则仍鼓勇前迈，惟来时之小舟，已渗漏未能更前，则易铁皮之大船，仍往北向。舟离徐园，回首一望，清致可掬。更前则湖面益宽，凫庄即在其前。败屋废椽，令人不快。闻诸舟子，居此者为望族，而不谨，犯巨案，遂致陷囹圄者十年，此屋亦久无人居，不能传之其人者，真乃如此，于是益悟古人所谓不如遗子一经之说矣。现急欲脱售，仅索数千金，然亦不易得主也。其后即为五亭桥，而白塔高峙其左，亦已旧败，以余就舟上观之，视其过小，遂形其过大，似不相称。塔顶为葫芦，而不用相轮，有背佛教之遗制，且已斑烂剥落，近搭一木架，备为修理之需，然告我者谓此架已设置经年，而绌于款项，迄未动工，即今此预备修理之木架，亦已颓圮，不堪用矣。舟仍前行，湖面较窄，而至于五亭桥。此桥亦南巡时所建，久已欲圮，屋漏顶穿，直至客年，始有大力者兴而修之，栋宇焕然，其制绝佳，桥工亦伟。两端为巨桥，中为一亭，而亭之四面，亦各有一亭，亭基亦大，中绘龙形，较之北海之五龙亭，工作逊色；然亭之飞檐栋角，亦殊可观，且四角均悬风铃，风动铃鸣，铿锵成韵，令人生悠然怀古之思，不似海上十丈红尘申申闻汽车号筒也。停舟登亭，小历以观而下。还见堤岸，高出平地者甚广，讯之，知此堤为旧日瘦西湖之水界，迨后日有污涨，人民利其耕植，壅之为田而湖面益小，且为将来之水患者亦益大。湖南洞庭，淤涨日多，与水争田，遂成巨浸，前事可师，奈何扬人乃不之察而听之耶？舟出桥洞以前，徐徐斜转，夹举均田，水面亦益狭，循流以转，渐见远山，则观音寺，为扬城灵爽最著之庙宇。每届六月十九，报赛者麇集，湖为之塞，余舟过其前，以无多风景，亦不之上矣。维时雨更大，水侵船舷，余亦不之顾，奋意前行，逾一刻钟已抵埠头，即平山堂足下，为蜀冈，亦为瘦西湖之止境。解缆水滨，维舟岸曲，同行者怯雨，都不欲上，余与吴君则勿之恤，必欲登峰以造极。堂在蜀冈之巅，有官道直通而下，磴级俨然。约百余步，左为山崖，小铁丝网之，不患倾蹶，其右则乔木千章，参天荫樾，一望无际，时雨脚如绳，衣履尽湿，而贾勇益力，迈越以行，直至蜀冈之上。面临诸峰，均在足下，所谓“平山”，乃悟欧阳公之独具眼力，而且文心慧思，得拈出此二字以概括其景象也。山顶甚平坦，其前有坊表，寺宇甚广，曰法净寺，即古大明寺遗址。旧有塔九级，建于隋代，纵毁于火，此后历代兴修，唐人之题咏尤多，著于集中，可以覆按。时已五时半，风狂雨急，寺僧已杜门，余乃狂呼，始有人来启之，因得入观。前为金刚殿，后广院而至大殿，庙貌精严，其西一廊可通，至于堂背，一转入室，即平山堂矣。屋甚伟，榜额已遍，均记欧公事，堂前别有院落，在半山，而其前范以短垣，即垣可以眺远，真与山平，丝毫不诬。院中有白皮松二株，苍秀入目，虽不及北方所有，而已冠绝江表矣。余于此憩息者久之，萦思千载以上，文酒风流之乐，太守政教之力，神往无已。少须绕道至大殿后，越一广院，即为欧祠，楹舍五间，中置神位，此祠已久废，最近扬人士始创复之，栋宇翼然矣。院落甚广，苟再植树，绿阴红叶，行且益美。余既瞻视一过，即仍至平山堂，其右有小门，门外为蜀冈山地，拾级以下，第五泉在焉。因泉为亭，以避浊污，水色清洌，恨不得瓢而饮之，泉次复有湖以及亭宇之基础，足知当年风物之胜，惜已全废于兵燹，徒留故址而已。又一亭，中为御制诗，南巡时所书也。渐行渐远，山石亦渐荦确，而园景仍未至尽头，倘极跻攀，必多胜致，惜荒径无由造登，鞠草难于寻迹而已。流览斯间，颇极思古之情，小息亭中，纵观新绿，约半小时者，流连犹不忍去，而又非行不可，则怅往以去之。仍由故道，至于寺前，其东为方丈之室，香积之厨，少留须臾，更前有层楼，甚精伟，飞檐四射，南面凭阑，可尽金山之美，盖与平山堂为齐行者也。山僧告我，谓系南巡时翠华所居，是否无自订证，但必南巡时所建，以备宸居者可信也。因为登楼，梯已半朽，小心翼翼，一莅其地，维时风雨满山，别多苍趣，非晴和时所可见矣。少选下楼，就原道登舟，解维入城，天已就暝，即饭于公司，不更外出。

翌晨知好过我，谓扬州芍药，此正盛开之时，而缺口花圃，尤为可观，因往从之。先以人力车出北门，渡河，而以城内之车，携之并渡，迨既抵彼岸，即乘原车以行。扬已有汽车路，可通泰兴，人力者即遵此道以行。然路奇劣，既崎岖，而又窄侧，灰尘四撒，凹凸不平，较之浙省建设，瞠乎其后，无可讳也。渐入村落中，徐徐而行，转似过于官路，缺口为大镇，离城数里，举有盐商魏氏，居积至富，营别墅其间，饶有泉石之胜，此事余习闻之，以讯诸舆人，谓早付颓废，不可穷诘，事仅数十年，而沧桑如此，亦可哀已！须臾，抵一村，老树合抱，其下有茆舍，即莳花之家，其家人见告，谓居此已数百年，方其大母来时，树已逾抱，今乃益为龙钟。言次，老农导余侪入圃，先见珠兰茉莉，奇馨四溢，触鼻中人，帘下则松枝偃蹇，为绝妙之盆景，更前以小桥渡河，则为芍药圃，广可数亩，红紫夺目，且有金带围诸异种，合计之约二十种，无不鲜艳照人，流芳作态。余初意欲得其佳种，辇之家园，渐友人告我，谓花将变种，且此非迁根之时，移植上阳，容以有待，余特韪其言，遂勿更问花价。时在烈日中，汗流如注，而芍药得帘幕，似较游客为间适也。渐至前舍小坐品茗，莳花者来，琐琐述花事不已，郭橐驼之流，固未易轻视之也，盘桓者亘二小时，始乘车返。至河干，见长生寺，为扬州巨刹，因入门瞻谒，寺临河岸，规制绝宏。入门为天王殿，更逾广院，始为大殿，其东西两庑，则斋寮与报本殿，殿中列神位无数，则凡就寺举功德建水陆醮者，均得与否，大殿之后为弥勒阁，高楼三层，下为广堂，以款宾客。时为四月八日，适丁浴佛，寺中善男信女，云集供斋，凡千余人，满坑满谷，游览者至无插足之处。其东为佛教学院，亦寺僧建，以课沙弥，事在民十六年，一时有毁寺之说，而军队随处借用，故此寺即建学校，凡学校不得驻兵，业有定案，故以学庇寺，主持护法，亦云别具苦心者矣。

留半小时，即就寺前渡河入城，习知何园之胜，因往扣之。何园为芷舫先生所建，哲嗣伯梁昆季，贤孙范之诸君，世泽绁绁，守之罔替者也。余童时就傅何所，凡其家人，罔不相习。范之昆弟，多至十余人，咸有立而有守，余亦无不交好，曩日其家有赴扬者，亦促余同行，患不得暇，于今卅年，始得一偿素愿，亦为快慰矣。何园占地数十亩，四周缭以高垣，亦均为行人孔道，气势之雄，可以见之，惟园久为军队所驻，余至门，岗卫却之，幸得人为介，见其参谋，始允入内。其园大致分为三部分，东则主人晏居之所，今尚属诸主人，兵队未曾经至，一老仆守之，而此日老仆外出，遂不得进。其中为正厅，即大门以内，亦有院落数重，厅事累累，其段则为洋式房屋，前后三排，每排七间，就目下情况观之，固属陈腐，然而当年建筑之时，则青砖八角柱，围廊圆拱门，固无一不为该时最新之款式也。三排以后，即为花园，亭沼楼阁，无一不具，且布置楚楚，惟似少嫌局势过促，布置太繁，以质何君，谓之何如？又过小池，则因山道而至于戏台，台亦置伟大，台后三间为翻轩，即备演剧治装之用也。更前又有花圃，房宇深邃，明窗净几，惜已陈旧不堪，驻兵多年，宜有此象，国家之教育不普及，军人怀其来自田间之劣根性，任意破坏，真足令人浩叹者也。余周览一过，少少休息，即出园，导游者谓既爱园林，则扬城遍地皆是，湖南会馆，相去不远，曷一游之，欣然命驾。不数转折，已至会馆之后门，入则多中兴名臣之题咏，亭台假山，应有尽有，高处建一亭，亦至佳，明旷四照，下则为牡丹芍药之圃，惜已废败，亦无余好。会馆定制綦严，标之治事之所，而其内则已分赁租户，凌乱至不可名状。李义山所最嫉者花下晒裈，亦既实现之矣。游客除林亭外，几于无投止之地，则亦废然而返。想先人经营之力,而纵其事者,不克善治之,以抵于荒废,固亦谋者之不臧,而民力之不丰,境世之两异,尤其要端,又不能专以责之于后人者矣。既出,又谒邻街周君之居,周君治鹾业,新营大厦,花篱药圃,意匠自然。其厅事前有岩,后为花阑,尤属美妙,使居者翛翛有出尘之思。扬城多园林,惜均破敝,仅此为新建,足使瞻谒是邦者,少致快感。须臾,兴辞而出,以谒贾君于其号中,号在张宅,同具园囿,既往,则短垣白扉,转折三数而至园中,芍药正盛开,乔柯掩映,绿荫扶疏,客室既在园次,掩以纱帏,初无蚊蚋之苦,叠石为假山,山在花圃之东,山甚高,于小园中已别饶幽致,而山颠更建一亭,益足畅观。余既知亭之胜,则亦不更往观,即盘桓于客室内,向午始归,下午即治事,不遑他顾矣。

更一日清晨,余蓄意更事游览。友人厚我,偕之同行,先以人力车出广储门,过桥循隍以行,先至史公祠,即史阁部衣冠冢所在。门首甚北,状亦颓败不堪,入为广场,逾场为正殿,梁庑俱垂垂欲坠矣。中立祀位,无庙貌也。流连片晌,追思忠魄毅魂之所存,英风长在,为之黯然!则自殿右取道一长廊,至于后院之碑亭,亭不大,石刻已遍,中尤著者为阁部亲笔函稿,以及其衣冠遗像。后人拜嘉题跋者,尤多至不可胜数。凡此石刻,均有拓片,可以购得,亭外短垣,垣外为空地,旧有建置,今已鞠为茂草。亭内逾廊,即为梅花岭,孤峰不高,山有一亭,山上梅花万本,惜余来非其时,绿阴青子,已不及冷香之际,然而数点梅花天地心,梅花则忠义所寄,天地之心,又何莫非忠非义,则二而一,一而二,梅花与天地之心,固同途而合辙者也。山下荒废特甚,亦少来整治之者,扬郡人士,有愧于阁部者矣,为之欷歔。回至前殿,大殿之东,别有院落,憩息之室三间,游人多品茗于是,余亦为尽一瓯,此室悬木刻阁部所书楹贴更多,匠人方以墨拓而售之。此室之前,亦一小院,幽雅可喜,更前则偏屋,以备守者之居,孩提三四,攘往于是,初不似知为忠魂之典卫也。留一小时,起去,以车遵道赴天宁寺,此为扬州最巨之佛寺,而视吾乡天宁,则大小相去,何啻倍蓰者也。将至寺门,已见大亭,中刊御碑,及门则殿宇视长生为较宏,然兵在寺中,寺亦破败不堪矣。此寺旧建于则天朝,屡改其名,至康熙帝南巡,复立此名,故气象峥峅,益复雄丽,而无当于二百年后之毁灭,则成住坏空,信为佛家慧眼预料所及,余亦欲为之无言者矣。迨后殿之后,有屋数楹,则为兵士所不至,留以供僧者,僧来述兵燹之状,蹙首蹙额,信有白石"废池乔木,犹厌言兵"之概,同为怅惘。渐出,循城河而仍至绿杨村,依然休息,游船仍群集邀载,余忽忆及廿四桥之在何许,亟欲往观,友人亦欣然为导。惟曰:"荒村古溆,方其未去之时,神魂萦忆,若至既去之后,必又悔恨不置。"余曰:"但得一履其地,虽悔何辞。"即泛舟去,仍循瘦西湖以过五亭桥,及将至平山堂之水路,本有一汊,因即循汊而行,一转已逾平山之路,更前可半里许,见一桥。虽不壮伟,而古趣盎然,即廿四桥也。廿四桥之说,人各异词,其有较可考据者,则谓运河南来,为昔日南北交通之孔道,由南而北,自运河起,至此可第二十四,故即以名之云。其地两旁均田畴农舍,玉人吹箫之景,非复当年,以之比诸余所游历者,自杭置西溪之水驿,其有桥处,视此为胜矣。船留约十分钟,同行者亦懒于登岸,仍以原道归,抵小金山,即在徐园对面,日昨以大雨不能去,则今日为补游之。

小金山四面均水,中培蕾较高,亦不得遽谓之为山也。然其中崇楼杰阁,孤屿回亭,云路游廊,茂林修竹,殊属无一不具,以弹丸之地,涌现诸相,匠心营缮,亦殊不为易事矣。而湖边垂柳,卧至湖心,幽美之景,无可比拟,山上有寺,数僧踯躅其间,殊受清福,而正殿亦部署井井。余至此,先登高阁,复趋山道,环绕一周,以至于正殿。讯之同行者,谓此为宋宝祐中贾似道重建云山阁之地,亦即梅岭春深之处,惜其年世久远,已无得而证实之矣。其在小金山之对岸,向有三贤祠,以祀韩琦、欧阳修、苏轼,现则已移至山寺中之东楹。至论其地之胜绝者,则为阮芸台所建一广厅,兵燹之后,重为营造者,于厅中小坐,四面风物,云集眼底,即五亭桥、白塔,亦无不视之,至清且晰,曲苑风荷之乐,不能专美于杭州矣。余性疏懒,息于厅事中,良久不愿起去，迨交午始退。意余得一日返诸初服，则荡漾是间，可以了其岁月矣！下船仍自瘦西湖越虹桥以至绿杨村，即以先来之车，返于城寓。

下午，既屏当所事矣，则闲行坊巷间，车夫久居于此，能道其详，某宅为谁，其何以起家，又何以败落，历历如绘，闻者真似红楼梦中，听冷子欣之演说荣国府。扬州最繁盛者，莫如左卫街、辕门桥，则即自左卫，以至于辕门，商肆甚盛，而余固无需于是也。又转以至一旧书肆，此余所最感兴趣者。曩在北都，无日不在琉璃厂，幸而得一秘籍，视如球璧，以傲人亦以自矜，此乐时在梦寐中。乃抵扬，讯之扬人士，谓旧书仅兹一家，已大懊丧，犹纪阮太傅在时，岂无一不购书之所，而即就况蕙风先生所著《选巷丛谭》中观之，亦尚有数家，何乃凋零，至于如许之速？无已，亦即就此一家，浏览一过，插架之书，多阴阳医卜之坊本，殊无足观。再入其内室，集部既少，经部亦不多，史部仅《通鉴》《小腆》《纪年》诸篇，再向主人，索其目录，细细观之，深惧有所差失，而卒亦不得其一。则更讯主人以有何珍品，主人告我止有《世德堂六子》及一《李太白集》而已。《六子》余久有之，则讯《太白集》，主人郑重作色，谓为宋本，即嘉定廖氏本之祖本，余因讯其行款板口，乃言之不能成理，再谛言之，则决非宋本。主人殷勤欲送其书来，余乃力却之。终于随意购一笔记书，俾为就睡之助，兴辞而别，心中则弥为懊恼，似此人文荟萃之区，旧时诗局所刻《全唐诗》等，哙炙人口者，兹乃一失其流风余韵，真令人有邈然之感。迨其既出，又人告我，谓此间人士好品茗，富春花局，为是邦魁首，不可不往，余即从之，盖初志在游览，但以得辟一新境界为快，固不问所之者也。遂就人力车至于其处，门首茅茨土阶，殊觉简陋，及入，亦复然之，而陈花甚多，始知此亦莳花者，辟之为茶室售客而已。花虽富，其地则不佳，多盖茆亭，就亭设案，余亦安之，就高中之一案而坐，侍者以茶进，别一人则以水烟袋进，余不之受，友则给以微资，谓此为包办性质，主人见一案有客，即索一人之价，故虽不用，亦宜少有以偿之，余谓君盖好行其义者也。须臾，包点杂陈，饱啖而出，细数园花，乃无缺口之盛。惟以在城中，交通便利，故门庭如市耳，迨其既出，又回寓所。

即晚以所游之地，与可游之地，持相比较，百不得一，则以讯之友人，渠谓可游之地，固不止此，然所游之地，亦已足矣。讯之则谓其他或多湮没，或为荒残，或并迹兆而不可得，即如康对山之康山。日昨曾过其地，固已不易迹得，且更不必谈其游宴之所矣。又如禅智，旧日习于"人生只合扬州死，禅智山光好慕田"之说，已为风物必佳，然今有往其处者，寺固无之，即景色亦不过如此。又所谓法云寺者，前为晋太傅谢安故宅，今亦不足观矣。又王播题诗为碧纱所笼之石塔寺，现正驻兵，且厢房即为粥厂，为乞丐就食之所，至今凡鹑衣百结者，亦均得沾此一杯之羹，不必有"上堂已了各西东，惭愧阇藜饭后钟"之感；惟就食者正恐未必能有"二十年来尘扑面，于今始得碧纱笼"之身份。至又题一首，所云"二十年前此地游，木兰花发院新修。如今重到经行处，树老无花僧白头"，则今并白头之僧，亦难相见，树亦枯死，不仅老而无花而已。又南门外之静慧寺，宋初时建，其大殿虽为大理石所制，雕琢绝精，楼宇闳旷，花木扶疏，而荒凉已至不堪，往游者且益感黍离，无多兴会，故不欲强君往赴，余亦韪其说，以向来自悟神游之乐，不亚于行旅也。

次晨返镇而归沪，作游记竣事。默思扬州之习尚，习于奢靡者，固为富商云集之区，迄于今日，经济濒告破产，而商何能富？然奢靡之势，仍复积重而难返，惟奢靡之工具，则较前略逊耳。又扬人士之优游好闲，较江南为尤甚。无论政商处所，地不僻而事较减，故或专心莳花，或专心养鸟，乃至玩古董收拾图籍者，均得自乐其乐。本来人生以清闲为至美之一境，而扬州乃得享其乐者为独多，真令人生歆羡之思矣！

外此扬州饮馔，极为美备，论者或以归罪于盐商之豪侈，不知乃由盐官以及河工之在清江浦者习染而来。故论饮馔，以淮城为第一，而扬州不过沐淮城之余光而已。河工年耗数万万，多果官僚之口腹，精益求精，徒使人民为唤奈何而已！

扬州人多尚学，虽工人子弟，亦多识字，盖子弟习艺之先，必先遣习书数。以中国之劳工阶级言之，识字者或以扬州为最多，而扬人又礼佛独虔。贫家有三子，必遣其一二，祝发而僧，既可省家庭之供张，复能经理庙产，故至庙中流览时，每闻其僧人，有以下乡收租对者。窃意康熙南巡，驻跸于此，或以高僧备对答，辄获荣褒，故至今重僧之风，勿少衰息，以质扬之考据家，不知以为信否？

鲰生仆仆道途，往返仅三数日，其所游者如此，其所见闻者如此，不知阅此者，以余言为河汉否？窃意更有往游者，先得吾文为张本，必常更可有精锐之观察，以及充分之游览也。先导之劳，所不敢辞！

（《旅行杂志》1934 年第 8 卷第 9 期）

寸心尘远话萍踪

余性耽旅历，已有年所，萍踪南北，任性所之，心似虚舟，身同泛梗，亦辄以汗漫所及，掇示同人，付诸本志，与读者相见，垂数年矣。本期为本年之第一号，岁序维新，愚正亦自誓将于本年间，遍历名山大川，五湖河岳，以穷胜赏，且为诸君子多获材料，然此时冬寒凛冽，俗冗山积，非行役之时也。乘此时会，姑掇旅行之观感兴味，为形而上之之讨论，庶几使老于旅行者，一温故梦，付之残噱，怯步不出者，心生歆感，以涉舟车，则导言正先路之由，使诸君子于以奋发锐进，躬戒山河，视读游记者，其得失又不可以道里计，而余亦不必更穷楮墨之力，贻笑诸君子之前矣，愿毕其词。

余之旅行，起于观感者多，其熏陶之深，厥惟受之读书与庭训。分析言之，读书可二端：一学塾所授，一说部所由。读书影响之最深者，莫如八九岁时，从塾师读《古文观止》，塾师以余已毕《左传》，则举第一二卷之《左传》诸文，尽删去之，而使诵习唐宋大家，则范仲淹之《岳阳楼》也，王子安之《滕王阁》也，苏氏之《黄冈竹楼》也，王羲之之《兰亭集序》也，几均为余游目移神之所。寸心所得，万里甸诸几案，则余赋性好游萌蘖之一也。课余涉猎杂家，读纪文达之五种笔记，其纪陕甘等事，即梦想戈壁玉关之胜，及得《徐霞客游记》读之，气益雄，志益壮，几小天下，以为凡此会经，余何独不能一一步武接踵，以尽遨翔之乐。且曩时或以旅行为难事，至今则且视为等闲，此又无意中感染积受之所及矣。又则塾师命余学作诗文，且令籀讽唐贤名作写景之五律，最惬于余怀，久之几几身与俱化。凡塾师所命题无关宏恉，初亦多以园林记游之篇，余则每融以涵读所得，斐然成章，亦不知塾师之姑为矜喜，掖余上进，而特假以颜色耶？亦不知塾师之昧于昔贤所作，而以余为有神力特禀，以足不出门闼之孺子，能作北游之语，而特神其说耶？然余师则奖假屡及，益促余起旅行之思，其后读《琵琶行》而忆及浔阳江畔，读《连昌宫词》而忆及长安日下，有由来矣。

又余素秉庭训，老人宦辙所经，北自京邑，南穷岭海，数十年来，凡名胜几于无不涉猎，归来灯窗之暇，督余习诵，亦时出掌故相告。余益欣然作色，谓："严亲所到之区，余必一一重履摩挲之，一以证老人所称道者之不谬，一以缅想当时风物人情与数十年后之同异，而加以纂订。"老人闻之，亦掀髯笑语，谓："愿儿竟壮游之志，特不必继老夫间关风雪之辛勤，斯足慰矣。"

维时所究心于旅行者，不过纵为游览之资，而见闻又不出乎国内，迨后数年，出洋者渐多，于是康长素之《十四国游记》、梁任公之《新大陆游记》、黄公度之《日本国志》，插架盈箱，又为余所手不释卷者，而余志益恢，以为非绕地球一匝，遍行数千万里，不足以尽余生平之宏愿。其时固不知樱花之为何物，而《日本国志》之墨江风物，则偶一忆及，往往为之神往不已。其时诸兄留学日本，归途辄以明信片相示，若二重桥、吾妻桥、浅草公园、上野公园之名胜，亦历历如在目前。犹忆岁暮之日，父执某君来谒，盖新自美归者，赠以奈阿格拉之瀑布照片，洋洋大观，父以赐余，珍同拱璧，爱不忍释者旬月。其后考察宪政诸臣，皇华所届，又多实以名胜纪念等册子，若瑞士之湖光山色，巴黎之市衢铁塔，亦胥由余潢治排比，而余旅行游惰之性习至此，几于滋长滋茁，勃发不可遏止矣。

虽然，其时余方问学塾中，初不能尽汗漫之胜也。其时塾例甚严，方法亦陈旧，绝无春假及集合旅行之举，余惟多好游之心，而无出游之缘，则神驰于出游者亦愈深挚，颇忆一日余父作宁行，屏当一切，余极欲追随，请之再三，不获严允，以为童子宜读书，行万里路，异日之事，余为之邑伊者数日，迨严亲游罢归来，牵衣绕膝，絮絮听述雨花台、胭脂井等陈迹。其时余读《通鉴》,正及六朝事,闻之尤殷企想,恨不一观张孔贵嫔埋香之地矣。

余第一次乘轮,其事历历在心,迄未少忘,至其程经,则读者知之,当大发噱噱。盖自黄浦滩至于吴淞而已,余思读者必且见讯轮行何以如此之短程,有事吴淞,又奚不可以火车,三十分钟即得达矣;或送友人求学海外,因附载送客之轮舟,以浅尝海行之风味乎?余则应之曰:“否。”余所乘何舟,其名固不能复忆,然知其为海行之舰,盖宁绍公司赴宁之轮。于是客复讯:“以此轮由沪而甬,吴淞殊不下碇,子何以得赴吴淞?”余曰:“余行非特下碇吴淞,且此轮之行,是日即由沪而淞,泊于水面,少息仍自吴淞返沪,且非试航可比。”客益奇之,坚抵其实,余曰:“时西洋水陆两用飞机方成,驶飞世界,初至沪埠,试演于吴淞,公司应飞机约,载客往返,泊于江心,以觇水陆两飞之成绩,余得从严亲往游,逐尔附载。”于是客为之掩口胡卢。当时飞船之说,微特中国无此设备,即海外亦正在研究改良中,偶有两飞者,至沪榜书巨字,布之报端,严亲以为此真科学发明之成效。余虽丱角,遑识方技,然不可不一观,因购票撰杖以从。余甫登舟,未及观飞艇已大乐,先于甲板占藤椅,吸浦江新气,又逡巡于大餐房及客舱间,以为别有天地。最后至引擎间锅炉室,伫立于门次,渐进而至于锅炉边之铁扶梯,以观巨机抒轴,力挟万钧之势。迨船既启碇,则飞船且来,始复至甲板观之。飞船往返,今日已极寻常,毫不足以介意,而其时见之,则真以为奇技,书生结习,尚引奇肱飞车,墨子御风之说以为言,则真泥古之尤者矣。

时光荏苒,岁月如流,余求学之时,一瞥已逝,渐渐埋首入于社会,虽簿书案牍,而清游之志,未尝一忘。十五年前,遂与朋辈同作南通之行,且滨海遵陆,以穷垦牧公司之胜,往返及旬日,而意气大增,体魄以进。论者辄谓旅行足以增进健康,其说殊信,然旅行之资,颐养者必其休养静息,避嚣山林,彳亍于青溪红树之间,假以时日,然后体重增而意气盛。余乃于风樯阵马之中,戴月披星之次,往返不过旬日，归来颜色已健沃，精神已氲满，为意料所不及，则余岂真能沐旅行之益，而济胜之具，又足以胜之者乎？否则自幼而长，已涵索于行役之中，一旦得偿素愿，欣快之至，遂使立生感应，有如此耶？余固有不自信者矣。

自是而还，余多服务于上海，尘嚣万状，冗琐难安，然余春秋嘉日，不废斯道。凡近年载在《旅行杂志》之诸篇，均可为余近数年遨游之史料。余弱冠好弄，特精摄影，敝簏自随，举一树一木之奇，一峰一石之胜，咸收之方寸，将归海上，积而久之，已千百叶，其匆次不及注地名者，犹百许叶，抽暇检点，随手会心，已不知其为大千之何界，然一观山水之清奇，人物之伟美，瞑思迩索，空桑三宿之情，真能使人生静极之一念。庶几风景不殊，山河无异，斗室回于之乐，试问有过于梦想旧游者乎？举世不乏同情，自必引余为同调，可断言也。

自此而后，余萍踪南北，北至滨江，南穷百粤，西溯武昌，虽西北西南两部，兼以蜀之大国，犹在心目悬系之中。而东南名胜，以至旧京畿辅，几于无一不到，且每留必盘桓而不忍去。曾忆一日因舟车迟误，逗留于平望者数小时，按程一小时后，已别有班航可以他去，而余则忽闻旅舍述及其地鹦脰湖，谓为张志和仙游之处。因为勾留一日，赁一小艇，摇曳于荒烟蔓草中者凡半日。若以物质上言之，所见者剩水残山，欹亭危石，曾不足当好游者之一顾，然余自以为能继昔贤泛舟鹦脰，且平望等邑，平生未必再有襆被而来之一日，则天假以缘，于此勾留眷注，虽荒烟蔓草，而余固等之锦绣河山也。归示友朋，咸不之信，自乐其乐，亦殊自痴其痴，以曲阿所好而已。然谓余痴，余固承之，谓山水之不足留连，则余且仍为湖山抱屈也。

凡余所到，多有所纪，亦多以示之同人，此际不欲重有所述。余以旅行观感名篇，兹但掇陈观感，为笼统之词，并悉意于旅行之探讨，所谓以形而上之之学论旅行，亦蜡屐者所应省也。

人人习知旅行中之乐趣矣，然余以为其乐不及于开始旅行时得之。盖劳人草草，若永永不预备旅行，则埋首红尘，且投老而不得一闲，迨旅行之计垂决，或以天气宜晴，或以隆冬冲雪，多半得友人之笺约，小半出自身之决定，迨所计一决，即图屏挡一切。凡朋友之宴集也，以电话辞之，凡每日所治之事也，则将重要者，并力于数小时间料量之，其不属重要者，则诿之同职之人。凡每日应有之开会等务也，则抽笺作一二极简之语，请人代表出席，于是归语家人。严亲知余好游，亦怜余之尘冗，知已抽余晷，少浣清尘，亦欣然温谕，惟每谓多携衣履，以备寒暖之不时。儿辈则先讯所至之地，有何名产，必强欲购致；较长者能书，则以纸尾记所求致者，小儿呀呀学语，随声附和，虽不知求致之物，亦娓娓无休。此景此情，虽足未出阈，然已一变常日伏案出门之常课，而寸心飞越，似已见湖山之胜，其为愉喜，不言已足深喻笑。

余治装至简，凡有大小三箧，隆冬远行，渡河逾朔，即三箧并行，否则择一二较小者酌取之。至盥洗属具常置最小之箧，一携便行，无庸检理，此余经验所得，固已成效卓著者矣。余向来于熟游之地，若杭州，若苏州，向不事前作旅行之研究，盖随时随地，信步以行。至未经前往之地，则行前必以电话讯问当地之人，如不得其土著，则问之曾到者，约略请其示以当地名胜及程途所经，涉笔记之，以供参考。实则余亲履其地，不惜披荆斩棘，又往往为前人所未发，或并其土著所未知者而躬蹈之，迨夜归旅店，又告当地人士之来谒者，相与惊诧，而余微笑，若敛其自矜自傲之情，有溢于言表者焉。

旅行不外乎舟车，尤亟要者，为舱位之定座。近年以来，旅行社能尽其职责，余每行必商之于社中，纯至耳熟能详，虽一电话，社人已知余之游骖又戒，将离上海矣。

余曩习闻于欧美归客，谓旅行便给，以有专司，今得旅行社，则又何亚于欧美？余旅行较多，获惠于旅行社者，亦自较广。今继观感，不能不以一词相赞许，初非徒为阿腴取悦之言。读者思之，于今日社会无秩序之中国，常人欲于车站窗穴求得一票，其拥挤倾轧，势至何如？今以一举手一电话之劳，而车座已定，所费亦不多耗，则遑论时间之经济，且可省无数之心力，不得智者而知所从违矣。

旅行以登程而发轫，故其乐趣，亦自以登程为开始，无论舟也车也，汽笛一声，直有使人脱离五浊之感。盖常日行止倥偬，几无时无地，不有预定之方式，而目所接者，办事室之几案以及窗外之巨厦高楼耳，所闻者业务上市侩图利之言，国家危亡之局，所致意者，蝇头密书之簿计，春蚓秋蛇之篇章，所经过者，南京路、静安寺路，于此以外，实无片刻宁静之余时，亦并无片刻安闲之岁月。总之，凡每日二十四小时，除睡眠八小时外，几无一不为他力所支配，而绝少得返我真吾。虽至饮馔，亦多以业务上之受接，与陌路之人，举觞额手，其苦于拘挚，不言可知。惟一涉征途，则陆行也，火车迤逦，缓出站台，大厦高楼，愈望愈远则愈上，而眼帘所接，代此幢幢者，厥惟良畴沃野，红树青溪，此时也观断流一角，茅舍三楹，其乐视一切完全卫生设备之办公室固如泥犁矣。视南京路静安寺路之道平如砥，转为羊肠荦确矣。村夫竖子，牵一黄犊，倚犁而立。牛则徐徐饮水于沮洳之次，蚊蚋来集，摇尾拂拭，其闲恬之趣，诚能乐天，自视几不能及；又或村人群相和歌，踏桔槔以资灌溉，天虽苦旱，人虽劳顿，而雍容之意，有过于跳舞场之喧嚣，凡此情形，劳人眼中，一舒望眼，自增新绪，而引此一绪，开其端倪，实已导旅行之乐趣。若海行者，放舟黄浦，初则帆樯闲厕，继则沙鸥出没。二小时后，一过三峡，则清流浊流，于以断界，渐渐海天相接，林屋俱渺，闲登舱顶，仰视飞云，炫以丽日，金蛇万道，彩霞绚烂，凝注天上，似真有瑶宫贝阙，可以引迩者，其心胸之豁朗，真欲引苏东坡诗“欲穷眼力为疆界，何啻人间万户侯”以相况矣。

征程之中，偶感疲倦，则入就舱次，或纳身车箱，随箧必置文集说部一二册，取以浏览。有时匆匆易晷，翻书已数十叶，而所读者，乃一字不著于心头，此种涵养，实有莫大之兴会。且当时所谓一字不著于心头者，异日或转能背诵了了，则所习者静，所感者遂深也。再暇则听取邻座之言，以资怡悦，所言或余所夙审者，则如温旧事，或余所不审者，则以博新知，两均可喜，再复无俚，则迴想倘今日不戒征途，则此时此际所为何事，抑友朋接踵以迎候于办事室前斗大之客厅耶？抑有事访客，客适外出，见阻阍人，而留数语于名刺耶？抑钩稽簿籍，发现讹误，传语专责之人，以相诘责耶？抑与众人开会，貌为解事，以应付临时动议之难关耶？返躬一省，今兹乃在旅途，白云青翼，杯茗明灯，则劳易之间，一相比较，味此旅程之乐，更如食谏果以回甘，有万不容轻轻抛弃者矣。短途历数小时，已将抵站，则检点书本，归之敝簏。长途则一过晚餐，纳头便睡，虽有不相识之新客，隐笑座隅，亦不之恤。盖余常至夜分，或不得少息，鸡鸣又多已戒旦，非余之不安于闲适酣嬉，实为时刻所拘迫，久而成此习惯，积非成是，每每如斯，迨既乞休，天假以闲，脑海先种一不必受此拘迫之种子，则晚餐方过，倦态已陈，亭午日移，或尚未醒。此种自由生活之乐趣，真所谓他年有梦，应梦今朝也。

迨已抵埠，舟车倏止，舱位中争先而下，挟箧凌竞，或有家人父子来相迎迓者，握手道故。余闲中浏览，初不必为之介意，而余旅期无定，每行亦多不先告之友人，孑然一身，转以为便，亦向不欲强列前茅，每于最后始下，故萧然自得。彳亍埠头，随意所适，觅得敝车，载箧以至逆旅。惟余性好洁，出游固事舒写，旅中尤求安适，则逆旅必得其至佳者，始居停之。造次入室，侍役以册籍进，余亦向不用真名，一以省人事之烦，一以图往来之便。迨侍役既退，余卸大衣，趺坐小息，辄先治餐。余健饭虽不必穷珍山海，然亦不任藜藿，则随意择当地名产，无酬酢之盛，却宾朋之繁，自视于计至相得也。

余之旅行除专治所事外，多以习静为主，或重履旧游，或偶辟新地，故其重履旧游也。余乃志不在山水盘桓，而凭阑拭目，清欢已惬，若至一新地，则必先事研讯。凡所可游之区，一不之屏，缒游凿险，始副本怀，故余于到著之第一日，其为旧地，则仍以早息为主，维灯床次，率意摊书，至于入梦。其为新地，则更召侍役穷讯之，便证余曩闻之于友朋者为当否，然后以意决夺其先后，为舟行为轿行焉。计画一定，大致可知勾留之日期，则匆匆作家报，禀之堂上，以慰倚闾之思，亦俾知游子之乐,两足慰已。

自斯以还,或息或游,惟力是视,少暇则稽古搜旧,剔断碑,寻废井,又必至其地之书肆,物色板本。余所求得其最要者,即当地之邑志,山水之图经,以至寺志、书院志、游览志等,然后及于本地人士之著作,考订说部,均所不废。再进而求佳椠秘笈,亦往往有通都大邑兼金不能致之者,于僻廛冷肆,但极廉之价,已偿所欲,则尤喜极欲狂。夜间一一加以检点,试为讽籀,既舒攀跻之力,又得明日所往游之先导,有时竟至通夕不寐,或漏深斗转,犹倚床沿,转至次日,鼾眠至九时后,为侍役舟夫所唤醒,而几于失时者,一度回思,亦复哑然失笑矣。

更得余时,则往访朋辈,余或躬往,或以笺候,则以半日之力,一访故旧,握手道故,往往为积年疏阔之人,亦或闻声相思之辈,以余常日性好柔翰,在远不遗,辄有郑重投书相与探讨,久久虽未谋面,而神交期许,已复胜常者,至是亦图良晤。相见之余,即缕缕指陈囊所交贻之缄扎,或即于架头案角,检残书密字,以相证引,一字抉疑,九天欣跃,其乐非他人所知,亦固不容他人知之,书生结惯,未容已也。

最后一二日,余必休息于旅次,既不登山临水,又不谒人,客或过我,即在旅舍长谈,然到每一地已数日者,酬酢已所不免,午晚两餐,不能更就所爱择而甘之矣。因朋辈之厚意,殷勤相约,座中决不止宾主二人,则同座之新客,又必寒暄讯问,知余好弄,遂有不耻下问,以致属为笺记题跋者,在余一无所长,在客至诚相请,而名贵之卷册,又不愿携以俱归,实则携之他去,亦决非主人所甘愿,则以最后一二日为清理积逋之期,扇头册叶,一挥便就。至名贤卷子以至先德手泽,则不能不视为郑重,少缀数词,偶患积冗,亦或但题一款,不足以餍主人之欲,殊愧歉耳。

临去之际,旬日盘游之乐,已付烟云,家报亦必数至,述家中及治事之所应行接洽之事,则亦未能絜置,匆匆图作归计矣。行前尤必访讯土产,其易致者即时购置,其难致者更设法以辇运之。囊至汉口,鲴鱼为极普通之物，而余在沪上未易轻得，以奉甘旨，则亦设法告旅中侍役，购数尾于频登船时，购之径送船上冰箱，代为庋藏，卒之购鱼之费，乃不及一切杂犒运送之费，自思亦复可笑。又在严滩赏桃花鳜鱼，以为视松花江白鱼为尤佳。然卒无携致之法。最后仅购干藏之子陵鱼数瓶。子陵鱼甚小，味似虾米，以为方物，则固罕见，以饱口福，不过尔尔。然余可不惮劳，手提瓶盎，以为无上之乐趣也。

友人习知余好，于其行也，亦多馈以多珍，或为先集，或为乡产，余均乐而承之。故余每行，其外出也，随身一箧，其归也箧笥重陈，向例多购网篮，为满载之需。及归来则弃篮屋隅，每行如是，十余年来，家中积篮无数。友朋过我，予索予求，迄有以应，亦趣事也。又余最爱用轻铁之箱，坚而不渗，轻而大，足以多容。其箱盖友人黄君购自德国，用之多年者，某次余乞假以用，称美不绝口，友人遂举以相赠，至今资之为伴，万里天涯，视缟纻之投百朋之锡，惠我深矣。

余之蔽簏，相随多年，近者各地旅肆，均仿西式，于来客行箧上，必标一旅肆名称之招贴，或圆形，或长形，或方或畸斜，不特平津沪汉等通商大邑也。即至常州湖州等亦均有之，惟通都大邑者，印刷较华美，内地则单色，仅标旅店之名，且不于四旁作图案画而已。余无俚之际，或临去之时，检点什物既竟，一箱多在床侧，则辄致意，用遣无聊，且每览一标记，往往即神往于是年是月之萍踪，以及当地山水友朋之乐趣。余箱面所黏，已四十余枚，错综颠倒，光怪陆离，虽一隙之中，一缝之细，亦必重重叠叠，甚或为泥土所侵，尘埃所蚀，至未易辨认，而余即以辨认追思，为惟一赏心之举。约略言之，余最爱者，有二方：一北平德国饭店，圆形单蓝色，即作天坛祈年殿，大书深画，简静中有高华之致；又香港大道饭店，绘雪林图，彩色石印，积雪摇枝，栩栩欲活。至哈尔滨马迪、辽宁凌格，但以房屋列诸标记之中，虽雄伟而配色不匀，微嫌板滞，则非余所称美也。

归程既定，或舟或车，在此时会，辄生遐想，以为重来不知何日。旧游能否重寻，而人事之改易，沧桑之递迁，均在在足增惜别之感。

及去程渐远，山色已迷，不期又萦思及于归后之琐冗，积压旬日者，宜如何为屏当，爽约多时者，宜如何相求谅。其时精神上已渐入痛苦之途，然体魄上尚多健硕之气。揽镜一照，视出门时之萎顿疲茶，不可同日而语，然再一思之，自兹日起，正不知更若干日，始获重履征途，则今日之丰容，但供此若干日之憔悴之储蓄，亦复大可伤矣。又余每游多作短记，未必遽以示人，而友人之索观者殊不少，方其奔竞于危阑断石之旁，沉吟于法书名画之际，自未必更为抽思属稿，且旅中亦无佳楮佳墨，以资挥写，则归途舟车中正可少理乱丝，记此前后十日之游程，以及所摄影片之前后，以铅笔作至简之词，标诸日册，俾归来后从容抒轴，治之为文。如是者更无许时，已返海渎，汽车和歌之声，随风吹送，高楼灯火之影，冲破碧空，虽别仅经旬，然意绪小变，视此红尘嚣杂，其厌倦之态度，较逊于旬日以前。而沪渎为工商辐辏之区，建置日新，往往归循大道，高楼或已夷为平地，又或平地已乍涌楼台。车马风驰之际，探首一观，亦复为之耳目一新。追既扣家门，入禀堂上，料量食品，付之庖厨，家人群集，稚子翘企，殷殷问游程及所索之物，以一人应付，亦庶有穷时，维时或会有客来，迓谈为乐，则必少馈以所致之品，使共浅尝，来客亦自欣然携之以去。凡此情事，虽属琐节，亦旅程结束所恒有，迨演述既终，休息竟日，翌晨起而治事，重撄尘网，则旅行之乐趣，乃仅求之于篇什之中，以至淡然忘却为已，观感所及，游子征夫，宜复有同感耶？愿以质之。

（《旅行杂志》1932 年第 6 卷第 1 期）

车中人语

旅行生活之片段

性习清游，轮蹄马背，侵循岁月，几无片刻之安居。在坐不垂堂者，或以为极风尘之苦。而志在四方者，又以为穷山水之乐。此则在仁者之见仁而已。

因好游旅，足迹及于南北。微特名都大邑，亦且穷乡僻壤。本来旅行之主旨，一在舒写性灵，一在揽胜岩壑。而未曾前至之地，尤足发人兴会。积而久之，每戒征骖，即为规画，先勒定格，再事按骥。虽个人孑身之行止，亦复以纪律化自居矣。

游览必有所至之地；如其为旧游，若苏杭也，则预拟何时至何处，何时晤何人。如未曾前至之地也，则必展转谋觅当地友好之居趾，乃至其地交通饮食旅宿之情况，且其地之山水，固夙契于胸中，而费时已多少，里程之远近，偶或一不之知，或人异其说。故所预拟之计画，势不能不先留一通融伸申缩之余地。而其尤要者，则在先觅得郡邑山寺之志乘，以为导游之资焉。

无论其地之是否前至，既经乘兴而来，自必同深欣赏。故到达之后，朋从晋接，久别欣逢，决无厌烦之理。即或斗室单衾，独居深念，亦无寂寞之容心。盖初抵其地，一切风物人情，均有足供研讨之需者。虽邻村别镇，一水之隔，语音或且悬殊，三里以外，乡风即复霄壤。则于其地，或聆其音吐，而证其为土著，亦为客民。观其习俗，而追寻于古今礼制，乃至与家乡之同异。凡此于征程之余，膳宿之暇，均足以消磨晷刻，裨益问学者也。

旅游之较感无聊者，大抵在于舟车之际。然每赴未曾前至之郡邑，则途中红树青山，亦往往可资观感，野村山店，未尝不足流连。而习至之区，则一石一松，均所熟悉，闲云素水，无所寄情。更其在火车上辘辘雷鸣，振振耳鼓，疾驶以过，难假深思。不如孤蓬驴背之尚足少萦诗绪者焉。

余于熟游之途，锋车之上，尝谋所以消遣之道。则朋侪相共，或尚清谈，或与对弈。（余奕至劣仅略胜于林和靖耳）只身隅坐，则或瞑目凝思，或摊书浏览。亦有时偶缀吟咏，载之手册。大率口占绝句，用以自娱而已。惟积久以渐，凝思则思虑纷如，不暇接触。读书则十行一目，瞬息完篇。俚鄙者认为无足寻索，沉闷者又不耐考订，觅句拈毫，神来之际，不期自出隽词。才尽之时，强作亦徒自苦恼。因之计无所出，只有游目四望，亦非长策也。

后此余忽思得自遣之道。一则遍观同车之乘客，于无意中，研究其地望职业，以至家庭之状况、教育之程度。同时又细聆隔座之语言，或赏为知音，或叹其村朴。于此抑扬取次之中，时时得有领异标新之乐。于是轮声烟影，乃不觉其行驶之加速矣。

兹篇所述，即余于今春在京沪路车中之所闻诸乘侣者。各自片段，在不屑加意者，且必视为无足重轻。而余以闲情，听兹吩呶之语，其中亦不无差可人意，足资启发之处。且因而进得研究其为人，大致悬揣，十不离于七八，用敢摭陈于读者之前。一以供好事清游之同好，得一消遣时间之妙法。亦为爱治社会学者之旁证，读者此后，试沿余法以求之何如？

是日同车者，去程约三十人。归程则车厢拥挤，几无插足之地，甬道座侧，莫不蠕蠕而动。盖是日为星期日，余以早八时三十分车由沪去无锡，而当晚七时十五分车由锡归来也。无锡以梅园鼋头渚之胜，颇能号召游客，梅花盛开，裙屐毕集。余前此每岁辄来，一亲香雪，今年亦恒循故事如之。至胜地之风光，则游客类能道之，不暇更赘。且予此文，但纪车中人语，亦不更述清游。恕以格于义例，不为别札。诸君子欲赏其胜，亲自命驾斯上著耳。

今先述去程车中之乘客，中西男女，少长咸集。约三十人。兹据余所闻者，等第甲乙以言之，缕述于次：

第一人与第二人合据对座，盖同程者也。其一御通常哔叽之制服，其一御普通西服。方查票时，制服者以优待票出示，西服者则来回票。此二人乃开始对话，西服者曰："此车亦有免票减价乎？"制服者曰："何以不能，若观车中旅客不少，即足证明其可以减价。否则若飞快车，旅客较此为少矣。"西服者曰："余以为本日星期，注事游览者特多，未必全为减价票耳。"制服者曰："此亦有之，本来不为君事，孰愿于休沐之辰，遄返供职？至早今晚乘夜车可耳。"西服者曰："谢君盛意，然君试观隔座者，身悬徽章，不亦公务员之今晨返职者乎？"制服者曰："此人余固识之，今早盖探梅无锡，至夜始转道南京。非同吾二人之径往也。"西服者闻此，因回首顾隔座之人，果与其家人谈探梅事，因转向制服者曰："若亦尝从事探梅否？"制服者曰："前两年因公留锡，久接风光，泉石花草，抵掌可述。故今亦不耐更观。"西服者曰："余平生仅至无锡一次，初非舒梅之际。且匆匆于所业，因亦不及更赴太湖。究竟太湖之胜概何如？"(时余无意间研究其人之职业，似为电气工程一流人物。因其对无锡之观感，似专在工厂之经营，而忽略于风俗山水)制服者曰："太湖三万六千顷，七十二峰，实视西湖，雄蔚深秀，惜地广不易治，梅园鼋头渚，实仅一角而已。"西服者曰："习闻太湖多匪，其有谁冒险一试？"制服者曰："前此匪患多，近则省政进步，治安亦佳。游东西山者，日有其人。且火轮来往，益臻便妥。犹记曩年在锡时，公安水巡会剿之役，居然歼厥渠魁。自此而后，萑苻常靖，当时弟以治安关系，亦尝亲赴山村，查缉奸宄。"(时余正研究其是否为行政机关人员，渐乃证实其果然，因言词之间，对于绅士之考语，类官吏之口吻也。)西服者曰："能得地方官热心任事，不患其不太平矣。"制服者曰："亲民之事，殊不易为，猛以济宽，能见其大。而冲繁郡邑征调较烦，尤感困难。"西服者曰："此兄之所以摆脱职务乎？"

制服者曰："士绅对余，咸复不恶，后此则以某公故，转属供职于今处。在弟以仕养亲，原无成见者也。"(下此两人转语其戚友家常事，此则局外人所无自推测，姑置不论。)时车将届昆山。制服者曰："近兹昆山亦极发达，电气事业，路政市容，均有推进。"西服者一及电气工程事，如数家珍，即缕缕告以厂中之业务。(余此时始自信当时之预测为不误。)制服者亦漫应之，俟其词毕，始曰："君当不能轻视国家之进步。夫近年以多难之秋，不景气之中，犹复有此成绩，则小康之后，必更孟晋。来年自益臻繁盛矣。"西服者曰："然余亦正作此想，则余之志愿事业，亦可推进。盖余此次归国，与五年以前，情形迥异。益感国家之亟求建设。"制服者曰："君专治此道，宜无往而不加提倡。余亦乐观厥成，盖余虽非技术人才，而现任职务，亦与建设有关，故亦冀事业之推进也。"西服者曰："君何谦抑，须知在总动员口号之下，故无人不与建设有关。譬之最近国内所举办之某种事业，非君一手成之乎?"制服者曰："此则职务内事。苟无成就，长官亦不更以今事见委。并非今事，亦且不烦君此行矣。"言次复曰："君抵首都，且寓何处?"西服者曰："首都饭店，整洁安静，余已先定一室。"制服者曰："特来往较远耳。"西服者曰："出入有车代步，而余所接洽之机关，尤近在咫尺，故实为不远。且夜眠安静，余所亟需，舍此其谁与归，所谓远者，或与尊寓少远耳。"制服者为之呀然失笑，此后遂不更记其酬对，(读者试按上文，假想此两人之情况。则必能与尊臆相同。盖此二人同为肥硕稳重之人，惟制服者年事较长，短发微露星星，而所御制服，不修边幅，领缘已发毛，且革履亦不润泽，背微伛偻，姑尚自行振作，必受最近之训练;故少加激发。质言之，盖一半新式之典型文官，虽无奇才异能，亦能循规导矩者也。至西服者，则广肩阔脸，面色红腴，发则分梳，衣履整洁，领带灰黑色，衣之材料，虽非上选，而款式甚佳，必非普通学生西装之可比。上角衣袋，并不插手巾为标识，衣服袋中，似挟有算尺等件，圭角可见。且天寒患咳，必以手巾承涶，此自受新教育之熏陶者。至其为何国所求学，则一时未易辨别，而观其谈吐之严整，颇似德国学生，惟不敢深信。总之，在在可征其为一甚佳之技术人才耳。至两人语音，一似皖南，一似吴兴，惟二人均久客他乡，故非悉心谛辨，至难察觉。而此皖音者尤多北方语调，则想其出国之前，必曾在北方受长期之教育者。因其不特多用北方人之成语，亦且尾音而能变之也。）

别一组为夫妇二人，携一十五六龄之童子。夫妻约年四十许，而其邻座，则为一男客，似与此男子相认识而不常会晤者。（因二人见面颔首，即行交谈，是必相识。然既不与之介绍妻子，则无深交。而二人对语之际，女子初未参加讨论，是必不常晤面，为生疏之铁证。）此三人者合据对面之座。内一座则为一西人独坐，挟书凝注，默不一语。虽此夫妇朋友之讨论，有引用西文者，亦一不之顾。惟曾就膳车索一杯威司克沙打水而已。其所阅之书，似为法文之东方问题，窃意渠或西报访员也。存疑待考。

此夫妇二人，上车觅座既定，开始对话，男子曰："今日气候剧佳，正适清游。"其妇曰："信然，视昨午阴霾，不可同语。即如携此大衣，已觉累赘。"其子即曰："欣逢休沐，得以出游，又遇晴天，殊可欣喜。"男子曰："若何畏风雨，曾受军训之人，固如是耶？"子曰："受训无关于天气，而游览志在山水，情趣不同。"此时车正蠕蠕欲发，于是此另一男客至而觅座，忽值其友人，遂即坐下。曰："吾兄何往？"男子曰："吾赴梅园观梅。"友人曰："吾前日方自锡来，犹未盛开，今其时矣。"因之男子亦讯其行止。友人曰："吾赴苏耳。"男子讯以是否至邓尉？友人曰："那得如许清闲，供人消受。前此亦以侍吾经理，得往梅园。今则为业务事，留苏接洽，尚不知成绩之如何。安有余情，钟诸卉木，似兄则诚福人也。"男子曰："吾平生绝不容心，乘流止坷。新春久欲郊游，未得其便。今姑作一日之行耳。"又曰："吾知去年市况甚佳，经营应极顺利，何劳劳为。"友人曰："市况尽佳，亦不能无欠债交涉之事。况余侪银行在不景气中，固备极应付之劳瘁。在景气转变中，又须交涉旧案，益增琐冗。"男子曰："若辈负调整金融之责，固不当如是耶？"

(此时来客之为银行家，已由其自言而无待研究。则注意其地位，渐乃省为重要之内部职员。盖非要职不能外出接洽公事。若为对外业务之人，又必不暇于星期日外出奉公。盖星期一即须到行，而此事又非片刻所可能决者。至此夫妇仍未能得有答案，后方知其为学校教授也。观下文自能明之。)友人曰："似此钱存库中，惟患无利，图作放款。款既放出，又惧危险，图谋收回。即足为调剂耶？吾兄所授之课程中，是否即有此章。"男子一笑应之。于是少息者数分钟。其子即与母偶语，似亦在研究此父亲不常相晤之友朋。既而语其父曰："今日甚热，江南天气，真与北方大异。记否前岁此时，尚在北海溜冰？"其母曰："今年立春，在客腊廿三日，节气早故天暖耳。"(于此知此妇人虽处新家庭生活中，尚存旧观念。否则必不能一语即记忆立春之在何月何日也。)此时车正过洋澄湖，其子曰："此处溜冰，岂不更较北海为乐。"其父曰："独患无漪澜堂之小窝头供点心耳。"其母亦为展颜曰："无论如何，北方无梅，此固江南之特产。"其子曰："向闻何处有宋梅，此次能见之耶？"其父曰："宋梅在超山，已为匪人斫去一株，无锡则新筑仅近年事，那有宋梅。"其子因讯父曾前见宋梅否，于今梅有何同异。父曰："吾未前见。闻之人言，枝干老拙，而著花亦未见与今梅不同。"其母曰："去春汝不常赴杭耶？"其父曰："吾赴杭州，而未至超山。"其母曰："吾误记孤山耳。此次南来移寓，尚未赴杭一行。今春吾必小住其地。"其父曰："吾去春亦仅留一日，尚未尽其胜概。今春假中当往三日。"于是其母为述其亲戚住杭州何地，屡来促游，大可客其家中，既便又省。其父曰："出游以旅舍为便，客于戚友之家，招待既以劳人，自由亦受限制。"其母曰："春假中何从觅得客寓，不忆去年对门张宅之夜抵城站，彳亍通宵，迄无一榻之地乎？"此时其父正出烟取吸，语锋少住。对座之银行家，目光忽然相值。于是亦敬以烟卷，其人受而吸之。应曰："兄等如欲往杭州，请先日以电话见示，余可托人代定，不难获得一室也。"男子称谢。时且抵苏州。其人已起立备下车曰："倘梅园归期尚早，可枉苏州一宿。或得余时，奉陪为邓尉之游。即不然，张园梅亦甚多，车站往返一小时，可以来回。曷不一相比较乎？君到苏，但电话行中可矣。”于是颔首为别而退。迨其既行，女子遂讯此客之氏藉。男子道其姓名，所职业之银行。且曰：“此人甚多能，精干，宜其先后十年，颇受行中之重视，得此职位。”其妻曰：“汝侪相识十年，何未尝前闻其名耶?”其夫曰：“当时余任职北方学校时，渠亦任教别一学校，常于开会时见之。一年而后，渠转入银行服务，遂尔疏阔，然有时朋从酬酢，亦辄同席。迨彼此南迁，正又同在前年寒假，因之旧雨之招待余者，多即同请其人。上月李君约饭，尚及一晤。”其妻曰：“李君兼请女宾，余以事谢，故未及见耳。”于是其子羼言曰：“此君甚似精干有为，银行家固可为，然星期日尚仆仆道途，诚不如吾父之治学生涯矣。”其父曰：“治学营生，各有本分，亦各有性习。若以余任此繁剧，必不能胜。而此君则虽曩在授课之时，亦已兼及持筹握算。间营公债，颇获利润。一时同事，多以为长才。而余则患不能之也。”其妻曰：“此亦有命，吾侪得以自给，亦殊佳事。何必随时随地，存贡高之心。”其子曰：“读书治学固佳，解经营者尤善。儿将来却不愿枯坐书案间。”其父曰：“汝甫言吾之暇逸，今又重利而愿做忙人矣。”其子无语，啜茗，余亦未更深究。夫以治学与营生相提并论，实已失为学而求学之本则。然青年子弟意气发扬，重在功利，此亦今日一班社会之通况，此子头角峥嵘，洵足代表此种心理者矣。

更一座为女宾三人，其一已届中年，犹加脂粉，状似优闲阶级之主妇。晨起登车，宿妆犹罨，口捻烟卷，而一手尚持加立克之圆筒。方其上车时，挈皮箧三四，指挥车役，位置厢顶。亦似老于旅行，而赋性慵懒，不愿操作者。至其同来之二人，年事较轻，衣履较朴，追随同上，吴语杂沓。若以表面之情况观之，此二人之精神及所受之教育，与此主妇，相距最少有三十年，似不能十分水乳者。然却融融泄泄，主妇不厌同行者之新颖，同行者亦不觉主妇之偃蹇。于此推论之结果，余以为兹数人必亲串，或其小辈，乘此休沐，专往观梅，故能相与无间也。因亦留意其对话，用以证实个人之臆测。不一分钟，余才闻片语，即深自慰藉，以所想之非虚。盖此年幼者，启吻即曰："婶娘，今日天气，真合清游。"主妇则应之曰："天气较劣，余亦可以拥被高眠，今日甫六时，即为若辈惊起登车，并盥洗亦不计工拙也。若辈雅兴，诚不可及。"其另一人即曰："姊姊，吾婶母如雀战者，虽竟日通宵，亦不感疲劳。惟偶一早起，或整装出外，即且剌剌相斥矣。"姐氏曰："若非以妹生日，婶娘当不肯徇我议，远离上海矣。"婶娘曰："若二人即得清游，尚复絮絮。汝岂不知吾多年不至无锡。因之此行，必兼谒亲长，而又必携礼物以馈之。是以昨决早计成行，而下午即劳碌购备一切。试思箱中之物，何一非由吾精心计画而得之。三大公司，殊已走遍矣。"妹氏曰："婶娘何以不往国货行家，购国货乎？"婶氏曰："余虽在三公司，而所购买国货为多。先后衣料十七件，无一出于洋制。"妹氏曰："信此吾国家必且强盛，不日可以称雄世界。"婶氏曰："若读书数年，一语便及爱国。似余失学者，闻之亦殊为惊佩。"姊氏曰："婶娘何尝失学，亦尝见手一卷书，以自遣矣。"婶氏曰："此实无聊之极，余所阅者旧小说，为晚间听说书时之准备工作耳。"妹氏闻之而笑。姊氏止之以目，因即转语曰："婶娘留锡约以何时？"婶氏曰："至少三五日。否则恐不及遍谒长亲，受人背斥。"姊氏曰："余却愿奉陪，惟三五日中，最好日至蠡园太湖，若专谒长亲，理客套，则非余所长。亦且同妹妹于即日赋归耳。"婶娘顾妹氏曰："汝独不可多留一两日耶？"妹氏曰："学校春假有定期，今非其时。星期二日适有小考，非星一遄归预备不可。"婶氏曰："若二人同在一校，何以姊氏得暇？"姊氏曰："余今任教职，星期一、二日均无课程，星二日已与人商定，倘不及遄返，即有人代为授课，故不妨多留尽兴。若妹氏为学生，尚非余比。"婶氏曰："是以学生咸愿作先生耳。即此一端，是其明证。"姊氏曰："不止此一端，学生出学费而先生有束修，此尤其特异者。"妹氏曰："吾姊勿以此傲人。更三年者，余大学亦可毕业，谋一职位，未必遽逊于姊氏。且余学经济，可以握算而持筹，视若学教育之徒为讲师者，尤易出人头地。"姊氏曰："职业固无定程。然非有学教育者，出而主持学校，则若且无求学之地。数典宁即可以忘祖乎?”妹氏曰:“余以职业定论,初非菲薄教育。”婶氏曰:“吾但冀若二人均即成立,各有薪给,若何业,固不欲研讨也。”姊氏曰:“诚然,俟婶娘来年四十大庆时,余必能得殊礼以上寿。”妹氏曰:“若知婶娘所心契之物耶?”姊氏曰:“余不之,但知为购三公司礼票,则婶娘可见心爱者而购之,不必拘拘于何物矣。”妹氏曰:“若诚解人,惜余力不足胜,否则必购一翠根之雀牌以寿婶氏。因婶娘曾一度于友人处见及,归而赞美不止也。”婶氏曰:“若二人礼尚未来,乃奚落相及何为者?若来年亦二十岁,余亦且购物相饷。若平日不好装束,余又不能为汝买西洋书籍。究以何物为宜?若试自言之。”妹氏曰:“余所爱者第一书籍。第二清游。惜中国旅行社无出游存款,否则余必月有储蓄。留为他日长征之费。”婶氏曰:“出游亦良不恶,惟苏杭为可人。若其他远处,殊感不便。自以将来适人同往为宜耳。”姊氏指妹氏作诡笑。妹氏曰:“今兹交通便利,飞艇舟车,无远勿届。何有不便之说。学友李小姊,尝约余今夏至北平避暑。余惜无资,否则必乘飞机以行。”婶氏曰:“飞机闻亦不过一二百元。余若博进,即购票奉送。”姊氏曰:“深恐叔父之反对乎?”婶氏曰:“此亦未必,若辈学界中人。风气自己开通,但看余尚有兴,陪尔等出观梅花。则叔父何必阻若远行。”姊氏曰:“信是真吾妹之奇福。惜余尚无此机会。”此时车过苏州,旅客上下络绎不绝,颇有邻座谈邓尉香雪海者。姊氏因曰:“婶娘曷不留锡一日,归途过苏,再往香雪海乎?”婶氏曰:“十年前汝舅公在苏时,余曾住苏,且往同游。雇舟赁轿,殊感困难。”妹氏曰:“近来交通进步,非十年之比,不能举历史以相证明矣。”婶氏亦为之呀然曰:“老古董人说老古董话耳。”姊氏曰:“婶娘不及四十,便以古董自居何耶?”婶娘笑曰:“余既非学生,又非教习,不爱清游,不知科学,宁非古董?”姊氏曰:“然婶娘固善于利用科学者也。否则每晚听无线电,宁非拜科学者之赐?”婶氏曰:“人家发明,余享其成,此实可耻之事。但愿来生,余亦发明些许,俾全世界能用余法,斯雪此恨耳。”姊氏曰:“婶氏虽不治学，却有治学之精神。”下此彼三人述其戚串间事，余亦无心更听，因而舍去。于以发见在此新旧交替世纪心中，新者必占胜著。虽以婶氏之雀战听书，而仍能夙兴郊游，且誓愿来生为发明家，此其心理上之建设，亦正大有进步耳。

更一邻坐为西人伉俪。（是否伉俪待考）而对座则为中国壮年二人。西人者手持火车之表，时时取出推敲，而西妇更随时絮语，若有征询。以状窥之，大约未曾前至中国者。而此二壮年，则似商学界人士，一御西服，一御哔叽长袍。二人貌颇相似，或为弟兄辈行。此弟兄同行，同感车行之无聊。于是其少者曰：“吾试逗此西人谈话，亦一消遣之法。”长者则曰：“如为美国人，必欢迎吾侪之殷勤。若英人者，或以余为饶舌，而及不重视。”其弟曰：“当先逗之，无取于直接之哈啰耳。”长者微笑，似试验其弟之方法。余隔座闻之，亦伫目以待其弟之进展。须臾，弟探怀亦出一火车时刻表，为报纸上翦下者展阅之，而上无小站。此时火车正过一小站，其弟似遍觅不得，而此西人之火车表正置案隅。则微笑示意而取阅之，乃此西人颇为殷殷，其妇以火车表压于茶杯之下，则推杯以便取携。于是其弟称谢，一称谢而二人之交谊已经成熟，立时谈判。其兄亦遂参杂其间，用以解寂矣。

其弟阅火车表者半分钟，即以归之原主。彼此凝眸，待发吻申言。西人乃曰：“天气佳哉。”其弟曰：“然此正春游之佳节，若亦往作郊游者乎？”西人曰：“否，余至南京，一宿即须至北平。”其弟曰：“若有事北平矣？”西人曰：“否，吾实为游历而来，前此未至中国。今由沪而平，且将就道苏俄以至欧陆。”其兄曰：“来此几时矣？”曰：“留沪二日而已。”曰：“沪上佳乎？”曰：“如余外国耳。余之东游，志在一觇东方之文化，若在上海，诚不如留居本邦。”其弟曰：“在沪曾游何处？”西人曰：“所至之地不多，惟城隍庙尚觉有东方色彩。余尝闻人言，北平之宫殿长城，均可游览，故以急去为佳。”其兄曰：“若在沪亦多亲友耶？”曰：“仅一表兄，营进出口业，在此四年。”曰：“然则何以通译？”曰：“表见行中有一华人，相陪两日。其人甚诚恳，且博学。于游城隍庙时，能述其已往之历史，使余饶感兴味。”其弟曰：“为君之计，正以得人同游为要。君之华友虽诚笃，然未必遽能博学。倘若至中国旅行社接洽，得一导游之人，当更可以胜任愉快。”西人曰：“谢君盛意，余至北平，即已电定北京饭店之住房。并嘱其派人向导。”西妇于此曰：“余在家时曾闻中国戏剧之优美，而梅兰芳尤震其名。此行在上海，观剧一夜，但见布景之神奇，而不能研究及于东方戏剧之秘奥。”长者曰：“梅兰芳近不在北平。惟北平确有中国典型之戏剧，足耐寻味。”其妻曰：“亦有西文书籍足供研究耶？”长者曰：“有之，别发洋行所售者数种，而中国戏典为尤佳。”于是西人出手册，请长者缮书名于册上。备资购取。长者挥手一书，且曰：“夫人必音乐戏剧家矣。”西妇曰：“余亦不过以为觇一国之文化风俗历史，最妙在戏剧中求之耳。音乐余所酷嗜，戏剧则略识梗概而已。若亦爱音乐耶？”幼者曰：“余亦爱音乐，惟但能欣赏，不能奏弄耳。”西妇曰：“演奏者在自抒其性灵，供人家之欣赏。而听音乐者，则能欣赏为已足。但求欣赏之正确，不必人人取乐器奏弄之也。”其弟唯唯。长者曰：“余亦爱音乐，惟不及绘画兴趣之浓厚耳。”西人曰：“如此君为美术家矣。余殊爱此道，暇亦涂抹一二幅，而并非以美术为职业者，闻君之言，欣为同调。”长者曰：“如此则君尤必亟赴北平故宫。一观中国历代之名画。”西妇曰：“闻中国数千年前之名画，犹有存者，信否？”长者曰：“然。千余年前之名作，仍能保留，而精神毕现纸墨俱佳。”西人曰：“信其为古国矣。一千年前，敝处正鸿荒耳。”西妇又曰：“余在上海，曾至跳舞场所又闻之人言上海跳舞极所发达，但以余所闻之音乐，犹非至者。”幼者曰：“此仅供交际消遣之需，不足以研求深进。盖真正之音乐，固绝少表演于跳舞之乐队者。”西妇又曰：“余日昨购得留声机中国乐队唱片，虽嫌单调，亦有奇趣。惟终似不十分典重耳。”长者曰：“此盖普通之俚曲，盖中国最庄严之音乐，用为祭祀之用，带有宗教风味。若社会所流行，则顺口之唱句而已。此其不同之点也。”西妇曰：“君言诚然。”因复曰:“君亦至南京耶? 南京有何可以游玩之处?”长者曰:“南京不过中山陵、后湖、汤山诸处。盖新建都市,不过十年,故究嫌其时间之短。”西人曰:“然则亦有纯粹中国式之游览区,不至如上海乎?”幼者曰:“诚然。除市面及衙属外,若后湖等处,确为中国典型。”长者曰:“若既好游,曷不一至杭州?”西人曰:“余本欲行,然以环游之计画,有规定之船期。而余向往北平,尤为急切。故不得即往,殊怅怅焉。”西妇曰:“余久知有杭州,下次东来,定必畅游三日。”长者曰:“若至南京,已定旅舍乎?”曰:“然,据称首都饭店异常精美,余已由表弟电定一室。”长者曰:“余正欲以此介绍,君先得之,甚善甚善。且余留南京,亦仅数日,每往必下榻于此。用是吾侪当可相见于旅馆也。”西妇曰:“若是尚冀得君随时之指导,以觇中国之风光。”言次西人索茗,且请此昆季同饮。昆季亦笑承之。聆此一席之言,颇感兴趣。窃以为此西人之东来,车中相值,幸为吾国之上流人士。否则必贻人以不良之影响矣。观感所及,关系不小,此昆仲者彬彬有礼,殊可佩纫。至其职业,一时未能推断。或者此治美术之长兄,为西洋留学之画家,而有事于南京美术事务者。其弟则或供他职,此遭与阿兄同行耳。未暇深究,姑未阙疑。

又一邻座,则为学子三人。以其一御猎装,一御西服,而一御长袍,年事均在二十左右。乘此清时,作郊外之游者。余素好研究青年之动态,因特加之意。甲曰:“今日汝乃早起,先来此矣。”乙曰:“汝何如者。”甲曰:“余属侍役,侵晨即唤余起。乃至弟三次,始匆匆下床,兼程至此,已仅数分钟矣。”丙曰:“若何不济,余昨日跳舞至三时始散。今亦未患失时。”甲曰:“三时即归睡,犹可得四小时之酣眠。”丙曰:“谁即入睡,出舞场犹往就半夜餐,归家已四时矣。”乙曰:“若长往舞场,意果谁属。”丙曰:“平生无所谓属意,亦有时于稠人广座之中,感觉无聊,颇拟抽身。然柔情密绪,却又挥之不断,为之奈何。”甲曰:“既谓柔情,必有所属。舞场中群雌粥粥,宁能一往而情深。”丙曰:“即上次君所及见之两姝耳。”乙曰:“若沉酣此道,费钱无数,君必素封，始能挥霍。”丙曰：“尔我何相嘲笑，余又何来多资。惟兴之所至，理不能遏，亦殊感其困难。”甲曰：“同学无人对君不加侧目，舞场岂可长往。且游艺之道正多，又何必专以此为乐地。”丙曰：“固也。故今日山水之清游，自君发起，余即附骥，不惮夙兴。”乙曰：“君何以胸无主宰，既爱清游，当屏尘俗。”丙曰：“上海软红百丈，舍此又别有寻欢之地耶？”甲曰：“运动击弹，余均乐为，亦有爱学皮簧者，君何不试择其一，以代跳舞？”丙曰：“君何学究，必反跳舞。来年毕业，置身外交界中，非此又何能肆应。”乙曰：“君谓上海舞场之跳舞，能登尊俎之间乎？”丙曰：“吾爱跳舞，似尤胜于若之行博。何训我为？”乙曰：“吾亦偶一为之耳。昨日以同学之叔父生日，偶往一试，尚得博进十五元。”言次即自衣袋中，出钞票三纸，陈之案头。乙曰：“若试以与我，颇足为余一星期之消遣。若不知行博终必败失，此十五元可终保耶？尔忘前月，向余借款以还餐费之事否。”乙曰：“此亦仅见之事，前月因购置参考书较多，故丧余资。初不关乎行博。”丙曰：“生平未见若有一参考书。考试之前，能在图书室中，小坐阅书，即为力学。若尚拟饰词相向。宁能见欺。”又曰：“总之，若贷余资而所耗终非正当。”时甲曰：“若二人幸毋相争。吾年齿较长，敢以正言奉白。此后彼此专心击弹打球，休沐则清游郊外。身心俱泰，魂梦都安。计之上者。”丙曰：“若言吾殊拜嘉。然积习殊难立改且彼则博而嗤余跳舞，固不能服。”甲曰：“毋然。此后余三人合组击弹之局，庶可免于浪游。”丙曰：“若谓尚可学戏，余亦愿勉奏皮簧。不知处何可以得一教习？”甲曰：“此亦不难，邻室李君，渠即曾学剧，半年来已琅琅上口。更半年者，可以登台矣。”乙曰：“是余当送花篮，以渠半年前学戏之第一日，即余所送至其师寓处也。”丙曰：“姑置此不论。春假之前，必有考试。若侪已开始预备否？”乙曰：“畅谈游艺，忽涉课程，子亦好学哉。”丙曰：“正事宁可不谈。今年之经济一门，特加注重，余尚患无头绪。”甲曰：“此诚必修之课，经济问题解决，则办事均得解决。吾深恨不与君同系学此。”丙曰：“若毋取笑，经济课程，宁即教尔生财之道。充其极，亦不过减少浮费而已。”甲曰:“诚然,则君之跳舞最不经济。宜君之疏于此学矣。”丙曰:“慎毋见询。余于经济学派,初不能了了。故此行归校,即当埋头读书,以免考试时之临渴掘井。”乙曰:“余知若同系中章君,学问至佳,人亦和善,君试执而讯之,当可为君之助。”丙曰:“此圣人也。无事不出室门,每试必在前列。尝目余等为顽童,故虽有请益之心,却无进问之勇气。”乙曰:“此殊不妨,其人即吾之表兄。若诚有心读书,余为一言,必能尽释芥蒂。”丙曰:“本无芥蒂,惟自以为耻耳。”甲曰:“知耻近乎勇。若且勇于改过矣。”丙曰:“慎勿调文,本来余谈跳舞,若等以正言相诰诫。今谈读书,又以微词见抵。为人亦信不易矣。”甲曰:“余侪初无微词,惟以君进德之猛,示其倾倒。”丙曰:“若言非谬,余与同级诸友,日夕沉酣,诚非了局。今得若等见助,出谷升乔,庶其有望。”乙曰:“损友之害至大,余非离间之言,期君有以注意及之。”丙曰:“此不待言,若数人同往跳舞,必余任其资。记得王君无役不从,两阅月来,仅付过一次,才四元余。渠尚欣然,逢人告语,谓所耗至少而娱乐实多。及今思之,殊不合算。”乙曰:“今日知之,犹不为晚。余固无资,亦且不爱沾人光益。故日昨议定出游,余即推定会计。每人缴款十元,公用公摊。”甲曰:“此本西洋最科学之方法,二人同赴饭店合餐,结果各人斥资而去。”乙曰:“惟会计员无俸给,殊不值得。”丙曰:“余当以名誉奖若为俸,容日专函道谢,俾君荣任职务时,可以书之于履历片中。”此时三人均大笑。余默察青年之心理,濒于流浪者固复不少,而能自尊重者,亦正有之。但在环境与交友之间。试验丙之所言,由娱乐而课程,已渐有亢悔之意。则所值甲乙,均能掖诱以进耳。若此行又与所谓王某者出游,则非特不能计及课程,亦且必讨论及于郊游后之行乐。乃至明日舞场之预约。一转移间,进德修业,此其关系之重要可知。而亦为治教育者所应特加之意。国家来日之重任,寄之青年,吾闻此三人一席之谈,乃殊多枨触也。

此时车已将抵无锡,余亦无心更聆远座之妙论,因即屏当行囊,检点巾杖，一切就绪，离站尚有十分钟。余则更以强记之功夫力，背甫经入耳之各组谈话。以备笔之于记，用征余研究社会之功候，且为长途破寂之法门。凡此数人，笑语自若，乃不自料隔座之有耳，以左史纪言之笔，为作语录，示之同文也。

（《旅行杂志》1937 年第 11 卷第 5 期）

余之故乡

高梧轩

服食奢靡　礼仪丰盛　愿而循礼　秀而多文

余性好游，近者蜡屐四出，并述游记，朋从多好取读。适有来言者曰："子述游事，行遍禹城，何以独无一言述及珂乡，俾人想望而游览之，敬恭桑梓，义不可废也。"余闻而善之。余籍常州，亦尝怀及故乡风土，生其遨翔之心；然又以家乡无名山大川，供人眺览，则不如舍之勿言。今既有以此为请者，余不能却，亦愿自贡其陋，惟吾乡为文化之邦，学人辈出，故述吾乡事，势非尽其建置学术不可，不能徒以山水自鸣，山水固不尽足名，而尤不能尽建置学术之能事。故今述吾乡，其体例少变于游记，作一有统系之纪载，俾采风者知之，世有闻风兴起之流，述其乡土之事，载诸杂志，则合天下之郡县，不其为一新一统志乎？企以俟之，余任其筚路蓝缕之役矣。

（一）常州之建置

常州为旧府名，所隶八邑，新制既废府制，阙而勿言。府城内为武进、阳湖两县合治，今又废阳湖，仅有武进，所以称常州者，沿旧称也。其地在周以前，为扬州境，所谓淮海维扬，实兼大江南北而言之。周为吴之延陵，渐属越属楚，秦时置会稽郡，则又合之今之浙江矣。汉为毗陵，仍属会稽，渐改置吴郡，晋又置毗陵郡，今常州之称毗陵者以此。又于西北境，置武进，永嘉间，易为晋陵，渐置兰陵郡。大宁中，又侨置东莞郡，非粤中之东莞也。刘宋又分置南兰陵郡，又隶诸南徐，是与今镇江为一系矣。南齐又置南东海郡，陈复之，隋改为常州。唐初隶江南道，渐又改隶浙江西道。同光间，属南唐，宋又改隶江南道，渐之隶两浙路。元时，改属江淮行中书省，又升常州为路曰常州路。明改为府，曰长春府，改晋陵曰京临，武进曰永定，直隶南京。清初隶江苏，雍正间分之为武进、阳湖两县。

（二）疆域

武进县东西五十一都，南北六十五里。阳湖县东西四十六里，南北一百二十里，今合之为武进。东至无锡，西至丹阳，南至宜兴，北至江阴泰县。水陆交通，咸属便利，自有铁路以还，居南京上海之中，益为绾毂所必经矣。

（三）山水

邑中山水，举其大者；黄山在孟河东，观音山、九龙山在其南，尾山在其东北，固山、乌雅山在其西，龟山在其南，马迹山在太湖濒，诸峰绝胜。夫椒山即在其南，雷山、横山，均踞其次，石堰山、高山均在其次。马凹山、鹤山濒江阴，独孤山在太平乡，夹山在其南，而凤凰山又在其北。秦阳山在其东，而黄公山、许墓山又在其南，陈墓山在新塘，亭山在其北，黄陂岭在其东南，章山、龟山又在其南，梅岩、茶巢岭在龟山南，下埠山在东，虎嘴岭又在其南。

水之在常州者，为水城河，城壕，旧城濠，运河，孟渎，浦渎，午塘河，蓼沟，夏南河，永济河，小孟河，南新河，剩银河，养济河，延寿河，其余不更枚举。

（四）古迹

古迹之在吾乡者尤多，然荒烟蔓草，不易尽得，有志于此者，当拨荆断棘以寻之。

迎春乡有避暑宫，传为吴王阖闾所建。定西乡有离宫，隋大业间建，周十二里，有四殿十六宫之胜。宣嘉堂在子城厢，为宋大观时李景亮建，不浊堂在其南，为南宋曹襄建。静治堂同在子城厢，为宋绍兴间陈正同建。东西察院并明代建。贡院为南宋时建。合同场在河南厢，为宋政和间建。都税务平准务粜纳仓均宋时建，平准行用库为明时建。税务为宋时建，比较务、都酒务、造酒务、瞻军务均宋时建。惟沧桑屡更，非细心寻访，不易得其遗迹矣。

至先贤遗宅之在吾乡者亦夥：钟期宅在安西乡。王祥宅在尚宜乡。李仆射宅在孝西乡，为李安良建。表忠岳在怀南乡，为宋时知县陈安国子嘉会建。陆龟蒙在新塘乡，杨龟山宅，同在其间。四老堂在子城厢，宋张守建。胡氏山堂在丰南乡，宋胡宗愈建。蒋将军故居在迎春乡，元时建。留瓠堂在河南厢，元徐瓛建。谢应芳宅在丰南乡，洛原草堂在政成乡，明白昂建。来鸟堂在升西乡，昔贤堂在丰南乡，明王文炳建。

斋馆之胜，吾乡为夥：宋邹浩有读书处在孝东乡。钮氏有赋归轩，在雁门湾。北岸孙氏馆，为苏东坡所赋居。城东书堂在定东乡，为宋杨时建。梅堂为宋蒋一梅建，在新塘。水行居为元僧碧元建，在政成乡。外此唐顺之有陈渡草堂，在怀南乡。徐向建有道源草亭，在丰北乡。赵琬有梅庵，在怀南乡。吴仲建有剑泉别墅，在政成乡。李灏有碧山精舍，在迎春乡。邵龙文有菱溪草堂，在从政乡，邵长蘅有青门草堂，即在其次。外此尤不可胜计，仅且从略。

楼阁之胜，今已荡然。而自宋以还，建置甚盛，有可纪载者：极高明为后之鼓楼，即今大街警钟楼，按为宋乾道时知府叶衡建。怀李楼为明知府王教建，在河南厢。春熙楼亦明知府莫愚建，即在其次。陈氏书楼在安西乡，梁时所建。百尺楼在子城厢，明陈洽建。如云楼一名最高楼，在东右厢，唐时建。金牛台在奔牛镇，镇以台名，伯牙琴台则在大悲庵内，所以与钟期酬唱也。又梁孝子余齐民居孝义里，在今之孝仁乡。元王伯僩居临川墨，在今之子城厢。齐高帝居东城天子路，即今之通江乡。梁武帝居苏成里，亦今之江乡也。

泉石清美，吾乡亦多胜致：如高氏父子泉，在丰南乡，为宋高绅之遗迹，龙泉，尽山泉，永宁泉，一壶泉，均水清可饮，而龟山之龟山石，城中之落星石（今移置公园），迎春乡之剑石，占石村之灵石，均极可观。

前人书画所遗，记其最享盛名者：子城厢旧有徐铉所书“常州”二大字。“护国寺”有苏东坡所书寺额。又有所书“瑞明禅寺”额。赵孟頫书“玄妙”二大字，在玄妙观。林菁书“三吴第一楼”大字，在旧鼓楼。道士李怀仁所书“龙”字，在元妙观。贯休画十八罗汉在问津庵，均其著者。

邑有隋柏在耿湾里。铁树在忠佑庙。独孤桧在子城厢等处。香海棠为东城所植，移自蜀中。朱藤亦东坡植。菩提树、香樟树、树根桥、杻树，均吾乡花木之饶有奇致者。惜兵燹之后，未能全存耳。

（五）土产

吾乡所产，如香稻米、茶米、晚米，均极驰名。香稻又名红莲，早获薄收，茫红，色微黑，根叶皆香。茶米即糯米，碧绿护身者佳，色纯白，久曝不变。晚米可以酿酒，籼有六十日、八十日、一百日诸名。蚕豆亦大逾恒产，白果尤佳，笋蔬之美，非同凡产。塌菜经雪，更形俊美，芋及山药亦多，西瓜、金瓜，均甘美，孟河之桃名小暑红，亦佳，马迹山之橘梅，以至迎春乡之梨，丰西乡之柿，均为时果之珍品，可快朵颐。

花草则丰段之玫瑰、新塘之荷、通江乡之香草，以至药材中之紫苏、荆芥、半夏、何首乌，均为佳品。鸟兽则黄雀、水鸭，均甘旨，而马迹山之麞，更形奇美。鱼类尤为江南之名产，玉爪蟹不亚于洋澄所产。

饮食之膃，自制之酒，味近于甜，谓之兰陵酒。古人吟咏，多尝及之，而白酒为尤佳，俗称酒酿。变蛋一名皮蛋，所谓毗陵松花，近自北京盛行，而吾乡之业遂衰。炙豆炒米，多出中馈，味尤可口。物产则布类以外，梳篦亦盛行于时。而通草花绒花，为闺中必需之品，所制大精。自近时服色改易，此业亦大损，不能与法国之四七一一，及吟必康相媲美矣。慨夫。

(六) 庙祀

文庙及崇圣祠，一切如例。

忠义祠，旧祀文天祥、姚訔等。明没殉难臣民，又咸丰时殉难者，二万余人，亦均列入。又节烈祠，旧祀唐宋元明清妇女三百廿五人，咸丰城陷，殉难妇女二万八千余人，亦均列入。又孝弟祠祀汉彭修、许武等，同治间重建。

名宦祠祀宋知州范师道，通判范纯粹，知县梁汝嘉、邱寿隽、黄士特、包圭、刘溶明，明董尚、朱仲安、熊翀、魏璋、吕镗、岳相、谢师严、钟允复、方文、尹克昌、罗密，以及清代知县多人，均本乡名宦也。

乡贤祠祀彭修、高智等，以至清之望重儒林如庄仪生、李兆洛诸位，在文庙东。

关帝庙、文昌庙，旧均按时临祭。

府昭忠祠祀郡人王日杏、杨梦槎诸位，以至咸丰殉难官吏，旧亦按时致祭。

火神庙，先医庙，风神阁，雷神庙，土地祠，营田庙，刘猛将军庙，白龙庙，均庙貌森威，近则渐渐废圮矣。

至圣先师分祠，在旧阳湖境惠化乡，亚圣孟子祠，在子城厢。

季子祠祀吴季子，在双桂坊，自唐时建。徐君祠祀周徐君，季子祠东。卜子祠祀卜子商，在周学巷。梁子祠祀梁鳣，在登省巷。商子祠祀商瞿，在通江乡。

忠佑庙祀隋司徒陈果仁，在青果巷。萧文元祠祀萧颖士，在兰陵渎。张正素祠祀张举，在府直街。邹忠祠祀邹浩，在西瀛里。杨文靖祠祀杨时，在旧朝京门内。苏文忠祠祀苏轼，在杨祠东。范文正祠祀范仲淹，在府直街。余不备举。

（七）科第

吾乡文风最盛，前朝科第尤繁，略举之：则博学鸿词，于唐有萧昕，于有宋周麟之、褚中，于清有周清源、刘纶，至进士则唐自高智周以来，历科均有之，而清朝之状元第二名，即常州进士吕宫，仕至吏部仕郎。吕风仪绝美，顺治帝之母，下嫁摄政王者，召见而阅之，至挑以游词，吕遂自请罢政，狼狈而归，此又吾乡选举中之趣史也。又修书于专制时代，亦为盛典，而明代之《永乐大典》，吾乡预其事者，为陈济，任总裁大典，吴润为荐修大典，凡二人。清雍正间，许元基、胡淦预修《图书集成》，陆昂慕修《一统志》，均为杰出者矣。又吾乡于修文之余，不废武事，故虽在江南文庶之区，而武进士尤甲于他郡，万历即有唐际明等六人，天启又有王孟超等四人，崇祯又有徐玉相等五人，清顺治有张大复等十二人，康熙有余镇国等七人，武举人尤夥，不备书。

（八）人物

甲 朝臣

周吴季札，唐萧踽，宋胡宿、邹浩无论矣。如南宋张守之上疏极言，刻意兴复，及作张俊之抗金兵，明胡潆之于成祖朝；阴释建文，又密疏太子以孝谨，得安于位。白昂之筑堤御水，徐问之廉洁自矢，周全之努力杀贼，吴宗达之匡济时艰，张玮之苦战岭北，孙慎行之争废太子，清赵申乔之刚介拔俗，刘于义之释盗厘帑，潘兴梁之慎刑恤狱，刘纶之储赋供张，程景伊之廷陈息衅，钱维城之抚谕苗寨，均为不可多得者焉。

乙 官事

乡先贤之服宦者多，千百年来，不胜缕举，兹每朝各举一人，以为矜式一。

晋孙无终，太元初，谢玄镇海陵，募前锋，无终等并在选中，百战百胜，号北府兵，符军见而却退。

宋萧思话，初任青州，以弃镇收尚方，渐起奋兵攻复，任梁南二州刺史，爱才好士，人多归之。

齐萧嶷，高帝子，幼尚武功，群蛮熠服，又宽狱政，渐为校尉都督，设馆兴学，士林称焉。

梁萧景，武帝从侄，每战必胜，时值年荒，计口振恤，人殊德之。

隋陈杲仁，初仕监察御史，母忧刲股以进，上诏旌之，渐与沈泽兴等破贼二十万，时称其忠、孝、文、武、信、义、谋、辨为八绝。

唐高智周，任寿州刺史，行部先见诸生，质文义，再录讼事，课农桑，有声于时。

五代陈彦谦，次北郎，与杨行密同在江表，多画奇计。

宋施坰，抗疏凿河之役，徽宗下诏嘉奖，渐守信州，有能声。

元胡松，有善政，清狱事，解汉、蒙、色目之围，士人称道。

明薛应旂，任慈溪时，知府苛敛，均不之应，渐改之江西。有馈金者，力却之，家居治理学，手不释卷。

清吕宫，以状元任吏部侍郎，肃馆政，绝苞苴，旋任大学士，荐举耆旧，请停江浙白粮，民解，及签点机户，皆报可，后以劾吴三桂革职，而三桂果叛，询为知人。

丙　学者

吾乡学者，自陈张崖之传三礼，隋萧该之通诗书，唐蒋坚之为春秋师以来，无不代有其人。可有清一代，益多颖异之士，凡所造就，莫不成一宗派，亦略举之，未能尽也：

庄有可精研经传，句栉字比，开庄氏经学之先河。

张惠言治《易》主虞翻，治《礼》主郑玄，所谓张氏易也，又精词学，阕“意内言外”之旨，于是词家以常州派名。

刘逢禄以治经名世，尤精春秋公羊家言，后之言公羊者，莫不宗之。

董文骥过目成诵，长于词，与王渔洋、朱竹垞相酬唱。

邹祗谟，自经籍至于天文星算，无不精晓，尤长词学，辑《倚声集》，为清初词总集之冠。

邵长蘅九岁能文，十岁补县学生，宋德宜称之曰“今之震川”，拔第一，有《青门集》传世。

董以宁负盛名，豪迈不可一世，喜为歌词，又专古文，以及天文律象，兼穷经学。

周清原，英敏好学，高华沉博，康熙间试鸿博，与汤斌论学有当，康熙南巡，过通州，周往迎，康熙指告亲王曰：“此朕新授之副都御史也。”

赵熊诏讨文并有根柢，益致力于天文勾股之学，康熙召修《子史精华》。

赵翼尝参赞戎机，赴滇赴闽，而粹于学问，解组四十余年，以侍老亲，所著《廿一史札记》《陔余丛考》，为世所称。

管世铭深经术，善文章，尝忤和坤，而大学士阿桂倚重之，得擢御史。

赵怀玉少负重名，晚年病废于家，日集文士，研精学问，著述甚富，而手校各书，尤为名物。

洪亮吉以上书成亲王，有斥及嘉庆事，因充发伊犁向，渐以天旱赦回，命下即雨，因之装潢其原书，于座右，以为良规，诗文有奇气，经传训诂，尤所专门，而骈文为世宗尚，号常州派。

孙星衍过目成诵，精究经史文字音训，旁及诸子百家，校刊平津馆五松堂诸丛书，尤工篆书，学者引与洪亮吉，并称“孙洪”。

黄景仁天才亮特，遍揽天下名山大川，所为诗豪放旖旎，不拘一格，两当轩固哙炙至今也。

恽敬尝任知县，与上退峰，忤归治学，初为骈俪，继为古文，学者署之为阳湖派，与姚姬传之桐城方驾焉。

董佑诚年少嗜学，喜为骈文，长更肆力于律数舆地名物之学，书之钩棘难读者，一览辄通其意，所著天算诸书，尤名于世。

李兆洛讲求古学，兴修水利，校刊经说，尤长史学，乃至天算舆图，无不精绝，所给地图，详尽无比，一时论者，莫不宗之。

陆亦熙静讷不通声气，居京师，课徒自给，门人多贵显，其文精密，一字不苟。

方履篯天性纯笃，自天文，地理，氏族，金石，钱币，学六书九章，无不综贯，尤工骈文及词，藏石刻万余种，为世罕觏。

丁　艺术

举凡书画占卜诸奇技，咸列之入艺术，而吾常能者独多，约举数人，以概其余。

宋韦叟善相，桓攸尝令视刘君得州否，叟曰"得边州"，既而言于君曰"贵不可言"，终受晋禅。

梁萧纶善草书，能得武帝之遗，而其昆季，又莫不又之。

隋萧吉精通阴阳之学，为献皇后卜葬曰："卜年二千，卜世二百。"图而奏之，退曰："二千三十也，二百亡三十二运也，太子得政，隋其亡乎？"后李世民出，而隋果亡。

唐暨生善卜筮，无不应验，世传其事，以为神明。

宗子琮善隶书，学受禅表，深得其神。

董羽善画龙水海鱼，尝画水于清德寺，极涛澜之奇观，又命画殿画，自以为当膺上赏，画成，情事逼真，皇子见而啼哭，因不得赏。

曹仁希、徐友谅、吴炳均工画。

许叔微得神人指授，遂工医术，渐以已效之方，并记之为本事方，言伤寒者，尤宗其法。

陈得一精通历算，尝乘桴至日本，护天文星术之异书，遂长推步，改造新历，上赐号通微处士。

明唐世美号月楼，善草书，穷极奇变，上逼怀素。

吴之瑄，自幼不冠，号为九蓬头，善画人物，潇洒绝伦，佛则庄严端好。

王彦照、徐养浩、汤玉均名医，能治人之所不能治者，尝有一女子，以忧伤内向卧，不能转折，因索花作妇人妆，且歌且笑，患者闻之，不觉回顾，大笑而愈。又一人病痿不能仰，因令之坐，以大铍针徐掷刺之，其人渐避渐仰，终以大愈。

清恽本初及格，为叔侄，均工画，片楮千金，至今画花鸟者均宗之。

汤禄名工画花卉果实，尤工美人，古妆大雅。

吴咨为人短小，长四体书及花卉鱼鸟，生动流美。

法徵麟、丁天吉、汪日新、李衍昌，均以医名，有奇效。

龚士燕长律历，推衍入微，渐入钦天监，改正旧法，乃闻于朝，而西洋南怀仁之徒来，中历遂废。

孔璞、唐本铨均通术数，能占卜，孔于途中，知人之有大祸，而唐能自知死日葬期，笔之于书，无不应验。

盛久肇七岁盲疾，然知书工小词，善叶子戏，抚之即知其数，能修钟表，较整判别，信匪易事。

（九）陵墓

先贤陵墓之在吾乡者，多至不可尽考，今举其确知其在何乡者记之，然非躬往，辟草锄荆，尤不易得见也。

齐高帝陵（通江乡）……齐帝

诸葛瑾墓（怀北乡）……三国都护

刘繇墓（依仁乡）……汉刺史

邵忠浩墓（德泽乡）……宋侍郎

周应发墓（怀南乡）……元提领

唐襄文之墓（怀南乡）……明佥都御史

许鼎臣墓（丰西乡）……同前

吕宫墓（怀北乡）……清大学士

赵申乔墓（栖鸾乡）……清尚书

程景伊墓(德泽乡)……清大学士
钱维城墓(怀北乡)……清侍郎
以上在旧武进境
吴季子墓(大宁乡)……周吴世子
吴王夫差墓(迎春乡)……周吴王
曹横墓(丰南乡)……晋大将军
独孤及墓(太平乡)……唐常州刺史
张铸墓(同前)……宋侍郎
蔡戡墓(同前)……宋知临安府
谢应芳墓(丰南乡)……明初处士
孙慎行墓(金槛里)……明尚书
刘伦墓(丰东乡)……清大学士
孙尔准墓(新塘乡)……清总督

(十) 僧道

白龙庵……古刹在明洪武间建,同治年又屡修之。

天宁寺……东门外,为江南第一丛林,奇伟巨丽。

玉隆观……宋淳熙年建,元延祐间重修,明永乐时又重建之。

永宁寺……为律门戒寺,又名所桥庵,唐建明修。

吾乡僧道寺观,多至不可胜数,略举一二,以实吾纪载,并约举高僧名羽,用观其盛。

法照……武进人,姓马氏,名道清,唐开元时,润州刺史,韦铣请居鹤林,登座说法,霞光烛天,白鹤翔舞,宝花弥空而下,听众千余人,既退,独缟衣者百人不去,诘之,众曰:“我等谢师说法,各脱缟衣矣。”遂翔空而去,盖羽类也。

慧侃……晋陵人,姓汤氏,住岭南,后住栖霞,诣杨都傀法师,师礼接之,请显神力,即从窗中出臂,长数十丈,年八十二示寂,遗白骨,跏趺坐床上。

乌窠禅师……晋陵人，常栖横山树间，与白居易相契，尝冬月至芦岐，见诸僧园炉，以糟螺下酒，语以因果不遂，取其所余，掷塘中，曰："此螺若生，是有因果。"后此塘生螺，均无壳者。

超盛……武进人，号如川，庄姓，出家西山，雍正召见于圆明园，特命南回省视，赐赉甚厚。

实彻……乾隆时住天宁寺，康熙南巡召见，问："如何是你本来面目。"答曰："但见皇风成一片，不知何处是封疆。"遂被赏赉。又一次南巡，问："万法归一，一归何处？"答曰："第二次南巡。"康熙曰："此何关万法归一？"答曰："莫瞒臣僧，盖禅机也。"

韩崇……晋陵人，初为江南太守，年七十四，得隐解法，入大霍山，后列仙籍。

宏孝威……晋陵人，年十二，辞家奉道，暗室如对君亲，尝书篆字，人或誉其过于父者，遂终身不复书。后在王臣山，司马祯以云篆宝书付之，称之曰"玉清之客"。开元末，明皇召对称旨，后归句容，著《三元异同经》《本草音义》《仙学传》以终。

钱其人……毗陵田家女，姐妹同至茅山，师事陶隐居，修黄庭三十余年，忽一日，佩白练入燕洞而隐，其妹后至，扉已阖，不能复入。

(十一) 异迹

明汤和尝将兵驻常，遂有东营西营之称，而西营之名尤著。后以屡有火灾，术者遂改营为瀛，始安宁无事，至今沿之。

马迹山，以有马迹著名，相传为秦始皇御马所践，有四穴，圆经盈尺，深至六七寸，在山之西麓，

雷山为舜行渔之所，高山又名舜山：有舜田舜井，石上牛迹可辨。

西庙东岳氏宅，传为隋陈仁杲故园，中有大石二，一曰文峰，一曰武峰，文峰竦然端坐，武峰似魁星跳舞状，渐移学宫，文峰旁有桂二株覆之，石畔时有人影，而见者无害。

咸河在夫椒山，广二亩许，传为水平王凿河通北湖，曾得剑一盏

一,而地中出血,遂止之不更发。

宋韩世忠与兀术相拒,日以酒犒士卒,饮讫,辄以瓶投之江中,江浒时时掘得之,瓶狭而长,以莳花果,辄能茂发,谓之“韩瓶”。自新闸至奔牛镇上,乡人尝得瓶无算,或云凿河时埋以为界者,则隋时物矣。

关帝庙基址,旧有土阜,广一丈,高一丈,为汤和时将台,下汇葬宋末屠城死难者骸骨。嘉靖间,赵文华御倭寇于此,关帝显圣,因而大捷,遂建府城隍庙。

嘉靖间,大旱,有司求雨,宿城隍庙,夜梦神语曰:“必欲雨,须孙好天,张大扇,朱自量三人来方可。”明日,通索不得,三日后始得之,县官曰:“吾邀公等,为一邑请命,因以梦告之。”孙曰:“吾每晨起必拜天,呼曰好天。”张曰:“吾身患疝,随时以大扇自随,不使露体。”朱曰:“吾设米肆,凡有购者,令其自取之,故有此应。”县官大喜,力请升台,一祷而雨。

又,明代求雨,知府舁城隍神同锁台前,夜梦神人曰:“明日城南有携破伞老人至,可以致雨。”乃遣人候于城门,日午,果有老人携破伞,揖之使祷,病谢不能,因强之,老人勉祷,果大雨,讯之曰:“吾平生不敢向三光唾溺,故以伞自随数十年耳。”老人死,见梦里人,谓为此间之土地。

刘云山,博学工医,明时在城行道,颇多全活,自誓死后,犹欲济人,康熙间,一巨室子病亟,忽有医来,曰:“我刘某也。”投一剂,霍然而愈。赠以金,不受,曰:“寻我于总司徒庙庵。”逾月,始寻至其地,讯庙侧老人曰:“刘某业医,死已三十七年,生时信鬼神,因自为像于庙中,而拓其庙,可以辨省也。”因入拜其像,哭祭而去,邑人神之,病果辄愈,时于人梦中诊病,祷者至今不息。

段一中,字止斋,康熙间,任孟河营都司,一中本真人府法官,善符箓,祷雨立应,而每祷必死其一子,县人思其德,附祀于社。

凡此以上,所述者类于神话,然吾乡父老盛传其事,且有目睹者,不得斥之为无也,刘云山之神医,至今大行其道,辄有效者,香火于今未息，亦正异事，足以证实其说矣。

（十二）余之观感

前述吾乡事，亦既连篇而累牍，游人之过吾乡，或专来游涉者，不能一览而尽其胜也，请述余之游踪，以及个人观感之所及，为读者来游是邦之向导。

余生长外邑，及少长，始返邑一行，故无儿时竹马之地，又每去辄不能久留，故乡人多目余为外客而不似土著，余亦安之，然每去尚能勉操乡音，鬓毛未摧，此语无改，亦足证余之非为冒籍者矣。

余之回常也，即宿余兄家，家在闹市中为寂静，固绝佳，门前巨石铺路，而庭宇翼然，占地颇广，前后数楹，楹可数庑，长联巨扁，置之厅事之中，一入即足使人，动乡土之观念。盖海隅赁庑，既陋且简，正未有若斯之夏屋渠渠也。厅前为院落，置兰花无数，清芳扑人，而屋角更有每晚长明之天灯，谓燃此可以明目，其说亦由来甚古，虽无信足征，然精神所寄托者，亦有奇趣。厅事案椅，无不坚巨，在在表示我东方古国之精神，虽实用所在，椅奇硬，而案奇广，不足以语于舒适，然置之不用，徒壮观瞻，则自视一切之美术西式者，整齐严肃。本来厅事，非日用之所，故不必切于舒适，而观瞻为重，再四思之，吾乃不更河汉之矣。厅之四壁，遍悬书画，虽未必书出名手所为，而红纷绿绕，亦足使人，一破广厦中之沉寂，夏屋如云，日长人静，偶尔憩息其间，辄感孤另，则偶一四瞩，画幅缤纷，即使破静为动，因更悟布置兹事者，调济有方，一息为不懈。厅事之后，为三小室，吾乡人名之曰翻轩，此则以东向一室，杂庋书物，而井然有条，西向一室，置巨榻以备偃息，兼足为款客之所，中则置横案，用备茗饮，其布置既切实用，又更得体。凡吾乡士绅之流，其位置琴书，多复如是，可为师法者也。厅后一小院落，杂植秋海棠、芙蓉之属，而叠土为高台，于院落之西角，以莳社丹，院虽不大，楚楚乃如花园，匠心所在，足以自乐。更进则为居室，每楹三室，而空其中以为家人食息之所，如是者至于后墙始止。吾憩适其间，深感其怡如之乐，以平生所居之华屋，虽以九龙之半岛酒店较之，乃似不相及，足见人贵暇于心，而敬乡乐土之心，又辄过于外来之物欲也。

吾述此居室，已如千言，似涉繁赘，实则吾乡，乃至江南诸邑，凡中人之家，几于莫不如是，故不得不述之，以为人告，藉概其余。更舍此则谈饮食，吾乡以饮食著名，不涉奢而适于口，为可贵也。

尝记康熙南巡，过吾乡时，曾撰《竹枝词》，有云："毗陵风景最堪夸，糊粥生姜炒米茶。"此纪实之言，亦吾乡家庖之至美也者。实则吾乡饮馔，于南中为最丰盛，亦最美，故《一统志》之志风俗，有服食奢靡之语，揆之其事，服何尝靡，独食为奢，而其奢初非征酒角逐也，亦在中馈之得宜，半以家园蔬果，登之辛盘，又必酱之咸之，无不精绝，斯则吾乡饮食之至胜，亦即妇德之可师，所谓糊粥生姜炒米茶，盖无一不出于金闺之手制，斯则较之食前方丈，以山珍海味相争角者，固不可同日而语。且吾乡近水内河，鱼虾为南中之胜，其尤即刀鱼，在孟河附近，每年岁首正月，即已有之，又冬日之塔菜；与沪植者不同，鲜美夙著盛名。而芹菜、韭黄之美，更非老饕所能穷其滋味。故曰："常州之饮馈奢，奢而得味，菜根滋味；因士大夫之直列，况于为中闺之所手制，遑言其奢，竟可用资示俭之训矣。"

若舍家庖而言饮食之肆，则吾常庖丁，味多中口，其制鱼虾之属，尤能得其鲜洁之味，不同凡俗，且所用佐味之品，均复极佳，而价又视上海为大廉，最近扬州庖丁，间亦设肆，能兼大江南北之胜长，如绿杨饭店，即为其一，吾屡食于是；自信视北平之丰泽园，广东之万国酒家，初无逊色。至于酒而常州所自制者，味浓曰状元红，味淡为竹叶青，兰陵郁金香之盛名，传之已千年以上。至俗谚亦有"不吃奔牛酒，枉在江湖走"之说，奔牛所酿，亦即常州酒也。惟余久客他地，偶尔归乡，手一杯以品评，窃谓其至者不过如绍兴好花雕而已，若北平酒局所蓄之名酿，则殊不能过之，亦不知吾辨酒之习惯使然耶，亦吾醉心于北方之绍酒，而故抬高其身价，吾尝以讯之吾之乡人，则谓绍酒亦不过尔尔，言次，呼卢喝雉，尽醉十余大碗，无醉态，而余勉盗三数杯，头已涔涔欲醉，则以其性过烈，不似绍酒之淡而弥永也。余非沉湎之徒，其论酒或不能得当，姑存其说，俾善饮者品之可耳。

常州游览之处不多，均在城外，而味弥隽永。城内则仅一公园而已，广厅数轩，叠石无数，小池濒槛，略蓄游鱼，布置者不过如此，故余偶一临存，亦未尝为之留恋。至城外则文成坝有舣舟亭，即苏东坡来常时泊舟之所，其后清初南巡，御舟亦即此就陆，故又改建皇亭，今亦名之为公园矣，占地颇广，花草凋疏，而散落之状，不忍卒睹，每一思及翠华临幸之盛，不期益增沧桑之感，沿墙多石刻诗赋，大抵进奉之品，当时虽精心结撰，亦未尝见重于人，为之拂拭，园中有土山虽不高，循级而登，亦数十步，山上为一亭，即旧舣舟亭也。登临一望，河道俨然，于此始一转折，其转折处，有坝即文成坝，远山近水，都收眼底，气象万千，在土山之次。又有一池，池虽枯而未涸，即中为一亭，四面环水，通之以寸径，亦颇雅尚，更前则高树结荫，团蕉掩映，无他物也。来游此者，不必存登临之乐，而试为兴怀古之情，则其所接触者必深以为佳，若徒事游跸，而不为雅人之徘徊揽古，则此间且目为无多足观矣。

东门外天宁寺，为江南巨刹，余游踪屡至，其栋宇之华茂，像设之精严，无容细述，惟其气象之肃穆，则为其他巨刹所仅有，盖其他寺院，大抵位置山水优美之区，遂亦使游人流连驻足。若天宁寺，则位于平地，初无风景之足言，而能使人一到即油然生其顶礼膜拜之诚，此则足以自豪者也。

寺西有文笔塔，塔制已旧，而就中毫无损坏，七级浮图，弹指屡现，登此者凌风四顾，远挹田舍之风物，近闻铃铎之微鸣，直足使人一洗尘气，背尘合觉，盖吾人平生一切习惯均由舍远就近而起，进万家廛舍，收归眼底，天空云气，围绕一身，则已从大自然中，得悟真如之理，不必穷拘于象教，而寸心已足真抵梵天矣。余于江南，曾登苏州北寺塔，镇江金山寺塔，杭州六和塔，同具此感，而在文笔塔则为某日之夕，五时半许，曜灵匿图，霞彩缤纷，益足息吾幻想，敛思契神矣。

余此记已甚赘长，于述吾个人观感之余，即可结束，江南风物，素驰盛誉，非从事游涉者，往往由镇江之金山，一蹴而至苏州之天平，乃时时舍去常州，故吾必表而扬之，蜡屐者过此，句留竟日，必不河汉吾言，可自信也。

（《旅行杂志》1934 年第 8 卷第 12 期）

我的故乡

我的故乡，是个江南名的所在，而未必是胜的所在。什么叫“名”呢？常州这个地方，虽然三里直径的一城一邑，然而因其人文之盛、学问之优、地点的适中、生活勤朴与安闲，遂致国内几于没有一个人，不知道这个地方的。什么叫“胜”呢？原本山水风景的优美，名之为“胜”，我家乡既没有奇山异水，岩穴洞壑，平湖远山，所有前人歌咏的地方，不过是一村居的写影，说起来实在够不到“胜”，所以我说常州不算“胜”之所在。

我是生长客边的，小时固然常常听见父老的传说，常州是个好地方。长时看了若干乡先辈的著作，惊其各种门类，无一不精，越发的为之神往。所以颇以“常州人”自傲。到第一次回乡的时候，离开了喧嚣聒杂的闹市，转度我寂寞清闲的生活。离别了持筹握算的人们，去见我至亲至爱的父老，闲话桑麻，特别感觉到无上的兴趣。更进一步，走到云溪渡头去追寻恽南田、洪北江诸名贤的遗趾；走到文成坝顾塘桥去凭吊苏东坡的游踪，那就越发的悠然发思古之情，自己在这大自然的范围中间，受了很浓烈的无形感化了。

我家由北迁南，因受了外族的压迫，放弃了数百年的国运，播徙流离，住到常州，也已经三百多年了。我们迁常始祖的邱墓，还是封树依然，年年祭扫，三百年来，没有遗失谱牒、毁灭邱茔等情事，这是我家值得骄傲的一件事。因此我在回乡的时候，更是一处处去拜谒先垄，我自己深惭毫无成就，无以对列祖列宗在天之灵，浪子还乡，在那萧然行礼的时候，免不得惭愧万状呢！

我家在乾隆年间，曾经办过一个书院，后来历世久远，书院的制度，又经废却，因之现在这地方已有年久失修的样子，但是那地方的风景，还是算村落中最好的部份，矮墙四绕，流水一湾，正屋三间，老树成行。我回乡去的时候，也特别去看了一次，那陪伴我去的族人，更郑重的指着墙口一个池子里的一墩土堆说："常州名叫龙城，因为全城形势，像龙似的，这土墩按说起来，就是龙珠，百十年来，无论旱潦，墩终不没，可以见得他的神奇了。常州文风之盛，就因为龙形的原故，现在龙珠所在，是我们家的书院，那我们就间接负了常州文风的责任。"我虽是个不迷信的人，但是听了这番话后，对于这个土墩，也益发的流连忘返了。

我们家乡的饮食，是最适合我的胃口，我们家乡饮食的著名，不在乎有名的厨子，自成的一派，而在每一家的女太太们，都能亲手料理，且都是日常便饭的菜肴。原料不必用名贵的参燕，就是本地的鱼虾蔬菜，无一不可口，无一不够味，而家制小菜风腊腌晒之法，更是各地望风所不及。

在旧时《一统志》上，每省府都有风俗按语，常州的按语是"服食奢靡，礼仪丰盛，愿而循礼，秀而多文"十六字，实际说来，常州的衣着，是不能算考究的，体貌周到，是江南一般的现象。惟对于饮食及多文两样，我以为到是确切不移的定论。诸君亲友之中，必定有若干敝同乡，试往一问，方信不是"自我宣传"呢！

可是战役以来，我还没有回去过，不知家乡一切的一切，是什么样子，劫后余生，说来一定可怜得很，今天写这篇追忆故乡的短文，到使我有"故国不堪回首月明中"的感慨。以后我们应该怎么样去兴复我们的家乡呢，请大家在读完这篇以后，各自去想一想才好。

（《旅行杂志》1938年第12卷第1期）

平生谙尽江湖味

余以羁旅，来往江湖，辕辙所经，每多流恋，空桑三宿，便尔移情，何况山灵，举卮相属，夜灯尊酒，薄醉无聊，闲忆陈经，辄付梦寐，偶述一二，亦足低徊，兼示朋好，用资沧桑之谈助也。

犹忆尝涉狼山赴南通，维时逾今，将十五载。时则盐垦之议，方在进行，余自通而吕四，而垦牧公司，初以小火轮，继以小手车。其手车之制，一夫为挽，一夫相辇，速力逾恒。时在初春，冰融未解，两足几僵。夜宿吕四盐场，主者以热汤煮鸡卵以进，甘之如珍羞。黎明即起，盥漱甫毕，微闻鸡声，仆夫上道，咿哑和唱。迨抵垦牧公司，一望弥野，阡陌经纬，与海争田，东望白云，浩与天接，心胸豁朗，向所未有。午餐得薄酒野蔬，主人举杯相属，欣晋一卮。下午复赴海门县境，观第六七堤，期日而竣。归途迂道大有晋公司，方在建闸，径赴总办事处，夏屋渠渠，远瞩田畴，以地多卤气，倒影炫彩，楼台金碧，一一涌现，于兹以信蜃楼之语，殊非子虚。迨解小舟，仍回南通，则客于有斐馆，赁马代车，登狼山塔，观军山气象台，谒骆宾王墓，游倭子坟，历历在目。以视今者，汽车九逵，瞬息通达，旅肆蕃骈，诚不可同年而语，然偶与同游故旧，一述当年初哉首基之况味，欣欣向荣，亦殊足回思，隽而弥永也。

十二年前，余至杭州，时湖堧逆旅，但清泰第二旅馆，及湖滨旅馆两家，后湖则惠中地小而湫，新新亦止有东隅一屋。余赁居清泰，排日出游，初以肩舆，涉北山路，钱塘门气象峥嵘，时马路辟至及门而止，一出钱塘门，荦确为小道矣。断桥之上，有门翼然，迨翌年重到，门已无存，近兹间有友人所得当年之摄影，犹可印证。白堤夹岸，荒芜特甚，桃柳零落，不复成行，惟平湖秋月，突入湖心，占境清绝，迨后此哈同氏填土实湖，经营园构，俾与平湖秋月相并，而秋月突入湖心之胜趣，遂复无存，弥复可惜。迨次日游南山路，南高峰之大道，尚未修筑，肩舆上山，惴惴栗栗，宛绕羊肠，水乐洞在烟霞洞下，荒草堆中。余习闻其胜，坚嘱舆夫，导余入览，披荆斩棘，仅乃得之。泉声汩汩，暗无天日，非似现者之平治垂成，琳宇渐启，游观之客，可以停驻凭俯也。又由涌门赴虎跑，途辙所经，多似九溪十八涧，逾年而马路规画，粗具端倪，再逾年而砥之平之，乃至今日，汽车已可由四眼井而过虎跑山门，诚非梦想所可及。又孤山中楼外楼，为一平房，湫溢异常，现之游者，但观气局之宏，三层平台之可以瞭远，初不审其前兹之简陋，杏花村酒旗门市，已无电炬，入夜燃蜡估饮，亦复醰醰然，较之博览会期，流光四耀，电彩驰飞，殊复令人兴故国情多之感矣。

曩年于役吴阊，住铁路饭店，弦管喧绕，虽或仅免，然平江坊巷，初无现兹之整洁，玄妙观前，几同委巷，王废基方有建立公园之议，尚未具立。以车南行，至沧浪亭，颓败特甚，五百名贤之象，渐近圮裂，迨客年往过，则其中已立美术学校，黉舍俨然，莘莘学子，含毫抽思，水色花光，相与激发于岩石间矣。又以小舟游天平，港小不能容舟，相距数里，解维即止。赁村轿，以老媪为舆人，殊似不忍，登天门，过范坟，转入高义园，品鹦鹉泉，然后拾嶝过一线天，至上白云焉。又游虎邱，残冢青磷，榛荆满地，惟剑池前，千人石一片寥阔，弥可人意。后此过之，千人石上，乍现经塔，虽云功德，然亦贻蛇足之讥，后兹吴人又集议，移之他去，则又一阎浮成坏之小劫矣。时蕙风先生寓阊门张广桥，扣门投止，喜逾恒状，夜饮市廛，大醉忘返，并考证吴梦窗皋桥赁庑之所在，以为此乐，可以终古。不意蕙风先生，墓木已拱，重过吴门，而张广桥况氏旧居，似已重建，不易遽觅其迹象。即天平灵岩之游，或以萑苻不靖，游者咸有戒心，即龙寿山房之血书《华严经》。（元僧继善所书，盖逾越三世，因缘未沫，而书之以报佛恩者。）虽石龛依旧而题名者日多，渐致狼藉，亦恐终付劫灰。又寒山寺自唐以来，半夜钟声，久驰盛誉，余初到之际，即见巍然坊表，题“辛亥八月江苏巡抚臣程德全重建”，孰意即此八月，共和革命，于以开基，而程氏亦即受任江苏都督。人事沧桑之感，贞珉去故之思，有可数者已。

余游严滩，过七里泷，登钓台，至严东关，归而绳其江山之胜，同人蜡屐，相继往行。闻诸今之游客，有滑艇，旦夕可以兼程往返，视当日襆被匆匆，情致大异。余时往游，先以小火轮，继易小舟，风帆虽利，逆水而行，自桐君山至七里泷，侵晨发舟，停午始达，饭于蓬舡，桃花鳜鱼之美，于今脍炙。严滩有祠，庙貌俨然，奔赴东西两台，循中台以分径，时则中台正在修葺，石亭粗立，棱角翼翼，富春之胜，收诸腕底。更上陟浅滩，或云类广西之滩河，舟人撑篙以行，水清见底。深夕始抵东关，市廛甚盛，茶楼有评话之人，高据按拍，村落之中，融融然，俨在无怀葛天间也。夜宿舟次，繁星在天，隔船歌吹，宵深未眠，推蓬求贾，良复可悯。翌日放舟归来，顺风亦行半日，则登桐君山。山祀张巡、许远，作青面獠牙之态，且张口待人，谓掷钱口中，抚摩像体，则百病可却。乡人资为神话，庙祝利以敛财，不知近兹是否仍此情况。桐庐旅舍，濒江建楼，一宿于兹，亦留萍迹。夜深无俚，信步村衢，过袁忠节公之古庐，为之裴徊凭吊者不已。又饭于村肆，小楼一角，悬灯如豆，狺狺吠犬，直据案下，争投骨，此情可掬，未健忘也。

余至金陵，于兹亦近十稔，时则汽车仅三二辆，余客于下关，日赁疲马破车，彳亍入城，费时甚久。夫子庙一带，为最繁胜所在，桃叶渡前，有菜肆曰“六柳居”，治肴核甚精美，辄饮而甘之，近更往寻，已不可得其迹兆矣。又游汤山，陶庐甫告落成，整洁舒适，余即移居经日。又纵马登紫金山，谒明孝陵，其时荒芜一片，朝阳门外，古木寒鸦，初不知流水马龙，后来之盛，一至于此。又遍涉三台洞，以第三洞为最幽致，盘诘而上，直登峰巅，啸傲之乐，如在世外。经行所过，并登燕子矶，历崇冈，观铁练锁孤舟之陈迹，悬崖千仞，铁索宛然，出诸石罅，虽知出于附会，然亦至奇。城南至雨花台品泉，坐席屋间，翛然自得，又躬至雨花台，检石子，微有所得，惊喜欲狂，而台城之胜，后湖之游，虽清寒砭骨，亦自以为乐。河洲麟州之雅故，亦不意至今日，而改以欧美斐洲之称谓。（后湖中五大洲，近顷以来，均易新名。）容与一舸，泛于中流，城堞如雉，弥为丽瞩。清凉山扫叶楼，虽杳无游客，意象极征清佳，其最高处曰"翠微"，石亭已废，残趾仅存，至于今日，不知此画础飞翚，犹在荒烟蔓草中否。或谓袁子才随园即在清凉山下，曾下车遍访，冀得其详，而一无可以物色者。乾隆至今，不过百余载，文物之盛，便付残灰，则后之视今，亦不几如今之视昔，可为凛然，发人清省者，容在兹乎？容在兹乎？

无锡为江南巨邑，舟车泊辏，总汇之区，踵事增华，有由来已。余初至客于新世界饭店，时衡宇望门之无锡饭店，正在经营，犹未竣事。城内公园，莳花植树，叠岭浚池，曾一凭览，今则大树垂阴，池渠斗艳，为游侣所争道矣。往游梅园，汽车既未之有，则乘人力车，奔竞凌突，越二小时始抵园门。栋宇宏丽，而梅树尚未壮茁，且游时几已四月，成阴绿叶，非复疏影暗香之际，为之怅惋。太湖饭店，堂构未具，亭午一饭，匆匆言归。遥挹鼋头渚，亦莫能一探其胜，迨三四年前，重履是邦，始涉湖尽觇景色之幽旷，涛澜之汹涌，至客年更到，则道平如砥，汽车追风驭电，瞬息已至，游湖并以汽船，半日可了，人事进化，于是觇之。独惠山蒋园浜，转归岑寂，回思前绪，杨柳楼阴，电炬四耀，画舫一舸，榜之石步。惠山多祠宇，其最高处曰"隔红尘"，贩夫导人游观，薄索酬资，恣谈故实，辄云老僧戒定，一登此楼，键而勿下，遂升彼土。其说不可信，而言之娓娓，亦动人思古之情。十年以来，至锡者四五次，但见兴筑日繁，商贾日集，所未尝移易者，山容水色，与此剌剌不休之贩夫而已。尝读华盛顿·欧文《游西班牙故宫记》，居于天方城中，亦遇伧夫，为陈雅故，欧文鄙其言之陋，而重其人之淳。余于惠山售茶果者，亦正同具斯感乎？

余至金焦山，赴镇江凡三日，其时犹非省会，视今为不同也。租界虽幅员方寸，而井井然整洁异常，前街后街，辄树栅为界，晨夕启闭。余以汽船先赴焦山，至定慧寺，观名人卷札，题名者殊无复此之沓杂。又造碧山庵松风阁，老僧引入，观端忠愍梁文忠摄影，神采奕奕，而世事已经沧桑。又攀援至山顶，历庵舍无数，或治茗款客，或出果饵。又有示以德宗所御之龙袍者，其说至可疑，或僧人留此一袭，用为炫耀者乎？回舟至甘露寺，零落至不可名状，铁塔已毁其半，长廊径曲，蛛网中人，壁间大书深刻“第一江山”四字，则犹朗若列眉。其中祀水师诸将，盖彭刚直所统驭阵亡，祀以荐福者，亦迄无人至，香烟并断。院落之后，小亭一角，凭江轼槛，雄览逾恒，其前复有小园，结构佳而荒芜甚，下山一小径，通至水次，人行阡陌间，稻香扑鼻，具见沃壤。迨易舟而车，以至金山，璇题已旧，屋宇犹宏，铃塔风幡，一一生人静思，东坡玉带，犹镇山门，宝竹坡侍郎，亦留存一具，同付摩挲。余午睡于禅堂之次，鸟语花香，一不之顾，无念无著，恍然自憬，此中消息，未易言参，粟碌浮生，得闲片晷，亦至不易易。距今数载，迄未重游，静中结想，每自萦绕，亦足见向往之深矣。

绍兴具鉴湖之胜，陆放翁欲以莲花博士得领是乡，足见风物之怡人者深矣。余亦往游，时逾数稔，先由杭州江干义渡，赴绍即乘汽车至城外。(时汽车甫通行人多利赖之)易人力车，投宿客寓。先造禹坟，循堤以肩舆往，凡二小时始达，庙甚宏伟，渐就敧废，庙貌亦巨，执圭南门，犹有涂山玉帛之风，乍闻友人来言，斯像已仆，亦无重建者，则余抗心希古，犹以一拜为快事也。旁有一亭，中置巨石，左立碑文，镌“石钮”二字，村人谓禹维舟所用，迥不侔矣。出庙右向行二百步，至大禹陵，山气郁葱，佳城千古，然未审禹穴，究何所在，瞻言式望而已。翌日游兰亭，水陆可以兼程，至则平原弥望，旁具小山丛行，亭重构未久，金碧焕然，鹅池有小亭覆之，曲水流觞，遗迹宛在，是否傅会，不可考矣。又翌日而游柯亭，中郎制笛，征材一椽，即其地也。未远有七星岩，甚幽胜，惜未深入，或谓炎暑奇凉，于中可以逭暑。绍兴本水乡，而鉴湖之胜，独未易遽详，千百年来，或已渐渐湮废乎！东湖石壁，雅蒨可爱，陶氏引流面山，为园林，殊娱清福，惜亦就废败，令人怅惘。闻之主人楹舍，尚多藏书，心云大令，本性淳雅，兼工书法，园林亭阁，题字几遍，不暇尽观。余往返三日，多遵陆而行，弥患颠苦，归来以语朋辈，谓应赁一舫，放之中流，无远不届，花为四壁，荡漾其间，视阡陌奔驰，劳逸异数。余笑而存其说，著之于篇，将以俟后之人焉。

莫干山为避炎胜地，余辄往游，初以火车至拱宸桥，再易小舟，至三桥埠，以肩舆登山，陟历经日，本为消夏，旅次劳顿特甚矣。今则汽车路，自杭州湖滨可以直达山趺，汽车经行，不过一小时许，为乐不翅，上下亦复便利。余每行辄客于铁路饭店，而山间多游侣故旧，尤以为乐。尝忆一日，支筇入寺，客有自异乡来者，谓乡人素蓄豕，而此间独不之见，是佛教遗泽广远，被于江表者甚深。乃者入寺治餐，蔬菜中辄供韭蒜，韭蒜属五荤，净业视为大戒，客或扣僧人，何以致之香积厨中，僧瞿然应声曰："吾固习荤，不嗜蔬素，再造院落，则圈中群豕，正择肥而可噬。"于是群客大笑，异乡之客，独隅坐赧然，知论世之不易，而知人之为益难也。全山余独爱芦花荡一隅，深泉汩汩，细草如芊。次则剑池，即在饭店之后，亦深靓可喜，特气宇患不雄丽耳。公园据山巅高处，百无所有，客或不喜之，以为孤负登临，余独以高踞遐观，众山皆小，云气升降，纷絮变易，耀日呈彩，虽无当于泰山日出之观，然大江以南，得此亦少足餍海日之欲，不以为无以点缀，而不往也。至全山皆竹，苍翠宜人，万个琅玕，平安字字，北窗披襟，潇森之致，亦足乐已。

常熟为三吴胜地，人耽雅言，家富藏书，自海虞毛氏以来，惠流泽沛，数百年而勿替。余以姑苏之行，迂道勾留，设宿石梅，风物秀媚，初登北郭，迤逦山原，一至桃源涧，心胸已为豁达，更历维摩、三峰诸寺，雄襟江表，极静宜人，花竹禅房，真翛然有出尘之致，即大石小石两洞，亦寂然有古趣。至于拂水岩，望花园滨，真王石谷粉本，晴致在目，剑门初不患险，而居人已患其峻，下有羊肠曲径，遥望壁立，土人谓之霸王鞭。循兹以下，可访红豆小花故迹，而遗迹迥不可得，惟东涧老人，墓道依然。距兹以西二百步而强，河东君之墓亦在焉，当时人文之盛，酬唱之乐，不三百年，徒余故冢，低回往事，可为奭然。循花园浜而西，至白鸽峰，则翁氏瓶庐，濒于山麓，其啬夫周氏，犹存前明之告身，亦为庶为清门者耶？瓶庐占地不多，布置错落，文恭晚年，于以栖息，放废之后，辄寓其间，墓亦相去不远。流连半日，买舟归城，登言子墓，又过言子射圃，盖乡先贤之最早者矣。石梅篱落雅靓，旅次亦整洁，可作句勾。海虞治膳尤精，游侣咸以为乐，城中世家，多治园圃，皴石叠泉，疏秀类金阊诸园林，洵足观已。

宜兴之胜，游者类能道之，盖东坡阳羡买田，著为美谈，后来者亦莫不欲一穷其邱壑之乐。水有东氿、西氿，涵闳澄碧，曰“罨画溪”，泛棹其间，不亚于六桥三竺。山则龙池，自有明以来，为南宗圣地，代有高僧，幻有法师，尤为缁素所宗仰，山色翠流欲滴，夹道修篁成阴，自足以发人深省。至奇迹有善权、张公二洞，善权谓黄帝时人，与容成同得妙化，盖隐于此者，张公则张果老。其说似复不经，然二洞奇绝，善权洞口，即有一像，突出四壁，石乳多作树形，逾深逾晦，渐绕渐高，拾级以登，原道而出，流泉隐隐，似出石罅。张公洞则在朝阳寺后，初入即晦黑，非火不能投足，伛偻蛇伏，循道以行，怪石擎空，蝙蝠大如车轮，遇火相拍相击，迨二三百步，一转而大呈奇景，日光朗列，钟乳尤奇美不可言，谓之“缨络门”云。其旁复有石户，循之以下，至于无底，泉水终年不涸，亦莫测其深浅。中有石柱，似擎此洞山，不令颠仆者，天景生成，此其异观已。别有一洞，盘旋亦不获见其底，举头望石隙，但微光如星，类于一线天者。迨出璎珞门，则已在山顶，无劳攀援。《徐霞客游记》记张公洞，仅得其半，盖自山顶下行，而未穷其后洞，晦黑间奇石崚屹之胜。两洞本不利行人，邑人储君南强倾家财以葺之，耗十余万，始得治阶梯，辟榛莽，以利行客，游者拜嘉不已。客有自欧陆归来者，谓比利时有一洞，视此为略广袤，奇景尚不之及，然比政府经营以供游侣，内设铁道，布置井然，以此相视，洵多愧色。宜邑亦水乡，城外河道四达，两洞距城，各数十里，非专赁舟，莫由得达，舟行亦非一日所兼通，故游者较少，然以匹之杭州紫云烟霞，则相去不可以道里计。好游之士,曷兴乎来,苟至宜邑,一召舟子,当穷其胜,亦足窥见造物之工巧于万一也。

余赴九江,时在民国十五年冬季,时江西已入国民军掌握,旗帜飞扬,市衢骈集,街头日有党部公开之演说,摩而观者来集如云。九江有旅肆,夏屋三楼,颇适外观,而一经涉足,咸鄙其陋,余赁居一日,遂迁而他去。其地初无游观之适,自码头江岸以至租界,亦不过里许,租界甚窄,惟较镇江略广袤耳。其时汉口租界甫滋事端,九江租界之外人,亦多散去,码头之上,屯有商舰,以事征发,升火待用。九江商业多赖长江之上下游,比船业一停,遂无所有,继以工会新立,日出条件,肆门多并掩矣。南浔路车站建筑宏壮,而营业则弥多亏耗。一日余应宴会至车站中,则军人云集,杂以政治家就座演说,言者衎衎,闻者靡不鼓掌,大多勉励相需之词。坐余侧者赫然金发,身长而干不广,盖俄将加仑将军,回首五年,人事万变,是日座中之客除仅存硕果者外,或为国殇,或适瀛海,盛衰殊不可以等量而齐睹。至轮舶之过九江而不滞留者,则船濒江岸,喧嚣万状,陈列磁器者,拥积于江滨,其售零星小器及行乐诸色,若则怀之船次,出而示人,上下相呼,以议微值,议值既定,其人即缘阑一跃,已登船矣,不协则去而之他,非船开不止也。

九江至莲花洞有汽车,即循以登牯岭之孔道。余逗九江无所事,则于严冬入山,先乘洋车至城外汽车站,赁车驷而之莲花洞,为程不过一小时,所过阡亩田畴,峰峦环伏,弥旷人意,要亦如杭绍间汽车道所经程者。车值八元,则以其时,军事旁午,故视常为昂。车抵山趺,即易肩舆,凡三人,值五元,行几四小时,始达牯岭。岭甚高峻,断梯斜磴,下临无地,涧谷冰合,尤丽瞩也。山道不广,转处弥险,舆人则泰然无所事。抵岭次,知西人所营诸客肆,或已歇业,或为官中所假居,则宿于胡金芳旅馆,国人所自营者,虽不宏壮,足避风雨。其时交通梗阻,山上百物都罕,御寒无煤,代以乍斫之湿薪,烟气遂密濛于斗室，余即就烟气中酣然而睡。翌日分途游览，先至租界地，九十四号、九十二号一途整洁，绿荫疏离，回顾晴雪中山环抱合，房宇点缀，碧瓦朱楼，大快人意。更一日游御碑亭、小天池等，碑亭之下，转折百余级而至山崖，为仙人洞，守之以老道士，与语初不知有世变，则诚哉其为福地矣。更一日，拟游建康，正面白鹿洞一途，而旅人谓匪多万无可行，与商肩舆，亦无应者，兴尽而止。余行自有天祐，履险如夷，舆人不之省，亦无可奈何者矣。凡留三日而下山，下山甚速，舆行一小时许，中道少停，于山村乞得热茗，與老农耦语，弥见其纯朴已。

南昌本繁庶，虽非通都，亦殊名胜，且省会绾毂之区也，南浔车日上下一行，其时车务整理，尚未就绪。余于十时在九江登车，亭午始发轫，于车中治午餐，肴核俭陋，而所费不多，薄暮始抵牛行镇，即为赣江之滨。车停镇次，车站俱盖以席蓬，难蔽风雨，视今兹之改良者，诚不可同日而语。既下车，即就江干乘小船至南昌，衣带盈盈望之可即，而中有涨沙，绕流至一小时许，红墙废阁，已矗眼帘，则滕王阁之故址，方被兵焚毁者也。回忆垂髫读子安一序，落霞孤鹜，秋水长天，不禁神往。迨抵南昌，以洋车入城，客于友人所，料量粗毕，始议游览。翌日涉百花洲，殊不足观，盛名难副，有如是者。又观刘妃遗迹，亦无所得。南昌为水乡，城中有大堤，两旁均濒河，风物凄异，迨市集荟萃之区，磁业弥复发达，望衡对宇，均自景德镇辇载而来者，精粗美恶，不胜收已。大旅馆凡三层楼，外貌宏伟，一入其中，黯秽无状，时作客者多，而弦索之声，扬溢终夕，尤令人不可耐。至市衢则电灯之光，若明若昧，遍地以水车来往，时获沾溉，类多淤泥，闻之近者，已形进步，则馨祷以祝之矣。食物以豆豉为最负盛名，其干者凡南货肆均可购得，余亦甘之至笃，或有谓家治者视此尤胜，江乡风味，隽美绝伦，足资贻芬已。

武汉据长江中流，与汉阳成犄角之势，自古为战争之地，余之游汉，亦甫在兵事乍了之秋，同于凭吊也。武昌黄鹤楼，依然在目，设茶肆以延宾，至旧楼之制早废，易为警钟台矣。循楼脚山趺，迤逦江岸，以至于官道，始有逆旅，建置奇陋，实则居汉者多，旦夕可以往返，每不劳投宿也。武昌有洪山沙湖之胜，洪山即在城外，尚有一塔，古刹幽栖，可资习静；沙湖则按志不亚于西湖，就中犹多幽邃之胜，惜非襆被不克穷探，余但有遥挹水风之静致而已。江北即汉口，其地为商埠，往来者夥，无俟赘陈。洋街大略同于天津，而亚于上海，江岸夏屋，亦复渠渠，租界分英、日、法、德、俄诸国，日界为最远，德、俄则已由我收回为特别区矣。旅舍最上者曰"德明饭店"，日值十二元，视上海之汇中为颓暗，盖亦久未修葺者。至市区繁盛，多集于租界，国人所自营之旅肆曰"世界饭店"，曰"东方饭店"，其较著者。至租界以外之建筑，则以南洋兄弟烟公司为最伟，而屯军之地，曰"西园"，在汉镇以西，屋宇亦敞，惟为旧制而已。汉镇剧场饮馔电影游戏，率同于津沪，营业亦盛，德、俄二界，住宅为多，率属西制，至西人所设茶肆之在法界者，亦有能规模天津之奇士林、上海之沙利文于万一者，他若惠罗公司等，汉口亦有支店，然视上海为略逊已。

青岛为津沪间第一逭暑之区，由沪由津，一晚可达，其地风物之宜人，旅居之便适，几于涉足者，无不心赏而神会，游屐所经，本不必缒幽探险，即在山光海气之中，一度混茫之岁月，即足为却病之资，延寿之券也。市内面积不大，而道路修整，交通便利，其可以游览之处，最胜者莫如海滨，面对灯塔，码头如长桥(今已废置不用)，碧海白云，爽人神志，浪花溅沫，触礁四飞，其景之幽丽，不可胜言。次则为公园，历经德、日两国人士积年布置，花径芳蹊，飞泉浅草，在在具有布置。繁春三月，则樱花盛开，更足媲美上野日比谷诸公园矣。其次柳树台在劳山之背，劳山面海，自正面往游，可以径达三清宫，而必以小舟，别自青岛启行，游者或惮于行役，至柳树台则青岛市之汽车，不一小时即至山趺。山上亦有小道，德人经营之际，小车可以盘曲登山，近则多傍于山下，持筇拾级，别饶兴会，并有茶点室及西人小逆旅，足供习静者之盘桓。再其次曰炮台，即在市尾近海之处，德人设台以御敌者，盖古战场也。规模之大，犹有存者，炮位之下，设中空为营房及储藏之室，炮位则荫蔽林樾间。方欧战之际，日人于正面以海军累战不北，卒自龙口登陆，以包围之，亦叹其致力之深为不可及，今则败垣蔓草，缭绕纵横而已，客青者盖无不来游也。

天津为北洋管钥，轮舶所必经，自近年海河淤塞以后，巨舶或停于塘沽，行人始叹其不便，则实自塘沽而紫竹林，海河之转折，凡七十有二，经五小时始差可达焉。天津租界视上海具体而微，以英界为最整洁，以法界为最繁盛，紫竹林即沿德、英、法、日诸租界者也，除市廛饮馔征逐之外，初少游览。八里台在城西，濒河尚空旷宜人，然亦无可留恋，今兹南开大学，即其所在。河北华界有公园，内设藏书楼、美术馆等，游者亦以夏季为较多，园林虽具，叠石为山，亦渐渐芜废矣。英法界亦多有公园，英界在市政厅前，视法界者为小，然闹市也。至游艺则以电影为最发达，次则游艺场所、京剧场，其最新之建筑曰“春和戏院”，其百货公司曰“中原”，似沪港之“先施”“永安”。旅肆以西人所设之利顺德为最佳，次则法界之国民饭店，其庖人师俄国餐制，弥复适口，而奇士林之茶点，尤有名一时，每夕阳西下，则肆中几于无座不满矣。天津之浴室，亦甚宏丽，清华池其最著者。至住宅区域，则多在德、俄二界，今之所谓特别一二区者是已，其地于清末为北洋重镇，民国以来，但为商业码头，惟间恃北京之政潮以为进退之地，故寓公多厕其间，国都南迁，遂尔冷落，迨今兹又以河北省会移置天津，则庶几复可重卜繁荣乎？

济南为津浦线之中程，亦胶济线之终点，南北东西，孔道所系，而商业初亦不甚发达。至游览所经，则大明湖、鹊华山其尤至者。明湖在城之北隅，荒芜特甚，芦苇离披，但有小道，可容一舟而已，祠宇林立，以会南丰祠及铁公祠为位置特佳。铁公祠楹帖云：“四面荷花三面柳，一城山色半城湖。”盖纪实也。其北又有斗母阁，嶝级数百步，雄壮伟丽，特游者少登临耳。循湖而南，有历下亭，何子贞楹帖云：“历下此亭古，济南名士多。”湖隅草堂掩映，篱落萧疏，或云为王渔洋秋柳园遗趾，则匆匆无自考据矣。东南郊即鹊华山，可以肩舆登山陟台，遍赏其胜，或竟日不能毕也。城内惟暴突泉，而四周改建市场庙集，喧阗万状，或如上海之城隍庙，然泉水尚清冽，终日翻澜。济南城内本多泉，见之载籍者，凡七十有二，词人吟客，来至是间，多访李清照所居之金线泉，而迄莫能得。清照本济南人，父格非，郡志所言甚详，而沧桑历八百载，无可迹兆矣。旅肆以德人所设之石泰岩为最佳，治餐尤脍炙人口，外此则日人之金水馆，国人自立之津浦宾馆，均可投足。济南领馆不少，各具园林之美，而美国人所立之大学尤雄伟，讲座亦多，学子多翕然称之。至车站则津浦胶济，并不衔接，即相去亦尚不遥远，日有通车，按时换班，至便给也。

大连为北方第一良港，其码头之建筑，已自为东亚第一，足征日人之志谋矣。余襆被往游，时在初夏，见其市衢秩序之整洁，经营商业之孟晋，为之惊服，然亦未尝不慨乎领土权之移转也。其可资游览者，一曰“老虎滩”，一曰“星个浦”，一曰“龙王堂”。就中老虎滩及星个浦均濒海，汽车可以直达，星浦更有大和旅馆，真为避嚣之仙境，下临岩滩，海气迷濛，中人欲醉，其旁有水族馆，陈列虽不多，亦见海国之奇琛也。龙王堂为自来水源给之地，就山崖中筑巨池蓄水，上立岸桥，中有石塔，景亦奇丽，则非以人之介绍，不得往游。其地道路修整，穿越山洞时，亦平坦无异修途，可直达金州旅顺，游历者赁得一车，晨夕往返，殊复便利。旅顺则日俄战役时之遗迹，犹多存者，日人岁岁修葺，以夸示战绩，其巨炮及营仓，均历历在眼。金州本不在租让年契约之内，然关东厅之势力，已蔓延及之，岁入不多，政简刑措，但以地方人士设自治会，以理轻微民诉，其自治会所不得解决者，则移转之于关东厅。居民甚众，多操农业，淳朴可亲，至大连市内商业繁盛之区，则几于全为日本化。其旅馆之最大者曰“大和馆”，与南满铁道站，相去不远。铁道站雄伟胜常，管理尤极严密，火车亦不误晷刻，斯均足为他山之借助者也。每岁夏日，避暑者多云集星个浦，近以金价奇昂，游客较少，而南满路以大豆营运，不如往年，近亦力谋减缩之道矣。

奉天为关外省会，前清固以发祥所在，崇之曰盛京，而民国以来，商业政治，日趋发展，奉天遂益为绾毂之中区矣。市政日有改良，城中亦有公园，差足留连，至小河一带，则村舍历历，颇有南土之风，往游者多一至焉。东陵北陵，郁葱高旷，北陵有张汉卿长官所营之别业，松柏参天，尤多苍趣，火车十余分钟即可达到，汽车亦得径赴焉。东陵较远，虽有绾道，游人不多，而山势穹窿，视北陵为胜。两陵建置，约略相等，庙貌尚修整，隧道宝鼎，一如曩状，北陵则已辟为公园，游人士女，每暇日多云集矣。城内有故宫，即天命天聪时所建，规范狭隘，而器制与大内相仿佛，今亦辟为古物陈列所，分室庋置战具弓矢及旧日文献之属，其康熙时之铜板舆图及锁子甲，尤为珍品，至清初肉食之天禄行厨，亦均庋置，令人即之，兴清庙茅屋之感。其旁有屋十楹，以庋《四库全书》，近则兴办教育事业之机关，并移隶焉。其东有圆亭十，环堵而列，亦奇构也。至商业市集，则在日租界及商埠地，日租界藉南满路之力以为经营，商埠则我所自设，以为抗衡者，近兹以各业俱盛，地价遂尔飞涨。城中有鼓楼，其制甚古，特车道出入，微嫌梗阻，近之治市政者，已拟卸去，俾便九逵，至东郊之兵工厂，占地数百亩，规模为全国第一，与飞机场相对，亦经国之壮观已。

哈尔滨为北满商业枢钮所在，与南满之大连，正复遥遥相对也。中东铁路自满洲里直达滨江，南至长春，则改为南满车矣。其地租界曰道里，租界以外为道外，道里多俄人，即起居饮馔，尽规俄式，惟俄自国变以后，生产凋零，不足自了，哈埠租界遂为国人收回，建置特区矣。哈埠滨黑龙江，商务绝繁，道里电车汽车络绎，如在津沪，而欧洲进口货，自中东路来者，尤辄先至是那。崇楼杰屋，鳞次栉比，俄人嗜饮嗜跳舞，故市中亦多跳舞室，或设置于地穴，自马路口通一梯而下，则他埠所罕见也。生活程度奇昂，一飧之资，或至二十金，则俄人积奢之遗习使然。至游览则极乐寺与新建之孔庙，规模均大，而松花江中扁舟容与，亦弥倩婉有致。江岸舶舟殆遍，盖上下游之中心，而航政局所经营之运舶凡数十艘焉。江中有太阳岛，为西人避暑之区，地虽不大，布置井然，远望铁桥，偃若长虹。又有海军船厂及水师学校，颇宏造就。盖北满近几年来，国人力加致意，利权所挽匪细，建设因之日增。其旅肆之最宏畅者，莫若马迪尔及中东铁路饭店，电影亦甚发达，公园则不甚大，然市政办理，率能无坠前规，居者行者，类能乐道，亦佳事也。

北平为中国都会者已数百年，近虽南迁，而北平之为文化中心及足资游览者，自仍有其价值，可断言也。来游此地者，人多能道其胜：若市衢之规画，犁然井然，即其特异之点一；满城苍翠，凭高一览，多在绿阴之中，其特异之点二；三海蜿蜒，位于城中，叠石飞翚之胜，无与颉颃，其特异之点三；清宫承明之后，天府储积，多有关系于历史文物者，至今购票，可以随意浏览，潜心考察，此其特异之点四；近郊多风景，若香山、汤山、西山之胜，汽车刹那还往，足以怡人，此其特异之点五；颐和园费至数千万，继圆明园之后，虽近罕修葺，而规模仍具，此其特异之点六；宫阙嵯峨，古木蔽野，若天坛、地坛及城内之中央公园，均非旦夕之力所可致，游者所费至微，济胜独绝，此其特异之点七。花事缤纷，一际春晚，丁香、芍药、牡丹、海棠，非他处所得有，此其特异之点八；况饮食旅居，交通车马，便利异常，近兹生活程度，又以低降，具此八点，宜为游屐所必经。吾故谓今之言北平繁荣计画者，但能于文化游览二点，力为致意，则北平终有其生存之机，繁荣之会，初不必以政治为特移。何况西北之榛莱日辟，皮毛药料之输运日繁，则商货所经，南由津浦，东出海口，西至平汉，无不以斯为绾毂者乎？余数游其地，影事交萦，不及觑缕，放敢以其大者，列举相示，冀为先路之导，游者当不河汉其言耶。

凡上所言，论者或以为国内游记之索引，实则在作者之笔端，正为平生江湖滋味，欲举以示诸世人者耳。今兹江湖之味，既已遍陈，则下此当发扬谙字之义，知余不特匆匆旅历，盖兼深于旅中情况，且每于游览之余，好作振奇之想，睥睨其地，而抉发其思绪者。曩读西人说部，最赏欧文·华盛顿氏之《大食故宫余载》，则以于记事之外，兼纬以弦外之音，举凡风俗习尚，人文古趣，不限以一隅，不名以一格，而纤琐拉杂，都是引茶余灯畔隽永之思。余不自满，引此西方之文家相标榜，但今日涉笔为文，自信其思潮，亦正有与欧文华氏从同之点，安得起诸九原而一相印证乎哉？愿与知音析微者，一研探之。

古谚有之：南人乘船，北人乘马。余南人也，乘船为多，试先述乘船之事。海舶高张，以余所最心赏者，海岸线莫如大连上海间之奉天丸、大连丸（近又有新船视奉天丸更宏伟，余未及乘也。）。行泊上海，昧旦而起，八时即匆匆料量赴码头，余健游而东西南北之人也，则亦无待于赠行祖帐及家人之慰别，清晨一肩行李，已至舟中，部署粗定，则出而观人家依恋之态，用资破颜，凡豪家之辇运车，承别者之哽咽欲绝，在他人以为极琐屑别离之苦者，余一不之问。迨汽笛一动，则劳者亦停趾，别者亦归舍，无复事事矣。海行或不遇风，顺流直达，或惊涛骇浪，汹涌不已，余一无所恤，而人家谈者，往往色变。即不遇风，而餐次必有人问辟风之法，或曰少饮，或曰食辛盐之物，或曰偃卧，或曰来往于甲板之间，余一隅匿笑，尽勿之理。其或华灯甫上，肴胾纷陈，船忽小有倾簸，则畏浪者踉跄而去，终至座中愈行愈多。司膳之役，目逆以笑，余则独据恣啖，一二西洋人隔座绝远，至是亦来相问讯，亦奇趣也。至于长江之船，则夷如勿动人家，方赏其平稳，而余则力惧其搁浅，盖江道之不治已久，冬日水浅，沙道岁更，少一不慎，便尔停阻，此较海上飓风为无可奈何者。若安流直达，则登舟先读行箧之小说，或观人家之手谈为乐，至于书卷已完，无可遣兴，则有终日凭阑而已。入夜则沐浴亦遣时之妙法，盖劳人草草，甚或一浴之时，亦勿易得，偶于船上放情适意，亦自以为浮生半日之闲也。间乘民船，篙夫打桨，欸乃之声，亦复引人入梦，而风帆致顺，千里江陵，航人张帆相俟，绝不用力，则口旱烟，敷座舵次，与人家闲道短长，亦足荡涤胸襟之尘虑，其或逆风而行，兼须纤夫蹀躞岸次，一方虽叹时日之侵寻，一方亦弥觉劳力之可悯，凡此旅行之际，无所容心，每一属思，都因时而动者耳。

舍舟而言车，则余所经由之火车亦频繁矣。就中以津浦战事前之蓝钢车为最畅适，卧具茵衽既复温暖，饮食起居，尤可人意，登车栗碌，万头攒动，绿旗一动，绝风而驰。行客多就室中偃睡，或指点窗外所见之地，以相告语，将到一站，又必闻同车屏当欲下之声，送往迎来，亦复多事，举世果何为者也。津浦北段车站，多异其款式，续续而过，必有旅客资为话柄者。迨一抵津沽，下车者几于泰半，下至胶济南满，均经日人所管理，故一切尚含日本气，即南浔路之窳陋，亦矮榻小几焉。南满车虽华贵，尤不逮中东路，然胶济头等车之拍尔门卧车，正似南满之二等也。拍尔门以帘帏相间，集数十人于斗室，一逾九时，人人入睡，鞋靸纷陈，偶一引观，但见绛帐成行，电炬熠爚，鼾息之声，此于彼答，小梯庋置床次，凌乱无绪。迨晨动一钟，彼此起治盥沐，后至者屏息而俟，车侍来持去床位，纷扰亦可半小时。静中观人家动乱纷如，亦足破寂。至长途汽车则新辟之路，坦途无阻，余每以行李一二事位置座隅，凭观野色，若年久失修之路，则崎岖日甚，迨经时车抵客次，急欲传餐，夫以崎岖不良于行之车路，乃足增胃力之消化，则知天下真无绝对利弊之可言者乎！若在乡间，坐二把手车，或竟半日栗碌，阡亩间风致曲香，两足久垂而作痹。此情此景，虽视蓝钢车为天渊，然事后思量，亦正多逸趣者耳。

以言饮食，则惮于行役者，固但甘其家乡之风味，而好事盘游者，则转以能致珍味为可贵，惟非一班人士所能同嗜耳。以余经程之远，朵颐之福，自亦有可记者，以告读者，未审有同癖否耶？至莼鲈之思，则余平生所未有，随地可以宜家，一椽可以辟风雨，四海无外，正不必为首邱之谋也。哈尔滨可得松花江之白鱼，甘美不让黄河鲤，曩不过于冰箱中偶一尝得，啖鲜者弥形可贵。至南中则汉口之鮰鱼为最肥，桂鱼、鲫鱼为最美，严滩之桃花鳜鱼，庶与媲美，松江之鲈，镇江之鲥，亦各有其专嗜。凡治生鱼于钓船旅次，姜桂不备中，匆促以烹，不感腥味，斯得鱼之妙。凡城市生活之徒，辇运数百里，仅乃得之，非浓馥不足以解腥秽者，未易方其万一也。外此若枫泾之丁蹄，青岛之牛肉，北平之羊肉，均为肉类之美品。蔬菜则山东章邱之大葱，天津山东之白菜，直隶沧州之风菜，湖北之菜台，南京之茭儿菜，常州之芹菜塔菜，均其至也。此外若江西之豆豉，湘中之辣豆瓣等，均为珍羞。盖一城一市，无不以天时地利之宜，有其特产之美品，特劳人草草，甘之者不多，而久居其地者，又相习以相厌，转嗜舶来罐头之品，以炫其珍异，则真可谓不足与于知味之伦者矣。凡好游者，辄至一处，务先访其土宜，研其饮食，不为其本地饮馔之肆以罐头品相炫售，则庶得其风味矣。

旅行易而旅宿难，盖好游固其宿愿，而蜗居又所不耐，生平居城市已久，习濡甚深，非得整洁之衾衽，几不能就枕以安寐，想世不乏同调之人，自当举所适者，掇其崖略，用示识途也。北平、天津、大连、滨江、奉天、青岛、上海、汉口通商巨埠，久极骈蕃，故北平之北京饭店、中央饭店，天津之利顺德饭店、国民饭店，大连之大和馆、辽东旅馆，滨江之马迭尔及中东铁道旅馆，奉天之大和馆、凯宁饭店，青岛之大饭店、新民饭店，上海之华懋饭店、东亚旅馆，汉口之德明饭店、世界旅社等，均在可住之列。避嚣者住西人所设，不乐检束，则住国人自设者，此均从其便耳。至苏州、无锡、泰安、济南之有铁路饭店，杭州之新新、西泠，济南之石泰岩，均用西法，整洁而设备精良；至南京、镇江，虽为都会，有逊色矣；若九江、南昌之大旅馆，外表宏伟，而内部昏晦，大足闷人，转不如常熟石梅山麓之新旅馆；庐山牯岭之胡金芳，虽仅供游览，尚为雅适。此外常州之常州旅馆，仅胜于绍兴之绍兴旅馆一筹，起居多感其不便，而有时寄居僧舍，夜静更深，闻怪鸟之飞鸣，与钟砧相酬答，灯影如豆，残香拂芸，其清绝之情，正足发思古之趣，则供应虽有所欠缺，而神情以静克动，一洗尘嚣，其得失正足相偿，则破晓不睡，支颐含毫，以喻天外之思，以穷山林之兴，亦为偷闲之一乐也。

凡蜡屐之流，闻一名胜，不远千里以求克赴，则兼程水陆，景行高山，纵情邱壑，夙愿固酬，眼界亦广，洵足为乐。此外或本不主游览，而有事于他乡，留滞之闲，偶得暇晷，则挟胜侣，访隐迹，不期然而曳杖郭门，或无意中更得一赏心之所在，则其乐趣，且视专志注游者，益觉倍蓰矣。如余之赴宁垣三数次，而不及至灵谷，偶约朋流，正牡丹盛开之际；赴济南三数，欲游未果，最后于兵戎相接之时，忽放舟大明湖，以一瞻南丰先生之遗祠。凡此意外所得，其乐有不翅者，至今尚掇以为谈柄，视登泰岱，入庐山，追穷凿险，又不可同日而语矣。更有名胜之区，多未经人道，不为游者所称，而亦足资凭览，如武昌之沙湖，其幽秀弥复可观，惟以设备不周，虽至大别小别山者，亦罕加辙迹。余偶得向导，一往循省，视西湖春禊，似尚可观，又塘栖之湾环，莫厘金庭两峰之嵘胜，游者或病其行役之不便，或视太湖为畏途，咸相裹足，实则苟得当以往，亦可履险如夷。夫天下多佳山水，郡邑城野，无地无之，苟流连一处，访诸土著，必足有可观，好游之士，正不必限以方隅，徒以西湖庐山为名胜。盖能发人之所未发，而穷人之所未经，以证图经之所及，以考古今之迁邅，所谓经国体野之心，寓之于水色山光之里，不其尤为学人之旁助耶！

南北风尚，各不相同，苟加体察，其濡染之所由，其侵循之所及，亦沾人文，学者所不可不知者也。大抵北人率直而彬彬有礼，田间耦耕之徒，有所讯问，答之惟恐不详，示人惟恐不周，此非南中所习也。又性简直，一言不合，继以用武，又不似南人之每相斥辱。得其道而思之，由小可以喻大，至礼防风化，失则求诸野，已著明训，览之信然。又各地有各地之特性，率以其山川气候交通之关系而不同，防微杜渐之由，将于此缘微以见著，为政者盖所不可忽略。又各地之方言，虽城市之隔，尽不相同，南中为盛。北方平原大陆，鲁之于豫，直之于晋，大致可通，所不同者，音及尾语而已；南中则不然，徽州之徽谈，温州之越语，以至闽粤各地，固非易了解。即以江苏南部论，南京、镇江、丹阳、常州、无锡、苏州、上海、松江，均复迥不相侔，其变易之地，不过数十里至百里内外，则以南中多水，交通少迁，故乡土之习，愈积愈深，而难与同化。以证诸扬子之《方言》，輶轩所经，至有可资研考者矣。外此即昏丧典礼，于大体之外，各乡亦各有不同之处，难以揭举，而神社致祭，尤足视南北之异，如北方之虮蜡，南方之猛将妖神淫祠，而曰有关于农事，其亦古代后稷之滥觞欤？至南中之朱明天君，最为盛行，明社既屋，则存心汉族者，以神道设教之微意也。

旅游之乐，无间晨夕，分别述之，亦足为卧游者之谈助。余委迹尘市，往往夜深不获就枕，亭午方蹇伸而起，日光眩采，向所罕觏，惟一戒旅途，即改积习，晨曦未上，晴云已来，太空蔚蓝，如淡银之幕，须曳红紫之气，夺诸眉宇，霎那之间，日轮高捧，离地未半，驻旭咫尺，忽然腾跃，登诸高旻，将谋摄影，迫未及待，此海上之大观也。若在林麓，则朝露甫润，青籁天竽，日轮忽悬，残星西向，真有我宋艺祖"才离海底天山黑，来到中天万国明"之雄概。且日未出而万鸟竞鸣，乳燕破巢，傍依高树，道旁花蕊香发，红英烂然，露润而照影欲干，气静而风神都趣，维时披裾即起，持一短节，拾级登临，滋为领略，则风递松花之香，一一入诸鼻窍。追彳亍里许，日光已高，忽感奇暖，浸淫微汗，此时体舒力泰，殊无以复加矣。若在遄程之际，火车将达站所，天犹未明，人声喧杂，睡者往往为之破梦，少一反侧，只闻货物上下，栗碌之极，遂因之不能成睡，推枕而起，或疲极则车一过站，朦胧又复以入睡，至亭午始治盥洗者亦多。其或内地经行，务主趱程，侵晓即起，束装征程，真有古人"鸡声茅店月，人迹板桥霜"之况。其事虽似较苦而其情则正足乐，盖恍已置身千载之上，以视汽轮汽车，迟速何啻千倍，然我国为历史最久之国家，则人民亦正应藉此而一追古欢者宜也。

晨兴之事，已如上述。今更舍晨而论夜，月明之夕，为乐最盛。余尝以中秋日浮海南归，同船者率为知好。其夕月色澄澈，天无片云，相集于船顶之上，以侍者取水果酒浆来，同人好歌者，引吭击节，相与和之，呜呜作乐，午夜勿息，此乐实胜于家居围啖月饼时矣。又风雨之夕，偶居逆旅，绝无来存问者，则闭户屈足被池中，而心思乃奔驰至万里以外，或温白日之陈经，或拟计明日之所去就，倦极便卧。蕙风先生《水调歌头》云："拥被不听雨，作算一宵晴。"此亦排遣旅愁之妙策。若聚朋辈以同居，放言高论，上下千古，人撮淡巴菇，烟云缭绕，斗室尽满。或相博弈，则与博者若干人，旁坐而观者若干人，其不爱观而集谈于室隅者又若干人。甚或穷冬山居，湿木为薪，避寒之具，未易幸致，则以斗酌取暖。或炎夏荡桨，用排长夜，或相与谈鬼，至今合座者莫不色变魂与，至不敢遽注就寝。亦有群居而舍之独行，徘徊于林壑间，仿佛师雄之将遇绿毛幺凤者，其意若醉而终于未必有所幸得，荒村多犬，狺吠不绝，鸥鸮之属，或且投止，林外间发异响。凡兹种种，为久于旅行者所必曾身亲之境，至轮舟之上，就浴以图安息，或置说部之属以自随，则尤为旅人故常之事，而有时亦未必即能致之，以消长夜者也。

各地有各地之方物，所谓土宜，游人取携有便有不便而不可不知，但得机会购少许以上奉甘旨，或留纪念，庶于一二十年后，得资其摩挲，以追维当年风雪戒途之情味，亦至足乐也。饮食器用之属，约略言之，则杭州之茶叶火腿，苏州之果饵，人所皆知；而嘉兴道上之南湖菱，枫泾之丁蹄，亦殊可口；至无锡之油面筋肉骨，偶一尝之，并至隽妙；镇江之殽肉豆付干丝，以至安庆之豆付干，亦为旅人所乐嗜；一至江汉，则鲫鱼苔菜，尽入行厨矣。足资纪念，如宜兴之陶器，九江途中之磁器，汉口之铜器(实不出于汉，而制造特精，近人或不以为珍贵，亦可玩也)；津浦道中徐州之风鸡甚美，而德州之鸡，沧州之冬菜尤佳，至青岛之牛肉，烟台所经由之水果大葱，嗜之者亦多；津沽无特产，而水果之属甚廉，北平则酱羊肉也，酱菜也，宫饼也，红果也，蜜枣果脯也，无一不精美可口；若铜墨盒文具及笺封之属，并为世人所重，以分贻远道之亲友，几于人人拱璧；若关外则昂至吉林之人参，贱至乌拉草，均足为食服之需；锦州石制品镌刻极美，特石质坚而不易奏刀，故以为印章，未必适用；他若通商巨邑，如哈尔滨、大连、上海诸地，则琛赆所来，率由海舶，骛于新奇者，得其一二，亦足珍玩；惟饮馔则取诸产地,自更佳耳。

言游览者,有数道焉:或道途之所程经,因勾留半日之闲,而一往涉足焉;或有于休沐暇日,为郊外之行,以一换清气者焉;有好古之士,披榛斩棘,不辞千里而访一古墓,拓一旧碑者焉;有歆于名胜,襆被载游,以一探赏岩壑之幽者焉。大抵因勾留而往游,及择暇以郊行者,不过本地之人,在数十里内朝发夕还;赢粮以相从,考古深思者,则行旅不求适,时日不求迫,每至一地,循往依回,必求多所发得,而旧有郡邑之志乘,又必携以自随,用为考证之需,甚或兼旬不得蒇事也。名胜之游,最善者莫如赁一艇子,泛宅浮家,晨游夕宿,则内地旅肆之供应可不烦渎,亦不必计其精粗美恶,特所费较繁,而一人戒行,又乏兴会,必有游侣三数,始足尽赏共乐;或好饮者,挟一瓶一尊,则涉语成趣,益足增破寂之能事。惟今兹内地之交通,犹未极便,山林之胜赏,行必经日,或其惬心当意者,固津津所乐道而徒负雅誉,行到索然者,亦每每呀然以失笑,瞑目思索,若欧美之逵道九驰,越国图远,旦夕可致,相去何可以道里计之,但冀国家此后日趋富强,内政日趋修明,萑苻无患,则好游之士可以按图经而索之,则所得益得,闻见自益博,期以十年,容复有豸柱杖以相俟矣!

(《旅行杂志》1931 年第 5 卷第 1、2、3 期)

富春泛棹志

严滩之行，弥畅心目。归途辄承知友垂评，督为老骥，摘写日记，供之同好，聊代晤言，藉导先路。

三月初五日，客湖上计游严滩。初以周子瘦鹃先余往返，略审经程，因缀为导言。又闻之高欣木君，属携姜酒酱醋南腿菌桂之属，为烹鱼之助。遂一一购备，并功德林所制银丝卷面饼，备代糍饭，盈筐实箧，殊复累人。

初六日，晨七时许赴南星桥（即江头）登火轮，轮舶之赴桐庐者有两家，一振兴公司，一钱江公司。船为恒新振兴江兴诸艘，自杭上溯，日可两班，一九时发，一下午二时发，以衔接沪行之火车。早发者，恒新舱位较逊，自杭赴桐官舱一元二角八分，房舱八角六分。是日以拖船有七艘，抵桐已六时许。常日无拖船，则四时许可达矣。船中但有蛋炒饭，每簋官舱二角半，房舱二角，聊足调饥。征棹甫发，六和塔已隐在岸侧，十龙九斩头诸胜，亦历历在目，即常日赴云栖所经也。杭涌金门已有汽车达富阳，惟净慈前后，至清波门一节，尚未竣事，稍有间阻。预计更数月者，康庄可期，山行为便。自富始易舟至桐，当节时不少，轮舶则晨发者恒新，为慢班。所过村邑，均小泊始行。日闻家堰富阳，其较著者，舟中江山之胜，渐渐奔赴，或平畴远岸，或遥帆近港。是日微雨，则乱峰争云于天末，尤称丽瞩，契赏会心。乍穷其胜，将及桐庐，已望见桐君山，葱郁间梵塔隐现，铃宇绀碧。舟人曳缆，徐徐断岸间。牧童牛背，略约可数。就暝抵桐，即寓轮埠惠宾旅馆，于桐为翘楚。电炬朗列，所赁最佳之室，日值一元四角。凭江筑阁，颇揽秀致。惟未必整洁，脱抱衾枕来者，当更得酣睡耳。即召榜人论值，往返严桐间，价十元。成议即至市中纵览。里街可三里许，人物尚盛。餐于李裕顺饭家，求鲜鱼不可得，殊致怅惘。周君言襟江楼为佳，未及试也。归逆旅，歌儿云集，苦其呶杂，遣之不可，多江山来者。征曩年宝竹坡侍郎九姓美人麻雅故，亦复神往。意者迩来风雅沦胥，虽江山可识，而金粉已无余钟。中夜月色阑入窗栊间，至助清兴，以翌日发晓，未及深赏。

初七日，侵晨登民船，且就桐赁衾四事，逆旅中为致之，值可四角。又携其茗壶以行，民船之容四客者为六舱船，篷不高广，分前后二舱，前属客，后属榜人，榜人沈林友并其一妻一子一女以行，灶卢咸具。方解维，斜岚细雨，故故弄人，群山排闼，苍翠欲滴，明漪断岸，如在画图。黄公望富春长卷，未及展玩，对此亦庶可一掬。凝谛间以为当用唐宋大青绿大劈皱法，益神似耳。远峰出没，不峻险而多致，叠嶂著苔，无丛木而掩映连续。雨后放晴，云气幻金紫色，尤足奇观。舟中无幅纸，但以寸楮追摹为粉，本相与欸乃，用为消遣。涉七里泷，则益极回沓之致，四面皆苍绿矣，间有孤松挺秀，老枝槎枒，水滨山巅，均为点缀。偶过墟集，垩壁宛然。乡人来往，亦复世外。亭午抵严祠，渔舟来求售，得桃花鳜鱼白鱼蒲鱼，银鳞赤颊，价不为昂，每尾可小洋四五角，蒲鱼才数十文，即傍祠治餐。

舍舟登陆，拾数十级，小憩祠宇。栋桷就颓，旧碑泐藓。其门前有巨志曰“严子陵钓鱼台谢皋羽恸哭西台”。厅事有子陵庙貌，其右别二椽曰“客星楼”，复奉谢皋羽、范希文、苏东坡等位，谓均涉桐者。台在祠后半山，东西各一，高百六十丈。断岸危岩，拔出群翠间。嶙峋不受点苔。拾级往返，约二千级，荦确殊不良于行。其东西台间，别有中台，筑亭翼然，东西台亦各具石亭，渐就芜废。盘桓逾晷，俛视群壑张拱，巨松数十株。即凭江岸，为前道所未见。江水沦涟，映掩山翠，率作绿波，浅涨丝风，当之欲醉。此时此际，心神交豁，虫沙埋乱，一涤胸臆。诚不知劫外之何世，华胥之何乡。兴尽策筇，去陆遵舟，循道前发，渐涉浅滩。水清见底，拳石累累。舟人持篙徐行，继缆溪岸。忽复开朗，峰壑郤倚。遥在云外，度出七里泷外，更十余里至严东关，已及西正。少少入市，略似桐庐，其饮所曰"味一家"，别有茶肆，坊歌盈耳，管弦间杂。桐严妹之遗韵，容有存者。是夕即宿于舟次，明月窥人，逼射蓬窗间，灵淑隐秀，莫逾兹矣。复得鲈鱼，佐以椒桂，扣舷行沽，赏极忘倦，二鼓始寝。

初八日，昨宵传语舟人，以破晓东驶。醒时征帆引满，已及浅溪。白云封渡，视宵来迹兆，似别一境界。乍行乍远，回首引睇，神往益深，仙乡益远。怅触低回，有不能忘情者。重过严祠，未更跋涉。巳刻已抵桐庐，移棹桐君山，谒桐君祠。桐君故预黄帝时医术，与岐伯雷公伍，山以桐名，志其人也。别庑祠朱明天君张睢阳像，峥屿可怖。祠人售利，大哆神口，谓纳币抚躬，可以祛疾。致黄标于旦夕，未能免俗，贶以如干。初不迓神庥也，雀离卓立，废弃历禩。其下即在厨次，用以治炊，良久始获见之。江岸少树，独此山多松柏扶疏，间以翠竹，弥复可念。归道又至圆通寺，故趾已圮，别构陋室。其前为延龄集，设乩坛以致济颠大师，颇有求福者。涉历归逆旅，购所名产子陵鱼醉鲥鱼各一事。子陵鱼独桐江产之，市人以为名贵，即就旅舍作肴饭，差胜酒家，价亦至廉，五篚不逮二圆。拥被听邻室喧豗，聊自解嘲，不知其就酣也。

初九日，侵晨就江兴轮归，以六时半发轫，此其慢班，论值略昂，可一元四角，而雅洁远胜。道富阳，又购蔴饼数事，亦其邑佳制。十一时已至南星桥，复入杭城。匆匆归湖上，似诸山粉黛差减，无复秾姿，足与颉颃。西子有灵，当嗤其顽。野人自适，亦乐其乐耳。（下略）

按自上海行者，可以早车赴杭，至南星桥，即就下午之轮舶赴桐。归途自桐至杭，亦可以下午快车回沪，往返仍复四日。若徒至七里，民船中一日可以往返，三日可以游竣，计看山之乐，无逾是者。但挟衾枕以俱行，姜桂以整膳，殊万不可省。俊赏在兹，后起可作。四月初已可得鲥鱼，则尤致美味矣。

（《申报》1926 年 4 月 26、27 日，第 19089、19090 号）

越溪记游

山阴道上之写真

余平生所嗜，山水清游，佳日春秋，都在湖上，凭阑倦眺，十载于兹，倦翮天涯，不知何处，朋侪聚语，或谓山阴会稽之胜，不可不穷，天目钓台之行，不可不亟。余拂鞍解带，环顾清娱，以严滩旧曾领略，天目跋涉维艰，无已，其相从于耶溪秦峰之际，谋者佥同，整装遂发，下此并记游程，俾为先路之导，窃欲自比于老骥之识途也，一笑。

余逗留湖上，谋定翌日即以九时携小小行箧，以车直造江头，江头有义渡，供客渡江，不索舟价。自湖滨行，洋车二十分可达，既抵义渡，解维即发，（按钱唐有小火轮七艘，来往载客，每艘拖四五船不等，一到即行，惟每日至六时左右，即不夜航，苟在六时后，当赁专舟，约自六七角至二三元不等，此则由于既无官渡，则赁舟随所需索矣。）约三十分钟，即抵西兴渡口，盈盈一水，想望可即，惟以中有涨水，将图迂道，故少缓耳，既抵渡口，上岸步行，至汽车站，约一里许，（按惮于步履者，可即在杭州江头赁轿，每乘四五角，上轿后即将轿移入义渡船内，径至渡口，登陆，由舆人载至汽车站。）即省道局所设立之省道，来往汽车路，计八十四里，公共汽车，每站均停，约一时半钟，专赁汽车，则一小时可抵绍兴。公共汽车计有三十余辆，开有定时，每日自七时半起，至下午四时半左右，约每一小时开一班，车价抵绍，每人一元二角，所携行李，不得过三十斤，然能少携，为更便利。至专车多福特式，共有八辆，来往兹道，可载四人，每车八元，惟有时站无余车，仍不免少立以待耳。购票入座，发轫即行，途中峰回路转，循溪抚岸，极闲适之致,过柯桥,农家提豆腐干,云集求售,每札售十铜元,闻之土人,本地所制,殊驰盛誉,旅客过此,亦可试尝也。

车抵绍兴,入城至站,(按此路现正通辟,期以时日,即可抵嵊县矣。)即换洋车入城,至繁盛之大街,约半小时,车资可二角。大街逆旅三四,犹以浙绍旅馆为冠,然视沪杭,未免逊色。赁室双榻,日仅一元,饮食治庖,则以新新、春宴楼、杏林为胜,然杏林未必遽如新新春宴也。春宴杏林,即在逆旅对门,数武可达,新新则较远。绍为水乡,多鱼虾之属,酒以善酿为上品,斤可两角半,癖斯者多,菜价亦不为贱,与杭彷彿耳。本邑以刬鸡为名产,弥复可口,干菜亦佳,以之作羹,清腴兼胜,鱼干斤可七八角,味极醇淡,或携归,亦足强当远羞之罗列乎。

晨发杭州,晌午抵绍,旅舍部署,继以一餐,即可出图游览,半日之暇,正可至禹陵。舟舆兼可直达,舟约一元,舆则每乘一元七八角,轿制甚佳,同于湖上之藤舆,肩乘亦甚安适。本来绍兴田工,至仲春香泛,多赴杭肩舆,谋获小利,归来仍治力耕,故舆行如湖上,无二致也。自绍城至禹陵,计十八里,出东北门,循矶踏流,清晖左右,长堤似带,一望无际,已过平堤,遂见山脊,庙貌肃然,隐现林岩间,将抵庙次,小集俨然。舆至门次,遂入坊表,其前五坊排列,南向则殿楹尚存,而童叟咸至,市墟纷然,败墙剥落,兴废之迹,弥复入望。碑亭高然,犹嘉靖间石刻,廊庑有《清纯庙南巡记》《阮云台使浙重修记》等。更至正殿,殿级甚高,而荒芜触眼,石级上均为农家晒菜。及入殿,蟏蛸四壁,蝙蝠蜷伏,地多夜明沙,(蝙蝠遗矢甚多,选入药龙,谓之夜明沙,可已眼疾。)或云屋间尚多巨蛇,则未之见也。中塑大禹像奇巨,惟年久失修,行将折脰,手持巨圭,神采尚足,旁列从者,獠牙青面,疑非契稷皋陶,而为镇水前驱之神将。殿中联额甚多,不复尽忆。殿后即小山,辽以短垣。出殿东向,小园翼然,临山治亭,其高处亭中,有石钮一事,泽鉴可辨,摩泐宛然,相传系大禹维舟所用,故亭中有石碑夹峙,一曰禹穴,一日石钮。亭畔可以攀登山岸,榛芜宛然,拾级重下，绕出坊表，小篱曲径，半里即抵禹陵，实则四山围绕，碑亭适在豁处，桥山弓钮，玉匣珠襦，究在山原南北，亦始终无人知之。瀛海探奇之客，或来搜取，亦讫莫致之也。土人谓此山风水绝佳，苟有埋骨，必王子孙，故例禁人茔穴。望之果然，碑亭中有丰碑，作“大禹陵”三字，中涂以朱，遥瞩即得。亭前更有石亭，考其制作，岁月少新，然荆榛遍塞，不暇览也。匆匆一过，遵道归来，入城尚未就暝，因转至塔山一观，塔山在城南，其径即当闹市，由朱天君庙左，拾级登陟，并不过高，山半有晋征士许君祠，败壁颓门，一目已尽。更上即巨塔，塔经洪羊之役，毁于兵火，俛首入觅，楼级尽断，如入烟突，而砖装均完固，铃顶既废，坐穴可以即天。塔畔望西南城外一山，有亭独峙，曰“望海亭”，相对成趣，望海亭视塔山略高，登临得见钱唐江耳。

黄昏入市，少息行役，遂至大街，市集之盛，不亚苏杭，巨贾列肆，尽具应备，其游览所集之区曰“布业公所”，巨墙宏构，栅门隙地，均为估廛。门上刻门神像，精采夺目，制作殊工，入门即酬神之戏台，废不复用。绕越正殿，循长廊至茶肆，巨室连楹，中供治茗，来者麇集矣，前后凡三廨，更入即为浴池，左为洋盆，右供汤沐，洋盆标价三角许，就浴者亦多。其右有园林，叠石清流，乱花杂树，园次更有广座，为京剧场，制作一等海上洋式，为三层楼，列坐拥挤，大致似北京改建之洋式舞台中和天乐之类，益较广裒。戏价包厢八角，正厅六角，白日则演电影，闻之绍人，城中游览，荟于此矣。

绍城夜市，约至十一时许，游倦归来，蘧然一梦，翌日晓起，即图赴兰亭。兰亭在城西南门外，距城三十五里，水陆两途，咸可通致，水行抵娄宫，登陆易轿，舆行则径至兰亭。以论价格，赁舟一二元为已足，可坐三数人，由娄宫往返，不过每轿七八角，若径以舆行，则每乘须三元半，惟时间则轿行为速。兰亭无可治馔，应先购干饵之属，大街随地，均可得之，挟之登舆，冉冉出城，一抵村落，心神尽旷。逾越溪涧，绕山趺，经凉亭，山上多丛冢，碑志盈望，殊北邙矣。将抵娄宫，复见市集，过集六七里，折至群山间，屋脊呈露，即为兰亭。相去半里，一水如环，上有巨桥，过桥即见榜额，作“兰亭”二字。屋宇甚新，知方新建，前门两庑，入之即见文昌阁，四壁泐《重修碑记》，题捐款名字，及改建始末。文昌阁后，清溪倚树，断石栖岩，披莽拾途，其西北隅一亭，作三角式，碑泐“鹅池”二字，庶为后人傅会黄庭道士之说乎？鹅池亭畔，涧已垂涸，骄阳绿叶，扶疏成趣，废池之北，即有巨厦，榜流觞厅，是曲水之说，所由具证。流觞厅闭关终日，逾隙一望，不过几案尘封，杂以楹帖等事，眼前有景，如斯而已。厅后别一石亭，甚宏丽，中树巨碑，刻康乾两朝南幸时题诗，亭外益芜秽，其西北隅平屋，则治炊司爨之需。厅东别具宏构，粉墙俨然，入之有池，四舍围绕，中作小亭，石砌环抱，两廛多旧日碑记，不暇寻绎，亭中仍缀兰亭额字。亭北石榴，通于正殿，广座深厦，中奉神龛，曰“晋右军将军王逸少讳羲之之位”，宾客游憩，即于殿中，具杯茗，间有犂庖款客者，亦假座集。流觞厅前，放怀遐瞩，翠以扶疏，远山不高，若列屏幛，行觇禊序所云，崇山峻岭，茂林修竹，庶几得之。展谒侵寻，原道入城，不过午未交晷，途中又见望海亭，峥嵘山角，弥复壮观，舆抵城垣，兰亭之游已竟，遂改赁舟，从若耶矣。

绍邑为水乡，城中大街之畔，即可通舟。兰亭归来，为图惜时，遂于城际换渡，脚划船行率甚速，矮蓬浅座，别一情味，惟城中多潴水，不甚整洁，拂鼻为苦。一逾城，即清流足玩，东湖盖在绍之东南隅，水道可通余姚百官，小火轮定时来往，载客甚众。东湖为水道宽处，非似他湖之一泓镜天，别具四岸也。自城西南门行，以一时半可达，出东南门，秦峰苍趣，襟席得之，村落宛然，云开衮阔，长桥卧虹，气象幽整，至于稷山，东湖胜处，遂穷于此。稷山多为绍邑采石之区，斧斤既施，擘纹如画，大似云林家法陶氏心云，（名濬宣，以书法驰誉海内。）经营园林，即就山颠水涯，撷其胜处。将至园次，界以辽垣，一水可通，遂分夹岸，舣舟园次，先过法政学堂，即抵稷山草堂。栋宇陈旧，就颓败矣，逾越花路，至于书室，濒溪作屋，掩映云衣，巉岩之下，辟地半弓，杂莳群卉，立一石亭，弥适望眼，绣球尤茂，循流抚岸，石桥跨波，可穷东西之胜，远瞩书堂，苍翠欲滴，陶氏犹僦居其间，故未容登楼，堂中悬“藏书楼”巨额，足知富储二酉，栖迟半日，仍以舟归，径舣街岸，一转即至逆旅。

随分治餐，疲极就寝，翌日夙兴，甫在五时，少治晨馔，即以洋车抵省道车站，维时公共汽车，犹未发驶，（公共车于七时半发轫。）遂赁专车，可容四人，遂附二客。省道局所用驾驶者，多杭城工业学校毕业学生，专习驾驶者，称为机师。彬彬有礼，且告座客，万不欲得酒资，谓第一年服务，得薪十八元，以年递升，可望晋级，曩为学生，今就职业，自食其力也。专车以一小时抵西兴渡口，已七时，义渡早通，涉江而驶，近八时，遂到江头，抵湖滨旅肆，可九时，则游湖者虔事栫檀，肩舆早发，流连光景，劳梦正酣，瞑目憩想，维舟三日，为乐无艺。前贤篇籍，往往有涉大江登会稽探禹穴之雄文，以自矜赏，兹以交通之便，亦等闲耳，泚笔记此，将欲导夫前路也。

（《旅行杂志》1928 年第 2 卷第 2 期）

苕溪春泛记

苕溪烟村水驿，文物昌明，民风淳阜，自宋以来，卓然大郡，往读张子野、苏东坡、姜白石诸贤作，悠然神往，已非旦夕。庚午暮春，襆被往游，来吾导夫先路，斯愿邦人继轨，一赏秀野之溪山，于西湖蜡屐之际，抽暇数日，尽此清欢，兼供诗料也。

苕溪今之吴兴，前称湖州府，兹制度改易，盖并乌程归安同城二县以改治者也。其地在太湖之滨，有渔田之利，扶犁结罟，往往可见，而交通亦甚便利，辄闻人言，未获究竟，兹行之前，始加夷考，俾不旷日，又得尽赏，经国体野之事，有不能不预为之计者矣。

苕溪四环碧水，故交通惟以轮舟，兹为便于行人计，一一胪列如次。

（甲）申湖班火轮　每日上午自沪天后宫次苏州河发舟，于晚九时左右抵湖。内河航线未易遽定，兹撮其概况言之耳。

（乙）锡湖班火轮　每日晨七时由锡发舟，下午四时可即抵湖。盖所行取对直线，径渡太湖，不必如他舟之迂迴绕道于内港，故行驶至速，且以太湖间患风浪，机力亦大，为双引掣制，凭眺坐卧，咸可适意。取价亦不昂，头等每位约四元，以机力足，驷行速，故太湖虽有匪患，无从假手。游者多乐道太湖之胜，而辄裹足莫前，遵是以行，亦庶几得少窥具区烟水之胜。

（丙）苏杭班火轮　每日下午一时由苏发舟，于翌晨六时抵湖，九时抵杭州拱辰桥。其船有房舱，而拥挤嘈杂，费时亦多，一宵蜷睡，人多引厌，假其被铺，尚须别给赁资，亦殊秽污。价则不昂，视锡湖相等，且供饭食，间有自苏径往者，取道于此，否则留作半途转舟之需，较之宵宿于平望南浔者，仅略胜一筹耳。

（丁）嘉湖班火轮　每日上午十时许由嘉兴发舟，夜九时抵吴。坐位较适，房舱二元，有午餐取资仅三角，尚可充饥。由沪往者，惟必须趁沪杭第一班八点钟开出之车，少迟即无及。由嘉开内河之小轮，日有三四。惟径至湖者仅此，实则此班能少加速力，于下午一时开出，俾得并与沪杭九点钟沪开之火车相衔接，则自更便利，而营业亦必益臻发达，可操券也。

（戊）杭湖汽车　每日四次由杭州湖滨发轫，早七时、九时、十二时、三时，所过初与赴莫干山者同路，中道分镳，径抵湖之南门，但两点多钟可到。公共车每人二元二角许，可携行李一件，包车随时可发，亦但十七元八角。所过茂林修行，曲硐阳河，洗涤烦襟，允推第一。出是途者，莫不交口乐道，则赴湖者如能先至杭州绕行，反足尽此乐，且公路平砥，车行亦无震覆之虞，穷游觅胜，斯上策矣。

总之，赴湖之径，由沪苏搭舟者，游客极少外，此则逗留之地，于锡得赴梅园鼋头渚惠山，于嘉得赴鸳鸯湖烟雨楼，于杭可游之地更多，而均较舒适，所费亦各相差无几，深愿旅人，本此为鹄以自酌际于其中也。

余赴湖之日，初定以上午八时车至嘉兴，换乘嘉湖班火轮，盖徇同行者之请也。不期翌日竟宴起而误时，无已，就九点钟之第二班车以行，抵嘉兴十二时，已不及径行矣，遂留嘉兴片刻，嘉之舟车两站，相去至迩，车上送行李者可径送登舟。为时既后，则别定以他班行，而置行李于轮船，公司即码头一隅也。嘉兴烟雨楼，夙负盛名，每每过杭州时望见，而不亲及登临，深引为憾事，计即偷暇一往。先于车站赁得渡船，价三四角，至湖，又易湖中之船，湖船亦久著嘉誉，期以一小时间绕行归来，费一元余。然价殊不能预定，须以人论，外来过客，每患博施之弊，遂径赴烟雨楼，啜茗片刻。楼据湖中，四望碧天如洗，遍乡桑麻，高柳垂阴，老渔吹浪，真有飘飘凌云之想，又闲忆及梅村棹歌，谓“鸳鸯湖畔水连天，二月春深好放船”者，益觉其言之亲切而有味矣。若以秋为期，湖藕既嫩，湖菱尤佳，允为隽品。惜非时莫得而致之耳，亟亟归车站，费时适一小时，即就燕华楼午餐，楼居不闳，而朴茂异常，令人发思古之情，餐价不昂，果腹再至轮埠，知有嘉浔班可附，遂涉舟鹄俟。

嘉浔班盖由嘉赴南浔者，南浔亦湖属巨镇，路程视湖近数十里，其地特多豪贾，名园属望，商旅往来，此班例于一点钟开，专俟沪杭第二班车联运者，然近又与第三班之三四等慢车联运，慢车例于两点钟前可至嘉交车，然又每每后时，故此轮视以为断，开时亦多无准。余以一点半钟登舟，三四等车于两点半到，舟行已三点钟矣。国人之不经济其时间，及交通界之不慎守其晷刻，为之奈何，舟分房舱通舱，大致似嘉湖班，余初意于平望可换乘当日赴湖之申湖班，故即乘至平望，票价但六角许，一室有藤椅五六，尚宽适，客不常满，假以偃卧，洵消遣之良法矣。

余同舟同室有二人：一孙君，平望人，尝集资辟学其乡，镇人颇敬事之；一朱君，业医，因信口道海上事，孙则沉默，朱则雄辩。余顾而乐之，信为萍水相逢之乐，朱君更习上海社会状况，某者某，某者某，一一摘发无遗，虽于其本业，一不隐饰，斯真直谅之至。舟行二小时，又有豫人来，其人年事已七十三，而矫健异常，居平望者垂五十年，求田问舍矣，为言客年兵匪状况，令人失色，盖客籍多食力为人耕，诛一椽之茆以自庇，忽一旦缉匪，为人归咎为囊家，率付之一炬，既得剿匪，某指挥廉其枉，幸为直之，因以免于刑狱，然无家可归矣，老人述之，泣然不已。如是者又一小时许，将六时，始瞩得平望，遥波淼渺，景色绝佳。以讯孙君，谓此为莺脰湖，即唐张志和得道处。怀古之情，不能自已，欲穷望眼，一尽岩阿。呜呼！朝廷尚觅玄真子耶？桃花流水之乐，非今可致已。因又讯孙君以西塞山，则谓无之，此必玄真子随踪所之，不必实之求是，且此其得道之处，亦不足以尽其行迹也。湖特荒芜，小亭翼然，业已垂废，谓此平波台，久不修葺，亦行颓矣。更半小时，已六点半钟，舟抵平望，余遂遵陆，并得孙君殷殷介以旅馆，盛情可感已。

平望为吴江县属之巨镇，有居民五百余家，多力田是富。其最大之客栈曰乐群，即在河壖，信步可达，镇上电炬荧然，长途电话，已通苏州梨里，不可谓不发达，而河壖列屋，大致同于浙江之桐庐，惟较富庶耳，客舍堂构，亦与桐庐相仿佛。余投止其间，讯以申湖班轮，则早已下驷，为之怃然，遂候夜九点钟苏湖班之过境者，略事休息，即赴镇街纵览。街道甚整洁，市面亦盛，有饭庄三数家，药肆两家，京广货肆三数家，客寓六家，香纸山果水果肆如干家。京广货市中，满列舶来品，足见商战之不容已，而国人之资人剥削，虽以僻邑边户，有不能免者，又多为橡皮套鞋，内地每苦泥泞，皮鞋又患价昂，得此最为适用，故无肆不满储之矣。饭庄中知以正兴为巨擘，因往就餐，鲈鱼为羹，园蔬入俎，清丽腴旨，似海隅肉食，所胜多矣，价亦不昂，但值五角余耳。太湖四周灌溉之利既溥，鱼鳖虾蟹，尤不可胜食，得鲈羹，亦庶深张翰归来之风致欤。

餐次归乐群旅馆小息，知有十二房，兹夕已客满，就中男客十一人，女客一人。男客中贸迁过往者为多，从事关榷者一人，女客则为邑中某名族之寄女，来此省视者，旅舍电灯甚明，经纪其事者，于镇事无所不习。谓镇有警士三十余人，学校一所，旅舍建筑装修直万金，每年得赢利千余金。盖此为过往之地，无久居者，而每日过往轮舟，几二十次，故客亦随到而随行矣。镇人多力田，均有所事，匪亦未尝侵刃，尚为乐土焉。

夜九时，苏杭班过埠，余匆匆购票登舟，房舱一元零。抚舷而上，黑暗拥挤，于状颇窘，侍役为觅得一室，且郑重曰："此间更无余室，兹为三人所合者，今以奉让，当知于意之厚。"其意在索酒资也，余不之理，少顷侍役又以茵褥进，秽垢万状，亦姑安之，衣不解带，蜷伏一隅，洋灯如豆，寘于两室之中，而烟气中人欲呕，室中又榜帖，谓门窗均外向，万勿重推，俾船边之人，或失足而落水，然赁客未尽习书，曷不改建内向，而去此具文之为愈耶！少息，余出舱外向，则塞足载涂，男妇背抵，万头攒动，无可立锥，因复归睡。或告余此船宵小甚多，宜戒备之。余固无长物，亦患遗坠，则时酣时醒，约以午夜十二点过南浔，人声又嘈杂者十分钟，过此小寐，则已入睡乡，纂明而醒，侍役来索酒资，及被租四角，酌予之，殊示不满，悻悻顾盼，余亦勿之恤。苏杭班轮，过湖在晨五时许，特不似他舟之径驶城中，而碇于三里桥，三里桥距城匪遥，然无可代步，又船不傍岸，则登驳船，听其所之。至六时许始抵南门，登陆物色得乡人，为予肩行李，徒步入城，盖城中无车，而肩舆亦不在轮埠候客也，行四里，至马路，即市中最盛之处，投宿东吴旅馆，亦因闻人言，姑试之耳，辟舍一椽，始治盥栉，再进晨餐，少息，即赁肩舆为山游。

湖之胜处，分南北程，南道场云樵仙人洞，北白雀黄龙洞，游人多至三寺而忽于两洞，余则以熊掌与鱼为并兼，两途，水程均可达，舍舟不过行一二里，余则厌舟行之濡滞，故先之以肩舆，游北路，舆三人，索值六元，不为不昂。十一时出发，北门之外即溪流，赁舟而过，人可铜元二枚，既渡径赴白雀，行近十里，寺门始现，涉历数百步，始登殿陛。寺奇古，盖梁时其祖师说法，有白雀依回听经而不去，故开基为寺，实大同纪年也，祖师示寂，口吐青莲花，今肉身瘗塔于山巅，并其莲花而瘗之，谓“青莲塔”。兹正鸠工，量材以建一堂焉。余信步过天王殿，见院落中堂碑弈然，明王稚登记重修，事屋毁于洪杨发逆，而明碑幸存，亦足资订古者也。迂道禅室，有僧四人，适作竹林之游，见余惊起，不期白雀之征，千余年后，竟为方城中之白板麻雀，亦极训诂新颖之事矣，问以寺事，殊不了了，无怪其然，乃陟后殿，登崇基，见闭关者二，讯之即此间二僧，自誓受华严关戒者也。其一窥穴得之，与语知名昊玉，讯其立关所自，渠谓出家人受人供养，非此何以自励，且非此亦不足以报恩主之施。余莞尔答之，循思华严关戒，课律至严，期于初地，盖大乘之至道，今此僧犹言供养，未脱小乘之积习，则终逊一间，负此三年之苦行矣，欲语以大乘，又恐其根器不厚，未易与言，亦姑舍之，即不更谒其次，遂往瞻青莲塔，有常州宜兴僧各一，经纪将作之事，与语亦但涉世俗，甚矣高僧之不易遽求也！小息斋堂，重登肩舆，迂道赴黄龙洞，白雀山麓，巨柏夹道，不可胜数，舆夫谓无人能得其确数者，斯亦诞语已。

维时天阴梦雨，沾洒衣襟，余独顾而乐之，左右睇视，良畴千顷，石壁一屏，远涵湖色，近滴翠苍，豁人胸襟，亦洗瑕垢，乃舆夫每迷失道，而雨益如贯珠，田间泥泞万状，每每失足，余之不仆，有天命已。如是行五里，过太子湾，始见黄龙山，巉岩碧然，于状颇异。舆人谓太湖中有孽龙，得请于白雀之观音大士，将来听诵，乃半途忽昂首，为雷所殛，遂幻此况。野老啬夫之语，固不可信，亦足破岑寂供一噱也。道途所涉，略似宜兴之张公洞，及抵山寺，萧然败壁，仅庇风雨，道者五人，见客即拱手称阿弥陀佛，华严原人之论，竟合三教于一涂，可笑亦见其勿学也。寺宇甚宏，亦为发逆所毁，今重建者，但数楹而已。三官殿中，悬榜征募，亦少应者。实则此地开基，亦早在梁纪，在祯明之朝，有黄龙奔出洞中，矗突万丈，幽窅莫测，迨吴越荚宝年间，始建祥应观，即此基也。湖属文武僚吏，每于五月二十日来集祝祀，宋元明代有增修，苏东坡守湖州时，且作祈雨诗，载之集中，可为明证。清康熙间，亦为增修，毁后同治三年始得致此，然陋且隘矣。

茗饮之后，陟冈赴洞口，合幛如瓶，中望深穴，莫知所际，苔色班驳，映以日光，陆离为怪，舆人谓内集野鸽及蜜蜂至多。余欲穷其究竟，出手枪就穴两击之，亦无朕兆，不见有飞翔者。然下窥殊临无地，倚石屏息，手足为僵，少一释手，不知粉身何许。村童又以束花盈握下掷，渺渺如坠重泉，卒亦不见所落，投石亦终无声。道士谓最下为太湖之底，殊无可征。又谓西人欲致蜂种，以巨绳下缒，讫不得果，畏难而止。又有无赖子自缒而下，深入为群鸟来啄，几丧其元，道人立设香案就洞叩祝，始强起之，其神异如此，余乃以手枪两击，不知何所报也，顾视之后，赴远洞次，巨石插天，有摩崖“黄龙洞”三字，各盈丈许，谛辨得明嘉靖年号，而佚其人，盖风雨所剥损者多矣。摩娑之际，又得宋绍定题名一方，其可辨者末行主持宗仰同游，惜无毡椎，勿克传拓耳。既下山，又以他道陟黄龙山顶，本有屋基，早毁而不存。间道勿良于步，披榛辟莱，仅乃得之，经雨湿滑，屡行屡蹶。迨登山顶，则太湖已在襟袖，浩浩泛滥，洵为大观，四远水天邻毗，间以白云，沙鸥出没，渔舟如星，诚丽瞩也。盘桓良久，攀跻而下，又至天门，盖石壁于中，小有分裂，道人固欲疑人，谓有应命者出，其门当豁然开朗，思之思之，寤寐求之矣。返观小憩，登舆而归，取道南北皋桥，初经田畴者五六里，泥泞益甚，而屡屡失道。及抵皋桥，廛集甚盛，淳然古朴之风，令人爽然而自失。其地濒河为舍，中有砥道，似金阊之七里山塘也。逾皋桥又十里而归城，仍入北门，遥望城中堵宰波，已倾欹而失其顶，屋宇已颓败不可登，必有与雷峰同劫之一日。湖多豪贾，宜有护法以崇此兰若，使人集其信心，为结善缘也。

迨归旅舍已逾六时，其左即公园，偶一凭眺，简陋异常，街前多京广货号，夏屋渠渠，同于杭州。少息，遂出治晚餐，以四时春饭庄为巨擘，群宾轰醉，笑声盈屋，余濒窗一案，殊乃甘之。既出至钟三益市湖笔，湖之笔斯其佳者，特价殊昂，与旧都贺莲青听月轩相仿佛。自西学东渐，而吾国故有之文化，每患式微，笔工近尤日少良手，于价既苛，斯文可绝矣。购兼毫紫毫以归。余不习书，独喜购笔，盲者不忘情于视，岂其然乎。

湖邑夜间，无可消遣，但有游艺场一，非吾党所乐道，则听雨早眠，亦中年行乐之一策。顾市声人语，彻夜不休，则就枕次屏当来日之行程，用为引梦之计而已。

第二日晨七时发道场，以宵来乘肩舆为苦，则改赁一舟，舟子曰褚和尚，殊诚朴，年五十九，盖操斯业，垂数十年矣。舟多麇集于城内埠头，鳞次栉次，一召即得，离逆旅不及半里，旅客多亲往物色。船有二舱及一舱者，余此行但二人，则赁一舱之船，并午餐价五元。解维便发，驶不及半里，过潮音桥，其地俗名曰为“哑子桥”，相传舟过桥下，人须持静，无得发片言，有违之者，必患小不如意事，或蹶仆，或失窃，无不应响如神，故舟过是桥，舟子必预为之告，虽火轮过，亦由茶房申述，击案为号。初不知其所自，然由来已远，亦姑安之。再半里而出南门水关，雉堞半欹，水岸参错，颇旷心目。及出南门，约里许过桃园，为甬商周氏别业，沼堤桃柳垂荫，小亭翼然，紫藤之架，离披若复，惜主人久不至，屋宇间患失修，就中植桃数百株，而来时已晚，但见荆榛，令人生重到刘郎之感。再过即碧浪湖，一平如镜，而涨草几遍，沧海桑田，庶其不远乎。湖中有浮玉塔，高矗天半，形似杭州之保俶塔，实以砖瓦，不得攀援，砥砫中流，亦复奇异。再九里而抵道场山麓，舍舟遵陆，步行约二里，拾磴百余，斯为万寿寺之头山门。

万寿寺肇源李唐，中和二年，盖有梵僧自西来参伏虎禅师，辟芜建舍，后来者日众，遂品第此山为第一道场。佛寺名天下者，五山十刹，此居第七刹也。殿宇翼然，亦复陈旧，摩挲碑记，得明嘉靖十一年进士马陈图重修碑记，述寺迹甚详。谓李唐开基而后，赵宋中叶，伏虎禅师以神力护国，得御赐绯袍玉带，其后屡有兴废，明则一修于洪武十一年，再修于嘉靖八年焉。至今寺僧犹告余，谓此山尚有神虎，间参法座，绝不伤人，此其苗裔云。寺有僧五六十人，多不学，闭关者九人，与语亦莫穷梵理。寺凭山脊，凡五进，最后一楹，庋清廷所赐全部《大藏经》，列巨橱十二，刊龙为金朱文，上榜巨字“钦赐龙藏”，想见当日物力之盛，惜加镝缄，无由伏读赞叹也。其东有小径，可登山峰，峰有一塔，不能登，然凭栏望眼，尽收湖山之胜。寺中又有千佛殿，建巨柱，四楹涂金为佛，建于民国五、六年，为王一亭氏独力所建，然以视北海之千佛楼，虽劫后无复存者，而以视建制，不可以道里计矣。山门之外，别有僧塔，方形奇古，位于岩花野草间，亦饶别致。寺侧有流泉，汩汩激湍，映带成趣，庶得拟之于杭州之九溪十八涧焉。循览经时，拾级而下，改道谒况夔笙先生墓，词人宿草，寝门之痛，为怀何如。墓次有白玉梅一株，花时已过，绿阴扶疏，夔笙先生夙号玉梅词人，得此千古，其真有宿契者耶？午时回船，舟子已戒食相俟，四簋甚佳，为之强饭，然后迂道赴云巢，云巢距道场五里许，行一小时始达。

湖州水国，柔橹咿哑，遥峰碧嶂，略似绍兴之东湖，亦可谓人在镜中行也。抵云巢，门有绰楔，石板为巨道，径达上清，可三里许，云巢道院，由来已久，为纯阳宫，建置甚广，屋凡五楹，隐倚山林间。宫门巨柏参天，夹道数百株，颇似杭州之虎跑山门，其右有新建三楹，为主持习静之所，无由通扣，为之爽然，羽士数十人，斗坛帝殿，列宿森卫，虽不及茅山三清之宏丽，然亦足观。楼顶为斋坛，凭山绝胜，游客络绎，类多村夫，支宾者更蠢，欲讯其沿革，竟不可得。步虚环佩，诵赤城子朝元路之词，为神往矣。盘桓亦二小时，以寺泉治茗，至清且冽，足解劳烦，遂以原道归来，由舟回城，凡行四小时，中途暴雨，又阻半小时，归来已万家灯火矣。

归途于次晨七时乘锡湖班，横绝太湖，胸襟为之一爽，惟太湖班轮停于北门外，较他船之即在城内旅馆比邻者，费时约需十五分钟，每日七时发碇，故六时即宜夙戒。湖城无车，徐行三里，即在渡头购票，头等二元五角，坐位整洁，亦不患拥挤。一转瞬间，已涉太湖，具区之胜，殊为壮观，人或畏匪患而裹足，实则此舟速力大，排水巨，匪之渔舟，不能近至，故无足虞也。十时至洞庭西山，小息十分钟，鼓揲再行，以三时抵锡西门外，换小火轮，更一小时抵通运桥，交通可谓便利。舍舟小息，以六时二十分之火车，即可归沪，游人或即在锡，逗留一宿，俾翌日涉鼋头渚梅园，尤属便利，此在以时日计程定之矣。

（《旅行杂志》1930 年第 4 卷第 5 期）

新都旧话

南京以明洪武建元而为国都，永乐北迁，则为陪都，如清之盛京（奉天），仅为制度上之点缀而已。迨崇祯殉国，弘光立而南都复兴，无可奈何之局，等于泡影。至有清定鼎，则江宁府治，不过为江苏之省会，况苏抚驻苏州，则并省会之资格，亦不完备。革命之役，为临时都城者，期亦极短，自此至民十五而重建新都，争名于朝，争利于市，昔日之荒凉荆棘者，近且平坦如砥，九逵四达矣。余行役是邦，每揽其胜，尤爱掇拾旧闻，综揽群籍，以备掌故，就所忆及，略加考订，为《新都旧话》，倘亦邦人君子茶余酒后所不废乎！摩挲陈迹者其致意焉。

定淮门内，旧有金陵寺，其地为明天策卫故趾，殿上旧塑金刚骑白狻猊，俗不识狻猊，呼之曰水牛。山门不塑弥勒而塑真武帝君，与他寺异，盖形家相地之言，谓寺对钟山开面，特朝成火星体，故取克制之义，真武主水以胜火也。

东花园苑家桥，为清初时守园苑老所居，危堤一曲，小屋数楹，窗闼洞开，篱垣周匝，富春花盛，极足流连，旁有酒肆，山肴野蔌，尤复可口。既而废于水患，当年风物，遂不复存，偶读朱述之大令绪曾东园杂句，有云"东风吹绿王孙草，一角桥西苑老家"，每为神往。

香林寺或云半山园故趾，然征之志籍，半山寺在北安门内东北隅，为王安石故宅。香林寺在北安门外，相距甚远，初非昔之半山园也。旧有四足铜鼎，高二尺余，其色如铁，俗称吃灰炉，数百年来，谓灰未出，亦未满，则故神其说耳。又有大木椅，以整木刳而成之，可坐数人，有异香，或曰“沉香木”。大悲楼有漆雕九龙供案，则明大内故物。又有吴道子画佛牙佛骨，则无从征实，历劫以来，凡此神物，不知犹在人间否耶。

大士香火，旧以蟒蛇仓石观音为盛，六月间赛会，喧阗达旦不绝，仿佛杭之六桥三竺。自嘉庆年后，烧香者均赴鸡鸣山观音楼，此遂冷落。其时哄传有白发老妇，自蟒蛇仓肩舆至鸡鸣寺进香，倏忽不见，谓为大士化身，其事虽荒诞，要亦兴废自有定数。

南京民居稠密，时有火患。乾隆五十四年，制军高佳公麟书创作水星鼎于聚宝门楼上，以镇压之，其患渐息，鼎为铜铸，其形圆，底足皆铁通，高四尺许，上嵌八卦十六乳，四周各有篆书“水星”二字，其下铭文二百余字，今亦不知投置何许。

《金陵世纪》谓朱雀航非今之镇淮桥，乃古桐树湾，长乐渡处在聚宝门东北，《金陵新志》亦云在镇淮桥北左南厢后设信府河，救生局正当古长乐渡处，有真武庙，庙门外竖长竿，嵌铁坎卦，上立铁鹳，其大如驴，俗呼为铁老鹳，正对蟒蛇仓赤石矶，矶脉石骨崚嶒，自城外穿壕而入，尽于此，色纯赤，前人因城内屡遭火患，作此厌之，又聚宝门或以罗镜格之，为丑未向以取泄火之义，赤石矶乃正当南离，则以长乐渡为朱雀航，亦非无据也。

阳湖经师孙渊如先生，以五松名园，盖侨居旧内之五松园，以古松五株而得名也，后购皇甫巷司马河师宅，亭台池馆，布置有法，名曰“冶城仙馆”，其后复就旧内菜圃隙地，穿池凿石，逾年而成。门前设书肆，曰“窥园”。入门迤东一带，缭以长廊，曰“小芍陂”，厅事南面，曰“廉卉堂”，东北隅室三楹，后种芍药曰“留余春馆”，西北临塘一榭曰“鸥波舫”，旁通高台，钟阜在望，曰“大观台”，西南隅竹篱茅舍，曰“蔬香舍”，宾朋燕集，岁无虚月，五亩之名，遂与五松并传，其后孙殁，赁为茶肆，园林遂废，令人想望不置。

孙渊如先生居冶城仙馆时，方辑《古文苑》，一日为高堂称庆演剧，有《上天台》一剧，宾白姚不负汉，汉不负姚，时全椒吴山尊在座，戏曰:“此二语文义简古,似汉魏人口吻,君何不采入《古文苑》乎?”坐客皆大笑。是年六月,山馆中盆莲开并蒂花,色红,其大如盏,书院月课因以并蒂莲赋命题,并以瑞不虚呈修德应之八字为韵,是科秋闱后,太公正寿值八旬,重宴鹿鸣,诚哉其为瑞应矣。

金陵督院司道署,仅大门有狮子,惟城守营副将头门、大堂、宅门三处,皆有而形相大于他处,其地为明歧阳王李文忠故府,制度不同,相沿未易耳,照墙后有大塘,夏日无蛙,或云张真人尝驻足于此,恶其聒噪,以法厌之,则庶为神话矣。

钟山书院大门右空地,有大铁锚二,又陷于地,一叉在上,相传是马三宝下西洋故物,不知何从至此。盖其地本东护龙河,水出升平桥,数百年前,尚通舟楫,未可知也,每中秋游人蚁集,妇人摸弄之,可以生子,呼为“摸秋”,令人绝倒。石城门外河滩,有铁锚数十,类有大于此者,按明顾起元《客座赘语》,载城之西北有宝船厂,永乐三年三月,命太监郑和等行赏,赐南洋诸国,宝船共六十三号,适当其地,则所传不为无征矣。

清凉山旧有宫氏园,凿洞穿池,金鱼数十尾,游泳其中,令人神怡。上建三层高阁,背山壁立,曲磴盘旋而上,春花争发,真有如荼如火之概,今成废井矣。宫氏宅与园对,康其先墓,亦在宅旁,墓上松柏葱茏,百余年物,有术者谓曰:“若要发,光遢遢。”怂恿伐去,家遂消歇。二语不知何本,然盲师之害人深矣。

六朝石刻传世者,以吴天玺纪功碑为最古,石裂为三,旧在县学尊经阁下,乾隆间,拓本甚多,嘉庆毁于火,遂不可多得,其后太守余公重勒于府学明伦堂。又嘉庆火劫,并尊经阁所庋之明南雍书板《十三经》《廿一史》《通典》《通志》《玉海》,亦一炬而尽,惜哉。

四象桥晒场路隅,有石将军庙。嘉道间奸民藉以惑人,诡称灵异,祷祀日众,车马塞途,香火达旦。数月间,起造木栅,树立牌坊,滨河一带,旗杆至千余,敛钱分肥,官不之禁。既而联司马恶其惑众,投石将军于河,以旗杆木植为八府塘栅栏,其事始寝,妖风亦息矣。

钟楼及倒钟厂二钟，乃明初所铸，吕修府志，谓为景阳故物，非也。又志据元赵世延《钟山万寿寺碑记》云："聚铜数万斤，铸大钟。"疑即此钟。讵知元铸之钟，在太平兴国寺，见《梵刹志》虞集碑记，赵世延并作钟铭，今灵谷寺钟楼是也，岂可混耶！

天界寺大殿右偏有铜铸大佛椅，高二丈有奇，四面合掌，露其半体，明代所造。后农夫又于殿旁菜圃，掘得一铁佛，头大可数围。寺僧装塑木身，长丈余，供于铜佛头之后。按梵刹云，天界寺之右，有铁佛寺，此其遗欤？

宝光寺在雨花台东麓，刘宋时名"天王寺"，梁废为昭明太子果园，南唐保大中更建奉先禅院，后葬昙师起塔，名"宝光塔"，元为"普光寺"，明正统间，改为"宝光寺"。后接雨花台，其顶方平如砥，面对天印山，形势颇聚，或谓为雨花台带结，大殿后壁画达摩尊者坐象，高及二丈，阔亦如之，衣摺七笔而成，魄力浑劲，俗呼为七笔头祖师，康熙间人手笔，今亦不易踪迹矣。

袁子才之随园，天下习闻之矣，本为织造隋尚衣寓园，袁得之，仍以随名。山环水抱，极画图之妙，城中名园，无出其右。有自撰一联云："不作公卿，非无福命都缘懒；难成仙佛，为爱诗书又恋花。"又自集唐句云："放鹤去寻三岛客，任人来看四时花。"其"小栖霞"三字，尹望山亦有联题之，至今清凉山麓，一望平芜，令人殊有梁园之感。

皇甫巷旧有邢氏缘园在宅之右，方池数亩，绿柳盈堤，冶城山色，如在襟带，并有扇摺矮垣，屈曲纡斜，循而走者，有迷路出难之况。惜主人早殁，邢氏之先，为徐氏主，袁子才宰江邑时，曾燕新进诸生于此。迨归邢氏，袁又往游，题一联云："胜地怕重经，记当年丝竹燕诸生，回头是梦；名园须得主，幸此日楼台逢哲匠，著手成春。"王梦楼所书，亦双绝也。

前明都会所在，街衢洞达，洵为壮观，由东而西，则火星庙至三山门，大中桥至石城门，由南而北，则镇淮桥至内桥，评事街至明瓦廊，高井至北门桥官街，极其宽廓，可容九轨左右，皆缭以官廊，以蔽风雨，今为居民侵占者，多崇闳之地，半为湫隘之区矣。

茅君别院在朱门乡之牛脊山，一作牛迹，有西汉永光五年碑石，虽损折可摩塌者，尚有数十字，江宁金石，此其最古者矣。

《金陵世纪》，秦淮与清溪相接处，其流通内桥景定桥，经清平桥绕旧内宫墙南流入淮，又云清平桥西通内桥，按今四象桥即清平也。

焦状元巷为明焦文端所居，旧有五车楼，为藏书之所，已毁，惟门宇崇闳，在前清间太史第三字尚存。若仓巷转西，有朱状元巷，或谓为朱之蕃故宅，秦状元巷在江宁县署东，涧泉殿撰未达时故居。

铁塔寺仓有铁剪，俗呼为“飞来剪”。相传仓中多失米，谓其作祟，必祭之，灵谷寺亦有铁剪，其制较大，老僧云，为镇蛟之物，蛟性畏铁，故设此，然山中屡有蛟患，其言亦不确，报恩寺塔前亦有此物，谓之千斤举重，登高必搭架引絙，以此坠下者，造塔用之，此说较近理矣。

石城门至通济门长街，数里铺石，极方整而厚。洪武间令民输若干予一监生，谓之监石，数百年来，摧毁殆尽，近则修治道路，更无需于此矣。

明初建立都城，凡十三门，钟阜清凉金川，俱闭往来，通衢三山之外，以聚宝为最盛。其门槛高二尺许，长一二丈，色黝如铁，相传为活子午石，外国贡物，每日自子至午长一分，必万人践之始磨灭，则神话也。城极高，凡二层，各有七洞，与东西水关相埒，初富民沈万三所造，官厅照壁后，有砖塔一座，覆以小亭，相传为埋聚宝盆处，见《余冬序录》等纪载，观其名门之义，殆不诬耶。

聚宝门西南隅，旧有万竹园，明魏国公别墅，《白下余谈》云，齐王孙业。案顾起元《客座赘语》载：齐王孙同春园在沙湾饮马之间。《江宁县志》云：在城西南隅，后为陶氏宅。据此则同春应在今小门口库司坊，非万竹园矣。清初邓氏卜居于此，近尚有存者，其题门曰：“二分水行，一半城郊。”城外适与赛虹桥相近，薄暮时曩有白鹭数百成群，栖止林间，呷哑不绝，俗谓为旺气所聚，百鸟朝凰，然近兹已不之见，则朝阳鸣凰之盛，其去而之他耶。

诸葛祠在信府河军师巷，相传和吴破魏时，武侯驻节于此，后归救生局。高楼三楹，南窗夜启，塔灯在望，颇称僻静。后有人于庭中栽树，掘地六尺，见石板二方，下有穴，深不可测，遂亟掩之，其不波之古井乎？

作假山自李笠翁后，以阳湖戈姓为最工，孙渊如经师多奖假之，五松五亩二园及冶城仙馆，尽出其手，一邱一壑，结构天成，大小不同，各具胜趣，穿池以糀糠灰石灰黄土，研之极细，三合为一，铺而捶之，坚整如石，经久不裂，视用锡板石板者，巧拙迥别，然言兵之后，废池乔木，亦终徒叹奈何而已。

梅花以隐仙庵为最古，乃六朝遗迹，聚宝门外能仁寺一株，色淡红而素心，枝多下垂，呼为覆水。梅寺已败圮，花开时，游人多自远来，近则巨干已不复花，绿毛么凤，无枝可栖矣。

报恩寺旧有藏经板，明初颁赐，令广印行，其目录条规，具载《金陵梵刹志》，是为南藏，他处或残或缺，均诣寺补印，宏觉灵谷鹫峰所藏，均此本也。道咸间崇封寺主持敬玺请印北藏全部，费至数千金，丛林北藏，仅此一部。迨岁月如流，沧桑屡换，报恩经板，不知犹在人间否也。

马鞍山有三：一在定淮、清凉二门之间，俗呼"小匡庐"，有大悲岭，《六朝事迹类编》纪之，去城十里，西临大江与石头接是也。一在钟山灵谷寺之东，八功德水从山下通出，见《灵谷寺志》。一在江宁西南三十五里，见《乾道志》。今牛首之西有马鞍山，由吴山西来，朱先生元英墓后过峡处，盖即《乾道》所载者也。

名山多为僧占，惟雨花台吕祖庙、朝天宫飞霞阁二处，高踞峰巅，万家烟火，一览而尽，最为胜境，羽士主之。虎距关之隐仙庵，丹桂盈庭，乾河沿之，不二庵白莲满沼，以及灵应观、小桃源等处，皆当年游览胜地。昔李笠翁云："遍庐山而揽胜者，皆佛寺也，道观惟简寂而已，释道应作平等观，何世人厚于僧而薄于道如此。”诚哉为知言。

秦桧墓在木牛亭，出聚宝门七十里，又名牧龙亭。元兵渡江，屯墓侧，兵士践溺，呼为秽墓。明万历间曾被发掘，今已湮没无传，其后裔犹有居其地者，皆改徐姓矣，杨诚斋有《宿木牛亭秦太师坟庵诗》七律一首，是其明证矣。

金陵产稻，与他处同，观音门一带，粒长而白，谓之“观音籼”，作粥最良。南门外谷里府之金牛洞，上下数里，色红而味香，作饭耐人咀嚼，谓之到地南乡，皆谷中之特异者也。

元至元中，西僧杨琏真珈毁会稽南宋诸陵，断理宗头，漆为饮器，琏败归内府，九十年矣。洪武二年正月，诏宣国公李善长求之，得于僧汝讷所，命瘗聚宝山，立石表之，见《贝清江文集》，今方正学祠后梅冈有石冢，其形如椁，与长干塔相对，或谓即其处。

旧俗妇人以黑绸包头，绸缎廊谈见所、奇望街汪天然两家，皆以是著名。汪天然自明迄今，世守其业，门前招牌八大字，赫然在望，庭中有大石盆，贮清水，相传昔时来买者必令以盆水浸之，示其无欺。迨世风丕变，妇流竞效新饰，以至今日之磨登化，包头固早已废弃，谈汪两家，亦遂早歇业矣。

清胡任舆状元坊，香楠木所建，极为宏壮，至嘉道间，二百年来犹存之。陈会元、秦状元，均未建坊也，他若十庙之英灵坊，鼎新桥之建安坊，城北之单牌楼，双、三、四牌楼，土街口之芦政牌楼，汉西门之牌楼，徒有其名而无其实。又利涉桥侧有牌楼，题“桃叶渡”三字，镇淮桥有牌楼，题“巷舞衢歌”四字，久毁于火。近则市政设施，一行新制，凡此障碍物，多付芟夷，不易问其根趾矣。

淮清桥旧有集刘梦得、韦端己联云：“淮水东边旧时月，金陵渡口去来潮。”极称工雅，然桥已屡建，联遂失去，父老见之者，犹辄资为谈助云。

台城一段，犹建业遗趾，俯临后湖，登眺最胜。城下向东有门堵塞，俗呼为“台城门”，或谓即古北掖门，为广莫门旧址。按台城即吴菀，晋成帝咸和中修缮为宫，周八里，乃在都城之后，别为一城。刘宋于台城东西开万春、千秋二门，向所谓广莫者，为都城，北门在十二门之内，非台城也，今台城向东之门，盖万春门之故迹，明初开拓城基，因旧趾而成之。安得指为北掖，而以广莫当之乎？

南唐御街在天津桥南，直对镇淮桥，至南门台省相列，夹以深渠，东西有锦绣坊，西锦绣坊即在应天府街。《金陵世纪》：今江宁府治为应天府旧治，地名府西大街，当即西锦绣坊。其东有街通，旧王府初有过街楼，名文昌阁，后毁于火。道光间移建凤池书院于此，及今并书院遗趾，亦不易考矣。

蟒蛇仓石观音像，倚山凿石而成，为梁光宅寺故趾，像下有石孔，以竹探之，深不可测，或所谓郗后窟耶！朝阳门下观音寺，本灵谷下院，见《梵刹志》，殿后有石壁高二丈，广如之，背刻“水晶屏”三大字，孝感熊赐履书。正面刻大士像，光泽可鉴，如坐琉璃中，追琢之工，妙绝千古。又麒麟门外坟头地方道旁，有大碑一段，横卧于地，长五丈许，阔一丈，碑头作盘龙形，未凿成，土人于碑上曝稻，可容三十余石。相传明初所遗，将以备孝陵用者，盖当时因举重难运，故置之耳。于今灵谷又在重修运动会场趾，拓地无数，种种遗迹，不易复寻，石屏依旧，宜无慨然。

淮清桥之东清溪祠，旧祀青溪小姑，南朝甚著灵验，《舆地志》青溪岸侧有神祠是也。隋平陈斩张丽华、孔贵嫔于栅下，南宋时并祀之，《六朝事迹类编》已称祠有三妇。迨后祠额犹存，仅小屋一楹，塑男子像，优伶祀之，名曰“老郎神”，谬妄愈失其真。至今则并此且勿存，然读王渔洋《分甘余话》，秦淮青溪上有张丽华祠作二诗，则其祠清初犹存也。

道光间，南京大风雷雨，红纸廊仁昌质库招牌杆，自上及下，劈为数段，其顶抛至古城隍庙前，相去半里，府学大成殿柱火自内发，当即扑灭，县学泮宫牌楼左角，亦被击毁，此外大树拔干，犹不绝书，视今水灾，亦同属仅见者焉。

金陵地势，北高而南卑，取黄土者皆在永庆寺五台山一带，城南土色皆黑，黄者少，人家穿井，下及三丈，犹见砖石，知前代为平地，日积月累，久而至此。高岸为谷，深谷为陵，岂虚语哉！

（《旅行杂志》1931 年第 5 卷第 10 期）

黄幡绰冢绰山游述

黄幡绰为我国历史上名伶官，不特声艺最著，即其气节，亦弥足称重；行谊具载唐史，毋待赘述也。旧传黄墓在正仪镇，距镇五里许，土阜培塿，即名绰山。昆山及新阳（今正仪）县志备载之。意其晚年沦落江南，亦如李龟年之赍志以没乎？癸酉正月初四日，余与叶玉甫先生同谒叶文庄公墓于昆山，或告以顾玉山园趾及黄墓，相距匪遥，余力可及，欣然从之。即先至正仪（距昆山十五分钟，火车所必经），迂道蜡屐东亭西亭。讯玉山园趾，村民多不能对，惟谓荷花盛开时，犹有作并蒂者；且相传有"只见荷花不见眼"之谚。眼即茎也，其不见茎者，则以顾氏治池植荷，以大石板为池面，凿孔其上，荷花得茁长，而藕根则不致窃伤，于今已五百余载，林亭虽废，石板依然，亦见传世之信远矣。玉山园周围二百余里，东亭西亭，并其旧迹，夷为村舍，流风未歇。流连炊许，始赴绰山。绰山距镇三里许，一苇可航，乃以坚冰戒途，未获舟行，则遵陆绕道，行五里，先至广灵桥。桥制奇古，登高一览，羊城湖在其左，右则傀儡湖，烟波浩淼，极清雄之胜。桥挽广灵庵，有万历间重修碑记，盖顾氏家庵之遗，意其即金粟庵乎！更行半里，土阜翼然，前有祠宇，即顾阿瑛旧祠。或云顾墓即在祠下。墓后培塿突起，古木槎枒，为幡绰墓。然未有碑志，土人云：绰山之名，即由幡绰得来。旧有断碣，不可复迹矣！为撮数影。天已就暝，归途追忆，述游纪胜，并世治考古者，其亦更加之意，图得铁证，则篮缕荜路，愿为前驱矣。（图片略）

（《国剧画报》1933 年第 2 卷第 13 期）

黄幡绰墓

黄幡绰为我国历史上著名之伶官。适丁唐时，安史之乱，遂致流落江南，《唐书》备详其事，无俟赘陈。墓在昆山正仪镇西北三里许，即以绰山名，土阜翼然，古木槎枒，虽无碑志，而县志述其事，土人识其名。余于正月四日，与遐庵先生同游昆山，迂道往视，并摄影以范之。(图片略)

(《旅行杂志》1933 年第 7 卷第 3 期)

顾德辉玉山名园

顾德辉(阿瑛)玉山名园，周遭三百余里，为元季明初第一名园，读《玉山名胜集》者，获可窥见于万一。玉山祠即在绰山黄幡绰墓前，祠宇五楹双庯，距广灵庵里许，广灵庵在广灵桥次，盖玉山之家庵也。两影一为顾祠全景，一则合顾祠与黄墓而一之。(图片略)

(《旅行杂志》1933 年第 7 卷第 3 期)

中国近现代稀见史料丛刊【第三辑】

张剑 徐雁平 彭国忠 主编

赵尊岳集（叁）

赵尊岳 著

陈水云 黎晓莲 整理

凤凰出版社

传记

戴东原传略

戴震，字东原，休宁人。十岁始能言，读书过目不忘。甫受《大学章句》，问塾师："何以知为孔子之言而曾子述之？"塾师曰："此朱文公说也。"东原以周、宋相去二千年，何以文公独知其然？师不能对。自后读书，遂必字求其义，以习许氏《说文解字》，而毕通《十三经注疏》。尝谓经以载道，辞以明道，学者当由字以通辞、因辞而明道，非从事六经孔孟，不见载道之文。非从事字义名物，不通明道之语，则宋儒之讥训诂犹渡江河而弃舟楫矣！年二十，以所学就正江永，而齐召南见所作《考工记》，尤为叹服。会以事赴京师，馆于纪昀，一时知名之士若王鸣盛、钱大昕、王昶、朱筠相与过从，秦蕙田见所作《句股割圜记》，因复与研究观象授时之学。既而南归，又与惠栋、卢绍弓游，且摘卢刊《大戴礼记》之误。是时秦蕙田疏请授《正韵书》，将属之钱大昕及先生，而清高宗未允。朱珪尤善先生，聘修汾州府及汾阳县志，考证沿革，其说独详。方观承又聘修直畿河渠书，未成而方死，遗书至嘉庆间始得流布。四库馆开，于敏中荐任纂修官，首校《水经注》，校正详核，高宗至，御制一诗以冠其书。乙未，会试不第，特命一体与殿试，赐同进士出身，授庶吉士，卒于官，年五十有五。

先生学术湛深，见解绝俗，以宋儒言性理，非绍孔孟之真传，遂作《孟子疏证》，反复以明之。其要言曰："古圣贤以体民之情、遂民之欲为得理，今人以己之臆见不出于私为理，是以臆见杀人，咸自信为理矣!"所校官书自《水经注》外，曰《周髀算经》《孙子算经》《张邱建算经》《夏侯阳算经》《五曹算经》《海岛算经》《五经算术》《九章算术》，皆能发王寅旭、谢野臣、梅定九等所未见。曰《仪礼释官》《仪礼识误》《仪礼集释》《项氏家说》《蒙斋中庸讲义》《大戴礼》、扬子《方言》，皆能正其舛夺。所自著书，《原善》三卷、《孟子字义疏证》三卷、《句股割圜记》三卷、《策算》一卷、《原象》一卷、《考工记图》二卷、《声韵考》四卷、《声韵表》十卷、文集十卷、《续天文略》二卷、《水地记》一卷、《方言疏证》十三卷、《毛郑诗考正》四卷、《考正郑氏诗谱》一卷、《杲溪诗经补注》二卷、《大学补注》一卷、《仪礼考正》一卷、《历问》一卷、《古历考》二卷、《六书论》三卷、《尔雅文字考》十卷、《屈原赋注》九卷，《微波榭》，孔继涵为刊之，而弟子段玉裁复刊之。其所考证，要多钩稽典要，别辟蹊径，而于《易》证之《汉书·艺文志》，以示费直之未尝乙改；于《周礼》发明后世言明堂之有室、无堂，不分“个”、“夹”；于《春秋》正其书爵，于《算术》言八线之出于句股，于《尔雅》释其训诂名物，尤为后世所称道。《璇玑玉衡》，世久失传，先生独得神悟，命巧匠为之，而详其制度。地理之学，时人皆致力于郡国，先生则由山川而求郡县，益复精审云。

珍重阁曰：古人言经术，盖经以训理，术以致用。后世之人，漫不加察，往入别经于术，而言经者多空疏，言术者亦自惭其陋矣！圣王之教，道在人伦日用之间，是以见通经者之将以经治世也。然非济之以实学，则经徒为载道之文，而将莫由以宣其化。东原言通经，主训诂名物，则于经已务其实，况益之以舆地、历算、天文、声韵，均无一可托诸空言者。东原盖以治术者治经，则不差累黍，解经者解术，则显豁贯通，而后经术并进，蔚为大儒、宗匠并世。奕叶以还，不无治戴氏学者，而或以逞臆说，或以主坛坫，要不能得东原之湛深。且东原辟宋儒以言性理，不必泥于躬行实践，而躬行实践之道，自在其中。治戴氏学者，先知言行表里而躬践之，其庶几得问道之嚆矢矣！本年会东原没后二百年，有表章其学者出，可为盛业，特恐其学术门径之未必尽为国人所知也，校刊之余，因书其事略以为补白于此。

（《申报》1923年10月10日，第18184号）

人往风微录

弁言

余不好学，仰荷荫庇，数十年抗尘人海，不屑用世，而又未尝不为世用也。颇忆垂髫时，敬侍庭训，一时豪俊文学之士，来往惜阴堂者，辄获请益，丈人辈行，无不以进德修业相勖勉。少长问学，又尝得名师承授，旋者于役南北，交游益众，长揖公卿，闲治文酒，乃至艺流卜隐，无不引与相共。见闻日广，造诣亦渐进，窃欲排日作记，少存往迹，苦未得暇，滋可慨已。迩者退食，偶获清暇，往事重叠，历历在目，发奋为纪先哲嘉言，识其小者，用备史官之旁证，追畴日之欢悰。小园花木，曾见惊鸿，年光倒流，庶几华表，伤逝之私，固有不能已于哀乐中年者。抽管之余，不胜为之神往已。癸未人日，惜阴堂识。

题　词

征闻窃比传心史，述德犹堪绍义方；淡墨微渗录鬼薄，伤离惜逝两苍茫。

寒霞渐翦一楼明，梦里衣冠属老成；回忆尊前索梨栗，孤儿忍泪数生平。

樊楼侧帽旧京华，本事题诗付鬓雅；十载风情消中酒，只扶残醉看梅花。

唐绍仪

唐绍仪，字少川，广东香山人，旋改中山。其先聚族而居，地以族名曰唐家湾。居户商贾，无不族人，比户列廛，富甲乡国。距湾不远，有丛山，则道光之际，其祖父辈避英舰所栖泊也。幼时应出洋考试，十五岁即赴美留学，辄冠其曹。归沪后，由沪返粤，船只失事，会与同学梁敦彦尚书同室，急难之际，众客喧拏，独置衣物不顾，挈饼饵火器下小艇以行，机智果敢，梁益礼重之。梁留官粤东，绍仪去北洋，入李文忠公幕府，办理译务，李名大震。初尝就海关末秩，总税务司赫德，以英人为我规划关政，中外建制，显多轩轾，积不能平。遂上书披沥其事。赫德召之入见曰："青年胡乃气盛？新进不容置词，慎缄尔口，勤谨奉公。"一怒去职，濒行函赫德曰："当吾主关政时，必有以正之也。"逮任税务督办，拜命之日，即传见赫德，严词告诫，赫德退直，郁郁求去。既登幕府，复去高丽，随袁世凯主持交涉，因与英使朱尔典为莫逆交。中东战后，归任津海关道，津海固腴缺，一任辄积资百十万。绍仪周旋尊俎，力崇国体，精治饮馔，排日馈遗，以窥国情，十得八九，西洋人士咸乐为之用，乃致岁有亏损，其家犹按时馈款存济之，举世以为异事。后任东三省时，相地鸠材，益闳官署，所挥斥者至巨，建树亦特多。生平博学深思，豪情壮语，公卿每礼重，亦莫不严惮之。

李文忠督粤时，随节北行，舟过虎门，岩石如画，李掀髯脾睨，谓："尝闻粤东王气，惟此是赖，特虎头内向，是以谋功不成。唐遽应声曰："虎头会有外转之时，公其俟之。"又戊戌变起，奉廷寄，发康、梁祖墓，李计无所出，招僚吏集议，长子经方亦侍座，左右依违无一词，则请置勿行，且披陈历国政事，语侵及李，李为怫然。议未谐，侧席请退，即束装草辞呈，襆被且行，经方素日与共饭，日旰未见传膳，往室内觇之，曰："吾言不直，但自行耳。"经方禀之堂上，李独邀入见，温谕慰勉，唐犹哓哓。李曰：“若言诚是，特不宜当众指陈，吾子旁侍，更不宜语侵老夫，汝意吾诚识之，可速归治公牍，毋呶呶向人也。”唐垂老犹忆其事，以李为知人善用，策勋定国，于此觇之。

逮返北洋，世凯倚之如左右手。唐固通治术，识政要，且右民主，与北洋阀阅委蛇，非其志也。辛亥革命事起，阴赞共和，南北议和之际，先公密电谓君来当可奠定国是，余子碌碌，不足与言，袁亦卒任之为总代表。初议在汉口开会，先公复告以汉江用兵之地，舟车艰阻，非在上海，不足以综全国之舆情、一天下之视听，因改道赴沪。先公为介见孙中山、黄克强两先生，克强湘籍，相见尚为寒暄语，中山先生乡人，仅道阔别而已。和议既成，任内阁总理，捍格不获申其素愿，黄祯祥复劫持之，遂谢官闭户。世凯又谋帝制自为，则力格其非，逮窥其异志已决，不为所动，乃脱身南行，一时人望益归之。

西南护法之役，奋身参与，实综其成。既以病养疴日本，东瀛朝野，倒屣奉盏。旋任中山模范县长，以牧令径隶政府，时亦垂垂老矣。则就故园莳花叠石以自娱，园榜“共乐”，就土山环堵，建楼一楹，平舍一椽，登楼观海，沧波浩渺，风樯沙屿，历历在目，以款宾客，来者云集。间事临池，学米襄阳，而自谓不工，不乐为人染翰。民国十九年，两粤自外宁府，别立建制，亦预其役。东北变起，阋墙事定，优游沪、粤，片言只字，胥为当世所引重，语亦不肯轻发。迨陈济棠称兵，敬事攸加，虚与款曲，终劝其释兵柄，顾大体，举家北归，息影庐山者六阅月，益不顾问世事。

二十六年，中日构衅，目怵心伤，病榻中宵，徬徨无策，一时两国朝野，冀挽浩劫，多往请益，虽辄婉却，而豪俊宾客，借箸以筹，遂为忌者所中，属刺客往袭杀之。时其幼女甫将于归，家人琐冗，未遑将护，亦以素性恬淡，不置更卫，故得乘间以入也。平日伉爽耿直，双目炯炯，举措昂然。每值休沐，必张筵以款故旧。中年间事行博，虽盛负，一及正事，拍案即起，绝不介意。又好鉴别名瓷，收藏甚富，晚年多出以易米，而振恤资助，莫不乐为，有叩之者，必输巨款。投老尤好读书，晨夕把卷，客至追述年时掌故，移晷不倦。民国元年，娶继配吴夫人，要以薙须，欣然从之，行礼上海赵氏园，黄克强为之证昏，一时播为佳话。

三十年前，余方弱冠，即随侍先公，获接丰采，既而往还南北，每承清诲。十九年于役粤垣，坚邀赴园居，研讨政事，遂作客观海楼，得揽山海之胜。方督办开滦矿务时，美利坚人胡佛为工程师。事隔二十余载，胡佛膺总统选举，有中伤之者，谓其在开滦时不检细行，右胡佛者函询究竟，覆白其诬，胡佛始任元首。时言中美敦睦者，欲其赴美一行，益连敦槃之好，而折冲者阴泥之，不果行，知者以为憾事。方临命前三日，余往视之，垂询时事，谓扶危定倾，当以民意为镃基，言者纷纭，多非长策，信能假我时日，集各省贤俊于一堂，共定大计，虽老弱亦愿相从。窃窥其意，盖欲取法辛亥间上海之各省联合会，由以改制，重奠邦本，进言释兵，而形格势禁，内外轧铄，急功者图成于旦夕，因运者乘时以蹈厉，相持之局，知尚有待。迄于今兹，数历寒暑，旧观少复，乃不及扶杖观之矣，悲夫！

（据《古今半月刊》周年纪念特大号，即1943年第19期）

张謇 孝若

张謇字季直，别字啬庵，江苏海门长乐镇人，著籍南通，优于文学。初居吴长庆幕中，渐随赴高丽，时袁世凯方以世家子投效，不为时重，辄往请益。其时文名籍甚，往应殿试，主者必欲物色得之。武进刘葆桢窥得中朝属意，即于试策中略及朝鲜事，果获隽，刘固雄于文，知者谓亦善于揣摩也。既占榜首，出翁文恭公门下。鲜事既败，归处乡里，薄于仕进，有意为经世之学，研讨农商、水利、植棉、纺织、冶金、熬波诸事，无不精至。棉铁立国之说，比之于汉桓宽焉。又重教学，慨于帖括之无裨政事，鄙而汰之，即就邑中举办大生纱厂，立师范学校，酌其所盈，以供修脯。旋而潢治道路，建制楼舍，字孤邮老，设南通大学,与日俱进。南通为中国之模范县者,实惟只手之力,经之营之。维时山阳丁宝桢任山西巡抚,推挹备至,函中至有“与其为无价值之帝皇,不如为有价值之商人”语,謇拜函,惶悚无地,随即火之,以逃于文字之狱。货殖繁冗,文人每非所长。謇握算持筹,思绪井井,顾仍不废艺事,日以吟课临池为乐,朋好酬唱无虚夕,亦辄往返沪宁,主持江苏省教育会事。立宪议起,即与先公及闽县郑孝胥、武进孟森、崇明王清穆、山阴汤寿潜设预备立宪公会。又任江苏省议会长。辛亥春仲,连名十人上书监国摄政王,规以勤政,毋任亲贵。书置不报,识者谓清社殆不禄矣。八月十九日,武昌事发,适在汉口,星夜归来,馆惜阴堂,商定大计,务主不扰民,少杀伤,冀以潜移默运之力,肇造新邦,少纾浩劫。一时经世文字,多出其手,各省联合会,亦奉之为祭酒。市廛失色相告,殿撰公亦右新政,言共和,谨厚者为此,国人宜知所从违。民意向背,于此征之。和议之际,唐绍仪、伍廷芳两代表,日往折冲,议已垂定,退位诏久不下。或曰,一代禅让,亦当得大手笔为之,遂为拟作,电之京师,及诏下,大半均采用之,其原稿犹在人间也。世凯既任总统,往就农商部长,少行其志,劝工治商,多所擘画,又规画水利局,为开辟新运河之议。袁旋谋称帝,屡为箴规,不能听,拂袖归去。特与黎元洪、徐世昌、李经羲崇为“嵩山四友”,制定规章,赞拜不名,笺启以字,勿称臣,比于汉之“商山四皓”,为革除中之珍闻。此后南北干戈之际,亦时多献替,而卒不能尽其效。及既归里,益发奋治垦务,先是通海有垦牧公司,辟地百里,舍盐治垦,手订条款,以付之江知源,秉命受成,所获至丰,尤而效之。于淮南设公司植棉,及杂粮,赖以举火者,数十万家。盖淮北治盐,淮南改垦之利,实促其成,亦亲见其利。余尝往居旬日,遍揽敷绩之盛,江海之胜,沃野千家,炊烟万灶,乃不能不服其见卓而行毅,化斥卤蜃楼之地,为桑麻弦诵之乡也。固以垦事日繁,需资日广,力或不任,则不免于支绌,忧心如捣,复为招致银行团往参观,群许其成效,因有盐垦债券之发行,赖以支柱。凡与其事者,向与共甘苦,晨兴啜粥,晚治麦饭，经国朝野之事，南通庶几备之，益出余绪。经营兴筑，平治途道，或问其计政，以至家储，则曰："吾初无私蓄，亦不治生产，大生会计，为余料量所需，即有红利酬给，亦入公项，为建置之需，其不足者，即由大生付之。吾以南通人，营南通事，初不为之强分公私，苟有不敷，吾子若孙，当代偿其责。"语悖于法，而切于事，因兹人亦多谅之。其时江南俶扰，咸欲得一言为重，方面干城，时时赴通问大政，孙传芳、徐树铮均往游观，辄置杯酌迓之。又出任吴淞商埠督办，交通银行总经理，亲勘海塘，规划淞镇，惟期促未遑有所建树。为謇治文牍者，最赏余乡人沈同芳、孟昭常、刘桓、孟森诸君。沈早下世，孟氏昆季，辄为视草，文彩斐然。刘尝为农商部次长，渐隐于货殖，不复仕进。又川沙黄炎培、苏州沈恩孚，胥负众望，时治教学，为当世所推重，咸与共患难文字之交。其乡人管石丞工书，与有神似，便为捉笔，其题名草书謇字，或类宝宝，公文画押，随手挥就，人或戏以宝宝称之，比于王克敏之草押，似老妓二字云。所居先营数椽，近城濠，即曰"濠南别业"，风亭月榭，陈旧有儒雅气。渐拓地治园囿，别筑闳厦，则舍宅为博物馆。尝为子孝若行冠礼昏礼于闳厦中，一时传为盛事。博物馆多出私储以供之，殿试应卷，嵩山志胜，文献之征，历历在目。又以素重艺事，故绣绘雕刻之属弥夥。余沈寿女士，吴人，工刺绣，其所作意大利皇后像，为海国所推奖，尝延之授绣，亦多精品，张之壁间。南通濒江建邑，山水襟带，饶有狼山诸胜，骆宾王所曾至。謇壮年尝谒观音殿，始举孝若，以得神贶，颇事虔礼。因广其寺，复营观音院其间，遍征海内观音像五百帧，为镇院之宝。祥云馥郁，香气氤氲，花雨诸天，华严弹指，因以为狼山公园。部置幽茜，略似温州之资福、积谷二山焉。方七十寿时，与兄謩设大酺于城园，称觞者云集，謇亦自为题咏以寄兴。又约故旧，婆娑为乐，远比于洛阳耆老之盛会。謇固好乐艺，方宦京师时，新会梁启超、番禺罗惇曧邀观梅兰芳爨演，弥致剧赏，赋诗游扬之。复为工书折箑，自谓应朝考以来，未尝作工楷如此精整。日下传闻，以为韵事。南通固有剧场，延欧阳予倩主其事。欧阳世家子，治新学，兼通剧艺，受任之始，颇图振奋，亦感于伶官积习之深，未易遽改，经年辞去。维时兰芳南来，专舟往演，因建“梅欧阁”以志其盛。盖掇宋人语以名之，唱和一集，传遍海宇。从学者李斐叔，赏其好学，携之上海，属执贽兰芳门下，即在交通银行张筵行礼，随梅北行，既又同游欧美。李性简傲，时与人忤，独忠事师门无间言。《缀玉轩笔札》，多出其手，清丽可诵，盖沐教益者至殷。謇书师宗元，结构略似刘石庵，雄健过之。又善十七帖，其为先公书则曰：“君师眉山，余特效颦以取悦耳。”治文学有法度，不尚风华，自然流丽，独不好词。余方受词学，偶加督过，谓“词多郑卫，词人何补”，余笑而存之，以比于晏临淄之门下老吏，虽不能用，亦感其诚。生平裘马饮馔，一匆华治，往往自称农家子。虽进居机要，退比宏景，初未尝以丝毫富贵骄人，人亦乐为之用。子孝若，爱之至笃，时见歌咏。宣统元年甫十二岁，即携之观南京南洋劝业会，迂道海上，栖息惜阴堂，谓与余同岁，当缔奕叶之交。归即赋五古一章见贻，余亦有和章，则两为改定之，自此两家世好，音问勿替。先公复为介杨恩湛、郑铁如，授以用世之学，渐从一澳大利人南行，将赴澳学畜植。其人佥壬，馆于斐利滨，絜然远去，遂复返，别随郑铁如至美利坚习商事。先后远游，均有述作，《斐利滨游记》及《仕学集》，为世传诵。归来执业上海银行，渐为考察实业专使，赴欧洲一行，调任智利公使，未遑就任，又任淮海银行董事长，以至盐垦、教育、水利诸端，均秉严命，善为经纪。孝若天分卓越，文彩清丽，酬酢世务，施设允当，不必尽名父之传，已足惊世而震俗。自謇谢宾客，屏居海上，董治政书数十卷，为《张季子九录》，又自编年谱行于世。胡适以子为父传，详尽亲挚，深爱其书，为长序以美之。世变未已，海桑易代，盐垦之盛，少减襄昔。孝若知人善任，心力凋瘁，幸能支撑其间，不坠先业，而阅世益深，芳爱尽敛，日趋沉着，举国誉为令子。视余之浮沉江海，抱持先集，数载未及杀青者，相视诚不可以道里计。方居上海时，辄共晨夕，亦少少从事于棉垦诸业。追溯总角之乐，趋庭之娱，倏已天上，为之凄恻，把手泫然。忽一日，老仆以细故行凶，深宵入就卧室杀之，而复自杀于户外，知好震悼，乃莫察其致祸之由，诚前劫已。

（据《古今半月刊》1943 年第 20、21 期）

熊希龄

熊希龄，字秉三，湖南凤凰厅人。少有文名，宝山朱令观政是邦，即以其女字之。年十八，中进士。其时新学初兴，改革议起，即与诸名辈陈宝箴、三立父子，康有为，唐才常，梁启超纵谈大计，一时有新党之目。日事会议，兴学论政。其时湘中风气特盛，胡元倓倡明德中学，招集俊彦陈果夫等任教习其间，希龄赞许独多。戊戌事败，远游海外，避地江南。旋以端方好新学，深重其人，力张荐剡，遂随五大臣出洋，考察宪政，又服官度支部，转东三省，清理财政，有声于时。既而卜居上海，与惜阴堂为邻，罢官归来，研讨计政，不废治理。

辛亥九月，改革事起，奋发蹈厉者，实繁有徒。而图籍司农，罕有精思默察者。先公奭然忧之，请其规策一切，纲举目张，用以奠课赋度支会计之初基，以示之当道，孙、黄、唐、陈诸君，群相折服，因北行任财政总长。大乱初定，编遣军队，革新改制，在在需财，而课赋不继，日嗟仰屋，始有大借款之拟议。惟事无前例，各国又相凌铄，动辄阻格，遂以书抵先公，求得深谙律例、爱助中国之外籍专家，折冲其间，以昭公信。先公深以为然，物色德雷斯律师，始终其役，劳绩甚著。总统袁世凯乃利得巨款，为排除异己之需，则非初料所及，而亦实为国家之不幸也。继晋任内阁总理，网罗才俊，位之台阁，海内翕然，有“人才内阁”“第一流内阁”之誉。

袁则既持南北之见，复有窥位之私，卒至解散国会，天下骚动，因以乞退。旋改热河都统，不久亦解绶隐去。自此誓不复仕，仅刻意以救灾恤孤为己任。京畿屡有灾振，辄任督办，实行工振，以济危亟。复创设慈幼院于香山。香山，燕京胜地，金章宗所营构，明、清以来列为御园，禁人游观。庚子遭联军之劫，始就芜废。逊国以后，由官中经纪，得许编户承租营缮。士大夫多构一椽，资为游憩之所。希龄引泉导脉，叠石栽花，一一潢治，几复旧观。筑平屋于梦感泉旁，榜题“双清别墅”，驰声日下。又就欢喜园旧址，于高处建藏书楼。云海半天，松涛万斛，别舍宾馆，游客如归。山麓坏殿，即就建慈幼院，招伶仃孤童，资其眠食，授以艺事，施以教化。又命弱女远渡美利坚，习保育，归为院师。年耗数十万元，半出之官，半集之商，资助者亦乐于将输。河南督军张镇芳，以独力建层楼，为治事之所，即以其名名之。海内乐观厥成者日众，所耗之心力亦日多。进而设医院、学校，香山之名益彰。抚杖涉足，终岁不倦。且营太夫人葬事于山墟，自为生圹，永庇慈荫。盖夙以山主自居者，且欲永以山传矣。

世凯称帝意动，所谋日左，阴与蔡锷、梁启超有连。蔡其乡人，梁则旧好，谋所以脱之于险。滇南建帜，洪宪瓦解，实有以助成之。黎元洪继任总统，复辟事作，溥仪受奸佥之怂恿，背禅让之大信，复辟宫禁。时适居天津，即与段祺瑞、梁启超漏夜定马厂进兵之策，更密电南北疆吏名流，率起勘乱，列数复辟之罪。初，张勋以复辟事，尝开会徐州军次，疆吏多遣行人参与。至是同起申挞伐，才七日而事定，徒为史家之佚闻，世多颂祺瑞、启超功多，未知潜移默化，帷幄运筹，犹有人在。大政既定，众以物望所属，请再出任，则笑谢之曰：“吾为国家慈幼育孤，其职责宁不益巨？百年树人，吾任其难，奚复不可。”于是益致力所事，且辟石驸马大街居宅为民众阅览社、红十字会治事处所。身与群儿共晨夕，授以讲章。每纪念节日、国庆令辰，辄集院生，张盛会，勉以爱国家、服公役。会竟，置酒肉以醉饱之，群儿弥不感涕。其毕业者，更量材介以职责，院生以约束严，秉教导，亦多能尽其用，为世所爱重，遂益顾而乐之。春秋佳日，买棹南来，与知好杯酒相属，纵论大计，所至倒屣。言经济用世之学者，尤奉之为山斗。盖素长政事，复历显仕，一时知名，多为后进，只字见重于台阁，深虑时出之老成，以是一时言事功者，无不愿得片言相引重。欧洲战发，颇持参战之说，国家亦薄有所获，而国民党人或不之直。

迹其平生，戊戌以新党昌言改革，辛亥以名流振导革命。又先公尝约办统一党，与张謇、汤寿潜、庄蕴宽有沆瀣之合。政府北迁，先公不更问政事，改共和党，更嬗衍为进步党，因之迄与国民党持议微左。然党人前辈孙、黄诸先生，咸礼重之。其乡人谭延闿，更夙好，往还无间。研讨政事，率以国家为依归，初不以群党争一日之短长也。幼长文学，尤通政论，雄辨滔滔，振笔治牍，更纸十余番不止，详赅切挚，览者咸为动容。辛亥秋冬间，以毗邻密迩，时为先生草稿捉笔。及北任内阁总理，来函谓揆席繁冗，亟欲摆脱，仍归为惜阴堂书记。气类之合，于此见之。家居或为儿女辈讲解文课，旁薄浩瀚，至跃登书案，口授指画，听者无不神会。

方六十寿日，综核生平所入，俸给货殖，部别类居，列数十万元，率捐为慈善基金，设委员会，延友好经纪其事。曰："吾取之于公者若许，今仍当还之国家，用为慈幼之资。吾所需甚俭，自奉月得三数百元为已足。友好当就孳息所得，畀吾此数，以终天年，斯大幸事。"友好亦乐受之，按期董理其事。伊古散材之道，未尝或见，风世励俗，足以愧厚自封殖者而有余。平日耽道乐静，肝胃宿疾，时间时发，因习坐功内养之术，色泽加丰，神以日敛，惟旧疾犹未获痊。关外事起，激昂特甚，与朱庆澜等规划救济，阴策部队，居恒栗六，颇为当局所忌。盖嫉变乱之由，丛过于当道，清言诤论，不少宽假，以是朝列亦多不满之，而其从事慈幼抚伤者如故。世变日亟，筹措维艰，勉自支揞，心力为之交瘁。余尝养疴豫王府，病瘳，客欢喜园，流连晨夕者兼旬，辄往觇化育之盛，稚子牵衣，天趣扬溢，青年力作，竟日乐群，家居昆季之欢，初若不知尘外别有宇宙，诚足以化民成俗，树德镃基者矣。间亦少与声色之盛，阃禁綦笃，惮事甚至，得间微服以行，弥用为乐。顾不嗜博，亦不豪于饮，清言兰吹，用为丝竹东山之助。民国五年，身任河工振务等三督办，而勾阑中双凤院有大凌波、小凌波两艳倡，过从较密，京师人士为作谐联："一熊三督办，双凤小凌波。"盛传于时。越二十年，余自关外观政归来，道出山麓，招作茗叙，绿阴如幄，鉴水一泓，争谈掌故。方凭梦感泉次，倒影沦漪，须眉奕奕，佥谓老人凌波弄影，婆娑兴致，不减年时，因为追述斯联。沧海变易，人事无常，大道青楼，犹留故影，足征风趣隽永，情绪回环，投老犹勿忘怀，为足念已。希龄疏髯广颡，论议之外，间作雅谑。尤爱奖掖后进，与青年学子语，温淳如家人。亦偶作小诗，恬淡得陶、谢法乳，书法颇师米、蔡，意境极高，随手挥洒饶有逸趣。退隐后，并好填词，略似苏、辛，辄挟湖海元龙之英气，艰词涩语，一一驱遣。又学画松竹梅花，横幅长题韵语，足以名世。

悼亡以后，郁郁寡欢，时多疾病。或南来小住戚党家中，临池读书，以遣永日。因识江山毛彦文女士。彦文留学美利坚，习文学、教育有年，归任教职，轻视天下士，无可意者。以与其女公子同几砚，得承教益，独重老人，遂论昏媾。方六十六岁时，彦文三十三岁。结昏于上海贝当路教堂。先一日，预演礼节，亦循唐绍仪例，薙须成礼，复赋催妆词《贺新郎》一曲，以记其事。喜筵设新亚旅馆，贺客云集，则自起致词，并引先公赞许之语为左证。盖昏仪垂定之时，尝来惜阴堂，详述其事，先公乐而许之，因以为言。昏后同至江山，谒外家，并揽江郎片石之胜。又北返续理慈幼院事。夫人夙敦师道，见重儒林，益勤所事。双清俪影，望之如神仙中人。旋归上海，以舍身许国为责志。海宇不靖，力事劝募，躬赴南洋，辇金至巨。沪警既发，与夫人移居香港，赁庑未就，作客九龙逆旅。方数日，为十二月二十四日午夜，忽感心疾，亟召医至，不获救，遂谢宾客，权厝香港公墓。彦文夫人归沪，僦屋以居，南北暌绝，兵尘路阻，犹关注院务，于今不辍，足以完其遗志矣。

（据《古今半月刊》1943 年第 22 期）

庄蕴宽

庄蕴宽，字思缄，江苏阳湖人。庄氏世为江南大族，经学文史，代有述作，自明以来，俗称常州四大姓，庄、刘、吕、赵者也。蕴宽读书歧嶷，天资聪悟，辄得圣解，不以规矩自绳。每发论议，惊其长老，或比之于狂生。又好抗辩，嫉恶如仇，青白眼曾不少为人谅。其父字之曰思缄，所以示金人之戒。又以昆列居三，乡里咸尊之为缄三先生。少居乡里，屏绝尘俗，所与游者，一时名辈，赋诗饮啸，颇得声誉。其时洪羊之后，大乱初定，有自窟中逃归者，将以结纳自重。蕴宽知其尝应南京天王殿试，以馆阁诗有"努力杀獗犻"一语获隽（维时加犬旁于人名之左，以示惩创），特薄其人，每来造访，无不辞谢。忽一日，其人又至，适自往应门，门开及见，则面语之曰："余不在宅，恕不延迓。"言既遂，立阖其户，其睚眦有如此者。而其人终善事之，每相见于市廛，执礼至恭。终亦与之偶道寒暵，事后谓"柔能克刚，于此可以见之，吾固不能胜也"。

既而服官广东，亦好与人忤，尤爱斥辱败类。官署衙期，例有茗点，贫士趋衙往往一饱为乐，其不堪者藏馒首于襟袖间，归飧妻孥，忽为所见，即趋与共语，以手密引其双肘，馅食尽坠，衣履脂渍，举座哄引为笑。渐转广西练新兵，筹设督练公所，广收学子，授以兵事。又亲赴日本，聘士官毕业生，归主其事。若赵正平、钮永建、王孝缜诸君，均预其选。诸生阴策革命，盖深知之。由日归国，语先公曰："吾又收罗革命人才几许矣。"桂军迄今负盛名，筚路蓝缕，实有以启之。宿将谭浩明，以及今之李宗仁、白崇禧诸名辈，无不敬事，以为汉文翁以文学化蜀，蕴宽乃以武功肇建粤西也。既任边防督办于龙州，继郑孝胥。郑以文人佩印绶，开边比于希文之穷塞主，气宇皓伟，经纬万端，而所为或不尽至，则曰"海藏楼大名士，宜有以谅之。即边氓以物力供养文流，不其佳事耶"。镇南关革命之役，黄先烈克强出入关隘，虽乔饰亦不能逃逻巡耳目，则与法国教堂司铎谋而阴纵之，以免于难。

瓜代以归，新政迭兴，令誉蔚起，一时名公大夫，多乐与之游。端方尤以推行新政，引擢人才，为众望所归，因益加亲炙。而蕴宽率直，一如平时，端方尝一日约客燕集，先公在座，谈及政事，端偶谓"汉人亦不易同心协力，信有其时，旗人讵有立足之地"。语声未已，疾声发于座隅曰："公试觇之，同心协力，为期不远，终有一日。"群客争目之，则蕴宽厉色而作，端亦始终容之。其倾倒改革，见重流辈，一至于此。瘴海归来，留徙上海。宣统三年，任商船学校校长。其时校基初创，即在徐家汇南洋公学之次，丝厂旧址。余方从学南洋，时时望见，辄往返校舍，督课监操。

逮秋间，武昌事起，即奋袂将事，移居惜阴堂，晨出晡归，已去发辫，与孙、黄、张謇、汤寿潜、宋教仁、陈其美、钮永建、顾忠琛、洪承点共定大计。尤重苏政，苏人奉之为山斗。蕴宽知兵，兼以胆识过人，不畏强御，故疑难丛脞，一一集之其身，亦能等闲了之。江南底定，遂出任江苏都督，非其愿也。甫至南京，即以兵法为部勒。凡有强悍不称职者，一一加以严法。临时大总统府有庶务员，日至廛肆，勒索苛细，以至日用品物，无不诡称总统府需用。事以上闻，即派警察就通衢缚来严鞫。知者或来求免，咸不之顾。翌日，即正之典刑。肆人称快，佥壬失色，相惊告语："总统府职员尚伏重法，吾曹其知所免夫。"于是廛肆安易，人心为定，孙总统亦绳其能。既而移节苏州，乱兵肆掠，立以省军械至，一询而服，即骈戮之，苏城亦以奠安。其治乱国，盖好用重典者。

民国元年，南北政府合并，总统袁世凯重其材，以为都肃政史。不避权要，弹劾严峻，王治馨以贪渎伏法，为世盛传。逮世凯有帝制之议，杨度等组筹安会，议及政体，即起纠弹，时人以"庄都头"目之。或谓帝制在所必成；识时斯为俊杰，万一意外，宁非自取。则语其友好曰："吾每日驾马车趋公，如有狙击者，可由车后开枪，距吾颇近，易于中的，且不致伤及御人无辜也。”语为袁闻，以其憨直，阴为曲庇。

渐改制设审计院，调为院长。审计固闲曹，亦顾而乐之，日以书画金石自娱，而军人之至京者，多以其前辈，敬礼攸加。即民党中人知其虽非党籍，实托庇阴，亦乐与之周旋。每国家多故，京师扰攘之际，辄与江朝宗、熊希龄等，为中朝大老，为编户生佛，安靖民生。审计院主综核全国度支，而各省军政，咸属专阃，初不重视，亦有亟待核销，资以酌盈者，或有干托，咸加峻拒。既而库藏日绌，京曹饷糈，多不能继，强有力者，或尚得筹款自给，闲曹冷署，往往累月不名一文。所幸僚属咸体院长清况，不加苛索。间有所得，发给俸食，亦自厮养、办事员而科员、科长，按成递配，往往本人一无所获。因是阖署咸钦其盛德，虽无升斗之储，亦永永追随勿去。族兄椿年任副院长，多谓为难能，亦终与共甘苦。京师人士，益加揖重。段祺瑞、杨宇霆等一时重望，咸乐闻绪论，敬受其词。因亦得以所见闻者，阴相地方，比诸诤友之列。江苏为南北绾毂之区，东南饶富之地，阋阋争哄，屡苦兵役。则直言放论，抨弹无忌。渐以偏痪病足，不良于行，展转衽席，以文史报章自娱，初不忘情于国计，卒为鲁督张宗昌所忌，使王琦往逮之，欲置于法。王以缇骑，躬就所居。正争持间，其子密赴邻院，电话关外，告之杨宇霆。杨立电张缓颊，凡五小时，张急足止王，毋许卤莽，其事始寝。苟少迟误，论者以为或与林白水、邵飘萍同命。林、邵以文字贾祸致死，均王主之也。养摄经岁，其病少已。既而国民革命，北伐抵燕京，政局丕变，因去官职。

旋各省设修志局，钮永建为江苏主席，先公以语永建，延之南来，使主局务，开馆焦山，设局松风阁，遂货旧居南返。时时往来于京、焦、常、沪间，少获清暇，养疴怡老，终于里舍。遗命葬常州公墓，不封不树。举殡之日，郡人无不流涕，谓天乃不憖一老也。

蕴宽躯体短悍，双目炯炯，口大髯疏，直戆敏干，廉正公忠。自幼受学，即好为疑古之论，口如悬河，讲解文史，每立新义，非圣谤贤，咸不之恤。常日渺视政术，痛排荣利，否臧人事，不少假借。而又玩世疾俗，一言之发，闻者绝倒。山水清娱，偶事游览，亦无多恋。自雁荡归来，或询龙湫之胜，则曰“差似壮夫立而小遗耳”。又乡人盛宣怀，身后有举发控告者，政府因查封田宅，并及苏州留园。留园为盛宣怀父丹勖所营构，非宣怀产，则曰：“往者罪及妻孥，兹乃罪及高、曾耶?”一日客杭州，往访旧友，其人浮沉末僚，潦倒已甚，念旧泫然，将予佽助，且约之放棹湖上。逮及孤山，其人匆匆谓有事先去，维舟登岸，曾不数武，仓皇呼舟子曰：“吾遗钱币，烦一检之。”同舟立为移坐搜索，因询遗落何数，其人谓约六十番，则探囊如数予之，且曰“所失正复在此，幸而得之”。其人称谢，携之起行。舟复前掉，遂语友好曰：“其人奇困，吾且厚资之，不意觇吾绨袍之谊，即动念秧之谋，品劣至此，只有因而给之，吾所省多矣。”其突梯便给，往往类此。

间好行博，辄至大负，使气掷注，每至倾囊。病中亲友俱集，手战不能举叶子，则以小厮立代其役，顾而乐之。暇好治书法。庄氏世工魏碑，能绳家法，进为狂草，日日与人挥洒无倦容。或学作花卉，初不甚工，自有天趣。进作八分，所藏宋拓《夏承碑》，出临川李氏，海内孤本，日事把玩。亦偶作诗，兴到为之，或作题咏，生涩中别饶风趣，不索人和，亦不多以示人。居官无俚，日赴琉璃厂骨董肆中，择其精胜价廉者，携归摩挲，用消永昼。书画鉴赏，颇获神悟。以贫宦无蓄积，迄少珍品。晚岁忽有所悟，遂信佛法。初以大智慧遍览各部，咸得津逮，机锋所肆，直指五灯，相宗科弟，如数指掌。又得吾乡天宁寺冶开老和尚之开度，益臻胜悟，归诸净土，日事功课。先公入佛初机，所为助力者特多。金山老僧慧眼所瞩，洞达历劫，尝谓前生一世为虎，一世为明建文帝，盖生有自来者。不昧性灵，超凡入圣，庶几不远。

综其生平，颖慧独绝，恶恶特甚。好以重典治乱世，绳非法，而不违于仁者之用心。好谤士流，而仍不失雅人之深致。好不恭玩世，而通理学之真传。好勇斗狠，讥弹抨劾，而不失其为庸言儒行。好非圣无法，而实通儒、释之精谛。例诸佛氏，殆阿罗汉之流，进于声闻缘觉者，亦近世一行之流已。

（据《古今半月刊》1943年第23期）

朱祖谋

朱祖谋，字古微，晚岁改名孝臧，别号沤尹、上彊村人，浙江归安人。幼年随宦豫中，其父以廉勤著称，平反王树汶案，卓有声誉。祖谋文字朴茂，中传胪即官京曹，与临桂王鹏运游。鹏运为名御史，风骨梗峻，以敢言称于时，尝奏白时政，触上怒，回原衙门行走，以填词、校词、刻词自课，世所奉为广右大师半塘老人者是也。庚子之乱，召见六部九卿翰詹廷议，以定大计，祖谋拜谓："围攻教堂，将召大变，臣期期以为不可。"音朗言简，直达陛次。东朝固右拳匪，循声问谁某置词，唯唯无对者，而朱躯干短小，蔽于前列，遂得幸免于难，为三忠之续。果不旬月，大难以作，京师灰烬，则与鹏运等赋《庚子秋词》以自遣。祖谋词名振铄，自谓实四十后，始随鹏运为之。维时同声音磬，如临桂况周颐、长沙张祖珊馆阁诸名辈，无不耽事。而鹏运开风气之先，其填词也，标重拙大之指，力戒轻纤之弊，圭臬吾乡二张先生，以上承两宋。举凡明末国初，俳体芜词，一加删芟。祖谋奉教弥谨，师法梦窗，益致力于四声，以返前失。其校词也，取法前人校勘之学，不失毫黍，阙疑订声，程为五例，而揭橥其治校之法于《梦窗四稿》，《四稿》凡三校，至详且尽，实有以助成之。其刻词也，鸠工治事，亲为迻校，加朱著墨，不容少讹，偶不遂意，劈板覆刻，随有所得，即随有所改。《梦窗四稿》，三校而三刻之。后之《彊村丛书》亦多类于此，鹏运合所刻为《半唐所刻词》，则继之为《彊村所刻词》。仁和吴昌绶，雅有词癖，所聚至夥，又自大典本、四库本搜获宋元人词数百种，钞校本如千种，将谋剞劂，而先刊影宋本为《双照楼词》。其未完者，吾乡陶氏，续楔为《涉园所刻词》，所有大典、四库诸本，未及观成，则举以付之祖谋。祖谋乃一一爬梳剔抉，以锓之木，其精钞异校单传孤椠者，亦同归类列，先后数十年，至老不废。所刻凡三四百家，为自有词刻以来之大观。逮敦煌瑰宝，散落人间，《云谣》一集，流佚海外，犹命余物色以归。其时吾乡董大理康考察法政，适滞欧陆，表兄杨恩湛供职伦敦使馆，因设法为录副本，时在民国十二年，《彊村丛书》全集，断手已久，其目录特空一行，谓将俟补得《云谣集》时重订目次，只须剜刻，可省改板。卒如其言，逮《云谣》镌成，全书已遍传海内，辄与补寄，不别索资。刘半农旋更得巴黎藏本，足资证订，亦为流传。罗振玉亦得一本，排印于《敦煌拾零》，自加宏奖，发幽阐微，中国始复重其书，推为声苑之椎轮大辂。实祖谋有以启之。既简广东学政，汪先生兆铭以广州府试案首入学，祖谋读其文，异之。评语有"议论根据今古，能自力于文章"云云。每试，辄擢第一，先生亦景仰祖谋学行。鼎革以后，祖谋隐遁，为胜朝之遗老，先生为新邦之元勋，怀人天末，同情异趣。民国七年，滞居海上时，文酒余晷，尝询余不知古微先生尚愿相见否？余以转达，唯唯谓亦颇相念。余持覆先生。一日，遂欣然命驾共往，直趋东有恒路德裕里，深巷寂寥，车不能达，缓步扣门，祖谋握手道故，存问至殷，且出新刊丛书为赠。先生更问及清况，意殊拳挚，移晷始去。此后于役南北，于其病中尚有遗馈，师弟雅故，可为末世中之珍闻。余尝禀之先公，先公掀髯曰："壬子春间，尝偕黄克强谒其业师梁星海于爱文义路寓中，湫促至无容身之地，历述两湖书院肄业情事，如在目前，经时始去，于以见两君之笃学风谊，为不可及。方今多鄙新人，非圣无法，观此细行，知其无征，尔辈当知所从违矣。"祖谋自粤归来，卜宅吴阊，置庑海上，虽拜礼部侍郎之命，亦不赴官。辛亥以还，自甘薇蕨，为胜国之遗臣。其时言革新者，先去辫发，好事者或持利剪人丛中，乘隙为人剪发。守旧者不背清制，以蓄发为忠爱，然亦不能无所忌惮，往往盘发纳之帽中，或作黄冠装。祖谋独置不顾，大辫垂垂，往来苏沪道中，未尝有所中慑。一日徐园兰花会，遗老毕集，蓄发者十余人，咸推之为魁首，亦用以自豪云。闲居校词，投老勿辍，暇则鬻书，书法简朴，临高湛碑，锋碟多参以鲁公笔意。士流巨贾，重其高节，多输金以至寸楮。常日校词函札，蝇头细字，一笔不苟。字体结构微微斜敧，或笑之谓似胥吏造册所书，闻之亦辄自嗢噱。海上巨室有丧事，多请点主，点主本非古制，积习久勿能改（有谓古人多为子孙书主，既则请名宦书之，明魏忠贤不能书，而媚者必欲求为之，因预书就，仅使一点，流俗相沿，遂有显宦点主之习，而以官礼部者为尤重）。丧家具礼甚丰，所取亦不伤廉，月必数为之，足资存活。既而江浙各地，有闻风恭迓点主者，往往过访不值，阍人告客外出点主矣。同时李瑞清、郑孝胥鬻书岁入数千金，祖谋笑谓："公等为人作丈帛书，更数千百番纸，方得此数，吾朱墨两点，动致千金，且胜古人之一字千金矣。"又好竹戏，集友好以消永日，所胜负者固绝微。先公尝以《内经》"久坐伤骨，久视伤神"之语规之，则曰："不坐伤心。"先公为之太息神往。况周颐为赋《竹马子》一词，自谓古来迄无赋博簺者，存之集中。袁世凯柄国政，帝制自为，比于篡窃，衔诋甚力。尝谓："吾当化虎，扑杀此獠。"其姬人旁侍，不获索解。曰："若化虎，吾且奈何？"周颐莞尔，亦为赋词，刊之《餐樱集》。东海徐世昌与为同年，以太保任民国大总统。旧时冠盖，多所倚畀，屡约北上服官，一不之顾，虽私谊无妨于缟纻，而出处初不轻就，论者多以为贤，啸傲海隅，闲招俦侣。同年应举者为一元会，月必两集，人输一元，命酒赏花，比于洛阳耆英之雅集。又爱剧曲，倾倒梅兰芳。余排日听歌，少年意盛，多邀往顾误。一日演《彩楼配》，与况周颐同坐，周颐漫吟俳体曰："恨不将身变叫花。"即纵声曰："天蟾咫尺隔天涯。"周颐再续："可怜你我不如他。"遂成《浣溪沙》半阕。二老词名布海内，风节动市朝，乃亦有滑稽遣兴之词，闻者咸为绝倒。香南雅集，三举于惜阴堂，周颐赋词数十首，每督和之，则曰："江郎彩笔尽矣，吾试为《十六字令》，若赋《戚氏》可乎？"周颐立成《戚氏》，遂赋《十六字令》三首，以梅兰芳三字分咏为凤头格。粤伶李雪芳来沪爨奏，粤人为张宴甘氏非园，亦有觞咏，复与周颐相酬和。祖谋治词，所推重者郑文焯、况周颐，文焯客死江南，惟周颐晨夕相见，见即谈词，选定《宋词三百首》，属稿甫就，即持往探讨。余适在坐，自曛及夜，啜粥一盂，清吟神会，或有删补，相与论定，寒窗夜月，清致可掬，盖所永不能忘者。时海内拈声订谱者，无不奉之为大师，邮筒寄词呈教者，积案盈室，无不一一披览，赏其佳者，奖掖备至。后辈中尤重海南陈洵，尝作论词《望江南》十八首，有曰“新拜海南为上将，敢要临桂角中原”，即指陈、况也。顾自谓得失寸心，不长解授，有请益者，辄介之周颐，余从周颐受词学，亦所引挹也。万载龙沐勋，从为弟子，贻以名砚，因以“受砚”名斋，沐勋能踪其盛，且续刻《彊村遗书》，可为传人。病革赋“忠孝何曾尽一分”《鹧鸪天》一首为绝笔，翌日遂谢宾客。祖谋躯短声宏，丰裁整肃，而砺行砥德，风趣自足，读其词者，每厕之于宋贤之林，而其睠怀故国，亦实与草窗碧山，同其身世之感也。

（据《古今半月刊》1943 年第 27、28 期）

附：《人往风微录》拾遗

前期朱祖谋传中及王鹏运给谏，谓因奏事触上怒，回原衙门行走。顷得吴兴刘翰怡社长书：称王公之疏，虽几遭严谴，而以太后意解，未曾饬回原衙门行走；王则请假开缺。又祖谋拜礼部侍郎之命，在督粤学之前一年，宣统间屏居吴下，特诏征召，次年授弼德院顾问大臣，皆不赴。凡此均愚涉笔时之疏陋，得荷知好为之纠谬，感泐无已，亟为订正。

（据《古今半月刊》1943 年第 29 期）

屠　寄

屠寄字敬山，江苏阳湖人。父业儒，困于资，至代人书缮以自给。尝在县署前，值乡人为勃谿请断离异者，初为书呈牍，旋悔之，即招其人返，谓所书有误字，且重缮。乡人还牍，遂撕去曰：“吾不欲为人离室家之好，以重苦其子女。”一时廛市，传为美德。越数十年，寄幸致薄产，即购置县署前地，亦即曩日设砚席所，知者以为食报于后人。亦即今花树卿牙医室所在，父老趋闹市，辄顾而目之，以训迪后辈者也。寄幼时，慧悟笃学，诗文一宗阳湖家法，出语惊其长老。年甫十八，即谓存诗已数千首，惟中年痛加删乙，视为少作，不欲更置之卷中。先伯父家塾同学，因多赓和，且与先公为总角之交，辄见狂生困学之结习。盖维时书馆清困，虀粥供炊，所持为资生者，不过书院之膏火，一时与刘树森可毅、张鹤龄寿龄昆季均为高材生。书院月考，每作数篇，易名应试，辄列前茅，篇得数千百文，则于领款后，鸠众治酒食，健啖狂饮，所费无多，人各耗百钱为已足。月必一叙，乡邦俚语，谓为油肚皮，名虽不典，风趣自足。又新岁乡俗有灯船盛会，每于一年前，已为豪家所定备，艳倡毕集，肴蔌杂陈，运河文成坝一带，花艇断流，酒香沸雾，笙歌竹肉，永夕为欢，坠履遗珥，不可胜数。寄等则赁一破艇子，以白纸笼三数为灯，悬之篙头，上黏质券（当票），复以虎子行酒，巨盆盛馔，缭绕群芳间，高歌狂呼，揣枚肆唱，旁顾若无一人。而灯船显客，莫不惊视失色，屏息以俟。游女亦群相指点，以为笑乐。豪情逸韵，脱略凡俗，见者胥以狂生称之。固不知狂生惊才绝艳，别有怀抱，特以愤世之心，用为玩世之戏。迨天曙赋归，书院山长，则召而诘之，询昨宵之游乐乎，于是同游者咸惭沮，山长盖嫉其放佚于名教之外，而又深爱少年之才气，不欲遽加重谴也。诸生文材，寄为称最，所赋《火轮船》，胎息《两都》，可夺汉人之席。举凡机械艺事，方技所施，于古无征，难期尔雅者，乃一一曲为运用，典瞻朗丽，绝非晚近骈家所能窥见，略掇其警策之句，视之同文。

——原其述思虑，图缥湘，弛镏币，峙刍粮，采泽铣，僝榑桑，程式傀儡，刀锯鐇铓，鸠工于大人之国，居肆于沈墨之乡，佃窬之偪侧，度闳规之旁唐，谌鞁键之攸赖，夫何督务之足量，乃轶想于层昊，还沉悫于重原，遂驰思于八表，穷回穴而无端。于是绝霁霣，反劼毖，懒惘悆，虚跷谧，聊虑固护，惟精惟一，气清明而感物，神嘽嚒而入微，灵彷佛而詹告，若将导以先几，忽县撂而有

> 罾，聿潜衷以幽讨，含大钧于寸虑，邈化工之在手。尔乃资五财以并饬，荟众巧而作勤，废班尔之绳墨，役神鬼之斧斤，鞹艂舡之具体，呀嶒崊之广舷。腹廉锬以切浪，背穹窿以负天。修坛曼以昧莫，舰艪舭而迤延，远而望之，若方蓬回带乎云烟，进而视之，若鳄鳌赑屃乎海渍，其为巨也，其为怪也，制器以来，未之前闻也。尔乃疏棂窈窕，层舰逶迤，复叠桁梧，婘娟流离，鲕属鳞集，胥附栉枇，腋以甬道，凭以轩梯，捃骈田之窅窊，激波景而熹微，翳常客之爰处，越诸司之所栖，飞橹斑华，上宾攸庐，联榻偕西，方广寻余，锦茵翠被，曼暖云铺，帷以藻绣，构以流苏，叛采色之纤缛，致镂会于绮疏，眇澄景于玉鉴，烂烛夕以金渠，域不夜而煌扈，陵广寒之莹虚。

上述海舶部署之瑰丽，尚有若干言，不及备载，而其制器之妙，机运之精，更非大手笔莫办者。

> ……其轮则棬垣象天，直指锴辐，脱彼周牙，固之重毂。局飞蟉而腾辏，互雌霓而偃轴，然犹轮囷，未能自转也。固已厞半规而翼舟腹，于是煽洪炉，楮巨钫，炽石炭，燀沸汤，芒熛昆上，烟煴周章，含阴阳之变化，发灵机以遄行。喉梦管之狎猎，振欻吸而呀呷，氛揃謇而頫注，力排橐以靡摄。乃承箫以拗怒，漏滴沥以淋渗。盖磅礚以翕辟，气郁勃而浸淫，喷重瑄而旁迕，射潜扃以激宕，蟠螭迂谲而奔赴，锯齿捷业而龁，则有端衡磦锤，千钧崛嵬，激势轩轾，岳拔山颓。即乌获与贲育，犹未胜其挽推，别有铜龙垂根，渴饮大壑，呛呀庨兮，时磴沸镬，湁潗炎炀，不瀿不涸，又有众窍渍瀑管之镠，玉清英升而回挹瑶液，洒以淋漉，食饮漱沐，于是乎取足。歊黖烟以显气，擢双立之金茎，屹参差而崛崃，霞标建于赤城，伊众巧之若斯，是用遍环瀛于指顾，蹈天堑如户庭，虽不风而亦驶，靡有流而弗征也。……

指陈蒸汽发机之情事，历历如绘，驱使文字，尤极瞻伟，词章之学，晚近当叹为观止。方先公十九岁，离家去鄂，送之舟次，待潮未发，即就微灯下，掣草纸为送别诗如干首。才情敏捷，比于大家，亦不存稿。逮北上应试，散馆任职会典馆，分修黑龙江志，因亲往边徼，循崖泛江，或驰骤草地郊原间，考其遗迹，补山经水注之不及。尝在内蒙古，收一义子，蒙古人尊礼天朝，上其牧场为寿，凡数百顷。维时京师学人，多治元史，李文田、洪钧、沈曾植并以西北舆地之学，见重当世。洪钧更得西洋人多桑所著足资增订者，为《元史译文证补》，于是名益噪，而开西藉治元史之风气。寄以遍历东北及内外蒙旗，有志于此，晚出更精，即以毕生之力，专治元史，特命其子习法文，迻译西藉，所得视洪为多，更以汉人作元史。仅就蒙古统治中国而言，初不详其功烈所届，视并包汉族，大至倍蓰以上。蒙古原盛极于太祖，而元朝之名，远在太祖之后，亦且在太宗、定宗、宪宗之后，世祖牢笼汉族，以御汉宇，始建号中统，渐改至元。至元八年，始立国号曰元。而元朝之名，初不必行于蒙古本部，太祖驻跸和林，四出征讨，和林亦不名为都会，仅置四斡儿朵，而斡儿朵之设，且远及欧亚两洲。元代虽已为明所亡，而印度则甫入于蒙古，小王子又中兴于蒙古本部，幅员之大，世莫与京。故若以汉人治元史，仅就明代以前元人统治中国之历史而言，则所见者为甚小，不仅抑蒙古之声绩，抑亦诬元代之本根，因之立意别撰《蒙兀儿史》，以综全蒙之史实。《元史》但只就中之一部，绝不足以概蒙古之史材。先后数十年，凡成本纪十八卷，列传一百二十九卷，表十二卷，志一卷，所有中外各家著述，均为搜纂，即洪钧所译多桑原书，删乙过甚，译义不同者，亦为补正。且并实以美国学者乞米亚司亚丁博士所撰之《蒙史》，实则洪译详于旭烈兀后王，略于拙赤后王，而察阿歹后王则各家多从简略，惟乞米所著为特详，而成吉思汗之先裔，《元秘史》固属详备，惟与西域人辣司特而哀丁及撒难薛禅所撰，互有出入，亦为参考异同，定为一说。在洪氏证补有目无书者，列传九篇，蒙兀部族者一篇，亦为次第补成，计先印成者八册，继印者六册，全书则其四子孝宦重编补正，为之开板于天宁寺，凡二十四册。

盖寄初以绝学授之三子。三子早故，季弟乃以一手一足之烈，克底于成，以视并时流辈之治元史者，诚不可同日而语。东西学者，莫不引重。颇忆其客惜阴堂时，剧谈至深夜，犹就先公索楮墨，翌晨则已书纸十余番，蝇头细字，莫非蒙史。先公谓译名订事，行箧无书，乃能成此，则笑指胸间曰："史料在此。春宵苦短，恨不及一一笔之于书，仍当期以岁年耳。"寄能饮，每饭必置杯酌，诸子量亦宏，家人常于夏夜，就院落逭暑，扛巨瓮至，置桌底，则以漱杯酌酒传杯，且谈学问，论家常。皓魄中天，瓮醅已罄，家人父子之乐，犹复未央。旋设糟坊于邑中，知者以为庶可供自饮矣。寄工诗，亦重法度，古文尤所名家。余髫龄时，尝为亲讲陈涉、信陵君两列传，声容音节，闻之鼓舞，于虚字婉转、笔法倒叙、前后映带之处，随为指授。余初秉笔学文，得其理解，遂通神悟，以视虚骛阴阳之说者，为益良多。数十年来，粗谙义例，实有以启牖之。寄特赏余求学之殷，列为寄子。余乃谓与蒙古少年同其辈行，宋元诚世雠，今乃置之勿论耶。每有新作，辄以见寄，且于眉间提识脉落用字，纤悉勿遗，以为先导。寄旋任京师大学堂史地教习，所编地理教本，盛行一时，与桃源张相文之教科书，同行海内。论政之作不多，而极右革命，武昌事起，以乡老振导里中，谓差复九世之仇。江南底定，出仕常州民政长，勤劳民事，河渠沟渎，亲往勘测，北塘河之疏浚，利于城乡者甚巨。则盛暑戴笠督工，乡人望见，以父母官至，致力益笃，兼程竣事，至今利赖勿替。以不爱官事，经年遂解组去，仍治所学，词章蒙史，日不去手。又选《常州骈体文钞》，为世传诵。寄性和易，而家门肃然，责诸子之学于长君，以次督教，昆季无不凛然式遵者。亦多风趣，闺房勃谿。尝语其阁中曰："宇宙以天为至尊无上，夫字则视天为高，自较天为益崇，应知所敬事无违。圣人造字，其意盖若此。"闻者无不为之绝倒。晚年好禅诵，天宁寺僧冶开，识其彗业，喻以净土，皈依至笃，暇日辄往谈经，时获开悟。僧腊七十时，为作骈文寿序以张之。长子孝宽，留日教育高材生，归办常州中学，为江苏之冠。三子孝实习法文，文学哲学，佐理译事，均早不禄。

次子孝密化学技师。四子孝宧，留日纺染技师，绳绳振振，不废家学，所办屠氏家学，造就特多。综寄平生，困学不倦，词章瑰美，以视乡邦乾嘉诸老，诚无逊色。常州固人文蒐萃之乡，得寄足以殿晚清学者之席矣。

（据《古今半月刊》1943 年第 29 期）

郑孝胥

郑孝胥字苏戡，别号海藏，福建闽县人，生于苏州胥门，故以孝胥名。父守廉，清宧吴中，以文词著名，有《考功词》一卷行世。郑氏世重经学，闽人尤重读经，方童子时，即能背诵九经，深通义解，总角即入庠，十八岁中解元，驰誉京国，为部郎，虽京官薄仕，而意气扬溢，治诗治古文，领袖骚坛。又好新政，主立宪，召见之际，颇蒙德宗知遇，尝保萨镇冰堪大用，德宗即擢镇冰，卒为名将。继赴湖北，从张文襄公游，论诗论政，均相投分。有诗记与壶公论夜色，"四更霜月抱冰堂"，足见其琴尊之乐。又"三十不官宁有道，一身负气恐全非"两语，为世称诵。文襄经纬区宇，致力事功，又以清流盟主，为文章魁首，延揽英俊，探讨古今，宜相沆瀣也。居武昌时，题所居为"盟鸥榭"，作诗纪之。继外简神户领事，折冲尊俎，颇尽其长，且于署园建"怀人亭"。孝胥以新学尚新政，遂任外交，在日时尚孜孜习英文，粗窥门径，又与彼邦学者相还往，益通立宪之政要。任满归来，赴广西为边防督办，进言兵事，吾乡孟森任记室，与共甘苦，解职时为撰《龙州边防记》一卷。孝胥才情豪溢，论兵忍事，辄自比于希文塞上之役。罢官归来，遂客上海，与张謇、汤寿潜及先公组预备立宪公会，镇日议宪政事。复与先公有结邻之约，即营海藏楼，辟地植樱花，购自东瀛，粉白黛绿，凡数十株，为海上樱林之冠。既而出任湖南布政使，尝右盛宣怀国有铁路之策，清代卒以铁路国有，收回川汉，滋起事端，以酿成辛亥八月十九日之革命。则亦归沪，为遗臣。然辛亥冬间，冯国璋奉命攻武汉三镇，且调海军，将收夹击之效，武汉且致糜烂。先公忧之，劝其驰电镇冰，毋以政治种族关系，祸及人民，遂立发一电，手稿犹在。先公尝笑谓世称其为复辟党，背叛民国，吾乃知其效忠民国，有此一电，可资左证也。自此以还，杜门不出。商务印书馆经理张元济、李宣龚，延主董事会，先后十余年，改革馆制，征存文献，孜孜不言劳苦。《四部丛刊》初编议定，更为去取陈篇，俾于影本留真之外，兼为治学者之门径，时与缪筱珊诸君相商榷。袁世凯既柄国政，颇思所以罗致之者，屡征均不应。告速驾者曰：吾决不干禄，当道信重我，或令伯平，往襄政务。伯平盖金邦平，其女夫也。巴拿马时有博览会，张謇长农商部，拟聘其往主会务，漫游海外，亦勿肯承。孝胥无多资，自奉甚俭，出入乘三等电车，或步行二三十里。商务书馆，但月奉二百元耳，则以鬻书为生资，岁入逾万金，为一时行辈之冠。孝胥天才奔放，学书早年出入苏、黄之间，于宽博中具见坚秀之致，渐益瘦硬，自成一家，劲挺生涩，别具姿态，或如拗铁为枝，或如古梅着干。更进临北碑，融郑文公、张猛龙于一炉，谨严秀丽，特工结构，所书寿屏墓志铭，冠绝一代。又进作篆隶，或以己意行之。迨流沙古简，正见中上，则参以流沙。其训人也，以为作书当自古而今，篆隶流沙至于南北朝，始能有骨，再以神明通之，资以学力，而卒底于大成，以自名一家。其论书亦视前人为精到，暇则邀习戚党少年为习字会，余亦往与，命模史晨碑，先后经岁，无所进益。其评余学，谓过不经意，不能笔笔俱到，敬拜其言，终勿能用。一时模其书法者遍海内，亦迄无成就，往往徒取貌似，以收名定价。天津张氏，尝遍辑其书法之学为专集。更进书章草，兼学画松，虬枝巨干，意气不凡，亦不以之应市。偶为知好涂抹，得者珍为拱璧。又益事歌诗，本著诗名，重以学力，出入宋贤堂庑，而别新其面目，举国尊为大师，号海藏体。持法同光以来，风气一变。孝胥预其流辈，崇比祭酒，所相探讨者，海上往还陈衍、夏敬观、李宣龚、周达，尤相投分。陈衍序其诗集，持论最精。周达瓣香最笃，亦特重之。方周达移居，即以所构木屋，迻赠园中，为亲榜“盟鸥榭”，以纪曩迹。所作风华内敛,具见至情,论史论事,更复警策,苦语深词,动人肝膈,而老谋奇计,亦一一见诸吟咏。以受德宗知遇,故辄多颂圣,而诋东朝,比诸金轮之列。又赋性特立独行,故一不作和章,二少作寿诗题咏。其时樊增祥、易顺鼎辄以唱酬角逐,返复和至数十篇章,戒勿预也。日人重其文名清节,请为东游,往返经月,备受推戴。识与不识,咸欲得片纸只字以为荣,名公巨卿,争相倒屣。暇又与诸遗老,约为读经之会,复手书焦氏《孟子经解》,付之影印。月必数会,言必尊王,附于经义,先后凡历数年。亦爱听歌,嗜尚独异,世尊梅兰芳为香祖,虽与还往,初不之重,独与王灵珠游。灵珠艺不过尔尔,而受薰陶者备至,因之周信芳号麒麟童,小子和号冯春航者,均预游宴,辄为诗歌以张之。有"天女姮娥意不禁,寄情何必遽离形,寻常哀乐移人处,独许灵珠见性灵"之作,抑扬甚深。小子和且从受书学,亦事鬻书,而老去颇不能自持。灵珠亦不能售其技,改业至哈尔滨设药肆,终于客死。亦辄与朋俦为觞宴。同年一元会,饮馔极少,且不食鸡鸭葱蒜之属,而戒庖甚精。每年樱花盛开时,排日张宴,先后旬日,曾不少辍,余屡与盛会,如在目前。又其园丁,工莳菊花,年植数百盆,海上有赛菊会,必登上选。即其北居时,春秋胜日,必南归句留,用资胜赏。于北行授宣统读书,与陈宝琛、庄士敦同为师傅,遂携长子垂北居,昧爽趋值,讲解《通鉴》。又为规划一切,主张延揽人才,别谋大举。先设博物图书馆,整治庆丰司所管庄房业产,而旧人奄寺,以利将归公,咸不之直。冯玉祥班师之役,亲侍出宫,同车载至日本使馆。又同去天津张家花园,因亦移家天津,居耀华里。日至园居,料量将侍。孤忠耿节,海内亦多曲谅其诚。东北事起,同去大连,先后数年,心力交瘁,一一见之于篇章,仍以诗文,自遣永昼。方北居时,即售海上故居,鸠地北京西直门大街,广袤二十余亩,别建海藏楼。手自规划为崇楼,四围廊庑,庇以高柳,气宇魁洪,顾迄未及观成也。闲居数载,长子垂病殁,颇自抑郁,既感腰疾,作书时忽不能支,病甫旬日,竟归道山。孝胥躯干高朗,神采弈弈,善自摄生,昧爽即起，饮馔至罕。每日徒步数十里，知友咸以为寿征，亦偶耽游谶。海上时有名伶金月梅，色艺称最，昵之特甚，时过所居为宴集。一日将去汉，临别观其翠屏山剧，同过钿阁，薄有所赠，濒梯授以一函，即引剧中宾白，告月梅曰："饭不能饱，酒不能醉。"举座为之哄然，风趣可见。终纳之而不能终守之也。长子垂，留学日本，为早稻田高材生，魁伟干练，并长游泳、角力诸技，为彼邦学子所爱敬。辛亥归国，任杭州法政学堂教师，旋以教师改用命令，遂拂袖归沪，家居奉亲。临池作文，饶有家法，击球蹴踘，无一不精。暇则研讨政治，砥砺学术。余总角时，即相投契，无日不见，如是者数载。既随侍北行，同预内直，凡有尊俎折冲之事，舌人重译之劳，一一任之。金梁保奏人才一折，胡适、刘承干以次，亦及之，谓堪大用。自出宫而天津而大连而奉天，辄在左右，旋为国务院秘书，以赋性戆直，亦不为时俗所喜，受排而去。得急病以殁，年四十七岁，孝胥深痛之。三子胜，初在青岛，后入同济大学，力学深思，亦不永年。存者次子禹、五子何，为能承世泽，继家学者也。

（据《古今半月刊》1943 年第 31 期）

沈曾植

沈曾植，字子培，号乙庵，晚号寐叟，浙江嘉兴人也。八岁丧父，受课于韩太夫人，幼好问学，特精经义。十三四岁，并已涉历词章音韵之门径。而家境特艰，窘迫之际，尝斥其旧藏初拓《灵飞经》以易米，获朱提三十余两，至老犹辄称述之。又其母病革，医谓当进以人参，因贫不可得，乃终身不服参苓，以志哀思。既而进治史学，读书终日无倦容，夜坐感寒，遂获腰痹之症，终身未已。二十余岁，在粤谒陈兰甫先生，即荷钦重。光绪六年，中式为进士，始就官京曹，与一时名俊往返，其尤习者，朱一新、袁昶、李文田、黄体芳、盛昱、文廷式、王鹏运、李慈铭诸君。时人以慈铭亦浙人，辄并称为"沈李"。时已着手西北舆地之学，又深究古今律书，由《大明律》《宋刑统》《唐律》，以上治汉魏律令，撰《汉律辑存》，补《晋书刑法志》，而《经世大典西北地图书后》，尤为世所称颂。在京师时，与康有为友善，康好议政治，发大言，曾植虽阴相其议，亦每沮格之，惧不容于世而未克底于成也。旋转官总理衙门俄国股，用其所学，探讨益精，日本那珂通博士特来请益，则授以中原音切蒙古文之音。嗣后又旁及四裔地理之学，先后笺注《蛮书》《黑鞑志》《元朝秘史》《长春真人游记》《蒙古源流》诸书。维时洪钧亦以西北之学见长，且搜获欧洲人治元史著作，来相证订，一行一字，必举旁证。冷官暇日，又进治佛老二氏之书。光绪十九年，俄罗斯使臣喀希尼，以俄人拉特禄夫《蒙古图志》，中有唐阙特勤碑，突厥苾伽可汗碑、九姓回鹘受里登啰汨没密施合毗伽可汗圣文神武碑影本，因送总理衙门，请为考释。曾植为作三跋覆之，俄人译以行世，西人书中涉及蒙古事者，多引其说，所谓总理衙门书也。甲午七月，给事中余晋珊等劾康有为惑世诬民，非圣无法，其弟子梁启超与盛黄等营救无效。时中朝藩属朝鲜内乱，朝廷遣兵往援，与日本遇，开衅败绩，朝野汹惧，有为与曾植等谋保国强本之策，计设保国会，次年复设强学会，一时名流，如陈炽、丁立钧、王鹏运、文廷式、张孝谦、杨锐、张权均与焉。戊戌四月，居丧南归，与文道希谈禅，拈慈悲二字，作世间出世间一切圆相，根觉殊异。又偶同乘车过泥城桥，诵"双悬日月照乾坤"之句，慨然远想，谓"世间至此，非此无由定国"。又谓"中朝党论，疑忌方多，病状益深，要方不敢轻试，庄子所谓至言不齿，俗言胜者，今之谓欤"？有为时治公羊学，老师宿儒，从而诟之，又讳言公羊，曾植以为此则因噎而废食。时曹元弼治《孝经》，欲以挽颓风，曾植以为《孝经》开章言以顺天下，《礼》《易》多言顺，当阐此义，以诏后进。孔子言"吾志在春秋，行在孝经"，通于此者，乃可与识公、穀之微言耳。既就张之洞聘主两湖书院史席，寓武昌，与郑孝胥、陈衍昕夕过从，见辄谈诗，夙喜张文昌、李商隐、黄庭坚诸家。陈以为爱艰深而薄平易，因进以《宛陵集》。庚子变后，李鸿章奉命为议和大臣，招之不往。其与友人书有云："今日议和棘手，百倍于庚申，若敌未入都以前，早自改图，何至颠危若此？许、袁奇酷，中外冤哀。惩乱臣而不衷死事，则朝廷之彰瘅不明；斥莠言而不表忠谋，则国论之指归不定。窃意昭雪译署五臣，亦所以表朝廷悔祸之忱，开议前所急宜下诏者。若事事待敌指挥，亏伤国体，仍不足以感动人心，非计之得矣。"鸿章闻之，喟然曰："倘七月不出京者，恐亦不免于难乎？"既而游金陵，就刘坤一；游武昌，就张之洞。每为属稿，畅论新政，证引中外大事，如数家珍，而尤致意于革新变法。其后任上海南洋公学监督，添设政治科，即今交通大学之筚路蓝缕也。已而官外交部，外简广信府，署督粮道。时清廷尚欲以新政粉饰承平，欺罔多士，派载泽、端方等五大臣出洋，考察宪政。端方识其博通古今，素治宪政，因辟为随员，后不果行。江西教案起时，法美两国，以兵舰入鄱阳湖，主事者欲任捕数人，杀之以谢外人。曾植力持抗论，不少挠屈，保全实多。继赴日本考察学务，彼邦朝贵士子，靡不请益，虚往实归，皆餍其意以去。旋改安徽提学使，会值徐锡麟刺杀恩铭之役，亦阴为保全，以免株累。其时皖署雅洁，则辟所居曰"双花王阁"，曰"天柱阁"，曰"曼陀罗室"，曰"持明窔"，曰"逊斋"。儒生结习，点缀衙斋，而未能忘情，有如此者。其后构熊成基新军之变，布署从容，因以靖难。初不自襮其功绩。当时倡导实业，又设造纸厂，制楮精胜，并杂印精品旧书，以为存念之资。寒斋所藏覆刻本陆刊《白石词》，附以《事林广记·乐令》一卷者，即是时所刻。手跋谓以试新厂制纸者，其书亦值兼金矣。曾植亦偶事填词，虽不极工，弥具蹇矫之致，其刊《白石词》，亦饮香之余事也。宣统间朝命为礼学馆顾问，此后以国事日非，辄滋蹙额。尝僧服造像以贻知好，题小诗"了此宰官身，即是菩萨道，无佛无众生，灵源同一照"以寄意，盖有托而逃于禅诵者。宣统间，振贝子为庆王长子，道出皖境，声势炫赫。当道命藩库以巨款为供应，不允，因与时忤，浩然有归志。七月遂挂冠去上海，又回嘉兴，暇则与杨仁山居士为研究佛学之会。辛亥革命事起，曾植固痛清政不纲，而有志于立宪者，亦颇欲斡旋朝事，冀以立宪解革命。九、十月间，各省联合会开会上海，先公请预其事，旋察立宪之不足以挽回颠覆，遂不更出。以遗臣故老楼居者如干年，不轻出户庭，而题所居曰“海日楼”。暇则与侨沪诸老设吟社曰“超社”，击钵是娱，以比于宋之月泉。而是时从学者日多，日本人西本省三从为弟子，且著《中国大儒沈子培》一书，以张其学。俄哲学名儒卡伊萨林伯爵亦来请谒，屡承教益，谓如意大利列鄂那德达蒲恩之评古代西欧文明。所谓意识完全者，诚中国文化之典型云。袁世凯继任总统，每欲罗致，聘问不绝，辄婉却之。樊增祥初居沪上，既受世凯命北行，至笑吟“从此萧郎是路人”之语，以示决绝。海宁王国维，研精古简，尤长音韵之学，特来受业，其学大进。已而浙江人士，合请重修本省通志，设局分科。经始其事，洪宪议起，愤慨特甚。康有为等时时在沪，与诸遗臣商复辟事，未得要领。某日志锜自北来惜阴堂，谈及清室事，语先公曰：“清室尚未计及复辟，海上诸老，酒边诗畔，甚或征歌选色之余，雄谈大计，冲人深宫蛰居，偶有所闻，兢兢战战，以为祸至无日，不其可以已乎？”志锜为瑾太妃弟，肺腑之亲，故言之不期痛且切也。迨张勋提师北上，倡议复辟，果如所言，七日而事败。曾植以故主惓怀之笃，有为交谊之深，不得不勉为一行，冒暑北征，亦无所成。即其言亦未能见重于诸流辈也，旋即引去。七十称觞，伉俪健朗，海内外名流，多以诗文张之，比于恩福堂之朝天比翼。曾植书法，初师安吴，壮岁参以张廉卿，晚年由帖入碑，融南北书流为一冶。漆书竹简，石经石室，无不涉其藩离，入其堂奥。有清一代，固无其传，即明人亦罕有及之者，因是求书者户限为穿。曾植疏髯多姿，晚岁以足疾，微患偃蹇，而谈笑治学，移晷不辍，读书无间新旧，暇则捉笔为文章，亦偶涂抹山水为小幅以遣意。起居之室，四壁堆书，孑然置身，诚可谓为书城坐拥者。平时吸水烟，终日不息。某日余往请益，见临散盘，即求作扇页，次日遂以见贻。自谓以草笔书钟鼎，谓为草隶。其书天趣扬溢，不可方物，至今什袭藏之，又梅兰芳爨演海上，请往顾误，欣然命驾，盖数十年不入歌场者。归应香南雅集，作小词，手书卷子，载在《曼陀罗寱词》集中，一时以耆儒硕学，绮绪新词，为不易得云。

（据《古今半月刊》1943 年第 33 期）

严几道

严几道，字又陵，初名宗光，福建闽侯人也。年十四，就马江船政学堂习海军。时朝廷锐意新政，洪杨之后，奋发图治。沈文肃公葆桢，创导船政于马江，一时俊秀子弟，应者云集，监督为法人日意格，所习均应用科学，凡五年卒业，派登建威练习舰，遍赴南北洋。其后船政局自制五兵船成，遂改派登扬武，游弋日本，旌节数至，围观者至数万人。迨台湾番社之变，文肃公奉诏视师，因随船诇察，勘量海口，月余竣事，瞭若指掌。既而与刘步蟾、萨镇冰等同期赴英，入格林威治抱士莫德大学院，以求深造。所习为高等算学、化学、海军战术、海军公法及炮垒建筑诸科。时日本亦遣生留学西洋，伊藤博文大限重信均与其选。湖南郭嵩焘，适持节英伦，与语，大悦之，辄为游扬。卒业归国，任船政教员。而李鸿章在北洋，亦正经营军务，于天津设水师学堂，遂辟为总教习。授学之余，读书自遣，尤爱英人斯宾塞所著之《社会学》，韦编三绝，以为实兼东方思想，集《大学》《中庸》之大成。因为迻译，题以《群学肄言》。几道平日爱读子部，至是始发轫治西籍群哲之言。因之通于治世之道，常日好论议，而或不为世所见重，遂多郁怫。尝为诗复郑孝胥，有云："舆官充水手，自审非其脚。不祥固金性，时时冶中跃。……或云科目人，转瞬皆台阁。不者亦清流，师友动寥廓。忽尔大动心，男儿宜此若。……"盖平生以未预科第为耻，此后虽奋发治八比，终于报罢。以积劳为道员，分发直隶，闻嵩焘殁，感叹殊甚，为致语挽之曰："平生蒙国士之知，而今鹤翅氋氃，激赏深惭羊叔子；惟公负独醒之累，在昔蛾眉谣诼，离忧岂仅屈灵均。"一时传诵。甲午中日构衅，李鸿章知师未可用，颇事慎重。翁同龢等则主战甚力。几道知战危，辄曰："湘淮平乱，盖以贼法平贼，无论不足以当西洋节制之师，即东洋得其绪余，已足欺我中国。今日之事，正坐平日学问之非，与士大夫心术之坏。由今之道，无变今之俗，虽管、葛复生，亦且无能为力。翁张名士，痛参合肥，即易帅亦未必能了此事。"后果不出所料，赔款割地，为之腐心切齿，并亟欲以著述警惕世俗。作《世变论》刊布于《天津直报》，使人民多习西洋治化，勿加汰弃，即亦非汰弃可以制胜。且为之词曰："西人首明平等，中国亲亲而西人尚贤。中国以孝治天下，而西人以公治天下。中国尊主，而西人隆民。中国贵一道而同风，西人贵党居而州处。中国多忌讳，西人众议评。其于财政也，中国重节流，而西人重开源。中国追淳朴，而西人求欢娱。其接物也，中国美谦屈，而西人务发舒。中国尚节文，而西人乐简易。其于为学也，中国夸多识，而西人尊新知。其于祸灾也，中国委天数，而西人持人力。"其说虽未必即能别中西之淄渑，然在攘夷之说甚嚣尘上之际，尽情宣泄，以警末俗，敢于陈词，亦有足多者。几道尤爱读达尔文、斯宾塞"物竞天择"之论，译之为"群学"，亦即今所谓社会学也。以荀子有人之贵于禽兽者，以其能群，故以群学名，且诏人以欲治群学，当先自名、数、力、质之学始。俾民力、民智、民德三者俱强，以优民生，以振国威，教化政法，胥出于是。又为文以废八股，反韩昌黎《原道》，盖其大旨，莫不在尊民以隆俗，尊今以叛古，开民智以反专制。一时学者，风起从之。其毕生译事则在四十四岁时之译赫胥黎《天演论》，行文一出以庄老诸子之笔，意匠经营，并自课译作信达雅三例，永为译界之圭臬。其所自译者，不曰"译"而曰"达恉"。盖几道每于原文，探取精义自为经纬，而不为寻章摘句之学。惟后生浅学，不易窥测，转或病之，即其末流之弊。亦辄有与原义相疏落者，西学宿儒辜汤生，即颇加诋谌，以为所译不能尽作者之长也。又其译书，好入以吾儒训故，桐城吴汝纶，即驰书谓自撰一书，可纵意驰骋，若以译赫氏之书为名，则篇中所引古人古事，皆宜以元书所称西方者为当，似不必改用中国人语，以中事中人，固非赫氏所及知。法宜如晋宋名流所译佛书，与中儒著述，显分体裁，似为入式。此在大着，虽为小节，又已见之例言，然究不若纯用原书之为尤美。旋与钱唐夏曾佑创办《国闻报》，后译英人亚丹斯密士之《计学》，先后成五册，原书名《国富性质及原因之研究》，谓为《计学》，继又改名为《原富》。译本刊布，洛阳纸贵，不胫而走者遍南北，士气为之一变，风尚于以转移。而嫉之者或谓其能坐而言，乃不能起而行，汝纶为力辩之。次年特诏征人才，以王锡藩荐，召对称旨，命上所拟万言书，力陈法敝不变之害，不幸为治之事，弊常伏于久安之中，谋国之难，患常起于所防之外。治标则事势太逼，恐无救于危亡；治本则积疾未祛，亦无益于贫弱。是以未变法前当宜急行者三：一联各国之欢，一结百姓之心，一破把持之局。其书终格于大臣，不得上。又译约翰麦勒之《自繇论》，且为叙例以彰之。庚子兵祸起，避地至上海，开名学会以讲学，海上为之风靡。七月联军陷京师，上海以有东南护保之约，匕鬯不惊，各省人民以德宗西狩，遂组国会，推南海容闳及几道为正副会长。闰八月，与陆树德及德医贝尔滂、陈季同、洪中等北行，援救避难官民五千五百余人，脱出重围。归来又译穆勒约翰所著《名学》，亦即近人所称之《逻辑学》也。自叙谓名义始于希腊，实为一切法之法，一切学之学，明其为体之尊，为用之广，而后变希腊旧文“罗各斯”为“逻辑”以名之，学者可以知其精深广大。吾国最初译本为明季李之藻之《名理探》，近日税务司译有《辩学启蒙》，曰“探”曰“辩”，皆不足尽其学之长，必求近似，姑以“名学”译之。盖中文惟名字所涵，其奥衍精博，与逻各司差似，而学问思辩，皆所以求诚正名之事，不得舍其全而用其偏也。长沙张文达公为管学大臣，聘为编译局总办。吴汝纶时任京师大学堂总教习，时相过从。复译孟德斯鸠《法意》。所译《群学肄言》完稿，商诸林纾，林方以译说部书驰誉海国，因相往复讨论者也。又译英人甄克思之《社会通诠》，其书原名《政治史略》。继又应熊元锷请，撰《英文汉诂》，为英文文法之专修。既辞局事，归沪，张燕谋以开平局讼案，约赴伦敦，并于伦敦晤孙先生，所说主以教育渐进于革新，未能尽合先生之旨。则曰："河清难俟，若为思想家，余为实行家也。"归国又在上海讲政治学，而刊布其讲章。时清廷有志新政，时遣学生游学外国，归应廷试。尝佐唐绍仪为同考官，得陈锦涛、颜惠庆等三十一人，赐进士举人出身。既又应学部尚书荣庆聘，为审定名辞馆总纂，先后三年。宣统间，派充宪政编查馆谘议官，载洵以宗室为海军大臣赴欧考察，欲与偕行，则以病辞，诏赐文科进士出身。筹备立宪，设资政院，乃与吴士鉴、劳乃宣、陈宝琛、江瀚等，同以硕学通儒，征为资政院议员。海军部成立，特授海军协都统，晋一等参谋官。辛亥革命，袁世凯为总统，征辟不就，任为北京大学校长，又任海军部编译处总纂。岁暮以事龃龉，辞校长职。民国三年，任约法会议议员，参政院参政。欧战事起，复著《欧战缘起》，上之世凯，君宪论起，杨度约入筹安会，既而悔之，又患祸作，虚与委蛇。自谓款声为累，无勇怯懦，殊愧古贤。梁启超时持异议，作《异哉所谓国体问题者》，布之报章，声势甚盛。世凯令内史夏寿康挟巨金求几道为文以折之，笑谢不能，乃改命孙毓筠为之。时筹安发起者杨度、刘师培、李燮和、胡瑛、孙毓筠与几道凡六人，所谓"筹安六君子"，为世所诟病者也。世凯既下令撤销帝制，各省多请退位，几道亦劝其谢事归隐，而尤在此后长治久安之计，以为政治角逐为一事，国家命脉当图所以维卫之者。世凯既死，令办祸首。几道宵行赴天津，勘读庄老，出入名理，既而南归侯官，以疾终里第。几道毕生，沉潜学术，好谈政言兵，而实不谙政术，一时震其殊名，辄欲罗政，亦终无所用。平生天赋智慧，大言炎炎，不拘礼数，亦好作诗，未成家数，颇多俊语。郑孝胥、林纾诸名辈，每相酬唱，多作雅谑。洪宪之后，世人诟之者众，郑答诗至有"十年不著京华字，惭愧新诗到海藏"语。所译欧洲名著，开一时之风会，为后进之楷模，沟通中西学术，实有足多者。所撰李文忠挽联："使生平尽用其谋，其成功或不止此；设晚节无以自见，则士论又当何如。"一时推为名句，实亦有以自况也。

（据《古今半月刊》1944 年第 38 期）

徐润

徐润，字雨之，广东中山县人。幼业儒，有壮志，改而习贾。年十五，即随叔父赴上海，入宝顺行学习，月入仅十元，前后数年，历阶升职。其时执事有以桅船至长崎经营商贩者，薄预其役，辄有所获。洪羊甫定，即自设宝源丝茶土号，顺兴川汉货号，以外运桐油、白蜡、茶叶、苎蔴，于今言之，当为国际贸易之先河。货殖少振，即有志于公益，与叶潘两君购地举办广肇公所，十亩价三万一千两，即今上海银行所在也。一时阛阓，震其能名，荐绅先生，尤以为难能。维时战役之后，国家竞言改革，李鸿章、张之洞均以疆臣创办新政。鸿章尝主海军，知商舶之重要，当与海军相辅翼。而其时海舶均外人所经营，戚焉忧之，则议设招商局，委润主其事。集股一百万两，并办仁和水险公司、济和水火险公司，以自保轮舶产业之险，亦为中国自营保险之嚆矢。外商初见中国之奋发自为，每多龉龁，以阻推行，迨保险自营，则又减价以招徕，其左右贸易，振发国权者如此。旋又购入美商旗昌公司之轮船十六艘，各地货栈地产，仅二百二十二万两。朝廷知其能，屡屡奖晋，保加至二品衔，又以巨款助振，以道员尽先补用，继又令办贵池煤矿，自设同文书局。舟行需煤最殷，江介惟皖省有之，鸿章为治本之计，试开煤矿，贵池之局，迄未得成，而机倪已动。润又致力文事，以西法石印留真，流传古籍，一无讹误。商利既厚，教学尤便，因集股购机械以为之，曰同文书局。先后凡印行《廿四史》《图书集成》《全唐诗》等，下至士子应试干禄之所需，凡数万种，大抵为汗牛充架之巨帙，未广流传者。迨奉廷旨，办《图书集成》，其名益噪，至今传为珍本。又以维时沪市，百业阒兴，远谋洞瞩，地产值必日昂，因即经营地产，纠设公司，并以所已购者三千亩推之公有，乃以众意不坚，功败垂成，论者惜之。鸿章时于北洋矿务，益加致意，约作北行，并赴热河孤子山，考察承平银矿，凡所亲历，督饬策划，无微不至。后又接办香山县天华银矿，复回开平会办矿务，自营锦州大凌河垦务，设天一公司。又奉委办建平金矿，方办开平时，亲与外籍工程师赴烟筒山，勘察矿穴，盖自开办以来，未有以会办之尊，躬行实践，一探崖壑者也。然朝廷守旧，猾利乘奸，国人不习新政，阻挠至力，前者未见厚利，尚待更张，因之茧手棘足，特形劳瘁，而润一一位置，持筹晨夕，以抵于成。此则不得不谓天生奇才，以为国用，而鸿章特达之知，有以玉成之也。鸿章既逝，袁世凯接任北洋，仍寄重任。润时已南归上海，自有创建，缫丝外运，设景纶厂于虹口，独擅其利。则委之仍办上海招商局事，润以存船止二十六艘，且俱陈旧，亟待添购，固上理财用人诸策。商部又以上海新设商会，必得廉正干练者主之，因委为协理。盛宣怀时甫经营汉冶萍厂矿，约赴萍乡，出其绪余，为之规制，施设斓然。光绪三十一年，世凯拟办北洋公债，又委润开办。润性慈悌，每斥资为救死扶伤之需，上海仁济医院，屡获佽助，又创红十字会，获一等双龙勋章。晚岁营矮庐于静安寺路，以娱暇日，而事功日繁，所谋不遂，乃多折阅，则率出余款以了之，不少苟且。世益重其为人，凡所营构，尽斥不留。厅事间自榜忍字，以矜平意气，而豪情犹昔。治馔特精，生平遍历南北，所亲炙者，以谕庖丁。海上盛传粤菜馆之蒙古包，即赴热河内蒙所见，归而仿行者，杏花楼其庖人所设，因传其餐法者也。又勤于载记，每日必撰日记，所纪于朝章国故，以至手自创获经营之陈迹，纤悉勿遗，读之可以存人，亦更足以觇当时时务经世之全豹。以平生居沪日久，特详沪事，掇述琐闻，由今视之，诚同里乘。尊岳忝预沪政，暇日好集海壖掌故，获见其书，以为瑰宝，窃为节录，公诸同文。于今日接收租界之余，重寻故绪，益多感喟，愿今之视昔，犹后之视今，笔述之繁，尚有待于来者也。

（据《古今半月刊》1944 年第 41 期）

庄蕴宽外传

蕴宽字思缄，又字缄三，江苏武进人。幼尚明辩，父师咸奇之，字之曰缄，以示金人三缄其口之戒也。髫龀读书，博通大义，独鄙经生家言，塾师不能穷，笑而谢焉。渐举于乡，与名士刘可毅、屠寄游。惟不屑为诗古文，少涉猎即弃去之，里中人或目之为狂士。性不容物，睚眦必斥，有细人尝仕洪杨，事罢归里，往往周旋名辈以自掩，蕴宽鄙之，不欲见也。尝趋扣其门，初不之察，亲往启之，相见遽掩户曰："庄某适外出。"细人亦惘然相视而去，其傲物如此。细人者终不自谅，排日躬谒之，数不得见，亦不自愿。更旬日，会于茶肆，罄折足恭，遂相接席，因亦自谓柔之能克刚也。

既宦粤中，多画奇策，张鸣岐督粤，弥引重之。维时清政不纲，仕流淆鄙，每不能堪，月朔排衙，以衣冠进见，非复所愿，时出狂论，以惊四座。抚院排衙，例有茗点，厮役持以索犒，初不中食，群官寒素者，或甘之如饴，甚至有怀之以归者。蕴宽深疾其鄙，尝见一人，置馒首于袖中，亟趋为寒暄，并执其手，馒首遂裂出，沾污章黻，观者为之大噱。

既转广右，至龙州，继孝胥为边防督办，治兵家事，井井如大将。群甲利兵，以至图山川之形势，布侦谍于道途，无不中法。盖知清祚之必亡，且素恶封建一家之制，治兵戒政，隐寓雄心者，非伊朝夕。时适承镇南关变后，大府行文缉黄兴，且张榜通衢，购其首级，赏五千元，兴适道出龙州，外赴越南，谍者以告，置不问也。

逾年回省垣，规画新政，率出一手，尤致力于练兵。先设学校，复躬赴日本考察,密与士官学生之有大志者相往返,且聘赵正平、钮永建等归为教官。赵、钮均同盟会员,日日昌言革命,蕴宽不之恤,且利其能以新说,灌溉人心。广西陆军人才辈起,贻泽至今,莫不感而佩之。

宣统间,弃官归江南,督抚大吏,莫不倒屣,而迄不假以词色,两江总督端方,尤加延揽。一日乘醉语时事,或及革命,方曰:"汉人患不能同心,苟同心,满人能有天下耶?"蕴宽遽应曰:"同心之期,当不在远。"于是举座愕然,方亦乱以他语而罢。出语人曰:"匋斋为名督抚,镇日摩挲鼎彝书画以自娱,何尝能及民瘼?"方后知之,不罪也。

既在上海为商船学校校长,商船学校由南洋公学之航政科,孳乳而出,即在徐家汇,赁广厦为校所。蕴宽以治兵者治诸生,寝食悉与诸生同晷刻,无不感戴。一时交游,若江苏张謇、浙江汤寿潜、湖南熊希龄诸君子,均怵于世乱,隐待机变,则时相陈说利害,探讨大计,磨厉以须。辛亥秋八月十九日,武昌义师动,讯至上海,攘臂起曰:"兴国大业,其在兹乎! 愿身与之。"而正平、永建等亦多来沪,谋所以应武昌者,老成硕彦,张汤诸公,有所策画,必相闻问。清廷闻事起,尚欲以兵力相克制,武昌被困势孤,江南若不得确耗,则溯江觇其动静,兼旬而返曰:"黎宋卿长厚有余,干才不足,但三楚气盛,不足忧,今当谋所以振奋之耳。"闻者无不韪之。孙中山、黄克强相率于十月中返沪,与语,钦挹佩至。多为定策,其有不可者,亦面折无少假借。更经月,力赞设临时政府于南京,以正名实,基础始定。

其时江苏都督程德全以巡抚改任,数月,心力交瘁,诟讟亦洊至,势不可留,苏人遂推之继任,且移都督府于南京。南京草创经营,荡瑕涤垢,艰苦万状,一一为整顿之。总统府有小吏司庶务,辄就肆廛,括敛资财,谓总统府所需,不给值。蕴宽闻之,立逮以至,亲鞫之曰:"汝敢括敛,何也?"曰:"下吏司庶务供给,此府中用品,盖奉公也。"蕴宽曰:"所括香水,亦总统府用耶?"其人语塞,传命立毙之,始入告孙总统,总统以为能。江南匪贼纷起,或悬帜假称革命军,亦之不顾,尽置之法，民以庆安，数月始谢官去。

南北议和组统一政府，奠都北京，袁世凯获任总统，擢为都肃政使。外示亲任，内实羁縻，亦自知之，而江南士大夫欲留之为耳目，不令退也。洪宪议起，首倡异词，刘师培、杨度等设筹安会，天下侧目，莫敢一言，独布弹章，以为民国国体已定，何得复议轻更。震聋发聩，举世失色。既而有以危行之说进者，答之曰："车马已敝，老仆一人以自随，生平无所戒备，有欲得而甘心者，晨夕以俟。"世凯难衔之，震于直名，亦迄不敢阴损之。洪宪事败，笑曰："自兹可以高枕矣。"肃政之制既废，改任审计院长。

国家不造，政由己出，各省以强藩自居，政府求自重于强藩而不可得，会计筦权，率在私门，审计备员而已，则以临池自遣。武进庄氏，世有书名，多写北碑，更出己意，融隶笔于北朝。沉雄飞舞，两极其胜。又或至琉璃厂杂购碑板，顾困于资斧，不易致佳品，虽书画之属，盈箧汗栋，所资怡悦，未足比于藏家，其压卷者，宋夏承而已。闲亦与乡人戚串行博，亦不胜其负。忽有所悟，皈依象教，信道至笃，读经至广，融会贯通，一旦开朗，凡数十年呵佛骂祖者，胥自视为口孽。

其时京饷支拙，官府逋欠搨薪给，动辄经岁，审计院又冷署，无右之者，至货其居宅。然偶得公费，少发逋薪，则自厮役起给，余始以书记而科员科长。曰："不患寡而患不均。"自役吏起，人无怨言矣。京府部会，时有以薪给攻讦互殴者，审计院独得无事。

十余年来，朝局更故，烽火四迫，非得元老一言，九城且患兵燹，则与王士珍、赵尔巽、熊希龄等，时任斡旋之责。疆吏武夫，多出门下，得片言以增重。奉天杨宇霆、姜登选，几师事之。张作霖习闻其名，敬礼有加。十三年，冯玉祥班师，驱废帝出宫，辟故宫为博物院，李石曾请主其事，欣然曰："天府所藏，公诸海宇，亦夙愿也。"以素有廉名，且风骨为世所重，故诸君争推崇之。忽一日，感眩而右腕偏废，卧疾于家者经年，数投医药，始渐就痊，而奉军忽据北京。张宗昌之偏裨王琦，罔人也，知其尝与江南父老，电斥鲁军无状，而衔之。忽以缇骑围大院胡同，入宅索之甚急，必欲逮去。王琦时已杀林白水、邵飘萍，淫威所至，无不惕息。蕴宽正病，支揞衽席间，家人潜出，致电话于奉天杨宇霆，为解其厄，展转令王琦撤队，始免于难，已一日夜矣。事后亦不以此动容也。

北伐底定，改都南京，犹滞燕中，萧闲如恒日。钮永建长江苏，赍币聘纂《江苏通志》，为设馆于焦山。《通志》旧为冯煦所纂，未竟而没。于是襆被携家至南中，归寓武进，而躬赴焦山，前后凡三年，《通志稿》始差定。得闲，返里第，醵资为文酒书画之会。偶画梅枝，出以北碑之法，拗强可喜，顾不时作，非灾振救济，不轻为之，得者遂如拱璧。

金山江天寺，偶有狂僧，卓锡其间，镇日跏趺习静，所食则砖瓦粪秽，不常与人交言，乡间病人，前往叩法，少一抚按，其病立止，咸奉之如神明，日有求治者千百人。因减从而往，清夜请益，所陈说通于天人，谈禅理辨才无碍，且能观三世相，语之曰："君前生明成祖也，所得至厚，独太很直。盖在修罗界中，又一世为猛虎，比复转劫，善持佛力，庶可超跻品位，自拔火宅。"蕴宽闻而顶礼，因课仰益勤，恃才益敛，然豪迈积习，未易尽泯也。尝游杭州，约乡里旧好，同泛西湖，其人困乏，不能自存，欲有陈乞，又不敢尽言。一日自孤山舣舟过湖，舟离岸不百丈，其人遽曰："余失物，幸为归棹觅之。"遂告舟子，返舟原趾，上岸至茶亭，匆匆一览，状至惶促，舟中他客，因询何所失，其人曰："所携钱钞，不可复得，为之奈何。"蕴宽闻之，不发一语，即以手帕背人，置钱钞五十元裹之，始高呼曰："失物在此，会得之矣。"其人闻而返舟，即出帕缠授之曰："岂不在此?"其人笑谢，纳之衣橐，亦无他词，终日游宴，迫暮始散。其人既去，始语客曰："乡里旧好，知其窘乏，行前原当薄有以助，不意无行至此。余以帕裹授之，竟无赧色，余即以此数资之，不复更助，所省亦多矣。"于是众客为之胡卢，亦矜其才捷而黠也。

逮疾革，以通禅净，无所苦，遗命不封不树，葬之公墓，为乡人倡。

时武进甫营公墓，开阡辟亩，犹未尽备，既殆，家人奉其遗言，葬之，即为公墓第一穴，在城西郊外。蕴宽高不过中人，广额疏髯，双目炯然，虽嬉笑威严俱足，相者以目光外露，疑受横祸，王琦逮之不成，盖自讼之功耶！生平痛嫉荣利，疑古非今，戏笑怒骂，咸成文章。尤薄文人之无行，显宦之苟伪。江苏省长王瑚，以清宦著，一日与谈家常，谓妇病无资供药饵，问所病，时疾而已。退语所亲曰："清宦不在人知，而在人不知，省长廉俸虽薄，以供家人剂和，何患不足，乃出以语人，且谁欺耶？"又以孝胥在龙洲，无所成就，所撰《边防记》，独自矜规画，比于塞主之镇边，公款交代，亦难觍缕。则曰："国家之浪费者至夥，以奉诗人名士，岂不彼愈于此。"

革命初起，伟人辈出，出语或背国情，或逞意气，无不面服之。及世凯窃位，又往往疑南人军人非其部勒者为革命党，则又面折而曲全之。于是蔡锷、黄郛等，得浮沉京华，不受祸眚者，阴相之力为多。

庄氏与盛氏姻娅，其姑母，宣怀配也，以疏宣怀，勿相通。既而政府藉没盛氏义庄业产，则大声曰："盛氏何辜，遭此藉没，宣怀功罪，盖前朝事。民国已历十余年，不当更问，纵罪而藉之，亦宣怀一身事。若义庄，若苏州留园，均宣怀父勖人置为公产，非宣怀所有。封建帝王，有罪不及孥之训，今民国乃罪及于高、曾耶？"语闻政府，遂给还之，初不自以为功，且疏盛如故。

生平重器识，习艰苦，爱与少年辈行游，不以尊师重道之说惑人，而勉以浑金璞玉，凡发扬于外之纷华，谓一一皆当屏汰。玩好犬马，更非所尚，而亦不当以伪示人，以谲持事，充吾沛然之气，无戒无惧，以行其心之所安，盖智而狂者矣。

有两姊，咸工书画，武进闺阁，精研艺事者，代有所闻，两姊亦嚣书画，为世称道，一适陆，一适陈，今以治史学名之陈衡哲女士，其甥女也。

（据《好文章》1948 年第 1 期）

张一麐外传

张一麐，字仲仁，号民佣，江苏吴县人也。盖宋横渠先生后，展转至江南者。幼极聪慧，读书有神解。年十二，应童子试。官年作九岁，林天龄按试，拔置堂号，以亟欲奏厕，未完卷，且出。元和训导令补完之，且指顶戴曰：“不完稿，不能得此也。”年十六，应举子试。题离经辨志，误以志为史志。房师磨勘之，至遍索《通志堂经解》《皇清经解》不可得，遂置之副榜。旋谒黄体芳，训以读书，且谓南菁书院行且设立，当有书供士子。既随宦保定，用他人名考莲池书院，辄获膏火以自给。莲池山长张裕钊，古文名家，尤爱之。继复应北闱试，中第十名。太后不识“麐”字，以询军机，曰：“此即麒麟之麟字也。”因得谒潘祖荫于米市胡同，训以作字当摹石鼓、临书谱。卒用其言，至老书石鼓不倦。

其同馆列者，通州张謇、绵州杨锐、阳湖屠寄、侯官沈瑜庆，均一时名士。三场，会与謇同号舍，謇阅其文曰：“江南人文字柔靡，子作独有刚气。”一麐亦笑应之曰：“通海向无文学，今君与朱周，竞取坛坫，实以红羊寇难，江南人相率避去江北，故有以变其风气耳。”相与辗然。

时在甲午以后，中东役罢，墨师偿币，国且不国。康口詥合三千人公车上书，言变法国强，亦预其事。京师强学会，集海内贤俊于一堂，负朝野重名。一麐南归，设亦苏学会于丞相祠。置图籍，论国是，其乡里率然从风，至戊戌政变始已。壬寅，恩寿沈卫保应济经特科，试于保和殿。张之洞总校两场，首取梁士诒等四十八名，覆取袁嘉谷等九名，二等十名，共廿八七名。特科原主网罗俊彦，定取百余额。于有谓党人缘以进用，将谋不测者，庆王奕劻遂传谕不得过卅人，遗珠极夥。一麐卷本在第一，以无官阶，遂拔袁嘉谷当之，抑为第二。之洞传见，语诸人曰："康乾鸿博数百人，名重士林。今止廿七人，益足矜贵矣。"复命赴湖北，以原发直隶。袁世凯总督北洋，耳其名，商诸之洞，遂仍入世凯幕。

初司学务处事，既而举办新政，一以委之，月薪六十金。革命之说，时已露其机倪，心窃右之，而不敢见诸词色，亦雅不欲阻遏过甚。方五大臣出洋考察宪政时，党人吴樾，挟弹车站。事后世凯命作文告，颇复难之。卒得诡计，为作骈俪一文，张之站壁，途人不解，以虚应故事而已。

世凯有为，治军尤力，练新军于小站。王士珍、张绍曾、靳云鹏、高尔登，均在督练公所，厘定军制，规划典范，日不遑昃。世凯亦命以步兵操典，就为润色。一麐不习武事，聊更数字。某日，何宗莲复以所润色为不当，于广座驳斥之。世凯曰："汝辈武夫，不娴文字。润色者张某，即在此，有不当耶？"于是宗莲惭沮，立为谢过。一麐则笑谓："此非余所知，略事点窜，以塞府主之命。"亦不以为忤也。

世凯尝就立宪事，召而讯之，遂滔滔陈说，世凯似不谓然，敛袂以退。翌日乃复命就宪政为说帖，务详务尽。说帖成，即以入奏。因知世凯雄骜，未尝不阿附宪政，先日之假词诡辩，盖故以激之也。由筹备宪政而至更定官制，中朝泄沓者，故与为难，至不可终日。世凯亦怏怏，其所有筹行各节，诏谕章制，多以一手成之。

两宫既西宾，摄政王载沣出世凯，驱归原籍。一麐亦退归，就乡里任图书馆公园诸公益事。辛亥八月，武昌事动，清廷无可用之人，不得已复起世凯。世凯则首召一麐，往事规划。其时南中革命虽盛，民军实力微，不足以抗顽清。迁延日久，且至功败垂成，而冯国璋督师下江，已且得武汉三镇。于是豪奇魁杰之士，别谋所以移清鼎者，角智于坛坫，不必尽策命于疆场。则惟有使清廷自逊其位，庶建国易代，无俟血刃。相其事者，一麐由世凯之力为多。世凯亦邀获总统之位，南政府若孙若黄，虽不甘服，以力不足亚，亦惟命受成，以奠民国之基业。所谓唾手以旋转乾坤者，一麐盖躬预其役。

民国既肇，世凯即授公府秘书兼机要局长，其职繁重，比于清廷之军机。先后数载，树立规模，迥然特立。日伍奔竞，而夷然不自屑意。世凯称帝之议既起，即首规讽之。世凯力白无此意，于是亦以告人，人咸谓一麐受给。盖以其君子，为可欺其方也。帝制议盛，政事堂至公然涉大典事，则努目直斥之。与会者多世凯羽翼，拟之以枪。初不少动，徐世昌见事急，则牵其衣袂出。越日，有悍卒犯其家，死一马。又一日，倪嗣冲及世凯罢卒，约设盛宴，劝且胁之，亦置不理。于是出之长教育部，时已印洪宪元年历，拨款巨万。部令但印百册以应之，斥余款补助学校。世凯知其憨直，且从游廿年，亦不之罪也。当时劝进表文，日夕尘至，咸以货赂得之。机要局夙不重视，列于档册，上之世凯。独一日，帝制事将败，云贵已通檄申讨，并四川督军陈宧，亦来电请罢。一麐遂手宧电文，躬致世凯。世凯阅宧电，半晌无一语，汗涔涔如雨下。乘间曰："大总统，人心难测，乃至如此。以见事之不可为也。"世凯渐始悔悟，卒罢帝制。盖宧夙媚凯，自列于义儿，方就川任辞行，跪启世凯，谓："不正位者，儿且不起。"世凯手自掖之始去者。宧变，世凯亦自悟，当时称儿称臣，胥利禄有以诱之耳。又任教育部时，会丁祭大礼，衔命代世凯至大成殿行礼。先日拟撰祝文，及称谓，或曰当署帝，或曰当仍署总统。一麐坚执，以为人纵可欺，神不可欺，宁得遽僭帝号，于是仍署总统。行礼之际，又默祷尼山，以为先师有灵，当使帝制，永绝于中国。越丁祭十二日，世凯卒令取销，且以一麐属稿，自谓有格于神灵也。世凯既死，任冯国璋秘书，不久而退，盖非其意。

维时南北两国会、两政府，屹然对峙，国益阽危，遂创民治以致和平统一之说。既而南北议和，屡不得成。初与其事，益复愤懑，而迄不馁，犹亲赴岳州谒吴佩孚，使不复向湘粤用兵。佩孚重一麐，亦与相委蛇，则邀张绍曾、蒋方震，及南北执军政者，拟就庐山，会议国是。卒以无所成，归吴城以自隐，而地方错综，兵戈相见之日，又无不躬为调护之。十二年卢永祥、齐燮元战于苏沪，特犯风雨，曲事详说，至长跪永祥前。战虽不辍，江浙人士，莫不义之。已而奉天军旅，乘胜入关，徇地江苏，犯扰不已。则又历谒其将领，面折其不义，杨宇霆亦翕然受之。国民革命军，与少年无赖，辄诬老成为豪劣，三吴不更事者，亦或侵之，夷然不一顾，事亦渐白。淞沪被寇兵，则率子弟□救死扶伤之责。且每建白军镇，使合民力以赴之，先后设医院收容所数十所。更议组老子军，以六十以上者任冲锋陷阵，乃至爆破密谍等必死之役。盖以青年应肩国家继往开来之役，不当尽责以死，惟老人无所需，应先死以昭示子弟。章制既定，传之报章，举国为之感奋。而主军事者，电格之始寝。

苏城既陷，弃家缁服，遁入穹窿山。穹窿为吴中佳山水，张子房所曾至。而建文逊位，亦隐沦有年者。山巅水涯，作杂事绝句百余首，以记寇祸。不数月得间走上海，去香港，入蜀为参政员，年已七十余。病后曾不少息，尤以战事虽急，党禁犹严为不当。则与川人张澜定实现民主办法十条，凡所言说，切中时弊。党人之墨守者，往往不屑用其言，亦固无以难之也。卒以脾疾，殁于重庆。寇兵之败，固不及亲见。而就所陈说推论者，知夙审其必致败亡也。

一麐体不壮硕，躯干亦不高，广颐疏髯，眉子奕然，终日怡然无疾色。自幼好文学，游公卿，翩翩书记之才。置之三国，陈徐应刘，匪异其选。凡所撰述，意味深腴，骈俪亦佳，胜皇皇巨制，尤雅洁如欧阳，尝读《冯国璋行状》《吴佩孚寿言》而益信。晚清张之洞以文学著，七十称寿，世凯上寿序，即属视草，一时咸传诵之。载振以纳杨翠喜，挂弹章去官。如皋冒广生为奏记，工致流利。一麐为世凯慰之，则曰："虽时事艰难，非贤者洁身之日。而圣恩高厚，正亲臣养望之时。"又曰："深宫褒其让德，薄海引为美谈。"雅度雍容，庶与媲美。又世凯与岑春煊，夙有违言，睚眦特甚。春煊奉召，适世凯出都，而羔雁不绝。

其覆函有云："贱躯多疾，未老先衰。适闻霓旌北上，圣眷方隆，吾道不孤，令人神旺。"是则曲传世凯之心事，跃于纸背。有颊上添毫之致。其骈俪亦庄亦谐，天趣横溢。若赋《黄金掷虚牝》，则一曰："玉卮无当，嗟声价以谁论；楮叶难成，惜心思之已左。"又曰："匪悬秦市，与虎皮羊质以同讥；不入燕台，恍海市蜃楼之无迹。隋珠虽贵，雀亦可弹。郑璞谁知，鼠还难吓。"又赋《平原君相士》，有曰："问诸君之伎俩，不过狗盗鸡鸣；邀一顾之恩荣，多半虎威狐假。堪笑手藏敝袴，以待功臣；更谁头斩美人，为辞躄者。"是则谑而不虐，亦足以羞当世之士矣。

一麐笃于友谊，相世凯幕，无不阴右善类。章炳麟固素交，世凯疾之甚，将危之，以得疏解，始示保全，即以任招待之役。炳麟伤偶，郁郁不乐，则任蹇修于汤国梨，迄今健在，为炳麟贤内助。又先欲任筹边使，既得之，复请款垦殖。或有泥之者，则大怒，亦力言拂拭之。蔡锷任经界局长，盖以混迹市廛，待时而动，非其所愿，亦一一知之。锷知一麐主世凯机密，往来甚密，阴托以自解。于其将行，贻以盆桂，以讽其隐。虽不归，而卒毁世凯之称帝，与锷所行，若合符契也。

投老得屋于吴殿直巷，盖宋吴氏红梅阁故址，因名所居曰"古红梅阁"。厅事数重，其东有堂庑，前为隙地，植花木，地小而雅洁逾恒。堂庑均明窗，下置书案，宴息终日。暇则以文翰自娱，盖书生结习，有不能忘情者。既去港，住九龙一危楼，上下四层，在汉口道。仅斗室，不以为窄。日夕升降，亦不言劳。每日就晚，必泛渡至告罗士打品茗。朋好多来集，相见劳止，且问故乡事。客有曰："此异苏州吴苑风光耶?"辄拈髭微笑以应之。顾无多语，亦好述往事。常记甲申战事、甲午战事，藏之于家，谓他日足以翼史。又排日作日记，客多未及见者。或谓已毁于兵乱。弟一鹏，习律有重名。长法曹，以巡视上海看守所染虱得疾，遂殉职守。古来法曹以恤狱而自殉者，自一鹏始。呜呼，可以风矣。

（据《好文章》1948年第2期）

辜汤生外传

辜汤生，字鸿铭，自号汉滨读易生，福建厦门人也。自幼生海外，髫龄智慧，突过成人。由南洋就学于欧罗巴，先已精习英法文字，则至德意志，攻文学、哲学。其最专者戈德之诗、康德之性理。兹二儒者，欧人重之如景星、庆云，童而习诵，皓首或不能穷其究竟。汤生则涵濡泳索，一窥其隐，且宗其师说。有所述作，为私淑弟子，德人无不引重之。既卒所业，转至英吉利入爱定堡大学，习英文，以上溯拉丁古文，又以余时习工程科，并获文实两科学位。更至法兰西治哲学，时有著述，布之杂志报章，为欧人所传诵。因交各国之老师宿儒，相与上下其议论。群惊为东方人士，未尝有绩学至此者。流泽所逮，凡西班牙、意大利以及巴尔干之方言，无不熟练。且好与儒师问业，尝游历俄罗斯，与托尔斯泰论交。综汤生之学，由政术通之于哲理，博大而精深，亘古迄今，靡不条会贯通，遂进而成其一家之言。倦游东渡，留彼邦者数载。娶日女为妇，盖华族也。

年且三十，始归中土。初不甚知旧学，又发愤读书。《二十四史》读之如贯珠，旁及医术周秦诸子，手不释卷。旧学亦已大进，则废然叹曰："世界之言治道，言文学，言思虑，盖均莫如中国。中国学术，尤莫过于儒行。《易》通天人，《春秋》言事变，实宇宙所未有。国人舍本逐末，袭人糟粕，自忘醇醪，甚矣，其无谓也。"因译《春秋》及《中庸》为英文，传之世界。西人学者，争相迻读。汤生论政，尤尚尊王攘夷之说，主于大一统。心慕成周汉唐之治，而鄙薄革命，横加异说以斥之。其时新学方兴，民权之说，风靡瀛寰，独折其言，著若干论议以驳之。

知者以为狂士。旋入两湖节幕，任译事，总督张之洞深器重之。亦间为尽策，以应折冲，无不中肯。顾性骜介，不乐周旋。张尝以材官往曰："诸孙年渐长，宜习西学，幸为授西洋文字。又上海、香港西字报，时时论国家政俗，并试迻译，俾聆其说。"汤生闻之，笑谢材官曰："烦禀节座，辜某不习高头讲章，不能为童子师。西报摭拾浮言，无当治道，不足一译也。"之洞笑而谢之，初不见罪。其年俄储君尼古拉斯二世来聘。且至武昌，枢密以中俄正敦好，宜加盛礼，电之洞优遇之。汤生遂董其役，排次节目，请储君检阅军校，循视铜元、麻纱、铁冶诸厂局。又张宴汉阳晴川阁以飨之，召各国领事、武官及抚院司道为陪从。各国亦交宴储君，日或三四席，无少闲。晴川阁之会，储君偕其中表希拉世子同莅。储君将二十岁，世子可十六七，仪卫甚盛。以法语周旋宾寮间，俄人固无不工法语也。之洞就主人坐，汤生司译事，位其次，储君世子翼之，为特宾。菜数巡，世子以俄语语储君曰："吾乃不知此物。"储君曰："吾亦不知。"其舍法语用俄语，意不欲宾僚闻此私议耳。汤生立以俄语应之约："此盖某物。"且述治庖之法。储君已惊其博矣。少选，菜续续至，世子甘之而健啖。储君别以希拉语世子曰："今日别有宴，不宜过饱。此间有俄语者，故作乡谈。"汤生又闻之，笑曰："肴不肥腻，不虞过饱，纵尝无妨也。"汤生亦以希拉语作答。于是储君世子愕然，终席不敢复赘一语。储君留武昌数日，始北归返国。返后以书感谢之洞，厚所贶赠，别以一戋致汤生曰："越境论交，得接左右。通材硕学，敝国盖无此人。敬奉金表一具，为相见相思之券。"金表并刻皇家徽章，泐鸿铭名字，其见重于敦槃如此。鸿铭则读书治事，了不以此自矜也。间有撰述，辑古诗谣备童子歌诵，涵养其德性者，曰《蒙养弦歌》。又译英文家名著曰《痴汉骑马歌》，出以汉人诗笔，机茂雅实。又辑所见闻于两湖者，曰"幕府纪闻"，述政俗琐事，可比杂史。

之洞改调两江，汤生亦去官客上海。会义和团事平，各国以匪祸仇杀，执论甚苛。汤生独著英文书，论仇教之事，咎起于传教之气焰，且宗教之攘夺，不宜重涉国政。拳匪固不当，谋国者应有以善其后，不当以扬汤为止沸。且题其书曰："尊王编"。各国人士，痛愤之馀，读其书亦无以难之。盖繁征博引，均各国史迹，及彼邦圣君贤相之立说也。其时《字林西报》主者英国名士，投契尤深，辄请撰作。时或应之，又每大斥教会，屏之不载。他日相见，又请之。汤生曰："若屏我文，何事再作？"主者曰："君斥李提摩太，李吾老友。又斥工部局，则助吾以资者。舍此惟所欲言。"汤生亦间涉笔应之。德国教士花之安，在上海译周秦诸子，有所疑难，必以请益。汤生条贯中西异同，一句一字之微，无不允洽。花之安治学朴直，事事考据精审。尝一日与汤生谈东方缠足事曰："君事事右政府，缠足当非美事。政府何不令禁之耶？"汤生适与友人同在，友人遽应声曰："康熙尝有禁缠之令，恨官吏未尽力行。"花之安语次，即就《东华录》遍检得之。颔首再四。逮返，友人曰："不图西人治学之不苟也"。

既而主上海濬浦局事，濬浦局款出于海关。各国领事，均预局务，别延西籍总工程师，综工程之役。两江所遣总办，向以周旋领事为能，无一人敢问局务者，以局有洋员，俸特高，月八百两，受成者比之优差。领事西人，亦迄不重视之。汤生既受任，日至局所，勘工程，核会计，旬月而得西人弊薮所在。一日例会，遽以言抵总工程师，指其疵谬，按之应剔除浮报若干。总工程师无语，良久曰："当再覆之。"则阴结领事为之疏解。汤生意不少动。更一例会，仍坚责之。总工程师气沮。于是领事有斡旋者出曰："先生德业学问，久负重望。但此工程师事，恐非治工程者不易详，容别就专家审查何如？"汤生笑就怀中，取一纸出，示诸领事。见者无不大惭，与道歉忱。盖汤生毕业爱丁堡工科，在英国获有工程师就业证书。各国领事，知长于文学哲理，而不知为工程师。失言致歉，不得不尔也。于是一听其言，条举工程浮费不当者若干款，上之两江，时端方任两江，不欲以琐节失欢列强，其议遂寝。闻者为痛惜之。端方去任，局事亦解。邮传部侍郎唐文治长南洋公学，延为教习。因移家虹桥路，旁校以居。其授课也，拆一班为若干级。各量所学，以造就之。曰："一班数十人，高下不齐。拥皋比者，就书成诵。诸生何得有进耶?"爱护学子，无微不逮。其有学力少逊者，则课馀就讯之，讲释不倦。惟课时兼好论政事，排新学，斥革命。而时在宣统三年，诸生方跃跃欲试，辄与辩难。每曰："革命庶同博弈，幸而致富，不过数人。但天下苍生，率已为之孤注。此在各国，咸有斯说，非倡自老朽也。"不数月，八月十九日，武昌变起，南洋诸生，且为义勇军，且为学生革命军。校课垂辍，汤生亦垂涕且去。一日，诸生起曰："辜先生学问夙所钦佩，论政则非甚好。革命且成，不欲更从执经，请从此辞。"于是举座哗然。因即出讲舍登马车，诸生又进曰："以先生诲人不倦，故犹得以车出耳。"汤生遂归。旬日后，育一女，笑语人曰："吾素顽固，此女却共和国民矣。"已而北客京师，生平不积资，窘困万状，则主于庆宽，辄厚待之。

蔡元培长北京大学，又延授西文，诸生敬事之如故，而好发狂言以见沮物议亦如故，终乃退讲。溥仪复辟之役，张勋实主其谋，将有举措，约大僚之集京师者，为密会。动涉大计，若主度支，若主军政，若主外交。外交独难其人。有曰："汤生克任也。"即召之至，汤生秩征，居末席，未尝多言，即言亦不为大老所重，嘿嘿而已。凡数会，勋仅馈二百金，亦不与争。及事发，旬日且败。汤生闻九城枪声遽作，姑往见勋，虞候四散。勋独居若有所失。因语之曰："事已至此，复留何为？更不行，且见获矣。"勋惘惘中与之同出。登马车，驰入东交民巷。汤生与各国公使，无不熟稔。首至日本使馆，即下谒公使，适外出，遂去之。复至其次和兰使馆，与公使谈，请按政治罪例，容勋留居，公使首肯。勋即日宿使馆，汤生始辞归。义问所感，亦无人罪之。

庆宽既殁，益无聊赖，且不得治生。暇则以法文译《春秋》，寄之巴黎，巴黎为刊行之。中国索解人不得，亦未见有传本。监务稽核所总秘书，西儒宿学，极与知好，延为其副。先后数年，又不时撰文，刊之北京西报。稽核所职解，德意志使馆复厚资之，请为秘书。各使馆亦时请益而奉之。汤生既老困，著作之兴，亦以少衰。然时为人讲诲,犹不倦如恒时。二十馀年前,德诗人戈德百周祝典,德使馆设讲学会,以昌戈氏诗学。延各国通儒外交人员来莅,公使首致词曰:“今日特请辜先生讲戈氏学,戈氏德之诗人,迄今百年,其学乃不传于德,而传于辜先生也。”合座闻之,咸为惊异。汤生则缕述戈氏学数千言。德人闻之,如豁蒙昧,并为刊布其词焉。

汤生方颐广额,双目炯然,青色莹澈,征其智慧。不好西俗,不御西服,宽袍博带,垂辫发累累不肯去,示为遗老。见者每以为乡曲,不知其学之博也。尝乘津浦火车南行,卧于上铺,因患寒咳,车未开,即登铺偃睡,时时咳逆,颇不自安。须臾,一少年子据下铺,不及望见,亦不相闻问。汤生咳甚,少年子厌之。召侍役,其时津浦北段,为德国借款经营,厮役有德人,应召而至。少年子以德语语役,牙牙然,役不能尽其意,罄折而退。少年子盖谓同室老人,久咳秽污,愿选别室以居也。汤生毕闻之,俟役退,乃以德语曰:“若非言老人咳秽,拟迁别室耶。应如此语之,方能获解。”少年子闻之,大惭无地,敛容请益。知为辜先生,致歉再三。或曰:“少年子即泗州杨毓珣,方习德文于京师大学。”未审信否。友好或称其善各国方言者,则笑答曰:“洋饭馆之厮养,不谙数国语,且不胜任,庸何足言?”又好博,囊有一文,倾之始止。濬浦局奉八百两,曾无片储,亦间作狭邪游。在上海与友好饮于使馆曰谢寓者,别而念之。以书抵友曰:“别梦依依到谢家,乃真有此感。”性习行谊,大有英国文家习尚。为人淳挚,不假机诈。有所得,甘之如饴。无所得,茹贫自守,但非其分者,绝不苟得也。逞才华,矜思虑,出言典雅而风趣,有所作,随手付人刊布,亦不计酬,文稿散佚,并勿掇拾。盖学以娱己,极性天之乐为已足,诚学人之所尚也。世知汤生者多,每传其轶事一二。无当其人,因削之,不复更书。

(据《好文章》1948 年第 3 期)

黄郛别传

黄郛，字膺白，浙江杭县人。幼歧嶷，读书数年，改入陆军学校。维时清庭承甲午庚子之后，颇欲发奋以图自强，于各省创立军校。有志之士，纷然来集，郛其高材生也。既毕业，去之日本，习测绘，因与革命诸子友好，亦加盟为同盟会员。其尤善者，吴兴陈其美，方习宪警，创导革命最力，亦引郛为同志。逮罢学，清廷方盛张军政，设军咨府，为国家最高参谋机关，以贝勒载涛主之。下设厅局，厅长陈其采冯耿光等，均士官卒业生。郛始任三等科员于测绘局，时吴荣鬯为科长，弥器重之，言于耿光，为晋二级，郛德之弥深。

辛亥事起，军咨府中有大志者，纷然南下，为革命效力，陈其美主沪事，尤著盛誉。郛亦亟欲来归，就荣鬯乞假，荣鬯以闻诸耿光，佥曰："郛乞假，将有所谋，孰不知之，吾辈岂墨守者，排清革命，正复同志，不如以事遣之行，使留南方"。于是托故命之行，且密语以时会之切，郛欣然，克日就道。逮抵上海，其美甫任沪军都督，屏当军事，不日暇给，相见班荆，立任之为师长，渐又任参谋长。师有三团，第三团即今总统蒋为团长，亦游学时故旧，同负革命大志者，张群则任营长于第三团，均东京盟友。时适部署北伐，三人交契尤厚，因约为兄弟之好，以年事论，郛居长，群为季，缟纻情殷，历久勿渝。其时风气乍开，女权之论，滂湃兴起，女子北伐队，应运以出，队长沈景英，嘉兴人，北洋女师范生，颇以才名，郛时相接纳，遂结婚于汉口路上海旅馆，为之证婚者，参谋长何澄也。郛固授室，至是为退居之约，留之杭州。

辛亥事定，不久而癸丑二次之役起，其美痛嫉袁世凯祸国，力任其事，郛亦与焉。二次事败，遂不得不逃亡海外，因至南洋，复展转至日本，备尝艰苦。盖言革命者渐已星散，世凯无所顾忌，统于一尊，遂有洪宪称帝之秽迹，而党人群居海外，无所瞻依，力薄势单，口呼负负而已。

靖国军兴，世凯覆没，国家虽仅守共和之名，内争未息，然党人已渐渐归国，北廷更罗至来归者至殷，郛遂北行。郛善论辩，智足才给，颇谙世界大势，欧战方酣，北廷旧僚聩不解事，得郛语，无不击节抚掌，颔首称是，深引重之。张绍曾革命前辈，素好汲引才俊，时任揆席，更与促膝，引其绪论。欧战方罢，因得奉命考察，亲至海外，留欧陆者数月，归述所得，著书曰《欧战之教训与中国之将来》，言之有物，均中綮要，见者无不倾倒，以为北廷无此异才也。华盛顿会议时，遂任之为专门要员，再赴美国参与外交团务，归来，受任阁席，为教育总长。徐世昌且请撰一书，以自增重。郛外怵国势之凌夷，内伤直奉皖系之扰攘，政府予夺，悉视军人，而军人又以胜败为消长，慨然有澄清之志，固莫得其由也。则每与新党伍，陆军检阅使冯玉祥，练兵南苑，饶有生气，辄请人为士卒致训词。郛屡往慷慨陈说，玉祥以为能，时通款洽，郛亦说玉祥为国家柱石，私不废公。因之玉祥班师，军次京师数里，即召郛往，夜谈秘计。玉祥难于阿衡之选，郛即引为己任，摄政内阁之议始定，玉祥即于子夜，扣德胜门，袭京师，孙岳潜为之应。翌日侵晨，国民军已遍布市廛，市人固不之先知也。于是电斥吴佩孚，囚拘曹锟，解内阁职，即以郛任国务总理，兼交通总长，摄行大总统职权，并即电张作霖段祺瑞，合力国是。张、段固以玉祥班师，得释兵累，然不愿为郛下，留天津觇之，郛困守京师，亦莫展长策。玉祥遂至津沽定议，祺瑞出任执政，摄政内阁，先后可七日耳，郛犹留长交通为政府筦钥，尤恃所入以资给。郛向不预交通事，四电呼吁，无应之者，亦遂不得不乞罢，祺瑞以叶恭绰继之，崇朝事集。郛罢官，仍以读书自遣。已而段、张又斥逐玉祥，玉祥亦引师西去，而广东时已誓师，出粤北伐。张群重郛，屡书请南行，为奠定改革之大计，又言之蒋，谓以郛长才，留北同于弃置，宜请共事大业。于是郛为所动，襆被南来，及至上海，北伐军已底定湘赣，克武汉矣。郛遂之汉，襄赞献替，然国民党十三年改组登记，固未尝与。北伐势盛，党为之主，咸劝登记，郛独持异，谓："以匹夫责兴亡，固分内事，何党为？且党排斥异己，此时奠定大业，畛域同异，非所应有，吾不敢逐此汶汶之末流也。"语厉意长，人亦无以难之。

南京定都，任外交部长，而北伐军沮于山东，日本之出兵，蔡公时且见俘杀，不得不行，旋改任上海市长。凡规划十局建厦江湾，辟中山路以迫租界之外展，宏模远虑，有足多者，未竟其志，政局更故，张定璠承其役。复以闲退，则以在野之身，纠集同人立中国建设学会，盖将以网罗英彦筹计国本，为百年之镃基也。

时在海上，俨然重望，政事兴废，每以密商于中枢，中枢忌之者亦众。既而东省祸作，日人陷热河，且将略地，及于长城之南。何应钦适长北平军分会，昕夕不遑，势难支拄，中枢无计，将一新北方之面目，且以缓日人之南侵，而难其人，始复起郛。别立行政院驻平政务整理委员会，以郛为之长。郛久宦北方，深洞窍要，遂慨然自任，剑及屦及，躬赴北平，会尚未立，先定弭兵之策。所与共密要者，王克敏、汤尔和、殷同、何澄，均洞烛日事者，百计并策，奋口舌之劳，穷日夕之力，周旋匝月，始成协定。日兵撤出关外，北方之得以缓于兵祸，政府之得以从容备战者，实协定之功。而世仍有以此诟病郛等者，诚不知当日敌势之迫，我备之窳也。

协定既就，始组会于南海之丰泽园，旋迁东城外交大楼，郛亦振作，冀有成就。任袁良长北平，张直卿长天津，殷同主北宁路，沈昌主平绥路，将以一息之暇，自奋于政治。而所辖五省，多不受命，妄评讥弹，遍于全国，兵祸小纾，政事无可措手，至是亦气以渐沮。日本更以当时撤兵，原冀北方有自新之途，且可与通款曲。郛固无力使北五省图强，亦更不听日本之诱掖，乃至甘言厚饰，亦不少予假借，日人亦辟而远之。中枢当时，以郛行为解眉睫之祸，期之至殷，事定以后，初不更重以权责，乃至督之以不可能不可行之事，甚至政府泾渭派别之中，有责郛以图发难为政争者。郛益落落，归之南中，终于乞假，政府复于假中任之为内政部长，是明去其职也。郛遂请罢政委会，亦不更莅内长任，但命次长许修直，赴值画诺而已。

逾年，胃癌遽发，延协和西医来诊，谓不可割治，又延国医前滇军师长范石生主剂和，均不获愈，经月而卒。病中深慨国之不强，寇祸必起，终以不及匡救，自咎自责，即书遗言，布之国人，亦莫有用者。不数年，其言卒应，卢沟桥燎原始火，苦战八年，蹙地强半，不能不谓郛见事之早，立言之允也。

郛躯干中人，目光炯然，沉思玄理，简朴暇远，生平无多嗜好，虽位摄政，未尝事燕乐饮食之欲。久居京师，往来者显宦军阀，亦不共相征逐，暇日斗室，淡巴菰一枝。偶与家人戚好，为樗蒲之戏，迄未尝穷日行博也，生平剧赏莫干山风景，置数椽其间，颜曰“白云山庄”。白以自谓，云则亦云，沈夫人字。所居至简，在芦花荡，前有旷地十余亩，山居之时，每手自耕植莳花，把锄芟草以为乐。或踯躅田中，与野老话桑麻事，人亦多亲礼之。复辟小学于山足，校舍规宏，附郭子弟，咸往就业，亦辄躬志训迪。家庭伉俪外，无他人，原配一女，已夙遣嫁，景英无所出，则乞景英妹适陶之女婴为己女，抚字使承膝前之欢。家居闲处，夫妇相对论政，彼此击节，用消永昼。以曩宦京华，颇习礼法，宾吏僚掾，进退中止，耿光荣罳相继弃屏政事数十年，贵盛后见之，犹足恭称六爷二爷不置，盖尚沿旧习也。然于蒋、张昆季之谊，亦守之弥笃，凡致函电必称吾弟，属吏有询之者，亦勿为改。陈其美殉国二十年，都督府故吏为文祭之，自榜首名，张群请易其序，以示尊尊。郛怫然曰：“昆季之约，盖不可渝，即言尊尊，吾尝摄大总统印绶，讵不足比贵于主席耶?”卒不改序。以数往日本，研讨至精，交游至广，凡论日本事者，一时奉为祭酒。郛虽曲与委蛇，所以内恃者实甚固，日人震于知日之名。初则佯示交亲，旋知其无可与谋，则亦望望然去而他就，故长政会三年，亦迄莫展其长也。常日措心政事，投大遗艰，尤贵得人，有一技一说之长者，每加延礼。建设学会，以旧好赵正平经纪其事，南北各省，获才尤夥。长政会时，即僦居会所，丰泽园陈旧冷落，外交大楼高耸森寒，均无居止之乐，人所勿能堪者，郛亦安而就之。宾客罄折，自晨直晡，不获少息，午睡移晷，手草文檄，孜孜亦不言劳。闲读释典，造诣不精，多用日本宗门诠解，聊以习静。玉祥自泰山归张家口，重立国民军，将有抗命之举，适在言和之际。郛排万难，使不得逞，彼此交谊，遂中衰。然玉祥日记，涉郛者犹盛绳之也。

（据《好文章》1949 年第 4 期）

况周颐外传

况周颐，字夔笙，别字蕙风，广西临桂人。（原名周仪，宣统元年以溥仪名避改）明代有循良宦苏州，民号青天，建祠血食至今，曰况钟者，其先人也。况氏婵嫣世泽，数百年不替。周颐生尤颖悟，读书有夙慧，九岁即食饷。知府赵公，一见深赏之，招入后堂，总角垂髫，风致嫣然，爱而妻以孙女。周颐自童龀时，涉猎群籍，经史之外，兼及小学虫鱼，尤嗜词，似有天授。一日得其外祖黄蓼园先生所选词，大抵采自《草堂》，存精汰芜之作，吟讽不能去口。十一岁遂填《望江南》等小调，为前辈所见许。年十四，举于乡，旋试春闱，不获售，便弃去之，考为内阁中书。维时同官者何维朴、王鹏运、许鹤巢均以词名，周颐至，益得嘤鸣之乐。所选《薇省词钞》，则历朝内阁中人所著；《薇省同声集》，即一时朋尊酬唱之作也。官事不繁，薄禄自给，日走琉璃厂，研讨板本碑板之属，获词集尤夥。其罕觏者如《国朝词集》，康熙以还，人所仅见，致之如拱璧，为填《宝鼎现》一解以宠之。又暇日则郊行看花为乐，所作亦日进。初取径姜张而扬弃之，出以重拙之笔，沉邈之思，鹏运方汇刻《名家词》，间为校勘，证订精绝。归安朱祖谋向不作词，鹏运日日诱掖，遂共琴筑。已而甲午、戊戌，朝政日坏，失地丧师，凄其之音，风雨之思，急管繁弦，更有不能自已者，则率托之于风雅。

旋去湖北，入张之洞幕府，复掌教两湖书院，与梁鼎芬、程颂万授经史。诸生翕然悦服，一时气类之雅，若郑孝胥、陈衍，均客武昌，文酒弥盛。继又之江南，端方复延居幕府，晨夕纵谈艺事。《陶斋名画记》《藏石记》，多出纂订，盖江阴缪荃孙方督书局事，董治两书，非得朴学如周颐者，不足语金石事也。李葆恂亦预其役，相与探讨，研治益精，尚出其余时，为南京高等学堂教习，又常掌武进龙城书院山长。自卢氏以来，亘百年未有劬学得与相并者。时鹏运已以奏罢颐和园事，获遣，旅居扬州，郑文焯则以兰锜贵胄居苏州，往返投赠，不减京华之乐。荃孙辑《国朝常州词征》，辄请周颐定之，亦自出绪余撰笔记。先后五种，合之为《阮庵笔记》，则以客扬州时，居阮太傅巷，以颜其书，留鸿迹也。时赵夫人已先逝，娶吴县卜氏，同居金陵。周颐方笃意著述，埋首青庐，饮食燕乐，或不往赴，同官者多匿笑之。蒯光典至与不欢，谮之端方。方曰："天下人虽尽不直夔笙，吾则敬爱有加也。"于是浮言以息。周颐闻之，益滋知己之感，旋擢候补知府之命，分浙江，亦讫不往。

周颐不善植生，常处窘迫，端方委以大通榷运，少资润字。而辛亥事起，襆被以行，亦未有余资，行李可书籍数十箱而已。间关至上海，赁庑梅福里，数月且不能支。友好说之曰："君不事营殖，但鉴古亦足自存，书肆雅人深致，可一试耶?"因设娜福书庄于汉口路，晨夕躬自经纪其役，辇所藏以充架栋。客有至而选购者，辄转道及故人名氏，足恭致敬，周颐乃赧于论值，即以欲购者赠之。如是半载，弃善本累累，仍无以自赡，则复折肆，移家和乐里。治生更艰，举凡念乱忧生之致，率倾写翰墨间，以自排遣，且鬻文字呕心血以给升斗。海上达官豪贾，于养生送死之际，往往求得名公巨卿之一言以自重，因之周颐乃日作寿文墓志铭。或不暇给，而好古之士，求作金石题识者亦至夥。朱祖谋自广东学政归来，沆瀣道旧，复为扬揄之，且介于刘承干，为辑《词人考鉴》，月奉百金，商务书馆申报馆，亦请撰《餐樱庑漫笔》等书。而长安不易居，顾无解于侘傺憔悴也。赋性耿介，又不欲以非义自沾，徐世昌以清太保任民国总统，颇网罗遗彦，治文事，或劝噉之，则笑谢谓非所愿，且曰："身不欲竟日淹留佳客座，以对此两朝开济老臣心也。"于是说者悚然谢退。已而卜氏病殁，斋奠既不资，痛感寥落，遂徇祖谋言，迁苏州，小楼三楹，临河倚巷。而苏人士无尚文之癖，迄鲜所得，数月复归上海，居贝勒路，不两载，以疾谢宾客。祖谋犹健在，为经纪其丧。

综周颐生平，少以华族文采，驰誉坛坫，尤酷治词，造诣且为两宋以后第一人。中岁浮沉薄宦，专诣日精，去功名日远。盖以才子为学人，且以夙甘肥遯者，晚年贫乏，且狷傲狂介，不欲有所自污，身非显达，周旋遗老，比诸晚宋王（花外）李（筼房）一流。尝自称："词极文心之微，亦辄有身世之讖，少作平调《满江红》咏月有云'但值秋天能皎洁，何妨春影特珑玲'，庶为吾行传耶?"其论词备详所撰《词话》三卷（惜阴堂雕本），要以重拙大为宗，而风度韵会，不可少忽；至指事托意，当使于镕情铸景中见之，善于驱遣，则无一事无一物，不可入之词也。又治词当先培养其性灵，但去俗日远，则文心益宏，读书务博，所谓词外求词也。凡此所以诏当时承学之士者，莫不奉之为金针。清廷茬弱，国运日敝，甲午以还，东邦之侵凌最迫，周颐词中，每有所指。上海六三花园以樱花著，主人白石郎辄于花时张宴，约士流赏集，先后作数十词，颜所居曰"餐樱庑"，独于见构之疾，不少假借。其尤脍炙人口诸作，有曰"怕无芳意与人同"，则知两国之终难亲好；有曰"三山立马艳阳时"，则直以恢复神州，楼船横海，期属后来。以稼轩、改之之雄心，琢清真、白石之丽句，概可知矣。

丁巳戊寅间，缀玉轩南来奏技，剧赏逾恒，数年间赠词百余阕，合之为《修梅清课》（西泠印社刊本）。所作哀感顽艳，不可方物。其顽极者，《清平乐》后半解："座中词客狂颠，生平不受人怜，仿佛倾城一顾，却教感澈人天。"尝自击节曰："哀感易，顽艳难，顽而哀则更难，常日以此语示人，不易获解，以此佐证，庶其得之。"祖谋词学深造，举国奉为大师，勿轻有作，见此掀髯曰："白石以词仙称，此其词妖矣。"相与大笑。旋约各选百词合刻之，曰《鹜音集》（丁氏聚珍板本），以识王鹏运之渊源，鹏运尝自署鹜翁也。又辑选《宋词三百首》时，日携选课，就为去取，斜阳薄暝，一灯微明间，两翁曼吟涵咏而咀索之，夜分始已。亦或各持别议，则留俟来日。先后兼旬，始获定稿(《彊村丛书》本)。至祖谋之精校宋词，排次勘记，则薄之而不为。曰："徒事校雠，不其窒于性灵耶？常日吟讽会心，未尝不穷古人名作之妙，甚者乃忘作者之姓氏，苟得精髓，忘之庸何伤。吾知此说之不为彊村所容，而吾乃率行吾法也。"

祖谋籍归安，筑墓道场山麓，因亦爱其山水明秀，以为百年过隙，奚必归骨故乡，遂置生圹，植梅树环之，旧榜"第一生修梅花馆"，于是复为谶语。周颐文人结习，未自遽免，天情横溢，杂以玩世。尝观《牡丹亭·惊梦》出，杜丽娘见柳梦梅称以秀才，秀字脱口遽止，神情飞越，则以"秀盦"为别字，闻者无不胡卢。又以九月朔日生朝，与欧阳修同，则作印章以记之。又倩吴俊卿绘《荔子图》，题曰"唯利是图"，以讽世之好货者。且作《好事近》五阕，有曰"蓝寒江绿只寻常，不道见寒暖"，以讥世情之薄；有曰"却近铜山金穴，只清凉无汗"，以自见其高致；有曰"荔与利谐声，藕偶莲连为例，刀作泉刀解诂，以多多为贵"，以斥贪黩无厌，凡此非慧心人不能解也。尝造吴俊卿许，先日适走一婢，俊卿忽忽不乐，为解之曰："彼一往，公情深，诚古人一往情深之谓矣。"又尝薄晚就饮吴阊，客有谓今日苏州特寒，不似往日，则曰："姑苏城内殊不寒。"客更抵之，曰："读张继《枫桥夜泊》诗，不知姑苏城外寒乎？"常日饮啖绝少，不甘鲜秾，每于筵燕间，谢人曰："不辞清瘦，是清况也。"复以"清况"为印。或有纵谈治生者，虽言不及阿堵，亦曰："此雅根也，非钱则法书名画，何由致之，旦夕菽水，何由瞻之，一旦营营役役拘于货利，又复人为物役，将奈之何？"初不学佛，渐亦日诵梵课，曰："向者涉猎象教，徒为取给文字之资，今而后当参禅理，以求解脱。"客有绳登临之美者，笑应之曰："山水无情之物，竭意流连，初不能邀其顾盼，何若于生香活色中求之？"少时作艳词，沁挹心脾，刻《玉梅后词》一卷，老亦悔之，自戒绮语。然"玦绝环连两不胜，几生修得到无情"、"惟有相思能驻景，消领，逢春惆怅似当年"等语，莫不为言情之圣而兼哲者，真情种矣。惟不善书，亦不好书，笺记均作整楷，其有题记跋尾，莫不以人代之。或有婉请者，曰："手盲不习此。"有笑谢耳。又不作诗，间为一二绝句，亦似词笔，不欲留以示人。骈文则宏丽典则，纯出唐音，唾手掇拾，片刻而成，所作百十篇，尚藏之名山。小学未有成著，每引为歉事，然与人语及学术，多劝先治小学。晚岁资生益亟，随意斥所藏以易米，南陵徐乃昌得其藏词，贵池刘世珩得其碑板，吴兴刘承干得其宋元精刊，外此则或散之廛肆，不可踪迹，亦顾勿以为意也。子维琦、维璟，能承其学，维琦尤擅丹青，窥宋元堂庑，为世所重。

（据《好文章》1949 年第 4 期）

《谈梅巧玲》补遗

顷读徐一士先生《壬午闲缀》，谈梅巧玲事，胜朝遗迹，为之神往。余生也晚，仅与文孙往还，初未尝能涉开天之盛况，但幼侍庭闱，所习闻于先公之掌故至夥，兹撮其足以补本文之遗佚一二则，以为古今补白，兼就正于一士先生。

梅巧玲义举，初非一事，先公官粤东时，辄与同官往返，互述清苦。有铨粤之散馆翰林李君，每告先公曰："食贫自守，固属廉隅，但余在京清苦，此行并资斧亦付阙如，友生筹措，殊不足敷。不得已以告之梅巧玲，巧玲假吾三百金，始治行装。今来此半载，尚未及还，弥为怅歉，此后诚不知如何得了也。"因此知巧玲豪侠，对于京朝士夫，每多倾助，各家传说不一，实缘事而异，并非小节之不同也。

梅氏之死，与桑春荣先后无几日，都人士为撰挽联曰："庾岭一枝先折；成都八百同凋。"所以扣梅桑二字，不过工巧而已。先公述此联时，并述别一联："赶三已死无京丑，李二先生是汉奸。"盖赶三为北京名丑，与罗百岁齐名，其死时与李合肥同时。李以辛丑之役，忧勤致疾，卒于贤良祠，其所以保全国家于一发千钧之际者甚大，而都人士不为曲谅，辄致浮谤，号曰"汉奸"，因撰斯联以辱之；实则庚子之变，若不得李之忍辱负重，则瓜分迫于眉睫，宗社早付邱墟矣。虚憍之气，为国家之累者，匪伊朝夕，附记及此，又不禁慄慄以惧矣。

巧玲体肥硕，技则至精，所演《盘丝洞》作半袒妆，尤为都人士所剧赏，盖宜于环肥之剧也。先公谓光绪五年在京，屡观其《盘丝洞》、《探亲相骂》（与赶三配，赶三骑真驴上台）、及《五彩舆》（鄢茂卿事）诸名剧，轰动九城。其时宫中时时传差演剧，慈禧太后及光绪均加殊赏，都人士以梅体硕，因称之"胖巧玲"。宫中演剧时，帝后谈及其名，亦以"胖巧玲"呼之。易实甫《梅郎曲》中涉巧玲事，有"市人皆称梅老板，天子亲呼胖巧玲"，盖记实也。

先公于光绪十四年再赴京师，其时梅年事已长，但掌戏班，夙已辍演，亦不应招赴谳会。惟吾乡盛勖人（盛宣怀之父）与之至好，一日约先公杯酌，并邀巧玲至，且郑重语先公曰："梅老板久不外出应酬，特约来，俾一相见。"其时京朝风会，伶工子弟多出预文酒之会，是日来者十余人，均其后辈。迨巧玲至，诸子弟为之肃然与行请安礼，巧玲一一抚循，且问其师父近状何如？班中营业何如？亲切有味，子弟见其霭然之状，又如对严亲慈师。言次盛谓梅老板善八分书，何不乞其挥藻楹帖，先公因以属之。旬日后即送一联来，上款题某某先生，下款"梅芳"二字，饶有汉隶意味，惟甚拘谨耳。其日衣蓝衫黑快靴，出言温恭得体，举止落落大方。盛极绳其掌班时，厚遇同班及散材义举，则唯唯不敢当。盖其时风尚，伶官多好与名士达人往还，挟以增重，并不措意于馈遗，即欲觅资斧，亦辄取之于亲贵达官，决不课之于寒士。方其来往时，厮养均称梅老板而不名，此易五诗之本事也。

畹华既以剧艺名世，方其南来谒先公时，因为述同光间事，畹华敬受而聆之。及其行也，先公命于旧簏中检觅楹帖，越三日而不可得，盖南船北马，不知遗落何所？以禀先公，弥为扼腕，曰："倘能得之，应属畹华，加一小跋，以志三世论交之盛事也。"忽忽述此，盖又几二十余年，先公谢宾客者亦已五载，日月居诸，沧桑变迭，秉笔杂记，诚不胜其"往来成古今"之感矣。

（据《古今》半月刊 1943 年第 14 期）

纪念故总经理史先生

量才先生，以毕生致力于国家社会之身，竟于前月十三日，惨遭匪祸，殊为吾人意想所不及者！同人从役《申报》历有年所，对于先生，尤深悼念，各抒哀思，余则姑举影像之一二，用为纪念云。

量才先生，虽右文，而兼尚武。余之纳交也，即在戏球之场。盖以先生为国运不纲，人宜锻炼。因之治事之余，则习技击。至于球戏，亦无不精绝。事在十八年前，先生驾轻车，赴广场，奋臂争先，人或视之如豪侠少年，不知为中国惟一舆论机关之主者也。余时方离学校，作汗漫游，亦辄出学校中之积习，蹴踘弹棋，每不胜先生，用以为异，于以知业精于勤之非易几及也。维时蹴踘之场，朋辈十余人，夕阳西下，微风扣凉，先生则以余时谈政治，议论如泉涌，闻者辄为动容，知其指挥之长，有过人者。夫国人往往甘于荏弱，而文人更积重难返，若先生者，不仅治事之才，为凡近所不见，即其余时之谇厉，亦更足以为世表率矣。

先生爱护国家，爱护社会。无论何事，趋之当先。至于慈善、宗教、教育诸端，尤多将助。海上本冗嚣之区，先生几于无役不与，而能举重若轻。常忆某日，与先生同赴一会场，历时已久，众议纷纭，时已就晚，而先生独能执中立论，如理乱丝，所议立定，即循此而为之。此盖天生领袖之才，非特愚之私言，凡与先生有故者，亦莫不能详之。因以群相敬事，而所事益多，先生初不嫌为烦琐，急公之说，于此证之矣。

先生以独力主持本馆。事务繁杂，而先生为之，好整以暇，尤其于共事之人，不立涯岸，相处以诚。方先生于民元接办本报以来，所用者仍多旧人，二十余年，礼意备至，殊非衰世所易见。至于职务之支配，权界之明立，组织之完备，在他人或以为非易，而先生则不必经意，已极裕如。是以本报同人，相视如手足，相敬如家人，数百人无丝毫之意气者，实先生治事之才，有以致之。天下企业，首在充实内部，先生于此，无间言矣。

凡人均有所嗜好，先生不能外于此也。然先生之嗜好极简，读书临池鼓琴游历而已。凡此嗜好，几于无一不足以养人之性情，立人之志气，拓人之心胸，先生独嗜之。至于世俗玩好征逐，先生初不与之也。暇日则焚香静坐，绿绮瑶筝，商宫角徵而已。间赴杭州，客于湖滨小筑三间，层楼一楹。憩息其间，自谓足以澄俗虑寻真如，胜于软红者，不可道里计。先生往得胃疾，每发必剧，终以自能调息而愈。盖先生往往视身外之物，为不足重，乃至性灵以外，虽躯壳亦不足重。其理解之造诣，可谓高矣！

综先生之生平，及其行谊，宜享大年。所谓以寿人者寿世，乃遭斯变，遂殒厥身；此岂先生之不幸，实中国社会之大不幸事。余从先生游，垂二十年。方先生五十寿时，同人属为文以彰其美德；乃一旦执笔，竟为此追忆永诀之文，有不令人掩涕而不自已者乎？呜乎！先生往矣！冀有以竟其志者，庶先生为不死矣！

（据《申报月刊》1934 年第 3 卷第 12 期）

附：史先生传略

史量才先生，名家修，中年后以字行，祖籍江宁。父春帆，遭洪杨之乱，经商上海西泗泾镇，遂家焉。先生幼颖悟，师事耆儒戴葵人先生，读书过目不忘。泗泾清时属松江府娄县，光绪二十五年春，考入娄县学为附生。时当戊戌政变后，先生慨清政不纲，弃举子业，与松城雷继兴、龚镜清辈研求日本文及理化等应用科学。光绪二十七年秋，考入杭州蚕学馆。年假归，倡议兴学，促地方父老筹经费，而泗泾米业养正小学以成，至今称盛。先生既毕蚕学馆业，遂应上海王氏育才学堂聘，为理化学教员；旋膺兵工学堂、务本女学、南洋中学各校教席，时科举犹未废也。先生故善词令，尝就养正小学演讲，开发民智，听者坌涌，咸佩先觉。光绪三十年，创女子蚕业学堂于上海高昌庙桂墅里，实为吾国女子蚕业教育之嚆矢。三十年来环太湖诸郡蚕桑业之兴，先生与有力焉。此校旋迁苏州浒墅关，即今之江苏省立蚕桑学校也。光绪三十一年，偕诸同志发起江苏学务总会。未几而苏浙借英款筑路之议起，以汤蛰仙、张季直、王丹揆诸公之提倡，群主集资自筑，先生盖为奔走最力之一人。公司成立，被选为董事，时先生兼任《时报》主笔，已于新闻业深感兴趣矣。复以暇发起全国农务联合会于南京，被推总干事，时南京开南洋劝业会，先生则集农学家，参与其事，审查研究。无何，武汉革命军起，各省响应，主江苏者实为程雪楼、张季直、应季中诸公，先生盖无事不参与商洽也。惟时人才云集，而思虑之锐敏，治理之精覈，独推先生；以故江海关款产棼如乱丝，设沪关清理处，而以先生主之；松江盐政亟需整理，设松盐局而以先生长之。先生独着眼社会事业，以为一国之兴，文化实其基础；而促进文化，尤似新闻为前驱，遂以民国二年接办《申报》，经营惨淡，二十余年，未尝少懈，实为一生心血之所凝结。当袁氏盗国，以重金啖令无反帝制，先生直却之。嗣是军阀当国者十年，贞介自洁，婉约自全，盖煞费苦心焉。而先生尤以企业造产为富国福民之本，民国十年偕南洋侨商黄弈住创办中南银行；同年发起民生纱厂；又尝协助项松茂扩大五洲药房营业；协助陆费伯鸿复兴中华书局；凡所擘画，莫不云蒸霞蔚。人以是多先生之才略与魄力，而先生一志持稳，更扩大新闻事业。公余之暇，出入道释两家，参览典藏，习静坐，积十余年之精修，颇得静定工夫；习拳术、技击，身手矫捷，几为青年所不及。"九·一八"东北变作，先生大感愤，日夕集同志，谋所以协助政府，挽救国难。迨"一·二八"沪战既开，乃有上海市民地方维持会之组织，被推会长。协定成立,改为上海市地方协会,仍被推会长。而政府尤器重先生,农村复兴委员会聘为委员;招商局改国营聘为理事;实业部规设温溪造纸厂聘为筹备副主任;上海市政府设临时市参议会聘为参议员,被推为议长。先生深感朝野之交相推重,则益激励奋发,凡经济、文化、慈善各公团职务,苟被推选,绝不言辞。如新中国建设协会被推理事,中山文化教育馆被推常务理事。而其惓惓之怀,尤一日不能忘东北,则偕同志创设东北难民救济协会,冀稍拯流离之惨。其他公益事业之参加,匪可殚述。先生既早岁研习理化,苟于科学有所发明,尤乐以重金扶助。而于独力经营之《申报》,自举行六十周年纪念后,锐意扩张。附属事业,如补习学校,流通图书馆,年鉴,月刊,并延聘专家,精制全国地图,皆于启迪人文,大有贡献。昕夕不遑,心力交瘁,时发胃疾,乃抽暇赴杭州西湖,暂息养疴。不意自杭返沪,车经海宁附近翁家埠大闸口地方,遇匪徒多人,狙击殒命。为民国二十三年十一月十三日下午三时。年仅五十有六。其友邓祖询、司机黄锦才同殉焉。独先生子咏赓,肄业之江大学,同车归,且奔且拒,卒免于乱。

追悼蒋叔南先生

惜起屏霞老居士　伤心有泪似倾河

呜呼！蒋叔南先生逝矣。先生以文学武功，驰名海内，独未尝大用；而徒以经营其雁山，为毕生事业，忽然长逝，伊人可思！余识先生最晚，甫在今年之三月中，同游宴者兼旬，相过从者累月，乃先生遽赴道山，殊令人黄垆之痛，有不能自已者！又适得谢侠逊先生函，述先生遗事，属付刊布，余泫然习诵，因更广余之所知，足成一文，以悼先生。九京有知，白云黄鹤，其亦翩然来下，一视此章乎？请毕吾词。

余之知先生也，远在十年以前，盖辄读所著之游记，因获神交；亦更以先生夙好，如黄溯初、徐寄庼、刘放园诸君，亦与余至习，时述先生事，遂益形其瞻企之深也。方初读先生游记时，以为是徐霞客一流，而梁任公亦尝以此喻之，夫余固好游，十年以来，东南半壁，多留屐印，宁不追仰霞客其人。霞客不可睹，则以景之者景先生谊乎？然渐知先生行，则知先生固如顾亭林所谓体国而经野者，其为游历初非仅以揽奇探胜而已。夫以体野之心经国，则无一而不有关于生民社会，则先生之志可知，赍志以没，未尝大鸣于时，仅以造福国家者，造福乡里，乡里因受其益，而国家尚未及普获惠泽，岂非国家之不幸耶！

先生行谊，尽述于谢君文中，即在斯篇，无庸赘述。而余当更为断制，则先生固此衰世中所罕见之完人，盖其志性纯洁，学养俱备，坚强不拔之美德，几于无一不全。而其在乡里中，虽走卒贩夫，无不亲以相引，又见先生之盛度，无一不包含于其间，中国奕叶相传，必有名德，如先生者，其庶几矣！分别述之。

我国数千年来，虽右文而不废武，孔子诏弟子以六艺，兼及射御，可以知之。先生编籍军界，自为武人，然先生为军界中之学生辈者，非复士卒，而兼有士卒之长，斯足佩矣。军校外场功课，习者多勿能耐劳，且一出校门，更多健忘，内场功课，则学生优多为之，而先生于治军研战之余，至今仍能擅外场，且兼学拳术。每日能行百里以外，且辄驰腰脚，练杖击，此在五十余之老翁，孜孜不忘二十岁时之摔角，真复不易。老大病夫之谥中国，庶以先生而一振聩聋乎！

先生治武之外，更擅文学，讲经义，盖本先有学问之根柢，而后再往习军，非同招募之负贩也。其行文，不甚加点，而奇气四溢，文字尤流畅可喜。且能以曲笔状物情，写山水之态，得柳柳州笔，信复不易。行文之余，兼以学诗，娓娓可诵，七言律亦多韵致，而不作靡靡之音。湖海元龙，庶几比肩，且文思至捷，一夜可得诗数首，虽不尽工，要多可取，积而能发，先生有之矣。

先生善善恶恶，绝不少苟，凡有寸长，每多奖借；反是即痛诋不遗余力，不特其于乡里然也；即于月旦政治，抵掌人物，亦莫不如此。先生于民元之际，参加革命，与英士诸君游，迨夫国基既固，置身仕板，而痛心于洪宪，走之滇黔，护法之役，又痛心于军政府，自此以往，先生于国家之役，执鞭以从，而其后且无一不蕴痛于心，盖莫为之后，虽美勿彰，何况世风之日降，政治之不良？“九·一八”后，先生又作北游，至于居庸；眺览之余，不忘兴复，其事可数，其志亦可哀已！渟泓既久，无可泄发，则于臧否之间，不少假借，且必以事实证其所言，知人论世，初不易易，先生其一也。

先生少读书，长治军，模楷前贤，追怀往哲，其致敬之忱，诚非时下轻薄者流，所可同语。读书至圣贤事，必庄必敬；至豪侠事，又必大浮杯酌，而至宽抑之事，更大声疾呼，勃然作色。盖先生至性过人，有感于畴昔，而不能自已。尝与同游温州之籀园，谒孙诒让先主位，先生以与孙有雅故，掩涕潸然，投袂不忘故旧，其风义为何如者？又手辑《雁山志》《乐清县志》，一物之微，几经考订，前言往行，纤悉不遗；

而不以为自满，犹待辑补，始肯付刊，其虚怀之若谷，又如此者。

先生善饮，长鲸呼吸，一饮千钟，自昔已然，盖块磊权奇之士，不得大行其所用，则寄之以曲古。虆试观圣先贤，未尝不饮，特饮不至乱耳。先生少日，习军保定，遂饮白酒，迨南归又饮黄酒，每饭必尽兴始已，迨其瞑然半醉，大放厥词，无一语不由衷，亦无一语不诚挚。论世事，辨忠佞，几可令人泪下，感人之深，有如此者！

深山大泽，实生龙蛇，间气中兴，厥诞明哲，先生其得天独厚，五百年而一度岳降者欤？方其丱角，读书之时，努力问学，得掇前茅，与乃翁同榜。及中年治军，恩威凛凛，细柳可风，从政则一丝不苟，爱惜胞与。迨夫世事推迁，归隐乡田，则又辟畴芟草，筑路建亭，凡今日游雁荡山而得一椽之可庇，一路之可通者，胥出先生之赐，奈何不当致其感激之忱耶？

先生孝友，本诸天性，方其丁内外艰时，礼暗精严，族人昆季之子嗣，先生多荫覆之，同居共牢，足励薄俗。晚年介弟之丧，悲不自胜，以致终陨其身，雁行之爱，岂文字所可传述？又先生同学少年都不贱，而先生之交，其淡如水，初无嫉忌之心，亦无趋附之事，大将军有揖客，先生其当之矣。又好客，凡游雁山，取道大荆者，无不至其家，先生广厦，足庇数十人，朋从至者，款接无虚夕，而即时外来游客，不得寓所者，往扣柴扉，亦必优礼以进。于是识与不识，济济一堂，先生顾而乐之。无米为炊，初不之顾，豪情壮志，有如此者！

先生积习未忘，犹为词翰，朋辈过从，多属留题，于是其家中，积朋好所投之吟咏，且以尺计，就中优劣杂陈，先生笃于交谊，一一视若拱璧，存人之谊，于此可通。又四壁悬书画无数，其最好者，即前人所绘咏雁山之作，次则其自书之诗词，再至朋辈之歌诵雁山者，盖先生顶礼雁山，视过五岳，故于表彰之作，无一不加赞许。客或有谓过情者，以余涉历之余，作公道语，则雁山固有其可传，而先生之盛称，为非溢美也。

论先生事，述先生语，尽先生情，虽百纸不能罄其词，今但掇梗要，不再多述。余与先生交晚，而相知者独深，请言余侪事，质诸明神，我痛何如！

今岁，浙江有东南五省交通会之筹组，为遍游名胜之举。主者以余客海上久，则以事相属，余疏懒人，亦繁冗人也，万事均以疏懒了之，而万事咸猬集余身。余既懒，转不之辞。主者谓浙江名胜，天台雁荡，其尤著者，余韪其言。主者因属余约同人，先为经行，以资探胜，导夫前路，余所乐也。因为言夙知有蒋某者，功在雁山，得其同行，必然称便，主者亦深以为然，余遂托黄溯初先生函促来沪。先生好游，尤好表彰雁山，闻有人往，拍案叫绝，买棹立行。逾十日，先生至，溯初电话约余往晤，余去，迟先生不至，更约午饭，余又以事阻，迄未晤之。迨次日，先生遂过我治事之所，相见恨晚，余向不与人絮絮作泛语，则伸纸请先生述游程，先生握笔立就，谓凡此均非往不可者，必期十日。至雁山之胜，虽经年不能尽，正恐红尘中人，无此清福消受耳，余唯唯。在常人或以先生此言为忤，然余甫见先生，惊其道貌，又习审其行谊，故转击节称是，谓余即无福，长留彼间，倘十日之期，或可追陪耳。先生又谓若颇好游乎？余应曰："然。"先生曰："吾见若所为游记矣。"余曰："此拉杂所书，无足当于大雅之一览，先生乃点首报可。"遂曰："子既好游，不至雁山，且虚生此世矣，从吾游，无一不便，有酒肉可饷，有大厦可住，胡不一行？"余亦立为心动，为之报可，先生少息而去。此余侪第一次晤面之时，颇拟赓此清欢，历劫不磨，宁料先生，乃已翩然出尘而去，伤哉！

越二日，余报谒先生，先生客谢侠逊家，侠逊为棋圣，余尝累读其书，以为一行传之人物者也。既去，晤谢而不及先生，谢君语我，先生知行期有待，已赴宜兴观张公洞矣。先生好游，一毫不肯放过，此即古今人治学之途辙，而先生得之，以用之于游历，宜其游历之广博矣。是日遂与谢君谈半晌而退。

更十日，行期已定，余赍函先生，告以明晨行矣。迨明晨，已晤之车次。行李无多，手一筇杖，其高齐眉，知为济胜之具，非老于山行者，不之知也。车中闲语杂沓，至于杭州。抵杭，住西湖饭店，余与先生邻室，过从甚乐。夜归复剧谈，而先生已倦欲交睫，因立引归。

次日，本以八时登程，同人属相呼召，免致失时。而六时，先生已起，急叩余室，余以为误时矣，披衣立起，并属同室之黄、任二先生及药农家兄同起，迨开门，问先生以时，曰六时了。余曰："何其早也？"先生曰："吾起二小时许矣，早眠殊所不宜，故以召君也。"余于是急治盥沐，不久，即与先生同登车行，过江至杭江路。

余未尝至杭江路，即同人亦多有未先来此者，于是亟欲凭观夹道之景色，而先生即详述无遗。谓前面有塔，左向有湖，画地成图，抵掌可述，车行过之，无一不合。或再穷询，先生则屏息无言。盖先生不多言，言必有中，不愿絮絮作无谓之酬答，其天性廉悍，有以使然也。迨抵金华，先生又述其城中情事，且曰："此间烧饼，殊擅胜名，可一尝之。"于是同人即购食。方过金华江，先生又曰："江畔有桃花坞，千株竞发，速回顾之。"于是同人又为回顾。总之，道途所出，先生为同人之导师，且为同人管理极严之导师，因先生苟一言，同人无敢不听，而同人问不中肯，先生又必厉色相向，不作答也。金华过车即行，初未少留，即赴永康县，将游方岩，先生已历历述方岩事。胡公之神异，山水之位置，如数家珍。及抵永康，同宿绅士王君家，王君治肴相款，于是见先生尽醉，行觞未已，俯首半酣。先生容貌，矍然宽阔，双须掩唇，中酒，则面色微绛。余私语同人曰："此乃大类玉泉山显圣之关公。"同人掩笑不已，余乃不知无识之言，竟成语谶。即于此际，雁山之顶，雁湖之边，安知不有先生之神迹，类似玉泉者乎？呜呼！

翌晨，先生起，余亦起。余遇先生，言及夜来醉饱之神情，先生噱然矣。余曰："先生慎勿更饮，多饮且将罹疾，留此余年，尚足尽友朋征逐之乐。"先生以为可。然届午餐，又见其寻杯问酌矣。迨至方岩，舆行六十里，至岩下街，同人无至者，先生则直入一祠宇，呼酒索肴，盖此间率以宗祠为客宇，先生三十年前，曾来此间，故于事了了也。先生酒酣，又指导同人过羊角天，以至五峰书院，同人有未尝游山者，至是大声称美。而先生则不悦曰:“庶其而已,不足为美,若至雁山,始知真美,何少所见而多所称也。”言者为之默然。迨登天门以上方岩,先生以体重,舆人不愿肩之,于是先生复怒,谓余雁山舆人多力,乃不畏此,若何荏弱耶。

同人以先生言必称雁山,则恭上徽号,谓为山主,先生亦乐而受之,于是同人自此山主而不名矣。次夕,又宿一城,有肴无酒,先生怫然,私以告我曰:“今日行路多,不得杯酒,何以为遣耶?”次日至仙都,先生且行,且多许可,惟同人或以与雁山并提,则终谓略逊一筹,先生之爱护雁山,信为难能而可贵矣。

仙都亦先生所曾至,一水一石,言之如贯珠,余非特不能名,抑且勿能记忆而笔之于书也。午饭于朱文公书院,举头望月岩,适一圆规,先生诏同人观之,咸大称快!渐同至火龙上升之处,浅滩小涧,历历可数,其夜即至丽水县,宿其绅士家,宏敞秀雅,饮食甘旨,先生大乐。次日同至洞溪寺,迂道南明山,而饭于三岩寺,其地蒨秀绝伦,三岩寺瀑布临空,更为胜观,同人拊掌大乐,先生则曰:“若未见龙湫之胜耳,此间风景佳,如小园林,至龙湫始见其大,若侪勿以固陋自蔽也。”于是同人又复无言。如是至于青田,同赴石门洞,先生许其气象之雄伟,而不许其瀑布,谓仍勿如雁山,惟九都之夹漈,斯为大观,同人又复不往,弃珠玉于当前,独不足惜耶?同人则以数日之行,已极困累,得息而止,舍余一人,无复鼓勇者矣。由青田而永嘉,先生久客此间,熟人甚多,同人则游资福、积谷二山。迨将离永,先生已召乐清县巡舰至,同人登舰,直放白溪,深夜泊于中流,近雁山者,仅咫尺矣。

此晚为同人此游最有价值之一晚,盖一路游览,但知美适,今晚小涉崎岖,而同人遂至不耐,山主亦受诘难,为第一遭也。初海岸离白溪,尚有二十里,而至白溪间,尚有一下马村,其地有阮君者,前任浙江县长,为先生至交,同人均可投宿,则佥议赴阮家,而同人有畏事者,则拟宿船中,再三始决,全体登陆。舟泊江心,以小舟渡至岸次,有未曾经惯者,已不能耐。且海边为盐场沮洳池晒,仅通一径,可半里耳，路侧而崎岖，贝壳满前，履之欲跌。迨至岸沿，则一片荒凉，无路可从，于是群怨诽腾，诟及山主；山主则谓既至此者，别无他法，但有前趣，于是众亦从之行。前面忽见溪流，本意涉水可渡，不料水深及髁，山主去袜而行，同人或更不奈，益急讯山主，山主此时，少见窘色，此犹十日行程中第一次见之也。余本好弄，涉水登山，以为至乐，此时见山主势孤，则以言辅山主，示众勿再诟之，而诟声仍不已。余语山主曰："吾侪行也，殊勿之恤。"山主闻言，气少壮，又前趋。同人十余人，持电筒，于深夜奔旷野间，为状至怪。最后同人有急行者，有纡步者，终而散失。前行者逾二村落，不见来人，后行者又愈行愈少，无可适从，则大惶亟，村狗又大鸣，其景至凄异，令人无欢，更半小时而二队复合。乃山主夜半，亦失道不易得阮家，事亦无法，深夜扣村人之门，召得一人为向导，至阮家已半夜二时半矣。

同人登楼，无不衣履尽湿，阮君又不在家，则以其佣人召阮君于白溪，又各以炉烘衣履。迨阮君归，治酒食相饷，此为平生进食最乐之一遭，始悟饥者易为食之非诬语。同人初则诟恨先生，迨得食，诟声少已。食既饱，又议前事，余一再止之，先生得不为众议所侵，盖余以为事出偶然，不应侮此长老也。

次日由下马村入山，移步换形，先生必尽情见告。同人闻者，无不益为展颜，盖一草一木，经先生指授，无不见其佳处也。同人一赞山水之美，先生即欣然，或有故作游词，谓曾于他处，亦似见及此景者，先生必大恚，谓世界中初无足与此媲美之风物也。初至灵岩寺，先生对僧人，彬彬有礼，而僧人对先生，则足恭至再。问之始知灵岩已早毁，得先生之力经营之，以复旧观，且招僧至，故僧人特加敬礼也。先生与余有同嗜，礼佛而不茹素，余窃自比于奎基，先生引为同调。少息，杯酌杂陈，荤素咸备，初不知寺中之肴核，如此其佳，先生亦欣然，尽三爵焉。先生好古，残碑断碣，一一加意，当日阮文达游灵岩之题名，亦为重置庙前，甫午饭，先生即招客游小龙湫，同人有欲少息者，先生即诟斥之，谓何必午睡，盖先生秉赋强，习劳苦，虽过中年，矫健实与少壮无异，乃不图其淹忽如此之速也。

次日，先生又导同人他游，而午餐于仰天窝。窝在山颠，先生营别墅其间，危峰双绝，中悬板桥，肩舆过桥，少一不慎，使为齑粉，更至就晚。先生去桥，则宵小无由飞渡。又于宅后小山，建一炮台，用资瞭望，并为守卫，先生盖以兵法部勒子弟矣。山距市远，下山购物，诸感不便，先生则以大号筒置山巅，有所需者，临风呼筒，山下人闻之，即为采购而至，殊属便利，亦真有巧思者矣。先生好营缮，余所知先生在雁山，有别墅三：一屏霞庐，即在云岩之后，一仰天窝，一在大龙湫次，正在兴筑，备观瀑之需。先生不知于何处，闻余浮名，坚欲余作诗。余十年前，好吟咏，后五年，改而制词，迩日则琐冗猬集，词事亦废，然以重先生之人，亦不敢拂先生之意，即于是日，制绝句数首，以塞余责；而先生大为激赏，益令人油然生赧色矣。附志于次：

自有龙蛇生大陆，更教烟雨满群山；楼前负手沉吟意，不尽天风海水间。

争墩谢客传灵谷，专壑君家又蒋山。多事桃源知魏晋，振衣千仞客人间。

嶙嶙断翠分山影，点点残红著野花。谁识屏庐老居士，百年心事在山家。

梦去华严路更深，明珠万斛出高岑。恒河皱尽波斯面，不负先生观瀑心。

余之作此一以写先生坚贞之心，江潭之感，而同人又以山主名之，故以争墩喻之，至第四首，则由灵岩至大龙湫，须先经华严岭也。

余与同人，留雁山可八日，几于无不涉历，先生尤赏斤竹涧梯云瀑之胜，道路尚未平治，行者莫不呼险，先生多笑之，而其任重致远之概，尤为后生所勿及。

雁山之游既毕，即取道大荆镇返沪，先生留同人宿其家。家在大荆镇，夏屋渠渠，凡五大间，各有楼，后有庖湢之属，每室置数床，虽三十人可以广庇也。先生出所藏前人书画见示，多有涉于雁山者，渐又属余为书楹帖，余固手盲，然先生谓嗜痂独有斯癖，余不获已，为书楹帖屏条，而镇人之来属书者亦多，遂尽半日之力，书四十余事，恨不能工，负斯楮墨。先生又属同行之长绘事者，为作画幅，丹铅咸备，而先生与同人游，兼旬日，交益厚则情益深，放怀饮酒，每至半酣又睡，同人窃以为忧，苦口相劝，余又作耸听之危词，不料此语。亦成先谶，事之可悲，宁逾此者？先生愤世嫉俗，辄谓以酒浇愁而已，然朋友之劝其节饮者，先生亦乐而顾之，特不能笃守耳。然即于此时戒饮，亦所被之酒疾已深，未知能否逃此关头，先生每谓梦死不如醉生也。

迨大荆留一日。次日，先生与同人同赴上海，乘舟山船行。船中，先生笑语无间，亦或闭户作诗，凭阑观海，迨至沪，同人感其情谊，排日张宴以俟之，先生每为醉饱，欣然握手，各道珍重，期以来年，更相探胜，山灵有知，当为守俟，不期先生乃撒手而去，抛此五浊，以归于清净之天矣。

先生少日宦迹，以及近年所受之委屈，朋从酬酢，向不作一语，盖绩学之人，不愿搬弄历史，为眩人之术也。然余又辄闻先生治军综政之绩，闲以讯之，付诸一笑，谓凡事过眼，即付云烟，何必悬之胸膈，及于今兹，祝宗祈死，患其不解，更何必以前尘为梦影也。其疏淡不言事功，于此可见。惟偶涉乡邦事，先生谈剿匪，绘声绘影，谓至今乐清之无匪患，雅山之可供高卧，均区区之力也。当地人士，亦即奉之为神明，捍卫地方，本在藉官绅之责任，当年曾左立功，宁非由斯而起？先生爱乡救国，本未薄于诸功臣，特天不假缘，未尝使以十万横磨，加诸丑虏，斯其遗恨耳！

先生信天弥笃，奉佛亦虔，而不涉于迷信之途。居尝与余谈谓人当有所信仰，坚其信仰之心，然后可以奋发于事功。余笑曰："此中古时代，英国武士之信仰花后，庶几此理，可以相通。"先生曰："今中国人当有所信，古圣先贤，师表奕叶，岂可不虔诚对越？即如来之拔人于苦海，亦是当尊礼有加，特不必过于迷信耳。"余向主此说者，闻之尤以为知音焉。

先生表彰雁山，不遗余力，而尤劝人营别业于雁山，惟谓一切款式，当经规定，不能如匡庐、西湖之洋式，蹂躏好山好水也，余有志未逮，闻之亦为莞尔！尝谓苟有一日，得托寸椽于斯山，愿请先生定其款式，先生笑而存之。及于今日，神楼空赋，言念沾巾矣！

先生生平，好与学者游，尤喜人游雁山，愿为向道，虽苦勿辞。近二十年，凡游雁山者，无不资之为识途老马，而先生于游过雁山者，必引以为知好，时往临存。平时不尝至沪，一来则终日无休息之时，好客出于固性，此固亦吾华民族美德之所表现也。

日前，余甫闻先生噩耗，为之伊郁，欲少尽文字之缘，而语意殊不能属。情生于文，今何乃文不生情，为之喟然，构思三日，仅得楹帖，以上之先生之穗帏。文曰：

已教五岳倦登临，半世著功名，问舍求田，随分豪情似同甫；为忆兼旬共吟啸，一椽庇风雨，戕生伐性，剧伤酒德颂刘伶。

未审先生生平，素赏余文者，谓之何如？谢侠逊君所述先生轶事，俨然可作先生小传观，丽次于后，想欲知先生遗事，必亟于快睹也。

蔣叔南先生游宜興水洞遺影

（据《旅行杂志》1934 年第 8 卷第 10 期）

蒋叔南像赞

漪欤哲人，是古君子。幼习儒业，长治弧矢。进之廊庙，瑚琏鼎峙。

退处岩穴，淡泊明志。体国经野，昆山遗言。公敬其乡，公治其原。

龙湫千尺，公穷其源。一椽是构，观瀑负暄。云山入望，木石为居。

穷幽缒险，饮酒读书。此情不易，日月居诸。吾生有涯，吾乐有余。

梦去黄垆，翦话共话。何意一朝，遽脱冠绖。人天永隔，尘生遗挂。

沾巾涕泪，瞻依载拜。

愚弟赵尊岳敬题

（据《蒋希召先生讣告》，1934 年铅印本）

国剧大师齐如山[①]

凡是懂些中国戏剧艺术的人，和东西洋研究剧艺或是中国剧艺的人，可说没有人不知道中国有位国剧大师齐如山的。不幸这位老先生以八十六高年，竟然为了心脏病于不久前在台湾逝世。真可算是艺坛上最不幸的一件大事，和去年梅兰芳的逝世一样。

为什么我们要为齐如山加上这国剧大师的徽号呢？因为：

一、他从小研究中国戏剧，到老不断，把一生的心血，都贡献于此道。在两个月前，我还接到他关于讨论艺术的信札。

二、他在潜心研究之中，对中国剧艺，制定了最高原则——无声不歌，无动不舞——和各种详细的分类制度。

三、撰写了几十部关于中国剧艺的书籍，完全以个人力量出版流通，使得中外人士获到中国剧艺的基本知识。

四、一切研究都是脚踏实地的做去，既经尽量收罗各种道具、脸谱、剧本以及任何材料，又镇日和伶界名人接触，殷勤不断地问长问短，获得最精深的知识。

五、在北京招集同志，创设国剧学会，公开陈列各种材料，还发行各种刊物。

---

① 国剧大师齐如山先生卒于一九六二年，距今十一年有余。武进赵叔雍（尊岳）先生，别署珍重阁，当时在星加坡南洋商报撰文悼念，分期刊出，远道寄示，藏之箧中，亦有年矣。叔雍先生旋于一九六五年病逝星洲，重读斯篇，情文并茂，人既可传，文亦足传，爰为重刊，以留永念。

六、撰写不少剧本，像古装的《黛玉葬花》《嫦娥奔月》，独幕剧的《俊袭人》等等，都是在中国传统戏剧中，打出一条新路来；至于家弦户诵的《生死恨》，在他所编之中，还不算是创作。

七、富有对艺术和艺人的认识，自从认定梅兰芳可以成功之后，就把全部心得和梅研究，由梅上演，终于博得最高的成就。

八、培植后进，无微不至。记得我在北京的时候，他常应约到富连成科班，和一班学员讲话，对于李世芳、毛世来更认为是有前途的人才，特加提创。

九、不但对于个人的成就和收藏，毫不秘密，并且对于任何研究剧艺的同志，不论识与不识，见面就长谈、辩驳，通信就十张八张的详加解释；复因为曾经到过欧、美、日本，所以遇见爱好中国剧艺的外国人士，更不厌求详地指导、譬证，尽力推扬中国的戏剧文化。

十、多年以来，凡是接近伶界的人，要不是存心"捧角"，便是想"靠山吃山，靠水吃水"，可是他完全是发扬自己的见解，促进剧艺的成就，不但不图名，并且赔累的都是自己的钱。他对梅兰芳的合作，一切从剧艺上出发，丝毫不带些"捧角"的心理，试问，凭这十大汗马功劳，他是不是应该推尊为国剧大师么？

说起他的身世来，齐如山曾经写过一部回忆录，所以不必详叙，只要把他简单记述好了。

他大名宗康，是河北省高阳县人。晚清时代，高阳出了位同治皇帝的师傅李文正公，便是李石曾的父亲，因此大家提起高阳来，便知道有个李家。可不知道高阳的望族世家却不是李家而是孙、齐两家。孙、齐从明朝就是望族，两家更是交情亲密，道同志合。到了明末时候，清兵进关，孙家出了位殉国的军人孙承宗，永远留下了民族英雄的光辉历史。那时候，齐家是文人，虽然没有参加战役，却也决心不愿受异族的统治，所以齐家就定下祖训，不许子孙应考和做官，宁可做一乡民，自食其力。因此齐家在清朝就没有什么名气，这却和昆山学者顾亭林，南北辉映。

齐如山生在光绪初年，那时清朝的政治，一天腐化一天，国力一天弱过一天，齐家虽然仍是“务农为本”“小本经商”，但是他的父亲，却是一位有知识的教读先生。他看到世界的前途，知道后辈不能不求学上进，仅凭“诗云”和“子曰”的几本旧书，是不够应付时代的。正好那时京师设立译学馆，招收读外国文的学生，他父亲就送他去学习德文。

不久，庚子年间，发生了义和团战役，八国联军，占领北京。他在那无情炮火之下，好不容易，维持原有的粮食字号，苦渡难关，直到辛丑和约签定，方始松了一口气。后来，留学外国的风气大开，李石曾本和他私交很好，且有亲戚关系，大家重视新学，要想乘此机会，改革政治。李石曾正好要去法国办理豆腐公司，已经招约南方革命同志张静江、褚民谊等合作，当然也请如山同去，连如山的大哥竺山，一起赴法，直到辛亥革命，方始连袂回国。当如山在法和回国以后，一直参加革命工作，可是他本人对政治并不感觉兴趣，所有关于人们最喜欢标榜的丰功伟业，从此绝口不提。我有时向他询问，他总是回答说：“我们主张革命，现在革命已经成功，总算说到做到，还有什么可讲的呢。”

晚清时代，北京城本是一个销金窟，但是一般市民所最爱好的还是戏剧。说起那时的戏剧，正是全盛时代，老生有程长庚、王九龄等，武生有杨月楼、俞润仙，青衣花旦有梅巧玲、陈德霖等，真是声容并茂，何况座价特别便宜，唱的又是日戏，因此全城的人，没有一个不往戏院消遣，如山并不例外，恰好他家粮店，就在前门外最热闹的地点，走去听戏，异常方便。

如山的听戏，恰又有和别人不同的地方。人们是为了消遣或是欣赏才去，只管风雨无阻，永远脱不了这个范围。如山却且听且想，回家以后，还自己仔细琢磨，必定要从外面的作工唱句，去探讨内心的含蕴。又往往把各种不同的身段、做工，像跻工、水袖等等，脸谱像红脸、黑脸、三块瓦等等，分别辨认，比较分类，自己立出无数的表格来，一改再改，家人都觉得他的兴趣，有些奇怪。

那时候齐如山天天看戏，不但戏园里的执事和他认识，渐渐连几位名伶，也都相熟起来。他有不懂的问题，就溜到后台去，向演员们请教。演员们感觉兴趣，有问必答，可也有时被他问得答不出，只好说："这是老师传授下来的，我们也不懂为什么这样。"如山对于这些话，毫不理会，只是回家一想再想，一旦豁然贯通，便把自己的意见提出，那些老伶工们，听得出神，总是说："对，可不是这样，您是怎么琢磨出来的呢?"照这样下去，累月经年，他对于剧艺的造就，一天深似一天。这真是古人做学问的真实功夫的基本办法，不论那一门学问，假定都能这样做去，是没有不成功的，只是人们很少有这种耐心和毅力罢了。

自从他到了欧洲，空闲的时候，当然也就是看戏。欧洲各国，来往方便，他不但看法国戏剧，并且看其他各国的戏剧。他一样用深邃的目光和已经获得的基本知识去看外国戏剧，并且特别注意到中外戏剧的分别各点；同时又看了不少外国的戏剧理论书，这更促使他对于剧艺有莫大的成就。

天要培植一个人才，也有其必要的条件：

一、生活安定——如山的粮食行，虽然不能发大财，每年却有些盈余，足够生活，同时他有兄弟们管理业务，不必个人过份操心。

二、爱好写作——如山是个爱好研究而同时爱好写作的人，今天发见了些什么，立时把他笔记下来，积了若干时的笔记，又把他分起类来，改正错误，补充材料，在短篇写成以后，登载报纸，寻求同志的批评，记得他第一篇发表的文章，名叫《观剧建言》，一经登载，便博得内外行最高的评价，因此更加促进了他对于写作的兴趣。

三、环境适宜——北京不但是中国剧艺的渊海，并且有各种不同的剧种（梆子班、昆班、弋阳班等等）和各地的雏型戏剧，（天津蹦蹦戏，上海滑稽戏等）以至于戏剧的前身演奏（大鼓、滩簧、子弟书等）。他知识丰富，见解深入，知道不能单就一种戏剧去研究，必须更要盘根错节广泛地去研究，因此凡是一切上演的玩意，都是他研究的对象。结果，方始考查出剧艺的来龙去脉，奠定了中国剧艺的基本原则。

四、得人实行——一个人满腔的抱负，必定要表达出来，才始可以说到成就的高下。如山本身不会演戏，所认识的演员，虽然个个都是名家，但以前的演员们，只求上座，并没有积极的上进心，听了他的话，只管佩服，并不实行，使他不得不物色一位可以合作的人，发扬他的成绩。正好遇见梅兰芳，剧艺的根底既好，年青好学，于是他的浑身解数，完全由梅搬演出来，结果，梅固然成为世界名演员，他这几十年的苦心孤诣，也总算没有白费心力。要不然的话，剧艺贵在实验，没有实验，只管著作流传，还不是纸上谈兵，又有谁知道他的真才实学。于此可以知道一个学问家的成就，的确是件不容易的事。古人有《中兴间气》（书名，唐高仲武编）这种成语，在戏剧方面讲起来，如山和梅真是当得起的了。

话分两头，以下要叙说齐如山和梅兰芳合作的经过。在他的《齐如山回忆录》和梅的《舞台生活四十年》里面，对于这点，已经写了不少。所以我要写他回忆录以外的材料，但读者总还要觅致

自右至左：尚小雲、梅蘭芳、齊如山、程硯秋

那两本书，方才可以窥见全貌，我这一鳞半爪的记载是不够的。

在晚清宣统年间，梅兰芳才十五六岁，刚好学成了戏，就已经踏上了舞台生活。因为是戏剧世家（祖父梅巧玲是名旦角，伯父雨田是名琴师，父亲竹芬是青衣），很容易发挥这富有的遗传性；加上他扮相好、学得精，一出台以后，就极受到观众的欣赏。可是他在富连成搭班演戏，后来因生活负担重，脱离科班，自己搭班，便要另外请人说戏、教昆曲，也是大路玩意儿（一般性的）。我们可以说梅当时的演出，无论怎样好法，总不过合于规矩准绳，好比青衣是一向称为抱肚戏的，遇见《祭江》《祭塔》等，都是抱着肚子死唱，对于剧情和眼神、水袖等工夫，并没有加以注意。北京人士，名为听戏，也都是闭了眼睛，静听高歌，没有人理会青衣的做工的。我现在叙述如山生平，恕不多讲梅事，免得出了题目，喧宾夺主。

梅的戏唱得精采，观众在欣赏之余，就有几位和他做起朋友来。每天前门外芦草园梅家，总有三五个人，聚集一起，渐渐呼朋引类，每天必到的"常务委员"，增加到七八人。其中金融界的人物，比较多些，可是事隔五十年，现在活着的，不过三两位了！

当梅春雷初动的时候，正是如山专心研究剧艺的当儿，他自然每天要上戏院去，只是他不像一般观众的闭了眼睛，打板听曲，他却睁大了眼睛，注意舞台上每一动作。同时，他注意到剧本的精神，编制以及演员怎样表达内心，传出剧本的好处来。他耳听、眼看、心想，至少是"三官并用"，回家以后，还把他所见到的，写录下来，最重要的便是记录以外的改良意见，好像某种表演方式，不合剧情，应该怎样才对，还加上理由的说明，常时对于一个问题，写上洋洋大文三两千字，好在他一向喜欢写白话文章，可不是受到新文学潮流的影响，在他已经用白话写作的时候，胡适之等还正在学堂里大读四书五经，写文言文——看来并不难懂。

梅家每天的来客里面，根本没有他，也没有人认识他。他虽然每天看戏，一有意见，写录下来，却也无意于结交这位姓梅的新人，他可算完全是对戏不对人的态度。他不过把写下来的，寄给梅家。在他的心里，早已看出梅的能力是可以完成他的志愿的，但他不自比一般性的“捧角”家，因此并不急于求知、急于卖弄。他可算是为了中国剧艺的发扬，后来才和梅接近，做了事业、学问上的朋友。

说到梅家的那些来客里，的确是因为欣赏梅的艺术，方始和他来往，朋友们是够出心出力的了。他们第一希望梅在演出上，有更好的成绩，博得更大的成就。为了梅的前途计，每天邀集朋友到戏院去，增加梅的叫座能力，使到园主刮目相看，观众越来越旺；再又约集剧评家，不时写出赞美文字，分登各报，达成更广大的声誉。第二，他们在梅演剧业务以外，更对他的学问和修养，丝毫不断地督促鼓励，既要他加强通俗文学的阅读能力，提高他对于剧本的研究力，（当时科班中对于文字方面并不讲究，能够勉强读得出剧本，已经算是第一流了）。还要他练习写字、绘画，（罗瘿公每天看着梅影写魏碑，批分数，另外几位王梦白、汪麟士、陈半丁名画师分日教画山水、花卉、翎毛、人物）。关于生活和修养方面，一面每天约吃小馆子，一面诱导他种花养鸟，不时还同去看西洋电影，注意西洋的化装、演技各点，一来增加修养，一来调剂生活。如此积年累月下去，梅固然得益不少，朋友们也真是煞费苦心，乐此不疲。因为梅居然件件都能接受，并且成绩非常的好，更增加了朋友们的努力。但是，现在追溯起来，可以说还留下了最大的一个漏洞，朋友们只想把梅造成一位雅人、一位名士，却忘了他的基本业务是演戏，没有在戏剧方面，多想些推进发扬的办法，一切仍只由梅自己去练功、吊嗓。这固然由于朋友们对于戏剧，只有欣赏的能力，没有研究的精神。可是老天要培养梅的剧艺，竟然有意无意地把这个大漏洞，交由如山去整补，结果不只补了漏洞，还使中国的剧艺，由于两人的合作，推扬到全世界去。

在每天下午梅家客来的时候，邮差的下午班，也多来分派信件。梅本人交流很少，向例十天半月，很少信来。一天，忽然送进一封很厚的信，梅就拆开来一字一字的细看，且看且想，点头不语，好像很感兴趣的模样。朋友们等他看完，才发问道："谁的信呀？看得这样出神。"梅说："我不认识的人呀。"这句话却使大家惊怪起来，于是另一位说："什么事，可以大家看么？"梅说："讲的是戏，说得挺有道理，我正要和大家研究研究呢。"于是把信铺在书台上面，好几个人都凑上细看。当然，如山的戏评和一班报纸上乱吹乱捧的大不相同，其中恭维的话，没有几句，却对于剧本的内心和演出的技术，细细推敲，最后还有改良的建议。如山所说的改良，当然不是一般浅薄的见解，而所要求改良的地方，也不过是那一处应该由对台口改为打背躬，那一处应该把对白的词句，前后改动，方合情理。所有这些改良有办法，毫不困难，可是在梅家客厅上试验起来，所有朋友们，的确感觉到比老本子更加紧凑精彩。大家因此又进一步研究这写信的人，胡揣半天，也没有得到结果。

如此三天两天，就收到同样的信，都是对于当天演出的戏的建议。等到下次再排那戏时，梅竟照如山的办法改过，这可更喜坏了如

山,以为“孺子可教”,信来得越多,建议也越来越深入。不由朋友们不主张请这位先生前来面谈,当然其时就有人执笔,一挥而就,请来一晤。到了那天下午,芦草园前,来了一位身穿青布大褂、满口高阳腔的人,到门投刺,赶紧请到客厅,端茶相叙,这才开始了两位名家的合作。

从那天起,如山便成为梅家的“常务委员”了。他省下了每天写信的时间,在梅宅大发高论,讨论剧艺。梅固然听得头头是道,朋友们更其五体投地,有时其他名角来访,一同谈话,对于这位业余戏剧研究家,能有如此精湛的意见,也没有不啧啧称奇的。此后不但梅本人对于演技上,随时向他请教,就连梅的同业前辈像萧长华、李寿山等,也都来问长问短。如山学有根基,见多识广,逐一解答,没有一个不同意他的意见,于是梨园行中,也没有一个不想认识这位齐二爷(如山行二,北方人都这样称呼)的了。

梅于一九一七年那次到上海演出,就特地请如山同来,作为义务性质的舞台监督。他本是闲人,借此看看江南春色,一说即合。因此我就有机会和他认识,彼此说得投机,友谊日深一日。此后梅每次南来,如山必然同来,如山知道我也“弱而好弄”,就谈得愈加高兴。尤其对于梅表演新戏的古装、古舞,我曾经不厌求详地问起他创作的动机和经过。他回答道:对于戏装,我们看得多了,但是也看过无数的仕女图,除掉生角外穿着得和戏衣并不相同,我固然知道戏装是一种综合性的表现,但是生角可以写实,为什么旦角就不能够呢?因此我约了几位画家和梅成天研究,用旧报纸照剪各种古装,又试做古装头套,忙了两个多月,居然成功,也只有梅肯冒险尝试,竟是开了服装的新派。说到古舞就比较难了,服装有历朝仕女图做样本,到底还是依样画葫芦的一件事。可是古舞,除掉三两部书上画些不伦不类的人型以外,并没有像真的范本。我想了又想,最后除了各种礼乐记载外,我就细读各种关于舞的诗、词、歌、赋,好不容易把古人文字上所描写的,一一把他传真出来。同时利用戏台上各式身段,像云手、漫头、过海以及水袖功夫等舞态，初次在梅家客厅上，且说且舞，好似疯子一般，既不好看，又极辛苦，等到一改再改以后，渐渐有些样子，朋友们围坐批评，各别发表意见，经过半年以上，方始有些成就，然后再来配合音乐。在最先的《嫦娥奔月》里，舞态比较简单，效果只用南梆子等，那知一声上演，哄动九城，梅固获得无上的声誉，我也真在幕后"踌躇满志"。其后再接再厉，又和武把子行以及北京有名技击家，研究双剑单剑，幸得梅向来练习太极拳，手里脚下都有底子，所以后来各种舞态，愈出愈精，到了《霸王别姬》告成，方算完成了一段工作，真是"得来容易却艰辛"。可是，观众在欣赏梅剧的时候，又何曾想到幕后有这么一股主动力呢。

一九二七年冬天，我去北京，当然每天和如山见面谈戏，兴高彩烈。一晚，他到我家，取出他新写成的《中国剧之组织》手稿，要我做篇序文。我对剧学，根本懂得不多，原不想在关夫子面前卖大刀，但是他一再说："喜欢玩儿看戏的人诚然不少，可真当做学问去研究的人却不多，难得你我同志，你还不写一篇文章来提倡提倡么？"凭这一点，我就写了序文，接二连三的写了好几篇。日子过得真快，不料转眼已是三十五年前的事了。我是因为嗜好太多，不能专心此道，如山

齊如山編「故都市樂圖考」報君知之頁

却永远的往前推进，就是到了台湾，在但凭记忆毫无参考的情况下，还是孜孜不倦。去年秋天，他又想整理旧稿，补充新材料，写一部研究中国剧学全貌的书，先写信来，嘱咐我做序，我当然照做，还在信上，提起三十五年前的旧事，于今想来，怎不令人心痛呢。

在梅筹备出洋，几次去日本、一次去美国、一次去苏俄上演以及旅行欧洲的前夕，如山总是怀着“一则以喜，一则以惧”的心情，兢兢业业地做准备工作。他喜的是中国戏剧，从此大步跨入了世界舞台，不但可使西洋获得观摩的益处，更可使中国戏剧的优点，流传出去，藉此使世界各剧种，更加进步。惧的是演得不好，不能达出优点，反使西洋看轻中国的戏剧。因此，他独力编绘图案，手写说明，请人翻译英文，前后足足忙了一年半之久，不要说废时失业，真可算用尽心血。那时间，虽然还有张彭春、余上沅几位专家，一同协力，可是对于中国剧艺，是没有人赶得上他的程度，一切还得听他主持。最后在动身的欢送会上，他更郑重其事的和梅说：“人家总说我是捧梅的健将，我实在是为了发扬中国的剧艺，非你不可，所以捧你，可绝对不是一班捧角家的心理。现在总算‘皇天不负苦心人’，中国戏剧可以出国表演，和第一流的西洋戏，见个长短，我已经尽了我这部份的责任，以后就靠你的演出，是你尽责任的时候了。戏剧是集体表演，不但靠你个人，还靠全班人马的合作出力，你是领导人物，更要多负些责任，督导全团，中国剧艺的成功和失败，在此一举，请你多多注意。”像这样“语重心长”的话，算来也只有齐如山有资格可讲，也只有力争上游的梅兰芳肯听。结果，大大成功，远在意想以外。可惜人事无常，梅既于去年故世，如山却又在半年以后，一瞑不视，现在，只可寄望于后起之秀，继续前修了。

如山的编写剧本，是从各方面入手的。在初期，他曾为梅写过新式剧本的时装京腔戏，像《一缕麻》《牢狱鸳鸯》等(后来北方奎德社等改良社会剧本，走的就是这条路子)。等到古装戏、古舞戏开派以后，万人瞩目，他为确立这新派基础起见，连续编写《黛玉葬花》《天女散花》《上元夫人》《廉锦枫》《麻姑献寿》等，其中《葬花》《散花》更有文学上的意味，等到改编《千金记》做《霸王别姬》以后，总算达到了顶点。其中《晴雯撕扇》和《俊袭人》是另一路风格，《俊袭人》采用西洋独幕剧制度，都受到观众欢迎。后来因为忙于筹备出国，好几年没有新剧本出现，直到梅回国以后，方才再写《生死恨》，成为最风行的梅剧。

如山本是淡于功名，向不参预政治的人，可是在中日战争时间，因为避免日本人千方百计的纠缠，不能不躲藏起来。到了知道风声很紧的那晚，就在家里后进房屋，造墙堵起，自己藏在里面，除掉家人以外，任何至亲好友，一概不见，直到胜利以后，方始踱出前院。这种爱国的精神，促使他好几年在斗室中过日子，真是使人敬佩。我后来和他说："汉末赵岐，因为避乱，藏在复壁里面，注了七篇孟子。宋朝吕东莱，因为新婚，躲在新房里渡蜜月，足不出户，做了一部《东莱博议》；但是一个只为避乱，一个只为闺房之乐，比起你来，迫于爱国精神，日子更比他们多了几倍，真是一件可歌可泣的史事。"事实上，他确也在那斗室中间，勤苦用功，编书思考，永不休息。到了胜利以后，原是普天同庆、中国复兴的机会，他却想不到还都后的南京，依旧酣嬉放荡，争权夺利，他气愤不过，在短短期间，改编了孔云亭的《桃花扇》，来讽刺现实的政治。正好那时，梅在上海，他急于应时，就把本子交给杨荣环他们上演，北京城里，凡是看过这戏的人，那一个不发出会心的微笑呢。

如山不但对于剧艺下功夫，他还对于一切社会上的事事物物，都加注意。他常说："你们听到北方街市上卖杂物和食品的人么？每人或是吆喝，或用简单的竹片、小锣做广告，发出各种声响，都有节奏，这不是证明中国民族是富于音乐性的么？你们住惯北京，一听声音，便知道卖的是什么。但是有人注意过他的节奏和乐器么？在爱谈音乐和剧艺的人，实在也值得去研究下子。"因此有人就请他写记下来。他说："不贤者识其小者，我要不写，决没有第二个傻子来写了。"过了一个月，他真的把一部印好的《故都市乐图考》送给朋友，这种情事恐怕除掉他是不会有第二个人干的。

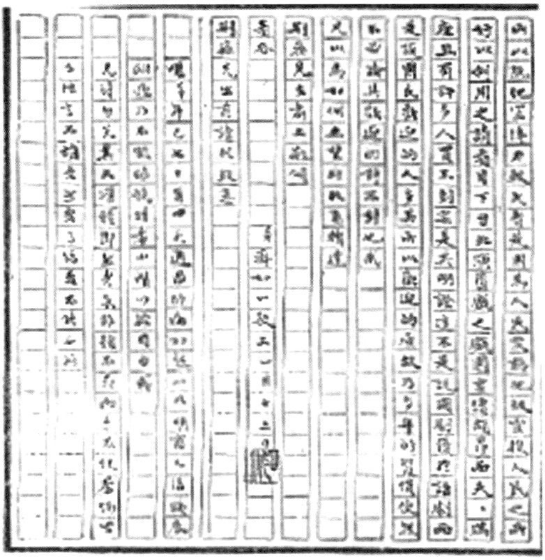

齐如山七十四岁所书小楷函札

他对于音乐剧艺，真是废寝忘餐，终生不懈。记得我和他一次同去西北、蒙旗游历，我们住在绥远，闲游马路，我正在那里指点山水形势的时候，他却在街头巷尾，东张西望，逢人搭话，忽然走到一家地摊上，买了一件莫名其妙的环铃来，这样简单的东西，却花了他银元十枚。他随即问我是什么？我看了又看，说道："这可能是唐代盘铃傀儡戏中所用的盘铃，你看古香古色，制作虽然简单，铃声却有韵致，但这是我的推想，不过冒充内行的一句话而已。"他说："这话说得有些道理，但是现在并不作傀儡戏的乐器用。现在是乞丐头所用的'权杖'。你知道北方乞丐很多，地方上必定有一丐头，加以管束，丐头即是'鸿鸾禧'戏中的金松，是在官府备案的人，进项不少，甚至于潦倒穷困的亲王，也去干这一行。做了丐头，臂上套了这种权杖，就有权随时随地，行使职权，对于恶丐，拘禁判罚。民国以后，这种制度，早经废除，权杖也成为地摊上的古董，可是也不一定花钱买得到的。"我说:“自古到今,那一国那一朝的权杖,迟早不落到地摊上去呢!”他说:“丐头运用盘铃,也有节奏,实在讲来,根本是件乐器,所以我要买下,带回去参考研究。”我说:“研究有了结果,何妨收入舞台乐器中间,配上九音锣,作为《夜深沉》牌子的配音,应该不错。”他当时非常同意这话,但是后来始终没有再经提起,想是研究下来,音节不合于戏剧的用处罢。

我们一路从张家口起,路过宣化、大同、绥远、归化,直达大青山奔赴蒙旗。途中每站休息,总是同去听戏,听大鼓、听落子,他边听边记,更喜欢蒙古人所奏的马头琴。这西北一路,本是辽宋交界的地方,杨门女将和焦赞、孟良的古迹,不论真假,随处都有。又在大同同去号称梅龙镇酒家的饭馆里吃上等酒饭,凭着我们对于戏剧上的认识,一山一水,一草一木,感觉特别有兴趣。等到旬日回程的时候,如山说:“我们可算唱完全部《雁门关》了。”这句话好像还在耳边,那知如山已经“人间天上”去了呢。

说到如山的趣事,也很值得一提。他身体很好,从不说声辛苦,可是从冬到夏,都穿上蓝布蒙面的棉袍子。北京夏天也有很热的时候,他照样不脱不换,朋友都不知道他为什么不怕热。再者,他常和梅同出拜客,因此身上常带有梅的名片。有一天,他独自出去访位新交,走到门前,当差的照例要一名片,进去通报。他随手掏出一张交去,那知那个当差并不进门通报,并且对他看了又看,足足有三分钟之久。他也觉得奇怪起来,最后,当差的还在拈着那张名片,被他发觉,也不免大笑起来,赶紧收回,另换一张。原来先一张是梅的,当差的看见梅名,对照古本,再也想不到梅是这样的长相,难怪望了又望,不肯去通报呢。

他笑话最多,朋友聚集一起,总是滔滔不倦,却又最有风趣,但也时时受到朋友的调侃。有一天,他写信给一位汪姓的朋友,匆忙中写做王字。第二天,收到回信,封面写的是济如山先生,他深感奇怪。等到日后见面,忍不住要问过明白,那汪先生回答得好:“你既把我姓上的水边不写，想是留着自用，我现在就此奉送，加在你的姓上，岂不甚好。”于是在场朋友，莫不大笑道：“今天齐二爷可遇见强人了。”

他一向安居北京，过惯的是恬淡的生活，家在东城裱背胡同（京戏《一捧雪》中严嵩手下裱字画汤勤住过那条胡同），完全中国式平房，前后五进，两边还有偏院，院前小小空地，豆棚瓜架，最好看的是两株大藤萝。每当风和日暖的时候，他和朋友都搬出藤榻，在架下谈话午睡。北方人惯于用藤萝拖面做饼吃，他家更其著名，谈到下午，新鲜的藤萝饼，随时端来，真比什么都好吃。他的书房就在院子后面，四壁藏书，墙上挂些挂件，可不是法书名画而是脸谱、切末的五彩大单条，下注中外文字说明。书架藏的也十之八九是关于音乐剧艺的，从陈瑞《乐书》《图书集成乐律典》起，到各种传奇各地小唱本，无一不备。他终朝坐在书桌，手挥心想，每天总有八小时以上的工作。平生只用毛笔，向不用墨水笔铅笔，几十年写下来，朴质可爱。我想如山是一分钟也舍不得家的人，此番白云黄鹤，必定可以遨翔四海，更必先去省视他那三径犹存的故居松菊的。

前几天，我在报上惊悉如山逝世的消息，后来又知道他在审视他改编的《小放牛》上演，忽然发生心脏急症，不克救治的经过。我真痛惜他、敬仰他。痛惜他的一死，可能使研究国剧的工作，暂告中断，敬仰他在最后一刻，还是殉葬在他的工作本位上。本来，去年他生过一场病，医生在他愈后，检查身体，说除掉心脏稍微衰弱外，别无他病，不料竟还因此致命。

他近年因为多求休养，写作比较少些，可是人们请他写屏条册页的很多，他根本不以书法出名，可又不好意思一例拒绝，因此也感觉有些劳累。去秋得到梅故世消息以后，精神很受打击，特地在一本杂志上，写一篇纪念文字，其中不但述及梅的剧艺，还讲了很多政治方面的理论，可圈可点。他特地剪报寄来，还附了一封详信，那知道不到半年，他也追纵泉下，永远离别了残存世上的几个老朋友呢。人们欣赏梅的剧艺，知道如山的大名，但因为他平生不爱自吹自捧，所以对他的工作，往往没有深切的认识，这篇文字，应该可以作为他的传记罢。

一九六二年写于星加坡

（据香港《大人》杂志第38期，1973年6月15日）

世界艺人梅兰芳评传

（纪念梅兰芳逝世二十周年）

剧艺大师梅兰芳先生，不幸地已经成为历史上的人物，但艺术是永恒性的，试看屈原的《离骚》、李白的古风、顾恺之的《仕女图》、王维的《辋川图》，那一种不是过了成千百年，还是人们心目中所念念不能忘记的名作。就讲戏剧方面，虽然古代没有留声画影的方法，把演出的形态遗留下来，可是我们读到优孟和淳于髡等冷峭的谈吐，也觉得栩栩欲活，神采如生。到了现在，总算科学的成绩赋予我们以留声画影的方法，使千万里外，百十年后，照样能够领略到艺术的成就，这真是足以“傲视古人”了。

人们的欣赏艺术，不但是为了爱好起见，实在还含着一种希望它永久存在，乃至更加发扬光大的心理。所以比欣赏更进一步的工作，便是研究。把研究的材料，公布出来，把研究的心得，发挥出来，这样才可以鼓舞后起的人的发生兴趣，又可以省掉走不少冤枉路，容易获得进步。

关于研究梅先生艺术的材料，当然以梅兰芳述许姬传记的《舞台生活四十年》为最详实，我知道梅先生要是多活几年，此书必然连续出版，每本里必然还分叙他几出得意之作的学习经过，可以作为后人的教本，可惜这事是永远不能实现的了。我知道各地研究梅氏艺术的人，到现在还很多，也一定有人在写梅剧的书籍，不过所写的可能重于腔调方面，讲到做工，已经很难提叙，要说到修养方面，那就更无从着笔，因为这是走出了剧艺范围以外的事，却又是艺术成就的重要因素之一，不是单讲演出和摹仿演出的人能够了解的。

同是一辈的人物，同是一位老师的高徒，成绩大有好坏，这是什么原故呢？当然，除掉受业以外，还有天分、学力和修养三个方面。我们现在要谈梅先生的成就，他那受业和学力部分，怎么样的苦学，怎么样的研究，在《舞台生活》里已经记载不少。至于天分，除掉他是三代戏剧世家，无论先天和后天都便利于从事戏剧工作以外，也很难再有叙述。剩下来的，只是谈到修养了。

要研究一个人的修养，决不是一位新闻记者的一小时访问，能够发现，也不是一位观众在剧院里面听戏，或是一位学生在书房里面从学的时候能够了解的。必定要看到那人的全面生活，从聚精会神的应付工作，到从容闲散的消遣时光里，处处注意到小动作和毫无关系以及不负责任的随便谈话中，积下无数的片段材料。再从这些材料中间，整理出一些头绪来，前后比较，综合参酌，方始可以大略明白得些，不过有些没有经本人发扬出来的内在精神，仍然不会知道，说起来，或者比研究一字一腔的专门学问还难得多，这是因为第一不容易收辑很多材料，第二是综合参酌的方法，还在于研究的人的本身程度。所以往往儿子对于父亲的丰功伟业，在传记记上，可以写得琐屑不遗，但是在修养上，仍不过是些模糊影响的话，那就是谈不到站在朋友的地位上了。因此，我敢断定，和梅先生配戏、办事的人，只管每天生活在一起，也未必能把梅先生的修养，一一提示出来。

我愿意充分自白，我是一个不算懂戏的人，虽然梨园行——戏剧界——里的朋友很多，多少年来，仍旧不能哼好一句半句。但是，我有一个习惯，凡是和朋友来往，很喜欢有意无意注视他们的小动作，听他们那些“阴天打孩子，闲着也是闲着”的无聊谈话（北方土语，即闲下无事之意）。年代多了，材料多了，不期然的在潜意识里酝酿成熟，认识了那朋友的修养。可是遇到有人问起我来，我还只能列举所知道的各种材料。可始终没法下一个概括的判断，我总说：“我提供你这么多的材料，你自己去做结论罢。”这是我自己修养不够的原故，不必冒充内行的。我以前写过不少梅先生的记载，很多是他的身边琐事，爱看的人，说写的很有趣味，不爱的人，便说不谈梅先生的剧艺，只谈他的生活，无聊之至。他们又那里懂得我的用意，原在列举各种材料，供给人家研究梅先生的修养的用处呢。我敢再说一句，凡是治现代史的人，对于研究对象的重心人物，实在应该这样做去，才有成绩。不要尽凭大人物有些"违心之论"的演说和开会演说时"装腔作势"的镜头，来下批评，在他们，那些根本是一部份的业务，正和梅氏的舞台演出一样而已。

事隔多年，不堪回首，我在声明结束了写述梅先生的记载以后，重又提笔写他的片段生活，希望烘托出他的修养来。根据这些材料，实在太少，是否能够供爱好梅先生艺术的人的研究，大有问题。这是要和读者们道歉的。

第一，先要说他的厚道。人性的厚道，表面上似乎和艺术没有大关系，可是厚——深厚——是对于人特别重情感，对于物特别爱护珍惜的心理。每一个人，对于自己成就的对象，当然珍爱，但是，倘使能够对于一切人物，普遍的加以珍爱，这种心理，愈加培养便愈加发展，那就更可以加深他对于本身业务上的珍爱心，古人说"乐业"就是这个意思。试想，在本业以外都能乐，就更不要问他对于本业的乐了。

在北京梅先生家里，养了无数名种鸽子，他每天起得很早，自己在小园子里放鸽子，喂鸽子，自乐其乐。据梨园界老辈说，放鸽高飞，眼望天空，穿云过雾，实在对于练习表演上的眼神，大有帮助，但梅先生是因为爱鸽子的原故，并没有做练眼神的眼部运动，这种"无所为而为"的爱好，使一个因演出业务深夜睡觉的人，天天早起，已经是件不容易的事情。后来迁居上海，因为地方小，没有再养鸽子，可是一有朋友谈到鸽子，他必定停止谈话两秒钟，低头闭眼，回念他那些远在天边的老友们，使座客非常感动。他因为爱鸽子，就不忍宰吃鸽子，上海广东酒家，很有几家著名的烧鸽子的，朋友吃，他决不下箸，有些浅薄的人，起先虽然笑他劝他，到后来，终久发觉他的至诚，也大加赞许了。

北方的艺术家，对于园艺，都有一些嗜好，这是因为北方住家都有些空院子的关系。人家养兰花，养菊花，他却爱养牵牛花。牵牛花本不是名贵的花草，墙根树脚，处处可见，他却特别慎重地嘱咐园丁，到各处采集不同的种类，移植到家里来。牵牛花是上架子的植物，蔓延缠生，他就在小院子里，搭起藤萝架，一株株的攀上去。几年下来，竟然收到五六十种不同的牵牛花，在每天清早的时候，露凉风起，一朵朵争奇斗艳，美不胜收，他一人巡行赏玩，亲手浇水、捉虫，忙得有趣。后来巡回出演，每到一处园林，看见一朵两朵牵牛花，他便下意识地把话题转到牵牛上面，细讲种类的分别和培养的方法，可惜同在一起的朋友，未必定是同好，听他一番议论，反觉奇怪——我也是其中的一个——这种"惜花春起早"的精神，在一班人说来，不过当得起风雅两字，事实上，却都是厚的表示。

梅先生对物的爱惜，多方流露，记不胜记。且再谈谈他的对人罢。

他有一种奇异的理想。他认为人和人之间没有一个不相好的，尤其人家对他更好。因此，他对人家，自然也就发生一种好感，从这好感上，进一步结成友谊以后，那就一天一天的发展下去。所以他的朋友，一年比一年多。他更不分阶级，不分贫富，不问得意或是失意，永远保存着深厚的友情。记得我家有个老苍头，总在门房照料宾客，梅先生来得多了，当然认识，因此在苍头倒茶的时候，必定寒暄几句，甚至于在北京谈到我家的时候，他忽然插口问道："你那老苍头还很健么?"同时还叫得出他的名字"阿才"来，使到合座的人，大家发笑。

关于对朋友和同业的接济，是不用说的了。

他对于文学上，虽然没有下过功夫，可是极会欣赏，因之对于文人学士，特别敬视。常住北京的樊樊山和易实甫，常住上海的朱古微和况夔笙几位老先生，是他常去的所在。这几位老者，根本不很懂戏，不过借听戏来消磨时刻，发泄牢骚，更做了很多诗词，用戏来寄托身世之感，像况先生的"黛玉葬花"《浣溪沙》，就有"少日马嘶芳草地，东风莺啭上林枝，而今真个隔天涯”。另一首最长的词调《莺啼序》也咏“葬花”有“葬花恨无香土”等句，完全是搭截法，可说和剧艺无干，但他却非常得意地告诉朋友说：“况先生今日又填词了。”就在《舞台生活四十年》上，也特别提起他们的名字来，足见始终没有忘记。

再说，帮人家的忙，是自己认为应做的事才去做，根本不但不应该宣传，最好更不要人知道，梅先生可算真做到了这一点。像罗瘿公和他向有交情，后来他的徒弟程砚秋拜罗为老师，请编《红拂传》《花筵赚》《青霜剑》等剧本，更加接近。不幸罗病死的时候，萧条到衣衾棺椁都买不起，程就向他通融，替罗办了全部后事。程的奔走照料，的确值得称赞，钱可是梅先生出得最多，但是人们只知道程的慷慨、风义，从来没有提到过梅先生，梅先生因为本身和罗的友谊，始终不愿说破，有时和程同在一起，朋友称赞程，他也点头表示敬佩，此事恐怕只有几个人知道，可以证明他的厚道。现在事过境迁，我却要揭穿这一点，作为梅先生修养到家的史料。

再说气节也是修养中最重要的部分，不凭这点自尊精神，是什么事也做不好的。梅先生在抗战期内，留须不唱戏，捱过五年苦日子，知道的人很多，可以不说。现在且说他在上海的一段故事。那时上海闻人杜月笙的一位夫人姚玉兰本是唱老生的坤角，曾由杜请梅合演一戏，梅先生答应了，说定了唱《穆柯寨杨宗保招亲》，梅演穆桂英，姚演杨六郎，地位相等。《穆柯寨》接下来便是《辕门斩子》，戏中杨六郎坐大堂大唱，穆桂英跪着半天，没唱没做，在京剧规定是由梅香配角饰演的。那天《穆柯寨》演到末场，后台忽然有人说：“我们接下去唱《辕门斩子》，一切都准备好了。”梅先生一听之下，明知要他做配角，并且要在台上跪半天，无戏可做，因此立时说道：“我们早没有说定，今天身体不好，正要休息，不能接唱了。”说完，脸色一沉，回头就脱去戏装，洗脸外出，这种自尊心的发越，明知得罪闻人而毫不顾忌，可算当仁不让。

生活修养中间，做事有恒也是最关重要的。梅先生几十年来的生活，除掉出门旅行以外，可算过的差不多的日子。他每天吊嗓子是业务工作，毫不间断，是当然的事。此外，他打的一手好太极拳，几十年来，由一位姓高的教师教导，每天总要练习一套，推手半小时。有时候朋友聚谈得高兴，教师一来，他就告辞出房练习，朋友们也只管在旁边参观。人家或有劝他休息一次的时候，他必定笑着说："拳不离手，曲不离口，休息一天，就会休息一月一年，功夫断了。"他几十年的身裁和体重，始终一样，完全是太极功夫。可惜抗战期间，经济发生恐慌，无法续留教师，因此停止练习。我想，倘使一路不停的话，后来不致于忽然发胖，心房扩大以致于危及生命了。偶然朋友和他谈起打拳，他最高兴。也会引用台词说："咱们比唤比唤，试试你的膂力如何(后句是《打渔杀家》台词)。"结果，朋友们那里经得他一推便倒。

他在北京的时节，忽然高兴去练打枪，每天不息的打得真有些功夫。那一年秋季，正好到广州上演，广东主席陈铭枢约了几个军政界朋友请他珠江游船，他是特客。广东军人们大约闲得手痒，早就带了无数用坏的灯胆到船上去。船到江心，副官们就把灯胆丢到江中，浮散水面，各用随身手枪打着玩，有中的砰然一响，水花四溅，不中的，忽哨一声枪弹入水，只轻轻在水面上划了一道痕。他在旁看着，很感兴趣。正好有人回身问他道："你识得这个么，这是真功夫，不比戏台上的花拳绣腿呀。"他笑了一笑，一言不发，就拿过那人的手枪来玩弄，那人请他试一下子。他看准了目标，一枪过去，碎了一个，再打再碎，看得那人佩服不已，说道："真不知道大老倌还有这本领呢。"全船的人，早已看见，呼啸起来，要敬他喝酒，这却难住他了，他向来滴酒不尝，只好告罪。

自从迁居上海以后，没有机会再学打枪了，可是"偃武修文"，他却加功学画。他本来已经学过画的，陈师曾、王梦白是他的老师，齐白石时来指导，可是因为时间不够，不能专心学习。又学的画些兰菊以外，都画佛像。冯老太太八十生日的寿礼，就是新手钩临的普贤图，精描细画，前后花了两个月的时间，几次看看画不起来，都想停笔。最后还凭自己坚强的意志，战胜了贪懒的习性，终于画成功了。自此停了多时，没有继续。直到抗战期间，既不上演，闲着无事，正好北京老友汤定之来谈话。汤是有名的书画家，画的松树更是挺秀清逸，梅兰竹菊，也都著名。他见着了谈到画画，就想跟汤先生用功。汤在上海卖画度日，本觉无聊，忽然有这样一位大弟子，投门请业，当然一说便允。从第二天起，文房四宝都陈列出来了。梅先生是个有恒的人，既经开手，一天都不放松，大约汤在每天下午三时到梅家，从打小圈子学画梅花起，一步步的画枝画干，再是布局设色。两三年来，汤没有一天迟到，他也没有一天缺课，终于画得很好。到了第四年，他的生活更是清苦，竟然卖起画来，和叶玉虎同开展览会，卖去好几十幅，来维持一年多的用度，这真是意想不到的一件事，可谓“有志者事竟成”。

每一个人都少不了有些嗜好，梅先生何尝不是如此。好的嗜好的确于修养上有好处。梅先生是乐业的人，第一件嗜好就是戏剧。他只管演了几十年戏，占了最高的地位，背得几百部剧本，可是闲下来的时候，总看见他还拿着那些戏本子，哼得有趣。我曾经问他还要看什么戏本呢？他回答得好，说道：“台词动作，当然我都记得，但是戏中人的身份和小动作小过场就多一回研究，多一些进步。我在上演的时候，随心所欲的演出，虽说不错，但终还觉得不能体贴入微，何况上演的时候，顾着念唱打做，那里还有研究的时间。现在闲着，却正好研究一番。”这真是出神入化的话，我愿意记录下来，作为后辈艺人的金科玉律。

因此，凡有来客，不问是内行或是外行，只要和他一谈到戏，也不需谈他唱的戏，他都必聚精会神，和你解说讨论，甚至于辩难。尤其是朋友们和他编写新戏的时候，他更必一旁坐着，看人写作，还随手磨墨端茶，特别招待。一次，我注意到齐如山把新写好的戏本《生死恨》，和琴师徐兰园、王少卿研究安调定腔，他真像小学生似的静听细想，随时发表意见。先后三点钟，翻来覆去，还只拟定了很少部分。

他还说:“再想想,明天决定罢,这事是急不得的。”我知道那天晚上,他全部精神必是集中在这戏上了。

另一次,我和叶玉虎、李释戡在他家编写《抗金兵》。叶记得很多唐诗,随便安上引子,很是不错,如说岳云上念“骅骝开道路,鹰隼出风尘”、韩世忠上念“灰心缘忍事,霜鬓厌论兵”等等。我在编白口,随写随念,试试顺口不顺口,入耳不入耳。我根本是外行,有些台词便不合用。梅先生听到我自念一遍之后,常笑着说:“这那儿成呀。”或说:“台底下那懂得这个呀。”于是大家狂笑一番。当时执笔的即是写《舞台生活四十年》的许姬传,他听到梅先生说不妥,即便搁笔休息,抽一枝烟。像这样忙了五六天,方始写下初稿。可是梅先生对于梁红玉的台词,还在研究,因此又须加功学习打鼓。总算这戏编成,出演以后,成绩美满,不但抗战初期,天天上座,就在抗战胜利以后,观众的心情,已经不像当先那样激动,却也受到欢迎,南南北北,演出不知若干次。事实上,我对这戏,却不敢认为成功的作品,因为把昆曲水战的几场,穿上《木兰从军》的外套,再加些大审杜纯的爱国对白,实在不免于杂凑,不够完整,不够细腻。当时齐如山不在上海,没有参加工作,我想他在看戏的时候,必定背后笑我们外行的。

梅先生不但对自己演戏的业务,感觉兴趣,照样“推己及人”,对于朋友同业甚至外行的上演,只要有机会或是受人邀请,也没有不去的。上海不比北京,外行人只要面皮老,有几个闲钱使唤,不问好坏,都可以登台客串,梅先生却同样笑嘻嘻地坐在戏园里捧场,事后还说:“也不容易呀。”要是梨园后辈出演,他只要听说还好,必定去看。记得张君秋一天演《武家坡》,他和两个朋友,直奔戏院,坐在楼上,等到张上演的时候,听说梅先生在座,这一吓非同小可,竟然唱错台词,观众哄然。唱完以后,梅先生亲自到后台好言抚慰,讲起从前他本人也有怯场错误的地方,只要出演得多,就不会如此,张方转悲为喜。这是梨园史上的一段轶闻,现在张已成名,回想起来,也应该觉得可笑罢。

梅先生同时爱护后辈，无微不至。和他同台出演的童伶武生李万春、蓝月春，常受父师的督责，拼命卖力。他常劝父师不要过于严厉，妨碍了孩子们的发育。后辈们常去求教他，不需任何条件，有问必告，详细委婉，还随时放下口中的香烟，在客座前教授身段。再有人介绍，他都愿意收为弟子，只要是前途有希望的人材。像李世芳（不幸廿多岁在青岛坠机身死）等，镇天跟他学艺，也就住在他家里，可是绝对没有学费餐费的。当现在和俞振飞结婚的言慧珠（名须生言菊朋的女儿）初次出演上海，因我的介绍，去到梅家请教。梅先生跟她父亲，曾经同台出演，本有交情，加上慧珠确是聪明好学，竟然话得投机，收为女弟子。等我知道了，说："这么拜师大礼，没有请我到场，忘记了我这原介绍人呀。"又如孙养农夫人胡蘋女士，本是他老友的女儿，喜欢学戏，专去请教，他也一样传授她全身绝活，难得学得精通，不但登台演出，还会教人。现在香港白雪仙的粤剧名班，由于她的指导，就异常进步，可说也成为梅先生的再传弟子。梅先生真是爱戏，在上演的日子，只要前几出是名角出演——像杨小楼、钱金福、余叔岩、王瑶卿等——他必定很早到园，占在幕后，一手稍微拉开些大幕，定神欣赏，倘有人也在同看，他必定随时说明"这个身段真好"或者说"这可不易学呢"。他的做工是绝活，观众又那里知道一个艺人的苦心学习的经过，是这样的。

除掉戏剧以外，梅先生的嗜好——也可说是一种兴趣——却寄托在小机械方面。他常常拆玩一只手表，说在那里修理，拆开一架无线电机，说在那里较音。三更半夜，不肯放手。照相机也是心爱的东西，但是拍照的成绩不好。在那三十—四十年代中，各国出品的无线电机，日新月异，他真见一种，爱一种，可也没法都去买来。偶然听见朋友家里，买了新款的，必定亲自去看。等到初期用电池不接电线的一种出现，他真忍不住了。他定要把本身的一架齐尼斯六灯大机，强卖给我，作价三百元，说道："我要换买新的，你用这个，又便宜又好。"我只得照办。

谈到他的收藏，也是戏剧第一。他在北京，收罗了无数脸谱，从明朝起到道光朝为止，仔细比较，任何人都可以看出艺术的进化过程来。再是革命以后，宫里南府太监们，常把保存着的旧戏本，皇上点戏折子，三文不值两文，偷卖出来。他就收到了不少珍本，有的是黄绫纸上，工楷精妙，有的是太监们随笔记录，潦草不堪，可件件是中国戏剧史料。这些东西，先后收存不少，他一向要捐入齐如山创办的国剧学会陈列馆去，现在不知道落在谁家？他也欢喜湘妃竹，随见随买，提高了市场的价格，朋友们知道他喜欢，送的也不少。他那一百多柄湘妃扇骨中间，我记得安徽人蒯若木送他的一把最好，长到一尺半，明代制品，原有的明人书画，完整如新，扇骨斑点，螺纹可数，包浆红润，黄色的部分，浓郁得和琥珀一样，这是他最爱的一件。田黄图章，名人书画，他也有不少件，但从没有专心收集，只是人家送给他或是因为帮朋友的忙收下来的。至于他认识的人，专诚题款送的，那都是平生得意的作品，可说集合了近四十年来书画家的大成。

他每天忙于剧艺，出外清游的时间机会都很少，但是他特别喜欢游山玩水。北京西郊的香山、西山，离城不远，风景如画，尤其深秋红叶很多。好些人们的别墅，都是以前行宫庙宇的院落，深藏山腹，忽隐忽见，点缀着一片晴爽疏朗的风光，格外使游人增加兴趣。梅先生自己没有别墅，但逢着有人的约会，必定参加，进了山门，改坐小驴，直奔山径。一次正逢大雨，不能回城，就在别墅中歇宿，山泉澎湃，雨像穿珠，他竟尽情领略了一夜，没有合眼。第二天大放晴光，雨后花木，都发出一种浓郁的气息来，更使城市中人，感觉爽朗。他和几个朋友，一路攀援石磴，直到最高峰上，俯视北京全城，都在脚下，高兴得大叫起来。有位朋友说："你看，这块大石面正好对着下面，何妨刻石题名，留个纪念呢。"梅先生说："对，我就写个大大的梅字罢。"回来以后，真的写了三尺见方的一个大梅字，字虽写得不好，却也雄劲匀称，就此招工刻上，涂了朱色。要是去游香山的人，至今还都看得见，这也是一件雅事。

最后，谈到他对于剧艺的心得。

他是科班出身的演员，受过很严格的传统训练方法，对于中国戏剧，有最基本的认识。他深深懂得齐如山说的“无声不舞，无动不舞”的原理，知道中国戏是合歌舞于一体的艺术（他佩服齐如山，也因为齐能够说破这个原则的原故）。因此，他对于中国戏剧，只主张深入研究，却不主张随便改动，更不主张把固有的方法，参加西化。如说开门一个小动作，国剧用手尽够表示出来，并且凭着各种不同的手势，配合剧中人的身份，在丝毫进退尺寸中间，向观众提示剧中人的地位，乃至当时的心理状态，这便不是用灯光，用道具所能表达出来的。他只嫌演员们不肯用心去琢磨心理，不肯注意于表演动作，可绝对承认这种表现方法是至高无上出神入化的艺术。在《舞台生活四十年》那部书里，谈到《宇宙锋》一戏，他认为这是最难演出，因为一个不疯的演员，上演疯人，已经不容易，何况这还是个假疯人。凭这一点可知梅先生对于演剧是以体认内心为最主要部分。本来从前京戏中称青衣戏为抱肚子戏——一出场来，两手抱着肚子死唱——现在梅先生却演得深入，这便是无上的成功，收到不改良而改良的效果。

中国戏剧，本来每一出都有极精彩的部分，有的在对白，有的在唱工，有的在身段做工上。后来，有些教师避重就轻，避难就易，有些学生偷懒，更有些成名的演员，认为已经有了充分的号召力，就不需要如此费力。受着这几种不良的影响，便把好戏演得散淡无味。梅先生却对于这点，毫不放松，不要说绝不贪懒，还随时力求精进。听见那一位老辈对那一戏有特别身段，就专诚请教，用心学习。像昆戏《刺虎》拿剑转身的身段，他演得特别美妙，与众不同。人们恭维他演得好。他说：“这原是老身段呀。我是跟丁兰生老师学的。我可没有什么新发明。”至于京戏方面，他时时去找王瑶卿——名演员，对于做工和新腔，特别有研究——王是一位通天教主，无所不能，可惜晚年本身倒嗓，英雄无用武之地。难得有梅先生和他研究，王就真把全身本领，加上自己参悟的成绩，全部提供出来。后来和昆戏名家俞振飞同台，俞虽唱小生，对旦角戏也颇懂得，日夜切磋，更多心得。本来昆戏的内容，比京戏精深博大得多，凡是演京戏的，也都必定要学些昆戏做基础，梅先生昆戏会好几十出是跟乔蕙兰学的。

青衣戏里，唱的重要，是人们都知道的。梅先生对于唱，发音转腔是天赋的不必谈，且说唱腔。国剧的唱腔，固然有一定的法度，但是在法度中间，尽有从容伸缩的余地，这便叫做新腔。梅先生最喜欢和他的琴师茹兰卿、徐兰园以及后起的王少卿，镇天谈戏，谈的又都偏重在腔上。经过大家的合作，定下一腔，嘴里先哼哼，胡琴试拉拉，不要说稍有不对，立时改过，即是对了，要是和剧中人的身份以及剧情，有些不对工，也便重新试过。他在定腔的时节，徐、王两人，面面相对，静听细说，有时客人走进房间，直到桌前，还不知道，真可算是专心之至。要是编了新戏，那必使用新腔，研究起来，就愈加努力，定腔以后，不但请教内行前辈，还要当着很熟的懂戏朋友面前，试拉试唱，征求大家的意见。要知道新腔并不是花腔，花腔只可偶然一用，等于曲中的衬字，新腔则是循规蹈矩的创作，更加难能可贵。此外，关于念字的阴阳、上口、不上口，旧戏所有的，他固然都已熟极而流。在新戏里，编者有时采用几个生字，那就又须研究。记得《天女散花》最后一场，王又点填的一支“风吹荷叶煞”昆曲，引用不少佛经上的字，就费了很多时间，研究吞吐发音的正确。

我们试把梅先生的全貌，检讨一下子，就知道他的艺术工作是怎样成就的。修养还占着重要部分。我写这一篇生活情貌，实在说，并不是专为表扬他个人起见，还是希望后来的艺人们，能够从研究梅先生的修养而提高自己的修养，来促进本身的业务。中国戏剧，在外行人看来，好像嫌它简单，说它有些地方不合理。但是只要稍一用心去观察研究，就能够知道它的妙处。不要说包罗万象的京戏，就是各地的地方戏，也都有不可磨灭的地方，我们为了欣赏，为了研究，都值得加以领略。国剧的发扬光大，本是梅先生一身的愿望，他总算尽力做出莫大成绩来，可是以后的进步，不能不落在后起的演员和从事研究的人的头上,这责任是我们不肯丝毫放弃的。

在我知道梅先生逝世的消息的第二天,我曾经写了一首古诗——用苏东坡赠息轩道士韵——悼念他,现在就附录在这里,借做本篇的结束。

投老隐炎陬,为欢忆少日。乌衣识风度,壮齿未二十。
朝朝会文酒,夜夜巾车出。我甫欲南征,细语别楼隙。
凡兹不胜纪,一掷拼今昔。忍哀对遗影,犹似虱歌席。
成连嗟入海,风雨徒四壁。

一九六一年九月

(香港《大人》第40期,1973年8月)

序跋

《汪先生庚戌蒙难实录》序

余生不辰，盖在光绪戊戌，自是而维新之变作，革命之论兴。生三岁，值庚子，拳祸大作，动摇国本，于是海内咸知清廷之无可图存。革命之势，如火燎原，深中人心，视言维新变法者，为远胜矣。清廷旋亦知民意攸属，未易挽回，则昌言立宪，开资政院，设咨议局，冀以俯顺舆情，苟延朝命，亦更以利禄饵党人，事怀柔。有志之士，愤慨遂更深，誓欲以死自责，所以行革命之实，兼励党人艰贞之节，疾风劲草，于此得征，此精卫先生谋炸摄政王之微尚所托也。事隔卅年，情景如昨，犹忆束发趋庭，侧闻先生之语于先君者，意亦称是。民国五年，先生尝为书扇头，写《狱中作梅花》五古，谓过寒斋，见瓶梅感忆旧怀，因录斯作。雒诵之余，弥致神往，颇欲以暇晷，详扣是案，或谓刑部提牢磨老卒，犹有存者。数度北游，莫由踪迹，心窃惘然，兹乃于风雨晦明之际，得侍先生政席，复获读次溪所著实录。嗟夫！三十年来，国家兴亡绝续之迹，实录是案为枢纽。时至今日，先生犹奋发蹈厉，起拯垂绝之群黎，维将亡之国脉，是其志行之恢宏毅勇，抑倍蓰于当年之一逞，亦云壮已，逆臆天佑中国。事完之后，次溪必更能以承教于先生者，勒为专集，付诸汗青，则举国士流，又且莫不盥手而伫之。斯编所辑，案情以外，供词简札，媵以诗篇，多为外间所不及见者，非特可以存史料之真，亦更立薄俗之懦。至次溪尊人篁溪先生，以同学之少年，敦缟纻之风义，一椽栖泊，大德不名，是尤足以树高节于衰时，固不仅传遗篇于野获者，所可同日而语也。民国二十九年庚辰伏日，武进赵尊岳。

（《国艺》1940 年第 2 卷第 2 期）

《汪精卫先生年谱》序

尝谓史家之言，述往易，征今难。汗青削竹，多为易代后事。诚以并世所传，道途每有异词，载述辄事讳饰，好恶格于遐迩，定论难于一尊。转不似追溯旧闻，博甄众籍，折衷群言之易于着墨也。孔子删定《春秋》，迄于当代，寓心惩劝，遂为治史者之师表。马迁舍编年为表纪，纳数千百年事迹于一百三十卷中，而所志炎汉朝事，已似有含茹不能尽宣者。李唐以降，凡有撰述付之史官者，辄秘而扃之，必俟新主继统，始撰实录，亦且缄诸石渠，徒以备后来者之采择。事之难易，庶可征已。东莞张君次溪，藉承家学，好治乙部，得其精诣，更进而以溯往者征今。凡所撰制，目张纲举，不必穷其委琐，而持知人为论世之资，秉直笔为书事之本。固已足规知几之楷模，喻迁、固之体制，深思笃嗜，敻乎尚矣。近者复撰成汪先生传记年谱如干种，属稿甫就，邮以见视。窃以先生事功彪炳，初无俟于扬染，而其一言一行，实为国家隆替之所关，国人休戚之所共，备书十年来所目击而耳详者。以人系时，以年系事。微特先生谋虑之艰深，出处之动静，即若列眉，抑且备载六十年来盛衰之陈迹，足盛良史之选。苟有左氏、公、穀其人者，为之疏证，则雅信三传之于《春秋》，未遑多让。呜呼！春秋，乱世也。孱主强藩，相因为乱。礼废于廊庙，货竞于诸侯，而卒以亡周。兹六十年，亦乱世也。征伐不能以遏兵祸，教义不及以安民生。乃幸得先生起而拨乱，期于返治，开日月之重光，企新元于景运。次溪撰述，以此六十寒暑，视彼成周之二百七十年，无乃足资深长思乎！溽暑方厉，盥沐成诵，略陈史事，以答次溪之殷拳。意者贞下起元，他日闳开官阁，红袖传书，宋尚书之半臂纷来，韩翰林之金銮密封，吾次溪固匪异人任也！壬午伏日，武进赵尊岳。

（《汪精卫先生年谱》，据《北京图书馆珍本年谱丛刊》1999年版）

《游尘琐记》序

余生平无他嗜好，独清游萦回心曲，车尘历碌南北而已。用是记游之言日多，辄以付《旅行杂志》，而与杂志主编者君豪尤相习。君豪余宗人，幼同笔砚，长又同事，灯窗风雨，十年相觌于斗室，如一日也。君豪与余有同嗜，济胜之具或犹过我。近兹间关跋涉，亦几遍禹域，而记游之篇，视余为益夥。要其所述，清言娓娓，所谓画地成图，抵掌可述，君豪盖尽之矣。君豪尝谓行乐无过遨翔，而遨翔当获向道。名山大川，非不可乐，单程只身，无所问津，则其苦亦无艺。今辑纪游之文，不仅为流连光景之作，兼欲以识途自喻，俾往游者得所从焉。余闻而善之，怂恿授梓；则以余所行旅，往往不问所之，及入万山中，几于求糇粮而不可得，苟先读君豪所言，则计程以里，授馆以地，必且更可缒险而凿幽，胜于畴日之所经行焉。自今以往，马尘车辙间，余知行者之必挟斯篇而行也。求之往哲，史公之探龙门，贾谊之过长沙，是以游役养其气；石湖之志骖鸾，霞客之纪入番，是以游役穷其境，君豪庶其兼之。此书之成，微特不胫而走，亦且足为君豪养气立言之佐证，余安得不乐观其成，且为文以申之乎！民国廿三年一月赵尊岳。

（赵君豪《游尘琐记》，据作家书屋1934年版）

《重臣倾国记》译余剩语

吾译威连氏之书，可第四部矣。其一志载宫中墙茨之迹，更奸臣把持王位之隐，吾则窜取，名之《玉楼惨语》。其二志载英国之奇案，谓奸慝之徒，以印度毒虺，陷人死地。无意间复有贞操之女郎，为事内关键。案情一白，受祸逃死之人，竟与贼女通昏矣，吾即其意名《烛影蛇痕》。其三亦一英国侦探之书，布张幻迹，玄之又玄。案发侦探，阴谋即及侦探之腻友，幸得仗义之人，夤夜寻索。始于末数页间，破前此七万言不经之疑阵，则署曰《玄局录》。此其四也，复为国家重臣之事。有一陆军之总长，与秘书朋比图奸。秘书即坐以要挟，总长复有女公子，斡旋其间，茹辛食苦，至以身许一漠然不爱之人，拯阿翁于万险。行文伏线，似较前书胜也。威连为英国迩来之文家，人犹健在。一书风行，立意必新警，脱人窠臼。溯西洋说部诸家，恒各擅其事。司各德传历史之风神；科南达利，专假福尔摩斯之事迹；外此亦稍述中叶陈迹，师承欧文、哈葛德，专言男女爱情，数十册如出一辙；橡湖一卷，直该括毕生之脑力；狄更司主改良社会，则字字褒贬，及于流俗；法仲马言情，嚣俄挟英爽之概；美国欧文，振奇异俗，凭吊唏嘘，辄以天方大食之故宫，用资谈助；郎法洛则言情，霍桑志怪；俄之托尔斯泰，则以淡泊之风，矜农悯苦。凡兹经纬，各不相涉。独威连氏输匠心之巧，淹百家之学，镕政治、情爱、侦探于一炉，言外之意，尤针砭叔季。寄慨江河，照烛人心。如温家之犀，特有韵之文，逊莎士比一着耳。就中情事泛滥，正不必加以条举。阅书之人，随处会心可也。欧战方酣，而氏方掀髯擒烟斗，于浓烟沈雾之间，拟战场情事，月必有书。顾文家之笔，一易途径，满纸铺陈，均行营打阵之事。朗丽卑茶之言，后且日少，则此书不可不急加译述。溯客年展卷，渐以人事搁置，兹承朋辈迫促，即以雨窗，完成其事。新春融暖，游踪遄程，且复与氏书小别。译余剩语，志倾倒之忱，亦示氏学之贯注百通也。不谙此万里外素不谋面之学人，此时亦颊辅发热否？一笑。民国纪元七年三月中赵尊岳叔雍父志于高梧轩中。

（《东方杂志》第15卷第6号）

《罗京春梦影》译余剩语

译书之人曰，吾长日就坐斗室间，手一卷之书，加以诠次，自视当意者，明晨即走笔随尾之矣。顾原书亦至难辨阅，名家之巨著，已有先我而杀青者。晚近诸书，浩如烟海，亦大率芜简，如规一体，则不得不率心摄静，披沙而淘金。而往往卷尾见罗马城之名，誉者雀起，于是敛意专诚求罗马城矣。

叠载以来，此书偏不可得，复在他书付丽之页。见首章三五页絜领提纲，已有司各德陈述盛衰之笔力（西洋小说一部之末，必附三五页别书之首，俾引人入胜，即此购求之意也）。写教王銮卫之庄严，黔首纷纭之议策，咸析条辨理，于万乱之中，著以闲笔，绝不矜张。尝谓文家之笔，写贫困易，写炫烂难，于炫烂之中复参闲着，则难之又难。贫困，天然一凄怆之事也，陈史彰昭，已足令人黯然而失色。虽微失诸不文，已有事实，足为掩映。炫烂已难矣，述卤簿之盛，可无数僧人，托钵而循道，街市喧阗，骤即之似著惊喜。质言之，兴味已索然。类一喜庆人家排仗之卤簿，安得有回环抒写之余地，则文家者，佐以金紫辉煌之语，缕述条详，引入胜景。若炫烂之中，复著以闲笔，仪典之盛，毁誉参半，人人有人人之心理，翘首企伫，口不择言，则文家之笔，双管齐下，动静并施，为事直难能而无艺。如古之《左》《史》纪鄢陵之役也，巢车参师，详敌军之举止，针锋遥指，鸣钲伐鼓之间，偏有伯州犁苗贲皇者，好整以暇，悠为对答，妙文胜景，读书至此，吾直不知左氏何以有此文心腕力，能挥洒巨翰为万世篇章之法也。哈尔克以纳，一英国小负时誉之文人，吾固安敢擅拟之匹敌左氏？特其纪教王卤簿，亦正挟些许动中之静。东洋西海，上下前年，文心会通，适相吻合。而此书东行，复入吾崇顶左史者之手。嗟乎嗟乎，惜下走秃管一支，既不能规千载以上之文章，复负万里外之作者，于心疚矣。

后此搜求，复逾裘葛，罗马城一卷之书，竟不可得，而今春得之，似有缘法。初，吾走笔之暇，晦暝笼天，斜阳挂树，必闲行道左，或聚比邻之友，击球为乐，既畅天趣，复舒竟日之劳也。一日，正踽旅绿盖张天之下，乃见新肆，货售西书，则急急往就，邺架盈庭。瞥眼竟惊吾巨喜，目瞪口呆，不得遽合。书肆持筹之人，或念此客痫作，顾不知数年来中胸积愫倾于一朝，立加购取。即夕已濡墨展卷，就电灯巨朗间，扫笔如风，瞬息竟其楔子，为志买书之缘起如上。

西洋人小说之格局，多半为战争政治、勇士美人。英国司各德开文家之风气，迄今科南达里于侦探之余，尚吮笔做《黑太子》诸书，法国派则仲马父子以玉楼花劫政治更故之书胜矣。大约西人著书，向壁臆造，必托附会，为何朝之事何纪之史，亦犹我邦旧说部之开元皇帝贞观天子也。总西邦战争之陈史，对外则政治之关系，对内则教门之关系。若司各德纪东方十字军，则更教门对外之关系矣。罗马为意国帝京，复教王銮枢之所，殿屋峥嵘，一一揭十字之标帜。物极则反，自是有人，起与滋抗。而滋抗之人，身世迷离，又如书中所陈述，则其事已不言而趣矣。

书中复纬以爱情之事，陶那罗迈，迷幻初等于大尉。久久竟有尔许妙文妙事，吾恨不一一为之标出，示天下小说格局之万变也。又有书信苦干通，妙绪哀思，远追旷古，阅者请加意及之。

总之，著书之人，文笔起落，染晚近之风，尚不能直追古远。而布局立阵，设想瑰奇，则已远入九天，登化工之境，可与司各德结构之妙为伯仲。司各德好构奇思者也，写撒克逊则附以东方犹太之客，写十字军则来一沙坦之王，夫以极写英国教门之盛，能参一异种，为书中经纬，其笔力独到，笼罩全局，为何如耶？窃谓此书亦正有几许妙处，不减于上述，亦请阅者率心比区之。民国七年七月盛夏，尊岳记于高梧轩中。

又本书纪教门政治之事，大率如法国《玉楼花劫》《侠隐记》等书，而英法文家，结构不同，描写亦异，阅者脱细阅之，亦未始非研究英法文派之他山一助也。岳又记。

（《罗京春梦影》，商务印书馆 1919 年版）

《大荒归客记》叙

当甲寅乙卯之交，试登昆仑。引领西望，战云如墨，师行如雨，潜艇累累，炮火隆隆，飞船翱翔，期门相接，而不得不称今者战术之精且备矣。炮火显，潜艇隐，独是飞船出没天际，若隐若显，亦隐亦显。吾初不知其何藉而行，第言其效。则摩荡搏击，如鸟之凌虚下瞰，盖飞船兴而炮火之力替，潜艇之效杀矣。攻战以掩护为先，而掩护不足恃。阵法为尚，而阵法不足恃。举凡一枪一械之位置，糗粮之所储藏，足以挥手之劳，毁其泰半，炮火云乎哉。即足仰击，而四向殊非易测。意大利人，创以磁力，止之空中，实效亦尚未见。则国於今之大地，欲图搏逐，非飞船莫为功者，昭昭明矣。环海诸邦，咸立专队，训练肄习，日不少懈。反觇吾国，初发轫耳，一二绩学之士，稍稍有所发明，而程效不大。加以奖掖无方，社会缺之科学知识，惊疑退沮，等于谈瀛。则又不得不使通俗之人，神经髓中，稍映飞船之模型，其足以出奇致用。虽冒百险而为功不可等量，则通俗说部尚矣。法郎西人，近世以柔靡见称，始有作者，著是书以警国人，国人今亦颇致力。德意志学者见之，乃大称许。译为德文，万卷流传，群相砥砺，回念宗邦说部多浮靡少国家思想。则又力译之，区区之志，亦乐邦人君子，读是书者，稍存壮往之心，为国驰誉，虽死勿惧。荒寒漠北，视如温燠 ，且吾国墨氏飞鸢，固已权舆千载之前，远绍前贤，光昭来许。为责固在吾辈，人人如此，国又何患不兴，学又何患不进。即愚草是书，亦或可告无罪于在位者矣。匝月竣事，拉杂书之。乙卯十一月十日尊岳序于高梧轩中。

（[法]曲特拉痕脱《大荒归客记》），商务印书馆 1916 年版）

《玉楼惨语》弁言

黄花方谢，红萼含苞，枫叶尽飞，梧桐已秃。初冬之夕，小楼一角中，兽炭熊熊，有构思振笔而坐者，尊岳是已。尊岳好小说家言，手得一卷，未尝愿释。因察中西妙诠，在古辄敦朴雄厚，天人相与之言；中世以降，笔渐趋时矣。是册英人近世作也，写翠华蒙难，惆怅成行，身去异邦，心怀故国，事虽至迩，而文笔敏妙，直轶太尼逊、司各德而上之，反覆循诵，令人增感。尤赏义贼鲍痕，忠诚款款，谓处阿鼻狱中，不幸之幸，犹慕侠名亦可悲矣。夫吾华之稗史，远莫逾乎《广成》，西方乃以大食之书为最，即世传《天方夜谭》是也。《夜谭》未可考其时候，或在辟里克尔之际乎？是时文家辈出，百学咸兴。国家是时，盖行同乐之制，设剧场，定假日，务使人民得自娱乐，是以有一艺之能者，咸得见于当世。而亦有伤心之人，远识之士，察此一时之乐，必罹异日之殃，发为《小雅》之音，来作《五子》之戒。及后智识渐进，文明愈增，人群之进化既速，政论之褒贬亦多，则有斯宾塞、达而文等起，创天演物质之说，天倪渺忽，非吾庄周之谈乎？达尔文以竞争立说，阐人世之至理，创天下之未有，及十七世纪阿狄生兴，以家常之笔，箴国事之非，文报捃华一卷，几无一非含讥隐讽。叟罗加者，固昌昌其有志矣。莎士比以颓败之世，发矫建之音，托剧场以说法，借小说而成章，观其全集，古色苍苍，似竭力以自规于拮据。舍是太尼逊、哥而登、司各德辈，亦均以有韵之辞，名于当世，然视莎士比则高下弥判矣！太氏之诗，述美人芳草，豪客英雄，以娇丽婀娜胜。哥氏则以诗词志事，蜚誉一时，所为诸作，读之口吻芬芳，犹吾国温白诸家也。而莎士比则以气势之长，抗衡当世，虽其著述，亦有涉乎妖魈，而去靡靡之风远矣。狄更司亦以小说名于时，察社会之至理，载家常之陈故，化其民于不自知之中，而《大卫考伯非而》《尼古拉司》二书，尤描写入神，不遗点墨。林先生纾，以生花之妙笔，译高抗之奇文，署之曰《块肉余生》《滑稽外史》，音响乃不逊原本。然是均就英岛而言也。哥仑布辟新大陆，新大陆蔓草丛林，野人土著耳，化从外至，殖民之政府，一旦以自立，回忆前年之丛林漫水，相去不可同日而称。文学诸子，若浪法洛、纳斯尼尔·霍桑、欧文等，均接踵以出。三子之中，霍桑犹狂生英国斯威夫纳也，好以不经之言，来作针砭之语。欧文则伤心述古，慨世俗之浮华，独怆然于已往，杂记等作，自称不乐志维苏里之火山，俄罗斯之冰河，而独取才狗窦，志一二断简残碑于篇末，诚所谓振奇之人。若以西邦诸子，方之吾华，则辟里克尔之期，固三皇五帝之朝，《熏风》《卿云》《五子之歌》，哀乐咸备矣。斯、达二氏，固吾国《庄》、《骚》之谈；阿狄生方之晋时清谈流辈；莎士比足当太白；郎法洛即拟之温、杜诸人；司各德则昌黎文公耳；哈葛德及诸作者辈，则吾元明以院本小说名者也；霍桑、欧文之流，当极盛之纪，作悲怛之音，则又吾华所谓别有怀抱之徐文长一流矣。年来我邦文学锐退，即西方学者，亦每逊于前，欧美东西，同兹一辙，读硕果之篇，慨亡羊之道，不禁感慨系之。译是既竟，拉杂摭拾，实之弁中，初于本篇，绝少关系，读者鉴之。同译者美国圣路易博士、金陵胡子美先生。

时民国三年十二月，距岁除之七日，叔雍赵尊岳笔于高梧轩中。

（[英]威连勒格克司著《玉楼惨语》，商务印书馆 1915 年版）

《戏班》序

夫治学术者，必先通其指归；治恒业者，必先详其度制。此不易之理，而以通之于百工庶艺，莫不皆然者也。高阳齐如山君，研治剧学，述作累累，竭其毕生之力，欲为中国剧学张目。凡所纂制，纵一举手一投足之微、一音节一动作之细，莫不穷其源委，纲举目张，积至数千言，亦云盛矣。夫戏剧之道，源于歌舞，虞夏以还，载诸典籍。人事日孳，则剧艺日进，地域日广，则骈枝日岐。此与其他学术之进退，正复相同，未得以小道而独鄙之也。以例其余，医学制造，种植诸端，吾华之创获最早，而于今之荫樾不繁，坐令泰东西各国盛传其学。即艺事之所存，亦云至仅。如山乃振衰起废，倡绝学于将坠之际，张音政于疲弊之秋，不月旦伶工，不雌黄剧本，而独研精于其体制组构之微，为士大夫所不经意者，独笔之于书，老伶工所勿能尽者，署之于卷楮。此其微尚孤怀，发潜表幽，岂流俗庸下之士所可同日而语哉！假令三千年前，有如山出，则指南车不致于绝迹，千余年前有如山出，则华佗青囊之术不致于失传；即八百年前有如山出，而两宋士人唱词之清乐，亦可传之至今，不致白石旁谱，徒令学者为聚讼之资，供推敲之需而已。夫宇宙学术之盛，不难于自我作古莫为之先，而难于绍其真传，虽美不彰；不难于昔圣先王之儒术，而难于人弃我取之百家；不难于牟色揣称之浮词，而难于考订精核之载纪。若如山者，通瀛寰之学识，治道之精，然乃一不之恤，独穷年累月以治此，是其专于学养其道者可以思矣！夫戏剧大而通于教化，次则用之为谲谏，宁小道乎哉？如山之于此，盖知所尚矣。书成见示，属为之序，用发其凡。己亥燕九，武进赵尊岳养疴豫王府并记。

（齐如山《戏班》，北平国剧学会 1935 年版）

《新编戏学汇考》序

余曩治声家之言，藉词章以进窥南北曲，少少接于戏剧之说，固无当于今之剧学也。既从诸伶工游，又得士夫名家之砥砺于兹者，以研精之道进，命少金星，试勿能工，敛步却袂，亦渐恝而置之。然退而未能忘情，闲欲治剧学，藉为文字上之探讨，以永其说，亦复慨夫今世风会之衰微，特于政治学术阙焉不尚。即音律之勿专也，亦复久矣。方胜朝同光盛时，湖广二黄之盛，蔓衍于京师；西秦梆子之新，崛起于异地；南中昆曲，亦为一时士大夫所乐道。分镳竞美，得之于故老相传者，历历可考。余生也晚，勿获靓矣。既而人事代谢，犹得汪谭孙之须生，陈德霖、王瑶卿之青衣，俞菊生、杨月楼之武生，田桂凤、侯俊山之花旦，金秀山、黄润甫之净角，程继仙、朱素云之小生，罗百岁、刘赶三之小丑，以名于时。至于挽近，并此硕果，亦渐渐零落。所以名乎今世者，若梅兰芳、杨小楼、余叔岩诸辈后起之秀，屈指可得也。衡之以艺，兰芳独探神秘，天人具足，有良师友为之熏陶，创歌舞剧以追古远，声教所被，辄无闲言。至乎余、杨，或传家学，或假别裁，拟议悬之人口，虽凤毛麟角，不可更得，而闲情白璧，犹俟论定。外此诸子，亦多有一艺之足称，挟寸长以自重，然必欲迈越前哲，起诣数家，余见盖罕。至于髫龄舞勺之徒，风雅放歌之士，求其传灯来叶，阐微当时，亦复不可多得。亦甚矣，其衰矣，辄尝夷考其事。知伶工指授，出于科班，师弟相承，多袭口义，其神而明之者，得昌师说以济其所学，其几而不能至者，或随板应拍，以勉强赴之焉。

老伶工积其经验之谈，以立其矩矱，授之来学，凡其至精至要之妙谛，又或其说不足以达之，以自待于学者之领悟。芸芸众生，上智几何，能与中声协律，已复尽其点拍之能事，而所以为之神而明之者，则且尽其天赋之所及以求之。天赋有所限，则造诣亦终一间莫达耳。为之师者，既未能以神妙之一境授之其徒，间尝共士大夫周旋，道其甘苦，幸而得有所触发，士大夫又或以未尝坐科，不得致其探本穷源之学，以尽其绪余。其或幸而领会者，又每乍得而乍失之，就中精义，遂益若游丝断絮之荡漾于太空，若断若续于兹世而未可必其传焉。循是以还，将必俟神而明之者之不世间出，将复何所以必致之。则剧学之衰落，正足为来日之殷忧者也。尝聚伶工，偶得旧闻家学，雅欲受而笔之于书，以致其不可必传之道。人事俶迫，仓猝未果，重负灯窗风雨之殷拳，耿耿疚心，累之月日，无所安也。大东书局具兹宏力，发愤为剧学之书，凤笙阁主实总厥成，手以见示，惊喜交集，以为积年宿逋得兹而于以一偿。书中举凡剧事所应有者，则毕陈之，其关于指授者，则指授之，详尽赅要，既不蹈疏漏之讥，又复无芜冗之失，且于砌末场次，凡委琐而易忘者，别以表格严之。由兹以求，就例事以追往，探精义以立言，伶工可以为无双之谱，声家可以为津逮之先，学者可以为师资之守，评者可以为他山之助，盖手此一编，而无美勿备，所事尽陈，其足以副剧学之成材者，不待言。更进而以发剧学之宝藏，退而以传宗门之法度，所赖以维硕果而鬯芳风者，舍之谁归，余尤乐其有宿契之合，益乐为书其卷端，就正编者，当不以为简慢云尔。乙丑长至日武进赵尊岳书于珍重阁。

（凌善清《新编戏学汇考》，大东书局 1929 年版）

《戏剧脚色名词考》序

溯夫乐律之盛，降为俳优，其道惟一，而事或不彰。音政有失，薄艺诽术，君子忽焉。揆之图籍，国史历志，多详词节，疏于故闻。史公滑稽所传，欧阳伶官之篇，间涉姓名，无取曲隐；艺事之微，累黍可较，偶相详略，遂复无自追摹。存其学者，又辄世其业，别于士流。父老传习，系诸臆记，通神斯明，幸而未斩。自南北曲兴，渐崇雅道，曲苑诸作，始多流布。举其涯略，不外数端：一订宫羽，穷声理，以辅律谱；一摭陈闻，资谈助；一纪游谳，徒事清欢；固于艺学无当也。越明清间，旧本日繁，则有《曲录》，比《点鬼》所录以备，渊源犹厌未足。晚近海宁王静安，吴县吴瞿庵，致意其事，每多述作。然王不习伶工，未谙家数；吴但存昆体，系节自赏。凡所纂言，要拾坠绪于秦徽，局一隅于吴市，以语今兹，乱弹方大行。皮黄脍炙，无论缙绅市井，靡然从者，相逊远矣。乱弹汇汉调、徽调之大成，以荫樾于京师，俗子因地立名，署以京调。抣弹者多俗工，其神味韵绪，固标众美；乃士夫好之，而不事下问，俗工承之，而莫谛所由。优游者，引吭珠玉，亦仅娴宫羽而已。究其宛委，与夫数千年嬗衍之道，立名具格之始，殆无其人。以声教被人之广，乱弹致名之盛，取代数百年，因世相袭之南北曲，数千里遥集呼应之里巷谣章。其制固不可不穷也。高阳齐二如山，世家子，通剧学，若夙慧，所撰剧本，微特文词斐然，尤工章局，则以湛于所学，不徒事呫哔，尝一一付之缀玉轩。缀玉得天独厚，造诣精远，得齐二而益彪炳寰宇。无闲言文字之美，仅获解人意匠；所营弥远，勿届其所，钻研故业，导扬新知者深矣。居多暇日，又以证引所专纂《脚色名词考》，自元以降，迄于乱弹，深思渺索，人屈部别。乱弹素无良书，此则集具大成，得之艰辛，言之弥复简易，可与世人共赏，仅可与知者道之耳。乱弹盛行，前后百有余年，观于此书，已见其移步换形之兆。自兹以往，追兹而前，傥有作者，学必大昌，艺必日进，草偃万里，握券可伫；往者已矣，来者欲俟其人，齐二其更策精力，以握铅椠耶？太岁在丁卯年十一月，武进赵赵尊岳序于宣南旅次。

（齐如山《戏剧脚色名词考》，民国间印本）

《梅兰芳艺术一斑》序

溯夫国家之治乱，镃基于社会，而求得社会之奠定，当自文教始，此由图腾以之于今日，所必然之势也。文教之兴，吾国为古，先以道德灌溉其心源，再以礼法拘格其体制，有所不足也，则严之以法，和之以乐，乃至于射艺书数，以植其学问，强其体魄，六艺于治，不可须臾离者若此。泰古唐虞之世，民有所足，不遑细举，至于成周，诐说竞起，列国扰攘，仲尼知求治之有所本也，则昌六艺，以传之其弟子。嬴颠镏蹶，数千年来，屡遭更故，而国家遂赖以不亡。所谓民本者，礼乐固不可一日废也。独恨隋唐以还，夷乐入中土，而雅颂之音，遂羼以异域之情绪，迄于晚近，《乐经》益零落，成绝学，徒供考古者循索之资，而国势亦更颓弱。盖音与政通，其消息为至微，而其影响亦为至巨，可以寻证矣。鼎革以还，缀玉主人，独能拾坠绪，探宛委，由戏剧以追寻乐艺，复由乐艺而重理舞技，俾数百年所湮没不传者，一旦出诸氍毹锦幕之际，维时举国赞叹，相与击节。乃至瀛壖闲关，莫不弓衣争绣，辇金帛以相迎，又何止六一为伶官作传而已。高阳齐如山先生，通管律，擅古学。又越重洋，习西乐，归与缀玉游，辄相切礲，多所创见。缀玉敬事之，艺尤大进。明岁缀玉将有鄂罗斯之行，如山谋所以沟通东西洋之乐艺，遂撰述缀玉之技事，成为兹编。余从政燕京，获读令帙，惊其撰记之精谛，考订之凿榷，乃至传神于楮墨之外，游刃于规矩之中，发前人之所未言，传故老之所珍秘。庶由缀玉以考戏剧，复由戏剧以通乐政，行见车书万里，同轨同文。缀玉以乐艺相矜，尚如山以文字为表彰，而余亦得从容其间，少寻管色，填令慢，相与订定于茗边酒畔，宁非国家承平之先兆耶？乐为之序，书而归之。甲戌仲冬武进赵尊岳序。

（齐如山《梅兰芳艺术一斑》，1935年北平国剧学会初版）

《梅兰芳》专辑序

缀玉轩主人以艺事之长，树文明之誉，卓然兹世，表溢瀛枢。迹其发轫之由，与夫荫樾之盛，可得言之。世变日亟，郑卫争途。宫声不返，早断帝子之魂；变徵无端，已穷嶰谷之管。唐宋以降，犹存乐章，元明而后，逐薄曲艺。坐使汉卿、实甫考订弥艰，晋叔、琴川绣梓为盛。美人芳草，难乎比兴之词；白雪阳春，遂夺簧鼓之席。推风人之旨，蹈履失其中和；端气化之先，治乱与为维系。道咸之后，俗竞乱弹芳祖，贻佳侠之名，为曲部之长。绵驹高唐之俗，轩冕上京；畿年上皇之思，炙诸人口。就中变丁遏密，劫遇红桑。群从感绨袍之深，主人笃广厦之义。厥谋燕翼，代有知闻。名父亦擅红牙，同工绿绮。南风未竞，孙枝遂荣。主人早岁通词，髫年理曲，秉珠玉于九天，溢芬菲于三叠。氍毹甫展，空巷万人；律吕初娴，腾馨连邑。此后又翻古调，自炫新装。取法周昉之图，珮环可掬；想见徐熙之妙，花草增辉。重以云门久废，韶护无闻，别专制礼之功，以为作乐之助。更始兴废，举世咸钦；继绝开先，宗门大创。于是九服万里，率绳上关之冠裳；三岛十洲，已拜下风于节羽。雍容者抒其文物，导扬者善其威仪。论功盟府，述艺敦槃。东朝命妇，倒屣迁尊；西方榛苓，凝睇莫若。天之骄子，微斯谁归？不有纪盛之文，曷广播芳之赏？遂有作者，以策兹篇。金箱玉轴，盈箧词新；翠管牙签，传神颊上。被以倔伬之字，藉为弓衣之贻。笺纸十番，价胜洛阳之市；滑稽六艺，亦附名山之藏。丙寅小春珍重阁。

（庄铸九等编《梅兰芳》专辑，大东书局 1926 年版）

《梅兰芳游美记》序

乐艺之道，通于神明，抑复关夫治化。前贤陈指，亦既详矣。溯诸皇古，未易得征；载之其书，虞廷茂矩，声教所被，不为不广。自是而还，汉唐相继，夷乐羼入，遂失元音纯。至定乐以律，亦每每求之管色。风会愈下，世变日亟，因缘者至微，浸淫者至巨。盖数千年来，但有西乐流传中土，未闻有苗既格，更有中乐垂诸四裔者矣。戏剧与乐艺相互表里，遭衍久远，代多因革。迄于晚近，皮黄一兴，昆曲已衰，遑论大曲。古之所谓赓歌恒舞，庶已成治学者聚讼之资；考订者辑佚之需，窅乎其远，未易得闻。

至夫共和肇纪，邦家复旦，钟灵气乃得。缀玉主人，勤求远绍，重以名师益友之指授，复立舞格：凡一举袖、一投袂，咸有所张本，有所阐扬；迹涉氍毹，自生妙谛。于是数千年沦亡散佚之戏剧乐艺，始复少少昌明。不特国人士之群相击节也，瀛宇率土，亦复奉之典范。以为华夏古邦，技术艺事，师法具在。独兹乐政，晦塞有时，未足与东西洋相抗手。一旦得缀玉而始，启沉幽，发潜藏，慧力所逮，艺心相通。上追三代，郁郁乎其文。信非开化较后者，所敢比拟于万一。庶由是而证之。

缀玉闻兹嘉训，益凛渊衷；尤欲广其道而传之其人，以张华夏之令闻也。则初赴日本，倦游归来，复谋振溟图南之计。谋之朋从高阳齐如山君。夙所师礼，则督促之者益亟。中更多故，毅然决策。与如山乘桴破浪，勾留美利坚者五阅月。梯航载誉，山海扬芬。蛮缴弓衣，未容专美。礼赉优渥，远轶皇华。有史以来，此其盛举，卓然可珍已。

及其返棹，宾从难遝。欲问究竟，缀玉未暇遍举。如山乃比次日记，点检丛帙，一一追忆。授其女香，为笔之于书。香承家学，文字斐美。乃以语体写此书，则采风写事，贵廉其实，亦以求尽人而获解也。杀青甫竟，如山属为校定。余费一日夕之力，而毕其词。

回溯缀玉之将行，同人屏当研讨，凡一物一事之微，不少苟且。焚膏继晷，习为故常，则以缀玉之行，所关于其人之得失者小，而国家之体度者大，不敢不黾勉以赴之。虽未暇同咏《霓裳》，共翱翔之乐，然其人载得声誉，即宗邦昭其音政。馀光所沐，每为手抃足舞，不容自已。及今思之，犹有馀绪者焉。乃又得如山之作，一一写其实况，用为轺车之史料，亦即国家之懿荣。余以浮沉之身，得预其役，又览斯篇，益憬于礼乐不可阙失，海宇之应事循掖。他年嘉会敦槃，同文共轨，永销兵革，克抵治平，造端之初，维在于是，则缀玉之功，宁不奇伟？而如山纂写之勤，流布之意，亦诚足以并传而不替者已！癸酉孟夏六月，赵尊岳书于宣武城南。

（齐如山口述《梅兰芳游美记》，北平商务印书馆 1933 年印本）

《故都百戏图考》序

夫立国大地之上，禅夺千载之际，强弱胜衰，积势所由。而雄主所规建，王畿之经营，要足以左右人事，振挈治体；镃基所奠，树以风声，可得而言也。中国立国最古，隆替不一，都市多在北鄙，所以控制邻藩者，其事至显。若晋若宋，迫于寇祸，遂至江表，享祚日短。迨乎朱明革除，之后一承元旧，定鼎北平。自兹以还，至于晚近，前后又五百年矣。

都会为首善之区，人文所汇集，政令所发踪，观于国者，涉迹王城，能觇政要，于是载记亦盛。约而言之，综为三格。畿辅之志，出自官修，典章之余，甄及文采，此其一也。两京遗事，长安坊巷，多志里第，并采艺文，纂自鸿儒，足裨考订，又其一也。至于东京《梦华》之录，泗水《癸辛》所识，以遗黎述旧闻，似宫人谈天宝；寓黍离之感，于楮墨之间；虽识其小，能得其微，补史传所未逮，兼一代之风物，则别为一格，读者尚焉。而鲰生泛览之余，尤以私意。

右兹别调，尝试言之。官修之书，详于条格，陈陈相因，以之辅方舆史事，则过繁；以之纪园林人事，则不足。且言必衷于纶音，事必识其远大，取舍既严，详略遂异，疵累之失，所不能免。至于遗事，实录诸书，以数百年后之人逆臆前事，里第市井，订证较易；人事孳乳，或不及详，然稗官为右史之资，人事更有关于教泽。雅言之士，诋为不文，未加重视，即有所得，亦付屏弃。斯则美中之为不足，遥情之所难伸。至于《梦华》诸录，情事杂出，上至庙堂，下涉市俚，敏求之流，厕诸说部，而一时风会所趋尚，人物之殷阗，无不备载。夫盛衰之消息，起于群伦，阛阓之流风，通于人纪，又岂得以其琐屑而废之。宜览者之为，从容披检，手不忍释者矣。凡兹载籍，代有纂述，肇自《西京》。其尤著者，长安有《坊巷志》，洛阳有《名园记》，汴凉有《遗事》，燕京有《春明梦余》，有《日下旧闻》，下至《藤阴杂记》《都门遗事》，经眼所及，更仆难数。而或犹患其未详，则以专涉：市井侈陈技巧之书，未尝前见。此在昔贤，或患其鄙倍。而于今视之，论时之市况，即足以觇一代之经济，志一时之风气，即足以推一代之人情。此则学问之道，晚出而愈精。其立意之深，微尚所寄，又岂谵愎者流所可悬疑于畴。

曩者哉，高阳学人齐如山君，随宦九城，萍踪京国，前后数十年，历见奕叶之盛衰，遍览朝市之桑海，慨然有志于述作，跐美前修；又以朝章典则之书，重见叠出，不足更言。则退而识其小者，率举市井百技，为人所无自知而不能详者，一一考其遭术之迹，纲举目张。又丽之以图像，俾识其事者，并极绘形绘声之致。其用心为至专，而其纂述之辛勤，尤为至艰且巨。夫在昔论绘事者，以为绘龙虎仙佛易，绘人物禽鱼难，盖龙虎仙佛人所未睹，以意逆形未有能斥其非者；至于人物虫鱼，则当前一览，捽色揣称之间，少有未尽且哄然以为不工。今如山独舍易而就难，略远而详近，举鄙事为多能，尽俗情以涉笔，自兹以还，承学之士有鉴于兹，或且从而博闻，潜研砥砺探讨，以蔚然成一家之言，正未可量。而如山实启其荜路之先。

呜呼！世变俶迫，五百年来之风流人物，渐归销歇。如山深自郐之思，为匪风之咏。其与元老潜夫，几有异代同符之契，则后之视今宁不同于今之视昔。即鲰生湘帘，棐几校读铅黄，似寻圆社遏云之盛，于丽渔画睬之间，亦曷尝不深。朱门蓬户之感，废书而为之长太息乎？愿持此意质之如山。即为之序。岁次乙亥二月，武进赵尊岳书。

（齐如山《故都百戏图考》，北平国剧学会 1935 年版）

《京剧之变迁》序

高阳有齐如山，振奇人也。精佶胪列邦文字，发奋为汗漫游，车辙所至数十国，鄙其文明，独嗜其剧学，于夫音政，考之弥深。归来收视返听，一本故吾，则所以广旧剧之传者尤至。僦屋长安，日与老伶工游，又翻新意制谱，风靡海峤，居尝聚朋俦，一卮相属曰：世知有剧而不知有剧学，知伍善歌者而不知伍善知识者，故王城如海，繁弦赴节，一字一珠，有研精极几之人，特于学无当焉。夷考一剧，渊源所自，或出元曲，或变昆体，递衍可寻，治学者掇拾陈篇，焚膏继晷，证订之功匪细，于剧事亦无当焉。善歌者流，所工仅数十曲，抑又此数十曲中其人之爨演清歌宾白而已。流响激云，绵驹开其风气，朝士村子，相率从习，独所知识，每不如梨园末角。末角场次，必共进退于全剧，得所综婀。又值事之人，提纲别科，置意毫末，业之数十年不废，则所经见者亦夥矣。吾拓迹歌场，招与共语，详其始末所得，胜推敲仅复一字者奚若。胜朝初叶，南北曲擅其胜场，嘉庆以还，京调集徽、汉之大成，四大部蜚声上国，云礽相统，于今罔替。独无考其陈经者，则著《京剧之变迁》，自嘉道下迄当代，多志遗闻掌故，而一衷之剧学，不徒为一二人张目，而撰者歌者尽在行间。手兹一篇，如置身玉海璇枢，俯拾即是，亘百余年之文物朝市，约略可穷，宣会所契，又岂仅乐政已耶？太岁在丁卯仲腊，余羁旅王城，日赴缀玉轩，招邀俊侣，如山方制新曲，晨夕过从，遂相授观，惊为异赏，烛跋斯已！夫乐之中人如斯，如山之精研又如斯，时方叔季振噍杀之衰，开际会之盛，如山亦当文中子指授河汾，将图有房杜以昌其运耶？容以质之。武进赵尊岳。

（齐如山《京剧之变迁》，北平剧学会1935年初版）

《广川词录》序

夫治学之道，贵于专诣。其有非一人一世能竟厥业者，则绳绳衍衍以为之继。父述子作，师弟相承，谓之家法。稽古以还，说经注史，多类于是，可得而征也。诗古文词兼尚性灵，无定程准式，故言文者少异于经史之实学，而不必尽出于指授。然临淄二晏、眉州三苏，为世所艳称，用知云礽弈叶，擘之深者必发之宏，积之渐者必光之大，以视经史，盖同符焉。词于文章尤极要眇之旨，广襟抱之情。谓其有途辙也，则近于刻舟以求剑；谓其无师授也，则又每每涉于歧趋。承学之士，消息所系，圣解自悟，遂有未易言诠者。试一盥诵，前贤名作，五代十国、南北两宋，乃至金元明清，初未有町畦之分，而自见其断代成篇、风格各殊之致。抑犹有属于地望者，如秀水绍新城之后，一事绮靡，金坛袭《花间》之余，特工藻饰。独吾常州于冲雅婉约之中，树重大正拙之旨，巍然称雄于骚国，而天下言词者乃莫不奉常州为圭臬，以下开临桂之滥觞。逮皋文、翰风两先生出，阐"意内言外"之精义，言常州词者又莫不奉二张为大师。庸知明季以迄雍乾，邹、董、陈、刘诸子，赓唱迭酬，已夙开言词之宗派，树一邑之先声乎？董氏代有达人，亦世治词学，言乡邦文献者，每辄能详之，是其有得于家法、有通于地望者，从可知矣。诵芬室主人经畬累业，退食之暇，雅好词翰，富藏书，官廊庙而一事儒素，平生微尚，多托于铅椠之间，更辄以承先启后为职志。昨岁汇刻其先德词集如干卷，并以所著《课花盦词》及贤兄《碧云词》缅缀以行，一家之言，合之缥帙，成盛事已！尝溯三百年来，词学昌明，超轶前代，惟曲阜孔氏以外，未有家刻蝉嫣如董氏兹集者。泗水之教，不废弦歌，流泽所被，逮于下里。余受而读之，以佩以仰，乃尤窃愧于有宋以来吾宗以词传者无虑数百十，乃以世事牵率，独不及细为蒐讨，萃兹古欢，函诸寸笺。蔑王孙于故国，负世守之青毡。是则兹刻之传，庶足以起衰立懦，用为异日天水征词之嚆引，益以见董氏风声所树之为广且远也。雠读之余，敬为一言，序以归之。庚辰九月，邑后学赵尊岳。

（董康辑《广川词录》三十卷，民国董氏诵芬室刻本）

《课花盦词》序

京师宣武门外，旧有悯忠寺。自唐以还，庄严勿替。其有一廛附之僧舍，占地不广，花木怡人者，则吾乡诵芬室主人课花盦也。主人博通今古，精治律令，尝任大理长度支长法曹，轺车所指，遍及遐方，声施烂然。以直鲠闻于海内外，而鼎鼐退食，娱情翰墨，仅以聚图籍、事铅椠为乐。初不知裘马营缮，如世俗之所好也。结习微尚，尤耽词事。刊布《盛明杂剧》《众香词》《瑶华集》，凡百余卷，又汇辑先德词为家刻词总集，其所著《课花盦词》殿最同行焉。主人词不多作，作亦不少苟，一循吾乡之宗派，勿歧勿替。常州词派之盛行于世者，盖数百年于兹矣。丹阳葛氏、宜兴蒋氏，传作见于毛辑，人所习见，而清初邹程村、董蓉渡、陈栩园诸子，引商刻羽，各极其长，各尽其胜，每与新城、秀水相抗手。逮夫乾嘉之际，二张先生昌明词教，益振余绪。尚柔美而不失之纤，言寄托而不失之滞。以清药庸，以婉范犷，一时酬唱，若黄、左诸家，声应气求，蔚成风格。其所为词，朗润流丽，比兴遥深，方之有宋，殆取清真、白石之干骨，而出以玉田、草窗之标致者。融众长于一冶，宜百世以为师。自兹以降，言词者遂益重常州，而常州词流虽成就有高下，要莫不承大匠之矩矱，罔敢偭越。独惜世变日亟，风雅弁髦，休明鼓吹，兹事垂废耳。乃主人丁阳九之变，起下泉之衰，赋广平之梅花，传子京之红杏。饮香嚼蕊，家法具陈，因之而乡人后起，犹得沐温柔敦厚之教化，重复有所涵濡煦噢于其间，以继往为开来之途辙。是主人之工词，不徒为一身爱好之资，抑且有系于吾乡词学盛衰先后之责也。笼以碧纱，施以丹梓，从容暇日，会见药兰风细，挈侣花间，课灌施耘，含毫贯醉，伫想其情致姚冶、兴会酣歌之乐，鳏生虽远距千里，当蜡屐以从之矣。爰书一言，用为息壤，兼以示世之言常州词派者。庚辰九月朔日，邑后学赵尊岳。

（董康《课花庵词》，辑入《广川词录》，民国董氏诵芬室刻本）

《青萍词》序

二十年前，尝得读援道令词，婉约凄丽，目为殊制。意其人当世才士，初不识为负气任侠之流，封侯食肉之相，兜鍪干城之选；乃治吟事，研绝学，洒落世外，翛然尘表，稼轩、龙川之流，为不世出者也。旋获教于海隅，论政论事，叱咤风云，靡不投分。间涉兰畹，知受学于其外舅香谷先生者为多。香谷翁世为词人，阳羡尤词窟。南渡以还，竹山卓然名家，传诵不辍。康乾之际，京少更与迦陵驰誉京国。瑶华选集，一代轩冕。且刊《乐府补题》，掇四百余年文物之坠矩。翁承家学，昌词绪，凡所撰制，阐精洞微，与彊村、蕙风诸贤相扬扢。援道处甥馆，得所陶铸者实深，乃益邕其旨。自南渡历北宋，以窥五代十国。于是令、慢、引、近，莫不合于古人，而浩瀚要妙之思，朗润清华之境，又不仅域于古人也。

援道处丧乱，多更事崎岖间。往往获得平易，通于词心，驱遣山川，怡情翰藻。每矜圣解，无不精至。辄尝以为：诗则人穷而后工，词则世乱而后工。消息所寄，匪夷可思。援道草檄之余，含毫贯醉，固有不能已于言者，抑有所不能言者，而一一托之于羯鼓、檀板间耶！五代更迭，《花间》《尊前》，蔚为香祖。南渡俶扰，词流辈出。匪风下泉，莫逾于今。兹乃援道，复以工词名，则援道之幸，抑运会之不幸耶！别去十载，踪迹睽异，乍相见于南都。霜鬓论兵，益识忍事之艰巨。一日谈艺事，属为词序。因比于知人论世之列，书以归之。至矩矱之所宗匠，风格之所趋循；璞玉浑金，嫱裾施袂。读其词者，类能窥识。固亦无待声家为之剖析，及于毫茫也。质诸援道，谓为何如？庚辰三月武进赵尊岳。

（任援道《青萍词》，1940 年刻本）

《纫佩轩诗词草》序

词学发轫，远在陈隋。荫樾孳乳，昌诸两宋，蔚为专诣之学，自成一家之言。弈世以还，百城是拥。坐令嗜古深思之士，翻云叶而俱芬；选声订韵之流，书芸笺以嗣响。亦云盛矣！尝谓词婉而讽，贵得典雅之遗，文茂而隽，维以丽则相尚，会心不远，神味独绝。出诸士夫缁素，每立匠以为宗；发之象服中闺，亦令仪而多致。思夫明灯一篝，花当叶对；小楼片席，乍雨疑晴。情似欲流，意若有俟。咏物则要叔画障，游蜂惊其折枝；比兴则楚些临文，美人喻以香草。《金荃》集句，无待侧艳以为工；玉板题篇，自有性灵之可托。云山槛外，笔底呼来；丹铅座隅，卷头试署。曼吟则撚脂欲吐，细细猩红；握管则染黛斜添，丝丝蛾绿。碧玉为镇书之具，三篆灵文；紫露琢押笔之床，一痕月架。铜蠡漏响，花亚枝阴；铁马檐鸣，风随云絮。万象都寂，天籁微闻；千劫不更，镜心自觉。此际极词境之至幽，即斯境极词心之至慧。苟喻于兹，便通圣域；筠枝湘管，刍狗相看矣。余夙嗜雅音，尤好词事，将以昌吾乡之宗派，进兰畹于珠林。讽诵之余，渐求珍籍，缙绅而外，遂及笄笳。夙藏《众香》六卷，孤椠以自矜；继得南陵百家，众流所率汇。反而求之吾宗，将以厕于大雅。遂获斯集，吾景蕙嫂氏所撰也。著籍阳湖，受姓河南。幼舲舍人之妹，孝绰题门，涪皤寄咏。视左思之悼离，方柳州之志墓。迨归吾茗卿大兄，赁庑相春，皋桥伯鸾之乐；赌书泼盏，中州绍圣之年。冀缺受馌于陇头，见称臼季；樊英拜手于床下，为告陈寔。梦忆新诗，发缄惊其神异；荆钗自足，厚爵无改年时。风雨归来，唱酬相属；匏尊迭酌，韵会遂陈。乃至乍寄征衣，微缝针线，才添落叶，细检沈檀。室迩人遐，东海畣秦嘉之问；三秋九日，兰成为上黄致词。或则芳洲杜若，自订佳期；朝日北林，为携胜侣。山光水色，纷披于翰墨之间；秋实春华，悟彻于中边以外。白云红树，佐我清才；金缕玉徽，试其绝技。凡兹所著，莫不能工；独惜中岁，遽构奄忽。穗帷雪涕，元明无自执经；鸾镜沉晖，子思徒以虚位。昌黎制诔，长负殷勤；曲城议丧，每崇先觉。继以悼亡则潘岳背城，惜逝则奉倩神往。吾兄从而不禄，歌传比翼，怅望于灵扃；蕊发连枝，遥冀于再世。手泽零落，杯棬遂疏。十年转眼，华屋山邱之感；三冬掩泣，南皮北馆之游。永言在昔，慨念于兹。乃者兄子元良能读楹书，善承先志，搜蠹简于苠箧，慰慈怀于幽宫。将以遗稿，授之手人。杀青有日，来问余序。余以花翁选本，溢美于济南；初蓉别裁，多取夫彤管。况此吾宗之秀，允宜玉笈瑶函；更彰林下之风，合谱璇宫梓瑟。书以归之。甲戌九月，武进赵尊岳书。

（吕景蕙《纫佩轩诗词草》，1934 年铅印本）

《珍重阁词集》自序

承学之士，或视词为至尊，申以意内言外之文，重以美人香草之喻；又或视之至卑，以为倡优狎邪之所吟歌，狂奴荡子之所托意。然唐宋以还，文章志节之士，以词传者，何止千百。岂其有托而逃于词，抑词本不卑，而不工之词，转有以坐词语卑欤。夫文章固无宋体，能钩其玄奥，出其智慧。斯得文心，即崇词学。盖不当以尊卑相黜陟也。时丁歌酒之盛，抒至性以发为文字，身际山川之媚，选秀句以发其韵隽。乃至盛衰之际，幽情绵邈，慨当以慷，有不能自已于言，而必以词传其萧骚抑郁之致者。则词实出文心之至微，亦文体之至美，不待言已。

余生十九年，初不知词，童子时偶侍先公朗诵二张《词选》，渐读渐废，固莫能明其指归也。既受家室，始与静宜夫人同读《花间集》。神与文会，微吟赓迭。又进取两宋名家之作，含嗜之至不去口。积以旬月，或有所作，更数月才得十余首。以呈先公，则诏之曰："试上古微先生削绳之。先生当代宗匠，所刻丛书即汝捧诵终日不释者也。"遂欣然投谒。复承介就临桂况蕙风先生，且曰："吾固好词，特不工启迪之道。先生则吾所切磋而事者，师蕙风必传词学。"遂执贽敬谨受教焉。先后十载，颇有所作。蕙师严为去取之。又语以正变之所由，途辙之所自。乃至一声一律之微，阳刚阴柔之辨，词人籍履，词籍板本，罔不备举。又督余刻书摹书，至殷且挚。遂次第雕刊《蓼园词选》《梦窗词三校本》《蓉影词》《蕙风词话》，及自定词《和珠玉词》及拙《和小山词》；所辑刻《明词四百家》《词籍考总集部》《金荃玉屑词话》。凡此承先启后之资，盖尽出于先生之绪余也。比诸蔡先之于稼轩，许以他日当擅词事者，庶有类焉。

维时海宇虽不靖，东南尚翛然在事外，壶觞几于无日不尽其乐。家园五亩，花事特盛。千红万紫，间清欢雅。故一托之词，遍和小山，亦差谓得其身世耳。厥后两翁相继捐馆舍，先公亦见背。国是日益凌夷。身与艰屯，戒途南北。未能有所匡益。闲拈声谱，所作日变。非性情笔墨之不同，盖景地实有以变之。于是向之为小山、为清真者，乃渐而趋于玉田、花间。初岁颇不自量，欲进于南唐五代。病未能至，则天赋有以限之耳。

自来百越，孑然一身。妍唱既罕，雅音难继。游程所届，间多愁苦之音。屡省所学，益滋颜汗。自计生平涉猎，百不一专。衡之文艺，固不敢尽废法度，然亦不率秉师承。好以适性之言，取资怡悦，终无所成。独治词一秉师法，未尝缅越。蕙师之见课至精，自信承学亦至笃。举凡心目之所领略，与夫神味之所仓茹，可以自范，兼以授人者，尽详《金荃词话》中。而流连行歌之作，则多载《和小山词》《近知词》诸集。

嗟夫！词景之变，俨如电驷，词心之微，通于天地。迄至今日，百劫无遗。犹幸葆此吉光，留供寻味。于以可觇毕生困学之所届，亦庶为四十年来行谊之证订，如鱼饮水，冷暖自知。方其呼啸商量之时，又讵知即为日后回想深思之地耶！董校粗竣，属之梓人。因书所以受词学之渊源，冠之于篇。海山有灵，素云黄鹤间，倘以兹道相期许者，继或有作，亦不敢不戒不工之词，以污词体兼辱长者之明教也。乙未八月武进赵尊岳。

（赵尊岳《珍重阁词集》，东艺印务社1975年版）

《词籍考》序

短晷饯腊，宛春宜花，人惟雅言，座移佳茗。辟世云乐，犹尚空山之足音；乘桴而南，未忘嶰谷之长律。饶子宗颐，惠然促客，侑我肴蒸，出其珠玉，所著《词籍考》若干卷，纷如亦裒如也。以喻鲰生，颇托同好。见闻躔踖，则记诵益媷；搜讨汗漫，则校雠弥备。积岁累黍之劳，灯窗无间；穷年排日之役，翰墨有灵。经师虽屏之为小道，词客辄窃比于知音。始治阳春，张吾宗之清事；终窥石室，网六州之前修。继兹而往，薄有所述，播诸澥甸，每自汗颜，披睹斯编，感不去手。试申喤引，容有当夫。兹编部居既严，搜罗至富。沿流必溯其源，导长江于积石；探本兼寻其脉，汇九流为具区。题名陈晁，开珠尘兰畹之先；踵事李黄，负曲海词山之誉。云礽有自，奕叶可征，目录之传，重在统绪。此其嘉惠士林者一也。中土幅员袤广，地望纷披。饮井水处，咸工崇安之丽辞；绣弓衣上，亦着宛陵之秀句。列邑萃其遗文，巴人珍其敝帚。衙官每通气类，薇省自集同声。扬葩氏族，或合三李于一堂；余韵燕支，竟掇众香于百衲。尤且朔北暨南，声教远播。岩疆泽薮，风颂攸同。重译充夫海外，扶桑亦绍弦歌；备礼比诸小邦，高丽犹存乐志。自非勤披珊网，安能陟兹昆岗。此又其嘉惠士林之一也。溯自乐府龢鸣，清商促拍。中唐以降，词曲递承；五代迄今，筹桑娄易。风裁眎时代为隆替，则尊古者嗜之如玄酒太羹；简册随兵燹以散佚，则考制者契想夫椎轮大辂。而况相公曲子，夙焚红叶之章；邑尉方山，已失金荃之旧。然《草堂》四卷，升庵卒发之尘封；《尊前》一选，梧芳犹疑出手纂。凡兹若存若亡之作，容为垂断垂续之征。辑者市骏骨于金台，标芳型于梦弼。悬目以待，存佚为心，泽古之功，尤不可没。此嘉惠士林之盛业又其一也。至绣梓源于孟蜀，绵历在千载以前；传钞秘于莫高，缮写有数本之异。南唐十国，导以先河；天水一朝，张彼词囿。枣梨广被，间同集而异名；丹黄所加，或攻错而补夺。事汉家之师法，则旁谱勤求；珍宋椠为单传，则精思邈属。又或蘊尘队简，中绝于百十年之间；沉井藏山，欣获于二三子之手。天府列诸奎璧，秘其流馨；藏家济以诡谋，流为嘉话。板本之学，固通于词林：雠勘之严，同功于管色。允当众篇毕举，庶隋珠与和璧争辉；片楮不遗，使杜库与陆厨竞爽。凡学人所艰致，惟斯集为独长。此尤嘉惠士林之盛且至者一也。夫词之为学，窥之则隐，穷之则深。昔人惑于名教之偏，徒以事功相许，著作虽夥，传布不遑，包举至繁，类别未审。饶子斯篇，不特涉堂庑之胜，抑且发岩穴之幽。以例相从，隶兹六属，孔门六艺，渊渟于覆载；吕氏六论，研讨夫天人。同符异代，由来远矣。尝试言之：其曰"词集"，则别行专著，俶落晚唐；景写覆锲，盛于南宋。选辑以《花间》肇其始，丛刊以《彊村》殿其最。其曰"词谱"，则《啸余》以下，迄至《碎金》。淮海虽陋而犹存，宜兴特精而待补。其曰"词韵"，则菉斐远出宋季，翠薇盛于道咸。李仲之作，原只郢书；赵谢诸家，姑存燕说。其曰"词评"，则解诗著匡鼎之名，玉林丹黄于氏籍之次；论文出刘勰以外，苕溪掇采于丛残之林。熏香摘艳，菊庄徵其博识；童求蒙拾，渔洋扇其流风。新都矜博学为多能，人间昌词心之极至。其曰"词史"，则罗述师承，比渊源之有录；钩稽掌故，识体尚之所趋。自来学案之作，学以史传；年谱之行，史以学重。畴日凡儒冠独具之格，今兹则词海亦沿其波。而尤艰辛卓绝，迈越古人者，则曰"词乐"。存李赵之堕绪，传薪火于烬微；探海国之奇书，孳法乳于点滴。明灯曲苑，秘箧龙威。《乐府混成》，修内惊其辑逸；《云谣杂曲》，乐世复其和声。白石庶资以切磋，玉田可倚为揩鞁。是则新体宏宣，陈篇再出，阐述之劳，固不可废，而开先之导，尤属难能。景星庆云，间世始见，微言绝学，何幸以传者已。饶子素秉清芬，霜珠在握，含姿粹美，麝墨拈毫。拾虫鱼于文府，蠹简勿删；办豹鼠于兔园，囊萤是赖。一槎浮海，探二酉之名山；千卷随车，舒三余之长昼。更复颔获骊珠，裘工狐缀。肆情均令，视治词如治经；题辑歌章，由征今而征古。输万里十年之心力，奠一家绝学之镃基。好事者讶其专精，弄翰者绳其渊雅。矧在愚情，尤殷夙契。敢张名类之别，用申轩冕之言。傅之其人，公诸于世，芸笺叶叶，自胜朱谢之遗篇。珠字行行，庶附马郑之通志。丙申燕九节，武进赵尊岳序。

（饶宗颐《词集考》，中华书局 1992 年版）

《清名家词》题词

有清一代，词学蔚盛，浙西导其先河，吾乡尊其宗绪，上追天水，远迭朱明，策《兰畹》于来兹，励《金荃》于前躅。为承学右文之士所不可不潜研探讨者也。惟是珠玉纷陈，珷玞羼出，广征则既鲜抉择，分致则难得善本。三百年来，但有选家，初无合刻，方之汲古彊村，扬扢宋元，不可同日而语。学者病焉。乃乾先生顷以余晷，辑刻清词，先得百家，方之长沙旧椠，临安书棚，何遽多让？晚近言词事者踵起，余知其手兹一编，百川纳海，万花烂影，可以进推其途辙。私酬以为师资，盖有胜于余之露纂。晨钞穷摊冷卷辛勤所得者何止倍蓰矣！欣睹其成书，此以告笙磬间之同音者。丙子四月，武进赵尊岳。

（陈乃乾辑《清名家词》，上海书店 1986 年版）

《注坡词》题记

此集但有传钞，绝少著录。慈溪沈德寿授经楼藏旧抄本，既归南陵徐氏积学斋，岁在中元庚午。获读一过，因手缮之，冀有以广其传也。积余世丈并为考订，因附志岁月在此。武进赵尊岳识于尊重阁。

（傅干《注坡词》，巴蜀书社1993年版）

《宋七家词选》跋

彦强惠我《七家词》，昨晤徐丈积馀，云此以曼陀罗华阁刻本为最佳，因求得转录于此，亦雨窗自遣之乐也。庚申正月高梧赵尊岳记。

尊岳初不解倚声，近年趋庭，暇日偶尔为之，亦以自遣晷刻而已，亦不敢冀古人雅音之正。岁己未，彦强自京师贻我此本。稍稍读之，又海上时请益于朱丈古微处。丈当代词宗，与佑遐、小坡，先后辉映，今玉郑墓均宿草，而丈犹精神矍铄，时度新声。受业之余，并校勘诸家刊本，玉田词即以双江疏证为正则，此则转载杜批，小舫雅娴词律，最主声调叶韵，往往正查、万之舛，亦犹赵秋谷之五七言声调谱也。写录一过，并记学词之始。高梧赵尊岳记。

（戈载《宋七家词选》钞本，上海图书馆藏）

静宜手抄本李长吉诗集跋

丁巳仲春，静宜轩主人忽抽暇写《昌谷诗》四卷，外集一卷。水晶帘幕之前，得一雅人搦管抄书，洵奇缘也。昌谷诗温雅流丽，石破天惊，心灵腕力，千古一人，而世间刊本，谬误累篇，此自叶衍兰写本转抄，衍兰书法秀逸，而《金刚经咒》诸书传世，而主人秉笔却不肯多让也。

（转自郑逸梅《玉台书史》补编）

《中晚唐诗叩弹集》题记

紫纶天才秀逸，论诗专主性灵。曾于同人供职内庭，写《御制金莲花赋》，进《纪恩诗》，拔置第一。又奉命纂修《历代诗余》及《词谱》。晚年告归，主盟骚雅，结社啸咏，有庐山东林风。此集其致力所由，缘情绮靡，弥见唐人诗髓，初印精椠本，奉为翊唐道兄四十寿。尊岳并识。

（杜诏《中晚唐诗叩弹集》，上海图书馆藏）

《止庵遗集》题记

止庵为常州派巨子,《词辨》之外,原有《四家词筏》诸辑,而其书不传。此为盛氏《常州续丛书》所刊,盖未刻之本也。武进赵尊岳并识,中元辛未灯日珍重阁。

(《止庵遗集》,上海图书馆藏)

《蕙风词话》跋

溯自辛酉二月，尊岳始受词学于蕙风先生，此五年中，月必数见，见必诏以源流正变之道，风会升降之殊，于宗派家数定一尊，于体格声调求其是，耳提面命，朝斯夕斯，未尝薄其驽庸而启发为之不复也。尊岳默而识之，十得一二云尔。其论词格曰宜重、拙、大，举《花间》之闳丽，北宋之清疏，南宋之醇至，要于三者有合焉。轻者重之反，巧者拙之反，纤者大之反，当知所戒矣。其论词心曰："心游万仞，卷之则退藏于密，此心吾所固有，善葆之而后为吾用，乃至并无用之之迹，斯近道矣。"其论词径曰："唐五代至不易学，天分高不妨先学南宋，不必以南宋自画也。学力专不妨先学北宋，不必以北宋鸣高也。词学以两宋为指归，正其始毋歧其趋可矣。"又曰："词笔欲求矜炼也，艳济以雅则不儇，情生于文则不索，才气充勿失诸放佚，标韵美益进于清遒，乃至间密以疏，运实于虚，融景入情，出自然于追琢，声家之能事毕矣。"又曰："词境宜知渐进也。境之云者，吾于斯道深造乎是，即自立乎是，必先能浑成，然后有以自立。曰高、曰邃、曰静、曰深，其造极者曰穆。要非浑成以后未易遽言也。"尊岳又尝以宫律之说请问于先生，先生曰："余固尝言之矣，今日而言宫调，已与绝学无殊，无庸深求高论也。吾人倚声，小令如《浣溪沙》《浪淘沙》，慢词如《贺新郎》《沁园春》，调之至习见者，无庸斤斤守律。外乃如屯田、清真、石帚、梦窗集中诸调，并宜恪守四声，毋托不专家未尽善之作以自解。往往词中佳句因守律屡改，忽然得之，文字之乐殆无逾此。"皆朴实切近之言也。又尝论读词之法："涵泳玩索，则情景窈深，抑扬顿挫，则丰神谐畅。昔贤一家之作，其名章俊句，意境绝佳者，几于身入其中，而息息与古会。虽校雠字句，不以纷其心，则致力专、取径适矣。”先生之论词也，常有至精之言、不刊之论，无意之倾为尊岳辈发之。尊岳不敏，辄茫然少所领会，愧且歉矣。先生旧有词话，未分卷，比岁鬻文少暇，风雨篝灯，辄草数则见示，合以旧作，自厘订为五卷。尊岳受而读之曰：词话之作，权舆于玉田、义父，自明以降，枝骈尤多，上焉摘挟华藻，间涉考索；次或分门户，竞标榜，辗转传抄，徒费楮墨而已。先生之词话，皆其性灵、学问、襟抱之尤异乎人者所积而流，自言生平得力之处，昭示学者致力之途，而证以前贤所作，补救时流之偏弊。所论不徒泥章句，不驰骛高深，甚且知宋贤语录，按脉切理，委折畅通，令人易晓而习焉者。或穷年寻绎，弗克尽其绪，盖前乎此，信未之见也。词学不见重于世久矣，选声订韵者流，何尝无才隽之士？卒以蠡测管窥，未获奉教于大雅，致蹈纤佻、叫嚣、肤廓、饾饤诸失，而未能自拔。自吾乡皋文、翰风两张先生提倡词学，起衰振靡，宇内奉为宗派。比岁半塘老人益发扬光大之，顾校刊为多，未见论词之作。斯文未坠，词客有灵，天以绝学畀先生，于文物衰敝、风雅弁髦之日，以薪火之传贻来者，斯道剥复之机将于此为转移焉。学者南针奉之，纫兰荃之清芬，复咸韶之雅奏，有乐以尊岳为同调者，则是编之流传，乌可少缓耶！甲子双莲节受业武进赵尊岳。

（惜阴堂丛书本《蕙风词话》卷后）

《蕙风词》跋

吾师临桂况先生自定词，曩与归安朱先生词合编为《鹜音集》者，名《蕙风琴趣》。前于丁巳夏秋间仿聚珍版印行，仅二百本，未足广其传也。客岁，尊岳校刻《蕙风词话》断手，亟请并刻自定词，缅属以行。词凡如干阕。视曩编《琴趣》增益无多。吾师词可传者宁止此数？盖从严格，矜慎之至也。自卷下《握金钗》迄《霜花腴》，并辛亥国变后作，抚时感事，无一字无寄托，盖词史也。昔人谓苏文忠才大如海，其为诗无不可赋之题，无不可用之典。吾师之于词亦然。晚岁避地沪滨，鬻文为活。沪人对于吾师，无论知与不知，咸欲得一词自增重。于是乎吾师之词之题，乃陆离光怪，匪夷所思，求之前人集中，殆未曾有。而其词益妥帖，易施题不足为词病，而皆为自定词所不取。其他惊才绝艳之作，蚤岁克副盛名，中年用自排遣者，吾师之所吐弃，它人得其一二，以之收名定价而有余，则夫自定词之风流自赏，寸心千古，岂偶然哉？并世承学之彦，受而读之，于格调、旨趣、气息间，深窥其得力之故。由门径，而途辙，而堂奥，一一与词话相印证，而歧趋与时习末由而中之，则庶几《兰畹》《金荃》去人不远矣。乙丑闰四月下沐，受业武进赵尊岳谨跋。

（况周颐《蕙风词》一卷，民国刻本）

《蓉影词》跋

右《蓉影词》一卷，吾乡翰风先生与朋辈唱酬之作。盖倚声之学，托始于唐，浸盛于五季。其君若臣，歌舞宴酣，风流相尚。琱璠镂玉，方巧化工，《尊前》《花间》，奄有众美。爰及天水晏氏父子，引温、韦之绪。欧、苏、秦、柳，风雅所宗。子野、方回，并世郢匠。清真崛起，为两宋关键，间以质拙胜，非深于此道不易知。南渡已还，麦秀黍离，家国之感，发为咏歌。白石老仙，风格遒上，宜与稼轩分镳平辔。梦窗媲家，斯诣造极，蕃艳之笔，运以沈思，致密之中，饶有清气。七宝楼台之喻，甚非知人之言。竹山高节，艳而有骨。公谨、圣与，丽而有则。玉田王孙，后来之秀，清辞丽句，叹观止焉。金源乐府，以视南宋，刚方秾至，区别体殊。姜、史罕俦，辛、刘为近。遗山荟蕞，具有典型。有元作者，亦复卓荦；前如静修，后如复孺。晚宋诸子，难于抗颜。凤林何让，前之《草堂》。格靡近曲，十之一二。词衰于元，未为定论。明词差逊，瑜不掩瑕。《兰皋》一选，甄采略备，窃比宋人，花堪以次，瞠乎后矣。《草堂》余患，庸中佼佼。书出遽佚，声家娄欷。王文简提创骚雅，值词中兴。士夫景从，蔚为风会。独其诗主神韵，旁通于词，格调少伤，流极靡曼。《倚声》《瑶华》诸集，于所谓“重、拙、大者”无当。盖吾乡皋文、翰风两先生，闳诣复雅，斯道始尊。尝采定宋贤名作可为圭臬者如干阕，为《词选》二卷。是书出，而宇内言词者率宗法常州。若邵、董、杨、赵诸君子，莫不造车合辙，悉轨于正。斯篇所载，尝鼎一脔，可概其馀。自兹以降，高矩无贻，绵邈勿替。光绪中叶，半唐老人藻耀广右，所著《袖墨》《味梨》等集，吐弃凡近，力追宋贤。寻《花间》《草堂》宋本，并校定《阳春集》以下迄于金元名人词数十家，付之绣梓。其自为词，冲澹沈著，未尝墨守常州宗派。然不能以其他宗派衡论半唐词也。光宣两朝，一二名流与半唐琴筑同声者，亦于常州词派为近。其能遗世独立，以其性情襟抱，本自轶伦，又深之以学问，故能入乎常州派中，出乎常州派外。盖斯境非易臻矣！词学孳甲于唐，滋长于五季，敷华于宋，繁实于南宋，远扬于金，荫樾于元，歇芳于明，重荣于有清。自两先生名论出，而根柢为之深厚，枝干易其纤柔。无浮花浪蕊之讥，增文囿艺林之重，功诚伟哉！此卷为宗人少芬旧藏，少芝族兄假以相示，于吾乡词人宗派，藉可窥其崖略。而承平雅故，尤非今日所能想望也。爰亟付手民而为之跋，以志欣慕云尔。壬戌花朝日，邑后学赵尊岳书于惜阴堂。

（董基诚辑《蓉影词》，惜阴堂民国刻本）

《梦窗词》跋

有清一代词学，起元明之衰，直接南北两宋。自吾乡皋文、翰风两先生提倡倚声家言，以沉着醇厚为宗旨，而斯道益尊。大江以南，承学缀文之士，谐律吕、陈风雅者，殆指不胜偻。洎光绪中叶，半唐老人崛起于广右，广右词派于吾常州为近。老人工词，尤精校雠，四印斋丛刻与汲古阁、石研斋相颉颃也。尊岳生晚，弗获接老人謦欬，趋庭暇日，学步兰荃，未尝不摩挱老人之遗书。岁庚申，进谒夔笙先生于天春楼，请益之余，先生手《梦窗词》一卷，郑重示尊岳曰："半唐尝三刻梦窗词，此最后至精之本，杀青未竟，而半塘遽归道山者也。吾二人情同昆季，至今循览是书，犹有黄垆之痛焉。"尊岳受而雒诵，诧为孤本，请广其传，先生亟奖藉之，并为题记卷尾。嗟嗟，神州扰离，风雅弁髦，词，小道也，纵不传，奚足悲？矧《梦窗词》之传，即王刻先有二本在，唯是老人致力之勤，字斟句酌，至于再三，所谓修学好古，实事求是，与夫夔笙先生筲旧之雅举，足增重是编，顾乌可勿传也。爰付石版印行，行格壹是悉依元书，而识其缘始，为之跋。庚申上巳，武进赵尊岳书于惜阴堂。

（王鹏运、朱祖谋辑校《梦窗词》，惜阴堂据四印斋本重刻本）

《南唐二主词汇笺》序

《兰荃》之业，莩甲于陈隋，导流于太白。温韦有作，造诣益深。二主丁离乱之秋，寄幽忧之致，吹气如兰，中人欲醉。迨夫圣宋开基，名贤辈出，音政之盛，无俟赘陈。自元而还，迄于今日，以论词笔，珠玉在前，未能或胜。若谓词学，晚出愈精，何遽多让。综其隆替，盖有说焉。夫词肇自声诗，贵便举唱，旗亭画壁，厥为绝句。引字填腔，斯有小令。于兹孳乳，绎作长调。分宫备律，千百其体。故就词言，当以乐调宗风，分镳立格。然胡元入主，散套杂剧，夺席以兴。词谱既废，旷不能歌，斜上旁行，徒供研讨。即论境界，上者不脱蹊径，次者羼入俳俚，吾道为之不尊，词笔似拘所限。向所持论，实主于斯。至于问学，初则散在丛编，渐乃勒为词话。宋人激扬之说，固未尽当，徒摘丽词，或题本事。《混成》一集，未有传播。书棚诸椠，诗富于词。即至朱明，升庵之探赜，渚山之甄采，虽云轶古，不能方今。至南湖、啸馀，相继订谱。颍川、吴江，各制总集。领域较广，讹夺尤甚。有清一代，朴学大盛，流风馀韵，泽被词苑。丛刊之出，汲古维先。四印、彊村重以雠校，而万氏制谱，戈氏论韵，阳湖选政之精严，浙派操觚所荟萃。乃至松陵之词话，东塾之定律，莫不穷膏晷之功，崇雅正之始，辨微茫于寸黍，商旋羽于五声，是皆敻越畴曩，卓然宗工。降及并世，荫樾益繁。驰声闻于海外，列专教于庠序，或事汇刻，或订遗篇，或进言板本，以溯其渊源，或僻搜遗词，以存其坠绪，或著年谱，由论世以知人，或抉微言，尽阐扬之能事。若番禺叶氏、长洲吴氏、海宁赵氏、江宁唐氏、永嘉夏氏、万载龙氏，凡此名家，幸获奉手，而鲰生亦于余时，从容词海，部居总集，校理明词，深会甘苦之味，有在骊黄之外者也。唐氏尝以十余年之心力，辑《词话丛编》《全宋词》《金元词汇》《续词林纪事》诸书，其治学之专，为之低首。近日更笺《宋词三百首》及《南唐二主词》，嘉惠来学，厥功亦伟。二主所作，千秋绝唱，万井流传，属在声党，孰不会心，每致浮词，辄伤蛇足。唐氏乃追踪樊榭，综核诸家，申以汉人治经之法，用立学者笺词之型。举凡板刻年表，雠校笺记，但故籍之可搜寻，片言之可撷采，莫不甄录，备著于篇。学者手此一卷，珍重灯窗。微特于二主之词，多所启益。即就其体式以治他家，亦无不厘然有当。周行之示，舍此孰归，晚出愈精，不其然乎。欣获讽诵，爰书以归之。丙子七月武进赵尊岳序。

（《南唐二主词汇笺》，南京正中书局 1936 年 12 月版。）

《惜阴堂明词丛书》叙录

尊岳不敏，杜门海上，叶翰自娱，兰陔暇日，尤嗜倚声。十余年前，得承朱彊村丈之诲示，并就学临桂况蕙风先生门下，彊丈居德裕里，蕙师居和乐里，相去里许，排日过从，侧闻绪论，辄至永夜。维时彊丈刊宋元善本，甫告杀青。适与蕙师合定《鹜音集》以绍半唐老人一脉之传。又选《宋词三百首》，手稿册费，相互斟订。皤然两叟，曼声朗吟，挈节深思，遥餽酬答，余音袅袅，并习闻之。蕙师又应吴兴刘氏之请，为撰《历代词人考鉴》，上溯隋唐，至于金元，凡数百家，甄采笺订，掇拾旧闻，论断风会，已逾百卷。亦付尊岳，盥手读之。彼时以为天壤此乐，可以长存。文字有灵，岁月无恙，不期山河劫劫，彊丈、蕙师相继谢世，迄于今日，墓有宿草，寝门之痛，况重以成连之感耶？

时则尊岳既受词学，讽籀之余，亦思所以张此壁垒者，而其道莫由。迨癸亥间，蕙师所辑《考鉴》，已届朱明。明词流播较罕，则求诸中鹿以应之，凡十余家。蕙师乃谓之曰："世薄明词，而一朝文物所贻，弈叶兰畹之盛，宁可以囿于耳目，而漫致讥弹？彊翁结集，幸已观成，曷不继起汇刻明词？汲古、四印，功在声党，续有纂辑，晚出愈精，及此不图，将悔无及。"尊岳受命维谨，有志于斯，遂就拙藏，先加诠次。青毡旧守，藏书无几，因就《四库总目》《兰皋》《词综》者著录，悬格以求，复驰书南京、杭州两书藏，迻录明人集本，截篇求词。一年以来，得数十家，积此篇帙付之剞人金陵姜文卿。此后于役南北，冷摊穷巷，往往得致善本。同声之雅，相与和鸣，每有所见，驰书走告，辇金以求，前后弥多增益。摊褐微吟，一瓻还往，自谓百城之富，足以傲人，千秋之藏，冀于传世。南陵徐氏，积书最富，通假尤股，亦或写官不纵，即手自批录，惟其时促，不及工书，春蚓秋蛇，或难自识，校样之际，仍须准遵原本者，殊甚发噱也。

时则海上书贾，亦多挟笈枉存。爱好既专，多所留置。杭估郑氏以《众香集》原刻见畀，尤惬鄙怀。董丈绶经惊其罕见，已为先付石墨。徐丈积余，偶见善本，尤必谆属携观。拙藏《兰皋》《瑶华》《草贤》《词雅》，胥为介购。张丈菊生，乡邦文献，所藏尤夥，则以朱朴、曹淳村两家见授。董丈绶经则以范、沈、朱、徐诸家假录。北海书藏赵斐云宗兄更出全力，襄兹盛举。非特尽出所藏，亦且乞诸朋好，先后所致，凡逾百家，句日移书，必塍秘稿。而番禺叶遐庵社长，江宁唐圭璋，万载龙榆生，闽侯黄公渚，永嘉夏瞿禅诸教授，亦各就所见，不吝流通。十年以还，始及四百家。凡兹篇什之传，尽拜师友之赐，所以嘉惠士林者，尊岳敢不先鸣盛惠。乃彊丈、蕙师倡议最先，竟不及观全书之断手。人事代谢，天不慭遗，缅想执经，徒深怅结已！

刻词以来，躬任雠校之役。常日又困于人事，初未能计日以程功。且明词不尚声律，刊本又多夺误，往往句读维艰。单传之本，无可互校，选本别集，同调异文，是正将蹈臆致之讥，迻刊复凛承讹之失。于是有可补订者，酌为订正，无自绳墨者，听其存疑。即调名之脱落，句律之参差，亦仅可留为读者思误之适。溯夫明初作者，犹具典型。南都以还，重张声教，舛谬较少。至在中叶正嘉之际，适为□声代兴之时，就宾白衬字偷声之法，沿金元曲韵通假之音，律度由于寸心，体裁视同刍狗。甚至词曲杂厌（洗心亭），不为部居，混曲入词（升庵），同嫌珊网。濡染丹黄，推敲宫羽，为乐为苦，固未易言之也。

虽然，声律之疏，不可以遽废明词也。请陈得失，为之引言。大抵开国之时，流风未昧，青田、扣舷、眉庵、清江诸子，思理绵密，韵调流美。虽不能力事骞举，要不失为大家，杂之《凤林》，诚无多让。姑苏七子，北郭诗流，咸有篇章，足资讽籀。此其大辂椎轮，承逊国之芳矩，朗吟低唱，闻新朝之文献者，固足抗手一时，平视侪世者已。中叶而后，曲令渐繁，贤者所乐，换形移步，于是作者日繁，传者较罕，拈毫托兴，徒尚浮华，鄙语村谈，俯拾即是。虽高深甫、陈大声、徐文长诸名辈，两擅胜场，分镳竞爽，而一时风会所被，斯道为之不尊。又明人习于酬酢，好为溢美，宦途升转，必有幛词，申以骈文，贻为致语，系之慢令，比诸铭勋，而惟务陈言，徒充滥竽，附之《金荃》之列，允为白璧之玷。逮夫万崇以降，岩壑士流，复及词事，托诣较精，短调要以婉约见长，长调颇虞竭蹶之弊。湘中、茗斋、蕊渊、草贤诸作，朱、王祖祢，其在斯乎？及于鼎革之际，忠义诸公，投袂束发，或会櫌棘之师，或励葛薇之节，济兹多士，孤愤勤王。而缩地南疆，留都已解，颓波海国，闰统垂亡。凄凉激楚，听河满之悲鸣；悱恻缠绵，怯宫声之不返。若陈卧子、夏存古、张元箸、吴日生、陆真如诸家，曲雅清雄，别具胜概，可歌可泣，以怨以群，不特敦名节于诗教之间，抑且起正声于俗乐之末。稼轩、同甫，共此才情，花外、草窗，微嫌刷色。此则殿朱明一朝之国运，亦所以振紫阳奕叶之词林，轩冕文章，从容大节。诋諆明词者，手此一篇，低回掩抑，亦当然自返矣。

明代庙堂宗室，均有传词，显宦亦雅善倚声。青田当涂，功在开国。外此簪缨台阁，若昆山顾鼎臣，黎阳王越，泰和杨商，茶陵李东阳，震泽王鏊诸名公，典册高文，等身著述，余事不废为词。乃至夏贵溪，浑朴茂实，追轶辛刘。则宜亦有酬唱之什，比于著作之林。即阮怀宁不齿于士流，独长剧曲，亦有数首，冲雅高邈，迥异其人。此视两宋，未遽逊色。又忠荩义烈诸子，抗疏陈词，痛惩党祸，但矢立朝之节，无恤斧钺之严，若杨忠烈、杨忠介、沈青霞、刘洞初、刘敬冲、李时言诸家，亦均有词集，托之名山。外此武职封疆，提师节镇，若任应乾之力御倭冠，蔡道宪之不屈闯贼，万子馨之阖门殉节，孙高阳之慨请行边，赵景仁之抗战广武，所以抒忠耿之大节者，莫不出以闲雅之词，令一朝之盛，诚不可漫肆讥弹者焉。

明代治学，多患空虚，帖括之余，遂疏经艺。而一时山林隐逸之流，好尚浮夸，自名高介，俨然重望，若祝枝山、唐子畏、施子华、陈眉公者，各有撰述，务博不精，恬淡之致有余，组绣之工不足。而理学大儒，如章枫山、邱琼台、薛方山、毛古庵、陈几亭、陆桴亭诸家，亦各以词传，比于宋之晦庵、元之鲁斋，广平铁石，犹赋梅花，靖节闲情，宁为玷璧。逮至易代，朴学渐兴，王船山、屈翁山诸遗老，善以流美之情，托黍离之致，寄桑海之感，抒故国之思。即至余澹心、李笠翁之流，要亦沦落江湖，自甘寂寞，水云寄慨，歌哭无声。是则玉田之值梅娇，犹谙周谱，野人之题桥驿，善和坡词。遗泽之深，平居之感，庶几同之也。

玉台之作，在宋李、朱、曾、魏均为大家。明则笄珈若商媚生、吴啸雪、徐络纬，闺秀若叶氏午梦堂姊妹，烟花若张红桥、杨宛叔，珠玑咳唾，鸾鹤嘐音，卷帙虽不繁留，雅音庶夺前席。至于寸缣尺璧，断句零章，莫过于《众香》一选，而《名媛诗归》出诸璇闺之纂写，《林下词选》成于易世之康熙，要亦搜讨至宏，盥薇可诵。正于张宇初为天师嫡胤，《岘泉》一卷，比鼓吹于蓬莱。正岩、今释，皆禅门尊宿，《遍行》《豁堂》，超仲殊之举唱。宗风棒喝，林壑清梵，音教所被，同轨缁素。乃至陈安甫之卖菜自给，盛于斯之病盲坐废，亦复各有传作。收听返视之余，衫帽蒙尘之辈，订声校律，拾蕊拈花，微特词苑之所仅见，亦且前此之所未闻已。

尝试言之，明代词学，上自深宫，下逮韦素，家喻户晓，不可谓非盛事，而论者多目为衰歇。按其瑕瑜之迹，寻其疵累之由，可得而言，盖有数事。夫填词首贵境界，次协韵律。溯五代之促拍，进为北宋之令慢，大晟设官，宫谱益细。促拍均小令，则以秾艳蕃丽胜；令慢多缓吟，则以纯挚淡远胜。更进而为南宋之长调，则旖旎清雄，两臻其胜。唱词之法，晚出愈精，因律定文，一字不苟。晏、欧、秦、柳、周、史、苏、辛，乃至《花外》《草窗》，托体各异，畦町分明，莫不人树一帜，自成家数。迨夫有明，或力求遒上，而不外乎成规；或徒出因袭，而无所创拓。又以唱词之法失传，《混成》之集早佚，失律误韵，触目碱砆。即张、程两家，勒谱成书，仍复无以增重，即以青田、大尊、月槎诸大家言之，亦仅踵美前修，勉循矩矱。既鲜包举兼容之工力，更乏别开生面之径蹊。下视清代新城、秀水，以柔婉开基，半唐、沤、蕙以拙大定论，力崇正始，鹄守四声者，诚不可同日而语。学者等量齐观，视为糟粕，盖有由矣。

选家之学，门径所关，宗风是系。《花间》《尊前》，炫曜千古。《玉林》《草堂》，《雅词》《白雪》，闲雅可传。中州、庐陵，名作粲备。独有明三百年来，绝少选家。升庵且谓《花间》之传，出诸其手，而《百琲明珠》《词林万选》，抉择未精。陈、董两家，裒然巨帙，志在存佚，无当津梁。至当代诸词，迄于万历间，钱、沈辈起，祖述《草堂》，为之续补，始有断代成书之作。顾既不能求备于于家数，又未能沿流以溯源。外此《词汇》《兰皋》，均在甲申以后，未可跻于明季之列。况兹诸选，特多遗贤。弘光朝士，海疆遗老，百不得一。或以沧桑之变，或以离乱之间，《心史》不出于铁函，《逸书》永瘗乎汲冢。乃使灵爽失凭，璿玑闷采。在惜枕经是宝，一瓻维艰，学人习见，多出结集。由以进窥一代之风诗，宜复不加重视。拙辑之行，庶可少弥斯憾乎。

学问以研讨而愈精，以商榷而愈盛。明人填词者多，治词学者少，词话流播，升庵、渚山而已。升庵饾饤，仍蹈浅薄之习；渚山抱残，徒备补订之资。外此弇州、爰园，篇幅无几，语焉不详。即散见诗话杂家者，亦正寥寥可数。以视两宋论词，剖析及于毫芒，金针度之后学，元音片玉，宸赏堪邀，红豆拈歌，士林传遍者，相去奚啻霄壤。至其漫肆雌黄之习，好为浮烟涨墨之词，以自炫其品题，以自张其坛坫，若若士之评《花间》，升庵之评《草堂》者，徒为蛇足，莫尽阐扬，恶札枝言，徒乱人意。而诸家之相互标榜，徒事浮谀者，益更自郐无讥。制义之毒，阑入词林，空疏之弊，充夫瀚海。是则一朝学术之不振，非独可责之于词章，而词学之衰，亦终无可为讳者也。

由虞夏之赓飏，而汉魏之乐府，下及陈隋之五言，唐人工诗，宋人能词，元人作曲，风会升降，统绪宛然。词盖嬗衍其间，上通于诗，下涉于曲，疆域迥异，消息至微。元人享祚日浅，而南宋之余韵流风，迄有存者。故北曲崛起，词亦可传。有明南曲代兴，传奇日盛，一时流俗，惊其新异，纬以本事，早命简素，夕张氍毹，以较唱词之于法无传，永声之徒托遐思者，其兴会自更酣畅，而词事遂益感零落矣。词曲于句字之间，毫厘便当千里，曲家自命多能，偶填短调，比之杂序，初不知途辙之乖违。于是促拍者似金元之散套，婉约者为脂粉之俳文。以迹象言之，则俚语方言，不暇辨择。以意境言之，则兰荃芜秽，纷列杂糅。盖其浸淫者日深，则染习者难拔，托体日卑，干骨日脆。明词不尚，实惟南北曲有以掩其盛名，亦正惟南北曲有以乱其风格耳。

凡上所陈，略以校订之余，少尽提钩之旨，初无偏见，更凛阿私。属在同声，宜所共喻。撷众芳于尊俎，辨甘苦于篇章，固无待词赘者也。辑刻初程，尝勒十二例，并为附记。呈镛大雅，希正是焉。

一　明人词集之分合单行者，无论合刻唱和，篇帙多寡，率为收刻。单行词集多者，如《秋佳轩诗余》十二卷，《升庵长短句》六卷。少者如《来舜和词》仅数首，合刻者如王曹两家之合为《草贤堂余意》，蒋、周、沈三家之合为《支机集》。唱和如倪云林之《江南春》，万年少之《遁渚唱和集》。

一　明人词之载在全集者，无论专勒卷帙，或附入诗卷，率为裁篇收刻。明人集部，大抵词篇□富者，多别为分卷，其仅有一二首者，或附入诗林，惟其仅有《柳枝》《竹枝》绝句者，无足专存，不为别辑。

一　明人词集之板本流传，各有同异者，综辑合刻之。所刻《桂州集》，据嘉靖刊《玉堂余兴》本，既又转得《赐闲堂稿》，合刻之。《升庵长短句》，盋山所藏与北海不同，则互放而取北海后刻之本。《宝纶堂词》于刻成后，复得手稿，则别刻佚词，附同行。

一　词曲之同在集中者，汰曲存词，惟传本较少，则并收曲调。汰曲如《苑洛集》《洗心亭诗余》，存曲如《葵轩词》。

一　明词总集不论明清人所选，率为收刻。明选如钱、沈两家之《草堂诗余》，清选如《兰皋词选》《明词综》。

一　明清选集，如断代分卷者，收刻明词，其不断代分卷者不收。断代分卷如《词汇》仅刻二篇，《林下词选》仅刻六至九卷，不断代者如

《词统》《倚声集》《瑶华集》。

一 明人所选唐宋元词，仅收起单传孤本。《百琲明珠》《唐词纪》，均明选孤椠，因收刻之。他若《词林万选》，有汲古阁本，则但为著录。

一 明人所撰词谱，率为收刻。《诗余图谱》及《啸余谱》中之词谱。

一 明人词之杂入唐宋旧作者，但收明词。如周逸之唐宋元明酒词，实为周氏撰和旧作，因仅刻周词。

一 明人选集、词话之有近刊本者，录著待刻。《花草粹编》有盋山精舍著印本，《众香集》有董氏诵芬室景印拙藏本。《升庵词话》等有金陵唐氏《词话丛书》本，流播已广，特先为著录，用候续刊。

一 集中之笺注眉批，以及幛词致语，要多冗滥，除略存一二，以示定式外，率予刊落。致语庸滥，眉批肤浅，笺注空疏，无一可存，率为乙勒，惟凡属批注之本，仍为记入跋尾，用资考证。

一 所刻均改易行款，用示一律，每集均系以跋文，略记作者之年代行谊，间及板本之同异，藏家之渊源，乃至通假者之姓氏，用鸣高谊。

（以下据其他版本补入）

一 朋从或以经见明词，就手泽书画传录见惠者，殊纫高谊，惟断简零章，所得无几，容俟增辑，再为勒卷续刊。

余十年以来，搜集明词，先后三百余家，付之剞人姜文卿，镂板以行，随得随刻，板片未完，宁变遽起，运置村落，埋之地下。期年以后，又辇归城中，腐蚀过半，犹未成书，巳待斠补，令人怅怅。海内言词者，夙知其事，辄有损书询其义例卷目者，苦难遍覆，因将叙例付刊，先饷同音云。

辛巳仲夏　叔雍附记

（原载《词学季刊》第 3 卷第 4 号；又《同声月刊》，1941 年第 1 卷第 7 期，65—73 页）

惜阴堂汇刻明词记略

比数年来，从事于汇刻明词，先就拙藏所及，再求之于各地公私书藏，乃至朋好之秘笈，随得随刊，将三百家。而笙磬同音，尚为日致善本，全书杀青，少复有待。乃承损书见讯者，具问一切，为先述此，用作喤引。

一、辑刻之椟机

十余年前，窃操录翰，尤爱《金荃》《兰畹》之业。时时从况蕙风先生问学，乃得并承彊村先生诲示，夜窗清课，订律拈词。蕙风先生尝一日见语曰："词籍单行，易多散佚，自汲古辑六十家，而集刻之风寖盛。《彊村丛书》，网罗五代，迄于金元，精心校订，尤为声党之大业。惜朱明以后，绍述罕闻，吾子有意者，曷勿溯源以沿流，竟此宏绪耶？"余深韪其言。惟以搜辑匪易，荏苒岁年，未容着手，徒荷荷耳。迨癸亥间，蕙风先生所辑《历代词人考鉴》，已至元季，将欲赓续，亦苦于明词之不多，则督余搜箧以应之。拙藏本不甚丰，但以明人诗文集之附词者赍上。先生复曰："此即辑刻明词之嚆矢，聚沙成塔，宁可勿诸。"于是余遂立意，尽所得者为立总目，且各撰短跋为记，前后亦得数十家，遂付剞人姜文卿雕板。然偶一检读《兰皋词选》及《明词选》目录，知明词亦浩如烟海。戋戋数十家，仅见一臠，则进而乞诸公私书藏。余常有事于宁杭，则与主者商请过录。又北游旧京，窥诸家所藏尤富，每获邮柬，即得十余家。而四方朋好闻之，亦复出所藏，以拓吾疆业。若董绶金、叶遐庵、徐积余、赵斐云、唐圭璋诸君子，所惠尤厚。前后十年，益以冷摊残肆之所得，舟车辙迹之所经，于是将及三百家，随得随刊，裒然已数十巨册，而犹未敢以自足也。

二、辑刻之凡例

余既辑刻明词，所收日广，因自订凡例，兹列举之：

(1) 明人词籍之单行本，全收照刊。（如易震吉《秋佳轩词》等。）

(2) 明词附载诗文集者，裁篇付刊。（如高季迪《扣舷词》等。）

(3) 词曲之杂见者，删曲而存词。（如韩邦奇《苑洛词》等。）

(4) 明人之相互唱酬者，全收。（如万寿祺《遁渚唱和》等。）

(5) 明词选本，不论明清人所选者，全收。（如沈际飞之《草堂续选》，王昶之《明词综》等。）

(6) 明人所选之唐宋元明旧词，如分朝代者，仅收明词。（卓回之《词汇》止选二编等。）

(7) 明人所选之唐宋元明旧词，明人不多而不以朝代分者，不收。（如卓人月《词统》等。）

(8) 明人所选之唐宋元词，非罕见者不收。（罕见者如杨慎《百琲明珠》。）

(9) 明词谱，非罕见者不收。（罕见者万惟檀《诗余图谱》等。）

(10) 明人所撰之词话，多述唐宋旧闻，无专述明词者不收。

(11) 明人所撰词韵，照收。（现未得词韵，至曲韵当然不收。）

(12) 明词附列之眉批，及庆词之庸滥骈序，删节之。

凡上所举，盖余刻词所定之义例也。惟亦间有例外，如清初人所选之《众香集》，多为有明一代女史之词。按例应为收刊，惟以董氏诵芬室，已先假拙藏，付诸石墨，流传万本，自可不必再费楮墨（案《众香词》现有上海大东书局排印本）。而易代兴亡，知人论世，尤难遽决，如梁寅之《石门词》，《彊村丛书》已列之元人，然梁实出仕朱明且拙本胜于朱刻，因为授梓。又李笠翁、余澹心，人无足道，然鼎革之后，沦于隐逸，而黍离麦秀之思，又往往流露于行间字里，则收之于明季遗黎之列，当亦为原心者所不发也（友人有劝余屏此两家者，尚未遽决）。

三、明词之特色

今人之治词学者，多为笼统概括之词以评历代，必曰词兆始于陈隋，孳乳于唐代，兴于五季，而盛于南北宋，元承宋后，衰歇于朱明，而复盛于有清。此就大体观之，固无可指摘，然谛辩之，则亦尚有说。陈隋之际，乐律于乐府及词之界义，初未判明。沈休文、隋炀帝诸作，不足即为填词之祖。其唐五代之孳乳日繁，南北宋之境界日拓，自无待言。元代践祚日短，姑无具论。而有明以三百年之享国，作者实繁有徒，必以衰歇为言，未免沦于武断。至谓明代学术，未能多所阐扬，每拾陈言，或仅饾饤，而不得媲美于唐宋，则初不仅词道之不尊也。近者校刊诸家，粗有所得，始各举其特色言之。

（1）明代开国时，词人特盛，且词家亦多有佳作。如刘基、高启、杨基、陶安、林鸿诸作，均多可取。虽诸家多生于元季，尚沐赵宋声党之遗风，然刘、高诸词，竟可磨两宋之壁垒，而姑苏七子等，要亦多能问者，不可不谓为开国时风气所使然也。

（2）明代亡国时，词人特多，尤极工胜，以视南宋末年，几有过之，殊无不及。且皇皇巨著，如曹元方、王屋、曹堪诸家，均积至数百首，更视稼轩、后村为富。而夏存古、陆钲、陈卧子诸作，雄奇凄丽，更夺水云诸贤之席。盖甲申之变，内乱外患，相迫而来，忠义之流，势穷力促，或挥鲁阳之戈（陈夏均以儒生起义），或励薇葛之节（陆系国亡后饿死），而要多托于变徵之音，其人固大节凛然，其词自亦纯金璞玉矣。

（3）一代大臣，多古文之士，会昌一品，晏氏珠玉，人所共喻，明代亦然。若李东阳、王越、顾鼎臣、王鏊之流，无不有词籍，且亦多可存之作。而夏言之《赐闲堂》，卷帙至富，学苏弥得其神趣。严嵩之《钤山堂》，亦别丽之以《兰荃》。此诚唐宋以来所罕见。即蔡京、汤思退等，亦当退避三舍，是足见一时台阁风会之所趣尚矣。

（4）明代武职，多有能词者，若任环之力抗倭寇，蔡道宪之不屈闯贼，万惟檀之阖门殉节，孙承宗之巡守宣镇，均有长短句播芳百世。此与希文巡边，起塞上秋来之感，武穆陷阵，申黄龙痛饮之情，直可谓异曲而同工者。

（5）理学家往往托迹大儒，力屏声教，初不知考亭之每多秀句，鲁斋之亦继慢声也。明代之以理学称者，若邱仲深、薛应旂、陈龙正、陆桴亭诸家，卓然名世，然亦均有词附集以传。且其流美之情，正不亚于广平之梅花作赋。用是可以证小儒迂拘之执，见贤者冲雅之情已。

（6）女史词在宋之李、朱大家，昭昭在人耳目。元代即不多，《林下词选》，几难备其家数。而明代订律拈词、闺襜彤史，多至数百人，《众香》一集，甄录均详（董氏覆印拙藏本，大东书局发行）。而笄珈若吴冰仙、徐小淑，烟花若王修微、杨宛之流，所值较丰，又复脍炙人口，视聂胜琼之仅存片玉，严蕊之仅付诙谐，自又夺过之足资讽籀也。

（7）道流为词，白玉蟾要为首唱，虞道园每绍宗风。然道陵嫡系，初少传位，惟正嘉间贵溪张宇初为天师哲嗣，所著《岘泉集》附词，阐龙虎之金诀，发丹华之玉音，斯为词人之别裁，亦鸣鹤所不废者。

（8）盲人治词，无可征考。明季南陵盛于斯，因盲坐废，家居数十年饶有著述，亦事填词，羁人亡国，返听收视，亦声党之杰出，而前此所未闻也。

凡上所陈虽不足尽明词之概要，然其特色所在，亦足供研精者考索之资，掇其崖略，知不免挂漏之失也。

四、明词之疵累

明词疵累诚复有之，金砂杂糅，瑜瑕异体，试论其失，约举数端：

（1）词贵境界。夫五代促拍，进而为北宋之曼吟，约其消息，则小令多以秾挚胜，北宋清微淡远，斯为新境界。迨南宋之遥情寄咏，托兴咏物，为又一境矣。至于柳七之笔力矫健，东坡之清雄两绝，美成之雅正，白石之遒上，开宗成派，莫不各树一帜。明代诸家，则大都有所因袭，未获阐扬。斯其境界之限，足以坠其声华也。

（2）词出于歌诗，而律韵为之鹄式。宋人大晟之作，选韵订声，一字不苟。明人多昧于此旨，颠倒淆乱，比比即是。虽以张南湖、程明善之制谱，亦不能少纠其失。迨于有清万氏《词律》出，爬梳鉴正，于是明词益不掩其瑕累，为世所轻，信有由矣。

（3）明人多能制词，而绝少论词之作，因之斯道，卓之不尊。其较著名者，如升庵词话，即失之浅陋。陈声伯《渚山堂词话》，又仅略存散佚，且多追纪唐宋间事。下至王弇州、俞爰园诸家，更均寥寥数语，未尝能探词苑之消息。而升庵之评《草堂》，若士之评《花间》，眉批陋习，匪特不足为增重之资，亦且使览者感其敷衍之失。

（4）选家之学，门径所系，于词亦然。《花间》一篇，卓绝千古；《草堂》继之，家喻户晓。玉林所选，雅尚为归。元代庐陵选本，虽出书估之手，亦多经意之作。明人治词，独少总集。《百琲明珠》《词林万选》，均宋选之刍狗也。钱允治、沈天羽诸家，赓续《草堂》，增赓续补，其于唐宋各家，固不足尽探骊之妙，而于明人所作，既不能求备家数，又未能循流溯源。在昔秘笈自珍，流传较少，凡所见之明词，要多托于总集，宜其未足为人重视矣。

（5）明词特色，略举于前。然最怪者，台阁学人，忠义士女，多有佳作。独所谓夏威名隐山林之韦素，其词未必能工。如祝枝山、徐文长、唐六如、陈眉公、施子野之俦，咸复甚负时誉。高尚王侯，著述宏博，然凡所为词，几均不足一观。而一时人士，多目此数家为宗工，风行草偃，明词之不振，亦其一端也。

（6）由虞夏之赓飏，至于汉魏之乐府，唐诗宋词，元人散套，明人之南北曲，声律所系，统绪宛然。有一代之独到，即按一技之宗风。明人既以南北曲见长，词艺遂为所掩。此学者谈曲，多主于朱明，而词即归之于赵宋。夺瑶华之席，掩众景之芒，所由来矣。

总之，明词家数，因总集之罕传，一时未易得其统计。然即据《兰皋》选本，及《明词综》约略计之，亦有六七百家。今所刻之三百家，见于选本者约三之一，而著者之不列名选本者，亦复数十家。且因朋好之乐为流通，写目见示，可以增补者，即今尚有二十余家。执此以观，则明词非不繁富，惟因多附见诗文集，且有清一代，绝少搜辑之者，故未易获其全豹。即此不图，后更无及，充愚公移山之愿，竟精卫填海之功，亦谈兹道者所谬许乎。

至于明词盛衰之迹，与夫得失之要，以余所见之未遽自足，固不敢即为肯定之词。然窃谓其渊源统绪，要不外于前所述者。夫就学词以言词，因明词之谬于律韵，以及无新境界之可言，自可暂置勿论。然若就词学而言词，则前承宋元，继开清代（清初浙派，词学极盛，大都均循明季之遗风），作者更仆，越世三百年，又岂可漫加鄙薄。蕙风先生督余刊明词，以继彊村之后，盖为词学言之也。于今声党大盛，言词者辈起。遐庵先生，且辑《清词钞》，网罗至数千家，积稿数百册，行亦付梓，则明词宁有见遗之理。所惜鲰生，人事冗迫，所藏庋者，既不足以尽流传，朋好之惠我者，又日积而月累，遂至前后亘十年之久，犹未能全部杀青，就正于同好。今虽刻意校雠，排日督课，尚非经岁，不易观成。然尽此经岁之中，或可别增秘籍，庶足以少弥迁延之失，则尤所想望而不置者矣。

（《大公报》1936 年 8 月 13 日“图书副刊”）

《书舶庸谭》序

原夫藏家之录，直斋昉诸《解题》；纪游之篇，石湖矜其《入蜀》。至乃奇芸袭锦，胥宇嫏嬛，香雾迷天，扶舟蓬海，留酒痕于襟影，志清话于书林，并作一篇，俾传奕叶者，其惟吾乡绶金尚书《庸谭》之作乎？岁纪丙寅，斗躔辜月，云迷榆塞，鱼烂江南。邓林杖策，莫返虞渊之日；杜鹃啼碧，自征轵道之亡。尚书谋国老成，先凛止戈为武之诫；持躬栉沐，冀遂勘乱返治之途。乃不谅于群伦，终无已于一顾。铜仙辞汉，最怯稷苗；上客入秦，至蘶姓氏。固未忘乎结习，犹复耽于异书。空桑三宿，弥殷宿怀；故京一椽，欣谋旧雨。苔芩之谊，纵越国而匪遥；切礸之忧，亦异人以同任。时则五云璀璨，樱岛腾辉，二酉骈蕃，木天端义。聚图书于奎壁，美嬔琳瑯；分翰墨于青藜，情多缟纻。问字或资以载酒，假书无待于乞瓻。老眼犹明，庶荆州之可借；横蟫偶化，自脉望之能神。上启长思，拜绿章于除夕；浓熏短炷，检云笈于清宵。乌丝红篆，露纂晨钞，茧纸涛笺，遐搜迩讨。或则详考板本，缕述渊源，摩挲断墨，荛翁无恤佞宋之名；综掇遗芬，惺吾别开留真之谱。虽行款而必举，并偏讳以悉陈，此其敦古之情，好雅之至，足备传订者一也。或则董理散亡，搜罗遗佚，阙文必志，沿误互纠，务使剑合延津之美，璧藉和氏以传。束皙《白华》之咏，补亡于刘汉；汲冢秘笈之灵，上阐夫成周，单证亦穷其源，孤行必逸其副，此则耆好之专，甄校之细，足垂矩范者又其一也。若乃怒蛙可式，作壮气于山河；磨盾以须，标芳徽于简册。长吉之心肝尽呕，视死以如归；季伦之姬侍偕亡，偷生而不惜。蛾眉宛转，祸启强藩，黄鸟咨嗟，辄伤国士。事异忾仇，亦励匪躬之节；情非岛市，同申横剑之悲。就义从容，备采风之一格；填膺慷慨，觇异俗于遐陬。凝睇含毫，别具会心；大书深刻，薄俗以敦，此则廉顽立懦之思，教忠尚贞之训，足资激发者又其一也。至于家山梦里，微闻蛮触之争；消息云边，尤深麇鹿之惧。旧裁谏草，霜研生棱；不废罪言，斜行作草。舍吾谋而不用，天意何如？蹈往辙以重寻，横流未已。辟地沧海，卜居将屈平之问天；引驾神山，登楼拟王粲而作赋。把臂识樵苏之路，酬答林竿；羁栖揽云水之乡，琤淙清籁。人常多恨，花不知名。带眼频移，游子切天涯之感；流苏乍卸，兰房怯少妇之思。玩绰约以柔红，每吟秀句；剪参差于嫩绿，慵赋新词。环珮凌虚，曲琼时惊夫绮绪；江湖满地，斜阳独映夫贞姿。凡饫珍闻，咸归珊网；资之排日，频寄遐思。亲伪体以别裁，集群言为识小。盖其性娴乐道，志切藏书，积岁月以勤求，亦吐哺而无闲。躬监剞氏，不惜万本之传；手订残篇，必正一字之敚。李中麓词山曲海，结习使然；邢元理败蓆折铛，于兹益笃。偶抽余绪，便泐宏规，义例兼记传之菁英，掌故备軺艎所涉历。庶来学得资以津逮，同好得征其事端，允宜镇库付诸写官，宁止藏山缄之宝枕而已！庚午六月既望，后学赵尊岳。

（董康《书舶庸谭》，戊辰季冬武进董氏景印）

何琰《琬琰集》序

疏花凝碧，渐点苔皴；钿箔当棂，迟倾轫映。簪盈握郦泉之寿菊，锦样丛丛；掇沿阶太液之芙蓉，粉痕萼萼。当是时也，玩景者不止于流连，好丽者特矜其晨夕。抚阑书客，缓叠吴歈；持榼浮生，间采芸篋。搜朱丝兮半蠹，时遣脂融；纫服媚于国香，初研麝屑。邈然远引，樱吻含毫；瞻之前修，楚围宽带。发曼词于积习，申以微吟；谱子夜之清商，驻其过拍。回肠百折，犹梦柔春；流光几旬，且娱永日。乔木青箱之盛，得忘承平；燕居故国之欢，缅维畴昔。溯以名家受礼，旁棣宝书。云亭执经，早娴奇字。佶傗通于四译，仆远足其三余。更尔濯足扶桑，寻源星宿。穆王八骏，输万里于风雷；奇肱一车，轶千秋之制作。条支安息，陋行迹于支机；聚窟蓬莱，指重瀛为息壤。济百闻万卷之长，尽得一合十之旨。庄生悟齐物于逍遥，徒资壮语；驺衍穷九州之汗漫，卒以裁篇。迨夫五云扶舰，高堂每伫其归程；椽烛迎辉，稚子乐亲其笑语。独遘蹇修之误，弥深脂辖之思。则绝谣诼于空山，偶事丹青于斗室。屏风录曲，远山描眉样之纤纤；绣领连卷，文锦饬鹓行之款款。珠萦珮结，蒂并枝移。好花不落，长护芳辰，烟景宜人，无殊大块。卧游极林泉之胜，骚雅效供养之长。何况操缦赴弦，琴筑俱振。投壶舞翟，宫角咸衷。车子啭喉，比莺簧之的历；韩娥绕柱，与竽籁相唱酬。爨弄偏工，宾白两绝。事颊上之添毫，旌旄结束；戎鬓边之点翠，姽婳周旋。莫不惊动老成，绍段师于宣武；平视行辈，傲剑器于公孙。尤则文字通于性天，辞赋具于夙慧。笔床砚匣，镇日写周柳之新词；越茧吴绫，良夜追姜张之妍唱。高华回秀，上薄花间；逸藻浮馨，旁征兰畹。真珠手卷，叩江南帝子之重阁；羌管横吹，下北国征夫之双泪。六么小令，雅韵如流；八犯和歌，遥情似诉。金钗促席，辄誉其惊才；珠字开缄，每絜其绮绪。诗则比于乐府，赋则法诸六朝。洵合众乐为钧天，集群言为雅颂。岂兰闺所易暨，实炜管之难能。乃者假以岁时，镌之梨枣。瑶华片片，莫非天上之琼瑛；螺黛丸丸，允夺昆仑之琬琰。以名斯集，允称其文。

（载《珍重阁集外骈文》，马来亚大学《中文学会学报》第2期）

《报坛逸话》弁言

舆论事业，权之我国历代虽远，其道勿彰，迄于晚清，纷如相乘，外忧瀛海之迫俶，内震惟新之训故，倡稚有人，斯事大振，道路等诸流言，党锢每兴吏狱。然而端人正士，犹不之屑，比于自哙，品第逊焉。迨德宗末造，政出弄臣，海隅攘臂，多昌厥辞，议宪所歧，遂及于革除，大府侧目，或对刻木，或赂暮夜。迨夫辛亥移鼎，云蔚一时，步武泰西，用弼良史，名士过江，达人综席，素王无冕，引为殊荣、京曹清议，腾自多口，自此以降，夥颐为盛。而有志之士，所耆益笃，所业益专，更负笈万里。冀求深造，并汹制图籍，钩稽其事，专书甫具，学者宗尚。迄于今日，别玄师座，卓然专科，报业报学，相因增重。或获巨羡，或穷钻研，此中可乐，仰之弥高，方册所播，亦渐充栋。天庐主人，殊其健者。缁尘京雒，闭户读书，雄辩一挥，惊顾四座，辄主笔政，风霜凌厉。入关孤愤，寓刑法于纵横，江左立风，寄清言于名理。盖质以文传，惟工文者始胜其质，文以情茂，亦惟多情者斯足工文。华灯就漏，眉月堕帘，有人谏草深移，罪言微诵，以阳秋为褒贬，托哀恻于芳馨，视世事捩转如浮沤，取大千无相为并镜，非赋凤慧，曷克擅兹。出其绪余，以专所学，主新闻学刊，躔皮数周，兹事不废，续以继绝，在远不遗，斯其涵养寄托之深，正惟砥砺艰辛所致。中更离乱，睠怀南服，又扶画舸，揽胜蓬瀛，求失礼于鄙夫，中微言为大义。登自太学，自掇巍科。近卒所业，多治文学，偶翻吟笋，不尽覆瓿。尤以所辑报界佚闻，零锦断章，都成去故，梦痕逝水，可怨可群，先加董次，付诸剞民，一篇之出，信为异书，举凡间关涉历，父老传闻，重译以求，卅年而往，阙闻琐语，无不网罗。畜越作者之精英，引阐来学之慧绪。性灵所寄，隽永可风，往辙所由，掌故必录。盖于报学群言之外，别树一帜，彼劳形楮墨，钩乙纷披，在深夜人静，对兹回忆，有不掩口胡庐者乎！余有同感，乐为弁言，以告并世，并语同侪，俾于是中，得味甘苦于言外，庶不负主人殷勤之意之尔。庚午八日，武进赵尊岳书于珍重阁。

（胡道静《报坛逸话》，世界书局1946年版）

《新闻学刊全集》序言

新闻之说，肇自李唐，初以邸钞，驰驿四海，浙浙士夫间，亦有缘事记载，用资夷考者。至于近世之所谓报，则国人视泰西瀛海，瞠乎后矣！用为之前，声华较茂者，厥数《申报》，亦甫将六十年耳。上困于中朝吏治之不纲，下又以人民智识，难臻发达，而迄莫得潜研之士，竭其心力，以图发扬光大其事业，则犹未尽其长之至因也。旷瞩列邦，持筹画算者，并赴锱铢，闭户读书者，瞑搜苦索，论定所事，俾资砥砺之阶。言政者操觚以从，访事者扶策相随，晨宵无间，遂胀脤隐隐，创伟迹矣。年来国步多难，喉舌之责，或少少为流俗所歆动。故国中一二知名之报馆，亦颇勤奋蹈厉，储才较众，业亦渐昌。独闭户潜研者尚复罕觏。则治中之道，终去一着。坊间偶陈论报之书，或徒尚学理，或涉猎西洋之故事，初不能尽削足以强适其履，则亦徒效于参证。盖论新闻事业之新闻，不可得见，则新闻事业，将奚自而孟晋耶！黄子天朋，久客京华，橐笔为业，佣书之养，无愧于前人，赴事之勤，遂冠其侪辈。以久预报业，痛知利弊症结之所自，则发愤集同人治新闻学，以视行辈中弹冠于显者之门，沈酬于金粉之场者，不特薰莸异器，即其苦心孤诣之学于所业，亦足尚矣。重以事实所寄，固天下之公器，出其绪余，遂发行季刊，自民国十六年一月起，至翌年岁暮，凡八册，别为通论、记事、演说、新文等，而丽以小说附录。维时辇下为政之道，多在人衡评鉴定之列，天朋独能矫矫，绾月旦之领袖，进刍荛之忠言，斯其必以言论丰采，驰誉坛坫，即其受持者，亦足以风世励俗，为有余矣。其开岁，天朋他去，斯刊遂辍。及定巢海上，小卜一椽，故技复活，所得益神。独拳拳不忘情于前刊，谓积若干人之心力，付诸残缺。微特矜惜相存，且湮没前修之值，是不足以凭式来兹也。遂重加检订，芟芜存精，勒为全集。就中名言俊语，要皆有志者精心结撰，足以为业报者他山之助，非业报者津逮之资也。世变日亟，事态日繁，生丁叔季，纷至沓应，不足穷宇宙之长，即不足事一生所安。返博于约，旁采错列，舍报谁归。则言新闻学，正不徒为业报者启发，且将负重任于一切人类，此特其嚆矢云尔。愿持此谊，与天朋共勉之，兼以勉读是书者。民国十八年仲夏武进赵尊岳叔雍书。

（黄天鹏《新闻学刊全集》，上海光华书局1930年版）

《最新实验新闻学》序

新闻事业，树政治之先河，为群生之明镜，凡所记载，上自国家隆替所出之中枢，以至于卑田之院，盖无不具也。治新闻事业者，更以一人角逐于万籁之林，职采访则寝食或废，晷刻不停，职编辑则午夜一灯，积年无息。然其成功之途不一，得其道者，事半而功倍，不然，或累月积时以赴之，未有或名焉，顾所谓道者，又在所谓心领神会之际，不易得而宣也。夫以一人应万几，以旦夕穷天壤，事变之繁，消息之会，端寄于楮墨之间，轮蹄之际。而又重之以未易得之之道，举凡个人之学养，历史之嬗衍，向背之趋势，在在为有关系，无已，其求之于术乎？周君孝庵，庶几其神于术者也。从事《时事新报》有年，好之而不倦，持之以有恒，以其工于术者，而昌之于用，人之读《时事新报》者，亦既习审之矣！顾又不吝其术，且将充以昌之于世之治新闻事业者，余信人手一编，征其精意，则造诣必无限量。盖天下惟以科学之方法，治一切学问，始易实际获益。今之治斯道者，中外庠序，列为专科，而或者西来之说，未必尽中于国情，国内所求，犹恐病其为幼稚，孜孜钻研于授受讲习之际，乃转不如得实验者之合于应用，手兹一编也。好斯道者，其试征余言。岁在戊辰仲春。武进赵尊岳记于时事新报馆灯窗。

（周孝庵《最新实验新闻学》，上海时事新报馆 1930 年版）

书信

赵尊岳致邵瑞彭函

次公道长侍下：北游四阅月，举目顿非，座无车公，益复不乐，低徊往迹，怅惘而已。归途奉瑶集，滕以尊撰，决数千年之疑，示来学者之路，不图斯世，尚有名家，佩仰何似。夷门诸生，词笔敏妙，气息穆遒，上窥花间，次亦北宋，知从者导扬之盛，致力之勤。而诸生善自潜研，不负提命，吾道不孤，可为欣快。弟此际暂留海渎，还我故吾，倘有佳章，得共讽诵。企伫企伫，舍亲王世富近亦就大学教授，或可得晤，一笺希转掷，应不致洪高乎？专此，敬请，台安，弟赵尊岳顿首，廿三日。

（《河南民国日报副刊》）

致龙榆生函

榆生吾兄大鉴:别久甚念,前见尊处有粤僧今释词未刊稿本,亟待授梓,务请左右迅即觅人传钞一部惠掷,钞费照缴不误。因今岁拟结束明词,故求之甚切也。候示,遵循。专请大安。弟赵尊岳顿首。十六。

榆生吾兄大鉴:久疏甚念。顷向仲坚兄属达左右。明日廿八 正午十二时,在四马路石路聚丰园奉约午洽。座有姚亶素先生等均词人可谈者。务希惠吟勿却是幸。顺请大安。弟尊岳顿首廿七。

蟫隐庐之王九思《碧山乐府》早已录副写样,先请并写。今释词催写,一得即奉缴不误。

榆生吾兄大鉴:前承惠改拙撰《词总集考》,刻以亟待整理补辑,俾为完书起见,拟请先行掷还,容俟订定篇目后再行假奉为感。此请大安!弟尊岳顿首。十八日。

榆生先生大鉴:久疏为念,前承掷还词总集二册敬悉,尚有一册,俟尊用毕仍请惠还。因弟颇拟于近日将全书补正定稿也。又有□者曩日民智书局有《韦斋活叶词选》及《北宋三家词》两种迄未有之,近亦以甄采总集亟欲得之。饬价往购,肆已闭门,无可问津,想吾兄必知何处可以购得。或有可让之本。敬乞赐为一阅。弟自当照价奉呈,此写新著,不图转眼之间,遽成孤本,弥可叹也。专此,敬请 大安弟尊岳上。廿日。

榆生吾兄大鉴:前函未蒙惠复为怅,兹有数端敢希台端赐办□□

(一)《韦斋活叶选》及《北宋三家词》须一阅。

(二)拙著《词集考》第二册(因就中有数篇新得材料亟须补入补好仍奉上)。

(三)兄于《彊村遗书》《云谣集跋》中谓得见刘半农所辑之《敦煌巴黎掇琐》因获补全,现弟拟借此书一观,为补《云谣》而用。用后即还。

(四)刘子庚所辑《唐五代宋金元词辑》迄未见过,弟补《词总集考》起见,亟欲一阅。若无可借,想兄声气较广,必能为弟借致全部一考之。

凡此种种。涉词学,必为吾兄所惠予乐助者。特此读陈希赐示为荷。

专此　敬请

大安

弟尊岳上。十八日。

(张寿平编《近代词人手札墨迹》,中国台湾地区“中央研究院中国文哲研究所”2005年印行)

报唐圭璋论《百名家词》书

圭璋吾兄大鉴：奉手示。关于《百名家词》，考订精详，殊深感幸。窃以此书传本既罕，完璧犹鲜，拙藏为临桂况蕙风先生故物。先生于光绪十八年得之都门厂肆，曾于《新莺词集》上见所题《宝鼎现》，即指是也。弟初得其书，细加比对，词与目异。而朋辈有藏是书残本者，往就讯之，亦间有异处。客年上虞罗子经先生，托为友人钞补阙帙，渐见渠所藏本，有弟所未备者。遂复为钞来，即最后之两卷七家是也。尝细考之，此书原定百家，由聂氏作例言，而复与曾氏分选，各于同声友好中征集之。计其所得，聂氏先为四十家，曾氏先为六十家，其以初集、甲集分，而不以甲乙相次叙者，则以两人所得均不鲜，尚拟陆续广搜，各尽其事。自甲而乙、丙以至壬癸，自初而二、三以至十集、廿集。合之则一书，益臻双美；分之则两家各极其能。盖聂、曾二人之初意若此，诚如大函所谓分踞词坛也。迨后此百家刻成，而友人有仍行投寄者，然又不过数家。二人遂无改定总目之意，但以赓续付刊，期再有所得，积数十家，复定总目，而朋好中亦有先将第一次刊词投赠，再以第二次刊词寄之者，即如《凤车》之与《吹香》，《摄间》之与《慎庵》，同为吴氏作，而先后付刊，故先后致之曾、聂。于是《百名家词》中，亦更同一吴氏，而有二词先后分刊者矣。吴氏词、西泠印社有覆锲巾箱精本，吾兄傥一取比勘，自能了然。至选定刊行，两家正亦陆续为之。聂氏随得而随刊，曾氏亦随得而随刊，两人亦各以所刊，分之朋好，故有仅得聂选者，有仅得曾选者。天一主人，必与曾习，而曾氏又随刊随赠之，故其所藏仅有曾选，而尚患不全，以登天府，视拙藏者遂不可同日而语。《四库提要》于词集每患疏失，即未深求，信口谓为残本，亦殊不思之甚矣。弟于友人案头，又尝见有一二册者、十册者、八册者，因以知其离合之缘如此，敢以奉闻。惟钞配之二册七家，究属于聂，亦属于曾，则无论何人，不可得而知矣。承为补钞《树滋堂》一家，感甚。前弟得此十八册，讶为全璧，既得钞配二册，乃知十八册之尚非全豹，然究竟先后共印成若干家，以无确实总目，故无人知之。今又得树滋一家，益知其书之先后印行，更不易搜求无漏，而又信在聂、曾两家开手付梓之初印全本言之，则弟藏尚属完璧，不得谓为零残，尚足沾沾以自喜也。即如当时孙氏留松阁印行词集，《四库》著录十六家，而弟所见东莞伦氏藏本，即为十七家。又武进董氏藏本，虽总数不少，而印本纸张各异，则亦随刊随行之故。天府仅得见其十六家，即为著录，不知其更有第十七家在，而坊间有留松阁之四家，或七家、十家不等，则亦随刊随行所流传者，以此例彼，庶可明其真相已。《倚声》传本，尚较百家为夥。以弟所知，武进董氏、番禺叶氏、南陵徐氏均有之，其曰初集，亦正留以有待，而未及续为者也。弟本意《倚声》亦正可覆印，以先得《众香集》，尤属单传，故倩董授老先付影刊，俟其观成，当赓图之。近来词学昌明，《花草粹编》《历代诗余》均有覆本，视弟当日以五十金影写《花草》，一百金购《诗余》者，其价值均落十倍。承学之士，易有所得，则应有所专，此后治词之成绩，当在弟上百倍，敢不为之欣企雀跃者乎？承讯种切，敬举所知以答，惟清鉴是幸。赵尊岳手启。（展重阳日）

（原载《词学季刊》第1卷第3期，1933年12月）

附：与赵叔雍论《百名家词》书

叔雍先生有道：收到《倚声集》及《百名家词钞》，大喜过望。频年搜访，欲求其一而不可得，今竟得并置案头，幸何如之。然此非先生古道热诚不到此。《倚声集》顺治刊本，王阮亭司理扬州时，与邹程村合选，所收明清人词达数千首，诚大观也。似此罕有珍籍，最好先付排印，流播人间。《百名家词钞》聂先曾王孙合纂，盖继《倚声》而作，书共廿册，人各一集，共收词一百十家，网罗浩博，亦一代巨著也。细阅此书，乃两种合为一种，内分甲集与初集：甲集四十家，共八册，前有聂序及聂氏所定之凡例而无曾序；初集六十家，共十册，前有曾序而无聂序。夫既曰甲集，又曰初集，是二人欲分踞词坛，各有千古之意甚明。《四库》所收天一阁藏本无卷数，共三十家，首为吴梅村词，盖初集之残本也。《提要》云考卷首曾王孙序，称《百名家词》与集中所载之数不符。又云卷端无例言，似非完书。不知合甲集、初集言之，正合百家之数，而今本甲集，固赫然有例言在焉。据此，则是书未登天府，诚有如先生所云者矣。其名贵当与《倚声集》同。惟其间亦有可疑者，爰举以奉达台端：检甲集四十家，初集六十集，皆与内容不符。甲集内实收四十一家，词内有万树《香胆词》一种，目录中失载；初集内实收六十二家，词内有华胥《画余谱》、吴之登《粤游词》二种，目录中失载。故名曰百家，实不止百家，特举其成数而言之耳。又尊藏钞本《名家词钞》二册，共七家词，既无序跋，目又不见甲集、初集，不悉何自钞得。其间缺叶错简，不一而足。考甲集中有吴棠桢《凤车集》、吴秉仁《摄闲词》，今七家中复有棠桢《吹香词》、秉仁《慎庵词》，则此钞本词为续辑刊行可知。惟未注明乙集、二集，令人不辨为聂辑抑曾辑也。又前月弟在吴门，见吴先生所藏《名家词钞》残本（刊本与尊藏同，惟纸稍洁白），中有张锡怿《树滋堂诗余》一种。为甲集、初集及钞本所无，此亦令人迷惘不解者。究不知《名家词钞》当日共刊若干集，共刊若干家。目录既不可凭，钞本又无端倪可寻，全书湮没，良可浩叹。今拟代补《树滋堂》一种，亦欲弥尊藏之缺憾云。前承惠借明刊本《渚山堂词话》《花笺录词话》《卧庐词话》及论词绝句诸种，并已用过，不日乞秋岳先生转呈。至于明人评《草堂诗余》诸种，弟拟俟还清后，再恳借阅。屡荷慨助，盛情心藏，折痕甲痕，自当格外留神，使勿伤毫末。匆此率陈，并请箸安。弟唐圭璋顿首。十一月五日

（原载《词学季刊》第1卷第4期，1934年4月）

关于梅博士的问题

韬奋先生大鉴：阔别经岁，时切驰思。昨读五卷二十七期，有大作《梅博士的贡献》一文，愚殊不能从同，愿陈一义以就商榷，亦嘤鸣之私也。关于梅氏毁誉，弟初未多措论，则以与不足言者言之，徒滋词费而已。独章秋桐君于《甲寅》有四维一论，以秋桐当代大师，不应遽作轻薄之语，驰书相抵，详见《甲寅》周刊中。今左右以学人主论坛，《生活》又杂志中佼佼者，诚恐影响甚大，不得不为冒渎陈之。尊论首引将中国剧术贡献美国民众增其智识，有究竟什么之疑问。夫梅氏此行志在使外人得知中国之戏剧艺术，同时又思攻错他山，故鼓勇自励，携伴侣廿余人，辇行笈百余事，艨艟横海，为前人所未有之壮举，其志可嘉，无足赘誉。美人以新建之邦，多数人士于东方一切文物素少亲炙，对于中国剧艺，除百老汇之伪塑像，唐人街之广东剧（虽自有长处，然不足以代表中国戏之全部），朱连奎之幻术外，尽属茫然。今乃得睹此雍容华贵之戏剧，添毫颊上之表演，虽不获解，岂不明明为增其智识？亦如村童山叟一旦襆被海隅，见电炬之熠耀，轮轨之交驰，固不必即研究科学发明之理由，然亦不得不谓之增加智识，此理甚明。左右于什么者，当可释然矣。下引西报评论，于《申报》锡以"素以捧梅为己任"之考语，愚浪迹望平街垂近十稔，颇知报纸记载宜求博搜，政治学术并当兼采，至于陶写民性研究艺事者，并复在所不废。《申报》于各项新闻无不特详，梅事何能从简？至其在沪时排日记载，则以梅氏之来确为社会上所普遍认识之人物，举止宾集，欲知者甚多，夫社会新闻虽以公司宴会，春秋园游，尚加甄录，何况梅氏？且登者不止一报，不止一国。左右苟得阅其在日美两国时之报纸，则火车经程之际，虽小站逗留，不逾片时，亦有照片，大书深刻，当更讶然于引为己任者，《申报》不过三千之一勺而已。西报所论，左右引其放弃夜宫生活而崇拜东方艺术一语，断章取义，显有言外之音。然史称周处士素横暴，忽已斩蛟射虎，以成其学，曾文正一号涤生，尽检前失，以成其功业，则所谓放弃夜宫崇拜艺术，宁不同揆？岂左右必欲周纳其词，以东方艺术与夜宫生活相提并论，而断为卑之之说，则文义殊复牵率，“不解自明”，愿进此为解嘲，冀左右省之。至西报以下诸说，不过谓美人不能尽明梅氏之剧，因发为五里雾之词，夫智力不齐，安能强同？美人不获深解者，立论如斯，其获解者如杨斯笃等 Stark Young 叠有二十余文载之纽约《世界报》，于梅氏表演精微之处，摘发无遗，顷已付译，不日当以专刊奉教，一读之后，当知解人不少。夫梅氏此行必欲使全美之黄童白叟鼓舞轩鼚，其势有所不可，而左右当亦未必以此遽为苛绳者也。“雄妇人”之说，在国人重男轻女藐视伶官者观之，自非溢美之词，然但论字面，则张良如妇人女子，谢览芳兰竞体，均无轻薄之意。况左右研精西学，必知外国报纸好立诡词以耸观听，如称法国前克里满沙氏为虎，至绘为讽刺之画，亦斑颔而虎头者，正出一理。若必谓梅氏所饰为旦角而诎之，则不特中国为然，欧洲戏剧由弁而钗，曩亦恒有之事。降至今兹，流风未昧，梅氏在美尚一遇饰旦角者，相视目逆，无足怪也，奚其责焉？“偶像”一语尊注颇当，梅氏诚不足为中国人所崇拜，然窃为现代中国人思想集中之说，则崇拜者应为政治上之名流耶？生者祸国以无日，死者谬说相流传。应为军事上之名将耶？勇于内战而怯于国难。应为学术上之名家耶？持旧者惟务剿袭，崇新者徒事负贩，平心思之，梅氏以一技成名，十年笃学，犹觉此贤乎彼。左右平旦持躬历数现代之人物而识其遗行，当不以愚言为河汉矣。至“代表东方艺术”一语，梅氏未尝自居，即有侈张之词，亦出他人之口，非梅氏所负之责。尊引美联社电，亦称剧术，于此何独云然？若谓代表中国人所崇拜之人物，则梅氏固未曾梦拟，而中国人果能尽去荣利之思，不颠倒于金钱势力之下，不依违于盲从立异之途，以徒事寄托于文艺戏剧陶养其心志，正复佳事。崇拜二字本非专指功名领袖之人，况与 Idol 之译文尚不相吻合，则所谓硬要闭着眼岂不冤哉二语，顾何所取义耶？国内闻此消息，毁誉纷如，本来宇宙无绝对从同之论，而左右所证引者当指海上之三日刊及一二聊以塞责之短评插画，夫以左右曾预报业之人，乃以快心敛财之工具，临渴掘井之标题，据为典要，以明其为舆论，夫亦大可哀已！天津《大公报》其评论夙为国人所推崇，尝著论以奖梅氏之成功，原文俱在，人文图书馆当有辑存，可供省览，则知舆论亦有不尽偏于尊旨者焉。"博士扫地"之说，愚谓不能罪之梅氏。愚足迹不出国门，未知西洋学府之湛深，然知孜孜卒业论文及第之人亦未必尽有造于邦国，至名誉赠送在施者不过致倾倒之私，在受者宁必有名器之分？必欲程其实学，则自徐菊人以及上海约翰大学所致赠之诸公，其造诣如何，当亦胡卢而自哂，又何必咎之梅氏？且梅氏本不因此以致名，社会上之反感则愚日困阛阓，尚未有闻，左右以多少为疑似之词，必亦无确证可知。结论谓瞎捧与受捧者之感想，令人神往，然捧者即如愚之所陈，与左右为公开之辩论，瞎否悬诸尊评，不取臆断，而被捧之人则本非素心，得之非出干求，受者何必愧色？以艺行道，不伐不矜，愚尚信梅氏有此涵养，敢为左右告者也。关于大作已尽鄙怀，更有欲尽者：（一）中国人好藐视成功之人以自鸣其高介；（二）过于重视大学之学位，以折节于西洋；（三）轻视伶工之积习亟宜荡涤。夫梅氏以研究攻错而赴美，幸而成功，亦其二十年来研精之所致，美人倾倒亦出于其自动之忱，以尽其至诚之意，固非鸣炮遣价之具文，则又何必以藐视？幸窃之人等量齐观？且音乐戏剧源出同途，国人赴美治音乐者每得学位以归，未闻当时涉及尊论，则戏剧家二十年舞台上之经验，与学问家五六年学校之课程何尝不可媲美？博士之名词不足矜式，然必予之此而靳之彼，左右亦轩轾过甚矣。积习相沿，伶非高业，此专制时代之陋习，当非左右所乐承。今兹所谓戏剧文学，通俗教育又不废斯道，左右必欲以伶工得膺博士为诮，无乃近于思想之落伍？若试律以英国莎士比，以集中英人之思想，荣褒绰楔，为其有著作有学问，则梅氏舞台上之经验及剧本初未必逊于莎氏？何独责于此而恕于彼？抑有陈者，前此意大利名伶卡罗沙氏 Caruso 在美演剧，于其病笃之时，意王以电文相慰，谓请为意国珍重，盖时意侨与美著辄不相容，既而美人感於卡氏之戏剧，少少泯其意见，意图拓殖将于此收潜移默化之功，特加重视。今梅氏出洋，宾延致语，辄谓美人得更认识中国，且增加其亲善云云，国际酬酢之虚文不必为梅氏增重，然以今日之中国，出诸路透电所宣传，左右苟易地为美人，将视为如何之国家得一梅氏使人知东方古国尚有齐之以乐之一途，亦殊差强人意之事，愿为左右浮一大白者也。凡此拉杂，尊意云何？希披露于来函栏（文过冗长，乞为分载，俾免节乙），俾国人尚知有此一说，足备采择，想不见拒，倘荷明教，尤所企承，濡墨以俟。

专此 顺请

撰安

赵尊岳顿首 六月十六日

拙著《梅博士的贡献》一文，其要旨不过说明“侈张之词”之决不能使人“因此以致名”而已。（当然是指名实相符的名。）今蒙赵先生赐长函指教，不胜感谢，惟读后亦觉“殊不能从同”。本刊非欲加入捧梅或攻梅的任何方面，不过本刊评论向以时事为中心，梅氏之得文学博士乃近来轰动社会之一件时事，故特对此一件时事加以评论，并非对于梅氏个人有何嫌怨而“必欲周纳其词”。本刊的立场既明，请就来信所提各点作分析的答复。

（一）作者一面承认“不获解”，一面却说“明明为增其智识”，既然使人“不获解”，何以又能“增其智识”？例如我们读一本书，既然不懂，还能说这本书明明增加了我们的智识吗？至举乡下土老儿到上海看“电炬”、“轮轨”为喻，若说能引起他们大惊小怪的好奇心固无不可，若说这样就增加了他们对于电学或机械学的智识，因此把科学博士的学位送给电气公司或汽车公司的老板，便不伦不类。

（二）《申报》每于梅氏来沪后即善为梅氏作无微不至的起居注，颂扬惟恐不力，实为各报所无，此乃公开的事实，非记者所能捏造。日美各报是否亦如《申报》之鞠躬尽瘁，固无损于《申报》之素以捧梅为己任的资格，因记者并未说普天之下只有《申报》素以捧梅为己任。且记者在那篇文里所以提起《申报》，亦不过说素以捧梅为己任的《申报》中所载的梅氏给与美国民众的智识不过尔尔，对于《申报》捧梅并未加以优劣的评论，现在听了作者的话，才知道《申报》认详载梅氏吃饭睡觉的消息是有关于“陶写民性研究艺事”！

（三）作者对于放弃夜宫生活而崇拜东方艺术一语作为善意的解释，先把“夜宫”上面的“黑人”两字省去，大概觉得这是美人的“必欲周纳其词”！至引周处士及曾文正为喻，一若美国在梅氏未去之前只有黑人夜宫生活也者。但无论何人，不能妄断美国除黑人夜宫生活外，便没有他们的高尚艺术——如高尚的戏剧音乐等等——苟其有之，他们不把自己的高尚艺术和东方艺术“相提并论”，却把黑炭所经营的夜宫生活拉出来寻开心，如作者认此为尊崇东方艺术，夫复何言？

（四）“其获解者如杨斯笃等叠有二十余文”，即认此“二十余文”为二十余人所作，似也很难加上“不少”的“考语”，美联社更变本加厉推到什么“美国民众”，那更“不少”了！记者的那篇文字是对该社电中所谓“民众”云云批评，初未想到“获解者”仅有杨斯笃等的二十余位“不少”的“解人”！

（五）“雄妇人”之引起美人奇异，乃因西洋戏剧进步到了今日，除极少数滑稽无聊的戏外，正当的戏都是男扮男，女扮女的（这是专研戏剧的洪深先生告诉记者的话），中国戏剧仍在“雄妇人”时代，我们对“雄妇人”仍是司空见惯，美人却不免少见多怪了。记者在那篇文里提起“中国的雄妇人”云云，不过谓“美国民众”“亲炙”梅氏后所“明明为增其智识”者仅此，与什么“重男轻女藐视伶官”更可谓风马牛不相及也。

（六）关于“偶像”一语，作者亦认为“梅氏诚不足为中国人所崇拜”，而美人却硬说是“中国所崇拜的人物”，则闭眼冤哉，果何所取义，作者已自答，无庸记者之回答了。

（七）记者那篇文里所引证的“博士扫地”云云，乃见于六月一日的《时事新报·社评栏》，可以覆按，比之天天仅作寥寥几句不着边际令人看了头痛作呕的与中国无关痛痒的外国事评论，好像中国已经太平得无事可论，或他们自己已不能算为中国人的主笔先生，似乎更能表示一些中国的舆论吧。孰为可哀，明眼人自能辨之。况记者那篇文里仅谓“舆论界方面有人大呼……”，“有人”二字固无意概括“人人”也。

（八）徐菊人之事早成明日黄花，《生活》当时尚未产生，故无从在娘胎里开口，至“上海约翰大学所致赠之诸公”，本刊也曾有过严正的批评。

最后对于作者所提出的“更有欲尽者”之三点，请再回答数言：（一）执笔论坛者根据事实为评论，无所谓藐视不藐视；（二）本刊素主张重真才而不重资格，不过愚意以为名实相符的大学学位未尝不值得重视，名不符实的大学学位才无一顾的价值；（三）有名无实的勾当，我们都反对，并非以伶工而有所轩轾。至梅氏够得上称为戏剧家否，记者对戏剧学是门外汉，未敢妄断，特为此事往找友人中对于戏剧学素有专门研究的洪深先生，他以为戏剧家在最小限度须有创造力，须能影响人生，须能有裨于所谓世道人心。担任一个角色的戏剧家虽不能顾及全剧，至少对他所表演的一个人物 One Personality 也须有他的创造力，使人对此一个人物有更深澈的了解，更深刻的印象。梅氏所演的旧剧如《六月雪》《宝莲灯》等固仅拾他人的现成东西，即梅氏的新剧如《霸王别姬》《洛神》《太真外传》《西施》等，对于各人物并无个性可言，例如他所演的西施，即太真，即洛神，即虞姬。梅氏媚 charming 则有之，彼仅宜于表演《天女散花》《麻姑献寿》一类的戏剧，因为那些戏只要美、媚，用不到真性情的。梅氏此次到美所贡献的是在中国将成过去的古董，好像把铜香炉搬到美国去当古董给人看看，离人生的意义太远，在国内除供变态心理的老头子和姨太太们玩玩外，对于近代人生有何贡献？以上是撮述洪先生所谈的大意。今赵先生却把梅氏比英国的莎士比和意大利的卡罗莎（卡氏非戏剧家，乃有创造力的歌唱家），那就非我们不谙戏剧学的门外汉所知了。韬奋

附：复赵尊岳先生的几句话

尊岳先生：拙著《梅博士的贡献》，其动机在批评美国人之善于"瞎捧"，并无意攻击梅氏个人。第一次赐书二千余言，尚觉文采斐然，故略附数言发表于本刊。关于梅氏个人已往之事，有为环境所束缚者，虽令人不痛快，但其唱工能在许多伶人中大露头角，固亦非易，惟对中国社会实无功无过之可言，为彼之第一次尊函竟占去本刊如许篇幅，事后已觉可惜。兹接第二次二千余言长函，更不能不为本刊篇幅珍惜矣。第二次尊函在先生固可藉"素以捧梅为己任"之《申报》公布于世，其内容价值读《申报》者自能辨之，无待不佞再糟蹋本刊篇幅而作不必要之驳复也。韬奋。七，六。

（《生活》（上海 1925A），1930 年第 5 卷第 29 期）

与关志雄论词书

志雄学弟如晤：一别四年，旅中岑寂，每致念港中友好不置。间得希颖、存仁两君来书，知同学多所淬励，深为欣慰。颇忆在港同学中吾弟与罗球庆、林瑞祺两君，好填词，时以见示，得发愚忱，而别后鱼雁都稀，如在梦幻泡影中矣。比展大函及新作盈册，不弃下问，特穷旬日之力，将尊撰细读，且逐字为之推敲，喜其进业之猛，撰作之富，遂不欲以敷泛浮词相酬答，而一一于原稿上具为改订。惟老病侵寻，兴会日减，诚恐未足有以厌好学深思如吾弟者耳。所改订者，具详原稿，不再赘。兹特综述一二，以答雅意，条列于左：

一　词章之优美，在文字句读若离若续间，其冥眇幽细之处，决非标点所能胜任。且前贤于承上启下之处，或以逗句托住上文，或以之启导新义，错综离合，不可方物，故无论如何，万不可用新式西洋标点，使其潜气内转之处截然断截。至于浅学者或不能句读，则听之可耳，作者岂能为俗人说法而自破其完璞耶？故请删一切标点，不必好骛新奇，乱其体例。

一　就大作读来，知得力于《清真》《乐章》者特多，此本北宋法乳，为近人所罕，渐深入者。吾弟以力学得之，已奠镃基，且颇见运用精思于妙笔之处，循是以求，必更孟晋以达大成之境地，故务当仍就此两家朝夕寝馈。然南宋若玉田之疏俊，稼轩之开朗，□足启发心胸，扩我词域，且兼此则赋题更广，不必限于离情羁思；至东坡天才，虽非学力所易至；白石挺峻，当就作者之性情以铨衡，不妨兼收并蓄；若草窗、碧山，不过描头画角，尽可浏览，殊不必奉为师法矣；至明清人词，以“不入眼”“不染手”为要。

一　大作起处往往有笔力，足以达纡徐之情，叙事宛转，又足以曲传情绪，明眼人自能知其以清真之骨，敷乐章为肉，交相为用，苟再求精、求浑成，则大成去人不远，可断言也。

一　大作于小转折处间有疏脱，且不免阑入一二俗字俗句，此则疏于磨洗之故，此则于撰成后，当假以余时，再三改订，旬日往复，求其至善至当之句字，与求雅求浑成，不尚尖新，不尚小慧，而仍使能抒至情，能状物态，功候所及，从容图进，俾底大成。

一　长调平仄声字，必当致意。今姑不先严辨去上，然平仄不当夺误，即如入声代平，固属通例，然谛辨音节，有可以入代平者，亦有不当以入代平者，浮声切响，熟读自能领悟。至于以平声字代入声字，则为必不当者。大作偶有此失，已经点出。至改订之字，未必尽佳，仍冀作者再三斟酌。盖得失寸心，绝难以他人代述心曲，所谓授人不过规矩而已，试再端详改订之。

希颖先生，词中能手，而沧海楼刘璞翁更极矜慎，亦希翁至好。窃以为吾弟不特能词，且已能作如许长调，若更多求嘤鸣，则切磋多益，曷不请希颖先生介见璞翁。此翁年逾七秩，好事奖掖，必能剖晰毫茫，使学者事半而功倍。曩在港时，夙与接谈，深为钦倒，故愿弟之一承其风仪，必胜我十倍也。

此间天气酷暑，独居无俚，同学中间有一二试作小令，尚无着手长调者，故尚待陶甄。得大作，正似空谷之足音，故不惜耗旬日之光阴，博取一粲，亦知南荒迁客之未尝忘情也。

贺君一册，已转去并闻，脱有新作，并盼随时写示，珍切珍切。匆复　顺颂

吟礼

尊岳顿首　卅日

尊撰诸词中惟《莺啼序》一首殊嫌破碎，且缕述献奏各节，转嫌淆

乱，似不如就题中“有感”二字专以发抒所感为主。今列之丛稿中，颇见捉襟之弊，曷试重撰，毋使珠珷同篋。此词虽二百四十字，而格谐律缓，撰作颇可发扬情致，惟“傍柳系马”四字均仄声，去上去上较难，但终不患无法顿置之也。

中华书局近出《蕙风词话》《人间词话》合定本，必购读之，大有益。

志雄学弟如晤：日前展读词翰，是见向学精进，所作日工，为之欣慰。粤中文风素盛，名家叠出，颇冀益阐宗风，扢扬风雅，幸甚慰甚。假期得希翁介晤璞翁，必能面谈得益。盖词心固求敏慧，词笔更求灵逸，往往一二字之不安，全首即为减色，而此一二字有时又可信手拈来，有时又复踏破铁鞋无处可觅，则在平日读时之力求深潜体味，作时之一字不轻放过，假以时日，自可即于大成矣。大作颇见词心，珍重委宛，非常流所可冀及，今所求益者，端在文字之组织，与一二字机括之所在，此则通函千万，不如一语道破，惜相去千里，不克倾吐，希多与璞翁、希翁觌面，均属斫轮老手，必有以奉告，胜愚百倍也。大作已细加审订，所有改处，略具意见，俾供研讨。凡不可用不必用之字面，多为提出，举一反三，则此后可以自知，选字之道，造句之要，求浑成求深入矣！上海出版之《蕙风词话》《人间词话》合本，香港不难购至。盖先师蕙风先生精心之作，试取读之，必更足启发灵源也。匆复，

顺颂

吟礼

尊岳手具　八日

志雄吾弟如晤：前日读大札，欣然色喜。盖词本五代两宋词人合行歌、撰作、嘌唱为一事之成就，初不可以强分。迨后人昧于音律，只求工于文字，遂视乐律为别一途。浅人之论，固不足责，而词之全遂

以浸微矣！弟夙持此论，虽知乐律失传，然研治斯道者，必当探索以求复之。故不特一再写作词话，力主其说，亦且身体而力行之，于撰作外而兼治词乐。即为文商同学讲词，亦必略述旋宫合律之法度，俾有志者略涉门径，此吾弟之亲见亲闻也。惟是世人好作一二词调者尚有其人，爱言词乐者绝少，因之几同绝学，而弟孜孜不已，幸得姚莘农（名克，留美习戏剧，兼工词乐，甚当行，现任联合书院中文教授）、饶宗颐两君（饶对词业研治有素）同好，七年前曾以三人之微力，合刻三人关于词乐之撰述，为《词乐丛刊》一巨册，其书向由南风书店经售，港市应可购取，或由饶、姚两君求得之。弟所有刊本率以赠人无余，不能餍吾弟之欲，甚愧。倘得此书观之，自必益可启发，务往求之。此地无人可言，独学乏友，搁置有时矣。吾弟在港，必易往访两君，与相探讨，定能孟晋，一日千里。因详读大函，于新旧诸家撰述多已涉猎，既有根柢，自易进取，此中妙造，固不能于短短函札中详之，且无根柢者即函述亦无自领略也。平仄为一事，词乐为一事。凡合于乐协于唱者，即不必拘守平仄。盖平仄为协唱之工具，而协唱为作词之目的，能达目的即不必问其工具，是以前人往往于同调中具其平仄，或作可平可仄耳。惟前人以昧于音律，不知目的之所在，于是只能循平仄以为之。即弟又何尝知目的，故亦不敢偭越平仄四声之定例，然已知所谓目的者，瞑思晨索，以求复之，一旦豁然贯通，则平仄四声，不索自解，比正殷殷于此，犹待贯通之有日焉。至于入手求贯通之道，是当首知于律，再纵观古今言词乐之撰述，以及各词家之所作（限于通乐，如柳、周、张玉田父子、姜白石等，此外均不知乐，不论）排比而探讨之。又取敦煌舞曲，由舞以合之词，现方撰舞谱笺，不日刊成，当寄奉一粲。吾弟知于撰作外兼言词乐，斯诚能探其本，吾道不孤，企以伫之矣。又何宫应用何调，应合何题，此则治曲者最为谨严。词则南宋已不凛守。盖曲为演剧之用，声容有相通之道，故当谨守。词则唐宋多即席嘌唱小令，略加手势，见筵边尊畔，不比氍毹声容之关系略小，是以不须谨严耳。近代四大词人，舍樵风于《白石旁谱》及《词源》略有研求外，均不了了。彊村翁只知守律而已，等而下之，遂有导人专治文字，不求词乐者，所以自掩其短，固无足深责也。为治学计，吾弟大可于词乐有所见，即立笔之于书，或长篇万千言，或札记百数十字，积而久之，由以冀其贯通。惟后世言词乐者往往与曲乐并论，其中不但时代风会之不同，抑且乐律消息之各异，若为牵扯，治丝益紊，故当先端其始，肯于少数材料中，钻悟精思，万不可博及曲乐（当然可借迳于曲乐以上求词乐，惟不当视曲乐为词乐，一并混合言之），旁骛更远，一俟写记有得，愿以相示，当再贡愚一二。所论宗派均文字间事，甚当。言宗派者，古今各家差备，自当以本人之主观定夺之，视词乐之远绍旁求者，易有成就矣！大作数首，弥见造境，已加注记。附言　璞翁醇然儒者，高年继兴，接席清芬，粤中老辈无几，此固可谈之人。吾往曾请益之，彼必乐予指点也。

　　匆复　顺颂

吟绥

　　尊岳顿首　十七日

附：关志雄与赵尊岳论词书

尊岳吾师讲右：久疏音问，念甚，遥想，福履康胜，为慰为颂。接奉手谕以来，于兹如月影夕寝馈，惟词是求，自谓大成。古人为期尚远，然于古人心事，约略可知，见弃俗情，不恤时务，斯道虽苦，窃亦甘之。虽谓文学兴废，各有其时，复兴宋词，谈何容易？加之制度已变，风俗早迁，即能创造，其世路维艰，顾此乃吾家旧物，宜万世而不朽，何忍见其式微，更何忍任其湮没？况复广陵之散犹未云亡（《广陵散》即《广陵曲》，盖散者曲之一种也，见《卢氏杂说》《春渚纪闻》。又有闻此曲之考证，近人杨家稷、戴明扬、王世襄等均有重要发见），是则宋词之学岂合言绝？且夫摹情状物，工莫过于小词；释恨佐欢，奚多于俚曲？而抒写性灵，本不限乎中外，寄传心志，原无拘乎古今，何昔日之淮歌至今世而弗闻，独异域之莎诗遍天下而能诵？岂亦时势适然？实子孙之不肖耳。志雄不自重，力欲以个人之能，重振词曲之业，非敢追较前贤，固望使淳风俗，是故为词首重格调，盖温柔敦厚虽曰诗教，以之治词，可为准绳。尝谓东坡疏放，可救词质之纤弱；白石清婉，可正词格之精神；然而二家于词，气格虽高，情韵俱少，自是诗人本色，终非词手当行。词以痴挚为主，而以出入决绝为尤贵，情格并到，词境斯备，夫以《乐章》之情词尽至，当以缺少风骨，不免曲俗之訾。此无他，下笔间欠珍重而已。淮海之词风情之意多，而痴挚之语寡，何也？下笔过求珍重而已。惟清真为能兼擅众美，复以音节谐婉，情采深厚，不求立异，自能尊体。至于字面之用，篇句之构，亦为填词不可忽者。如临川、稼轩之洗练，二晏、欧阳之深秀，东山、梅谿之闳美，断肠、漱玉之凄惋，碧山、玉田之清俊，与乎《花间》、二主之秾至，俱可取裁，间能移用，而梦窗之广用故实，善铸新词，尤足以供写作之资。志雄不敏，固从事于斯矣。虽如是，犹未知治词之窍要也。（乃又取白石十七曲谱词而精研之，凡二年矣。）对于谱词律度，俱著心得。至于何字可上可去，何字可平可入，何字可高可低，何字可平可仄，皆尽异乎义父之见、红友之说。又何处宜纡缓行进，何处宜急转直下，何处宜排宕高出□，何处宜一意低回，于填词时亦渐知蓄势用力之法。虽如是，犹未尽治词之奥秘也。盖词之为物，乃音乐文字之结合，大不同诗。岂宜配衰飒之文字，商调凄怆，何当用闲雅之言？词而谱有犯，故音有变徵变羽。音有变徵变羽，于是歌词亦有变声变情。按声填词，岂第要知其平仄□当须晓其音律，然后方与音乐配合。（明人王骥德《方诸馆・曲律》云，至调其清浊，协其高下，使律吕相宜，金石错应。此握管者之责，故作词第一吃紧义也。）明乎传腔递板之法，然后乃知填词用力之处。然而词之唱法，久已失传。（王骥德《曲律》云：唐之艳句，唐之曲也。而其法宋人不传，宋之词，宋之曲也。而其法元人不传，以致金元人之北词而其法今复不能悉传。）元明以降，乐谱散佚，剧曲替兴，渐有作者，多有不知词谱腔调，又不向谱词文理中探求，但求其谱词文字之平仄为填词之依据，于是宋词音乐之精神尽失矣！而元明两代之所以无作者者，即此故也。（明人沈宠绥《度曲须知》云，自元人以填词制科，而科设十二命题，惟是韵脚以及平平仄仄谱式，又隐厥牌名，俾举子以意揣合，而敷平配仄，填满词章，折凡有四，合则标□，否则外孙山矣！又云明兴虽词人间踵其辙，然世换声移，作者渐寡，歌者寥寥，风声所变，化北为南，而名人才子踵《琵琶》《拜月》之法，竞以传奇鸣，曲海词山，于今为烈。雄按 上述云之，皆言曲而不及词，词之无作者消息可知也。且北曲至明初歌之者已稀，自魏良辅点定《琵琶》，昆腔大盛，北曲遂成绝响。曲尚如此，词更不待言矣。且而魏良辅、王骥德等专家所论，亦仅限于曲，故亦无济于词之写作也。）有清一代，词人辈出，浙常两派，雄视词坛，或以气格标榜，或以寄托揭橥，而立论之精，取径之当，又以止庵为最。浙常之外，又有项莲生、蒋鹿谭、庄中白等奇军突出，各树一帜，俱以词鸣。庄词婉约似温、韦，而体貌略逊；蒋词警炼似玉田，而气象差胜；项词痴挚似欧晏，而词情相若，可谓中兴之作者也。稍后又有王、郑、朱、况继起，精研词艺，号称四家。而论词之精，守谱之严，又如况夔笙为第一。然若辈虽工于词，殆因其善读古人名作，复所专志其技，久而久之，于文字神理中自与古人冥合，若谓已尽返唐宋之旧者，固谓不可，即以面目言之，犹有径庭也。何哉？以其尚未知谱词音乐之消息也。今姑不论五音六律，而清浊轻重之于字与字间所来应响之闻，信知者亦鲜。昔止庵谓读清真词，便觉他人所作都不甚经意，王国维亦云读清真之词，于文字之外更须味其音律，今其声虽亡，读其词者犹觉拗怒之中自饶和婉，曼声促节，繁会相宣，清浊抑扬，辘轳交往，两宋之间，一人而已，岂是已知此秘者邪？故同一谱调尽依前贤四声，要非难事，所难者乎？并协阴阳，否则仍难尽致谐协，然斯道亦甚苦矣。窃以为不如就其字与字间之应响关系而定其阴阳平仄也。（万树《词律》仅辨四声，而讹误浅陋处亦多，其作用已几过去。）至王骥德平仄论云，单句不得连用四平四上，四去四入，又谓“庭前森森丹桂”五字连用平，不可唱矣。亦未尽然（虽言曲亦可作词观），如清真《瑞龙吟》云“纤纤池塘飞雨”，何尝不连用五平，然则谓清真不解律邪？惟梦窗同调，用“楼前行云知后”，便觉其应响不甚佳矣，此不辨阴阳之过也。又清真《兰陵王》云：“隋堤上，年去岁来，应折柔条过千尺。”句中四字，为平去去平，读时甚为调协。刘辰翁作“秋千外，芳草连天，谁遣风沙度”，与浦中四字则为平上平平，虽平仄不同，殊不觉其拗口。何邪？曰：应响佳也。张元干作“阑干外，烟柳弄晴，芳草侵阶映红叶”，四字为平上去平，亦同填一调，平仄虽合，反未见佳。又雄昔作该调云“轩窗外，才过清明，入晚依依自不息”，平仄多与清真原唱不合，然不惟不觉拗嗓，且伤感之音颇近清真，创调也。如一旦改为寒食乍过（读平），或才过禁烟，声反不佳。（缘第四字均为阴平，音突高出，不能径接下句故也。）而且时间亦稍离事实，由此可见，况、朱等力主严守四声五音，除有助于文字之精思与推敲外，对词句之自然音节，尚无济于事也。且如字之力遵，不稍假借，不许通融变化，又不知应响之妙用，则填词时何异多一梏桎哉？词意之天然浑成与平实，亦难以尽存矣。然而果欲重返清真之浑化，而又不兼治五音六律者可乎？曰：不可。盖清真之词，一以音律为准，且以此而定其应响也。（王阮亭曰：唐无词，所歌皆诗也。宋无曲，所歌皆词也。宋诸名家要皆妙解丝竹，精于抑扬抗坠之间，故能意在笔先，声调字表。）今人不解音律，毋论不能创调，即按谱填词，亦格格有心手不相赴之病，欲与古人较工拙于毫厘，难矣。白石自序其《长亭怨慢》亦云：予颇喜自制曲，初率意为长短句，然后协以律，故前后阕多不同。雄按，此盖指其部分自度曲，如《长亭怨慢》言耳。其《暗香》《疏影》，则仍与一般谱法同也。清真创调其多，料亦先作词然后配曲也。又从姜谱中发见同一腔调句字，有前用上而后用去，如《暗香》“何逊而今渐老”及“长记曾携手处”、《疏影》“昭君不惯胡沙远”及“还教一片随波去”，其中渐老年处、波去等处，乐句相同而四声不同；亦有前用去而后用平，如《疏影》“无言自倚修竹”及“早与安排金屋”，乐句亦相同。而“自”与“安”却平仄四声俱异，此为万红友、沈义父及朱、况词翁所不许，而白石用之何也？丘琼荪《声律考索》云：“更就十七曲旋律进行之曲线图看，其中《暗香》《疏影》二阕，为千古传诵之作。白石亦自称音节谐婉。《疏影》词中上阕为“自客里相逢”至结，与下阕“莫似春风”至结，曲线完全相同，尤便比较。曲线全同，即音完全相同也。如果有绝对性，则上下阕之四声当完全相同，上下阕各有四十一字，除押韵三字，必须为入声外，实得三十八字，其中，四声不同者凡十五字，占百分之三十九点四七。约言之，有十分之四其四声不同，其比例不可谓不大。再者《乐府指迷》说，上声字最不可用去声字替，然而上阕之远字、但字，皆上声也。其在下阙则为去字，又字明明具用去声替也，上阕用佩字、化字，下阕为恁字、已字，则又用上声字以替去声字矣。其他，去声之用平声字替者，则又有自字与安字；去声字之用入声字替者，则有暗字与节字、夜字与觅字；以去声替平声者，则有言字与与字。以去声替入声者，则有忆字与怨字。其他不悉举。所谓最不可替者，白石竟替之，而且一替再替，至于三替四替，然则《指迷》之说宁有绝对性乎？四声与上下行之关系，宁有绝对性乎？观乎此，则谨守四声无敢或忒，如方、杨、朱、况之所为者，固何必哉？如以不守四声为守律，不严律之严，不严直接影响到声之协不协，然则白石此词严乎？否乎？如以上阕为协，则下阕必不协，以下阕为协，则上阕必不协矣，其音节何得而谐婉乎？倘使以为定须上阕如此，下阕如彼，始得谓之协律，此则非我所知矣！雄再观乎清真填前人谱调，竟亦有当平而用仄，不当用去而偏用去者，何耶？岂前人不可歌而后人可歌，后人不可歌而前人可歌乎？实应响各有音律以厘定之耳。韵律云何？曰清浊轻重之于字与字间之关系，及音之进行与乐句律度之关系也。前者曰阴阳，亦即所谓音也；后者曰律度，曰旋律，所谓宫商角徵羽变徵变羽之音程是也。前人释音律颇不相同，谓宫商角徵羽为五音，即简称音；又谓旋宫之后，五音之高度随之而变，是为律。然而音以何物为准则？云：丝不如竹，竹不如肉。肉者何？盖人声也。如何定人声之和谐？调协。此非四声阴阳者乎？故前人所谓五音与旋律，宜归为律，再益以四声阴阳为音，始合词之于阴阳。虽有论及，然非绝对，即白石、清真亦未尝尽守，惟其律度最重要，事关唱艺，不可不讲也。孟子云“不以六律，不能正五音”，元人燕南芝庵《唱论》云：“歌节病有唱得困的……有乐宫声、撒钱声、拽锯声、猫叫声，不入耳，不着人，不撒腔，不入调。”此何以致之？律度不佳之过也。雄又从《宋史·文苑传》及李清照《词话》得知，贺方回颇精于音乐文字，尤擅自度曲。今取贺、周二人之《感皇恩》一调熟观之，不惟句法各有径庭，字数稍有出入，且四声平仄亦不尽符合。凡沈义父及清人所谓忌用者，皆已犯之。守谱一例，清真已当如此，后人不通宋初音乐者，以为亦步亦趋，字字恪遵，便不失律，不知古人早已失律也。（一笑）或曰：词至元明，乐谱已云散佚，唱法亦称荡然，是则音律一事，何啻空谈？对曰：否。夫天运循环，无往不复，昔三代两汉之文，衰于魏晋六朝而兴于中唐，至北宋而大盛！其间一脉所系者，乃昌黎先生之遗稿也。今唐宋五代之词，亡于元明二老而复于逊清，洎今日而大成。其间一脉所系者，乃白石道人之旁谱也。（《白石旁谱》之最初版本，是清代宋刻之嘉泰本及卷四本。）然昌黎之遗稿，犹有欧阳总其成而阐扬光大之，惟白石之旁谱至今当未得其人焉。向之治姜谱者不寡矣，（方成培作《香研居词麈》、淩廷堪作《燕乐考原》、戈载作《七家词选》、戴长庚作《律话》、陈澧作《声律通考》、张文虎跋《书艺室随笔》、郑文焯作《词源斠律》、童斐作《中乐寻源》，在燕乐字谱上咸著劳绩。）然而，或以浅见不通，或以考证欠周，故俱只辩谱字而不及于节拍，于是曲者自为昆曲，词者自为宋词，此词之所以未尽兴于清代之故也。比来由于治谱者之再接再厉，与晚近西安鼓乐社乐谱之发现，十七曲之节拍问题已近解决之势。（近人治《白石旁谱》者，有唐兰《白石道人歌曲旁谱考》、夏承焘《白石歌曲旁谱辨》、丘琼荪《白石道人歌曲通考》、杨荫浏《旁谱释》《旁谱辨》，尤以丘、杨二子于研究节拍一项难题最有独见。）惜乎可歌之词，亦仅此十七曲而已。(敦煌工尺谱虽亦是词乐中燕乐之一部分,然其价值则不如《白石道人旁谱》之重要,其故当再另书以讨论之。)安能更得宋词乐谱之遗,而尽知宋词之唱法乎?(宋词乐谱有《乐府浑成集》《白石道人歌曲》《古今乐律通谱》《行在谱》与《方词编》,一名《榷杨谱》、杨缵《自度曲》及张枢《寄闲集》,而以《乐府浑成集》收谱最多,最称完备。)然而细观其中规式,则宋词音乐之神貌,约又可知也。倘有精于文字音乐者,再循是而专研之,岂第于音律方面博有所得。且据此可以创造新词,刷新旧调,使宋词音乐并注生命,移风易俗,俱具作用,又胜于清人之徒词与一味摹古者多矣!(雄所谓精于文字音乐者,盖专指诗词及本国音乐,包括理论、歌唱及弦吹而言,苟能兼通西洋音乐者更佳,然一切须以本国风格为主。)然而知其道者其与?行其道者又其谓与?此复兴宋词、大成宋词之时也。然而迄今未有其人焉,志雄不自量力,而以是为己任,岂其果有通人之能也乎?抑亦时势适然天将以其为复兴宋词之乐之前驱乎?此则正志雄所知矣!(璞翁尝劝志雄放弃音乐改革,专志文字,清真、白石前无一人,雄期期以为不可,以为非此不足以拯宋词于汩没也。)偶忆吾师之言曾有勉乎此,先生于一九五三年为文囿著《唱词臆说》,其结段云,凡此一麟半爪得之于玉田诗中,而可取证于今日之南北曲及戏剧中者。分别拈来庶亦可略见唱词之成规,平生虽雅好剧艺,而不工于音乐,故虽薄有所得,当不能据而发扬光大之。诸君子美才好学,又专词事,若能潜心从事,援今证古,必有一日可以贯通而启发之,愿拭目以相俟矣!乃敢举其所知乞再有以教之乎?

专上　并颂

讲安

附呈著词四章,乞一并赐予斧正

受业志雄叩□六二年冬

赵尊岳致章士钊

日者焯贤兄交到吟稿，沐手详读，仰见矩矱。诗人说理之作，每见涩讷，纪实之作，又多累赘。以公长于明理，肆其才情，宜其疏放有致而玄言娓娓矣。《赠答君励》等长歌，词尽其意，诚发于中，顽石点头，应复不远。外如写景，颇似剑南，风趣不下玉局，知思之精而用之宏也。

全卷除一二首外，均可刊布，一以昭诗教，一以致苔芩。从者。此行大德不德，而潜移默化有造于国家者，晚夙以归其隐，亦卜其必成。则诗集更不可不寿之枣梨，俾为掌故之佐证。

尊岳顿首　四月廿四日。

午夜细味怀人诸作，意味深长。律诗中诸腹联，尤多得玉溪神髓。世间浅薄之流，往往追摹其绮藻，而公则独取其馨逸，存神略迹，是真能识玉之妙绪者。致何、贾之律尤茂美。五古无不厚，犹间如似患言之过多者，固知韩潮苏海有所不能自已。然如大同酒家述南皮洹上事等，若能简炼，必更遒劲。此在玉局，亦每有之。气盛于辞则句夺其理。吹毛之求，罪甚罪甚。

窃以杖履南游半载，即此卷帙，足窥谋国之老成，玄机之默运。不日海宇清晏，可再详笺增注，以备国史方略之未逮。今则以先附剞氏为产，晚不敏，愿从事雠校，追陪于茶熟香温之际也。

尊岳顿首　五月二日。

（章士钊《南游吟草》卷首）

答客惠诗幅笺

乍承诗轴，恍接清言。感旧不遗于堂构，老屋渠渠；怀人远及于童乌，髦仪勺勺。括五十年陵谷升沉之极致，申六千里沧波杳渺之幽思。湖海何幸以诗传，鱼雁欣假以风便。仰见名言络绎，俊语周章。徐鼎臣之生事，妙喻无伦；蒋藏园之才华，朋箴足戒。虽手风痹痪，未疾无因；而足底烟云，济胜有具。溯洛阳花发，每主耆英；怅貊豩途穷，遂疏壶碟。期诸岁腊，谋侍襟尘；待拂隃麋，续赓章句。

（载《珍重阁集外骈文》，马来亚大学《中文学会学报》第 2 期）

词话

珍重阁词话

卷一

作词首贵神味，次始言理脉字句。神味佳则胡帝胡天，亦成名作，而神来之笔，又往往在有意无意之间，其中消息，最难诠释。

作词之神味云者，盖谓通体所融注，所以率以此理脉字句，而又超于理脉字句之外。若以王阮亭所谓神韵释之，但主风韵，则或失之俳浅，非吾所谓神味矣。

神可自至而不可强求。求致力于神味，但当就常日性习问学为陶镕，若谓每日整挈其神，协之声律，万无此理。

神来之作，不假理脉，而理脉自得，不假句字，而句字自润，是在平日涵养学力兼尚，若徒有神来，而学力不足以济之，亦徒负慧心耳。

词有不得不作之一境。不得不作之词，其词必佳，盖神动乎中，文生乎外，是即神来之笔也。文人慧心，当风嫣日媚之际，灯昏酒暖之时，辄有流连不忍之意。此流连不忍之至，发为文章，即所谓不得不作者矣。词心既萌，词笔随至，若稍纵者，亦复即逝。此境在一刹那间，试加体会，词家当必以为过来人之言当也。词笔易学，词心难求。词心非徒属诸词也，文人慧心，发乎中而肆于外，秉笔则为黄绢幼妇，在词则谓之词心。所以涵养之者，要在平日去俗远而接书勤，读书之际，时时体帖书中之情味，使即于读时之景物，久久书与物也，与读者也，融成一片，庶几近之。若读时但知有我有书，而不以景物情致介于境中，亦不易得。

作者往往完篇之后，自以为名章俊语，而读者每患索然，此作者不能以情馈之读者也。慧心所托，知之者乌能无动于衷？是以完篇之后，越日当循回读之，觉情致嫣然在纸，积月以还，更不少减，知读者于此词，必入彀中矣。其别有所寄，或语格迥殊，或自是名篇，但惬心赏，为它人所莫辨其甘苦者，又当别论。

情有数种，其以浓为深者最肤浅，以淡为深者最至挚。特以淡为深，笔须苍劲，非一蹴所易几。譬如斜阳芳草，至足流连。其言人之流连者，可作浓语，情实非深。其言风物之流连者，差胜一筹。其言风物之常存，而人之不能常自流连也，情较深而语亦不能过浓。若但风物言风物，人言人，而有机括以杼轴其间，则此中正有一彼此依依而不能常接、不如听之任之之意。作此等语，情最挚至，而其言则非苍劲冲淡，不易曲达矣。

词有题境绝窄者，若徒就题立言，虽极敏妙，骨干必柔。若言纤芥而能拓其情理于极大，使就中有可通之理，即言虽纤而寄托大，情味自必并茂。反之，言极大者，充其分际，必为粗率犷暴，则亦宜约之使纤，使语纤而意境不失其大，是在锤炼之深。

学词但能学章句理脉，发纤使之广，约博使之微，则在常日多读、多涵养观摩，与求词心同，盖有不能招之即来者在。

命题之词，主者于起拍即以数语笼罩全题，不必犯，不必避，而题意已在其中。此后或演绎之，或泛澜之，率在作者。其次，先于题之前后，瞻顾回环，而不见斧斤之迹。又其次者，始就题以立言，步骤井井。若求深周纳，随意放过，似有所指，而绝无真意，斯为下著。

词有质朴之境，语极冲淡，思绪覃然，不为惊才绝艳之言，而令读者一例颠倒，此最不易为者。

词有新颖之语。或意本平庸，而出之吾手，便成妙语；或摭拾一事，未经人道；或偶押险韵，特地生色；或本旧意而新之，或别立一境界以张之，要在作者之狡狯。此固非词之正规，但能偶致以炫才，不足以此增重也。

浑成之境，更非一日所可及。纤巧或为浑成之害，而语纤者意固可以浑成也。语贵直贵圆，意体贵浑成，消息至微，不可不辨。

填词构思，有预定之步骤。然走笔之际，又往往随笔更易，愈操胜诣，或博或约，有时又以求协律韵，汰旧出新，是在有慧心者随意为之。在未举笔前，每似意冗而难就，走笔之后，简括为数语，复似患意少矣。

名作辄于融情入景，融景入情时，微微以一二字画龙点睛，俾成绝唱。

言情愈挚，炼字愈细，字面愈淡，此第一胜著也。

词固不易为，词序尤不易为。感怆之情，于以为楔子，又与词不得相犯。若词语尽入序中，则何尚乎词？白石道人，最擅胜场。

绮丽字为词中所必需，而用之不得其当，但觉累赘，失其真气。至有智慧者，虽用质实之字，亦可出以清空之思。

一词之意固不可叠，而一题作数调数阕者，亦不宜相犯。其能并前人所言而澄汰之为尤妙。

词中用字，宜有一二处用响字。此在定例阴阳四声之外，于沉潜中见其摇曳，足以振挈全篇。然在善用者用之耳，不可强求。

词有层次，而不重勾勒，所谓意方而笔圆，及其至也，意圆而笔方。

词中宜有浓艳之字，如布金沙，眩人眼目，顾非陆辅之所谓词眼。辅之所说，拙极无是处。

词中用经史成语，须先锤炼，使就我范围。其用之也，须人一见知其意在言内，情融言中，而无从见其斤斧为要。

典丽语易犯伧俗。北宋人用之得当，见其气度，南宋以还，均嫌纤卑。康伯可虽一代名手，未能脱俗。

北宋未尝不择字而用，特认定淡为第一义，无论何语，均简炼之，使淡泊而情深。此在笔端灵活，前后呼应。花间择字主浓，而笔端机括，足以胜之。后此以饾饤为择字者大误。

隽永之笔，决不可稍稍芜杂。一乱即无隽永之可言。

字面字里，各具方圆，初学者但求用之不失其规矩，及其至也，以笔力意境随分驱遣之，使更见精采。

填词有二语貌似相连，而其中细味之却少一关键者，由于运思之未挚，用笔之不熟。关键固可明转暗转，却不能省略，太明则味浅，太晦则词断，须在迷离中有一径可通，方为悟入。

词中固有迷离之妙境，然迷离中正有一真是非在，须理本可通，而姑为迷离之词，使人迂道以赴之，犹焚香斗室，香篆云袅，而烟云中正有碧纱青玉掩映其间。若但尚迷离，而无一真境，则似迷离而忘其本，词气惝恍，将使人不知所指。好学为迷离语者，宜省识之。

一词一语，均有一合宜之字，先求合宜，再求精审，最后始以神胜。所谓合宜，指其分际而言之也。其或不获合宜之字，则不以学者见之不广，即造诣有所未至耳。

宋词风度佳胜，亦各有偏重。小山华贵而取境不大，淮海艳宕而或失之轻俊，梅溪摇曳，敏于词令，事理实拙，方回肤廓，玉田谐婉而中空，草窗花外，但敷藻作貌似之说，此在读者能各取其精，各避其失。

词最尚风度，须摇曳而不轻荡，摇曳于字面音节，而重拙于骨干神理。反其道者，万非佳词。

清初人词，专矜风度，而每失之纤靡，盖并其骨干而摇曳之也。于字面求摇曳时，于骨干宜特求重拙，使铢两相称于相反之中。若并其骨干而摇曳之，焉得不轻不靡？

风度最不易求致，须在日常涵养，频蓄于心，时上诸口，久之遂似位置其身于花明柳暗之间，偶拈韵语，风度必佳。若但在读书上求之，必并致骨干纤柔之弊。语之苍润，各有风度。白石语最苍而风度亦最胜。风度固不徒训侧艳者也。

调之谐涩，亦各有风度。特于谐婉中求风度易，于促拍中求风度难，亦惟促拍中有风度，乃臻其妙。

风度之外，别有气度，消息至微，不可不察。风度指体态，而气度指神情。其最胜者，无论语之苍润，气度必雍容和缓，珠光剑气，不足抗其明；红英翠锦，不足喻其艳；玉堂金带，不足方其豪贵；清歌妙舞，不足方其英华。有风度之词，间尚得见，气度雍容之作，尤为罕觏。

风度随语意而占胜著，为苍为腴，一视其词。气度则苍劲中亦宜出之以雍容。白石晚年诸作，具此胜处。

辨词先尚浑成工稳，进求成就，各各不同。有以性情胜，有以新颖胜，有以精灿胜，有绝不修饰，自见风度，有刻意藻饰，英华独绝，有艳在骨中，有苍在言外，或一家兼数者之长。此须各就所作，逐首逐句推敲之，始可体会。

言词无非情景，而言情为尤难。有二三虚字中，便蕴无穷之转应者，有情深而繁，多言莫罄，转藉一二字以达之者，有委宛语炼锺简易，转见深刻者，有字面拙大，而内实俳丽者，有以一二虚字振挈全篇者，有一二语中暗转四五，而立言之意，更在暗转之外，特其消息非于转应中莫达者，有言极肤浅，而实蕴蓄深厚者，有言此而实不指此者，但标纲领，已不胜言。至于关节所在，当在读者随意体会之。

情语迷离直质，各有胜处。然迷离当致力于字面，直质当致力于骨干。

情语宜有含蕴，有含蕴，便令人回咏无穷。其以斩截语言情，而仍使人回咏者，是最大笔力。

凄苦之音，出以华贵，为作词第一要义。

说景须使灵活。若于灵活外更尚风度，则为尤胜。盖灵活方能融情入景。此理或可通之于丹青，而灵处丹青或不及尽之。

说景之妙，范围不尚大小，幽花纤草，亦可寄天地寥廓之情。

清真不以俳语说情，而委婉自见，最为难能。

柳七说景最宽，无论何物何事，一一摭拾入词，均能位置熨帖，使传胜情，具妙景。宋人正法，殊不易几。

词有极凄怨而绮丽者，但言时花美女，已著春老秋衰之感。此等语易为而不易传神。此在性情襟抱中，当先怀此无可奈何之苦心，又复遇艳阳芳物，怅然为感，不能无言，然后行之于笔，深之以学力，始成名篇。否则满纸均词家口头之语，真意索然，何必有作？

冲淡一境，不易铨次。大约随意说一事一物，使事物之情致宛然者，初乘也。不必有择于事物，信笔言之，而情致不减者，中乘也。并吾所以言之者亦不加意，事物寻常，情致转深者，上乘也。

长调易患质实。质实之作，纵珠玉并陈，不过瑰丽如入五都之市。若参以疏秀清空之气，则位置得当，始足移人。此在得力于风度以济之。

词须知雅入而厚出，则无轻纤之弊。雅入由外而内，用文字以写吾心于外，谓之词藻。厚出由内而外，寓吾心于文字，谓之骨干。不雅入，其失在表，不厚出，其纤在骨，尤犯大忌。

词无非言情言景。言情者婉约以达意，词之正规也。言情多半得力于天分，天分不高，作者之情，何由而达？能有妙语，其次赋景，流连风物。赋景者但摭取耳闻而目见之事，停匀位置，天分稍逊者，犹可以学力拯之。

有天分者作妙词，非词笔胜也，词心之慧，百倍词笔，信手拈来，直不自知其何自而得之。其徒以学力胜者，则同于苦吟矣。

善为词者，信手所得，与求之而得者，少有差第。盖学养均深，信手而得者，先之以涵索，智慧日增，词心日利，一触即发，招之亦即来。其仅仅得力于学力者，自不若得力于涵养之妙。

禅宗有机锋语，词家亦有机锋语。似入顿教，便成圆觉，拈花心印，无从明言。惟此机锋之中，正有可以证入之道，特凡夫下愚，不能知之耳。词中机锋语，固不难作，惟机锋语之求得证入者，正自不易。然不能证入而作机锋者，将谓之何？故欲一试词家南宗者，尚须先自参悟证入。

词有最高之境，言烟云花月，而真意不在焉。非不在也，吾心可以驱策烟云花月也。盖吾心之高超，更在此天机活泼之外。此何等景界，求之要在作者之胸襟耳。

词中有必不可能之语，必无之事，然信为妙词，且一见知有妙谛在者，此亦南宗语也。

词亦有言花月，而别立一意，以重言之者。（并非寄托）譬如风月移人，实则风月不能移人，风月中正有移人者在，即持此以言风月，其所造诣，必较高矣。言时花美女，舍花女而言其所以时，所以美者，意更深远，即藉所以时，所以美者，而推衍其意，亦必多妙谛。此舍其躯干而标举其神会，文字而通于哲理矣。

风度流露，往往于疏秀语见之。风度固不仅主疏秀，特于疏秀处易见耳。言风度者，固不能离文字以求之，然亦不能泥于文字。字面可求者，则假手于字面，字面不可求者，则假手于神会。譬如言景则贵生动，奇花瑶草，当使于凌风浥露时，见其风度。至风露之明言与否，则在作者之驱策耳。

质实语一例可见风度。若淮海词中，触目即是金玉琳琅，字面堆砌，虽质实之语，同具风度。彼专以“东风里、朱门映柳，低按小秦筝”为风度者，是仅知疏秀之风度，而不知质实之风度，一间犹有未达。

词笔佳则文字胜，词心佳则风度胜。就词笔以求词心，不如舍词笔以求词心，泥文字以言风度，不如舍文字以言风度。其不获于词心，而仅于文字上求风度者，学为生动之语，必趋纤滑一流，转见其弊。

欲求学为风度，不如学觅词心，二者均不易求得者也。学为风度，当取古人名作、风度绝胜者，吟回久久，最后词语虽忘，而风度犹在。似我已著身为词中之人，然后行文走笔，以词中之人，写词中之情景，词心自然涌现，词笔亦必有风度可见矣。

读词之法，首窥作者之性情襟抱。盖词本抒写性灵之物，而性情襟抱，既不易悬鹄以求，且或有转足以限制人之学力者。读词能首加致意，则积久之后，性情可以陶融，襟抱可以开朗，自进益于不自知之中。

就词言词，当先研考其体制、品格、风度、气度。体格，即章法也，品格则辨其高下，为厚为佻，风度求其雅洁摇曳，气度求其雍容和粹，然后更及炼字琢句、起应承合，词之工拙，于此尽之。

词气能疏秀见风度，则字面虽精金美玉，不嫌其七宝楼台。言情之作，每长风度，又辄失之空泛。须堆砌而能疏秀，摇曳而不见空泛，始为允作。

言情之空实，不可强求。盖情本吾心所发，蕴诸寸衷，磅礴弥漫，然后登之楮墨，挥转自如，自然佳胜。其强求之者，心本无情，貌为情语，纵笔力可胜，句字停匀，是哲匠耳，何名为情？

言情须含蓄之情，多于文字，似以吾满心所蕴蓄，寄托于此数十百字之间，回环而不能尽之，为事正不易易。其胸无所有，以强填一调者，必失之空，殆无疑义。

词之空质，在文字谓之泛，谓之实，在吾心谓之真，谓之伪。情真则所蕴自深，情伪则本无所蓄，谓之泛实，无宁谓之真伪。

言景之作，亦有一境一物，往复流连，布置停匀，亦为名作者，特能品耳，未足为神品也。

言景之作，有以目中所睹者，并两三语为一语言之，此语自己妙胜。此外或更因景及情，或并情语超而空之，能用极拙之笔，而不觉其枯寂，字画冲淡，而字字对景以发，不落泛套，斯为名作。

情景杂糅之作，所见者景，所思者情。以有所见，方有所思，以有所思，遂似更有所见，遂似所见者益生感会，此中正有不少回环。故此等语，言景质实，言情清空者，初乘也。言景清空，言情质实者，中乘也。清空质实，蕴之于字里行间，而不见诸文字者，更上乘也。并二者而超空之，言景不嫌其实，言情不嫌其空，所语不在情景，而实合二者于一体，最上乘也 。

用质实字而不见其质实者，法有数端：一、字里行间有清空之气，吾能运用之，而不为所滞。二、风度摇曳，遂不觉其字面之质实。

三、笔端有力足以制之。四、位置停匀，令人莫察其为质实。

用经史成语之法，须择与题面合者用之，厥有四法：一、摭取其字面吻合者用之，人且浑不见其类经史语。二、因其原文稍为穿插，使就词笔。三、用其一二字，人人知其为经史之字，而以造句得法，遂不嫌其方刚。四、取经史之意熔铸之，此在先能熟览，使供驱策，便成活著，随意位置，无往不合。总之，无心用者，胜于有心，一有心，便患斤斧之有痕迹。

词固有谱有腔律，可以叶而歌之。是以宜参以气度，使幽茜雍容，各极其致。盖晓风杨柳之作，一登氍毹，黄河远上之词，旗亭画壁，在歌者必济之以体态，始极其妙。倘无气度，则词虽佳，若泥塑美人，毫无生气，拍歌者将何从济之以体态耶？美人之美，歌者之歌为一事，体态为又一事。通乎此者，始知词中之必需风度。风度与词，如影随形之至理，于此可证。

幽茜绝顶，华贵绝顶，哀怨绝顶之作，均不易为。常人辄一涉幽茜，便成衰颓，一涉华贵，便成俗劣，一涉哀怨，便成诽乱，此中消息，不可不慎。

词有精金美玉之能品，有天然情致之神品，一在学力，一在天分。在学力者有蹊径之可通，在天分者无可希冀于万一。

言情言景，均宜立言重大。重大者易流于拙，须语重大而情有至理。至理所存，自然智慧。怀智慧以言重大必佳，舍智慧以言重大多拙。

词固重拙，然拙宜于无字处位置之。若能以拙语申慧思，或语情并拙，而词则特佳，此最难事，非深于学者，不可妄冀。

用新颖纤冶之语，貌似婉约者，往往转成拙讷。（拙固有二境，最佳者求拙，最劣者亦拙，拙于此而长于彼者佳，其训笨伯者为劣境矣。）梅溪或蹈此失。故婉约之笔，宜以真智慧出之，不能徒乞灵于字面。

隽语当有真情，否则流为佻荡，其境至不易别。盖即以真智慧强作隽语，亦且多佻，遑论其他。

词面求拙，拙而能成就，则已届炉火纯青之候矣。拙与方不同，拙者情拙，方者言方。方中亦有优劣，语方则须意圆，语圆则求意方，其并行者，且两失之。

辛、刘并称，辛实高于刘。盖辛以真性情发清雄之语，足以唤起四坐靡靡，别立境界，其失或疏或犷，则为雄之所累。有辛之清，抒辛之雄，不免此失，无其清而效其雄者可知。实则清根于性情，雄由于笔力。综览全集，亦有《祝英台近》等不雄之作，而无不清之作，斯实由于真性情所寄托。彼貌为狂放者，当知所鉴矣。

一词既成之后，必加循诵，至于数四。往往填词之际，按声循律，意绪稍紊，或专尚华艳，而失清真之趣，或过于饾饤，而无贯通之力，则于词成后细诵之，可谋改定。其诵之也，当如读前人之词，以己身设想入于词境，玩索久久，则某字失黏，某字不工，某字不贯，其病灼然可见矣。

设身入词境，设想循词脉，境真而脉顺，大体粗备矣。但在循诵已作时，必须视之如前人之作，不假丝毫私意于其间，则症结始可毕露。

选词之法，选昔贤名作，必须将其全集玩索一过，知其专精所在，学力所迨，依此门径，而取其尤胜者。然专工艳冶者，其饾饤纤靡之作，亦固不能入选。大抵主其所长，而又不废其所兼备者，斯为合格。主於中者，当先立吾个人之准则。如言风度，须先知以何者为极风度之胜，某家词有类此者，则辑录之。如言沈著，须先知以何者为极沈著之能，某家词有类此者亦辑录之。至于操选政者，在中流以下，或虽填词比附风雅，而拙讷木强，莫窥词中之消息，则讯以何者为风度，或不能答。或以轻佻为风度焉，或以少骨干而但尚摇曳者为风度焉，或以貌似清空之语为风度焉。凡此本人尚不能知之，胡能论列前人之作？其所选自不足观。好事操觚者，其知所慎乎？

备家数之词选，在存一邦之文献。或以人名而存词，或以词名而存人，或人词并不著于当世，而前辈硕学，故交风雨，当为少留其鸿爪。凡此之类，但当取其人全集观之，酌录其佳胜者。其次但检其首尾完整，少有趣味，偶有合式之作，便为搜罗。更其次者，降格以求，则取无显见之劣处，首尾匀净者辑之而已。盖语务高深，则此辈率遭摈弃，又将安得以传其人耶？

往往有一时硕彦，博通经籍，出其余绪，以拈词律，舛讹百出。其最佳之作，但摭取前人吐弃之第一义而引申之，花明柳暗，能不失其位置，已称停匀。其次者师辛刘则暴涉于犷，师周王则纤及于薄。似此纵积至三十五十卷，亦糟粕之尤。此盖不知消息之过，似日日遶回门宇，而不得其户庭，则登堂入室，无论如何，终隔一尘矣。选此辈之词，最难著手。

乡里士人，辄有所作词，外表甚讷，而骨干殊强，语亦疏秀者。或用字极重极拙，虽笔力不足回旋，而通体尚有真情者。大抵此等文字，情胜于词。以情发乎灵府，通乎襟抱，无往不可。若词笔则须学力天分兼到，非信手拈来者所易致。

有清自王阮亭以疏秀取胜，风度均近纤懦，重拙之妙，无复偶见。人人涉想于清空中作绮情语，摇曳为主，雍容为用，末流之弊，不可胜言。既而又有以辛刘为宗者，遂出粗犷之语，自谓起八代之衰，盖视阮亭，矫枉过正，其失遂等。于是清词不归绮靡，便归雄犷。至张茗柯出，而寓疏秀于清雄，曲遂流畅之美，而不使之涉于纤佻，其道稍重。然常州词人，自兹以后，犯阮亭者几已绝无，而犯粗犷者犹复不免。今就此以操选政，亦甚矣其惫矣。

词于文字，一代有一代之成规。唐主蕃艳，南唐因之。北宋尚骨干清遒，南宋尚丽密雕饰。元承南宋，又少少间以疏朗。明最靡陋。清初主绮靡，既尚雄犷。茗柯出则推北宋，发事外言内之旨。其后至于半唐，冲澹沈著，力规于古，差复两宋之旧观。此可以论列者也。至于并世歧途，各极其胜。二主真率，韵味深长。耆卿缛绣，东山秀逸，白石苍劲。天籁遗山，各以雄胜。明季二陆，沈著可诵。饮水弹指，庶几北宋。彊村夔笙，并师半唐，一以精金美玉，方规梦窗，一以天才逸思，自矜北宋。此则在一时风会之中，别寓独标奇帜之志，不可例以朝代而推定者矣。

说迷离语而就中影射一事一物者，颇不易为。盖既须切此事物，又须特作迷离，二者消息，并存不背。求工者但当以智慧之笔，运空灵之思，使其如梦如影，无所沾滞，而又不失黏，庶乎得之。

改定初稿，见有未尽善者，当别辟新意，或别造新语以易之。然此新立之语意，亦更未妥，则亦当急摈无少惜。倘必刻舟以求剑，其所失且更大。有时一字一语，屡经改易，自见精采。掉以轻心，庶必失之。

说迷离事，不宜出以质实之字面。然质实字正亦不妨间用，但当于意境中求其妥洽，为不易耳。

词中风度，大抵主骞举高尚，沈刻雄潜。若字面过求摇曳，或故加琢饰，流弊所及，真气泊如。北宋名作，与南宋之相隔一尘者，正在于此。初学词者，尤切忌引用新颖摇曳之字面，或纤或伪，不可不慎。

雕琢之弊，必为纤脆。即一字之微，消息各异，太过与不及，即不相称。北宋之高，在清，在浑成，于此可知。

凡词中二语下贯以一语，则此一语必包举前二语，始能串贯，万不可使偏废。梦窗之炼字，在炼形容事物之字，有时从苍劲中锤炼得之，有时从艳冶中锤炼得之，有时从明媚中锤炼得之，各极其胜。然苍劲者难，雕琢者易。

智慧所及之句易学，苍劲中见趣味之语难学。寓智慧之心于苍劲之内，使笔力沉潜而重大者，更无可学，当徐徐以襟抱学力鼓济之。

词立境之奇特，立意之新颖，或奇艳温馨，或婉姝秀丽，或雄放豪举，均在骨干而不在字面。故可以骞举之笔，写温丽之情，艳极之笔，寓怅感之致。若作艳词而必饾饤于香奁之字，作豪放之词而必托情于江风山月，已为下乘。其更下者，但有艳词而无艳骨，但有犷语而无雄境，立词奚为？

词一句中有转折，然上下必须贯串方得。非但谓字面之贯串也，当重于意识之贯串也。意识之贯串，有外转内转，而字面亦必求其上下可连续者。尽有意义贯串而字面不协者，置之词中，终碍人眼。

词主清而不主瘦，清腴是用笔第一要义。清而瘦，寡然无味。清而腴，则厚永之音，回翔篇幅，清在字里，腴在行间。运腴语于清思，庶极文章之妙手。

北宋词于清腴之外，兼当重淡，淡当在笔底著意。盖清腴淡三者不可偏举，必于一句一拍一节一奏之际，时时加意，始极造语之能事。惟骨干之说，犹不预焉。词之奇特，当在意境，不在字句。奇于字句，便患突兀。若意境奇而字句不奇，则平浅之笔，写奇险之情，深思之愈得其妙。

词笔不可不拂拭而钩勒之，不可少过，少过则近于雕琢，且伤词笔之浑厚。词于厚重拙大，为最要义，少失之即差以千里。

词中有倜傥语，倜傥在风度婉转，能使唤质实者为生动，以无情者为有情。倜傥之笔，偶一用之，全词为之生动。若数用之，则恐流于飘忽。

词中转折，固以暗转为上乘。然第一义语，转折得圆转之妙，亦即流利可诵，不可尽废。

四字一句者，设用三实字一虚字。实字虚字，亦有疏密之辨。倘实字疏则虚字密，实字轻则虚字重。反此亦然，否即有沾滞空疏之弊。推之至于全词，一时疏则一时密，一时实则一时空，当使无意求得停匀。

诸词以四字对句起者，最易质实，不炼则轻，炼之则晦涩，或不能合于全首。不若《水龙吟》《徵招》等之神来入手，可以妙句天成。

换头处最宜将笔提空。若能二三语或一节奏后，再提空之，则尤灵跃纸上。

大处重处不可学，不可不学。作忠贞珉墨等词，尤不可无此等语。所贵在以重大之笔，出以闲雅之词，使不方滞，则为上乘。质实语、叙事语、不易见工，则在领句之字，适得其度。字面不在新颖，即极通常之字，位置得度，亦足唤起有情，楚楚生致。词不忌方，方见笔力，但圆中不可著以方也。

词之摇曳，无关调之长短。但观唐人诸拗体小令，可以知之。

词忌空，忌浅，又忌质实。平心论之，古人所谓名作，“杨柳岸晓风残月”，亦不免空纤。“芳草有情，夕阳无语”，则亦空语，“雁横”“人倚”，又似质实。名作之重风度，于此可知。

古人名句，或取眼前道得者为之。至于今日，则所为名语名句，眼前光景，大都已为古人道尽，必加微汰，于以知后之胜昔，求工为难也。

词最尚风格高骞，不妨侧艳。然侧艳语宜有分际，少逾即便伤格。

贻赠之作，不问所致之何人，但当高其声价。盖高人正所以自高。迦陵全不谙此，殊为可异。

词之绝妙语，神来之笔，不可强致。若强致之，貌合即神离矣。作词宜由胸中发出，一气呵成。若就心目所思者，强为雕琢，无论如何工练，终少真气。近人之以词名者，未尝不中此弊。

一气呵成之作，未尝不可精研字面。盖零玑碎锦、酝酿胸中，但有真情，便可驱策，随意运用，不致板滞。然成词之后，字字琢磨，改易再三，以求妥洽，又恐因改易而失全体之神，违全体之格，不可不将慎也。

作词贵将笔提空。若泥题为之，无论如何，必板必滞。

咏景之作，贵将眼前光景，瞑思体会，得其一点之灵机，又于此灵机既动，光景绝佳之际，著之以我。所著非我也，我之灵机也。我之灵机，使与光景之灵机相合，其身已飘然而不自持。撷此灵机以为词，必臻妙谛，然斯境非易致也。

卷二

词之为道，意内言外，虽格调不可不严，而含嗜尤贵得当。此盖极戛玉敲金之能事，鸾笺翠管之匠心者。有志于是，则远取诸物，近窥乎情，运实于虚，潜浮于沉，要当以大块之文章，肆其词笔。彼由词求词，但窃前人精胜之语者，固非上乘，而但就文字以求词，不先陶冶其性灵者，亦何足语于词之极精耶？

史汉唐宋，魏晋六朝，佳篇名构，但以神会，无一非黄娟幼妇，而又无片言成句，可参之词中。然熟读深思，则条理风骨，自见精进，又宁止典雅而已哉？

欲学填词，不能不先学读词。读词首在流诵谐适，使其音节停匀，谐适闲雅，久玩之自渐生其神味。待神味充뗏，似读者即会心为作者，然后再因其理脉段落，而观其擒词敷藻之所在，则思过半矣。

词中浓淡隽永清腴渊穆之辨为最难。盖于中之消息至微，可以意会，不可以言宣，惟多读斯能知之。

作词之前，当先认定作词之意。纵随意漫吟，亦宜有所本而发之，斯为不空。若徒以藻采黻饰，则穷其工极，不过麒麟楦，乌足以云意内而言外耶？

词有格局，有字面。格局取观于通体，字面求工于推敲。格局贵紧密停匀，充其极则胡帝胡天，自有妙造。字面贵适当，无论工否，须适合其分际，使后来竞胜标新，而仍不得少为移易。进于此二者，则当取径于气息。或标一家之长，或兼诸家之胜，造诣所得，盖各随其学力天分之所至矣。

词中用字，名贵为上，隽永次之。但以新颖藻饰者，殊不足尚。

吐属贵俊雅，不独词为然也，而词尤尚之。俊雅非求诸古人不可得，是又在读名作时加之意矣。

格局之外，别尚气机。盖格局犹有蹊径之可寻，而气机则在慧心之所极。气机首在通灵，少失之滞，便索然寡味。以有形停匀之局，寓无形灵神之机，则庶几其为传作。

词应有拙语，应有谐婉语。拙语须出之至灵之境，否则流为木讷。谐婉语须出之清疏之境，否则流为轻滑。两者消息，正不易辨。

词不能无跌宕，而少失则空、则轻、则滑。当举清疏之境参之，斯为允当。

词有迷离之一境。言语无迹象，意旨当令自在，不假文字，情况宛然。要使文字反成赘疣，明言转伤质直，方为迷离之至境。然少一不慎，无的之矢，又不足以为训，转致偾事，不可不知。

词中有暗转，帷灯匣剑，相掩生辉。其承上文而暗转，犹不若不承上文而暗转，理脉自通之为上乘也。

词当深入。先立一意，复转一境，因境异则其意弥深。如是三四转，情益胜而语益工，意亦益深，非信手拈来者，可以比拟矣。

尽有一二俊语，以位置之不当，转致减色，或通篇不因之而加工者，则气机有以沮之。是须在通篇致力，以拯其失。

因题立词，当在在认明题面。若仅以类似之语，敷衍成章，则嫌泛泛。是作者之通病，当于意旨上求专以药之。

作者往往有陈义绝高，而措词欠工者，则少读少作之故，驱遣不能灵活，有以致之。当存其陈义，而别涵泳于名作之林以求之。

融景入情，自是词家第一妙诀，而因融景入情之一二句，可按文随之以作情语，情语由景转入者，便更有据。固不仅以此一二句为求工之止境也。

咏物当就物之标格风神形态以求之。其就物以言者次也，其离物命意而约指及物者为上，但就题用典以充篇幅者为最下。缘情之作，当有一二主要语，本其至情而发之，或深刻，或秾挚。其泛作情语，实无深入者，拾芥遍地，何贵之有？

词中驱遣字面，端仗一二虚字。首贵适如其分际，宛转贯串，而使面面均能顾到。

词有宜直起直落者，若明若昧者。直起直落，不失之方。若明若昧，不失之浮。若于烟水迷离之中，而仍有理脉可寻，使读者不能径指，而自玩其妙，为最上乘。

词贵襟抱。此各人所独秉于天，而未易强求者。求其进则在涵养于冲淡朗逸之中，而以书济之。次贵学力。此专在读书。读书之功候，愚者未尝失，而智者亦不能侥幸致之。

词境与词心相为表里，亦或相反以相成。斗室之中，可以盘旋寥廓。山川之大，可以约之芥子。妙境慧心，初无限制。

词中回顾响应，顿挫转折，不但在长调中须求其精诣，即短调亦不可少忽。

深入与暗转，二诣可通。盖所谓深入之义，自是味厚，耐人寻思。然数层意义，可纵之为一阕，约之为一语。纵为一阕，则潜机内遣，理脉宛然。约为一语，则意深语警，情厚致浓。而字面务求其平浅。以平浅语写深入之义为最厚。其暗转于中而研炼于外者，梦窗合作，所以别辟蹊径，独传千古者在此。

短调流咏，全在神味。一点词心，便成一首绝唱，初不必光景事实，以为之渲染。至神味当使淡于笔而挚于情。其情笔并淡，而绵邈移人者为尤上。至所以能淡，端在词心，初不能固立鹄辙以求之也。尝自思之，于风光明媚之中，偶然观感，有所触发，慧根一动，词意自生。即随意讽咏，为此大好风光写照，但有好笔，自博佳词。词心词笔，惜不易合一人之力以兼之耳。造诣各别，有所短长，佳词遂不可数见。

词笔就学力为进退，尚有迹象之可寻。词心则发乎天分，系诸襟抱，但能陶冶而加以培植，非学力所可成就。

词有四患，浅俗佻薄。浅者，肤廓之语，一读便已了了，无可下转，此人人所能者，特当引以为戒。俗有情性之俗，字面之俗，或所举之典实，不登于大雅，或所造之意境，无当乎风人。佻者貌似清华，吟风月而莫见风月之真情，言中无物，漫自剽窃一二儇薄之词，以自鸣其得意。薄者、绝无含嗜。此与浅略异。盖浅指词，薄指意，均不可不加以经意者。古来名家之作，犹或不免有此阙失，其病人之深可知。湔伐不易，慎之慎之！

词又有粗乱生窳之患。粗者、不择语，不炼字，不辨音节，不整章法，漫事掇拾，摇笔即来。文无理脉，境无远近，情无亲疏，均乱也。生者，腕力笔力，不足以达欲言之隐，虽具篇幅，而不能气局完整，音节谐畅。窳者、腕底字少，胸中书少，遂致纵有佳意，莫得令辞。此四患者，视前为易辨，亦复易改。所以改之，在多陶写，多读书。惟性灵环慧，益之学力，珠玑咳唾，无往不工矣。

词贵直而厌粗，不甚易辨。实则直起直落，阔斧大刀，写吾肝膈，不加粉饰，使真情流露于楮墨者谓之直。直与方差近。直者属意，方者属词。若粗则近于犷。消息几微，不可不辨。

集字成句，集句成章。句法各异，而所以用字者，亦正各不相同。一句之中，虚实相衬，有但用动静字，有以形容字贯串动静字，有竟以两名字为比较，而藏动字形容字于其中者，此在眼中笔底，极驱遣之能事，不可以格律为之围范。若词旨中所举之词眼者，饾饤叠架，不可为训。

词中用字贵炼，炼之又贵得当。盖炼者谓用字宜适合情景之分际而已，非必以晦涩蕃艳为工。晦涩蕃艳之字，未尝不可用，然亦贵合其分际。炼字首自有形者始，推之至于无形，曰飞、曰拂、曰吹、曰栖，各有其物，各因其地，各随其时，推而衍之，不必有一定之物，而又固不能无一定之物之时之地也。即情致所寄，可以使无形为有形，亦何尝不可于空处用实字，但在善于位置耳。字无粗细雅俗深浅之别，但视用之者之情笔得当为如何耳。花明柳媚，可运之为至雅，可鄙之为至俗，消息庶几在是矣。

用字研炼，最推梦窗，而梦窗有真情真意，贯若干研炼之字，七宝楼台，正具栋梁，玉田之所谓不成片段者，非也。用字最停匀而不加研炼者，玉田即其一人。玉田流走之致，与所用之字相表里，故往往不嫌其疏，同工异曲。知此始足语于用字之道。

用字贵在熟习，务使应弦赴拍，凑合腕底，恰有适宜之字，供我驱策。彼临渴掘井，将图剽袭，虽精金美璞，而未尝潢治于先，必有斧凿之迹，乌在其能得当耶？

词中须有警策语。纵不多得，亦必有一二处，方足使全篇生色。警策语尤以不露圭角，于浑成之中，寓绵邈之致者为上，期盖近于厚矣。

警策语之锋芒特起者，读之虽快人意，实则功力不深。其耐人寻咏之处，亦必不及浑成之句。而或以苏辛自拟，以犷为雄，比诸警策，则尤失之。蹈此弊者，三百年来，名辈固多不免。

跌荡摇曳，作词固不可少，而万不可失之轻纤。所谓摇曳者，语多活著，饶有丰致，既不佻，复不弱，字面极晦明之妙，音节得谐婉之工。跌荡者，意诣回环不尽，深入浅出。所以造词有联类相及者，有比兴而生者，有言此而指彼者，有特立一义以阐前义者。要跌荡在意，摇曳于词，而不失于厚，斯为妙造。

词之音律，熟读可以循按。词之家数，深思自能详知。词之婉曲，则非体会不可。词之字面，尤非多读古人名作，不易研求。此功夫学力中事，固不能以智慧幸致者。

词于换头为一折。换头或提之使高，或抑之使低。高者凌虚独立，别辟新义，使为轩昂。低者委曲盘旋，以申未尽之情。或但于谐婉中，舒其气韵，以为承合，要无定律之可求，水穷云起，允为妙喻。

小令贵风神。得有一二警策语，便足当行。古人每籍一二语以传世。长调贵理脉神韵，首尾完足，不必定有超拔之语，亦是能品。至长短调并重者，厥在虚字，起承转合，各得其宜。虚字之用于词者，不过三五十，而用法迥异，有毫厘千里之差。然意义之深入，正全藉此虚字。用法当先求其稳称，再求其精炼深入。能以一二字转一二句，至第三四义，初学稳称，已不易得，遑论暗转。至炼字则在恰合分际。若强以不相通之字用之，费解贻讥，自为疵累。迨夫稳称之后，再求深入，功候日深，成就自易。

虚字转接，承起上下，若恁况等字，极复相类。而各字之语气分际境地，正有分别。不深辨者，似随意可以俯拾，一加推敲，则或竟日不敢定断。

重大之字，重大之语，重大之意，极不易入词。而能手随意为之，可使词加厚而不见斤斧之迹。此在笔灵而气厚，非易致也。

章法不易范围，要以理脉为线索，草蛇灰线，隐隐起伏，神气具足，即是完篇。

初学理脉，贵在贯串。若言凭阑，则一俯一仰，皆凭阑之情景。若言搴帷，则一举一止，皆搴帷之意态。及其少有成就，逐步求进，则可由情推衍，以极其境，或由境推衍，以极其情。初不必以目前之范围为范围，但不使与情景背驰耳。至于胡天胡帝，别一境界，为至情所流露，尤不在范围之中。然非学者所易几，当别论之。

咏物多尚寄托。寄托不必定为颓丧。风骨崚嶒，志节磊落，一一可于词中见之。若徒以纂组为工，则上者已失比兴之谊，次者更是金屑落眼而已。彼咏物之无所寄托而传者，则专尚篇章音节，无论如何，不得谓为情文并茂也。

词语首贵华贵雍容。虽寒涩之语，亦当以华贵出之。非比诗之穷而后工。郊寒岛瘦，尽作寒瘦语，小山饮水，多作华贵语，分镳竞爽，各有千秋，可以知之。

词有性情中语，举吾心中所欲言者，率意一吐，自成名章。然笔力较弱者，不能以笔运意，只可增减其意，使就篇幅，一增减间，遂往往失其本意，无论拓之使远，约之使迩，要有磨琢，即非完璞。而或者笔端恣其豪放，又失之犷，二弊斯同。若有大笔力以运真性情，于零金碎玉之间，不失凌云健翮之志，斯极词之能事。

词中有伪之一境，切当引以为戒。伪者，指事咏物，初无寄托之成心，而漫加拂拭，学作纤靡之语，但求貌似神隽，实则绝干骨，虽有佳句，乌足为训？不如质直之中，不能工者虽有小疵，尚有真意流露之为得矣。

学词家数，当先就一家之稍有迹象可模者，师之极熟，然后进易他家。及其至也，深思熟读，或奄有众美，或别辟径蹊，信手拈来，都成妙谛矣。

词意贵珍重，所谓怨诽而不乱也。“珍重”二字，至不易为诠释，前人词论，亦未尝专及之。今姑为至拙之解以申之。如言花开，则不即显言花开，当自含萼放苞时说起，先想望花于未开之前者甚殷，则花开时之情，已在意中。若再深一步言之，想望于未开之前，虽未开而必有可开者在。及其既开，则又想见其萎谢在即，万不可负此须臾盛放之时。盖自未开想其开，而更想见其开后即落，转似不如长此含苞之为可宝可贵。回环往复，自无一非珍重之情。推此花开之例，感时指事，乌有不荡气回肠者欤？

词为温柔婉约之至文，故在在宜认定婉字。可迷离者迷离之，可曲达者曲达之，可比兴者比兴之。彼言杏花而曰燕子，言梅花而曰么凤者，亦不过曲达其事，使于情益为宛转耳。

词心之慧，何物不可弄狡狯。约远使近，则曰日近长安远。约大使小，则曰须弥藏于芥子。特当有慧心指使，则事理不可通，而情倍殷挚。若无慧心以运用之，索解不得，转为语病矣。

理之缘情以生者，必不致错综颠倒。盖摛词根诸命意，意中必有我固定之情景，决不能悲喜交萦，日月并悬。故就所思所见者，摅怀写物，必不致乱。所以乱者，厥有二故。一情景俱伪，伪则方寸间本无此景，徒事矫揉，自无伦次。一笔不足以达肝膈之情，则顺于内者致舛于外。欲除其弊，首在去伪，次在学力。

前人名作，若循理脉观之，似亦未必一一可通。实则有其潜机内转之一法，均于字底著笔。诬之者学力不足，故不察耳。春秋晨夕，似若背驰。若以潜机为枢纽，则自春可以徂秋，由晨可以就暝，何必定为次第哉？

填词之先，应先谛思，拟定段落。然一二语后，辄又别有新意，则以新意易之，即就以改定其段落。词意以开展为贵，妙绪纡回，不厌精密。故段落可定之于前，而不必绳之于后。

词笔贵锤炼，所谓锤炼者，使笔绕指成柔，从心写意也。有妙绪而不能曲达，是笔力不足之故。多锤炼则惟所欲言，不必增损意义，自有俊语矣。

词中有貌极浓艳，而用之则极沉痛者，不外由艳生爱，由爱生珍重，由珍重生怜惜耳。天下可爱之物有几，当其可爱者，更有几时，而爱固无尽。因之愈浓艳者，亦自愈沈痛。理有可通，但非妙笔不能曲达此情耳。

词意极深挚，而出之以清疏之笔，苍劲之音者，白石老仙，首屈一指。夫词面之苍劲清疏，固不害词意之浓艳深挚。其成就较深者，且以浅出深入，为更有含蓄。然非名手，殊不易办。

咏物于寄托之外，别当有见其身分之语。寄托者纳外事于篇章，身分者以吾心中之标格，借物以杼轴之。有身分，自益见其词之可传。

理脉循心思为蹊径，不易确定鹄的。初学者当先就枝干言之，由干生枝，自然不乱。设认定一字一句一意为干，此后造意琢句，无不就干蕃植，理脉自在其中。此虽极拙之言，熟习既久，意境自有其范围。不必立干以为枝，而自不出枝于干外。紊杂之弊，庶渐可免。

词中虚字，若耶也乎等字，以之煞尾，至不易用。盖或失之犷，或失之猾，犷固大害，滑尤膏肓之疾。此外转折间，生怕那不等字，亦不易位置熨贴。盖此等率有深入之义，非上下有可以深入之情景，则用之转为赘疣，贻害通体。

词中用虚字，当求其不为虚字所腻。盖虚字用之不当，或致前后数语，因之而另转一境，或因之而反为所限。要当以我驱使虚字，不为虚字驱使词义，期不致蹈此失。

不必言情而自足于情，一字一语，落落大方，得天籁者，为词中最胜境界，大晏是也。由大晏而小小琢磨，使益显见其聪明于楮墨者，小晏是也。大晏如浑金璞玉，小晏因以雕镂，然不伤于琢，正是其可贵之处。

词有丝丝入扣，虽不直不厚，而词意字面，恰到好处，足资初学之楷模者。南宋之致意于学力者，往往有之。然此中又分三乘，上者遒上，中者精整，次者工稳而已。

用字先求精稳，再进于情味，而归结于重大。要使重而不殢，大而不粗，或用粗殢之字，而见其粗殢，斯为上上。

立意宜新颖，层次宜诘曲，而字面不必求晦涩，尽可以常用之字，简练揣摩，使人人可以领悟。顾人所知者字面之义，吾所专者字内之意，言外之音。然字内之意，尚较言外之音为易知。吾知之而能用之，不艰不生，恰求允当。解人会心，击节称善，不解者吾亦听其不解，但以自娱为行文之乐境，宁非词道之至尊乎？

卷三

作者秉笔为词，必其拈题指事，宛转胸膈之间，使酝酿其所谓词境者，至于滂礴上下，积之厚，肆之宏，而情景因以杂糅交织于胸中，甚至满目词境，乃复不能道及只字，亦或其试发于硎者，乃仅得其胸膈中之鳞爪，而不足以达其胜，则并当芟夷而汰弃之，使此滂礴上下者，忽得有冲口而出，率笔而成之时，其所成者未必尽合，然亦去浑成妙造不远矣。学者少疏懒，即其先得者斧凿焉，钩勒焉，纵颦眉龋齿，奚足与此浑成者相拟。游神深思，为作词之先导，讵可忽耶。

一词之纲要，全在起拍时能笼罩全题，置身题外，尤贵于浑成。若其曲意设解，漫立新意，佳则佳矣，奈不称何。先由起拍致力于浑成，然后从而琢之磨之，则虽新艳而未必失之佻也，而未必失之纤也。求起拍之浑成，在于积之者深。若其所积非深，因而不可得深成之起拍，则此词亦容可不作，奚必浪费楮墨为哉！

起拍之章法，亦视词调而不同，〔高阳台〕、〔满庭芳〕起拍四字对。

其摭拾光景，泛说情事，未必不可以名篇。若〔水调歌头〕、〔八声甘州〕、〔烛影摇红〕，则律无可对偶，事无可掇拾，必其以笼罩全局为入手。至于名手，虽〔高阳台〕、〔满庭芳〕，亦不必以寻常隶事之法入之，则尤其至者，特恐不易办，亦不易工耳。

调有生熟雄婉之分。涩体其生者，寻常习用诸体其熟者，而填涩体词，万不可使流露其诘崛聱牙之态，填熟体词，亦万不可使其流于俗滑一途。涩调诘崛，固见其非高手，熟体俗滑，品斯下矣。药之之法，当先自存心，以调无生熟，律无涩滑，要其制词赴节之道则一。涩者宛转就律，窥前贤用笔之曲折而追寻之，自不见斧凿矣。熟者仍以己意矜持下笔，锻炼一字一词，务使朴雅以合词格，不因其日常随意吟哦而简易出之，则熟者亦不滑矣。

调之雄者，〔贺新郎〕、〔水调歌头〕、〔摸鱼子〕，婉者〔南浦〕、〔甘州〕等。要知词就于律，亦固无雄婉之别，特一为急拍，一为曼吟而已。词骨宜雄健，而词笔不易雄健，雄健而得其全，苏辛上智，宁复易窥，等而下之，犷厉而已。故虽填〔水调〕、〔摸鱼子〕，亦宜停匀，自出杼轴，不必因有苏辛之作而强效之，亦不必因多读苏辛之作而率口无意间效法之，为苏辛之罪人。至其以雄健卓然成家者，虽〔甘州〕〔南浦〕，亦自有其骨突惊人者在。此盖在学力之深浅，蹊途之不同，当因格以求词，万不可以备调而损格也。

题咏之作，无间乎有情无情。（旧游枨触，谓之有情。构题咏物，谓之无情。）当使有情者情致缠绵笔端，低回萦绕，无情者参以我之情而使之有情，不当徒以使用典实为点缀。至有情之作，则流连者已不忍复去，虽一片空灵，亦尽可为黄绢幼妇，更不必颦眉作态以取厌矣。但亦须揆度题义，或其题中所牵率者更有人在，则当并其人而纳之词中，不得但为物咏也。纳之之法，分段参插为下乘，纬事以见情者为中乘，使是物是人是我，融成一片，或并其所咏之物，所纬之人，而不必明言之，然已即在此不明言之中，又使览者一见便悟，此无上乘矣，特不易致耳。致之之道，自在有大笔力，深之以醇厚之气息，跌宕之笙簧。其次者亦当使有回环不尽之情。夫以不尽以回环说有情，情自特深，而文以情生，情以文永矣。

词长调不过百余字，短调不过二三十字，而虚实疏密，句法当使参插合宜，又当使匀称。然秉笔始及虚实疏密，固未必能幸致，即致之亦必见斧凿穿插之痕迹。此在乎常日多读多吟讽，使移情于不自知之中，则下笔开合，自然相间，少少布置，便复停匀矣。

词有纤秾轻重，此当以全阕论定，不当以一字一珠为断也。若其起拍作纤语而使轻笔，则通体当复如是。反是者亦然。若少凌乱，且不成篇格，更胡计其工拙哉。纤秾轻重之分，又当以题为断，视其命题之宜轻宜重，而轻重以之，不然即与题先不称，遑及其他。至于燕婉之作，随情深浅，未可预期，宜在例外。此盖为命题作词者言也。

虚字贯串，最关要著，或平说而味始淡永，或提起而始见精采，或反说而益见深刻，或用有情之字而情始厚，或但用无情之字而气始顺，或用一较深之字而少为钩勒，（过于钩勒，即失之纤，是大忌矣。）或用一较秃之字而情始挚，因地制宜，其不经意之字，亦当以经意出之，始为工也。（经意以求得一不经意之字，自更佳妙。）

词之工拙，固不易管测，然当有引人入胜之致，使读者寓眼，即放手不得。其有以拙为工者，或精璞未琢，使人望望然去之，则弥复可惜，亦由作者之不擅胜场耳。骨苍神老，固当求之皮里，而词表务当使有花明柳暗之致，则读者吟讽，自尔移情。然此中消息，殊不易定论，若少加误认，以为当颦眉作态，则所去愈远，不可不慎。盖此为情文相引而并茂，彼为麒麟楦也。浙西词人，匪不工丽，往往读未及半，以其作态而遽辍，罗刹簪花之戒，不可昧也。（此为已成就人说，非所语于初学者。）

词中有隶事处，然故实当得其所以运用之道，生吞活剥，切所大忌。不特隶事也，即前人之名句，少加点藻，亦可使就我范围。此一在有笔力足以斡旋之，一在常日读书，酝酿既深，熟极而流，因题触发。若其獭祭临时，则遑论其不可得，即得之亦必有斤斧之迹以犯大忌。隶事之法，或运用一故典，略其事而永其神，一也。存其人而不纬其事，二也。用事而并传其神，简练以数语达之，三也。合两典而运用之于一语，以笔力为回旋，而使深刻切当，四也。然运两事于片词，当先得此两事之可以并隶者，而笔力又足以胜之，否则先不贯串，露蛇足之讥矣。

过拍承上启下，当使有水穷云起之妙，前人已多论之。然傥得不尽之情，而重之以警峭之句，使情不尽而文突起，蕴于内者宛转如缕，发于外者挺拔千尺，则气足神完，益见精劲。特行文指事，仍当承转有自。尽可别开生面，要当以笔力拗转之。倘能暗转，益臻佳妙。煞尾结住全篇，为画龙点睛之要，不可少忽。以秃笔收者，无损于格，不免少情。以俊笔收者，跌宕有余，殊防飘逸。以淡笔收者，隽永不尽，难乎求工。以宕笔收者，推之使远，别饶境界。以厚笔收者，回甘谏果，庶乎得之。至于空无所附，纤不载文，伧狂俗野，率意芜简，则均其弊之大者。

南北宋以片玉为关键，亦惟片玉为大家。后之取法者夥矣，其功力在于淡、清、真。惟真而能淡，斯极淡之能事。盖其所蕴者固绝深，以其蕴之深而发之淡也，其淡遂益隽永。其深之也，以其真也。于造意上一有伪托，一有粉藻，则固不深矣，而其发之也，亦不能更淡。（前人词往往有词笔似甚刻划，意味似甚浓厚，然其情或未必深，即深矣，而非由真之深。夫非由真之深，其深先已不精，充其不真之深，但可作深语，而不能酝酿之为淡语。）夫以不深者而复作淡语，斯无语矣。其故意求深入而淡出者，深固不真，淡亦伪作，虽淡亦无情味之可言。而其所以致深情于淡语者，又当用以极清之笔，使益神其淡。白描写景，随意作眼前语，不必于景中雕镂，亦不必更于虚字中作态，情味自厚。即“天便教人霎时厮见何妨”等，以直质语出之，亦即绝无佻僄之习，转见其深致刻骨。亦惟真语斯为情语，以真情驱遣词笔，所谓至诚所感，金石为开者，亦斯例耳。于是乎融情入景，妙语纷来矣。学之者当先通乎此，而后有蹊径可寻。其但谓以片玉为师法者，往往重其造语，略其神韵，遂欲亦步亦趋，则匪特形不可即得，得之又何当于片玉哉。真伪本诸心，可以培养，而不可以骤学。深浅由于笔，当循心以发之。清浊见于造语，学者庶可进窥，循序求致，日常涵养，容有豁然贯通之一日耶。

学片玉之神不易得，退而学片玉之笔，以求合乎其神，则设境造语之际，当先屏除粉藻之字面，支离之句读，纤颖之结习，而求得其全。能全于神，上也。无已，亦当求全于句法，使先将假设之境，酝酿于心目间者久之，而得一浑成之句，其思虑所及，少涉侧艳浮华者，率屏去之，挚情萦绕，词境纷来，尤必自择其最淡最圆之语。对于光景花卉，求其静而渊远者，为驱词之助，所谓穆之一境，当先得之。就境构思，不必得点缀之字面，亦更不必多点缀之思虑，但为胸目中所触发，其率意而能出之者，必较近于真。若构思自患其不精，则深思之。惟深思或失之滞，或伤于琢，虽得佳句，非片玉也。静之为境，真之为情，在常日所咏索，及其肆口而得之焉，固万非临时深思所可得。自患其不似，求得之法，只有常日积其功候而已，不能以片时深思得之也。迨积之久而蕴之深，则满心俱是，神思已集，形骸自具，且无往而非真之境。其发之也，视其所师之各家，以定其蹊径，苟出之以片玉之风格者，斯近片玉矣。在未成之际，但有求其率意能全，神景之较穆者，以为初步之楷程，终南之捷径耳。

词有正面、反面、侧面、烘托诸法，要同于文章之千变，无定则也。正面最不易为，须力足神完，而又不落迹象，钩勒无迹。且既从正面说来，又不能不略为藻饰，是在先擒得题中之命意，择其雄健可以托笔之处，千锤百炼而骀荡出之。以其寄意于骨干，披丽于清雄，则虽正面之文章，亦足以寄其高抗委婉之致，以使移情于深入。是固非宿学者不易试耳。

去夏六月十五夜，月色如晴昼，子正，天无片云，圆蟾中山河桂影，一一可见。维时万籁俱渺，人语无闻，凭阑顷刻中，乃遘遐想，匪夷所思，真词境也。神明所及，豁然贯通，可以得大觉悟，证大智慧。

有顷于词境中，似渐落边际，著色相，所谓夺人不夺境者，庶乎似之。高寒中倘果有琼楼玉宇，当使姮娥相招，庶酬心素，避世其中，虽刹那间，何啻换劫尘千万，其空灵之想，非楮墨所可穷。即须臾再下一转语，以为何必高寒，斯堪避世，愔愔门巷，寂寂帘栊，一灯如豆，但求心之所安，宁不可方驾蕊珠宫殿。片晌中前后凡三换意，始则但有所思，而莫从寄托，既乃渐涉遐想，终乃反幻为实。指月之喻，殊莫可逃，性相人天，同是一理。然莫从寄托者最上乘，遐想次之，悟实又次之。盖愈思而愈著迹，则愈坠泥犁。因知大乘无相，上也。圆觉空华，勉为言说，已落第二义。观止止观，自强为解人。通此可以贯澈禅要，并可证诸词境。特此因缘凑合，使于万境中灭垢生定，为不易耳。亦知禅之不可幸通，词之不易言工也。若必形以筌言，范以象意，则终为下乘。故竟夕讽籀而迄未获只字，亦拈花不立文字之遗，然却自谓胜得妙词万倍。天如不吝此区区，俾时沐清光，其乐宁可尽言。成魔见爱，一转语间，正恐临济宗传，未必若是透悟。

取读前人名作，抑扬间每多乐趣，并跃跃思策遣翰墨。词章最重音节，音节通天和，达人意，曼吟低讽，尽心领解，能于沉潜中自发其积蕴，则其兴发者，或视力学为加胜。往往应酬之作，限日构题，花对叶当，已为上乘。惟于吟讽中得天趣者，构思之际，不必有所专属，俄顷乃往往因静得悟，神来之笔，庶几缘生，胜苦吟者万万倍矣。

作词之先，得余晷缓吟名作，以发其情，兴会无尽，渐渐移情以生文矣。选调定声之际，或先悬一家以为之鹄，挚至如清真，跌宕如淮海，苍劲如白石，均无所不可。及其成之也，未免形似。然得其丰神之一二，亦步趋之足式。其不用成法者，但当谐婉中不坠风格，神味中求其远致，不必语故惊人，强下第二三义，以自然求其浑成。至风格所似，则以常日所涵咏体会者发之，亦复自然有当。盖取成法者固有其指归，亦不免有临渴掘井之患。

学词者当先学一家，渐涉博采，再进专一家，而纳其所博采者，以自名其家，然后得超于象外之一境。以意随笔，以笔遣意，由意进神，传神于笔，能历进则愈工，此不易之理。要当胜之以自然之功候，然亦更有未可强求者在。

清人作词，亦有欲上窥北宋者，然一间未达，终不能脱其面目。盖北宋人挚至之情，都寓之笔，而清疏之味，则见于文词，所谓深入浅出也。南宋秾丽之至，北宋人宁无其思，特有之而屏汰之，遏抑之，不欲颦眉搔首以自露，而一导之于冲易之途，斯其所以为高也。（清真霎时厮见何妨，秾语亦以质朴出之。下至南宋，多为钩勒，质语便不经见。）

清人之词，质本空疏，貌为侧艳，内无秾情，外多俊语，而往往自误认其矫作之俊语，即足以上应北宋，于是不失之陋，便失之空。夫中无所有，徒事皮相，而又欲去其粉泽之施，以为清真挚至，则存者亦仅，此清人主淡泊以学北宋之通病也。夫必有南宋之秾至，而后得出以北宋之清腴。北宋作者，自抑其秾至之情，人人味其清腴，不易窥见其在内之秾至。迨南宋一变其格，即以秾至之情，抒之翰墨，于是北宋人所蕴蓄者，于以率露。其曰北宋天分高，南宋学力厚。谓天分高则舍其所蕴而多取于清疏，学力厚则得以尽言宣其所积蕴。否则作者更仆，各有所长，乌得复有以时代为之界限者。盖一在秾至之思之外，一即在秾至之思之中，风气所趋，蔚为声调，取径互异，体格斯别耳。

人动谓北宋不易学，不易至。就其体制言之，本无难易之别，所别即在象外环中之分。其谓先学南宋，而后进于北宋者，亦将以环中而进于象外耳。有曰天分少不学北宋，学力少不学南宋。盖以天分少则难造词于意外，以抑其秾至之思，学力浅者又不易以秾至之言，写秾至之思，使表里一辙，要无非在内在外之分，与文情相因相饰之别也。

改词之道，无论为人点定，或窜易本人旧作，当先求其平帖易施，然后进于精稳。其更于精稳之外，别多新意，不落纤巧，则尤擅胜场。字斟句酌之际，得一句易，求一字难。因一字而改一句，因一句而改一节者，比比皆是。前后语意不贯串，相凌犯，字之称色不相侔揣，韵之不谐婉，均是疵病宜改者。

平贴之道，以为精稳之基者，其要有二。理脉宜求工，而不可遽露迹象，新意当运用，而不可落之佻薄。苟完篇章，少读书，均足以致此二病。药之之道，当先汰其疏豁率意者，而试进于精整，又于精整之中，不以桎梏自限其神明。至腹俭者，常日不及酝酿，临时饤饾，迹象焕然，固难强全求是，则词成之后，当不惮改。因字改句，因改句而立新意，要当于全局体制得底于垂成，然后深以磨琢之功，则自然藻丽矣。其全局之不及垂成者，虽得一二佳字，又将奚施。瑜瑕之消息，其难言有如此者。

读词者当以曼吟为日课，使涵咏玩索，身与意化，我与词化，然后神明可通。其致力之若干名家，经心习诵，进窥门径。其讽诵之若干家，则不过为行吟自适之计，初不可问其为何家。始或尚有客气，论定是非，既且融成一片，不问工拙。即工拙之思偶动，亦当以曼声幽情力却之。此种行吟自适之致，所涵养者，得力最深，不可少闲。

词贵朴厚，非徒以秃笔为藏锋也。朴则挚，厚则重，情斯深，神斯永，再济之以婉约之风度，自益见其深沉矣。其徒矜小慧，漫举清空，轻坠风格者，何尝能悟及此端。

一句一字，就心目中之情景，于宇宙间必有一铢两率称、确切不移之字，幸而得之，无论其不可为工，亦必平贴易施，况其确合者即为至精当者耶。特涉猎少，神理弱，天分低者，不易得之。或信手拈来，或苦思玩索，侔色揣称之际，每不易决。进于能品，此初基也。

求词之韵味俱足，当于沉炼间三思之。积于内者深，发于外者必厚。能沉炼，视浑成为更进。特求过其分，或无当于本词，则失亦相等。而境之沉炼，与字之沉炼，又当兼思。若徒有一二沉炼之句，与前后文迥不相通，措语骨突，转成訾累。要当并顾全局，使无处不见其不尽之情，有余之味，斯为得之耳。

读词论词，求得进境，低吟婉诵，固最上乘。若分别言之，当先推作者用笔之神思，庶益足以缘情而通词。然后再及于布局择字，而归之于词格，卑佻犷鄙，均当远避。其出入诗曲，消息更微，不可不辨。至唐五代之作，有偶以伧语谰入者，一则其时词体初立，未有径蹊。一则古人朴茂，神全意足，足以驱词，俗语鄙情，一一都见其为至情之作。词贵真，一真而百瑕可掩矣。迨后来渐趋披靡，小儒藻饰，随意摭拾，又每舍其浑成雍穆之致，而以侧媚叫嚣为易于见好之计，词格始卑，论者遂亦不得不益加精审。柳七宁非郑卫，然不佻不纤，非其词之足以胜之，实其格之足以举之。下逮金元，方言入曲，词家谨避之不暇，而体制益严，固不得以上托花间尊前，为文过之说。

宋人词以晏秦周苏吴姜为六大宗。周虽蹊径俱在，而学步为难。晏望之似小智慧，实乃纯金璞玉。秦丰神骀荡，要不落儇佻之弊。姜老干扶疏，拙中多至语。苏之清雄，吴之针缕，学者虽多，实亦不易有成。学者盖多不知苏之秀处清处，吴之宽处疏处也。外此柳七自具面目，尤难涉历。通此六者，出入无间，填词之学，所思过半，无余师矣。

无意为词，偶然神聚，充发盈溢，庶可言学北宋。若其集思未专，强申楮茧，翻瓮苦吟，穷其力，不过南宋能品而已。南北宋之所以泾渭，于此可见。

北宋承五代之后，创雅继声，大小晏之朴茂，秦淮海之嫣致，柳三变之广大，黄山谷之古趣，苏玉局之清雄，各擅胜场。盖花间作者，极蕃艳之能事，而无不浑朴，亦有极清疏者，又无不谐婉。诸子承之，各以宗传。大晏神明于花间之外，规矩于花间之中，进而为穆静渊懿之语，其词固不必压倒五代，而词学已差胜于前。盖欲洗蕃艳之面目，自非渊懿不为功。至美成益专斯道，又或有胜于前，庶集前此之大成，而创宗门之式度。至于南宋，三五错综，每每自名其家，所以别为境界者，缕晰言之，多自此中参化以出。宋季元初，白云花外，微坠风格。淮海东山，固不尸其咎。元草堂一集，虽在其时，选政较严，亦足以绳南宋之正宗，视草窗绝妙诸篇为胜。

《花间》蕃艳之作,积久必变,理有固然。故北宋一洗而为平淡,专尚第一义语,以厚以穆为专工。夫第一义语,时时日日,互相纷陈,得从而厚之穆之,则醰然有余味矣。亦足知厚之者由蕴之深,足以当雕锼错采而有余也。迨乎南宋,则积久又已复变,求胜前人,则不得不弃百余年来所袭用之第一义,而精之深之,从而纬之以令词,纳之于矩范,使名其家,用为矜式,此南渡诸公之长。于此亦足见染翰者之自有规矩,而风气递变,以成一家之格局,一朝之典型者,固亦有时移势异之相因也。由今言之,学者自白石而清真,庶端正规。其有在今日万非可以第一义了者,则虽梦窗之沈刻,亦当奉之以药学养不深之弊,勿令自托于浑穆,以文空疏之失。

学者徒自结想风神之妙,遂辄忽于沈著。其有致意沈著者,又复失于风神。此则学养不深之故。然于沈著之际,求少谐婉,谐婉其音节而出之,于事或尚较易。若专尚风神者,必欲不脱其沈著之思,则非功力深者不克副之。沈著能全,风神终复不恶。倘先致意于风神,必坠恶趣。操觚之士,每欲先文其外,此宜引为大戒者也。

作小词风趣之作,当益图遒上,艳而有骨。此中蹊径,正不易求。其偶存迹象者,意方笔圆,笔方意圆而已。所谓意方笔圆者,以真挚纯情之意,立其干骨,不加粉藻,而以柔致之笔达之,尤当求全于气度神韵之间,更不得以侧慧尖新之字自损风骨也。笔方意圆者,先构一绝婉约绝流丽之境界,而出之以刚方挚至之笔。倘笔随意赴,又每蹈纤佻之失。内外剂调,轻重所由,形神之间,其关于天分造诣者,顾不深耶。

选词之法,途径各殊,有以年纬,有以人集,有以宗别,取舍之间,每多轻重。今欲以自选自课者,当先不程以己意,亦不预定等第门户,但先就其专集,觇其家数,或近清刚,或流婉媚,就其意事,以撷其佳章,要当以私意所洽当而又浑成端穆者为指归,间有以小疵掩大醇者,无宁割爱,恐晨夕习诵,有所赴而近墨也。至稳胜之作,名家全集,必多中选者。盖其所以名家,必有其致名之道。虽面目不同,出以神化，然出神入化之初基，必先得于稳胜。先选其稳胜，再进而求其专工，则不特专工者之足供师法，亦以窥见其致力之门径，所由之道途。门户虽分，剪裁实一，求得师法，亦庶在兹。（求学词以选词，与专选其人之词者，又微有不同。为学者当以益人为主，选人者当以其人之造诣为主。醇疵弃取之际，求学词者当从严取，以防浸微之失，存人者求存其面目，则不必过于谨严也。）

词当先使浑成，再求深入。然浑成二字，即非易幸致。盖能浑成，已近于名作，不待色泽，自然渊雅。虽其次者，亦必无蹈凌嚣纤芜之失。自初学至于大成，固无有能轶出其围范者矣。深入则进而有表里之别。在外者，炼字琢句，不少苟且，虚实轻重，率当其分。转折之处，更使摇曳有情，不犯流滑之弊。刷色深浅，无过与不及，不为背驰乖谬之言。换头承启跌宕，均见余致。一意说尽，别说新意，而又或融前意以全之。以虚字转者次，以实字转者中，不用转字而自见其转，谓之暗转，为无上上乘。衰飒语宜有风度，情至语当使雅正，侧艳语不坠恶趣，凡此均在磨勘之细。其在内者，则情事不可重叠错乱。以第一义为浅，而深之为第二三义，又并三义足为片语，则语意自深。又得拓其下，使别为新意以承之。意浓者常使语淡，意淡者又使语浓而不伪。古人之句法造语，可为我参证之由，而不足资撷采之用。陈义陈语，前人说尽，断难取胜，当率汰弃。其精意之足为余用者，又当以我法指使之，使不为前人所泥。读词之道，不拘于篇章，而多援于神契，暝搜晨讨，俊藻纷驰，得心应手，积极斯流，酝酿日深，工力自足，不必拘拘于一家之师法，一字为金针。初学作者，每苦生涩，当炼笔使纯熟。及其成也，又汰其熟者，而归之于名俊。气息吐属，首主华贵，习而久之，以自专所专，大成之日，庶不远矣。

卷四

词中用字，当力求活著，且用活字则一义便成二义，此深炼之说也。但所贵者理脉应认清，字面不可轶出词意消息境界以外，又慎勿于一句中多用虚字，盖虚实相间，斯相济美，多用虚字，便属潦草，不成文理。

驱遣成字，当恰合全词之消息，如通篇淡语，则不必用藻词，如通篇出以跌宕之音，则当用一二华瞻之成字，以显其精彩，譬之赋夜归，如以淡语，则曰铜壶，曰鸣镳，张以华词，则当曰铜龙，曰玉骢。

作词以慧心驱灵笔，当用取譬之法，然务使取譬合于全首之情绪，哀乐悲欢，铢两相称，所取譬者，一动一静，若更能以有情者譬无情，则并此无情者，亦能驱之使为有情，尤非妙手莫办。

通篇时令地所，晨夕阴晴，必当随时顾注，勿使凌乱。

跌宕之词，宜有摇曳生姿之句，捭阖起落之境，如置俊句于换头之际，益形生色，所谓摇曳生姿，盖指句法而言，避去秃笔，紧炼虚字以成之。所谓捭阖起落，盖指境界而言，或舍远以言近，或由物而及人，或推芥子以至须弥，或敛鹍鹏归于鷦鷯。其转合之迹，则当在换头下三二句顾及之，或用推开之笔，或深隐秀之情，均为合著。

美成用兰成憔萃，卫玠清羸，昔人尚有讥为滞窒者，以美成为之，通体浑成。初不必于一二处，显执荃象，惟后人用典，则当求驱遣灵活，以一人一事为宜，不必俪白妃青，而其用法，尤当具使得所用之情绪，胜于故实。

词中山字作山水解，亦可作屏山解，一远一近，一在天涯，一在闺闼，造句得宜，益显神趣。

以花拟人，词中习见，惟当使是花是人，合为一体，疑花疑人，丰神两绝。造诣更深者，或明点出有人有花，俾相映成趣，或怜花以喻惜人，或宠花以寄怀远。均无不可，推而言之，一切动植，桃李炫春，燕莺交语，均可以为寄托之资。以供翰墨之用。天气最关情绪，晨曦以张壮志，黄昏以示寂寥。乃至薄暖轻寒连用，益显其无聊之相思，此其著力处，在薄字轻字上，若别订新词，自撰新句，亦无不可。惟当避矫揉造作之弊。

温李丽句，随时可作词用，惟当通词与诗之消息，就改合度。

词中俊句，初则力求风致，继乃进于浑成，终则当使语淡而情深，由无情而有情，斯为上乘，穆之境界，固未易言也。

形容一人一事，从大处落墨，则全神入鉴。从小处著笔，则熨贴细腻，两者有异曲同工之妙，惟写大处忌在涉于疏犷，以致游骑无归，写小处忌在纤弱饤饾，以致陷于卑格。

极拙之字面，得一二虚字为之传神，运一二新意为之张目，则此一二拙字，反能衬出柔情，惟此尚不足语于重大拙之义。

词中有用决绝语者，其情更深，惟决绝之语，当即用决绝之字，如常日言离别，每称轻弃，以申孤负之情。若决绝语，竟当称抛撇，不必冠以形容柔婉之词，转减字面之力量。

词中有应用替字者，当用替字以显其情深，如文窗仅指窗棂而言，一用纹纱，则隐约济楚，非特字面有情，亦且便于下文有回旋推溢之余地，然通首用秃笔，主重大者，固不必刻舟以求剑。

词中有习用替字替句而不必用者，如追念旧欢，用替字替句，则述当时之景物，直叙者则径用芳约嘉约等字，两两相较，虽当与通篇侔色揣称，然有时故故作态，转不如径用直叙一二字为醒目。惟所举之事，或无雅驯之字面，则仅可以替字替句当之。

词有数义，愈转愈深，亦愈见其深情，此数义者，或于通篇求之，或于三二句中求之，或竟于一句三二字中求之，均无不可，如赋帘幕曰珍珠斜坠，则坠幕已显其松俊，斜坠更形其娇慵，情致较深，不言可喻。

问天搔首一类字句，时用即涉庸下，偶于长调数转之中，炼句参插，亦足一拓襟抱。

就通篇论词，最要在疏密得宜，情事停匀，数语言景物，即当于笔下开言情之路。俾承以虚语，转笔清空，其必至换头始改景言情者，尚觉过著迹象，至能融情入景，使写景之句，字字有情，尤为精警，惟即就通篇融情入景言之，其写景亦仍当分别疏密，数语落实，即数语凌虚，或数语写房闼以内为实，即数语写云山以外为虚，总使相参，以免滞窒。

全词警句，不过数语，而数语精警，尤在一二虚字，此即机杼之说。先使求稳，后使求精，终乃使出神入化，至其不仗虚字者，笔力特深，初非易冀，百无一二也。

词中用问语，亦见情致，惟不当作伧荒语耳，其有作倒问者，或作留待他时再问者，均文人之狡狯，但求合度，自见精彩。

作词结拍，每患不足于意，敷衍完篇，遂致通首减色，故作词于结拍，务当立一新意，而此新意，或衬托全文，或别余情绪，或另开境界，均无不可，惟此意能较词中所用各意更觉有力，显臻点睛之妙。

词中习见，以虚字写情作结拍，每患力薄，若能以实字写景结句，力自雄健，惟在结拍写景，必须笼罩全篇，抉择精诣，否则每有气机窒抑之弊。

以淡语作结，亦不易工，当使情绪绵邈，有不尽之意。

写景以寓情，当使景色灵活，用虚字固是一法，用形容字而不用虚字，尤见工力。

写景之题，以寓情思，则不特于写景之句，当使融情，并当使全题所指者，特以数语，融之入情，如赋江潮，便当并及潮信，再于潮信下申以芳信嘉约，方足以尽赋题之长，至或怨或叹，尽可异趣，随事而安，无俟拘执。

词中多用梦境，或写梦境，或涉梦情，其写梦境，已有实境矣，其写梦情者，多流于蹈虚，则当舍梦境之外，而别立境界以实之，或用梦外闼中之景物，以证其为梦，均足避去蹈虚，别立新意，俾益精警。

词中多自问之字面，如怪底切莫等，偶然用之，具见警策，多用则伤格，且流于滑，此等字多自尤自咎之意，用之尤当使与下文合拍。

写景之句，两景本未必相连，但能以对仗之句出之，或用一二虚字为之捩转，可使两景相连，情致益深。

春秋异候，晨夕异时，然能手即于一句中兼用之，或立相反之意，或立相生之情，更足销魂而动魄。

一句叠用两字，不合刌度，自成累赘，能合刌度，情绪更深，但只宜于跌宕之短调，而未必尽宜于精稳重大之长调。

词中言情言景以外，尚有言理之句，如草木之春荫秋凋，流波之东注不返，此均物理，参入词中，亦多妙谛。但在作家之驱策，使成俊语，而不害于词藻为要。情绪愈转以愈深，如醒为常态，醉则情深于醒矣。然醉有醒时，或于醒后追述醉中，或更于醒后顿悟醉亦多事。新意缤纷，名言络绎，均足深入，若能合数义于一二句中，转折于一二字里，尤非易易。

述花草，述莺燕，固易使之有情，若能以有情之人，使与花草莺燕相酬对，其情自且更深，贵在立意有理境，造句能灵活耳。

咏物之词，既须脱出题外，又须扣住题目，由题目中发抒情思，宛转抑扬，其擒住赋题之语，不过数句可了，而所以抒兹情思者，可以千万转而无穷，方为合作。

太不典雅之物，极难赋词，其新异者，却易入手，至本可比附有情者，自不待言，乐府补题诸作，却是师法中之有端绪可寻者。

咏物词固当言不离物，然字面用意，均当使有情绪之可言，若专以饾饤为工者，即工致亦非佳词，此茶烟阁之终非上选也。

成语加以锤炼，未始不可入词，但引用成语之句，必须上下更肆其精力。神韵力求其倜傥，以为之衬托，盖成语多习见，非于虚处衬托，不易生色。

咏物不能不征引故实，然当先加运用，勿使直说，勿使明说，俾撰者读者均知有所本，而不见其迹象为佳，其将故实刻凿以就词语者，纵能侧艳纤巧，均非上驷。

咏物词能于起处，以有情之语，笼罩全题，最属不易，亦最见工力，又词语当与赋题相称，雄碑断井，应出以激楚之音，绣闺兰房，应出以旖旎之致。

物有所类，咏物之作，宜因类以求之，俾合分际，如衣之于刀尺，松之于水月，绣被之于熏炉。是其例也。

词句当使跳脱，欲求跳脱，尤当先能矫举，无论千回百折之意，当使成卓然自立之言。文字固求藻艳，笔意固求空灵。然决不能以弱脆为纤柔。惝恍为深入。

词中有转折处，其在长调尤易显见者，即一句上之三字逗顿，常人往往以虚字为转捩，名手则用实字，其转笔在理脉而不在字面，即为暗转之一法。

词中写景，由晨入晚，词中言节令，由春徂秋，移步换形，情绪自亦随变，其用暗转者，即于移步之中，寓推迁之迹，不必著以虚字。

凡为词当擒住题意，认真为之。此成就之数语，即曰警句。即无题之词，情绪所系，亦当有著力之处，决不可通体泛言，暗然无色，托于浑成。

以佛语入词，不如以禅理入词。

间用内典字面，当择其可通于词者，使气机不滞为要。

咏物之作，首贵对所赋之物，无限珍秘，无限爱惜，而所以抒此珍秘爱惜之情者，或明说，或暗说，均无不可。

咏物词，点题之处，往往庸下，此大当避忌者。其非点题之处，亦当扣住题面，勿使轶出范围。

词调亦有义例，若《九张机》当作九首，《杨柳枝》当作二三首，多至十首，然既撰《九张机》九首，则首尾应使有段落，如第一首述初纴之际，第九首述绣竣之时，其中情事，不宜过于凌杂。《杨柳枝》或写禁庭，或写青楼，或志离别，然如撰十首，则第十首必须托住前九首，不能仍作零碎散漫之语，推之如撰一调一题若干首者，均应先后停匀，位置相称。

《九张机》固仅言织事，然织者之情绪，夜纬之时地，无一不可推衍新义，亦惟此等板拙之题，应有倜傥之句，资以生色。

小令《望江南》《浣溪沙》诸调，尽可使尽藻词，矜其才气，上焉者更贵在意态两绝，不必纬以藻词，自见馨逸，本来锦心绣口，已极难能，若使复吹气如兰，直必压倒元白，语淡情浓，词简意曲，上窥北宋，门径在兹。

词中避虚就实之法，如先立一于此句用憔悴之意，即当推词中之人之境，而以所示其憔悴之景物从旁或直截言之，则句中不必有憔悴字面，而情致自见，且复遒上。

赋咏节令，倘仅运用故实，无论精稳，不过能品，若就词中主人之情绪，引申其与节令攸关者，悱叠说来，可入神品。如九日宜登高也，或曰无高可登，或曰明岁登高不知何处，或曰举觞仅对黄花，或曰白衣并无送酒，均胜于铺叙九日者为佳，如连缅数意，愈转愈深，不用故实，则白描作法，尤近北宋。

词有本属第一义或第二义者，语亦工稳，然试为更易一二虚字，则已转入第三义，更深一层，益见洒脱者，虽非点铁，终卜成金。故一词之成，当多自削定，勿惮艰辛，或今日以为可存者，三数日后，灵机偶动，又且别易数字，如是数四，至于大成，倘获名师益友之点定，尤获事半而功倍之效。

卷五

词笔有三端，融情入景，融景入情，情景杂糅。其至也，虽种种无情之物，胥可使之有情。物固无情也，但以状物者婵嫣有致，斯足于情耳。其次一片空灵淡荡之思，令读者翛然神往。若此灵府之寄思，心结而目存者，交睫一息，便自立一境界。情味泱然，思致覃永。初不能知此境之何在，而为悲为乐，已为词所拘牵，不得脱矣。又次杂糅之作，内足诸心，外托于言，其所以感人者尤易深入。若其失也，言景失之滞，言情失之肤，情景杂糅，则失之凌杂而无次。滞，是无情也。肤，是无境也。凌乱则失杂糅之妙，转堕恶趣也。唐人为小令，往往作景中语，而栩蝶繁花，令人即之，情绪油然而生。即似骀荡其中，在在收风光之俊。亦有歇拍一二语，转入情致，更复跌宕，虽语妙情纤，而绝无猥佻伤格之病。此盖唐人初谐宫羽，犹有骚音。迨后雕琢者以匠心为精英，豪放者以睥睨为气概，遂更无风日晴嫣，水流云在，天然之美。昭宗《巫山一段云》曰："小池残日艳阳天，苎萝山又山。"回环读之，足征景中俊语，亦决非一蹴而几者。

无限之情，未足穷尽，则以一二语提之使起，使其神味亦复无限。于是作者读者，可各各寓其不宣之情。惟唐人于一提后，更不别有所言。乍即之似不能作结，细会之始知此无限之情，正在不言之外。听人索解，胜于言者多矣。庄宗《一叶落》："吹罗幕，往事思量着。"正体斯旨。

词中取景，往往以一时一地为范围，若包举一切，势未必备。而庄宗歌头，"自春徂秋，盛衰兴废"。令读者悟岁华之易逝，良辰之难觏，电光石火之旨，直为举发无遗。初不见其于百数十字间，有转移斤斧之迹兆，笔力圆健，非后来声党所可冀矣！

宋人往往有以方言入词者，元时南北曲无论矣。李王《一斛珠》之"沈檀轻注些儿个"，亦用方言，可为先导。

言情之笔，往往曲为之晦。加以藻饰，其工者固文情相因，其不工者转以文而失真。若李王"故国梦重归，觉来双泪垂"，举所怀者倾以吐之。怆感之神，率寄于言表，宁不视曲晦者为优。然曲晦者或以所怀非真诚，或无此笔力以赴之，遂不得不托于藻饰。其徒有真诚而笔力不足以达之者，为失盖亦相等。

李白《清平乐》"月探金窗罅"，此等琢句，为后人所未有。又"夜夜长留半被，待君魂梦归来"，句法亦奇。而情致自真，非巧作纤语者所能及。惟是否白作，尚待考订。

胡帝胡天之作，但臻绝胜，亦不必更言理法。思致拈来，妙谛具在，犹象教之立上乘。读《菩萨蛮》"绣屏金屈曲，醉入花丛宿"、"春水碧于天，画船听雨眠"，可以知之。此类唐人语，至北宋即不复有人作之，非不作也。至宋而词学已昌明，有理法思致，为之范围，不复有人敢轶于绳墨以外以作之也。后此力学《花间》《尊前》者，又无笔力足以胜之，但只藻缋花柳，求其貌似，胡帝胡天之胜，遂致不复可见矣！

怆怀语之在皮相者，乍玩之凄感万端，久习之便觉索然而废。惟其语深，则愈观愈觉其可感。“何处是回程，长亭更短亭”，夫言回程犹曰长亭短亭，万水千山，真不知税驾之何所。斯诚令玩索者黯然而魂销。作怆怀语者，宜以此为法。

“叵耐”二字，亦为方言。宋词辄用怎恁等字，而李白用“叵耐”，新颖可取。

作宫词言典而雅，至不易为。伯可应制，讥者谓为伤格。小晏“祥瑞封章满御床”，称者不绝；王建《三台》二首，视小晏为尤胜。

《杨柳枝》作者殊夥，当以刘禹锡、徐铉所作为最。盖暇逸之情，清丽之笔，不求工于刻画，而妙谛天成也。

历代词人至夥，传作亦多。但名章俊语，脍炙人口，使人流诵而永不能忘者，亦复有数。盖其能移情夺魄之名作，多为神来之笔，初非刻意求工之语。所谓神来者，得之于无意之中，涵索之际，决非苦吟所可致。学者学词，初不能不重之以学力，及其既成，乃可冀神来于偶然之际。是固得之于工力之外，而又在工力之上。学者求获俊句，应知所适从矣。

词有章法，有气息，有藻泽。章法贵顺乎理，充其极，纵胡帝胡天可也。气息贵冲淡，虽作雕锼之语，当有真意，藻泽于炼字主名贵，于造句主风神。

词有理脉，首当体会。字与字不可叠，句与句不可叠。驯至一题一咏，诸作者前后亦不可叠。理脉有明见处，有暗转处，有充之使遐，约之使迩处，但当无混乱杂糅之弊，为第一要义。

词贵意内而言外，事外有远致。意内言外，则所言为不虚；事外远致，则所言为不尽。反是一读即厌，无反覆回环之寻味矣。

词中浓处、淡处、隽永处，各标其胜，各极其能。非熟读深思，不易细知，亦非细知，不易身汇众妙。凡此又均可以意会，不可以言宣者也。

比赋事物，各有身分，稍一舛讹，即乖体格。于梅则仙云素影，于桃则紫姹红嫣，不可不为区别。

前人说诗，以为穷而后工，如“借车载家具，家具少于车”，极刻划之能事。于词则不然，词虽道穷，亦宜以雍容之笔出之。若作寒酸语，则乖于词格矣！小山“舞低杨柳楼心月，歌尽桃花扇底风”，固非三家村人语。即穷至白石，可谓郊寒岛瘦矣。而〔鹧鸪天〕曰：“巷陌风光纵赏时，笼纱未出马先嘶。白头居士无呵殿，只有乘肩小女随。”虽述人家之盛，一身之贫，而气度不少近于寒酸。笼纱未出，骅骝先嘶，是何等富贵语。又“东风历历红楼下，谁似三生杜牧之”，是何等风情语。可以知矣。

词不外言情言景。其至者曰融情入景，融景入情，情景杂糅。然缔辨之，言景不能不参以情。盖丹青之妙，犹寓深情，况抒之为文翰乎？言情或假物理，或寓寄托，却有不参景色之处。若杂糅之作，当使融为一片，使人读之，不知其为情为景。但回环杼轴于胸中，使有无尽之感触而不能自已，此其杰作也。

言景有博有约。博者摭拾眼底之风光，一一挥洒，使其停匀位置；远者为螺黛，为水风；近者为曲屏，为绣枕；在在有物，则在在有人。由物思人，触景可以生情，此一格也。约者但于景物，择其易动人情者言之；或于一词之中，略着一二句。如画龙之点睛，以绘树而状风。长亭遥岸，可兴客子之怀；心字丁帘，可托佳人之怨。即此一二句中，已足使人发其感喟而有余，亦或择其可以包举者言之，不为一一胪列。言兰房绣闼，则房闼中必有所庋置者矣。言斜晖院落，则院落中必有所莳植者矣。此在骚人墨客，会心于微，不能举格以强求，立体以责备者也。

言情亦有博约。博者运谐婉之笔，抒回环之思，不惜反覆以明其挚，深入以察其微。一之不足，则重言之，展转之，但有真情，都成俊语。其约者则嫌博之易泛，泛则浅，浅则不专，遂并反覆之数义，纳诸片词之中，而以一二虚字挈领之，是谓包众义于片言也。承其下者，则或阐其深思，或参以佐证，或剥蕉心，抽重茧；或提挈而使超空，尽寸心之所由，率椽笔之所至。由小而大可也，由大而小亦可也。由小而大，则见吾心之浩瀚，寄声色于区宇。由大而小，则见山川敷藻之荣，可以列诸阶前膝次。寄声色于区宇，则吾心大；移山川于几席，则吾见大。变化曼衍，不可方物。质言之，无论情景，博者易诠，而约者难精，可断言也。

词中最难传不易达之情。所谓不易达者，厥故有二：一山重水复，言之冗长，非数语不能尽之；二纵有其情，而不能明言，只可借径于花草蜂蝶，曲为比拟，然少一不慎，便失其微尚之所托。善为词者，并数语所欲言，花蝶之曲喻，揉为一二句，更以一二虚字抑扬之，使尽曲折委婉之妙，兼以达难言之隐，斯非斫轮名手莫办也。

言情之中，更有最高之一境。使人读之，知词中之有情，并深于情，为悲为乐，涉眼便知，而迄不能明其所以然之故。且观其字句平正，非故为晦涩，观其意境高超，又不涉新佻，读之心领神会，而又终不能以言宣之。盖情之深者，秉赋乎方寸，抒发乎翰墨，内足于心，外扬于文，遂致读其文者，亦复内会于心，彼此有息息相印之诚。此非情文兼至者，不能为之，亦非情文兼至者，不能读之而激赏之也。

依黯之情，必参以伤感之事者，于词习见，无足称道。其有闲伤感之字面者，略胜一筹。若寓伤感于神情之中，而不及伤感之迹兆，斯为上着。苟其能于炫烂金碧之中，涉盛衰更故之慨，因微见着，使人人知日月之不留、风流之弹指，寄远致于事外者，斯于学问文章之外。更益之以真性情，必为传作无疑。

词中不妨有深入刻骨语，俳谐调侃语，但能刻骨而有风趣。调侃而寄怀抱者，斯不近于卑琐。

言情之语，有托之于物者，有但传其情者。托物易质实，质实则失所以托之者矣。传情易纤靡，纤靡则卑劣，伤词格矣。故托于物者宜指物以会情，使情物两俱摇曳，参谐婉于质实，气始流走而不滞。传情者宜从重拙处落墨，则庶几可已纤佻之疾。

凄黯之情，亦可托之于物，春秋迭代，荣衰异时，但述草木之荣衰，自见人态之凉燠，此在炼词琢句加之意耳！

词重风度。风度，摇曳之谓也。而往往有以轻泛之语，谓为风度者，此殊不然。苍劲之极，促拍之音，均有风度。风度寄于语气，而不涉于字面之文章。故文章之轻泛者，非风度也。文章之典则而语气仍回环杼轴者，谓之风度。阔如乐章，雄如稼轩，苍如白石，风度何尝不佳？必以清空为风度，是大谬矣。

学词者不能就词以求词。天下文心之寄托，万籁之竽号，粤可稽者。于古为国风，为雅颂，循是骚赋。至于两京，节文为诗，衍诗为词。前乎词者，固依然有词心词笔，其所以不名为词者，但以节奏体律之或歧耳。信此则徒于词中求词，为甚仄矣。风雅史汉，自不得径参之于金兰；而风格典雅，非真自史汉中出者，亦决不能为黄绢幼妇，可断言也。

词有学有养，非兼济则不能独步。学力在多读多作，涵养在浏览吟咏。吟咏之法，不必先叙其理脉，辨其藻泽，但琅琅上口，先主谐婉，于谐婉中自得词中之神味。若取径一家者，多读一家之词，亦较易近似。厮磨含蓄，视嫥求貌似者进益尤夥。

《花间》不易遽学。其至者为古蕃锦，其下者未足取喻乎七宝楼台也。（吴梦窗质实之中，饶有清气，玉田云云，甚非知人之言。曩跋《蓉影词》，曾论及之。）珠玉浑金朴玉，小山风神淡远，亦不易遽学。苏辛清而能雄，雄以清越。后之学者，徒取皮相，遂多犷语，亦不易遽学。乐章能敷藻眼前之景物，作无穷之语，婉而不患其冗，宽而不嫌其廓，亦不易遽学。清真梦窗，为填词趋于成就必由之一径，不能责之初学者也。初学者尚以白石、六一为近易。白石苍劲处，千古卓绝，自不能一蹴而就，然其格局辞句，犹有迹象之可寻。六一风神谐婉，视大小晏亦较易取则，学之即不能似，当无纤佻饤饾之弊。

学苏辛首贵襟抱，学梦窗大小晏，首贵学力。学力可以求进，襟抱难于求进。故学苏辛者，每每取雄而遗清。

草窗、碧山、玉田，同以摇曳为俊逸，而胸中腕底，初无济胜之具。字面匀稳，色泽音节，并臻谐婉。然其所以驱遣谐婉者，犹患不足，遂蹈空泛之弊。学者循奉，易蹈其失，难以自拔。

至情之语，上入九天，俯达重泉，拗铁为丝，刻金成缕，固不可以理相限度。然当于理可通，即乍观似不可通者，亦当自圆其义。俾不偭越于理外，此自圆之义，固不必明言。要当使读者细心玩索而可得，方为允当。否则风魔之语，更何足道？有欲学为蕃艳之作，胡帝胡天之语者，不可不致意于斯。

千百年来，一切人情物理，胥已说尽。作者能获新理，便为俊语，必不得已，当以新词说旧义。未经人用之语句，解释眼前之人情物理，亦是妙词，但苦不易易耳。

一句之中，着以虚字，最难措置。能使上下相活者，是其初基；能兼阐言内之意，并使前后机括，因以灵活者，是已渐参上乘。至能以一二虚字，振挈全词，是无上上法。

融情入景，言词者类能道之。然景属实体，情为虚致，以实喻虚，以虚衬实。运用得宜，诚非易事。是以阴晴寒暖等字，人人用之，亦不能不位置妥帖。盖消息所及，被于全词，融情入景，正复有赖耳！

蕙风先生论作词，每以学力襟抱性灵并重。学力可日日程功，襟抱可涵咏养蓄，独性灵授之于天，诚难砥砺求进，此神品之不易得也。

小令咏事咏史，以及信口吟讽者，或多至一二十首，既作数首，即当前后有贯注，全局有布置，先有总纲，后有总结，使数首乃至数十首如一编文字。

词中极多于全篇中有偶语，亦时有上下启承转合之语。凡此或断或续之际，骈白俪青之词，或以新字新意衬之，使特新耳目。或即以不甚用力之句，使风神于以跌宕，则当视全篇论定之，不能预拟也。

赋华贵之题，不浊不俗；作感怆之语，不卑不衰；为学词者所必知。然非襟抱学力兼胜者不易致之。

梦窗《木兰花慢·游虎邱》,“青冢麒麟有恨,卧听箫鼓游山”,凄凉之语,出以沉着之笔,可为学者途辙。

词有含意类似,而句法各异,分际轻重迥别者。如“贪与萧郎眉语,不知舞错伊州”,或云“曲中倚娇佯误,只图一顾周郎”,可以知之。

填词用字,贵在适合分际,形容词下于恰当处,始栩栩能活。清真《瑞龙吟》,坊陌曰“愔愔”,梅褪粉,桃试华,侵晨则“障风映袖”。“愔愔”二字,朴雅有致,曰障曰映,不嫌其方,且适足以唤起侵晨之情绪。于秋娘则曰“声价如故”,语拙神完,诚可师法。

词语不外寄情于花柳。然苟无慧心杼轴之。则人自人。花柳自花柳。何曾有情。必有慧心妙笔,运用得宜,始见其情绪萦结。而此情曾不必定以宛转之词令出之。尽可出以方笔,如“摇落风霜,有手栽双柳”等语,当为白石老仙所私淑。

清真胜处,以直语说深情,以方语说慧解,此则渊源于古乐府者为多。

词有用调侃之语,而不流于纤俗者,亦可以备一格。如姚端甫孔方从有绝交书,虽非正格,不堕恶趣。

词中朴质语,要有至情。酬赠寿词,尤难着笔,不患俗即患麒麟楦耳。蕙风先生颇赏“相见似先公”一首,余于萧维斗寿叔经宣慰使之年高德劭,似一日春光一日深语,以为朴语能出新意。南宋集中,亦不多见。

易代之感,置之词中,自多佳句。而补题诸作,文晦义隐,但事刻划,故视遗山为逊色。姚端甫有云,“谁道夔龙不致君,白头离乱未曾闻,三秦碧树生春色,千里青山入暮云”,苍凉劲卓,庶几可以抗手裕之。

言情自贵疏秀,然尤贵于沉着。若但以肤廓疏浅之语为疏秀,则非深于情矣。自当内事沈郁,外务松俊,笔愈空灵,情愈深炼,方为合作。《文心雕龙》“隐秀”一篇,颇能尽其指归。

有绝妙之意境,而不能行之于文,则自由于用笔之未臻纯熟,驱遣之未能如意。若能如意指挥，虽并数意于一语一字，甚至在一语一字之外，使人含咏不尽。

词中赋题，有由盛而衰之转折。小至庭花杂卉，由花开而至于花谢；大而君国，由开基而至于易代；其转折处自为一大关键。然此关键要处，在作者之深情，有情则笔自足以达之，不必定于一字一语求工。否则或为硬涩，或为松滑，虽珠玑络绎，却不足以寄此深情。

所谓上抗下坠，潜气内转者，盖如上说花，下说人，上说盛，下说衰，两意两语，就中不必缀以转折之字句。惟凭理脉与情思，使人自悟，不见其斧斤搭截之痕迹，其凭理脉者能品，其运情思者斯为神品。

寄托之词，寓于风月，必以风月与人我糅为一体，使彼此有同感同情者在，方足以穷词心之胜。

词有婉约、沉着、稳炼、苍劲诸宗法，圣手融众长于一炉无论已。学者或求得其全，或偶获片解，亦必多读古人名作，徐图悟入。盖一家有一家之风格，一词有一词之胜致，名手传作，万不能就一章一语中求之。力为摹拟，愈摹拟且愈窒滞，纵得一二皮相形似之处，造诣必小，气思必促，转贻画虎之诮。

（载《同声月刊》第1卷第3、4、5、6、8期）

珠玉词选评

点绛唇

露下风高，井梧宫簟生秋意。画堂筵启，一曲呈珠缀。　天外行云，欲去凝香袂。炉烟起，断肠声里，敛尽双蛾翠。

晏殊七岁，即受知遇，任知台阁，礼贤好士，欧阳修等均出其门下，工填词，于北宋初，变五代花间之风气，抒情之作，一主清丽婉约，不事雕琢，而气象开阔，寄意缠绵，洵为浑金璞玉之音。举凡寇准、欧阳修、范仲淹、张先等，咸取为法则。因之后人编纂词集，有误入者。

此首随意挥写，自见情致，由时令叙及筵宴，再及清歌，用前人声如贯珠语，形容歌声，而略改为"呈珠缀"三字，便见生新，亦不患庸俚，盖造句之力，游刃有余。

换头接述歌声之妙，用响遏行云语而更加深入，谓其欲去还留，以尽宛转之极致，是固善于使用成语者。凡使用成语，往往为成语所限制，今能深入，则用成语而不为成语所用，信非高手莫办。

结处更出新意，写歌者因歌词而有感，遂亦自伤，别开境界，由歌及人，真是包举一切，尽小令之能事，全词自亦因之益为生色。

浣溪沙

一曲新词酒一杯，去年天气旧亭台，夕阳西下几时回。
无可奈何花落去，似曾相识燕归来，小园香径独徘徊。

此为晏殊名作。晏无所不足于身世，其所以寄不足之情于词者，惟时光之易过与离别之难堪耳，此首泛述时光，却能回肠荡气。

词话述晏得“无可奈何”句，求对不得，属吏王琪以“似曾相识”句对之，晏大加称许，用以入词。更别作七律一首，亦引入之，且不讳其事，颇见文人风度。燕子归来，一年一度，以归燕扣合去年，真属镜花水月之笔。夕阳西下，不能使时光倒流，而用“几时回”三字，出以问语，是运笔聪明之处。

此等小词，流连感慨，不难于铺叙，而难于歇拍。必求其思致闲淡，写事逼真，则在此无可奈何情绪之际，有非新词与酒所能解者，必不得已，只付之徘徊怆感而已。今仅及徘徊，不必明说怆感，怆感自在意中，若必明说，转成笨伯，所谓意有尽而情有馀者，正指此等作法。

浣溪沙

小阁重帘有燕过，晚花红片落庭莎，曲阑干影入凉波。
一霎好风生翠幕，几回疏雨滴圆荷，酒醒人散得愁多。

词中写景必求生动，又必须于一句之中兼叙生动之事。此词起拍于小阁，则掩以“重帘”，帘外复有燕过，生动可知，且能领略清景矣。则此中自有人在，故不明言有人，留俟读者体会，匣剑帷灯之妙，端在于此。小令虽不过数句数十字，然当包举时地以尽其胜，方见布局之完整，故起拍就“小阁”言，为室中所见，继之即以时节言，为园中所见，其于时令并不明加钩勒，但就园中落花上轻轻用一“晚”字，则花落必为晚春时节，不言可喻，运思入神，于此为极则。换头下二句，率出以生动之笔，风曰“好风”，雨曰“疏雨”，既属晚春天气，复合园林景色。晏素用闲雅从容之笔，写从容骀荡之情，即以眼前所见，信手入词，绝不施以雕琢，而自见天趣，此所以开一代之风气，树词林之典范也。

结句归入愁思，以“酒醒人散”四字，点出盛筵，省去无数歌舞劝酬之描写，为词家又开一法门。

浣溪沙

宿酒才醒厌玉卮，水沉香冷懒熏衣，早梅先绽日边枝。
寒雪寂寥初散后，春风悠飏欲来时，小屏闲放画帘垂。

此首写十月阳春之景物，叙事细致，吐属雅淡。合人事、天时、景物于六句中而一之，不为描头画角之言，纯出天趣，大晏之工力，于此征之。

词中用字似极寻常，然试一辨省每字，不特尽合分际，且处处已尽挥发之能事，且更一波三折，显见深约之美。起拍“酒”而曰“宿”，则并昨日之酒言之矣；醒而曰“才”，则酒困甫解矣。因之遂厌再饮，其于理脉可谓体验入微，继之因病酒而感寒、感倦，故以“香冷”示天寒，以“懒熏衣”示人倦，合此数义于十四字间，深约可知。

继言景物以梅开向南枝，点明阳春天气。雪虽寒而初散，风将春而欲来，于冬日写晴意，竟有双管齐下之妙，传神即在“初”字、“欲”字上使虚字，真已尽其能事。

词写人事不难于叙动而难于叙静，歇拍一“闲”字，固叙静致矣。且与前“厌”字、“懒”字相呼应，使通首灵活贯串，填词秘要不外于此，无余师矣。

浣溪沙

湖上西风急暮蝉，夜来清露湿红莲，少留归骑促歌筵。
为别莫辞金盏酒，入朝须近玉炉烟，不知重会是何年。

此词当是晏外任南京将北归时作，虽属尊前酬唱，同具深情，并见气象。“少留”句一往三复，无限萦回，因歌筵而欲迟归，七字中竟含四义，造句之工，行文之顺，读来绝无捍格，词家所谓沉郁也。

窥前阕词意，似为歌筵而少留，惟作者意不指此，故自歌筵引出后阕说明别意，兼以此行或任内调他迁，相见不知何日，是以倍加珍重，更深惜别之思。最后始就歇拍揭出少留之意，方知不为歌筵而为惜别。惜别固人之恒情，亦词中所常见，每每作泛语，述交谊、道生平而已。惟名家于此，即不轻易落笔，虽常题亦当以作法之巧，见其工力，则故运回环之妙绪，于过拍处作一顿挫，实则非顿挫也，极沉郁之至也。先谓因歌筵而迟归，以惑人目，至末句始以画龙点睛之道出之，则惜别自亦见其深也。

词中述官事每难避俗，更以显宦自述，益易涉于浅俚。今仅轻轻以“须近玉炉烟”为言，气象固阔大，文字尤雅洁，其曰“须近”者，达官每以亲侍朝廷为恩惠，此行盖冀内用复台阁之任也。心有所思，宣之口吻，不落俗套，不避引嫌，非城府坦率，地望崇隆者，曷克臻此。

浣溪沙

一向年光有限身，等闲离别易销魂，酒筵歌席莫辞频。
满目山河空念远，落花风雨更伤春，不如怜取眼前人。

此词感慨特深，堂庑更大，忽尔拓之使远，又复收之使近，诚有拗铁为枝之幻。亦惟如此，始益见其沉郁。本来五代自韦庄一变飞卿之纤丽，别开境界以来，冯正中再得江山之助，举凡风骚之义，始不复限于兰房斗室间，至晏则更出以跌宕之笔，信乎宋词之日见精进矣。

以寻常之语，就目前之景，写胸臆之情，糅远近于一词，合情事为一体，而不矫作新字新句，此即词笔之浑成。浑成二字，原不易解释，试即就此词体会，当可得之。

“向”字应作“嚮”字，犹言片刻，非向来之谓。“怜”字作“爱”字解，古训也。

以年光有限而不胜离别之苦，则遇盛会自不愿轻易放过，惟眼前所见之境界、天时，虽盛会亦不能减其幽忧。此直无可奈何之情绪？故只能珍惜此一刻之盛会，聊以自娱而已。远既无可排愁，返求诸近，尚以爱此当前人物为得计，庶足少慰。此中不得已之辛酸，回环讽咏，真深于情者。

“满目”句，既就眼界所及，拓之极远，而曰“空念远”，则预谶别后虽远望，亦终空无所补也。此句中暗转之法，愈转而情愈深，可谓厚矣。欲通厚字诀者，视此。

菩萨蛮

高梧叶下秋光晚，珍丛化出黄金盏。还似去年时，傍阑三两枝。人情须耐久，花面长依旧。莫学蜜蜂儿，等闲悠飏飞。

此为寻常感怅，出于信口，不待刻意经心而自成佳作者。自唐以来，歌筵酒座，无不唱词以侑觞，所唱多属小令《菩萨蛮》《浣溪沙》等，更为尽人皆知之乐调。士大夫往往即席撰词，善歌者亦能就谱即唱，尊俎间引为乐事。士大夫为便唱计，所撰词多清顺适口，深于情而简于文，且同用俚语助字，使歌伎易于体会，更得声情之妙。至今词家如黄山谷、秦少游集中犹存多首，均俚语便唱之作，可以为佐证者。晏此首亦份当筵立撰，故用极凡浅之句语，申人人共有之情思，且并用蜜蜂儿等俚语助字，于全集中殊属别裁。

当筵撰词，文字虽取显易顺适，惟作法仍不能疏略。名家吐属不凡，即援笔立就，亦自有理脉之可寻，盖熟极而流，固不待劳心焦思以为之。

此词主旨在“人情须耐久”五字上，惟以时值秋令，即就节物说起，而以“还似去年时”句引起下文“耐久”，由物及情，情于是益深，此在六义，即兴而比也。下以“花面”句说明“耐久”，再自反面立言，借蜜蜂以戒人，意义明露，理脉秩然。学小令者，应知数十字间起承转合，不可少忽。

诉衷情

青梅煮酒斗时新。天气欲残春。东城南陌花下，逢著意中人。

回绣袂，展香茵。叙情亲。此情拚作，千尺游丝，惹住朝云。

此为歌舞当筵之作，称美歌伎者。歌筵必有酒，今不述盛筵，只以酒衬出时令，用一“斗”字，新而不患生硬，运笔殊极其妙。其先之以“青梅煮酒”而后之以“天气欲残春”者，使笔有盘旋之势，以益增其笔力也。继时令以及于地，则继之以“东城南陌”，然后因时地再及于人，愈转愈深，愈入愈切，即是沉郁之法。

凡言沉郁者，不难于用暗写内蕴之笔，而难于明写浅显之笔。盖明显者多为第一义语，就所闻、所见、所感者，据事直书，脱口而出。沉郁之致，遂不能见之于字里，仅可施之于行间，似此以时令领出人来，步步紧逼，先声夺人，集光气之盛于一人之身。于是所写之人，自益见其矜重，其曰意中人者，正即重之之谓也。

下阕先叙歌舞，不待明言，只述部署及整衣，一切胥待舞之态，其下接以“叙情亲”，则舞后清言之趣，合此舞前者。言之歌舞，自其中烘云托月，为画家妙诀，固可同施于词笔者。

作文字于结处，必另立新意，方见工力，且叙事后，必间以抒情，始能相映成趣。今以行云喻歌，而欲惹住之，其流连向往之诚，可谓极深。即在运笔行文之道言，即属另立新意。读者不可轻以为寻常点缀之语，始能尽其妙处。

诉衷情

芙蓉金彩斗馨香，天气欲重阳。远村秋色如画，红树间疏黄。
流水淡，碧天长，路茫茫。凭高目断，鸿雁来时，无限思量。

此写秋景之词，题材似极浅近，然作结仍极精严，非浅人所易著笔。

北宋词以抒情为主，然非有景物，不足以衬出情绪，故往往情景兼写，惟其时尚少以情景虚实杂糅兼用者，故又辄于前阕写景，后阕写情，至东坡始参以变化，交相为用，然名家如柳耆卿、周美成，虽长调百字，仍复如是，可知一时风会之所趋矣。

惟其前阕写景，后阕写情，呼应之际自尤重于过变，必假过变，以由景入情，方无斧鑿痕迹，即后来张玉田《词源》所举之所本。今治词者人人知“水穷云起”之说，然其所以穷，所以起者，多不易言，若以此首验之，则按图正不难索骥。

此首前阕写景，曰“欲重阳”，曰“如画”，已极生动之致，后阕深写盼书之情，以“莫费思量”，结出本旨，其过变之妙，即在“流水”、“碧天”转景入情，盖“流水”、“碧天”就实物言，固属景色，就情绪言，则饶有情意，足为“鸿雁”之先容。则由景之水天，度入致书之鸿雁，宁非过变有法。

于“鸿雁来时”前，先以“路茫茫”，一收一放，无垂不缩，正是沉郁之笔。

采桑子

樱桃谢了梨花发，红白相催。燕子归来，几处风帘绣户开。

人生乐事知多少，且酌金杯。管咽弦哀，慢引萧娘舞袖回。

此词应亦当筵所制，其写景也，必于景中见情；其叙情也，必归之于眼前之景事。作法分明，理脉显浅，是不特为熟手遣兴之作，且可为学者入手之师资，以其蹊径毕具，一目了然也。

此首以“人生乐事”句为主旨，由前缕述景色以为之证，由后缕述行乐之方，以为之解，结以歌舞之妙，是重视歌舞，为画龙最后点睛之法，其置“人生”句于换头，正在词之过变处，是固又一新作法。

景物主静，情绪主动，词既主于抒情，则必于景中出以生动之笔，方见有情，此不易之法也。叙景连用两花，已见景物之变迁，时光之易过，而继之以相催，此“催”字更加着力，一催则时光更易过矣。其以燕子引入帘户，非言燕子也，言帘户中之有人在，即有我在，于是我以花事而感及时光，不曰易过，而曰“知多少”，故设疑问，其情自益深切，此用句法以勾勒深情也。

由于易过则当出以“行乐”，庶不负此芳时，然后缕述酒、歌、舞三事，于酒则直言“酌”之，于歌则用“咽”字、“哀”字，较深一层，最后述舞，于情更深，竟求慢引，俾可多舞，是三事中最重舞事，不待明言可知。

采桑子

时光只解催人老，不信多情。长恨离亭，泪滴春衫酒易醒。

梧桐昨夜西风急，淡月胧明。好梦频惊，何处高楼雁一声。

此首感时光之作。以感时主旨置之起拍，开门见山，与前首“人生乐事”置于过变者不同，盖主旨虽万变不离其宗，而作结则千门万户，各具胜场，必不能篇篇一律也。

此词独惊秋梦，寄慨遥深，然用笔灵活，肆应开展，极其能事，其于梦中所接，则述离亭；于梦后所闻，则迷雁声，前后均以梦为枢钮，而梦之所以醒者，则由于梦中之泪滴春衫，层次可谓分明，说理可谓详尽。然信笔直书，毫不见诘曲钩勒之迹，此即所谓浑成矣。

梦酒而醒，醒而闻雁，此瞬息间事，感则有之，又何有于时光之催人耶？作者心细于发，笔妙如云，只轻轻于梦中用“春衫”二字，以见所梦者，为春日事，而今梦醒，则为秋雨梧桐，相去已两季节，乃匆匆现于一梦，瞬息之中，是岂非时光之催人乎？借梦中之春，与梦醒之秋，说明时光之催人，是真敏于构思属事，较之明说者，远胜百倍。

最后以何处雁声作结，事外远致，别具遥思，是善于言情者。点出“高楼”二字，境界既高，情更凄厉，柳耆卿“关河冷落，残照当楼”，盖即由此化出。晏虽只作小令，然所以开词法者，固已多矣。

谒金门

秋露坠，滴尽楚兰红泪。往事旧欢何限意，思量如梦寐。

人貌老于前岁，风月宛然无异。座有嘉宾尊有桂，莫辞今夕醉。

此夜宴既终，无聊感怅之作，不须经心构思，不须炼字琢句，自然浑成有致，后人以浑金璞玉称晏词者，正是此等佳制。

当筵佳兴，人所共知。惟深于情者，在酒阑人散之余，每转感其盛之一忽即逝，不易重逢，不易流连，因之倍加珍重，此盖伤心见道之言，亦此词之主旨也。此词由当前之景物入手，因而追思旧事，至有如尘如梦之感，于情亦深矣。乃至换头遽用朴质之笔，别写纯挚之情，以人貌与风月相比较，此正关合过拍之梦寐思量，于笔法为奇峰突起，于情绪为深入一层，直道心中事，眼前情，不假雕饰，不用比衬，直起直落，是固具有大力量者。

“桂”，桂酒也，以协韵故，仅用一桂字，生新可喜，亦不费解。

惟旧事之如梦如寐，时光之易催人老也，于是当此佳宾桂酒之际，自不可等闲放过，用以衬出结拍“莫辞今夕醉”五字。此五字因磅礴浩瀚以出之，而前文之景色情绪遂均为此五字之注脚，磅礴浩瀚之运用，尤重在“莫辞”二字，此等搏鸡用全力之语，安得而不沉郁乎！

踏莎行

小径红稀，芳郊绿遍，高台树色阴阴见。春风不解禁杨花，濛濛乱扑行人面。

翠叶藏莺，朱帘隔燕，炉香静逐游丝转。一场愁梦酒醒时，斜阳却照深深院。

此词得一静字，词中惟以写静为最难。盖万花飞舞之动态，出以煊染缤纷之笔，必可追摹一二，炫人心目。若一尘不染之静态，既不能写死景、死事，而活景、活事中又必在主静，务使一切动态，率出以静致，方合作法，所谓动中见静也。

词中动静多见于形容辞中，“红稀”“绿遍”“树色阴阴”，一例写景，固日高深院之静态也。即杨花扑人，原属活事动态，今乃谓“春风不解禁”之，则以春风之骀荡，衬托杨花之“濛濛”为言，虽动亦甚静矣。展开一幅晚春图，固无在而非静也。

后阕池馆之静于“藏莺”“隔燕”中，益可见出莺燕均各得其所，不飞不鸣，则知院落中人之静，不扰外物，外物亦不起而扰之，两适其适，何等舒徐，何等冲淡，写全局之景色，气象闲雅，胥于图画中出之。迨曲终奏雅，由园中写入室中，仍用最静之笔，炉香宛转，可为妙证。

结处点明酒醒，才着一语，便又转入景色。“斜阳”句为结拍，此见静中之光阴亦复易过，而年事之催人，为不可免。然所以寄其感慨者，始终不曾明言，即于静景中烘托以出，此盖又一作法之难能者。

清平乐

春花秋草，只是催人老。总把千山眉黛扫。未抵别愁多少。

劝君绿酒金杯，莫嫌丝管声催。兔走乌飞不住，人生几度三台。

此首直抒胸臆，放胆写来，已由感慨而入于沉痛之途，故商音激楚，已非向者可比，此于晏词应视之为“别裁”。“总把”下着一“扫”字，便并前文之“春花秋草”而率扫之矣，然扫此春秋之代谢，尚不克抵别愁，则别愁之深可知，然作者更出慧心，不言其深，而问其多少，使读者自己领悟，自己忖度，其运笔之妙如此。下文过拍，由别愁转入销愁。销愁惟持当前之歌酒而已，故继之以歌酒。然仍累用酬答体，别立作法。先之以劝饮，再申以莫厌丝管，丝管虽繁杂，固足以娱此浮生，扫此别愁者也。于情可谓深矣。

末句提出主旨，自述身世，虽登台阁，能复几度，意者此词为罢相后留守南京时作。晏虽雅士达人，于留守外官之职犹不能无所慊然，故不免寄慨云尔。

此词全用跳脱之笔，句句就侧面立言，正反相衬，以见沉痛之切，直说三台，不嫌其俗，则晏诚居是官，所谓真则质，质则不伤于庸，不伤于俗，非矫揉者所可比矣。

清平乐

金风细细，叶叶梧桐坠。绿酒初尝人易醉。一枕小窗浓睡。
紫薇朱槿花残，斜阳却照阑干。双燕欲归时节，银屏昨夜微寒。

此词抒写静中情味，雅韵欲流。前阕叙景，写事，择景中之最幽倩者入之于词，再写怨思，亦出以雅，全不著迹相。夫酒以多饮而醉，今日初尝易醉，则知醉人者，盖别有故，初不在酒，其故即在怨思而已。此较明用"愁"、"怨"等字，又深一层。

少饮已易醉矣，醉且浓睡，此"浓"字点出深愁，运字之细，不见斧斤，直开二百年后吴梦窗之蹊径。以后阕重描前阕，使其益显精神，此固作家之一法，但重描则可，过于勾勒则伤朴。词伤于朴，便不浑厚。北宋词主浑厚，故描写多当于分际，无南宋太过之弊，于此可知。

后人之描画浓睡者，多就梦中设想立言，以显其浓，亦即每患勾勒太过。此首不言梦中事，而言醒后事。当午小饮，醒已斜阳，以鼾睡之久，见睡之浓，诚白描圣手。再以"花残"陪衬"斜阳"，益形生色。况且与前"叶叶梧桐坠"相呼应耶？

末后别开新境界，仍与全首照顾，以"昨夜微寒"，托出今日之细风斜阳，而又以燕归为之前驱，此与"朱槿"引出"斜阳"同一法门。事外远致，于风光婉约中见出无聊之情思，时光之易过，所谓静中情味也。

清平乐

红笺小字，说尽平生意。鸿雁在云鱼在水。惆怅此情难寄。
斜阳独倚西楼，遥山恰对帘钩。人面不知何处，绿波依旧东流。

此词说离情之深，莫与伦比，用笔之妙，更匪夷所思。诚不知开后人若干门路。

为诉离情而致书矣，于书则以"小字"衬出，"说尽"二字，极言其长且冗，以见情之絮絮，不能自已。于是书就付邮，进述鱼雁，此致书之物毕具，致书之途俱在，宜可以书传情矣。其下乃紧接反语，另立新意，曰书虽得达，而情仍难寄，遽以惊险之笔，陡涉峰回，便成路转。盖能寄者书，书虽小字繁长，殷殷道意，固尚不足罄此衷肠，则寄书亦徒多此一举耳。立意绝妙，运笔绝精，十馀字间，以能寄书起，以不能寄情结，而情之不能寄者，正由于情深，用反笔倍写其意，是古文家手法，以之入词。在在暗转，不见些许生硬，是何等力量耶？凡治词者，咸尚暗转，北宋初行此法者犹少，晏开其端矣。

后阕申说寄书不能寄情，则作书之人始终惘惘，如有所失。遂述此所失之景象，曰倚楼，曰对帘，以“斜阳”喻时光之易逝，以“遥山”喻所思之眉痕，然后始结出内心，以“依旧东流”为歇拍，示此愁之永无可解，盖用后主“一江春水”句，而变化出之者，凡使用前人名句，当知变化，于此亦可窥其迹象。

更漏子

雪藏梅，烟著柳。依约上春时候。初送雁，欲闻莺。绿池波浪生。

探花开，留客醉。忆得去年情味。金盏酒，玉炉香。任他红日长。

此寻常写景之作，而不苟不粘。名家吐属，咳唾均为珠玑，此之谓也。

此词主旨在当前景色之撩人怀旧，其着眼处，在上春时候，而无聊之旨，但有任其红日自长而已，即此琐琐之节物，缀为小词，使以妙绪，便觉春意盎然。“上春”二字，新而不纤。

上春时候，正冬去春来之际，故以第二句为杼轴。由前以言冬景之将过，雪虽藏梅，烟已著柳，春色初动，端在“著”字，继之则春景之乍来，一“初”字，一“欲”字，写生之心，细如毫发。“绿波”则暗，使六朝赋“春水绿波”，以隐射春字，又不见吞剥之迹，至“绿波生”则春色已分明，不待更言矣。

后阕不仅言怀旧，必由今日所为，以引起旧情，“探花”“留客”，固今日事也。惟沉郁其情以出之，斯情愈深。盖由今以忆旧，则旧事历历在眼，非无因而至，亦即不可得而随便排遣之，于是只有听其红日之长而已。无聊之致，怅往之感，一并付于红日之自长，示其绝非人事可以为力。晏以情深之人，当显达之位，乃有此闲思，有此妙笔，其轩冕北宋宜矣。

相思儿令

春色渐芳菲也，迟日满烟波。正好艳阳时节，争奈落花何。

醉来拟恣狂歌，断肠中、赢得愁多。不如归傍纱窗，有人重画双蛾。

词中虚字最难用，尤难于用作住韵，自苏东坡用独木桥体开一别派，辛稼轩继起广之，遂畅行虚字住韵。下至清初之陈迦陵，徒恣叫嚣，已无雅趣，所失愈远。“也”字则语助中之交代词，以示段落而已，更非“耳”字、“乎”字等带有情绪者可比。必先明乎此，始能探得晏之长处。

此词言春色用一“渐”字以开其先，然后用一“也”字，以结束此春色将殷之小段落，一收一放，始见情趣，亦即小天地中之沉郁，所谓无垂不缩也。下此则为春光灿烂，而后春残，为别一段落，不属此“渐”字之境地矣。其下以“迟日”二字度至春光灿烂，曰“艳阳时节”，再继之以残春之落花，一春三段落，理脉分明。于开首之句用“渐”字引入，于春残之际，用“争奈”以遣其无可奈何之思，首尾完整，然不见丝毫沾滞之迹，信有神力运之毫端。

后阕由过拍“争奈”中，别辟新境界，一放曰“拟恣狂歌”，一收曰“断肠愁多”，于是并狂歌而不为之矣。然后结入别一新意象，曰“不如归”，其下申归去之景色人物，于数十字之小令中，屡收屡放，波澜壮阔，使读者只见其起伏之势，而不觉其语句之短，此叠假山、造园林之结构，备极匠心。

喜迁莺

歌敛黛，舞萦风，迟日象筵中。分行珠翠簇繁红。云髻袅珑璁。金炉暖，龙香远，共祝尧龄万万。曲终休解画罗衣，留伴彩云飞。

此固筵间所赋，惟窥词意，当属朝廷宴酺盛设之词，为万寿节排当而作。晏以词臣任宰辅，自不能不有恩荣之什，集中纪事述盛者不少，惟此仍重歌舞，不为殿阁应制体，故特选评，以备一格。

述皇家恩荣之作，每多滥调，又必须颂圣，易流庸率，即《珠玉集》中有不能免者。此首独无斯弊，则虽记宴，而非应制，故只以“尧龄”一语轻轻带过正题，惟全词气象仍穿插殿阁风光，有别于园林池观耳。

“象筵”者，殿阁列象队于外朝，用示南荒之效顺，由来已久，宋沿其制。又“金炉”则殿阁所陈置，“龙香”出海南，又非殿阁不恒获致，即以此三事，示其为万寿，自不落于俗套。

写排当勾队，曰“分行珠翠”，曰“云髻袅珑璁”，主于记事，不涉抒情，盖殿阁酺宴，非可出以寻常行乐之语，然末结犹用宕笔，清而不亵，是诚工于状物，且识体制之尊者。

撼庭秋

别来音信千里，怅此情难寄。碧纱秋月，梧桐夜雨，几回无寐。楼高目断，天遥云黯，只堪憔悴。念兰堂红烛，心长焰短，向人垂泪。

此词以“怅此情难寄”为言，凡全词前后均由是阐发，描绘极其难寄之致，诚有绘风绘水之妙。起拍于“此情难寄”前，先述其难寄之由，则以别远思深引起之，虽只六字，已尽回环，抑且沉郁，晏词于小境界中辟大天地，其最擅长处，学者不可不于此求之。下文则以难寄此情而述及其景、其时，景则“碧纱”“梧桐”，时则“秋月”“夜雨”。夫月与雨判然两事，而秋夜之乍雨乍晴，增人闷损，更不待言，故兼述之，俾于错综之间益深牢愁之致。然后结到“无寐”，尤更必宛转以出之，曰“几回”者，则以强图小睡，忽又无眠，辗转反侧，庶使情更深窈。

以“无寐”为过拍，以“目断”为换头，二者似断却连，信乎起为水穷云起之笔，继之以“天遥”、“云暗”者，正以“天遥”呼应“千里”，“云暗”兼及“夜雨”，一字不肯轻放也。

继用“兰堂红烛”，虽是愁悴之作，仍具富贵气象，非寒素之篝灯如豆者可得而比，以“向人垂泪”作结，又却关合“此情难寄”。凡作小令，不可以文简而失其理脉。晏最工此，允为百世不祧之祖。

滴滴金

梅花泄漏春消息，柳丝长，草芽碧。不觉星霜鬓边白，念时光堪惜。

兰堂把酒留嘉客，对离筵，驻行色。千里音尘便疏隔，合有人相忆。

此伤离惜别之词也。离不足愁，别不足惜，其可愁可惜者，端在音尘疏隔，故此词以“千里”为主句，然不置前阕，而置之于结煞，则文人狡狯，固无施而不可也。

前阕述景，由初春而中春，转以接入人事鬓霜，读来觉其宛转，不觉其突兀，所谓词中之度字法者如此。此固犹可就文字以窥见者。至用暗度者，则后阕以行色为言，前阕所言之景物均即为行色之色。由此色字上，生出前阕三句，以相照映，理脉极细。论者以为词至北宋始工，虽同为敷陈情绪，不涉饾饤，而蹊径可通，花明柳暗，殊非五代之处出于缠令、竹枝者所可企及，举是为证，庶易烛之。

词可直写而不当直断，阕尾尤以别立新意，有余不尽为佳。此词结拍于直写“疏隔”下，继以“有人相忆”，即是使此法以立新意，然更敏妙出之，用一“合”字，所谓合当也，亦即应或之谓也。于相忆曰“应”，则正两心相属，益见其深矣。小令不在以明语千行写情绪，贵以一二字活现真诚，此最不易事，于此即可通用字、省句之法。然择之过精，则必嫌晦，南宋诸贤，遂不复为椎轮大辂矣。

雨中花

剪翠妆红欲就，折得清香满袖。一对鸳鸯眠未足，叶下长相守。

莫傍细条寻嫩藕，怕绿刺、罥衣伤手。可惜许、月明风露好，恰在人归后。

此采莲词也。采莲词自六朝以来，作者甚多，所述景物之美，姿容之艳，采撷之妙，乃至于采莲女之情思，大都自正面入手。晏此作别辟蹊径，独自旁观立言，于是一切不犯及正面，其才思遂高人一等，可为后人于旧题立新意之师法。

其叙本事也，只起拍二句。“剪翠”“妆红”二字，为花为人，合二者而一之。词字双关，尤极巧思。其于莲花，以首句已用“红翠”字面，则改以“清香”为言，殊见高致。

下接鸳鸯相守，似为写景，实亦寄情，正如以“关关雎鸠”“桃之夭夭”之喻淑女君子，所谓兴而非比，六义早已用之。今袭神改貌，益见生色。词中用比者多，用兴者少，盖用兴较难，不但需深于工力，尤必敏于才思者，始能有触而悟耳。

词以忠厚为主，而词中不易见忠厚之音。换头恐“罥衣伤手”，则忠厚之音，亦以告之采莲女当自谨饬，应防微而杜渐也，此非宅心纯、见事多、情感深者，不能出之也。

歇拍饶见感慨，以寓作者之意。此词或在留守南京，已出枢府时作耶？不及政治，自见身份，非任宰执，谁克出之。

红窗听

记得香闺临别语，彼此有、万重心诉。淡云轻霭知多少，隔桃源无处。

梦觉相思天欲曙，依前是、银屏画烛，宵长岁暮。此时何计，托鸳鸯飞去。

词中寓情之作，每言梦境，以魂梦无千里之隔，无三秋之间也。独此词述说相思，言梦而不及梦境，出以烘云托月之法，言其时、其地、其气象、其神思，无一字入梦，而梦中之情已不言可喻，此其手法之加人一等可知。

此词前阕言梦前，乃至所以成梦之因，后阕言梦后，乃至追忆前情，结之以“此时何计”，正与起拍之“记得香闺”回环呼合。文家往往谓当如常山之蛇，首尾相应，此正相应，一丝不苟者。起拍二句述旧事，朴质有情，大晏所专工也。其下度入梦中，不用“醉倦”、“迷离”等字面，而径言“淡云轻霭”，是已知其入梦矣。此等暗转之法，盖六朝骈俪所习见，而不易入之词中，作家游刃有余，毫不费力，且以“隔桃源”判明梦之非真，更见作法之妙。

以银屏岁暮之景物时节为言，乃置之于梦醒之后，自较先景地而后抒情者，愈增以实证虚之致。结语又返于朴质直言，“何计”是无计也，自然关合上文之“万重心诉”。方寸千里，词心之能事毕矣。

玉楼春

东风昨夜回梁苑，日脚依稀添一线。旋开杨柳绿蛾眉，暗折海棠红粉面。

无情一去云中雁，有意归来梁上燕。有情无意且休论，莫向酒杯容易散。

宋人记晏元献公好客，每设文字饮，先陈酒果，渐治肴馔，盖家不预供，辄临事成庖也。酒上，歌伎进。歌舞数巡，即止之，曰："汝曹呈艺已遍，可退，待吾辈呈艺。"于是宾主各就楮墨作词，尽欢而散。晏之从容翰墨，于此可见。

《珠玉词》中自多尊前所作，此其一也。论词之造诣者，每好言寄托，寄托自是词之极致，然平易冲淡之音，出于自然，而无所寄托者，于词尤属隽品，此所以北宋之高于南宋也。一任自然，一尚功力，天性所遣，诸名家如珠玉、六一诸词，最为上乘。后人必律以"思无邪"之说，而申君子小人之隐旨于其间，如射覆，如测蠡，失之固矣。《珠玉》此等词，又宁可实以政事耶。

此词用笔，融景入情，以景之开柳、拆棠，度之于蛾眉粉面，是花是人，混之于一，足见情致也。雁去燕归，不必问其有无情意，且尽当前之欢。挽二不同者而糅合之，使读者低回不已，而出以直率之笔，是见工力也。

玉楼春

帘旌浪卷金泥凤，宿醉醒来长瞢松。海棠开后晓寒轻，柳絮飞时春睡重。

美酒一杯谁与共，往事旧欢时节动。不如怜取眼前人，免更劳魂兼役梦。

春光旖旎，春色酣纵，由睡醒之目中，接窗前之景物，写来自然风韵，毫不费力。然细味一言之中，若起拍"帘旌"句，已极生动之致，帘卷者，风也，而言帘之被风如浪，却不点出风字。帘动而言帘上之凤动，此描写入细，极词心之至慧也。继之先说"醉醒"，后说"春睡"，一经倒置，即便摇曳生姿。作小令，求于数十字中，回环往复者，不可不知此法。

以"海棠"喻春睡，以飞絮喻梦情，此至平易习见之语，惟工词者善化臭腐为神奇。通于此法，则一切陈言均可濯之使新，且新者不必贵生，若必求生，斯新有时转或流入拙涩之途。其能不生而新，斯见作者之智慧，足以驱使一切，琢磨一切，其力量固胜于独造戛戛者为尤难。

后阕“时节动”，此动字虽新，实有至理，盖一谓又届往事之时，一谓春已渐老，机动气随。合此两义，而词理益深。盖词中能以浅字达至理者，最属不易，视南宋梦窗之必择生字以用之，更高一等。

“怜”本训爱，此古义也，六朝乐府已惯用之。

凤衔杯

青蘋昨夜秋风起，无限个、露莲相倚。独凭朱阑，愁望晴天际。空目断，遥山翠。

彩笺长，锦书细，谁信道、两情难寄。可惜良辰好景欢娱地，只恁空憔悴。

此词前阕言秋景，未尝及于怀人，后阕言怀人，又不及于景色，乍即之，似两不相涉，细辨之，则正以“目断遥山翠”五字为机括。盖“遥山翠”，景色也，“目断”，怀人也。合言之，即由景生情，于是以过拍上承景色，下开怀人，继之以换头更深一层，不言怀人，只假手于音信，而又一收一放，由尽其致。其放之也，曰“谁信两情难寄”；其收之也，曰“空憔悴”，合言之，即谓书信纵可通，然终阻千里，空于憔悴而已。词中往往言音信不通，以示情深，此独言音信可通，不如晤聚，是又深入一层之作法。

良辰、好景、赏心、乐事之为四美，谢康乐所言也，剌之入词，虽浅语而富有气象。惟以白描语，后人用者日多，且不特入词，更入之于曲，《牡丹亭·游园》名句，夫谁疑之？后人必谓游园句信其为曲而非词，以判词曲之异体，实则所以判体者，正在后缀之“奈何天”、“谁家”，而非在此四字。所谓问答体者，源于屈子《天问》。其语意含蓄者为词，直率者即类曲，如东坡“师唱谁家曲”句，虽词而已入俳体，若此词用之，则小令本亦介于词与后来之所谓曲者，未必即持四字为科判也。

踏莎行

细草愁烟，幽花怯露。凭阑总是销魂处。日高深院静无人，时时海燕双飞去。

带缓罗衣，香残蕙炷。天长不禁迢迢路。垂杨只解惹春风，何曾系得行人住。

此词由眼前之秋景，追忆残春之欢悰，感慨特深，句意至韵，而用笔质朴。

前阕以“总是销魂处”领起，下文销魂盖无可奈何，惘然欲绝之谓也。偏于其时，又见“海燕双飞”，因而忆远，承转毫不费力。且“细草幽花”，为静景，“海燕双飞”为动景，静景已极销魂，继再申之以动景，宁不更加深入。其运用沉郁之思者，庶尽其能事矣。

后阕以“海燕双飞”为呼，以“迢迢路”为应，即此呼应之间，敷陈旧事，前为欢娱时际之“带缓罗衣”，后为伤离时节之“香残蕙炷”，虽只八字，已备悲欢离合之情事，可谓简而有致，尤其穿插于“海燕”与“迢迢路”二句间，不见斧凿之迹，笔力足以包举有余，洵为杰构，足资来学之矩范。

歇拍别立新义，以托出词意，归之于销魂，是又一呼应也。回环杼轴，借景于“垂杨”，垂杨似与前文无涉，然就垂杨以言，只系春风，不能系人，是正足为伤离之事证，垂杨之与前文无涉者，至是遂相涉及，其钩连之巧，借喻之精，有如此者。

踏莎行

祖席离歌，长亭别宴。香尘已隔犹回面。居人匹马映林嘶，行人去棹依波转。

画阁魂消，高楼目断。斜阳只送平波远。无穷无尽是离愁，天涯地角寻思遍。

此录别之词，前人每以行者为言，少及居者，此作乃并举居者、行者兼言之，各系一言叙事，而情味隽永。以开门见山为作法，然不写歌酒筵宴间事，纯以景物衬托别情，胥出以珍重流连之致。“香尘”句，不特引起下文之“匹马”，且用迂回之笔，曰虽“隔犹回面”，则惜别之意已显然矣。

推此别宴，当设帐饮于津亭者，方宾主同去之时，自不只匹马，迨行人解缆，居人独归，即就匹马为言，以见居者之所如寡俦。其曰“映林嘶”者，马见棹远，独行无偶，似亦远瞩生情。夫马之情如彼，则人之情不言更可喻解，其为深入，为细写之妙，尤在能以朴笔曲传其趣，不用虚字为助词，使人一见即悟，因知凡多用助词者，转促入于柔、荏一途耳。

后阕就居者返归后之所见，引人所思，再以秃笔作结语，歇拍之“寻思遍”，语虽秃，而情不尽，此即令词之长处。

以“目断”呼应“去棹”，以“魂销”唤起“寻思”，上下衔接之密，似无意而实有意，盖作法之极工者。

踏莎行

碧海无波，瑶台有路。思量便合双飞去。当时轻别意中人，山长水远知何处。

绮席凝尘，香闺掩雾。红笺小字凭谁附。高楼目尽欲黄昏，梧桐叶上潇潇雨。

此词突空而出，凌波而起，于晏词作法中可谓特异，以见贤者之无所不能，无所不工。且出语直率，“思量”数句，竟开柳七之门径。叔原谓先公未尝作妇人语，如“针线闲拈伴伊坐”者，庶几于此失之。柳七诚得谓所作固有所师也。

此词似承前作为之继，申惜别之情，且具寄书之事，又及于“绮席凝尘”，则其为祖饯离筵之迹乎。

词贵回旋，斯有风度。今作追忆离筵之词，乃先之以别后之情，由“碧海”“瑶台”入手，再一转，始云“当时轻别意中人”，有意前后易位，即于体制中特见生色。

所谓“凝尘”，所谓“掩雾”，是别后之景之情也，因别情之深而作书，此深入一层也。继称“凭谁附”，则情不得达，又深一层，亦即沉郁之笔也。且用此三字以呼应前文之“知何处”，尤见一字不苟，理脉井然。

结句以无可消遣，遣之“叶上潇潇雨”，悠然意远，牵情惹恨，不言自喻。

殢人娇

二月春风，正是杨花满路，那堪更、别离情绪。罗巾掩泪，任粉痕沾污，争奈向、千留万留不住。

玉酒频倾，宿眉愁聚，空肠断、宝筝弦柱。人间后会，又不知何处，魂梦里、也须时时飞去。

此词主旨在后会不知何处，而作者层层抒叙，抑扬宛转，由浅入深。先自节候入手，其曰“杨花”者，以折柳河桥为离别之资也。其曰“罗巾”“粉痕”，即写别时之情绪，承前一语，引申而出之也。叙事之馀，重以抒情，曰“留不住”，是为一顿挫，于是词笔益见宛转，词情亦益沉郁矣。

前阕追叙别情，后阕方入现景，现景正即伤离之极致，故酒曰“频倾”，示作者独酌之无俚也，眉曰“愁聚”，示所忆之人同深离绪也。“宿眉”，言忘施粉黛也。必二人同心，而后词始不为浪费楮墨，故下以“宝筝弦柱”兼括之，一为赏音之人，一为弄音之女，轻下一语，两情并见，运思造句，自然而具神力。

歇拍以有馀不尽之致，再深入一层，再多一回旋，故前曰“不知何处”，后更曰“魂梦飞去”。惟其不知何处而飞去，若昧于事理者，遂益见其情深。所谓情之痴，有不可理解者在，转为理趣，其此之谓乎？但非笔力纯厚者，不足胜此。若漫作无理之语，往往易迷歧途，学者不可不慎者。

蕙风词史

临桂况蕙风先生，词学渊粹，为世宗尚，无俟赘述。而自制诸词，音节流美，寓意深远，尤为读者击节称叹。顾其微尚所寄，指事写言，犹或为读者所勿习。尊岳从先生游，侧闻绪论，并以己意领会所及，率为胪举。读者就笺读词，且益深群怨之思，仰止之意矣！

先生少颖悟，矜才绝艳，而凌霜晚节，穷愁抑郁，赍志以殁。其所为词，《存悔》《新莺》，少年兴会，固无所谓感事，而词笔流露，往往似为之谶。先生辄以举示，谓不知其何以致此也？略举一二，以概其余：

不是云山几万重，近近近。人间天上，蓬山只在，灵犀一寸。（〔醉春风〕）

未解飘零无限意，恰西风已觉思量苦。如我瘦，最怜汝。（〔金缕曲〕）

当时不误不而今，后时莫说而今误。（〔踏莎行〕）

不为此时憔悴损，只为前时媚妩。（〔金缕曲〕）

风雨枉教人怨，知否无风无雨，也自要飘零。（〔水调歌头〕）

凡此《存悔》之作，均在二十岁前，已复如此，可知慧心至性，有所通于数十年以后之境界，诚匪夷所思矣。至《存悔词》中，有本事者，〔临江仙〕一阕：

浅笑轻颦情约略，嫩悰撩乱花天。倦红亭榭碧阴圆。未能通一语，春趣饱眉弯。　　已是而今惆怅处，也休还忆当年。登廔无奈看云山。好春千里意，杨柳可胜绵。

初先生居粤西，其显宦有杨姓者，汉军旗，得先生应试文字，惊异赞美，欲以女孙议婚，且辄召使先生入署园。绿阴芳树，微波初通。既而杨他迁，议婚之说亦解，遂别娶于赵。然此后偶过署园，流连光景，辄多追忆，遂赋此词。

先生戊子入都，应试入薇垣，因与王佑遐游。佑遐行辈较长，且于内阁为前辈。然以同里闬，共音磬，故渐敦昆弟之好。其所为《新莺词》初称丈，后称前辈，即此友谊之递嬗，可概见也。方作《新莺词》时，辄与薇坦诸公酬唱，亦即选辑《薇省同声》之时。《新莺》一集，辄有论及者焉。

先生初为词，以颖悟好为侧艳语，遂把臂南宋竹山、梅溪之林。自佑遐进以重大之说。乃渐就为白石，为美成，以抵于大成。《新莺》词格之变，草线可寻。若《湘潭夜泊》《春草》《红绿菊》诸篇，均足觇之，其微尚亦有可传者：

知伊谁为。但一抹修眉，凝颦不语，向人空翠。（〔过秦楼〕）
长亭路。争忍玉骢轻去。（〔南浦〕）
西风意苦。料一抹山眉，瘦如人否。（〔齐天乐〕）
晚节鲜妍，未到西风有谁识。（〔红情〕）
憔悴东篱冷艳，只傲骨丹心犹昔。（〔红情〕）
惨绿何人，晚节谁知，不受世间秋热。（〔绿意〕）
年少冶游心，飘零后、禁得万蝉凄哽。（〔南浦〕）
但值秋天能皎洁，何妨春影特珑玲。（〔满江红〕）

凡此于家国承平之际，遽作秋声，似已自知将罹易代之变，且甘为肥遁，薇蕨自持者，真不可测矣。

先生得《花草粹编》明刊本于厂肆，讶为罕觏，录副以赠佑遐。其书于晚年以百元售之李祖年，李殁，又售之于王静安。《新莺词》有

〔金缕曲〕,为此书咏也。

苇湾观荷,有所遇,屡作词以记之。凡〔南浦〕〔临江仙〕〔江南好〕〔莺啼序〕,皆此游本事。

《碧瀣词》,端木子畴著。端木本青田籍,旋籍金陵。子畴同值薇垣,为题其集,作〔齐天乐〕,又辑词入《薇省同声集》。

朱依真,字小岑,与先生同里夙好,时客京师,辄有酬唱。〔满江红〕〔念奴娇〕均同作。

先生渐游广州,回临桂,再出由杭而苏,于苏纳桐娟,始回京师。桐娟妍丽而不禄。《玉梅》一卷,大抵为桐娟咏。其署玉梅词人,亦自此始。故卷中特多艳词。然先生斯时造诣益进,故于艳词亦能悟“重”“拙”“大”之旨,为他人所未易。

金溎生,名武祥,江阴人,好吟咏。所刊《粟香丛书》,多得善本。时供职粤西盐局,薄宦读书,游冰泉,与客联吟成一集。得晤先生,为题其首,赋〔买陂塘〕。

谭仲修,名献,杭人。一时词流,奉为大师。先生由粤北行,过杭州,畅论词学。为题《斜阳烟柳填词图》,赋〔齐天乐〕。

由杭而苏,赋〔寿楼春〕〔高阳台〕。其:

> 玉梅花下相思路,算而今不隔三桥。怨良宵。满目繁华,满目萧条。(〔高阳台〕)

先生最喜诵之。此盖其识桐娟之始,以艳词而出以秋声,所谓乐极而不自知其怅触无端,此真词心所流露,而笔力又足以胜之者也。

〔永遇乐〕〔忆旧游〕〔法曲献仙音〕〔早梅芳近〕,均其时本事:

> 惨碧山塘,画舸只在,销泪多处。(〔永遇乐〕)
>
> 宛转碧淞潮,共垂杨萦恨难剪。(〔法曲献仙音〕)
>
> 紫鸾箫,丹凤琯。金粉江南怨。仙山楼阁,不抵人间绣帘远。(〔早梅芳〕)
>
> 歌管山塘,任珠帘十里,不卷离愁。(〔忆旧游〕)

凡此以蕃艳之词，写疏俊之思，悲从中来，真足使人黯然魂销者矣！

先生于苏识易实甫、文小坡，因有〔寿楼春〕及〔喜迁莺〕联句之作。

先生渐重游京师，入值薇垣，而桐娟已殁，先生哀之，为赋〔浣溪沙〕“重到长安景不殊”一首。方桐娟之丧，先生寄殡于萧寺，赁一室以居，长夜无侣，校书自遣。作绝句诗，有“殡宫风雨如年夜，肠断萧郎尚校书”句，其全诗不传。

先生悼桐娟之丧，每有所作，辄多伤感云：

最是不堪回首处，凤城春去棠梨雨。（〔凤栖梧〕）
天涯休怨凋零，便腰肢似旧，难消媚妩。（〔南浦〕）
鸳衾空复暖，魂共炉烟断。（〔菩萨蛮〕）

迨桐娟生辰，则又制〔青山湿遍〕一曲、〔石州慢〕一曲；〔青山〕盖饮水自度腔也。时半唐校刊《梦窗词》，先生助成之，并赋〔玉漏迟〕〔浣溪沙〕。世人尝薄梦窗与贾似道游，独刘毓崧辟其说，先生引为同调。故有句云：

晚岁西原疏佞友，早年秋壑亦能臣。

其时先生名噪王城，都人士多以乞得一词为幸。故于王正轩则两题其图卷，江建霞则题其日本女郎像。（《灵鹊阁》丛书有全帙甚富。）而是时先生提倡词学，不遗余力。故得《弹指词》，即题〔穆护砂〕；得《百名家词》，即题〔宝鼎现〕；盖亦渐好拈涩调为之矣。《弹指词》为康熙刊本，岳犹及见之。《百名家词》则晚年归拙藏。盖先生谓售书与不能读者，不如俾能读者读之，得入签阁，书亦何憾云云。岳以先生手泽，护持甚力也。

〔寒夜闻角〕一词，先生深自喜之，尤爱自诵：

凭作出百绪凄凉，凄凉惟有，花冷月闲庭院。珠帘绣幕，可有人听，听也可曾肠断。

谓："当时笔力千钧，百炼钢化为绕指柔，极词家明转之说，与早岁所作，又不相侔矣。"盖早岁《落花词》有云：

拥被不听雨，算作一宵晴。

为硬转法也。

继《锦钱词》一卷为《蕙风词》，盖取楚骚"悲蕙风之摇落"也。时在癸巳甲午间，先生感于中东之役，寓意益深，词笔亦益矫健。辄就佑遐读词，并助其校勘《四印斋词》。集中〔蝶恋花〕、〔烛影摇红〕、〔寿楼春〕《落花》、〔三姝媚〕、〔采绿吟〕、〔莺啼序〕，均与半塘有连者也。

甲午事亟，主和主战者两不相能，驯至败绩。其于和战纷呶之际，先生咏虫以喻之，作〔摸鱼儿〕。其结拍云：

寒催堠鼓。料马邑龙堆，黄沙白草，听汝更酸楚。

则其指战事之必败可知。又九月一日为先生生日，尝刊小印曰"与欧阳文忠同生辰"。时战事濒溃，京师惊悉其事，先生赋〔唐多令〕，有云：

东望阵云迷。边城鼓角悲。我生初弧矢何为。

则其忧时之切，慷慨之情，直跃纸上，恨不亲就矢石，以策勋授命也。迨次年战事大败，其赋〔水龙吟〕《大雪》，〔水龙吟〕《闻角》，并云：

闻说东皇瘦损，算春人也应憔悴。冻云休卷，晚来怕见，搀枪东指。嘶骑还骄，栖雅难稳，白茫茫地。

鬓丝搔短，壮怀空付，龙沙万里。莫漫伤心，家山更在，杜鹃声里。

盖未能忘情于败绩者也。是时先生极赏《玉田词》，词笔亦有神似者。如〔南浦〕换头云：

壶山山下吾家，料环溪一带，桃花放了。花外旧游踪，松楸路、梦魂几回愁到。

则和春水俨然得其骨髓者矣。而当时君臣酣嬉，先生爽然忧之，辄以词讽。〔三姝媚〕〔采绿吟〕〔莺啼序〕有云：

啼鹃声自苦。却红楼依然，玉容歌舞。（〔三姝媚〕）
琼箫影事，画角愁边，有恨江山，那能禁泪。（〔莺啼序〕）
待重寻吟事尊前，沧州怨、多恐不堪题（〔采绿吟〕）

言婉而讽，足知其字里行间，正有无数忠爱之忱在也。

既而先生娶吴县卜娱，辄同游于秘魔宝珠间，弥复相得。〔况英台〕《病新愈》一首，即为娱作。

先生后此去京师，南游由金陵而维扬，《蕙景》一卷，即其时作。亦多感逝伤离之音，而眷眷于半塘者独深。〔齐天乐〕〔忆旧游〕〔角招〕〔寿楼春〕诸阕，均为半塘。有云：

落日觚棱，清霜斥堠，此际销魂禁否。君须寄语。尽憔悴而今，后期休误。（〔齐天乐〕）

骊歌甚无谓，怎草草分携，如此关河。北雁传消息，也安排琴剑，一棹烟波。（〔忆旧游〕）

伫月闻箫，苦忆清霜残角。（〔石州慢〕）

此际君应念我，向风雪地飘零，更狂吟能否。（〔角招〕）

恨不平山阑槛，共君登临。（〔寿楼春〕）

君有酒，吾中之。甚慰吾知音相思。（〔寿楼春〕）

读之令人增气类之感，家国之思。而其时先生旅食江湖，弥难为怀。词中亦多有自况者。约略举之：

飘零最苦。算金粉江南，是人愁处。（〔齐天乐〕）
茂陵不胜清怨，弹泪向谁多。（〔忆旧游〕）
衰桃一树，算也自惜容颜，娇云冷抱闲池阁。（〔石州慢〕）
流波照影堪肠断，只酸风不定，一霎回旋。（〔高阳台〕）

怜何极，剩江湖满地飘零苦。（〔莺啼序〕）

似此者不可胜记。盖先生襆被去都，依违江湖间，身世之感，已流露于吟事，此亦后来词境入于白石之所由。天之生人，困其境以成其学者，乃至于此！

先生之至维扬，扬人士倒屣相迎，词流尤多胜会，先生亦多有酬赠。集中〔高阳台〕〔莺啼序〕〔金缕曲〕〔六幺〕均在扬作。所往来者徐啸竹、张午桥、沈芝房、王木斋亦一时名彦。歌酒清欢，琴尊盛集，在先生观之，无以解其牢愁也。有云：

画里移家，愁边选梦。（〔高阳台〕）
尽登临江山绝胜，暂消遣吟边凄苦。（〔莺啼序〕）
憔悴东阳，三生忏尽情禅。（〔高阳台〕）
茵溷飘零随分好，只落红身世凄凉定。（〔金缕曲〕）
甚凄婉兰成词赋，恰年来乌帽黄骢，总然栖旅。（〔莺啼序〕）
渺河山能几知音，且浇芳酒。（〔莺啼序〕）

先生尤爱京师风物，每有所忆，辄形之词翰。有云：

春明回首惜梦华。海王村东去驻车。（〔恋绣衾〕）
记得驻金勒，袖满炉烟班直退。（〔绕佛阁〕）
巷陌曲尘，鞭丝絮影，才当日已成销凝。（〔殢人娇〕）

其尤致伤感者，次子新丧，春明旧梦，一一抒之于词。〔摸鱼子〕〔花心动〕有云：

天涯路，我亦伶俜薄命。霜风不耐凄紧。须知别汝无多日，见汝只愁难定。（〔摸鱼子〕）

凤纸钿盟，鸾柱筝尘，此际不堪肠断。总然兰絮论因果，情何忍坠欢重恋。（〔花心动〕）

盖是时中年哀乐，已非入直金銮可比拟。其《题落花诗卷》，与前赋《落花》不用衰飒语者相提并论，迹象迥异；足以知方寸之间，情致之不同也。比儷读之，使人回肠荡气矣！一云：

凭遍了玉阑细数。飘上了锦茵更舞。（〔东风第一枝〕）
为花早拌飘零分，等飘零犹隔人天。（〔高阳台〕）

《蕿景词》刻于光绪戊戌年。自此先生即留南中，掌教吾乡龙城书院，讲学南京师范学堂，又一之杭，再之吴，一入川，遂入江督端忠敏公幕府。旋至大通掌榷运。至辛亥十月，鼎革，始来上海。其在江宁也，忠敏收藏最富，凡陶斋藏画藏石诸记，皆出先生手笔。其时所为词多不存。《玉梅后词》十余阕，则艳词之成于苏、杭、常州者也。维时先生虽流离江海，而朋友文字之乐，不减畴昔。故词境又趋于侧艳一流。然有绝重、绝拙、绝大处，则非作艳词者所可望其肩背矣。

《玉梅后词》成，文叔问常窃议之。先生大不悦，其于词跋有云"为伧父所诃"，盖指叔问。叔问在苏，治词亦精，享盛名。时人与王半塘、朱彊村及先生合之称为清季四大词人。叔问学白石、学清真、雅尚面目，而天分或不及先生。先生充其所至，"胡帝""胡天"，外蕃丽而内幽怨，不为叔问所知，故有所议也。

先生〔临江仙〕《记得》词八首，有赋《阿芙蓉》者，为前人所无，可与《餐樱》之赋《撝蒲》同传。其词特雅洽，云：

记得琼窗风不度，芙蓉香雾氤氲。丹成九转费温存。为怜葱玉损，重抚昨宵痕。　　屡试灵犀通也未，樱红润到情根。如烟恨事莫重论。鬓丝禅榻畔，肠断对灯昏。

至艳词之至拙至重者，先生辄举玲珑〔四犯〕：

总然真薄幸，但保终媚妩。衰桃不是相思血，断红泣垂杨金缕。

其谓桃作断红，垂杨初不之顾。而衰桃泣血，固不求知于垂杨，亦以尽其在我而已。以此喻家国之大，喻忠孝之忱，同非求知，自尽其我，正复一理，可以举反也。

其艳词姚丽入骨，而灵心慧笔，足以济其胜，为词林所罕觏。约略举之：

> 第一矜庄堪痛哭，无双明艳莫端相。（〔浣溪沙〕）
> 有梦便须安枕簟，如云犹自想衣裳。（〔浣溪沙〕）
> 忍更推篷，不如昨夜，犹见去时路。（〔四犯〕）
> 已拚不思量，难生受、天涯病余情味。（〔徵招〕）
> 怕缃桃未抵离襟色。瘦不禁怜，那人知否，分付吴天寸碧。（〔淡黄柳〕）
> 泪泣鲛残，血啼鹃碎，脉断高城，暮山凝紫。（〔侧犯〕）
> 落红如雨。飞不到愁春处。玉鸭水沉微，袅寸碧鬘天能否。（〔长亭怨慢〕）

凡此尝鼎一脔，初未尽其妙绪。而词中往往有生涩处，缠绵悱恻之中，寓以惆怅哀抑之旨。此多情种子之言，文人慧业，于此真独擅胜场矣。

再就上举诸首言之。其曰“矜庄堪痛哭”，讽入世之以伪面目向人也。其曰“有梦如云”，则情之所专，无间于境界之别也。其曰“忍更推篷”，极惜别之情也。其曰“已拚不思量”，则情之所钟，欲掷勿得，置而勿思，更无可以自聊，转不如思量之尚足自慰，见其一往之深也。其曰“瘦不禁怜，那人知否”，则专其在我，而正复不谅于人，顾我既专之，则亦不更求人谅，以易坚贞之操也。其曰“泪泣血啼”，尽伤离之致也。其曰“落红如雨，飞不到愁春处”，则视“那人知否”之旨为更深。盖明知其不为人知，而我固不悔，其忠诚直往之情为何如者？独此深情，终能为人所知与否，则亦如玉鸭水沉之袅寸碧鬘天，未必幸达，初求知于人，渐不求人知，而终亦幸得人知。思绪层层，蕉心茧壳，情文两绝，叹观止矣！

自此而后，先生词集，久未付刊，偶作亦随手弃去。直至辛亥九月，先生在大通榷运局，闻警来沪，即居沪渎。初赁庑于梅福里，而生事日艰，遂出其藏书，设一书肆。然先生因不工市侩，朋从至，道姓名，辄以书奉赠，举手辄尽。既乃弃去，移居东有恒路。时朱彊村侍郎即居德裕里，衡宇相望，过从甚频，酬唱之乐，时复得之。先生患不继，辄鬻文自给，每岁致千金。维时吴兴刘翰怡京卿，刻《嘉业堂丛书》《吴兴丛书》，亦延先生与其事。旋又迁北河南路。所与游者一时名俊，尽东南之美。盖国变以还，流人多寓海上，无不景企先生，以得闻謦咳为慰。时先生益励词事，尤多与彊村侍郎赓扬唱和。《二云》、《餐樱》、《菊梦》，胥是时所成也。

《二云词》以赠傅彩云及朱素云二词为名，盖先生有所寄托，讳以二云也。其自跋云："以二云名，非必为二云作。"从可知之。傅彩云尝偕洪文卿使英。庚子之变，又在京师与德帅瓦德西游，饱更世变。迄辛亥后，又张帜海上。时如皋某君与之稔，介先生识之，遂投之以〔莺啼序〕。朱素云，都下名优，工小生，传王楞仙、徐小香之学。方其在都，多与贵人游，先生夙习之。辛亥后，又来海上，谒先生寓庐，因为赋〔绮寮怨〕。

先生辛亥后，幽忧憔悴，于词益工，凄丽迥绝。盖故国之思，沧桑之感，一以寓声达之，而又辄以绮丽缘情之笔出之，遂益见其格高而词怆；殿有清一代之声家，开自唐以来之韵令，何止工吟事、集大成而已？

〔莺啼序〕赠彩云，初为声家常举之题，而出以先生之妙笔，便觉生色。盖其抚写勾勒，有特到之处。其叙彩云使英及庚子事云：

> 记曾泛蓬海仙槎，翠涛飞作香雨。凤城阴、桃花细马，更谁识、英雄儿女。

其致家国之感，则曰：

> 山围故国，涕雪新亭，恨人是俊侣。……凭危阑苦忆春归路。

> 相如倦后，庾信愁边，看鬓丝倩汝。

先生迁居作〔握金钗〕，述海隅胜致，摇曳生姿。其云“无尘”者，谓可托以避世也。

铁笛倚层楼，天涯怨芳草。空巢新燕能到。毕竟无尘是壶峤。花作伴，海流愁，人未老。

先生凡此之作甚多，〔蝶恋花〕《柳外轻寒》，直逼宋贤，〔买陂塘〕尤多感喟。其曰：

千万卷珠帘，斜阳过也，著意看新月。

则易代之感，以逝者托于斜阳，来者谓之新月，令后之视今，亦犹今之视昔，微尚所寄，有如此者！

乙丑之后，项城秉国，已有僭位之思。时先生撰辑《绘芳词》成，媵以小诗，有云：

倾城倾国谈何易？为雨为云事可哀！

即隐诋之也。《绘芳词》撰录古今咏美人词，自发讫影，几百余阕。有前人所未赋者，先生为补撰之，题曰《周夔》，又有托卜娱之名者。其〔高阳台〕一首，托诸玉颜，自致沦落之思，读之辄为雪涕云：

玉颜自昔悲青镜，尽磋酥作雪，知为谁容。一寸琼瑶，能消一曲丝桐。彩云犹作真真唤，甚昂藏七尺飘篷。

宁乡程颂万，字子大，号十发，善画兰石，工词赋。先生在鄂，与之同任教职于学校，一别数年，于其来也，作〔绛都春〕。

朱彊村翁自广东学政还，即往来苏沪间，吟啸自适，与先生知好特深，盖同研词学于半唐者也。方彊村以词抵半唐订拍，先生见之，亟为称许。半唐尝函彊村曰：“夔笙少所许可，见子词而惊佩，其推挹为可知。”先生在沪，几与彊村日必相见，而彊村辄还吴阊小憩，其所居在醋库巷旧吴氏园，先生赋〔霜花腴〕赠之。

先生在沪鬻文，求者云集，朋从亦多以乞一字为增重。贵池刘聚卿京卿富收藏，得宋拓二体石经，及大小忽雷、马湘兰炉等，名重一时，因丐先生为词。先生在宁固与旧契，因赋〔兰陵王〕〔凤凰台上忆吹箫〕〔绿意〕。盖聚卿方刊《暖红室传奇》数十种。每就先生勘定，因徇其请而为之。

程十发之来，辄多酬唱，先生又赋〔寿楼春〕〔临江仙〕。迨其归湘，又寄以〔瑞龙吟)焉。

〔临江仙〕词笔清丽，有云：

一桁湘帘尘不到，除非燕子归来。

先生辄自言："此境清绝，至不易到。"其欣赏如此！又有云：

相逢切莫误横波。雍门成旧曲，无计惜韩娥。
愁边万一损风怀。雁筝犹有字，蜡炬未成灰。
长亭霜叶后，辛苦又辞枝。

凡此皆寓情感事，以自然娴稚之笔，写无聊侘傺之音。其他词之尤缱绻兼以自况者，有云：

东风里，残花藉草，何计更飘茵。(〔满庭芳〕)
玉奴羯鼓悔催花，花若迟开应未落。(〔玉楼春〕)
赚人坠佩贻簪，软尘何世(〔解蹀躞〕)
袖薄天寒谁倚竹，也占取婵娟先误。(〔卷珠帘〕)

时先生客沪，大人之求题以为增重者益夥。集中〔买陂塘〕之题水绘园书画册子，徐积余藏"石家侍儿"印，均是时作。积余名乃昌，南陵人，藏书甚富，尤好词，尝刊《小檀栾室闺秀词》一百家，与先生雅称莫逆。先生所为词，即其所刊。又先生藏词集最富，亦尽归之积翁。缟纻之笃，有如此者！先生此时，亦间作艳词，读之令人回肠荡气。〔浣溪沙〕四阕，尤称绝胜。即其制题："绿叶成阴，苦忆阊门杨柳。"亦屡自言其工妙，饶有遐思也。哀怨之音，千锤百炼以出之，可为特开境界者矣！有云：

啼鴂啼鹃不忍闻。觍髼罗暮荡斜曛。
红瘦何因怨绿肥。须知绿暗即红稀。留春春却损芳菲。
玦绝环连两不胜。几生修得到无情。
蝶梦恋花兼恋叶，燕泥黏絮不黏萍。
翠袖单寒亦自伤。何曾花里并鸳鸯。只拚陌路属萧郎。

徐仲可名珂，杭县人，屏居天苏阁，好词翰，客沪，多所纂述，与先生游，辄请题作，先生咸为之不辞。〔最高楼〕〔婆罗门〕〔月华清〕均为徐氏作也。

先生酷爱樱花，前后所作甚夥，即以《餐樱》名其集，而莩甲则自一〔浣溪沙〕始。盖旧有盆供，乱后失去，追忆及之，形诸吟事也。渐仲可来，同游六三园，则绿樱之咏，再而三四，哀然成集矣。

先生忧国愤世，其情益深。而甲午以还，鉴于东祸之亟；故咏樱花，每多寄托，不徒为红芳点染也。如：

东风也自东来，尽吹残鬓色，知应惜汝。香国渺沧州，灵槎约、多恐晕眉人妒。

东家信美非臣里，更宋玉鬓霜催织。向十洲谱尽群芳，却忆故园欧碧。

浅晕乡愁，浓分海色，回首东风第几町。
寻芳直到海东头，容我碧云深处宿。

其防闲之至，壁垒之严，胜负之分，恢复之切，胥可于此见之。知先生之词，初非浮烟浪墨也。

先生旅食海隅，夫人卜娱，及子三，女二，同赁梁庑。长维琦，次维璟、维琛。二女长维琚适陈巨来，次维瑀适冯仲足。维琛幼殇。先生偶暇，亦携儿辈过闹市间行。姜白石“只有凭肩小女随”，可为先生咏之。〔解蹀躞〕则携二女观焰火，〔踏青游〕又携二儿过愚园。愚园旧在静安寺侧，花木明瑟，楼阁参差，后易主，别筑市楼，遗址不可复迹矣！先生二词，亦似白石之风格。有云：

独怜衰鬓归来，短檠对。莫误京洛元宵，禁烟时节，依稀柳条能记。

念旧约天涯能几。一分春，还只剩，三之二。

先生初以天才为词，虽节拍不乖，亦未尝一字一声，三探三讨。自辛亥来沪，与彊村侍郎游，同音切磋，益臻严谨。于是四声相依，一字不易。盖先生不特词境之日深，亦词律之日鹄矣。其和清真〔意难忘〕，盖守律之作，树之矩范者也。其于彊翁推挹情亲，辄托于词。〔紫玉箫〕一首，殊足见先辈之交谊，而先生沉痛之怀，亦于此觇之云：

流水凝眸回潮逐梦，素心人在花间。
还商略一字一声，按谱兴阑。
矜持几费，恰啼鹃身世，说与春寒。

继《二云词》则为《餐樱》，盖以赋樱花者特多也。

〔莺啼序〕题《访碑图》，〔眉妩〕题马湘兰石印，〔玉京谣〕题徐氏画，〔风入松〕题松风琴，〔醉翁操〕赋银币，均集中咏物之作。而秀句新意，络绎回环，亦复可诵。有云：

便秋山也说新来瘦。荒苔一抹，依稀片石韩陵，是泪墨知否。(〔莺啼序〕)

其他可存者称是。而四咏松风，隶事繁切，尤见工力，惟先生尚以为不足存也。

〔烛影摇红〕自张材甫而后，代有作者。即明季诸贤，亦辄有可取，先生于甲寅除夕填之，不减“莲社”。其云：

椒红柏绿总依然，谁念朱颜改。梦里风云万态，作阑夜笙歌一派。

以真率之笔，写秾挚之情。惟淡乃见其真，惟率乃见其至，此不易与不知者言之矣。

其时海上有词社，徐仲可、王莼农、周梦坡诸君，奉彊翁为社长。

先生填词，独往独来，初未入为社友。而彊翁促为社课，始赋〔高阳台〕。其情至之语，有云：

戏鼓饧箫，尊前尽费春声。蘼芜特地伤心碧，算年年总负清明。

自先生之赋樱花，彊翁继起，于是唱酬益繁。〔花犯〕盖彊翁首唱，而先生和之者也。其托旨一同于曩作。有云：

晚晴画罨明霞绮。阑干心万里。渐暝入销魂，金粉沧洲余泪几。

可以知之。继斯而作者，为〔浣溪沙〕九首，则先生特工之作。于境，于格，乃至词笔之秾纤，几无一不足以凌绝并世矣。其最摇曳者，如：

万里移春海亦香。五云扶舰度花王。

于樱花之身份，立为增重。而其姿态之端凝，气度之雍愉，亦一一神情活跃。至其跳脱之笔，如：

不分群芳首尽低。海棠文杏也眉齐。东风万一尚能西。

又以勾勒之法，显樱花之神，此探骊而得其珠者。至：

绿云红雪绣双堤。梅花冢畔惜香泥。

则组绣之工，兼之以运用之妙，慧心圣手，庶或兼之。其饶有逸致者，又如：

风味似闻樱饭好，天台容易恋胡麻。一春香梦逐浮槎。

合花合人，信有巨力糅之至和，足以见其运斤如风也。至有寄托，涉感慨者，有云：

鬓影衣香沧海外，花时人事梦魂中。
似此春华能爱惜，有人芳节付蹉跎。

缠绵一往，绕指成柔。而假樱花以讽日本，又云：

未必移根成怅惘，只今顾影越纤秾。怕无芳意与人同。

其云中日之不能亲善，已腾跃楮墨。乃不期今有东省之变，移根怅惘，先为语谶。则先生之明烛知几，知其于边事，及今所谓外交国际者，筹之深矣。至其云：

红树仙源仍世外，彩幡春色换邻家。

则以日人爱招吾亡命者往居。在昔胜清，则革命党群集其间。辛亥之后，升吉甫诸遗老又复避地。永为世外，而人事之不同如此，亦可为慨叹者也。

先生于一字一句，固极推敲之长。而于一篇一章，尤尚结构。此九词者，以咏樱之形态起，而以作者之怀抱作结。其尾声云：

安得蘅云飞绮梦，尽教裛露折繁枝。三山立马艳阳时。

其怀抱之卓绝伉远，盖取金主亮"立马湖山"之遗意。则其于东邻之壮志，尚有奔踔及于富士之雄心。廉顽立懦，固不当仅作词章观。咏物寄托，至此而始极其能事，亦必有此而始足尽《金荃》《兰畹》之美。继此又赋〔戚氏〕〔小重山〕，其微旨之相类，亦多如此。

彊村侍郎《校词图》两幅，一苏州顾西津绘，一安吉吴昌硕绘。盖侍郎校刊唐宋金元人词二百余家，《彊村丛书》夙已追汲古而抗四印。一时名流，题赠殆遍。先生为作〔还京乐〕。其填〔还京乐〕者，以侍郎题《餐樱词》，亦作此调。先生以侍郎而言念及半唐，复作〔清平乐〕一解。渊源之谊，笙磬之雅，知先生之特过寻常者多矣。集中复有读半唐自定词之〔绕佛阁〕。（自定词，彊村侍郎为刊。初半唐有《袖墨》《味梨》诸集，最后自为删定，以付彊村锓之。）题《半篋秋》之赋〔八归〕。（子苾，湘人，所著《半篋秋词》，有石印写本行世。）〔丹凤吟〕〔解连环〕之和中秋，〔徵招〕、〔浣溪沙〕、〔千秋岁引〕之酬赠彊翁，靡不流连以至于涕泗。衰世残霜，故人酬对，乃至回忆年时，斗酒分筹，论文品词之乐，宜其有不能忘情者矣。其尤沉痛者，如：

万一共沦落，话雨沧洲须酒满。容易梦中相逢，醒已远。（〔绕佛阁〕）

二十年前分袂地，剩惨暗铜驼烟月。（〔八归〕）

香尘人海，铁苗玉笙消歇。为语双鬟须意解，唱黄河休彻。（〔丹凤吟〕）

怅青琐洞房，梦摇难续。太液波翻，秋光孤冷谁掬（〔夜飞鹊〕）

点检浣花笺，珍珠字、天涯更无人见。念咫尺翠隔吴云，也难为别暂。（〔徵招〕）

莫向天涯轻小别，几回小别动经年。（〔浣溪沙〕）

其身世家国之感，胥于此以见之。盖先生至诚真意，流露行间，有不自知其何以致此者矣。

《蕙风词》境界，已由艳而顽，更胜一层，盖平视白石矣。然间有枨触，亦偶拈艳词。先生艳词，多有理解，故为至情至真之意，其云：

户网游丝浑是罥，被池方锦岂无缘。为有相思能驻景。消领。逢春惆怅似当年。（〔定风波〕）

则言韶华逝水，而吾心匪石，初不可移，惟其不可移。则延跂以之，欣慰以之，转能驻景。盖欲留此身以有待，则地老天荒，亦当守之不渝，岂非年事转长乎？又云：

杳杳蘅皋，茫茫桑海，碧城往事愁重省。问讯寒山，可有无限伤情。作钟声。（〔曲玉管〕）

点检青衫红泪，夕阳衰草，不见倾城。

其淡处弥远，重处弥挚，非凡手作艳词者，所敢轻于下笔也。

先生既客海上，久不他往，虽山水之乐，懒病却赴，亦但寄之于翰墨。集中〔隔浦莲〕〔品令〕〔垂丝钓〕〔鹧鸪天〕均遥情遐思，拂叶披花之作，清致可掬，而微尚勿渝。试略举之：

影娥上。含情怕问，玉容别久无恙。夕阳芳草，负了红衣双桨。（〔隔浦莲〕）

翠娥期与经春见。杜鹃须唤。珍重韶华晚。（〔品令〕）

湖上柳。更系船能否。纶竿手。问卅年忍负。无奈飘零后。佳处非吾有（〔垂丝钓〕〕

如梦如烟忆旧游。听风听雨卧沧洲。烛消香灺沈沈夜，春也须归何况秋。（〔鹧鸪天〕）

时先生侘傺益甚，暇日仅理旧书自娱；间不能存，则挚之以去；顾无改于清贫之乐。〔浣溪沙〕《无米》、〔秋宵吟〕《卖书》、〔鹧鸪天〕《补元残本尔雅》（此书后归吴兴刘氏嘉业堂）。〔南乡子〕均为此咏。其可传之句，尤有理致者，如：

半生辛苦一时甜。（〔浣溪沙〕）

似怨别侯门，玉容深锁，字里珠尘，待幻作山头饭颗。（〔秋宵吟〕）

寻常豹鼠何难识，未必终童我不如。（〔鹧鸪天〕）

秋士惯疏萧。典尽鹴裘饮更豪。况有鸾笙丹凤琯，良宵。不放青灯照寂寥。（〔南乡子〕）

而《秋士》一首，虽齑盐之境，出之以富丽之音，所谓不作寒酸语者，先生其庶几知音矣。时先生虽造诣日深，而才情辄自患其不如少日。曾有词题云“为词不能艳叹”，可以知之。后删去矣。先生以少年之词，风流自赏，每见性灵，故郑重自惜者特深。暇日并作〔浣溪沙〕〔恋绣衾〕，以拟《新莺》《存悔》于二十年前。词笔虽婉约可喜，而词境已迥非当日。春华秋实，于此觇之。云：

但有婵娟都照彻，秋心争得似梧桐。（〔浣溪沙〕）

上阶三五流萤小，见秋风红泪海棠。（〔恋绣衾〕）

先生多梦，梦辄有忆，醒而哭，盖至性人也。然其境界为可悲矣！集中〔西江月〕〔鹧鸪天〕，即为此咏云：

罗衾寒恻作深秋，清泪味酸于酒。（〔西江月〕）

十年风纸相思字，并作天涯老泪挥。（〔鹧鸪天〕）

其沉痛有至此者！然非先生之笔，固不足以达之。

在甲寅、乙卯间，项城柄国，辄有僭位之思，其事渐显。先生以胜朝故老，益为痛心。遂作〔定风波〕〔多丽〕以讽之。彊村侍郎亦憾袁氏之盗窃，一日戏谓姬人曰："我当化虎，扑杀此獠。"姬人为之戚然，应曰："脱不得项城，而君身已虎，且将奈何？"侍郎大笑，以告之先生。先生又为赋〔醉翁操〕，题曰《为沤尹赋与客人谈变虎事》者即此。有云：

便相姚黄妃魏紫。多事。骚人阁笔费平章。（〔定风波〕）

指欲僭窃者，径自受禅，必伪造民意，殊患多事也。有云：

问谁消虫声四壁，知难醒蝶梦重衾。（〔多丽〕）

指项城之不顾清议，必欲帝制自为也。有云：

美人隔红墙碧汉，尘世自晴阴。（〔多丽〕）

指美人古德诺以君宪之说，进于项城，但图窃禄，初无深意，盖坐观成败者也。有云：

费香添熏炉凭爇，兼露滴鹤警还喑。（前调）

指一面筹备大典，一面反对者已从事征讨也。有云：

变徵无端，移宫未稳，邻家铁笛入云深。（前调）

指日人之两舌，一方佐项城以二十一条劝进，一方又佐党人以抗之也。意义深远，含蕴隐浃，事外之致，备尽于斯，非为之疏，未易获解也。其〔醉翁操〕云：

我意动怦怦。欲负嵎咀嚼有声。
暂宜豹雾，红袖丁宁。
虎拜旧通明。殿中风度谁敢撄。

则隐括彊村侍郎与姬人酬对之词，其曰“拜通明”，则以侍郎于庚子事，尝直言敢谏者也。

哈同花园在静安寺路，为犹太人哈同所居。扩地二百亩，林榭翼然，暇辄招客盛会其间，盖以得中朝士夫之临存为荣幸者也。先生之游，赋〔霜花腴〕〔紫萸香慢〕，均重九日，协节调令。继此又赋〔最高楼〕〔浪淘沙〕〔玲珑玉〕。先生以极疏极峻之笔，转见其为极哀极顽者焉。云：

愁目乱云残照，怕文峰一曲，易换哀丝。葵麦吟情，茱萸年事，兰成鬓雪谁知(〔霜花腴〕)

拚一回扶醉，便消得夕阳西。信是无风无雨，甚寥天鸿唳，梦压云低。(〔紫萸香慢〕)

高楼何况闻鸿雁，重衾生怕梦山河。(〔最高楼〕)

西风残照各矜持。花若有情应念我，双鬓成丝。(〔浪淘沙〕)

慢惜何郎鬓绿，念江山金粉，一例成悲。懒具鹴裘，向东篱且看寒枝。(〔玲珑玉〕)

至抚时感事之作，始《一九消寒》之〔醉翁操〕，《遥夜坐愁》之〔声声慢〕，均可传诵。其云：

艳阳错认，生怕啼鹃。玉钟翠袖，回首承平少年。(〔醉翁操〕)

则年时故国之思也。其云：

倦倚屏山。依然金粉江南。寒衾梦春能否，近垂杨须学腰纤。(〔声声慢〕)

则寓调侃于沉痛者也。倚枕迷离，江南烟月，然不能纤纤学舞，正恐未易梦春。其矜持之际，有难于为怀者矣。

《餐樱词》后，续作者为《菊梦词》。其云“菊梦”者，盖以丙辰年有九秋复辟之议，康长素仆仆道途，时以大言炫之。先生或信其说，终不果成，付诸梦幻，故曰《菊梦》。

先生词境益老苍，而词笔仍极妍丽。其〔鹧鸪天〕一首，堪夺宋贤之席，亦大有寄托在。云：

锦障香浓一梦中。持觞消得酹残红。凭渠断送春归去，未是消魂第一风。

先生心事艰贞，往往于词中流露，已数举之。其《秋热》〔金缕曲〕亦有云：

门外风沙骄阳路，珍重填胸冰雪。

可以知芳坚之思矣。

彊村翁于丙辰为七十寿，避赴苏州。海上词林，于其归也，集愚园补祝之。先生赋〔石湖仙〕〔定风波〕二词，意盖有在。云：

一向凝眸，百回搔首，每依南斗。（〔石湖仙〕）

把酒祝君千万寿，知否。天教留眼看红桑。（〔定风波〕）

《菊梦》之征，思之思之矣。

〔玉烛新〕〔鹧鸪天〕两词题，一云《倚此为寒花问》，一云《天时难知，晴雨无准》，其眷眷之情，可以概见。词尤韵致，思绪萦回。云：

安排更把茱萸，怕刬地烟尘，放晴难稳。素娥问讯。应不负占取一天风韵。（〔玉烛新〕）

似闻青女婵嫒甚，珍重纫兰作佩萸。（〔鹧鸪天〕）

先生九月一日生辰，自赋〔倾杯〕，感愤特甚。有云：

去日蹉跎，青镜鬓丝，较甚文章贱。持此恨谁遣。

〔洞仙歌〕《游园》、(紫萸香)《重九》、〔玉京谣〕《白菊》，均为问菊而作。期之至深，而望之不至，聊以行吟自慰，情见乎词。云：

残蝉肯共伤心语。问几见斜阳疏柳挂。谁慰藉。到重阳，插菊携萸事真假。(〔洞仙歌〕)

其云“斜阳疏柳”，亦知成事之难，一成一旅，初不易见，而事真假之尚待于推敲，终恐于无所成就。故其结拍云：

怕蹉跎霜讯，梦沉人悄西风乍。

则于谋事之先，而策事之无成，知其无成，而尚欣伫以之，其情绪何如？不言而可喻。其〔紫萸香〕有云：

最是无风无雨，费遥山眉翠，镇日含颦。

盖所处之境不同，则所期之愿各异。“无风无雨”以喻新局之日臻奠定也。“遥山眉翠”，以喻菊梦之益不易成也。在遥山之心眼，期于乘风雨以显其烟姿；此无风雨，彼却含颦；意在深入，笔能骞举；意内言外之诣，于此庶其通之。继云：

念东篱俊约，迹往越成尘。渺过雁几重冷云。

则益明其无可回挽矣。词以企之，亦词以悼之也。

〔玉京谣〕率以自况。起拍云：

绝代姿天与。占取东篱，顾影空凡卉。

其气象便尔不凡，身份具足。迨云：

最澹远秋水文章，甚色相繁霜身世。西风里，矜持晚节，铅华应洗。

则为花为人，即花即人，已合之为一；极咏物之能事，尽寄托之远致；与〔金人捧露盘〕“咏芙蓉”之“拒霜高格，与东篱傲骨同论”，可为异曲而同工矣。

〔被花恼〕咏虫，盖诋议员之作。其云：

玉砌更雕阑，得意争鸣会相妒。楼台占蚁，鼓吹凭蛙，未算平生遇。

于议员之举止心事，一一曲绘，亦尽调侃之长者也。〔竹马子〕“赋看竹”俗谓之“麻雀”，彊村翁好之，先生因赋其事。其“早灯迟酒”，先生自谓：刻画博徒心理，无微不至矣。

梅畹华演剧，驰誉坛坫。所编《散花》《嫦娥》诸曲，尤盛传日下。其来海上也，彊村翁与先生极赏之。先生前后作〔满路花〕〔塞翁吟〕〔蕙兰芳〕〔甘州〕〔西子妆〕〔浣溪沙〕〔莺啼序〕刊之集中。其集则别有五十余调，梓为《修梅清课》。先生以侧艳写沉痛，真古人长歌当哭之遗，别有怀抱者也。举以明之：

虫边安枕簟，雁外梦山河。不成双泪落，为闻歌。（〔满路花〕）

香尘人海，唱彻定风波。（又）

冰轮凭阑见，嫦娥自昔，浑未肯多情向人。（〔塞翁吟〕）

玉雪伊人，星辰昨夜，总付枨触。（〔蕙兰芳引〕）

占取人天红紫，早颓垣断井，分付销魂。（〔甘州〕）

其以自况身世之感者云：

点鬓霜如雨，未比愁多。问天还问嫦娥。（〔满路花〕）

便真个闻声对影，也无望点拍霓裳，驻得浮云。（〔塞翁吟〕）

问能几消磨，何止鬓难再绿。（〔蕙兰芳引〕）

拚随波未肯，何计更飘茵。便三生愿为香土，费怨歌谁惜翠眉颦。（〔甘州〕）

飘零信苦。只逐水沾泥太误。（〔西子妆〕）

莫辞身化作微云。傍落英已歌犹驻。（又）

婉转低回，凄丽欲绝。而其称道者，又无微不至。云：

见说寰中秀，曼睩修娥。旧家风度无过。（〔满路花〕）
算怜卿怜我，无双倾国，第一愁人，（〔甘州〕）
娇随步。著意怜花，又怕花欲妒。（〔西子妆〕）

其缠绵悱侧，有如此者！夫融家国身世于一词，而又出以旖旎温馨之笔，宜其超轶等伦，流芳并世也。其〔浣溪沙〕五首，尤为传诵之作。云：

解道伤心《片玉词》。此歌能有几人知。

明其听歌之意，不仅为听歌发也。云：

误人毕竟是芳姿。

以自况也，云：

花若再开非故树，云能暂驻亦哀丝。不成消遣只成悲。

犹屈翁山"新枝不是故时枝"之遗，叹易代之感也。云：

蜂蝶无情刬地飞，杨花薄幸又成归。落红身世底矜持。

"蜂蝶"盖指革命之勃兴也，"杨花"喻二臣之效新也，"落红"以自喻其身世也。过拍云：

便似青山埋玉骨，愿为香雾护琼枝。

则以己身融入《葬花》剧内，言剧而身世之感已明。接云：

怅怅歌管夜何其。

仍收入歌剧，而出之以有余不尽弦外之音，殊为难能。其：

侬亦三生杜牧之。多情何事误芳期。最伤春处送秋时。紫陌铜驼劳怅望，黄河羌笛费凄其。闲愁万一阿侬知。

则先生一生情事，已经披沥无遗。词笔至此，殊臻圣域矣！

〔莺啼序〕一首，其章法谨严，笔力跳脱，无或逾之。盖先生功候兼至之作也。其第一段自闻歌起，以“湖天可有痴云驻”一句，转入由沪之杭。而以迟暮之感，引起下文。于是第二段追溯往事，以己身与畹华，糅杂言之。一则卧雨沧州，一则《渭城》唱遍，而落至其南来搬演。故以“昨夜星辰，缟衣仙路”为作一小结。然后再开之为第三段，用笔极跳脱之能事。云：“惊鸿片霎，怨宇三生，此情定念否。”以“惊鸿”况梅，以“怨宇”自况。于是并入此情，作一总结，微著顿挫，再用笔一提：“人去后，一声双泪，便抵河满。”以下即重以家国之感，至“再休提旧曲〔霓裳序〕。人天几劫，何曾换却华鬘，葬花怕无香土”，而沉痛已极！夫并葬花之地而无之，则其视前者为极高，今者为极下，已不言而自明。此下第四段，归入畹华游杭，以点本题。曰：

离魂化蝶，到得西泠，要柳丝系住。

然后再申之以家国之感曰：

尚仿佛江山金粉，未尽销磨，几见娉婷，旧家风度。

则以家国托之于畹华之一身，谓赖有此耳，以观旧情于万一，则其重视畹华，又为如何？迨结句：

淞潮待剪还慵，自拨湘弦，断肠诉与。

则仍归本题，冀其由杭而归沪。且以“断肠”作结，则仍纬以平居之思。综此调离合回环，程次井井，归人本题，不粘不脱，信非易为。而先生以性灵之笔，随意抒写，真令读者叹“观止”矣！

彊村翁往返苏沪，其观剧之次日，又之苏而词不至。于是先生复以〔浣溪沙〕促之，题曰《期沤尹定词不至》。

先生题咏之作，见于此集者，一王定甫《课诵图》，一何女士画册。定甫事备详原跋，何女士则康长素之次室，殁后为题者也。《课诵图》题极枯谨，而先生善以妙笔为粉藻，其用姊氏典，则曰：

便兰骚能歌婵娟。

其况秋士贫家，则曰：

惊秋断杵，映雪寒窗。

均非有学问有笔力者，不易拗铁为拨也。

〔六州歌头〕为先生自赏之作。其三字句，贯串而下，真不能为增损毫厘云：

能似旧。青青否。一丝丝。不须悲。

此以问发入手，而不明言问发，盖少变稼轩之体制者也。其曰：

草木无情物。催换叶。清秋节。芳未歇。寒先恻。底禁持。

以物理入诗，而娓娓可诵。乃继之曰：

似我工愁，天不教憔悴，造物何私。况天涯。飘泊后，昨梦都非。

则一层深似一层，顺理成章，而感喟自见。其下半阕逆入，以"念欢事少。忧心悄。吾衰早。复奚辞"为言，以明其发之应白。而又转一意，以及于吟髭，以为之继曰：

一样伤心色，行滋蔓，到吟髭。

此词家之开拓境界法也。其词既穷，于是复侧入，以商妇相喻，以自明其怨抑。故曰：

商妇琵琶，咽到无声处，惜娥眉。

而结句仍倒叙以生色，曰：

忍忆少年时。醉插花枝。

以返映其身世，乃至于江山金粉之感。论章法，论笔法，允推绝唱，无俟赘陈也。

《菊梦词》将刊，自题〔浣溪沙〕，其云：

丛菊赚人多少泪，况梅枝。

仍菊梦之本旨，而以赋赠畹华者特多，故轻轻带到梅枝，不见痕迹。其云：

雪压霜欺须拚得，鬓边丝。

则言其忍死以待，艰贞之情，可以见矣。

徐积翁为刊《菊梦集》，先生谢之，赋〔金缕曲〕，遂为殿卷。

自是而后，先生刻《修梅清课》一卷，均为畹华赋者。又自定词二卷，删次《新莺》以下，迄于《菊梦》，又别增以新制者，余为梓之，以附行于《词话》之后。余之撰此文也，初拟即用自定本，而自定者特为谨严，殊不自餍，始仍取诸词原刊本用之，或非先生意也。此后无他刊本，即以自定词次递论之：

〔水调歌头〕《题瞿忠宣公印》一首，徇友人请作之。

〔绕佛阁〕《过王佑遐旧居作》。此盖先生迎太夫人榇，因有京师之行。太夫人即葬吴兴道场山，先生亦自营生圹其间，植梅花十株绕之。

〔水调歌头〕《为嘉兴沈子培五十缗辰作》。子培所居海日楼，在新闸路，耄而好学，手不释卷。先生时往就谈。

〔望江南〕二首，哀怨凄丽，谓"试拟少作，浑复不似"。其：

花如画，未必画非真。见说画中花不落，移家作个画中人。占取最长春。

设想超绝，别成一格，而高致可寻。至下半阕：

春未肯，著我软红尘。花若有情花亦瘦，十年香梦太酸辛。

以春与人对待，乃人则香梦十年，徒然其为酸辛，花亦为之瘦损。此非万感萦回者，固不能道也。至结句"我与我温存"，则自视之高，莫可伦比。又与前阕之“漂泊不能狂”相呼应，而益见其伶俜之情。小令至此，章法句法，以至于一字一声，堪为“峰极”矣。

畹华去沪，越岁更来。先生属吴昌硕为绘《香南雅集图》，并两集于余家，一时裙屐并至。图卷题者四十余家。画五帧，则吴昌硕、何诗孙（二帧）、沈雪庐、汪鸥客作也。彊村翁每会辄至，先生属以填词，翁曰：“吾填〔十六字令〕，而子为〔戚氏〕可乎？”于是先生赋〔戚氏〕，翁亦赋〔十六字令〕三首。合书卷端。

阿蘩、粤优李雪芳，时来海上，声誉鹊起，几摩畹华之垒。先生赋〔鹧鸪天〕宠之。其上半阕：

桃李为容雪作肤。本来珠海出明珠。十年看舞听歌倦，脆管帘栊一起予。

一时传诵，谓谐适中弥见作者心力抛残之旨。

〔甘草子〕小令《赋夜雨》、〔鹧鸪天〕《九日》，先生自谓：“其浑成如宋贤诸作。”

〔摸鱼儿〕《癸亥八月二日赋》，盖挽张少轩者。少轩复辟不成，遁而之津，是年死，先生为词哀之。其：

十年花事伶俜甚，禁得彩幡摧折。

盖言国是之蜩螗，而规复之不易也。其：

风雨咽。为已断鹃魂，苦忆啼时血。

则言明知复辟之不可成，而犹欲为之，是曝其忠义之忱也。其：

情天一发。念芳约俱寒，坠欢何望，曲怨玉笙裂。

则以一发指少轩之为辫帅。“芳约”“坠欢”，则明其事之无成也。

花落后，无那佳人又别。

则于清亡之后，而复悼其死也。下此并为哀挽之词，然一以寄之于芳情遐思，不疏且无以名焉。先生盖又行之以稼轩之笔者矣。

重阳不登高，谓客用避灾字，赋〔鹧鸪天〕，清劲绝尘，情笔俱足。

〔浣溪沙〕八首，回肠荡气，以艳笔抒哀思，而言中有物，所寓甚大。一时腾诵，传抄几遍，可为晚近词林之冠。尝试笺之：

风雨高楼悄四围。残灯黏壁淡无辉。篆烟犹袅旧屏帏。

前二句述眼前景事，以况国步之维艰。“篆香”则以自况不能忘情于胜国。

已忍寒欺罗袖薄，断无春逐柳绵归。坐深愁极一沾衣。

“已忍”者斥项城僭窃名位，“断无”者明知胜国之万难复辟也。知其如此，无可奈何，则亦以一泣沾衣，以自恸自怨而已。

花与残春作泪垂。何论茵溷已辞枝。怜花切莫误情痴。

花为残春而溅泪，明复辟之徒劳而无益也。“茵溷”“辞枝”，则国已亡，岂能再复之说也。老成哀怨，亦徒见其情痴而已。此首笔力跳脱，逆入平出，以花作泪在前，辞枝在后，说来益见深刻。以下听雨听风，则作者自抒其抑郁牢骚之致，回环往复之情，措辞命意，均上上乘。

荏苒霜华改鬓丝。自从青镜见颦眉，杜鹃啼彻落花时。

此自伤之词也。然入手用倒置法，先说霜华，后再窥镜，遂尔笔花飞舞。其曰“落花时”，轻轻一点五月复辟之役，于无意中插入正文，尤见功力。下此“屏上有山，钗头无凤”，借物缘情，可谓哀怨之致，顽艳者至此而极矣！

一向温存爱落晖。伤春心眼与愁宜。画阑凭损缕金衣。

“爱落晖”，言眷眷于故国也。“伤春心眼”者，自知其无可幸致，而犹不之悔，以愁自安也。“画阑凭损”，则希冀之情，仍不能已也。层层深入，乃见深情。然思之思之，再自思之。接云：

渐冷香如人意改，重寻梦亦昔游非。那能时节更芳菲。

则知世步已更，人情非旧，回黄转绿，事所不能。以希冀为词中著眼处，以无可希冀为词中用力处，比并言之，益致怆感。

红到山榴恨事多。断无消息奈情何。尊前唱彻懊侬歌。

“山榴”指五月之役，“断无消息”，则伤其事之不成，而尊前徒唱《懊侬歌》也。

猧子局翻悲短劫，鲛人泪织委空波。钿盟禁得几蹉跎。

“猧局”言一瞬而局势已变，“鲛人”则希望之词，“钿盟蹉跎”，以喻当时南北诸将，会盟于先，始以发难，终于寒盟而偾事也；如此情事，一一以词笔写来，非先生曷克臻此？

风雨天涯怨亦恩。飘摇犹有未销魂。能禁寒彻是情根。

夫论成败兴存者，已尽于前五词。则此下三词，率为先生自抒其胸膈之言，怨复不返之旨。其曰“怨亦恩”者，真“尽其在我”之谓也。“未销魂”者以自况，而复以“能禁寒彻”自相勖勉也。

月作眉颦终有望，香余心字索重温，不辞痴绝伫黄昏。

往复之情，迄不自已。而又知其无可斡旋，乃不能不自为希望侥幸之词以自遣，故曰“终有望”“索重温”也。然先生又何尝不知其不可幸致，而必欲言之，徒为自作解人，故又重申之曰：“不辞痴绝”以“伫黄昏”，此真怨极之旨，读者勿谓其真可希冀也。

惨碧穹天问不应。护花能得几金铃。摧残风雨若为情。

“问不应”者，知叩阍之无可为力也。“能得几金铃”者，此时更谁为兴复之谋也；但有从而摧残之者，宁非大可哀事？故曰“若为情”也。下此言“捣麝”，言“飞龙”，曰“淡薄”，曰“伶俜”，均知其无可为而言之，故曰“无梦”也。无梦而不能如醒，冀于醉中求之，其情之深长可知。

锦瑟知人恨已深。如何弦柱不侵寻。暗思前事拥轻衾。

以锦瑟相喻，此词家作法，自侧处入手也。“弦柱不侵寻”，是时不我与矣，徒“拥轻衾”“暗思前事”，其悲愤为何如？

灯灺自怜偏炯炯，更长难得是沉沉。一簪华发十年心。

夫曰“灯灺”而“炯炯”，明其愤慨之切。“更长”不“沉沉”，是欲求睡梦沉酣而不可得。“一簪华发”，是先生未去发以自拟之词。“十年心”则合逊位至五月之役，举成数而言之也。前后八词，夹叙夹论，结之以“十年心”，其布局章法，于此而回顾具足，是知“扑朔迷离”间，有“草蛇灰线”之迹在也。

〔金缕曲〕《题沈子培遗墨》，盖彊村翁属撰者。翁又以〔霜花腴〕卷求题，卷盖同人绘以寿彊翁者，故于词中辄见引年之意，而绝无尘俗，为可师法云。

先生自定词终于此，别有《修梅清课》一卷，余所辑《集外词》二卷。《清课》已付梓，集外则咏物介祝之词居多，为先生所屏弃者也。余笺先生词，起《新莺》，迄自定本，约为一卷，容当再笺《清课》。惟先生生平学养所专，师友渊源，忠爱之忱，孝友之笃，则率见于斯数集中。余笺先生词，亦庶可为先生作外传，备当世学者所甄择，不仅以论风会，读词翰为已也。癸酉九月晦日，尊岳并记。

（《词学季刊》第1卷第4号）

词总集考

赵君此考先就总集一部为之，其首篇为《花间集考》，已刊载前期本报，兹赵君允在本报陆续发表，至足欣幸。现在赵君所集书目已逾二百种，其未及见者十之二三，极盼海内公私藏家以罕见之选本丛刊板刻开示，俾资搜讨。如有以原书掛号寄投上海南洋路二十六号赵君寓所者，一星期间当缴回不误也。——原编者语

《花间集》十卷，赵崇祚辑

词肇于唐，昌明于五代。此集辑于五代，成于后蜀赵崇祚之手，为足本最古之词总集。（敦煌所藏《云谣集杂曲子》无足本。）一时名作，朋簪雅言，又多赖兹以传。后人寻绎低徊，用为造于词境峰极之资，且以树唐五代之高格，故并为论词者所必习录。盖治学不得不溯其渊源，词之渊源，厥惟唐五代，当时词人别集既未易罗致，则论唐五代词者，固舍兹莫属。然学者虽繁，迄未有能侪其列者，殆以风会一时之盛，未可以学力强求者乎，然不得不推为不佻之祖矣。

全集凡十卷，每卷五十首，合五百首，尽为小令，盖其时体制然也。愿以求合于每卷五十首之数，往往有一人而分见两卷者，是亦贻讥刻鹜，为义例之疏谬者矣。其所登选，固极一时之名俊，然蜀人为多，自亦为见闻所程限。卷一，温庭筠；卷二，温庭筠，皇甫崧，韦庄；卷三，韦庄，薛昭蕴，牛峤；卷四，牛峤，张泌；卷五，张泌，毛文锡，牛希济，欧阳炯；卷六，欧阳炯，和凝，顾夐；卷七，顾夐，孙光宪；卷八，孙光

宪，魏成班，鹿虔扆，阎选，尹鹗，毛熙震；卷十，毛熙震，李珣。凡姓氏下，辄系其官守，亦开后来选家著录氏籍之先河。前有广政三年夏四月武德军节度判官欧阳炯序，骈文丽书，庶与徐少穆《玉台新咏》一序媲美，人争传之。

崇祚字宏基，蜀人，官银青光禄大夫，卫尉少卿。此集成于蜀广政三年，其书盛传，千余年来，刊本尤繁，代有佳椠，兹就可考者录次之如左：

一 蜀刻本 当时必有之，今特无可传考。

一 宋建康旧本 据晁谦之跋云。

一 宋他处本 据晁谦之跋，谓多舛误。

一 宋绍兴本 晁谦之所校刊，钱氏述古堂曾藏其书，一传而为明正德乾元大本，再传而为清吴昌绶本，展转影雕，均精绝，并具序跋。

一 宋淳熙本 王鹏运跋谓刊于鄂州，杨氏海源阁藏之，一传而为清光绪王鹏运覆锲本，再传而为清宣统坊肆石印王氏本，均有王鹏运跋。

一 宋开禧本 陆务观校刊，曾藏毛氏汲古阁，其书目云北宋者，误也。一传而为明毛晋《词苑英华》本，则易其行款，字体已非宋刻之旧观；其板后归洪氏田树楼，刷书已漫漶不堪；再传而为民国宣古愚重刊毛本，行款又异于毛刻，有陆毛三跋。

一 有注本 明俞弁《逸老堂诗话》："一方卵色楚南天"，引《花间集注》，"卵"作"泖"者误，则《花间》必有注本行世矣。

一 明万历四卷本 明人刻书，每喜窜节原文，颠倒卷目，此为汤显祖评，闵映壁朱墨套印本。（同时有杨慎评《草堂诗余》，世称闵刻本）以全书顺移叙次，别厘为四卷，率加圈点，甚至勒帛。又多着眉批如评时文书艺，绝少精思。每卷末附音释，虽习见之字，亦加音疏，可征其陋。惟不详祖本所自出，有汤序，闵跋。

一 明万历十二卷补遗二卷本 此亦明人恶刻，先列总目，别为十二卷，且易欧阳炯原序分为十卷，强作十二卷以就之，弥为刺谬。后又增辑李白迄冯延巳凡十四人词五十四首，为补遗二卷，署西吴温博编次，亦无序跋，剞劂弥陋，署万历壬寅孟夏玄览斋重梓，是属坊刻。一传而为上海涵芬楼《四部丛刊》石印本。

一　明震泽王氏本　《佳趣堂书目》云。

一　明他处本　汤显祖序，谓扬用修始得其本，行之南方，毛跋谓谬其姓氏，朱彝尊跋云，坊本甚陋。

一　清光绪本　光绪十四年邵武徐干刊之，收入所辑《邵武徐氏丛书》第二集。

一　清坊刻本　有清刻词之风极盛，坊刻自及《花间》，特非佳椠，传见亦罕，无容详考。

一　清石印本　光宣之际，海上石印之风大盛，书坊重缮以石印巾箱本行之，不免舛夺。

一　民国聚珍本　中华书局辑入《四部备要》。

总之，《花间》一集，家喻户晓，传之千载。自宋迄兹，刊本蔚兴，特其精整足存及有前人著录者，不过兹数而已。即如明嘉靖一朝，刻书之风特盛，《草堂》多有流传，《花间》亦自有刊布，特不见于藏目。清初刻词者多，汲古以外，亦未传见。嘉道而还，坊刻家刻并难尽订，想亦随刊随废，然有三宋刻本，云礽衍叶，自亦不患其散佚，然互较之，亦间有同异，各具是非。（别详《花间集校刊记》，不赘。）兹于原书序跋外，并略举藏书家著录，以溯其沿革云。

欧阳炯序（见原书各刻）

晁谦之跋（见晁刻宋本、明刻陆本及双照楼覆陆刻本）

朱彝尊跋（见曝书亭集）

吴昌绶跋（见双照楼覆陆刻本）

王鹏运跋（见王刻四印斋本及石印王氏本）

陆务观二跋（见陆刻宋本及毛刻覆陆本）

毛晋跋（见毛刻汲古阁本）

汤显祖序(见闵刻套印本)
闵映璧跋(见闵刻套印本)
以上序跋

直斋书录解题著录
汲古阁藏书目著录
读书敏求记著录
四库全书提要著录
铁琴铜剑楼藏书志著录
皕宋楼藏书志著录(附孙渊如跋)
善本书室藏书志著录
涵芬楼四部丛刊书录著录(以上均见各家原书)
以上著录

尊岳按:以上诸刻,宋本邈不可求,清季覆刻近则易致。陆氏皕宋楼藏本,已归日本岩崎静嘉堂文库,闵刻套印市估间见,多居为奇货。至光绪以次,邵武徐本,皖歙宣本,及石刻聚珍之流,尚俯拾即是也。

《全芳备祖·乐府祖》一卷　宋陈景沂辑

《备祖》,宋宝祐间陈景沂辑。关于花卉草木之类书,《四库提要》已著录之,惟《乐府祖》所列长短句在七言绝句之后,其某类之无词可收者,则从阙如。《提要》未加深考,所余卷目遂不及于乐府,斯缺漏耳。传世祖刻本仅在日本(董授经云);中朝藏家著录,类出传钞,弥足珍秘,惜景沂仕履著作无从详考。

《备祖》书前有韩境及景沂自序,要多无涉于乐府,兹篇盖徒辑其乐府类次成书者也。凡词五百四十五首:花部有梅花、牡丹、芍药、红梅、蜡梅、橘花、玉蕊、海棠、甘棠、桃花、李花、林擒、梨花、杏花、荷花、菊花、岩桂、葵花、蓼花、凌霄、酴醾、紫薇、杜鹃、蔷薇、金沙、木香、柳花、含笑、月季、长春、水仙、山矾、瑞香、詹葡、兰花、樱桃、石榴；卉部有芙蓉、末利、素馨、萱草、金凤、石竹；果部有波兰、荔支、莲、菱、芡、橘、柑、橄榄、余甘、梅、杏、桃、石榴、杨梅、柿、瓜、木冬、樱桃、葡萄；草部有草、芝草、虞美人、芦、芭蕉；木部有松、竹、杨柳、桐、女贞；农桑有稻、麦、桑；蔬部有笋、山药、芹、茶；药部有茯苓、豆蔻、茱萸；可谓赅备。每类如梅桃之属，至数十首，而蔬果则仅一二首不等。

宋人选宋词为学者所称道，以其去古较迩，校刊自精。斯集所甄采亦间有不传之作，如〔虞美人〕“帐前草草军容变”一首，著录者甚少，明陈耀文《花草粹编》作无名氏，此独署“顾卞”之名。书贵旧本，于此可见。惜宋刻远在海外，传钞每多舛脱，无由雠校。（作者名氏虽习见者，每每致误，如梅花、“湿云不动溪梅冷”一首，为苏东坡作，即误作朱淑真，如此不胜枚举，字句与别集互校，同异更多。）诸钞中自以汲古阁本为较著，今藏上海涵芬楼。此外巴陵方氏碧琳琅馆，临桂况氏蕙风簃，武进赵氏惜阴堂，潮阳陈氏无邪斋，均有传钞《乐府祖》本，以校汲古仍未符合。然今兹藏家传钞全书者多，徒辑《乐府祖》者寥寥，仅兹数家而已。

序跋著录：

韩境序（见原书）

陈景沂序（见原书）

四库全书提要著录（见提要）

尊岳按：是书所选，但取备类，初不在词之精粗。然两宋词贤，多所登采，愚尝以各家专集详校得三百余，则将图授梓以广其传，仓猝未遑也。

《唐宋诸贤绝妙》十卷　宋黄升辑

此宋人选词之精至者，盖寓存人于选词，足以当黄绢幼妇之誉而无愧者也。卷一唐词,李太白迄冯延巳凡二十六人,一百〇四首。卷二以次均宋词,欧阳永叔迄谢希深凡十二人,七十首。卷三宋子京迄晏叔原凡十八人,四十八首。卷四黄鲁直迄杜安世凡十人,四十九首。卷五晁无咎迄郑毅夫凡十三人,五十一首。卷六赵德麟迄蒋元龙凡十四人,五十一首。卷七周美成迄林少詹凡十人,五十四首。卷八鲁逸仲迄王昂凡十七人,四十三首。卷九禅林,觉范、仲殊、祖可、如晦凡四人,十五首。卷十闺秀,吴城女迄陆氏侍儿凡十人,二十九首。姓氏下或系仕里,间及并世诸子所撰词评,此盖开后此选家辑述评语之先河者也。又每词除作者本题外,辄有春游、秋思、闺怨诸类题,正与《草堂》相似,至其间撰词评附注本词前后者,虽无多语,亦资阐发,足为读词者金针之度。盖玉林固工于词,其所论自具正法眼藏,所选无不工丽,中有无别集者,赖之以传,尤足贵矣。

升字叔旸,一署玉林,闽人。丁宋淳祐年间,早弃科举,雅意读书。此书辑于淳熙己酉年,友人胡季直为之序。其传本可考者:一、宋淳祐刊本,二、明万历龙邱桐源舒氏覆宋刊本,三、常熟毛氏汲古阁《词苑英华》本,四、洪氏因树楼补毛氏原板本,五、涵芬楼影印舒氏本,五、上海坊肆石印本。至藏家著录,则钱遵王《也是园书目》外,多为《中兴词选》,而不及此。天禄琳琅、《四库提要》及汲古阁,并以此合于中兴为一书,盖玉林当日虽分别刊行,然实出同时一手,故论者亦出以相次第云。

此集别行,复有三卷本,存人存词均视十卷本损三之二。卷一唐词,李太白迄李后主凡二十一人,四十七首,视十卷本计少五家,五十七首。卷二宋词上,欧阳永叔迄王通叟凡二十四人,七十五首;卷三宋词下,章质夫迄曹元宠凡廿三人,五十首,计少六十一家,二百八十五首。然于二三两卷,分宋词为上下,则知亦固足本非残帙也。其书有宋刻祖本不可得征,毛氏汲古阁有影宋刊之钞本甚精整,且钤宋本印记,展转入藏家之手。钱遵王《也是园书目》亦载其名,惟未省同出一源否。上元壬戌(距今九年前)上虞罗氏蟫隐庐尝得之,谓为初编本，罗庄女士又手钞以付景印，今海上尤盛传之。

著跋著录：

胡德方序（见舒氏及汲古阁本）

顾起论跋（见汲古阁本）

毛晋二跋（见汲古阁本）

罗振常跋（见影印三卷本）

四库提要著录

涵芬楼四部丛刊提要著录

《中兴以来绝妙词选》十卷　宋黄升辑

玉林选此，以继唐宋诸贤，盖所辑均南宋以后作也。卷一康伯可迄张仲宗凡十一人，一百首。卷二刘彦冲迄陆务观凡十一人，八十六首。卷三张功甫迄姚令威凡七人，七十六首。卷四吴子和迄危逢吉凡十五人，八十二首。卷五刘德修迄严少鲁凡十七人，七十六首。卷六马庄父、姜尧章、高宾王三人，六十五首。卷七史邦卿迄刘伯宠凡六人，七十二首。卷八刘叔安迄李公甫凡五人，五十八首。卷九张宗瑞迄刘静甫凡十二人，六十一首。卷十刘圻父迄洪叔屿凡八人，四十八首。又附录己作三十八首。全书先后不率循纪年，而词家氏籍视前集所记为详，则以时代较迩，易于征采。亦间附词评纪事，义例一同前集。就中无别集可传者尤多，且有不见于他选者焉。

此集有自序，末附跋言。传本著录前书为夥。其最古者厥惟宋刊本，曾登乙览，详“天禄琳琅”，惟不解何以列入元人集部。虞山钱遵王《读书敏求记》，亦著录之，《也是园书目》并有其名，惟原书刊本略带行书，又多别体字，如“萬”作“万”，“燈”作“灯”之类。又卷九第六叶，王子文，“王”误作“主”，自为率付剞氏，在当时殊非精椠。其书于中元甲子（距今七年前），武进陶氏已为影雕，收入所辑《涉园影刊宋金元词》中，精美无匹。海上博古斋有宋椠钞本一二三六卷待沽。

又明万历龙邱舒氏本，并为涵芬楼所影印。瞿丁两志并为著录，毛氏汲古阁亦收其书，当同立于宋刊之旧。海上坊肆重写石印本亦甚多也。

序跋著录：

黄升序（见诸本）

黄升跋（见诸本）

天禄琳琅著录续卷十一又续卷二十

读书敏求记著录

铁琴铜剑楼藏书志著录

善本书室藏书志著录

涵芬楼四部丛刊提要著录

《乐府补遗》一卷　宋陈恕可辑

此益宋末遗民同时酬唱之作，所以托家国之感于咏物之际者也。全书不具卷目，亦无序跋，《四库提要》故疑为未全之书。都五题，作者十四人，其一佚名，均详各藏家著录中。

原书不着撰人名氏，《铁琴铜剑楼藏书志》按陈旅《安雅堂文集》《陈恕可墓志》，知为恕可所辑旧本。“陈”皆误作“练”。作者凡王沂孙，周密，王易简，冯应瑞，唐艺孙，吕同老，李彭老，陈恕可，唐珏，赵汝钠，李居仁，张炎，仇远凡十三人，别多一题佚名。赋下注明其处曰：委宛山房，浮翠山房，紫云山房，余闲书院，天柱山房，盖当时会友之所，委宛山房即恕可所居之室，自号“委宛山人”云。

原书历元明两朝迄无刊本，亦不见藏家之著录。其祖刻之可考者，厥惟康熙宜兴蒋京少（祁）所刊之常熟吴文正公（讷）钞本，竹垞尝为别录一本者也。吴氏藏词最富，有四朝百家诸辑，自亦得之传钞者矣。后此长塘鲍禄饮《知不足斋丛书》又收刻之，尝与他本互校，记其每字之同异，顾未知刊本及别本之所自出。其后又有漱六论本，宣统间杭县徐仲可(珂)曾为校勘,别以活字板摆印。民国庚申,归安沤朱尹(孝臧)又以知不足斋本辑入《彊村丛书》易其行款,仍其校记而刊之。

序跋著录:

朱彝尊序　王树荣跋

陈维崧序　四库提要著录

徐珂跋　铁琴铜剑楼藏书志著录

《翰墨大全·词钞》三卷　宋刘应李辑

此盖宋人入元所辑之类书,都一百二十五卷,以十壬前后分集,多立门类,各门咸有诗、赋、文、词,此帙为最录其词,裁篇别出者也。全书流播有元刊小字本及明覆刻大字本两种;板叶多有缺夺,两目亦微相参异。明刊似已略加删订者,《词钞》则合二本互校以合编。并考以原目,仍未赅备,容当觅无缺之本以补之。

《词钞》厘为三卷,所登元本前甲集卷六,苏、辛、鲁斋、遗山游览之作,〔醉翁操〕迄〔唐多令〕七首;元本乙集三贺人生日,〔沁园春〕〔满庭芳〕〔点绛唇〕三首;乙集九贺婚,〔玉烛新〕迄〔鹧鸪天〕二十六首;(按此悉所据之元本有缺,钞自他本,然视元本原目尚少二十余首)。元本丙集贺生子女,〔水调歌头〕迄〔浣溪沙〕三十四首。元本丁集卷一祝寿,〔贺新郎〕迄〔踏莎行〕三十首;他本前丁集卷二,寿显宦及自寿等,〔沁园春〕迄〔沁园春〕一百二十首;元本丁集卷二,按日寿词,自〔酹江月〕正月初一迄〔千秋岁〕十二月三十日二百八十首;(按此卷明刊本,但摘钞隽句,不录全词,兹钞以元本有缺叶,其缺者仅得钞明本之隽句,悬目待补。)元本庚集二十四,送人之作,〔贺新郎〕迄〔满江红〕三十三首;他本辛集卷八寄赠,〔贺新郎〕迄〔水龙吟〕四首。元本壬集卷八,贡举饯送等,自〔江城子〕迄〔水龙吟〕八首。元本壬集卷十四,赠送,〔卜算子〕〔沁园春〕二首;元本壬集卷十六倡优、方技,〔减字木兰花〕迄〔踏莎行〕十五首，而缺其八；元本壬集卷十七，称贺、旅思，〔满江红〕〔南乡子〕二首；元本癸集，卷十五，题吕仙祠〔西江月〕一首；元本后甲集卷七，天文，〔水龙吟〕咏月迄〔青玉案〕咏雪十四首；元本后乙集卷十，节序，〔漠容春〕立春迄〔促拍丑奴儿〕除夕六十七首；元本后乙集卷十三，怀古，〔水调歌头〕游龙门迄〔望海潮〕发高丽四十首；元本后丁集卷六，新居，〔沁园春〕迄〔沁园春〕十二首；元本后丁集卷九，乐器，〔春从天上来〕迄〔太常引〕四首；丁本后丁集卷十四，咏茶汤，〔好事近〕迄〔临江仙〕六首，其前四首又同见于后；戊集卷三，元本又有咏花卉〔减字木兰花〕迄〔江城子〕十一首；咏禽鸟，〔摸鱼儿〕迄〔沁园春〕二首，未见标举卷数。合七百十三首，不可为不详且赡矣。究所收率以隶事为主，无当于选词，词亦不择其精粗、美恶，但以庆贺时序等类相次第，遂使瑕瑜纷见，莫由抉择。作者则苏、辛、遗山、须溪、中斋诸公之作均有之，而元人为多。姓氏什九脱落，或署别号不可尽考。诗词又厕杂排比，每滋淆混，讹文脱字，触目皆是，顾又无全书可校，诚不易其为足本矣。

应李字希泌，前乡贡进士，行谊无考。元本值近千金，藏家或具之。词钞则武进李缙巨庶常（祖常）圣译楼钞本，近归赵氏惜阴堂。

序跋著录：

原序　丁氏善本书室藏书志著录

四库提要著录

《乐府雅词》三卷《拾遗》二卷　宋曾慥辑

全书为宋人选宋词，有不具别集，赖兹仅传者。数百年来，又多出自传钞，故声家弥资珍秘。卷上转踏四调，大曲一调，雅词：欧阳永叔、王介甫、晁无咎、李元膺、张子野，凡一百四十三首。卷中周美成、陈莹中、徐师川、贺方回、舒信道、叶少蕴、赵德麟、王履道、晁次膺、晁叔用，凡二百八十首。卷下陈去非、苏养直、李萧远、吕居仁、毛泽民、曾公衮、李景元、向伯恭、谢无逸、朱希真、沈会宗、陈子高、赵子发、曹元勋、魏夫人、李易安凡二百八十二首。《拾遗》以调叙目，卷上〔声声慢〕迄〔谒金门〕，凡九十三调一百零四首；卷下〔宝鼎现〕迄〔南歌子〕，凡四十九调六十七首。作者名氏见于词下，间有佚名者。就中雅词以外，转踏所载集句、调笑，并佚作者名姓。惟《淮海词》中，尚得见其谱例，至若〔九张机〕及〔大曲〕所载"道穷薄媚"，则为宋乐舞所仅存，后人多即此以为考据之资，盖裨于绝学者深矣。

慥字端伯，福建温陵人，宋绍兴间官至太府卿奉祠。此书著录初见于《直斋解题》及尤延之《遂初堂书目》，当为盛行之作。顾自元以降，仅有传钞，藏家著录亦迄无可考。其仅见者即上元焦氏藏本为朱竹垞所传钞之祖本。维时休宁汪启淑亦藏有钞本，渐归长塘鲍禄饮知不足斋，鲍且据以校补，即今涵芬楼《四部丛刊》所据以影印者也。嘉庆间秦敦夫太史刊入享帚精舍《词学全书》，其行始广，且谓即鲍校本。然持与鲍本互校，仍有同异。秦氏且于作者姓氏下为系仕籍及著作词名，咸丰间南海伍崇曜又据秦本为刊入《粤雅堂丛书》，分作六卷，且以各家专集《花草粹编》《钦定词谱》诸书为之董校，附注同异于句尾。溯自秦刻而后，雅词之名，脍炙士林，亦甚盛矣。

序跋著录

温慥序（见刊本）

朱彝尊跋（见《曝书亭集》）

直斋书录解题

涵芬楼四部丛刊书录

秦思复跋（见秦本）

伍崇曜跋（见伍本）

四库提要著录

《天下同文·词钞》一卷　元周南瑞辑

按《天下同文》为元人所辑总集，合五十五卷，体例乖杂，博采滥收，行世但有传抄本四十四卷，藏家著录向未见有全书者。此盖最录其中选词，别为迻写，仍署原名者也，作者凡七家二十五首，乃分见三卷，足征其庞芜矣。兹钞以人相叙，凡卢挚七首，姚云二首，王梦应二首，颜奎七首，罗志可三首，詹玉二首，李琳二首。卢挚以外均见《元草堂诗余》，而字句弥相同异。姓氏则兼及籍贯字号，亦一时选家之义例也。所选甚精，并征词衰于元之说，固不足为定论矣。

南瑞，江西庐陵人，事迹无考。全书《四库提要》著录及之，叶文庄、菉竹堂、钱遵王、述古堂并有其书。至辑词为专钞，则始于毛氏汲古阁之传抄本。其本旋归黄氏，后归瞿氏。钱本则旋归徐氏，继归董氏。此外写本歧出，则不足尽征矣，刊本始于宣统己酉仁和吴氏双照楼之活字本，盖就钱钞以校毛钞，又加订正，且益以全书第四卷之歌颂类，卢挚《祝圣乐章》四首，程文海《雪楼乐府》及《青楼集》所辑得之卢挚词二首焉。后此武进陶氏又以瞿藏毛本影雕，收入《涉园所刊宋金元词》，剞劂至精。既而归安朱氏又刊毛本于《彊村丛书》，而别以元草堂为校记俪缀以行，陶朱所刊，今尚易致，吴刻仅十七叶，为京华书局活字本，零缣断素，虽越时未久，不易多见矣。

序跋著录

刘将孙序（见全书）
马思赞跋（见吴本）
朱孝臧跋（见朱本）
菉竹堂藏书目
述古堂丛书目
汲古阁藏书目
四库提要著录
吴昌绶跋（见吴本）
陶湘跋（见陶刊《宋金元词叙录》）
皕宋楼藏书志
铁琴铜剑楼藏书志
善本书室藏书志

《啸余谱》十一卷　明程明善辑

斯谱兼及词曲，上溯天籁，又参以纬数家言，盖明人杂纂，踳驳无序，其结习也。卷一“啸旨”，“声音数”，“律吕”，“乐府原题”，凡四种。卷二迄卷四《诗余谱》附乐语致语。卷五北曲谱。卷六迄卷八《中原音韵》及务头正语、作词起例，凡二种。卷九南曲谱。卷十《中州音韵》。卷十一切韵。按“啸旨”即玉川子原文，附录唐寅后序。“皇极声音数”，则出邵康节《皇极经世书》。“律吕”杂辑《淮南》《汉志》，又兼以五行家语。“乐府原题”，即出郑氏《通志》及旧乐志所纪载。“乐语致语”，则辑自宋人欧苏诸大家文集中。《中原音韵》《曲例》，均周德清著。“南北曲”选自九宫谱。“中州音韵”即时流所用之词韵。“切韵”为司马光作。全书之芜杂，于此盖可知矣。

《诗余谱》凡三卷。编目取之于调名，殊为不经。首为歌行题，凡调名之有涉及“歌行”字义者，若〔洞仙歌〕〔御街行〕等属之，凡六十六调。二曰令字题，〔如梦令〕〔调笑令〕〔六幺令〕等属之，凡十九调。三曰慢字题，〔声声慢〕〔石州慢〕等属之，凡十六调。四曰近字题，〔好事近〕〔祝英台近〕等属之，凡五调。五曰犯字题，〔侧犯〕〔花犯〕等属之，凡四调。六曰遍字题，〔甘州遍〕〔哨遍〕等属之，凡三调。七曰儿字题，〔胡蝶儿〕〔丑奴儿〕等属之，凡十调。八曰子字题，〔捣练子〕〔甘草子〕等属之，凡八十一调。九曰天文题，盖以词题末字所指为主，尤觉诞谬。如〔鹤冲天〕〔杏花天〕等属之，凡四调。十曰地理题，亦以末字所指为主，如〔浪淘沙〕〔浣溪沙〕等属之，凡七调。十一曰时令题，并以末字所指为主，如〔洛阳春〕〔曲江秋〕等属之，凡二十四调。十二曰人物题，如〔河渎神〕〔鹊捣仙〕〔菩萨蛮〕等属之，凡二十调。十三曰人事题，〔思帝乡〕〔忆江南〕等属之，凡四十调。十四曰宫室题，〔夜游宫〕〔过秦楼〕等属之，凡八调。十五曰器用题，〔荷叶杯〕〔上行杯〕等属之，凡八调。十六曰花木题，〔后庭花〕〔风中柳〕等属之，凡二十五调。十七曰珍宝题,〔滴滴金〕〔一籀金〕等属之,凡二调。十八曰声色题,〔杏园芳〕〔贺圣朝影〕等属之,凡二十三调。十九曰数目题,以词调第一字为主,如〔一剪梅〕〔三台〕〔千秋岁〕等属之,凡十一调。二十曰通用题,以首末二字为主,尤不知何所取义,〔摘得新〕〔念奴娇〕等属之,凡二十调。二十一曰二字题,凡词题仅二字,如〔渔父〕〔西河〕等属之,凡二十三调。二十二曰三字题,〔诉衷情〕〔定西蕃〕等属之,凡四调。二十四曰五字题,〔巫山一段云〕〔金人捧露盘〕等属之,凡八调。二十五曰七字题,凡〔凤凰台上忆吹箫〕一调。就中所采多唐宋名作,而又不尽祖调,〔念奴娇〕〔河传〕等,历举至八九体,亦病□碎,一体亦间有采及二词者。凡体调不同之处,均标记于题下,可平可仄,叶韵字句等,则随句注明:平声诸字,则以黑线识于字左。其句读及平仄相叶之处,谬误甚多,不可为训,盖与张綖《诗余图谱》等,同其陋失也。(余卷不论词,姑从略。)

明善字若水,安徽歙县人。此书成于明万历间,迨康熙中叶,吴兴张南纪又为覆梓,今万历原本仅见于杭州浙江省立图书馆。即康熙本,所见亦不多矣。(王静安旧藏,今归清华图书馆。)

序跋

程明善序

张汉序(即张南纪)

《词海评林》未刻稿本三卷　明毛晋辑

斯集为子晋所辑之词总集。从来选家,或主订谱,或主选词,此则主于兼备。故选词既繁富,而订谱亦详赡也。原书系钞本,以尚未分卷授梓,故但分小令,中调,长调三集。然所收视当时诸选,已广至倍蓰,亦云巨制矣。目录弥复精备,调名之下,系以字数,后列作者名氏,首调,其一调而作者数人,亦悉举陈之。为一小令,温飞卿二十三字〔南歌子〕迄张仲宗五十八字〔惜分钗〕,凡一百五十七调,一千四百七十三首，以〔菩萨率〕〔清平乐〕所收为较多。卷二中调，虞道园六十字〔一剪梅〕迄夏滩州八十九字〔玉带花〕，凡一百〇六调，五百〇三首，所收以〔蝶恋花〕〔临江仙〕为较多。卷三长调，张子野九十字〔谢池春慢〕迄黄在轩二百三十四字〔莺啼序〕，凡一百五十调，五百〇一首，所收以〔满江红〕〔贺新郎〕为较多。作者自唐五代而宋金元，至于明人杨孟载、夏滩州之伦，均加甄采。元草堂所收尤多，或其时凤林一集犹未盛传，故特为捃摭者耶？闺秀、方外，间有罗列，而南宋诸贤转多遗珠，或子晋以藏训六十家词，故将不待此以传耶？金元涉猎较富，明人芜词率不阑入，不得谓选政之不精。每调咸为之谱，别出新意，合字数平仄黏拗为省文，殊类于琴谱。又旧谱多以黑白圈记平仄，此亦别立格式，均属创见。并详附录。每卷调题之下，先列谱字省文，有尽记每字之平仄者，有但列谱字而未尽记平仄者，次书本调之句韵字数，始列原词作者名号，杂列为明人之结习各词。间附评注，寥寥数语，多不获当，且于〔贺新郎〕廿余首后，别列〔金缕曲〕一阕，则亦失考之甚矣。全书添注涂改，触目皆是，足征原稿之尚待董校。子晋刻词甚多，而校词不精，此出手辑，亦始具通病者乎？

晋，字子晋，于明清间刻书独富，有功词苑，尤复匪细。此其未刻稿本，卷首有子晋手书“词苑英华副本”六字，疑当时与《词海评林》并列二名，以待论定者。又既称副本，则自必别有正本，顾斧季手跋乃见于此，则正本或久已不可踪迹矣。全书出写官之手，与毛钞其他诸书相似，每卷有“海虞毛晋子晋图书记”，及“汲古阁藏”诸印。今藏吴兴许博明议郎家。许君劬学媚古，聚佳椠至多，今庋吴阊也。

附录

毛扆跋

《诗余图谱》填词之法备焉，先君此书之作，规模之，而更充广焉。凡少一字者居前，多一字者居后，旁搜博觉，汇缀成帙，厘为三卷。一生心力，固不仅于是，而孜孜矻矻，已大费详慎。正欲赴梓而玉楼之召孔迫，惜哉！今其原本即云守而勿失，然不能成先人之志，以垂将来而传永久，是则扆大罪也。将来或遇有力者，不惜多金以登梨枣，其幸为何如耶？庚寅秋大病之后，翻阅是书，草率命儿代书于简端云。扆。

图谱省字释文

䒑首同　二本字　三本字　乂四同　工五同　亠六同

匕七同　八本字　又九同　十本字　立韵同　勹句同

六平同　厂仄同　大起同　丯叶同　内换同　已上单字式

兮首句同余仿此　罕平叶同　庠仄叶同　已上双字式

匃四句五同即四句五字也　宎平韵起同　屃仄龙起同　□平龙换同　□仄韵换同　已上三字式

□十四句四同　□十三句五同　□十八句二同　已上四字式

□首句七字平韵起同　□二句四字仄韵起同　□三句六平韵换同　□四句九仄韵换同　□二句六平叶同　□三句七仄叶同　□十一句五平叶同　已上总字式

图谱式

○应平格用　□应仄韵用旧作●　⌓可平可仄用旧用◒

合律正调

三字　□○○平粘平韵　⌓□○仄粘平韵⌓○□平粘仄韵○□□仄粘仄韵

四字　⌓□○○仄粘平韵　⌓○○□又　⌓○□□俱平粘仄韵

五字　⌓○□□○平粘平韵　⌓□□○○仄粘平韵　⌓○○□□平粘仄韵　⌓□○○□仄粘仄韵

六字　⌓○□□○○平粘平韵　⌓□□○□□仄粘仄韵

七字 ◠○□□□○○平粘平韵 ◠□○○□□○仄粘平韵 ◠○□□○○□平粘仄韵 □□□○○□□仄粘仄韵

《古今词统》十六卷附《徐卓晤歌》一卷 明卓人月辑

《词统》，署卓珂月（人月）汇选，徐野君（士俊）参评。全书编次以字调之长短分体备格，所辑自《花间》《尊前》迄于并世，灿然大备，惟两宋名贤家数，挂漏尚多，即明代如陈铎之遒上，易震吉之宏富，均未登采，独多董斯张、钱继章之作，庶不免与《草窗》《绝妙好词》多列朋簪之结习相同矣。惟就中说部笔记，甄采甚殷，并及本事词话之属，存佚之功，有足资者。康熙间《钦定历代诗录》，每多迻录。至徐野君为每词作眉批，庸滥无味，大似明人标榜时文制艺之言，殊少悟入。其词中僻字，又为音释，考据则不过以唐宋人诗句相证引，均嫌蛇足矣。

卷首有"旧序"一卷，"杂说"一卷，"氏籍"一卷，"目录"一卷。"旧序"备载何良俊《草堂序》、黄河清《续草堂诗余序》、陈仁锡《续诗余序》、杨慎《词品序》、王世贞《词评》、沈际飞《诗余四集序》《诗余别集序》。"杂说"所载，即玉田《词源》下卷。明人不察，误以为沈义父之《乐府指迷》。又杨万里《作词五要》、王世贞《论诗余》、张綖《论诗余》、沈际飞《诗余发凡》，然均非足本，盖亦明人划裂之陋习。至"氏籍"所登词人爵里，语焉不详，亦有习见而阙如者。"目录"但列调名。卷一至卷十，〔十六字令〕迄〔归田乐〕，凡一百八十九调一千四百二十六首。就中卷二尽登〔竹枝〕〔柳枝〕、七言绝句，自唐至明可二百五十余首，辑自各家别集。虽不尽词，犹沿《花间》之遗意。卷十一中调，〔粉蝶儿〕迄〔意难忘〕，凡四十五调九十四首。卷十二至卷十六长调，〔满江红〕迄〔莺啼序〕，凡八十七阙四百十九首，并及闺秀、方外、乩仙、才鬼之作，亦云富矣。

人月，字珂月，仁和人。工词。王言远称其有意出新，独辟生面，但于宋人酝酿处，不无快意欲尽之病。士俊原名翙，字三有，一号野君，与人月同里，并工乐府，抗手关马，有《络水丝》等杂剧行世。此集并附《徐卓晤歌》二卷，即两人词集，合调分载，并非尽为酬唱和韵之作。书成不久而板毁，故传本不多，弥足贵也。

序跋：

孟称舜序

徐士俊序

《诗余广选》十六卷附《徐卓晤歌》一卷

《草堂诗余》十六卷附《徐卓晤歌》一卷

按此二书与《古今词统》同版，即《古今词统》板片之书名及板心处改为此二名耳。非特序跋例目相同，即楮墨亦复一款，盖书贾改刻原板以资射利者，然迄今传本并不多矣。

（《中华图书馆协会会刊》第五卷第五、六期，第六卷第一、三、五期）

词总集提要

《词的》四卷　明茅映辑

此辑为选家论词之总集，多唐宋名作，间亦取明杨慎、杨基、吴鼎芳等三数首；而无名氏〔鬼仙〕〔箕仙〕诸作，亦复甄采；明人芜取之弊，无足责也。卷一小令，周邦彦十六字令，迄无名氏〔丑奴儿〕，凡三十一调，一百二十四首。卷二小令，张先〔减字木兰花〕，迄张先〔醉落魄〕，凡四十八调，一百二十首。卷三中调，韦庄〔小重山〕，迄杨基〔洞仙歌〕，凡三十五调，九十二首。卷四长调，周清真〔意难忘〕，迄张翥〔多丽〕，凡三十八调，五十五首。全书率加圈点，且著眉批，多肤泛之语。明人论词，每如评诗文制艺，以浪博选家之名，斯集有焉。映字远士，浙江吴兴人。朱竹垞《词综·凡例》，谓尝见及其书。黄俞邰《千顷堂书目》亦著录之。书为吴兴闵氏刻本，辑入所刊《词坛合璧》。词用书体字，眉批用写体字，朱墨套印极精；惟后刷者则率以墨印，逊色多多。《词坛合璧》迩不多见，故《词的》流传亦少，几不为声党所知矣。

附录：

毛映序

窃以芳性深情，恒藉文犀以见；幽怀远念，每因翠羽以明。故桑中之喜，起咏于风人；陌上之情，肇思于前哲。陈宫月冷而韵叶〔庭花〕，疏璃研匣生香；隋苑春浓而曲成清夜，翡翠笔床增采。清文满箧，无非诉恨之词；新制连篇，时有缘情之作。燃脂暝写，弄墨晨拈。宁止葡萄之树，非无芍药之花。至如牵衣攀李，空冷箱中冰翦；敛枕树萱，徒匀面上凝脂。优游少托，等扶风之织锦；寂寞多闲，怯南阳之捣练。新声度曲，裁方絮而多愁；旧恨调弦，借稠桑以寄怨。未怡神于韶景，先属意乎芳词。亦有登楼夜啸，抽朱萼之精英；乘月清谈，播芳蕤之馥郁。风流婉约，效东邻之自媒；香艳柔媚，似西施之被教。借一语以窃香，假半章以送粉。若乃兰径生香，都衢舒翠。杏艳才过，桃娇已近。构思绮合，凄若繁弦；寓意芊锦，炳焉绣褥。及夫锦浪红翻，珠林绿缀，临池漱露，凭牖邀凉，伴炎宵以孤坐，送永日而无聊。或托言于短韵，石韫玉而山辉；或寓意于新腔，水沈珠而川媚。至于河汉方秋，蒹葭瑟瑟；露霜始肃，枫叶萧萧。厌野外之疏钟，听宫中之缓箭，叹回月之临阶，赋吟蛩之绕砌。又若玄冥在驾，歌成而孰叹无衣？素雪其霏，咏就而自怜改服。翦风尾以言怀，展金池以书恨。若此者，佳人才子，尽演瑟琶新谱；隐士缁林，亦续箜篌旧引。盖旨本浮靡，宁亏大雅；意非训诂，何事庄严。才情若彼，可代萱苏；佳丽如斯，能蠲愁疾。但兰莸同植，恐作沈珠；玉石均披，终非完璧。于是芟夷繁乱。截去浮俚。玉台妙迹，丽矣金箱；五色花笺，灿然宝轴。青牛帐里，散此绦绳，情文双烂；朱乌窗前开兹缥帙神魄俱驰。秦楼艳女，顿惹相思；楚馆娇娃，常劳梦寐。圣贤言异，愧非子都之删除；儿女情长，岂是伯饶之笔削？西吴茅映纂。

凡例

一　幽俊香艳，为词家当行，而庄重典丽者次之；故古今名公，率多巨作，不敢阑入。

一　词协黄钟，倘只字失律，便乖元韵；故先小令，次中调，次长调，俱轮宫合度，字字相符，以定正的；间有句语中铗叠一二字者，各列左方，用便考订。

一　诸家爵里姓氏，向多著闻；间有沦逸，徒挹芳声，不敢混注；故概书名，以存古道。

一　诸家先后，但分世代。就中或有参错，盖以合调为序，非有异同。

词苑选刻，暨古今文集，颇勤搜采。第耳目有限，即当代名公，亦苦于人地之不相接，或惭编具，窃叹遗珠。

（尊岳按：朱墨精印本，淳安邵次公曩尝一见于京师厂肆维古山房，后不省属之谁氏？墨本则京师北海图书馆有《合璧》足本。庚申北游，尝获读之。）

《草堂嗣响》四卷　清顾彩辑

全集以选词为主，取诸继声《草堂》，故曰“嗣响”。实则多顺康间同声诸子所作；如梅村、芝麓、秋岳、苍岩、西樵、阮亭、茶村、牧仲、悔庵、羡门、东塘、其年、容若、梁汾等，均预其选。多谐唱一途；虽视倚声为渐近正宗，然犹不足以语《兰荃》之妙绪也。卷一小令，刘幼功〔梧桐影〕迄孔振路〔锦堂春〕，凡九十九调，二百七十九首。卷二中调，曹秋岳〔蝶恋花〕迄袁其文〔意难忘〕，凡七十五调，一百四十四首。卷三长调，吴梅村〔满江红〕，迄顾天石〔双声子〕，凡五十五调，一百三十七首。卷四长调,宋牧仲〔绮罗香〕迄孔振路〔戚氏〕凡五十调,一百二十三首。每卷目录词调下咸注字数,而不及首数作者。目前附《姓氏录》一卷,自梅村迄辑者顾天石都一百十五人,又释子豁堂一人,闺秀徐灿、张蘩、王朗、叶小纨四人。姓氏但标籍贯,及著作集名,不及仕爵焉。

彩,字天石,江苏无锡人,康熙间　　,是集署"阙里孔传铎振路、孔传懿西铭同定"。维时洙泗多尚词学,宜相沆瀣也。授梓家塾辟疆园,镂工精整,惜无传刻,后不多见耳。

附录:

序(佚)

凡例

一　昭代词家林立,人欧晏而家苏辛;虽海内选刻充栋,搜罗莫整;盖前辈名作,美不胜收,而将来者正未艾也。余管窥一隅,讵敢云选乎?兹集也,因偶客山东,与振路、西铭两先生,朝夕唱和;兼得盖平黄子以永遗稿,意欲汇成一编,聊以自捻,而兼取平日所爱名家诸作,参列其间,以为程式;皆就见闻所及之一二,不备不繁,名曰《草堂嗣响》。知我者幸谅其挂一漏万。倘海内作者,不弃弇鄙,邮寄名篇,尚容二刻嗣出,以补兹编之阙略。

一　词调名两宋以后,日异月新,更仆难数;有一调而数名者,皆好事者厌常,故为多歧;如〔丑奴儿〕之即〔采桑子〕,〔凤栖梧〕之即〔蝶恋花〕,〔百字令〕之即〔念奴娇〕等,在诸公偶拈,不妨互异;既汇一处,便当从同。今皆正从一名,亦不注别名于下;盖词之工拙,无预此也。

一　诗亡而后词作，非诗亡，所以歌诗者亡也。词亡而南北曲作，非词亡，所以歌词者亡也。宋世之词，皆登诸弦管；今则否矣。既不入歌，则当取其易于成诵者为之，安用彼诎曲聱牙者哉？词调中有连用数句，频抑频转，如〔河传〕等；有连不用韵，赶至五七句始一叶，如〔八六子〕等；有句内连用平声，如〔寿楼春〕等；有半腰转平为仄，不复归平，如〔换巢鸾凤〕等；有极长篇，屡用三字句，杂芜无收煞，如〔六州歌头〕等；推类而言，不可胜数。此等当时想便于歌，今则不良于读矣。兹集调之太聱牙者不录。

一　词调名前人业已大备，惟患取用不尽。今歌法已亡，无从审其某调入律，某句犯某宫矣；则当依谱所有而仿填之。近见有创调为自度曲者，虽才人不难自我作古，然亦无异于后人杜撰古乐府名目也。兹集调名不见于谱者不录。

一　能用唐诗入词则词妙；然而词决非诗。能用宋词入曲则曲妙；然而词决非曲。盖词自有词之体制，词之声情；似诗则太文，似曲又太俚，二者俱失也。譬如用史汉八大家入时文固妙，然时文岂遂为古文哉？

一　善于词者，命意欲高，亢激不可；选语欲丽，雕琢不可；措词欲近，俚俗不可；设色欲鲜，堆砌不可；下字欲隽，纤巧不可；言情欲深长，淫亵不可；吊古欲慷慨，咆哮不可；咏物欲精细，穿凿不可；赠答欲婉挚，率直不可；写景欲清新，平弱不可；拟古欲镕化，蹈袭不可；命意欲贯串，敷演不可；押当韵欲稳，强叶不可；短调欲简警，庸淡无奇不可；长调欲顿挫，头上安头不可。至于用字犯重，亦当避之；有意而犯无妨也。

一　宋人词多不著题，盖有即咏本意；其他什九皆言情及四时景耳。若尽著题，必连篇云春景、春景、闺情、闺情，亦觉可厌矣。兹集惟咏物、吊古、赠答著题，余率不用。

一　二十字起至五十九字为小令，六十字起至九十二字为中调，九十三字起至百数十字俱为长调，不知何人画此界限？朱竹垞太史曾斥而非之；然既有此名，仍之可也。今定小令为一卷，中调为一卷，长调为二卷，依《草堂》例。

一　卷前列词家姓氏乡里，不著官爵，嫌其类于《缙绅便览》也。其闺秀则附于后。

一　词韵断宜依傍沈韵。若东之通冬，江之通阳，寒删之通先，庚青之通蒸，无妨也。若支微通于鱼虞，真文通于庚青，则滥矣。上去入亦然。兹集韵太杂者不录。

一　选本加圈，近于时义。且世眼不同，安敢以已见为定？兹照京少《瑶华集》例，止加小圈，以便句读。

一　题下不敢书名，惟注字及号，亦依《草堂》例。

一　集中并列拙词，非宽选已作，实欲藉此请教耳。阅者谅之。

己丑六月上澣，湘槎彩识。

（尊岳案：是书流传不多，余从北海图书馆假读。）

《记红集》三卷附《词韵简》一卷　清吴绮辑

全书以订谱为主，而仍沿前明《啸余》之陋。每词句读韵叶，率为记注；可平可仄之字，则左加直线以志之；衬字、对句、换韵、叠字，亦为标出；其换韵后仍叶前韵者注叶前韵，并加圈点于句右。一词数体者，其第几体，即注词曲之下；而短调尽立新名，殊乖谱例。所收多唐宋名贤之作，间及闺秀女鬼。卷一单调小令，周晴川〔十六字令〕（新名〔月穿窗〕）迄冯延巳〔抛球乐〕凡四十七体，四十七首；双调小令，冯延巳〔归国遥〕迄魏夫人〔系裙腰〕，凡一百六十六体，一百六十六首。卷二中调，鹿虔扆〔蝶恋花〕（新名〔庭院深深〕）迄刘过〔辘轳金井〕，凡一百十四体，一百十四首。卷三长调，周邦彦〔意难忘〕迄吴文英〔莺啼序〕，凡一百三十七体，一百三十七首。附《词韵简》一卷，即采沈去矜之《词韵略》以行，与《选声集》所载正同，盖其时家弦户诵之韵律也。

绮,字薗茨,江苏扬州人。康熙间 ,所著《艺香词》,殊享盛名。斯集署:“与岑山程洪丹问同选定,吴兴、茅麐、天石校”。剞劂甚精,而传播未广,近颇罕觏。

附录:

吴绮序

余向有《选声》一集,问业四方。节取其谐,尽是迦陵之语;音期于畅,无取蛮府之谈。固已响叶红牙,遂得赏逢青眼。人传珠串,旗亭欲拜双鬟;家奉金科,乐部同推三影。然以簿书旁午,犹惭顾曲之未精;校阅刁丁,尚苦谋篇之不备。积怀既久,适耳为难。迨卞岭之投簪,得康山而键户。频回俗驾,同心赖有求羊;尽谢尘氛,寓目能知豕亥。乃有程子丹问,既研精而肆学,亦好古以求音;咸搜《兰畹》之藏,益广花庵之选。窃谓词虽小道,义在大晟。究其源流,体制实由于乐府;相为表里,兴观允助于骚坛。是以三唐伟士,两宋名贤,无论秦柳之专工,以及苏辛之巉巇。他若考亭理学,犹歌绿酒飞红;莱国清贞,亦念杏花芳草。忠如武穆,尚矢韵于凭阑;烈似文山,复和歌于缺镜。赵忠简之一枕,梦入江南;范文正之孤城,伤心塞北。皆有怀于白芷,曾何累于青编?至如供奉之名重开元,三调实为星海,太傅之集高长庆,诸篇独擅春江。欧庐陵文冠八家,小令偏多旖旎;苏眉山书传千古,长讴更自雄奇。盖词章原非两途,而诗笔诚归一致。或以才难兼胜,遂言义有相妨。斯则浅见之拘挛,实少英流之卓荦矣。若夫和凝入相,辄羞曲子之名;韩偓登庸,便悔香奁之作。斯又唱《渭城》而不暇,宁关皱春水以为嫌耶?予与程子,掇拾无遗,编摩最久。谱搜古逸,宁言葑菲之征?词尚淹通,用冀枣梨之寿。务令记歌娘子,数红豆以传声;勿使度曲才人,望青莲而搁笔。时康熙丙寅中秋后一日，听翁吴绮书于凤观书屋。

程洪序

昔郑康成立《诗谱》，列诸侯世及诗次，放三代世表，如世系不可以紊乱而统之有宗也。汉道成，乐府立；六朝浮艳，极于陈隋。其为诗也，几乎词矣。沈宋兴唐，新声乃作。射洪始兴，矫然追复古调，力振一代之制。然李白之乐府，屡变为王建、张籍，以逮温李之没，艳丽纤淫又极矣，故声愈新而调愈变。词也者，诗之余也。唐宋工词者，无虑数十家；或以婉丽取妍，或以豪逸致胜；无不谐声合拍，以成乐句。虽谓非丽以则，不可语于三代之雅乐；而自汉魏六朝以还，岂遽有所隆窳高下哉？顾后之为词者，考之于声调，往往不合？而徒论乎南宋、北宋之分，周柳苏辛之别，率不知其谱一成而不可易也。夫词自唐而始，至宋而盛，迄今而极。天下岂无鸿才绝学，博通古今，擅文章之誉，以名一家者？而出之花间度曲，移宫换羽，则不免于优伶之所窃笑。孰知歌之有谱，如宗之有统，而考世系姓以知所自，不容淆乱者哉？词故有《啸余谱》《诗余图谱》诸篇，然《啸余》繁而寡要，《图谱》略而不详。听翁吴先生因有《选声》一集，考订精密，为词家之珍久矣。独其间诸体颇有缺遗。予兹复为校正；广搜博采，按调选词，以成一书，题曰《记红集》；盖昔人红豆记歌之意云尔。夫舠虽如叶，而欲济者必问之；户扃甚闭，则操匙者频顾之。余之此谱，亦犹是也。已济已启，彼如叶者舍之矣。若如其未启未济，而思启思济，则操匙为舠之功，又曷可少哉？康熙丙寅立春日，岑山程洪丹问氏题于衍源堂。

凡例

词为曲祖，古人用按红牙，各有宫调所属。今则南曲盛行，而词调失传；然格律尚在。即按谱填词，已难尽其微妙，后人乃有自度，并犯各曲；恐宫调既无确据，则自度未免杜撰，犯曲更自支离。兹集概不敢违古从今。或调名间有未雅，亦取本调丽句，易以新名，仍注旧名于下，以免淆惑。盖古人已破此例，非敢故为更张炫异也。

作词本于乐府，始于六朝，盛于唐，极于宋，金元而后，代不乏人。作者总以陶情寄兴，则体格不可不正。兹集选其精粹，弃其繁芜，如〔望夫歌〕〔一片子〕〔纥那曲〕，即五言绝句；〔阿那曲〕〔清平调引〕〔小秦王〕〔竹枝〕〔柳枝〕〔八拍蛮〕〔浪淘沙〕〔春莺啭〕〔阳关曲〕，即七言绝句之类，概不赘入。

南北曲每讹于衬字，盖限于格。而文义有不属不畅者，每用一二虚字衬之；全在歌者之变通合拍。词则不可，往往衬词相混，愈传愈误；故词以不用衬字为正格。

词谱苦无善本；《啸余》校订不确，讹谬甚多；《图谱》又觉繁瑣，《选声》亦苦未备。兹集考订精密，凡可平可仄以□，句法暗断以○。至词之清新婉丽者，旁加圈点，又以资博览者之一助云。

凡词皆以声情为主；若声不流丽，则情亦滞涩；歌喉少戾，听者废然；何况作者先为劣调乎？词既不顺，虽有秦青、韩娥，亦难按拍矣。兹集俱取调之淳雅，音之铿锵；其拗体概置不录。

词为诗余，则押韵当如诗律之严；而韵之滥觞，即宋之名家，亦多出入；往往真庚相混，甚有杂入东韵者。唐人多遵沈约，亦有可议，以词韵无定本也。今作者如林，直欲超轶唐宋；各家词韵，亦称美备；而《选声》旧韵，似为妥确，兹故仍用此韵。

兹集选词，间有少平及用韵不纯者，因欲备调，苦选本不多，急于问世，嗣当广搜全璧，以易之。

（尊岳按：余假读于赵斐云先生处。）

《同情集词选》十卷　清陈鼎辑

斯集志在选词而不精。所选唐宋名贤，以至康乾并世，无不兼采。除唐宋多习见者外,以杨慎、李渔、许嗣隆、杨婉、范安澜、邓繁祯之小令为多;即国初诸作,本近柔媚;选政无当,几于益坠恶趣;自度腔所收亦不少,而要均熟调小令;是盖未仰见词囿之渊深者也。卷一:十六字蔡伸〔苍梧遥〕,迄二十七字闽陈后〔乐游曲〕,凡二十五调,一百十二首。卷二:二十八字欧阳炯〔南乡子〕,迄三十五字牛峤〔望江怨〕,凡三十调,一百零八首。卷三:三十六字白居易〔长相思〕,迄四十一字尤侗〔醉花间〕,凡三十调,一百十四首。卷四:四十一字王禹偁〔点绛唇〕,迄四十二字冒德娟〔浣溪沙〕,凡十二调,一百零一首。卷五:四十三字韦庄〔归国谣〕,迄四十四字朱敦儒〔杨柳枝〕,凡十九调,一百十二首。卷六:四十五字欧阳修〔诉衷情〕,迄四十六字范毓秀〔清平乐〕,凡十六调,一百十二首。卷七:四十六字黄庭坚〔卜算子〕,迄四十九字余汉〔阳台梦〕,凡四十六调,一百零七首。卷八:五十字张圮授〔怨三三〕,至五十二字柳永〔浪淘沙〕,凡五十二调,一百十一首。卷九:五十三字杨无咎〔天下乐〕,迄五十六字杨慎〔瑞鹧鸪〕,凡四十调,一百二十五首。卷十:五十六字牛峤〔木兰花〕,迄五十九字辛弃疾〔东坡引〕,凡二十一调,一百二十首。全书不加圈点,亦无评语也。

鼎,字汉年,江苏如皋人。乾隆间　　,此巾箱本,格子缮写极精,板心有“守拙斋”三字,序目并具,似待刊之本。然迄不见传书,则或人事仓猝,未及即付剞氏耶?今藏京师北海图书馆。

附录:

陈鼎序

镂雪裁云,幸阳春之不泯;标花宠草,本爱好于天然。蠖屈几多年,谁惜蠹蟫空老?雅涂如干卷,自嗟蚊蝇同声。虽曰聋聩无闻,窃望羹墙可见。篝灯风雨，悉心乎换羽移宫；握管丹黄，肆力夫酉藏邺架。一声〔河满子〕，剧怜泪滴珠徽；三桑〔折杨枝〕，怕见茧联芳草。江南肠断之章，莺口争传红雪；乐府销魂之曲，瑶篇耀丽缥湘。心有慕焉，情乌能已？芳踪未远，采择宁辞？长篇短什，累累珠贯绳牵；艳体香词，队队花团玉砌。遽使乐游原上，几多残月晓风；玉局观头，不数铜琶铁板。从兹烟霞卧处，一函午枕足绸缪；晴霭窗前，数阕朗吟何爽快。谁云只堪自怡？不妨有情同赠。乃珍童什袭，深抱爱古人之心；遴选经营，求有当余怀之素。须知摭拾成书，敢窃附立言之比？同情斯集，应不嫌去取之疏。用竭愚忱，爰以自序。时在乾隆三十九年，岁次甲午，夏六月下澣之三日，如皋陈鼎汉年氏自序于守拙斋。

陈□□序

尝闻物不得其平则鸣；鸣者，鸣其情之所不平也。一物之所受，自必有一物之性情在焉；所受虽异，所禀则同；有不待期之而适同，强之而斯同者；则其欢忻鼓舞，如饥如渴，又不知其所以然而然者矣。苟令其乖时违和，然后有声，一物先鸣，万物同声；非其声同，其鸣同也；非其鸣同，盖其性情之雅，不平之衷，无不同也。又岂论夫清浊气异，刚柔方殊，□于今而不通于古，惬于己而不谕乎人，是乌足以称善鸣之士，而与之论同情哉？伯氏汉年，情主人也；博览乎天下古今之吟咏，综核乎太常乐府之篇章，乃喟然曰："天下古今，一情窟耳，一不平窟耳。我之所欲鸣者，虽空朴喔而罄喻麇，夜以继日，心血呕尽，未足以尽豹之一斑，龙之一鳞，挂一漏万，而尚望其不贻讥致诮也，盖亦鲜矣。"于是不惮搜罗之劳，以构千狐之腋；或情深文藻，或词擅清华，凡我心之所欲唱而未逮者，古人不啻先我而有之矣。数字别调，注释姓氏，作者近数百家，大小中调如千首，爰订成集，颜曰"同情"。嗟嗟！伯氏之情，殆欲同于古今者矣；伯氏之鸣，欲合天下古今万事万物之同所不平者矣。虽欲谓之不善鸣者，乌乎可？时在旃蒙协洽首夏雨夜。雪访居士叙于东村之望耕草堂。

熊琏序

古往今来，人皆同类；花愁鸟怨，物亦牵情。谁独擅其风骚，岂无端之寄托？继两汉文章而后，沿六朝金粉之余；孕史胎经；五七言原能蕴藉；含商嚼徵，长短调益见游扬。自昔才人，尝称词客。故其咸工乐府，妙解新声；烧绛蜡而填词，倚银筝而度曲；朝朝艳制，锦灿罗裙；夜夜葩流，香沾倚壁。或天涯怅远，或客馆伤离；或绣阁无聊，间惟点拍；或灯窗失意，隐寓牢骚；或铁板高擎，助英雄之激烈；或红牙慢按，叙儿女之缠绵。固知豪逞苏辛，极跌宕淋漓之趣；亦复艳夸温李。饶低徊摇曳之姿。则有夙富才华，生耽音律；寄遥思于天际，风卷云停；展丽句于花前，笔歌墨舞。什袭藏来锦绣，缥湘检出珠玑；白雪声清，红薇露浣；散春光于万丈，袅若游丝；收花萼之千枝，粉成香国。思古人兮不见，宁惟自赏孤芳；愿此集以长传，要亦公诸同好。淡仙熊琏。

发凡

词以言情；填词而不温柔敦厚以立意，扬风摛藻以为语，循声按节以成格调者，概从芟薙。

词忌浓艳，虑其涉于桑濮也。然美人香草，风喻弥深；忠爱之忱，溢于楮墨，清丽韶秀者。不得以媟嫚妖冶为比。

词多寄托，大抵本情而生；情深者无浅语；其有工丽中带风刺，亦大雅之音。

此集本从吟咏杂录而成，发轫《草堂》，沿稽《图谱》，喜其与己之情有同然者笔之。继得《词选》《记红》诸集，最后复得《词综》《词律》，而同情者更夥，句句皆已之所欲出；于是又笔之；至再至三未已也。

数字别调，凡五易稿，惜未得《词统》《词汇》而采。后乃于皋邑诸先达亡友词凡若干，又填选而隶焉。方外闺秀，亦按调附其末。

小令、中调、长调，亦仍旧例。调同而名异者，计字之同，合名之异；有调同字同而体不同者，亦隶其中，而不另分。其字数有寡，调名虽同，而各按字数次第分隶，庶几一目朗然。

宋词有调无题，仍唐例也。并有失其名氏者，前人既以考稽无自而轶之，亦兢兢致慎，不敢少有增改，蹈庸妄之訾。

是集非选词也，录其与己同情者耳。情同者一调累至数十阕而不厌多，情不同者不敢滥登而不嫌少，调与词均此大同之情，未尝有私意为去取。

词以合歌合拍为主，红牙玉笛，燕筑秦筝，倚声于清尊绛蜡间，风雅其未可忽也。娴音律而协宫商，愿与海内之同情者共歌之。

按卷前有黄理（艮叔）、黄学圮（楚桥）、宗拔（云浮）、石渠（芸亭）、黄畯（古民）、王路（坦庵）、严绍武（步柳）、石沄（云江）、范章邻（月峰）、沙倓（养恬）、罗立中（笠悰）诸题辞，不具录。

《词轨》八卷、《补录》六卷　清杨希闵辑

斯集盖杨氏统汇古今词集，辑以存词之巨著；惜未经刊行，但有稿本，存诸京师北海图书馆而已。所辑各卷，义例尚未能即归一致；则或尚系初稿，未经厘定者耳。选词颇主浑成，尚境界；每词下辄有按语，间或发明意内言外之旨。其自撰评语，着墨不多，斐然成理；盖能通词之消息者。每卷前又各有题识，发挥选词之意，以立宗派，陈义精严，评骘的当，兼及考据；虽词律同异，无所持证，然亦足备省览。至所辑本事，多同时人之笔记词话，知人论世，说虽习见，要可窥豹于一斑。唐宋词之格律，其纯为七言绝句者，均置勿录，称已见所辑《诗轨》；而其书勿传，论者惜之。人名下系以小传。明清两朝词，所收极少；于明取陈卧子，于清斥朱竹垞，是具有手眼，盖熏沐常州词派之薪

传者乎？总目正集八卷：卷一：唐代词十九首，凡昭宗一首，李白三首，张志和二首，王建二首，刘禹锡二首，白居易三首，刘长卿一首，李德裕二首，杜牧一首，窦宏余一首，唐骈一首。卷二：唐五代温庭筠二十九首，南唐中主四首，后主二十四首，韦庄二十首，李珣二十五首，孙光宪二十二首，冯延巳二十五首。卷三：宋晏殊二十首，晏几道五十三首，附张先十六首，柳永六首；其云附者，盖义例著宗派之说，以相属尚：要如周止庵之论宋词，以四家相领袖，而附以各家之词，闭门造车，未必合辙；亦续词派之结习云尔。卷四：宋欧阳修四十四首，苏轼四十首，黄庭坚二十五首，附王安石七首。卷五：宋秦观三十一首，贺铸二十八首，附周邦彦十六首。卷六：宋姜夔二十九首，辛弃疾二十五首，附史达祖五首，吴文英八首，王沂孙十二首，蒋捷四首，张炎七首，又附元张翥八首，周密八首。卷七：明及国朝，杨慎七首，陈子龙二十首，王士正二十四首，毛奇龄十六首，成德二十首，附朱彝尊八首，陈维崧四首。卷八：国朝张惠言十六首，周之琦二十首，项鸿祚二十首，附戴敦元七首，刘嗣绾四首，郭麐四首。

《补录》六卷，卷前无题识。每人所选，不过三数首，所以补前录之未尽也。卷一：唐庄宗〔如梦令〕迄毛熙震〔临江仙〕，凡十六人，三十六首，宋钱惟演〔玉楼春〕，迄闺秀李清照〔念奴娇〕，凡三十三人，四十七首。卷二：南宋朱熹〔水调歌头〕，迄方外葛长庚〔酹江月〕，凡六十四人，九十二首。卷三：金吴激〔人月圆〕，迄无名氏〔减字木兰花〕，凡九人，十一首。元刘因〔木兰花〕，迄张埜〔念奴娇〕，凡十七人，二十二首。明高启〔行香子〕，迄计南阳〔花非花〕，凡十二人，十四首。卷四：国朝王夫之〔摸鱼儿〕，迄闺秀王朗〔浪淘沙〕，凡三十五人，六十三首。卷五：国朝阮元〔百字令〕，迄程恩泽〔浪淘沙〕，凡四十二人，六十五首。卷六：国朝王效成〔清平乐〕，迄闺秀杨芸〔清平乐〕（目录脱去杨芸一行），凡三十一人，六十四首，又无名氏桃源〔忆故人〕，迄〔贺圣朝〕，凡八首。卷首附《总论》一卷，均引撮他书，以发明词义者。凡《四库提要·花间集提要》一则，《历代诗余提要》一则，《碧鸡漫志提要》一则，《钦定词谱提要》一则，《万树词律提要》一则，《张小山小令提要》一则，王九思《碧山乐府提要》一则，毛大可《鸡园词叙》一则，毛大可《倚玉词序》一则，陆朗甫《红櫚书屋乐府序》一则，又自识三则，附著于篇。

希闵，字铁佣，江西新城人，咸丰间□□□。斯集成于同治二年。所著《诗轨》，未尝寓读。此为写官过钞待刻之本，于提行分段诸处，少有舛误，眉间辄为注正，惜未及寿之剞氏，用广厥传耳。

附录：

杨希闵序

书家学真书，必从篆隶入，乃高胜。吾谓词家，亦当从汉魏六朝乐府入，而以温、韦为宗，二晏、贺、秦为嫡裔，欧、苏、黄则如光武崛起，别为世庙；如此则有祖有祢，而后乃有子有孙；彼截从南宋梦窗、玉田入者，不啻生于空桑矣。故伐材近而创意浅，雕琢文句以自饰，心力瘁于词，词外无事在，而词亦卒不高胜也。吾有鉴于是，辑兹选以正涂辙，义例详总论中，各家旨趣，又缀论各卷之耑云。同治二年重阳前五日，江右新城杨希闵铁佣。

总论

希闵按：长短句为诗之余，然则诗源而词委也；源不远，委何能长？温、韦、二晏、秦、贺皆能诗，苏、黄尤卓卓，姜、辛诗亦工；安身立命不在词，故溢为词敻绝也。屯田、清真、梅溪、梦窗、碧山、玉田诸子，藉词蕃身，他文翰一无可见，有委无源，故绣绘字句，排比长调以自饰。夫文章本于性情，济以学问，二者交至，下笔遣词，自有天机。

长篇短幅无定也，清空质实，亦无定也。史不同《骚》，《骚》不同《庄》，《公》《穀》不同《左》《国》，安可印定一说乎？《孔雀东南飞》固善矣，“清晨陇首”“春草池塘”短亦妙也。彼沾沾以长调矜诩，殆自忘为陋，中实枵然。若坡、谷之《水调歌头》《念奴娇》，又可得乎？或者又以词贵意内言外，明之者少。不知意内言外，凡文章造微者皆然，不独词，词之拙者，流于曲诨，乃异是耳。以拙者之异是，标为元钥，欺骇流俗而已。吾谓词学当从汉魏六朝乐府入，而以温、韦、二晏、秦、贺为正宗（此仿明高廷礼论定唐诗之说），屯田诸子为附庸，则涂辙不谬矣，欧、苏、黄似为词之一变。此如近体原于六朝。唐初皆沿之，李、杜数公出，摧破壁垒，旗帜改观，变而得正；后世为近体者，转不能舍李、杜数公专尚六朝矣。欧、苏、黄于词亦然，跌宕潇洒，轩豁雄奇，一洗绮罗之习，此正变而得正者；奈何斤斤奉《花间》为职志乎？吾今以《金荃》为一宗，晚唐五季为一宗，同时名家，以次附列，嗣后作者，准是为衡焉。寸珠片玉，不可遗者，别为补录缀后。至于辨宫羽，考叠篇，此必自能按歌始彻。五季两宋人，大抵能自歌，即坡、谷亦妙解丝肉。吾不能古人歌法，斤斤抉剔于平仄阴阳，以为纫密，安在必为纫密也？且古诗皆入乐，后来诗不入乐者多，仍不害为佳诗，但自然之音节，则不可失耳。词亦犹是也。能歌固善，不能歌庸讵非词人？“乐云！乐云！钟鼓云乎哉？”姜白石自载有谱，今人视之亦昧昧。万红友《词律》亦第依古人旧词，推寻为之，是为竭力于腔调异同，字句增减，音韵平仄之委流，而于诗乐之大源，丝毫无补；吾故不暇为之。

吾选诗，求之风与比兴，及音节者为多。词亦犹是；美人香草，必源骚怨之由，濮上桑间，亦严郑卫之辨，庶别裁有体，而小道可观也。

邹讦士病北宋诸家，长篇不足，正如嘉州右丞不能为工部之五七排体；此梦呓也。近体者古诗之靡，长排又近体之靡。嘉州右丞古体长歌，如何力量，岂不能为长排？风气未开，则阙之尔。且工部亦非专以此擅场，遗山所谓“少陵自有连城璧，争奈微之识碔砆”也，词之长调，始于柳永，以前惟小令（见宋翔凤说，三卷中）。若坡、谷之《水调歌头》《念奴娇》，绝迹飞行，何不能为长篇之有？彼邹讦士第知买菜求益耳，词中微妙，概乎未闻也。国初诸老，才学非不富，大半为此等瞽说所锢；竹垞、迦陵、犹是坐破蒲团，，未证圆觉。《词综》一篇，局域才人心眼不少。惟《衍波》《河右》《饮水》，远溯《握兰》，近挹《湘真》，元箸超超，斯为宗乘龙象也。

自康熙至乾隆，为词学者，多为竹垞《词综》所锢；嘉道间，常州张皋文乃上溯《金荃》，参以南渡，溯心思于幽邃窈窕之路，情寄骚雅，词兼比兴，遂又别开境界；但六一、坡、谷一途，游屐尚多未历，世有豪杰，必不惮问津也，彼诃为教坊雷大使舞者，安识魏公妩媚哉？存吾此论，以俟解人。

《唐词纪》十六卷　明董逢元辑

词纪之作，盖董氏以唐词为宋词之初祖，故博采《花间》《金奁》《尊前》诸唐词，兼及各家说部所甄采，汇为一编，以资椎轮之大辂者也。全书十六卷，卷帙不繁，搜采弥备。前有词人目卷目词名征目，并缀创调之始，具之于篇。词人目：凡昭宗二首，乔知之一首，李白七首，贺知章一首，崔国辅一首，王维一首，元结五首，王昌龄二首，张志和五首，张松龄一首，韦应物四首，张潮一首，顾况一首，刘长卿一首，韩翃一首，张继一首，令狐楚二首，戴叔伦一首，陈羽二首，戎昱一上，杨巨源一首，李德裕一首，王建十首，刘禹锡四十二首，卢贞一首，李涉五首，张佑三首，白居易三十首，施肩吾二首，腾迈一首，李商隐二首，朱庆余一首，薛逢一首，姚合一首，郑梦履一首，裴夷直一首，段成式五首，薛能十九首，韩琮一首，张善继一首，司空图二十一首，温庭筠六十九首，高骈一首，聂夷中一首，崔道融一首，韩偓三首，王贞白三首，苏郁一首，孙光宪六十一首，韦庄四十九首，成文斡九首，张泌二十七首，卢肇一首，裴诚四首，顾云一首，孙鲂五首，薛昭蕴二十首，李梦符二首，毛文锡三十一首，皇甫松十二首，欧阳炯二十首，牛峤三十二首，魏承班十五首，牛希济十一首，阎选八首，顾夐五十五首，毛熙震二十九首，鹿虔扆六首，徐昌图一首，尹鹗六首，李珣四十首，李中主五首，李后主三十五首，和凝二十二首，冯延巳一百四首，蜀后主衍二首，蜀后主昶二首。文珏一首，黄载万一首（按载万实南宋人，以其序称蜀人，列入蜀代者，误），卢绛一首，陶谷一首，吕岩八首，韩文璞二首，齐己四首，圆观二首，江采蘋一首，柳氏一首，费氏一首，慕容岩卿妻一首；刘采春六首，鱼玄机一首，刘燕奇一首，武昌伎一首，王丽贞一首，妙香一首，琴精一首，无名氏一首。

词卷目一景色，分时序、水波、虫鸣、花木四子目。自欧阳炯〔南乡子〕迄无名氏〔杨柳枝〕，凡一百四十六首。卷二吊古，分仙词、故国二子目。自毛文锡〔浣溪沙〕迄白居易〔河满子〕，凡五十二首。卷三感慨，不分子目。自李后主〔浪淘沙〕迄琴精〔千金意〕凡五十八首。卷四宫掖，分称庆、宫游、宫燕、宫晓、宫晚、宫姝、宫怨七子目。自司空图〔杨柳枝〕迄王贞白〔杨柳枝〕凡四十三首。卷五行乐，分睡赏、游行、游遇、舟游、采莲、游女、游归、追游、宴饮、醉归、俳调、会合、追会十三子目。自顾夐〔渔歌子〕迄顾夐〔荷叶杯〕凡一百四十一首。卷六别离，不分子目，自温庭筠〔河渎神〕迄王维〔渭城曲〕，凡四十首。卷七征旅，分征行、舟征、羁旅三子目。自韦庄〔清平乐〕迄王建〔三台令〕，凡三十五首。卷八边戍不分子目，自牛峤〔定西番〕迄戴叔伦〔转应词〕凡十二首。卷九佳丽，不分子目。自张泌〔浣溪沙〕迄和凝〔解红〕凡五十八首，卷十悲愁，不分子目。顾夐〔浣溪沙〕迄上皇〔三台词〕，凡六十首。卷十一忆念，不分子目。自张泌〔浣溪沙〕迄王建〔三台词〕，凡八十一首，卷十二怨恩，不分子目。自毛熙震〔菩萨蛮〕迄刘采春〔啰唝曲〕，凡一百七十八首。卷十三女冠，不分子目。自薛昭蕴〔女冠子〕迄顾夐〔虞美人〕凡十五首。卷十四渔父，不分子目。自李珣〔南乡子〕迄韩文璞〔浪淘沙〕凡二十四首。卷十五仙逸，不分子目。自吕岩〔沁园春〕迄张善继〔闲中好〕凡十七首。卷十六登第，不分子目。自韦庄〔喜迁莺〕迄冯延巳〔谒金门〕凡八首。

词名征〔黄钟乐〕一首，〔清乐令〕十五首（亦曰“清平乐遏”，《云集》载李白应制“清平乐令四首”，今存其两首云），〔清平调〕词三首，（《松窗杂录》曰：“开元中，禁中重木芍药，会花方繁开，帝乘照夜白太真妃以步辇从，李龟年以歌擅一时之名，帝曰：‘赏名花对妃子，焉用旧乐词为？’遂命李白作〔清平调〕词三章，令梨园子弟略抚丝竹以促歌，帝自调玉笛以倚曲。”《唐书》曰：“玄宗当自度曲，欲造乐府新词，亟召白，白已醉，卧于酒肆，召入以水洒面，即令秉笔，顷之成数十章是也。”）〔太常引〕一首，〔贺圣朝〕一首，〔贺明朝〕二首，〔小重山〕六首（多为宫词），〔谒金门〕九首（亦曰“出塞词话”，作空相意，宋人名曰“垂杨碧”），〔天仙子〕九首（《乐府杂录》曰：“万斯年曲是朱崖李大尉进。”此曲名即〔天仙子〕是也，属龟兹部令，词多赋天台仙子），〔临江仙〕三十二首（多赋水媛江妃），〔河渎神〕六首（多赋别离及祠庙），〔巫山一段云〕三首（汉《短箫铙歌》有巫山高为思皈词，后人拟之，多赋楚王神女事，此其流变也），〔阮郎归〕三首（亦曰“醉桃源”，亦曰“碧桃春”），〔思越人〕五首（多赋西子蜀后主，五年三月上巳宴于昭神亭，自执檀板唱《思越人》《后庭花》曲），〔忆秦娥〕二首（亦曰“秦楼月”，亦曰“双荷叶”，秦娥即弄玉也，下〔凤楼春〕亦其意），〔凤楼春〕一首，〔虞美人〕二十三首，（《乐府诗集》曰：“琴集有力拔山掺，项羽所作也。近世有〔虞美人〕曲，亦出于此美人，楚王虞姬也，楚王歌拔山，操虞姬和之，其词哀焉，后人和之，传为此曲。”）〔河满子〕本体七首，诗体一首（白居易曰：“何满子开元中沧州歌者，临刑进此曲，以赎死，竟不得免。”《杜阳杂编》曰：“文宗时宫人沈阿翘为帝舞，何满子调词风态率皆婉畅，然则亦舞曲也。”），〔南歌子〕诗体五首，本体十一首（亦曰“南柯子”、“风蝶令”、“望秦川”，相和歌有“江南行”，南歌、南乡，亦其遗意），〔南乡子〕二十一首，〔西溪子〕三首，〔江城子〕八首（亦曰“江神子”），〔望江南〕诗体一首，本体二十一首，〔望江梅〕一首，〔忆江南〕二首（亦曰梦江南、忆江山、梦游仙、望江梅、江南好，谢秋娘《海山记》：帝开西苑，凿五湖，北海开遘相通，帝多泛东湖，因制“湖上望江南”八阕，帝尝游湖上，多令宫中美人歌唱此曲。又《教坊记》曰：“〔望江南〕始自朱尉李太尉慎制日，为亡伎谢秋娘撰本，名〔谢秋娘〕，后改此名。冯延巳有〔忆江南〕二阕，与〔一箩金〕调同，不同本调。”）〔望江怨〕一首，〔河传〕十九首，（《升庵集》曰：“乐府有〔穆护砂〕，隋朝曲也，与〔水调河传〕同时，皆隋开汴河时词人所制劳歌也，其声犯角。”）〔浪淘沙〕本体十八首，别体三首，（亦曰“浪淘沙词”，亦曰“浪捣沙”，亦曰“卖花声”，小说作曲冥），〔浣溪沙〕本体六十四首，测体一首，（亦曰“浣沙溪”，宋人亦谓之“山花子”），〔三台词〕诗体二首，本体八首，（教坊作“三台”，亦曰“三台令”，一名“翠华”，引韦应物有“三台词”，王建有“宫中三台”、“江南三台”，无名氏又有“突厥三台”、“上皇三台”），〔春光好〕本体二首，别体一首，（一名“鹤冲天”，宋人或易名曰“愁倚阑”，唐玄宗洞晓音律，善自度曲，尝于临轩纵一曲，曲名〔春光好〕，方奏，桃杏皆发），〔月宫春〕一首，〔玉楼春〕十一首，〔木兰花令〕一首，（亦曰“木兰花令”，宋人亦谓之“木兰花”），〔满宫花〕三首（多为宫词），〔后庭花〕五首，（清商曲《吴声歌》有〔玉树后庭花〕曲，陈后主制，今词与古曲异，俱赋陈后主，又有〔后庭宴〕，与此不同），〔后庭花破子〕一首，〔后庭宴〕一首，〔木兰花〕三首（亦有〔木兰花令〕，即〔玉楼春〕，与此不同），〔杏园芳〕一首，〔望梅花〕二首，〔山花子〕四首（宋人亦谓之〔浣溪沙〕，亦曰〔摊破浣溪沙〕），〔采桑子〕十六首（教坊记有〔采桑〕，“采桑”即古相和歌中《采桑曲》，一名《罗敷令》，亦曰《丑奴儿令》），〔采莲子〕本体二首，附体八首（即清商曲《江南弄》中《采莲曲令》，取唐人《采莲曲》绝句附于后），〔荷叶杯〕十四首，〔章台柳〕二首（《柳氏传》韩翃有宠姬柳氏，翃成名，从辟淄青置之都下数岁寄诗，韩答之云云，后果为蕃将沙叱利所劫，翃会入中书道，逢之谓永诀矣。是日临淄大校置酒，疑翃不乐，具告之，有虞将许俊以义烈自许，即诈取得之，大校表语诏许皈韩），〔柳含烟〕四首，〔杨柳枝〕本体百十四首，别体二首，〔折杨柳〕二十二首（亦曰“柳枝”，亦曰“柳枝词”，亦曰“杨枝词”，亦曰“折杨柳枝词”，亦曰“添声杨柳枝词”，亦曰“杨柳枝寿杯词”。本白居易洛中所制也，居易有伎，樊素善歌，小蛮善舞，尝为诗曰“樱桃樊素口，杨柳小蛮腰”，年既高迈而小蛮方丰艳，乃作〔杨柳枝〕词一章以托意，曰：“永丰西角花园里，尽日无人属阿谁。”及宣宗朝国乐唱是词，帝问谁词，永丰在何处，左右具以对。时永丰坊西角园中有垂柳一株，柔条极茂，因东使命取两枝植于禁中，居易上知名，且好尚风雅，又作词一章云：“定知玄象经春后，柳宿光中添两星。”河南卢尹时亦继和，薛能曰：“杨柳枝者，古题所谓折杨技也。”按折杨柳本汉横吹曲古词曰“上马不捉鞭，反拗杨柳枝。蹀坐吹长笛，愁杀行客儿。”本为边词，在唐为别曲，与此少异，而元郭茂倩所收张祜、施肩吾、李商隐、薛能辈十五首，俱《折杨柳》，而并曰《杨柳枝》则是唐人《折杨柳枝》词，今例当附入别体，宋人作太平时，又作《贺圣朝》。）〔竹枝词〕二十四首（亦曰“竹枝”，《教坊记》曰“竹枝子”。“竹枝”本出于巴渝，唐贞元中刘禹锡在沅湘以俚歌鄙陋，乃依骚人《九歌》作《竹枝新词》九章，教里中儿歌之，由是盛于贞元、元和之间。按《竹枝序》曰：“四方之歌，异音而同乐，岁正月，余来□建平，里中儿联歌《竹枝》，吹短笛击鼓以赴节，歌者扬袂睢舞，以曲多为贤，聆其音中黄钟之羽，卒章激讦如吴声，虽伧伫不可分，而含思宛转，有淇澳之艳。昔屈原居沅湘间，其民迎神，词多鄙陋，乃为作《九歌》。到于今荆楚歌舞之，故予亦作《竹枝》九篇，俾善歌者扬之，附于末，后之听巴渝知变风之自焉。”）〔摘得新〕二首，〔胡蝶儿〕一首，〔玉蝴蝶〕二首，〔扑蝴蝶〕一首，〔蝶恋花〕本体四首，〔鹊踏枝〕十首（亦曰“鹊踏枝”，亦曰“凤栖梧”），〔喜迁莺〕九首（亦曰“鹤冲天”，多登第词），〔乌夜啼〕诗体一首，本体二首，〔相见欢〕三首（亦曰“相见欢，上西楼，秋夜月，忆贞妃”，本清商西曲之一，今词与古曲异），〔鱼游春水〕一首，（《古今词话》云：“东都防河卒于汴河，上掘地得石刻，有词一阕，不题相目，臣僚进上，上喜其藻思洵丽，欲命其名，遂摭词中四字名曰‘鱼游春水’，命教坊倚声歌之。”词凡八十九字，而风花莺燕动植之物，曲尽之，此唐人语也，后之状物写情不及之矣。）〔酒泉子〕三十三首，〔甘州子〕五首，（《乐苑》曰“甘州羽调曲也”，

《乐府杂录》曰"甘州软舞曲也"。)〔甘州遍〕二首,〔甘州曲〕一首,〔定西蕃〕七首,〔蕃女怨〕二首,〔思帝乡〕四首,〔离别难〕诗体一首,词体一首,(《乐府杂录》曰"《离别难》"。武后朝有一士人,陷冤狱,籍其家妻配入掖庭,善吹觱栗,乃撰此曲以寄情焉。初名〔大朗神〕,盖取良人第行也,既畏人知,遂三易其名曰"悲切子"、"终号怨"、"回鹘云"。词曰:"此别难重陈,花飞复恋人。来时梅复雪,去日柳惊春。物候催行客,归途淑气新。剡川今已远,魂梦暗相观。")〔上行杯〕五首(别曲),〔渭城曲〕□首,("渭城"亦曰"阳关王维之所作也",本送人使安西诗,后遂被于歌,《古今词话》曰:"王摩诘诗送元安西云云,其后送别者多以此诗附腔谱作《小秦王》。")〔醉花间〕六首,〔醉公子〕六首,〔风流子〕二首(与〔如梦令〕相似),〔恋情深〕二首,〔感恩多〕二首,〔望远行〕四首(汉鼓角横吹曲有《望行人》,此其遗意),〔纱窗恨〕二首,〔长相思〕诗体三首,词体五首(古乐府〔怨思〕二十五曲之一,本古诗"上言长相思,下言久离别",又"著以长相思,缘以结不解",谓被中着绵以致绵绵之意也,齐梁皆有拟调之作,与今词小异),〔长命〕诗体一首,本体二首(亦曰"薄命女",《乐苑》曰"长命西河女",羽调曲也,《乐府杂录》曰:"大历中尝有乐工自撰歌,即《古长命西河女》也,加减其节奏,颇有新声"),〔诉衷情〕十二首,〔献衷心〕二首,〔一斛珠〕诗体一首,词体一首(《梅妃传》曰:"江采蘋,唐玄宗妃也,九岁能诵《二南语父》,曰:'我虽女子,期以此为志。'父奇之,故名采蘋。开元中高力士选皈侍明皇,大见宠幸,喜属文,自比谢女,淡妆而姿态明秀,性喜梅,所居率植梅,上因其所好戏名'梅妃',会太真杨氏入侍,宠爱日夺,竟为杨氏迁于上阳东宫,妃益怨慕,帝每念之,时在花萼楼,有夷使贡珍珠者,至命封一斛赐妃,妃不受,以诗付使者曰:'为我进御前也。'上览诗怅然不乐,令乐府以新声度之,号'一斛珠'。"曲名盖始于此),〔更漏子〕二十一首(多赋本意),〔捣练子〕二首(古乐府有《捣衣曲》,其遗意也),〔女冠子〕十九首(多赋本意),〔渔歌子〕本体十三首,别体八首(张志和好隐不仕,故制此以见志。宪宗画像访而不得,命集其歌诗以献，其兄松龄怕其放浪不返，因和其词讽之，一名《渔父》），〔渔父引〕二首，〔欸乃曲〕五首（元结作其序云："大历初，结为道州刺史，以军事诣都便还州，逢春水舟行不进，作〔欸乃曲〕，令舟子唱之，以取适于道路云"），〔赞成功〕一首，〔接贤宾〕一首（后世曲有〔集贤宾〕，昉此），〔中兴乐〕二首，〔应天长〕十二首，〔生查子〕八首，〔菩萨蛮〕本体五十九首，〔子夜歌〕二首（亦曰"重迭金"，亦曰"子夜歌"，《丹铅录》曰："唐词有《菩萨蛮》，不知其义。"按小说开元中南诏入贡危髻金冠璎珞被体，故号"菩萨蛮"，因以制曲，佛经戒律云"香油涂身，华发被首"是也，白乐天《蛮子朝天》诗曰"花鬘抖擞龙蛇动"，是其证也，今曲名"鬘"作"蛮"非），〔八拍蛮〕三首，〔三字令〕一首，〔调笑令〕本体六首，〔三台令〕三首，〔转应词〕一首（亦曰"古调笑"，"调笑词"，"三台令"，"转应词"），〔如梦令〕三首（《古今词话》："后唐庄宗修□苑，掘得断碑中有三十三字，庄宗使乐工入律歌之，名曰《古记》，又使翰林作数篇，或云太白作，或云洞宾作，一名《宴桃源》，一名《忆仙姿》，东坡改为《如梦令》。"）〔丑奴儿令〕一首，〔归国遥〕本体五首，〔归自谣〕三首（亦曰"归自遥"，亦曰"归国遥"），〔遐方怨〕三首，〔谢新恩〕三首，〔醉妆词〕一首（《北梦琐言》云："蜀后主裹小巾，其尖如锥，宫伎多衣道服，簪莲冠，施脂粉，夹脸号醉妆，作此词。"）〔风光好〕一首（周陶谷奉使江南，傲睨异常，江南相韩熙载恨之，饰伎女秦若兰，为邮亭卒，女前洒扫，谷悦之，私焉，赠以词曰"风光好"，明日熙载宴谷，即于坐，令伎唱之，谷愧恨，即日命驾返。）〔六幺令〕一首，〔舞春风〕一首（亦曰"瑞鹧鸪"），〔闲中好〕三首，〔解红〕一首（《升庵诗话》云："曲有名〔解红〕者，今俗传为洞宾作，见物外清音，其名未晓，近阅《和凝集》有《解红歌》。"云云。《乐书》云："优童解红舞衣紫，绯绣襦银代花凤。盖五代时人也，焉有洞宾在唐世预填此腔也？"）〔芳草渡〕一首，〔字字双〕一首，（《灵怪录》："有中官行宿于宫，坡馆胞绛裳覆饰衣灯下寝，忽见一童子捧一尊酒冲扉而入，复有三人至焉，皆古衣冠，相谓云"崔侍来何迟"，俄复有一人续至，凄凄然有离别之意，盖崔常侍也。及至举酒赋诗联句云云，中官将起，四人相顾，哀啸而去，如风雨之声，及视其户扃，闭如故，惟酒尊及诗在而已。”初不云词，《花草粹编》载此题，曰“字字双”，女郎王丽真作。按王丽真事并诗出，传奇亦无此曲，不知何据，当别有所出耳。)〔赞浦子〕一首，〔步虚词〕诗体八首(《乐府解题》曰：“步虚词，通道家曲也，犹言众仙缥缈轻举之美。”)〔潇湘神〕二首，〔北邙月〕一首(《洞微志》：“郑继超过田参军，赠伎曰妙香，数年告别，歌此词，送酒，翌日同至北邙下，化狐而去。”)〔抛球乐〕本体八首，〔莫思返〕一首(亦曰“莫思返”)，〔谪仙怨〕一首，〔明月斜〕一首，〔撷芳词〕一首(《古今词话》曰：“政和间京师伎之老者，曾嫁伶官，当入内教舞，传禁中撷芳司以教其伎，人皆爱其声，又爱其词。类唐人所作也，张尚书帅成都蜀中，传此词，竞唱之，却于前段‘记得年时共伊会摘’，下添‘忆忆忆’三字，后段‘燕儿来也，又无消息’，下添‘得得得’三字，又名〔摘红英〕，其所添字全无好句，又皆鄙俚，岂传者之误耶？擅芳英之名非擅为之，盖禁中有‘撷芳园’、‘擅芳园’也。”)〔罗贡曲〕六首，(亦曰“望夫歌”，《彤管遗篇》曰：“刘采春，浙人也，容颜独绝，诗句甚工，尝作〔罗贯曲〕。元祯廉问浙东，赠采春诗云‘新妆巧梳画双蛾，慢裹常州透额罗。正面偷抡光滑□，缓行轻踏蹙纹波。言司雅措风流足，举止低徊秀媚多。更有恼人肠断处，选词能唱望夫歌。’‘望夫歌’者即‘罗贡曲’也。”)〔沁园春〕一首，〔汉宫春〕一首，〔洞仙歌〕一首，〔千金意〕一首(《江湖纪闻》曰：“曹珪仕吴越，守嘉兴，复为苏州刺史。光启中，舍宅为招提寺，宋佳熙丁酉邓州金鹤云以琴书寓，嘉兴富家居近寺侧，每夜闻歌，云云甚习。一夕歌声甚近，窥之，乃一女子也，明夜推户至榻，惜别以百金为意，女子潸然曰：‘妾曹刺史家女也，遇异人得仙术，但凡心未除，累遭降谪，今方别后，未卜会期，君前程甚远，夹山之会，君其慎之。’金异之，明以告主人，皆不知其故。后修寺，桥下得石匣，藏一古琴，值百金焉，金后为县令，卒于峡州。”)〔破阵子〕一首(亦曰“十拍子”，近代曲有〔破阵乐〕，〔破阵子〕是其遗也)，〔一片子〕一首，〔点绛唇〕一首。

逢元，字芝田，江苏毗陵人，万历□□□□。此书辑成于万历间，虽著录于《四库存目》，而传本绝罕，剞劂无闻。南昌彭氏知圣道斋旧有钞本，近藏湖州许伯明申申阁，因获假读，间有讹字。尚精整，似出影写也。

附录：

董逢元序

夫词若宋富矣！而唐实振之，则其间藻之青黄，描之婉媚；吐之啁晰激烈，辄能令人热中。皆其纠缠哉！试绎之，即只字单词，殊征世代。是集也，予盖虑引商刻羽之妙，与阳阿薤露之音，渺乎无分。故特采初葩，广摭跌蔓，以志缘起。其所搴撷，则又因前之人以□纠缠，非臆逞也，其所编类，则□为□条剌耳，第家积不殚，甘棠蔽草；兰芷束薪，深切慺慺！予固且图之，亦遗其劳于后之好事者。万历甲午季冬，毗陵董逢元题于芝田书屋。

《四库存目》著录

明董逢元撰。逢元字善长，常州人。是编成于万历甲午，虽以唐词为名，而五季十国之作，居十之七。盖时代既近，末派相沿，往往皆唐之旧人，不能截分畛域。犹之录唐诗者，载及王周徐铉犹有说可通。至于隋炀帝〔望江南〕词，无论证以段安节《乐府杂录》，知〔海山记〕确为依托，即绳以断限之义，亦名实相乖，漫无体例矣。且不以人序，不以调分，而区为景色、吊古、感概、宫掖、行乐、别离、征旅、边戍、佳丽、悲愁、忆念、怨思、女冠、渔父、仙逸登第十六门，已为割裂无绪。又或以词语而分，或以词名而分，忽此忽彼，茫无定律。尤为治丝而棼，卷首列词名征一卷，略作解题，罕所考证。至以郭茂倩为元人，则他可知矣。

《词原》二卷 明董逢元辑

斯集盖辅《唐词纪》而作。宋词固源于唐词，而唐词又孳甲于古乐府。此即萃古乐府为《词原》者也。卷上拟调注，按谱填词，唐季专之矣。梁陈诸什，亦往往偶会焉。《升庵词品》曰："梁武帝〔江南弄〕云云，此词绝妙，填词起于唐人，而六朝已滥觞矣。今辄揽拟调乐府数十篇，冠于首。凡清商曲〔江南弄〕〔江南曲〕，梁武帝、昭明太子、李康成、王勃各一首，〔采莲曲〕武帝、昭明太子、李康成各一首，〔采菱曲〕武帝一首，〔游女曲〕武帝一首，〔朝云曲〕武帝、沈约、唐郎大家、宋氏各一首，〔龙笛曲〕武帝、昭明太子各一首，〔凤笙曲〕武帝一首，〔赵瑟曲〕沈约一首，〔秦筝曲〕沈约一首，〔阳春曲〕沈约一首，清商曲〔上云乐〕〔桐柏曲〕武帝一首，〔金舟曲〕武帝一首，〔金陵曲〕武帝一首，〔琴操宛转歌〕晋刘妙容、唐郎大家、宋氏刘方平各二首，杂曲〔六忆诗〕沈约四首，〔杂忆诗〕炀帝二首，〔别义阳郡〕梁徐君茜二首，新乐府〔送春曲〕刘禹锡三首，鼓角横吹曲〔陇头水〕唐鲍容一首，杂诗〔看梅诗〕隋侯夫人一首，梁鼓角横吹曲〔白鼻䯄〕唐李白一首，杂诗〔赠夫〕梁王叔英妻刘氏一首。杂舞羽调曲〔柘枝词〕无名氏一首，〔休洗红〕无名氏二首，清商曲吴声歌曲〔懊侬歌〕无名氏一首，〔华山畿〕无名氏四首，〔读曲歌〕无名氏四首。西曲歌〔寿阳乐〕无名氏二首，杂曲〔迎客曲〕、〔送客曲〕梁徐勉各一首，杂诗〔芦花动〕唐耿沣一首，〔寒蛩〕唐耿沣一首，新乐府辞〔乐府杂题新曲〕唐长孙无忌二首，清商曲西曲歌〔乌栖曲〕梁简文帝、元帝各四首，萧子显三首，陈徐陵二首，岑之敬、唐王建、张籍各一首，〔栖乌曲〕陈后主三首，江总一首，唐刘方平二首，杂诗〔寒夜杂体〕唐王勃二首，新乐府词〔汉宫词〕唐鲍容一首，〔古宫怨〕唐王建一首，〔临池曲〕唐孟郊一首，〔蝴蝶舞〕唐李贺一首，〔绍古歌〕亦云〔东飞伯劳歌〕梁武帝一首，简文帝二首，刘孝威、陈后主、陆瑜、江总、隋辛德源、唐张柬之、李峤、李暇各一首，杂曲〔卢姬篇〕唐崔颢一首，新乐府辞《乐府杂题》，〔春女行〕唐王翰一首，鼓角横吹曲〔梅花落〕陈徐陵一首，《新乐府词》〔边城曲〕唐戴叔伦一首，〔春晓谣〕唐张泌一首，〔江南春〕唐张泌一首，杂诗〔月雪花草〕泉唐、张南史各一首。

卷下沿题注词出自乐府，故题多沿旧。如〔采桑〕〔采莲〕〔后庭花〕〔乌夜啼〕〔长相思〕数种，尚直仍其名，以至〔甘州〕〔杨柳〕〔望远〕〔破阵〕之类，始稍稍变旧矣。然古词多诗体，不堪撷。撷其似词者数题，以见一节。凡杂曲〔长相思〕梁张率一首，陈后主徐陵各二首，萧淳、陆琼、王瑳各一首，江总二首。唐武元衡、郎大家、宋氏苏颋、陈羽、李白各一首，清商曲西曲歌〔乌夜啼〕唐顾况一首，近代曲词商调曲〔破阵乐〕唐张说二首，仿格注填词之法，音韵有节，句字有制，不可少紊，严且详矣。六朝先唐，初未讲此也。而时复冥合之。岂前人垂的，后人学步哉？亦意韵所到，不期而有耳。览之足以见古今之不远也。凡相和歌楚调曲〔怨歌行〕周庾信一首。杂曲羽调曲〔舞媚娘〕周庾信一首，杂曲〔倡楼怨〕节梁简文帝一首，杂曲商调曲〔还台乐〕陈陆琼一首，杂曲〔高句丽〕周王褒一首，近代曲〔辞塞姑〕无名氏一首，新乐府辞〔田园乐〕唐王维七首，《近代曲词》纪辽東、隋炀帝、王胄各一首，琴操〔明月歌〕唐阎朝隐一首，新乐府辞〔湘江曲〕唐张籍一首。近代曲辞清商曲〔回纥曲〕无名氏一首，清商曲〔江南弄〕〔阳春歌〕隋柳顾言一首，相和歌〔平调曲〕〔铜雀台〕唐张氏琰一首，杂曲〔寒夜怨〕梁陶弘景一首，三五七言唐李白一首，〔秋夜长〕齐王融一首，〔悲平城〕北魏王肃一首，〔归去来引〕唐张炽一首，〔春日行〕宋鲍照一首，〔醴面词〕北齐卢士深妻崔氏一首，〔春情曲〕梁简文帝一首，近代曲辞〔石州辞〕无名氏一首，新乐府辞《乐府杂题》〔昆仑使者〕唐李贺一首，〔春怀引〕唐李贺一首，〔静女春曙曲〕唐李贺一首，〔东峰歌〕唐温庭筠一首，〔春晓曲〕唐温庭筠一首，清商曲西曲歌〔三洲歌〕唐温庭筠一首，琴操

〔胡笳〕唐刘商一首，杂诗〔听琴〕无名氏一首，新乐府词〔秦家行〕无名氏一首，杂歌谣词〔小苏家〕无名氏一首，〔春夏秋冬诗〕无名氏四首，〔鸡头〕无名氏一首，〔红蔷薇〕无名氏一首，杂体注词多杂言。其涉律绝体，〔竹枝〕〔杨柳〕〔鹧鸪〕〔玉楼〕百一而已。故唐人之名小词，多曰长短句。杂体其可以已哉。凡相和歌吟叹曲，〔楚妃□〕梁王筠一首，杂曲〔听钟鸣〕梁萧综三首，〔悲落叶〕梁萧综二首，相和歌瑟调曲〔艳歌行〕陈顾野王一首，〔梅花落〕宋鲍照一首，杂曲〔杨白花〕魏胡太后、唐柳宗元各一首，〔秋夜长〕唐王勃一首，相和曲平调曲〔短歌行〕唐顾况二首，杂诗代人咏〔见故姬〕梁刘孝绰一首，鼓角横吹曲〔长安道〕唐顾况一首，杂曲〔乐未央〕梁沈约一首，〔古曲〕陈后主一首，杂曲唐王勃一首，乐词无名氏一首，清商曲吴声歌曲〔读曲歌〕无名氏一首，杂曲〔临江王节士歌〕，齐陆厥一首，〔李夫人及贵人歌〕齐陆厥一首，〔夜坐吟〕宋鲍照、唐李白各一首，舞曲杂舞拂舞歌〔淮南王篇〕宋鲍照一首，〔北风行〕宋鲍照一首，〔拟古〕梁简文帝一首，新乐府辞〔情人玉清歌〕唐毕耀一首，杂歌〔白云歌〕唐李白一首，近代曲辞〔拜新月〕唐吉中孚妻张氏一首，〔乌栖曲〕唐李端一首，新乐府〔促促曲〕唐李益一首，〔春野行〕唐温庭筠一首，清商曲西曲歌〔杨板儿〕唐李白一首，汉短箫铙歌鼓吹曲〔芳树〕唐徐彦伯一首，〔有所思〕唐刘氏云一首，相和歌平调曲〔铜台怨〕唐程氏长文一首，鬼曲歌词〔明月歌〕唐夷陵女子一首，〔杂曲莲歌〕晋傅玄一首，〔采莲曲〕唐僧齐己一首，清商曲〔江南弄〕〔采莲女〕唐阎朝隐一首，〔江南行〕唐李叔卿一首，西曲歌〔大堤曲〕唐李贺一首，杂诗〔春画〕唐李贺一首，杂歌谣词〔苏小〕唐李贺一首，杂曲〔前有一尊酒行〕唐李白一首，相和歌〔对酒〕唐李白一首，汉短箫铙歌鼓吹曲〔将进酒〕唐李贺一首，舞曲杂舞拂舞歌〔白苎〕宋鲍照、唐杨衡各一首，李白二首，新乐府〔寿山曲〕南唐冯延巳一首，琴操〔楚明妃曲〕宋汤惠休一首。〔双燕离〕梁沈君攸一首，舞曲后舞曲拂舞歌〔淮南王篇〕中曲〔后园凿井歌〕唐李贺一首，新乐府辞〔远将归〕唐王建一首，〔春草谣〕唐顾况一首，杂诗〔望夫石〕唐王建、武元衡各一首,相和歌〔楚调曲〕〔婕妤怨〕唐刘氏云一首,杂诗〔代赠〕唐李商隐一首,〔捣衣〕北魏温子升一首,〔杂兴〕唐李嘉佑一首,〔山雨〕唐僧皎然一首,仙曲歌辞〔踏歌仙〕蓝采和一首。

斯集与《唐词纪》同行,而不见于《四库存目》。则当时经进之书,或正漏列是编。今所获读,仍彭氏钞本。行款格式,率与《唐词纪》相同,黄氏《千顷堂书目》著录之。

附录:

董逢元序

俞夫襄陵起于跳沫,干霄蘖于皲壤,厥惟旧矣。予固不敢目古乐府为词也,而词则实乐府之流变也。是以泱莽于宝历、开成,涓芽于大同、天监。中间或为调昉,或为名尸。虽其余动零膏,犹将以建温茅掩韦嫮者也。敢数典而忘祖哉。撷词源芝田生。

《词觏初篇》二十二卷附《诗余类选》五卷《抑庵诗稿目》一卷《循庵诗稿目》一卷《诗余合集》六卷　清傅燮调辑

此为未刻钞本之仅存者,虽名初篇,固无续集。原钞题六世曾孙雀庄手录,族裔孙思梅校字,族玄孙思有正字,凡二十二卷。卷一:梁清标〔点绛唇〕,迄丁炜〔踏莎行〕,凡四人,一百首,梁词存八十首为多。卷二:李霨〔水龙吟〕,迄宋实颖〔鹧鸪天〕,凡五人,一百首,陈子龙存五十四首为多。卷三:龚鼎孳〔十二时〕,迄宋琬〔意难忘〕,凡七人,九十七首,宋词存三十九首为多。卷四:高景〔满江红〕,迄方亨咸〔行香子〕,凡五人,一百零一首,邹祗谟存七十三首为多。卷五:钱谦益〔永遇乐〕，迄高琬〔画锦堂〕，凡十六人，一百首，彭孙遹存二十九首为多。卷六：熊文举〔好事近〕迄毛棚〔蝶恋花〕，凡二十五人，李天馥存二十四首为多。卷七：沈荃〔浣溪沙〕迄米汉雯〔虞美人〕，凡六人，一百首，王世禛存五十八首为多。卷八：曹尔堪〔如梦令〕迄毛蕃〔兰陵王〕，凡六人，一百首，曹尔堪存二十九首为多。卷九：张缙彦〔柳枝〕迄毛羽宸〔系裙腰〕，凡八人，一百首，宋征舆存四十六首为多。卷十：杨士聪〔丑奴儿令〕，迄程正萃〔六幺令〕，凡八人，一百首，徐籀存三十二首为多。卷十一：杨仙枝〔临江仙〕迄顾云鹏〔满江红〕，凡十一人，一百首，傅世尧存八十七首为多。卷十二：吴绮〔多丽〕迄王仕云〔柳梢青〕，凡三十五人，一百首，吴词存十七首为多。卷十三：魏学渠〔乌夜啼〕迄卓胤域〔沁园春〕，凡八人，一百首，顾贞观存二十六首为多。卷十四：魏学濂〔鹧鸪天〕迄李一贞〔传言玉女〕，凡十九人，一百首，韦钟炳存三十四首为多。卷十五：吴刚思〔过秦楼〕迄黄始〔蝶恋花〕，凡二十八人，陈世祥存十五首为多。卷十六：丁耀元〔风入松〕迄贺锦标〔满庭芳〕，凡十一人，一百首，周珂存七十首为多。卷十七：梁士沖〔木兰花〕迄李肇林〔踏莎行〕，凡十七人，九十八首，马鸿勋存二十一首为多。卷十八：龚百药〔桃源忆故人〕迄周珽〔长相思〕，（按目有王衡二首佚）凡二十九人，九十八首，计南阳存十八首为多。卷十九：管捷〔鹧鸪天〕迄李鄂〔摘红英〕，凡四十人，一百首，黄永存十六首为多。卷二十：王嗣奭〔如梦令〕迄潘炳孚〔瑞龙吟〕，凡一百人，各一首，合一百首。卷二十一：吕潜〔贺圣朝〕迄潘九芝〔望江南〕，凡三十二人，九十七首，潘词存十三首为多。卷二十二：闺秀徐灿〔西江月〕，迄无名氏〔醉花阴〕，凡三十七人，一百零一首。徐灿、王端淑各存十首为多。盖有清自开国迄康熙并世，收至四百五十七人，可谓繁富。清初词习，犹沿明敝，无多足取。然选政蕃兴，存人不鲜，此亦其大观矣。诸家间有零篇断帙，别集罕传，及不以词名者，赖之流播，厥功益巨。各家但注氏籍，不及官爵，列诸目录，亦创格也。

《诗余类选》五卷，盖自明选《草堂》，裁篇别出，而又似未完之作也。卷一天文类：存周美成，朱希真〔咏月〕，万俟雅言、李元膺、张国安、萧吟所、李舒章、史邦卿、周美成、杨用修〔咏雨〕，金主亮、康伯可、孙夫人、史邦卿、王元美〔咏雪〕，文征仲〔咏秋风〕，刘伯温〔咏雪〕，李元膺、秦少游〔春晴〕，周美成〔晴雪〕。卷二地理类：苏东坡〔天台〕，李珣〔巫峡〕，辛幼安〔江西造口〕，〔黄沙道中〕〔石门道中〕〔戏赋云山〕，刘改之〔武昌〕，苏东坡〔七里濑〕〔林外〕〔垂虹桥〕，叶叔安〔处州〕，刘伯温〔溪南草堂〕，陈卧子〔春潮〕，范至能〔柳塘〕，沈会宗〔水阁〕，薛氏〔苏台〕，钟惺〔秦淮〕，杨维桢、释元璞、萨都剌、杨俊、严恭、朱静庵〔西湖〕，莫仲玙〔三谭印月〕，于国宝〔湖园〕，史邦卿、瞿宗吉〔西湖〕。卷三人事类：颜吟竹、辛幼安〔庆寿〕，方秋崖〔除夕生日〕，辛弃疾〔为詹老寿〕，郑中卿、顾孔昭〔自寿〕，王元美、无名氏〔寄情〕，王端卿〔寄女〕，杨用修〔得远信〕，王修微〔代柬〕，柳耆卿〔答人〕，徐士俊、卓人月〔悼亡〕。卷四时序类：黄山谷、王安国、王元美、晏殊、张卿玉、王履道、欧阳永叔、晏叔原、史邦卿、李易安、解方叔、贺方回、鲁逸仲〔春情〕，吴纯叔、彭选吾、李后主、牛峤、赵文鼎、赵德麟、蒋胜欲、田不伐、刘静甫、刘伯温、顾夐、晏同叔、晏几道、谭在庵、俞克成、僧皎如、晁叔用〔春思〕，晏同叔、朱熹、韦庄、苏养直、欧阳永叔、王敬美、黄山谷、朱希真、李景、晏叔原、赵德麟、刘伯温、王修微、王晋卿、李景元、辛幼安、周美成〔春恨〕，徐师川、沈公述、程正伯〔春怨〕，刘圻父、陈子高、蒋胜欲、程正伯、高宾王〔春愁〕，秦少游、陈道复、周美成、赵令畤、王元泽、秦观、田不伐、宋子京、晏同叔、无名氏、王元泽、阮逸女〔春景〕，杨庭秀、王秀微、李元膺、秦少游〔初春〕，刘改之〔春半〕，寇准、吴纯叔、李易安、刘伯温、牛峤、孙光宪、魏夫人、黄山谷、叶清臣、卢申之、温庭筠、王修微、沈天羽、刘德修、杨孟载、僧祖可、欧阳永叔、晏同叔、杨岛岫、贺方回、康伯可、辛幼安、周行之、文征仲、蒋胜欲、晏叔原〔春晚〕、〔春暮〕，欧阳炯〔春睡〕，黄庭坚〔赏春〕，叶道卿〔伤春〕，蒋胜欲〔催春〕，辛幼安〔惜春〕，刘须溪〔春寒〕，陈元纶，僧皎如、张子野〔送春〕，梁贡父〔西湖送春〕。卷五时序类：李重元、晁次膺、王世贞、周美成、康伯可、苏东坡〔夏景〕。下此花鸟器用均无所选,未知原选止此,抑后来传钞所夺落也?

《抑庵诗稿目》:五言古十六首,七言古二十二首,五言律二十六首,五言排律四首,七言律四十二首,七言排律三首,六言律三首,五言绝句二十一首,七言绝句二十六首。

《循庵诗稿目》:五言古四首,七言古铭赞十七首,五言律二十四首,五言排律一首,七言律四十七首,五言绝句三首,七言绝句九首。注原本残缺,不知几首,今存七首,尚不完。案:两稿但有存目。想诗集必别有钞本,或同为傅氏云初所珍秘,迄不可考据。康孟侯序,即燮诇所撰,然抑庵、循庵为两家,抑一家,又何以列目于词觏之次?胥不可知矣。

《诗余合集》六卷,均傅氏先德家人之词别集,汇次成帙者也。一:《歉斋词》,傅维鳞撰。维鳞字掌雷,顺治丙戌进士,官太子少保,工部尚书。题男燮诇辑,凡词八首。二:《蓬渚词》,傅维枸撰,维枸字瑶篪,顺治丁酉举人,官常山令,题侄燮诇辑,凡词十三首。三:《植斋词》,傅维枟撰,维枟字培公。题侄燮诇辑,裔孙鹤汀敬录,族裔孙宗善正字,凡词七十首。中夺半叶,前有维枟自序。四:《蔗园词》,傅燮雝撰。燮雝字鹭来,号去沴,国学生。题弟燮诇辑,凡词三十三首。五:《绳庵词·上》,傅燮诇撰。题男斯琮、斯瑄正字,族裔孙宗善恭录,凡词七十首。《绳庵词·下》,凡词六十三首。六:《傅斯瑄词》。斯瑄字仲藻,号戒庵,廪膳生。题金陵汪永思摄山氏选,凡词三十四首,有松岚氏序。世德长流,雅言勿替,埙篪叠奏,殊盛事已!

燮诇字浣岚,一字玄异。□□灵寿人。康熙间,官鲁城令。此集成于康熙己巳,据其自序,前后三十年之力,始成此书,而未登梨枣。至道光间,仅乃获之;然题族孙雀庄手录,则知此书固有原本,特未审其存否耳。缮写尚雅整,序文均出影钞,虽图书率为描勒,全书间有以朱笔改正讹字数处。书藏傅氏敬睦祠,畊题《先世遗稿》。书根列四之一,迄四之十,凡十册,则傅氏纂述不止此数,可断言也。余就叶遐庵向京师大学刘范五转假，始得读之。

附录：

傅燹词序

忆丙申春杪，余年甫十四，项下病创，大如升；废占毕业者，自春徂秋，几七阅月。痛楚呻吟，不复可耐，思有以破孤寂者，乃检架头，得词谱数种，阅而嗜之；又不能自读；设一榻于松根花底，命侍儿执卷朗诵，辄觉栩栩神游于莺声花影，晓风残月间。曩之痛楚呻吟，恍然如失。重九后，而创已愈，因念曰："昔枚叟《七发》，可起沈疴，陈琳一檄，能愈头风；词之于吾，亦犹是矣。"遂分门别类，手录成帙。戊戌于都门，爰付剞劂，示不忘其愈我痛楚之功也。大都是古词，而近代所摘，仅得陈卧子、李舒章、杨凫岫、韦念莪四家而已。因亦各采数阕入集中。其诸名公先生之词，不少概见也，则未免有遗憾焉！以为词之一道，凌夷至今，不绝如线耳。从此遂事罗猎，片笺一扇，书长短句者，则录而藏之。久久笥渐富，乃分五种。题曰：《我见词钞》。其已见之梨枣者曰"本集"，得之笺扇及它选本者，曰"传闻"。其曰"面教"者，则与亲识所唱和，及所手授者也。而旁搜所载，则皆锱流羽客，乩仙闺阁，及无名寄托之词也。又纂集余一家之言，而为合集焉。共计得词四千余阕，不过就耳目之所及觏者编次之耳。其耳目不及觏者，又复何限？于是出宰鲁阳，则携之鲁阳；量移临邛，则携之临邛；公余之顷，更理旧业，益以新搜，汇四部为一；有不合谱者，稍为删削，每百阕为卷，共得若干卷。而合集则仍旧焉。是役也，虽不敢侈云大观，而余三十载之苦心，庶几可备艺林之一种。虽然，词亦难言矣！自湖上开山，《花间》萃锦；《尊前》《兰畹》，斗艳争奇。及有宋之时，时流代作，雾蔚云蒸。周柳诸公，演增慢引，换羽移宫，体制日繁，新声竞起。

南渡之后，姜、史以艳丽称奇，辛、刘以雄浑造极；较之汴京，殊不似诗家有初晚之分。故花庵《绝妙词选》，又继《花间》而开《草堂》焉。夫艳思绮语，触绪纷来，古人若有不能自已者。诚以具区之菁，五侯之鲭，并列盘餐，不妨共太羹玄酒杂进，而与诗文同脍炙人口也。况考古三百篇，皆可备之弦歌；是里巷歌谣，明堂清庙，皆古人之词也。秦人一炬，风雅道亡。汉始创兴乐府，而乐府即汉人之词也。渐及于唐，而乐府又失其声，别为乐歌。如《清平》《阳关》《柳枝》《竹枝》《西河》《水调》《小秦王》《阿雒盐》之类，大都绝句为多，是亦即唐人之词也。至于末造，乐部散佚，而词调渐出，词一出而唐人之乐歌，又不传矣。宋末元兴，始有南北曲。则曲之声日繁，而词之声日失。今之所谓词者，不过存其格调之梗概而已。至于引商刻羽，求之宫调绝响之余，不啻扣槃揣籥也。余因伤历代之宫商，湮没废坠，不得复闻；朱弦越瑟，一唱三叹之美，犹幸留此一线，以存宫商之遗音；政如靖节之琴，即无弦而得琴中意也。故兹集所载，既不能以声律求合古人，必以今词之句法、字法，求合于古词之句法、字法。至其宫调律吕，愿以俟之知音。余以椎鲁，茫无师资，则深谢不敏焉。其为是编也，特不忍以三十年罗猎之苦心，弃此败簏，徒饱鼠肠蠹腹；且亦可以少志当代名公先生，悲歌慷慨，浅斟低歌之盛。以备他年采辑者之一脔耳。若幸而得传，则余三十载之苦心，亦庶可窃附于名公先生之绪余，而并藉以不朽焉。灵寿傅燮诇浣岚氏题。

徐釚序

词至今日而极盛，亦至今日而极衰，盖古者里巷讴谣，皆被之弦管；南唐北宋以来，凡所见于《花间》《草堂》者，莫不别其源流，严其声格，若圭影籥黍之纤毫无以易也。故其时之作者，代不数十人，人不数十阕，按其音节，传于乐部；如周美成所为大晟乐正者，咸是物也。自姜白石辈，间为自度曲，于是作者纷然；金元以后，遂不复能谱旧词矣。传至今日，放失益滋；染指者愈多，则纡谬者愈甚；余故以为极衰也！灵寿浣岚傅先生，自幼喜倚声为长短句。审音于南北清浊之间，用心专一；有一字未安者，辄繙古人体制，叶其声之高下，必尽善乃已。故于填词一道，犹能得其精奥。三十年来，苦心搜辑，宦游所至，舟车万里，上而名公巨卿，次而骚人韵士，以迄缁流羽客，乩仙闺房之作，侧出于断纨零素，旗亭驲壁间者，无不傍罗博采，纳诸古锦囊中；卷轴渐如牛腰；遂为之分别体裁，详订律吕；以今人之字法句法，合于古词之字法，句法，即至移宫换羽；而中矩中规，无尺寸之失；编之成若干卷；此诚词苑之津梁，而目中所未觏也。顷岁以来，上念乐府旧章，犹仍前代；太常所习见者，无以奏之郊庙，荐之明堂；特命词臣更为厘订。然而古乐既亡，雅音难再；亦未见有雄词杰作，可以振遗响，而超出于汉唐以上者；声音之道，盖戛戛乎难言也，今得浣岚是编，推而广之，易作者之耳目，导其心志；虽《金荃》《兰畹》，与古乐章殊流异派，而引商刻羽，斟酌其高下清浊，未必非大师瞽工之一助云尔。时康熙甲戌嘉平月，梅花大放之日，古吴旧史年宗世弟徐釚拜题于卧龙坡之籍山楼。

汪永思序

盖闻天之风月，地之林花，人之歌舞，无此不成三才。唐之声诗，元之戏曲，宋之情词，在昔已称并峙；而或谓高文典册，无取于鼠臂虫肝；瀚海巍山，宁俟夫蚁封蚓蛭；将使杜鹃尽杀，不许啼红；秦吉全喑，无从怨录，吾辈有何生趣？大块未免尸居。若夫较传奇而独觉雅驯，变近体而更饶艳绮；则诗余一道，尤海上三山。骚人之词丽以淫，屈子早推鼻祖；征士之吟旷而适，渊明曾畅宗风。自湖上之花，隋唐创始；阿那之曲，唐代蔓延。渐按谱以征歌；香艳忽生秦柳；竞引商而刻羽，沈雄更有辛刘。滥觞之泉，直可奔雷倒岸；袖中之石，居然叠嶂层峦。三过平山堂，春留邗上；几年桃叶渡，客倦江南。易水萧萧，坐上衣冠似雪；大江滚滚，望中墙橹飞灰。同归于寄凭吊慨怀，亦可以佐兴观群怨。方今明盛，海宇升平。雕虎啸而清风生，蔚起词宗于一代；游鱼听而瓠巴鼓，纷标绝调于千秋。连类赓歌，人怀赵璧；唱予和汝，家握隋珠。璚楼高处生寒，忠动彤庭之犹鉴；羌笛声中写怨，名传酒肆之双鬟。梨花榆火席将阑，凄绝人还竟去；枝上柳绵长欲断，顿教□不能歌。粲若当时之作者，直追前代之风流。而苏小梦中，句落纱窗阵雨，每多沧海遗珠；摩诃池上，歌零水殿暗香，谁惜昆山片玉？非有才人□□，当为物色尘埃。则结绿青萍，久湮薜卞；莫邪干将，终掩丰城。岂图鲁阳使君，来作临邛刺史。《机锦》《草堂》之集，借琴鹤以同携；《花间》《兰畹》之词，与襜帷而共驻。旁搜逸韵，每探艺苑之骊颔；裒集时贤，早执骚坛之牛耳。凡名公巨卿之作，幽人隐逸之流，无声不录；即才媛思妇之章，方外缁流之笔，有调必登。饤豆一脔，亦可供其涵茹；吉光片羽，必不吝其齿芬。穷十载之搜罗，萃九州之芗泽。尊前品藻，研朱露于蕉林；月下平章，照青藜于药圃。对曲江而征歌倚伎，花间太息有声；探尺锦而摘句咀英，柳解低眠欲醉。丹黄点水，霞栖翡翠笔床；宛转吟时，月映琉璃砚匣。是处邮亭客邸，一编花里云封；凭他雪案风窗，几帙琅函蕙握。因成《词觏》，爰付梓材。盖有见而必书。亦无长而不列。零膏冷翠，尽流金粉之香；断雾残虹，全绘蓬莱之谱。五岳隐然于方寸，不平则鸣，悲壮与孤骞并录；十洲罗列于胸中，登皋舒啸，清新与艳丽俱收。若乃云外金茎，别有仙人之掌；更见裳披萝薜，忍追山鬼之踪。乞天女之机梭，制成七十里锦丝步障；穷婵娟之霓羽，采来八百声碧玉箜篌。以致缑岭瑶笙，竞弄新歈于子晋；柯亭椽竹，争思发响于中郎。太平一部鼓吹，登其选者谓是瀛洲□□；风月五花判事，逸其名者遂同下里巴音。更为合集，并附家言。盖缘旷代逸才，本有九天珠唾；是以评衡妙赏，遂高百尺楼头。况世秘缥湘，芝兰玉树，尽产于庭阶；家贻缬锦，骥足凤毛，咸生于阀阅，枝头红杏，竞识尚书；花影破云，争传子野。再鼓三通，恨频催于待制；春风一曲，浑见惯于司空。故其合集金声，行卜洛阳之纸贵；允作人间玉律，伫看脍炙于时趋。然此五色卿云，不过一斑管豹。若其著书瑰异，尚多不朽之名山；即此汇集绪余，已是必传之盛事。以兹欣赏，故尔弁言。时康熙岁次己巳，月建蕤宾，浴佛后二日。林陵汪永思摄山氏，拜题于邛署之拥绿轩。

傅观澜跋

先高祖汀州公，著作等身，颇不自秘惜，往往随手散轶，莫可搜辑。至《词觏》一编，竭三十年罗猎苦心，始得成书；宦游所至，携之箧中；然竟未登枣梨。即原本亦并失传。厥后百卅余年，道光甲申之岁，王念臣自言无意中，于郡南白佛村王姓家见之；予即恳其代为购求；次年乙酉春季购得之。有劝余以《吴诗集览》与之相易者，予忻然从其所议，原璧遂归。披阅之下，见纸色虽已黯淡，而首尾完好，字里行间，毫无驳蚀。抚卷流涕，以为非先高祖之灵爽式凭，曷克臻此？因念子孙式微，于前人著述，不能搜罗而表彰之，致令尘霾于村夫野老之家；此编之外，其饱鼠肠而饫蠹腹者，更不知其凡几也！用是重加装订，藏诸巾笥，俾后之子姓，守而勿失；先世手泽，庶存什一于千百云。道光五年，岁次乙酉，季夏朔日，元孙观澜敬识。

发凡

一　词之腔，失传已久；然以调俪名，以名定体，求其遗志于句读平仄间，思过半矣。稍有出入，便属支离。至于数体同名者，盖初无定格，各家度曲立名，偶尔相同。又或字句之内，参差不一，不过笔意偶然，非关另是一体。今《啸余谱》《选声集》《词学全书》诸种。凡本是一调，多一字，少一字，即注为第几体，以予言之，良亦不必。今依沈天羽《四集诗余》例，必一人之作，小令长调名同而句法迥别者，始注为又一体。余悉不注。

一 古来词体,约略千种,即古人未有全填者;去古既远,本调亦不胜填,况其他乎? 且合调如〔江月晃重山〕〔月城春〕,犯调如〔花犯〕〔念奴〕〔玲珑〕〔四犯〕之类,古人合之犯之之由,腔拍既已失传,正不必强作解事。好奇之家,如范仲淹自度之〔花富贵〕〔风流社〕,毛稚黄自度之〔拨香灰〕〔双鸾怨〕等合调,如顾梁汾之〔踏莎美人〕,李笠翁之〔携琴独上凤凰台〕之类,果有当于古人之宫调否? 果无乖于词中之腔拍否? 吾未敢深信;即有佳思妙句,亦有敢采入。

一 词生于诗,而流为曲,则字句思致近于诗固不必,似乎曲更不可;自有一段词之风味,介夫诗曲之间;其用韵亦犹是也。唐人诗韵甚严,而词则出入。元人以入声分隶三声,而词必不可遵。即宋诸名公,止当以汴京周秦为法。近日词人,多不分开合,(如"真文"与"庚青",及"侵寻"同"用元","寒删先"与"覃盐咸"同用是也)竟用乡音;(如吴人读"清"为"侵",燕人读"弘"为"红",楚人读"路"为"漏",晋人读"风"为"分"是也)称名手者,率多犯之,余可知矣。予昔纂《词韵印证》一书,颇极苦心;后见沈去矜《词韵》,与予大同小异;其辨开合,若合符节;则方音之不可用也,明矣。兹用韵过杂者,遂多所删。

一 兹集不论官阀,无分仕隐,先得者则叙之前,后得者则次于后,随见随录,不事征求;故名曰"觏",其名氏之下,书字号者,所以敬名;注乡贯者,所以明籍。至于科名官爵,仕者既不藉此以传,而隐者又无庸饶舌,皆削而不载。

一 时际文明,人称作者,一手纂辑,未免拘于见闻。是以搜罗三十余年,仅得四千余阕。及再为详阅,则有〔鹧鸪天〕用仄韵,而〔酹江月〕用平声者。或句法读法不依古谱者,即有佳词,实乖法则。兹所删者,大率类此。若云竟操选柄,则吾岂敢?

一 兹集既不云选,原无事于批评。然遇佳句妙思,可以启发性灵,豁人心目,颐解色飞,手舞足蹈,有不能自忍者。凡清新婉丽者,则连点之;超逸高古者,则连圈之;余亦明其句读。又有一种冲融朴雅之篇,正如浑金璞玉,指其瑕不得,指其瑜亦不得,最为杰作;集中所载，正自不少；观之自得，无俟多言。

一　时当鼎革，人有存亡，为古为今，划然界之矣。然而居处各地，则采访失真；传闻有伪，则记载互异。或实系明词而阑入兹集者，或本出某手而误为他人者，不敢保其必无也。至陈卧子、范小范之死，已入本朝，故行采入，非缘误也。余可类例。

一　词固小道；但文情易为格调所缚，辞义每为声律所拘，即倚马之才，谱不熟谙，填之正未易易也。况诗文家多以填词为降格，而经生家又视之为不急之务，是以涉笔成趣者多，耑攻是道者少，兹集诸家，或多者至连篇累牍，或少者仅一二短章，端由于是。然王元泽之〔倦寻芳〕，未始不与《片玉乐章》同垂千古也。故各家多少，每每不拘。

傅燮词《诗余类选序》

原夫风雅道微，骚赋递变；美人芳草，尽寄离思；折柳落梅，争翻新曲；梁武著〔江南〕之调，隋炀发〔湖上〕之吟；〔秦娥〕谱自青莲，〔非花〕倡由白傅：此诗余之所自始也。温岐美擅〔金荃〕，李珣誉流〔琼玉〕；孟蜀《花间》之集，南唐《兰畹》之词；周待制增演曼引，换羽移宫；柳屯田广拓篇章，比声切律：此诗余之所由备也。“山抹微云”，少游真称雅丽；“月来花影”，子野自是清新；“肠断江南”，方回见推于山谷；“梦回鸡塞”，中主尤赏于荆公；耆卿之“残月晓风”，韵生歌管；清照之“绿肥红瘦”，艳绝香奁；梦窗艺巧于镂金，稼轩气雄于奔马：此诗余之所由人异代殊，纷驰叠见也，惟作者代有其人，而选者亦世不一姓。然皆沿腔缀曲，按拍征词。夫腔拍短长，每一成而不变；情词感触，率万绪而无穷。是以春女多思，秋士多怨；水殿风来，则迎凉之兴永；梅村雨霁，则破腊之吟长；对月迎风，辄动怀人之想；登山临水，每深超世之心；逢佳节而思亲，遇良辰而念友；溪名惆怅，感逝者心伤人面桃花；桥号销魂，怨别者泪洒春风杨柳。以及绿窗刺绣，情托锦鸳；

红袖翻花，意怜金钏；芙蓉发于吴靥，鹦鹉哢于歌喉；流苏帐暝，眷恋同衾；翡翠楼空，凄怆破镜。他如花光草色，足系流连；燕笑莺啼，最深惊惋；纨扇发秋风之叹，游丝馆春日之愁；闻羌笛而悲来，挡秦筝而恨结。凡斯种种，类不一端。时有殊也，境则异也。人各别也，事不侔也。景代谢也，物歧形也。人情引而兴会，辄援笔而宣辞，错出则工拙难分，并观则参差互见。爰于三余之暇日，漫成六代之简编。无取音调之同，独纂事情之类。不徒求媚歌者之口，庶几不掩作者之心。使浏览寓目者，如美人并列。而惊鸿飞燕，各负殊姿；嘉乐共陈，而凤管鹍弦，分流异响。用助词坛之心赏，聊效诗苑之眉颦云尔。松水山房稚子傅燮诇去异漫题。

康孟侯《诗稿目序》

鲁阳伊阙，相望如咫。其山川断续，烟树连绵，鸟兽鸣号，花卉芳泽，声气相近也。其城郭人民，弦诵耕凿，风景亦复非远。其猿鹤沙虫自昔，鸿雁集泽斯全，荒茅废井，可矜可喜之状，亦闻见从同，如楮叶之不可别也。余羁伊数年，柴棘满胸，尘埃扑面。木石深山，嗒然遂丧故我矣。浣岚寅兄，以恒岳名家，莅鲁阳山城。登轺之日，驱策十乘，拥书万卷，为南面资粮。汝坟披襟，须髯如戟，心下无丘陵，兴会间发，抚琴动操，长啸雅歌，悠然嵇阮风致。既乃出新吟一集相授，余抵掌惊起曰："是数载空山不成只韵者，浣岚旬月而游刃。"风雅翩翩，使其底里非大过人，则盐车垂耳，束足病怀，又何能花朝月夕，酒熟梅开，呼朋引杯，敷体染词，作消遣大快乎？诚哉！古人之言曰："诗以道性情。"宋人之诗，远不逮唐；而论诗之家，必取材于晋魏，宗唐之音节。因知风雅一道，天人交至。《三百》以后，骚坛日富，亦代不数人，人不数首。浣岚将十乘资粮，写嵇阮怀抱，撷英揽秀，唾玉敲金。琴台之上，瀼水之阳，大界清旷，吹万无方，鸣鸟鲋鱼，俛仰百变，声气之蒸动，风景所点缀，今昨闻见之所迷离，总得江山之助，皆足寄无邪之思，性情遂深，笔藻吐彩；真如清流奔泻，洒落苍翠间，使人望之，眉目为竖。然则时地何常，风水相薄，岂不视乎其人哉？余贫将老，自顾生平，无幽燕老将之才，冷落既久，并忘却琶琵旧曲。南望鲁阳，如尺如咫仿佛有百尺楼上下，千里万里之势。每读新吟，感概系之。伊川钓徒年家眷寅弟康孟侯介园氏书于白云留处。

张仁敏《诗余合集序》

窃闻世德显名，天下兼收者少；文章事业，古今并著者稀。故海棠不香，与子固无诗而共恨；莼菜多冷，较温公辞制以同嫌。历观环海之名区，罕及钟英之灵寿。帝赉良弼，□□开鼎耳于商霖；圣得贤臣，厥考继山公而启事；勋高廊庙，功在苍生。此则史册钟彝，详书厥绩，无事鲰生齿颊，说项逢人。第公以迈德清才，克世门楣旧泽；仙昭异质，缵承家学先畴；筮仕鲁阳，政高露岫；继迁邛牧，泽沛牙江。爰以委蛇退食之余，徙倚些骚之圃。平山杨柳，春风流永叔之芳；玉宇婵娟，秋月步坡仙之韵。惟其英多磊落，怀瑾而握瑜；是以逸韵横生，雨花而飞玉。嘻笑怒骂，尽是文章；香味色声，俱超玄著。且其家贻篆笔，尽婵联而登风雅之坛；人擅江花，咸挥尘而夺词人之帜，荀龙价重，薛凤名高。残灯心上眉间，自龙图老子已未免有情；深巷月明人静，即司马相公复谁能遣此？以故群季俊秀，皆为惠连；若乃竹林高风，共称阮籍：什播梅风柏酒，句得春草池塘。昔日二杜腾芳，于唐祖孙而已；三苏并美，于宋父子终焉。岂若公家，文章事业，共庆于充闾；较之往昔，世德显名，更辉于累禩。盖缘仙李蟠根本大，宜竞秀于繁枝；是以漪兰奕叶弥光，羡斯馨于满室。晓风残月，争夸奉旨于屯田；高髻云鬟，省识苏州之刺史。挹阆风于海外，折旃檀而片片皆香；记灵璅之台前，游玄圃而枝枝皆玉。书锦堂中分韵，驱驾秦黄；辟疆园里挥毫，衙官屈宋。翳彼评林，既成大吕；若兹合集，更是黄钟。感不绝于余心，敬临风而式序。时康熙二十八年，岁次己巳，梅月，治年家世晚生张仁敏顿首拜题。

凡例

一　兹集皆诇一家之言，既无事于评骘，自无所用圈点，惟于正字时明其句读。至于腔之吻合与否，则俟之知音。

一　先君子幼时颇好填词，兵燹屡遭，旧稿尽失。诇于败簏中，拣得残篇一册，半为鼠啮，犹是十五六岁随先祖楚房任时所作。其字句全者，约不过十数阕，著之于集。服官以后，偶尔涉笔者，录之于前。若谓非全豹，则有《四思堂集》在。

一　先常山叔于填词一道，原无耑工，间有所作，亦辄弃之。集中所载，皆诇录藏笥中者，故寥寥无几。

一　四家叔于书无所不读，填词其一种耳。中年以来，病目废业；然兴会所及，搦管千言，间有与谱未合者。兹集所载，尚未十之三四；容订其全集，而别行焉。

一　家兄生平好为五七言，惟于庚戌秋冬之际，偏尔寄兴，填此数阕。然属稿辄逸者，亦自不少。更有所作，再为续入。

一　诇年来所摛，不止于是，芟之又芟，存未及半。其进新作于前，退旧作于后者，依向子諲〔酒边词〕例也。写竟自读，鄙俚尚多。旋复自笑。吾闻笑者必喜，正欲与览者结欢喜缘。

一　儿辈帖括之余，从事倚声，间有不戾于谱格者，采其数阕，附之篇末，以申就正之意。然雅俚无似，惟大方裁正，以助其将来。

康熙二十八年，岁次己巳。孟夏朔二日、灵寿傅爕诇题于邛署之含雪亭。

傅维枟《植斋词序》

余少从外傅受经书，恒课之外，窃观古今词，凡意兴所会，辄仿而为之。其后文义略通，而操存无术，遇春辰秋夜，花月流连之时，欢怨感人，遂不禁跃然其欲吐矣。今年逾四十，去知非之日无几，行己立言，稍悟邪正，返视向之所为者，且悲且愧！第念题咏既多，宁无流播？虽焚毁收拾，如彼"曲子相公"者，究何以补焉？用检旧稿，十存二三，而尽削其题，曰："以识前过，且戒后来也。"灵寿傅维枟培公氏题于耦山园之蔬隐轩。

傅燮词《傅斯瑄词序》

松岚氏曰：豚犬辈学试涂雅，裒然有帙，识才窥豹，率尔连篇。六律七音，叹师承之捻乏；四声五要，叹家训之全疏。按谱填腔，漫云末技；倚声寄兴，孰是无情？与其摘句寻章，为兔园之学究；无宁啸风吟月，效艺苑之词人。匪曰小子之成文，幸冀大方之赐郢。己巳初夏题于卬署之循庵。

《晚香室词录》八卷　清周之琦辑

全书为钞本，未经剞劂。署"金梁梦月外史辑"，兹藏东莞伦哲，如续书楼。楷亦精整，特无序跋耳。卷一李白〔菩萨蛮〕迄徐昌图〔临江仙〕凡二十五家，一百三十首。卷二晏殊〔浣溪沙〕迄王观〔江城梅花引〕凡十二家，八十二首。卷三贺铸〔浣溪沙〕迄朱敦儒〔感皇恩〕凡十七家，八十一首。卷四向子諲〔小梅花〕迄陆淞〔瑞鹤仙〕凡十九家，六十七首。卷五史达祖〔燕归梁〕迄吴文英〔莺啼序〕凡三家，七十六首。卷六王沂孙〔法曲献仙音〕迄蒋捷〔白苧〕凡三家，七十四首。卷七周密〔探芳讯〕迄无名氏〔鱼游春水〕凡二十五家，七十首。卷八吴激〔人月圆〕迄张翥〔六州歌头〕，凡十九家，七十首。以作家先后相叙，次姓氏，下略系小传。词后间著本事，及同时词话。又偶引万红友说以校律。所选吴文英四十三首，史达祖二十六首，姜夔二十三首，张炎二十一首，为最多，周密仅九首。金元人所取亦多。选法谨严，盖出诸常州宗派者也。

《鸣鹤余音》九卷 元彭致中辑

此为道家所撰词总集，四库著录八卷，道藏本九卷；盖第九卷均歌谣而非韵令，故传录者或为删乙也。题仙游山道士彭致中辑。凡作者三十六家，女仙二家，九卷合五百零八首；多为仙真缁素，黄冠羽客，未可深考。所言或主习静，或主戒炼，金丹大诀，不易证悟。至词调亦多创见，如〔识菜娘〕〔上升花〕之类，想出道家举唱之遗。间有南北曲小令数首，则元时曲代词兴，一时风会所使然。全书既不分调相叙，又不以作者相隶；编次凌杂，且多误字，未经改正者；亦有忘书词调，仅列词题者；有仍沿旧名，而调律迥异者；非细为校勘，无自知之也。

道藏本无目录，卷一凡四十六首：吕纯阳〔解红〕〔吴音子〕〔无愁可解〕〔无俗念〕各一首，三子真人〔解红〕一首，丘长春〔黑漆弩〕〔月中仙〕各一首，冯尊师〔春从天上来〕三首，〔解红〕一首，马丹阳〔二郎神慢〕一首，盘山真人〔金人捧露盘〕〔甘露滴乔松〕各一首，宋披云〔雨霖淋〕二首，冯尊师〔玩瑶台〕〔瑶台第一层〕（咏茶）各一首，〔瑶台月〕二首，郝太古〔无俗念〕三首，丘长春〔无俗念〕三首，〔满庭芳〕一首，皇甫真人〔酹江月〕一首，虚靖真君〔水调歌头〕三首，马丹阳〔孤鸾〕一首，王重阳〔集贤宾〕一首，丘长春〔齐天乐〕〔永遇乐〕各二首，牛真人〔宣静三台〕一首，白玉蟾〔念奴娇〕〔咏武夷〕〔咏白莲〕各一首，丘长春〔万年春〕〔逍遥乐〕各一首，白玉蟾〔珍珠帘〕〔酴醿香〕各一首，丘长春〔望蓬莱〕〔四块玉〕各一首。

卷二凡五十首：冯尊师〔苏武慢〕二十首，冯尊师〔满江红〕六首，云阳子〔满江红〕四首，丘长春〔江南好〕春、夏、秋、冬各一首，刘铁冠〔月上海棠〕三首，〔山亭柳〕一首。

卷三凡五十四首：王重阳〔满庭芳〕一首，马丹阳〔满庭芳〕二首，三子真人〔满庭芳〕一首，马丹阳〔满庭芳〕十三首，白玉蟾〔满庭芳〕十二首，辛天君〔满庭芳〕武当降笔三首，吕洞宾〔沁园春〕十七首，冯尊师〔沁园春〕二首，〔烛影摇红〕〔临江仙〕各一首，吕洞宾〔莺啼序〕一首。（按〔莺啼序〕与律调不符，或系别调，或有阙失）

卷四凡五十七首：马丹阳〔苏幕遮〕三首，朗然子〔苏幕遮〕二首，〔生查子〕〔解冤结〕各一首，〔喜迁莺〕〔爇香心〕（即〔行香子〕）〔昭君怨〕〔霜天晓角〕各二首，〔促拍满路花〕〔蓦山溪〕各一首，〔浪淘沙〕三首，〔永遇乐〕一首，牛真人〔跨金鸾〕〔踏莎行〕（喝马）〔一枝花〕〔探春令〕各一首，马丹阳〔黄鹤洞仙〕一首，〔如梦令〕（误作〔无梦令〕）二首，〔柳梢青〕〔一剪梅〕〔醉桃源〕各一首，马丹阳〔女冠子〕〔玉交枝〕〔归朝欢〕各一首，王重阳〔六幺令〕一首，陈益之〔贺新凉〕（脱半首）一首，王通叟〔红芍药〕一首，王重阳〔宣靖三台〕（化丹阳）一首，谭真人〔太常引〕三首，〔青玉案〕二首，〔贺圣朝〕〔解佩令〕〔粉蝶儿〕〔武陵春〕各一首，丘长春〔拾菜娘〕（即〔瑞鹧鸪〕）〔二郎神〕〔青梅引〕〔玉蝴蝶〕〔玉液泉〕各一首，马丹阳〔浪淘沙〕（炼丹砂）一首，桓真人〔点绛唇〕二首，丘长春〔点绛唇〕一首。

卷五凡四十五首：钟离〔满路花〕一首，吕洞宾〔江神子〕〔曲江秋〕各一首，丘长春〔梅花引〕一首，吴真人〔上升花〕一首，吕洞宾〔步蟾宫〕一首，丘长春〔双燕〕一首，三子真人〔无愁可解〕〔木兰花慢〕〔自乐〕各一首，〔上平西〕二首，〔凤栖梧〕六首，〔南乡子〕〔虞美人〕〔枕屏子〕各一首，孙仙姑〔卜算子〕一首，丘长春〔喜迁莺〕八首，〔水龙吟〕六首，〔瑞鹤仙〕〔斗鹌鹑〕各一首，丘常春〔梦游仙〕一首，〔锦堂春〕三首，马丹阳〔神光粲〕二首，王重阳〔蜀葵花〕一首。

卷六凡十九首：何仙姑〔八声甘州〕二首，〔踏雪行〕（应作〔踏莎行〕）一首，〔柳梢青〕二首，〔梅花引〕一首，〔望梅花〕六首，三子真人〔绣停针〕一首，〔贺圣朝〕二首，〔行香子〕四首，杨真人〔辊金丸〕五首，马丹阳〔两只雁儿〕五首，范真人〔步步娇〕〔挂金索〕各十首，马丹阳

〔挂金索〕五首，孙仙姑〔绣薄眉〕十三首，〔梧叶儿调〕十一首，〔满庭芳〕一首。

卷七凡十七首：披云真人〔风入松〕十九首，〔金字经〕（即〔荷叶杯〕）九首，〔迎仙客〕二十五首，〔遍地锦〕十八首，吕洞宾〔梧桐树〕〔步步高〕各五首，〔南乡子〕十二首，〔一寸金〕二首。

卷八凡七十五首：不注撰人名氏，〔西江月〕二十九首，〔永遇乐〕〔渔家傲〕各四首，〔促拍满路花〕六首，〔江神子〕〔春从何处来〕〔玉抱肚〕〔水调歌头〕〔沁园春〕〔苏幕遮〕〔解佩令〕〔雁儿落〕〔得胜令〕〔甜水令〕各一首，〔折桂令〕四首，〔雁儿落〕〔得胜令〕〔甜水令〕各三首，钟离、吕洞宾、蓝采和、徐神翁、张果老、曹国舅、李岳、韩湘子、水仙子各一首，纯阳真人〔百字图〕一首，朗然子、刘真人诗九首，附皇统元年三月二日，方壶知足居士跋刘真诗一则。

卷九凡二十五首：马丹阳〔太空歌〕、冯尊师〔悟真歌〕、吕洞宾〔证道歌〕、景阳〔得道歌〕、三子真人〔心地赋〕、冯尊师〔八义禅赋〕、〔识心识意赋〕、〔清闲赋〕、冯尊师〔全真赋〕、宋仁宗〔尊道赋〕、无名氏〔祖庭记〕、赵真人〔升堂文〕、冯尊师〔升堂文〕、秦真人〔升堂文〕，无名氏〔茶文〕各一首，披云真人〔七真禅赞〕七首，并叙〔逍遥吟〕一首，白玉蟾〔堂规榜清闲跋〕各一首。

致中道士，不详其事实。斯集辑入《道藏》，太玄部随字一二三四五号，凡五卷。传世有《道藏》本，十四年甲子二月涵芬楼影印本，前有虞集序。至传钞本则藏家亦间有之，惟未易得征耳。

元人金天瑞又仅集冯尊师〔苏武慢〕二十首，虞集〔苏武慢〕十二首，〔无俗念〕一首，亦称《鸣鹤余音》，或附见《虞道园集》后，无单行传刊，则非足本矣。尝于江宁邓氏群碧楼藏《道园集》得读之。

附录：

虞集序

会稽冯尊师本燕赵书生，游汴，遇异人，得仙学；所赋歌曲，高洁雄畅，最传者〔苏武慢〕二十篇；前十篇道遗世之乐，后十篇论修仙之事。会稽费无隐独善歌之，闻之者有凌云之思，无复流连光景者矣。予山居每登高望远，则与无隐歌而和之。无隐曰："公当为更作十篇。"居两年，得两篇半，殊未快意也。昭阳协洽之年，嘉平之月。长儿同之官罗浮，予与清江赵伯友、临川黄观我、陈可立、吴文明、平阳李平、幼子翁归泛舟送之。水涸转鄱阳湖，上豫章遇风雪，十五六日不能达。三百里清夜秉烛坐，高唱二三夕，得七篇半。每一篇成，无隐辄歌之。冯尊师天外有闻，必能乘风为我一来耶？明年舟中又得一篇，并〔无俗念〕二首。后三年仙游山道士彭致中采集古今仙真歌词，并而刻之，与瓢笠高明，共一笑之乐也。道园道人虞集伯生叙。

金天瑞跋

右〔苏武慢〕三十二首，〔无俗念〕一首，全真冯尊师、道园虞先生所共作也。昔刊《道园遗稿》，而先生所作，已附于篇。然其所谓冯尊师最传者廿篇，世莫全睹。今复并类编次，以刻诸梓；庶方外高人，便于通览。惟先生道学文章著天下；冯尊师仙证异论，超迥卓绝，其自有《洞源集》行于世，可考见云。至正二十四年，岁次甲辰秋八月二日癸巳渤海金天瑞谨识。

《四库全书提要》著录

旧本题“仙游山道士彭致中编”,不详时代。采集唐以来羽流所著诗余,至元而止。朱存理《野航存稿》有此书跋;疑为明初人也。所录多方外之言,不以文字工拙,而寄托幽旷,亦时有可观。

《花草粹编》十二卷　明陈耀文辑

《粹编》署朗陵外方陈耀文晦伯甫纂,凡十二卷。序目前附沈义父之《乐府指迷》一卷;卷一小令〔苍梧谣〕迄〔上行杯〕,凡七十九调,四百首;卷二小令〔中兴乐〕迄〔采桑子〕凡二十九调,三百二十八首;卷三小令〔菩萨蛮〕迄〔一落索〕,凡二十一调,三百五十首;卷四小令〔忆秦娥〕迄〔滴滴金〕,凡八十调,三百九十八首;卷五小令〔少年游〕迄〔芳草渡〕,凡六十调,三百廿六首;卷六小令〔玉楼春〕迄〔散天花〕,凡四十七调,二百九十四首;卷七中调〔贺圣朝〕迄〔祭祆神〕,凡七十八调,三百二十三首;卷八中调〔千秋岁〕迄〔尉迟杯〕,凡一百二十七调,二百九十二首;卷九长调〔东风齐着力〕迄〔庆千秋〕,凡五十八调,二百二十七首;卷十长调〔庆清朝〕迄〔瑶台聚八仙〕,凡八十五调,二百二十四首;卷十一长调〔玉烛新〕迄〔尉迟杯〕,凡一百另四调,二百四十五首;卷十二长调〔泛清波摘遍〕迄〔莺啼序〕,凡二十八调,二百四十八首;小令长调,体格求全,唐宋诸作,灿然大备。其辑自唐宋人类书笔记,如《天机余锦》等,多为少见之本,尤可珍异。目录分见卷前;词之同调异名者,并记于目录本调之下;采自群书,则注原本书名于作者姓氏之下;本事词话,亦间附载。至辑自他书而姓氏无征,如《九张机》之出于《乐府雅词》者,即列《雅词》之名。女子之作可考者,均注明某妻。惜全书于名氏别号职衔,多所参用;又有错篇,义例殊不精审。然明本晚出,此已为极博可传之书,为治词者所不可不备者矣。

原书刊于万历间，有耀文自序；又以自序原文改署延祐四年陈良弼识，则坊贾将改称宋本以欺世，殊不足征；四库著录，已斥其非矣。刊本每半叶十行，行二十字，与陈刊《天中记》相等。初印剞劂尚精，而传本极少，海内藏者，历历可数；谨京师北海图书馆、南京盋山精舍图书馆、上海涵芬楼、武进陶氏涉园，外此缪氏艺风堂、徐氏积学斋、赵氏惜阴堂则但有传钞本耳。耀文仕履，具详丁氏善本书室著录。

四库所收《粹编》，不知何据，分作二十四卷，有序无目，序仍作十二卷，则或沿明季传钞之谬乎？以热河文津阁所藏为最精整，题详校官主事石鸿翥，又臣纪昀覆刊；上钤“文津阁”、“太上皇帝之宝”及“避暑山庄”三印；每半叶八行，行二十一字；以张安国〔苍梧谣〕迄吴淑姬〔长相思〕为第一卷，无名氏〔梦桃源〕迄韦庄〔上行杯〕为第二卷，毛文锡〔中兴乐〕迄向伯恭〔三字令〕为第三卷，无名氏〔缕缕金〕迄朱秋娘〔采桑子〕为第四卷，李太白〔菩萨蛮〕迄魏承班〔诉衷情〕为第五卷，宋子京〔好事近〕迄严次山〔玉连环〕为第六卷，李太白〔忆秦娥〕迄赵介之〔眼儿媚〕为第七卷，晏叔原〔庆春时〕迄无名氏〔滴滴金〕为第八卷，晏同叔〔少年游〕迄郑光荐〔浪淘沙〕为第九卷，杜寿域〔端正好〕迄张子野〔芳草渡〕为第十卷，温飞卿〔玉楼春〕迄无名氏〔玉壶冰〕为第十一卷，张子野〔庆金枝〕迄张炎〔南楼令〕为第十二卷，欧阳炯〔贺圣朝〕迄晏同叔〔十拍子〕为第十三卷，程正伯〔摊破南乡子〕迄无名氏〔脱银袍〕为第十四卷，秦少游〔千秋岁〕迄刘昂〔上平南〕为第十五卷，柳耆卿〔柳初新〕迄无名氏〔尉迟杯〕为第十六卷，胡浩然〔东风齐着力〕迄僧儿〔满庭芳〕为第十七卷，王通叟〔天香〕迄欧庆嗣〔庆千秋〕为第十八卷，王通叟〔庆清朝〕迄〔梅苑锦堂春〕为第十九卷，史邦卿〔换巢鸾凤〕迄张叔夏〔瑶台聚八仙〕为第二十卷，周美成〔玉烛新〕迄鲁逸仲〔南浦〕为第二十一卷，康伯可〔瑞鹤仙〕迄无名氏〔尉迟杯〕为第二十二卷，晏叔原〔泛清波摘遍〕迄周美成〔丹凤吟〕为第二十三卷，黄山谷〔沁园春〕迄赵青山〔莺啼序〕为第二十四卷；其分卷大概率当原卷之半，割裂全书，弥复可惜，而舛字亦多，则写官之失，亦无足责也。

咸丰七年，钱唐金韵仙孝廉绳武以活字本校印百部，每半叶九行，行二十五字，按四库本分为二十四卷；谓依传钞本所分；则传钞本有原刊及四库两种，此出四库所孳乳无疑。板心刻评花仙馆校本，就中词人姓氏，多所是正；与传本有同异者，并校记于本字之下，曰“一作某”，未径为改乙也。本事评话，一仍其旧；撰人但署陈耀文而略去朗陵外史四字。兵燹之后，存书视明原刊本尤罕；世所传者，仅丁氏善本书室所藏一部，后归南京盋山精舍图书馆者而已。《粹编》搜罗广博，患在不精；韵仙着意参校，传又不广；安得好事者就金陈二刻，更以晚出精刊诸总别集，校椠行世，以惠士林耶？韵仙固工词，并尝汇刻十名家词，别为著录，近亦罕觏。

上虞罗子经振常蟫隐庐，于十六年丁卯，得海宁王忠悫公遗书所藏原刊，谓将以付景印，闻者跂焉。忠悫粹于词学，收藏亦富；殁后楹余散落，多在海上；而京师清华国学院辄载归收藏。罗氏斯本，信能印行，别附校刊记，则裨益兰畹者深矣。

附录：

陈耀文序

夫填词者，古乐府流也。自昔选次者众矣；唐则有《花间集》，宋则《草堂诗余》。诗盛于唐而衰于晚叶；至夫词调，独妙绝伦。然此之《草堂》盛行，而《花间》不显；故知宣情易感，含思难谐者矣。余自牵拙多暇，尝欲铨粹二集，以备一代典章；顾以纪辑《天中》，因循有未果者。嗣以飘泊东南，纳交素友淮阴吴生承恩，姑苏吴生岫，皆耽乐艺文，藏书甚富；余每得之假阅，辄随笔位序之，久之，遂成六卷。移疾归来，游息竹素，综缀正业之余，因复益以诸人之本集，各家之选本，纪录之所附载，翰墨之所贻留，上溯开、天，下讫宋末，曲调不载于旧刻者，元词间亦与焉。其义例以世次为后先，以短长为小大，为卷一十有二，计词三千二百八十余首。丽则兼收，不无有乖于大雅；文房取玩，略阙前辈之典型。邑侯大初谓："《天中》百卷，未便刻成；此帙无多，宜先付梓。"余重违其意，渔猎剪耘，殆逾二纪，敝帚亦不忍遂弃者，所愧顾曲远谢于周郎，酸咸或爽于众口；贻之词垣，庶期寄于取材云。是刻也，繇《花间》《草堂》而起，故以《花草》命编。时万历癸未冬日之吉。

陈良弼序

与前文一字不移，但署时延祐四年，岁在丁巳五月望日陈良弼识；此伪托无疑。

李蓑序

常见古之执一艺，效一术者，其创始之人，殚其聪明智虑，而艺术所就，精美莫逾，遂称作者之圣。次有相观起者，亦殚其聪明智虑，淫巧变态，日新月盛，若鬼工神手，不可摹拟，于是称述者之明，而其道大行于世。及久而传习者众，则人狃于恒所见闻，若以为易辨，了不复颛颛措意，率以烂恶相尚，而其法浸衰；又久则法遂蔑，不可追矣。此不独为艺术者有然，而至为文、为字、为词、为赋、为诗与曲，靡不尔尔；兹岂非风会之流，而忘于复古者之一大慨耶？盖自诗变而为诗余，又曰雅调，又曰填词，又变而为金元之北曲矣。当其初变词也，彼唐末宋初诸公，竭其聪明智巧，抵于精美，所谓曹刘降格，为之未必能胜者，亦诚然矣。北曲起而诗余渐不逮前，其在于今，则益泯泯也。盖士大夫既不素娴弦索，又不概谙腔谱，谩焉随人后而造次涂抹，浅易生硬，读之不可解，笔之冗于简册，不知迴视，古法犹有毫末存焉？否也。无怪乎其词湮而书之存者稀也！朗陵陈晦伯博雅操词，好古兴叹，乃取平生搜罗，合于《花间》《草堂》二集，为十二卷曰《花草粹编》；使夫好古之士，得其书而学焉，则庶乎窥昔人之梱域，拾遗佚于千百，而为雅道之一助也。万历丁亥三月廿一日，顺阳李蓑撰。

金绳武跋

《花草粹编》，前明陈晦伯所辑唐宋元人词也。世少传本，长夏假抄本于王吉甫姊壻；冬复假瞿颖山姻丈清吟阁藏本，始见原刻，分卷十二，以《乐府指迷》为卷首。惟其署姓氏，或书名，或书字，或见于何书，即载书名，颇憎其体例未善，因遍查核，咸改署名，其无可考及疑信参半者，仍依原本书字，其见于何书者，皆小字注后而署失名于前，庶几体例如一云。若析十二卷为二十四卷，则从王君藏本也。咸丰七年，大岁在强圉大荒落，余月之望，钱唐金绳武识。

《四库提要》著录

明陈耀文所编。耀文有《经典稽疑》，已著录。是编采掇唐宋歌词，亦间及于元人，而所采殊少。自序称是集因唐《花间集》、宋《草堂诗余》而起，故以《花草粹编》为名。惟以二书合篇，各采其一字名书，已无义例；乃综括两朝之词，而以花字代唐，草字代宋，衡以名实，尤属未妥。然其书捃摭繁富，每调有原题者必录原题，或稍僻者必著采自某书，其有本事者并列词话于其后，其词话本不佳而所填实为孤调，如〔缕缕金〕之类，则注曰“备题”，编次亦颇不苟；盖耀文于明代诸人中，犹讲考证之学，非嘲风弄月者比也。虽纠正之详不及万树之《词律》；选择之精不及朱彝尊之《词综》；而裒辑之功，实居二家之前；创始难工，亦不容以后来掩矣。此本与《天中记》板式相同，盖犹耀文旧刻，而卷首乃有延祐四年陈良弼序，刊刻拙恶，仅具字形，而其文则仍耀文之语；盖坊间得其旧板，别刊一序弁其首，以伪为元板耳。

《善本书室藏书志》著录

耀文字晦伯，确山人，万历庚戌进士（尊岳按：《千顷堂书目》注作嘉靖丙辰进士），官至按察司副使，著有《经典稽疑》。是编采录唐宋二家之词，题为《花草粹编》，以《花间集》属唐词，《草堂诗余》属宋词，各摘一字，立名殊不典雅。顾其援引繁富，笺释详赅，足资参考。前有万历冬月自序，附刻沈氏《乐府指迷》，有张氏月霄印，盖爱日精庐遗籍也。惟印本极稀，金韵仙孝廉绳武尝假瞿颖山藏本，以其署姓氏，或书名，或书字，或采自某书即标所采书之名，体例未之尽善；因查核改署，其名无可考及疑信参半者，仍依原本书字，其见于何书者，皆小字注后而署失名于前，以聚珍版刷百部，赠余一帙。未几，韵仙化去，余书亦付劫灰。乱既定，觅韵仙印本不可得，转得月霄藏本，印椠甚精，洵佳刻也。

《草堂诗余别录》一卷　明张綖辑

别录云者，盖就《草堂》旧有评点之作，裁篇别出，而加之以笺者也，据张跋，评点出于吴文节公。凡前集黄山谷〔蓦山溪〕，无名氏〔游春水〕，淮海〔满庭芳〕，六一〔浣沙溪〕，淮海〔踏莎行〕〔如梦令〕，东坡〔西江月〕，荆公〔渔家傲〕，元献〔玉楼春〕，王元泽〔倦寻芳〕，李后主〔浪淘沙〕，李玉〔贺新郎〕，曾纯甫〔金人捧露盘〕，陆务观〔水龙吟〕，陈同甫〔水龙吟〕，永叔〔瑞鹤仙〕，李世英〔蝶恋花〕，东坡〔蝶恋花〕，同叔〔蝶恋花〕，李易安〔如梦令〕〔武陵春〕，贺方回〔青玉案〕，张子野〔天仙子〕，解方叔〔永遇乐〕，山谷〔水调歌头〕，少游〔风流子〕，贺方回〔望湘人〕，李元膺〔洞仙歌〕，徐干臣〔二郎神〕，少游〔浣溪沙〕，冯延巳〔谒金门〕〔长相思〕，少游〔八六子〕〔谒金门〕，叔原〔生查子〕，东坡〔阮郎归〕〔贺新郎〕，谢无逸〔千秋岁〕，稼轩〔鹧鸪天〕三十九首。后柳耆卿〔倾杯乐〕，周美成〔解语花〕，向伯恭〔鹧鸪天〕，张材甫〔烛影摇红〕，吴大年〔烛影摇红〕，贺方回〔临江仙〕，谢无逸〔玉楼春〕，仲殊〔诉衷情〕，石林〔醉蓬莱〕，后村〔贺新郎〕，宋谦夫〔贺新郎〕，东坡〔水调歌头〕，石林〔念奴娇〕，晁无咎〔洞仙歌〕，稼轩〔金菊对芙蓉〕，东坡〔南乡子〕〔西江月〕，陈莹中〔青玉案〕，陈后主〔秋霁〕，东坡〔念奴娇〕，吕居仁〔满江红〕，东坡〔哨遍〕〔鹧鸪天〕〔满庭芳〕，少游〔水龙吟〕，鹿虔扆〔临江仙〕，韦庄〔小重山〕，少游〔江城子〕，陈简斋〔临江仙〕，吴彦高〔青玉案〕，东坡〔八声甘州〕，稼轩〔水龙吟〕〔念奴娇〕，陈后主〔西江月〕，张子野〔生查子〕，章质夫〔水龙吟〕，林和靖〔点绛唇〕，东坡〔卜算子〕，岳武穆〔满江红〕三十九首。夫《草堂》选本，固未必率悖率雅。然兹录亦不得遽谓能去其珷玞也。

每首之后，多附小笺，并称有点录；或无点录，盖指原本之曾未加以评选云尔。其笺无甚精义，且以〔如梦令〕《门外绿阴》一首为无名氏。夫《草堂》于一人，数首同选，往往仅标姓氏于第一首。而此即以词题下不列名氏。即谓失考，弥复可哂！又陆淞〔瑞鹤仙〕《脸霞红印枕》一首，元明诸本，多误作永叔。此乃称："正非欧公无此妙。"但欧集不录，岂子棐讳而去之耶？推波沿误，亦复不思之甚。至其深斥周、柳，则于《金荃》之微言大义，相去尚远。狂夫之言，固奚责焉！

据岳武穆《小重山词笺》，知此录出于浙本，且谓惟浙本始载《小重山词》。实则嘉靖同时闽沙大学生陈钟秀刊本，亦附岳武穆〔小重山〕〔满江红〕二首。范仲淹〔渔家傲〕一首，文天祥〔沁园春〕一首，或闽浙二刻，固复相同，亦相祖述耶？惟别录中李世英〔蝶恋花〕《遥夜亭皋闲信步》一首，无名氏〔念奴娇〕《嗟来咄去》一首，为元明本所未有；或浙本有之，则浙本又与旧本有增损矣！未及获读，莫自悬揣矣！

原书一卷。但三十九叶，按《草堂》卷次分前后集题"武昌府通判张綖"衔，数百年来，迄不见诸著录。仅四明天一阁有藏本，而天一诸籍，后多凌散，不知犹能幸存否？光绪十九年癸巳冬日，扬州吴福茨从政四明，尝就影钞一本，每半叶十行，行二十字，殊多讹字。是为吴氏鞍宽室藏，渐归吴氏测海楼。藏书十九年庚午吴氏书入坊肆，展转至海上武进赵氏惜阴堂，得获录副，以广其传。惟吴本后此属之谁氏？不可知也。

附录：

张綖跋

歌咏以养性情；故歌声之词，有不得而废者。诗余者：唐宋以来之慢调也。吴文节公于文章辨体，亦有取焉。虽亦艳歌之声，比以今曲，犹为古雅，故君子尚之！当时集本亦多，惟《草堂》诗话流行于世，其间复猥杂不粹。今观老先生硃笔点取，皆和平高丽之调，诚可则而可歌。复命愚生再校，辄敢尽其愚见。因于各词下，漫注数语，略见去取之意，别为一录呈上。倘有可取进教，幸甚！嘉靖戊戌五月十三日录上。

《宋四家词选》 清周济辑

斯选共宋词五十一家，二百四十一首。盖以片玉、稼轩、花外、梦窗四家为主。各家之作，则分隶以持宗派之论者也。凡片玉二十六首，稼轩二十四首，花外二十首，梦窗二十二首，所选要俱精当。既不骛于标新立异；又不徒事剿袭陈说。具有手眼师法可资。至四家之相系属，以淮海东山为片玉之支流；白石、竹山为稼轩之支流，伯可、梅溪、东堂为花外之支流，竹屋、日湖为梦窗之支流。纵不以时代相次第，即论词笔，亦殊患其未安。至玉田《绿意》一首，称无名氏则尤不考之甚。全词多著眉批，兼及章法。用字每多阐发，间亦不免于执筌认象之讥耳！

选前附绪论，即词话也，均论各大家，兼及律韵。俊语纷纭，每见蹊径。如“北宋主乐章，情景但取当前。南宋则文人弄笔，变化益多。南宋有门径，故似深实浅。北宋无门径，故似易实难”。又“笔以行意，不行须换笔。换笔不行，便须换意。玉田惟换笔不换意”。又“词以思笔为入门，碧山思笔双绝，惟圭角太分明。读之有水清无鱼之恨”等语，殊多悟入。惟谓“清真愈钩勒愈浑厚”。“钩勒”二字，状清真，似犹一间之未逮矣。

济字保绪，一字介存，号未斋，又号止庵，江苏荆溪人，嘉庆进士，少与李兆洛、包世臣同治经世之学，通兵家。淮北枭乱，制府畀以侦缉之任，屡有擒获，以所得资，购妖姬豪客，意气极盛。后复屏弃，隐居金陵春水园，潜心著述。有《晋略》《说文字系》《韵原》《介存斋诗》《味隽斋词》《史义》等。此盖其晚作也。有滂喜斋刊本，湖南思贤书局刊本行世，近坊刻又有石印本矣。

止庵原稿本编次选词，与此不同。手自圈点，且多评语。曩藏番禺曾刚父习经家，刚父殁，其书不可踪迹。番禺伦哲，如读书楼尝为移写副本，足资雠勘焉。

附录：

周济序

右宋词若干首，别为四家，以周、辛、王、吴为之冠。序曰：清真，集大成者也。稼轩敛雄心，抗高调；变温婉，成悲凉。碧山餍心切理，言近旨远；声容调度，一一可循。梦窗奇思壮采，腾天潜渊；返南宋之清泚，为北宋之秾挚。是为四家，领袖一代。余子碌碌，以方附庸。夫词非寄托不入，专寄托不出。一物一事，引而申之，触类多通。驱心若游丝之罥飞英，含毫如郢斤之斫蝇翼。以无厚入有间。既习已，意感偶生，假类毕达。阅载千百，謦欬弗违，斯入矣：赋情独深，逐境必寤；蕴酿日久，冥发妄中。虽铺叙平淡，摹缋浅近，而万感横集，五中无主。读其篇者，临渊窥鱼，意为魴鲤。中霄惊电，罔识东西。赤子随母笑啼，乡人缘剧喜怒，抑可谓能出矣。问途碧山，历梦窗、稼轩，以还清真之浑化。余所望于世之为词人者，盖如此。

潘祖荫序

季玉叔父，尝以周止庵《宋四家词选》示读，云得于符南樵孝廉。南樵，荫旧识，尝师事止庵，手录是选，思付剞劂，奔走无暇。荫居淀园，时以之自随，庚申园毁，意成灰烬。去年检书，幸得之，亟付梓。近世论词，张氏《词选》称极善。止庵《词辨》亦惩时俗倡狂雕琢之习，与董晋卿辈同期复古，意仍张氏，言不苟同。季玉叔父尝序而刊之。此卷晚出，抉择益精。止庵负经济伟略，复寄情于艺事，进退古人，妙具心得，忠爱之作，尤深流连。宜南樵珍护如是。今南樵亦归道山，荫既刊之，南樵可无憾！独念荫昔对此卷时，露研风帘，万花如海，倏忽之间，渺乎莫覯。天时人事，涛奔电驱，固不特故人长逝，为可伤悼！此卷孤存，固止庵精气不可磨灭。然什百宝贵于此者何限？不得谓此非偶脱于灰烬也。止庵复有《论调》一书，以“婉”“涩”“高”“平”四品分之。其选调视红友所载，只四分之一。南樵尝言之，今不可复见。海内倘有此本，荫固乐受而观焉。同治十二年二月吴县潘祖荫。

《兰畹集》　孔方平辑　卷目失考

此集久已失传，并不见于藏家著录。但据南唐北宋人词集，始征其名。新会梁任公启超据《碧鸡漫志》详加考证。实则《曲会》与此集，是否即复一书，或时代差近，竟以《金荃》《兰畹》之嘉名其选本，而以“曲会”“曲令”等字别于原集，则非见原书，不易论定矣。

附录：

梁启超《记兰畹集》

读《欧阳文忠公近体乐府》卷三第十叶〔千秋岁〕调下注云：“《兰畹》作张子野词。”第十八叶〔水调歌头〕下注云：“此词载《兰畹集》第五卷。”欧公《乐府》刻成于庆元二年，知《兰畹》必在其前，惟未审为何时代何人所编。继读南《唐二主词》《捣练子令》下注云：“出《兰畹曲令》。”当即《兰畹集》。《二主词》王静盦已考定为绍兴末年辑本，则《兰畹》又当在其前矣。又读《碧鸡漫志》卷二云：“《兰畹曲会》孔宁极先生之子方平所集。孔自号滍皋渔父，与侄处度齐名，李方叔诗酒侣也。”知其书本名《曲会》，“会”即“集”也。后人用通俗之称，改作“集”，又省去“曲”字耳。（王静盦谓《二主词》注作“曲令”，义较“曲会”为长。非也，“曲”即“令”，复举不词，北宋无“词”名，凡词皆称“曲子”，或省称“曲”，“曲会”犹言“词集”耳）编者孔方平与李方叔为友，盖元祐间人。此书之成，或当先于《尊前集》，与杨元素之《时贤本事曲子》，时代略同。杨集专收北宋时贤，此集盖兼及唐五代。不限年代之词家总集，当以此为首矣。（《花间集》亦断代）据欧集注则至少有五卷，卷帙不为不富。庆元时尚存，而此后藏家无复著录，盖佚于宋元之际矣。

方平盖孔氏之字，其名无考。王颐堂颇道其词，以与晁叔膺《万俟雅言》并论列。今传世者，惟黄载万《梅苑》中选存一首耳。颐堂又谓其自作之词，隐名为鲁逸仲，《词综》有鲁逸仲词一首，然则亦方平作矣。

《历代诗余》附录《词话》引玉茗堂选《花间序》，有“逮及《花间》

《兰畹》《香奁》《金荃》，作者日盛”语，则汤若士知有此书，是否明末犹存，不可知矣。

尊岳案：《阳春集》亦屡注及《兰畹》〔鹊踏枝〕“谁道”一首，注“《兰畹集》作欧阳永叔者误”，〔应天长〕“一钩”一首，注“《兰畹集》误作欧阳永叔”，“绿槐”一首，注“《兰畹集》误作韦庄”，〔谒金门〕“秋巳”一首，注“《兰畹集》误作牛希济”，“风乍”一首同，〔虞美人〕“金笼”一首，注“《兰畹集》误作李德润”，〔舞春风〕“严妆”一首，注“《兰畹集》误作欧阳永叔”，〔归自遥〕“寒山”一首，注“《兰畹集》误作欧阳永叔”，〔醉桃源〕“南园”一首，注“《兰畹集》误作晏叔原”，“东风”一首，注“《兰畹集》误作晏同叔”。冯词为嘉祐二年辑本，此亦可考《兰畹》时代之一助也。今结一庐钞本，侯氏亦园刻，金氏粟香室翻亦园本，均复有之。至他本《阳春》，或多乙去者矣。

汤序《花间》，今闽刻本具见其文。实则明人不过以藻丽之词，论及词囿，殊不足以定明代此书之存佚。盖《兰畹》之名，辄在人口，固不得以玉茗为定论也。

按此跋见《北海图书馆月刊》第二卷第一期。

《花间集》十卷　后蜀赵崇祚辑

词肇始于唐，昌于五代。此集辑于五代，为足本最古之词总集。(《云谣》卷子所收不多，且无足本)一时名作，朋簪雅言，又多赖兹以传。后人寻绎低徊，摹其旨趣，用为造于词境峰极之资，兼以备唐五代之一格。故并为论词学者所必诵习，操选政者所必甄采。盖论词言学，胥不得不溯其渊源，渊源实惟唐五代，当时词人别集，莫可罗致，则论唐五代词者，固舍兹莫属。然学者虽繁，迄未有能侪其列。殆以风会一时之盛，“胡天”“胡帝”之音，未可以学力强求，顾不得不推为不祧之祖矣。

全集凡十卷，五十首，合得五百首，尽为小令，盖其时犹未有创制长调者也。以求合每卷五十首之故，往往有一人分见两卷者，是亦类于刻鹄，为义例之疏谬。所登选者固一时之名俊，然蜀人为多，容亦为见闻所程限。卷一温庭筠，卷二温庭筠、皇甫崧、韦庄，卷三韦庄、薛昭蕴、牛峤，卷四牛峤、张泌，卷五张泌、毛文锡、牛希济、欧阳炯，卷六欧阳炯、和凝、顾夐，卷七顾夐、孙光宪，卷八孙光宪、魏承班，卷九魏承班、鹿虔扆、阎选、尹鹗、毛熙震，卷十毛熙震、李珣。凡姓氏下，咸系其官守，亦开后来选家著录氏籍之一例。前有广政三年夏四月，武德军节度判官欧阳炯序，与徐陵《玉台序》相媲美，人争传诵，不复具书。

崇祚字宏基，官银青光禄大夫卫尉少卿。此集成于蜀广政三年，千余年来，沿刻不废。今所传者，自以天水诸刻为祖，明清以还，亦复代有佳椠，兹就所知者第述于次：

一　宋建康旧本，晁谦之跋云。

一　宋他处本，据晁谦之跋谓多舛误。

一　宋绍兴本，晁谦之校刊，曾藏虞山钱氏述古堂，一传而为明正德陆元大覆锲本，再传而为吴伯宛覆锲本，收入所辑《双照楼景刊宋金元本词》，展转景雕，精美无艺。

一　宋淳熙本，刻于鄂州，藏聊城杨氏海源阁，一传为清光绪间王半唐覆锲本，收入所辑《四印斋刊词》，再传为坊间石板景印王氏本，今者海源阁书，乍罹浩劫，淳熙旧梓，不知尚在天壤间否？王刻及石印，现亦流传绝少，未易求致矣。

一　宋开禧本，为陆务观校刊，曾藏海虞毛氏汲古阁，其云北宋本者非也。一传为汲古阁重刻本，易其行款字体，收入所辑《词苑英华》，有陆氏原跋，既而板归洪氏因树楼，则已漫漶。再传而为皖歙宣古愚重刊毛本，款体又异于毛氏，然原跋具在，可以征其渊源也。

一　有注本，明俞弁《逸老堂诗话》："一方卵色楚南天。"引《花间集注》"卵"作"泖"者非是。《蕙风词话》亦为甄采，则《花间》必有注本可知。

一　有笺注本，清嘉庆间南汇冯金伯《词苑萃编》引用书目，《花间集》注他人评注者，其中一则谓："《花间集》引张子澄时有幽艳语：'露浓香泛小庭花'是也。时遂有以〔浣溪沙〕为〔小庭花〕者。"按世本《花间》无注，则此他人评注之《花间》，信为又一本，特不知与俞弁所见者，是一是二耳？

一　明万历四卷本。明人刻书，每喜窜节原文，颠倒卷目，是其通病。此为汤显祖评，闵映璧朱墨套印本。（并有杨慎评《草堂诗余》，世称"闵刊《花间》《草堂》"）以全书顺移叙次，别厘为四卷，率加圈点，甚至勒帛，又多著眉批，辄作肤泛之语，如读时文制义，绝少精思。每卷末均附音释，虽习见之字亦然，若"箓"注"音禄，图箓也"，可征其陋。并有序跋，不详所自出，惜阴堂有之。

一　明万历十二卷补遗二卷本，此亦蹈明人之恶习者也。先列总目，别为十二卷，且易欧阳炯序原文之"分为十卷"作"十二卷"，以强就之，弥为刺谬。又增辑李白、张志和、元结、刘禹锡、李涉、王建、白居易、薛能、徐昌图、刘燕奇、无名氏，李中主、李后主、冯延巳，都五十四首，为补遗二卷。署西吴温博编次，不详其何许人，亦无序跋，剞劂陋劣，署万历壬寅孟夏玄览斋重梓，是坊刻牟利者耳。杭州叶揆初（景葵）家有之。迨上元己未，上海涵芬楼据以影印，收入《四部丛刊》，为一传本。

一　明震泽王氏本，《佳趣堂书目》云。

一　明吴讷传钞二卷本，不袭十卷之旧，前欧阳炯序及总目，目以人分，每家如干首，亦不似十卷本之强为割裂，以就每卷五十首之数也。原钞未有刊本，今存直隶天津图书馆。又毛斧季手校之《紫芝漫钞》本，亦与吴钞本同，惟佚去前半部，及欧阳炯序而已。今存京师北海图书馆。

一　明他处本，据汤若士序谓："杨用修始得其本，行于南方。"毛子晋跋谓："谬其姓氏。"朱竹垞跋谓："坊本甚陋。"

一　姚氏刻本，多补二卷。

一　清赵味辛刊本，亦马氏所著录，未之前闻。

一　清莫郘亭藏旧本，避宋讳，有句读，似明初翻宋本，亦马氏著录，当即指正德陆元大本。

按马氏著录，并谓丁氏有宋刊本者误。

一　清徐干刊本，光绪十四年邵武徐氏收入所辑丛书第二集，殊非佳椠也。

一　石印重缮本，光宣以来，南中坊间，多盛行之。

一　《四部备要》本，十三年甲子上海中华书局以聚珍仿宋字重刻毛本。

一　日本京都炳文堂本，甚精美。

总之，《花间集》家喻户晓，惟其流传之广，而板本随刊随佚，无由尽征，自宋以来，可征考约略如此而已。然明嘉靖刻书，最号繁富，清康乾之际，词学大兴，而均未有《花间》，斯可异者。即以宋本论，三者互校，亦各有同异是非，则流传写缮之事，又非思误功深者，所不易论定矣。

附录：

晁谦之跋

右《花间集》十卷，皆唐末才士长短句，情真而调逸，思深而言婉。嗟乎！虽文之靡，无补于世，亦可谓工矣。建康旧有本，比得往年例卷，犹载郡将监司僚幕之行，有《六朝实录》与《花间集》之贶，又他处本皆讹舛，乃是正而复刊，聊以存旧事云。绍兴十八年二月二日，济阳晁谦之题。

陆元大记

正德辛巳吴郡陆元大宋本重刻

吴昌绶跋

宋绍兴十八年，晁谦之刻《花间集》十卷，半叶十行，行十八字。谦之字恭道，无咎从弟，敷文阁直学士，知建康府。跋称“建康旧有本，是正复刊”，盖其守郡时也。明缮本晁跋后，有“正德辛巳吴郡陆元大宋本重刻”一行，他印本多划去，以充宋椠。自《敏求记》以降，诸家书目所收，大率皆是本。都穆跋《晋二俊文集》谓：“余家藏本，吴士陆元大为重刻之。”袁翼刻淳熙本《李翰林别集》亦称得於元大。王惕甫《渊雅堂集》引顾元庆《夷白斋诗话》：陆子元大，本洞庭涵村世家，性疏懒，好远游，晚岁业书浮沉吴市，尝刻漫稿，中有寄余云：“尝记寻君过浒墅，竹青塘上唤轻桡。”据此，则元大乃书贾之能诗者。周宏祖《古今书刻》“苏州府有《花间集》”，当即是本。陆其清《佳趣堂书目》“《花间集》十卷，震泽王氏刻”。案《李翰林集》版在怡老园，岂此刻后来亦归王氏欤？临桂王鹏运以海源阁宋本覆刻，据纸背官文书，证为淳熙鄂州刊印。汲古《词苑英华》本，有陆务观两跋，题开僖元年。南宋三刻，实以晁为最古。前人有谓汲古出北宋者，殆未考也。今以陆本重抚上板。正德刊书，古雅远胜嘉靖。近代椠工，即乾嘉间刻，且不能仿佛万一。此则时代为之，非人力所可强几已。意有氐触，聊发其凡。甲寅八月，仁和吴昌绶。

按此跋见吴氏初印本。迨后行诸集，并辑各跋为《叙录》，逐写此跋，至“汲古出北宋者殆未考也”为止，“今以”下遂乙去矣。又兰泉有附案次于跋尾云：“湘案伯宛初刊《花间集》，欲以《金奁》《尊前》二集，类附于后，未及写刊，今录存跋语，以资考证。”（两跋均为逐载《尊前集》下）

朱彝尊书后

《花间集》十卷，蜀卫尉少卿赵弘祚编。作者凡一十七人，蜀之士大夫外，有仕石晋者，有仕南唐、南汉者。方兵戈俶扰之会，道路梗塞，而词章乃得远播，选者不以境外为嫌，人亦不之罪，可以见当日文网之疏矣。坊板讹字最多，至不能句读，此旧刻稍善，爰藏之而书其后。

王鹏运跋

右《花间集》十卷，宋十行，行十七字本，现藏聊城杨氏海源阁。卷首有传是楼徐氏、听雨楼查氏藏印。系用淳熙十一、十二等年册子纸印行，其纸背官衔，略可辨识者曰："儒林郎观察支使措置酒务施，成忠郎监在城酒务贾，成□郎本州指使差监拜斛场吴，江夏县丞兼拜斛场温，□□郎本州岛指使差监大江渡潘，进□尉差监猪羊柜董，进义副尉本州指使监公使库范，鄂州司户参军戴，成义郎添差本州排岸差监本津关发收税刘，信义郎本州准备差使监公使库朱。"除江夏县丞鄂州司户参军二官，余皆添差官，监酒税者二，监拜斛场者二，监公使库者二，监大江渡者一，监猪羊柜者一，监本津关发收税者一，凡十人。观察支使从八品。《宋职官志》云："幕职官，县丞从八品。"《宋志》云："诸路州军繁剧，今户二万以上，增置司户参军，从九品。"《文献通考》云："诸州置司户参军，掌户籍赋税，仓库交纳，儒林郎等阶。"《宋志》云："儒林郎为观察掌书记，支使、防团、判官等文阶。"今结衔与志合。成忠郎、进□尉、进义副尉，皆武职阶，成义郎、信义郎，均不见于《职官志》。《志》又云："监当官掌茶盐酒税、场务征输、及冶铸之事，诸州军随事置官。建炎初，诏监当官阙，许转运使具名奏辟一次，以二年为任，实有六考，方许阙升。烦剧去处，许添差一员，合选差文臣处,更不差武臣。淳熙二年,诏二万贯以下库,分选有材干存留一员,指挥诸班官直亲从亲事官保义郎以下差充。建炎四年,诏每州以五员为额。”今监场、监大江渡、监猪羊柜、监本津关发收税,皆在添差官之列,然已不止五员矣。鄂州酒务,《中兴系年录》云:“绍兴十二年,右司鲍琚总领鄂州大军饯粮。先是琚奏岳飞军中利源鄂州,并公使激赏备边回易十四库,岁次息钱一百六十万五千余缗,诏以鄂州七酒库隶田师中为军需,余令总所椿收。”是鄂州酒务为最旺之所。公使库,《朝野杂记》云:“公使库,诸道监司以及州军边县与戎帅皆有之,然正赐不多,而著令许收遗利,以此州郡得以自恣,开抵当,卖熟药,无所不为,其实以助公使耳。”余皆无考。册纸皆鄂州公文,此书其刻于鄂州乎?凤阿同年出以见视,如式影写,付工精刻,并为考其崖略如右。光绪癸巳长至,临桂王鹏运识于四印斋。

陆务观跋

《花间集》皆唐末五代时人作。方斯时,天下岌岌,生民救死不暇,士大夫乃流宕如此,可叹也哉!或者出于无聊故耶?笠泽翁书。

又

唐自大中后,诗家日趋浅薄,其间杰出者,亦不复有前辈闳妙浑厚之作,久而自厌,然格于俗尚,不能拔出。会有倚声作词者,本欲酒间易晓,颇摆落故态,适与六朝跌宕意气差近,此集所载是也。故历唐季五代,诗愈卑,而倚声者辄简古可爱。盖天宝以后,诗人常恨文不逮,大中以后,诗衰而倚声作,使诸人以其所长格力施于所短,则后世孰得而议?笔墨驰骋则一,能此不能彼,未易以理推也。开禧元年十二月乙卯,务观东篱书。

毛晋跋

据陈氏云:《花间集》十卷,自温飞卿而下十八人,凡五百首。今逸其二,已不可考。近来坊刻,往往谬其姓氏,续其卷帙,大非赵弘基氏本来面目。余家藏宋椠,前有欧阳炯序,后有陆务观二跋,真完璧也。隐湖毛晋识。

又

近来填词家,辄效颦柳屯田,作闺帏秽亵之语,无论笔墨劝淫,应堕犁舌地狱,于纸窗竹屋间,令人掩鼻而过,不惭惶无地耶?若彼白眼骂座,臧否人物,自托稼轩后身者,譬如雷大使舞,纵使极工,要非本色。张宛丘云:“幽洁如屈宋,悲壮如苏李。殆可与言词已。”亟梓斯集,以为倚声填词之祖。但李翰林〔菩萨蛮〕〔忆秦娥〕及南唐二主、冯延巳诸篇,均未选入,不无遗珠之憾焉。晋又识。

汤显祖序

自三百篇降而骚赋,骚赋不便入乐,降而古乐府;古乐府不入俗,降而以绝句为乐府,绝句少宛转,则又降而为词。故宋人遂以为词者诗之余也。乃北地李献吉之言曰:诗至唐,古调亡矣,然自有唐调可歌咏,犹足被管弦。宋人主理不主调,于是唐调亦亡。尝考唐调所始,必以李太白〔菩萨蛮〕〔忆秦娥〕,及杨用修所传其〔清平乐〕为开山,而陶弘景之〔寒夜怨〕,梁武帝之〔江南弄〕,陆琼之〔饮酒乐〕,隋炀帝之〔望江南〕,又为太白开山。若唐宣宗所称“牡丹带露珍珠颗”,〔菩萨蛮〕一阕,又不知何时何许人?而其为《花间集》之先声,盖可知已。《花间集》久失其传,正德初,杨用修游昭觉寺,寺故孟氏宣华宫旧址,始得其本,行于南方。诗余流遍人间,枣梨充栋,而讥评赏鉴之者,亦复称是,不若留心《花间》者之寥寥也。余于《牡丹亭》《二梦》之暇，结习不忘，试取而点次之，评骘之，期世之有志风雅者，与诗余互赏，而唐调之反而乐府，而骚赋，而三百篇也，诗其不亡也夫！诗其不亡也夫！万历乙卯春日，清远道人汤显祖题于玉茗堂。

闵映璧跋

余自幼读经读史，至仁人孝子，有被谗谤者，为之扼腕，辄欲手刃之而后称快焉。乃戊申秋，梁溪肆毒，爰及于余，是以废举业，忘寝食，不复欲居人间世矣。缙绅同袍力解之，弗得。忽一友出袖中二小书授余曰："旦暮玩阅之，吟咏之，牢骚不平之气，庶几稍泄其一二。"余视之则杨升庵、汤海若两先生所批选《草堂诗余》《花间集》也。于是散发披襟，遍历吴楚闽粤间，登山涉水，临风对月，靡不以此二书相校雠，始知宇宙之精英，人情之机巧，包括殆尽，而可兴可观，可群可怨，宁独在风雅乎？嗟乎！风雅而下，一变为排律，再变为乐府，为弹词，若元人之《会真》《琵琶》《幽闺》《绣襦》，非乐府中所称脍炙人口者，然亦不过摭拾二书之绪余云尔，乌足羡哉？乌足羡哉！时万历岁庚申菊月，苕上无瑕道人书于贝锦斋中。

《直斋书录解题》著录

蜀欧阳炯作序称卫尉少卿字弘基者所集，未详何人，其词自温飞卿而下十八人，凡五百首，此近世倚声填词之祖也。诗至晚唐五季，气格卑陋，千人一律，而长短句独精巧高丽，后世莫及，此事之不可晓者，放翁陆务观之言云尔。

《汲古阁藏书目》著录

北宋本《花间集》四册，八两。南宋精钞本《花间集》二册，三两。

《读书敏求记》著录

赵崇祚集唐末才士长短句，欧阳炯为之弁语，可继孝穆《玉台序》。绍兴十八年，济阳晁谦之刊正题于后。镂板精好，楮墨绝佳，宋椠本中之最难得者也

《四库提要》著录

后蜀赵崇祚编。崇祚字弘基，事孟昶为卫尉少卿，而不详其里贯，《十国春秋》亦无传。按蜀有赵崇韬，为中书令廷隐之子，崇祚疑即其兄弟行也。诗余体变自唐，而盛行于五代，自宋以后，体制益繁，选录益众，而溯源星宿，当以此集为最古。唐末各家词曲，俱赖以仅存。其中〔渔父词〕〔杨柳枝〕〔浪淘沙〕诸调，唐人仍载入诗集，盖诗与词之转变，在此数调故也。于作者不题名而题官，盖即《文选》书字之遗意，惟一人之词，时割数首入前后卷，以就每卷五十首之数，则体例为古所未有耳。陈振孙谓所录自温庭筠而下十八人凡五百首，今逸其二，坊刻妄有增加，殊失其旧。此为明毛晋重刊宋本，犹为精审。前有蜀翰林学士中书舍人欧阳炯序，作于孟昶之广政三年，乃晋高祖之天福五年也。后有陆游二跋，其一称："天下岌岌，士大夫乃流宕如此，或者出于无聊。"不知惟士大夫流宕如此，天下所以岌岌，游未反思其本耳。其二称："唐季五代，诗愈卑而倚声者辄简古可爱，能此不能彼，未易以理推也。"不知文之体格有高卑，人之学力有强弱，学力不足副其体格，则举之不足，学力足以副其体格，则举之有余，律诗降于古诗，故中晚唐古诗多不工，而律诗则时有佳作。词又降于律诗，故五季人诗不及唐，词乃独胜。此犹能举七十斤者，举百斤则蹶，举五十斤则运掉自如，有何不可理推乎？

《铁琴铜剑楼藏书志》著录

题银青光禄大夫卫尉少卿赵崇祚集，欧阳炯序。是书有绍兴十八年刻本，晁谦之跋。此明嘉靖间重雕。谦之谓皆唐末才士所作。

（尊岳按：此盖贾人划去正德辛巳陆元大宋本印行一行，以诈为宋本者，瞿氏察知为明缮宋本，而无正德纪年，则以嘉靖刻本问著，成誉视其剞劂精整，故以为嘉靖本耳。）

《皕宋楼藏书志》著录

右《花间集》十卷，皆唐末才士长短句。（过录晁谦之原跋）

孙氏手跋曰：钱曾《读书敏求记》有此书，称"绍兴十八年济阳晁谦之刊正题于后，镂板精好，楮墨绝佳，宋椠本之最难得者"。此本前应有欧阳炯序，为书贾佚去，或是明人翻刻宋本，然是晁刻旧观，亦可宝也。五松居士庚午岁八月记于平津馆。

（尊岳按：此书今已流入日本归岩崎文库）

《善本书室藏书志》著录

前有武德军节度使判官欧阳炯撰序云："今卫尉少卿字宏基，广会众宾，时延佳论，因集近来诗客曲子词五百首，分为十卷，以炯粗预知音，辱请命题，仍为序引。时大蜀广政三年夏四月日。"末有晁谦之题。（具载晁跋全文）此本与《读书敏求记》所载相合。近临桂王鹏运摹刻聊城杨氏海源阁藏宋淳熙十四年鄂州使库刊本，同是十行，鄂刻每行十七字，此十八字，鄂刻前不署崇祚及炯衔名，后无晁跋，犹在此本原刻之后也。有"堇斋收藏"，"昌龄"印二方。

（尊岳按：此本今存南京国学图书馆）

涵芬楼《四部丛刊书录》著录

欧序后有“万历壬寅孟夏，玄览斋重梓”一行，巾箱本，字迹略带行体，刻印俱精。补二卷题西吴温博编次。《花间集》收藏家皆重陆元大本，陆本作十卷，此作十二卷，陆本赵崇祚、欧阳炯均题蜀人，此本均题唐人，然篇数字句，两本皆无异，而此本较为罕见。

（尊岳按：双照楼、四印斋均少单行本合集全书，双照楼今值六七十番，四印斋亦值三四十番，王氏石印本前虽盛行，近亦罕见，值一二番，汲古阁尚有单行者，直十余番，闵刻本约值三四十番，宣氏覆毛本邵武徐氏本，虽不多得之，亦仅值二三番，外此坊刻石印，不过值一番而已。）

《尊前集》一卷　辑人失考

此集辑人时代，均难考定，所收为唐、五代人词，盖视《花间集》相迩者也。全集甄采明皇、昭宗、庄宗、李王、李白、韦应物、王建、杜牧、刘禹锡、白居易、卢贞、张志和、司空图、韩偓、薛能、成文幹、温飞卿、皇甫松、韦庄、张泌、毛文锡、欧阳炯、和凝、孙光宪、魏承班、阎选、尹鹗、李王、李珣、冯延巳、李王、庾傅素、刘侍读、欧阳彬、许岷、林楚翘、薛昭蕴、徐昌图凡三十九人，二百六十首，多为花间所未具。唐五代时，词方萌蘖，学者承趋，故论者以斯集与《花间》相媲美，其所选自蕃丽拙茂，全书率无评注，亦不系作者氏籍，惟间署官守，想无可考其名氏者耳。

原书久佚不传，迨明万历间，顾起凤梧芳始为传刊，以其序称“余是编有类《花间》”，故毛子晋以为即出顾辑。朱竹诧又断为宋本之旧。至传本之可征者，一毛子晋所见顾梧芳原刻二卷本，一朱竹垞所见吴匏庵手钞本，一丁松生所藏梅禹金钞一卷本，一毛子晋所刻汲古阁《词苑英华》本，一洪氏因树廔补毛本，一朱彊村所刻丁藏梅钞本。

附录：

顾梧芳序

尝慨古乐之不复也，将非华声不振，愈趋夷习，展转失真而无已耶！何则？循流溯源，虽钧天犹可想像，迷沿瞽袭，即咫尺玄白罔鉴。爰自淳风日漓，凡在含识，莫不眩文嗤朴。今观古乐府，质旷悠蕴，不拘平侧，率多协韵。历考填词，举动按调，音律益严。是知古乐府触类于古诗，而填词抽绪于近体。然近体造端梁陈，更唐天宝、开元，其格始纯，又况填词之精工哉？若玄宗之〔好时光〕，李太白之〔菩萨蛮〕，张志和之〔渔父〕，韦应物之〔三台〕，音婉旨远，妙绝千古。他如王、杜、刘、白，卓然名家，下逮唐末群彦若干人，联其所制，为上下二卷，名曰《尊前集》，梓传同好。先是唐有《花间集》，及宋人《草堂诗余》行，而《尊前集》鲜有闻者久之。不幸金元僭据神州，中区污染北鄙风气，由是曲度盛而词调微，目今南北乐部，若丝，若竹，若肉，畴脱夷习，宁非诸华之耻乎？余以为额定机轴，画一成章，是以谓之填词。纵乏古乐府自然浑厚，往注婉丽相承，比物连类，谐畅中节，未改唐音，尚有风人雅致。非如曲家假饰乱真，千妍万态，不越倡优行径。盖其失在于宣和已还，方厥初，新翻小令，犹为警策，渐绎中调，既已费词，奈何殚曳茧丝，牵押长调，遂俾览听未半，孰不思睡，固无怪乎左词右曲也。余素爱《花间集》胜《草堂诗余》，欲传播之。曩岁客于吴兴，茅氏兼有附补，而余斯篇，第有类焉。呜呼！曲词诚小技，一升一降，俗尚音形，可以观时、娱情、燕会，兰薰虎变，实藉名世作者权与尔已。噫！是可易与不知者道哉！万历壬午春三月既望，存一居士顾梧芳书于来凤轩。

毛晋跋

雍熙间，有集唐末五代诸家词，命名《家宴》，为其可以侑觞也。又有名《尊前集》者，殆亦类此。惜其本皆不传。嘉禾顾梧芳氏采录名篇，厘为二卷，仍其旧名。虽不堪与《花间》《草堂》颉颃，亦能一洗绮罗香泽之态矣。此本予得之闽中郭圣仆。圣仆酷好余家诸刻，必欲一字不遗而后快。癸酉中秋后一日，余访之南都南关外，廨门无人，惟檐前白鹦鹉学人语，呼客到已耳。老屋二间，不蔽风日，几榻间彝鼎盘缶，皆三代间物。其最珍玩者，一折角汉砚，因颜其斋曰“汉研”。出异香佳茗作供，剧谈竟日，临别赠予二书，兹编及《翦绡集》也。又赠予二画，一淡墨水仙，一秋林高岫，盖其爱姬李陀奴、朱玉邪笔也。惜其无嗣。今墓櫘已森，二姬各有所归，二书余安忍秘诸？虞山毛晋识。

朱彝尊跋

《尊前集》二卷，不著编次人姓氏，万历十年，嘉兴顾梧芳镂板以行。佥以谓顾氏书也。康熙辛酉冬，余留吴下，有持吴文定公手钞本告售，书法精楷，卷首识以私印，书肆索值三十金。取顾氏本勘之，词人之先后，乐章之次第，靡有不同，始知是集为宋初人编，较之《花间集》，音调不相远也。既还其书，因识于顾氏本后。

吴昌绶跋

《尊前集》屡见宋人纪载，惟《直斋书录解题》“歌词”一类，所采至详，独未及此。明万历壬午，顾梧芳刻本序称：“若玄宗之〔好时光〕，李太白之〔菩萨蛮〕，张志和之〔渔父〕，韦应物之〔三台〕，音婉致远，妙绝千古。他如王、杜、刘、白，卓然名家，下逮唐末群彦若干人，联其所制，为上下二卷，名曰《尊前集》，梓传同好。先是唐有《花间集》及宋人《草堂诗余》行世，而《尊前集》鲜有闻者。”又云：“余素爱《花间集》胜《草堂诗余》，欲传播之。曩岁客于吴兴，茅氏兼有附补，而余斯编，第有类焉。”据此，似出梧芳所辑。毛晋重刻，遂谓梧芳采录名篇，厘为二卷。《四库提要》尝辨之。明季刻书，往往故为眩乱，如顾此序，且不能自圆其说。朱竹垞见吴文定手钞本，书法精楷，卷首识以私印，取顾本勘之，词人之先后，乐章之次第，靡有不同，因定为宋初人编辑。近代丁氏《善本书室藏书志》，有梅鼎祚钞本，作一卷，后有“四十五叶”四字，押以印记。谓鼎祚去万历时不远，如果为顾辑，必不郑重如此。按欧阳公《近体乐府》罗泌校语，已引《尊前集》〔蝶恋花〕二条。传钞《金奁集》〔菩萨蛮〕注云：“五首已见《尊前集》。”并与今本合。惟罗校〔长相思〕“深画眉”一首云：“《尊前集》作唐无名氏词。”为今本所无。意宋以来流传稍有删易，其非梧芳重辑，则确无可疑也。今求旧本未获，辄依毛刻迻写，与《金奁集》并附《花间集》之后，以俟校定。

湘案：伯宛初刻《花间集》，欲以《尊前》《金奁》二集，类附于后，未及写刊，今录存跋语，以资考证。

金奁集跋（附存）

右《金奁集》一卷，计词一百四十七阕，明正统辛酉海虞吴讷所编《四朝名贤词》之一也。编纂各分宫调，此他词集及词谱所未有。间取《全唐词》校勘，中杂韦庄四十七首，张泌一首，欧阳炯十六首，温词只八十三首，疑是前人汇集四人之作，非飞卿专集也。按飞卿有《握兰》《金荃》二集，“金奁”岂即“金荃”之讹耶？元本为梅禹金先生评点，余从钱唐汪氏借钞得之。

此鲍渌饮手稿，朱笔别纸附写本后。（丁氏《善本书室藏书志》

《金荃词》一卷，何梦华藏书有无名氏跋，即渌饮此稿，盖梦华据此迻录而掩其名，又臆改“金奁”为“金荃”也）按宋吉州本《欧阳文忠公集》，刻成于庆元二年，《近体乐府校语》引《金奁》《兰畹》诸集，陆放翁跋《金奁集》云：“飞卿〔南乡子〕八阕，语意工妙，殆可追配刘梦得〔竹枝〕，信一时杰作也。淳熙己酉立秋，观于国史院直庐。”此则更在庆元之前。盖宋人杂取《花间集》中温、韦诸家词，各分宫调，以供歌唱，其意欲为《尊前》之续，故〔菩萨蛮〕注云：“五首已见《尊前集》。”《尊前》就词以注调，《金奁》依调以类词，义例正相比附。〔南乡子〕本欧阳炯作，放翁目为温词，可见标题“飞卿”，由来已古。《尊前集》有张志和〔渔父〕五首，此集十五首，后人仿制，乃沿志和名。当时坊肆流行之本，固无庸深辨也。以《花间》诸刻对校，小有异字，率依传钞之旧。

朱孝臧跋

《尊前集》一卷钱唐丁氏《善本书室》藏梅禹金钞本。《尊前集》屡见宋人记载，惟《直斋书录解题》“歌曲”一类，所采至详，独未及之。明嘉禾顾梧芳刻于万历壬午，序称：“联其所制，为上下二卷，名曰《尊前集》。”又称：“素爱《花间集》，而余斯编，第有类焉。”毛子晋重刻之，则谓“《尊前集》本不传，梧芳采录多篇，厘为二卷，仍其旧名”，一若辑自顾氏之手者，《四库提要》尝辨之。明季刻书，往往故为眩乱，顾氏此序，且不能自圆其说矣。朱竹垞见吴匏庵手钞本，取勘顾本，章次悉同，因定为宋初人编辑。是本为禹金珍弆押以印记。丁氏《藏书志》谓：“禹金去万历时不远，如果为顾辑，必不郑重如此。”按《欧阳公近体乐府》罗泌校语，已引《尊前集》〔蝶恋花〕〔玉楼春〕二条，《金奁集》〔菩萨蛮〕注云：“五首已见《尊前集》。”并与今本合。惟罗校〔长相思〕“深画眉”一首云：“《尊前集》作唐无名氏词。”为今本所无。吴伯宛谓流传稍有遗易其非顾氏重辑本，则碻无可疑。且卷中注举一作云云，亦为尚有他本之证。今依梅本写定，其脱误处以毛本校补，未暇旁征也。甲寅冬十有一月，归安朱孝臧跋。

《四库提要》著录

不著编辑者名氏，前有万历间嘉兴顾梧芳序云："余爱《花间集》，欲传播之，而余斯篇，第有类焉。"似即梧芳所辑。故毛晋亦谓梧芳采录名篇，厘为二卷，而朱彝尊跋，则谓于吴下得吴宽手钞本，取顾本勘之，词人之先后，乐章之次第，靡有不同，因定为宋初人编辑。考张炎《乐府指迷》曰："粤自隋唐以来，声诗间为长短句，至唐人则有《尊前》《花间》集。"似乎此书与《花间集》，皆为五代旧本。然《乐府指迷》一云沈伯时作，又云顾阿瑛作，其为真出张炎与否，盖未可定。又陈振孙《书录解题》"歌词类"，以《花间集》为首，注曰"此近世倚声填词之祖"，而无《尊前集》之名，不应张炎见之，而陈振孙不解。彝尊定为宋本，亦未可尽凭。疑以传疑，无庸强指。且就词论词，原不失为《花间》之骖乘，玩其情采，足资沾溉，亦不必定求其人以实之也。

《善本书室藏书志》著录

不著编辑人姓名，汲古毛氏刻本作二卷，前有顾梧芳序，疑即梧芳所著。竹垞朱氏跋，称吴下得吴宽手钞，勘以顾本，靡的不合，因定为宋初人编辑。《提要》则两存其说，此明钞一卷，前无顾序，后有"四十五叶"四字，押以"梅鼎祚印"图记。鼎祚去万历时甚近，如果为顾辑，必不郑重如此，况所录之词，皆属唐代，绝不下及宋初，似可信为五代旧帙也。

（〈词学季刊〉第一卷第 1—3 期、第二卷第 3 期、第三卷第 1、3 期）

惜阴堂汇刻明词跋

自娱集一卷　长洲俞琬纶君宣撰

君宣，万历进士，官衢州西安知县。眉公《明诗选》谓，君宣少有才名，成进士，行宦越中，未几病归，卧疾南城，遂尔长逝。词附集以行，但有三首。〔疏帘澹月〕歇拍，弥见远致。珍重阁。

丙子清明，全书杀青甫竟，潢整初成，晴窗重校一过。珍重阁。

《自娱集》以旧藏传钞江宁盋山书藏集本福斠之。

辛巳二月廿二日重校，盖先后历有年所矣。雍

杨忠介公词一卷　富平杨爵伯珍撰

忠介仕履，具详《明史》本传。以切谏系狱七年，屡濒于死，而讲学不废，卒以大高元殿灾，帝祷于露台，火光中若有呼"三人忠臣"者，始传诏急释之，其忠贞居敬如此。全集附词凡八首，并有错简，持律虽疏，然生气虎虎，令千百世下犹想见其为人也。武进赵尊岳识。

同日以覆刻全集校读。高梧。

杨忠烈公词一卷　应山杨涟文孺撰

忠烈行谊，具见《明史》本传。正气所充，皎若日星，明政不纲，致罹珰祸，亦亡国之征已。传集六卷，但附一词，亟为迻写刊存之。戊辰岁暮，赵尊岳。

同日以传钞集本付校，适有夺简，遂致题既脱落，词亦不可句读。忠烈传集尚夥，容再以它本校定覆刊之。高梧。

幔亭词一卷　闽县徐𤊹惟和撰

惟和，闽人。万历戊子举人。有《幔亭集》十五卷，又撰《晋安风雅》。自洪永迄万历，甄采闽人诗至二百六十余家，可与邓氏《闽诗正声》、陈氏《三山诗选》竞爽。《四库》著录，谓其诗歌大抵圭臬唐人。明季诗道冗杂，如𤊹者可谓蝉脱秽浊。词附集以传，亦庶其不失典型者也。高梧主人。

同日以传钞集本覆校，夺文过多，应再以库本补正重刻。集本明刻，藏盋山，盖八千卷楼故物也。余于十五年前游览金陵时饬胥迻写，兹方刊成，亦见居诸之推序矣。

颇颔词一卷　华亭吴骐日千撰

日千，崇祯诸生。初预几、复两社，又与周宿来、计子山等集西郊，诸子为一会，有《雅似堂》之刻。国变后匿迹韬影，家徒四壁，不改其乐。汤斌抚吴，将造庐请见，为作《凤凰说辞》焉。尝自述生平，隆冬止御单夹，身堕水者三，遇盗者再，火焚庐者再，可谓阨矣。所传《颇颔集》八卷。此则为其戚盛步青所手钞，盖犹外集也。诗亲炙陈大樽而不尽沿其派，竹垞谓其力崇正始，沉厚不佻。词温雅澹荡，间有伤格处，则一时之风尚如此，无足责也。珍重阁识。

丙子三月十五日重校，即以旧藏传钞本覆勘，盖杭州西湖书藏所传写者。此本校雠至再，又得讹字，信矣落叶之喻，无可为讳也。叔邕。

六松堂诗余一卷　宁都曾灿青藜撰

灿，初名传灿。少负才华，一时与钱牧斋、魏叔子游。牧斋称"其诗则《黍离》《麦秀》也，其志则《天问》《卜居》也"，并选辑《过日集》，虽不及《感旧》《箧衍》之精，然搜采宏博，亦足观已。词短调绰约清绵，渐窥北宋门径；长调微弱，然〔摸鱼儿〕"集仙堂感旧"、〔百字令〕"集雅涵堂"诸阕，亦复矫健可喜。一时同辈，庶足与抗手者已。高梧主人。

十五日以传钞集本校读一过。高梧。

澹园词一卷　江宁焦竑弱侯撰

弱侯行谊，具详《明史·文苑传》。仕虽不达，公望归之。聚书尤富，多出手校。著《国史经籍志》，盛传于世。诗笔清放，词则多酬应之作。〔江城子〕"赠别"一阕，犹循宋贤途辙者也。珍重阁。

三月十七日，以传钞集本校读。卞邕。

程仲权词一卷　新都程可中仲权撰

可中，字仲权，新都人（按：《千顷堂书目》《明词综》小传，并作休宁人）。有《汉上集》，《四库》著录，谓为七子末派。词附集以行，所传止此。虽属题咏酬应之作，要亦轻清骀荡，足资籀讽者已。高梧主人。

同日以盋山藏集本传钞本校。高梧。

餐微子词一卷　长水岳和声尔律撰

《餐微子集》三十卷，岳和声撰。和声，嘉兴人。万历壬辰进士，除汝阳知县，征授礼部主事，历员外，出为庆远知府，改赣州、东昌，迁福建副使，历广西参政，以右佥都御史巡抚顺天。天启中，起补延绥巡抚。著《餐微子集》《后骖鸾录》，盖守庆远时仿范至能作也。其平生行谊如此。己巳仲冬，高梧主人识。

同日以传钞西湖书藏集本校。高梧。

陈眉公诗余一卷　华亭陈继儒仲醇撰

眉公，自号麋道人，又号无名钓徒，华亭人，诸生。年甫二十九，即焚弃儒衣冠以隐，见《明史·隐逸传》。牧斋谓，仲醇能招吴越间穷儒老宿、隐约饥寒者，使之寻章摘句，取其琐言僻事，荟蕞成书，因是流传远迩。又自撰殁后降乩诗，预刻时日，藏箧衍中，则非所谓"妆点山林大架子”者乎？诗词要亦恬淡，自成简趣，工拙非所计也。高梧主人。

同日以刊行集本校。珍重阁。

去伪斋词一卷　宁陵吕坤叔简撰

坤，字叔简，宁陵人。万历二年登进士第，除襄垣知县，调大同，征授户部主事，历郎中，迁山东参政、山西按察使、陕西右布政使，擢右佥都御史巡抚山西，召为左佥都御史，历刑部左、右侍郎。二十五年，疏陈天下安危，不报，遂乞休，卒。天启初，赠刑部尚书。有《去伪斋集》十卷，具详《明史》本传。然以序刻郑贵妃《女诫》，为朝论所哗。生平不求工声律，全集附词及南北曲，词仅〔望江南〕五首，曲则〔折桂令〕〔收塞北〕等。今为删乙，要非词人之词也。珍重阁。

同日雨中以盋山藏集本传钞本正读。邕。

复宿山房词一卷　山阴王家屏忠伯撰

《复宿山房集》二卷，王家屏著。家屏字忠伯，大同山阴人。行谊具见《明史》本传。陈田辑《明诗纪事》，谓诗多酬应之作，非其所长，词附集中，但此二首而已。岁甲子，余就江南图书馆藏本传写，盖仁和丁氏善本书室旧藏本。近晋省别有摆印新本，视此无所增益。珍重阁识。

同日以传钞本校。高梧。

落落斋词一卷　江阴李应升仲达撰

李忠毅公仕履，见《明史》本传。陈确庵称其“服官之日，不名一钱，情不离山水，口不忘忠孝”，卒死珰祸。有遗稿十卷，英飙烈魄，照耀卷册，庶与睢阳闻笛之编、少保北伐之咏同传千古已。尊岳敬识。

同日以武进盛氏《常州先哲遗书》本校。尊岳。

鹦适轩词一卷　益津王乐善存初撰

存初，万历壬辰进士，除行人，迁吏部主事。有《鹦适轩诗》《扣角集》。《明诗统》谓《扣角》多写自伤不遇之意。词但二阕，盖酬应帐词，明人之陋习，亦词囿之别裁也。高梧主人。

三月十七日以传钞盋山藏集本校读。珍重阁。

二余词一卷　太仓陈如纶德宣撰

如纶，本姓许氏。嘉靖十一年进士，由侯官知县擢刑部主事。有关民告昭圣太后支属，事连宫闱，世宗意不测，如纶独以大义开陈，卒得俞旨。又有边帅失亡被逮，武定侯郭勋曲庇之，如纶卒置之于法。旋转江西按察使，一至即释戍边者三十人。时内使奉旨设醮龙虎山，所过纷扰，如纶辄以礼法抑止之。父丧，乞归。服阕，由江西转福建布政司右参议。时丁兵役，积劳成疾，归卒于家。如纶性孝友，工诗文，读书至忠义事迹，辄勃然作色。方其困疾三忠寺，犹口占长歌以见志，即世所称之《三怀诗》也。又励清节，有馈以茶果者，曰："吾方饮水，无所用茶焉。"遗集传世，见《四库存目》，后附《二余词》，则里中酬唱之作。斐云宗兄于京师见明刊本，即以写寄，为付绣梓。如纶盖不仅以词传也。甲戌上巳，客乐清雁荡灵岩寺，长夜校讫并记。武进赵尊岳。

廿二日以传钞明刊本校。高梧。

辛巳春社日重校一过。

鹂吹二卷　吴江沈宜修宛君撰

《鹂吹》二卷，卷上五、七言诗，卷下文、词，此即就以裁出者也。吴江沈宜修撰。宜修字宛君，叶天寥绍袁室。幼擅文翰，好吟咏。自琼章、昭齐二女即世，遂病不起。疾革时，作诗呈泐大师云："一灵若向三生石，无叶堂中愿永随。"可谓了然于死生之际者矣。叶氏一门风雅，天寥汇刻为《午梦堂集》。迨乾隆戊寅，其五世孙恒椿又选刻八种。宣统三年，南阳叶焕彬以系出吴江，又授覆锲，余所得盖宣统刊本也。癸酉浴佛日，高梧轩书。

辛巳春社日重校。雍。

廿三日以叶氏福刻本校误数字。汖邕。

南湖诗余一卷　高邮张綖世文撰

綖，字世文，高邮人。正德举人，官至光州簿。负文誉，著《杜诗通》《诗余图谱》《南湖诗集》《南湖诗余》。复以《诗余》与《淮海词》合刊，谓之《秦张诗余合璧》，以其同里闬，遂附托于千载以上，俾获同传，亦复不思之甚矣。

《图谱》谬误不胜枚举，自红友《词律》出，其书遂废。汲古阁尝刊《图谱》《合璧》，与《花间》《尊前》《花庵》《草堂》《词林万选》，汇为《词苑英华》，余即以《诗余》别付迻录辑存之。癸酉仲春，高梧主人。

三月廿四日，以汲古本校改订正。汖邕。

辛巳社日重校一过，复得讹字若干。梧。

山带阁词一卷　宝应朱日藩子价撰

曰藩，字子价，一字射陂，宝应人。嘉靖二十三年登进士第，除乌程知县，迁南京刑部主事，改兵部，转礼部，升员外郎中，官至九江知府。有《山带阁集》三十三卷，词二首附，此其裁篇别出者也。壬申岁不尽四日，叔雍识。

同日以传写盋山藏集本校。高梧。

辛巳社日，汖雍重校。

俨山词一卷　上海陆深俨山撰

深，上海人，初名荣，字子渊，号俨山。弘治进士，嘉靖中为太常卿，兼侍读。世宗南巡，掌行在翰林院印，进詹事府詹事。卒谥文裕。深少为文章负盛名，工书，赏鉴博雅，为词林冠。著述尤夥，有《南巡日录》《淮封日记》《南迁日记》《蜀都杂钞》《科场条贯》《史通汇要》《同异录》《书辑》《古奇器录》《河汾燕闲录》《停骖录》《传疑录》《春雨堂杂钞》《玉堂漫笔》《金台纪闻》《春风堂随笔》《知命录》《溪山余话》《顾丰堂漫书》《俨山集》，词附。余得集本，为辑其词以付剞氏。癸酉燕九日，叔雍。

同日以盋山藏集本传钞本校。高梧。

辛巳春社日，珍重客覆校。

遵岩先生词一卷　晋江王慎中道思撰

慎中，字道思，初号遵岩居士，后号南江，晋江人。嘉靖五年，年十八，登进士第，授户部主事，改礼部祠祭司。稍移吏部，为考功员外郎，进验封郎中。忌者谗之，谪常州通判。稍迁南京户部主事，转礼部员外郎。久之，擢山东提学佥事，改江西参议，进河南参政。有《遵岩先生集》，词附见。嘉隆之际，人文特盛，遵岩亦其翘楚者也。壬申腊日，叔雍书。

同日以传钞盋山藏集本校读。高梧。

辛巳二月廿二日重校。雍。

归云词一卷　应城陈士元心叔撰

心叔，应城人。嘉靖二十三年登进士第，官至滦州知州。有《归云三集》七十五卷、《诗余》一卷。江宁盋山书藏藏其全集，盖仁和丁氏旧物也。饬胥迻写付梓，并纪岁月。壬申腊八日，珍重阁书。

同日以迻写本校。赤邕。

辛巳仲春廿二日重校。梧。

具茨诗余一卷　无锡王立道懋中撰

立道，字懋中。嘉靖十四年登进士第，官翰林院编修。有《具茨诗集》五卷、《文集》八卷，词附。余曩岁赴江宁，过盋山书藏，获读全集，因为迻写授锲。壬申腊尾，珍重阁。

同日以传钞盋山藏集本校读。尗邕。

辛巳社日重校。

黄忠端公词一卷　漳浦黄道周幼平撰

黄忠端公事行，具见《明史》本传。全集附载《满江红》二词，校之不尽合律。忠端生平大节，卓著天壤，即文章法书，亦大家名世。余事为词，当必不止此数，集中盖得自辑存者。风骨健举，略似山谷，而“空城立帜”“高贤代匮”等句，忧国愤时之志，有随寓而发者。乙丑季秋，尊岳书于珍重阁。

同日校传钞本。尗邕。

辛巳春社日重校。

蜃园诗余一卷　海盐李天植因仲撰

校刊因仲先生词竟，又得其同里施洪烈所撰小传，凡所称述，视彭传加详，移录如左。潜夫李先生，家世当湖之后所人也。潜夫生于明朝神庙辛卯，乡举于崇祯辛酉。后所自三百年来未有举贤书者，潜夫始之，即以潜夫终之。盖时方嬉如，而潜夫以心隐；身阅鼎移，潜夫遂身隐。先是，太公寄迹阛阓，隐德可风。潜夫遁迹山屋，有丈人抱瓮之遗，不为绝俗自诡，萧然无累焉。所著有《忘机社月令诗》及《和中峰韵》《梅花百韵》《送秋诗》《九山游草》，皆已刻行世。又《九山志》《族谱》《古今觞咏集》《隐林别传》《明忠清隐林合传》《褒忠录》《就正草》《七言杂咏》《饱蠹篇》诸稿。远近见闻，惟此一人。名天植，字因仲，又号蜃园士云。乙丑嘉平既望，高梧轩书。

同日以传钞盋山藏集本校。珍重阁。

辛巳春社日校补一过。雍。

卢忠烈公词一卷 宜兴卢象升建斗撰

卢象升，字建斗，宜兴人。天启二年进士，官至兵部尚书。清兵下巨鹿，督师战殁。福王监国南都，追谥忠烈。乾隆四十一年，改称忠肃。今称“忠烈”，从公志也。死难之烈，具详《明史》本传。遗集附词七首，风格婉约，校付剞氏，以见忠义大节之士，即余事亦足增重艺林也。乙丑展重阳，武进赵尊岳。

同日以传钞盋山藏集本校。赤邕。

辛巳春社日重校。尊。

络纬吟一卷 东海徐媛小淑撰

《络纬吟》十二卷，范夫人徐小淑女史著。卷一赋、楚词、四言诗，卷二五言古，卷三七言古，卷四五言律，卷五五言排律，卷六七言律，卷七五言绝，卷八七言绝，卷九诗余，卷十词余，卷十一序、传、颂、诔、悼词、祀文、祭文，卷十二赤牍。盖几于无所不工。此则最录其卷九诗余以别行者也。卷首有万历甄胄钱希言简栖序，其夫吴郡范允临长倩序，其表弟董斯张序，其弟徐洌仲容序。范序略称：“夫人生而孱，幼善病，病辄称剧。顾性慧，翦彩刺绣，不习而能。父母不欲苦以书史，少长，间从女师受书，辄以病废。笄而从余，见余吟咏，从旁观焉，心窃好之，弗能也。余举贤书，偕计吏上春官，夫人闲居，漫取唐人韵语读之，遂能成咏，乃雅不欲示人，藏之箧衍。余归而碎锦满奚囊，余曰：“何不遂成之？”从此泛滥诗书，又不能竟，读亦不求甚解，而多所悟入。所作慕长吉，而不喜子美。”钱序：“小淑，我吴范参岳长倩室。时赵凡夫细君陆令人能诗，亦与夫人环瑱通闻问。盖夫人髫年好学，父太仆公与母董恭人绝怜爱之。长倩家落，夫人至脱奁妆以佐之云。”壬申花朝，珍重阁识。

三月十九日，假董大理授经藏原刊本校。高梧。

舜和先生词一卷　萧山来继韶舜和撰

继韶，字舜和，萧山人。至性孝友，居母丧，病羸瘠，遂治岐黄书，病以霍然。万历丙午，试冠军，饩于庠，是秋登副卷。己酉，为谗人所中，安命逶迤，作《可困先生传》以自况。薄游辽左，见边备多弛，作《徙薪卮言》。越数载，其言均验。为文深而新，于书无不研讨，濂洛之学为尤深，旁及阴阳卜筮、奇门太乙，皆考究精密。晚岁益专于医，客至云集。其青山寿藏，亦所自卜青乌者，咸以为不可及。县志有传。遗集一卷，为玄孙汝诚家钞本，董大理绶金得之以见视者，为迻录付刊，并识其行履。壬申伏日，珍重阁。

同日以董钞本福校。赤邕。

君庸先生词一卷　吴江沈自征君庸撰

右《君庸先生词》十首，辑自集中。集少传本，盖董大理绶金得之传钞者。前有梁溪邹流绮（漪）撰传，及《吴江邑志·文苑传》。按之，先生名自征，南直吴江人，副使琉子。幼负大言，无所愧阻。年十五，父锁之书室，夜辄穴牖出，平旦复卧室中，然责以读书，不差只字。已而授以田五十亩。笑曰："吾家素封，自父筮仕，冰蘖自励，先业遂隳。五十亩可以禄男子耶？"遂尽费去。性好兵家言，精治边势，家无藏书，取读朋辈，过目不忘。为文据案径书，无定体，尤长北剧，世所传《霸亭秋》《鞭歌伎》《簪花髻》，合为《渔阳三弄》者是也。崇祯三年，遵化、永平破，兵使者张椿聘居幕府，公为计，复遵、永。事定，长揖去，之京师。时督师袁崇焕壁城下，或疑有贰，募能入探虚实者上赏。公慨然往，却车骑，谓崇焕无反心，必不加害；即欲加害，亦不能救，徒滋疑耳。于是司马授以令节，缒城至大营，厉声曰："天子新践祚，知公不报朝廷，但公列营城外不朝，天下何从识其公忠？且囊杀毛文龙，人心至今不慊，少不尽节，天下脔公之肉矣！"崇焕为改容，曰："明日即入朝。"先生曰："不可。城中恣惧，公骤去，此卢杞之所以阻怀光也。俟某入城，以情具告，俟诏入觐，群疑释矣。"崇焕应命。于是天子召见崇焕，赐貂裘玉带。迨入朝，下狱族焉。居京师十年，或名媛屏侍，珍错杂陈；或盐齏数茎，独卧败席，世人终莫察也。年四十二，挟千金归金阊，营宅第，又以振其宗族。念母早丧，则市居田悉归释氏资冥福，仍作窭人。居吴江，躬耕无悔色。庚辰，大司成荐之朝，以贤良方正辟，辞不就。同乡叶御史绍颙巡按粤东，治海寇，先生授奇计平之。先生文不存稿，散失莫可穷诘。兄自继，字君善，亦工文，佚诞似晋人，隐平圮，有《平圮集》四种。盖先生振奇人也。集中有《熹庙大渐嗣君劝进》一文，并纪厂臣奔竞，亦野史所必征云。壬申伏日，珍重阁书。

同日以董钞本校读。高梧。

方山先生词一卷　武进薛应旂仲常撰

仲常，武进人。嘉靖进士，屡迁南京考功郎中。忤严嵩，谪建昌通判，历浙江提学副使，以大计罢归。著《宋元资治通鉴》《考亭渊源录》《甲子会记》《四书人物考》《高士传》《薛子庸语》《薛方山纪述》《宪章录》《方山文录》，盖治性理而又兼事考据者也。癸酉初春，赵尊岳书。

同日以明刊本校词。未邕。

徐文长先生词一卷　山阴徐渭文长撰

渭，字文清，更名文长，别号天池生，又自称田水月，山阴人（按：《明词综》小传作江阴人，误）。诸生，嘉靖中少保胡宗宪督师浙江，招致幕府莞书记。是时上方崇祷事，急青词，当国者谓渭文能当上意，聘致之。渭知其与宗宪有郄，弗应。宗宪下请室，渭惧，及发狂。后以罪论死系狱，张宫谕元忭力救乃解，遂以文字歌啸终其身。国史有传。所著有《阙编》《樱桃馆》诸集，而公安袁宏道评点本尤盛传。词七首附，兹所据者即袁本也。刊成，复得唐圭璋社兄辑佚三首，因并存之。珍重阁。

同日以盋山藏袁刊评点本校词。高梧。

昱青堂词一卷　蓬莱吴脉鬯灌仙撰

脉鬯，字灌先，蓬莱人。据《昱青堂集》，有《庚寅四月朔日自寿三首》，云："二千余里客话，四十七度年华。"又据《四库·易象图说提要》，称国朝人，则庚寅当为顺治十七年，是生于明神宗万历三十三年甲辰，北京破时为四十七岁也。《遥寄玉水兄诗》云："为官为士事全非，朗朗前朝一布衣。自许血忱坚似铁，敢将名教等闲违。"又和前韵云："解含薇蕨有几人，闭门一任世交瞋。"是入清未尝出仕。晚年有南京、武林、越中、毗陵诸诗，而无东鲁行迹，殆寄寓南土，不复北归者欤？集中年岁，以《丙辰岁暮寄石公》一首为最后。丙辰，七十三岁，康熙十五年也。著《易象图说》及《昱青堂集》，杭州书藏有之。叔雍社兄以付剞劂，为识其崖略如此。癸酉八月，瘿禅夏承焘记。

同日以传钞西湖藏刊本校。高梧。

钤山堂词一卷　分宜严嵩维中撰

严嵩，《明史》自有传，行谊不更缕举。诗余六首，则附全集以传者也。全集刊成于嘉靖三十年，兵部尚书湛若水为之序。若水时年八十有六矣。全集凡赋、诗、古律、绝句七百八十，颂、序、记、碑五十有九，内书讲章二十有七，杂著二十有九，铭四十有三，宏富足称。嵩才气不可一世，诗文临池，咸有法度，余事为词，宜不止此数，全集所收，或仅尝鼎之一脔而已，容当以别本较之。壬申残腊祀灶日，珍重阁书。

同日以传钞盋山藏嘉靖刊本校。高梧。

几亭诗余一卷　嘉善陈龙正惕龙撰

龙正，字惕龙，学者称几亭先生，师事高攀龙。崇祯中成进士，精治性命经济之学，探讨数十年。官中书舍人，上《养和》《好生》二疏。

御史叶绍颙、主事赵奕昌举任督抚，而忌者中伤之。迨事白，伪学之论起，左迁南京国子监丞，键门著书。北都之变渐作，愤恨呕血，年余绝食以死。先有《学言》《外书》《文录》等篇，具载内圣外王之学。殁后，其子揆修重加订次，辑成《几亭全书》六十余卷，言性理十之四，经济十之六，而屯垦一事，著论尤精详，盖朝廷已用其法，设节钺画地董理矣。会排斥以去，其事遂废，以至于明亡，祸有所由也。钱继登为序其书，盛绳先生私淑王文成，躬受高忠宪之学，以见性明善为宗，以格物穷理为要，其密至于穆粹精一、不罣一物为体，其实至于修齐治平、利济万物为功。见诸行事，发为文词，标指性天，由浅而深，理微治距。不为坛坫标榜，而理学独得其宗；不为因果布施，而乡邦胥被其泽。故抒为撰述，绝无轻艳之词，对君皆靖献之忱，求友俱忠告之悃，盖名儒诤臣，可以师表百世者矣。词八首，附于篇末，《广平》一赋，才美先后。裁篇授梓，并志其行谊如此。壬申腊日，赵尊岳谨跋。

同日以盍山藏刊本覆校。高梧。

十美词纪一卷　吴江邹枢贯衡撰

邹贯衡，明季人。长南北曲，又作《十美词》，若圆圆、玉京，均预其列，一时传诵，后鲜传本。光绪中，有辑古今香奁诸作为丛书者，因付剞氏。余复采自丛书，厕诸明词之列。癸酉伏日，高梧主人。

同日以《香艳丛书》本校。珍重。

射阳先生词一卷　山阳吴承恩汝忠撰

承恩，字汝忠，学者称射阳先生。驰誉嘉隆间，与宝应朱日藩友善。方其髫龄，即以文名，投刺造庐，乞言问字，踵趾相接。顾屡困场屋，以奉母屈为长兴倅，又不谐于长官，既而有荆府纪善之补。归田后，益以诗文自娱，十余年以寿终，而绝世无继，手泽随亡。万历间，其犹表孙邱汝洪从亲交中索得遗稿，汇而刊之，凡四卷，诗赋、古文、词曲，粲然毕具，而俗传说部《西游记演义》亦承恩著，世人鲜有知者矣。承恩工词，别辑词总集《花草新编》，盖托于《花间》《草堂》之流。其书与《存稿》均少传本。甲子之役，移宫事定，董其事者整治书藏，遂获得之，先印《存稿》，始传于世。其第四卷，凡幛词、词曲如干首，今汰幛词之引言及南北曲，为重梓之。原有陈文烛、李维桢序，吴国荣跋。文烛、维桢均与承恩友善，国荣又预校刊之役，故志其渊源尤详云。壬申小除日，叔雍。

同日以故宫刊本校。未邕。

孙文忠公词一卷　高阳孙承宗稚绳撰

文忠行谊，具见国史本传。《国史唯疑》谓，解经邦推经略抵死不赴，而孙承忠宁舍纶阁之重慨请行边，人意量相越至此。其云："目前可代督师者，实难其人，臣请自往。"即此肝肠，九庙神灵鉴之矣。时词臣共赋《送枢辅行边诗》称盛事，盖范希文、辛稼轩一流。词中〔庆春泽〕〔水龙吟〕〔临江仙〕诸阕，庶以见志，而〔柳梢青〕四叠，尤极清雄之致云。武进赵尊岳。

三月十九日以传钞盋山藏集本校。未邕。

季先生词一卷　泰州季来之大来撰

大来先生苦行卓节，所恨遗书勿传。得此一脔，亦庶足仰窥纯儒之风于万一乎。尊岳。

同日以《国粹学报》本辑校。未邕。

中洲草堂词一卷　南海陈子升乔生撰

乔生，南海人。侍郎子壮弟。弘光时，以明经举第一。隆武改元，拜中书舍人。桂王时，拜吏科给事中，迁兵科右给事中。有《中洲草堂遗集》行世。牧斋盛称其学殖富有，才笔日新，以风雅为第宅，以骚选为园囿。词中〔烛影摇红〕一阕，感愤特深，足见其志已。珍重阁书。

十九日以传钞本校粤刻《十三家集》本。高梧。

宝纶堂词一卷 暨阳陈洪绶章侯撰

洪绶，字章侯，一字老莲，又字老迟，诸暨人。国子监生，崇祯中召为中书舍人。国变后，削发为僧，改字悔迟。工书画，花鸟山水，无不精绝，中年遂成一家，尤长人物衣纹，清圆细劲，庶兼公麟、子昂之妙。有《宝纶堂集》行世，罗坤为之序，谓先生行谊详施《愚山传》中。向居诸暨之枫桥，世系华胄，自幼能文章，喜结交，每文酒高会辄醉，醉必歌咏，掉头不辍。迨甲申之际，侘傺无聊，幅巾方袍，放情世外，促席衔觞，必有所作，随意挥洒，乃多散佚。今集所传，盖犹嗣君幼字鹿头者求诸四方友朋以辑存者也。诗词并潇洒，翛然尘表，惟律以词格，终一闲未达耳。集中附南北曲〔鹧鸪天〕四阕，删之。己巳天贶日，高梧主人。

三月十九日以盋山藏集本校西湖书藏本，别有补遗一卷附刊以行，则友人就家藏手书词卷过录见惠者也。赤邕。

张尚书词一卷 鄞县张煌言玄箸撰

煌言，字元箸，号苍水，小字阿云，鄞人。崇祯十五年举人。明亡，钱肃乐起师，遣煌言之天台迎鲁王，授行人。王监国绍兴，赐进士，加翰林院编修，典制诰，晋侍讲，兼兵科左给事中，加右佥都御史。王居舟山，召煌言入卫，加兵部右侍郎。桂王在云南，遣使间道赴海，命煌言为东阁大学士兼兵部尚书。以残兵支撑于天涯海角者可二十年。康熙三年，被执于南田之悬岙，不屈死于市。乾隆四十一年，赐谥忠烈。有《奇零草》十二卷、《冰槎集》四卷。词虽不多，风格自高抗，孤忠所托，岂偶然哉。己巳仲冬，武进赵尊岳。

蔡忠烈公词一卷 晋江蔡道宪元白撰

蔡忠烈，字元白，晋江人。崇祯丁丑进士，除大理推官，未赴，改长沙。癸未八月，秦贼张献忠攻长沙，城陷被执，磔死，年甫二十九岁。事闻，赠太仆少卿，谥忠烈。诗词清婉绝俗，要不当以寻常声律绳之者也。己巳八月既望，尊岳。

同日以传钞盋山藏集本校。卡邕。

啸雪庵诗余一卷　茂苑吴绡冰仙撰

冰仙著诗、词各一卷，未经剞劂，盖武进董大理绶金所藏传钞本，最录其词，冠以诗序，庶使后人得知所本。大理别藏《赠药篇》钞本，按之，则其文殊有奇趣。凡致子齐函数十通，顽艳旖旎，欬吐芬馨，笔致上追六朝，平揖徐、庾。原本小引有云："对镜而崔貌常怜，抱衾而王郎羞偶。琴挑司马，户越昆仑。邂逅鸾姿，托春心于金刻；期谐素愿，写幽怨于云笺。玉人入花砌而魂迷，冰郎吐艳芬而情惹。迨后漆胶不啻鸾凤，以致风波动夫雀鼠。倏合倏离，赤绳之缘安在；一死一生，则其情事已可想见。"其书并属迻录，容付梓人。惟冰仙晚境甚裕，俪茀胜常，则或至性纯孝，有格彼苍，终以顾复者与？壬申孟夏，高梧校讫并记。

同日以董钞本校。卡邕。

秋水庵花影词一卷　华亭施绍莘子野撰

绍莘，字子野，自号峰泖浪仙，青浦人（按：一作嘉兴人）。有《花影集》五卷，词一卷。《明词综》谓《花影词》四卷，初未之见。《青浦诗传》谓其少负隽才，作别业于泖上，又营精舍于西佘，极烟波花药之美。时陈眉公居东佘，管弦书画，兼以名童妙伎，来往嬉游，故自号浪仙。亦慕宋张三影所作乐府，因以"花影"名词，盖明季逸民一流也。词则疏俊有余，工力未逮，亦一时风会所趋已。庚午重九，高梧主人。

三月廿五日，以拙藏传钞盋山集本校。卡邕。

倘湖诗余一卷　萧山来镕元成撰

来镕，字元成，继韶子。事父孝，父殁，几以身殉。崇祯庚午，游于庠。乙亥，应特科，冠其曹。己卯、庚辰，由南闱联隽礼闱，成进士，选授皖城司李。时张逆献忠往来蹂躏，左良玉提师勤王，镕往谒，说以合镇标楚军以击贼，左贤之。又其前抚军王，后抚军张，皆性躁意偏，独从其言。迨去皖未几，军心解散，城亦毁矣。壬午，分较南闱，得戚价人等九人，论者以为公明。其抚皖有仁政，荐剡先后十四上。甲申，永嘉南渡，以行取至金陵。马士瑛时督凤阳，首以枢垣荐。有谗之者，曰："此人强项，非公所得牢笼也。"从而改任枢部，兼吏、户两垣。不数月，晋奉常副卿。迨国变，削发入山，课耕读以自给。所著《大易三种》，曰《读易隅通》，曰《易图亲见》，曰《卦篆一得》；《春秋》二种，曰《春秋志在》，曰《四传权衡》。诗文有《南行偶笔》《载笔》《倘湖樵书》，及杂剧之《两乌纱》《秋风三叠》二本。至遗稿则传之子孙，未有刊本。余亦就董大理传钞所得最录其词，以合之舜和先生词集者也。壬申仲秋，珍重阁识。

同日以传钞董大理藏本校。赤邕。

桴亭词一卷　太仓陆世仪道威撰

陆道威，太仓州人。诸生，同治间从祀孔庙。学主于敦守礼法，不虚谈诚敬之旨；施行实政，不空为心性之功。于近代讲学之家，最为笃实，盖恂恂君子儒也。小词如〔卜算子〕，亦颇作侧艳语；〔浪淘沙·失蟹〕，则更近于俳，要无碍其儒行。广平铁石，犹赋梅花，吾于桴亭亦云。珍重阁。

闰三月朔日自吴阊归来，以传钞盉山藏集本校。赤邕记。

消暍词二卷　江阴夏树芳茂卿撰

右《消暍集》二卷，江阴夏树芳著。树芳字茂卿，一字习池，万历元年举人。辛丑以后，念母氏年高，遂谢公车，以图终养。有《消暍集》，自序称冰莲子，谓"消暍"名集，辄拟于司马长卿。姚希孟、董玄宰、周延宰、文震孟、陈仁锡咸为之序，盖与浙东胡元瑞、吴门张伯起齐名。又多所纂辑，如《栖真法》《喜女镜》《玉麒麟》《酒颠》《茶董》《奇姓通》《词林海错》诸书，均为人所传诵。玄宰有云："澄江夏茂卿，今之柴桑翁也。毗山之隐，四十余年，太夫人在，不敢以身许人固矣。太夫人以天年终，而蓼莪衔痛，晢墓益坚，世莫能窥其际。迨夫大珰扇虐，江左诸贤曩昔所兄事公、师事公者，不能以身体发肤还之所受，而始知坚卧之孝，与鬼神合其吉凶。故以遗荣尽陶公，而以孺慕概茂卿，皆目睫论也。"全集有词一卷、幛词一卷，兹次第为上下二卷，并删其幛词之骈序。明人滥俪之文固不足存，亦不以徒费楮墨已。庚午初秋，高梧轩书。

同日以传钞集本校一过。叔邕。

旅堂诗余一卷　钱塘胡介彦远撰

介，初名上登，字彦远，钱塘人。诸生。有《旅堂诗集》，诗余附见。兰泉司寇著录有《河渚词》，今未之见，或即词题下注"河渚吟"者是已。《明词综》选〔满江红〕"走马归来"一首，词句迥异："人如昨"，作"回首处"；"旧国重寻"两句，作"久客不知家远近，重来却怪人惊顾"；"那是辽阳"两句，作"惆怅辽东丁令鹤，当年华表谁为主"；"去来兮"，作"但相逢"。不知何所据也。庚午小春，珍重阁。

同日校传钞盋山藏集本。高梧。

佳日楼词一卷　新都方于鲁建元撰

于鲁，初名大激，以字行，改字建元，新都人。按《四库书目提要》《千顷堂书目》《静志居诗话》并作歙县人，当是其元籍。万历时布衣，以制墨名于时，丸值兼金，上自符玺圭璧，下至杂佩，凡三百八十五式，刊成图谱，上呈乙览。又精于造笺。尝以百花香露和墨，自作长歌。佳日楼诗词之名，乃为其技所掩。有《方建元集》传世，词亦附见。庚午九月望日，珍重阁。

同日以传钞盋山藏集本校。朿邕。

淳村词二卷 槜李曹元方耘庵撰

右《淳村词》二卷，曹元方撰。元方字介皇，别号耘庵，海盐人。明崇祯癸未进士。隆武立，授吏部验封司郎中。后兵败还家，遂隐居硖石以终，自署“槜李遗民”。词凡二卷，音律多谬，而家国之感，间有流露，闲居之趣，辄以自娱，亦易代中高士也。余汇刻明词，所得不少，以涉园张氏庋藏尤富，因往请益，菊生先生欣然以此见贻。穷日夕之力，手自移写，付之剞氏，并识其崖略如右。岁在丙寅天中节，武进赵尊岳。

丙子闰月初七日，以手钞覆本重校。盖匆匆已逾十稔，人事如流，方获断手，重可念也。高梧轩。

长春竞辰余稿一卷 蜀藩朱让栩□□撰

让栩，蜀献王椿五世孙。椿，太祖第十一子也。正德三年袭封蜀王。开国宗藩，惟蜀奕叶检饬守礼法，好学能文。孝宗恒称之，举献王家范为诸宗模楷。让栩尤贤明，喜儒雅，不迩声伎，创义学，修水利，振灾垦荒。嘉靖十年，御史上其事，赐敕嘉奖，署坊表曰“忠孝贤良”。二十年，建太庙，蜀王上黄金六十斤、白金六百斤，酬以玉带币帛。二十六年薨，谥曰成，子恭王嗣。著《长春竞辰余稿》，词附焉。《余稿》流播未广，客岁金陵唐君圭璋获见之，亟饬胥写示。唐君劬学媚古，较宋元佚词数千首，补名家词千余首，方驾《彊村》，凌轹《四印》。惠而好我，锡比百朋，并为题名，用志笙磬之谊。癸酉仲春，尊岳。

丙子闰三月初七日，以圭璋兄写寄元本校。朿邕。

陈白阳先生词一卷 古吴陈淳道复撰

淳，字道复，长洲人。监生。诗书画咸负盛名，丹青尤以没骨法见称于世，盖逸气充塞而工力又足以制胜，亦山林逸民之流亚也。全集附词如干首、曲一首。以全集罕觏，兰泉《明词综》亦仅录其〔如梦令〕一阕。雅人深致，固不必于章句间绳其格律也。曩岁甲子春日，自江宁盋山精舍属胥迻写，藏之箧衍，今始付剞，荏苒七更寒暑矣，为并识其岁月。庚午冬日，高梧主人。

同日以传钞盋山本校。赤邕。

缑山词一卷　太仓王衡辰玉撰

衡，字辰玉。锡爵子。万历二十九年以一甲第二登进士第，官翰林院编修。著《缑山集》二十七卷，词一卷，南北曲附。仁和丁氏八千卷楼藏之。余自江宁盋山精舍图书馆迻写付刊。中元庚午坡公生日，高梧记。

同日以迻写盋山藏本校。赤邕。

钟山献诗余一卷　金陵杨宛宛叔撰

宛，字宛叔，金陵人。适茅元仪，渐别从田宏遇，为盗杀于野。渔洋《池北偶谈》：可仕字文寺，更名文峙，字楚淀。楚人，家金陵。能诗，与归安茅元仪善。茅死，有姬杨宛以才色称，戚畹田宏遇欲得之，以千金寿文寺，求喻意，文寺绝勿与通云云。按：宛叔年十六归元仪，深赏其诗，尝有句云："家传傲骨为迂叟，帝赉词人作细君。"可以知矣。其传集曰《钟山献》，有二刻本：一、四卷本，为归茅止生时所刊行，前有茅序，以《山海经》"钟山有女子衣青衣，名曰赤女子献"，因以名其诗集。明人好以迂阔荒诞之言拾为美谈，此其积习也。又有傅汝舟序，盛称其词翰之美。刊成于天启丁卯，板心题"玄穑居"，其款制精整异常，南陵徐氏积学斋藏之，余得假读。又一则为《正续集》本，朱竹垞《静志居诗话》曾及之，金陵盋山书藏有藏本，亦即此刻之祖本也。两两相较，天启本至〔贺新郎〕"才喜春寒"一首为止，惟此徐本则有绩溪汪诗圃氏所影钞补遗〔太平时〕〔浪淘沙〕二首。《正续集》

本视天启本多〔一翦梅〕〔杏花天〕〔浣溪沙〕〔柳梢青〕〔长相思〕〔忆王孙〕〔卷珠帘〕〔思佳客〕〔杨柳〕〔长相思〕十一首，而独少汪氏所补之〔太平时〕〔浪淘沙〕。因知杨氏遇境至歉，遗篇之零落者不易复迹矣。宛叔词笔辄多浑璞之意，上追北宋，非明人靡敝一流。蕙风先生尤赏其〔长相思〕“偏是相思相见难，无情自等闲”，〔洞天春〕“红烛雨中静悄”，〔阳关引〕“落叶分飞散，还有聚时节”诸语，谓为挚至之作。余得遍读二本，合补为一卷，镂板以行。止生九天鸾鹤，其亦许余为异代之知己耶？甲戌小春，叔雍识于珍重灯窗。

同日以积学斋本校。赤邕。

西林词一卷　无锡安绍芳茂卿撰

绍芳，字茂卿，无锡人。国子监生，有《西林集》传世。茂卿学赡才高，生不得志，厌栖乡曲，慷慨远游。诗以清婉为尚，邹迪光为序其集，称：“君诗原本苏、李，下逮六朝初盛，弥不包络揣摹，而又夙具胜情。余以为上者曹、刘，下亦阮籍；最者沈、宋，次亦钱、刘。”又谓：“君族则崔、卢，门则王、谢，侠则原、尝，举止蕴酿则叔宝、彦辅，丹青翰墨则子久、叔明、松雪、伯生。园亭泉沼，广榭回廊，烟霞竹树之胜，则野王辟疆、摩诘辋川；结驷连骑，倾盖投辖，自元美司寇而外，则李方伯本宁、吴使君明卿、王太常敬美、汤博士义仍、胡孝廉元瑞、王征君伯谷辈。于此可以征其人矣。”二词附载全集，因为裁篇付墨，以合之同时诸家云。庚午腊日，珍重阁书。

同日以西湖书藏本较。高梧。

沁南词一卷　建业胡汝嘉茂禧撰

茂禧，江宁人。嘉靖三十二年进士，官翰林编修、河南参议。著《沁南稿》，词附存。笔意清新，亦庶几明词之上乘也。壬申岁暮，珍重阁识。

同日以盋山藏集本校。高梧。

鼓棹初集一卷鼓棹二集一卷潇湘怨词一卷(夕堂戏墨卷七) 衡阳王夫之而农撰

船山先生经术文章彪炳一代，学者尚焉。遗集流布，光被宇内。迄于同治初元，湘乡曾文正公削平发逆，于长沙设思贤书局，即汇辑先生遗著，首刊《船山遗书》。词集凡《鼓棹》二卷、《潇湘怨》一卷，同在集中，最为足本。先生词婉约潇丽，雅韵欲流，缘知大儒固无所不工，亦以卓然殿朱明兰畹之盛也。岁癸酉孟冬，迻写付梓，并书卷尾。武进赵尊岳。

同日以涵芬楼《四部丛刊》景印本校。高梧。

升庵长短句三卷升庵长短句续集三卷　新都杨慎用修撰

升庵《明史》有传，具详行谊。久戍滇云，投荒多暇，无书不览。强记博闻，著述宏富，多至百余种。尤好治词，所撰辑者《升庵长短句正续集》《陶情乐府正续集》《词品》《词品拾遗》《词林万选》《词林选格》《百琲明珠》《填词玉屑》《词选增奇》《古今词英》《草堂诗余补遗》《词苑增奇》，凡十一种。惟传本不广，蜀中虽有《升庵全书》，不足尽其流播也。《天一阁书目》有《长短句》三卷、《玲珑唱和》三卷、附刻一卷，《乐府拾遗》一卷，合之适《正续集》三卷，钱塘丁松生征君(丙)得之于武林，讶为单传。既而所藏率归江宁盋山书藏，余因得往读，并录福本。惟《正集》卷三有缺叶，末由校补，乃恳诸斐云宗兄，据所经见，以万历福刻本补正见示。万历本共三卷，无《续集》，然其卷三多至此本《续集》卷二〔西江月〕“画观音寿意”一首，则知其渊源有自。祖本早出，迨后升庵续有所作，遂分曩刻卷三之词为《续集》一二，以合成《正》《续》六卷之数耳。于此不特得所正是，且因谙前后二刻之不同，殊快事矣。再《陶情乐府》涵芬楼有活字本，《词品》及《词品拾遗》有李调元覆锲本，《词林万选》有毛氏汲古阁本，《草堂诗余补遗》有明万历坊本，均尚易得。外此初未经见，一瓻以求，何当获之，并付写官，用合于斯，宁非嘉事。同声笙磬，乞有以惠我也。癸酉三月，高梧轩。

丙子四月上澣，京师归来，重理故业，排日校词，雨中题记。赤雍。

水南词一卷　德清陈霆声伯撰

声伯，弘治十五年进士，官刑科给事中。抗直敢言，以忤逆珰，逮庭杖，谪判六安州。瑾死，复起，历迁山西提学佥事，士习丕变。致仕归隐，居渚山四十年，著述百余卷，诗古文词则合为《水南集》，别有《渚山堂词话》三卷。吴兴刘氏嘉业堂得明刊集本，归安朱彊村侍郎即据以辑入《湖州词征》，惟〔点绛唇〕"碧水澄秋"一阕，集中两见之，《词征》已为删乙。余以刘氏原本覆锲，故一仍其旧云。庚午十月校讫，越四载，癸酉五月上板。珍重阁记。

四月初七日，以刘氏所藏明刊本校。赤邕。

宝纶楼词一卷　进贤傅冠元父撰

冠，字元父，进贤人。天启壬戌赐进士第二，授编修，历侍读、中允、谕德、祭酒、少詹事、詹事，掌翰林院，以礼部尚书兼东阁大学士进文渊阁。有《宝纶楼集》，熊明遇序其集，有云："公丞辅先帝，万方之事，大录于公。时朝臣舛忤，往往群朋更相是非，因势抵阨。公壹是以宽平博厚为剂，百事绝不攘袂，私有诋諆，又畏慎无所交通，上意安之。归而翦茅作堂，高廊四注，日与父老嘉会，侧尊无禁夫逸乐，闲旷而不失为清胜。虚远快意者，绿野平泉，裴晋公、李文饶业先为之，又何必矫激谲奇，故枯槁拾穗为名高，阳鲁冠而阴部鼎乎？若揣量当世，非薄前贤，高议矜抗，未尝推下，则又公所不屑为也。先帝死，社稷新，圣人聪明渊懿，继天立极于南京，旁求俊哲，眷注耆旧，安车软轮，不日当抵钟陵。出宝纶楼中绪余，少康、武丁不得专烈矣。"元父行谊，于兹可以概见，特为附著于篇云。珍重阁识于钟陵旅邸。

丙子灌佛节，以西湖书藏本福校。赤邕。

独漉堂诗余一卷　罗浮陈恭尹元孝撰

元孝，广州顺德人。侍郎邦彦子，与屈翁山、梁药亭齐名，号“岭南三家”。渔洋称其诗清迴绝俗，得唐人三昧。竹垞则谓其降志辱身，终当进之逸民之列。词其余事，视翁山逊色多矣。高梧主人。

同日以《粤三大家集》本校。叔邕。

射山诗余一卷　东滨陆钰真如撰

小传：陆钰，字真如。万历戊午举人，具疏改名荩谊，字忠夫，晚号退庵。九上春官不得志，键户著书，名刺不通当事，足不入城市。当事者悉耳先生名，欲罗致之，坚谢不往。惟同里张元岵，往来甚密。甲申、乙酉遭变，先生以家事付子嘉叔，隐居于贡师泰之小桃源，曰：“吾乃不及祝开美乎？”未几，绝食十二日而卒。时越有鲁国主、闽有隆武尚存，礼曹秦法翼祖襄、兵曹查与斋继佐，以公与祝公事拜上，祝公得恤编修，公得御史。友人潘文学廷章、沈文学亮采及吴若谷太史太冲，皆为文记之。有遗集十卷、宗谱四卷、《古文存法》二十卷、《五经注传删》二十卷、《周礼辨注》四卷，惜皆烬于火，不复存。同日校孙式熊重钞本。珍重阁。

吴长兴伯词一卷　吴江吴易日生撰

吴长兴伯行迹，具见志传。乾隆间赐谥节愍。遗书罕觏。光绪乙巳，吴江陈佩忍辑《松陵文录》，得钞本于其族人尧栋，以校旧刻，方为全璧。就中词一卷，曰《北征小咏》，即兹所刻也。己巳重阳日，赵尊岳。

四月初九日，以《国粹学报》社刊本覆校。叔邕。

夏内史词一卷　华亭夏完淳存古撰

玉樊行谊，具见《成仁录》。乾隆间赐谥节愍。所传《夏内史集》，一出吴氏《艺海珠尘》，一出兰泉司寇辑本，视吴刻为胜。词意境具足,〔烛影摇红〕一阕,以视功甫,何遽让兹。《静志居诗话》谓《大哀》一赋,足敌兰成。昔终童未闻善赋,汪踦不见能文,方之古人,殆难其匹。要之正气所钟,充塞天地,生有自来者,文章犹其余事而已。武进赵尊岳。

四月初九日,以王兰泉辑刊本校。尗邕。

返生香一卷　吴江叶小鸾琼章撰

小鸾,字琼章,又字瑶期,天寥次女。幼抚于舅氏君庸,四岁能诵《离骚》,十岁归家,学吟咏,脱口成诵。十四能弈,十六学琴,复爱丹青。姿容美慧,父母特加钟爱,性又习静,长日炉香课读而已。聘于昆山张立平,方婿家催妆,即病,经月而殁。弥留诵佛号,明朗清澈,父母冀其再生,七日始敛,颜色不变,甫十七龄也。天寥恸极,以叩乩仙,谓得仙籍,为玉皇修文女史。既又叩之泐庵大师,谓为月府侍书女,遂从师授记。师以其迥绝无际,字之曰"绝际",家人遂祀之无叶堂中,称"绝子",亦称"绝禅师"。其事凄艳,率载于《窈闻》《续窈闻》篇中,不具详。《返生香》一题《疏香阁遗集》,今汰诗赋古文,仅录其词,而略缀遗事为之跋云。癸酉浴佛日,珍重阁。

丙子浴佛迻一日,以长沙叶氏覆刻本校,匆匆盖四易寒暑矣。尗邕覯记。

茗斋诗余二卷　淮南彭孙贻羿仁撰

茗斋志行可风,所谓求忠臣必于孝子之门者也。与哲弟金粟分镳平辔,承明词敝,以俊爽药庸下,以婉约运清空,颇极声家能事。词学自清初已还,阮亭、程村诸子以神韵流美为归,而斯道为之不尊,如金粟辈实阶之厉,茗斋先生犹为彼善于此。乙丑十月朔日,高梧主人。

祁忠惠公词一卷　山阴祁彪佳宏吉撰

山阴祁氏世集簪缨，家传风雅，宏吉尤崛起致身匡国，事实具详《明史》本传。小词传世，乃多山林逸趣，有合于靖节先生“心远地偏”之恉。大凡志节之士，与功利之徒，出处或同，蹊径迥别。文章所寄，性情斯在，观于忠惠之词益信。乙丑小春，珍重阁书。

西泠归棹，续校明词，以盋山藏本传钞覆雠之。丙子四月中澣，朩邕。

六如居士词一卷　吴郡唐寅伯虎撰

六如居士行谊，具详《明史》本传。遗闻轶事，说部流传，尤脍炙于妇人稚子之口，至今勿衰。全集以当时袁中郎批四卷本、万历何君立刊二十二卷本为最佳。嘉庆六年，其长沙族裔名仲冕、字陶山者复裒辑重梓，为《内集》七卷《外集》六卷，凡遗事、投赠、题跋、诗话，无不毕详，别附所作制艺、画谱，缅属以行，盖居士遗著至是庶几备具。兹篇所录，即出陶刊本之卷四，其幛词有入他卷者，则汰其骈文而合存之。居士才情天纵，著作繁富，诗词则书画题跋往往有之，亦必不仅此数，容当别为汇辑，俾得全豹，以餍同声。迨刻成，又得原本，始见别有〔一翦梅〕〔水仙子〕等词，后印之本为之删乙者，特汇存之，以存其旧，惟南北曲之次于词后者，则未授梓云。癸酉四月，珍重阁。

同日以两本覆校。朩邕。

锦囊诗余一卷　会稽商景兰媚生撰

商夫人字媚生，一字眉生，祁忠惠公室，吏部尚书周祚女。所著《锦囊诗余》，一名《香奁集》，篇什甚富，词亦秀茜，《众香集》甄录不少。今观集中若〔卜算子〕“春日寓山”、〔生查子〕“春日晚妆”、〔长相思〕“春景”诸阕，并皆雅令可诵。至〔烛影摇红〕阕，以朴语写至情，寓家国之感于变征之音，视莲社诸作庶几趾美，而得之金闺硕媛，为尤非易易也。乙丑小春，校忠惠词竟，并书卷尾。

同日以传钞盋山藏集本校读。赤邕。

道援堂词一卷 番禺屈大均翁山撰

大均，初名绍隆，字介子。番禺诸生。国变后易服为僧，名今种，字一灵，返儒后更今名。入越，读书祁氏寓山园，不下楼者五月。渐游秦陇。殁后以文网特兴，集本遂为禁书，词益罕觏。此自蕙风簃藏钞本传写，其〔梦江南〕"赋落叶"诸阕，哀感顽艳，上俪骚竺，不当与后主〔浪淘沙〕同传耶？珍重阁。

丙子四月廿二日，以传钞蕙风簃藏本覆校。高梧。

湘中草一卷 古吴汤传楹卿谋撰

卿谋，别字子辅。吴诸生，早擅才华，与尤西堂交笃，集中多倡和之作。诗词专致绮语，意境遂未易超拔，盖已涉于国初轻纤一派，不免歧趋矣，珍重阁识。

丙子四月廿二日，以传钞集本校。赤邕。

芳雪轩词一卷 吴江叶纨纨昭齐撰

纨纨，字昭齐，天寥长女。幼奇慧，三岁即能背诵《长恨歌》。十三四，学为诗词。十七岁嫁，随宦岭西。十九岁，与婿同归浙江。二十三岁病殁，距妹氏琼章之丧甫七十日。纨纨亦好佛法，日课《金刚》《楞严》诸经，深得寂灭之旨。遗著诗词如干首，天寥为之编次，题曰《愁言》，即《芳雪轩遗集》，汇刻《午梦堂全集》中。兹裁取其词，合于宛君、琼章之列。叶氏姊妹同兹慧质，又同不永年，殊可哀已。癸酉浴佛日，叔雍。

同日以长沙叶氏覆刻本校读。赤邕。

陈忠裕公词一卷 华亭陈子龙卧子撰

卧子，一字人中，行履具见国史本传。乾隆间赐谥忠裕。诗高华雄浑，为一时所称道。词亦渐近沉着，非明季疲靡之音所可同日语已。赵尊岳。

丙子四月廿四日，武进赵尗邕据迻写盇山藏本《陈忠裕公集》本校读一过。

溉园诗余一卷　南昌万时华茂先撰

茂先，崇祯征士，一时声名藉甚。《西江诗话》纪其临殁，从容危坐，口占二首，有“穷通真偶尔，来去亦翛然。我爱裴中令，虚空不碍禅”语，则明心悟道之流，固有不同于凡俗者矣。所传《溉园》《东湖》二集，词则附见《溉园》。余丁卯仲冬薄游京师，偶至大方家胡同图书馆，得获循诵，即为最录。时不逾晷，为示秋岳共赏之。珍重阁识。

同日以手写京师藏本校。尗邕。

凭西阁长短句一卷　东滨陆宏定紫度撰

明季二陆词，夔笙先生所得旧钞本，署孙式熊钞存，各系小传，疑其未有刻本，欲授梓未能也，以贻尊岳。《蕙风词话》有曰：“《凭西阁词》篇幅增于射山，而风格差逊。射山间涉侧艳，洎乎晚节，夐然河岳日星，乌可以词论人耶?”其〔小桃红〕歇拍云：“终踌躇、生怕有人猜，且寻常相看。”因忆国初人词有云：“丁宁切莫露轻狂，真个相怜侬自解，妒眼须防。”此不可与陆词并论。词忌做，尤忌做得太过，巧不如拙，尖不如秃。陆无巧与尖之失。又射山〔虞美人〕云：“可怜旧事莫轻忘，且令三年无梦到高唐。”余甚喜其质拙。又〔一斛珠〕〔醉春风〕过拍，并为佳句。荏苒岁年，始付剞氏，先生乃墓有宿草，每一展卷，涕来无从矣。己巳仲冬，高梧。

同日以手钞蕙风簃藏本福校。珍重阁。

支机集三卷 杜陵蒋平阶大鸿 汝南周积贤寿王 大梁沈亿年矩承撰

右《支机集》三卷，其第一卷为蒋平阶撰词，次则弟子周积贤、沈亿年所分撰也。皆小令，无长调，温厚馨逸，直逼《花间》。朱明一代，允推独步。按平阶字大鸿，华亭人。万历间诸生，工诗文，性豪隽，有古义侠风，晚年尤精堪舆术，凡言三元法者莫不宗之。又著《东林始末》一书，《四库》著录之而不及其名。周、沈并有著作。按明人词集，多附全集以行，别传者最所罕觏。黄虞稷《千顷堂书目》著录较夥，亦不之见，盖仅有单传之本，授受之际，少一不慎，即且湮没而无闻者矣。甲戌秋日，斐云宗兄获睹于厂肆间，估人谓自山左携归，索值至百金。书少残缺，第三卷佚去一叶，少〔踏莎行〕一首，然尚不足为疵累。斐云亟以见告，展转得之，即付重锓，用识墨缘，亦以见斐云之惠而好我，音磬之雅，虽三千里外无闲素心也。乙亥人日，赵尊岳记。

同日以元刊本校读。卞邕。

弇州山人词一卷 吴郡王世贞元美撰

世贞，字元美，自号凤洲，又号弇州山人，吴郡人。嘉靖进士，官刑部主事。时杨继盛下狱，为进汤药，又代其妻草疏。杨死，复棺敛之。大忤严嵩，会其父忬失事滦河，嵩乃构忬于帝，系狱。世贞兄弟伏嵩门乞贷，卒论死，哭泣持丧归。隆庆初，伏阙讼父冤，复忬官。后官至刑部尚书，移疾归。好为诗古文，始与李攀龙狎，主文盟。攀龙没，独主坛坫者垂二十年。其持论“文必西汉，诗必盛唐”，而藻饰特甚，晚年始趋于平简。著《弇州山人四部稿》《弇山堂别集》《嘉靖以来首辅传》《觚不觚录》《读书后》《王氏书苑》《画苑》，而所批《纲鉴》尤盛行于世云。《明史》自有传。癸酉上元，珍重阁识。

丙子五月初三日，以《四部稿》本校，盖传钞盋山所藏也。卞雍并记。

天益山堂词一卷　慈溪冯元仲次牧撰

元仲，不详其仕履。崇祯末季有二冯者：长元飏，官至都御史，巡抚天津；次元飙，官兵部尚书，慈溪人，盖为其昆季行。壬申秋仲，余过柝津，于友人案头获读斯集。因录其词，行箧无书可资订正，留俟异日也。叔雍。

同日以钞本福校，既知盋山亦有其书。高梧。

龙湖先生词一卷　茶陵张治文邦撰

右《龙湖先生词》一卷，附见于《文集》第十五卷，盖其婿治中彭宣于嘉靖间所辑，门人薛应旂、雷礼、陈柏为之序。迨雍正四年，彭氏裔孙思眷复重校梓行之。龙湖行谊，别具传略，雷礼复为撰本传，具称其志存经济，不安于萎儒掇华袭馨，以窃章句。凡军旅刑狱、钱谷水利之数，与夫边隘夷险、地图修阻、户口登耗，无不讲求其法。又斤斤自信，敢断决锐，以辨正邪、明升黜为大务。及大计吏治，贵人嫉忤己者，欲挤之，持不可，竟不能夺。恶人趋竞，有京朝官求正门下，甘词申款，则正色戒之曰："国家造士，以明经取用，乃敢遽污唐人之诗耶？"其严正若此。茶陵州尝有龙化湖，故有谶："龙湖坼，榜元出。"正德己卯，忽暵涸龟裂。明年，治举进士第一，遂自号龙湖。又其母谭夫人梦大鸟倏戛云下，朱颀玄吭缟羽，止于庭前，忽缩化入襟袛间，已而惊寤。其父伯诚曰："此鹤征也。"逾年而生先生。及其将病，忽梦乘鹤游戏，飘飘若出九垓，觉而占之曰："吾始娠之祥，殆将反化以归乎？"其神异又如此。诗余凡二首，附应制燕乐歌五首，兹并存之。庚午小除夕，高梧。

同日以集本校定。高梧。

晚闻堂词一卷　星源余绍祉子畴撰

绍祉，字子畴，初号元邱，沱川人。太仆卿一龙孙。幼有至性，及稍长，负侠好客，师事尚宝黄公龙光。天启末，黄以建言忤权珰谪戍，祉不畏诛，立往慰，且助之。太仆邱公禾嘉视婺篆，于稠人中与论天下事，折服敬畏，绍祉毫无所关。试不售，筑室学道，号疑庵居士。兵宪唐公良懿称其学在朱、陆之间。晚谢世缘，托迹僧寺，参密云大师，以诗歌见志。甲申国变，闻诏至咳血，缁服入高湖山。有司礼召再三，终不赴。卒年五十三。所著《赋草》一卷、《诗草》四卷、《杂文》二卷，《山居琐谈》《元邱素话》《访道日录》各一卷。子藩卿，字翰臣，能继其学，其再侄孙知章辑而刊之，曰《晚闻堂稿》，周沐润为之序。道光间，和源单氏又为覆锲。岁在癸酉立春后一日，帅南社兄见之海上廛肆，举以相告，即往购读，并辑其杂文中仅存之一词，列于明季诸贤，用彰大节云。珍重阁识。

同日以刊本校读。赤邕。

青霞词一卷　会稽沈炼纯甫撰

炼，字纯甫。嘉靖进士，知溧阳，参金吾军，由言事诋宰执，迁茌平。入为锦衣卫经历。性刚直，嫉恶如雠。会俺答犯京师，诏廷臣博议，炼昌言敌由严嵩父子，上疏劾嵩十大罪。帝大怒，杖之数十，谪佃保安。边人慕其忠义，多遣子就学。炼恨嵩父子，缚草象李林甫、秦桧及嵩，令子弟攒射之。总督杨顺巡按，路楷承嵩旨，诬炼与白莲妖人阎浩等谋乱，遂弃市。后事解，追谥忠愍。后其子襄始以遗集属之俞咨益，为梓行之，俞又属归安茅维为之序。附幛词三首，为汰其引而存之。壬申小冬，赵尊岳。

同日以传钞西湖书藏元刊本校。赤邕。

心远堂词一卷　无锡王永积崇岩撰

永积，无锡人，自号蠡湖外史。崇祯进士，官至兵部郎中。著《锡山景物略》《心远堂集》。余曩在杭州获读于西湖书藏，因辑存之。癸酉花朝日，叔雍。

同日以西湖书藏传钞本校读。赤邕。

赵文肃公词一卷 内江赵贞吉孟静撰

文肃，字孟静，学者称大洲先生。嘉靖十四年，登进士第，选庶吉士，授编修，迁中允，掌司业事，擢左谕德，兼监察御史。迕时相严嵩，下诏狱，杖于庭，谪荔波典史。稍迁徽州通判，累迁南京户部右侍郎，复坐事夺官。隆庆初，起礼部左侍郎，掌詹事府，摄太学祭酒，充日讲官兼文渊阁大学士，参预机务，加太子太保，得请归。万历十年卒，赠少保，谥文肃。有集三十三卷，诗五卷，词一首附存全集，刑部尚书丹阳姜宝为之序。文肃于吾儒外兼通释、老二氏，所著书，内篇为经世，外篇为出世，盖笃学明性之流，不仅以功业见称者也。壬申腊日，赵尊岳书。

同日以西湖书藏本校。高梧。

王奉常词一卷 吴郡王世懋敬美撰

敬美，嘉靖进士，累官太常少卿。好学，其诗文名亚乃兄，先世贞三年卒。著《王奉常集》《艺圃撷余》《窥天外乘》《远壬文》《却金传》《学圃杂疏》《闽部疏》《三郡图说》《名山游记》。其行谊附见《明史》世贞传中。癸酉上元，珍重阁并识。

同日以盋山所藏《王奉常集》传钞校读。高梧。

圣雨斋诗余二卷 槜李周拱辰孟侯撰

拱辰，字孟侯，桐乡人。崇祯岁贡生。长文学，著《庄子影史》《离骚草木史》《离骚拾细》《公羊墨史》《南华真经影史》《圣雨斋诗文》，词二卷附，当湖金柳城璞玉、娄江浦甄玉为琛为刊其集。余过江宁，得之于盋山书舍，因裁出其词，以合于明季诸家。渐又见光绪九年其七世孙重刊本，遂为覆校付锲云。癸酉春仲，高梧。

同日以两本互校。尗邕。

采隐诗余一卷　华亭莫秉清紫仙撰

秉清，字紫仙，一字葭士。是龙子。明季诸生。遘鼎革，誓不出山，以吟咏自遣。所著文章，勿顾忌讳。终清代二百六十余年，子孙藏其稿不轻示人。同光间，有人请于其孙春帆者，欲寿之梨枣，春帆婉却之。清社既屋，其七世孙子经属明经雷君毅校刊之。书成，子经已先逝。全集凡文集二卷，诗二卷，有钱玉度、张齐廉序，诗集有葭士自序。全集之行，余得受而读之，裁其诗余，合诸翁山、二陆之林，胥明季词林之大师也。壬申岁不尽二日，珍重阁识。

丙子天中节前夕，以近刊活字本校。未邕。

北海词一卷　临朐冯琦用蕴撰

琦，字用蕴，一字琢庵，临朐人。大父惟重，有名于时。琦万历成进士，累官至礼部尚书。莅政勤肃，力抑营竞，学有根柢，数陈谠论，卒谥文敏。著《北海集》《经济类编》，《明史》自有传。填词其余事也。癸酉孟春，叔雍记于卷尾。

同日以盋山旧藏集本传钞校读。高梧。

东江别集三卷　仁和沈谦去矜撰

去矜，明季人，居临平。幼特颖异，尤勤习诵，居其家之南楼者二十年。崇祯壬午，补县学生。性友爱，析居后事其兄者益笃。父病，衣不弛带，居丧毁瘠。娶于徐氏，得六子。去矜不治生产，顺治间，遂嗣先人为歧黄业。自丧妻及长子，益以歌啸自遣。于学虽勿专而极博，每凭南楼，与毛稚黄、张祖望相酬答。文望所归，号“西泠十子”。后复葺数椽，曰“东江草堂”，即以为号。所著诗赋二十一卷、文十卷、《词学》十二卷，又有《词韵》《词谱》《南曲谱》《古今词选》，多有刻本，流播未广。《别集》一卷，为填词、南北曲。《四库存目》著录之，然绝罕觏。泉唐丁氏尝有传钞本，既而归之金陵盋山书藏，凡词三卷、曲二卷，灿然大备矣。岁在己未，归安姚虞琴社兄景瀛以《别集》无他本，重为排印，其书始显。拙藏则亦传钞丁本，与姚刻同源者也，兹删其南北曲，为梓行之。癸酉仲春，珍重阁。

同日以姚刊本及传钞本互校。赤邕。

苍谷诗余一卷　郏县王尚絅锦夫撰

尚絅，字锦夫，郏县人。弘治十五年，登进士第，授兵部主事，历员外郎，升郎中，出为山西左参政，调任四川，引疾归。起补陕西左参政，迁浙江右布政使。卒，乡里私谥曰“贞孝文子”。有《苍谷集》十二卷，诗余附。余曩者获读于金陵，因为辑录，以授梓人。甲戌立春日，叔雍。

丙子天中节，就传钞盋山藏本校。赤邕。

勉斋词一卷　慈溪郑满守谦撰

勉斋，弘治举人，官至濮州知府，著《勉斋遗稿》，幛词五首附焉。兹删其骈俪引序，而存其词。癸酉腊月，珍重阁。

同日以传钞盋山藏本校读。赤邕。

平山堂诗余一卷　沂水刘应宾思皇撰

思皇，天启进士，官安徽巡抚，又转他省，旋擢都察院佥都御史。著《平山堂诗集》，词附。此即自集中裁篇以出者也，亟邮叔雍宗兄梓之。岁次癸酉腊月，海宁赵万里并识。

同日以斐云钞本校。赤邕。

圭峰先生词一卷　建武罗玘景鸣撰

玘，字景鸣，学者称圭峰先生，南城人。由诸生输粟入国学。成化二十三年，登进士第，选庶吉士，授编修，进侍读。正德初，累迁南京太常卿，擢南吏部右侍郎，引疾归。卒赠礼部尚书，谥文肃。有集十八卷，续集十五卷，幛词附。兹为辑出，列诸明词别集云。甲戌立春日，叔雍。

同日以传钞盋山藏元刊本校。赤邕。

双江诗余一卷　永丰聂豹文蔚撰

豹，字文蔚，永丰人。正德十二年，登进士第，除华亭知县。嘉靖四年，召拜御史，巡按福建，出为苏州知府，忧归。补平阳知府，擢陕西副使，备兵潼关。大计，坐乾没落职。二十九年，召拜右佥都御史，擢兵部右侍郎，寻转左，进尚书，加太子少保，荫锦衣，世千户，累进太子太保，以中旨罢归，卒。隆庆初，赠少保，谥贞襄。有《双江先生集》，附词三首，盖狱中作也，存之以备家数。癸酉腊月，叔雍。

同日以传钞盋山藏本校读。高梧。

苑洛词一卷　朝邑韩邦奇汝节撰

邦奇，字汝节，朝邑人。正德三年，登进士第，除吏部主事，进员外郎。上疏论时政忤旨，谪平阳通判。迁浙江佥事，复忤中官在浙者，坐斥为民。嘉靖初，起山东参议，改山西，乞休去。起四川提学副使，入为右庶子。七年，主应天试，坐试录谬误，谪南太仆丞，复乞归。起山东副使，进大理少卿，以右佥都御史巡抚宣府，进右副都御史巡抚辽东，换山西督河道，迁南刑部右侍郎，进兵部尚书致仕。卒赠太子少保，谥恭简。有《苑洛集》二十二卷，词一卷，南北曲附。此其辑本也。癸酉腊日，高梧。

同日赤邕校传钞盋山藏本。

古山词一卷　安仁桂华子朴撰

华，字子朴，安仁人。正德八年举人。著《古山集》四卷，其弟萼为梓行之。萼，盖任至礼部尚书者也。余所得见为史珥重校，而其九世从孙五同弟瞻等重刊本，盖非明刻之旧矣。集附幛词，删其序而存之。癸酉腊日，叔雍。

同日以传钞覆刻本校读。高梧。

湘皋词一卷　全州蒋冕敬之撰

敬之,成化进士,正德间累官户部尚书。时主昏政乱,冕持正不挠,有匡弼功。世宗初,朝政维新,而上下捍格弥甚,冕守之不移。任首辅仅两月,卒龃龉以去,论者谓有古大臣风。卒谥文定。《明史》自有传。著《湘皋集》及《璚台诗话》,此则附载集中者也。癸酉长至日,高梧。

同日以刻本校读。珍重。

镜山诗余一卷　歙县李泛彦夫撰

泛,字彦夫,歙人(按:一作祁门人)。弘治十八年,登进士第,官工部郎中,出为思恩知府,致仕。有《镜山稿》十三卷。《诗余》一卷,余得之海上,每卷端署"歙县李"而阙其名。据《国史经籍志》,知为李泛之作。《千顷堂书目》亦著录是书,"歙"作"祁门",与《经籍志》异。诗多作于弘治、正德、嘉靖间,与李泛登第之年正合。《诗余》有《客寓梧州寺》(〔渔家傲〕)、《梧州寺挹清亭上作》(〔临江仙〕)、《梧州冰井寺作》(〔天仙子〕)各一阕,宾州、梧州皆广西省属,而泛曾守思恩,足以证之。惟卷首阙名不可解,或书贾篡夺脱刊之误,亦有所讳耶?癸酉腊日,叔雍。

同日以原刊本校读。赤邕。

倪文僖公词一卷　上元倪谦克让撰

谦,字克让,其先钱塘人,徙上元。正统四年,以一甲三名登进士第。历编修。景泰中,以左中允兼侍读,迁侍讲学士,与子岳同入史局。改南京掌院,奉使高丽,终南京礼部尚书。卒赠太子少保,谥文僖。有集三十二卷,诗余附,多题画之作,雅隽可诵也。丙寅岁不尽四日,高梧轩校记。

同日以传钞盇山藏集本校读。珍重。

西郊笑端词一卷　松江董纪良史撰

纪，字良史，以字行，更字述夫。上海人。洪武十五年，举贤良方正，擢江西按察佥事，辞归，结西郊草堂以终老。有《西郊笑端集》二卷，词附。余得之于金陵，归示蕙风先生，欣然共读。时先生方辑《历代词人考鉴》，因录副以贻之。丁卯三月，高梧轩书。

丙子天贶中日，以传钞盇山藏本校。高梧轩记。

翠屏词一卷　古田张以宁志道撰

以宁，古田人。父一清，元福建江西行省参知政事。泰、宣中以《春秋》举进士，授黄岩州判官，累迁至翰林侍读学士，知制诰。以博雅擅名，人呼为“张学士”。明师取元都，太祖仍授侍读学士，知制诰，兼修国史。洪武二年，使安南，册封陈日煃为国王。甫抵境而日煃卒，其兄子日熞嗣位，遣臣来迎，请诰印。以宁不予，曰：“奉诏封尔先君，不言世子。”留居洱江上，使世子告哀请袭。既得命，然后入境将事。及还，道卒。诏有司归其柩，所在致祭。以宁以《春秋》高第，故治《春秋》多所得，撰《胡传辨疑》最辨博。家翠屏山下，学者称“翠屏学士”。著《学士集》，词二首附焉。丁卯仲春，叔雍。

同日以传钞盇山藏本校。高梧。

鄱阳词一卷　鄱阳刘炳彦昺撰

炳，字彦昺（案：《明词综》小传字彦章，误），以字行，鄱阳人。洪武初，献书言事，授中书，博士厅咨议典签，出为大都督府掌记。有《鄱阳集》九卷，词一卷（案：卷端署《南词》，《明词综》小传，《春雨轩词》一卷），未题“春雨轩”名也。乙卯三月，高梧轩。

同日以传钞盇山藏本校。高梧。

鸣盛词一卷　福唐林鸿子羽撰

林鸿，明初人。以人才荐至京师，太祖临轩试士，以《龙池春晓》及《孤雁》二诗称旨，名动京师，官至精膳司员外郎。自免归，与闽县周元、郑定，侯官黄元、王褒、唐泰，长乐高棅、王恭、陈亮，永福王偁，号“闽中十才子”，而鸿为之冠。其所昵张红桥能诗文，辄与唱酬，终委身事之，一时传为艳遇。集中〔蝶恋花〕“记得红桥西畔路”一首，盖红桥作，误入《鸣盛集》中者。兹依明本授梓，故未为删乙，一如其旧云。丙寅天中节，珍重阁。

同日以传钞盋山藏本校。赤邕。

杨文敏公词一卷　建安杨荣勉仁撰

荣，初名子荣，字勉仁。建文进士，授编修。成祖简入文渊阁，为更名荣。有才智，见事敏捷，最受帝知，每北巡及出塞，必令扈从。仁宗立，累进谨身殿大学士、工部尚书。宣德中，加少傅。正统中卒，谥文敏。荣历事四朝，有谋能断，与杨士奇、杨溥并入阁，称“三杨”，荣最以才著。诗文雍容平易，肖其为人。著《北征记》及《文敏集》，王直为之序。词载集中，此其裁篇别出者也。癸酉阳月，叔雍。

同日以传钞西湖书藏本校。高梧。

毅斋诗余一卷　钱塘王洪希范撰

希范为“闽中十才子”之一，年十八，成进士，授翰林检讨。永乐初，与修《大典》，历修撰、侍讲。帝颁佛曲于塞外，命洪为文，逡巡不应诏，为同列所排，遂不复进用。著《毅斋集》，八词咏“夹城八景”者附焉。为别裁篇，以合于明初诸词家云。癸酉阳月，叔雍。

同日以传钞西湖书藏本校。高梧。

容春堂词一卷　无锡邵宝国贤撰

国贤，成化进士，累官江西提学副使。厘革浇俗，修白鹿书院学舍以处学者，教人以致知力行为本。宸濠索诗文，峻却之。正德中，迁右副都御史，总督漕运，忤刘瑾，勒致仕。瑾诛，升户部侍郎，拜南礼部尚书，恳辞。嘉靖初，起前官，复辞。卒谥文庄，学者称“二泉先生”。著《左觿学史》《简端二余》《定性书说》《漕政举要》《慧山记》，《容春堂词》则载诸集中者也。癸酉阳月，叔雍。

同日以传钞西湖书藏本校，高梧。

归田词一卷　余姚谢迁于乔撰

于乔，一字木斋。成化进士第一，授修撰。弘治中，以少詹事入内阁，参预机务，寻加太子少保、兵部尚书，兼东阁大学士。迁秉节直亮，与刘健、李东阳同心辅政，而见事尤敏，天下称贤相。武宗嗣位，加少傅，请诛刘瑾，不纳，遂与健同致仕。嘉靖中，手敕促起，入相数月，仍以老辞归。卒谥文正。著《归田稿》八卷，康熙中其族孙为重梓之，余为别存其词焉。癸酉阳月，高梧轩。

同日以传钞西湖书藏本校。高梧。

虚舟词一卷　三山王偁孟扬撰

孟扬，王翰子，为“闽中十才子”之一。洪武中领乡荐，永乐初授翰林检讨，出官袁州，荐与修《大典》，学博才雄，最为学士解缙所推重。后以缙事连及，系狱中。所著《虚舟集》，桑悦为之序，称其临终有〔自诔词〕一篇，与陶渊明、秦少游自挽诗意同，得陶之旷达、秦之凄怆，读之令人泪下也。词一首，附集中，因为别录以行焉，癸酉腊日，高梧轩。

同日以传钞西湖书藏本校。高梧。

抑庵诗余一卷　泰和王直行俭撰

王直，伯贞子。永乐进士，授修撰。历仕仁宗、宣宗，迁少詹事，兼侍读学士。在翰林二十余年，稽古代言、编纂纪注之事，多出其手，与王英齐名，时有“东王”“西王”之目。英宗时，累拜吏部尚书。秉铨十四年，为时名臣。卒谥文端。著《抑庵集》，庐陵刘教为之序，盖直五世孙有霖乞教为编订者也。词附集中，为别行之。癸酉腊日，珍重阁书。

同日以传钞西湖书藏本校。高梧。

颐庵诗余一卷　南昌胡俨若思撰

颐庵嗜学，于书无所不窥，凡天文地理、律历医卜，均所精擅，又长书画。洪武中，以举人授华亭教谕。永乐初，荐入翰林，历官国子祭酒，朝廷大著作多出其手。居国学久，以身率教，动有师法。洪熙初，进太子宾客，兼祭酒。致仕，归闲二十余年卒。著《颐庵集》，涵虚子为之序。余畴昔得读于西湖，因为录副以存之。癸酉腊日，叔雍。

同日以传钞西湖书藏本校。高梧。

震泽词一卷　震泽王鏊济之撰

鏊，吴县人。成化间，乡、会试皆第一，授编修。弘治时，历侍讲学士，充讲官。时中贵李广导帝游西苑，鏊讲“文王不敢盘游于田”，反复规切，帝为动容。正德初，累进户部尚书、文渊阁大学士。时刘瑾衔韩文、刘大夏，欲杀之，又欲以他事中刘健、谢迁，鏊力救得免。未几，以志不得行，力求去。鏊博学有识鉴，文章尔雅，议论明畅。卒谥文恪。著《姑苏志》《震泽集》《震泽长语》《春秋词命》《史余》诸书。南海霍韬序其集，盛称其人品学力有格，尤拳拳于不通寿宁侯及忤瑾二端焉。词、南北曲附见集中，曲非所长，因为乙去，仅存其词焉。癸酉残腊日，叔雍。

同日以传钞西湖书藏本校。高梧。

整庵诗余一卷　泰和罗钦顺允升撰

允升，弘治进士，授编修，迁南京国子司业。与祭酒章懋，务以实行造士。乞养归，刘瑾怒，夺职为民。瑾诛，复官，累迁南吏部右侍郎。世宗立，擢吏部尚书。时张璁、桂萼以议礼骤贵，树党屏逐正人，钦顺耻与同列，乃辞不拜。里居二十年，潜心格物致知之学，著《困知记》，辨析精审，学者称“整庵先生”。卒谥文庄。所著曰《整庵存稿》，喻时序之，盛称其学。附二词，因为辑存之。癸酉腊日，叔雍。

同日以传钞西湖书藏本校。高梧。

翠渠词一卷　莆田周瑛梁石撰

梁石，成化进士，知广德州。弘治初，为四川参政，进右布政使。咸有著绩，尤励清操。其学以居敬为主，学者称“翠渠先生”。著《书纂》及《翠渠类稿》，前有嘉靖戊子蜀人冯驯序，盖其甥林云从以《类稿》摘钞付梓也。乙丑重五，余获读于西湖书藏，为录其词，并志岁月。叔雍书。

同日以传钞西湖书藏本校。高梧。

执斋诗余一卷　万安刘玉咸栗撰

咸栗，弘治进士，知辉县，升御史，以忤刘瑾削籍。瑾诛，起河南按察司佥事，官至刑部右侍郎。坐李福达狱，削籍归，卒。隆庆初，谥端毅。《执斋集》二十卷，其门人傅镇源所辑，刊于济南。乡人山东故御史彭黯为之序，称先生未第时，与张子静、蔡虚斋书，悯斯道之缺绝，不顾流俗，不避姗笑，直以圣学自任。及任刑部侍郎，持议与权贵人不合，辄谢政以去云。道光庚寅，裔孙翘等复为重校雕行。三词附见诗集，因为裁篇迻写。同日又得张龙湖词，并校付梓，为记岁月。庚午岁不尽四日，叔雍记。

同日以原刊本校读。珍重阁。

窥词管见一卷　仁和李渔笠翁撰

明人虽作词，而未必工之。词话所传，仅数家耳。笠翁斯作，自以为度尽金针，实则文心所通，固当于多读、多作中求之，不宜悬格以求也。然其持论，亦间有可取处。论诗词之与南北曲，得消息于环中，足为学词者之一助。顷校刊其诗余，因并付墨焉。甲戌花朝，珍重主人记。

丙子五月初六日，以近刊《一家言全集》本校。赤邕。

笠翁诗余一卷　仁和李渔笠翁撰

笠翁，仁和人，生明末季。傲放山林间，与贵介游，能治宫室，辨声妓，人多乐而顾之，因以隐逸传于世，盖余澹心一流人也。文字不高，然能逞机锋，务为小巧，亦有雅令可诵者。遗著诗文词集、史评十卷，《闲情偶集》六卷，都为《一家言》。外则传奇十种，咸有刊本。词在全集卷八，附词话二十二则，今裁刻其词，以备家数云。甲戌燕九日，珍重阁书。

丙子五月十三日，以《一家言》坊本校之。赤邕。

坐隐先生精订草堂余意二卷　下邳陈铎大声撰

曩治词学，读《渚山堂词话》，屡及陈大声，谓其有宋人风致，使杂之《草堂集》中，未必可辨；又谓篇中亦时有佳句，凡此婉约清丽，使其用为己调，当必擅声一时，而以之追步古作，遂蹈村妇斗美毛、施之失。渐从蕙风先生游，于其《选巷丛谈》《兰云菱梦楼笔记》又屡称陈词，谓具澹厚之妙，足与两宋名家颉颃。半唐借去未还，缪艺风至欲为大声一哭。按铎字大声，下邳人，万历时官指挥使。《明词综》载其一阕，未足尽其流播也。其书越三十年见于京师厂肆，徐森玉社兄博学好古，见之即饬胥影写精本，藏之箧衍。癸酉孟夏，余以事北行，寇迫京师，而谈艺之乐，一如恒日。忽一日，森玉出以相视。爱不忍释，且谋复锲，遂慨然举以相赠。厚我者何止百朋而已。亟挟之南归付墨，亦庶可弥半唐、蕙风、艺风三先生之遗憾。素云有知，黄鹤来下，其亦执卷以共为欣赏乎？是年九月朔日，赵尊岳跋记。

又全书为大声撰，然多引用原作者姓名，其本无名者始用陈名，此亦刊例之至奇者，未尝经见，特揭而出之。尊岳校毕再记。

丙子五月以景钞本重校一过。赤邕。

山海漫谈词录一卷　长治任环应乾撰

环，字应乾，嘉靖甲戌进士，令广平，调沙河，补滑县，所在皆有仁政。以卓异补苏郡同知。适倭贼至，一时几莫与争锋。当道审其方略，檄以讨贼。躬擐甲胄，跋履山川，前后百余战，斩首五万余级。馆人搏贼以代死，义媪投井以全节，凡此沐德，咸知向义。倭乱卒平，德化具征矣。既而以制归庐墓，未及起复而卒。求忠臣于孝子之门，其此之谓矣。遗集曰《山海漫谈》，盖其六世孙世燮字理臣者所编，凡诗文咸付校辑，并及先辈所纪平倭事迹、章奏、谕祭诸文，都为一编，刊成于康熙间，郜世爵为之序。此则自《漫谈》裁篇迻写者也。壬申腊日，珍重阁。

丙子五月十四日，暑热雨后校刊本。赤邕。

痴山词一卷　杭州陈孝逸少游撰

孝逸，字少游，杭州人。崇祯间诸生，性淡泊，隐居不仕。著《痴山集》，临川傅占衡为之序。占衡与少游以文章相切礳，傅居西溪，陈居迎仙山，相距二里许。"迎仙"即少游取以号痴山者也。论文一以简婉澹约为尚，而以不作文字为主，其学可从知也。集凡六卷，词附存，因以授梓，并最傅序以代跋言。珍重阁。

同日赤雍校西湖书藏本。

海壑吟稿一卷　胶州赵完璧全卿撰

完璧，字全卿，号云壑，晚号海壑。由贡生官至巩昌府通判。其诗文集曰《海壑吟稿》，万历十年浙西王三锡为之序，谓："先生性灵挥洒，蝉脱尘表，而浩气充然，利害生死不足介其际。嘉靖间，筵宦司城，抗职忤权奸，与杨椒山公同厄。人佥谓先生谈笑当之，与椒山赓歌迭唱，竟荷圣断得白。已而出判秦中，声名藉藉。无何，敝踪簪绶，益肆吟弄。迨于今逾耄望耋，手不停丝桐，兴至，浩歌敲金石，剌剌不休。此其人岂所谓关天地、参盛衰者耶?”平生行谊，于兹可见。诗余四首，附见集中，因为裁篇，并删其帐词，以列于嘉靖诸家云。壬申小除日，武进赵尊岳跋。

同日校传钞西湖书藏本。高梧。

百琲明珠五卷　新都杨慎升庵评选

升庵才大如海，所为词六卷，已付梓人，独其评选诸集，若《百琲明珠》《填词玉屑》之见于全书目录者七八种，迄不可得见。闻蜀中尚有丛书小字本，道远亦未易致之也。癸酉孟夏，京师陷重围中，余始襆被北行，折冲间几不可终日，犹以词翰自娱。斐云宗兄乃出视明刊此本，题“嘉靖朝蜀杨慎选集，万历朝楚杜祝近订补”，有祝进一序，古墨流馨，并有曹楝亭、韩李卿、汪退思、张竺孙诸家藏印。半叶十行，行二十字，并于每叶题刻工姓名。久悬想望者，至此幸慰长思矣。其书旋归北海书藏，斐云留影见惠，而江宁唐圭璋社兄亦以景钞本寄示，因亟付锲，丽诸《升庵词集》之后。所冀天壤间佚书渐出，即升庵所选辑者均获传见，则流播之责，余固乐任不疲也。写样既成，为缀跋言。是岁九日，叔雍书。同日校景写本。卡邕并记。

桂洲集六卷桂洲集外词一卷　贵溪夏言公谨撰

贵溪行谊，具详《明史》，不具书。曩日过金陵盋山书藏，获读《赐闲堂稿》，因饬工裁录其词。稿凡二集。一得五十六首，一得七十六首，意其详尽，行授梓人矣。壬申冬日，复见明刊本《桂洲集·玉堂余兴》，盖嘉靖间皇甫汸刊于吴中者，都六卷，每半叶十行，行十八字，每行辄空首二字，其有涉及庙堂者则顶格书，同于制策之双抬。词籍刊本，体制特崇，殊复罕觏。余旧藏《延露词》原刻本，亦视界阑低二格，每用为异,兹乃知其有所沿溯。意者贵溪官阶特达,词籍又及身刊行。故不得不师制策之成格,用为颂圣之资乎?书题“桂洲集”,别题“玉堂余兴”一行。据跋,则单行词籍,初不丽于《桂洲全集》者也。六卷合词二百五十五首,视《赐闲》多至倍蓰。然以校《赐闲集》,除互见外,又得别出者八十首,其间复有字句题目之异同,大约以《桂洲》为较胜。兹刻率准《桂洲》,原有序跋一不删乙;而《赐闲堂集》之八十首,则次第二集别编之,题曰《桂洲集外词》,缅属以行。贵溪所作,庶备于是矣。癸酉元夜,高梧轩识。

丙子五月杪,武进赵尗雍以明刊本校读。人事偬□,亡辍兼旬,徒唤奈何。

石门词一卷　石门梁寅孟敬撰

寅,字孟敬,学者称石门先生,又称“梁五经”,新喻人。元末累举于乡,不第,辟集庆路儒学训导。居二岁,以亲老辞归,隐居教授。洪武初,征入礼局,书成,赐金币。有《石门集》,词附。沤尹侍郎已据吴伯宛校唐鹪庵钞本,刻入《彊村丛书》,列诸元代。惟首缺六阕,又多误字,至不可读。考孟敬出仕朱明,以次于明,亦未始不可也,为特以明刊本重付剞劂,并为校记。乙卯六月,高梧轩。

丙子五月杪,以盋山书藏明刊本传钞校正。珍重阁。

华泉词一卷　历城边贡廷实撰

贡,字廷实,号华泉,历城人。弘治九年,登进士第,除太常博士,擢兵科给事中,改太常丞,迁卫辉知府,改荆州,历陕西、河南提学副使,以母忧家居。嘉靖改元,起南京太常少卿,升太常卿,督四夷馆,擢南刑部右侍郎,拜户部尚书。都御史劾其纵酒废职,罢归。有集十四卷,诗余附。余得其集于金陵,因次其词,以付梓人。太岁在癸酉腊日。叔雍。

丙子五月廿九日,以传钞盋山书藏明刊本校读。高梧。

东海词一卷　华亭张弼汝弼撰

汝弼，华亭人，以家近东海，遂以为号。成化二年，登进士第，授兵部主事，升员外郎。以忤当路，出为南安知府，谢病归。以有政绩，士民为立祠。著文集五卷、诗集四卷。词二首附，即此是也。盋山书藏有全集，盖仁和丁氏八千卷楼故物。曩岁过金陵，移录付梓，并题岁月。甲子元月，高梧轩书。

同日校传钞盋山藏明刊本。朩容。

未轩词一卷　莆田黄潜仲昭撰

仲昭，成化丙戌进士，授编修。三年十二月，帝将以明年元夕张灯，命词臣撰诗词进奉，仲昭疏谏。帝以其妄言，杖之阙下。谪湘潭知县，未行，改南京大理评事，遂请归省。服阕赴京，又引疾乞归。家居十七年，出为江西提学。连疏乞归。学者称未轩先生。遗集为韶州同知孙希白编梓，校者均孙氏昴季，或其从学诸生耶？幛词附载集中，为乙其骈序，录存之。乙丑二月，叔雍校记。

丙子五月二十九日，朩雍校传钞盋山集本。

琼台词一卷　琼山丘濬仲深撰

仲深，初举乡试第一，景泰五年，登进士第，改庶吉士，授编修，进侍讲。与修《英宗实录》，进侍讲学士。《续通鉴钢目》成，擢学士，进礼部右侍郎，掌祭酒事，升礼部尚书，掌詹事府事。修《宪宗实录》，充副总裁，书成，加太子太保兼文渊阁大学士，参预机务，加少保。卒赠太傅，谥文庄。正德中，赐谥于乡，曰景贤。有《琼台会稿》，诗余并附。向与海忠介公齐名，学者为刊《邱海合集》。余尝得《会稿》，为次其词，以列于盛明诸家云。丙寅秋仲，叔雍。

同日以传钞盋山藏本校。高梧手记。

枫山先生词一卷　兰溪章懋德懋撰

懋，字德懋，学者称枫山先生。成化二年会试第一，登进士第，改庶吉士。明年，授编修。以元夕张灯命撰诗词忤旨，并请停止炷火被杖，贬临武知县。未行，改南京大理寺评事。逾三年，迁福建佥事，满考致仕归。弘治中，起南国子监祭酒。正德二年，乞休得请。五年，起云南太常卿，又起南礼部右侍郎，皆力辞。嘉靖初，即家进南礼部尚书，致仕。卒赠太子少保，谥文懿。有集四卷，词附，盖酬应幛词也，为迻写汇刊之。乙丑天中节，珍重阁书。

同日以传钞盋山藏本校。尗雍。

怀麓堂词一卷　茶陵李东阳宾之撰

东阳，字宾之，号西涯，茶陵人。四岁能作径尺书，召试赐果钞。后两召讲《尚书》，大义称旨，命入京学。天顺八年，登进士第，选庶吉士，授编修，累迁侍讲学士，充东宫讲官。弘治五年，进太常少卿，擢礼部右侍郎，兼侍读学士。入内阁，参预机务，进太子少保、礼部尚书，兼文渊阁大学士。武宗立，屡加少保，兼太子太傅。刘瑾入司礼，东阳即日辞位。不许，加少师，兼太子太师。瑾诛，加东阳特进左柱国，以老疾乞休。卒赠太师，谥文正。有《怀麓堂集》，词附，余得读于金陵，因为裁篇，付锓人云。丙寅人日，叔雍。

丙子五月，校传钞盋山藏本，匆匆盖十易寒暑矣。尗雍读记。

菉竹堂词一卷　昆山叶盛与中撰

盛，字与中，号仲盛，别号蜕庵，又号泾东道人，又号淀东老渔，昆山人。正统十年，登进士第，授兵科给事中，进都给事中，擢右参政。督饷宣府，以李秉荐，协赞都督佥事孙安军务，遭父忧归。天顺二年，召为右佥都御史巡抚两广，乞终制，不许。稍迁左佥都御史巡抚宣府。成化三年，入为礼部右侍郎，改吏部，转左侍郎。十年卒，谥文庄。有《菉竹堂集》八卷，词附。又有《水东文稿诗稿》《泾东小稿》。

与中富藏书，其《书目》盛传于世。癸酉新岁，余过昆山，谒先生墓茔，碑仆蔓草中，盖不胜其低徊矣。归校其词，以授锲氏，并记岁月。叔雍。

同日以传钞盋山藏本校之。珍重。

寓庵词一卷　鄱阳叶兰楚庭撰

兰，字楚庭，别号醉翁，鄱阳人。隐居不仕。元末入明，至景泰中卒，年九十九岁。著《寓庵集》，其乡后学史简为刊之，附词一首。金陵盋山精舍藏其书，余获读而录之，以授梓焉。丙寅秋日，叔雍。

同日校传钞盋山集本。珍重。

坦斋先生词一卷　茶陵刘三吾坦甫撰

三吾，初名如孙，以字行，号坦甫，又号坦之翁。元末为永平教谕，授靖江路儒学副提举。洪武十八年，以荐授左赞善，升翰林学士，授晋世子经。三十年，主会试，以多中南人，坐罪戍边。建文初召还，永乐中卒。有《琼署》《春坊》《北园》《知非》《化鹤》《正气》等集，合为《坦斋集》，词一卷附。按《尧山堂外记》："三吾伯兄畊孙，元至顺间守宁国，死之。季兄与孙为南堂同知，亦仗节死于台城。"三吾并有诗哭之，曰"黄甲题名前进士，白头死节古宣州。高城留得苌弘在，故友应同李黼游"；其挽与孙者曰"桂岭使还犹有信，杉关路断竟无书。生前有恨台城死，身后无家故国虚"。诗笔亦矫健可喜也。丙寅小冬，叔雍书。

同日校传钞盋山藏本。高梧。

周恭肃公词一卷　吴江周用行之撰

用，字行之，号白川，吴江人。弘治十五年，登进士第，授行人。正德初，补礼科给事中，改南京兵科。出为广东参议，预平番禺盗有功。历浙江、山东副使，擢福建按察使，改河南右布政使。嘉靖八年，擢右副都御史巡抚南赣。召协理院事，历吏部左、右侍郎，调南京刑部，就迁右都御史，工、刑二部尚书。九庙灾，自陈致仕。久之，以工部尚书起督河道，改漕运。未行，召拜左都御史，加太子少保，进吏部尚书。卒赠太子太保，谥恭肃。有集十六卷，诗余附，南北曲亦杂置其间，今汰去之，仅刻其词。丙寅立冬日，叔雍。

同日校传钞盋山藏本。高梧轩。

诗余图谱二卷　曹县万惟檀子馨撰

惟檀，字子馨，曹县人。由恩贡授直隶曲阳县令，寻补湖广保康县。抵任三月，闯贼以数万骑来攻，城陷被执，不屈死之。妻李氏同死。长子士爆并妻路氏、妾阎氏，抱幼女同赴水死。是时主仆男妇一门死节者凡十六人，呜呼烈矣。所撰《图谱》，概以己作加旁谱而成之，取法南湖者也。词非专诣，韵律犹多舛谬，独以订谱，亦复不思之甚。惟所作亦有疏秀处，而大节凛然，更不可没。斐云宗兄得见万历元刻本于京师，亟以寄视，不忍听其湮逸，因依式重雕，并考索其行谊，用为之跋。甲戌六月下澣，武进赵尊岳。

丙子五月杪，以明刻本校一过。高梧。

秋佳轩诗余十二卷　金陵易震吉月槎撰

震吉，字起也，号月槎，上元人。崇祯七年，登进士第，授刑部主事，升郎中，出为大名知府，历嘉湖道、江西参政副使。有《秋佳轩诗余》十二卷，明人作词，此其篇帙最富者也。词笔取径稼轩一流，力求以疏秀取胜，虽不能至，犹较颦眉龋齿强增色泽者为善矣。甲戌岁暮，校刊竣事，并为之跋。武进赵尊岳书。

丙子五月，以传钞盋山本校。忭邕。

省愆词一卷　永嘉黄淮宗豫撰

淮，字宗豫，号介庵。举洪武丁丑进士，授中书舍人。成祖即位，召对称旨，被顾问。既直文渊阁，改翰林编修，进侍讲，以争立太子事左迁。永乐五年，进右春坊大学士，渐与胡广等辅导太孙。七年，帝北巡，命辅皇太子监国。后以帝归，太子使迎少缓，诏狱罪淮等，系十年。仁宗即位，始复官，寻擢通政使，武英殿大学士，进少保，户部尚书兼大学士。宣德元年，帝亲征，命淮留守。明年疾，乞休，英宗立，再入朝。正统十四年六月卒，年八十三，谥文简。淮历相两朝，有古大臣风，著《介庵集》《省愆集》《归田稿》。其题"省愆"者，盖系狱所作也。《介庵集》凡十五卷，《四库》著录，翰林院储明刻本。逊学斋藏影明写本。又《明史·艺文志》《百川书志》《千顷堂书目》并著录《省愆词》一卷。明刊集本则附词二十四阕，盖词集固尝以合行者矣。仁和丁氏旧藏《省愆集》，后归盋山书藏，余饬胥录词，仅得十阕。恐有脱落，惜无从得他本为补足也。丁卯四月，叔雍。

丙子七月十六日，以传钞盋山集本校。忭邕。

巽隐诗余一卷　桐乡程本立原道撰

本立，字原道，崇德人（按:《善本书室藏书提要》作桐乡人）。洪武九年，举明经，推秦王府引礼舍人，以母忧去。复改周王府礼官，从王入觐，坐累谪云南马龙他郎甸长官司吏目。建文初，以荐召入翰林，升左佥都御史。靖难兵至，自经于应天府学（按：丁氏《提要》云："出为江西按察副使，适靖难兵已进京师，悲愤自尽。"）。有《巽隐集》四卷，词附，因裁录之。乙卯四月，高梧轩。

同日以传钞盋山藏本校。忭邕。

半江词一卷　吴江赵宽栗夫撰

宽，字栗夫，吴江人，号半江。成化十七年，以会试第一登进士第，授刑部主事，官至广东按察使。为文雄浑秀整，卓然大家，行草亦清润。有《半江集》传世，词附，并复雅令可诵。兹付梓人，用广其传播云。乙亥人日，高梧轩记。

同日以传钞盋山藏本校。赤邕。

林见素词一卷 莆田林俊待用撰

俊，成化进士，拜刑部主事，进员外郎。二十年，帝惑淫僧，尊为法王，廷臣嘿不敢发。俊上疏谏，帝大怒，下诏狱考讯，罪几不测。太监怀恩请曰："杀俊，且失天下人心，奴死不奉诏。"始得不死，谪姚州判官。弘治元年，擢云南副使。五年，调湖广。九年，引疾归。十三年，起南京右佥都御史，以母忧归。迨至正德四年，起抚湖广，改四川。世宗即位，进工部尚书，改刑部尚书。二年，致仕卒。俊盖直臣也，为录其词，并征其行谊。戊辰元月，叔雍记。

同日以盋山藏本传钞本校。高梧。

费文宪公词一卷 铅山费宏子充撰

费宏，字子充，成化中，以会试第一人登进士第，授修撰。正德中，累迁至户部尚书。时侍臣钱宁阴党宸濠，欲交欢于宏，不可得，因以他事中伤之，宏遂乞休归田。迨宸濠败，言者争荐宏。迨世宗即位，起加少保，入辅政。宏持重识大体，明习国家故事。及杨廷和去位，遂为首辅，委任甚至。后复为张璁、桂萼所构，致仕。及萼死，璁亦去位，帝追念宏，再起之。卒谥文献。有《宸章集录》及遗集行世。《明史》自有传。余曩岁薄游金陵，得就盋山书藏裁写其词，穷移晷之功，付诸剞氏，因并征其行谊为跋。赵叔雍书。

同日以传钞盋山藏本校。珍重阁。

改亭诗余一卷 昆山方凤时鸣撰

时鸣，正德戊辰进士，与兄方鹏同榜，除行人，选监察御史，出为广西提学。著《改亭存稿》十卷、《续稿》六卷，词在《续稿》中。仁和丁氏八千卷楼藏书，余得读于金陵，为辑存之。戊辰伏日，高梧轩。

同日以传钞盋山藏本校。赤雍。

登州词一卷 闽漳林唐臣元凯撰

唐臣，后名弼，龙溪人。至正八年进士，拜吏部主事。庚戌，奉使安南，事竣，安南王命中使夜携五百金密投弼榻，诘朝，使从官复饷五百金，他物称是，弼率却不受。渐迁金城令，有为奸者，诬以受贿，帝诏狱释之。官至登州知府，以疾卒。弼工书，尝与王太史廉论书，谓笔法须偏正兼备，乃臻妙境，近世赵孟頫侧笔太多，故不能逃书家清议耳。著《登州集》，词附，亦丁氏故物也。己巳四月，高梧轩书。

同日以传钞盋山藏本校。尗雍。

思玄词一卷 海虞桑悦民怿撰

悦，成化举人，简柳州府通判，丁外艰归，遂隐居不出。其人怪妄，辄以大言鸣于时。著《桑子庸言》及《思玄集》。《明史》有传，附见徐祯卿传后。余在金陵盋山书藏读其书，为逡写其词，合之有明中叶诸家云。珍重阁记。

同日以盋山藏本传钞本校。尗雍。

顾文康公词一卷 昆山顾鼎臣九和撰

顾鼎臣，字九和。弘治间，以第一人登进士第，授翰林院修撰，累迁至礼部右侍郎。世宗为神仙术，内殿设斋醮。鼎臣进〔步虚词〕七章，优诏褒答。明代词臣，每以青词结主知，盖自此始。寻以礼部尚书兼文渊阁大学士，入参机务。时贵溪夏言当国，专擅朝政。鼎臣素性柔和，不能有所建白，备位而已。昆山旧治无城郭，鼎臣言于当事者，始修建之。后倭乱，遂得获全。寻卒于官，谥文康。《明史》有传。遗集中附小词，有与桂洲酬和者，并存其元作，兹为依式重梓之，亦以见匪躬之节，固非易语于常人也。乙亥新岁五日，珍重阁。

同日以传钞盋山藏本覆勘一过。雍。

何文简公词一卷　郴阳何孟春子元撰

子元，弘治进士，师事李东阳，学问该博。屡迁至右副都御史，巡抚云南，讨平米寨叛蛮。嘉靖初，任礼部侍郎。大礼议起，上疏力争之，又偕百官伏阙号泣，奉旨夺俸，调南京工部，遂引疾归。卒谥文简。著《疏议》《余冬序录》《家语注》及《何燕泉诗》。《明史》有传。二词附见集中，为裁刊之。甲戌九秋，叔雍记。

同日以传钞盋山藏本校。高梧。

东轩词一卷　临川聂大年寿卿撰

聂大年，字寿卿，临川人。博学，工诗古文词，书擅率更体，为时人所珍秘。宣德末，荐授仁和教谕。母卒归葬。哀感行路。里人列其母子贤行上之官，诏旌其门。景泰中，以修史征入翰林。卒。所著《东轩集》行于世，《补遗》一卷，中有赋八景词，为迻录之。甲戌五日，叔雍书。

同日以盋山藏本传钞本校定。高梧。

运甓词一卷　庐陵李祯昌祺撰

祯，字昌祺，庐陵人，以字行。永乐进士，选翰林院庶吉士，预修《永乐大典》，僻书疑事，人多就质。历广西、河南左布政使，并多惠政。致仕二十余年，屏迹不入公府，伏腊不充，敝庐仅蔽风雨。其品谊之高，可以想见。著《运甓集》，词曲咸附集中，兹独取其词别行之。乙亥谷日，叔雍记。

丙子七月十七日，据传钞盋山藏本校。卞雍。

荷亭诗余一卷　东阳卢格正夫撰

格，字正夫，东阳人。成化十七年，登进士第，除贵溪知县，行取为江西道监察御史。有《荷亭文集》十四卷，诗余附，每多酬应之作，盖幛词也。戊辰仲秋，叔雍校记。

同日以传钞盋山藏本校。高梧。

方洲诗余一卷　海盐张宁靖之撰

靖之，海盐人。景泰五年，登进士第，官至都给事中，出为汀州知府。《眉公秘笈》谓其奉使朝鲜，著《奉使集》，未之见。遗著《方洲集》，词附存，亦酬酢所作为多。余前过金陵，得读之，因录覆本付梓。戊辰重三日，叔雍。

同日以传钞金陵盋山藏本校。高梧。

岘泉词一卷　贵溪张宇初子璇撰

宇初，字子璇，嗣汉四十二代天师正常之冢子。五岁读书，十行并下。尝见西北金扉洞开。洪武十年，方髫丱，袭掌道教，应诏见奉天殿。永乐八年示疾，书诵而逝。有《岘泉集》二十卷，王仲缙序之。诗笔清利绝俗，词亦道园之一流也。戊辰九月朔日，叔雍记。

同日以传钞盋山藏本覆校。高梧。

青溪诗余一卷　钱塘倪岳舜咨撰

岳，字舜咨，上元人，谦子。天顺八年，登进士第，改庶吉士，授编修。成化中，历侍读学士，直讲东宫。二十二年，擢礼部右侍郎，仍直经筵。弘治初，改左侍郎，进尚书，加太子太保，任南京吏部尚书，改兵部，参赞机务。召还，为吏部尚书。卒赠少保，谥文毅，有《清溪漫稿》二十四卷，诗余附，仅一阕，为梓存之。戊寅九日，高梧轩。

同日以传钞盋山藏本校。高梧。

沧浪櫂歌一卷　天台陶宗仪九成撰

右《沧浪櫂歌》一卷，附《陶南村集》中。南村名宗仪，字九成，黄岩人。元时举进士，一不中，即弃去。古学无所不窥，工诗文。家贫，教授自给。洪武初，累征不就。晚年，有司聘为教官。常客松江，躬亲稼穑，暇则憩于树阴，有所得，摘叶书之，贮一破盎。十年积盎十数，一日发而录之，得三十卷，名《辍耕录》，盛传于世。其他《书史》《四书》《古刻丛编》之属，纂述亦夥。《棹歌》则附于《南村诗集》以行者也。戊辰七月，高梧轩。

同日以传钞盋山藏本校。尗邕。

解学士诗余一卷　吉水解缙大绅撰

缙，字大绅，一字缙绅，吉水人。洪武二十六年，登进士第，授中书庶吉士，改御史。好直言，为众忌，上惜之，命侍父归，进学十年。归八年，太祖崩，入临京师，坐违旨，谪河州卫吏。以荐召为翰林待诏。成祖即位，擢侍读，直文渊阁，预机务，升侍读学士、翰林学士，兼右春坊大学士。汉王高煦谮之，谪广西布政司参议，改交址，命督饷化州。永乐八年，高煦又陷以他事，征下狱。十三年，瘐死。成化元年，诏复官，赠朝议大夫。有《春雨斋集》十卷、《似罗隐集》二卷、《学士集》三十卷，词则裁篇别出者也。戊辰小春日，高梧轩书。

同日以传钞盋山藏本校勘一过。尗邕。

马端肃公词一卷　钧阳马文升负图撰

文升，字负图，晚号三峰居士，钧州人。景泰二年，登进士第，授御史，历按山西、湖广，迁福建按察使。成化初，召为南京大理卿，进左副都御史巡抚陕西，寻总制三边军务。入为兵部右侍郎，转左。汪直倾之，下诏狱，谪戍重庆卫。直败，起左副都御史巡抚辽东，进右都御史总督漕运，升兵部尚书，以谮调南京。孝宗即位，召拜左都御史，迁兵部尚书，转吏部，屡加少师，兼太子太师。年八十五卒，赠太傅，谥端肃。嘉靖初，加赠左柱国、太师。有集，词附。余得集本于金陵，遂付写官，以广其传云。戊辰小春，叔雍。

同日以传钞盋山藏本校。高梧。

梓溪词一卷　进贤舒芬国裳撰

芬，字国裳，号石滩，更字梓溪。世称“忠孝状元”，进贤人。十二岁，以郡守祝瀚荐补郡学生。正德十二年，以一甲第一名登进士第，授翰林修撰。疏谏南巡，受杖几毙，谪福建市舶副提举。世宗立，召复故官。嘉靖三年，议大礼，再杖夺俸，旋遭母丧归。卒于家，年四十四。有集十卷，词附，仅“送王阳明三首”耳，为裁录之。戊辰长至日，高梧。

丙子七月十八日，以盋山藏本传钞覆校。珍重阁。

简平子诗余一卷　疁城王道通晋卿撰

王道通，字晋卿，嘉定人，居罗店，为邑诸生。负经济才，遂不欲以文章自命，而文极古茂。居师沈宾之丧，衰麻三年，入其室，终身不敢正坐。居亲丧，邑令谢三宾往访之，道通辞焉，固请，乃不易服而见之。其笃行如此。遗著《简平子集》，附诗余九首。彊村翁旧于友人案头见之，亲为传录见贻。越七年，为锓之木。墨渖犹新，翁已谢世，中夜雠校，人琴之恸，固有不能自已者也。甲戌孟夏，赵尊岳识。

丙子七月十八日，以彊村翁写本校。叔邕手记。

芳芷栖词二卷　钱塘高濂深甫撰

高濂，字深甫，号瑞南，万历间人。工乐府，尤以南曲驰名，所著《玉簪记》为世所传诵，被之弦管，虽元四大家无以过也。又著《遵生八笺》，志性娴雅，所载多烟云供养之事、营养调摄之功。文人结习，往往如此。又《雅尚斋诗》、《芳芷栖词》。兹得读仁和丁氏八千卷楼藏本，为重梓之。乙亥新岁六日，珍重阁雨窗识。

丙子七月十八日，以传钞丁藏本福校。叔邕。

江南春词集一卷　无锡倪瓒元镇撰

《江南春词集》一卷，未见明写本，盖代有增作，未尝汇为专集，逮万历朱之蕃始合而书之也。原本展转收藏，具见方跋，自方刻出而其书始盛传于世。江阴金湛生丈又增辑《清闷阁集》及所载周词、《听秋声馆词话》所载薛词，合为《附录》，并以清代陈其年以次四家为《续附录》而重锓之，辑入《粟香室丛书》。湛生丈曩以贻示，欢喜展读。越二十年，余刻此词，即用全本合二续录为一卷，序跋率如其旧。而丈墓木已拱，不及再见，山阳之感，为可胜慨耶？癸酉岁不尽八日，尊岳校识。

内台词一卷　浚川王廷相子衡撰

廷相，字子衡，仪封人。弘治进士，选翰林院庶吉士，授兵科给事中。因事忤中官刘瑾、廖镗，遂尔屡黜屡起。嘉靖中，以右副都御史巡抚四川，讨平茫部贼沙保，累迁至左都御史。廷相博学好议论，以经术著称。卒谥肃敏，《明史》自有传。其所著《内台集》附词至富，为别行之。乙亥人日，高梧轩书。

谷庵词一卷　嘉兴姚绶公绶撰

绶，辅子，字公绶，号谷庵，又自号云东逸史。天顺间进士，简监察御史。成化初，为永宁郡守。迨解官，筑室曰“丹邱”，啸咏其中，一时人称“丹邱先生”，盖自拟于隐逸之流者。工诗画，著《云东集》，杭州西湖书藏有之。余畴昔买棹往游，获睹斯帙，因摘而存之。扣舷放歌，中流容与，亦窃自比于云东也。甲戌长至，高梧轩。

匏翁词一卷　长洲吴宽原博撰

匏翁，长洲人，以文行有声于诸生间。成化中，会试、廷试皆第一，授翰林院修撰。侍孝宗于东宫，每进讲，闲雅详明。迨孝宗即位，以旧学迁左庶子，预修《宪宗实录》。累迁掌詹事府，入东阁，典诰敕，进礼部尚书。卒谥文定。《明史》有传。匏翁行履高洁，不为激矫，而自守以正，不少阿附。于书无所不窥，作诗文雅有典则，兼工书法。词亦窥见门径，不同庸下，因为刊存之。甲戌重九日，珍重阁。

休庵词一卷　南陵盛于斯此公撰

于斯，南陵人。先世有义声，屋多藏书，十余岁即能读等身书，有声邑里。明季鼎革之际，散金结客，不治生产，渐病盲。家居屏迹，一意著述，成《毛诗名物考》《休庵杂钞历法》《舆地考》《群书考索》各如干卷，殁后俱不传。大梁周栎园为经纪其丧，并梓其遗稿之仅存者，曰《休庵集》，前有佟国栋、甘文奎、陈周政及亮工所为序，传本亦极罕觏。南陵徐氏积学斋幸而得之，为刊入《南陵先哲遗书》中，余盖就《遗书》本裁篇授梓者也。乙亥重五日，珍重阁记。

乐府遗音一卷　钱塘瞿佑宗吉撰

右《乐府遗音》一卷，从明影钞天顺七年刊本传录，大半皆塞垣所作。《四库》附存有《存斋乐府》五卷，当为别本，余未之见。按先生生于元至正七年丁亥七月十四日，词中有“今朝初度，明日中元”之句。祖居荐桥街，少不得于亲。年十四，有乡人张彦复自福建检校回，瞿翁款以鸡酒，先生归自学舍，彦复指鸡命赋，应声云：“宋宗窗下对谈高，五德声名五彩毛。自是范张情义重，割烹何必用牛刀。”彦复称赏，写桂以赠云：“瞿君有子早能诗，风采英英兰玉姿。天上麒麟原有种，定应高折广寒枝。”瞿翁遂构“传桂堂”。洪武元年，先生二十二岁，凌彦翀、邱彦能、吴敬夫相与订忘年交。杨廉夫访之，出所作《香奁咏》以示，先生悉和之，廉夫叹曰：“此瞿家千里驹也。”凌彦翀作《梅柳争春》，先生一日尽和之，凌亦惊叹。长苦不第，筑一室，自署曰“西泠草堂”。洪武十年，先生卅一岁，寄居外家，富子明氏有余清楼，调寄〔摸鱼儿〕，制“西湖十景词”十阕，盛传人口。此卷〔沁园春〕词有

"陈士谦为余制吴山旧隐图"，题云"乌龙潭畔，城隍祠后"，正其地也。以明经荐，筮仕于仁和、临安、宜阳三邑庠。升国子助教，复升周府右长史，克胜辅导，故词中自寿，有"四度儒宫设讲，六载王门效职"之句。建文元年，五十三岁。越五载为永乐改元，旋以诗祸，编管保安。太师英国张公延为西宾，甚加礼貌，词中有云"自罹罪谪，逾十寒暑"之语，按之先生贬谪，当在永乐五、六年间也。迨洪熙元年始释归，先生已七十九岁。著《归山诗话》。府志称复原职内阁办事，他书无征。宣德八年，先生卒，寿八十有七，葬钱塘之甘溪。余集刊宋元明武林诸名家词，拟以此卷入梓，因详加诠次云。光绪丁亥二月十二日，为亡妇陆氏三周忌辰，礼佛云栖，灯下漫识。丁丙。曩尝见《四库提要》著录《存斋乐府》，向往求之不可得。渐在金陵盋山书藏，得见丁氏八千卷楼藏《乐府遗音》，差以自慰，命胥迻写。按，佑学博才赡，洪武中为临安教谕，永乐间官周王府长史，以诗祸编管保安，洪熙中释归，复原职，内阁办事，著述自娱。此卷塞外之作较夥，当为北归后所编也。戊辰重三日，高梧轩。

邃谷词一卷　信阳戴冠仲鹖撰

仲鹖，正德进士，一作吉水人。为户部主事，上疏极谏，贬广东乌石驿丞。嘉靖初起官，历山东提学副使，以清介闻。尝从何景明学诗，著《邃谷集》，词附，以和朱淑真《断肠词》者为多。余见明刊集本，遂录其词，以授锓焉。戊辰七日，叔雍书。

凭几词一卷山中词一卷浮湘词一卷　苏州顾璘华玉撰

华玉，苏州人，寓居上元。弘治进士，授广平知县，仕至南京刑部尚书。少负才名，诗以风调取胜，与同里陈沂、王韦号"金陵三俊"。后宝应朱应登继起，号"四大家"。虚己好士，如恐不及。历官有才能，晚罢归，构息园，大治居舍，以接宾客，客常满。著《浮湘》《山中》《凭几》诸集及《息园诗文稿》《国宝新编》《近言》三书，合之为《顾华玉集》。今分著其词，而沿其旧名云。戊辰二月，叔雍书。

东洲词一卷　维扬崔桐来凤撰

东洲，正德进士，授编修。武宗议南巡，上疏力谏，致被廷杖。嘉靖中，晋礼部右侍郎，卒。著《东洲集》，词附，多酬应之作。明人好幛词致语，于此见之。戊辰重三日，珍重阁书。

石田诗余一卷　长洲沈周启南撰

沈周，恒吉子，字启南，号石田，又号白石翁。博览群书，文学《左氏》，诗拟白、苏，字仿山谷，尤工于画。与唐寅、文征明、仇英并称为"明四大家"。为人耿介独立，年十一，游南都，作百韵诗上巡抚侍郎崔恭。比长，郡守欲以贤良荐，筮《易》得遁之九五，遂绝意隐遁。风神萧散，如神仙中人。正德间卒，年八十有三，世称"石田先生"。著《客座新闻》《石田集》《江南春词》《石田诗钞》《石田杂记》，此则出自集中。《江南春》和倪作以已别行，不更附此。戊辰六月，高梧轩书。

名山藏词一卷　丹阳葛筠柬之撰

葛筠，字柬之，明季人。康熙乙卯举于乡，选长洲外翰。长于文学，与魏叔子、侯朝宗交厚，为序其文集。遗著《名山藏》二十八卷，道光二十七年元孙华为梓行之。余就金陵书藏检得其词，为附于明季诸家之后云。甲戌四月既望，珍重阁书。

葵轩词一卷　贵溪夏旸汝霖撰

右《葵轩词》一卷，明夏旸撰。旸字汝霖，江西贵溪人，为夏鼎从兄。鼎则言父。按之汝霖于公谨，为伯叔行也。曾任府司狱，其事迹之可考者如此。甲戌仲春，海宁赵斐云宗兄得传钞本，盖犹明刻所孳乳，以之惠寄，广吾所藏，称快何似，亟以授梓，为广其传。斐云兼治南北曲，坚属勿为删乙，故并存之。是岁天中节，高梧轩书。

啸余谱二十五卷　歙县程明善若水编

《啸余谱》,程明善撰。《四库存目》著录之。明善字若水,歙县人,天启间监生。其书载词曲之格式,以歌之源出于啸,故以“啸余”名谱。凡十卷。首列《啸旨》,又《律度》《乐府》,原题为一卷。次《诗余谱》,凡三卷,析之为二十五卷,附宋致语。次《北曲谱》一卷,《中原音韵》及《务头》一卷;次《南曲谱》三卷,《中州音韵》及《切韵》一卷。传世者有万历元刊本及康熙间张汉重校本,余得藏其书。细检词谱,以天文地理、珍宝花木析类,已为谬妄,又分二字题、三字题,则更涉怪诞。就中谱字之讹,不可胜数;平仄通假,一本己意,初不足语于词律也。惟后附宋人致语,犹是大曲放队之遗,为后世所罕见。词在天水一朝,家弦户诵,至元曲兴而词法坠。明善强为之谱,自谓解人,殊不足数。迨有清一代,万氏出而订谱,戈氏出而辨韵,斯道为之大尊,返观斯篇,不禁失笑。惟是明人创谱,流传不多,大辂椎轮,亦足研讨,因汰其致语,重为梓行。至兰荃佳什,倚声名家,固不必引此相订证也。《存目》斥之,诚哉其不足为善本矣。乙亥灯节,赵尊岳跋。

丙子重阳后五日,灯下依康熙刻本校。邕。

明词综十二卷　青浦王昶兰泉纂

兰泉司寇承金风亭长之后,辑《明词综》十二卷,盖以亭长旧稿合诸平生所搜辑者,汇而梓之。所辑多出于《兰皋馆词选》及《草堂新集》,兹二书传本极鲜,故世之言明词者多宗司寇。余往年并得二者,且陆续付锓,于是明词选本渐为治金荃者所共赏,不必取资于此。司寇存佚媚古之功,固不可没也。又选中诸家,余得其单行裁篇之本者,几于什之五六,均登梨枣;假以岁月,或可更致如干种。兹编能为之喤引,用供参订,所以益余者实多,因为重雕,并纪岁月。乙亥重五日，珍重阁。

丙子十二月廿六日据元刊本校。珍重阁。

诚意伯词一卷 青田刘基伯温撰

诚意伯刘文成公，开国功勋，仕履备著于《明史》。述作甚夥，诗古文词咸有法度。有明三百余年，刊本不一。余初得睹芝田令万里续梓本于金陵，裁录其词。渐又见丽水何镗刊本，以相雠校，初无同异，惟〔阮郎归〕“晓寒杨柳”以下十首，何本在〔渡江云〕“晚晴池馆”一首下，而万里本则在卷末〔满庭芳〕“积雨沉昏”后耳。比闻吾乡陶兰泉观察（湘）得明初刻本，依样付梓，不日断手，当更图假校，俾合成完璧也。癸酉四月，赵尊岳书。

乙亥秋七月，陶本甫杀青，因得假校一过。其编次盖与丽水本同，文字亦无同异。前有叶蕃序一篇。按之为洪武十三年刊本，题《写情集》，实为刘词之祖本。凡分四卷，自〔河传〕“江上作”至〔怨王孙〕“翠被”一首，为第一卷；〔谒金门〕至〔蝶恋花〕“春梦”一首，为第二卷；〔摸鱼儿〕“晚春”至〔清平乐〕“春风”一首，为第三卷；〔锦堂春〕至〔满庭芳〕“清明”，为第四卷。不知丽水覆锲，何以合四卷为一篇。陶刻精整，几可乱真，雠校之余，并迻录叶序以冠兹刻，用存全豹。尊岳再记于宣武城南。夜灯人静，漏下两鼓，明河在天，斯景清绝，恰宜词境，末易轻忘也。丁丑三月，据何本、陶覆本重校。珍重阁。

类编笺释国朝诗余五卷 长洲钱允治功甫编 同邑陈仁锡明卿释

允治，初名府，字功甫，长洲人。钱穀子，后以字行。生万历间，贫而好学，年至八十余，隆冬病疡，映日钞书，至暮不止。没，无子，遗书类多散佚。有《少室先生集》及《国朝诗选》五卷，同邑陈仁锡为合编《草堂诗余选笺》行之。仁锡字明卿，天启进士，授编修，典诰敕，以不肯撰魏忠贤铁券文落职。崇祯初，召复原官，累迁南京国子监祭酒。卒谥文庄。生平讲求经济，喜著书，有《系词》《易经颂》《重订古周礼》《四书考》《史品赤函》《古文奇赏》《苏文奇赏》诸书行世，虽不免空疏之弊，亦所谓笃学好事者矣。所笺《诗余》，仅及饾饤，因为删乙而重梓之。原书疏于校勘，兹略加雠读，初不能尽正其鲁亥。明人选明词，本不多见，亦足珍闷也。乙亥冬至，武进赵尊岳记。

丁丑三月十三日，据原刊本校并酌补码字。珍重阁。

古今词汇二编四卷 仁和卓回方水辑选

方水，字休园，卓人月弟。性好柔翰，治词章，不乐仕进，旅游闲暇，手钞古今词，与大梁周雪客诸君子参订，为《词汇》三编，事详所述缘起中。原书梓行于康熙间。前有陆阶、严沆、金镇、鲁超诸序，又辑诸家词话、毛稚黄词韵各一卷，合而行之。原板传世极罕，兼金不可得致。南陵徐氏积学斋获藏其书，因就假读，并手录覆本，存之箧中，忽忽已逾十稔。比者汇刻明词，因取其二编别为锓木。明人选明词者不多，尝鼎亦庶足以快一脔耶。乙亥腊日，高梧轩校记。

丁丑谷日校读一过。尗邕。

林下词选四卷 吴江周铭勒山选

《林下词选》十四卷，吴江周勒山（铭）选辑。勒山，康熙时人。劬学媚古，尤擅词翰，尝选其乡先贤词，曰《松陵绝妙词选》；又古今名媛所制词，曰《林下词选》，谓为有林下风也。选一至四卷为宋词，五卷元词，六至九卷为明词，下此为清词。前有尤西堂、吴慊庵、赵子氏序，及勒山自题〔莺啼序〕一阕。原板久毁，其书不易复得，而余独得其完整者，藏之箧衍垂二十年。比辑刻明词，独少金闺玉台之作，所藏《众香集》董大理绶经又已为刊行，则取次斯选，自六至九卷，为一一重刊，别以补遗中明媛之作附丽其后，庶合诸明词为全璧，存此丽制于芸编云。甲戌秋望，珍重阁书。

丁丑谷日校原刊本。朩邕。

陶学士词一卷　当涂陶安主敬撰

右《陶学士词》一卷，盖自全集中裁篇别出者也。按主敬少从耆儒李习游，元至正初举乡试，授明道书院山长，避乱家居。太祖渡江，安与习率父老出迎，太祖与语，善之，留参幕府，授左司员外郎。洪武初，命知制诰，兼修国史，历江西行省参知政事，卒。安尤长《易》学，筮验若神。国初议礼，宋濂以外艰家居，率安为裁定之。福王时追谥文宪。所著题《陶学士集》，余得之于金陵，因为属锲者也。丙寅七月，叔雍。

丙子除夕，校盋山藏明刊本。高梧。

扣舷词一卷　长洲高启季迪撰

季迪博学工诗，家北郭，与王行辈十人卜居相近，号"北郭十友"。又以能诗，号"十才子"。张士诚据吴，名士云集，季迪独寓外家，在吴淞江之青邱，自号"青邱子"。洪武初，为编修，与修《元史》，累官户部侍郎。自陈年少，不敢当重任，乃赐白金放还，授书自给。知府魏观为之移家入郡，旦夕延见，欢洽无比。后观以改修府治获谴，帝见其所作《上梁文》，怒之，腰斩于市，年甫三十有九。所著《大全集》、《凫藻集》。余则以文瑞楼刊本摘录其词者也。戊(寅)辰二月，高梧轩。

丁丑元日校《四部丛刊》本。朩邕。

眉庵词一卷　姑苏杨基孟载撰

孟载，字眉庵，九岁能背诵六经。及长，著书十余万言，名曰《论鉴》。尝于杨维桢座上赋《铁笛歌》，维桢惊喜。与高启、张羽、徐贲，号"四杰"。兼工书画。洪武初，官至山西按察使。著《眉庵集》，词即附载集中。余得其集于杭州，遂录其词焉。戊(寅)八月，叔雍。

丁丑元日，校传钞西泠书藏本。高梧。

道山词一卷　浦江郑棠叔美撰

叔美，濂从子，受学于宋濂，有文行。永乐中，官至翰林检讨。著《金史评》《道山集》。浦城郑氏有世德，其祖文嗣十世同居，凡二百四十余年，一钱尺帛不敢私。元至大间旌表其闾，世称“义门”者也。己巳元月，叔雍。

同日校传钞西泠书藏本。高梧。

九霞山人词一卷　句吴顾起纶玄纬撰

顾玄纬，起元弟，字更生，别号元言。从父可学絜之京师，代为祝厘应制之文，多称帝意。以国学生累官郁林州同知，致仕。玄纬豪于文酒，善书法。其昆季于嘉隆间，以校辑《王右丞诗》《会真记》等书名于世，顾其所著《九霞山人集》独罕传。今年盛暑，观书于四明范氏天一阁，《山人集》赫然在焉，然前后虫伤残破，不忍触手。卷一后附词三阕，幸未损字，亟命胥录于阁中，以贻我叔雍词长，刊入明人词辑中，备一格焉。宗弟万里记。

同日校赵斐云传钞本。赤邕。

西村词一卷　海盐朱朴元素撰

元素，正、嘉间人。工诗，隐居西村不仕，诗集即以“西村”名，多与文衡山唱酬之作。余初得之于浙江西湖书藏，仅词二首，而〔念奴娇〕犹有阙文，盖集本遗脱，恨非全豹。既而张菊生先生乃以补词三首见示，因并汇刊之。癸酉仲冬，叔雍。

同日校传钞本。高梧。

箬溪词一卷　长兴顾应祥惟贤撰

应祥，弘治进士，授饶州府推官。桃源洞寇乱，掠乐平令去，应祥单身诣贼垒出之，贼亦解。历广东佥事，擒剿海寇雷振等，半岁三捷。

累迁刑部尚书，奏定律例。时严嵩专横特甚，应祥以耆旧自处，嵩不悦，以原官改南京，致仕归卒。著《惜阴录》《人代纪要》《尚书纂言》《归田诗选》《南诏事略》等书。又精算术，著作亦夥。应祥尝受业王守仁，因复作《传习录疑》《龙溪致知议略》诸书，词在《归田诗选》中，兹辑出单行之。癸酉腊日，叔雍。

同日校传钞北海集本。高梧。

饥豹词一卷　丰城李万年惟衡撰

万年，字维衡，号茫湖，江西丰城人。弘治时官至刑部尚书郎。遗集八卷，题《饥豹存稿》。卷八词调三十八首，仅此一首为词，余皆南北曲也。过拍“青蛇壮气”不协律调，姑以存之，备明词家数云。癸酉仲春，圭璋社兄自金陵寄示，为识其崖略。是年仲秋，珍重阁书。

同日校传钞本。赤邕。

观槿长短句一卷　宝应吴敏道日南撰

敏道，号南莘，又号射阳畸人。以孝名乡党间，不乐仕进，以布衣终老。隆庆庚午，自刊其集，名《观槿稿》，凡诗赋六卷，长短句殿焉。兹为辑录，俾叔雍兄校刊明人词集之一助。癸酉长至，海宁赵万里记。

同日校传钞本。赤邕。

西村词一卷　松陵史鉴明古撰

明古，弘治己未进士。于书无所不读，尤长史学。家居水竹秀茂，亭馆相通。客至，陈三代秦汉器物及唐宋以来书画名品，相与鉴赏。好着古衣冠，曳履挥麈，望之者如神仙居，人称“西村先生”。著《西村集》。朱竹垞《静志居诗话》谓其撰曾祖墓志，仅称权推为税长，质实不华，非同后世之冒滥，足知其文行。此盖自明刊本迻录者也。戊(寅)八月，叔雍。

丙子元月四日，校传钞盋山书藏明刊本。尗雍。（丁丑误作丙子，有年光倒流之夷。）

清江词一卷 崇德贝琼廷琚撰

琼，一名阙，字廷琚，又号廷臣。元末领乡荐，遭乱退居殳山。博览经史，尤长于诗。洪武初，征修《元史》，除国子监助教，与张美和、聂镠齐名，时称"成均三助"。著《清江集》附词。余初得写本于金陵，既以《四部丛刊》景明初刊本校之，以附椠焉。戊辰二月，叔雍。

同日校明景刊本。高梧。

半轩词一卷 长洲王行止仲撰

止仲，自号澹如居士，又号半轩，亦号楮园。淹贯经史百家言，富人沈万三延之家塾，每文成，酬以白金，行辄麾去。洪武初，延为学校师。已而谢去，隐于石湖。其二子役于京，行往视之。凉国公蓝玉馆于家，数荐之。后玉被杀，行父子亦坐死。行善泼墨山水，著《二王法书辨》《半轩集》，词附。兹为别行，以广其传云。戊（寅）四月，叔雍。

瀼溪草堂词一卷 华亭孙承恩贞父撰

贞父，正德进士，历官礼部尚书，兼掌詹事府。时斋宫设醮，独不肯黄冠，遂乞致仕。卒谥文简。贞父笃学，博稽宏览，为文深厚尔雅。著《瀼溪草堂稿》，余得读于西湖书藏，因录副本，并纪其仕履。己巳四月，高梧轩。

同日校传钞本。尗雍。

偲庵词一卷 建安杨旦晋叔撰

晋叔，太师杨荣曾孙。弘治进士，历官太常卿。以忤刘瑾，谪知温州，治绩最著。瑾诛，累擢至南京吏部尚书，转北京吏部尚书，渐以事为陈洸所劾，致仕。事迹俱附载《明史·杨荣传》中。所著《偲庵文集》十卷，有旦自序，其少子襄又为增辑梓行。诗多题识赠遗之作、和平忠爱之音。帐词附诗后，兹汰其骈序而存其词焉。癸酉十一月，高梧轩书。

同日校传钞西泠书藏本。赤雍。

全庵诗余一卷　钱塘胡文焕全庵撰

文焕，字德甫，号全庵，一号抱琴居士。文词曲无所不通，于万历中设文会堂于虎林，广刊四部典籍，并手辑《琴谱》《古器具名》《诗家汇选》诸书，又以杂著数十种合梓行世，所谓《格致丛书》者是也。此从所编《游览粹编》中辑出，以备明词之一家。何当得其全璧，用行于世，庶与南宋陈道人后先踵美与。癸酉长至，赵万里识。

同日校北海书藏本。赤邕。

松筹堂词一卷　吴县杨循吉君谦撰

循吉，字君谦。成化进士，授礼部主事。善病，好读书，致仕归，年甫三十有一。结庐支硎山下。惟性狷隘，好论人短长。武宗驻跸南都，召赋《打虎曲》称旨，易武人装侍御前。善为乐府小令，帝以优俳畜之。循吉以为耻，辞归。晚岁益落寞，坚癖自好，卒时年八十九。著《松筹堂集》。北海书藏得原刊本，斐云宗兄过录见惠，因辑入明词别集云。癸酉长至日，叔雍。

丁丑五日，校传钞明刊本。高梧。

黎阳王太傅诗集一卷　濬县王越昌世撰

越，字昌世，濬县人。景泰进士，渐官至兵部尚书，以功封威宁伯。事谊具见国史本传。集称王太傅者，盖赠官也。今年仲夏，得正德刊本于海上，乃四明范氏天一阁故物。中附诗余十五首，亟录出以贻叔雍宗兄，聊备明词一格焉。癸酉八月，海宁赵万里记。

同日校传钞天一阁藏本。赤邕。

枝山先生词一卷　长洲祝允明希哲撰

允明，字希哲，号枝山，又号枝指生，长洲人。弘治五年举人，授兴宁令，迁应天通判，谢病归。有《褭星堂集》三十卷，（案《静志居诗话》，有《祝氏集略》，又有《金缕》《醉红》《窥帘》《畅哉》《掷果》《拂弦》《玉期》等集。）今存残本四卷，词附见集中。余得读于江宁盋山书藏，因饬胥录副，重付剞氏。迨刻成，又得斐云宗兄函，谓北海书藏有嘉靖甲辰谢雍手钞《枝山集》，可以互校，遂复寄勘正，此书庶可为善本矣。癸酉腊月，珍重阁。

同日合校两本。赤邕。

阆风馆诗余一卷　冯翊马朴敦若撰

朴，字敦若，同州人。万历四年举人，官至云南按察使，弥有循声。著述繁富，《阆风馆全集》凡六十二卷，诗赋古文无不毕具。卷二十一、二为词，而〔黄莺儿〕〔玉芙蓉〕〔清江引〕等南北小令并厕其间，则编者未暇细为类例也。原书藏北海书藏。乙亥伏日，逭暑都城，得加披录，因合之为一卷，以付传梓云。高梧并记。

丙子腊月下澣，校北海藏本。赤雍。

蒲山渔唱一卷　蒲圻魏观杞山撰

观，蒲圻人。元末隐居蒲山，明太祖起兵下武昌，聘授平江学正。洪武初，建大本堂，奉命侍太子说书，授诸王经历，累迁至祭酒。廷臣交章荐其才，出知苏州府，亲贤任能，弥著惠政。后以迁治事被谮，伏诛。高启亦罹大辟。帝寻悔之，命致祭归葬。遗集题《蒲山渔唱》。余在京师得见成化刊本，三词并在集中，为迻录之。乙亥仲春，叔雍书。

同日校北海书藏成化刊本。高梧。

来复斋词一卷　吉州刘铎洞初撰

刘铎，字我以，别号洞初，安城南里三舍人。父鸣歧，虔奉关侯像而生铎，骨相神异，宛肖关西。幼颖悟，受知胡瞻明。入邑庠，而困于诸生者十年，担石无储，豪气横逸。万历丙午，举于乡。越十年丙辰，成进士。殿试本拟拔第一，以小故抑之。初任刑部主事，又奉使陇右。归来，重入秋曹，因欲平反内臣陈正己杀商人李朝事，大忤魏珰。珰畏其才，属人求草书，意以讽之。不少顾，遂出之。守扬州，有治声。珰益衔之，授意田尔耕以诗语讪谤，缇逮之，官民为之遮道。已而朝审得释，乃复原职，竟不诣珰一谢。于是又以戚畹李承恩狱逮系，亦竟不屈。珰复陷以巫蛊事，属薛贞锻炼成狱，加以惨酷。铎被刑，径斥珰逆，终赴西市。宜人萧氏及七岁幼女欲从死，铎止之。临刑，赋绝命诗："大限年来五十三，翻身跳出是非阑。魂魄先从三岛去，诗书率付六丁担。无棺任凭鱼腹葬，有首徒教野狗衔。龙逢比干归泉下，此去相逢面不惭。"又作别妻女诗数章。迨庄烈嗣位，始旌葬之。萧宜人扶榇以还。子一：兆帜；女淑，适同里王石鲸巡抚次男霭。霭矢死抚孤。迨寇至陷吉城，脱珥以饷义师，士民为之感泣。遗著诗文多散逸，淑为辑刊之，又请于其同年瞿式耜为铭其墓，内侄萧琦为序其书，而自系以跋，集凡十卷，诗赋古文，粲然俱备。词在五卷中，兹为裁篇别行，亦以作正气于海岳之际、阳九之秋也。乙亥伏日大暑，武进赵尊岳记。

同日校原刊本。未雍。

种莲诗余一卷　辽藩朱宪㸅□□撰

宪㸅，辽王植六世孙。植为太祖第十五子，封辽王，国于广宁，旋改荆州者也。宪㸅于嘉靖中袭王爵，以笃奉道教，为世宗所宠信，赐号"清微忠教真人"。敏慧绝世，而行多纵佚。隆庆初，坐罪降为庶人，国除。著《味秘草堂集》《种莲岁稿》传世。八词散见《种莲集》中，为别存之。乙亥仲春，浚仪赵尊岳。

同日校北海藏本。高梧。

履庵诗余一卷　宜兴万士和思节撰

士和，字思节，号履庵，嘉靖进士。隆庆中，以礼部左侍郎引疾归。万历初，起为礼部尚书。条上崇俭数事，又以菑祲屡见，奏乞杜幸门、容戆直、汰冗员、抑干请，多犯时忌。卒忤张居正，谢病以去。居正殁，起为南礼部尚书，不赴。卒谥文恭。有《履庵集》。词非所工，而恬澹冲雅，犹存风骨，为付梓人，并记岁月。乙亥仲春，高梧轩。

同日校传钞北海藏本。赤邕。

世经堂词一卷　华亭徐阶子升撰

阶，字子升，嘉靖进士，历礼部尚书，东阁大学士。时严嵩为首辅，深嫉之。阶才智足以见驭，嵩不能图。尝密疏仇鸾罪状，鸾坐得罪。外事嵩甚谨，内深自结于帝，卒逐嵩，尽反其行事。屏绝苞苴，收名人望，优假言官，稗政多所匡救。后为高拱所扼，致仕归。卒谥文贞。有《世经堂集》《少湖文集》行世。词多酬应之作，同在集中，兹特为裁篇，以合之隆万诸家云。乙亥仲春，叔雍。

同日校传钞北海藏本。高梧。

处实堂词一卷　长洲张凤翼伯起撰

凤翼，嘉靖间举人。工文学，尤长于南北曲，所著《红拂记》等传奇，被之弦管，有声于时，又有《处实堂集》《占梦类考》《文选纂注》《海内名家工画能事》诸书，均盛行于世。《四库》并著录其集。词八首，在第四卷中，为裁存之。乙亥仲春，珍重阁书。

同日校传钞北海藏本。赤雍。

吹剑诗余一卷　洧上范守己介儒撰

守己，字介儒，万历间进士，官至按察使佥事。有《肃皇外史》《御龙子集》《郢垩集》《吹剑草》诸书，《四库》著录。《郢垩集》中附乐府，渴欲求得，卒不易致，而京师书藏藏目有《吹剑集》。乙亥仲春，养疴北行，客豫邸者经月，抽暇往读，于卷二十中得五词。尝鼎一脔，聊副宿怀，亟为辑录，以广余明词之囿。叔雍校余并记。

同日校传钞北海传藏本。赤邕。

薇垣诗余一卷　山阴王濬初启哲撰

濬初，字启哲，山阴人（隶太同府）。万历乙酉举人，旋官内阁。著《薇垣小草》，传本不多见。乙亥仲春，病客宣南，就北海书藏得读一过，为辑存之。叔雍。

同日校传钞北海藏本。赤邕。

瑞峰诗余一卷　漳浦卢维桢司典撰

维桢，隆庆戊辰进士，由吏部主事，历考功、文选郎中。擢进孤寒，品藻精密。旋擢光禄寺卿，具疏议岁派上供改折，及良酝、珍羞二署弊端，上嘉纳之。累迁至工部右侍郎，代总督仓场事。以忤当道，上疏致仕。策蹇出都门，年始艾也。与朱天球结社梁山之麓。卒赠户部尚书，赐祭葬。有《醒后集》传世。按黄虞稷《千顷堂书目》，载卢维桢《瑞峰集》六卷，实即《醒后集》，集五卷，续一卷，故云六卷。维桢号瑞峰，又号水竹居士。《醒后集》题水竹居士而不著姓氏。既考集中奏疏题名及《漳州府志》，始得举其行谊。斐云宗兄就北海藏本录词见视，为刊存之。乙亥仲春，尊岳跋记。

同日校传钞北海藏本。赤邕。

简斋诗余一卷　曲周刘荣嗣敬仲撰

荣嗣，字敬仲。万历丙辰进士，授户部主事。管银库，矫发金华银济边，虽获罪不恤。累迁至工部尚书，总督河道。挽黄治泇，备极劳瘁。为忌者所中，逮系卒，士论惜之。性孝友，好宾客，诗文书画皆卓然名家。有《简斋集》行世,词则附载集中卷十一者也。乙亥仲春,叔雍记。

同日校传钞北海藏本。高梧。

师竹堂词一卷　信阳王祖嫡胤昌撰

祖嫡,字胤昌。父诏,官信阳指挥佥事,因诖误,镌世秩。祖嫡以胄子举于乡,上书阙下,白父冤,得复故爵。隆庆辛未成进士,改庶吉士。吕文简公谓有忠孝大节,雅爱重之。时同官有殴斥掾属者,江陵当国,手札欲加穷治,祖嫡独前进奋言,其事遂解。授检讨,垂十年,丁内艰归。庐墓侧起迁国子司业,上疏请厘正革除间事,得旨俞允,时论伟之。旋预修玉牒,上赐四品大红罗衣一袭。又撰《明因寺碑》,中有"涂膏衅血"语,微以示讽,偶达慈宁宫,恩赉甚厚。擢宫庶,以妻丧请告归。维风正俗,里社士习为之丕变。晚习禅诵,属纩之日,神气翛然。著《师竹堂集》,词附,盖所以为辅弼启沃之资,语详小序中,亦词苑所罕见者也。乙亥仲春,北游京师,得见《三怡堂丛书》本,迻录一过,斐云宗兄复以雍正间其裔孙兑之手钞本校正数字,为付剞人。高梧跋记。

同日校北海藏本传钞本。赤邕。

云松近体乐府一卷　鄞魏偁达卿撰

魏偁,鄞人。官至石城训导。著《云松诗略》八卷,翰林院庶吉士泰和欧阳鹏为之评点,盖明人刻书标榜之陋习也。书为弘治原刊本,旧藏天一阁,其卷七载词十二首,为裁录之。乙亥八月既望,高梧轩。

同日校北海藏本。赤邕。

青金词一卷　金坛史迁良臣撰

迁,字良臣,一号清斋,金陵人。元季隐居,以教授自给。洪武初,累征始起,为蒲城令,升忻州守,后改廉州,所在有治绩。著《青金集》八卷，原书刊于成化间，传世甚罕。四明卢氏抱经楼藏传钞本，此则就钞本乙录者也。乙亥八月，叔雍记。

同日据北海书藏藏抱经楼本校。赤邕。

雁荡山樵词一卷　乐清章玄应顺德撰

玄应，字顺德，乐清人。其先为吴姓，恭毅公纶长子，从宦留都中乡试。以言者论其大臣子有嫌，复还为邑诸生。试浙省，复中式，继成进士，任南京礼、工二科给事中。慷慨敢言，有父风。孝庙初，常陈五事，又悉按劾中贵之招权乱政者，累官广东布政使。所著有《曼亭稿》。弟玄会，应天通判。子九仪、九仁，咸有隽才。九仁子朝凤，登进士第。玄应之孙朝凤，疏复吴姓。《雁荡山樵集》则为嘉靖中朝凤官闽中时所刊，故均题吴玄应也。词在第十五卷中。《曼亭稿》未之前见，此则北海书藏有刊本，余遂得展转假录，并志其行谊于右。丙子岁朝，珍重阁。

丙子腊月廿七，校京师书藏明刊本。高梧。

纹山先生诗余一卷　永安罗明祖宣明撰

明祖，字宣明，福建永安人。天启辛未进士，历官华亭、繁昌、襄阳令。尤精于律算青鸟、浑天格物之学，迭上平寇议于总督杨嗣昌，颇忤时俗。卒时年四十四，友人宁化李世熊为之传。著《纹山先生集》三十卷，词在卷九中，虽律调乖误，而其人忠勇奋发，亦在可传之列也。丙子初春，珍重阁书。

同日校京师书藏本。赤邕。

醒园诗余一卷　河东李嵩醒园撰

嵩，平阳荣河人。万历三十二年进士，累官至监察御史。著《醒园文略》二十卷、《杂咏》一卷、《疏草》一卷，亦一时敢言之士也。词在《文略》卷五中，为别存之。丙子人日，高梧轩。

同日校京师书藏明刊本。赤邕。

百川先生长短句一卷　常熟孙楼子虚撰

楼，字子虚，常熟人。嘉靖丙午举人，官湖州府推官，改汉中，致仕归。性好书，杜门雠校，昼夜不辍，所藏逾万卷。著《百川集》《丽词百韵》，《四库存目》著录及之。《丽词》未及见，《百川集》卷十二为长短句，因辑存之。丙子四月，高梧识于京师旅邸。

同日校京师书藏明刊本。赤邕。

群玉楼诗余一卷　瓯宁李默时言撰

默，字时言，瓯宁人。正德辛巳进士，官至吏部尚书兼翰林学士。为赵文华诬陷，下诏狱瘐死。万历中追谥文愍，《明史》有传。此盖从明刻《群玉楼集》《困亨别稿》辑录者，前二首见集本卷六，后二首见《别稿》卷一也。丙子四月，京师旅邸雨窗校记，赵尊岳。

同日校京师书藏藏本。赤邕。

诚斋词一卷　周藩朱有炖□□撰

有炖，周定王长子，高皇帝孙。洪熙元年袭位，景泰三年卒。史称其博学善书。著《诚斋录》四卷、《杂录》如干卷。又长南北曲，其杂剧三十一本盛传于世，论者以为有明曲学之盛，实出藩封振导之力。词附载《诚斋集》卷四，因为裁篇别出云。丙子展上巳日，高梧。

同日校京师书藏明刊本。高梧。

古庵先生词一卷　武进毛宪式之撰

宪，字式之，别号古庵，武进人。正德进士，官给事中。时内侍擅权，国事日坏，宪疏大臣怙势为奸利者数人，内外肃然。武宗储嗣未建，举朝讳不敢发，宪疏请不报，谢病以归。宪生平敦行谊，矜名节，学者称“古庵先生”。著《古庵文集》《谏垣奏草》，词亦雅洁骀荡。吾乡于有清一代以词开派学者，弥不宗皋文、翰风两先生，谓词体之尊、词义之博，惟两先生实昌其端绪，庸讵知三百载前古庵先生已肇椎轮大辂之始乎？寒夜勘读，为并纪其仕履。丙子元日，邑后学赵尊岳谨跋。

同日校京师书藏藏本。珍重阁。

堇山诗余一卷　鄞李堂时升撰

堂，字时升，号堇山。八岁日记数千言，属对敏给，甫成童，廪于郡庠。登成化丁未进士，授工部主事，监税芜湖。时中官宋昂怙巨珰李广势，恣横阻，堂为力禁，历升营缮、屯田二司，多所兴革。适清宁宫灾，以郎中承敕督建，首请发内帑，免征天下，以苏民困，答天戒。修复之际，又多省抑。时提督英国公张懋、兵部尚书马文升、工部尚书徐贯等既联章具保，升京职二级，堂三疏辞免。明年，敕建礼部，与修阙里，费皆取诸夙羡，民用不扰。又沮兵部之请，罢筑京师外城，停南京内府不急工役。凡所具奏，皆主厚培民力，切中时弊。旋升应天府丞、南京光禄卿，改佥都御史提督操江，升工部右侍郎。汴、徐河患告急，敕兼左佥都御史总理修筑，而镇守河南太监廖纪以堂严于提遏，忮恚媒蘖，遂谢病归。闭门纂述，多崇正学。著《堇山文集》，词附见，为裁存之。丙子季春，赵尊岳记。

同日校京师书藏藏本。高梧。

四留堂词一卷　南海卢龙云少从撰

龙云，万历癸未进士，补邯郸令，治行为诸郡邑最。复补长乐，以忤权要，左迁江西藩幕，转云南大理寺副，晋户部员外郎，升贵州参议，卒于官。其治苗夷，尤得抚循之道。著《四留堂集》《尚论全篇》《易经补篆》《谈诗类要》诸书，词则在集本卷十七，迻录校梓者也。丙子春夜，叔雍。

丙子小除夕，据北平图书馆传钞本校。高梧。

洗心亭诗余一卷　平凉赵时春景仁撰

时春，字景仁，号浚谷。嘉靖会试第一，选庶吉士，历兵部主事。以言事切直，黜为民。久之，授翰林编修，复以言事黜。京师被寇，起官擢御史，巡抚山西。思以武功自奋，旋遇寇于广武，一战而败，时将帅多避寇退去，功虽不就，天下壮之。寻被论解官归。平生读书强记，文章豪肆，诗亦伉俍自喜。词曲合为《洗心诗余》一卷，门人周鉴为之序，男守严于隆庆间刊行之。余得其原刊本，因辑次其词，别为锓木，以彰吾宗之典雅。惜有阙叶，无自校补也。丙子灌佛日，尊岳跋记。

丙子小除夕，据明刊本校。未邕。

白房词一卷　永州朱衮子文撰

《白房词》，明朱衮撰。衮字子文，湖广永州人。弘治十五年壬戌科进士，选翰林庶吉士，拜监察御史。以忤刘瑾，谪县丞。瑾败，起擢南礼部郎中，出补云南参议，转按察副使，进参政。《明史》无传，事迹具详过庭训《分省人物考》。俞宪《皇朝进士登科考》卷九，亦载衮登康海三甲进士，湖广永州卫籍，直隶长洲县人。衮盖江南人而著籍湖广者，与黄虞稷《千顷堂书目》所载著有《三峰文集》诸书之上虞朱衮字朝章者，当别为一人。衮在弘、嘉朝，以能为柳州文见称于时。过庭训谓其文飙回云结，崒嵂崎巇，其所蕴蓄，人莫能测其涯涘。余事为词，亦复自鸣天籁，不为空绮，奇思壮采，比之陈声伯、王子衡辈，殆如骖靳，是盖能以古文行气之法通于声学者。词凡七阕，从吴兴刘氏嘉业堂所藏正德刊本《白房集》中录出。叔雍嗜搜明词，因迻写付梓。发潜阐幽，同声冥契，爰为考其大略如此，并以补王昶《明词录》之漏列云。丙子夏，匑厂黄孝纾识于墨谑庼。

同日据镏氏藏本校。高梧。

徐卓晤歌一卷　杭州徐士俊野君　卓人月蕊渊撰

徐士俊，原名翙，字三有，号野君，明季仁和人。工文翰，尤长乐府，庶与王、关、马、郑相抗手，所著《络水丝》等剧本盛行于时。卓人月，字珂月。别有《蕊庵词》一卷，已为授梓。《晤歌》盖二人赓唱迭和之作，附刊于《诗余广选》之后者也。《广选》凡十六卷，辑自唐五代，迄于明季，一一加以笺评，裒然巨帙，初不甚精。明季选家所好如此，收名有余，定价不足，无可为讳。岁在丙子天中节，迻录授梓，并为跋记。珍重阁。

丁丑三月十五日，据原刊本校。高梧。

蕊渊词一卷　仁和卓人月珂月撰

人月，字珂月，明季仁和人。性耽琴书，好文词，浪迹江湖间，盖眉公一流也。著《蕊庵集》《诗余广选》《晤歌》，拈声订韵，无间晨夕。《蕊庵集》卷十二为词，即兹刻之祖本。《晤歌》与徐士俊相酬唱，亦待授梓。《诗余广选》则辑录唐宋以来词凡十六卷，裒然巨制，以所收明人之作无几，故未为锓木。王言远称其词有意出新，独开生面，但于宋人蕴藉处不无快意欲尽之病，信非虚语也。乙亥孟夏，高梧并记。

丁丑季春十一日，校北海书藏全集传钞本。雍。

艳雪篇一卷　震泽葛一龙震甫撰

一龙，字震甫，吴县人。崇祯间，由贡生选授云南布政司理问。有《尺木斋》《艳雪篇》诸集，竹垞谓读之未免有枫落吴江之憾，盖微词也。此从明刊集本中迻写，题鉴湖蒋埏（植之）校。前有吴江周永年序，兹并存之。乙亥四月下澣，叔雍书。

同日校传钞北海藏集本。珍重阁。

丹峰词一卷　上虞徐子熙世昭撰

世昭，上虞人。弘治辛酉乡试第三，乙丑成进士，授兵部职方司主事，区画有方。正德戊辰，充会试同考官，再典武举，咸庆得人。升武库司员外郎，应制直文华殿，晋光禄少卿，乞词翰者无虚日。世昭淹贯经史百家，下笔语高意古，不落时格，或劝其少为贬损者，益笃志好古。襟怀磊落，不拘小节，论议若悬河，下笔千言，尤善草书。事继母至孝，处昆季间不私一钱，临终惟谆谆以孝友训诸子。著《贻谷堂集》，余所见者，为其孙南京工部主事启东万历间所校刻之《丹峰先生文集》，当为其私谥也。词虽不工，饶有逸趣，为录存之。乙亥孟夏，高梧轩书。

同日校传钞北海本。赤邕。

平山词一卷　上虞徐应丰德中撰

应丰，子熙子。初游泮，善属文，尤工楷法。嘉靖间，由儒士考选制敕房中书，奉诏侍直，时承晋接。会相嵩怒从弟学诗敕奏，疑有所授，以京察罢黜。一日，上问："徐中书安在？"左右以实对。上云："徐应丰侍办御典，着留用。"晋礼部主客司郎中。逾年，竟诬以他事，廷杖，削为编民。应丰素性鲠直，不屑治生，以故赏赉所得，悉以济人，归惟图书数卷而已。居家事二兄若严父，有不平者，片言立解，人争重之。所著诗稿，并刊于《贻谷集》，惟别题《平山先生集》，以别于宝丰之《丹峰先生集》而已。子启东，官南京工部主事，集本即所手刊也。词见第五卷中，兹与《丹峰词》合行之。己亥孟夏，叔雍记。

同日校传钞北海藏本。高梧。

十赉堂词一卷　吴兴茅维孝若撰

孝若，号僧昙，坤季子。能诗，与同郡臧懋循、吴稼竳、吴梦旸并称"四子"。万历四十四年，北闱登乙榜。先是，见杨涟击珰疏，遂发愤上叶福清相国奏记，福清不能用其书，而京师一时传诵，谓为曲突书。著《十赉堂》甲、乙、丙、丁四稿，词在《丙集》卷十二，凡三十六阕。《甲》《乙》稿中遍检无他词也。彊村侍郎辑《湖州词征》，甄录四首，均不见《丙稿》，当从选本所得，知茅词之散落者多矣。吴兴刘氏嘉业堂旋得《四稿》，临桂况蕙风先生尝见之，驰书告尊岳，后拟往录副本，而北海书藏已先写寄，近始付刊。蕙风先生谓其笔近沉着，未坠先正典型，洵知言也。乙亥孟夏，尊岳校读记。距蕙风先生之殁，忽忽盖且十年，发缄犹新，人琴之痛，曷其能已，因并志之。

同日校传钞北海藏本。珍重阁。

式斋词一卷　太仓陆容文量撰

文量，成化丙戌进士，初官兵部职司郎中。西方进狮子，请大臣往迎，进谏，止之。累迁至浙江右参政。性至孝，嗜书籍，与张泰、陆釴齐名，以忤权贵，罢政归。《明史·文苑》有传。著《式斋集》三十七卷、《菽园杂记》十五卷。词杂厕诗集中，不别为诠次。兹董辑别裁，用广其传焉。乙亥四月望日，叔雍校写并记。

同日校北海藏本传钞本。高梧轩。

斗南先生辽阳诗余一卷　江阴黄正色士尚撰

正色，字士尚，号斗南。官南海令，擢南台御史。后以罪谪戍辽东沈阳卫，欣然就道，无羁旅穷愁之态。其安命自得，忠义所发，往往见于歌诗。在辽几三十年，穆宗初始归。升南太仆卿，旋乞致仕。万历丙子九月卒，年七十六。万士和为撰墓志，备志其行谊。余得读其集本，裁取其词，惜有阙失，容以他本补之。乙亥四月，高梧。

同日校北海藏传钞本。赤邕。

贵希函诗余一卷　黄冈官抚辰凝之撰

抚辰，字凝之，黄冈人。万历选贡，官至徐州知府。著《贵希函云鸿洞稿》，余于厂肆见崇祯刊本，因为最录其词。案黄冈官应震为户科给事中，旋擢太常少卿，万历间与刘廷元、亓诗教齐名，声势煊赫，时人目为齐、楚、浙三党，而应震为楚党之魁。子抚极，字进之，任平越守，以袭擒苗帅，擢太仆卿。抚辰盖其舅季行也。乙亥灌佛日，珍重阁书。

同日校北海书藏本。未邕。

静观堂词一卷 昆山顾潜孔昭撰

顾潜，字孔昭，昆山人。十九荐贤书，登弘治丙辰进士，选庶吉士，改御史。上疏论列马政五事，上敕所司从其议。壬戌在告，辑唐虞以来事可为法者，名《稽古治要》，上嘉谕留览。甲子，以畿辅灾变，疏论时政八事，上加采纳。又劾罢光禄少卿祝祥以附外戚，进太常卿崔志端以道流。累官礼部尚书，提督京畿学政。吏部刘宇，逆瑾党也，子官县令，谒，潜不为礼。衔构于瑾。出为马湖知府，未任旋罢。潜生平以礼自持，尝著《慎独箴》以志警。家居事亲，又十二年，于舍南凿池叠山，为展桂堂居之。所著有《静观堂稿》《读史新知》《林下记闻》《湖壖醉韵》《惇史梦林》等集，此自集本卷六裁出者也。乙亥孟夏，叔雍校读记。

丁丑季春十一日，校北海传钞本。珍重阁。

宝纶堂佚词一卷 暨阳陈洪绶章侯撰

《宝纶堂集》旧有康熙刊本，载词二十九首。迨光绪间，会稽董金鉴有重刊活字不分卷本，载词三十三首，前有孟氏撰章侯传。按毛西河撰传，谓崇祯末愍皇帝命供奉，不就。朱竹垞撰传，则谓崇祯壬午入资为国子监生。其说两岐。而余前所据刊之康熙刊本施愚山所为传，则又称崇祯召为中书舍人者也。前刻甫成，龙榆生社兄以陈彦畴君来函见视，且谓其家旧藏老莲手写词稿十九首，内九首为拙刻所未备，因迻写，属为补行。同声之雅，惠我者过于百朋，亟别梓锲，丽于旧刻之后。他日苟得光绪本合补覆之，以完盛业，宁非快事！姑以俟之。文字显晦，本有夙缘，无俟强求者也。乙亥新岁四日，珍重阁灯窗题记。

同日校陈君逘钞本。高梧。

恬致堂诗余一卷　嘉兴李日华君实撰

日华，字君实，号竹懒，又号九疑。万历间进士，官至太仆少卿。为人恬澹和易，与物无忤。工书画，精鉴赏，兼事考据家言。维时称博雅君子者，王惟俭与董其昌相并，而日华亚之。著《恬致堂集》《官制备考》《姓氏谱纂》《檇李丛谈》《书画想象录》《竹懒画賸》《紫桃轩杂缀》《六研斋笔记》诸书。《笔记》《杂缀》为世传诵，而《恬致堂集》颇不多见，此则自集中第十卷别录以行者也。乙亥孟夏，叔雍校讫并记。

同日校北海藏集传钞本。赤邕。

输寥馆诗余一卷　华亭范允临长倩撰

允临，字长倩。万历进士，仕至福建参议。工书画，与思白翁齐名。归而筑室姑苏天平山之阳，故人及四方知好之来吴者，恒与遨游山水间。诗词恬澹冲雅，著《输寥馆集》，词在卷一，因次录之。允临妇徐小淑亦工韵令，有声于时，有《东海集》《络纬吟》传世，已授梓同行矣。乙亥四月，珍重阁记。

丽崎轩诗余一卷　休宁查应光宾王撰

查应光，字宾王，在城人。生而警敏，气局魁然。登贤书，寻遘二亲丧，以礼闻。爰创宗祠，辑家乘，群从五世同居，庭闱雍肃。平居牍绝公门。至地方大利害，谠言不讳。同年王广文为仇构于御史台，力雪其诬。里闬有质成者，折以片言，事竟，人莫敢以私馈干也。别构池草阁，日手一编。崇祯丙子，刘直指令誉以名荐，奉旨纪录优擢。有司劝驾，辞不赴。逾年，直指张复缮疏荐用，适以微疾卒。所著有《四书》《易经》《陶瓶集》《丽崎轩诗文集》，辑有《群书纂》《靳史》《祲象录》《古文逸选》诸书。此则自诗文集第四卷裁录者也。乙亥仲夏，高梧轩书。

同日据北海藏本传钞本校。尗邕。

仁宗皇帝御制词一卷　朱高炽撰

明仁宗昭皇帝，讳高炽，成祖长子。初封于燕，守北平。永乐二年立为皇太子，辄受命监国。危疑之际，克尽子职。二十二年，嗣皇帝位，改元洪熙。多行仁政，赦建文诸臣，罢西洋宝船，省苛刑，纳直谏，锡蹇义、杨士奇诸臣绳愆纠缪银章。惜享国不永，德化涵濡，未之尽布也。有《御制诗集》传世，其第六卷凡词八首，录之以轩冕朱明一代文治之盛云。乙亥四月，赵尊岳跋。

据北海藏本传钞本校。尗邕。

梦庵词一卷　钱塘张肯继孟撰

《梦庵词》一卷，明浚仪张肯撰，明梅禹金藏旧钞本。又有何梦华钞本、赵辑宁钞本，似皆从旧钞本传钞得之，以三本脱略从同也。朱竹垞辑《词综》，录梦庵〔齐天乐〕"题燕文贵楚江秋晓卷"一首，盖从"楚江秋晓图"真迹录入。余初未见《梦庵词》，亦不知梦庵即张肯之别号。后考《钱塘县志·文苑门》，载宋人张雯事，略云："张雯字子昭，其先浚仪人，南渡居钱塘。力学嗜书，所居临市阛，尤精律吕，每众坐闻乐，辄俯首颦蹙曰：'吾其不免乎！'子田，字耘己，亦工文词。田子肯，字继孟，从金华宋濂学，所为诗文清丽有法，尤长南词新声。"据此庶可知其行谊矣。惟《大观录》载文征明画跋云："张肯字季孟，号梦庵，吴人。"是肯晚年尝流寓于吴也。又《清河书画舫》载梦庵〔齐天乐〕词尚有跋，云："余尝放舟武昌，泛赤壁矶，登黄鹤楼，上巫峡，涉瞿唐之险。于楚江晨夕，饱览奇胜。回首又二十余年矣。今披此图，恍然梦寐，追想旧游，姑谱〔齐天乐〕以寓所慨云。岁癸酉十月望日，梦庵识。"此跋记题词缘起甚明，而竹垞删之，遂难窥其崖略。案癸酉为洪武二十六年，是肯当属明人。竹垞以梦庵为元人，亦未当也。余辑元词，初收肯之《梦庵词》及王行之《半轩词》，《半轩》亦《词综》谓为元词者也。嗣考之皆当属明人，因举以视叔雍社兄。叔雍方汇刻明词，逾二百家，珍本秘籍，重见人间。寻三百年前词人之坠绪，集朱明一代文苑之大观，此虽蹄涔，当足为沧海一勺之助也。甲戌四月望日，江宁唐圭璋识。

同日据传钞本校。

陶庵诗余一卷　剑州张岱陶庵撰

陶庵，明季人，一号蝶庵居士，籍剑州，爱西湖山水，侨寓钱唐。国变之际，仅以文酒自娱。著《西湖梦寻》及《陶庵集》。词虽未合法度，而清才逸思，时露故国之思。万载龙榆生社兄以集本见视，特为裁篇授梓，用以殿明季诸家云。乙亥初夏，叔雍校记。

丁丑三月十六日，据榆生写本校。珍重阁。

灵山藏诗余一卷　上饶郑以伟子龠撰

以伟，登万历辛丑进士，改庶吉士，授翰林院检讨，历赞善、谕德、庶子、少詹府，右迁礼部侍郎，以忤奸珰告归。崇祯初，起礼部尚书，兼东阁大学士，入赞机务。卒赠太子太保，予谥文恪。著《灵山藏集》，诗余附。诤臣风骨，禁苑词林，所作自可珍秘也。丙子孟夏，高梧校记。

观复庵诗余一卷　武进吴奕世于撰

吴奕，字世于，万历庚戌进士，出令龙溪。洚水泛滥，城不没者三版，奕力救无恙。水退，筑城修桥，不取费于民间，行法必信，胥吏不敢作奸。终以强项忤巨室，遂媒孽之，投劾以归。著《观复庵集》八卷、《续集》十二卷，传播未广。岁甲子，移宫事定，始得就大内所藏明刻本裁录其词。景行乡贤，缅怀先哲，亟授之剞氏焉。丙子孟秋，邑后学赵尊岳敬书。

袁礼部词一卷　吴袁衮补之撰

补之，自号谷虚子，嘉靖十七年戊戌进士，官至礼部仪制司主事。补之长于文学，与诸昆季同著盛誉，东南胜侣，多向往之。词二首附载集中，为裁存之。珍重阁。

濯缨余响词一卷　山阴朱东阳清溪撰

朱清溪以布衣终老，事迹无可考见。子南雍，则登隆庆戊辰进士，官至太仆寺卿。斐云宗兄得见明万历刊本《濯缨余响》，附词十三首，知为拙藏所未备，因以写示，弥可感已。丙子天中节，珍重阁记。

保闲堂词一卷　常熟赵士春景之撰

士春，为赵文毅公用贤孙。崇祯十年，以第三人及第，授翰林院编修。以援黄道周下狱，抗疏上陈，谪广东布政使照磨。行谊具见《明史》。著《保闲堂集》二十六卷，各立卷目。词亦分见诸卷中，兹合辑存之。丙子七月，高梧轩。

南宫诗余一卷　常熟杨仪梦羽撰

仪，字梦羽，自号五川居士。登嘉靖五年进士，官至山东按察副使，构万卷楼为退食读书之所，多藏宋元精椠。著有《螭头密语》《骊珠随录》《高坡异纂》《古虞文录》及《南宫集》七卷。其第七卷为词，亦间入散曲，兹付迻刊，未为汰乙也。丙子七月，珍重阁书。

渚山楼词一卷　海宁潘廷章美含撰

廷章，字美含，号梅岩，明季诸生。工诗文，中年不复应试，留心经学，多所撰述。家居硖石，尝辑《硖川志》。与仁和陆圻、同邑陆嘉淑友善，多有酬唱。门人王廷献编其诗文，为《渚山楼集》，嘉淑昆季序而行之。书甚罕觏，海宁陈君乃干近刻其乡先贤遗词三家，始盛传于世焉。丙子八月朔日，高梧轩书。

碧山诗余一卷　鄠王九思敬夫撰

山东鄒人闻太史王渼陂先生之名旧矣，及壮游京师，获睹其文集及诸乐府，始竦然大骇曰："是何富且奇也！"既而叨尹鄠邑，辱侍几杖。一日杯酒从容，谈及诗余。先生笑顾其孙曰："山木，吾春雨亭有一束书，取来。"拜领以归，详览精思者累日，见其篇少趣多，众体咸备。或慷慨激烈，或舒徐和平，或酝藉含蓄，或清淑简易，要皆华敏高妙，与李太白、温飞卿为千年友，苏、黄而下不论也。始复竦然大骇曰："是何雅且丽也！"夫美而爱，爱而传，公也，遂锓诸梨，与好艺文者共之。先生名九思，字敬夫，号渼陂，一号碧山。今八十四岁，尚健且日事咏歌，无异少年云。嘉靖辛亥春正月戊午，日城后学宋廷琦书。

渼陂，弘治进士，授检讨。以附刘瑾，官至吏部郎中。瑾败，降寿州同知，勒致仕。平生闲美风流，不拘礼数，善歌弹，工词曲，与康海、何景明等游，号"十才子"。年八十余卒。著《渼陂集》《碧山乐府》《碧山诗余》《游春记》《中山狼传奇》，咸盛行于时。丙子孟秋，余自上虞罗氏蟫隐庐得见嘉靖原刻本，因饬写官过录存之。高梧轩。

苏愚山洞词一卷　蒲城李应策成可撰

应策，字成可，号苍门。万历癸未进士，任邱知县。以两居忧，历成都、安阳，举卓异，授给事刑科。以倭事参处石星、沈惟敬等大辟，朝论韪之。历太常少卿、左通政归。居家孤高绝物，踽踽独行，年八十卒。著有《谏垣题稿》八卷、《苏愚山洞正续集》三十卷、《黉宫补漏》二卷、《六纬质难》七卷、《摹真藻》四卷、《婚丧泊堤》一卷、《李氏世遗录》三卷，《裁邑志》四卷。词与南北曲羼厕，分见《正续集》，兹则别为类辑以从者也。丙子孟秋日，高梧。

默斋诗余一卷　灵宝许论廷议撰

廷议，灵宝人。嘉靖丙戌进士，由尚书郎进南京光禄寺少卿。寻迁南京大理寺丞，进都察院右佥都御史抚蓟州，又进右副都御史。逾年，受命抚山西，以功进兵部尚书。万历初，予谥恭襄。行谊具详汪道昆所撰传中。著《默斋集》，诗余十首附。丙子暑中，边患告亟，余北行客京师，得见集本，为辑存之。珍春阁。

安甫诗余一卷　吴陈尧德安甫撰

诗余十三首，盖自旧钞本《陈安甫小草》所裁录。陈尝自称“卖菜佣”，于其自序有曰：“尧德废举子业，贩衣卖缯，兑钱糴谷，衫帽蒙尘，筋骨烦扰。弱孩早丧，少妇夜摧，青蚨散尽，黑虱在头，糊口无策，每晨荷菜入城，易钱数片。”则其坚贞之情可以概见，而集中又多冶游之作，则安甫何前侈而后俭耶，亦伤心人别有怀抱耶？此行谊无可征考。诗集卜舜年为之评点，则舜年与同里闬，固相友善。舜年于国变后佯狂以终，则安甫亦必笃首阳之节，因而穷饿海滨，可以知已。丙子双莲节，珍重阁。

西游诗余一卷　江陵苏惟霖云浦撰

惟霖，万历戊戌进士，官监察御史巡视两淮漕储，按山西，调河南按察副使。性禀颖异，事亲以孝闻。诸昆弟碌碌，仅守先业，惟霖仕达，所得禄赐，尽以均给之。归田后，优游小龙湖，与公安袁宏道、康山李维桢、同里吴道昌诸人相和酬唱，年五十卒。著《西游集》，词附，虽不能工，而林泉潇洒，亦复清逸可喜也。丙子暑中北游，得于王城，见而逡写，因并考其仕履。珍重阁记。

心远楼词一卷　休宁杨琢季成撰

季成，元时隐居不仕，自号放鹤翁。与赵东山、朱枫林为友，而私淑于陈定宇。洪武初，以儒行任本县儒学教谕。弘治中，其裔孙凤梓其遗书，题《心远楼存稿》，凡八卷。其书久佚不传。《明史·艺文志》及《千顷堂书目》均未著录。余得见汉阳叶氏所藏旧钞本，弥可珍秘，因传录其词，以示叔雍焉。丙子秋日，万里附记。

咏怀堂词一卷　怀宁阮大铖圆海撰

圆海事迹，备详载籍，无俟赘陈。独所著《咏怀堂诗》清微澹远，归于陶、谢一流，初与其人之徼利逐名，终以身殉者迥异。气质行谊，相去甚远，古来神奸巨憝，乃往往有之也。词四首，分见诗集及《今词初集》。江陵唐圭璋社兄辑写见寄，因付墨板，庶与《春灯》《燕子》共传于世云。丙子白露日，珍重阁。

东武山人词一卷　山阴朱公节允中撰

公节，举嘉靖辛卯乡试，谒选知彭泽县，擢泰州知州，罢归。以次子太师文懿公赓贵，累赠如其官。溯为诸生时，博闻强识，即务古学，与陈山人鹤、沈经历炼结社为诗歌。钱谦益评其诗，谓为学殖深厚，骨气清真，具见推挹之忱。著《东武山人集》，盖乾隆辛巳间八世孙继相为之板行者也。词四首，附载卷七，为裁梓之。丙子七月既望，高梧轩记。

北潭词一卷　清苑傅珪邦瑞撰

珪，字邦瑞，成化二十二年进士，官至礼部尚书。卒赠太子少保，谥文毅。事谊具见史传。著《北潭集》，附词一首。丙子孟夏，黄公渚社兄就刘氏嘉业堂藏集本录示，亦足以张吾军也。高梧轩记。

西园诗余一卷　博罗张萱孟奇撰

孟奇，一字九岳，别号西园。万历中举于乡，官至平越知府。好学博识，经史百氏，靡不淹通。能画，书法兼通诸体。著《汇雅》《西园集》，诗余附。斐云宗兄于京师见明刊集本，录词见视，即以授梓焉。丙子新秋，高梧轩识。

浙江词一卷　海宁查容韬荒撰

韬荒，号浙江。明季人。工诗文，天才卓绝，性秉简傲，辄从外兄朱竹垞游。肆力史事，长于持论，古今成败得失，历历在心。少应童子试，以场中例有搜检挟带，以为慢士，拂衣径出，遂以布衣终老。家贫，不问生产，出游四方，笔耕自给。年五十，客死楚中。盖逸民之流亚也。丙子仲秋，珍重阁校记。

坐隐先生诗余一卷　休宁汪廷讷昌朝撰

廷讷，字昌朝，一字无如。万历间官盐运使。著《环翠堂集》，《广陵月》杂剧，《天书记》《三祝记》诸传奇，又《坐隐棋谱》《人镜阳秋》，盖亦能文好博之士也。集本凡三十卷，别为《坐隐集选》四卷，《四库存目》著录之。按萧和中序，“坐隐”乃其园名，故别自摘选为四卷本，凡诗词、南北曲各一卷，随录一卷，词如干首，无不纬以奕事，足见癖嗜之深，亦兰苑之别裁矣。丙子八月，珍重阁校记。

小雅堂词一卷　云间莫云卿廷韩撰

是龙，如忠子，字云卿，后以字行，更字廷韩，号秋水，又号后朋。嘉靖间人。能文，善书画，皇甫汸、王世贞辈亟称之。以贡生终。著《石秀斋集》及《画说》，寸缣尺帛，传之至今，价直兼金。曩岁余得其子秉清《采隐诗余》，付之剞氏，独惜莫氏何以不合《小雅堂集》同刊。兹者北游，斐云宗兄乃以明刊集本过录见示，合之为一家之言，喜不自胜，秉烛为跋。时丙子之秋七月既望，珍重阁识。

胶东词一卷　华亭周思兼叔夜撰

思兼，字叔夜，号莱峰。工书画。嘉靖进士，除平度知州，治行举第一，累官湖广佥事。岷府宗室五人，封爵皆将军，杀人掠货，监司避不入武冈者二十年。思兼系其党于狱，五人怀利刃入，思兼婉谕之，皆沮退。乃列其罪上闻，悉锢之。后以忧去官，遂不复出。迨卒，门弟子私谥“贞靖先生”。著《叔夜集》《学道纪言》。此则就集本第四卷裁篇以行者也。丙子秋夜，高梧读记。

名媛诗纬初编诗余集二卷　山阴王端淑玉映选辑

《诗余集》上下二卷，为《名媛诗纬》之第三十五六卷。辑者王端淑，山阴王季重先生女也。季重殉国难，大节凛然。金闺才彦，乃辑一代之翰墨，付之枣梨。沧桑之际，赖为传作，信可宝矣。其书流播绝罕。甲戌之秋，余在海上书肆见之，未及收购，已归云间施氏无相庵。明岁，始得获录副本，举示叔雍社兄。叔雍方汇刊明词，以为可补选集之未备，因以贻之。至《诗纬》三十七八两卷，题曰“雅集”者，则为散曲，他日当别梓以广吾曲囿焉。丙子孟冬，卢前冀野甫识于饮虹簃。

泾林词一卷　昆山周复俊子吁撰

公字子吁，号木泾，昆山人。举嘉靖壬辰会魁，仕至云南左布政使，晋南太仆寺卿，致仕。公少与王同祖、顾梦圭齐名，称“昆山三俊”。入滇，与杨升庵极相得。著有《六梅馆集》八卷，内《泾林诗集》三卷、《泾林文集》五卷。词不多作，仅此三篇附刻诗后。集本流播未广，窃惧湮没，因写寄叔雍道兄辑刊之。丙子仲秋，族孙周悫雁石甫谨识。

珠尘词一卷　嘉善潘炳孚大文撰

炳孚，字大文。父永澄，兴化太守。家多藏书，穷三年之力遍读之，雄于文。崇祯三年，黄石斋典试得其卷，拟擢第一，以后场格于功令见遗。为人矜奇傲举，名行自砥。房师阮公行县至邑，欲邀一见，敦迫乃往。阮迎谓曰：“子天下才，名当在李梦阳上。”炳孚瞠目曰：“李梦阳为谁?”示不屑也。后以科试卷过放部议，夺其饩。炳孚曰：“吾能改面目与俗人伍耶?”遂废于酒，卒年未三十。有《珠尘遗稿》一卷，同里钱继章为辑入《人琴录》中。丙子十一月，珍重阁书。

清唤斋词一卷　嘉善刘芳墨仙撰

墨仙，崇祯间人。少孤，抚于祖。年三十，青其衿，旋食饩，一时名士皆乐与之游。既而游金陵，疽发于背以死。有《清唤斋遗稿》一卷，同里钱继章汇梓朋好之作为《人琴录》，因辑存之。丙子仲冬，珍重阁得斐云宗兄传钞本校记。

楼溪乐府一卷　平度崔廷槐公桃撰

廷槐，字公桃，平度州人。嘉靖丙辰进士，授户部主事，历郎中，出为四川佥事，卒。著《楼溪集》三十六卷，此则从明刻集本卷十六、十七裁篇别录，合之为一卷者也。丙子仲冬，珍重阁。

乙巳春游诗余一卷　祥符李濂川父撰

濂，正德甲戌进士，授沔阳知州，迁宁波同知，擢山西按察佥事。著有《嵩渚集》一百集、《乙巳春游稿》五卷、《祥符文献志》十七卷、《祥符乡贤传》八卷。丙子仲春，斐云宗兄自京师写示，为付墨板。叔雍记。

豁堂老人诗余一卷　仁和释正岩豁堂撰

正岩，字豁堂，仁和郭氏子，出家灵隐。法藏说法净慈，作颂往呈，遂承印证。壬辰，主三峰席。历主灵隐、净慈，退居普宁。示寂，预刻时日，至期作辞世偈，掷笔而逝。或云，豁堂徐姓，名继恩，武林名士，国变后为僧。尝云："人非金石，立见消亡，不若逃形全真，自游方外。"著《同凡草》。王新城目为汤惠休、帛道猷之流。亦工书，能画山水，笔意苍秀。此则自《同凡草》卷九迻录者也。丙子仲冬，高梧校余并识。

偏行堂词集一卷　丹霞今释澹归撰

（据《明词汇刊》，上海古籍出版社 1992 年版。又参考吴格校记）

读词杂记

1.《云谣集杂曲子》跋

《云谣集》为唐人写辑之词，凡三十首，向藏于敦煌石窟，为千余年来所未传之秘笈，而亦词总集之莩甲也。石室藏有数本，均为外人所获，辇之海国，分藏于伦敦、巴黎图书馆，国人初亦未有知者。迨日本狩野博士西游，惊获其书，约略录记，函告上虞罗叔言君，其书始少传于中土。顾罗君以狩野所录，初非足本，亟欲窥见全豹，乃径函法国伯希和博士逐录全文。乃伯氏写来，亦仅十八阕，无当于三十之数，叔言亦即据以刻入《敦煌零拾》。此为国内第一刊本。维时朱彊村、吴伯宛两先生，知有是书，咸欲得其足本。会董授经大理罢官赴欧考察司法，因属其就伦敦书藏，物色原本。董果得之，手缮以归，吴伯宛立付石板印行若干册。此为国内第二刊本。然其阙失正同于巴黎藏本，亦仅十八阕也。彊村翁亦即据此十八阕，与临桂况夔笙先生，刻意钩稽，补撰校记，为刊入《彊村丛书》中。时则《丛书》早已杀青，流布颇广。彊村乃别印数纸，分贻友好，俾增订于压卷之先，而坊间所售，往往或无此集。是为国内之第三刊本。迨民国十九年庚午，北京大学教授刘半农赴巴黎，又得见其另一原帙，适符三十之数，因为辑入所编《敦煌掇琐》中刊行。是为国内之第四刊本。彊村欣为足本，可以补伦敦本之缺也，遂复审加搜校，写定付梓，而彊村遽归道山，竟未及见全书之剞劂。迨龙榆生为编《遗书》时，始发箧付刊，以偿其遗志。是为国内之第五刊本，亦即校订最精之足本矣。

综此五本，实异流而同源。各本分具王静盦、罗叔言、朱彊村、龙榆生诸跋，（吴伯宛石印本，迄未之见，不知有无序跋。）考订精审。原书具在，无俟赘陈。余撰《词总集考》，则列此为压卷。盖余所甄录唐人曲子，合此凡四种，其他载三二首不等，又无总集之题名，独此题名“杂曲子”，是非出于一手可知。而三十首下，初不注明作者之姓氏，则其作者当未必见知见重于当世，或更为里巷所习闻，未暇详考，即亦无由知其作者之姓氏也。夫唐词合乐，以歌为主。既有宫调，填以文字，始谓之词。词有文人雅集，就撰于宾筵之间者，则大率为宴喜之用，相公曲子、太尉金筌，人所共喻，此一流也。然亦有但取实文字，以为歌唱之资，则撰者本不必出于文人骚客之手笔，但求便歌以赴节奏，情文之供众宾，正无待于句工组绣，字贵推敲，俾为传世之资，附诸艺林之列，此盖又一流也。缅维当日，此三十首，或出于歌楼酒人之口吻，或即为伎家操索之群工，见有旧谱，为撰新歌，率意取男女爱悦伤离惜别之情事，纬之以音节，被之于歌筵。推其用心，正不在文字之求工，而务合于管色。乃此不必求工之作，有天籁以传其至情，有风会以范其文字，适以近俗之便，遂极行远之长。一时闻者既加激赏，阅世久远，更令读者惊其朴茂，争相著录，此固为当日作者之所不及料也。至当日虽布之管弦，而传唱纷繁，即未必确有定本。于是好事之徒，汇其所得，次第成编。惟其时时习闻，出之口授，而疏于词也，遂至讹夺不可迹读。亦惟其仅便歌者，而歌者之往往就谱以为偷声减字也，故又辄同调而异谱。

盖文人之作，按付红牙，即号知音，终有一间之未达。故虽按谱寻声，一字一句，惟恐失之，乃不如歌者之减字偷声，循弦赴节，转足以遍行阛阓，家喻户晓。又惟此好事者之贵在存词，搜书寸卷，而本无题识之可言也，则赐以《云谣》之嘉名，而兼题“杂曲子”，以示原本之本不出于一家，诸词之亦非属于一宫一调。实则一时盛行之曲，必不止此三十首之数。辑者或就其所闻，仅得此数，抑自所聆诸歌次第其心赏神会者，以选存此三十首，则固未由考见于百世之下矣。自有一家之写本出，而后有传录之他本兴，异文讹字，则又传录者展转之误，亦或各就其所习闻，而不必校其异同。要之《云谣》一集，出于不负时誉之撰手，成于好事者之综录，则为必然之事。大雅不作，古叹无闻，回溯盛时，杳同梦寐。辑读既竣，因更为推定而系之以跋。珍重阁识。

（录自《金荃玉屑·读词杂记》，见《同声月刊》第1卷第10号）

2.《唐人写本小曲三调》跋

上虞罗叔言参事于唐本《春秋后语》纸背上，得唐人所书三小词，是为一人所撰，或杂录诸作，不可考也。况夔笙、王静安两先生均以曲调为证，各撰跋文，分见于《观堂集林》《蕙风词话》。余则谓敦煌本属边地，惟以唐代古文，声教远暨，蕙风先生之论，自尤可征。夫以《春秋》纸背，偶录小词，书者情致之闲雅，清趣可知。以愚断之，此必非作者所书，以作者工词，何必书之于纸背，而又必非一家之言？盖诚欲缮录名篇，亦不当假之书尾，此必当时本地所流行之曲调耳。耳熟能详，写官士子，迻缮《春秋》，偶发遐思，即就纸背书一二名章俊语，以自破其岑寂。盖晨夕搦管，对此断烂朝报之剖析探讨，已甚感其无味也，故非特不为一家之词，亦或习闻而不知为伊谁之作。夫歌楼酒市，饔使奉卮，正不必求知作者之行谊，写官更非通人，迻缮无俟问学，故所录《春秋》，依据原本，未必不无讹夺。而此小词三首，乃至乖谬省文，几至无可通诂，词中法家王静安以意逆志，盖仅乃得之者。由兹取证，写者之非作者可知。而其杂录群编，搜诸一帙，谓为选政之初基，亦固无不可者矣。静安每以此三词，为人书之扇头。二十年前，侍座蕙师讲席，时见握此聚头，商量旧学。岁月不居，墓木均拱，翻阅校稿，不禁涕泗之涟洳矣。武进赵尊岳记。

3.《唐人写本曲子》影印本跋

唐人写小词五首一小叶，阔广仅三四寸，两面作书，字各六行，折叠为二，所谓蝴蝶装也。其前后两首，均有缺文，盖残叶耳，亦出敦煌石室，旋流入京师厂贾之手。日人桥川时雍得之，傅惜华为作题跋，并影印于《北京画报》。其跋以为此三调亦必开元旧谱，若能假定为《云谣集》所佚者，则庶可以少补《云谣》之阙。又其中〔鱼歌子〕一首，与罗叔言所藏另一唐人写本者相同，惟字句略有歧异耳。余对以唐人小词擅拟为《云谣》佚曲之说，未敢苟同。（后《云谣》得见足本，此说无俟更论。）盖唐人歌谱，流传边徼，歌楼选句，多用此数调，正如今日南部烟花之时唱《五更》《鲜花》诸曲牌也。家弦户诵，随手掇记，固不必视同珍品。列诸结集，亦非《云谣》之以杂曲子自名，矜为选政者可比。意者歌楼酒家，倡人乐手，携便记诵。或奉为宾客之省览，或用为雏鬟之清课，故纸仅盈寸，表里兼书，其不加重视可知。特百世之下，瞻溯明词，既惊其文字之罕传，又得就以追忆当日酣歌之盛况，因列诸秘笈，置之青箱。此则诚所不及料者，固亦不必泥于“云谣”之名，转滋款案。至傅氏谓《鱼歌子》可以补罗藏别本之佚文，则罗藏别本，本非《云谣》。而一词之见于两选家者，向亦比比皆是，无足深怪也。桥川生有雅骨，能诗工骈文，客京师者十稔，主东方书藏事，又主纂《续四库提要》，南北往还，辄相把臂，更北行者，当索元本，一谋快睹矣。叔雍手跋。

4.《草堂诗余》跋

草堂选本，自宋迄今，传播不废，几不与词事之盛衰相因依。盖盛矣其流布之广，越世之久矣。夫词学每以朝代而兴废，词籍遂亦有显晦之不同。《花间》晦于元明，迨杨升庵始为显之；《阳春白雪》晦于元明，迨阮芸台始为显之；《绝妙好词》亦晦于元明，迨朱竹垞始为显之。以彼例此，《草堂》诚足高据词坛，为不祧之初祖矣。顾其书选自宋人，独不盛行于南宋。《直斋解题》，仅著录其为二卷。曰“书坊编集”者，是可证其为当世初行之际，选政既不谨严，义例亦无可取，故宿学如直斋，不过为厕于目录之末，初未加以重视。其云“书坊编集”者，则直斋所见之本，或本未题名，或仅题武林外史，或纵题何士信之名，而士信亦非知名之士，仅为书贾所延操选政者，故亦不必特为标出之耳。（《草堂》向不著撰人，各本有题武陵外史者，北京国立图书馆得元刻本，有建安古梅何士信君实编选之名，讶为仅见）选词之要，初不外存人存词两大端。《草堂》存人，固不必论，即存词亦无宗派风会之可言。坊肆之所以选行者，要以词在南宋，流传极广。士夫学者，吐属珠玑，等而下之。伎流走卒，亦往往脱口成章，咿嘤咕哔，而或因以自附于文囿之末。其时风气如斯，人人既以能占韵语为韵事，坊肆于是择其浅近易解以及流播最广之诸调，汇而辑之，以示初学之模楷，重以当时。宇内不靖，学少精专，麟楦獭祭，视为求学之终南。于是类书之行，风起云涌，用为临时钻研之具。书贾固黠慧，因亦以类书之例，从事选词，耸动士林，冀其流播。用心如此，结习从同，其刊本题《类选群英诗余》，即足为分类本先出之明证，固无待于详考者也。至直斋所记之二卷本，是其最先流行之本，当无笺注，仅具正文。继而贾人见其适投时好，行销綦众，则必别有黠利之徒，起分杯羹之利，于是加以笺注，别为裁篇。注稿既繁，编次少异，则以二卷分为前后集，集各再分二卷，以示略有异同。更求货殖，乃至增损笺注，移动正文，特立区区之轩轾，示其为别传之佳本，以鸣高而立异。一时翻刻，更以踵兴。王静盦《庚辛读书杂记》，谓宋时此书之有别本，固信而可征也。逮于元代，祖述旧本，再付剞劂，各据所传，即各有异同之处。即以今尚获存之至正癸辛二本言之，癸未为至正三年，辛卯为至正十一年，相距不过八稔，刻工又大致类似，必同出于闽、浙等地。乃词目既小有异同，笺注亦各有增损，且一无题名，一题何士信之名，足为别本各传之明证。然其分类之义例，依然沿袭，是亦足征宋时各本，固未见有分调者也。王静盦据王楙《野客丛书》所记载，推思其故，以为宋时未必无分调本。夫记载证引，偶尔误书，习见之事，然所误未必即为前后相接之故，亦未可即谓为宋时之有分调本也。宋元《草堂》，题曰“类选”，顾名思义，宜可知之。况长调、中调、小令之别，起于明人。宋人因乐制谱，依谱填词，但知词调之隶于其宫，初不问其若干句字之长短，以长短字句，类第词调。盖始于词乐沦亡，乐谱散佚之后，殊非宋人之旧也。自明人有长调、小令之名，而《草堂诗余》，仍复盛行于世。于是顾从敬其人，又以新例，重刊《草堂》。明人托名纂辑，积习成风，以句调长短相次第，复投一时之好尚，而所题武陵逸史之名，究之逸史有无其人，亦或即为顾氏客杭时之别字，尚难论定。宋本固不可知，元本一题何士信，一不题名。初无外史之雅号，山人墨客，书赙题眉，亦殊明人所酷嗜，而不轻见于宋元者。循是言之，《草堂》两本之先后，固不更待于旁证矣。至顾本多出五十余调，想必顾氏刊书之际，为之增补，以示其单传别本之矜贵，因而托言家藏，谓比他本溢出若干，实亦耸人听闻之惯技。王静盦谓其每词均以总目之名名词，如“春景”“秋闺”之类，可证分调本即据分类门以为之，铁案如山，王氏盖洞烛其隐者至矣。余旧藏《草堂》十余本，昨又于坊肆得嘉靖顾氏原刊本残帙一卷，夜窗校读，辄为论定，以示后人之治《草堂》者，不必更于两本先后，多费浮词也。

5.《乐府混成集考证》书后

词要以能歌为主，而歌必循谱以赴律，是谱之于词，相附以行，盖不可须臾离者。纵使有谱无词，按调拍奏，尚为词曲。有词无谱，则不协律之诗，长短字之句，虽文字赡雅，亦固不得遽谓之词也。唱词之道，自胡元入主中夏，北曲代兴，遂以衰落。乐工老去，授受无人，终于歇没。而文人学士循诵名篇，亦步亦趋，相沿不废。至今代有无数名家，无数俊语，遗留天壤。独此名章俊语，早已远距词谱，不知其几百由旬。风会递降，宫移羽换，有不能已于变者，此则好古之士，所为神往而不置者也。《混成集》出诸修内司官定官刻，大晟旧谱，率在其中。周（草窗）黄（虞稷）著录，仅及册数，而不及卷数，知其以宫调相次第，而不以卷分。又全书以谱为主，故无词者居半，意者此无词之谱，初无名作，可树楷模，故宁阙而毋滥，以俟来哲耶？抑或本为舞谱，而非歌谱，为过门而非用以协歌者，亦但以谱传而本不具词文者耶？（今乱弹之〔柳摇金〕〔夜深沉〕等牌子，即无歌词，又笛曲之《梅花三弄》亦无佐唱之词，可以为例）。至大典以供朝堂飨宴，郊庙礼仪，官定之书，更非特加详博，不足以备采用。窃思全集义例，必以燕乐大典，列于前帙，外此则率以宫调相分，各隶各宫，各备各调，所用旁谱，亦即当时通俗习用者。今据王伯良所传录之两调观之，（见王著《曲律》）以校《白石集》，以证之张叔夏《词源》，盖无不合。王伯良以小儒治曲，一则称其画谱与今谱不同，再则指其〔浣溪沙〕〔西江月〕为长调，复与今词不同，而徒赏其词中一二俊语，以自激赏，幸而得见秘笈，买椟还珠，莫此为甚，疏陋之罪，宁复可辞。然亦幸而其少见多怪，乃采此数则于《曲律》之中，以留示后人。俾得追见原书于万一，伯良信为解人，即此一册，亦足逡付校刊，为发扬探导之初基，奈何其又见不及此耶？全书百余册，延至明季，所可征者，文渊阁、千顷堂犹各有其书，又何以更若干年而率就毁灭！有清三百年来，治学癖词之士，未有一获见之，官书本非秘笈，刊本不止一二，修内所刻，独乃绝少流传，追想临安烬劫，率付灰尘。初则既未颁之士流，卒乃所藏归诸兜率，幸而旧工典乐，偶得一二，展转遁亡。又以卷帙过繁，珍储不易，北曲代兴，此调不弹，亦遂终于泯灭。词学盛衰，盖视此集为枢纽矣！董大理绶经丈，乃谓东瀛内库，独有残本。余遍检所藏中土佚存书目，一不之见，遂尔不敢置信。昨年北行，而承清话，则坚谓言者凿凿，且佚存秘本，侭有未尽登目者，倘再渡海，其人且愿介往一观，信如所云，百拜以求，岂五云葱郁，常护持此尤物于扶桑海外，以待乘潮来归耶？姑以期之。

6.《尊前集》跋

《尊前集》，盖旧有其书者也。演传明代，已渐式微，不为明人所习知。明人虽雅好填词，而一奉《草堂》为圭臬，即《花间》之传布，犹有待于升庵，外此已可想见。惟升庵以世家子弟，为学者宗师，故传刻《花间》，不掠人美，徒以流布之责，自为矜重而已。顾生梧芳，则以儒生屏居乡里，见有异书，少加增补，遽曰纂辑。固明人之积习，亦畯素之恒情。王静安谓明人所题，殊不足据，此则深通斯诣者矣。竹垞以吴匏庵钞本，证为旧传，良信良是。至吴印丞即就顾跋而疑为顾辑，适中顾氏掠美之私，亦或其书，旧传单本，蠹简尘封，弥多阙失，梧芳加以增补，则容有其事耳。汪憬吾据顾序谓附补二卷本以行，实则所谓附补二卷者，盖指《花间》而言，试就顾序上下文字贯串读之，其义自明。余虽未见凌刻《花间》，然凌氏刻书，与吴兴闵氏实相伯仲。闵刻朱墨套板《花间》，拙藏具在，凌应顾请，为刻《花间》，是则当有其事，固不必亲见始足以资证订者也。校读之余，特为题记卷尾，用释聚讼云。

7.《绝妙好词》跋

小幔亭刻本《绝妙好词》七卷，余得之海上古书流通处。前有半塘老人题，盖为临桂况夔笙师题署者。卷中又有曾经艺风勘读朱印，按之此为夔笙师曩岁客都门时，得之海王村，以示半塘翁，因为记识。既而移家海上，艺风过从之际，发架得书，以为罕觏，假归逐校。不数月而艺风下世，遗书辇坊肆求售，得三万金，此亦从而落于僧人之手，幸为余得者也。周选自笺本出而原本废，小幔清吟群玉三本，夐不可见者久矣。此书之传，竹垞序谓得之钱氏，柯序谓假之族丈遵王先生，其说两异。义门复有竹垞诡得之说，夫其流传之出于绛云，著录于《敏求记》者，班班可考，惟朱得之以传，或柯得之以传，则以两序各判，遂使后人疑莫能决耳。尝试思之，原书果传自柯氏，则朱跋何以掠美；若出于朱，柯又宁得详著其族里之渊源。朱跋亦谓柯有刻本，而世所见者，则卷七仇山村以下阙失，目亦无存。今柯刻具在，仇词三首，俨然在列。则朱之所见，必非柯之原刻可知。且竹垞题记诸词集之载在《曝书亭集》者，若《典雅》，若《尊前》，若《花间》，均当时罕见之珍籍，柯刻为当时通行之本，习见为常，自不必慎重为之题记，则朱之所跋，庸非柯刻之又一旁证耶？即得柯刻而跋之，原序压卷，岂不共睹，宁能谓为余得之钱氏乎？意者朱必就钱氏别得一本，其得之也，虽未必如义门所传之诡秘，然或非迳自假之遵王，而展转出于其监书小史之手。遵王尚不之知，全书业已外播，谢过虽未必设誓，然已风传于当日士夫之口，以为书林之嘉话。因有好事者，故神其说，以为诡得。夫一筵之间，不过半日，即云置写官数十员，钞一《敏求记》，已感其疲难，遑有余力，复及《好词》？即欲别写他书，则绛云秘笈，可传者亦甚矣其夥，未必即及于韵令之属。书凡七卷，岂经日所得毕工，杨君谦撰朱年谱，为辨其诬，信有然也。至柯之假诸遵王，自无疑义。遵王素性，珍秘单传，不乐播散，自非先有朱录之副本，展转群彦间，亦必不肯慷慨示之南陔。亦惟其既为朱得，斯亦不吝于柯氏之传钞，而柯氏方致而刊行之耳。今以柯刻校后出之查刻厉笺本，卷七赵与仁词，柯本有〔浣溪沙〕一阕，佚一行，查刻已删去，是知赵词本有六首，今阕其一。非得柯本，何从知之？书贵近古，于此可见。又柯氏既刻周选，复拟广为五辑，且于书牘，预立总目。曰《绝妙好词前辑》，注北宋即出。曰《绝妙好词原辑》，注南宋行世（即此本）。曰《绝妙好词后辑》，注元人即出。曰《绝妙好词续辑》，注明人即出。曰《绝妙好词今辑》，注即出并征新稿。凡此均不见著录，亦迄无有知其成书与否者。乃余昨谒董大理授经丈于诵芬室，无意间见有《绝妙好词今辑》之传钞本，置之架头，亟为翻阅。所选多顺康时人，且前无序目，亦不具辑人名氏，似为未完之稿本。而所选诸词，柔丽缜密，屏苏辛雄放之调，多姜张浏朗之音，草窗法乳，一见即识。自必出于南陔之手，不问可知。因携归录副，俪之柯刻，剑合延津，旬日间事。词客有灵，当为莞尔。所期前后续辑，异日亦得同储青箱，则传刻之任，来者之责。余亦当效莲坡樊榭之前修，踵秋室仲勉之往辙，有以广其传也。

8.《全芳备祖词钞》跋

《备祖》为宋陈咏所辑类书，专采花木农商之故事文献，托体于《艺文类聚》之流者也。各部率立事实、赋咏二祖，事实分碎录、记要、杂事三目。赋咏以五七言分类，并系以词。两宋题咏之作至夥，且多有写本集已佚，及字句同异，足供校刊拾遗之需者。全书前集二十七卷，均花部，载词三百三十三首。后集为果卉、草木、农桑、蔬药七部，载词一百八首，合之为词四百四十一首。所收略于北宋而详于南宋，明人王象晋《群芳谱》，即从此出，瞠乎后矣。陈咏字景沂，号肥遁，天台人，撰进此书于理宗朝。前有韩境一序，备极奖扇。所选诗词，多题作者名氏，偶有脱落，仅为小疵。其书海内数百年未见刊本，残元印本数卷，远藏东瀛，董大理授经丈尝泛海往观而已。国内藏家著录，多出传钞，详略互异。海宁赵斐云谓所见五本，以临清徐氏本为独全。余所见则以涵芬楼藏之毛钞为近古，外此陆瞿方劳，咸有副墨，未加斠录，莫审异同。词钞一卷，则临桂况夔笙师就巴陵方氏碧琳琅馆本裁篇别录。而余以校毛钞者，同为四百四十一首，惟字句小有讹夺，意者方本亦源自毛钞耶？余初意为之刊印，以广流布，乃斐云所著录于辑刊佚词提要中者，谓赋咏祖收两宋咏物词千余首，则临清徐本之与毛本，详略何止倍蓰。流布之责，宜使斐云任之，断简零缣，初无足存之道，以重劳剞人矣。因为识而缄之，用俟为斐云本问世时校订之资可耳。

（《同声月刊》第1卷第9—12期）

冒校《云谣集》识疑

《云谣集》六本流传，同源异流，已见所撰读书记。约而言之，六本可别为三类，一率存原本之真，如罗、吴、刘三本；一推其讹夺，为之改补，（仅凭推定，并无两本可校，故曰改补。）如朱、龙二本；一自出己意，寻声定律，如冒校本。以言三类，互有长短。存真者不可句读，改补者庶可玩诵，亦未必即还原本之面目。至自出己意，重加董理者，固若持之有故，然以今人而必责唐人之律调于北宋畴范之内，甚且不惜移篇换句以就律，增减摊破以就调，则正不易苟同，为作“识疑”，质之声党，共深思之。

冒校《云谣集》，义例备于发凡：一断为北宋写本在柳耆卿后，一以增减摊破之法，一分别衬字及分遍，一审音响辨清词体以考牌名之同异，一校字阙疑。兹试缕晰陈之。

词曲自四五六七言嬗衍而成，和以声律，俾得行歌，始谓之词曲。其声律所和者为乐谱，谱原有长调，有短调，文字所以和调，因之亦自有长篇短篇，其短者曰令，中者曰引，曰近，长者曰慢，悉视篇调之长短而名之。大抵始作之际，短调易而长调难，因之令多而慢少，不论其为谱为文也。后来孳乳日繁，制谱加工，且有按宫调以别制新谱者，长调之谱遂日多，填慢词者亦日众，其间由小令之增减摊破为引为近以迄为慢者，为数自复不少，然不得即谓有令之始，尚无慢词，以及慢之尽由小令引申而出，观于《教坊记》之词牌，及杜牧之《八六子》，可以为证也。若谓以有北宋之慢词牌名，而即指为北宋之作，岂不当并以六朝人曾袭制汉魏旧题乐府，而即将汉魏之作为六朝所作耶。张孟劬函龙榆生所云，偶与《乐章》同其牌名者，尚为一间未达之言，至谓必在柳后，尤近武断。柳固文人狭邪，工于斯道，然未必即为制谱之人。其时樊楼在汴堤左右，歌楼酒肆间，旧有乐谱，夙已盛行，特曲词容非杰构，因之伶工倡女，乐造新声，请命新句，柳七顾而诺之，以成《乐章》一集，避署录话，言柳为举子时，多游狭邪，善为歌词，教坊乐工，每得新腔，必求永为词，始行于世，是先有乐谱后有柳词之明证。夫当时自命儒林者，往往不愿为伎工命句，即撰之传播之而不愿存稿，即存稿亦必隐其姓氏，独柳不拘细谨，以此自豪，故所作遗传至今耳。推冒氏之说，似柳即制谱之人，柳谱出而后始有和者，殊不知度腔成谱，柳亦身即依谱填词之一，同于和作，故谓之同出一源，诚无异言，谓其西夏先歌柳词，而后始有步其后尘之诸杂曲，不亦滞已。

兹再就其风会渊源言之。以风会言，唐音纯朴，而歌吟主于抒情，益见天真，无藉藻饰，迥非后来镂金错采者，所可并论。况撰歌者乐工为先，亦本不出一手，文字之雅俗深浅，且亦因而各异，俗者以行世为主，俚语村言，均所不废，末流所届，遂为〔挂枝儿〕〔送银灯〕诸作，此卷如〔凤归云〕之表妾衷肠，佐国良臣，〔竹枝子〕之“恨小郎游荡经年，颜容二八小娘”，〔渔歌子〕之“胸上雪，从君咬”等句是。雅者辄自抒其至慧之文心，由天籁以导五代之先河，如〔天仙子〕“满楼明月夜三更”，〔破阵子〕之“卷帘恨去人，和愁封去书”等句是。更有以文就律，斧凿宛然，如〔凤归云〕之“勇战奸愚，守志强过”，〔拜新月〕之“播得群臣美”等句是。至神来之笔，不假雕琢，而情意具足者，流美如〔抛球乐〕之“当初姊妹分明道，莫把真心过与他”，古拙如〔抛球乐〕之“淡荡知闻解好么”，〔渔歌子〕之“若得邱山不负”等句，均似不可解而可解，意在言外，情跃词表，太羹玄酒，滋味醰然。厥后雅言日昌，艺林大匠，逐渐诋此平淡古拙者为俚俗，屏不复用，花间金荃，亦即更少此等句法，盖体格虽日崇，而旧痕已渐蜕矣。由五代以至北宋，词曲歧趋，方言俚语，尽归于曲，益为高人所不屑道，然耆卿、东坡、山谷、少游，亦尚以古拙之方言俚语，制词以付歌儿，唐音余绪，犹略得窥见于万一，操觚之士，试先读李白〔菩萨蛮〕之“何处是归程，长亭更短亭”，〔清平乐〕之“六宫一夜孤眠”，窦弘馀之“云雨此时萧散，君王何日归还”，以迄《花间》《尊前》诸集，自即可觇百年上下之风会，而定《云谣》之作，必在李唐，孟劬所谓似尚不及五代，何况北宋，其说良是。至沙州远处西陲，莫高一窟，所庋藏者，自唐而至北宋，唐迹尤夥，又安能以偶有题北宋年号者在，即以此不题年号之卷子，谓之北宋耶。

词曲调体，渊源所自，出于唐人之唱诗，旗亭画壁，人所习知，后人即以此唱诗之泛声，填以实字，以立新调。新调之谱，当由清乐法曲蜕变而来，或即采法曲大曲之一节，或规模其声律，以别制新谱，为使便于嘌唱也，故节之使视旧谱为简短，惟其简短，新声一出，巷陌盛传，因之复有俗乐之名，盖谓其便于行俗也。此谱既自法曲、大曲中来，故亦即以曲名，今所流传唐词牌，如〔转应曲〕为大曲之一段，〔凉州曲〕〔纥那曲〕〔回纥曲〕为当地所流行，可以证之。逮新曲之谱既成，新曲之文随起，初则艺人乐工，循谱制歌，依腔应调，遂并其文字亦名之为曲，而时人或称曲文为词，以别于向者称谱之为曲，实则词曲二字，初无分野于其间也。厥后学人显宦，便其抒写性灵，爱其清歌曼韵，好习此道，作者日繁，文字亦日工，于是所作，遂出二途。出于显宦学人者渐谓之词，出于乐工艺人者方谓之曲。究则其时词曲，仍同一乐谱，不过以文字雅郑，始有词曲之分，示其区别云尔。北宋开基，斯学益尚，不特文字意境，排日臻胜，即乐谱亦晚出愈精，而又多在唐代曲谱以外，约而言之，有仍沿用唐谱，即亦沿用其牌名者，有按月令宫调，别制新谱，如大晟府所进御诸调者，有学人兼通普律，先撰长短句，而后叶之以律，自度成腔，或付乐工就文制谱者。然体制虽繁，而唐曲旧谱，以行世之广，嘌唱之便，亦迄相沿不废，自行于歌楼酒市村墟里落之间，后起之词，固未易夺其席也。唐曲流播至远，虽中有永嘉体无腔体之孳乳，而千百年来，迄今犹能盛行，循文省腔，亦必犹存当日若干遗风余韵，即如家喻户晓之五更调，敦煌石窟即有多本，或为佛曲，或为木兰曲，调体均与今制相同，由是推之，今曲如〔四季相思〕〔十杯酒〕，以及西北秧歌等，又安知亦非出自唐音耶。惟唐谱每别立牌子以名曲，今则多裁取曲中文义以名曲，以致不能比勘追寻，还诸唐代之旧，为可惋惜耳。

舍调体之渊源，而寻声律，在词曲未有分野以前，乐谱自只一种，即至北宋词曲岐趋，词虽别多新谱，而音律除蕃衍变化增减移易以外，仍未轶出唐时之畴范。如唐曲为一字一声，（以实字填入唱诗之泛声，故曲亦一字一声，宋词亦为一字一声），班班可考。（近人有谓词亦有泛声，但乐工能根据字声以自配合其泛声，故旁谱虽一字一声，不列泛声，而乐工与歌者，仍有泛声，其说无左证，似不可信。）而今之五更调，以及诸曲子小调，亦多一字一声，（其有“呀呀唷”等者，不过略其字而转腔取媚，细按之仍可实之以字，并非某字字余之泛声也。）但有抗坠疾除，而无摇曳顿挫，是知均由唐谱出也。又唐人唱词，原多摘取大曲法曲之一遍一段，整套大曲法曲，于乐舞前，有泛艳繁声，以为之先。（大至如今之过门，惟过门为每一段唱句前或句中之泛声，而法曲大曲，则为整套之前奏。）其一遍一段之前，便无泛艳，宋词与今之曲子小调，亦均无之，是又一相同也。所惜唐曲宋词之谱，均已失传，无由细考，而犹幸得今之小曲宋之旁谱，以略窥旧时声律之迹象，亦大非易事已。

由前之说，以唐曲宋词，今之曲子小调，以证《云谣集》，更可知非北宋人作，况《云谣集》已明题杂曲子于卷端矣。唐时尚未立词名，五代和凝称“曲子相公”，而不称“词人”。五代总集曰《尊前集》，曰《花间集》，曰《握兰集》，别集曰《阳春集》，曰《红叶稿》，曰《金奁集》，以至北宋柳七尚曰《乐章》，欧阳尚曰《琴趣》，是知均以集名，而未尝有词名。名“词”之始，可考者起于珠玉、小山，则在词名未立之前，辑者以当时词曲合用之谱，选里巷通行之文，而题曰杂曲子，可见是在宋前，自不能以乐章之沿用唐谱，而并降唐曲为宋词也。

增减摊破之说，古今言词者，少所论列，至冒氏始昌言之。其说用心勤至，启发甚多，但所言止就文字着眼，而未及于乐谱，因之遂有所失。今特为之解曰，增减摊破，均主于乐谱，而副之以文字。增者增声增拍，因而增字增韵。（其间增字者，使用较少，即所谓衬字，备详后说。）减者减声减拍，因而减字减韵。（其间仅减字者听其为虚声泛声。）摊破者就原声或原拍，摊之使破，俾多一二转折，因而多一二韵或一二字，固不得分摊破为二法也。至冒氏所举校柳诸句，则仅为文字上之句读，与乐谱无涉，故只可谓句读上之变化，而不得谓之破也。

溯乐谱之作，绳绳振振，有自创新谱者，有因革旧谱者，大抵先则创作难而少，因革易而多，既则因革又不足以尽其胜，律学亦日精，按宫作调之法既起，创谱又视因革为多。因革之法，即在增减摊破之三端。夫填词者除极少自度腔外，均因谱造文，故曰填词。谱既有增减摊破之处，文字自亦随有增减句韵之处，初非文人先就旧词，增减摊破其句法，然后再协之于律，以为新谱也。凡文人先有文字而再协之于律者，即为自度腔矣。瞑想当日，艺人乐工，日日思创新谱以行世，而律不易精，谱不易作，不得已而思其次，只可就旧谱，施以增减摊破，以自命为新谱。此谱一出，自视旧谱为靡曼摇曳，于是竟得大行于时。至所以增减摊破之者，每以投时所好，乐趋靡曼，故繁衍者多，截短者少，此后出之谱，辙视前为长，由令而近而引而慢之所由来，均可作如是观，声家知有由令而孳乳至慢，却未见有截慢而约之为令者，可以领悟。又细按词谱所称增减摊破诸调，多在唐五代及北宋之初，仁宗以后，则多新谱，不复更有增减摊破旧谱者，可知因革之法，渐不流行，新创之谱，一日千里矣。至文人因谱撰文，自亦由十余字数十字而至百余字，由小调进于中调长调，推厥原由，率主于谱，故今若舍谱而专就文字以窥增减摊破，纵能略得其消息，亦决不能见其全豹，可断言也。

至不涉乐谱而仅为文字上之增减摊破，亦间有之，但使用不多。增者增字，减者减字，摊破即将一韵略加增变为二韵，若冒氏所云可以增句乃至增叠者，却不可能。夫一句一腔之中，所占之时虽甚暂，所占之节拍虽甚短，歌者尚可于行腔换气间，偶为吞吐，以取侧媚，而此吞吐之刹那，即为歌法中之增减，歌法中既可增减于刹那，则填词者何尝不能增减其字数，以取行文之流美，以便歌者之吞吐，此即文字增减之不涉于乐谱者也。此种增字，于词调上即名"衬字"，此种减字，即所谓"间以虚声"。所惜后来，无从考得一腔之中，何字为衬字，何处应虚声，冒氏不得已而比勘诸作，因文逆意以求之，虽用心至苦，已不敢谓其必当。至于增句，则一句少或二三字，多至七八字，如不先改动乐谱，使增节拍，则何能就原拍中插入尔许衬字，歌者亦决无回旋之余力以胜之，若一增拍，则又已涉于谱事，不仅为文字上事，亦决非仅就文字上所得而探讨矣。增叠则所增更多，或至数句数韵数十字，更非原有声拍所可容纳，自必别增若干声拍以容应之。其增之也，即就原有官拍之外，另增数官拍，或另增数艳拍虚拍，要之，无论所增为官拍为艳拍，一涉于拍，即涉于谱，而出于文字畴范之外，故仅就文字言，所可增所可摊破者，止数字耳。虚声为乐律间事，有其声拍，而略其字韵者，然就文义上，决不容有痕迹破绽，故于文字求之，更不可得，即乐谱是否注明，亦尚待考，盖歌者原可于行腔使气中为之，而不必定于谱上注明，故更难为之考定。若冒氏校阅选〔虞美人〕之过拍歇拍两句，徒以求合于〔竹枝子〕，遽补四阕文为虚声，不免牵强傅合，理无所归，例无可证，未足据为定论也。摊破解为摊之使破，其义甚明。夫乐谱因革，其增声增拍者谓之增，已无疑义，何必别立摊破之名，因知于不增拍而微增其声，即于原拍摊之使破，始谓之摊破，亦正所谓迟其声以媚之也。今试就习见之〔浣溪沙〕与〔摊破浣溪沙〕勘读之，仅于前后遍末句，少加转折，添三字以别之，所增不多，却有顿挫，合之于拍，正不需多一拍，尽可于原拍中委婉而出之，少加数声，以为回旋，自更流美。若其因增声较多，而同需加拍，则已另为一调，牌子亦另立〔浣溪沙慢〕之名，迥异于摊破矣。少知乐律者，一味此调，当能悟摊破之主于乐谱，非仅填词者，就原有之〔浣溪沙〕谱，加三衬字以徒事增益者可比。（后人不知词者，或有撰辑，以原有之〔浣溪沙〕为〔减字浣溪沙〕，而略“摊破”之名，大误。）〔浣溪沙〕因有“摊破”之名，故可资以为证，然唐五代词未题摊破之名，而实出于摊破之法者，亦尚不少。细心推究，若阎选〔虞美人〕，其前后遍末句，亦视他作多二字，而微有顿挫，则援〔浣溪沙〕之例，〔虞美人〕自亦有摊破之调。外此〔浪淘沙〕〔临江仙〕诸作，载在《花间》《尊前》，类此者甚众，均可为例，不待备举，以是知“摊破”原为一事，与增减相同，故词调中有增字有减字有摊破。冒氏乃分“摊破”为二，窃意“摊”与“破”若为二事，则历代言牌子，或言词事者，当有摊字破字之名。今只有“摊破”之名，而迄无分之为二者，足知其为一事，决不如冒氏所谓“破”为“句读”，“摊”为略近于“破”之又一事也。

句读与乐谱无涉，盖就其原韵同字数之若干句字中，别出己意，为之断句而已。句读虽不涉乐谱，而有关声调，歌者自能融会而贯通之也。夫文人逞笔填词，其意境之所造诣，即词笔之所进止。作者如耆卿、美成，习律之流，其断句也，半由于文情之顿挫，半则体会歌者力之所可及，何处适于吞吐抑扬，神而明之，以为句读，固不必每阕从同也，又如东坡不习律者为之，则徒就行文之便，止其所止，未必体会及于歌者，歌者亦未必不能宛转委曲以就之，所谓拗尽天下嗓子，但终不如习律者所为之圆转如意，故有曲子束缚不住之诮也，冒氏所举柳词句读之例至详。以句读不涉乐谱，但就文字以立言，故其说亦至精，但不得谓之为破耳。

冒氏又斥词家遇句法不同谓为又一体者为非，其说似涉于笼统。盖徒因句读之不同，而乐谱未有更变者，是不得谓之为又一体。若其因增声增拍而增韵增字，或减声减拍而减句减字者，则乐谱已微有增减，文字随之不同，调名虽同，自当名之为又一体，但今兹无谱可考，仅就文字以求之，始终无从辨别耳。自明以来，但就文字作谱者如程明善、张綖、赖以邠、万树、叶申芗诸家，仅就一二异同，及句读各异者，即指为又一体，其失过于矜细，冒氏又以所有词调不过出于增减摊破，及句读之不同，而斥又一体为非，其失似仅知祖祢，而遗其昭穆之叙次，倘有一日，《乐府混成集》，重见人间，彼此对勘，庶几可拨云雾而见青天矣。

增字之主于乐谱者，实为增声，间有主于文字者，即为衬字。冒氏比勘唐宋旧作，以求得衬字，乃至增句增叠，弥费苦心，然不免自我作古之讥也。词中固有衬字，但可衬者必在乐律中可容之处，歌者始有余力足以胜之，若在不可容之处，弦繁拍促，再加衬字，歌者又将何以行腔换气于其间，以引吭而歌耶？是以欲知某字之为衬，当先勘其乐谱，觇其声拍之缓急，何处可衬，何处不可衬，则衬字方明。且一谱不止一韵一拍，其可以容纳衬字者，亦自不止一处，故同一有衬字之词，甲可于第一韵可衬之处衬之，而乙固不必定于同韵同处衬之也，乙或于第三韵可衬之处衬之，甲亦不必尽同也。词集流传，不似南北曲，衬字并不侧书斜上，以示区别，则今人虽知甲乙同调之作，各有衬字，又将何以一一厘别其在何处为何字乎？比勘旧作，邃密推敲，充量不过略窥段落之消息，亦决不能别甲衬之在第一韵，乙衬之在第三韵也。冒氏又因比勘之无自确信，遂不得不于一调中多举若干字为衬字，以姑备此格，然所举多则辨析更难，歌者亦且无力以胜之，为必无之事矣。按词中衬字以见吞吐之致，尽侧媚之长，必不能多，多则以子克母，为原声原拍所不及容纳，歌来亦必不能谐，新声委婉，少则动听，若每句每韵，咸有衬字，则行腔转以琐碎，使气转见窒滞，求工反拙，决非衬字之所宜。若谓因衬字多而即积之谓为增句，又积增句而谓为增叠，则原声原拍中岂有回旋容纳之余地，势必增声增拍以济之，一增声，一增拍，则又主于乐，而不仅施于文字，即不得谓之为衬，应在乐谱中别立为又一调体矣。

冒氏之求衬字增句，以无乐谱可据，除玩其句法外，仅于文字理脉上求之，然一词不过数十百字，其中换意换句，换韵换头，少则三二处，多则五六处，凡此等处，固不能不用三二虚字为转折，就文理言之，此三二虚字，大率可视作衬字也。又一句之中，有转折字，有形容字，有摇曳生姿之字，凡此等字，又均可视作衬字也。又词中每有四字对句，又往往为二三两句，则又可各指此对句之二字为衬字也。由此求之，一词百余字中，视作衬者，势且强半，岂谓其然。乐谱于词，一字一声，而谓可留莫大之罅隙，以容纳强半之衬字，则制谱者之疏陋，亦复已甚，其谱尚可盛传于世耶。

今即举冒校为例，〔凤归云〕四首，其第三句二首为五字，二首为四字，所举之柳词两首，一为五字，一为四字，今冒指四字句中之一字为衬字，亦终不能备其说，又何不可谓两四字句之各脱一字，或有虚声减字于其间耶。冒校常有疑脱而加□以补之者，推而下之，凡有数首合勘不同者，即可剔出其文理可通而较多之字为衬字，又可补出其较少之字为□，以代虚声，而究竟孰为虚字，何处宜虚声，仍不得而知之也。冒氏必欲绳以叶对花当之法，遂不免于枉尺直寻之失，所举耆卿之两作，牌子虽同，乐谱早经增减，即所举衬字，柳词第一首凡一百十九字，衬字四十二，第二首凡一百零九字，衬字二十五，均多至十之三四，以艳夺正，至于斯极，将何以付之歌者乎。按《云谣》原辑〔凤归云〕八十二字者二首，七十八字者二首，嬗衍以成背诵之柳谱，正足为由中调而长调之明证。窃意原有八十二字之与七十八字两体，相差四字，厥为同谱，非一有衬字即一间虚声，特无从物色得之耳。柳之二词，相差十七字亦必为同谱之有虚声衬字者，但宋谱虽源出于唐谱，经增声增拍，因而增字增韵，则已非唐谱之旧，不得不谓为又一体也。宋谱每繁于旧谱，以趋时尚，又辅之以耆卿之盛名胜作，故宋谱兴而唐谱浸废、非有废之者，实后来居上有以代之也。耆卿依晚出之宋谱填词，宋谱之声拍既增，新词之文字，自亦相因而增多，于是七八十字者，增至百二十字，其字既属随谱而增，即已为合律之字，不得更以衬字名之，则冒氏又何必强谓耆卿以新文填唐谱，而退其所增之字悉为衬字耶。其后各词所推为衬字者类此，要不过比勘而剔出之，均难取信，兹不备举。

词中分遍，原亦先主于乐谱，而后副之以文字者也。制谱必先按宫协律以成调，而又必同时体会弄丝吹管者之腕力气力，歌者之喉力，故除最短之小令外，凡较长之谱，必为之段落。再就乐律言之，合回翔高下之乐音，以成一谱，起拍结拍，必同其宫字，至中间一句有一句之高下起伏，一首有一首之高下起伏，一句不过数字，起伏尚微，一首则非起伏较多，高下较别，不足以尽乐音之美，抑扬之致。惟一句中之起伏较微也，故歌者喉力尚足以胜其亢坠，而一首中之起伏较异也，歌者喉力，遂难遽转以相就，则自不得不留一休息之余地，即一谱中之高下起伏，不甚悬殊，然调既较长，弄丝吹管者亦当有余时为休息，凡此留资休息之所需，即分遍之由来也。后来南北曲渊源词曲，体制虽异，关调加长，因同有分段分遍之法，俗乐皮簧，几于每一二句即有操弦停歌之处为过门，其理正同，可以悟入。又词中分遍，词家谓之过变，盖即由于乐谱前后有高下之悬殊，借此段落，过渡而变易之谓也。形容过变，曰水穷云起者，亦即谓抑扬起伏之际，管色歌喉，均当使其有间而无尽，若断而仍续，不得有迟滞停窒之失也。明于此者，自能通分遍之意义，过变之神情，均主于乐谱矣。

文人依谱填词，谱有分遍，文字自亦随而分遍，乐谱因分遍而有高下之段落，故文字亦随之以为段落。段落之际，往往前遍说景，则后遍说情，前遍说目前，后遍溯已往，前遍多敷陈质实之语，后遍为清空跌宕之词。总之，前遍为一意，则后遍辄别开蹊径，以另提一意，务使情衍为文，文因于乐，相得以益显，相生以益成，斯为合度。至于寻觅分遍，求之乐谱，不特有所段落，一见易知，即循声节以涵索之，亦自一索可得。惟文字之间，则以句句可出新意，字字可以融情入景，转实为虚，且每三二句即为住韵，住韵之下，又辄为起承转合之枢机。凡此均有类于分遍，而不易于辨晰，即以意逆文，幸而得之，其是否合于乐谱之分段，犹难定论也。

所幸古今词集，凡词中分遍，均空一字或提一行以识别之，不劳后人复为推考。窃意当时先有乐谱，文人所填之词，即按每字所隶之音，书于谱字之次，与今之南北曲写本，兼识工尺者相同。乐谱以乐为主，分遍之处，必有空格，或竟提行，文字因亦随而空格提行，以匹俪之。编集之时，虽删谱存文，尚沿旧制，此例不废。至讹脱阙疑之本，欲为分遍，自非借勘他本，取其同调之词玩索之，不易即得。若无可勘之本，只有阙疑之途，若谓仅凭文意以定分遍，纵有会心，亦不过文字之段落，而决不足语于乐谱之过变也。冒氏谓词由五六七言而来，其语诚是。又谓〔倾杯〕自六言绝来，则似涉于惑矣。夫六言绝句之词，固已有〔谪仙怨〕等调在，就〔倾杯令〕之句韵观之，不过前后遍各三句同韵，换头一句用韵，前遍三句为六字句耳。起拍四字对句，继以六字句用韵，习见之例甚多，换头句即用韵，下接七字句连用韵，再为四字三句，歇拍用韵，亦词中所时有，不能必谓自六言绝出也。耆卿〔倾杯乐〕，视〔倾杯令〕孳乳曼衍，知就令以增声增拍而为慢词，词中虽有六字句，亦不能遽作六言绝观也，纵谓〔倾杯〕自六言绝句出，而谱已数变，先有六言词之〔谪仙怨〕等调，因革而至于慢，就中所增益之声拍，不知若干，亦已迥非六言绝句之旧，安得相提而并论耶。

又谓〔倾杯〕自六言绝句来，应分四遍，诸谱分两遍者误，而未详言其所以。夫词由唱诗而来，先自即引用唱诗之谱，以填新词，再始别创新谱，此不易之理也。绝诗止四句，其沿用诗谱之词，因乐谱简而文字亦简，故小令亦多有四句者，但四句非四遍也，一遍于乐律中，容若干拍，于文字中，容若干句，凡一乐谱至少为一二拍，文字则至短如〔竹枝女儿〕之两句十四字，十六字令之十六字，以十四字或十六字，纳之于一二拍中，则复有揹以节之，揹为眼，拍为板也。就而广之，为引为近，以至为慢，则由一二拍而四拍六拍八拍十拍矣。诗谱之拍，今虽无传，但必极少，今词则四拍为多，以拍少则歌短文简，不足以适情悦耳也。充冒氏之说，纵谓〔倾杯〕由六言绝句引申而出，自当仍诗之旧，但此谱为四揹一拍，亦或四拍，已不能知，然不能断其谓有四遍，或冒氏误四拍之义为四遍耳。〔倾杯令〕凡五十二字，就乐言，就文言，分为若干拍不可知，分为两遍，已极从容，正不必精乐者始能知之，即《云谣集》之〔倾杯乐〕，一首为一百零八字，一首为一百十一字，（均依冒校增删）柳词则为一百零六字，其为同谱而有衬字虚声可知。即此百余字之乐谱，自决不止四拍，即以四拍为官拍，而辅以若干艳拍，亦尚不足以尽之，故知其当为六拍八拍之调，但六拍八拍之调，分两遍者比比皆是，亦不必定分为四遍也。

《云谣》〔倾杯乐〕两首，俗字讹脱，又不分遍，必为误夺无疑。然就文义观之，第一首“舞凤飞鸾下，对妆台、重整娇姿面，多生宿姻眷下，一但嫁得狂夫”，次首“从天得至下，脸如花、自然多娇媚，爱引猧儿下，十指如葱如玉”，柳词前遍叙事，“银蟾光满下，连云复道”，均是景语，后遍情景杂糅，四部弦管下，“向晓色都人未散”，弥见情致，文气一贯，叙事衔接。又《云谣》第一首过拍，言词相诱眩，换头“每道说水底鸳鸯”，第二首过拍“血染罗衫子”，换头“观艳质语软言轻”，柳词过拍是“处层城阆苑”，换头“龙凤烛交光星汉”，均有藕断丝连，另辟意境之妙，正符过变之神情，是以《云谣》两首，原钞虽不分遍，推其前后，脉络宛然，自有迹象之可寻。若按四遍分之，转且强裂词意，割断词情，非特文人工词者所不为，即出于艺人之手，亦必感其文气之不贯。盖四遍之谱多拽头，即四遍之文多换头，信有作者，必不如《云谣》二词之平铺直笔，以使分遍之时，陷于割裂可知也。冒氏谓校此易十余稿，始得画一，不知其失，即在求画一。〔倾杯〕固止一谱，然填词者正不妨略事增减声字，变易句读，俾歌者益显其长，乐有节拍，文极慧心，但不逾节，尽可抒轴以求胜，若其舍神循迹，既不获见乐谱，又不深谙律学，徒求文字之画一，以还之不可知之乐谱，是则自缚桎梏，无当于所言，枉抛心力矣。

冒校〔拜新月〕下，又称长调无论字数多寡，每遍只四官韵以从五七言绝句出，故每句还他一韵，四韵以外，皆为增韵，以字多不增韵，则嫌板疏。按此说之当否，应先知韵与拍之枢楔，不得谓诗四韵，即还他四韵，谱多四拍，(拍即板)即文多四韵也。夫调过短则不易成调，故习行多四拍，文过简亦不易尽情，故文字亦多四韵，此盖于因谱填词定律之外，有不期然而然者。其后新谱日多，靡丽曼妙，六拍八拍，已经盛传，十拍十二拍者，亦不复为异，于是文字亦由四而六而八而十而十二韵，大抵文字之用韵，又辄视乐谱之板拍为多，板拍以节声，以协律，短长有定，斯守其鹄，文字则二三句多即用韵，俾歌者声有所返，不致如游骑之无归，听歌者亦有回旋原位，以还诸节奏之妙用。至韵之所住，原不必在板拍上，大顿小住，同可落韵，故十韵十二韵之文字，尽可从容位置于六拍八拍之间，亦不必定为四官韵以及若干增韵也。又一词已由令衍为慢，有八韵十韵，而必指四韵为官韵，其他为增韵，义无可取。试就律学之沿革言之，既已由最初诗之四韵，广至八韵十韵，以骖靳于唱诗乐谱之由一二拍而至六拍八拍十拍，乐谱增拍，文字增韵，相因而生，其所增之拍之韵，在新谱中，体用实已与旧拍旧韵合一，更何必强分其孰为官韵孰为增韵，更何有于还他一韵之说耶。至官拍之外，有艳拍虚拍，原为歌者仰扬之节，亦即为乐师打板轻重之法，以尽顿住掯打之能事，而非就律以必分其孰官孰艳也。官韵增韵，更无轻重之别，同以归声为落韵，歌者以适调悦耳为主，歌至落韵之时，可用反掣折拽诸法，缓急亢坠其韵字以取胜，初不因其韵字之为官为增而有所仰扬也。官拍艳拍，有体有用，官韵增强，有体无用，以无用之体，又不能凭原谱以明究竟，从而词费，自大可省。至谓因字句多非增韵则嫌板疏，要知文依谱作，拍以节谱，新谱既视旧谱为长，拍板亦视前为多，则字句必增，韵以约句，自亦因之而增，板则别有定律，有掯顿丁住以范之，无所谓疏，亦无所谓密，惟文字韵少，则歌者易于流而不返，必不谐适耳。盖韵为歌设，本不定在某一板上，其增否仅与歌者之落腔，行文之节度有关，独于板拍，惟因谱始合，未尝径与有连，冒校安公子，强汰一韵为增韵，且谓因叠上句而知其为增，不知如不先增谱，则此韵将合于何律，如增谱则已主于谱，冒氏之所谓叠句，实为制谱者寻回上句之音节，而往复之，使益回肠而荡气，悦耳而谐声，耆卿不过依谱填词，按谱乐之情味，其宜于多用一韵者，即为之多用一韵，固无关于原有之四韵与否，亦不必更问乐工制谱时，如何定节设拍，而有所增减，以应其疏密也。

调体之说，征之于词，调为宫调，体为调中之一体。所谓宫调，即以十二宫配七音而成之八十四调，其详见于乐书及玉田生《词源》，不必备举。然一调之中不止一谱，乐工只须就宫合律，尽可以己意制谱，长短繁简，惟心所欲，宫调虽有限，新谱实无穷，其精于宫律者，更可以异宫异调之谱，按其可以通犯者而互犯之，以逞其长，以新耳目，如〔花犯〕〔侧犯〕即犯两调，〔六丑〕至犯六调，〔八犯玉交枝〕至犯八调。大抵唐代有词之始，乐工兼制谱填词之两事，晚唐五代文人，始填乐工所制之谱，北宋文人又有精通宫律者出，兼治谱事，则或自度成腔，或填词付乐工，循己意以制谱，如耆卿是已。其后文人之精律者日多，官家又倡之于上，大晟设府，周、康、万俟诸家，至按月令循宫制调，以授之乐工，今所行之长调，大多即出于大晟府所制。及于南渡，戎马荆榛，百事俱废，文章典物，荡焉无存，大晟既废，乐工亦复星败，文人好词，不过依谱为之，以付歌者，遂离于乐，日疏日远，其间虽有坠绪可寻，而传著绝少。维时永嘉等体厕起，歌者利其便也，亦相率歌新体，废歌词，而歌法亦浸浸失传，直至宋末，姜白石重治谱学，自制新谱，亦止十余首，均载《白石词》。张玉田与白石同时，虽通律学，撰《词源》，然未及制新谱，且闻杭伎之能歌美成词者，矜赏备至，特为制〔国香慢〕以张之，足知谱已零落，而能歌者亦无几矣。元明以来，文人好事，自撰长短句，不循旧谱，自定牌名，以为自度腔，实则无腔可度，亦未尝制谱，不过窃号以自娱，不足为训也。治学之士，深惧律学之失废，别著乐书，传之后人，亦间列词牌分隶于所属宫调之下，而所载有限，亦不足以尽之，然今人尚幸得于此略考词调宫律之大要。总之，欲考调体，必主于乐，若离谱而专就文字以探索之，必不能详其渊源体制。惟谱既无存，亦只可于文字上约略推究，于是复有仅就文字之句读四声而又涉于乐者以撰词谱，如明之程、张，清之万、叶诸家，徒以比勘旧文，取次牌名，为之类别，其同牌而文字微有增减，句读迥不相侔者，则辄列之为又一体，数百年来，订疑辨难，执诘商量，但以无谱可据，终不能返词于宫调之旧。不特此也，凡字数句读相同而牌名不同者，亦不能述其所以，同牌而文字略有增减者，亦不知是否应为同调，抑为调中之又一体，执筌认象，聚讼纷耘，迄莫能有所折衷也。

夫调合于乐，主于谱，文字之作，初不过辅乐律，供讴歌而已。是以两词文字句读相同，而乐谱不同者，自非一调，如七言有〔伊州〕〔凉州〕〔竹枝〕〔柳枝〕〔小秦王〕等牌名，知其每牌有各别之谱，当非同调也。又字句相同，谱亦相同，但因使用管色之法不同，因而异其宫律，遂并改其牌名者，如白石以鬲指声奏〔念奴娇〕，即改题〔湘月〕，知〔湘月〕与〔念奴娇〕不得谓为一调也。至叶平叶仄，贵在可歌，而不必定在改调，故有平仄两叶之词，不改调不改牌名者，如〔浣溪沙〕〔念奴娇〕〔满江红〕〔庆春宫〕等。其有字句相同，但以平仄异叶之故，须改调因而并改牌名者，如〔瑞鹧鸪〕之与〔玉楼春〕，同为七字八句，两遍六韵，其改牌实因改谱而起。凡此因谱之同异，以涉及牌名之同异者，其例不胜枚举。又同谱同调，亦尚有以衬字虚声，而字数句读遂不相同，如〔浣溪沙〕之于〔摊破浣溪沙〕者。又有一词一调而或有数谱，如耆卿〔祭天神〕各词，有入歇拍调者，有入中吕调谱者。大低创始之际，大辂椎轮，于律较简，其后申之为引、为近、为慢，其见诸牌名者，固一览可知，其不见诸牌名者，即难辨别。又如按字句之旧，别填新词，而或并作新谱，如张玉田改白石之〔暗香〕〔疏影〕为〔红情〕〔绿意〕者，又或就旧谱加以润色，俾更流美，如今曲中有老八板复有花八板者。凡此则更非检谱聆歌，不足辨其同异，决非但就文字间之声响，审音可得。盖文字间所可推敲，不过句读字数，既无歌者，何来音响，纵有音响，又何以知两谱之不同，孰为衬字，孰应虚声。若仅就句读窥其消息，自不足以尽调体之精微，即如《云谣》〔凤归云〕〔倾杯乐〕〔内家娇〕〔洞仙歌〕，均与柳、苏同牌，并其衬字虚声字数，亦复差等，但已不知柳苏之宋谱，与《云谣》唐谱之同异。〔天仙子〕〔破阵子〕〔浣溪沙〕与皇甫松、李后主、晏殊诸作，词牌字数均同，皇甫更几何时，虽多一遍，不过应歌人之请，尽斗胜之长，于乐重奏一遍，亦不涉谱事，知实同调，冒氏所谓增叠，其指此耶。惟〔柳青娘〕之与〔渔家傲〕，〔拜新月〕之与〔安公子〕，〔喜秋天〕之与〔巫山一段云〕，文字句读，不过略涉近似，是否同调，大滋疑问，其用平仄韵互异之处，究应如〔浣溪沙〕〔满江红〕之同谱，亦应如〔瑞鹧鸪〕〔玉楼春〕之异谱，其字数不同之处，究以何字为衬字，何处间虚声，均不可知。即同谱矣，是否如〔念奴娇〕之于〔湘月〕，因鬲指而改调改牌名，尤不可诘。至其中一二换头增韵，句读不同，仅取便于歌者，不涉乐谱，转可不必引为论调辨体之佐证也。

补字阙疑，为前人校书之通法，于校词为尤难，校《云谣》则难之又难也。词中造句，有句法，用字，有字法，句读又各不同。每字有阴阳平仄之异，古人依谱填词，以付歌人，原只在便于讴歌，并无某字必用某声之说。所谓每处当用去上，某字可以入代平者，亦不过在先为便歌计，后人不能歌，则比勘旧作，约略以求得之，而又仍有出入，不能画一为例也。字法则一句中可用之字甚多，甲以此字宜密，乙或以此字宜疏，甲以此字为过于新颖，乙或又以此字为过于平淡，凡此不一而足，不过后人就其所师承，或取其形似者，以意逆之，亦不足率以衡量前作也。句读更无定格，作者以文意为进止，主于便歌，后人益难推断，又往往一调数词，出诸一手，并字数亦不相同，则此有衬字，彼杂虚声，更不可以捉摸。况唐宋文士之作词者甚众，重词乃不如重其诗赋古文，辄不尽收于集中，其仅作词者，单传之刻本更鲜，爱好之士，多手缮副本，历代展转覆钞，写官昧于句读音节，以致谬误日夥。后来治词者，乃复各以己意订正之，遂一词而洐出数本，校词者更就数本，辨其同异，以已意去取，矜自订者为善本，然仍不能断善本能复于作者之旧也。自来校词，莫难于耆卿、清真、梦窗、白石诸家，柳、周律细，句读又不一，吴多隐晦，姜有旁谱，摹画不易，半唐、彊村，先后校梦窗五次，复定校词之五例，可为圭臬，备见原书，不具于兹。

《云谣》为唐代通行杂曲，不出名手，遂无专集，歌楼酒肆，习唱既遍，已不免人各异词，沙州又距中原万里，声教文物，虽暨一统，而写官不能与中原竞爽，更多帝虎，观于敦煌所出经传卷子，讹夺甚多，可以知之。朱校《云谣》，与蕙风先生钩稽再三，先疏句读，再诂义文，荜路之功，殊不可没。龙氏继起，增校数处，杨、吴亦各补如干字。至冒氏搜集各本，复以己意，逐字推敲，当否参半。如〔风归云〕阙文补“分”字，“虞”校作“夷”，〔天仙子〕“问”校作“共”，〔竹枝子〕“户”校作“牖”，“滴点点滴”校作“点点滴滴”，〔洞仙歌〕“克”校作“文”，〔破阵子〕“百水”校作“由来”，〔柳青娘〕“烟”校作“胭”，〔倾杯乐〕“嬉”校作“娇”，“知”校作“自”，“知”校作“至”，〔内家子〕“娇”校作“夫”，凡此或系同音，或系疑似，望而知为笔误，改之均合，又如〔竹枝子〕“罗幌尘生，屏帏悄悄”，固与次首不合，然不知是否有虚声衬字于其间，即以己意，按定式移之后段，且复置五阙文以应调体，于调体虽较顺，不能不谓之臆断。〔洞仙歌〕“多风措少年夫聟”，“多风措”三字，原为当时宋人方言，史浩鄮峰大曲，〔采莲曲〕中亦用之，见于刊本，今删“多”字，以就东坡之声调，且不可解，自复无取。〔破阵子〕第二句，增一阙文，以就珠玉之声调，其失正同。〔柳青娘〕第一首过拍七字，第二首过拍五字，与〔抛球乐〕两首五句之一为七字，一为五字相同，或前为衬字，或后有虚声，既不能辨析微茫，殊即不必定补两字为阙文。〔倾杯乐〕“未省离阁”，改“省”为“曾”，似较胜，然未尝省识离别闺阁，语亦可通，歇拍“一时朝要荣华争稳便”，“一时朝”于文为俚语，于谱为衬字，“要荣华争稳便”，意更完足，今则删其“朝要”，以合于次首歇拍之七字，又次首“未省从天得至，原有女儿矜爱新妆”，至不知从天而来之意，今则删“未省”二字，以合于前首同句，而又退前首“拟貌”二字为虚声以应之，且以“未省”二字，涉前首为误衍，实属揣度过甚，不得以前尝有此二字，而断次首之必无也。〔内家娇〕两词，必有虚声衬字于其间，前首“招事无不会”，“招事”方言遇事之谓，原只作一句，今则加三阙文，改为两句，复加四阙文于次首，以同应耆卿之声调，次首“逶迤缓步出闺帏，搔头重慵慂不插”，原为二句，楚楚有致，今各加阙文，又加阙文一句，以相妃俪，转嫌做作，此盖为北宋人作法，而非唐人作法，尤非市井之音，杂曲之口吻，乐工制曲，贵在通行，首主流利，决不做作，凡此均以求全于句法，遂滋刻舟之弊。〔拜新月〕原不分段，固不知乐谱是否分段，惟就文义言之，分段适得其当，固亦不必以宋谱〔安公子〕强加傅会也。三光句加阙字，求合次首，殊不可必。次首“卿取同如鱼水”，乐工填词，不知“卿”字之可省，未必无此，于词或系衬字，亦不必删。“向登新楼上，仰望蟾光迟”，五字二句，必为截改，等于断凫。“回顾遇玉兔”，亦复成语，不必以声调改之，“斜队澄波下善字”，疑“善”为“喜”字之误，应连下句，为“喜犹怯，怕衔半钩饵”，“喜犹怯”三字，情致宛然，弥极生动，亦与前首“泪流点滴金粟罗衣”同为八字句，不过句读各别，一为四四，一为三五，固无碍于乐谱及歌喉，冒氏校改，失之固矣。至《雲谣》“雲”作“云”字，朱本以便俗改“雲”，冒氏还之于古，说可两存。惟词中“孋”字、“嫧”字、“叚”字、“憶”字，均旧有其字，“孋”字且有平仄两读，冒字于“孋”、“憤”、“憶”三字，屏之为俗，“叚”字知其为说文字而仍改为“假”，岂不与复《雲谣》为《云谣》之古适相牴牾耶。

跋

余与鹤亭翁交三十年，深纫其治学之精勤，又尝同游苏虞秣陵，放吟山水间，雅言渊源，每及《兰畹》，顾翁时尚未创就句读以求调体之法也。十年前丙丁之际，又造翁所居，铅椠纷陈，丹黄罗列，正校《清真》，因以所创获者见告，愚闻之色喜，归亦谛思至再，以为泄词家之秘奥者在此。其后自掔声律，进窥古人唱词讴歌之旨要，因悟词主于谱，贵在能歌，文字不过以副乐律，填词者徒精文字，已失其全，治学者更只就文字以言词，去古且愈远，即欲昌此说，质之于翁，乃干戈俶扰，政事纷纭，宾史杂沓，累载迄不得暇，亦更不及趋翁一证其是非也。寒暑数易，襆被南行，独居闷损，会有以旧椠《同声月刊》见示者，曩撰词话十余卷，赫然在目，冒校《云谣》，亦具足本。《云谣》固以敦煌宝藏，公诸学人，后来王重民、任二北诸君子研讨益精，著作日富，然冒氏椎轮大辂，先导之作，似亦不可遽废，何况如见故人，欣跃逾望。因先迻校词话，别为定本，复取翁校《云谣》，潜心渎之，並因翁之发凡，用抒愚之所见，题曰“识疑”，附诸卷末，以厕于诤友之列。翁能出己意，为治词者辟一新途，实半塘、彊村、蕙风、大鹤诸贤以后所仅见，惟仅比勘文字，以求调体，而又必责古人原不同谱之调体以画一，期期以为不可耳。翁年逾八秩，神明强固，方校旧词，日不暇给。余则饱更忧患，非复少年，乃有同嗜，孜孜蠹简，犹欲得闲，沐手请益，题襟水驿，策杖邱樊，重拾坠盟，探订雅学，纫兰不远，企以伫之矣。

一九五八年大暑日武进赵尊岳跋

（马来亚大学《东方学报》第1卷第2期）

读《云谣》杂记

《云谣集》为唐人写辑之词，凡三十首，向藏于敦煌莫高石窟，为千余年来所未传之秘笈，而亦词总集之莩甲也。石室藏有数本，均于光绪三十二年，为守窟王道士售之外人，辇去海国，分藏于伦敦巴黎图书馆，国人初亦未有知者，迨日本狩野博士西游，惊获其书，约略录记，函告上虞罗叔言君，其书始传于中土。顾罗君以狩野所录，初非足本，及欲窥见全豹，乃径函法国伯希和博士，迻录全文。乃伯氏写来，亦仅十八阙，无当于三十之数。叔言亦即据以刻入《敦煌零拾》，此为国内第一刊本。维时朱彊村、吴伯宛两先生，知有是书，咸欲得其足本，会董绶经大理，罢官赴欧，考察司法，因属就伦敦书藏，物色原本，董果得之，迻缮以归，吴伯宛立付石板印行若干册，此为第二刊本，然其阙失，正同于巴黎藏本，亦止十八阕也。彊村翁亦即据此十八首，与临桂况夔笙先生，刻意钩稽，补撰校记，为刊入《彊村丛书》中。时则丛书已杀青，流播颇广，彊村乃别印数纸，分贻藏《丛书》者，俾可增订于压卷之先，而坊间初印所售，辄无此集，是为第三刊本。民国十九年庚午，北京大学刘教授半农，赴巴黎躬至图书馆，竟得见另一原帙，适为三十首，因为辑入所编《敦煌掇琐》中刊行，是谓第四刊本。彊村翁见之，欣为足本，可补伦敦本之缺也，遂复重为搜校，写定付梓，而翁遽归道山，竟未及见全书之剞劂，直至龙榆生君为编《遗书》时，始发箧付刊，以偿其志，是为第五刊本。民国三十年冒鹤亭君复就《遗书》本，出以己意，为之校改发凡，且疑为北宋结集，付之《同声月刊》第一卷九期流传之，是为第六刊本。外此若杨玉衔、吴庠诸君，复各事校勘，但未有单行传世者。综此六本，实异流而同源，各本分具王静安、罗叔言、朱彊村、龙榆生、冒鹤亭诸跋，（吴伯宛印本未见，不知有无序跋）考订精审。余则于冒校本别为“识疑”一篇，丽诸卷末。前撰《词总集考》，即列之为压卷，盖余所甄录唐人曲子，合此凡四种，其他载三二首不等，又无结集之题名，独此题名《杂曲子》，是非出于一手可知，而三十首下，初未注明作者姓氏，则其作者当未必见知见重于当世，而徒为里巷所习闻，未暇详考也。夫唐词合乐，以歌为主，先有乐谱，填以文字，始谓之词。词有文人雅士，就撰于宾筵之间，则大率为宴喜之用，相公曲子，太尉金荃，人所共喻，此一流也。然亦有但填文字，以为酒边歌唱之资者，则撰者不出于学人之手，但求声情竞美，便于节拍，正无待于句工组绣，字贵推敲，以附于艺林必传之作，此盖又一流也。□□当日，此三十首或出于歌楼酒人之吻，或即为狎邪操索之群工，见有流行之乐谱，即撰合拍之新歌，率意取男女爱悦伤离怨别之情事，约之以节调，被之于歌场，推其用心，正不在文字之求工，而务合于管色，乃此不必求工之作，有天籁以传其至情，有风会以范其文字，适以近俗之便，遂极行远之长，一时闻者，既加激赏，阅世久远，更令读者，惊其朴茂，争相著录，此固为当日作者之所不及料也。至当日虽布诸管弦，而传者纷繁，即未必确有定本，于是好事之徒，汇其所得，次第成篇，惟其时时习闻，出之口入之耳而疏于文字也，遂至讹夺脱落，几于不可迹读。亦惟原词之仅便歌者，而歌者又往往可就谱以为之偷声减字也，故又辄同谱而异文，同调而字句有长短增损之别。盖文人之作，先文后谱，付诸红牙，即号知音，容有一间之未达，是以寻谱填词，一字一句，惟恐或失，乃不如艺人之精于谱而长于声，得逞己意，于寻弦赴节之际，迟声衬字，益增流美，转足以风靡阛阓，家喻而户晓。又惟此好事者之志在存词，搜书寸卷，本无题集之总名也，则赐以《云谣》之嘉名，而兼题“杂曲子”，以示原词之本不出于一家，诸词之亦非属于一宫一调。实则当时盛行之曲，必不止此三十首之数，辑者或即出狭邪乐工授受之秘帙，或就所闻者，仅得此数，抑自所聆诸曲，次第其最惬心赏者，选存此三十首，则末由考见于百世之下矣。自有一家之写本出，而后有传录之他本兴，亦或此十八首为流传中之尤广，更为歌姬乐工所不得不习熟者，故授受之本，有十八首及三十首两本，而十八首本视三十首本，益为盛行，故石窟所见三本，三十首仅得一本也。至论断代，则以文学逆风会，以考据别调体，张君孟劬已定为唐本，当无疑义，正不必因有北宋之牌子，而即遽疑为北宋之作。要之，《云谣》一集，出于不负时誉之撰者，成于好事者之综录，则为必然之事。大雅不作，古欢无闻，回溯明时，杳同梦寐，灯窗斠读，向往何如，因为推定而系之以说，复书之卷尾。

（《东方学报》第1卷第2期）

唐人写本曲子

卷目辑人失考

傅惜华《敦煌唐人写本曲子》记：日友文字同盟社社长桥川醉轩先生，昨以敦煌之唐人写本曲子摄影二叶见诒，余亚讯其所见原委。据云："是本止一叶，折叠为蝴蝶装式，表里书字共四面，框高四寸三分，宽二寸九分，每面皆六行，字数不等。第一首失曲名，次为〔杨柳枝〕一首，〔渔歌子〕二首，末〔南歌子〕缺下半首，纸墨色及书体，确为唐人写本。今岁曾见于厂肆，索直二百金，以价稍昂，未能购得，今则不知流落何处矣。"愚按此本之三调名，亦为崔令钦《教坊记》中曲名所载，而此本〔渔歌子〕之第二首即罗氏所藏另一小纸所书之本《小曲三种》之第一种（罗氏三种题曰《小曲三种》已刊《敦煌零拾》），而罗本末句所缺之字，今据此本得知为"思"字。又罗本末句"烦恼"二字，此本则作"懊恼"，此其异同处。再此三调，当亦为开元教坊旧物。若能假定为《云瑶集杂曲子》所佚者，则今存全首，及存目佚曲，存曲佚目，佚下半首者，计共二十四首，亦为辑存敦煌佚籍之一幸事也。因为之记。

原文

（上缺）三尺青虵，斩新注就，锋刃揃沙鱼裹，霸用银装。宝贝七星光，曾经长虵陻月阵，一遍离匣神鬼，怕红门会上，佑明王胜用一条枪。

〔杨柳枝〕（平）

春去春来春复春，寒暑来频。月生月尽月还新，又被老催人。只见庭前千岁月，长在常存。不见堂上百年人，尽总化为陈。

〔渔歌子〕（月）

绣帘前，美人睡，厅前猧子频频吠。雅奴卜，玉郎至。扶下骅骝，沉醉出屏帏。正云起莺啼湿尽相思萎，共别人好说我，不是得莽辜天负地。

同前

春雨微，香风少，帘外莺啼声声好。伴孤屛，微语笑，寂对前庭悄悄。当初去向郎道：莫保青蛾花容貌，恨惶教，不归早教妾思在懊恼。

〔南歌子〕（月）

获幸相邀，命攀连坐，未闲卑微。得接对尊颜，今日同（下佚）

尊岳按：原文撮影载庚午年七月三十日《北京画报》

（《词学季刊》1934年第1卷第4期）

中国近现代稀见史料丛刊【第三辑】

张剑 徐雁平 彭国忠 主编

赵尊岳集（肆）

赵尊岳 著

陈水云 黎晓莲 整理

凤凰出版社

舞乐论

歌词臆说

填词者，盖依谱填词之解。夫既有谱为按歌之资，则谱以节歌，更无所谓词律，以词律即谱也。句读节奏，四声高下，以字赴弦，以谱制乐，动定式遵矣。今谱传者，惟白石之十七调。故歌此十七调者，苟能识谱，即可协调，而填词者循谱制词，亦正不必鹄守其四声平仄。惟十七调外，他均无谱，更难以句字准之弦索管色。故填词者不得已，但有笃守前人之四声。盖填词者既不审谱，又不能歌，则一字一声，但有准诸前人，庶不致误，即其失误，亦咎自前人，亦步亦趋，不任其责焉。盖弦管为一事，谱为一事，而歌词为又一事，三者相通而不相杂。有谱可歌，则词惟作者，其无谱可歌，斯作者不能不笃守陈法，以代谱之为准绳。此说蕙风先生创之，以语愚，愚为引申之曰：即以证之今日之乱弹俗乐，西皮二黄，工尺均在，故制词者准词于谱，则无不可歌，亦不必斤斤于一字一声。盖歌者得谱，便可融字入弦，准谱为则，有时多一二衬字媚声，亦惟歌者之能事，不尽在制词之人也。制词者有时多一二衬字，歌者亦得宛转使之就谱也。倘一旦工尺之字谱尽亡，歌法随佚，惟存一二曲词，则后来作者，无能自必其词之是否协律，既制不可歌之词，而又欲勉就其能歌之畴范，则亦但有准诸今日之词，鹄守其句读四声，以存其面目典型而已，则亦即是今日之填词也。夫词之能歌与否，贵以谱定律，而不贵以词准律，词通于谱而不径通于律，谱通于律而兼通于词。无词有谱，则今日俗乐之牌子，如〔夜深沉〕〔柳摇金〕等，可以使于弦索管色者也。有词无谱，则词虽加工，亦终不可歌，且莫能入之管弦，无论其谨守四声句读，亦复徒劳，盖所以施其宫律，被之弦管者亡失矣。故谱贵有律，而词不必贵于有律，今之论四声，辨词律者，于此当知所返矣。

白石词谱，使有存者，但十七调。至北宋周柳诸作，识其宫调，而佚其谱，此大可惋惜之事。意者曩之词谱，犹今诗之平仄口号，俗乐时调之工尺音注，当时凡少少治乐者，无人不知，以无人不知而少有纂述，以至一亡之后，遂迄无可考。当时除《乐府混成集》外，未见著录及于传谱之专书，足知传谱往往寄于提命者之指授而已。即今俗乐皮黄，谱书已视剧词为少，俗工习者，几未能率准之谱书，书亦或视曲谱微有增减，一切惟赖指授。指授之道，往往得诸口号，噫吁作声，其造诣或转胜于刻本之鲁鱼亥豕，亦或各家之唱法不同，有非文字记注所能详者，故老伶工之提命，实为传谱之津逮。一旦人亡弦断，其法亦绝，后人勉伫风徽，再定词谱，亦决难复古，从事步趋，不过告朔而已。

古者循律制谱，均生于旋宫。今之以工尺定谱者，亦有工字调、六字调，以辨其高下，斯即旋宫之理矣。惟旧以某调制曲，即其调之字为起煞，而今则无之。旧以同谱异宫者，即为别立一名，今但曰某谱之某字调而已，似较减省也。

以词谱与曲谱较，可得而言者，词则一字一声，（观白石谱之每字旁但注一字）曲则一字可摇曳跌宕至若干声。以一字一声，与一字若干声者较，则曲自较词为流美。且词既准于一字一声，则所以抑扬高下之者，亦但因声而异，因字而殊，以按拍为疾徐之节，不得于一字中有所转折。窃意所谓迟其声以媚之者，实亦仅增其拍而曼吟之耳。拍增则音长，得以迟字相媚矣。拍有定节，不能擅为伸缩、但有增减之一法，歌一字可以一拍而止，可以三拍而止，五拍而止，则曼声即在其中，而不能于同一三拍之中有所曼也。同为三拍，则定节有以限之，必不能更有长短之分。欲曼其声，仅得增拍数而已，然与文字无预也。

以俗乐京调唱词拟之，同一歌词，以付孙菊仙，尾声挫顿，截然收住，以付谭鑫培，长吟缓歌，余绪不尽。此二人之谱，大体相同，二人之歌，纤芥相合，而所以异者，则端在其尾腔之增减缓急。夫同一谱，同一词，甚至同一节拍，而歌法不同，故律与谱实可视为两事，而词则更可由歌者进退增损其音，尤似无涉于律也。惟曲则一字数声，词则一字但一声，故腔可同增，而曲有转腔曳韵，词则但能高下引申，而不能以尾声为转腔以媚字。转腔者，以一字融入数声而顿挫之，今之俗乐，比比皆是。不转腔者，不能以一字融入二声，但能准所谱之声，而引申之为长短之节而已。至《碎金词谱》，以曲法谱词，借径《九宫谱》，实则同用九宫，谱词谱曲之道两异，《碎金》以歌曲之法移为歌词之法，变词为曲，殊不可通，未足为训。

古之旋宫相生，定律制谱，准诸某调，即归某宫。今之歌者，则以其本人之声音，定所歌之高下，而别之曰六字调、工字调，于法两异，于理可通。一则以器制音，一则以音定器。（歌音高低，则乐随之高低，使就某字调。）盖今以旋宫之说定音，古以旋宫之法定谱，古谱不能移调以应宫，今则凡谱均可以歌喉定调，（某人唱六字调，某人唱正工调，同谱易音，因而易调。）近于移谱应宫矣。

拍，节制也，以之制乐，则万不能自身有所伸缩。故古之促拍曼拍，初非于一拍之中，有所曼促，实积拍成调，就调以窥谱之为促为曼耳。以拟俗乐，若今之二六板，一板一眼，二黄正板，则一板三眼。以谱律言，以唱者之神味腔调言，二六均视正板为促，则二六庶几当于古之促拍乎？此板眼不同，而就以定拍之促曼之说也。同一二黄，反调又似曼于正板，则以反调多腔，行腔可以逆意。板眼虽同，疏密实异，因而同一板眼，又有促曼之分。今就促曼之分，以别韵味之缓急，固知当于拍之定律中求之，而不在某一拍、某一板中也。

知有节拍，知有宫律，已不难于造谱，遑论填词？今俗乐工增减旧谱为新腔，虽未必合于成法，而用之裕如，不得不谓之造新谱也。又今之为杂剧填词者，或八句，或四句，有时至数十句，亦无不可歌，无不中律。歌者以旧词赴弦管，有时亦可乙抹数句，亦无不中律。故知律者，所以为人制谱之范，而非以限制一调一谱，为之桎梏者也。词中有偷声减字之调，有引令为慢之调，一则删繁，一则增简，要其所以增减者，首增减其词谱，(今之工尺)因谱及拍，拍减则谱自短。至作者因短谱以填小词，其余事耳。(增之者于事亦同)非必以文字受制于谱律，亦不能以宫律径御数字，就中盖有谱以为关键。故论谱律者，当先就宫立论，而不能责之于填词之人也。

旧谱有暗拍、赚拍诸名目，拍之不能增减，前已详之，遑论暗赚。所谓暗赚者，盖于歌中使管色时，记拍之人，有宜明拍使助节奏者，有不宜明拍而但能默记其拍数者，有于可拍之时而不拍者，有于将拍之时，歌者恐遭顿挫而避去者，有轻拍者，重拍者，虚拍者，实拍者，但观今之俗乐，执檀板者所拍之疾徐虚实，即暗赚之谓矣。夫拍以制乐，本不必羼入节奏，和同群器，然曼吟少久，或惧有增减不中之弊。或于转头换字间，得拍板而其声益茂。又有轻重虚实之别，将以示之于歌者，故即以制乐之器，和同于乐器之中。至所谓虚实暗赚，盖以板奏拍之法，非以拍节乐之制也。

今之俗乐，于歌前往往先动弦管。(俗称“过门”)南北曲中，歌随腔起，无过门矣。词以一字隶一声，据白石谱，亦不见字前别有他谱，则亦知为词随腔动者也。惟起拍以下，未必词之句读，即与谱之节拍相应。(俗有中眼开口，三眼开口者，正是此说。)疾徐所自，有一拍数音者，有一音数拍者。惟自过拍至于换头为一节，拍随节尽，以明其段落，则谓之“过变”。元人论曲，尝谓过变当如水穷云起。夫仅言乎词，别立新意可也，衍引绪余可也。水穷云起四字，盖不专指词章而言，要当兼及于制谱，再以谱就词，两通其说，始尽其妙。夫谱自起拍以还，错综其音，至于过变，小断复始。同一谱词，而中有顿挫，若离若合，乐器歌词，两相连系，水穷云起状之，真善于体物者矣。填词固以循谱为得，然不当徒循谱之声字，并当通谱之消息，消息通，然后歌者沆瀣应赴，更见精神。谱与词合，歌与律融，自为杰作。周、柳名家，虽工于文字，亦工协律，谙管色，俾为歌者打点，初不仅以文字见长，如后来徒守四声之词家可比也。

词之有换头，非词格而为谱格。调之长者，文字可以从容结撰，累牍连章。但管色之谱，不过若干，以有限之音拍，协较长之文字，其中非加顿挫扬抑，不足使之生色。又以板御乐，乐奏较长，亦恐易于流动走失。故长调于相当处，即分段落，俾其止而复始，重为节奏。其更长者，则有双换头、三换头等。有换头，则有一重整节奏之机会，亦正所以重肃其节奏也。惟换头之所谓止，初非谓音乐歌词之停止，实为节拍上段落之停止，止而复始，乐器可继奏不辍，歌者可曼吟依然，前人“水穷云起”之妙喻，正在于此。

词于文为词章，于歌有宫律，而承旋其间者，厥为词谱。有谱则文人就之以填词，歌者据之以引吭，弦管各色循之以奏响，合之斯为词。三者失一，非无词之调，即失谱之长短句，亦无可歌之管色矣。今人动以文字上之平仄四声为谱，责后人以必从，殊不知文字于谱，少可通假，只在歌者之偷换其中，而文字亦不必循阴阳四声以为之，所谓可拗尽天下人之嗓子。今谱失而以句读四声代谱，不思之甚。至将就四声阴阳，以还合于旧谱，亦不可能之事也。

自来制词者多，作谱者少。迄至今兹俗乐，新剧杂出，所用之谱，亦仍限于旧有之西皮、二黄、摇板、四平等谱，可以知之。乐工间有杂新意于旧谱，而少少增损变化者，斯谓为新腔。由谱言之，犹为末节。是盖士大夫尚文之弊，言乐艺者少，治文字者多，乐工不学，但能记谱循腔，亦不知谱之所本，既不知其本，又安能别立新谱？久而久之，新陈代谢，北曲一出，杂乐一兴，老成凋谢，旧谱遂废。玉田在宋末元初，精研乐律，而山中白云词题，往往以旧谱零落为言，可以想见其时已无歌词之人，遑论制谱乎？

今试以俗乐例词，同一二簧之谱，句法即有不同。有三字句，有四字句，有此剧为三字句，他剧为二字句，四声更无定则，然歌之亦同其流美。因知歌者以嗓子赴弦管，就节拍，可以偷声、减字、暗赚于其间也。字有四声，管色之音无四声，歌者但觉非拗嗓之字，即可融入管色，自然合律。字有喉、舌、唇、齿之异音，管色又无喉、舌、唇、齿之别，歌者尽可善运其喉、舌、唇、齿之发音，以求合于管色，以求全于宫律。故今之以四声隶字，以谓即合于古人词谱者，实犹一间未达。特双声叠韵，钩輈格磔，难出于口，即难入于耳，非名歌尔，亦非不能歌也，名作自当避此。

今试就白石十七调，足觇词谱之旧，固已。然如其自作之〔湘月〕，及〔平调满江红〕等，但于题下记其高指奏法，而不更列旁谱，是则可知其但少变当日通行之谱之奏法，而不必再赘列通行之谱于其旁也。然以〔平调满江红〕言，句法犹是，全首之平仄即异，足知谱工之奏法少变，而平仄之影响始生。又同一〔木兰花慢〕，同一〔摸鱼子〕，非特各名家所作之平仄，未必尽同，即句读亦间有不同者，是则有谱之时，但求无悖于谱，句读平仄，尽多通假之明证。然谱一少变，（如前说〔满江红〕之为平调）则全首平仄，又且从而大变。自谱亡之后，言词者无所适从，偶见某调之多一字或少一字者，即列之为又一体。不知所谓又一体之词，实与前体同谱，而其字句间之不同，不过文字上之差异，若统之于谱，正无异处，而歌者之嗓子，于此增损之字句，尽有融之入谱，协之入管色之余地在也。

白石《旁谱》，虽用宋乐通沿之字，然不难译为今之工尺也。玉田《词源》，即备详旁谱管色字样，再译为今之工尺，一转手耳。惟以《旁谱》无板拍，遂不能定每音每字之长短，以统之于节奏，因亦不能奏入管色，以致唱词之道，虽有白石《旁谱》，仍等告朔之饩羊，此则大可惋叹之事。意者古人定拍，有成法可循，家喻户晓，不必一一记注，故白石作新谱，遂疏于点拍耶？抑白石原谱，固有拍在，展转传刻，因而乙落耶？唱词之道，惟循谱式，今所想望者，只在《乐府混成集》之重见于人间。（据董绶经丈言，东瀛图书寮有此书。但余就中土佚存书目检之未得。董氏数度东航，亦未前见，但谓其日友言之凿凿，容有其事，姑存其说。）然《混成集》如亦仅有谱字而无板拍者，则又且如《白石谱》之告朔饩羊，无当于歌人之应用，管色之吹奏矣。俟其书出时，当先于此征之。

旧调有雅乐、燕乐、清乐、俗乐之分。雅之与燕，实属同谱，惟其歌章，一用于庙堂祭享，一用于宾筵嘉礼而已。清乐改以清商合韵，是于雅乐、燕乐，为移宫，为换羽，而实亦出其末流。惟俗乐则有异于是，宋人排场散套歌序，即隶俗乐。雅燕之谱，固亦罕存，但国史乐志，以其有关乐政，犹多记载，渊源消息，不无可寻。惟俗乐则既以其无当大雅，复以其家喻户晓，而不入于史官，橐笔之士，又往往重文轻术，舍去不言，即言之亦断鳞残爪，不足供后人研讨之资，以致于亡失，惜哉！

宋人唱词，原于唐人之唱诗，旗亭画壁，人所共知，其谱调音节，已无从推究。然今日本犹有唱七言诗《清平乐》等短调之谱，流行极遍，或亦自唐代流传海外耶？现以七言诗入词者，据谱尚有〔柳枝〕〔竹枝〕〔小秦王〕〔瑞鹧鸪〕等，当为同属七言之谱。惟以分宫隶调之不同，音符高下之各异，调名亦遂各别。宇内所存者，惟《九宫谱》中〔风入松〕〔浪淘沙〕，尚为旧谱而已。

（《同声月刊》创刊号）

唱词作曲杂说

年来海隅习静，无以自娱，间理旧弹，将图作曲。而宫律之微，早成绝学。凡得诸故籍，及口授师承，涉猎所及，亦复未克钻研。坐负清时，弥深自惜。聊掇所得，藉证世贤云尔。

图作曲当知唱曲，此必然之理也。知唱曲当知宫律，此又不易之理也。宫律期于取证，则又必习其沿革而肄之，藉为一隅之证。而唱之沿革，与宫律之沿革，固相辅而行，实又未可并为一谈。通乎此数者，而后今古之递嬗，庶得少窥于万一矣。

何以言宫律之难于取证也？一、古今言律者，多有专书，其在国史乐志，更复斐然成章。然以当时纂组之人，多为学者，而或优于学而绌于歌。于是叠床架屋之篇章，遂难一一施之管色，以为定评。二、宫律之主在首得定律，而后可相从以生，定其高下。今以黄钟为主，所谓隔八相生，旋宫转律之道，人尽喻之。而黄钟之所以定律者，于古取飞灰布算。今制律之器，已不复存矣。既以管色定黄钟，管色西域胡器，虽足以权衡于一时，而是否吻合，卒难证明。则黄钟之为定律，已在不可知之数，从而论律，舍文字之同异，更将何能。则晚近之所谓律学者，亦已仅矣。

舍宫律而言唱词，则雅乐燕乐，渊源有自。蔑乎五季，已多失传。今所存《诗经》之数章，以未获他章，相资参佐，则亦自存其语而已。至于谱字，旧调用黄钟律数者有之，琴曲用句挑剔抹之符识，如《白石旁谱》者有之，用句挑剔抹之指事，如现存《琴谱》之制者有之，用上四工尺者有之。虽实本同揆，而紊繁难则。至于琴曲专谱，犹为初学者所难论定。《白石旁谱》同异之辩綦夥，将胡所起古人而一穷之耶。至于唱词，则古之号为“乐府”者，当是因唱而作曲文者也。然长短字句，初无定则。遍览各家辑本，亦复徒存其文字，浸浸数典忘祖，不知其何以典府于乐者矣。唐宋以还，诗人以“六义”制“乐府”，不过剽取其名，并旧作句读之长短，而并忽之，则尤末流之弊，顾名忘义者矣。

自诗教失传而乐府代兴，古之歌谣里巷，被诸弦管。庙堂雅诵，协之壎埙者，应口肆声之道，自亦由诗而渐渐入于乐府矣。乃乐府之旧谱宫律，不可得传焉。乐府废而古今体诗杂作，其诗之以代乐府者，亦复按声可歌，所谓旗亭画壁，“黄河远上白云间”之作，自其明证。然乐府之谱，何以通之于诗，又何以被之于诗，则今并唱诗之道而渺然莫观。奕叶失传，莫从追抚，良可慨矣。

因唱诗之有抑扬顿挫，以为余声泛韵者，一一实之以字而为词，此学者之初所共知者也。于是就以少悟唱词之法，盖字无余韵，韵无余腔，一字首尾，但有一声焉耳。然节拍有长短，则字声亦复有长短。管色有高下，则字声亦复有高下。所谓有长声而无顿挫，一顿挫间，则声且变其高下。故高下之变，当以每字发音之际以辨之。而但得因声舒气，就管趋音也。试以白石之《旁谱》定之，则知其一字一音之理，思过半矣。至于管色之协于宫调，与文字之协于宫调，实殊途而同归，说详下作曲一节。

因唱词而有余音，即其余音之长短，更断制以实之文字。实之字而纬之音，于是复中之以抑扬顿挫，斯降词为曲矣。然唱词由唱诗而衍叙，殊有条贯旧章之可寻。至衍词为曲，则初非统序以下，盖及乎曲，则又别参以地方风俗韵字谣谚诸体。及宋时当时传歌之大曲之体裁（若今日所偶传之道〔宫薄媚〕诸调）而汇萃以为大成矣。夫乐府诗词，举土一致，倾国以从，其不能幸而致之于相协者，则山川方言有以阻之。盖仍以音就文，而不以文就音也。至于曲，则其去雅郑也俱远，而谣谚也渐迩，山川部居，里巷丝竹，固先各有其讴歌者在。至于大曲，则道情鼓子之流，已同时别词而成其为曲。至乎曲兴，而作曲者自较作诗词者为较易，则乡里相习成风，而渐渐更以谣谚入之，大曲入之，所以便乎里巷之唱者。于是曲之律尽难，而曲之风乃愈广。广则云涌风合，各以其邑地之作者而群起以众矣。且曲律虽工，以其顿挫节奏，且必协律以为先。然其律乃因谣谚之化俗而易于成诵，在今日之读曲维艰者，在当日固复家喻户晓各国方言谣谚之遗，以寄咏托比兴之情。通者多则作者众，亦自然之理也。

因有方言土宜之不同，而曲乃分其派别，非复如曩者诗词之率土同归者矣，曰北曲曰南曲。虽一盛于金元，一盛于明，而其为别者甚著。有海盐腔、昆山腔诸名目，此人所习闻者也。因谣谚之遗，而曲中多当时俗语，因方言之别而北曲无入声，遂多用入声字，以其可以融入上去之中。因其宫律之可以进退，而文字中往往多衬音衬字，此以视严格之宫律，一字不能移易者，知其然矣。

因有曲而至于今之俗剧，所谓京戏者是已。京调者就中有二黄、徽腔、弋阳高腔、梆子等等，揆其实际，则因曲递衍，而有参以方言、谣谚、山川之不同者矣。何以知其然也。徽调梆子为陕皖特别之方音，而二黄者又以黄冈、黄皮为溯源之地。弋阳高腔，则亦各以其山川之辨而别之。而集成于京戏，盖以京师冠盖，演者非至其地，不足以立名。而士大夫亦多引览观为乐事，以月旦于之。故京戏者，缕晰其事，正一集成之总名，而所包含者正复各别。至今日之二黄独盛，则又盛衰之际，为别一事，非所语于本题者矣。

何以曲之衍为京剧也，则当日曲之视词。其文字宫律，固已不能媲美，然视之谣谚巷歌，固又所胜者多多。风气所被者广，里巷习之者众，而曲亦渐渐其阳春白雪，蹈和寡之嫌。则等而下者又当别得较易者以取代之，此其一也。方言有隆替改更之际，在当日之尽人获解者，后此乃不甚相习。甚或且非考据，不可为详。而曲中之多用方言者，亦自渐未能合众。故又起新词以代之，此其二也。北曲本主中州，南曲本主昆山，外此楚皖山右，迄未有专立派别者。当时习曲，古毕伊吾，但有北学中州，南学昆山，置楚人于庄岳之间，似自不甚利便，迨习曲之宗风大敝，楚皖山右，自然崛起，以立其乡邦之音。乃不知今日之盛，有突过于南北曲者焉，此其三也。

京剧之宫律节制，视南北曲为已宽，而易于被词，则视曲不知凡几。故当日南北曲之作者，有极负时誉之文士，有无可追证之里人。然以李陆之“南《西厢》”已视董王二本为逊，及乎后世，历世久远，曲学更微。而作曲者遂但有文士，撰词固精美矣，然作者已不能如老工之识乐。于律或少忽，故已有不协弦管之弊，随之以起。夫文字而不能被律，则其不甚适用可知。揆其实际，正亦如后人之作乐府词者相同。但尚竞美于文学而已，欲求精律之人，以作曲，则仰见名士之作，有珠玉当前之感。又往往敛笔，于是文字之佳者日多，而能资搬演者且日少。代曲为京戏，此又必然之跬趋矣。

唱词之道，略如前说，因及作曲，可具端倪。于今之世，词谱空存，曲调杂出。今但以京剧之理言之，庶举一可以得三隅。夫今之编京剧之词者，知二簧正板反板、西皮正板反板之别矣。然其于词则未尝严格以分之也。知反二簧之音哀以思，则委婉而郁伊之。知正板之音典以则，则抑扬而吐纳之。然必以反二簧之词，唱之于正板，亦未始遽乱其音。盖句读同则节奏可以人意为舒缓，实律定则词字可以口吻为高低。融声就律，固声家之能事，即如二六流水，其词句自不克与正板反板者同科。然多一二衬字，多一二衬句，固亦无关宏恉，协律者得随意以调节之者也。

由作京剧之始，上而至乎作曲，曲有散套、杂剧、院本之分。或随意谱一宫调中之定曲为散套，或次元人法以四出成一院本，或编次传奇以为剧材。其长短多寡，各自不同，而未能如京戏之漫无制序。然一散套之中，用何宫律，则不能出乎律外以求之。一曲之中，用何音韵，则不能出乎韵外以求之。虽与京调之音辙相者等，而其制实加严。近见长洲吴瞿庵作南北宫调谱，以当万红友之《词律》，一字研精，片词不苟，由此渐进，庶获重光乎。

由作曲而作词，今之倚声者亦多矣。然但循乎旧律，一字四声，慎以从事，亦复尽守律之能事矣。然不知律者以通于唱者也，唱之之法，苟得俱存，则作之之词，可以申缩，何也？同乎京戏所云，融声可以就律，循律可以定声也。历观两宋词谱，守律綦严者固多，其不甚相袭者，亦复不少。今或谓之疏于律，容或古人以新词早定，夕被管弦，唱者尽融声之美，则作者穷文字之工，以两济其美乎。故令慢有同一定名者至多。其所为慢为减字，于以长短为申缩者，在当日固出同源，而先得歌者之为之协律分腔以定其调别者乎。迨乎唱词之道废，作者莫得按歌之人而协之，故一词之成，不复知其是否协律，而又自不敢逾越于定律之外，则但有墨守陈谱，以画依样之葫芦。守其四声阴阳，以为已尽其长，他年要一得按歌之人，循旧谱之是程。无论其是否协律而后之作者，乃终不负其咎，以为吾固守律者矣。倘不得按歌之人，则亦仍仍相因而已，故后之作者，但有填词，绝无造谱，亦不敢遽外于古人。以衍之为慢，节之为减字。胜朝初叶，词学极盛，浙西诸君，尝有自立新意以定新谱者，然亦但文字之长短句，而始终不知是否协律。盖真正词之宫律已亡，无复可按。今所存者，但有词谱，自立新谱，亦固不自知其是否合律也。

得精乎声者起，而天下当无不可按之词曲。盖因曲以作律，犹之就律以填词。盖其能事，固且无往而不受，亦视文人之于曲调之词，亦无复不能工者。文心之微，道心所倚，曩之所谓百兽率舞，而有苗来格云者，纵未始非古人溢美之词。然感被之所及，物理有自然，况人为万物之灵，歌咏之情，且由其智慧之力，通之于天人。而重之节奏，申之以数千百年来之历史，则其中于人心者，且不待言而可知矣。往者先王作乐，以奏其治平之迹，既而失之上以求之于野，则散之于歌谣。所谓诗教出而王风微，古人已有先此而言之者，今沦为歌曲词章，又其下者。至于词之有月令以应节序，有正犯以相谐音，有宫律以为之制度，有阴阳以为之酌剂。则言之綦详，愿以俟诸异日。

（《申报》1926 年 1 月 1 日，第 18982 号）

读《乐学轨范》札记

近治词学，试由填词而唱词，由词律而制乐，溯本推原，自必出于雅燕之遗，则以余时多读律吕乐志之书。昨见朝鲜本官书《乐学轨范》，有裨于乐政者至巨，爰事勘读，并为掇要，以示世之治乐者。其书流传未广，盖中土人士所不详也。

《乐学轨范》九卷，明弘治间朝鲜成俔李廷龟撰。前有弘治六年成序，是其修书甫竣之时也。万历三十八年又有覆锲本，行款字样，一望而知为翻刻弘治黑口之遗式。朝鲜内库藏书之所曰“奎章阁”，藏有万历本，展转而归今之京都帝国大学。日本昭和八年，古典刊行会为之石印，封面签赙一依旧制，弥可珍玩。

全书凡九卷，序三页。卷一二十七页，卷二二十九页，卷三九页，卷四二十三页，卷五十八页，卷六二十八页，卷七三十二页，卷八十五页，卷九二十页，跋文二页，每半页十一行，行二十五字。跋为李廷龟撰，结衔六行。乐书厅，（一行）提调输忠翼谟修纪光国推忠奋义炳几协策平难功臣大匡辅国崇禄大夫清平府院君臣韩应寅。（一行）提调忠勤贞亮效节协策扈圣功臣辅国崇禄大夫唐兴府院君臣洪进。（一行）提调崇政大夫行礼曹判书兼弘文馆大提学艺文馆大提学知成均馆事世子右宾客同知经筵春秋馆事臣李廷龟。（一行）监造官朝奉大夫行兼掌乐院主薄臣黄颖男。（一行）监校朝散大夫左坊典乐臣韩德宏。（一行）监校中直大夫右坊典乐臣林桓。（一行）官书之制，信而可征。循诵是篇，回忆四百年前，箕封故壤，正朔是崇，文物煦沫，声政所被，奉为玉音，著诸典籍，俯仰之间。不仅外弛职贡，别隶臣藩，乃并此官修典册，成为异书，乐舞声教，并同绝学。丹铅检点，泪墨纷披，灯火相亲，盖不禁为之低回神往矣。

全书九卷，卷一首载六十调表。上列五音为乐律，下叙五音及闰变为七音，调中列所用十二声。凡正律用墨书，变律用阴字，半声（即清声半声）则于声字旁加氵以明之，又于十二声下注明下五下四上一上二等，以明其体用，一索可得，殊便省览。（注：我国雅乐只七声，俗乐不用二变，只用五声。又自第九宫后四宫用黄钟，而角徵商羽则以四清声代之，并述君臣不可相凌，而事物不必相避之理。）

次时用雅乐十二律七声图，仍沿前制为表。（注：只用黄大、太夹四清声。）

次律吕隔八相生应气图说。按图填以周十二律十二辰及所当之月令，并详纪二十四节候星纪图，图后系说，多采陈氏乐书。（注：我国用乐之声，雅乐则用十二律正声及四清声，俗乐则用十二律正声及十二律清声，又用清中清浊半浊，此所谓三倍三减之法欤。）

次十二律围长图说。绘律管图以明其长短，注尺寸以明其增损，说用陈氏乐书。（注：我国院中有铜律管二部，以营造尺度之。黄钟长准一尺，度尺之制，营造尺长，以黄钟尺准之，则为八寸九分九厘。若加一厘，则为九寸，右十二管围径，微有纤毫之差。然此律管，与古制不甚相远，时用乐器，皆以此管正之。庚子年华使郑同带伶官而来，其所持太平箫之音，与本国之乐声少谐。）

次变律。均采乐书中语。

次班志相生图说。列表引《尚书·通考》中语，并记夫妻同位，子母异位之说。

次阳律阴吕在位图说。均采乐书中语。

次五声图说。以土为中宫，周以四季，再周以四声，均采乐书中语。

次八音图说。以八卦配节令，配八风，配乐器，配十二辰，配八方，均采乐书中语。

次五音律吕二十八调图说。即以旋宫相生之律调，配十二辰，十二月，六律，六吕，并注明俗呼谱字，均采乐书中语。

次三宫。采《周礼春官大司乐》章，及陈氏《乐书》。

次三大祀降神乐调。载《宋史·降天神》乐章，又采《宋史》《文献通考》《玉海》各节。

次祀天神。按《周礼·圜钟》为宫之说，列宫角徵羽四声为表，又采《宋史·降天神》乐章，律吕新书注语，又《宋史·大成乐调》一章，又时用乐调，亦以《宋史》为证。（注：三大祀降神之乐，有为宫为角为徵为羽而无商，是则调也。右宫角徵羽四调之七均，则并用商声，乐书所谓文去而实不去也。）

次乐调总义。综述十二律各自为宫，俗乐则用七调为宫，并声应指之法，又详绎宫商五声外，有乐时调羽调平调界面河临嚾子啄木等调之义例。

次五音配俗呼。详述以清浊之中声为宫，由清则上一上二，由浊则下一下二之义例。（注：我国五声之用，与古不同，古云宫最长而羽最短，又有商声不得过宫声之语，今以中声为宫，而宫之下亦有浊声，至下五以应宫声，似返于古，以中声为宫，盖一时用声之便易耳，宫之正声，当以下五虚弦之声应之。）

次十二律配俗呼。备举黄钟合字，俗作厶半声，及大笒管孔攦捺低吹应声之法，十二律详纪无遗。

卷二题雅乐陈设图说。首五礼仪登歌，绘乐器叙次为图以明之，并注明乐生人数冠服。

次五礼仪轩架。按前例详具图注。

次时用登歌。（注：堂上之乐。）按前例详具图注，并纪所奏之时，或为社稷风云雷雨山川城隍先农先蚕雩祀文宣王时所用，或为奠币初献撤笾时所用，又备举举麾击钟以导奏众乐之节制。

次时用轩架。（注：堂下之乐。）按前例详具图注。

次世宗朝会礼宴登歌。按前例详具图注。

次世宗朝会宴轩架。按前例详具图注。

次文舞。按前例详注无图。

次武舞。按前例详注无图。

次题俗乐陈设图说。首为五礼仪宗庙永宁殿登歌。按前例详具图注。

次五礼仪宗庙永宁殿轩架。按前例详具图注。

次时用宗庙永宁殿登歌。（注：亲耕籍田，则观耕台上陈之。）按前例详具图注。

次时用宗庙永宁殿轩架。按前例详具图注。

次保太平之舞，次定大业之舞，次文昭殿亲行殿上乐，次文昭殿亲行殿庭乐，次文昭殿摄行殿上乐，次文昭殿摄行殿庭乐，次迎恩殿亲行殿上乐，次迎恩殿亲行殿庭乐，次迎恩殿摄行殿上乐，次迎恩殿摄行殿庭乐，次昭敬殿殿上乐，次昭敬殿殿庭乐。均按前例备具图注。其定大业之舞，用兵器纛旗为仪物者，亦有详注。

次纛祭。初入排列为一图，回旋为一图，进退为一图。均按前例详注，并及献爵时钟鼓之节奏。

次五礼仪殿庭轩架，次时用殿庭轩架，次五礼仪鼓吹，次时用殿庭鼓吹，次殿后鼓吹，次前部鼓吹，次后部鼓吹。均按前例，详具图注，并及导奏节止。

次正殿礼宴图。为女伎乐工排立叙次，女伎当前，乐器居后，拍居中，麾与大鼓则在乐器之后，正在中阶，阶下为轩架，并详记乐师女伎乐工人数冠服处容。（面具）舞童之人数冠服，各殿异制。其用法亦不同，有接见野人者，有观射者，有观傩乐者，有饯使臣者，有亲耕籍田者，有亲蚕者，有天使迎命者，有宴享者。均为记注。

次时用雅部祭乐，次时用俗部祭乐，次时用贺礼及宴享乐，次世宗朝会礼宴仪，次世宗朝随月用律。均详载迎神奠币进馔初献亚献撤笾时所奏之乐舞乐词，以及进退仪容递奏引慢以及随月分奏各乐章调谱。

卷三题高丽史乐志唐乐呈才。凡舞谱乐章五，曰献仙桃，曰寿延长，曰五羊仙，曰抛球乐，曰莲花台。举凡仪仗冠服致语乐章无不备书。

次题高丽史乐志俗乐呈才。凡舞谱乐章三：曰舞鼓，曰动动，曰无得。亦按前例记注。其曰俗乐，盖别于中土流传之唐乐也。其曰舞鼓，以鼓为进退之节。其曰动动，盖女伎进退回旋之舞。歌词多为颂祷之语，效仙语而为之者。其曰无得，出自西域，其词多用佛家语，且杂以方言，难于编录，故但记舞节而略其乐章。

卷四题时用唐乐呈才图说。凡十四谱：曰献仙桃，曰寿延长，曰五羊仙，曰抛球乐，曰莲花台，曰金尺，曰受宝箓，曰觐天庭，曰受明命，曰贺皇恩，曰贺圣朝，曰圣泽，曰六花队，曰曲破。每谱先绘排列图，再作队图，按舞伎所立之叙次，以及进退击节投袂动容歌词致语，咸为详载，按谱可寻。

卷五题时用乡乐呈才图说。凡九谱：曰保太平，曰定大业，曰凤来仪，曰牙拍，曰响钹，曰舞鼓，曰鹤莲花台处容舞合设，曰教坊歌谣，曰文德曲。亦按前例详具图说。乡乐为其本国乐，故乐章多用朝鲜文字。

卷六题雅部乐器图说。凡四十四器：曰特钟，曰特磬，曰编钟，曰编磬，曰建鼓，曰朔鼓，曰应鼓，曰雷鼓，曰灵鼓，曰路鼓，曰雷鼗，曰灵鼗，曰路鼗，曰鼗，曰节鼓，曰晋鼓，曰柷，（附止）曰敔，（附籈）曰管，曰籥，曰和，曰笙，曰竽，曰箫，曰篴，曰缶，曰埙，曰篪，曰瑟，曰琴，曰纛，曰旌，曰麾，曰照烛，曰錞，曰镯，曰铙，曰铎，曰应，曰雅，曰相，曰牍，曰翟，（附籥）曰干。（附戚）乐器均先绘精图，注明制造尺寸，又博引《周礼图》《文献通考》《陈氏乐书》诸说，且于制器之法，各具注释为按语，详尽可法。

卷七题唐部乐器图说。凡十三器：曰方响，曰拍，曰教坊鼓，曰月琴，曰杖鼓，曰唐琵琶，曰奚琴，曰大筝，曰牙筝，曰唐笛，曰唐觱篥，曰洞箫，曰太平箫。咸具图解，详于制作之法，其月琴、琵琶、奚琴、大筝、牙筝、唐笛、觱篥诸器，别附平调界面调上调下调之指法宫商图。

次题乡部乐器图说。凡七器：曰玄琴，曰乡琵琶，曰伽耶琴，曰大笒，曰小管子，曰草笛，曰乡觱篥。亦多附指法宫商图。

卷八题唐乐呈才仪物图说。凡十二器：曰竹竿子，曰引人仗，曰龙扇，曰凤扇，曰旌节，曰雀扇，曰尾扇，曰盖，曰抛球门，（附彩毯）曰仙桃盘，（附卓子）曰金尺，曰簇子。亦咸绘精图详解，注明尺寸漆色，以便仿制。

次莲花台服饰图说。凡七：曰蛤笠，（附黄红蔷薇）曰流苏，曰结绅，曰丹衣，曰裳，曰袜裙，曰带，亦按前例为图解。

次定大业呈才仪物图说。凡十六：曰甲，曰胄，曰剑，曰枪，曰弓，曰大角，曰红大纛，曰螺，曰大鼓，曰大金，曰黄龙大旗，曰青龙旗，曰朱雀旗，曰白虎旗，曰玄武旗，曰白旗。咸具精图详解。

次题乡乐呈才乐器图说。凡七：曰牙拍，曰响钹，曰舞鼓，曰铜钹，曰鹤，曰沉香山，曰池塘板。并如前例图解。

次纛祭所用。凡三：曰弓矢，曰剑，曰枪。亦具图解。

卷九题冠服图说。凡三十：曰幞头，曰介帻，曰进贤冠，曰皮弁，曰武弁，曰乌冠，曰草笠，曰头巾，曰方心曲领，曰绿绡衫，曰绯鸾衫，曰红绿䌷衣，曰白轴中单，曰红锦臂韝，曰绯白大带，曰蓝䌷衣，曰白䌷袴，曰赤裳，曰黑团领，曰单帖里，曰白䌷抹带，曰金铜绿革带，曰乌鞓带，曰广多绘带，曰白布袜，曰黑皮靴，曰乌皮履，曰黄画甲，曰豹文大口袴，曰起梁带。咸具详图细解，可以按制。

次处容冠服图说。凡九：曰纱帽，（附假面及牡丹花桃实枝耳环）曰衣，曰天衣，（束带）曰吉庆，（腰带）曰裳，曰裙，曰汗衫，曰带，曰鞋。

次舞童冠服图说。凡七：曰铜莲花冠，曰会礼宴时芙蓉冠，曰公宴时芙蓉冠，曰靴，曰衣，曰中单，曰裳。

次纛祭服。凡四：曰防衣，曰缠带，曰回敛，曰云鞋。

次女伎服饰图说。凡十一：曰篾，曰流苏，曰钗，曰台腰，（附首花）曰丹衣，曰裳，曰带，曰黑长衫，曰鞋儿，曰袜裙，曰蓝赤古里（蓝绡短衫）。

序云：乐也者，出于天而寓于人，发于虚而成于自然，所以使人心感而动荡血脉，流通精神也。因所感之不同，而声亦不同。其喜心感者发以散，怒心感者粗以厉，哀心感者噍以杀，乐心感者啴以缓，能合其声之不同而一之者。在君上导之如何耳，所导有正邪之殊，而俗之隆替系焉，此乐之道所以大关于治化者也。论五帝之乐，则莫盛于唐虞，而专委后夔之赞襄。论三王之乐，则莫备于成周，而一任周公之制作。其当时设施之方，尽见于典谟周礼之书，是皆先礼乐而后刑罚，以兴教化，故有四方风动之效，有四十年刑措之隆。自世教衰，漓淳散朴，专以刑罚辅治，贵治狱之吏，贱礼义之士，所以先王之乐，荡尽无余，而所尚者，皆荒淫浮靡之风，流而为郑卫桑濮之音，散而为陈楚巫觋之俗，卒至乱辙相继，而沦胥以亡，虽以苌弘、师旷之聪，季札、仲尼之圣，而不能救也。汉兴叔孙通收拾于煨烬之余，仅得成仪，然于乐则因秦之旧，只撰庙章，未能该括本原，是故文帝有未遑之语，武帝虽有志，而所赞者非其人。延年制房中之词，而终致燕昵之私。京房创六十之律，而未免附会之陋。至如晋之荀勖、张华，陈隋之郑译、牛弘，唐之祖孝孙，宋之和岘、陈旸，莫不代有其人。以制其乐，然徒揣其末，而不知其本，奚足与语乐道之妙哉？惟蔡元定之书，深得律吕之源，然未能布爪指而谐声律，是犹抱锄耒而未谙耕耘之术也。由兹以观，乐非自成，因人而成，乐非自败，因人而败。咸英韶濩之音，人皆赞之者，时世雍和也，非乐之功也。《玉树后庭花》《霓裳羽衣曲》，人皆恶之者，时君放荡也，非乐之罪也。惟我大东自三韩鼎峙以来，国皆有乐，然乐器未备，声音多缺，杂于夷靺鄙俚之作，孰有厘正之者。至高丽中叶，宋帝赐太常之乐，至我朝大明锡御府之藏，由是磬管笙竽琴瑟之器又备矣。恭惟我世宗大王以天纵之圣，精于音律，欲洗从前之陋习。适巨黍生于海州，彩石产于南阳，是天敷和气于东方，授大有为之君以新制作也。于是取黍定律，取石作磬，又作乐腔，因腔作谱，以审节奏之疾舒。当时掌乐者只朴堧一人，然堧之所得土苴耳，岂有裨于圣算之万一，不过赞助而已。世祖大王尤精于乐，多制歌曲，又能撰定祀乐，以荐于庙。其作成之方，遹追先志而为之。顾其时无赞助之者，是可叹也。今我殿下以圣继圣，仰遵成宪，发前圣所未发，兴礼乐于太平，此其时矣。乐院所藏仪轨及谱，年久断烂，其幸存者，亦皆疏略讹谬，事多遗阙。爰命武灵君臣柳子光，暨臣伣，与主簿臣申末平，典乐臣朴棍，臣金福根等，更加雠校。先言作律之原，次言用律之方，及夫乐器仪物形体制作之事，舞蹈缀兆进退之节，无不备载，书成名曰《乐学轨范》。臣窃惟夫五音十二律，乐之本也。物生有情，情发为音，音有五而分配于五行。因管之长短，而有声之清浊。律有十二而分配于十二月，音与律相协，上下损益，而其用无穷，以寓于八者之器，莫不皆然。歌所以永言而和于律，舞所以行八风而成其节，是皆取法乎天也，非经营于私智也。得天地之中和，则正而获其所，如或失其中和，则人心淫溢而趋邪。于是二变得以耗其真，四清得以夺其本，而君民事物之分乱矣。然声之有变清，犹饮食之有咸淡，不可专用大羹玄酒之味。使正声常为之主，而能得以制变，不悖中和之气则可也。我国之乐有三：曰雅，曰唐，曰乡。有用于祭祀者，有奏于朝会宴飨者，有习于乡党俚语者，其大要不过七均十二律之用也。夫才之能否不一，故其知乐有难易，妙于手者或迷于节，能于节者或失其原，知一隅者虽多，而能兼该晓畅者盖寡甚矣。乐之为难也，好音过耳而便灭，灭则无迹，犹影之有形而聚，无形而散也。苟能有谱则可知缓急，有图则可辨形器，有籍则可知措施之方，此臣等所以不揆鄙拙而撰之也。弘治六年癸丑八月上澣，资宪大夫礼曹判书兼同知春秋馆事世子右宾客臣成伣谨序。

跋云：天地有自然之气，气以成声，声以成律。盖自轩皇采竹于昆仑，乐之器于是乎权舆。而一代之兴，各有一代之乐。惟我东方之乐，初未免夷靺啁啾之陋。圣朝受命，钦蒙皇上御府之锡，乐器始焉粗备。逮我世宗大王以上圣之资，当五百之期，取黍定律，采石作磬，因方语以制腔，因乐腔以作谱，八音乃谐。雅颂得所，庙祀之章，朝飨之曲，代各增益。礼乐之风，郁郁乎，沨沨乎，可谓尽美矣。成宗大王乃命掌乐典礼之臣，撰定此编，以载仪物制度之具，书成而乐之道益大章明，祟极而圮，荡然于壬辰之燹，古器与古制无复存者，惟幸此书不随灰烬，收拾于断烂之余。圣上嗣位，修举废典，佾舞庙乐，渐复其旧，太平文物，庶几重睹。遂命掌乐院重校此书，刊行颁布，设局于本院，材料饩廪，不烦度支。始手于是年正月，阅六月而工告讫。噫！向也兵戈愁惨之中，安知复有今日，而倘微此书，则虽公孙娘不死，李龟年犹存。其于进退舞蹈之节，形体制作之详，安能开卷瞭然，凿凿不紊乎？然则是书之有关于乐道，岂不大哉？书中虽杂以俚语俗谚，而感善心，惩逸志，俱可以为劝戒，苟能因是而究同律量衡之旨，推依永和声之妙，使中和正大之气，与政流通，邪秽淫哇之声，不汨于心，则郊焉庙焉，神格鬼飨。合天人赞位育之功，未必不在于斯书也。崇政大夫行礼曹判书兼弘文馆大提学艺文馆大提学知成均馆事世子右宾客同知经筵春秋馆事臣李廷龟谨跋。

（《同声月刊》第 1 卷第 9 期）

《白石旁谱新诠》赘语

潮州饶宗颐先生，近自日本录致《魏氏乐谱》，流通有日矣，乃先就谱字中悟得歌法之记注，证以姜谱张说，别撰《姜谱新诠》，以发前人所未尽之音字诸说，盖言词乐者莫不宗宋谱，然考定律字者多，订释音字者，绝无仅有，于是言乐理乐律者，汗牛充栋；而独罕及歌法，其或采明人之说以实之者，又多属讴歌昆曲之法，昆曲之于宋词，相去一尘，人人知其从所自来，而独不能言其草蛇之迹，自音字之说出，其迹始显，是先生之有功于词苑乐苑者伟矣，愚向日治词，雅好词乐，顾不能通其指归，比读《新诠》，欣欣若有所获，庶可就音字求通其消息，既濬三十年来胸膈中仅存之积滞，亦可坚此后致力之途辙，循序以往，宋人歌词之法，终可有昌明之一日，敢先就《新诠》牍尾，缀以卮词，质诸并世治词学者，其有绳愆纠缪之作，胥为攻错伐山之资，有不拜嘉以伫之者乎。一九五六丙申岁寒食日武进赵尊岳写记。

夫由乐府递降而为词曲，词曲而复有旁谱，宜无词之不可寻绎按歌矣。更者天水一朝，微特谱法具在，抑且奏雅有人，乃《玉田词序》，尝谓美成之词，时鲜歌者，而于车秀卿、沈梅娇之歌《清真词》者，扇之奖之，惋之叹之，抑何其沦亡之速，相去固不及百五十年也。循是以言，历经元明两代，南北曲出继其盛，风会骛于时新，于是不仅歌词之法尽废，即南宋诸大家所制之谱，与夫所论之歌法，亦无一能尽通其全者，殊不足责，而当日家弦户诵之词乐，乃成绝响，斯可怅已。

南宋大家著述之流传较广者，莫过于畅言乐理之梦溪、考亭，兼工器事与作曲讴歌之白石、玉田；其后元代南村以次，以至并世诸贤，论辩攻讨者，又无虑数百十家。字谱考定，已获其全，学理探讨，各备一说，然以宋词简至一字一律之歌，终不能通其歌法，抑且不能悟一字一律之歌之所以赏于心而悦于耳者。其或创和声不必旁谱，歌者得以己意为之之说，以为之曲解。夫一字一律之歌，亦尝闻诸夫子庙堂释菜之际矣，无论其是否为韶濩之遗，然岂可谓为其能尽词之从容妖姚以合于周柳姜张之玄思丽句，动人心脾，更复下开南曲之一字数律之繁衍哉？曲之承词，诚无间言，其大别在一字一律之与一字数律，苟有能于歌法中，通其消息，则嬗衍之迹自明，庶可追寻词乐之坠绪于万一已。

所谓消息之可见于歌法中者，由简言之，即宋人歌词，虽以一律应一字，然歌此一字一律，固非仅止于平出其声，或略趋高趋低，以求合于板眼而已也。宋人之歌一字一律，不特兼用丁抗掣折诸法，以使此一字一律之声有顿挫，且尚用哩啰唛喻为泛声为余音，以发其神韵，不特求字之合律，且当回旋摇曳其声于此一律之中，进以合于文字所抒写之情思，而后始极流美之能事，后人踵事增华，即就此一字一律中丁亢掣折诸腔，为之引申，实以他律字，于是一字之腔，始衍为数律字，而不止于一律，以成为后来南曲一字数律之律调，试绎云礽，祖祢具在，自可由以追想宋词之歌法，应略同于唱一字一律较多之昆曲腔法，如《鸣凤记·辞朝》折之入破第一，《玉簪记·琴挑》折之琴曲等法，再试就入破琴曲之名言之，知固属唐宋遗调，故其繁衍而引申之者尚少，犹足就以略窥唐宋腔法之旧，是则考亭所谓就虚声加以实律之说，持之有故，于意正复相同，因之更可由以上窥唐人之唱五七言乐府，其腔法之婉转，歌喉之跌宕，亦必胥在此丁亢掣折之中，是则旗亭之盛，固不难瞑契于千载以上也。

然言消息之系于歌词者，尤不可不知有定处与神会之别。所谓定处者，盖律字有固定之高下，管色有固定之清浊，文字有固定之句读，板眼有固定之节拍，歌者虽天才横逸，要不能任意任字，为之丁亢掣折，疾徐缓急，虚实带过，如温州之随心腔也，丁亢掣折之处，或为一字之曼吟，或为两字之绝续，自必有其定处，从之则协，背之则拗，歌者应神明于规矩之中者如此。至所谓神会者，则视歌人所获解于文字，流露于情感，天赋于歌喉者以合之出之，其上者不必偭规越矩，自擅胜场，次者按班循节，勉事趋承，下焉者竭蹶以赴，犹或有所不逮，游刃有余之说，可为智慧高功候深者言之，固不能一一曲摹之于文字图谱之间，即或大书而深刻之，亦仍必不足以谕不学无识之徒，乐艺固天人相与之事，刻舟求剑，所得亦仅已。

试就今日昆曲谱言之，《纳书楹》不具板眼，是不示人以晷候数度，明知其不可用矣，然具记板眼如《六也集成遏云阁》，又备详腔法之撮带垫叠，即古之所谓丁亢掣折如《粟庐谱》者，不可谓不精且至矣，然试召一未尝习歌之人，授以诸谱，纵或召乐工为之奏笛管，而使其引吭按歌，殊亦必不可能之事，抑又何也？盖文字有字音，律字有律音，板眼有时限，至所谓丁亢掣折之腔音，又融会于三者之中，亦且必合此三者于一而出之。无文字则无词可歌，无律字则不知所歌之高下，无板眼则不知所歌之字之应迟应速，无腔法则不知所以长之短之抑之扬之之道，然即此四者，毕具于篇，而欲以歌喉融之于一体，肉与竹合，则何自引吭发声，何自应板赴节，何自偷声换气，何自敛喉鼓腮，凡此均非获得耳提面命之指授，勤加习练不为功，而谓其能尽求之于谱中耶？即有智慧卓绝者，举一隅可以三隅反，则亦必先有所授，得讴歌协律协器之法，熟习数调，然后或推之于其他宫调。然每调有调腔之不同，如黄钟之宜富贵缠绵，大石之宜风流蕴藉者是；每词又有文气之各别，如柳词之宜红牙小女，苏词之宜关西大汉者是。乃至歌人之身世，歌时之喜愠，所以激发其情致者，亦各因时因歌而有所立异，又岂尽可谓为以三隅反耶？即玉田不惮词费，于《讴歌要解》中，一再示人歌讽连珠，反掣急过，折拽悠悠，声拖字曳，抗声直起，直字呼腔，停声转板，大胆流连，哩喻唛喻诸妙，又岂学歌者就之即能上诸口吻耶？何况学歌者不特重师承，抑更重耳音，盖耳音逊者必无自审音，且无自承学，即良师无从使其领会，虽千百遍晓之谕之，乃至学歌者尽能理解之而不能运用之，复于行歌何与，是则又乐工尽人皆知之理矣。

至于词曲律谱之所主者，要凡三事，一曰律字工尺，一曰板眼尺寸，一曰歌腔唱法，而如何引吭配字之非指授莫能通者不与焉。所谓律字工尺者，不论宋词之一字一律，或昆曲之为一字数律，要当详书以合于所唱之字，使歌者可按律道字也。所谓板眼尺寸者，应明示宋词之申一律字为若干板眼，或昆曲之合若干律为一板一眼，以见其所唱之字之为长短疾徐也。所谓歌腔唱法者，则示歌者以按律行歌之法，如何弥缝于喉笛竹肉之间，上下绝续之际，以使其圆润浏亮，下之不失于规矩，上之可通于神明也。然学者读谱，固可就之以知此一字之占若干板眼矣，若干工尺矣；据律字以知其声之高下矣，而此律字之在一板一眼中者，就一律一字言，何字应速，何字应迟，何字应虚，何字应实；就数律一字言，所迟速者应在字头字腹字尾之何处；夫节拍有板，板复有眼，所以判其迟速者，固已甚细，然一眼中律字之迟速缓急，则犹为治谱者所不能及，至吞吐与迟速有关，与高下尤有关，消息之细，有所谓蜻蜓点水蝴蝶恋花之妙，谓可穷之于文字记注中耶？即备笔之于书，又岂未经指授者所能体会而运用之耶？兹姑不论姜谱之未及板眼，或以为疏漏，然下至《纳书楹》之精于作曲治谱者，亦详于工尺而不记板眼，先后同符，而板眼为按歌之所必习，玉田于《词源》及《要解》中又均详述之，抑又何耶？是必有说。

玉田工谱律之学，尤精研歌法，所撰《要解》八绝句，愚尝略加阐述别具于篇矣。其第一首即论拍板，示唱词之先要，第二首论大小顿及丁住，第三首论叠顿反掣折拽诸法，第四首论唱时顿住及应敲掯板眼之法，第七首论顿住所用之泛声。凡此均重板眼，不惮一言而再言之，然细绎所言，初则综论词乐板眼之法度，次则言如何使歌与板合，以及应协板眼之法，独未涉及板眼应否记拍于谱中，与夫制谱记拍之法。《要解》固为歌者而设，然歌者必按谱行歌，谱既具载丁亢掣折之记注，《要解》又重敲掯板眼之制，何乃独疏于板眼之指陈耶？

至于姜谱自为治词乐者之典型，白石所记注者甚详，律字以外，并及住拽掣折，而亦不记拍。夫以白石之阐精词乐，十七调又出自度，宁有独遗记拍之理，试推其不载之故，盖有三说，可得而言。一为旧日乐人自识晷度之说，按时记拍，以手以指，掐而识之，事非难能，一经师承，便可领会，天下无不授师承之歌人，即无一不知记拍之法，何况板眼之为拍，虽有固定之晷刻，而实亦别有其尺寸，此尺寸应合于所歌之词之神情本事，乃至歌人天赋之歌喉，遂尔于不背定例之中，亦少分其迟速，是则所谓通于神明之事，既不必具之于旁谱，抑且无从备具其尺寸于谱中，使歌者转多窒碍。二敲掯即为板眼，故敲掯必当板眼所在之处，而板眼所在之处，初不必尽以敲掯应之，惟敲掯则出以乐器，事属乐工，原不属于行歌之人，是乐工固应别有乐器之谱，如今之所谓《锣鼓经》者，凭之以按调行腔，就律下点（乐工术语曰下点子），至词人如白石辈所传之谱，专为歌人之需，原不为乐工之用，故于敲掯记拍之属于乐工奏器之法者，阙而不备。三则记拍既属乐工奏器之事，歌人但知应器讴歌为已足，苟无乐器，即失凭藉，不复能歌，正如今日歌昆曲或花部乱弹者，亦必准诸胡琴笛管，若舍此二者，即无从一展其歌喉之长腔调之胜。至其发音高下之有当于律字与否，均非以琴笛定之不可，筵前尊畔，必先召乐工奏器，方能引吭高歌，其理正同，信是则歌人虽必识记拍，然不自重于记拍可知，而自度之新腔，作者撰文定律，自必先付乐工，试应协器，乐工亦即就以分拍，歌人但循乐工之所奏，即可讴歌，则姜谱之不记拍，固意中事，即玉田亦知歌人虽不自重记拍，惟板眼殊为歌人所不可不知之本要。故《要解》八首，仅于第一首述其梗概，后此则专言讴歌之法，使追循乐器之敲掯为已足，而《词源》固不为乐工设，自亦不别详记拍矣。

由前之说，可知自来学者词人论乐诸作，实仅为歌人之需而未尝尽词乐之广也。愚夙论词，以为合文字音乐讴歌于一者，始得谓之为词。惟文人之治词，自首重文字，次则赏幸流连于歌人，甚或引吭自歌，潜研歌法，独于乐工器事，则往往视为多能之鄙事，舍而勿问，故论歌之书，流传甚广，论器之作，绝无仅有，下至论昆曲花部者，亦复如是。《锣鼓经》何尝遍行于市廛，即搜辑艺事最备之《事林广记》，亦只略具一二套数，聊资点缀而已。至彼乐工者，师弟相承，耳手相应，侧坐于诸作曲大家之席，读所撰所自度之新词新腔，而运思焉，体会焉，倏焉有所得，则按其句读声情，以定板眼及所用之尺寸，于是消息一出，而歌人之讴歌有素者，循声引吭，以成其绝唱。如乐工有不中于节律不协于文情者，则知音如白石寄闲之流，更必躬自订改，或易字以就律，或转律以应字，亦或倚声而自歌之，以验其协否。夫歌随乐，乐发于器，制于拍，歌者重在腔圆字正，至于拍则勿使荒腔走板而已，别无可以见长者在，故亦不待重视之。惟若舍器勿用，则虽有拍在，善歌之人，亦未必能就以歌一自度之新腔也。因之歌人所用之谱，有拍正与无拍相等，何况学者词人，不尽精于奏器，向常留俟乐工点定板眼，而徒以文字自娱，则自度腔自亦略拍勿载矣。

夫一切词乐之谱，固不当仅具律字为已足也。律谱原不为歌者徒歌之谱，故必与乐工奏器者相协而后可用，独乐工则失学不文，师弟承授，又本不待于有谱，于是独少乐器之谱，而此律谱充其量不过具载律字为歌者之谱。至词乐之全谱所以兼备歌人与乐工之用者，则付诸阙如，因亦终无以致其实用，愚固谓欲复歌词于千载之下，舍师承而惟谱是赖，已为不容有之事，若并乐工奏器之谱而失之，仅存今日歌人所用律字之谱，则更万无可以按谱循声之理。故时至今日，专研斯道者，虽踵接于途，不特能悉读律字之谱如《乐府混成集》《纳书楹》者，不能行歌，即进而能率解歌腔唱法之谱如姜谱者，亦复无济于事。盖不获乐工之奏器，即不能知行腔之法，及其运喉吞吐之消息，一间未达，歌事便废，此固不足为不知者道也。

虽然，为治词计，为治词乐计，词固非师承不可歌，师承在人，火尽而薪勿传，亦既失之矣，则此区区遗存之谱，纵失其板眼，岂不更当珍秘而潜研以之哉？夫讴歌为一事，属歌人，词乐为一事，属学人，歌人辍而学人之作犹在，旧谱犹存，板眼虽阙，工尺具备，歌法详著，大可取为探讨之资，亦或一日，天不爱宝，复有《锣鼓经》之类之乐工奏器谱，重现于世，则板眼必在其中，所创获于词乐者，必又大进于今日，即或器谱不出，而能多致律谱腔谱或互通相证之书，可以获解人之神悟，俾能就律字唱法以求得板眼。使三谱同时并出，则其时词虽仍不能歌，而歌词之典型章制，俨然具在，庶可以想见词乐之全豹；抑或当代歌人乐工之专精斯道者，可由歌昆曲花部之法，使用笛管胡琴之法，迎刃以解此唱词之法而试行之，则词乐讴歌之复，不几重有望耶！即今日言，有姜谱而后识律字之谱，有魏谱而后识尖音掣拽之使用，以证其为歌腔唱法之谱，缘知两者之均尚为歌人所用之谱，而未备板眼之全。白石以行歌有乐工之奏器，板眼自明，不待记拍，乃未为千载以下乐工云亡乐谱散佚之后人设想，而使治词乐者失其消息，然即此歌人所用之律谱，其有裨于词乐者，已非浅鲜，岂可等闲视之哉？夫治学贵有门径，门径所以启发来者管钥之所系也，白石律谱为府库，而歌腔唱法之谱则门径也，魏氏之谱表，则管钥也，非管钥何由通门径升堂庑以进及府库之藏，则魏谱固不特有功于姜谱，抑且重有功于今日之治词学者，宁可不慎视而珍秘之，批窍而引申之哉？先生《新诠》之作，由以谓之兴灭继绝之桓文可也。

愚一再读《新诠》竟，亦既略申臆说于前矣，乃犹有未能尽通之处数端，如就魏氏谱表言，分律字为和律、明律及俗名简字三类。此书虽出中朝魏氏之手，而已侨居扶桑有年，此又日人传钞本，其以和律冠首，明律次之者，宜也，至俗名则分笛、觱篥、笙三行，惟7之尖音，独具于觱篥谱中。按宋时唱词，固兼用笛及觱篥，笛又分常笛、中管两种，就笛字言，《词源·应指字谱》中，已有尖字，是笛中亦当有尖音无疑，惟不知笛中之尖音与觱篥中之尖音，是否相同。今就魏表言之，觱篥之尖一73即笛音之上么，尖上73即笛之勾么，尖工73即笛之⑦。按之玉田字谱，只具尖一、尖上、尖凡诸音，《事林广记》多出尖尺尖工，《魏谱》则与《广记》相同。夫以玉田之精于词乐，谓其漏列尖尺尖工，似不尽然，是必有故，亦固可供好事者之玩索探求者也。

又魏谱四尖音均作7ㄋ，玉田别以异体，著之《字谱》，三音不同，白石又每用7号为尖音，记于当律之下，似与玉田相近，后人于此，固可目之为别体简书，两者通用。然愚尚疑其同属尖音，以施于笛与觱篥两器之不同而有别，亦必持之有故，而厥故当在谱法与器法之间，即就器法言，又当在奏笛与奏觱篥之间。试深究之，觱篥音本视笛为高亢，发音亢而不随，直而不婉，其奏之也，出一声即就一律，无论音之长短，不易于一律字中，有所进退，笛则婉转进退，可以随歌者所至为之，制谱者运神明于规矩，谱一尖音之字，固不必视前一律兔起鹘落而谱之也。兔起鹘落之谱，纵合于律，未必赏于心而悦于耳，因之歌尖音字时，尽可由字头而字腹字尾，由原一音级以进入于高一音级之尖音，其势略缓于须臾之际，即其音之变级不过骤，使听者不特不感其突兀，抑且可领会其神情韵味，此自歌者所优为，而笛工亦固能以气之由缓转急以追随之，使此不同音级之两字相承之际，顺溜自如，惟觱篥器制不同，无从行以笛法，故同一尖音字，两器之奏法，不能强同，因之用异体之字以明之。玉田、白石用笛法以兼示歌法，魏谱则沿用觱篥之成法，可相通相协而实不相同，器别而谱字亦有别之说，是否如此，愿与声家再熟讨之者，又其一也。

又掣折诸音，承先启后，就一词言，长调六至八拍，多至百十余字，究应有若干处用之，方足尽其抑扬之妙，此固不似大小顿住之必用于煞声结尾也。然就姜谱言，一词中所用诸音号，似尚不多，是岂当日律严，以为不宜多假音响于丁亢掣折，如后世之禁多用花腔，而仅可间一用之耶？抑歌人于讴歌之际，承启绝续之间，原能运用自如，初不待具书于谱，惟至应字而不得不用之时，始具书于谱耶？夫唱词与后世之唱昆曲，固异曲同工之事，消息亦未必大异，唱字同以清整浏亮为归，其在前后两音字律字悬殊之际，往往不得不摇拽顿挫以结前声开后声，此固掣折之所自始，为自然之理，衍而至于用啰哩唛喻以泛之。玉田工于唱法，则进而一求其连珠叠顿，再求其声拖字拽，绕以余音，更求其轻圆无磊块、高下若萦缕而抑扬之，以别于叫曲、念曲，是则所赖于掣折亢曳者实多，谱中所载不多，其故又安在。至啰哩唛喻之法，要解只示其清浊顿住之用，而未尝详述其以何字配何音字何律字，姜更未记注之于旁谱，是岂又但凭歌人之自得于心自发于喉以运用之耶？疑不能决，此其三也。

综上三事，已足使治词乐者，获读《新诠》之后，更不容自已而必求所以贯通之者。愚治乐无所长，无以自餍其欲，自进于学，特举所疑，以俟世之通人进一解焉。

至掣折诸法之运腔于喉中者，当时必有其一定之典则，惜无传人，不能语此。今试姑就昆腔中运腔之法，转相比勘，容或有类似之处，可资贯通，以开探讨谱字之端绪。惟昆曲一字数律，与词大异，故关于一字数律之唱法，率从省略，俾精于论乐讴歌之人，可以会之于心，逆之于耳，精约而揣摩之，兹按要解所举示者，分具于左。

掯　以手虚拍或实拍其板眼之所在，亦可用乐器行之，如昆曲各种板式眼式等所在之处，姜谱不载。

敲　明敲其板之所在，用于官拍者重，用于艳拍者轻，以示区别。其曰鞁中清者，八板眼处，仅敲其七，若今日昆曲花部之乐工奏器作拍，亦辄有作势而不实拍之时，固不须一板一眼均实敲也，姜谱不载。

大顿　小顿　昆曲亦谓之顿，用于换气透气之时。盖每句每字，换气必须有定处，始足于吞吐之用，不致竭阙，正与歌词者相同，姜谱不载。

丁住　昆曲凡于音字连续之中；应行换气之处，小作停顿，再迅行续唱而下者，谓之带腔。

叠　昆曲凡一腔将尽之际，其腔音下转时，唱者每易将尾音上扬，致有转入去声之弊，特用本声扣住之者为叠腔或撮腔；又凡腔音向下者，唱来求其跌宕生动，特就两拍中之一个工尺叠唱之为滑腔，又名揉腔，正同于歌词叠字之说。

反　昆曲凡在一句或数句之间，求使配合动作，如末句曲文应速唱以显其神采者，则前一句之末数字，即应唱来少缓，以预为之地，此缓唱之腔，谓之拿腔，俗名为扳。

按此腔似与歌词之反掣不同，姑存其说于此，惟《要解》谓反掣用时须急过，则为唱来少速之意，或宋时以此速唱之腔为扳，而同即预为下句之地之用耶，是则正与唱昆曲之扳法迥异。

掣　昆曲凡唱上声字出口后之落腔，及工尺较长或过于板滞之腔时，特少唱一音，使之空灵生动，此少唱之腔音，谓之嚯腔，亦即吞吐之吞字法也，以按《笔谈》之所谓一掣减一字，《要解》所谓须急过者相同。

折　昆曲凡遇上声字及阳平声浊音字出口时，应用力喷吐，使其出音较本工尺略高，约上半眼，即仍回本工尺之原音上，惟当勿使过高以悦耳为度者，谓之晖腔，是固即宋词折法之遗。

拽　昆曲凡唱时将一音拖长，使更增其悠扬之致者，谓之卖腔；凡一腔之腔音向上，唱来求其迂回曲折时，特叠唱原谱一拍中之两工尺者，谓之啜腔；其别加三工尺使益摇曳其音者，谓之擞腔。细按之，实均拽也。

又唱者如不知顿挫之法，即易涉于呆板，故昆曲凡唱一字之有数腔者，应于唱第一腔出口时，即作一小顿，而其连续之第二腔，即谓之为挫腔。

按凡此虽均为昆曲之一字数律者言，然以意逆之，以一字当一律，则前后律之唱法，自亦可通于前后字之唱法，其意自明。

道字呼腔　昆曲每句每字，均有其一定发挥之处，凡需抑扬者，尤适用卖腔，唱时须将一字之唱法，由轻而响，再由响而轻，状如橄榄之首尾尖而中部圆者，谓之橄榄腔，此可通于宋词之歌法。

余音　上列昆曲之种种唱法，固均唱字之余音。至谓字少声多，则宋词一字一律，与昆曲不同，要为一字一律之声长者当数板眼耳，自则唱此声长之字时，更非用余音不可，啰哩唛喻等字，即所以配合余音转声之用，花部亦有之，惟昆曲则只唱本音，不得转入他声为余音，是其格律，且严于宋词矣。

换气　《要解》第六首言换气之重要，昆曲亦然，盖宋词昆曲，均不似花部之有过门，可以歇气也。故所唱优劣，几全以换气之是否得宜而定，《粟庐谱》并特记注本字之旁以明之。

7尖音号，略可通于昆曲之晖腔。

兹就上说比证之，则知昆曲之律调唱法，渊源于宋词，固不待言。夫以昆曲盛行迄今，且五百年，而凡此唱法毕为记注者者，至昨岁《粟庐谱》出，始仅见之，然犹不及嚯腔，谓此为歌者吞吐之法，习者宜自揣摩，足见谱律犹均为器事，唱法则必会通于神明，必欲尽纳神明于规矩之中，为万不可能之事，尽具腔法于记注之中，亦万不能即就以讴歌，则姜谱之仅及掣折，不为记拍，又胡足责哉。

虽然，就姜谱之律谱音谱合一而研讨之，又未始不可上窥宋词歌法之旧也。简言之，讴歌词字，按谱律之高下为之，字虽当一律，而有掣折摇拽之腔法，固昆曲之先河也，再试征诸“礼失而求诸野”之说，则日本今日所奏之唐乐，犹复沿其旧制。即演唱歌舞之分属二人，亦即唐宋大曲以至金元杂剧之遗。有心笃学者，苟能详研其道字、呼腔与夫顿、住、揞、敲之法，贯之以姜谱张说，则歌词之法，必可具备，且日即于可歌之途。愚不敏，窃欲乘桴一行，寝馈求之，天假以缘，俟诸异日，可耶！

（载《词乐丛刊》第1集，香港坐望斋1958年版）

玉田生《讴曲旨要》详解

唱词之法，夙已无传。盖在南宋，既有永嘉之杂剧，混入歌词，而元初北曲代兴，已逐渐取词代之，能唱词者，其时遂已罕如星凤。玉田生偶遇能歌美成词者，为词张之，感喟交集，可以知已。迄于今日，大晟遗绪，百不得一。《乐府混成集》，为有宋词谱，亦在若存若亡之间。（宋《齐东野语》，及陈氏《书目》具载之。明王骥德《曲律》、《也是园书目》，并见著录，外此未尝有及之者。董丈绶金，则谓日友告以日本内阁图书寮尚存其书，然遍检目录，无可得征）。推溯五六百年前曼声低吟之致，只有出以臆度，诚如《四库提要》所云"后世当有好学深思之士，测其分刌"者乎？余不敏，不敢比于好学深思，但据旁证，聊为臆说，以附于爱好斯道者之喤引而已。

言唱词当先知词，词盖合文字于音律，而出之以歌唱者也。文字作法，姑不具论。即言音律，当分为三事，宫调为填词之谱，由宫调以进言律吕，是为填词之律，至唱词则按谱循声，以付诸曼吟也。今仅言唱词，亦止词之鳞爪。盖欲尽词之能事，宜先就律吕以制谱，再按谱使合之管色，更得名章俊句，为之文辞，而有善歌者歌之，始足尽一词之长也。

宫调律吕，为制谱所必擘，唱词者可置之不论。今言唱词，莫详于张玉田之《讴曲旨要》，由以推核有宋唱词之道，思可过半。惜于解人之不多，亦更有心领神会而不易加以诠释者。今试缕述其事，藉以仰测唱词之神情法度，庶接古欢，兼维绝学，声家不弃，宜有同好乎？

其一

歌曲令曲四掯匀。破近六韵慢八韵。官拍艳拍分轻重。七敲八掯靸中清。

【解】歌曲，为词之总名。令曲，小令。破、近，视小令之字数为多，乐谱为长。慢、长调词。引为大曲之引子，序为大曲之前奏，故不列举。明人重刊《草堂诗余》，以词字之多寡，别为短调、中调、长调，殊属无据。且曲名依谱制定，亦不得以字数为准则。

掯，郑叔问注：掯近于打，犹言虚拍。近人陈能群谓：掯用于抗与小顿之时。按节以制乐，故有板有眼。韵是板，掯当是眼。其曰掯曰韵者，宋人之称。

官拍，正拍也，依字相准。然字有和声，即乐有泛音。就此泛音，以为之节。在官拍之外，则曰艳拍。唱词计有大曲、法曲、慢曲、缠令、嘌吟诜唱之别。其定拍也，大曲法曲慢曲以手，缠令以板，嘌吟诜唱以手调儿（以手作势），具详玉田生《词源》。

敲，乐中记拍之谓，即所以拍板点眼者。靸，陈能群谓与吸通。曲之中衮，须用七敲八掯。又云：敲掯须于顿前顿后用之。按八掯，八眼也。七敲者，八眼止敲其七，遽缺其一，故曰靸中清。是其于顿前顿后，吸去一敲，以虚代实，当敲不敲可知，盖所以便于歌者行腔逞调也。其曰曲之中衮，则以中衮六字一拍之调中，有非靸不足以尽其流美者。

【笺】由此推之，词之乐式，约略可以推见者，凡有数端：一、小令至少须有四眼（掯），计之即四拍，合之为三眼一板。词固莫短于小令，然既成乐调，至少非一板不足以尽之，而此一板之中，当有三眼在，故曰四掯。其不称三掯一韵者，以仅一板（韵），无庸道之耳。二、破近等调须六韵，即是六板。若以每板三眼计之，有十八眼，以每板一眼计之，亦有六眼。慢词则更长，凡八板、二十四眼，或八板八眼。至板之三眼或一眼，则随调而异，正如近世之二黄元板与正板之别耳。

词谱久已无传，然由南宋迄今，不过五六百年，文物具在，何致独于唱词之法，荡焉无存。窃意必尚有几希之贻存，足资追拟者在。又当时唱词，为家喻户晓者。虽经杂剧南北曲代兴，屡变其体，然于各地所留贻之曲调，疑必有自词谱中嬗衍而出，或竟仍其旧者。如今尚盛行之《梅花三弄》《老八板》《花八板》等，均为有谱无文之曲调。其曰三弄，或为双拽头之曲子。其曰八板，或为慢词之八韵。其曰花八板，或为花拍之八韵曲子。此固不敢据为定论，然亦足供学人深长思者也。

官拍艳拍之别，前已具解。官拍多依字相从，拍来自应较重。艳拍依和声为泛音，自应较轻。此轻重之别，盖以示拍板之人者。近破六韵慢八韵中，缘是以知尚有官拍艳拍之别，亦正以示所唱有字之正声，亦有泛声之和声同在也。

凡较长之曲调，于顿前顿后，偶有当掯不敲，如《中衮》调中所举之例，吸去一敲，以便歌者之自行运腔，或于高下疾徐之间，故留一线之罅，俾唱时可以伸缩跳脱于其间。本来乐以辅歌，用为衬托，但求歌之流美，乐自可偶靸一掯以就之，但求不背于谱律而已。

其二

大顿声长小顿促。小顿才断大顿续。大顿小住当韵住。丁住无牵逢合六。

【解】顿，歌以宛转谐拍为主，无论是否在板眼上，当有换气行腔之处，于谱言之，即所谓顿也。有大顿，顿之较长，有小顿，顿之较短，而大顿小顿，当往复倒换，始不板殢。郑叔问注：顿读作敦，盖依玉田原注作都昆切。陈能群引玉田《词源》卷下《音谱》，自言慢曲不过百余字，中间抑扬高下，丁抗掣拽，有大顿、小顿、大住、小住、打掯等字。

丁住，陈能群谓即停声。今之皮黄，于慢板转折较多处，时有偶一停声，再随乐动，以逞其行腔之妙者，可以概见。

合、六，此系音字。郑叔问谓合字音浊，六字音清，同配黄钟，而抗坠之音，相去过远，故须以丁住过度。无牵者，盖谓不当字也。今之歌剧皮黄，辄有于某字行腔甚长，而续唱之字，又不与前字相协，甚或阴阳平仄，异常拗口者，则往往停声一刹间，以俟弦索之转移，再行续唱。亦有弦索乐调，特于此时，留一过门，俾歌者得有从容一息之余地，既可取巧以媚字，又可换气以驯拗，庶不致因歌而牵累词字，其曰丁住无牵，义即指此。所举合六，特清浊之最不相容者，以为例耳。

【笺】按此率言唱词之顿住，亦即歌者最当致意之所在。就文观之，有大顿，有小顿，有小住，有丁住。盖大顿必在曼聲之后，惟其长吟，则所需于换气者，亦必较长，始克有济，故曰大顿声长。若非长句曼声，而在使一小腔后，于曲调即须一顿，则或无须换气，或虽换气而需时不多，小顿即已足用，故曰小顿声促。总之，以句字之是否为长吟曼声，就换气之需要，而定大顿、小顿、声长、声促也。

一词之中，句字有长短，行腔亦有长短。乐器以板眼为准则，歌者以大小顿为行腔之段落。叠眼为板，板眼相间，始合谱律。故大顿小顿，亦必须相间，始便歌喉，故曰小顿才断大顿续。盖言小顿之后，当为大顿，否则连续数小顿，或数大顿，配搭不称，更成何腔？相间始能相成，其理甚明。

大顿小住当韵住者，以住有大住小住之别。大顿实即小住，因大顿之际，少一敛声，是为小住。惟小住可于一句一字之中，曼声长吟之后，而不必尽在句末韵上，但只视其行腔换气之所需要而已。若在句末韵上，则当事住些时，以明其为句韵之煞尾（住时乐器是否仍作泛音，容别详论）。故当韵住者，其住必视大顿之小住较长。此与今剧曲于一句唱完，少逗瞬刹，再续次句者，正复相同。且就乐器言之，大顿小顿，视歌者行腔之便，未必尽在板眼上，故其时甚速。但句末韵上，必为落板之处，而其所住亦必与板相应。惟其与板相应，故其住亦必较长于大顿之小住，以明其段落之所在。

住有三式：一小住，即大顿；一住在句末韵上；一丁住，其住之时间特长，且停声以俟乐器之衬托，即曰无牵，意者停声而不牵涉乐器之谓乎？谱中遇有六字下继以合字之际，清浊不均，势难连唱，勉强唱来，拙于喉且刺于耳，则但有丁住之法，停声以俟乐器衬托片刻后再唱。郑叔问谓无牵为不当字，则以大顿小住时，在一字曼声之中，亦或可中断刹那，以觅取换气之机会，惟丁住则为较长之住，必在一字唱完之后，次字再唱之前，其间本无字在，故曰不当字以为之过度。于此可知唱词之音乐，亦必有无字之衬托，以备歌者丁住时之过度，而合字下六字前等处，尤不可少，必需用之。

其三

慢近曲于顿不叠。歌飒连珠叠顿声。反掣用时须急过。折拽悠悠带汉音。

【解】叠，郑叔问注：顿必当字，叠但复其字中之声，亦即所谓迟其声以媚之。连珠，当同于今皮黄中之快板、流水板等，累累如贯珠而发。

反，于某一字时，其音上向翻高。

掣，于某一字时，带过第二字，顺腔而过，音低而流，自极流美。陈能群笺《词源》管色应指字谱，谓取声之低者谓之掣，故曰掣减一字。郑叔问谓住当一字，大住当二字，掣减一字，意即指此。

折，于某一字尾音时，收音敛喉，然后提起接第二字。郑叔问谓折者，折上字，起下字。合字无折，因合字最低，不可复折也。陈能群注，白石拆字法，有云，篪笛有折字。假如上折字，下无字，即其声比无字微高，皆以下字为准。金石匏弦无折字，取同声代之。

拽，于某一字摇拽其声，使声劲且媚。

【笺】此盖专言唱字及奏乐之法。反掣折拽，先当于管色中求之，故白石具书于旁谱，以示乐工。歌者本随乐行歌，管色有反掣折拽等处，歌者自亦随之，不待更言。慢近诸调，节拍较长，六韵八韵，胥属缓吟曼声之调，故只须顿住，以为之节，初不必于某一字中，往复其声，以为顿挫。惟于促拍之调，如今之快板流水板者，既有顿有住，更可顿挫其音，往复以之，所谓连珠叠顿声，正以别于慢近之仅有顿住也。

唱词时遇乐器有翻高向上之反时，或顺腔带过下一字之掣时，歌者当脱口快过。以翻高在一刹那间，带过亦在一刹那间，少纵即逝，倘歌者偶一迟误，便与乐迕，不成腔调。惟遇收音再放之折时，或顿挫摇曳之拽时，则一为敛音重舒，一为从容宛转，正当悠悠出之，若尔急迫，又违管色，不相吻矣。唱词以中州韵为准则。惟中州韵虽极正，亦有数音，南人唱来，不易见好，且不易得其神味者。又其时在元初，北曲已兴，率用中州音，又有时蹈以北曲字音唱词之失。故不如用类似中州之汉音。江汉为九省通衢，南北孔道，其音实得南北之和，而韵味亦最深长，唱来为唇、为齿、为舌、为腭，亦有定则可循。沿至今日，皮黄号为京剧，歌者无不以湖广音为准，可以知之。本来歌贵行腔，而行腔之妙，更必以字之正音为先导。玉田浙人，其亦鉴于江浙人士之好以方音唱词，每致不协，特申其说，以存警戒乎？

其四

顿前顿后有敲掯。声拖字拽疾为胜。抗声直起特须高，抗与小顿皆一掯。

【解】顿、敲、掯，具见前解。

【笺】此言唱与拍合之道。前笺谓顿处不必尽在板眼上，故曰顿前顿后有敲掯。声拖即某字唱来较长者，字拽即某字唱时摇曳出之者。其曰疾为胜者，谓凡遇音长而摇曳之字，唱过宜速。夫长音拽字，似宜曼吟，何反以疾为胜？殊不知凡长音之拽字，多为第二字续下之张本，在音长字拽之际，正所谓迟其声以媚之，迟此一字以引起下一字，则下一字必更显朗得势。故其云疾为胜者，初不在曼吟本字之间，而在收音以引起下一字之时。过变之妙，夙有水穷云起之喻。以疾为胜，亦正指此水将穷云将起之一刹那间。若此一刹那间，不能以疾取胜，拖泥带水，势必落韵失腔，更何能有水穷云起之妙？此种唱法，尤多用于过变换头之处，故郑叔问注，拽宜用之曲中过变，正指此耳。下云抗声特起直须高，此即下一字之换头，在拖声拽字之后，一刹之倾，干云直上，由坠而抗，方见其音充字满。若非先一字收处，以疾为胜，又何能衬出次一字之抗声特起？合两言观之，辞旨自显。至抗声之字，在拽字余音既尽之后，当然为另一板之起处，故唱来先落一眼，即为一掯。外此小顿之后，亦颇有与此拽字抗声之过变相似者，则其顿后之腔，亦必为另一板上，自亦必先落一眼，故曰抗与小顿皆一掯，以明唱词之顿住，固不必尽在板眼上，但遇抗声及与此类似之小顿处，则必需落在眼上，方称合拍。

何以言小顿之有类于拽字后之继以抗声也？拽字音尾以收得速而引起过变之抗声，小顿之前，其字之收音，亦以速为胜，而继此收音甚速之第二字，多为高于前一字之音，故甚相近似，而皆同于第二字上，另换一板，故曰两者皆一掯。

其五

腔平字侧莫参商。先须道字后还腔。字少声多难过去。绕以余音如绕梁。

【解】腔平，其腔平稳无疵，又训为腔中用平声字者。

字侧，字有与腔不尽叶处。侧即仄字，亦即于平调上有仄声字处。

道字，某一字发音之始。

还腔，行腔之后，仍落归本字。

【笺】前四首所言，多为乐谱管色，节拍顿住，此则专论吐字之法。陈能群注，侧与仄通，此言腔平字仄，及字少声多补救之法。细加寻绎，正与后来之歌南北曲及皮黄者，初无二致。盖制谱安腔者，有宫有律，为之准则，有乐器管色，为之定声。凡可歌之腔，无不平妥可用，而文士填词，却时有用字不合谱之处，亦亦有偭规促矩，虽合于谱之律度，而不能尽合歌者唇齿喉舌启闭收放之处，必欲如琐窗深之改深为明，扑定花心之改扑为守，虽在有宋，能复几人？然亦不能以小疵而废大醇，舍之勿用，因之遂不能不待于歌者之善为运用，莫使参商，亦正后来汤若士所谓将拗尽天下嗓子耳。其必以调平为调中之平声，字侧为字中之仄声，其义已狭，盖不仅此。

道字，即今学歌者之所谓咬字，亦即某一字之发音也。发音务求合于本字之音，万不可少有游移，以致念为他字，而阴阳轻重之微，并易因而误入他宫他调。唱字多有曼声长吟之时，曼声长吟，势不能始终严守其字之本音，则必就其反切以少变之，以便于行腔使调。但还腔收字之时，又务须收入本字之正音，不能使其少有游移，故曰先须道字后还腔也。至其曼声长吟之处，唱来有和声，乐器有泛音。其间有声无字之时，苟不申以余音，势且唱词中断，而不能一气呵成。玉田谓当助以余音，即是示歌者以善为泛音之和声，戒其乍断乍续，庶得绕梁之美耳。

其六

忙中取气急不乱。停声待拍慢不断。好处大气取留连。拗则少入气转换。

【解】取气，唱时换气也。

【笺】此专指唱时换气而言。唱词务须全神贯注，一行到底，但若不知换气，即不能始终不懈，故换气之法，必为歌者所研求。郑叔问注，乱则失断，断则失拍，大取使声字悠扬，有不忍绝响之意，少入言气须吞吐，不遽令声尽气中，其理甚明。盖唱词速时，或在叠字顿挫之时，虽换气而不当使之间断。停声换气之时，其事较易，然亦不可便有间断之处。停声已虞间断，何况吞吐换气？小一不慎，即成两截，是当引为大戒者。总之，欲吞吐较长之气，便当于留连悠扬中，谋得其时会。至拗字相叠之处，只需换气，以应促拍，却不求长，则当少一吞吐以换得之，不可使声尽气嘶，再作呼吸，以见力竭声嘶之弊。换气当不为听歌者所察知，斯为尽善。

其七

哩字引浊啰字清。住乃哩啰顿唆喻。大头花拍居第五。叠韵艳拍在前存。

【解】哩、啰、唆、喻，均唱词应板之余音。余音本随所唱之字，引而申之，不能限于此四字。但哩为阴平，啰为阳平，一清一浊，举以明之。唆喻为顿时落板之收音。

大头、叠头，均慢曲之一种，盖自大曲变出而为慢曲之调，依其管色而定名。

花拍，系一曲多遍中之节拍，属于大曲所习用，如《六幺》则花拍十八，《降黄龙》则花拍十六。

艳拍，即虚拍，说见前解。

【笺】此言唱字收音及常用两曲之节拍。哩字清，啰字浊，故于当韵之住上，宜视其应清应浊，以定所用之收音。顿为小住，则用唆喻二字。以小住不尽当韵，且亦不能每一收音，辄用哩啰，故习惯辄用唆喻。即此哩啰唆喻四字，音亦相近。尤其曲前辄有引有序，引序拽字较长，用之益多。

凡唱大头曲，就中用花拍，盖源于大曲也。郑叔问注，此言顿住之别，花拍用大头曲宜后。陈能群谓花拍非曲拍之正，故宜居后。实则花拍为大曲所用，亦即为慢曲所用。大曲中《六幺》、《降黄龙》等，均用花拍，即《前衮》《中衮》，六字一拍，《煞衮》三字一拍者，亦多用之。大曲之前，多有无拍之序子。慢曲既源于大曲，开首亦当有无拍之唱词，等于序引。故花拍自第五拍起，亦犹言用花拍为节奏之曲，不得开首即行按拍，正如皮黄前有倒板散板，亦无拍可记也。叠头曲虽亦同为慢曲，但用艳拍而非花拍，艳拍为虚拍，故开首即可用之。又叠头曲有类于双拽头之词曲，起唱或即正曲，或为有拍之引子，故开首便当按拍。郑叔问谓艳拍用叠头曲宜前，陈能群谓艳拍适宜于引子，故宜在前，花拍艳拍，应用之不同如此。

其八

字本轻圆无磊块。清浊高下萦缕比。若无含韵强悠扬。便是叫曲念曲矣。

【解】叫曲，随意而发。念曲，如背诵也。

【笺】此示歌者以唱曲之大要，端在唱时轻圆，毫无窒滞，清浊高下，丝毫不可舛讹，又必使唱来神韵悠扬，以免蹈随意叫曲、背诵成书之失，固当引以为训者也。

总之，唱词所必须注意者，板眼、顿住、抑扬抗坠、念字行腔、落韵换气诸端，均已见于前八首中，而古今中外之歌曲，初亦不能外于此也。宋人唱词，按诸旁谱，每字一声，但其声之长短，则准诸板眼而定。且一字一声中，有顿、有住、有摇曳反掣。至其声之高下，则又按诸管色之高下而定。和声泛音，用得其当，念字必求正音，落腔务勿出韵，斯为要著。

唱词之法，原于汉之乐府，变而至于隋唐之法曲(唐之法部即奏法曲)，唐之绝句，五代之小词，两宋之长调。徐文长谓至宋而古意遂微。大晟既立府，周柳均当行巨子，复以宫调相贯，制撰犯调，其曲益繁，益非唐人之旧。至南渡之后，永嘉杂剧，即为村坊俚曲，本无宫调，亦罕节奏，徒以取俾俗子士女之讴歌，所谓随心令也。渐渐而羼入词调，又以宫律相绳，而北曲代起，唱词遂衰。源流大概，约具于是。

(《同声月刊》第1卷第2期)

玉田生《讴歌要旨》八首解笺

序言

讴歌之事，旧传始于《卿云》《帝力》诸篇，可为最古，而数千年来衍变亦最烈。大抵骛新好异，人有同心，新腔既起，旧歌随废。重以蕃乐流入，异族篡据，禅衍之际，不特旧谱散亡，工师星散，即歌法调体，亦因时而大异。证诸天水一朝，美成之作，下距崖山，不过百数十年，徒以京邸播迁，歌法即已零落。视玉田于车秀卿、沈梅娇之奖假惋叹，亦可思其故矣。

尝试言之，以地域之攸分，而音声自即各异，初则先变歌音，再则变其歌腔，终乃变其歌法，此为不移之理。盖区宇混一之际，虽奉京朝为大宗，而各地民歌，固仍遍行于乡邑之间也。逮夫京朝失据，遗老旧人，教坊子弟，曩日高自位置于梨园大晟者，至是不得不流落湖湘，依回法曲，试欲传大宗之乐于民间，以绍其统绪。然而山川异地，唇吻异音，置楚人于庄岳之间，不特难获解人，抑且难传正法。今试缅想其衍变之迹：初则学歌者勉以乡音习歌；继则乡音与乡调，亦合诸正声而成为别调；久则即更目此别调为正声。譬之数十年来，花部乱弹代昆曲而起，初则源于山陕梆子，入京以后，渐改京音，以成为京剧之莩甲。传及长江南北，汉人又即以汉音歌之，其后汉调入京，转为京剧之大宗。原由山陕所改成之京剧，遂即废掷，无从踪迹。其后屡经衍变，至今日而欲复咸同之旧，如名工程长庚、王九龄诸调，已不可能，则乌在其能复美成于玉田之世，应亦人所共喻。盖别调新成，既合阳春、下里为一谈，而歌法自亦非并用此二者，不足胜事，因之遂又进而变及歌法矣。

所谓歌法，即为行腔之法。学歌者不特求知而已，且当有所授受。乡邑下里，日常无造诣甚深者，为之指说。湖湘老去之辈，亦无从尽下驷之材而耳提面命之。其为减字偷声，或激扬过甚不必论，而不中于音律、不中于歌法则相同。夫京朝大宗，于字贵阴阳四声；于腔贵腔圆字正。又岂乡邑歌者所能望其项背。且所歌之词亦多为晚出及当地诸作，晚出以逐时新，当地便于齿舌。持律不严，易于通变，固不似当日名手所制之一字不苟，无从通假也。历年渐久，变衍日多，或三五载而一洗旧法，别裁伪体，风雅难亲，周张相去，数十倍于此，宜旧法之稀如星凤，少所流传。再上推之，屯田《乐章》，当日饮井水处，无不能歌，而南宋遗文，迄无一字及之者，可以深长思矣。

原夫词之为道，固合文字、音律、讴歌而一之者也。文字之学，奕叶未坠，虽元明以后，风会较衰，然制作犹有人在，不虞缺失。音律一事，则专造者讨论精微，渐已视同绝学。治器者但重爨弄，比于工师，又复置乐律不论。于是律之于歌，俨然两途。论学即有所得，徒诧空谈，终不能施之于器。重以蕃调蕃器之内输，历朝律字俗字之递改，降至今兹，已不及尽窥其秘奥。然治之者犹不乏人，发扬光大，当可期诸来日。独歌法则曼声既无迹可寻，传闻亦阙而不备，草蛇灰线，仅存于一二断简残篇，读者又必当通其消息以深求之。其中异同之细，少一不慎，便且坠入南曲之途，非复词乐之旧。故研讨斯道者独罕。鲰生弱而好弄，特重斯道，不敢畏难，瞑搜遐索，自谓薄有所得。而斤斤于玉田八首者尤挚，先具众说，再为广笺，证以今乐乱弹之法，毕书于篇。兹付写官，俾为声家攻错之资，特惧无当于大雅云尔。

一九五六年天中节重校旧稿，并为之记。武进赵尊岳

解笺

其 一

歌曲令曲四掯匀。破近六均慢八均。
官拍艳拍分轻重。七敲八掯靸中清。

〔解〕 凡曲，长调之诚为“歌曲”，小令之属为“令曲”。“破”、“近”自小令衍出，其调体视小令略多。“慢”为长调。古无短调、中调、长调之说，仅就板拍之多寡，以定其名为令、慢，初不以文字之短长为别。明人刊《草堂诗余》，始立长短调之说，殊属无据。冒广生注：“歌曲令曲，四字对举。歌如子夜之类。令如调笑令之类。破为入破，近为近词，慢为慢词。”

“匀”，三眼一板，凡四掯，拍之贵匀。

“均”，同韵字。

“官拍”，正拍也。按调制拍。其引衍增益而出者，则曰“艳拍”。拍法因类而异。《词源》谓大曲法曲以手，缠令以板，嘌吟说唱以手调儿，即手势也。冒注：“官拍，正板，之拍，艳拍，赠板之拍。官拍重，艳拍轻也。”

“敲”，乐中应拍之方响，与掯虚实相间参用之，以节板眼。冒注：“敲用方响，今之云锣，于八音为金。”

“掯”，按郑文焯注：“掯近于打，犹言虚拍。”愚按其说，疑即点眼之拍。近人奏乱弹者，点眼亦正用虚拍。陈能群谓：“掯用于抗与小顿之间，按节以制乐，故有板有眼，掯当是眼。其曰掯曰均者，一就音节言，一就文字言也。”其说甚当。冒注：“掯即拍也。用板，于八音为木。芝翁论曲，有碎掯儿。《词源》作碎拍（缠令用），又有长掯儿、短掯儿（南仙吕）。可证歌曲、令曲，多为四句，故用四掯。破、近较长，故均之为六掯。慢又长，故均之为八掯也。”愚按掯之与敲，一主于眼以应虚拍，一主于板以应实拍，截然两事，不能并为一谈。又句字与拍眼有别，四句者未必定只四掯而止。其破、近之六掯，慢词之八掯，亦均别一种调体，并非就四掯均之而成者。冒氏晚治词乐，以为调体均摊破而成，强相比附，标立新说，申之于此，殊难苟同。饶宗颐注引《羯鼓录》，作手拍，与上说同。

“靸”。陈能群谓“靸与吸通。曲之中衮，须用七敲八掯。”又云：“敲掯须于顿前顿后用之。”按八掯，八板眼也。七敲者，八掯止敲其七，遽缺其一，故曰“靸中清”。盖于顿前顿后，吸去一敲，以虚代实。当敲不敲，以便于歌者之行腔逞调也。其曰中衮，则以“中衮六字一拍之调中，有非靸不足以尽其流美者”。愚按：今昆曲及乱弹，亦往往有当拍不拍，司板者凝神注视，矜持作态，以俟歌者宛转进退于微茫丝忽之间者，其理正同。冒注：“靸即楔子。楔子八掯，同于慢词，但为云锣七声。”愚谓楔子无必为八掯之说，此属别解，未必可通。饶注以鼓指挥，沓之于中声清声，其说允当。详见后《字诂》。

〔笺〕 愚按：词乐合音律、文字、奏器为一事。文字有句韵，音节则有板拍。无论歌者之肉，与工师之竹，均受制于板拍。掯、敲即板拍之法，故玉田特重之，首立以说。由此更可推见小令至少须有四拍(掯)，亦即三眼一板。词固莫短于小令，然既成一调，自至少非一板不足尽其节奏。而此一拍之中，固有三眼在，合之则曰四掯。其不称三掯一均者，因仅一板一均，故不道及之耳。又破、近等较长之调须六均，即是六拍。若以每拍三眼计，凡十八眼；以每拍一眼计，即是六眼。慢词则更长，凡八拍，计二十四眼。如为一拍一眼，即八拍八眼。至拍之为三眼或一眼，今之乱弹双用之。昆曲则为三眼。宋词是否因调而异，尚待考定。

南宋迄今，甫六百余年，文物具在，艺事可征，何独歌词之谱法，荡一不存？窃尝深思，以为就今日之俚曲民歌推阐之，终可得其几微之迹象。且宋人歌词家喻户晓，虽中更南北曲之代兴，而民歌亦有习用至久者,应不无可资寻索之处。又尝自信,今犹盛行之《梅花三弄》《老八板》《花八板》等,均为有谱无词之曲调。其曰三弄,疑即双拽头之曲子;其曰八板,疑即慢词之八均;其曰花八板,疑即八均曲调之加用艳拍者。此固不敢具为定论,要亦足以启发治词乐者之慧心。特附及之。官拍、艳拍之别,已具前解,官拍多主于字,故应较重,以应字音;艳拍多用于泛音,拍来自应较轻,以免凌夺歌声。令曲共止一韵,可置不论。近、破六均者,其中自有艳拍,则知亦同用泛音为余声,固词乐之通例矣。

其 二

大顿声长小顿住。小顿才断大顿续。
大顿小住当均住。丁住无牵逢合六。

〔解〕 “顿”,顿挫其声为腔音也。按讴歌以宛转合拍为主,是则有待于换气以行腔者最殷。换气之法不一。除因字吐纳不着迹相以外,无论是否在板上眼上,均须借顿挫一瞬间呼吸之。小顿为时甚暂,又随时常用,故不必尽当均,亦不必尽当拍。至大顿则为时较长,即同于小住,须当均。郑注:“顿读作敦”。盖依玉田原注作都昆切。陈能群引《词源》卷下音谱,慢词不过百余字,中间抑扬高下,丁亢掣拽,有大顿小顿、大住、小住、打掯等字。冒引《梦溪笔谈》,芝兪《唱论》,作敦;《遏云要诀》作墩,实一字也。当均曰住,不当均曰顿。小顿、小住,当一字,故曰促。大顿、大住当二字,故曰长也。言小住,虽当韵,别于结声之大住也。

“住”,丁住。陈能群谓即停声。冒谓丁亦顿字,并引《词源》卷下音谱,及《遏云要诀》墩坑掣拽之说。愚按:顿、住大略相同,仅以时间迟速及当均不当均之别,始立两名。凡顿之较长者即为住,故有大顿、小住之说。今乱弹亦有歌者于行腔之际,偶一停声,再随乐起,以逞其摇曳者。

"无牵"，冒注："小顿、小牵，皆不萦缕也。"郑注谓不当字。

"逢合六"，合六系音字。谓注："合字音浊，六字音清，同配黄钟，而抗坠之音，相去过远，故须以丁住过渡。"冒注："逢合六者，举正宫之住声，以概其除之大住。黄钟住声为合，黄钟清音住声为六，既曰合，又曰六者，歌诀不能不协均耳。今曲家歌法，有四字诀：曰掇、曰叠、曰擞、曰擢。擢之声欲其短，不欲其长，如尺上工尺，或合工合四，其第二腔皆只要闭口带过，不可延长，近于小顿。掇则近于大顿，谓以一腔唱作两腔，如仕乙五六，唱作仕、乙五六是也。"

愚按：今之乱弹，辄有于某一字行腔过长，而后一字音又不甚相协，甚或阴阳平仄，异常拗口者，则往往停声一霎那，以俟弦索带过，再行续歌。更有弦索亦于此时留一罅之隙，俾歌者有一息从容之余地，既可取巧以媚字，又可换气以驯拗，庶不致因行腔而牵倒词字。所谓"丁住无牵"，义当指此。合六为清浊之同属黄钟而迥异者，故举之以例其余。

〔笺〕 按此首率言讴歌中顿住之法，亦即歌者最当郑重之处。顿（小顿）、住之外，别有大顿、丁住。盖大顿必用于慢声之际，长调腔音转折较多，是以所需换气之时间亦必较长，故曰"大顿声长"。若非长吟而仅为小腔，则换气之时间，亦不需多，小顿自为已足，故曰小顿声促，仅一住而已。总之，以腔调之长短，与夫所需换气之时间，以定大顿、小顿之用别，不论是否在拍眼上，均要以流利合拍为主。

一句一词之中，因字数有长短，而腔音亦有长短。乐器以板眼为节拍，歌者则以大小顿为段落。大顿与小顿，尤必须叠用迭出，方见流利而免于窒滞，故有"小顿才断大顿续"之说。若连用一式，即不免有琐碎纠缠之弊。

"大顿小住当均住"者，以住有大小之别，大顿实同于小住，虽不定在句尾，而必须在均上。否则唱至非均之字，擅为一住，必致脱板。且歌者贵文情兼至，非均之字，文不能遽断，庸可使歌音遽断耶？以乱弹言，除道字呼腔间之吐气换气外，凡欲作大顿，小住者，亦必使与板眼相合，且多在当均或煞尾之处，可以悟入。至小顿则只顿挫其音，以为迟媚，音随字发，固不必当均当板眼也。

住凡三式：一小住，即大顿在当均；一住，在句末煞尾；一丁住，丁住为时较长。乐器小停而复奏，则歌喉亦停声刹那，俟乐器复奏时，再随器而歌。惟歌喉与乐器，节拍虽同，要当各自起止，相合相应，而不相牵涉。略一牵涉，则或彼此相待，或带水拖泥，必致相失，转因相互照顾而易滋荒腔之弊。

合六二字，清浊迥异，若遇连用之时，歌者必用丁住之法，停声一响，以免徒自费力，又不悦于人耳。乐器小停复奏，歌者藉此换气，则清浊不同之字，歌来便不感其窒碍顶撞矣。郑注以"无牵"为不当字，则以大顿、小住之时，或尚在句中腔上，则其间本无字在，亦无音在，大有"此时无声胜有声"之概，亦足使听歌者，于万籁一时俱寂之中，更多神会。惟丁住多用于煞尾之处，以示一句一节之段落耳。

其　三

慢近曲子顿不叠。歌讽连珠叠顿声。
反掣用时须过急。折拽悠悠带汉音。

〔解〕　"叠"，郑注："顿必当字，叠但复其字中之声，亦即所谓迟其声以媚之。"冒注："叠即今日曲家掇、叠、擞、擢之擢也。叠者，将其腔重叠唱之。大抵用于腰板以下之长腔，如'五…六工尺'，此五字自腰赠板以下，三叠其音，唱作'五五五'是。'慢近'疑'破近'之讹。破为繁声，近为紧板，故可不叠。若慢词不叠，则所谓'歌讽连珠叠顿声'者，将何所指耶？""连珠"，当略同于乱弹之快板、流水板等，累累如贯珠。其间自参以叠法、顿法可知。

"反"，按《事林广记》有反声。官闰相顶，则如尺尺连用，而下一尺字，用低尺是也。冒注："沈存中云：'一掣减一字。'则反字亦当减一字，故云'用时须急过'也。玉田《管色应指字谱》，举掣以概反，故有掣无反。”

“掣”，按《事林广记》有掣声，下隔二宫，则如上四连用是也。又《广记·寄煞诀》有“折掣四相生”语，兹举掣以概反，谓讴曲中有此四者，生生不已耳。郑注：“住当一字，大注当二字，掣减一字，取义相同。”陈注：“取声之低者谓之掣，故曰‘掣减一字’。盖掣法用于歌某一字时，顺腔带过至第二字，音低而益见流美，或即偷声之说。”冒注：“郑向疑折有同于掣，非也(此折字与白石所谓折字不同，彼为指法，此为唱法)。《管色应指字谱》有折掣，无拽反。惟折应作个，从斤省。制应作刂，从刀。今刻本个作宀，则与上字混；作刂则与凡字混，亟宜改正。”

“折”，按《事林广记》有折声。上生四位，则如合尺连用是也。郑注：“折者，折上字，起下字。合字无折，因合字最低，无可复折也。”陈注：“白石《折字法》有云：篪笛有折字。假如上折字，下无字，即其声比无字略高，皆以下字为准则。金、石、匏、弦无折字，取同声代之。”折法，歌者于歌某一字至尾音时，先收音敛喉，略略提起，再回入下一字之本音也。

“拽”，歌某一字，摇拽其音，使劲而益媚也。冒注：“即今曲家之擞字。擞者，摇曳其音之腔也。如‘工五六工尺’，其末眼上之‘工’字，将笛孔忽开忽按，俾歌者随之而作摇曳之声。是折拽与反掣为对待，故一用‘过急’，一则‘悠悠’也。”

“汉音”，冒注：“此对北曲言。北曲劲，无悠悠之致。时金人院本已行；故别之以汉也。”

〔笺〕 此首专指歌字及奏器之法。反掣折拽，先当于管色中求之。故白石具书于旁谱以示乐工。歌者本依乐按歌，竹中既有反掣诸法，肉音自亦随之。

慢、近诸调，节拍较多，六均八均，胥属婉声曼吟之曲，故只须用顿法，不必用叠法，往复一字之声，以为顿挫。惟促拍短急诸调，则兼赖于叠顿，以成其流美谐适，固与慢，近之仅用顿住者不同。

凡歌某一字之音，较低较短，以便带起下一字者，谓之掣。（梦溪系指奏器之工尺言，此则就歌喉言）。用掣法时宜速不宜缓。盖偶然出以较低较短之音，一经拖腔，便失掣之妙处。惟用折法歌前一字，小断其音，再行提高续歌，或摇曳其腔而用拽法者，则当从容出之，使有悠悠之致，否则亦失折拽之妙处。凡此皆与今日昆腔、乱弹歌法相同。惟昆剧别之为若干腔，乱弹更只以心法、口法相传，早废掣折诸名耳。

歌词盛于天水，自以中州音为正。惟南人以唇吻之异，不能鹄得其正，故不能不加以变易。迨夫胡元入寇，冠裳南渡之际，北曲已渐盛行，中州韵夙为北曲所引用。南中词家，限于地域，又与北曲分庭抗礼，遂厕取类似中州之汉音，间用于歌中。江汉九哲通衢，南北孔道，其音和缓沈实，低凄下行，用于折拽顿挫，尤多韵味。且汉音唇腭齿舌，咸有定制可循，不难传习，故歌词者固不全用汉音，而折拽则非此不足以尽其神会。降至昆曲，则于南音之外，又用中州韵，继以乱弹，今日亦仍沿用若干湖广音字于运腔之际，其故盖可深长思矣。

其　四

顿前顿后有敲掯。声拖字拽疾为胜。
抗声直起特须高。抗与小顿皆一掯。

〔解〕 “抗”。冒注：“即《乐记》如亢之亢，凡亢声多去声字。”

“顿、敲、掯”，俱见前解。

“拖”，长音。

“拽”，郑注：“宜用之曲中之过变。”冒注：“此四句中，惟‘声拖’句最不易通。盖既云拖拽，则丝竹与肉声皆主缓，何又以疾胜？为此一句，寻思累日，始悟玉田所谓疾者，对敲掯而言，盖顿前顿后，敲掯已过，若声字不过，一味拖拽，即不得为胜也。《舜典》：“歌永言，声依永，律和声。”一依字包尽千古歌诀。当拖拽不拖拽，不得云永；不当拖拽而犹拖拽，亦不得云依也。抗声向上，故云特须高。凡拔高之际，应为当拍之处，与小顿相同，自应用掯以应之。

〔笺〕 此言讴歌合拍之法。按前有顿——小顿——不必尽当板眼之说，故亦不必尽当于拍，然仍不能距板拍过远。故示拍之敲掯，即参伍用于顿之前后。至或敲或掯，则视其虚实以别之，亦非参伍迭用，不是以尽其辅歌辅乐之妙。

“声拖”，即一字之腔音较长者。“字拽”，即一字应摇拽其音而出之者。其曰“疾而胜”者，谓凡遇音长而摇拽之字，歌时过腔之处宜速。夫长音拽字，似宜缓吟，何反以疾为胜？论者或滋疑义。殊不知凡长音之拽字，多为续歌第二字之张本，迟此一字，以引起下一字，前字迟而媚，则后字自必更轩昂得势。其云“疾为胜”者，固不指本字之全声，实指腔毕引起下一字时过变应速而言。过变向主水穷云起，凡音长字拽者，至水穷之时，云必遽起，方见神采，自当求疾。盖此一刹那过变之时，如不能以疾取胜，则且拖泥带水，甚至落腔走板矣。故郑注以为宜用于过变，实同斯义。冒注以为敲掯已过，不能一味拖拽，其说模棱不当。敲掯有在顿前顿后者，岂拖拽尚有在字前音前者耶？“依永”之说，亦嫌未妥。节字有拍眼，宁有不当拖拽而拖拽之理？不当拖拽而拖拽，且不成讴歌，何尚有歌法可言？此固专指歌长音曳声字，收音过入后一字时之歌法而言者。

“抗声直起特须高”一语，紧接上文，即指后一字而言。于曼吟之后，一刹之顷，干云拔起，由坠而抗，先以前一字之曼吟蓄势，倏然以疾过变，遂益见后一字之音充字沛，力足神完。车子哱喉，其说可信。故如非前一字过变时，以疾取胜，又何能衬出后一字之抗声特起？综两语观之，自更易于领会。

至于亢声特起之后一字，起在前一拽音之字之余音既尽之后，自且另起一板，则歌此后一字，当在眼上发音，正应一掯。按掯法亦曾用于小顿之后之起在另一板眼上者，与此类似。故曰“抗与几顿皆一掯”，以明讴歌之法。凡顿——小顿——固不必尽当板眼，然于抗声及与此类似之顿——小顿——处，则必在眼上发音，而必应之以掯，方为合度。

何以言小顿之有类于拽字以后之抗声也？自亦有故。夫拽字之音尾，以疾收引起过变之抗声，而小顿之前一字之音尾，收法亦应微疾。其后一字音，亦往往高于前一字，但因为后一字上，另起一板，故可以类从，两者同用一掯。

其 五

腔平字侧莫参商。先须道字后还腔。
字少声多难过去。绕以余音如绕梁。

〔**解**〕“腔”。腔音也。举凡宛转商下、进退疾徐之属于一字者，均谓之腔。其平出或多用平声者为“腔平”。次句别本有不作“还腔”而作“呼腔”者。

“字”，所歌之字也。凡字分隶四字，“侧”即仄字。字之隶上、去、入三声者，均为仄字。次句别本有不作“道字”而作“道末”者，疑是笔误。

“腔平字侧”，言所歌之字，或与应用之腔不相应，则歌者当以余音弥补之，务勿使参商也。冒注：“‘腔平字仄’，歌者须用融之一法，沈存中所谓宫声之字而曲合用商者，只能转宫为商也。先道字后呼腔者，如柳词‘暮雨乍歇之歇’字；‘小楫夜泊’之楫字；周词‘红泪玉手亲执’之执字。若不先道字，则歇成为些；楫成为凄；执成为遮，失却词意。故歌时仍当以入声吐字，而微以平声吐腔也。”愚按：入声促而内收，不能运使腔音。而中州均亦本不用入声，以之分隶三部，多更代以平声。故凡有腔音之入声字，原无不作平声者。冒氏以为“腔平字侧”者指此，实尚一间未达。

“字少声多”，冒注：“字为实字，声为虚声。虚声多，实字少，非以余音，不能过去。《乐记》所谓‘累累乎如贯珠’者，正指余音言。”余按歌中之余音原为衬托本字之用。其有声多字少者,自更非此不可。冒说甚是。

〔笺〕 此首专论讴歌之法,尤致意于腔字有平侧多少之异之弥缝。按之正与后人歌昆曲、乱弹,初无二致。盖制谱安腔,有宫律为之规矩,有乐器为之安声,是以凡属可歌之腔,固无不便于用者。独文人填词觅句,长于文字,深于情思,却有时略于审音,不合于谱律。即使合于谱律矣,亦仍不能尽合歌者唇吻喉舌启闭收放之用。必欲如“琐窗深”之改“深”为“明”;“扑定花心”之改“守”为“扑”,虽丁有宋,能复几人?然歌者亦不能尽以小疵废佳作也,则不能不善为运使,勿使参商。尤其平均之腔中,遇有仄声字,仄字多短促,平韵多长腔,更非设法济以余音,为之调护,即有落均之嫌。汤若士所谓“拗尽天下嗓子”者,正亦此义。推而充之,凡字与腔之不相协者,均当慎勿使参商,固不仅腔平字仄,及字少声多之相互牴牾者耳。

“道字”,字之发音,今之所谓咬字。发音务正,万不可少变其阴阳轻重,以及四均之异,以致讹成他字。于乐律言,又且落入他一宫调。“呼腔”即行腔,腔音长,有若干字固不能不少变其阴阳轻重以行之。然字在腔前,腔随字起,收腔可略有出入,而字则丝忽不能变易。歌者自当先字后腔,发正音之字于前,续其可略有出入之腔于后,然后再于字尾,还之本字之原音,庶不致差千里于毫厘之末。玉田谆谆告诫者,诚恐或有以字就腔之歌者,不特于腔有所出入,且并所歌之字,未经咬出本字,即融字音于腔音之中,一片含糊,而又不于字尾还入本音,以铸造大错。故当先“道字”而后“还腔”也。

腔音较长之字,歌者原固不易始终守住本音。盖本音或为仄韵内敛之字,或为平均不易舒放之字,则当就本字之反切合而衍引之,而变化之,以就其腔音。然当慎于收住时,不使脱离本音,而免误于收入他字之弊,此所以特重还腔也。至曼声长吟之间,苟不申以余音,势难连贯。而此类余音,甚至为转入别音(详见第七首)以运腔,要均所以求绕梁之美耳。

其　六

忙中取气急不乱。停声转拍慢不断。
好处大胆取流连。拗则少入气转换。

〔解〕“取气”，今所谓换气也。冒引段安节《乐府杂录》：“善歌者必先调其气。”芝菴《论曲》有偷气、取气、换气、歇气、就气。此四句专言取气、换气，而偷气、歇气、就气，率寓其中。

〔笺〕此专示歌者以换气之法。盖讴歌重在全首贯注，一行到底。但若不知换气，自即不能久歌不辍。知换气而不得其道，不当其字音出入可以换气之处，则取气必乱。一乱则于讴歌必致有失有断，失拍落韵，顶腔走板，随之而至。故歌者当先郑重致意，换气虽在急处，亦不可乱。今乱弹歌流水板或快板者，工师亦授以换气之道，使歌时虽急而不至于乱。盖乘字音阴阳唇辅开合之便，即可换气，因调而异，因字因句而异。知其道即因势为之，不至于乱矣。其有腔音较长之字，换气自可于停声转拍之时为之，益更天衣无缝，然不得其道，则急时易乱，抑且慢时亦易断。断之失固异于乱，然其不悦耳与顶腔则一。故玉田并举二失，以示歌者。

遇可以换气之音字时会，即当大胆换去。盖承上启下，才一刹那，少纵即逝，苟或迟疑，便尔错过。迨既于此时换气矣，即当尽此可换气之须臾中，或唇辅开合之字音中，取足其气，流连饱满，储而用之，以俟后一换气之时会。盖吞吐音字，均有定所，利于饱储，有备则无患。

拗字取气较难，首当“少入”。夫取气系承发音之便，择其可以内取之字音而取之。拗字发音既难，又少余响，在不得不用为取气之时，少取固不敷用，多则力竭声嘶。取时自当小为间歇以分取之，不可一次多取，以免声尽气中。所谓歇气之法，实即拗字取气之法。玉田谆诫，当一反大胆流连为“少入”，正防斯弊。又如遇重音叠字，率准此例，可以意会之。

降至昆曲，腔音特长，一字可至数板，于是更尚取气之法。芝兔所论，固已较详。近刊《粟庐曲谱》，则于工尺谱上，更为记明可以取气之处，使学者按音吐纳，虽不免刻舟之嫌，然实为授人之至法。

其 七

哩字引浊啰字清。住乃啰哩顿唆喻。
大头花拍居第五。叠头艳柏在前存。

〔解〕"哩、啰、唆、喻"。均歌词余音，盖就所歌之字，引申其音，使曼吟合拍者。所引固不限于此四字，惟一引浊，一引清，各举一例以明之耳。唆喻以供顿住板拍时之用。冒注："今词中摊破丑奴儿，南曲中水红花，并存'也啰'二字之腔。哩啰唆啰四字，皆缠声，俗语于人纠缠不清者，谓之啰唓，啰即哩啰二字合音，唓即唆喻二字合音也。唆喻二字，今不见曲中，吾疑即玲珑二字之俗写。犯词中尚有玲珑四犯之名，可以知之。"按：歌者借音引字以运腔，原无所取义，冒氏为之强立新说，固已。

"大头"，慢曲之一调，由大曲衍出者。"叠头"，亦慢曲之一调，由大曲衍出者。均见《词源》论拍眼章。冒注："惟何者为大头曲？何者为叠头曲？则玉田未明言之。今以清真慢词证之，如《夜飞鹊》后遍：'何意重经前地，遗钿不见，斜径都迷。兔葵燕麦，向残阳影与人齐。'与前遍'相将散离会处，探风前津鼓，树梢参旗。花骢会意，纵扬鞭亦自行迟'而前遍起云：'河桥送人处，良夜何其，斜月远坠余晖。铜盘烛泪已流尽，霏霏凉露沾衣。'较后遍'迢递路回清野，人语渐无闻，空带愁归。'多十四字两均。〔大酺〕后遍：'怎奈向兰成憔悴，卫玠清羸，等闲时易伤心目。未怪平阳客，双泪落笛中哀曲。况萧索青芜国，红糁铺地，门外荆桃如菽。'与前遍'润逼琴丝，寒侵枕障，虫网吹粘帘竹。邮亭无人处，听檐声不断，困眠初熟。奈愁极频惊，梦轻难记，自怜幽独。’对。而前遍起云：‘对宿烟收，春禽静，飞雨时鸣高屋。墙头青玉旆，洗铅霜都净，嫩梢相触。’较后遍‘行人归意速，最先念流潦妨车毂。’多十四字，此大头曲也。后遍过尾，各增一句，则为余音，亦名泛声，非此不能与前遍相称也。至〔兰陵王〕之为叠头曲，则尽人知之。”愚按：大曲率以乐格定曲体，其曰大头、叠头，应自律谱上探求之。冒氏乃据文字品订其句字多少，以前遍略多者为大头，其说决不足信。即兰陵王旧传为双拽头，是否与叠头相同？相同又何必异名？固均非就大曲律谱详参莫解者，期诸异日可耳。

“花拍”，系大曲一曲多遍中宫拍外之节拍，大曲时时用之。如〔六么〕则花拍十八，〔降黄龙〕则花拍十六。郑注：“此言顿住之别，花拍用于大头曲，宜在后。”陈注：“花拍非曲拍之正，故宜居后。”实则花拍为大曲所用，亦即为慢词所用，〔六么〕〔降黄龙〕，固均用之，即前衮、中衮六字一拍，煞衮三字一拍者，亦多用之。

“艳拍”，见前解。郑注：“艳拍用于叠头曲，宜前。”陈注：“艳拍适宜于引子，故宜在前。”冒注：“花拍、艳拍，名异实同，即今曲家之赠拍也，居第五，义未详。以臆度之，则大头、花拍，当歌词之第五字；叠头艳拍，当歌词之首字或第三字耶？此当与《词源》论拍眼中打前拍、打后拍之语合参。”

〔**笺**〕 此首言歌词中收音之法。哩为阴平声，声清，故可用之以引清音；啰为阳平声，声浊，故可用之以引浊音，均用之于住上。惟顿——小顿——则用唆喻二字，以小顿仅一刹那，不必用长音引字。且多用啰哩，闻者生厌，故间易其词，改用唆喻。此法至今乱弹犹习用之，惟所转多为哪、呵、哈等音，而非唆喻。凡属曼吟之倒板及二黄时，所用尤多。盖曼吟原当严守本字之音，然必欲以本字为泛音，而本字或为入声之促，与夫去声之下降者，即且无从展其歌喉，若强为之，势必坠入他宫他律，大背歌法，故不得不另引别一声以送之。而所引尤必合于本字之清浊，方不致与本字抵触。

次言花拍、艳拍之法。按：大曲前有无拍之序子。慢曲出自大曲，其前当亦有无拍之歌词，如今日乱弹中之倒板、散板者。故必自第五拍起，始加用花拍，不得开首即用之，以违定制。

叠头曲虽同为慢曲，但用虚拍为艳拍，而不用花拍，即仅以手势示板拍，而不以敲措，开首即可用之。按叠头曲应略同于双拽头，或在起首，即歌词前之引子，应声即当按拍。夫以手势为虚拍，固为艳拍拍法，而引子向多曼吟，且由正拍衍出若干艳拍，故用艳拍特多，并在前也。

其　八

字本轻圆无磊块。清浊高下萦缕比。
若无令韵强抑扬。即为叫曲念曲矣。

〔**解**〕 “叫曲”，任意而发；“念曲”，如背诵也。

“本”，舌本。

“令韵”，为含蕴之讹。冒注并引《梦溪笔谈》所言，为此四句注脚。

〔**笺**〕 道字为歌词所最重，尤贵轻圆，勿使发音少有窒滞。至字音之清浊高下，其间间不容发，固不可少有讹误。至行腔落板，胥赖抑扬，稍一疏舛，即成任意乱歌，或类背诵，不复名为讴歌矣。

芝龛《唱论》言歌之格调，有抑扬、顿挫、顶叠、垛换、萦纡、牵结、敦拖、呜咽、推题、丸转、摇欠，遏透。歌之节奏，有停声、待拍、偷吹、拽捧。字真句笃，依腔贴调，均可为此首作注。惟其中既有此字，且偏于南曲之用者，未必宋人歌词，即尽具其法，要当详就宋谱，一一勘讨之。又近出俞氏《粟庐曲谱》，亦详栽各种昆曲腔法，并可参证。

总之，歌词重在板、眼、顿、住、抑、扬、清、浊、行腔、落均诸端，尤贵于取气得法。凡此均备见八首中。玉田身丁北曲初兴，词乐衰歇之际，身为声家，知兹道之日濒衰歇，因于述作《词源》之余，复作此以训学歌者。惟率为七言，以致当时虽易于忆诵，而今日则转嫌牵强。又如掯敲之法已变，大头之调不存，后人读之，即考据亦且不能遽尽，又何况通其消息，取为师法也战。嗟夫！后之视今，亦犹今之视昔，鲰生好事，书此万余言，或亦更为玉田窃笑于九天笙鹤之间耳。珍重阁。

（载《词乐丛刊》第1集，香港坐望斋1958年版）

读《魏氏乐谱》记

一

潮州饶宗颐先生，研精词学，尤富收藏，近自日本获致旧钞《魏氏乐谱》影片全帙，持以相示，冀就以探取乐府歌词之唱法，因加绎读，并举所见所知，以至推想所及者，随笔札记，示之同好，商量邃密，先生当更有以启发之也。

按讴歌之法，固非授受不能传习，然亦不能不取资于乐谱，以为之参证，其后歌法失传，乐谱遂为仅存之载籍，千载以下，固未能遽就之以复歌词之旧，然欲加研讨，舍此亦莫能进探其秘也。

并世近传之词乐谱籍，可得而言者，要以南宋修内司所辑之《乐府混成集》为最早出，而全书已在若存若亡之间，不可踪迹。其附载于明人王骥德所著《曲律》中者，寥寥两行，不具板拍，充其量知为一字一律之谱而已。更则姜白石旁谱，一字一律，兼具折掣记注，于是学者始又进窥歌词之法，虽一字一律，而泛声有高下，余音有抑扬，以证玉田《词源》之说，骖靳正合。

金元代兴，由院本衍为杂剧，至明而南北曲又递变为昆曲，起夺词席，于是不特宋人歌词之旧法，荡焉无存。即文字亦率趋新制，其能歌而制以备歌者，亦咸为南曲曲文，词则仅视属文体之一流，用为抒情之作，作者固亦不求其能歌，而词与乐乃绝缘而不可复合。至于所有曲谱，自循南曲一字数律之法以制之，或谓康熙间钦定《曲谱》所收〔风入松〕〔浪淘沙〕两阕，犹为宋谱之遗，亦只姑存其说而已。

下至道光间谢元淮撰《碎金词谱》，收词调百余阕，率以昆曲之法，为制旁谱，一字宛转若干律。虽文字为宋词，而乐调则纯属昆曲，是不过别制昆腔，以谱宋词，固与宋词歌法，渺不相连，谓之词谱，妄矣。

外此间有管色丝竹之谱，别行传世，其中固有辅歌宋词之谱，则以宋人歌词，亦尝于笛外，兼用觱篥与笙，乃至二笛，故诸谱不得谓与词乐无关，惟全谱未必尽为宋人歌词之乐，故学者由以致力，必当慎别而探索之，不使词牌与曲牌同名之乐调相混，即不致以金元后出之南北曲诸调，视为宋人歌词之法。承学之士，若能披沙拣金，体会于消息之间，庶可约略求得宋词之腔体于万一耳。

二

夫词出于燕乐，而燕乐旧制，均一字一律，就神宗三年杨杰所上《大乐议》，以为八音律吕，皆以人声为度，言虽永，不可逾其声。今歌者或咏一言，而滥及数律，或章句已阕，而乐音未终，所谓歌不永言也，请节其烦声，以一声歌一言，是则论乐之重一字一律者如此，其为定律，自不待言，然亦即可见北宋人已以数律歌一字，兼用余音，不衷古制。南宋，朱熹于《小雅》《二南国风》之歌谱，一则曰新解作而旧曲遂废，唐开元乡饮酒礼，乃有此十二篇之目，而其声亦莫得闻；再则曰古声亡灭已久，不知当时工师，何所考而出此；三则曰窃疑古乐，有唱有叹，唱者发歌句也，和者继其声也，诗词之外，应更有叠字散声，以叹发其趣；四则更谓汉晋间旧曲，既失其传，则其词虽存，而世莫能补其谱（按原无其谱二字，因临文之便，书以明之），直以一声对一字，则古诗篇篇可歌，是朱熹亦致疑于古代一字一声之制，以为未必可行，惟一律固亦可以叠字散声，则朱熹之所疑，要尚限于一字一声，而犹未及一字一律也。

姜白石晚宋名家，自度曲调，其所填制，必为当时所习用之按律寻声之法，谱中亦固一字一律，惟每字之旁，多有折掣记注，亦且有于无字之处记注折号者（《越九歌》），于是可知折掣为用之广。窃以为凡此折掣，姑不论其为随字之泛声，亦或随上一字之音，只于承转空处，用为丝竹之泛声，而使歌者停声以相待，要之在一字一律之下而有泛声，正即《旧唐书·乐志》所谓：古今乐□奏曲之后，必有送声，（送声初用于曲终，渐用于句终，乃至字终，日以繁衍，自为必然之理□。虽送声为运腔或仅永叹长言不可知，然其用余音为泛声，则固确然无疑之事。推而充之，由一律而渐及于他律，初则工师立异以自炫，继则歌者搔首以逞姿，积久相沿，自成风气，是则所谓一字一律之说，固属定制。而北宋以来，歌者殊已略变其法，虽以当字之一律为主，实渐少少辅以他律，其为变调，亦甚明矣。

循前之说，歌者已不止用一律以歌一字矣，则管色为辅唱之乐器，宁有不可再推其法，由增一律衍而增数律，以益逞其流美者。治器者固亦知词乐之为一字一律，然词乐主之于歌，歌者既能以另一律为泛声，则乐器自更可多用一二律以辅所唱之律字，但使歌者能慎守以所歌之字之一律为主，他律仅属泛声之法，则乐器之数律，亦正不过再为所用之律之泛声，而不必定出之于歌人之口，多所行腔。使妨于一字一律他律只作泛声之定制，则乐器之腔，既更迟媚，歌者之法，犹沿旧制，宁非尽善至美之极，而为歌人乐工所乐于从事者耶。

三

顷者得《魏谱》寻绎之，而前说乃前益为可信。《魏谱》固乐器谱也，按之玉田《应指字谱》，律字颇不尽同，而就其首叶之谱表研讨之，所用工尺四上诸字，虽为笙笛所通用，然亦不尽类笛字，〔阳关曲〕更有笙谱专用之廾十等号，又兼用〡〡掣号，又笛谱与俗名不载五字，〔寿阳乐〕中则兼用五字，故愚以为此固笙或二笛之谱——笙可专用，可

合笛，二笛则以别一笛合于主谱者——惟其有谱表在，易于比勘互检，则笙笛移译，一转手事，虽谓其兼行并用可也

《魏谱》凡五十三调，有国风如《关雎》，汉乐府如《秋风词》《白头吟》等，晋乐府《桃叶歌》，梁乐府《江南弄》，唐五七言乐府诗《清平调》《游子吟》《阳关曲》等，五代及宋词更多，如《小重山》《贺圣朝》《庆春泽》《齐天乐》等，下至明词，亦有三首，至《太玄观》为道家曲，《敦皇乐》为北朝边地所行之乐府诗，纷然并陈，然目次先后，固不以时代相序，其为随手综录，抑或按分宫之制为之，则不敢决，以俟续考。

至就时代以言律字，则《关雎》为国风，一字或一二三律；汉乐府亦多至三律而止，惟中有一律数拽，每拽应字，遂至一律长至数拽以应数字者；晋唐乐府，不过数首；余多为唐乐府诗，王维、李白诸名作，均有辑存，惟太白《清平调·云想》三首，其中槛字宫字多至八律，裳字艳字多至九律，浓字肠字多至十律为独异；五代词《清平乐》、《蝶恋花》诸调，胥为《花间》妙品，中以《小重山》梦字衣字谁字均六律为较繁；北宋词长短调杂出，一字多为一二律，间有三四律者，其中拽之用于汉乐府，以及律字之用于唐乐府诗者，且较宋词为多，殊堪玩味。

凡此所收之词文，上自风诗乐府，下乞两宋有明，旁及边地之杂曲，而味其律谱，则格调大抵相同，不特所用律字之高下，大致相似，纯至调体风格，亦均相同。此固不能使人无疑于诸谱咸为同时之作，而非创调时之旧本，夫历朝文字，显有流别之异，嬗衍之迹，于乐何独不然，即试就历代乐志证之，其风格由雅而燕，调礼由简而繁，黄钟定律，因世异制，灼然可见，乃兹谱歌宋词之腔，竟与歌风诗汉唐乐府首相同，是则上之亦不过如姜白石之铙歌、旁谱，出诸自度，下之或亦谢氏《碎金》之流，矫揉造作，削足适履。谢氏以昆曲之笛法谱宋词，此则以词腔之谱谱风诗乐府，乌在其能得汉唐乐调之正哉？至《寿阳乐》两首同体而律字不同，或同出自度，或本属两岐，或原为前后两遍之曲，故起拍结拍，同为五字，过拍则为上字，尚难定论。然当亦其时新制之曲调，而即此不同之两谱，风格亦差类似，即谓其出于同时

可也。

夫由风诗乐府而迄唐宋，历世久远，律字之应用与谱法之撰制，咸各有异，即所歌之字，姑不问其为平出或高下之音，而其腔法与夫送声之法，亦自不同。证以宋人谓词为诗余，即由填实律调之和声而起，并已足见歌法之嬗衍变化，亦正可通于汉多用拽、唐多用律字之所由。清人张采珊《词征》谓唱法前后不同，故唐人张志和渔歌，宋人即不能歌，是以黄山谷改之为《鹧鸪天》，其说不特近理，抑且可推词调之必踵事增华，日趋烦冗，至律制之所沿守勿渝者，厥为起结同一律字，此制直至曲代词出，始不再行。今就兹谱言，此制固尚不废，五十三首，无不相同，其一二误处，应出写官之误不足论，则谓兹谱虽出于同时之手，要犹为曲代词兴以前之所制无疑，至为两宋遗作，或后人补撰，则在不可知之数矣。

虽然，谓兹谱为羌无所本，尽出臆造，亦过甚之辞也。即就唐乐府诗言，所收不少，音格亦多类似，独《清平调》一字有用至九律十律者，当以明皇别传《霓裳羽衣》之调，原与中土习用者不同，意其以歌辅舞而主于舞，特有取于舞容之回旋进退，故用律较常用之音节为多，此就中土视之，自为别裁，遂至相沿而下，历更年所，亦不尽离其宗。兹谱之一字九律十律，虽有无增益不可知，要之犹存其多律别裁之迹象，则固显然已。

又王维《阳关曲》，夙传三叠之名，兹谱著录词文："渭城朝雨浥轻尘，客舍青青柳色新，柳色新，劝君更尽一杯酒，一杯酒，劝君更尽一杯酒，西出阳关无故人，无故人，西出阳关无故人。"于律则应字之律字板拍以外，凡雨字，尘字，青字，新字，尽字，酒字，关字，人字，别著廿十凡六:||等笙字及掣号为泛音，亦间及字谱表中觱篥所用之五六律字及一黄钟之黄字，就此可以一明三叠之句法，尽前人所未详之奥蕴。再就一句一字言，知先四字后三字均必系以泛音；三知本调用器，兼可施于觱篥，又须用掣法为泛音，是此谱显与其他唐乐府诗之词体有异。窃尝思之，摩诘赋此录别之诗，其文字之浏亮依回不必

言，抑且于音节上申其哀婉之致，亦惟文字音节之写情者至深，故其流播亦至远。宋代《梦溪笔谈》撰者沈括，精于律学，亦有《阳关曲》《捣练》之谱，尚类旧俗之说，足见由唐而宋，垂世数百年，行腔用器，尽有变化，而遗音尚在，则由宋而明，亦必传之有绪。此谱三叠句法与七字两泛音，必属遗音旧俗可知，虽非唐谱，亦不致过远于宋谱，因而不能径斥此谱之率为无知妄作也。

四

夫词乐以一字一律为定制，而歌者行之以折掣，以致再增多律字者，实起于北宋，迨南宋诸家更畅言折掣而不讳，是宋时已大行变体之法矣。然当时所增益者，当必不过一律，至南曲始有一字十余律以成其所谓腔音者。今即循此制，以读乐谱，缘知一字一律及间增一律者为宋词乐，合于宋人歌词之法，一字若干律者为南曲之谱，合于明人歌南曲之法，而兹谱则一字一律者固最多，二律三律，亦往往有之，且一字有多至六七律者。惟再就所载之一字数律言，则所有音序，既鲜突起突落之迹，亦且歌来即无抑扬过甚之处，是则其为宋词之谱，抑此后微开南曲先河之谱，不可不先谛辨之。辨之之道，又当自歌法探索入手，先问歌者是否例按每字一律以运腔，抑仅可运所增之律字为余音，抑或更可于不悖一律一字间自行增损腔音，以使运转自如耶？又或所增之若干律字，徒供诸器交济之需，所以衬托其音，使益为闳美，而歌者则可隐约其余声以相待，俾有余时资为歌容舞容之余地耶？则愚可解答之曰，按每字正律以运腔，诚不待言，隐约余声甚或停音以相待，亦为歌中所应有之事，至运所增之律字转为余音，即属虚声，玉田伯时已详其说，玉田并明记“哩啰唛喻”诸字于《要解》中，是宋时已习用之，自行增损腔音，前无其说。盖歌者就律字为抑扬，即已为运腔之法，宁有再于定制律字以外，别加腔音者？别加腔音，又将置辅歌之乐器于何地？此固必不可行之法，行之即为外道，比于南宋所斥为随心腔者矣。至余音及停声相待两端，于词乐及歌容，所关甚大，试赓其说于后。

按增律为余音，就歌法言之，只在所歌之字之音尾，少一变其原有之律字，以就于所衬之律字，使较即就本律收音者，有时益便于承先启后而已。于乐理言，增一律，已出定制之外，歌时亦已尽足收音，若再增出数律，势必歌成别一腔调，且悖于收声退复之原旨，故一字至二三律以上者，即当以别一腔论，而不当谓之为余音。乃兹谱一字二三律者，比比皆是，多至六七律者，亦间有数处，今姑置六七律者勿论，即此二三律主一字者，固已不能视之为衬律，而当视为一字数律之腔。盖歌者若尽按每一律字以行腔，又将何解于宋词一字一律之说，愚固以为必不然者。

虽然，词乐一字一律之制，固承自李唐也，百十年来，风会递变，亦或歌者初则鹄守，继而增衬一律，更进乃复以迟媚取胜。运腔之法，日有增益，以蔚成风气，于是后来撰谱者，亦不得不趋新鹜时而递增之，然最多应亦不过至二三律而止，又岂能增至每字六七律，俨然下同昆曲，此又必无之事。可以断言，且即增至二三律矣，纯为外道，又属滥俗，为世诟病，乐工虽身行之而又必自讳之，岂愿公然笔之于书，以为世法，使治乐之流，目为邪僻，斥为俗腔耶？试观凡所载记，舍朱熹略致所疑而外，皇皇巨著，固无不挟一字一律之说以自重，用以明其为正统真传者。世之学人，辄好祖述尧舜，论政如此，论乐何莫不然，原不足责。至南宋玉田、白石，自工词乐，所谱所记，较为明确，不为架空之浮词，始以折掣之法，制当日习用之腔，而每字亦仍限于一律，是则兹谱之一字若干律，固不当视为宋人按歌与管色之主谱者明矣。

五

至停声相待之妙，亦有可得而言者，夫歌之于器，相辅以行，固不能轻离，离则各别而勿协，俗名谓之“走板荒腔不搭调”，乐制遂以板统歌与器而一之。盖不走板始不致易有诸失，板之应严者如此，至于应乐而歌，则歌者于肉，器主于丝竹，丝竹为器，举凡竹孔弦索，与夫喉舌唇齿之声气之出于人者，原复有别，乐固神明之事，能率附此竹肉二者，使切密无间，以合歌乐之正为能品，若歌者能于切密无间之中，更进而不出于律，不走于板，又别尽其唇舌喉齿之长，使有在丝竹诸器之外者，则为神品，古今言艺事者，固莫不皆然，所谓神明于规矩之中是也。推之于词，词原以一字为一律，增律则用作泛声，适如《乐记》所谓之朱弦疏越，一倡三叹，亦正即申神明于运腔之际，夫不背于规矩之律，而益尽其肉之长，又胡为其不可，此歌词增律送声之法之所由来也。

且此因送声所增出之若干律字，初不必径涉于歌者所歌之律也。盖歌者以循主笛之正律字为主，凡此所增之律，正不必朗讴本字之音，而尽可优游从容度之为送声，渟蓄涵闳运之为潜气，甚且停声相待而不使幽散，如沈梦溪所谓声中无字者，以倏笙与二笛之媚其主笛，歌者若能进取其迟媚之神，而略其迟媚之迹，是所歌固不必背于主笛之律字，仍可运其神明，以抒发歌辞之意绪。昔者车子啭喉，休伯一称其潜气内转，再称其细不幽散，寻变入节，优游转化，终称其哀感顽艳。夫其所谓潜气，寻变，转化诸法，要莫非歌者之敛余音，收字尾，或细如游丝，或戛然遽止，或融入玉田所举之“哩啰唛喻”诸音可知，且其时歌者，正可运其眼神身段之长，以歌容补音声所不逮，如美成词“莫倚能歌敛黛眉”，即是歌与容不可偏废之明证，即此停声相待之际，用为大逞歌容之时，俾可舒其哀感顽艳之意趣。是固非名手莫能工，其能工者，自为绝唱不待言，即至今日之乱弹，以胡琴辅歌，善歌者亦往往如是，或则细坠如游丝，或则敛音片响，以渟泓其余气，沉潜其音响，俾可使后一字，振拔而出，则听者益为动容。程砚秋为自便其嗓音计，即持此以名家，此固非雅乐所应有，而燕乐一部，自唐参入蕃部乐后，又视车子歌于建安黄初之际者，为益烦细，衍至两宋，宜其盛行，变本加厉矣。

六

再就乐器言之，歌词自以笛管为主，其间用觱篥者，则以词情凄厉，调体高亢而偶为之，非常例也。按词乐初兴，原属雅事，文人撰制，以付歌儿，或试自度，歌儿一二人，酒隅花畔，辅以银字中管，悠然自得，态浓意远，固不必求其闻四座达九皋也，厥后风气远播，酒寮茗座，樊楼灯火之中，乃有辟广座置伎席，排当按歌，以集宾客博缠头者，于是此花前月下之雅令，乃移置于千百人酒酣耳热之前，因而不得不求其声闻四座，然歌喉赴调，必不能乱逞腔音，以越宫商之限，主器之笛音，亦不能高出一字，穿云破石，以徒求其广远，是则四座仍勿得达，殊不能飨宾客之所欲也，于是乐部中人，乃推八音克谐之遗，采其声之柔细妙曼者，别增辅器，以为之助，若笙若二笛，即用为辅笛之资，日以盛行，遂成为歌场之定制，此犹花部乱弹，初只用一胡琴，渐增二胡，更增月琴，冶嘈啸咿哑之盛于一炉，务使错综诸器之音，无远勿届，举座为之大悦，哀丝豪竹，逸兴遄飞。盖维时雅人静适之词乐，与广座娱宾客者，就乐器言，已渐涉两途矣。

何以辅主笛之用笙与二笛，亦自有说，盖诸器之易于协笛者，莫若二笛与笙。二笛以笛辅笛，一亢一卑，一正一媚，相应相求，固不必论。即笙亦古来雅乐所必用而燕乐所习用者，不特乐工夙所娴习，亦为耽词乐者所赏会。笙歌二字，沿用至广，人所共喻，即就美成词《庆春宫》“偏怜娇凤，夜深簧冷笙清”，及《少年游》“相对坐调笙”诸名句体会之，可知笙笛之为词人墨客音家所并重。盖笙器簧多音细，取以匹笛，两极其胜，相得益彰，而并世工之者，即擅筝伎笙伎之专名。意者词乐初起之际，辅以一器，为笙为笛，各循所好，其后用笛较广，笙始于独奏以外，复与笛合奏而为辅笛之器。其所以为辅者，正以笛音浏亮，笙音碎细，碎细之音不能掩浏亮，正似二胡月琴之不能代胡琴为乱弹主器也。

征诸递变日进之序，辅乐既用笙及二笛矣，然因笙、笛之制作不同，发音有缓、急、宽、细之别，手法、口法有吹呵之异，兹欲强合之于一调一板之内，初自必勉遵主笛之谱，翼翼趋承，无敢或失，继则专奏笙与二笛者，渐能由难入易，且进以悟出其独用之手法、指法，更则别思所以逞其精长者。夫就词文与主笛律字言，固有定节，不能以己意相进退，惟在一二字间，有不必变歌者之腔音与主笛之律字，而能少为迟媚者，则何妨少衍其律字，运之为小腔，以佐主笛，用为余音。歌者固可坠至极幽，亦可停声相待，使无悖于讴歌之定节，而别尽繁簧辅豪竹之长，以见笙与二笛之妙用，是固必良工之所能为而乐为之者，始则一二人肇其先，继则凡乐工莫不沿其流，孳乳衍化，以致后来笙与二笛之词乐，终亦与主笛微异，其所异固不在正字、正拍、律、板、顿、住之间，而在余音之较主笛，略多若干律字，然而大体固仍一致，惟此则专施于辅笛之器，而断不以用之于主笛而已。

至于吹法、呵法运用之异，大可以今日菊部乱弹之例证解之。今日乱弹，以胡琴辅歌，以二胡、月琴辅胡琴，歌者固已尽抑扬之能事，胡琴则尚可别使花腔，而二胡、月琴，又可运别一花腔于胡琴之外。总之，此三器于同一歌词、同一调体、同一板拍中，其工尺之律字，即不相同。如胡琴在一眼中之为“工尺”者，二胡即可于同一眼中，多增二律字，作“工尺上尺”以辅之，月琴则更可各视乐工手法之缓急，于同一眼中，增益若干律字为“工工工工尺尺尺尺”，且所增以手法而异，初无定数以辅之。又如胡琴一眼中之为“四尺”者，辅奏之二胡，得增益二律为“四上尺工”以应之，辅奏之月琴，更可各视手法增多为“四四四四尺尺尺尺”若干律以应之，亦有月琴视胡琴减少数律以相协应者，如胡琴一眼中为“工尺上尺”四律，而月琴转只用“工尺”二律。盖今日二胡与月琴之律字，已与胡琴有所出入，而增益者为多，推之于笙与二笛之于主笛，其道正同，抑且乱弹诸器增律之法，当即由笙与二笛视主笛增律之法而来，今试细缮诸器同一调体词体词文之专谱而检较之，即不言可以自喻矣。

再者辅歌之器，丝竹以外，首重板拍，板拍为节乐之主，用掯敲之法，以明其丁、亢、顿、住，制歌兼以制辅乐之诸器。质言之，歌者循器声以讴歌，固不能不记板拍，而所重则在丁、亢、大小顿、住、之间，板拍属乐工事，非歌者事也。愚前撰《白石旁谱新诠赘语》，尝指白石谱为歌者所用，而非乐工所用之器谱，故详于顿住，而失于记拍，今兹谱乃亦疏于折、曳、丁、亢之号，则其为辅笛之器谱而非板拍之器谱也明甚。盖昔时诸器制作，原用以为辅歌之资，乃后来歌者，循器讴歌，转奉乐器为圭臬，推之于词，先有词文，始为作调，继乃按调制曲，谓之填词，其理正同，因之辅歌之器，竟渐以制歌，歌者亦利有器音之可循，庶能益专其心于韵字歌容，于是亦多诿记拍之事于器工，器工不论若干人，所用不论若干器，一一受命于板拍，相互为用，相合以成，事等分工，相济并美，是故乐工所用之器谱，亦各因器而异，初不必尽重歌者所用之丁、亢、折、掣。兹谱犹为笙、笛之谱，而非板拍之专谱，故不具板眼，亦不具掯、敲之号，若他日别有板拍之谱，出而问世，则一切板、眼、掯、敲之节奏，自必详尽无遗，如元《事林广记》之所摘载，今日坊肆流传之乱弹《锣鼓经》，满纸奔登黑白点，以示其点子矣（点子系乱弹乐工场面指板、眼、掯、敲所习用之语）。

自歌者用停声相待之法，笙与二笛，又日盛行，于是辅乐诸器之律字，即日有增益，专之者亦渐视此所增之律字为定制，笔之于书。盖笙与二笛，原为辅主笛而设，已为词乐之支流，初不再斤斤于词乐之宗范，惟此等器谱，苟正其名为笙谱或二笛谱，则治技研乐者，自可一目得之。乃辑撰之人，或以诸调仅属辅词之乐，殊非笙笛之总谱，遂不标举器名，或以乐字可包举一切音谱而言之，正无庸细为辨析器别。夫辅词之乐，以乐谱名，原不得斥之为非，初不料数百年后之读者，易涉含混，遂难条举。至于二笛晚出，师弟相承，正如月琴之可以随意增减数律，得一即以应手，其先未必别有专谱，迨好事者出，始为比订辑录之，比诸枕中鸿宝，以自矜其为单传之作，乃竟不知其潜幽阅世，传播海国，数百年后，一旦重见见于人间，转且启人疑窦也。

七

至若干道家及边徼之曲调，衡以类例，固不相谋，而断以时代，则出于一时之风会者，亦必不容其有大异，故载在兹谱者，其音格大致亦与他谱从同。按词乐本为唐代燕乐之支流，实则自天宝间参以蕃曲之后，已非清商之旧，所制诸谱，如〔霓裳羽衣〕及〔菩萨蛮〕〔婆罗门〕诸调，顾名即知已属西域之新腔。道教盛于李唐，制曲订音，虽成专派，多用虚声，谓之步虚，然其调格，亦与当时习用之词调，无甚大异，边徼则不特北朝久已华胡羼杂并行，抑且六州诸调，陆续收入中原词乐之列。其后屯田乐章，更遍行西夏，盛于北宋，是则华胡之别夙泯，亦可谓中原词乐之久已句举胡乐，故此谱所收之敦煌乐，亦非专行胡乐之旧，而为夏声可知，试就《云谣集》文字及风格言之，固多出于中土人士之手笔，亦正可于以证取律调之大体，若必以敦皇为边徼，所歌必胡乐，而疑及胡乐之谱，何以与诸谱相同者，失之泥矣。

八

由前之说，验之兹谱，约而推之，可综为数端。

一　南宋姜张诸家，已沿北宋之变体，用折掣之法运腔，以增律之法谱曲，而辅笛之器谱，乃由一律递增至若干律，惟若尽按若干律字以辅歌，是大有背宋人歌词之法，故兹谱可信其为辅笛之器谱，而非主笛之谱之径为歌人所用者，歌人于辅器所增即兹谱所载之增出律字，当为停音相待，或隐约其声，以便逞其歌容舞容之盛而已。

二　兹谱有于拍上歌字如〔江南弄〕者，歌前先起律字似今之过门，如〔龙池篇〕〔齐天乐〕者，过变上着律字如〔清平乐〕者，凡此均非宋人歌词之法，而为诸器辅笛所用，辅笛之音节日繁，乐工各逞其能，晚出愈精，故若不得先后数谱比勘之，即不能确定撰作之年代，惟要为南曲之先河不待言。

三　南曲之音节，由明入清，至于今日，变化方有增无已，试以并世盛传之《粟卢曲谱》，一较二十年前之《集成曲谱》，再校更早刊行之《六也遏云》诸谱，即知四十年来，踵事增华者如此，由以推溯此谱之简略，习用者一字不过四五律，〔清平调〕〔阳关曲〕之犹存旧制，则大辂椎轮，应尚为天水间事，疑其为樊楼弦管之余音，弥足重已。

四　此谱固属辅笛之器谱，若再进研器事，就〔阳关曲〕之特著笙律字及觱篥律字言，是则二笛必均可适用，然两种律字，又仅见于〔阳关〕一调，则其他各调，当为笙与觱篥二笛所通用，惟此调笙字不同，始为记注之耶？抑诸调乐谱，均为二笛设，惟〔阳关〕始以其习用笙与觱篥，故特兼具二器之律字耶？以不能尽明，遂不能确断此为笙或二笛或觱篥之谱，惟觱篥用时较少，且其音高亢，不适于辅笛，故宋人仅有以代笛用之为主器者，此谱固不当视为觱篥辅笛之谱也。

五　兹谱所用拽号至多，一字有一律一拽者，一字数拽者，拽上起字者。按之凡拽即顿挫其声，数拽即叠顿其声，其格调亦正同于一字之数律，惟一则变易其律字，一则沿用本律为余音，而所以摇拽顿挫之者，其揆则一。此法原即唐人送声之法，至宋实虚声以实字，改为词乐，渐又增用折掣诸法，于是虚声之拽，所用转少，以证白石自度诸腔，即可知之，而兹谱用拽者亦以唐乐府为多，固有所本已（拽号饶氏说，参阅所著《魏谱管窥》）。

九

细读全谱，别有仅见若干事，可得而言者。

一　《估客乐》五言乐府诗，二十字中，只"万"二律间一拽，"恒"一字三律，余均每字一律一拽，凡此如为常拍，则歌腔至缓，如为促拍，则且甚急，至每句第二字书于律下空格，当为传钞笔误，下移一字所致，不必深究。

二 《圣寿》五言乐府诗，末行注“乱鼓一遍半”五字，此当为殿庭登歌，用之于燕飨者，惟祭祀用之《昭夏乐》，则无记注，想为旧谱之遗，不得随意增用乐器。《圣寿》则新声，兼用鼓乐，亦或旧本咸具诸器，此谱以不及鼓乐，删去勿载，而钞胥偶然依样缮存之。

三 《关山月》唐五言乐府诗，“关”字四律作“尺上四幺”，此“幺”字属笛字，仅见于此，不知为误写抑借用者。

四 《关雎》风诗，按朱熹论乐，及于《关雎》，谓首“关”字作“合无射调”，结尾“六”，著“作无射声应之”，此则“关”字作“五”，结尾“逑”字作“尺”，首尾异律，且未著以某调应之，自与旧传有异，颇非古制。

五 《醉起言志》唐五言乐府诗，第一句末字第二句首字间，著“∧”号，此为词乐中过变换头之号，乐府诗中向不用之，此或以第一句末“梦”字之律为“尺丿”即“尺”下又一拽，而第二句首“胡”字之律亦为“尺”，连用“尺”律，恐滋舛误，故于拽号“丿”下更用换头下“∧”号之法以明之耶。

六 《行经华阴》唐七言律，乐府诗，起调毕曲不同律，起“岧”字则作“合工”，是以“合”字起，结二字“长生”作“尺丿”即“尺”下又加一拽，是以“尺”字结，为有异矣，惟岧字误书为苕字，知写官时有误处，律字是否亦误，等考。

七 《江南弄》梁乐府词，起句“众花杂色满上林”，律字作“尺丿丿丿上丿丿丿”，是以“尺”当“众”字，“丿丿丿”三拽当“花杂色”三字，“上”当“满”字，“丿丿”当“上林”二字，再“丿”一拽为结句之拽，一律字长至三拽，每拽又均有应歌之字 ，可谓曼吟，前所未有。

八 《太玄观》应属道家曲，五言六句乐古府诗，每句末一字，必有余音，且于律字下加注笙字，然六句间又仅用笙字之“亇八上”“亇乙八”“亇乙凡”“亇乙上”五种，是当于律字之外，更分用之为和声以送音者。夫每句之末，咸具送音，送音而又必别具笙字，且送音有三律一拽及一律两拽者，其为道家风格，亦可想见。

九 《阳关曲》唐七言乐府诗，兼用笙字及觱篥字，具详前说。

十 《清平乐》词，过变换头；词乐向例空一字处，有“合”字一律，不知创例别裁，亦属误写。

十一 《龙池篇》七言乐府，于起句前有“五五合五五合五上五合工”十一律；然后始入歌词，首“龙”字不用“五合”二律，而别附一行，于“五”乃作“合”，于“合”乃作“五合”；是明指于主器以外，辅以别一乐器，此别附之一行，与正文前之十一律，即为别一乐器之谱，又别器之律，亦视主器之律，略有增益，如“跃”之主器旁谱为“合丿”，附谱则为“上丿尺工”，正似前说二胡月琴之律字，略繁于胡琴，至第二行起，不再附以别器之谱，意者举数字之例，即可通其消息，娴其增律之法，不必刻鹄具书以详之，抑或正似愚前所说凡器谱律字，其需于迟速宏细之相应者，得求之于乐工心手之间，而不必尽详于楮墨之表，若月琴之增减律字为繁声，即视乐工之手法而定，各以意会，初不尽同耶。至此附谱当属丝阮之属，而非管色，以管色律字，笙已视主笛为多，更不能别出繁声以乱之，若以丝辅竹，则丝声碎细，容有加繁之法，如附谱所载者。

十二 《千秋岁》词，末句“为先生寿”，“为”前有“∧”过拍号，是他词诸谱所未有，意者其时亦应如过变之用大住，故同作“∧”号以明之。

十三 《齐天乐》词，起句首字前有律字四行，不具拽号，只末一律下具拽号，再入正文，此于晚出剧乐为引子，亦即乱弹中过门之法，唐宋燕乐，初无此制，殊属创见。意者宋词亦有兼具舞容之律谱，此为舞时所用不歌之乐，亦即后来引子过门之椎轮大辂，仅存于此谱者耶。

十

愚循读兹谱数四，亦尽抒其臆说矣，惟终以为凡谱均不能资以习歌，不特此仅辅主笛之器谱而已，是以奏器者工师授受，多不主具书其律字为详谱，而好行以口中运腔之法，盖一一具书□便成定制。若月琴之按手法以迟速应主器，可以增减若干工尺者，又将何以笔之于书，转不如□口相应之法为得矣。今乐工之授人，必先告以“龙底东”之音诀，尽人以为俗子伧夫所为，不知□人亦复如此，此可证以汪灿人所著《律吕通解》，载张太公《律图》云“骈为黄钟卜公反”“搡为大吕兵□反”“奔为太族”“般为夹钟”“褒为如洗”“帮为中吕卜江反”“波为蕤宾”“北为林钟”“百为夷则”“八为南吕”“孛为无射”“卜为应钟”，则十二律字，均有音诀。资学者之吟讽□流利自如，有得于口，以应之心手，俾能穷节律之妙，乃前人释之为骈字在喉中至浊，为黄钟□中声，搡字微开，北字又微合，及卜字而声出唇端，其声出尽矣。又有以为黄钟中声配以至浊□字，骈为卜公反，乃合中第一等字，其音纯清，则清浊未辨。其说殊属不安，愚以为凡此郢说，胥出于学人之多事，学人辄好自矜所学，而又阈于载籍，素不与乐工流辈相接，昧于工事，侈谈音理，徒知就文字考定音声之清浊，而不知俗工授乐之苦心捷径，舍此莫由，凡所譬说，要均不切于事实，肆其闭门造车之辞而已。

是以就奏乐言，亦准之于音诀，所谓律谱，不过供遗忘之际，一资参证而已，惟乐工之不重律谱，故乐谱少有传世，其老工之自珍敝帚，贻之子孙者，亦未必能以致用，只聊存主腔之律字而已，至于辅诸器之谱，更因主腔之律不同，后人对于词乐歌法，早已茫然，又安能持之以寻声依永，惟有曾习音诀者，未始不可用以进探消息，故兹谱之传，谓其就以研讨当日词乐歌唱之法，自当视同拱璧，谓其欲就以复歌词之旧，则仍苦不逮，仅足为学人治乐之助，而不能为歌人讴吟之导师可知也。

一九五六年五月二十七日校写于香港

（载《词乐丛刊》第一集，香港坐望斋，一九五八年十月出版。）

敦煌舞谱详解

如皋冒鹤亭，笃志词学，弥多创获。于敦煌舞谱，颇拟诠释而终难之。旋见叶玉华所撰《唐人打令考》，因以悟入打令，盖亦附见残谱之后者。按之舞谱，其音节、身段所用名词计十三目。念、送、舞、挼、据、摇、奇、约、拽、头、揖、与、请是也。除舞字外，皆待解释，而与、请、奇尤为罕见。冒氏以为奇即由之残字。《诗・君子扬扬》章："右招我由房，左招我由敖。"笺云"欲使我从之于燕舞之位"，《全唐诗》所收酒令，有送、摇、招、由之目，即此与也。十三目有由无招者，言由而招已概括，省文也。请即精字。《打令考》于唐人酒令之一班下，引李肇《国史补》云："壁州刺史邓鸿庆始创平、索、看、精四字。"今又于据字下引宋王谠《唐语林》云："其后平索看精四字，与律令全发。"今《敦煌掇琐》所载六调十四篇，仅《遐方怨》第二词请字一见，则唐时此字亦仅存，"今更不易追其迹象矣"。叶引二书，或偶失之眉睫。奇当为喝之残字。马臻诗"新腔翻得梨不谱，喜入王孙喝采声"，谓听者于歌至此时能喝采，否则，犯令，令即律乐事所司之令，其初用旗，后虽不尽用旗，其制尚存，故酒曰酒令，词曰词令。叶以令为别一种舞态者，或不尽然。送子，叶以为兼送酒、送声之二义，今案六调十四篇中，除叠字八十三见不计外，送字凡一百十三见，一首中少者六七见，多者三十二见。依王训美人舞时云："折腰送余酒。"是折腰仅在遍尾，不能如此之多，当专属之送酒，送酒，固觥录事所司也。挼字当如叶说。但五代宋人词用挼字，可以补证者尚多。据当读如字，叶引唐皇甫松《醉乡日月》及《唐语林》并有下次据令是也。"下次据"，盖谓舞者以上及下鳞次，作反身贴地之态。（今俗剧皮黄武剧中武丑亦常用此。）元人杂剧中尚存“下次”二字，如《杀狗劝夫》孙大妻云“下次小的每接了两个小叔羊”者可证。摇，动也，妇人首饰有态步摇，见《后汉书·乌桓传》又《舆服志》注引《释名》云：“皇后首饰上有垂珠，步则摇之。”《朱子语类》云“摇则摇手呼唤之意”，非也。《诗·匏有苦叶章》招：舟子呼唤乃招，而非摇也。约束也，谓舞者以手自束其腰也。《洛神赋》“腰如约素”，约索声近素索，形也。或即“邓制平索看精”之索字。乐府《羽调曲》有丁娘十索，或亦本此。（按“十索”，谓有所需索，非舞调中之“索”字）谓一曲之中舞者凡索十回也。“拽”指声言，叶引白诗“慢拽歌头唱渭城”是也。“头初”谓是头容。“摇”字无大别。《打令考》谓是词中换头、双拽头之头，惟《敦煌残谱》所举六调十四篇“头”字凡十九见，其中加一叠者四见，加二叠者亦四见，遍尾有连用头，或头头头，或头送头者，则不得谓为“换头”。诸头字多在遍尾，惟《遐方怨》第二遍一头字在遍中，他无在中者，是不得谓为“拽头”，且六调均无双拽头者，此“头”字或为“投”。《资暇录》云：“投子者，投掷于篮筵之义。”今或作头字，言其骨头，非也。因此，兼有作“骰”字者。《唐语林》引白诗“鞍马呼教住，骰盘喝遣输，长趋波卷白，连掷采成卢。”原注，骰盘、卷白波、莫走鞍马，皆当时酒令名。《醉乡日月》所载骰子令云：“聚十只骰子齐掷，自出手，六人依采饮焉。堂印本采人劝合席，碧油劝三人。骰子聚于一处，谓之酒星，依采聚散。”骰子令中改易不过三章，次改鞍马令不过一章，与今时用骰子之戏迥异。然皇甫亦自谓“今人不晓其法矣”。“揞”，叶以为“揹”之俗字，引玉田之说，不知果否如是。

按之歌舞，古人师徒承授，耳提面命，固未必先有谱在。后来纵为制谱，亦必乐工私人以意为之，以便于课徒。彼辈不学，故其制谱只在能自谱，其关节所在即足于用，初不必登诸大雅，供学士大夫之鉴定也。因其失学，则一切以简易出之，甚至自制新字，或假用旧文，此非仍出以耳提以面命，则虽其徒侣亦不能缘文以习舞，即至今日俗乐京剧之传授，无论科班及师弟渊源间，亦均有其专用之名词手法，有非局外人所获解，而局中人亦仍非指授不能。因此，名词即即可肄习，如武剧中习闻之漫头过海一二三等，倘不经指授谱语俱在，其谁详之？再逾千年更无庸论。乃学人如冒、叶诸子必欲追存终绪，由以窥见开元霓羽之盛，不亦泥已。吾故曰："舞谱虽有十三目在，实不必加以钻研，即幸而得其一二详解，亦不能因以为复古之资也。"

舞者，以投足举手胡旋进退，求合于音律歌曲之动止也。投足举手之动止，有地位尺寸以为之限，有乐器疾徐以为之节，虽不易尽以谱式出之，然经图以明其地位，注字以明其进退，若今日西人舞蹈之谱，绘黑白足影，交加杂沓，而注释以详者，犹未始不可。为学者之助，乃舞者求工于艺，求悦于人，在此投举进退之外，全身亦有其相应之体态，眉目更有其招邀之神情。凡此，要只可以意会而不可以言传者。今乐工为便学计，一一笔之于书，名之曰谱，则自非造新字、详注释不可。今新字之名目，幸而流传注释已过，不可得将欲就此新字，以求其体态神情之所在，势无可能。譬之今日昆剧重身段，武生重边式，昆曲武剧剧谱俱在，而身段边式则未见有成书可考。纵使有之，千载以后，即此边式二字，又将何从索解？必与＆、与等量齐观可知。再进言之，边式身段，尚为笼统之词，不易注释。即就武生所习，用云遮半月之十八计，夜行身段又当何以笔之于谱？谱成又何以使千载后人能一一的知其动止，其事亦不可以已乎！

冒、叶诸子潜心艺事，擅长考据，初不好弄，亦不下与伶工乐人相角逐，以揣求剧舞之迹象，故所作均汉学家言字：泥古更不易解？生则镇日涸迹歌场，与子弟辈行觞咏，又必求其艺事之至工者，以探讨其精微。子弟辈行艺精，而往往讷于解说，遑论写述，故每有所问而不克答者，即投举进退以相示，曰："如是如是，谓之漫头；如是如是，谓之过海。"余虽习见习知，亦无自为之纂述也。以武剧论，云手之用至多，云手之技至简，然必欲以文字传云手之法，则神情虽累百千亦未言必得之也。今姑就常日所探讨于艺人子弟辈行之微诣，用以穷追遐思此千载前之残谱，试解此十三名目，一一出以平凡浅易之词于左，转或视汉学家之考据，为有当未可知也。

念　念曲文也，曲文有歌词，有宾白，此大抵指宾白而言，以唐时歌舞剧歌者为。

另一人非即舞者，正有似今之日本古剧与越剧，或尚传其体态于万一耶。

送　手眼俱到，送至客前，为招、邀也，必非送酒之说。一舞而见三十二，送酒不其。繁已当无是理，送歌即手眼俱到，有似今日西舞中之飞吻，不嫌其澶，以取媚于座客。

舞　投举进退胡旋之谓，舞不俟详解。

按　以手作按住之势，或微按其两足舞，以疾徐相间为节次，此示疾之徐中也。

据　缀而掾之也，亦手势之一，古舞妆束多系采带，此或徐：掾带以见体态之轻盈。

摇　摇曳其身如秋柳也，为舞中必有之体态。

㕦　此字失解，无从悬拟，释之为喝，未必可通。今俗乐京剧唱作，至某节次上，特为聚精会神，以俟座客之吆喝，剧赏都人士谓之要彩。喝字之义如此，然此在舞者之善会其意于相需之节次上，聚精会神以行之，似不能入之于谱视为必然。且喝字何以作㕦，亦待考订。

约　约束其身手，舞时有舒有敛，此敛态以间舒者。

拽　以手作挽拽之势，或持带，或不持带，亦以示挽客之深情，尽招、邀之极致。

头　头之动止，或少俯仰，或少左右，或以手绕头，如今之漫头，亦或以应曲中之换头、双拽头。

揞　揞为揞之别书，为一小住于兔起酣舞之间，当鹘落以应乐节之小住。

与　由字与与笔画繁简不同释为由之残字，未敢苟同。或为与字，始则草书与字，既则由草书以复之楷书，误以最后之一画为四点。

草书马字然字，均一画，楷书多作四点。舞工不学，因刊谱而复草于楷，遂误为四点，未可知也。与为施为赠，其神态与送差近，以意度之，送则步至场前，与则仍就原位，惟其为手眼俱到，则一不过少有轻重分际之不同耳。

请　此或拱手抱手以示礼示，妮于座客式歌且舞，舞者与座客于欢欣鼓舞之余，往往融为一片，无场上场下之分。西剧至今仍然，则舞时与客拱手抱手以示礼，以示妮，固无施而不可。且以此姿态穿插之于舞中，益见生色。可以断言，至唐代谱舞有精字，旋又发而不用，亦不可获解，则精字之为用必不广。当时舞谱亦必已并入他种名目中，故随废之。鄙意精或当训喝字，即所谓聚精会神以要彩之说，然座客喝彩与否，非舞者所能勉强而致之。且舞者各称其能，其所要彩之进止，亦未必人人皆同，势难一之以入于谱，故几经研讨仍又废之耳。

（《香港大学学生会会刊》1958 年）

敦煌舞谱残帙探微

一

曩者敦煌当发见舞谱残帙六调，国人矜写单传而惜其流出海外，虽至今犹藏存巴黎图书馆，从事研讨者遂以道远不易亲见，多取资于展转传钞本而已。六谱中所列舞容，凡十三字目，好事者叠为笺注，鲰生不敏，亦当略抒臆说，然以传写有误，笺注各家，遂多沿误。迨一九五六年饶宗颐先生赴欧，亲见原帙，影印以归，始有定论，十得七八矣。

孰意天不爱它，敦煌舞谱之流传至今者，固不止此一本。其别藏于伦敦图书馆者，国人至未前知其事，遂亦未有道及之者，其书不晦于一千年窟藏之幽而转晦于数十年发展之后，诚复异事。幸而由饶君漫游瀛海，询稽得之，继复驰书馆中，获得影本，虽残破更过于巴黎本，然并世双雄，一时同出，青萍结绿，尽归薛卞之门。试参其同异之迹，实大有裨于治学之途，举以相示，玩析累日，不忍去手，遂尔遐思瞑索，更改卮词，俾就正于乐苑诸贤之前，不其可耶。

二

原夫乐舞之兴，其来已古，上焉者为雅乐，所以致中和之节，行之于庙堂，习之于塾生，以彰文物之盛，兼为儒林修身浴德之助者无论已。次者俗舞及巫风，则尤盛于荆楚，灵均为订九歌之文，截然与雅乐殊途，然其以乐节舞，以舞就乐之制，正复相同，缘知兹事之秉于天赋，出于自然，所谓不知手之舞之足之蹈之之说，诚能穷乐舞之奥衍者已。

迨夫时移世衍，风曾日新，凡此浴德之资，俗巫之事，不期乃一一渐为后人玩好之助，更者中原鼎盛，则蕃夷向化，挟工师以来朝，戎羌入寇，则旧人星散，并器谱而俱佚，于是日久以后，新陈代谢，夷夏同流，后起之歌舞，实已冶雅郑中外于一炉，而舞容之孳乳变化，更不待言，可以逆臆矣。

更则歌舞进而成为专业，上以奉西宫南内之娱，下以资广厦细民之乐，彼若师若工若伎者，更必人人争胜，逞新出奇，压倒侪辈，冠冕并世，于是歌则由一字一律，循泛声以进制一字数律之腔，舞则由上转、下转、外转、内转之四势，一进为转初，转半、转周、转过、留、伏睹、仰瞻、回头之八势、再进而为送、摇、招邀、以至于十三字目之舞容，溯其荫樾之迹，此中甘苦，固有非外道所能想见者在。

惟是文人好事之徒，载记歌舞之作，要以移录题调文辞为最省便，若其详述定弦制拍之道，已属较难。至于舞容具惊鸿游龙之胜，疾徐俯仰之姿，纵有妙笔，亦难曲状，因而流传之谱录最少。试历数千百年来关于斯道之著述，论音律者，十不得一，言舞事者，仅或散见于诗歌笔记之中，言舞容者，更早在若存若亡之际，天壤间似仅存此二帙洵足珍已。

三

夫所谓舞容者，出之以动止而又兼肆其意态也。动止或兔起鹘落，或旋转舒徐，意态或凝眸回睇，或搔首弄姿，凡此固均不能尽笔之于书，即书之矣，亦仍有待于舞伎之会心神悟，运以活著，而后始能尽其妙用，殊非刻鹄画虎之所能尽其长也。旧时留真之法至简，一二画象，终无济于传习之用。于是彼师若工者，不得已始为特定若干字目，悬目以求，原亦只为志概要备遗忘之需，至于受授之际，尚率待于耳提面命，固不能仅就字目行之。故字目之谱，谓为说关节则可，谓为诚能纪述舞容，则犹相去不可以道里计耳。

窃意师工当日之制字目，仅信笔以己意为之注述，用为指点授徒之助而已，程格出于自定，选字更不许当，且实亦无允当之字可用。何况彼辈，长于技而绌于学，一切但求省便，假借谐谚，变形杜撰，无所不肆其极，亦只业此者渊源有自，方能解识，正如今日梨园所用生旦净丑诸名，取义所至，人各为说，迄无定论者相同。尝试言之，凡此类袭用之字目，仅假取一二字以表记动止之形态，原无所谓定名，更无所谓取义。后人刻舟求剑，引经据典，必欲形声会意，以探索其制作之由，用力虽勤，必不可得，抑且与舞容之解说，无所裨益，可以断言。

然而既有师工，制定字目于前，以为之谱，则自有从学之徒，援用于后，以为之继。及其相沿既广，字目遂成为舞容之专谱，比于乐谱之声字。此类声字，以派别之不同，时代之嬗衍，亦即随时随地，有后起者为之增员。若酒令之“平、索、看、精”四字，行于中唐，即废于五代，是其一例。即就此两谱言，伦敦藏本所用巡、轮两字，即以为巴黎藏本所未有。循是以求，他日续有所获，亦安知不更有在此已见诸本之外者。吾人既不能遍征之于旦夕，则仅可就今所及见者，立象托意，试为笺记而已。

四

按歌舞之行，至唐而大盛，大曲队伍，容止俨然，霓裳羽衣，探自西域，益臻异彩，然此皆为专事演舞而设者也。至骚人墨客，酒酣耳热之际，名倡艳姝，记豆调笙之余，沿其末流，习为风气，渐于行歌以外，亦复不限人数，不事排当，载舞随歌，以抒其余韵，以尽其欢好。

此类宾筵之乐，应与温韦之出撰令词，同时并起，殊与魏晋六朝以来之所谓舞者，迥然有别。盖前此之舞，大抵犹出于雅乐之遗，节制较严，举措较谨。宾筵则握手瞪目，固所不禁，反腰贴地，尽态极妍，或节取大曲之歌头中序，或引用民歌之竹枝女儿，词调既备夫众体，舞容又兼及巫风。总之，凡可以发逸兴博缠头者，且无不叶以律吕，恣为婆娑，抑且踵事增华，日肆曼衍，若此两谱所载，固即宾筵所用，初非大曲队舞可比。即其中或有采自大曲队舞者，亦必已变其成规，便给顺俗，入郑出雅，尽施新出之舞容以俪新制之令曲。因之体味斯谱者，亦不当引与大曲队舞之旧，等量齐观，当仅视为娱宾之具，协于唐五代令曲之末技，为舞家之小宗支派，方足以窥拟其神情于万一也。

五

两谱所列诸曲调，以伦敦藏本之残缺过甚，故《南乡子》《双燕子》二者以外，竟不能知其牌名，然略与巴黎藏本同时可知。虽当时盛传之作，必不止此，而按两谱缮写之行款以及所记之节拍与舞容诸字目言之，体制正复相同，何况更有相同之两调，可资参证。惟曲调虽属通行，舞法各成家数，或出授受之不同，或以增改相角胜，故两谱虽同调而异其舞容矣。

至言两谱之体用，愚辄以为仅属诸舞人习舞之教范而尚不足尽其为舞谱之用者。盖以专为习舞而设，不及讴歌，故谱中既不及于歌词，亦不旁缀工尺，而只记舞容也。夫宾筵之舞，载舞载歌，不可强分，其相互维系之道，端赖于同时节制歌舞之节拍。就声乐言，节拍所以制一切讴歌鼓笛之属，就舞容言，即所以制一切招邀送迎之姿，但能两者均合于节拍，自即可尽骖靳之妙用。惟彼初习舞事者，工力有限，势不足以旁骛兼顾，则先必就节拍，尽习舞容，俟其纯熟，然后可以合之于歌管，此谱为徒舞之谱，宜其略歌乐而勿言。逮其人能备歌舞于一身之时，亦或别有歌舞俱备工尺之总谱，如今剧本台词之有总本分本两种者在，此则犹为分本之一而已耶。

抑或已擅讴歌之乐伎，再习舞事，则词文工尺，风已背诵如流，原不更待于参习，其所重者，厥为舞容，则亦无所取于总本，得此分本，即足了事。合此二说，分别研求，是此谱之必专为习舞之教范可知。若谓其即该舞容讴歌乐器之谱而一之，如今之总本，自为万不可能之事。吾所谓仅为师工授徒之秘笈，固即由此推衍而出，应为知音者所共许乎。

六

按之两谱程式，差复相同。每调先列曲牌，继以本谱之节拍及指示舞伎之位置动定为乐谱，详加记注，首尾俱讫，别行低一字，则分句细记舞容所用之十三字目，多自令起至送止为舞谱。其所以详记节拍于前者，正以舞容动定，固一一受制于节拍，节拍之迟速，即进退之疾徐，且与歌词相呼应，毫厘千里，不容少误，固自有然。至舞伎所处之位置，则在在与动定有关，虽不能归入舞容之列，然实属舞中之主要部分，动定逾矩，位置少乖，舞态且即全非，而越跄胡旋之间，又最易流于靡曼，有违正鹄。况舞伎于舞容缤纷之际，往往不暇兼顾位置，因之不得不并于乐谱中，为之提示记注，故所谓乐谱，实兼具位置动定之谱，如中心及巡字等，班班可考也。

舞谱中所具之十三字目，均属舞容，饶氏已有注释，不待别赘。独前段所注节拍之事，乃迄今无阐明之者，其或以为易解，则解人正不易得，其或以为无关宏旨而略之耶，则十三字目之舞容，若仅以同一之时速行之，则有进退俯仰而无疾徐缓急，按晷计杪，偃起胡旋，不且如郭秃登场，何以尽其婆娑之妙。夫舞容必以迟速交错而相成，迟速正统于节拍之下，是节拍之重要不待言。前人虽重舞事言舞容而独未尝及此，则鲰生又岂敢不黾勉相赴，俾合千字目之探求，使为全璧耶。

兹拟注释之法，以唐代之舞容，无可捉摸，徒就诗人咏叹之作，亦多取神遗貌，不获其全。万不得已，退而求诸今剧所用之锣鼓场面，求其消息。夫今剧自昆剧至于乱弹花部，所有举手投袂之渊源，固无不胎息于古舞，而所以合之于讴歌或武剧开打者，迹象正焕如列眉。吾人由近推远，会心默契，为之推敲，以上溯当日之容止，虽不中当不在远。若必执筌认象，则千百年之变化，与时衍进，自岂能一一准绳，且舍此亦莫获可通之郮。自今日始，续有所述，即秉此以为之。同声之雅，其拭目以俟之乎。一九六二年十月武进赵尊岳记。

舞谱中十三字目，释者已有冒广生、叶玉华、饶宗颐诸家，以饶说为最精胜，兹不更赘，今但就诸家所未备者释之。

（甲）巴黎本遐方怨中用字

（一）拍　乐工制节歌舞，一切惟以板为号令，拍即其节奏之具。此起拍之拍字，即以板打拍也。至于舞伎之应拍演舞，自不能自行点拍，只得会之于心目，以求其中于绳墨，所形于外者，不过眉目之流睇与手势儿，若今剧之身段，眼神，亮相等，均应锣鼓，即其遗制已。

诸本于拍，未明言其用手抑用板，窃意二者当兼用以分应虚实缓急之需。凡舞至作势小住或胡旋急遽之时，用板以助其气宇，至婀娜烟视之时，即用手拍以掩抑其声容，盖神光离合之际，固不宜遽使板拍，使四座失色，心神怦然也。故就舞容言，惊鸿当用板为实拍而游龙只用手为虚拍，正如今日京剧锣鼓点子之用慢长锤者。按例，起鼓为搭搭两声，而鼓佬习惯，则多将右籤横立，不作搭搭。又倒板后，或以时速不及换板，只用双籤叉开为表示者，凡此均可通用于手虚拍之说。

又舞伎于就位演舞之时，必先由乐工先拍为导引，故各谱第一字多用拍字，以示舞容之始，此亦正如今剧以鼓佬率其事，演时必先由鼓佬起鼓，且即此起鼓之不同，便已示人以应用何种点子。至同调第二节之续舞，则当视各调以分别之，固不必再以起鼓领导，故谱中第二节亦多不用拍字。

（二）令、常令　令字原有二义，一为小令体之令词，二为掌节制歌舞乃至送酒之令。兹谱主舞，故所举令字，除兼此二义外，且更涉及若干舞容，试分述之。

令，乐舞诸曲所用牌子之总名。常令，谓习用之牌子，指合于每一乐舞曲者言之。按每一歌舞，应配何种锣鼓点子，今剧即有定例，以溯唐宋，何独不然。盖舞曲虽多，而别其声情容止，终不过缓急疾徐动静之分，即牌子亦不过数十种，乐工观舞曲之名，自即知应用之牌子，正如今剧，出场习用四击头，慢板前惯用长锤夺头，流水板及快板前时用大锣凤点头，大动作前用纽丝，换场或走场前用冲头。工师一见何剧，所歌何调，所演何式，即奏适用之点子衬托之，正不必一一具书于乐谱以明之也。此谱作令字，正明其时之有需于音乐牌子，作常令者，明其所用为习用之牌子，工师尽知，不必具列其名。至偶然用一非习用者，则非工师所能知，自必具书于谱，如某字当打某调者是。

按，唐人燕乐，虽衍自大曲，实尚未尽失清商之遗韵，迨一降而为乐府诗，再降而为小令，则腔调已非旧制，其改用民歌，如竹枝、巴渝之类，缘名更易知之。因之制歌之节拍，亦遂改用民歌之体裁，盖大曲韵雅之节奏，决不能施之于简肆之民歌也。由是可知后来所谓令体中之文字音乐，乃至动止中之打令，抛打令等，其节拍均为另一新行之民歌体，而非沿袭旧有之大曲体，此令字即所以表明其为新体歌舞之节奏。

再进而言侑词之舞，托于民歌全词以行之者，固正与筵前之行酒令，同为娱宾之具。时起中唐，迄于两宋，凡众伎送酒，猜花，藏钩，射覆，载歌载舞，谓为录酒事，首其事者，即目之为令，以一切娱宾之具，率奉之为魁首，听其号令以行也。迄于今日，筵前猜枚、传花之戏，尚多称首事者曰令官，即沿其制。夫觞政小道，犹设令为席纠以制之，则以歌舞之繁婉，又岂不更有待于设令，惟司酒事之令，重于人，主之于酒伎，而歌舞之令，重节拍，主之于乐工，乐工固秉节拍以令歌令舞，而此节拍点子，亦即可谓之为歌舞中之令者甚明。

虽然，一歌一舞之中，固无时不协以锣鼓点子之令，是拟无待于名之以令也。是以令之一字，又以专指将舞时之节拍而言之，大约如今日剧中出场时所用四击头及撤锣之类，即在结束登场以后，蓄势将动之际，节拍一起，身段随来，既以引起宾筵之集视，止其纷挐，又以使舞人整顿全神，引满待发。而每舞之姿态不同，则所用之令亦各异，如今日剧中于上场时表示惊恐之情绪者用急急风，表示匆促之情绪者用水底鱼等类，即属旧制之令之可以推见者。虽今制之令之音响，较旧制为繁，理固同然也。

再试简言之，则令为锣鼓点子之用于将舞之时者，以正在起拍，且徒只引起舞容，比于引子，故仅着令字以明之。至其后随舞所用之乐调，乐随舞异，各有定格，则名之曰常令。又舞容或有作辍之时，以顿挫开飞扬之势，则复于飞扬之际，再一用令，以振挈其精神。故令字不但用于起舞之初，抑且有时用于舞容之中，循是追摹，不特令与常令之意义可明，即舞容亦可由以思过半矣。

至于今昔令制音响繁简之不同，亦固有说。今兹加以辨析，当自谱中之有连用令，令，令字者，先疏说之。夫按愚之说，令字为舞容将动一刹那间之节拍，则节拍一动，舞容随起，继其后而用他种牌子者为常令。此一刹那间之节拍，用一令字为已足，又何以谱中有连作二三令字者，是必有诘难相加者矣。余试应之曰。旧时讴歌之制，肉竹同时发音，正如今日之昆曲，歌笛齐起，不若乱弹花部之于歌前有过门也。是以昆曲在开腔之前，所用为节制之鼓板，仅笃笃一两声为已足，而舞则有异于是。盖歌仅出诸唇吻，舞且施其身手，以况今剧，庶可比于上场时之亮相，剧本上所谓科者，而不当绳以昆曲之唱。试思角色登场，结束待逞，其时衬托之鼓板。自非用搭搭吉吉或塔八对呛等叠音，不克振其神采，导其身段，原非笃笃之单音可比。必其一再而三，蓄势始能较盛之理，必为人所共喻，则此连用数令字者，即以明其为叠音，正似今日用搭搭吉吉之非昆曲之仅用笃笃可知，而令字之原义，固仍为起舞时之节拍，亦即旧时舞制之先以鼓初严再严三严之遗意也。

舞谱中之令字，所以用顿挫开飞扬之势者，以详前说，然谱中亦常有用拍字者。夫令拍两者，既同为制舞之节，又何以别为二字而用之，自亦有故，爰再陈之。盖令拍两者，所用之乐器不同，遂有以别之也。夫拍之用板或用手势儿，人所习知，而令之用鼓，或用鼓板兼施之法，则为旧说所未备。今始就起鼓开舞之始，至今沿用勿替之例推之，则知宾筵之间，四座嚣然，舞伎登场结束，若仅赖一板之微，开拍道舞，其势且不足以压座，故一拍之后，即当继以鼓板同施之令，赓和迭举。且舞容既逞，缓急进退，原必兼用鼓板，以相和托，则在初发令时，檀板一声，而后鼓板杂作，舞容随动，亦正合于情事。盖既以开后来鼓板兼施之途，又以集群宾之视听，使勿旁惊，所谓令拍之分在此，令拍之分载于谱中者亦在此。

（三）两拍　拍字释义，已具前笺。两拍则有两义可通。

（甲）本曲所用乐谱，率为两拍制。如今日西舞中之两步制，以蓬拆施之于两步或四步等基本舞术，为人人所习知。按先民演乐，最先必仅用手为拍。两拍最便于用，亦且最易协律，至今童谣民歌，犹习用之。即以蓬拆二字形容音响，由来亦已久远。南宋《刘屏山诗集》有《汴京记事》云：“仓黄禁陌夜飞戈。南去人稀北去多。自古胡沙埋皓齿，不堪重听蓬蓬歌。”此即以蓬拆为鼓板也。又《宣和遗事》有云：“宣和间竞唱小词，尾声蓬蓬蓬，（又一遍）乍乍蓬蓬蓬，（又一遍）是这蓬，（又一遍）乍，此妖声也。”则此又以蓬乍为板拍，显知其为两拍之制。夫宋人之唱小词，即由于晚唐五代之遗，以此逆推当时两拍制之盛行可知。

（乙）本谱所用之常令，凡二拍而止，亦即所用之锣鼓点字，只长两拍也。按，短调令词之舞容，原不过繁，若领舞之常令过长，且不相称，正如今剧开场时之闹场打通，向系联打上天梯、急急风，四击头，战场，冲头，九锤半，七字锣，水底鱼及撤锣而成，然亦大有增减多少之余地。若剧短即不先闹场，亦无不可，此等短调令词之舞，自只须用常令足矣。

惟就诸谱之每一调中，兼具各种节拍者，若快三、慢二言之，则此两拍之义，仍当以每一舞容限用两拍之说为较妥，盖舞容兼缓急之势，一调中亦必时时易其节拍以相协应也。

（四）舞、挼、据、送　此数字均在十三舞容字目之列，已有饶氏校释不具赘。至所以于诸谱之外，别著于乐谱中者，正以其与乐节有关，故特举明之，如〔遐方怨〕之“舞、据、挼不定拍”以及“欲知舞、挼、据，看令前后段”，可以为证，固非杂舞容于乐谱以自乱其例也。今兹专笺乐谱，自可存而不论。

（五）不定拍　乐舞纷繁，约而言之，可以分为两大类。一出于旧时大曲之遗，舞容较为谨严，一切随拍按舞，虽新谱迭出，风格仍未尽废。再则后出之舞容，源于民俗土风一流，舞伎虽仍按谱起舞，而疾徐招邀间，一二关节，尽可出以己意，任为隆替，以极逞其神情之流媚。彼工师则鼓板在手，窥伺舞容，随时为之节拍，亦遂不能尽沿节奏之定法。迨夫舞兴愈高，舞容愈茂，则节拍亦愈奏愈促，或乃愈舒愈徐，总以尽态极妍为能事。

此两大类之渊源，约略言之，大抵谨严者多沿魏晋之旧而参化之，虽明皇朝已采入西域之《霓裳羽衣》。然既列为法曲，则示非简肆之土风可知。至纯属土风不沿旧制者，于中原则夙有《巴渝》《竹枝》之流，于边地则有《六州》诸曲，而西域之远在遐荒，至不能尽举其名字，则或就冠饰而名之曰《菩萨蛮》，或就种族而名之曰《回纥曲》等，或更只就歌词之原音而直译之曰《啰唝曲》等，载在律谱，不胜枚举。凡此新曲之音声，有若干处，自不必绳以成规，则即谓之为不定拍。夫所谓不定拍者，非无拍也，其拍随舞而施，异于旧制之毫厘尺寸，故由沿袭旧制者言之，视为不定拍耳。

巴黎藏本第一谱题遐方远，是明示其为西域之曲无疑，则所以合曲之舞，亦必为西域之土风，有异于中土之旧者可知，是其开不定拍之新制，昭然甚明。综观诸谱，其曰不定拍者，只此一调，而题调之出于西域者，亦只此一调，其消息固已显然。至第四谱别有遐方怨一调，中无不定拍之说，拙意以为此或中土人士赏此土风之舞容，而又嫌其为无定拍之别体，因之别为改用中土之节奏，重为作谱。故两调并列，谱遂各异，因之舞容亦复不同，乐工以两均习用，则亦并存不废，以为授受之资矣。

（六）看令前后段，遇可段即可段　此明示工师以本舞打拍之制，以其为不定拍，则视可段者段之也。以与常制不同，故具书之。其曰令，即前文所谓起舞时之点子也。

按词曲之两段者曰前后段，文字以换头别起之。至合曲之舞乐，则亦可用两法。“甲”歌词虽分段而舞乐不分段，即于文字换头之处，亦不再用领舞之点子（令），径舞而下，但以眉目身段，表其段落，“乙”于歌词分段之处，板拍同时亦分段，且别用领舞之点子（令）引起之，是则舞容亦分前后段。

衡诸愚见，以为各词之舞容不同，有促节而紧相衔接者，则舞乐即连下，不再用令以领起后段，庶免于割裂之弊。至舞之舒徐娴缓多方作态者，则乐舞即为分段，以益增顿挫之势奋振之情。本调〔遐方怨〕则又在此定制分段不分段两体之外，别为一体，曰，分段而不定分段之处，使工师自就舞容可分之处而分之，其义正与不定拍相同。要知本调为西域土风舞中极其简肆之作，一切无旧制可循，其乐节率出于舞伎乐工临场为之定夺，故特著明“遇可段即可段”。

〔遐方怨〕一调，不见于敦煌诸词卷中，而花间所收温顾两家之作不少，温为三十三字体，词文不分段，顾为六十字体，词文分段，至本谱属于何体，犹待深考。然乐谱中既有可分既分之说，舞谱中又有准前之名，则其为分段体可知，何况舞谱于准前尚为之提行另起耶。

或有难愚之说者，以为主调既提行分段矣，何又于乐谱中有看令前后段之说，宁非矛盾之至。愚则应之曰，提行分段者，按调体以分之也。本谱中之所谓段，则就舞容言之也。舞容于迟速进退之中，时有若断若续之际，即为舞中之小顿住小段落也。夫舞容缅属而下，似只有迟速进退左右前后之姿，而实则于抑扬回旋之中，固仍有若干小段落在，乐谱依声定点子，理固可通。此更可以讴歌中之气口喻之，用之于行腔吐字之间，得其宜则和谐愉妙，失其宜则紧促沉滞，此可为审音者言而不足为外人道者语。施之于舞，何独不然，盖今日善歌者必善用气口，固正与善舞者之善于顿住相同。定拍之舞，节制谨严，虽以气口之微，亦必有其定处，（若昆曲名著《粟庐曲谱》，于气口吞吐，均为注明，可以为证。）至不定拍之舞，则工师随其宜而度之，得之于心而应之于拍，以相迎应，骖靳并驾，施以活著，自益形其精胜。夫今剧之以弦索和歌者谓之托，盖以弦音衬托肉音之极微极美也，引而申之，以拍托舞，义正相同，苟非通于斯旨，固不足语以舞乐节制乃至舞容之微美尔。

（七）不可遇段打拍　此承上文而言之，谓虽在可以分段之处，亦不当遇段即为打拍也。夫舞容不一，其轻清之处，用虚拍而不用板拍，已详前说。若必遇段打拍，即为死著，转滋疵累。且舞容间有迟速，死著亦未必遽能相应，是以良工师之诏其子弟，必自巧始，虽属顿住之小段落，亦固不必定用实拍。但目存舞容，心会节奏，则虽颔首投足，横立右签，叉开双签等法，已尽可显示其为节拍，且妙处容有胜于实拍者。故分段与用实拍虚拍，截然殊为二事。虽在分段之处，用拍之虚实，仍有待于良工师为之辨定也。

（八）准前　此名专用于曲调中之第二段。盖第二段起舞之前，其乐调亦必重起，正如今剧中虽第二场登场，或别一主角出场时，亦可别用一牌子（令）以领起之也。乐曲牌子，愈衍愈繁，窃意当时未必如后来之多，故仅于若干牌子中，选合其声情舞容者用之。又一词之分段者，虽两段而调体前后相同，故后段所用之牌子，即亦与前段相同，是以即用准前二字为省文。

又词调之分段者，前后段有相同相异二体。其同者，后段即为前段之另一遍，即相异者，亦多就前段增减变化以出之，其迥然不同者，为数甚少。至小令体，就文字言，虽尽有一遍之词，然就乐舞言，则仍可析之为二段或三段，则在其将舞时之牌子（令），固不论前后段之是否相同，既同属一调，自当用同一之牌子，具曰准前，自即仍用前令可知。

又则虽同一调体之舞曲，其舞容亦尽有家法派别之不同。舞容固终不外此十余字目，舞曲不外此若干节拍，而师承各异，繁简互殊，凡所以开舞曲之宗派者，固无不好加增窜，以一新人耳目，证以今剧武戏中之俞杨乃及南北派开打之同异，即可想见。因之其锣鼓点子，亦即因而各异。且更有于点子打法中，别加变化，如今剧中之打小锣，南北即不相同。南派打出各点子，北派只单打其中最重要之几锣，双打每节五锣，单打只打三锣，是同一开打，同一点子，已显别其同异，援论古舞，何独不然，此一调而兼两种舞容两种点子之可得而言者也。

虽然，舞容及点子，固可各异，而起舞时所用之令，则不能有异。正如今剧开打之法，可以因人因派而不同，惟开场出场时之点子，则无论何派，均同用一调，此则以宗派家数之分，只在于舞容以及衬托之点子，而不在于调体，调调所以规范舞曲，曲中纵有舞乐之增易，欲必不能逾其矩矱，方合本曲，彼工师又安敢偭而越之以自外耶。

舞谱者志在集存聚说，以立教范，故于各派舞容点子之不同者，均分列辑入本调之下，甚至《浣溪沙》多至三谱，然以明乎调体之不能轻易也，故于第二谱前，必具书准前以示其仍用前令，抑且与前谱同一调体也。

凡上二说，出于愚之推臆，而仍疑不敢决，特兼存以就正于通人，有再深思以求得其当者，企而伫之矣。

（九）三拍　此较前二拍之制，加多一拍，分为三拍子，可立两说。“甲”为蓬拆拆，如今西洋舞华尔滋之三步制。“乙”此闹台打通之令，三拍而止。然细加体会，则以舞容每一字用三拍，于义较安，详见前(三)两拍条。

(一〇) 单　此字不易诠释，兹分就舞容及舞乐二者推阐之。

古代舞容，略见于载记图画，语焉不详，未容深究，衍化所届，自即为今剧之身段，尤于武戏中，足见蜕变之迹。兹姑先就武戏言之，起霸之身段，即有单起(一人)双起(二人)之分，如《投军别窑》之薛平贵为一人上，《失街亭》之赵云、王平为二人上。又起霸分大霸(繁重之全式)与小霸(从简之式)，如《九龙山》之杨再兴为大霸，《甘露寺》之贾华为小霸等是。古舞固以一人为主，然亦不尽限于一人，则单字当指一人之舞而言，且即有多人登场，甚或多人同舞之时，然既以一人为主，则余人于主角起舞之时，或分立环待，或蹀躞依回于其人之左右前后，以为配衬，则其时舞容，固仍属于主角一人可知。夫乐以节舞，舞既有单双之分，乐自因而各异，此固指单舞之乐而言之也。

若专就乐事以解释单字，则当先明乐舞之兼用鼓板。盖板声可以领舞，可以定拍，而无疾徐轻重以衬托舞容，故不能舍鼓不用。试就今剧中之消息言之，舞中所用之鼓，今用单皮，实即羯鼓之遗，仍其音响，易其形制而已。即打鼓之法，古今应复相同，不外单签双签二者。今剧锣鼓经，以搭字为单签，八字为双签。举凡迅如飞瀑，轻若停雪，朗若晴月，晦若霾雾之致，疏落宛转，浩瀚峻峭之音，固无不可以单双两法间叠出之。有时且仅下“搭搭”数声，便已沁人心脾，振人神志。盖双签势密，单签势疏，双签亢爽，单签峭劲，各极其妙，此“单”字正即指此时常下“单签”耳。

至有时用手击鼓而不用签者，庶同于舞伎所用手势儿之一，殊不能与舞乐并论。盖手力甚微，不能比于考击之音可以行远也。且即用手矣，以一手拍与两手拍，亦自有别，固仍可以单双分之也。

(一一) 急三　此三拍子之急者。比于今剧中之快板，西洋舞中之快华尔滋也。夫拍子有定数，而缓急则当随舞容以疾徐之，谓之尺寸。按每一舞曲，必有分段，虽同一拍子，而前后段之缓急或异，亦即可以参差互用，不特今日西洋舞乐，一段落中分用缓急数种，即如今剧锣鼓点子中之战场为“搭八搭八呛呛呛呛呛采呛采”，其“搭八”之为急，“呛采”之为缓，固为人所尽知，则“急三”即指舞曲至此当用急三拍而止以应舞容也。

（一二）看前四段　按前有看令前后段之说，所看自只前后一段，以定节拍，此则当推看至四段耳。其所以推至四段者，盖继此所用之令，务当使与前后各段所用之乐调相衬，而令则不止一种，本由工师就其合度者随时选用之，且即前四段所用之令，固亦由工师选用，故于此前四、后四、分段、关节之时，特当加意，须参酌全曲之前阕（小词不过八拍，以拍为段，则四段即前阕之全也。）而后定其所用者，庶免于格不相入之弊。

（一三）打令　打所应用之点子，为舞时缓步或少休时之需。按点子之用于缓步或少休时者，自有定例，于今犹然。如住头即似文字之有句读，凡属唱念一段或一截时用之。搭对呛采对呛及冲头专为换场走场时填空之用，其长短视角色之交代时间及舞台之大小而定。又每唱倒板之先，亦多用之，一以歆动宾筵之情致，一亦便角色于拭汗整装时，不致冷场，如八都鲁（呛采呛采）呛采对呛是。然每一剧情不同，身段各异，要均须以各种不同之点子衬托之。凡此点子，固为工师所熟习，不待列举其名，一见所演，即能知之，因之亦不必具书于谱，乐谱只作打令二字，以示此处必当用点子以协舞耳

（一四）后四段　指此后之四段而言。按唐舞以乐应调，以拍计时，调之用于歌舞者，同分前后节为断落。一节之中，或两段，或四段，渐始繁衍，加增若干段为绝拍，至于气机承转，顿挫抑扬之际，下必分段，有仅一拍为一段者，有积若干拍为一段者，此即小段之制也。其曰后四段者，示全舞于此为一断落，前四段与后四段，容有缓急之别，故必具书以示之工师也。

（一五）后两段　此指舞曲之最后两拍子而言，故继之即用送与

相送之身段也。舞至终场，自极精采，当作回旋推送以示惜别之容，正如今剧中所用之撕边，所以加重角色凝视、瞪眼、摇头、拂须种种神态，则工师于此，自亦当加重声乐节奏，以相赴应，故特记注以明之。

（一六）相送　按送为十三舞容之一目，已详诸家注释，所以博观舞者之色授魂与。此于送外，别作相送，则明其为舞华时之送，当益郑重出之，情态宜加浓，乐节宜加急，固不同于舞中随意一频一笑之送，为已尽其能事也。

（乙）巴黎本《南歌子》谱中所用各字

（一七）两段　此指本谱之仅分两段也。按舞必与词乐相合，而不必尽与词文相合。文字之简至十余字者，若为慢舞，所分之段落拍子亦甚多，反是，文字较多者，若为急舞，费时较少，则所分之段落拍子较少。正如今剧同为三三四之十字句，或二二三之七字句，以反二黄与快板、流水板相比较，其节奏之多寡及费时之迟速，即迥不相侔。因之分段之法，自且各异，如前曲《遐方怨》有前四段后四段之说，则知其必为八段。此则记明二段，以示其只分二段。夫《遐方怨》与《南歌子》之词文具在，字数差复相等，乃乐节相差至如此之大。由此可通其消息，正似今剧起霸之有二四六八折之分，以折为段，于义正合，各视剧情，随时久暂，以尽其妙绪也。至各谱有记明若干段者，有只一段而不须分段者，有不为记明者，则工师传载，因人而异，原无定例之可言，详即备书，略即阙去之矣。

（一八）慢二　此为慢板两拍制，正如今日西洋舞乐中之慢两步，惟此种慢拍，只用两拍，即继改急三，错综疾徐，以合于舞容之疾徐者。

（一九）中心　此有二解，一属舞容一属舞乐，试分释之。

谓其属于舞容者，盖指舞伎所立之地位言之。按起舞必在台前之中位，迨舞容既动，回翔俯仰，进退左右，自必动转四向，离位移步，而数舞之后又必当返至中位，故特记注以明之也。舞势一主圆健，不特转身拂袖，招邀之际，必尽取弧圆之势，以形成其回翔之美，抑至舞伎所据之地位，亦必作圆规形，以起舞所立之处为中位，然后四周外向，既可以广逞舞势，且可使四座咸得纵穷其胜。然舞容过长，位置之移动过甚，自或有游骑无归之弊，遂又不得不矫之使正，而此等促使舞伎随时返至中位之事，固与舞容无关。因之中心二字，亦不能列于舞容十三字目之内，而别由主乐者于乐节中，假锣鼓点子以提示之，使舞伎听此点子，即当舞返中位，再行续舞。抑并此舞返中位之动作，要当于无意中出之，不使因矫正地位而有瑟缩惶遽之形态，使观者感其縠束，则时时矫正，时时向外，乘除进退，永不离其中位，庶于胡帝胡天之间，得整齐参错之妙，更可使舞位始终成圆弧形，不致旁骛。惟记载之法不同，舞容之久暂不等，暂者固无待于提示，较久者则工师熟手，亦必知其点子之所在，虽不记注，同能得心而应手，故谱中之记注与否，亦不一律。

至谓属于舞乐者，则以谱中之提示中心，原即为舞乐中点子之一。登之今剧，凡亮相者于最后一霎静止之时；亦必用点子，如四声头收住时之为采对一一呛，惟今剧仅提示亮相之动止，而来及位置之所在，中心二字，则提示舞伎之返回中位，固兼位置言之也。

兹再就本谱《南歌子》所注者论之曰，中心以下接送，再接中心。其前一中心，所以指示承前急三之舞容，使复返中位也。继之以送，则使舞伎再由中位舞而前向，出以纵送之姿也。后一中心，指示舞伎再行退返中位也，总揽舞容，可以想见纵送之余，复返中位，极兔起鹘落之美。盖起舞必前后动静，相互乘除，然后可逞其体势，因之亦益可推得中心二字精义之所在矣。

（二〇）慢拍　同一拍也，原有缓急之别，以分应各调。今剧与西洋乐谱，均复如是。此用慢拍，故特注明之。

（丙）巴黎本《南乡子》谱中所用各字

（二一）一拍　与前三拍二拍之说同义，惟此只用一拍。

（二二）前后三拍一一当打〔浣溪沙〕　此谓于前后三拍中，当插奏〔浣溪沙〕曲调以为之解也。按《羯鼓录》有云，曲有声意不尽者，须以他曲解之。《新唐书·礼乐志》亦谓隋初法曲，其音清雅，金石丝竹依次作，炀帝嫌其音淡，曲中复加解音，是于一曲之中，杂以他曲，其义甚明。唐代舞曲，固非尽出法曲之旧，然因自法曲蜕演而出，是其引用别一曲调，厕于本曲之中，以补本曲声意之未尽，固亦渊源旧制可知。惟何种曲调应以何调为解，又所解之曲，如何方可叶之于本曲之音节，则载籍迄无著录，后人亦难于揣度，但能沿书其名而已。后列各调，尚有用此法者，于义正同。

证之今剧锣鼓经中，亦往往有类此之点子。如《法门寺》《失空斩》《战长沙》等剧，上下场均极隆重庄严，以及不唱而上场（术语曰大上）之大面袍带须生开敞武生，多用回顾，下场道白多为请为掩门或对句，如正是，闭门家里坐，祸从天上来等等。然在悲剧场中，道白如为苦啊儿啊或这是那里说起等语，则在回头前，必须加打半夺奋头。

又凡用小锣上场之点子，如《六月雪》之禁婆，《女起解》之崇公道，《空城计》之孔明等，均用撤锣，即所谓小锣上也。然如《鸿鸾喜》之莫稽上场，即由此点子接夺头以唱南梆子。金玉奴出场，则应打扫头战场以接彻锣，即《探母剧》四郎出场时，撤锣前亦须加打战场，以示其匆迫之神情，振奋观者之意气。盖如按剧场定制，先于开战前用大锣，由快转慢，由慢转停，以直改撤锣，则气且就衰，神情涣散，纯至萎靡不振矣。又起霸场面中，正角多衔接撤锣之中段，其余角色，多接以冲头，须视打鼓佬之习惯行之，原无定律。

凡上所举，固知今剧锣鼓之初非唐制，然可籍知每一点子之后，衡度剧情，加打他调，以为调剂振奋之资者，古今殊无二致。今剧距唐，虽历时绵远，然就此草蛇灰线之迹，尚可推寻此等接打改打之法，正必有其渊源。即古舞改打他调之制，亦自有其至理存也。

（二三）紧慢拍　拍法甚多，前已见急三慢二等等，此为紧慢互用之法，或先急后缓之法，如今剧《凤点头》搭搭吉吉哈采呛封采封呛之类。按〔凤点头〕多用于流水板快板摇板之唱腔，配合演者身段，殊见倜傥之致，其为出于旧时舞曲之遗可知。

（二四）遐　原文疑夺方远二字，或工师从简，即用一字为省文。盖于此又当改打〔遐方远〕之曲调以为之解送也。按六朝乐制，辄具送声。如〔子夜〕以持子送曲，〔凤将鸰〕以泽雉送曲等是，亦有无送声如〔子夜警歌〕是。由此亦可知送声改打之制，尚不仅始于李唐也。

（丁）巴黎本重出《遐方远》谱中所用各字

（二五）遇逢一拍当三拍，三拍当一拍　此为视舞时动作之长短伸缩其板拍以相应合之拍法也。证以今剧锣鼓经之纽丝呛对采一一呛对采对对呛诸点子，其一一之符号，即指示当于若于剧中增加一字之时间，以避免角色之僵场者。盖角色登场，投手措足，举凡动作，固均有其定制。然如在叫板走啊之后，即有取物关门整容拂袖拉人等做工，此种演法，未必人人尽同，亦即各有迟速之别。于是司鼓板者，必凝神注目，以期下纽丝点子与之适合。即角色亦可于有意无意之间，抖袖回眸，示之工师，俾知关节所在，随下点子，然后即行收住，接唱如急急忙忙往前奔，不觉来到相府门等句，如角色叫板为住口，则时间急遽，神情惶促，更须改用第二式之纽丝夺头（纽丝夺头有二式，第一式尺寸较缓，宜用于轻清之摇板中。第二式则表示匆忙，多用于生净及武生剧中，以其尺寸可放快也。）再行接唱，庶相配称。反之，若旦角叫板为啊呀等长音，是其尺寸于无形中已经延缓，则常引用第一式之纽系夺头，又如最形急迫之动作捉放曹道白看他个明白及请吓等，即用快纽丝。

夫以同一纽丝而其节奏有数式，是可证明今剧同一点子节奏中，固可因动作迟速之翼，而有缓急改拍之不同，亦即所谓尺寸之放慢收紧也，推之古舞，何独不然。其曰逢一拍当三拍者，是因舞容之缓而特延迟定制之一拍为三拍也。其曰三拍当一拍者，是因舞容之急而特加速定制之三拍为一拍也。按节拍之合于舞容者，原同叶于讴歌，定制不容增减，若增减舞乐之节拍，抑且悖于调歌之音律，不能相视，然舞容又不能如调歌之告就丝竹，以限制其尺寸，（调歌可按时计秒，率循丝竹，不差毫厘，而舞容动止，则间有出入，不能丝毫不爽。）因之舞法初则循节拍以逞容，再则由逞容之迟速以融通其节拍。三则并此融通之法，亦成为定例，笔于之书，然后后人再复于此新例中，别更迟速之融通之，孳乳曼衍，以愈见其广，愈形其妙。天下事物，由简入繁，不外斯理，可探索而得之者如此。

今剧所谓放慢收紧其尺寸，正即融通之法。惟今剧锣鼓经分著各式，以俟角色之按剧采用。舞谱则已著此等后起融通之法为成例，必于此舞此时用之，因而笔之于书。至制拍之法，古今异代，固不相侔，而理正相通，事必如此，以相喻解，正如以老庄说佛经，慧心人自不待思索可以悟入矣。

（戊）巴黎本《双燕子》谱中所用各字

（二六）慢四　此为舞乐中之慢板四拍制，正如今日西洋舞乐中之慢勃罗斯，即合两慢二拍而成者。慢二已见前笺一八，不复赘。惟此慢板，只用四拍而止，即继以急七，使缓急错综，合于舞容之疾徐。

（二七）急七　此为快板之七拍制。证以今日西洋舞乐，有两拍四拍之两步狐步等，三拍之华尔滋等。古舞急七之制，虽不易详，然试并急四与急三续奏之，亦即自成急七。古舞固不能率引西洋今乐相并论，然其消息自有可通者。再证以今剧锣经之乱槌搭搭八吉呛呛呛呛呛采呛，虽名为乱，实有其一定之节拍，且多以一二三四五六七为节奏，论其神情，庶可疑之于急七耶。

（二八）三段　凡言段之置于曲牌下者，指本谱之段数。置于乐谱中者，指由之而下为谱中之第几段。分段之说，已见前一七两段笺。前南歌子曲牌下所作两段，以示南歌子之仅分两段也。本谱三段之厕于乐谱中者，以示由此而后，即为双燕子之第三段也。书法不一，则以工师各有所承，钞本详略各异也。

按治舞乐者于某谱之分若干段或不分段，乃至应于何处分段，固已耳熟能详，故可书可不书。至一谱之分至三段者，段数较繁，变化较多，自非加以记注，不足以示后学，故具书之。

（二九）铺中段　铺陈本谱中之乐节以使切合于舞容也。按舞容固有其成规，然其中有必须告守分寸之处，亦有可各自舒展其舞容之处。告守者不必论，其可自施展者，成法虽许人以自逞舞容，未尝为定尺寸，凡疾徐动定，自率准诸舞伎之才力，亦正即舞伎擅其胜场抒其妙绪之所在。是以工师奏谱应舞，虽亦有成法，而不能不于若干务头（南曲中谓精胜之所在曰务头，兹特假用其名），臣时疾徐其节奏，以叶应之，衬托之。凡此所加之衬托，即谓之铺。其曰中段者，谓可多用某调中之若干节奏也。

证诸今剧锣鼓经慢长锤快长锤中，搭搭吉吉呛且对且呛对且呛且对对采诸点子，其呛且对且四节奏，即可就角色演技之缓急，以增减其次数。又乱锤之搭搭八搭呛呛呛呛呛采呛，其后七点子次数，亦视角色演时之缓急长短而定。按角色于台步之惊迫踟躅，如急急忙忙往前闯等词，其台步未必能率限以尺寸，故于其时之乐节，即由工师随时酌为增加点子，以为衬托，是即古舞曲铺中段之遗意矣。

（三〇）倒四位　示舞伎以舞至某一字目时，必退四步以复归于原位也。原位当即前文之中心，已详前笺一九不复赘。此盖承谱中前一舞容而来。窃加推断，前目为铺中段，则舞伎当于铺中段时叠步前进，大逞舞容，故至舞且毕时，必使其归反原位也。至就舞容言，进则徐徐，左依右倚，曼妙声逸，退则急遽，继可令送俯仰，前后有间，方可相形生色，使观者神为之夺。至其曰倒四位而不曰退四步者，则以舞伎所处之位置，尤重于步伐之前后，且倒归原位之舞容，或仍面向台前，退行四步，或转身内向，前趋四步，或于周旋俯仰之间，倏转遽退，以返诸原位，均未可先定，故只作倒四位，就其位置言之耳。

（己）前《遐方远》另一谱中所用各字

（三一）打五段子　五段子，点子名。未见前谱，说详前笺二二，所谓以他曲解之也。

（三二）不单行　谓此舞容之不合于单人之用也。其不曰双而曰不单行者，以舞有一人及多人两种。多人者亦不限于单双之人数，故不得必谓之双也。又其置之煞尾者，则常例多人集舞，多人屏退，仅以一人送者为多。此则送时不得以一人行之，仍必多人俱送，亦舞法之一也。

（三三）打浮图子　浮图子，点子名。未见传谱，说详前笺二二。

（庚）巴黎本《浣溪沙》谱中所用各字

（三四）引　谓于此处应用舞乐中之引子也。引亦乐节点子之一种。按之今剧有两类，如《将军令》《泣颜回》等，用琐呐或笛奏者为音乐引子，奏时角色或有身段，或无身段。至于角色在报名道白念定场诗前，别有长短句之且念且唱者，则为念唱引子，如《失街亭》《探母》均有成例，可以覆按。按舞乐虽非后来剧曲可比，然其为引子则一。特剧曲有宾白，故可用念唱引子，舞曲只用之于歌舞，自必为音乐引子。惟所用乐器，为丝为竹，抑即仅用鼓板，尚待深考。

按，剧曲中之念唱引子，多于主角登场，始一用之。音乐引子则可随时用于剧中，不论其为主角配角，首场中场，只在衬托剧情，使其益形振奋，衬托角色，使其益形壮伟。本谱《浣溪沙》中，凡两用引子，俱在中场,盖《浣溪沙》为曼舞,故于中场一再用之,以振奋舞容耳。

(三五)前急三　急三说见前笺(一一)。此谓前急三者,盖示工师以下一舞容前,当用急三拍也。按,本谱下一舞容为中心,即谓当于将舞至中心时,用急三拍也。其不系于舞容据字下而称之为后急三者,则以虽同用急三,衬托舞容,然着重处在于前一字目与后一字目之间,而尤在后一字目之前,比于启后,不属承先,故非具书不足明示之。

(三六)后急三　此即急三之着重于前一舞容:为承先而非启后之用,正与前说迥异。按,资谱后急三之前一舞容为舞字,则此后急三自用以衬托舞字之余姿,而不属于下文之中心。盖如属中心,则当循前例,于中心前作前急三矣。夫舞容不过寥寥十余字目,所资以衬托用为变化者,厥恃乐节以鼓舞之。若并乐节亦率仍前法,则变化少而舞必因以减色。即如本谱已连用两中心矣,苟乐节再连用两前急三为之衬托,则势必患其沈黏窒滞,重叠遏闭,故舞容虽连用两中心,而舞乐则必易其着重之所在,使一主于前一中心之前,一主于前一舞字之后,以相参错,庶几舞容相同,舞乐各异,即不致嫌其沈晦矣。

(三七)打慢拍　谓于此处当改用慢拍也。慢拍说见前笺(二〇)。加一打字者,工师以意缮写,原无成法可言也。

(三八)各三拍　三拍,谓由舞容某一字目至某一字目间之诸字目,均各需用三拍也。按,本谱曰令至据各三拍,而前《遐方远》谱则于令字下作三拍,前《南歌子》谱则于按字下作三拍,凡此甚多,不必备举。要可知一字一容三拍之制,为古舞所可用,惟本谱自令至据,凡十四字目,倘各用三拍,则十四舞容,且需四十二拍,其迂缓可以推见。是否如此,尚待深考。

(三九)八拍　谓舞容于此当长至八拍也。八拍字仅见于此,是否缮写有误不敢知,然以一舞容而长至八拍,且承上十四舞容各三拍之后,似亦嫌其过甚。然再试就下文煞尾处,详为推度,于此八拍之后,继以中心,用慢拍一拍,即为送,用急拍两拍以送之。是于无数缓拍之后，骤改急拍，倏然而止，真有香山《琵琶行》于“别有幽情暗恨生，此时无声胜有声”下，骤接“银瓶乍破水浆迸，铁骑突出刀枪鸣”之概，亦颇具“曲终收拨当心画，四弦一声如裂帛”之妙。香山诗凡涉歌舞音容，所赋多出以状实之书，为后来言唐乐者所援证，则此种声情之可用于琵琶者，又岂不能用之于舞曲点子，以衬托静极而动之致，游龙之后，继以鹘落耶。

（四〇）急拍　此是今之快板也。说见前笺（一一）急三条。惟本谱只用两拍而止，似专以衬托至娇且捷之舞容者。

（八）巴黎本《凤归云》谱中所用各字

（四一）双　舞容有单双之说，已见前笺（一〇）单字条。按，双字指二人或多人之舞，舞容至此，必使双双对对，具叶对花当之妙，故书双字以明之。

若专就舞乐言，则此时起鼓，当用双签齐击之八八或双签连击之搭八八搭等音，盖单签为虚音，双签为实音，故当分别用以叶舞，惟谱中双字，仅一见于此，知所用不广，或以诸曲均为小令，舞曲亦多轻旋之态，因之遂习用浮声，少具切响耶。

（四二）裹　裹字仅一见于本调，饶氏疑即为日本所传之裹头乐。按，舞曲中之改用他调者，已习见于前谱，惟备书调名如当打〔浣溪沙〕〔五更子〕等，亦有省文作遐，以示为〔遐方远〕者，其说固自可通，然前此无打字，又仅作省文裹字，而谱中裹头乐之名，未尝前见，岂亦同出误落，抑真如日人以同音而解为即歌头者耶。

愚因敢再进一解，试拟之为舞容之另一目。所谓裹者，舞技当以舞衫裹身，使别呈娇娆之态也。裹之为容，或胡旋如风，乘势回裹，或轻笼俯捻，回身相就，以状曲牌名〔凤归云〕之振羽入云，固不可知，然细想舞容既有挼据等字目，则亦自可有裹之一目。惟此或晚出，流播未广，或即工师好炫新奇，为本曲所独创，故仅见于此。

按，舞容见于谱中，向在舞乐谱后，低一格以别之。然乐谱以缘乐合舞而涉及舞容字目者亦甚多，如前文诸谱，即曾见揺据等字，则本谱于舞乐舞容前后两谱，均见裹字，正复相同，可为旁证。

又再试拟之为舞乐之一目，则裹字向多训为以音乐衬托歌舞之专辞，即近日剧场所习闻者，亦辄用包字托字，如称操琴叶歌之美，则曰托得好，后起伶工请操琴者加意护持，则曰请包着点儿——其中兼有包涵误处之意——而剧评家亦每称托腔为裹腔‘三字意义’正复相同。

夫乐以合舞，共衬之托之包之裹之，无往而不如此，固不待言，然独于此标举学裹字者，则以舞容虽有尺寸——而最浏亮最紧凑之所在，往往有待于舞伎慧心独运，然舞伎又不能漫肆己意，逞其姿态，而必待于务头之处（假用南北曲语，谓胜场所在），因之工师于此，亦必特加矜持，务期合度，不能若常舞之仅行常法为已足，故更具书以示之。

综上三说，再四推核，似以舞容之说为较近似：盖如以裹为别一乐曲之名，则不当于乐谱以外，更见于舞容谱中。以裹为舞乐之一目，则每一舞曲，自当各有务头见长之处，不当独见于本谱，质之声党，以为何如。

（四三）接三拍　三拍说详前笺（九）。接三拍，谓承前令接打三拍也。

（四四）打浣溪沙拍　说详前笺（二二）。前云当打，此仅云打，异文同义，传写之别而已。

（四五）改送　送为舞容字目，已详他家考释，不具赘。至就舞乐言，则属送声，其来已久，盖择一正曲以外之和曲，而与本曲音律可通者，承本曲之后，俾人送和之曲也。此云改送，即谓于前曲浣溪沙拍之后，继用送声也。

按，送为和歌之曲，古舞时时用之，初非专为毕曲送宾之用也。歌舞当筵，必期壮采，故舞伎于若干舞容中，必杂以送，使人和歌，则清歌曼舞之余，群宾同声肆应，嘉会缤纷，始无冷场之弊，至送声节拍，因本曲而各异，工师固习知之。

（四六）打段　即前文遇段打拍之异辞，说见前笺（七）。

（四七）破曲子　破曲子应为一种高亢凄急之音调，亦即旧传曲破入破等名，以示其穿云裂石之致者也。正如今剧中乍翻高音之嘎调，探母出关中之叫小番等，以其发音高亢，非尽人所能工，故诗词之称许歌伎者，多举入破为言，是则其节拍行之于舞乐，必亦为胡旋急舞之势，如今锣鼓点子中之撕边等可知。今试瞑想舞伎于轻清流丽拨据诸容之余，急出以急捷之破曲子，疾如鹰隼，迅如旋风，倏然而正，即以毕曲，宾筵既赏其矫健，复茹其余情，而歌伎至毕曲始改为急舞，亦即不患其力绌。若用之中段，则急舞之后，犹当继以他容，自非弱质所可胜任，是以破曲应置于终场也。证诸今剧，武戏点子之上天梯，即无收尾，而辄继以急急风四击头战场等牌子，正以急急风诸点子，较上天梯高亢，足资振奋，是则以换一牌子为毕曲之法，消息早已相通，亦可谓为古舞破曲之遗法矣。

然破曲子用于舞曲者，为别一高亢之音调，抑即就本曲调之节拍弦索，高其音阶以出之，则犹待于探讨。盖若为别一曲调，循例应具书曲牌名而击之曰打某曲，或改某曲，今乃只作破曲子而不名，似破曲子即为一专调之名矣。然考曲之以破名者，如《念家山破》《相思破》等，不止一调，则破曲子又非专调之名可知。愚殊不知工师于此，虽按谱当于此奏破曲子，而所奏应用何调，又乌能知之，亦或工师固详知与本曲通叶之破曲子诸调，得任选其可用者而用之耶。

再就大曲言之，大曲于攧衮催煞诸调中，原有入破一调，流传至今，只有文词，而无乐谱，因不知诸大曲之乐谱，是否从同，若从同则入破即为一调之专名，似今剧牌子《石榴花》《将军令》等，若各异则仅为乐曲之一体，如今剧原板散板嘎调诸名式，创调之体，其制不一，歌舞相因，亦自异趣，揣摩尽实，期诸异日。

至于愚意疑为或即就本曲调之节拍，高其音阶而名之曰破者，则以每一歌舞剧曲，均必有其缓急疾徐曳声纵态之时，所叶之乐，骖靳相从，则于急捷之处，自必益肆遒上，于是工师即名其遒上之一节曰破，告诫子弟，使于此时特高其音皆以出之，正如今剧之训子弟曰：此处当拨高加紧也，后来传谱者，随而仅识破字，以为识别，寖之复有后出之曲，专用高亢凄厉之音，勒为专调，即名其调曰破曲子，若念家山破即习见之一例，是入破之法，始于大曲中，就其一节特高其音阶，而终于衍为专立晚出之曲体，以别撰诸调，虽均同用破名，于义实已各异。惟不知本谱所用之破曲子，系指高其音阶而言，抑或别用晚出之专调为改送耳。按大曲入破，用于全曲之中段，疑即就本调高其一节之音阶，此则用于煞尾，疑为别系一破体之专调，姑举两说，俟大雅鉴辨之。

（九）伦敦残本《第一谱》中用字

（四八）令前有令　是按二拍同一拍，令即牌子，说详前笺（二）。此即所谓速奏两牌子也，今剧亦多用之，如武戏起霸，即运用四击头撤锣冲头五锤急急风一二三锣及收头，是连用七牌子，亦可谓古舞乐中之七令矣。按连奏二调者，仅见于此，艺事精进，晚出愈繁，自为必然之理，所谓令前有令，是当时工师习用之口语也。

三拍同一拍，语意不明，疑指用快板奏原为慢板之牌子而言，不改易曲调之音阶，而仅改其节拍，以迟速之不同，应声容之各异，是亦舞曲中之新制已。

（一〇）伦敦残本《第二谱》中用字

（四九）当别将舞　当别，谓将毕曲也。诸谱多以送毕曲，亦间用头，惟以舞毕曲，仅见于此，是亦别出新裁，以永宾筵之情者。以其非习用之体，故不特著之于舞谱，抑且具书之于舞乐谱，俾工师于此，持用舞时之节拍，庶免积习相沿用送用头之误。

(一一) 伦敦残本《第三谱》中用字

(五〇) 当慢四段　四段之分前后，见前笺(一二)(一四)惟前谱未及节拍之快慢，此则明书四段当用慢拍。慢拍见前笺(二〇)。按曲调虽同其音阶，而节拍尽可有迟速之不同，如今剧牌子水底鱼即有快慢二种，且有用一半者，均视剧情身段做工而异。惟今剧牌子，快者直打，慢者花打之法，不知能否通于唐舞乐耳。

(五一) 巡　巡之为言，舞伎绕场而行，作大弧形，实同于今之跑大圆场也。以其专指所处之位置动定而言，初不能即谓为舞容，故不预于舞容十三字目及舞谱之列，然圆场亦自有其一定之点子，如今剧所用之冲头者。盖舞场有大小，步伐有迟速，因之冲头中之呛采呛采，可由工师自定其迟速之尺寸，或缓如溪流，或捷如决堤，总以与圆场应合为为主。窃意巡之节拍，必亦如此，固与其他牌子之限定尺寸者不同，故特具书之。

按，巡字仅见于伦敦诸谱，巴黎本迄未有用之者，疑即为工师别派所传授，亦或为晚出之体，惜原谱已缺其调名，不得引订比勘也。

(一二) 伦敦残本第五谱《蓦山溪》调中用字(第四谱无新字)

(五二) 轮　轮为舞伎巡回起舞之专辞，大致如今龙套之挖四门及开打中，班底打连环套子，以其专指动定位置而言，初不能即论为舞容，故亦不预于舞容十三字目及舞谱之列。然此往复巡回疾风转轮之势，乍即之虽以万花飞舞，令人目眩，而实亦有其专用之乐拍，为之节制，以应其容止。今剧打套子，多用战场或上天梯两点子，可以为证。唐舞乐中，于此则以轮字指此类点子，惟宾筵之舞，人数无多，非队舞可比，故乐谱所用亦少，疑为别派晚出，采自队舞中者。

（五三）添一拍此于常拍外加一拍，迟其拍正所以叶于轮之动止，故著之于轮下也。盖乐既用轮，则舞伎必不止一二人，四门连环，需时尤多，若仅袭用常拍，必不相应，故非添拍不可，且当视需时之久暂，以定所添之拍数，固不限于一拍，惟亦不能过多，使人厌沮耳。

（一三）伦敦残本《第六谱》中用字

（五四）各添两拍　说见前笺（五三）。各字兼指前文巡与轮言之也。巡为圆场，轮为套子，费时均多，故各添两拍，合四拍以应之。

（五五）一板当一拍，由今言之，板仍名板，为实拍，拍名为眼，为虚拍。治剧学者，固尽人知有一板三眼与一板一眼之大别，至即以一板当一拍，则其熟溜快捷，应如今之流水板及快板矣。

向日工师，往往精于奏器，而疏于问学，即板拍二字之分，亦或不求甚解，故未尝严立界说。板字更仅见于本谱，然以意逆之，不难悟人，其所以著之谱中者，亦正以少用罕见，不得不提示子弟，免致临场讹误耳。

（一四）伦敦残本第七谱《南歌子》用字

（五六）头当中心　此谓舞至中心时当用头也。以舞乐谱仅记节拍动止，不载舞容，而此时则非以头之动止应中心之位置不可，故具书之。

按，《南歌子》谱，别见于巴黎藏本，就相比勘，可由其异同孳乳之别，而信伦敦本之晚出愈精。两本乐节大致相同，惟伦敦本增出巡轮二目，因而复增各添一二拍及头当中心数语，是于乐节已曼衍为新腔，若今曲花八板之于老八板矣。即舞容亦益严其关节，示舞伎以舞容当与位置相适合。且伦敦本诸谱多有用巡轮者，是不仅晚出，且已更流为别一派矣。作始也简,将毕也巨,后来南北曲之身段,乃至今剧之举手投袂,咸具绳墨应点子者,何莫不出于是,遭衍之迹,彰彰可识者如此。

(一五)伦敦残本第九谱中《双燕子》调中用字

(第八谱无新字)

(五七)添一字　疑为添一拍之讹文,此舞乐谱,固不应旁及歌词也。

然亦试可为之别解曰,唐人以令词入诸歌舞,词牌既同,自属同调可知,至后来分流衍派,析歌舞为二途,虽尽可徒歌徒舞,要仍以载歌载舞为正则。惟本谱只为舞乐之用,故不及于讴歌,然为求谐叶计,则歌词之特与舞乐有关者,自亦不能不为之点出俾工师可以随时照顾,免蹈失误。

按,舞伎身段至轮时,正极往复巡回之能事,舞乐自亦必重叠敷陈以应之,则歌喉岂不当别行增腔曼声,以使如骖靳之切合耶。抑或歌腔至此,限于乐拍,已尽其尾声,不能更为舒徐申引,则惟有舍增腔而改用他法,添一有声无义之音字,以为之继俾合于舞容。此在汉魏谣歌,风开其先,其后宋人歌词,加用哩啰唛呛等音字,复广其道,乃至今剧之哪呵等等,亦正同其体用。惟增用音字,事属讴歌,与本谱之专主舞乐者无涉,故本谱于此,仅记添一字为已足。盖识之所以明非习之法,使工师衬托之际,可以加意,而又不详记所增之音字者,则以音字必承前一字转腔,各各不同,歌者固知之有素,不待分别记注也。

(九八)两头　此即谱中习见之头头,谓舞容当连用两头也。工师随笔记注,辄立异文,不足为怪。

（一六）伦敦残本第十谱用字

（五九）两拍相成　两拍说见前笺（三）。其曰相成，则以打拍之异于常法，故具书之。

按，打拍有快慢之别，备著于诸谱，惟相成二字，仅见于此，当亦晚出之新法。尝试思之，打拍事极简易，虽手法有精粗生熟，而拍法不外快慢二者，然证以今之锣鼓经，则知其花式至繁，锣鼓经称："凡打鼓之双签齐下者，音之曰奔；单签下者，音之曰登；双签单音，音之曰龙冬；双签连打音之曰都鲁雷；单签虚音，音之曰多多。"而打板亦有虚实轻重手势儿诸法，名式不同，音响各异，要均抒妙绪于手法之中，虚实之间，继续之际，务使其相成之能事，悦耳应节。此而曰相成，疑亦虚实间打之法，正如今剧长锤起鼓板音之搭搭吉吉，或双签连打之八搭搭八，而决非如撕边之轮击不断，仅作括括括括也。

（六〇）不送　送为舞容之一目，习见舞谱，其见于舞乐诸者，所以示工师届时用送之点子以相应叶也。然舞容煞尾，法亦不一，用送者固多，亦尽可置之不用，惟工师习于故常，每届煞尾，辄打送之点子，此既不用，故具著之，使不致随意沿用致误耳。按本调舞谱煞尾云送，而舞乐谱注明不送，似出两歧，实则送法不同，已见前笺（一六）。凡于舞中用送者，为通常之舞容，煞尾用送，且益加紧其情态，加急其乐节，前文且有特作相送以示异者，本调煞尾，舞容为通常之送，而不加急乐谱，故更于乐谱中著明之。

（新加坡《南洋大学图书馆馆刊》1962 年第 1 至 4 期）

剧
评

旧剧新论

戏剧分编剧与演剧两大部分，此不易之理也；求得佳剧，必其剧本尽善尽美，而演员又必有非常之天才，济之以甚深之学力者，始克副之，此亦不易之理也。虽然，编剧与演剧实有相互利导之功，亦有相资藏拙之道。盖以名演员演名剧本，其精彩自无待言；等而下之，剧本佳者，虽表演少逊，容尚有可存之处，即以名工演通常剧本，又庶可略优于常工，较受观众之欣赏焉。

夫编剧与演剧，戛然两事。迹其相互利导之由，与夫相资藏拙之道，则以戏剧无论属于何种方面，其最要者莫如激发观众之情绪。喜也怒也，哀也乐也，所贵乎戏剧，与夫戏剧之艺术者，即在乎此。倘观众于全剧演来，漠然无所动于中，则其剧本与演员之程度，可以悬揣而得之矣。

激发情绪，固为戏剧上之惟一要素，然亦正为戏剧上之惟一难题，芸芸之观众，各异其趣，各适其情，无论剧情之如何曲折，砌末之如何熵煌，虽足资其矜异，初未必能激发万众同心之情绪。而或偶然于大声疾呼之际；婴宁无语之时，甚或于霎那间，仅乃得之，盖未易强求，未容幸致。全剧得之而画龙点睛，添毫颊上；失之而枯强木讷，索然无味。盖妙诣所存，未可遽以方案格律相寻求者也。

至于戏剧中激发情绪之部分，属于编剧及演剧者各半，而编剧尤复重要。编剧者于剧本中苟不预为激发情绪之地，则演者将何所凭藉，以施其技能。换言之，剧本编制得宜，于相需之际。有激发情绪之唱词宾白，动作表情，穿插其中，便能振奋观众之精神。激发观众之情绪，则演员虽不能尽工，而其剧本之构造，依样演来，观众亦必兴相当之观感。苟得长才，为之表演，于固定剧本之外，复得以其艺术之深造，神明以通之，是其激发者，必更深且切，特受观众之赞许矣。

若以名工演通常剧本，虽其剧本情节紧张，然无一激发情绪之特点，则名工亦且苦于无所施其绝技；势必于全剧唱做念打之际，息息致意，凡可尽其表情之长者，莫不肆力以为之。然剧本中无可逞其特长，则演者息息致意，其结果亦或且同于松懈。盖观众虽极视听之娱，然不能得一特殊激发之点，则必终于疲困。若就戏剧之本身立论，名工游刃以有余，精彩自视常工倍蓰。然必欲使朽腐者化为神奇，固为必不可能之事。以衡前说，似尚不如常工之演佳剧。故曰，戏剧中激发情绪之部分，属于剧本之编制，为尤重要也。

激发情绪之于戏剧，仅占全剧中之一小部分，甚至于仅一分钟三十秒钟而已，是故于全剧之构造，关系似普遍而实为特殊。编剧者按本事以分场次，加之穿插，铢两停匀。本事曲折者、剧本必较为冗长，然俗手为之，虽演三小时以上之长剧，初未必能获得一激发情绪之要点。亦容或三小时以上之长剧，其激发情绪之所在，仅仅一场。若擅长编剧者；虽以极普通极简单之情事，编为短剧，亦可使独幕剧中，饶有精彩。盖剧本之于本事，可以剪裁，可以插诨，慧心所至，无往不能。眼前有景，崔颢题诗，激发情绪，为剧本最重之元素，故无问于剧本之为繁为简，为长为短。且即为一至繁且长，曲折迷离之剧本，往往越时少久，其所流播者，即此激发情绪之一场，而全剧则渐归于淘汰，此为必然之势，数见不鲜。观剧与编剧者，于此应征所从远矣。

编剧者初未尝不知激发情绪之为剧本元素也，然而天才不足，学力未深，则虽穷思极虑，亦或未易得之。良以激发情绪之所寄，其几甚微，其来甚忽，置之于剧本中。固不能含有丝毫斧凿之迹象，更必使流露于不经意之处，则观众之受影响也特深。编剧者固知一剧必应有其精彩之特点，然未能知激发情绪之妙，而获其途径也，则往往所编之剧，徒令演者苦其繁重，时间苦其冗长，而结果仍未能激发观众之情绪。此类繁重之剧本，必不能受观众历久之欢迎，盖观之而不能兴感亦更无醰然余味之可言矣。

其有略擅编剧之才者，亦知剧本之不能视曲折冗长为精彩，进而窥见激发情绪之重要。然仍不能得其道也，则辄于全剧中某场特重其唱做念打，一若唱做念打，即可以激发情绪者，或于此更加兴会淋漓之情节，激昂风趣之词句，而不知激发情绪，固未尝不可以特长之唱做念打为表演，然其至高且上者，尤在冷隽，尤在不尽需于特加繁重之表演，特聚多人之场子，特撰风趣之宾白。但期原有主角一二人之对白、或一二人神情所系属，乃至于极无关系之配角、亦足以尽其能事。诚以繁重之唱做为激发者最下，以激昂风趣之实白为激发者较胜，而徒以隽永之神会为激发者则无上乘也。

戏剧无间中外古今，其致力于编与演者则一，而尤不能自外于激发情绪之范围。故凡剧本之足资号召，名工之声名扬溢者，亦必不外于激发情绪之一点。凡出主入奴，喜新鄙旧之剧论，均涉偏见，不能谓为艺术之探讨也。中国旧剧。或有以为韵味深长，独得抽象之妙谛者；或有以为俚词俗曲，不能协于大雅者。各有所执，姑不具陈。惟中国旧剧之构造，凡历时较久，流播迄今者，几于每剧之中，无不有其激发情绪之特点，而又多不假力于唱做之繁重，是其深通于剧事之精，艺心之微者，盖不待言矣。

中国旧剧，自唐宋大曲，衍而为金元院本，为南曲，为皮黄；阶段具在，其剧本则迥不相侔。今试以不同一本事之院本昆剧及皮黄剧取次勘之。同异自判。然院本于常例四折，昆剧于全部数十出，皮黄于无限止场次之中，亦各有其激发情绪之点。金元院本，此调不弹。南北曲亦每患阳春和寡。皮黄兹最通行，亦最为士林所不屑。然谓其文字之鄙俚可也，谓其剧本之编制不工，不可也。今就通常爨演之剧本，分晰言之，亦辄多有激发情绪之特点。观众涉迹歌台，每有佳剧，移神屏息，欣赏有加，而或不能自明其所以。其平淡者又即等闲视之。若以两剧本，相互以观，或又未易即为之轩轾。然孰能激发观众之情绪，即孰受欢迎，则不变之原则也。姑举数剧，以实吾说。

激发情绪，能传神而不限于主角，此最上乘也。今试以皮黄最通行之《空城计斩马谡》言之，诸葛于马谡切责频频，绳以军令；马谡伏罪帐前，去而复回。维时左右吁噫作声，诸葛、马谡，相与痛哭。然后侧目示意，以命行刑。夫诸葛与马谡之私不废公，因而雪涕，为题中应有之文章，即三军掩泣，亦旧所传闻。编剧者于此万籁俱寂之际，插入极无关系配角之吁噫，以实掩涕之说；观众于两主角痛哭之外，别闻此声，益增切怛，其影响于精神亦自益巨。激发情绪，此之谓矣。

激发情绪，有以配角之穿插，而益见精采者，如《逍遥津》之逼宫，曹操与汉献帝折难，一虽巨奸，犹在臣位；一虽失意，尚为帝皇。乃伏后见诛，儿子相哭泣。载拜请命。观众情绪，于二子之哀号，其激发乃胜于曹操之面折，此固以配角穿插而见长者也。及于华歆白“放虎容易捉虎难”，观众之情绪，又为华歆所激发。且其时或曲恕曹操而集矢于华歆。歆于此剧，不过配角，然一言而转移观众之心理，编剧者信有神腕矣。

激发情绪之在于主角，而流露于无意之间，感人益深者，如《四郎探母》之见母。延辉奉母上座，三拜以兴。其唱词“母亲请上，受一拜，千拜万拜也应该”。词虽不文，独于孝子之久阙侍养，顷刻相见，未容絮语者，得此适合其分际，亦适足抒其赤诚，盖千言万语之前，惟以此为嚆矢。观众于此，故无不为之低回，而编剧者但出之于无意之间，相见之际，为恰到好处也。

激发情绪，有在两主角之宾白，紧相迫凑，益以振奋者。如《黄金台》伊立之晤田单、互相盘诘。伊立于叙述太子罪状之际，田单白：“太子犯法，理当上殿保本才是。”伊立沉吟，答以：“咱家连保数本，也是枉然。”以迄于搜府。凡此问答，层次井然，毫无假借。观众聆其辩难，既懔然于太子之被获，又痛撼于伊立之专横。而激发之点，端赖紧迫急剧之神情，玉贯珠联之酬对。全剧精彩，庶在是矣。

激发情绪，有在主角一人一语，而全剧为之生色者，如《白水滩》

十一郎之战青面虎，但有相扑，无多剧情。然十一郎于青面虎脱械追走之际，凭高观战，忽动不平之思。白中有曰：“一人怕一人，也就是了！”其英武猛勇之态，溢于言表。邀击格斗之事，所由以来。十一郎隐于山泽，非徒贾勇之流，得此而身分俱足，观众固不可忽也。

激发情绪，有以一语而别易一境界，亦使观众由动态以趋于静态者，如《落马湖》之酒楼。黄天霸濒湖沽饮，遂就酒保刺取湖寇情事。酒保所述愈详，天霸神情愈亟。终知施全濒于九死一生，神志尽夺，仆于案头。惊愕之余，天霸从容白“拿饭来”，酒家始得下楼。天霸亦乘暇望远，冀窥见湖寇之巢穴。移时李大成亦来沽饮，遂相计议。总观此剧，酒楼一场，实为关键，而繁弦急管之际，乃以天霸一语相解围。在编剧者形容天霸，如梦初醒，举止适合，而观众精神于绚烂之余，得此平淡之词，意境遂亦同为更易，且预为李大成对酌谈讯之地。编者运其匠心，于关键所在，出以闲暇之笔，以激发观众之情绪，殊足称已。

激发情绪。有于剧情中之穿插，特出新意，以资振奋者，如《审头刺汤》之大审。其与汤勤驳诘之紧凑固不待言。最后陆炳论雪艳归汤勤，乃以扇头所书之刺字示雪艳，其宾白则云：“汤老爷比不得莫大老爷，尔须要好生的侍候。”中州音韵，“侍”“刺”相谐。念“刺”字时，乃以一手微指扇头。在观众初以陆炳能不畏强御。及其断归汤勒，自相骇异。迨扇头一张，始复憬然大悟。此在事实，决不如斯。而编剧者以“张”“扇”谐音，讽雪艳之报仇，即以激发观众之情绪。观众于山穷水尽之际，别开峰回路转之机，其精神上之冲动，为何如也？

激发情绪，有特为题外之文章，别生风趣，以愈见深刻者，如《四进士》之客寓一场。宋士杰窃得函状，就灯书诸衣襟，其妻忽出，以深夜促宋归寝。宋以所关者大，泥不肯行，此于剧情初不相涉。然全剧异常紧凑，观众兴奋已久，正可就插科打诨中，少获从容，而同时愈以见宋士杰之勇于其事，为不可及。从旁衬托，情绪遂益为激发，趣味亦益见浓深矣。

激发情绪，有在一二语以讽以喻之间，而全剧益为生色者，如《法门寺》之桂儿，随地随时，咸有穿插，不过添花锦上，擅为谐谑而已。然其于刘瑾白："眼里没有皇上，那还瞧得起咱家么?"之下，继以："你瞧不起千岁爷，还瞧得起我么?"及赵廉读状之前，白："县太爷还认得字么?"此等处一以俳偕，托为讽谏，能使观众移情，不得不为之击节称赏，宁非激发之尤耶?

激发情绪，有专在合理之表演，用逞所长者，如《南天门》曹富，长途跋涉，寒威所迫，饥馑坐困，其履雪过桥也，则扶掖维谨，其凌寒却步也，则解衣以奉，恳款忠诚之象征，已在在足以动人，正不必死而后显。虽全剧中之宾白唱词，多有可取，然其精神所贯注，则率在表演。且旧剧场初无布景，于此冲寒冒雪之描写，均出于曹富神情步武之间，为更不易易矣。

激发情绪，有仅用舞台之艺术；不必合理，而观众为之称许者。如《艳阳楼》之淌马。本来旧剧主抽象，持鞭即足以代骑，然兹乃求写真于抽象之间，持鞭作种种身段，以示控御之非易，骑士之英武，前蹲后窜，意会神传，真骑固不如此，观众乃为激发。深长思之，此种表演，初不合理。然以舞台上别有舞台艺术之专门表演，故观众非特不加非议，且认为全剧之精彩也。

激发情绪，有在一字一语，得音乐之衬托，益感兴奋，观众遂以动容者。如《长亭会》伍员与申包胥相晤长亭，伍答申问，先以"一言难尽哪"为唱词之引子。"哪"字且出以高音，其在音乐方面，歌词激昂，乐节急促，得此引子，神情自益具足，然于表演方面，则以此引起下文，不仅为唱词之叫板而已。观众于伍员满怀幽愤之余，聆此高亢之音，精神咸立为振奋，情绪愈见紧张，一字一语之关系全剧，岂浅鲜哉?

总之，中国旧剧于激发情绪之点，凡通行剧本，类可得之，不胜枚举。以上所述，固不能尽其万一。况所举任何一例，其类似之编制散见于各剧者，尤未易遍征，而即此所列举者，亦不能遽尽剧本中激发情绪之义例，惟由此类推，则剧本激发情绪之所寄，与夫激发情绪之如何应用于剧本者，庶其思过半矣。

中国旧剧，如上所陈，虽其激发情绪者独精，故无论伶工表演，是否优长，要均有其可存之价值。至剧本之通常无疵累，而独少激发之点者，自率赖于演员之精神贯注，歌舞抑扬矣。如生剧之《李陵碑》《乌盆计》人所共知，虽《李陵碑》之刀花，《乌盆计》之跌仆，不得谓非做工之焦点，然终不得拟之于激发。演员苟不善歌，其剧尚足观乎？又如净剧之《刺王僚》《锁五龙》，耐人寻味，亦但唱工。舍唱工以言剧本，失之庸矣。武生剧若《花蝴蝶》《四杰村》等，徒以扑觝见长，虽自有其情节，然情节固不足以动人。剧中扑觝以外，将何所取。若徒言扑觝，则角力之流，复何所取于剧艺，外此旦剧之《投江》《祭塔》，几为纯粹之歌剧，仅能以唱取胜。所幸旧剧有绝对严格之做工，节奏顿挫之音乐，相与谐协，故名工犹得于无可展布之中，随时应弦赴节，以手足之姿势，面部之表情，表演其唱词中之意义，使观众于聆歌之外，情绪尚得少为激发，然大段歌词，往往又指陈事实者多，申诉情绪者少。其申诉情绪之词，表演尚易，敷叙事实者，即欲以姿势表情，曲达其隐，亦复为难能之事。故此等戏剧，但能谓为纯粹之歌剧。若列于通常剧本中，自不能厕于上选也。

至于晚近之编剧者，亦间知激发情绪之为必要。然知之而不能工之，往往以炫异之服装；神诡之布景，离奇之唱词，用为济胜之具。服装出于无知者之创作，布景随时代科学而演进，唱词则杂辑鼓词俚曲，甚或仅以投合多数人之心理；出以极鄙者。夫以戏剧为社会教育之一端，固嫌其持论之高；然戏剧自有其专门之艺术，举凡服装布景，不过为烘托之资。今编剧废专门者不言，一意舍本以逐末，则其剧本，于艺术上之价值自少，况即此立新炫异者，又安能持之以恒，如昆曲皮黄诸名剧之历久不渝乎？

且也，剧本中激发情绪之所在，虽每每唱白表演，同时兼重，然其所歌所念，因追摹之较易，则入人也愈深，而推行亦以日广。迨一出于舞台之外，且即通俗之语言矣。高阳齐如山尝摘戏文警句数百则，辑为一卷，其序略谓莎翁剧句，已成为英国国名"格式言之恒言"，而我国剧文中有分量之言语，亦辄流为民众之恒言。则以剧中歌白，首贵经济。故每以一二语；包括全部之剧情，使人一触即窥其命意，即受其感觉。盖虽日常通用之词令，一经编剧之名手，加以锻炼，即能言简而意赅，语达而事显。充其极量，可以教化人民之心理，左右社会之趋向，即经史名言之由戏剧以转播于社会者，亦复不少。夫剧文之一字一珠，以观众之欣赏，遂尔传播为恒言，则其势力之广远可知，盖已由激发观众之情绪，以浸及于观众以外矣。

总之，戏剧虽小道，而所以致力于之者，弥复艰深。戏剧中关于编剧，及表演之研究，万绪千头，在今日已成为专门之学术。然其要点所在，终归于激发观众之情绪，无俟闲言。至戏剧中激发之点，于剧学方面观察之，为属于科学者乎？属于艺术者乎？此固不容舍弃不谈，而又不易获得结论者也。姑陈鄙意，用为本文之结束。

夫戏剧之为科学，抑为艺术，持论不一。若以常理衡之，凡专有一技者，即成为一科。况以戏剧之博大精深，其为专学，绝无疑义。安得不属于科学之列？然若以演员之表演言之，则完全以发挥其天才学力为主，又岂能归纳之于科学之定律？然戏剧之定义，实兼编剧与演剧而言，故其为科学为艺术，亦且益难论定。今于此前提未决之先，而欲断章取义，以专论于激发情绪之部分，自更不易易矣。

夫激发情绪部分之于戏剧，既如前说，在编剧方面者为尤要，则以科学之范围言之，科学有法则(Laws)，编剧固未易有法则，而激发情绪，信手拈来，尤不能限之以法则也。科学重通性(Universality)，编剧者决不能有。戏剧一涉通性，且有形似貌袭之嫌矣。科学重齐一(Uniformity)，编剧者各别其事，各异其趣，亦无齐一之可能。即前所指陈之数例，苟新制之剧本，各一从同，尚有何兴会之可言？科学重了解(Comprehension)，戏剧在以深奥之旨，传其神会？能使观众澈悟，亦固不必强求索解也。

至律以艺术，则艺术有规则(Rules)，剧本自有其规则，未容逾越。不合于规则，即不能付诸爨演也。艺术重个性(Individuality)，戏剧则不特演员之在能发挥其个性，即每一名剧，亦自有其个性。若编剧而不能发挥其本事之个性，则其剧本，亦断不足存。艺术重变化(Variety)，编剧亦求其各尽变化之能事，无使少有雷同，少蹈因袭。即激发情绪之特点，虽可同隶于任何原则以下，然决不能出以同一之方式，而尤必应剧情适当之需要，出之于不经意之处，方足极其妙恉。艺术重强悟(Apprehension)，戏剧固不能使人了解，然必求使人能悟。不悟又安能加以欣赏？且艺术家创造之，指导之，即编剧演剧者、亦不过尽此二端。等而至于评剧者，研精剧学，亦仅能为指导之师资，初不能立一格律以强人尽同，且格律定而剧艺之精神必然尽失，刻舟求剑，宁有其事乎？

且艺术可传而不可授者也，庄子曰："道可以传，而不可受。"夫所谓"道"，形而上之之学，艺术正亦形而上之，与道同揆。科学可以授受，艺术但有心传。科学似留声机械，影戏照相，一一覆演，无异于前。艺术则人之歌唱丹青，词句同粉本同，而其韵味神情，决难相同。再科学使人知，艺术使人作。知贵明理，作贵能为。编剧演剧者，不必论于全剧，即以激发情绪之一部分言之，名剧具在，覆按不难，固不得谓之不知矣。然学之者，取法当前，无论如何，必不能同于原作。或不及焉，或有胜焉；或由熟而生巧，以貌似焉；或舍粗以求精，以神似焉；或蹊径别辟焉，或妙解独深焉。盖艺术以知识为手段，不似科学之仅以知识为目的。故求知必进于能为为之，又未易强同，则正有可传而不可授者在。孟子曰："能示人规矩，不能使人巧。"此正研精艺术之言，戏剧亦复如是，无论其编为演也。

由此言之，激发情绪，为全剧中最要之部分。戏剧既整个属于艺术范围；激发情绪之为艺术；更不待言。惟其属于艺术也，故益不易论列，更不易取法。治剧艺者，要当图变化于规则之中，通神明于矩匠之外。发扬剧本之个性，以博观众之强悟。信悬此以为编演之鹄的，必可成为名剧。若必更求深入，则行涉于巧，且为子舆氏所不能。即拙论所标旧剧激发情绪之部分，亦不过求之于规矩之中，而绝不敢信为科学式之定律。盖不可授之巧，惟智者得之，固不能以文字语言相形容者。国剧式微，哲匠不作，起衰振稚，故愿与治剧艺者共商榷之。

（《申报月刊》第2卷第1号）

告评剧者

迩来风雅承衰，士大夫游心艺事，亦复日众。因之而加以褒贬者，亦复风起云涌。然或阿好失之至公，见闻有所未广。砆碔乱玉，宁得其当。窃标数则，愿评剧者省览焉。

一、伶人艺事高下，观众自有相当之鉴别力，以为准衡，收名定价，因有所归。评剧者固不必本其艺事，笼统立言。要当于其艺术造精诣微之处，细为抉择。庶观者由以悟入，益足以引起其研究之兴趣。

二、凡剧自其外面之表演而鉴别之，则人尽能之事。故评剧者当并重其实际，其内景，在观者通于剧情，知其所以从而表演之者，则论定益易。即在伶人，或有望文生义，了不能知者，亦可因而领悟。其旧剧有不尽善者，或从而讨论之、改编之，虽演者未必能从，而此后之新剧，亦可希冀其进步。

三、曩者，视伶为非贵业，今则大都自知所以尊重之道。砥砺风雅，酷慕儒义者，不乏其人。评者如能益为提创，使伶界闻而兴起，相习成风，尤足以有功于世道者也。

四、工律之学，深邃难通，又为艺术上所最要者，故专评一剧，宜并援证及之。或反复研讨，庶几绝学再传。韶咸重奏，化郑为雅，岂不懿欤！

五、前辈典型，最足矜式。后起伶人，未睹明时，偷声减字，习以为常。评剧者若能抉晦阐幽，援证曩者之演唱，以箴贬来者，使其不致懈怠，尤足珍矣。

六、梨园掌故，春明旧闻。前人《武林》《清波》诸记，弥不详载，贻之来叶，亦足觇一代之声教。旁枝抽叶，要俱足耐人玩味者也。

七、演剧固不难，而寒或单袷，暑或重绵。虽习惯有安之，亦正极苦之事。乃徒以博人之娱乐，幸成一名，尤不易易。故优者从而褒之，逊者拟惟轻从略之道。或可置而勿论，党同伐异，事理之常。党同固声气日广，伐异亦徒滋多口。若必抑扬于尺楮之间，进退乎数行之内，正可宅怀忠厚，从略者也。

八、戏剧之成立，累代变迁。而观成于今日，无论其为得失，要亦必有其所以可传之道在。然楚讴已唱，各自为音。方域既殊，声情俱异。世代累变，更自纷岐。因之有不深知，而率意轻诋者，好新逐异，从而推澜，殊自失其价值。夫新旧尽可并陈，今古未可拘滞，评者博闻多识，大可注重于斯，以为阐扬之标准耳。

九、以中国之辽廓，山川言语，各各不同。故各地之戏剧，亦因以歧异。京剧上国之声华，故自彪炳累世。然各地杂剧，亦各有其精到之处。或犹承古意，或特立新声，傥加汇通，必生妙谛。评者若能就其乡里所知者而详陈之，他山攻错，尤为有益者也。

十、比者东方文化，日益蔓衍，甚至欧美各国，亦有慕义闻风，观光称美。故际此时机，正可宣扬国音，通之四海，使列邦亦能由以导扬。特先须选择剧本之良善，伶人之优秀者而言之耳。

十一、童伶习剧，艰苦异常，夙昔每多朴责。此风近虽少替，而积重难返。评者大可抉其末节，劝以改良。外此于剧场之组织，暨管理等等，均可刷新改进，亦深愿有志之士，有以策励之。

十二、时重新颖，习趋纤薄。往往有工力并佳之伶人，屈居下位。而观者因亦忽之，实则其工力神情，殊有可取。其或年事较长，扮相少逊，亦复难取世容。自当亟就其艺术上，为之表扬，使立典型，而资矜楷。

十三、新编之剧，风起云涌，瑕瑜互见。或以文词蜚声，或以砌末取胜，或以演者之特长，而益致光远。评者大可分别论定，或标其可取，或指其可删，且足以引观者之目光，使入于正规。而编者亦有所指归焉。

（《申报》1925 年 3 月 7—8 日，第 18662—18682 号）

书朱素云

晚近剧界，人才辈出，须生青衣，为时世交口所称誉者，莫不有之，而小生一角，独付阙如。实则小生于剧中占重要之位置不必言，即其本身之名剧，若《临江会》《岳家庄》等，尤足引人入胜，特迩来既少专门之人，则此等名剧，亦更自罕觏矣。

在同光之初剧界大盛，而各种角色之包银，初无悬殊。盖但以角色之等第为差别，而不以剧中之位置分别之，缘一剧之精彩，生旦净丑，均与有合作之神致，然后足以生色，不能阙一。乃继者须生旦角，声价突涨，惟其原因，观剧者但注重于一人之表演，而不以全剧论定，乃致剧场主者，亦以此为分别之途径，是实由于观客之错误而酿成者。因此错误，遂生轩轾，学戏者乃亦从而步趋。引吭稍佳，即学须生，虽学力不足，亦足以伪派，若刘鸿声、汪笑侬等，来为粉饰。相貌稍佳者，即学旦角，无论青衣花旦，均可归别，即至万不胜任之际，亦可别翻新戏，假重于砌末联弹，以逞俗好。而小生乃致学者愈少，亦复精者更罕，凤毛麟角，处兹剧界发达之秋，乃转千不获一矣，可胜叹耶。

然准诸戏剧之编制，既不能不假重于小生，而小生之无复后起，又断难为讳，故今之言小生者，不能不求之于剧界老成中，齐名并峙，惟程继先、朱素云二人而已。程数十年来鬻技京华，间至上海，客年偶一莅止，想望者云集，迟滞匝月，终不足以慰人饥渴。若素云者，几于年来一次，沪人士欲知小生之典型，舍素云其谁与归。比者促装南下，幸息征尘，树之模楷，以为风范，乌可少缓，于是乎书。

小生名剧，最足逞其雄姿者，莫若雉尾生，公瑾当年、小乔初嫁，是何等景象，乃将于红氍毹上，曲为传神。雉尾生之剧固不少，而吕布周瑜为之最，若《白门楼》《临江会》等，为唱做专工之戏；《群英会》《黄鹤楼》等，为与须生搭配之并重戏；要皆为雉尾生所不可少忽者。且生以雉尾名，以能逞长于雉尾也。夫尽演剧之能事，唱做念打，均于一人之身体扮相上全之，而此则且须引申其演剧之精神，使贯注于雉尾，固尤极难能而可贵。雉尾之做工，内行谓之耍铃子，必使其活动挥洒，动应节奏，而足以为种种之表示，喜怒怨愤，由神色而及于头部，由头部而及于雉尾，且小生以儒雅倜傥为归，故耍铃子乃不能以矜张勇猛出之，将于谈笑间，使其神气，得潜运于真力量间，尤不易易。盖一稍过火，便失之野，一稍不及，神情又复不足，毫厘方寸，将于做工态度中，寻其消息，素云固优为之，此于小生中之特长，可以称道者一也。

小生舍雉尾之外，唱做念打，均视他角为难。约略举之，若《岳家庄》《八大锤》《玉堂春》《贩马记》《金玉奴》等，要俱经心刻意之作，而专事唱工之《罗成叫关》《监酒令》，兼唱做之《飞虎山》《金鳌岛》，尤非率尔所可操觚。《岳家庄》岳云以十余龄之童子，乍喜乍怒，乍笑乍哭，见牛下书，则事顽皮，受母扑责，则事怨泣，无一不当，以天真烂漫出之。夫唱做念打之工夫，于格律中求其合拍，已不易易，况复由神致中，使矫为天真耶。名为天真，当天趣中流露而出，以中年饰少艾，难矣，况或以衰翁而使演此，且岳云将门之子，其身分初非顽童，固非气息醇雅者，不足语之。素云腹有诗书，处世接物，天趣蔼然，以之演来恰到好处，继先工力，堪与匹敌，而儒雅少逊，想为观剧者所论定，则其以《岳家庄》之驰誉歌场也，宜矣。

《八大锤》固纯武剧，然以有“说平书”一节，乃趋重于小生。以剧情论之，前半为武，后半属文，而全剧因以流为武小生之剧。（其割裂前后而演之者不在此例）因其后半之属文，而前半之武工，亦遂不得不使接近于文，所谓武戏文做，杨小楼派所最长者也。至陆文龙，年事仅十余龄，所表演之能事，自以天真为主。然其天真之发现，乃一反其平日所为，一旦洗其十六年来认贼作父之恨，而又不能不感兀术待遇抚育之情，于同时中，作爱恶二分别观，表演之难，莫过于此，素云之以此剧擅场，盖有之矣。

《玉堂春》为青衣重剧，然不得一好小生为伍，对话神色，即为大减。王金龙于此剧神采之难，莫过于冷隽，至怜惜苏三之表演，固不可少，然亦当于冷隽中出之，方得体会入微，与两司对笑，尤其冷隽之特征。普通演者，或出之调侃则佻，但事怜惜则俗，解冷隽之情者，厥推素云。素云屡笑屡易其声，而愈益冷隽，盖不仅笑之冷隽，且并其笑声笑容而冷隽之，是盖能传神于颊上添毫者，此盖当于戏外求戏而不泥于戏，始获解人者也。

《贩马记》之剧情，自以旦角为主，小生特为配角中最要之一人。旦角此戏，喜怒哀乐，莫不具备，而小生则《写状》之缠绵，《三拉》之急迫二场，为最见精采。且戏属昆剧，昆剧小生之身分，又微与京剧不同，首当主蕴藉。蕴藉非易致者也，身段踏步，处处当应节奏，当合剧情，规律既较京剧为严，表演又较京剧为细，以昆之主蕴藉，而或徒事旖旎，则又失之浮佻，不足观，济之以雅，庶乎可矣。《写状》一场，闺房韵事，播诸《国风》，何尝非温柔之作，而不佻者，雅也。素云读书多，以雅胜，且精于昆，固兼规律表演之长而有之。至《三拉》于急迫中尚当注意步伐节骤，少不经意，往往有顾此失彼之嫌，而素云以工力胜，故素云于《贩马记》，惟居配角之地位，乃其刻画辄或视正角为入微焉。

《金玉奴》之小生，与《花田错》等，差近类似，乍即之，但似一顽笑之配角，而实则不然。状一失意之儒生，寒酸之极，乞儿暴富，因富不仁，卒复故镜重合，其足以回肠荡气者，就事实言之，已复如此，况重而曲为描摹之耶。薄幸本事，世间殊不罕觏，乃于舞台上顷刻间，数易其状，非能神明致化者，曷易为之。夫状君子易，状小人难；状直易，状曲难；就戏言之，自视他种专工之剧为易，而以其情节表演之难易言，则亦殊不亚于专工者，观者试谛辨之，当不河汉斯言。

素云之剧，其已约略举之者，如上所述，至不及备述者亦多，要均无美勿臻，今舍剧而论人，尤有足传者在。

素云名湮，字忍庵，自幼习小生剧，方其垂髫时，已获交于京华之贤士大夫，尤工书法，初治工楷，能以黑方光书大卷子，拟于馆阁体，而不熟滥。尤爱书，日不释卷，虽舟车行役，必以书自随，至今不改。尤熟于科分，凡翰林前后辈，历举不少失，一时名士，若王可庄、李莼客、何诗孙、郑海藏、朱沤尹、况蕙风、余寿平等，无不相习。比二十年来，人事万变，生死劳形，道及故旧，辄为怃然。投赠之作，几于盈牍，其脍炙人口者，若读《画斋集》中之题所书扇头，《餐樱词》之拟赠，尤均可传之作。素云周旋士大夫间，儒雅醇笃，脱略自如，初不以业伶自居，而人亦视如贞元朝士，不复目之为伶人也。既擅书名，求者云集，对客挥毫，率意为之，无不精绝，多读阮亭竹垞诸作，背诵如流，故书时但诵忆成之，不必肆力于獭祭。间爱收藏，暇日辄赴海王村浏览，新年庙会，尤必往物色，外此则懒散，不甚出门也。近代名人字画，求之尤力，客年来沪，何诗老已归道山，则搜其遗墨，无吝重价，海藏楼入京，又求作楹帖二事，什袭藏之，盖泽古肆雅，于力至勤，吴昌老之画，久在想望，此遭想必有以餍之者矣。

(《申报》1925 年 2 月 26 日—3 月 1 日，3 月 3 日，第 18673—18676 号，18678 号)

梅兰芳渡美记

此次梅兰芳渡美之动机已远，几于数年以前。盖梅氏夙享盛名，于戏剧之学，博通精要，因其不特演剧之精，且素有志于剧学之探讨，故遂图出洋，一穷欧美舞台上之实况，兼备为归来攻错之资。又以中国戏剧，源远流长，而世人或不之知，更将以之介绍于欧美，俾我优美而且悠久之戏剧，亦得于世界上占一席地位。如是经过甚长时间之研究，预备直至本年一月十八日，卒以中国旅行社之服务，乘加拿大皇后船，由上海出帆，以至于新大陆，开中国剧曲界未有之创举，抑云盛矣。

梅之渡美，筹备各端，无不精绝要，一以发扬国家之戏剧，一以研究欧西之艺术，初不为营业之计，而其中所经过，事后拉杂书之，亦尚足见其繁重，盖不特为梅个人心力之所瘁，实亦有足供旅行家之参考者矣。

今先言其组织，则梅之去美，虽不为演剧，然以其擅长演剧，且前往为研究并宣扬之资也，则自必有人请其一加试演，况已闻之于美国方面，谓大学校将预定于赴美后邀之表演，故不能不有组织。俾足供表演梅氏个人戏剧之需，则生净丑末，无一不需，音乐场面，非可缺减，然欲于目前即选择有志远游，刻意自重之团员，亦非旦夕所可致。又于配搭增损之间，务使其铢两率称，卒之始定演剧者八人，音乐师七人，值台司役三人，以为基本之组织，更幸得精通剧学素娴彼邦文物及善于事务者三人，以为之助，然一行已有二十一人，即今兹同舟共济之群彦也。

组织既定，则在搜集材料。北京大学戏剧教授齐如山先生，实主其事，则首饬人绘画剧院建筑之代迁，脸谱今昔之同异，戏剧行头之式样，胄靠须发及剧台上应用各品，并一一以中西文字注明考释，尽渊源于典籍，其尤精者，则所奏音乐，率译为五线谱，各种舞态，率别为图案，丝毫不苟，凡二百十一巨幅，来沪之时，曾以照片供众浏览，西人见者，莫不恍然大悟，则宣传中国艺化之功，固不必待彼岸以后而已著其明效矣。

搜集既周，遂进而预备演剧之需。首定所演何剧以至音乐之支配，服装之添制，无不阐精竭虑，并使京师苏广各绣铺，先期绘画图案，召匠精制。更足述者，则并制一中国式之剧场，布景全幅，俾赴美之后，如有表演，即张之西式舞台之上，俨然为一纯粹之中国剧场。盖志在发扬中国剧艺，故各种取材，以至巾履之微，亦必力避洋货，期于尽净，而于积重难返之间，为力持国体之计，知者亦殊谅其苦心孤诣也。

梅氏于预备剧务之外，复以中国戏剧之精窔，殊非外人所易知解，故又与齐如山诸君合辑中国戏剧之组织源流诸书，并择其至精至要者，任梁社乾君主译事。梁娴西文，并嗜研究国剧，暇辄就问于梅，故卒约其北行，专任译务。此书甫订，即付商务书馆承印，而梅之传记及其所演诸剧本事均预焉，有非图莫解者，则一一为之彩图，附丽以行，逾年始成书。又卒以此行所演之剧，兼备新旧，巨帙裒然，不易分行，则别著简要者一，书曰《梅氏游美备演诸剧考》，亦出梁氏手笔，书成，然后斯谓于中外沟通之际，少有成绩也。

至于赴美之后，考察将何自入手，即演剧矣，将于何处表演，此均有精邃之计画。约略可言者，则考察其剧艺优美之点，俾引入于中国旧剧组织不完备之间。盖现者李石曾诸先生提创艺术，已设立中国戏曲学院，并已接收旧有之科班，加以扩充，将来预备一部分保存纯粹之旧剧，一部分兼为改造中国剧之准备。梅氏研究之目的，即于此乎酌准。至美国方面，闻梅氏将来遂有拟起而订聘者。梅以志专游历，不专主于表演，故多婉谢，以免受条约上之拘束，至所到地点，纽约、华盛顿而外，芝加哥、白令司顿、三藩市诸大埠，均须陆续前往，而好莱坞为电影集中之地，梅近又有志于有声电影事业，故到达该地，自必益加意研究之也。

梅氏准备之材料，种种既如上述，而此次犹有事属微细，不容或忽者，则投赠之品物，率为国货，磁器、雕刻、丝织等等。盖西俗酬酢，名人所至，朋簪交满，必有琼桃木李之贻，用为槃盘宾筵之赠，固不得不事前为之准备者一也。西俗或与我异，公共场所，进退礼容，非先娴习，每贻笑柄，前于团员之间一一为之指导，说明不遗余力。又行李多至百十件，装运包封，率非事前注意不可，则定制特种之箱箧，髹以朱漆，加梅花标识，以壮观瞻，兼资识别，凡此碌碌，已甚矣其琐续矣，梅虽措置裕如，然费时之多，可想见也。

迨万事咸饬，而最后最困难之事，亦惟旅行之问题。以二十余人之组织，远涉重洋，负宣传戏剧艺术之使命，已为不易，况于舟车之间，异地万里，初非曾至则有足踌躇者。幸卒得中国旅行社之服务，为之代定舱位，电嘱照料，转运行箧，故梅氏决定任中国旅行社为之料量，距其行期，不过数日，而旅行社方面，已为妥洽部署，一不之误，安然成行，固梅氏处事之敏给，亦正旅行社服务之效能，有以促成之，所不能不代为申谢者耳。

现兹梅氏已涉重洋，伫听好音，必多成绩，他日归来，摭新知以攻错，宣绝艺于环枢，正其发轫，或更进而迂道西欧，一穷现兹英法意德之艺术，则尤足孟晋，亦正国人所企伫而翘望者。回想其两渡日本，遂开日本梅派剧之先河，则此行归来，行将预卜欧美歌舞台上，必更加入中国之旧剧，则声教所被，宁非梅氏之功欤，企予伫之。

又梅氏此行，各方均甚重视，故离平之日，河北省政府徐主席永昌及各省委饯别之于南河沿欧美同学会。过津之时，崔市长廷献及中外要人，合饯之于西湖别墅。由沪放洋之时，张市长群及商界、银行界、报界诸君子，又设茶会于大华饭店，到席者数百人，由张市长主席致词，梅氏于每次欢送会上，亦各致答词，语多得体，兹附录其在上海时一篇，以殿吾文：

兰芳这一次，得北平戏曲学院及北平上海各界之赞助期许，组织剧团，赴美游历，由平津出发之际，辱承各界开会欢送，在兰芳殊不敢当，今日又荷张市长及诸公，设如此之盛会，实益使兰芳汗颜无地，甫闻诸公演说谬奖之处，愧不敢当，勉勖之词，自当拜嘉，谨铭不忘，今姑以个人此次浮美之旨趣，及预备之经过，略为诸君子陈之。盖自前此两渡日本之后，即以为非更进游欧美不足以竟全功，实以中国戏剧，逾时已久，一成不变，求合现今文化之潮流，自有改革之必要，特兰芳患无学识，更不足以语改良旧剧，惟私意所及，亦愿于海外求得智识上之增进，以便归国之时，有所贡献。或一人前往，或组织团体以同行，此事即甚费经时之研究，最后决定，一人之耳目有限，苟团体偕行自可分途合作，得益必多，故即着手组织团体会，李石曾、钱新之、周作民诸先生，在平时，均于此事深愿力助，于是遂同时发起中国戏曲学院，先办此事。况观于近年来之情况，西方人士对我中国旧剧亦渐加注意，兰芳此行，亦假此可博西方人士之认识，或者于文化交换一端，不无微益。夫今兹之言文化，辄以太平洋为立场之界趾，中国日本虽属异国，毕竟同种同文，遂多相同之点，若至美国，中西之鸿沟，便已划然。兰芳不惭，颇有宏愿，冀中西戏剧之艺术，至少有接触交换之机会，故此遭所预备之物品，其最重要者，即以中国戏剧为一根本之说明，有图画有说明书，凡关于中国戏剧内所应用之一切服装、武器、乐器，以及脸谱等等，均有详细之解说，及设色之画片，俾一见即可了然，将来赴美之后，演剧之前，先作公开之展览，用为补助说明之材料。至于此次出游所需为数固属不资，幸已有充分之准备，且此次之行，固不以牟利为目的，但冀于艺术上，稍有寸进，并以中国戏剧上之艺术，介绍之于西方，即兰芳所以答诸君子雅意，拳拳之微意苟其于文艺上接触之结果，能使两国民族之感情，少有丝毫进益之处，则亦兰芳所以答国家社会微力之所及者矣。（下略。）

（《旅行杂志》1930 年第 4 卷第 2 期）

梅兰芳新剧《太真外传》

梅兰芳历年编排古装戏，开戏剧之纪元，为寰宇所称道，无待赘言，今年最近所排《花蕊夫人》，业已开演，誉满九城。而《太真外传》亦已编次就绪，全剧计分四本，第一本业定二十九日星期六夜出演，就中富丽妩媚，兼擅上乘，而第二三四本亦已陆续预备，即待出演，兹先将头本目录揭示，想赏音之士，必须先睹为快者也。

《唐明皇重色思倾国》《高力士奉诏夜游宫》《入道宫孤女发幽吟》《步花廊君士逢丽质》《张野狐诙嘲谈往事》《贺怀智喜怒测天颜》《中使传宣鸾车亲迓》《半后服用凤殿册封》《夸弱妹分宠望三霄》《封阿兄回眸酬一笑》《许永新别殿事扫除》《杨玉环离宫初赐浴》《侍儿扶起初洗凝脂》《帝子窥来频分金饼》《赐钿合妆阁结同心》《簪步摇春宫归专夜》

（《申报》1925 年 8 月 29 日，第 18857 号）。

梅畹华太真外传造像后语

《太真外传》全剧厥四本。其弟一本久已出演，无间知闻，率相引誉；二本则订谱甫就，期以八月杪试技氍毹；而三本四本，亦陆续润饰，篝灯研翠，想见京华缀玉轩中之盛况。沧洲倦卧，获观造像，亦聊用自娱耳。编剧不易言，偏体大思深之剧，尤不易言。若《外传》者，即南北曲，先有洪昉思之《长生殿》在，语于断制，推陈出新，匪假以才力，容足观耶。剧本造意者宝山胡伯年，撰词者闽县黄秋岳、李释堪，定场者高阳齐如山，协律者老伶工王瑶卿，润色者番禺冯幼伟、无锡吴振修，而缀玉主人，则自总其成。方其始编，即彼此相约，就缀玉轩厅事，为作事之所，以缀玉弟子南通李斐叔任缮校之役，排日过从，亭午而集，继晷以膏，或不足焉。弟一本前后凡旬日而定稿，黄秋岳独以积劳婴疾，卧病者弥月，而人事牵率，次本为之愆期，盖经月始就矣。三四本秋岳复振挈之，期以旬日可成然后取精而用宏，卓然以自名。一艺之立，固不易欤！甄采所及，唐人说部为尤多，若传信遗事，所摭举者，往往曲为文色，即宾白亦或刺其遗意，故视洪本为增益。四本断制，一以入宫为止，二以仙乐为止，三以惊变为止，四以仙山为止。初于道院惊艳，入宫见嫉，华清赐浴见长，盖寓隐秀于绮丽，深得文家遗则者也。次以沉香捧砚，西阁寻梅，偷笛献发，霓裳传曲见长，则尽风雅之能事，妍约往复，有不期而然者。更次舞盘惊变，楼阁仙云，在编者演者，想像揣称之中，宜有以慰观者听者跂企之慕，固可断言。岁垂暮矣，江关不靖，哀吹频闻，南辕之期，良未可卜，期以来春献岁，沪渎人士，庶少释其积想之忱乎，请以造像为息壤。

乙丑重九日高梧识。

（《紫葡萄》1928年第11期）

梅兰芳出洋演剧之讨论

日来京评，屡及梅氏出洋演剧之事。梅氏之蓄意游历，与欧美人士想望之热忱，均非旦夕间事。在梅盛名之下，固已誉满瀛寰，而吾华以文化艺术之精华，由梅代表之以贯注及于欧美，则殊创见之事。故讨论此事，若徒认为梅氏声誉计，固不如认为中国发扬文化艺术问题之为重且切也。

年来宇宙多故，大战以还，西人渐中功利之弊，极思有得加以改革之学说。然列邦大抵开基不远，攘战图成，故欲洗功利之积弊，不得不舍今而圆古。古代学术，东方最其渊海，而东方又有远东近东之分。近东与欧比邻，学说亦日孳乳，惟其专趋神秘一途，谓为充分，亦复哲学玄学之结晶，不易为普通智识之人所了解。则遂转及远东，远东舍吾华其谁归，以五千年之历史、四百兆之民族、四万万方里之地域，文化毅力，均有可称，因之益为西人所注重。历载以来，彼都之过从讲学者，瞻长城之巍巍、故宫之翼翼，乃益生其嗜古之思，因而引为箴时之乐，此远东文化宣传之嚆矢也。

学问见于载籍，载籍之捆载而至外洋者，已复不少。惟百闻不如一见，而中国之崇轮美奂，势又不能辇载以行，则不能不求于现代之表演。中国之学者固多，然非素有研究者，乌能尽接而通之。乃独至梅氏演剧，庶几家喻户晓，且迩来所编之古装歌舞诸名剧，尤足以表显古代之艺术。因而侨宾至者，一接上国之光仪，以为吾华政治军备，每多驰废，独梅氏之剧，足以当世界之珍品而无愧，于是思聘梅出洋，以飨其国人者，日踵于道矣。

在最初赞叹梅剧，劝以游历者，大都为各国驻京之使节，使节之赏梅剧，固也。然其赏之，或尚在皮相，而不能率尽所谓文化艺术之妙造。次则讲学诸名士，其能通东方之文明，固也。然乃未必尽知戏剧之底蕴。文化艺术之表演，宁止戏剧，今乃以戏剧代表之，则自非通于剧事者不可，于是乃有文科教授班托克氏之来华。班氏固于剧学文学并名，得班氏之来，而梅之出洋，乃渐成为事实矣。

梅氏出洋演剧，或以为其盛名，或以为西人好奇，或以为爱赏戏剧，三说固也。然乃尚有认为文化艺术关系之一种，由此言之，此乃于梅氏之声誉，乃不及远东化代表之名价，中国艺术表示之重要。国人共策励之，俾臻尽善，亦固所希冀而责无旁贷者也。

（《申报》1925 年 3 月 25 日，第 18700 号）

编制剧本之成功

凡良好之演者，必得良好之剧本，而后相得益彰，此固不易之理也。然演者之声情体貌，各各不同，其于选用良好之剧本，又必择其便于己者而为之，则添毫颊上，必复事半以功倍，故凡编制剧本，倘得与演者相协作，则其成绩，自有可观者。再进而言之，演者之特自编制剧本，尤为急不容缓之事，可断言矣。

欧美各国，演者循此定律，多自编剧本，然演剧之与编剧，又相似而实异。演者研究剧本之声容表情，以飨观者，编者研究观者之心理，酌剂演者之能力，以为剧本，其根本所托，实不相同，而编者图剧本之精美，或使演者力任其劳，演者以自身之时间费力、歌喉之问题，又或避重而就轻。故严格言之，演者之编剧，固为自然之进化，而实不如专事编剧者之与良好之演者所商榷以合作成之者也。

良好之演者，出其演剧之经验，对于剧本之意见，所演多数剧本之经过，以为之翦裁，而自发挥其个人之天才艺力，以为足成剧本之主要。良好之编剧者，默察社会观剧者之趋向，取裁于适合剧本之资料，深知演者之声情体貌，及其强弱轻重，而取舍从违于之，合此两美，斯足语于编制剧本之初步焉。

迨乎演者编者，各具有以上诸端之学养，而复相折衷讨论于所得之剧材，然后编制剧本之事方开始，而一场次、一宾白、一动作、一表情，均无不相切磋，以尽其能事。有演者之所体会而得之，非编者所知，则以语之编者；有编者之所会心独契，而非演者之所及察，则以授之演者。且演者多经验之言，而编者立辟新之路，一在沿旧，一在创造，又非相剂调，不足以为功也。

至于所谓演者出其演剧之经验也。夫经验之语，至不易言，非与徒事学术者相同。学术之研究，可以人之精神智识，所授于天者，而分其浅深高下，固有穷经皓首者，亦固有一旦贯通，宿慧天秉者。至经验则躬体力行，万不能有所假借，积一日之力，以得其一日之长，积十年之力，以得其十年之长，寸阴尺璧，绝无幸得，亦更绝不能幸得，端在功力资质，及其用心。至本经验之所得，以发挥之于实际，则逢源左右，固无一定之限制程式，而其为效乃绝大，虽漫不经意之小节，与出入极要之关头，为运用者百思而不获其解之际，或遽得本经验之所得，一语破的，则尤难能而可贵之征矣。

演者对于剧本之意见，多本于所演各剧之经过，及其本身之天才艺力，以发挥之。盖编者于文字场次，极尽能事，而以所编之剧，往往多不能酷守主演者一人之范围（教部戏本注册专利虽有定章迄少应用）。而因一剧中之主角，演者既多，则声容体貌，且不相同，身分亦异，则其剧本之格律且因而宽泛，遂减精采。或以编剧者徒事编剧，初不定为何人搬演，但于编成后付之歌坛，则演者鹄守绳规，必致少有歧盾之处。至随己意为改削，则演者之与编者，倘不相谋，又辄有乱杂重复诸弊。故图编佳剧，固为编者之首功，而其先必得心目中悬拟之一演者，而知人不易，揣摹为难，为剧本垂成之际，又必先属主演者，本其天才艺力及演剧之经过，以发抒其意见。至演者各有短长，将图逞藏于尺寸，则自亦可斟酌其间，以免闭门造车，出门合辙之嫌。至演剧之经过，则若者穿插，受人欢迎，若者场次，微失繁覆，均可一一得之，度金针于玉笛，滴翠墨于云笺，其所尤不可忽者矣。

编剧者之默察社会之趋向，此为最要而最难之点，失以毫厘，必且谬以千里。盖编演新剧，本以飨之社会，陈义高，格律严，固为良事，而不能不委婉以曲传之，而所以曲传之者，固又不能不揣摩社会之风气，俾于趋向之际，有所端之，若必逞持激直，徒务高深，则曲高和寡，亦更失谈言微中之诣矣。然社会中包含无数，不一其态，将一一而取精用宏，则其势有所不能，将任意以为甄鉴，则编者又或有所爱憎，将于人海茫茫之中，取多数以为标准，则多数之沉溺，是否可用以立训示则，亦固难定之，此又其至要最难之事。在编者之久于世故，旷观高瞩，夷而不惠，冲以容和，盱衡于瑰奇之际，陶镕于诙诡之中，则无往而不工，谲谏风人，庶几合度矣。

取材为编剧之主，无俟闲言，而史事万千，其孰为适合剧本之用，则必须选订以之。其选订之道，又当与演者之身分体貌有关。何以言其身分也，享盛名之角色，决不肯演十分卑琐之剧也。何以言其体貌也，年事之长幼当使与剧中人大略无悖也。若以陈德霖居今日而排演一青梅竹马之新剧，人必以为不伦矣。且剧材当取其重大者，史料当取其共晓者，稗官野乘，何地无搬演之资，而伟大之史料，常常在人耳目，则易于号召，妇孺咸知矣。以享盛名之演者，演习于知闻之名剧，而空巷以赴之，则庶不负斯剧矣。然伟大之事实，合于场次搬演，而又为指定之演者所能尽其长事，则其事固不易多观，幸而得之，并世争声，音尘远被，舍之将谁归乎。

于伟大剧本之外，演者固不能不偶顾轻倩流利之剧，以为稍稍闲换之计，而轻倩流利之剧本，往往为里巷之私，无足与于史事。然即此里巷之中，亦已不易甄采，首须择其人所共喻，又当使不过为郑卫，而断章取义之材料，使与演者之体貌相合，则尤其至难，故编剧之事，不特伟大之历史，不易剪裁，即偶为琐话残笑之什。亦固不易工也。

得剧本之材料矣，首当定其场次，删繁就简，而不减其纬事之长，傅会穿插，而不使其出乎剧情之外。首就事中，定主角配角之分际，而后分重轻之场次，使经意之处，当标新警，沉腐无当，略为过场。时间当为之限制，演者之精力，当所期克副。布景砌末，当使得自足于一剧，而不以事曲就之。配角之精采，当使息息留意，而又不使失其主客之分，全于此者，而剧本之干骨始立也。立干骨于先，然后布文采于后。旧剧之歌词宾白，往往为世所诟病，固矣，然其神味隽永之处，亦有不可遽掠者。至于矫枉过直，或又有专务词章，流芬简楮，正恐获解人而不易，所谓阳春和寡，又势所固然者。尝读元人作曲，坊谈市语，习用无间，而文采气势，诚不少减，何也？作者逞其英华，在神情语气之中，驰其文采，初不在一字一珠专工也，字句之间，其免俗为最要，而就正于雅人，当又使雅俗所共赏，此则在作者之慧心妙解，未能一一赘陈指示，立鹄以求者矣。

编剧之际，体量演者之强弱轻重，为因人编剧之要纲。夫掇史事旧闻以为剧本，其主旨在剧料，而剧料之是否吻合于演者，可以大体断书，而不能毫厘准绳者也。既不能毫厘准绳，则当节书翦裁以之矣。假如一须生之剧，而有战争之历史，然演者未必工于长靠，则战争之一节，虽不能尽以暗场略去之，亦固当使少少减节，以为藏拙之地也，而全剧得编者之善于运用，亦决不以藏拙而或有减色也。剧中人在千百年之前，未能或闻，而就文字为揣摹，亦庶知其神色躯干于万一。假如楚霸王之呜喑叱咂，而以秽琐不扬者当之，则全剧之精采尽失，更遑论添毫于颊上。凡此之事，触类旁通，未能尽举，得一隅以反三，容不有千里之失乎！

合以上诸事以推之，以完成一剧本，庶几其为成功矣，以例之晚近剧场诸剧本，深恐尚未足与语于此也。盖近来所演之新剧，要不外演者自编与编者独编之二种。吾国演剧者，于文字丹青之美，固代不绝人，而要为班班可数，不足以谓之多数，多数演者，但得师承于口授，亦步亦趋，于旧剧之能事，自有专诣，卓然名家，然于编剧，非其所长，无容为讳。故其所编之剧，多采诸汗牛充栋之说部，而杂乱凑集多数旧剧之场次以足之。再者则逞新惊异，不务剧情之合否，而任意以恢谲奇诡之砌末，为之穿插，坐致观者以忘剧情，但快心取悦于砌末，则虽幸致一时之利，而已不足与剧本之编制矣。

又次则演者之徒尽其功力，纯至劳而无功。夫演者之能尽力，固可嘉也，然以不得良好之剧本，为之调制，则场场尽紧凑，时时须竭力以念唱做打，演者不自量其强弱，而肆力为之，纯致有力竭声嘶之苦矣。不自量其所习为何种角色，而凡剧皆尽力以致之，徒餍于多，又必不能精矣，此劳而无功之一也。又演者纵自量其角色强弱，而力亦足以继之，然因不知剧本如文章之以疏密相间，而密者斯精湛，疏者亦流利，则自始至终，均需出场，倏而大段反调，倏而大段道白，在演者固可告无罪于人，而观者正病其繁覆，譬如大烹之餍人，亦当以螺蛤蔬菜，尽调羹之味，此又劳而无功之一也。

编者独编之剧，间或亦有精心结撰之作，然编制剧本为文艺中之别裁，固非工文者所能率为。历观编剧之法，素少完书，不成专学，故编者多以其智力经验以为之，而工文者又未必尽通剧事，其在试作初学之际，必有不适于用者，而或以见闻不周，乐律不精，以致虽得良好之剧材，而不善运用。亦有但就文字观之，不见其瑕疵，然一至引演，则弊窦随发，或首尾之轻重，不相停匀，或场次之前后，有所凌乱。且其编时，心目中未尝有专定指演之人，则侔色揣称之理，自然无从假借矣。

然此一年以来，吾国伟大之剧本，乃幸得《太真外传》，以一洗其固陋，尽掩前失，庶号成功矣。杨妃之本事，人人尽知其为历史上之一大事端。天宝乱离，国家颠沛，又绝妙之史迹，而博采旁征，轶闻掌故，足以供穿插砌末之材料者既多，则无轶出剧情以外之弊，而前后相贯，斐然成章。自道院至于入宫，举凡华清赐浴，钿合定情，鼙鼓渔阳，宫闱妒美，以至马嵬残泪，楼阁仙山，生死悲欢之迹，几无一不备，适合于剧本之翦裁，又从可知矣。演《太真外传》者梅兰芳，梅之演剧，世所共赏，无庸溢美，而其演新剧，用古装，创舞法，尤为一开剧界之新纪元，而其善于体帖剧中人事，为其特长。试证以前此所演之各种名剧，已可概见，且以梅兰芳演太真，于体段声容，当不致有千里之失，此固非可以严格以求。滋好事者之责言，而观者之于以定评，允推相称，则固已有先此而言之者矣。

编次定词者宝山胡伯平、高阳齐如山、闽县黄秋岳、李释戡，及风会总持之群公。夫吾剧学之未尝有专所指授，前已言之，故编者但得以慧心经验为能事，群彦要皆一时之选，其于文字上之造诣不待言，即语于编剧之经验，凡梅氏所前演之《西施》《洛神》《天女散花》《霸王别姬》《嫦娥奔月》《黛玉葬花》诸名剧，历年以还，固无不出之群公之参订。以曾编数十剧而博得多数人之同意者，则其成绩可知。就成绩以言经验，则又并世无双，可为断言者矣。

《太真外传》凡四本，以史事为度，其第一、二本业已出演于京师，三、四本并复脱稿，计日可排练纯熟，至一、二本，前及观者多加赞许，由此以推衍至于三、四本，盛况并可想见，京华人士，翘企为劳，而海渎闻思相思者尤多，期诸嫣春三月，兰芳捧袂南来，必足有以一慰饥渴矣。

一年以来，政治喧豗，铙歌沸地，都无善状，足慰劳止，倦眼摩挲，惟有听歌看舞，聊写长日，而剧本之构造，与《太真外传》之精采，适有符绾骖靳之合，以论剧本之编制，连类及之，藉为成功之证。民逢令节，家庆新元，浏滥于兹，亦或征歌场之故事，论文字之会心者，所不废乎？

（《申报》1926 年 1 月 1 日元旦增刊十三版第 18982 号）

中国戏剧艺术之成功

艺术之范围，本来所包括者为至大，其与文化也，有互相表里维系之道存焉。更进一步言之，文化足以代表国家立国之资格。而艺术即所以表演此资格，以供于人群之耳目者也。世界文明之策源，无过于希腊、罗马，迄至于今也，其土地已更沧桑之劫，其人民早已累世播迁，而惟其文化之卓然自存。于是天壤间，始留此希腊罗马之梦影，而所以表演此梦影者，亦尚有故宫禾黍，残碑颓殿，于乱砖瓦砾之间，供人凭吊。非此者一代之丰功伟业，人亡政息。前乎此二者，同乎此二者，后乎此二者，固自不知尚有若干之国家世纪，而早已灭夷沦落，不可考矣。其所以代表立国之资格者，固存乎此也。

中国有五千年之历史，挟其文化艺术以俱来，而国家至今，卓然健在。文化艺术，虽更故惟多，亦迄有考据三代之高文典册，商周之铭彝钟鼎，无不斑斓人眼，故国家之弱，无可讳言，而立国之精神，则依然不废。其与此世周旋，以自鸣于人者，故不得不有赖于此代表资格之文化艺术，其道固甚明也。

艺术之范围，所包者甚广。无论宏伟之建筑，与雕刻之微物，胥在足以代表文化。而书画篆刻，吾国之学者，于今不废。则分别论之，虽穷年累月，有不能尽，今姑舍此，以言戏剧。戏剧为艺术所包括之一，人所共喻，而其以表演之长，有待于精神物质两方面之策励者，尤足以为文化蜚英之要端，就此故不足以穷文化，究艺术，而其足以为代表资格之一小节，不其可耶。

何以云戏剧之有待于精神物质所共为策励耶？夫建筑雕刻，意匠自新，慧心独擅。而造成之后，观者徒足以激扬其意气，揣摩其神理，而不能随时以为风气之转移。叠石阑池，偶一着手，便即固定。而所以取材者，虽以意志胜之，而必须假成于物质。故得谓之为物质上之艺术。若书法丹青，则又精神之表现，视物质为夥，各以其天授人学者，为致胜之道，同乎为艺术上之表现，而实为偏胜，未必即相求全。惟此戏剧，在其构造之方面言之，为精神者，而所以表演之者，则仍复假诸物质。且不同其他制造品之形骸土木，而此则在在须以生动之道，顺习俗之情，以博多数人之同情。又于此同情之中，力争上流，不但仅相合流同俗，且将为提创指导发扬之责，则谓其足以代表精神物质之共相策励，以自立于艺术之途，固亦昭昭明矣。

中国戏剧之道，肇端甚早。咸池韶濩之乐。其谱未可尽详，要必不同于今之徒治音乐者。而云门之舞，必复节奏相随，但得歌舞相兼，已复有戏剧之意味。至于成周之际，言乐事者，已更见诸载籍。俳优之技，韩娥秦青，风气高唐，固不仅以歌胜，当复有雏形之表演，以中于人之心脾。滑稽列传，则衣冠优孟，酷拟孙叔敖，则表演者已甚精进，几于饰其人而必相神似，论之当胜于后来者多多矣。至于汉代，武帝鱼龙曼衍之乐，并有眩人之幻术，则中印度及西域一带，戏剧必有一部分，已随兵力之所至，而相几于同化。而其鱼龙曼衍之设施，和之以歌舞，则必开后来演剧者背景砌末之嚆矢。及乎五胡乱晋，则胡乐复入中原，北齐兰陵王之入阵，戴以面具，而后来遂并为净角之权舆。唐宋以还，乐有专志，可考者实多，无待词费。要之所以为戏剧之纪载者，源统有自，简册甚明。而其占五千年艺术史中之一部分，亦自无疑义者矣。

中国现有五千年之文化艺术，而戏剧之占一部分，固矣。然迹其古今嬗衍之道，与所以渐渐不同者，则创造者每少，而随俗者为多。迨风俗有转移时，则戏剧始因之而少少变更，相与进退，以相谐合。古调独弹，固不合于俗人之耳目，而戛戛独造，尤罕其人。何以言之也？迹其嬗衍之道，可约略断代以别之。自三代至于周秦，俳优女乐，凡载籍所见，虽制度不详，而迹其情味，往往相等。至于汉代，兵力所及，西域有同化之者，而人惊于眩幻之术。以至于魏晋，则载籍中又兼及胡乐砌末背景诸端。历朝乐志，于歌舞特详，而歌舞之方式，即相沿袭者为多。不过一时代中，有特殊者之同化，则猎新取异，以归纳之于成法之中是耳。自北齐兰陵王入阵，而效之为敷面之净角，以至于今，亦未尝废也。至于装饰，则朝廷典礼，固有不同，而戏剧中亦多因袭。其所以为因袭者，亦徒然以同时民间之服饰为体断。盖政治上虽奕叶继隆，而衣冠文物，本未特开蹊径，则所以表演之者，亦遂相同。其礼法所拘之朝服，缙绅晏居之时装，则琐节末流。戏剧中固亦难于一一取似，宜乎其少所创造。

唐宋以还，曲艺最盛；元明而降，厥体惟繁。然剧本之编制，与服饰所取拟，亦多以成规。盖编制者相沿布局，则表演者易于领解。服饰则民俗未尝更改，亦自可不立新裁，从而就简，此在编者演者，固各有其理由，然简之至也，未免失之于陋。将拯其弊也，则又每苦于积重而难返。在一方固收驾轻就熟之效，而一方则时时患其少新精神新物质之策励，于是必欲求其精华，亦良不易矣。即以近代之剧场情况言之，道咸以降，皮簧竞起，一时成风。于是凡所表演者，率为皮簧。而皮簧之中，又每每徒以所工之若干剧为号召。原夫皮簧之起，则为汉调之骈枝，而渐渐加入京调徽调之一部分，以成今日之体制。而其所以为名剧者，又每有统系者为之无形之限制。即以人所共喻者言之，若谭派之《空城计》《李陵碑》，孙派之《逍遥津》《上天台》，汪派之《取成都》《文昭关》，凡习曲者，既宗事其派别，则以能得所指授，而工于摹效其若干剧，为已足号召。若别以其他之戏，而融入于所习之派别之中，已为不可多见。若其立异标新，将以其天赋者，特立一格以别开其宗派，则尤往往不易得之。此在表演者之为苟安自满，固无可为讳者也。

舍表演而言编剧，则新剧之出，固时时有之。然每亦陈陈相因，偶参新意为已足，于修词布景之道，绝少创异以自名者。取材于说部以为之本事，固矣。然其修词也布局也，绝难脱去窠臼。而服饰之更故，尤不易言，而即其一二特异之新剧，已强半出诸大内之升平署，以帝皇专尊之力，始得编剧，以略开其风气，而后来者又略求形似为已足。若今之《混元盒》《雁门关》等，今虽市坊甚复流行，而迹其策源，均出之大内。至于其他诸剧，又多相从而脱胎以出者矣。若公子落难、小姐订婚之作，固又屡见而不一足者矣。逊清末叶，海禁大开，于是一时非驴非马之新剧，又相沓叠矣。

夫中国以古国为世界之长，人之知我者，虽察其弱，而不能不敬其老，此恒情，亦复事实也。而迹之中国之戏剧，则去古者殊远，实不足以代表中国有古国之文明。虽戏剧中有《广成子》以代表黄帝时代之历史，《渭水河》以代表周初之历史，《伐子都》等以代表列国春秋时代之历史，于戏甚多，而所以为之代表者，实殊不足。盖就今之戏装言之，周秦至于唐宋，虽未尝标新弃旧，而必有时代上之变迁。今戏剧中乃并为一体矣。所以表演此社会之情况者，舍戏剧更有图画，而今戏剧上之服装，以视古代之图画，又迥不相侔矣。男子之服饰，犹复少具典型，而旦角之服饰，则恒南辕而北辙。虽有一二是处，而图画中所见者，则迄不一见之。此亦甚矣其为缺憾矣。且也中国于乐艺，本歌舞并重，今戏剧之中，有歌而无舞，则历史上之文明艺术，亦已去其强半。且歌舞本有相兼之道，今徒袭其歌，而去其舞，则所以为歌者，更复不能生色。文字歌咏，所托言者，往往绳舞术之神妙，今就戏剧中观之，百不一得。则并古人社会生活之情况，亦几于不能完全为之表演矣。履中蹈和之道，既废于前，而古国文化之维系，亦摒弃不存，则中国戏剧之所以代表艺术者，亦甚微细，宁不重可思耶。

虽然，近十年来，以梅兰芳出，而竟于中国不完全戏剧之中，特造新意，立别格，复古舞，制古装，继绝存废，光大发明。虽不足谓尽臻于美善，而庶得谓之成功，亦可为自豪者矣。梅氏者以艺心之长，工戏剧之学，能以旧剧胜场，固不具论。而竟得特起异军，鉴于中国戏剧之不完全美备也，从而创造之，一更成法，以丹青为蓝本而制古装，脱去寻常旧剧之蹊径而别立新剧，又思古代之所以为舞者，而揣摩之、考索之，以成其舞。始谐于律吕，中于歌咏，而后歌舞乃复并备，斐然大观。竭其心力，以幸致成功，迄于今者，非特国人引为同调，即外人亦复相继内向，以其凡少少研究中国历史艺术者，征于其服装歌舞之道，而引为足以为代表文化之一端，而后群相就之也。迄于今日，各国交诵，论列吾戏剧之书籍，以有刊布。而所以为吾艺术之光者，亦甚至甚备。此在梅氏未立新派以前，西人多不知中国之戏剧，几几舍中国之戏剧于艺术范围之外。则梅氏微特具创造之力，且足以为发扬光大中国戏剧之一人也明矣。

且也西国治乐之道，日造新谱，谱立新声，故戏剧一端，不但于布局修词服装背景之学，每臻进境，而乐律之工，亦时多阐发。新调一出，户诵家弦，而潜心者则别立以名胜之焉。吾国之戏剧界则又不然，一则疏于改造，一则每袭陈绩。故有二黄也，则后之唱者，无不斟词酌字以归之。有西皮也，又无不斟词酌字以归之。有快板也，有慢板也，有回龙腔也，几于无不尽然，有则相沿为用，无则永废不兴，于是乐律之教弛矣。今梅氏不特造词，并为造谱，若旦角青衫所唱之反西皮调反四平调，均其成绩。在不事创造者，沿旧谱以歌之，未必不可以名世。而梅氏乃能造新腔，以行其新谱，聆者又相与喜之，则知事在人为。又惧徒不为耳，为之而相安。行见继起者，日有其人耳。而梅氏新谱之在研究中尚夥，则中国不特戏剧界，因之而开一新纪元，即乐律中，亦为开一新境界，且足以示人以乐律之未必不可为新谱，徒在以律胜之，则声教所被，亦殊足以为成功之一端矣。

（《申报》1927 年 1 月 1 日元旦增刊六版第 19339 号）

中国戏剧的优点

——音乐效果

“效果”这个术语，是从西文 Sound Effect 翻译过来的。我们现且不去研究这译词的好坏，先来谈谈中国戏剧运用效果的过程和优点。

戏剧是从原始时代就有的一种艺术活动，因为人类的秉性，由独居而群居，就跟着喜欢群性活动，由单独的歌唱进步到有组织的戏剧。又由模仿而创造，像文字从马蹄兽迹发展出来一样，喜欢有模仿的创作，就把心中所想目中所见的事物，送他到舞台上去，成为戏剧。

不知那一位先知先觉的人，竟然找到一块空地，连络爱好此道的人们，公共表演，以致观众自远近各地，跋涉而来，从容欣赏。来得早的人，围着空地，看得听得都很清楚，可怜后来的人，站得远了，还加上些风声雨声，就非常模糊，至于听觉方面，一无所得，便不用谈了。

好不容易，又出了那一位能人，把当时通用的最简单的乐器，配在歌舞里面使站得较远的人，虽不能真切欣赏台词和歌唱，至少还可以领略些乐器的音响，“聊胜于无”稍过戏瘾。

演员当然因为观众的热烈欣赏而更加兴高采烈，要是台下只有小猫三只四只，那情绪的低落，自必影响到演出，所以在那时候，虽然绝对没有丝毫生意经的观念，但演员仍是希望观众加多，后来“捧场”两个字的出典，也是从此开始的。为了号召观众起见，当时没有宣传，没有广告，就又有人利用这乐器的音响，大吹大擂，使听得见音响的人们，都知道今天有戏，可以急急前往。这又形成了后来中国戏开场前的三通鼓“闹台”。

人类的智慧是无穷的，愈用愈精，在戏剧艺术日有进步的过程中，就有人把音乐和唱句念白以及动作一一配合起来，使唱念格外生色，动作格外有神气，这才真正达到了现代所说效果的地步，自从这方法开始以来，戏剧更加多采多姿是不用说了，即是到了今天，除掉中国旧戏是用传统的演出，充分加以利用外，连西洋新派的写实话剧，认为在人生实际生活中间，并没有随时随地的音乐，废除了配音，但是一遇到有实际声响的需要，像汽车往来，喇叭响亮，刮风打雷闪电，都有音响时，就仍还要借重音乐来衬托，补充，说明。因此虽是话剧，效果始终一样占着很重要的位置。

我们往往以为中国旧戏的用音乐，像是专为衬托唱念表演，加重气氛起见，而新派话剧里是用来补充或说明或更为了扩大场面的部署而设。但倘研究得深入些，便知道用音乐来做补充，做说明，在中国戏剧传统里面，早已运用得异常巧妙，并且熟极而流，可以使观众在不知不觉之中，受到感召，引起思考，有时并且不须说明，可以从音乐里知道剧情的发展，一路顺序下去，省掉场面上不少时间以及无数说白，乃至不一定好看或是陈陈相因的上下出进。所以在编剧方面，精简的成绩，差不多全仗着音乐的功能。彻底讲来，中国旧戏的运用音乐，不但使他辅助戏剧，加增气氛，竟已使他成为戏剧中的一部分，列入不可分离的主体中去了。这是何等的手段，真不能不使人赞佩那些创作者和使用者的聪明学力。

现在且举几个例子来做证明。

就一般性的应用来讲。中国武戏的演出，在元、明两代，只有暗场，到了清代，才用明场将官带了士兵，在舞台上作战。但要是一出不以打武为重点而在故事方面仍旧脱离不了战争的，也就仍用暗场，到现在还是如此。说到暗场就专靠利用音乐了，三通金鼓，四面雷鸣，风云叱咤的声浪，任何人都能知道这在进行战斗，因此省去了不少无聊的场面(那以打武为主的戏当然不在此例)，大花脸和龙套们的匆匆出进，直到最后，胜败已分，败者先走表示退逃，胜者后随，表示追赶，于是观众更加一清二楚知道了战果。元、明两代，因为人力和设备的不充分，编者想出了用音乐来替代上演，似乎是不得已的方法，可是后来武戏发展，这方法的依样沿用，就可以证明他的功能了。

另外，某一演员表演角色在疑虑或设计等时候，不一定都要用右手轻拍右额，或抚摩自己的胸膛，因为有时戏中的情节，不许角色露出用心的痕迹来，那就只须少一凝神转目，接着音乐方面打起几声单皮鼓来，观众自然觉悟到角色在那里集中精神，自己打算。单皮鼓由慢而少快，便是加紧思索，最后一声停止，则是主意已经想出或是计划已经决定了，这种利用音乐来表露内心的方法，岂不早超过了辅助地位而成为不可以脱离的一部分么。

再就通行各戏分别说明。

《四郎探母》《坐宫》一场的夫妻对唱对白，因为过于整齐，不免呆板，就插入孩子拉溺哭泣的插曲，来缓和气氛，这是编者聪明的地方。这木偶的哭泣拉溺无从表演，就只能利用音乐放出哭声，于是四郎开腔"别在孩子身上打搅"，公主接白"您说话还能不让我儿子撒溺么"，一番对白，才因此完成了插曲的目的。

《战皖城》《邹氏卧房》一场，邹氏青年孀妇，本已感觉苦闷，由苦闷而更进一步地胡思乱想，预为第二天愿意委身曹操的地步。就心理活动层次来讲，无聊苦闷在先，胡思乱想在后，这先后中间的过程，编者很费脑力，才想出房中老鼠出现的过渡办法，使这场戏来得"体贴入微"。可是舞台上那里去找训练纯熟的老鼠呢，当然只好利用音乐，发出鼠叫的声音，来引起邹氏的注意，事实上即是唤起观众的注意，说明当时的心理活动过程。

内容大同小异的《虹霓关》，东方氏在俘虏了王伯党以后，一人在帐内玩弄王氏的彩球，不期生了爱慕之心，渐渐地竟动嫁王的念头。从前演员，用各种方式，表演东方氏的心理活动，总嫌过火。后来高手演员，放弃了那些无聊的身段，只用内心表演，那就得更需要音乐的衬托。可是观众在音乐上一样能够领会一切，这也可以证明音乐的效果。

老生戏《琼林宴》演一个恶劣的退职太师葛登云强占民妻，还把其夫范仲禹骗醉，送入书房，预备夜间杀死他来灭口。那知范命不该绝，就有神道下凡，搭救脱险。其中书房一场，范半夜醒来，想到妻离子散，身困书房，愈想愈闷，愈闷愈苦，正在无聊苦恼的时候，编剧者真有办法，利用音乐，由胡琴上做出几声鬼叫，不由范听到怪声，顿时毛骨悚然，一霎时清醒后，急忙故作镇定，自己用手拍额。这疑神疑鬼的做工，固然需靠演员的能力，但是要不插入鬼叫，就不能如此入木三分，而鬼叫却又非仗音乐的效果不可。

旦角戏《贩马记》第一场李奇哭监，在监狱中说苦况，他的女儿桂枝却是当地知县夫人，但是一来失散多年，二来官舍远隔，女儿是不会知道的，全凭编剧者利用神道，把父亲哭唱一段，送入知县夫人的内室里去。在舞台上，因为远隔，不能把监房和夫人内室并作一场，只可分作两处，于是先演哭监，等李奇进去以后，再上夫人，当然又不能让李奇在后台再唱一遍，使观者感觉重复而厌倦。于是在夫人侧耳之时，但用音乐，少少重复唱腔，于是夫人听到了，观者明白了，戏中重复的地方免去而情节却是蝉联下去了。这样使用音乐的方法，说来真是巧妙。

旦角戏《黛玉葬花》最后一场，黛玉远远听到梨香院一群歌女学唱《牡丹亭》《游园》一折，引起了万般无奈的心情，幽怨欲绝。编剧者的手法，就是采用上面说的《贩马记》一样，利用风送歌声，幽雅简洁（这在原书上回目是《牡丹亭艳曲警芳心》），这暗场的妙处，真是用得再适当也没有了。因为《牡丹》歌词，戏中未曾使用过，故此只管暗场，还由人在幕后轻唱几句，直等黛听到“汝在幽闺自怜”一句，感觉伤心，方始停止，然而幕后的歌声是份量不够的，所靠的是笛子里吹出的几声昆曲来，效果还在音乐上获得。

说到武戏里面，应用音乐方法的也非常之多。像《盗御马》的盗马和盗钩两场，前者是窦尔墩盗马得手以后，先听见更夫敲响梆子，更夫在出场以前，便在门帘里敲起梆子发出声音来，这才可使窦尔墩预先注意，接着拿刀准备。一会儿，更夫上场，继续敲更，就被窦在黑暗中摸着头路，霍霍两刀，彻底解决了问题。盗钩也是一样，朱光祖在黑暗中看见仆人送茶上来，就准备一切，取出了怀中的迷药，再抓落他的帽子，等到帽子找回，迷药早经落入茶中，大功告成。按说这两场的音乐，前场是在帘内敲起梆子，后场是在仆人出场时候，用小锣发出一连串微弱的声音，表示黑夜有人行走，总不免有些衣裳绊缭的声浪，好使朱光祖准备。要不是利用音乐，试问黑暗中忽来一人，何以会被人发觉，即使发觉，须要打斗应付，声张出来，必也是寡不敌众，注定失败。这音乐的使用，既可使观众明白情节的曲折隐微，也可使戏情格外紧张，格外细腻。这是中国旧戏善于利用音乐的又一特征，很希望观众对于这种地方，不要认为无足轻重的过场，忽略过去，而要知道这音乐是戏情发展的一环，不仅为了辅助和扩大气氛的用处。

至于实际上为了衬托辅助用处的，文戏固然随处多有，记不胜记，即在武戏里面，也尽有"粗中有细"的运用。像短打戏武松打店和三岔口焦赞发配两出戏里，武松和焦赞同在店房熟睡的时候，两店家黑夜偷开房门，挨身进房，想要杀人劫货。那开门的做工，先用水泼门臼（因为旧式木造房屋的房门，都是在上下部分做成小柱，插入门框臼内，开时不免伊呀作响，一经泼水润滑以后，就没有响声）。然后将刀插入门缝，慢慢推开。在泼水和开门时，音乐微微动奏，使得观众受到感召，更加为之振起精神，提心吊胆。倘不用这音乐，虽然做工还是一样，但是观众就不觉得那样紧张了。

以上所举的不过千百出戏里的很小例证，实在每一出每一场都是这样，只要观众用心体察，便能发觉出来，难怪中国旧戏是那么的引人入胜，百看不厌。我们一面在欣赏在研究时，更当永远不要忘记了前人的苦心孤诣。

若有人以为音乐除掉产生效果以外，用作戏中主要的一部分是不合实情的话，那是他根本不知道中国戏的象征性和一切戏剧完全把他歌舞化而成的原故，这必须先从基本上明白中国戏的过程才好。正和西洋芭蕾舞演死天鹅一样，一个人反腰贴地，跟着节奏动作，表示天鹅的不幸身死，又岂是真天鹅的死法呢。近来中国戏剧专家，自齐如山老先生以来，早出有不少书籍，发挥基本理论，提示唱做要点，有志研究的话，不妨找来看看，就更可了然于中国戏剧的优点，这音乐效果正不过是优点之一罢了。

（新加坡《斑苔学报》1962 年第 1 期）

中国古代球戏考

击球之戏，泰西所盛行，而比者欧风东渐，更举国若靡，士夫贩卒，莫不相解，以为此西洋文明国人所以锻炼精神，强固体魄之游艺，而我正当殷殷操习，俾步后尘者也。实则蹴踘之戏，于古有之，证以唐宫三郎乘醉打球之说，知者遂众，而迄其法度，莫可夷考，久成绝技，为失传矣。夫锻炼身心之技，用为自卫卫人者，若骑射固已登于六艺，为先圣所重视，与礼乐同科，而即游戏之具，若投壶蹴踘，亦复自来即视为陶冶之资，所谓六艺于道一也。慨自尚文之风，被诸宇内，而论武角力者，以为不中于儒行，又或谓之一人敌，匪万人敌之所能俦，角力不若角智，而场屋之困，垂之千年。即其一二尚侠之流，徒矜秘传，用为鬻艺，亦复斯道不广，弱之一字，未能免诸。至于海禁复开，战役屡启，损师辱国，为患日深。于是智者渐渐征匪特治道之宜革故鼎新，即一人之敌，聚沙成邱，合之亦足以毅魄雄心，为国效力，而角智者之不兼取于角力，亦终无以为制胜之方，则因复嚣然号于人前，将以体育与德智为并重，而不知先王之制，早已失传者，比复将求之于野矣。即其锻炼之术，更不自思，承先以启后，而斤斤角逐于牙慧，徒奉他人之为圭臬，而不知数典者之已忘其祖。今角牴之雄，与黉舍学子有扛鼎之力、缚虎之技者，亦徒自矜其得力致工之道，为取步于西法，云何云何。问其故有之国技，能征蹴踘之名者，已或不遑多觏，更考其制度式程，则并且复佚之，偶得片羽吉光，视为珍秘，亦复不可得其全矣。余涉猎好事，篝灯夜读，得《事林广记》，以消永夕，其一卷即征圆社雅故，图说并具，讶为罕觏。而《广记》之书，为宋人西蜀陈元靓所辑，亦复流传绝少，因为移写，以付世人，俾发世人爱国之心，不必徒骛取泰西之法，以为安身立命之资，而彰幽发微，亦足知吾国家之固为先进，特奕叶以来，患在无得永诸耳。卷中附存诗歌，虽俚而不俗，读之知为宋人名笔，足以张击球者之气概，亦或今西人口号之嚆矢欤，今并存之。余特愧不好弄，更无缚鸡之力，足以鼓舞轩轾，亦将假健儿好身手者，为一试其技，俾抚髀自笑，则镇日移写之劳，其庶足偿乎，愿与世人共勉之。

古人球戏，谓之圆社，殊称其旨，而法不可尽通。要之中有网，而运球者得随意以手足拨弄之，则似略如今西洋之足球、手球、篮球而通之于一者矣，圆社图说，并具于后，未始不可以进窥其究竟，精于此道者，其致意之。

圆社摸场(致语)

四海齐云社，当场蹴气球。作家偏著所，圆社最风流。况是青春年少，同辈朋侪，向柳巷花街玩赏，在红尘紫陌追游。脱履捋来，凭眼活认冥为有准，扠儿扶住，惟口鸣识踢乃无忧。右搭右，花跟似鸟笼儿摆尾，左侧左，虚抡似丹凤子摇头。下住处全在低扑，打着人惟仗推收。使力藏力，以柔取柔。集闲中名为一绝，决胜负分作三筹。俺也丝鞋罗袴，短帽轻裘。襟沾香汗湿，袜污软尘浮。佩剑仙人时侧目，抛梭玉女巧迎眸。粉钳儿前后仰身，身移不浪，金翦刀往来移步，步过频偷。况乎奢华治世，豪富皇州。春风喧鼓吹，化日沸歌讴。欢笑对吴姬越女，繇华胜桑瓦潘楼。湖山风好，花月春秋。四圣观柳边行乐，三天竺松下优游。乐事赏心，难并四美，胜友良朋，无非五侯。心向闲中著，人于倬里求。凡来踢圆者，必不是方头。

又（满庭芳）

若论风流，无过圆社，拐赚蹬蹑搭齐全。门庭富贵，曾到御帘前。灌口二郎为首，赵皇上下脚流传。人都道齐云一社，三锦独争先。花前，并月下，全身绣带，偷侧双肩。更高而不远，一搭打秋千。球落处圆光赚，拐双佩剑侧蹑相连。高人处，翻身佶料，天下总呼圆。

十二香皮，裁成圆锦，莫非年少堪收。绿杨深处，恣意乐追游。低指花梢慢下，侵云汉，月满当秋。堪观处，偷头十字，拐舞袖，拂银钩。肩尖并拐搭，五陵公子，恣意忘忧。几回沉醉，低筑傍高楼。虽不遇文章高贵，分左右曾对王侯。君知否，闲中第一，占断是风流。

（齐云社规）以垒为界，分为左右，是在左使左，在右使右，侧边依拐，在肩使肩，在膝使膝，是搭使搭，当肷即肷，并要步活眼亲，两手如提重物，方为圆社。

不许入步拐，不许退步搭，不许入步肩，不许退步背。不许入步□，不许入步膝，要四厢不背，用远近著人，狂风起不踢，酒后不可踢。

才下场，它人打论，来复接住气球，为同踢人曰，厮带夹，与在场人一揖，还肷丝与下手。

先小踢，次官场，次高而不，或打二，或落花流水，或打花心，或皮破，或白打放踢并不许小踢。

踢罢与众云，重承带挟，各一揖，并要依此规矩，故曰天下圆。

（下脚文）几回运动，戏要欢生，昂头取巧，额尖入鬓。更朝天直下，便宜鞋叉，脱靴并八字，类跷槛膝，气要松匀。使偷头十字，拐缠脚面风翻身。肩孤微稳，番成转头，燕归窠臼捺才停。变化背妆花肷膝，最好是槛罗儿巧，无过是鲍老价肩，犹胜花脚根。争似翦刀股，岂如双绣带，于中风范须臾，更绕项粉钳儿，喝采上来，捻指番成急料拐，锁腰拐，行家拍，踢累孛图，浪子难施。论来得高，使花肩、和肩、偷比肩；论来得低，使虚蹬、蹑蹬；论来得浅，使魆搭、磨搭、招头搭；论来得深，使正骑、背骑、飞骑；论踢时四厢不背；论打后远近着人膝。高三丈二，赚打十三，开脚头教万踢，解数万千般。

肩背拍拽捺控膝拐搭赚总诀。

肩如手中持重物，用背慢下快回头。

拐要控膝蹲腰取，搭用伸腰不起头。

控时须用双睛顾，捺用肩尖微指高。

拽时且用身先倒，右膝左手略微高。

胸拍使了低头觑，何必频频问绿杨。

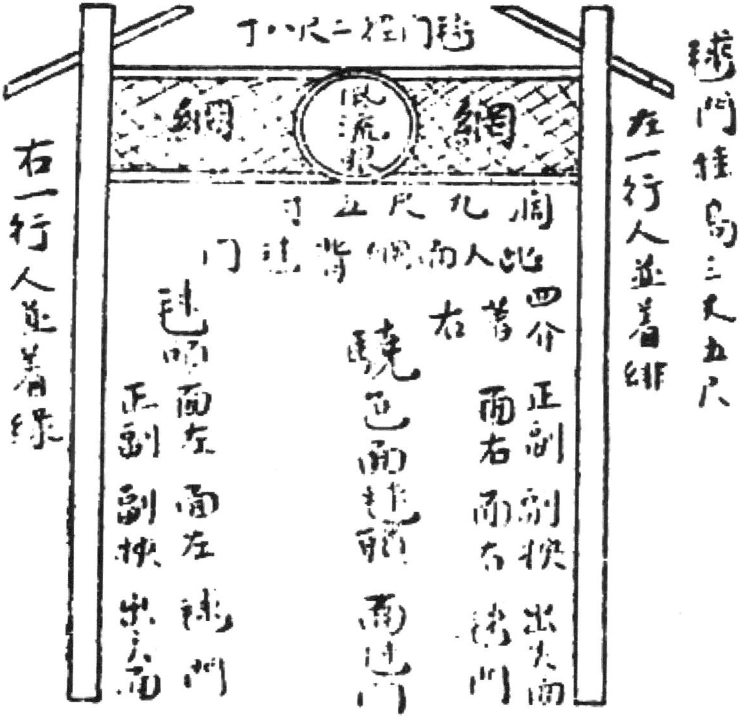

（球门社规）初起头用脚头踢起，与骁色、挟色、至球头，右手立

倾下球头，膝上用膝累起，一筑过。不过撞在网子，损下来著，网人踢住与骁色。骁色复挟住，仍前去顿住球头，膝上筑过，左右军同。或赛三筹，或赛五筹，先拈卷子分前后，筑过数多者赢。正副七人，直候那一边筑过，从球门里过来，看落何处踢住，却踢与挟副，挟副踢与正副，正副踢与骁色，骁色挟住过球头，来与球头。如正副踢住，却踢与骁色，骁色挟住去球头，全筑与骁色踢住，便与球头筑过。

（白社打规）右班踢在左围内，左班踢脱输一筹，杂踢得活，亦输一筹。但只许拐搭踢住，若出围下住，复入围内打对班，赢两筹。若对班踢住，赢两筹。若是对班脱，输三筹。

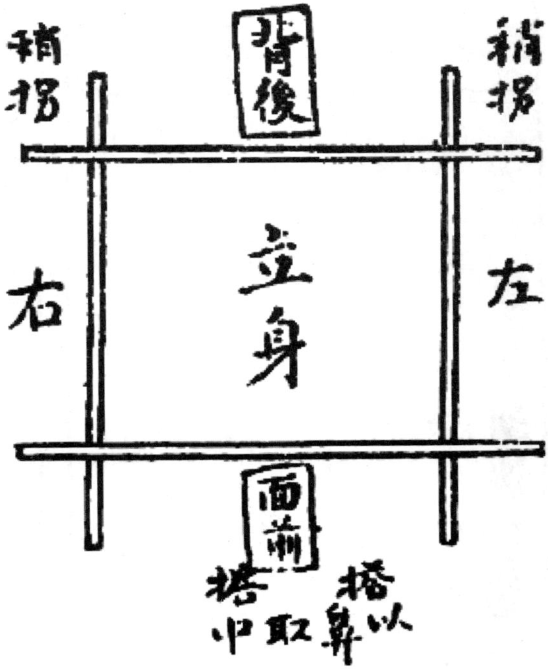

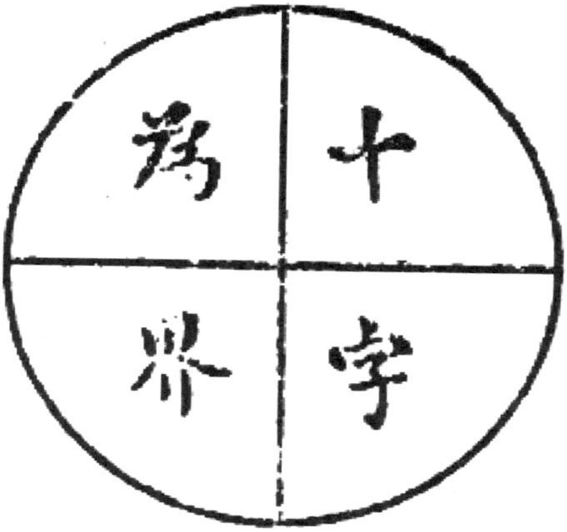

如打三间肷丝围子，各阔三尺四间；宽四尺以上，至八间；阔八尺，如九间，至十三间止。得阔八尺不许加增，每间阔四小步，两班并要合千人亲看。下头踢唱筹，左班踢出班围外，右班出围便踢下住，赢右班一筹，踢脱两无输赢。一左右班，各不许使杂踢住，亦输。不许入步拐，不许退步拐。

每人局，踢名打二；便开大踢，名白打；二人单使脚，名挑踢；一人便杂踢，名厮美。

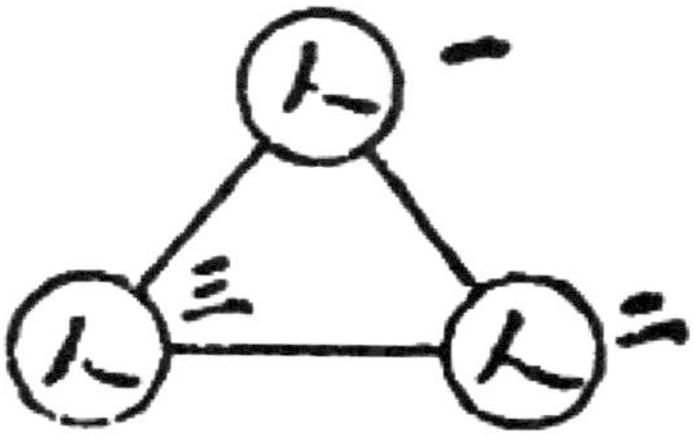

顺行转动，名小官场；二人定立，名三不顾；一人独头，名出尖。

大官场各左右东西，一般远近，名四不顾，如著扑打，不过抬起气球，与肷丝人打。论若是上手肷丝，不到下手，其余人不踢，须要补一场喝，过环著扑，方是顺转。

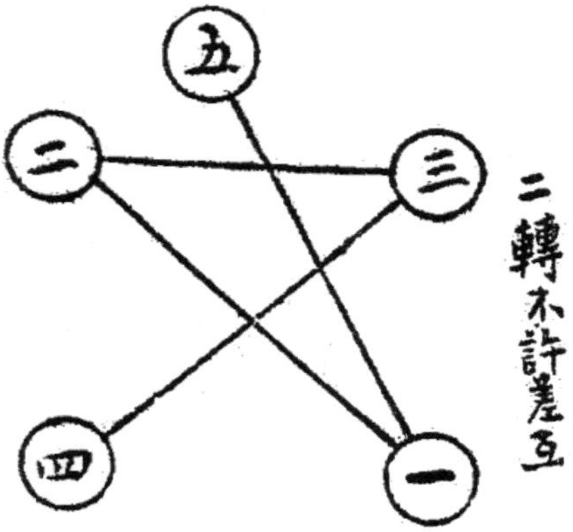

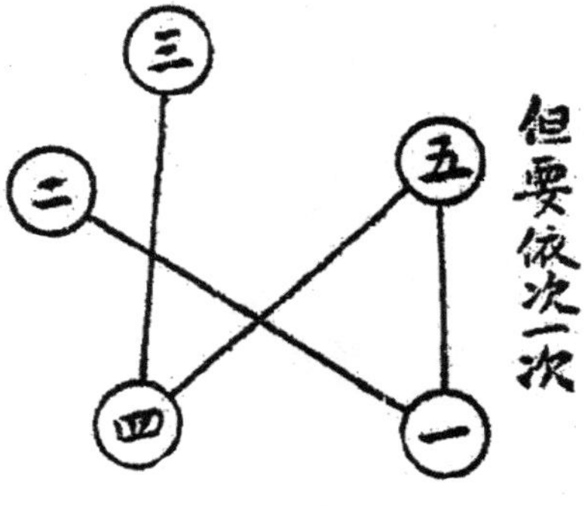

皮破只许五人。第一人打与第四人，第四人打与第二人，第二人打与第五人，第五人打与第三人，轮流隔一位，须是按节次打论，著人自请，赏罚论便。

七人轮流第一人打与下手，下手打与第三人，第三人转身打与第四人，第四人打与第五人，第五人打与第六人，第六人打与第七人，第七人大打，轮众人头上，与第一人下住，依前法数转，且周而复始。

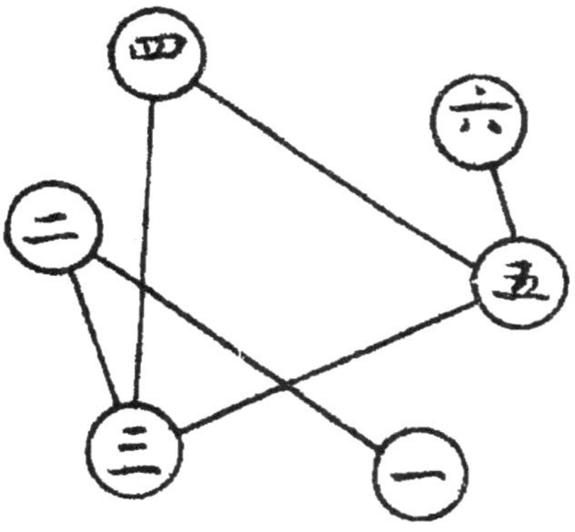

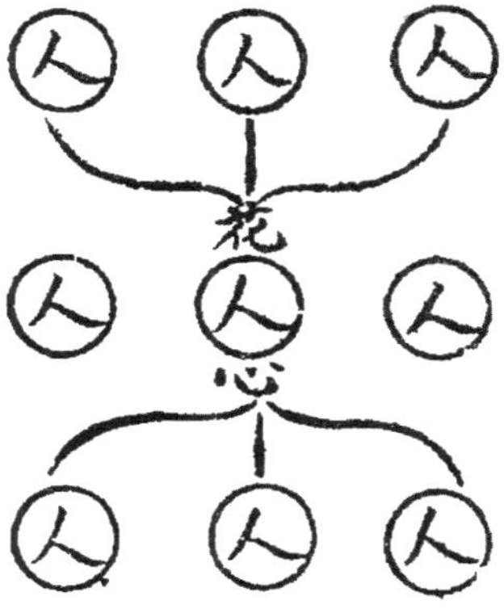

踢花心对踢，相似花心，多只许两踢，转身相与，四围人只一踢，打花心只许十人止。

（遏云要诀）夫唱赚一家，古谓之道。赚腔必真，字必正，欲有墩亢掣曳之殊，字有唇喉齿舌之异，抑分轻清重浊之声，必别合口半合之字，更忌马嚣鞾子，俗话乡谈，如对圣案。但唱乐道，道山居水居，清雅之词，切不可以风情花柳艳冶之曲，如此则为渎圣。社条不赛筵会，吉席上寿庆贺，不在此限。假如未唱之初，执拍当胸，不可高过鼻。须假鼓板，村掇三拍，起引子，唱头一句，又三拍至两片结尾，三拍煞入序尾，三拍巾斗煞，八赚头，一字当一拍，第一片三拍，后仿此，出赚三拍，出声巾斗，又三拍煞声，总十二拍，第一句四拍，第二句五拍，第三句三拍，煞此一定不逾之法。

（遏云致语）筵会用《鹧鸪天》

遇酒当歌酒满斟。一觞一咏乐天真。三杯五盏陶情性，对月临风自赏心。环列处，总佳宾。歌声缭亮遏行云。春风满座知音者，一曲教君侧耳听。

圆社市语（中吕宫）　　《圆里圆》

□□□□□□□□□□□□，□换满儿，呵喝罗声嗽，道肷厮俺嗏欢喜。才下脚，须和美。试问伊家，有甚夹气。又管甚官场侧背。算人间落花流水。

（缕缕金）把金钱锭，打旋起。花星临照我，怎弹避。近日闲游戏。因到花市帘儿下，瞥见一个表儿圆，咱每便着意。

（好孩儿）生得宝妆跷，身分美。绣带儿缠脚更好，背着画眉儿，入鬓春小翠。带着个粉钳，更挽个朝天髻。

（大夫娘）忙入步，又迟疑，又怕五角儿冲撞我，没跷踢网儿，尽是札圆底。都松例要抛声，忒妆果，难为真个，费脚力。

（好孩儿）供送饮三杯，先入气。道今宵打歇处，把人拍惜，怎知他水脉透，不由得你。咱们只要表儿圆，时复地，一合儿美。

（赚）春游禁陌，流莺往来穿梭戏。紫燕归巢，叶底桃花绽蕊。赏芳菲，蹴秋千，高而不远，似踏火不沾地。见小池风摆，荷叶戏水，素秋天气。正玩月斜插花枝。赏登高佶，料沙羔美。最好当场落帽，陶潜菊绕篱。仲冬时，那孩儿忌酒怕风，帐幕中缠脚，脱忒捻腻。讲论处，下梢团圆到底。怎不则剧。

（越恁好）勘脚并打，一步步随定伊。何曾见走衮你于我，我与你。场场有踢。没些拗背，两个对垒天生，不枉作一对脚头，果然厕绸密。

（鹘打兔）从今后一来一往，休要放脱些儿。又管甚搅闲底。拽间定白打赚厮去，有千般解数，真个难比。

（骨自有）

（尾声）五花丛里英雄背，倚玉偎香不暂离，做得个风流第一。

（驻云主张）（满庭芳）（集曲名）共庆清朝，四时欢会，贺筵开会集嘉宾。风流鼓板，法曲献仙音。鼓笛令无双多丽，十拍板音韵宜清。文序子，双声迭韵，有若瑞鹤吟。当筵。闻品令，声声慢处，丹凤微鸣。听清风八韵，打拍底更好精神。安公子倾杯未饮，好女儿齐鬲帘听。真无比，最高楼上，一曲称人心。

（诗曰）鼓杯清音按乐星，那堪打拍更精神。三条群架垂丝络，两只鲜枝系月轮。笛韵浑如丹凤叫，杯声有若静鞭鸣。几回月下吹新曲，引得嫦娥侧耳听。

（水调歌头）八蛮朝凤阙，四境绝狼烟。太平无事超烘，聚哨效梨园。笛弄昆仑上品，节动云阳妙选，盎鼓可人怜。乱撒珍珠迸，点滴雨声喧。均堪听，声不俗，驻雪轩。谐音节奏，分明花里遇神仙。到处朝山拜岳，长是□□□□，四海把名传。幸遇知音听，一曲□□□。

（《申报》1927 年 1 月 1 日第 19339 号）

南天剧况

广州通讯。梅兰芳此次来粤演剧，盛极一时，已详前讯，兹将日内情况约略陈之。

十一月三日，梅宴广州全体新闻记者于亚洲酒店，到者五十余人，而亚洲酒店知梅将来莅，四座房位，预定一空，均来藉瞻风采者也。酒一巡，梅起立致词，谓兰芳前此未曾一至广州，实为最所歉疚之事。广州为我国革命策源之地，而物质建设，均较任何商埠为优，人文之盛，亦为全国之最，此遭得于献艺之余，敬谨瞻仰，真平生之幸，而今日得领教于诸位大新闻家、大文艺家之前，尤属欣快。兰芳研究戏学，毫无寸长，徒以承海内诸君之谬奖，及新闻纸之揄扬，始致今日之薄誉，而誉过其当，益复令人汗颜无地，故今日真心请益诸君子之前，请诸君子不吝赐教，俾可少获进步，并期对中国戏剧，可真下一番研究之工夫。兰芳平日不善词令，今日并请诸君子鉴原云。次由《日日新闻》记者黄子谷先生答词，谓梅君以天赋之艺术家，当中国戏剧大王之盛誉，同人得聆雅奏，欣慰无似，而今日晤及梅君，知其谦谨之怀，尤不可及，同人以爱护提创中国艺术之故，即当对梅君，表示愿共切磋之责，并谢今日之款待云。宴罢，新闻界同人相继到海珠戏院观剧，梅演《天女散花》，十分精采，观者塞途矣。

梅此次南行，并以外交界同人之介绍，往谒沙面各国领事，无不倒屣相迎，盛誉其艺术在国际上世界上之地位，并排日邀演，以示钦纫。法领于约宴之日，并派水兵沿途照料，仪式甚形隆重。

十一月五日，为梅生辰，知友为之晋觞祝寿，由冯厅长祝万李处长泽林设宴。一时名流要人，相继云集，夜间登台，并送大花篮二枚，连日上座极盛。谭富英亦于四日到粤，即演《定军山》，五日合演《四郎探母·代回令》。粤中人士，以其为叫天文孙，亦极赏其家学渊源也。

（《申报》1928年11月18日第19999号）

梅讯

（一）

缀玉主人昨至海上矣，溯庚申四月，江干一别，弹指不留，刹那二载。二载之间，白云苍狗，正不知经历若干劫。簸□陀主人乃于此索诃之中，现七宝相，证诸妙心，按拍多能，驻颜有术。比者瀛壖捧袂，丰采依然，麟带从容，长成春酌，杏衫绰约，犹挽眉妆，胜集香南，可赓欢酌，慧心雪北，重付幺弦，读玉梅词人“甚素娥、暂缺能圆，更芳节、后约是今番”之语，殊为不虚矣。

梅固喜神，畹华以喜神之色相，洒甘露于大千，不特三十长安，王郎不老，即客年文酒座中诸耆英硕彦，若何诗老之寿开九秩，吴昌老之寿比韩公，亦均杖履清健，皓首庞眉，引足企颈以俟之。故初拟署《喜神新谱》，而或以为不如本旧名为佳，遂从之。

此遭园主至京，约畹华、凤卿、小楼、玉芙、妙香辈，均今年出演于吉祥园者。会入京，即值奉直战争，逗留颇久，比放马桃林，战气已息，始联袂南下也。

畹华、凤卿、玉芙、妙香，以二十三日出京，在津勾留一宿，即乘奉天船赴沪，小楼则就道津浦火车，奉天于二十八傍晚抵沪，泊浦东更易渡轮至黄浦滩。

此遭凤卿、畹华、小楼均伉俪同行，王、梅、姚、姜仍居曩年故寓，小楼则别赁三马路宅，同行者可百余人也。

畹华、凤卿、妙香、玉芙所携行李计一百七十余事，而提挈随身者不与焉。

二十八日下船即赴寓休息，虽舟车劳顿，而行者乃无风尘之色。

火车出京时，随车军队至头等包房，见凤卿阅报，遽求假阅，遂立予之。虽无越规之举，而周旋进退，在胆怯者见之，已似不寒而栗。

小楼等取道津浦者，途次忽有军队登车，以刺刀遽揭车帘，曰咱们来瞧瞧梅兰芳，梅固不由津浦，遂免看杀卫玠之危。

二十九日风雨侵寻，远来者亦惮于途行，而整理箱箧，第别行装，亦劳碌至经日之久（未盖章）。

（二）

翌日，畹华遂偕玉芙乘般克第二千六百八十五号红照会汽车出外，凡各报馆及薄有关系者，均一至焉。

畹华御湖色大万字文嵌花华丝葛夹衫，加以黑马褂，丰采视客年有加。玉芙在京，虽遭镪水之险，而面部已几平复，额次眉际少爇，香瘢正似寿阳公主点额加妍也。

玉芙以前年七月结褵海上，若吴昌硕、况夔笙、朱古微、王雪丞、赵叔雍诸君等，均有丹青文字以致贺仪，而客年已诞掌珠，今年当卜悬弧也。

奉直交战时，京城固不受惊，而畹华尤至西山一行，虽炮火之隆隆，亦未曾一耳，诚为幸事。

高梧轩主人赵叔雍，昨往谒谈，深言移晷。

昨夕畹华辈于一品香设筵款海上诸报馆，票房列席者约有百人。

张啬老今岁五月二十五七秩大庆，将约畹华辈赴通一行，而此间园主订期一月，届时何以抽身，尚难预定。据畹华云，或前一夕首途，则次午可抵，即献艺祝嘏，即夕返沪，则次日已可登台矣，啬公已遣其子孝若至沪接洽。

张孝若即日假西摩路蒋孟蘋密韵楼为洗征尘，兼取进止，密韵楼藏法书名画，蜚声海上，畹华辈既饱郇厨，又得鉴赏，殊可快矣。

凤卿今年正值四十初度，生辰六月初九日，特届时将返京师，未能于海上设千秋之宴矣。

畹华、小楼今春在京搬演《霸王别姬》，万人空巷，比至海上，盛况更当十倍王城也。

畹华学书学画，均有进益，迩来亦稍事收藏，友人李释戡辈佐为鉴定，颇致精品。

畹华诸阁员一时不及赴沪供职，闻当于中旬左右，始可兼程也。

日昨密均楼胜集到会者：许秋帆、钱新之、朱古微、徐镜人、赵叔雍、蒋孟蘋、吴寄尘、杨瑞生、薛秉初、陈抱初、张孝若诸君，畹华于一时二十五分就陈抱初三千〇三十三号之德国汽车莅止，妙香、玉芙亦均届时同临也。

畹华昨日御蓝铁机缎夹袍黑马褂灰色呢西帽。

畹华抵沪二十八日，适为何诗老九秩开一寿辰，但到时已晚，未及登堂拜祝也。

密均楼主人知畹华迩绘佛像，颇有进益，因出所珍藏唐贯休禅师绘《五祖传授六祖图》卷，宋李公麟《九歌图》长卷，又《十六梵应图》长卷相示，明窗净几间，畹华从容领略，不特于画理有所增进，即慧心亦为之阐发不少。

筵次主人张孝若盛称《赖婚》影戏之佳妙，谓不可不一往观。遂即时就上海大戏院，定包厢二间，于五时往观。

《赖婚》一剧，不特人心之微，添毫于颊上，即犬马动物，亦一一使之有情，就中有鸽子飞翔，孝若曰，此或缀玉轩中之半天娇韵耶。

影戏场中灯光阒寂，万头攒动，同座者初不知有畹华在也。《赖婚》最后数幕，冰天雪地，阿娜颠沛其中，幸得多情之子，力起追访，濒危化夷。畹华观至精警处，鼓掌不已。

（三）

畹华在京城亦屡屡往观电影，英文解释训诂较浅者，亦能知之。其较为艰深者，则恳邻座之人为之解说，娓娓款洽之间，颇多清趣。

昨者赵叔雍先代畹华致书甘翰臣，甘谓李雪芳行将返粤，最佳能使两美一晤，庶北梅南雪，不致为晨夕参商也。

简照南甘翰臣潘明训辈之诸公子，久慕畹华之名，此遭拟在卡尔登开跳舞大会欢迎之，佐以西餐。海上跳舞盛会，一年不过一二次，今岁自欢迎顾公使后，尚无继声，翠苗罗幕间，或须畹华来为之增色也。

大词宗朱古微，日内正由杭之湖，前日闻畹华莅沪，遂星夜兼程，由湖之苏搭沪宁夜快车，于次日早七时赴沪，以应密均楼胜会，且面允畹华，首当作词贻赠也。

畹华此遭包银，一月计独得一万元耳，并未较上次例定者外多所需索，或有讹传以为如干者，非事之实也。

今午虞洽卿往谒畹华，因与赵叔雍谈及邓华石、朱芑臣二君之神术，畹华为之折服不已，约略记之。

邓君善望气，断人吉凶，但须人伫立日光之下，片刻即能望其头上之气，气凡五缕，主心肝脾肺肾，白色者主仙道，红色主富，黄色主贵，青紫者必有拂逆。望气后再量人之手足胸膂，视其部位主形，再解胸臆间遍嗅之，知其人之疾病，出言无不应者，诚异术矣。

朱君为济僧坛弟子，炼坐功者有年，其已人疾病，不需药物，但以双指接人，可聚全身之血，至所接处，然后再放之，气血一和，万病均已，即外症瘤痃一接亦能就愈。此名雷针，亦非日本催眠术，盖催眠以施者之精神拘束受者，此则施者能参合三教之至理，继以静功，故能以一身之道术，聚散病家之血气也。

玉芙面受镪水之伤，在今春三月，即前年罗瘿公曾介绍一人与推命相，谓一二年内当遭人暗算，此亦能验者也。

畹华于天贶佳节，本拟定唱《千金一笑》，以应时令，而主者使演《白蛇传·金山寺》一节，实则金山寺非端午日事，白日演《五花洞》，尤漠不相及矣。

大词宗况夔笙，于畹华未来之先，已屡致渴想，比闻其至，天春楼上，必按拍填词，所寻当更胜于曩昔矣。

园主此遭约全班来沪，所费一应约九万金，以期月合之，日需三千金，而畹华之名一揭，客座已预定，毫无隙地，则三千金殊等闲耳。

畹华此遭来沪，征集舆论，收葺各报之职，向由阁员主持，比阁员多未南下，遂由赵叔雍介绍何君诚之专司之，何君亦欣拜宠命，影日履新矣。

（四）

日昨为畹华登场第一声，万人空巷，举国若狂，自傍晚至于深夜，汽车络绎不绝，严更指挥，加班为值，曾无今片刻之暇，停车自天蟾西至跑马厅，南至北海路矣。

昨日上座极足，计共得五千三四百元之谱。

畹华于十时到场，即登高阁扮装，加键于户，免闲杂者之觊觎也。

昨日后台人员执事，以第一夕小楼《连环套》、畹凤《武家坡》，遂均伫足以观，并有台座，遂至毫无隙地。

昨日畹华扮相殊佳，在帘内才逞新声，已博全场之采。

《采桑》一节，珠圆玉润，即奉卿亦出以从容，洵杰构也。

《连环套》本代《盗钩》，以时迟不及，园主遂榜书座次，座客无喧噪者。园主见人咋舌曰，牌示而无人喧扰，吾心始稍定也。

日昨花楼预包者，李君、林君、卢君、黄君、周君、简君、林君、卢君、吴君、陈君、薛君、李君、盛君、陶君等，正厅则刘艮之、俞寿丞、钱冲甫、朱晓兰、陈少石、陈小石、刘柏生、袁伯夔、桑铁珊等均列座焉。

园主为维持秩序起见，每日添雇西捕二人，一在前台，一在后台照料一切，每日每人支薪水十二元。

玉芙气息温文，乐天自好，尝谓生平但求温饱，惧撄时名，天下惟愈阔者愈苦，彼身绾虎符，俨然藩镇者，出则警卫森严，入则堂下云集，何尝有丝毫闲散之乐。言次且引证刘少少之言，无论如何阔人，有一席之地，不过八尺而已，其说殊有至理，言次复致慨叹，谓惜天下之人，不能尽体此旨耳。

日昨许少卿约警政诸君于馥兴园，畹华来沪，每赖将护之劳，自宜设席款洽也。

昨晚复宴政界诸君于宁波同乡会，若许秋帆、沈蕴石、徐辅洲、李征五、朱葆三之流二十余人，亦由畹华与少卿会衔合请。

昨午应约午餐于惜阴堂，座中有周湘云、钱冲甫、杨珸山及简照南、潘明训之公子，即于席间定夺假座礼查饭店，大约俟其新跳舞场修理工竣，在本星期六之后云。

奉卿唱《武家坡》后，归家少受凉气，昨日遂不能早起，即晚间同乡会之约，亦殊勉强，而登台唱《朱砂痣》饰刘员外，则已复元，神采奕奕矣。

杨珸山择日将宴畹华辈，及小楼、刘砚亭、茹莱卿于新宅，日期犹须请定。

日昨正厅座中，有西客数人，足见畹华色艺，彪炳寰宇，蜚声炎要，非虚语也。

周湘云亦已预备在学圃，开盛会欢迎矣。

次日《玉堂春》上座亦佳，许交涉使亦列席，以千里镜濒濒窥望也。

画家赵安之前年曾绘《天女散花像》赠畹华，殊遭激赏，近来兼绘花卉，尤超绝旨，昨在惜阴堂，见及所临陆包山花卉长卷，及蒋南沙工笔花鸟，钦倒无已，畹华固擅丹青，能领会者也。赵安之不日促装来沪，当更有精品示人矣。

（五）

天贶节日戏上座甚好，约卖二千元，晚戏与前夕大致相等也。

《真假金莲》，畹华与玉芙衣履罔不相同，而必于言笑之中，微微别其真假，似假者竭力摹真，而不期流露其假，此在慧心体贴于细微也。

《烧香水斗》，海上不甚演唱，畹华于日戏散后，即在后台对戏，伸指为枪，口中作鼓板，节奏以谐之，举凡上下身段，均指授配角，庶临剧不致慌忙也。

畹华名祖，侠义蜚声，焚券高风，美贻千古。昨日惜阴主人复见告一则，谓拜惠者所亲，言绝无矫饰者也，特为志之，前年海藏楼曾告畹华，谓享天下之盛名，必有累世之积德，此述祖德诗之所由作也。

有翁馥荪者，浙江山阴人，为姚彦侍先生之甥。干禄京师，未有蓄积，迨彦侍先生拜方伯之命，树节南峤，将往谒之，苦无川资，京师复无知交，可从借贷，因念及巧龄。实则与巧龄不过筵次偶尔相值，绝无往还，姑往谒之。阍者告以梅老板已进府唱堂戏，有言可以转达，翁遂留书备述情况，私念此亦姑且之计，未敢必冀，乃于次日遽奉回书，谓在府中唱戏，无暇走别，媵以银三百两，佐翁老爷治装之需云云。翁即持之南下，而姚方伯但月致俸三十两，翁遂私语惜阴主人，并谓月俸三十两，将何以偿梅老板之债乎。

昨晚《长板坡》为京师最享盛名之剧，小楼之四将军，气度端凝，神情典重，无俟赘述；而畹华饰糜夫人投井一场，身段神色，为自有《长板坡》以来绝无之作。先一日剧场门次，已众论纷纭，定座者蝉联不释，未定者陆续而来，即案目亦穷于应付，已有不及斯盛之人，婉托进言，将再演一次，而园主以新戏正多，此剧即使再演，亦当稍隔若干日也。

《霸王别姬》一剧，为畹华得意之作，其场子唱句，均超妙诣，且合数十场于一夕，决非前年《楚汉争》之复乱者可比，不日当揭载全词，以便同好者按图索骥也。

畹华夫人日前赴先施公司购衣料什物。

奉卿于海上最习者，为桑铁珊昆仲，暇时专造赴深谈也。

畹华此遭南下，为添制行头琐杂所费，已二千余金矣。

畹华本于今春有粤行之约，既而未践，而粤中诸君子渴念无已，仍挽人介绍，务请至香港一行，或将于秋中践约一行也。

姚玉芙日前赴永安公司购一西帽，价可二十五元，质料甚佳。据云前此购一新帽于天津福利，价二十元，才御三日即为镪水所毁矣。

京师有极善相法者，与畹华相得子不止三人，相习者知之，咸为额手不已。

畹华此次南行，匆促未能多携衣服至，即召缝工添制单夹各衣矣。

钱冲甫收藏书画，颇有精品，前此曾挽人介绍，恳得畹华寸楮，愿进精品以为雅赏。比闻其来复申前议，即由人代为婉商，幸遭俞允。

日前午后文君赴平安里进谒，谈至半小时，文君固江西云起轩之后也。

畹华此遭来沪，所携名片不敷应用，见张孝若所用之纸张甚佳，遂拟先行仿印百张。

畹华、玉芙并恳沈培老为书西式名片小字，不日托人转求，定蒙法挥也。

（六）

皖泗杨瑟君，为前北洋大臣杨莲帅之犹子，貌似畹华，为京津人士所称道，而其家人却云不似，以询畹华，畹华固谓其似也。

前日畹华演《金山寺》，玉芙饰小青，为其侍婢，而次日《春香闹学》，则畹华饰春香，为其侍婢，此亦一种报应乎，一笑。

畹华治装之高阁适对大东四层楼之客室，以是观者云集，畹华深畏之，辄命垂帘云。

《嫦娥奔月》，为畹华古装戏之鼻祖。先是七月中李释戡辈与人夜行玩月，谈及畹华，李云："曷不排一应时古装之剧使之出演耶？"次日征其同意，遂为规划，自宾白唱词至于衣饰场子，一一斟酌尽善，使排之再四，改之再四，至于八月逐贴报出演，都人士以为此得未曾有之剧，一时园座为之拥挤。盖自皮簧盛行百余年来，旦角之攻装易服，此其嚆矢，别辟蹊径，以哄动一时。而后此遂续排《千金一笑》《黛玉葬花》等，比者《嫦娥奔月》等戏，不特都人士已习见之，即海上梨园亦无不竞引以为荣，然日月出而爝火息，畹华以创作之家，献此绝艺，两潮声里，人月双圆，可谓盛矣。

观客题名，昨有未尽者，周湘舲、汤节之、林守坚等，无日不在正厅，李瑞九、杨珸山、黄梅生、陈小石、李季高及简照南之公子等，无日不在花楼也。

杨珸山公子操阮妙手，不亚陈彦衡与茹兰卿辈，尤总角之交，比定十一晚宴小楼、凤、畹、妙、玉、王拴子辈于其新宅，届时长浜路之盛况可知。

郑让于公子夙与冯春航善，日昨在惜阴堂见及畹华，谓将何日介二人一见，当能投契也。

瓯海道尹林铁尊，素事填词，尤所倾倒者夔、彊二公，悬钮沤绣夔之额于寓斋，自署半樱，以夔公字洽樱庑也。客年见题香南卷子《清平乐》，即相继倚声，别刊一册曰《广咏梅词》，兹排日录之。

清平乐

读秀道人《咏梅词》，意有所触，即拈是调赋之，得二十二解，为《广咏梅词》，梅耶非耶，或亦秀道人所云，当于无声无字处求之者与。

天仙狡狯，化境成游戏。多少英雄儿女事，并入欢场铅泪。伊凉遍彻哀弦，人生能几歌前？不尽莺莺燕燕，问谁依旧华年。

尘缘长短，恩怨凭谁管？安得化身千亿万，一一真真亲唤。本来色相皆空，无端姹紫嫣红。珍重余香襟袖，瑶台昨梦相逢。

春红如许，开落谁为主。难得一杯干净土，分付回风休舞。奈何春里春归，回头无限芳菲。并作人天哀怨，和烟和雨凄迷。

广寒不远，顾影成迷恋。药竟有灵如尔愿，争奈海天心眼。红墙碧汉迢遥，三生几度魂销。多少步虚环佩，瑶宫可许招邀。

（七）

日昨天气炎热，畹华在家但御小衣一袭而已。

畹华夫人昨日傍晚复外出购物，至万家灯火始赋归来也，李征五昨造谒，谈至半小时之久。

畹华辈南下十日，酬酢极繁，昨日始得偷暇在家小息，纵谈便饭，明灯棐几之间，似转较盛宴为有清趣。

畹华自北京携来香片茶叶至佳，有倾杯者，辄称道之。

畹华称谓，其家侍从见生客则称老板，示其职业也，径称之则曰大爷，序其行次也，奉卿行二、玉芙行五、妙香行六，胥作是称。

奉卿告客以家中治庖之佳，辄有熟人造次共饭，肴羹立具，薄酌可倾南中之人，或未及与者，闻之为垂涎不已。

奉卿自北京携陈仓老米来，此米为昔年大仓中陈米，素不易得，南中尤绝无之，且南人不能治炊，奉卿并携一媪专司爨焉。

畹华往年在沪，演剧日必有笺寄京师诸友，告慰平安，而京中亦辄排日来书，莫或间断。畹华修书，每在散戏之后，搦玉管，展华笺，阐藻思，制妙句也。

奉卿与京师庆二爷小山最习，暇日辄造次共语，展玩法书名画之属。庆固鉴别书画珍玩当代第一流也，收藏尤富，兼擅丹青之妙，一有佳本，辄自临摹，迩拓所藏印二千方为印谱，原议托奉卿携来，转请惜阴主人审定之，以潢沼不及，谓将续寄，至今未到，奉卿昨日遂去函问讯之。

畹华在京师，七时即起，饲半天娇，以京师不演夜戏，故得早休。若海上非三四时不能就枕，则次日亦终须日晡而起耳。矧客居匆匆料量一切，对排新戏，接待宾客，在在须时；若京师则素居之地，可随时出外，访友纵谈，或徜徉于中央公园等处也。

日昨《嫦娥奔月》，彩女之行头俱系畹华自京带来者，而桌帏椅披改易二次，足见神霄玉府之耀灿。

昨日观客中颇有自杭州来者，军政各界，咸高占包厢而座也。

赵叔雍此遭复赋〔清平乐〕奉贻，先成二首，录之以为喤引：

石榴红矣，容易斑骓系。回首经年离别意，珍重月明风细。新桐更引韶妍，琼芳看所歌前。宛宛红牙怨曲，匆匆锦瑟华年。

落花时节，伫影瑶台阙。说似江南春五月，玉笛总教吹彻。晓风历历沧洲，晚风脉脉红楼。未舞先怜锁骨，当歌最惜珠喉。

《广咏梅词》，昨未及备登，兹续刊二首：

梦中惊梦，冷暖春宵共。万种相思谁与种，颠倒紫鸾青凤。传情故故情深，花阴何处遗簪。生怕晓风吹醒，赚他月下重寻。

花深月小，总为情颠倒。亲露满陪天未晚，一夜画屏秋老。菱枝弱不禁寒，风波划地谁怜，容易鸯鸳睡稳，旺风旺雨年年。

(八)

南通薛秉初君来，为邀畹华赴通事，并携张啬老亲笔小缄，日昨已交去矣，原书附录。

闻已至沪极慰，都中无扰，尤可幸，画理必更增进，昔日所许有以使老人一豁目否，人去附问。

畹华小友　　謇六月二日

奉卿、妙香、玉芙知同南，并悉。

信封则称畹华艺士云。

今午，张孝若公子，以约畹华谈，特邀至惜阴堂晤聚，深谈可二小时也。

《千金一笑》为得意之作，沪地人士因之云集，上座极好。

畹华古装戏，所云梳头者，实有其事。盖古装戏之假髻，实为一发，上挽成髻，而垂三缕至肩背，结成辫子，常日于一匣中，刻木为形，加发其上，至将用之日，则先时取加头上，挽髻理辫，润之使泽，可一小时始已，挽好再置诸匣中，携赴后台用时再取出，此其大概也。至云灵蚫堕马，青络锦丝，垂明月之珠，悬陆离之佩，则在畹华夫人之妙思独运，得于心而应于手耳。

畹华古装，髻上插花，咸在治装已竟之时，所有绢花插一巨匣内，精艳夺目，此均京师名手所制，盖旗妇所最以为美者也。治装既竟，侍者手匣旁立，畹华随意择取，加之鬓端，位置停匀，红紫相间。匣中有绣球花一朵，尤为精美，因其过大，不甚用也。

前日应刘束轩之约晚飧，宾主倾谈者甚久。

日昨应寒云主人之约，饭于私宅，想文酒从容，畹华必博新诗盈箧矣。

观客题名花楼，稍有变更，盛君、卢君、黄君，新闸路林君、简君，善钟路林君、卢君，朝鲜银行顾君、陈君、薛君、李君、盛君、陶君，正厅则于前列诸君之外，谭组安、蒋孟蘋、张孝若、李征五、沈次裳、朱博权诸君亦均列席也。

畹华以上年香南两集，备承诸耆英之奖借，投词甚丰，而玉芙结缡，尤蒙酬赠，故日内即拟先登门造谒诸名士也。

北京来信问讯畹华，而未及定南下之行期，当又去函敦促，想必有兼程而来者也。

白宫重续法统，出京奔津，畹华之祖母家属均在京师，深惧城内或有不靖，经人慰解，始释悬念。

林铁尊《广咏梅词》续登四首：

靓装多态，云罨明霞外。一顾尽能消万睐，却在眼波眉黛。襟痕最忆杭州，此乡未算温柔，差幸空桑三宿，不知越女新愁。

心魂相守，兰莲论交旧。仙骨珊珊君自有，恰与记人同瘦。孤山山下吾家，一林疏影横斜。不分逋仙去后，风标未减清华。

凤城前度，未是伤心处。泪铸黄金侬自误，丝管嗷嘈如故。几回换羽移商，匆匆粉墨歌场。看所天涯丝鬓，沧桑无此悲凉。

纤纤春柳，见说秋来瘦。到得樱花难与偶，才是群芳领袖。彩云飞渡层霄，春帆细雨楼高。剩我芳时惆怅，烟波独自吹箫（元注：春柳，留日学生新剧社也；春帆楼，马关订约处也。余三渡东游，居十余年，适与梅左故结句云云）。

（九）

前日畹华日戏演毕，即应桑铁珊约赴悦宾楼晚餐，奉卿、玉芙等均在座也。

前夕《法门寺》二本《虹霓关》，上座甚佳。

此遭畹华南下，罗瘿公先有一笺贻甘翰臣君云：

翰臣老兄侍下，久未通书，起居佳胜为慰，畹华南来，洁诚奉谒，沪中诸老，未及一一致缄，请代介绍往谒，并致殷勤，至为感幸，贱状请询畹华，当悉缕缕也，敬闻台安。　　惇敬上。

其所用笺纸，即瘿公摹龙藏寺碑集缀玉轩启事五字者也。比甘翰臣以李雪芳定于十六返粤，北梅南雪，将成尹邢，特定于十四日在非园设宴，兼欢迎欢送之盛会，集北梅南雪之清芬，裙屐名流，届时之盛可想。

白牡丹已定期假座会宾楼请畹、凤、妙、芙及北来诸艺士。

凤、畹南来，曾由园主介绍各当道，而诸公亦相继奋访，故书斋中陈列名片不少。

奉卿比携来乃兄瑶卿绘事多种，将以分赠知友，就中水仙立轴二张，尤见超秀。

畹华前以为齐如小书一直幅，曾由狄楚青介绍海上诸名流为之题跋，而或有遗漏者，此次仍携来，倩人补白焉。

凤卿前年以庆小山绘华严老祖像，恳海藏树题跋，因为书《华严》一偈，精妙绝伦，凤卿爱不忍释，行必以俱也。

畹华新宠，熊梦已占，弄璋可庆，七月间将悬弧设帨，其重闱以望九之高年，含饴以弄重孙，乐可知矣。

大词宗况夔笙，以历次贻赠畹华之作，合刻一册，曰《修梅清课》，印刷精良，吴昌老书赙，沈培老题诗，孙隘堪居士作序，海上由西泠印社寄售，不胫而走者数万册矣。

玉芙楷法甚工，况先生曾有“犹是卫恒未嫁，簪花早擅时名”之词，昨见其整理书案，有北京清芬阁之大楷纸成帙，想清歌妙舞之余，必尚添毫染黛也。

昨见孙隘堪居士致友人函，谓今年畹华南来，况夔老兴当不浅，若再有图卷，仍愿为题。隘堪居士客年固为题《香阁图序》，俳青俪白，直逼六朝，日内当为揭登也。

王病山素倾侧南雪者，客年题图诗曰，“道人不作平章语，愿使天生并二难”，则所以倾倒于梅者，亦跃跃现于楮端矣。

林铁尊词又录四首：

绣严卷恨，风引秋波俊。扑朔迷离君莫问，人比龙鹦娇困。仭兰消得情芳，三生杜牧能狂。干甚一池春水，赚人两鬓吴霜。

玉朝容舜，名字何须问。花好那知人更俊，潇洒半天风韵。清辉长共婵娟，秋心诉与冰弦。莫唱阳关怨曲，忍教泪落尊前。

弦清调苦，心事凭伊诉。此曲何须即再顾，早拌聪明自误。年时彩袖当筵，只今洲路千山。一样明珰翠羽，花风特地春寒。

江山如画，风月宜清夜。人又不来花又谢，复约水仙祠下。小仁楼外天涯，秋声冷入筝琶。一任潮生潮落，开窗总对朝霞。

(十)

日昨杨宅盛会，畹、凤、玉、楼及茹莱卿、刘砚芳均行列席，杨宅占地十八亩，位置清远，胥宇新梁，自尘嚣中来者，莫不称道不已。

座中案次有铜制烟匣，机括儳动，烟悉自升，畹华一见便知，足征艺心之妙。

饭后展观慈禧御笔花卉，宋刘松年《神禹治水图》长卷，明仇十州《金阊万户图》长卷，有文三桥题跋，二卷均长至盈丈，高至逾尺，设色工细，古色古香，洵希世之珍也。

日××见畹华×柬者，讯之，曰此吾徒弟也，盖艳秋自北方来问候者。字迹摹六朝，苍劲入格，大致谓接奉大函，敬悉一是，天蟾上座甚好，为之欣慰，想渐当更增，师母贵体必安，《刺蟒》一剧，得人指授唱句，已增加不少，华乐上座亦好，可慰远注，得便当赐回信云云。

跳舞会已定十五日在海宁路劳宅举行，初定礼查，而茶舞时间，西人冗杂，殊多不便，改在劳宅也。

文公达君已定期今日宴凤、畹、妙、玉矣。

日昨筵次主人先开留声机，畹华之《木兰从军》，凤卿之《取城都》，小楼之《盗御马》，会均在座，彼此一噱，畹华更就机缔听，谓收音似过高也。

南通约凤、畹、小楼、妙、玉、王长林、郝寿臣等，预定剧目三出，凤卿《文昭关》《朱砂痣》《金榜乐》，畹华《麻姑献寿》《长板坡》《金榜乐》，小楼《恶虎村》《长板坡》《盗御马》，届时梅欧阁中盛况可想。

畹华在京，亦收藏各国邮票，种类至多，杨陪山同具此癖，日前出示，彼此证引道各国历史之变迁，政治之沿革，颇多精义。

林铁尊词又录四首：

金尊频倒，倚画红闲小。侥幸骖鸾云外到，却又玉山颓了。记曾伫送钿车，声声风笛雷茄。今夜梦魂何处，春风依旧桃花。

殢霞人醒，红颤灯唇影。看取沉烟凝翠鼎，应是落花风定。移蓬夜雨孤城，梦云回首瑶京。只道寻常离别，当时轻上吴舲。

眼波频觇，补作妆台记。碎玉一声清又腻，肠断年时情味。绿杨城郭人家，重来蜂蝶纷拿。楼回空飞燕子，春妍半莳樱花。

彩丝误系，帘卷愁食肺。数尽番风无好意，何处闲苔翡翠。妍春也似穷秋，微云疏雨夷犹。不分徐娘老去，浓妆重上高楼。

珍重阁注：不分徐娘老去，仓皇下得高楼，大有早知今日何必当初之感。

（十一）

王城似海中，或有谓畹华在沪评剧者少，而记注者多云云。有为解之者曰，剧评为艺术上之表示，记注为人格上之表示，畹华人格学问并臻胜境，而一时冠盖交游，不可以无记，亦如李方叔之《师友谈录》，汤云孙之辑《东坡志林》，一时名士大夫风会之盛，将使百世之下想见其为人也。

前日记载邓华石望气中有舛处，盖紫气亦致福之一，而误书青紫为一行，昨承张孝若指示，特更正之。

天渐炎夏，逞歌喉者于演后不敢凉饮，惧损嗓音，若日间非演剧时间，则仍可佐以水果。彼以一技自名者，最珍重其技之所寄，故前日有人贻赠，谓“未舞先怜锁骨，当歌最惜珠喉”也。

薛秉初、刘讷庵、赵浣孙日前于筵间值畹华，恳求便面，率承俞允。

畹华日昨手中用折箑乃得于厂肆者，一面绘山水颇工细，一面绘无量寿佛，惜忘其录款姓氏矣。

画家赵安之，日昨已至沪，行装甫卸，即弄丹青，分别绘事以备贻赠凤、畹、妙、玉也。

张啬老七秩大庆，畹、妙均将作绘事以上寿，奉卿则书对联，南通别业中生辉不少。

《霸王别姬》一剧，为畹、楼生平得意之作，畹华尝见语，谓生平新剧，素心以此为最，方来海上，即分次排练，配角亦渐纯习，今园主已露布斯剧，开演有期，足以慰海上人士之饥渴矣。其剧本明日当索之畹华，为先揭载也。

玉芙见语，谓大词宗朱古微，前日演《黛玉葬花》时，已买座，想低徊讽咏，必有新词也。

军署陆达权君，每日买座，前屡次题名，均忘记录，兹为补登。前晚杨珸山、胡兰生、刘讷庵、赵浣孙，均造平安里投谒，即就畹华室中茗谈，同赴剧场。

林铁尊词共二十二首，兹率录之：

乌衣巷旧，人立斜阳瘦。愁绪万千萦别后，消泪自怜红袖。
舞衣叠损年年，珠喉重度花前。又见柳绵飞尽，珊瑚何处遗鞭。

为春憔悴，春去春知未。写怨笺愁都妩媚，况是簪花小字。
动人怜处清憨，人前特地矜严。桃李微嫌粗俗，许它位置香南。

香南雅集，风景成今昔。仗有过江名士笔，写出真香生色。如卿我见犹怜，罗浮缟袂仙仙。直恁被人看杀，镜中蓦换朱颜。

新妆点额，粉黛无颜色。雪逊精神冰炼魄，隔断软红千尺。三生慧业同参，华曼繁果谁谙。从此陇头驿使，一枝休寄江南。

比者林铁尊方建瓯社，文酒从容，翘企海滨，江南五月，必有新词惠寄，足使畹华解颜也。

（十二）

昨午畹华、玉芙于下午在家与小翠花排演《樊江关》，文武场均经口讲指画，历半小时始已。

日昨下午四时，畹华、玉芙遍谒海上名流诸公，马足车尘，衮衮一时。

朱古微、王雪丞并请畹、玉为绘便面，言次极赞其丹育之妙，谓侪辈能致力于风雅书画增进，非若吾辈之书而不工者也。

李拔可谓客年畹华生日别后，至今未晤，并将定期宴畹、玉矣。

况夔笙、吴昌石，见畹、玉，极道阔别之苦，前年昌老世兄东迈公子晋京，畹华为绘寿带便面赠之，已为海上名流题咏殆遍，昨又出示畹华，谓初笔雅不足以示人也。

诸贞壮自杭来谒昌老，适于座次见畹华，因道谢前此托释戡索诗，并订非园盛会，务同往也。

甘翰臣、周湘云、袁伯夔、潘明训均以事出，未及把晤为怅。

何诗老、沈培老、汪鸥客，均以有事，亦未及晤畹华，为之歉然。

陈少石、小石在家，得延契畹、玉，座中若朱晓兰、刘襄孙之流，朱晓兰极力请演《一缕麻》《邓霞姑》等新戏，少石、小石已定期十九日午后宴之于私宅矣。

郑海藏延接畹、玉，畹、玉极道楼居之雅，园林之胜，会邻次有隙地，欲一千买宅，一万买邻，海藏楼谓幸结芳邻，当尔建崇楼，命以嘉名也。

夔笙先生天春楼，人家深巷，位置至精，壁间书画之美，精雅绝伦。畹、玉进谒，极赏雅人深致，谓红尘中乃有此胜境。

畹、玉谒客，先在尘幕中，既至沪西，绿阴如梦，轧轧铜驼，为之尘襟一洗。

昨日桑铁珊生日，凤、畹、玉、妙均往贺寿，座中并有杨珸山、赵叔雍等也。

畹华此次拟备便面数十方，邀请海上名流为之挥洒，昨日及见诸公，均经恳允矣。

与蕙风先生谈次，谓明日北梅南雪，荟萃一堂，可为南北统一之预兆也。

李雪芳自即日起停演，将赴西泠，朱古老极劝其抽暇一观，而畹、玉以当日投谒十余处，未能勉从，为之歉然。

谭月波都督及其同人日往购座，题名忘及，兹补存之。

日昨《贩马记》，畹华熨贴入微，在场诸公，为之鼓掌不已。

昨者许少卿邀薛秉初宴于一品香，谈南通祝嘏事。

（十三）

今日为《霸王别姬》之第一声，畹华出场甚多，别姬一场，舞剑时且唱二六板一节，身段姿势扮相之妙，无出其右。有人谓实可媲美《天女散花》，以《散花》为一种理想之舞蹈，而此外更有剑以为之节奏，海渎人士，不可不加欣赏也。

日昨非园胜集，到者约百人左右，海上名流裙屐毕至，流连胜地，至七时始散也。

北梅南雪，均翩然莅止，南雪于四时入座，北梅以赴桑宅祝嘏，至四时半始至。先由主人甘翰臣介绍二君相见，就座，而南北言语初不能通，遂由严子方君通译也。

畹华久习南雪之名，但对摄影，未曾谋面，今日快睹，始信盛名之下，决无虚语也。

相见入座，畹华先通音问，谓久仰盛名，幸获接迩，欣幸何似。南雪起立逊谢，亦道相念之劳。

畹华并祈南雪即夕往观《樊江关》《回荆州》二出，南雪以次日黎明即往西泠，三日始返，返后当多留数位，藉以研究艺能也。

既而畹华谓秋中或能赴粤，揽罗浮羊城之胜，主人则见告南雪亦极愿北上，仰瞻王城如海也。

就座茗谈，北梅南雪，各就分席。

姚玉芙谓北梅南雪，幸得相逢，宜有纪念，畹华当以绘事奉雪，雪或书少许为交换品，主人亦以为然也。

座中主人索况蕙风填词，蕙风谓日内当有二十首报命，以志此盛，主人谓尚拟貂人作图焉。

吴昌老精神矍铄，首先莅止，主人惟座首席，谓吾辈八旬时，当亦如昌老之杖履清健也。

座中或拟之为南北统一之先声，蕙风先生南北均熟习，则拟之为孚威将军云。

茗余主人出水果，佐以香宾酒，南北代表均晋一卮为主人寿。

奉卿日昨以出场甚早，故不及与宴，晚间谈及，歉仄不已。

昨载诸贞壮自杭来，盖传言者之误，吴昌老座中为朱洪涛，非诸贞壮也。

日昨天雨，傍晚而晴，亭闻林次，遂留芳躅，所谓天公做美者非耶。

座客题名，吴昌石、王雪丞、朱古微、况夔笙、王病山、简照南、孙隘堪、陈炳谦、劳敬修、严直方、周湘云、刘翰怡、吴东迈、赵叔雍、徐冠南、江逢治、朱洪涛等，可百人也。

（十四）

日昨舞蹈大会举行于四川路某君宅，堂厦甚宏，遍悬花草之属，缤纷馥郁，似在散花香国中也。

来宾约百数十人，并有西洋人若干，畹华绝艺，彪炳六合，遐荒侏僪之徒，自亦倾倒不已。

畹、玉于五时莅止，先进茗点，然后就舞场小座。舞场之右正有小屋，潢治绝美，畹、玉即导入，就门次纵观也。

乐声一奏，男女宾从，整衣摄履，为反腰贴地之舞，纤尘不飞，疾徐中节，但见翩翩蛱蝶，绕翔于丛花织锦之中，香云叆叇，花露缤纷，钻石之光，与电炬同其朗列。衣西服者固夥，亦有仍白夹单衫，趋跄场次者。计一刻钟始小息一次，前后可舞六次也。

舞蹈之余，男女偶对，并有入小屋休息，女宾治装掠鬓，男宾则饮柠檬茶，就电扇博凉气。畹、玉久立，亦小坐舒劳，但于此氤氲之中，听人促膝为乐。

英文《沪报》主笔，即时恳畹华照片，谓将揭之报中，畹华嘉许。前午《密勒评论报》固亦尝歌颂畹华者也。

江逢治君座中力劝畹华为瀛寰之游，谓西人纵不解宫律，然慧心所及，中外相同，必博声采。畹华谓回京后必当力学西文，以期长进。

畹华在京亦辄赴北京饭店观舞，手柠檬茶一杯，以消暇晷。畹固受西洋优美之游艺者，今在海上欣逢此盛，乐可知矣。

《霸王别姬》一剧，前已屡屡言之，日昨甫经出演，观者云集，今明二日，遂连演二次，俾向隅者可以就座，坐远者可以接迩，至声容之茂，歌舞之胜，凡经寓目，均致赞词，固无容为之琐屑也。

南通剧目略有变更，啬老之意，拟请畹华演《散花》《惊梦》二剧，然时间关系，尤未能预定。小楼则三出中拟演一打脸戏，或为《铁笼山》也。此外王长林、郝寿臣辈，届时均往祝嘏，更俗剧场，其盛可想。

（十五）

《别姬》一剧，或谓重在歌舞，而慧心人以为项王《饮酒歌》“拔山”四句，暨虞妃歌“贱妾岂独生”四语，真有“长使英雄泪满襟”之概。小楼呜喑叱咤，声劲而锐，峭而悲，虞妃于委婉之中，奋激扬之概。方其四面楚歌之际，环顾座中，罔不悲颓，足征声音之道，艺心之精，感人深矣。

畹华每于临镜晚妆，弄粉安黄之顷，喉×间辄作娇啭声，虽有声无词，不出唇齿，而韵度憨稚，令人之意也消，所谓"牙根时度一声莺"也。可知其蕙性兰襟，无时不与歌曲融会，唯其深造有得，乃至流露无心，遏云绕梁，非旦夕致，吾人学问之道，亦若是矣。

沈昆山与畹华至习，比定即日由京赴沪，于二十一可以抵申，二十三更当赴南通祝嘏也。

日昨学圃之人，特定正厅座位数十客，邀海上名流观《别姬》，足见赏音之至也。

况夔笙词宗得石刻文曰"南无名无量声佛"，前曾请人绘一佛像补白，盖原文曰得文名者宜供养之也。然夔老之意，尚拟请畹华重绘，必蒙首肯也。

况夔笙词宗曰，前允非园主人作《清平乐》，已成十一解，次第录之，继声而起者，当不乏人也：

清平乐　壬戌五月几望，甘翰臣约梅畹华、李雪芳集非园，盖香南二集以还，斯为甚盛会矣，索词得十一解

岁寒芳意，把酒今何世。梅雪清缘天与缔，都付狂生狂醉。片雯锦绣乾坤，十年湖海心魂。花路不知南北，非园合是桃源。

买花载酒，倦极飘零后。桃自红肥樱绿瘦，已忍一春孤负（今年不看桃花，并绿樱花亦未寓目）。　　总然无主韶光，断无未断回肠。不分江关词赋，更为梅雪平章。

听风听雨，暂遣愁多许。揾袖拍肩莺燕侣，下望人寰尘雾。茜雪洒落梅边，媚兰腼觍人前。都到狂生醉眼，知他魏晋何年。

根蟠仙李，梅亦神仙尉。按谱群芳稽姓氏，各自天然名贵。映雪梅更精神，洒兰雪亦温馨。省识芳心寸寸，南强北胜休论。

红筵促坐，花近香无那。对影琼枝非计左，明镜未应如我（谳集与畹对坐雪接席）。　　天涯青鬓成丝，十年前已衰迟。容易芳风吹

聚，匆匆见说将离。（雪芳明日之杭）

（十六）

昨有为南雪致声北梅者曰，日前承梅邀观剧而不能应命，为之歉然，然有三因，当邀知者之不罪。初雪常在粤，海上初无戚里，往返数遭，始知此间有姑母，然以每日献艺，遂未暇投省，今全体既已辍演，不能不往，且姑母已留之下榻，若遽往一面，即出而观剧，将失长者之心；又南雪全班于十四辍演，艺士均已乘轮返粤，雪但拟赴西泠，遂少淹滞，而寓中但其主仆二人，颇不自安，会姑母款待，即时非园散后，当摒挡一切，亦非晚十时左右不得了之，而次晨即有杭行，势不能不稍事休息，但侍西泠言旋，自当买座一窥绝艺，传言青鸟，亦遂致之缀玉轩中矣。

吕蛰庵赋性疏懒，素不甚出门，比闻畹华南来，亦欣以得饫绝艺为乐。前日特属刘讷庵转托知者进言，谓能否日内一演《游园惊梦》，吕固爱嗜昆剧者也。

妙香每日晨间辄徒步跑马厅泥城桥一周，再往就睡，侪辈久居京师抗爽之地，忽来海上，寄迹陋巷之中，宜其不自适矣。

玉芙与友人谈次，颇爱吴淞风物，谓何日当乘汽车往一游，接海风，袪尘襟也。

玉芙颇爱舟行，此遭以奉天南下，得揽黄海之胜，归时尚拟乘舟，谓较火车劳顿，为乐多矣，况词昨录五解，今更续录，据云不日当再有所作，以馈知音也：

为梅扶醉，是雪无如腻。莫笑衰翁为妩媚，清物人天能几(或以饰边幅诮余然而未也)。　　者回翠盖珠钿，从今碧海青天。说似最伤春处，绿阴如梦年年。

何时雪北，更续香南集。谁定输香谁逊白，等是情芳消得。　漫天飞絮游丝，狂杨送尽斑骓。占断南都北地，唯应石黛燕脂。

玉梅芳节，旧梦幺禽说。莲子有心须苦彻，何望嵰山甜雪。

二难何世曾并，三生着意无情。乞与当筵一顾，要他倾我愁城。

天花划地，絮亦沾泥矣。吹皱是风侬是水，此是如如真谛。无端兰茝芳馨，更堪冰雪聪明。忉利情天难问，眼中清浅蓬瀛。

霓裳旧谱，禁得蒿莱否。万一残鹃堪共语，商略英雄儿女。江南事事堪哀，抽豪欲艳无才。生怕听歌看舞，却教赋雪吟梅。

（十七）

日昨贾碧云宴畹华于消闲别墅，于五时造赴至七时始至。陈庸庵家，庸庵与朱晓兰为邻居，朱之庖人素负盛誉，是日治馔尤精。

连日观客云集，题名宜补录者，王雪丞、朱古微、况夔笙、徐积余、文公达、吴孟嘉、蒋抑之、田时霖、甘翰臣、潘明训、周湘云、聂榕卿、周湘舲诸君。

庸庵筵次，极慰劳畹华连日舞剑之辛勤也。

同席有余寿平、沈次裳、杨寿彤、庄得之、刘襄孙等，可二十余人也。

今夜戏《游园惊梦》，初以海上欲观者甚多，玉芙曲徇众意，以促成之，不然，或尚不肯即演也。

奉卿昨与友人倾谈，极道白石道人旁谱之精审，改古调为今法，通之以何四乙上尺工，凡谓若非白石先生之承先启后，则古乐将不能通之于今玩，咸筝琶将一无所据矣。

小楼笃信象教，演剧余暇，即以参禅念佛为净养，盖亦有根器之流亚也。日前在奉卿处见案头有《佛学提要》一书，盖惜阴主人赠之奉卿者，因亦向索，主人欣然，次日即交之奉卿转致矣。

昨畹华辈约邓华庄君为之望气，所言弭不应验，神奇之极，约略掇之。

畹华为木形，花木之木也，故随时随地均宜珍护，近十年中，正走好运，头顶红气甚高，可得积蓄，并谓若早生十年，文章必可鼎甲。

玉芙亦木形头上红气甚好，将来经商可以×中，目下亦正交运限，一往坦平也。

妙香头上红气甚放，谓将来可拟畹华，并谓前此为有家时遭劫财，故近重进运限，将来必享晚福也。

奉卿之子少卿，亦往一望，即曰："若三人为创业之格，尔但守成，勿劳而致，财荫下之积德。"听者以为神奇。

推子息则畹华三子，玉芙四子，并谓畹华之妇宜健硕，健者于相属土，以土培木，其茂必矣，畹华为之胡卢。

吴浸阳君及吴兰生君，为弹琴名手，手挥五弦，目送飞鸿，雅奏一曲，使人胸襟顿洗。日昨亦为畹华弹《平沙落雁》之曲，《渔歌》第九至第十五等，万斛清尘，泠然斗室，本自阳光中至，而苦热者不知风之萧萧，凉生肝隔也。

畹华有意学琴，请师事吴君，并即时为购琴谱数种也。

（十八）

日昨畹华与谭大武、夏剑丞、李拔可、郭子文、赵叔雍等饮于宝兴路中有天，以定时午刻，故起身绝早，十二时即趋赴焉。畹华当恳谭氏昆仲及剑丞作便面，剑丞并问及京城诸友人近况。

下午畹华赴福利公司购一巴拿马草帽，为价甚昂，出福利即步行至华革和鞋行，畹华素不甚步行，此遭在大马路小步一刻钟，亦难得也。

既复至先施公司鞋部购缎鞋及漆皮鞋各一双，伙计略略觇视，畹华即低头，惧为人所窥。

下楼又至文房部购明信片一打，均系西洋最新制版者，畹华随意选择十分钟，上车始行。

抵家后排演《上元夫人》，指授沅凌华、许飞琼等，由玉芙指挥一切，所有歌舞节目，均经口授，历半小时始将次就绪。

排完复赴大东旅社访客，与玉芙偕行。

昨晚《游园惊梦》，为畹华得意之作，因之观者甚众，海上高等人士，大都爱尚畹华为体贴入微之昆剧，若《贩马记》《狮吼记》《玉簪记》《金钗记》等，畹华每演昆剧，亦自以能情盛誉为乐也。

昨日邓华石、吴浸阳等造谒畹华，并约同赴通祝嘏，畹华以为途中旅次，可学操琴，喜形于面。

南通祝嘏之举，畹华、凤卿、玉芙、妙香、小楼、长林、寿臣、德义、彩霞、俊峰、春彦，均于昨夜《上元夫人》完剧，即上船，以今日上午抵通，下午即登台，明日为生日，并演双剧，于夜间三时复开专船，二十六上午抵沪，二十六夜又献艺，可谓劳碌之至矣。李雪芳前日回申，于二十七回港，极思观《天女散花》，昨日即由人转达此意。畹华因二十六上午十二时到沪，当晚即演《散花》，恐不胜劳，然不能不排歌舞之剧，以馈知音，故定献寿。若李雪芳能留沪数日，则必排《天女散花》也。

二十六夜戏献寿，二十七夜戏《玉簪记》全本，二十八夜《邓霞姑》，此盖预定者，至有无更变，犹不可定。

客年日本有东亚美术展览会，罗致中国法书名画，畹华绘二佛像以陈列之，标非卖品，而彼邦见之，诧为鸿宝，愿出巨值，畹不愿也。于是报纸喧传，辗转仿印，纸贵洛阳矣。

此遭尚有诸名流诗词不及备载，今以凤、畹赴通，明日当拓地寥寥。

（十九）

日昨以治装事繁，兼有日戏，畹华于午间一时即起，小息即赴剧场，可三时也。

昨日《贩马记》日戏，上座绝好，园主当盈余二千元。

归后小坐，即赴剧场，《上元夫人》此遭初次出演，故观客亦至多也。

晚间散戏较早，在十二时十分，畹华归家小息，始上大和船，于三时半启碇赴通。

昨见畹华更衣，身悬金锁片，署“鹤鸣”二字，盖梅妻为制佩者，一面刻梅花，工致绝伦。畹华曰：“此南人所佩，此制似太大也。”《游园惊梦》之花灯，均畹华亲自北京携来者，书画精绝，合二大箱，此画重啬翁之请，亦特携去，烦琐极矣。

《玉簪记》为畹华得意之作，《问病》《偷诗》尤颊上添毫，畹华自愿启演，遂与园主商定，于二十七夜登场也。

赵安之为畹华绘《天女散花》像，久擅时誉，此以畹华为意，每年临别所赠之照片，殊不甚佳，将改赠此帧，即付商务书馆制五彩铜板，届时人手一纸，闻声对影，可慰饥渴多多。

况夔笙词宗为题《清平乐》一阕曰：

众香国里，天女非斯是。却被鬘天青鸟使，道是萼华仙子。剧怜多病休文，维摩万一前身。画里真真唤彻，要他着手成春。

赵叔雍继声成三阕：

兰因谁证，只赤灵山境。不数长康金粟影，彩笔能参上乘。无边声处传灯，真如悟入丹青。一晌诸天花雨，智珠特地晶莹。

宣和旧谱，妙迹图书府。问病维摩征雅致，行似子冲谦素（《宣和画谱》侯翌字子冲，绘《问病维摩图》，藏之内府）。　宝章弹指烟云，前尘惆怅王孙。依约道场清净，灵檀消得三熏。

绮霄云路，仙袂便期舞。说似诸花香散处，昙影却教长驻。鬓丝禅榻俱非，愁边无限芳菲。乞与金装宝轴，证他清净菩提。

日前非园盛会，甘翰臣君亦作词贻赠，调寄《齐天乐》，兹录之：

凤城家世云韶旧，丝阑更翻金谱。九畹情芳，五陵年少，婉娩乌衣风度。飞觞醉羽。伫浣月琼枝，临风玉树。萼绿华来，小园应傲庾郎赋。　听风听雨倦极，恰嘉荣法曲，来洗尘土。人境枝巢，词家竹屋，得似红罗亭否。粤讴调苦，几历历沧桑，枨枨歌舞。白发传觞，此情君记取。

(二十)

畹、玉等乘大和船,三时启碇,计程十一时可达南通,寓博物院,已早为布置置帖妥矣。

晚演《游园惊梦》,想更俗剧场,于珠帘翠幕之中,着闲庭雅院之秀,啬老必掀髯而笑也。

饮食投谒之琐屑,一时未易详举,当俟赋归,始能露布。

昨谓畹华佩金琐,署"鹤鸣"二字,此盖畹华学名也。人人第知梅畹华之名澜,不知其为"鹤鸣"也。

天热演剧苦汗,则于汗衫上加一油绸之单褂,即一种薄雨衣料所制者,然后更加戏衣,汗不湿矣,而油绸质地致密,不能透气,苦热遂益甚,俟卸装时,汗出如藩,挥之如雨也。

昨见寒云主人,有函恳畹华代觅《梅欧阁集》一册,梅欧阁即张啬庵建于南通,以纪念畹华暨欧阳予倩者也,集中照片数十叶,啬诗数十篇,唱和尤多,印刷亦极精美,前年沪地亦偶见及,畹华则当往通州索之也。

香南三集尚未定期,须俟畹、凤回沪后定夺,畹云必择一清闲之日,与海滨诸老周旋一堂。

昨有见及秀道人者,询以《霸王别姬》,道人曰,吾殊不忍畹华演此悲剧,令人不忍卒睹。

吴昌老屡欲投谒畹华,迄未成行,想一返沪,必践期约也。

昨载非园主人赐赠一词,以前日聚梅雪于一堂,并有赠雪一词,调寄《高阳台》,并附录之:

赠李媛浣蘩(浣蘩,雪芳小字也)

璨若琼琚,华如桃李,更堪冰雪聪明。臣里佳人,二乔谁嗣香名。西樵山色寰中秀,为个侬特地钟灵。占人天月地云阶,玉价珠声。

红桑阅尽风怀减,尽摝抄老眼,还为谁青。谁遣楼台,蓦如七宝修成。小园得似愚公,谷近绿阴曾伫娉婷。又花风数到将离,杯莫辞倾。

赵叔雍复有《清平乐》二首：

丹青贶我，古佛楞严座（客岁畹华画佛寄贻）。冰雪聪明兰絮果，消受茜窗清课。　　年时俊约香南，绿阴深处诗庵。乞与散花天女，三生慧业同参。

吾宗小阮，图写群芳遍。尘世赏音今几见，得似嗣宗青眼（家侄安之临陆包山《百花长卷》，畹华赏誉有加）。　　唯应能者能知，年时弄粉调脂。貌取花王国色，倚声消得梅痴（畹华旧作牡丹便面，秀道人为题《清平乐》一阕）。

（二十一）

畹华在沪，夜眠最迟，较之凤卿有过无不及。盖自戏园归来，必在一时许，偶以对戏，则非至二时不得归，就浴小息，再进茗点，与玉芙辈闲话更经时矣，最后则修书予京都诸友人及程艳秋等，矧居停之地殊隘仄，天热则更不能就枕，非四时不得息也。

大达公司诸轮各有专室，为啬老自用者，在诸大餐间上，位置较宽。

畹华此遭即居大和之此室，盖南通雅意款待，先为位置者，行期匆匆二日，奉畹眷属仍居申寓也。

连日诸人勤劳已极，前晚《天女散花》完戏登舟，昨日逾午抵沪，稍事休息，及晚复演《麻姑献寿》，畹亦见告，谓甚疲也。

畹、玉初至沪时，所御缎鞋，甚中趾，有问之者，玉芙曰，此阁中手制也。

凤卿为人书扇，最爱苏诗，平居亦固服膺眉山者也。此次南行迫遽，未及携至，尚拟乞假一部，俾为临池之用云。

小楼能作篆书颇劲挺入格，以素性疏懒，故不尝为之也。

朱素云素以楷法称誉京师，今虽年事甚长，犹能握管，每日尚赴三处演唱，不嫌其劳也。

畹华此次逗沪，求绘便面者甚多，日内正预备，每日抽一二小时添毫染黛，不然则去沪之时，将不能交卷，穷于应付矣。惟佛像巨幅，恐非赴京后无暇为之。

今日《玉簪记》中有《西江月》一词，谓之郑可，谓之俗不可，秀道人曩年曾和十一词，谓为无抑之极思，柳郁之奇致，曾经揭载传诵一时矣。

孙隘堪居士曾题《香南图序》，迄未揭载，兹特录之：

《香南雅集图》者，何君诗孙为畹华作也。畹华雅善歌曲，藉甚清名，杂征郢中，属和者自寡，腾誉区外，遥闻者辄思，今岁维莫之春，重来海上。于是餐芝逸老，摛藻词贤，相与接褉联裾，合尊促席，留连襟带，试订同音，杂沓衣簪，自成彦会，斯亦极一时之盛矣。夫郑虔《七贤》，陆晃《六逸》，古之人所以传神缣素，寄迹丹青者，诚知款衿或辽，歌筵易散，宗王写其良对，侨札取而参轨，庶几子桓所谓追思昔游，犹在心目者也。雅集为名，西园称盛，畹华斯图，得与并美，使夫芳流餐仰，芬响凝留，不亦善乎。余弱不好弄，茫昧音律，抚弦莫识其趣，入洛徒识其佳。乃者彊村诸君，复有非园之游，畹华在焉。时则东山幽筑，虽无丝竹之娱，北海胜情，雅有琴尊之乐，期余偕往，一共笑谭，合坐极欢，岂非至愿。只以莼乡归梦，空联暂面之交，莲社闲盟，致类攒眉之去。今者把玩宝绘，枨触余怀，季重有言，“游宴之欢，难可再遇”，盖不能无慕徒之恋焉。

按何诗老客年连绘二图，畹华奉之如至宝，今岁二竖见侵，遂致疏隔，乃于昨日子刻遽归道山，仰宝轴之精英，增黄垆之感恸，震悼何如，书此以志腹痛。

（二十二）

畹、凤、妙、玉于次日上午十时半抵通，有军乐队全班及更俗剧场全体至轮埠欢迎。

同行者可八十余人，行李百余件，由汽车二十余辆直载至寓所，通州汽车轿式者甚少，故畹、凤所乘者，即啬老自用之一辆也。

畹、凤等寓博物院之味雪斋，供张甚优。

抵寓十一时布置妥帖，啬老即至味雪斋来谈，至二小时左右，即为设宴洗尘。

即日五时应预祝之约，饭于三先生城南别业，通邑以啬老寿，戒屠三日，故不用鲜荤之品。

味雪斋距更俗剧场甚遥，饭后即乘汽车至剧场。剧场布置甚佳，规则肃然，台上除值童三人、场面七人外，不许多一人，而座位亦宽畅，禁止瓜子等食物，尤形清洁也。

剧场前面榜巨字，曰杨君小楼、梅君畹华、王君凤卿等等，戏毕一小时，回寓沐浴，小餐就寝已二时矣。

次日十时半相继起身，时寿堂设南公园千龄观，而公园中祝嘏者拥挤，则别于商会设寿堂，以款西宾。畹、凤亦均至商会行礼，后即在商会西餐。先由啬老演说道谢，各西宾亦叠进颂词，此外陪宾则许交涉使等在焉。

餐后至南公园小坐，即唱日戏。日剧毕，已至六时，遂回味雪斋小息，饭于濠阳别业。啬老复就谈至九时许，再赴剧场，演毕十二时半，复至味雪斋摒挡一切。登舟，薛秉初等送至轮埠，而剧场干事王玉斌则送之上海。

大和于十一时抵沪，畹、凤、妙、玉同载一车回寓，即向悦宾楼治肴共饭，饭后相继就寝矣。

此二日二夕之中，演剧三出，碌碌舟车，然无风尘之色，差足幸也。

香南三集，定闰月初二日仍在沪西惜阴堂举行。

昨日二十七为雪芳离沪之期，简照南君并约梅雪于南园，到客甚多，必博盛况。

从南通来者，并言更俗剧场此遭演戏三次，日戏为啬老请客，晚戏仍按座售票，票价四元，与上海相等，啬老每晚购票三百张。

更俗定例不得添座，而此次拥挤之极，自台口至于通衢，莫不充塞，有自乡落间专诚来观《天女散花》者，一举一止，掌声雷动。

剧场卖座统计，亦有七千元左右之谱，而畹华以交谊关系，决不受聘金分文也。

（二十三）

日昨简园盛会到客甚夥，王雪丞、沈蔓笙、王病山、严直方、陈炳谦、谭海秋暨粤中诸名流，一时盛集。

李雪芳以有他事，于三时至，四时半即行，未能与畹华一致珍重也。

凤、畹、妙、玉于五时莅止，先摄影再游园。南园占地八十亩，巨木章天，复引水为池，凿石成亭，令人涉足心目辽廓，有桃源之胜。

就中简氏佛堂构造尤精，灵檀三宝，至者肃然。

陈炳谦君之私宅，在徐家汇路融圃，亦饶林亭之胜，因与诸客复往一观，而畹、玉则博小息，容日再往专谒。

座中有自美国归来者，颇识西洋美术之学，而布景制造，尤所擅长，因与畹、玉讨论改良问题，畹、玉为之首肯。

李雪芳本定昨夕赴粤，既以事小滞，将于月杪动身，犹乞人请演《天女散花》，特事权操之园主，当再婉商定夺也。

谭海秋君介绍，谓德国有最大音乐公司制造留声片，通行全球，下月技师来华，将商唱数片，此至北京后，再行定夺可也。

谭海秋复将定斯宴凤、畹，并约陆干老及粤西诸名公一晤，凤、畹亦欣然，谓择暇奉白。

日昨《玉簪记》〔西江月〕一词，盖玉芙所手书者，楷法精绝，摹拟六朝，而得传其神者也。

日昨《玉簪记》，畹华得力于细腻二字，要在失之不荡，此等身分颇难合度，畹华细心体帖，颊上添毫，洵杰构也。

昨日按夜分发之剧本，为缀玉轩抄本。盖畹华心素之剧，必校印定本，此即转印者，中有缀玉轩抄本五字，盖可以为后人设证板本之需矣。

香南三集本定闰月二日，今以沈培老之介弟子林先生，于是日举丧，投顺延至初三。盖凤、畹之意，此遭必图见及培老也。

畹华演《上元夫人》之剧目关节，盖罗瘿公所手书，虽草草，而挺秀可观。

妙、香昨晚邓霞姑之礼服，为燕尾式，盖较之大礼服，益为典重也。

诗老云亡，畹华最为伤感，将作挽联以申哀思，诗老盖与夕祖巧龄同庚也。

凤卿爱藏烟壶，此遭携数事来，王雪老嗜痂同癖，日昨在南园中示交为品定。

况夔老前作《清平乐》十解，昨更见语谓香南三集，当续赋数阕，以继其盛。

(二十四)

日昨畹、凤竟日未出门，一以事休息，二则畹演新戏，梳头三四次，非半日不得告成也。

凤卿昨在寓斋为人书扇，并假高梧主人《白石道人集》漫录《湖上杂咏》诸首，颇饶恬适之趣。

凤、畹眷属昨均在包厢观剧，各据一间，梅妻衣金花纱衫，高据而观，并侃侃与友人谈讯，旁座者以其亲到梅花，屡屡窥之。

凤卿携来一扇甚巨，谓将请昌老为之书画。

赵安之日前面恳畹华为绘佛像，已蒙颔允，谓回京后当即绘寄也。

前日《天女散花》，畹华徇雪芳之意，特为排演，当即告之劳君，转致前途。

畹华之剧，发聩振聋，贪生负气者，莫不欲一加瞻仰。昨演《邓霞姑》，南京路吴鉴光竟买座正厅第一排，手执纸箑，注目不释，喜形于色。

日昨时装第七八场所用之钻石别针，乃梅妻物，临时使侍者向包厢索取，加之项上者。

畹华扮戏，先加粉泽，再添黛眉，然后加发，更衣易履盥手，每须经时之久，始能就绪，故每夕必于戏前二时至剧场。日前演《玉簪记》，少少稽迟，玉芙意惧愆，时怼迫不已。

海上有西报数家记者欲一晤畹华，曾由《时报》馆狄楚青转达此意，业蒙首肯，但须择暇定时耳。

陆干卿由宁之沪，即赴剧场买座，并有谭月波诸君同在观《邓霞姑》也。

杨珸山昨复以扇头二事恳得妙绘，盖其至戚所转求，想蒙首肯不日转交。

南通在沪请各三日，每日购票二百五十张，盈盈济济，故包厢每日拥挤不堪，盖所以酬答送礼，而未赴通之诸宾者。

晚华旧戏若《宇宙峰》《祭江》《祭塔》《起解》等，均受海上之欢迎，特园主心理以为卖座或不得盛，故抑之不使演唱，昨者日戏贴报《起解》，正可听其青衣一曲也。

地方亢旱，素少阴雨，迩来连日阴霾，继以霖雨，小楼高阁，镇日琤琮，畹、玉聚谈聊消长昼，而闷损不已。

有问畹华亦嗜南中海鲜否，畹曰是什么我都吃；或谓之曰，然则亦嗜半天娇耶，畹为莞尔。

时智侬书法甚佳，偶在某医士处见畹华赠巨额，歧黄寿世四字，智侬所书沉厚朴茂，不易多睹。

（二十五）

前日《天女散花》，天气殊热，戏完下装时，开窗纳凉，遂招风，自惧失音，次日《起解》，幸已元复。

前日贴报本书次晚《玉堂春》及《长坂坡》，《玉堂春》唱做并重，何能更添一戏，园主但欲张罗营业，而不问演者之精力，且不预与申明，遽尔牌示，事为畹知，大怒询之，始改《樊江关》。畹曰，若贴此报，无论如何，吾明日必告假也。

初议日内演《风筝误》，此剧前次出演，哄动一时，而园主以配角难得，遂置之。

此遭定期一月，园主则租约二月，在理颇拟蝉联，而凤、畹以天气炎热，日演重戏，居处逼窄，且同行者均有北归之意，故尚不拟续约。

昨日畹华以来沪承贾碧云、白牡丹诸君之约，午刻特答席于消闲别墅，消闲为闽菜巨擘，前此碧云招饮，亦即假座其间。

阁员有自京来者，畹、玉闻之，喜形于色，想海渎必有欢迎之盛会。

文公达昨在畹寓，谓屡次南下，均琐冗不博暇晷，何当只身南来，领略山水之佳趣，而杭而苏，至于金焦，荡涤尘襟，必足以启发慧心不少。

三西公司及所经理南洋正业社之化妆美术品，卓誉一时，盖邦人士之热心者所创办，以为振兴国货者也。主任陈君，为林畏庐之坦腹，日前特托转赠化妆品若干种，以博一粲。

凤卿昨方起，即偕桑铁珊同出。凤爱骨董，暇辄浏览于冷肆，日前见一砚，四周刻隶书《心经》全部，虽托名文彪，而精美绝伦，不易多观，凤意固必欲得之也。

有谓畹华人极忠愿，不合《狮吼记》身分者，姚玉芙亦云令梅大爷作这么一个人，究竟说不过去。

日昨《霸王别姬》，为减价后第一次出演，拥挤之极。

刘翰怡京卿日前非园盛会，亦继声《清平乐》二阕，转致畹华，兹录之：

琼枝秀出，蕚绿神仙籍。一曲《阳春》谁和寻，万紫千红无色。

缟衣来共清尊，非园合是名园。记省罗浮香梦，义熙何处桃源。

闻歌倦矣，不尽寻芳意。芸帙四围疏雨里，依约一襟兰气。

软红极目瑶台，东风好为吹开。指顾江南春信，鸾云也合飞来。

(二十六)

日昨香南三集，到者甚夥，凤、畹、妙、玉，于五时莅止，八时始归也。

沈寐叟维摩多病，未能应约，畹、凤为之惆怅，然由文君致声珍重，恳作维摩法像，且谓迩来不甚作诗，若求书之件，则随时可应也。

朱彊村亦以病未来，见其小柬曰，高斋雅谦，深愿趋陪，昨夕感凉，忽尔婴河鱼之疾，上负嘉约，怅歉何如，如有清吟，尚祈写示云云。

甘翰臣日前特约李雪芳往观《散花》，推重之至，并即托甘转谢排演之盛意。

奉卿有一班指，为庆小山所赠，上有奚铁生刻黄小松句曰，“夏禹勤于国，兢兢惜寸阴，德敷千载远，神往十分深”，昨特转上惜阴主人。

秀道人常日与畹华酬酢，每占对座，诵“明镜未应如我”一语盖前岁集联，固有“愿为明镜分娇面，闲与仙人扫落花”也。

赵安之临蒋南沙团箑十叶，盖南沙奉敕临宣和者，赋色工丽，昨以示畹、奉，均为赞赏。

比岁已还，秀道人悲潓屡更，风怀消减，日惟习静观空，杜门不出，于畹此次来沪，只一临天蟾观《霸王别姬》，又如凄艳之文，不忍卒读，怅惘而归，昨晤畹于惜阴堂，畹询其只看戏一次，何以故，意若甚属者。道人欲作答而意难遽尽，对于畹尤不能无感，越夕演《狮吼记》，亟欲柱杖扶衰，一青老眼，盖娇妒者，天下古今至妙之容也，特未卜是夕座中，能容此狂奴否耳。

上次非园谦集，梅雪先不同席，酒半雪来就梅，二美合并，从众宾解事者之请也。适主人以精奁盛枇杷及荔枝进，秀道人顾畹微吟《西厢》曲文曰，试看离魂倩女，怎生的掷果潘安。畹为之粲然，道人可谓善索梅花笑者矣。

秀道人咏梅词，先后得六十五首，赋雪仅三首，非园席次雪六索词，口占《鹧鸪天》应之。

(二十七)

桃李为容雪作肤，本来珠海出明珠。十年看舞听歌倦，脆管帘栊一起予。　　春婉娩，锦模糊，江山金粉厌侬渠。冰霜磨炼相思骨，容易天教付点酥(长羡人间琢玉郎，天教分付点酥娘。东坡《定风波》句)。

严直方君观畹华《天女散花》，继声赋〔清平乐〕二首：

芙容如面，婀娜怜幽倩。仙袂飘飘花片片，疑是回风飞燕。这般洛水丰神，原来明月前身。演作散花天女，一声珠落春申。

散花如霰，天女维摩见。满地落红莺百啭，凄绝舞衫歌扇。苍茫人海无边，老僧彻悟参禅。听到霓裳法曲，飘飘羽化登仙。

三西公司所经理南洋家庭工业社之化妆品，昨特贻赠畹华梅兰霜、白如霜各两打，精白香美，甚蒙激赏，谓较之舶来品，有过无不及之。顷畹华已驰书道谢矣，原书作六朝骈文，极流丽，特录之：

三西公司台鉴，昨辱瑶函，拜领尊赐，启奁生色，引鉴凝春。兰风扬辉，麝尘腾采，阳阿晞发，拜膏沐之盛施，沧浪濯缨，净熏染之结习。庶使鸡舌失味，龙脑不温，贾胡望而却步，瀛寰抱其流芳。引领日中之盛市，毂击肩摩，莫罄天末之微忱，目怡心赏。敬肃寸笺，用申款曲，附奉摄影，藉志纪念，专此道谢，顺颂鸿图。　　梅兰芳启

(二十八)

日昨应北京路十一号商业百科全书公司西人之约晚饭，西人亲造平安里寓所诣候少待，尊俎尽欢而散。

畹华日内择暇为人数解，而奉卿之少君少卿，前有一箑，强捉高梧主人为之挥洒，主人素拙于书，自号手盲，辞不获已，为书餐樱词二首。而次日少卿已恳畹华为绘一方，作兰花灵芝，署款壬戌又五月，为少卿老弟属，畹华作于申江平安馆，平安馆即平安里也。

畹华连日有西友酬酢，昨西报记者毕德森，复请宴于一品香，推崇艺事备至，且请其出洋一行，拓闻见，而使彼邦之人，可以藉瞻丰采也。

刘翰怡京卿，前日以琐冗未能赴香南三集，为之惆怅，特赋《清平乐》三阕：

壬戌闰端午前二日香南三集，置酒惜阴堂，余以尘事牵率，弗克叨陪盛会，赋此以志怅惘。自畹华南来，蕙风为之提创，一时群公奏雅，几于非《清平》不乐，余亦继声，甚愧效颦，录就。　叔雍仁兄正拍

困人天气，雨殢香尘腻。准拟罗浮幽梦里，来伴师雄扶醉。嘶骢却误寻芳，元都我愧刘郎。也伴东风惆怅，桃花未抵梅妆。

尊前萼绿，婉娩人如玉。平视刘桢须眼福，芳约只增怅触。瑶台月下心期，无端只赤天涯。却被楼头孙处，傲余并影琼枝(是夕隐庵先生与畹华接席，亦如非园蕙风之与浣蘩也，李媛雪芳字浣蘩)。

西风纫佩，定有兰因在。不共江山金粉改，看取笑红颦黛。后期珍重香南，壶触无限清酣。倘许云阶月地，坐依乌帽尘衫。

(二十九)

日昨袁宅公宴畹华，特烦小世界昆剧演《断桥》《惊梦》二则，前辈典型，不同凡俗，畹、玉折服不已。

国医许寿如君，自常来沪，梅妻素有肝肺之疾，特请诊脉，想不久即可占元复也。

陈散原先生特自宁来沪，观《霸王别姬》，激赏备至，当赋新诗。

昨演《狮吼记》，秀道人述四印斋之言曰，妒者，妇德之至美者也，其平昔珍视檀奴，若擎珠怀宝，稍涉尝脔之疑，较甚切肤之痛。妇之妒，亦犹臣之忠，孝之字，出于至情迫切，勿克自已者也，苟为不妒，则是视其夫为无足重轻，其心尚可问乎？今秀道人欲观畹华演《狮吼记》，盖通乎斯旨矣。

畹华天性敦厚，故其情深，奇妒自深情出。又如畹华其人，虽有鞭朴诃责从其后，吾受之，即吾亦复为之媚妩，而不能甘之如饴。吾虽俗何至是，虽狮吼乎，吾谓鸾和凤别何加焉。季常先生可作，当不河汉吾言(四印斋半塘老人光绪中叶以词著名宇宙)。玉梅后词有云，愿为油壁贮婢娟，愿为金勒马，宁避紫丝鞭，能为斯语，可以观《狮吼记》。

秀道人咏梅词，复得五阕，录之：

秀道人咏梅词寄〔清平乐〕屡矣，惜阴堂香南三集，赓续五调，录就惜阴先生正拍

瑶京旧侣，因果皆兰絮。萼绿华来无定所，总在画堂深处。
尊前词客清狂，清平何止三章。分付柳丝千万，一丝一绾韶光。

蟾圆廿四，东海桑田矣。无恙年时觞咏地，深话二年前事。
婆娑诸老依然，何郎词笔人天。消得梅花惆怅，云山远思谁边(何诗老于十日前遽归道山，前年为畹华画《香南雅集》《云山远思》二图)。

香南雪北，著个伤心客。忉利情天经几摘，万一翠禽犹识。
本来如镜非台，花花相对何哉(非园、南园两集，道人与畹华对坐)。怕听虞兮怨曲，十年一剑堪哀(道人海滨穷饿，足迹罕涉歌场，畹华南下逾兼旬矣，某夕演垓下故事，道人实始闻歌，豪行哀丝，红颜碧血，人天咸怆，掩泪而归)。

(三十)

畹华定于本夕出演《瑶台》，《瑶台》为《南柯梦》中一折，词藻音节之美，久已脍炙人口。畹华得名师指授，更有绝妙身段，《梁州第七》之载舞载歌，真如一朵红云，使人望眼孩咍也。畹华来沪，演此为第一次，盖应按曲家某君之请云。

昨晚日戏后回寓，即在家休息便饭，并议及次日演《法门寺》《瑶台》等事。

最近时装有绝妙之妆束，盖妇人理发用夷变夏，分发为三股下，其左右二缕，使蓬松掩两耳，而就中一缕则覆之至额，遥遥望见，真风鬟雾鬓，如蓬莱洛浦婵媛风度，隐掩远山近水之际，畹华新自某处见及，即召发工如法制发，且已觅得此类摄影，为模型矣。

日前何诗老领帖，畹华初意必欲亲往致祭，而时间不及，但上祭筵，未能行礼，怅如也。

昨日《玉簪记》《西江月》一词，匆遽未得书就，时将出场，畹华急属高梧轩主人就后台书之，主人乃为妙香书镇家之宝，可发一噱。

学圃主人周湘云，将定期宴凤、畹、妙、玉。

凤卿亦偶弄丹青，昨见其绘一便面，风神秀丽，可贵也。

畹华凡所演曲本，均精装牙签玉轴，等于中秘，署签曰，缀玉轩习曲本，敬释题签，则列剧目，如是凡百余册也。

畹华屡次在沪所演剧目，均汇订成册，以便考览，有所稽讨，一索便详。

（三十一）

连日畹华饭于消闲别墅，极赏其治庖之工也。

日昨许、桑二君宴畹华于二乐园，到者李伯行、赵叔雍、余寿平、沈冕士诸君，宴酣，尽欢而散。

昨有言西国某贵妇克夫人，盛称畹华色艺之佳者，更询其佳处，曰吾纵不识贵国宫律之雅，然无论如何，在红氍毹上，决不知畹华之为一男子也。此言颇中窍要，盖能明举其大端者。其人又言，客年畹华在沪，无日不赴天蟾，今以琐冗，但观四次，倾倒之深可知矣。

国医许寿如日前应黄漱兰先生文孙之聘来沪，梅妻患肝疾，亦请诊脉，梅允亲弄绘事以为之酬，当可在行前得之也。连日凤、畹摒挡行事，得暇均赴先施永安购物，叠床架屋，堆积甚多。

昨在畹寓见其整理丹青，或将绘染箑面矣。

畹、凤此遭颇欲罗致海上书画家，为绘箑面，想必有压装之物。

吴昌老近来绝不为人挥洒，畹华以必欲得一箑面，因恳况蕙风为之致声。昌老首肯，并谓不必送箑面来，吾自当绘就奉贻也。

日昨况先生五词，但录其三，今特补之：

华堂倚席，玉映成春色。此日分阴须更惜，何止千金一刻。暗香疏影词清，吟梅小晏知名。更有鸥波妙笔，琼枝写入丹青（叔雍公子能赋梅词，其小阮安之工设色花卉，尤喜画梅）。添杯重把，杯滟人如画。群玉山头今见也，复约瑶台月下。　　彩云捧袂仙仙，西风仅佩年年。晚卧未妨冰雪，余情都付兰荃。

（三十二）

日昨午间应李征五之约，馆于宁波同乡会，治庖甚佳；晚应文公达之约，馆于东亚旅馆。

前日李拔可生日，畹华特赠银名刺盒一具，上署观槿斋主人惠存，署款梅兰芳敬赠云。

钱仲甫以有西人约观所藏法书名画，因并约畹华，而畹以时间匆促，未能预定，能否命驾，不可知也。

翁君赠畹华以桂林山水独秀峰图，为所手绘，精美绝伦，畹华得之，殊深激赏。

《瑶台》一剧身段之妙，载舞载歌，观者叹为得未曾有。

凤卿昨日在寓，复为人书扇头数事，字摹翁北平，极秀腴之致。

妙香客年为王雪老绘便面，雪老遂更请畹华补绘一面，以为双绝，畹华业已挥洒，不日复命也。

沈培老处往谒未晤，畹玉怅歉殊深，今又赐其便面，培老谓送到即书也。

畹华此次来沪，所携影片，均北京所印，今已分散将罄，盖各报馆辄有向索传播者也。

畹华日昨登台之前，尚在后台按拍而歌，盖昆剧首重悠扬，即暇闲宾白，可以消遣余晷，而学力之外，多加涵养，自无往不利矣。

（三十三）

昨晚本定宴东亚，既改卡尔登，据其楼座，电光依约之间，翠阴交盖，风篁如韵，虽人力所加，而心胸足以交遣也。

宁波同乡会治庖甚美，就中枣泥蒸鸡，松子肺汤，尤为畹华称道不已。

此次畹华所制新髻，尚未竣工，但留沪不过数日，恐未能更排新剧，而畹意固尚欲一试也。

客有至西泠者，畹华谆属购舒莲记之纸扇，盖将敬请海上诸老为之挥洒。

学圃主人拟十五日宴畹、凤于本宅，已先商之凤、畹，惟时间或有参差也。

《霸王别姬》一剧，尚须出演二次，以餍众宾，至临别夜系《天女散花》之类，特未确定耳。

《金雀记·乔醋》，为妇人之盛德，闺阃之模范，凡有家室者，不可不往，以资观感，盖畹华所亲道云。

南园盛会，摄影记念影成，严直方贻赠畹华一叶，并系以诗。

浓阴如盖草如茵，萼绿华来证夙因。倘许镜中怜倩影，好从月下认前身。诸天妙相疑非幻(剧中人幻相也，备极妙肖，疑非幻也)，绝代清歌有几人。最是杜兰香去后(李雪芳先书)，花间凝伫惜芳辰。

（三十四）

《金雀记》中《鸾凤和鸣》一图，即畹华手笔，绘甚工丽。

《金针刺红蟒》，为《混元盒》之一节，全戏须演八日，兹但采取其一节耳。畹雅不欲演此，特曲徇园主之意，以为新鲜，故为一演。

昨日贾碧云函恳绘一便面，又为夏君代求一事，业蒙首肯，特不审日内行期匆促，能便挥洒否。

梅妻爱梳新式髻，苦无所师，日前始辗转介绍友人为之，装成示畹，畹亦赞许，谓当往摄一影也。

曩者演《狮吼记》，秀道人述四印斋之言，以为妇德之至美，今观《金雀记》，当反之曰，井文鸾天下妇德之至美者也。体贴檀奴，无微不至，彼不惜自屏其固有之位置，以檀奴之心为心，但求爱我之人行其所适，衾裯晏安，则虽当儋如豆，处之泰然。天下惟肯自甘其苦，以成人之乐者，斯足贵于当世。彼所见甚小者，据贪生负气之藁砧似为已有，不知方寸之内，早已驰骤千里，神游太极，赁舂举案，何乐之有。君子曰，善哉文鸾，虽古之贞女，何以加焉。

谭瓶生昨在文公达座上始识畹华，赋七律一章奉赠，即书篓头旧从乐府诚绵驹，今向琼筵识子都。玉性兰仪真不忝，神鸾威凤世非无。声名早自惊瀛海，儒雅多应愧士夫。何待闻歌九天上，尊前欬唾已成珠。

（三十五）

日前应学圃主人之约，饭于牛庄路，到者王雪丞、吴昌石、刘翰怡、赵叔雍、赵叔孺诸君，至八时始散。

临别纪念，连日上座拥挤已极，赠送照片者三日，而昨晚所赠之《天女散花图》，为赵安之所绘，原辐长六十英寸。先是畹华见图，极愿得之，安之上午曾赠一像，遂定议印此次赠剧场，绘事重笔法与照片不同，此幅尤以红黄青三色煊染，极人天妙发之胜，畹华激赏备至，印赠亦重畹华之命也。

卢小嘉、沈韫石昨宴畹、凤、妙、玉。

畹华为人画扇头，日择暇晷，而来者尚拥挤，遂定议日内所未及绘者，当回京绘寄也。

美国报界诸君，日前托人婉询畹华，以七款，年龄、籍贯、经验、历史、俸金、趋向、影戏趋向，及影戏二层，颇有发表，匆匆何能即复，遂先答一笺，俟赴京再详告之耳。

连日日夜戏辛勤已极，昨晚深夜散戏，小事休息，今日九时半即赴北站登车，由宁而京矣。

严直方君以南园照片求畹书所作诗，已蒙首肯，于深宵招暇一挥，固不能工矣。

谭海秋拟定期宴畹、凤而为期不及，畹、凤但有心领而已。

赵安之赠别词《清平乐》一首。

骢嘶欲去，把酒临歧路。从此东风吹遍处，无复年时情绪。芸窗料量丹青，吴笺省识平生。幸许花前对影，难忘月下闻声。

吾尝×《乐记》曰，“君子反情以和其志，广乐以成其教，乐行而民乡方可以观德矣”，则是德之所系，系于乐也。今畹华以德施乐，系德于乐，则又视先儒之训而有加，成教必矣。海渎尘垢，音政噍杀，畹华南来，将有以教海渎之民耶，于其濒行，不能无去思，述此为《梅讯跋》。盖能通《乐记》，斯足通于畹华之绝艺，若徒以清歌妙舞斧藻其人，而不识艺心之微，虽韩娥秦青，于衰世乎何有。壬戌闰月既望，珍重阁。

（《申报》1922 年 5 月 30 日—7 月 11 日）

政论

国耻感言

日昨国耻纪念，所以纪念中日《二十一条》也。然试举中国之国耻言之，互市以来，无论为和为战，凡订一条约即多一国耻，战为城下之盟，和亦苟且偾事，《二十一条》特各种条约中之一种，亦无数国耻中之一耻而已，试举其大者。

有鸦片之战而订《南京条约》，开赔款之端；台湾排日，视同化外，兆领土分裂之患。以《南京条约》而有四国同盟，以领土分裂而安南缅甸，改隶他国。继之《伊犁条约》《中俄密约》《马关条约》《辛丑和约》，胶州、旅大、广州湾、威海卫之租约，以至外蒙之分治，无论有无战争，事事均丧权而辱国。至于袁氏称帝，日本提出《二十一条》，加以承认，遂为惟一大耻。

后于五月九日者，安福私党又屡与日本，擅借款项，缔结密约，至今发现者，犹恐东鳞西爪，未尽真相，足知尚有无穷之国耻，为国人所不知，欲纪念而无由者。

国人今既知耻，当图雪耻，纪念者，特以促起国民雪耻之心，而非所语于雪耻之事。鼓励精神者，导之于前，准备实力者，踵之于后，其庶几乎。综中国数十年来之外交，可分前后两期，所蕴积之国耻，亦可分为两期。在先者昏愦畏葸，不知外交之惯例，是谓无识；在后者知外交之惯例，而不胜其权利之私心，不惜倾国家为孤注，以冀巩固其片时之地位，是谓不德。中国之耻，中国人召之，反躬自省，不足尽责列强之谋我也。

雪耻之方法固多，而确究其召耻之由，既明明如上述。今图雪耻，即当人人求智识，以满储各个人之实力，人人修道德，以发挥团结群众之精神，吾人勿视此为老生常谈，无论何种经国大计，苟不以此为基础者，吾敢断言其无济。

抑更有进者，五九之耻，事由被迫，人或谅之。乃若以南北第一交通孔道，其地为坐拥重兵之二三军阀重重管辖之地，其人为五千余年号称文化古国之民，徒以政治失修之故，聚众至数千人，被掳至数百人，辱及友邦名流与其妇孺。如昨日津浦劫车之变，置国家信用及名誉于何地，斯真空前惟一之大耻，此种政府，此种军人，吾国人对之，亦思所以一雪此耻乎。

（《申报》1923 年 5 月 10 日）

仕而优则学

当我七八岁时候，老师教我读《论语》，囫囵吞枣，一些也不懂，尤其对于“学而优则仕，仕而优则学”两句，更不了解。后来到了中学程度，大家都知道我所读的学校是特别注重国文，尤其是《四书》《五经》的圣经贤传，所以在做几何、做三角算题的时候，还一样的大读《四书》，卖弄斯文。那时候我才明白些这两句的意义。大概是学好了本事去做官，做了官还得去学本事。曾记得在一次国文课卷中用了这个意思，拿到了很好的分数。

时光一天一天的过去，人生也随着一天一天的变换，自己的身体力行，真正加增了不少的经验。到了现在“哀乐中年”，偶然空闲，却仍不免“书痴结习”似的回味起圣经贤传来，不但是回味而已，还要加以推敲。有一天，又想起这两句话，仍然有不明白的地方，就此自己与自己问答起来。学了本事去做官，到底学些什么？是不是学官是这么做的，还是拿学堂里学的国文、历史、几何三角去做官么？若说学做官的本领，学堂中就根本没有这么一课。若说拿几何三角、国文、历史等本领去做官，是否就够应用？却是大大的疑问。再说做了官去学本事，又究竟学些什么？是否做官了后另外去学一套本事，还是一面做官，一面仍旧继续学国文、历史、三角几何？那当然不是的了。既然不是，必定另外还有一套本事，又究竟是什么？真成一个世界之谜。

有一天，忽然大觉大悟，原来“学而优则仕”的意思是叫人学好了某一样本事担任某一种公役。国文应该读通了，再去做秘书；法律应该学会了，再去做法官；几何三角学会了，再去做技正。如果没有学好，千万不可侥幸尝试，害人害己。圣人立言的精义，真是一些不错，真可以做万世师表的。至于“仕而优则学”呢？始终还不曾彻底明白，大该包含两种意思：(一) 服官奉公的时间，千万应该继续求学，因为官吏也不是一定凭出身的。算学家在做了官的时候，还须照样研究他的算学，书画家做了官的时候，仍旧不妨动笔。(二) 学问虽好，做官不一定内行，做官要有做官的一套，没有地方可以学得会，也没有人可以教得完，只有等你自己上任之后，去学习去研究。你要不去学习，你就不会懂，也就会受人蒙蔽，受人欺骗，甚至于自己蒙了不白之冤，或代人受了无名的过失。反过来说，你自己要想贪赃枉法，也得学些门槛，这完全是孔二先生的好意，叫你自己放明白些。这两种意思之外，是否还有别的深心？小子才疏学浅，恕不知道，可是上列的两项，为必然性，是毫无疑义的。

我们现在且谈谈这学习研究罢。我本人是学书不成学剑又不成的一个宝贝，二三十年来，干过的职业着实不少，走过的码头，也很多。做官、经商、写文章，没有一件做好过，可是各样却都得到些小经验——事实上是不够用的——我要凭我的经验去研究，自知相差还远，可是我却愿说些老实话出来。这些话人家都比我内行，但是或者不肯畅所欲言，却是不如我的地方。我现在姑且先说几件“仕而优则学”第二节目之内的问题。问题太多，情形太复杂，一时说不完，也只好随意提出几点。没有系统的来谈谈，也不用演绎的方法来提出旁证，也不用归纳的方法来取得结论，只将我二十年来所见所闻所学到的多说出。或者诸位“初入仕途”的朋友，可以拿来作一种应付的参考，并以博诸位读者的一笑。

人海之中，我所发现最普遍的病态，便是心口不一。小而言之，谈起话来，总是廉洁奉公，不敢少有贪污，虽然生活清苦，也不敢少存非分，可是考察起来，实在仍旧有贪污的事实。又有些见人总自称向不善于应酬，平常很少朋友等话，事实上却是三日一小宴，五日一大宴的交际专家。大而言之,比较上级人员最多的口头禅约分两种:第一谈起个人性格,每每好称恬淡,不乐和人家竞争,可是东钻西营,干求请托,无微不至。第二谈起公事,总称一切秉承办理,毫无成见,可是刚愎自用,实行时的办法,完全与上级的意见背道而驰。诸如此类,记不胜记,我起初几年,书生本色,听见什么都信以为真,屡次上当,后来才学到了“不可轻信”的铁律。一切的一切,若非得到事实上的表现和侧面的证据,任凭他说得天花乱坠,我只当他是耳边风吧了。

无论什么人,可以说很少勇于负责的。因为责任负的好,是你本分应该的情事,未必一时三刻,连升三级;负的不好,可是一件倒霉事情,可以影响到你的前途。这点情形,大家明白,因此就来了一个大家规避的消极抵制。譬如一件事情,本来可以立时裁决,并且因为决定的快,可以获到很大便宜的。但是勇气不够,还来一个推三诿四的办法,请由某处核复,请由某处会签。或者提出某种联席讨论。当最大困难的事情,连开会之时,都只派一位代表出席,免得自身牵涉。等到三呈四复,事件的时间性已经过去,本来也就不甚重要。换言之,也就没有应负的责任。火候已到,众论所归,随随便便,就结束了一重公案。经年累月,公家的损失不赀,可是个人的肩胛,连树叶都打不到一张。或者不巧,有人指摘起来,一方面固然可以拿环境困难,情形变化等字样来推诿,一方面却也振振有词,公事上尽有交代,决不致引起诉讼弹劾,这真是“处世金科”。自从发明了这新原则以后,我所学会的就是提倡“当机立断”四个字来做对案,但是还要附带声明两项:第一绝不可取独裁政策,第二绝不可草率从事。这两项是“当机立断”的大前提,切切不要忽略。

做人是很少肯用心的——用心的确是件很吃苦的事情——所以每一事件发生,最好就用应付的办法,打混过去,公文上的“存”“查”“阅”等字样,更是救苦救难的不二法门。再进一步,如果内容是干燥无味的报告,或是横行斜上的表格,那就连内容都不去看。更进一步，连存查等字，都偏劳人家大笔一挥了。这在忙人，不能细看，姑且不谈，可是内容复杂的事件，倘然如此，可真误事不小。至于会议的时候，一言不发，好像太不认真，言必有中，又属操劳过度，于是随便来几句敷衍搪塞的话，总算纪录上也有了名字，而事实上却是绝不相干。定策的时候，先汇齐了几种意见，归纳成为两种，然后来一个不加意见的双请办法，听候上级去决定。交涉的时候，自己不以主动的精神拿出提案来，只将人家的提案来咬文嚼字，修正补遗，可是大部份还是人家的精神。这种不肯用心的办法，实在是处理事务最当改正的部分。我现在所想学而还未成功的，简单点说，是一目十行但观大意的看报告，看一个帐目的存欠结数，会议时不得要领，宁少发言，处理事务只用一种办法。即使两法均有研究之价值，也当分别轻重，加以考语，拿主动的地位来提出一切方案。

人是感情动物，虽然理智极清的人，有时还免不了为感情所冲动，这是“阿其所私”的出发点。至于感情的发生，或者由于天然的支配，兄弟亲戚关系，或者由于人功的制造，如送礼、拜会、奔走、侍候种种，可是一着了“私”，就起了“阿”的作用。人家说他不好，心里终以为是好的，人家就提出了证据来，心里也知道他不好，可是口头上还不肯取合法的断然处置，怕失了自己的面子。又某一件事情，熟人所拟的办法，无论好与不好，比较容易听得进去；生人所说的，虽是好话，毕竟还要考虑一下。又自己本人对于一个问题，多少总有一个见解，这个见解虽然明知不好，可是第二个人拿出好主意来的时候，不免还有自行袒护之处，不肯痛痛快快立时取消自己所拟的短见（借用，此处不作自杀之意，请勿误会）。说得好听，此人是有办法，确立主观，可是主观一强，就犯了不顾事实，甚至于反而害事的毛病。我想我们对付的办法，须要做得矫枉过正一点，方才可以得到公平的结果。就是凡熟人及亲友所说的办法，所请托的事项，特别要慎重一点，恐怕他里面含有什么毒素在内。又发觉人家意见属于主观过强的时候，我们须要分两种法子去对付：第一当面驳斥，说明不对的地方，彻底拒绝；第二如此人生性刚愎，就暂时取不理的态度，既不立时奉行，也不当面辩驳，保留过相当时期以后，再行纠正，免得磨擦。这两种办法的运用，则要“因人而施”了。

掩饰推诿，是人类天赋的一种本领，正如昆虫的保护色一般。公事房里，职员迟到，或是因为路上麻烦，或是因为天寒迟起，偶然的事，本不要紧，可是问起他来，不是说自己头痛，就是说妻子害病，这真是何苦的事情。由此而“充类尽义”起来，慢慢的帐目尾数，有些算错，合不起数，就来改帐，甚而至于心想作弊，就根本做一张假单据来搪塞。好在查帐是查的手续，手续不错，就不能挑剔。从前北京各衙门内办事员，可以替人包做出差帐目，各地客栈戳记，无一不全，开起抽屉来，真是洋洋大观！可是我研究的结果。作弊之初步，还是从掩饰错误而起，因为掩饰得法，就不惜进一步来捞一大票了。推诿更是省麻烦的妙诀，小而房内遗失物件，问起同室的人，不说我正在写字，没有注意，就说适在会客、小便等等。至于公事办错，不说下级的疏忽，就说缮校的笔误。远地有重大事件发生，更可以补报告假，诿称公出。总之有麻烦的时候，都没有我在内，是最太平的方式。我平生最痛恶这个，所以明知要推诿的事情，就不大去问那些人，而拿我的直觉来下判断。如果看出一存心推诿的人来，我就找他来当面谈话，由远及近，拿到了话柄，哼哼，看那时你还推那里去。

一个人对于论事办事，各有巧妙不同，本是很平常的事，应该由冷静的第三者去取决才是。可是有些根本错误的见解办法，为人家所反对后，还是饶饶不休，真是太可恶了。他们的办法，有时明知上层事忙，未必就替中层天天谈到小问题。因此利用这个，向上层驳斥中层的办法（一个机关的主要干部当然是中层），甚而至于已经领到的款项，出过收条以后，还可以向上层说该款未曾发下，目前需要，无法应付等语。有时候就在文字上打混，或者高谈驴头不对马嘴的学理，或者远引东西洋各国的精神和制度，来胡加辩驳。这种无聊的工作，实在是“心劳日拙”。所以我向来对于人家的报告，无一不向中层对质一下，因此就时时发现出强辩饰非的内幕。至于长篇高谈学理的文章，我一看结论，判断是非之后，就此搁置，不再细细去拜读他。任他说得天花乱坠，我却“存而不论”，一则节省精神，再则免受诱惑。这个方法，不知大家以为何如？

好勇好斗，力争上游，本是人类的向上性，也就是“战争创造文化”的意义。可是见人打架的事，毕竟还少，同事挑拨的事，就不胜其繁了。有些同室同事的朋友，为了一张纸、一张笔，就震天价的吵闹起来，我就派一茶房前去劝阻。有的为了研究某一问题，意见不合，好似弄假成真的不悦于色，我就置之不理，看见神气不妥，就马上下一结论。更可恶的是一般人用挑拨的方法，当面是鞠躬尽瘁，追随很力，可是背面就滥造谣言，大加诽谤，或者还举出似是而非的证据来，并且一定还要附带一句，此事听见某人说的，可千万不要说穿才好。有时更在政务上有关系的地处，谈谈毫无根据的事务，一来自表他的遇事细心，二来便是“借故中伤”。他满心想此种“故神其说”的方法，万一发生作用，必可影响到对方的地位。可是事实还是事实，人家一两次听过，甚至秘密调查以后，毫无影子，此时不但对方的地位没有影响，可是本人的信用反而破产。所以我一向逢到这种情形，向来取一个最好的办法，就是“见怪不怪，其怪自败”，屡试屡验，可以算学乖了。

我平生所遇见的人物，实在不少，可是统计起来，凡是见面好大吹大擂的人，结果都不甚圆满。譬如曾经在报纸上投过一两次稿件的人，往往自称办报有经验，或者自己竟表示是个作家；又或者曾在十年前某一个机关中做挂名职员的，他必定要细述当年的情景，加油加醋，神龙活虎，表示他幕后的秘密工作；有时根本没有做过事的人，不能报告经过，只可对于一切瞎发议论，如何提创廉洁政治，如何注重科学管理，滔滔半小时，似是而非的老生常谈，如果我们“需才孔亟”的时候，也很容易受到他们的“自我宣传”，结果总是上了他们的当；也真有人凭着一张利嘴，一帆风顺的事业成功，真是北京话所说的“冒上”了；可是遇见我这傻瓜，我早就学会了一个对案，就是用算学方程式来计算一下。凡是有声有色，叙述经过，大发议论的朋友，他说得越起劲，我越减低借重他的意思，他越是不吹不打，反可以增加我对他的信仰，拿定了这个研究人事，大约错不到那里去。老子劝人家大智若愚，真是深通世故，可算是我的同志。

东方民族的道德，一向是隐恶扬善的，所以几千年来大家都抱着不得罪人的心理，真真是“末流之弊，一至于此”了。我知道下级有违法之事，是很难瞒着一般最接近的同人，可是那个都不愿多说一句话，尽管大家私相议论，可是负责任的长官一问起来，就干脆回答一个不知道。上级有事，大家也莫不抱定“官官相护”的无上训条，大概这里边包含有几种心里：一怕结怨，二怕报复，三怕连累，四怕声名传出去，影响到长官和机关的名誉。而最重要的一点，就是事不干己，何必强出头，找麻烦，甚而至于还有最高超的见解，以为“水清则无鱼”是历史上的训条，或者“豺狼当道安问狐狸”是历史上的佳话。如此几种心理，合并起来，你想还容易得到真实的下情么？我对于这个问题，一方面体察人情，一方面勤求事实，好多年来，还始终没有什么好方法去应付。无论如何，软说硬骗，总是达不到目的，一切一切，只有凭自己个人去硬出头，因之往往“事倍功半”。诸位不知有何高见，能够解决这个问题，还请随时指教。

自尊心理，原是人生向上的一种心理，比自卑可高明得多，但是自高的人，往往就不肯服善。孟子说“舜亦人也，余亦人也”，这本是政治家运用自尊心理，来引起群众信仰的一个例子。可是有时说得太过火了，或距离事实太远，或者说在刚刚不适宜的场合，这就只有加增人家厌恶的心理，甚而至于发言人反受发言之累了。我常常研究一部分的能力和人事，问起主管的人来，无论对与不对，总还有个答复。问起一同工作的人来，就不大有什么答案。倘然再进一步，问起某人这么样，他那答案，往往表示他的成绩也不过如此，这中间就包含了“我的成绩很不坏，他的成绩并不好”，同时充分发挥了自尊和不服善的精神。又常常在开会的时间,大家要拿个主意出来,起先大家一言不发,可是有一个人提出方案以后,大家讨论起来,就不免来了无数的"修正补充",本来悉心研究,相互讨论,原是极应该的事情,可是讨论时候,各人神色之中,终不免有些自尊和不服善的表现。我对于这个问题,自己勉励自己和劝导别人,向来都是提高自尊心,并且同时绝对服善。你想一个书记写一笔好小楷,一个打字员几分钟内打出一篇稿子来,我就不会,能够不佩服他么?再说一件事体,由我一个人办,连交涉带拟稿,还要钞写封发,试问是否办得了?我们平心一想,实在是应该服善,千万只可自尊,不可自大,同时对付那充满自尊心的人们,还不妨可以相当同情。徐看成绩,可是对于性好自大,表示不服善的人,最好是"嗤之以鼻""相行不理"。

以上片片断断,随便写去,一霎眼就写了两个年头(三十一年度到三十二年度),可是还有很多的感想见闻,实在还来不及列举出来,我想就此打住,同时还请大家研究更进一步的对策,让我再过相当时候,"学"得可以更"优"一些,这真是感谢不尽的。

(《古今》　1943 年第 16 期)

国人谈政治之分析观

政治事业于全国人民，胥有至重要之关系，故蓄意留心于此之程度，可以觇国人教育文明之进阶。欧西报纸日行千万，彳亍衢中者，多挟一帙，可以觇矣！回顾我国，素秉各人自了之观念，于群众事业，已多漠视；何况十七年来负痛未已之政治，于报纸之总销额，可以证之。然即谓国人绝口不道，又未必然，请约举分析之，藉觇国民在此方面之趋向，勿谓作者之玩世不恭也。

（一）官僚之谈政治　官僚对政治有二别。一绝不爱谈，无论亲友相见，每谓一行作吏，绝无足观；于此衰时，有何可说？窥其意旨，一方固不欲落边际，一方亦惧以爱谈而受干托之烦也。其一娓娓以门面口头之语，谈之不倦，则或将与谈论间，自炫其对政治之热诚，或将因问答间而刺得对谈者之一鳞片爪，俾可运用而已。

（二）军界之谈政治　高级军人，无学识者，自知不文，偏好谈政，以资掩饰，又多习用不吻合之汉唐历史，来相引证，冀炫其博，等于笑谈！有学识者，言不苟发，则恐闻者将以其所言，用为标准，而妨及其业务。普通士兵，谨愿者每以长官演说之食粮服务捍卫国家等为口头禅；黠慧者则更进取长官宣传过甚者，发扬光大之，冀以幸猎上进矣！

（三）商人之谈政治　商人论政，首厌言兵。然又以年事阅历之不同，而判起途径。大抵青年抵掌，多为愤激痛恨之语；迨入世稍深，艰苦备尝，则一归平淡，偶有所及，不过相对咨嗟而已。

（四）报界之谈政治　报界执业者，十七年来，遍览成败之迹，早视朱门如蓬户，阅人既多，感情遂杂，倦役之余，凡未便宣之文字者，多一一为茶余消遣之言，而但事藏丕，绝少成见，每多调侃之词，藉作谈笑之资而已。

（五）学生之谈政治　学生谈政治，一方以环境所接触，一方以学理之陶镕，往往趋于极端，则其造诣见地，容或限之。意气一动，发不可遏，去而之他，入主小仇，此为有骨气受冲动者也。至于盲从，亦或不免。小学生有但知掇一二伟人之名氏，夹杂议论中，而绝不了解者，则儿戏中之点缀耳。

（六）妇女之谈政治　妇女之青年好学者，并以谈政治为一种应时之语，酬酢所需，或更一进而倡妇女参政之说。大抵在学生时代，留学时代，多本其良心上之主张，为立言之本，一至适人，则又每以藁砧所言为标准，及子满枝头，米盐琐困，则更无暇论及矣！

（七）平民之谈政治　平民之与政治，以教育不及，相差过远。然亦有因报纸上笑林讽刺画所载之冲动，而好加谈论者。则职工之接近文化者，多爱标新；但服力役者，则喜崇旧，多以忠孝大节，为论人之正法眼藏。标新者又以标语及小刊物为谈助焉。

（八）游手之谈政治　游手好闲者，与政治之智识隔绝。然间有所闻，未必不谈，而自幼得熏陶于评话家口中之《岳传》《水浒》，则又以与其行为绝不相容之忠孝为鹄的，一以自文其陋，一以充其崇拜伟人之意思，有一时间吴佩孚之名，遍于里闬，殆此类也！

（《生活(上海 1925A)》 1928 年第 3 卷 第 18 期）

新闻事业与新闻政策

新闻事业，为公众之事业，初不仅与政治上之嬗衍迁移，有若干之消长，实于一切公众事业又社会环境，负莫大之关系。故业此者之标准原则，必大书特书以示人曰：惟忠惟实，不倚不偏，有闻必录。盖所以示其大公者至笃，而阅者庶几得于满纸纷披之际，获得所谓正确之消息焉。

至于持新闻之政策者则不然，以发布新闻为职，而以宣传利用为志，举其畸轻偏重之心，势将以新闻纸为刍狗。凡一消息，或尚在蕴酿之秋，或复疑似之际，因微见著，殊不必以迅捷之手段，勤加采访，但将其可为利用之点，传布以之，即其消息为事实，而词令之间，亦间有抑扬，或多举废，终将引多数人士之观听，以集中于其身，益视新闻事业之职志，正相径庭矣。

惟新闻事业之为公众事业，以公忠为原则，则其主持者，当训练自身，为超出一切职务上范围之人。何以言之也？论政治则不以个人之爱憎，逞党同伐异之私；述社会则不以切身利害，作假借畸偏之语，不能不尽穷天下之魑鬼，而势不能与魑鬼伍；不能不切中学世之时弊，要不为时弊乘，将自视如无情，而天下一切之有情，方足以乱于笔底，荡于胸襟，将自视如有情，以鄙倍天下之鸡虫得失，尽为无情，舍之不齿。夫如是则镜笔圆觉之理，庶合符契，以镜摄形，有形则受，妍媸随缘，积此端居，用申遐想，蕴日既久，庶得维新闻事业原则上之态度于万一，业此者当有悟于兹。

然而有以新闻政策，来相逆击者，必造作似是而非之语，以偿其蓄私便给之谋。在新闻事业草创之时，作者之技力未精，功候不及，但作歌颂之语，或教为丑诋之言，则业新闻者，亦一览以无余。早知其诪张之为幻，慎于抉择，严于取舍，犹复易事。至于人事孳乳，操术日精；或每日以肤浅之言，用作潜移默化之初步；或但以事外之远致，来添颊上之三毫；或故矜不易求索之新闻，或别阐钩稽索隐之妙恉，则抉择者神其敏给，渐为淡忘。新闻之政策，乃渐渐以敷扬新闻之原则，亦徐徐以减色，此必然之理，亦习见之事也。

夫论新闻之本色，但当以忠实为依归，而政策之所崇，自以其爱憎相流转。业新闻者，毛锥在握，智珠怀胸，宁不能鉴定衡平，烛其奸宄于万一，然而境境之恶劣，威利所胁乘，明知此为无聊之语，然不得不用为粉饰之资，明知此为一面之词，不得不悬国门之赏。回翔斗室，二三子者，检点此纷如落叶之新闻，亦何尝不知就中有无价值而属于新闻政策者。顾拒之则不能自外于生成，载之则徒怀惭于衾影，在从事于新闻事业者，不惜牺牲编辑新闻之人；而编辑新闻者，亦更不得不推类广义，以牺牲阅者，此中陈陈相因，举世率伪，一旦道破，有不掩口而相与胡卢者乎？

虽然新闻事业为天下之公器。惟其为天下之公器，则天下亦相率以来争。新闻政策者，又假此公器以遂其私者也。此不足为后进之新闻事业罪，实先进之事业，即有以肇其因。在欧美国家，无论政治家、实业家，上自任何国家之揆席，以至巴黎市衢上之乞儿，无不挟新闻为利器。多少罪恶，赖以造成，坚白同异，各为门户，要不过欲博得多数之同情，以遂其策画之实现。而新闻事业，势不能与万恶之社会相隔离，则凡一接触之间，即有受新闻政策支配之可能。即不必径受政策之支配，而一切观感影响，要均于无形之间，已不能不受其诱惑，为可断言。业新闻者，一方将如何以公忠自矢，一方将如何以应付环境，则正业此者所当切加研讨，以尽其长者矣。

尝试言之，橐笔治新闻者，要不能不认为智识阶级中人。夫含生负气之徒又重之以智识，则其势于政治上之从违、社会间之环境，多少必有其本身抉择之能力，充此抉择之力，即为信仰之心，更秉此信仰之心，播扬尽义，则对于外来逆袭之新闻政策，其拒之也遂有不期然而自难自易之理。盖与其心理上相违之新闻，傥无作用，固不见屏，少有存心，亦瑕瑜立判，以蓄诸胸膈者，固已有入主之成见，则不相同流者，一见而乍知，此则自易于辨别新闻之有无政策，以藏诸后。惟其信仰之一方，苟亦有以有政策之新闻来进，则素所服膺，未免见猎以心喜。以纯洁之新闻记者，自不虞同一信仰之下，有含作用施政策之鬼魊，杂入新闻，以遂其私。或即明知此为未尽核实，然而欲充其主义，亦不免限制于从宽，盖其信仰之所寄托，必欲于此抉择范围之内，昌明其提撕警惕之诚，则于其辨别新闻也。但致意于消息正确之外，亦不及更谛审于词令语气之间。或即知词令语气之所从，亦明以其信仰之故，而不从严核取，此为智识者根据于信仰的必然之事，充信仰以推利人，初非威利胁乘之可比。然其失间或亦有类似受新闻政策所诱惹之处。论其原因，故未可视同纯受诱惑，及以讹相传者，所同日而语也。

故论新闻事业，当首自治业之人始。治业之人，明知此为社会公共之事业，其寸心得失，有关于全社会者过大，则首当慎其信仰之心，千勿预于盲从之列。其所抉择，强以正义为归，而不必定论于一时之成败，世俗之荣枯，久而习之，自认为一超人之人。如是则但以正义为抉择之标准，既无一片面之信仰，先入于胸中，则抉择新闻之际，亦自更不致为所乘间以来入。再即有其甚深之信仰者，常日尽可昌明传播。然于治新闻之时，应力祛其平日之信仰，而一以事实之匠确，词令之忠直，为选材之金科玉律，则个人之信仰，与社会之公共事业，亦庶可骖靳并扬，各济其美。此亦等于医者之专精一家，持以名世，然诊候来集，当随病以投剂，未得矜所素习，以为尝试之资，而贻误于病者。治新闻者，明乎斯理，祛于流弊，则所业之新闻，其声华必盖代以直上，亦决不致为政策之牺牲。秉斯正义，以张真笔，不亦吾党所应尔，以自相期许者欤，愿业此者勉旃！

十八年二月二十三日

（《报学月刊》 1929 年第 1 卷 第 1 期）

太平洋会议意见书

今夫中国国民，莫不知太平洋会议之重要矣。以裁减军备为号召之名，以处分远东为实施之本，所谓欧战前此所注意于巴尔干问题者，今乃一一转至远东。至吾国与日本，犹多纠葛之事，《二十一条》也。青岛问题，其最著者也。凡尔塞前此和约，陆使以所议不协，悍不签字，欧洲人士，相与失色，不敢轻中国之无人。此遭蔡庭干氏亦演说曰："吾宁法前此之不签字也。"夫条约必签字，始受制裁，惟受制裁，斯一一听命。若不签字，而欲强之立行，舍争战无它途，谓今欧美承大战之疲，于缩减军备之日，国库奇绌之时，而能出此耶？（英国政府宣言明年不敷之数，骇人听闻。）谓日人独以兵力加我，欧美之人，能听其垄断远东逐鹿之场也。日人军阀，亦成弩末，谓其国中后起者，能赞助战争耶？（前此以出兵西伯利亚，军阀有受国人之责。）至谓欲以经济管理中国，则关盐等项，早由外人掌之，不俟会议而后行也。谓欲更推广管理中国之财政，则中国对于列国者，但有债务之关系。债务有定数，有定期，有担保品，岂能弃去一切借约，而藉口以管理之？法国对于美国之债务，绝无具体之办法，亦不闻美国人欲借名以管理其财政。即德国处于今日之地位，为受征服者，为负各国之巨债者，而其内部之事，曾由德人处理之。故知太平洋会议，无论如何，必不能即以折服中国，共同管理财政监督等言，不能不虑其发生。但不签字，何能有效，至于中国之列席，试再言之。

中国列席，是否为受裁判之问题，别当一论。至于在会中为原告之说，又别当一论。以受裁判则可不服，作原告未可必胜，中国之代表，不过代表中国为诚意之表示，言真正之事实，使世界各国，了然中国之情形，而加以良心之主张而已。国内纷扰，无国无之（英爱尔兰问题尤著），政府分裂，宁独中国？（朝鲜、爱尔兰其尤著者）于国民团结统一，全不相涉者也，工商并营，胡越一家，即以商教联合会言之，南北各省，均有列席，未尝自为畛域也。国本于民，国民既统一，则国家何尝能分离？北政府以中华民国称，南政府亦以中华民国称。分离者为军阀，为政府，为局部，而非国本。譬之一家设肆，其经理起树党帜，而能谓其一家之非一家耶？统一问题，对于太平洋会议，固有可使各国了解者矣。至于所陈述者，能否为大会所容纳，则为实力之问题。与太平洋会者若干国，其所提之案亦未必能全体通过，此在彼此有利害之关系，实力之限制，不能但于外交席上，以口头幸得之。况吾侨对于中国列席，本不作非分之想，亦不求逾格之利益，一一为陈述之事。其所陈述者，均为不平等之待遇，即为对等关税，领事裁判权废止等，均为良心公道之事，而并无巧取于其间。至于代表列席，欲因其资格而取得胜利，更为绝无之事，但其人能洞悉国情，兼与各国晋接，负有名誉者可矣。此次代表，虽未必尽具折冲之才，而谓其必以人才而失败，亦决无之事，可断言也。

更有进者，列席之代表名额规定，绝无多能参与之事，故各国国民于代表之外，最注重于宣传事业。日本自以为受裁判之被告，故其宣传，实有律师辩护之性质。（商业组合，早出资二千万，赴美为种种设施。）今吾侨所最欲讨论者，亦正即此宣传事业之代表，而代表复有数种普通之国民代表，但以能知世界大势，为正当之国民；而局部代表，如工商业者，则尤必兼具工商本业之知识。总之则所选者，宜为真正之国民，而非优秀之官僚，以前此既述政府分裂，国民统一，则官僚无论如何优秀，总是一方之人，与前所主国民统一之说背矣。今请论代表之人才：

一、宜通英语，宣传事业，较代表为尤重，不能英语，何能宣之传之。

二、宜为真正之国民，前已述之。

三、局部代表，宜具局部之智识。

四、宜知国内情形，世界大势。

总此四条，始足胜任愉快，以吾国人才济济，未必不得其选。但愿选举者，勿存他见，勿存信仰个人之心，勿存信仰局部之心，斯得之矣。至于代表之职务：

一、尽力于宣传事业，使其朝野，了然于吾国之内情。

二、局部派遣者，并宣传局部之事业，兼及推广局部之行为。

三、辅助本国列席代表，予以精神事实上之便利，采访调查之辅助。

四、作列席代表之气，勿使怯懦。代表知国民有真正监督之人，气亦自壮。前次凡尔塞和议，中国侨民学生，不过数十人，竟收阻止签字之效，可以鉴矣。

五、监督代表不规则之行动。吾国政界中人，行为习惯，恒有不规则之举动，腾笑列邦，前此巴利之事，各国报纸，竭力诋諆，覆辙宜慎。

六、监督有卖国之行为。此次代表及团员，大都优秀分子，想不致有卖国之举，然日人正以金钱歆动我，利益诱我，稍一不慎，便中其奸。至于更有欲借外力以自重者，尤为政客中最可鄙可恨之事，凡尔赛议会中人言藉藉，固不足信，乌可不防哉。

总之中国之弱，无容讳言。中国之物博土广，亦为各国所洞悉。兵役战争之后，大势已注重经济问题，其所欲拓殖贸易者，厥惟远东。

正如破落大户，理财固不得法，而藏利于地者，正复不少。人之欲与我贸易，藉以弋利者，万目睽睽，决不容一国之独得。吾脱自振兴林垦矿业之事，裕运输制造之源，则正可乘此大战后世界改造之时机，更新振作，图与各国抗衡于万一。故吾谓太平洋会议，初非即以判决中国，实可以促进中国而使之觉悟者也。吾人对于标题列席之事，固不能不竭力预备，而于治本之道，亦宜三思之。愚者千虑，必有一得，区区之忱，大雅鉴之。

（《武进月报》，1921 年第 4 卷第 10 号）

中国盐务之鸟瞰

国家资本主义之盐业观　场运概况　征榷概况　盐务行政　精盐事业　新盐法与旧制度

一　国家资本主义之盐业观

溯中国经营盐业，已有数千年之历史，（具见下征榷一节）虽制度因时而变更，原则殊大抵相似。民制民运民售，民事其业，国取其税，而盐权实为国家之所有，未尝假之于人民也。

或有谓中国之行盐，属诸世袭之商家者。实则正以国家掌其盐权，营业付诸人民，而盐之供求需要，以至制造运售，胥有异乎其他之菽米布帛。故政府不得不特加慎重，厉行监督制度。故于制造方面，场产有定额；流通方面，引岸有定票；销售方面，牌价有定费；用绝对严格之办法，以限制冒充滥竽及资本不足者之纷来。且为确定业盐者之身份及责任起见，更不准商票之更调名记。国家固公开其营业于人民，惟以国计民生之重，特严其法律，于是在先只此少数合格者，得膺其选，此盖政府寄莫大之责任于指定之若干人，而此若干人，因以为世业。就法理言之，仅得谓为承办国家一部分之盐业（实际票可转租转售不尽世业）盖其所尽之义务，为依法制运，按期缴税，而其权利，则为享政府官价限制之下，课税成本以上之利益而已，初未尝有丝毫之盐权，乌得谓为属之商民哉？

或有谓中国之行盐为官督商办者。然商办事业，关于制造，关于销售，均应赋有自由营业之计划，且亦必有与同业可以竞争之机会。今兹盐业，遑云场产运销，率由政府主持，商民不容增减；且并一制造区一营业区，亦在政府绝对规定之下，不容有限制以外之商民，与营其事。官督商办云者，商民营业，享其自由营业之权，政府不过加以监督而已；既不包含专利之意义，营业上但期以商业之经营获利，亦不受政府特殊之限制。至于盐业，则盐权固属之国家，营业亦仅由政府指令负责之若干人办理；既不得自由营业，又不得增减招徕，去商办之意义远矣。

曷言乎中国之盐政，为国家资本主义耶？原夫近世经济学说所论列，以为凡有关国计民生之至巨者，应属国营，且应以国家之资本经营之，其盈余亦属之国家。不使参与此事业之一部人民，独享厚利，庶全国人民咸沐其利，以消弭少数人之垄断，免去制造少数之大资本家，其说诚是，盖窃有合于我国之盐政者矣。盐为人民所必需，无闲老幼，无间遐迩也。人民必需之品，菽米布帛，不仅于盐，然菽米随地可致，且有代用品，盐独无之。盐产有定地，而产地又以成分气候之不同，价格有高下，夫以少数区域之特种产品，而必欲使支配全国之销耗，又以价格不同之产品，使遍布于全国，苟非善为调剂，规划行销，必致利之所在，则群图染指。无利可获，则问鼎无人，此在商民之因竞争而或盈或绌，关其本身者事小；而全国人民之仰食，因供求之不相应，以致酿成"淡食""盐荒"者，其害则大；此正所谓民生至巨之一端。向来我国政治家，有鉴于斯，遂以盐为国家之事业，不惜于行政系统之外，另立盐政系统，政治区域以外，别立行盐区域。弈世以还，或由国家直接收购（汉武时曾办官籴），直接运销（唐刘晏时于离产区较远之地，设官运，所谓江岭远乡之盐设常平盐），民制民运（自宋至今大率由之）。然盐务之由政府掌理，盐权之不假诸人民，则始终未尝放弃，盖庶有合于国营之精神者矣。

又国营事业，必以国计所在，不使私人坐享厚利为目标，而国家之取盈于事业，固不必定在购售转移之际也。赋税征课，即可资为国用，以裕邦计。盐之成本极廉，销行最广，虽人民所必需，而所用之量极有限。故今兹国家之取盈于盐，即在征榷之中。盖既以盐为国营之事业，则征榷之意义，已同于购售之盈余。至于承办之商家，其所获之收入，则完全受政府官价之限制。此种官价之标准，即以盐本课税及运费栈租所合计，而加以相当之利息，断不能视为自由营业之羡余，仅可称为承办者之劳绩金，为一种以行盐义务而所得之报酬而已。名为盐商，所得者乃不能以自由营业而获羡余，则商之意义亦仅。质言之，中国之盐业，盖取国家资本主义之精神者也。

至于国营事业之由国家直接经营，或令人民承办，此为业务上办法之不同，初不影响于国营之原则。中国之盐政，盖系采用人民承办，而又加以绝对限制之保证制度者也。故票有票价，岸有岸税，政府既征盐税于食户，且收票价、岸税于承办之人民，一方固使人民应征承办。一方又必课其承办之税，使对政府以重价为责任之保证。夫如是而税课不致短缴，商家不致短销，即万一行销区域，有发生变故之时，商家以保证所在，票本、岸本，既早投资，亦莫可得图诿卸。然在政府之立场观之，官办事业，往往因循，难获成效，转不如责之商人，俾其于有条件下，图得利益，以自谋孟晋，自必视完全官办者成绩为优。国营而责之人民，蒙其利而不受其害，当日或为计之得者乎？

且也，政府虽责制盐运盐之事于人民，然政府固绝对有其盐权也，且于若干区域以内，政府亦尝因地制宜，以行直接国营制度矣，如前之东三省，长芦及豫岸内之若干属等是，又尝行租税制度矣，如陕甘、新疆以及云南之不属川垣诸属是，至于产销最盛之长芦八大网，鲁、淮、苏、浙诸岸，则几无不行商人承办之制，此又足以证明盐政之属国家资本主义，因地设施，制度不同，国家自有其权，自行其政，初非盐所行销之地，尽经商人之手，而商人亦断不能任意操纵，自由竞争，以在任何销地，图得垄断也。

二 场运概况

盐出于场，或煎或晒，因地而异。约略言之，淮南行煎法。一引荡刈草，二摊灰淋卤，三盘鏊煎盐。淮北行晒法。一筑井铺池，二戽水扫盐，池晒之外，亦有用板晒者。长芦区前系煎晒并行，近多改煎为晒。四川盐出于井。井分三种，一涌出盐水，一喷出煤气，三盐水与煤气同出，均用煎法。广东煎者曰熟盐，晒者曰生盐。晒制又有晒水、晒沙之别，近亦晒多于煎。两浙晒有板晒、煎晒之分，煎有用盘、用锅之别。至其制卤淋溜，又有刮泥、引潮、泼水等法。山东则用晒法，闽制亦均摊晒或引潮，或汲井，或采卤。东三省率用晒法，引沟通海，以远卤台，通盐池而晒之。河东亦用晒法。滇出于井，均用煎法。全国制盐，大抵如此。然政府管理綦严，凡晒之用板者，每场均须登记板数，不得私为增减，其煎者，每场亦须登记锅鏊之数；其引海水入滩曝晒者，每份摊平均产额若干，以至每场有池滩若干份，亦均有严格之规定。而人民之请求制盐者，须先经政府之特许，按照条例，方得开制。其制造方法之不合，采卤地之不适用，管理交通区域之不便利，限制产额已逾定数者均不许制造。至盐丁制盐成就，即由垣商购运入垣，凡秤放出入，又无不受当地盐政官吏之监督，而国家于盐税之外，收之于制盐区域者，凡荡地盐池折价及契税丁课均属之，由商人负担，为数亦巨。至于政府之所以保护盐业者，于场则力毁私滩，凡非核定之产区，以及已废之产区，均不许私有制造。又杜绝私销，源在盐场，务使颗粒归坨，则私运可绝。若两浙之廒，两淮之垣，山东之坨，四川、云南之公仓，或由官办，或由商建，虽不能遍，凡成盐即须运存，为杜私之上着。前者淮北等征场税、备建巨坨，期可观成，亦要图也。至于盐场复有场警，随时查缉盐丁之私自外售，惟全国仅两浙、松江、山东、两淮等区域有之（云南谓之保井队），其经费多出之于商人，带征于加价，缴归运署，收存备拨者也。

至于收盐之手续，由商人自办，而官厅亦有秤放员，随时监督，或以秤计，或以桶计，大小均由官定，每桶值若干斤，其经收又或在垣，又或在灶，在垣者，系由灶民运至商垣，在灶者系由垣商派人至灶经收，运商则再就场商购买，办法因地各异，大抵由运商具书并应缴税款，呈请当地运署转稽核所，发给准单，运商凭单投场知事，知照场商，同时以准单送秤放局，（各地名称间有不同）核对无讹，即往盐垣监放，场署则给以护照，交商放运，而过运口岸，又多设置制验局，随时制验其数量之是否合符，有无夹运情事，即行盐运道，亦各有规定，不许绕越，以严征榷，此则人民制盐、收盐、运盐之大概也。

外此盐丁应得之工资，亦由政府规定，近年生活程度较昂，旧价不敷生活，亦屡经各地盐政机关之分别准加；惟政府于场产方面，应尤加致意者，于场厥惟酌量废并，或因产地之零星写远，或因产量之无多，不易管理，徒滋纷扰，则逐步废并之。现如淮南以及两浙之仁和、许村、黄湾各场，产量日绌，已议废除，又如崇明、埕边、大足、万县等井灶，或坍涨无常、或生产歉薄，亦在议废之列。于产厥惟改煎为晒，盖煎者费事而成本昂，视晒者何啻倍蓰？全国除川滇井矿，不能改晒外，滨海各区，长芦、山东、东三省、福建，早已废煎，即内地之河东，亦向用晒法。今之煎者，不过淮浙、广东。广东煎灶有限，淮浙于民国初年，财部亦有明令，递减煎灶，惟未经实行。盐价既昂，私销竞起。治本之道，首当使盐本减轻，故财部于十八年又定五年改煎为晒，每年减煎改晒二成，其不能改晒者，率行放垦之办法，现兹淮南如东兴公司乾裕恒垣商，已渐改板晒，成效大普。惟池晒视板晒为尤佳。惟须察看土质之松实，以定建筑方法，此亦制盐者所急应盂晋图之者也。

以云运销，则其制度实由明清沿袭改善而来。简单言之，划区配销，销有定额，运有常经，而国家之征税，必视销盐之盛衰，故言裕课者，亦必先自疏销入手。旧制全国各区，销数皆有定额，而人口销地，日久不无变更，故重定运地销额，尤应先加调查，方知概要。且交通情况，岁有不同，因时制宜，尤属要著。此其大较也。至于现时盐区域分别举之，则两淮所产行销湘、鄂、皖、赣四省，江苏之外江内河合岸，及常阴沙，近场五县南六岸，安徽之内河合岸，山东之六县，河南之十四县，为全国运销最广之区。惟就中湘有六县，鄂西有三十县为川淮并销之区，而鄂之应城、京山、天门三县，则销本地之石膏盐所谓应盐是也。赣有西岸、建岸之别，皖有皖岸、滁来、全皖、北十九县之别，而苏皖之合岸又属之。苏为近场五县南六岸，至常阴沙则为淮浙并销之特别区，河南汝光十四县，淮芦并销，鲁之六县，则淮鲁并销也。两浙行销，为全浙（有网地、肩地、厘等之别）。皖之网地七县，引地一县，赣之网地七县。苏之引地二十三县，减地三区两县，常阴沙特别区。鲁盐行销山东东岸八十三县，东岸十八县。临沂等六县，则淮鲁并销。豫则归德九属，苏则徐五属，皖则宿县、涡阳二县，至输出则朝鲜、日本、香港，均复有之。长芦为河北之平岸、津岸、河北岸、永七岸，河南之豫岸，而汝光十四县，则芦淮并销。巩孟八县则芦潞并销。晋之平辽七属杨榆十二县等开放区域，察哈尔热河之口北区，均为芦辽蒙并销者。口北盐行销察绥热三省，惟多与芦蒙并销。东三省盐则销三省及热河之十五县（并销区域），潞盐销山西晋岸、陕西陕岸，河南豫岸，及巩孟之与芦盐并销者，川盐行销川省鄂西湖南六县及贵州云南陕西。（上三省指定区域，多有与他盐并销者）此外晋北、花定、新疆、云南、两广、福建、西康亦多有产品，惟额量有限，行销无几而已。至由产地以达销区，凡放盐地点，查验地照，运道里数，输运方法，以及运达之日期，途程之难易，亦均有严格之规定，盖所以便稽查，疏运输也。

盐到销地，布诸市廛，分于小贩。其由运商售出之价格率由官定。谓之牌价，不能丝毫增减。盖政府合算盐本征税，以及运费等等加以商人应得范围之利益，而为规定其数者也，凡政府加税一次，则同时允许商人增加牌价一次。惟所加即按税合算，商人亦不能因缘以多致羡余也。各地牌价，因税本有别，绝对不同。如淮盐之在鄂岸汉口者，民十六七价每斤一角五分九厘八毫八，滇边边岸巴盐价二角六分四厘六，而同年东盐之销临沂郯城者，每斤止四分八厘，闽之诏安止一分一厘，相差之巨，可以概见。夫产区自有远近，盐本自有高昂，而税率之关系更巨，兹著之于次。

三　征榷概况

论盐税者，于原则上有应征不应征之两端。其主应征者曰，盐税为一种普遍之税，人民虽无人不负担，而负担之额极微，即以每人年七斤计，亦正有限。且税法简单，税源稳固，易于稽核，殊复可行。其主不应征者则曰，此种税率，无论何人，均为同一之负担，初非累进税，实失税制平均之意。此两说也，各存其是。惟就实际言之，吾国之资国用于盐税者，由来已久，此时而言盐不课税，虽民国二十年广东国民政府一度提议，正恐时会尚早耳。

至于我国盐税，溯其历史，可得言者，三代有盐贡而无盐禁。无盐禁，是无税也，成周之际，纪载不详，六国则各竞其利，煮海始有成法。汉武曾行官粜，魏宣武曾免去盐税。外此多行国家管理民营入税之制度。唐代刘晏试行就场征税，而仍为规定行盐区域，所谓许汝、郑邓之西皆合河东盐（潞盐），度支主之，汴渭唐蔡之东，皆食海盐（鲁盐），晏主之。近场之地，举办商运，则以区域不大，可听民自由也。较远之地，则办官运，所谓江岭远乡之盐，设常平盐也。至于宋代行盐之法大备，行盐之区域，亦加规定，为销地十区。蔡京则立钞盐法，或限一年，或限一季，是谓认引承销之始。迨元太宗二年，行盐销法，粲然大备。明代有引额有销岸，而举措多未合宜，民以为病。清代则明定盐法，由国家总其盐政，商买盐于灶，官取税于商，配销各有定地。其后陶澍、曾国藩虽加改革，由网引改为票引，然率秉此原则以行，未有更变，以至于今。民国成立，或议就场征税，自由买卖，十余年来，迄无定议。至民二十年，国民政府始颁新盐法。然一切改革，待于筹商者尚多也。

我国既征盐税矣，收入之数，正税于近数年已至一万三四千万元，连附税几二万万元，不可谓为不巨。至征税之原则，仍沿旧制，曰远地重税，近地轻税，盖国家之取税于盐，在国家资本主义之原则上观之，实为国家行盐之一种法益收入，而其税则又视盐之成本，重者或近十倍，（淮盐之销鄂岸者每担正附税十元〇五角，盐本包装仅一元三角五分）轻者亦四五倍，（东岸行销鲁盐，正附税四元，盐本包装仅七角许），惟其取重税制度，而又为严格之国营事业，于是私运之途大开。盖私运者照价购盐，成本所费有限，但期不出课税，所获即已极丰，固不必劫之于人民也。政府经营盐政，对于缉私，自以绝对之力量赴之。然而盐场绵亘于海岸线，自东三省至于粤南，既不能缭以垣墙，又不能随地设警，虽守之于场，而濒海之地，一板一釜，掬水淋草，便能制造。守之于关津，而随身负载，积少成多，大利所在，亦莫能尽绝。且行销有远近，成本有高昂，（淮浙每担以一元左右计，东盐仅三四角）虽有网引销岸之界别，而私销者，亦可因以利用成本较低之盐，运出固定岸引之范围，图于不负课税之外，更得廉本之利益，于是制定税率之原则，乃不能不求事实上补救之办法，以轻税为敌私。盖盐本无几，其售价之昂，尽在税率。税轻则售价亦因而从廉。官盐廉售，则私销者所图之利亦仅。利益仅则角利者自亦因而减少。且官盐廉则私销势亦再难多减，官盐私盐之售价，相差无几，则人民亦何所图而必欲食私，以干冒法纪。轻税敌私，为治本之办法，原有可取者矣。

然而一律轻税，则国家之收入，行且短绌。况盐政设官，偏于全国，支出年逾千万。国家既认盐为国营事业，又以课税为收入之方法，自不能不谋两全之策。于是采取分等税率。分等之制度，则以敌私为原则，故近场之地，易于私制，易于私运，则税率较轻；较远之区，关卡重叠，制验频繁，私盐难至，则税率较高，然而行盐有定域，犬牙相接壤，甲区之轻税与乙区之重税相毗连。其轻税者同属官盐，亦必且侵至重税之域。一河一村之隔，缉不胜缉，防不胜防，于是分等课税之制度，又以边地轻税，腹地重税为原则，务使甲乙各异之毗连区域。其税率互为调剂，减重税以就轻税，使走私无所幸获，人民无所图利。而于两淮并销之区，如川淮之并销于鄂西，淮浙之并销于常阴沙者，又必课以同等之税率，使无所高下，然后得谋平均之发展焉。

近兹我国计政奇绌，不特中央政府为然，地方政府，莫不如此。于是中央地方，咸以课盐附税为集款之方法，盖简而易举，积少成多，在人民每斤多负担数厘，政府即得巨万之收入。于是军事费也，教育费也，地方整理善后费也，一一加之于盐附税。纯至附税多于正税者倍蓰。盖国家正供最高者，淮南四岸每担四元五角（内岸税一元五角），最轻者山东之烟台、青岛，每担六角，然加之附税，则四岸十元五角，东岸亦至四元，其相差之程度可以概见。今之论改革盐政者，千头万绪，窃以为能先限制附税，或使各省之附税，相当平衡，则于人民之裨益多矣。

盐税之收入，大致如上所述。至其支出，则除行政缉私费二千万元左右外，最巨者莫如克利斯浦借款。每年照摊之数，由政府规定数目按年递增，列有定表。按月拨解。其最巨者，为长芦于一千万中，负担一百五十五万三千元，次淮南一百二十余万，次川南一百〇六万，最少者晋北六十三万余，口北四十二万余，惟各处实解之数，辄有未能尽如预算者耳。

政府整理盐税，当务之急。就盐政立场言之，第一步应先统一税收，再行划分国地盐税，以明系统，其苛捐杂税，如前闽省下游驻军郭旅川省刘军长等所收之征护费等，即应以行政之力量革除之。其附加捐税之有碍岸销，如鄂岸附税重，湘岸附税轻，因有侵销，淮北密迩场区者，私盐云集，税重则官销更滞等情，即应分别减免之。外此精密管理仓坨，严定缉私方法，明立统计，以期供求之适应，整饬制度，以求手续之简捷，便商惠民，即所以增收裕课，治本之道，胜于治标者远矣。

四　盐务行政

盐务行政，别有系统，与行政系统不同，盖率根据于产盐及行盐之区域，以为规定者也。简单言之，自财政部以下，设盐务署，为主管机关，产盐区域设盐运使，或运副，以及各盐场场长。行盐区域，设榷运局，而各运使、运副、场长、榷运局下，又各有其附属之机关。在昔缉私未由稽核所管理以前，即运使、运副、榷运局管理之，此外若查验卡，掣验局之属于检查，滩坨局，鱼盐局之属于场务等；不胜枚举，自清以来，虽有更张，大致如此。

稽核制度，则肇端于民国二年，其时五国善后借款，（英法日德俄五国）指定以盐税收入为担保，其合同第五款，载中国政府承认即将为此项借款担保之中国盐税征收办法，整顿改良，并用洋员，以资襄助。又载中国政府在北京设立盐务署，由财政总长管辖，盐务署内设立稽核总所，由中国总办一员，洋会办一员主管，所有发给印票，汇编各项收入之报告及表册各事，均由总会办专任监理。又在各产盐地方，设立稽核分所，经理华员一人，协理洋员一人（英文称华洋所长）。此二员之等级，均相平等，该二员会同担负征收存储盐务收入之责任。华洋经协理及稽核总所，并各稽核分所必需之华洋人员，其聘任免任，由华洋总会办会同定夺，由财政总长核准。各该华洋经协理须会同监理引票之发给，及征收各项费用及盐税，并将收支各事，详细报告该地方盐运司及北京稽核总所，由总所呈报财政总长，分期将报告颁布。迨民国三年二月，根据此项规定，盐务稽核总所章程十二条，分所章程八条，由北京政府批准施行。于是即行设立总所分所，总所总办即由盐务署长兼任，洋会办则兼任盐务署顾问，并定顾问章程五条，此盖稽核所制度之由来也。其后国民政府成立于广东，民国十二年，遂撤废两广之稽核分支各所。民国十六年，国府奠都南京，古应芬长财部，又提议将稽核各所，一律停止，经中执会政治会议议决通过，由国府训令财部办理，而其时北伐正殷，各省军事期间，盐政未能统一，仅由财部令饬苏省分所停止职务，所有征税放盐等事，率由运署接收办理，未几皖、浙、闽、赣、鄂等区之分支各所，亦相继裁撤，其时稽核制度，既几废除。古应芬又议设盐务监理局，以继其事。

章程通过，古适去职。孙科继任财长，请仍恢复稽核所，经国府常委会照准，又由财政部重订总分所章程，经国府会议，修正通过。十六年十二月，设总所于上海，分支各处亦经陆续添设。后宋子文继财长，裁总所，于总署设稽核处，以辖各分支所，限制职权，仅办填单秤放等事，盐款仍归运署。十七年，又以稽核制度，行之有效，因另订总所章程廿三条，分所章程十四条，公布施行，而运署榷运局经收盐款，亦仍改由稽核所办理。既又以各省缉私，不甚得力，又将缉私部分，移交稽核所办理，于总所立税警科，并练税警团，其各地之盐巡等。向归运署管理者，改归分所管理。最近又将四岸运使、运副、榷运局，陆续更易，即以各分所所长兼理，同时盐务署长更动，亦以总所总办，兼任署长。此则稽核制度存废沿革之大较，由兴而废，由废复兴，最后且加重职权之经过也。

外此盐务行政方面，于北平办有盐务学校，创始于民国九年，为造成专门盐务人才之需，先后毕业近二百人，均发交盐务机关任用，成绩尚优。民国十八年，又尝由盐务署召集盐务会议，除职官外，聘有各盐商会同讨论兴革事宜。凡提案一百十三件，议决四十八案，由署查照通令实行，其最重要者，如改革法制，精研制造，建设仓坨，整理产地诸端。外此整理缉私，疏通运道，减除附税，亦多有议及之者。

原夫盐务行政，在国营事业之目光观察之，其最重要者，厥惟调剂产销，监督人民之承办盐业者。夫盐务收入，为国计之大端，既取之于税，则积极方面，又必先使产旺销旺，税款方有收益，不能徒以加税为尽其能事也。消极方面，又必先使缉私严密，税无可逃，盐价得其平，人民无所吝，则私绝而课税始能增益也。外此盐质之成分，有关公共之卫生，亦宜按科学方法，施以检查。向有之权度，因地而异，管理未臻完善，或有贪薄利而坏法度者，亦宜随时监督。所幸政府近已颁布盐质检查条例；统一度量衡制度，整饬之道，容有豸乎。

至于盐务行政之本身，所宜注意者：首在行政之统一，不使地方或军队侵涉行政之权。次在规定行政经资，确定预算，明立统计，裁并骈枝机关，以节縻费。其尤要者，编订盐务行政各项章制，力求手续之简单，使承办者不必周旋于官署之前，确立商人责任，使百废皆举，无所放弃于监督之下，严惩服务人员之句结抑勒，以儆官邪，以励廉隅，昔谚相传，有盐糊涂之名词，则以盐务别于行政统系，一切另有规章，为普通人士所不知，即业盐者，亦往往知其甲而不详其乙，知其本地之情况，而不知他处之异同。垣产运销，或且互昧其情势。于是不肖吏役，从而上下其手，为渔利之图。在承办者积习相沿，但期如例营业不致多所损耗，亦更惮于举发，局外之人，遑云不察其情，并且不知其事，或至不能举盐业所专用之术语。人民虽日用所必需，亦复无暇过问其事。于是盐糊涂之说，所由以成。今兹国家庶政，重在公开。况盐与民生国课，民食经济，胥有莫大之关系。此后谈盐务者，尤宜遇事公表，俾集全国之才智，以期改进，则于官于商，庶几同有裨益乎。

五　精盐事业

精盐事业，经始于民国以来，盖海通以还，外货云集，洋盐销行日广，虽不能为制酱腌食之用，而精洁为国人所乐用，因之通商口岸，营业日盛，国人之主抵制外货者，遂起而仿制之，且精盐为精炼毛盐之产品。先将原盐溶化滤清，抽入水柜。置锅熬制，再烘干过筛，装包运售，盖以大规模之机械制造之，但毛盐择其本轻者，则利益亦至优厚，机器工业之胜于人工土法，固必然之道也，全国盐产，以东三省及长芦为廉，故精盐事业之发轫，亦在盐区，创办以后，获利甚巨，因之继起者日多，且精盐公司，又或别制晶盐，其制法不逮精盐，售价亦较低廉，然根据精盐之规定以行盐，则尤为业盐者所视为劲敌者矣。

在中国既以盐业为国营事业矣，一切产销胥由国定，销地课税，率有章制，今对于此新兴之精盐事业，一方以改良盐质抵制外货，自不能不加以提倡。然一方以关系于整个之盐法，又或有与旧制有不符之处，因之不能不别定监察考核之道。故盐政方面，对于精盐公司之设立，凡立案之程序，以及立案后之开办，无不有明确之规定，其尤要者，一须担保每年至少制炼精盐三万担，并出具银行保单，担任将所担保之产额，缴税一半；二须向该管运署出具清单，叙明资本总额，以银行保单为凭；三须于暂准设立后两年内，将工厂建筑完竣，并须由发给正式特许证券之日起，六个月后，每日至少制炼精盐五十担；四须于工厂落成后，由该管运署派员查明，方能发给正式特许券，至开办之后，又设监视员，常川驻厂，以司查察，凡关于毛盐精盐，进仓上仓，及毛盐下池，精盐放运，均由监视员会同场知事切实监视，并将各项数量，设立日记，逐日详登，连同运单号数之登记表，按旬报署。又监视员得随时向公司查阅簿册，如查有私售未税之精盐，及其他情弊，随时呈报运署办理，其盐核办可谓严密矣。

至于精盐之运销纳税，辄与原有盐务发生关系，其尤要者厥惟课税一端。故其运销亦特有规定，第一以精盐之制造，为抵制外货，外货以通商口岸为限，故精盐运销亦以通商口岸为限。第二精盐基本税率，规定每担征银二元五角，如运销各通商口岸，其税率在二元五角以上者，应按照各该口岸税率加征（如行销汉口之精盐应照淮盐四岸每担四元五角之税率征收）。其在二元五角以下者，仍照二元五角之数计算，向例于产地缴三之二、销地缴三之一，其与二元五角相差之数，则在产地按数补足，迨民国十七年，财部为增加中央收入起见，令饬各盐区将前项产地所收三分之二之产税，划拨半数，由商人直接解缴中央核收，于是产地中央销地，各缴三分之一，一律缴纳现银。第三用作制炼精盐之生盐，由公司缴具每担二元五角之保单，无须现款，但须由当地稽核所运署限定保单之有效期间，届期纳税。第四公司轻税之精盐，过重税口岸区域（如运往沙市、宜昌而经过汉口等重税区域者），除用轮船包装直运销地，中途转驳公司无提货之权，可准免中途掣验外。凡由火车及其他车船装运，中途卸载应由公司将运照随地呈报掣验，盖其于运销，则以商埠为限制，税率则最少在二元五角以上，轻税者绝对不得侵销重税区域，否则视同私盐，此在政府为顾全原有盐务之为国营事业起见，特予限制，彰彰明矣。

虽然，精盐公司以其制造为大规模之工业机械，运销亦得占七十三口岸（内超过二元五角上者四十八处，二元五角者二十五处），且其营业手段，较为活泼而新颖，故仍复岁有盈余。自民国三年久大开办至今，全国之已经出品及进行中者，已有十八公司，资本以久大为最巨，设于塘沽，凡二百十万元。产额亦最多，约六十万担。次则青岛之永裕，资本八十万，产额定一百五十万担，惟行销国内者为十八万担。烟台之通益，资本四十余万，其他若营口之奉天、华丰、利源、裕华、福海、丰润之通达，资本不同，限额各三万担。民十七年先后成立者，有定海之民生，复县之洪源，上海之五和，余姚之鼎和，此后筹备者，又有裕民、永大、卫生、淮海、自流并各公司，凡十八家，足盐精征事业之前途矣。

六 新盐法与旧制度

盐法相承，已逾数代。民国成立，始有新旧法之说。然试夷考其历史，则言新法者，固不自今日始。顾亭林、李雯即最先主张变更盐法者也。李雯所主张，尤为具体，曰“就场征收，不问所之”，即今日就场征税，自由买卖也。其时治学者多主此说，而一驳于李卫，再驳于陶澍，三驳于王守基，迨于清季张謇亦主变盐法最力（清道光时之改引法为票法，同治时又微变票法，而兼用引法，此种不过制度上之变更，不得谓为变法）。其主要者凡七事：一曰设厂聚制，就场征税；二曰合场运之力以设厂，分场运之界以任税；三曰去官价，革丁籍，破引地；四曰减课额以增收数；五曰度支部平均盐课高下，以统计收入之盈虚；六曰改散驻缉私为盐场警察；七曰裁监督无实之司道（即指清代之盐政机关运使盐道等），留稽征切近之盐官。及民国初元，张任财政总长，盐务又以借款关系，设稽核所，外籍职员，以丁恩为之魁。丁恩亦主新法，与张所见略同，而张氏又主以官专卖为过渡阶级，以达就场征税之目的。其时主用新法者，主沿旧制者，各执一说，析疑辨难，剖及毫芒，而盐政讨论会也，盐政杂志也，谈盐丛报也，又均为执难驳诘所集中。其后张氏未能行其政策而去。稽核所虽主革新，亦感于改制之不易，争执渐归岑寂。及精盐事业之勃兴，业精盐者，多主新法，国民政府成立，庄崧甫、景本白又力主改行新法：立法院遂制新盐法草案，至民国二十年，国民会议之际，通过移送政府，明令颁布，至是新盐法遂以成立。新法凡七章三十九条，其主要所在，于盐法仍为就场征税，自由买卖，于场产主张限额废并，于储存定为政府管理仓坨，于税率实为一律每百公斤五元，不得重征附加，于根本则一切引商包商官运官销，及其他类似之制度，自施行之日起，一律废止。其他关于盐质及盐政机关亦各有规定。新法既经告成，原有业盐之商人，又各抒意见，一面呈请政府审慎施行，一面发表文字，公诸社会。至政府则以盐务收入，占国库之巨额，轻言改革，非统筹兼顾不为功，且新法本有一切盐政之兴革计划，应设盐政改革委员会管理之规定，其第一步遂以筹设委员会为缓进之办法。事逾经年，直至前月，始将委员会章程核定。至聘委员，拟方案，则尚俟诸异日云。

新旧盐法，各执一词，必欲为肯定之词，断定其优劣，殊匪易易，兹姑略举两说之主张，俾为研究之资料。

就场征税一点，主改革者源于李雯，谓盐产于场，犹谷生于地，宜就场定额，一税之后，不问所之。盖以为盐务弊根，在于专商引岸。去专商而代以自由买卖，则必自就场征税始。主沿旧制者，则以产地广远，港汊纷歧，既不能范以缭垣，岂复易就场征税。去场之后，不再征榷，私必更多。且我国盐法，率由官定，即如征税办法，文法缜密，本为有统系者，今就场征收，化整为零，于国家收益，必致大损。且贩户如散沙，责任将谁属，胥与岁计民食，为有关系也。

自由买卖一点，主新法者，以为从此可去盐商之把持专利，人民必可得廉价之盐，且人民有利可图，即全国有盐可售，决不致酿成淡食之虞。主沿旧制者，则以盐之能销行全国，厥惟有行盐区域之规定。人民承办运销，无所逃于责任。若自由买卖，则交通便利之城市，群起经营，而山城僻邑，运道维艰，至今亏耗者，决无人民愿营业以自损，盐荒必因而发生。且引岸既废，卖价自由，则集中之区，必以竞争而廉售，写远之区，即有人冒险运售，必获重价，方克敷其成本，则人民之生活需要品，且因地因时，随以变更，不能安定，关系民生者至巨，为不可行也。

场产之限额废并，主新法者以为如此方能去其成本贵者，使盐本渐趋获一，且制造征榷，易于集中，毋使有不经济之生产。主沿旧制者，则谓海浜斥卤，在在可以制盐，天产多寡，煎丁图得，均难限额。至于废并不经济之盐场，但宜酌量办理。若必使全国产盐，成本均与芦鲁相等，为事实上所不可能。若必废成本较贵者，则一场仰食之盐丁，无可改业，不坐毙行且走险。国之大患，不可不预为之计也。

政府建筑仓坨，主新法者以为必如是而后就场征税，始可实行。盖澄清贩私，必自场始。盐尽入仓，无自走私，易于征税，便于管理。主沿旧制者谓全国一年，需三千余万石，仓坨以三年计，势非万万石不可。公力建设，容有未逮，否则场警耳目，能有几何，走私必且更多。现兹政府之不就场征税，实政府寄耳目于负责承办之人民，以便稽考也。

税率五元，主新法者，以盐宜均税，税宜从廉，且税轻则价廉，价廉则无私。减廉之后，国税必多，可超过今日之收入。主沿旧制者，则以不按成本之高下，统征五元，盐之成本有贵贱，售价之相差自如故，有税则有私。就场征税，出场即非私盐，而贩私之途益广。行之必致税收奇减。主计政者，亦正殷殷为虑，前曾有一度改为每百公斤八元之说，迄亦未有定议。至取消一切附税，于今兹国库奇绌之际，更不易行之矣。

盐商包商官运官销一律废止，主新法者，以既行自由买卖，当然废止其他方式之贸易。且施行新法，正所以取消引商。若官运官销，本属政府所办理，不难一旦改革，即包商亦到期可以撤消。主沿旧制者，则对于盐务，谓引岸正以分配产销，承办正以课其责任。倘贸然改制，紊乱固不待言，而国税民食，均且无固定负责之人。对于本身，则谓票有票价，岸有岸价，盐票为有价证券，而国家当时既许人民之遵例承办，已同于法律上之契约。外此若十八年之验票，政府取其验费，因而尊重其票权，若一旦遽行取消，无所给偿，自必起而力争。然国家于今日以言给偿，恐亦无此余力矣。

夫新旧盐法，制度固回不相侔，而原则上之差别，亦复如此。主新者锐意改革，务使行盐无区域，盐价得自由。主旧者既不承为专商把持，且于盐务上，认为根本改制，流弊必多。政府方面，革新固所希冀，然对于旧制之如何结束，商本验费之如何筹还，新税之是否丰收，新旧交替之秋，将行何种之过渡办法，亦尚未及细加顾虑，行将委之于改革委员会之诸君。至于人民方面，于法初不必有新旧观念之分，但期盐质高而盐价平，逐步改良，勿使国用不继，民食恐慌，斯为已足。然在国家资本主义之立场观之，则本来国家所经营者，一旦听人民自由买卖，于事实方面，为利为弊，又非深思熟虑不可。盐为生活所必需，人民所共享，关系于经济民食者甚大，国人其共起研究，以图得一允当之办法，则著者愿执鞭以为前驱者也。

二一・八・一二

（《申报月刊》1932 年第 1 卷第 3、4 期）

中国今日应尽先经营之铁路

一　导言

夫交通于国家生存，其关系至大且切，约略举之，则经济、文化、政治、军事一切发展，均惟交通是赖。即进而夷人之国家，略人之土地，强国对于弱国，亦莫不以经营交通事业为入手之途。近世历史俱在，凿凿可据。愿试详之：

何以言经济发展之有待于交通也？夫物产丰富，各异其地，人民需要，不一其求，欲求支配之平均，首在供求之调节，此在经济学上早有定论，无俟赘陈。然调节供求，以一地之产品，分配各区，交通不便，必旷日持久，其不堪积存者，尤且至于暴殄。而各区所需要者，不能求之于国内，势且求之于国外，藏富未暇获售，舶来遂为漏卮，所受损失，何可言喻！故经营交通，直接以疏销商货，商货发展，生产必多，则间接即所以发展生产。今之立国于大地者，往往取实业政策为策源，而交通实为之嚆矢也。

何以言文化普及之有待于交通也？穷壤边乡，风气较陋，文化落后，此为必然之事，无容讳言。然而国家欲普及其文化，势非先沟通其人民不可，沟通之道，交通尚已。由僻邑以促进之于通都，经济固以发展，文化亦必日进，人民沐于文化者日深，自其所以靖献国家者亦益巨，镃基所在，固舍交通莫属矣。

何以言国家政治之有待于交通也。政治修明，首在正确画一，交通不便，则内外隔阂，威信不著，而政令不行，以云进步，瞠乎远矣。且世界日趋进化，政治应环境而变换，交通隔绝之区，拘墟自守。几不知有现代之文明，又何能施以相当之政制。此不特在国家行政上窒碍滋多，且于国家之进步发展，均蒙其害。欲挽其弊，其惟交通乎。

何以言国防军事之有待于交通也？军行贵速，无人不知，交通不良，求速之谓何？且不特军队之进行也，外此一切辎重之输送，粮秣之补充，其影响于军事者尤大，若非先有准备，何以图功。故谋国者对于军事计画，必先妥拟联络输送之途径，务使道路修平，征发便利，然后进可以攻，退可以守，前后得其策应，而不致乏援也。

至于以经营交通事业为侵略雄据之资者，则如英之灭印度，夷埃及，法人之并越南，均无不以建设铁道，经营交通，为其先导。盖交通事业之所及，国家之力量，即随以俱来，势力范围之名词，即为亡人国家之张本，事例甚明，无俟赘述矣。

交通事业，固不尽于铁路，然铁路实为交通中第一要政。盖邮、电仅为消息交通之工具；轮舶又限于水行，且其时间，必不能如铁路之迅速；至公路交通，最近利用汽车，速则速矣，乃载重少而消耗多，以资旅行，未尝不佳，以言转运，殊不经济。若以我国之情况言之，目前尚无国产之汽油，率取给于舶来，微特日常漏卮，不可胜计，且有事之际，万一输入不便，又将何以为继？即以经济立场言之，铁路设备，成本虽昂，然经常维持使用年限，亦率较汽车为优，故本文论列交通，尤致意于铁路。而以为今日言增加生产，发展国家者，亦非尽先经营铁路不可也。

二 概说

我国之经营铁路，动机实始于外人。最先在同治三年七月，英商于北京宣武门外试筑里许，驶行火车，为步军统领所禁止。其后迨光绪元年，怡和洋行始筑松沪铁路，而反对者群起，卒由李鸿章与英使威妥玛商定，购回拆毁之。光绪六年，开平旷务局始修马车铁路，轨宽四尺八寸半，实后来标准轨之权舆也。七年改马车而用机车。成效大著，十二年遂展至芦台，为京奉（今北宁）之初祖。其后逐渐添筑，并假汇丰洋款，至二十年展至天津，亦经告成，雏形粗就矣。

其后我国经中日战役，真相遂为列强所洞窥，列强肆其侵略，即以获得铁路建筑权相要求。盖是时我国甫事维新路、电诸政，虽在兴办，沮泥者犹盈于朝野，而列强则已假外交政治之力量，日肆鲸鲵；如法国之于滇越龙州，俄国之于东清，德国之于胶济、胶沂，日本之于安奉、新奉，英国之于滇甸，均其结果也。

又列强除承办各路以外，更以经济之力量，借款与我，而其时清廷设铁路总公司，亦倡洋款可借之议，于是芦汉之与比国合股公司，关内外之与中英公司，粤汉之与美国合兴公司，正太之与华俄道胜银行，沪宁之与中英公司，汴洛之与比国合股公司，苏浙甬、浦信、广九之与中英公司，津镇之与英德两国，咸有借款之合同。合计各路，凡一万三千一百五十五里，占现成铁路十分之九以上矣。

其后我国收回利权之说大盛，所谓官办、商办、官商合办、官督商办者，均由朝议分别采行。当时合办者：如阎津、齐爱、洮法、吉黑、新法、张热、陕甘、吉长，均在计画之中；官督者：如粤汉、湘段、粤段、西潼、滇路、豫路、同蒲、川汉等，亦均分别议设。乃后此既归国有，又多并入借款案内，与初旨迥不相侔矣。

铁路国有之定为政策，起于清末盛宣怀之动议，盖深知商力之不易遽集，且便于借款计画也。然因此致成革命之大导火线，及至民国收回商办之事，乃始告成，然实得力于外资借款者为多。盖国有之政策决定，固不失其为整个之计画；然各国投资竞起，经济侵略，亦因而扩充矣。各路自收归国有之后，略有更动，如苏浙之改为沪杭甬，湘鄂川之归川粤汉，豫路并入陇海，皖路并入宁湘，晋路并入同成，一一改零为整，确立干线焉。

民国以来，各干路既由国营，自由国家吸收外资借款。民五以前，所决定者，如陇海之与比国铁道电车公司，浦信之于英国华中公司，同成之于法比铁道公司，宁湘之于英国华中公司，钦渝之于中法实业银行，沙兴之于英国宝林公司，渝黑之于俄国俄亚银行，株钦之于美国裕中公司。迨欧战起后，又与日本兴业、朝鲜、台湾三银行，订高徐、顺济预备合同、满蒙四路预备合同、吉会借款等项。于是国有各路几无不与外资为缘，而时受政治外交之影响矣。

至于民业铁路，则多为各大实业自便运输而敷设，故观成较易，然路线亦至短，除运输专产以外，无他利也。约略举之，如直隶之柳江、浙江之长兴、山东之博山等，未及备举，然合计尚不及一千公里之距离也。

铁道网为建筑铁路之先决问题。我国造路最先，各成片段，几无整个之计画，直至光绪三十三年，陈璧任邮传部尚书，始奏请统筹全局，预定路线，迄无定议。民元六月，交通部始筹设测勘全国路线处。既又征文给奖，应征者中外人士均有之。此后言铁道者，始注意于铁道网之问题，专家各抒伟画，各具新知，未容列举。然其所定东西南北之干路，则既大抵相同。盖由北平至汉口而广州为纵行第一干路，再由平绥平地泉至滂江为其展长线，由北平而天津而南京而上海而杭州为纵行第二干线；再由北平辽宁间以葫芦岛为主要港，自锦州以北至赤峰而林西、由榆州而福州而潮州为其展长线；由包头而宁夏为横行第一干线；展长之以迄于新疆由海州而徐州而开封而西安而兰州为横行第二干线；由汉口而宜昌而成都为横行第三干线；再由成都绕道重庆为其支线；由南京而南昌而株州再由株州而桂林而钦州为横行第四干线；干线之计画决定，然后由之以定展长线，用以吐纳商货、整饬国防。在前者以经济为立场，在后者，以军事为立场，交相为利，而铁道之效用，庶几备矣。

就上列干路言之，其已成者，亦正不少，如北宁全路告成于宣统三年，干线长八四七点四一六一公里，外支线八条；平汉全路告成于光绪三十二年，干线长一二一四点四九三公里，外支线七条；津浦全路桥工告成于民国元年，干线长一〇〇九点一五六公里，外支线四条；平绥全路告成于民国十一年，工程最为艰巨，山洞四座，地势高竣，詹天佑为总工师，规画一切，为欧美所赞许，干线长八一七点八六二公里，外支线四条；京沪全路告成于光绪二十四年，干线长三一一点〇四〇公里；沪杭甬桥工至今未竣，已成者则竣工于民国元年，干线长二八〇点六五二公里，外支线二条；陇海潼关以西，正在进行，其已成者，则通车于民国廿一年，计干线长八二二点七三八公里；粤汉湘鄂段武昌至株州分段建筑，全路告成于民国七年，干线长四一七点六二四公里，外支线二条；粤段自广州至韶关竣工于民国四年，干线长二二三点六九八公里，外附支线，至粤汉株韶段亦正在进行之中；东三省近数年来铁道建设，尤为孟晋，虽其别成系统，然在东三省之干路支线，固已成一铁道网矣。除北宁及其支线外，已告成者四洮干线长三一二点一一〇公里，别有郑通支线洮昂路，长二二四点二八〇公里；吉长路长一二三点一八〇公里，外支线一条，吉敦路长二一〇点四三一公里；沈海路干线长二五七点四四〇公里，别有沙西支线；吉海路长二五一点二〇〇公里；呼海路长二一六点五〇〇公里，外附支线；洮昂路长二二四点二八〇公里；齐昂路长三一点五〇〇公里；兆索路长一四〇点八〇公里；双城路长二十二华里；开丰路长六三公里；七鹤冈路长五五公里；七中东路干线长一七二六点一五二公里；穆陵路长六二公里〇九；金福路长一〇二公里一〇；溪城路长二四公里；天图路长一一一公里；而日人所有之南满路，则八四九公里五〇，其安东支线，为二六一公里一。以幅员为比例，则三省铁道，固已驾乎关内多多，宝藏所蕴，地利所归，至今日，我国民奈何不急起以谋恢复耶。

已成国营民营铁道，除上列以外，若正太，若胶济，若道清，以至广九、潼厦、南浔等路，为数尚多，惟以未在上述干路范围以内，故限于篇幅，不具载云。

三 即应经营之干线

干线云者，铁道之主要线，亦交通命脉之渊泉也。欲发展交通事业，以促进国家之政治、经济，首在决定政策；其藉交通以促进农工实业之进步者，为间接生产政策（Indirect production policy）藉交通以图国库收入之增加，为直接生产政策（Direct production policy），其兼筹并顾交相为用者为相对生产政策（Relative produotion policy）。以云我国，生产既属落后，财政复形支绌，故交通事业，自应取相对之政策，庶不至有偏重偏轻之虞。政策既定，始用以规划路线，至各家立说之不同，则以各家所获之见解而各异也。

尝试言之，以云间接生产，则铁道应自边僻之地着手经营。盖地处僻远，生产未尝不多，运输特为不便，欲求促进，先治交通，此不易之理也。然而目前投资既多，获利期于异日，以我财力，正恐不胜。以云直接生产，则应在通都大邑间经营之。惟通都大邑，交通本属以云直接生产，则应在通都大邑间经营之。惟通都大邑，交通本属便利，今仅以筑路为营业之资。铁路成本，每较航运为昂，营业固亦非简单之事，即有所获矣，亦仅为目前之生利，其与民生问题，尚去一间。故以今日之交通事业论，经营铁道，不嫌其多，而以今日之中国论，所营铁道，间复有缓急之分。盖合于相对生产政策者，急于先筑，其间接或直接生产者，未容兼顾，尚不妨少作缓图也。

干线规画，大概如上所陈，折衷各家，探讨学理，不容备举，兹特就相对生产政策中，所应尽先建筑之各干线，次第胪举于左。

甲　粤汉未成段

粤汉北接平汉，南通海口，为中国纵行第一干路。方芦汉议办之始，即由总署奏办议集商股，时为光绪廿四年，美国合兴公司索粤汉承造权，借美金四千万元，既而比利时收买美股，英人又思插足，怂恿我废美约，卒借英款一百十万镑收回主权。然粤汉非巨款莫办，各国群思染指，宣统元年，遂又订借英、法、德、美四国银行团六百万镑云。

当时省办铁道之说，甚嚣尘上，国家既无决定之政策，人民各自筑路，故粤汉之鄂路，最先奏准官办，属于省有，湘路初为官督商办，粤路则为商办，盖属民有，迨至铁道国有，干路国营之计画决定，而粤路至今，固尚未收回也。

粤汉路贯通南北，开广东与欧洲航线之联络，其关系之重要，无待赘言。目下鄂湘路已由武昌通至株州，粤路已由广州通至韶关，今所急待进行者，盖即株韶间一段，亦即湘粤间之交通也。试以两省之生产情况言之，粤省缺米，每年全恃输入，湘省缺盐，大部销淮盐，而迤南则销粤盐。至湘米粤盐，又均生产较丰，急待外销者也。粤北湖南，地势崇峻，输运不便，一旦铁道告成，交通联络，则湘米粤盐，互资挹注，其利甚薄。故以国家之立场言之，南北干路，固属必要；即以两省言之，其提携发展，亦属万不容缓之事。且此路既能开发，又有直接之收入，固绝对合于“相对生产政策”之原则者也。

株韶间凡四四五公里，近兹粤段展筑路基，已由韶关达于乐昌。然工程最艰巨者，则为乐昌至株州一段。株韶工程完毕，约计工程费需一百六十一万七千镑，料款需二百十四万五千镑。铁道部近兹进行孟晋，志在必成，已定四年完成之计画，每年需款九十四万〇五百镑。然此款除英庚款外，绝无其他之来源，且英庚款即作路用矣。亦属分年交付，正恐不能与工程材料相策应，故铁道部又拟指作基金，发行公债，俾可随时应用。盖款项有着，不致衍期，则四年内必可告成也。

关于完成粤汉，既在进行之中，当局者自有缜密之计议。然窃意工程、财政，宜急有整个之计画，而进行之先后缓急，更具有莫大之关系。于今似宜先自乐昌以北、郴州以南最难之工程入手，难工成，庶几事过半矣。又韶关至乐昌，已有路基，应先通车。盖运输材料，耗费最多，通车后即以车运，所省多多。至于工程款项，一切预算，建筑期内，尤须担负利息，似不宜以最低之限度为标准。盖工料日昂，苟不预为之地，一朝停工待款，则所受之损失尤多也。

至于人民既凛然于交通之重要，干路之应修，南北干线，所缺惟此株韶一段，则其应力加赞助，以促其成，自为必然之事。盖南北之干线既通，再进一步而修筑武昌大桥，俾列车可以直达，武汉三镇，可以联络。如将平汉铁路筑桥，跨越汉水，以抵汉阳，再由汉阳，筑桥跨越长江，以通武昌，则尤足以尽发展之效率。津浦改用轮渡，不日可见诸实行，平汉粤汉之联络，又岂可置而勿论。人民一方督促当局，一方努力赞助，观成当不在远，为利何可胜言哉。

乙 陇海展筑

陇海为贯通东西横行最要之干线，西起兰州，东讫海埠，贯越四省，而发源于汴洛。汴洛与比国订约于光绪二十九年，其后索展筑优先权，自兰州至海口，政府遂合预定之开徐海、清洛、西潼为一大干线，久之。民元订约借一千万镑，迨欧战而后，债票未能如期发出，遂又发内国公债，继之以荷兰借款，及内国银行借款。近年展筑，西至潼关，东兴商港，于捉襟见肘之余，尽挣扎奋斗之力，交通建设，主其事者，良足尚已。

陇海线现已告成者，自海州至潼关，经陕西、河南、江苏三省，与津浦交于徐州，与平汉交于郑州，将来同成兴筑，则交于潼关。盖此东西干线，实与南北大干线相枢纽者也。夫陕豫诸省，以及江苏北部向号蕃富，乃自海运一通，转形衰落，则交通不便，固有以致之，而不获海港以资吐纳，亦其一因。试证以大连之于东省，津沽之于河北，青岛之于山东，上海之于江苏，可以知之。陕豫迂道津沪，途程较远，出海最捷，惟有海州。途程短则运价轻，运价轻而成本贱，成本贱则易于竞争，工商业之发达，其在此乎。

再近年以来，人民竞言开发西北，而陕、陇辄患奇灾。实则棉麦生产，西北实其大宗，惟灾后人民失业，农事荒废，更遑及于生产。故以云生产政策，兴办水利，振济灾黎，疏运棉麦，交通实为先着。盖交通便利之地，工程较易为力，而生产品亦易于输出也。至云积极政策，就政治社会军事之目光观之，则经营西北，巩固边陲，厥为今日所不可少缓者。盖经营之先，必使西北各省，发生密切之关系，打成一片，然后可进而设施。所以促其密切者，又舍交通莫属，近言救灾，远瞻政治，陇海干线之应尽先建筑，无俟赘言矣。

潼关以东，至于海州，前年业已告成，潼关西站，亦在兴修。约略言之，徐海经运河、沭河一带，地势较卑。开徐尽属平阳，惟以黄河汛滥，不得不高筑路基涵洞。汴洛段则郑州以东，平原坦坦，郑州以西，山峦起伏，工程较难，山洞长者远一千五百余呎，可以知矣。黑石关至洛阳，仅洛河铁桥为巨工。观音堂以西，所经崤函之险，至于潼关，工艰费巨，莫此为甚。而潼关至西安一百三十一公里，则渭河沿岸，地势平易，较易筑建也。

经营陇海干线，今应使先通西安，由西安至海州凡一千〇五十六公里，所短仅此，自宜先筑。至西潼之材料费，前此预计为一千三百六十万〇九千五百四十元，铁道部曾拟借英庚款五十万镑，以路产为担保，发行债票，尚未就绪。实则按之《陇海合同》，需款应与比国续借。然以近来世界经济之衰落，比力殊有不胜，债票亦难续发，故近所设施，观音堂以西之路工，即系指比庚款而发之公债，海州筑港，亦系拼凑而来，已久不受原有合同之拘束矣。

西安以西，至于兰州，已测者计有南北二线。北线为旧驿路，经干州、邠州，以入甘肃，经陉州、平凉，逾六盘山，循黄河以抵兰州。南线则由渭河至凤翔，经秦州逾巩昌西方分水岭，循黄河至安定以合北线。就中绕道百公里，即为避分水岭六盘山。盖两山跨越，无可施工，且所费视绕道为更巨。至南路预测里程，约为九百二十九公里；北路则较短五十公里左右，惟山洞桥梁之工程，南路视北路为略省也。

陇海告成，展长线则自兰州至新疆。此路犹未经测量，然以专家所测度，中国至新疆之交通似宜于绥远、宁夏循草地以出嘉峪关。且现兹已有汽车路，虽建造陋劣，然既暂可维持目前之交通，则此路长费巨之兰新展长线，固不妨从容计画。至西兰段关系陕甘，为经营西北之发轫，救灾、生产之初基，国人固宜，特加致意，用促其成也。

丙　包宁干线

包宁为西北之重要干线，循平绥以展筑者也。初光绪三十一年，议筑京张（北京至张家口），宣统元年告竣。其年七月，议筑张绥，民国三年展至堂镇，至十一年底始达包头。当有借比款八十万镑以筑包宁之约，寻以款项不敷，迄未兴工，亦未详加测勘焉。

平绥全线，业已告成，西北发达，于此实现。而以干线之地位言之，平绥通粤，为南北第一干线；由包头西展至宁夏、新疆，则又为东西之第一干线；由平地泉展至滂江，以通库伦，则为南北干线之展长线。平滂通库，殊未易言；包宁干路，岂容或缓耶。

新疆、甘肃，地广人稀，黄河运输，能力有限，包宁干线，其用凡二：一增进西北之生产，发展西北之富源；一展至新疆、迪化后，再迤西至塔城、伊犁、疏勒，以通俄国。本来铁道网之规画，经济方面，不仅限于国境以内，必且使与邻国吐纳往还。欧亚交通，北有西比利亚铁路，南有粤汉之通航，中部若得通车，俾由津沽海州以出港，则交通之便利，所以促进世界经济之状况者，为何如耶？

至以国内言之，经营西北，已详前节，不待更赘。而包宁所经，若五原、滥粮台、磴口、石嘴子、平罗以达宁夏，处处为西行之大道。河套在乌拉山南，光绪中贻谷办理垦务，成绩卓著，流传至今，惟以交通不便，未易遽形发展。兹者包宁所过，正循黄河流域，效能所及，其所增加之生产，何止倍蓰。河套膏腴之地，但患人稀，交通一便，劳人麇集，不特期于富庶，并且足资屏藩，经济、国防，两有关系也。

包宁干线，约五五五公里，沿途均有城市，进展非难，视由包头之取道外蒙古，以通哈密者，施工获利，均较易易。至北通之路，则由平地泉而滂江而库伦，一西一北，互为觭角。今兹通库之路，微特外蒙方面难期通过，即以经济力量言之，造此绝少直接生产之路，国家又岂易担负。惟包宁一路，既以贯通西北，又收河套运输之利，殊合于相对生产政策之原则。国人既有志于西北，其急起以为之谋乎！

丁　钦渝干线

钦渝为西南交通之干线，创议远在民国二年。其时滇人拟订云南至百色铁路合同，法使向我抗议；而同时西南各省，亦多以造路为言，政府因定修钦渝，起自广东钦州，经广西之南宁、百色，贵州之兴义，云南之罗平、昆明、昭通，四川之叙州、泸州，以达于重庆；并以法使抗议滇百，因改与中法实业银行商借六亿佛郎。其附件有叙州至成都之干线，南宁至龙州之枝线，中国如不办，银行有借款修造之优先权焉。

其后借款总额，又有增加，然法方尚未交齐，欧战遽起，遂尔迁延。直至民国九年，始复重申前议，法国亦备发债票，而中法银行，忽然停兑，遂又中止矣。

钦渝之为西南干线，其重要不待言。盖西南各省，虽有生产，徒苦交通之不便，钦渝所贯通者，川滇黔桂粤五省；且预定南宁至龙州别有枝线，五省联络，惟此是赖。且西南各省，与世界交通最远，盖航路端持海口，西南对外，初无直接之海口，溯扬子江以东下，迄于上海。旷日持久，所费特多；由滇越铁路以至安南之海防，路既不属我有，运道亦多不便，且川黔各省，峻岭崇山，内地输送，困难已极，万无以滇越为西南门户之理，钦渝告成，则五省均可以钦州为港口，由以开欧亚交通之新路，其为减省运费，节少时间，不言可知。西南本应经营，况海通之后，百业加盛，可以预期，建筑钦渝，盖正合于今之生产政策，无疑义也。

钦渝干线，已经测量，尚未全竣，约长一一三〇公里。原并滇百、滇蜀、百北三线而成。就中滇蜀最长，合全线之半，滇百约全线之三，百北约全线之二，而路线所经，滇蜀、滇黔、桂粤交界，地势极崇，又有极大之分水岭，既属无可绕道，则循山凿洞，筑基铺路，设施困难，自在意中。然试以经济之立场言之，工费虽巨，其可资以收获者亦大。且关于经营西南之国策，黔桂秦号贫瘠，近年已渐能图存，桂省进步尤速，则交通建设之功为多，信能钦渝告成，五省得其枢轴，西南自必由此日形蕃富。近者西南各省，已有创建之说，传载报章，则其于国家经济之前途，岂浅鲜哉！

戊　京湘干线

京湘位于扬子江以南，为川汉以南之东西第四干线，动机创设要在民国二年。盖南浔铁路，屡有展至萍乡之议。政府因合株萍、皖路，定自南京至于株州之路线为京湘（原名宁湘），三年，遂与中英公司订八百万镑之借款合同，并声明就中提六百二十万两，赎回皖路及株萍，遂即开始公段测量。迄于民五，欧战爆发，英方无法交款，仅可暂告结束矣。

京湘路线，所贯通者，湖南、江西、安徽、浙江、江苏五省（干线枝线或通浙江，具详下文），厥为中国之腹地，亦出产最为饶富之区域也。湘、赣、皖三省，向以扬子江为通航线，然扬子江于赣湘之位置，偏于北部，湘赣地势高崇，腹地转运不便，必欲以扬子江为交通，固未能尽其功能也。再则扬子江通航，由以上下，费时甚多，其距南昌、长沙之省会，又非直航可达，江水涨落无定，亟待浚治，资为两省对上下游之交通，殊不经济。至于湘赣之农产丰盈，旧有"两湖熟，天下足"之说，可以为证。今兹中国之大患在贫，而致贫尤以粮食仰给于舶来，为其要因。夫我以农业立国，中部所产更多，其尚欲取之外来者，则交通有以限之耳。信能湘、赣、皖省之粮食，以最经济之方法，输出外省，遍布全国，则南方食米，几已给足，无待舶来，而此粮食搜得之代价，其足以增进诸省之经济，发达诸省之农村者，又适得其正比例。一举措间，全国与湘、赣、皖省，胥蒙其利矣。

至舍经济而言政治，今兹赣祸未解，进剿虽获胜利，彻底消灭，尚难预期。以言弭平之策，至要者不过二端：一增进人民之生产，培其本源，使拨乱以反正；一以军事之力量，捣其巢窟，绝其根株。然前者贵生产之流通，后者贵交通之便利，两者交顾，不容偏废。建设铁路，既易以增进生产，又便于军事之运输，今之图治者，视赣祸为心腹之患，则京湘干线又岂容一日之浸循？况生产输出，铁路直接之收获必多，决无亏耗之虞耶？

京湘干线，业已分测告竣，约长一〇一一公里。然有主张建筑杭湘者，盖京湘原规定之路线，由南京经宁国、徽州、南昌，以通株萍，则株州而萍乡也；中间并与芜湖、广德相衔接为枝线，宁国嘉兴相衔接为枝线。既而勘竣，又改将干线取道太平、芜湖、宁国、徽州、祁门、景德、乐平、南昌、瑞州、万载、萍乡以达于株州。至杭湘则自南昌以东乐平等处，循贵溪、广信、玉山、常山、衢州、兰溪、徽州以达于杭州。按诸铁道建设之原则，自以内利腹地之交通，外以海口为吞纳为主，今兹由湘而京，由京至沪，仍有三百公里以上之距离，八小时以上之途程，若由杭而沪，仅约二百公里，四小时左右之途程。既以上海为商港，则自应取其较为便利者一也。且计测京湘之际，即以出海问题预备宁国至嘉兴之枝线，将由嘉兴循沪杭路以达上海。盖原定徽杭枝线，工程较巨，故改由宁国以达嘉兴，然以工程言之，由南昌以东达于杭州，为更可节省者二也。京湘线芜湖以次，循江达南京，按诸建路之本意，将用以替代扬子江，今此段与江并行，未免重复，赣浙交通，有待设施，得此则循赣而浙，既足以开发浙东，又便于上海之商港，此其为合理化者三也。况今兹杭江路已经通车，不日全路可以告成，将来本路建筑，由广德而玉山，即可与杭江路相贯通，于事尤省者四也。秉此四端，应加注意，至全线之详细情形，两线比较，篇幅所限，未及赘云。

四　即应经营之营养线

营养线者，盖所以辅助干线而建设，用为干线之助者也。干线主相对生产政策，途程所经，但能顾其大且远者。然沿线相距数十百里，乃至于数百里，为商运所汇集，而干线或不相及者，则必别设一线以通之；其在干线之前后者，则为展长线，其在干线之左右者，则为支线。盖铁道建设，贵在联络，务使商运之途程短、运价廉，铁路之建设便，效用大。凡兹种种之计画，经纬之相通，谓之铁道网，务求其支干之相策应。盖铁路建设，初非易事。计画一差，百端俱废，不得不慎之于先。而所谓铁道网者，于干路之外，尤当注重营养线，故就今日以言尽先经营之铁路，正应干线与营养线并举，庶几吐纳可通，不致有干强枝弱之流弊也。

中国建设铁路之概况，已略具于前，所谓铁道网者，最初并无具体之决定。迨后平汉、北宁、津浦诸路，次第告成，川汉粤汉，复经筹议，于是就干路以及于营养之问题，始有支线及展长线之计议。至于整个铁道网之组成，虽前交通部曾有路线审查会之设置，然事久中辍，未易观成，今之所谓营养线，则多根据已成诸路之实况，观察得来，盖由经验事实以证明其为必要，而非出于事前整个之规定。然即此经验得来之结果，已足辅助现兹之干路而有余，他年就已成者重为联络，俾成为整个铁道网之组织，固非难事。致意路政者，先筑必要之营养线为治标，进整个之铁道网为治本，次第施行，交通建设，庶几尽其能事矣。

甲　石沽或石德线

原夫光绪二十二年，山西奏筑正太铁路，与华俄道、胜接洽借款。迨日俄战役，俄以权利转属法国公司，迄于民国廿一年，始全部偿还，收回权利。按该路兴工，于光绪三十年，竣工于三十三年，以山西煤铁之富，输运日增，最获余利，遂得清偿，则其发达为可知矣。然铁路贵得海口，正太僻居腹地，尚未尽其利也，因有续修沧石或石德为正太展长线之议。后兹又引申沧石为石沽，则尤取其直达海港之便利矣。

沧石之计画，盖修正太展长线自石家庄至于沧州，将循津浦北段，由天津以出海也。动议于民国二年之集股商办，久而未成。至民国九年，北方奇旱，有主以工代赈者，交通部亦感于展长正太之必要，乃创议修沧石、烟潍两路路基，兼以代赈，先事测量，自石家庄经藁城、涤县、以达沧县，计长二百二十一公里，既又以款项不敷，而中止焉。

沧石既议而复辍，然正太之展长线未容废置，且正太既经收回，其欲资以营养者，益属重要，于是铁道部复申前议，且鉴于近年天津海河之淤滞，已失去商营之价值，遂改定为石沽。盖由沧州更延长之，使直达塘沽出海，不更取道海河，至石沽一切计画，正在进行，预期最近之将来，必有成绩也。

正太借法款，由法人承造，其轨间特窄，以云利害，其害在有异于我国四呎八寸半之标准轨，足以妨碍工务计画之统一，其利则濒年军事，妨及路政，尤以车辆过轨之损失为最大。此特窄者，未能过轨，遂幸获完整，以至于今。兹沧石为正太之展长线，当时关于轨间问题，遂有两说。或主仍用窄轨，俾正太列车，可以直达者。或主改宽轨者，两说几经讨论，而专家多主改用标准。诚以世界工业，日趋进步，同属国营，同供运输，岂有削足以适履之理？不特此也，行有余力，即当更改正太为标准轨，俾全国之路政工务材料，均获统一，至为目前应用起见，或建筑时放大路基，先敷窄轨，然后更敷标准轨，俾与正太同时改善，亦两利之法也。

石德路线，则由石家庄逾冀州，以达于山东之德州。盖将循津浦至济南，转胶济，以青岛为海港也。主张石德者，有三大理由：一、海河淤塞，影响行及于塘沽，塘沽积沙多，其海口殊不如青岛，同为正太之展长线，求得海口，应以青岛为尤佳；二、沧石经河间府一带，地势卑下，建筑路基，土工浩大，石德位置较南，兴工较易；三、平汉与津浦之北段，应须相当之东西联络线，如筑沧石，似过偏于北部，势必更筑顺济，俾由顺德以达于济南。今筑石德，则正太固仍有青岛海口之吐纳，而顺济更可不筑。以改筑道济（由道清至济南），则货物之东运，便利多多，若更由道清西向，越太行山以通潞安，则晋南一带之物产，又不必迂道太原，经由正太以出省，岂不更形简捷，愿国人深思而熟计之。

乙 渝成线

成渝之规画，实肇源于川汉。川汉动机甚早，盖与粤汉同时而并为一谈者也。川路最初官办，后改民办，迨民元始收回国有。耗资绝巨，成效未见，惟路线则已经计划，凡有二途：一由汉口而沙市、宜昌、夔州、重庆以达于成都；一由汉口而应城、钟祥、当阳以达宜昌。所谓成渝线，实即重庆至成都之路线，若以川汉全部言之，即合为川汉。

今既舍川汉而单言川路，则名之曰成渝也。

川汉逾越鄂西夔巫之险，工程艰巨，自不待言，故创议及今，未易见诸实行。实则由蜀而鄂，溯江入汉，扬子江之水利，已足使用。川汉固足以促进四川之发达，及与下游之交通，惟衡以目前国家建设之力量，犹未必即为急要。至成都则距江甚远，运输弥艰，故成渝线殊不可缓也。

成渝线由重庆而永川、隆昌、内江、资阳、简州、以达于成都，据已经测定者，约长五百二十一公里。四川天富之国，物产丰盈，惟其艰于外运，故商业犹未尽其发达之能事。而即本省，亦正以交通不便之故，群雄争长，各为防区，以成军事对峙之局面。若其交通便利，则军事分裂之形势，必且少缓，何况生产之更可促进，民业之更易发达耶？

钦渝干线，已具前节，成渝既为川汉之发轫，亦且为钦渝之延长线。盖钦渝虽可通粤南之海口，惟重庆犹近于川南，一旦通至成都，则已抵于川中，其可以利用海口者且更大。又成都商运，利用此线，由重庆而下扬子江，则成都至汉口、上海间之日程，虽不如川汉之迅速，亦必且视目下为减省。川汉既因工艰费巨，创建未有定期，则此上游一节之铁路，为尤不可缓矣。

成都重庆间，地势较平，建设铁路，工程不难，所费亦并不多，现兹已有长途汽车路用供旅客之需。惟铁路之建设，纯为商运起见，汽车之成本昂而载重少，正不如铁路之费廉，且足以多载也。蜀中生货多，而有需于输入之制造品亦多，故此路之成，既可以利便交通，统一政治。且就路言路，其收入亦自可观，所谓正合于相对生产之政策者也。

川民提创造路最先，而主持铁路亦最力。清社之屋，此其近因。及于今兹，军事之纠纷未息，政府对川事，力谋解决，昕夕不遑。然窃以为川人谋福利，一方固当由人事上入手，同时尤应以物质之建设，俾改造其环境，则成渝一路，正惟首要。盖铁路为开发利源，提倡生产事业之母，但使由以促进工业，繁荣地方，则川局底定，可以预期。

此不特川人所当急图建设,亦全国人士所应合力为之,以促其成者也。

丙 周漯禹许支线

平汉路由北平直抵汉口。长一千二百余公里,沿线经河北、河南、湖北三省,北方土质丰厚,出产饶富,惟以艰于输运,故经济情况,每感落后,但使交通便利,其增进自无待言。观于平汉通车之后,与数十年前闭塞者,不可同日而语,可为证明矣。故为地方开发计,为铁路业务计,平汉以纵行之干线为主始,尤当注重于营养支线,俾以吐纳货运发达也。然今之平汉,其支线不过一〇六点七九八公里,殊患未足,即交叉线大者不过正太陇海,次则道清。道清营运有限,以燃料为大宗而已。今急应建设者,宜为周漯、禹许两支线,所费极少,途程极短,而所以资为平汉之营养,以及开发河南之生产者,其利固至溥也。

周家口在平汉线之东,漯河则郾城邻邑。周家口向为杂粮营运之中心区,即今每年输出之数极巨,其距郾城,虽非遥远,然而输运究不便利,故建设周漯,使合于平汉,应为当务之急。且前此曾有周襄之计划,由周家口以通于襄阳,亦所以便豫鄂之交通。后此周襄虽未进行,然周漯则为绝对生产之支线,固不可偏废者也。

禹许由禹州至于许州。禹州为药材营运之中心区,每年输出,虽不及周家口之杂粮,然为数亦正不少。许禹间距离甚迩,支线造费有限,而其足以吸收此大宗药材者,禹许告成,必视今益形便利,则所以增进铁路之业务者,亦必可观也。

五 其他干线

中国已成及现建之铁路,不及一万公里,视以需要,相差过巨,而历年所预定之路线,有由我自定者,有由对外合同之约定者,当时虽未有整个之计画,然各线计划,要均有其兴筑之理由,他年详加审核,次第建设,或加归并,或为延长,国计民生,两俱利赖,无待赘述。凡上所言，则今日所应尽先建筑，准诸臆测，以为最属急要者也。至于其他干线，有已经测勘者，有定而又废者，有但在拟议者，分别具陈，非旦夕所可尽。兹为最录其名称于右，用为本篇之结束，亦俾国人之考鉴焉。

甲 部定路线（已见上文者不列）

湘汉，起长沙迄昆明，约长一七七〇公里，盖所以便云南与中部之交通。将由长沙而转输下游，北至平津，途出贵州、湘西，更属切要。

宝钦，起宝庆迄钦州，约长一二一〇公里，将自湘西通于最近之海口，为适合对外贸易之需要也。且路线经由桂林、柳州，其与广西之发达，亦至有关系。

同蒲，起大同迄蒲州，约长八二〇公里，为贯通山西南北之纵线。再由蒲州、逾河至潼关，可与陇海相联络，则北方货运，视绕道平绥南下者更近。

道济，起道口迄济南，约长二九三公里。俾通胶济以出海口，且由清化展筑，尚可入晋。惟如兴修顺济，则此线为骈枝，非属必要。

韶昌，起韶州迄南昌，约长八〇六公里，为贯通赣南之纵行线。通至韶州，则由粤汉以达广州，可以利用广州海口。将来通沪杭者，取道京湘，南行者取道韶昌，发展赣省，系于此矣。

福昌，起福州迄南昌，约长八四〇公里，为赣闽通路。虽闽赣间万山重叠，施工不易，然福建上四府，固非此不易开发也。

京粤，起南京迄广州，约长一九五〇公里。盖由南京而皖南、常山、浦城、延平、龙岩、梅县，以达于广州，全线盖历皖、赣、闽、粤，几与海岸线相并行，以发展腹地之交通者也。

粤滇，起广州迄昆明，约长二一一〇公里。由广州溯西江，入广西，再由来宾、都安，西向入黔至兴义，以直达于昆明，为南部之横行线。开发滇、黔、钦、渝尚不足尽其能事，得此其庶足敷用乎。

乙 合同线路(已见上文者不列)

开海,起开原迄海龙,约长一七二点八〇〇公里,为吉沈及南满之横行线。盖与东三省铁道网之计画极有关系者。

长洮,起长春迄洮南,约长二七六点五〇〇公里。本来四洮已经通车,由长春至四平街,相距匪遥,似无更行建造之必要。

洮热,起洮南迄热河,约长六四四公里。取径赤峰、承德,实为东三省与关内北部交通之要线。

敦会,起敦化迄会宁,约长一九五点五六九公里,盖将由吉敦路通会宁,以达于清津。则与日本为最切近而有关系之路,业经我国反对者也。(按:开海、长洮,订约于民国二年;洮热与长洮,又订约于民国七年;所谓满蒙四路借款,敦会为吉会之一段,订约于光绪三十四年。总之,均日本以强力迫我,取得铁道权以肆其蚕食者也。东省沉沦,于今两载,言之痛心,尤望国人合力,以谋恢复,企予端之!

川汉,起成者迄汉口,约长四八五公里,溯江入蜀,用代扬子江上游之航行者也。初与美商订约于光绪廿四年,既又收回,改借四国银行团之款,所谓湖广铁路借款也。

浦信,起乌衣迄信阳,约长四三七公里,为陇海以南之平行线。自乌衣西向,经合肥、固始,以达于信阳。盖于豫东皖北之农村经济,尤有关系者也。原与英商订约于民国二年。

信成,起信阳迄成都,约长一四〇〇公里。盖循浦信西向,经由襄阳、郧阳、兴安、东乡、顺庆以达于成都,亦横行之一大干线也。

同成,起大同迄成都,约长一六〇〇公里。发轫于大同,贯穿晋省,由潼关而西安,然后循栈道之旧,自宝鸡、留坝、汉中、宁羌、绵阳以抵成都,实为川北之干线。初与法比两国铁路公司订约于民国二年。

沙兴,起沙市迄兴义,约长一二三六公里。自沙市而常德、辰沅、镇远、贵阳,以至兴义,盖湘西孔道之通黔鄂者也。尝与英国宝林公司订约于民国二年。

滨黑，起龙江迄黑河，约长一〇六〇公里，逾越中东铁路以北，至于边界，实为我国东北境之要路。曾与俄国道胜银行，订约于民国五年，嗣黑省自办呼兰至海伦一段业已告成。

高徐，起高密迄徐州，约长二四九公里，盖为鲁南以通于江苏北部之铁路。其时日本注意山东，故不惜全力以夺得建筑权，而承办者为日本之兴业、台湾、朝鲜三银行所合组之银团，更可见其拓殖之野心矣。原约订于民国七年。

顺济，起顺德迄济南，约长二七八公里，与高徐同时订约。盖高徐由以入苏，顺济由以至河北，实为胶济之左右两翼也。

凡上所陈，拟议兴修及订有借约之联合路线，几尽于是，至以外计画各线，若张多、札兴、吉同、洮索等尚未着手测勘，故亦无自置议。而即此已定之各线，倘以铁路业务之立场言之，其可以合并，或存此废彼者，亦正有率心考量之余地。铁路既为国家交通之要政，全国人士，宜如何督促研究，用图发展。作者不敏，祷祝俟之矣。

附注：本文里程，根据铁道部工务司设计科制图。

（《申报月刊》1933年第2卷第7、9期）

故宫博物院

原夫文化武力，兼为立国之本。文化发扬民智，激发情绪，促进治道；武力捍卫民族，巩固国防，以御强暴，两者不可偏废，而论者尤辄右文，则以武力终为人民之集合，必先使人民爱国，而后可言军旅。求得爱国之思想，固必自导扬文化始。再则武力战役，事过景迁，又必征之于载藉，旁求于考据，而后先民之伟绩，可以长存，嗣贤之崛起，有所绍述，则又非文化莫之能传也。

我国五千年来，为文武并茂之古国。玁狁三苗，率遭窜逐；越裳海外，重译盈庭。史册之盛，可得而言。降至近世，未能尚武。积弱召侮，无庸自讳。然犹幸得以文明为世先觉。而此文明之征象，除遗编古迹之外，举凡秘书艺事，则奕叶为君主国家，遂多粹于帝室。质言之，我国五千年来文化之迹兆，历史所渊源，几尽粹于故宫，固不止方物珍异而已也。夫君主时代，举全国以奉一人，凡此皆非国人所易窥见、学者所得研讨。自民国十三年，移宫事定，始有故宫博物院之设置。公开展览，影印流通，声闻宇内，泽流国外，盖不仅以供媚古者之摩挲，直将文化之全部历史一一披露于环球？且故宫重宝，既无不与文物有关，即无不与历史相启发。我国人士幸而获此珍异，什袭宝藏，正宜如何爱惜，用为国光，供其研究。乃自博物院成立以来，政局不宁，善藏非易，飘摇风雨，几无宁时。我全国人士，对此先民之所贻留，宁不于文物历史之外，更动其杯棬之思，以谋垂之于无穷乎？爰略述组织经过，庋藏概要，三馆工作，善后保存诸端，俾国人致意于斯者，得益凛然于维护之不可少缓，以亟定方策，则作者固愿执鞭蹬以从役于其后也。

组织之经过

博物院组织经过，中更多故。约略言之，可分六期。

第一，为溥仪出宫时期。溥仪出宫，盖根据于十三年十一月四日摄政会议所决定，由鹿钟麟、张璧、李石曾诸氏执行之。维时先缴景山卫队之械，入宫陈说，修正优待条件，废尊号，移宫，年给五十万元。议定溥仪即乘汽车至其父醇王府，同时清室亦自动解散附属各机关。出宫前，并将国玺及全部宫殿交还民国。至点查之事，即以清室绍英等四人及民国警卫司令部警察厅各二人为委员任之。国务院并聘李石曾为理事长，同时开始查封。至优待新条件，则以溥仪出宫后别谋反对，遂以无形废止。

第二，为委员会时期。委员会正式成立于同年十一月二十日，凡委员十五人，监察三人，又另聘三人。{汪兆铭（易培基代）、蔡元培（蒋梦麟代）、鹿钟麟、张璧、范源濂、俞同奎、陈垣、沈兼士、葛文濬、绍英、载泽、耆龄、宝熙、罗振玉（绍英以下为清室方面）监察，则警厅、检察厅及教育会外添吴敬恒、张继、庄蕴宽三人}。外此各部院各派二人为助理。初意盖冀与清室方面合作，乃其五委员无一到者，盖彼正另图根本摇动之策矣！摄阁改组，段祺瑞任执政，委员会进行，略生变化。盖微中于清室之言，而令内部转委员会停止点查。委员会初不为动，又以庄蕴宽氏之力持正义，疏解其间，内部亦终于维持委员会之主张，最后国务会议修正办法，添派各部长官及重要员司以为之缓冲，而委员会之进行如故。其后溥仪又来索取私用物品，委员会亦经允许。但所取者，一出神武门，即为满员及宫监所朋分，溥所得者，仅旧皮数袭而已！旋以委员会接管庆丰司地契事，清室又加攻讦，以为滥施职权，于是委员会不复能忍，即以宫中所搜得之复辟证据，请检厅起诉。卒也委员会之接收地契，未予置议；而复辟案检厅以事在赦前亦不起诉。自此委员会知事有阻挠，非公开不足以谋制止，始有博物院之设置，即于十四年双十节开放焉。

第三，维持员时期，盖民十五“三·一八”之案起！政潮所被，理事多有离去者。博物院遂以卢永详、庄蕴宽为维持员。经费不足，庄氏至举私债以应之。既而直鲁联军，忽派兵包围故宫，属即腾让，幸以王士珍、赵尔巽之力，将兵他调。迨杜锡珪任内阁，清室复商之吴佩孚谋恢复，吴亦却之，而博物院既由内阁改组委员会，同人幸均始终坚持不还溥仪、不变卖、不毁灭以为之继。

第四，维持会时期。则杜阁去职，院务因而解体，于是名流学者复设维持会，推江瀚为会长。惟经费困乏，始议定处分无关文化之销耗品，如金银食品等类，定有招标规则，颇形慎密。张作霖既任大元帅，清室载涛为翊卫长，重谋中伤，以人提议查办，所幸当局渐有觉悟，微加改组而止。

第五，奉方管理时期，奉方改组委员会，又添干事二十四人，制度未更，进行如旧。如是者七阅月，国民军至北平，为第六即目前时期。国府令易培基接收，经费则进行中英庚款为补助。惟其时经亨颐者，忽动议将古物售卖，并取销故宫博物院，一时闻者大骇。幸此议未能成立，国府又颁《博物院组织法》，组织理事会，以李石曾为理事长。易为院长，李赴欧后，最近以江翰代之。然前数月以处分金银等事，曾为国人所注意，同时又闻有提议变卖者。此后变幻何如，正不可测！而强者睨于邻，黠者罔其利，怀宝者迷邦，怀璧者坐罪，国人群策其力，以图切实善后之办法，殊不容更缓矣！

庋藏之概要

故宫藏庋，随地充斥。自清室善后委员会以至博物院之成立，随时查点，撰有报告六编二十七册，逐项罗列，更仆难数。举其概略：乾清宫多玉器；清帝御笔、满汉文实录，礼器图制、钱样则在暖阁，宋磁及旧美术工艺品，亦所在多有；坤宁宫太医值房储药材，砚石贡墨则在暖阁配殿；交泰殿储印玺；昭仁弘德殿多书籍，中外新旧，下至小说演义，纷然杂陈；端凝殿砚石独多，即雍乾间珐琊磁器，亦均非后制所可及；懋勤殿、上书房、玺房多清帝后御笔；如意馆进画及经史诸籍、珍藏图记、万寿祝典折图（于建筑多可考订）、致英法等图书、唐宋元明书画，若怀素、褚遂良墨迹等，弥复可珍，而清帝历朝之日记、帐册，亦有存者，可供史料；御花园陈列古玩青玉，旧刻为多，景泰蓝次之；而摛藻堂之《四库全书荟要》，殊为承学者所未易及见；延晖阁闲置《圣训方略》；位育斋书籍较多，新旧咸备，与懋勤等也；斋宫藏历代名画，宋元以至王恽诸作，册而立轴，咸属至精之品。宋拓碑帖亦夥，而清廷记功诸图，尤足为治史者之旁助，宋缂丝亦间有之；诚肃殿则多清御窑碗盘，其他美术工艺雕琢诸品，亦复称是；景仁宫则多储呢缎皮张，而光、宣妃嫔金册，亦杂列其间，明磁玉玩，所积甚多；承乾宫藏食品鱼翅、银耳，以及内用碗盏；永和宫书籍多为小说传奇，图画则郎世宁、邹一桂等院画，顾亦有羲之、东坡真迹，错杂其间，而文房则均玉石精刻品；钟粹宫之玉石雕品、唐宋名画（李思训、王摩诘等真迹）御题御笔，美不胜收；景阳宫藏书字画以外，并有翰苑撰文硃批奏折，陈设则多明磁；奉先殿及偏殿设宝座祭器、缎匹库以外，亦有书籍缂丝、宋元书画、茶库茶叶外，多列朝官窑磁器；惇本殿书籍外，有汉印铜佛，而光绪、宣统功课册，亦有存者；齐宫多为佛教美术品；如意馆多磁器挂屏；寿药房略庋书画，而无药材！四执库衣帽缎料而已；敬事房有各殿陈设挡案、折扇、朝袍、腰刀；古董房所藏略同，惟有宋元书砚、图章玺印之属，鼎彝磁玉器什，亦复不少；建福宫多官窑磁器；咸福宫则被褥、衣面、手饰、磁器，而织造所进之金龙袍面为多；太极殿藏辛亥档案，可为史料，美术工刻亦多；外此石印书籍、西式文具，错杂其间。雨华阁庋龙藏及释典，并精制之礼佛法具、番制佛像，其南库有帝后升遐档案、宋元书画、磁玉清供；翊坤宫有书籍风琴、钗钿饰品，雕刻陈设品亦夥；丽景轩有册后、纳采、入宫之礼节图，以及衣料用品；重华宫、崇敬殿陈设多精品；漱芳斋磁器特夥，亦有周秦铜器；养心殿书籍外，并有清帝战图，风琴玩具、磁玉精制品、宣统印玺、退位电稿、御墨佛象；华滋堂藏宋砚及精装手串烟壶玉器；体顺堂度中西文普通书籍、皮张绰丝书画、旧制鞘枪、法瑯精品、铜佛法器；永寿宫藏朝珠印玺、御撰诗文、青白玉器宋磁；景福宫多书籍；梵华楼、佛日楼多佛象法器；景祺阁多明磁佛经；遂初堂、延趣楼多景泰蓝精品、玉器；萃赏楼多书籍；三友轩有御撰文稿；倦勤斋、玉粹轩并多美术工艺品；宁寿宫多康乾御窑，其他各朝称是，书籍亦间有陈列；乐寿堂书不多；养性殿有古铜器及宋贤遗翰，玉器亦多；阅是楼藏御诗册页；颐和轩多镶嵌挂屏、珊瑚青玉诸珍什；南三所多佛像法器；皇极殿藏官窑磁器、缎屏；南北十三排则专储戏衣；御药房藏药，多已腐蛀；盆库尽藏磁盆；慈宁宫多乾隆御墨，太妃金册，玉器亦多；寿康殿藏折扇书画、小说书籍；其东西配房则多磁器；寿安宫中多哥定窑磁器、雕漆插屏、普通书籍；英华殿多花盆，慈宁宫多藏经佛像，间储光绪官窑磁器，其花园亦多佛轮欢喜佛像，造办处所存帝后诸陵图式、战迹图、各处程站图说、各省府水道图、圆明园模型，多足资舆地考古者之取证；内务府存宫中则例档案、五军道里表、墨榻碑刻，而各殿阁档案均为重要史料，前明玉册，妃嫔金册，所存亦夥；皮库多皮张磁器；磁库多历朝官窑；寿皇殿为清帝后御容，所藏清帝册宝，御制诗文集亦多；实录库均汉满文起居注，各省府舆图、光绪朝行移档案、满汉文史书、六部旧档、实录圣训，皇史宬则均清帝实录，并有满汉蒙古文者。銮舆卫均仪卫所需，太庙堂子多祭器。

由上言之，约略差举，而以吾人之目光，窥测大内，则正为一大规模之家庭，院落深邃，陈列多珍，故一殿一阁，均有精装之工艺品，用为陈设。惟其搜集天下之奇珍，历代之法物，故若细加搜讨，则一物一事，成足以资艺人学者之模楷。至博物馆之组织，分古物、图书、文献三馆。古物俯拾即是，势难集中保存；图书则已多提存（别详下文）；文献则志在搜辑史料，考订流传。今国人之游观故宫者，走马看花，未容终日。徒矜天家收藏之富，以偿其快睹之私。然试一深思，凡此磁玉、雕漆、缂丝之绝技，今兹或已失传，正可藉供精进者之研究。周秦彝鼎、西域磁器，又多为治社会科学者不可或缺之材料。至于官私载籍、档案则例，则凡言历史、言舆地、言制度者，亦无一不有需于此。质言之，即中国数千年来政治递衍之迹象，均可由是以求得。国人游观之际，苟存此心，则对博物院之善事保存，发扬光大，自必更增其兴会乎？

三馆之工作

故宫分古物、图书、文献三馆，兹略述客年工作情况于次。

古物馆

整治钟粹宫后殿，以陈列旧扇；整治斋宫以陈列玉器；修葺咸福宫为乾隆馆，中陈乾隆生平欣赏之珍品，两厢陈列乾隆时代之图画御笔，平时服饰等，又专以郎世宁所绘，陈列专室，又整理撤藏织绣、新旧玉器、景泰蓝等陈列品，并造陈列品目录，此则最为繁重，而亦最有关系之工作也。此外划分各库房之藏品，缮造提物陈列清册，修裱书画木座屏架，添设裱画室，以专责成。审查铜器磁器书画，计已经审定者，一年中有磁器七百九十七件，书画一千二百三十四件。外此钞辑御题书画诗、书画录、咏磁诗、咏玉诗，编刊月刊、书画集、说明、书画印章考、吉金录，均在进行。凡此皆于考古学术上，有莫大之贡献。而铜器拓本九十四种；古镜拓本四十一种，瓷器拓本八十四分，玉器铭刻拓本十三种，旧砚拓本三十余种，亦已遍传宇内。别又影印故宫各种藏品为影片，钤拓汉印为印譜，亦均已着手。故宫古物，浩如烟海，非仓猝所易为，期以岁时，当可蒇事，翘企俟之矣！

图书馆

集中书籍，编次目录，整理公开，为馆中当务之亟。兹幸分别整理，已经竣事。计存善本书一千零五部，近二万册，内宋本八百余册、宋元刊佛经三十一部、殿本八百零七部(《图书集成》在外)、经部七百九十七部,又汇刻六十二部,史部一千八百四十一部、子部一千五百五十二部、集部一千九百廿七部,方志二千八百四十八部(国民政府提去之三万余册在外),杨氏观海堂藏书一千六百七十一部、满文书四百廿八部、佛经一千一百三十四部、重复书七千三百五十五部、杂书一千七百十九部、钞书五百六十四部,合之二万三千八百五十七部,至三十七万零三百零八册之多。就中精本,触目皆是。其已成目者,有故宫方志目,而观海堂书目、殿本书目、艺文志等,亦各聘专家,旁甄博采,正在编制之中。其出版物则本年付刊者,《方志目》《河源纪略》《郡斋读书志》《清宫史续编》《天禄琳陈琅丛书》等,视前此所印之《上京纪行诗墨謚》等,更切学者之实用,而修缮之役,亦颇繁重焉。

文献馆

文献馆最重要者,先加整理。盖旧藏档案,零乱错杂,非先编次,无由贯串也。其已着手者,为军机案档案,清理折包,随次登记,内阁大库档案,则先将红本史书,分别年代,按架清理。再将实录圣训、起居注,及档案图书,标签编目。计已加整理者,红本三千五百余捆,史书二万四千余捆,勅书五百五十件,诏书一百六十六件,档册七千二百九十七本,满文者八百七十八本,折件起自前明天崇二千五百余件,实录满文者三千七百九十九本,蒙文者同之,又红绫蒙文者,视前缺五册。圣训九百十七本,重复者一百本。满文九百廿二本,重复者一百十本。汉文九百廿二本,满文者同之。起居注二千九百四十本,内有残缺。祝祭文六十七件,册宝九十三号,书籍一百零三种。外此《乾清宫实录》《皇史宬圣训》满汉蒙文者均经整理。乐器五十余件,亦加审定;图书舆图,则一一为之编号,亦已竣事。而各殿阙之模型廿二件,尤为建筑上之重要考据材料;军机档案,学者多就以取材,公私方面,借阅者甚多;若蒋廷黻、刘官谔之专治鸦片战史、吴燕绍之专治西藏史、社会调查所之专治经济状况,亦非是不足以竟其业也。出板品有《文献丛刊》《史料旬刊》《清代文字狱档》、《太祖实录》《三藩史料》《嘉庆外交史料》《康熙与罗马使节关系文书》《乾隆舆地全图》等。

三馆之外，以言院务，外整理物品，提供展览；而标售无关文化之食物、皮张等品，尤属应行极端慎重之举。至各殿宇之修葺、库房之建筑，亦在在与保存有关。博物院经费拮据，向不待言。所幸中华教育文化基金会，拨捐十五万元，中法教育基金会，捐洋十万元，始得用以建造仓库。而西人之热心文化者，如美国艾乐登氏，即捐款指修斋宫，英国蓝浦孙公使，捐款修咸福宫，以纪念其亡妻。盖文化美术，世界人士，所宜合力保存，固无间于国别。即博物院理事会外，别有协助会之设立，国人学者，多预其事。而各国使馆人员，亦均加入，致力于保护研究之役。足见故宫重宝，爱惜者殊不仅国人。而世界人士之欲由古物、图书、文献三馆所储藏，以研究数千年来文化递衍之阶段，其热心不可为不剧烈，而其求智之切，愈益足征所藏之价值，为不可数计也。

至于标售物品，向为国人所注意。按之院章，已于二十年六月成立临时监察委员会，聘当地检察官市长卫戍司令及教育界同人组织之，议决处分者，限与文史无关，得价率充基金，不作用别。处分分投标、拍卖二种。先药材，次食品，再次绸缎皮货，其茶叶等零星物品，则在院前发售室门市出售。二十年底，得价八万二千零卅九元二角七分。就中以皮货为最多，今年更进而处分金银，总数须至年终报告。苟能信遵院章，手续完备，监视严密，则流弊当不易发生也。

保存之善后

故宫博物院，庋藏之丰，价值之珍，无庸赘言。今者应述及保存善后之方法。盖北平固已成为中国文化之中心，足以当文化区域之名称，故宫又建筑于是。三馆所藏，即在故宫，宜可为惟一之原则矣。然而世变方亟，降至今日，北平是否尚为永远适宜珍藏之区域，无天灾窃盗之虞，无剽劫之患，则又国人所焦思而远虑者也。

今试分别论之。天灾时行，初无定地，今日以科学之方法，严密护持，无论何处，均可防范。即窃盗之虞，亦复何处无之？则在尽其管理之人事而已。故宫接收之后,以至博物院之成立,就中经过,错综纷纭。然综其事者,类多老成人,又负学术界之宿望,故虽流言不息,而多珍迄能保存。迨至点查之工作竣事,一草一木,咸有簿籍可稽。苟无易地及意外之事变,当不易于散失。盖按博物院之近况言之,已自整理时期,而同时入于研究时期。盖据此奇珍,徒资鉴赏,已失之下乘:必且由是研精,俾得发扬光大,斯足副保存之盛举也。

以云其他事变,固未敢先必其有无,然预筹善后不外迁地及就地之两法,以云迁地,则必先研究一万全适当之地点。盖国内都市,有文明之设备者不多。倘以之移置于交通不便之区,无水电之设备,则天灾之防范,已不足恃,遑论其他?若以移置于交通便利之区,则必为商埠地,然大盗之不操戈矛,鼠窃之因缘肆伎,豪家之耽耽注视,贾客之时时逐利,不其更可虞耶?次必研究装箱输运之方法,按现兹分地点查,庋藏有定所,每件有标识,一旦装箱,又岂少数人之所可集事?若诿之于多数工役,又宁得尔许诚信不欺之徒?且缘奸冒利者,岂不百计以图售其奸?再即指定地点矣,运道所出,舟车历碌,破碎折损,自在意中,犹其小者,若乃邀劫于中途,截留于何处,恐其时有非人力之所易预防阻止,则自此而分散,自此而失落,其咎又将谁归?若谓抉择精品,酌为迁地,则鉴别之事,非专家莫能为,而专家有限,穷旦夕之力,不审经年累月,能否尽为等第?且一切有待于公开,有待于陈列,有待于研究,则除原有故宫以外,又何处足以庋置?若徒以保存为言,则书画之蛀蚀,美术工艺品之脱损,又将何自而潢治?且经一番装卸,则多一分危险;责任辗转,更孰尸之?故欲求迁地必先于此等先决之问题,妥定方案,然后始可与言也。

然舍迁地而言就地保存,对于一切章程人事,固可益加严密,其所需于研究者,正即地点之如何。地点问题,固不在本文讨论范围以内;然试加熟思,故宫所保存者,于国家之立场上言之,为国粹;于人群之立场上言之,为文化。文化为全世界所宜保存,观于英美人士之慨助,可以窥见。盖发扬国粹,责固属之国人;而保存文化,则人群均应尽其能力。吾信人群之理智未尽泯绝，则于此数千年来文化之迹象，容或不致毁灭。惟如何促起世界人士之致意，如何策动人群致力之效能，并以如何避免万一之浩劫，则国人及负故宫保存之责者，允宜筹措于事前，俾有备以无患。若再进一步言之，北平为文物荟萃之区，故宫以外，图书馆之藏书，郊寺之佛塔，更仆难数，又何一而不应保存，又何一而便于迁地。夫以迁地为消极保存之策，故自有其理由；然能就地保存，必较迁地为妥。且即此殿阁之建置，亦复文化之之表征。今者大匠垂绝，法式罕传，但移所藏，买珠还椟亦岂得谓之善策耶？为今之计，权衡于二者之间，应以积极之就地保存为原则，而临时易地为例外。援安不忘危之例，对于选择易地诸端，固不妨先事计画，而原则上之办法，尤宜及时孟晋。时不可失，机不易留，国人努力，有厚期矣。

（《申报月刊》 1932 年第 1 卷第 5 期）

收回上海租界

溯自中日事变以来，东亚民族，不幸而陷入浩劫，所幸两国贤达之士，深悟亟谋所以解决之者。而我主席汪公，乃毅然以挽回劫运为己任，中更多故，历时经岁，国民政府，始告还都。友邦日本，尤能见其大，力行强化国府之新政策，且进一步而求得中国之自由独立，俾能以中国复兴建设之力量，进而参与解放东亚之神圣事业。

既而大东亚战争开始，日本固夙已洞烛英美挑拨东亚民族之阴谋，至不能复容之境地，始不惜逞其一击。中国国民，本来苦于英美之桎梏者，垂一百年。自国父揭櫫国民革命打倒帝国主义以来，其说尤深中于人心。兹者日本既一方进攻欧美，一方强化国府，于是益憬然于两国关系之密切，存亡之相辅，而国民政府亦进而宣战，以示东亚民族同生共死之决心。

日本自中国宣战以后，深知我国民政府，以至中国国民胥能了解解放东亚之大使命，尤且痛心嫉首于英美之帝国主义，现兹目击日本之反英美战争，无不振奋百倍。盖英美不仅为日本之敌人，亦且为东亚之公敌，而中国之所受其侵略者，视日本为尤夥，则其反响也自亦愈深。日本亦惟知中国之苦于侵略，而必欲完成其解放之初衷，以尊重我之领土与政权也。始有交还租界之盛举。自交还租界之说兴，而中国举国人民，莫不对于中日间之新关系，更多一重认识，且往日之视政策为具文者，今乃得持之以为例证，以释其向日之疑虑。

凡上所述，胥为交还租界之政治动向。但在事实上，上海租界已有近百年之历史，其所设备，固有相当之成绩，而一切人事制度，亦非有长时期之研究，不易洞悉。因之市府于此动向之下，即秉承市长命令，开始工作，数月以前，各部门负责人员，辛勤栗六之态，至今犹在目中，迄于七月三十、八月一日接收之盛典，相继告成，领土之完整，已达目的。于是由计划进及实行，荏苒至今，瞬逾三月，虽无成绩之可言，而一切设施，非特未少减退，亦且孟晋有加。即制度方面，亦多已着手调整，循是以往，行政上之统一，固无问题，市政上之设施，必可推进，所以奉行政府之功令慰藉市民之期望者，尊岳不敏，愿与在事诸君子同相奋勉。兹特再举所经过者，约略言之，当为研究交还上海租界问题者所乐闻也。

甲、确立精神

租界之交回，在日本原为希望中国领土之完整及行政权之独立，质言之，亦推行政权之独立，斯得谓为领土之完整。自交还租界之说兴，市长即召集僚属，说明精神之所在，此后凡一切准备措施，亦均秉此精神，制为方案，毋自暴弃，俾确立完整之制度，推行上海之市政，并以符日本交还租界之真意。

乙、网罗人事

市政府各种行政，均有负专责者，为之主管。于今租界收回，同在市政府管辖之下，就原则及统系上立论，自以各局长兼任处长，秘书长兼任两区主任秘书为宜。盖一则使两区行政，易于就法令统系之范围，二则主管者处理事务，亦免层转之繁，易于解决，非特市长之主张如此，即日方亦以此为言。惟各部门事业纷烦，诚恐于本职之外，别兼两区事务，转有顾此失彼，权责旁落之虑（本人即自省铨材，不敢径负两区责任，当时力自乞退者），因之于此原则之下，不能不物色人材，以为佐副。所甄铨者，既须为专门家，尤须明了国策，以及收回租界后，设施之精神与动向者。故筹备之际，首以人才为重，既于原有职员中特加擢次，复就各方，分别物色，幸得向声之士，感于市长之真诚，收回租界之大业，咸颇竭诚，以为国用，吾道不孤，良用感慰。

丙、进行调查

两租界各有百年之历史，其中更故虽多，部门庞杂，自非局外人旦夕所易知之。即旧职员之供职多年者，其所熟习，亦多系其专管之部门，而未易了然于全局。盖百年以来，负主管之责，多属外人，彼亦不愿率令华籍职员，知其底蕴，但为收回后之设施计，自非先加探讨，无从着手。因之即先着手于调查，由市长指定负责集中研究之人，由各方关系人员，进行调查工作，或于历年报告中，觅取真相，或就朋好中，展转乞取资料。其时所搜得者，多至盈尺之统计，少至一纸一篇之材料，无不为之排比，集中研究者，则每日伏案埋头，搜罗分别，大概历时三阅月，得其端倪，洞其窍要，一切制度经费，始能详悉无遗。

丁、制定方案

材料既经搜齐，制定亦已熟习，则进而为分别设施之方案，先令各局密陈兴革之法。其属于事务性者，亡不毕具，然后加以整理，呈之市长，再以政治之目光，定其先后进行之步骤。其属诸外交类者，则请中央为之主张。其属于地方性者，由市长领导准备。此外则市民之建议，友好之陈说，无不广为搜辑，择其精要，列入方案之中。所幸全貌既得，方案易定，且两租界亦自有其相当之统系，纵理乱丝，不难得其头绪。而授受之际，尤以不使人民遽感法令之纷更，负担之加重为主，故目前移步换形之际，亦多为市民所不觉。

戊、进行交涉

方交还租界之说起，市府即行开始筹备，已如上述。但其时交还尚无确期，筹措仅为拟议，乃在筹备未竣之际，交还租界，忽即实现，此则日本尊重我国主权之表示益切，而中央外交进行顺利之所致。上海一得此讯，即将前拟方案，按图索骥，遵照中央之命令，进行交涉。市长领导于前，同人追随于后，凡所接触，中日两国，在精神上本趋一致，无俟闲言，惟于事实及现地方面，亦多有折冲之处，文字地图，数易其稿。习以为常，终得良好之结果，实亦煞费尊俎间之精神。

己、规划界址

上海租界之繁荣,胜于南市闸北,此为尽人皆知之事实。此外则沪西越界筑路,以其为租界时代所建制,设备较为完善。近来闸北亦日趋繁荣,现已有将沪西闸北归第一区以及一八两区预期合并之决定,其余部分并即就其原有状况。然此非理想中之大上海,以后将另定整个计划,逐步推行,以期发展,俟全沪情形渐趋一致时,则再为规划,以期尽善。盖目前状况,虽在改进,实仍只可谓为过渡时代。

庚、着手布置

交涉具体,既告段落,接收亦有定期。忽遽之际,即须办理对日对法两国事务上之接触,又须与工部局及法公董局为移交上之准备,一人一职之当否,一房一舍之布置,无不有待于研究。况市政不可一日中断,治权亦不能一时中断,于此百冗交集之时,尚须为招待交际警卫上之筹备。即如派保安部队担任警戒一端而言,外交军务两方面,已使负责者忙碌万状,而两局之旧机构工作,直至接收之前一日,始行停止,因之布置一切,即在接收之前夕,费通宵之力,部署种种,正值七月三十、八月一日酷暑之际,所幸供职者心力体力,两期胜任,未告陨越。

辛、接收工作

在筹备接收之前,负责人员,固已奉命将事,且已各就其本门,研究一切。但其接收之时,以其责任之繁重、头绪之纷歧,僚属之接触,亦特感艰巨。尤其所有公文档案制度,既非中国之素习,文字亦多为英日两国者,在我国既经收回之后,一切体制,自非加以改革不可。惟在接收之初,工作既不能少有停顿,呈转程式,移步换形,虽属末节之微,已弥觉其不便。且向者工部局多取会议方式,虽以领事团为上级机关,实则事无巨细,但不干及大政方略者,无不即由局办。改组以后,区公署隶属于市政府,指挥监督,发号施令,层转准驳,接收之时,乃益形其繁杂。

壬、兴革制度

两租界有多年之历史，其建设之长，固不可没而有待于兴革者，亦复甚多。且以前为独立性之行政，多与政制不符，其在接收之际，立加纠正者，如警察局之不再代行检察职权，监狱之改隶司法系统。又警察不再隶属于区公署，应设专局，径隶市府（现上海市属嘉定崇明等区均为分立，惟以区公署长兼任局长），为最大端。前法租界于烟酒正税之外，别立专税，曾由政府交涉取消而未果者，亦即明令取消。此外琐节之兴革，随时随地，类多有之。即如路名之一律改用地名，既排侵略思想，复便记忆；车辆捐税之统一征收，既省车夫三处纳捐之烦，更节牌照之消耗，时间物力，两俱经济，亦为市民所同声称许者。

癸、推进市政

市政之建设，自以市民之福利为主，盖属于事务性者居多。至收回租界，则为外交事件，而属于政治性者，接收前之筹备，自亦以涉及政治者为多。接收以后，即当以推进市政为依归，市政需要于改进者甚多，分别言之，累牍难尽，兹特约举其一二端，为市民告。第一，不主张骤增市民之负担而不能不谋工作之迈进，以云节流，固不可能，期其推进，需费更巨，于此酌剂之中，当求得允当之办法。第二，前工部局一秉英国习惯辄用会议制度，因之迁延不决，旷日持久之弊，随以发生。且我国地方制度，由长官负其全责，会议大抵为建议性者，故欲言增加效率，首先当厘正主管负责之制，以谋增加工作之效率。第三，按照本国法定习惯，改订章制。盖两租界各种章制，均为当时欧美侵略性之产物，有与国权抵触者，有仅以左袒少数资本家为精神者，有仅便利于外人者，至其文字之庸浅，更不待言。目前为推进市政计，为统一法令计，自应亟予修正。以上三点，均为当务之至亟，推进之前驱，亦正市府上下一心合力以赴者。

综上所述，租界有百年之历史，人民寝馈其间，或则习与同化，认为乐土，或则感喟万端，冀其收回。至国父遗教，以撤废不平等条约为言，人民之热忱益炽，而独惜其未易观成。乃今兹日本以尊重中国之独立完整，即以其军事力量所占得之租界，率以归还，此诚中国国民所最为感奋者。吾人何幸，生得逢辰，欣见殖民地之势力，一廓而清，主权自此自由行使，置诸中央系统之下。自兹以后，但当返求诸己，力谋建设，而地方之建设，尤待于市民之合作。上海为智识阶级集合之区，亲得置身于解放租界束缚之际，其必愿同心一德，与市府同人，共赴艰巨者，固不待言。更敢为请，尊岳承市长之命，谬预斯役，差免陨越，接收迄今，已逾三月，市廛无改，百废待兴，涉笔记载，历历在目，乃不禁其言之不惮烦絮矣。

（《地方行政(上海)》 1943 年 第 2 期）

建设新上海

建设新上海，是人人心理上所希望的事，是中国当前所必要的事，不必加以考虑或疑问的。

建设新上海，已经经过若干年的历史，自从开埠以来，一百年间，无日不在建设之中，可是英美外国的势力，前来建设，当然为了他们而不是为了我们，便利他们而不是便利我们，上海外表建设的成绩，我们固然不能否认，但是站在国家的立场说起来，就发生了这个问题。

国民革命成功以后，政府根据了前淞沪商埠的计划，努力推进，黄郛被任为第一任市长，就和一班当局专家注意建设大上海起来，规模具在，大家都可看见，不容细说。历任市长，也都萧规曹随的做去，直到了今日，可是那时的建设大上海是要在租界以外去建设上海，最小的希望是与租界争一日之长，也可以说与租界竞争繁荣。转移方向，消极的是拿中山路来限制租界，积极的是开发市中心区建设虬江码头等等。那时这个计划，并不算错，因为英美本来有更大的野心，希望更大的拓植，一方在建设上，拼命越界筑路，一方在政治上，时时提倡自由市、国际城，自从我们自己建设大上海以后，这种空中楼阁便不打而自消了。可是到了今天，大东亚战争展开以后，东亚已没有英美外国势力的存在，租界已经收回自主，不成问题，所以建设上海，自然因时制宜的需要有更进一步的划时代计划。

从前要限制租界发展和繁荣，因为租界不是为中国而发展繁荣，收回以后，这点是大大改观，我们正要利用租界为中心，进而去发展邻近的区域，可是发展过程间，自然随时要注意保存租界行政的优点，而改掉他的劣点，我们绝对要做到为中国而建设新上海，为东亚而建设新上海。

租界太矛盾了，是全国最繁荣的地点，也是罪恶最多的地点。我不相信罪恶是跟着繁荣来的，更不相信消灭罪恶会减少繁荣，我们正要发展繁荣，减少罪恶，同时并进，以建设优美繁荣的新上海。

上海是对外重要商埠，我们当然要维持这国际商港的地位，我们固然要排除英美外人的势力，可是我们并不是提倡闭关自守主义，我们对于国际商港东亚重镇的地位，是仍旧要维持，而且要加强的。建设新上海，目前当然需要有一个新的整个计划，这计划需要切实合用，正在大家埋头研究之中，可是计划的重点，不外如此。

至于安居乐业，通商惠工等项，这是每一个城市的最低条件，我们当然努力去做，不必再要什么详细的说明。

历史是永远下去，可是划时代的机会，却也千载难逢，我们为了租界问题，忍辱含垢，已经一百年，何幸正遇见了这收回的机会，我想这是我们这一辈最荣幸的机会，当然更应该赤心努力，放手做事，我们自然诚意希望全国同胞和上海人民的指教。“群策群力，底于至善”，这是我们最高理想的目标，也是我们无可旁货的责任。

（《中华月报》第 6 卷第 2 期）

上海市民应有的觉悟

中华建国，倏已三十二年，缔造艰难之往迹，犹在吾人脑海之中。试一追思，当年国父中山先生之提倡革命，不避险阻；武昌起义时诸先烈之殉身为国，成仁取义；诚有令人不胜其敬仰之忱者。辛亥往事，历历可数，起义虽在武汉，奠都虽在南京，而三四阅月之间，一切部署折冲，均在上海。故上海实可谓为革命建国之重镇。且上海人士尤多致力，询诸父老，耳熟能详。盖上海为东南财赋之区，外交枢纽之地，举足为全国之重轻，人所尽知也。

建国以还，上海之建设，随以发达，而其地位之重要性，亦复与日俱增。迄于今日，大东亚战争已在胜利进行之中，英美侵略之势力，已在屏除之列。然欲继续努力以求争得最后之胜利，此后半阶段之重要，实尚有过于过去之一年，而上海实更应多负其责任。上海人士，其慎毋自轻自暴也可！

上海人士，以交通经济种种之便利与进步，故每为国内风气之先河，亦惟正以交通经济之极度发展，而不免增重都会上之罪恶。数十年来，欧美人士，掌理租界上之行政，既多昧于国情，又为便利其自私与榨取起见，措置每多不当。盖其对上海，一方面但求其繁荣，虽畸形非法，亦所不恤；一方面又图其自便，而未尝措意于民德民智之养育；此则应为吾人目前所当觉悟而力加矫正者也。

所谓民德，盖为复兴中国之第一条件。上海多数人士，强梁者辄薄视法律，轻言公德；其次亦仅图个人之享乐，而不注意整个之安宁；再次则惟利自图，但博多金，便为能事，功利之毒，实深中于人心。凡此种种，小而言之，已不合目前之潮流，而徒自陷于痛苦之途。大而言之，其贻害于个人者尚小，贻害于国家者实多。欲以此而求东亚之解放，中国之复兴，则更为万不可能之事。吾侪身丁此际争存于旦夕俄顷之间，窃愿海渎人民，力挽狂澜，有则立改，无则加勉。斯为上海前途之幸，亦中国未来之福也。

所谓民智，上海本非文化之区，除少数书肆大学专家以外，其文化之程度实尚不足，而人民初不能普遍重视文化，书肆大学之在上海，仅为适应工商学子计，而不足语于文化重心之所寄托也。图书馆博物院，事变以后，仅有存者；而即事变以前，所钻研浏览于其间者，能有几人？原来资本主义之下，文化之需要，已属低能，何况上海徒以商业为号召者乎？然民德之培养，与民智之发展，实有不可或离之势。吾人固冀上海之立改颓风，乃不能不先望于上海之树立民智。尊岳妄参市政，犹未綦年，而旅食于上海者，已数十寒暑。今舍市政勿言，颇欲以此数十年之见闻观感，为末俗稍下针砭之词。元旦献岁，除旧布新，敬冀自兹以始，上海之民智民德，日以发扬，俾树全国之风声，永为邦家之重镇，斯则馨香祷祝以求之者，愿与上海人士，相互勉之！

（《上海半月刊》1943 年第 55 期）

新年的梦想

未来中国至何境地，殊不易言。盖政治嬗衍由于多方面所造成，如因果之相生不已。至按现状推测，势或出于乱极而治之一途。夫取证历史，数十年一小乱，数百年一大乱。致乱之由，论者多归咎于政治，实则关系于经济者为尤重要。治平久则民力充，民力充而物欲盛，人口繁殖，供不应求，至于思乱。迨夫乱极，人口固减少，物欲亦锐节，供求或可少调，民心遂尔厌祸。惟曩者中国闭关自守，故但视国内之环境而转移。今兹则环海交通，必且以世界之环境为转移矣。至未来二字所包举者至远，要当分阶段以论之，未易即加逆臆。大抵最近二十年功利主义未易泯灭，则纷争仍无宁时也。及于全国恐慌之后，人民无问贫富，咸被至严重之影响，则亦人人望治，始可以言小康。至政治制度，最近一为俄式，一为意式，两走极端，然均以少数临多数。苟得其人，仅可支持，人亡政息，必难为继，其最合理化之政制，必仍为全民主政治，而后可望治平，无复疑义也。

（《东方杂志》1933 年 1 月 1 日）

梦想的个人生活

余溷迹海隅，日处尘浊，居诸栗碌，晨夕不遑。迨深晚归来，微闻残漏，偶一着想，辄自引笑。所为究复何事？固不我涉，亦不利人，引为责任。窃既未敢以云谋获，亦正薄不足供，但有葫芦，如鱼饮水而已。余性好习静，解衣磅礴，菲史枕经，乃至词章讽咏不绝于口。或有所得，奋笔直书者十之三四，但著神会，未容文字以传者，十可六七。辄自揣度，假我岁时，埋首书城，料量典籍，真知灼见，必有所得，或矜创获，亦在意中。而余得茅茨衡门之乐、山水清娱之胜，以逍晷刻，终老可期。今兹华屋连云，红尘扑面，正求舍去，未尝留连。故以生活言之，得一役于图书馆，恣我探讨，俾竭智能，出其绪论以被人，略得余钱以授梓，于愿已偿耳。此固未为梦想，宜可以期诸实现者乎！

（《东方杂志》1933 年 1 月 1 日）

《南洋周刊》创刊号祝辞

夫纵横捭阖之道兴而国家多故，飞潜攻阵之功收而天下凌夷。国家多故，天下凌夷，斯非一二深居安拱庙堂筹谟之士所可策其效矣。矧兹社会日进文化，以图腾而部落，以部落而国家，榛棘既删，学术遂进，希拉诡辩之士尤援意立法，锄私昌公，推平治之权舆。泯四民之阶级，由来尚也，晚近兵凶，有史创见，强者挺戈镝之利，智者腊城社之谋，伏尸千万，西顾惨恤，而五那承累世之敝，阐方新之政，宜可以生聚自强矣。顾国民袭平治之虚名，当轴绪晚清之余孽，鼎革以旋，权奸当道如故也，猖贼兢进如故也。夫被能亡一清室于三百春秋之久者，更能奠一民国于磐石万禩禨之安乎？民国之责，责于国民，昭然成理，则有今岁学生集义之举。夫学生将以挹教育，受实学，俾为起衰开创之赀者也。学初未蒇，国将先坠，争危砥柱，宁可后时？卒之临风一呼，举国援响，曩之辱国自肥者，褫被去位，远寄使命者，折冲樽俎。凡此国民可沐之恩泽，均一一自学生图成之矣。申而衍之，可以革故鼎新，摧枯拉朽，中兴民国也。南洋公学位置海上者二十一载，夙负重名，肄业之士尤当世才俊，兹乘集会之余，编辑此报，欲以国计民生之大，收集思广益之赀，并推平治之学。至于编户市井，为教育之挹助，筹深利溥实导赖之事闻于余，余不敢以无言即综学生救国之义，用当祝弁，愿与南洋诸君子切磋之。赵尊岳敬祝。

（《南洋周刊》1919 年 1 月）

在史量才先生追悼会上的演说词

今天《申报》流通图书馆、业余补习学校、妇女补习学校联合举行史量才先生追悼会，当我昨天在朋友处听了这个消息时，我的朋友说，这大概因为史先生是图书馆的创办人和学校的校长的缘故，所以要举行追悼会么，我说，其实还不止这种意义呢，即以史先生为人伦师表说，就应该纪念，何况还有师生关系，同事关系?！而追悼会的意义，还含有大家要景仰、要模仿史先生的意思。

刚才沈信卿先生说的狂狷之道，的确是顶要紧，史先生的“狂”与“狷”，我还可以举两个例：

所谓“狂”，就是进取，就是有所为而为之的意思。史先生开始办报是在民国元年，那时一般人对于报纸差不多看作一种公文和零碎事项的记载，很少注意；但是史先生的见解却不同，他很感觉到教育的重要；教育需要舆论的提倡，于是他不顾人的讪诮，从事新闻了。二十年来的经营，《申报》在世界上已经有了相当的地位，新闻事业也为人所重视，主持的人似乎没有甚么奇特，但在当时却不能不谓之“狂”。

史先生的做事，是不避艰苦的。凡是认为可做的，应当做的，他总想一步一步的去做。他又感到单靠报纸是不足负起教育的责任的，所以在报馆事业本身比较稳定后，办图书馆，接着又创办补习学校，这些文化团体，都是建立在同一认识上，成了一个教育系统。这种“狂”的精神，是非常值得敬佩的，是非常可取的。假如史先生不死，一定还有更多的贡献，可惜我们看不见了，永久看不见了！

“狷”就是有所不为，也就是不肯随便丢人，这是人格问题。记得《申报》初办时，为着一个招牌发生了讼案，结果是变为经济的赔偿。当时很有些人要想藉此操纵，但是史先生情愿挪借，绝不因为势力、经济的关系，轻视他的人格、报格。又民国四年，袁世凯希望圆满他做皇帝的好梦，拼命的奖励报纸替他说话，不惜用卑鄙的手段，使大家刊载洪宪年号，独独史先生以为为民喉舌的报纸，那里还有捧叛逆的道理，毅然拒绝。过了几无，袁某变换了方式，派人对史先生说，如肯帮助他说话，要多少钱，要什么官都可照办。谁知道竟出乎意料之外，史先生不但随即回绝，反把来人大骂一顿。在这些地方，我们可以看出，史先生处处尊重人格，不是为着名利，什么都出卖的人，这是“狷”的一点。

我们可“狂”可“狷”的机会很多，如果个个人能效法史先生，模仿史先生，应当做的开始去做，不当做的不要去做，中国不是有希望了么？

刚才沈先生以“狂”、“狷”二字来说明史先生的美德，我再举出实例，希望诸君以史先生为模范，秉承他的狂狷精绅去努力。

（《申报流通图书馆第二年工作报告——纪念史量才先生》申报流通图书馆编，1935 年）

大东亚战争周年感言
——发扬东亚民族的力量

大东亚战争一年以来，已足够表现我们民族的力量。可是，我们却要注意，非但不可因此大意，并且更要努力发扬，成为永久奠定东亚和平，奠定世界和平的基础。

（《太平洋周报》1942 年 1 月，总第 46 期）

其他

日　记

消暑的方法很多，我最欢喜的是看闲书。年年热天，朋友们不是计议到青岛北戴河，便是约人去吃冰淇淋打麻雀，我一向以为出门未免辛苦，路上更是觉得烦热，打麻雀因为技术不佳，肝火很旺，决不是我消暑的方法，冰淇淋是甜的，我根本不吃，所以我总是每年抱定我的主张——看闲书。

旧书翻来翻去，总是这几部；新小说自从林琴南到周作人，旧笔记自从宋钱惟演到民国柴小梵，没有一部不是“韦编三绝”，看多了便觉厌倦，因之自今年起，就改变方法看日记了。

旧时代的日记，不是没有，像《水东日记》等，往往是断简残篇，不能过瘾。而日记的开始流通，这风气大约还是近来的事情。我记得当小学生的时候，因为教国文的先生，和当时的中国图书公司有些关系，曾经兜揽我买了一部《曾文正公日记》，花了十几块钱，还有个冲楠木匣子，这是我记得很清楚的事情。可是买了回来，从没有好好去看他。这是我小学生时代买的一个纪念品，一想就着，所以首先搬了出来。

我在搬书的时候，顺便在这不大光降的书房里面，同时搬出了不少日记：什么李文清、翁文恭、越缦堂、达尔文、王湘绮、缘督庐、张蒉斋，甚而至于两小本的袁寒云，也一起拿了出来。日记多是大部书，一包好几十本，走出走进，正像陶侃运甓一样，汗流浃背，暑还没有消，人却先有些儿疲乏。

看了几天的日记，十分感觉兴趣，尤其是一个时代的日记，就是一时代的活动社会史，这几位有学问有事业的老先生，居然能有功夫有恒心，几十年的写下去，即此一端，真是令人佩服。何况我们在看日记的时间，随便字里行间，都可以发现作者的声音笑貌，真像跟他做朋友一样，比较读其他的著作，容易领会得多。用一句老话说起来，简直是“古欢可接”。

我这人天生有些模仿性——当然是缺乏创造性的反映——看了几天，不免着了迷。自己想想，我正在盛年，倘然从今日起，我也开始写作起来，过了几十年，一定也是“著作等身”，既可以写一部活动的社会史，又可以等到“人往风微”之后，供后人消暑，岂不是一举两得，所以我决定就开始写日记。

在开始写日记的前一夜，我就定了十大原则，作为自己写作的金科玉律。

第一，我自己知道接触的方面很多，本来是一个马浪荡十改行，士农工商，都懂得一些，并且都有些接触，有时与名士们和韵做诗，忽然接到电话。某一公司开董事会，只好赶去，诸如此类，雅俗混杂。但是我写日记，自以为应该全部写入，不要“汰俗存雅”，也不要仿一种专门性的，好比达尔文日记，尽讲昆虫化石，李文清日记，尽是道统格言，我一定要全面记载，方才可以保存我的影子，同时负起了社会史的使命。

第二，我自己知道我的朋友很多，什么阶级，乃至什么职业，都差不多齐全了。其中泛泛的，以至没有记载价值的人，固然不少；可是值得“大书深刻”的，也特别的多。所以我写日记，如果有朋友来看我，或者接到某一位的来信，我应当将值得记载的人，连他的事情，多少要写些进去。就是与我性情不合的，也不要紧，几百年后，做历史的人，尽可以老子与韩非合做一传，那又无妨自我做起。但是我有一个附带的条件，就是以各阶层各职业为对象，而决不是专对某一个名人或阔人。

第三，我自己知道我的爱好很多，有几年专门爱买旧书，什么上海四马路、北京琉璃厂，三天不去走走，就好像失魂落魄一般。有几年我专门买丝绣，有几年我爱听戏，一个月不缺一天。诸如此类，“玩物丧志”，固然不对，但是个人的寄托，便是个人兴趣的所在，万不可但拣好听的说，装起假门假面来。同时在日记本身上说起来，从书店记载到戏园，也是很有趣味，或者更是值得作为将来考证的一件事。

第四，我自己知道我所看到听到的重要事情，也是不少，这无疑是政治社会各方面的（我不是专门学者，当然听不到什么技术上的秘密）。为目前打算，当然不应该形之笔墨，可是为后世打算，总是应该记载的。我一想到不定若干年后，有一位好学深思的人，无意中发现我的日记，而来推翻一件历史上的档案，或者多做一卷历史上的考证，岂不是我也“含笑九泉”。我宁可将所写的，仿效古人的“铁函心史”，藏了起来，但总不要放弃这史料的责任。

第五，我自己知道我的性格脾气，刚强伉直，这种脾气，拿来应付一切，虽然自己以为很好，但不一定是适于人家的脾胃。我既写日记，就应该作为我自己的鉴戒，所以逢到我处理比较重大的事务，以及发挥我性格的地方，也应该记载下来。这种记载，自以为有三种意义：第一可以自己常常翻阅，为检讨反省的资料。第二可以使将来看我日记的人，就想到我生龙活虎的神气。至于第三呢？或许有人看日记时，追想我处理一件复杂困难的事情，也不得不用我这顶天立地的办法，因此对我这刚伉的性格，加以特别的原谅。——但这是一种希望，就有这种细心读书好管闲事的人，想必不多。

第六，我自己知道我的短处，在疏忽小节。平常管理一件工作工商事务，有多少机器，多少工人，就未必背得出来。连个人现在有什么资产负债，往往也茫无头绪，偶然开出空头支票，就是这个原故。——可是我看旧书时候，对于小事物的记载，最觉兴趣。尤其是社会生活的情形，我欢喜知道光绪年的堂会戏价格，有时更欢喜研究斗酒十千的酒价、某一种衣服的沿革历史、某一样器物的发明者和做法，所以我要记日记，遇到这种小事物的机会，千万不要轻易放过去。

第七,我自己知道我的学问,百无一成,可是样样都要去尝试尝试。大家知道我跟了况蕙风先生学过填词,事实上《文选》我也做过札记,四史我也亲笔点过,外国小说也译过了好几部,医经、本草,都还有些影子,六朝小品,唐人小说,自己的拟作,是我最自欣赏的东西。——可是因为不好,始终不愿给人欣赏或笑骂——我写日记,关于学问一途,因为没有成绩,应当竭力避免。自己说外行话,还是事小,万一给人家看去而误信为真,岂不误了人家,所以除掉自己心领神会和确切不移的见解和注释以外,千万不要多著一字。

第八,我自己知道我是最好幻想的一个人,静坐的时候,每每无中生有的引伸出无数幻想来。这幻想的范围,有时小如芥子,有时大过宇宙,而且政治、经济、文学、心理,一触即得,既无来因,也无去迹,想过之后,还我太空,心中也没有一点渣滓。有时凭着幻想所及,引用到实际方面,也居然收些效果,这是很神秘而不可解释的一件事情,我自己认为是一种奇迹。我颇想以后如有值得记载的幻想,也写些出来;但又恐怕这种幻想,一经落笔,就要失去真相,了无意象,所以还在考虑之中。

第九,我自己知道一个人既不能远走高飞,又脱离不了环境,因之一天二十四小时中,敷衍应付的事实,可算占去了不少。这种不得已而做的事务,我决定不拿他写进日记。譬如不相干的宴客、不得已的拜客,在我忙了一天,日记上可写好几行,可是我自己都很讨厌,急于要销灭这个痕迹,更何必浪费纸墨,以及损害将来读者的精神呢。

第十,我自己知道我的私生活,简单之中,极有风趣;随便之中,也没有什么特别可以非议、可以恭维的地方。但是每一个人的私生活,正是他自己最有兴趣的一部分,无论如何,我拿定主意,必要将他记载出来,绝对服从古人"事无不可对人言"的训诫。

这十大原则,写完之后,天已不早,预备早些睡觉,明天起来开笔大吉,起首写这"等身著作"的日记。可是到了第二天上午,明知道事尚未做,有何可记;到了夜间,客去灯明,我想正是动笔的时候,可是我每要记载一言一动,不免先来对照是否合于自定的原则。我枯坐了两点钟,我细细检讨一天所做的事,实在没有一件可以写上去的,懊恼之余,连本来幻想和看闲书的乐趣,都已耽误,时钟却已当当两下了。

如是者一天又一天,蹉跎了一个多礼拜,始终如此,不得已,我掷笔叹气,自言自语说:我决定不再做日记了,倘然没有先定原则,或者多少还可以写一行×月×日晴暖大暑等来搪塞一下,现在既有原则,只可根本放弃。到了现在,秋风四起,日记本上还是一张白纸。

(《天地》创刊号1943年初版)

编辑室中之忏悔语

友人某君，执业报界，暇辄过我，述编辑事甚审，若重有忧者，余屡为慰藉，加以解释，犹无以杀其悲。且曰，何日余得自提供状于读者之前，庶其少为忏悔乎？余默识其言，会有新闻事业专号之征文，则掇其事，以塞余责，兼为余友忏也，缕述于次。

友人曰，余治编辑事务有年，同馆者殷勤厚我，于是余亦遍治各事。初不以畛域相分，即至广告，亦间有请余覆阅之时，于是余自信应忏悔者亦益多。徜吾有日记，则凡此种种，均已连篇累牍，今无日记，则略述脑海中之一二，以求忏于人而已。

方余之作时评，其难也不翅就蜀道以登天。盖非行文之难，而为选题之不易。以余报在当地，小有令誉，读者往往用以转移，于是称颂者备至，而责难者亦纷来，惟充称颂之力，不过读者赞叹于街谈巷议之间耳，而责难者则往往挟雷霆万分之力以俱至。余为言论计，固不敢少涉偏短，为业务计，又不敢擅作主张。依违之间，明灯斗室，几于无以自聊，最后不得已而取一绝不相干之题，作一洋八股式之短文，以尽吾责。然在此之时，余明知有更重要之事项，而不能言，则日日以企视言论界发扬其权威，博得自由发表之境界。于今国府已叠颁保护新闻事业之明令，信能实施，余必赞叹欢喜颂祷以之，然前此之忏悔，亦固不容自已者也。

其次，余治国内专电，以余报访员之遍布各地，而来电殊不多，即以重要地点之访稿言之，亦语不成章，为字无几，其不能满余之意可知。最后得一友人之私电，告余以彼地之重要消息（因彼地有临时发生之事件),余欣然为之刊入,而卒也又受检查以去,终至报纸所披露者,仅彼少数不成章句之电报。夫国家在形势紧急之下,以统一全国之意旨,而守军事之秘密,检查固不能尽废。然在此所谓临时发生之事件,其意义初无如是之重大,而检查者乃不丝毫放过,在读者鹄侯此消息,而终无所得,余知之而不能尽宣,此则余应忏悔于读者之前,而又希望检查制度之改善者也。

再次,余曾兼治国外专电,凡所得者,多为外国通信社。余已不快,而所来之电,或自欧美,或自南非洲,就中所述者,或为政治之变更,或为科学之发明,余于欧美时政,固尚略知,而于南非洲之事件,科学上之探讨,自信毫不之知,然以职务所在,馆中藏书尤不备,则不得不囫囵吞枣,依样葫芦,为之披露于报纸。夫余忝为编辑,犹不之知,则读者之不能尽知,亦自在意中。而余既不能笺注其事实,又不能明其事之是非,徒为披露,即有时得两种绝对相反之新闻,亦仅同为刊载,以听读者自由之评判。此余滥竽之责,又岂不应乞读者之忏悔,而报馆应搜罗人才,俾胜任者当之,则又余所希望者矣。

更次,国内通信,余亦一度料理,稿件纷来,大抵不外欢迎要人,追悼大会之实写,长官主任之政绩,而于各地民生实况,事业发展,殊属不多。有时一地有二通信员者,其所来之稿件,于一事件之数目字,尚不能相同,遑论其他。而余亦不能不为之敷衍,删繁就简,以实篇幅,究竟此种材料,与国计民生,有何关系?而公然大书特书,则余之所不能不忏悔者,同时余尤望报馆努力于各地访员之训练,以弥此缺憾焉。

更次,余亦略事各地短讯,有情形大抵略同于各地要闻,而材料之枯窘,犹复过之。其不能应命者,有略述一二奸杀之案以塞责。夫一邑之地,宁无有关系之新闻,而不能得之,而仅以奸杀之事,曲为描写,则亦大可悲已。余无术以尽摈此等新闻,仍为刊出,此余之又须忏悔,而同时仍望报界之能于不甚重要之地点,为同一整顿访员努力也。至于本市新闻,在读者视之,以为必真必实矣;而仍有不尽然者。

则一以地方之恶势力，使人不能尽量纪载；一以地面之辽阔，报馆亦不能尽遣专员，往为调查；一以造谣者之抹杀事实，无中生有；一以贿赂之风气未绝，间接报告者，仍有时上下其手。余治编辑，困于斗室，初无察察之明，则亦能随所言而笔之于书，去其过甚者而已。实则究竟之事实，必与纪载常有不同之处，余亦明知之，而莫如之何。虽以身处之地，而犹恐不实，则余之负咎者益大，而更冀社会人士与馆中同事，互相策励，以避免此等不尽不实之新闻发主，则幸甚矣。

外此，关于教育经济诸栏，亦时有矛盾之消息、不实之新闻。此则一部分为治事者之不力，一部分为受人间接之利用，其因缘以求利者，不惜卑陋之手腕以随之。而访员或以物欲之吸引，或以人格之不整饬，随同附和。即至附张小品文字，而作派之笔争，瞰名者之幸得，亦均所不免。而余亦无一绝对之方法，以处理之，坐使读者不能得真美尽善之新闻。文字虽为小道，既为报纸所披露，亦固余所应忏悔，无疑义也。

外至广告，在余之登载与否，亦当有一相当之标准。其绝对虚伪，或过不道德者，应在摒除之列。然主业务者，以营业所在，报纸赖以维持，少有出入，在所不计，而余亦不能不于精神上负宣传虚伪之责任。至于不道德者，近来以社会之舆论，官厅之取缔，固已日见减少，然挂万漏一，亦仍或有之。则余之负咎，固依然尚在，不能取消也。

总之，办理新闻事业，求其发达，厥有二端：一为言论自由权，与夫民智之开通，二为访员程度之提高，与夫新闻之求真求善。综此二端，盖一为环境，一由本身，信能改善，则庶几其可以收舆论之效，而昌国家之民权。否则虽从事新闻业者，亦徒见其日滋咎戾而已。

凡上所言，即余友对于从事新闻事业之所言而身体力行之者也。余不敏，听其说而然之，剿其说以告人，无乃为余友所不悦乎？敢于结论，并为志歉。

（《江苏月报》1936 年第 2 卷第 4 期）

威尔逊游英杂记

此次威总统挈其夫人来谒英王英后于伦敦白克罕宫中，乃有无数小小之新闻随之以至，为吾侪所未前闻者，今试揭之如后。

威氏之谒王也，英国人民不曰入宫，而曰至伦敦王家办事之室，此固人人知之。（不曰宫殿，贬阶级主义也。）顾犹不知此中晋接之仪注称谓之尤为可怪。

威总统丰裁态度，在在自表为一简单民治之人。而英宫仪节，犹承数百年之积习，英王更神威赫然，即偶然流目四盼，亦自异于凡俗。威总统则一民选总统耳，视玺绶之荣，臣工罗拜，均漠然无所动也。

威夫人晋接英后，与威氏之见英王相同。其初，英宫内使掌礼之官，急欲呈说其节目，俾免陨越，继觉威氏若亦于事前熟思深虑，觉与英王晋接，以此平民之礼节为最合正谊。故置宫中之体制于勿顾，遂亦听其自然，而英王英后亦不以客之脱略为意，然英人终不免称奇也。

此外尤有一端，最足为英人所称奇者。即威总统于白克罕宫中盛宴之时，起而演说，竟称英王为先生，以代贵国皇帝等称谓。盖英国人民，人人知国民暨外交上尊重之团体，于正式宴会时，脱用英文，必称英王为陛下，或贵国王帝，惟法文则称先生（英法文法不同也）。法总统固已夙用之矣，美国人于非正式时，偶然私语，亦有时称英王为先生，英后为夫人。惟正式宴会时，既用英语，却无不称贵大皇帝者也。

白克罕宫中罢宴归来，英王与威总统同御一车。威总统竟卷起右足之裤,而左足乃保持其常态,即王后同在,亦不之顾。道旁有持照相机取影者,英王戎服佩剑,御白手套,为状至恭。而威总统乃洒然如恒状,并不注意于裤之应卷与否,心目间似别含无数之理想。而道旁英法之民,见总统止卷一边之裤,咸相欢笑,群起效之,谓为新制,并以示美国交谊之笃焉。

一日夜午,威总统寓宫之卫队,正驻甬道,忽闻远远有激刺之响,疾徐高下,为宫中所未有,则大惊异。寻此声响,则出于粉红之巨室,即威总统常日所起居者。

宫中内史于是立召卫队,及守宫之贵介,告以此事。咸谓此声似发自一种机械之力,出自深夜,虞有危险之事。侍史遂立即扣门,请加防范。威氏乃立召侍史入,侍史见其面前犹陈打字之机,正手挥而目送,备明日伦敦市厅之演稿,始知此声响之所由来,为之粲然。

威夫人一举一动,无不酷肖其夫,力守民治之戒,无论何时谒见英后,均不深深鞠躬。一伦敦新闻之记者曰:"吾尝见英后别威夫人于车站月台之上,相向握手,威夫人并不与英后磬折为礼,相见时止趋前一步,以表彼此交谊而已。"

英王英后亦深迎合此远客之习尚,礼法晋接,率尚平民,久久英王更效法威总统之脱略矣。威总统去腊留英,十二月二十八日,适为六十二岁之诞日。是日早起,即闻挝户之声甚厉,总统意侍史入治盥沐耳,即曰:"尔可入室,门辟。"来者却为英王,握手道祝嘏之意。

常例白肯宫中驻一外客,无论与英王有友谊,或位次较卑之人,在其生日,必晓起先自谒王,谢王盛意。苟王至道贺,更宜佩绶足恭而俟,以俟王之纶音。威总统则不然,与夫人馆于宫中,直同家居。有见之者,谓此真无一毫阶级主义者也。

更有二次,总统与王同乘一马车过伦敦之孔道。总统直据王右,伦敦人见之咸咋舌伫目,观此共和之总统。车过却林车站,聚人甚众,咸申颂祷之词,总统去帽微颔,王则俨然如一军人而已。

威总统既抵白克罕宫,即止于廊次,作一演说,众人欢声动地。

演词一止，威总统先行，次即威夫人，次为英王、英后、马利郡主，及康那脱大公。英王向不随人而行，即前此德王威连游英，亦请王为先导，此次则竟追随威尔逊夫妇之后矣。

大众欢呼之后，威总统见众人欲一聆音吐，不肯即散，则复就白克罕宫廊下言曰：

“吾今且不作演说之言，特表示吾敬重尔侪国民之心耳。尔侪国民为争自由，致被巨创，而吾来复受此特别之欢迎，吾但愿尔侪沐此为国战争之佳果，此战争即尔侪以勇气博来之胜利也。”

此外宫中犹有可记之事，即总统随蹗之人是也。英王英后出入咸侍以军队，锦衣仗帜，率以大僚，兵士更御刷粉之伪发，巨红之套袴，雪色之丝袜，銮仪肃穆，如火如荼。威总统所随侍者，则仅一对黑人夫妇耳。

黑妇名苏三，最足发噱。一日白克罕宫中陈宴，侍史出精金之盘示苏三，苏三曰：“盘固精矣，亦与吾美白宫中庋陈之古物相等。”会为威夫人所闻，立诏苏三曰：“白宫中殊无金盘?”苏三则曰：“马丹，吾固知之，特不曾语人耳。”

威总统礼貌之疏略，不止对于英王一人如此。其称伦敦之市长，亦曰“市长先生”，而不曰“吾之市长”。溯伦敦市厅，此次与总统接洽为第一盛会，而总统竟称市长为先生矣。

夫市长之制甚古，礼节亦綦重，即以英王之尊，苟赴伦敦见市长，亦敬礼之曰“吾之市长”，而总统只称之为先生，且为之语曰：

“吾之称谓，虽更张前此之通例，在英国为一创举，实亦一至有兴味之事也，前事之不便，后此顾不宜更革之乎?”

威总统持民治主义，亦不仅在英国为然，即在罗马谒意王教王时，莫不如此。渠见教王，亦不稽首，止伸手互握，凝眸一笑而已。一英国之将军记其事曰：

“天下更无人能及威尔逊夫妇之好整以暇，在英国白克罕宫中，及罗马之教宫，受人款遇，总统见教王亦不屈膝。夫环球罗马各教之门徒，及异种之苏丹见王，莫不伛偻示敬，而威总统竟尔不然。教王延之上座，亦伸眉而笑，笑此总统行礼，为空前之创举也。”

教门各国之君王、王子见教王，无不屈膝，以宗教之成典故也。近世纪中，欧洲之君主，亦不甚赴罗马，以罗马既有教王，复有意王，两权兼重，难于分别也。

（《小说月报》第10卷第5号）

惜阴堂辛亥革命记

寒家自光绪中叶(甲午年)迁居(上海)以来,迄未他往。辛亥前后,尤幸少有以自效。缅想当日趋庭所见闻,涉年记述,以存其真,供史家采择,独惜失落已甚多耳。寒家榜惜阴堂,因以《惜阴堂辛亥革命记》名篇。

先公号凤昌,字竹君,江苏武进人。生咸丰六年丙辰,初任粤藩姚觐元记室,旋入署粤督曾国荃幕府,张之洞督粤调鄂,均留任。后被谗去官,移家上海,虽杜门却扫而意气不衰,感怅清政之不纲,非改弦易辙无可救治。抑且非一二长吏所能转祸为福也。戊戌维新,其好友杨锐及庚子许景澄、袁昶先后被祸,悲愤益切。

庚子以后,朝政日失措,民心日激昂。孙文、黄兴立同盟会,倡导革命。康有为、梁启超犹主君主立宪,从事维新。其两无所预,而贤士大夫之过谈者,所聚益众。若南通张謇,以殿撰弃官,治农工于乡里,时来上海,辄饮于寒家。又山阴汤寿潜、香山唐绍仪、顺德梁敦彦、长沙胡元倓、凤凰熊希龄、闽县郑孝胥、乡人庄蕴宽、崇明王清穆诸君,凡过沪必就谈大计。又湖北年遣武备学生赴日习陆军,往来沪上亦必照料行旅,并饯之,勉以立身许国。如蒋作宾、何成浚、李书城等,先后学成返国,多来起居,述彼邦治道,咸结纳之。盖进图改革,待时而动,人才则不可不预集也。

旋上海有预备立宪公会之设,张謇、郑孝胥等主之,介其入会,其殊不信清廷之诚能立宪。然以为鼓动天下,必当有先开其风气者,譬之涉江,先以舟楫桥渡,立宪庶不失为舟楫桥渡耳,因亦参与会事。

惟时新知旧雨,抵掌斗室。宣统继位,载沣摄政,大用亲贵,国人群起诟责。张謇约公等十人因满洲人庆宽上书摄政王,促行宪法,罢亲贵,一新纲纪,终不获报。乃更断言清廷之无可期望,谋国必出他途以制胜矣。辛亥春,黄花岗事起,殉国至七十二人,大吏犹缘以定保案。川人争自办铁路,川督赵尔丰临之以兵刃,则喟然曰,变发当不远耳。

方辛亥八月十九日即公元一九一一年十月十日武昌新军举义旗之夕,其正适宴客市楼,座有商人甫得汉电,约述其事,其闻之有所悟。须臾,谓有他约先引去,宾客初不之异。其径赴电报局以密电致汉口电报局长友人朱文学询其事,又立约沪商人之负重望者侵晨往谈。匹夫兴亡之责,促事功于必成。上海据长江下游,集人力物力,足为武汉之声援也。

翌晨,得武昌复电,知义师已大动,鄂督瑞澂已宵遁。因复电朱,促张謇返沪,时张适去汉口。随往晤商会董事甬人苏宝森,告以革命既起,沪汉商务息息相关,倘使战火燎原,两地均不堪命,急为今计,商会宜召各业会议,请沪地官商人民持以镇静。且电达江督张人骏,固屹自保,万勿轻预上游之事。翼阻江督发兵援鄂。又上海有英法租界,万一牵涉,贻害更大。应再由商会约西人商会开会,陈说民情,使达之领事,上闻公使。其时清廷遇事辄仰外人意旨,外国公使又辄循上海领事侨商之主张为依归。故复语苏宝森,当私告外商,此际应以保圪护商为主,外人绝不当有所左右。倘为清廷张目,资以饷械,或借租界之力扼制民军,则地方必须致靡。吾辈在商言商,无间中外,求其事速定耳。苏以颇得窍要,唯唯称是。其晚来报,谓中外无异见,领事且持此入告公使。卒之公使团集议,以清廷不足有为,且疾首庚子之役,咸不主助政府。不日即分别宣告,认民军为交战团体,各国严守中立。公知事济,欣然曰:民军自此当不以匪寇见称,足与清廷争一日之短长矣。

然商人尚不足尽举国之人力,则别思策动各省,自莫如各省咨议局与旅沪人士公私交往，因展转约各省籍友好，无论其为赞许共和与否，均来惜阴堂集商。奔走最力者，苏人黄炎培、沈恩孚、孟森、刘垣、冷遹、雷奋，浙人褚辅成等。时张謇为谘议局长，人望所属，函电四出，各省多闻声相应，旅沪人士又纷函知亲，转达地方耆彦，请求来沪计事或遣代表来议。于是先后至者十余省，晨夕相见于惜阴堂。卒以十余省代表之力，奠南京临时国会之镃基；壮图伟举，共商于惜阴堂斗室之间也。

自兹以降，日事部署。庄蕴宽时同寓寒家，间邀其旧部党人钮永建、王孝缜、赵正平等来谈。旋长沙黄兴、番禺汪兆铭、余杭章炳麟、桃源宋教仁、长沙章士钊、三原于右任先后至，筹事缜密，服劳勤挚，即于役南北奔走其事。若山西景耀月、直隶张继、山东丁世铎、云南张耀曾等，过沪必先来陈说当地情事。征问进止，一堂济济。是时，党人陈其美率子弟攻制造局，不胜被执，事已危亟。制造局会办沪人李钟玉，系公至交，始得士商之力，说于主者释出之。陈再攻上海县署，知县田宝荣逾垣走。上海光复，陈为沪军都督，李为上海民政长，知革命计议多在惜阴堂，亦来与会。汤寿潜时长浙江铁路局，来往沪杭，因介绍浙江光复党人陶成章来会，时陈其美觊覦浙江都督一职，遣蒋中正枪杀陶于广慈医院。

时与十七省代表排日研讨政情，有鉴于清廷任袁世凯为内阁总理，遣冯国璋南征。初战于武汉，民军颇不获利。各地新军数寡，并难策效，自非谋各地响应，不易图功。于是又以各省代表分别导致当地绅商，合群力迫长吏易帜，各地多纷应之。江苏巡抚程德全首以上海既失，宣告独立，易白旗，称江苏都督，苏沪始告粗安。然外省疆吏，犹或惑于君臣名分之谬说，首尾两端，迟迟举事。公即与农工商部侍郎、上海南洋公学校长唐文治洽商，由唐撰共和国体论，引证经义，谓共和非改姓，易帜非降臣可比以解喻之。满洲人志锜，为瑾妃、珍妃胞弟，贵重椒房，而见恶于慈禧太后，夙主维新，知革命得手之误于瑞澂，忽自京师来电，传内意，请讽瑞自裁，以谢朝廷。先公与瑞固还往，所寓尤密迩惜阴堂，惟以死节岂容人劝，且方为革命事日不暇给，安得复有余时为清廷传达使命，即笑置之，瑞卒令终。

初民军发难于武昌，风声所被，举国欢腾，人争自效。然忽萌清廷电调海军赴汉助战。海军萨镇冰素敬事郑孝胥。郑与寒家望衡，过从夙密，时弃湖南布政使职亡归隐晦，先公属其电萨，勿炮击武汉，以重民命。郑缮稿即发。德国向主君主政治，清廷及孝胥亲德。即电外务部大臣梁敦彦，谓国内战争，万不可乞助外力，苟朝廷有所求于德国，务为阻遏。梁电允诺。又民军及各省咨议局四向通电，独遗内、外蒙古。会从叔叔泽时任张家口电报局长，即详电使转内、外蒙旗，同申义举。颇有复电赞许者。又传闻摄政王偶作豪语，谓朝廷尚有好督抚在，何惧于革命。盖指升允、岑春煊辈。由是即请张謇拟一请逊位电稿，同携往谒岑，即日说其签名发京师，以孤清廷之势。类此举措，谋定即动，书出臆见之所及，多不胜记，聊述一二而已。

方苏沪乍告光复，武汉战事未已。南京张勋负固自恃。大江南北，各地自署都督者，林林总总，无所统隶。清廷内荏，尚称用兵。袁世凯又已蓄意盗国柄。于是惜阴堂宾客云集，论政以外，兼及论军，皆以增兵筹饷为言，请缨代伐为志。后黄兴任大元帅于南京，明知饷源无所出，募勇之不胜战，同患束手。常告来者以试先赴寒舍商之，遂历有胡汉民、谭延闿、李烈钧、柏文蔚各都督来洽。以至卸职之第九镇统制徐绍桢，第八师军人张厚琬、李书城、黄葆苍、陈元白，镇江都督林述庆、江北都督洪承点，吴淞总司令李燮和，沪军部督府参谋长黄郛，女子北伐队长林宗素等，杂沓纷至，户限为穿。其明识事理者，彼此推诚喻说，渐审实情。而矜才使气者，犹不免拂然色厉。直至和议初开，始缓其事。所幸黄、汪诸君深知艰苦，能见其大。尤习知江浙光复，多出地方人士之斡略，颇不自封于党籍，于事良便。逮孙文自海外归来，则南中大事已粗定矣。

计武汉义军之发难也，固出同盟会涵濡之深，亦赖地方人士之策力。故孙文匆次归国，抵沪翌日，即来惜阴堂，致词谦挚，曰：革命大业，诸君子功定垂成。愚愿幸偿，犹当勉继全力。海外消息梗滞，百不得一，请详述之。先公遂一一陈说沪汉情事。其后屡至，商统一建国诸要端，尤先以网罗英贤及国家财政事。其时四郊扰攘，各地都督就地课饷，虽病民而不足以存给。即在上海，陈其美来惜阴堂夜谈，竟得《民立报》于右任电话告急，谓民军以无饷且围焚都督府。陈至不敢遽归，可概其余。迨江南差定，计政人才，尚难其选。于是介熊希龄入局。初，熊官度支部，出任东三省财政监理官，钩稽精至，夙著能声。时适屏居沪上，与寒家卜邻，辄共尊俎，偻指财政，如数家珍。然知其秉性岸介，不屑求炫于当世，未易强致，则约日往谈。移晷，似犹未毕其辞，复挽来寒家续话，及入座未几，孙、黄继至，盖夙先约至矣。既相晤，畅论革命事，特重财政。孙、黄并重之，请草订设施纲要。熊窥其意诚，遂尽旬日之力，属稿携至。见者咸以为精析可用。此后遂即资之为探讨之本，卒定财政计划，熊亦以理财闻于时，历任财政总长、内阁总理。

庄蕴宽为吾乡健者，以文人治新军于广西，继郑孝胥为龙州边防督办及教练公所诸职。夙收新军人入旅，盖蓄大志者久矣。时客惜阴堂，凡所计议，无不允当。孙、黄并以为能。南京临时政府肇建，江苏都督程德全不胜任，告罢。公即主庄继之，遂移省会于南京。民党中人咸钦其清刚守法。政府统一，袁任为都肃政史。首劾洪宪筹安会帝制之谬说，以直声见称于世。又浙江光复党陶成章被狙，陈其美无吏才，都督难于得人。其遂举汤寿潜。汤淡泊廉能，素为浙人所敬爱，以劾盛宣怀削官，名动京国，独不乐于仕进，虽孙、黄面恳之，不少顾。公责之曰：君养望有年，举国奉以令誉，绝续之际，乃不为国家少效责耶。汤始勉允，期以三月必退。且谓革命不当囿于种族之成见，若轻杀满洲人，即日引去。众许其言，方襆被就任。既而杭州民军误杀旗城一兵丁，果即卸篆，返告曰：吾守誓言，愤勿轻责矣。南京临时政府初建，汤任交通总长；政府北迁，绝意却袁聘，讫为士流所称许。张謇客寒家，与民党日夕周旋，旋任农商总长。民党在建国求贤之时,亦多询先公意,尤重其有知人之明。是以临时政府筹商人选,孙、黄及汪、宋屡出名单,征询当否。先公以建府开基,既须兼纳众流,更当克副民望,取舍慎重,弥劳神思,片纸提名,钩抹数回,而后定其议。孙且坚邀同赴南京,强以艰巨。章炳麟复于名单书枢密院长赵,而己副之。先公笑曰:"此席非君莫属,余固自誓,仅策微劳,不奉公识,诸君子必夙闻之,况孱躯诚所不堪乎。"于是卒罢其目,旋改聘为顾问,亦婉却勿就。

袁世凯阴蓄异图者已久,迨清廷以革命事急,起之洹上,初示偃蹇,终主大政。先以冯国璋师迫武汉,而又忽缓兵,一示南中有机可乘,一见指挥之长以自重。于计不为不狡。清廷强弩之末,听之而已。至于南中,则革命成之于民意。义旗四举,初无练卒。所谓民军,除各地仅有之新军改编外,多集学生子弟为之。徒立番号,昌言北伐,实不足与北洋抗衡。凡此情事,孙、袁固两知之。孙知军事之难于幸胜而不能不作壮语,策励干城,慰藉民望。袁知南征大捷,大位终不我与,故不惜假军事之抑扬,谋进取之捷径。于是南北两方均处于危疑震撼之中,又即此以形成和谈之一线端倪,惟终苦于形格势禁,无可展布。孙、黄固尝踌躇至再,冀能有出奇制胜之术,越此难关而完成大业者。

天下政事相敌,不出和战两途。袁于此彷徨失措间,亦不得不谋与南中传递消息也。会袁部赵秉钧知其属洪述祖与余家为乡戚,又知余家阴策革命事,因由洪以私函来窥意旨。先公立示之孙、黄,佥曰:"今日但求覆清,以行共和,不战而胜,奚不可为,且足补南军之拙,惟当得其人而语之耳。"于是先公举唐绍仪,谓其能通治体,有权识,既为袁之故旧亲信,又夙厚于私交,倘得唐来,事必易与。孙、黄虽不识唐,以信所言,即加赞许。先公遂缘唐之乡人同学上海电报局长唐元湛密达京师,与唐通款曲,请为国家戮力,南来协商大计。唐固机智,窥情事之推迁,知安危之所系,甘以身许。袁知计售,私心为幸,即命冯观望于武汉。武汉之围,由以少解。实则武汉苟涉疏虞,南京亦失屏蔽。和固不仅利袁，抑且大有利于南中也。然袁左右无可使者，既知南中属意于唐，终任之为议和代表。

其时，袁以一身总北方之全局；南中则同盟会外，地方人士并参政事。同盟会中，孙、黄以次，又不无同异之嫌。发言盈庭，多所参综，难期制胜。先公因商之宋、章、张、汤、熊等，组设政党。凡国人之主张共和及统一建国者，不问其南北新旧，有无党籍，率可入会。众谋佥同，孙、黄等亦以为然。不日遂成立统一党，地方人士以外，同盟会人汪兆铭、宋教仁、章炳麟均列党籍。唐绍仪旋亦来莅。理事会中选张謇任理事长，章炳麟兼秘书长，先公兼基金监。缘是党人与地方人士水乳益融。事在辛亥十月间，较孙之于次年改组同盟会设国民党为早，实为民国第一政党，且兼容各派，共赴一鹄，直开后来政党联合阵线之先河，弥为国人所乐附。旬月以内，各省入党者数千人，先公按时往治事，迄于统一告成。政府北迁，章主党部随去，先公犹以为应暂留上海，徐觇其后，格于众议而罢，遂立辞基金监及理事职，不更问党事。既而章受拘禁，统一党为袁操纵，改共和党，而沿为进步党，颇与国民党相骑龁，且有附袁之嫌，诚出先公意料之所不及，且非所忍闻矣。

初，北方虽主和议，犹定在武汉开会。先公以武汉军事未已，坚持不可。又密告唐，非来沪开会即罢其议。孙、黄并以为然，袁卒屈允。唐尚自汉口水道来沪，假寓英商卜内门经理李德立家。李迎之于江干，先公未往，唐倚舷频以为问，无应者。其夕即来惜阴堂深谈，即席定以共和政体为鹄的，谓来日所议，仅斡成此局之步骤耳。翌日，先公约孙、黄同来惜阴堂晤唐。孙、唐同乡里，彼此一见，以乡音倾盖，握手称中山，似故交。黄为湘人，则微示礼数，称克强先生。此后，不三五日而一晤，尽掬肺腑，其有不容直率倾吐者，即先公为转达之。唐于名分为清廷代表，一切自不能不于议席有所争持。然阴主共和，谋之至笃，孙、黄咸相敬佩，未尝目之为敌军代表也。

方唐之南来也，南中尚未指派代表。黎元洪以为事发于武昌，应由鄂主和议。民党亦众论不一，尤以唐为清廷显宦、政学前辈，必当择地望相符者与之抗手，久久始物色粤人曾驻美钦差之伍廷芳任之。伍休官居沪，素不问革命事，亦不与党人通声气。而陈其美一日径投刺造访，请出任南方议和代表。伍不识陈，却之再三，陈竟长跪以求。伍感其诚，始允就任。伍居与惜阴堂不远，后辄来晤，为先公面述者如此。逮部署就绪，已定翌日假英租界市政厅开会矣。伍忽念及代表尚无证书，焦迫无计，立移先公函请速发给，备开会时审验之用。先公固不预琐事，得函大以为异，然不能不立为转达，且促缮发，次日始克持赴会场。伍曾就李鸿章幕府，官于北洋，与唐亦旧好也。和议数开，舍双方停战限期以外，凡国体争持及人民投票诸端，均无成就。袁尤遇事挑剔，以求信于清廷。南中则声势日宏，山、陕光复，而实力犹患不充。袁已熟审言战言和之举足轻重也，则益上下其间，便行其私，终免唐之代表，亲负和议全责，而展转示南中，倘属以总统之任，自当翼赞共和，缔措新局。南中时正困于偏安，绌于饷械，百不得已，亦仅有先树政体，再图其次。至袁之异志，人所共见，则冀纳之于宪法之中，因之南京临时国会先制《约法》，继以孙宣言让贤，选袁为首任正式大总统。《约法》定责任内阁制，总统无施政之权，且移都南京，袁南下就职，又应以党人为首任内阁总里。袁初勿之允，几在惜阴堂辩论调处，终以唐绍仪加入同盟会为内阁总理，粗偿南北之愿，事始克谐。兹议既决，袁遂致力共和，坐遣北洋军人纷电奏请逊位。又饰词动隆裕太后、摄政王，清廷知大势已去，无可挽回。终承受优待条件，于辛亥十二月二十五日，即一九一二年二月十二日下诏逊位。荡涤五千年专制之瑕秽，计距武昌举义，甫百有余日耳。

方大计既决也，南中计日俟逊位诏书，期释重负。而期之殊不可得，或以为事有中变矣。一日，先公忽有所悟，语张謇曰："明诏未颁，恐京师无大手笔足了此案，君试拟为之。"张初笑谢，以为不可，终于着笔，就其案头八行横笺，不具首尾，书数百字，文甚朴雅。先公以为可用，亟电京师。不出所料，北方前拟数诏，均不中体，袁正患无策，得之大事称许，一字不易，仅加“由袁世凯办理”一语颁行之。方集议朝堂，加此语时，佥以袁此日犹为清臣，不宜用“请”字；来日既为国家元首，应存谦抑，又不宜用“命”字。踌躇良久，忽有人脱口而出，谓“由”字宁不适用耶！群相俯首，以为千金国门，信无可易。又以张称言及皇帝长享优游之福，亲见郅治之告成而止，语气似不完整，于是复有人增“岂不懿欤”一语为虚结。雍容宏肆，神理具足，通人之笔，洵可称已。诏下之日，陈其美适来惜阴堂，逐句朗读至“商辍于途，农士露于野”、“人心所向，天命可知”诸语，叹息至再，曰：“亦可伤矣。”陈素以骁悍者，感于张文，弥存矜悯，先公每谓其亦谨愿之流耶。张手稿存惜阴堂有年，某年《申报》国庆增刊，属余记辛亥事，因影印以存其真，惟张谱失载其事。至孝若、刘垣载传，始揭出之。先公尝语张曰：“朝廷养士三百年，君以文士，策名状头，固不当善为之词，以酬特达之知耶。”胡汉民初不知其事，以为别出他手，至孝若传记及影印本出，始爽然自愧失言矣。

统一之局既定，袁任总统，唐任总理，无异词，于是进拟第一任内阁名单。时唐日在惜阴堂与汪兆铭、张謇、熊希龄、宋教仁、章士钊等计议，孙、黄亦间至抒所见，佥求融南北新旧于一炉，务使人得其平，官尽其守。唐于革命为后进，于孙、黄、汪、宋诸党人为新交，则遇事常商之于先公；袁多索名额，颇涉自大，非南中所能忍受。而南人又竞求显宦，视若酬庸，虽孙、黄亦穷于应付，其事视前拟临时政府名单为尤难。折冲进退，函电交驰，一拟数改，始勉定议，南北无违言。其间劳心敝舌，左支右绌之苦况，先公殊无以语人也。

综革命之观成，党人茹数十年之艰苦，出生入死，缔建共和，厥功固至伟。然辛亥以百余日倾覆满洲三百年之天下，显见地方人士之效力，初不亚于党人。所幸孙、黄领袖民党，能识大体，与地方人士推诚相见，协力相济，众亦翕然无丝毫之成见，因以致果。然孙、黄二人间固未尝无异同也。为之部属者，更或利其异同而抑扬之，由疑沮以生嫌怨，则启自东京初组同盟会时，其来固已久矣。辛亥事发，黄先抵沪，开府南京，为大元帅，弥孚众望，颇有主推任总统者。孙遄返，必得此席。其左右或不能不抑黄以示崇孙。由部属之间言，酿同辈之歧见，先公知之，引以为隐患之忧。故凡涉机事，必约二人同至商略，且折衷其异见。汪、宋亦每曲旋其间，免为袁所播弄。黄性厚重，辄自抑逊，幸迄不致偾事。其后病殁上海，唐往视疾时，犹执手谓中山负我，可以知之。

党人赤诚革命，躬冒百险，不折不挠，毅勇信非恒流所可及。然蹈厉有余，治术不足，亦为无可讳言之事。方孙之初晤先公也，言及民生凋敝，当有以解其倒悬者，孙即作豪语，谓今当先免全国之田赋。先公立止之曰："信是则军政费安所出，君首归国门，一言为万方所瞩目，慎勿轻言之。"又吴敬恒一日与张謇语及刑法，忽扑地叩首，谓匪盗迫于衣食，始陷法网，应勿论死，敢为革命。张愕然至无可置答。其后议及优待清室经费，孙遽谓虽岁给一千万何伤。先公亦止之曰："此当付国会决议，非一二人所可定夺。"盖孙以亡清在即，望外之喜，不期溢于言表，终亦仅记四百万两。凡此均足见党人之坦率豁朗，而尚不习于治道，幸多机敏服善，不致贻之祸阶也。

南京临时政府组成，先公固自矢勿预公职。而中国第一矿业汉冶萍，以旧人盛宣怀逃日本，无主持者，势托辍业。鄂中屡电政府维护，孙、黄一再请先公代表国家股份出任董事长，公以商业非官职，勉允之。绝续之际，摒挡另星商款，幸维持冶炉不使息火。汉冶萍产铁，向由盛宣怀定约借日款，而以最低价格售给日本八幡钢厂。八幡日获厚利，汉冶萍支拄维艰，先公固知厂务之困于日款者甚深，遂主别借款项，改定价格，另订新约。日人深患之，厂顾问日人青木屡来见，请循旧价售铁。又谓向借日款，易于续约，若取他图，岂有意排斥日本耶。先公答以借款为商业计，必取息廉而约束少者，兹正分讯中外各银行，日亦可来商谈，择其便我者，决诸董事会，何蓄意坚拒之有。青木无可逞，往谒孙文，谓日必赞襄革命大业，惟汉冶萍向与日有成约，宜续不宜废。孙意少动，以语先公。先公复曰："此商业事，应决之厂中，似不可以政治左右之。”卒拒其说。然厂务拮据日甚，借款仓卒难成。董事若王存善等，多秉盛意，难期规复。次年，盛自日本返，谒先公，虽旧交，而议终格格。先公直率语之曰：“此时纵惟日款可借，亦待君主之，余任内决勿举日债矣。”遂辞董事长职，所有按月车马费五十元，尽输之工人医疗所。初，盛与袁尝以争功名失欢，至是窥南中阴事反袁，矜其理财之长，复谓私蓄已足挹注政府。又每斥袁异谋，孙甘其说，且歆其资，颇以为能，尝为先公言之。先公曰：“相知素深，谓贪黩自肥者能公忠体国耶，谢不可信。”而盛卒左右汉冶萍事，以其亲家孙宝琦当其名。癸丑二次革命将举事，民党度财力不继，就商之，盛谓下南京当贡二百万元。其后讨袁军建帜南京，迄未斥一文。不旬月，事亦败散。民党有与先公追述之者，先公曰：“吾言验矣，其人果足恃乎？”

逊位诏下，南京移政权于统一政府，奠定有期。于是先公复与诸君着意于南北绝续之所系，务求匕鬯勿惊。时袁卒不肯南下，南中特遣汪兆铭、蔡元培等往迓。袁竟嗾使曹锟兵变于北京，示非坐镇北方，不足控制。南中既已解体，孙、黄亦叹息无言。及袁就任，遣梁士诒邀先公北行，先公笑而谢之。旋聘为顾问，贻带勋章，均答以一电而已。其后唐任国民党推荐之北洋军人王芝祥督直，袁勿署发命令，唐以为侵责任内阁权，愤而去职。袁旋杀宋教仁，启癸丑二次革命战事，乃至洪宪称帝，宣统复辟诸大端。凡事涉国本者，诸君子仍时至惜阴堂，就先公画策，以非辛亥年事，不著于编。

（选自《近代史资料》总 53 号）

读《说文解字诂林》

长夏无俚，据梧纳凉，暇治所学，以消炎昼，浮瓜沉李之际，不其别有风趣也。会读丁氏《说文解字诂林》，敢即揭此，以引同好。

凡治学者，咸知读书，须知集字以成文，简册所布，用以载文，不先识字，何能读书。呫哔之士，但知近训，供阅评话，庶几具诸。以云往哲前人之名著，疏解或异，隐僻难寻，遂每每违义以害文，略焉而不察。此则不识字之病，将昧于行文，经传不必言，即周秦诸子，以至学人之作，何独不然。故沉潜治学者，不能不专心读书，尤不能不先自识字始。

小学有三端：一字学，一训诂，一音韵。通兹三者，庶几尽识字之能事。字学以论造字，训诂以论解字，音韵以正字音。我以数千年来之国家，摊若干之行省方成，中间参以劫火所经，山川所限，輶轩使者，有勿能尽其异同，皓首经生，有勿能穷其正变。分功程课，能通三者之一，已匪易专，遑云博乎哉。

今先言字学，字学不外乎六书，而集大成于《说文》。源诸皇古，世代鸿濛，结绳以治。因有书契，执简驭繁，渐步滋乳。籀篆侵循，因世立异，至于刘汉，已夐不相侔，有今古文之别。许叔重民，承学于贾逵，潜心于字学，而有《说文》之仕。鸿业伟绪，厥开其端，以集大成。据始于部首，胪列其字形，重之以训诂，别之以古今文。后之学者，相继因袭，或发明其精义，或折衷于疑难。更以阅世既多，畝劂屡易，每有脱落，学者蔽之，又有所阐扬，各立家法。中更宋元，阙也不尚，坠绪飘忽，几至浸微。有清一代，起衰自振，斯道大昌，蔚然巨观，谓之汉学，成宗统矣。

统计治许学者，前后合辙，更仆难数。有合体以明度，有大纯而小疵，既此之求，不能不备。老见异书，前人明眼，流通旧籍，于今为难。然徒执皮毛，用珍鳞角，片言只字，莫能求全。则今之治学，不难于识字，而难于求书。十年以来。冷摊残市，追寻都遍，独此是嗜，未尝惬心，弥为扼腕，无可奈何也。

无锡丁仲祜学人，于斯折肱，更宏其绪业，以飨士林。辑此巨著，阅时十稔。所搜辑者，上自裒然巨帙，下至零锦碎金，凡数百种，数千卷，不以汇刻为已得，而必逐字为爬罗。又恐校雠亥豕，则不惜削裁原书，使部居类列，一一排比，而付之石印，则丝毫无误。用是得此一部，庶几数百原书，陈列案头，更不仅陈列案头，乃一一为翻定卷页，丽附以观，此其便利，何可胜言耶。

尝谓今之人并非不好治学，实惮于治学。为惮之道，承书不易，资昂难得。其一也；卷帙繁重，翻检无由，其二也；缺乏名师，为之津逮，其三也。治学之本，在于识字，而字学为更难。今得兹编，一举而一备，以数十元得集数百种之书于旦夕。部居编次，先有检字，由检字而汇粹成篇，更胪列数十百家之学说，以为我参证，供我考订，如觌良师，如亲益友，不烦指汲，自窥堂奥，天下便利之事，莫有过于兹者。人非自暴自弃，少有余力，安有舍此不图之理，则凡百学问，将用是为嚆矢。愚不敏，愿与好学深思者，一商榷之矣。

窃以为天下之事，莫乐于读书。得暇治之，固获其所，即忙中偷闲，亦殊多佳趣。余尘俗人也，囊颇奋发，欲求工于许书而天不假缘，屡作屡闲，几及废书。今幸丁氏之书，有以益我，不敢自私，将以介之于读者，苟有同好，曷不就丁氏求得之，丁寓梅白格路一一二号医学书局。

（《申报》1928 年 8 月 5—6 日，第 19895—19896 号）

诸子学概论提纲

弁　言

诸子之学，浩瀚精深，先儒或竭毕生之力，仅得少理其端绪，精于一两家，而晚近造诣所及，或又积薪居上，若《墨经》后出诸家之于孙氏可为明证。至综持百家，辨析源流，别同异，条贯而整齐之，则又非数十万言，不能尽其指归。盖中国学术，千百年来，错综变化，无一不出于其间，离合之迹，新义相参，纬诸史事，固非穷搜博览，遐想深思者，不能窥见于万一也。比年旅游南海，学殖芜废，而执经造次者，辄以诸子之学相探讨，爰掇新旧各家之大旨，为立概论，取作口义，好事者复涉笔为记，行将授之梓人。窃以讲席程以定日，志在启发，仅标门径，略次陈言，未暇有所抒发，殊不足当于著作之林，惟是大风起于蘋末，滥觞可导江流，戋戋者或亦足备椎轮之一助，则灯窗雠缮之劳，庶尚不致于虚牝耶！一九五九年六月赵泰并记

（一）诸子为名家专著

吾国向以经史子集分部，史为纪述故事，集为诗词歌赋，界限甚明，惟经之与子，则往往名异而实同，故于研究诸子之前，不可不先辨析之。

凡著作或专篇之有中心思想或系统者，均为专著（《论语》有中心思想而无系统，《荀子》有中心思想兼有系统，《吕氏春秋》有系统而无

中心思想），固不论其出于作者之手，或门弟子所纪录也（《论语》出门弟子所记，《荀子》《庄子》出作者手笔）。

自春秋至战国间，学术思想，日趋发达，作者孔多，春秋间则孔子之与老子，战国间则孟子之与杨墨，各张其说，各是其是，百家并起，就学术地位言之，原属相等，固无经部子部之分，即论者亦未尝以经子别之。

汉武崇儒，原以学术为致治之用，尊经崇儒，排斥百家，于是始立经名。经，训经常，以为人生之所须臾不可离者，特于百家中，标举儒家孔孟之说，谓之为经，以别于诸子，专辑孔子所删订之书；以崇之为经，于是儒家学说之所表达者，《易》（论人事）《书》（历史）《诗》（总集）《礼》（史部），均列之于经部。

清儒章学诚复倡“六经皆史”之说，亦足以证明经之立部，由于人为之功令，而不由于内容体制之有别也。

（二）子部兼学术两类著作

古人著书，有论学者，有论术者，合之曰学术，以其均为诸家之著作也，实均应属之子部。

关于性理政教诸端，大都论学之作为多。实学如天算、方技、占卜，则论术者为多。

学术思想，日益演进，撰著日多，则又有为之立系统以相部居者，以《吕览》为创体，以其虽不名一家而仍属专著也，故亦目之为子。

其后名物、谱录之作，多为辅助学术之需，以类相从，亦自属于子类。

宗教原属思想问题之一，道家虽学术之成分甚夥，而思想实为其立说之基础。道家原亦在诸子之列，其后释家东来，著作日多，始别之为专类。

以言四部，经有定则，除少数引申经义者外，无可阑入，史集亦各有其范围，至此外一切论学论术之作，就旧有部属言之，固莫不归之于子，而子部乃浩瀚博大，无所不包，故诸子学之名称，以狭义言，仅为周秦两汉之大家，以广义言，则古今学术专著，无不备举。试就《四库总目》一览，可以知之。

（三）诸子训名

"子"，男子尊称、通称或自称之词，初施于春秋时之卿大夫，渐及于学人，以至同辈。

尊称——《春秋》称韩宣子、季康子等。《公羊》："子，大夫也。"《谷梁》释王季子，其曰："子，尊之也。"

自称——巷伯自称孟子。

称师——《论语》称夫子或孔子。《公羊》称师说，曰鲁子、子沈子。

同辈——孔子称蘧伯玉为公叔文子。

其加姓氏者——《孟子》称告子、时子。

加名者——《左传》称冉有为有子。

称子某子者——《荀子》称宋为子宋子、列御寇为子列子。

诸训众多，且对群经诸史而言，故曰"诸子"，后或引申为"诸子百家"。

诸子书名，大抵定于汉代收书之后，刘向《叙录》之时，古人著作或手撰，或弟子分记，有分篇而不列总名者，则校书者为定其名，以随时讲演及写作，作者本人固未遑整理也。大抵古人著述，先有其中心思想，然后分篇分时，先后撰述，散在语言，存诸卷帙，迨后学加以整理，辑为全书，即以作者之名名之。

诸子以用姓氏者为通例——孙卿子、公孙龙子。

至用外号，有按年齿言者——老子、老莱子、老成子。

有按服饰言者——鹖冠子。

有按所居言者——鬼谷子。

有按国名言者——齐孙子、魏公子。

有按职官言者——关尹子、青史子。

有连署姓名或字者——伊尹子、子思、李克、邓析、伍子胥、公子牟。

有连署国名官名及名字者——周史大弢、宋司星子韦。

有不称子而称氏称公称生称先生者——商君法家、平原君儒家、公祷生阴阳家、百象先生杂家。

盖战国之交，适丁乱世，凡有所顾忌，或不欲自炫其名者，多用外号以自讳。至汉魏以后，作者更好务新奇，特立别号，以示标榜，相沿不废——晋葛洪称抱朴子、唐张志和称玄真子、唐林慎思称仲孟子、宋曾慥称至游子、明刘基称郁离子、清汤海鹏称浮邱子等。

至著作之有关史事者，或为传记，或出纂述，史家又多用春秋二字以明之——晏子春秋、吕氏春秋。

厥后史家著录，合各家为一类，于是子复成为书籍部居之名称，沿用不废。

(四) 研究诸子学之方法

研究专学，应先知求学之意义，学之本义为觉，谓觉悟其所未知也。又训效，使效法先觉也。《学记》："学知不足然后能自反，教知困，然后能自强，所谓教学相长。"《兑命》："学学半，上学字训教，教人亦谓之学，盖亦所以自觉。"《孟子》述孔子之言，我学不厌而诲不倦也。《论语》抑为之不厌，此足见孔子训学，不仅求学，且在为之，为之即实行也。"《墨子》南游载书，一日不废学，尝曰："士虽有学，而行为本。"《荀子》："学始乎诵经，终于读礼，义则始乎为士，终乎为圣人。"据诸家之说，应知读书与实行并重，方足称学。

试举下列诸说以明之，《老子》——吾言甚易知甚易行，天下莫能知，莫能行。《史记》——其实易行，其辞难知。（论道家） 刘向——其陈王道甚易行（校孙卿书）。近人王闿运亦云："行道非难，知道为难。"据此则古今莫不以知为难，吾人于学问先求知后实行者，亦即先其难者之意。

求知在学，求学尤当有门径方法，则事半而功倍，今试先述前人之方法，以分类求进。程颐——古之学者一，今之学者三，一曰文章之学，二曰训诂之学，三曰儒者之学。朱熹——贯串百氏经史，在辨是非，明义理，岂特欲使文词不陋而已。义理既明，又能力行不倦，则存乎其中者，必光明四达，何施不可，发为论议，亦必发越不凡，可爱可传。戴震——天下有义理之源，有考核之源，有文章之源，吾于三者，皆庶得其源。凡此即后来考据、义理、词章三派所自出。

考 据

考据起源于两汉之解经，以施于诸子，亦可为解经之助，且校误夺，通音训，尤为读书之本，清代乾嘉间，其学大盛。

言考据者，约分辑佚、校勘、解故三派。

一、辑佚　　秦火以后，书籍散亡者多，汉代收校，具见《汉志》，而此后兵火，亡书日多，子类尤甚。今所见者，十仅一二，清儒特重辑佚，实则汉魏已有行之者——河间献王与毛生共辑《周官》诸子之言乐者作《乐记》，又东晋时梅生所上孔传《古文尚书》多采集所引书语(见惠栋《古文尚书考》)。

清儒以孙星衍所辑《孔子集语》为最著，外此黄以周之辑《子思子》，严可均之辑《全上古三代文》(内有秦前诸子十余家)，马国翰之辑佚书“子部”(有秦前诸子四十一部)，均为巨制。

二、校勘　　此学源出孔门——晋师三豕渡河，子夏辨为己亥，(见《吕子察传记》)——盖逐字校读，为孔子治学之方法，汉儒杜子春治《周礼》有异同处，注某字当作某字，校勘记录自此始，至所根据者，应为：

(甲)旧刻精校本　　宋本《庄子》成玄英疏有云：“有家众技也。”孙诒让校：“有家、百家也。”

(乙)以他书相援引　《老子》四十五章:“大成若缺,其用不弊,大直若屈。”唐傅奕校“屈”作“诎”,孙诒让校以《韩诗外传》,所引《老子》文,“屈”亦作“诎”。又“大辨若讷”下,应有“其用不屈”四字,以上文一句言某若某,其用如何之例者,自应有此句,韩传犹据古本,故有此句,后出各本,多已脱夺。

(丙)视本书之文法　《老子》三十一章:“夫佳兵者不祥之器。”陆德明注:“佳者,善也。”河上公释:“佳者,饰也。”清王念孙以二者义均不安,“佳”字古作“备”,即古籀文之“唯”字,应作“夫唯兵者不祥之器”,则文义始通,证以《老子》“夫唯不争”句,知正如此。

凡此均以掇拾丛残,匡正俗谬为主,为治学者所不可轻忽。

三、解故　故者,古也,古言古事,皆谓之故,是为训诂之学。汉志有《毛诗训传》,隋志有贾逵《春秋左氏解诂》等书,即解故之作。古代文字语言,往往因时因地而变易,非解不明,赖《说文》《尔雅》《方言》《广韵》等书以考识之,研究之法,即自《说文》之形、声、义三端入手。

(甲)古字　历代文字递变,秦前用古籀文,六国各有地方字,并非一致,汉用篆隶,魏晋后用楷书,而钞者展转,各因其所便,更多奇字(杨雄识奇字)及变体字。故读书必先识字,如《墨子》“尚贤”中篇,“又率天下之民以诟天侮鬼,贱傲万民”,王念孙曰:“贱者、贼也。傲者,杀也。”“敖”之与“杀”相近似,遂致错误,且引鲁问及《太平御览》之“贼杀万民”句以证之。又《韩诗外传》九“楚有善相人者无遗美”,王念孙以“荚”与“美”近,校定为策字。

(乙)古音　孙氏谓“以声类通转为关键”,乃指古之双声叠韵,古相通用而言之。如《荀子》“儒效篇”,“不知隆礼义而杀诗书”,孙校“杀”当为“述”。《中庸》“亲亲之杀”,《墨子》“非儒篇”作“亲亲有术”,盖“杀”、“述”皆从“术”字得声,故古音通用之。且以《庄子·人间世》“而彊以仁义绳墨之言术……”,“术”即“述”字以证之。又《荀子》“正论篇”,“风俗之美,男子自不取于途,而百姓羞于拾遗”,孙氏校“取”

当作“聚”，二字均由“取”得声，古本相通，是为同声通用。双声叠韵则如《庄子》“应帝王篇”，“执斄之狗来藉”（藉，刺也，能执狸之狗，即为人所执，谓以文章技能而害其身也），字下从来，与“狸”双声，故可通“狸”字。成玄英疏，即作“狸”解，文始易明。再证以“天下篇”，“执留之狗成思”，则“留”亦双声通用，“思”乃“累”字之误，凡此均应从声类转以求之方合。

（丙）古义　古文并不故用难字，然因时因地而变更，每致难明其义。如《尧典》“允厘百工，庶绩成熙”，《史记》即改之为“信饬百官众功皆兴”，此即以当代语解释古文者。又《列子》“华胥之国，不知斯齐国几千里”，注曰：“斯、离也。齐、中也。”又《列子》“将嫁于卫”，据《尔雅》释诂、扬子《方言》，嫁、逝、徂、适，往也。嫁者，往也。凡此非明古义，即不能通古书，《汉志》有“古文应读《尔雅》”句，指此。

义　理

徐干《中论》：“凡学者大义为先，物名为后，大义举而物名随之，然鄙儒之博学，务于物名，详于器械，考于训诂，而不能统其大义之极，此无异乎女史诵诗，内竖传令，故使学者萦思虑而不知道，费岁月而无成功，故君子必择师焉。”又朱子则以为义理学须先明训诂，程子则以为须先晓文义，然后可求其意，凡此固为治经之言，后来则亦同用其法，以治诸子。

朱子有论读书之法：

甲、不执己见　虚心不先立己意，少刻便错，又当以书观书，以物观物，不先立己见。又引张横渠说“濯旧见以来新意”，此说甚当。今学者有二病，一主于私意，一是摆脱不了先入之旧说。

乙、不求隐怪　看书应从分明处看，不可从隐僻处看，古人圣贤传布，多当时对答之词，若崎峣则何能谕人，又学者病在一求学专为作文字用，二好立新说以胜人。

丙、不加附会　读书应寻温旧底，不要搬涉，亦不可搀入新的，当先通其文词，又观其理之当否，以定是非，万不可先立一意，而强纳古人之言，以附己意，其不合者，即穿凿以通之。

读书之方法，大抵具此，至研究之方法，亦以分类入手为便。

甲、分时代研究　旧著之通叙历代者，如明孙奇逢之“理学宗传”，清万斯同之“儒林宗派”等。有兼综两代者，如清全祖望之《补定宋元学案》等。有专叙一代者，如明黄宗羲之《明儒学案》，清唐鉴之《国朝学案小识》等。学者尽可就范围研究之。

乙、分家研究　旧著之总论各家者，如梁刘勰《文心雕龙》之“诸子篇”，北齐刘昼《新论》之“九流篇”等，又有通论一派及专论一人者，凡此均为研究之一体。然研究一人，亦当知其时代与同派异派之著作，以明分合之迹，始易探得其精义。

丙、分学理研究　此法源于《礼记》四十九篇，后如班固之《白虎通义》，王充之《论衡》，亦略承其绪，至章炳麟之《国故论衡》，则评论各家学派者。又戴震之《孟子字义疏证》，焦循之《论语通释》，则为专论一人或一书者，大都提出各家之专诣，分类条辨，纵横贯通，以求得其精义。

（五）诸子勃兴

诸子起于春秋末叶，其时正为学术思想，日趋成熟，而又为历史剧变之时，直至西汉中叶，政制始少定，故诸子之兴，亦正至其时为止，适相终始。

中国文明虽早，而文化之发展，制度之推进，直至周代，始有可观，孔子谓“周监于二代，郁郁乎文哉”，可以知之。即如各种重要著作中，《易》至文王始完成演卦，《书》之“周书”，远胜虞夏商三代，《诗》除“商颂”“豳风”外，均为周作，《礼》则《仪礼》《礼记》传出于周公，惟《周礼》有谓王莽之托古改制者，《考工记》及《礼记》，则为战国秦汉人所纂述。

文明发展，则学术思想，自亦随以孳长，周初以前，尚属萌芽，春秋之季，遂尔大进，又适以政治社会经济之变更，故更形发达——生齿日众，交通日便，旧制既不足用，亦且日不适用。

就政制言，古代之封建，原尚部落之遗型，天子不过各部之长，初非专制帝王之可比，凡一涉专制，即遭革命，桀纣之事，即其明证，而所谓革命，亦仅易一首长而已。旧封——虞陈，夏杞，商宋——无所削，益以新封，地广人稀，原无出入，迨后来所封愈多，人口日众，继以争霸，春秋之世，楚已兼并小邦——汉阳诸姬楚实尽之(《左传》)——其后只存七雄，实已开秦代郡县之先河，秦末，六国之后纷起，终归于汉，分封子弟，而吴楚又反，复削其权，此后封建之制，遂名存而实亡矣。

封建时代，自必为贵族政治——(《尧典》)九族既睦，平章百姓，百姓昭明，协和万邦，黎民于变时雍——是则先敦亲再安贵而后外交，始及于治民。又人民阶级，分为十等，至春秋时，已渐破坏，有自贵族降为庶民者，孔子之先，即其一例。列国志在争雄，延揽人才，更废世卿之制——宁戚、百里奚之出仕——战国则变本加厉，立谈可取卿相——范雎、蔡泽、孙膑、吴起——汉起田间，更不待言，后设制科，白衣可登相位，此又一变也。

又周之政制，较殷为严，然至夷王宣王时，贫富之悬殊日远，人民之苦乐不均——《小雅・北山》诸诗——社会亦渐分化。另一部人获有土地，农奴因亦得官—— □匡季。工商业原属官营——工商食官，见《国语・晋语》——既而司之者工正，贾正，自营其业以致富——大正□印，于是原有之贵族，渐形没落。

厉王以好专利——《国语・周语》——被废，共伯和执政十四年，宣王继之，政制亦严，国人多思共和之治——《大雅・桑叶》。宣王又四出征伐——狎狁荆蛮——人民益不能支，至图流亡，宣王始料(数)民，而诗人尤多怨诽之作——《大雅》“召旻”“瞻仰”诸篇。

周初重天——上帝——至西周末年，怨责之声渐起——“天之抗我，如不我克”（《王风》）；“昊天上帝，则不我遗”（《大雅·抑》）——渐而对天怀疑，宣王遂重申上帝之训及于全民，以怀柔之——《大雅·蒸民》。

周初重德，至工正商正自营致利，厉王又主公营，人民始昌言反对，主调和者，则时言德，以图挽救——“无德不报”（《大雅·抑》），“辟尔为德，俾感俾嘉”（《大雅·抑》），宣王之称德，主复古敬君——“古训是式，天子是若”（《大雅·蒸民》）——然人民则已厌闻其说——“德音无良”（《邶风》），“士也罔极，二三其德”（《卫风》）——且对德渐起怀疑。迨春秋之时，迫于大势，在上者始渐主以德治民——“取国有五难……有民而无德，五也”（《左传》），抚民者节用于外——树德于外——于德之意义，且包含爱民——“务德而安民”（《左传》），“德不失民”（《左传》）——而德化实已不能治民，于是法家起，言法以代之矣。

周初重礼，礼为仪之具体内容，仪为礼之外表形式，盖由于社会之变动，礼之思想，亦起摇动，而以礼为治之道，亦失其效——“彻我墙屋……礼则不然”（《小雅·十月之交》），于是又有以礼为徒烦而无用者。

其时各种旧有之思想，既均动摇，而人民切感痛苦与战事，故思想遂趋于两种极端，略举于左：

天道　楚子问鼎，王孙满责以“周德虽衰，天命未改”。
　　　晋范文子谏晋侯“惟命不于常。”
鬼神　周内史过“国之将兴，明神降之”。
　　　鲁曹刿“小信未孚，神弗福也”。
　　　周史嚚“国将兴，听于人，国将亡，听于神”。
　　　郑子产“吾无求于龙，龙亦无求于我”。
礼法　《左传》君子语“尚能而让其下，农力以事其上，上下有礼”。
　　　《左传》鲁叔孙婼语“无礼必亡”。

子产定刑书，邓析作刑，范宣子作刑书，叔向反之曰：“先王议事

以制，不为刑辟，惧民之有争心也。”“将弃礼而征于书，锥刀之末，将尽争之。”范宣子复曰：“吾以救世也。”——《左传》

孝道　卫州吁杀父桓公而自立——《左传》

楚商臣逼父成王自缢——《左传》

忠道　“鲁君世从其失，季氏世修其勤，民忘君矣，虽死于外，其谁矜，社稷无常奉，君臣无常位，自古以然。”——《左传》史墨覆赵简子论孝孙逐鲁班公事。晋栾武子、中行献子杀晋厉公——大夫莫对“君之过也……至于殄灭，而莫之邺也”。

井田之制，地除公田外，多为贵族采邑，耕者比于佃户，迨商鞅废制，佃户亦不复为农奴。

周之中叶，经济方面，渐已趋于农业经济时代，商人每致巨富，《诗·魏风·伐檀》，实为刺富商之作，汉虽重农鄙商，亦终无法加以抑制，《货殖》一传，言之至详。

由社会制度之变更，而引起人心之不安，且在新制之下，或至不能安其生活，于是论政者、忧时者、爱国者、厌世者、反战者、复古者、安命者、纵欲自恣者、激烈愤世者，咸有所表现，以形成诸子之勃兴。

就学术言，其尤重要之原因，厥为王官之废与孔子之施教，盖古代由殷而周，贵族专政，举在官府，政教不分——学掌于官——天人合一——帝皇为天子——学术研习，限于贵族，卜史巫祝，各掌其业，官施其事者为祝——事天通鬼神术数之学——为史——通人事政教之学——凡此传习，只事保守，不加发挥——“谨守其教，慎不敢损益也。”(《荀子》)“父子相传以持(奉)王公。”(《荀子》)王官既废，师儒四出传授，于是学术亦日趋下移，百学遂流布于民间，按《诗》之变风变雅，均怀疑古代之礼法思想，春秋以降，政论家则就事实以研究新制，孔子更开私人讲学之风，孟子、墨子继之，于是官学变而为私学，各派竞出。

诸子之思想，后人多统以哲学之名，实则方技之属，医，天文，历算……无不包举，殊非哲学二字，可以尽之。

诸子初非为思想而思想也，大抵有志用世，或推行其抱负，或希冀于功名，所谓“以其学易天下”也。因之一派之主张，自不能不批判他派，而同时本身亦受被批判者之影响，甚至间接染及对方之精神风格，而成为一互相依存互相制约之统系，吾人固不可不深辨之。

此说观于儒墨二家而益信，儒墨固相反，然墨子固学儒受孔子之术者——《淮南子》——均崇尧舜而各有取舍以立说。黄老派宋钘、尹文后于儒墨，所言颇似调和二者之成见。又黄老派之天道观，影响于孟子、荀子极深——孟子称“浩然之气”，荀子建立“制天命而用之”之思想。韩非师荀子，终集法家之大成——由礼至法之过渡形态，颇见于荀子——盖韩承荀学，实已加以批判，而另辟途径——荀子之法家观，半由于当时环境，半由于自然天道观之发展。诸子无不长于论辨，人人工之，故名家实不能成一专科，儒家正名，荀子亦循其说，惠施之名辩，则偏于道家。

诸子云兴，各传其绪，虽以汉武之罢黜，仍不可废，远如窦太后好黄老，近如谭嗣同标所著曰《仁学》，可知其影响之广远。

(六) 诸子部居

隋书经藉志，古者史官既司典籍，盖有目录以为纲纪，否则体制湮灭不复可知。孔子删书，别为之序，各陈作者所由，韩毛二诗，亦皆相类，汉时刘向《别录》、刘歆《七略》，剖析条流，各有所部，推源事迹，疑即古之制也。自是之后，不能辨其流别，但记书名而已。博览之士，疾其浑漫，故王俭作《七志》，阮孝绪作《七录》，咸皆别行，大体虽本向、歆，而远不逮矣。

部居分类表

《汉书·艺文志》	晋荀勖中《经簿》	宋王俭《七志》	梁阮孝绪《七录》	《隋书·经籍志》	《旧唐书·经籍志》	清四库
(1) 六艺略 序六艺为九种：易、书、诗、礼、乐、春秋、论语、孝经、小学（史记故事附入春秋家） (2) 诸子略 (3) 诗赋略 (4) 兵书略 (5) 方技略 (6) 术数略 (7) 辑略（提要）	(1) 甲部 六艺、小学等书 (2) 乙部古今诸子、兵、书、术、数 (3) 丙部史记旧事、皇览簿杂事 (4) 丁部诗赋、图赞、汲冢书	(1) 经典志 六艺、小学、史记、杂传 (2) 诸子志今古诸子 (3) 文翰志诗赋 (4) 军书志兵书 (5) 阴阳志阴阳图纬 (6) 艺术志方技 (7) 图谱志地域书图、道佛附见	(1) 经典录 六艺 (2) 记传录 史传 (3) 子兵录 子书、兵书 (4) 文集录诗赋 (5) 技术录术数 以上内篇 (6) 佛法录 (7) 仙道录 以上外篇	(1) 经部 (2) 史部 (3) 子部 (4) 集部 附道经、佛经	(1) 甲部 经录 (2) 乙部 史录 (3) 丙部 子录 (4) 丁部 集录	分目过长别具于后

清四库总目

经部

史部

子部 儒家 兵家 法家 农家 医家 天文算法家(分推步算书) 术数(分数学 占侯 相宅 相墓 占卜 命书 相书 阴阳五行 杂技术) 艺术(分书画 琴谱 篆刻 杂技) 谱录(分器用 食谱 草木鸟兽虫鱼) 杂家(分杂学 杂考 杂说 杂品 杂纂 杂编) 类书 小说(分杂事 异闻 琐语) 释家 道家

集部

(七) 诸子家数

家数二字,始见于《墨子》,十家九流,则始于《七略》,而同时子家,亦有论列流别者,其在战国诸子,则:

一《庄子·天下篇》 历叙周代之为道术有:(一)墨家——墨翟,禽滑厘。(二)刑名兼小说家——宋钘,尹文。(三)由道而法——田骈,(《汉志》入道家)慎到(《汉志》入道家),彭蒙(《庄子》原文,"田骈学于彭蒙,而蒙无传作")。(四)道家——关尹、老聃,道家别派,庄子。(五)名家——惠施,桓团,公孙龙。篇首则云道术之在诗书礼乐者,邹鲁之士。搢绅先生,多能明之,自指孔学,则所举十四人,合儒为六家。

二《荀子·非十二子篇》 六家同上,(一)道家杨朱一派——它嚣,魏牟。(二)墨道二家相兼之学——陈仲,史鳝。(三)墨家——墨翟,宋钘。(四)名家——惠施,公孙龙。(五)法家——慎到,田骈。(六)儒家——子思,孟轲。

三《吕子·不二篇》老聃贵柔,孔子贵仁,墨翟贵廉,关尹贵清,子列子贵虚,陈骈贵齐,杨朱贵已,孙膑贵势,王廖贵先,儿良贵后,此十人者,告天下之豪士也。

其在汉则:

一、《淮南子·要略》一曰太公之谋,次曰周公之政,次曰孔子儒者之学，次曰墨子之学，次曰管子之书，次曰晏子之谏，次曰纵横修短，次曰申子判名之书，次曰商鞅之书，而终之以自著之书计道、儒、墨、名、法、纵横六家（《汉志》列《淮南子》于杂家，合之共为七家）。

二、太史公《六家要旨》：（一）阴阳家（二）儒家（三）墨家（四）名家（五）法家（六）道德家。

三、班固《艺文志》载刘氏《七略》：（一）儒家（二）道家（三）阴阳家（四）法家（五）名家（六）墨家（七）纵横家（八）杂家（九）农家（十）小说家，曰“诸子十家，其可观者九家而已”。

按，九家亦曰“九流”，吾□所□刘向父子续校□□□定九流是也，是余小说家言之。

（八）诸子派别异同之早期批评

诸子家数，已约具述，兹再就各家所品第之家数言之。

评判诸子，以《庄子·天下篇》为最先。所云“天下之治方术者多矣，皆以其有为不可加矣”，即言派别之多，且各崇其学为最高。所云“古之所谓道术者……其运无乎不往”，是庄子崇道，以为道实诸子各家之渊源。所云“其在于诗书礼乐者，邹鲁之士、搢绅先生，多能明之……其数散于天下而设于中国者，百家之学，时或称而道之”是仍推重儒学，列之于百家之外，且言儒家为最盛。又云“百家众技，皆有所长，时有所用，悲夫，百家往而不返，必不合矣”即言百家各得一技以自鸣，亦各有所长，惟辄有往而不返之弊。

庄子分述各家，对儒道无异词，而墨名法即各有微词，其谓“其明而在数度者，旧法世传之史，尚多有之”，即以周时政教合一，阴阳家言属祝史，故不置评。至崇儒者，则以王官散至私家，孔子传儒业为最先，亦正以儒教之进展，而百家崛起，然其时只尚列诸子之名，初未冠以家数也。

孟子多批评诸子之言，如驳农家之许行、评墨家之夷之、纵横家之公孙衍与张仪，辟杨墨，均散见各篇。

《庄子·天下篇》	《荀子·非十二子篇》	《吕子·不二篇》	《淮南子·要略篇》	司马谈《论六家》
(1) 墨翟、禽滑厘 (2) 宋钘、尹文 (3) 彭蒙、田骈、慎到 (4) 关尹、老聃 (5) 庄周 (6) 惠施 (附桓团、公孙龙,又称"邹鲁之士"以指儒家)	(1) 它嚣、魏牟 (2) 陈仲、史鳅 (3) 墨翟、宋钘 (4) 慎到、田骈 (5) 惠施、邓析 (6) 子思、孟轲(荀反此十二字之学,故以名篇) (7) 仲尼、子弓(荀所法者)	(1) 老聃(2) 孔子 (3) 墨翟(4) 关尹 (5) 子列子(6) 陈骈 (7) 杨朱(8) 孙膑 (9) 王廖(10) 儿良	(1) 太公(2) 周公 (3) 孔子(4) 墨子 (5) 管子(6) 晏子 (7) 纵横修短之说 (8) 申子(9) 商鞅 (10) 刘安(作者)	(1) 阴阳家 (2) 儒家 (3) 墨家 (4) 名家 (5) 法家 (6) 道德家

《荀子·非十二子》，共评十二人，均以为非，篇末更附论贱儒三家——子张氏、子夏氏、子游氏。

荀子非十二子

① 严性情，安恣睢，禽兽行，不足以合文通治，然而其持之有故，其言之成理，是它嚣、魏牟也。（它嚣无考，魏公子牟，《汉志》有《公子牟》四篇，尝折公孙龙于平原君家。）

② 忍情性，綦谿利跂，苟以分异人为高，不足以合大众，明大分，然而其持之有故，其言之成理，是陈仲、史鳅也。（陈仲以兄禄为不义，避处于陵，齐人以为廉士。史鳅以灵公不用蘧伯玉，濒死遗命不成礼以为力谏，灵公卒用伯玉。）

③ 不知一天下，建国家之权称，上功用，大俭约，而僈（无）差等，曾不足以容辨异，悬君臣，然而其持之有故，其言之成理，是墨翟、宋钘也。（墨子、宋钘与孟子同时，宋人，与尹文同游稷下，著书一篇，为墨子支派。）

④ 尚法而无法，下修（不循）而好作，上则取听于下，下则取从于俗，终日言成文典，反紃（循）察之，则倜然（虚廓）无所投宿，不可以经国定分，然而其持之有故，其言之成理，是慎到、田骈也。（慎到，赵人，先申韩著十二论。田骈，齐人，游稷下，著二十五篇。）

⑤ 不法先王，不是礼义，而好治怪说，玩琦角，甚察而不惠，辩而无用，多事而寡功，不可以治纲纪，然而其持之有故，其言之成理，是惠施、邓析也。（惠施，名家，与庄子同时。邓析，郑人，治刑名，操两可之术，郑人争献衣袴以学讼，郑国大乱，子产杀之。）

⑥ 略法先王而不知其统，犹然而材剧志大，闻见杂博，案往旧造说，谓之五行，其僻违（邪）而无类，幽隐而无说，闭约而无解，案饰其词而只敬之曰，此亦先君子之言也，子思倡之，孟轲和之，世俗之沟犹瞀儒（叠均字训愚蒙），嚾嚾然不知其所非也，遂受而传之，以为仲尼、子游，为兹厚于后世，是则子思、孟轲之罪也。

《荀子·非十二子篇》中称颂孔子

若夫总方略、齐言行、一统类，而群天下之英杰，而告之以大古，教之以至顺，奥窔之间，簟席之上，敛（翕）然圣王之文章具焉，佛（勃）然平世之俗起焉，六说者不能入也，十二子者不能亲也，无置锥之地，而王公不能与之争名，在一大夫之位，则一君不能独畜，一国不能独容，成名况乎诸侯，莫不愿以为臣，是圣人之不得势者也，仲尼、子弓是也。（子弓或以为朱张，或以为馯臂子弓，或以为仲弓。）

荀子斥贱儒三家

① 弟佗（不检饰？）其冠，神禫（冲淡）其辞，禹行而舜趋，是子张氏之贱儒也。（颛孙师）

② 正其衣冠，齐其颜色，嗛（谦）然而终日不言，是子夏氏之贱儒也。（卜商传易）

③ 偷儒（懦）惮事，无廉耻而耆饮食，必曰君子固不用力，是子游氏之贱儒也。彼君子则不然，佚而不惰，劳而不僈，宗原应变，曲得其宜，如是然后圣人也。

《韩非子·显学篇》，称孔子之后，儒分为八，墨子之后，墨离为三，又《定法篇》论法家，以为申不害言术而无法，商鞅言法而无术，且于法于术，均有未尽。

《淮南子·要略篇》，本属自序，兼及诸子，详其发生之源，以为诸子均起于救世之弊。故殷周之争，生太公之谋；周公遗训，生儒学；孔子礼尚烦重，生墨学；齐桓称霸，景公政弊，生管晏之言；战国纷争，生纵横家；韩有“新故相反前后相谬”之法令，生申子刑书；秦孝图强，生商君书。

《史记》采司马谈《六家要旨》，首总论，次分六家，除道家外，以为各有短长：

阴阳之术大详，而众忌讳，使人拘而多所畏，然其序四时之大顺，不可失也。儒家博而寡要，劳而少功，是以其事难尽从，然其序君臣父子之礼，夫妇长幼之别，不可易也。墨者俭而难遵，是以其事不可偏循，然其强本节用，不可废也。法家严而少恩，然其正君臣上下之分，不可改也。名家使人俭（检，敛）而善失真，然其正名实，不可不察也。道家使人精神专一，动合无形，瞻足万物，其为术也……无所不宜。儒者则不然。

班固《汉志》采刘歆《七略》，以分家数，除《史记》六家外，别加纵横、杂、农、小说四家，合为十家，最后总论，斥小说为小道，故实九家，亦称九流，且附以各家书目：

儒家者流，盖出于司徒之官，助人君明阴阳顺教化者，游文于六经之中，留意于仁义之际，祖述尧舜，宪章文武，宗师仲尼，以重其言，于道最为高……然惑者既失精微，而辟（曲学阿世）者又随时抑扬，违离道本，苟以哗众取宠，后进循之，是以《五经》乖析，儒学浸衰，此辟儒之患。

道家者流，盖出于史官，历记成败存亡祸福古今之道，然后知秉要执本，清虚以自守，卑弱以自持，此君人南面之术也……及放者为之，则欲绝去礼学，兼弃仁义，曰独任清虚，可以为治。

阴阳家者流，盖出于羲和之官，敬顺昊天，历象日月星辰，敬授人时，此其所长也，及拘者为之，则牵于禁忌，泥于小数，舍人事而任鬼神。

法家者流，盖出于理官，信赏必罚，以辅礼制……及刻者为之，则无教化，去仁爱，专任刑法，而欲以致治，至于残害至亲，伤恩薄厚。

名家者流，盖出于礼官，古者名位不同，礼亦异数……及警（烦也）者为之，期苟钩铨（破也）析乱而已。

墨家者流，盖出于清庙之守……是以贵俭……兼爱……上（尚）贤……右鬼……非命……上（尚）同……及蔽者为之，见俭之利，因以非礼，推兼爱之意，而不知别亲疏。

纵横家者流，盖出于行人之官……言其当权事制宜，受命而不受辞……及邪人为之，则上诈谖（诈言）而弃其信。

杂家者流，盖出于议官，兼儒墨，合名法，知国体之有此，见王治之无不贯……及荡者为之，则漫羡（放衍）而无所归心。

农家者流，盖出于农稷之官……故八政一曰食二曰货……及鄙者为之，以为无所事圣王，欲使君臣并耕，诗上下之序。

小说家者流，盖出于稗官，街谈巷议，道听途说者之所造也。……是以君子弗为也，然亦弗灭也，闾里小知者之所及，亦使缀而不忘，如或一言可采，此刍荛狂夫之议也。

最后有总结论，谓以诸侯力征，时君好恶殊方，是以九家蜂起，各崇其所善，以取合诸侯，其言虽殊，相灭亦相生，相反亦相成。又各家各推所长，虽有蔽短，合其要归，亦《六经》之支与流裔，继谓各能修六艺之术，而观此九家之言，舍短取长，可以通万方之略。

“诸子略”外尚有“诗赋略”“兵书略”“数术略”“方技略”，各系叙论。

就《史记》与《汉志》言，则两家旨趣，于六经流裔及志在用世，均复相同。惟《史记》推崇道家，《汉志》则崇儒，庄子不以儒入诸子，实亦特重儒学。至所论流弊，《史记》多就其学之本身立言。——及……者为之——自属公允，《汉书》则多以儒家之短长衡量之，有时所斥为短者，正其本学之所长。

（九）诸子价值与相互关系

十家九流之价值，实不相等，盖阴阳为东周旧学——其时政教不分，所谓史历，均属巫史掌之，亦即《庄子·天下篇》所谓“旧法世传之史”，——纵横为一时致用之需。小说为历史之支流，杂家出于纂辑，原非专学。农家许行，嫉君臣之等，创并耕之说，——《庄子》《马蹄》《秋水》“平等”之说正与此合——凡此关于学术思想者较少，可置不论。

儒学为孔子祖述尧舜之学，宗圣崇仁，道家则非圣绝仁，法家乘其流，不尚德而尚刑，墨子作辩经正名本，实惠施、公孙龙所自出，十家之中，卓然可自立者，儒、道、墨三家而已。

三家相互之关系甚多，如《史记》《老庄传》及《孔子世家》，均有问礼之说，老子答词，虽复所记不同，旨趣则一，《大戴礼》亦及此事，可为德道相通之证。墨子则学儒者之业，受孔子之术，——《淮南子》——盖鉴于礼之烦杂，故激而别立崇俭之说，主背周道，用殷道，以拯其失，实相反而相成者。庄周与惠施交善，屡见《庄子》，是名家与庄之关系可知。

法家出于道家之说，可就系统与学理言之。以系统言，韩非专于《老子》，著《解老》、《喻老》诸篇，盖汉称道家为人君南面之术，法家亦言法与术当并重，固同为治术之一端。韩非、李斯，均师荀子，荀主性恶而正之以礼，虽礼法不同，其为矫正人性，则固相同。以学理言，《老子》谓“失道而后德，失德而后仁，失仁而后义，失义而后礼，礼者忠信之薄，乱之首”。继礼之敝自流于法，惟诸子多托古立制，以求自效，法家独别出途径，变古立制，以“圣人苟可以强国不法其故”为言，且斥托古者谓“尧舜不复生，将谁使定儒墨乎”。其意自显。

墨家以正名本为言，正名之学，实辩证方法，为各家所通用者。孔子主正名，《荀子》有正名篇，道家虽主无名，而《庄子》齐物，亦多辩证，法家言名实，自重名学，阴阳家邹衍、邹奭谈天雕龙，更非善辩不可，是以名家实不得列为专学，惠施、公孙龙，特更以此道见长耳。

（新加坡大学《中文学会学报》1959 年第 1 期）

文学词章界之大导师

文学作品，随代更易，古与乐合，愈下愈分，关键离合，厥维词之与南北曲。盖两宋以律谱词，其后南北曲兴而词律废，迄至于今，学词者多，然偏重于翰墨，而律度节拍，迄未有传者，盖已非其全矣。清代以万氏《词律》为杰构，相沿圭臬，然其中仍不免于讹设。康熙之际，曾有《钦定词谱》一书，以天禄之琳琅，供群彦之采撷，其精胜自不待言，惜于传之不广，殿板者或售至数百金，非可普及，学者病焉。今医学书局乃以影印行世，不差累黍，仅值十余元。《词谱》所载，于各家集本，甄采固莫不备，而一字一声，率为之标记，且罗列各家异同于每词之后，虽微不废。盖治文学词章者，得此一书，庶可悟入音律之妙谛，或且得由此以阐发数百年来歌词之绝学，此其导师矣。年来学人，好词者多，每详于词藻，而略于宫律，或即据《诗余图谱》、万氏《词律》为张本，殊患不足，此书一出，幸勿失之，余故乐为表扬云。

（《申报》1930 年 6 月 30 日，第 20565 号）

亚洲两诗人之墨迹

夫以天下事物之纷纭，意象之孳乳，有感之而不能言，言之而不能尽者，乃独文章得以曲传之，而状其妙曼抑△，则诗尤其至也。所谓言之不足而长言之者也。方其抒轴藻饰，结心于内，托言于外，适其至理而节以音律，自然相中，以成宇宙之妙文，则又诗人工力之所独得，有足供吟讽之人之摩挲景仰者矣！亚洲并世有二诗人，义宁陈散原先生与印度太谷尔勋爵也。曩年太谷尔来游，晤陈于湖上，若二人者，语言文字初不相通，而独于致力于工诗，聪明智慧乃有可通者。好事者请相与摄影唱酬，欣然承之。论文之士翕然相宗，谓为并世之两雄也。伯严先生年七十许，弥复健朗，镇日以诗酒自娱，徜徉湖上。太谷尔亦高年虬髯，道貌霭然。而窥两公眉宇之间，似含嗜者甚笃，而即理者甚深，亦因以知其诗之工也。太谷尔所著多梵文，世界各国均为翻译。夫文字之美，非同事功纪载之书，可以重译而致之。读英法文字之作，虽庶几探其宗向，寄言之迹而固不能尽太谷尔之妙节也。若陈先生之作，稍被声教者，类能道之。其约理入神，超绝蹊径，有卓然者。先生以西江之派名，实则诗通乎天地文心之微，但事其工，派别特宗门法度所存耳。以派限诗，于义隘矣！其造境托意，指事咏物，诗人者特有其天赋之智慧，绝人之识力，别裁之精诣，真而一之，而后可与于言工。而公固并擅其美矣且也！散原先生于戊戌之际，力右新政，清议归之；及于国变，则又慨乎前之不能以振起，而后之莫可为挽回也，则益肆其忧患天下之心于楮墨之间，言婉而讽，音哀以思，而诗境乃愈有变者。太谷尔则亡国之遗黎，忝离麦秀，容已于言。虽文人未得假以事功之力，而其所以为忧愤，乃一一趋之于平淡渊穆之域。言弥隽永，志益激昂，孤诣独抱，亦云尽葛薇之身世矣！虽勋爵之荣，于太谷尔何加？愚窃接两公之绪论，而又获藏其墨宝也，因并摄影揭之，以示世人，亦以励薄俗，俾于鸡虫风雨之世，一洗干戈挞伐之威，而归之于夷闲冲和之诗教，则流风所沫，吟讽低回者，当益图有进于兹矣。

（《申报》1925 年 10 月 10 日）

读书与明理

我很记得小时候，跟老师念书，老师常常说到“读书明理”四个字，可惜那时自己年纪小，不会发问，老师又只是职业教师，照书讲书，“不求甚解”，也不会加以说明，因此，一路在求学的过程中，就胡里胡涂地把这四个字当他口号喊喊罢了。

如此过了几年，自己总算读了些书，书上所说的也懂得了，但是书中的理究竟是什么？又怎样去明他？这个问题，始终成为悬案。

好不容易，混过了读书的年龄季节，自己出来做些工作，却还没有完全忘记了书本。遇到空闲的时候，照样读书消遣，好不奇怪，渐渐觉得所读的书，纸面上是文章，纸背上却另有一点东西。跟纸面文章有时相合，有时却正相反，更有时是旁敲侧击，烘云托月般地说着。自从懂得这个以后，读起来就更加感觉兴趣，不但感觉兴趣，并且只管是短短一篇文章，早已背得滚瓜烂熟，可是在没有了解这一点东西以前，终不肯把书放下。

等到读书的范围扩大以后，更看了不少论书的书。像古人的经解注疏，论事的书，像吕东莱的《东莱博议》，论史的书，像王船山的《读通鉴论》等等。才明白了以前所指的那一点东西，便是书中之理，老师教人不但应该读书，还要明白这书中之理。真的，读书容易，明理困难，所以一向传下了这句话来，可惜我不知道那位老师读书是否明理，但至少知道他没有懂得这句话的精义所在。

试看，古今著作，多到百十万卷，大部份是文人抒情的诗文和史家记载的史事——从廿四史到不负责任的野史笔记——其次是专门学术的科学撰述和各种不同主义的哲学论文。对于批评性的作品，像诗话、文评一类，已经不多，至于明理的书，却少之又少。单凭这一点来讲，就可以证明明理不但难于读书，并且写得出明理精神的书，尤属"凤毛麟角"。

汉代是中国学术发达的时期是事实，但是直到最后，方始有王充的一部《论衡》，是有条不紊地一部明理的书。固然，在《新书·中论》里面，不能说没有明理的地方，可是"披沙炼金"，实在少到可怜的地步了。

自从王充开了明理这一途径以后，文人们在写多了史事和抒情诗文以外，偶然也写些明理方面的文章。但是在整部文集里，恐怕占不到百分之五的地位。试拿韩愈、柳宗元、苏轼、王安石以及后来大名家的全集一翻就知道了。完整的明理著作，唐代仅有刘知几的《史通》，宋代的《东莱博议》，虽只对《左传》上的各事项，深入讨论，但毕竟是明史事的理的文章。真算作者"难能可贵"，在结婚蜜月之中，关上房门，用心写作，获此成绩。

其后，宋、元以来，各家的明理著作，虽然不多，却总有些。倒是宋人笔记中间，往往有几段明理的精论，不过在十卷八卷中间，夹着十则八则，不容易去搜阅。明代讲学问的人，比较空疏，所以像杨慎这样一个"著作等身"的大作家，还只抄些小考据小故典，来卖弄学问，结果，被人驳正了不少。直到清初几位朴学大师顾炎武、王夫之等出来，才做了真正的明理工作，不论史、地和文学方面，都有惊人的成就，也开了后来的风气。像俞理初他们，虽然重在考据，著书立说，同时兼重明理了。

由上说来，已经证明了明理难过读书，这因为一个人只要用功多读，必然有他读书的进步。可是明理呢，却没有那么简单，一面固然要多读书，同时要触类旁通，贯串综核，这还不够，更要在书外求书。书外求书有两个大前提，一是自己有天赋的聪明，可以启悟，可以深入；一是有社会的智识和经验，可以触发，可以引证，能够这几件事都到家了，方才说得到明理。至于各人的见解不同，“公说公有理，婆说婆有理”，那倒不成问题，因为各人的成就，学术的争执，留待第三者的评判、补充，甚至于纠缪，都是学术研究的好现象。

我看了李健的这本著作，虽是题材不多，却是一部真正明理的作品。使我回想起“由幼而壮而老”的梦境，更其自愧读书不够，无从明理，感触万般，所以只可写出自己体会到的一些话，代作者做个“得胜头回”——引子，不能说是序文。至于内容一切，是有读者的公议，不必我来赞美。更希望作者，努力迈进，凡是所读的书，都着重在明理上，并且一一写出来，供给同人们探讨，我正等着二集三集的继续出版。

一九六三年九月二日武进赵泰于新加坡大学

（李建《文史论丛》，文烽贸易公司 1978 年版）

附录

记赵叔雍

陈巨来

叔雍名尊岳，斋名珍重阁，生于庚子，江苏武进人。父名凤昌，字竹君，出身不详，清末为湖北候补官员，闻先为候补知县，后捐道台云。时张之洞任两江总督，委凤昌为文巡捕（清制，凡总督、巡抚二衙，例有文武巡捕二班，如后来之副官，文巡捕司接进谒下属之名帖，武巡捕司督、抚出衙时之警卫队者，二职官至低微，但与督、抚最接近，非工于谄谀者不能胜任也）。当时凤昌为张之洞最宠爱者，侍之终日，虽深宵不离，面目娟好，权势至大，以致当时丑声四布，章太炎曾撰联讥之云："两江总督张之洞，一品夫人赵凤昌。"在民国后，赵积巨资来上海，建大洋房于今之南阳路，并购大量《申报》馆股票，遂为上海巨绅之一矣。叔雍为其独生子，叔雍之妻为王仁栋之女儿（清福建状元王仁堪之侄女也）。一女即杨杏佛之妻也。据闻叔雍为南洋公学毕业者，赵以《申报》大股东，故叔雍得为该报总秘书名义，能指挥一切者（一说，只监察员名义云）。

在民国初年，上海以文学诗词享大名者康有为、郑孝胥、朱外舅、况公四人而已。康更生先以二子同铎、同某，拜先外舅为师，赵老乃求朱介绍，以叔雍执贽侍函丈焉，每年奉束修一千元（其后又有潮州巨驵之子陈蒙安运彰为弟子，年俸五百元）。时叔雍只二十八岁，专以填词为主，蒙安亦如之。当时况公为二人所改削之词稿，几润饰十之八九也。余乙丑冬为况氏东床后，盖屡见不鲜也。叔雍自列况门之后，将况公所著之《蕙风词》二册、《蕙风词话》四册、《证壁集》二卷等四五种之多，均由叔雍独资付扬州姜文卿刻字店刊木版印成行世者，而他自己亦有《和晏小山词》一册附之于后。此和词，据况公告我云：因感其刊印之功，故为之大改大润者云云。

甲子以前，梅兰芳数来上海演戏。梅在北京本有三名人捧之：一为冯耿光，二为李释戡，三为许伯明，人称梅党三巨头。叔雍亦思以捧梅自彰，因资浅，故求况公合作，况公（本好男色者）遂欣然允之。其时珍重阁主之捧梅文章，日见于《申报》副刊，况公亦时填长调，捧之如狂，积近百阕。叔雍又为专刊一集（集名已忘，况公正式词集中，似只留一首而已）。于是况、赵二人齐名矣（惜为专指梅党南方二巨头也）。

岁乙丑，余结婚后，始与叔雍、蒙安二人相熟。叔雍身长有风度，纯为一豪门纨绔。况公性至怪，其楼上外间，设烟榻，能接待上楼坐卧而畅谈者，早期只朱、吴缶翁二人，后与冯君木为儿女亲家后（冯幼子宾符，余妻幼妹之夫也，曾为人大代表、外交部部长助理等，已死矣），始亦蒙与朱、吴同登楼矣。若康有为、郑苏戡、陈散原、袁伯夔等等均恭迎在楼下厢房会客室里叙谈而已。叔雍、蒙安二人每来，亦必下楼会见；二人出门，亦必恭必敬地亲送至大门外，深深作一揖而回。余数数见之，对康更生也如此也。对朱、吴、冯，至多送至楼梯口而已，余一日笑问之，谓老师对学生，何必如此？况公云："我生平只有二学生，一为缪艺风之子（子彬），盖艺风老友也，故认之；二为林铁尊（鹍翔），词尚可观，故认之。这两个人，叔雍，立无立相，坐无坐相，片刻不停，太'飞扬浮躁'了；蒙安，面目可憎，市侩形态，都不配做吾学生的。吾因穷极了，看在每年一千五百元面上，硬是在忍悲含笑。吾与他们谈话时，只当与钞票在谈；看二人面孔时，当作两块袁头也。"然而，及况公逝世后，余妻二弟小宋，立即由叔雍介绍入《申报》馆，初为小职员，后升为记者，始终得赵一人之力。大弟又韩，虽为名父之子，但只能略画山水（自视甚高），后蒙安仗老师之声名，得厕身为圣约翰大学教授，又把师兄携同助教，蒙安每有提及时，总是"又韩教授兄"不已。但据蒙兄私下告余云:又兄之上讲台,一切一切,备课等等,均吾所代为预先拟成付之者云云。故余曰:赵、陈二人之对师门,未尝有负,此岂况公始料所及哉。况公每作函给二人时,必尊之为"仁兄阁下"(解放后余在缪子彬处获睹况公手书,均称仁弟也)。余尝询之况公,后一辈中填词以何人为佳。况公云:元曲以吴瞿安(梅)第一,填词以黄季刚(侃)为不差,汪旭初(东)、龙榆生(沐勋)其次也云云。况公逝世后,冯君木笑谓余曰:"叔雍、蒙安,二人右臂断矣。"果然,赵、陈从此绝少填词了。偶有所作,迥非昔比矣。

自况公逝世之后,余与蒙安仍相往返如旧,与叔雍即疏远了。及抗战之后,又时时见他殷殷与梁众异相往返,且以其婿谭仲将(泽闿之子,延闿之侄),荐与梁伪院任科长之职(梁全院只四个科长,赵婿只廿六岁,其一焉)。及汪伪还都后,陈公博任立法院长,兼伪上海市长,叔雍出任伪市府秘书长,代拆代行,大权独揽。是时,梁逆在沪寓嫁第三女儿文若与伪交次朱朴之,贺客盈门,余与叔雍同在一席。客散时,大雨不止,余立庭中,正思冒雨而出,叔雍甫登车,回首见余,殷殷招余同车,送至舍下。余笑谓之曰:"叔雍,十多年未坐你车子了。"他笑云:"这因为少见面原故呀。"态度如恒,一无骄气,足见犹未忘旧情也。自此以后,余与之即从此不再见面了。及汪逆死后,陈公博升任伪主席,赵一跃而为伪某某部部长了。其时常闻南京来人云:陈逆好色,外宠至多,赵不惜以女(谭妻也)作陈之密友,故丈人做部长,女婿任伪国府简任秘书了。此殆赵凤昌一品夫人之雅号,世袭于后人矣。胜利前,赵早已将南阳路住宅变卖给人矣,一胜利,全家均去香港了,故得免于被逮也。他至香港后,即任香港大学中文系教授,直至一九五九年又去新加坡任大学中文系主任,或云文学院长,不能确指矣。闻在五四年时,梅兰芳去函,促其回国,已允矣,为一城北徐公去函所力阻,故不回来了。近据人云:他夫妇二人均患癌症逝世已三四年之久矣。

以上为其一生简历,尚有二三事,可以作补充者如下:叔雍性轻薄，好戏谑，民国十年以后，沪上有一著名遗少名刘公鲁（之泗），年近三十，脑后尚拖大辫子一条。喜嫖，善唱京剧，终日乘汽车往来于青楼戏院中，招摇过市，人皆笑之，刘自若也。刘为贵池刘聚卿（世珩）之独生子，巨宦，大收藏家也。一夕在宴会席上，赵、刘互见（二人之父为老友也），叔雍忽向公鲁曰："你这条豚尾哪一天可剪掉呀？"刘大愠，回之曰："你祖宗全有的呀。"二人几至动武。又，在梁逆时代，叔雍来南京，在李释戡房中谈天，余亦在，有人来云，王克敏从北方来访梁老板了，叔雍笑谓余曰："顾维钧（当年以服饰著称者）西装，穿在甘地身上，就是王叔老了。"盖嘲王逆形似甘地枯瘦，而西装华丽也。

又，叔雍与蒙安二人，虽同为况门弟子，但二人矛盾殊深，赵轻视陈为土膏店之子，陈鄙视赵为一品夫人之后。二人见面时，如老师不在傍，则彼此互相讥嘲，陈患口吃，往往期期不出于口，致面红耳赤，赵辄引以为笑也。又，忆及赵老二事如下：丙寅秋日余以湖帆之介，得识清末邮传部尚书吴郁生（蔚老）太丈，吴为□斋翰林同年，其时已八十二岁矣。住一品香旅社，余往谒之。无意间谈及张之洞，吴与张老友也。蔚老告余云：香涛有怪疾，好色，人所共知，终年不睡床，倦即伏案假睡，至多一二小时即醒，虽在会客，亦恒如是，凡其下属司官，亦无不知也。某年蔚老因招商局公事，特至湖北督署，与张相谈，张以老友也，故不拘常礼，一面剃发，一面畅谈，不料尚未及谈正经公事，而张已昏昏睡着了，那时只能坐待其醒了。蔚老忽笑云：那时赵凤昌侍列外厢，见状，即走过去以双手托住其头，一动都不敢动，约一小时之久，香涛醒了，赵巡捕老爷方才退出去了云云。蔚老忽又告余曰："吾做邮传部侍郎二十余之久，杏生（盛宣怀）调度支部后吾始升任尚书，不久即光复了。吾一世做的京官，没有机会尝尝做督抚的滋味。做督抚，可以用文武巡捕侍奉在侧，像赵凤昌之服侍张香涛，吾真正羡慕呀。"这短短几句话，把一个一品夫人之形态，刻画到了十分也。岁丙寅七月，况公逝世之凌晨，余至赵宅找叔雍，叔雍未起床，由赵老接见，诚笃老人也，风度忠厚，相貌凝重，绝无一点佐杂腔，更无一点裨弁气，殆数十年居移气、养移体，有以如此耶，或有人嫉之甚，而毁之深耶。或因余只匆匆一面之间，未能有所体会之耶？

（陈巨来《安持人物琐记》，中国书画出版社 2011 年版）

赵叔雍病逝南洋

前几天，看见《讣告》，才知道赵叔雍先生在新加坡病逝了。这几年，叔雍在马来亚大学教书，偶尔也在《南洋商报》写专栏文字，如谈吃谈戏，颇内行。他是自名的“梅迷”，梅派的忠臣，何谓“忠臣”？即是梅兰芳上场，他们都已入座，梅兰芳唱完了，他们都走了，以示“不二色”之意。梅先生在北京逝世，他也在《南洋商报》写谈梅氏掌故的文字，可是不十分精彩，比之齐如山差了大截。叔雍的诗词，就是那么种格局，并无清新的意境。他们这一辈，只能算是遗少，和我们是大不相同的。

李兄把一位朋友怀念叔雍的文字给我看，写得颇有意绪。李兄问我：“赵叔雍何许人也？”我笑道：“上海《申报》的记者，上代的二世祖。”我希望叔雍在地下不要气恼，他这个二世祖，乃是赫赫有名一代风流人物赵凤昌（竹君）之公子也。赵凤昌是谁，李兄也不知道，诚所谓“大江东去，浪淘尽，千古风流人物”。有人以为时隔十六年，大陆青年，不知道李宗仁何许人也，这并不足奇。一位大陆青年，他到了香港，也不知道陈诚何许人也。而李兄，也并不知道赵凤昌其人，留芳遗臭，都是不容易的！

赵叔雍的老太爷赵凤昌，他们是江苏常州人。自幼失学，在钱庄做学徒，由于一位姓朱的帮忙，捐了一个县丞，分发到广州。那位两广总督张之洞很赏识他，让他做总督衙门文案，参与一切机密。张之洞的身边事，只有他弄得清楚，弄得妥当。凤昌读书极少，文理平常，可是跟了张之洞就学了张氏的文笔，也能摹仿张氏书法，几可乱真。

张之洞做两湖总督时期，他就以武昌电报局挂名差使长住在上海，办理通讯运输诸务，事实上便是“坐探”，今日所谓“特务”，也仿佛美国的情报局长。

庚子拳变，洋兵进北京那一回，完成东南联防，把李鸿章、刘坤一、张之洞联络起来，保住半壁江山的，就是何嗣焜、盛宣怀、赵凤昌三人，赵凤昌能使刘坤一张之洞联系，这就了不得了。辛亥革命初起，袁世凯派唐绍仪做代表，到上海就奉命先和赵凤昌取得联络。那时东南官绅领袖张季直到上海，也先和赵凤昌商谈一切。黄兴、孙中山是革命党的领袖，也先在赵家和唐绍仪事先商谈一切，得了结论，才第二天提到市政局的正式会议上去。赵家的客厅，正是南北议和的后台，“中华民国”的摇篮。赵凤昌便是“民国”的产婆。1938 年，凤昌在沪逝世，其友人刘厚生先生祭文有云：“南阳路北，有楼三楹，先生所居，颜曰‘惜阴’。惜阴斋舍，满座宾朋，呱呱民国，于兹诞生。”盖纪实也。叔雍也是惜阴居中诞生，在那儿成长的“世祖”，因为凤昌和张季直、史量才、黄任之他们的关系，所以进了《申报》馆，风流儒雅，吃喝嫖赌，样样来得。我本来想找他那篇谈吃文字引用几句，可惜我的书架太乱了，一时找不到呢！

（曹聚仁《听涛室人物谭》，上海人民出版社 1998 年版）

记尊重阁主赵尊岳

从星洲归客闲谈中得知在马来亚大学任教的赵尊岳，已于一九六六年的七月三日病死于星洲旅次，孑身耋齿，魂魄异乡，凄凉一棺，并已就地卜葬了。记得他生前有一首挽人诗句："海岳清标一敝裘，白云何地哭松楸。壮怀未尝屯田业，学士常怀报国忧。北漠尘沙余怅惘，南朝人物欲风流。从今万里寒山鹤，不为沧桑更少留。"现在读来，不啻是他自家的写照了。

这首诗，陈石遗编辑《近代诗钞》，曾将其收入，并在他名字边缀有"赵尊岳，字叔雍，江苏阳湖人，有《惜阴堂诗》"几个字。但是记错了。尊岳是尊重阁，惜阴堂则为叔雍的尊人赵竹君凤昌的堂号，晚年他老人家自号惜阴老人。提起这所有着革命历史的惜阴堂，是在上海的南阳路，拓地甚宽，建筑却不怎么宏伟。大厅中，四壁琳琅，悬挂着都是同光以来的名人字幅，曾、左、彭、李诸人无不具备，称谓上也备极亲密。从清末到民初二十余年间，惜阴老人，是隐负时望的清流。庚子八国联军之役，刘坤一的东南自保公约，出于他的献策。隆裕逊位与共和肇建，也由竹君和南通张季直等，在惜阴堂里奔走画策，促其实现。一时名宦巨绅，伟人志士，不少做过惜阴堂中座客。孙中山先生及黄克强、陈英士诸先生民初时，和惜阴老人更是常晤。那章士钊、黄炎培诸人，还不过是门下奔走之士而已。

叔雍生长于诗书门第，半由于他的天赋聪明，事亦由于惜阴老人为其遍访硕学之士，使有师承。他亲炙于大词家况蕙风（周颐）之门，得其熏陶，而卓然成家，诗文也都冠绝侪辈。他骈文典丽、古文朴茂，而且手挥目送，下笔千言，不加雕琢，往往谈笑中成之，其博闻强记工夫，足够倾服。更加他的为人，生成不拘绳墨而又无处不流露出是一个性情中人的那一种风格，能豪饮，能谈笑，一肚子的书，一肚子的当代名公巨卿的遗闻佚事，说来庄谐杂出，使人听而忘倦。

叔雍的夫人王季雅，系出福州望族。其曾祖王雁汀（废云）遍历中外，是清季名臣，伯父王可庄（仁堪）光绪丁丑状元，父旭庄（仁东）光绪丙子举人，著有《完巢诗稿》，所以也工诗并擅书法。名士才媛，伉俪甚笃，游山玩水，即景哦诗，一时比于赵松雪之于管仲姬。叔雍有“春谷幽居”一首，即是他夫人旅游之作，句如“春谷云烟锁，疏帘莺燕飞，青萝扪白石，岭瀑濯岩扉。采药人何处，披襟发自晞，楚香聊写意，鼓瑟送遥晖”。

叔雍的狂放不羁，在少年时代便已然的。当清末光宣之交，他在徐家汇交通大学前身的南洋公学读书。公学中分四院，一师范院，二外院即附属小学，三中院即中学，四上院即头等学院，叔雍即是上院的学生。上院的老师，授国文者，多为经师宿儒，授外语或科学的，则延聘从海外留学归来之士。老经师则长袍方褂，辫垂垂而须髻髯，规行矩步，拘谨之极。留学生则辫发已除，西装革履，派头十足。新旧不同，风范各异，相映成趣。可有一相同之点，即是都是维持着师严道尊的神态。在不守绳墨的赵叔雍看来，都不以为然。

业师朱敬亭先生，名德钦，优贡出身，邃于绝学，执教上院。喜叔雍之才气通敏，而嫌其近于佻脱，每当着许多同学前面加以训诫。叔雍由畏生厌，少年盛气，便想小作狡狯以为报复。其次课罢，朱老师又是一篇大道理在数说着。叔雍虽唯唯垂听，待到下课铃响，老师正踱到门口，叔雍急阖课室之门；老师的辫子梢便被夹在门缝里，拔不出也走不开，返身搥门大呼，好一晌才开了。见叔雍正笑得打跌，老师这一气，指着他“你，你，你”，你了半天，说不出话，当晚便留书校长，不别而行。以后说到叔雍，还连称“狂徒”不已。

这回事，也可以作适逢其会来作解释，因为设如老师走得稍快一些,此事便不会发生了。但不久有揍法文老师的事,使他受到退学的处分。在第二学年开始时,校中新聘一位担任法文的老师,这位老师姓黎,刚刚从法国留学归来,年青得志,不但傲,而且严厉至极,动不动就扣分数,或斥为笨蛋,同学中都对他不满而莫如之何。这位黎老师,本与叔雍有些亲戚关系,而且还是中表的行辈。叔雍听到同学的诉苦,忽然充起好汉来,竟攘臂对同学道:“还是由我来揍他。”说做真做,那天上课铃一响,远远看这黎老师踱着巴黎式脚步来了,叔雍早预先站在课室的门口。黎老师一进来,见他不往课桌去坐,便喝问着:“站这里做什么?”叔雍也按着说:“揍你。”说时快,迎面就晃了一拳,把这黎老师的金丝边的眼镜挥去了。这自然成了轩然大波,一切责任都归了赵叔雍身上,黎老师坚持要把这顽徒开革。校长唐文治先生和叔雍的尊人也是好友,本来想记个大过惩戒惩戒,无奈黎老师非把他革退不再授课,唐校长只得亲自陪送叔雍同去,从此便退学了。以后,有人以此两事问过他,叔雍露出忸怩之色,连称少年时荒唐事太多不置。

叔雍离开南洋公学后,似没有再到其它学校过,他只在惜阴堂书斋里,猛修诗词文字,业益精进,以后便进了申报馆任职,椠铅余暇,吟咏弗辍。

当史量才从席子佩(上珍)接盘了申报馆机件生财等等时,因《申报》两字报名,没有在契约中标明一并让渡字样,而史量才在接办之后,仍用老招牌继续出版,连那郑孝胥所写的报头也一仍其旧,席子佩抓着这个辫子,硬说让机件生财,没让报名,向上海公共租界一般称为“新衙门”的会审公廨,把史量才告上一状。史量才不予理会,会审公廨也不客气地出票拘提,史量才这才慌了,找几个律师细细研究,确是在契约上漏了,这官司打了下去,准是输定了,要了事,就免不了就得再花钱。可是,那时的史量才,还是蚕桑学校教书的穷措大一个,以前接盘的钱,本是靠别人的帮忙,和自已罗掘借贷而来,现在又得要再有一笔巨额的支付,不用说本身没有力量,更何处可呼将伯？正在万分窘促之间，幸亏惜阴老人赵竹君与南通张四先生季直，出而援手，由他两个向当时江苏省当道程云楼（德全）商请支援，暂从省库里拨借一笔款项，这事才得了断。叔雍之进入《申报》，对此事有无关联，未能详悉。但在报馆里，甚得史量才的倚畀，却是事实。叔雍才气纵横，再添上他尊人的公共关系，自然成了报馆重要人员，史老间对他的敬重，为报其先人相助之德，固是一因，而器重他的才识能力，也是一因。

民国十七年初夏间，国民革命军于底定京沪后，继续北伐，时日本有意阻我大军，当我克复济南之际，藉口保侨，不允撤防，反派大部日兵，突入我外交特派员署搜查，将我交涉员蔡公时割鼻戮身，馆员十余人亦同被杀害，又提五项要求，不待答复，即开炮向济南城猛轰，军民死伤枕籍，其日为五月三日，史称“五三济南惨案”。案发之后，举国愤慨，我外交部长王儒堂（正廷）博士，以日人蛮横无理，惨绝人寰，亟欲将日人之暴行，昭告于全世界，于是上海新闻界乃有发起国际新闻记者调查团之组织，前往济南实地调查，揭露日军凶残真相。这个调查团很快地便组织成了，由上海各中西文报纸推派记者参加。上海四大报代表，有《新闻报》的严独鹤、《申报》的康通一、《时报》的金雄白，叔雍亦有参加，但代表的都是《时事新报》。原来《申报》的总经理张竹平收购了英文《大陆报》及《时事新报》，又创办了《大陆报》与《申报》通讯社，统称为四社，坚挽叔雍到《时事新报》担任部份责任。

外国记者参加的，有英文《密勒士评论报》之鲍威尔，法文报女记者艳奴，另外一个美国霍士影片公司之摄影师。这一行七人，从虹口汇山码头登上日轮大连丸，直驶青岛，再换胶济路火车，转赴济南。

这时北伐大军已绕道渡河，趋德州指沧州了，但调查团的目的是勘察日军踞济残暴情状，仍照原定计划进行，可是情态却缓和了些。这艘大连丸原是日本货船，所以只有几间给附乘的客人用的舱位，这样就恰好他们这一行七人，每人占了一间，因为船上没有其它搭客，也就等于调查团的专轮。报人不论中外,大概都具有一种不羁性格,他们几个人又是本来熟识的朋友,在机声轧轧的航行中,上古下今的闲聊起来,鲍威尔老了,尽躲在舱里休憩,那摄影师嗜饮,饮酣便呼呼大睡,只有那唯一的女性艳奴,参杂其中,法国小姐本来就不像中国那样故作矜持,而她偏又是美艳如花,说话时娇憨中带些放浪神态,因为是同行,她也百无禁忌地围着谈笑,叔雍和诗人严独鹤为了这异国佳人,写下好几首"无题",也灌了不少的酒,她虽不懂得吟的是什么诗句,看他们吟声并作,也随着嘻嘻而笑,因此舟行却不寂寞。

旅客航行的享受,以傍晚时分,在甲板上徜徉盱眺为最佳。这一些人,每于晚餐既毕匆匆沐浴后,便到甲板上,欣赏灿烂的晚霞,或倚阑披襟,对着习习的凉风,谈谈笑笑。某晚叔雍饭后最后入浴,到房间里,率性袒裼裸裎起来,众人见他没来,敲门去叫,叔雍被促,匆匆地穿上一袭绸长衫,便到舱面来,里面竟不穿袒衣,一般人称外有长褂,而里面未加寸缕的,俚语谓之鸡笼罩。这句话细细绎来,颇不雅驯,但却是最恰当的妙喻。也是他太大意了,以为随便风凉一会,便各自归寝了,有了鸡笼罩罩住一切,总隔了一重布,有何不可,却不道海上一阵大风,把他的襟袍飘卷起来,他卷着前面,又露出后边,急握后襟,前边又顾不得了,于是这鸡笼罩中无所遁形,朋友们看他跋前疐后的狼狈情形,无不捧腹,艳奴无意中看到这幕中奇景,又见他那副窘态,更是笑得前仰后合,大拍其手,成为此次航行中一个喜剧。以后朋友晤谈,还常常以鸡笼罩来对他作为嘲笑的笑柄,他在星洲时,有人提起往事,他感慨万千地,写了一首诗:"碧海青天卅四年,艳奴踪迹渺如烟,依然老我鸡笼罩,每说风情尚惘然。"

叔雍对平剧有甚深的嗜好,而且是标准"梅迷",和齐如山、李释戡等同称"梅党"。民国十三四年,梅兰芳二次到上海演出,他那时还在《申报》,和《新闻报》的文公达,同行又能同好,由他们两枝健笔,逐日在副刊上火力狂捧,剧评之外,还写有"梅王起居注"。这次梅带了许多小本戏上演,如《天女散花》《上元夫人》《黛玉葬花》《霸王别姬》

等剧，都在这时出笼，大名士如吴昌硕、况夔笙、朱彊村、李伟侯、周今觉诸人，也无夕不坐着池子，恍着头称好，真极捧角之盛。但骂梅的也不无其人，如柳亚子、冯菊隐便是反梅的，在报上讥梅"近视眼"、"招风耳"。最突出的是扬州张丹斧，他主编的三日刊小型《晶报》，对梅尽力丑诋，由画漫画的黄文晨画了一幅画，画上《申》《新》两报所在地的望平街，两边矗的两座巍峨大厦，各从窗口伸出两枝大笔，直到地面上两只大便桶里，桶上写着"梅讯"二字，这自是讥讽叔雍、公达二人的捧梅文字了，丹斧更就《霸王别姬》四字颠倒写成一首歪诗，极下流秽亵之至，不录。但骂者自骂，捧还是照捧，叔雍以"尊重阁主"的笔名，写来越发有声有色。

梅兰芳的大靠，有北冯（耿光字幼伟）南李（国杰字伟侯）之称，他们的关系如何，世多知之，叔雍和冯、李并吴震修诸人，也有深交。李伟侯死后，冯、吴与叔雍一度曾任中国银行董事，在董事会中碰头时，讨论行务之余，便畹华如何怎样的，谈得更起劲更精采，说他们是狂徒的痴态可，是名士的风趣亦可。

不管是狂徒也好，名士也好，以叔雍这样风格，本来就不宜从事政治工作。但他是不事生产的，在《申报》《时事新报》，也没有负什么实际责任，虽然《申报》有他一部股份，可是怎能应付他的排场，因此他也不嫌小就了。民廿一年，他到北平，适黄膺白担任华北政务委员会委员长，以旧关系，曾挽他做参议一类的闲职，他也贪恋于故乡风物，在平逗留了一个时期，不久又回到上海了。

杨杏佛（铨）和赵叔雍是郎舅至亲，杨被刺身死，或谓叔雍颇受刺激，因而他于抗日期中竟参加了汪记伪府，是否如此不得而知。但他最初是列名于汪系的《中华日报》评论委员，以后陈公博出任伪上海市长，拉他做秘书长，这才真的下水，知交无不为之可惜。但他之吊儿郎当气派，和陈公博、周佛海辈颇能沆瀣一气。周佛海与小玲红之恋，给周妻杨开慧发觉了，叔雍也是和事老之一。据叔雍的太太说，叔雍之参加伪府，重要的是由他主持一个秘密电台与后方联络的，事实怎样，现在也不必再作稽考了。

在汪记的“中央政治会议”里，叔雍也被列在所谓“社会贤达”与赵正平、杨毓珣、岑德广同列，同时也是“中央政治委员会”的延聘委员，这自然是陈公博、周佛海的“照顾”。周兼“中政会”的秘书长，坚挽叔雍为副秘书长，才离开上海，中间似乎还兼过铁道部的次长。他也是和在《申报》《时事新报》一般，像做清客，而在应付上似乎又欠于圆滑，终在这堆泥泞里，愈陷愈深。三十三年十一月九日，汪精卫死于日本名古屋帝国大学附属病院，陈公博继位伪府主席兼行政院长，叔雍又继林柏生之后，出任宣传部长。这宣传部在汪记中是一个重要机构，在发表这项伪命的前夕，陈公博、周佛海、梅思平、罗君强、岑德广及叔雍等十多人，在上海居尔典路周宅渡周末，佛海即席透露，梅、罗等举杯为贺，自然是早已商定了的。叔雍也举杯同饮，席散后有人偷偷向他说：“天快亮了，曲终人散，你何苦在这时来滥竽一席?”他苦笑着说：“这比喻得不切当，我是一同坐在赌桌边观战的，此时八圈已毕，有人兴犹未阑，还要扳庄搬位，又有人神倦欲去，三缺一，有伤阴骘，未便败人之兴，他们要我入局，就索性入局，以待终场。再说，痾了一身屎，加不加这泡尿，都一样是臭了啊!”他一生行事，不论巨细，总是随随便便地，类如此。不一年，天终于亮了，不论前后汉，统被关进监牢，静候国法制裁。叔雍与严家炽、汪曼云、俞绍瀛、张韬及其婿谭仲将等，均羁在上海南市看守所里，以后也移到提篮桥监狱，家产惜阴堂也给没收了。那些同牢的愁眉相对，他还是轻轻松松的那副老脾气，和梁鸿志叠韵唱酬，用宫体把阴森之地，描摹得恍惚成为红墙碧瓦、画栋雕栏般清境。亏他的命大，法庭只判了他三年有期徒刑，在监执行。他体气素健，在寒天冰雪中，照样用冷水沐浴。更又是荒唐惯了，半月不近女色，即满脸通红，至是睡在冰冷的水泥地，他还受到了。而辗转反侧，不无遐思，闻兰亭教他念经退火，才安静了下来。九百多天，刑满出狱，从前的潇洒丰神却消灭了。那时其母还在，亏季淑夫人，妇代子职，在困苦中渡过，但家中上下怨言是不免的。终至室人交谪，失和别居。三十八年，大陆失色，他到了香港，寄居朋友处，以卖文授读自活。中间患胃出血一次，经过手术施治，病愈后，他的两个儿子典尧、典舜死耗传至，丧明之痛，更加他的伤感，不久，由其女文漪接住星加坡奉养。他不甘坐食，应了马来亚大学之聘，在中文系担任了词章教授。他写信给亲友中，有"寄迹南荒，索居苦寂，临老作嫁，为肌驱"之语，不料胃疾复发，终于埋骨他乡，亦大可哀了。

（高拜石《古春风楼琐记》，作家出版社 2003 年版）

赵叔雍其人及其他

张　晖

《章士钊全集》(文汇出版社二〇〇〇年二月版)第七册收有《致叔雍书》,编者注:"赵叔雍〔一八九七一?〕,江苏常州人。善于作词,著有《和小山词》"等。所说大抵未错,只是赵叔雍的卒年并非不可考。

据赵氏《高梧轩诗全集》(台湾文海出版社"近代中国史料丛刊续编"本)末附其女公子赵文漪跋云,赵氏卒于丁巳(一九六五)年"七月三日丑时"。赵叔雍的生平行迹在大陆沉晦已久,各类辞典都对他的卒年付之阙如,上述这则资料,《章士钊全集》的编者大概也没有注意到。

赵叔雍,名尊岳,武进人,后以字行。民国年间,他是一位相当活跃的文化名人,晚清大词家况周颐弟子,词学造诣甚高,辑有《惜阴堂明词汇刊》。四十年代后,赵叔雍出任伪职,抗战胜利后入狱,旋被保释。之后远赴新加坡,任教南洋大学。

章、赵二人系世交,赵早在十三岁时就已拜识章。对赵叔雍而言,晚年客避他乡,心情寥落,只得依靠诗词来排遣忧愁。而章士钊本是父执,又系大陆当时少数可与海外自由联系的闻人,通过章氏,必然可以了解到许多大陆的变化,是故二人鸿雁不断,诗词来往亦多。《章士钊全集》第八册《章孤桐南游吟草》卷首即冠以《赵赤邕来书》,集中尚有《调赵赤邕三首》《答赤邕》诸诗。至于赵氏《高梧轩诗全集》中,有章士钊所作诗四首,都为《章士钊全集》所漏收。听上海的朱铭先生说,他共辑得章氏集外诗达千余首,不知朱先生是否注意到这八首作品？

晚年的赵叔雍，生活状况到底如何，从他的诗集中也不易看出。当时与他交往密切的要数饶宗颐先生，饶氏《固庵词录》中保留着许多与赵氏的唱和词，如果饶先生能拨冗一文回忆赵叔雍，对于人们了解这位词界老辈的晚景，必然有极大的帮助。

（蔡玉洗、董宁文编《凤凰台上》，译林出版社 2008 年版）

雏凤清于老凤声

——也谈赵叔雍

蔡登山

2009年1月13日的《上海书评》26期有星桦《谈赵叔雍》，文中说："谈起赵叔雍，内地的出版物所记都很简略，连生卒年也多有出入。前读《颜惠庆日记》，提及他的地方均错译成'赵叔荣'。《上海近百年诗词选》将他的生卒年定为（1902—1960），而2008年12月28日《上海书评》刊曹其敏《话说'梅党'》一文作（1900—?），都错了。"而张晖在《赵叔雍其人及其他》文中亦说："赵叔雍的生平行迹在大陆沉晦已久，各类辞典都对他的卒年付之阙如。"但从赵氏《高梧轩诗全集》末附其女儿赵文漪跋可得知，赵氏是卒于丁巳（1965）年"七月三日丑时"。虽是如此，但其行迹还是简略，笔者查考当年与他有过交往的人士，梳理出一些线索，或可拾遗补阙也。

赵叔雍（1898—1965），名尊岳，斋名高梧轩、珍重阁，江苏武进人。他的父亲赵凤昌（字竹君），是张之洞的重要幕僚，在清末民初政坛上很有影响力。略微知道一些近代史的人，即使不知道赵本人，但对于"两江总督张之洞，一品夫人赵凤昌"这句"谑而虐"的刻薄讽刺，总是有些耳闻的。根据姚崧龄所写的《民国人物小传》云："赵凤昌（1856—1938）少时家贫，失学，入钱庄习贾。嗣以挂欠，被斥退。富户朱某鉴其聪明伶俐，为纳资报捐杂职，分省广东候补，时年甫二十。旋入粤藩姚觐元（彦侍）署中，任书启。光绪十年（1884），张之洞任两广总督，凤昌夤缘充督署文巡捕（侍从）。日久受之洞赏识，升充文案，参预机要。光绪十五年（1889），之洞移督两湖，遂随赴武昌，益见信任，升充总文案。凤昌读书虽少，而记忆力强，且富忍耐性，工于迎合揣摩。与之洞朝夕相处，久而久之，极能了解之洞心性，悉其癖好，居然能代拟公牍，符合旨意，摹仿其书法，几可乱真。光绪十九年(1893)，大理寺卿徐致祥奏劾之洞辜恩负职，涉及凤昌。查办结果，之洞免议，凤昌则革职永不叙用，勒令回籍。时官已保至直隶州知州矣。之洞对凤昌所受处分，不免抱屈，特于武昌电报局给予挂名干薪差使，常川驻沪，为其耳目。凤昌于是与盛宣怀、张謇、何嗣、沈瑜庆、陈三立、汤寿潜、施炳等人结识。庚子拳乱，与诸人谋议，劝导张之洞参加东南互保。光绪末年，对于君宪运动，暗中复多鼓吹。时与主办《时报》之狄葆贤(楚青)，及江浙名流多所往还，互通声气。辛亥革命，南北议和，北方代表唐绍仪抵沪后，即挽凤昌约晤张謇，暗示袁世凯如能被推为总统，则不难迫使清廷退位。凤昌原与绍仪熟识，所居上海公共租界南阳路惜阴堂遂变为南北代表与同盟会要人黄兴等幕后商洽条件之所。迨孙中山先生返国，亦尝与诸人相见于惜阴堂。而凤昌则面陈沪汉情势，及建国理财诸要端，颇蒙采纳。关于当时争执最烈之第一任内阁总理，必须由同盟会会员担任一问题，竟然经凤昌从旁建议由唐绍仪加入同盟会，即以会员资格当选充任，获得中山先生同意，而告解决。盖与会诸人认为办法如此，双方兼顾，绍仪可作孙、袁两临时总统新旧交替之桥梁，使南北统一，早日实现。凤昌以此，亦遂被誉为“民国诞生之助产婆”云。

南京临时政府成立之际，汉冶萍(煤铁)总公司主持人盛宣怀逃避日本，政府因即指派凤昌代表官股出任该公司董事长。嗣以不同意以公司产权押借日款而辞职。寻与张謇、章炳麟、汤寿潜、熊希龄及江浙地方人士，于同盟会之外，组织“统一党”，由张謇任理事长，章炳麟任秘书长，凤昌任基金监。临时政府北迁后，凤昌反对“统一党”党部随之北移，遂辞去基金监职，不问党务。从此息影沪滨，以迄寿终。

1928年，济南“五卅”惨案发生后，举国愤慨，当时外交部长王正廷,以日人蛮横无理,惨绝人寰,亟欲将日人之暴行,昭告于全世界,于是暗中策动上海新闻界发起组织国际新闻记者调查团,前往济南实地调查,揭露日军凶残真相。当时记者调查团的成员为:上海四大报代表——《新闻报》的严独鹤,《申报》的康通一,《时报》的金雄白,《时事新报》的赵叔雍;外国记者有英文《密勒士评论报》的鲍威尔,法文报女记者艳奴,及一名美国福斯影片公司的摄影师,一行七人。金雄白就是在此次的调查行动中与赵叔雍订交的。据金雄白说赵叔雍给他的第一印象,就是十足的名士派。他说:"大连丸从上海出发,一路波平如镜,我们总在傍晚时分,群聚在甲板上,欣赏灿烂的晚霞,享受袭袂的凉风。一天,正在倚栏闲谈,而奇景出现了,表演这一幕奇景的就是叔雍。他整整齐齐的穿着一袭中国绸大褂,因为刚浴罢,竟然里面未加寸缕,上海人称外有长袍,而内无亵衣的叫做'鸡笼罩'。这名词说穿了不太雅驯,但是不失为最适当的妙喻。意思是长袍覆盖于外,正如鸡笼那样的空自笼罩,其实内无他物,仅一白鸟鹤鹤而已。不料叔雍的随便,而海风狡狯,却故意弄人,一阵狂飙吹来,把他的长袍飘卷,于是须眉毕现,无所遁形,别人倒也罢了,艳奴目睹到这一幕奇景,无心中看到了东方的白鹤,为之前仰后合,捧腹大笑。此后数十年中,我们还常常以鸡笼罩来对他作为取笑的话柄。在我所写《黄埔江的浊浪》一书中,曾述其经过,叔雍读后,寄我诗云:碧海青天卅四年,艳奴踪迹渺如烟。依前老我鸡笼罩,每说风情尚惘然!后加小注云:'雄白兄叙近代史事,涉及旧游,弥滋怅触,作绝句贻之,用志鸿爪。'叔雍那一份毫无造作而饶有风趣的名士派,在在处处都会自然流露。"

1931年春,史量才为进行《申报》的全面革新,先行实现了黄炎培所献的"组设申报总管理处"之策。该处的组织成员,除史量才自任总理以外,基干人员六人,计为总编辑张蕴和,经理马荫良,中文秘书赵叔雍,英文秘书钱伯明,以及被邀来新入《申报》的黄炎培与陈彬。

1934 年 11 月 13 日下午，沪杭道上——浙江海宁翁家埠，史量才遭国民党军统特务有预谋的暗杀，终年五十四岁。14 日，《申报》以醒目大标题刊出《本报总理史量才先生噩耗》及遗像，另赵叔雍撰写《哀悼史量才先生》代替《申报》社论。如所众知，赵叔雍自有其清茂博硕的才华，对于这篇讣告文字，他以清丽绝俗的优美词藻，构撰成如晋代文人雅士所作的小品文，从而写出史量才的死因真相。胡憨珠认为该文虽未说明“匹夫无罪，怀璧其罪”的一点内情，但帷灯匣剑，蛛丝马迹，已尽其隐约可见的影痕索迹之妙。才人笔墨，非常人可及。所以一般人说赵叔雍自史量才接盘《申报》之日起即已追随史氏左右，他在《申报》馆二十三年的年月里，只是吃喝玩乐，并无有若何的特殊成绩之可言，但凭此次史氏遇难之后，是他撰写《哀悼史量才先生》的一篇《申报》社论，与革新史氏死后讣告文字的广告设计两事，已足以酬报馆的慷慨养士之德了。

史量才死后，赵叔雍依然在《申报》。史量才之子史咏赓在陈彬的怂恿之下，雄心万丈，1938 年 3 月 1 日，在香港发刊《申报》香港版。马荫良与赵叔雍等老臣都到香港指挥办报，赵叔雍还拟就编辑部和经理部的名单，他以陈陶遗为总编辑，特别拍出急电到上海，调来孙恩霖与邝笑庵两人来港。使各人负责主编一版的任务，而后再配以自动前来投效的冯烈山与柯舞韶，以及陈彬所举荐的汤建勋、王显廷、陈赓雅等人组成编辑部。当港版《申报》正式出版以后的一个多月，赵叔雍眼看经编两部工作人员，都已上了轨道。于是，把编辑部交还给史咏赓和马荫良，才赋归上海。

金雄白又说：“叔雍于一九四四年冬，继林柏生之后而出任宣传部部长。那时汪氏已病逝日本，公博继任主席，宣传部在汪府中是一个重要的机构，大约经公博与佛海共同商量而始决定任命的。那时我正在上海主持《平报》社务，有一天晚上，我到佛海上海居尔典路的沪寓，不料高朋满座，陈公博、梅思平、岑心叔、罗君强与叔雍等都在，佛海忽然笑着对我说：‘叔雍将主管各报社而出任宣传部长，你们是老友,你要不要向他表示欢迎道贺之意?'我听到了这一消息,觉得有些突然,而且我以为以词人而担负行政工作也并不相宜,因自恃为故交,我过去拉了他一下袖角,拖他到无人的屋角,轻声的对他说:'不久将酒阑人散了,你又何苦于此时再来赴席?'叔雍却还是他那一副吊儿郎当的习性,他却笑笑说:'你比喻得并不当,我是一向坐在桌边在看人家打麻雀,此时八圈已毕,有人兴犹未阑,而有人起身欲去,我作壁上观久矣,三缺一,未免有伤阴骘,何苦败人之兴,就索性入局,以待终常。'他的一生行事,不论巨细,也总是显出他游戏人间的名士行径。"

抗战胜利后,赵叔雍沦为阶下囚,他和严家炽、汪曼云、俞绍瀛、张韬及其婿谭仲将等均羁在上海南市车站路看守所,后来移到提篮桥监狱,家产惜阴堂也给没收了。在监狱时,那些牢友总是愁眉相对,他却能不怨天、不尤人,还是轻轻松松的那副老脾气。他和梁鸿志还在监狱里作诗,梁鸿志进提篮桥后的第一首诗就是给赵叔雍的,因为他们诗酒往还关系太深了。赵叔雍和梁鸿志隔室联吟,用宫体诗十余律,把阴森的监狱,描摹得恍惚成为红墙碧瓦、雕栏画栋般的皇宫。服刑三年后出狱,他于1948年寄迹香江,阮囊不裕,先为中华书局海外编译局的编辑,后又执鞭糊口,于香港文商专科学校任教。

然而家庭变故接踵而至,先是他的儿子典尧1950年在广州病逝。其夫人王季淑,系出福州望族(是当今文物大家王世襄的姑母),其曾祖父王雁汀(庋云)遍历中外,是清季名臣,父旭庄(仁东)光绪丙子举人,著有《完巢诗稿》。因此季淑也工诗善书法,名士才媛当年在惜阴堂唱和,以赵明诚、李清照自况。伉俪之情本笃,不意为流言所伤,晚年竟至失和。不久,由其女儿文漪接往新加坡奉养,他不甘坐食,应了马来亚大学之聘,在中文系担任词章教授,他写给亲友信中,有"寄迹南荒,索居苦寂,临老作嫁,为饥而驱"之语。他常往来香港、新加坡之间,与饶选堂、曾履川多有唱酬。章士钊每次来香港,都与之会聚。1956年章士钊南来,所撰诗结集为《章孤桐先生南游吟草》，叔雍为之经营出版，并撰文介绍了章诗的特色，还对章士钊南来的意图有所披露，是值得玩味的文字。

1962 年他的老友齐如山在台病故，赵叔雍写了一首挽诗，题曰“得如山大隐之耗，旬日始奉遣书，益增涕泪，题诗志挽”，诗云：“验封滴滴墨痕新，雪涕天涯已古人。著作平生戡伪体，多能一艺重斯文。旧游深巷投门客，细字潜声去国身。知更谁能倡绝学，不堪沧海几扬尘。”以斯文骨肉之情，写朋旧凋零之感，既伤逝者，行亦自念，其怆痛可知。

赵叔雍老去颓唐，客中寂寞，犹须呕心与粉笔毛锥为缘。何以解忧，唯有杜康，因得黄疸病，延医已迟，终至不起。他口占请友人代书的《绝笔诗》云：“病魔斗药事如何？万苦千辛备一茹！夜拥重衾犹觳觫，晨看疏雨待朝苏。危时掷命寻常事，垂老珍生是至愚。大好头颅吾付汝，此中颇有未完书。”其女儿文漪注云：“先父病笃时曾欲捐眼睛头颅赠医院，时家人无在侧者，为朋辈所阻。此为当时口占友人代书之绝笔诗，足见先父伟大之人格与豁达之天性。”至于“未完书”云云，应该是他一直想写而未能写的《词学源流》等书。

（《传记文学》第 95 卷第 3 期）

珍重阁词学总目

词集

和小山词一卷　壬戌
近知词二卷　起辛酉迄甲申
蓝桥词一卷　起乙酉迄戊子
南云词一卷　起己丑迄戊戌
炎洲词　起己亥

附

和珠玉词一卷　长女赵文漪撰

专著

填词丛话五卷
蕙风词史一卷　见《词学季刊》
词总集提要　见《词学季刊》
汇刻明词提要　见《词学季刊》
冒校云谣集质疑一卷　见《东方学报》
白石旁谱新诠赘语卷　见《词乐丛刊》
玉田生讴歌要旨八首解笺一卷　见《词乐丛刊》
魏氏乐谱读记二卷　见《词乐丛刊》
敦煌舞谱详解一卷
蕙风词话笺

人间词话笺
唐戏弄平议
词事征闻

辑佚

宫调通论
月律通论
雅乐燕乐辨律说
燕乐四声二十八调说
九宫辨讹
四声钩沉
四声概说
词林正韵纠补
唱词起于霓裳羽衣说
法曲大曲小令摘遍集考

六州集考

六吕集考
起调毕曲说
曲犯说
四声倩煞说
徵角二招说
鬲溪梅令谱说
鬲指声说
集词联套说
哨遍增减摊破说
古行人赋诗考
四上竞气说

词集题跋丛钞

赵文漪按:此为先父晚年亲拟之著作目录,不幸未及亲手编纂,殊堪扼腕。

题高梧轩填词图

清平乐　　朱祖谋

龙门百尺，罨画明秋色。南北两峰相映碧。看取朝阳凤立。

开轩满目烟霞。软红不到云涯。着个仙源居士，湖山越恁清嘉。

百字令　　况周颐

倚云撑碧荫，茜纱青玉，图书彝鼎。画罨壶天尘不到，何似结庐人境。公子乌衣，词仙黄绢，标格同清夐。桐花奇艳，衍波消得名盛。

佳气鸣凤朝阳，舒蕊郁秀，长空椿晖永。不数龙门高百尺，看取疏枝英挺。大好秋容，最宜商调，蝶恋花同咏。

陈宝琛

画里听秋自倚声，未曾真个已移情。底须定就湖壖住，西子新来不洁清。

题叔雍高梧轩图卷　　陈石遗

喜汝湖壖办一庄，买山何似买陂塘。乱栽花竹梧为首，容易看他长过墙。

万里中原换一湖，君家南渡失良图。而今大物非私产，分此区区聊自娱。

春申林际有高楼，陆贾归装此小休。更筑行窝数间屋，春秋佳日去孥舟。

新词自谱《念奴娇》，樊榭南湖响寂寥。新露晨流桐乍引，不须庭院说萧条。

陈三立

暂卜幽居傍湖曲，画手设施无不足。挺立长梧凉压屋，旁罗矮细千竿竹。层层都活石气中，夜卷秋声入吟腹。楼台窈窕出晴雨，山水氤氲界边幅。应带坡公葑草堤，恍接逋仙梅花麓。英妙少年亦痴绝，要令梦染灵峰绿。异时朱况两秃翁，携访赓歌任沈陆。（朱况谓彊村、夔生两词客）

李宣倜

披图花竹深深处，绝似平生缀玉轩。至竟词人清福好，吟黄秋叶坐黄昏。

冯君木

尘居苦块莽，讨幽到人外。风轩纳远空，大坐得清快。亭亭梧之树，离立互向背。参天见直性，青苍宜嘿对。萝薜纷在眼，兹意无人会。赋诗发高致，山阿依含睇。（青苍易萧然）

题赵叔雍高梧轩图　次君木师韵　　陈道欣

愁思不能春，游心赴秋外。空翠专一轩，风雨助凉快。高高梧桐树，离离树之背。髫丝蝉榻间，晨夕淡相对。嗒然据而眠，梦与清景会。收摄入毫素，一往接幽睇。

燕归梁　为叔雍题高梧轩图　　任道援

百尺凌云有凤楼。清波眼，碧峰眉，佳人胜境自相宜。更不用，怨春迟。　西风一叶秋来早，感兴废，忆芳菲，嘉肴旨酒好同携，且醉和，小山词。

谭德(仲将)

楼前六株梧,苍翠殊悦目,坐以名吾轩,清风压丛竹。偶然出西郊,运斤卜小筑,官街才十尺,俯仰对邻屋。依违终未巳,何必造林麓。

题高梧轩图　　吴董卿

眼中突兀见此屋,换我西湖秋十顷。自写新词上危绿,裁云缝月不胜愁。

风流仿佛一梧轩,重认山樵旧墨痕。三十六鸥闲自放,莫抛蛮梭在霜根。

题高梧轩图　　叶恭绰

历劫浮鸥有此图,笔端何地著潜夫。栽桃种李都闲事,可据先生一据梧。

擅壑专丘傥不任,湖壖小筑自遐心。新词栖凤都忘却,万里丹山好嗣音。

题赵叔雍高梧轩图卷　　梅泉

群峰张叠屏,一水涵众美。因树更为屋,梧竹绕阶戺。屋中着吟人,书帙共卧起。户外直青瘦,摇绿上窗纸。画工诚狡狯,天巧契神理。顿使好家居,突兀现毫底。平生栖隐志,佳处尚虚拟。十年湖上庐,万瓦已栉比。君宜专一壑,茅茨带清沚。无使土木殃,黮涅到西子。不然春申宅,且住亦可喜。但留图卷看,望梅渴聊止。

题赵叔雍高梧轩图卷　　江亢虎

从来栖凤难为条,安得百尺干云霄。据其颖者巢为巢,呼吸沆瀣长逍遥。下视四野哀鸿嗷,啼饥号寒求其曹。身欲奋飞心动摇,风尘澒洞玄黄交。百卉□落经霜凋,一木孤立讵能逃。空阶叶坠秋萧骚,幕府夜寒井梧飘。枯材入爨尾先鱼，抱琴不弹思郁陶。何日阳春回树梢，千红万绿争妖娆。峄阳古干见丰标，蒙叟独瞑容参寥。眼前突兀开生绡，把图凝望西湖遥。君家旧封溯德昭，渡江犹得临新朝。秣陵王气今未消，何必归看钱塘潮。山林城市随所□，结庐人境清无嚣。桐阴如幄桐花娇，摊书读画吹洞箫。凤兮凤兮飞胡高，于焉栖止兮毋翔以翱。

齐天乐　题赵叔雍高梧轩填词图　陈方恪

西风一叶铿梧韵，平牵夜窗幽梦。梦里溪山，云深院宇，犹识神清仙洞。冰轮乍涌。映大地霏琼，诸天凝汞。障袂层霄，笑看尘世沸醯瓮。　　年光迢递易晚，怅江湖路阻，难驾飞鞚。雁后芳期，琴边俊语，都付啼螀偷送。闲愁万种。待写入奇怀，故人谁共。倦影灯前，玉蟾窥画栋。

题高梧轩填词图卷　饶宗颐

霜黄月白画笔清，词家妙句赋流形。开袂琼琚纷满眼，浑同大吕陈元英。独嗟斯人去已远，九京可似庄湛冥。抚卷怀人增叹息，羁栖南服岁峥嵘。麈诗隔海起废疾，相与磨砻发新硎。窜身密箐蔽天日，琢句往往鬼神惊。时移事比风埃散，龙泉流落在丰城。秋风冢上吹不已，高梧坠叶满空庭。文辞感激思畴日，故交寥落如晨星。微言徒有知者识，陈迹尤喜时争迎。有才如此岂世出，由来意重泰山轻。多生绮语销不尽，苏髯最达诗人情。欲以文会天下士，掉臂何意沧海行。松楸万里兴慕久，相寻逝没泣孤怿。人世何能免新故，春华露草悲枯盈。泉流俯镜川阅水，日月逾迈叹于征。题诗不期生掩抑，低吟剩有胆肝倾。

叔雍高梧轩填词图，流落香港，卷尾词流题句累累，均量命再题记。坡老赠僧潜诗云："多生绮语磨不灭。"枨触无端，因次其韵。选堂记。

题高梧轩填词图

孙德谦

赵子叔雍，天水宗裔，其尊公竹君先生，怀骏烈于遥原，述虎贲之旧德。西湖拓地，营老菟裘，辟庾信之园，亦歌通德；筑安仁之室，自赋闲居，梧桐一枝，高出檐际；有轩澄旷，所以颜题。叔雍吟讽其中，吾庐可爱，还读诗书；人境无喧，何来车马？洵足以荡累娱衿，悟衷散赏者焉。夫辜富菊华，偏饶竹实；山谷所资，于斯已办。昔者叔庠谓为仁智所乐此，诚有生乐事矣。叔雍开轩而坐，独拥良书，窗外临花，恣大圜之探颐；门前夹柳，庶泉明之欣忘；拟之前英，曾何足让？每至春鹎秋蟀，星晚露初，朋侣两三，欢然游处，援琴而咏，当风涤其烦襟；举杯而邀，缺月动其妍唱，极林泉之幽致，唯樵苏之清谈，乐可言乎？夫词之为道，比兴尚焉，放者为之，易流侈艳，自常州别传真诀，复贯知言，陈古以刺今，意内而辞外。宗风既扇，厥体始尊，叔雍特善寓声，远寻前绪，按蘋洲之谱，妙绝当时；语竹屋之痴，群推逸格。近岁从况阮庵游，承乐府之指迷，获升堂而睹奥，则宜其进焉益上矣。特是兔园标序，惊映雪之寒开；龙门挺生，仰排云之孤立。阮庵有馆，是曰孤梅，盖秀韵天成，所以状其词境也。叔雍藻思绮合，灵响铿流，殆所谓愈唱愈高，亦将借梧以喻乎？上海自辛亥后，辟地者多，叔雍侍其尊公，桃源规往，寻契奇踪；兰咳絜羞，勖虔介祉，同堂异乡，兹自善耳。顾其家本毗陵，于焉栖托，苟莼鲈入其归梦，林乌还其旧居，则此轩者，亦第权憩其间，聊为羁游之所，故虽依伯通之庑，匪比赁舂；反灵运之园，乃言实欸。异日休文结宇，林壑少欢；坡老故乡，湖山兴感。记鸿泥之印雪，阐鸥波之道风，惟有缣素寄情，可以坐卧嗟览。叔雍之绘为斯图，倘有意乎？若乎斋前松树，兴公爱护之勤；郊际桐阴，修仁眺临之美，知其不徒然矣。癸亥仲秋之月，隘堪居士孙德谦序于上海。

评论资料

钱仲联《近百年词坛点将录》

地狗星金毛犬段景住　赵尊岳

叶恭绰《广箧中词》卷三

叔雍早岁学词于况夔笙先生，克传衣钵，近代益臻深美，曾汇刻明人词至二百余种，信大观也。

陈衍《石遗室诗话》续编卷一

武进赵叔雍尊岳工长短句，少作诗。偶见其《元日和□蘅用韵》一首云："卧隐真成避世人，海隅短烛迓□春。筹疏徂岁终怜拙，腹俭逋诗亦患贫。犹犯金吾行彩选，自斟银乳好嘉宾。椒红柏绿东风裹，许我怀天作幸民。"自注：以"银乳"偶"金吾"，盖窃"一叶报秋，韭花逞味"之陈法，"乳"谐音"汝"也。其实对仗不必过整，李金吾韩玉汝，偶尔弄巧而已。

夏敬观《忍古楼词话》

武进赵叔雍尊岳，学词于临桂况夔笙舍人周颐，著有《珍重阁词》。夔笙论词尤工，所著《蕙风词话》，精到处透过数层，宜叔雍能传其衣钵。秋泛西溪谒樊榭故宅《一萼红》云："暝烟空。带寒鸦三两，云意淡遥峰。丝钓风微，桩移水浅，倦橹空诉游踪。颓垣一角，今古意、寥落村支公。老柳无阴，夕阳如梦，消领疏钟。　无复乌丝红袖，剩清商邻笛，憔悴吴侬。风纸题残，翠奁尘掩，白月依旧帘栊。甚寒芦能禁秋恨，恨韶华，怨霜鸿。依约红箫凄怨，萦损垂虹。"《浣溪沙》其一云："马上墙头未易酬。倾城容易一凝眸。柳花风里卷帘钩。　皓腕不胜金斗重，瑶房肯为玉清留。新来王粲怕登楼。"其二云："梦窄春宽夜渐深。流苏向晓薄寒侵。一回肠断一同心。　红雨画屏应不落，游丝罥户怕成阴。眉低醽醁不成斟。”其三云：“付与明眸皓齿人。琅玕绣段十分春。柔花风骨玉精神。　　椒壁香泥纷彔曲，桂堂残烛黯星辰。那回魂梦最清新。”其四云：“水驵春回未有期。梦中不合种相思。屏山花路夜灯迷。　　絮阁玉炉慳篆缕，绕堤金勒误游丝。风筝消息早参差。”

（唐圭璋编《词话丛编》，中华书局 1986 年版）

况周颐《蕙风词话》

叔雍词尚清远，盛年驰誉，于倚事之学，尤能犨精覃思，发前人所未发也。

尝谓学梦窗词，须面目不似梦窗。细按之，却有与梦窗暗相合处，此中消息甚微。叔雍近作《莺啼序》似乎微合斯旨，虽不能至，庶几近道。词云：“凉蝉乍惊倦枕，黯年时绮绪。闹红晚、柔艕凌波，酒消随分归去。度轻暝、娇云罨画，林阴宛宛蘅皋路。隔花深，谁最多情，玉容知否。　　明镜奁漪，绛浅翠婉，感芳期迅羽。尽丝柳、犹系斑骓，怨曲吹断黄金缕。话春愁、红襟旧垒，几消受落花风雨。更何堪、昨梦重寻，旧移尊处。　　衣香脸色，粉怨珠啼，画中自媚妩。甚侧帽、汝南心事，箧稿珍重，解佩谁要，伫琴慵抚。寒蝉照彻，征鸿过尽，玉珰缄札无消息，戛帘钩万一西风妒。秋心暗警，凭渠碧藕玲珑，误人可奈弦柱。　　窥妆影事，记曲闲情，剩去尘凝伫。漫忆省、无边香色，似水年华，鬓影低回，棹歌容与。微波脉断，遥山眉样，入时深浅莫更问，早红衣零落鸳鸯浦。凭阑点检相思，风纸题残，坠欢慵絮。”

赵叔雍和六一词《蝶恋花》二十二首。琳琅珠玉，美不胜收。撰录二首如左：“杏雨新晴春晼晚。柳外高楼，楼外花深浅。又是蔷薇香一院。如何春在人难见。　　云影迷离花影乱。极目遥天，不到江南岸。廿四番风容易换。天涯付与骢嘶断。”又“乍暖还寒春意早。载榼寻芳，香径啼莺小。万一流光轻负了。少年能否年年少。

不解酬春应自笑。飞絮飞花，犹有情丝绕。未必蓬山无梦到。逢花且拚青尊倒。”此叔雍最近之作也。

闽县黄公渚春秋方富，工诗古文词，已卓然名世。尤长骈俪。为武进赵叔雍序所作近知词云：“居沪渎之二年，晤赵君叔雍于临桂况夔生先生座上。嘤鸣岭慕，相赏抚尘。占欢惠绥，宛然翕羽。萍波既契，弦韦互宣。暇出是编，属为弁首。含毫夐孑，寄思要绍。圭臬于骚雅，杼轴乎悲愉。澄江喻洁，风引晚漪。秋山共超，夕生空翠。服姑蓄之草，香可悦魂；御罗骈之衣，光能骇世。溢目致欢，抗手无辈。夫心声攸寄，贵在性情。胎息所区，必明雅郑。要氤氲于素蕴，明得失于寸心。以述景者表里空灵，以言情者曲窔殚尽。元解之宰，肸蠁于古人；独运之匠，挥斥乎六合。意内言外，斯为美耳。君家世方雅，春秋绮富，怡情铅椠，屏绝声华。到门尽长者之车，置驿悉高尘之侣。造公差之座，有书千卷；读子敬之文，其才一石。既晤攸之穷达之旨，弥适仲郢名教之娱。莺辰索句，博循陔之欢；鲽砚渲毫，索中闺而和。夕帘籀月，高树答响；风笛寻羽，凉籁泻春。闲居之乐，足备人伦；传歌之词，无忝作者。为之三复，悠然意远。凉月窥户，花僛僛以竞舞；微风在树，叶蛰蛰而泫凉。夐乎雅唱，丽矣难能；其曰近知，犹谦志也。昔君里张皋文先生，载凭经席，兼总词林，迦叶文宗，遂操选政。篇章艳于当时，流派衍于江左。幽赏代绵，灵契有赖。玩春华而有思，启秋实于未振。异日者子长绝业，副在名山；耆卿乐章，传歌井水。缳橐群雅，领袖风骚，吾当为君勉焉而已。”

西湖山水，明秀窈深，词境也。叔雍筑高梧轩于湖上，绘画征题。沤尹《清平乐》云：“龙门百尺，罨画明秋色。南北两峰相映碧。看取朝阳风立。　开轩满目烟霞。软红不到云涯。着个仙源居士，湖山越恁清嘉。”伯严诗云：“誓卜幽居傍湖曲，画手设施无不足。挺立长梧凉压星，旁罗矮细千竿竹。层层都活石气中，夜卷秋声入吟腹。楼台窈窕出晴雨，山水氤氲界边幅。应带坡公葑草堤，恍接逋仙梅花簇。英妙少年亦痴绝，要令梦染灵峰绿。异时朱况两秃翁（沤尹、蕙风），携访赓歌任沈陆。”蕙风《百字令》云：“倚云撑碧，唯茜纱青玉，图书彝鼎。画罨壶天尘不到，何似结庐人境。公子乌衣，词仙黄绢，标格同清夐。桐花奇艳，衍波得名盛。（王文简有《衍波词》） 佳气鸣凤朝阳，舒蕊郁秀，长空椿晖永。不数龙门高百尺，看取疏枝英挺。大好秋容，最宜商调，蝶恋花重咏。（赵德麟有《商调蝶恋花》）炉熏琴趣，翠阴帘幕深静。”

（屈兴国辑《蕙风词话》补编卷三，江西人民出版社 2000 年版）

施议对《当代词综》

赵尊岳字叔雍，江苏武进人。一八九八年（清光绪二十四年）生，一九六五年卒，年六十七。上海南洋公学毕业。因堂上不忍其随姊氏赴美游学，遂从临桂况蕙风学填词。弱冠即有《和小山词》传世，为词坛诸前辈所激赏。曾出入新闻、政治、教育三界，与缀玉轩主人及双照楼主人最为莫逆。一九五〇年移家香港，一九五八年应新加坡大学聘，主讲国学。生平最慕东坡居士，居恒引以自况。著有《高梧轩诗集》《珍重阁词集》。

（《当代词综》，海峡文艺出版社 2002 年版）

冯永军《当代诗坛点将录》

天空星急先锋索超赵尊岳　　　　夫人有子，中郎有女。

珍重阁主人，“一品夫人赵凤昌”之子，亦汪兆铭南京政府中人，从龙之臣也。陈兼与云：“赵叔雍风流儒雅，掉鞅文坛，如明星烂然，当时南阳路之惜阴斋与郑氏之海藏楼，均为海上名流常至之地。”陈巨来《记赵叔雍》一文，专述其事，颇为有趣。云赵叔雍贪恋富贵，纵其女与陈公博游，可见其急不可耐之态。赵为况蕙风弟子，为之刊印词集，又刊刻《明词汇刻》，有功词林。所作《高梧轩诗集》篇什甚富。曾履川序谓“其诗词自同光诸老入，虽不尽出于其乡，然择善而从，拓其先辈之域，亦学者所有事也”。赵、曾往还甚密，《高梧轩诗集》逞才使气，亦与曾履川同，其好叠韵，和东坡诗韵至五十余首，真可谓“叠叠不休”者也，教人畏服。叔雍没后，其女赵文漪为之刊行《高梧轩诗》《珍重阁词》。文漪亦能填词，与乃翁合刊有和晏氏父子词。

（《当代诗坛点将录》，华东师范大学出版社2011年版）

林庚白《孑楼诗词话》

顷见凫公所草诗话，于余评骘赵叔雍诗，纪载稍失实。且其辞意，似若左袒叔雍者，亦复未当。爰取是日履川招饮座上之经历，为详述，俾资诗坛中之信史。盖是日叔雍出其近作绝句，示同席诸君，余谓“灵和”“秘殿”字面，必不可用，姑无论其酷肖遗老语。且张作霖僭号大元帅，已为民国时代，中南海早经离去灵和秘殿之境。更恣言之，则已在溥仪被逐走天津之第四年，并灵和秘殿之影响，亦杳不可得。叔雍纵身为遗老，低徊故国，眷恋旧君，亦嫌其欠精切，矧仅为遗老之子乎？余题组庵先生诗集，末二语为：“早死应留佳传永，诗中不见靖康年。”凫公误“早死”为“身后”，所谓“失之毫厘，谬以千里”矣。其以此诗之用靖康，与赵诗之用“灵和”相提并论，尤拟于不伦。“九一八”后之时局，不可谓不似靖康之南渡，而一九二六年之张作霖时代，必不得谓其似“灵和”。况作霖仅称大元帅，未尝窃帝号，何秘殿之足云？同、光以来旧体诗人，食古不化者夥，初不足责，亦不足道。独惜凫公思想较有获，乃亦自溷，此则援《春秋》责备贤者之义，不能不为更进一解也。又其诗话所载，于余是日之语气神情，亦殊不类。凫公与余捻，才气亦远胜某君，顾未能状余之万一；宜某君作小说，描写徐志摩全然不似。此殆其局于封建社会之意识与情绪，于近代资本社会之人物，即不能了解，而突遇资本社会之人物，又不待言。故凫公纪余之戏言，亦有舛误处。余谓：余不喜人称我为某老者，非仅以余年事裁三十许，乃以某老云云，直是封建社会中官僚之口吻，岂余所愿闻。至谓余不喜妇女以先生相称，语诚有之，而绝未云喜其称“哥哥”。此惟富于封建社会性之文人，只知风花雪月者，乃喜此称为。若近代人物，自非《玉梨魂》作者之流，必有以明其不然矣。

（载《丽白楼遗集》，中国人民大学出版社1996年版）

俞大纲《廖音阁诗话》

珍重阁主人弱冠回翔艺林，才名藉甚，于时海内词宗诗伯，集于沪渎，文酒之会无虚日。主人常以世谊侍座，葛衫丝履，风采照人，与袁仲颐、帅南叔侄，同有玉树之目。仆年齿稍稚，每值家君招燕，趋庭一修谒礼，默识姓字而已。三十八年主人与余同违难于香港，承寄书叙旧谊云："奕叶渊源，积年气类，江海延竚，得获足音，快慰奚如。弟弱而好弄，谬托解人，不弃于长者，辄侍筵席，倏忽卅年。屏迹蛮陬，每一瞻迴，已如梦寐。近以无俚，授读词章。此间弟子，亦有好斯道者，从游消暑，聊以为欢，诚不意年时歌酒之余芬，乃为今日资生之助，不其重可哂耶！作客生涯，夙同行脚，有声空谷，向往以之。"文辞雅秀，颇类唐人小启。书末并写示《悼散原姑丈》诗二首（原题散原丈归葬杭州，不及躬奠，遥寄四韵，又意不能尽，再赋悼章）："乱丝丛笛过西泠，老尽赭颜不厌听。十载兵尘迟旅殡，千秋苔翠瘗花铭。扬葩夙已开宗派，撰杖微能述典型。惭愧余声入吟腹，灵峰归梦早伶俜，（原注：丈曩日题拙卷诗有云："夜卷秋声入吟腹"，又云"英妙少年亦痴绝，要令梦染灵峰绿"。）""城西缺月影扶疏，头白孤臣近直庐。抵死曾为辨奸论，余生不作封禅书。江山秀气供陶铸，天地秋声自卷舒。屈指同光遗老尽，临安寂寞话平居。"两诗沉郁低徊，咏赋得体，一反其平时赡华绮丽之句法，才人之笔，信无往而不宜也。余最爱其拟致尧淡语诗："淡尽春痕只自谙，莓墙西畔旧花潭。牵衣乍别情无奈，中酒微苏梦不堪。来日绿阴应锁径，那回红药几停骖。休言重见他生事，已负金茎一味甘。""宛转终知是别时，斜风片片雨丝丝。三重直啮黄金锁，八犯难交璧玉枝。茶熟香温新炙细，酒阑人散独归时。红妆莫放啼痕浣，留取罗衾为写诗。”世人夙知其工词，而不知其长于诗，斯不独才情隽逸始能办，设非学力深厚，亦不足赴之也。

（载《俞大纲全集》，河洛图书出版社 1978 年版）

况周颐《和珠玉词跋》

昔光绪中叶，鲰生薄游春明，与汉州张子苾庶常、同邑王半唐给谏相约联句，尽和《珠玉河》，仗五夕而脱稿。无求工，竞胜之见存，而神来之笔，辄复奇隽，往往相视而笑，得意自鸣，宜若为乐，可以终古，盖后此之不堪回首，诚非当日意料所及也。人事变迁，垂三十稔，子苾、半唐，墓木已拱，海藻聱叟，块然寡俦，大雅不作，吾衰何望！武进赵叔雍精研声律家言，出其近著《和小山词》，属为审定。拙撰《词话》有云：“填词要天资，要学力；平日之阅历，目前之境界，亦与有关系。”词学如叔雍，庶几天人具足，而其阅历与境界，以谓今之晏小山可也。全和《小山》，为《珠玉》续，吾并昔者志焉未逮，不图后来之秀有此沆瀣之合，张、王有灵，在海山兜率间，或者素云黄鹤，翩然而来下，当引为同调也。《和珠玉词》曩开雕于厂肆，印行仅数十本，敝簏所有，乃比岁得自坊间者，以示叔雍，为之循环雒诵，爱不忍释，辄任覆锲，俾广其传，意甚盛也！昔晏小山自名其词曰“补亡”，其托情若有甚不得已者。夫今日而言风雅，所谓绝续存亡之会非欤！叔雍和小山之作，即亦亟宜付梓缅属以行，为提倡风雅计，勿庸谦逊未遑也。癸亥五月既望，临桂况周颐跋于天春楼。

（载屈兴国辑《蕙风词话》补编卷四，江西人民出版社 2000 年版）

龙榆生《词总集考稿本题记》

此《词总集考》十巨册，武进赵氏珍重阁手稿本。粗分为十六卷：卷一，唐、五代、宋；卷二，宋，卷三，金、元；卷四，明；卷五至十，清；卷十一，近人；卷十二至十四，汇刻；卷十五，丛钞；卷十六，合刻。所见传世词总集，大致几备。初题《词总籍提要》，曾录若干，分载《词学季刊》,此其最后手定全帙也。作者名尊岳,字叔雍,为武进赵竹君凤昌子,少曾从临桂况蕙风周颐氏学词,搜罗古今词集甚富。既为其师校刻《蕙风词话》附《蕙风词》,复辑朱明一代词三百余种,自总集至别集汇为《惜阴堂汇刻全明词》,由南京姜文卿刻书处开雕,仅印样本数十册以备覆勘,未及编定目次,印布人间也。叔雍以出处不慎,家遭籍没,所藏词籍及明词样本,多转入上海图书馆者。十六年前,脱身走海外。转任新嘉波大学讲席。前岁以书抵其女申,抱全稿见畀。谓此亦其父生平精力所萃,可略备研求词学者之参稽,有愿为之整理保存者,削其名氏可也。病中涉览一过,虽殊芜杂,而网罗颇富,特以转献杭州大学文学研究室,附记因缘如次。甲辰秋日,箨翁。

(《龙榆生词学论文集》上海古籍出版社 1997 年版)

吴格《明词汇刊题跋校记》

武进赵尊岳(叔雍)所辑《惜阴堂汇刻明词》,二十世纪二十至三十年代 陆续付刻,历时十余载,据今所见存之红印校样本,凡收明人词集、词话及词谱 二百六十八种,共三百四十七卷,装为五十七册。此书刻印样张计三千九百余页,载明词一万余首,为近代刊刻之词总集中卷帙最富者。

赵氏为辑刻此书,曾大事购藏钞录明人词集,据一九三六年自述,所得已积至四百余家,随得随刊,本拟将其所藏尽数付刻,并继续搜罗明词之珍本秘椠,以集大成而垂久远。惜乎时局动荡,“七七”以后,刻词中顿。据龙榆生先生回忆,战火南延之时,南京姜文卿刻坊所存书版,因避兵乱,埋藏于地,不久即尽烂毁。由于《汇刻明词》迄未墨印,复旦大学图书馆所存已经初校、改刻之红印样本,遂成天壤间之孤本。今检此本,曾经赵氏一九三六至一九三七年用底本重校,及一九四一年之再校(未完成),均有墨笔校注可寻。赵氏以出处不慎,进退失节,抗战胜利后远走南洋,所藏词籍,均遭籍没。《汇刻明词》红印样本，则辗转藏于龙榆生先生处。二十世纪六十年代初期，施蛰存先生于龙寓获睹其书，曾假归传钞其中《草堂余意》《支机集》两种，八十年代已刊布于《词学》。洎一九六六年动乱兴起，龙榆生藏书悉遭播荡，《汇刻明词》曾流入上海图书馆，旋又以调拨之故，转藏复旦图书馆。多年以来，此书知者甚罕，至九十年代初始检出。光阴荏苒，自赵氏刊校明词至今，已岁逾周甲，词集初印样本，经数十载之若存若亡，幸尚完好，披尘展对，纸色犹新，抚卷欣慰。八十年代以来，《全明词》编纂次第开展，此书已获上海古籍出版社影印，遂使孤椠之传，化身千百，多为今人搜罗明词之助。

赵氏辑刻《汇刻明词》，于各家词后均缀跋语。所跋又称《惜阴堂汇刻明词提要》，曾于《词学季刊》一卷三号、二卷一号两期刊载，合共一百篇。《提要》先于刻词而面世，据赵氏自言，一为答复当时海内友人之关注，又为列示所得明词目录，用以征求词林同道支持，以增其搜讨所未备。今观《词学季刊》所载各提要，其所跋词作均见于《汇刻明词》。《提要》首叙作者生平，次述祖本所出，而继以评骘词品，自述体裁仿于朱竹垞："曩金风亭长有《明词综》之辑，即有《静志居 诗话》相比翼，此亦犹余之《静志居诗话》也。"《提要》品评明词得失，于集中词句征引稍繁，及刻为书后跋语，则颇加芟削，篇幅简约，故二者文字不尽相同。

赵氏辑刻明词，自谓："先就拙藏所及，再求之于各地公私书藏，乃至朋好之秘笈。"同时友人如赵万里、唐圭璋、夏承焘等，均曾助其搜讨考订，故今集中跋文，赵氏自撰以外，尚有赵万里、夏承焘、唐圭璋、卢前、黄孝纾、周懿所撰十一篇。收入《汇刻明词》之二百六十八种词集、词话，内《半轩词》跋因重订，《遍行堂词集》因未及刻竣，故均付阙如；而王夫之、杨慎、李渔、夏言、顾璘诸家词作，因所刻不止一种，跋语则合为一篇，因此今实存跋文二百五十九篇。兹将上述诸跋自集中辑出，稍加整理，以飨海内外同好，倘承四方学人以《汇刻明词》散出者及 辑刻情形见教，尤所企盼。公元一九九　年暮春，吴格

校讫谨跋于复旦大学图书馆。(二〇〇一年春重订,二〇〇四年春三订)

(《中国文哲研究通讯》第22卷第1—3期)

孟森《词总籍考序》

儒者尊经,用为扶世立教之本。自汉以来,德性学问,代有伟人,无不致力于经,而撰述遂如渊海。清初秀水朱氏,胪其家法而括其义例指归,创意作《经义考》三百卷,学者欲窥经学之藩,先问途于朱氏之书,乃如瞽者之有相,后人知治一专门之学,必有此从入之门。而清代朴学大师,深感读书必先识字之为亟,于是南康谢氏有《小学考》继之。学术为世所重视,通人每乐为津指焉,已事然矣。词之为道,古视为文中之最尊,清世修四库书目时,乃视为文中之至卑。此盖为科学之见所蔽,以词为在野适性之作,从未列入取士之科程故也。何言古以辞为最尊也?考词字在造字时本意,据许氏《说文解字》,"意内言外之为词",乃谓表其意而显之于言之始,即名曰词。词如今人所谓文字之义,组词而成辞,则有句调音韵,可供讽诵,此治小学者所共知,而习俗相沿,以古人之辞为辞。《礼》有祝辞醮辞,《易》有彖辞象辞,屈宋以下有《楚辞》,晋宋间尚有陶靖节之《归去来辞》,其文皆书作辞。自五代至宋,倚声为辞,当时偶书作词,谓之填词。自是而辞与词分,古歌诵之辞则为辞,今歌诵之辞则为词。试问文能歌诵,岂仅仅意内言外两相表见而已乎?词与辞,经传中本已互通,通用可也。今专用于歌词,而反与辞之本字,截然相别,则误也。自书籍分四部以来,以经史子集为序,而集之分类,无不以楚辞冠首,故曰:古以辞为文中之最尊也。自有填词一体以来,宋明艺文志,尚不以词别于诗文集之外,惟《马氏通考·经籍考》,集部列歌词于诗集之后,而独在章奏之前。则其区分次第,非有轩此轾彼之意,如分轩轾,未必章奏应后于歌词。吾从近世选家义例,章奏且应列制诰之次,他杂文不与并列矣。至四库书目,乃次词曲类于集部之最后,且为之说曰:

"词曲一体,在文章技艺之间,厥品极卑,作者弗贵,特才华之士,以绮语相高耳。"又曰:"究厥渊源,实亦乐府之余音,风人之末派,其于文苑,同属附庸,亦未可全斥为俳优也。今酌取往例,附之篇终。"据此则四库馆臣,贬词甚至,今为探本论之,诗与词皆源于歌辞。古者采诗之官,所采者劳人思妇之辞,决非命题拈韵。若学士大夫风雅自喜之所为,其动机即在引喉作声,纾写感触,故三代之诗,无不可歌者。其因事若视醮,若象象,所成有韵之文,则名之曰辞,是有题目之诗为辞。不预定题目而待采风者自言其所以得之之故,乃汇为诗序以明之者,则名曰诗,是诗乃辞之后定题目者也。屈宋以来,乃传楚辞,楚辞为可歌之辞。隋唐以前,尚传其歌法。隋志:"隋时有释道骞,善读之,能为楚声,音韵清切,至今传楚辞者,皆祖骞公之音。"此为唐初修《隋书》时语,其时已非举世能歌,而尚有道骞传其音韵,要其为本用作歌之意,则可识也。而吾以意度之,辞为必可歌,诗乃从此不尽可歌。至汉而有乐府兴焉,不入乐府之诗,乃皆不可歌之诗矣。班孟坚言,"赋者古诗之流",赋亦出于诗,可知韵文皆属于诗。然赋则从来不以入歌,又可知荀卿作赋以来,即与歌不必相属之诗也。自诗与乐府有别,汉魏至唐皆然,则诗人自分其可歌之诗与不可歌之诗为两部分,歌犹未始出诗之外也。至晚唐而新乐府流行,专以文义深切为美,遂不必谐当时之歌管。而乐府中又分可歌不可歌,浸且至名为乐府,而不问其可歌与否,则乐府遂尽成不可歌之诗矣。而人之引吭成声,本能自在,能歌者散在俳优之流,学士大夫就所传习之歌声,填以为词,于是有唐五代倚声之词。至北宋初,沿习不变,此皆诗人回复可歌之乐府,以别于流变不可歌之乐府者也。其时俳优之歌,与士大夫之词,虽皆以入律为主,然歌者宫谱繁多,未为士大夫所尽会,有柳屯田作,始合乐工之调与词人之作为一。《避暑录话》言:"柳永为举子时,多游狭邪,善为歌词,教坊乐工,每得新腔,必求永为词,始行于世。"是则宋初乐工求与词人相附丽,而归心于柳永,故永集名《乐章集》,而其词皆标明宫调,为宋词家之创格。后来中调长调日趋绚烂,其变化盖由歌者传授之广。而词人且有不按旧谱，自度新腔者，由是词人逞文笔之美，又不能尽顾歌者之成式。谨守宫调者，则嗤词人随意所作，为拗折天下嗓子，为老伶俊倡所窃笑。而一代大家，亦有以不合律名者，此士大夫之以笔墨为工，与乐工之以宫调为艺业，自有久而渐歧之趋势。于是词人之词，乃托体日高，忧时感事，忠君爱国，溢为味外之味。近世词流，盛于吴越，而以寄托言词者，独推吾常二张《词选》。未能深信其说者，谓词乃俳优所能为，体本不尊，古有倡夫绿巾之词，与士大夫之词，并行于世。常州派高自标置，岂合词之本质？而推重二张者，则以为"高寒天上"，知苏轼之爱君；"斜阳正在烟柳断肠处"，知辛弃疾之托讽，而不以为罪。世颂时君之神圣。词在宋时已成士大夫发抒襟抱之作，何尝专与老伶俊倡助清尊檀板之兴耶？故词以合乐始，又以不必合乐终，而于文体则不可卑之矣。叔雍沉酣于词，早年所沆瀣者，彊村、蕙风二老。二老皆服膺常州词派者也，叔雍之视词学，已超过四库馆中诸人之科举见解，故欲一申词在文苑中之位置。既以明词无人收拾，刊成明词集三百余种，志在为《全明词》一书，以存明一代词家之应合运会，自有必至之势，不可尽以选家工拙之见论。又仿竹垞《经义考》之例，作《词集考》，而先成总集，将次第及词之专集焉。予治词学者以方便之门，读此考而已略见古来选词制词之学派门径，可不谓大有造于学问之途欤？书成问序于余，余为破除清时四库馆之科举成见，以还词在文学中之本相，知叔雍之不以词为小道而忽之者。虽得力于彊村、蕙风诸老，亦其开径自行，于词中已有深会之趣，欲以己之所喻者喻人，不能已于为之疲精而劳神也。世有挟俳优之见以为词者，固不必问津于此浩汗之途矣。二十六年夏，孟森书于旧京寓次。

（《同声月刊》1941 年第 1 卷第 6 期）

孟森《惜阴堂明词丛书序》

夫大易赞之以十翼，宣尼有系词之编；离骚继之以九歌，正则为楚词之祖。当诗亡史作之日，成章已始于东周；味意内言外之文，解字有征于南国。辞之为道，变不离宗矣！唐以诗擅一朝，自旗亭画壁相谓名高，而风雅入曼声之谱：宋以词承五季，自檀板金尊尚嫌味寡，而氍毹登则剧之工。元遂沉酣乎曲而稍掩其词，明乃衍迤其词而颇通于曲。凡此艺林之递嬗，悉由风会之迭开！必谓此学中微，起衰有待，遂视一时名辈，自桧无讥！此宗门衣钵之传，虽两宋亦分门户。若文字源流之辨，则百王同受等差；盖迁情可以性近为工，论世不容领封自域。惜乎！知此者之少也。叔雍词家，承乡贤二张之后，衍词学一脉之传；成一家言，说平等法。晓风残月，怅冷落于清泠：玉宇琼楼，伫高楼于天上。旖旎则吴盐并翦，听城上之更筹：苍凉则社鼓神鸦，记望中之灯火。自制且揣其宜称，论人复宁有町畦；故能心洗玉壶，手恢珊网。既阅人而成世，遂断代以为竹。词必录其全篇，人各系以小传；其语则悲愉间出，浸淫香草之思；其人则隐显同归，点染生花之笔；积此幽闲之鼓吹，用为时会之权衡。其始金陵定鼎以前，先有北郭诗人之社；其终岭海从亡诸老，多在《南疆绎史》之篇。中间文治武功，德性学问，卓然名家之产，各有倚声之章。固多青眼之高歌，亦有红牙之低唱。宋璟之能为清丽，定非铁石心肠；韩愈之雅善语言，不废园林钟鼓。于焉望古，可以知人，此尚论之有裨也！若其名姓不彰，板片仅在；合为丛刻，定胜孤行。古人有言，当比于掩骼埋胔之谊；逝者可作，不枉其镂肝钵肾之劳。此又气类之相感矣！叔雍自言，不惜心力之勤，终恐耳目之隘；续有鸠集，当付雕镌。物聚以好而片楮必收，人谅其诚而千里来告。不同续综，仅掇零篇；能撷全芳，始为备俎。近来好事，未能或先矣！夫以盛年通识，而能遗落世事；表彰昔贤，于文为齑臼受辛；空博蔡邕之俊质，何处无井泉可饮？遍传柳永之新声，亘有明二十世之传。得遗集三百家之富，问人间以何世。过眼浮云，指珍上以自珍；等身书就，此亦极雅人之深致，足以发思古之幽情者矣！下走虚负书淫，尤疏词事。秦少游以山抹微云之号，竟可用其通名；贻下里以阳春白雪之篇，居然乐于属和。既承授简，聊为题耑。加以簸扬，自忘其糠秕在前之耻；荒于声律，适宜为绳墨以外之谈云尔！强圉赤奋若之岁，摄提贞孟陬之初，心史氏孟森书于旧京旅次。

（《词学季刊》第三卷第三号）

陈蕾士《潮州音乐的继往与开来》

清末敦煌发现杂曲旧抄本《云谣集》，曾由冒鹤亭校勘发表，并附词曲演变论文，甚多创见。谓词有增减摊破之法，增即衬字，增字之外，尚有增句及增叠之法，减者与增相反。廿余年前任教于新加坡大学之赵叔雍，亦词学专家，曾指冒氏只就文字着眼，未可，应该注重乐谱上之增减。增即增声增拍，因而增字增韵；减即减声减拍，因而减字减韵。冒说从文字上着眼，如《木兰花慢》《减字木兰花》，或增字，或减字，事实如此，何能说他不对？但缺点在未能道出其所以然。须知词为按谱填写之文，乐谱分量之多寡，造成文字之长短。音乐为主，文词为宾，断不容宾主倒置。赵氏能看深了一层，指出乐谱之增声增拍或减声减拍，实“慢”与“减字”之基本所在，诚比冒氏棋高一着。

（《泰国潮州会馆成立四十周年纪念特刊》，1978年）

后　记

对于赵尊岳，我在十年前已开始关注了。记得有一次与马兴荣先生通信，说起自己有整理《赵尊岳集》的打算，从马先生处得知，已有人做了这个工作，上海古籍出版社也将出版《赵尊岳集》。但后来，迟迟没有看到这本书的出版，直到 2004 年该社才出了薄薄的一本《和小山词·和珠玉词》。虽然如此，该书的出版也为我们了解赵尊岳的著述情况，提供了比较多的线索。

最近几年来，随着民国期刊的相继上网，对赵尊岳文集整理的条件已基本成熟。当彭国忠教授约我整理民国文人文集的时候，我立即提出了整理《赵尊岳集》的想法。感谢彭国忠教授圆了我一个多年前的梦，也感谢凤凰出版社让赵尊岳比较全面地呈现在世人面前。

这本书的编校，也记录了一段师生合作的经历。主要合作者黎晓莲是我指导的第一位博士生，从本科到博士阶段一直在武汉大学求学，有较好的学术功底，现在一所地方高校任教。当我约她与我共同编纂文集时，立即得到了她的积极回应，鉴于她查找资料极为困难，我们相约：我负责资料的搜集整理，她负责文字的录入与初校，然后再由我做全面的复核与审校。在接受任务后，她利用课余和寒暑假时间，承担了大部分的文字录入工作及部分文稿的校对，完成了自己承担的任务。还有，我指导的在读研究生吴晨骅、王翼飞、昝圣骞、江丹、孙婷婷、李楚萍、孙达时、吴莹、陆燊佳、博士后王卫星等，不但帮助查找复印资料，而且也参与了文字的录入与校对，已毕业研究生王茁、周云、吴妮妮等也曾帮助录入了部分文字。我想，如果没有他们的帮助，我很难得在短时间内圆了这个十多年前的梦！

为了全面搜集赵尊岳的著述，我先后多次到北京、上海、南京等地访书，期间得到了众多师友的帮助，像国家图书馆詹福瑞教授、中央民族大学陈允锋教授、上海师范大学王雨净老师、苏州大学钱锡生教授、新加坡国立大学林立教授、清华大学吴妮妮老师、香港大学詹杭伦教授、江苏师范大学沙先一教授、台湾清华大学刘威志先生、香港大学莫崇毅先生，是他们热心的帮助，才使得这本书在较快的时间内顺利完成。在此，我要对他们无私的奉献表示衷心的感谢！

因为，赵尊岳身份特殊，生活的地点也多有变化，从上海到香港，然后是新加坡，1949 年前的一些书刊已很难找到，更不用说香港、新加坡等地的资料了，因此，对赵尊岳文集的整理只是一个暂时性的结束，对赵尊岳作品的搜集将是一个无限性的工作，我们期待着将来有更好的整理本出现！

陈水云

2015 年 4 月 20 日